U0916088

北京市第一届人民代表大会第一次会议毛泽东、刘少奇、周恩来当选全国人民代表大会代表后与市人大代表见面合影。

在北平各界代表会上讲话

一九四九年八月十日

一、将革命进行到底。

肃清国民党反动派残余，

实行土地改革，消灭

封建主义，

赶走帝国主义侵略势力，

废除帝国主义在华特

权。

二、建设新中国

根本改变国民经济一步步地建立人民民主专政。

克服困难走向工业化（农村、城市、交通、生产）

参加国际和平民主阵营，反对战争威胁。

周恩来总理在北平市各界代表会议上的讲话提纲

▲在北京市第三届第一次各界人民代表会议上公安部队向大会献旗

▼北京市第一届人民代表大会第一次会议在中山堂举行

编 辑 说 明

一、本书是一部大型文献资料书，汇集了北京市人民代表大会及解放初期的北京市各界人民代表会议的文献资料。汇辑出版的目的是为了方便读者利用和保存历史资料。读者可以从中了解北京市人民代表大会的发展过程和工作情况，以便更好地总结地方人民代表大会建设的历史经验，进一步完善人民代表大会制度，充分发挥国家权力机关的作用。

二、本书分三编。第一编选辑了北京市各界人民代表会议历次会议的文献资料。自二届会议起，各界人民代表会议代行人民代表大会职权。第二编选辑了北京市人民代表大会历次会议的文献资料。其中，根据中央有关部门的意见，北京市革命委员会按第六届人民代表大会对待。第三编选辑了北京市人民代表大会常务委员会的文献资料。

本书收选的文献资料，自1949年8月北平市各界代表会议起，至1993年1月北京市第九届人民代表大会任期届满止。第一编、第二编内容包括历次会议决议，政府工作报告、人民代表大会常务委员会工作报告、高级人民法院和人民检察院工作报告、代表议案审查报告，出席全国人民代表大会代表名单、市人民代表大会常务委员会组成人员名单、北京市市长副市长名单、代表大会主席团秘书长名单和市人大代表名单等项。第三编内容包括北京市人民代表大会常务委员会历次会议纪要、任免名单和北京市地方性法规目录三个部分。

三、本书设总目录和分目录。总目录置于书首，列出各分目录的页码。分目录置于每次会议文献之前，详细标示出每篇文献资料的页码。并且于每次会议文献之前附有简要的编辑说明，介绍此次会议的概况。

为形象地反映北京市人民代表大会的活动，本书于正文前选辑历史照片9幅。

为方便读者查阅，本书于正文后附有《〈北京市人民代表大会文献资料汇编〉第一、二编目录分类索引》。

四、本书所收文献资料，除个别文献标题略有改动外，均原文照录。名单中的繁体字已改为简化字，排列仍以繁体字的笔划多少为序。文中增补缺漏字用【 】表示，改正错别字用〔 〕表示，删略或缺失用〈 〉表示，字迹不清难以辨认用□表示。

本书资料主要来源于北京市档案馆馆藏资料和档案，以及中共北京市委、北京市人民代表大会常务委员会保存的资料和档案。

本书是北京市人民代表大会文献资料汇编的第一部，今后将继续汇集出版。

1994年12月

北京市人民代表大会文献资料汇编

总 目 录

第 一 编

北京市各界人民代表会议文献资料

第二编

北京市人民代表大会文献资料

第 三 编

北京市人民代表大会常务委员会文献资料

附 录

第　一　编

北京市各界人民代表会议文献资料

北平市各界代表会议

(1949 年 8 月 9 日—14 日)

北平市各界代表会议于 1949 年 8 月 9 日至 14 日举行。代表 332 名。其中，军管会和政府代表 15 名，党派代表 24 名，工会代表 70 名，农民代表 30 名，民主青年联合会筹委会代表 10 名，妇联筹委会代表 10 名，学联代表 14 名，中小学教职联代表 12 名，院校教职联筹委会代表 12 名，合作社代表 3 名，医务工作者协会筹备会代表 8 名，军队代表 10 名，各机关工作人员代表 15 名，少数民族代表 4 名，工商界代表 45 名，新闻界代表 4 名，文艺界代表 5 名，摊贩代表 2 名，其他爱国民主人士 39 名。

叶剑英市长致开幕词并作了北平市半年来接管与施政工作报告，从接管工作的主要经验、市政建设、生产、教育、郊区工作等五个方面报告了半年的工作。张友渔副市长作了北平市半年来财经工作补充报告。市公安局长谭政文作了北平市半年来治安工作报告。

会议共受理提案 248 件，整理为 180 件。其中，政法公安类 15 件，财经类 78 件，文教卫生类 43 件，市政建设类 37 件，其他 7 件。

会议通过了市政报告，通过了北平市各界代表会议宣言，还通过了向毛主席致敬电、向朱总司令致敬电、致前线各野战军电、向解放区农民致谢电。

会议期间，毛泽东主席到会并发表了简短的讲演。毛主席在讲话中庆祝会议的成功。他说，一俟条件成熟，各界人民代表会议即可执行人民代表大会的职权，成为全市的最高权力机关，选举市政府。他号召北平的人民一致团结起来，为克服困难，建设人民的首都而奋斗。周恩来副主席作了题为《把革命进行到底与建设新中国》的政治报告；朱德总司令和华北人民政府董必武主席向大会讲话。民革李济深先生、民盟沈钧儒先生和无党派民主人士郭沫若先生分别在大会上讲了话。会议还收到各民主党派的贺电。

会议最后，彭真代表主席团作总结报告。

毛主席给北平各界代表会议的指示

【新华社北平十三日电】在本日下午的北平各界代表会议上，中国共产党毛泽东主席发表了简短的讲演。毛主席在讲话中庆祝各界代表会议的成功，希望全国各城市都能迅速召集同样的会议，加强政府与人民的联系，协助政府进行各项建设工作，克服困难，并从而为召集普选的人民代表大会准备条件。毛主席说，一俟条件成熟，现在方式的各界人民代表会议即可执行人民代表大会的职权，成为全市的最高权力机关，选举市政府。以北平的情况来说，大约几个月后就可以这样做了。这样做的利益很多，希望代表们加紧准备。毛主席号召全北平的人民除了国民党反动派的残余及其潜伏的特务分子以外，一致团结起来，为克服困难，建设人民的首都而奋斗。

将革命进行到底与建设新中国

——周恩来副主席在北平市各界代表会议上的报告提纲

一九四九年八月十日

一、将革命进行到底

肃清国民党反动派残余。

实行土地改革，彻底消灭封建主义。

赶走帝国主义侵略势力，取消帝国主义在华特权。

二、建设新中国

扩大与巩固民族统一战线，建立人民民主专政。

克服困难，走向工业化（农村、城市、节约、生产）。

参加国际和平民主阵营，反对战争威胁。

北平市半年来接管与施政工作

——叶剑英市长在北平市各界代表会议上的报告摘要

(1949 年 8 月 9 日)

第一，接管工作的主要经验

(一)入城之前进行了充分的准备工作：1. 进行了干部思想教育，使干部普遍了解接管的任务与情况，向干部做系统的报告，并举行讨论，从政策思想上给以必要的武装。2. 预先建立了军管会各部门的组织，并规定各单位的分工与关系。

(二)在和平接管的方式上，采用了派军管代表及联合办事处接交的办法，减少了新旧交替中的无政府状态，减少了破坏，这对于人民是有利的。

(三)依靠地下党依靠群众进行接管，同时加强组织性、纪律性，严格请示报告制度，避免在政策上犯错误。

(四)接收工作基本上告一段落后，应即加强领导和管理，其具体工作是：1. 适当的处理旧人员，可以留用的则分别留用，使之安心工作，一部分送一定的教育机关去学习；一部分劣迹昭著的应加以清洗或惩办；一部分要回家的，资遣还乡。2. 将已接收的一切公营事业及文化教育机关，分别移交给一定的业务机关负责领导与管理；所有物资，按军用与非军用的大体分为两类，统一分配，合理使用。接收与管理的干部必须统一，不要接收的是一套干部，而管理的又是另外一套干部。

(五)军管会在接管工作大体告一段落时，应即缩小机构，并对全体干部进行一次纪律检查，开展批评与自我批评，深入检讨，克服一切无组织、无纪律的思想与行为，把每个接管干部的思想与政策水平提高一步。

第二，市政建设工作

从北平解放之日起，首先注意保证供给全市二百万人民的粮食、煤炭、用水、交通和电力，并依靠工人阶级，启发工人的积极性，这是我们办好市政的群众基础。半年来市政方面的几项工作是：

(一)建立人民民主革命的社会秩序。首先必须肃清潜伏的敌人——暗藏的特务，处理散兵游勇，捕捉盗匪。我公安机关半年来处理流散军人 3 万 7 千余名，破获各种案件 1 万 4 千多件。随着治安工作的进步，破案比例逐渐上升，而发生次数则逐渐减少。此外，还抓捕小偷 1744 人，协助收容乞丐 1248 人，破获银元案 1522 件。火警亦逐渐减少。

(二)改革区街政权及公安局派出所。在入城之初，由于和平接管的方式，匪特与散兵游勇，已事先有计划的潜伏，而工人阶级绝大部分尚无组织，庞大的旧警察机构和人员尚来不及改造，伪保甲制度亦未摧毁，为了维护社会秩序，联系群众，乃采取以少数老干部和大批工人、学生、积极分子，组织工作组，派到各保、各街进行工作，负责调查和了解情况，宣传党和人民政府的政策法令，反映市民要求，帮助兑换伪金元券，发救济粮，肃清散兵游勇，清除垃圾，粉碎保甲制度，与群众建立密切联系，工作是有很大成绩的。但由于我们不了解城市集中的特点，在城市政权的组织形式上机械地搬运了乡村建政的经验，在粉碎了伪保甲制度后当作典型的试验，建立了一部分街政权，于是在日常工作中形成“政出多门”“步调紊乱”，后经少奇同志指示，并且在实践中已发现了毛病很多，遂将一切工作尽量集中于市一级来进行，简化区政权机构，改为区公所，取消街政权，改造公安派出所，并具体规定了区公所与公安局派出所的本身业务及其相互之关系，进行改造公安局派出所工作中，暴露了一些缺点，旋即克服。

(三)整理摊贩，建立交通秩序。本市摊贩占据市内各要道两侧，妨害交通，引起车祸，同时这对摊贩本身的营业亦十分不利，必须加以整理。我们认为摊贩也是人民大众的一部分，对他们应该采取照顾帮助与管理的办法，不同于国民党的只凭一纸命令，凭警察武力，横加取缔，我们现在整理摊贩的目的还不是当作社会经济问题来解决的，是为了管理市场，保护正当营业，整顿街道交通秩序，防止车祸、火警，保障社会治安。因此，凡摊贩摆设的位置足以妨碍交通，造成火警，影响治安者，则“择地迁移”之，反之，或者在程度上不太严重的，就通用“就地整理”办法，并且事先进行了思想解释，召集摊贩开会讨论选好地方，然后有步骤、有重点的进行，目前4万多户摊贩，均能各得其所，交通秩序也有了显著的进步。

(四)收容乞丐：解放前，北平乞丐数目很难统计，解放后他们之中有一部分人误解“解放”为强乞恶讨。我们的处理方针是：一面收容，一面组织劳动，加以教育改造，使之依靠自己劳动维持生活。收容之后，编成班、分队、中队，由他们自任正副班长，订出作息时间、生活规则，按时作息，组织他们学习和文化娱乐。这些乞丐的改造，还需要相当时间，我们估计他们是能够得到改造的。

(五)清洁卫生：约三个月内共进行了防疫、环境卫生、医药救济、学校卫生等工作，特别是在91天中清除了国民党统治时期多年来未清除的20多万吨垃圾，又清除了市内粪便20多万斤。其次，以过去三分之二的防疫人员完成了比去年更多的防疫注射，并扩展到城郊，在郊区设立了防疫卫生站11个。给郊区市民免费治疗者达3万1千多人，给城区市民治病也有1千4百多人，经区街到卫生局免费治疗者有2万6千余人。卫生工作当然还有缺点，尚须澈底改进。

(六)道路沟渠的修建。日寇与国民党反动派，11年的统治期间，道路失修，沟渠淤塞，机构庞杂，人事浮冗，贪污私饱。自我接管后，取消伪工务局，成立建设局，并组织郊区工作队，对旧人员加以甄别审查去留，充实郊区工作队，半年来修路面15万2980平方公尺，各种井1922座，各种沟4千6百多公尺，并整顿了河道与防汛工作，月底可以完成全市本年拟修补之路的半数。

此外，我们在市政工作上有的尚待调查研究，然后进行改革，如全市共约2千多妓女尚待处理，还有其他日常具体工作。

第三，生产工作

我们遵照着中共中央和毛主席“发展生产、繁荣经济”，“公私兼顾、劳资两利、城乡互助、内外交流”的新民主主义的经济政策。最初是集中力量进行接管，肃清伪金元券，禁用银元，借以安定人民生活。接着即提出以恢复、改造、发展生产为我们的中心任务，现就恢复与发展生产中的几个问题加以说明。

(一)关于公营生产方面：

本市公营企业各单位，在国民党统治时期，有的破烂不堪勉强维持，而大部分处于停工状态，由于我们不断与困难作斗争，以及职工们的努力，不到半年的时间，现在公营工业生产已经一般的恢复起来，达到和超过解放前和去年下半年的水准。例如燕京造纸厂产量比解放前提高到263%。门头沟煤矿提高产量13%。新建砖厂产量增加1倍。其他例子尚多。

我们公营工厂企业之所以能克服困难，恢复和增加生产，其基本原因是由于共产党的正确领导，发展生产的明确方针，及工厂管理的民主改革，使工人的阶级觉悟和生产的积极性与创造性都普遍提高了。

另外，人民政府对于这些在极其破烂不堪的基础上恢复起来的公营企业用投资和贷款的方式，加以很大的帮助。

从生产的恢复和发展的情形来看，我们公营企业的生产比之于国民党统治时期是有着显著进步的。但是，缺点还是很严重的，主要是：

1.工厂管理的民主改革还做得很不够，一些干部对于依靠工人阶级和如何发挥工人的积极性、创造性，在思想上认识得还不够明确，若干企业领导者尚不能深入群众，及时改进领导；对官僚化的机构与制度没有及时改造或改造得不澈底。

2.缺乏企业化经营的经验，有些工厂还缺乏严格的成本计算和科学的管理，工厂机关化的现象还相当严重地存在着。

这些缺点我们必须努力克服和纠正。

(二)关于私营生产方面：

私营工业生产，过去因为在国民党官僚资本的统治和美帝国主义的商品倾销下，美货充斥，恶性通货膨胀，加以苛杂繁重，因此，使工业生产陷入了绝境。北平有很多游资，大部分集中于商业上的投机，民族工业只是奄奄一息，如大中铁工厂。民国三十年前后，连临时工在内，曾达一百多个工人，北平解放时只有五个人了，实际上已经停工。其他私营工业生产也都不能维持。

北平解放后，由于我们正确的执行了政策，保护了私营工业，并进一步扶助他们促其恢复和发展，半年以来，私人工业的生产大部恢复并且有一些行业已超过了解放前，得到相当发展。也有解放后增设的新厂，如造胰业，截止到6月份新设了148户，占总户数的48%。手工织染业新设123户，占总户数的26%。

此外有些工业的生产不仅是恢复了，并且已经达到三十七年度的水准，个别的还超过了去年前半年。

在扶植私营工业生产中应指出如下几点经验：

1.贯彻政策，消除顾虑。解放以来，我们历次召开工人和资本家的座谈会，阐释政府保护和扶植有益于国民生计的工商业政策，五月份在办理工业登记中，结合了宣传政策与调查情况，并实际的解决了一些生产中的问题，如劳资纠纷、原料的供给和成品的推销等等。五月初刘少奇同志在天津向私人资本家明确的解释了四面八方的政策，在解除私人资本家的思想顾虑上起了很大的作用。

2. 通过银行和贸易公司帮助私营工厂解决了许多生产上的困难。由银行贷予款项的有40余家，共9千1百余万元。另外，为了扶植特种手工业贷给17个行业共305户、2千7百万元。贷给出口商的打包放款4千7百万元，此外银行又在公私两利与扶植生产防止投机的原则下，试办了定货、折实等贷款办法。解决了一些厂家在原料与继续再生产中的困难。对于手工业的扶植，合作银行到七月底共贷予986户，贷出3千5百99万2千零8元，这些贷款部分的解决了一些小的工厂作坊复业，和一些工人的失业问题。

贸易公司则用了以原料换成品（对织染业、针织业）、收购成品（对肥皂业）、委托加工（对面粉业、染布业）及代销成品等方式，解决了许多行业的原料供应、成品推销的问题。此外在税收上也贯彻了发展生产的精神，在税率上工业轻于商业，在征收春季营业税时，规定小型手工业、特种手工艺、制造业等免纳营业税，工业机器业税率减低为1%。

由于以上这些积极扶植工业的有效措施，就使得私人资本家们更进一步的了解了工商业政策，从而启发了他们的生产积极性，也鼓励了许多以前不从事生产的人们转向生产。

另外，在恢复与发展生产的工作中，我们抓准了沟通城乡贸易这一环节，成立了城乡贸易指导委员会。积极发展了许多地区的贸易关系。六月份由工商局协助工业会举办了工业展览会，邀请华北各地和其他解放区派代表团来平参观，交换了各个地区的生产情况，了解了各个地区对本市工业产品需要的情形，并与各地成交总值1亿6千万元的货物，开始建立了与各地交换物资的关系。并由市贸易公司、贸易指导委员会共同组织了东北、西北调查小组，研究了各地需要情况。

总之，半年来，北平的工业生产是有进步有成绩的，但必须承认还存在着严重的困难与缺点。如有些厂家生产资金不足，应尽量吸收私人游资转入工业生产，银行也必须准备更进一步有计划的来扶植。至于原料与材料的供应上的困难，这是从过去半殖民地的生产向着独立自主的生产的转变过程中必然会遭遇到的困难，这种困难是能够和必须克服的。

其次，必须强调提高质量，减低成本，合乎商品的规格与标准，必须使我们的工业产品“物美价廉”，适合农村需要，才能争取打开销路。

由于我们经验和知识的缺乏，对整个生产的指导和计划上做得还很不够，表现在对本市工业生产的方向指导上不具体、不及时，因而没有适时的纠正生产上的盲目性，曾经有一个时期，针织、造胰两业表现了有时供不应求、又有时生产过剩。在公营工业与私营工业、银行与贸易公司、机器工厂和手工作坊等的配合上，也都做的不够，未能使彼此之间建立起合理而适当的联系。

第四，教育工作

这里只讲中小学教育。

中等学校现属市管的108处，其中私立的占82处，小学及幼稚园共790处，私立的占198处。人数：中学占42944人，教职员3181人，小学生，158756人，教职员4673人。解放后我们即确定必须按照新民主主义教育方针，即为建立民族的、科学的、大众的教育内容，培养具有为人民服务思想和专门知识技能的建国人材，作为改造和发展北平市教育的目标。但为了有步骤、有计划地贯彻这一方针，我们对各中小学采取了暂时维持原状，按时开学，有步骤的进行接管与改革的方针。半年来进行了下列几项初步的改革工作：

一、行政改革：首先是学校领导成分。现在全部公立学校均已接管，撤换了坚持反人民的、思想反动的，或不称职的少数教职员，机构精简了，从过去的四大处改为总务、教导二处，经济上做到公开、节约和基本上消灭了贪污，少数学校并以此所得添置了设备。其次是启发与发扬学生民主自觉的学习精神，并逐渐建立了民主管理制度，扫除了国民党时代对学生的封建的法西斯的野蛮控制，也克服了解放初期学生中发生的散漫的偏向。对少数如特务把持之私立中学则加以接管或代管，把学生从反动特务的控制下解放出来，得到安心读书的新环境。

二、课程改革：反动课程如党义、公民等均已废止，国文、历史一般亦采用了新教材。全市中学四分之三增设了固定的政治课，针对着学生中各种思想进行了实际的教育。

三、团结并改造旧教师，也是教育改革的重要工作之一。我们协助教联筹委会举办了各种讲座、座谈，成立了政治、国文、历史的研究组织，造成了教师间热烈的学习空气，举办了中小学教职员的暑期学习会，已取得相当的成就。

四、救济贫苦学生：对贫苦及家在待解放区而经济来源断绝的学生，发给临时救济金。在解放之初，救济金曾经发的比较混乱，不该救济不必救济的也给予了救济金，由于学生思想的进步，经整理自愿退领救济金后，实领者3472人。下学期将确立正式的人民助学金，以求得更公平合理，并务使必须救济的清寒优秀学生获得求学的机会。

但整个教育的改革，尚须全体愿意为人民服务的教师团结起来，进行更艰苦的努力。

第五，郊区工作

郊区工作最初没有专门工作机构，五月份以后，建立了郊区工作委员会，工作进一步走上正规。自去年12月郊区解放以来，就其主要工作来说，有下列四项：

一、支前：平津战役开始，当时郊区首先配合老区人民完成围城期间浩大的支前工作。首先我们组织了各级支前指挥部，各地供应站粮站，有的村则组织了支前委员会，经过了这些组织发动群众保证部队供给，和配合部队解放北平。

进行工作时，首先揭穿了敌人制造的各种谣言，宣传人民政府各种政策，稳定了人心，团结了群众。在粮食供给上，除老解放区食粮源源不断供给前线外，为了及时保证部队吃饭，我们采取“就地取给”和“合理借粮”的办法。对副食品的供给上采取和群众协商，整批购买，一面保证部队供应，另方面则决定因物价高涨吃菜赔价由政府补偿群众损失。其他人力物力的动员上，也基本上照顾了部队需要和群众生活两方面情况。因此广大群众支前情绪高涨，完成了繁重的支前任务，这是郊区干部群众很大的一个工作成绩。

二、在农业生产方面：1. 解放之初，土地问题没有解决，一般农民对生产抱观望态度，后来我们宣布了谁种谁收政策后，安定了一般农民的生产情绪。2. 贷款计人民券两千万元(大部用于购买农具、种子、牲畜、肥料等)，小米两万多斤（一半用于水利，一半用于开荒)。3. 整修十九区北辛安诸村大水渠，可灌溉农田1万3千亩（比去年多灌溉5千4百亩)，在今春华北政府号召抗旱备荒期间，只五个区不完全统计，共打井修井421眼，雨季前永定河河堤的修筑工作，即已顺利完成。在被涝农地，动员农民开排水沟，都有良好成绩，今夏发生的虫灾大部亦已消灭。六月中旬在丰台、南苑两区有严重的雹灾，已进行贷粮贷种工作，发动农民补田补种。4. 各区大量开垦小块荒地。5. 清明节发动群众植树，如长辛店在“一人一株树”的号召下，即共植3万7千株，现已活成的在三分之二以上。

三、在民主建政方面：三月中旬以后，各区均进行摧毁伪保甲制度，建立人民的村政权。郊区区划亦加以调整，由15个区调整为9个区，现在区的机构已经健全，工作效率提高了。解放后请求调解的民事案件很多，老百姓把多年陈案也拿来请求调解。郊区曾举行过社会救济，每区发救济粮1万斤，另郊区的烈军工属共有4019户，已发抚恤粮和优待粮10万斤。

四、在土地改革方面：解放后农民纷纷要求土地，但当时由于一般群众觉悟程度不够，农会尚未普遍组织起来，同时春耕在即，照顾生产，如此，政府一面为了安定生产情绪，一面又必须解决与可能解决的农民土地要求。原则上提出“谁种谁收”，安定了各阶层生产情绪，并适当的将公地或地主无力经营与逃亡地主之土地调剂给无地少地之农民耕种，同时并废除了上打租，迫使地主退租给农民，解决了一部分农民的生产资料及生活困难。保证春耕播种顺利完成。

目前正在根据军管会《关于本市辖区农业土地问题的决定》进行各项土地改革的准备工作。

半年来在生产建政中农会组织已经建立起来了，他们正从思想上、作风上、组织上进一步整顿自己，培养干部，教育会员。至今已在472个村建立了农会，109个村建立了农筹会，会员48728人。同时各区农会筹备会及市农筹会，均已正式建立。

其次进行典型试验，将我们的土地政策，在几个农村中具体实施，并从中取得经验，以供今后各区有计划有步骤地展开土改运动，估计实验工作可能在最近结束，不久各区即可较普遍地进行“土地改革”工作。

半年来的工作情况就是如此。已经报告完了。摆在我们面前的还有更艰巨的任务，我们工作中还存在着很多缺点和困难，目前我们必须集中一切力量，首先进行下列三项重要工作。

三项重要工作：

第一，进一步巩固北平人民的革命秩序，继续坚决镇压一切反革命分子的活动，继续肃清国民党反动派的残余势力和特务匪徒，巩固人民民主专政。

第二，采取一切有效的方法，继续恢复与发展北平的生产。在公营生产方面，应该努力减低成本、提高质量，并根据原料与市场的情况，增加生产，依靠工人群众实现企业管理的民主化。在私营生产方面，应该继续系统地解决各行业的劳资关系，订立劳资合同，扶植有发展前途的私营工商业，统一生产的规格，保证生产品的一定质量与产量，加强对私营生产的方向指导，尽量克服生产的盲目性。

第三，继续发展人民的文化教育事业，进一步改造中小学教育，加强群众的社会教育，特别是职工教育，并使职工子弟得到受教育的机会。加强在职干部的政治理论学习，对于各部门愿意为人民服务的旧的工作人员加以教育改造，使他们更好的为人民服务，为新民主主义的建设而服务。

北平市半年来财经工作补充报告摘要

——张友渔副市长在北平市各界代表会议上报告

（1949年8月10日）

关于市政府半年来的工作及今后方针，叶市长昨日已在大会报告，我现在只是就财经工作中，叶市长所未谈到的三个问题，作一补充报告。这三个问题就是财政税收问题、物价问题和银行工作问题。

一　财政税收问题

（1）财政状况

本市财政，收支相差颇钜。开支方面，由于市属郊区范围扩大；国民党反动政府时代原属所谓中央直辖的一些机关如税局、法院等，划归市管，特别是接收了庞大的官僚机构，人员的资遣和训练，需要一笔很大经费；最主要的是马路、水道、公有房屋等，国民党反动政府从未修理，而我们则须逐渐加以修理；还有教育广大青年，进行卫生建设，也都需要经费，所以逐月增加了。前半年计共支出小米4275万斤（不包括军队、大学、军管会经费及地方款开支）。收入方面，主要是依靠税收。前半年计共收小米1869万斤。也是由于工商业的恢复和税收工作的整顿而逐月增加了的。收支相较，实亏2406万斤，占总支出的56.27%，亦即收入只相当总支出的43.73%。这笔亏款依靠华北人民政府拨款补助，也就是目前北平开支还需要华北解放区农民担负一部分。

下半年的支出概算共计小米9507万斤，较前半年增加一倍以上。其中经常费占总支出的47.75%，教育、卫生、建设等事业费占40.18%，预备费占12.07%。支出概算所以增加，有二个原因，一是下半年比前半年多一个月，二是事业费增加了。前半年事业费较少，事业费的增加，在北平的建设上是必要的。

以上属于华北款开支范围。此外属于地方款开支范围的，为城市内市立小学经费每月约100万斤，郊区村公所、村小学经费每月约60多万斤，全年约计1900余万斤，清扫垃圾的临时费，全年开支约200万斤，以上年计共约2000万斤。过去所征收的行政事业费已停征。现在小学经费暂用华北款垫支，已垫23732万元。

（2）税收状况

国民党反动政府时代苛捐杂税甚重。商号负担苛杂多者达正税的85.9%，少者28.8%，平均58%。解放后本应根据“发展生产、保证供给、繁荣经济、公私兼顾”的财政政策加以彻底改革，但因税制的改革必须慎重研究，且不是一城一市所能单独任意改变，所以只暂将过去二十四种税目中比较合理的十六种保留下来，继续征收，废除其余八种。同时为了贯彻发展生产并促进城乡物资交流，特规定小型手工业、特种手工艺、制造业等免纳营业税；工业机器业制造业等的营业税税率减低为1%；撤消各城门税卡；粮食、棉花、油料、梨枣、瓜果五种行商税税率由3%改为1.5%；肩挑负贩售货总值不足两万元者，及自产自销的小手工业者，均予免征。

我们的税收工作，由于一般采取了民主评议，而税工人员一般地说也还算艰苦廉洁，所以做到了大体上公平合理。

（3）今后财政工作意见

为了支援前线、建设新北平，进行经济、文化、教育、卫生、市政各种必需的建设事业，必须在公平合理的原则下彻底整理税收，加强税收工作，并加强公有房地产管理，以努力增加收入。此外，公营企业将来亦有相当收入，供给财政开支。另一方面，必须大大减轻农民对城市的负担，因而也就必须认真实行精简节约、紧缩编制、精干机构、节省开支、防止浪费、反对铺张、保持与提倡艰苦朴素作风，以期积累资本，迅速恢复与发展生产。

二　物价问题

北平是一个消费城市，而不是生产城市。在这样的城市，物价问题向来是严重的问题。在解放前，我们便曾注意到这一点，决定对北平供应相当充分的物资，以避免物价的剧烈波动，在平郊集中粮食3000万斤，白油28万斤，煤觔7万吨。解放后即以公平价格通过合作社、零售店直接供应劳动市民，积极平稳物价。这就使得北平物价在解放后一个相当长的时期中，保持了平稳状态。到七月底止，共计供应粮食5238万9174斤，连同供给市场及郊区等，则达1亿3790万斤，供应布14万匹，纱11万3000捆，保证了劳动人民以公平价格获得生活必需品。

四月下半月，物价曾有一度波动，经努力平抑，不久即趋稳定。进入七月，物价又激烈波动。开始，主要是受上海物价波动、游资北移的影响。但到七月下旬以后，北平物价超过上海，并继续上涨。最近几天则在我们努力平抑下开始下降。很明显，七月份，北平物价波动的主要因素已不是外来影响，而是游资作祟，即上海北来的游资和北平本地的游资，勾结一起进行了投机倒把、扰乱市场的活动。目前投机活动有如下几种：

1. 购存物资，囤积拒售。有些粮商购存纱布，布商将布卖掉，投向棉纱、粮食、黄金，来回倒卖，米面粮店大批购存小麦杂粮，超过其零售与加工的业务范围。

2. 买空卖空。如布匹、纱布商利用跑合的先买后卖，或先卖后买，从涨落中投机，牟取暴利。

3. 套购物资。有些粮栈利用其他粮店套购贸易公司粮食，有的仅在购买时付交定款，转手即将批单卖给他人，专门哄抬物价，从中取利。

4. 个别公营商店、机关生产及合作社也抢购物资，为赚利而不择手段。

以上各种投机活动，不顾国家与人民的利益，违反人民政府法令，必不能允许其继续存在。我们正在加强市场管理，严格检查投机活动。希望人民协助。为了根本解决物价问题，一方面必须发展生产，他方面，必须厉行节约。

三 银行工作问题

国民党反动政府的金融机构的特点是进行垄断性的投机与助长投机而与生产脱节。我们人民银行中心工作则是为生产服务，大力扶植生产。此外，并受政府委托，执行金融管理工作。

人民银行北平分行七个月来所做的工作，主要的是：

(1)贷款：截至七月底止，公营企业贷款的累积数，包括公用、工矿、贸易及文化事业等共49亿多，除已收回者外，现在实际余额为15亿。私营企业贷款共2亿5千万元。计工业9千1百余万元，矿业5千1百万元，出口打包放款4千7百万元，特种手工艺2千7百万元，文化教育事业2千8百万元，商业2百万元。实行贷款的结果，第一，帮助了公营企业的恢复与发展，第二，扶助了私营工矿业、特种手工业及出口商。此外，又试办了定货贷款办法，解决了私营企业原料、市场与继续再生产的困难。

(2) 折实储蓄存款：4月1日到7月27日共吸收此项储蓄存款4亿多。在银行营业项目中，这项营业是比较吃亏的。但在吸收游资上，起了一定作用。这些储蓄存款可较长期地投入生产贷款中去，以发展生产。同时也保证了一部分基本群众（主要是工人、学生、公教人员）的储蓄保值，使他们避免受货币贬值影响。

(3) 金融管理：第一，曾经全数收兑了十亿伪金元券，其中五亿元是受优待的，每人兑5百元，即受优待者1百万人，为北平市民的二分之一。第二，禁止了金银买卖，管理生金银、银元，共破获金银黑市据点31处，较大案件22起。第三，帮助了占全部金店二分之一的125家金店转业，以优待接近市价的价格收兑金店金银，计黄金301两，白银94411两。第四，管理私营行庄，实行了验资，重新登记，检验资本。

北平市半年来治安工作

——谭政文局长在北平市各界代表会议上报告摘要

(1949年8月10日)

今天我将北平市半年来的治安工作向大家作简略的报告：

北平曾经是国民党反动派在华北政治的和军事的中心，也是国民党特务活动的重要据点。北平解放时，除了北平原有的特务分子外，还有从东北、西北、华北各个先解放的地区先后潜逃来的大批特务，除此以外，还有反动军队的大批散兵游勇，再加上在国民党反动派长期统治下所造成的土匪、小偷、银元贩子、流散在民间的非法武器等，都容易被特务匪徒们所利用，严重地危害着人民生命财产的安全和社会秩序。

北平市人民政府公安局入城之后，就在这样复杂的情况下，担负起保护国家财富与人民生命财产安全，镇压残余的反革命分子的活动，建立人民革命秩序的艰巨的任务。

一、半年来的工作

半年以来，公安局作了以下的工作。

（一）肃清特务匪徒

我们已经破获了特务匪徒的各种阴谋暴动案 83 起，逮捕首要特务分子 562 人。其中包括“保密局”系统及“剿总”系统潜伏的特务组织三个站，14 个组；破获了伪华北自救军和伪华北民众别动军，张荫梧、吴雷远等巨大军事暴动案共 8 起；破获了特务杀人、冒充我军、行抢、放毒等案 48 起，逮捕了现行犯 230 人；同时也破获了美帝战略情报局的重要特务案。

配合着镇压坚决反革命特务分子的活动，我们曾先后两次号召反动党派人员和特务分子自首登记，给那些真诚悔过的特务分子以自新的道路，在这样宽大的方针下，一共登记了的特务有 1914 人，加上管训改造的，在押与释放的以及送往法院的共有 4309 个职业特务，并收缴了敌特电台 401 架，枪支 1 千多支，特务的炸药两吨半。

（二）清除散兵游勇和处理各种案件

1. 除了协助流散军人处理委员会工作外，公安局直接清查处理流散军人 10789 名，收缴长短枪支 4799 支，各种子弹 42 万 5042 发，手榴弹 9578 枚，地雷 140 余箱，炸药 91 箱及其他各种军用物资和敌伪暗藏的材料。连同纠察总队及警备司令部等机关所收容流散官兵在 3 万 7 千以上，由于我们迅速的处理了散兵游勇，就使我们初步巩固了社会治安。

2. 破获了各种案件 14070 件。其中包括制造与使用假钞，破坏金融案 17 起；窃盗案 1810 起，捕获窃犯 2013 名；破获抢案 196 起，逮捕人犯 366 名；破获银元案 1522 起，人犯 2640 人；抓捕小偷 1744 人；扑灭火警 69 起；警卫群众性的会议 85 次；此外，还初步查对了全市户口，并协助收容乞丐 1248 人。

入城以来，由于我们干部逐渐熟悉了城市情况，克服了许多工作上的困难，旧的人员在改造学习中也树立了对人民负责的工作态度，所以在六、七月份新发生的案件逐渐减少，而破案的比例大大增加，80%以上的案件都已破获，如六月份就破获了 408 起，不少解放前的积案，亦被我们破获了。

3. 此外，我们还处理了各种刑事违警案件共计 1200 件，人犯 2314 名，送往法院各种案件 1928 件，尚未计算在内。至于改进交通秩序，协助整顿全市摊贩 42876 户，及其他配合各部门的工作也做了不少，不详述。

（三）打碎旧警察机构，建立人民公安机构

过去的警察局是反动的统治阶级镇压人民、镇压革命运动的重要工具，即反动的“国家机构”的重要组成部分，必须予以坚决粉碎，重新建立“人民民主专政”的新政权机构。主要的工作是：

1. 有分别、有步骤地处理旧警察人员。总计伪警察局共有人员 1 万 3 千多人（清洁总队等工人 1800 名、工友 1 千多在内），除明令开除、遣散与送清河大队分别处理总共 5 千人外，其余都经过了轮训或集训的方法加以教育改造。经过半年来的努力，现已有 9 千员警（清洁总队等工人及一般工友在内）分别留用。

这些人，除个别为人民所不满意或他们自己太不进步者须继续清洗外，他们大多数只要决心为人民服务，在广大人民的监督之下，我们估计是可以继续进步和得到改造的。

2. 建立人民的公安派出所。为了使公安局的领导机关更加接近下层，联系群众依靠群众肃清匪特，因此，取消了原有的警察分驻所，加强了各个人民公安派出所。

现在全市的派出所，经此次的彻底改造，已逐渐往健全的方向前进。

二、敌特的活动与我们的对策

我们所以取得上述成绩，说明了人民对公安工作的拥护，说明了我们的公安局正是人民民主专政的有力武器，也是人民大众忠实的勤务员，这与过去的代表少数反动统治阶级利益来压迫多数人民的伪警察局，是有着本质上的区别的。但是，我们绝不敢以取得这些成绩而自满，绝不要因此放松对于暗藏敌人的警惕。这些暗藏的敌人在解放前预先有计划的潜伏，利用各种各样的方式乘机进行捣乱和破坏，利用糖果放毒（毒死了朝阳门外二道街和八里庄的居民李杜氏等老幼四名；特务在香山慈幼院放毒，致使五十多个儿童中毒）；勾结散兵游勇、土匪强盗进行抢劫（如特务任俊明等在抢劫前门外廊房二条天瑞祥古玩铺的时候，就曾开枪打死了铺伙郭守志，特务叶志茂、李俊波在七次抢案中，每次都用非刑拷打事主，甚至用烧红的火筷子将事主的身体烫伤。据我们初步与极不完全的统计，半年来发生的抢案中，事主们因伤致死的已有十二人，重伤的四十余，至于财物的损失单金银首饰等贵重物品即值人民券一亿以上，这些多半都是与国民党特务和国民党流散官兵有关的），及纵火（如烧毁电车公司五十九辆电车，烧毁了北平被服厂存在西车站的二十八万多斤棉花，七千斤小麦）；印制伪钞、捣乱金融；制造谣言，挑拨劳资纠纷，企图达到破坏生产的阴谋活动；组织武装暴动（如特务张荫梧、吴雷远、马仲元等，解放前即曾杀害人民，解放后又组织政治土匪企图武装暴动）；杀害革命干部（如匪特李克勤与土匪宋炳生暗杀了流散军人处理委员会的董俊岭同志，刺杀了外一区的朱凯同志）；假造印信证件，破坏人民政府及人民解放军的信誉（如特务程祝青、辛维等分别假造"人民政府"、"秘查总组"、"人民解放军平津前线司令部除奸组"等关防印信及证件，组织反动武装，向人民敲诈勒索，特务王天佑以北京大学学生为掩护，勾结三青团特务，假造公安局印信及路条等，招摇撞骗）等一连串的阴谋罪行。可以告慰于人民的是这些罪行累累的匪特，已大部被我破获，有些已经受到应有的裁判了，我们有信心全部肃清他们，以保卫各界人民生命财产之安全。

为了使各位代表了解我们对付反革命分子的工作情况，我愿意把对于特务分子的处理方针和政策报告一下。

（一）我们的方针，是本着"首恶必办，胁从不问，立功受奖"宽大与镇压相结合的方针，有分别有重点地来进行。

（二）有一部分特务，曲解我宽大政策为软弱可欺，采取蒙混欺骗手段，如实行"假自首"，试探我们的态度，骗取我们的信任，争取合法，以达到一面"坦白"一面"隐蔽"的阴谋；另外一种是半吞半吐，避重就轻的硬把加入特务组织说成是党派活动，不承认是特务罪行，或说加入特务是为生活所迫，不肯交出确实还有的组织与关系；还有一部分是顽固不化坚持反动立场，拒不登记，对于这些特务，我们绝不能任其逞凶作恶，逍遥法外。为了使特务匪徒觉悟其罪行，了解我们对特务的政策，促使其悔过自新，揭破其"假自首"与蒙骗阴谋，乃根据当时情况，又决定实行了集中管训，其中有自动要求前来受训，改造思想者，有的则是令其前来受训者。经过数月的改造教育，确有不少分子有了改变，他们在思想上得到初步改造后，坦白出许多新的材料，逐渐放下反动的思想武器，不久前已将一百多经改造而悔过比较彻底的分子分别予以释放。

（三）对于少数冥顽不化，拒不登记，继续潜伏，进行阴谋破坏的特务分子，如张荫梧、吴雷远所组织的巨大阴谋暴动，"剿总"二处石家庄中心组长张振海伪造我人民币、筹备特务经费等反动案件，则采取了侦察破案坚决逮捕的办法，也只有如此，才能给危害人民的敌人以有力的打击。

三、过去工作中存在的缺点和我们对于今后公安工作的几点意见

北平市人民对国民党匪帮特务分子以及流散军人万分痛恨，半年来，我们收到市民很多的控诉信，收到很多检举特务分子的函件及材料，除了少数诬告函件外，其中绝大多数材料都是十分重要的，经验证明要想彻底肃清反动残余势力，治安机关必须与各界人士密切结合起来。

有人批评政府对于罪大恶极的特务分子，太宽大了。认为对他们过于宽大的结果，便放松了镇压的一面，因此要求对匿不登记、死不悔改的特务匪徒，加以严惩。我们认为这种意见是正确的，因为如果宽容死不悔改坚持作恶的敌人，便是危害革命人民的利益。

在工作方式上，我们也有不少的缺点，比如城门和车站等处的检查，就曾引起过不满，由于我们对工作人员教育的不够，过去在这一工作上执行的比较机械一点，检查的方式有时很生硬，因此虽然在检查中也查出不少违禁品，发现不少问题，起了它一定的作用，但既然它有上述的一些弊端，为了大多数人的方便，我们现已决意取消这种检查，而改用其他方式。

最后，我提醒大家注意，现在敌人并没有因为遭到打击而放松破坏活动，相反的，目前正积极从各方面，利用各种机会派遣特务，潜入本市，网罗其反动余孽，搜集情报，企图进行各种反人民反革命的罪恶活动，最近我们还不断破获特务的潜伏电台，同时王凤岗等特务匪徒已派遣大批武装特务潜入北平城内，企图对本市人民，进行武装抢掠，并阴谋暴动。我们必须提起高度警惕及时识破阴谋，坚决给以镇压，以便保护北平市二百万人民的生命财产，巩固人民民主专政。

现在公安局正进行反动党团人员登记，目的是再给一切愿意悔过自新、可以改造的国民党特务人员以自新之机会，并击破敌人的隐蔽潜伏的阴谋，彻底肃清反动特务组织及活动，同时为了保卫北平市的生产建设事业使之不受破坏，我们认为首先应肃清工厂、企业、机关等组织中隐藏的反革命分子。所有这些工作，都不能认为是单独公安局一个部门的工作，而是各界、各部门、各机关共同的任务，希望大家积极起来协助执行这些任务，真正做到像毛主席指示我们的"全国人民团结起来，坚决彻底干净全部地粉碎帝国主义及其走狗中国反动派的任何一项反对中国人民的阴谋"，实现以大多数人民统治镇压少数反动派的人民民主专政。

彭真同志总结报告摘要

（1949年8月14日）

各位代表：

现在我们的各界代表会议，已经顺利地完成了自己的任务。

大家对于过去的工作，作了认真的检讨，认为政府对于首要和继续为恶的反革命分子的处置太宽大了，对于投机居奇、扰乱金融物价、危害人民生计的奸商的处理太“客气”了，而精简工作则做的还很不够，这些意见都很对。

同时，大家对于北平半年来的工作，都认为满意，认为有很大成绩，已使旧的北平开始变成人民的新北平。这种成绩是从那里来的呢？是由于中国共产党毛主席的领导，是由于人民解放军的英勇奋斗，由于北平市全体工作人员和二百万人民的共同努力。我们应该感谢他们。

这次会议开得很好，代表们争论很多，却又亲如家人。我们按照便利于各界人民，特别是劳动人民协商办事的新的民主形式，本着毛主席“一切为人民服务”“知无不言、言无不尽”“坚持真理、修正错误”的精神，实事求是地商讨解决了问题，没有虚伪的旧民主形式的束缚，也没有虚伪的资产阶级议会的应付和敷衍。它表现了各界代表与政府的真诚协商和坚强的民主团结。经过了代表们的认真研究和大会热烈讨论之后，现在，已把各界代表们的意见，圆满地集中了起来，作出了明确的决议，这是北平市二百万人民今后团结的基础和努力的新方向。我们要团结起来，一一的把它实现。

下面我代表主席团，再把一些重要的问题，概括地讲讲，如果大家同意，即作为大会的讨论总结。

（一）现在我们北平的工人、农民、小资产阶级和民族资产阶级这四个朋友是团结的，过去曾有人想清算工商业，把民族资本家当成敌人，这是不对的。现在已听不到这种意见了。我们四个朋友必须在民主基础上亲密地团结起来。

目前我们还处在军事管制时期，但是军管制只是人民实行民主专政的一种形式，它的目的正是为了镇压反革命分子的活动，保护人民的民主权利，并不是限制人民的民主权利。请问半年来我们北平各界人民和在座的代表们曾感觉军管制对大家有什么不便么？决没有。据我们所知，不满和惧怕军管制的，只是帝国主义、封建主义、官僚资本主义分子和国民党特务匪徒。对于他们是必须实行专政和管制的，不能“客气”。

今后，我们必须继续肃清残余的反革命分子与潜伏的敌人，并根据宽大与镇压相结合的政策，恰当地予以处理。对于胁从分子应该不究；对于愿意改过自新的分子，应该宽大；对于首恶和继续为恶的分子，必须严予镇压。此外，在经济战线上对于投机居奇、扰乱金融物价的奸商，必须严予取缔。这样才能顺利地进行新北平的建设，并且有力地支援全国的解放战争。

在人民民主革命的四个朋友内部，是没有强制的，是民主的、自由的。但对于三个敌人则决不应容许他们有任何的自由，如果给了他们自由，就是限制人民的自由，破坏和危害人民的自由。我们必须坚决彻底干净地剥夺一切反革命分子的自由。这就是人民民主专政。让那些特务反革命分子骂我们“不民主”“不自由”罢，人民的民主和自由，本来就不是给予他们这伙匪徒的！

（二）恢复发展生产，是北平建设事业中的基本任务。半年来对国民生计有益的行业有的恢复了，有的发展了；对国民生计无益的行业，有的下降了，有的破产了。我们认为这样很好。人民是最好的审判者，凡人民所不需要的企业应该垮，应该被淘汰，应该赶快转业。

目前北平公营和私营工业中还存在着的严重问题是：有相当一部分工业产品质量不好，成本过高，生产无计划，产品规格不合乎市场的需要，这些问题必须解决，不然就会垮台，就会发生危机。克服的办法：第一，要提高质量，使成品美观适用。第二，减低成本，只有物美价廉，才能保持销路。第三，按照市场需要的规格、样式来生产。第四，要有计划的按照国民经济发展和市场需要的数量来生产，不要盲目地生产。第五，开办工厂，要逐渐摆脱对帝国主义原料的依赖性，生产要就自己之原料，就自己之市场（能争取国外市场更好）。

为了顺利的发展生产，公营企业应加强生产的计划性，应实行民主管理（有的已经做了，有的做得还很不好)，并注意工人的福利，调整不合理的工资。

私营企业，应继续有系统地调整劳资关系，订立集体合同。

过去是资本家对不起工人，而不是工人对不起资本家；解放后，工人起来了，有些工厂的工人在打破旧的封建压迫和改善生活待遇中曾发生过左的偏向，做的出了些范围，资方曾因此发生恐慌，以为了不得，其实这乃是工人对于过去资方的压迫必然的反应，现在要在劳资两利的基础上建立新的关系，以求生产的发展。

手工业和家庭副业要逐步地组织在供销合作社或生产合作社中。

政府对于公私企业和手工业生产，不仅要在生产方向上按照人民的需要给以指导，还必须在生产技术上和生产品的规格上给以可能的指导，以提高生产品的质量。

为了恢复发展生产还必须解决下列一些问题。

一、销路。不仅要有物美价廉的商品，还要以公私合力去开辟销路。北平已经举行了工业品展览会，组织了城乡贸易指导处，并由公私合组调查小组到各地调查市场需要，贸易公司曾和各地订立合同，交流产品与原料。但这些都还不够，必须进一步以公营企业和合作社为骨干，团结正派的商人，共同继续努力开展城乡和内外贸易。北平的市场，除了特种手工业以外，不是在国外，而是在附近的农村和小城市。

二、资金。工商业界首先要坚决杜绝资本的投机活动。在新民主主义经济政策下，投机者必定破产，只有投资于生产才是名利双全的正确的出路，既有参加发展生产事业的光荣，又可保证获得正当的利润。工业界不应等待和依靠政府的贷款和投资，主要应是吸收游资到正当的工商业中来。复兴面粉公司等几个私营企业，在这方面已获得了很大成绩。

三、税收。北平市民的负担虽然并不很轻，但我们的政府是取之于民，又完全用之于民的。既然现在战争还必须继续，并决定有许多事情要办，那么要减轻人民的负担，只有迅速彻底消灭国民党反动派的残余，解放全中国，并努力发展生产。战争结束了，生产发展了，人民的负担才能减轻。现在还只能更加注意税收的公平合理，在征税、免税及税率上注意扶植生产。

(三)郊区土地问题。军管会曾颁布关于郊区土地问题的决定，此次会议上对郊区问题提案少，讨论也少。望郊区工作委员会好好领导郊区农民迅速完成土地改革工作，消灭封建，以彻底解放近郊农民，发展近郊的农业生产。

(四)教育问题。

一、提高教师质量。现在除了少数不称职的教职员以外，绝大多数教师是认真负责的，但仍须进一步提高理论政治水平和文化水平，并进一步改革教学内容和教学方法，才能胜任愉快地负担起教育后一代的神圣任务。

二、开展成年文化补习教育，要和学校教育一样地重视，现在中小教职联和学联的代表，都向大会宣布他们愿负起这个艰巨的任务，这就有了一大保证了。

三、工人子弟教育，教育局在半年来虽然已予以相当注意并作出成绩，但在各校增设班次，容纳工人子弟还不够，工人子弟仍有约五分之四失学，这种现象不允许继续存在下去，应设法解决。

四、我们对于私立学校，凡是执行了政府的教育方针，办的好的，应予鼓励和扶持。这对于人民是只有好处没有坏处的。关于私立学校学费问题应按大会决议，由学校当局和学生代表共同协商，如有争执，由教育局领导解决。

(五)要厉行精简节约。精简机构和人事，提高工作效率，力争用更少的花费为人民办更多的事情。

(六)疏散人口。本市解放后已有近20万失业人口散入四乡。但现有的失业人口数目还很不少，应即继续有计划地疏散下乡。首先要动员地主还乡，地主还乡后只要不再捣乱，应不究既往。其他无业人民亦应下乡参加生产，此外应动员失业知识分子下乡服务，发展乡村的人民文化教育事业，这是北平这个文化都市应该给予乡村的帮助。

(七)把这次各界代表会议的组织固定起来，并设立经常协议机关，其组织条例要点已初步拟成，会后将提交军管会审查公布。这种会议形式继续下去，各界代表就得到经常协商市政的机会，并负责向各单位的群众报告，并听取他们的意见转向军管会及市政府作及时的反映。这样，既使政府与群众连系密切起来，又使各界代表得以与闻市政。然后，再经过一个工作时期，北平市的市长及市人民政府的委员会也可以实行选举了，市人民代表大会也可以召开了。

现在大会已把各方面的意见集中了起来，希望各界代表与全市人民在大会闭幕后，协助人民政府立即一致行动起来，执行大会的决议，并共同克服进步中、胜利中、发展中、过渡中的困难，在毛主席的旗帜下，建设新北平，发展生产，支援前线，彻底消灭蒋介石，赢得最后胜利。

北平市各界代表会组织条例

第一条 中国人民解放军北平市军事管制委员会(以下简称北平军管会)及北平市人民政府(以下简称北平市政府)为了广泛与各界交换意见,以便共同致力于新民主主义北平市之建设,特召开北平市各界代表会(以下简称各界代表会)。

第二条 各界代表会由左列代表三百三十二名组织之:

一、当然代表:

1、军管会主任 秘书长 二人

2、市长 副市长 秘书长 各局局长 法院院长 十三人

二、党派代表:

1、中国共产党北平市委员会 五人

2、中国国民党革命委员会北平市分会筹备委员会 五人

3、中国民主同盟北平市支部 五人

4、中国农工民主党北平市党务整理委员会 三人

5、九三学社 三人

6、新民主主义青年团北平市筹备委员会 三人

以上各党派代表由各该党派自行派出。

三、团体代表:

1、北平市工会代表 七十人

(七十人中应包括青工十人、女工八人)

2、北平市郊区农会筹备委员会及各区农民代表 三十人

3、北平市民主青年联合会筹备委员会 十人

4、北平市民主妇女联合会筹备委员会 十人

5、北平市学生联合会 十四人

(十四人中,大学中学各占半数并须有五人为女生)

6、北平市市私立中小学教职员联合会 十二人

(十二人中应有四人至五人为女性)

7、北平院校教职员联合会筹备委员会 十二人

8、北平市供销合作总社 三人

9、北平市医务工作者协会筹备会 八人

以上各团体代表由各该团体自行选派

四、军队及机关代表:

1、卫戍部队 十人

2、驻平各机关工作人员代表 十五人

以上军队及机关代表由其自行选派

五、少数民族代表(内回民代表二人,蒙藏代表各一人)由军管会及市政府聘请之 四人

六、其他各界代表:

1、工商业界(包括公营工商业代表) 四十五人

(内工业界二十三人,商业界二十二人)

2、新闻界 四人

3、文艺界 五人

4、摊贩代表 二人

5、其他爱国民主人士 三十九人

以上各界由军管会及市政府聘请之

第三条 各界代表会之任务如左:

1、听取军管会及市政府关于施政方针、政策、计划及工作情况之报告。

2、对军管会及市政府的施政方针、政策、计划及具体工作,进行讨论、提出批评意见。

3、向军管会及市政府反映各界人民的意见与要求。

4、向所代表的群众,传达并解释军管会及市政府的施政方针、政策、计划及其具体工作布置,并协助动员人民推行。

第四条 各界代表会议由到会代表推选主席二十九人组成主席团主持之,主席团互推常务主席九人负责召开主席团会议,常务主席并得互推召集人一人。

第五条 为便于会议进行,于必要时,得组织提案审查委员会及其他各种委员会。

第六条 各界代表会设秘书长一人,副秘书长四人,由主席团提请大会通过任命之。

在秘书长领导下,设秘书处,处理会议日常事务。

北平市各界代表会议议事规则

第一条 大会议程由主席团拟定，提交大会通过。每次大会均由常务主席互推一人主持之。

第二条 任何提案，如有一人以上附议即得成立。临时动议则须有代表二人以上附议。

第三条 大会提案除临时动议外，均应于十日夜十二时以前送交秘书处负责整理，经主席团审查后，提交大会讨论。主席团认为必要时，得提交审查委员会审查之。

第四条 提交讨论之议案，主席认为必要时得请原提案人说明。

第五条 会议中代表发言先举手或报名(或报号)经主席许可后，始得起立发言。

第六条 同一议案，每一代表发言以不超过三次为原则，超过三次者须经主席特别许可，第一次发言十五分钟，第二、第三次发言以五分钟为限。必要时，经主席许可，并得延长其时间。

第七条 凡到会之正式代表均有表决权。

第八条 议案经出席代表二分之一以上通过，即成为大会决议。

第九条 未付讨论或未付表决之提案或动议，应由秘书处负责整理汇交军管会及市政府参考。

第十条 议事进行中，如有违反议事规则者，主席得随时制止之。

第十一条 大会记录由秘书处专人负责整理，重要报告或发言，须经报告人或发言人审阅同意后，始得发表。

北平市各界代表会议会场规则

(一) 一切与会人员，均应自觉遵守本规则，确保会场秩序，以便会议的进行。

(二) 非佩有或携有本会制发之代表、来宾、列席、旁听、新闻记者及大会工作人员的佩条符号或证件者，一概谢绝进入场。

(三) 各界人士有愿到会旁听者，须先向秘书处请领旁听证始得入场。

(四) 代表、主席团、来宾、列席、旁听、新闻记者及大会工作人员，均须按照设定之席位入座。

(五) 代表出席会议均须携带代表证。

(六) 出席代表均应按时到会，在会议中，如因故必须退席时，务须向主席声明。

(七) 大会开会时间须保持肃静。

北平市各界代表会议关于市政报告的决议

(1949 年 8 月 13 日)

北平市各界代表会议第四日(十二日)会议中，曾一致通过关于市政报告的决议，决议全文如下：

北平市各界代表会议，全体代表听取了军管会主任兼北平市市长叶剑英关于接管与施政工作报告，和张友渔副市长谭政文局长的补充报告后，一致认为满意，并表示无保留的接受。

半年来北平军事管制委员会和人民政府，由于中国共产党的正确领导和二百余万市民共同努力，顺利地完成了各项接管工作，迅速地建立了人民革命政权，推进了各项建设工作，获得了很大的成就。接管这样一个大城市，本是一件极端繁重的工作，而在长期遭受封建剥削和反动统治的古老都市，建立起革命的人民政权，更是一件万分艰巨的工作，在向来是消费都市的北平，收入远不抵支出，而能有这样大的成就，确是难得，一切成功，我们首先要归功于政策的正确，同时也要归功于工作人员正确执行了政策，我们要对政府工作人员，表示深深的感谢，并致崇高的敬意。

施政报告中所提到的三项重要工作，第一，进一步的巩固北平人民的革命秩序；第二，采取一切有效的方法，继续恢复与发展北平的生产；第三，继续发展人民的文化教育事业，我们认为都是切实符合当前需要的，是把消费的城市转变为生产城市的必要步骤，是建立新民主主义的新北平的必要步骤，我们要号召北平二百万市民在支援前线，建设新北平的双重任务下实行精简，节衣缩食，克服一切困难，发展生产，增加财富，以最大力量，和政府共同努力，完成这些中心工作。

北平市各界代表会议宣言

（1949 年 8 月 14 日）

亲爱的北平各界同胞们！

我们北平各界代表会议于今日圆满闭幕。大会在中国共产党的领导下，以无比的热情接受了毛主席、朱总司令、周副主席的英明指示，并一致满意地听取了军事管制委员会和人民政府在北平解放后半年来的工作报告，进行了热烈的讨论，并通过了明确易行的决议，胜利地完成了会议的任务。

这次会议是成功的。它充满了新的人民民主的精神与作风，这和资本主义国家陈旧的虚伪的民主迥然不同。我们深刻体验到中国共产党对人民事业的无限忠诚和在人民内部，即在工人阶级、农民阶级、小资产阶级和民族资产阶级这四个阶级朋友间的团结精神，知无不言，言无不尽，像一家人一样。我们处理一切提案，完全根据需要与可能的条件，凡应办而可办者即办；凡应办尚无力办者则暂缓办；不应办亦不能办者则予以否决。是则是，非则非；议必决，决必行。有不同的意见则展开争论，进行批评与自我批评，以必要的争辩而达到团结一致。这是在真正民主基础上的团结。我们亲身体验到，这样的民主生活是最真实最丰富的了。

有了我们人民内部的真正的民主，我们就能够而且必须坚决实行对敌人的专政。我们当前的敌人是帝国主义、封建主义、官僚资本主义及其集中表现的国民党反动派的残余势力。它们还不甘心失败与灭亡。在北平，这些反革命分子仍然千方百计，用最无耻的阴谋活动来破坏我们，我们要求人民政府彻底肃清一切反革命分子的活动，执行宽大与镇压相结合的政策，对于反革命的首恶分子与怙恶不悛的分子，坚决予以严惩。我们号召各界同胞，提高警惕，分清敌友，在人民内部实行民主，共同对反革命分子实行专政，以便巩固人民民主制度，保卫人民自己切身的利益和祖国的财产，巩固后方，从事新北平的各项建设，并以人力物力财力，支援前线，把革命进行到底。

我们检讨了北平半年来的各项建设工作，认为有很大成绩。有许多历来反动统治阶级长期不能做到的事情，在人民自己当政的半年间举办得很好，这证明了人民力量的伟大。今后进一步继续恢复与发展北平的生产仍是我们一切建设工作的中心环节。目前北平的公私企业生产已大体恢复，有些已得到新的发展，虽然也有些无益于国计民生的生产下降或被淘汰，但这也是进步过程中的好现象。事实证明，凡人民所需要的原料有来源的而且经营得法的都有发展前途，否则就必然会被淘汰。因此我们号召一切公私营企业，按照人民生活的需要来恢复改造并发展自己的生产，努力改善经营，改良技术，减低成本，提高质量并使生产品合乎人民需要的规格，公私合力进一步开展城乡贸易，广泛开辟销路。在公营企业中必须进一步实行管理民主化；在私营企业中必须进一步系统地解决劳资纠纷，提高全体职工的积极性与创造性。同时必须严厉制裁奸商的囤积居奇和投机倒把，使战时的金融物价不至再有意外的剧烈波动，吸收游资到正当的生产中去。我们相信只要我们正确执行公私兼顾、劳资两利、城乡互助、内外交流的四面八方的政策，改善经营与管理的方法，我们就一定能够克服过渡时期的一切困难，使北平从过去半殖民地半封建的经济改变为完全独立自主的经济，使北平这个消费的城市一步一步地逐渐变为生产的城市。

今天摆在我们面前的是支援伟大的全国解放战争和建设新北平的双重任务。这就要求我们除了继续努力恢复与发展生产之外，还要提倡精简节约，反对浪费，并适当疏散城市的无业人口。各机关、各部门应规定切实的精简节约办法，动员城市过剩的劳动力和知识分子到乡村去，减少城市失业人口，并协助发展乡村的生产和文化建设。所有逃亡的地主，均可回乡参加生产，除罪大恶极和继续进行反革命活动者外，即可不究既往，我们深望全体市民一致努力扫除旧社会遗留的不良风气，要以勤劳生产为无上光荣，而以寄生浪费为莫大耻辱。我们的文化教育，必须切实注意按照新中国生产建设的需要，来培养大批有用的人材，以便供给各种建设事业所必需的干部。

亲爱的各界同胞们！今天北平这一个古城的面目已经焕然一新了，但是，我们决不能以此自满，我们还必须进一步克服困难才能建设人民的首都。我们各个民主的阶级、党派、团体，应互相学习，互相帮助，亲密团结，动员一切力量，发展新北平的各项建设事业。

大会通电四则

(1949年8月14日)

北平各界代表会议于八月十四日闭幕前，全体代表一致通过向毛主席致敬电，向朱总司令致敬电，致前线各野战军电，向解放区农民致谢电。原电如下：

(一) 向毛主席致敬电

敬爱的毛主席：

今天，我们北平市各界代表三百三十二人欢聚一堂，举行盛大集会。这是北平人民在历史上第一次享受着从所未有的民主权利。在会议中领受了你的英明指示，我们充满着兴奋和感激，谨向你致最崇高的敬礼！北平解放后的半年间，由于你所领导的中共北平市委员会及军事管制委员会和人民政府贤明的领导，以及各级工作人员的辛勤努力，已使北平的面貌焕然一新。我们一致满意地听取了军管会和市政府的工作报告，并进行了热烈的讨论，做出了决议。我们怀着坚定的信心。在你的英明领导下，遵照大会的各项决议，克服一切困难，动员一切力量，来巩固治安，恢复与发展生产，精简节约，支援前线，开展人民文化教育事业，实行人民民主专政，建设光辉灿烂的新北平，以迎接新政协的召开，和中华人民民主共和国的诞生。

北平市各界代表会议未寒叩

(二) 向朱总司令致敬电

敬爱的朱总司令：

我们北平各界代表，在这历代帝王的宫廷中举行了民主团结的集会，并光荣地亲聆了你的报告和指示。我们欢欣！我们感激！我们完全懂得，北平人民今天所以能享受从所未有的民主权利，是由于中共毛主席和你的英明领导，是由于我人民解放军英勇奋战，打败了国民党反动派的结果。我们谨向你和人民解放军全体指战员致亲切的慰问和敬意！我们前线各路大军，为消灭国民党反动残余力量，实现全国胜利，正在溽暑与多雨的季节，向华南、西南、西北进行着英勇艰苦的进军。我们远处大后方的人民，一定要团结一致，厉行精简节约，积极生产，巩固治安，协助军烈家属，以实际行动支援前方作战，争取迅速解放全中国，并捍卫人民的祖国，捍卫世界和平。

北平市各界代表会议未寒叩

(三) 致前线各野战军电

中国人民解放军第一野战军彭德怀、张宗逊、赵寿山诸将军，第二野战军刘伯承、邓小平、张际春诸将军，第三野战军陈毅、饶漱石、粟裕、谭震林诸将军，第四野战军林彪、罗荣桓、邓子恢诸将军，并转各野战军全体指战员同志们：

由于你们的流血牺牲，英勇奋战，使我北平二百万人民和二分之一以上的祖国同胞，已经从美蒋反动派万恶统治下，欣获解放。现在你们正冒溽暑，履艰险，进军华南、西南和西北，为解放全中国人民，以疾风扫落叶的雄威，扫荡国民党反动派的残余势力，全国胜利，屈指可期。我们北平人民一致愿为发展生产，建设新北平，巩固革命胜利的果实，支援你们在前线的作战而奋斗！兹值各界代表会议开会之际，我们仅代表北平二百万人民向你们致殷切的慰问和敬意！

北平市各界代表会议未寒叩

（四）向解放区农民致谢电

全国解放区的农民同胞们：

在八年抗日战争与三年人民解放战争中，你们出了兵，出了粮，又负担战勤，大力地支援了人民解放军，终于战胜了日本法西斯强盗和美帝国主义走狗蒋介石匪帮。现在全国胜利在望，各大城市先后获得解放，而城市供养，仍仰赖于你们的支持，一米一粟，都是你们的血汗。我们谨代表北平市二百万市民，向你们致衷心的敬意！并一致保证要以全力去建设新北平，把消费城市变为生产城市，加强城乡互助，以大力供应农村以生产资料和生活资料，共同为建设新中国而努力。

北平市各界代表会议未寒叩

北平市各界代表会议主席团名单

主席团

叶剑英　张友渔　彭　真　赵振声　余心清
吴　晗　韩卓儒　许德珩　许立群　萧　明
宋凤祥　朱长江　柴泽民　刘桐恩　萧　松
古奇踪　张晓梅　薛成业　钱端升　诸福棠
高存信　王　普　孙孚凌　刘一峰　马玉槐
陈铭德　贺绿汀　张奚若　梁思成

秘书长　薛子正

副秘书长　李公侠　杜任之　崔月犁　郭则忱

北平市各界代表会议代表名单

（一）当然代表十五名

（1）中国人民解放军北平市军事管制委员会二人

叶剑英　李公侠

（2）北平市人民政府十三人

叶剑英　张友渔　薛子正　董汝勤　柳　湜
曹言行　赵子尚　程宏毅　张文奇　牟泽衔
史怀璧　谭政文　王斐然

（二）党派代表二十四名

（1）中国共产党北平市委员会五名

彭　真　叶剑英　赵振声　邓　拓　刘　仁

（2）中国国民党革命委员会北平市分会筹备委员会五名

余心情　李民欣　陈此生　许宝骙　曹志麟

（3）中国民主同盟北平市支部五名

吴　晗　杜任之　张曼筠　曾昭抡　陈鼎文

（4）中国农工民主党北平市党务整理委员会三名

韩卓儒　郭则沉〔忱〕　丘锷岑

（5）九三学社三名

许德珩　董渭川　薛　愚

（6）新民主主义青年团北平市筹备委员会三名

许立群　杨伯箴　王率从

（三）团体代表

(1) 北平市工会代表七十名

萧　明　梁　化　祖田工　万　一　祝玉珩
赵　聪　阎世钟　苏寅生　刘国旺　虞志英（女）
王金荣　黄兰亭　胡泉桂　李永利　孙　荣
夏　明（女）　仇方域　刘鹤年　刘子云
皇甫纯　杨嵩山　甘绩显　朱德福　徐　桢
张绍华　胡元治　章秀云（女）马　然　毕庶琯
郝淑敏（女）　魏仁斋　苏　瑞　李淑敏（女）
和裕前　朱长江　顾传淦　蔡昌年　黄志华
晓　波　李　苏　牛继武　张世铭　宋凤祥
白一平　刘振东　左　才　胡光锦　杨开文
刘崇质　李长增　赵吉恒　阎文章　吕静平（女）
王　苍　张荣棠　王士秀（女）　张　纯　康文华
张力永　袁　峙　李敬祥　刘富贵　吴德宽
王连顺　郭彩章　高　福　愿春青　刘克勤
荣凤林　赵玉香（女）

(2) 北平市郊区农会筹备委员会及各区农民代表三十名

赵焕平　朱小庆　李瑜铭　张建平　宋　平
林　彤　耿子华　刘　锋　施德海　高　明
马智祥　高柱英（女）　刘同恩　高贵文（女）
张振英　贾宝富　柴泽民　刘　刚　苏　民
刘万福　刘德全　李　怀　曹殿英　张淑贞（女）
张玉法　张明玉　周国彬　张奇光　张德江
刘安善

(3) 北平市民主青年联合会筹备委员会代表十名

萧　松　庄志辉　程秋原　赵复三　李如蘅
段宝林　刘福惠　硕立元　赵世良　陈　纲

(4) 北平市民主妇女联合会筹备委员会代表十名

张秀岩（女）　张晓梅（女）　杨蕴玉（女）
胡一哉（女）　沈粹缜（女）　梁柯平（女）
陈文润（女）　郑迪之（女）　韩惠连（女）
刘清扬（女）

(5) 北平市学生联合会代表十四名

古奇踪　梁成瑞　张蒲华（女）　刚郁芳（女）
宋石如　马鸿芬（女）　佟万和　吴　璞（女）
魏华征　张大和　钱绍武　杜玉藻　平世才
关馥宜（女）

(6) 北平市中小学教职员联合会代表十二名

薛成业　杜君慧（女）郝人初　金魁之　曹乃木
梁以俅　魏学信　田　纶（女）　刘俊英（女）
孟昭江　张仲玲（女）　冯哲生（女）

(7) 北平市院校教职员联合会筹备委员会代表十二名

钱端升　罗常培　严济慈　徐悲鸿　翁独健
费孝通　赵承信　何戊双　赵　琏　王　玢
胡原凌　杨贵贞（女）

(8) 北平市合作社代表三名

王　纯　马仲德　唐仲明

(9) 北平市医务工作者协会筹备会代表八人

诸福棠　余贻倜　陈坤惕（女）　罗桂珍（女）
毛燮均　杜万亨　左　琪（女）　侯宗彪

(四) 军队及机关工作人员代表

(1) 卫戍部队十名

张桂文　叶运高　周文龙　高存信　张乃更
李　明　桂生方　倪春溪　李佩芝　张保之

(2) 驻平各机关工作人员代表十五名

中央级机关工作人员代表

王　甫　陈友群　戈　茅　胥　群　朱穆之

华北级机关工作人员代表

王乐天　王俞明　王汉民　马志远　周达夫

市级机关工作人员代表

崔月犁　纪　民　任　彬　惠锡礼　袁晋修

(五) 少数民族代表四名

马玉槐（回）　杨德亮（回）　巴根（蒙）
多杰才旦（藏）

(六) 其他各界代表

(1) 工商业界代表四十五名

私营工业

孙孚凌　浦洁修（女）　张俭堂　傅华亭　王向宸
凌其峻　丁步洲　陈荫棠　张季桓　隋经仁
宣　节　张德明　王益亭　马馥斋　董子璋
张献廷　马瑞斋　张仲廉　惠金刚

公营企业

鲍国宝　谷静波　孟广礼　侯儒林

私营商业

刘一锋　韩诵裳　乐佑申　韩星久　毕厚田
张文魁　赵宜之　刘绍臣　高守信　焦寰五
邸占江　杜雅泉　王子宏　贺永昌　刘心耕
尹国钧　赵辑五　马学增

公营商业

贾星五　王挹秋　彭　城　林　洁

(2) 新闻界代表四名

安　岗　萨空了　廖沫沙　陈铭德

(3) 文艺界代表五名

叶盛章　连阔如　叶浅予　老志诚　贺绿汀

(4) 摊贩代表二名

左广玉　张良富

（5）其他爱国民主人士三十九名

张奚若　梁思成　叶企孙　钱三强　钱伟长
戴芳澜　马约翰　汤用彤　樊　弘　袁翰青
费　青　郑　昕　闻家驷　张　任　向　达
黎锦熙　傅种孙　黄国璋　陆志韦　张东荪
陈　垣　华南圭　廉　维（女）　邢赞亭
马思聪　朱砚农　林葆骆　石志仁　孔　厥
于汝琪（女）　梁启勋　黄　浩　王子周
杨葆俊（女）　王大鲁　乐松生　林鉴生
孔伯华　萧龙友

北京市第二届各界人民代表会议

(1949年11月20日——22日)

北京市各界人民代表会议，第一届时称“各界代表会议”，自第二届起始称“各界人民代表会议”。并且，自二届一次会议起代行人民代表大会职权。

北京市第二届第一次各界人民代表会议于1949年11月20日至22日举行。大会代表425人。其中，政府代表15名，选派代表325名，邀请代表85名。人民团体和机关工作人员代表超过总人数的70%。在人民团体中，工人代表80人，占第一位；工商界代表57人，占第二位；妇女代表占总人数的13%。

彭真致开幕词。会议听取了市长聂荣臻所作的市政府关于执行第一届各界代表会议决议案情况（到十月底止）及今后工作方针与计划的报告。听取了聂荣臻关于物价问题的报告。审阅了市政府关于执行第一届各界人民代表会议决议案情况的三个补充报告。

会议通过了关于政府工作报告的决议，对市政府所提五种财政税收案的决议，通过了对第一届协商委员会所提关于救济失业员工、开办业余补习学校和封闭妓院的决议。

会议通过了第二届各界人民代表会议组织条例、市人民政府暂行组织大纲。

会议还通过了向毛主席致敬电、向朱总司令暨各野战军全体指战员慰问电。

会议收到提案115件，整理合并为96件。其中，政法公安类6件，财政经济类39件，文教卫生类15件，市政建设类20件，社会福利及其他类16件。

会议选出了第二届协商委员会主席、副主席及委员，选出了市长、副市长及政府委员。

潘龄皋致闭幕词。会议收到各党派团体贺电。

会议期间，市公安局依照市长命令，立即执行会议决议，将全市224家妓院全部封闭。

彭真同志在北京市第二届各界人民代表会议上的开幕词

（1949年11月20日）

各位代表，各位来宾同志们：

执行人民代表大会职权的北京市第二届各界人民代表会议现在开幕了。这个会议是我们北京市地方的最高权力机关。如获大会同意，它将行使下列的职权：

（一）决定本市的施政方针和政策。

（二）审查与通过市政府的预决算。

（三）听取与审查市政府的工作报告。

（四）建议与决议有关市政设施事宜。

（五）选举市长、副市长、市人民政府委员，组成北京市人民政府委员会。

此外，我们将选举第二届各界人民代表会议的协商委员会，如获大会通过，它将代表我们进行下列的工作：

（一）保证实行各界人民代表会议的决议。

（二）协商并提出对本市人民政府的建议。

（三）协助本市人民政府动员人民支援前线、镇压反革命并参加建设工作。

（四）负责进行有关下届各界人民代表会议的准备工作。

（五）负责进行本市民主统一战线的工作。

这个会议，在组织上，还不是由普选产生的人民代表大会，还只是一种各界人民代表会议的性质。但是它有着广泛的和充分的代表性：从政府、军队到人民团体和机关，从工人、农民到工商业资本家，从共产党和其他民主党派到宗教界民主人士、阿訇和喇嘛，从青年学生到八十三岁高龄的地方耆宿，所有北京市各民族人民都有代表参加。

在四百二十四名全体代表中，政府代表占百分之三点四，党派代表占百分之六点四，而人民团体和机关工作人员代表则超过百分之七十。此外，还有特别邀请的北京市各界民主人士。在人民团体中，工人代表八十人，占第一位；工商界代表五十七人，占第二位；妇女代表占全体代表总数的百分之十三。

这样由各阶层、各党派、各人民团体、各民族和政府军队及其他民主人士的代表所组成的各界人民代表会议，是能够充分代表北京市各界人民的意志的；它是应该也能够代表北京市各界人民执行人民代表大会的职权的。三个月以前毛主席在本市第一届各界人民代表会议上曾经指示我们，要加紧准备，一俟条件成熟，即可执行这种职权。那时他就说："以北平的情况来说，大致几个月后就可以这样做了。"现在我们北京市人民没有辜负毛主席的指示和期望。几个月来，经过政府和各界人民的积极准备，经过上届各界人民代表会议协商委员会多次地协商，现在条件成熟了；我们北京市人民已经光荣地完成了毛主席指示我们要我们积极准备的工作了。经过中央人民政府的批准，我们这次会议就执行人民代表大会的职权了，从此我们北京市各界人民就直接管理自己的政权了。这是全国人民在中国共产党领导下长期反帝、反封建、反官僚资本主义斗争胜利的结果，是人民解放军长期艰苦斗争的结果，是人民的胜利，是人民民主的胜利，是各界人民大团结的胜利。我们应该庆祝我们的胜利！

在这个会议上，我们将制定北京市第二届各界人民代表会议的组织条例，制定北京市人民政府暂行组织大纲，讨论并决定本市各种税则（下次会议并将审查与通过明年的预算和今年的决算）。我们将听取和审查市政府的工作报告，并决定今后的施政方针，决定一切有关恢复和发展生产及人民文化教育事业的重大措施，我们将要选举市长、副市长和市人民政府委员会委员，以组成北京市人民政府。总之，我们北京市人民在这个会议上将要讨论与决定我们所要讨论与解决的问题，并按照北京市人民的意志作出我们的决议。

关于政府和各界人民如何根据上届各界人民代表会议的决议，镇压反革命，巩固人民民主的秩序，如何恢复与发展生产及人民文化教育事业，如何进行各项市政建设，聂市长将有详细的报告。大家都亲眼看到市政府是忠实地执行了上届各界人民代表会议的决议的。

今后，我们仍然要继续肃清反革命的残余，肃清帝国主义、封建主义统治的旧社会的渣滓，肃清封建社会的各种反动残余。我们不仅要肃清国民党反动派的残余及其潜伏的特务分子，而且要肃清与他们狼狈为奸的盗匪和旧社会所残留下来的各色各样的恶霸、土豪劣绅以及扰乱金融物价囤积居奇的经济上的扒手、违法的奸商。在伟大的中华人民共和国的首都，绝不能允许再有任何帝国主义封建主义的残余来压榨、勒索和侮辱我们人民。

今后，我们北京市全体人民最中心的和决定一切的任务，仍然是继续恢复与发展生产。革命的目的是为了解放生产力和发展生产，在解放以前，我们的中心任务是打倒敌人；不打倒敌人，则一切生产和社会建设都谈不到，解放以后的中心任务是迅速恢复与发展生产。如果没有生产的恢复与发展，一切所谓建设都将成为空谈。革命也将因此而失掉其最根本的意义。正如毛主席所指示的："从中国境内肃清了帝国主义、封建主义、官僚资本主义和国民党的统治（这是帝国主义、封建主义和官僚资本主义三者的集中表现），还没有完全的解决中国独立自主的问题，只有待经济上获得了广大的发展，由落后的农业国变成了先进的工业国，经济上完全不依赖外国了，经济上完全独立了，才算最后的解决了这个问题。"九个多月来，北京市的生产已经有很大的恢复和若干的发展。但是我们应该说，我们的恢复和发展还是十分不够的。我们各界人民必需要加倍积极起来，克服一切困难，努力恢复和发展我们的生产。只有这样，才能解决北京市一部分人民的失业问题，才能逐渐改善北京市人民的生活，才能发展市政建设和文化教育事业，并最后确定地稳定我们的物价，把北京市发展成为经济繁荣的人民首都。

为了恢复与发展生产，我们应该继续加强城乡互助和畅通内外交流的关系。我们的公营工厂和私营工厂应该制订明年生产的大体计划，以便吸收我们所需要的原料、机器，筹划生产品的销路。应该改良生产技术，提高生产效率，以减低产品的成本，并增加其产量。为了恢复与发展生产，我们应该进一步运用国药业、面粉业等签订集团合同的经验，进一步调整一些尚须调整的劳资关系，并解决工厂工人解雇及被解雇后的生活问题。应该展开劳动英雄和模范工作者的运动，并给予他们应有的精神表扬和物质奖励。应该提高工人的政治觉悟、文化水平和工作技能。因此，除发展学校教育和现有的政治教育以外，我们还应该建立大模范的比较正规的业余学校，并开展社会教育和人民大众的文艺运动，如报纸、广播、电影、话剧和旧曲艺的改革等。为了改善我们的生活环境和工作条件，便利生产的恢复和发展，我们应该改善城市的公共卫生医疗和其他设备。

各位代表同志们：我们依靠毛主席的英明领导，依靠我们全国人民的团结与艰苦奋斗，依靠人民解放军的英勇善战，我们中国人民已经取得了伟大的胜利，解放后九个月来，由于我们北京市各界人民的努力，我们人民首都的建设，已经获得了一些成绩。但是若拿这点成绩和我们应达到的远大目标作比较，还是十分渺小的。我们已经克服了很多困难，但是我们还有很多发展中的胜利中的困难需要继续克服。我们相信，只要北京市各界人民团结一致，共产党与其他民主党派团结一致，新老工作人员团结一致，我们就能够克服一切困难，迅速发展北京市的各项建设事业，建设人民的首都。我们北京市的全体人民要响应毛主席的号召和指示，"一致团结起来，为克服困难，建设人民的首都而奋斗"！

北京市第二届各界人民代表会议成功万岁！

北京市各界人民大团结万岁！

伟大的毛主席万岁！

伟大的中华人民共和国和中央人民政府万岁！

聂荣臻市长关于执行第一届各界人民代表会议决议案情况及今后工作方针与计划的报告

（1949年11月20日）

各位代表：

我代表北京市人民政府向各位报告到十月底为止（其中关于物价、防疫等问题，包括十一月份的材料），执行第一届各界人民代表会议决议案的情况及今后的工作方针和计划。

（一）执行决议案的情况

北京市第一届各界人民代表会议除通过军管会和市政府的施政报告，同意继续进行报告中所提到的三项重要工作，即（1）进一步巩固革命秩序，（2）继续恢复与发展生产，（3）继续发展人民的文化教育事业外，并通过交市政府办理或参考的决议案一百七十一件。当时张友渔副市长曾代表市政府，向大会表示：在人力财力许可的条件下，当尽量尽速地执行这些决议案。到十月底止两个半月中，除"设立公营澡堂"等七案，一时还不能执行外，其余一百六十四案，都已斟酌缓急先后，分别执行。有的已执行完毕；有的还在继续进行；有的已拟妥计划，准备实施。具体执行情况，除各主管部门另有书面的补充报告外，并已列表印发。这里，只是择要报告，不再详述。

（1）为了巩固革命秩序，我们曾在七八月间，动员公安局和纠察总队工作人员三千四百八十一人，进行查对户口，发现了一千八百十一个特务分子，三千三百二十个反动党团分子，七千八百零九个流散军人及二万四千零三十三个其他防〔妨〕害社会治安分子。同时，继续进行七月下旬开始的反动党团分子登记工作。到十月二十五日止，共登记了反动党团分子三千零八十七名。另外，又登记了特务分子三千一百二十四名。在这期间，并破获特务案件二百七十六起，逮捕了王凤岗残匪二百零九人。这就进一步巩固了革命秩序。

社会治安亦日有进步，十月份，在全市二十个公安分局管辖区内，有十一个分局管辖区没有发生过抢劫案，其余九个分局管辖区发生过抢劫案共二十六起，较解放以来的任何一月均少，并且在这些抢劫案中，已破坏〔获〕十九起，占总数的百分之七十三。

与此相配合，市人民法院对反革命、扰乱物价的奸商和欺压人民的恶霸等案件，也采取了积极处理的方针。在这期间，共判决十六案，被处死刑的三人。另一方面采取了劳动改造的方针，挑选身体强壮的犯人三百余人，组成劳动大队，参加各种劳动。

（2）为了恢复与发展生产，我们首先在公营企业中，发动了减低成本，提高质量的运动。由于实行了精简节约，比较有计划的生产及进一步民主管理，而使这个运动已获得初步成绩。例如燕京造纸厂：过去产品不合标准者达百分之五十，现已减到百分之二十；每令纸的成本，九月份较八月份减低七百七十八元，而销售量则由每月一千八百二十八令增加到七千七百零七令。又如新建玻璃厂：节省原料人工的结果，每月可少开支米五千余斤，而生产规模，则由一座炉增至二座炉，现正拟增至三座炉。其次对私营工业，用订货、加工、收购成品以及生产贷款等方式，给予了必要的扶助。例如织染业，十之七八是给贸易公司加工，或由贸易公司收购其成品。又如人民银行给予私营工业的贷款，八九两月已贷出五亿九千余万元，而十月一个月即达九亿六千余万元。原已萧条的特种手工业，在得到两次贷款的扶助后，日渐恢复，九月份较七月份增加了五百多户，工人增加了约近三倍。此外，为了打开销路，我们又加强了城乡贸易指导委员会的工作；组织工业界西北等地参观团；与张家口等地工商业界订立了产销联系的协定；开辟了内地的市场，例如涿鹿一地即向本市订购打稻机百台左右。由于工业得到扶助，且有了出路，于是游资逐渐被吸收到工业中来，而商业资本也有转向生产的趋势。例如福兴面粉厂增加五部机磨，北京织染厂增加十台电力机，而新建的工厂，则有华光油漆工厂和新华企业公司的醋酸工厂等。又如大华百货公司增设机织部，王府百货公司筹设工厂，尤为商业资本转向生产的表现。这样下去，生产是有其更进一步恢复和发展的前途的。

为了发展生产，根据劳资两利的原则，适当处理劳资关系，亦为主要关键之一。劳动局在八九十三个月内，除批准国药业、粪业、建筑业、机制面粉业四个集体各〔合〕同外，并积极进行了调解劳资纠纷的工作。这就使得劳资纠纷逐渐减少，从八月份的六十三件，减少到十月份的三十一件，对于发展生产是有裨益的。

两个半月来的事实证明，只要实行生产计划化，管理民主化，及在劳资两利的原则下，处理私营企业中的劳资关系，就可使生产品提高质量，减低成本，从而打开销路，也就可使生产走向恢复和发展。现在我们在这一方面虽已获得相当成绩，但还不够，仍需继续努力。

在农业生产方面，由于我们的提倡与扶助，今年郊区种麦大大增加。据调查，去年种麦为十六万九千三百二十六亩，今年则为三十三万二千一百六十二亩，即为去年的百分之一九六，占耕地总面积的百分之三十三。又郊区土地改革，从七月起，即进行了一切准备，并先选择了十几个试验村，完成典型示范的工作，预期在明年春耕以前，完成土地改革，这样对明年农业生产将有很大帮助。虽然，这对北京的整个生产和收入来说，还不是重要问题，但对郊区农业生产来说，却有很大意义。根据我们的经验，土地改革如不很快完成，将会影响生产。在华北老解放区早已完成，新解放区尚在继续进行。北京郊区农村各阶层都正在等待土地关系改变，如果不及时完成，明春农业生产的准备工作，都将来不及。因此，郊区土地改革必须积极进行。

与努力恢复和发展生产同时，我们也曾进行了稳定物价，保证供应民生必需品的工作。一方面，由贸易公司和合作社通过经营，平抑物价，有效地供应人民需要，例如贸易公司八九十三个月曾供应全市粗粮六千六百四十万零七千六百一十七斤，细粮一千八百四十万零五千六百八十二斤，各种布匹二十五万二千一百五十二匹；合作社则自第一届各界人民代表会议闭幕以来，又新设了生产社十个，消费社六十个，共增加生产社员一千零五十人，和消费社员十一万七千五百九十二人，在两个半月中，总社共供给各合作社一千三百零一万二千四百八十九斤粮食及价值四亿四千二百四十七万三千二百余元的日用品。另一方面，则加强市场管理，成立纱布和粮食两个交易所，并严格取缔奸商投机。结果，物价从七月间开始的猛涨，渐趋于平稳，到十月八日，三十种商品的平均价格，较八月五日，仅上涨百分之三点九二，而粮食类则平均下落了百分之三点四四。从十月七日起，又发生了解放以来的第三次物价波动，十一月中旬的物价平均较九月底竟上涨了二倍半。特别是粮价上涨，影响市民生活很大，关于这一问题，另行报告。

(3) 为了发展教育文化事业，我们曾在中小学，专为工人子弟增班增校，招收新生一万零六百零九人。又曾普遍设立儿童识字班，以补小学教育的不足。现已成立六百一十七班，参加的儿童一万八千六百零四名。此外，曾号召、推动和帮助各学校、机关、团体、工厂等，举办各种不同形式的成人补习教育。据十月下旬统计，已有成人补习学校九十六处，学生五千七百零五人，另在郊区成立一百余个班。

同时，为了改进学校教育，我们一方面，有计划、有步骤、取缔和整顿了一些误人子弟的反动的私立中学，有的停办，有的合并，有的改组；他方面，对一般中学，实行了制度上和课程上的必要改革，如减少上课时数，取消不必要课程，采取教员专任制等。这就使得中学教育逐渐走上了正规。此外，为了提倡职业教育，已在市立中学附设五个职业班，私立中学附设的职业班也已有八班。

(4) 在都市建设方面，我们曾完成了广安门大街、朝阳门大街、宣武门外大街三大干线的路面铺装，加上三里河至东柳树井的水泥路面，共面积四万九千八百二十八平方公尺；补修了全市沥青路面一万零六百六十八平方公尺和石碴〔渣〕路五百三十三平方公尺；修整土路和卵石路八千四百四十三平方公尺；修整桥梁涵洞九座。掏挖全市暗沟三千七百六十九公尺；修整广安门大街等处的暗沟，并新建混泥土管五百四十二公尺。疏浚织女河、筒子河等，挖土五千六百一十九公方。开辟天安门广场，重开建国门；拆除填平城墙上的战壕碉堡二万七千平方公尺。此外，并已拟定较大规模的冬季工赈计划，于十一月初开始进行。

(5) 在公共卫生方面，我们曾于九月间，在各郊区设防疫站，各城门设检疫班，实行检疫注射，预防霍乱流行，颇著成效。十月底，为预防鼠疫，特成立防疫委员会进行检疫、注射、捕鼠、灭蚤、清除垃圾等防疫工作。截至十一月十八日止，施行预防注射的有一百万零八千三百二十六人；施行鼠疫检疫的有二十一万四千四百二十一人；喷散DDT，七十二万二千五百八十五平方尺；石炭酸消毒房屋一百九十九间，床位一百四十五座。又因郊区农民医疗困难，曾由合作总社贷米四万斤，在郊区试办医药合作社，现已成立青龙桥、南苑、德胜门、门头沟等四个社。另在郊区设立卫生站十一个，巡回医疗队两个，都是免费治疗。对工人，则除已在各区筹设工人诊疗所外，并在市立医院实行优待贫苦工人免费减费办法。此外，清除城内积粪，亦为有关公共卫生的主要工作之一。计共取消粪坑六百零六个，粪箱一百三十个，粪场一百五十四处，粪稀二十八万二千四百市斤，粪干三万七千五百市斤，草粪一万一千五百市斤，现仍在继续清除中。另一方面，增建公厕十一座，整修四座；增建尿池一座；整修秽水池五十三座，新建三十座。

(6)在社会救济方面，我们曾有计划地号召与介绍失业的工人和一般市民分赴察北、内蒙、抚顺，或回原籍参加生产，并酌予补助路费和棉衣棉被，照顾了他们的生活。到十月底为止，已虽〔离〕京的共计一千七百八十七人。另外商定到绥远就业的二五〇人，现因防疫交通断绝，还没有启程。此外，并扩大收容乞丐的范围，收容了乞丐、小偷、流散军人等一六八七人，组成两个劳动大队，加以教育改造后，分别送往察哈尔、内蒙开荒、伐木。其中，病老无劳动力的，另由救济机关适当安置。

我们又曾响应前华北人民政府号召，成立北京市各界救灾委员会，推动全市救灾工作，截至十月三十一日止，共募集了现款一亿零七百五十七万四千一百零九元，粮食五万七千三百七十七斤，衣服九千九百九十五件。主要救济对象是河北省和本市郊区灾民及各地逃来城区的灾民。

至于处理妓女问题，我们已完成了调查工作。本市挂牌营业的妓女共二三〇户，一千四百二十一人；直接依靠他们为生的“妓院老板”、“领家”和伙计等共一千四百六十二人。实际设店营业但未挂牌的暗娼已查明者有一百七十家，四百余人。究应如何处理，拟请本届代表会议作最后决定。

第一届各界人民代表会议的决议案，我们虽已大部执行，但执行得还不够迅速、彻底。这固然是由于我们的努力还不够积极，但主要原因还是为人力财力所限。我们的干部对城市工作还不熟习，和尚不善于掌握与执行政策。因此，各项工作的效率都很低，且常不免发生偏差或错误。另一方面，北京市的财政状况，向来入不敷出。虽经我们整顿，一时尚难自给，建设经费依靠华北挹注，而华北财政亦非充裕，故建设工作不易按计划如期完成。

上述执行第一届各界人民代表会议决议案的情况，请本届会议审查检讨。其尚未执行或执行而尚未完成的决议案当继续执行。

（二）今后的工作方针和计划

今后的工作方针主要仍是前市长叶剑英同志在第一届各界人民代表会议上的报告和彭真同志代表主席团所作的总结，所提出而为会议采纳的方针。这是因为潜伏在北京市的、残余的反动势力还没有彻底肃清，革命秩序还有进一步巩固的必要，而恢复与发展生产及发展人民的文化事业的工作则虽有一些成绩，但还不过刚刚迈出了万里长征的第一步，仍须根据既定计划，继续前进。特别是恢复与发展生产的工作，尤须作极大的努力。此外，我们鉴于全国革命形势的发展及北京市所处地位的重要，拟提出第四项方针即市政建设方针。关于全面的、长期的建设计划，正在根据人民要求，广征各方意见，交由主管部门，商同专家，从事草拟。目前在必需和可能的条件下，所要进行的工作是：第一、改进自来水的供给状况，使市民能够用到清洁、廉价而充分的水。自来水事业的经营，关系广大人民的生计，根据共同纲领，原应公营，不应私营。北京市自来水的经营，则不仅关系首都二百万人民的生计，和关系首都今后的建设，而且从日伪以来，即已实行公营，并有绝大部分资本属于公产，决不应再交给私人经营。现在，有人以该公司董事名义要求政府发还。我想：即使我们同意，北京二百万人民也是要反对的。当然，私人股权应该承认和清理，并采取适当办法，加以处理。第二、整顿下水道，使污水有所排泄，首先是掏挖和整修旧沟，其次，是筹筑必要的新沟；第三、改善环境卫生，彻底清除垃圾和粪便，同时，调整医院、卫生事务所和诊疗所的分布状况，并尽可能改进，充实和增设，以便利市民医疗；第四、采取以工代赈等办法，动员大量人力，修筑道路，疏浚河渠。关于进行这些工作，各主管部门已拟具计划，有的且已开始实施。

为了实现上述市政建设方针，势须支付相当巨额的经费。因此，整理税收，实有必要，北京市民的负担还不可能减轻。但我们是采取着“取之于人民”，“用之于人民”的方针，决不浪费一文钱。在市政府的预算中，事业费所占的比例，是相当大的。今年下半年的预算，事业费已占总支出的百分之四十点一八，预备费内所用于事业费的尚不计算在内。正在编制的明年度预算，事业费拟更增加到岁出总额的百分之五十稍强。

根据人民政治协商会议共同纲领第三章第十四条"在普选的地方人民代表大会召开以前,由地方各界人民代表会议,逐步地代行人民代表大会职权"的规定,我们已呈请中央人民政府批准,由本届会议以选举方式,产生新的北京市人民政府。我相信我们的方针和计划,如经会议采择,这个新的北京市人民政府将会执行。

聂荣臻市长关于物价问题的报告

(1949年11月20日)

(一) 粮价上涨原因

这次粮价上涨,影响市民生活很大,检讨其原因主要的有以下四点:

(1)粮源大部阻塞。东北为了有计划的征粮购粮以便有效地支援华北,从十月十五日起,暂禁粮商前去购粮;西北自鼠疫发生后,京绥线及热河省交通断绝,粮源中断;同时,京市东南各地区均系灾区,原来所能供给京市的粮食,亦均因灾区本身需要而减少,并且有些灾区的群众因灾区粮缺,及价格高,还有到京市买粮回去的现象。

(2)由于战争需要,政府增加了一部分发行,与此同时,政府为使棉农不致因棉价过低而蒙受损失,在产棉区大量收购棉花,而棉农出售产棉以后,又到市场购买粮食,因而使产棉的地区粮价上升,从而亦影响了本市粮源及粮价。

(3)八、九两月份物价平稳,十月初开始波动以来,一般奸商手中的游资即乘机投向纱布、粮食,囤积拒售,哄抬物价,希冀牟取暴利,人为地使粮价发生猛烈波动。

(4)由于奸商哄抬拒售,粮价猛然上涨,引起群众心理的恐慌,发生了群众争相抢购的现象,亦助长了粮价的上升。

(二) 政府措施

(1)疏导粮源:加强京绥线粮食收购的数量,并加强运输,东北方面亦大量增调粮食来京,同时,政府在防疫期间,积极协助粮商将西北存的粮食运京。

(2)紧缩通货:公私营贷款投资除特殊批准者外,一律暂停,并缓发或减发各部门经费,预征营利事业所得税和营业税的一部,以回笼货币,减少通货的流通量。

(3)从十一月一日到十八日,我粮食公司共应供粮食二千七百一十六万多斤(包括批发与零售)。粮食公司为了照顾市民生活,始终以较低价格出售,如十一月十九日粮食公司面粉批发价每袋三万三千元,零售价每斤八百元,而私人市场价格则每袋在五万元左右,每斤在一千元左右。一部分奸商把政府在市场抛出用来平稳物价,供应市民的粮食,拿去囤积拒售或高价出售,群众极为不满。因此,除严惩奸商外,我们决定在全市扩大与加强粮食零售工作,将国家贸易公司的食粮直接供应给市民。目前已在供应的机关、学校、工厂及劳动市民约在六十万人口以上,准备扩大到一百二十万人口。在零售店的数量上,拟从现有的六十四处(包括合作社在内)增至一百七十处。煤的供应亦决定采取与粮食同样的办法解决。

(4)从粮价开始波动以来,政府曾几次召集粮商开会,一再解释物价情况及政府稳定物价的措施,但奸商丝毫不顾政府法令及人民生活,仍大肆囤积哄抬,致广大市民生活受到威胁,一般正当工商业的经营,亦感觉很大困难。我们接到不少市民的来信,控诉这些奸商的非法行为,群众对这些奸商是痛恨入骨的。我们接受群众要求,逮捕了十六家奸商,除其中情节较轻者四家取保释放外,其余十二家已送法院依法惩处。

此次粮价的猛烈波动,对一般市民特别是劳动市民的损害是极大的。我们事先对此种情况估计不足,准备工作做得不够,对市场管理、奸商取缔不严,我们是应当负责的。除已作深刻检讨并采取以上各种措施外,应引为严重教训。今后当努力保证北京人民所需要粮、煤的供给,不使有所缺乏。

北京市人民政府关于执行第一届各界人民代表会议决议案情况的三个补充报告

(1949年11月20日)

(一)民政、公安、劳动三局及郊委会的报告

民政局工作

本市第一届各界人民代表会议闭会后，本局的主要工作报告如后：

第一、介绍就业工作

(一)赴察北就业的：

(1)人数：自十月十九日至二十五日，先后介绍去四批，共计三四九户，九三一人，计补充被子二三六条，棉袄五三九件，棉裤五二七件，帽子四一四顶。

(2)经过：首先将就业办法印发各区，并召集区长会议，传达办法及注意事项；各区设立了分指挥部，按“自愿”与“可能”的原则进行动员，凡是介绍去的，每家至少有一个或两个劳动力，并且都有长期在察北安家立业的决心，本来继续登记的还很多，但因察省鼠疫流行，暂行停止。

(二)赴绥远就业的：

预定为二〇〇人，但登记的很踊跃，已达二五〇人。现在，绥远民政厅已同意人数可以稍多。有一批原定十月二十八日赴绥，但因防疫关系，已改期前往。

(三)赴各地区工作的小学教员与会计人员：

(1)赴绥远的小学教员，各区登记了七十三人，于十月二十六日考试，计录取三十二人，并在市府行政干部学校挑选了十人，共计四十二人，候交通恢复前往。

(2)赴河北的小学教员截至十月二十八日止，共登记一〇〇六人(内有市府行政干校一〇〇人)，十月三十日举行考试，预计录取五〇〇人。

(3)赴察哈尔的小学教员，已登记一七五人，考试工作正与察省代表商洽中。

(4)赴东北的会计人员，各区登记二九四人，经区公所介绍至东北招聘委员会应审者一百余人；初步审查结果，合格三十余人，现正继续办理中。

(四)赴东北的矿工：

(1)人数：各区初步登记一百七十人，经审查合格者三十八人，连眷属八人，共四十六人，已于十月二十六日赴东北抚顺煤矿。

(2)经过：我们将登记表发到各区，各区将登记人数报告指挥部，指挥部即通知东北负责人前往审查，审查的条件是：

①年在二十至四十岁的青壮年，体格健壮；②无肺病及散光眼病。经审查合格者，由东北负责人带走，本市供给由京至沈车饭费，并护送上车。

(五)赴内蒙伐木的工人：由本局训练的劳动大队，挑选一五五人，于十月八日由内蒙自治政府派人率领赴乌兰浩特，棉衣被子全由公家补充。

(六)零散返乡生产的：自九月二十七日至十月二十八日止，共走了二十四户，六五五人，补助全数车票者四八五人，半票者一七〇人，其中补助饭费者一三一人。

(七)今后工作：东北各煤矿需要采煤工人，派人经常驻京作审查工作，已通知各区积极动员登记并指定固定地址，以便审查，加强工作效率。又绥远尚需青年学生干部若干人，已通知各区注意办理。

第二、各界救灾工作

(一)筹备工作及组织机构的建立：

自华北人民政府号召华北各机关节约救灾一两米运动后，市府立即响应，各单位对救灾运动情绪均甚高昂，虽名为一两米运动，实际都超过了这个数目。市府于九月二十九日邀请本市各民主党派，各社会团体筹备救灾事宜，并经会议决定：

(1)成立“北京市各界救灾委员会”，由各民主党派、社会团体，共计十七单位，选出委员三十三人，公推张友渔副市长为主任委员，薛子正、董汝勤、程宏毅、刘一峰(市商会)为副主任委员，推动整个救灾工作，救济对象主要是河北省和本市郊区灾民及各地逃来城区的灾民。分配办法由政府按照各地灾民数目比例分

配。

(2)募捐以自愿为原则,不得强迫,对踊跃输将者及时加以表扬,一切募捐均按组织系统由救灾委员会统一领导进行,无组织群众由区公所领导进行,凡未经市府批准备案的机关团体,均不得向外募捐。

(3)所募捐的东西,凡无组织的市民和不属于分会领导的小团体,一律交到当地区公所(或区其他指定单位);凡有组织的团体即各分会所领导的团体;一律交到各分会,然后由分会将款项分批交到人民银行,粮食分批交到贸易公司,鞋袜衣物分批交到市府行政处。

(4)救灾运动定为一个半月(十月五日至十一月二十日),各机关所进行的一两米运动,也为救灾运动的一部分,应一次交出,提前于十一月二十日结束。如有些机关所捐米数多,且不能如期如数交齐时,所剩尾数可以分批交到市府民政局,由民政局负责统一转交。

(二) 工作进行情况:

(1)组织工作:截至十月二十二日各单位已建立起分会二十四个,计各机关团体各民主党派十二个,城区各区十二个,其中商业会、工业会、市总工会三单位,共建立支会一三五个,各区以派出所为单位设救灾小组,但个别也有建立支会的。通过救灾工作,使群众在政治上提高一步,使大家深深明白救灾就是自救。

(2)宣传工作:主要采取分散深入方式,即各单位在原有的地区,根据实际情况,自由组织,包括漫画、壁报、广播、报纸、秧歌队等及时披露募集情况,激发救灾积极性,新华分社经常协助进行宣传工作。

另外并举行义演,华大第一、二、三文工团,北京曲艺工会,北京评剧公会,人民文工团,市文委,市文委旧剧科,中国青年艺术院等十个单位和梅兰芳、程砚秋、尚小云、荀慧生、谭富英诸先生等均参加义演。

(3)募捐结果:截至十月三十一日止,共募集了现款一亿零七百五十七万四千一百零九元,粮食五万七千三百七十七斤,衣服九千九百九十五件。

第三、继续收容乞丐组织劳动大队工作。

本局根据第一届代表会议处理乞丐的决议,会同有关单位,大力收容,并继续组织劳动大队。现第三第四两批劳动大队已分赴察蒙两地,从事开荒伐木。在第一届代表会议以前,共收容乞丐、小偷、流散军人一二四八人,其中包括第一第二两批劳动大队二六二人(第一批送黄河修堤,第二批送察省开荒)。会议以后收容一六八七人,其中包括第三第四两批劳动大队四三二人。

第四、封闭妓院的准备工作:

自第一届代表会议提出改造妓女参加生产,以减少寄生人口的决议案后,本局会同有关单位,重新组织力量,一面继续进行调查了解,充实已有的调查材料,一面研究具体的处理办法,现已完成准备工作。

公安局工作

兹将执行第一届各界人民代表会议决定的三项主要工作总结报告于次:

(一)户口查对与户口制度的改革工作:七八月间,曾动员了三千四百八十一人,进行了一个月的户口查对工作,共查出特务分子一八一一人,反动党团分子三三二〇人,流散反动官兵七八〇九人,重要帮会道门分子七六四人,窃盗及有碍社会治安的分子二四〇三三人,查获电台五部,短枪三二支,长枪十二支。截至十月底,全市户数四三九九九八户,人口为一九五七四二四人。经过此次查对,大体上分清了敌我阵营,取得了经验,为管理好城市打下了基础。现在,已将过去敌人依靠少数警察统治多数人的旧制度,彻底加以改变,建立了新的户口制度。其基本方针是依靠多数管理少数。为此,特将敌人所实行的警管制改为专任制;户口册由三部制改为一部制(即取消总分局户口册,只保留派出所的一份户口册)。民政局原设户口机构统一于公安局。废除了旧的统计制度与表格,建立了日报、旬报、月报、季报制度,以便掌握户口动态。

(二)登记反动党团分子的工作:自七月二十三日开始,全市共成立了五十五个登记处。截至十月二十五日,三个月共登记了区分部及分队长以上的反动党团分子三千零八十七名。其中,市级以上者共一百八十八名。其所属派别计:国民党二千五百五十四名,三青团四百一十七名,青年党三十一名,民社党八十五名。在反动党团登记中,共发现特务分子四百零三名,属于各机关者计有:反动党团分子九百六十八名,其中发现特务分子二百零七名(占全市登记总数三分之一),管训了二〇六五名,扣押了三七五名。在登记中,自动登记的约占三分之一。大部分是经过群众、派出所或已登记分子推动来的。有一小部分拒不登记,实行对抗。对于自动登记者都不究既往,并鼓励其进步。对于大部分犹豫观望者,进行了各种宣传动员,以打破其顾虑。对于少数有意对抗,拒绝登记或在登记中要弄花样,阻止他人登记者,进行了适时的镇压,以警戒其破坏行为,共逮捕此类分子一七二名。经验证明了,凡是发动群众工作好的地方,登记工作就容易做好。今后登记工作,还要深入,从组织上了解敌人,搜集武器证件,从思想上打击反动分子的气焰,从政治上揭露反动党团分子的罪恶,广泛发动群众,检举监督。

（三）破获特务案件：自七月到十月底，共破获了二百七十六起，其中缴获电台二部，枪支一百六十五支，另外共登记了特务分子三千一百二十四名，连已逮捕，集训的共达六千一百八十二名。因此敌人原有之特务基础，基本上已被我们打垮了。为了更进一步确保革命的社会秩序，并保卫人民政协会议，防止反动分子的捣乱破坏，在人民政协会议以前，曾逮捕了王凤岗残匪二〇九人，管训了匪特分子七〇八人，对反动分子起了镇压作用。因此，案件普遍减少。但这并不是说反动残余势力已经根本肃清，相反地，残余敌人决不甘心，时时图作挣扎。消灭暗藏敌人，如果单靠公安机关没有广大群众的支持与援助，是很难完成任务的。希望各界人民一致警惕，大家起来揭发检举和监视匪特活动，则这些跳梁小丑，是不难消灭的。

劳动局工作

劳动局已成立四个多月，主要的工作是：解决私营工商业中的劳资纠纷，调整公营企业中的公私关系，以求达到恢复与发展生产的目的。在本市第一届各界人民代表会议后，所进行的工作是：

（一）签订集体合同

按行业签订集体合同是调解劳资争议的正确途径，同时也是政府劳资两利政策的具体实现。截至目前止，共批准了国药业、粪业、建筑业、机制面粉业四个行业的集体合同，都是经过该行业劳资双方代表长时间的协商，在双方自愿的原则下订立的。同时，本局在集体合同签订过程中，对劳方资方积极进行教育，召开劳方或资方会议讲解政策，以解除资方思想上的顾虑和对政策的怀疑，并使工人的觉悟程度逐渐提高。

在讨论集体合同中，劳资双方的主要争执，在工资和解雇问题上，资方普遍要求无限制地使用雇用与解雇权。而劳方则要求限制资方的解雇权。我们处理这个问题的方针是：资方为了生产或工作的需要，有解雇或雇用职工权利，但不得挟嫌或因职工参加工会及其他政治活动而藉故解雇工人，这是照顾劳资两方面的。解雇工人并须根据营业的具体情况，给被解雇者以解雇金。

（二）调解劳资纠纷

截至十月底止，共接收劳资纠纷案件一八七件，已解决一七〇件，尚有一七件未解决。

由于集体合同的签订和进行个别工商业中劳资纠纷的调解，近来劳资间的争议已逐渐减少，从六月份下半月的十三件，七月份的四十一件，八月份的六十三件，九月份的三十九件，到十月份仅有三十一件了。劳资争议的减少，表示劳资关系已逐渐走向正常的状态。（但十一月上半月又有增加）

（三）劳动保护工作着手很晚，仅进行了初步的调查了解。如京西煤矿区自今年一月至九月不完全的统计：死伤人数达三千人，其中，因伤致死者五十六人，重伤四十七人，轻伤二千多人。患病的达七千多人，占该区人口三分之二，这是一个严重问题，必须设法解决。目前，我们的重点是在公营企业中进行这一工作。

今后劳动局将以大力推动签订各行业的集体合同及继续调解劳资争议，并逐步开展劳动保护工作。

郊区工作委员会工作

第一、工作报告

在本市第一届各界人民代表会议闭会后，本会曾进行了以下的工作：

（一）土地改革方面：根据军管会颁布的关于土地改革的决定，进行了土地改革的准备工作。曾在市郊八个区，选择了十五个试验村，配备干部一百二十二人，进行这一工作，获得相当好的成绩。

（二）民主建政方面：

(1) 随着北京的解放，在郊区摧毁了伪保甲制度，建立了革命社会秩序，村政权随之建立，接着领导了广大人民进行了系统的生产工作，如春季抗旱点种，修渠防汛治涝等，也进行了清理负担，部分村庄还监视和协助了镇压反革命分子的活动。总之，给人民办了许多事情。在编制上，过去很不统一，有的区按旧大辖区建立人民政权，有的区按一个或几个自然村建立，有的大村包括一千三四百户，小村包括一百户左右，有的区下有乡、村两级或近似两级政权，因而影响了政策的贯彻与工作的推行。七月初开始村政权调整，以三里到五里，二百户至八百户为行政村，现在除十七区的尚在进行结束外，其余皆已完成。由三百四十三个行政村调整为二百九十五个行政村。行政村的调整，普遍进行了群众性的初步的工作检查和干部调整，从而使村政权的工作前进了一步，干部成分较以前纯洁了。

(2) 由于群众尚未充分发动起来，民主政权虽已建立，但亦有不少问题存在，重要的问题有三个：一是特务地主，投机分子的反攻破坏；二是干部觉悟低，思想作风不纯；三是村政权的编制组织不够适合情况。现在已开始配合土改实验村进行民主建政工作，根据群众发动条件与力量，作到对反革命分子破坏分子的洗刷与健全村政权。

（三）生产建设方面：

(1) 因今春少雨，春耕开始时即提出“抗旱备荒”

“突击点种”的生产口号。在解放之初，一般农民对生产抱有观望态度，地主富农恐惧土地被分，贫雇农则等待分地，因此影响到生产。后来，政府宣布了谁种谁收，才安定了一般农民的生产情绪。由于国民党统治时期对农民的抢劫破坏造成了农民普遍的贫困。中贫农普遍缺少种子，农具，牲畜。为此，政府进行了贷粮贷款以解决生产中的困难。据不完整统计约有贷款二千万元，贷粮两万多斤。今春，华北地区抗旱，我们提出了“造井点种，干部带头”，对农民进行教育，打破靠天吃饭的思想。并协同华北水利推进社在各郊区进行贷售水车，只十三区一个区的统计就有一二九辆水车贷给农民。今春播种结果，全郊区耕地有百分之九十五，都先后顺利完成播种任务。

(2) 今年汛期，山洪暴发，阴雨连绵，为了加强防汛工作，曾成立北京市防汛指挥部，各区成立了区的防汛指挥部，在雨季前即动员了七千四百余人，挖浚了七里多长的护城河床，并将河道中芦苇全部铲除，使流水不致受阻碍，培修了三里多长的护城河河堤，这样使五万五千余亩土地和三百多户民众得到保护。花费了两万余斤小米，四千七百多个工人，疏浚了五百公尺的南旱河，并在北旱河新修堤防一百七十公尺，培养旧堤二百六十五公尺，保证了西郊九千余亩稻田，两万余亩旱田不被水淹。

(3) 龙河、凤河、清河及南北小河发生部分漫溢，各区洼地存水，近山土地出泉使各区普遍发生涝灾，而以十三、十四、十五及十七四个区最为严重，全郊区总计被淹地为二十三万七千一百余亩。经我们各级干部努力与群众的力量，号召与灾害作斗争，挖沟排水，并提出救一亩算一亩的口号，领导群众挖沟，总计各区共挖大小新沟八十多条，疏浚旧沟二十余条，约共长七十余里，救出五万四千七百余亩的被淹地不受灾害，且使受灾地区也减轻很多损失。

(4)对于锄草灭虫护青等工作，因在领导思想上提起注意，虽有的地区发生虫害，但都能很快地杀灭，在护青方面，全郊区都组织了护青队，故今年没发生大量损失庄稼现象。

第二、今后工作计划与建议：

(一) 配合农会动员与组织大部工作人中，争取明年春耕前完成郊区土地改革：

全郊区八个区，一六四五自然村、二六〇行政村、十个关厢、十二个镇、十五万零三百一十八户，总人口六十六万四千二百七十人(因最近城内疏散人口，郊区增加一万三千多人)，土地为一〇〇四〇七一亩。现有干部，只能抽出四六九人做土改工作，根据土改实验经验，一个村需要一个半月，这样四个半月能完成二一七个行政村，尚有四十三个行政村不能进行，因此须抽出各机关一部分干部及华大、革大同学学员参加土地改革。

(二) 结束秋收，完成种麦任务，并根据郊区干部力量，做出冬季生产计划：

(1)今年由于夏季多雨，被灾面积为三十二万七千七百多亩，占总面积百分之三十以上，其中九万多亩毫无收成，有二十四万亩歉收，所以今年年成总平均是六成。

(2)种麦布置工作因准备的比较早，对群众种麦的困难事前有较周密的估计，又有一定的物质准备及政府用很大的力量帮助，故群众种麦情绪是很高的，据调查：今年种麦面积共为三十三万二千一百六十二亩。较去年增加几近一倍。种麦中的困难，主要是劳动力与肥料问题，所以郊区群众把前三个月由城内运到城外的垃圾也都上到地里，而政府也只能贷五十万斤大粪，现在均已买光。劳动力的缺乏，除了各地驻军积极帮助外，各地群众想了许多办法克服，如组织变工互助等。在种麦中，各区都注意了对军、工、烈属的帮助，在贷麦种及耕种中，军属、工属、烈属均获有优先权利及实际困难的解决。

(3)要抓紧土改空隙，有力的领导群众进行冬季生产，要求各区各村做出冬季生产计划。

(三) 配合土改，在郊区有重点地建立国营农场：

(1) 现在国营农场情况及其计划：

为便于领导京郊农场工作，前华北人民政府将华北农业管理处改为京郊农场管理局，同时受本市人民政府领导，现在经营有五个国营农场，共地四千九百十七亩，正在接管的国营农场五个，共地七千七百十五亩，进行交涉后，方能接管的国营农场六个，共地五千六百五十七亩，土改中准备接收的国营农场四个，二千四百二十七亩。

(2)因为干部条件及土地条件及群众觉悟问题，故采取有重点的建立国营农场，以便指导合作农场及进行机械化耕种。全郊区以南苑为重点，因为那里土地多，离京郊农场管理局近，有建立更多农场的条件，各区均选一个到二个重心，建立国营农场。

(二) 财经委员会(包括各财经部门) 的报告

本市第一届各界人民代表会议，对财经工作极为重视，兹将会议闭幕以来财经部门的主要工作择要报告如下：

第一，保障实际工资，稳定物价，保证职工及市民日用必需品的供应及发展合作社等工作：

（一）三个月来的物价情况：

七月中开始的物价波动，由于大力平抑及加强市场管理，到九月末，从较猛烈的上涨，进入相对平稳的状态，以三十种商品的平均价格计，十月八日较八月五日，仅上涨三·九二%，粮食类平均下落了三·四四%，花纱布类平均上涨了一三·三一%，杂货类平均上涨了一·九一%，副食类平均上涨了二二·二九%。故从八月到十月两个月中间，物价基本上是平稳的。

十月七日起物价又有波动，十月底较九月底，三十种商品的平均价格，上涨了六〇·〇九%，粮食类上涨了六七·四九%，花纱布类上涨了六三·七一%，杂货类上涨了五七·五三%，副食类上涨了三八·四九%，煤类上涨了六七·五二%。这是一个严重现象，必须迅速采取克服它的措施。一方加强市场管理严惩奸商；另一方加强粮食及民生必需品的调剂供应工作。

（二）物资供应工作：

贸易公司和合作社对于市民及社员的日用必需品的供应是起了决定作用的。

贸易公司——在八、九、十三个月内供应了粗粮六千六百四十万零七千六百十七斤，细粮一千八百四十万零五千六百八十二斤，纱十二万零三百八十一块，布二十五万二千一百五十二匹，煤九万六千五百八十吨。同时，为了解决公营企业职工及其家属的生活，正筹办供给商店，下设六个分店（一个在郊区，五个在城内），供给粮布油盐煤等日用必需品，此外，并加强零售店。

合作社——第一届代表会议后，迄今已增建了生产合作社十个，增社员一千零五十人，消费合作社六十个，增社员十一万七千五百九十二人；其中街道合作社占三十七个，社员有四万七千八百十二人，大多数为各区搬运工会的工人及三轮车工人；另外，在十三、十五、十六、十七等四个郊区共建立了四个办事处，办理农村供销与领导农村合作社，又与卫生局，郊委会合作建立了四个医药合作社，三个鸡瘟防疫组（从九月下旬开始，已注射了两万余只鸡）。

八、九两个月合作总社供给了各合作社的日用必需品共值人民币四亿四千二百四十七万三千二百余元，粗细粮共一千三百零一万二千四百八十九斤。社员按二十三万人计算，每个社员平均两月来购买了日用品一千四百八十八元，食粮五十六斤半。同时，经过供销合作社收购粮食二百六十三万六千五百斤，花生六万四千三百八十四斤。

为了解决社员今冬不致烧用湿冻煤球，合作社现正赶制大批煤球。此外，另由煤铁分公司对本市所有机关、学校、团体进行有计划的配售块煤或末煤。为了解决农民困难，又受合作银行委托，贷给郊区农民麦种二十万零一千五百斤。另由冀中、济南各地采购小麦三十万零三千六百五十九斤以调剂麦种。又贷出水车五百四十六辆。

第二、管理市场，取缔投机倒把及囤积居奇，改造旧的工商业公会与发展正当工商业等工作：

八月初为了抑止因奸商囤积倒把等非法活动所引起的物价波动，除了贸易公司合作社大量供应市民需要外，工商局、税务局、银行等对市场及粮栈业、米面粮业、面粉厂进行了普遍的检查和监督，先后共检查出投机倒把及囤积居奇案件八十起，其中非法套购者七家，未报营业，从事投机活动者七家，超出业务范围，囤积或倒卖金银者二十一家，囤积居奇者三十一家，设假账买空卖空者十四家，均分别轻重，予以处罚和教育，情节严重的如华昌军服庄、泉兴粮栈、钰甡粮栈等已送法院处理，对于当时稳定市场起了很大的作用，但是取缔奸商的工作还作得不够严密，市场管理仍嫌松懈，这是今后需要注意的。

其次，工商局为了整顿粮布市场，八月份起，就开始筹建交易所的工作，粮食交易所和纱布交易所已于九、十月间先后成立。

改造工商业公会的工作：工商局九月间为了取得经验，商业方面选择米面粮和粮栈两业；工业方面选择肥皂、纸烟两业，经过民主选举，成立了筹备委员会，同时宣布解散旧公会，所有会务由筹委会接办；并开始整顿针织业的小组，按性质编成四十一个小组。

第三、生产工作：

（一）公营企业的生产：

八月份以来，本市各公营企业按照第一届代表会议决议的精神，力求提高质量，减低成本，努力节约，进一步开展工厂管理的民主改革工作。

在提高质量减低成本方面，以燕京造纸厂、清河制呢厂、电车公司、新建玻璃厂、新建铁工厂北厂及新建窑厂成绩较大，以燕京造纸厂为例，过去产品不合标准者达五〇%，自从九月份动员工人保证打浆均匀后，已减至二〇%，销路由八月的一、八二八令增至七、七〇七令；清河制呢厂因细密地划分了产品的等级，规定了工资的奖惩制度，工人生产情绪提高，产量与质量亦大大提高；电车公司也建立了生产标准和劳动纪律，八、九月份完成新车八辆，十月底完成了新车百辆；新建玻璃厂添设了一座火炉，利用热风吹炉，温度比旧炉高，产品质量随之提高，同时研究改用化学配色，每天可节省二十五万元，配料工人和烧炉工人亦相对减少，过去四个人看一个炉子，现在六个人看两个炉子，由于工人情绪提高和不断研究改进，现在每月共可节米五千余斤。新建窑厂七月中不合标准的砖块达五〇%，九月份已减为一〇%以下。同时每块砖成本也由一七·七一元减至一七·一六元了。

各厂的民主管理较前虽有进步，但尚须进一步提高，现在做得比较好的，有电车公司和燕京造纸厂。

（二）私营企业的生产：

(1)吸收游资和使商业资本转向工业，扶植与国计民生有益的行业：三个月来我们除由贸易公司、银行继续用订货、加工、贷款和组织联合产销的方法，积极扶植正当生产事业外，并鼓励了一些私人游资转向有发展前途的行业。在新发展的生产方面，例如：新华企业公司九月初创设了一个醋酸工厂。华光油漆工厂，目前正从东北搬运机器来京，准备建厂。大和化学染料工厂，制造硫化氰，资金六〇〇万元。从八月份开始筹备以来，现在一切设备均安装完竣，即可开工。大华机制面粉工厂，从七月底着手筹备，资本五千九百二十五万元，设备已装设完成，十一月可以开工。纯记铁工厂准备增设汽锤，以代替人工锻铁，预备增资一五〇〇万元。福兴面粉厂增加了机磨五部，华兴织染厂全部电机都已开动，北京织染厂增设了十台电力机。商业资本向工业方面投资的，如大华百货公司新增机织部，添设了织袜机和缝纫机，由店员轮流学习；王府百货公司也在筹办工厂，部分贸易行准备建立手工艺工厂。这是一个很好的现象，说明了存在于私人资本家中间的顾虑已经日益减少，对于发展生产日益采取了积极的态度。

(2)扶植私营企业：贸易公司继续用加工收购的方式，扶植私营工业生产，例如本市的织染业十之八九是由贸易公司订货，或给贸易公司加工的。此外，有些小厂，经营上很不经济，成本很高。为了贯彻代表会议精简节约，提高质量，减低成本的议案，正由工业局、商业局、城乡贸易指导委员会指导和帮助他们进行联合经营，如织染业协盛鑫、公大、庆丰、天龙、信华五家工厂的联合经营，已在十月六日开工，共集中了四十台人力机，职员由十五人减为九人，工人由八十四人减为八十人，共节省职工十人，因而成本大大降低。造胰业联合经营以后已经大量生产，并且标准规格都已划一，出品“北京牌”肥皂，准备行销西北和天津。此外，针织业、橡胶业公会内都已设立了生产技术研究会，针织业中最大的一中等厂并增设了汽汀烫袜机，使出品完全合乎标准长度，纠正了过去偷工减料的现象。

银行方面八九两月对私营工业共贷出五亿九千四百九十四万元，十月份一个月内共贷出九亿六千余万元。为使私营企业借款，不致因物价涨落发生困难，一部分行业按折实储蓄牌价计算，一部分按其生产之主要产品或原料计算（如火柴业以火柴，织染业以纱，制革业以生牛皮计算）。同时，又增办了整借零还及必要的小额透支等办法。

另外，为解决原料和销路的困难，城乡贸易指导委员会组织了本市工业界西北参观团，帮助了打开本市工业产品的销路。仅涿鹿一地即可销打稻机百台左右。粗米机和细米机经试验推广后，亦可销出一部分。此外，西北参观团，并和张家口工商业界拟定了初步的产销协议。目前西北方面，来本市订购的货物，计搪瓷制品六百打，肥皂一百五十箱等，京张产销关系已日益开展。

(3)扶助特种手工业：从六月到九月，小额贷款共贷出了三千九百零四万元；另外，对出口商订购特种手工艺品的贷款为二千二百七十万元。十月间，又贷出小额贷款一千零五十五万元；另外对出口商订购特种手工艺品的贷款为六千四百四十万元。八月份特种手工艺者共六百四十八户，较七月份增加了一百七十六户，九月份增加了三百三十九户。工人七月份是一万〔千〕三百六十八人，到九月份增至三千八百六十五人。产量价值七月份是三万八千二百五十美元，到八月份增至十三万四千美元。九月间在工商局领导下，又邀集专家教授厂方代表和贸易商代表等成立了特种手工艺研究会，以便积极进行研究改进。

第四、财政税收工作：

（一）制定统一合理的税收标准，简化稽征手续：统一合理的税法税则，上级政府已根据实际情况，征求各方意见，分别研究制定。已经前华北税务总局制定公布的，有华北区货物税暂行条例，华北区货物税稽征试行细则，华北区屠宰税暂行条例，华北交易税暂行办法，华北区印花税暂行条例等。

（二）简化印花税票贴用办法：印花税过去手续较繁，现在在有完整可靠帐簿的公司、工厂、商店，采用盖戳汇缴办法，并根据十一月五日公布的印花税暂行条例，已将起征点提高为三千元（按十五斤小米计算每斤二百元）。三千元以下的零星交易，免纳印花税。

（三）征收去年下半年营利事业所得税：经过六十二个行业的典型调查并与其他都市工商业税负担比较，本市工商业户担负，一般地说，没有超过其纳税能力，故缴纳尚称顺利，纳库税款折米一千二百四十六万三千一百八十四斤。

（四）照顾灾区农民问题：除由合作社贷给郊区农民大量麦种外，在征收农业税时，将按照受灾户实况分别予以减免的。

第五、扶植与管理煤矿：

（一）保证正当的合法的民营小窑经营，并实行严格的管理方法，京西矿务处遵照京西区煤矿业开采管理暂行条例的规定，从十月一日起，办理矿权普遍重新登记，并颁发矿照。在保护正当工商业发展生产的总方针下，一切正当的矿窑，都得到保障。另一方面取缔了非法滥采，破坏他人矿区及国家矿山的小窑，以维护煤矿事业的发展。

（二）扶植门头沟商营煤矿，加强生产，预防今冬煤荒：为了扶植正当私营矿窑，解决其资金技术和销路等困难，采取了批购煤斤、定货贷款及协助排水等扶植方式，如贸易公司九月份收购了私营矿窑一万五千多吨煤；由京西矿务处介绍到交通银行定货贷款的如：中兴、四维、宏顺三家机器矿业，已贷到五千多万元。今年雨季水大，大多数小窑均被水淹，因为缺乏排水设备，一般都陷于停顿。政府即决定由京西煤矿公司代为排水。所需费用则由将来生产恢复后陆续偿还。这一措施可使许多停采的小窑能够很快复工，对于增加煤产有很大帮助。

两个多月来的工作，基本上是执行了第一届各界人民代表会议的各项决议，并都已获得了一部分成绩，有些工作目前正在进行。对于今后的工作，我们的意见是：

（一）进一步提高质量，减低成本，公私营企业如果不能作好这一点，我们的产品销路就无法打开，从而我们的生产工作就不能得到很好的恢复与发展，公营企业尤应注意建立与健全成本计算，改善经营管理。

（二）贸易公司、合作社的经营上，应该力求便利群众，增加零售，保障市民的供给，并增加物品供应的种类与数量。

（三）整顿税收，增加收入。

（四）健全财经工作的领导机构，加强工作的计划性，建立检查制度。

（三）教育、卫生、建设三局的报告

教育局工作

（一）工作报告：

本市第一届各界人民代表会议闭幕后，本局即号召全局工作人员以高度负责的态度克服一切困难，坚决执行代表会议所给与的任务。今将两个半月来所作的几项重要工作报告如下：

第一、加强工人子弟教育：

这个问题，本局开始即已注意。在七月初，各中小学暑期招生时，即曾通令各市校：“只要文化程度差不多，尽先录取工人子弟，并在不影响正常教学之原则下，给以适当照顾”。因此，暑期招生中，根据不完全统计，市立中等学校录取工人子弟四〇二人；市立小学录取工人子弟四三四二人。（部分私校在政府号召下，亦招收不少工人子弟，根据不完全统计，私立中学已招收二六九一人。私立小学则尚未统计）。上届各界人民代表会议闭幕后，为进一步解决此问题，于八月中旬与市总工会共同成立招生委员会，由本局制定增班计划，市总工会则进行失学工人子弟的登记，审核工作。结果，招收了中学程度的工人子弟九三二人，小学程度的工人子弟一三四〇人。后来，本局复根据可能条件制定第二次小学增班计划，计增设三十四班，招收工人子弟九〇二人。

经过上述几次招生，共录取工人一〇六〇九人，（包括部分私中招收的工人子弟数）未入学者，则藉成人补习学校及儿童识字班去补救（计划见“开展社会教育问题”）。因为目前很难再增班，所以号召大家根据情况共同筹办夜校、补习学校、识字班等。

第二、设立中学生人民助学金：

本市中等学校中家境贫寒及因战事关系致与家庭断绝经济联系的学生，为数众多。为使其仍能继续求学起见，过去曾设置贫寒学生救济金。现为使此一办法更名实相符，并免除临时审核之缺点，使学生更可安心学习，经呈准前华北人民政府后，于十月份起取消贫寒救济金，改设人民助学金（其办法九月份即已公布）。该项助学金分甲、乙、丙三种。甲种每人每月七十斤小米；乙种每人每月五十斤小米；丙种每人每月三十斤小米。

人民助学金申请条件为：（一）家境贫寒，无力自给经当地村、区、县政府或派出所或当地直属工会，考察属实，有书面证明，并附有家庭经济状况的详细材料。（二）经本班三分之二以上同学证明确无经济来源，又无亲友帮助。凡具上述两条件之一，而学习努力，成绩优良，并愿为人民服务者，得申请人民助学金。各校人民助学金名额每学期一次审核确定，除特殊情形外，中途不得增加。

第三、开展社会教育：

（1）成立工人学习班：

过去几个月来，社教工作一直以工人教育为中心。因此，曾动员区政府，区工会等有关单位，成立工人学习班。本局出动巡回电影队赴各区、各工厂演映，并组织一部分体育教员，成立体育工作队，赴各工厂开展工人文娱活动。截至八月底止，共成立工人学习班三四〇个，计有工人一〇三九二人参加学习。九月份起，工人学习班改由市总工会领导。

（2）设立成人补习学校：

本局曾号召京市各级机关、团体、工厂、学校依照各所在地情况，分别开办各种不同形式的成人补习教育组织。九月中旬并就实施方针等问题，指示各区文教科及市属公私立中小学，决定城区文教科应以开展成人教育作为最近二个月的中心工作，郊区文教科则作下个月开展“冬学”之准备。中等学校着重办成人补习学校，小学着重办儿童识字班。成年教育的方针应为文化补习与政治学习并重。据十月下旬统计，成人补习班已有八四处，参加学习的共有四七六四人。

（3）增设民教馆加强民教馆工作：

解放前，本市仅有民教馆两所，工作内容仅为陈列与阅览。解放后，根据群众需要，增添壁报、黑板报、大众讲座、晚会等工作，并增辟游艺室（如鼓楼民教馆），协助店员排剧（如箭楼民教馆）等，逐渐与群众打成一片，使民教馆真正成为市民提高文化与进行文娱活动的场所。并通过文娱、展览等，对市民施行适当的政治思想教育。现除设法丰富并活泼民教馆工作内容外，所数亦力求增多，现在民教馆已增为五个（另有三个正在筹办中）。

为使市民能读到新的读物，我们又成立了书报阅览室。解放前曾有三个，今已有六个，（另有二个正在筹办中）这一工作需大量开展。

（4）组织“巡回书箱”：

本市地区广大，但市立图书馆仅有一个，且地址不适中。为使社会教育普及并深入群众，除尽量增设书报阅览室外，更将市立图书馆、民教馆的图书组成若干“巡回书箱”，在工厂、街头流动陈列，供工人及市民阅览。“巡回书箱”最多时每天可同时送出二十几份，收效颇大。

（5）普遍成立儿童识字班：

本市学龄失学儿童为数甚夥，正规小学尚不能完全容纳，故在学联及区文教科协助下，号召大中学同学、中小学教员、群众中的积极分子共同组织儿童识字班，帮助失学儿童学习。迄今全市各区均已成立儿童识字班，数达六一七个，计有一八六〇四个儿童参加学习。

为进一步巩固并发展儿童识字班，九月中旬，曾指示区文教科及市属公私立中小学，规定：凡市立中心小学及国民小学所办的儿童识字班，均由所在学校直接领导，其余，在教学上，一律由区文教科组织委员会统一领导。儿童识字班招生对象在七岁以上的失学儿童（主要是劳动人民子弟，如有条件，一般儿童亦应收纳）。每周上课六天，争取全年不少于四十周。

（6）成立统一领导机构：

为加强社教工作领导，已邀请本市各机关、团体开会，决定成立北京市社会教育委员会，以统一领导成人与儿童的补习教育。

（7）开展体育教育：

解放前本市中小学的体育教育并未得到各方应有的重视。为此，曾举办中小学暑期排球赛、秋季垒球赛，以资提倡。为进一步提倡并普及体育教育，增进国民健康，决定聘请专家组织北京市体育委员会。并在十月二十二、二十三、二十四三日举行了全市人体育大会。十二月份更计划举行冬季球类比赛及冰上运动。

第四、改革学制及课程：

本市中等学校在解放前，每周上课时数太多（有多达每周三八小时者），教员兼课亦成普遍现象，学生既无足够的时间自习，又无负责教员精心批改作业及作课外指导，致文化程度普遍低落。针对此种弊端，乃通令各市立中学酌减上课时数（每周上课时数、初中减为三〇小时，高中减为三〇——三二小时），取消劳作等不必要的课程，并严格执行专任制。规定教员原则上不得兼课，如有特殊情形经校长批准后，可酌兼数小时，以每周上课总时数不超过二四小时为限。大部分市校师生，对实行专任制反映均极良好。个别教员取消兼课后，生活感到困难，政府亦已予以适当补助。

为加强学生课外指导，贯彻教导合一制，并通令各市中实行级任制。规定级任教员是教导处之一个组成分子，除负责指导该级（原则上是两个班）学生的课外学习外，并须注意学生的生活和学生对学校行政及教员的反映。

解放后废除反动的训导制度，实行教导合一的民主管理。在校长负责制下，建立校务委员会，吸收学生代表参加。在市立学校并实行经济公开，以杜绝可能发生的一切流弊。

在小学方面，则根据华北小学教育会议的决议，改变每节上课时间（由每节三〇分钟延长为四五分钟），通令各校一律采用华北全区统一的小学教科书，并对华北版教科书中不适用于城市之处加以修改与补充等。

根据目前本市中等学校存在的问题，并召开座谈会吸取了公立中等学校校长，教导主任的意见，拟定“公立中学课程、时数及专任制问题计划草案”，经呈准市府后，已发给各市立中等学校。并令他们将执行中发生的困难汇报，以便修改该计划而作最后的决定。

至于其他学制等问题，因系全国性的问题，一时不能草率更改，正在分头研究，准备将来提交全国教代会讨论。

第五、私立学校收费问题：

为了执行上届各界人民代表会议决议，特于八月二十一日假艺文中学召集私中校长、教导主任、学生代表座谈，计出席新生、大中等七十一校。其中，已有四十八校的收费问题获情〔得〕圆满解决。为了使尚未解决收费问题的私中各校能够很好地掌握公平合理民主协议的解决方法，会上，由大中等校报告了解决收费问题的经验。学生代表表示绝对支持校方合理的收费标准，说服同学，如期交纳；同时校方也表示一定根据精简节约精神，量出为入，合理地规定学费数目。因此，在两个多月中私立中学收费问题尚未发生大的困难，虽有个别学校发生纠纷，亦已予以调解。

第六、动员失业知识分子下乡：

自接管迄今，来本局登记的失业教职员共三四七人，经审查后，分配在市区各中小学校的一五五人，介绍去前华北人民政府教育部分发到华北各地的计一七人，由本局直接介绍去保定的二人，分派到本市郊区的七六人，尚有九七人正在审查研究，分配适当工作中。

第七、开展职业教育：

市立中等学校增加、附设职业班者，计五个班；私校增设和附设者计八个班。

（二）今后工作计划要点：

第一、加强学生文化思想教育；

第二、提高师资质量；

第三、健全学校行政领导，推广民主管理；

第四、加强对私立中小学的领导；

第五、大力开展成人教育；

第六、全面调查失学儿童及成年文盲；

第七、增设社教机构；

第八、开展职业教育。

卫生局工作

兹将执行第一届各界人民代表会议决议的主要工作报告于次：

（一）防疫工作：

（1）秋季检疫，自九月一日开始，在各郊区防疫站及本市各城门共设检疫班十六处，对来京旅客施行普遍检疫，并注射霍乱防疫针，共注射九十余万人，颇著成效。京市迄今未发现霍乱患者。

（2）鼠疫检疫，最近察北鼠疫流行，京市自得到消息后，即采紧急措置，成立防疫委员会，并自十月二十七日起，在朝阳门、永定门、西直门车站、前门车站、通州车站等六处设立检疫站，实行昼夜检疫，同时，发动市民开展捕鼠清洁运动，注射防疫针，以预防鼠疫的蔓延，建立了两道封锁线，设立了二十四个检疫站，并在郊区设立了十个防疫站，全市捕鼠清洁运动正在进行中。截至十一月十八日止，施行预防注射的，有一百万零八千三百二十六人；施行鼠疫检疫的有二十一万四千四百二十一人；喷散DDT七十二万二千五百八十五平方尺；石炭酸消毒房屋一百九十九间，床位一百四十五座。

（二）环境卫生：

新建了公厕十一座，整修四座；整修了秽水池五十三座，新建了三十座；新建尿池一座，并计划于十一月再新建尿池十二座。清除城内积粪，经过突击，取消了粪坑六百零六个，粪箱一百三十个，粪厂一百五十四处，粪稀二十八万二千四百市斤，粪干三万七千五百市斤，草粪一万一千五百市斤，现已全部完成，计共取消粪坑、粪箱粪厂等八百九十个，共清除粪便三十三万一千四百斤。

（三）医疗工作：

（1）本市东西南郊的月坛、海淀、安乐林各设有卫生事务所一处，除进行医疗及防疫工作外，并进行居民的卫生教育工作。为补救医疗设备的不足，已由合作总社贷米四万斤与郊区工作委员会在青龙桥、南苑、德胜门、门头沟先后成立了四个医药合作社进行医疗工作。

（2）为加强郊区免费医疗的需要，除由郊区卫生所及已设立的十一个防疫卫生站经常免费治疗外，并成立了第二个巡回医疗队，为西北郊农民免费治疗。

（3）协助区工会，成立了四个工人诊疗所，并计划再增设一个诊疗所。又与有关单位商定充实京西矿区医疗设备，并拟在小黑山新建医院一处，正在设计中。

（4）在丰台增设卫生机构的计划，已经批准，候房屋拨到，即可成立。

（四）保健工作：

（1）召开妇婴保健工作座谈会并举办了婴儿检查。

（2）计划十一月份成立难产免费病床，编印妇婴卫生小册，并设妇婴卫生实验区。

（五）训练工作：

（1）全市原有十二个生命统计调查室，自九月十四日起，开设进修班进行训练，提高统计人员的技能。

（2）旧式产婆已于十月十五日开始训练，受训者三十一人，登记者已有六十五人，并继续登记中。

建设局工作

（一）工作报告：

自第一届各界人民代表会议闭幕到现在，为时两个半月，一方面依照代表会议精神，一方面适应当前需要，各项工程同时展开，兹将两个半月中，完成工程分述于后：

(1) 交通方面，完成了广安门，朝阳门，宣武门外三大干线的路面铺装，及临时施工的中南海内，中苏友好协会内，后圆恩寺四号院内，天安门前广场的沥青路面，总计完成面积五七七九三平方公尺。至于三里河至东柳树井的水泥路面十一月十日前也可完工。这几条干线，均为第一届各界人民代表会议决议施工的，已次第完成。此外，并补修了全市沥青路面一〇六六八平方公尺，完成沥青路罩面五〇三六平方公尺；补修石渣路五三三平方公尺；修整土路与卵石路八四四三平方公尺，整修桥梁涵洞九座。对全市交通设施工程，现正普遍地加以添建与修整，预计十一月底可以完成。

(2) 下水道方面，配合修路工程，将广安门大街，三里河至东柳树井两处原有暗沟施工修整，并新建混凝土管五四二公尺，探井四一座，雨水沟井三八座，整修旧沟井五五座，均已先后完成。朝阳门大街暗沟也配合修路同时施工修整，并新建探井、沟井等五十二座，现已完成百分之八十五。此外并掏挖全市暗沟三七六九公尺，改建天安门广场雨水沟井八座。对于全市下水道系统现状，自十月起，开始调查，准备至明年一月底前完成，以为将来整顿修治的参考。

(3) 河道水源方面，疏浚织女河、菖蒲河，共挖土方一八〇五公方。又疏浚筒子河出入口水道，挖土方三八一四公方。至于疏浚金河、长河、西北护城河及玉泉山废田还湖工程，设计工作也已完成，列入工赈工程计划内，明春施工。此外，并测量西郊水田地形图，补测金河、长河横断面及长河各闸的高度，测量前三门护城河，均已先后完成。以上各项工作，均与第一届各界人民代表会议决议案整理源流疏浚河道有关。

(4) 公共建筑方面，开辟天安门广场，计平整面积五万四千平方公尺，补修沥青石渣路面一六二六平方公尺，天安门、中华门、东西三座门楼顶拔草，粉刷台墩东西大墙，伐除妨碍视线的树木三七五株，安装高二十二公尺半电力控制大旗杆一座及天安门上高八公尺的旗杆八根，在东西大墙开辟出入口两个。此一工作，因期限迫促，经各方参加义务劳动，本局工人连续彻夜工作，克服材料上的困难，得以胜利完成。此外，并完成整修城墙工程，将内外城城墙敌伪时期的战壕碉堡悉数平填拆除，同时，全部拔草，计填垫壕沟二万七千平方公尺，拔草面积三十万平方公尺。并利用拆下的城砖，将敌伪时期在城墙墙身所开的防空洞七百余个，除一小部分因存放物品未能施工者外，共堵砌六百余个。至重开建国门工程，预计开八公尺宽豁口一个，加装木门，并在城外护城河上架木桥一座。现豁口已经拆通，木桥也已建成，车辆已可通行，只余零星工程，预计十一月十日前可全部完成。以上各项工作，均与第一届各界人民代表会议决议案开辟广场，重开建国门，修整城墙有关。

(5) 都市计划方面，将全市交通，公共卫生，工商，建筑，土地，人口的现状等，分别加以调查，所有资料，已经修理完竣，以为都市计划参考的依据。并将本局企划室改为企划处，以期与都市计划委员会配合，担负首都未来的建设大计。此外在园林方面，并完成修剪全市及西郊新市区绿篱杂草，采集树木种子，以备明年育苗，开垦荒地三十余亩，在北海公园开办博物馆及艺术展览社，并举办解放战争影片展览等工作。

（二）今后工作计划

(1) 道路方面，今冬翻修北沟沿（羊市大街至丰盛胡同一段），粮食店、西直门车站、东西观音寺至建国门、吉兆胡同等处石渣路；并补修东西长安街慢车道、新大路等处石渣路；平垫修整崇文门至北新桥与宣武门至西直门干道两旁的人行便道；对全市交通设施，并于今冬普遍加以修整与改善。明年预计将崇外大街，德胜门经鼓楼、北新桥与安定门大街等干线铺装为沥青路面；翻修南北沟沿石渣路，保养全市原有沥青、水泥、石渣路面四十四万平方公尺；并开始修筑至门头沟的水泥路，争取于两年内完成。

(2) 沟渠方面，今冬将宣武门外大街原有沟道施工整理，新建探井四十二座，雨水沟井十九座，并整修旧沟井二十五座；东四南大街（自灯市口至东单菜市）西便道新修沟道一百八十公尺，新建探井二十座；此外并修整主要街道雨水沟井二百座（以内四、内一区为主）。争取于明后两年内将全市沟道，掏挖修整一周；并就积水严重及环境卫生最恶劣地区，如龙须沟、大石桥等处，尽可能改建为暗沟。

(3) 水利方面，今冬挑挖御河全部河道。明年准备石〔疏〕浚前三门护城河，西北护城河等河道；将全市河道系统彻底疏浚；漆〔添〕凿机井五至十眼；改善闸门控制流量；并着手调查研究京津运河复航问题，水源、航路确定后，进而制订计划，争取实施。此外，并依据今年各区被灾情况，拟定明春防汛工程计划。

(4) 建筑方面，于今冬将革命先烈纪念碑，北海游泳池，及扩充天安门广场等工程，设计完成。并厘定与市民建筑有关的各项筑建规章。

附：北京人民政府执行第一届各界人民代表会议决议案情况一览表（略）

潘龄皋在北京市第二届各界人民代表会议上的闭幕词

（1949年11月22日）

主席、各位代表、各位来宾：

北京市第二届各界人民代表会议，现在就要闭幕了。这个会开得很好，很成功，我要趁大会闭幕以前，把我参加会议的感想向诸位报告报告。

我今年八十多岁了，我本来是封建时代的旧官僚，照我的出身，我应该说封建制度好。可是我现在要说新民主好，新民主比封建制度好过千万倍(全场大鼓掌)。我为什么说封建制度不好?不好在哪里呢?就是封建时代老百姓都不能说话，受苦受压迫也不许说话。现在老百姓在新民主主义之下，不仅可以说话，而且说要怎么办，就能怎么办。这就是新民主比封建好过千万倍的地方。我虽是封建时代的旧官僚，可是我这个旧官僚才懂得封建官僚的坏处，才真正知道封建主义不好。

我现在参加了这个人民代表会议，开了三天会了，虽然年龄大了，可是我仍然天天到会。因为这个会是老百姓说话的地方，是老百姓的代表们说话的地方，我应当来参加。在这三天大会中，我的感想是我们真正到了大同盛世，我们选举了市长、副市长和市政府委员，我们听到了聂市长的政府工作报告，这个报告是忠实执行上次会议的决议情形，我们讨论了政府的税收提案，也作出了许多发展生产，提高文化的决议。在这些重大的成就当中，最使人兴奋感动的，我觉得有两件大事：第一件是毛主席关心我们北京人民的生活痛苦，指示政府筹划粮食，准备充分的供给，并且开办零售商店，让一般穷苦老百姓能买到粮食和煤。市政府也立刻照办了。这件事真是最大的好事，是毛主席叫我们作的。我们应当大家团结一心努力工作，才不辜负毛主席的爱国爱民的苦心（全场大鼓掌），才对得起毛主席（全场大鼓掌），第二件好事是封闭北京的妓院，这是一件大善事。封闭妓院这件事，我过去在甘肃任内是作过的，可是作不到，办不好，现在经过我们代表会通过，北京市人民政府马上就办了，马上就办好了，这就是新民主的好处，这就是新民主比封建制度好过千万倍的好处，也是人民政府真正替老百姓办事，为老百姓忠实服务的好处（全场大鼓掌）。

市政府的市长、副市长、市政府委员会的委员，现在是我们自己选出来的，我们能够选举政府，我们老百姓能够在这里说话，说要怎么办就怎么办，我们老百姓能够选出政府来，替我们自己办事，这是我们中国老百姓一百多年来就奋斗牺牲流血所要争取的目标，这个目标在辛亥革命没有达到，在北伐战争没有达到，在抗日战争也没有达到，现在达到了（全场大鼓掌）！从满清时代起，我们就要求实行民主宪政，可是达不到，袁世凯、蒋介石来了，还是达不到，我们老百姓要求他们民主，他们不是拖延就是欺骗，总是不给民主，现在我们老百姓翻身了，用我们自己的力量打倒了反动派，实现了民主了，这都是毛主席领导我们成功的。几千年来有那一个人能像毛主席一样的爱国无私？有那一个当朝执政的不是为自己的家天下？只有毛主席才这样爱国爱民天下为公(全场大鼓掌)。我们大家要团结一心，努力工作，才不辜负毛主席这种苦心，才对得起我们毛主席（全场大鼓掌）。

北京市人民政府暂行组织大纲

（北京市第二届各界人民代表会议于一九四九年十一月二十二日通过）

第一条 北京市人民政府直属中央人民政府政务院，在中央人民政府未颁布市政府组织条例前，根据本大纲组织之。

第二条 北京市人民政府委员会由各界人民代表会议选举市长一人、副市长二人、委员十人、由委员中互选秘书长一人，呈请中央人民政府加委组成之。其任期暂定为一年，但得连选连任，因故离职时得依法补选之。

第三条 市长主持市人民政府委员会会议和市人民政府行政会议，并领导市人民政府工作。副市长秘书长协助市长执行职务。

市长根据需要，得提请市人民政府委员会通过，任命副秘书长若干人。

第四条 北京市人民政府委员会实行民主集中制。

北京市人民政府委员会会议，每月举行二次，由市长负责召集之。市长根据需要，或经三分之一以上委员提议，得提前或延期召集之。

第五条 北京市人民政府得根据需要，设立局、院、处和各种委员会及其他机构。其组织规程另定之。

各局、院、处、委员会和其他同级机构的设立与裁并，及其主要负责人员的任免，须经市人民政府委员会通过，由市长呈请中央人民政府政务院批准或任免之。

第六条 在军事管制时期，北京市人民政府在巩固革命秩序、镇压反革命活动、实行土地改革等方面，须与北京市军事管制委员会采取统一步骤。

第七条 本组织大纲经北京市各界人民代表会议通过，呈请中央人民政府批准后实施之。

北京市人民政府委员会选举办法

（一）凡出席北京市第二届各界人民代表会议之代表，均有选举权和被选举权。

（二）北京市市长、副市长、市人民政府委员之选举，采用无记名联记投票方式。

（三）选举人对于选举票上之候选人同意时，即请在被选举人姓名之上画一圆圈。（◯）。

（四）选举人对于候选人不同意时，得将其不同意之候选人姓名用（△）划去；同时，如欲另选在候选人名单以外之人，可在划去候选人姓名下空白处填写所欲选之姓名，但所选总数不得超过法定名额，如超出，全票作废。

（五）选票上之画写，一律用钢笔或毛笔。

（六）凡选票违背以上三、四、五，三条规定及书写模糊，无法辨明者，均为废票。

（七）选举人填写完毕后，应亲自将选举票投入票箱。

（八）选举总监督，负监察、稽核及指导之全责；另设监票十四人，由主席团提出名单经全体会议同意后担任之。

（九）投票完毕，由选举总监督当场开启票箱，经核计票数后，交由监察代表会同秘书处工作人员在指定地点开票。选举结果，由选举总监督在全体会议上当场宣布。

北京市第二届各界人民代表会议组织条例

（北京市第二届各界人民代表会议于一九四九年十一月二十日通过）

第一条 北京市各界人民代表会议，由中国人民解放军北京市军事管制委员会(以下简称军管会)及北京市人民政府（以下简称市政府）召开之。

北京市第二届各界人民代表会议，依据中国人民政治协商会议共同纲领，经中央人民政府批准，在普选的北京市人民代表大会召开以前，代行人民代表大会的职权。

第二条 本届各界人民代表会议的参加单位及代表名额，由军管会、市政府和北京市第一届各界人民代表会议协商委员会共同商定之。

军管会、市政府的代表，由军管会主任、秘书长、市政府市长、副市长、秘书长、各局局长、法院院长充任之；各民主党派、各人民团体、各驻京机关及部队的代表，由各党派、各团体、各驻京机关及部队自行选派之；其他方面的代表由军管会、市政府和北京市第一届各界人民代表会议协商委员会商定，由军管会、市政府邀请之。

各界人民代表会议代表的任期，暂定为一年。但连选得连任；各党派、各团体、各驻京机关及部队与本届协商委员会商定，均得更换其代表；被邀请的代表，经军管会、市政府和本届协商委员会商定，亦得更换之。

第三条 各界人民代表会议的职权如左：

(1) 决定本市的施政方针和政策。

(2) 审查与通过市政府的预决算。

(3) 听取与审查市政府的工作报告。

(4) 建议与决议有关市政设施事宜。

(5) 选举市长、副市长、市人民政府委员，组成北京市人民政府委员会。

第四条 各界人民代表会议设主席团，由大会推选主席若干人组成之。主席团互推常务主席若干人，负责主持主席团会议及常务工作。

各界人民代表会议设秘书长一人、副秘书长若干人，由主席团提请大会通过之。在秘书长及副秘书长之下，设秘书处，处理会议日常事务。

各界人民代表会议得设提案审查委员会及其他委员会。

第五条 各界人民代表会议休会期间，设各界人民代表会议协商委员会（以下简称协商委员会），由各界人民代表会议选举主席一人，副主席若干人及委员若干人组成之。其职权如左：

(1) 保证实行各界人民代表会议的决议。

(2) 协商并提出对本市人民政府的建议。

(3) 协助本市人民政府动员人民支援前线、镇压反革命并参加建设工作。

(4) 负责进行有关下届各界人民代表会议的准备工作。

(5) 负责进行本市民主统一战线的工作。

第六条 协商委员会由主席负责召集并主持会议。

协商委员会推定秘书长一人、副秘书长若干人，协助主席、副主席进行工作。

协商委员会根据需要，得设各种委员会，协商委员会委员及各界人民代表会议的代表，均可参加各委员会工作，各委员会由协商委员会各推派主任一人，负责主持其工作。

第七条 各界人民代表会议每三个月召开一次，其召集日期由协商委员会决定之。但经市政府委员会或各界人民代表会议三分之一代表之提议或协商委员会认为需要时得提前或延期召集之。

协商委员会每月召开一次，必要时亦得提前或延期召集之。

第八条 本组织条例经北京市各界人民代表会议通过后实施之。

北京市第二届各界人民代表会议议事规则

（1949年11月20日通过）

第一条　本规则依据北京市第二届各界人民代表会议（以下简称各界人民代表会议）组织条例第三条及第四条之规定制定之。

第二条　各界人民代表会议主席团互推常务主席若干人主持会议事务之进行。

第三条　各界人民代表会议，须有全体代表总额二分之一以上的出席，始可宣布开会，须有出席代表二分之一以上的赞成，始得成立决议。赞成与反对同数时取决于主席。

第四条　凡出席各界代表会议之代表均有表决权。

第五条　关于议案讨论之表决方式规定如左：

（一）一般决议采用举手方式表决。

（二）关于重大议案之决议，须作郑重之表示者，得由主席采用起立方式表决。

第六条　各界人民代表会议议事日程由主席团决定之。主席团认为必要时，得斟酌情形变更议事日程，并向大会报告。

第七条　各界人民代表会议之议案，应以北京市第二届各界人民代表会议组织条例第三条关于各界人民代表会议职权之规定为范围。

第八条　各界人民代表会议设提案审查委员会及其他委员会，受主席团之领导进行工作。

第九条　各界代表会议议案除由中国人民解放军北京市军事管制委员会、北京市人民政府及北京市第一届各界人民代表会议协商委员会提出者外，有代表三人之连署者亦得提出。代表提案经提案审查委员会审查后，由主席团提交大会。

第十条　代表发言应先报明其席次号数。

如有二人以上同时要求发言时，由主席指定其发言次序。

第十一条　议案讨论之发言时间，第一次发言不得超过十分钟，第二次以三分钟为限，到时按铃为号，应即停止发言，其有需要延长发言时间者，经主席之许可，得延长之。

每一代表对每一问题，最多发言两次，如有未尽意见，得以书面提交主席处理之。

第十二条　主席对于议案之讨论，得视情形宣告讨论终结，并付表决。

第十三条　各界人民代表会议开会时，秘书长、副秘书长及有关工作人员均得列席。

第十四条　各界人民代表会议之一切文件与新闻，由秘书处统一发布。

第十五条　本规则经各界人民代表会议主席团通过后施行。

北京市第二届各界人民代表会议会场规则

第一条　一切与会人员，均应自觉遵守本规则及议事规则，确保会场秩序，以便会议的进行。

第二条　非佩有或携有本会制发之代表、来宾、列席、旁听、新闻记者及大会工作人员的符号或证件者，一概谢绝入场。

第三条　代表、主席团、来宾、列席、旁听、新闻记者及大会工作人员，均须按照设定之席位入座。

第四条　代表每次与会均须于入场前，将签到单填好交与签到处。

第五条　出席代表均应按时到会，如因故不能到会，须事前向主席团请假，在会议进行中，如临时因故必须退席时，务须向主席团声明。

第六条　大会开会时间须保持肃静。

北京市第二届各界人民代表会议关于政府工作报告的决议

（北京市第二届各界人民代表会议于一九四九年十一月二十二日通过）

北京市第二届各界人民代表会议，全体代表在听取了聂荣臻市长关于政府执行第一届各界人民代表会议决议案情况及今后工作方针和计划的报告，审阅了各局会的书面补充报告，一致认为满意，并表示无保留的接受。

自本市上届各界人民代表会议闭会至十月底，短短的两个半月中，政府不仅进一步完成了巩固革命秩序、恢复、发展生产、发展文化教育事业的三大任务，并且在市政建设、公共卫生、社会救济各方面都有了显著的成绩。对于上届会议所通过的一百七十一件决议案，除了七案因为人力财力的关系尚未执行外，其余一百六十四案都已经执行或正在执行。这是北京历史上所未曾有的事情，这真正表现了我们的政府是对人民负责、为人民服务的人民自己的政府。我们谨向市人民政府和全体工作人员，表示慰劳和谢意。

在今后市人民政府的工作方针和计划中，最基本的一项是继续动员与组织全市人民的一切力量，努力发展生产，我们应该在一切有利于国民生计的生产事业中，积极改进经营的方法，开展劳动竞赛，鼓励一切生产部门的劳动英雄与模范工作者，予以精神上的表扬与物质上的奖励。对于一切有利于发展生产，有利于国民生计的工作，我们都应该全力帮助与促督〔督促〕市人民政府积极进行。对于目前直接影响人民生活的粮食和物价问题，我们完全拥护聂市长报告中所提出的措施，即开辟粮食来源，预储充足的食粮，严厉取缔奸商投机操纵，增设公营粮食零售店，扩大合作社的供给范围，确实保证首都二百万人民所必需的粮食供应，并在今后进一步发展生产中，逐渐达到物价的稳定。

聂市长在他的报告中，最后还向我们提出一个新的工作任务，市政建设。同时也列举了关于自来水、下水道、环境卫生、以工代赈等具体工作内容。这无疑的是切合实际需要的方针。今后市政府在市政建设上，以增进市民的福利为目标，应拟定通盘的计划，使我们的首都能够有计划有步骤地发展起来，在生产发展的基础上，成为一个适宜于居住、工作的好环境，这样才能成为名实相符的中华人民共和国的首都。

我们深深地认识到，摆在我们面前的是一个极艰巨的任务，今后在建设过程中，还会遭遇到许多困难，但是我们相信只要我们全市二百万市民，紧密地团结起来，就一定能克服一切困难，实现一切计划。

北京市第二届各界人民代表会议对北京市人民政府所提五种财政税收案的决议

（北京市第二届各界人民代表会议于一九四九年十一月二十二日通过）

（一）关于统一征收营利事业所得税和营业税决议案

案由：

一九四九年上半年营利事业所得税，拟与夏季营业税合并征收，并规定每分共征十二斤小米，负担分数之拟定，拟采用调查与民主评定相结合之方法。

理由：

为简化税制，拟将本市现行之营业牌照税、利息所得税及特种营业税废止；将营利事业所得税与夏季营业税合并征收。税率拟定之原则，按工业轻于商业；机器等生产工具制造业，轻于普通生活资料制造业；必需品制造业，轻于非必需品制造业；并对于能够代替舶来必需品和输出商品的制造业，予以减税待遇。

目前多数工商业户，尚无完备之会计制度，足为征税依据。根据以往经验，一般工商业户均认为调查与民主评定相结合之方法，比较公平合理，切实可行。

根据本年上半年工商业营业状况之调查，特规定每分按十二斤小米征收。

办法：

（一）根据以上精神，制定“营利事业所得税及营业税征收暂行办法”。

（二）评议时，城区各行业仍以一九四八年下半年营利事业所得税之总分数为基础，其营业情况变更及以前评议有不合理者，加以适当调整。

（三）一切公营企业与私营企业，均按此统一税则向市政府纳税。

（四）城内、郊区工商业及公营企业（只包括市营及机关经营之企业在内，华北系统之企业亦统一向本市税局纳税，其应纳税额尚未计入）预计可征收小米二千七百六十万斤。

（五）仍依照上次征税办法，组织“工商业税征收推进委员会”，但为更广泛发扬民主，拟再增聘工商业代表和其他人民团体代表若干人参加，负责推动征收及行业分数之评议调整。

（六）工商业户纳税额不及一分者免征。

附：北京市营利事业所得税与营业税征收暂行办法

北京市营利事业所得税与营业税征收暂行办法

第一章 总则

第一条 凡在本市经营之营利事业，在中央人民政府尚无统一规定之前，除另有规定者外，不分国籍，不分经营性质，不分公私企业，一律依本办法征收之。

外埠营利事业之分支厂店或营业所在本市辖境者，按其在本市经营部分征收之。

第二条 （甲）左列各项免征营利事业所得税及营业税：

（一）公营之军事工业。

（二）经人民政府批准免税之文化新闻事业。

（三）以农业为主之家庭副业。

（四）经人民政府批准之其他免税企业。

（乙）左列各项免征营业税：

（一）已纳出厂税之工厂或出品人。（其零售部分除外）

（二）已纳屠宰税之屠宰商。

第三条 左列各项，就其所得税部分分别减征：

（甲） 减征百分之四十者：

（一） 第一类机器制造业。

（二） 第一类矿冶业。

（三） 电业。

（四） 车船制造业。

（乙） 减征百分之三十者：

（一） 第二类机器制造业。

（二） 第二类矿冶业。

（三） 第一类化工制造业。

（四） 电工器材制造业。

（丙） 减征百分之二十者：

（一） 第二类化工制造业。

（二） 农具制造业。

（三） 文教卫生用品制造业与出版业。

（四） 出口商业。

（五） 出口货物制造业。

（六） 代替外来必需品制造业。

（七） 第一类运输业、汽车运输业。

（丁） 减征百分之十五者：

（一） 印刷器材制造业。

（二） 橡胶皮革制造业。

（三） 建筑器材制造业。

（戊） 减征百分之十者：

（一） 非机器的交通工具制造业。

（二） 手工工具制造业。

（三） 修理机器业。

（四） 普通必需品制造业。

（五） 卫生事业。

（六） 第二类运输业。

（七） 畜牧业。

右列减征范围如附表。〈略〉

凡经营对国计民生有特殊利益之工业股份公司除依本条减征外，得呈请北京市人民政府再在一定时期内酌予提高其减征率。

凡经营对国计民生有特殊利益，或为北京所特别需要之工商业，而为右列各项所未能包括者，得呈请北京市人民政府分别酌予减征。

第四条 合于合作法之合作社，其减免办法另订之。

第二章 税率

第五条 营利事业所得税之税率自百分之五至百分之二十五，依纯收益按全额累进计征。（见附表）〈略〉

第六条 营业税税率按营业总收入百分之零点五至百分之二或收益额百分之四计征。

营业税税率

（一）金属品冶制业，液体燃料工业，机器工业，化学原料工业，按营业总收入征收百分之零点五。

（二）公用事业，制药工业，化学品制造业，印刷业，农具制造业，出口品制造业，出口业，进口业，按营业总收入征收百分之一。

（三）化学原料商业，医药商业，卫生事业之药房部分，米粮商业，面粉商业，服装商业，书报业，文具商业，运输业，饮食业，旅栈业，洗染业，浴室理发业，一般制造业，按营业总收入征收百分之一点五。

（四）酿造业，娱乐业，西餐咖啡业，照像业，照像材料业，钟表眼镜业，银楼业，珠宝古玩业，香烛纸箔业，包作业，一般贩卖业，按营业总收入征收百分之二。

（五）保险业，堆栈业，银钱业，信托业，委托拍卖业，房地产代理业，交易所业，牙行业，租赁业，按收益额征收百分之四。

第七条 工厂商店兼营非同一税率之营利事业，应分别依照其不同税率计征。

第三章 计算与征收

第八条 对会计制度完备，足为征税确据之营利事业，按其纯收益及营业额依照税率计征。一般营利事业，根据调查，依民主评议方法评定征收。

第九条 营利事业所得税每半年征收一次，营业税每三个月征收一次，但为简化手续缴纳方便起见，二者得合并分期征收之。

第十条 有分红制度之营利事业，须先核算提存其应纳税款后，再行分红。

第四章 申报与调查

第十一条 凡营利事业于开业、歇业、转业之二十日前，除依规定向工业局或商业局主管机关申请登记领取与缴销营业证外，并须向税务机关登记。

第十二条 税务机关为了解各营利事业经营或负担情况，有随时派员查询之权，任何营利事业者均应据实报告，并提供一切帐簿及证件，不得拒绝或欺骗。

第五章 罚则

第十三条 凡违反本条例第十、第十一、第十二各条之规定者，依违章论，处以五十万元以下之罚金。

第十四条 匿报收益营业额者，除追缴其应纳税额外，并处以漏报税额一倍至三倍之罚金。

第十五条 不按期缴纳税款者，除限日追缴外，并按日科〔课〕以应纳税额百分之一的滞纳金。伪造证据或故意抗税者，得送法院处理。

第十六条 本办法经北京市各界人民代表会议通过后，公布施行之。

（二）关于征收定额房产税决议案

案由：

为便利市民缴纳，本市房产税拟按定额征收。

理由：

（一）简化税收手续，并使市民易于了解自己应负之税额，拟按定额计征。

（二）房产税征收后，旧房捐一律取消。

（三）过去自住房屋之纳税额为出租房屋的十分之六，兹为减轻与防止首都房荒，鼓励房屋出租，拟将自住房屋之房产税从原来的占出租房屋纳税额的十分之六提高为十分之八。

（四）公私房屋一律照章纳税。

（五）依照上项固定税额办法统计，房产税每季共应征小米四百万到四百五十万斤。

附：房产税征收暂行办法及税额表〈税额表略〉

北京市房产税征收暂行办法

第一条 本市房产税在中央人民政府尚无统一规定之前，悉依本办法征收之。

第二条 本市所辖地区之城、关厢、镇，一律征收房产税。

第三条 房产税向房屋所有权人征收之，其设有典权者，向典权人征收之。设有铺底权者，暂依习惯缴纳。

第四条 房产税税额之规定如附表。〈略〉

第五条 房产税每年按四季征收。

第六条　左列房屋分别减免房产税。

(一) 自本年起所有新建房屋，于落成之日起，申报后免征三年。

(二) 其他经政府审查核准者可酌情减免。

第七条　前条减税或免税之房屋，其减免之原因事实有变更或消灭时，仍应照章缴纳房产税。

第八条　住家或营业使用房屋，如有产权变更与使用情形变更时，应于变更之日起，十日内由原纳税人申报，并须先行完税，始得过户，其新建房屋，应于落成之日申报。

第九条　出租房屋之房产税，如房主不在本市或不在同一行政区域居住时，得由房客代缴并以房产税之收据抵付租金。

第十条　房产税于每季开征前，公布缴纳期限，逾期十日不缴者，加征滞纳金百分之二，逾期十五日不缴者，加征百分之五，如故意拖延不缴者，送法院惩处之。

第十一条　本办法经北京市各界人民代表会议通过后，公布施行之。

（三）关于征收定额地产税决议案

案由：

为便利市民缴纳，本市地产税拟按定额征收。

理由：

(一) 地产税为财产税之一种，对于保证城市土地之合理地使用，有重要作用。

(二) 今后本市地产税，拟按附列定额征收。对于超过一标准亩之所有土地，拟按累进计征。这样，一方面可以保证政府的税收，一方面可使纳税人预知自己的应负税额。计每年可征小米八百五十万斤。

附：北京市地产税征收暂行办法。

北京市地产税征收暂行办法

第一条　凡本市城区土地在中央人民政府尚无统一规定之前，除法令另有规定者外，悉依本办法征收地产税。

第二条　地产税向土地所有权人征收之，其设有典权者，由承典人缴纳。

第三条　左列土地免征地产税：

(一) 国营铁路、公路、公有坛庙及公共游览处所之用地。

(二) 已纳农业税之种植农作物土地。

(三) 其他经政府审查核准者。

第四条　凡免征之土地，其免税之原因，事实有变更或失效时，仍应照章缴纳地产税。

第五条　地产税每市亩之税额列左：

一级地	五〇三斤小米。
二级地	四三二斤小米。
三级地	三六〇斤小米。
四级地	二八七斤小米。
五级地	二五二斤小米。
六级地	二一六斤小米。
七级地	一九八斤小米。
八级地	一七九斤小米。
九级地	一六二斤小米。
十级地	一四四斤小米。
十一级地	一二五斤小米。
十二级地	一〇八斤小米。
十三级地	九一斤小米。
十四级地	七一斤小米。
十五级地	五八斤小米。
十六级地	四三斤小米。
十七级地	二八斤小米。
十八级地	二二斤小米。
十九级地	一七斤小米。
二十级地	一五斤小米。

第六条　地产税按超额累进方法计征，以一标准亩之税额，(一六五斤小米) 为累进起点。其经政府审查核准者，得酌予减免累进。

(注) 一标准亩之税额，为以全市总税额 (按基本税额计算) 除以全市总亩数。

第七条　土地所有权人之地产税额未超过累进起点者，依第五条税额征收，其超过累进起点时，依左列超额累进方法征收，其具体累进倍数如左：

(一) 超过累进起点一倍至五倍者，其超过部分每标准亩加征二十二斤小米。

(二) 超过累进起点十倍以下者，除按前款规定征收外，其超过五倍部分每标准亩再加征三十三斤小米。

(三) 超过累进起点十五倍以下者，除按前款规定征收外，其超过十倍部分每标准亩再加征五十五斤小米。

(四) 以后每超过五倍，就其超过部分递加五十五斤小米，以加至每标准亩税额五百五十斤小米为最高累进点。

第八条　产业主不在本市无人管业之土地，由政府代为经营，其地产税应于其收益中扣抵之。

第九条　土地所有权或典权移转时，原所有权人或典权人应缴清地产税后方准过户。

第十条 地产税按每年一次，由政府订期征收之，其逾征收期限延宕不缴者，依左列情形分别处理之。

逾期十日不缴者，加征滞纳金百分之二，逾期十五日者，加征滞纳金百分之五；如故意抗延不缴者，交法院处理。

第十一条 本办法经北京市各界人民代表会议通过后，公布施行之。

（四）关于征收农业累进税决议案

案由：

根据本市郊区常年农地产量及农民负担能力，规定本年共征收农业累进税二千六百万斤小米。并根据京郊灾情，按具体情况，分别减免四百万斤小米案。

理由：

经过调查研究，推算结果，郊区农地园田、稻田、水田、旱田，平均每亩常年产量约为一石四斗六升玉米，按玉米九市斗折合一个标准亩，全郊区共计当有一百六十九万二千六百一十五标准亩。全郊区五十一万七千农业人口每人除免税一标准亩外，共应负担约二千六百万斤小米。今年郊区有部分灾情。根据实际调查，全无收成者九万七千余亩，按华北统一规定，当全部免除负担，较常年产量歉收三成者约十万亩，减免负担额百分之二十，较常年产量歉收五成者，约十四万七千余亩，减免负担额百分之六十。为照顾农民负担并兼顾政府财政收入，特决定减免四百万斤小米。

办法：

按秋二夏一之比例，分两次征收，即今年秋天征收税额约三分之二，明年麦秋再征三分之一，农民无夏收者，一次收齐。

附：北京市农业累进税暂行办法

北京市农业累进税暂行办法

第一章 总则

第一条 本办法根据农村的实际经济情况及发展生产，保证供给，负担公平合理之原则制定之。

第二条 本办法采用单一累进税制，并规定免税点。

第三条 凡有收入之土地，依其常年产量，（以七成年景为常年产量）折玉米计算标准亩（特种作物按一般种粮谷地评产）由收入所有人缴纳农业税。

（一）地主富农出租土地，以谁种谁收谁负担为原则。

（二）典当地之农业税，由承典人承当人交纳。

（三）农民间租佃地之农业税，由租佃两方协议分别交纳。

第四条 公私立学校种地，机关部队生产种地，每标准亩负担小米二十斤。

第五条 以试验推广为目的之公营农场、林场、苗圃或一般林木地免纳农业税。

第六条 下列各种土地，在一定期间内免纳农业税：

（一）垦种生荒或已荒五年以上之熟荒地，免征三年；垦种已荒三年以上至五年之熟荒地，免征二年；垦种已荒一年至三年之熟荒地，免征一年。

（二）自行平毁碉堡壕沟所占之土地，以垦种生荒论。

（三）新修山地之梯田及河滩地，自有收入之年起免征三年。

（四）轮耕地或压青地，无收入之年，免纳农业税。

（五）开渠凿井，变旱田为水田，三年以内不改订产量。

第二章 计算标准亩

第七条 以常年应产量，九市斗玉米为一标准亩。

第八条 为鼓励特种作物起见。凡菜园、果木园、桑园、竹园、山货、渔塘、藕池等地，依其常年产量，与收获出卖季节平均价格计算收入，以五成折玉米计算标准亩。

蒲苇荻子、红荆、柳杈等地，按常年产量计算收入，以八成折玉米计算标准亩。

第三章 人口计算与免税点扣除

第九条 所有农业人口，除本办法另有规定者外，不分男女老幼均计算人口，每人扣除一标准亩的免税点。

第十条 有左列情形之一者，经村政府评定，请区政府批准后，得将免税点提高为：一点五标准亩。

（一）老弱孤寡残疾，不能劳动，而家境贫苦生活困难者。

（二）烈士、革命军人及供给制革命工作人员家属无劳动力而家境贫苦生活困难者。

第十一条 公费生、工人、店员、学徒及其居住农村之家属，得在农业税计算中分别扣除免税点。其扣除办法如左：

（一）公费生本人扣除半标准亩免税点，其家属全扣。

（二）学徒本人不扣除免税点，其家属全扣。

（三）工人、店员本人不扣除免税点，其家属按其收入及开支状况酌予扣除或不扣除免税点。

第十二条　有左列情形之一者，其人口不扣除免税点。

（一）常年在外其生活不由家庭供给者。

（二）兼营工商业而生活主要靠工商业收入者。

（三）土地分散在各处，已在他处扣除者。

（四）判处六月以上徒刑在监执行者。

第十三条　左列人员之计算人口，扣除免税法，依下列各款规定：

（一）烈士、革命军人及供给制之革命工作人员，均在家计算人口，扣除一标准亩免税点；

（二）脱离生产之供给制妇女工作人员，结婚后得依本人自愿，在夫家或娘家计算人口，扣除免税点，但须取得政府正式通知，否则即在夫家计入。

（三）农业雇工之常工、季工，在雇主家内吃饭者，其免税点得在雇主家内扣除。

第十四条　属于寺院、庙宇、教堂之土地，均以一户论，其人口按实有人数计算扣除。

第四章　属人属地之负担

第十五条　出租者住市内，承佃者住市外，或出租者住市外，承租者住市内，及土地坐落市县交界地区，均采取属地评订产量，属人计算征收办法。

第十六条　自耕土地坐落市县交界地区，收入所有人无论居住市界内与市界外，均采属地评产，属人计算征收办法。

第十七条　市县两方飞地，均按一户一人属地负担。

上述交界地区，应以下列条件为限。

（一）市县所属最边缘之村与村间。

（二）距离最边缘村外在十里上下者。

（三）市内农民不需住宿而能耕作者。

第十八条　市界内区与区村与村间，除飞地采取属地征收外，所有交界插花土地，均采属地评产属人计算征税办法。

第五章　负担亩与负担分之确定

第十九条　本办法之征税单位定名为“分”每人全年平均收入扣除免税点后，所剩之标准亩，即为“负担亩”。根据负担亩之多少按税等计分，即得负担分数：

（一）两个负担亩以下者按〇·八分计。

（二）两个负担亩以上至四个负担亩者，每一负担亩按〇·九分计。

（三）四个负担亩以上至六个负担亩者，每一负担亩按一分计。

（四）六个负担亩以上至八个负担亩者，每一负担按一·一分计。

（五）八个负担亩以上至十个负担亩者，每一负担亩按一·二分计。

（六）十个负担亩以上至十二个负担亩者，每一负担亩按一·三分计。

（七）十二个负担亩以上至十四个负担亩者，每一负担亩按一·四分计。

（八）十四个负担亩以上至十六个负担亩者，每一负担亩按一·五分计。

（九）十六个负担亩以上至十八个负担亩者，每一负担亩按一·六分计。

（十）十八个负担亩以上至二十个负担亩者，每一负担亩按一·七分计。

（十一）二十个负担亩以上至二十二个负担亩者，每一负担亩按一·八分计。

（十二）二十二个负担亩以上至二十四个负担亩者，每一负担亩按一·九分计。

（十三）累进税计分至二十四个负担亩以上者，每个负担亩按二分计，不再累进。本办法系全额累进。

第六章　调查评议

第二十条　村政府召集群众选举公正农民和村干部组织农业税调查评议委员会。

第二十一条　农户根据农业税调查表（市统一印制）认真填报，然后由评委会进行调查评议，确定标准亩，依办法规定计算人口，扣除免税点，求得负担亩，查表（负担分数表）计分。

第二十二条　评委会将各户调查评议之结果，列榜公布，如农户认为不合实情，可提出意见，请求复查复议，俟全村负担分数确定后，造册报区。

第二十三条　任务分派主要根据富力年景，采市派区，区派村的办法，村中则根据各户算出分数，并经民主表决均摊任务。

第二十四条　受灾地区可根据华北政府颁布之减灾办法执行。

第七章　罚则

第二十五条　凡虚报人口，隐瞒土地、产量，企图逃避负担者，除依法追补应纳税额外，并处以小米一百斤以上三百斤以下之罚金。

第二十六条 凡举发他人虚报隐瞒者，经查实后，由罚金内提百分之二作为举发人奖金。

第二十七条 前二条规定之处罚提奖权，属于区以上政府，村不得行使之。

第二十八条 本办法经北京市各界人民代表会议通过后，公布施行之。

（五）关于随房产税地产税营利事业所得税与营业税附征小学教育费及清洁卫生费决议案

案由：市小学教育费清洁卫生费为地方性之开支，拟暂时随房产税、地产税及营利事业所得税与营业税一并征收。

理由 小学教育费和清洁卫生费原属于地方性开支。本市自解放后，曾征收过两次地方行政事业费，当时因系沿用旧自治捐征收办法课征，形成逐户摊派，甚不合理。故市政府已于五月间决定停征，但上述两项费用为本市必要支出，其全年支出为：

(1)小学教育费：城区小学教职员工人数为二千七百二十九人（现有二千五百九十八人；另加百分之五预备数），薪资公杂费月支约八十九万二千三百零五斤，全年约需一千零七十万零七千六百六十斤。

(2) 街道清洁卫生费（清扫夫工资等）：每年约需一千零五万四千九百五十斤。

以上两项合计每年约需二千零七十六万二千六百一十斤，此项开支根据各城市惯例及现在实施情况，均应因地制宜由地方筹措。

办法 根据以上情况，拟用附征方法解决，房产税地产税附征百分之三十，所得税营业税附征百分之十，于今后征收上项三种税收时开始附征。其属于郊区之附加税应作为郊区小学之经费。

附：张副市长在北京市第二届各界人民代表会议对财政税收提案的说明

各位代表：

这次北京市人民政府向大会提出五个征税案，我现在代表市政府加以说明。

在分别说明各个提案以前，先简单做一个总的说明。

（一）在聂市长的报告中，已经提到，北京市有许多必要的建设工作待做，诸如卫生事业，修理下水道，建设马路等等，在在需款，因此，就需要征税。不然，就得增加通货的发行，这样，不但会影响市民生活，也将影响工商业本身的发展。

（二）五个征税案中所要征的税，都是原来就有的，并非新增加的。有的，只是改了名称，如房捐改为房产税。这些税，本应陆续征收，但因关系人民切身利害，故做了慎重的调查研究，提交本届会议讨论，以期做到公平合理。希望大家尽量发表意见。

（三）五个征税案虽向本届会议一次提出讨论，但并不是一道征收。例如营利事业所得税和营业税，农业累进税，是现在就征，而地产税则是以后才征。另一方面，各种税的征收对象也不同：有工商业户，有农民，有房产所有者，有地产所有者。

（四）我们所提出的征税办法是经过一再周详研究，才拟定了的。例如房产税、地产税便是从六月间起，即已开始研究了的。现在这些办法已经协商委员会讨论通过。但还可能有不妥当处。即使办法妥当，在执行中，也可能发生偏差。在政府方面，当力求避免发生偏差。在人民方面，如发现毛病，可以告诉政府，政府一定予以纠正。

（五）如聂市长报告所说，我们的税收，是“取之于人民，用之于人民”的，取之于北京市民，用之于北京建设的。人民可以监督我们，在下次会议上可以检查我们，如用之不当，可以弹劾。以下，再就五个征税案分别说明。

第一案：统一征收营利事业所得税和营业税

（一）过去原有营利事业所得税，营业税，特种营业税，营业牌照税，利息所得税等五种税，现为简化税制，并为照顾工商业户的困难，特取消了其中三种，保留两种，并采取合并分期征收办法。

（二）税率拟定原则，是：一、发展生产；二、扶助有利于国计民生的工商业，故对各种工商业所征的税，依其性质不同，而有所轻重。

（三）征收方法不外两种：一、根据工商业户帐目，二、民主评议。第一种方法，一般的说，由于今天北京工商业户的帐目还不够精确，故不能完全采用。根据上次经验，用民主评议与调查相结合的办法，比较公平合理，切实可行。这次，仍是采取这种办法。

（四）税额每分十二斤小米，表面上好像较上次重了（上次所得税六斤，营业税二斤，共八斤），但实际上并不算重。上次征收的是去年下半年的税。那时一般工商业户的营业状况是不太好的，所以我们征税特别轻。这次征的是今年上半年的税，营业情况已经好转，税额当然应提高，就一般工商业户来说，根据我们调查，并未超过一般的负担能力（且有纳税额不满一分者免税的规定）。

（五）过去，市营企业向市纳税，国营的则向前华北政府纳税。私营工商业对此曾表示不满。这次，拟使国营企业也向市里纳税。

第二案：征收定额房产税

（一）此税即系过去的房捐。

（二）采取定额征收办法：把各种房子分出等级，按房价指数与米价，规定一定税额，非遇房价有特殊变动时，不再改变。这样，政府可以预计能够收入多少房产税，人民也可以预计付出多少房产税，并且在手续上也简化了。

（三）过去自住房屋纳税为出租房屋十分之六，现在鼓励城市房屋出租，将自住房屋税额提高到出租房屋的十分之八。

（四）规定新建房屋，免税三年，以鼓励建房。

（五）公私房屋，除特殊情况外，一律纳税。

（六）城内税重，关厢、镇税轻，纯农村不征，鼓励在城外建房。

（七）自用房屋，虽说率提高，但为照顾贫寒，政府可予酌情减免。

第三案：征收定额地产税

（一）此税即系过去的地价税。

（二）定额征收，办法、理由与房产税同。

（三）与房产税不同的，是地产税采取超额累进征收（累进起点为一标准亩），以防止土地的集中。

（四）城内耕地不征地产税，而征农业税。

（五）城外除耕地征农业税外，建屋用地，暂不征税，以鼓励城外建屋，特别是在城外建工厂。

第四案：征收农业累进税

（一）这税的征收，基本上是根据前华北政府的办法，没有什么需要特别说明的。关于税额与灾税减免额的决定，是经过三番五次详细调查的。前者定为二千六百万斤小米，后者定为四百万斤小米，即实征二千二百万斤小米。

第五案：随房产税地产税营利事业所得税与营业税附征城内小学教育费及清洁卫生费

（一）城内小学教育费及清洁卫生费，应由地方自筹。拟采用附征办法，房产税、地产税附征百分之三十，所得税营业税附征百分之十，以充此项经费，郊区教育经费等，则随农业税附征。至于在属于郊区的关厢、镇等，随营利事业所得税及营业税等所附征的经费，则划归郊区用。

（二）在上届各界人民代表会议上，我曾向大会报告，小学教育及清洁卫生等经费的开支约二千万斤小米，而现在则为二千零七十六万二千六百一十斤，前后数字不符。这是因为上次小学及村公所经费共一千九百余万斤，现在，村公所经费由郊区自筹，而关厢小学也划归郊区，只剩城内小学的经费，故较上次所说减少了，但清洁卫生费则上次只预算到工具支出，故仅二百万斤，而现在，因清洁队员一千八百余人工资亦须由此项经费内开支，故较上次增加了。

以上是关于五个征税案的简单说明。

北京市第二届各界人民代表会议
对第一届协商委员会所提关于救济失业员工问题的决议

（北京市第二届各界人民代表会议于一九四九年十一月二十一日通过）

目前有若干公营工厂和私营工厂、作坊要求解雇一部分员工，而员工方面则要求保障其生活。为使各工厂、作坊获得合理地改善经营、发展生产之条件，并适当保证员工之生活，特决定在各大工厂、作坊中试办失业救济与保险制度（年老退休者不在此限），并决定试办原则如下：

（一）所有公私工厂和十人以上之作坊为了合理地改善经营，经劳动局审查批准后，得解雇其多余之员工。惟在解雇后一年内，各该工厂，或作坊每月须向政府缴纳其所解雇员工原薪百分之三十，作为失业员工之救济金。但因违犯厂规被解雇之员工不在此列。

（二）所有上述被解雇之员工，则由政府按月发给原薪五成至七成之救济金。

（三）所有上述工厂或作坊，如再增雇员工时，需经市政府劳动局之介绍或批准。

（四）领救济金之员工有工作机会时，即由劳动局介绍或自行就业。在就业后即停领救济金（有就业机会而无故拒绝就业者，以就业论），并须分期缴还原领救济金总额的十分之一，作为失业救济基金。

（五）为了建立可靠的失业保险制度，特决定向工厂、作坊员工按月征收其薪金的百分之一，向厂方征收工资总额的百分之一，作为失业救济基金。

（六）领救济金之员工，政府可以组织其参加半义务性质之公共工程，并在自愿原则下组织其学习。

本决议所决定实行之失业救济制，尚系试办性质，目前只在上述范围内推行之。

北京市第二届各界人民代表会议
对第一届协商委员会所提关于开办业余补习学校的决议

（北京市第二届各界人民代表会议于一九四九年十一月二十一日通过）

为了满足工人和干部的学习要求，提高工人和工作人员的文化水平工作技能起见，特决定在本市创办一正规的业余学校，以统一领导、分散教学的方式，设立大、中、小各等学校和各年级的各种课程的班次。目前应以开办中学、小学为重点，但亦应开办一部分大学班。各等学校均应建立适当的学制，实行考试制度，按照学生学习成绩，发给与正式学校有同等效力的证书，业余学校的教员应从各方面聘请充分称职者担任之，并按照所担任课程的高低和分量，给予相当的报酬。在设备方面，应尽可能地利用各学校、机关、工厂及其他可以利用的公共设备。对学生所需用之教科书则应给予减价之优待。

业余学校开办之始，应先招收工人和工作人员入学，待办理稍有成效，取得经验后，再逐渐推广之。

北京市第二届各界人民代表会议
对第一届协商委员会所提关于封闭妓院的决议

（北京市第二届各界人民代表会议于一九四九年十一月二十一日通过）

查妓院乃旧统治者和剥削者摧残妇女精神与肉体，侮辱妇女人格的兽性的野蛮制度的残余，传染梅毒淋病，危害国民健康极大。而妓院老板、领家和高利贷者乃极端野蛮狠毒之封建余孽。兹特根据全市人民之意志，决定立即封闭一切妓院，集中所有妓院老板、领家、鸨儿等加以审查和处理，并集中妓女加以训练，改造其思想，医治其性病，有家可归者送其回家，有结婚对象者助其结婚，无家可归，无偶可配者，组织学艺，从事生产，并没收妓院财产以作为救济妓女之用。

此系有关妇女解放，国民健康之重要措施，本市各界人民应一致协助政府进行之。

附件一：公安局长罗瑞卿向北京市第二届各界人民代表会议关于执行大会封闭妓院决议的报告（摘要）

市公安局依照市长命令，前晚连夜执行了本届代表会议关于封闭妓院的决议。到昨晨五时止已将全市二百二十四家妓院全部封闭。北京市从此再不存在蹂躏妇女，摧残妇女的野蛮的妓院制度了（全体大鼓掌）。一千多妓女从此跳出了火坑，获得解放（全体大鼓掌）。公安局和民政局、卫生局、市妇联等单位前天下午五时半开始行动，动员干部和警士二千四百余人，经过一整夜的努力工作，现已集中妓院老板二百六十九人，领家一百八十五人，妓女一千二百六十八人。老板和领家集中于公安局，准备经审查后分别处理；妓女集中于八个教养院，加以训练，改造思想，并帮助她们另谋正当生活出路。集中工作很顺利，秩序良好。这次封闭妓院，是一件大好事，可以获得绝大多数群众的拥护，但若干依赖妓院为生的茶房，小贩等，或因妓院的封闭而影响生活，可能产生一些反感，另一部分流氓、地痞、特务、匪徒可能散布谣言捣乱，希望各界代表向群众解释，并防止反革命分子的破坏，协助政府把这件事情完全办好。(全体大鼓掌)

附件二：解放妓女

(一九四九年十一月二十二日《人民日报》短评)

北京市第二届各界人民代表会议，于昨(二十一)日通过了封闭妓院的决议，并即由市人民政府下令开始执行。这是废除反动黑暗的娼妓制度、解放妇女的一项重要措施。

中国人民政治协商会议共同纲领第六条规定："中华人民共和国废除束缚妇女的封建制度。妇女在政治的、经济的、文化教育的、社会的生活各方面，均有与男子平称的权利。"而妓院则是束缚、压榨与蹂躏妇女的最落后、最野蛮的制度，依据共同纲领所规定的原则，是必须坚决加以废除的。

过去，由于帝国主义、封建主义和官僚资本主义的统治与剥削，有许多妇女受着严重的生活驱迫或被恶棍流氓分子所拐骗与陷害而沦为娼妓，她们饱受妓院老板、领家和高利贷者的百般压迫，过着非人的生活。由于娼妓的存在，又使性病流行，毒害国民健康。因此，北京市第二届各界人民代表会议所通过的关于封闭妓院的决议，对于妓女本身和对于全社会，都有莫大的利益。

妓院的老板、鸨儿、领家们过去的罪恶是应该被清算的。他们当中，有著名的恶霸，有拐卖人口或逼良为娼的凶犯，有曾经犯了杀害人命的大罪的，这些都是人民政府的法律所不能容许的。对于罪恶重大的分子，政府应接受妓女的控告，依法惩处，但对于情节较轻愿意悔改的分子，则应允许他们坦白认罪，给以自新之路。所有妓院的老板、鸨儿、领家们依靠买卖与剥削妓女而积累起来的妓院财产，应该予以没收。这些财产实际上完全是妓女出卖肉体与灵魂所换来的，应该用作妓女解放的经费。

北京市所有的妓女，现在是得到解放了！我们应该欢迎她们从此跳出火坑，从此摆脱非人的生活。现在市人民政府已经开始集中妓女，将首先医治她们的疾病，然后分别根据她们的具体情况，有家可归的送她们回家，有对象的让她们结婚，无家可归或无结婚对象者帮助她们学习工艺，参加生产，使她们能够独立地生活，并且逐渐成家立业。从此，在人民的首都，妓院绝迹，妓女解放，两三千年来对妇女的黑暗奴役的制度在北京被打倒了！这是具有历史意义的一项社会改革工作。我们庆祝这一改革的完满成功。

向毛主席致敬电

敬爱的毛主席：

我们为了忠实地执行八月十二日你在北京市第一届各界人民代表会议上所给予的伟大指示，经过了三个多月的积极准备之后，举行了行使人民代表大会职权的北京市第二届各界人民代表会议，听取了北京市人民政府的工作报告，讨论了今后建设新首都的各项工作计划，通过了许多有关国计民生的重要决议，并且选举了我们自己的市长、副市长和市人民政府委员会的委员，将北京市的政权机关紧紧地掌握在人民自己的手里了。这一切都是中国人民在你的英明领导下长期奋斗的结果。我们于此敬向你致最崇高和最热烈的敬礼，并向你保证我们新首都建设的成功。

北京市第二届各界人民代表会议

十一月二十二日

向朱总司令暨各野战军全体指战员慰问电

中国人民解放军朱总司令暨各野战军全体指战员同志们：

当此人民解放军大举向西南各省进军的时候，我们北京市第二届各界人民代表会议，在毛主席和中央人民政府的直接领导下，代表全市二百万人民，行使人民代表大会的职权，选举了市长、副市长和市人民政府委员，组成北京市人民政府委员会。决定了巩固革命秩序，发展生产和文化教育事业等建设人民首都的施政方针，我们全体代表深深地感到，大会的胜利召开和完满成功，是和人民解放军的英勇善战与艰苦奋斗分不开的。我们怀着无限感激的心情，在会议闭幕的今天，谨向你们致以崇高的革命敬礼！我们决心要更进一步地团结全市人民，以一切可能来支援人民解放军的英勇进军，迅速扫清残匪，解放全中国。

北京市第二届各界人民代表会议全体代表

一九四九年十一月二十二日

北京市第二届各界人民代表会议协商委员会主席、副主席及委员名单

（1949年11月22日）

主　席　彭　真

副主席　刘　仁　钱端升　梁思成　余心清

委　员

聂荣臻	张友渔	罗瑞卿	邓　拓	吴　晗
韩卓儒	许德珩	许立群	萧　明	朱长江
宋凤祥	何凤亭	柴泽民	刘桐恩	张晓梅
萧　松	古奇踪	梁以俅	田　纶	徐悲鸿
费孝通	杨贵贞	傅华亭	浦洁修	刘一峰
诸福棠	陈铭德	张致祥	王　甫	李伯钊
马玉槐	罗　旺	赵紫宸	张奚若	黎锦熙
陆志韦	张东荪	费　青	陈　垣	潘龄皋

北京市市长、副市长及市人民政府委员名单

（1949年11月22日）

市　长　聂荣臻

副市长（二人）　张友渔　吴　晗

政府委员（十人）

罗瑞卿	薛子正	梁思成	程宏毅	翁独健
牟泽衔	王文斌	严镜清	韩诵裳	徐楚波

北京市第二届各界人民代表会议主席团名单

（1949年11月20日）

主席团

王文斌 王 甫 古奇踪 朱长江 余心清
马玉槐 梁思成 徐悲鸿 柴泽民 翁独健
陈铭德 张友渔 张致祥 张奚若 张晓梅
许德珩 彭 真 傅华亭 杨伯箴 闻家驷
刘 仁 刘一峰 刘桐恩 黎锦熙 钱端升
薛成业 韩卓儒 聂荣臻 萧 明

秘书长 薛子正

副秘书长 崔月犁 张文松 曹志麟 郭则忱
廖沫沙 孙孚凌

北京市第二届各界人民代表会议全体代表名单

甲、政府代表 一五名

一、中国人民解放军北京市军事管制委员会 二名

聂荣臻 李公侠

二、北京市人民政府 一三名

聂荣臻 张友渔 薛子正 罗瑞卿 董汝勤（女）
柳 湜 曹言行 赵子尚 程宏毅 张文奇
牟泽衔 史怀璧 王斐然

乙、选派代表 三二五名

一、党派代表 二七名

1. 中国共产党北京市委员会 五名

彭 真 刘 仁 邓 拓 顾大川 李乐光

2. 中国国民党革命委员会北京市分会 五名

余心清 陈此生 周范文 许宝骙 曹志麟

3. 中国民主同盟北京市支部 五名

吴 晗 李何林 曾昭抡 张曼筠（女） 陈鼎文

4. 中国农工民主党北京市党务整理委员会 三名

韩卓儒 郭则忱 丘锷岺

5. 九三学社 三名

许德珩 董渭川 薛 愚

6. 新民主主义青年团北京市工作委员会 三名

许立群 杨伯箴 张大中

7. 民主建国会北京市分会 三名

唐庆永 艾志诚 汪 镳

二、团体代表 二六七名

1. 工会代表 八十名

萧 明 张鸿舜 许 平 彭思明 张春久
周 仁 冀 克 宋国藩 张月霞（女）
熊天荆（女） 翟林栋 顾 德 高云超
李 锐 宋如棼 贺翼张 崔映国 王毓章
赵有文 周贵鑫 张 敏 吕连英 郑国柱
杜文元 王文斌 孙 荣 宋凤祥 杨嵩山
杨一民 周永生 阎文章 杨开文 刘崇质
朱长江 孙致福 田 元 吴 璋 路 懋
费致禄 蔡智南（女） 贺晓初 李中和
贾玉文 胡泉柱 王子由 刘振东 胡光锦
仇方域 刘鹤年 毛树多 杨守业 冉永富
张万德 刘亚洲 苏 瑞 李作斌 杨凤梧
高金铎 荣凤林 宋永莹（女） 白玉安
马仲明 张启荣 赵 聪 何凤亭 刘德奎
张立永 吕静平（女） 郭景岩 康文华
李玉库 郭彩章 刘克勤 高 福 刘富贵
刘荣光 刘富云 吴德宽 李子义 洪 立

2. 农民代表 三十名

柴泽民 刘 纲 苏 民 赵焕平 刘万福
徐 亮 郭云廷 牛小庆 李朝金 曹建荣
刘朝阁 吕有国 马玉堂 张淑真（女）
史春荣 牛景权 李瑜铭 管宗印 赵淑真（女）
王寿昌 李 山 孙正民 尹书香 张其光

耿子华　刘桐恩　刘　惠　常　甫　杨凤林
林　彤

3．市妇联代表　一五名

张晓梅（女）　杨蕴玉（女）　梁柯平（女）
国　瑜（女）　胡一哉（女）　刘俊英（女）
韩惠莲（女）　刘清扬（女）　陈文润（女）
曾昭懿（女）　牛西园（女）　王韵华（女）
戴爱莲（女）　吴曼华（女）　郑燕生（女）

4．青年代表　一五名

萧　松　冀　真　庄致辉　王凤山　李长增
英永兴　孙永江　赵复三　孙墨林（女）
孙文章　杜桐林　张习业　程秋原　周基裕（女）
李淑敏（女）

5．学生代表　二十名

汤友竹（女）　罗慰慈　赵仁里　宋石如
汤晓芙（女）　李　健　陈　钧　刘家骐
何恩兰（女）　蔡敬桐　王名仙（女）　刘玉岭
吴笃周　张　鼎（女）　杨治安　郑瑞芝　何　镁
居坤道　蔡桂英（女）　古奇踪

6．中小学教职员代表　一八名

薛成业　金魁之　梁以俅　杜群慧（女）
韩焕堂　齐永康　徐仲华　沈酝朴　徐楚波
孟昭江　田　纶（女）　张仲玲（女）　魏学信
冯哲生（女）　陈君平（女）　于涌泉
张廉云（女）　王宝初

7．院校教职员代表　一六名

钱端升　罗常培　徐悲鸿　严济慈　费孝通
翁独健　赵承信　何戊双　杨贵贞（女）
赵　琏　王　玢　胡原凌　叶笃庄　王芳荃
赵征夫　高言藻

8．工商界代表　五二名

鲍国宝　高振德　侯儒林　王镇武　刘振福
王子刚　胡　光　傅华亭　浦洁修（女）
孙孚凌　张俭堂　丁步洲　王向宸　张季桓
隋经仁　宣　节　张德明　王益亭　马馥斋
董子璋　张献庭　马瑞斋　凌其峻　汤绍远
郑启栋　李温和　孟烈仁　贾星五　王挹秋
石九言　林　洁　李吉瑞　王黄轩　赵化大
刘一峰　韩诵裳　乐佑申　韩星久　毕厚田
赵秉忱　赵宜之　刘绍臣　高守信　焦寰五
邸占江　杜雅泉　王子宏　贺永昌　徐柱石
李贻赞　张良富　左广玉

9．医务工作者代表　一〇名

诸福棠　余贻倜　陈坤惕（女）　罗桂珍（女）
毛燮均　杜万亨　左　琪（女）　侯宗彪
刘芳英（女）　李　铿（女）

10．新闻工作者代表　六名

廖沫沙　萨空了　安　岗　陈铭德　王　春
周　游

11．合作社代表　五名

王　纯　马仲德　唐中明　韩庆霖　李金成

三、军队及机关工作人员代表　三一名

1．卫戍部分代表　一〇名

张致祥　管　平　唐永健　续静卿（女）
周文龙　叶青山　王　儒　郑旭煜　陈　靖
陶俊奇

2．公安总队代表　六名

王元和　罗文坊　郭步湘　赵文清　赵进贤
张巨亭

3．驻京各机关工作人员代表　一五名

王　甫　陶桓馥（女）　辛　柯　林　原
刘成烈　李世璋　张达风　石　庚　何成湘
李辉德　崔月犁　任　彬　康济时　袁晋修
惠锡礼

丙、邀请代表　八五名

一、郊区工商业代表　五名

柳凤堂　惠金刚　尹国钧　赵辑五　马学增

二、文艺界代表　一二名

连阔如　叶浅予　老志诚　李伯钊（女）
欧阳予倩　芦　肃　田　方　胡　蛮　曹靖华
尚小云　于永利　赵富成

三、少数民族代表　一〇名

1．回民　六名

马玉槐　卞翔云　杨益三　杨明德　张清贵
王春义

2．蒙民　二名

巴　干　博音德力格尔

3．藏民　二名

罗　旺　奇罗藏

四、军属、烈属代表　四名

徐兴华　宋士山　史天民　康老太太（女）

五、宗教代表界　五名

杨德亮　赵紫宸　巨　赞　张汉民　郤元贞

六、其他各界爱国民主人士　四九名

汤用彤　樊　弘　袁翰青　费　青　郑　昕
闻家驷　张　任　向　达　张奚若　梁思成
叶企孙　钱三强　钱伟长　马约翰　戴芳澜
黎锦熙　傅种孙　黄国璋　陆志韦　张东荪

陈　垣　华南圭　廉　维（女）　邢赞亭　张云波　潘龄皋　王之相　严镜清　孙云铸
朱砚农　林葆骆　杨葆俊（女）　陈占祥　陈士骅　裘祖源　吴继文　王明之　林徽因（女）
孙　厥　于汝琪（女）　梁启勋　黄　浩　陈云诰　张星烺
王子周　张云川　乐松生　林铿生　赵树屏

北京市第二届第二次各界人民代表会议

（1950年2月25日——27日）

北京市第二届第二次各界人民代表会议于1950年2月25日至27日举行。参加会议的代表372人。中央人民政府李济深副主席、最高人民法院沈钧儒院长、国务院政治法律委员会彭泽民副主任亲临指导。列席及旁听者百余人。

会议听取了聂荣臻市长关于北京市人民政府1950年工作计划的报告，张友渔副市长关于1950年北京市财政收支概算草案的报告，听取了最高人民法院沈钧儒院长关于试办区人民法院的讲话、吴晗副市长关于北京市推行人民胜利折实公债的报告。

会议通过了关于北京市人民政府1950年度工作计划和财政收支概算的决议，通过了关于设立区各界人民代表会议的决议。会议向毛主席、向斯大林大元帅发了致敬电。

彭真作了总结报告，许德珩致闭幕词。

最高人民法院沈钧儒院长关于试办区人民法院的讲话

（1950年2月26日）

（前略）这次我看到北京市人民政府在执行上次各界代表会议决议案报告表里关于司法工作的执行情形也有报告，其中并提到今后拟成立区法庭，在申请政务院核示中，同时在聂市长的一九五〇年市政府工作报告里也提到：考虑以原有的各区调解科为基础，建立若干区人民法院，作为初审机关，受理一般民刑案件。关于这一点我想向各位代表先生谈一谈在最高法院方面最近关于这事的处理情形。

司法工作怎样能做得好？怎样能适当地处理人民和人民之间的纠纷，这也与其他政治工作一样，必须要接近人民依靠人民才能真正的为人民解除痛苦，为人民服务。因此，初审司法机构如何设置是非常重要的，希望在初审过程中能够正确地理解人民为什么要诉讼，适当地给予解决，至少能使上诉事件减少。过去的司法机关把这一工作重点放在二审上，是不对的，诉讼要解决得好，必须法院和人民结合在一道，过去法院总不免要摆出一些尊严的样子，使人民慑服，现在根本就不要如此。将来的法院关于审判精神形式均将与过去完全不同，就是宣判也决不是仅仅宣读一下主文，一定要把整个理由事实说明得清清楚楚，使得原被告心悦诚服，“使民无讼”才是我们司法工作最后真正的目标。当然，我们今天的司法工作干部的能力和一般人民的法律知识还不够，一时还不能做到如此。

关于设立区人民法院的事两个月来不知商议过多少次，天津市法院院长也曾邀约来京共同草拟办法，已经决定在市法院之下设立区人民法院。我们知道苏联莫斯科一省就有二十四个区法院。因为区法院接近人民有很便利的条件来调查材料，也容易找到人证，处理一般案件就比较方便。

但，是不是所有案件都交给区人民法院去处理呢？如果是那样，区人民法院的负担就太重了，事情反而办不好，我们要就民刑案件的性质分别轻重，把比较普通的案件，如关于房屋、婚姻一类纠纷问题，归区法院办理，情节重大或是比较复杂的案件，仍由市人民法院来处理。因此，市人民法院仍为一审机构同时也是二审机构，区人民法院审理不服的案件还可以到市人民法院去上诉。

至于审级问题，我们认为过去的三审制不一定非保持不可，有些案件经过区审后，市审就可以终结，成为终审机关，不能再上诉；原先经过市法院初审的可以上诉到最高法院，由市审到最高法院也将是二个审级，如此办法是不是剥夺了人民一级上诉的权利呢？不是的，我们打算把越级上诉限制放得非常宽，还可以补救，各级诉讼案件如真有处理不当的，最高人民法院可以提审。

关于设立区人民法院事，我们已拟定初步意见呈报中央人民政府，不久当即可在京津两市着手试办，至于区人民法院应该设立几个，或是设在什么地方，届时须与京津两市人民政府商洽决定办理。

聂荣臻市长关于北京市人民政府一九五〇年度工作计划的报告

（1950 年 2 月 25 日）

各位代表：

今天，我代表北京市人民政府，向大会报告一九五〇年度的工作计划，请大会讨论和指正。

一九四九年，不论就全国说，不论就北京市说，都是伟大变化的一年。在这一年中，我们在摧毁残余的反动势力，建立和巩固革命秩序，恢复和发展公私营工业和农业的生产，以及发展人民的文化教育事业上，曾经作了很大的努力，也曾获得不小的成绩。在市政建设方面，虽为人力财力所限制，不可能多所建树，但也做了一些必要的工作。我们的一九五〇年度工作计划就是以一九四九年的工作及其成绩为基础，并比较精确地估计了一九五〇年度的财政力量和一切客观条件而拟订的。现在，分述如左：

（一）继续巩固革命秩序

我们一九五〇年的中心工作，仍是恢复和发展生产。但为了恢复和发展生产，必须继续巩固革命秩序。因此，首先要做好政权建设和司法、公安工作。事实证明：市各界人民代表会议是人民管理市政的最好的组织形式。但像北京这样地区广，人口多，工商业经济不发达又很分散的大城市，除了市各界人民代表会议之外，还有建立区各界人民代表会议的必要。我们拟即选择两个区试办，取得经验后，即推行全市各区。同时，各区组织机构在力求精简原则下，还必须稍事扩大，否则不能适应工作需要。因为有许多事应该由区协助办理，如小学教育等，而要区协助办理，就必须扩大其组织机构。我们现在已作这一准备。

这是就城区而言。在郊区，我们正在继续进行土地改革，在全部二百六十个行政村（不包括关厢）中，已有二百个行政村完成工作，估计在春耕前，可全部完成。土地改革完成后，即进一步普遍开展民主建政工作。

在司法工作方面，一年来的经验证明，一切民刑案件都集中到市人民法院处理，对于人民是不便的。因此，我们考虑以原有的各区调解科为基础，建立若干区人民法院，作为初审机关，受理一般民刑案件。

在公安工作方面，为了维护首都治安，保证生产建设，我们【坚】决对暗藏和潜入的蒋匪特务、国际间谍、破坏分子，严密防范；对机关、工厂、学校的保卫工作，予以加强；对已判罪的反动分子和陆续收容的流散敌伪官兵、流氓、乞丐、小偷等分别进行劳动改造。

（二）大力恢复和发展生产

大力恢复和发展生产，是我们一九五〇年度，压倒一切的中心任务。为了实现这一任务，我们准备进行以下的工作：

（1）在公营企业方面，除将现有各厂矿如京西煤矿、清河制呢厂、燕京造纸厂、新建面粉厂、新建玻璃厂等加以整顿扩充外，并根据需要和人力、财力、技术、原料、销路等条件，拟增设纺毛厂、地毯厂、面粉厂、染烫厂等几个新厂，有的，是就原有工厂扩大或和原有工厂合并，共投资四千七百万斤小米。此外，属于公用事业的自来水公司拟增加用水人口三十六万到四十万人，因而需要扩充配水管干管一万零五百公尺，配水支管一万七千三百五十五公尺，撤换小水管二万三千七百八十七公尺，共计五万一千四百四十二公尺，并设一座可容六〇〇〇立方公吨的清水池；电车公司争取全年平均，每日出车九十至九十七辆；公共汽车公司计划在五月以前，每日出车四十辆，五月以后，每日出车一百辆。以上三公司在固定设备方面，共需投资一千七百万斤小米。

为了发展公营企业的生产，必须提高计划性，严格实行经济核算，加速资金周转，争取适当利润以累积资金；进一步贯彻民主管理和合理经营的思想，并注意工人的福利事业；积极开展生产竞赛和新纪录运动，以提高质量、增加产量、减低成本。公营企业中也必须订立集体合同。

（2）在私营企业方面，除对大部分已经恢复和发展了的行业，从现有的基础上，更提高一步外，并有重点地，用较多的力量去扶植在发展生产和人民生活上所必需的行业，使其改进和扩充设备，提高质量、减低成本、增加产量、扩大销路。对于特种手工艺，当加强指导和扶植，以争取增加出口货物，换取必要的进口货物。

根据目前私营企业的基础和今年几个主要行业的初步生产计划，一九五〇年度，争取做到：（甲）增加一些较大的工厂。本市现有三十人以上的工厂八十六户。争取经过扩充、新建等方式，再增加一百户到一百五十户。（乙）职工人数再增加五分之一，即六千人左右。（丙）电力机器设备增加百分之十到百分之二十。（丁）各行业产量平均再增加一倍。（戊）特种手工业产量总值争取较一九四九年度增加一倍。

为了发展私营企业的生产，必须加强对私营企业营业方向的指导，克服私营生产方面的一些盲目性；同时，也必须继续调整尚须调整的劳资关系和订立劳资集体合同，真正做到劳资两利，以刺激劳资双方的生产积极性。

（3）在农业生产方面，除把目前正在进行着的土地改革和生产密切结合起来，不致因进行土地改革而耽误生产外，并在土地改革后，开展大生产运动，发展农民生产互助组织，奖励深耕细作，充分利用城市粪便垃圾，号召每亩地多施肥三十斤。有计划地，兴办水利，疏浚河渠，凿电井八十座，凿普通小井二百眼，出贷水车六百四十台（水利设施由中央农业部贷款协助）以及组织副业和手工业生产。估计在没有大的天灾的情况下，仅农业生产即可比常年产量增加百分之十四点五，即小米二千二百三十五万六千六百三十斤。

（4）在公私营企业和农业生产外，并有计划地，发展机关生产，以改善机关干部，学校员生的生活。

为了恢复和发展生产，贸易公司、银行、合作社必须坚决执行为生产服务的方针，扶植生产，稳定物价，保证市民生活必需品的供应，致力城乡、内外物资的交流。在这方面，一九四九年度的工作是有成绩的。一九五〇年度，仍须进一步努力。贸易公司除执行正确的贸易和价格政策和适当供给市民粮、煤、布匹等必需品外，并不断改进和扩大零售店的业务。合作社除巩固现有的消费社和生产社外，并稳步地加以发展。具体计划是：发展消费网，巩固和整理现有消费社，争取还没有组织起来的城市劳动人民三十一万一千八百余人大部入社；发展生产合作社，以行业为基础，从供销作起，发展专业生产合作社联合社，即手工业生产的产销合作社，使其逐渐走向统一领导，统一采购，统一加工，统一规格，统一推销；此外，并普遍发展农村供销小组，有重点地建立农村供销社。银行工作则将采用一切办法吸收公私存款，扩大储蓄、汇兑业务，有计划，有重点地办理工贷、农贷及有利于城乡贸易和出入口的商业贷款。贷款对象和比较初步拟定:公营生产百分之三十六点五,私营生产百分之十九点八,农业生产百分之十五点二,公私商业百分之十六点八,手工业生产百分之一点五,合作社百分之十点二。

(三)适当发展为劳动人民服务的文教卫生事业

一九五〇年度,我们的文教卫生工作,采取为生产服务,为劳动人民服务的方针。具体计划是:

(1)教育工作方面是在发展社会教育,职业教育和师范教育,以提高劳动人民的文化,大量培养工农知识分子和生产建设所需要的技术人才,一般中小学则除在劳动人民聚居的区域酌量增校增班外,一般暂先主要求在质上改进,不求量的发展。第一、就小学说,本市现有失学儿童约十万人。为了逐步给予他们以就学的机会,一九五〇年度,市立小学决定至少增设五十五班,较原有的二千四百六十三班增加百分之二点七。其中,城区是在工人子弟和失学儿童较多的区域增加四十四班,郊区是在现在还没有小学的大行政村增设十五班。此外,则用补助私立小学和整顿儿童识字班的方法来解决其余失学儿童的求学问题。第二、就中学说,本市现有市立中学一百九十一班,一九五〇年度,拟设法再增加四十班,即增班五分之一强。其中,拟在劳动人民聚居而没有市立中学的外城,增设市立中学一所。市立中学还不可能大量增校增班,今年拟先对私立中学扶植改进,凡办理有成绩而经济确有困难者则予以奖励和补助。第三、就职业教育和师范教育说,本市市立职业学校仅有高工和高商二校,共有学生八百四十五人。一九五〇年度拟增加十七班,学生八百五十人,约增一倍。另拟在原市立中学中设技术班。并协同有关部门办短期技术训练班或轮训班。本市市立师范学校原有二所,共十八班,学生九百人,一九五〇年度拟增加五班,学生二百五十人。同时,并拟办短期师范讲习班。第四、就社会教育说,首先,是根据上次本市各界人民代表会议的决议,筹办以产业工人和在职干部为主的三万人的业余补习学校,并拟在中央教育部领导下,试办一所新型工农速成学校(经费由教育部拨),以培养工农知识分子,此外,在城区,当整理和改进原有的七百七十三班成人补习班,在郊区则争取至少在四分之一的村庄成立经常性的成人补习学校。其次,是在第四、第十、第十一等区增设民教馆三处。另在各区增设书报阅览室三十四处。并有计划、有步骤地消灭文盲,城区先选一个区,郊区先选若干村,作为实验区,在取得经验后,再制定于若干年内消灭文盲的工作计划。

(2)文艺工作方面,是在配合生产任务,广泛地开展文艺普及工作,在普及为主的前提下,有重点地进行文艺的提高工作,及时给普及的文艺运动以推动和指导,加强对大众创作研究会的领导,开办大众创作讲习班,加强戏曲改革工作的领导,健全工厂文艺工作委员会,配合总工会建立北京市劳动人民的俱乐部,创办文艺工作者的补习学校和北京市人民艺术剧院,建立工厂农村学校巡回表演制度,使文艺工作密切联系群众。

(3)在卫生工作方面,是本预防为主,同时照顾到医疗的方针,在原有基础上,逐步建立卫生医疗工作网,开展工厂卫生,妇婴卫生和卫生教育,防止传染病流行,免费或减费为劳动人民医疗。根据一九四九年的材料统计,北京市只有医院十七所,病床约一千六百张,即市民每一千人平均占有病床约一点二张,加上郊区市民则每千人平均约零点八张。并且这些医院分布极不平衡,有些劳动人民聚居的区域,竟没有一所。因此,一九五〇年度,首先,应在这些区域增设医疗机构。但限于人力财力,设立大的医院尚不可能。拟先在劳动人民集中的外城各区增设工人诊疗所四处,在郊区增设巡回医疗队,并继续资助其他各区已设的四个工人诊疗所和四个郊区农民医药合作社,以便利工农医疗。此外,并责成和帮助各大工厂设立医疗机构。其次,在现有的一处妇婴保健所外,另在内外城各增设一处,不仅做一般妇婴卫生工作,并对穷苦劳动妇女免费检查接生。第三、本市原有卫生事务所七处,城内四处,郊区三处,专作防疫卫生工作。拟增设二处,一设城内四区,一设丰台。第四、传染病院在预防上有极大作用。本市现有一处,仅五十张病床,且设在城内。拟在北郊地坛新设一处,备病床七十张。第五、充实原有的市立第四医院,恢复精神病院,同时对其他市立医院,则在设备、制度、医疗等各方面,都拟加以进一步改善。第六、采取委托、合作或指定的方式,使其他公私立卫生医疗机关普遍对穷苦劳动人民、急病患者,实行免费或减费门诊,由政府酌予补助医药费,以补市立医疗机构力量的不足。最后,按照季节和不同对象,进行防疫工作,预定接种或注射牛痘、伤寒、白喉、斑疹伤寒、狂犬、百日咳、流行性大脑炎等疫苗的总人数为二百余万人。

(四)有重点地进行必要的市政建设工作

一九五〇年度的市政建设工作,也和文教卫生工作一样,采取为生产服务,为劳动人民服务的方针。具体工作是以交通工程和卫生工程为主。

在交通工程中,主要是道路工程。北京市共有三千一百一十七条街道和胡同,而沥青路或沥青石碴混凝路仅有一百五十六条。加上其他各种已铺装的路面,也不过三百零九条。此外，都是土路。一般地说，交通情况是恶劣的。特别是劳动人民聚居的地方很少好路。为了改善这一情况，我们计划在连结产业中心，打通重要干线，便利公共交通，适应多数市民需要的原则下，修筑各种高级路面十条，即京门公路、建国门到东郊工业区公路、安定门大街、北新桥到鼓楼大街、司法部街、旧刑部街到卧佛寺街、崇外大街、南北沟沿、东西裱褙胡同以及广渠门到蒜市口，总长二六点五九公里，总面积二十一万六千二百七十二平方公尺。同时，改善重要胡同土路十七线，共长一六点八三公里，面积十万三千余平方公尺。另对旧路和桥梁涵洞则择要翻修、补筑和保养。

在卫生工程中，首先是下水道工程。北京市现有下水道总长三百一十四公里，且大部淤塞坍塌，失掉排水作用，特别是在劳动人民聚居的地区，下水道极少，甚至没有。因此，掏挖和整修下水道以及解决劳动人民聚居地区的排水问题，便成为摆在我们面前的主要任务。我们决定：(1)掏挖和整修南北沟沿、崇文门、朝阳门、安定门、北新华街、棋盘街、大石桥等系统的下水道并改建龙须沟为暗沟。共计掏挖沟道十万零一千零十四公尺，除泥六万八千六百公吨，修补或改建沟身二万一千三百零九公尺，翻修沟道三千二百零七公尺，添建探井二千三百二十座和雨水口四千六百四十座。(2)尽量解决东西北城根、泡子河、天桥等地的积水问题，添建明沟或管沟。发动市民接修支沟，争取一千五百户包括机关、工厂、学校、商店及部分住宅添修支沟，接通公沟。

其次，是河道工程。北京市的河道和下水道一样，年久失修，多已淤塞，而玉泉山水源也不够供给市区河道湖海的需要量，故必须开发水源，疏浚河道，修理水闸。我们决定：(1)疏浚玉泉山泉池，并凿机井十眼以解决水源问题。(2)疏浚金河、长河、西护城河、南护城河前三门护城河等河道，并疏浚三海(开发玉泉山水源和疏浚三海等工程费，由中央拨款)。(3)修建和改善昆明湖入水口，西护城河闸，西直门桥闸，青龙闸等，以节制水量消耗。

第三、是其他改善环境卫生工程。我们决定：(1)增建市街男女公共厕所一百座，并在郊外设粪污处置场十五座。(2)增设公共秽水池四百座和渗水井二百座，并用民办公助方式，发动市民另建秽水池渗水井若干座。(3)整理清洁总队，增加运输工具，提高工作效率，并试行居民分段扫除办法，争取不再积存垃圾，并利用垃圾填平外城的水塘洼地。

(五)有计划地采取救济失业及其他有关社会福利的措施

北京市现在还存在着相当数量的失业人口，并且因为生产还在改组过程中，有些工厂的冗员尚须精简，而被精简和转业的职工也须适当解决，特别是随着电车和公共汽车的发展，三轮车工人有一部分必须转业。怎样解决这些问题，已列入了我们的日程。我们除已执行上次各界人民代表会议关于救济失业员工问题的决议外，并决定采取以下的措施：(1)有计划地，疏散有劳动力的人口，到东北察绥等地，从事工农业生产。(2)用以工代赈的办法，吸收一部分失业人口参加交通工程和卫生工程。(3)执行上次各界人民代表会议关于封闭妓院的决议所收容的一千二百六十八名妓女，经过三个月训练，除回籍和择配者外，将组织其参加生产。关于其他社会福利问题，最主要的是拟逐渐实施劳动保险制度，检查厂矿的完全设备并督促其改进。

各位代表：以上就是我们一九五〇年度工作计划的主要内容。此外，还有许多工作，如土地测量、房地产登记、房屋管理以及整理财政税收等，不暇一一列举。我们拟订这个计划，曾经过长期酝酿，多次讨论，一再修改。这一方面，是由于我们管理城市的经验还很不够，另一方面，也由于我们对工作不能不严肃负责和慎重将事。我希望大家对这个计划，不客气地批评指正，加以审查。一俟大会通过后，我们就要尽一切努力为它的实现而奋斗。

张友渔副市长关于一九五〇年度北京市财政收支概算草案的报告

（1950 年 2 月 25 日）

各位代表：

这一次代表会议所要讨论的主要议题，是北京市人民政府一九五〇年度的工作计划和一九五〇年度北京市财政收支概算。关于前者，聂市长已作了详尽报告。我现在代表北京市人民政府，向大会对已经印发的一九五〇年度北京市财政收支概算草案，简要地做一个说明。

第一、这个概算草案是根据一九四九年度的财政收支状况和经验以及一九五〇年度市人民政府各部门的全年工作计划，经过反复研讨，一再修改，比较精确地计算后编成的。因此，它是有根据的，接近实际的，比较可靠的，实行起来有相当保证的。但概算究竟是概算而不等于决算，在实行中，当然还会根据具体情况，有些变动。

第二、这个概算草案的基本精神是：一方面，争取基本上，保证一九五〇年度工作计划的完成；他方面，争取基本上，做到财政上自给，以北京市收入，供北京市开支，不向中央上解，也不再要求中央补助。

应该说明：一九五〇年度工作计划，像聂市长所报告，是以大力恢复和发展生产为压倒一切的中心任务，同时，适当发展为劳动人民服务的文教卫生事业，以及有重点地进行市民所迫切要求的市政建设。进行这些工作是必要的。同时，在拟订计划时，又曾经比较精确地，估计了一九五〇年度的财政力量和一切客观条件，并不是依照主观愿望，闭门造车。进行这些工作也是可能的。正因为一九五〇年度工作计划是根据必要和可能而拟订的，这个概算草案就必须保证它的完成。

应该说明：所谓财政上自给，不是说只依靠财政制度上属于北京市的收入便可自给，而是说，所有北京市的全部收入，包括财政制度上属于中央的收入，都供北京市开支，则可能自给。例如农业税，工商业税，货物税等原应部分上解，现在，都留给北京市了，又如酒专卖利润一千四百万斤小米原属中央收入，现在，也划归北京市了。另一方面，疏浚三海的工程费三千万斤小米，完全由中央担负，而发展农业生产，开发水利，进行农垦植林的费用，也得到中央很大的帮助，这就使得北京市减少了一大笔开支，也就等于中央给了北京市一大笔补助。

由于我们编制这个概算草案，是采取了量出为入和量入为出兼顾，特别着重量入为出的方针，估计到一切必要的支出和可能的收入，争取这样的财政上自给是可能的。

北京市的财政向来都是入不敷出。这样的财政上自给，在国民党反动统治时代是做不到的。但我们现在却可能做到了，这是不是因为我们加重了市民的捐税负担呢?决不是。我们不仅废除了国民党反动统治时代的许多苛捐杂税，而且在正税方面，一般地说，也是税目减少，税率减轻了。市民的捐税负担怎么会加重呢?试就可以作为一个有代表性的，典型材料的，一九四八年度北京市十三种行业十九家商号缴纳税捐的统计来看，其中，苛杂竟占总额百分之二十九弱到百分之八十六弱，平均为百分之五十九弱！现在，这些苛捐杂税取消了，也就是把过去的负担减轻了一半以上。我们所以能够做到财政上自给，是由于：一、公营企业和私营工商业同样纳营业税，在这个概算草案中，这项税收便列入三千万斤小米。二、市公营企业交纳赢利，在这个概算草案中，这项收入也列入一千五百万斤小米。三、剔除中饱，防止漏税，一切税捐，涓滴归公。在国民党反动统治时代，市民负担重而政府收入少，老实人纳税而狡黠者漏税，一般市民不胜苛捐杂税之扰，而稍有势力者便不纳税，少纳税，或拖到货币大大贬值后才纳税。现在，这些现象没有了，因而税收也就增加了。

第三、这个概算草案中的收入总额为二亿九千六百五十万斤小米。其中，税收占总收入的八八点〇三%，计工商业所得税和营业税占二一点二四%，即五分之一强，是根据一九四九年前半年征收数额编列，没有增加；公营企业（包括中央企业和市公营企业）营业税占一〇点一一%，是根据中央分配任务编列；农业税占七点四二%,也是根据中央分配任务编列;其他税收占四九点二六%,大部分都是根据一九四九年度冬季每月收入估计编列。此外,市公营企业赢利占五点〇六%,是根据工业局估计编列;酒专卖利润占四点七二%,是根据中央分配任务编列;二者合计为九点七八%。这两项收入和公营企业营业税合起来,在总收入中,所占的比重是一九点八九%。上年结转占一点〇一%。其他收入占一点一八%,其中,证照规费收入占〇点六七%;市立中等学校杂费占〇点一七%;行政司法收入占〇点三四%。

这个概算草案中的支出总额为三亿零八百零七万三千零四十三斤小米。其中,行政费包括公安机关和公安总队经费,司法经费,消防经费(购置重要消防器材,由中央另拨专款),人民团体补助费,民主建政费等在内,占二七点二七%。如除去实际是地方武装费性质的公安总队经费所占五点七五%,则为二一点五二%。各种事业费包括生产投资或贷款,市政建设,文化教育,公共卫生,社会事业等经费共占六〇点四五%。其中,生产投资或贷款所占比例最大,为二一点八一%,包括公营企业一五点二二%,公用事业五点五二%,农垦事业一点〇三%。本市生产在过去一年中,虽已有相当恢复,但还需要大力发展。因此,除领导和扶助私营企业外,同时,应该努力发展公营企业的生产。本市公营企业基础薄弱,规模很小。在这个概算中,列入一笔生产投资或贷款是完全必要的。但公用事业,也可以说是属于市政建设的范围。纯粹作为公营企业的投资或贷款的,只有四千七百万斤小米。比较公营企业营业税,市公营企业赢利和酒专卖利润三项收入五千九百万斤小米,少一千二百万斤。其次,为市政建设费仅次于生产投资或贷款,占一九点二一%。它的用途分配是:建设局占六点八三%。主要用在保养和新修道路,保养和改善桥梁涵洞等。本市已铺装的道路仅占全市路面(不包括小胡同)百分之二十三,且多已破坏,其余都是土路,故必须选择联系产业中心,便利公共交通,适应多数人民特别是劳动人民迫切需要的大小道路修筑一些,即除了新修或补修若干交通要道外,把重点放在修筑人口密度最高,道路最坏的劳动人民密集地区的道路。用钱不多,而修路不少,给予人民的利益也较大。卫生工程局占一二点二一%。主要用在整修下水道,填平臭水坑,解决劳动人民聚居地区排水问题,疏浚河湖,开发水源,修建秽水池,渗水井和公共厕所,以减少蚊蝇繁殖,增进市民健康。下水道工程需款最多,达二千二百零五万八千三百四十三斤小米。但这还仅是全部工程中,最迫切需要的一部分。因为本市城区街道有下水道的仅占街道总长三分之一。许多街道特别是劳动人民聚居的地区是没有下水道的。而在现有的下水道中间,也大都淤塞损坏。平时,污水积存,蚊蝇滋生,影响环境卫生,雨后,雨水无从宣泄,妨碍街道交通。故在财力许可的范围内,必须择要掏挖,整理和修建。公园投资占〇点一七%。这是因为本市公园如颐和园、西郊公园,北海公园、中山公园等都具有经营生产以谋自给,既节省政府开支,又减轻游人负担的条件,故应投资,以便调转。在事业费中占第三位的是文化教育经费,包括普通中等教育,职业和师范教育,社会教育,劳动人民的业余补习教育,干部训练,文化艺术,新闻广播工作等经费,共占支出总额的九点九四%。如再加上以地方款开支的城区小学经费一千一百一十万零三千八百四十斤小米和郊区小学经费六百八十三万八千八百斤小米,则为数也就不算少了(全部教育经费在市款和地方款总概算中所占比例,后面将要谈到)。公共卫生经费占事业费的第四位,为支出总额的五点八四%。主要用在增设诊疗所,妇婴保健所,加强防疫工作,酌增现有医院的设备和床位,并委托市立医院以外的公私医院对穷苦劳动人民实行免费或减费诊疗,由政府补助医药费。本市医疗卫生机关为数甚少,且多集中于所谓"富贵区域",故必须在劳动人民聚居的外城各区,增设诊疗所等,而在其他各区,则实行减免费诊疗。第五为社会事业费,占支出总额的三点〇〇%,包括优抚,疏散人口,托儿所,妓女和乞丐改造,生产教养院以及失业员工救济等经费。此外,事业费中还有郊区疏浚沟渠经费二百万斤小米,占支出总额的〇点六五%。其余农业生产贷款二千三百余万斤小米,由中央农业部和人民银行合作部负责,没有列入这个概算草案。在一九四九年度上半年支出总额中,事业费只占二五点九二%,下半年预算也只增加到四〇点一八%,而现在这个概算草案则列入六〇点四五%,我想各位代表一定会认为这是一个进步,而表示赞同。财务费占五点一六%,包括税收机关经费,票照印制费和财务折差。一九四九年度,由于物价波动,管理不善,财务折差达支出总额的一〇%,这个概算草案则减为三点二四%,城郊区小学经费和城区清洁卫生费补助费占二点二五%。这些经费原是地方款开支。但事实上,入不敷出。一九五〇年度,除用工商业税,房地产税和农业税等三项税的附加解决大部分外,还亏空六百九十二万二千九百四十斤小米。因为郊区农民负担已经不轻,不应再加,城区工商业税和房地产税附加也不宜再增,故拟由市财政拨补,预备费占四点八七%。在一九四九年度的实际开支中,预备费占一六%。这个概算草案把它的比例大大减小了，而这些预备费的用途，大部分或至少一部分将属于临时事业费。也就是说，大部分或一部分预备费实际上是事业费，因而事业费所占的百分比，还要比六〇点四五％为多。

以上收支相抵，不足一千一百五十七万三千零四十三斤小米，即支出总额的三点八一％。这是所谓赤字。我们拟采取以工代赈，义务劳动等办法，减少市政建设费中一部分工资开支，同时，争取增加市营企业赢利和各项税收的收入，以弥补这个赤字，不再向中央请求补助。

第四、这个概算草案没有包括地方款收支在内。地方款收入包括工商业税，房地产税和农业税等三种税的附加，粪便处理收益和小学杂费共计二千二百三十七万二千斤小米。地方款支出总额为二千九百二十九万四千八百四十斤小米。其中，城郊小学教育经费即占一千七百九十四万零六百四十斤小米，城区清洁卫生费占一千零五万斤小米，村公所开支一百三十万二千三百万斤小米。如把地方款收支也加入这个概算草案内，则收入总额为三亿一千八百八十七万二千斤小米，支出总额为三亿三千零四十四万五千零四十三斤小米，而支出中的百分比也就有了改变，如果把包含临时事业费和其他临时开支在内在预备费除外，则行政费只占二七点〇四％，事业费增加到六七点九二％，而在事业费中，文化教育费和公共卫生费所占的百分比显著增大，前者由九点九四％，增大到一五点四〇％。后者由五点八四％，增大到八点八九％，二者合计为二四点二九％。

第五、这个概算草案一经大会通过，中央批准，必须坚决执行，彻底实现。因为它在收入方面，是把可能的收入都估计进去，而在支出方面，则只限于必要的支出。如果收入有所减少或支出有所增加，则不仅概算本身被破坏，财政上发生困难，而且一九五〇年度的工作计划也将大受影响。因此，我们要求市人民政府各部门工作人员，包括我们自己在内，一方面，励行节约，杜绝浪费，不使任何一项开支超过概算，不作任何非万分必要的临时费开支；另方面，保证完成税收任务，防止偷漏损耗，改善财政管理，减少财务折差，整理公营企业，增加赢利收入，不让任何一项收入落了空，打了折扣。也要求全北京市市民帮助和监督我们执行这个概算草案，一方面，帮助我们完成税收任务，另方面，监督我们对于税收的用途，务使“取之于民”的，一定“用之于民”，而“用之于民”的，也势须“取之于民”。

吴晗副市长关于北京市推行人民胜利折实公债的报告

(1950年2月25日)

自从中央人民政府政务院颁布了推行人民胜利折实公债的指示并规定了北京市应担负的公债数目以后，我们随即于一月六日成立了全市推销公债的总会，接着工商业、职工、机关、教职员等均相继成立了分会。为了更顺利的在地方人士及退职文武官吏中间推行这一工作，于一月下旬又成立地方人士的推销公债分会，各区成立了支会，并聘请了许多热心公益的地方人士参加推销公债的重大任务。

由于广大人民特别是职工、战士、教职员及机关工作人员对于政府发行公债的重要性与必要性有清楚的认识，基于他们高度关心国家利益与国家建设事业，所以在很短的时间内便全部并超额完成了认购公债任务，原分配职工、教职员、机关、部队及摊贩行商、郊区工商业共四十万分，截至二月十四日止，据不精确的统计，已认购五十四万三千四百九十二分。

在工商业方面，由于工商业联合会筹委会及各同业公会的有力领导，积极动员，表现了热爱祖国的精神，进行了比较充分的酝酿，在各行业各户中分配数字时，由各行业根据各行各户收入的大小，进行多次的磋商，所以分配到各行业各户的公债数目，大体上各行业是认为合理的。现在工商业分会正协同政府干部对各行业各户进行有计划的检查，对分配过多过少者则将加以调整，截至本月二十三日止，认购到户的占百分之九〇点〇四（原分配一百七十万分，现已认购一百五十三万零八百二十一分），交纳者占百分之五二点二一（八十八万七千六百二十三分）。

在地方人士与退职文武官吏的推销工作中，我们进行了比较多次的访问和磋商，截至本月二十三日为止，认购数达四十六万六千零八十二分，占分配数的百分之六六点五八。在地方人士的推行公债中，个别的干部对个别户在动员方式上曾经发生过一些缺点，经政府与总会及时查出后，即行克服。我们对于工作中的缺点，要尽量防止与克服。

总计以上本市公债认购数字已达二百五十四万零三百九十五分，占中央分配任务二百七十五万分的百分之九二点三七；交纳者达一百三十三万一千八百八十九分，占中央分配任务的百分之四八点四三。我们希望本市认购工作能于二月底基本上完成，交纳工作到二月底完成三分之二，三月底应全部完成。为着圆满完成这一艰巨的任务，我们请求各位代表对于推销公债工作继续积极参加领导，广泛宣传，深入动员，保证按期完成这一光荣任务。

彭真同志在北京市第二届第二次各界人民代表会议上的总结报告（摘要）

（1950年2月27日）

我们的工作计划和财政概算和国民党及其他一切反动统治者是根本不同的。国民党反动集团的计划和概算，是专靠榨取别人、危害人民生活、破坏生产、抢掠勒索、刮地皮的计划和概算；我们的计划和概算，是以恢复和发展生产为中心，我们的市政建设和教育是为生产服务的。在财政方面，我们市政府的财政收支是向人民代表公开，并由人民代表会决定的，因为我们人民及公营事业的收入都全部用之于人民事业上。关于区人民代表会议的建立，是为了更广泛的联系市民，集中意见，实现政府各项工作计划，为了讨论本区福利、公共卫生、市政建设和协助政府巩固革命秩序，且便于市民管理政权，并监督各种工作人员的工作，便于进行工作的批评和自我批评，因此有设立区人民代表会的必要。新老干部、党与非党干部必须密切合作，团结全市人民完成任务。

关于北京市人民政府一九五〇年度工作计划和财政收支概算的决议

（一九五〇年二月二十六日）

北京市第二届第二次各界人民代表会议，讨论了聂荣臻市长关于政府一九五〇年度工作计划的报告和张友渔副市长本市财政收支概算的报告，一致认为这是代表我们北京市二百万人民由自己的意志所制定的正确的工作计划，切实可行，全部无保留地予以通过。

我们完全同意市人民政府所提出的以生产工作为中心的一九五〇年的五项工作计划。第一、继续巩固革命秩序。第二、大力恢复和发展生产。第三、适当发展为劳动人民服务的文教卫生事业。第四、有重点地进行必要的市政建设工作。第五、有计划地采取救济失业及其他有关社会福利的措施。这些都是根据人民政治协商会议共同纲领和上级政府的施政方针，以本市一九四九年的工作及其成绩为基础，又切合全市人民普遍的要求而制定的。这五项工作，不是平列的，而是紧密地围绕着恢复与发展生产这一个中心任务来进行的。只有生产得到迅速的恢复与发展，我们才能最后战胜一切困难，有效地保障并逐渐改善人民的生活。

一九五〇年度市的财政收支概算，正是依据以上的工作计划来制定的。我们依靠正确合理的税收和公营事业营利及其他事业收益，在基本上将实现首都财政的自给自足。这证明了我们始终有办法，有希望，足以克服一切困难。市政府决定以全年总支出百分之六十八的巨款为恢复与发展生产和文教、卫生事业及市政建设、社会福利等的事业费，特别是对于生产的投资及贷款，占最大的数额，这是完全必要的。生产恢复与发展之后，我们必定会有更大的力量去举办和发展首都的各种建设事业，而且也必定可以成功。

一九五〇年度北京市所有的工作，是符合于为人民大众服务，为生产服务的方针的。由于建立区的各界人民代表会议，政府和人民的联系会更加深入与密切起来。我们同意选择两三个区作为试验，然后根据经验推行到全市各区。此外，建立区人民法院，作为初审机关，也将增加人民的便利。相信在现有条件之下，只要我们北京二百万人民更加团结起来，全力协助市政府实现一九五〇年度的工作计划和财政收支概算，就会使北京市向着生产的城市推进一步。

关于设立区各界人民代表会议的决议

（一九五〇年二月二十七日通过）

大会决议设立区各界人民代表会议，先选择两三个区试行，其组织条例及实施办法，授权协商委员会商同市人民政府制定，呈请中央人民政府批准后实行之。

向毛主席致敬电

毛主席：

我们北京市第二届第二次各界人民代表会议在二月二十五日至二十七日举行，我们全体代表经过充分的考虑与研讨，一致通过了北京市人民政府一九五〇年以发展生产为中心的工作计划和财政收支概算，并且决以最大的力量动员与领导全市人民来执行这个计划，保证其实现。

北京市人民一年来大大地翻了身，度着和平民主的生活，而现在根据通过的工作计划和财政收支概算，有保证地在已有的基础上将再向前迈进一步，这一切都是在你领导之下进行的。

你这次代表我们伟大的中华人民共和国和伟大的友邦苏联缔结了中苏友好同盟互助条约和其他协定，不仅巩固了中国人民的胜利和加强了远东与世界和平的保障，而且对我们中华人民共和国的经济建设亦有莫大的帮助和鼓励。当我们在此开会，讨论到北京市的生产建设的时候，首先就想到伟大的中苏友好同盟互助条约的缔结，是你对我们祖国和人民又一次无比的功勋。我们谨向你致崇高的敬意和诚恳的感谢。

北京市第二届第二次各界人民代表会议

一九五〇年二月二十七日

向斯大林大元帅致敬电

斯大林大元帅：

感谢你和苏联人民对中国人民伟大的友谊和帮助，缔结了中苏友好同盟互助条约及其他协定，从而巩固了中国人民的胜利，有助于中国人民的经济建设，并加强了远东与世界和平的保障，给帝国主义战争贩子以严重的打击，我们代表二百万北京市人民一致拥护，并向你致崇高的敬礼。

北京市各界人民代表会议

一九五〇年二月二十七日

北京市第二届第三次各界人民代表会议

(1950年8月8日——10日)

北京市第二届第三次各界人民代表会议于1950年8月8日至10日举行。

会议听取并通过了聂荣臻市长关于执行1950年度工作计划的报告，张友渔副市长关于财经工作的报告，吴晗副市长关于执行1950年度文教卫生工作计划的报告，北京市人民政府薛子正秘书长关于辅华矿药厂爆炸事件的报告，北京市人民政府郊区工作委员会柴泽民主任关于土地改革、农业生产、生产救灾工作的报告。

会议通过了关于政府工作报告的决议，通过了关于失业工人和失业知识分子救济工作报告的决议，通过了关于在全市召开区各界人民代表会议的决议，通过了关于在全市继续展开和平签名反对美国侵略台湾、朝鲜的决议。

会议还通过了市人民政府向大会提出的市政建设工作、市人民法院清理积案工作、封闭妓院的善后工作。市人民政府执行第二届第二次各界人民代表会议决议案报告表等四个书面报告。

会议共收到提案97件。

彭真作了总结发言。

聂荣臻市长关于执行一九五〇年度工作计划的报告

(1950年8月8日)

各位代表:

第二届第二次各界人民代表会议曾通过了我们所提出的一九五〇年度工作计划,现在已经半年了。这一计划究竟执行了多少?执行的情况怎样?谨报告如下:

首先,报告政权建设、司法、公安、土地改革等工作。

我在关于一九五〇年度工作计划的报告中,曾经指出:为了恢复和发展生产,必须继续巩固革命秩序,也就是必须做好政权建设和司法、公安工作;进行土地改革,肃清残余封建势力和反革命势力。在这一方面,几个月中间,我们进行了以下的工作:

(一)召开区各界人民代表会议和并区

区各界人民代表会议的召开,是上次市各界人民代表会议的决议。根据这一决议,我们和市协商委员会曾进行了必要的准备,并制定了区各界人民代表会议组织通则,呈经政务院批准。先选择第一(居民商业区),第六(商业区),第七(手工业和劳动人民居住区)等三个性质不同的区试办。这三个区的各界人民代表会议都开得很好。经过这些会议,更进一步密切了政府和人民的联系。在会议中,不仅解决了各该区人民迫切需要解决的许多公共福利问题,而且检讨了政府的工作和工作人员的作风,更具体地、更直接地、实现了人民对政府的监督。关于会议的情况和经验,协商委员会另有报告。我在这里,只指出这一点,即以上三个区的经验证明,像北京这样的城市,普遍召开区各界人民代表会议是必要的。

此外,为了便于领导,在精简编制的条件下,适当加强区的工作,我们呈经政务院批准,已将城区十二个区并为九个区,郊区八个区并为七个区。并将城区区公所的机构适当地加以扩大。

(二)清理法院积案和建立区人民法院

由于本市长期处在封建制度和反动统治之下,社会上存在着许多不合理现象和未解决的纠纷,解放以后,纷纷起诉,要求依法解决。而市人民法院干部既不够多,且缺乏经验,工作效率不高,同时,机构也不够健全。特别是对一些不必要的旧制度、旧办法还没有彻底改革,很小的案件也须经过极复杂而烦琐的程序和手续,费时费事,以致积案甚多。到五月十二日止,竟达三千六百七十件之多!因此,我们于五月中旬抽调了二百四十多个干部,帮助市人民法院进行突击清理,到六月二十二日止,连同新收的案件,共清理了四千三百二十八件。在清理积案工作中,我们实行了审判组分驻各区就审的办法,并采用了简易判决书,卷号单等以代替繁杂的判决书和调解书。这样做,收到了省时省事,便利人民的效果。根据这些经验,今后必须彻底改进工作方法,坚决废弃现在仍沿袭着的旧司法制度的残余和不必要的程序和手续。

与清理积案同时,筹设区人民法院的工作也已积极进行,城区决定设三处,争取在八月份实现,郊区拟先试办一处。

(三)镇压和改造反革命分子

为了继续肃清反革命分子,在本年上半年,我们先后破获了各种特务案件一百零二起。缴获各种枪支三十一支,电台一部。逮捕匪特二百一十五人,已分别情节轻重,给予应得惩处。其中,罪大恶极的首要分子如计兆祥等,已判处死刑。

对于专科以上学校的特务和反动党团分子,经过充分的调查研究之后,从今年三月二十七日起,开始登记。计共登记特务四十二名,区分部委员以上反动党团分子一百名。其中,教授七名,讲师、助教五名,职员十名,学生一百二十名。另外,一些罪行重大,且企图继续潜伏破坏,拒绝登记的极少数人则已予逮捕。例如:师大特务翟毓蔚,在抗日战争时期,即历任伪山东保安旅长等职,并与日寇勾结,杀害解放区干部和进步群众甚多。日寇投降后,又任伪济南城郊警备司令,继续进行反革命活动。济南解放后,潜来北京,混入师大,冒充学生,阴谋活动。此次,又拒绝登记,不肯坦白。对于这样的人,如果过分宽大,不加逮捕,则学校安全和社会秩序，将必受到破坏的威胁。

另一方面，对于已被管制的特务分子和反动党团分子中间，经过一年来管制教育，确已悔过自新的一千零七十人，已宣布解除管制，以示宽大。但对少数执迷不悟，登记后，仍继续为非作恶的特务分子和朱枕薪等十七名则实行镇压，加以逮捕。

对于集中在清河大队的重要特务及其他反革命分子二千四百九十九人，除其中罪恶较轻，坦白较好的已经释放，罪恶重大的还在进行审判外，其余均按照共同纲领第七条“对反革命分子，强迫他们在劳动中改造自己，成为新人”的规定，实行劳动改造。从今年一月起，即开办农场一所，将他们中间的一千七百余人送往参加劳动，现在生产情绪都很好，且生产效率不断提高，逐渐养成了劳动的习惯，部分犯人在劳动中，思想上已有所转变。没有参加农场劳动的一部分在押犯人也组织了工业生产。经验证明，劳动改造的政策是成功的。

此外，在治安工作方面，最大的成绩之一，就是由于加强防范和侦缉工作，而抢劫案件逐渐减少了。今年上半年共发生抢案一百三十七起，破获一百七十九起(其中包括一些旧案)，破获的案件较发生的案件还多。未破获的案件极少。特别是六月份，是上半年发生抢劫案件最少的一个月：城区一起，郊区十四起。比五月份减少八起。而破获的新旧案件则有三十起。到七月份，发生抢劫案件更少，只有九起。

(四) 完成郊区土地改革

郊区土地改革，从去年十月正式开始，至今年三月底，已全部完成。在进行土地改革当中，由于遵照本市军管会所颁布的“关于本市辖区农业土地问题的决定”，坚决地保护工商业，不动富农自耕和雇工耕种的土地，不追地主浮财，并慎重地划分阶级，所以没有发生大的偏差。农民分得了土地和分得了地主的农具、耕畜和多余的粮食、房屋作为生产资料和生活资料后，生产情绪普遍高涨。京郊农民兼营副业的很多，一般对耕地经营较差，但土地改革后已有进步。大多数地主也已下地耕作，参加劳动。并在土地改革的基础上，改造了村政权，提拔了土地改革当中涌现出来的一部分积极分子做村干部，以代替被淘汰的那些为群众所不满的分子。

土地改革的完成是一件大事。郊区工作委员会另有报告，我在这里就不多说了。

(五) 肃清其他封建残余

关于肃清其他封建残余，我们也做了一些工作并获得相当成绩。封闭妓院的善后工作已告结束，妓女们的性病已得到治疗，经过教育后，觉悟也已提高，截至七月底止已有百分之七八·七结婚、回家或参加其他工作。剩下的二百零九人，我们已办了一所新生棉织厂，使她们参加生产。妓院老板和领家则按罪恶大小，分别处刑或教育释放。其中，两人被处死刑。封建行会的流氓组织如“搂包”、“猴车”、“锣车”等，已被取缔，逮捕了其中首要分子六十余名，加以劳动改造，情节重大的交由法院治罪。反动的封建迷信组织，一贯道的重要分子刘燮元等已被逮捕法办。他们都是罪恶昭彰的日本特务和蒋介石匪帮特务，解放后以传道为掩护，仍积极进行反革命活动，对于他们是决不应该宽恕的。但对一般胁从分子只要退出这些反动道门，不再活动，即不加追究。

其次，报告财经工作。

财经工作，特别是恢复与发展生产，是我们一九五〇年度压倒一切的中心工作。在这方面，我们也曾获得一些成绩，但很不够，还需要继续作极大的努力。

在私营企业方面，我们关于一九五〇年度工作计划的报告中曾提出了：“除对大部分已经恢复和发展了的行业，从现有的基础上，更提高一步外，并有重点地、用较多的力量去扶植在发展生产和人民生活上所必需的行业，使其改进或扩充设备，提高质量，减低成本，增加产量，扩大销路”，并指出：必须“加强私营企业经营的方向指导”和“继续调整劳资关系”。这些方针，都是正确的。但是由于我们对于产销情况缺乏精确的调查研究，致对有些暂时不应再发展，或需要缩小经营的行业，没有能够及时指出，同时，在制订今年度私营企业的生产计划时，对一部分行业把目标提得高了一些，另一方面，我们在协调公私营企业，以繁荣经济，发展生产的工作方面，也还存在着缺点，这对于实现我们的方针和计划也有妨碍。这些都是需要检讨的。虽然如此，半年来私营企业的生产还是有相当发展的。主要表现在，大部分行业(如铁工、织染、制革、面粉、针织、橡胶、植物油等业)今年上半年的平均月产量都超过了去年全年的平均月产量。

在市场方面，当去年十一月间，物价波动时，因为我们准备不够，所以表现得比较严重。其后，我们用大力建立零售店，并增设一些合作社，掌握了主要民生必需品的供应，因而今年二月间的物价波动，较为缓和。三月间，由于中央采取了统一财经工作的各项措施，扭转了十二年来通货膨胀，物价高涨的局势，为今后工商业正常的发展，创造了良好的条件。但是，随着“虚假购买力的停止”，有些行业因不适合人民需要，或带有投机性，而表现衰落，有些行业表现出过剩的状况，需要转业或减少，另有些行业虽有发展前途，但也面对着商品滞销和资金周转不灵的暂时困难。为此，我们根据中央调整工商业的精神，于四月间，就开始采取了下列措施，即加强工商业的方向指导；从加工、定货、收购、代销、划分经营范围、确定经营比重、调整价格等方面，调整公私关系；号召劳资协力渡过困难；联合公私力量，组织投资放款；并为了照顾特别困难的工商户，共减、免或缓征欠纳的一九四九年度下半年工商业税共二十九亿元。

为了深入了解情况，具体解决问题，特由市财经委员会会同市总工会和工商联合会组织了六十余人的工作组去进行这一调整工作。同时，在市协商委员会下，也成立了三个专门小组帮助进行。现在，已经收到了相当成绩。一方面，有重点地、选择了一些典型的工厂、商店，帮助其解决劳资纠纷，成立劳资协商会议。有些工厂、商店的工人或店员，自动地暂时降低劳动条件缓领或少领工资，以帮助资方渡过困难(例如经纬织布厂降低了原工资的百分之十九至三十九)。另一方面，帮助各厂承揽加工、定货或原料换成品，使许多行业如铁工、针织、卷烟、火柴等业都得到一批加工、定货或卖出了部分成品。因而多数私营工商业已逐步好转。最近，我们又成立了工商业调整处理委员会负责领导这一调整工作。

在三月份以来工商业的变化当中，商业方面的波动较大。三、四、五月三个月合计，歇业的商户是九百五十户，约为开业商户四百五十九户的百分之二百零七；而工业方面歇业的工厂是三百九十九户，仅为开业工厂六百四十户的百分之六十二。即商业是歇业多于开业，而工业则是开业多于歇业。到六月份，工商业一般地已开始好转，并在真实购买力的基础上，正逐渐走向发展的正轨。六月份，商业的开业户已多于歇业户，并且有曾经申请歇业的四十余户撤销歇业申请。工业方面，则六月份开业的户数和职工人数都比歇业的约多一倍。这说明在这一次波动中，工业所受的影响较商业为轻；也说明这次波动的渡过比较别的地方为快。波动所以能够渡过得快，是因为：第一、周围是经过土地改革的老解放区，城乡贸易已经沟通。第二、在中央直接领导之下，政策上偏差较少，且着手进行调整较早。第三、地处首都，得到中央各企业部门的帮助较便。

在公营企业方面(包括着公用事业)，公用事业的成绩最显著。电车公司无论在车路和修建方面，都完成并超过了原订计划。每日出车平均已达百辆，行车间隔已经减为三分半到七分钟，并恢复了环行路，大大便利了首都人民的交通。自来水公司干支管的安装已达全年计划的百分之五十八点七。用水人口六月份已增至九十二万余人，较去年增加三十五万人，原订全年增加三十六万到四十万用水人口的计划已基本完成。汽车公司虽还没有达到原订每日出车百辆的计划，管理方面也有缺点，但平均每日出车已由一月份的三十五辆增加到七十八辆，并由于改装五一式煤气炉而大大减低了成本。其他企业比较重要的如面粉厂、京西煤矿、清河制呢厂都已基本上完成了计划。其余小厂有的超额完成了计划，如新建玻璃厂、燕京造纸厂等；有的如制药厂、窑业公司等则因滞销关系，没有达到原订计划。另一方面，我们的公营企业在经营管理上也还存在着不少缺点。主要是：有一部分厂矿在依靠职工，实行民主管理方面，还做得不够，且缺少经济核算制。三月份以来也遭遇了商品滞销的困难。至于建立新厂的计划，则一部分已经开工，一部分尚未进行，有些由于改变计划而放弃了。这也说明我们在制订计划和执行计划上是有缺点的。

应该指出，无论公私企业，职工觉悟的提高，都是生产效率上升的最重要因素。今年二月召开的全市职工代表大会，确定了工会的任务是“生产第一”，并号召进行提高质量，减低成本的生产竞赛运动。这种生产竞赛运动，在实行民主管理和超额累进工资制的条件下，在私营企业中也可同样进行。几个月以来，由于全体职工自觉的努力，在许多公私企业中，生产品的质量已有改善，成本也逐渐减低。今后，我们还须继续努力，发挥工人阶级的积极性和创造性，展开更大规模的生产竞赛。

此外，为了改善学生的生活，曾抽拨土地一千六百余亩，分配给各大中学校，进行课余的农业生产。其中，有一千余亩是从机关部队中抽拨出来的好地。另外，由人民银行贷款四十九万余斤小米，作为生产资本。现在，早熟作物已经收获，学生的生活已普遍地得到相当改善。

在财政税收工作方面，应该说是有很大成绩。一九五〇年度收支概算的基本精神，是“争取以北京市的收入，供北京市的开支”。根据半年来的实际情形，估计是可以做到的。截至六月底止，按实收实支的方法计算，收入为原概算的百分之六十四弱(其中，包括属于去年下半年的工商业税，去年的农业税和去年冬季的房产税等)，支出为原概算的百分之五十四弱。支出最多的是事业费，约为原概算所列的百分之五十七，而行政费的支出仅为原概算所列的百分之四十三。此外，预备费开支了原概算所列的百分之四十五，大部分也是用于事业费方面。

在收入中，税收占百分之九十四，较原概算中所占的比例(百分之八十八)为高。这说明我们的税收工作,是有很大成绩的。由于税收任务的胜利完成,才保证了我们事业费的供给,使各项建设事业得以按照计划逐步实现。这要归功于全市人民,特别是工商业界对政府的支持以及全体税务工作人员的努力。但是,在我们的税收工作中,是存在着缺点和错误的。属于税目和税率方面的,中央已有所修正和调整;在征收的办法和手续上,也作了一些重要的改进;本市已根据中央的这些决定开始具体执行。至于少数税务工作人员的某些不良作风,甚至贪污行为,我们过去已经,现在仍在加以检查和纠正。

此外,城区地方附加的征收,根据中央财经委员会的决定,也拟有所变更。即除房地产税外,不再在工商业税中附征,改由公用事业收费中附征。

第三、报告文教卫生工作。

在上次代表会议上关于文教卫生工作,我们曾提出了“为生产服务,为劳动人民服务”的方针。根据这个方针,教育工作方面最中心的工作,就是以大力创办容纳三万人的业余补习学校。现在这一工作,已基本完成。在教育部领导下,试办一所工农速成中学的计划也已实现。此外,对成人补习学校和工人补习教育也进行了整顿。郊区的农民补习学校,在二百五十三个较大的行政村中已建立起一百五十二校。以上这些工作,使得本市六万余劳动人民获得了学习文化的机会。

在学校教育方面,按照原订计划,文教局用了很大的力量去提高原有的中小学的质量,并注意改善学生的生活和卫生状况。小学方面增班增校计划已经进行,城区已增十六班,郊区已增二十七班。职业学校(技术学校)、师范学校和普通中学的增班增校已按照计划作了准备工作,因学制关系,须在暑期招生。对办理较好而经费困难的私立中学三十余校,按原计划给予了补助。

在文艺工作方面,是着重工厂文艺,通俗文艺读物编辑和旧戏曲的改造工作。戏曲界讲习班已办过两期。毕业学员共一千五百二十一人,被步打下了戏曲界思想改造和业务改造的基础。

在卫生工作方面,根据原订计划,着重进行了防疫、妇幼卫生、工矿、学校卫生等工作,并实现了由政府补助,指定公私医院为贫苦劳动人民免费治疗的计划。在丰台、长辛店、东郊工业区和其他劳动人民聚居的地区分别增设了卫生所或工人诊疗所,从而已开始矫正了本市医疗卫生机关分布不平衡的状态。

关于财经工作和文教卫生工作,因为都还另有专题报告,所以,我在这里也不多说了。

第四、报告市政建设工作。

本年度所制订的市政建设计划,是在为生产服务,为人民服务,为首都服务的方针下,就当前人民所迫切需要而又为政府力量所能及的范围,着重地修建卫生工程和道路工程。截至六月底,总计卫生工程(疏浚河湖、下水道等)约完成了原订全年计划的百分之七十八,已超过原订半年的进度。而道路工程和建筑工程等约完成了原订全年计划和临时增加工程的百分之五十三。

(一)下水道工程:已掏挖完南北沟沿、安定门内、崇文门、朝阳门、北新华街、棋盘街、大石桥等六大系统沟道,计共长八万一千五百五十公尺,掏泥三万九千八百二十公方。下水道修建工程至六月底,共翻修沟身二千二百一十八公尺,补修沟身和改善沟底一万一千七百五十八公尺。龙须沟改建暗沟工程,共长八千零四十公尺,已于七月下旬竣工。内城东南角著名积水区泡子河,西城新皮库胡同和新华门前的积水区,为泄水而新建的暗沟工程,现在都已基本完成。象鼻子坑积水区泄水的暗沟现已开工。

(二)河湖工程:浚河方面,二月间,河冰未全融解时,即争取时间开始工作。金河、长河和环绕内外城的各护城河,截至六月下旬均已疏浚完毕。环绕紫禁城的筒子河也已竣工。总计已疏长五万九千七百七十二公尺,浚土七十七万二千五百九十九公方,用工四十八万四千九百二十个。用以增加水量的机井十眼已全凿成。修建玉泉山、松林、青龙等各闸的工程已完成三分之一。

浚湖方面,三海疏浚工程早已竣工,参加工作的部队、民工日达万人,共计浚土三十四万三千二百六十一公方,用工三十二万九千九百四十四个。现在,三海护岸工程也已完工,并已放水。三海疏浚工程的迅速完成,公安部队指战员的努力和华北军区运输部汽车兵团的协助起了很大作用。另外,不在原计划内的疏浚什刹海、积水潭工程也已开工,预计须浚土二十八万公方,现已完成三分之一,并做护岸工程,争取九月底完成。

(三)环境卫生工程:已修建公厕十座,尿池十二座,整修秽水池十六座,其他新建秽水池、渗水井等计划,即陆续分别施工。垃圾自三月份起,已开始运往外城填垫洼地。

(四)道路工程:今年计划新铺的十条干路,连同十八条重要胡同土路,原定于六月底完成全年工程的百分之四十一点七,实际完成了百分之四十四点二。而临时增加的太仆寺街、宣内大街、西直门和崇文门等四条道路面积是一万九千余平方公尺。其中,太仆寺街和宣内大街已完成。十八条重要土路,原计划大部铺成煤渣路面,现拟在不增加工程费的原则下,在部改铺卵石或简易石渣路面。其中,东直门北小街已完工,其余各路正在次第施工,预定年底完成。保养旧路原计划在六月底完成百分之四十七点五,实际已完成百分之六十六点六,超过原计划百分之十九点一。此外,新计划的东西长安街林荫大道工程,现已开工。

(五)建筑工程:开辟西直门豁口工程,为彻底解决交通拥挤问题,已将原计划略为扩大,临时追加道路工程和添砌两处豁口门洞,都已接近完成。所有增加新工程的费用,完全出于节约匀支,不另追加预算。崇文门拆除瓮城,增辟门洞工程,原不在今年度计划之内,是临时决定增加的。这一工程截至六月底,已完成拆房工作的百分之七十,拆运城砖土方工作的百分之三十。

公有房屋经过检查需要修缮的共一千九百三十三处,其中,已修的一千四百七十二处,待修的二百十二处,正在施工修缮的二百四十九处。此外,准备在内一区贡院西大街新建工人宿舍二百间,现已施工,在内五区和郊十三区新建机关用房百间也已开工。至于原已拨作工人宿舍的没收妓院老板、领家的房屋一百五十四处中,有二十八处,约四百二十余间,须尽先修理,现在已将竣工。

由此可以看出,市政建设工作是有很大成绩的,但是也还存在着缺点,主要是计划性不够和有些工程质量差。这是需要检讨和改进的。

最后,报告失业救济工作。

本市因为是帝国主义和国内反动派长期统治下的一个大的消费城市,失业和无业的人口比较多。特别是在日本投降后,国民党反动统治三年中间,民族工业受到很大摧残,工商业凋敝,失业人口大增。解放以来,一方面已有相当数量的知识分子参加了工作和学习,且由于生产的初步恢复和发展,就业的工人也已增加。例如:公营工业和私营工厂作坊中的工人,即比解放初期增加了约三万零四百一十人。因此,失业人口较解放以前已减少了许多。但另一方面,在经济的改组过程中,又有一部分不合乎人民需要和过剩行业的工人和店员暂时失业,而不少贫苦无业的市民也还没有充分的就业机会。“以工代赈为主,以生产自救、转业训练、还乡生产、发放救济金为补助办法”,是中央所规定的救济失业的总方针。解放以来,我们曾经采取了以工代赈、还乡生产、向察绥和东北移民、介绍转业和赴本溪煤矿等处就业等办法以减少本市的失业人口,计移民十八批,七千一百九十七人,还乡生产六千八百六十五人,赴本溪等处就业三百九十七人,以工代赈经常参加工作的约四千人,共约一万八千四百五十九人。此外,介绍在本市转业或就业和参加生产合作社的,还有二千六百六十五人。从二月份起,并已实行了《关于救济失业员工的决定》,这些办法都是符合于中央所规定的总方针的。但是我们所做的这些,还很不够,且缺乏统一计划,统一步骤和统一领导。失业问题的彻底解决,固有待于今后较长期的经济恢复和发展,但今天,我们必须以十分关切和负责的态度去帮助失业的工人和失业的知识分子渡过目前的困难,使贫苦无业的市民也得到必要的救济,并逐步获得就业的机会。最近,中央人民政府政务院发布了《关于救济失业工人的指示》和《救济失业工人的暂行办法》。根据这些指示和办法的精神,我们已拟具了加强和扩大救济工作的办法。关于这个问题,因为还另有报告,我在这里不详细说了。

以上就是第二届第二次各界人民代表会议以来,我们执行一九五〇年度工作计划的情况。

此外,我们为了克服官僚主义,提高工作效率,曾选择了几个单位作了工作检查,对工作的改进有很大的帮助。这次检查工作的经验,需要推广到各部门去,并需要把检查工作定为经常的工作制度。但更重要的是我们本身就存在着官僚主义,需要认真检讨。我们已决定在即将进行的整风工作中,首先从检查领导做起。

在我们所进行的这些工作当中,关于肃清封建残余和反革命势力,继续巩固社会秩序方面,是有很大成绩的,首都的社会秩序比较以前更加巩固了。在市政建设方面,我们已经完成了全年工作中的大部分,且超过了预定的进度。在教育工作方面,一般按照计划实现了,不过其中有相当一部分是暑假前进行准备,暑假后才能实现的。而我们最中心的任务,即恢复与发展生产。所遇到的情况则较为复杂,困难也较多。虽然由于工人阶级的觉悟,配合以各方面的努力,我们已经克服了很多困难,收到了很多成绩,但是距离我们的要求还很远。这需要我们检讨过去,策励将来。我们今后半年的中心工作,仍然是恢复与发展生产,而继续调整工商业和调整劳资关系,仍然是恢复与发展生产的重要环节,我们必须继续用很大的力量进行这些工作。其次,我们也需要用较多的力量去作好文教工作。

各位代表,这就是我代表北京市人民政府所做的报告,希望大会审查和批评。

张友渔副市长关于财经工作的报告

（1950年8月8日）

各位代表：

这个报告准备说明以下四个问题，就是：本年度生产方针和任务的执行情况，调整工商业、公营企业和财政税收工作。

第一、关于本年度生产方针和任务的执行情况

在第二届第二次各界人民代表会议上，聂市长关于一九五〇年度工作计划的报告，曾指出：今年的中心工作仍是恢复与发展生产。而为了恢复与发展生产，首先，就要致力于“提高质量，减低成本，增加产量，扩大销路”。特别是关于“提高质量，减低成本”，在历次各界人民代表会议的决议及市人民政府的报告和计划中，都着重指出：这是恢复与发展本市生产的关键。这一方针是正确的。本市生产由于一般工厂技术较差，设备不够，而经营管理上又有缺点，以致产品的质量低，成本高。如不改进，生产就不可能得到发展。另一方面，我们的生产必须面向广大人民，特别是广大农民，如果我们不能供给他们以质好价廉的货物，建立城乡互助关系，开辟广大市场，生产也就不可能得到发展。半年来私营企业的生产是有成绩的，大部分行业（如铁工、织染、染业、制革、面粉、针织、橡胶、植物油、砖窑等业），今年上半年的平均月产量都超过了一九四九年度平均月产量，并且有些行业（如针织、肥皂业中的大厂）的产品质量有了一定程度的提高，销路较好。公营企业的生产，也是有成绩的，主要企业都基本上完成了任务，后面将要说到，这里就不重复了。

所谓恢复与发展生产，不应该是盲目的，而应该根据社会经济的发展，人民的需要和市场原料的状况，分别给公私企业以经营方向的指导，即有些行业应适当发展，有些行业应维持原有产量，有些行业应适当缩小生产，而一部分制造奢侈品、迷信品的行业，则应指导其转业。在生产方向指导上，过去我们曾做了一些工作，大体上是适当的。但是由于我们对全国市场不很了解，对本市产销情况也调查研究不够，因而有些行业如火柴等，本来已经过剩，我们没有及时予以指导，这是应该检讨的。由此，我们得到一个经验：就是在私营企业和小生产者还占优势的情况下，我们又缺乏精确的统计，要做一个包括公私营企业在内的生产计划是不可能的。对私营企业给以大体的方向的指导是必要的，但也只能给以这样的指导。今年秋收后估计农村购买力将有所提高，下半年有些产品的销路可能增加，但有些产品可能仍然遭遇生产过剩的困难。因此，我们必须随时注意市场情况的变化，避免生产上的盲目性。

第二、关于调整工商业

由于中央统一财经工作的决定在全国贯彻的结果，国家经济情况已开始好转，十二年来通货膨胀、物价高涨的恶劣局面已经改变。本市物价从三月下旬起，开始下落，五月下旬以后，渐趋稳定。广大市民获得生活安定的利益，工商业也走向正常发展的前途。

但是，在这一经济变化的过程中，工商业势不能不遭遇一些不可避免的但是可以克服的暂时困难。私营商业三月下旬以后歇业多于开业，开业和歇业的比例：四月份是一比三，五月二十日以前是一比二，五月下旬以后是一比一，六月份以来，则开业已稍多于歇业，并有四十余大商户撤销歇业申请。从三月到六月底，歇业共一千八百二十一户，开业共九百九十六户，开业为歇业的百分之五十四点六。歇业最多的是不适合于人民需要的，带投机性的或过剩的行业。工业虽也遭遇到困难，但较商业情况稍好。从三月到六月底，工业二十一个行业的统计，开业共八百二十六户，职工三千七百三十人，歇业共四百九十户，职工二千一百一十一人；二者相抵，实增三百三十六户，职工一千六百一十九人。

为了克服工商业所遭遇的困难，我们曾经进行广泛而细密的调查研究工作，从四月份起，即根据中央调整工商业的精神，针对本市工商业的具体情况，并征求各有关方面的意见，先后采取了下列各项措施：

（一）通过劳资协商，调整劳资关系，共同克服困难。

首先，由市劳动局、市总工会号召建立劳资协商会

议，积极改进生产，改善经营管理，有劳资纠纷的加以妥善解决。现已建立的有十三个行业和四十多家工厂、商号。

对有益于国计民生，有发展前途，但暂时营业困难，甚至赔累的企业，准许暂时降低工资。例如经纬织布厂，降低了工资百分之十九至百分之三十九。有些工人、店员除资方供给伙食外，自动停领工资或缓领工资，有的暂时轮流回家，留职停薪，有的暂时降低了伙食。

其次，是提高劳动纪律，提高工作效率，有的暂时增加工作时间以减低成本，提高产量。例如有些中药店前柜员工下班后，自动参加后柜制药工作。

至于确实为了改进生产，改善经营，降低成本或必须缩小经营或歇业的，经过劳资协商，并向劳动局备案，得解雇一部或全部工人。

这样，就提高了资方经营的积极性，并使劳资关系进一步走向正常。

（二）调整公私关系。

在商业方面，主要解决下列几个问题：第一，调整公私经营范围和经营比重。为了稳定物价，保障市民供应，我们除发展合作社外，并曾发展了零售店。这一措施是十分必要的。缺点是有些零售店卖货种类过多。因此，我们停止了筹设肉品、食品两个门市部，并取消了零售公司的三个营业处，撤消了零售店兼营百货和杂货业务（过去有十个纱布门市部兼营百货，二十八个粮食零售店兼营杂货）。第二，调整价格，使批发价与零售价之间，地区与地区之间的差价，保持适当距离，以便零售商和远地商能获得适当利润。百货公司对一百余种主要百货价格进行了调整，批发价和零售价的差额，已调整到百分之七到百分之十。私商从百货公司批货有利，与百货公司建立业务关系的私商，已从调整前的十三户增到一百一十七户。第三，动员公私力量组织城乡贸易，加速城乡物资交流，为此，已组织了公私联合的西北贸易访问团，前往察绥地区进一步了解情况，以建立正常的城乡互助的贸易关系。

在工业方面，主要是国营企业继续用加工、定货、收购、代销的办法、大力扶植生产。从四月到六月，在商品滞销的情况下，花纱布分公司以纱换布的数量占织染业全部产品的一半以上；百货公司收购和交换各行业产品约值一百多亿元。机器、铁工、面粉业大部分是给国家加工、定货，现正配合中央陆续召开的各专业会议进行产销计划，加工、定货计划和加工费的调整。此外，为了把各机关部队分散经营的生产事业适当地统一起来，加以管理，使与国营企业、私营企业、手工业在生产计划上取得协调、现已成立一个专门委员会研究办法。

在税收方面，为了照顾真正困难、无力完税的工商业，对他们所欠一九四九年度下半年的工商业税，已斟酌情况，分别减免或缓征。计有二千五百五十五家工商户得到这种待遇，共减、免、缓征二十九亿元。

在组织工商业资金周转方面，首先，是国家银行对资金周转困难而有条件维持的私营工厂和有益于国计民生的商业，给以贷款扶植，并将贷款条件酌予放宽。从四月至七月底，对私营工商业贷款共为一百七十七亿元。其中，七月份即贷出七十亿元。其次，是举办了公私行庄联合贷款，现在正逐步扩大其业务。同时，为了集中游资投入生产，筹办了公私合营的兴业投资股份有限公司。

为了有效地贯彻以上措施，我们曾抽调干部会同工会和工商联合会派出的人员组成工作组，有重点地选择行业、户，深入了解情况，解决问题，吸取经验，现已获得相当成绩。同时，市协商委员会于五月间成立了工商、劳资、税收三个专门小组帮助进行。后来，又在市人民政府的领导下，建立了工商业调整处理委员会负责这一调整工作。

由于我们正确地实行了一系列调整工商业的措施，再加麦收后农村购买力提高，因而到六月份，大部分工商业逐步好转。商业的进销货额和工业的产销数量均有增加。最近两个多月的城乡贸易，大有开展，不仅旧有的贸易关系在物资交换的数量和种类上都有增加，而且因远地贸易多年断绝，互不流通的物资，现在也已开始交流了。

随着物价稳定，城乡贸易进一步开展，今年秋收以后，农民将有大量农产品要求出售；同时，也需要购买大量工业品。我们必须正确地估计和适应这一情况，并从各方面领导商业游资下乡，收购农产品，推销工业品。

最后，我们愿意与全市职工、全市工商业者团结一致，继续努力，“在统筹兼顾的方针下，逐步地消灭经济中的盲目性和无政府状态，合理地调整现有工商业，切实而妥善地改善公私关系和劳资关系”，克服一切困难，争取本市工商业迅速走向正常发展。

第三、关于公营企业

公营企业的生产是有成绩的。其中，公用事业方面的成绩更为显著。

电车最近每天平均出车已达百辆，行车间隔已经减为三分半到七分钟，恢复了环行路。半年总计：在出车辆数，行车公里、乘客人数方面都完成了原订的计划，如就六月份来看，则都超过了原订计划。在修造方面超过计划很多，原计划于八月底完成的十八辆新造机车已提前于六月底完成。大修机车半年中超过计划百分之三十四，大修拖车超过计划百分之一百一十。

自来水的用水人口，六月份已达九十二万，比去年增加了约三十五万人，全年增加三十六至四十万用水人口的计划，半年已基本完成。在装设方面，干管扩充超过原订半年计划的百分之八，支管扩充超过百分之十二。

公共汽车已经扩充城区七路，郊区五路。虽然还没有完成原订五月份起出车百辆的计划，但平均每日出车已由一月份的三十五辆增加到现在七十八辆，而每日每车的平均行车公里数则较一月份提高了百分之四十四。

除公用事业外，市属公营企业中较大的关系人民生活较多的是面粉厂、京西煤矿和清河制呢厂，这三个单位都已基本上完成了原订半年的计划，计面粉一厂完成百分之一百一十一点八；二厂完成百分之一百零四点九。京西煤矿完成了计划的百分之九十四点七(因为淹窑，五、六月份产量减低)。清河制呢厂毛毯完成计划的百分之一百零八，地毯纱完成计划的百分之一百一十一点三。

其余较小的几个单位有的超过了计划，如燕京造纸厂、新建玻璃厂等，有的则因为销路不畅，未能完成计划，如火柴、窑业等。

修建工程方面，燕京造纸厂增设蒸煮机两台，打浆机四台，新建面粉一厂安装机磨十二部，新建窑业厂安装制砖机五台，都已完成。

建设新厂方面，北京面粉公司自四月份起，动工建筑厂房，预计年底可以完成。清河制呢厂经请准中央调拨精纺六千八百锭，现在已经在上海检修，并正进行建厂设计。地毯厂因产品过剩，改在清河制呢厂附设地毯部，进行小规模生产，作为示范，以提高本市地毯的质量。染烫厂因已有私人开办，公家即不增设。

我们曾经屡次提出进行提高质量，减低成本的生产竞赛运动，从今年二月全市职工代表大会召开以来，这个运动即陆续展开，特别是从五月份以后，绝大多数的公营企业都已卷入生产竞赛运动，并在提高质量、减低成本方面获得了一定的成绩。

在提高质量方面，试举几个与我们最切近的例子：自来水在消毒方面比以前有很大进步，细菌的检查，已从每月二十次增加到一百八十次，剩余氯的检查由每月六十次增加到一百八十次。又如电业局的工业用电电压已经提高，并已比较稳定，一般与电压标准相差不超过百分之十。这对于工业动力有极大的好处。清河制呢厂的棉织部，过去三等布很多，现在已经根本消灭了三等布。

在减低成本方面，例如石景山电厂发电成本，六月份比一月份每度电减少了百分之四十七点一；汽车每车公里成本，六月份比一月份减少了百分之三十六点四；自来水公司每吨水的成本，六月份比一月份减少了百分之十六。

我们的不少企业的生产，所以能够把质量逐渐提高，成本逐渐减低，是由于减少了浪费，实行了人力、燃料、电力、时间、原料等各方面的节约；是由于改进技术，改善劳动组织，生产过程的合理化等而提高了工作效率；是由于加强安全制度减少了事故。而所有这一切都是和职工的地位以及职工的觉悟提高分不开的。在生产竞赛运动当中，职工群众，不单是用增加劳动强度的方法来提高工作效率，而且发挥了他们丰富的智慧来改进技术和工作方法。例如电车公司卢运泰、邓发熙建议安装挡水板，克服了二十余年来雨天不能行车的困难；石景山钢铁厂曹宪波改用冏子作洗管刀，一下子就把工作效率提高了二十六倍；汽车公司朱临创造“五一”式煤气炉，自来水公司技师和工人合制听漏器等对于工作效率的提高，帮助都很大。

我们为了巩固职工群众这种生产竞赛的热情，贯彻管理民主化的精神，已经扭转了某些行政领导人舍不得发奖，或不及时发奖的思想和毛病，仅电车、自来水、公共汽车三个公司，就有一千二百二十六个人已经得到了奖励，在很多厂子订立了集体合同，有的并订立了联系合同，普遍建立了工厂管理委员会。过去有些工厂管理委员会仅具形式，不大起作用，在五、六月间进行了整顿，较前已有进步。

但是，我们在生产和生产管理方面，还存在着很多问题。

首先，是成本高、质量低的问题，虽然比以前有了一些进步，但是距我们的要求还相差很远，有的企业废品仍很多，浪费现象还很严重，如果不作再接再厉的努力，我们的许多工业还是不能发展的。其次，是负责制度还不健全，事故还很多。此外，计划性的不足也造成了很多生产上的损失。

在我们的生产管理当中最主要的问题，除了仍有一部分企业在依靠职工实行民主管理方面还做得不够，对提高质量，减低成本的生产竞赛的意义还认识不足外，还没有很好地建立起经济核算制也是一个普遍的缺点。今后应在进一步展开生产竞赛运动的基础上逐渐建立起经济核算制。

第四、关于财政税收工作。

在财政方面，上次市各界人民代表会议所通过的一九五〇年度收支概算的基本精神是：一方面争取保证本年度工作计划的完成，另一方面争取基本上作到财政自给，以北京市收入，供北京市开支。根据上半年执行的情况看来，这个计划是可以完成的。

截至六月底止，实际收入(包括去年下半年的工商税，去年的农业税和去年冬季的房产税等)，约为原概算所列全年收入的百分之六十三点九。其中，税收部分为原概算所列全年税收的百分之六十七点五；公营事业赢利为原概算所列全年该项收入的百分之十三点一；其他各项收入为原概算所列全年各该项收入的百分之四十一点七。这就是说，收入已完成了全年概算的一半以上，而税收完成的比例最大。实际支出约为原概算所列全年支出的百分之五十三点七九。其中，事业费约为原概算所列全年事业费的百分之五十七点二四；行政费约为原概算所列全年行政费的百分之四十三点六四；财务费约为原概算所列全年财务费的百分之二十八点四八；预备费约为原概算所列全年预备费的百分之四十五，而其中大部分是用作事业费。这就是说，实际支出方面，事业费所占比例较大，而行政费和财务费所占比例都较小。

其次，财政管理工作，也有了一些改进。根据中央统一财政管理的方针，我们具体规定了各项行政费、事业费的管理办法，制定了总会计制度和市金库暂行规程。但目前财政工作上的主要缺点，仍然是制度不够健全，审计工作没有认真建立起来，因而便增加了执行工作中的困难，这是今后应该继续改进的。

在税收方面，应该说我们的工作是有成绩的，在这半年的财政收入当中，税收约占百分之九十四。由于税收工作完成了任务，才使事业费的供给得到保证，才使各项建设事业得以按照计划逐步实现。这是由于全市人民特别是工商业界在纳税方面对于政府的支持和全体税收工作人员的努力。

但是，在我们的税收工作当中，是有缺点和错误的。一方面，是有些税率、税目、税则本身就包含着缺点。他方面，则是执行中所犯的错误，例如：税目太多，有的重复，有的不明确；手续太繁，并有错误；计税方法和估价不统一；缴纳限期有时规定得太短，最显著的是工商业税有畸轻畸重的现象，而逃税漏税的情况也还不少。属于税率、税目、税则本身的，中央已做了调整与修正。我们从七月一日起，即已按照新的规定征税。其中主要的是：(1)货物税停止征收的三百五十三种(全部停征二百三十八种，一部停征一百一十五种)，合并征收的八十六种，减低税率的六十八种；(2)印花税由三十目减为二十五目，其中，商业凭证部分，除发货票依率按千分之三计征外，余均按件贴花；(3)所得税税率虽规定为百分之五至百分之三十，但起征点和最高累进点都已提高，并将累进等级由十四级增加为二十级，累进放缓，级距增加，因而实际上税率较以前减轻；(4)交易税只限于交易所和有牙纪的集市，其他坐商、合作社和直接成交的都免征；(5)特种消费行为税中的筵席税，起征点由五千元提高为五万元；冷食税新定起征点为一万元；旅店税新定每日每房间三万元以上的才征税。

同时，征收方法也有改进，主要是工商业税改由以下三种方法征收：(1)“自报查帐，依率计征。”凡工商业户会计制度健全足资为征税确据的，给申报税局核准后，可按这种办法征收，营业税由按季征收改为按月征收；所得税半年估征一次，年终结算，多退少补。(2)“自报公议，民主评定”，凡虽有帐簿，但会计制度还不健全的工商业户，采营业税和所得税分别计征办法，营业税是“自报公议，民主评定”，依率计征，按月缴纳。所得税将来分别采民主评议或查帐计征，半年估征一次，年终结算。(3)“在自报公议，民主评定基础上的定期定额”，凡帐簿不健全甚至没有帐簿的小工商业户，经申报税局核准后，营业税、所得税合并征收，由各方自报，经民主评定或协商，固定应纳税额，按月缴纳。今后本市采用第一种方法的将约有一千户，采用第三种方法的约三万户，二者合计约三万一千户，其余八、九千户则采用第二种方法，即“自报公议，民主评定”。

货物税的征收手续也作了以下的改进：(1)凡水泥、平板玻璃、唱片、啤酒、麦粉、棉纱、磁器、罐头、饮料等集中生产，不易漏税的货品，完税出厂后，不再领分运照，不再办分运手续；(2)解决织染业户(给花纱布公司加工)无现款纳税的困难，经与花纱布公司协商，由该公司每月汇总申报纳税，贴证发照；(3)为了便利货物运输，将查验证交厂商自贴，税局人员到工厂或存货处监贴，减少厂商的运费和时间的消耗。

至于少数税务工作干部，强迫命令的作风，以及个别分子贪污腐化的行为，我们正在用加强教育、检查纪律等方法，认真纠正中。

在地方附加方面、小学教育费、清洁卫生费等原属地方性开支、由地方筹措。本市解放后，曾在城区征收过两次地方行政事业费，因系沿用旧自治捐征收办法，逐户摊派，颇不合理。经本市第二届第一次各界人民代表会议决议，改用附征方法解决，房产税、地产税附征百分之三十，工商业税附征百分之十。现在，根据中央财经委员会决定，地方附加除房产税、地产税仍附征百分之三十外，工商业税不再附加，而改由公用事业附征。本年下半年度拟按下列办法征收：(1)电灯费附征百分之八，每月预计约三十万斤小米(因路灯费已附征百分之五，故不宜附征过多，又为了照顾工业，免致增加成本，电力费暂不附征)；(2)电话月租附征百分之十，每月预计约二十二万斤小米；(3)自来水费附征百分之十，每月预计约七万斤小米；(4)电车票价附征百分之八，每月预计约六万六千斤小米(电车乘客多为工人、职员、学生，故附征不宜过多)；(5)公共汽车票价附征百分之八，每月预计约四万斤小米(目前公共汽车营业尚在整顿时期，为照顾起见，拟暂缓实行)；上列五项，每月预计收入约六十九万六千斤小米。从八月份起五个月共可收三百四十八万斤小米，较原概算所列半年工商业税附加(城区郊区合计三百一十五万斤小米)，可能增加几十万斤，供原概算所列开支外，如尚有余款，拟用以扩充小学，多解决一些儿童失学问题。

最后，应该指出：我们的财政税收工作虽已有相当成绩，但为了保证本年度收支概算的彻底实现，还需要克服许多困难。我们号召全市各机关，各公营企业继续厉行节约，节省一切可能节省的开支。公营企业并应改善经营，争取缴纳财政任务。我们号召全体税务工作干部严守政策，端正作风，廉洁奉公，堵塞偷漏，与人民合作；为完成全年税收计划而努力。同时，我们希望本市工商业界一本过去支持政府税收政策的精神，遵照税章，踊跃纳税。

各位代表，以上是我们关于财经工作的报告，请大会审查和批评。

吴晗副市长关于执行一九五〇年度文教卫生工作计划的报告

(1950年8月8日)

各位代表：

前次代表会议关于文教卫生工作，曾通过了以“为生产服务，为劳动人民服务”为方针的工作计划。现在，我代表北京市人民政府向大会报告关于这个计划的执行情况。报告分四部分：第一部分是关于业余教育和社会教育，这是我们执行上述方针的一部分，半年来我们已经得到一些经验，作出初步的总结。其余第二部分是学校教育，第三部分是文艺工作，第四部分是公共卫生工作，这几项也是按照上述方针执行的。这几项工作的经验总结，须等以后再报告，现在，只把它们的工作情况说一说。

第一、关于业余教育和其它社会教育工作

根据本市第二届第一次各界人民代表会议的决议，在二月中旬，即成立了业余教育工作委员会，用大力筹办准备容纳三万人的正规业余补习学校，三月中旬开始建校工作。第一期建校计划，原定四月底结束，但至今仍有很多单位陆续开办。现在已经开学的计有四十六校，入学的学员共三万零一百五十六人。其中，产业工人二万三千三百八十八人，占入学总人数的百分之七十七点六；在职干部四千八百七十三人，占入学总人数的百分之十六点一；勤杂人员一千八百九十五人，占入学总人数的百分之六点三。如果把文教局所办的成人补习学校和农民补习学校入学的二万一千零七十九人以及市总工会所办的工人补习学校一万零一百九十七人合计在内，那么，北京市的劳动人民现在有六万一千四百三十二人在学习文化。这些劳动人民在反动统治时期，绝大部分是没有学习文化的机会的，现在得到过去所梦想不到的机会，都很高兴，很积极地学习。因此，业余学校开学以来，学员退学的不多，有些学校在开课之后，入学人数仍继续增加。各校缺课现象，虽有程度上的不同，但大体上有一个规律，一个单位单独办的业余学校缺课的比较少，各区办的业余学校缺课的比较多，如人民银行缺课的只有百分之二，清管局是百分之七，其余都在百分之二十以下，而以行政区为单位联合举办的业余学校都在百分之二十五左右。总起来说，缺课并不十分严重，一般业余学校由于工厂加班或机关业务的繁忙等，缺课十分之二、三是很平常的现象，要求完全消灭或大量减少缺课现象是不可能的，但尽可能地降低缺课率，是我们必须努力的。

现在，我想根据第一期建校工作的经验，就几个主要问题简要地说一下：

（一）业余学校教育方针

根据北京市第二届第一次各界人民代表会议的决议和业余教育实施纲要，执行了以下的几个主要方针：

（1）首先以产业工人和机关工作人员为对象。

（2）须有专任的教员和专用的教材。

（3）有条件地正规化。

（4）以学习文化课程为主。

（5）学习时间在生产时间以外。

对于业余学校有条件地正规化，曾引起一些干部们的异议，特别是对于以学习文化课程为主的方针，有不少的工厂和机关干部提出过异议，他们主张不采取正规的形式，课程中应设有政治课，经过反复商讨，才取得了一致的意见。就是：在条件许可下必须尽可能采取正规的教育形式；在条件不足或不可能正规化的地方，采取识字班、文化班等形式；已有的识字班等仍应继续保持；学员入学根据自愿原则，绝对不许强迫命令；准备采取学习互助的办法，从业余学校的学员中培养"小先生"，去帮助不能入学的工人或干部进行识字教育。这样，使业余学校和一般的识字班分别进行，同时又互相结合，取得互助之效。在业余学校，国文和常识课本中都包含着政治的内容，而且各班每周上课三次，其余的时间仍可进行政治教育或其他活动，所以不专设政治课。至于学习时间，我们严格执行了在生产和业务的时间以外进行学习的方针，为了保证这一方针的贯彻，建立了点名、请假制度和教员补课及学生互助制度。

（二）组织与领导

业余学校的建立，有三种方式：有的是由一个单位（工厂或机关）单独建立，有的是由几个单位联合建立，也有的是以行政区为单位建立起来的。

各校都设有校务委员会，由各工厂机关或行政区的负责人兼任校长，在校务委员会之下设教务主任，领导全校的教学业务。各班有班主任，由专任教员兼任，领导全班的学习。各班学员按照工作部门和居住地区分编若干学习小组，各选组长一人，协助班主任进行学员学习互助。这样的组织形式和领导形式，好处是取得各有关方面的密切配合协助；教学业务由专任的教务主任和教员负主要责任，这是巩固学校的基本条件；参加学习的学员也都组织起来了，对坚持学习制度和提高学习情绪，也起了一定的保证作用。但是北京市的业余学校、工人补习学校、成人夜校，领导系统不统一，在具体工作上就不免重复或分散力量，而以行政区为单位所建立的正规业余学校，有的包含多至四十多个的工厂和机关单位，缺乏领导中心。这就说明，需要由一个文教机关统一来领导，有从上到下的各级组织，才能把这些问题根本解决。

（三）教员、教学方法和教材

业余学校目前共有教员四百七十九人，其中，专任教员二百零二人，占全数百分之四十二，由业余教育工作委员会统一登记、审查、训练、分配；担任的授课时数占总时数的三分之二，对教学工作负有主要的责任，并起着决定的作用。兼任教员二百七十七人，占全数百分之五十八，由各学校自行聘请。其中，大部分是各工厂机关的在职干部，少数是中小学在职教员和大中学校学生。

在教学方法方面，我们还没有成熟的全面的经验，一般地说，历史课因与政治思想密切结合，所以都由干部兼任。国文课着重语文规律和知识教育，有些单位教文法，标点符号，或注音字母等，很得学员的欢迎。成人教育应特别注意理论与实践相联系，因此，国文课应多教应用文，多作练习，自然课应从成人的生活经验基础上提高，多作实验，添置必要的挂图、仪器，不然，他们会干脆不来听。

在教材方面，是根据规定的学制课程标准，由中央人民政府教育部社教司和全国总工会文教部帮助组成的编委会，在两个月内，编成国文九册、算术九册、常识六册，共二十四册。据现在统计，三种课本共已发行四十二万余册。国语、算术都分编九册，是为了适合干部中程度不齐的特点，便于分班。

（四）经费与校舍

业余学校的经费按照规定是由工会文教费内支付一部分，工厂机关的行政上补助一部分，其余由政府补助。

根据三十七个学校的统计，工会文教费和工厂机关的行政补助每月共收二万零五百三十四斤小米，占总开支百分之十七；政府补助每月共九万九千零三十四斤小米，占总开支百分之八十三。此外，并补助了二十二个学校的开办费，共四万六千六百二十二斤小米。

到六月底为止，业余教育工作委员会对各校经费的补助（包括开办费和经常费）共计三十三万九千八百五十六斤小米。补助费都是经过北京市业余教育工作委员会严格审查和个别协商，订出预算和决算，然后根据制度开支的。这笔开支，在政府目前财政困难的情形下，自然是一个不小的数目，但是工人是担负发展生产建设国家的重要支柱，在城市中，是我们国家的基本力量，国家仅仅用几十万斤小米的开支，就能使六万多工人和其他劳动人民中的积极分子来开始提高文化程度，因而也就会连带提高他们的政治和技术业务水平，使我们国家的基本队伍能够补足文化上的缺陷，应该说，这是十分合算，也是完全必要的。

业余学校的校舍，在行政区和机关的学校，都借用所在区的一般中小学校校舍，在郊外或离市中心区较远的大工厂，有的借用食堂、宿舍、厂房和办公室。

(五) 今后努力的方向

今后的主要任务，是巩固已建立的业余学校，稳步发展，我们准备从三方面努力：

(1)提高教员的政治水平与业务水平，这是巩固和发展业余学校的中心环节。因为目前业余学校的教员主要的缺点是政治水平低。而他们所教的学员，却是人民中政治觉悟较高的工人和干部，课程中的国文、史地也包含了许多政治的内容，教员们如果在这方面不能满足学员的要求，就很难达成教学的效果。因此，我们对教员的学习问题，已经拟定一个学习计划，准备同时组织教员的政治学习与业务学习，而以政治学习为主。这个学习正在开始进行。

(2)视导工作，采取一般的视导与重点视导，去检查并改进各业余学校的工作。同时，出版一种小型刊物，用来指导工作，交流经验，进行批评与鼓励。

(3)业余学校的课本，在教学当中，已经发现了许多缺点，我们准备陆续收集资料，加以修改。

社会教育工作，除以大力举办了业余学校之外，我们并协助中央人民政府教育部，创办了本市实验工农速成中学一所，以培养工农新型知识分子。

在城区，对成人补习学校，先选择工作较好的原五、六、九区三个区为重点，各建立了一个中心成人夜校，以为示范。对原有的成人补习学校则进行了整顿，截至六月底，计有成人夜校四百三十四班，学员一万三千九百二十二人；并举办过两次成人夜校和工人夜校师资训练，参加的共计一百四十二人。

在郊区二百八十个行政村中，有二百五十三个行政村已设有农民补习学校共一百五十二所，计二百四十四班，学员七千一百五十七人。为提高教学效果，对城郊成人补习学校部分教员酌予生活补助，以安定其工作情绪。

整顿并适当发展儿童识字班。截至六月底，城区儿童识字班共有七百八十五班，学生二万四千九百一十九人。对部分工作积极，生活困难的教师也酌量给以补助。准备下半年再增设三百五十班，计郊区一百九十六班，外城区九十四班，内城区六十班，尽可能的满足劳动人民子弟入学的要求。

此外，对一般社教机关于拨发书报费外，还添置了扩音器三部，收音机二十架，并增设了六个书报阅览室；文化馆因为不能及时觅得适当的房舍，又缺乏有一定经验的社教工作干部，尚未增设，下半年当努力完成增设计划，决定举办社教工作干部讲习班，以应需要。对旧“小人书”取缔，因为是一般市民思想教育的问题，必须审慎从事，现正进行调查研究工作。

第二、关于学校教育工作

(一) 中小学、幼稚教育的改进与改革

对原有的中小学和幼稚园进行了一些改进和改革。为提高师资于四月间成立了本市中小学教职员学习委员会。确定当前学习方针，以政治学习为主，结合研究业务，以提高教职员的政治水平，进一步树立为人民服务的思想，并改进教学方法。在学委会下设干事会，负责组织、推动与检查工作，现已按照上半年的学习计划作过一些专题报告，并举办了历史、国文观摩教学。

为了改善行政领导，对有些学校的负责人员进行了调整，结合民主评薪，进一步贯彻了市立中学教员专任制，基本上消灭了不合理的兼课现象。

为加强中等学校学生的政治教育，统一了政治教材和政治课的教学进度。为了扩充教学设备，上半年发给各市立中学图书费和仪器费八十一万九千余斤小米。并且根据本市各界人民代表会议提议建立科学馆的精神，有重点地分配给地点适中和条件较好的市立二中、四中、八中、女二中等校以较多的仪器；使设备不足的私立中学也能利用市立中学设备，下半年仍计划作可能的补充，以进一步充实教学设备。

对私立中小学，根据上次会议所决定的扶植改进方针，在寒假期间，对少数办理不善及因经费设备不足，或学生人数过少，申请停办或合并的私立中学，分别予以整顿。计：维新中学、世熙中学准予停办。新青女中准予接管，学生编入市立中学。准许近智中学和民国中学合并，改名新中中学。求实中学和进德中学合并，改名新知中学。并帮助奋斗中学迁往绥远。燕山中学并入回民学院。同时，补助办理较好而经济困难或因整顿需款的新生中学等三十余校小米五十万斤。我们鉴于私立中小学的经济困难，制订了私立中学校经费补助暂行办法，已于六月公布施行。

此外，并号召私立中小学在经济条件许可下，实行教员专任制和班主任制，以提高教学效果。同时，加强了对私立中小学校的视导工作，建立定期的会议、汇报制度，组织小型私立学校座谈会，及时予以帮助指导。

为改善学生的生活和健康状况，三月间发动中等学校学生从事课余农业生产，参加生产者七十二校，计有学生二万七千多人，学生的生产情绪普遍很高。现在，许多学校已经收获了早熟作物，伙食一般地得到改善。四月一日成立了本市学校卫生委员会，并对市立中学发给卫生设备费三万四千斤小米，购置必要的卫生器材，以加强学生的卫生保健工作。

（二）市立中小学的增班、增校问题

在小学方面，原计划上半年在城、郊区各增设十五班，下半年再在城区增设二十五班。在城区，现已增设了十六班，可容纳学生八百九十人；在郊区，则截至六月底已增十校，计二十三班，招收学生一千一百五十人。另外，十三区铁路检车段附设的小学，已由市府接办，改为市立小学，计有四班，学生二百人（经费系追加郊区增班预算），总计郊区共增设了二十七班。

在中等学校方面，因为秋季始业，上半年没有增班，现已决定于暑期中，职业学校（技术学校）增设十三班，计工业学校九班，并增设电机科。财经学校（原市立高商）四班，并增设统计、工商管理二科。师范学校增设五、六班，计普通师范班二班，幼稚师范班二班（其中，一班原应于本年寒假递增，为统一学制，改在今年暑期招生）及小学教职员轮训班一、二班。普通中学增设三十一班，计高中九班，初中二十二班。此外，并增设工农速成中学一所和普通中学三所（二所在南城，男、女各一；另一所在长辛店），班次将根据校舍另定。工农子弟有些程度较差，不能入普通班，则视需要另设几个预备班。

第三、关于文艺工作

在配合生产任务，广泛地开展文艺普及工作的总方针下，主要进行了以下各种工作：

（一）由文教局文艺处和总工会配合成立了工厂文艺工作委员会。又和学联配合，成立了学校文艺工作委员会。并通过文化馆、成人夜校等，展开了对群众性的文艺活动的辅导工作。

（二）为了改进戏曲，举办了戏曲讲习班，两期共毕业学员一千五百余人，初步打下了戏曲界思想改造和业务改进的基础。毕业后，组织了业余艺术学校戏曲部，以便更进一步地提高旧艺人的政治水平和业务水平，共同推进戏曲改革运动。

（三）编辑通俗文艺读物十七种，每版三千册，文艺月刊“说说唱唱”一种，发行二万八千份。帮助文艺创作研究会举办星期文艺讲座二十三次，听众累计约万余人，以推进文艺的普及工作。另外，对于优秀的符合于新民主主义教育方针的戏剧电影则减免税，以资奖励。并以批评或推荐的方法去提倡好戏和好电影。

五月底，帮助文联召开了北京市文艺界代表大会，对于团结新旧文艺工作者，建立北京文艺界统一战线，推进人民的文艺运动，将有很大的推动作用。

第四、关于公共卫生工作

根据一九五〇年度的工作计划，在预防为主的方针下，主要进行了以下的工作：

（一）防疫卫生：有重点地进行了伤寒、霍乱、白喉等预防注射和牛痘、卡介苗的预防接种工作，已著成效。如天花以今年五个月和去年同期相比，患者从一百九十人，减至十一人；死亡者从九十人，减至四人。并解决了自来水与饮水用井的消毒问题；进行了春夏两季的防疫宣传运动。

（二）妇幼卫生：为照顾贫苦产妇，享受科学助产，按区组织了开业的产科医师、助产士和公私医院，为贫苦的产妇免费接生，为难产者特约了公私医院十处，由政府按接生人数和住院次数予以补助。对旧有的接生婆，进行了登记和训练，已训练者计一百零七人，对托儿所、幼稚园的儿童和保育人员进行了健康检查，并给以指导。配合三八节进行了城郊区的妇幼卫生展览。

（三）学校、工矿卫生：为改善学校卫生工作，如前所述，已成立学校卫生委员会，各区设分会，各校设支会，并组织卫生队，增聘医师、护士，现在对一百七十九校，七万多学生，已经作了初步的医疗卫生工作。工矿的卫生状况，一般是恶劣的，数月来调查了市内三十人以上的公私营工厂（矿）一百六十二家，包括职工二万二千余人；同时，对门头沟矿区和丹华火柴厂进行了重点检查，并已有局部的改善。在门头沟矿区计划设卫生院一处，并附设医院，已在城子村勘定地点，绘图估价，现正在进行中。在劳动人民比较集中的地方，已设置了五个工人诊疗所。此外，为照顾工人诊疗方便，在市立医院，凡持有厂方或工会负责介绍信者，可先行诊治，缓交费用或由工会负责分期交付。应当说，我们关于工矿卫生工作，还作的非常不够，并且比较迟缓，这是我们今后需要注意的。

（四）为了照顾劳动人民的医疗便利，已指定免费公私医疗单位四十四处，免费住院单位十处，预定每天免费门诊九百七十六人，免费病床每月一百七十四张，由政府予以补助。补助郊区医药合作社四处。此外，在劳动人民聚居的地区大后仓、丰台各设立了卫生所一处；在崇外设立了妇幼保健所一处；并将长辛店的卫生院改组为卫生所，从而已开始将本市医院卫生机关分布的不平衡状况，陆续矫正。而市立第一、第三医院，精神病防治院都增加了病床和门诊数量。

以上是半年来关于文教卫生工作方面的报告。在这中间着重地报告了业余教育工作，因为业余学校的创办，还是一个新的问题，有许多经验值得介绍，并且是第二届第一次代表会议的一个重要决议。对于公共卫生工作则报告的比较简单。

北京市人民政府薛子正秘书长关于辅华矿药厂爆炸事件的报告

（1950年8月8日）

各位代表：

我现在代表北京市人民政府向大家报告辅华矿药厂爆炸事件和处理经过。

去年北京解放后，我军政机关即曾为保障市民的安全大力清除旧存军火，运出城外，并进行了扫除地雷的工作。由华北军区后勤部运出的火药约计四十七万七千九百二十九市斤。市人民政府对爆炸物的清除和管理，也曾采取了必要的措施，除去年三月到十二月，经公安局发给护照，运出黄、黑色炸药、硝磺、TNT等共计四万一千七百四十二斤外，并于今年四月一日公布了"北京市硝磺厂商管理暂行办法"、"北京市火药厂商管理暂行办法"及"北京市花炮业、火柴业管理暂行办法"。四月二十二日又曾发出布告禁止在城区设立爆炸易燃性的工厂。但由于以上各种办法规定得还不够周密，又由于我们的作风上还存在着严重的官僚主义，检查督促不严，而执行机关也未及时采取强制执行的手段，致酿成六月十四日辅华矿药厂的爆炸事件。死三十九人，伤四百零六人（内重伤二百五十人，轻伤一百五十六人），受灾九百四十三户，被灾人口四千零五十三人；房屋全部倒塌的四百九十七间，部分倒塌的一千九百二十八间。人民遭受如此巨灾，我们感到万分痛心和责任重大。事件发生后，除呈报政务院并请议处外，一方面组织善后救济委员会，迅速进行善后救济工作；一方面交由市人民监察委员会认真查明事实，追究责任，依法处理。

北京市人民对这一不幸事件都很关心，现在择要报告如下：

一、事件发生的经过和原因

辅华矿药厂是一九四七年七月间由私商王念维所创办的，开设于本市朝阳门外大街，职工仅四、五个人，制造黑药、火捻等，是年九月又添制黑色、黄色炸药，而安全设备仅有水井一眼、灭火机两架。

今年二月一日与二〇八师司令部机关生产合股经营，改称辅华合记矿药厂，并曾在本府工业局立案，公安局备案，经华北军区生产委员会批准。二〇八师司令部委派管理员曲德润为副经理，私人股东王念维为经理，王竺平为副经理，共同经营，厂址仍旧，设备仍很简陋，但生产规模较前扩大，职工增至十九名。后于五月十五日由二〇八师生产合作社正式接管，并改由李英华（二〇八师生产合作社副主任）兼任经理，曲德润任副经理，私人股东王竺平为副经理兼总技师，王子良任总务。

五月十九日曾因碾药失火，工人死一，伤一。公安局虽然迭次催促该厂迁移，但以新厂址购价未定，拖延未迁。仓库内虽堆积大量炸药、雷管、地雷，而安全设备仍未改善。六月十四日下午，就发生了这次不幸的爆炸事件！

酿成这次不幸事件的原因是什么呢？

第一，是由于二〇八师机关生产在市区设厂，经营这种危险性的生产，在经营管理上，存在着严重的官僚主义和单纯营利思想，麻痹大意，不守纪律。

1. 先是该生产单位违反与华北军区军械部所订的在门头沟加工改造废炸药的合同，将大批炸药运京，就地制造，而未将该厂迁离市区是爆炸和惨案发生的根本原因。该厂私存炸药达两万斤左右（未报公安局），因而更增加了爆炸的危险性和严重性。五月十九日，该厂曾因碾药失火。事后，附近居民建议公安分局，要求该厂迁移，公安局也数次催促该厂迁移，该师党委常委会虽决定迁厂，并对整顿该厂作了一些决定，而未坚决执行。

其严重的官僚主义和单纯的营利观点表现在：明知该厂厂址不妥当，并已决定迁往安定门外，仅因房价相差二十五匹布，私人股东王竺平、王子良不赞同购置，遂拖延未迁；又如：工厂管理松懈，药品放置紊乱，工人二次试药都未报告住厂主任，也未报告公安机关。在这种情况下，产生爆炸事件，决不是偶然的。

2.五月十九日该厂碾药失火后，不但不知警惕，又将大批地雷运入厂内是发生爆炸事件的直接原因。六月初，长辛店区政府将发现的地雷和炸药，交二〇八师供给部销毁，该部军械科长邓进国于请示师部后，即运入该厂，并未向公安局报告。六月十四日午后，杂工于荣本在存有大量雷管、炸药和废炸药的仓库门外约四尺处，用铁斧拆卸该项地雷，致冲击起火，引起废药燃烧，延及仓库，遂致成灾。

第二，市公安局、工业局乃至市府本身，在工作中存在着严重的官僚主义作风，也是造成这次爆炸事件的原因。

首先是公安局，对这种危险工业负有管制责任，但对辅华矿药厂申请备案时，仅根据二〇八师来函证明，便批准，并未到厂实行勘查；又因二〇八师来函表示对该厂购买原料，推销成品，愿负责保证，请免找外保，便放松管制，不加检查；五月十九日辅华矿药厂碾药失火后，虽曾迭催迁厂，但未强制执行，而东郊公安分局与该厂仅一街之隔，该分局长竟未亲自去检查，反于六月四日向市公安局提出："该厂设备尚称完善，准予发照"的意见，这更是一种不负责任的态度。其次是市政府的"北京市硝磺厂商管理暂行办法"、"北京市火药厂商管理暂行办法"及"北京市花炮业、火柴业管理暂行办法"公布过迟，以后又缺乏检查督促，充分表现出工作中的官僚主义作风。该区区政府在五月十九日事件发生后，没有向市府报告，且对区民要求该厂迁移意见既不处理，也没有报市人民政府；工业局批准辅华矿药厂立案时，只考虑到生产需要，而忽视该厂地址是否影响市民安全；且没有依照惯例和公安局取得联系，交换意见，都是官僚主义的表现。

二、善后工作

善后工作是分以下几个步骤来进行的：

第一，抢救和急救：爆炸事件发生后，市人民政府，华北军区，及中共北京市委会的负责同志立即赶到现场，并组织了临时指挥部，进行抢救；公安学校和市委干训班学员、公安总队、消防队、二〇八师部队（约八百余人）等共二千余人亦纷纷赶至现场，担任抢救工作。因电线震坏，乃抬着汽灯，彻夜挖救被埋居民和财物；公共卫生局调集全市医务人员及救护车辆，亦赶到现场紧急救治伤民，计共救治四百零六人，其中二百二十二人即时送到各大医院医治。

事件发生的第二日，即由市人民政府约请中央、华北及市级有关各单位，开了紧急会议，讨论善后办法。并决定：(1)成立辅华事件善后救济委员会，并由市政府秘书长薛子正、军区政治部副主任张致祥、北京市郊区工作委员会主任周凤鸣分任正副主任委员。(2)查明事件真象，追究责任。(3)建议各机关募捐救灾，援助被灾人民。

当日，市人民政府即明令市公安局勒令在京各火药、硝磺、酒精等厂商立即停工，限期迁出居民区。

爆炸事件发生后，被灾群众情绪非常不安。我们乃决定：立即开设粥厂，工作干部挑着粥桶到各地送粥，并发给被灾者每人每日一斤半救济粮。灾民因看守着自己东西，不愿离开现场，战士们就主动地冒着夜雨替他们架起从华北军区借来的帐棚，又在街头设饮水站，供给饮水。被灾群众见到政府这样关心，情绪才渐渐稳定下来。

第二，具体解决被灾户的困难：

对每一被灾户除先发给购买锅、碗、盆、匙的费用两万元外，又把华北军区捐助的二千条被子和各单位捐助的衣服也及时分发下去；为解除住院伤员及其家属间互相惦念的问题，十八日又动员伤员家属集体到医院看望，发给每个伤员慰问费三万元，并即时发掘灾民财物。二〇八师炮一连二班战士给姓卞的老乡挖出了七个金戒指都交给原主，并把挖出的衣服被褥都晒好、叠好交回原主，使群众非常感动。对于被灾户的这许多实际照顾，医院的认真治疗（特别是陆军医院），和中央及市级许多首长如：中央人民政府秘书长林伯渠、政务院副总理郭沫若、最高人民法院院长沈钧儒、中共北京市委书记彭真及市长副市长等亲赴现场及各医院慰问，使被灾人民对政府的信任加强了，情绪逐渐安定。

第三，补助被灾户迁出灾区，帮助灾户修复住房：

被灾地区房屋均已震塌或震坏，为帮助被灾户迁出灾区，并得到安置，计发迁移费二千六百六十五万元，安置费一亿三千一百十七万七千元；使六百一十八户得到安置，占全部被灾户百分之七十。其次，帮助被灾户及时修复住房并拟订了修房暂行办法：(1)尚可修缮者由二〇八师战士协助，由政府补助一部分购料款项及补贴木、瓦匠技工工资，进行修缮。(2)完全不能修缮者，由政府补助，暂时支搭席棚。(3)自己有能力修缮者，由二〇八师战士或由政府以工代赈方式协助人力。(4)机关房屋由机关自行解决。同时进行说服解释并指出"修复就业靠自己"。这样，修房工作便顺利开展起来。在修房时，二〇八师部分同志，就地帮助群众修房，起了很大作用；计前后作了一万多工，修好房屋二百余间。总计共发放修建费二亿三千四百九十三万四千元，共可帮助五百二十三户修建房屋一千一百八十五间。发放修建贷款一亿三千七百五十一万五千元,共可帮助一百五十八户修建房屋八百三十九间。此外被灾户用自己的力量修建房屋九十七间。以上共可修建房屋二千二百九十一间，为全部受灾房屋的百分之九十一。

第四，为照顾被灾工商业，减免税款：

据调查座商因受灾而停业的六十户，损失较重的四十户,较轻的二百二十九户,总计三百二十九户;摊贩受灾八十三户(其中停业的九户)。座商共减免税款三千三百九十八万六千零八元，为应征税款百分之六十四;摊贩中免地租及牌照税的共四十一户,计五十三万八千元。重灾三户,补助二十五万元。此外又发放小本贷款一千七百一十万元。

第五，发放死亡家属救济金：

市民死亡共三十名，依死者在其家庭经济地位如何而分别给予救济,共发给小米三万八千四百八十斤,每人平均一千二百八十斤。工人死亡六人,技师死亡一人,均按劳保条例予以抚恤,共发给二万二千五百六十斤,平均每人三千二百二十二斤。二项共计六万一千零四十斤。

三、复查与结束工作

被灾户反映:“这回事办得好是好，就是工作同志不了解情况，救济没分轻重。”我们认为这个意见是正确的,于是进行了复查工作。根据复查材料，又重新调整了六十七户的救济款，并于二十九日召开了重灾户和个别轻灾户的户主会议,听取群众反映。由于及时给他们解决了困难，所以反映都很好。

截至七月三日止,共救济了灾民四千零五十三人。其中六百十八户已得到安置，五百二十三户得到修房补助；计共发放各种救济补助款项三亿九千二百七十六万一千元。

现在，须待继续处理的问题是：

(1)少数灾前失业的人口,灾后生活更困难,要求介绍职业，我们现已进行登记。

(2)尚未出院的重伤灾民,可能有的残废,须抚恤,已责成十三区区公所草拟抚恤办法。

(3)继续督促检查,保证被灾居民就业和被毁房屋修复。

四、关于辅华事件的责任和处分问题

辅华事件发生后，市人民监察委员会曾请中央人民监察委员会派员共同组成辅华事件联合监察组，负责调查案情真象,追究责任。在查明真象、判明责任后,提出了具体处理意见。市府除同意联合监察组所拟意见，详报政务院外，并自请处分。

第一，应予处分的人员：

关于二〇八师各领导干部的处分问题，已由华北军区纪律检查委员会决定：

(1)二〇八师师长陈金玉对辅华矿药厂管理上采取官僚主义态度,如知道炸药运京未加制止,五月十九日失火，伤、死工人各一，亦未报告华北军区，迁厂问题未督促执行等都说明了他对该厂的危险性和人民生命财产的安全缺乏严肃负责态度，对此次事件负有责任，应给以通令警告处分。

(2)二〇八师副师长李金才为该师生产委员会副主任和生产合作社主任,对全师生产负领导责任,在五月十九日失火死伤工人后，虽曾四次督促经理李英华在一周内迁厂，但由于他最后动摇了说:“你们看着办吧!”结果发生此次事件，故对这次爆炸事件亦负有责任，应给以通令警告处分。

(3)二〇八师参谋长李佩之自二月初辅华矿药厂开始合营至五月十五日止,负责领导该厂,三个多月从未去过该厂布置与检查工作，且既不履行和华北军区军械部签订在门头沟加工改造废炸药的合同，又不注意该厂安全设备，更擅以师长政委名义写信给公安局“要求购买原料与推销成品免找外保并负一切责任”等,说明了他对此次爆炸事件负主要责任,应予以撤职处分。

(4)二〇八师供给部长荀有桂为了本单位生产竟将长辛店区政府委托销毁的地雷卖给辅华矿药厂，对此事件负一定责任，应予以警告处分。

(5)该部军械科长邓进国是合同签订人,对违反合同未提意见，反而在五月十九日失火后，不听工人劝阻,积极主张将地雷运送工厂。自己作军械工作,深知地雷危险，实属严重渎职，故对此爆炸事件负直接责任，应予撤职并交军法处裁判。

关于辅华矿药厂副经理技师等有关人员的处分问题已送北京市人民法院依法处理：

兼辅华矿药厂经理李英华、兼辅华矿药厂副经理曲德润、副经理兼总技师王竺平(私人股东)、总务主任王子良(私人股东)、住厂主任王殿文等，直接负工厂领导与管理责任。但他们对于地雷运厂后未加阻止与报告公安局，五月十九日失火后，明知该厂地址不宜,且二〇八师副师长几次督促搬家也不执行,拆卸地雷时也未派技工指导，工人提议应到河边拆卸也未采纳等,都说明了他们对此次爆炸事件负直接责任,应由人民法院依法分别惩处。

关于市公安局、区公所等市府所属各部门有关人员、本府已按职务与责任关系决定左列处分呈请政务院核示：

（1）东郊公安分局局长刘建中五月十九日辅华失火后，该分局长竟未去检查，且六月四日还向市公安局提出“该厂设备尚称完善，准予发照”的意见，当地居民提出该厂地址不适当，要求迁移的意见，也不向上级报告，事后又不虚心检讨，一味推拖责任，应予以撤职处分。

（2）市公安局治安科管制股副股长李奇、股员王宏坤二人均负管理火药厂商业务之专责，平时该副股长李奇对王宏坤领导不够，失于督促检查。而王对该厂未经公安局填发运照即私运大量废料来厂，未严加追究，亦未向上级请示，都是渎职行为，故各予以记大过二次的处分。

（3）治安科副科长谢立志负责领导管制业务，平时对管制工作缺乏督促检查，又对于四月一日所公布之管理办法未能及时研究，彻底执行，对五月十九日失火事件也不重视采取有效措施等都说明其未尽职责，应予记大过一次处分。

（4）治安科科长李仰岳放弃应有的检查职责。且对市府四月二十二日所发布限令原有各火药厂迁移至安全区命令，过分迁就厂方困难，竟提出暂缓迁移的建议；应给予严重警告的处分。第三处第二副处长贺生高负责领导管制业务，研究不足，工作不深入；反而批准公安科暂缓迁移的建议，亦予严重警告处分。

（5）市公安局副局长冯基平、张明河、第三处第一副处长武创辰对业务督促检查不严，应各予以警告处分。市公安局局长罗瑞卿因病请假已半年，职务交由冯副局长代理，应免予处分。

（6）十三区区长马海水对去年九月居民提出该厂有臭味不卫生，今年五月十九日失火均未引起注意，既未去该厂检查，且均未向上级报告。对辅华矿药厂设于该区辖界内人烟稠密地区，竟熟视无睹，应予记过一次处分。

（7）工业局处置失当，局长牟泽衔应予以批评，主管该项业务人员应作自我检讨，提起今后注意。

此外，市长、副市长因自身在工作中存着官僚主义的作风，检查督促不严，致发生六月十四日爆炸事件，深感有忝职责，即已自请处分。

第二，应予表扬的人员：

公安局消防总队政委伊勒生，平时对消防工作积极负责，五月十九日发生失火事件后，发现该厂地址不当，曾立即督促该厂迁到安全地区，并在向市公安局第三处第二副处长贺生高报告中，再次提出应督促该厂迁移意见。又公安学校学员及中共市委干训班的同志在爆炸事件发生后，积极抢救，大大减少灾民死亡。都应由该局分别表扬奖励。二〇八师部队在参加善后工作中，艰苦工作，任劳任怨，树立了良好的军民关系；陆军医院在救护治疗中，不仅热诚救护治疗，并大大发扬了人民解放军医务人员对伤员进行政治工作的光荣传统，负伤灾民受到很大安慰和感动，建议华北军区分别予以表扬奖励。

五、今后措施

为了防止发生爆炸燃烧事件，市政府已决定对制造危险物品（爆炸、易燃、毒臭）的工厂，无论开设在城区及关厢者，无论公营、私营、或公私合营，均须依照规定限期，一律迁往南郊指定地区，各厂如逾期不迁，除至期封闭制造工具，将原料成品强制迁移外，并得勒令歇业，吊销营业执照。

以上就是我代表市政府向大会所作的关于辅华事件的报告。

北京市人民政府郊区工作委员会柴泽民主任关于土地改革、农业生产、生产救灾工作的报告

（1950年8月8日）

第一、土地改革

（一）郊区土地改革，已于四月初胜利完成，封建的土地制度已经消灭，农民已经翻身，并在自己分得的土地上积极地进入了生产。

郊区土地改革是有领导、有计划、有组织、有步骤地来进行的，并由于群众事先已有相当发动，所以进行得比较顺利而偏差较少。

北京解放后，在中国共产党和人民政府领导下，农民纷纷组织起来，建立农会，开展了反保甲长，即反恶霸的斗争，并初步建立了人民的村政权。由于农民觉悟的提高，很快就有八万四千余人参加了农会，占郊区三十六万农业人口的百分之二十三。本市军管会和市人民政府在研究了郊区情况后，并根据京郊土地关系的特点，于去年五月颁布了《关于本市辖区农业土地问题的决定》。本市郊区工作委员会为吸取经验，于去年六月间即在郊区选择了七个典型村作土地改革试验。八月间，在本市第一届各界人民代表会议上，通过了在郊区迅速实行土地改革的决议，市人民政府并责成郊区工作委员会领导郊区农民进行，九月底，已完成郊区土地改革的一切准备工作。

（二）京郊分八个区，包括二百八十个行政村，一千六百多个自然村，人口六十四万。为了少出偏差，稳步前进，决定分三期进行。第一期共七十三个村，于十月初开始，一月初完成；第二期一百零二个村，一月初开始，二月底完成；第三期八十八个村，三月初开始，四月初完成。另十个村庄，有的是老解放区的边缘区，已经经过土地改革，有的因村小，没有地主土地，故未进行土地改革。这次土地改革没收地主的土地和征收富农出租的土地共四十万二千八百八十五亩。这些土地收归国有后，均已合理地分配给无地少地的农民使用。地主无其他生活来源者，亦分得了与农民同样的一份土地。没收地主农具六万六千八百零四件，水车和大车两千二百七十九辆，耕畜一千七百四十三头，多余粮食一百三十三万斤，和多余房屋二万二千二百七十八间。这些东西，也根据农民需要，采取自报公议的方式，分给了农民。计分得土地和农具等生产资料的农民共五万二千零九户，二十一万七千零九十一人，占全郊区农业人口百分之六十二。在郊区已彻底消灭了封建剥削。

（三）土地改革开始时，群众较普遍的要求是“先出气，后分地”，的确，恶霸地主不斗倒，土地改革是无法进行的。甚至土地改革已开始后还有个别地主威胁农民说：“你要分我地，我便打死你”。所以凡是有恶霸的村庄，一般都是先反了恶霸然后才分地的。三期土地改革中先后在六十六个村子里一共斗了一百三十名恶霸。其中有四十名大恶霸交法院处理，其他小恶霸在其向群众低头后，即不予追究。在四十名大恶霸中，判处死刑者七名，无期徒刑者一名，有期徒刑者二十六名，尚未处理者六名。这些恶霸真是血债如山。据我们调查，仅仅二十五名恶霸就有人命案一百零八条，强奸妇女五十六人，霸占房屋三十六起。所以农民对他们恨之入骨。在镇压大恶霸以后，当地人民皆大欢喜，他们说：“人民政府可给咱们除害了”。小恶霸则感激政府的宽大政策，如辛庄伪乡长李永清、李永成说：“要不是共产党的宽大政策，咱俩早就见阎王了”。一般地主也都不敢明目张胆地轻视农民、抵抗土地改革了，如小红门地主刘正曾讽刺他的雇工说：“你们天天开会，还是给我干活，刘老爷还是吃肉喝酒”。但反恶霸后，他自动向雇工道歉，并且说：“不做好事也要跟他（恶霸）一样”。

（四）郊区土地改革运动中，因为执行了《关于本市辖区农业土地问题的决定》，团结了中农，坚决的保护了工商业。不动富农自耕和雇人耕种的土地，除土地、房屋、粮食、耕畜、农具外，不动地主的其他财产，不追地主浮财、底财。所有京郊有进步设备的农场，无论其土地所有权已否变动，均仍由原经营者继续经营，不予变动。由于京郊土地改革前作了充分准备，土地改革中又能及时发现与纠正了偏向，所以在执行政策上没有发生很多的问题。郊区农民在土地改革后生产情绪大大提高，成为完成一九五〇年度增产任务的基本保证。

（五）京郊土地改革经过情况，除上述外，还获得以下几点经验：

（1）对进行土地改革的干部必须事前充分地进行政策教育，使干部真正是从思想上解决问题，即了解了政策，而不是仅仅在组织上服从，这次我们曾将郊区土地政策在干部中酝酿了几个月，并开了一次整顿思想作风大会，所有的怀疑及可能发生的问题，大体上都获得了解决，这便是郊区土地改革执行政策中没有发生大偏向的主要原因之一。

（2）对群众广泛、深入地进行政策教育。召开区农民代表会议和包括有地主、富农参加的村群众大会，讲清政策，不仅让贫雇农、中农了解政策，并且让富农、地主也了解政策，即“摸底”。经验证明，凡是政策宣传与教育工作做得深入的，土地改革工作就进行得比较顺利。否则，往往走弯路。

（3）对郊区土地改革的领导，因为农村中原来没有党的支部，所以主要是依靠工作组和农会结合来进行，一般是通过农民代表会直接领导土地改革，这样最易团结、发动群众，防止坏分子操纵把持，迅速了解情况，集中群众意见，并正确贯彻政策。自发斗争必须防止，凡是没有工作组的领导，群众自发地起来斗争的地方，即发生了偏差；对这些地方，我们一般是说服群众，暂时把土地改革停下来，等待工作组去后再搞。凡是工作组包办代替，没有充分发动群众的地方，因为农民团结力量未形成，地主气焰即打不垮，土地改革也便不能彻底。

(4)划阶级前必先讲阶级，务使阶级的划法家喻户晓，这样，才能自报公议划好阶级。在划阶级问题上，郊区情况是比较复杂的，第一，我们要区别农业人口和非农业人口，要避免把占有小块出租土地的非农业人口中的脑力劳动者或体力劳动者划为地主。第二，要区别经济剥削和政治压迫，避免把带有恶霸行为的中农或富农划为富农或地主，因为我们注意了这些问题，同时，又是先定地主和富农的成分，所以避免了很多毛病。但就是这样，也还有些村庄在划成分上曾发生了错误，不过纠正得快，未弄成大错罢了。

(5)为了防止乱没收，我们除确定哪些可动，哪些不可动外，对于可动的又确定一定范围，如农具系确定直接与农业生产有关的。同时，为了执行不发生偏差起见，由农民代表中选出调查、登记、搬运、保管等几个小组分工合作，使没收工作做得更有秩序。

(6)为了使生产不受影响，完成一村土改，即发一村土地使用证。这样，对分得土地的农民生产来说，更为有利。

(7)在土地改革期间，以曾参加土地改革实验村的干部，充当巡视员，协助各村解决问题，及时向领导上反映情况，纠正偏差。并强调了请示报告制度，郊区工作委员会则利用电话等与下级干部保持密切联系。这样，也防止或及时克服了一些偏向。

(8)领导上在纠正偏向时，一定要坚决，只要认为是真正错误了，是和政策相违背的，那就要坚决纠正，纠正偏向不等于不放手，泼冷水，因为既然是偏向，泼些冷水也是需要的。五个月的经验证明，在及时地纠正了偏向后，工作更发展得顺利了，有的同志认为偏向既不是主要的，可以不去管他，这是不对的。

第二、农业生产

(一)当制订一九五〇年度工作计划时，曾决定开展大生产运动，争取较常年产量增产百分之一四点五。后因农业部贷款计划等有变更，乃将增产百分之一四点五，改为增产百分之九点五五到百分之十。为了实现这个计划，须投下兴修水利，推广优良品种，和解决土地改革后农民生产垫本困难的贷款，共四五〇万斤。三月二十六日召开了郊区扩大干部会议，传达与布置了今年的生产计划和任务，各郊区人民政府，也先后召集了村干部和农民，做了传达与动员工作，以保证增产任务的完成。

(二)贷款　种子(早熟种子和大秋种子)、肥料、农具、牲畜、大车、水井等项贷款，依据各地区的需要，分配给十三区五十四万七千五百斤；十四区一百一十万斤；十五区六十三万七千三百斤；十六区九十一万零六百斤；十七区六十三万二千一百斤；十八区二十五万三千斤；十九区二十五万九千五百斤；二十区十六万斤；共四百五十万斤(以上各区均暂按原区划，下同)。首先，于二月中出贷早熟作物种子后，即按照农业生产需要，先后出贷肥料、种子、农具、牲畜、大车、水井等贷款。这样，就帮助农民解决了土地改革后的生产垫本问题，使春耕工作能够及时进行。但在农贷进行过程中，各地曾发生不少偏向，有的吃掉，有的不能保证专款专用或平均使用。为此，曾结合合作社，人民银行合作部，组成四个检查小组，到各区检查贷款，及时解决问题。另外，并进行了去秋优良白薯贷款的检查。

(三)推广优良品种　先后结合农业科学研究所，有计划地出贷了优良甜豌豆二百斤给十五区和十六区；华农一号等优良谷六千斤给十九区和十四区；华农二号玉米二千九百斤给十七区和十六区；并有除虫菊幼苗万余株，分配十五区蔬菜地农民和南苑的棉田农民。

(四)防治病害虫害　四月十七日大雨后，郊区各地连续发现病害、虫害。病害为黄疸病和黑疸病，黄疸病较普遍，而以十五、十八区较为严重。因为尚无有效防治办法，有待选种以为明年的预防。虫害以麦叶蜂幼虫为多，先于十三区发现，其后十九、十七、十四、十六、二十等区也相继发现。各地群众和干部都能及时汇报政府并发动群众研究捕捉方法。十九、十七、十四区区长亲自带领群众捕虫并组织了防虫指挥部，利用各种方式展开宣传。同时，提出“虫发生在哪里，把它消灭在哪里”的口号。十七区农民还创造了药杀的办法。起初，农民有迷信思想，烧香许愿不肯捕打，经干部捕打，效果证实，慢慢有了改变，全郊区发现虫灾，七个大村计六千四百五十八亩，动员了一万三千五百一十七人，捕杀成绩达三千六百八十一斤，基本上已经消灭。同时，十六区水田也捕捞了蝗卵三百斤。

(五)护麦选种　为保护麦收起见，发动各区配合公安机关，组织护麦。各区均在群众自愿自觉的情况下，先后成立护麦组织，积极地保护麦收，防止了特务反动分子的破坏。

选种工作，曾于四月间在十六区、十九区做了一次重点的评选，因事先未很好地动员与准备，致未发生大的效果。五月间，号召各区进行小麦选种，为了把工作做好，五月二十七日在农业科学研究所召集各郊区工作组干部举行了选种座谈会，其后各区又召集区村干部进行宣传动员。目前各地都普遍地展开了选种工作，并已有了部分的成绩。

（六）推贷水车　结合中央水利推进社，大力在郊区进行推贷水车，以便把旱田变为水田。出贷工作是结合各郊区合作社进行的，第一批的五百辆水车，已于六月上旬出贷完毕，第二批二四〇辆，目前正在办理，为满足郊区农民要求，中央水利推进社将大量供应水车。

（七）家畜防疫注射　三月七日正式成立家畜防治队，开始在郊区给大家畜普遍注射，并责由本府郊区工作委员会邀请农业大学、农业科学研究所、防疫站等有关单位共同进行。到三月二十四日已完成郊区大家畜的普遍注射，先后共计注射马一六八一头，骡七七四四头，驴二七九三头，牛一七四一头，驼一〇二〇头，合计一四九七九头，约为全部大家畜的百分之八二。

本年家畜的防疫注射，是以大家畜为主。另外，对鸡猪瘟的预防，也进行了重点注射。以十四区瀛海庄，十六区万寿寺、门头村为鸡瘟注射重点；以二十区龙泉坞、门头街、琉璃渠为猪瘟注射重点。共注射猪七九头。用血清二二五〇CC；鸡一六三只，用霍乱疫苗三二六CC。对猪鸡瘟的防疫已见成效，截至现在尚无死亡。

（八）防旱防涝挖河修堤　这一工作的勘查测量，已于二月间完竣，三月八日起，即以工赈或贷款方式陆续开工。现在以工代赈完成的工程，共长约十一万六千二百二十二公尺。另外，十七区，用半工赈方式，开挖的九十五条新旧排水沟，十六区群众自动挖掘的二十一条新旧排水沟，共长六万三千一百四十二公尺。合计今年郊区挖河修堤共长约十七万九千三百六十四公尺，折合三百五十八华里，共出土方约八十一万四千四百一十八立方米。参加工作的共六个区，一百余个行政村二万余人，共用去赈米一百零七万七千九百四十四斤。估计有十八万五千九百二十亩耕地可免除涝灾，同时，也解决了部分农民的春荒问题，现仍继续领导各区作剩余工程。

关于贷款开灌溉渠工程，在二十区和十九区，计共加长了渠道二万零三十三公尺，折合四十华里，估计在秋后，毛渠（即接通支渠，直接灌田的渠道）开好后，可增加水田一万六千零八十八亩，共已用去贷米二十五万四千三百六十八斤，现仍进行零星工程。

第三、生产救灾

（一）去秋以来，开展副业生产，使灾民渡过了冬灾，开春以后，自救重点转到以工代赈，而在这一青黄不接的时候，各区均能不误春耕，抓紧工赈工程，解决春耕口粮问题。故群众反映说：“河工真是救了命”。

组织生产、工赈，结合必要的救济，根据调查十四区三个重灾村，基本上克服了春荒，各区均在五月初有计划、有重点地发放了救济粮，并留有少部以解决特殊问题。一般反映：“困难虽有，但麦收前，基本上没有什么严重问题了”。如十四区最苦的老弱孤寡，每人又领到八、九十斤救济粮。五月初旬，凤河工程，全区有五千余人参加，凡生活困难而有劳力或半劳力者均普遍参加，收入最高者每人达三百五十斤，一般地都可收入百余斤，基本上解决了麦收前的口粮问题。

（二）副业生产，在春工春耕开始前，曾有力地帮助了灾民渡灾，由于春工春耕用人和土货销路不畅，所以最近这一阶段没有什么开展，甚至有的陷于停顿。

（三）七千外来灾民，虽经动员回籍生产，但走者不多，经动员遣送的约千余人（自动走的未计入），其余都找到临时职业，家乡也多有人照顾生产，其后麦收时，又陆续回籍者不少。

（四）春荒虽已渡过，但因国民党反动统治多年蹂躏，去年严重涝灾，农村底子薄弱，今春四、五月的风雨又造成轻微损失，加以个别地方种麦很少，说明救济工作不能就此松懈。已号召结合护麦检查播种，继续进行打井开渠，贯彻代耕，深入村户，为群众精打细算，渡过夏荒。

代耕——优抚工作，这一阶段重点是贯彻执行代耕，各区一般均从去年的零乱无计划临时派工改进为全面有计划地实行工票制、包工制，节省劳力，提高了生产效率，军属满意，群众干部也认为是好办法。

（在会议上仅对郊区土地改革工作，作了口头报告——编者）

北京市人民政府关于执行一九五〇年度市政建设计划的书面报告

(1950年8月8日)

根据上次会议所通过的一九五〇年度市政建设计划，采取为生产服务，为劳动人民服务，为首都服务的方针，今年先就人民所迫切需要而为政府财政力量所能达到的范围，以修建卫生工程和交通工程为主。

卫生工程方面，今年主要的做了两件事：第一、疏浚北京市的全部河湖。北京市的河湖系统，原来对气候有相当的调节作用，但在敌伪和国民党反动派的统治下，多年未加疏浚，污泥塞满，闸口失修，水量不足，河的流量很小，而三海、积水潭、什刹海等人工湖几乎成了死水坑，有些地方甚至变为秽水池，蚊虫滋生，成为历年传染病的源泉之一。例如：北京近年来因蚊虫传染的大脑炎，据专家调查，一九四八年患者一四五人，一九四九年竟达二二七人，而这种病的死亡率很高。这对首都人民的健康是很大的威胁。第二、掏挖和修建下水道。北京市原有的下水道不过三百多公里，且大部淤塞坍塌，失掉排水作用，其中，特别严重的是龙须沟，因为位在贫苦市民聚居的地区，多年无人过问，堆存腐朽杂物极多。据公共卫生局的调查，是历年各种传染病，如伤寒、霍乱、赤痢、大脑炎、疟疾等的发源地。为了改善北京市的环境卫生，我们在财政很困难的条件下，仍尽先举办了掏挖、修建下水道和疏浚河湖等必不容缓的卫生工程。截至六月底，卫生工程(疏浚河湖、下水道和排除积水等工程）约完成了原订全年计划的百分之七十八（超过原订半年的进度）。

交通工程方面，主要的是修筑及保养道路。北京市三千余条街道胡同中，已铺装路面的不及十分之一，在历来反动政府统治时期，修路只是为少数统治阶级的便适，而广大劳动人民聚居的地方却很少好路。我们为了连接产业中心，打通重要干线，便利公共交通，适应多数人民的需要，所以今年着重地修筑十条干路和十八条重要胡同的土路。对建筑工程虽也择要做了一些，但为客观条件和主观力量所限制，做得不多。现在道路工程和建筑工程等，约完成了原订全年计划和临时增加工程的百分之五十三（公有房屋修建工程未计入）。

兹将执行一九五〇年度市政建设计划的情况，分别报告于次：

一、卫生工程方面

今年卫生工程很大，只疏浚土方一项，即有一百四十余万方，需用工力和运输力约一百多万工。在各项工程中：

第一、下水道工程　已掏完南北沟沿、安定门内、崇文门、朝阳门、北新华街、棋盘街、大石桥六大系统沟道，计共长八一五五〇公尺，掏泥三九八二〇公方，共用工力六〇五五三个工。雇用贫苦失业群众作为临时工的办法（临时工多于工程队队工两倍半），在掏挖下水道工作中起了很大的作用。下水道修建工程至六月底，共翻修沟身二二一八公尺；补修沟身及改善沟底一一七五八公尺；添修探井一一五四座；雨水口五〇五座。龙须沟改建暗沟工程，计包括龙须沟下游明沟疏浚，永定门内明沟和新建明沟加盖，自东大地至晓市大街西口和自东大地至金鱼池西口干管工程，精忠庙北口至天桥东一巷干管工程，和附近支管工程，共长八〇四〇公尺，已于五月十六日全面开工，七月下旬竣工。内城东南角著名积水区泡子河，西城新皮库胡同和新华门前的积水区，为泄水而新建的暗沟工程，均已基本完成。象鼻子坑积水区的泄水管沟工程，正在施工。

第二、河湖工程

(1)浚河方面　于二月间在河冰未全融解时，即开始疏浚，金河、长河和环绕内外城的各护城河（西北护城河、东北护城河、南护城河、前三门和西护城河），截至六月底，均已疏浚完竣。而环绕故宫的筒子河的疏浚工程，也已竣工。总计河道工程已浚长五九七七二公尺，浚土七七二五九九·七公方，用工四八四九二〇个。用以增加水量的机井十眼，已全凿成；修建玉泉山、松林、青龙等各闸的工程已完成三分之一。疏浚完成的各河流量增大，流速加快，已可将污水完全冲走。

(2)浚湖方面　三海疏浚工程已竣工，参加工作的部队和以工代赈的民工，平均每天有一万人，共计浚土三四三二六一公方，用工三二九九四四个，动员运输力量每天平均大车九百辆，汽车三百辆，运输挖出的淤泥。现在，三海护岸工程也已完工，并已放水。另外，临时增加的疏浚什刹海、积水潭工程也已开工，预计疏浚土量二十八万方，已完成了三分之一，并作护岸工程，争取九月底完成。

第三、其他环境卫生工程　已修建了公厕十座、尿池十二座，整修了秽水池十六座，并且对新建秽水池、渗水井等已作了初步勘查，即陆续分别施工。垃圾自三月起，就已经开始运往外城填垫洼地。

二、交通工程方面

主要是道路工程。本年计划为连接产业中心，或打通重要干线，而新铺的十条重要道路，共计二七八七六二平方公尺（原计划二一六二七二平方公尺，因京门公路西段所选新路线与同塘铁路冲突，不便采用，决定仍循旧线，在维持原概算的原则下，将原来未计划铺装的路面，加以简易铺装，故路面数量较原估者为多）。现在已有七条开工，其中，安定门大街、北新桥至鼓楼、司法部街的沥青路，东西裱褙胡同的石渣路业已完成。南北沟沿石渣路北段也已完成，南段则预定在秋后施工。崇外大街的沥青路和京门公路东段水泥混凝土路，正在积极施工。其余未开工的旧刑部街、卧佛寺街、广渠门至蒜市口（路基已完成），建国门至东郊工业区三线，有的因正在掏修沟道，有的因工力赶做油路，须俟秋季施工。至改善劳动人民聚居地区的重要胡同土路共十七条，原计划大部铺成煤渣路面，经过精打细算，重新估计，在不增加工程费的原则下，大部可以铺成卵石路或简易石渣路面，并将马相胡同试验路取消，添修天桥东一巷、天桥西市场两条，共为十八条。现东直门北小街（利用修整朝阳门沥青路铲下油皮）业已完工。旧鼓楼大街、西直门至广安门正在施工。所有以上新铺的十条干路和改善的十八条土路，截至六月底止，原计划完成全年工程的百分之四一点七，实际完成百分之四四点二。

另外，临时增加铺装的四条道路，共计一九三一一平方公尺。其中，太仆寺街石渣路是中央外交部函请修整的，宣内大街因原有沥青路面过窄，交通拥挤，故将两旁石渣路加铺沥青，现在均已完成；西直门和崇文门因开辟门洞，须加铺上下行道，正在施工或设计中。

保养旧路的面积是三二〇〇〇〇平方公尺，原计划于六月底完成全年工作的百分之四七·五，实际完成百分之六六点六。

保养改善桥梁涵洞工程，原计划包括各城门寓桥十一座，城区桥涵十座，郊区桥涵四百平方公尺，因需要配合修沟工作，将城门寓桥减为九座，城区桥涵增为十五座，郊区桥涵四百平方公尺，改为桥涵十座。截至六月底止，城区桥涵已完成八座，正在施工中者一座。余待继续施工。

三、建筑工程方面

（1）西直门开辟豁口工程：本工程原计划在瓮城南北各开辟豁口一个，收用附近公私房地，定为单行道，以解决该处交通拥挤问题，嗣以原概算收用房地及工资均有余款，故移作添砌门洞之用。现拆除豁口及收用民房工作，已全部完成。

（2）崇文门拆除瓮城增辟门洞工程：本工程不在本年计划之内，由于崇文门内外交通日益增大，而崇外大街的沥青高级路面，即将铺筑完竣，所以临时决定拆除崇文门瓮城，在原有城门两旁各开砌门洞一个，新铺路面，定为单行线，截至六月底，征购房地工作已全部完成，拆除公私房屋工作完成百分之七十，拆运瓮城砖土方工作完成百分之三十。

此外，在本年计划中，所列的建筑工程，已经完成了的，还有北海公园的船坞、陟山桥、中山公园的四宜轩木桥等修缮工程；中华门前和正阳门前空地的整理工程。

（3）工人宿舍等新建工程：为了逐步解决工人住房问题，准备在内一区贡院西大街利用空地新建工人宿舍二百间，约可容纳四百五十人，已经开工。又原已拨作工人宿舍的原没收妓院老板领家的房屋一百五十四处。其中，有二十八处，约四百二十余间，须尽先修理，现在已将竣工。另外，为了适应区公所等机关的办公需要，在内五区和郊十三区新建房屋一百间，业已开工。

（4）公有房屋修缮工程：公有房屋经过检查，需要修缮者，共计一千九百三十三处。其中，已修缮完成者计一千四百七十二处；正在修缮者二百四十九处，需待修缮者二百一十二处。

四、园林工作方面

截至六月底，计整地一二七亩，作床二七五七床，播种九二七床，扦插、分根、接植的苗木共二四〇六三〇株。对路树的栽植，原计划为三一五〇株，今春补栽了城内残缺不全的一部分路树和观赏灌木共四一〇六株；并进行了原有路树的修剪、整形与涂刷防虫乳剂等工作。另在本年计划之外，已于长河、金河、西北护城河河岸造林五万株。

总的说来，市政建设工作是有显著成绩的，并且进度很快。这些成绩的获得，在卫生工程方面，主要是由于抓紧了时机，利用农闲，贯彻以工代赈的方针，结合部队生产，采用了计件工资制度，这就使工作效率大大提高，并解决了一部分市民的生活问题；又在春耕前，将下水道的淤泥供给农民肥田；同时，对各项工程，尽量不用包工的办法，而是自己直接经营，实行“包活负责制”，从而节约了经费，掌握住工程一定的质量。在道路工程方面，由于工人们的觉悟提高和工作人员的努力，在技术上也曾作了不少改进，解决了沥青、石渣的质量和数量的问题，并克服了汽碾不足的困难，逐步变小手工业的筑路方式为半机械化的筑路方式；最近又召开了职工代表会议，实行民主管理，并已开始局部试行签订集体合同，其工作效率比签订合同以前，约提高了百分之二十五。所有这些成绩，要归功于参加工作的部队、工人和全体工作人员的努力，特别是由中央公安部队所担任的中南海疏浚工程，于二十天内完成了原订六十天的工程，更值得表扬。

但是，我们市政建设工作中，还是有缺点的，主要是计划性不足和有些工程的质量差。譬如：在施工的初期，修筑道路、掏修下水道、埋设自来水管和地下电缆没有密切地配合，因而有时道路刚修好，因掏下水道或埋自来水管又被掘开；去年新修的沥青路和石渣路，由于改用国产沥青经验不足，或因石渣碎、软，天寒地冻，碾压的不够结实，致部分路面发生脱落或松散现象。最近永定门内新修暗沟有一百公尺的沟墙倒塌了，说明有些工程的质量还很差。这些缺点，需要我们检讨和努力克服。

北京市人民政府关于封闭妓院善后工作的书面报告

（1950 年 8 月 8 日）

在本市第二届第一次各界人民代表会议通过封闭妓院的决议后，即由市人民政府下令执行，共封闭妓院二百二十四家，收容妓女一千二百八十六名，集中老板和领家四百二十四名。执行的经过在该次会议上已由市公安局罗瑞卿局长报告过了。

现在封闭妓院的善后工作已经结束，谨择要报告如下：

一、善后工作的方针

对收容的妓女，组织了生产教养院，有步骤有计划地为她们医治性病，经过教育之后，按照具体情况进行处理：有家可归的送她们回家；有结婚机会的，帮助她们结婚；其余的则帮助她们学习工艺参加生产。使她们彻底地从黑暗痛苦的不幸生活中解放出来。

对妓院的老板和领家则按照对待封建恶霸的政策，依其罪恶的轻重，于进行审讯之后分别处理；对于拐卖人口，逼良为娼，甚至伤害过人命的恶霸，治以应得之罪；对于情节较轻，愿意悔改的分子，则允许他们在坦白认罪之后，给以自新之路。

二、对妓女的教育改造

在妓女收容之后，首先是稳定她们的情绪，建立秩序。起初因为她们对政府的政策还不了解，表现怀疑恐惧，情绪很不安定。为了安定她们的情绪，首先向她们解释了封闭妓院及对待妓女的政策，并尽量照顾她们的生活，帮助她们取回自己的全部财物，解决她们的困难。子女无人照管的则接来同住。由于干部对她们热心的关怀，逐渐打破了她们的疑惧心理。对于个别流氓成性，无理取闹的分子则给以严肃的批评。然后采取各种办法启发她们的觉悟，使她们敢于倾诉自己的痛苦。先由她们述说自己的身世，找出受苦的典型，个别漫谈，然后进到小组诉苦，逐渐使大家都诉起苦来，用她们自己的生动的典型例子进行教育，使她们认识到帝国主义、封建主义和官僚资本主义是灾难的制造者，是真正的敌人。此外还发动了妓女在法庭上控诉，使老板领家低头服罪，特别是在公审领家黄树卿、黄宛氏时，在她们控诉之后当场宣判死刑，使她们认识了政府是真正为了解救她们，大大提高了她们的觉悟和学习情绪，当即号召她们学习文化，锻炼劳动观念和学习新的婚姻政策，为自己今后独立自由幸福的新生活打下基础。

在教育方式上，话剧很有效。曾让她们看过《日出》《一个下贱的女人》《侯五嫂》《中华女儿》等，对她们的教育意义很大。她们自己也很快地学会了演话剧。她们演的《千年冰河开了冻》，观众达两万人，使广大社会人士了解了妓院的内幕和妓女所遭受的痛苦，获得了广大观众的热烈同情，使她们感到今天是被重视了，大大地鼓舞了她们摆脱黑暗，走向新生活的意志和勇气。

三、性病治疗工作

这次共集中了一千三百零三名性病患者（包括一些自动入院的妓女、妓女的子女、领家的养女）同时治疗，这是一个非常艰巨的工作。我们集中了北大医院、性病防治所、先农坛妇婴保健所、第一医院、结核病防治院、北京市公共卫生局巡回医疗队等六个单位，五十七个医务人员参加治疗。大家都以高度的热情不分昼夜地积极工作，尤其以北大胡院长出力最大，一方面负责制定治疗计划，一方面亲自动手担负了很繁重的治疗工作。

在治疗时，先普遍地进行了健康检查，性病检查。检查的结果：患性病者一千二百五十九名，占总人数的百分之九六点六；无病者仅四四人，占百分之三点四。

治疗开始后，即以治疗为重点，一切行政教育工作都配合了这个任务。首先把她们按病的轻重编组编队，以同样病同等程度的人住在一起，以便治疗和防止感染，同时普遍地进行了关于性病的危害的教育。经过几个月的治疗，现在霉〔梅〕毒患者治好的占百分之四十弱，其余已不传染，淋病患者治好的占百分之九五，其余已不传染。在治疗上已达到预期的效果。对政府给她们治病她们表示非常感激。

四、对妓女处理的情况

经过学习和治疗后，于二月一日开始处理，截至七月底止，计：结婚的五百九十六人，占百分之四十五点三；回家的三百七十九人，占百分之二十八点七；参加剧团和医务等工作的六十二人，占百分之四点七；妓女兼领家六十二人，占百分之四点七，已另行处理（罪恶较重的与其他老板领家一并送军法处审讯，较轻者教育释放）；送安老所八人，占百分之零点六；共处理了一千一百零七人，占总人数百分之八十四。

在处理中，采取了慎重负责的态度。凡回家的一般是由家里来人或当地政府来信证明，然后帮助其回家。在结婚的五百九十六人中，与城市工人、店员、摊贩、自由职业者结婚的三百九十九人；与农民结婚的一百九十七人，到农村去是好现象，对她们的继续改造参加生产保证较大。对留在城市和无正常职业者结婚，一般地审查比较严格，以免发生不良的后果。

她们出院之后，我们曾组织过访问，多数表现还好。有的参加夜校学习，有的去工厂作工，一般都参加家庭劳作，只有个别的表现不好。现在还有二百零九人，都是无家可归的，政府为她们组织了“新生棉织工厂”使她们参加生产，现在留所的二百多人中已有八十人学会织布，分三班上工。

五、对老板和领家的审判

老板和领家经北京市军事管制委员会军法处审判，凡充当老板和领家，其剥削妓女行为继续至解放以后者，根据罪恶轻重分别判处死刑的二人，十年以上徒刑的十九人，五年以上徒刑的七十四人，一年以上徒刑的二百六十人；课以罚金的四人，缓刑、警诫、教育释放的二十人。

其剥削妓女所得之财产没收，充作教育改造妓女之用，计已没收妓院房产共一百五十四处，一千六百二十四间；尚有十处，七十间亦在进行没收中；其中除少数贫苦市民租用暂不能搬出者外，拟全部拨充工人宿舍。

本市此次封闭妓院，彻底摧毁了野蛮残酷的娼妓制度，是正确的和成功的。这是消灭封建残余解放妇女的一项重要措施，对维护国民健康，防止性病传染，巩固社会治安都有很大的好处，有很大历史意义。因此得到了全市人民热烈的拥护和支持。

北京市协商委员会刘仁副主席关于失业工人和失业知识分子救济工作的报告

（1950年8月8日）

解放以前，由于帝国主义和国内反动势力的长期统治，社会经济处于不正常状态，造成了经常的失业群。特别是日寇投降后，国民党统治的三年中间，工商凋敝。不仅被国民党“劫收”的工业，多数陷于破烂不堪，私营工厂亦有四分之一陷于停工和半停工状态。私营商业也受到很大的摧残。这样，更增加了失业工人的数量。

解放以来，失业的工人、知识分子及其他失业人口，较之解放前大为减少了。这是因为：

(1)由于生产的恢复和发展，公私工业的扩大和增加，工业人口增加了。根据解放以来至本年六月的统计，公营工厂增加职工一八三七七人，私营工厂增加职工一二〇三三人，共计增加职工三〇四一〇人(即增加约百分之五十)，这使相当大的一部分失业工人得到了就业的机会。此外，一些小手工业工人也有增加，虽然也有一部分不合乎人民需要和过剩的行业中裁减下来的工人，还没有就业。三轮车工人也因电车、公共汽车等现代交通工具的发展，有一部分失业。但为数不大，而且绝大多数都得到了适当的安置。

(2)从商业方面来看：凡是不合于人民需要的，如贩卖奢侈品、迷信品的，曾为反动统治阶级服务的商业，都迅速衰落了，因此，增加了一部分失业的店员。同时，由于北京市周围是老解放区，由于解放后城乡贸易的开展，由于北京是首都，故凡是合乎人民需要的商业都发展了，因而商业人口在总的方面与解放前并无多大变化。失业店员中，一部分回乡了，一部分重新就业了，现在还有一部分没有就业。

(3)从文化教育事业方面来看：解放以后，整个学校教育发展了，特别是小学和业余学校教职员都增加了。此外，革大、军大等革命干部学校和南下工作团，又吸收了很大数量的失业知识分子，加以训练，分配了工作。在市人民政府系统下除清洗的坏分子外，其余精简的工作人员，经过训练后，绝大多数也都介绍了新的工作。因此，解放以来，失业知识分子的数目也是减少了，不是增加了。

(4)由于市人民政府对于失业人口采取了移民、转业、生产自救和还乡生产、以工代赈等项措施，又解决了相当数量的失业工人、知识分子及其他失业人口的就业和救济问题，根据极不完全的材料统计，参加生产，根本就业的约一万六千余人，计：移民东北和西北七一九七人（其中工人六一〇〇人、占百分之八十以上），介绍去东北本溪煤矿工作者三九七人，组织参加生产合作社工人一八〇〇人，动员回乡生产者六八六五人。另外，参加以工代赈的人，仅卫生工程局平均每日就有四千余人。此外，在本市转业就业者，尚未计算在内。

但是因为过去长期的反动统治所造成的失业人口的数量很大，因此，失业问题还没有获得完全解决。加以解放后被解雇的工人、店员，也还有一部分没有就业。在今后社会经济继续改组过程中，还可能有一部分工人、店员被解雇。这个问题，必须通盘解决。

在本市第二届第一次各界人民代表会议上，曾经通过了关于救济失业员工问题的决议，市人民政府已于本年二月执行。在开始执行时，工会和劳动局部分干部，执行得很不坚决，旋即纠正，试行的结果也是好的。但因为这种失业救济办法的目的，是为了解决一部分工厂和较大的作坊在恢复于发展生产中所遇到的解雇问题上的困难，使其能够取得改善经营、减低成本的便利条件，所以只能解决十人以上工厂、作坊所解雇职工的失业救济问题，而不能解决整个失业问题。失业问题的根本解决，需要经济情况的根本好转，需要全国土地改革的完成，生产的进一步恢复与发展，那时才可能，也一定能完全解决。现在东北已经没有失业的了，本市过去已增加了三万工人，这就是铁证。但我们在根本解决工人失业问题前，应该有临时措施。毛主席和中央已给了我们明确的指示。毛主席在《为争取国家财政经济状况的基本好转而斗争》的报告中，曾明确指示我们："必须认真地进行对失业工人和失业知识分子的救济工作，有步骤地帮助失业者就业。"政务院为此，曾颁布了《关于救济失业工人的指示》和《救济失业工人的暂行办法》。根据毛主席的指示和政务院救济失业工人的办法，现在北京市人民政府和协商委员会特拟定了以下的方案：

(一) 救济范围：应当包括解放前后在公私营工商企业与运输事业中的失业工人和职员，以及从事文化艺术教育工作的失业人员。

(二) 救济办法：

(1)劳动局和工会应采用各种方法，帮助失业者就业。过去一年来在这一方面的工作是有很大成绩的，并且已经取得了一些经验，应该继续这样做。

(2)根据本市的经验证明，动员失业人口还乡生产也是一个解决城市失业问题的有效办法。但惯居城市的人有一部分是很留恋城市的，不愿回乡生产，因此，必须经过很好的宣传说服，尤其要打通其家属的思想，才能在自愿的原则下，动员他们还乡。其次，对还乡生产的人，不仅要发给本人及其家属以必需的旅费及一定数目的救济金，还应发给证明文件，使他们在还乡之后，能够取得当地人民政府的安置。

(3)组织失业工人参加工赈，不仅可以解决失业工人和其他失业人口的生活问题，而且可以发展各项建设事业，并给予失业工人和其他失业人口以集体劳动的训练和文化政治的教育，实在是一举两得。

(4)要在通盘筹划之下，组织失业工人的生产合作社或生产小组，并给以经营方向、资金、技术、原料供给和产品推销的指导和帮助。

(5) 对失业的工人和知识分子采取先训练后转业的办法,是成功的。市人民政府和人民印刷厂在处理编余人员时,都用这样的办法解决了问题。同时,为了适应将来生产和文化事业发展的需要,应在可能条件下对于失业工人和知识分子,根据自愿原则,给予技术的、文化的、政治的教育。此外,对于街头乞讨儿童,亦予以集中教养。

(6)对于采用上述救济办法,仍不能安置的失业工人和知识分子,亦应按政务院规定的办法,发给救济金。

为了执行以上的办法,已由市人民政府成立失业工人救济委员会。

至于本市前所决定的救济失业工人办法,主要的目的,是给一些工厂和大作坊为了改善经营而解雇一部分工人以便利条件,同时,保障这些被解雇的工人的生活,待将实施经验详细总结后,另提大会处理。

目前本市失业的问题,还是很严重的,这是政府和人民一致关心的一个重大问题,是帝国主义和国民党反动统治所留给我们一个痛苦的历史遗产。今后随着我们经济的发展,是一定能够逐渐解决的。但在我们的生产还没有更大的发展以前,在我们国家的财政还是十分困难的条件下,我们也要竭尽一切可能,负责地帮助失业的劳动人民渡过目前的困难,这就是我们现在所要处理的问题。

附:失业工人和失业知识分子及赤贫户统计

失业工人和失业知识分子统计

业别 \ 性别		总计	男	女
总计	人数	10197	8743	1454
	百分比	100	100	100
产业工人	人数	1339	1066	273
	百分比	13.13	12.19	18.78
公共事业工人	人数	555	529	26
	百分比	5.44	6.05	1.79
手工业工人	人数	461	387	74
	百分比	4.52	4.43	5.09
独立劳动手艺工人	人数	929	892	37
	百分比	9.11	10.20	2.54
苦力搬运工人	人数	1133	1131	2
	百分比	11.11	12.94	0.14
农林园艺牧畜工人	人数	27	25	2
	百分比	0.27	0.29	0.14
店员	人数	1113	1088	25
	百分比	10.91	12.44	1.72
技术人员	人数	472	376	96
	百分比	4.63	4.30	6.60

业别 \ 性别		总计	男	女
职员	人数	2227	2014	213
	百分比	21.84	23.04	14.65
文教工作者	人数	1102	642	460
	百分比	10.81	7.34	31.63
其他失业知识分子	人数	839	593	246
	百分比	8.23	6.78	16.92

附注：(1)其他失业知识分子项内，包括一部分有文化程度的伪军警和一部分中等学校以上毕业失学而未就业的学生。

(2)上表所列失业工人和失业知识分子从解放前至今失业者3869人，占总人数的37.94%；解放后至今失业者6328人，占62.06%。在城区者7909人，占77.56%；在郊区者2288人，占22.44%。

赤贫户统计

类别			总计	全无来源者	需暂时补助者
户数	计		6802	2325	4477
	百分比		100.00	34.18	65.82
人数	计		18975	4806	14169
	百分比		100.00	25.33	74.67
	大口	男	5491	1528	3963
		女	6925	2045	4880
	小口	男	3494	658	2836
		女	3065	575	2490

附注：全无来源者2325户中，属于本籍者1686户，占72.52%；外籍者639户，占27.48%。需暂时补助者4477户中，属于本籍者2986户，占66.7%；外籍者1491户，占33.3%。在城区者4259户，占62.61%；在郊区者2543户，占37.39%。

北京市协商委员会钱端升副主席关于召开区各界人民代表会议的报告

（1950年8月8日）

关于区各界人民代表会议的召开问题，市协商委员会根据第二届第二次各界人民代表会议的决议，拟定了《北京市区各界人民代表会议组织通则》，经本届第五次市协商委员会与市人民政府委员会通过，报请政务院批准后，已于五月十六日公布施行。现在，一、五、六、七等区已经先后召开了区各界人民代表会议，试行结果，成绩很好。其他各区也正在进行筹备工作，如果大会同意的话，即将陆续召开。

第六区在五月三十一日召开第一次区各界人民代表会议，代表一七一名；第七区在六月六日召开会议，代表一四三名；第一区在六月二十八日召开会议，代表一八二名；第五区在七月十五日召开会议，代表一六八名。会议时间多的是三天半，少的是两天半。代表名额是根据各区居民分布的特点，由筹备委员会协商后，报请市人民政府决定的。

各区在召开会议前，都由区政府邀集各界人士成立了筹备委员会，负责进行有关区各界人民代表会议的召集和代表选举等项筹备工作。这些筹备工作的好坏，对于区各界人民代表会议本身的工作进行，是有很大影响的。

这次各区人民代表会议所收集的提案和意见，是很多的，第六区有一二七二条，第七区有一四九二条，第一区有二七四六条，第五区有八〇〇条。这些提案和意见，有些是由代表直接提出来的，有些是在会议前或在选举过程中经过座谈会或访问居民的形式收集起来的，有的是居民用书面交来的，有的是由他们口头提出由筹委会记录下来的，就是说我们没有拘泥于任何机械规定的形式，而是采取了各种便于人民表达意见的方式集中起来的。从形式上看来，这种作法，好像很不正规，但从提案和意见的内容来看，它却真正地集中了各区人民的切身要求和真实意见。

这次各区所收到的提案的内容，主要的是关于居民福利问题，特别是公共卫生、市政建设等，其次是对于政府工作人员的批评和意见，绝大多数是与人民的切身利害有关的。有的区提案竟达两千七百余件之多，这一铁的事实证明，召开区各界人民代表会议是十分必要的。

在会议进行中，代表们的情绪是很热烈的。他们在会议中听取了区政府的工作报告，了解了政府替人民办了许多事情，同时也认识到现在的政府，的确是人民自己的政府。他们又在会议中处理了所有的提案和意见，实现了毛主席所说的“凡有意见都可发表，凡有提案都可付审议”的指示。有许多代表从来没有参加过这样的政治生活，他们现在以人民代表的身份来参加了这样名实相符的人民代表会议，使他们感觉到“这是开天辟地以来所没有的”。特别是对于政府工作人员作风的批评与检查，更使代表们十分兴奋，发言热烈。他们对政府工作人员提了很多批评，同时也对他们表示了很大的关切与爱护。

会议之后，代表们一般认为会议开得好，“真是民主”，能解决问题。开始他们很感拘束，甚至有人说：“到了会场里不晓得怎么站。”经过会议之后，有人说：“我参加了这个会，才知道代表会议是怎么一回事，往后对政府领导办的事，再也不观望了。”也有人说：“过去我没有把区代表会看得怎么重要，没有想到这次会解决这么多问题，本来我不想说话，但我看到这样民主，很高兴，也就说话了。”

从这个会议所产生的结果和所得到的反应来看，在北京这样的大城市，一个区有一、二十万人口，人民在区代表会议上提的要求和意见这样多，开这样的会议是很有必要的。这样不仅可以更多地集中人民的意见，更密切政府和人民的联系，使人民来协助政府办事，因而使政府的方针和计划更容易贯彻，并且使政府和干【部】都得到人民的监督与批评，因而迅速克服了很多工作中的缺点，提高了工作的效能。这样不仅加强了干部对人民负责、为人民服务的观点，给官僚主义和命令主义以很大打击。同时，也更易使人民从实际的民主生活体验中迅速提高主人翁的自觉。

自然，区各界人民代表会议在北京还只是开始建立，干部和群众对这样的会议，还没有足够的经验，因此还有许多缺点。但是在几个区试行的结果，足以证明：区各界人民代表会议是应该在全市普遍推行的。

从这四个区的代表会议中，我们得到一些什么经验呢？现在为了说明上的简便，从正面提出我们的意见：

第一，在召开区各界人民代表会议时，无论宣传、选举、开会，一切都应以便利群众和不多浪费群众的时间为原则。必须充分估计到群众的时间是宝贵的，必须尽量少耽误他们的工作和学习时间。自然，在会议前，应根据区代表会议的组织通则和政府准备在代表会议中解决的中心问题，尽可能向人民说明为什么要召开区人民代表会议，代表要怎样选举，会要怎样开，要解决些什么问题，使人民积极参加并向代表会议提出他们要解决的问题，但是切不要企图在群众从未开过区代表会议毫无实际体验之前，左一个会，右一个会，用“沿门解释”、“挨户走访”的方式，做到“家喻户晓”之后，再来选举，再来开会，致使群众不胜其烦，我们这次有个别区就犯了这种毛病。

第二，在选举代表时要采取简便的办法，不要铺张，不要追求形式。从几个区的经验来看，在目前的情况下，关于代表的选举方法，除团体和机关、党派代表由各单位自行选派外，其他居民代表的选举，目前决不可能过早的按照公民个人为基础，来实行普选，一般地还只能按户口为基础来推选。现在，只有这样才能行得通，同时这样办也并没有坏处。事实上一户之内的家庭成员间在区代表会议目前所要解决的问题上，没有什么很大的不同利害关系，以户为单位来产生代表，是可以大体代表他们的意见的。

第三，在会议中的提案这样多，是一种很好的现象，这不仅表示了人民对于区代表会议的迫切需要，而且表现了人民的政治的积极性，政府对于这些提案，必须认真的分别加以处理。凡是区有权决定和能够办的应该认真办理（七区能办的约占提案总数百分之四十五）。凡是区自己不能决定不能办理的应该报请市人民政府解决。不能办的，应向代表解释清楚，说明不能办的理由。

第四，应该有重点地解决问题。在已开的几个区的代表会议，都是有计划、有重点地领导群众集中力量解决若干福利问题及对干部作风进行检讨。自然群众要求解决和应当解决的问题还很多，但这只能按照我们的主观力量和问题的缓急轻重来逐渐解决。决不可能在一次会上把所有问题都解决。

第五，检查干部作风是这次区代表会议一项重要的任务，通过区代表会议，采取批评和自我批评的方法，发动群众，检查政府工作人员作风，以及个别分子的贪污、腐化，克服我们政府中的缺点和错误，就能大大改进我们的工作，使人民和自己的政府保持更直接、更密切的巩固的联系。有些区的代表在会后说：“现在政府干部有了错，我们可以管了。”“政府真是我们自己的。”有些代表在听取了区长的自我批评以后深受感动，认为：“这是一件从来没有看到过的事情。”这都说明用民主的方法来进行批评与自我批评，是人民内部进行自我教育的良好方法。

第六，成立区各界人民代表会议的协商委员会，并使协商委员会成为经常联系人民的机构，是很必要的。有些区在开过会以后，群众有了事就找协商委员会来商量。这说明这样的组织是很适合人民的要求的。因此，不仅要设立区协商委员会的机构，有固定的人负担日常工作，并且要在协商委员会之下设立各种专门委员会，如清洁卫生、修缮房屋……等等，以便经常联系群众，进行各种工作。

这就是协商委员会关于区人民代表会议进行情形和经验总结的报告。请大会讨论并作最后决定。

北京市人民法院关于清理积案工作的书面报告

（1950年8月8日）

中国人民政治协商会议共同纲领第十七条规定：“废除国民党反动政府一切压迫人民的法律、法令和司法制度，制定保护人民的法律、法令，建立人民司法制度。”

根据这样的精神来检查我们的司法工作，显然是存在着许多缺点的。这主要表现在案件积压过多的事实上。积案现象，自去年五月即已存在，虽经多方清理，获得一定成绩，但由于我们对于废除旧的司法制度，建立新的司法制度认识不足，伪法律、法令虽已废除，但一年来的司法工作，仍是因袭了很多旧的制度和作风而没有把它彻底粉碎，仅仅进行了一些部分的修改。因此，结案效率很低，截至今年五月十二日止，民刑未结案件竟达三千六百七十件之多。

除上述原因外，造成积案现象还有下列各项原因：

（一）我们对积案损害人民利益的严重性认识不够，若以平均一案牵连四人来估计，则北京市经常有万余人因积案而影响正常的生产或其他业务。我们对这样多的人民因积案而遭受的精神和物质的损失，采取了漠不关心的态度，是积案的主要原因。

（二）法院来自老解放区的干部数量既少，又缺乏审判经验，一方面由于过去我们审判所用的公文程式极不完全，另一方面由于没有认识到旧的司法程序、手续，对反动的统治阶级镇压、欺诈人民是方便的，对挑词架讼的恶棍是摇钱树、聚宝盆，对贪官污吏是招财进宝的方便之门，而对人民则是陷阱，是圈套，致在进城后，很容易于不知不觉中为一套旧的、复杂烦琐的文牍主义所俘虏。

（三）留用干部不仅墨守成规，固步自封，有严重的旧的不利于人民的作风，而且由于我们团结、改造、教育工作做得不够，仍有残留的雇佣观点，以致办公文，办手续的时间较问案、判案的时间还耗费得多，因而费时误事。

（四）没有充分利用就地审讯、就地调解的方式，也没有利用案件随到、随问、随审的办法。把一些本可迅速审理、调解或判决的案件，采取一套烦琐而形式主义的审判方法来审讯，因而拖延不决。

（五）长期封建的、帝国主义的和国民党的反动统治造成了社会的黑暗和群众中的无数纠纷。解放后，人民觉悟程度提高，改变了“屈死不告状”的心理，纷纷向人民法院申诉，加以法院不收诉讼费，起诉手续简单，既不花钱，又不受气，小案件也增多了（据统计，去年三月十八日到本年三月十八日，共收民刑事案件二万二千六百八十九件，比伪地方法院“三十六年度”的七千三百七十九件多出二倍）。但积案多的根本原因并不是因为告状的人多，而是前列几项主观原因。

如果上述主观原因不彻底解决，今后仍难避免积压案件。除由法院自身进行检讨、设法改进工作外，并于五月十二日从市各机关团体和北大法律系同学中，调集干部二百四十七人参加清理积案的工作，到六月二十二日结束，历时四十日，结案四千三百二十八件。其中，处理了贪污案六十件、抢劫案五十件，并判处了罪大恶极的反革命分子和匪徒二十七人死刑。因之，改变了群众对“法院不能及时解决问题”的看法，提高了政府的威信。在突击工作期间和工作完结后，收案较前反而增加。现除一部分因当事人不在，无法进行审讯；一部分关于银行存款、铺底权的案件，有待上级指示解决办法外，旧案可结者，基本上已清理完竣。

在清理积案中得到的主要经验是：

(1)对于旧的、作为反对统治阶级镇压人民工具的法庭机构和司法制度，必须彻底粉碎；对于旧的司法手续必须彻底改革。在清理积案实际工作中证明，如果我们的司法干部迷恋于旧的一套司法程序、手续，作了它的俘虏，而不能从形式主义、复杂、烦琐的文牍主义中解放出来，要想更好地从司法方面为人民服务是不可能的。这次清理积案中，以卷号单代替调解书，以简易判决书代替原来复杂的判决书，即是一种新的创造。

(2)正确的政策领导是保证完成任务，避免错误的主要关键。这次参加突击工作的干部，虽然绝大部分是没有司法工作经验的“外行”，但他们却帮助法院清理了积案，政策上尚无重大偏差；上诉亦不比突击工作前增加。原因是我们从始至终、从上到下，对于细心研究政策，深入进行调查研究，并使具体问题和政策原则相结合的思想是明确的，所以能够完成任务。过去法院干部不从提高政策水平去提高业务的思想方法，也在这次工作中得到了若干纠正。

(3)成立区审判组，深入群众，依靠群众，现地调查，现地审讯是更直接、更迅速、更有效的工作方法。清理积案工作开始后，大部工作人员都分别到各区办公，采取了在各区就地调查、就地审判的工作方式。对于若干曾在法院数审不得要领的案子，一经现地调查，访问群众，征求群众意见，便水落石出，使问题迎刃而解。由此证明，克服司法干部的官僚主义、形式主义、脱离群众的作风，是改造司法工作的重要环节。

(4)合理的组织机构和科学的分工是提高工作效率的重要条件。市人民法院日收百案，在各庭的组织上和干部的使用上，应注意按照案情性质来分工，分别组织受理不同性质案件的若干个庭，这样，可以使干部易于在较短期间内熟悉对某一类案件的一般情况，并总结处理的经验，来提高其工作效率，同时，在量刑上也可避免畸轻畸重的现象。

为了保证今后案件不再有积压现象，我们拟定工作办法如左：

(1)改进工作方法，彻底扫清旧作风旧制度的残余，废弃现有的一套不合理的文牍手续，有系统地拟定新的、便民的、简捷的必要手续。争取当天与当事人见面，能当时解决的案件及时予以解决。

(2)立即成立区法院，及时地就地解决群众纠纷，避免全市案件集中于市法院，因处理不及时而影响群众的利益。

(3)加强在职干部的业务学习，提高政策水平。加强留用干部的思想教育，进一步克服其雇佣观念(包钟点的思想)。

(4)加强检查工作，使法院工作的改革能坚持贯彻下去，实现出来。

(5)目前法院民事结案中，尚有少部分败诉人既不上诉，又不执行判决，这是违反人民利益的行为。希望各界代表在广大人民中进行宣传教育，予以纠正，说明人民有权对于认为不合理的判决提出上诉，但既不上诉，就应该自觉地执行判决。

北京市协商委员会彭真主席总结发言

(1950年8月10日)

现在大会的原定议程已进行完了。在这次会上，我们审查了市政府的半年工作报告，通过了救济失业工人与失业知识分子及普遍召开区人民代表会议的决议，审议了大会收到的各种提案。大家一致认为市政府对于本届第二次会议所通过的市政工作计划，执行得很好，朴素实在，井井有条。我们的工作是有成绩的，会议是成功的。但是还有不少缺点，这些缺点必须继续克服。

现在大会要闭幕了，主席团要我再把几个问题提出来讲讲：

第一，关于工商业方面的问题

首先是转业方向的指导问题。现在整个社会经济仍在继续改组中，哪些工商业需要发展，哪些需要维持现状，哪些需要转业，需要转业的究竟应往哪一方面转？工商业界要求给予具体指导，政府也应该给以指导。但现在却还不能马上给以明确的具体指导。因为：第一，我们现在对于整个生产情况和市场需要还缺乏了解，还没有系统的调查研究，特别是现在在我们的经济体系中占着很大比重的私人企业和为市场生产的小生产者的生产状况，不仅还没有统计，而且情况的本身也很不容易掌握；第二，在客观的需要和私人企业家的主观力量之间存在着极大的矛盾。例如，按着社会经济发展的需要来说，我们应该大量修铁路，开设大规模的母机工厂、造船厂、汽车制造厂等等，但是，私人资本却没有这样大的力量。轻而易举的工业，私人力量是可以举办的，但是现在却已经过剩了。由于以上原因，现在政府对于私人企业转业方向的具体指导，就发生了困难。但是从指导方向上来讲是很清楚的，无论工业或商业的经营，应该面向着广大劳动人民特别是农民，凡是他们所需要的，对他们有益的，都是有前途的。凡是他们所不需要的，最后总是要被淘汰的。一切转业的应该向这个方向转。现在，我们马上即可以办的，是组织城市的游资下乡，开展城乡贸易，开展城乡互助工作。关于这个问题，政府主管部门应该协同工商界代表组织专门机构，一面调查了解各地生产和市场情况，一面给予各行业以若干临时的指导，即使是近视眼式的指导，也比盲目要好些。

其次，劳资关系问题。本市的劳资关系，现在基本上是好的，特别是今年三月以来，在工商业困难的时期，工人群众充分地表现了大公无私和照顾大局的精神，不少工厂商店的工人，为了协同资方克服当前的困难，自动降低了工资。如瑞蚨祥布店的工人，有的由月薪二百九十斤降低到一百九十斤。此外也有暂时不拿工资，帮助资方克服困难的。不然，在这一时期将有更多的工商业倒闭。

现在工商业的情况开始好转了，劳资关系还需要进一步调整。首先是劳动纪律问题。有的工厂商店工资并不低，工作时间也并不算长，但劳动纪律却不好，这种现象应该克服。工人无论是在工厂商店，无论是在公营企业或私营企业，都应该认真负责工作，不应该像游民一样吊儿郎当。但是在有些作坊、商店甚至工厂里，工人每日工作有多至十三四小时，甚至十六七小时的。工人在这样长的工作时间中已经疲劳不堪，资方还想要求提高工作效率、提高劳动纪律，那就很不对了。试问工时那样长，效率怎么再提高？在这类企业里，应该适当缩短工作时间，才能提高劳动纪律和工作效率。凡是工作时间过长的，应该由劳资双方协商迅即缩短。

再就是工资和福利问题。私营企业在困难时期，曾暂时降低了工人工资和若干福利待遇，现在营业情况，既已好转，资方不应再在这方面打主意了，应该努力从改善经营方面打主意，从劳资两利的轨道上找出路，要不然，是行不通的，必然会酿成纠纷，弄得最后碰壁。同时在工人方面，仍须注意坚持原来的精神，继续协助资方克服困难。

再次是解雇问题。必须解雇的应该解雇，但解雇应当是有条件的，资方为了改善经营或歇业而解雇，或者为了工人违犯合同而解雇是一回事；资方因为工人进步，加入工会而提出解雇又是一回事，应该分别处理。至于有些工会开会过多，致工人误工过多，影响生产，那是另一回事，也应该立即纠正。

所有一切劳资问题我们必须根据共同纲领的精神来处理，根据劳资两利的精神来处理，任何只图一利的作法都是错误的、行不通的，都会制造一些无谓的纠纷，最后弄得两败俱伤。

工会法是中央人民政府颁布的重要法令之一，劳资双方都应该认真研究执行。

机关生产必须统一管理，否则也会造成生产上的无政府状态。一切机关生产，必须在市政府财经委员会的领导下，统一加以管理。在这方面的公私问题，应该根据中央指示的原则，加以调整。

第二，关于文教方面的问题。在这方面我们是有成绩的，但还不够。儿童失学问题和文盲问题，应该解决，但不可能一下完全解决，只能按照主观力量的大小和问题的缓急轻重，逐步加以解决。问题是这样：在讨论税收问题时，我们总想减轻人民负担，在讨论发展各种事业问题时，又想越大越好。这两方面都是对的，但必须统筹兼顾，实事求是地来处理。现在，本市中小学生有十九万多，但是失学儿童的数目还很大，这需要努力解决。今年后半年我们可以增加一万五六千学生的班次，失学儿童的比例，将会显著减少。消灭文盲问题也是一样，我们现在虽还没有提这个口号，但实际问题是在解决着。现在我们有八万多成人和失学儿童在较正规的业余学校和成人夜校、识字班里学习着，实际上是在消灭着文盲。有的区已在作扫除文盲的准备工作，明年可以推广些。问题只能这样一步步地解决。

郊区小学现在还比较少，应该增设。

第三，失业救济问题。这是一个大问题。首都失业工人和失业知识分子的人数，过去有的说五万、有的说十万，也有说更多的。但是因为解放后本市公私企业中已经增加了三万多工人，就是说有些失业工人就业了。此外，有些失业知识分子已经受了训练，参加了工作，有些人回乡分了土地，现在失业人口大大减少了，据这次实际的调查，现在包括解放前后失业的共约一万人（加上必须救济的赤贫户总共有二万八千多人）。对于这些人，我们必须根据中央的指示，规定办法，加以救济。现在我们已通过了关于失业救济的决议，今后的问题是集中干部，认真迅速地去执行。

第四，关于区代表会议问题。大家一致认为，在全市普遍召开区各界人民代表会议是十分必要的，我们已另作了正式决议。我在这里再说明两点：（一）关于区代表会议的各种工作应尽量采取简便易行的方式，不要铺张，不要追求形式，应该充分注意时间和人力上的节省，应该力求用很少的时间把应办的事情办好。（二）今年秋冬之间召开的区代表会议，应讨论各该区明年度的各项建设工作，以便由市政府把意见集中起来加以整理，制定明年度全市的工作计划。

第五，关于房屋问题。现在还有不少纠纷，不少问题，政府正在系统地加以研究与处理，有几点我们应该在这里再加以说明：（一）租人的房子应该缴租，不管你是什么人。买东西应该付钱，租用房屋应该缴租，至于住客中有些老弱孤寡应该救济，那是另一件事，应另行解决。（二）房产税应依法缴纳，如果房东收不到房租、或租赁纠纷没有解决，房产税应由房客代缴，将来再由租金里面扣除。（三）房子需要修理的，应积极修理，政府应抓紧领导与检查，在这方面，第一区和第七区已有了很好的经验和成绩。（四）法院有关房屋纠纷的判决，也和别的判决一样，应该强制执行。

第六，地方事业费附加问题。过去在工商业税内附加的部分，今后要改由公用事业附征。这是中央已经确定的原则，应该执行，至于具体办法，例如应加多少，比例如何确定，大家对这些问题既然还有些意见，我们可以授权市政府与协商委员会在大会闭幕后协商具体处理。

第七，关于干部整风问题。目前全国已经展开了整风运动，北京市各部门过去已经进行过多次小规模的整风运动，现在应该进行一次大规模的整风运动。这次整风，我们认为应首先从领导机关做起，自上而下地总结工作、检查工作。哪些工作做对了就继续做，哪些工作做错了，就加以改正。在我们的工作总结中，无论党与非党干部，大家应该一视同仁。总的原则应该是以共同纲领和中央人民政府的法令指示为标准，来检查我们的工作，这样必然可以提高我们的思想水平，克服我们工作中所有错误和缺点，大大改进我们的工作。

北京市区各界人民代表会议组织通则

第一条　区各界人民代表会议,由区人民政府(区公所)召集之。

第二条　凡反对帝国主义、封建主义、官僚资本主义,赞成中国人民政治协商会议共同纲领,年满十八岁之人民,除患精神病及被褫夺公权者外,不分民族、阶级、性别、信仰,均得当选为其所在区各界人民代表会议的代表。

第三条　区各界人民代表会议的代表名额,依各区人口多寡而定,但一般不得超过二百名。

第四条　区各界人民代表会议代表的产生及代表名额的分配,由区人民政府(区公所)邀集各该区内的人民团体等代表组成筹备委员会或由区协商委员会商定,经市人民政府批准之。

区人民政府(区公所)的代表,由正副区长、公安分局正副局长及区人民政府各科科长等充任之。该区内各人民团体、各机关、各学校、驻军的代表,由各该团体、机关、学校、驻军自行选派之。不属于上列组织的街道居民代表,由街道居民代表会议选举之。其他方面的代表由区人民政府(区公所)邀请之。

市各界人民代表会议的代表,得分别列席其所在区的区各界人民代表会议。

第五条　区各界人民代表会议,是区人民政府(区公所)传达政策、联系群众的协议机关,其职权如左:

一、协助区人民政府(区公所)贯彻市人民政府的施政方针和计划,推行各项工作。

二、向政府反映人民的意见和要求。

三、听取区人民政府(区公所)的工作报告,讨论有关各该区的市政建设工作和福利事业,并提出批评和建议。

四、协助区人民政府(区公所)及公安分局维持治安、巩固革命秩序。

第六条　区各界人民代表会议,经市人民政府批准,得代行区人民代表大会的如下职权:

一、听取与审查区人民政府的工作报告。

二、建议与决议有关各该区的市政兴革事宜。

三、选举区人民政府区长、副区长、委员,组成区人民政府委员会。

四、向人民传达、解释区各界人民代表会议的决议案,并协助区人民政府动员人民推行各项工作。

第七条　区各界人民代表会议的决议,有与上级人民政府的政策法令抵触时,上级人民政府得废除、修改或停止其执行。

第八条　区各界人民代表会议设主席团,由大会选举主席十一人至十五人组成之,负责主持会议的进行,并得酌设工作人员,协助主席处理会议日常事务。

在区各界人民代表会议休会期间,主席团即成为协商委员会。其下并得酌设专门委员会(如治安、清洁卫生、生产合作等委员会)。

第九条　区各界人民代表会议的代表,暂定为一年改选一次,连选得连任,但原产生单位与区协商委员会商定,得更换其代表。区人民代表会议每三月召开一次,但得根据情况和需要延期或提前召集之。

第十条　本通则经北京市各界人民代表会议通过后由北京市人民政府公布施行。

北京市第二届第三次各届人民代表会议关于政府工作报告的决议

(北京市第二届第三次各界人民代表会议于一九五〇年八月十日通过)

北京市第二届第三次各界人民代表会议一致同意聂荣臻市长《关于执行一九五〇年度工作计划》的报

告，张友渔副市长《关于财经工作》的报告，吴晗副市长《关于执行一九五〇年文教卫生工作计划》的报告，薛子正秘书长《关于辅华矿药厂爆炸事件》的报告，柴泽民主任《郊区土地改革工作》的报告，并一致同意市人民政府向大会提出的《市政建设工作》，《市人民法院清理积案工作》，《封闭妓院的善后工作》，《市人民政府执行第二届第二次各界人民代表会议决议案报告表》等四个书面报告。对市人民政府进行了的上述各项工作认为完全满意。

北京市第二届第三次各界人民代表会议关于失业工人和失业知识分子救济工作报告的决议

（北京市第二届第三次各界人民代表会议于一九五〇年八月十日通过）

北京市第二届第三次各界人民代表会议一致同意协商委员会刘仁副主席《关于失业工人和失业知识分子救济工作》的报告，并认为报告中所提到的救济方案可以全部施行。

北京市第二届第三次各界人民代表会议关于在全市召开区各界人民代表会议的决议

（北京市第二届第三次各界人民代表会议于一九五〇年八月十日通过）

关于区各界人民代表会议，本届第二次各界人民代表会议曾于本年二月二十七日决议：先选择两三个区试行，其组织条例授权协商委员会会同市人民政府制定，报请政务院批准后施行。依据该项决议，《北京市区各界人民代表会议组织通则》已于五月十六日公布施行。自五月三十一日起，并已先后在第六、第七、第一、第五等四个区召开了区各界人民代表会议。试行结果，成绩很好。大会除追认五月十六日公布的《北京市区各界人民代表会议组织通则》外，同意聂市长和协商委员会的报告，认为区各界人民代表会议应在各区普遍召开。

北京市第二届第三次各界人民代表会议关于在全市继续展开和平签名反对美国侵略台湾、朝鲜的决议

（北京市第二届第三次各界人民代表会议于一九五〇年八月十日通过）

美国帝国主义发动武装侵略朝鲜，阻挠我国解放台湾，干涉越南、菲律宾人民的解放运动，破坏亚洲与世界的和平，破坏了联合国宪章。为了保卫我国的领土主权，解放台湾，为了声援朝鲜，我们必须与全中国、全亚洲和全世界的人民团结一致为坚决粉碎美帝国主义挑动第三次世界战争的阴谋而奋斗。

我们北京市人民响应世界和平大会的报告，已经有一百一十二万六千八百二十二人在和平宣言上签名。现在为了继续动员全市人民参加反对美国帝国主义侵略的斗争，打击美国侵略者的一切挑衅！会议决定继续在全市展开保卫和平的签名运动。

北京市第二届第四次各界人民代表会议

（1950年12月29日——30日）

北京市第二届第四次各界人民代表会议于1950年12月29日至30日举行。

会议听取了聂荣臻市长关于时局问题的报告，听取了吴晗副市长关于失业救济和普遍召开区各界人民代表会议两项工作的报告，公安局局长罗瑞卿关于一年来镇压反革命分子破坏活动的报告。

会议通过了关于政府三项工作报告的决议，通过了关于北京市第三届各界人民代表会议代表产生办法的决议。

会议还通过了致朝鲜人民军和中国人民志愿军电，致世界和平理事会电，向毛主席致敬电和向斯大林大元帅致敬电。

吴晗副市长在北京市第二届第四次各界人民代表会议上关于失业救济和普遍召开区各界人民代表会议两项工作的报告

（1950年12月29日）

各位代表：

这次市各界人民代表会议主要是讨论时局问题和下届代表会议代表产生办法。因此，我不打算报告三个多月中间，市人民政府所做的一般工作，只是把上次会议特别作出决议，交给市人民政府办的两项重要工作——即失业救济和普遍召开区各界人民代表会议的进行情况，简要报告一下。（另外还有公安局罗局长关于一年来镇压反革命分子破坏活动的报告）

首先，报告失业救济工作：

北京市解放以来，失业人口较解放前，是大大减少了，但失业问题并没有完全解决。据今年七月间的调查，失业工人和失业知识分子还有万余人。关于这个问题，在上次代表会议上，市协商委员会刘仁副主席曾做了详细报告，并提出了具体的救济方案，经大会决议，认为可以全部施行。三个多月来，执行的结果，已经获得初步成绩。

本来，在上次代表会议召开以前，我们就已根据政务院《关于救济失业工人的指示》和《救济失业工人暂行办法》，于七月二十二日，成立了失业工人救济委员会，从七月二十四日起，开始了分区登记失业工人的工作。（这种分区登记的方法，对于失业工人的联系、组织和教育都便于集中处理，是较好的完成登记任务的一条经验。）截至十一月底止，共登记了九千四百十一人，其中，失业工人（包括产业工人、手工业工人、店员、搬运工人）约占十分之七，失业知识分子（包括教员、职员和一部分中等以上学生）约占十分之三。如果除去在七月调查以后，因雨季淹窑而失业的矿工一千九百三十三人，那就只有七千四百七十八人，约为原调查的失业人数的百分之七十三。现在登记工作已近尾声，继续来登记的人已不多了。登记开始后，我们即一面登记，一面按照上次市代表会议通过的方案分别处理，或帮助其就业。进行情况如下：

（一）就业——据十一月下旬的调查，已就业的达四千二百六十人，约为登记总数的百分之四十五。其中，已经找到固定工作的三千一百二十二人，找到临时工作的一千一百三十八人。除去门头沟复工的矿工以外，据不完全统计，参加工矿企业的有一千一百余人，参加机关学校的有八百五十余人，参加商业的有四百九十余人，参加交通运输事业的有二百余人。

在介绍就业时最大的问题就是许多失业者还不能适应新的生产要求，一方面有许多失业的人，找不到工作；另一方面，又有许多工作需要人而找不到人。例如：机械工、电机工都十分缺乏，许多地方都找不到工人。工程技术人员、医务人员（包括医生、护士、司药）和成本会计人员，也都供不应求。又如，华北军区需要大批的文化教员，而投考的六百个失业知识分子当中，合格的才不过一百零六人。为了克服这个困难，一方面，要尽可能地办好转业训练；另一方面也需要失业的人本身作极大努力来提高就业能力。

（二）以工代赈——原核定参加以工代赈的共五千八百零七人。而报到的只有三千六百十六人。其中，因为有些人生活还有着落，或已找到职业，或临时工作，又陆续减少了二千零四十余人。目前，实际参加以工代赈的约一千五百七十余人。以工代赈的工程，前一时期大半是修建道路，原来计划了二十一项，现已大部完工，仅以修筑各区土路一项计算，就以〔已〕完成了八百多条胡同的土路。今后，计划利用冬季进行掏挖下水道工程。在工程进行的过程中，工作的效率是逐渐提高的，特别是由计时工资改为计件工资制后，工作效率的提高非常显著，如崇文门工地工人砸石头，在实行计件工资前，每人每日工资四千元，工人情绪很低，改行计件工资后，工作效率大大提高，由最初每人每日平均砸石零点一方，迅速提高到零点九方，工人收入则由每日四千元增加到七、八千元，而经费开支也大为减少，由每方四万元减至九千元。经验证明，利用以工代赈的方式去做一些公共工程是一个好办法，既有利于市政建设，满足了广大市民对公共福利的要求，同时又暂时解决了失业工人的生活问题。而要使以工代赈，收到预期的效果，不仅要把组教工作做好，而且能够采取计件工资制的，最好采取计件工资制。

（三）转业训练——原核定参加转业训练的共二千零四人。现已开办一所可容六百人的训练班，先进行政治学习，以减少就业时的困难。参加学习的已有三百九十余人。此外，并计划筹办技术训练。但举办技术训练，在设备、课程、教员等各方面，都存在着客观困难。拟先和清河制呢厂等单位结合试办，俟取得经验后，再为推广。失业工人和失业知识分子参加过转业训练，特别是政治学习的，一般地觉悟是提高了，分别介绍职业时，也比较容易被录用。这说明介绍职业最好和转业训练适当结合起来。

（四）生产自救——原核定参加生产自救的一千二百九十一人。其中，绝大部分是仅作过辅助工作的女工，缺乏生产技能，组织生产非常困难。例如市合作总社曾组织一百多人打毛袜，但打成的毛袜有四分之一不合标准，需要反〔返〕工，损失了一百多万元。所以，在技术指导和检查方面，还须力求改进。现在有五百余人已介绍到北京被服厂，做临时铺棉工作，生活特别困难的，已给予临时救济。

（五）还乡生产——经帮助还乡生产的，共二百二十人。在进行这一工作时，我们是采取认真负责态度的，只有经过审查认为还乡后确有生产条件的，才动员其还乡。事实证明：动员失业的人还乡生产，在城市人口过度集中，暂时还有就业困难的情况下，基本上是对的，而且也是有成绩的。

此外，因患病、年老不能参加以工代赈、转业训练或生产自救的一百五十七人已给予单纯救济。还有原已核定参加上述各项救济而生产特别困难的一千一百四十八人，在实际参加前，都暂时发给了临时救济金。

关于救济金的征收工作，一般地说来，进行是顺利的。国营事业、机关生产及其他公共事业，已大部缴纳。私营工商业方面，由于得到工商联合会和工会的帮助，主要行业缴纳的已超过百分之九十。征收救济金时，在得到工人的同意后，由厂方代为扣缴，是迅速、简便、有效的办法。

根据以上的情况，可以看出，在已经登记的九千四百十一个失业工人和失业知识分子当中，已有四千二百六十人就业或找到了临时工作。其余没有就业的人，也在政府的帮助之下，都已能够勉强渡过困难。

救济失业工人和失业知识分子是一件大事情，认真地作好这件事情，对于安定人民生活，稳定社会秩序是有重大意义的。由于我们认真地、有步骤地、帮助失业的人就业和加以救济的结果，得到帮助或救济的人普遍反映了对失业救济政策的拥护。有的已就业的人说："不走窗子，不钻门子，就可以找到职业，真是梦想不到的事。"一位失业的年老教员说："过去历届反动政府统治时期，失了业都没有人理会我，到了冬天，拼命去挤粥厂，只能喝到一碗粥，现在政府不但把救济金送上门来，而且干部还常来拜访我，只有人民的政府才这样关心我。"有些得到单纯救济的老年人领了救济金以后，感到不安，自动参加以工代赈工程，这些事实都说明着实行失业救济政策是成功的，但是，由于救济工作是一件繁重的组织工作，而且目前还没有全面的总结，工作中的缺点在所难免，例如各区登记标准不完全一致，有些应该登记的没有让登记，但也有些不应该登记的反而让登记了。

至于本市前已实行的救济失业员工的办法，其主要目的是给一些工厂和大作坊为了改善经营而必要解雇一部分工人以便利条件，同时，又可以保障这些被解雇的工人的生活，所以暂仍继续执行。根据这个办法领取救济费的，还有二百零一人，不包括在上述九千多人以内。

此外，对于一般的贫苦市民，我们也进行了救济。根据今年七月间的调查，生活全无来源和需要暂时补助的贫苦户共六千八百多户，一万八千九百多人。其中在城区的四千二百多户，一万二千七百多人，在郊区的二千五百多户，六千二百多人。我们根据具体情况，分别采取了以工代赈、移民、发救济粮和收容等方法，进行了救济。计：参加以工代赈的三千余人，每人每天平均可得到六斤多小米的工资。最近，因为有些工程已完工，在以工代赈过程中，有些人有了些积蓄，已另谋生计，故已减少到一千二百多人。十月间，向察北移民两批，共三百七十四人。对于需要直接救济的贫苦户，已由各区于十一月十三日起，分别发放第一次救济粮。对于有劳动力而不能维持全家生活的劳苦市民、小商贩、小手工业者，给以一次救济，每户一人发小米二十五斤，二人发五十斤，最多不超过一百斤；对于老弱、残废、鳏寡孤独的贫苦市民，按月救济，每月每户一人发三十斤，二人发六十斤，最多不超过八十斤；对于遭意外灾害而影响生活的，酌量情况，给以临时救济。到十一月二十六日城区各区已发放完毕，计共发出小米二十一万斤，救济了三千八百六十八户，一万零九百七十九人，郊区还正在进行。在工作中，有些区能够结合群众，深入宣传政策，并进行认真的审查，成绩就比较好，也做得比较公平及时；有些区做得较差，还需要改进。对于流落街头的乞丐，外来灾民，或生活全无着落的贫民，从九月底起到十二月十五日止共收容了一千二百八十七人，其中有老弱残废六百二十四名占总数的百分之四十九，收养在安老所；青壮年四百二十八名，占总数百分之三十三，暂时收容在习艺所，准备将来移民西北参加农业生产；童丐二百三十五名，占总数百分之十八，收容在育幼所，拟以半工半读方式进行长期教育。

中国历来没有过失业保险制度，这次对于失业工人和贫苦市民系统地进行救济还是一个创举。事实证明：进行这样的失业救济是必要的，也是可能的，上次代表会议所做的决议是完全正确的。

其次，报告普遍召开区各界人民代表会议的工作：

自上次市各界人民代表会议，根据市协商委员会钱端升副主席的报告，通过了普遍召开区各界人民代表会议的决议后，城内各区即先后召开。到八月底，各区第一次各界人民代表会议都已开完。事实证明，普遍召开区各界人民代表会议以后，进一步发扬了人民民主，更加巩固了人民民主专政，不仅使政府和人民有了更加密切的联系，使人民的意见可以更及时地反映上来，而且也使政府的政策经过区各界人民代表会议更深入地贯彻到群众中去。同时，经过了区各界人民的代表会议，人民政府及其干部在人民群众的监督和批评下，也改善了工作作风，提高了工作效率。

这些收获，主要表现在人民政府对决议案的执行上。全市九个区第一次各界人民代表会议共收到提案两万一千四百一十件，其中除了批评干部作风的一千一百三十二件外，绝大部分都是有关公共福利的提案。这些提案经会议通过后，各区人民政府（即区公所）都抱着严肃认真负责的精神，努力执行。需要市人民政府做的，则转请市人民政府执行。截至现在，全部提案中凡是政府能办的，大部分都已经完成了，有些甚至超过了原提案的要求；一部分正在继续办理；少数不能办的，也都向代表和原提案人做了解释和说明。例如第三区第一次各界人民代表会议提案中，经决议要政府办理的二百零六件，已经办理了二百零四件。经决议转给各有关部门参考的，有二百七十四件，现在也办理了一百四十六件。执行有关公共福利的各种提案的结果，就修整道路来说：第七区五个多月来一共修整了土路七十八条，占全区全部道路的百分之二十七。第三区原计划修整九十六条，结果修整了一百二十一条。就修缮房垦来说：仅第一、七两区即修缮了五千六百二十二间，占该两区应修缮房屋总数的百分之八十五点五。在解决失学儿童入学方面：仅第四区今年秋季即增设正式小学二处，五十个班，学生一千五百五十人。在其他市政建设方面：全市在偏僻地区添装路灯二千盏，修建秽水池四百零一座，修建公共厕所一百零八所。并在没有自来水的地区安装了自来水管，修筑了自来水站，仅第七、九两区就安装了自来水管七千二百多公尺，修筑自来水站五十二处，改造私人水井三十三处。所有这些在短时期内便实现了的有关公共福利的市政建设，满足了广大市民的最迫切的要求，因而也就得到了广大人民的拥护，他们纷纷反映："政府真是在不折不扣地执行决议"，"我们的话有效了，我们的要求实现了"，"我们真正当了家，做了主人"，"真是'人民''民主'政府"。

获得以上的工作成绩，是和区各界人民代表会议的代表以及广大人民的积极的共同努力分不开的，也是和做好群众组织工作分不开的。例如在整修道路方面，各区都组织了以区街代表为主的修路委员会，去动员和组织各街道的市民亲自动手修整道路。仅第七区即前后发动了四、五千人，修整了约六千公尺的土路。在修缮房屋方面，各区都是通过房屋修缮委员会，召集房东、房客双方共同协商解决，收获很大。例如第六区房屋修缮委员会共受理了一千七百余件房屋纠纷，经过调解，双方协商解决的就有一千六百余件。如果不依靠群众来解决，单单依靠政府去进行调解，那就不会得到这样迅速的处理。在增设小学、成人夜校方面，区街代表纷纷热心协助政府找校舍，借桌椅。例如第四区的孝友小学，第五区的南河沿小学，都是在区街代表的努力帮助下，解决了校舍问题而成立起来的；在增设渗水井方面，区街代表也曾发动群众作了不少事情，例如第二区群众自己动手，添挖了简易渗水坑七百三十个，解决了三千五百多户无处倾倒污水的困难。其他如注射预防针等工作，也同样是依靠代表和广大人民的热烈支持所完成的。在镇压反革命分子的活动，巩固革命秩序的工作上，也经常地得到了人民的协助。这就证明：由各阶层人民推选出来的代表是能够代表各阶层人民的意见的；在区协商委员会之下，设立各种专门委员会，如房屋修缮委员会、卫生委员会、文教委员会、社会救济委员会等，通过这些委员会，吸收大批积极分子在自愿的基础上参加各项市政建设和公共福利工作，也是正确的，成功的。但有个别的区对于区协商委员会重视不够，没有把政府工作中的重要问题提到协商委员会来讨论研究，没有很好依靠协商委员会及其所属各种专门委员会去进行工作，这是今后应当注意纠正的。也有个别的区把代表当做一个行政干部来使用，过多的向他们布置工作，因而使得有些代表感到当代表是一个负担，这也是亟待纠正的。其次，有些代表和积极分子身兼数职，工作忙不过来，也影响和限制了更多的代表和积极分子来参加工作。因此，代表和积极分子以参加一个专门委员会为最好。

在各区的代表的会议上，对政府工作人员的作风所进行的检查和批评，对于纠正干部官僚主义和命令主义的作风是有很大作用的。各区第一次代表会议关于批评干部作风的提案已经分别处理；有的干部已在代表大会上向代表承认了错误；有的干部在事后认识了自己的错误，向群众公开进行了自我批评。其中，错误比较严重的，都已分别受到了处分；少数站在人民头上，欺压群众，贪污腐化的分子已分别撤职惩办，事出误会的，事后经过调查，也向群众做了解释和说明。通过区各界人民代表会议，采取批评和自我批评的方法，对于干部的教育和提高是有效的，一般干部都加强了对人民、对工作严肃负责，全心全意为人民服务的观点，比过去更加兢兢业业，勤勤恳恳地努力工作，使工作大大提高了一步，干部和群众的关系也更加改善了。因此，最近在各区召开的第二次区各界人民代表会议时，代表们纷纷反映干部的作风变好了。上次会议时各区关于批评干部作风的提案共有一千一百三十二件，而这次关于干部作风的提案仅有二百十三件，其中，并有表扬干部的提案八十五件。代表们对干部冒雨抢救倒塌的房屋，努力帮助失业员工就业等模范事迹都进行了表扬。但也有少数的干部因受到了批评，而在工作中表现着不敢负责、放松工作的现象，这是一种错误。经过检讨与教育后，已逐步改正。

最近，各区都曾召开第二次区各界人民代表会议，除了解决适应各区自身情况和要求的具体问题外，一般是把下面三个问题做为中心议题：(1)搜集与讨论市民对于公共福利方面的意见，以便帮助市人民政府拟定明年的市政建设计划；(2)继续采取批评和自我批评的方法，来检讨与改善区人民政府的工作和干部作风；(3)讨论加强镇压反革命的工作，进一步巩固首都革命秩序。现已陆续开完，比较上次会议有更好的表现更多的收获。

各位代表！这就是我代表北京市人民政府关于失业救济和普遍召开区各界人民代表会议两项工作的报告，请大会审查与批评。

罗瑞卿局长在北京市第二届第四次各界人民代表会议上关于一年来镇压反革命分子破坏活动的报告

(1950年12月29日)

主席、各位代表：

今天，我将北京市一年来镇压反革命活动的情况，作一个简略的报告。

一、一年来反革命分子的罪恶活动

国内外反革命势力在过去一年中虽曾遭受了严重的打击，但他们仍然不甘心失败，继续在本市进行下列各种破坏活动：

首先，是在原有的潜伏特务组织被击溃以后，敌人又千方百计地派遣特务间谍潜入首都，施用各种卑鄙手段，窃取文件，刺探机密，搜集有关政治、国防、外交和经济建设的情报。例如已被枪决的军统行动特务刚铁栋等十余人，结伙打入我机关内部，刺探军情，并大胆地印制假钞票，充作活动经费，妄图在京郊进行武装“游击”；又如匪“绥靖总队”特务计兆祥，受蒋匪委派，在本市设置电台，向台湾拍发各种情报。在这里要特别指出的是美帝国主义直接指派其潜伏本市特务间谍分子，经常来往台湾和中国大陆之间，领取活动经费，为美帝国主义搜集情报，破坏新中国的建设，一年来被我们破获的已有五起。

其次，是阴谋组织武装叛乱，发展反革命组织，罗致匪徒，私买枪支，妄图配合蒋匪所谓的“反攻大陆”。例如最近被枪决的匪特马德福、尤茂志等，都是曾经充当日伪和蒋匪特务十余年的惯匪，曾经杀害我干部达五十六人之多。美帝国主义发动侵朝战争后，又阴谋组织“河北省人民自卫军”，以开设纸烟庄、煤铺等做为掩护，并准备抢劫银行、商店，进行反革命的“游击”活动。又如已被我破获的敌特武装组织“中国人民反共自卫救国军”，伪造粮票、钞票等充作反革命经费，并企图建立反革命据点，秘密和蒋匪联络，阴谋发动叛乱。

此外，一贯勾结敌人为反革命阶级服务的反动的会道门亦潜伏本市进行各种各色的罪恶活动，不仅欺骗陷害群众中的若干落后分子，而且肆无忌惮地进行了许多反革命的破坏活动。例如散布谣言、搜罗人枪、煽惑暴动、图谋颠覆人民政权。因此，我们于本月十九日遵照市人民政府的命令，已将一贯道的首要分子予以逮捕，并正在登记点传师以下的那些比较次要的人员。一般广大被骗的道徒则经过群众工作，促使他们醒悟和退道，并给他们以控诉道首罪恶、追回被骗财产和要求道首赔偿损失之权。

第三，是破坏人民的经济事业。一年来工厂、铁路、仓库等处都曾经发现过敌特的破坏事件，如京郊铁路上曾经发现过拔道钉、移铁轨、放雷管；有些工厂的机器中发现木块和石头，有的电网电线被割，电车公司的信号灯曾被连续破坏达十六次；有的特务分子并曾在铁路的仓库中，放置蘸油的棉花球，割破水龙管，然后冒充铁路站长，通知仓库，叫警卫人员撤离库房，阴谋纵火。这些破坏活动是极其狠毒的，但由于我们防范严密，发动了广大群众，进行保卫工作，故没有遭受到重大损害。

第四，是勾结溃兵散匪，抢劫杀人。例如军统特务马越溪，勾结匪徒十九人，先后抢劫二十三次，枪杀粮店伙友李世昌和居民夏长有，劫掠市民的黄金一百二十六两及其它贵重财物甚多。匪徒王惠民等，枪杀人民警察刘鸿年、徐云生，击伤干部朱家骥、警士崔国祥等六人。匪徒刘凤仪于行抢时，竟奸污妇女达三十三人之多，这些抢劫杀人的匪徒，使人民所受到的损害是很大的：一年来杀害事主共十九人，打伤事主八十四人，抢劫财物共达二十一亿元。对上述匪徒，人民政府已经及时予以镇压，执行枪决。

此外，反革命分子还经常造谣惑众，通过封建会道门和落后分子进行传播，破坏中国共产党和人民政府的威信，挑拨政府和人民的关系。例如在国庆时，散布谣言说："蒋介石的飞机要来轰炸。"麦田有了害虫，欺骗农民说："这是天意，不能捉，愈捉愈多。"在斯德哥尔摩宣言征求签名的时候，造谣说是："征兵"。前些时又散播"割蛋、割乳房制造原子弹"的谣言。美帝国主义发动侵朝战争后，又散布恐美、亲美思想，散布变天思想，为美帝国主义的侵略张目。

从上述国内外反革命分子对我们国家和人民所进行的罪恶活动来看，敌人是不甘心失败的，在反革命分子还没有完全被肃清的时候，他们还会通过各种隐蔽的斗争甚至武装叛乱，来进行各种反革命活动，来破坏我们国家的各种建设和人民的安全，尤其是在美帝国主义发动侵略朝鲜、台湾，并蓄意扩大战争的新情况下，我们更不能丝毫放松警惕，决不能容忍这些匪徒继续为恶，必须坚决地及时予以镇压，将抗美援朝、保家卫国运动和防奸防特密切结合起来，以巩固首都的革命秩序。

二、人民政府对反革命分子的破坏活动采取了坚决镇压的方针，革命秩序日趋巩固

一年来，在毛主席和中央人民政府的领导下，在广大人民的支持与协助下，我们破获了重大的特务案件共二十六起，收缴了电台四部，枪支五十三支和很多证件。破获了盗匪案件二百二十三起，匪犯大部都已落网。逮捕盗墓匪一百一十二人。逮捕一贯道等封建会门头子一百余人。逮捕"搂包"、"锣车"、"猴车"等流氓头子六十一人。登记了暗藏在专科以上学校中的反动党团区分部以上人员和特务分子二百三十八人。

对上述反革命分子，我们依照镇压与宽大相结合的政策，即首恶者必办，胁从者不问，立功者受奖的政策，已分别加以处理。

首先，是对那些罪大恶极的反革命首要分子实行了严厉镇压：如手持武器、聚众叛乱、杀害公职人员和无辜人民的马德福、尤茂志、李鹤鸣、王惠民、马越溪等，偷窃国家机密、组织谍报机关的计兆祥、刚铁栋等，怙恶不悛的惯匪刘凤仪等，恶霸地主张文焕、张德玉等，都已判处极刑。对于这些反革命分子如果不严厉镇压，就不能满足曾经遭受他们荼毒的广大人民的要求，革命的秩序也就无法巩固。

其次，对职业特务和中级以上的反动党团分子在依法判处徒刑后，并"强迫他们在劳动中改造自己成为新人"。分别把他们放在农场、织袜厂、盐滩、制粉厂、制鞋厂和印刷厂等内进行劳动改造。这一工作现在已有成效，有些反革命分子思想上已开始看出若干转变，坦白出不少材料，并交出了不少暗藏的电台武器。这证明采取惩罚与教育相结合的劳动改造的方针是正确的。

第三，对一般的特务分子和区分部以上的反动党团分子，在他们交出证件、组织、电台、武器以后，由公安分局和派出所结合群众加以管制，监视他们的行动，并剥夺他们一定期间内的政治权利，经过一个时期的考察，只要他们向人民低头悔过，不再乱说乱动，人民政府便可以考虑解除管制。一年来已经解除管制者共一千二百七十二名，今后还准备继续这样做。但是对那些经过宽大又继续作恶，以为政府的宽大为软弱可欺的坚决反革命分子，则必须毫不容情，逮捕严办。如中统特务邢志，在登记后抗拒管制，企图逃跑，我们已立即加以逮捕，给予应有的制裁。

由于以上工作的结果，京市社会秩序已日趋巩固，敌特活动虽尚有发现，但还没有造成严重损失，特别是今年后半年，盗匪活动也大为减少，每月发生抢劫案的次数从去年十月的二十六起减为今年十月的三起，减少了百分之八十九，而破获的比率则从百分之五十五增到了百分之一百三十（包括破获的旧案）。因此，目前北京市境内已无成伙的盗匪。这样就保证了各界人民和工厂、机关、学校的安全，保证了首都的安全。

三、目前反革命分子仍在继续进行破坏活动，镇压反革命的工作必须进一步加强

反革命的组织虽然已经遭受到重大的打击，但并未完全消灭干净，他们依然在进行破坏活动。尤其是在美帝国主义发动侵略朝鲜的战争以后，美帝国主义和国民党残余匪帮不断地由台湾、香港、日本等地派遣特务间谍潜入中国大陆和人民首都，联系旧有的特务分子及其他反革命分子，进行各种破坏活动。同时，有些潜伏的特务分子也出头活动，有的已登记的特务分子则抗拒管制，寻找关系，恫吓群众，阴谋报复。

为什么反革命分子还没有完全消灭干净并还在进行破坏活动呢？首先是由于美帝国主义和蒋匪残余没有放松反对中国人民。其次，封建地主、反动的会道门和散兵游匪在本市还存在着一定数量，他们常常勾结和掩护特务分子的活动。最后，还由于我们在工作中多少还存在着一些缺点，最主要的是对反革命分子镇压还不够和镇压不及时，加以公安部门在进行肃清反革命分子的工作时和群众结合不够密切，缺乏十分深入的群众性的反对特务分子的斗争，对群众的宣传又不

够，致使有些群众对反革命分子的警惕不高，一些反革命分子因而还能隐藏活动，没有被发现和检举出来。

为了打击美帝国主义的阴谋破坏活动和彻底消灭蒋介石残余匪帮的特务活动，必须：

第一，正确执行毛主席和中央人民政府“镇压与宽大相结合”的政策，对反革命分子应当首先是镇压与严厉惩罚其首要，只有镇压与严厉惩罚才能使他们服罪认罪，才能使他们有所畏惧，也才能使一些反革命分子动摇起来，而不跟着继续作恶。只有在他们服罪认罪之后，才能谈到宽大与劳动改造，片面宽大是不对的，这只能给反革命破坏活动以一种鼓励。因此，对首要的、怙恶不悛的，在解放后特别是经过宽大处理后，仍然继续作恶的反革命分子必须依照共同纲领第七条的规定和中央人民政府政务院最高人民法院发布的关于镇压反革命活动的指示加以严厉镇压，不可稍事宽容，宽容了他们必然要造成国家与人民的极大损失。对于一切继续和人民为敌的反革命分子，我们已经觉悟了的北京人民，是有充分的决心和力量来镇压与惩罚他们的。当然对于那些愿意悔过自新、不再进行反革命活动的分子，我们仍然要宽大处理，给以出路。对某些自动协助人民政府破获匪特有功的，则给予奖励。

其次，要加强对群众进行反奸肃特的宣传教育工作，紧紧地团结群众、依靠群众、教育群众；提高群众的警惕性，严防帝国主义和蒋匪的特务间谍活动；注意反动地主、会道门和散兵残匪的捣乱破坏了；揭破反革命谣言，对造谣言者应追查清楚，按照情节轻重给以处分甚至依法判刑。我们相信只要全市人民能够动员起来、警惕起来，协助政府注意可疑分子，监视一切公开的和暗藏的反革命分子的活动，不让反革命分子隐藏起来，随时揭露、检举他们，反革命分子就没有了容身之地，就一定会被干净、彻底地消灭。

北京市第三届各界人民代表会议代表产生办法

（1950 年 12 月 30 日）

第一条 兹依据中央人民政府颁布之市各界人民代表会议组织通则制定本办法。

第二条 市各界人民代表会议代表资格：凡反对帝国主义、封建主义、官僚资本主义，赞成中国人民政治协商会议共同纲领；居住本市年满十八岁之人民，除患精神病及被剥夺政治权利者外，不分民族、性别、信仰，均得当选为代表。

第三条 各参加单位及其代表名额的分配，由军管会、市人民政府和上届本市各界人民代表会议协商委员会共同商定之。

第四条 市各界人民代表会议代表的产生：

军管会主任、秘书长、市人民政府市长、副市长、秘书长、各委员主任、各局局长、法院院长、检察长为政府代表。

市各民主党派、各机关及部队的代表，由该单位自行选举之。

市各人民团体的代表，由各该团体分别并划分区域，召开选举大会或选举代表大会自行选举之。

各公营工矿企业单位的代表，由各该单位或若干单位联合，召开选举大会自行选举之。

各专科以上学校单位的代表，由各该单位或若干单位联合，召开选举大会自行选举之。

区域代表由区各界人民代表会议选举之。

其他方面的代表，经军管会、市人民政府和协商委员会商定，由军管会、市人民政府邀请之。

第五条 本办法由本市各界人民代表会议通过，提请市人民政府公布施行。

北京市第二届第四次各界人民代表会议关于政府三项工作报告的决议

(1950年12月30日)

北京市第二届第四次各界人民代表会议，全体代表一致同意吴晗副市长“关于失业救济和普遍召开区各界人民代表会议两项工作的报告”和罗瑞卿局长“关于一年来镇压反革命分子破坏活动的报告”。市人民政府，执行了本届第三次各界人民代表会议关于失业救济和普遍召开区各界人民代表会议的两项决议，获得了良好成绩，全体代表认为完全满意。市公安局一年来坚决地进行了镇压反革命分子的工作，使首都革命秩序日趋巩固，全市人民表示无比的欣慰，并将加强警惕，协助政府继续进行此项工作，以期彻底地肃清一切反革命分子的破坏活动。

北京市第二届第四次各界人民代表会议关于北京市第三届各界人民代表会议代表产生办法的决议

(1950年12月30日)

北京市第二届第四次各界人民代表会议，全体代表一致通过市协商委员会所提出的北京市第三届各界人民代表会议代表产生办法，认为这是完全符合中国人民政治协商会议共同纲领第十四条的规定和毛主席在本市第一届第一次各界人民代表会议中所指示的精神的，这将使本市的人民民主专政的政权建设大大地提高一步。

致朝鲜人民军和中国人民志愿军电

朝鲜人民军和中国人民志愿军的勇士们：

你们的伟大胜利，已经给予了美帝国主义者的侵略凶焰以决定性的打击，有力地保卫了远东与世界的和平及中朝两国人民的切身利益。我们北京市人民为你们的正义斗争与英雄行为所鼓舞，展开了热烈的抗美援朝保家卫国运动，写慰问信，捐献慰劳品，开展爱国主义的生产竞赛，加强国防建设工作，深入地学习时事，以这些实际行动来表示我们对你们的全力支持与热诚的敬意。今后我们一定要更好地团结全市人民，不断地支援你们，为彻底打败美国侵略者而坚决斗争！

北京市第二届第四次各界人民代表会议

十二月三十日

致世界和平理事会电

世界和平理事会：

我们代表北京市全体人民热烈祝贺第二届世界保卫和平大会所获得的伟大成就。我们完全拥护大会通过的“告全世界人民的宣言”和“致联合国书”这些历史性文件所提出的保卫和平反对侵略战争的纲领。我们北京市人民曾以积极参加和平签名来支持斯德哥尔摩宣言，并广泛深入地开展抗美援朝保家卫国运动，来保卫远东与世界的和平。今后我们更要团结全市人民，一致支持第二届世界保卫和平大会的决议，并坚决奋斗，以实现大会的各项决议。

北京市第二届第四次各界人民代表会议

十二月三十日

北京市第三届第一次各界人民代表会议

（1951年2月26日——28日）

北京市第三届第一次各界人民代表会议于1951年2月26日至28日举行。代表总数519名。其中，由选民大会直接选举和代表会议选举产生的431名，约占代表总数的

83%；政府代表17名，邀请代表71名。

彭真致开幕词。

中央人民政府副主席刘少奇到会并讲话。

会议听取和讨论了副市长张友渔关于北京市人民政府1950年度工作的报告，报告分五个部分：第一、政权建设和司法、公安工作；第二、恢复和发展生产；第三、文教卫生事业；第四、市政建设；第五、优抚工作。

会议听取了副市长吴晗关于市第三届各界人民代表会议代表选举工作的报告和市财政经济委员会副主任程宏毅关于1950年度市财政收支决算的报告。还审查了市政府关于建立市人民监察委员会和区人民法院的报告，1950年度财经工作、调整劳资关系和劳动保护及劳动保险等工作、文教卫生工作、市政建设以及取缔一贯道的报告。

会议收到提案690件。其中政法公安类98件，财政经济类48件，文教卫生类121件，市政建设类271件，社会福利及其他152件。会议听取了提案审查委员会总召集人许德珩关于提案审查结果的报告。

会议选举了市长、副市长和市人民政府委员，选举了第三届协商委员会主席、副主席和委员。

会议通过了北京市人民政府委员会选举办法，关于政府工作报告和今后工作方针的决议，关于镇压反革命的决议。通过了关于反对美国武装日本的声明以及向毛主席，向中国人民解放军，向中国人民志愿部队，向聂荣臻市长致敬信。

彭真当选市长后讲了话，大会主席团执行主席张奚若致闭幕词。

中央人民政府刘少奇副主席在北京市第三届第一次各界人民代表会议上的讲话

（1951年2月28日）

主席、各位代表！

首先，请让我向北京市第三届人民代表会议致以热忱的敬礼和祝贺！

我们很感谢你们，感谢首都各界的人民！因为中央人民政府各机关取得首都各界人民很多的帮助，所以它们能够在这里安排下自己的办公处并进行了一年多的工作。然而这也引起了首都人民一些困难，最显著的就是房屋的困难。不少的人民已向我们提出了这种困难，我们也认为应由政府与人民合作来逐步地解决这个问题，听说你们的会议已对这个问题进行了讨论，这是很好的。我想这个问题是能够逐步地加以解决的。

北京市第三届人民代表会议在它的民主化的基础上比前两届是更进了一步的。代表的人数增加了，百分之八十三的代表是由人民选举的，只有百分之十七的代表是经协商邀请的，其中只有百分之三的代表是代表政府的。首都的人民，由于有了过去两年和两届人民代表会议的经验，开始熟悉了他们中间的政治代表人物，所以他们进行这种选举就已开始成为可能。他们选举代表的方式，在公营工厂企业和专科以上学校，是以生产或学校为单位由选民大会直接选举，而郊区农民及工商界、青年、妇女代表和区域代表，则由选民代表会议选举。在选举时，除开各学校因选民全部识字又有过多次选举经验采用了无记名投票而外，在其他地方，则在讨论了候选名单之后，都是采用举手表决的方式。我认为这样作是完全正确的和必要的。这样，就使作为北京人民民主政权主要组织形式的人民代表会议在组织基础上更广大、更密切地联系了人民群众，在组织形式上也比以前两届更完备了一些。如果代表会议又讨论了和解决了人民中间更多的问题，它所选举的政府委员会和协商委员会又能忠实履行代表会议的决议，那末，我们就可以想象：它将在人民中更加提高自己的威信，它在人民民主政权的建设过程中就已前进了一大步。这是值得大家庆贺的。

我认为不独北京的人民代表会议应该如此，在其他地方，凡是条件业已具备了的，也应该如此地来召集人民代表会议。在人民已经有了相当组织的城市，在土地改革已经完成了的乡村，人民已经开始能够选出自己的代表的时候，就应该不迟疑地让人民直接地或间接地来选举各级人民代表会议的代表。选举的方式，也大体上可以采用北京的经验。

说到选举，有些人就常常想到"普遍、平等、直接、无记名投票"这句老口号。无疑问，过去在蒋介石反动的独裁政权底下，提出这个宣传口号去反对蒋介石的独裁政权，那是有它的进步意义的。但是这个口号如果拿到今天新民主主义的政权底下要求立即实行，对于中国人民中目前的实际情况则是还不完全适合的，因而也是不能完全采用的。中国大多数人民，主要是劳动人民还不识字，过去没有选举的经验，他们对于选举的关心和积极性暂时也还不很充分，如果在这种情形下，就来普遍的登记选民，机械地划定选区，按人口比例一律用无记名投票的办法来直接选举各级人民代表大会的代表，根据我们过去在若干地区实行过的经验，这样的选举反而是形式主义的，它给人民许多不必要的麻烦，损害人民的积极性，在实际上并不能使这样选举产生的人民代表大会具有更多的代表人民的性质，因而也就不能用这种办法使今天的人民政权更加民主化，更加密切地联系人民。资产阶级的旧民主主义者是注重这一套形式主义的办法的，他们也常常满足于这一套形式，以便他们能够在选举中加以操纵，假代表人民之名来实行资产阶级专政之实。然而我们是新民主主义者，我们首先注重的不是这一套选举的形式，而是它的实质，就是说，要使人民，主要使劳动人民真能选举他们所乐意选举的人民去代表自己，并要代表能忠实地把他们的意见和要求反映到政府中去。只要选举能真实地作到这一点，我们就不在选举的方式上去斤斤计较，而尽可能地采用群众所熟悉的和便利的方式去进行选举。北京的这种选举方式，证明对于人民是便利的，是在目前可以采用的方式。"普遍、平等、直接、无记名投票"的选举方式，在中国目前的情况下还不能因而也不应该一下采用。这只有在各种准备工作均已做好，中国大多数的人民经过了相当长期的选举训练关大体识字之后，才能最后地完全地实行这种选举方式，在最近的将来，我们还只能依据中国大多数人民中的实际情况，逐步地做好各种准备工作，并逐步地实行更加普遍的、平等的、直接的或间接的，用举手表决方式的选举。对于被人民选举出来的各级人民代表会议的代表，要责令他们经常的、密切地联系自己的选民，向政府反映人民的要求和意见，并将政府的政策、人民代表会议的决议向人民作解释。各级人民政府和协商委员会要建立专门的有能力的机关来适当处理每个人民向政府所提出的要求，答复人民的来信，并用方便的办法接见人民。这样，使各级人民政府密切地联系人民，切实地为人民服务，而广大的人民也就可以经过各级人民代表会议和人民政府来管理自己的事务和国家的事务。这是我们在目前就能逐步地达到的。这样，就能无限制地扩大各级人民代表会议和人民政府的代表性。

人民代表会议与人民代表大会制度，是我们国家的基本制度，是人民民主政权的最好的基本的组织形式，我们的国家就是人民代表会议与人民代表大会制的国家。目前的各级人民代表会议已在代行各级人民代表大会的职权，在不久的将来，就要直接地过渡为各级人民代表大会。各级人民政府，各民主党派，各民主阶级的人民，都应该依据共同纲领和中央人民政府颁布的法令，按照各个地方实际可能的情况，积极地努力地把各级人民代表会议实际地而不只是形式地建立起来，使它在政治上和组织上更广大更密切地联系各民主阶级的人民群众，在组织形式上也逐步地使它完备起来，使目前的各级人民代表会议能够在最近几年内逐步地过渡为各级人民代表大会——完全能够代表人民行使各级政权的人民代表大会。这样，就能依靠人民代表会议与人民代表大会这一个有伟大功效的制度把全国人民紧密地团结在各级人民政府的周围，在中央人民政府的统一领导之下，形成为一个强大的统一的力量，去履行我们全国人民迫切需要履行的建设任务和国防任务。这样，我们就没有任何困难是不能克服的，也没有任何任务不能完成。由毛泽东主席所制订的完全适合中国目前国情的人民代表会议与人民代表大会制度，将保证我们国家和人民的长远胜利。

新民主主义的人民代表会议与代表大会的国家制度，已经证明，在将来的历史上还会要证明它是比任何旧民主主义的议会制度要无比优越的，对人民来讲，它比旧民主主义的议会制度要更加民主一万倍。

为了在我们国家建立这种制度，并使这种制度尽可能迅速地成为我们国家从下至上的系统的经常的巩固的制度，各级人民政府必须依照中央人民政府的法令和组织通则的规定经常定期地召集各级人民代表会议，根据各地经验，这种人民代表会议在大城市每年至少应召集三次，中少城市应召集四次，省每年至少应召集一次，县每年至少应召集两次，区乡可按规定召开。我说的是至少，当然还可以多开。经验还证明：有十万人口以上的城市应召集各城区和郊区的人民代表会议，以便处理人民中许多具体的在人民看来是很重要的问题，而这些问题常常是市人民代表会议和人民政府难于处理的，须由各区人民代表会议和区人民政府来处理。为了保证各级人民代表会议能经常召开，各级人民政府应责成民政部门对下级政府加以督促，并规定日期要下级政府向自己作关于人民代表会议的报告。因为有些政府工作人员是不大愿意召开人民代表会议的，他们习惯于少数人包办一切，而不习惯于和人民的代表商量办事，他们认为召开人民代表会议“太麻烦”，他们借口“工作太忙”，或又借口“没有事”，而不召开人民代表会议，对于这些人，必须由上级加以督促。否则，他们就不按规定时间召开人民代表会议。对于没有充分理由而按规定时间召开人民代表会议者，应给以批评以至处分。如有充分理由必须推迟召开者，亦须报告上级人民政府批准。如此，就能保证各级人民代表会议能经常定期召开。根据各地经验，各级人民代表会议只要能够召开，就有好处，过去绝大多数都开得很好，对各方面都有很大的好处。但也有少数开得不好或不大好的，然而也有一种好处，它可以暴露这些地方工作上的缺点和政府工作人员的官僚主义，它可以督促和教育这些地方的政府工作人员并引起上级的注意，因而就使这些地方的工作有可能获得转变。因此，各级人民代表会议不论有事无事都应按期召开，“工作太多”更应召开，以便动员更多的人民和团结人民中的积极分子把这些所谓太多的工作分头地去作好。所以除非是有某些紧急情况发生使我们不能不暂时改变经常的工作方式，得暂时推迟人民代表会议的召开而外，在一切通常的情况下，均必须遵守我们国家这项重要的制度，按期召开各级人民代表会议。要使各级人民代表会议（在土地改革的乡区是农民代表会议）成为各级人民政府一切工作和一切活动的中心环节。各级人民政府的一切工作和一切活动应向各级人民代表会议作报告，并接受其质询和审议，其重要的工作和活动还预先经过人民代表会议的讨论和决议，然后大家团结一致地去加以执行。

此外，还请各位注意到：北京人民民主政权更加走向民主化，是在军事管制的条件之下进行的。有些人觉得：既要实行军事管制就不应或不能实行民主。或者说：国家处在军事时期，就不能实行民主。他们把人民解放军的军事管制与人民民主政治的实行和发展看作是绝对对立，彼此不相容的东西。这种观点是完全错误的。中国今天还是处在军事时期，战争还在一些地方实际地进行着，全国也还在军事管制时期，然而我们在全国各地又正在很好地实行着民主，按期召开各级人民代表会议，并要进行各级人民代表会议的选举，把国家的和地方的各种政策交给人民和人民的代表会议去作充分的讨论和决定。一方面，战争和军事管制并没有妨害人民实行民主，另一方面，人民实行民主也并没有妨害战争和军事管制。相反，它们二者倒是相互帮助、相互加强的。这是什么缘故呢？这是因为我们的军事管制是人民的军事管制。人民解放军本身就是人民的军队，人民解放军的军事管制对于敌人和反动派来说，它是无情的公开的军事专政，对于人民来说，它就是意味着人民的民主。它对于人民不独不会有什么束缚和不方便，相反，它保护人民，替人民解除旧势力的压迫和束缚，给人民极大的方便，鼓舞人民起来作主人，把自己的和国家的命运操在自己手中，由他们自己来管理自己的事务和国家的事务。毛泽东主席在《论人民民主专政》的文章上说：人民民主专政有两个方面，即对人民内部的民主方面和对反动派的专政方面。人民解放军的军事管制就是最初的人民民主专政，它强力地镇压反动派，它同时竭尽一切方法保卫、鼓励和帮助人民建立各级人民代表会议和人民政府，并且在条件成熟时逐步地把权力移交给各级人民政府机关。在反革命已经肃清，土地改革已经完结，人民大多数已有组织，各级人民代表会议和人民政府已能完全履行自己的职权，那时，军事管制就自然地成为不必要了，它的一切权力也就自然而然地为各级人民政府所代替了。所以我们的军事管制不独不妨害各级人民代表会议的召集，相反，它的主要任务之一就是要召集各级人民代表会议，建立各级人民政权。所以借口军事管制或军事时期而不召开人民代表会议的说法，是不对的。

经济建设现已成为我们国家和人民的中心任务。但是新民主主义的经济建设必须有新民主主义的政权来领导和保障，没有新民主主义的政治，就不能有新民主主义的经济，即不能有以社会主义的国营经济为领导的五种经济成份相结合的经济。这也是我们的新民主主义革命区别于过去资产阶级革命的一个显著特点。在资产阶级革命即资产阶级政权建立以前，就存在着并发展着资本主义经济，但是以社会主义的国营经济为领导的新民主主义经济，就只有在以工人阶级为领导的新民主主义的国家政权建立之后，才能加以组织并使之发展。新民主主义的政权建设，人民民主政权的发展，我们国家的民主化，和新民主主义的经济建设，人民经济事业的发展，我们国家的工业化，是不能分离的。没有我们国家的民主化，没有新民主主义的政权的发展，就不能保障新民主主义的经济发展和国家的工业化。反过来，新民主主义的经济发展和国家的工业化，又要大大地加强和巩固新民主主义政权的基础。因此，我们的基本口号是：民主化与工业化！在我们这里，民主化与工业化是不能分离的。自由和富强的新中国万岁！人民代表会议与人民代表大会的国家制度万岁！

彭真同志在北京市第三届第一次各界人民代表会议上的开幕词

(1951年2月26日)

主席、各位代表、各位来宾：

现在，我们北京市第三届第一次各界人民代表会议开幕了，我们庆祝会议的成功！

本届会议，仍然和上届一样，是代行人民代表大会职权的人民代表会议，但在代表的产生方法上，已经又比上届代表会议前进了一步。各公营工矿企业的代表、专科以上学校的代表，现在已经做到以生产或学校为单位，由选民大会直接选举了。农民代表、工商界、青年、妇女代表和区域代表等，已经普遍做到由代表会议选举了。以上两类代表，已达代表总数的百分之八十三。此外就是经过上届协商委员会协商，由市人民政府聘请的具有充分代表性的特邀代表和市军管会及市人民政府的代表。经过这样选举产生的代表会议，一定能够圆满地完成全市人民所付予我们的光荣任务。

这一次代表会议的任务，是听取与审查市人民政府的工作报告，决定本年度的施政方针，选举市长、副市长和市人民政府委员。

今年我们主要的应该做些什么工作呢？上届协商委员会〔会〕曾就这个问题，交换过意见。我现在把这些意见提出，请大会考虑。

(一) 我们要深入地开展抗美援朝运动。把帝国主义者的残余势力和残余的影响，肃清得干干净净。为了达到这个目的，我们就必须更加普及与深入反美爱国运动，使每个市民都自觉地积极地参加这个运动；使每一个人都能够受到反美斗争和爱国主义的教育。

(二) 我们要坚决镇压反革命活动，肃清反革命残余，肃清特务、土匪、恶霸和反动道门帮会，进一步巩固首都的革命秩序。以保障首都各项建设的顺利进行，保障人民生命财产的安全。这是人民政府的重大任务，也是全体市民每一个人的任务，我们必须把一切反革命残余肃清得干干净净。

(三) 我们要进一步建设民主政权。所有的城区和郊区人民政府，村人民政府，今年一律要经过人民代表会议的选〔选〕举来产生。就是说，北京市的各级政府，今年应一律实行民主选举。

(四) 我们的按照国内市场的需要，彻底改组社会经济，改组北京市的工业，使它主要为满足农民需要而生产。并且大力开展城乡贸易，这样才能在工农互助、城乡互助的基础上发展城市的工业，为城市的工业找到出路，也为农民多余的农产品找到出路。为了解决这个问题，我们需要进行许多的调查工作和组织工作。

我们要依靠全体工人的努力发展生产，更加改善公营工厂的管理，实行经济核算制；更加提高产品质量和产量，并减低其成本。

去年郊区的农业生产比过去增加了产量百分之十八，这是很大的成绩。今年要切实发展劳动互助，组织起来，争取再增加产量百分之五到百分之十。

(五) 我们要进一步改进与提高学校教育。发展业余教育，在业余学校中增加技术教育。并且更加开展、普及劳动人民的文化娱乐活动。

今年要尽量大努力修缮校舍，首先是教室。

工厂、学校一定要注意工人、学生的健康。毛主席曾着重地指示我们注意工人学生的健康。为了解决这个问题，我们必须订出各种具体办法，从各方面保证工人和学生的健康。

（六）我们的市政建设方针仍然是为中央各机关、为生产、为劳动人民服务，首先是为工人服务。但今年市政建设经费比较少，因此只能进行一些比较紧急的建设，并对已有的下水道和道路等作一些保养修整的工作。争取解决去年雨季中城内积水淹房地区及郊区积水淹田地区的排水问题，整修行人众多、遇雨泥泞的道路。环境卫生要大大改善，防疫工作要大大开展。今年应争取自来水能供给一百三十万至一百四十万人的用水。

（七）房屋问题。首都有很多房屋本来早已破烂不堪，而首都的人口又已增加到二百二十万，因此房屋已发生严重的恐慌，一部分劳动人民和公教人员的生活已因此受到影响。这是首都房屋增建的速度，赶不上人口增加及工商业发展速度的表现，是我们在发展中遇到的困难之一。在目前财政仍然困难的条件下，我们提议采取下列办法来解决这个问题：

(1)市人民政府应动员与组织公私力量，为增建一万五千到两万间房屋而奋斗（中央各机关修建之房屋在外）。为了实现这一计划，我们应该组织公私合资的房产公司，以便大量地修建房屋，出售或出租。

其次，应指导、帮助较大的公营和私营工厂，修建一部分工房，首先解决距离工厂较远的工人的住宿问题，以减少劳动力的浪费，提高生产效率，并改善部分工人的生活。

此外，应奖励私人盖房出租；指导与帮助工人群众或其他阶层人民，建立房屋合作社，群策群力，修盖一部分房屋自住。

总之，要用各种办法来争取增建一万至两万间房屋以减少首都的房慌。

(2)要充分利用去年经验，组织公私力量及时修缮房屋。一切应修的房屋，必须及时修理，不得听任其破坏。政府主管部门必须负责检查与督促。

(3)对于过高或过低的房租，应加以合理调整。过高的房租应降低，过低的应适当提高。要使房产主有利可图，但也不能使房客负担过重。

我们应该采用适当的办法奖励余房出租。

（八）政府应继续为劳动人民增设诊疗所，应指导帮助三十人以上的工厂、作坊，特别是大工厂单独或联合设立卫生所或小型医院。在门头沟矿区应由公私企业合资创办一所外科医院。这和修盖工房一样，对厂方和工人都是有利的。现在工商业营业状况较好，我们认为这是可以办到的。

这些工作，是根据当前的需要和可能的条件提出的。我们应该做的工作很多，只能有重点地进行。我们要用较少的经费，做更多的事情，就必须依靠公私合力、精打细算，依靠全体人民的团结互助，特别是要依靠工人群众发扬高度的积极性和创造性，才能完成这样艰巨的任务。

北京市人民政府吴晗副市长
关于北京市第三届各界人民代表会议代表选举工作的报告

（1951年2月26日）

自北京市第二届第四次各界人民代表会议通过“北京市第三届各界人民代表会议代表产生办法”后，由第二届市协商委员会第十一次会议，推定吴晗、钱端升、薛子正等二十三人，组织选举委员会，负责进行本届会议的代表选举工作。选举委员会于一月二十六日成立，并由全体委员分工组成党派、机关部队、人民团体、工商界、工会及公营工矿企业、专科以上学校、区域等七个选举小组，负责推动与指导有关单位的代表选举工作。自一月二十七日开始，各选举单位大部分按系统先后成立了选举委员会，展开选举工作，截至二月十六日，除政府代表及邀请代表外，经由选民直接选举和由代表会选举产生的代表四百三十一名，已全部选出。

本届代表总数为五百十九名。其中，由选民直接选举和代表会选举产生的四百三十一名，约占代表总数的百分之八十三；直接选举产生的公营工矿企业职工代表及专科以上学校代表共一百十五名，约占代表总数的百分之二十二。这比第一、二两届代表会议代表的产生办法，在民主形式和内容的充实方面，又向前迈进了一步。这次参加直接选举的，是公营工矿企业和专科以上学校，这次经验证明他们现在即可实行直接选举。但有些较分散的小工厂和作坊的工人及其他各阶层人民，目前还很难由全体选民来直接选举。例如：有一部分工人代表，全部农民代表和工商界代表此次均系由选举代表大会所选出。此外，区域代表则系由区各界人民代表会议所选出。这次选举之后，有些当选的代表，就接到了选民的提案，有的选民要求代表开会回去要好好传达。这样就加强了群众对代表的监督，并使代表能更广泛地更直接地联系群众，将群众的意见更迅速地集中起来，将代表会议的决议，更好地贯彻到各界人民中间去。

这次选举工作证明：经过民主协商提出候选人是很好的方式。它能够充分集中群众的意见，使提出的候选人具有广泛的代表性，关键是协商必须充分和民主，因为协商实际上就是选举的酝酿准备过程，一定要经过“从群众中来，到群众中去”，反复地多方地协商，才能真正贯彻民主精神，使大家的意见达到真正的一致；反之，如果协商候选人时，没有在群众中进行酝酿，就会引起群众对选举工作的不满：“不知道候选人是从那里来的?”例如北京大学最初提出的候选人，没有经过广泛讨论，所以大家对选举表示冷淡。以后，从新自下而上地分组讨论候选人，然后将意见集中起来，再提出的候选人名单，就获得了大家一致的重视与拥护。又如市府秘书厅等部分机关在初选时，未提出候选人名单，结果使票数太分散，以致有的当选人，得票不及五分之一，因此不得不重选。这都是值得记取的教训。这次选举中的协商工作，作得较好的，有区域、文教和教育工会及部分公营工矿企业和专科以上学校等单位。这些单位因为事前酝酿协商得较好，整个选举工作也都做得较好。

选举委员会由于缺乏经验，在工作过程中发生了一些缺点：

第一、开始时，强调了限期完成，而期限又只一个星期，且时当春节与寒假前后，没有照顾到各选举单位工作繁忙的情况和群众的生活习惯，又加有些单位负责人对选举工作不够重视，既未进行必要的宣传教育，又没有经过很好的酝酿协商，只图按期完成任务，因此，一部分代表选得比较草率。如清河制呢厂，只开了十多分钟的会议，就进行选举。有若干单位或因学生正在考试或因春节关系，都使选举工作受了影响。选举委员会发觉这些情况后，当即按实际情况，延长了选举时间，使各单位能及时进行宣传教育和民主协商的工作。如工会及公营工矿企业在代表选出后，又进行了一周的民主建政的宣传，并召开座谈会，由当选代表直接向选民征集意见。新华印刷厂、清华大学等，选举前就进行了充分的宣传和协商，北大等单位，为慎重起见，且重【新】布置了选举工作，因而也做得较好。

第二、没有做有计划的有系统的宣传，除人民日报刊载了一篇社论之外，没有印发宣传材料，在报纸上的宣传做得很不够，因此，各单位负责选举工作的人员，一般感到缺乏宣传内容。这样，就不能在群众中展开广泛宣传。事实证明：凡在群众中进行过普遍而深入宣传教育的单位，选举工作就做得好。如人民印刷厂在讨论选举工作时，结合了历届各界人民代表会议和市人民政府的工作成绩，举出许多群众亲身受益的事实，如在该厂所在地白纸坊一带修路、安电灯、建厕所等实例，经过宣传后，有的工人就说：“这可是大事，选举可得慎重点儿”。清华大学在选举前，由选举委员会吴晗主任向全校作了有关政府两年来的工作报告，使选民知道政府的具体工作成绩，代表会议的作用和代表的具体任务，加强了群众对政府的热爱与对代表会议的认识，选民对选举就非常重视。没有进行普遍而深入宣传的单位，则选举也就办得不好，参加选举的人数也较少。其次，选举的时间必须注意不要和业务时间冲突，这次石景山钢铁厂选举时，因为和生产时间相冲突，到会参加选举者只占全厂职工总数百分之五十七。

第三、组织机构不健全，有好些单位未及时成立选举委员会，更没有建立宣传机构，组织必要的报道。市选举委员会则对各单位的选举工作也缺乏检查和帮助。没有及时地具体指导，致使各单位感觉到上级选举委员会交代不清楚，处理问题时无所依据，增加了选举工作的困难。

总的说来，这次选举工作的意义很大，扩大了选举的民主范围，为北京市人民民主生活的继续前进创造了更有利的条件。同时，在工作过程中，也取得了不少宝贵的经验，是一次很好的学习。经验证明：今后进行选举工作，必须深入地宣传动员，经过充分的酝酿协商，还应有充分的准备时间，急于求成，反会使工作受到损失。

在这次选举工作中，证明北京市人民的政治觉悟程度普遍地提高了，是能够有效地行使民主权利的；同时，也证明了这种多样的混合的选举方式，在目前是较妥善的选举办法，是能够密切联系群众，使广大人民享受民主权利的有效办法。

北京市人民政府张友渔副市长
关于北京市人民政府一九五〇年度工作的报告

（1951年2月26日）

各位代表：

一九五零年已经过去了。在这一年中，我们究竟做了些什么工作？我们所提出的一九五零年度工作计划是否完成？我现在谨代表北京市人民政府向大会简要报告如下：

第一、在一九五零年度工作计划中，我们提出的第一项工作就是继续巩固革命秩序，做好政权建设和司法、公安工作。一年来，我们的工作是有成绩的。

在政权建设方面，由于市各界人民代表会议有效地代行了市人民代表大会的职权，对于市人民政府的重要措施和重要工作，都曾有所讨论和决议，并向广大市民做了普遍而深入的传达，这就使得政府和人民保持和加强了系统的、密切的联系。正因为市各界人民代表会议有效地代行了市人民代表大会的职权，而人民的组织和觉悟程度也迅速提高，所以我们的政权建设就可能再向前推进一步。本届代表的产生，已经是绝大部分采取了选举办法，并且在可能范围内，尽量实行了直接选举。这可以说向着召开普选的人民代表大会又迈进了一步。

同样，城区召开区各界人民代表会议的经验也是成功的。城区九个区到现在为止，都已召开过两次会议。区代表会议的召开对于集中群众的意见，贯彻政府的政策，监督政府和干部的工作，都有极大的作用。关于这一点，我们在第二届第四次市各界人民代表会议上，已有所报告，这里不再赘述。但必须着重指出：第二次会议比第一次会议开得更好，更成功，更表现出人民的力量。因此，我们认为下一届区各界人民代表会议也可代行区人民代表大会的职权了。同时，郊区在土地改革后，各区都召开了农民代表大会，十二（丰台）、十六（门头沟）两区并试行召开了各界人民代表会议。由于农民的政治觉悟大大提高，已有可能在各区普遍召开各界人民代表会议并逐渐代行区人民代表大会的职权。

此外，为了加强人民民主专政的国家机构，我们于去年六月间，成立了市人民监察委员会；今年一月初，成立了市人民检察署。前者工作已获有成绩，曾处理了辅华矿药厂爆炸事件等案件三十三起，正在处理的二十一起；后者也正在积极展开工作。

在公安工作方面，我们坚决执行了“镇压与宽大相结合”的方针，对一切反革命破坏活动，都给予了严重的打击。一年来，共破获反革命分子活动的案件二百二十五起，其中，有重大特务案件二十九起，还破获盗匪案件二百三十九起；彻底取缔了一贯道，逮捕一贯道头子三百零一名；登记了暗藏在专科以上学校的反动党团区分部以上分子二百三十八人。罪大恶极的反革命分子和盗匪已依法处死刑。至于一般特务分子和区分部以上反动党团分子则由公安局派出所加以管制，有些，在管制中确已表示悔过，已解除管制，有些，在管制中仍继续作恶，已加逮捕并将严惩。

在司法工作方面，市人民法院全年共收案一万九千六百三十一件（刑事七千九百四十八件，民事一万一千六百八十三件），连同一九四九年旧案二千九百九十八件，共二万二千六百二十九件；全年共结案二万一千六百二十五件。经过两次突击清理积案，改进工作，提高效率和建立了区人民法院后，市人民法院已逐渐消灭了积案现象。

建立区人民法院是司法工作中的一项重要措施。现在，已在城区设三处，郊区设一处，并在区法院所在区以外的各区，都设了审判组。这一方面便利了人民；另一方面，也提高了司法工作本身的效率。自去年八月开始成立，到去年年底，各区人民法院共处理案件四千八百七十件。其中，经调解解决的占一半以上，判决的案件也比较迅速而妥当，上诉的很少。司法工作中的另一重要措施是把监狱的管理，由法院移交给公安机关，实行以来，在管理和教养上，已较前大有改进。

由于我们在公安、司法工作方面的努力，已使本市的社会秩序日趋安定。举盗匪情况为例，去年第一季平均每月抢劫案约有二十七件，以后，逐月减少，到十二月份，城内根本没有发生抢案。

此外，我们还对一切残余的封建势力和帝国主义的影响进行了系统的斗争。郊区土地改革已于去年春耕以前全部完成（在第二届第三次市各界人民代表会议上，已有详尽报告）；恶霸流氓组织如“搂包”、“猴车”、“锣车”等已被取缔；一贯道等反动会道门组织已被摧毁。特别是轰轰烈烈的抗美援朝运动在清除帝国主义的影响上，起了很大作用，它提高了人民的觉悟，促进了人民内部的团结。这就使得我们人民的政权更加巩固了。

但是我们在公安、司法工作方面，并不是没有缺点。我们对反革命分子，虽不是“宽大无边”，但镇压不及时的毛病却是有的。另一方面，我们的公安、司法机关对于保障人民权利做得还不十分够，甚至还发现过个别侵犯人民权利的事情，这是需要我们检讨和改进的。

第二、在一九五零年度工作计划中，我们是把恢复和发展生产做为压倒一切的中心任务的。一年来，我们为实现这个任务而进行的工作，已获得相当成绩。

首先，就公营企业（包括公私合营企业）来看：一九五零年，新建立的有东郊面粉厂（公私合营），化学试药厂和由公营企业公司建筑工程处改组成的公营建筑公司。扩充设备的，有新建面粉一厂、燕京造纸厂、新建玻璃厂、新建窑业厂。清河制呢厂增设的精纺部分正在修建（京西煤矿则已交还中央经营）。工厂的新建和扩充，没有能够完全按照第二届第二次市各界人民代表会议所通过的计划进行。这是因为客观条件有了变化，而我们在制订计划和执行计划上有缺点，也是不可否认的。

在投资方面，公营企业超过原计划百分之三十二，其中，百分之八十用于基本建设。公用事业超过原计划百分之三十三。因此，职工人数也有所增加，公营企业和公用事业合计较一九四九年底，增加了百分之三十八点七六。

在产量方面，面粉、制呢、造纸、玻璃等主要生产单位都超过了原订计划。月平均产量，除石灰、制冰外，普遍超过了一九四九年。例如：面粉增加百分之六十一点七，清河制呢厂各项主要产品平均增加百分之六十四点二，纸增加百分之九十八点七，玻璃制品增加百分之八十三点二，砖增加百分之八十九点七。

在生产竞赛当中，各厂生产效率有很大的提高。例如：清河制呢厂毛纱产量十二月份较一月份提高一倍；新建面粉厂十二月份较一月份提高百分之七十六。同时，产品质量也提高了，例如：清河制呢厂毛织部一等品率在七月份是百分之四十九点六，十二月份增加到百分之九十五点四。

在经营方面也有改进。产销渐趋平衡，积压资金的现象已有转变。

缺点，主要是管理生产的经验不足，对产销情况了解不多，因而计划性很差，也还没有能够很好地建立经济核算制。有些工厂，民主化的管理还做得不够好。

其次，就私营工业和手工业来看：一九五零年全年私营工业二十一个行业开歇业相抵，实增一千六百二十一户，职工五千五百三十四人，较一九四九年底户数增加百分之三十二点二，职工增加百分之十八点八；手工业也有增加，据不完全的统计，开歇业相抵，实增一千一百二十九户，职工三千三百四十五人，较一九四九年底户数约增百分之二十一点五，职工约增百分之二十五点五；此外，特种手工业开歇业相抵实增六百七十六户，职工二千一百一十四人。私营工业、手工业和特种手工业，合计共增加了三千四百二十六户，职工一万零九百九十三人。在这些增加的工业中，户数最多的是机器铁工业、冶制业、织染业、针织业和化学工业。

同时，在机器设备方面，许多行业都有增加。例如：面粉业的单式制粉机增加了百分之六十四点三，针织业的电动机增加了百分之四十八点四二，印刷业的三十二页机增加了百分之二十五，制材业的电锯增加了一倍。

在产量方面，绝大部分行业超过了一九四九年的水平。根据不完全的统计，二十一个行业全年的生产总值达五亿零六百余万斤小米，超过一九四九年生产总值的百分之七十点五。

最后，就农业来看：我们所提出的较常年产量增加一成的生产计划已经完成，并已超过。一方面，是由于在春耕以前及时完成了全部土地改革，使农民的生产情绪大大地提高；另一方面，是由于政府及时地以较大的力量帮助新分到土地的农民解决了生产上的各种困难。在去年一年中，发放农业贷款共五百四十二万八千八百七十六斤小米，帮助郊区农民增加了牲畜一千三百八十三头，水车五百余辆，农具三千余件，添置和修理大车四百七十九辆，并进行了选种和挖沟排水工作，领导并组织农民和各种灾害进行了斗争。

随着工业和农业生产的恢复和发展，商业在去年一年中也是发展的。在三月以来的经济改组过程中，商业方面曾经表现了暂时的萧条，歇业一度增多，据统计，前半年开歇业相抵，实际减少了九百户。但是六月以后，由于我们大力调整工商业的结果，由于城乡贸易的扩大，很快就转入了繁荣阶段，后半年，开歇业相抵，实际增加了一千六百三十五户，也就是全年实际增加了七百三十五户。在营业额方面，根据市税务局征收营业税的一部分材料统计，一般行业的营业额，冬季比春季增加了一倍。商业的发展是生产发展的结果，但反转来，它又刺激和促进了生产的发展。

为了发展生产，我们在金融、贸易、工商劳动行政以及合作社等方面的工作，也起了一定作用。另外，我们的财政税收工作也是有成绩的。因为这些工作已另有口头的或书面的报告，我在这里就省略不提了。

在恢复和发展生产以外，稳定物价也是去年财经工作中，具有极重要意义的一件事。从三月份以来，本市的物价基本上是稳定的。二十六种主要商品的物价总指数全年仅上涨了百分之九十；而且，十二月份的物价还比三月份低。这主要是由于中央在全国范围内，采取了正确措施，而我们在财经方面的各项工作也起了相当作用。

第三、在一九五零年度工作计划中，我们曾提出适当发展为劳动人民服务的文教卫生事业。我们的方针是为生产服务，为劳动人民服务。具体计划，在教育工作方面，是以发展社会教育（中心是发展业余补习学校），职业教育和师范教育为重点。但因失学的儿童和青年还很多，所以在学校教育方面，在数量上发展了很多。市立中学增加了五十五班，私立中学增加了四十八班，共增加学生九千二百余人，超过原订计划一倍。市立小学增加了四百二十六班，私立小学增加了许多班，共增加学生二万一千四百四十人，超过原订计划约七倍。技术学校和师范学校共增加十五班，增加学生五百四十七人。另外，还建立了工农速成中学一所，六班；干部文化补习学校一所，六班，合计十二班。一般中、小学在招生时也特别给工农子弟以入学的便利，小学录取的新生当中，工农和烈、军、干属子弟占百分之五十一，中学约占百分之三十。并且，新增设的中小学，主要是设在劳动人民密集而学校较少的地区。在教学的内容方面也有一些改进，就课业成绩看，一般地较一九四九年提高了。学生的思想、政治水平也有显著的提高，特别是在抗美援朝运动当中，教员和学生在这方面的提高，更加显著和普遍。但是，如果说，我们的学校教育在量上，有了很大的发展，那么，不可否认，在质上的改进，却还很不够。这是我们今年需要继续努力的。

在社会教育方面，首先是大量设立正规的业余补习学校，现有四十九校，学生三万一千四百七十二人（不包括南口、保定车站职工业余学校，两校学生四三二〇人），如果加上各区的工人补习学校，则学生共达四万二千余人，也超过了原订计划。连成人补习学校学生计算在内，则现有五万多劳动人民参加业余文化学习。文化馆在城郊各区都已建立，共十三处，其中，新增的四处。书报阅览室共达四十一处，其中，新增的三十四处。都超过或完成了原订计划。

在文化工作方面，首先，是在文教局内设立了一个专门的行政机构即文艺处，来负责领导和管理文艺工作。由于把行政管理工作和群众性的文艺运动配合起来，广泛地团结了旧艺人，开展了新文艺运动（例如新的电影和苏联电影完全代替了美国的电影，新的歌曲、话剧、曲艺的广泛演出，新的音乐、美术的传播，旧剧、旧曲艺的改良，人民广播事业的发展）；由于对好的，有益于提高人民政治觉悟的各种作品的鼓励和表扬，对坏的作品的批评，已经使首都的文化活动对人民的思想和觉悟的提高，发生了重大的影响。特别值得提到的，是我们的文艺活动，已能面向劳动人民，下工厂，到农村。

在卫生工作方面，原订计划已基本实现，有些工作并超过了原订计划。

就防疫工作看，去年一年，接种牛痘八十万零四千余人，超过原订计划百分之六十；卡介苗接种八万七千余人，超过原订计划百分之九；伤寒预防注射共做了四十二万四千余人次，超过一九四九年百分之四十八。一九四九年本市天花患者是二百二十五人，伤寒患者是三百二十七人，去年则仅有天花患者十一人，伤寒患者一百三十八人。这说明本市主要传染病的数字已大为减少。

就卫生医疗措施来看，我们曾建立卫生所四处，妇幼保健所一处，工人诊疗所五处。一般都增设在劳动人民集中的地区。原有各院所，也有所扩大。总计新增了病床六百一十四张，卫生人员三百七十四人。解放前，医疗机构分布不平衡的状态，已获得初步改善。并且，为了照顾贫苦劳动人民的医疗，市立医疗机构实行了免费门诊、免费住院和免费接生等办法。同时，并委托私人医院也实行免费办法，由政府给以一定补助。去年一年门诊人数较一九四九年增加了十八万余人，即增加了百分之四十一；住院人数较一九四九年增加了一千六百余人，即增加了百分之二十九。其中，免费门诊十七万二千二百七十六人次，免费住院二千三百三十五人。另外，还有难产免费住院二百三十九人，适当解决了贫苦劳动人民的医疗困难。

此外，为了加强对中西医的团结，在公私兼顾的原则下，使能更好地为人民服务，组织了开业中西医和助产士的学习，提高他们的觉悟，因而在他们积极参加之下，建立了卫生保健站九十五处，城区都成立了妇幼保健工作网，协助政府进行防疫保健工作。

卫生宣传工作，也较一九四九年加强，在妇幼卫生、学校卫生、工矿卫生各方面，都有进步。

一年来，工作中也有一些缺点，如流行性脑炎仍然很多，旧式接生婆还未得到大量改造，医药管理工作还不够强，特别是市立医疗卫生机关由于机构、制度、设备、技术等都不很健全，还不能更好地为人民服务。因此，和教育工作一样，也是在量的方面已有发展，而在质的方面尚待改进。

第四、一九五零年度市政建设方面的成绩是很显著的。按照原订计划，去年的市政建设是围绕着改善环境卫生和改善市民交通两个中心来进行的。因为其中大部分工作在前半年即已完成，并已在第二届第三次市各界人民代表会议上做过报告，所以这里只作一个概括的说明。

（一）由于疏浚了全市的河湖，掏修和新建了不少的下水道，增建了男女公共厕所、秽水池，加强了清除垃圾的工作，改善了自来水的供应，环境卫生是大大改善了。

总计掏修了旧下水道八万三千六百七十五公尺，新建三万六千四百二十二公尺（包括雨水口沟线）。疏浚了金河、长河、护城河、筒子河、玉带河、菖蒲河、织女河以及三海、积水潭、什刹海等（积水潭、什刹海的工程都是在原订计划之外增加的），共浚土一百七十余万方。增建了男女公共厕所一百零八座，秽水池四百零一座。以上各项都超过了原订计划。并由于采取以工代赈和直接经营的方式，节省了一部分经费。

在自来水的供应方面，水质已经改善（化验次数由去年一月重点抽查九十一次，增到十二月普查六百三十八次）。用水户到去年年底已增到三万五千三百余户，比一九四九年增加了二千五百余户，用水人口到去年年底，已增到一百零八万余人，比去年一月增加了四十五万余人，也超过了原订计划。特别是门头沟矿区安装了自来水管，使矿工们从此可以不再吃矿井排出来的水，将大大减少在矿区流行的肠胃病。

（二）由于修建了许多新的道路和许多胡同的土路，并对旧路进行了保养，改进了交通设施，增建了一些桥梁涵洞，增加并改善了电车和公共汽车的行驶，因而使市民的交通比以前便利得多了。

道路方面，全年共修建了各种路面四十四万余平方公尺，超过原订计划百分之十一（其中，包括规模较大的林荫大道），修了九百一十九条的胡同的土路（城区九百零六条，郊区十三条，内有十六区主办的四条）；保养旧路共五十七万余平方公尺，超过原订计划百分之七十。

公共交通方面，电车第四季每日平均出车已达一百一十一点六辆（最高达一百一十五辆），超过了原订计划，比一九四九年同期增加二十八点六辆；全年乘客总人数四千八百余万人，比一九四九年增加百分之七十四。公共汽车第四季每日平均出车八十五点八辆，比一九四九年同期增加了六十八辆，即增加了三点八倍；第四期乘客人数五百六十万余人，比一九四九年同期增加五点八倍。

（三）房屋问题也是关系人民生活较大的一个问题。在这方面，我们的工作还做得很不够。我们除了调整租赁关系（在房地产交易所下并设有租赁介绍所一处），并通过各区的房屋修缮委员会，动员房东、房客协力修房以减少倒塌外，还采取了各种办法鼓励投资增建房屋。例如三年内免征房产税，筹设公私合营的房产公司吸收游资建房等。另外，还新建了房屋三百余间；修缮了旧公有房屋二千三百余所。没收妓院老板的房屋一千三百余间，已拨作工人宿舍。但是，房屋问题还很严重。今年，我们准备用大力来解决这一问题。

第五、优抚是巩固部队和增强军民团结的重要工作之一。本市现有烈士家属、革命军人和干部家属共一万九千一百五十三户，七万三千四百九十六人。其中，贫苦的占多数。我们根据中央人民政府的优抚政策，按照城乡不同的特点，分别采取了代耕或组织生产，介绍职业和实物优待相结合的方针来帮助他们解决生活上的困难。已经组织起来的生产有二十七种，六十六个单位，参加的五千余人。全年介绍就业的一千零五十余人。帮助军属子弟一千二百余人进了学校。对于老弱妇孺，无劳动力的则直接发给优待粮，并组织了军属安老所一处，长期收养年老无依的烈、军、干属。

我们去年的优抚工作是有成绩的，但也有缺点。其中，主要的缺点是过去对全市的干部和人民广泛地宣传优抚政策，开展群众性的拥军优属工作，还做得不够。此外，在组织生产的时候，曾主观地规定了以百分之七十的优待粮去组织生产，结果影响了该发的优待粮发不下去。这缺点，已经很快就纠正了。

救济失业也是一九五零年度的重要工作之一。但因在第二届第四次市各界人民代表会议上已做了比较详细的报告，所以这里不再赘述，只作如下的补充，即失业工人和知识分子已登记的人数，到去年年底，累计达到一万零一百八十三人（包括暂时失业的矿工二千人）。其中，先后就业的，已达四千五百六十九人。此外，去年一年中，城郊受过救济的贫民累计达二万二千余户，六万三千余人。移民到察绥去的七千五百十四人，介绍到东北做矿工的三百五十一人。乞丐被收容的累计达二千七百余人。

总结上述各方面的工作，可以说，我们所提出的一九五零年度工作计划是完成了，并且，在许多方面还超过了。

我们所以能够取得这样大的成绩，是毛主席、中央人民政府和中国共产党北京市委员会对我们正确领导的结果；也是广大人民和我们团结一致，共同奋斗的结果。一年来，北京市建设的经验，再度证明了人民民主制度的优越。人民民主制度是真正符合于人民利益，具有高度行政效率的制度。

但是另一方面，在我们的工作当中，也还存在着许多缺点。这些缺点的来源，除了一些客观原因外，主要是由于我们的干部城市工作经验不够，业务水平不高，或对政策了解得不够深刻，甚至还具有官僚主义和命令主义等作风。因此，怎样培养和教育干部，怎样整顿和改进干部的作风，就成为我们的重要任务之一。为此，我们在去年一年中，曾由行政干部学校轮训了五百二十名在职干部（另外，还训练了编余人员一百五十人，绝大部分已分别介绍工作），开办了公安学校及其他干部训练班。对于在职干部坚持了业余的学习制度。更重要的是我们曾进行有重点地检查工作和全面整风。前半年，先后检查了公共卫生局和卫生工程局的六个附属单位的工作，对于改善卫生工作人员的作风和加强卫生行政机关的领导起了一定的作用。此外，有的单位也进行了作风纪律的检查。在公安干部中曾进行过两次检查，反对无政府、无组织、无纪律和反对命令主义和贪污腐化。城区九个区经过区各界人民代表会议，进行了干部作风的检查，郊区在土地改革前后，曾整顿过两次思想作风，都收到了很大的效果。去年八月，我们制订了全面整风的计划，在干部中间展开了全面整风运动。这次整风是以从上而下地总结工作为主，根据人民政治协商会议共同纲领，中央人民政府所颁布的政策法令，市各界人民代表会议的决议和市人民政府的工作计划，全面地检查过去的工作，展开批评和自我批评。经过这一次整风运动，相当地提高了干部的政策水平和业务水平，改进了干部工作作风，调整了组织机构，建立了若干必要的工作制度并增进了干部之间的团结。整风的经验，再一度证明了在我们革命的队伍中，批评和自我批评是推动我们前进的最好武器。定期的和总结工作结合起来的整风，应当成为我们的一种工作制度。

以上就是我对于一九五零年度工作的报告，请各位代表审查批评。

北京市人民政府财政经济委员会程宏毅副主任关于一九五〇年度北京市财政收支决算的报告

（1951 年 2 月 26 日）

各位代表：

一九五零年度本市财政收支预算执行的情况与结果是良好的，是有成绩的。我们不仅实现了在第二届第二次市各界人民代表会议所提出与通过的，以北京市收入（包括中央税在内）供北京市开支的方针。保证了一九五零年度工作计划的完成，并且，还做到了有结余。

现在根据年度决算分别说明如下：

第一、一九五零年度收入超过预算的五六点一六％。其中，工商业税占收入总额的四五点七九％，货物税占一六点七二％，印花税占八点一六％，农业税占七点五九％，房地产税、交易税、屠宰税、契税、使用牌照税、特种消费行为税和利息所得税等项占一七点三八％，司法行政罚没、中学杂费、证照规费与杂项收入占二点四八％，财务折益占一点三八％，上年结转占〇点五％。收入总额内包括了一部分一九四九年下半年的工商业税、房地产税和农业税秋征三项，占原预算收入总额的一九点七七％，如减去这三项，则收入较原预算数超过三六点三九％，但这里不包括市营企业利润和酒专卖利润，这两项收入，前者中央允拨做地方企业投资；后者已直接上解中央，所以没有列入总收入内。在各项税收中，以工商业税、货物税和印花税增加最多，如工商业税超过原预算所列的九七点五二%，货物税超过原预算所列的一〇三点一一%，印花税超过原预算所列的九六点八三%，这主要是由于工商业和税收的调整，特别是农村丰收、人民购买力提高，工商户营业额普遍增加的结果。另外，也有个别税目还没有完成原预算所列数字，如摊贩牌照税，实收占原预算所列的七二点〇七%，这是因为原预算中包括的摊贩用地租金，改列为地方收入。地产税实收占原预算八五点八六%，原因是税率由累进征收改为比例征收后，税额减少。薪给报酬所得税未开征。此外，各项税收一般都超计划完成了。

第二、一九五零年度的支出超过预算一三点四八%。在全部支出中，行政费占支出总额的三〇点一八%；事业费占支出总额的六五点八六%。其中，投资占支出总额的二七点七一%。市政建设费占二〇点七四%(如果将上解之三海四海工程费加入在内，则占支出总额的二七点九五%)。郊区疏浚沟渠费占〇点六一%；文化教育费包括干部训练费占八点七三%。公共卫生费占五点九三%。社会事业费占二点一四%。失业员工救济费中央另拨专款，原预算未动用。事业费支出总额较原预算超过了二五点一七%。其中，投资较原预算超过四六点〇七%，市政建设费较原预算超过二三点一〇%，这是因为一九五零年后半年财政收入好转，根据需要有重点地兴办了一些事业。其次，财务费只占支出总额的二点七二%，因为原预算列有折损，而实际在一九五零年三月以后物价下落，没有发生折差现象，故实支数较原预算数为小。补助地方教育卫生及村行政经费占一点二四%。这里应该说明：由于支出总额增大，故文化教育费，社会事业费的比例较原预算就相对的减少了，但实际支出数字均是增加了的。以上全年收入除去支出和已上解中央的三海四海工程款以及一部分追加预算的跨年度支出外，尚有结余，占收入总额的九点七二%。

第三、关于地方款决算岁入方面，全年收入超过预算二四点三%，城区收入占收入总额的七〇点六%，郊区收入占二九点四%。其中，工商业税附加占二八点四四%，农业税附加占一八点八一%，房地产税附加占二五点〇六%，公用事业附加占四点九五%，小学杂费占三点九四%，公产收入占六点三三%，杂项收入占〇点三八%，市款补助占一二点〇九%。

全年支出超过预算二一点〇三%，城区占支出总额的七二点五%，郊区占二七点五%。其中，清洁卫生费占支出总额的三〇点三三%，小学教育费占六三点九九%，村行政经费占五点六八%。超支原因，主要是：为了解决一部分儿童的失学问题，增加小学四二六班。

如把市财政收支决算和地方款收支决算加起来，则支出中的百分比也就有了改变，行政费只占二八%。事业费增加到六八点四〇%，而在事业费中文化教育费和公共卫生费所占的百分比显著增大，前者由八点七三%增大到一三点八〇%；后者由五点九三%增大到八点一〇%，二者合计为二一点九〇%。

第四、我们在执行一九五零年度的收支预算中虽然获得以上的成绩，但是缺点也是有的，主要是预决算制度不够健全，审计制度也还不够严格，因而发生个别科目流用和预算未经批准即动支款项等缺点，这是应该检讨与纠正的。

以上就是关于一九五零年度本市财政收支决算的报告，请各位代表审查。

北京市人民政府
关于一九五〇年度财经工作的报告

第一、市营企业

一年来发展很大。

(一) 扩充了设备。新建面粉一厂新装了十二部机磨，燕京造纸厂装置了四部打浆机和两个蒸球，新建玻璃厂完成了煤气炉，新建窑业厂添设了五台制砖机，清河制呢厂正进行精纺部分的建设，并新建了公私合营的东郊面粉厂。

(二)职工人数较一九四九年增加百分之三八点七六。

(三) 增加了产量。新建玻璃厂全年熔化玻璃四三〇四缸，超过原计划百分之三二点八五；燕京造纸厂共产各种纸一三八六五九令（折合二一五二吨)，超过原计划百分之一五点五五；新建面粉一厂(不包括新装十二部磨)共产面粉二一〇八八一袋，超过原计划百分之八点一四；新建面粉二厂共产面粉三四八八一二袋，超过原计划百分之三点九三；唯一面粉厂共产面粉五五〇三二四袋，超过原计划百分之一九点四八；清河制呢厂产品折合三号纱五五八四五五公斤，超过原计划百分之二五；丹华火柴厂全年产火柴一一五七六箱，完成原计划百分之七七点三四。但也有个别工厂未完成计划，新建窑业第一厂产砖九四九二五四〇块，完成原计划百分之九九点八三；第二厂产砖八〇二六〇〇〇块，完成原计划百分之七八点三。

(四)生产效率有很大提高。如清河制呢厂每台梳毛车平均日产量十二月份较一月份提高一倍；面粉二厂十二月份产量较一月份提高了百分之七六以上；燕京造纸厂十二月份产量较四月份提高了百分之三七。

(五)提高了质量。如清河制呢厂毛织部一等品率在七月份是百分之四九，十二月份增至百分之九五点四；玻璃厂玻璃的抗酸度由百分之〇点〇二降至百分之〇点〇〇九；燕京造纸厂十二月份损纸率较原订计划的百分之八减少了百分之一点四六；玻璃厂仪器组的损失率第四季度较五月份减少了百分之一二点五。

这些成绩的获得，是由于各单位都实行了民主管理，并在这个基础上开展了提高质量、减低成本的生产竞赛运动、实行奖励制度。

但是，我们的工作中，还有许多缺点：

(一)对发挥全体职工的积极性和创造性做得不够，特别是对技术人员的团结与教育还没得到应有的重视。

(二)统计工作和成本计算工作还没有赶上生产竞赛运动的需要。

(三)有些工厂在充分发扬民主上还做得不够，竞赛运动还不够深入和经常。

(四)在减少损失，节省原料上仍注意不够。

(五)有些厂因为从事购销业务，曾经放松对生产的领导。

第二、私营工商业

(一)私营工业

一、私营工业一年来较一九四九年有了显著的发展。一九五零年全年开歇业相抵，私营工业增一六二一户，职工增五五三四人；手工业户开歇业相抵增一一二九户，职工三三四五人；特种手工艺开歇业相抵增六七六户，职工二一一四人，以上共增三四二六户，职工一〇九九三人。有若干行业因建设需要发展很快，如电锯制材业，解放后两年中增加了两倍（包括公营八户)。

二、全年私营工业廿一个行业生产总值为五〇六三一七六八一斤小米（包括公私合营的唯一面粉厂和振北制革厂)，较一九四九年增百分之七〇点五。一九五零年产量和一九四九年相比较：铁工业(包括金属冶制业)共用生铁一〇一六一点一吨，增加了百分之一〇三点二；织染业产各种布六一六七六九疋，增加了百分之七〇点六；针织业袜子产五九四七七〇打，增加了百分之一三二点三；面粉业产三五二〇二四六袋，增加了百分之五一点二(包括公私合营的唯一面粉厂，占总产量百分之一六点一)；制革业产牛皮三三八〇五张，增加了百分之一二九点三(包括公私合营的振北制革厂，占总产量百分之一四点五)；窑业产砖三四二五〇四四九块，增加了百分之六七点一；橡胶业用生胶二四五五七八斤，增加了百分之三八点五；火柴业产二四七二七箱，增加了百分之三四点六(包括公私合营的丹华火柴厂，占总产量百分之四六点八)；卷烟业产六一八八箱，增加了百分之六七(包括公营的五一烟厂，占总产量百分之四〇点一)；油脂工业产芝麻油二五八三六四三斤，增加了百分之五八点一。减产的行业仅为造纸业和造胰业，造纸业产六〇二八九点五令，减产了百分之〇点四；造胰业产一三三九〇一箱，减产了百分之三七点五，但其中香皂则增产百分之四六点三六。

三、许多行业的机器设备都有增加，如面粉单式制粉机增加百分之六四点三，针织业电动机增加百分之四八点四二(包括一部分恢复的)，印刷业三十二页机增加百分之二五，电锯制材业电锯增加几达一倍。

四、产品质量提高，成本降低。面粉含水量由百分之一五，降到百分之一三；肥皂业南洋工厂每锅肥皂由回锅十五次到不回锅，用煤量由四〇〇斤减到二五〇斤，每箱成本减低五〇〇〇元。由于制定成品规格的标准，对肥皂、针织、卷烟、火柴、台秤、皮革、机油、火碱水八个行业进行了成品的检验，并在加工、订货中加强了检查，因而提高了各业成品的质量。针织业有一百多户固定了牌号，火柴业残火柴由百分之三〇减低到百分之九，每箱成本降低一三〇〇〇元到三〇〇〇〇元；花纱布公司加工布的退布率由百分之三〇降到百分之五。

一九五零年本市私营工业发展的原因是：(1)农村丰收，人民购买力提高，城乡贸易畅通；(2)政府大力调整工商业、公私关系及劳资关系，国家在税收和贷款方面对私营工商业有很大的照顾；(3)全国财经统一，物价稳定，造成对生产有利的条件；(4)国家机关与贸易公司的加工、订货、交换、收购和供给原料；(5)政府对生产方向的正确指导；(6)工商业者的积极改善经营和工人生产效率的提高。

(二)私营商业

一、私营商业一九五零年全年开歇业相抵，增加了七三五户。增加较多的是棉花业（兼营煤油）、土产食品业、牛羊业、木业和面食品业。米面粮、粮栈、煤铺、油酒醋酱等过剩行业和一部非广大群众所必需的行业，如金银首饰、珠宝玉石等业则户数继续减少。

二、根据市税局一、二、六三个分局的材料，一般行业冬季营业额比春季增加一倍以上。绸布业一三二户营业额，增加百分之一八〇；百货业四二三户，增加百分之一五四；土产食品业和行店（鲜果店）一七一户，增加百分之一一九；五金业八〇户，营业额增加百分之三〇七；木业九一户，营业额增加百分之三九九；自行车业二七八户，增加百分之一五六；纸张文具业四八七户，增加百分之九五；油酒醋酱业七三〇户，营业额增加百分之三八。但为新社会所逐渐淘汰的行业，如香烛业一八户，营业额则减少百分之七三。

三、经营方式也有若干改进：

(1) 薄利多销，面向劳动人民。如瑞蚨祥低价甩出冷货，薄利多销热货，并增加色布的供应，十月份销货百分之三十至四十销到农村。

(2) 组织联营、联购、联销。资力集中，节省人力。向远地采购，减低了成本，如竹业从杭州、汉口来货，每车较天津减三百万元至四百万元，烟叶由东北吉林来货，每斤成本减低一三五〇元，土产食品业到汉口、广州买橘子成本减低一倍。

(3) 在物价稳定的情况下，一般行业开始恢复和建立城乡信用赊销，扩大了营业额，目前大部分都是一半现款、一半赊欠如诚记百货店赊销业务占百分之五〇，其中，赊销外埠的占百分之二五。

(4) 工厂和商店，公营和私营经销、代销的业务关系增多，节省了资金，加速了商品流转。

四、目前还存在着的问题：

(1) 部分行业严重地存在着单纯依赖公家的思想。

(2) “等主候客”的经营方式较为普遍，私商下乡困难，主要是不了解农村需要，怕销不出去；同时，运输也有困难。

(3) 居间行业的高额剥削和某些店栈把持价格、为难外商的现象仍然存在。

第三、合作社工作

一年来，北京市的合作事业是有很大发展的。

一、建立各类合作社三七七个，社员五一二五八七人，股金二十四亿九千余万元，与一九四九年相比较：社员增加百分之二七点五。股金增加百分之三九点九。其中，农村合作社发展最大，社数由七四个增至一〇八个，社员数由五五七〇九人增至一〇二〇二八人，股金由二八七一五万元增至六一一一四万元。

二、供应各基层社物资一四七八亿元。自实行定量、定价的配售制以来，社员更得到直接的利益，如十二月份总社共配给基层社比市价平均便宜百分之八点一的物资，计一二六亿元。在郊区春耕时，进行了肥料、种子、牲畜、打水井等十一种农业生产贷款，共三六九万斤小米；秋收后，收购各种粮食五二五万斤。此外，在城乡贸易方面，合作货栈为各地区合作社及国营企业等代销总值达四五〇亿元，代购总值达二七一亿元。

三、过去对合作社的性质、任务、方针认识不明确，曾经有过资本主义经营思想的偏向，不想尽办法为社员服务，而致力于追逐利润，例如在八月份以前，总社的销货额中，有百分之三十到四十是经过市场销售的。自七月中央合作社代表会议后，就扭转这一偏向，取消非社员交易，面向社员，面向基层社。并在整顿业务过程中，采用了配售制度，使合作社自上而下地向计划化发展，并巩固了合作社的组织，开展了合作社的民主运动。

第四、物价

一年来，物价基本上是稳定的，一九五零年十二月份物价与一九四九年同期比较，二十六种主要商品的物价总指数仅上升百分之九十；扭转了十二年来恶性通货膨胀的局面，使劳动人民在生活上获得了保障，正当工商业家可以安心生产或经营，走向正当发展。为了稳定物价，我们和全国各地相配合，贯彻了中央“关于统一财经工作的决定”，特别是由国家贸易公司与合作社充分供应物资，打击了投机活动。同时，工商界在抗美援朝运动中，订立爱国公约，保证不囤积、不投机，对稳定物价也起了一定的作用。十月下旬，棉纱价格波动，除由贸易公司扩大布疋及针织品加工，有计划地供应纱、布外，并及时加强纱布与粮食市场的管理，严格取缔投机活动。在冬煤供应方面，因七月份门头沟煤矿被淹减产，存煤不足，煤价上升，而经贸易公司大力由外地调入煤斤，以补门煤不足，并对机关实行配售，委托私商加工代售，以合理价格供应市民。供应了全市需要量百分之九〇左右，满足了绝大部分市民的需要。

在稳定物价工作中，我们对情况了解仍有不及时、不全面的缺点，对某些商品的季节性估计不足，如麦收后，面粉、小麦比价不合理，与粗粮比较亦显过低，但未及时逐步调整，而被迫一次调高百分之二十，是不妥当的。门煤在上半年价格过低，又未大量收购，影响生产，以致造成冬季供应的某些困难。

第五、银行工作

一年来，在中央统一财经工作的总方针下，中国人民银行北京分行的工作有了很大的发展，基本上完成了上级所赋予的任务。

一、贯彻了现金管理，集中国家资金，节省了现金流通，打下了实行货币管理的基础。全市应受管理的单位已全部管理，库存限额已全部确定，十二月份已开始编制收支计划，公营存款较一九四九年底增加十六倍，现金收付比例由百分之一二点五减为百分之九。

二、扩大了和私营企业的联系，广泛地开展了储蓄业务。私营企业存款较一九四九年底增八点七倍，储蓄增十二倍。为了吸收存款，从一九五零年四月份起举办了保本保值存款，十一月份起举办了保本保值有奖储蓄。

三、具体情况和需要，适时地进行贷款，扶植了生产和物资交流的资金周转。在全年放款中，公营占百分之五九点七二，私营占百分之四〇点二八。私营放款中，工业占百分之三三点一，商业占百分之三八点六二，其他占百分之二八点二八。私营放款占放款总额的比重由年初百分之一三增至十二月份的百分之四〇点二八。春秋两季发放农贷共折五四二万余斤小米，解决四九一八八户农民生产中的肥料、种子、牲畜、打井等困难。

四、严格管理了金融市场，监督和指导了私人行庄停业清理者共二十九家，至十一月共清理廿四家，清还债户百分之九五，债额百分之九四。由三月廿八日至十一月共调整九次利率，存款由最高廿二分五降至二分六；放款由五四分降至三分九。四月组织行庄联放，共集资金六十亿，贷出五十余亿元。另组织资金一百亿元以扶植城乡贸易。

第六、财政税收工作

一、一年来，财政管理工作是有成绩的（关于一九五零年收支概算执行情况另有报告，此处从略）。

（一）制定并实施了总会计制度，合并原有三百多个会计单位为四十九个，减少了财政事务手续。

（二）建立市金库制度，减除了财政折差，克服了现金管理工作上的分散和紊乱的现象。

（三）对于市属公营企业开始实行财务管理，建立预决算制度，有重点地检查资金运用，并逐步进行按期提取利润，提缴折旧金的工作。

二、在税收方法上有很大的改进。

（一）改进了工商业税的征收办法并简化征收手续，过去采用的“民主评议”的办法有很大的估计性，产生了畸轻畸重的现象。同时，营业税与所得税合并半年征收一次，集中缴纳，工商业者感到筹款困难。

（1）自下半年度起，改变过去所采用的“民主评议”征税的办法（这在过去是必要的）。而完全按照中央的规定，按帐簿健全程度和规模大小把工商户划分为“申报查帐”与“自报公议”“定期定额”三种分别征税，基本上克服了过去畸轻畸重的现象。

（2）营业税由按季征收改为按月征收，集中缴纳改为分散缴纳，对工商业户缴纳税款有很大的便利。

（3）在四月间征收营业税时，正值工商业遭遇到暂时的困难，我们曾对纳税困难户分别给以减、免、缓的照顾。

（4）小型厂商的货物税由查定征收改为按实际产量征收，克服了查定产量低于或高于实际产量的现象。

（二）建立干部的专责制。自六月份起将干部组成若干工作组，分别掌管一定地区工商业户的税收工作，了解情况较前深入，因而减少了偷漏，也密切了与工商业者的联系。

（三）建立座商统一发货票制度，现已有一万五千多户使用统一发货票，节省了贴印花手续。

（四）改进摊贩的征税办法。为了合理调整负担，自十月份起对较大摊贩（约六千户）实行统一发货票，根据营业额依率计征，按月缴纳。

三、目前税收工作中存在的问题：

首先，是漏税情况还严重。根据税务六分局八月和十一月两次检查营业税的统计，在查获的漏税之中，漏报营业额约为原报数的百分之三十五，少数户漏报有达数倍之多。

其次，是还有滞纳的现象。在抗美援朝高潮中，本市工商业者绝大多数发挥了高度的爱国主义精神，踊跃纳税，但有少数户还存在着拖延的态度，个别甚至顽抗不缴。

第三，是行商、摊贩的税负过低，影响座商营业；“定期定额”户“自报公议”户的实际税负也低于税率，不合理。如税务四分局十一月调查十六个行业六十七个“定期定额”户的结果，平均实际营业额约相当于固定了的营业额百分之二百到三百，即实纳税额仅等于应纳税额的百分之五十至百分之三十三。

北京市人民政府关于一九五〇年度调整劳资关系劳动保护劳动保险等工作的报告

（一）一年来劳资关系的变化

去年一年，私营企业中的劳资关系，已较一九四九年有了显著的改善。劳资双方对劳资两利的政策都有了进一步的认识。特别在整个经济情况开始好转后，劳资关系也转上了正常的道路。这一年，劳资关系的变化，经过了几个阶段：在全国劳动局长会议以前，劳资双方对劳资两利的政策都还认识得不够清楚，资本家缺乏经营信心，准备缩小营业、实行抽资并和工会采取对立的态度，而有的工人也不守劳动纪律。二月间，市人民政府公布了“关于私营企业劳资双方订立集体合同的暂行办法”，“关于劳资关系暂行处理办法”，“劳动争议解决程序的暂行规定”等三个文件，对端正劳资关系起了很大作用，劳资关系有了初步改善。但是，当三月间工商业遭遇到暂时困难后，部分资本家又对营业前途丧失信心，要求关厂、歇业、解雇工人，因而劳资纠纷又形增多。为了促使劳资双方协力渡过困难，五月间市劳动局开始在私营企业中进行了建立劳资协商会议的工作；同时，我们又在公私关系，税收等方面进行了调整，使得经济状况又好转，因而劳资关系也逐渐好转。秋后，农村丰收，城乡贸易扩大，物价持续稳定，各厂、店营业普遍上升，劳资双方在实际体验中，进一步认识了“劳资两利”政策，部分厂、店并开展了生产竞赛和营业竞赛，明确了正常的劳资关系是建立在民主的、平等的、契约的、两利基础上的，任何一利的思想，都会使劳资关系恶化，妨碍企业的发展。

（二）签订集体合同，集体协议和建立劳资协商会议工作

签订劳资集体合同，集体协议，推广劳资协商会议，对调整和改善劳资关系起了很大作用。一年来，先后签订了门头沟小窑、油篓、国药（二届）、新药、砖窑、织染（二届）、五金、西服、鞋、盆窑等十个行业性的集体合同和浴堂、理发、油盐粮、地毯、刺绣、茶、手工造纸、毛笔等八个行业的集体协议；审查批准了私营厂、店单独合同、厂规、铺规一百廿八件；国营企业备案的集体合同或集体协议四十六件。凡已订立集体合同或集体协议的行业，除个别因内容不完善，发生新的争议外，多数行业订立之后，劳资纠纷都随之减少，生产趋向正常。由于在集体合同里明确规定了劳资双方的权利责任、劳动条件，合理地规定了劳保福利、伤亡抚恤办法和工资标准，克服了过去工资无一定标准，伤亡无人负责的现象。如国药业将流水提成工资制改为固定工资制，刺绣、地毯、手工造纸等行业统一规定了工资标准，初步纠正了工时过长，工资过低的现象。工人生活得到了初步的改善，生产情绪提高；资方也放手经营，因而营业也就有发展，证明合同的规定是正确的。

劳资协商会议也是调整劳资关系的基本方式之一。从五月到十二月底止，以行业或个别厂、店为单位建立的劳资协商会议有一七一个，它是劳资双方平等协商的组织形式，对于协力渡过了工商业所遭遇的暂时困难是有作用的，如北平造纸厂职工主动提出在停工期间大家轮流回家，降低工资，以减少资方开支，使营业逐渐好转；瑞蚨祥绸布店职工厉行节约，提出薄利多销的建议，经资方采纳后，每月减少了开支一万二千七百斤小米，营业额每月由壹亿增到十八亿。随着经济情况的好转，劳资协商会议已由协商如何渡过困难，进一步协商签订集体合同或贯彻集体合同的执行，部分厂、店已转向开展生产竞赛和营业竞赛，如恒德成织布工厂，每人每月织布由四十疋增到四十八疋，并提高了质量。目前协商会议建立的虽还不多，但它对各行业的影响是很大的。甚至有些小商店、作坊也能通过协议的方式来解决其劳资间的问题。

（三）调处劳资争议

市劳动局全年共接受劳资争议案九百三十七件，以解雇问题三百五十件，工资争议三百四十五件为最多，因违犯劳动纪律的争议有六十九件，复工和劳保问题的争议各四十五件。在这些争议案件中，经劳动局调解了四百二十二件，自行协议解决了三百零八件，仲裁六十七件，移送法院的一百二十件。调处工作配合着订立集体合同，集体协议和劳资协商会议，通过调解，具体宣传解释了政策和政府所颁布的劳动法令，提高了劳方的觉悟和资方的认识，从而系统地改善了劳资关

系。从争议案件解决以后，检查过的二十九件案件的结果看来，大部分都执行了调解或仲裁的决定，如利明料器厂因外债多，欠工人工资无法支付，经过调解，说服工人分期支领工资，使该厂能够继续开工，营业逐渐好转。这证明了在调处劳资争议中政策的掌握基本上是正确的。经过上述一系列的工作，劳资争议的案件已逐渐减少，由三月份的一百一十二件，到十二月份已减为六十二件。劳资关系虽已逐步改善，但是，在工作上还有些缺点，有些问题还待研究解决。如：对劳资双方的政策宣传教育还做得不够；工资制度中还存在着许多不合理的现象；工时过长，有的厂、店职工劳动纪律不好等问题。

（四）劳动保险和劳动保护工作

（1）劳动保护工作

在劳动保护工作方面，首先是着重调查了解情况，成立工矿安全卫生委员会，建立职工伤亡报告制度等工作。一年来，共调查了九十九个工厂，并由参加安全卫生委员会的各单位组织了调查小组，检查了二十四个厂、矿的安全卫生情况，对其中二十二个厂提出了改进意见。根据十五个厂的复查，绝大部分已经执行。例如一般性的防险外罩、栏杆、口罩、鞋盖、围裙等防护设备大都添上了。有的已建立了安全制度。例如七十兵工厂、石景山钢铁厂等都有各种交接班制度、定期检查制度、安全规程等。其他方面如宿舍、厕所、厨房亦有改善。在煤矿方面，因在门头沟区安装了自来水，解决了矿区的饮水问题。

（2）劳动保险工作

本市百人以上的企业约六十多个单位，其中，邮电、铁道部门已有了全国性的职工伤残、疾病补助试行办法。京西矿务局亦有统一规定。石景山钢铁厂也有较完整的劳动保险制度。另有二十个公营厂由行政上每月拨出总工资百分之二点五至百分之三，作为劳动保险基金。其余一部分公、私营厂、矿大部缺少劳动保险办法。工人发生伤亡事故和年老退休、疾病等问题不能妥善地解决。为了适当解决这些问题，劳动局正根据本市具体情况和有关单位进行研究疾病、伤、残、年老退休、衰弱退职等办法。此外，还制订了临时工伤亡医疗抚恤办法。

自五月到十一月共解决了劳动保险问题四十五件。同时，通过签订集体合同，对建筑、机制面粉、煤窑、砖窑、织染、国药、粪业、五金等八个行业都具体简要地规定了劳动保险的内容，以提起资方的注意，减少职工伤亡。同时，在发生事故后职工也可以得到一定的劳动保险待遇。

劳动保险和劳动保护工作，还有许多问题需待解决。各种事故还不断发生，自五月到十一月七个月中，据不完全的统计，共因工死亡三十九人，重伤八十六人，轻伤四百三十一人；因设备防护不好而患病的更多，还有很多职业病，如被服厂所属弹花厂和造纸厂因空气中尘土纤维多，常患呼吸器官病，石景山钢铁厂铸造部半年内患气管炎的四百零八人，占该部工人百分之六十。而医疗设备不完善，职工疾病得不到及时的医疗，不仅工人身体健康甚至生命受到危害，而且，生产也受到影响。目前各厂矿虽已有所改进，但离实际需要尚远。今后在工作中，要扭转资方不重视职工生命安全的思想和某些公营企业的负责人对厂矿安全卫生设备不加重视的思想。应该认识保护劳动正是为了发展生产。同时，还要向职工进行教育，克服麻痹大意的思想。必须明确认识保护劳动和搞好生产是一致的。只有工人在生产中获得安全的保护，发生事故后，又有保险制度，才能更好地发挥生产的积极性。因此，劳动保护和劳动保险工作必须密切结合。劳动保险不仅仅是解除职工对生、老、病、死、伤、残的顾虑和减轻其困难；而且，更应该从积极方面为减免职工的疾病伤残进行斗争。这就需要一方面和工矿的安全卫生工作相结合，避免或减少一些职工的伤亡和疾病；另一方面要加强医疗设备，使职工病伤能得到适当的治疗和休养，以提高职工生产的积极性。

（五）关于劳动力调配工作

一年来，向市劳动局联系招聘员工的共一百十八个单位，曾介绍过失业员工四千四百七十二人，被录用二千零七人。在介绍就业时最大的问题是，一方面技术人员缺乏，如机械工、电机工、医务人员、成本会计、工程技术人员等供不应求；另一方面有相当数量的失业者不能适合新的生产要求，找不到职业。今后应如何提高他们的就业能力是一个最大的问题。为了解决这个矛盾，目前除开办政治训练班外，并联合公私力量，计划筹办技术训练班。但举办技术训练班在设备、课程、教员等方面都存在着些困难，现在正和清河制呢厂等单位结合试办，取得经验后再为推广。此外，从一九五零年十一月份起，实行了全市职工增减月报制度，以便更进一步掌握全市劳动力增减情况，便利于劳动力统一调配工作的执行。

北京市人民政府关于一九五〇年度文教卫生工作的报告

一、文化教育工作

一九五零年度的文化教育工作是按照为生产服务，为劳动人民服务的方针来进行的。

(一) 学校教育

普通中学方面，在崇文门外增设了市立第十一中学，长辛店增设了市立第十中学，在宣武门外接办了春明女中改为市立第五女子中学，连同其他市立中学共增加五十五班，学生二七二四人，超过原订计划百分之三十七。对私立中学本着扶助、改进的方针，整顿了七所中学；并对办理较好而经济困难的各校给予了补助。私立中学共增加了四十八班，连同插班学生共增加了学生六五三三人。总计市立和私立中学一九五零年度全年共增加学生九二五七人。

市立小学方面，全年共增三十一校，四二六班（城区三二五班，郊区一〇一班），超过了原订计划的百分之六百七十四。私立小学也增加了许多班。现在全市市立和私立小学学生共达一六二〇七九人（内包括机关工厂附设小学十七校，学生八二四五人），较一九四九年增加了二一四四〇人。因为一九五零年下半年市立小学的大量增班，很多失学儿童得到了入学机会，原来在儿童识字班上学的儿童，有很多转入市立小学，所以后半年儿童识字班未发展，现在全市共有儿童识字班七五五班，学生二一四二〇人。

职业教育方面，工业学校（即原来的高等工业学校）增九班，并增设了电机科；财经学校（即原来的高等商业学校）增四班，并增设了统计、工商管理二科，合计共增十三班。因校舍困难，并因中央直属各部门所办同类的学校较多，所以变更了原订增设十七班的计划。私立职业学校也在政府扶植之下增了五班，学生一九五人。市立师范学校增加了四班，并增设了小学教职员轮训班一班。

一九五零年新增设的中、小学校，主要是设在劳动人民密集而学校较少的地区，以适应劳动人民的需要。各校在招生时也都特别给予工农子弟以入学的方便。一九五零年市属中、小学吸收的烈、军、干属和工农子弟共达三四四三三人（一九五零年上半年小学新生尚未统计在内）。在市立中学、技术学校和私立中学中，并提高了助学金的标准，扩大了助学金的范围（技术学校的助学金名额占学生总人数五〇%，师范学校为一〇〇%，市立中学占二五%，私立中学占一〇%）。现在全市共有七四八〇个学生得到了助学金。这对于贫苦劳动人民子弟受教育是一个极大的帮助。

一年来，各中小学校已改换了新课本，并逐步精简了数、理、化教材；充实了仪器、图书。学生的课业成绩已经提高。例如在高级中学方面，根据市立和私立两个中学高中二年级的统计，六门主科（国文、外语、数学、化学、历史、地理）总平均成绩在八十分以上的，由一九四九年占全人数的百分之五三点一二，增至一九五零年的百分之六四点五八；初级中学方面，根据市立和私立两个中学初中二年级的统计，六门主科总平均八十分以上的，由一九四九年占全人数百分之四六点六三，增至一九五零年的百分之五八点八九；小学方面，根据十二个中心小学的统计，学期成绩总平均分数，一九四九年下半年是七六点三分，到一九五零年上半年已提高到七九点四分。不及格人数普遍地减少了。

为了提高学生的政治认识，各中、小学校都经常地通过政治课及其他课程进行了系统的爱国主义教育，尤其是在抗美援朝运动中，各校学生普遍加深了对美帝国主义的仇视、蔑视和鄙视，学生们的政治思想水平是显著地提高了。

对于学生们的健康状况，在去年一年中也有相当的改进。首先以市公共卫生局为主，组织了学校卫生委员会。小学增设了卫生室或医疗箱，并对各小学学生实行了普遍的检查、矫治、预防注射等工作。中学也增加了卫生设备。此外，还曾号召中学学生参加课余种菜生产，共计有二万七千余中学生热情地响应了这个号召。据不完全统计，全年共收获青菜二三二六六三二斤，谷物三六一三二五斤。从去年五月以后，不少学校住宿生每人每天平均可以吃到自已生产的青菜半斤，改善了学生的营养。

一年来，中、小学教育的发展是有成绩的，但我们对于学校教育的改革还是很不够的，对若干办理不好的私立中、小学的校政还没有进行必要的整顿，对郊区小学的领导也很差。

（二）业余教育及其他社会教育

根据第二届第一次各界人民代表会议的决议，在市总工会的协助下，创办了职工业余学校，现在共有四十九校，三一四七二人（不包括南口、保定车站职工业余学校，两校学生四三二〇人），超过了原订计划。在工作中，我们贯彻了首先吸收产业工人和在职干部，并以文化学习为主的方针。经过一年的学习，原来的文盲一般能认识到五百字左右，并能写出简单的语句。此外，在各区的工人补习学校和成人夜校中，还有学生一八七四四人参加学习。

在农民教育方面，郊区共有民校一八五班，五一二〇人。一九五零年年底各行政村已普遍地办了冬学，共发展到七二〇班，学员二一三六一人。经过民校和冬学的学习，成绩好的学员能认到九百字上下，已能看懂黑板报。由于在教学中进行了时事政治教育和中心工作的宣传教育，在提高农民的政治觉悟，帮助完成各项工作和推进农业生产上也起了一定的作用。

在一般的社会教育工作方面，在城区的新街口、大石桥，郊区的朝阳门外和丰台等工人及劳动人民密集地区，共增设了文化馆四处，在各区按照原计划增设了书报阅览室三十四处。通过文化馆、书报阅览室、图书馆和电影队，结合各时期的中心工作，进行了许多宣传教育工作，提高了群众的政治认识，密切了政府和群众的联系。

此外，为了统一对于业余教育及一般社会教育工作的领导，在市文教局之下设立了工农教育处。原计划的工农速成中学已开办一所，现有学员二三七人。还设立了工农干部文化补习学校一所，现有学员二四〇人。

（三）文艺工作

一年来的北京市文艺工作，在提高人民政治文化觉悟，激发人民爱国主义和积极参加生产劳动的热情上，是有成绩的。全市上演了有思想、有内容的话剧、歌剧十八个；上演国产的、苏联的和人民民主国家的影片一百零六部，完全代替了有毒素的美国电影。在戏曲改革上，有了进一步“推陈出新”的发展，产生了四百多段新曲艺，及京剧《将相和》、评剧《小二黑结婚》等新剧目，使北京市劳动人民普遍享受到文化娱乐。总括一年来在实践新民主主义的文艺思想上，有了下面几点主要的收获：

一、按照北京市文艺工作的需要，在文教局成立了文艺处，管理了全市的文艺工作；根据毛泽东思想为标准，通过文艺理论，鼓励和批评了全市上演电影戏剧作品（据现有材料统计，发表于报刊的理论文章共四〇二篇）；按其作品的思想性与艺术性，对群众教育意义大小，分别给以减税的鼓励。

二、协助北京市文学艺术工作者联合会筹委会召开了北京市三百余人的文学艺术工作者代表大会，成立了北京市文学艺术工作者联合会，组成了北京市文艺界广泛的统一战线，团结了戏曲艺人，宣传了毛泽东的文艺思想，统一了对文艺普及工作的认识，团结全市文艺界，实现了一九五零年文艺工作计划。

三、改组华北人民文工团为专业艺术团体北京人民艺术剧院，发展工农兵方向的新歌剧、话剧，介绍苏联名著，达到一定的水平，团结了一批新旧音乐和戏剧专门艺术家和作家，开始整理和吸收古典歌舞剧的传统，试作丰富人民新歌舞剧的实验。剧院通过新剧目的演出，联系了群众。

四、展开了广泛的群众文艺活动：协助大众创作研究会编印通俗文艺读物，已销售七十万份，新历书已销售五十万份；并坚持了大众化、具有民族风格特色的《说说唱唱》，和创刊了指导北京文艺工作综合性的刊物《北京文艺》（前者销四万三千份，后者销六千份），纠正了某些从事群众文艺工作的同志在思想上排斥一部分作家参加指导普及工作的情绪，密切联系了全国的文化艺术工作的机构，改进了工作关系。另外创办了业余艺术学校，培养工人、学生、戏曲工作者、机关干部共一万二千五百人；创办了星海合唱团；开展了群众性的美术工作。

二、公共卫生工作

公共卫生工作是按照“面向工农兵，预防为主，团结中西医”的方针进行的。全年增设了市立疗养院、医院、工人诊疗所、卫生所、妇幼保健所、卫生站共十五处，新增病床六百一十四张，医务人员三七四人。公共卫生局并经常派医疗队巡回郊区进行医疗工作。不但在医疗机构的数量上有了发展，并且也已初步矫正了医疗机构分布不平衡的状况。为了开展卫生教育并设立了卫生教育所一所。

在防疫工作方面，全年牛痘接种八〇四三三八人，卡介苗接种八七五七三人，伤寒预防注射一五五二一一人，白喉预防注射五六二六六人。因而使几种主要的传染病大大减少了。一九五零年较一九四九年，天花患者的发病数减少了百分之九五点一二，死亡数减少了百分之九六点三三；伤寒病患者的发病数减少了百分之五七点八，死亡数减少了百分之五七点五。在配合预防工作上，还进行了多种多样的卫生宣传，得到了广大劳动人民的欢迎。同时，各区区各界人民代表会议都通过了卫生公约，群众性的卫生保健运动已展开，为今后卫生保健工作创造了良好的条件。

在妇婴卫生方面，全年用科学方法接生的二〇八八四人。一九四九年科学接生数占出生总数的百分之五八点二，一九五零年则增为百分之七二点六，因而婴儿的破伤风由占总出生数的千分之七点二降为千分之五点七。加之，产前产后检查的加强，产妇死亡率由一九四九年的千分之七，降为千分之二点四，由于注意了婴儿的保健，婴儿死亡率也由千分之一一七点六，降为千分之九五点五。

在这一年中，组织了开业中西医镶牙生的政治技术学习，各区卫生所，并为了加强对劳动人民的妇婴保健工作，组织了开业助产士的政治和技术的学习会。经过了学习，不仅在技术上提高了一步，更重要的是加强团结，提高了政治觉悟，因而加强了为人民服务的观点，现已有二百三十七个开业助产士和产科医生，参加了全市妇幼保健工作网的工作。此外，由开业中西医四百五十人，组织了九十五个卫生保健站，分区负责协助政府进行防疫保健工作。对于旧式的收生婆，则给以集中训练，授以科学接生的方法。

在学校、工矿卫生方面，为改善学校卫生成立了学校卫生委员会，对七六七〇三个学生进行了健康检查。在工矿卫生方面，一年来专设了十一个卫生人员，推行了一七四个工厂的卫生工作，并为一一六个工厂训练了一九三个保健员，给七十个工厂四〇四八个工人作了DDT粉剂灭虱，给十一处工矿一七五九四个工人作了淋浴灭虱。并在全部免费门诊名额中，经常给贫苦工人保留百分之二十的门诊额。

对贫苦市民的医疗方面，设立了免费医疗的名额，计全年共免费门诊一七二二七六人次，免费住院二三三五人。另外，还有难产免费住院二九三人，免费接生二二七一人。其中，有些是委托、补助私人医院诊疗所和开业助产士，为贫苦劳动人民免费医疗、接生的。经过学习，全市共有三三五个中西医自动为贫苦人民免费门诊和接生，还有自动地设立了免费病床。

此外，为了加强团结，改进工作，使医疗机构成为真正为人民服务的工具，又组织了对市立第三医院、环境卫生队、第一卫生所和第一妇幼保健所的工作检查。在全市纪律作风检查和整风运动中，各市立医疗卫生机构都毫无例外地参加到运动中去，收到了很大的成绩。只举市立第三医院为例，经检查工作之后，五九六个外科手术中无一个化脓（检查以前化脓率为百分之二十），眼科一四六个和皮泌科五四〇个手术全部治愈。并且，在全体工作人员的作风上也有许多的改进。

一年来，工作中的最主要缺点，是还没有能够把面向工农兵，预防为主，团结中西医的方针普遍地贯彻到每一具体工作上去。例如在防疫工作上，对传染病的管理不强，不能早期发现疫情，以致使防疫运动不能开展于传染病流行之前，总是开展在流行之中，显然对“预防为主”的精神未能完全贯彻。

北京市人民政府关于一九五〇年度市政建设的报告

一九五零年度市政建设计划中的大部分工作在去年前半年即已完成，并已在去年八月第二届第三次代表会议上做过报告。因此，这个报告只着重报告后半年的工作和全年的概况。

在环境卫生方面，各项建设工作都已超额完成了原订计划。

（一）下水道工程方面，一年来，我们用了相当于新建下水道的五分之一到三分之一的费用，将旧下水道加以整修，基本上解决了内城二分之一地区的雨水、污水排泄问题。例如禄米仓、东堂子胡同下水道过去的淤泥，深达零点八公尺，整修后宣泄无阻，现在连泥带水只不过零点零八公尺；龙须沟，改建暗沟后，使天桥一带大雨时的积水，约一小时即可泄完；泡子河过去雨季积水深一公尺多，停积常达半月之久，修建暗沟后，雨水便可随下随泄了。总计掏修了全市二十二个下水道系统中的南北沟沿、新华街、棋盘街、大石桥、崇文门和朝阳门间、安定门内等六大系统的旧下水道，共长八三六七五公尺（原订计划十万余公尺，在整修时，发现有一部分不需要挖掏，一部分为废沟，故减为八万余公尺），新建了龙须沟、中南海、泡子河、象鼻子坑、新皮库胡同、养蜂夹道、卧佛寺等地的下水道共长三六四二二公尺（包括雨水口沟线）。修建了探井一九八八座；

雨水口一八七三座。

（二）河湖工程方面，全年共疏浚了金河、长河、环绕内外城的各护城河和环境故宫的筒子河、玉带、菖蒲、织女等河道共长七〇一一〇公尺；疏浚了北海、中海、南海、什刹海、积水潭等湖泊共计一二〇四六三〇平方公尺；修建了护岸二六二〇五公尺；并在西小海修建了一个游泳池（尚未完工）。其中，什刹海、积水潭等工程都是临时增加的。疏浚河湖水系的土方总计一百七十万零二千七百三十八公方。疏浚玉泉山水源和在金河、长河沿岸开凿十眼机井的计划也已完成，加上昆明湖蓄水的调剂，目前足可解决了每年六月枯水期的供水问题。另外，在金河、长河和西北护城河沿岸植树五万株。又修建了用以灵活调度水量的节制闸十七座。水系畅通以后，使注入护城河的下水道的污水可以随时冲走，以免滞积腐臭。

此外，整修公厕百座的计划完成了四十二座，积水池整修了二百三十六座；新建了公厕一百零八座，超过原计划八座，积水池四百零一座，超过原计划一座。全年清除了垃圾五十二万九千六百余公方，由于整顿和加强了清洁队，并在去年后半年改由卫生工程局和各区双重领导，所以清除垃圾的工作加强了，基本上保证了垃圾没有积存。

（三）自来水供应方面，也有很大的成绩。我们的工作主要是扩充干、支水管，扩大用水人口和改善水质。一年来，安装了干、支水管共长六六九四八公尺，超过原订计划百分之二十八；新设公用水站二五九处，又改私人水井为公用水站一七九座。用水户已达三五三二九户；用水人口已由一九五零年一月的六十三万人增至十二月的一百零八万余人，约增加了四十五万人，都完成并超过了原订计划。新增吃水人口大部分是住在较偏僻地区的劳动人民。水质的化验次数，由一九五零年一月重点抽查九十一次，增至十二月普查六百三十八次，即增加了六倍，保证了水质的清洁。

此外，为了解决门头沟矿区工人和居民的吃水问题，我们在门头沟安装了自来水管，廉价地供应该区工人和居民以清洁的自来水，从此该区工人和居民永远可以不吃煤井排泄出来的水了。过去在门头沟要吃一挑清水是很不容易的，每挑清水需一千元，现在一挑自来水只需三十五元，这对在门头沟矿区消灭流行的肠胃病是有极大作用的。

在公共交通方面，各项建设工作也都完成并超过了原订计划。

（一）道路工程方面，新建了沥青石渣等各种道路共长四四五一〇六平方公尺，超过了原订计划百分之十一。保养了旧路五七五八九〇平方公尺，超过原订计划的百分之七十。全年总计新建、翻修、补修各种路面达五二七九三一平方公尺，和原订计划总面积的四八八〇〇八平方公尺比较，超过了百分之八。此外，通过以工代赈的方法，在城区修了九百零六条胡同的土路，十八条简易卵石路，平垫了三条旧石渣路，总面积一三八六九三九平方公尺，约占城区土路面积的二分之一。在郊区修筑简易石渣路，平垫旧石渣路，修整土路等三一三〇〇〇平方公尺。此外，还修建了桥梁六十一座，涵洞四十三座。

（二）公共交通方面，以电车进步为最显著。一九五零年全年计划新造机车十八辆，大修机车、拖车二十四辆的任务，八月间便已完成了。全年实际完成新造机车二十辆，大修机车、拖车四十辆。全年每日平均出车一百零二辆，也超过了原订计划。如果以第四季度每日平均出车一百一十一辆（最高达一一五辆）和一九四九年同期比较，则增加了二十八点六辆。全年乘客四千八百余万人，比一九四九年增加了百分之七十四。行车间隔已经缩短为三分半钟到七分钟。公共汽车比电车基础差，又因改装煤气炉，技术上困难较多，故未达到原订每日平均出车百辆的计划。但在一九五零年增设了郊区五条路线，城区四条路线，便利了城、郊和城内之间的交通。第四季度每日平均出车八五辆，比一九四九年同期增加了六十八辆，即增加了三点八倍；乘客五百六十万余人，比一九四九年同期增加了五点八倍。

（三）交通设施方面，添建了交通指挥台八座（原订建立十二座交通伞的计划略有变更）。新装吊灯三百多盏，长臂铁架灯一千一百多盏，一米弯灯一百九十多盏，胡同路灯一千三百多盏，大大超过了原订的计划，改善了市内的照明。

在市民住房方面，为了安定人民生活，合理地解决城市房屋问题。去年继续进行了对租赁关系的调整，并公布了私有房屋租赁暂行规则。同时，为了逐步解决工人和劳动人民住房问题，在晋太高庙、铁铲铲把、鼓楼后坑等三地试建了平民住宅二百五十八间，已有二百十一间竣工；并将依法所没收妓院老板、领家的房屋约一千三百余间拨作工人宿舍，解决了部分工人的住房问题（去年已建好的工人宿舍二百间，因为设备时考虑不很周到，还不大适合工人的要求，已和其他机关交换，拟以原价重建四、五百间房屋）。为了消除房地买卖纠纷，避免中间剥削，一九五零年二月成立了房地产交易所。并为帮助市民解决租房困难，从一九五零年十一月份试办房屋租赁介绍，俟取得经验后，再为推广。为了推动市民修缮房屋，各区都成立了房屋修缮委员会，动员房东、房客修房，并协助解决有关房屋纠纷，仅第一、第七两区即修缮了五千六百二十二间，占该两区应修房屋总数的百分之八十五点五；第六区共发生了一千七百余件房屋纠纷，由区房屋修缮委员会帮助协商解决了一千六百余件；对保护现有的房屋起了很大的促进作用。

总的说来，一年来的市政建设是有成绩的，我们所以能够获得这样的成绩，主要是发动了广大群众来参加建设。比如，驻京部队曾参加疏浚三海和开辟西直门、崇文门豁口等工程。并曾以工赈方式组织失业工人和贫苦市民参加道路、河湖、下水道各项建设工作。另外，在公用事业方面实行民主管理，开展生产竞赛运动，提高了工作效率。例如电车公司在生产竞赛运动中，大修机车工数减低百分之三十四，大修拖车工数减低百分之四十，在电车坏车率方面只马达一项即比一九四九年减少了七十六个，值八万八千斤小米；同时，保证了出车率的提高和走正点。自来水公司安装干、支水管效率比一九四九年提高了十八倍，漏水比一九四九年减少了六十余万吨。公共汽车公司修理车辆在十月份做到没有返工。各公司广泛地展开了合理化建议，涌现出不少的创造，如创造了电车挡水板，使电车雨天能照常行驶；创造了自来水听漏器，代替了舶来品；公共汽车公司创造了五一式煤气炉等。在卫生工程局由于抓紧时间，及早开工和直接经营，减少包工，在雨季前完成了全年任务的四分之三；同时，节省了不少费用。建设局和工会签订了筑路集体合同的工作效率，就比签订合同以前提高了百分之二十五，并保证了工程的质量。

但是，在各项建设工作中，还有许多缺点。

第一、计划性不足。如道路工程中，有的道路刚刚修好，又挖开埋设暗沟管，自来水管，暗线等；春季施工时因汽辗不足，许多条路开工后，拖延很久不能完工，障碍了公共交通。有些工程设计得不切合实际，如龙须沟下水道修成后，不能全部解决住户的排水问题。

第二、工程质量差。如旧刑部街沥青路东段发生松散现象；湖泊护岸有的在冬季裂了缝，河道岸坡部分坍塌等。

第三、有一些浪费现象。如修建工程方面有的但求完成任务，形成预算和决算脱节，设计和施工分离；有的工地丢失器材，并有浪费现象。

这些缺点，都需要我们检讨，加以克服。

北京市人民政府关于取缔一贯道的报告

（一）一贯道反革命反人民的罪恶事实

一贯道是本市数量最大的反革命组织，拥有二十万道徒，其首领都是汉奸、特务、流氓、恶霸地主之流，一贯与帝国主义、国民党匪帮相勾结，进行破坏革命，残害人民的罪恶活动。

远在抗日战争初期，该道即叛国附逆，认贼作父。道首张光璧被聘为汪精卫的外交专员，在日本特务头子头山满的指挥下，出卖国家民族的利益。北京一贯道道长张五福为日本宪兵队的顾问，以传道为掩护，到各地为日本特务机关搜取情报。大汉奸如褚民谊、周佛海、王揖唐、胡毓坤、江朝宗等都是一贯道的上层分子。他们散布顺民思想，宣传“不抵抗主义”，麻醉人民的民族意识，成为日寇统治中国人民的重要工具之一，其组织就是在日伪政权支持下发展起来的。

国民党统治时期，一贯道又和国民党特务机关勾结。如张五福、孙鸿亮等，都是当时北平军统特务头子马汉三的情报人员；道首刘燮元、刘景泰、吕翰卿、吕善庭等都参加了中统特务组织，任中心组长。从此，该道即完全变为国民党特务机关的工具，继续进行反革命活动。

解放以后，前华北人民政府虽曾在一九四九年一月明令取缔道会门活动，但一贯道不但不停止作恶，反而变本加厉。后地道首纷纷潜入本市，进行秘密活动，暗中整顿组织，“化整为零”，企图长期隐蔽；并训练道徒，抗拒政府法令，妄图颠覆人民政府。该道惯于造谣，许多反动谣言都是他们制造出来的。如本市解放初期，他们散布变天思想，说：“穷人富不了，有钱人穷不了，共产党胜不了，国民党败不了”。中华人民共和国成立时，人民欢欣鼓舞，而一贯道则造谣污蔑，说：“万邦统一势不久，满街怪物扭”。他们破坏生产，破坏土地改革，说：“分了地，将来还不都是人家的”。本市西郊挖掘长河时，他们又策动群众罢工，煽惑群众抗拒挖河修堤的紧急命令。美帝侵朝战争爆发后，该道妄图策应，鼓吹第三次世界大战，夸张美帝力量，散布亲美恐美思想，制造“割蛋”、“割乳房”的谣言，扰乱社会秩序，对群众的生活影响很大，夜间不能睡觉，白天不能生产。

一贯道除进行反革命活动外，对被诱入道的无知落后群众也极其残酷地加以剥削压迫。他们制造出“人道免灾”之类的鬼话，诱骗群众入道，甚至以各种手段胁迫群众入道。待入道后，则又以“功德费”、“开荒费”、“渡仙费”、“超拔费”、“尽孝心”等名目勒索钱财，道徒因而倾家荡产者难以胜数。而那些作恶多端的道首，则把掠夺来的财物任意挥霍，过着骄奢淫佚的生活。张光璧到四川去时，一次就运走黄金一万五千两。他们又以开办“仙佛研究班”等名义进行“考色”，奸污“坤三才”、“女道亲”。道首还常假借所谓“仙佛之命”，拷打道徒，不少道徒被活活打死。他们又以“圣水”、香灰给道徒“治病”，仅西郊海甸一地，因此而致死的道徒就有九人。

以上各种事实，充分说明一贯道无恶不作，罪行累累，对人民危害极大，必须严厉取缔。

（二）取缔一贯道是十分必要的措施，已经取得了很大胜利。

我们为保护人民利益，镇压反革命活动，维护社会治安，巩固人民民主专政，于去年十二月十九日，再度明令取缔一贯道的组织，宣布所有封建反动的道会门一律解散，不得再有任何活动。两个月来，由于广大人民的积极协助，干部及人民警察的努力，已经取得了很大胜利。

第一、摧毁了一贯道的组织，惩办了首恶分子。共逮捕了首恶分子三百零一名，并将其中罪大恶极、怙恶不悛，解放后或登记中仍在进行破坏活动的分子，如刘燮元、穆肇增、赵俊卿、王钟麟、安松樵、刘凤林、胡春霖、金景煦等判处了死刑。这些反动的道门头子早为群众所痛恨，若不坚决镇压，就会脱离群众，而取缔一贯道的工作也就无法贯彻。正因为这样做了，人民才满意地说：“该崩”，“崩得好”，“给人民除了大害”。被骗道徒也认为政府给他们“作了主”，“出了气”，“申了冤”，有效地推动了登记和退道工作。共登记了点传师以下，三才以上分子六千零三十一名，一般道徒声明退道的十七万五千九百五十三名，封闭了大小道坛一千二百八十三个，搜出了一贯道秘密做的国民党旗、美国国旗和许多武器子弹，查获了大批反动证件、道具。并有道首六百三十人已退还或将退还道费四十余亿元，有五分之二的退道者得到了退还的道费。一贯道基本上被摧毁了。

第二、我们对被骗的道徒，进行了耐心的教育，争取与挽救了许多误入歧途的道徒。因为他们入道动机和那些反动道首截然不同，大多数是由于落后迷信或被骗、被迫参加了一贯道。许多道徒作了道首的骗人、害人的工具，或被陷害、被欺骗而不自觉。为此，我们在各区、各街道、村庄、工矿区召开了群众会，运用了报纸、广播、戏剧、宣传队、展览会等宣传方式，进行广泛深入的宣传。特别是在中山公园举办的一贯道罪证展览会，一月以来，观众已超过二十余万人，群众从这里可以看到一贯道勾结敌人进行反革命反人民活动的许多证据，道首所诈骗来的大量金银财宝，以及觉悟了的三才、坛主、点传师在这里现身说法，表演一贯道如何用扶乩来对道徒进行欺骗，揭发了一贯道的种种黑幕，这个展览会起着很大的教育作用。此外，经过道首的当众坦白，道徒的控诉，声明退道和清算道费，道徒们的觉悟已普遍提高，认识到了一贯道的丑恶和可耻、可恨，改变了他们原先的“道正人邪”的想法，认识到一贯道真是“邪道”、“恶道”；有的道徒羞愧不已，不少受过害、受过骗的则痛哭流涕，对一贯道深恶痛绝，并敢于起来控诉道首，向他们清算道费。许多人在登记退道后感到轻松愉快，有的得到了很多退道费，过了一个快活年。道徒们对政府挽救他们走出歧途，普遍表示衷心感激，他们说：“过去被五字真言拴着，没有得到解放，这次政府把我们脖子上的绳套摘下来了”，有的说：“政府帮助我们脱下了虱子皮袄”，又说：“我们参加了一贯道，政府不但不处罚我们，还帮助我们把丢掉了的钱找了回来，从来没有这样好的政府”。有的道徒得到了退道费立刻就买了毛主席的像片挂了起来，感谢毛主席给他们的好处。不少觉悟了的道徒积极参加了取缔一贯道的工作。

第三、取缔一贯道后，谣言显著减少，道徒纷纷转向生产。过去许多谣言，反动标语文字，都来源于一贯道。自从取缔一贯道工作进行以来，反动标语和谣言已很少发现，治安情况显著好转。过去许多道徒受了骗，不敢安心生产，在退道后，由于提高了觉悟，也有信心来搞生产了。如东郊区小庄村一百六十多个道徒，用追回来的道款组织起了合作社，买了农具，有的道徒把破产了的铺子恢复起来，有的买了三轮车，有的摆起了小摊，走向安居乐业。

今后还须继续努力，务求彻底肃清一切道会门组织，目前有少数应登记的分子还没有履行登记，其中，有的是因为仍有顾虑，不敢登记，有的则是有意顽抗。因此，取缔一贯道的工作，还须继续进行下去。没有登记和退道的分子只要进行登记、退道，政府决准予改过自新。但对有意顽抗，不肯悔过，或暗中进行反革命活动的，一经查出，定予严办。已登记分子，只要安分守法，停止非法活动，即可免予追究。

北京市人民政府关于建立市人民监察委员会和区人民法院的报告

（一）关于建立市人民监察委员会的报告

市人民监察委员会自一九五零年六月成立以来，共收案六十六件（内有市民直接控诉的案件二十八件），除八件不属于监察委员会职权范围，移送各主管机关自行处理外，现已结案三十三件，正在处理的二十一件。此外，还有四件尚待处理。对于案件的处理，一般做到了审慎严肃，采取了调查研究与群众检举相结合的方式。在处理的案件中，共处分了干部三十七人（撤职的五人，撤职并送法院的五人，撤职并送军法处的一人，记大过二次的二人，严重警告的二人，通令警告的二人，其余是记过、警告）。都根据批评教育的原则，在处分前后，分别进行谈话，征求意见，启发他们深刻地认识自己的错误。

发生事故的机关，经过检查后，在领导思想上、干部思想上和工作制度上都有所改进。例如清管局在处理刘振山房产地，发生了偏差（刘控告清管局对其自有房地产，拖延不予发还），经检查后，该局领导上即接受这次的经验教训，加强了内部联系，克服了各部门工作脱节现象，建立了督促检查制度，避免了类似的事件发生；第六区区公所对军属制棉工厂的人员处理不当，发生了纠纷，经检查后，负责该项工作的同志进行了比较深刻的检讨，并当众承认了错误，纠正了对工厂管理委员会的错误认识；又如粮食公司、零售公司，当进行检查时（粮食加工和保管户霉坏、盗卖粮食），即一面检查过去，一面就当前工作研究改进粮食保管办法，并改进、建立了检查制度，汇报制度，专设机构分散保管粮食，并提出了："为完成一九五一年保管任务，专设护粮检查组，对各库栈保管工作进行严格的检查和领导，争取不坏一粒粮食"。

经验证明：检查工作，必须依靠被检查的机关组织，并密切地和群众相结合。凡检查或处理每一案件时，首先找出事件发生的根源，然后组织有关单位工作人员认真讨论，提出处理意见。在提出对有关人员的处分和对该单位改进工作的意见时，应与其主管部门和有关单位共同商定，并发动被检举机关的工作人员和有关群众进行广泛讨论。这样，能使干部思想上认识明确，问题解决得更为妥当，又便于工作的改进。对重大或带有普遍性的问题，并须将经验教训通报有关部门，用以普遍教育工作人员，这样，也收到了一定的效果。

但我们在工作中，还有不少的缺点，必须加以克服。

主要的是有些案件处理不及时，解决问题缓慢。例如市民云宝山控诉卫生工程局因加闸板淹田一案，是一九五零年八月中由中央监察委员会交办的，淹田部分到今年一月初方结案（淹桃园部分尚未结束）；检查粮食公司、零售公司粗粮加工，保管户霉坏和盗卖粮食的工作，从一九五零年十月下旬到现在仅将基本情况、存在的问题搞清楚，还没有系统地将材料整理出来。还有些案情较轻的，也未及时处理。

其次，是还没有设置监察通讯员，建立监察通讯网，即未能更好地发动群众来进行监察工作。在案件处理后，没有专人监督执行，以致有的单位执行的缓慢或不彻底。

（二）关于建立区人民法院的报告

在我们一九五零年度的工作计划中，曾决定以各区调解科为基础，建立区人民法院，作为初审机关，受理一般民、刑案件。从一九五零年八月至十月底，本市四个区人民法院已经先后建立，并开始工作。第一区人民法院设在第一区，辖第一、二、五、十，四个区；第二区人民法院设在第三区，辖第三、四、十一，三个区；第三区人民法院设在第六区，辖第六、七、八、九、十三，五个区；第四区人民法院设在石景山北辛安镇，辖第十二、十四、十五、十六，四个区。各区人民法院，除直接受理其所在区的案件外，并在所辖其他各区都设有审判组受理案件，以便利人民就近诉讼。这对加强人民民主专政，调整人民内部的关系，镇压敌人，有很大作用。

由于建立了区人民法院，大大便利了人民。市民在居住地区即可进行诉讼。由于区人民法院更直接地接近群众，便于联系人民，随时可以深入调查了解，随时可以和当地各机关联系，故处理案件比较迅速妥当；也便于就近向群众宣传政策法令，进行法纪教育，以预防和减少人民间的纠纷。因而在一九五零年中各区人民法院受理的案件，有一半是经过调解解决。判决的案件上诉的也不多（据四个区人民法院的统计仅占百分之六点四强）。在审判方法上，又多采取了就审方式，如第一区人民法院，曾在晚饭后，到工人家里去就审，这样，既不耽误当事人的生产，又可迅速解决其纠纷。同时，由于最高人民法院已经规定，凡区人民法院受理的案件，都以市人民法院为终审机关，所以市民不出本市即可把诉讼得到终审判决，使人民不致因小的纠纷而长年缠讼，节省了很多的时间和精力。

区人民法院建立后，市人民法院每天收案由平均七十九件减为三十七件，改变了市人民法院的积案现象，工作由被动转为主动，减轻了市人民法院处理一般民、刑案件的负担，使之能有更多的力量去处理比较重大的案件。这对于巩固首都的革命秩序，有很大的帮助。

现在区人民法院工作上的缺点，是领导较弱，干部力量不足，因而已有若干积案发生。四个区人民法院截至一九五一年一月十五日止，共有四百七十五件积案，已经超过一个月尚未解决，这是今后需要努力改进的。但就市人民法院和区人民法院所受理的全部案件来看，是收案增加而积案减少了。自区人民法院成立之后，市、区两级每月收案总数较前增加了一千余件，即约增加了二分之一。而全市积压一个月以上的案件，比以前减少了一千余件。另一方面，市人民法院对重要刑事案件能集中力量及时处理，已经没有积压不决的现象了。

在区人民法院工作中的另一缺点，就是在处理一般的刑事案件时，还存在着量刑不一致的地方。工作还有些紊乱。这也是今后需要努力克服的。

为了克服以上各种缺点，交流经验，改进工作，在一九五零年年底曾召开各区人民法院院长联席会议。讨论了有关的各种政策和区人民法院和区公所、公安分局的关系等问题，对于改进工作有很大帮助。

提案审查委员会总召集人许德珩
关于提案审查结果的报告

（1951年2月28日）

这次会议，在规定的提案截止时间以前，共收到提案六百九十件。（另外，还有一百零九件，因在提案截止后收到，来不及审查，拟移交协商委员会处理。）对于这些提案，我们根据以下的几个原则，进行审查：

（一）重大问题，如反对美帝国主义单独对日媾和与重新武装日本，继续深入普遍开展抗美援朝运动，严厉镇压反革命分子等案，俟提交大会讨论。

（二）有充分理由，办法完善，并具有办理条件的案件，拟提交市人民政府或有关部门办理。

（三）理由虽充分，但办法尚待考虑或其中只有部分可行的，拟交市人民政府或有关部门参考。

（四）内容不甚适当，或目前无力兴办的，拟予保留。

根据这四条原则，把全部案件加以审查，其中拟提请大会讨论的案件有十九件，并为二案（“镇压反革命案”和“继续深入抗美援朝”）；拟交市人民政府或有关部门办理的二百一十三件，拟交市人民政府或有关部门参考的三百九十件；拟请大会主席团处理的二件，移交协商委员会处理的三件。拟保留的六十三件。此外，有些建议性质的案件，未经审查，拟移交协商委员会处理。

此次提案审查，时间匆促，缺点很多，提案分类不够仔细，印刷校对亦有不少错误，各位如发现错误，请指正。

以上是这次审查提案工作的进行情况，审查意见已经印发各位代表，是否有当，请大会公决。

附：提案统计〈略〉

彭真同志当选北京市市长后在大会上的讲话

(1951年2月28日)

各位代表：

谢谢大家对我们的信任和付〔赋〕予我们这样光荣的任务。我们二十九个人，一定按照这次会议的决议，按照二百二十万市民的意志，来进行各项工作，我们一定要，也一定能够根据人民的需要和实际条件，把这次会议的决议一件一件地见诸实现，我们决不辜负大家的期望。我们有信心把工作做好，因为我们是在中央人民政府和毛主席直接领导之下；有着各界人民代表和全体人民的支持；在过去工作的基础上，新的进步和成就是有充分保证的。我们的人民政府不是脱离群众、高高在上的衙门，它是为全北京市人民办事的机关。我们二十九个人一定和市协商委员会，和各界人民建立密切的联系，及时地把各阶层人民的意见集中起来又坚持下去。我们希望大家有意见随时告诉我们，让我们更亲密地团结起来，充分发挥广大人民，特别是工人群众的积极性和创造性，把北京市建设好。我们的任务必将胜利完成！

大会主席团执行主席张奚若在北京市第三届第一次各界人民代表会议上的闭幕词

(1951年2月28日)

各位代表：

这次北京市各界人民代表会议，诚如彭真同志在开幕词中所说，是比以前两届前进了一步。一方面在选举方法上有了进步，除各人民团体采用选举代表会议间接选举代表外，公营工矿企业和专科以上学校都采用选举大会直接选举他们的代表。另一方面，在代表的人数上，也比以前进步了，上届的代表总数为四百二十五人，本届为五百一十九人。此外，协商委员会的委员由四十五人增加到六十三人，市人民政府委员会委员由十三人增加到二十九人，而且这些数目的增加也都是按照大会建议决定的。这一切就说明，民主的范围的确是比上届更加扩大了。

从各位代表的提案来看，不但数量比以前增加了，就是内容也比以前更丰富更加切实了。此次提案有六百九十件，迟到未及审查的有一百零九件。其中关于市政建设方面的最多，这就证明，大家都希望把北京建设成为一个模范城市，市政建设类的提案，主要的是修马路和下水道。次多的是社会福利类，多半为增建房屋和托儿所。第三是文教卫生类，大部为增加学校和医院。第四是政法公安类，大至反对美国武装日本与镇压反革命，小至防止小偷扒手。第五是财政经济类，以要求政府扶持与领导工商业者为最多。

这么多的提案是否能办到呢？大体说来，在财政许可的范围内都可以办到的。因为这些提案都是和彭真同志的开幕词中所指出的施政方针在精神和内容上完全一致的，尤其是今天当选的新市长，就是前天致开幕词的那位代表，他当然一定会做得很好。

彭真同志当选市长时曾经说过：当选市政府的二十九位委员，有信心把大家所希望的事情，凡是可能做到的，一定一件一件都做到，而且还要做得很好，决不辜负大家的希望。我们也可以代表一般市民向新市长，副市长及委员们保证，我们完全信任他们，拥护他们。在他们需要我们帮忙的时候，我们一定尽我们的力量帮助他们。

北京市人民政府委员会选举办法

(1951 年 2 月 26 日)

(一)凡出席北京市第三届各界人民代表会议之代表，均有选举权，无论代表与非代表均有被选举权。

(二)北京市市长、副市长、市人民政府委员之选举，采用无记名联记投票方式。

(三)选举人对于选票上之候选人同意时，即请在被选举人姓名之上画一圆圈（◯）。

(四)选举人对于候选人不同意时，得将其不同意之候选人姓名用（Δ）划去；同时，如欲另选在候选人名单以外之人，可在划去候选人姓名下空白处填写所欲选之姓名，但所选总数不得超过法定名额，如超出，全票作废。

(五)选票上之画写，一律用钢笔或毛笔。

(六)凡选票违背以上三、四、五，三条规定及书写模糊，无法辨明者，均为废票。

(七)选举人填写完毕后，应亲自将选举票投入票箱。

(八)选举选举总监督，负监察、稽核及指导之全责；另设监票十四人，由主席团提出名单经全体会议同意后担任之。

(九)投票完毕，由选举总监督当场开启票箱，经核计票数后，交由监察代表会同秘书处工作人员在指定地点开票。选举结果，由选举总监督在全体会议上当场宣布。

关于政府工作报告和今后工作方针的决议

(1951 年 2 月 28 日)

北京市第三届第一次各界人民代表会议，满意地听取了与讨论了市人民政府一九五〇年度的工作报告，认为一年来政府的各项工作都有了重大的进步和成就。它不但完成了并在许多方面超过了原定的计划，这完全证明了人民民主制度的优越性。

为了更进一步巩固与发展人民首都的各项建设，会议一致拥护市协商委员会彭真主席所提出的一九五一年的八项工作方针和任务，号召全市二百二十万人民，更加紧密地团结，在本届选出的市长、副市长和市人民政府委员会的领导之下，同心协力，克服困难，为完成这些任务而努力。

关于镇压反革命的决议

(1951 年 2 月 28 日)

北京市第三届第一次各界人民代表会议完全同意市公安局冯基平副局长关于镇压反革命的报告，并号召全市人民一致支持与协助政府，坚决镇压反革命活动，肃清反革命残余，肃清匪首、惯匪、恶霸、特务及反动会道门头子，进一步巩固首都的革命秩序，保障首都各项建设的顺利进行，并保障人民生命财产的安全。

关于反对美国武装日本的声明

(1951 年 2 月 28 日)

我们中国五十年来不断遭受日本帝国主义者的侵略，我们北京市人民在抗日战争期间首先遭受日寇铁蹄的蹂躏，经历了八年的奴役与压榨，受尽了灾难痛苦，因此，对于美帝国主义正在积极进行的片面对日媾和与重新武装日本的行动，不能不表示严重的抗议。我们认为：美帝国主义者这种罪恶行为，是对中国人民的严重威胁，是中国人民的安全和利益最大的危害，所以我们全市二百二十万人民，誓与全国人民一道，为粉碎美帝国主义这种侵略阴谋而斗争。

向毛主席致敬信

(1951 年 2 月 28 日)

敬爱的毛主席：

我们北京市第三届第一次各界人民代表会议，在听取了市人民政府关于一九五〇年工作的报告之后，明显地看到：在过去的一年，首都的各项建设事业，都有极大的成就，这是和您的正确领导分不开的。因此，我们代表全市二百二十万人民向您致敬，并且向您保证，我们全市人民一定要团结在人民政府的周围，全力支持政府，为进一步建设人民的首都而奋斗。

北京市第三届第一次
各界人民代表会议
一九五一年二月二十八日

向中国人民解放军致敬信

(1951 年 2 月 28 日)

中央人民政府人民革命军事委员会毛泽东主席、中国人民解放军朱德总司令并全体指战员同志们：

由于中国人民解放军的英勇战斗，解放全国，肃清新解放地区的反革命残余和土匪，为我们新中国四万万七千五百万人民建设光明幸福的前途创造了条件，现在我们的解放军正进军西藏，准备解放台湾，统一全中国。我们谨代表北京全市人民向你们致崇高的敬意和热烈的慰问。

北京市第三届第一次
各界人民代表会议
一九五一年二月二十八日

向中国人民志愿部队致敬信

（1951 年 2 月 28 日）

敬爱的中国人民志愿部队全体指战员们：

我们中国人民志愿部队和朝鲜人民军在反对美国侵略的战斗中所创造的伟大胜利，已经沉重地打击了美国帝国主义者的侵略气焰，保卫了我们的邻邦朝鲜，保障了我们伟大祖国的边防，同时保卫了远东与世界的和平。我们特在此代表北京市二百二十万人民向你们热烈致敬，并保证坚决全力支援我们的正义斗争，把美帝国主义侵略者赶出朝鲜和亚洲去。

北京市第三届第一次
各界人民代表会议
一九五一年二月二十八日

向聂荣臻市长致敬信

（1951 年 2 月 28 日）

亲爱的聂市长：

我们听到您辞职的消息，我们全体代表都感到衷心的怀念。一年以来，中国人民革命的首都——北京，在毛主席和中国共产党的领导下，在您的主持下，在一切建设和改革方面都获得辉煌的成绩，北京市各阶层人民是永远不会忘记的。现在我们代表全北京市的二百二十万人民，谨向您致崇高的敬礼！

北京市第三届第一次
各界人民代表会议全体代表
一九五一年二月二十八日

北京市第三届各界人民代表会议协商委员会名单

（1951 年 2 月 28 日）

主　席　彭　真

副主席　刘　仁　钱端升　梁思成　宁　武

委　员

王之相　王宝初　毛鹤龄　古奇踪　田常青
申葆和　朱长江　吴　晗　余心清　余贻倜
李伯钊　李乐光　宋凤祥　林汉达　林铿生
林砺儒　侯俊岩　马玉槐　徐悲鸿　凌其峻
浦洁修　陈　垣　陈铭德　张友渔　张奚若
张致祥　张鸿舜　曹言行　曹宪波　梁思成
许德珩　彭　真　彭泽民　汤用彤　程宏毅
冯佩之　冯基平　曾昭抡　陆志韦　傅华亭
杨伯箴　杨造新　杨振北　杨蕴玉　董汝勤
费孝通　宁　武　闻家驷　邓　拓　赵复三
赵紫宸　叶企孙　刘　仁　刘一峰　刘桐恩

黎锦熙　钱端升　薛　愚　薛子正　聂荣臻
罗　旺　罗瑞卿　苏　民
秘书长　薛子正
副秘书长　廖沫沙　崔月犁　张文松　曹志麟
李健生　孙孚凌

北京市人民政府市长、副市长、政府委员名单

（1951年2月28日）

市　长　彭　真
副市长　张友渔　吴晗
政府委员
聂荣臻　萧　明　舒舍予　蒋光鼐　薛子正
罗瑞卿　王文斌　马玉槐　翁独健　刘　仁
王斐然　柴泽民　徐楚波　张晓梅　梁思成
牟泽衔　程宏毅　李永禄　雷洁琼　严镜清
薛　愚　李国瑞　乐松生　韩诵裳　郑　芸
焦寰五

北京市第三届第一次各界人民代表会议主席团名单

（1951年2月26日）

主席团
古奇踪　吴　晗　余心清　李国瑞　林汉达
马玉槐　梁思成　凌其峻　柴泽民　张大中
张友渔　张奚若　许德珩　舒舍予　彭　真
彭泽民　宁　武　曾昭抡　傅华亭　杨造新
杨蕴玉　刘　仁　刘一峰　钱端升　薛　愚
聂荣臻　萧　明
秘书长　薛子正
副秘书长　张文松　李健生　孙孚凌　萧　松

北京市第三届各界人民代表会议全体代表名单

（代表总数五一九名）

（一）政府代表　一七名

（1）中国人民解放军北京市军事管制委员会　二名

聂荣臻　李公侠

（2）北京市人民政府　一五名

张友渔　吴　晗　罗瑞卿　薛子正　程宏毅
牟泽衔　曹言行　翁独健　王明之　严镜清
彭　城　贾庭三　董汝勤（女）　刘仲华
王斐然

（二）党派代表　三〇名

（1）中国共产党北京市委员会　五名

彭　真　刘　仁　顾大川　李乐光　廖沫沙

（2）中国国民党革命委员会北京市分部　五名

宁　武　谭惕吾（女）曹志麟　苏从周　周步光

（3）中国民主同盟北京市支部　五名

曾昭抡　张曼筠（女）陶大镛　关世雄　陈鼎文

（4）民主建国会北京市分会　三名

凌其峻　李培之　萧心之

（5）中国民主促进会北京市分会　三名

林汉达　雷洁琼（女）周钟歧

（6）中国农工民主党北京市党务整理委员会　三名

彭泽民　李健生（女）丘锷岧

（7）九三学社　三名

薛　愚　劳君展（女）叶丁易

（8）中国新民主主义青年团北京市委员会　三名

杨伯箴　张大中　杜　平（女）

（三）机关及部队代表　三一名

（1）卫戍部队　八名

殷希彭　肖　波（女）　王　澄　孙力之
陈其峰　李金元　陈　靖　王世靖

（2）公安部队　八名

陈贵宝　杨振宗　吴　克　侯惠云　林占山
陈华春　李春沛　耿　诚

（3）北京各机关工作人员　一五名

叶独青　刘承烈　马豫章　闵刚侯　戴元毅
张英达　刘　火　童小鹏　张致祥　李发奎
冯基平　林志远　孙复旺　张文松　钱玲娟（女）

（四）人民团体代表　二二七名

（1）工会　六二名

萧　明　张鸿舜　彭思明　许　平　张春久
吴德宽　李敬祥　刘富贵　刘荣光　黄成庆
纪书元　刘子忠　纪忠宽　郭景岩　吕静平（女）
刘秉礼　施雨人　袁　峙　崔澄海　李　珍
赵立斌　罗文清　黄勋卿　刘子卿　韩承铎
李叔清（女）　高金铎　柴善昌　耿玉昆
李同贵　刘恩海　刘克勤　王春宜　马景印
刘政宗　郭彩章　高　福　郑修祺　陈　志
曹子琮　徐楚波　晁涌光　田常清　蔡文焕
毛鹤龄（女）　陈仲孚　何森荫　宋　亮
郑　芸（女）　韩瑞芬（女）　王宝初
陈君平（女）　刘昭谦　黄保珍（女）
丁砚田　冯启文　王伯英　李　健　李　冰（女）
林菊英（女）　冯惠芳（女）　董继良

（2）北京市农民协会　三〇名

柴泽民　苏　民　周凤鸣　胡南卿　董淑兰（女）
白玉山　陈　英　刘万福　王永明　麻建础
高淑珍（女）　田东海　于德水　吕连英
王金珍（女）　王　勇　萧德望　张宗平
刘金荣　张继宗　胡李氏（女）　甄富礼
王景铭　朱波勋　彭秀贞（女）　杨　茂
李瑜铭　李宝山　林　彤　刘桐恩

（3）北京市工商业联合会筹备委员会　五七名

李　岩　李玉奎　王镇武　刘珍甫　高振德
侯儒林　王　甦　贾星五　王捃秋　石九言
傅卫川　高玉民　张文华　石金奎　傅华亭
刘一峰　浦洁修（女）　赵宜之　常子久
韩诵裳　孙孚凌　李贻赞　高守信　马兰亭
杨宜之　汤绍远　贺永昌　王向宸　张献庭
刘元敬　毕厚田　史耀先　李砚之　冀增寿
刘绍臣　原观澜　施　湘　王敏生　隋经仁
于　忠　陈济川　张德明　徐子才　柴碧岑

宣　节　卢炳光　焦寰五　刘文经　董子璋
汪意侠　左广玉　苗化春　孙维志　何宜昌
赵辑五　尹国钧　方自珍

(4) 北京市学生联合会　二〇名

古奇踪　王恩海　乔　墉　杨正大　牛照均
杨玲玉（女）　王淑敏（女）　苏彩霞（女）
南　颐　钟秉曦　焦克勤　崔立言　高景漪（女）
张慧如（女）　薛君荣（女）　丁爱珍（女）
马振铃（女）　汪隆东　宛耀宾　乌承恺

(5) 北京市民主妇女联合会　二〇名

张晓梅（女）　杨蕴玉（女）　刘清扬（女）
杨葆俊（女）　杨造新（女）　胡一哉（女）
平瑞芬（女）　赵业林（女）　邢玉如（女）
李蕴华（女）　俞秀蔼（女）　傅学文（女）
孔祥瑛（女）　曾昭懿（女）　于汝琪（女）
刘淑珍（女）　丁一岚（女）　李　波（女）
闪懿昌（女）　汪婉珍（女）

(6) 北京市文学艺术工作者联合会　一四名

舒舍予　李伯钊（女）　王亚平　王松声
胡　蛮　杨振声　王瑶卿　老志诚　金　山
金紫光　吴晓邦　田　方　连阔如　赵富成

(7) 北京市医药卫生联合会　六名

余贻倜　潘兆鹏　陈　琦（女）　陈怡迪（女）
周季青（女）　贝希敬（女）

(8) 中华全国新闻工作者协会筹备会北京分会及北京市出版界　六名

邓　拓　邵宗汉　陈铭德　周　游　王　春
曹健飞

(9) 北京市民主青年联合会筹备委员会代表　二名

萧　松　赵复三

(10) 北京市中苏友好协会代表　二名

王之相　曾　平

(11) 中国人民保卫世界和平反对美国侵略委员会北京市分会代表　二名

张奚若　崔月犁

(12) 北京供销合作总社　五名

王　纯　张清泰　邱敬舆　常安民　李广通

(13) 中国人民救济总会北京市分会　一名

张馥卿

(14) 中华体育总会北京市分会　一名

侯俊岩

(五) 公营工矿企业职工代表　七〇名

李永禄　李光禄　郭树德　孙以智（女）
马　清　高晓亭　安葆英（女）　姜得水
张德富　董志仁　姜瑞康　冯佩之　张世铭
赵　甫　周家华　曹宪波　田兴唐　蔡恩波
周文斌　刘玉泉　胡　光　李长胜　王文斌
李国瑞　朱长江　胡泉桂　宋凤祥　孙　逊
楼彦厘　陈妙平（女）　仇方域　刘景熙
曹济洲　杨嵩山　魏笑天　刘月川　李德寿
李作斌　王维民　赵焉霈　丁绍卿　王　谦
舒景生　王辅卿　刘克讷　赵化达　殷玉昆
刘玉江　刘维民　陆缀雯（女）　刘德林
杜　郁　彭则放　林文荫　张若平　傅正明
宣心愚　李应唐　张进学　周同宇　霍仲奎
苏　淅　陈舜英（女）　梁玉明　萧　秧
孔智生　贾玉文　袁家庆　赵有文　尚　有

(六) 专科以上学校教职员工学生代表　四五名

钱端升　季羡林　傅　鹰　刘裕中　赵广继
邓可因（女）　周培源　梁思成　陈岱孙
李国鼎　秦凤志　凌瑞骥　黎锦熙　祁开智
沈树桢　林加坤　侯大乾　郭德华　李荣春
戴芳澜　申葆和　李　峋　陆志韦　蒋荫恩
杨振北　陈　垣　李成森　徐炳鑫　吴朝仁
汪有蕃（女）　张锡钧　凌瑞珠（女）
陈　殊　章罗涛　刘良金　徐悲鸿　周　文
陈翰伯　曹　禺　汪学谦　周珏良　叶式钦（女）
金士宣　何方明　刘百丰

(七) 区域代表　二七名

(1) 第一区　三名

周　仁　叶文甫　柏文振

(2) 第二区　三名

冀　克　田竹岗　周瑞明（女）

(3) 第三区　三名

宋国藩　刘国志　孙友三（女）

(4) 第四区　三名

魏　彬　李斗如　马隐尘（女）

(5) 第五区　三名

顾　德　孟宪侠　邓迪秀（女）

(6) 第六区　三名

李　锐　钟履祥　丁嘉玉（女）

(7) 第七区　三名

宋汝棼　丁希陶　王曰庄（女）

(8) 第八区　三名

贺翼张　马祝三　李中行

(9) 第九区　三名

崔映国　史明正　杨　贵

（八）邀请代表 七一名

马玉槐（回） 杨明德（回） 马 坚（回）
杨益三（回） 马文斌（回） 李启贤（回）
张清贵（回） 官 保（蒙） 博音德力格尔（蒙）
罗 旺（藏） 多杰才旦（藏） 徐兴华 宋士山
王伯超 高 云 杨德亮 赵紫宸 巨 赞
张泽民 郃元贞 汤用彤 许德珩 向 达
郑 昕 闻家驷 罗常培 曹靖华 孙云铸
费 青 樊 弘 张 任 陈士骅 叶企孙
费孝通 钱伟长 华罗庚 钱三强 林徽因
马约翰 林砺儒 张云波 黄国璋 傅种孙
赵承信 严景耀 吕继文 赵锡禹 李宗恩
严济慈 叶浅予 余心清 廉 维（女）
华南圭 陈占祥 钟 森 朱兆雪 庄 峻
戴松恩 褚福棠 裘祖源 林葆骆 朱砚农
赵树屏 乐松生 黄 浩 林铿生 齐白石
潘龄皋 陈云诰 邢赞亭 梁启勋

北京市第三届第二次各界人民代表会议

(1951 年 6 月 23 日——24 日)

北京市第三届第二次各界人民代表会议于 1951 年 6 月 23 日至 24 日举行。

会议听取了彭真市长关于北京市各项工作的报告，报告分为五部分：一、抗美援朝工作；二、镇压反革命工作；三、政权建设工作；四、市政建设问题；五、郊区工作。

会议听取了副市长张友渔关于北京市 1951 年度岁入岁出预算案说明和公安局局长罗瑞卿关于北京市镇压反革命工作的报告。会议还审阅了市政府关于 1951 年度道路桥涵和郊区道路养护等工程计划、郊区河道治理计划、文教工作计划、卫生工程计划、卫生工作计划的五个书面报告。

会议共收到提案 209 件。其中市政建设类 108 件，文教、卫生及其他社会福利 56 件，政法类 34 件，财经类 11 件。

会议通过了关于政府工作报告的决议。

彭真市长关于北京市各项工作的报告（记录稿）

(1951 年 6 月 23 日)

这次代表会距离上次代表会三个多月了。现在，讲讲这时期的几项工作。

一、抗美援朝工作：这是我们当前一项最重要的工作。

关于北京的抗美援朝工作，现在讲主要的几项：第一，清除帝国主义影响。长期以来，帝国主义在北京，影响很深。经过抗美援朝运动，给这些残余影响，残余势力很大打击。但是，还没有扫除干净。帝国主义是我们百年大敌，在我们建国两三年内，打倒了帝国主义后连影响都扫除清了是不可能的。举例子说，很多教会学校受帝国主义影响很大，经过抗美援朝运动，扫除了很多，把现有情况和半年前一比较，是十分明显的。但是，还有一些问题没有解决，有一部分天主教徒中的帝国主义分子、反革命分子阻挠教徒爱国。我们是历史唯物主义者，宗教信仰自由，在共同纲领有明文规定。但是信仰一定的宗教，应不应爱国呢？也要爱国。天主教徒，信仰天主教，可也要爱自己的国，许多天主教徒都解决了这个问题。在天主教革新运动中，有些事情就值得注意，天主教中的帝国主义分子、反革命分子，千方百计阻挠教徒爱国，这说明帝国主义残余影响是还没有肃清，所以我们不要因为是首都，做了些工作，就说扫清了影响，没有影响了，这个工作还要继续做。第二，提高了人民政治觉悟，提高了人民爱国热情，热爱我们祖国。四、五月份有四万多教授、职员、学生，到郊区、工厂去宣传，讲时事。清华、北大都有全校的百分之八九十的人出去宣传。过去出去宣传，大部分是学生，教授只有一部分，现在教授几乎是全体。北京全市已受到抗美援朝教育的占百分之八十以上，近百分之九十。订立爱国公约的全市有一百一十六万人。抗美援朝总会号召捐献武器以后，全市各阶层很快就响应了，工商界捐献已超过去年认购公债数目，工人提出要捐工资几分之几，捐到抗美援朝胜利为止。教职员生活虽然很苦，可是也要捐薪金几分之几。有一个十二岁的小学生，写稿得了稿费两万元，要拿一万交给他妈妈做衣服，拿出一万捐献，他自己的布鞋已穿了两年了，生活很苦，可是也要捐献。很多机关人员也写稿或翻译文章、义务劳动。有的农民，要拿增产全部捐献。这些热情捐献的例子很多，这说明人民的觉悟程度有很大提高。热情捐献是很好的，但要估计自己的情况，有力就捐献，无力就不捐，不要因捐献降低了生活水平。首都各工厂、学校、机关干部、积极分子爱国热情合在一起，力量很大，目前最主要的政治运动是爱国，生产建设，种棉花、搞市政建设都是爱国。毛主席指示我们：要切实进行爱国主义教育，要把抗美援朝、保家卫国工作做好。北京市的抗美援朝工作，到现在已有很大成绩，这是各界人民努力的结果。第三，知识分子与工农兵结合。解放前，知识分子与工农兵很少有接触机会，特别和兵的接触。解放以后，大家都确立为劳动人民服务的观点，许多知识分子跑到工厂、农村去，宣传时事，参加土地改革，和工人、农民结合后，感情也不同了。学生、教授到工厂讲时事，工人很满意，学生、教授也满意，说给他们自己上了一课。许多教授参加群众控诉特务、恶霸大会以后，感情也不同了，思想认识上有了很大改变。抗美援朝总会发出三大号召：(1)继续推行爱国公约，北京已经有一百一十六万人订立了，大多数比较好，一部分有毛病，范围太大，包括太多，几万人订一个，不可能实行得好。还有不少是积极分子、干部订的，这样包办代替，没有经过群众一条条地讨论，就不能订得好，不能实行得好。不少人是在“人家都订啦！”的情况下订的，这些情况我们要改进。爱国公约的形式是很好的，可以使全市人民在同一目标下行动起来。(2)全市捐献搞得很不错，工人、农民、工商界、学生、家庭妇女等都搞得很不错，任务完成得不错了，仍要继续做。(3)优待革命烈士、军人的家属工作，要切实地做。过去做得不够好，这回民政局和各界要好好做。

二、镇压反革命工作：杀了几批反革命以后，老百姓出了气，申了冤，雪了愤。给了反革命残余以有效的镇压，进一步巩固了革命秩序。提高了人民政治觉悟。老百姓对政府感激极了。镇压反革命是在革命胜利以后，必须要做的历史任务。现在，反革命越来越少了，可也越来越精了，各界人民要加紧注意防奸细、防特务。防止他们放毒、放火、暗杀。

三、政权建设工作。

(1)区、村人民政府委员会的选举。北京的城区和郊区，都开了各界人民代表会。第十二区已经选举了区政府。郊区已有八十四个村改选了村政府。其中，有不少的村子，有二分之一的村干部都选掉了。贪污腐化的、有恶霸行为的、命令主义的、态度不好的、工作疲踢、不积极的，都被选掉了。选出来的都是作风民主的、办事公道的、工作积极的。这对我们是很大的教育。以前有些人不重视选举，总是认为要忙完了别的事才来办选举。其实，选举是头等重要的事情。民主是力量的源泉，是工作的推动机。这次村干部的改选，正可以说明这点。

选举时，人民群众爱选谁就选谁。包办代替地领导选举，是不好的。在今后的两三个月内，所有没有改选的区政府和村政府，通通要改选。这样可使民主政权的建设，更推进一步。如果干部里多数是好人，即使有十分之一、二的坏分子，想做坏事也不能做了。民主制度的好处就在这里。

(二)成立治安保卫委员会。镇压反革命有了很大的成绩。但是还有残余的反革命分子潜伏着。敌人越少，就越隐蔽，破坏的方法也就越巧妙。对付这些敌人的方法，就是发动群众来镇压。机关、工厂、学校、街道、乡、村，都应该选举成立治安保卫委员会。委员不要由上级指定。委员会由三个人到十一个人组成，由基层政府和基层公安局领导。但是它不是这些机关的手脚。这些机关要为它服务。它为群众服务。群众有事找它办。可是政府只许为它做事，不能给它布置任务。

(三)切实展开批评自我批评。各级政府，工作都有成绩，有些部门很有成绩。因此，有的干部就滋长了自满的情绪。他们好讲自己的成绩，不爱说自己的缺点。从现在起，市、区人民政府要切实地展开批评自我批评。要做好工作，基本上是靠为人民服务的忠忱，另外，一要靠群众的监督，一要靠自我批评。请各位代表，经常领导各界人民，批评我们的工作，好改进我们的工作。

四、市政建设问题。

（一）卫生工程：全部旧下水道二十二个系统去年修了六个系统，今年要修十六个系统，到月底可以挖完。

积水地区，有四平方公里，占全城面积的十五分之一。今年大部分可以解决，但是因为经费有限，有相当部分还不能解决。

今年城内没有积存垃圾，这也是件大事情。

（二）建设局的工程：重点在修土路。最近大部分土路就可以整修完。到月底，补修、养护的石子路将有二十一万平方公尺，补修的沥青路将有五万六千平方公尺。新修的九万平方公尺的土路和石渣路，现已全部完成。

（三）路灯：各区人民代表会都要求安装路灯。现在已经安装了一千六百九十一个路灯。绝大部分的提议已经办到了。但是有些地方，因为离电线太远，人口又较少，所以暂时还没有安装。

（四）房屋：各中学需要修盖的校舍，已经全部完工。小学需要修盖的校舍，按计划，到六月底也可完工。请主管部门和各校校长检查一下，如果有该修盖的，还请提出来。

今年已经修缮了房屋四万七千间。各区和一部分街道，都成立了修缮委员会。公家（市级）已经建筑了一千二百间，私人建筑了五千六百二十五间（一至五月）。全年要盖房屋五千间，工房四千间。七月底将完成两千间工房。今年市一级盖房一万多间的计划，是可以完成的。还可以超过。

房纤取消以后，大多数人都觉得好。房租贵的，已经降低了；当初房租太低的，现在也正在慢慢调整。

五、郊区工作。有很大进步。挖了很多水渠。九万多工，都是群众自己组织起来搞的。政府只发了点工赈。如果雨水和去年一般大，水灾要小得多。

农村互助组的效力很好。产量大增。有几组比去年增产了百分之五十。村里设生产部、信用部，办法很好。有几个村子联合到山东去买土豆，节省了几千万元。

依靠群众自己组织起来，解决自己的问题，这个方向很好。将来的成绩是可以看见的。

张友渔副市长关于北京市一九五一年度岁入岁出预算案说明

（1951年6月23日）

第一、本预算案是遵照中央人民政府的财政经济方针，并根据本市的具体情况编制的。它的基本精神是：在不超过人民负担能力的条件下，增加可能的收入，以保证必要的支出。所谓必要的支出，就是本着“用较少的钱，做较多的事”的原则，进行人民首都的必要建设。

第二、本预算案是根据中央划分财政收支系统和整理城市地方财政的精神编制的。因此，它和去年度的概算有所不同，即一方面，没有把农业税、工商业税等中央税收全部包括在内；他方面，却把原来的“地方款收支”包括在内了。

第三、本预算案是按照中央财政部规定的科目，以货币为本位编制的（为了便于和去年度比较，表内列入了折米数）。

在岁入方面，只列入地方收入（包括使用牌照税、屠宰税、房产税、地产税、特种消费行为税、契税、各项附加收入及其他收入）和中央税收中，按比例留解办法拨给本市的部分（具体数字从略）。

在岁出方面，包括各项事业费、行政管理费、党派团体补助费和预备费（具体数字从略）。

以上岁入岁出相抵，还有相当于本年度岁出总额的百分之八强的赤字。我们拟争取在执行预算中，节约支出，增加收入来弥补。

第四、本预算案岁入总额内：

(一) 地方税收包括屠宰税、房产税、地产税、特种消费行为税、使用牌照税和契税，共占一八点六八%；

(二)各项附加包括农业税附加、工商业税附加、房产税附加、地产税附加和公用事业附加，共占一三点二五%；

(三) 其他收入包括罚没收入、公产收入（摊贩用地租金)、规费收入和文教事业收入（中、小学杂费)，共占三点二一%；

(四)中央税收中，按比例留解办法拨给本市的，占六四点八六%。

这里，应该说明的是：市管企业基础薄弱，去年度投资大部用于基本建设，流动资金还感不足。因此，本年度市管企业收入拟按各企业具体情况，拨作流动资金和一部分基本建设之用，没有列入本预算案内。

第五、本预算案岁出总额内：

(一) 各项事业费和企业投资共占五九点四九%。其中：

(1) 市政建设费占二一点七五%。它的用途分配是：(甲) 沟渠建设包括下水道、污水池、公共厕所等卫生工程建设和郊区沟渠疏浚，占九点〇七%。本市积水地区约共四平方公里，占全城面积的十五分之一，每逢雨季，有不少房屋被淹、倒塌，而蚊蝇滋生又助长时疫的传播，特别是外城七、八、九区劳动人民聚居的多数地区还没有下水道，积水情况更为严重。因此，本年度拟新建一部分下水道或开挖明沟，解决四十八处的积水问题，并继续掏修去年度没有掏修的十六个系统的旧下水道，使其恢复排水的效能。同时，拟整修郊区的南旱河、凉水河、莲花河、清河、坝河等河流，逐步解决郊区排水问题，以免除积水淹田的灾害。另外，拟继续新建一些污水池和公共厕所，以改善环境卫生。(乙) 道路、桥涵建设占五点九五%，主要是用于道路、桥涵的保养和必要的修建。(丙) 房屋修建占二点五六%(不包括为解决本市房荒问题，公营建筑公司新建房屋的投资)。市属公有房屋因多年失修，大部破烂不堪，需要修缮；同时，还有一部分必须拆除重建，否则，就会倒塌。(丁) 公用事业补助占三点九六%。其中，用于自来水的占二点二六%，主要是增设干支水管和公用水站；并增设消火栓，以加强消防用水的设备；用于公共汽车的占一点七〇%，主要是添置必要的保养设备。(戊) 土地测量占〇点二一%。

(2) 文教事业费占一九点九二%。其中：(甲) 教育事业占一八点四五%。主要用途除维持原来的事业以外，并有重点地加以适当的发展，即工农、职业、师范等各校共增二十一班，普通中学递增二十一班，在郊区小学附设若干中学班，并补助私立学校增班；城、郊小学共增三百五十班，并实行二部制，增收小学生三万一千余人，使有条件入学的儿童基本上都能入学；职工业余学校拟再增加一万人入学；郊区拟在冬学中，再吸收农民二万五千人入学。(乙) 新闻事业占〇点四五%，主要是补助北京晚报(正在筹办中)和本市广播事业等费用。(丙) 文化事业占〇点九六%。包括文艺、戏剧、美术等工作和图书馆经费。此外，补助出版事业占〇点〇六%。

(3) 卫生事业费占一〇点一〇%。主要是加强防疫工作，以争取基本上消灭天花，减少各种传染病；有重点地扩充市立医疗机构的设备，增加医务人员，修缮房屋，在城郊医疗机构较少的地区，增设工人诊疗所七处，医药合作社六处，并加强工矿、学校卫生工作；推行免费接生全年八千四百人，难产免费住院和医疗全年一千零二十人；继续实行医疗救济，免费门诊由去年度的每日九百七十六人增为一千二百人，免费住院的病床由去年度的每月一百七十四张增为二百七十张；组织和补助私立医疗机构、开业医师，以照顾广大群众对医疗的要求。此外，清洁队的经费和事业费也包括在内。

(4) 社会事业费占二点九八%，主要用于优抚、救济、移民等工作。

(5) 林垦、农业支出占一点三四%，其中农业支出占一点二八%，包括用来对反革命罪犯进行劳动改造的清河农场的基本建设费；林垦支出占〇点〇六%。

(6) 市管企业投资占三点四〇%，用于完成清河制呢厂精纺部的基本建设。

(二) 行政管理费占三四点九三%。它的用途是：市、区人民政府各行政机关经费 (包括公安机关、公安总队经费，郊区街、村政府经费和民兵经费在内)，市、区各界人民代表会议经费 (即政治业务费)、公安业务费、司法业务费、公安司法机关囚犯经费、财务费、供给制干部家属补助费等。

(三) 党派团体补助费占二点一〇%。

(四) 预备费只占三点四八%，较去年度的四点八一%，约减少三分之一。因此，临时开支必须尽量减少。

应该说明：本年度事业费在岁出总额内所占的比例，似乎比去年度略低，而行政费所占的比例则增高了。这主要是由于：一方面，市管企业因为把利润转为投资，而财政上的投资大大减少了，其他事业费，如文教、卫生则并未减少，反大为增加；另方面，行政费内，包括了去年度没有包含的财务费，而民主建政和公安、司法业务经费也较去年度增多。

此外，还应该说明：在本预算案外，中央各有关部门，还在文教、卫生、沟渠（郊区河流）、林垦、道路等方面，另拨给专款（具体数字从略）。如果把这个数字加在本预算案内，则事业费所占比例即由五九点四九%，增到六三点一〇%；行政管理费则由三四点九三%，降到三一点八二%；党派团体补助费由二点一〇%，降到一点九一%；预备费由三点四八%，降到三点一七%。

第六、本预算案所列岁入总额加上中央税收中上解部分，较去年度概算所列岁入总额超过百分之七十五以上，较去年度实际收入也还超过百分之二十以上，而岁出总额则较去年度概算所列仅增加百分之一强。这就要求我们努力开源节流。估计在执行中，是会有一些困难的。为了克服困难，我们必须一方面，正确执行财经政策，继续改进征税方法，切实堵塞偷漏，以保证税收计划的完成；另方面，厉行精简节约，反对铺张浪费，特别是企业和事业机关，不仅必须这样做，而且应该实行统一采购，加强财务管理，逐渐进行经济核算制。根据去年度的经验，只要我们一致努力，困难不难克服。如果经济情况没有特殊变化，则本预算案所列的岁入总额是可能完成的，因而也就可能弥补本预算案所列的赤字，保证本预算案所列的开支。但是，现在整个国家的财政仍不是很充裕，故不论我们的收入是否增加，我们必须珍惜国家的财力，决不可浪费一点一滴。

（专款项目和数字从略）

北京市人民政府公安局罗瑞卿局长关于北京市镇压反革命工作的报告

（1951年6月23日）

自从今年二月北京市第三届第一次各界人民代表会议上通过了“关于镇压反革命的决议”以后，到现在已将近四个月了。在此期间，我们认真地执行了这个决议，坚决地、严厉地镇压了大批的反革命首恶分子，取得了很大的胜利。我们认为这个决议是适时的、正确的，对我们的工作起了很大的推动作用。在这次会议以前，我们以为北京的镇压反革命工作大体差不多了，但实际上并没有解决问题，主要是一批民愤极大应当处决的反革命分子，没有及时处决，没有发动广大的群众起来同反革命作斗争。在这次会议以后，镇压反革命的工作，才真正形成为全市各阶层人民广大的群众运动，因而也才更为彻底地打击了反革命残余势力。依据中央人民政府的惩治反革命条例，对于那些应该逮捕、必须逮捕的反革命分子，对于那些应该处决、必须处决的反革命分子，我们采取了坚决的态度，这样才彻底地打下了反革命的气焰，满足了人民的要求，从而使反革命阵营内部进一步地发生了动摇分化：原来隐藏的反革命不得不出来自首了，没有完全坦白的要求重新交代清楚了，有些反革命虽然尚不愿悔改，但亦不得不暂时停止活动了。这个时期，我们又收缴了一百多枝枪和许多反动证件以及隐藏的电台。广大人民群众，则由于彻底打倒了长期压迫、剥削和迫害他们的反革命分子，表示热烈地拥护，并把镇压反革命看作是“再一次翻身”。经过镇压反革命与抗美援朝运动后，人民的觉悟、人民同反革命斗争的热情及积极性空前提高了，人民和政府的关系也更加密切了。因此，我们认为：坚决严厉地镇压反革命的措施，不仅是完全应该的，而且是非常必要的，是巩固人民民主专政、保卫首都人民的利益和生产建设事业发展的一个中心环节。

我们北京市的镇压反革命工作，历来就是作得稳当的、准确的。自第三届第一次各界人民代表会议后，我们镇压反革命工作的规模更大了，火力更猛了；但同样我们是作得稳当的、准确的，没有发生偏差和错误。原因何在呢？经验是什么呢？概括讲来，有以下三点：

第一、我们是集中力量打击那些罪大恶极的、怙恶不悛的、民愤很大的反革命首恶分子；对于这样的反革命分子，我们毫不动摇地采取了坚决镇压的方针，狠狠地打击他们，是完全必要的。只有如此，才能彻底打下反革命的气焰，摧毁反革命的组织，完全去掉反革命危害国家、危害人民的可能。同时，我们狠狠地打击这些反革命分子，因为有了一个惩治反革命条例和人民群众的愤恨作标准，又有他们的罪证作判刑根据，因此，这就保证了不致于发生偏差和错误。

第二、我们走了群众路线，放手发动了群众，大张旗鼓，进行了广泛的宣传，使家喻户晓，人人明白。这样就把镇压反革命工作变成了人民与政府的共同行动，就能够得到人民群众的监督与支持，克服了镇压反革命工作中的关门主义和神秘主义。因为发动了群众，就使罪大恶极为群众所痛恨的反革命分子隐藏不住了，便利于肃清反革命的工作。使我们能够在短时期内消灭大量反革命分子而没有发生错误，放手发动群众是一个极端重要的条件。

第三、是由于镇压反革命工作是有领导的，特别是毛主席亲自指导。北京市的公安机关对于这件工作，也是有经验、有准备的，对于反革命的组织和罪行，事先进行了调查研究，取得了材料和证据。而且在工作过程中，随时都保持着清醒的头脑。所有这些，也就成为没有发生偏差和错误的必要保证。

今后还应当做些什么呢？今后还应当同反革命继续作斗争。这是因为北京市的反革命残余势力，为人民群众所痛恨的大量的反革命分子，虽已大部被我肃清，但还没有彻底肃清；已经逮捕起来的反革命分子，依据人民群众的要求，还有一些须要坚决迅速地处决。因此，我们今后还应该很好地进行以下的工作：

第一、严密注意隐藏的反革命的阴谋报复行为：我们在这次镇压反革命运动中所打击的，大部分是已经暴露了的反革命分子；至于隐藏着的反革命分子，虽然已被发现了些，但还未受到严重打击，他们愈加隐蔽，并伺机报复。最近，北京南郊太和庄就发生九人中毒事件，门头沟第五派出所被人纵火，外四分局第四派出所发生爆炸事件，伤了十人。我们必须提高警惕，加强调查研究，教育并组织人民群众的经常防奸工作，防止在镇压反革命胜利后所产生的骄傲轻敌思想，以便彻底肃清敌人，巩固已得胜利。

第二、清理积案，劳动改造犯人，也是目前一个时期应当着重进行的工作。对于已经逮捕、关押的大批犯人，必须集中力量，加以清理，依其罪恶轻重迅速判罪。其中，一部罪大恶极，非杀不足以平民愤者，必须坚决杀掉，并迅即执行；其余大部应于判处徒刑后，强迫劳动改造；有一部分反革命分子，虽然罪该处死，但如民愤不大，没有直接血债，损害国家利益尚未达到最严重的程度，我们对于这样的反革命分子的处理，同处理罪大恶极、民愤极大的反革命分子加以若干区别，即采取判处死刑，缓期两年执行，强迫劳动，以观后效的处理政策。我们这样作的理由，在上次市、区两级各界人民代表扩大联席会议上，已经报告过，而且我们已经这样作了，我想我们是作的完全对的。我们不仅要把大批的判刑罪犯严格地管理好，不发生问题，还要让他们参加生产，学会劳动。这是一个很大的事情，需要我们花费很大的人力财力，并有很好的组织工作，才能做好。劳动改造犯人，对于犯人来说，是惩罚，也是教育。长期地关起来，强迫他们劳动，不仅剥夺了他们进行反革命活动的条件，还要强迫他们为国家生产服务，不让他们吃闲饭，并使他们在长期劳动中思想得到改造，重新做人。

第三、成立治安保卫委员会：按照毛主席的指示，准备在各街道、工厂、机关、学校成立治安保卫委员会。这是群众进行防奸、防特的经常组织。只有这个组织才能把群众的对敌斗争的热情与积极性巩固起来，坚持下去。现在各区都进行重点试验，取得经验后，普遍成立，希望各位代表协助我们把这件事情办好。

第四、召开反革命分子的家属会，向他们进行教育，并说明人民政府对待反革命的政策，消除他们可能产生的若干对立、害怕情绪。目前已有十二个分局召开了反革命分子的家属会，效果颇好。许多反革命分子的家属经过教育后，表示愿意站在人民立场，拥护政府措施。许多反革命分子的家属都讲，这些反革命分子的过去不仅欺压人民，而且欺压他们的亲属。人民政府只惩办反革命本人，而不株连其未积极参与反革命活动的家属。只要他们站在人民立场上，而不是站在反革命立场上，政府和人民都不会歧视他们，且要宽大处理。反革命分子的财产必须没收，但也要留下足够维持其家属生活的部分；贫穷的可免予没收，以示政府的宽大。对反革命分子的家属教育工作，现在还仅是开始，以后还要继续去做。

以上报告是否有当，希望各位代表指正。

北京市人民政府关于一九五一年度道路、桥涵和郊区道路养护等工程计划

(1951年6月23日)

今年仍本为生产服务、为劳动人民服务、为中央人民政府服务的方针，根据现有的财力，进行必要的、特别是和劳动人民直接利益有关的道路、园林、公共建筑物保养和路灯等工程。并为迎接首都将来建设的任务，计划在职工训练、工程规划、试验研究、工程设备等方面多做准备工作。

第一、道路工程

根据当前交通的需要和市民的迫切要求，并配合修建下水道工程，计划新修沥青路、石碴路共十三条，面积七万七千五百一十八平方公尺；翻修石碴路九条，面积六万四千六百一十四平方公尺，合计二十二条道路，面积十四万二千一百三十二平方公尺。其中，除南新华街一万五千平方公尺是沥青路外，其余都是石碴路，计沥青路面积占总面积百分之十点六。

养路工程过去偏重高级路面，对中、低级路面和土路保养不够。今年采用分区养护制度，加强养路工作。对城内的土路，每区配备工赈工人三十一人，受建设局和区公所双重领导，经常实施养护工作。中、低级路面，除上述翻修的石碴路外，另补修、保养石碴路、卵石路十四万七千六百八十平方公尺。高级路面以沥青路为主，预计局部挖补或翻修一万六千二百三十平方公尺；表面处理二万四千六百五十平方公尺；罩面十二万五千六百五十平方公尺；洒沙养护十五万平方公尺。城区各大干线的步道大部坎坷不平，行人甚感不便，今年决定结合工赈，择要修整土步道十五万平方公尺，平均以五公尺宽计，可修整长三十公里的步道。

此外，还有中央另拨专款进行的工程两处：一为新市区到玉泉山交通改善工程，包括水泥混凝土路面积六万三千六百平方公尺，桥涵六座等；一为南顺城街沥青石碴路工程，面积一万三千平方公尺。

第二、桥涵工程

本市城区桥涵大部还可使用，拟只将景山后大街西口和南横街西口两座石桥加以改建，其余以保养为主。郊区桥涵年久失修，急需修缮；解放以来，为灌田或排水新开的渠道上，也需增建桥涵。今年计划将南旱河水引入南护城河，流量增大，城门外窎桥孔径太小，不能适应排水要求；拟先将永定门窎桥，改建为跨度九公尺钢筋混凝土桥，左安门和广渠门窎桥都改建为跨度十公尺木桥。总计修建城郊桥涵四十一座，保养改善约三十座。

第三、交通设施

交通设施是在逐渐改善和添置的原则下，力求普遍和系统化。计划新建或改建交通伞九座，新建指挥台六座；旧交通伞装红绿灯一座，旧交通伞、指挥台改建红绿灯伞两座；展宽路口二十五处；此外并拟改善鼓楼前交通，涂画安全线和对原有交通设施加以保养。

第四、园林工程

本市路树、绿地原极残缺，两年来，新育苗木未能出圃，植树不多。为将来绿化首都奠定基础，应大力进行培育幼苗工作。今年扩充作业面积八十亩，作为新育苗木繁殖、移植之用。

重点进行植树和绿地工程，布置崇文门、东单头条等处绿地一万四千八百平方公尺，林荫大道栽植路树六百四十株。另外，则为经常的树木保育工作。

第五、为迎接首都将来建设的任务，在职工训练、工程规划、试验研究、工程设备各方面，都需要就现有基础逐步加强。今年计划训练测绘、建筑管理和园林基层干部共一百二十人，利用旧料修建训练班房屋二十四间，并从事调查、勘测等工程规划工作。试验研究方面，继续补充必要的土壤、沥青试验仪器，并和北京大学合作，成立建筑材料试验室，以及购置图书等。工程设备方面，拟先尽必要的汽碾、洒水汽车、测绘仪器等添置一部分，并适当修理保养。

第六、对于公共建筑加以养护，包括塌毁城墙的必要修缮，中山公园内中山堂周围铺筑水泥混凝土砖和零星拆除修葺工程等。增设路灯是市民普遍的要求，去年除有杆线的区域已普遍增设外，其原无杆线的区域还来不及增设；今年计划贴补电业局路灯杆线费用，增

架杆线，连同去年计划中应添未添的杆线和电业局今年因业务需要而增设的杆线架设后，估计可增设路灯四百盏，连同原有杆线共可增设路灯一千七百盏。

第七、郊区道路养护工程

京郊国道，除京塘线（北京至塘沽）外，在市界范围以内的，自去年春季起，都已划归本市管理和养护。因此，市辖郊区道路的面积增加很多。据最近统计，郊区主要道路共四十三条，总长二百九十六公里，合一百七十四万九千九百平方公尺（高级路面长七十三公里，合四十一万零一百平方公尺；中、低级路面长一百零六公里，合六十七万七千八百平方公尺；土路长一百一十七公里，合六十六万二千平方公尺）。原有道路多已损坏不堪，而新辟道路，因路基尚未完全沉落坚实，极易损坏，都须注意养护。特别是为了沟通城乡物资交流，适应首都郊区建设上的需要，对所有主要道路尤应经常养护。今年，计划将破损过甚、影响行车的道路，予以重点整修，加强保养。

（1）补修和保养高级路面：局部损毁的高级路面，利用炒油补修；其他视各路具体情况，分别予以沥青表面处理，罩面或洒沙养护。计：补修二千八百九十平方公尺；沥青表面处理一万二千五百平方公尺；罩面一万五千平方公尺；洒沙养护二万平方公尺。

（2）补修和保养中、低级路面；尽先补修翻浆石碴路，并将一部分石碴路、卵石路分别补充石料、土沙，予以碾压。计：补修五百平方公尺；保养碾压五万九千六百四十平方公尺。

（3）零星工程：包括整修路肩五万二千六百四十平方公尺；挑挖边沟一万二千九百平方公尺；京门路模式口迤西一段，为了改善路基所做的块石护坡三百六十立方公尺，土方九千立方公尺和水泥混凝土涵管一座。

（4）经常养护：除重点整修外，采用分区分班负责养护制，次第成立工区和道班，对所有主要道路作经常保养。

（5）临时抢修：郊区道路当春季翻浆和雨季，常有交通阻断情形，须作紧急处理。

（6）建设局配备于郊区的基本工力有限，而任务繁重，必须雇用一部分临时工。

（道路、桥涵工程示意图及计划表附后）〈略〉

北京市人民政府关于
一九五一年度郊区河道治理计划

（1951年6月23日）

今年郊区河道的治理工作，经决定：坝河、清河、凤河由郊区工作委员会负责；南旱河、莲花河、凉水河、通惠河由卫生工程局治理。这些河流，除通惠河暂可不修，凤河因下游无力疏浚暂缓施工外，其余河流拟根据实际情况，分别治理。所需经费除本市今年度预算案已列入者外，并由水利部补助一部分。兹将计划分述如下：

一、郊区工作委员会治理部分

（1） 坝河

坝河下游经通县入北运河，河道窄浅，在市界三岔河村的断面，仅能通过四十秒立方公尺左右的流量，而该河洪水流量约为七十四点五秒立方公尺，上游支流纵横，河上的桥梁大部阻水，以致去年淹田五万四千余亩。今年根据现有财力，疏浚市界内全部主流约长十六点四公里；并对其主要支流北小河新开一条渠道约长四公里，使其在上游入河；拆改阻水的桥梁九座；动员群众将其他各支流加以疏浚。为了照顾通县春工期间劳动力缺乏的困难，该县界内工程由本市担任一半，计长三点六公里，其余一半工程由该县负责。

（2） 清河

清河下游经昌平县汇入温榆河，市界内约长十八点八公里，河道窄，弯曲多，在立水桥的断面，仅能通过二十秒立方公尺的流量，而去年该河洪水流量约为五十二秒立方公尺，淹田近两万亩。今年原计划除拆改阻水的桥梁外，并须扩大河道的断面，但以下游财力、人力不足，商定分两年疏浚，今年先疏浚一半，只将通水的断面稍加扩大，不裁湾，拆改阻水的桥一座，使流量增至二十六秒立方公尺。

（3） 其他排水、防洪工程

本市界内永定河的春工和防汛工程，由本市负责。

此外，并动员群众疏浚有关支流和不属于河道系统的排水沟，以及拆修一部分桥梁。其中，较大桥梁由政府补助一部分材料费。

二、卫生工程局治理部分

(1) 南旱河

南旱河下游的南护城河只能通过二、三十秒立方公尺的流量，而去年南旱河洪水流量约四十九秒立方公尺，如果使其全部下泄，则城区排水将受严重威胁。因此，应尽可能拆改旧有阻水的桥梁，并采取蓄水减洪办法，即在农业大学附近恢复玉渊潭，面积约六十一万余平方公尺，蓄水量约一百一十七万零三百立方公尺，蓄水高度暂定为大沽零点上五十公尺。这样，下游洪水流量可能减至二十五点五秒立方公尺，南护城河再加疏浚，则下游泛滥情况即可大减。

(2) 莲花河

莲花河今年因限于财力和下游排水能力，只能拆改一部分阻水的桥梁。

(3) 凉水河

凉水河流经通县、天津两专区汇入北运河，其在市界附近马驹桥的洪水流量约九十六秒立方公尺，但两专区境内河道狭小，只能通过三、四十秒立方公尺的流量；为防止汛期北运河的水倒灌，在入北运河处的龙凤闸每年要关闭一个半月，致凉水河下游的水无处排泄，因此，龙凤闸一带水灾向来严重。在下游河道尚无力治理以前，上游挖河将加重下游的灾情，理应统筹兼顾。经水利部召集有关部门开会研讨结果，决定：萧家村以下的断面不动，萧家村以上局部整理，沿河阻水的桥梁可以拆改。本市根据现有财力，计划择要拆改阻水的桥梁若干座，其余发动群众自办，政府予以技术上的帮助。自大红门以上支流纵横，河床狭浅，水涨时极易漫溢，而沿河的桥梁又节节阻水，大红门的铁路桥阻水更甚，致淹田很多；大红门以下河床渐宽，被淹多系洼地；因此，应彻底拆改大红门以上的桥梁，大红门以下的则择要拆改。具体计划如下：

(甲) 请铁路局改修阻水的铁路桥。

(乙) 由建设局改修阻水的公路桥。

(丙) 由卫生工程局改修阻水的重要大车路桥。

(丁) 发动群众改修其他较小阻水的桥梁。

(戊) 拆除不必要的桥梁，以免阻水。

(郊区河道工程计划示意图附后)〈略〉

北京市人民政府关于一九五一年度文教工作计划

(1951年6月23日)

今年文教工作的方针，主要是在现有的基础上，提高质量，并作适当发展。根据这一方针，拟定计划如左：

一、进一步改进、提高中、小学教育，并适当发展

(1) 系统地通过各门课程和课外活动，深入开展以抗美援朝为中心的爱国主义和国际主义的教育，提高在校青年、儿童的民族自尊心；贯彻中央处理接受外国津贴的学校的指示，彻底肃清帝国主义文化侵略的影响。

(2) 继续增进学生的健康，从以下四方面进行：

甲、加强学校的医疗卫生工作，进行定期体格检查，在现有条件下，改善学校的卫生环境和卫生设备；

乙、精简教材，减少课外活动，严格执行规定的作息时间，以减轻学生负担；

丙、重视并改善体育活动，注意锻炼体格；

丁、在现有的基础上，改进中学生的课余农业生产，增产菜蔬，并改进学生的伙食管理，进一步提高学生营养。

(3) 继续加强对私立中、小学的领导和改造，并根据实际情况，酌予必要补助，使其充实学校设备，改善教职员待遇；同时，奖励有条件增班的私立学校扩充班次，以便有效地解决本市青年、儿童的就学问题。通过公、私立学校各种性质的联席会，交流学校行政工作和教学上的经验，稳步地改进私立学校的行政业务工作。

(4) 加强教职员的政治、业务学习。首先以新教育理论、语文、历史为重点，举办有系统的讲座，健全各科研究小组，并举行时事政策报告；继续开办离职学习的小学教职员进修班（暂定八十人）。重点试行苏联

新教学法，试用东北出版的理科新教科书；一般学校仍继续进行有领导、有准备的观摩教学，提倡实物教学。加强学校和学生家长的联系，定期举行家长座谈会，从各方面提高教师的政治、业务水平，提高教学质量。这是中、小学教育提高一步的基本环节。

（5） 适当增班、增校，继续贯彻学校向工农子弟开门的政策。

甲、工农速成中学增两班，工农干部文化补习学校增两班，着重吸收工农干部入学。

财经学校增三班，工业学校增九班，并帮助有关企业部门开办训练班。成立中等技术教育委员会，加强市、私立技术学校和有关企业部门的联系，改进教学和管理，并调整课程教材，有计划地、有目的地培养一定数量的中等技术人才，以适应生产建设需要。另外，并对私立职业补习学校，加强管理和指导。

乙、师范学校增三班。另外，增设师范速成班二班，以培养小学师资。

丙、普通中学递增二十一班。根据需要和条件，在郊区市镇小学中，附设若干中学班。对私立中学增加补助，争取完成其增班计划。

丁、小学增设三百五十班，即郊区增设四十六校二百班，城内增一百五十班，达到郊区每行政村有小学；并拟将城区小学二百九十六班改为二部制班。每班以收五十人计，各种班共可增收儿童三万一千余人。据一九五〇年十二月份不完全统计，本市失学儿童为六万四千余人；识字班收有二万二千人，如再增加三万一千余人，即可使有条件入学的儿童基本上都能入学。这些班次的增加，着重在劳动人民密集的地区，并有计划地大量吸收工农子女入学。

戊、大力修缮中小学校舍。中、小学校舍年久失修，时有坍塌之虞，今年决定克服一切困难，争取于六月底前，将一切安全工程全部修建完成。

二、巩固、发展并进一步改进业余教育

（1） 使工农群众业余文化教育，密切结合爱国主义教育，并通过文化馆、书报阅览室等，用各种方式普遍开展抗美援朝保家卫国的时事教育，以提高广大人民的爱国主义思想。

（2） 巩固职工业余学校，力求减少缺课现象，并适当发展，争取再增加一万人入学。配合工会，开展职工业余技术教育，在有条件的厂、矿，开设职工技术班。职工业余学校，在可能的条件下，也酌增技术教育。

（3） 发展经常性的农民业余教育，以期有效地逐步减少农民文盲。今年农民业余学校已吸收一万五千农民入学，在冬学中，拟再吸收二万五千人入学。

（4） 继续整顿一般成人补习学校。

（5） 加强业余学校、成人补习学校的教职员的政治业务学习，建立各科教学讲座、教学研究组，在暑期成立学习班，以提高教学质量。

三、普及劳动人民的文化娱乐活动

（1） 通过文化娱乐活动，深入抗美援朝的宣传工作，以提高广大人民政治思想水平。

（2） 戏剧改革工作，先以流行的地方戏（如评戏）为主，选择较好剧团，培养为典型班、社。整理旧剧剧目，今年计划演出六个新剧目，并做到市属公营剧场不上演有毒素的剧目。

（3） 大力开展工厂文艺工作，培养群众文艺工作干部。

（4） 在编审工作方面，加强思想领导，批评或表扬京市上演的影剧和刊载的文艺作品。

四、加强领导工作

（1） 首先是加强工作计划性及视导工作。有系统、有重点地深入了解情况，检查各校各单位对计划执行的情况，及时予以指导。

（2） 深入具体指导重点学校，使之成为带头、示范的学校，以便突破一点，指导全盘。

（3） 改进各校各单位领导。各校领导必须以改进教学为中心，以爱国主义精神发挥教职员工的积极性、创造性，以保证今年文教工作计划的完成。

北京市人民政府关于一九五一年度卫生工程计划

（1951年6月23日）

一九五一年度卫生工程仍本为生产服务、为劳动人民服务、为中央人民政府服务的方针，根据“少花钱、多做事”的原则，以下水道工程为主，着重解决积水问题，并适当增建公厕和污水池，以改善环境卫生。

（一）下水道工程

本市积水地区，约共四平方公里，占全城面积的十五分之一，每逢雨季，积水深自二公寸至一公尺，积滞常达半日至十数日之久，房屋倒塌，蚊蝇丛生，市民安全和卫生直接受威胁的约十三万人。积水原因是有的地区旧下水道年久失修，失掉排水作用；有的地区地势低洼，根本没有排泄积水的下水道。因此，旧下水道应继续掏修；对积水严重而没有下水道的地区，应重点新建下水道或开挖明沟，以解决积水问题。

（1）继续掏修旧下水道　本市共有旧下水道二十二个系统，去年掏修了六个系统，今年计划继续掏修其余的十六个系统，并解决其附近地区的积水问题，如一区草厂大坑，三区草场胡同，七区抽分厂等地。掏挖共长约十二万六千七百三十五公尺，掏泥约四万二千五百八十二公方，整修共长五万六千三百四十公尺，增修探井一千座，雨水口七百五十座，使全市旧下水道恢复宣泄效能。

（2）新建下水道　本市下水道多集中内城，外城缺乏完整的下水道系统，劳动人民聚居的七、八、九三个区历来积水严重，急待解决。为此，拟在九区永定门内西便道和七区法华寺街新建下水道干支线二千五百三十公尺；宣武门外八区北部新建下水道干支线二千二百二十公尺；八区南部开挖明沟五千三百五十五公尺。此外，为了防止污水流入什刹海、积水潭等，并解决其附近地区的积水问题，须在其西南部修建下水道一千七百八十公尺，引入御河。

（3）对去年已掏修的旧下水道和新建的下水道须经常加以养护，保证其宣泄效能。

总计掏挖旧下水道十二万六千七百三十五公尺，整修五万六千三百四十公尺，新建下水道六千五百三十公尺；开挖明沟五千三百五十五公尺。这样，就可解决四十八处的严重积水问题了。

（二）河道工程

本市玉泉水系所属各河湖去年都已大部疏浚，情况尚好。今年除在德胜门修建跌水一座外，主要是培修堤坡，调节水量，加强养护工作。

（三）环境卫生工程

污水池和公厕是市民日常生活中不可缺少的公共卫生设备，今年仍须继续修建。

（1）污水池　除去年已完成的四百零一座外，今年计划修建四百座。

（2）公共厕所　去年市、区各界人民代表会议曾要求修建二百三十四座，除已建一百零八座外，尚需修建一百二十六座。今年计划在前门箭楼附近和其他公共场所修建半水冲式公厕二座，黑巷子公厕四座，在劳动人民聚居的大杂院内修建公厕三十座，在各街巷修建七十四座，计共一百一十座。另外，以清洁保养费整修旧公厕五十六座。根据去年经验，修建公厕主要是选定地址困难，如果地址没有问题，当可如数完成。

（四）勘测研究制图

为提高技术，计划将来城、郊下水道系统，研究利用污水灌田，减少垃圾来源等问题，需要进行勘测，购置图书仪器，绘制图表。

（五）充实机构、加强管理

为圆满完成今年的任务，除原有掏修旧下水道的工程总队外，需要成立四个工程事务所，分区负责施工；成立下水道养护队、河道管理所等机构，负责下水道和河道的养护管理工作；成立勘测队专管勘测工作；并需充实原有机构，健全施工制度，以便提高质量，减低成本。

（解决四十八处积水问题的下水道工程计划示意图及掏修十六个系统的旧下水道工程计划示意图附后）（略）

北京市人民政府关于一九五一年度卫生工作计划

（1951年6月23日）

今年本市卫生工作的方针，仍是面向工农和预防为主。以儿童、学生和工人为重点，对威胁人民健康最大的各种疾病进行斗争。中心目标是：争取基本上消灭天花减少肠胃传染病、婴儿破伤风、产褥热、虫媒传染病和结核病的传染。同时，为了照顾广大群众对医疗的要求，拟有重点地扩充市立医疗机构，加强卫生基层机构，扩大办理医疗救济，培养卫生工作干部，大力开展卫生教育，并组织和补助私立医疗机构、开业医师，使其参加公共卫生医疗工作。

为了达到上述目的，我们计划：

一、建立和充实卫生基层机构

（1） 城区现有八个卫生所，今年拟将第七区原有的第二妇幼保健所扩大为卫生所，使每区各有一个基层卫生机构。

（2） 郊区现有四个卫生所和三个小型卫生站。其中，西郊卫生所改为卫生院，去年增设的产科病床二十张，今年予以开放。另在门头沟增设一个卫生院，设病床二十张。同时，帮助公、私矿合资筹办一所外科医院。在东郊卫生所增设生命统计员，试行生命统计调查工作。

二、有重点地发展医疗组织

（1） 市立第一医院扩充病床五张，修缮门诊部。第三医院扩充病床四十张，修建手术室。其他各市立医院酌予充实设备、修缮房屋、增加人员。

（2） 精神病院现有病床一百七十张，扩充为二百五十张，并稍加扩充设备、修缮房屋。

（3） 传染病院现有病床一百二十张，原有房屋多不适用，拟加修缮，并充实设备。

（4） 在城、郊医疗机构较少的地区，增设工人诊疗所七处，医药合作社六处。

（5） 其他原有医疗卫生机构都继续维持，尽可能酌予充实设备。

三、扩充卫生教育所，集中设计、制作宣传材料，编订教育文件，从事陈列展览，布置并指导全市卫生宣传运动，大力开展卫生教育，并将原有的卫生陈列室改为卫生教育馆，经常布置卫生展览。

四、扩大种痘人数，办理各项预防接种、注射、消毒、检疫等传染病管理工作。维持八十五人编制的防疫队，深入郊区办理卫生防疫工作。维持五十人编制的环境卫生队和十五名兽医，三名医师，以加强环境卫生管理工作。

五、推行免费接生，每月四百人至一千人，全年八千四百人，难产免费住院和医疗每月七十人至一百人，全年一千零二十人。此外，拟试办乡村妇幼卫生工作组四组，巡回训练郊区妇幼保健员、接生员，推行科学接生，并进行有关妇幼卫生的调查工作。

六、工厂卫生工作，以建立工厂内卫生基层组织和充实或建立医疗机构，并加强宣传教育和改善工厂的环境卫生为重点。指导、帮助三十人以上的工矿、作坊单独或联合建立医疗机构，或与公、私医院、诊所建立嘱托关系。另外，为一百个工厂训练不脱离生产的保健员二百人，树立工厂内卫生工作的民主管理制度，并建立医药箱。组织工厂卫生检查组，赴各工厂重点检查，并指导其卫生工作。

七、学校卫生工作，主要是养成学生良好的卫生习惯，训练教师和学生，组织卫生队，建立或充实学校内医疗机构，定期办理健康检查、矫治缺点，按时预防、接种等工作。拟增设中心卫生室五处和各学校保健药箱四十七处，设置缺点矫治机构；并补助开业医师为私立中、小学八十校办理卫生医疗工作。这样，受到照顾的学生人数，可自去年的八万三千三百二十一人，增加到十万零七千四百三十八人。此外，并对学联主办的五四医院，给以补助。

八、继续实行医疗救济，免费门诊名额计划由去年的每日九百七十六人增为一千二百人；免费住院的病床由去年的每月一百七十四张增为二百七十张；并增强巡回医疗队的人员和设备，发挥更大的机动治疗力量。

九、培养各级卫生工作干部

(1) 成立医士学校一处,招生六十名,二年毕业。

(2) 在市立第一医院附设护士学校一处,招生三十五名。

(3) 扩充市立助产学校,增加班次和名额,酌予修缮校舍,并扩充设备。

(4) 补助道济、妇婴两医院附属护士学校,并补助私立助产学校三处。

(5) 扩充药学讲习所,培养本市司药人员,解决司药人员缺乏的困难。

(6) 补助中医进修班,提高中医技术。

(7) 在市立牙科医院内,开办口腔保健员训练班,招生三十名,以便推行口腔保健工作。

(8) 训练环境卫生员和生命统计员,以应工作上的需要。

(9) 训练妇幼卫生保健员一百名,接生员六百名,以便建立郊区妇幼卫生工作的基层组织,并推行科学接生。

(10) 对开业医药人员加强调查管理,帮助其进行政治学习,并组设业务进修班,提高业务水平。

十、加强对各非市立卫生医疗机构的领导和帮助

(1) 领导组织联合医院、联合诊所,并予以帮助,使其配合推行公共卫生和医疗工作。

(2) 奖励开业医务人员赴郊区和劳动人民聚居的七、八、九区进行医疗工作,由政府酌予补助。

(3) 补助一些开业医师,或建立门诊特约关系,使其参加公共卫生医疗救济工作。

(4) 对社会团体如医联、红十字会等酌予补助,使其配合政府推行卫生医疗工作;并补助红十字会在郊区办理诊疗所二处,解决部分农民的医疗救济工作。

(5) 继续补助什坊院保健院,实验农村卫生工作;继续补助回民医院,解决本市一部分少数民族的医疗问题,并继续补助原有的工人诊疗所和医药合作社,解决一部分工农的医疗问题。

(6) 补助私立儿童医院,扩充病房,增设医疗设备。

十一、对原来接受美国资助的同仁、道济、妇婴三个医院,实行合办,增加经费,扩充业务。

(市属卫生医疗机构分布图附后)(略)

关于政府工作报告的决议

(1951 年 6 月 24 日)

北京市第三届第二次各界人民代表会议,听取了彭真市长的报告,张友渔副市长关于财政收支计划和情况的报告,公安局罗瑞卿局长关于镇压反革命工作的报告,吴晗副市长和薛子正秘书长关于文教卫生及市政建设计划的报告,一致认为满意。三个多月以来,市人民政府执行彭真市长在上次会议所提出和我们所一致拥护的八项工作方针和任务,是有很大成绩的。尤其是在坚决镇压反革命活动方面,市人民政府根据人民的要求,大张旗鼓地处决了大批反革命罪犯,进一步巩固了首都的革命秩序,保障了首都各项建设的顺利进行和人民生命财产的安全。在民主建设方面,北京郊区举行区、村人民代表会议,一部分区、村并实行民主选举,获得很大成绩,使民主建政工作更向前推进了一步。

大会一致同意张友渔副市长关于财政收支计划和情况的报告,我们认为市人民政府一九五一年度的各项工作计划,都合乎人民的要求。我们号召全市人民紧密地团结在市人民政府周围,同心协力,克服困难,为完成全年的工作计划和任务而努力!

北京市第三届第三次各界人民代表会议

（1951年12月28日——30日）

北京市第三届第三次各界人民代表会议于1951年12月28日至30日举行。

会议听取了彭真市长关于展开增产节约、反对贪污、反对浪费、反对官僚主义运动的报告。听取了市抗美援朝分会主席张奚若关于市抗美援朝、保家卫国运动的报告，听取了市第四届各界人民代表会议代表选举委员会吴晗主任委员关于筹备市第四届各界人民代表会议代表选举工作的报告，以及提案审查委员会召集人钱端升关于提案审查结果的报告。

会议还听取了市政府都市计划委员会梁思成副主任关于首都建设计划的初步意见的报告和市检查婚姻法执行情况委员会张晓梅副主任关于市检查婚姻法执行情况的报告。

会议通过了关于抗美援朝、增产节约和学习毛泽东思想的决议，通过了关于展开增产节约、反对贪污、反对浪费、反对官僚主义运动的决议，通过了关于提案审查委员会审查提案报告的决议。

市协商委员会主席彭真作总结发言。

北京市抗美援朝分会张奚若主席关于北京市抗美援朝、保家卫国运动的报告

(1951 年 12 月 28 日)

主席、各位代表、各位同志：

今天我代表北京市抗美援朝分会，报告一年来北京市各界人民抗美援朝、保家卫国运动的情况和今后的工作计划。

一

北京市各界人民的抗美援朝、保家卫国运动，从去年十月二十五日中国人民志愿军出国作战时起，即一天比一天热烈地在各阶层人民群众中开展起来。全市工人、农民、学生、妇女、工商业家、教育工作者、文艺界、宗教界、医务工作者、少数民族以及其他爱国人民，都积极地参加了这个伟大的爱国运动。工人们为了加强抗美援朝，有组织地展开了群众性的修订和检查爱国公约，普遍地掀起了劳动竞赛运动。农民们用精耕细作、增加副业生产、踊跃缴纳公粮、做好优抚工作，来支援前线。教育工作者及青年学生们热烈地参加了各种抗美援朝的宣传教育工作，努力扫除亲美、恐美、崇美思想。青年学生们并且大批地参加了军事干部学校。工商界普遍地提高了政治觉悟，积极改善经营管理、加强劳资团结、集体缴税、踊跃捐献，以响应政府和抗美援朝总会的号召。文艺界努力于创作、演出、展览各种有关爱国主义教育的文艺作品，揭露了美帝国主义的残暴与丑态，鼓舞了人民的胜利信心，并且参加了慰问团亲赴前线劳军。妇女界百分之八、九十受了爱国主义的教育，大批地组织起来，积极参加生产和学习运动。宗教界展开了三自革新运动(天主教成立了革新委员会，基督教进行了控诉)，给帝国主义一个重大的打击。医务工作者不避艰险地到前方去，医治志愿军的伤病员和组织军队的防疫工作。少数民族同胞也都为保卫祖国做了各种抗美援朝工作。其他各界人民以及各党派、机关、部队等，无不站在各自的工作岗位上，为着打垮美帝国主义的侵略，为着建设我们伟大的祖国而奋斗。

全市各界人民多次地举行了抗美援朝示威游行。各种群众性的抗美援朝活动和宣传工作到处展开。所有工厂、学校、机关、团体等，通过各种集会(报告会、控诉会、片儿会、院会、晚会、联欢会等)和利用各种宣传形式(书报、电影、戏剧、展览、广播、读报、唱歌、幻灯、橱窗等)在广大人民中进行了广泛的爱国主义与国际主义的教育。为了加强抗美援朝工作与爱国主义的宣传，分会组织了各种大型的报告会，请出席第二届世界和平大会归国代表、志愿军归国代表、赴朝慰问团代表、参加国庆节观礼的解放军和志愿军战斗英雄代表，做了三百四十七次报告，听众达八十余万人。这些报告到处受到人民热烈的欢迎，影响极大，印象极深。去年十一月和今年四月，我们曾先后组织了六万余人的宣传队，分赴工厂、农村、学校、街道等处进行广泛的宣传。我们在城内各区组织了一万八千多从群众积极分子中挑选出来的宣传队员(其中，包括区、街代表、妇女代表、合作社代表、军属代表、夜校师生、各群众团体的基层干部、卫生、消防、房屋修缮委员等)，用分区负责制，或每一户有一人做宣传等办法，到广大人民中，特别是到过去宣传不到的空白区，去进行工作。这样，就使全市百分之九十以上的人民受到了抗美援朝的爱国教育。

全市签名拥护五大国缔结和平公约的有一百六十九万五千五百三十八人。投票反对美国武装日本的有一百六十九万四千五百六十三人。签订爱国公约的有一百四十万二千四百八十五人。青年学生报名参加军事干部学校的有二万多人。

首都各界人民在武器捐献运动中，表现了高度的爱国热情。认捐总数为一千零三十五亿元，合战斗机六十九架。截至十二月二十五日止，实际缴纳的已达一千二百七十一亿元，可买战斗机八十四架，超过了原来认捐数目百分之二十二强。工人捐献的奖金和工资就有一百三十八亿元，他们增产节约的巨大数字还不在内。郊区农民的捐献将近四十亿元。工商界已超额完成了认捐四十架战斗机的数目，至十二月二十日止已缴纳

六百四十亿元。就是城内贫苦市民最多的九区也缴纳了献款十五亿七千多万元。我现在在这里宣布这一工作胜利结束，认捐将于十二月底停止，献款亦望收齐速送银行。我们并希望各单位把这一工作认真地总结一下，吸取其中可贵的经验，以便在这个经验的基础上积极地展开增产节约运动。

首都各界人民对中国人民志愿军和朝鲜人民军做了最亲切最热烈的慰问。送给前方的慰问信有十七万四千余封，慰问袋有八万三千多个，慰问品有六十四万九千余件，慰问金有三十余亿元，图书杂志有三十六万册。北京市分会曾两次派代表赴前方慰问中国人民志愿军的英勇战士。各党派、各机关和各团体并经常派人到医院慰问和慰劳伤病员。我们组织了九个志愿手术队，两个志愿医疗队，三个志愿公共卫生工作队（共计三百九十五人，其中，包括中国红十字总会国际医防服务队北京参加的十八人）和一个运输人员（司机）服务队到前方去。北京市人民政府和广大人民群众极热烈地进行了优抚工作，并适当地解决了烈、军属的生活、就业、子弟入学、治病、住房等问题。

一年以来，由于抗美援朝、土地改革、镇压反革命三大运动和国家各种建设事业的开展，北京市各界人民在各方面均有很大的进步。首先，在思想上，把多年来的帝国主义者，特别是美帝国主义者所散播的思想毒素和各种不良影响大加扫除，因而民族自信心加强了，民族自尊心提高了。许多人深切地体会到祖国的伟大和可爱，毛主席的伟大和可爱。其次，在政治上，各党派、各阶层以及各界人民的团结，也益发亲密了，益发巩固了。许多过去从来不问政治的人，今天也觉醒起来，关心政治；过去不大讲话的人，今天也激于义愤讲了话。经过广泛的抗美援朝运动，人民群众更加相信共产党的领导，更加靠近政府和拥护政府的政策与法令。大家在紧密地团结着，为抗美援朝、保家卫国而共同奋斗。这些收获，都是在中央直接领导、前方胜利鼓舞下，全市人民共同努力及与各方面工作配合的结果。

我们的工作中还存在着不少的问题：如有一小部分人还未受到充分的抗美援朝的教育；有一部分人的恐美、崇美甚至亲美思想还未扫除干净；帝国主义者的残余势力还须更彻底地清除。我们须用大力推广爱国公约，并在胜利完成捐献武器的工作基础上，积极展开增产节约运动。我们应该在各方面把抗美援朝工作继续向前推进，以期收到最大可能的效果。

二

为了继续加强抗美援朝，支援中国人民志愿军，打垮美帝国主义者的侵略，保卫远东与世界的和平，我们今后必须做好以下几项工作：

（一）继续广泛与深入地进行爱国主义的教育。为了彻底肃清美帝国主义与封建主义的思想残余和高度发扬爱国心，我们应响应毛主席的号召，在文化教育战线和各种知识分子中，进一步地配合各方面，展开一个自我教育和自我改造运动。在学校中，我们应把爱国主义思想贯彻到各科教学与课外活动中去。在广大群众中，我们应巩固与扩大时事宣传和爱国主义教育的各种组织（如城区的宣传网、工厂、学校、机关、农村、街道的读报组），应建立经常性的宣传机构和制度（如文化站、阅览室、片儿会、抗美援朝日等），应扩充与推广流动性的宣传活动（如图片展览、宣传画、幻灯、电影等），并应多编些通俗时事读物和多画些时事连环画，以期使时事教育成为群众生活中的必需品。我们应该不断地从广大群众中增养大批积极分子，去把爱国主义教育普及和深入下去。

（二）进一步修订与贯彻爱国公约。多数爱国公约起了很大的作用，有些则较差，另有一些是形式主义。许多爱国公约之所以没有发挥很大作用，主要是因为没有把爱国主义与实际工作结合好，或者是订立了没有贯彻执行，或者是缺乏认真地督促检查。有些干部没有认清爱国公约是巩固群众爱国热情，领导群众改进生产、工作和学习的一个重要形式，因之在订立与检查修订时，就没有加以具体的领导。今后对爱国公约的修订，必须进行充分的思想教育，广泛发动群众，进行民主讨论，订立大家乐于遵守与执行的条款，反对包办代替，反对形式主义。没有订立爱国公约的（还有百分之三十七），必须有领导地根据各个单位的工作、生产、学习基层单位的具体情况和当前的政治任务，迅速订立；已经订立的，必须号召各单位认真地把爱国公约执行的结果总结一下，好的加以推广，不妥当的和不适宜的加以修订。在总结之前，要做好准备工作（思想方面的和组织方面的），希望能于明年一月普遍派专人自上而下与自下而上地检查修订一次。我们必须把爱国公约的订立与贯彻执行当做一件最重要的爱国主义事业去做。

（三）继续做好优待烈属、军属的工作。给烈属、军属以及残废军人以必要的和可能的就业训练和优待，发展军属工厂，尽可能介绍军属就业；郊区要认真进行代耕工作，保证军属土地的产量不低于其他农户的产量；开办政治学习班，提高军属政治觉悟；广泛进行宣传，使尊重军属成为一种社会的道德风尚。

（四）大规模地展开增产节约运动。发挥生产上的潜在力，调配与组织各种力量（党委、行政、工会、青年团、技术人员、职工等），有计划地为增加生产、提高质量、降低成本、改善经营管理、积累与节约资金、消灭贪污浪费、奖励劳动模范和创造发明，展开一个伟大的爱国主义增产节约竞赛运动。为了完成这一任务，必须大力进行宣传动员，造成一种面向生产、厉行节约的浓厚空气，使大家认识增产节约对于达到胜利和建设国家的重大作用。这一运动不仅在生产企业部门应该展开，在所有工作部门（如机关、学校、团体等）亦应展开。所有非生产的单位，应精简机构，节省开支，消灭贪污浪费，提高工作效率，从各方面为国家创造财富与节约财富。

（五）我们要彻底肃清一切反革命分子，特别是现尚潜伏在首都的残余的帝国主义特务间谍分子。我们要把治安保卫委员会建立起来并加强其工作。宗教界的一切爱国教徒，应该继续努力把今天尚披宗教外衣、破坏政府法令、造谣惑众的反革命分子和与反革命勾结的分子从教会中驱逐出去；不但宗教界如此，其他各界都应该提高警惕，帮助政府肃清现在可能还潜伏在首都的残余的帝国主义特务间谍分子和一切反革命分子。

同志们！我们为了响应毛主席“增加生产，厉行节约，以支持中国人民志愿军”的指示，并根据彭真同志在全国委员会第三次会议关于抗美援朝、保家卫国运动的报告的精神和今后的任务，特号召各界人民，团结一致，再接再厉，为争取反侵略斗争的最后胜利，为建设我们伟大的祖国，努力前进。让我们高呼：

抗美援朝胜利万岁！

世界和平万岁！

毛主席万岁！

北京市人民政府都市计划委员会梁思成副主任关于首都建设计划的初步意见的报告

（1951 年 12 月 28 日）

主席，各位代表，各位同志：

我代表都市计划委员会把初步草拟的未来十五年到二十年间首都建设的发展计划，概括地报告一下。这个计划虽然是经过两年多的时间，征求了各方面的意见才草拟出来的，但是还很不成熟，所以今天提出来，请各位代表和北京全市市民发表意见，给予批评和指正。

北京是我们祖国的首都，是亚洲的灯塔，是世界和平民主阵营的堡垒之一；我们的中央人民政府在这里，我们伟大的领袖毛主席在这里；北京又是一个历史名城，有许多珍贵的文物建筑，原有的北京在过去就是一件都市计划的无比杰作；所以，对于北京今后的计划和建设，不但是北京市民和五万万以上的中国人民十分关心，就是全世界的人民也都非常注意。

一个城市为什么需要计划呢？主要的原因就是：一个城市也可以说是一种最庞大的物质生产和精神生产的工厂，它是计划经济中不可缺少的一部分。大家知道，要开办一个工厂，为了搞好生产，就必须首先把厂房、工人宿舍、办公楼等设计好。一个城市也和一个“工厂”一样，假使计划得不好，它会影响到它的“生产”和“工人”的健康的。半年来，人民日报不断的号召“没有正确的设计，就不可能施工”，一座建筑物如此，对一个都市说来，这一原则尤为重要。所以，为了使我们的首都发挥它最大的作用，我们就必须把它当做一个最复杂的大工厂那样计划它。我们针对着首都人民在工作、居住、文娱游息三种主要活动的需要，计划它的土地使用，划分区域；然后计划一个交通系统，将这些区域间的交通，以及全市对外省、外县的交通联系起来。下面就是我们怎样解决这些问题的初步方案的一个简略说明。

北京内、外城现有面积是六十二万平方公里，现有人口，连郊区在内，一共是二百五十多万。在未来的十五年到二十年间，预计全市人口要增加到四、五百万；建设范围则将发展到五百四十平方公里左右，东边一直到通州，南边到南苑，西边到西山和永定河，北边一直到清河镇；比现有内、外城大了九倍的样子。在这个广大的地区里居住的四、五百万市民中，估计将包括二十余万的机关干部，约二十万左右的专科以上的学生，以及几十万的产业工人；还有从各地来到北京的人民和国际友人。我们的计划就是按照这样一个估计来设计的。

这样一个伟大的首都计划，是以对全国人民、乃至全世界和平民主阵营有重大政治作用和重大历史意义的天安门广场为中心而设计的。广场的附近是主要的中央行政区；次要的行政部门在西郊和新市区；前门外迤西一直到西便门、广安门外一带将成为主要的商务区；西北郊是文教区；西山和山脚下地带是休养区；东郊及南郊是工厂区；还有部分的工厂分布在永定河两岸及长辛店一带；其余就是环绕着这些中心地区的住宅用地。这些土地使用的分区计划，请大家参看总图、示意图（图略）就可看出一个梗概。这个示意图仍只是一种初步草案，考虑得不够成熟，将来还可能有些修改。

我们先说道路系统方面，有铁路和公路两个系统。铁路系统：我们计划把大部分的客运都集中在广安门附近的客车总站。货运总站则分设在丰台和东郊工业区。这个客车总站将是一座富丽堂皇的伟大建筑，站内有二、三十个月台，可能每两、三分钟就有一列车入站或出站。此外，在永定门外和东郊各有一个次要客站，为南郊和东郊服务。我们的计划是希望在短期内就将现有的正阳门车站迁移，将前三门的路轨拆除，以利内、外城间的交通。现有的环城铁路，目前还有它的作用，将来都市发展以后，则将阻碍城市交通，也将有拆除的必要。现在图上所计划的铁路路线，还不是十分肯定的。

至于公路系统，主要的是围绕城区的内、外两条环形路，和通往张家口、热河、山海关、天津、开封、济南等地的六条高速国道，而以由市中心区出来的〔辐〕射干道将环路和高速国道联系起来。这样所形成的道路系统，能使道路的功能获得应有的分工，以免在中心地区集中过多的交通量；这对于增高转运的效能，获致交通的安全，是有一定的作用的。我们将计划在主要道路的交叉口，按照需要和地形，做成大转盘，或用上下两层的立体交叉，以便车辆流通舒畅，并避免车祸。在适当情形下，我们还要在一些交叉路口布置各种不同形式的点缀，如小花园、纪念铜像等，同道路两旁的行道树结合起来，使道路成为一条带形的公园；因之，道路的功能，不但为了交通，也为了观赏。至于内、外城区的道路，一般地说，原有的大街小巷本来就有明确的分工，主要的大街都有计划地形成几个环形的系统，因而在大街上汇集了绝大多数的流通车辆，使胡同里得到宁静和一定的安全。在这个优良的基础上，我们只须加以改善，就可以使北京城区的道路完全适合现代交通工具和数量的需要。在这里，我们可以附带提到，城区现有的电车轨道，计划移至郊区，而在城内改用无轨电车，以减少交通上的障碍和嘈杂的声响。我们要把东、西长安街延长，西到八宝山，东到高碑店，形成林荫干路。我们也要把前三门铁路旧基地改为横贯东西，与长安街平行的东、西大道，是地下道或地上道，还需要再研究，使这两条路与广安门外的客货总站连接起来。诸位可以想象一下，这个计划中的广安门外客车总站，一面通过这两条林荫或地下干道，通到北京市的每区、每街、每巷；另一面，以这里为起点，人民铁路将通往中华人民共和国大陆的无数的城市、村镇，通往无数的矿山、工厂、农场。另外还有一个特客车分站，设在永定门外，除了平时也可上下一些旅客之外，它的另一主要任务，就是作为各地和各国来北京的贵宾或代表团的出入站。贵宾、代表们在永定门下了火车，或从南苑下了飞机，可以坐着汽车，顺着笔直的马路，直达天安门广场。这样的计划就更加强调了现有的伟大的南、北中轴线。

这样，就将天安门广场和主要行政区确定在绝对重要的位置上，使其构成了整个计划的心脏部分。因此，由永定门到前门大街以及两旁的建筑，在经济条件成熟时，也都要作为一个整体，很好地重新设计。

天安门广场还要酌量展宽，它的范围要从三座门一直到正阳门城墙，作为一个整体。它的面积要比现在增大好多，以便每年“五一”和“国庆”，百万以上的队伍在这里开会，受毛主席的检阅。天安门的检阅台还要改建，使我们更靠近毛主席。旗杆还要加到比天安门还高，我们计划做一根不锈钢旗杆，高出天安门以上。在广场的中心，将耸立着永垂不朽的人民英雄纪念碑。加宽了的广场靠东、西的部分，还要种植树木，广场的两旁，沿东、西长安街两旁，计划建造一系列中央人民政府各部、会办公的大厦。这样，我们将使天安门广场，在政治上，在地点上，在历史上，都成为首都的中心。

我们的工业区是怎样呢？我们城市建设是为生产服务的。北京在反动统治时代是一个典型的消费城市；解放以后，已开始在本质上发生变化，一切计划和建设都面向生产，为生产服务。截至目前为止，东郊和南郊两个工业区，已按照计划拨出工厂用地四千九百多亩。东郊工业区是原来就有一些基础的，解放后，又建设了新的工厂，将来工业发展前途很大，所以计划将工业区一直发展到通县。如果北京、天津间的通航计划实现，通县就将成为北京的码头：一方面可以经过北运河通到南运河，加强了北京和广大农村间的物资交流，同时也就使北京的工厂区不惟取得更方便的出海口，而且工业原料和机械设备的运输费用也可以因水运而减低(我们因为还未能确定将来北京工业发展的数字，所以这图上所划出的工业区小了一些，实际上还需要扩大)。南郊主要是易燃性的工厂区；为了更好地予以隔离，我们希望在它们周围都用很宽的绿带包围起来。在永定河东岸石景山一带及西岸长辛店附近，或因地质上的原因，或是利用已有的基础，也有一些工厂。我们现在已在开始进一步研究工业区的问题，想根据经济和自然地理条件，估计北京工业可能的发展，做出一个较全面的、更进一步的计划。

将来的工厂区是非常优美的，我们要采用先进国家的各种技术经验。工厂区里到处都要有花园；工厂里要没有沙尘，种植树木花草就是消灭沙尘最好的方法。因为机械设备和厂房设计的改善，工厂区里不但受不到煤烟和嘈杂声响的威胁，而且有充分的阳光和新鲜空气。厂内有许多工人福利设备，例如：托儿所、运动场和医院等卫生设备。在每一个相当大的地区里就有一个为工人服务的中心，里面有广场、剧院、文化宫等公共设备，以及商店、百货公司、合作社、菜市场等。在工厂附近分布着工人住宅区，有舒服的住房和现代化的集体宿舍，用很好的道路及迅速的交通工具，直通工厂区，使工作和生活都得到最大的便利。在东郊车站和码头附近，将有现代化的装卸设备和仓库，集散工业区原料和成品。这里又是一个很热闹的中心，有公路同其他各区联系起来，而且其中一条就是宽阔的林荫大道，一直引向天安门，我们可以想象：将来“国庆”和“五一”游行时，工人的队伍就可由这里浩浩荡荡地走向天安门，是多么伟大而令人兴奋的景象！

毛主席在人民政协开幕时，告诉我们：“随着经济建设的高潮的到来，不可避免地将要出现一个文化建设的高潮”。所以文化建设和经济建设是分不开的。因此，文教区也是我们迫切需要的重点计划的一个地区。文教区是以原有的清华大学、燕京大学、马列学院、中国人民革命大学及在这一带供应日用商品的最主要的海甸镇为基础而设计的。它西面紧紧毗邻西山一带的休养风景区，西南边是由颐和园到西直门的长河，北边是清河，环境优美，面积八十六平方公里，比北京现有城区还大三分之一(如有必要，将来还可向东发展)。文教区内，计划容纳四十万人，将有三十余所专科以上学校和文教机构。在土地使用和道路系统上，我们的计划是以中国科学院为中心的，使它便于在各文教单位间发挥领导作用。在生活需要方面，以海甸镇为中心，我们要计划种种现代化的设备，如文化宫、剧场、招待所、百货公司、菜市场等，使海甸更加繁荣扩展。另外，还要以若干现有的村镇为基础，发展为若干次要的服务中心，以便利日常生活的需要。此外，我们希望在文教区里计划建筑一个可以容纳二、三十万人的全国运动场，比现在先农坛运动场约大十五倍。但因图中所划地区的南半部现在还有许多水田，可能限制了运动场的发展，因此，也许比这计划要缩小一些。现有的圆明园旧址，打算改建成一个为文教区服务的游览园地，可能辟作植物园，也许建筑一些休养所，平时供干部、工人休养之用，到了开大规模运动会时，也可就近作为各地来京代表的招待所。

文教区毗连着西山，就是香山、碧云寺、八大处、黑龙潭、温泉一带，更北的妙峰山、大觉寺，更南如檀柘寺、戒台寺等地，都是风景优美的名胜古迹。我们准备把这一带辟为首都的主要风景区和休养区，建筑大量的休养所，单幢休养小房和疗养院，大量培植林木、果树，并用很好的道路将各名胜联系起来，使将来居住在首都的四、五百万劳动人民，有一个绵延数十里的幽美的游憩环境。

除了休养区之外，我们还考虑了北京市整个的林荫绿地计划。北京园林的基础和风格，在全世界上是值得骄傲的。北京也是全世界文物建筑最多的一个名城。我们应该很好地利用它们，尽量扩大必要的园林用地，我们要从地点的分布上，历史艺术的价值上，适当地选择保留一些文物建筑，在它们的周围多留空地，种植花木，衬托起来，布置成公园。计划中的绿地系统，主要是以颐和园为起点，包括长河在内，逐渐走向东南，同什刹海、三海连成一片。其次，是把天坛、先农坛、金鱼池、陶然亭联系起来，成为一个广大的南城公园。这个公园可能比现有的颐和园还大得多。再次，是西郊八宝山、钓鱼台一带，以及莲花池与护城河沿岸的绿色区域等。此外，还计划把一些小型公园、儿童公园和文化宫等，零星分布全市，使我们工厂、机关、学校、住宅、商店附近都可以找到一片游憩的绿地。林业部计划在北京附近建造的防风林，对于北京的风沙威胁也可大大地减少。

园林计划与河湖系统计划是分不开的。北京建城的历史，也是人跟水源斗争的历史。今天北京的都市计划工作仍须大力从事这种斗争。因为工业用水、饮食用水、园林用水以及冲刷下水道用水等一系列问题必须解决；因为河水之流畅与否，密切地关系到北京市民的环境卫生；所以，北京河湖系统的计划也是一个极重要的问题。与经济建设有重大关系的航运问题(尤其是京津通航的问题)也占计划中的主要部分。要使这个河湖系统实现，一定要有充分的水源。将来永定河官厅水库完成后，如果供给北京市以二十秒立方公尺的水，就可能解决北京河湖系统的乃至自来水的水源问题。此外，整理凤河、南旱河及清河等河道后，北京排洪即不成问题；像西郊一带的水患就不会再有了。还有因烧砖而掘成的散在郊区的一些窑坑，我们也计划用河道把它们联贯起来，使它们成为活水，利用做公园的池沼。

航运的计划，不仅求京津通航，还要进一步利用护城河通航，而且要使颐和园、中南海与护城河也构成一个通航的系统。我们计划将前三门护城河展宽，加深深度，两岸用花刚〔岗〕石砌成，如同莫斯科的河岸一样。那么，小型的汽轮就可能由天津直达正阳门，护城河也可以同时又成为水上公园，成为划船竞渡的水上体育场。将来我们也很可能从北海坐上一只船，一直划到颐和园。这样北京更将成为美丽的首都。

公用事业也是同都市计划有不可分离的关系的。在环境卫生方面，在这广阔的建设范围之内，到处都将有良好的下水道。污水都将汇集到几个污水处理站。污水里一切有用的物质，如肥料、磷质等，都将提炼出来，再投入生产；有毒的病菌都可杀尽，最后流出纯洁的清水。在公共交通方面，主要的交通工具将是无轨电车和公共汽车；自行车的数量自然也会日益减少。将来一切电线、电缆都埋在地下，道路的上空，除去无轨电车的顶线外，将完全消除了凌乱的电线和电线杆。此外，还可能要敷设地下电车道，以适应市内较长距离的高速交通要求，我们正在开始做这方面的研究。为了解决全市四、五百万市民的燃料问题，我们也已邀请了有关单位和专家教授们开始作煤气设备的研究。

我们还要谈谈将来各住宅区的基本构成形式。我们计划是以每面长约八百至一千公尺(或二华里左右)的一片地区（不一定是正方的或规则形的）做一个单位，姑且叫它做一个“邻里”。一个邻里的人口约六、七千至一万人。邻里的中心是一个以便利和丰富邻里的居民生活为目的的设施，包括应有的文娱、福利的设施和小学校。中心的周围是公园、体育场、儿童游戏场等空地和树木；以外就是住宅、公寓、宿舍等。每个邻里以内，只有比较狭窄而且不便于车辆快行穿过的内部道路。这样，我们就可以把大多数车辆汇集在干道上，因而保持了邻里内部的宁静和安全。这样，邻里内部的儿童只须步行约一华里，就可以很安全地上学、回家。同时，这个中心的一切设备，可以使居民在一华里之内，就得到日常生活中所必需的物资供应和精神食粮。复兴门关厢的计划就是根据这个原则设计的。

将来北京的房屋一般的以高两、三层为原则，另一些建筑可以高到四、五层，六、七层；而在各地区中，还要有计划、有重点地、个别地建立为数不多的，挺拔屹立的十几到二十几层高楼。莫斯科就是有计划地规定出八座位置适当、轮廓优美的高点，而不是无秩序地让高楼随处突出。因为人口密度的减低，房屋层数的加高，北京就可以得到更多的园林绿地，原则上将来每区将有一个公园。又因高楼是有计划、有限度地建造，高的建筑物便不至如同纽约那样使市中街道成为看不见阳光、喘不过气来的深谷，而两岸摩天楼高低零乱，毫无节制。

等到工业区发展到一定的程度，许多城市和农村的人口转入工厂的时候；文教区发展到三、四十万学生和教职员工，并且都迁出到城外的时候；城区内部的人口就要疏散了许多。那时，我们就要以原有的优良道路系统为基础，逐步地将城内划分为五、六十个邻里。城区里将有更多的园林，而现在的郊区也将成为同城区一样的地区。那时候，现在的乡村也将成为有设备的城市，而城市中却保留着许多树木绿地，有同郊区一样好的阳光和空气。

这就是我们想象中的伟大壮丽的首都的一个概括的远景。这样一个远景，在今天看来，似乎是太理想了。但是在新民主主义制度逐渐发展到社会主义制度之下，在毛主席、中国共产党和人民自己的政府领导之下，这一计划的实现是毫无疑问地完全可能的。我们已看到苏联许多被德国法西斯强盗毁灭了的城市，不是在优越的社会主义制度之下，以惊人的速率，更美丽更舒适地建造起来了吗？我们不是眼看着波兰的首都华沙又重新更美好更壮丽地建设起来了吗？我们今天所认为太理想的，到十五年、二十年后，我们就可能觉得它的水准太低了。

诚然，今天我们的北京还在感到房屋的大大不够，市政工程设施还很不完备；本届会议的提案中，就有四百四十二案是对于这方面提出的建议，但这都是暂时的现象。两年半以来，市人民政府不得不先大力收拾反动统治者给我们留下的烂摊子：总计清除了历年积存的垃圾三十三万九千余吨；取消了八百九十个粪坑、粪箱、粪厂，迁移了六十一万吨的大粪出城；淘挖疏浚了旧下水道二百七十五公里，新修了下水道五十六公里；淘挖疏浚了玉泉山、长河、什刹海、三海、前三门护城河的整个水系；新建了中级、高级路面的道路六十五公里。今年政府又在大力建房。正当反侵略战争还在进行的时候，政府在一年之中，就新建了房屋约十万间，修缮了房屋(连同发动市民私人修缮的在内)十三万四千余间。这是中国从有历史以来所未曾有过的。现在我们正在大力发展新的地区。其中，最感困难的是一般市政工程的设施，如道路、电灯、给水、排水等。在这方面，我们已经拟定了一个文教区、工厂区和西郊住宅区第一步统一发展的三年计划，正征求各方面的意见，以便初步决定后，报请中央批示。这种设施就是创造条件，引导都市按照一定的计划发展。这就证明了我们的计划是完全可以实现的，而且已经在一步步地开始实现了。

我们在郊区初步进行建设的过程中，深切感谢郊区绝大多数农民诚恳地合作的精神。他们绝大多数都能大体领会城市土地使用的趋势，因而愿意政府购用他们的土地；也都能看得清楚，随着城市建设的发展，他们也将转为工人阶级，并且是大大地进了一步。在购用土地同时，我们也协同郊区工作委员会尽力解决了农民迁居的问题。所以一般地说，进行是顺利的。同时我们也感谢各单位，每次在进行基本建设时，都同都市计划委员会协商拨地；有困难的时候，都能服从总的利益，照顾全市发展的总的计划。

因为我们的知识不够，经验缺少，一切必需的资料又很不齐全，所以还只能提出这样一个示意的草稿。在目前的经济财政状况之下，我们在思想上可能还受了影响，计划可能还嫌偏促。等到经济建设、文化建设高潮到来的时候，还需要按发展情形随时作适当的修正。

在两年来的工作中，我们主要的缺点，是没有很好地走群众路线，一起初就犯了主观主义的错误，但现在正在大力纠正。我们在都市计划委员会之下设立了若干专门委员会，如道路系统专门委员会、园林系统专门委员会、河湖系统专门委员会、总图专门委员会、资料研究委员会、建筑专门委员会等，以及若干局部的和专题的设计小组；并且经常邀请有关部门和专家、教授举行座谈会。许多专家、教授们还经常积极地参加设计工作，给我们很大的帮助，应该向他们表示我们深切的感谢。但是我们的联系面还不够广阔。北京不仅是北京全体市民的北京，而且是全中国人民的北京。我们恳切希望全市人民、全国人民以及各部门，都把北京的都市计划当作自己的工作，团结一致，多提意见，把这计划做得更好。我们也希望全市乃至全国的市政建设技术人员和科学家、艺术家，能进一步集中力量，共同担负起这个光荣任务。

另一个主要缺点，就是工作中还缺乏计划性，因之，赶不上实际情况的发展。到今天我们所提出的还是一个总图示意草稿和几个区的初步计划；进一步的设计（如复兴门关厢那样的）还有很多没有做；在立体方面，即市容方面的设计也还在刚刚开始。我们预备在明年能做出若干局部市容的图样和模型来，用展览会的方式，听取北京市民和全国人民的意见和批评。

最后必须指出：我们这个美丽的远景，是一个十年乃至二十年以后的远景。至少要十年后才能大体地呈现出一个轮廓来。尤其是明年度的实现进度可能很小，主要的原因自然是因为美帝国主义还在朝鲜逞凶，台湾尚待解放。我们全国人民还须继续尽一切力量支持我们伟大英勇的中国人民志愿军，我们还须继续建设强大的国防力量。我们若想求首都计划之早日实现，我们惟有响应毛主席的号召，更积极地抗美援朝，努力增产节约，等到把美国强盗赶出朝鲜的时候，才有可能进行我们首都大规模的和平建设。

北京市检查婚姻法执行情况委员会张晓梅副主任关于北京市检查婚姻法执行情况的报告

根据中央人民政府政务院“关于检查婚姻法执行情况的指示”，北京市人民政府督促所属的有关部门，并邀请了市协商委员会、各人民团体和各民主党派共二十四个单位，二十七人，于十月二十七日成立了北京市检查婚姻法执行情况委员会，并在本市十六个区也都建立了区的检查委员会，在全市范围内有领导有重点地组织了一次关于婚姻法执行情况的检查和婚姻法的宣传。参加这次检查和宣传工作的干部达五百余人，群众积极分子近万人，宣传员和市民宣传队都动员起来参加了这一运动，全市受到宣传教育的男女群众估计将近一百万人。经过这一个多月的宣传和群众性的检查运动，一般干部对婚姻法的认识和干部的政策水平，都提高了，从而使广大群众的政治觉悟和生产积极性也跟着提高了；千百个受封建婚姻制度残余压迫的人民（特别是妇女）得到了婚姻法的切实保障；封建思想和封建婚姻制度的残余遭受到了严重的打击；违犯婚姻法的、迫害妇女的封建行为受到了应得的法律制裁。这是婚姻法公布以来，新民主主义婚姻制度对封建婚姻制度残余的一次空前的大胜利，是毛泽东思想对封建残余思想的一次大胜利。这些成绩的获得，是和中国共产党北京市委员会的正确领导和有力支持分不开的，目前大张旗鼓的宣传和检查工作已告一段落，市和区的检查婚姻法执行情况委员会已将自己的工作转入经常化。现在，我将这次婚姻法执行情况的检查和婚姻法的宣传工作的效果、经验和今后意见简要报告如下：

一、大张旗鼓宣传婚姻法和检查婚姻法执行情况的收获

（一）一般干部对婚姻法的认识和政策水平，都提高了，群众的婚姻问题开始受到应有的注意和重视。在过去，一般干部对婚姻法的精神实质了解很差，对婚姻法的贯彻执行，一般采取漠不关心或不够关心的态度。在这次运动开始时，十四区十个单位九十个干部参加婚姻法的测验，只有五个人及格；市总工会全体干部测验时，及格的也只有百分之三十。许多干部认为人民法院将虐待、打骂妇女的人交付公开审判以教育群众，是“小题大作”。司法、民政、公安部门中不少的基层干部对妇女所遭受的封建压迫和迫害，采取了“民不告，官不究”、“清官难断家务事”的态度。市人民法院在婚姻法公布以来已结的二千二百四十七件婚姻案件中，因为没有充分掌握婚姻法的精神而处理失当的（包括对虐待妇女案重罪轻判或不判，民庭、刑庭互相推诿，漠视妇女切身痛苦等）达一百一十八件。如十二区黄土岗村毛玉兰因不堪丈夫虐待而自杀，该区审判庭干部对毛玉兰的丈夫说：“三天娘家不来告，你就埋了”。女干部当中，有不少也同样地存在着尊男卑女的封建思想，而民主妇女联合会过去对妇女的合法利益也没有作应有的保护，缺乏人民团体应有的战斗性。群众中公婆丈夫虐待、打骂媳妇的现象非常普遍，而一般干部和群众对此大都是熟视无睹，认为妻子“吃我的，穿我的”，打骂是理所当然，甚至说：“买来的妻子买来的马，由我骑来由我打”。总之，大多数人们的意识中，“打老婆”是合法的。

经过这次运动，上述的错误思想受到了严重的批判和打击。许多干部，特别是经过测验的干部，都积极地学习婚姻法。人民法院组织了八十几个干部，分十七个小组重新检查已结的婚姻案件，对案情重大而处理不当的，另行公开审判或重新审理，并明确批判了过去对不堪虐待要求离婚的妇女，只管离婚部分不管虐待部分，以及处理离婚后的财产问题，不从保障妇女合法利益出发，而从恩赐观点出发等违反婚姻法精神的做法。前面提到的毛玉兰的丈夫，也在这次运动中经公开审判后判处徒刑三年。更重要的是，全市普遍举行的公开审判会和各种大小群众会，严肃认真地处理了大量的虐待、打骂妇女的案子，使许多干部和广大群众反复受到了男女平等、妇女解放的活的教育，使大家从实际教训中，在思想上认清楚了打老婆是封建行为，是非法的。例如：四区枪厂大坑吴家夫妇半夜打架，那条胡同的妇女代表都连夜跑到他家里去调解。

（二）在大张旗鼓的宣传与检查中，发现和处理了很多群众中存在的婚姻问题，因而鼓舞了妇女向封建残余作斗争的信心，解除了阻碍妇女参加社会活动的束缚，发挥了妇女的政治积极性和生产积极性，并将不少受封建压迫的旧家庭改造为平等和睦的新家庭。市的检查委员会在成立后一个多月中，共收到婚姻案件九十件，其中，由市民来信控告或检举的有三十六件。根据本市十五个区不完全的统计，在我们检查到的地区，检查出的婚姻案件和婚姻纠纷有一千九百八十三件，其中，公婆丈夫虐待、打骂妇女占最多数，计一千一百九十三件，占总数百分之六十；其次，是包办、强迫、买卖和干涉婚姻自由，计一百八十件，占总数百分之八；此外，为童养媳、限制妇女参加社会活动、强奸、离婚、重婚、自杀、非婚生子等问题。根据这些问题，市和区的检查委员会先后组织了二十一次典型案件的公开审判会。每一次公开审判会都教育了广大群众，使大量的一般性的问题能够围绕公开审判会，通过群众的批评与自我批评的方式，获得解决。我们并结合公开审判及其他有关群众活动，在群众中深入宣传讲解婚姻法。以前受虐待或想离婚不敢提出的妇女，现在也敢于提出了。自十一月六日至十二月二十五日，妇女群众写信或直接到市民主妇女联合会提出控告的婚姻问题就有一百三十四件。经过批评和教育，不少封建压迫的家庭开始转向和睦，虐待打骂过媳妇的公婆或丈夫，有的在派出所具结，有的在群众会上作检讨，有的找区干部参加开家庭检讨会，有的把“平等和睦保证不打骂”订在家庭爱国公约里。八区有一百二十九个旧家庭在运动中转向了平等和睦。由于普遍的婚姻法教育，解除了妇女所受到的封建压迫与束缚，和对于妇女反封建斗争的支持、鼓励，从而使广大的妇女群众更积极地参加了生产、学习和社会活动。如十四区五合村有许多妇女参加挨户访问工作，一面征粮一面宣传婚姻法，有四十多个妇女帮助装车，在四个多钟头内完成了七万二千斤公粮的包装。十五区民校学生增加了四百人，多数是妇女。八区有八百二十七个妇女参加了中苏友好协会。

（三）进一步摧毁了封建婚姻制度的残余，促进了新民主主义婚姻制度的发展与巩固。在这次运动的期间，自由结婚和简单朴素的新的结婚仪式被广泛赞扬与宣传，数量也显著地在增长，因而一定会迅速地代替封建的包办、买卖婚姻和铺张浪费的结婚仪式。十五区八角村民兵队长庞殿英和村民主妇女联合会主任孙淑贞自由恋爱，举行新式婚礼，群众反映很好，接着该村就出现了三对青年自由恋爱，另一个妇女也退了父母给订的包办婚姻。该区西黄村在二十天中已有十二对农民举行了新式婚礼，只不坐轿子一项，就节省了三百万元。

十一区团河村青年团员吴凤信和青年妇女李秀珍结婚，经过自己的争取和村长、村民主妇女联合会的帮助，说服了女方父母，举行了简单朴素的新式婚礼，村长讲话，新夫妇提出搞好生产、学习的保证。吴凤信的母亲说："两个人挺说得来，自己搞对象，我也高兴。新式婚礼又节省又热闹，还是毛主席领导得好"。李秀珍的父亲说："新式结婚没坐轿子，没买柜子、箱子，我省下的钱一定买上肥料，把明年生产搞得更好"。群众都反映："新式结婚真正好，省心又省钱，热闹又节约"。这次运动不但促进了新民主主义婚姻制度的发展与巩固，而且大大地帮助了社会风气和习俗的转移。

二、这次检查婚姻法运动的几点经验

（一）首先，我们按照中央人民政府政务院关于检查婚姻法执行情况的指示，以人民政府为首，邀请了各民主党派和各人民团体等单位，集中各方面的力量，建立专门的机构，把婚姻法执行情况的检查，当作一个中心工作、群众运动来进行；首先打通干部思想，并深入发动群众积极分子，进行了系统的斗争，针对普遍存在的问题：虐待、打骂妇女和包办强迫婚姻，集中开火，是取得重大效果的关键。婚姻法的宣传和贯彻固然是一项长期的社会改革工作，但是根据中央的号召，在一定时期，大张旗鼓地进行宣传和检查，是完全必要的；只有这样，才能给封建思想和封建婚姻制度的残余以致命的打击，把婚姻法普遍地贯彻到群众中去，为新民主主义婚姻的确立和巩固打下更有利的基础。

正如政务院指示所指出的，封建思想和封建婚姻制度的残余，不仅在一部分人民中，而且在不少的干部中，依然留有深固的影响。因此，打通干部的思想是开展这一运动的重要环节。一方面，我们推动各单位在干部中进行婚姻法测验，这对刺激干部的学习情绪有很大作用，仅十二区就有二十三个单位组织了干部测验；另一方面，我们推动各单位根据测验结果和干部中存在的思想问题，组织干部报告会；仅市一级的机关、团体的干部报告会就有二十四次，许多单位的首长亲自做了报告。此外，中国共产党北京市委员会召开了报告员、宣传员的报告会，各区也一般地动员了市民宣传队和各系统的群众积极分子，组成宣传组或检查组进行工作，打通了干部思想，组织了广泛的宣传队伍；因此，便有可能使这一运动通过多种形式深入群众，教育群众。这次运动中运用的和群众创造的宣传形式有公开审判会、丈夫会、婆婆会、媳妇会、团圆会、新式婚礼大会、院会、屋顶广播、幻灯、黑板报……等二十余种。本市各报纸共登载了北京有关婚姻问题的报导通讯一百八十余篇；市文学艺术界联合会收到的文艺工作者关于宣传婚姻法的创作一百三十三篇；作家舒舍予先生创作了便于群众演出的婚姻问题歌剧《柳树井》。戏曲界在十一、十二月份内出演了有关婚姻问题的京剧、评剧和曲艺：京剧界在大张旗鼓宣传婚姻法的二十多天中每天在各剧场演出之前，都由主要角色讲解婚姻法；评剧界连演《小女婿》、《小二黑结婚》、《刘巧儿》等剧，首都实验评剧团十一月全月在民主剧场演出《刘巧儿》；曲艺界演出了有关婚姻问题的大鼓、相声、快板等。

由于执行了政务院关于检查婚姻法执行情况的指示，这次婚姻法宣传和检查普及的程度，是婚姻法公布以来所未曾达到过的。以六区为例，该区在运动中开过片会、座谈会、院会、报告大会、公开审判会等共一千五百八十四次，听到宣传的人数达五万三千一百九十六人，占全区人口百分之四十二，基本上做到了家喻户晓。

（二）对于违反婚姻法的现象进行法律制裁和批评教育相结合，是贯彻婚姻法的基本方法。法律制裁和思想斗争是相辅相成，缺一不可的。不施以严厉的法律制裁，不足以制止和消灭那些严重地违犯婚姻法、迫害妇女、侵犯人权的罪恶野蛮的行为；但同时，由于封建思想和封建婚姻制度残余所留下的影响是这样广泛而深固，因此，我们要区别轻重，严重的、突出的案件要进行公开审判会来教育群众，以便于推动大量存在的一般问题的解决，同时，以群众的批评和自我批评和其它宣传教育方式来巩固公开审判会的效果。我们举行过两次全市性的公开审判会，处理了五件关于干部殴打和虐待老婆，侵犯人权，地痞流氓虐杀妻子和虐杀养女等突出案件。除第一、第九、第四等三个区外，其余十三个区共开过公开审判会十九次，公审案件共四十八件。公开审判的结果，都得到群众的热烈拥护；对干部和群众的教育意义很大。群众反映说："打倒一个，吓倒一百个，那些虐待媳妇的人再也不敢了"。围绕着公开审判会，各区组织了数以千计的大小会议。八区首先创造了分别召开婆婆会、丈夫会、媳妇会的方式，在会上进行批评与自我批评，结果有五十八个婆婆和五十个丈夫都承认了错误，保证不再打骂媳妇。六区召集虐待者和被虐待者开会，当场有三十五个虐待媳妇的人具结悔过。这种方式，不但解决了被虐待、打骂者的切身问题，而且帮助了这些旧家庭走上新的平等和睦的道路，并给千千万万的需要改造的家庭树立了榜样。

（三）在反对封建婚姻制度的残余的斗争中，还需要耐心地、细致地向干部和妇女群众中的封建残余思想，及其它有害偏向进行思想教育和思想斗争。根据这次运动的情况发现：有些干部认为宣传婚姻法只是民主妇女联合会或某一两个机关的事，认为跟中心工作结合不起来，力图推开或拖延这一重要的社会改革工作；另一方面是一些身受封建压迫的妇女，由于几千年封建宗法观念的束缚，虽有人民政府、民主妇女联合会的撑腰，虽有婚姻法的保障，但仍鼓不起斗争的勇气，在封建压力面前表现了软弱和妥协，或者身受严重虐待而不敢告，或告了又不愿丈夫受法律制裁，甚至有告了又自动撤案的，甚至翻口供的。此外，还有一种思想偏向，就是某些群众（特别是妇女群众）由于受了资产阶级的“女权论”的影响，认为妇女所受的封建压迫是男人对女人的压迫，因此在斗争中表现男女对立的思想和情绪。这几种思想偏向，对于开展反封建残余斗争和贯彻婚姻法是一种阻碍，我们在领导方面，特别需要及时地掌握情况，加强思想领导，耐心地、细致地宣传解释妇女解放的正确道路，妇女解放与全体人民解放的关系。

一切经验都证明，政务院的这一指示是英明的、适时的、切合实际的。我们按照政务院的这个指示，基本上完成了检查的任务。我们的成绩是主要的，但是，我们的工作也是有缺点的，首先是运动开展不平衡，个别单位和个别区是没有或没有认真开展这一运动的，其次是工作不够深入，研究和交流经验不够充分。目前我们的任务就是有计划地把贯彻婚姻法的工作转入长期的经常工作中去。

三、把贯彻婚姻法当作经常的政治任务

这次运动已为今后宣传贯彻婚姻法创造了更有利的条件，今后的工作仍需各有关政府部门和人民团体密切配合，并从配合中摸索更多更有效的办法。现在提出的只是初步意见：

（一）继续坚持和推广已有的各单位配合的工作制度和工作方式：如1.民主妇女联合会关于审判婚姻案件的陪审制度；2.发动街道妇女积极分子协助各区审判庭调查和调解一般的婚姻案件；3.扩大原有的婚姻问题联席会，吸收与贯彻婚姻法有密切关系的单位参加；4.继续在各区举办婚姻问题讲座。

（二）领导群众将和睦家庭发展生产订到爱国公约上去，并结合爱国公约的检查来促进旧家庭的改造和新家庭的巩固。

（三）各文学艺术团体根据这次运动的材料，并继续搜集材料，有计划地创作供应和演出更多的宣传婚姻法的作品。

（四）抓住好坏典型，以公开审判会和新式婚姻大会来教育群众，继续宣传婚姻法。

贯彻执行婚姻法是长期的、艰巨的社会改革工作，不可能在短短的一两个月中解决一切问题。在已有的成绩基础上，我们各部门、各单位的，特别是司法、民政、公安部门的干部，应继续采取严肃负责的态度，处理各种婚姻问题和案件。各人民团体，特别是民主妇女联合会，应进一步发挥人民团体的战斗性，关心群众的利益，协助人民政府贯彻婚姻法，为彻底摧毁封建婚姻制度的残余和建立与巩固新民主主义婚姻制度而斗争。

北京市第四届各界人民代表会议代表选举委员会吴晗主任委员关于筹备北京市第四届各界人民代表会议代表选举工作的报告

（1951年12月28日）

各位代表：

市协商委员会和市人民政府委员会于本月二十一

日举行联席会议，讨论了本市各界人民代表会议代表的改选的问题，并推选吴晗等十九人组织选举委员会，领导各界人民，在第三届各界人民代表会议代表任期届满后，采用去年的选举办法，产生第四届各届人民代表会议的代表。

根据市协商委员会和市人民政府委员会联席会议的决议，筹备代表选举工作应即时进行，代表的产生仍采用《北京市第三届各界人民代表会议代表产生办法》的规定。

第四届各界人民代表会议代表选举委员会于十二月二十三日成立，召开了第一次会议，决定：

一、建立各级选举委员会。依据各单位具体情况，由市选举委员会各委员分别负责筹备建立以下八个选举委员会分会：

(一) 党派选举委员会　负责人薛　愚；

(二) 群众团体选举委员会　负责人杨蕴玉、王松声；

(三) 工人选举委员会　负责人张鸿舜；

(四) 学校选举委员会　负责人钱端升、古奇踪、田常青、郑　芸；

(五)区域选举委员会　负责人董汝勤、顾　德、贺翼张、苏　民；

(六)工商界选举委员会　负责人傅华亭、凌其峻；

(七) 机关部队选举委员会　负责人余心清；

(八) 少数民族、烈属、军属、宗教界、选举委员会　负责人马玉槐。

在以上各分会下，另根据各单位具体情况成立选举支会。

二、各级选举委员会和办公室，于日内成立，并将选举工作中存在的问题，及时向市选举委员会汇报，以便商讨解决。

三、城区、郊区和村的选举工作和市的选举先后进行，区成立选举委员会。

此外，并设立市选举委员会办公室，由崔月犁、任彬、李续纲分任正、副主任，下设秘书、联络、宣传三组，即日起，在市协商委员会秘书处办公。

在第三届代表选举工作的报告中，曾经指出由于缺乏经验，在选举工作过程中，发生了一些缺点：第一、是选举筹备的酝酿期限太短，太匆促，只有一个星期；且时当春节与寒假，没有照顾到各选举单位工作繁忙的情况和群众的生活习惯。第二、没有做有计划地、有系统地宣传，没有印发宣传材料，在报纸上的宣传做得很不够；因此，各单位负责选举工作的人员，一般感到缺乏宣传内容，不能在群众中展开广泛宣传。第三、组织机构不健全，有好些单位未及时成立选举委员会，更没有建立宣传机构，组织必要的报道。市选举委员会对各单位的选举工作也缺乏帮助和检查。

这一次我们根据去年的经验，针对上面所指出的三个缺点，决定：第一、要提早准备选举工作的时间，预计在年前各级选举委员会都可以建立起来，一月初旬展开宣传工作；到一月中旬和下旬，各单位即可按照自己的具体情况进行选举；时间有一个月左右，很充分，各单位根据不同情况，有伸缩余地。第二、各级选举委员会办公室中，都建立宣传机构，由市选举委员会办公室宣传组印发宣传材料，并运用报纸、电台和报告会等方式大力进行有计划有系统地宣传，结合国家的中心任务、首都的各项建设工作和代表会议的职权及代表的任务进行传达，要求不但要做好选举工作，而且要通过选举工作，提高广大人民的政治认识和对祖国的热爱、对人民首都建设的关怀。第三、健全各级选举委员会，加强领导，进行检查和帮助，要求做到及时发现问题和解决问题，建立定期的汇报和检查制度。

现在，我们已经开始工作了，我代表选举委员会向大会报告准备工作的情形，并请求代表们多提意见，多指教。

北京市协商委员会提案审查委员会召集人钱端升关于提案审查结果的报告

(1951年12月28日)

我们这次会议，共收到代表的提案七百七十四件，另外还有非代表的提案一百二十七件，共计九百零一件。其中属于政法公安的一百零七件，属于财政经济的八十一件，属于市政建设的四百四十二件，属于文教卫生的一百八十六件，属于社会福利及其他的八十五件。经审查将同性质的案件合并成为二百九十四件，其中，属于政法公安的四十七件，属于财政经济的六十件，属于市政建设的七十五件，属于文教卫生的七十二件，属于社会福利及其他的四十件。

为了节省大会的时间，更为了有较充分的时间审查提案起见，我们这次采取会前征集提案，会前审查提案的办法。自从十月中旬大部分的提案送达协商委员会后，协商委员会的各专门小组，即将提案分别进行审查，如政治法律小组即进行审查有关政法公安的提案等等。最近一次协商委员会会议又组织了一个十四个人的提案审查委员会，包括各个专门小组的召集人在内，作了总的审查。在审查的过程中，专门小级和审查委员会，均曾经和主管部门取得联系，共同研究，然后提出审查意见。

对于提案的处理，审查委员会建议下列五种办法：

一、涉及重大问题的案件，提交大会讨论。计有两件：一为“加强抗美援朝运动、镇压反革命、巩固人民民主专政”案；又一为“建议推动全体市民积极展开毛泽东选集的学习运动”案。

二、应当办的，可能办的案件，无论正在执行中或尚待办理者，均送请市人民政府或交协商委员会核办，或请市人民政府转送主管单位核办。

三、应当办而不能即办或尚须具体考虑办法的案件，均送请市人民政府或交协商委员会注意、参考，或请市人民政府转送主管单位注意、参考。

四、内容不甚适当的案件，我们已说明不适当理由，认为无须再送交市人民政府处理。

五、业已办理的案件，也不再送交市人民政府。

各案的审查意见均已印发。是否妥当，敬请大会决定。

除了提案外，尚有各人民团体和个别市民送来的参考意见二十五件。我们建议采用向来的办法，径送市人民政府，不再由大会予以处理。

最后应当说明，这次所收到的提案中，有七百七十四件是由代表提出的，其余的一百二十七件是由市民或机关、团体送来的。为了尊重各界人民的意见，我们这次对这些提案和代表的提案同样予以郑重的审查，也同样提交大会来决定。但我们认为，各界人民，如有提案，最好通过代表，以代表的名义提出。这样做，可以使代表和人民的民主权利均有了更多的尊重，而且代表与群众的联系也会更密切些。如果各界人民尚有其他意见，仍可送交协商委员会，由协商委员会处理。这一办法，提案审查委员会已向主席团请示过，并且得到了主席团的同意。是否妥当，也请大会予以考虑。

北京市协商委员会彭真主席在北京市第三届第三次各界人民代表会议上的总结发言（记录稿）

（1951 年 12 月 30 日）

我们这次会议开了三天，一天半的小组会，今天又有四十一个代表讲话。对于我所提出来的报告和其他几位同志的报告，大家一致同意，所以总结发言中所需要讲的问题就不多。

第一、关于抗美援朝问题。张奚若主席的报告大家也一致同意，现在应该把捐献结束工作做好。今天郊区代表和其他方面的代表在发言中讲到有人贪污捐献武器的款子，更应引起我们的警惕性，在结束这一工作时，要彻底检查一下。同时，把本市捐款总数宣布一下，每个村、每个机关、工厂、学校除宣布捐款总数外，并应列出姓名和个人捐款数目；有的市民不属于某个单位的，也应该把每个人的姓名、捐款数目公布一下，以便查询。在捐献工作中，工作做得好的，是模范的，也要有所表扬。这是一个具体工作，我们要做好，而且最近要把它做好。

至于抗美援朝的斗争，我们已经取得伟大的胜利，美帝国主义遭受我们屡次打击后，打不下去了，但是又不愿意和平解决，所以我们还要再接再励〔厉〕继续加强抗美援朝工作，使朝鲜战争更合理地早日结束，取得斗争的胜利。

第二、关于选举问题。今年的选举和去年的选举，缺乏统一的计划，各区有各区的方式，不但领导上很难注意到，同时，选民也浪费了很多时间。这次选举应该统一起来，在同一时间里，在一次会议上，把市和区的各界人民代表会议的代表通通选举出来。这样，大家商议后，提出候选人名单，在一个会议上举两次手，领导上可以集中力量注意，同时节省时间和人力。至于村代表是和市、区代表一次选举，还是两次选举可另外研究。

选举是很重大的问题，必须事前充分酝酿宣传。过去这项工作，有的单位做得很好，有的单位做得差一些，也有个别的单位做得很差。这次时间比较充分，所有各方面领导同志在这次选举中应加强这项工作。

在选举里，任何人不能包办，一定保证充分民主，候选人名单一定要充分讨论。

第三、关于都市计划。梁副主任委员提出来的意见在都市计划委员会研究很久，因为这个问题比较大，我们国家的首都要订计划很不容易，都市计划委员会所提出的草案很不成熟。但是，没有一个大体轮廓作基础，大家讨论也很困难。这个草案在这里只是征求各位代表的意见，市里不能作结论，因为首都的计划关系全国，最后要由中央决定。

首都是中央人民政府所在地，北京市是为首都、为生产、为劳动人民服务。同时，一切都是在发展的，所以要根据发展来审定我们的计划，并且也要从世界最进步的、最理想的来计划。

关于过去历史上的文物保存问题，以中国来讲，有些有历史意义的文物有保存价值，需要保存，的确也有些是毫无保存价值。大家提的意见很多，譬如东西三座门应该不应该拆除，大家的意见还不一致，这些问题还可以再研究。

市政建设方面，现在主要是打下基础，把自来水、基本道路等首先进行建设，以后再继续进行。这方面的问题，俟下次代表会议时，再行讨论。

至于大家所提出的具体问题，如建筑方面的返工，是由于计划上有缺点，是主观主义、官僚主义；再如城墙究应拆除或是修缮；意见不一致，可以再行研究。总之，要以最大多数人民的最大利益为标准，使大家在精神上感觉愉快，在物质上感觉便利。

第四、关于增产节约，反贪污、反浪费、反官僚主义问题。

增产节约是一件非常重要的事情。认为“共产党领导的政权要垮台，搞不到钱，要反贪污、反浪费了”，这是敌人方面的讲法。我们增产节约的目的，是为了使我们国家工业化，加速我们国家的发展速度。譬如石景山钢铁厂的生产，去年只生产八万吨，现在爱国增产二十二万吨，明年预备生产二十九万吨。只有这样，才能使我们的国家越来越好。增产很多，浪费也很多，大家发言中也讲到，如盖房子，在今年盖十余万间房子中间，有人估计浪费一亿五千万斤米，有人估计一亿七千万斤米，以此项浪费的款子，可以盖比较好的房子几千间，盖普通的房子可以盖一万间。为了使我们的生活逐步改善，我们有更多的资金投向生产和扩大再生产，所以毛主席提出增产节约是中心任务，一切都围绕这一中心任务。这一重要意义，要使所有的工作人员、所有的人民都要了解。在个人方面也是一样，譬如郊区的一个农民为了结婚倾家荡产，结果是人财两空！

今年的增产节约有很大的成绩，但还不够，同时浪费很大。以铁路来讲，明年的运输量等于今年的两倍。现在铁路的运输效能是不能和国民党时期相比，但是明年增加一倍并没有到最高限度。所以请有关方面在下次代表会议把各单位的设备、劳动组织、技术改进等详细研究，并提出明年的增产节约计划。

在政府方面，很多代表提出有浪费的现象存在。浪费有两方面：一方面是主管部门自己盖房子铺张，浪费人民的小米，这是反浪费的对象；另一方面，就是有很大一部分工程界的专家、技术人员从外国学来的技术，一个柱子，究竟应该用十分之一，十五分之一，或是二十分之一自己做不了结论，因此，首先从首都做起，把专家、技术人员组织起来，并应该思想斗争，克服在资本主义国家所学的不适用于中国的技术，中国的专家、技术人员不能再受他们的思想的支配，我们应该团结起来，把所有的思想加以批判以后，接受新的东西，以现在作基础，加强创造性，这也是增产节约很重要的一项工作。不仅如此，所有帝国主义对我们的影响都要肃清干净！

增产节约发现些副作用。有个私立学校为了节约，把学生的火停了，还有个学校收了学生的烤火费，为了节约不给学生生火，类似藉增产节约的口号，对学生做这种事情，是对不起“人民教师”的光荣称号的。关于节约，毛主席有明确的指示：是在不影响工作，和不影响人民身体健康的原则下来厉行节约，凡是不合乎毛主席指示的原则的，都应该改正。

郊区的增产节约，首先要克服婚丧嫁娶上的末落阶级的行为。至于增产部分，究竟明年应该增产几成，郊委会也有大体的计划，不过现在就是很好的例子。譬如今天张继宗代表所讲的，许德明一亩地产稻一千零六斤，所有种稻子的人都应该向他看齐，这样就不是增加一成，也不是二成，而是增加四、五倍了。为了推广他的经验，可以开办训练班。棉花，狄桂林旱地种棉，每亩可以生产四百一十五斤，大家应向他看齐，水地种棉，要向曲耀离看齐，种花生的要向王桂敏每亩产花生六百五十二斤看齐，种白菜的，要向沈铎每亩生产白菜二万零九百一十七斤看齐。这类的例子很多，不再一一列举，只提出上面几项向大家做报告，把浪费现象消灭，两三年以后，郊区农民的生活一定提高很多倍。

私营企业的增产节约问题，现在有两种意见，一种意见是认为私营企业很不好搞，生产没有搞好，工人就提出福利问题，资方就害怕了；另一种意见是资方不积极扩大再生产。这个问题，我认为还是学习公营企业的办法。公营企业这次调整了一次工资，调整工资后，生产力大大提高。在私营企业方面还是应该根据“劳资两利”的原则，由劳资双方协商解决增产节约问题，如果只是“一利”，其结果是“减产浪费，两败俱伤”！

在学校里，贪污浪费的现象也有。在学校中应该进行爱护公共财产的教育，教育大家爱护公共财产，要像爱护自己的财产一样，这是爱国主义的道德。

关于反贪污、反浪费问题：

从会议上各代表的发言中，充分证明毛主席的英明。贪污浪费在学生、妇女、老年中发现，在工商界也发现，在国民党机关工作过的干部发现，在老干部中也发现。这次反贪污、反浪费、反官僚主义运动，的确是三大运动后，第四大运动。对于贪污浪费现象，我们的态度只能是坚决消灭。有的代表讲到对贪污浪费不管，自以为是“清高”。其实真正清高，还有革命清高？为人民服务清高？三大运动站在最前线的清高？还有反对贪污浪费清高？对贪污浪费不管的人不是清高，而是低能！不能辨别是非，不能分清敌我，没有勇气做斗争，这是不对的。为了人民的利益，所有的人，只要是人民，不是敌人，不是贪污分子就应该和贪污浪费做坚决斗争，不能采取袒护、阻挠，我们是人民政府，只有坚决消灭！

消灭贪污浪费的具体办法：

在未进城时，曾向我们的干部进行教育，不要贪污腐化，前年和去年也处理过二次，可是做得不够，也没有像这样的代表会议。现在我们的处理办法主要是号召坦白。号召所有有贪污、行贿、回扣行为的人，和有浪费行为的人自己坦白，给以悔改机会，以达到“惩前毖后”的目的。坦白的时间，原来准备下星期就开始检查，为了给贪污行贿行为的人以坦白机会，把检查的时间推后一步。希望各界代表多作宣传，号召坦白，拒不坦白的总有一天会被发现。凡是坦白的，从轻处理，拒不坦白的，依法惩办。

坦白和不坦白的处理，应根据轻重、大小和悔改的程度分别处理。但是所谓坦白，是老老实实把事实坦白出来，并非贪污一千万元，只说贪污十万元，就算坦白。坦白后，重罪轻减，轻罪减或免予处罚，其拒不坦白者，即依法严办。

关于几个具体问题的处理：

第一、不法商人向税务人员行贿、偷漏税款，坦白后，是否要补税，是否要罚？按理应罚，为了宽大处理，凡是坦白的只补不罚，并且只补今年偷漏的税款，今年以前的不再追究；不坦白的，查出后，除追补解放以来全部漏税外，并照章处罚。

第二、骗走人民财物，或偷工减料的，也是退出今年的，不再处罚；不坦白的，查出后，也是从解放后所有的都补，并依法处罚。当然，也要分别轻重、大小。

第三、敲诈、勒索、强借的，应该处罚，已坦白的退回。

有的人讲，“凡是贪污浪费，不分大小一律枪毙”。这种说法是糊涂的，这种人是坏人，甚至是大贪污。至少这种说法是错误的，对运动有害，对人民不利。

第四、违反财政纪律。不是专款专用，但还是有利于人民的；再如七区两个勤务员把购物剩余的四千元买了食物，以及水利部二十七个人多报一天的路费等，这是占“小便宜”，是不正当的行为，现在不予处理。因为接受国民党政府留下大批人，没有彻底改造，不从宽处理，也不可能，因此，应该宽一些，除贪污上亿的应严厉处罚外，小的从宽处理，但是以后，法令应逐渐严格。

第五、检举。在贪污、行贿中有些人拒不坦白，“看你们怎样办我！”特别是严重的贪污分子、行贿分子、不法商人，有这种思想。但是“其权操之在我”，一天查不出来，查一年，一下检查不出来，查一辈子，总有一天会查出来，所以我们现在动员全市人力大家来检举，我们相信贪污分子、行贿分子都可以消灭。现在写信检举的有几千人，我们都没有处理，其原因是给人家以坦白机会，各位代表可告诉各界同胞，所有接到的信我们非常感谢。

压制检举，威胁检举或对检举人以报复行为的，以及有抵抗行为的，均应依法严厉制裁，在他们没有悔改前，没有宽大！

有些店员怕开除不敢检举，这种顾虑应该去掉。凡是因为店员检举老板被开除的，我们请他作市政府监察委员，专门检查漏税，对其老板则予严厉惩办！

另一方面的确有很多人没有受贿，没有要回扣，这种廉洁的同志应当受到奖励，在这次凡是检举贪污分子、腐化现象的同志亦应给予奖励。

在我们领导方面，我应向大家作检讨，我是一个官僚主义，其他各个方面，无论学校、机关、工商界、团体凡是有官僚主义作风的，应该搞掉，否则就是官僚主义分子。

我们这次市各界人民代表会议向全市普遍宣传，做到“家喻户晓”，使每户每个人都知道反贪污、反浪费、反官僚主义的意义。这次会议后，就开区、村各界人民代表会议、街道群众大会，把全市人民动员起来检举，更进一步消灭贪污、浪费和官僚主义现象。在毛主席领导下的人民政府是不允许有贪污、浪费、官僚主义现象存在，完成毛主席所给我们的任务。

北京市第三届第三次各界人民代表会议关于抗美援朝、增产节约和学习毛泽东思想的决议

（1951 年 12 月 30 日）

北京市第三届第三次各界人民代表会议一致拥护毛主席在中国人民政治协商会议全国委员会第三次会议开会词中所指示的努力方向和中国人民政治协商会议全国委员会的决议，并决心为实现：“一、继续加强抗美援朝运动；二、提倡和推动爱国增产节约运动；三、推动思想改造运动，有系统地组织对马克思、列宁主义与中国革命实践相结合的毛泽东思想的学习运动”等三个中心任务而奋斗。

北京市第三届第三次各界人民代表会议关于展开增产节约、反对贪污、反对浪费、反对官僚主义运动的决议

（1951 年 12 月 30 日）

北京市第三届第三次各界人民代表会议完全同意并一致拥护彭真市长“关于展开增产节约、反对贪污、反对浪费、反对官僚主义运动的报告”。大会认为：展开这一运动对于加强抗美援朝斗争和发展国家建设具有极端重要的意义。大会认为：我们人民政府的工作人员大多数是艰苦朴素、廉洁奉公的，但也有一部分工作人员从国民党反动统治机构中带来了或者沾染了贪污浪费恶习；而官僚主义的存在，则是产生贪污浪费现象的温床。因此，大会特号召全市人民，一致起来采用一切有效的方法反对贪污、反对浪费、反对官僚主义，特别是检举贪污分子，为彻底消灭贪污现象，消灭浪费现象而斗争。大会深信：我们有以毛主席为首的中国共产党和中央人民政府的领导，有大批廉洁奉公的干部做骨干，有全市各阶层人民的支持，我们一定能够胜利地完成此项任务，以加速进行首都的各项建设工作，并更有力地支持抗美援朝的正义斗争。

北京市第四届第一次各界人民代表会议

（1952年8月11日——14日）

北京市第四届第一次各界人民代表会议于1952年8月11日至14日举行。代表总数555名。其中，由选举产生的465名，政府代表18名，邀请代表72名。

会议听取了市长彭真关于北京市过去一年半的工作总结和当前中心工作的报告；听取了副市长张友渔、吴晗，市财政经济委员会副主任刘仁和市文化教育委员会副主任廖沫沙分别作的关于财政收支概算、爱国卫生运动、爱国增产节约运动、速成识字运动的报告；听取了代表选举委员会主任吴晗作的关于北京市第四届各界人民代表会议代表选举工作的报告；并审查了市政府关于政法、财经、市政建设、文教卫生工作的书面报告。

会议通过了北京市人民政府委员会选举办法和政府工作报告，选举了第四届协商委员会和市长、副市长、市人民政府委员会委员。

提交会议的提案1688件，其中政法公安类126件，财政经济类146件，文化教育类396件，卫生类240件，市政建设类575件，社会福利及其他类205件。会议听取了提案审查委员会召集人许德珩关于提案审查的报告。

中央人民政府副主席朱德到会讲话。舒舍予代表会议主席团致闭幕词。

彭真市长在市第四届第一次各界人民代表会议上的报告（记录稿）

各位代表、各位来宾、各位同志：

本届代表会议应该在今年年初召开，因为从去年十二月起，直到今年前半年，大家都忙于三反、五反运动，代表大半没有及时选举出来，因此，这次会议现在才开幕。

这届会议的代表名额比上届又扩大了，代表总数五百五十五名，比上届增加三十六名。因为各方面都有进展，各方面有很多的劳动英雄、工作模范、先进工作者、工作成绩卓越的技术人员和各种专家。因此，代表名额就需要有所增加。各方面都有这样的要求，经选举委员会，市政府商议，作了这样的增加。这届代表会议间接选举的代表有两种：一种是区域代表，由区代表会选举，一种是群众团体代表，由群众团体选举委员会间接选举。工厂、学校都是直接选举。直接选举的代表不但名额增加，比例也有增加，原来是百分之二十二，这次是百分之三十四。还有过去我们在少数民族代表里，虽有满族人士，但是没有作为满族代表，首都的满族同胞也有这样要求，因此，这次增加满族代表，聘请为特邀代表。此外，在宗教代表中，过去没有道教代表，中国的道教是很大的，所以也聘请道教代表。这次会议，因为各方面工作进展，出了很多工作模范，先进工作者、劳动英雄，这些先进工作同志有很多当选为代表。还有工厂方面，各种建设方面的技术专家，也增加了代表，医务工作者也增加了代表。所以这次代表比上次有些增加，有些变更。

这次代表会议的任务，主要是听取与审查市政府的工作报告，审查概算，同时，选举市政府和协商委员会。

其次，关于一年半以来的工作概括地讲一讲：

过去一年半进行了很多社会改革，运动一个接一个，有的同志讲，“一年半运动这么多，简直累得不得了。”的确，我们是一个跟一个地进行伟大运动，这样使得我们整个社会改革工作，又大大前进一步。

抗美援朝，从前年十月间开始，但主要运动的展开，是在这一年。我们进行了镇压反革命运动，大张旗鼓地镇压反革命，进行了宗教改革，天主教宗教改革，基督教宗教改革，特别是天主教宗教改革；一年来我们清理了内部，清理的结果，一方面，我们的工作人员和干部越加清楚，有问题的也搞出来；我们进行了三反、五反运动，现在刚刚结束；公安机关和司法部门进行了整顿、改革。此外，生产有极大改革，知识分子特别是高等学校的思想改革运动。这一连串的运动，现在回想起来，越加清楚，整个北京全体工作干部，全体市民一年来工作成绩在社会改革方面是很伟大的。当去年春季，特别是前年冬季的时候，我们对美国战争取得胜利，支持前线战争，要配合前线胜利的斗争，在后方，在首都的知识界里崇美、恐美、甚至亲美的思想，可以说相当严重，怕原子弹，不仅是一般市民，包括工人中间有相当数目的人很怕美国原子弹，各色各样的崇美思想，美国这个好，那个好，当然，美国有好事情，美国人民运动是好，美国的和平运动是好，美国的科学家在反对战争贩子当然是好，但是有些人崇拜美国，经过思想改革后，更加看清楚，现在的思想情况，可以说首都人民仇视美帝国主义，鄙视美帝国主义，蔑视美帝国主义。

以镇压反革命来讲，当去年春季的时候，北京是首都，毛主席在这里，中华人民共和国中央人民政府在这里，可是在首都有“南霸天”、“北霸天”等各色各样的恶霸，那时常常发生抢案，反革命虽不像一九四九年和一九五〇年那样，也还相当猖狂，经过镇压反革命后，首都的治安相当安定，特务还正在活动，但是像“八一”这样大的群众大会并没有出乱子。抢案也还有，北海曾发生一件外县的强盗土匪到北京来“赶集”，抢走一个老太太的一万块钱，当时也可以叫土匪，但和镇压反革命时的土匪已经不一样了，刚刚镇压反革命开始时，也有人感到为什么要杀人，怎么杀这么多人呢？因此有人怀疑我们政策、措施是否妥当。在大家控诉后，才知道反革命的可恶。因为很多人只看到杀人太多，没有看到这种罪大恶极的反革命过去如何可恶。

以天主教改革来讲，在改革后和改革前，完全相反。天主教未改革前，是反对人民政府的，其中有很多外国的特务，那时虽说天主教是宗教自由，实际不是这样。经过天主教教徒自己进行了革新运动，把帝国主义分子驱逐出境，现在当然不能说天主教里没有帝国主义分子潜藏在内，但是基本上可以说是中国人民的天主教。

三反、五反运动以前，和三反、五反运动后也有不同，整个来讲，国家财政经济情况得到根本好转，去年财政不但没有赤字，而且有了结余，就是把贪污浪费消灭了，打埋伏和积压资金清理出来了，不包括三反退赃，也不包括五反退补罚。因为五反中间工商界有困难，所以退补罚款，等到今冬明春再缴。我们首都，大家随便到一个商店去，都可以看到整个情况的改变。过去，以洗衣服来讲，拿水洗的当作汽油洗的，坏东西当好东西卖，现在整个社会风气、工作人员的作风，都有很大改进。

特别值得我们讲的，是思想改革运动，特别是高等学校的思想改革运动，有很大改革。高级知识界和其他知识分子真正思想改革，就是这一次，从大家这次思想改革运动的检讨，可以看出，有很多人有反动思想、落后思想、或者混乱思想，有的高等学校负责人实际给帝国主义送情报，譬如上届代表会议代表，某大学校长，给帝国主义送情报，按法律应送到法院审判，但他自己检讨出来就不一定送法院。像这样的事情还有，在中央或者市里一方面参加工作，可是一直和共产党对立，一直和人民政府对立，和毛主席领导的政府对立，经过一次思想改革，不论经过多少波折，费了多少事情，检查出来，还算是比较好的。有很多人过去反对人民政府或者和人民政府是对立的，抵抗的，现在是站在人民方面来了。还有一部分旧知识分子有些莫名其妙的自高自大，自以为是，夸夸其谈，不联系实际，看不起劳动人民，经过这次思想改革后，也改变了，有一部分和人民是两条心，现在不是两条心了，和人民结合，和人民靠拢了，有的人是半条心，半条心为人心，半条心为自己，表面为人民，内心为自己。经过这次思想改造后，的确除极少数以外，绝大部分知识界是进一步和工农劳动人民相结合，进一步靠拢相接近，最主要的，是在知识界，高级知识分子里真正把过去自以为是、自己有错不说的习惯去掉，建立批评自我批评的习惯，这是把旧知识分子的思想习惯毛病，拿毛泽东思想、马列主义思想习惯来代替，当然，今后还需要进一步用马列主义和毛泽东思想武装起来，充实起来。这个改革是划时代的，在我们中国历史上，思想改造是要大书特书的。

我们这类的改革很多，不再多讲，只就这几件事，前后比较，在毛主席，中央人民政府和共产党领导下，依靠全体工作人员进行了伟大的改革，我想这不是市政府，而是全体市民在毛主席直接领导下所取得的，在首都土地改革后，又进行了一系列党的社会改革，在我们工作中，这是第一个问题。

第二、关于各项具体工作，张副市长、吴副市长、刘仁同志和廖沫沙同志等还有专题报告，我就不再详细讲，我想讲讲三年来首都的经济情况。

全国的经济情况已经取得根本好转，毛主席讲三年内把恢复和一切工作准备好，我们今天是完成了。抗美援朝把美帝国主义会不会打到我们中国来的问题解决了，镇压反革命问题解决了，土地改革，老区一亿二千万农业人口区域早就完成了，全国胜利后，又有三万万人口地区完成了，还有不到五千万人口地区今冬明春可以完成，只剩下少数民族地区（包括新疆）还要稍缓。金融、物价是稳定的，不但稳定，还有下跌，再跌也会引起混乱，因此，还要加以控制。工业不但恢复而且超过战前的水平，譬如，钢铁工业等。煤炭没有超过战前的水平，不是因为没有生产；主要是没有市场，过去煤炭向日本等国外输出，现在没有输出。过去听到中央财委负责同志作报告，或者中央许多文件上讲，物价是基本稳定的，所谓基本稳定不是完全稳定，现在是完全稳定，过去财政是基本平衡，现在是完全平衡，没有赤字，而且还有结余，这是我们财政情况根本好转。生产绝大部分完成，而且超过战前最高年度的水平，包括伪满生产在内，这是全国的情况。至于首都三年来的经济情况，我将工商业发展的速度、公营工业和私营工业发展速度比较和公私经济力量比较，向大家作一报告。

三年来都有很大发展，以工业来讲，一九五一年生产总值是六万八千多亿斤米，与一九五零年比较，增加二倍半，与一九四九年比较，等于八倍，这就是说首都三年来工业生产的发展，是相当快的，但是有很多问题过去没有能够解决，真正大规模的工业生产还没有，譬如，能不能在首都发展重工业的问题，因朝鲜战争的关系很难下决心。朝鲜战争问题毛主席讲，有三个问题，第一，能不能打，志愿军出动后几个月就解决了；第二，把敌人赶走后，敌人要来，我们能不能守住，去年证明我们是可以守的；第三、这些问题解决后，我们整个国家的工业，必须要解决，虽然，大规模的工业在首都还没有开始，但就是这样，三年来工业已经发展了八倍。现在石景山钢铁厂要大规模发展，但并没有发展多少倍的限制，要看龙烟铁矿，有多少矿藏。将来大规模发展的工厂很多，如汽车供给厂也准备在首都建立，纺纱厂要在首都建五十万锭的纱厂，等于现在全国的三分之一，所以工业发展是很快的。

商业方面，一九五一年营业总额是九十亿斤，相当于一九四九年的百分之四百四十八，发展四倍半。这是首都工商业总的发展情况。

公营工业和私营工业发展的速度比较，公营工业发展的速度很快，私营工业发展的速度也相当快。公营工业的生产量一九五一年等于一九五零年的两倍半，私营工业一九五一年等于一九五零年的两倍，公营工业的生产量一九五一年等于一九四九年的十倍，私营工业的生产量一九五一年等于一九四九年的六倍，公私双方都是有很快速度的发展。

商业情况和工业发展差不多，一九五一年和一九四九年比较，国营发展四倍半，私营发展四倍。

这就是说，在人民政府新民主主义经济下，国营工业、私营工业都是发展的，国营商业、私营商业也都是发展的。

现在就我们首都经济的公私比重来研究一下。

工业：一九四九年国营占百分之五十一，私营占百分之四十七，公私合营占百分之二；一九五一年底国营占百分之六十二，连同公私合营共百分之六十四，私营占百分之三十六。

商业：一九四九年数字比较小，发展到去年时，公营商业占百分之三十、合作社商业占百分之五，合计占百分之三十五，私营商业占百分之六十五，今年差不多是公营商业和合作社交易额与私营商业交易额相等。

这就是现在首都的经济情况。

这样的发展趋势，发展方向是完全合乎我们共同纲领所规定的政策，有些人讲，“这样的方针与发展，都把我们挤了。”但是现在没有挤，私营经济三年来发展了六倍。国家经济是全体人民的利益，是四个朋友所有，就是四个朋友一致发展也有好处，将来建设五十万锭的纱厂很显然，首都的所有私人经济要发展很多倍，如果钢铁生产发展，私营工业的力量，便不是百分之三十，而是百分之二十，百分之十几，百分之几，从比例上看，只有百分之几，百分之十几，百分之二十几，可是从本身来讲，绝大多数还是发展的，商业也是一样。公营工业发展把私人挤掉是不对，这不是事实。我们现在的比例数字、公私关系是正常的，两方面都有发展。国家经济领导越强，私营经济按照国家法律走就好，不按法律走也没有可能，这样就保证我们国家经济的健康发展。五反后，公私关系和经济趋势有所改变，公营工业投机的比较少，私营工业就有一大批，现在比较困难，譬如建筑业，一个掌柜、一个电话、一个账本、一间屋子，就到处包工，转包工程，偷工减料，首都的私营建筑公司，完全不违法的，没有一户，真正讲都是严重违法，完全违法。有些针织工业，织出的袜子是直筒的，没有后跟，所谓“过街破”，在街上走一趟就破。这些行业当然不能发展，要转业，要改进，要不就是歇业，过去这些袜子都卖给百货公司，百货公司有官僚主义，又加上私商行点贿，就把袜子收下来，五反后，百货公司还存不少卖不出去，这些行业应该垮，越快越好，越早越好。再如电料行和专门靠偷汽油零件的所谓“汽车修理公司”，汽车不找他修理还好，一找他修，好零件变成坏零件，这部分应该通通垮台，衰落的没落的应该淘汰，有益于国计民生的工业，六、七月的生产量比去年增加，也有发展，所谓营业萧条的是对人民有害，靠投机、欺骗，靠偷工减料的企业，商业也是一样，被淘汰的应该是这些行业。今年私人营业总额比去年也还不少，三反、五反后，公营工业、公营商业、私营工业、私营商业也有发展，基本趋势并未改变，改变的是对国计民生有害或者无利的投机工业。

最后，当前几项重要工作：

第一、生产运动。前边我们讲，我们的生产运动是有很大成绩的，但也有缺点，下面主要是讲公营、国家工业生产中最主要的缺点，是我们没有能及时对工厂工人先进的经验加以总结和推广，有很多经验是有全国性的，因为首都毛主席在这里，中央人民政府在这里，政治上毫无疑问，首都人民的政治觉悟是比较高的，工厂里的工人政治觉悟也高，工人的积极性、创造性是很有的，当然三反、五反以前和以后也有不同。三反以前公营工厂里积极分子是少数，落后分子也是少数，比较中间的是多数，但就是这样，积极分子中也有很大创造。经过三反后，工厂里积极分子是绝大多数，中间分子减少，落后分子也更加减少。由于公营企业的工人同志有相当的政治觉悟，所以发挥创造性、积极性，创造很多先进经验。但是由于领导上官僚主义忙于其他运动，还没有把一定精神摆在生产上，因此，这些工人同志创造的先进经验，没有加以整理、提高和推广，因此，我们的生产还没有达到应有的提高。另外，有很多领导上规定的任务，到车间去讨论，便增加很多，譬如，石景山钢铁厂国家所给的任务规定以后，经过工人讨论，增加了百分之四十，由这一点我们看到真正创造者是工厂广大工人群众。

其次关于工人保健方面也有缺点。今后开始加以注意，重视，各厂的工人有什么新的创造，哪些是先进经验，哪些是带有绝对性的全国性的，应加以提高，这是我们生产前进的主要关键，今年生产预备在中央各部门计划所给的任务和原定计划外，再增产节约八亿斤米。

至于农业生产，主要是组织起来，这项工作，我们作得很不够。农民同志在中国人民革命中，在无产阶级领导下有很大功绩。但毕竟农民是个体经济，现在国家经济在发展，一部分农民中发生问题，就是他们和整个国家经济有不完全一致的因素。譬如，去年我们国家收购棉花时，有一部分农民家里存棉花上万斤，就是不卖，包括中国共产党农村党员、支部书记在内。今年东北也发生同样问题。因为东北去年遭了灾，粮食不够，农民手里有多余粮食，以公平合理价格买过来，就可以解决，可是农民不卖。这就说明农民和我们人民民主经济和在社会主义领导下的经济有相反的因素，经我们作了很多政治工作，棉花得到相当解决。因此主要是把农民个体经济组织起来，现在主要是组织互助组，和农业生产合作社，包括牲口、土地、劳动都加入合作社，如果，今后比现在更发展，农民有棉花、粮食不卖给国家，国家工业大规模发展，大规模建设时候，就更加严重。农业生产很有成绩，去年增产百分之十五，去年农业生产量比一九四九底增加百分之一百三十几，去年比前年也增加百分之十五。但是组织起来的工作做得还是不够。农业合作社我们还没有组织，在东北已有两千个，我们要取得经验在首都郊区里选定一定的区域组织农业合作社和集体农庄，以起示范作用。

第二、卫生运动。这次首都的爱国卫生运动搞得很不错，总理指出北京的卫生运动是全国第一，但是我们不要骄傲。我们不算最不讲卫生的，但是比在卫生不大好的时候，算是好一点了，蚊子还有，苍蝇也有不少，有很多地区可以找到臭虫、虱子，老鼠刚捕五十八万多只，也还有一些地方很脏。我们已经有了很大进步，特别要感谢很多积极分子有很多创造，有很大成绩，我们还要进一步来做。因为这次运动，不仅是卫生运动，而且是爱国运动，美国散布细菌，进行细菌战。我们就搞对付的办法，美国搞细菌，我们连细菌都消灭，藉这机会把中国所有的细菌消灭。这个运动是很重要的，是对敌斗争，保护生产力，保护我们的幸福。这运动在吴副市长直接领导下很有成绩，但还不够，我们要把毛主席所讲的六害：老鼠、苍蝇、蚊子、臭虫、虱子、跳蚤彻底消灭，老鼠在今年应捉二百万只，现在只逮了五十九万只，不好打也要打。到一个没有为止。要规定任务、交任务，有可能消灭蚊子，就打蚊子，有苍蝇就打苍蝇，什么没有就不要交。过去有很多人看不起这个运动，可是我们疏浚湖和八条明沟改成暗沟都是主席自己批准要做的。

第三、扫除文盲。在全国首先应将我们首都的文盲、半文盲消灭。我们准备在三年内消灭现有的文盲、半文盲。但还有很多问题，譬如作到什么程度，消灭完需要多少日子，能看什么书和报纸等，要打下一定的基础。这次要真正解决这个问题，祁建华创造了速成识字法后，还有很多人创造速成算术，我们应该感谢祁建华的创造，这样，我们就有可能在三年左右时间之内消灭现有的文盲和半文盲。

第四、禁毒工作。禁毒命令，政务院已在一九五〇年发布，但是现在还有大批毒犯比较真正有资本，以犯毒为业的，全国起码有三十万人口，我们首都也有一些，现在我们要彻底禁毒，公安局已逮捕了二百八十六名毒犯。这次主要搞制造毒品和贩卖毒品的，而且是比较大的，至于吸毒的人，慢慢戒除。至于要不要杀，将来也要杀一点，毒犯里确实有些可恶的，有的毒犯有人命，有血债，以及各种黑暗事情，如强迫、威胁、收买等手段，也有少数罪大恶极，不杀不足以平民愤的。主要的还是不杀，对这些大毒犯主要是劳动改造，他们是不劳而食的，就要劳动改造自食其力。吸食的人主要是戒，特别有些病人，有些岁数大的，如果强迫戒除，就要戒死，只好慢慢再说，禁毒工作现在还没有发动，在代表会议后，再到群众中去宣传。

第五、学生健康。包括教职员健康问题，现在还没有解决，但是我们是注意了。生活方面比过去好一点，就是工作繁重，教职员的工作繁重，学生的功课繁重，工人的工作繁重，越是积极分子越繁重，越是积极分子慢性病越多。工厂、学校很大一部分慢性病，过去还没有彻底解决。特别是暑假还没有放，大家都打了主意，暑假搞这个，暑假搞那个。工作比放假前还多。后来，和吴副市长及文教局商量，立即下命令不准做，应让教员休息。工人工作以外的活动过多，教职员、学生额外负担过重，必须要解决。公营工厂原则上均改为八小时，工人的积极性这样高，但不能太高。工人中有一部分计件工资的人，不愿改为八小时，多做一件，可以多赚几个钱，我想，还是说服计件工资工人同志赞成八小时，工作作紧一些，也可以多做一点，以便有休息时间。关于疾病治疗问题，公费医疗政务院已有全国的规定，现在就是没有医生，工人方面，石景山钢铁厂，人民印刷厂虽有医院，但没有医生。门头沟搞医院没有医生，石景山发电厂也缺乏主要医生。这个问题，我们和卫生部也商议过，北京有些大医院，如北京医院、协和医院、北大医院、人民医院、同仁医院、红十字医院等每个礼拜有两天出诊，到门头沟、石景山、长辛店去，政府把一切准备好，小病自己治，大病由他们去治。此外，我们搞三千左右工人、学生、教职员的疗养所，这问题，过去主席很关心，但是没有解决。过去感到没有医生，但今天在医院里抽出两次去搞一下医生问题就解决了。

第六、市政建设。两年来都是有些被动，开始时，经济也有限，就不能做大预算，可是有些非搞不可，因此，完全被动。同时，由于首都整个计划制定不出来，大工厂计划没有定，整个首都的计划也没办法制定，过去有朝鲜战争，现在物价稳定了，有了结余，就应该解决。整个经济建设超过百分之五十，整个国家经济情况也根本好转，首都应制定比较长远的计划，然后再进行，减少被动。

这是当前的工作。我们的工作有很多缺点，主要是官僚主义，三反运动中已经整了一下，但还没有整完，其次是在生产上没有整理，提高先进经验，市政建设方面计划性不够，缺乏研究工作，此外，在财政上违反财政纪律的情形也还有。各项工作，还有专题报告，我在这里只是提出当前几项重要工作。

我预祝这次大会成功，比过去做得更好，根据这次代表的情况，我们是有可能也可以保证这届代表会议能开得更好。

北京市人民政府张友渔副市长关于北京市一九五一年度财政收支决算和一九五二年度财政收支预算的报告

（1952年8月11日）

各位代表：

现在，我代表北京市人民政府向大会报告本市一九五一年度财政收支决算和一九五二年度财政收支预算。

首先，我要向大会报告的是：从一九五一年度财政收支决算来看，我们执行一九五一年度财政收支预算是有成绩的。在收入方面，超过原预算百分之一百一十八点七二，如加上市属地方企业收入，则超过百分之一百三十二强（参看表一，略）。这主要是在全国经济情况好转的条件下，本市生产发展、经济繁荣的结果。据调查：一九五一年度本市工业生产总值比一九五零年度增加百分之一百五十六，其中，私营工业增加百分之一百三十四；商业营业额比一九五零年度增加百分之一百二十六，其中，私营商业增加百分之一百一十八。工业生产总值和商业营业额既增加，税收当然也就随着增加了。我们的各项税收超过中央核定的原订计划数的百分之一百强（参看表二，略），因而地方税收入增加了，中央税留成增加了，工商业税附加也随着增加了（参看表一，略）。在支出方面，则超过原预算百分之四十六点五八，如加上市属地方企业收入转为投资部分则超过百分之五十九点三一（参看表三，略）。支出超过的主要原因，是由于收入既然增加了，就应该根据人民的需要，多花一些钱，进行首都的必要建设。大家知道，北京过去，长期处在反动势力统治之下，破坏多，建设少。在这样的烂摊子上，建设人民的首都，不论在经济建设、文化建设、市政建设，任何方面，很多事都需要用很多力量去做。解放后，我们曾经不断地进行了建设工作，但限于财力，不可能百废俱举，应该也只能分别轻重缓急，有重点地进行一些必要与可能的建设。我们几年来，一直是这样做的，并已获得了成绩。当然这还只是开端，好像万里长征，刚迈出了第一步。本来，一九五一年度的预算就是事业费的比重大于行政费（包括党派团体补助费），在预算总额中，前者占百分之五十九点四八，后者占百分之三十七点零四（参看表三，略）。后来，我们又追加事业费预算，或从预备费项下开支，新建医院、小学、市民住宅、工人宿舍、劳动人民旅馆以及南郊屠宰场、东四人民市场等;增修道路、下水道,疏浚龙须沟附近的金鱼池,和增办其他必要的事业。这样,事业费的比重就更大了。在一九五一年度的决算中,事业费占支出总额的百分之六十九点三九;行政费(包括党派团体补助费)占百分之二十九点三八(参看表三,略)。这说明超过原预算的支出,主要是用在建设方面。我们认为这是应该的,也是必要的。支出虽然增加了,但收支相抵,不仅消灭了原预算中所列的赤字,而且把中央税超收留成的半数上解中央。此外,还有一些结余转入了一九五二年度预算(参看表三、表四,略)。

我们执行一九五一年度预算是有成绩的,但也有缺点。主要是遵守财政制度和财政纪律还不够严格,对基本建设工程包括市政建设工程,没有严格地掌握与领导,以致有些可以不花的钱花了,可以少花的钱多花了,甚至有些部门,有些单位,有些干部不仅化大公为小公,打埋伏,报虚帐,而且还有过严重的贪污浪费行为。这些缺点,在伟大的"三反"运动中,已被揭发,被纠正,当惩办的,已予惩办。另一方面,还必须指出:我们执行一九五一年度预算是有成绩的,但也暴露出我们在编制预算上,是有缺点的。由于我们对客观情况,主要是对建筑在全国经济情况好转和不断发扬的群众的积极性和创造性基础之上的生产发展和经济繁荣的速度估计不足,在收入方面,提得目标过低,最后,实际收入超过很多,因而在支出方面也就不断地赶造计划,追加预算,造成工作和财政上的被动现象,加以领导上的官僚主义,便给贪污浪费开了方便之门。

其次,我要向大会报告的是:一九五二年度财政收支预算,是以一九五一年度财政收支决算为基础,估计了"三反"、"五反"后经济情况的可能发展,根据中央的财政方针和市人民政府的工作计划编成的。在编制过程中,曾经反复研讨,一再修改。因此,它是有根据的,接近实际的,执行起来有相当保证的。它的基本精神是按照中央所规定的税率,努力增加可能和应有的收入,以保证必要的支出。而在所谓"必要的支出"中,主要是事业费。事业费以外的一切开支,尽量撙节,挤出钱来进行建设。本年度,应该配合全国的建设工作,较过去作更进一步的努力。

一九五二年度,中央核定的原订税收计划,较一九五一年度增加了百分之一百二十五强(参看表七,略),但较一九五一年度的实际税收仅增加了百分之十二点二七(参看表九,略)。这个任务是可能完成的。因为第一、像前面所说过的,一九五一年度预算在收入方面,提得目标过低,本年度应该提高;第二、去年一年中,经济情况已有很大的改善和发展,今年将必有更进一步的改善和发展。

在全部税收中,除地方税原属本市收入外,并可从中央税中留成百分之二十,作为本市收入。再加上专卖收入、契税收入、各项附加收入、市属地方企业收入、事业收入、公产收入、行政收入以及上级(中央)补助和其他收入等,即为我们一九五二年度财政收支预算中的收入总额(参看表四,略)。它较一九五一年度财政收支决算中所列收入总额减少百分之三点一三(参看表八,略),但较预算中所列收入总额,则增加百分之一百二十五强(参看表六,略)。并且一九五一年度财政收支决算中所列收入总额,包括着上解中央的超收留成部分,实际用于本市开支的,只相当于收入总额的百分之七十四点六,而一九五二年度财政收支预算中的收入总额,同时,也就是支出总额,比较一九五一年度财政收支决算中所列支出总额增加了百分之二十九点八五(参看表十,略)。这说明在收入方面,较一九五一年度决算略有减少,而在开支方面,则大大增加了。

在支出总额中,事业费占百分之七十五点一三,行政费(包括党派团体补助费等)占百分之二十点六二(参看表五,略)。这笔巨额的事业费将怎样支配呢?首先是用在文教、卫生和优抚救济等社会事业方面,即在支出总额中,卫生事业费占百分之二十二点七六,文教事业费占百分之二十二点三九(最近中央核准建筑中、小学校舍五千间的经费未及计入),社会事业费占百分之二点三八,合计共占百分之四十七点五三(参看表五,略)。大家知道,本市在解放前,公共卫生事业特别是环境卫生方面是很差的。医疗机构很少,尤其在劳动人民聚居的区域更少。三年来,我们在这方面曾进行了不少建设工作,增加了医疗机构,改进了卫生条件,但还远不能适应客观需要。为了配合爱国卫生运动,进一步保护广大市民的健康,减少疾病的发生,并在发生后及时得到医疗,本年度在卫生事业方面,多花一些钱是必要的。这些钱主要是用以新建医院,增加病床,迁移粪场,增建污水池、渗水井、公共厕所等。同样,在文教事业方面,三年来,我们也进行了不少建设工作,例如中、小学增校增班,建筑校舍,充实设备,大量发展工农业余教育和成人补习教育等,但也同样还远不能适应客观需要。由于过去长期被反动势力统治着的北京,虽然号称文化城,但实际上,在广大市民特别是劳动人民中,却存在着大量文盲和半文盲,也存在着大量的失学儿童和青年,他们是住在文化城里却被关在文化门外的人!解放以来,这种情况大大改变了,但距彻底改变的目标尚远。随着经济繁荣，社会安定，人民的生活改善和政治觉悟提高，而受教育，“学文化”，就更成为人民的迫切而普遍的要求了。另一方面，为了适应国家大规模经济建设的需要，必须大量培养建设人才和普遍提高工农文化，因此，本年度，多花一些钱，中、小学大量增校增班，以便进一步解决失学问题；同时，积极进行扫除文盲的识字运动，也是必要的。至于优抚救济等社会事业费也是不论绝对数字和在开支总额中所占比例，都较一九五一年度有所增加。其中，救济费占了较大的比例。这是因为本市过去在反动势力统治下，长期存在着大量的无业、失业和半失业人口，解放后，我们虽努力发展生产，但还不可能使这些人一时都得到工作，都解决了自己的生活问题。给予他们以适当救济是必要的。在事业费中占第二位的，是市政建设费，计占支出总额的百分之二十一点零四（参看表五，其中，不包括各国营工厂、企业自建工人宿舍和中央最近核准建筑市民住宅一千九百间、劳动人民旅馆四千间的经费，略）。主要用途是增加电车和公共汽车，扩充自来水管线，修缮公有房屋，以进一步解决市民住房、吃水和交通问题。在道路、桥涵、下水道方面，除正在进行的东郊工业区、西郊文教区、新市区、复兴门关厢区等处较大规模的基本建设工程和城区疏浚龙潭，改建七条大明沟为下水道等原预算未计入的工程外，主要是养护原有道路和下水道，并新建和修整一部分新旧下水道，以及掏浚陶然亭死水塘和解决低洼地区的积水问题。市属地方企业投资占支出总额的百分之五点四五，较文教、卫生、市政建设所占比例都小（参看表五，略）。这是不是说明我们不重视发展生产，违反我们自己所提出的“生产第一”的方针呢？不是。第一、在本市范围内的大企业、大工厂，如钢铁厂等，都是由中央直接投资，本市筹设的五万锭纱厂也是中央另拨专款，都没有列入本年度预算；第二、我们接管了机关生产三百四十二个单位，价值四千多亿元，都转作本市企业投资，也没有列入本年度预算。还有市政建设事业费中，用于自来水、电车和公共汽车的部分，也带有企业投资的性质。因此，实际上，本年度企业投资并不少于文教、卫生或市政建设事业费。在事业费中占第四位的，是农林、水利支出，共占支出总额的百分之一点一一（参看表五，略）。这个比例很小，但也不是表示我们不重视农林生产，而是因为较大规模的水利工程和造林，将由中央另拨专款，而一般扶植生产，则采取了由银行、合作社贷款或收购的办法。总之，在本年度预算的支出总额中，事业费占了四分之三以上，超过解放以来任何一年的比重。如果再把为了进行上述郊区基本建设工程等中央所拨的专款和最近核准建筑校舍、旅馆、市民住宅等经费计算在内，则事业费就更由百分之七十五点一三，增加到百分之八十二点六六，而行政费（包括党派团体补助费）则由百分之二十点六二，更降低到百分之十四点四八了。以上是事业费支配情况及其在预算中所占的比例。关于各项事业的具体内容，另详书面印发的工作报告，我就不赘述了。

最后，我要向大会报告的是：上半年，执行本年度预算的情况是良好的。在收入方面，全年税收计划已完成百分之五十点一一（参看表十三，略），其中，中央税完成百分之五十一点五二，地方税因房地产税开征较晚，只完成了百分之三十一点八三。因此，本年度预算所列收入总额只完成百分之四十五点六二（参看表十二，略）。今后，在收入方面，仍须我们努力。税收人员必须认真负责，积极工作，不使任何税收有所偷漏。但同时，也不许有一文额外征收。一切都须依法办理。估计计划一定可完成，因为“五反”运动后，经济更加繁荣，税收可能较上半年增加。在支出方面，因市政建设工程开始较晚，而文教卫生等事业费，下半年开支较上半年为多，故已花的钱，只占原预算百分之三十四点七三（参看表十二，略）。但如把暂付款和基本建设备料款加入，则为百分之六十点一九（参看表十二，略）。下半年的开支，比较上半年本来就要多，现在并已有些单位提出追加预算的要求，如不抓紧，就会有突破预算、入不敷出的危险。这是应该警惕的。

各位代表：我们的经济情况已日益好转，收入既较去年增加，支出也必然随着增加，只要是在财力许可的范围内，为了必要的建设事业，而多花一些钱，是不应吝惜的。但是贪污浪费必须反对。不应办的事不办，不应花的钱不花，可办可不办的事暂不办，可花可不花的钱暂不花，以便集中力量用于必要而又紧迫的生产建设事业。同时，财政制度和财政纪律必须遵守。即使是应该花的钱，也应按照规定手续办事，不可乱花。“三反”运动后，贪污浪费和违反财政制度、财政纪律的现象大大减少了，但还没有彻底消灭。我们仍须和这些恶劣作风作坚决的斗争。

各位代表，以上就是我关于一九五一年度财政收支决算和一九五二年财政收支预算的报告。请大会审查、讨论和批准。

北京市人民政府吴晗副市长关于开展爱国卫生运动的报告

（1952年8月11日）

各位代表：

继续开展爱国卫生运动，是我们北京市今后的中心工作之一。解放三年以来，我们本着“为劳动人民服务为主和预防为主”的方针，在广大的人民支持下，已经逐步改善了北京市人民的卫生条件。但是为了彻底改变由于长期帝国主义和封建统治所造成的不清洁不卫生的落后现象，没有一个深入广泛的轰轰烈烈的群众性的运动是不可能的。

这样一个群众性的卫生运动，从今年三月起已经展开了。这个运动是结合着反对美帝国主义的细菌战在爱国卫生运动的号召下进行的，是为了彻底改善首都人民的卫生状况，建立和巩固群众的科学的卫生习惯，预防传染病的发生，保护劳动力，为我们国家即将到来的大规模的经济建设作准备而进行的。因此，这就激发了广大群众的爱国热情，使这一次的爱国卫生运动具有了空前的规模。我们在运动一开始时即决定，不仅要消灭美帝散布的病菌，消灭中国原有的病菌，并且要逐步作到使病菌无法生存。这一次运动所收到的效果是很显著的，我们可以举两个例子来说明：第一、今年本市的苍蝇、蚊子确实大大地减少了。一些最容易招惹苍蝇的鱼肉市场到这时候还很少看到苍蝇。在灭蚊工作中，在三区、四区、七区已经先后出现了八个没有孑孓的地区分会；第二、传染病的发病数和死亡数显著地减少了。以危害较大的九种急性传染病的发病数与死亡数为例，如以一九五一年四至六月的发病数与死亡数各为一百，则一九五二年同期发病数减到七十一，死亡数减到四十六。

我们之所以能取得这样的成绩，绝不是仅靠政府的力量和少数卫生干部的力量所能做到的。我们之所以能取得这样的成绩，主要应归功于广大群众响应了政府的号召进行了创造性的努力。

为了使群众有明确的奋斗目标和集中地使用群众的力量，我们的爱国卫生运动是有步骤、有重点地来进行的。从三月中旬至四月中旬，以清洁大扫除，改善环境卫生为重点；从四月中旬至六月中旬，以消灭病媒动物为重点；从六月中旬至九月中旬，以继续消灭病媒动物彻底搜捕消灭苍蝇、蚊子、臭虫、虱子、跳蚤和老鼠等与加强饮食物的管理为重点。为了领导和推动这一运动我们重新建立和整顿了卫生组织，普遍开展了预防接种、卫生训练以及与每一项具体工作相适应的宣传教育、组织检查等工作。

清洁大扫除工作进行得相当彻底，从三月中旬到四月上旬，在全市有百分之九十五以上的地区都进行了不断的扫除。在扫除期间，城区每日运出的垃圾较平时平均增加了约三分之一。从三月中旬到七月中旬，四个月间，共清除了垃圾二十六万八千多公方。一区苏州胡同“徐状元府”四十多年未曾打扫过，尘土堆积，蓬蒿遍地。故宫非游览区，河渠污浊，垃圾存量达十八万三千多公方，有些并且是明朝遗留下来的。通过这次卫生运动，这些积世的污秽都已经清除和正在清除。许多劳动人民聚居的大杂院，现在都收拾得干干净净了。

其次，为了改善人民的环境卫生，市人民政府三年多以来修建的各项卫生工程也是具有重要意义的。在这次爱国卫生运动期间，我们为了消灭孳生苍蝇、蚊子的死水坑，首先疏浚了龙须沟的下游，并改明沟为暗沟，改道向东流入护城河，又掏挖了陶然亭地区和左安门内龙潭的苇塘洼地使之变为活水湖。太平湖、炮局、北官厅等洼地均加以填垫，市内南横街铁辘轳把等七处较大的明沟今年一律改建下水道，连同为解决其他地区污水、雨水排泄的困难，共新建下水道约三十公里（连同郊区的下水道，今年共新建四十六点四公里），整修下水道六十公里。

以上这些工程有的已经完工，有的正在施工。数千劳动人民现在正在各个工地，以自己的劳力，为改变污秽环境而进行不倦的斗争。

广大人民以高度的热情来消灭病媒动物。截至七月底，据不完全的统计，全市共已捕鼠五十八万三千余只，堵鼠洞四十四万多个；消灭成蝇一亿四千多万头，尤其重要的是消灭蝇蛹和蛆，估计总数在十亿以上；为了消灭蚊蝇的生存条件，全市有六万八千多个粪坑加了盖，有一万七千多个粪坑加深了；共已填平了一万一千多个大小水坑，堵树洞近五万个，在近三十万平方公尺的孳生孑孓的地方喷射了杀虫药剂。

饮食物的卫生状况，也有了初步改善。环境污秽严重影响附近居民卫生的东郊屠宰场，已合并于南郊新建的屠宰场，有了较好的卫生设备。一般饮食物店铺和鱼肉市场普遍添设了防蝇防尘设备(玻璃罩、纱罩)，并建立了行业卫生组织，实行民主管理，经常检查。为便于检查卫生，职工们自动换上了白色的工作服。有碍卫生的行业大部分都改进了卫生、消毒设备，重新规定了工作时间，其中妨碍卫生最严重的刮骨业，血料业等，正准备迁移到离城较远人口稀少的地区去。

此外，关于卫生训练和预防接种工作，已在全市普遍展开，宣传教育与组织检查工作，则贯串于全部运动过程中的每一环节。我们曾组织了各区、各地段、各单位相互间的和由上而下与由下而上的检查，以及市级对区级的重点抽查。在每次检查中，都结合着宣传教育。我们采用了多种多样的宣传方式，向广大群众进行了教育，基本上做到了“家喻户晓”。仅以电影为例，城郊区共免费放映了有关卫生的电影六十七次，观众共达十八万七千人。特别是通过备有显微镜的实物、图片展览会，使人们用自己的眼睛，观察到昆虫、细菌的具体形象，从而得到了最现实的教育。许多大、中、小学学生和市民主妇女联合会、市科学技术普及协会所发动的大批家庭妇女和科学工作者，参加到卫生宣传行列中来，发挥了很大的作用。

应该指出，各卫生基层组织的许多小组长、卫生委员，在运动中起了积极的作用。中央卫生部和市卫生局的卫生工作人员，在许多具体工作中，特别是为劳动人民住宅和湖沼低洼地区喷射杀虫药物，在火热太阳底下，有的被芦苇划伤流血，还坚持工作，是值得我们感谢和表扬的。

这次卫生运动的深入和广泛是空前的，通过这次运动不仅提高了群众的卫生知识水平，进一步改善了首都的卫生状况，并且建立了群众的卫生习惯，改变了不讲卫生的风气。

从这一次运动可以证明，群众的智慧是无穷无尽的，在伟大的群众力量面前，没有不可克服的困难。仅捕鼠工具一项，群众自己制造的即达六十五种。现在全市大多数的人家，都有了捕鼠工具，饭碗、水缸、面袋以至破洋铁桶，都成了捕鼠的有效的武器。个人捕鼠的最高纪录，已达到一百五十五只。九区某公安部队及十一区第六中心小学等单位集体捕鼠，都已超额完成每人一只的任务一倍以上。十区三里屯小学教员李力耕，积极钻研，创造了从厕所墙根或其他潮湿低洼处所挖苍蝇蛹的办法，经研究推广后，掀起了全市挖苍蝇蛹的热潮。十二区丰台镇青年妇女朱蓝琴、刘慧敏、蒋宏琴等带动群众一百三十多人，在两天内挖苍蝇蛹三十多斤，创丰台镇集体挖蛹的最高纪录。九区粪业工人把灭蝇蛹和晒粪积肥结合起来，即大量消灭了蝇蛹和蛆。东正教会北馆的一位杜老太太创造了用黑裤子捉蚊子的方法，每天可消灭蚊子数百个。四区果子市欣生小学学生马兆荣用一个煤油灯罩在探井口里捕蚊，一个晚上即捕灭成蚊两千多个。高粱〔秆〕、芭蕉叶、蜘蛛网、破酒坛子等，都被群众用来大量消灭成蚊。在八月上旬爱国卫生运动突击周的头几天内，仅是第一区即消灭成蚊近九十万个。这些都是群众高度的创造性和积极性的具体表现。而九区清化寺大院、四区“拉屎大院”等一向卫生状况落后的地区，现在竟完全变了样。这是运动中最突出、最优秀的典型。

另一方面工作中的缺点和目前存在的问题，也还不少。

首先是在少数的干部和群众中，正滋长着松懈情绪和麻痹思想。有人以为：“今年的卫生工作，做得差不多了”，“搞卫生会影响生产”，“卫生工作像一阵风，刮过去就完了。”若干机关、团体的负责干部还没有足够地重视卫生工作，以为卫生工作是卫生部门的事”。

其次，有些地方还存在着空白点。据七月八日抽查城区九个区和郊区第十三区的一百一十三个机关，发现有孑孓的三十五处，有积水的二十六处，有蛆的五十二处，有孑孓又有蛆的十三处。

此外，在预防接种工作中，由于少数医护人员的粗枝大叶作风，曾发生少数不应有的化脓现象以及个别因注射而诱发旧病以致死亡的事例。卫生训练，也多少存在着形式主义的倾向。

至于粪便的清除还作得不很好，七区有些坑洼无土可填，八区稻田大量滋生孑孓，垃圾待运场一时难以全部取消，以及河湖水量不足，还难免孳生一些蚊虫、孑孓等，都是今后需要逐步解决的问题。

从四个月来的工作中，我们取得了一些经验。

最根本的一条经验是：要做好卫生工作，必须发动群众，这是决定一切的关键。唯有在群众自觉地努力下，才可能使卫生工作更加普遍、深入。尤其是广大的家庭妇女，对于家庭的环境卫生，起着决定的作用。本市的卫生小组长，以妇女居多数。并且，在这一次爱国卫生运动中涌现了很多的妇女模范工作者。

为鼓舞群众情绪，提高群众的工作水平，在运动过程中，必须深入检查，认真总结，推广先进经验，并及时提出表扬与批评。尤其是登报批评，开展挑战应战和红旗竞赛，对运动的推动作用很大。同时，在每一项工作进行到适当时期，必须及时地订立制度，以巩固群众的工作热情。如四月上旬本市普遍进行了大扫除后，许多地区实行了地段责任制，并把卫生工作订入了爱国公约或专门订立了爱国卫生公约，大大有利于建立和巩固群众性的卫生习惯。

目前，本市的爱国卫生运动，正处在最有决定性的阶段，必须抓紧。根据我们的计划，在七、八月份，着重消灭蚊子和苍蝇。八月四日到十日在全市范围内开展了爱国卫生运动突击周。由于各级卫生组织的统一领导和各机关、团体根据自己的行政、组织系统，分别垂直布置，协力合作，因而在灭蚊、灭蝇工作上，已经取得了进一步的成绩。九月份，将再以捕鼠为重点，继续堵塞鼠洞，并实行“坚壁清野”，使老鼠与一切食物隔绝，以消灭其生存条件。并规定至今年年底至少要打一百万老鼠，然后要争取打到二百万头——以打得一个老鼠没有为止。

必须指出，在“三反”、“五反”运动胜利的基础之上，我们已经扫除了旧社会残存的思想上、行为上的污毒，建立了新社会的新道德。同样，为了胜利完成爱国卫生运动的伟大任务，我们也需要彻底扫除旧社会所残留的物质上的污毒，肃清所有垃圾秽物，消灭臭水坑，根本改变城市的面貌，特别是建立与保持环境卫生和个人卫生的新社会道德，并且还要进一步不断努力，直到在全市范围内把六害——老鼠、苍蝇、蚊子、虱子、跳蚤、臭虫彻底消灭，以保证首都人民的健康和安全，保证我们生产建设事业的正常发展。因此，各机关、部队、工厂、学校、商店、街道、村镇都必须订出切实可行的计划，保证在各个单位内逐步彻底消灭这“六害”。凡是不努力消灭这“六害”的单位或个人都必须受到批评，凡是消灭彻底的单位或个人都应受到表扬。某些直到现在还是“空白点”或不重视爱国卫生运动的单位，必须立刻改变这种对人民不负责的态度，切实认真地把该单位的卫生工作做好。我们相信：只要各阶层人民都普遍认识到保持卫生是保证人民健康，关系国家建设事业发展的重要工作和经常工作，是新社会的新道德的一部分；只要广大人民群众都热烈积极参加这个伟大的爱国卫生运动，我们最后一定能够彻底消灭这“六害”，并进一步为今后首都的卫生建设奠定良好的基础。

北京市人民政府财政经济委员会刘仁副主任关于开展爱国增产节约运动的报告

（1952 年 8 月 11 日）

各位代表：

自从去年毛主席号召“增加生产、厉行节约”以来，我们全市人民、特别是广大的工人群众，就纷纷起来热烈响应。伟大的“三反”、“五反”运动的胜利，又给开展爱国增产节约运动奠定了坚实的基础。现在我们全市的工人、农民和私营工商业者应该进一步动员起来，开展国营工业、私营工业和农业的爱国增产节约运动，以进一步建设我们的首都，支援抗美援朝的正义斗争。

一、全面开展国营工厂、矿山、企业的爱国增产节约竞赛运动

北京市的国营工业，去年普遍开展了爱国主义生产竞赛运动，高度发挥了广大职工的劳动热情，大大地提高了生产，全年生产总值比一九五零年增加了百分之一百六十九。今年我们要求在“三反”、“五反”运动胜利的基础上，贯彻华北工业生产竞赛会议的决议，继续全面开展爱国增产节约竞赛运动，除完成比一九五一年增产百分之三十二的国家生产计划外，争取再为国家增产节约八千亿元。在伟大的爱国增产节约竞赛运动中，我们必须进一步改进生产管理，改善劳动组织，提高技术，彻底完成把旧企业转变为新企业的改造过程，打下实行经济核算制的基础，并使我们能掌握工业的管理，尽量培养企业管理干部，以迎接即将到来的大规模的经济建设任务。

要完成这个巨大的任务，目前的中心工作是总结与大力推广先进经验，特别要努力学习与推广苏联的先进经验。最近这一时期，依靠广大职工群众的高度的爱国主义劳动热情，我们已经总结与推广了一些重要的先进经验，这些先进经验的总结与推广，不但改进了

技术，大大地提高了生产效率，降低了成本，而且极大地鼓舞了职工的创造性的劳动热情，迅速地改变了和改变着工厂的面貌。例如石景山发电厂试烧劣质煤成功，即降低了燃料成本百分之四十一。该厂推行快速检修法，使检修时间缩短了百分之三十七。石景山钢铁厂二高炉实行停风不停火的热修，使原来需要停炉修理五十天的工作，封炉修理十二天就完成了，这样缩短了修理时间，就增产三百二十亿元。清河制呢厂细纱间重点学习郝建秀工作法成功，每个人管理纱锭的数量，增加了百分之百至百分之二百，说明了郝建秀工作法不但可在棉纺中而且可在毛纺中推广。琉璃河水泥厂推行快速烧窑法，即提高产量百分之十一强。农业机械总厂初步推行了按指示图表组织有节奏的生产，基本上克服了生产方面前松后紧或此松彼紧的现象，六月份成品交库的均衡率达到百分之九十七点五。长辛店铁路大厂推广双手电焊法，提高生产效率一倍以上。汽车公司司机王德禄创造了到站熄火的方法，省煤百分之二十八，并大大减少了机件的消耗。北京邮局邮递员薛慎修创造了快速投递法，提高投递效率一倍到三倍，创报纸投递、预收报费的新纪录。农业机械厂一分厂学徒金兆瑛创造了一套两手同时动作的有规律的操作方法，不但使“压母”的效率提高了百分之一百零八，而且带动了工人群众学习先进经验、找“窍门”的热情。农业机械总厂黄润萍创造了新的仓库管理法，不但改变了过去盲目供应的状况，使仓库主动为生产为车间服务，而且雄辩地证明了那种以为管理人员不可能找到先进经验的看法，是极端错误的。

但是，在总结、推广先进经验上，我们还存在着不少缺点，其中最主要的是领导不深入，停留在一般的开会、号召和宣传，而忽视进行细致的组织工作和切实解决工作中的具体问题。结果既不能使可以推广的重要的先进经验真正被群众所掌握，也不能很好地发现、总结群众的创造性的经验。这种缺点必须迅速改正。在推广先进经验上，应该首先组织典型试验，以便吸取经验，发挥示范作用；在试验成功以后，即应拟定具体的推广计划和步骤，普遍推行，限期作出成绩来，并经常进行检查，保证计划的实现。在总结先进经验上，必须依靠群众来进行，集中群众智慧，取长补短，总结、提高成为系统的操作方法。同时，我们还应开展合理化建议运动，高度发挥职工的积极性和创造性，解决生产和管理上的问题，从而发现、总结与推广先进经验。无论总结、推广先进经验，或者开展合理化建议，都应根据本单位的具体情况，围绕着解决带有关键性、普遍性的问题来进行。为了保证以上工作的顺利进行，应该做到：第一、领导负责，亲自动手，随时研究群众的先进的成就，及时总结、推广；第二、组织技术人员深入车间，指导工人解决技术问题，使技术人员的科学知识和工人的实际经验结合起来，发挥技术人员在改进生产、提高技术上的积极作用。例如北京机器厂实习技术员刘起兴和工人张光信，在龙门刨上使用宽刀刨平面，提高效率三十倍，大大地解决了该厂设备上的若干困难；第三、建立与健全领导总结、推广先进经验的专门组织机构，并配备得力的专职干部。首先是要领导上抓紧此项工作。

爱国增产节约竞赛运动是一个生产改革运动，在运动中必然会发生激烈的思想斗争，这种斗争主要是先进思想与落后思想特别是与保守思想的斗争。直到现在，我们还有不少人对解放后特别是“三反”后广大职工群众的积极性、创造性认识不足，对企业内部的潜在力量估计不够，因而缺乏对先进事物的敏感，漠视先进的经验，过分强调技术、设备的困难，甚至看不起别人的先进经验，认为“那一套没什么了不起”。这些保守思想的存在，对于迅速改进、提高我们的生产，加速我们国家的工业化，是十分有害的。而广大职工的创造性的实践，则已经而且还会不断证明这些思想的错误。我们必须善于利用生动具体的事实进行教育，克服职工特别是若干管理人员和技术人员中的保守思想，结合先进生产者、劳动模范的模范事迹，宣传推广先进经验对改进、提高生产的伟大作用，并结合生产上的成绩，宣传增产节约对于建设伟大祖国、增强国防的伟大意义。

充分发动职工群众，订立先进的增产节约竞赛计划，是胜利开展竞赛运动的重要工作。现在一般厂矿、企业已经完成讨论、修订增产节约计划的工作。我们正在进行重点复查，要求计划真正能发掘、发扬、集中广大工人群众的积极性和创造性，并为群众所掌握。

在增产节约竞赛运动中，必须充分注意保证应有的质量，应该注意防止单纯追求数量、忽视质量的偏向。必须同时注意不断改善安全设备，把安全与生产予以同等的注意，应防止与纠正因竞赛而增加事故或损伤工人健康的现象。

对于一切有成绩、有贡献的职工，必须按其成绩与贡献的大小，及时给予奖励和表扬。并在实施奖励的过程中，逐步使奖励制度健全起来。藉口没有合理的奖励制度，拖延或不予奖励是不对的。那种牟利心过重而舍不得奖励的偏向，必须坚决加以纠正。同时，我们还要进一步改善环境卫生，保护职工的健康，并切实解决必不可少的职工福利。现在我们正计划修建较大规模的职工疗养院，并争取在两、三年内基本解决职工的住房问题。

随着爱国增产节约竞赛运动的开展，将会进一步暴露企业管理工作中的问题和缺点，要求我们进一步改进经营管理。因此，今年下半年内，我们要有计划地在车间与小组中进行查定工作，并在有条件的工矿、企业的主要车间建立车间成本制度，打下实行经济核算制的基础。而在条件较差的工厂中，则应着重建立各种必要的制度，如记录统计制度等，为实行经济核算制创造条件。我们管理工业的一切主要工作人员，必须在运动中认真地、虚心地学习管理工业，学会成套的经营管理的经验。各个厂矿、企业的主要领导干部必须深入车间，钻研业务，及时发现与解决生产中存在的问题和缺点。各厂矿、企业的厂长或经理，必须亲自动手，搞好一个车间的工作，总结典型经验，指导全厂。

二、开展私营工业的增产节约运动

北京市的私营工业去年也有很大的发展，如与一九五零年比较起来，户数增加了百分之四十，职工人数增加了百分之三十，生产总值增加了百分之一百三十四。有些带着很大投机性的工业，在“五反”后已经逐渐被淘汰或没落，其他的私营工业生产在“五反”运动期间，也曾经受到暂时的影响而下降，经过人民政府大力扶植和职工主动团结资本家协商搞好生产后，现在除了投机的、落后的以外有利国计民生的私营工业，一般已经基本恢复了生产，有些已经有了新的发展。这充分说明了经过“五反”、消除五毒以后，有利于国计民生的而又不是技术落后的和投机的私营工业的前途，是比过去更加光明了。特别是在土地改革完成后，农民购买力迅速提高，加上国家大规模经济建设即将开始，私营工业还会更加“发展”。但是，北京市私营工业还存在着很大的弱点，主要是经营分散，资金薄弱，技术设备落后，以致产品质量低、成本高，不能适应日益发展的工农业生产和广大人民的需要，有一部分至今销路仍很困难。同时，我们可以肯定地说，如果还不从技术设备和经营上速求改进时，终必因过分落后而被淘汰。

因此，在私营工业中开展爱国增产节约运动的中心环节，是改进技术设备，提高质量，降低成本，在有原料、有销路的工厂作坊中，并应力求同时增加产量。一切私营工业均须努力改善经营管理，面向城乡广大劳动人民，大力打开销路，即为他们而生产，克服单纯依靠国家扶植的思想。一切私营工业家并应充分认识，开展爱国增产节约运动的关键，是在劳资两利的原则下充分发挥与依靠职工群众的积极性和创造性；在私营企业中的职工，也必须认识到搞好生产和业务，不但对资本家而且对国家、对工人都是有利的。这就必须及时召开劳资协商会议，签订生产合同，解决生产中存在的问题，并在增产节约的基础上，进一步贯彻劳资两利政策，适当地解决职工的生活福利问题，并对改进或提高生产有成绩的职工，给予奖励。

三、开展农业的爱国丰产运动

一九五一年的农业生产获得了很大的成绩，总产量比一九五零年提高了百分之十五点三。今年我们要开展爱国丰产运动，提高单位面积产量，争取在耕地面积因都市建设的发展而减少的情况下，总产量仍比一九五一年增加百分之十。

组织起来是发展农业生产的根本道路。今年我们要求把有劳动力的农民百分之七十组织起来。在尚未组织起来的地区，要大力发展季节性或临时性的互助组；在已有互助基础的地方，要继续巩固和发展常年的农业、副业相结合的互助组。各区应抓紧对现有的农业生产合作社的领导，系统地认真总结经验，为明年进一步发展农业生产合作社奠定有利的基础。这是一个严重的任务，必须作好一系列的工作，才能胜利完成。中心是要大力培养典型互助组，总结、推广先进互助组的经验，并通过典型的具体事实，教育广大农民群众充分认识“组织起来”是走向富裕生活的唯一正确道路。

两年来，我们在大力领导组织农民群众战胜各种自然灾害方面，获得了很大的成绩，但在总结、推广丰产模范的先进经验方面，作得很不够。今年秋季应结合秋收选种，评比生产成绩，自下而上地选举丰产户、丰产组、丰产村和劳动模范，召开农业劳动模范大会，树立丰产旗帜，并总结与推广先进丰产经验。国营农场必须充分发挥示范作用，保证丰产棉花每亩产量八百斤至一千斤，旱地棉花每亩产量三百五十斤至四百斤，水稻每亩产量一千六百斤。领导农业生产的干部，要主动与农业科学研究的机关、学校和国营农场取得密切联系，吸收先进的农业生产技术、经验，结合具体情况，指导农业生产。

各位代表：开展伟大的爱国增产节约运动，对于迅速改进提高工农业生产，积累我们国家的财富，改善人民的生活，加速我们祖国的工业化，是有决定意义的。我们相信，依靠毛主席和中央人民政府的正确领导，依靠广大人民群众特别是广大的工人群众的无限的积极性和创造性，我们一定能够胜利完成今年的增产节约的任务。

北京市人民政府文化教育委员会廖沫沙副主任关于实验祁建华速成识字法和开展识字运动的报告

(1952 年 8 月 11 日)

各位代表：

我现在把祁建华速成识字法在本市实验的情况和开展识字运动的计划，向大会作报告。

祁建华速成识字法，是人民解放军中的文化教育工作者祁建华同志所创造的一个速成识字教学法。这个速成识字法有极大的效力，能够在三、五个月的期间，一百到两百个小时，使一个文盲认识到两千字左右，并能够阅读通俗的书报和写作几百字以上的短文。这个方法在部队中普遍实验推行，都证明是极其有效的。

大家知道，在反动统治时期，因为社会生活条件的限制，许多劳动人民都没有机会来学习文字，因此我们的文盲和半文盲在人口中占了很大的数目。拿我们北京来说，是全国文化教育最发达的地方，解放以后，又经过人民政府用很大的力量来进行业余文化补习教育，但是，根据典型调查的材料来估计，全市两百多万人口中还有五、六十万人是文盲或半文盲。在郊区的若干乡村，文盲和半文盲的数目，有的竟占人口中的百分之八、九十。不认识字是文化和科学极大的障碍，也就是社会前进和生产发展极大的障碍，如果不能克服这种障碍，那就会影响到我们新中国的建设。毛主席说过："从百分之八十的人口中扫除文盲，是建立新中国的必要条件"《论联合政府》。因此，在解放以来，人民政府曾经用很大的力量来进行识字教育，使劳动人民识字。远在一九四九年十一月，本市第二届各界人民代表会议就通过了一个开展业余教育的决议，二年多来，市人民政府执行了这个决议，大规模地建立了工农业余文化学校和群众业余学校。到目前为止，我们已经开办了一百零二个职工业余学校，参加学习的工人和机关工作人员十五万人；郊区每个行政村都设立了农民业余学校，参加学习的农民约五万人；在城内各区设立了一百三十九个群众业余学校，参加学习的市民约五万人。全市共有二十五万人在业余时间学习文化，在各种业余学校工作的教师达七千多人，但是我们虽然组织了这样多的人来学习，用这样多的人来教识字，而在他们中间学完高小语文课程，能认识一千多字的人，还不到两万人。这是因为中国的文字不容易学习，仅给予劳动人民以学习机会，而不改善教学方法，还很难获得我们预期的效果。如果我们现在采用祁建华速成识字法来进行教学，再用三年时间，我们就可以分批使全市五、六十万文盲和半文盲都认识到两千字左右，基本上消灭文盲。所以祁建华速成识字法，实在是识字教学上的一个大革命，他给我们的文字教学解除了一个极大的困难，也就是给我们文化教育的发展拔除了一个极大的障碍。如果普遍采用祁建华速成识字法，就可以使我们中国千千万万的文盲、半文盲，千千万万在过去得不到文化教育的工农劳动人民，在文化上来一个大翻身；使我们新中国的文化教育向前突飞猛进；使我们新中国的建设，得到迅速发展的条件。这样伟大的创造，只能在毛主席、共产党和人民政府的领导下才能出现。有了这样的方法，才能使我们文化建设的高潮和经济建设高潮相适应地配合前进。

北京市人民政府得到这个新的方法以后，立刻就开始实验工作，从今年一月起，首先在高碑店的农民中开办了一个实验班。因为当时正在"三反"和"五反"运动中，工厂和机关都很紧张地进行"三反"，不可能作较多的实验。但是就在参加高碑店实验班的二十六个农民中出现了奇迹，仅仅经过三个月，一百六十四小时的业余学习，就一般都能认识到一千六百多字，读完四册农民识字课本和五万字左右的通俗书报，能阅读《学文化》杂志和通俗文艺作品，写二、三百字的书信。我们现在听起来好像是一个奇迹，但是这是实实在在的事实。在今年四、五月，我们又先后在机关工作人员、重工业工人、轻工业工人、行业工人、农民、家庭妇女和摊贩等不同的对象中，开办了五十一个实验班，进行第二批实验，目的是在不同的对象，不同的程度和不同的条件下，取得各种教学经验。第二期实验比高碑店第一次实验的效果更好。参加学习的人数共一千五百人，五十一个班中的五十班是在业余时间学习，每星期学习六小时到十二小时不等。目前第十区东坝的一个农民班，第六文化馆的一个市民班和第十区两个工人班都已经结束。东坝的农民班，学习一百零九小时，第六文化馆的市民班学习一百三十九小时，第十区工人班学习一百七十小时，都认识到一千八百字以上，读完业余初等学校四册识字课本和两册语文课本，五万到十万字的通俗书报。这些参加学习的工人、农民、市民现在都在欢天喜地地读着《工人日报》、青年报、学文化、华北人民和其他各种通俗文艺作品，自己写信、写便条、日记、自传、生产计划、挑战书，还有不少的人已经在给报纸写通讯了。

在这些实验班中，许多老干部学文化的困难解除了，都一个个精神抖擞朝气勃发。重工业部基本建设局的一位总务科长李占魁，是一个参加长征的老干部，今年四十一岁了，他参加革命、参加学习这么多年，还只认识六百三十三个字，但是这次在二区干部实验班，只学习三十八小时就认识了一千七百个字，他兴奋极了，说："我要好好学上三个月，再好好干三十年革命。"公安局内二分局一个干部刘梦兰，在业余学校第一级学习了三个学期，只认识了四百一十二个字，但是他参加速成识字班只学习三十八小时，就认识了一千六百多字。郊外十三区广源闸村的一个民兵队长徐志强，解放后当了村长，可是不认识字，接到上级的通知，自己看不懂，请别人给他念。这段故事被村剧团编成戏在村里表演，徐志强苦闷极了，决心参加民校学习，学了一年多还只认识三百个字。他这次参加速成识字班，两个多月就认识了一千六百多个字。现在他到各村庄去报告学习收获，已经能自己写出讲演提纲，照提纲讲话了。一个文盲村长现在变成了能读能写的村长了。

速成识字法受到工人极大的欢迎。石景山钢铁厂的工人冉振强在参加速成识字法的学习以前，只认识十八个字，经过学习之后，六十小时左右，就认识到一千八百多字，许多工友们觉得这是奇迹，不肯相信，当面考试他，结果他认识过的字一字不错。这个奇迹掀动了整个石景山钢铁厂的工人，立即有两三千工人自己买了速成识字法的小册子，自己在学"ㄅㄆㄇㄈ"，突击生字。

速成识字法，在一般的家庭妇女也同样有极大的效果，在第七文化馆的实验班，一个有六个孩子的母亲樊淑敏，原来只认识一百一十个字，经过一个多月的学习就认识到一千八百二十二个字，能够看黑板报了。

这种速成识字法不仅使学的人兴奋鼓舞，并且也使教的人同样地兴奋鼓舞。它证明了祁建华功绩的伟大，证明了毛泽东时代的伟大。现在工农业余学校的教师都在进行速成识字法的教学训练，互相研究，改进教法，准备参加伟大的识字扫盲运动。

在今年六月以后，为了取得在一个厂、矿、村、街和行业推行速成识字法的经验，我们又在石景山钢铁厂铸造部车间、门头沟城子矿、第四区针织业、人民印刷厂全厂、第十区职工业余学校全校、高碑店、辛四村、麻峪三个村和第六区的三条街道进行第三期实验，参加学习的工、农、干部、市民已有九千人，可能到万人以上。这一期实验将在九月底以前完成。如果把第二第三两期实验的人数合计起来，那么，仅仅在今年四月到九月的半年期间，就使一万多个文盲、半文盲识两千字左右。就人数来说，差不多等于过去两三年来文盲识字人数的总和；就效力、就识字的数目来说，那就更大更多。

祁建华速成识字法，主要是利用注音字母来帮助识字，集中时间突击地认识生字，从每次认识五、六十字到一百字，经过五、六十小时突击识字之后，就进入大量地读、写训练，把认识的字加以巩固。在实验的过程中，我们除开采用祁建华的教学方法以外，还逐步改进了一些方法：第一，在开始实验时，我们没有规定识字数目的标准，因此有的实验班教一千五百字，有的教一千八百字，有的教两千八九百字。有很多实验班着重认识的多，忽视了读和写的训练。我们发现这样的方法不能把所识的字巩固起来，因此，我们规定识字的数目，第一步限制在两千个左右的常用字。第二，单教一个一个的生字，既不容易记，也不容易解释，学习的人在阅读与写作时，困难也比较多，所以我们把认"生字"与认"生词"相结合，按照群众的语汇编成"生词表"，只要他读得出音来就懂得意义，这样就学得快，用得快，可以缩短教学时间约三分之一。第三，只集中突击地识字，很容易回生，认识得快也忘得快。为了补救这个缺点，我们把一百五十小时左右的教学时间分为两部分，以三分之一的时间突击识字，以三分之二的时间，约一百小时进行大量地读和写的训练。在学习结束以后，又把学习的人组成读书组、读报组、通讯组，让他们有充分的机会常读常用，把认识的字巩固起来。第四，工农劳动人民不可能脱离生产来进行学习，一天的业余时间也不能很多，特别是农民在农忙的季节，更不能进行学习。我们在实验过程中发现，学员们看到学习的效果，情绪高涨，就愈想多学，教师也愈想多教，使教学过度紧张，有些地方的农民，生产与学习"两头拚命"，每天只睡四、五个小时。八里庄的一个学员下了课就在教室里睡着了，汾庄的一个学员赶大车就睡在车上，本来要到永定门，一觉醒来，牲口把他拉到了广安门。这些情况，不仅影响学员的生产，也影响学员的健康。还有些摊贩，参加学习以后每天减少三四小时的营业时间，降低生活收入。因此有人说："参加速成识字法，使人入了迷。"为了改变这种情况，我们把学习的时间从三个月延长到半年左右，农民主要在冬季进行。一般的每周只学习三次（六小时）至五次（十小时）。

前面是我们实验速成识字法的情况。通过这些实验，我们可以完全肯定：祁建华速成识字法是效果极大并且可以在任何群众中推行无阻的。因此，我们准备把这种速成识字法在北京普遍推行，有计划有步骤地逐步扫除文盲。我们的计划是今年九月以前作识字运动的准备工作，十月起开展广泛的识字运动，分批进行识字教学，争取在两年半到三年的时间内，即一九五五年年底以前，基本上扫除文盲。我们的步骤是首先着重机关工作人员和工人，特别是产业工人，然后推广到农民和全体市民；首先着重已经参加业余学校的群众，然后推广到还没有参加业余学校的群众，采取分批进行，逐步推进的方法。具体的步骤是：

一、机关工作人员中的文盲、半文盲约八千人，从今年十月开始，在一年内分两批完成前述识字教育。

二、工人中的文盲、半文盲约十九万人，从今年十月开始，在一年半时间内分三批完成前述识字教育。

三、农民中的文盲、半文盲约十七万人，从今年十月开始，在三个冬季期间，完成前述识字教育。

四、街道其他居民中的文盲、半文盲约二十一万人，从今年十月开始，分五批完成前述识字教育。

以上共计约五十七万八千人。为了完成这个计划，我们准备以各种业余学校为基本组织，在今年九月以前，将现有的教师七千多人，全部加以速成识字教学法的训练，并准备动员社会的大批知识分子作为群众教师，参加工作。

这就是我们推行速成识字法展开识字运动的第一步计划。第二步计划待取得典型的经验后再制定。如果这个计划能够实现，那么，我们人民首都在三年以后，全市的成年人差不多将没有一个不识字的，他们在政治上、经济上翻身之后，在文化上也翻身了。这就更可以迅速地、完全地实现毛主席的指示："随着经济高潮的到来，要出现一个文化建设的高潮"。

北京市人民政府关于政法工作的报告

兹将从一九五一年到最近，我们在政法方面的几项最主要的工作，分别报告如下：

一、政权建设工作

在政权建设方面，一九五一年以来最大的成绩，是在城、郊各区和十一个镇，都普遍召开了代行人民代表大会职权的各界人民代表会议，并经过选举建立了各区和镇的人民政府；所有的行政村也都召开了村人民代表大会并选举了村人民政府。

经过选举产生的区、村人民政府，都有各社会阶层的代表人物参加。例如：城区九个区选出的区长、副区长、区人民政府委员共一百三十一名中，除区人民政府、民主党派和人民团体的代表约占百分之三十七外；工人约占百分之二十一；工商业界约占百分之十四；居民约占百分之十四；文教卫生工作者约占百分之十二；另外还有一些工程师、曲艺工作者等。其中，妇女和少数民族也都占了相当比重。郊区七个区选出的区长、副区长和区人民政府委员共八十九名中，原来的政府干部和党派代表约占百分之二十七；农民约占百分之十七；工人约占百分之十五（包括工会干部）；工商业界约占百分之九；文教卫生工作者约占百分之九；合作社、妇女团体及少数民族代表等共占百分之二十。村人民政府委员中：贫雇农约占百分之五十九；中农约占百分之三十六；教员、手艺工人、小商贩约占百分之四。

很显然，由选举产生的政府，更便于联系各阶层人民。同时，通过选举对代表和群众进行了深刻的民主教育，对干部实现了来自群众的直接有力的批评和监督。例如在去年的选举当中，郊区原有的村干部，因政治问题、违法失职、作风不好、能力弱、政治落后等原因落选的就有约三分之一。在连选连任的村干部中，有的因工作稍差而被降了职；有的因工作成绩好，升了级。这说明群众对干部的好、坏、功、过，是会公正鉴别，适当处理的。群众的说法是："一年选一次，干部绝坏不了"。另外，经过选举，也从群众中提拔了大批干部和积极分子到人民政权机关里来，适当地解决了干部缺乏和村级干部兼职太多的问题。

此外，为了组织人民用自己的力量，协助政府完成各项工作，在城、郊各区都组织了由群众积极分子参加的各种委员会。例如城区各区在协商委员会领导下成立的房屋修缮委员会、卫生委员会等，都收到了很大的成绩。郊区各村，也普遍成立了生产、调解、优抚、文教卫生、治安保卫等委员会，协助政府顺利地完成了镇压反革命、订立爱国公约、增产捐献、农副业增产、征收农业税等任务。

今年，人民对于民主政治的认识，和参加政权的积极性更加提高了。例如最近城区各区选举街代表时，参加选举的人数以户为单位达百分之八十以上。同时，代表的产生方式，也比较去年更进步了。例如城区各区区代表由直接选举产生的占百分之三十二点八（去年占百分之十一）；由间接选举产生的占百分之六十三点一（去年占百分之七十四点六）；邀请代表只占百分之四点一（去年占百分之十四点四）。

二、公安工作

从一九五一年六月以来，本市的公安工作是在镇压反革命取得伟大胜利的基础上继续进行的。其中最主要的是：建立群众性的治安保卫委员会，取缔封建把头，严惩恶霸分子，清理反革命案件和彻底整顿公安机构。

第一、建立治安保卫委员会：为了巩固和发挥群众镇压反革命的热情和积极性，继续协助政府做好治安保卫工作，我们在全市各街道和农村建立了一千多个治安保卫委员会，由人民自己选出一万多名治安保卫委员。在这一万多名委员中，包括工人、农民、妇女、学生、教员、店员、自由职业者、商店经理以及宗教界等各方面，各阶层群众中的积极分子。这样，就使得公安工作具有了广泛的群众基础。但是在治安保卫委员中，也有一些行为不检、脱离群众的人，另外，还有少数委员迁移住址，所以今后治安保卫委员会需要进行一次整顿与改选。同时，为了更进一步地发挥群众对反革命分子和破坏分子斗争的积极性，现在正着手进行一次治安保卫模范的选举运动。

第二、取缔封建把头、严惩恶霸分子：解放以来，我们对各行业封建把头、恶霸分子，采取了有计划、有步骤地坚决肃清的方针。一九五一年后半年，把粪业、建筑业、骡马市、菜市、果子市和鱼市等行业中的恶霸分子逮捕了一批。这些人罪行严重，民愤极大，其中有一部分原来就是国民党的爪牙和隐藏在这些行业里的特务分子。解放后，他们依然怙恶不悛，欺压人民，反对人民政府，阻挠和破坏一切改革和建设事业。在他们被逮捕后，废除建筑业的封建把头制度和封建的粪道制度，改革骡马市、菜市、果子市和鱼市的交易制度等工作，都顺利完成了。

第三、清理反革命案件：一九五一年六月以后四个月中清理了四千多件反革命案件。在清理过程中，发动群众，对证检举材料，对工作进行，大有帮助。

对反革命犯人，继续执行了正确的劳动改造政策。到一九五一年年底，除老、弱、疾病者外，已将全部有劳动力的犯人，投入了劳动改造。这一工作，在政治上、经济上都收到了较好的成绩。犯人的劳动效率不断增加，劳动积极性逐渐提高，目前有九百多刑期已满的人自愿留在清河农场劳动。该农场种稻种麻面积，今年较一九五零年增加两倍。此外，袜厂、织布厂、印刷厂等都有所扩充。

对反革命分子的家属三千多户，一万多人，也进行了教育，解释了政策，同时，对生活困难的，还给以适当救济或帮助其找到工作。因此，他们大部分已经能够认清反革命分子的罪恶，认识到人民政府既讲法律，又讲情理，做到仁至义尽。

第四、彻底整顿公安机构：解放以来，我们对留用的旧员警，不断地进行了教育改造并清洗了为人民所痛恨的坏分子。但在这次“三反”运动当中，仍暴露出旧警察作风很严重，并发现有些坏的旧警拖新警下水，腐蚀革命队伍。经过“三反”运动，旧警察作风已受到严格批判，彻底清算；坏分子都受到应得处分；质量不好的一千八百多名员警，拟在短期集训后，组织其转业。曾向群众变相敲诈的，都责令退物、还钱并道歉。现已退还给群众一亿七千五百余万元。群众表示非常满意。他们说：“国民党时，警察拿东西不说，还要打人。现在还了东西又赔礼。”经过这次彻底整顿，人民警察队伍、人民公安机构，将更加纯洁了。

由于公安机构这一人民民主专政的重要的武器，不断地整顿与加强，加以全市人民政治觉悟的提高，使得首都的社会秩序更加安定了。抢案已基本上消灭，自一九五一年五月到今年五月，一年当中，只发生抢案四起，且案情不大，窃案也显著减少，今年第一季度较去年同期减少了三分之一。

三、司法工作

一九五一年司法工作的主要任务，是配合公安机关大张旗鼓镇压反革命，以巩固革命政权、社会秩序；其次，是审理一般刑事和民事案件，以调整人民内部的关系。

市人民法院、区人民法院和市军事管制委员会军法处，一九五一年共收进初审案件三万四千七百二十八件，比一九五零年增加了约百分之四十三，其中刑事案件增加了百分之十四点七，民事案件增加了百分之五十九。但刑事案件的增加，是镇压反革命运动的结果，即增加的是反革命案件，而一般刑事案件，则不是增加而是减少了。例如：扰乱金融案减少了百分之八十七；烟毒案减少了百分之六十五；敲诈案减少了百分之三十六；窃盗案减少了百分之三十二。从这里可以看出，首都的社会治安更加巩固，社会秩序更加良好了。民事案件比一九五零年一般是增加的，计：婚姻纠纷增百分之一百三十二；债务纠纷增百分之二十七；土地纠纷增百分之二百五十二；房屋纠纷增百分之三十；工商纠纷增百分之九十五。这种民事案件的增加，是从旧社会秩序转变到新社会秩序的过程中所不可避免的。有许多问题是种因于旧社会，而到现在，我们才有条件去系统地加以解决。婚姻法公布后，婚姻纠纷案件大为增加，即其一例。另一方面，也由于我们设立了区人民法院后，更加便利于人民，人民中间得不到解决的许多纠纷，都来找法院解决。在上述全年收进初审案件三万四千七百二十八件中，属于区人民法院的就有二万九千二百十五件。一九五一年收结案的比例是：收案三万四千七百二十八件（另有一九五零年末结案二千四百四十八件），结案三万一千九百八十七件，未结五千一百八十九件。其中反革命案件共收进二千七百八十一件，结案二千零六十三件，还有七百多件未结，但基本上已审理成熟，即可结案。

我们的司法工作是有成绩的，但不可否认，也还存在着不少缺点。主要原因是：留用的旧司法人员很多，旧司法制度的残余影响很大，官僚主义和文牍主义也很严重。在这次"三反"运动当中，发现法院干部有贪污和其他违法行为的分子还不少，处理的结果，仅市人民法院就须清洗四十余人。我们现正着手调整法院干部成分，以健全人民法院这一人民民主专政的重要机构。旧司法制度的残余影响，阻碍了司法工作的改进。人民法院处理案件的主要方法，不是走出法庭，面向群众，而是"坐堂问案，提笔下判"。许多新的创造，往往被认为"非正规"，而不能坚持下去。结果积案很多，人民的问题得不到解决。因此，如何创造简单的、便利人民的，而又密切联系群众，依靠群众来推进工作的制度，实在是刻不容缓的了。我们正在试行集体调解和加强问事处，并下决心大力简化文牍手续。经验证明，采用集体调解的方式处理一般民事纠纷，好处很多：第一、结案率空前提高，五月份一个月共结案三千八百零七件，平均每个干部每天可结案三件多，过去每人每天结案平均不过一件；第二、避免了许多人力、物力、时间的浪费；第三、加强了当事人间的团结，群众表示满意。

必须指出：作为人民民主专政的重要武器之一，来看我们的人民法院，那就还需要大力改革与加强。我们决定进行一次有领导、有计划、有步骤的改革运动。此外，为了更进一步发挥区人民法院的效力，使能更好地解决人民间的纠纷，决定增设区人民法院，使每一个区有一个法院，并加强区人民政府对区人民法院的领导。

四、优抚工作

关于优抚工作，我们向来是当作一项重大的政治任务来执行的。

本市现有烈士家属、革命军人家属、革命工作人员家属（以下简称，烈、军、工属）和革命残废军人共二万五千三百八十户，十万零二百二十六人。经验证明，在城区组织生产和介绍就业，是解决烈、军、工属生活困难最有效的办法。在生产方面：城区已组织起来的生产，有缝纫、被服、装订等三十七处，参加生产的有一千四百九十二人，一九五一年全年所得工资及盈利共三十五亿四千余万元，超过了全年发放优待粮数目的百分之六十六。如每人每月生活费按六万元计算，可解决四千九百余人全年的生活问题。在介绍就业方面：截至今年四月份止，已介绍到政府机关、工厂、学校、团体工作的（包括临时工）有五千一百九十人，若平均每人养活两个半人，可解决一万二千八百二十五人的生活。此外，享受实物优待的还有四千七百六十四户，一万三千四百六十八人。因此，一般烈、军、工属的生活，基本上都得到了解决。为了培养烈、军、工属和残废军人就业条件，各区都组织了他们参加会计、缝纫、订书、糊盒、打草绳等技术的学习，参加学习的共一千二百零六人。

在农村解决烈、军、工属和残废军人的生活困难，主要依靠组织代耕。目前，在郊区享受代耕优待的有一千八百六十户，代耕面积六千六百零六亩，占烈、军、工属和残废军人耕地面积的百分之十一点七。对无劳动力的烈、军、工属和残废军人采用包耕制，由专人代耕；缺少劳动力的则实行工票制，这样就避免了临时派工或拨工的缺点。

此外，对城、郊区孤老、贫苦、受灾的烈、军、工属生活特别困难的，还另发放了优待粮。全市享受这项优待的，现有八千七百六十三户，二万三千一百八十一人，约占烈、军、工属和残废军人总数百分之二十三。一九五一年共发放优待粮折款约二十一亿三千余万元。

提高烈、军、工属和残废军人的政治地位与社会地位的工作，本市做得较好。例如市、区各界人民代表会议中，都有他们的代表名额，被选为市代表的有九人，区代表八十三人。同时在社会上还得到了各方面的照顾，例如在年节、纪念日，到商店购物受到减价优待；公共娱乐场所减免费招待，以及医院减免费治病，公私立学校减免费优先入学等。

五、社会救济和社会福利工作

社会救济也是我们的一项重要工作。一九五一年由于各项建设事业的展开，依靠救济来生活的人口比较一九五零年是减少了，即由六千八百零二户，一万八千九百七十五人，减少到六千六百八十四户，一万七千三百四十四人。但人数仍然不少，全年发放的救济款仍达十三亿六千余万元。救济办法是：对有劳动力，因人口多、疾病、死亡或其他灾害而暂时不能维持生活的，给以临时救济；对老弱残废，无家可归的，给以收容教养；对年老不能谋生，但能料理自己日常生活的，给以长期救济；对有劳动力无业的独身者，加以训练后，移往西北，从事农业生产。

此外，对受"三反""五反"运动直接间接影响，而暂时失业或生活困难的人，曾进行了紧急救济，自一九五二年三月十日至四月十一日，全市共发放救济金十九亿七千余万元，救济了二万七千四百一十户，九万五千六百五十三人。其中，三轮车工人约占百分之二十三；建筑工人约占百分之十六；搬运工人约占百分之九；城市贫民约占百分之二十八；贫苦农民约占百分之十一；其他小手工业工人、小摊贩、零散工人和遣送还乡生产者等约占百分之十三。

去年除整顿与扩充我们原有的救济机关外，并接管了接受美帝国主义津贴的所谓慈善救济机关：迦南孤儿院、大常育幼院、甘雨胡同养老院、仁慈堂孤儿院、宠爱堂孤儿院、育婴堂等六个单位。其中，甘雨胡同养老院收容六十五岁以上的老年人四十名，其他五个单位共收容儿童七百七十八名。接办后，对原有机构，已做了适当的调整或改组，建立了新的教育、管理制度。原收容的儿童，除由亲属自动领回三十一名外，还有未达学龄的儿童一百一十二名，已达学龄的五百七十一名，现已分别得到了受幼稚教育和小学教育的机会。残废和患病的儿童也都得到休养和治疗的机会。有小学毕业程度的儿童，已送入公私立中学继续上学，并供给他们的生活费。

在社会福利事业当中，托儿所是群众最迫切需要的一种。一九五一年一年，已由一九五零年底的六十九所，受托儿童二千七百八十名，增加到九十七所，受托儿童五千一百零四名，即所数约增加了三分之一，受托儿童约增加了二分之一。但是这还远不能满足群众的需要。今后，除了尽可能增设公立托儿所，补助与发展私立托儿所外，为了更能适应妇女参加工作后，托置儿童的需要，我们正在试办日托部和街道托儿站。现在已建立了日托街道托儿站四处，受托儿童七十名。另外，在农忙季节，在农村还试办了十处农忙托儿所，受托儿童二百七十五名。办理的经验都是成功的，今后拟逐渐推广。

北京市人民政府关于财经工作的报告

一、生产的增长

解放三年来，我们整个的生产是从恢复到发展的过程。在一九五一年公营工业、私营工业、手工业和农业均有很显著的发展。在公营工业方面，以北京市企业公司所属的各厂为例，生产总值较一九五零年增加了百分之一百三十四，主要工业产品的产量都有很大的增加，例如造纸增加了百分之六十，面粉增加了百分之一百零八。私营工业，一九五一年生产总值较一九五零年约增加百分之一百三十左右，其中主要的如造纸增加百分之一百三十二，棉布增加百分之一百一十六。煤矿的生产，公私合计一九五一年较一九五零年增加百分之七十三。手工业也有发展，从职工人数来看，一九五一年比一九五零年增加了百分之六十二。在农业生产方面，郊区耕地面积因市政建设的需要，虽然减少了三万余亩，而农产品的总产量，一九五一年较一九五零年还增加了百分之十五，单位面积产量则平均增加了百分之十八。可以说我们的工业和农业生产的发展都是有很大成绩的。

二、公营工业

三年以来，我们不仅完成了恢复并增加生产的任务，而且还扩大了生产设备，增设了新厂。在基本建设方面的投资，是逐年增加的，仅以市营工业来说，如以一九五零年政府的投资总额为一百，则一九五一年的工业基本建设投资总额即达一百六十二。

尤其是在企业的管理上，进行了民主改革。一九五一年前半年有一半以上的厂矿进行了"民主补课"。通过“民主补课”废除了不合理的旧制度，从而进一步树立了工人当家作主的思想，生产随之有了显著的改进。

在伟大的抗美援朝运动中，广大职工掀起了爱国生产竞赛运动，普遍订立了爱国公约。由于广大职工和技术人员结合起来自觉地发挥了其生产上的积极性和创造性，生产的潜在力就被发掘了出来。技术改进了，产量提高了。例如人民机器厂经过竞赛，生产效率提高了四倍；又如电车公司修造厂旋一个大轴的时间，竞赛以后，从原来的六百五十分钟，缩短到四百四十分钟；旋一个大瓦的时间从原来的九十分钟，缩短到二十四分钟。

随着生产的发展，为了改善工人的劳动条件，巩固其生产热情，在一九五一年实施了劳动保险条例，在七月份普遍调整了工资（据七十五个公营企业单位的统计，平均增加工资约百分之二十六）。在第三季度，企业公司所属各厂并进行了保安大检查，对职工进行了安全教育。一九五一年第四季度，在一般的工厂里进行了清理资产，部分工厂在今年又初步核定了资金。在清理资产当中，工人同样发挥了主人翁的态度，清理出来大批积压的呆滞材料，并建立了材料收发上的各种制度。这一切都为改善企业的经营管理实行经济核算制准备了条件。

在这一次“三反”运动中，不仅暴露了各厂矿企业中存在的贪污、浪费与官僚主义的严重现象，而且暴露了机关生产分散经营的盲目性，以及因机关生产而引起的严重的贪污、浪费现象。因此根据政务院“关于统一处理机关生产的决定”，在今年三月开始处理和接收全市的机关生产，由中央、华北及各地在京的机关拨交本市的机关生产共有三百四十二个单位，职工二万七千五百九十三人。现在正积极整顿，改为市营企业。

一年多以来，我们的公营工业生产，取得了重大的成绩，这是主要的一方面。但仍存在着很多缺点，例如推广先进经验的工作还作得很差；定额管理工作和技术组织措施的组织工作还没有深入车间；计划工作很不健全；资金还有很大的浪费和积压；经济核算制还未能很好建立起来；基本建设的工作还缺乏严格的管理。所有这些，都说明了我们还必须努力，在增产节约爱国主义竞赛运动中，把公营工业的经营管理更向前推进一步。

今年上半年由于“三反”运动的开展，生产曾受到一定的影响，但是仍旧完成了原订计划的百分之一百一十四点九。“三反”运动中职工觉悟有极大的提高，各工矿企业，不仅彻底地清除了贪污，并且也进行了反浪费的斗争，这就给贯彻经济核算制创造了有利的条件，四、五月份各厂都先后积极地进行了增产节约竞赛运动的准备工作，七月一日起这一运动已在全市各工矿企业全面展开。

在准备工作中各单位普遍地发动职工热烈地讨论了增产节约计划，提出了“开动脑筋、找窍门”“推广先进经验”的号召，同时大部厂矿都制订了贯彻经济核算制的具体步骤与实施计划，在下半年要求各厂一般都要完成“查定”工作，有条件地推行“车间成本”与“小组经济核算”，并藉此使全体企业干部迅速学会科学的企业管理方法，以便迎接国家经济建设高潮的到来。

三、市场和国营贸易

由于生产的恢复和发展，城乡人民购买力的提高和城乡物资的交流，在一九五一年公私营贸易都有发展。从市场批发成交量来看：棉布市场成交量一九五一年比一九五零年增加百分之二十六点九，粮食成交量增加百分之十点九。其中面粉成交量增加百分之三十四。国营贸易的营业额有显著的增加，一九五一年较一九五零年增加百分之一百五十，一九五二年上半年比一九五一年同期增加百分之四十四点零五。

由于国营贸易公司对市场的充分供应，调节物价和扶植生产以及全国财政金融情况的良好，一九五一年物价一直是稳定的，并且一九五二年上半年由于“三反”“五反”运动的胜利，物价大部降低，一般降低百分之一至百分之二十，无疑地，这对于人民生活是有益的。

另一方面，我们大力开展了城乡贸易工作，组织公私力量，参加了杭州、上海、平原、绥远、中南、东北、华北等地的土、特产交流大会，签订协议合同八百四十四件，交易总值达二千九百余亿元，对恢复与加强城乡贸易，促进物资交流，起了很大作用。铁路运输物资一九五一年比一九五零年运入增加百分之八十六，运出增加百分之六十一；土产公司进货总值增加百分之八十九，销货总值增加百分之九十二；合作货栈对农村合作社办理代购代销业务增加百分之二十六。

此外，随着人民购买力的逐渐提高，群众对合作社的要求也提高了，因而合作社在业务上、组织上均有发展，社员人数到一九五一年年底已增加到全市人口的百分之三十。其本身业务经营亦有不少改进。

四、私营工商业

私营工商业去年是有很大发展的。私营工业的生产不但生产总值较一九五零年增加了一倍多，并且扩大了生产设备，改进了技术，提高了质量，如：面粉业改造磨辊，产量提高百分之五十；染工业以小苏打代替保险粉，成本降低百分之十四；火柴业注意检验以后，每盒残柴由百分之十五减到百分之五；肥皂经过检查后已大部分合乎标准。

私营商业一九五一年商品流转总额较一九五零年增加百分之一百一十八，这是与物价稳定、城乡贸易和生产的发展、人民购买力提高以及市政建设、文教事业的兴办分不开的。有些行业能够"面向农村""薄利多销"，改善了经营方法，营业就有较大的发展。但是也有一些过剩的（如米面粮、油盐店等）和经营不善的行业，营业情况不好。

"五反"运动以来，私营工商业曾发生暂时性的生产营业不正常、产品滞销的现象，因此从四月份起我们大力进行了恢复市场、恢复生产的工作。截至六月底，得到加工定货的有一千二百九十四户，金额达六百九十六亿元；得到银行贷款的八千八百四十三户，金额达八百七十四亿元；收购成品的四千一百九十四户，价款达三百零二亿元。目前工商业情况，除少数行业的业务仍然不好外，基本上恢复了正常。

五、劳资关系

私营工商业的劳资关系，"五反"中也起了很大变化，停薪、停工、停伙的现象相当严重，曾达一千九百余户，受影响的职工达一万六千七百余人。劳资争议也逐月增加。为了及时处理这些问题，我们临时组织了联合办公室，处理的办法是：(1)对有前途而目前有困难的工商户，给以贷款；(2)对资不抵债无法维持而又与国家经济建设无益的，批准其歇业；(3)属于整个行业的问题，则根据具体情况，给以加工订货或收购其成品等办法，按行业系统地解决。采用了以上的办法以后，使劳资关系基本上稳定下来。对于"五反"后劳资间存在的比较严重的"工资"、"工时"等问题，一般地采取劳资协商和订立合同的方法来解决，并号召工人主动团结资方，搞好生产发展营业。现在情况已有很大改善。对于"五反"中的积极分子，在"五反"后失业的，都集中训练，使之转业。训练期间并按原薪发给救济费。对一般失业的，也发给救济费，并采取了以工代赈，转业训练介绍就业等办法，分别予以安置。目前有少数不法资本家，对"五反"中的工人、店员积极分子进行报复，这是极其错误的，少数工人、店员劳动纪律不好的，我们已加以教育，对于不法资本家的报复行为，我们正研究处理办法，严加制止。

六、财政税收、银行工作

由于整个国家经济情况的好转，工商业的繁荣和发展，一九五一年度的税收大大超过了原订的计划。在征税方法上亦有不少改进，如统一了发货票，调整了摊贩、行商与坐商的负担。

在财政工作方面，建立与加强了企业、事业部门财务制度的监督工作，改进与统一了材料供应办法；在企业方面制订了利润和折旧基金的提缴办法。

银行的工作，一九五一年比一九五零年放款增加一点一六倍（其中对私营工商业放款增加二点四倍），存款余额增加三点三倍，汇款增加三点一倍；加强了货币管理工作，推行了货币收支计划，促进了企业单位的财务管理。在农村发放了周转性的贷款。

七、今后的方针任务

财经工作今后的任务应该是在"三反""五反"斗争胜利的基础上，大力发展生产，广泛组织城乡物资交流工作，加强财经工作的政治领导，加强经济建设的计划工作，在所有企业部门中间打下实行经济核算制的初步基础，完成增产节约的计划，培养管理经济工作的干部，迎接即将开始的大规模的国家经济建设。为此应进行下列几项工作：

（一）大力发展生产（包括公营及私营生产）无论公营、私营生产一般均应以提高质量、降低成本为重点，并要在改进技术和改善经营管理方面作出成绩。

（二）广泛组织公私力量，继续开展城乡贸易，推销工业品，进一步活跃市场，召开专业会议，有系统地解决目前产销中间所存在的问题。

（三）加强基本建设的计划性，克服盲目性，建立基本建设的管理制度，加强基本建设的设计工作，总结经验，培植基本建设的力量。

（四）加强物资供应工作，主要物资实行统一计划、统一分配、统一调拨、统一采购，改善仓库管理、改进运输工作。

（五）自上而下地建立计划、统计机构，加强计划工作，克服不重视计划工作的偏向。

（六）迅速地、有计划地培养、教育训练财经干部，为即将到来的大规模经济建设进行准备工作。

（七）根据"三反"的总结及今后工作的需要，调整组织，补充干部，并且有重点地建立与健全各种制度。

（八）为了胜利完成今年下半年艰巨的任务，必须加强财经部门的政治领导，进行财经部门的思想建设，批判与纠正财经部门严重存在着的资本主义的思想，反对单纯营利观点，反对单纯财政观点，反对单纯技术观点，反对一切落后、保守思想，必须树立新的业务观点与方针，树立革命的新的工作作风与工作制度。

北京市人民政府关于市政建设工作的报告

本市一九五一年度的市政建设计划，包括改善卫生条件、交通条件和居住条件三方面的工作，在广大市民热烈支持下，已经完成并超过了。

第一、继续改善了自来水的供应。到一九五一年底为止，自来水的用水人口，已达一百四十四万九千余人，较一九五零年同期增加了百分之三十四；专管用户已达三万九千二百余户，较一九五零年同期增加了百分之十二；已建公用水站达一千余处，较一九五零年同期增加了百分之八十五。在一九五一年中，还建立了无人售水站三百六十七处，实施了新的供水方式。这样，不但使用水户比吃井水节省了十倍的费用，而且要干净得多。此外，在朝阳门外关厢一带已经敷设干管三千公尺，解决了当地居民自来水的供应问题。门头沟矿区增辟水源的工程也于今年“五一”完工，矿区给水问题大部解决。由于自来水供应的改进，很大地改善了市民的卫生条件。

第二、改善了环境卫生并尽可能地解决了城、郊各区积水地区的排水问题。

(一) 经过勘查，可以利用的旧下水道，一九五一年基本上已掏挖完毕。新建司家坑、永定门内大街、法华寺、什刹海、兴隆街、炮局子、隆福寺、地安门等处下水道，和新挖八区南部明沟，疏浚金鱼池等计划也全部完成。城区四十八处较严重的积水问题已经解决。例如：劳动人民聚居的天桥一带，过去每逢大雨，积水常达十二小时以上，修建下水道后，大致两小时即可泄走；司家坑、法华寺等处，以往因雨季积水，常致墙倒屋塌，现在这种现象已经改善了。

(二) 为了解决郊区排水问题，改修了南旱河、莲花河、凉水河、坝河、清河阻滞水流的桥梁四十七座，完成了原订修浚计划，并采取蓄水减洪办法，在农业大学附近修复了面积约五十万平方公尺的玉渊潭水库一座；有重点地疏浚了金河、护城河；另外，发动农民疏浚各河支流和排水沟五百二十二条，共长约三百八十公里。这就大大减轻了郊区的水灾。

(三) 为了改善污水、垃圾、粪便的消纳和处理，已经完成了继续增建公厕一百一十座，整修五十八座，增建污水池七百五十三座的计划，并改革了粪道制度，加强了各区对清洁队的领导。现在全城平均日产两千多公方的垃圾，基本上作到了当天清除，并部分试行了直接消纳的办法。

第三，进一步改善了公共交通。

(一) 在道路、桥涵工程方面：

一九五一年新建道路计划，除南、北锣鼓巷及北坛根两条外，均已先后完成。他如翻修天安门广场，修建中央大路、京保路的水泥路面，中南海、顺城街的沥青路等中央专款兴建的工程，易燃性工业区的道路，环城焦渣路，也都如期完工。

养护的道路、高级路面约为十万零九千余平方公尺，约完成原订计划的百分之五十五，这是因为原计划中沥青罩面工程较多，且有些尚非迫切需要，已将一部分工款移作铺修其他沥青路面了。关于中级和低级路面的养护及整修便道、平垫土路等工作，均大大超过了原订计划。例如：整理便道就超过了原订计划二十二万五千余平方公尺（原订计划十五万平方公尺）。

新建和改建了桥梁（跨度三公尺以上）二十八座、涵洞水管一百零一处。另外，还保养、整修了旧桥涵四十一座。

(二) 交通工具已有适当的发展。在一九五一年底电车平均每日行驶车辆，较一九五零年同期约增加了百分之二十一，行驶间隔已由七分钟缩短为四分半钟；公共汽车平均每日行驶车辆较一九五零年同期约增加了百分之四十一，行驶间隔，已缩短为五分至七分钟。

第四、初步缓和了房荒。

为了解决市民住房的困难，一九五一年采取了以下几项措施：

(一) 严格限制机关、团体和公营企业购、租、典、借民房。

(二) 取缔房纤，在各区设立房地产交易所，以便利市民租、赁、买、卖房产；修正私有房屋租赁暂行规则，限制预收多分租金和藉口卖房撵房客搬家；为了使房租公平合理，并根据实际情况，规定了灰瓦房租金的最高额，作为房地产交易所在介绍租赁房屋和人民法院裁决租赁纠纷时的标准，这对于调整不合理的房租也起了一定作用。

(三) 经过各区的房屋修缮保护委员会，发动各区市民，在一九五一年一年中，共修缮了房屋八万多间。

对修房有困难的，人民银行北京分行曾贷出修房款十亿零二千余万元，市民政局曾发放救济金一亿二千余万元；对房租过低，东、客关系恶劣的，也多数经过协议修房，调整了租金，改善了东、客关系。公有的房屋，经过安全修缮的约四万五千七百余间。这样，公私房屋的坍漏和破坏，大大减少了。

（四）完成了增建一万五千间到两万间房屋的计划。经动员并组织公私力量，新建了住房约二万零六百一十四间，其中：由市财政开支或投资和公私合资新建的工人宿舍，市民住宅和劳动人民旅店共七千二百七十间；国营企业新建职工宿舍四千三百零三间；私人新建自住和出租的住房共九千零四十一间（此外还有机关及学校所建的宿舍四千一百六十五间未计算在内）。

采取了这一系列的措施之后，本市房荒已初步缓和。在“三反”“五反”运动后，房价和租价也降低了，一九五二年五月较一九五一年十月房屋售价约下降了百分之四十二，房屋租金，以瓦房为例，平均下降了百分之二十五。因此房荒问题已不像过去那样严重了。

一九五一年的市政建设是有成绩的。市民的环境卫生和居住、交通条件都有了较大的改善。但是另一方面，因为我们管理工作中还存在着官僚主义，在市政建设各部门，曾发生严重的贪污案件和浪费现象，因而有许多工程质量不好，在“三反”运动中，被充分揭发出来。为了巩固“三反”运动的胜利，并切实地改进我们的工作，今后必须加强干部思想教育，提高工作的计划性，贯彻经济核算制，以降低成本，保证工程质量。“三反”运动的胜利，为我们今后大规模的市政建设准备了极其有利的条件。

一九五二年的市政建设工作。为了配合生产建设和爱国卫生运动，拟以卫生工程作为重点，部分配合西郊新市区、东郊工业区、西北郊文教区正在开始的建设工作，并进一步改善市民的交通和居住条件。在卫生工程方面，要求全部消灭城区明沟，将一切死水坑、苇塘和积水地区基本上消灭；掏挖陶然亭（已完工）和龙潭两个规模很大的人工湖，从而彻底消灭最大的传染病的发源地。道路方面，在城区以养护为主，在郊区为了配合新区的建设，拟新建部分主要道路并整修若干旧路。电车和公共汽车，适当增加行车辆数：电车较一九五一年将增加百分之二十一，公共汽车较一九五一年将增加百分之二十五。自来水用水人口，争取增加到一百五十六万人。

附：一九五二年市政建设计划纲要

自来水

一九五二年的计划，配水量要求达到一千六百余万吨，相当于一九五一年的百分之一百二十一点五；售水量达到一千三百余万吨，相当于一九五一年的百分之一百二十三点九六；用水人口可达到一百五十六万余人，相当于一九五一年的百分之一百零七点八五（截至本年五月已达一百五十二万余人）。

卫生工程

一、下水道工程：为改明沟为暗沟和解决居民区及工业区的排水问题以及重点整治死水坑，计划共修建下水道四十六点四公里，继续整修旧下水道六十公里。今年城内一百零八处的积水问题可以初步得到解决。

二、河湖工程：把陶然亭及龙潭两个积水苇塘疏浚成湖，变为供附近劳动人民游憩场所。为了解决西郊新市区下水道和石景山钢铁厂废水的出路，及防止广安门外有些建筑物被淹和解决莲花河流域万亩农田排水问题，拟对莲花河加以疏浚，并向上游伸展，开辟新渠道，建桥四十四座，加固旧桥四座，跌水五座。另疏浚北小河及清河支流。

三、环境卫生工程：城门附近的粪场，决定集中迁移到朝阳门、安定门、德胜门、阜成门、广安门外距城约五公里的地方，并建宿舍和马棚三百八十间。市内拟再修建一部分厕所和污水池。

公共交通及公共建筑

一、道路、桥涵工程：1、新修道路，计在前外木厂胡同等处新修沥青路十条；在东郊工业区、南郊易燃性工厂区、西北郊文教区、西郊新市区及复兴门关厢等处，共修筑卵石路十七万七千六百三十四平方公尺；南郊易燃性工厂区、八区南部、永定门外干鲜果市场、七区龙潭附近等处，共新辟土路二十二万七千一百三十五平方公尺，并有十七条石碴路拟加沥青表面处理。2、养护道路，计保养高级路面（沥青路、洋灰路）四万九千三百八十八平方公尺；中低级路面（石碴路、卵石路）二十八万四千二百四十八平方公尺。3、桥涵工程，对主要干线的桥涵，作必要的新修或改建，对旧有桥涵，则择要予以保护。计新建及改建桥涵三十余座，水管八百余公尺，保养及整修桥涵二十余座。

二、园林工程：以育苗为主，其次是重点布置绿地、路树与加强保养。

三、公共建筑及交通设施工程：添修什刹海沿岸护栏六千六百公尺及照明设备；改善张自忠路东口坡度及西郊青龙桥交通；修缮天安门及前门；开辟雍和宫北、宣武门西等两处城墙豁口；展宽路口八处，此外并打通大红锣厂至茅屋胡同的道路，以便利东西交通。

四、公共汽车及电车：公共汽车平均每日营业车数，一九五二年计划：增加新汽车五十辆，达到每日出车一百二十四点二五辆，即相当于一九五一年的百分之一百四十三点八。乘客人数全年总计可增到三千余万人。

电车平均每日出车数：一九五二年计划达到一百四十九点三二辆，即相当于一九五一年的百分之一百二十一。乘客人数平均每日可达到十九万余人。

房屋的修缮和建筑

一、房屋修缮：计划修缮公房五万零四百八十八间，相当于一九五一年修缮公房四万五千七百九十八间的百分之一百一十。同时，有重点地改善民用公房的使用情况和卫生条件（如接出廊子，增加房间隔断，改善厕所，增设下水道等）；继续发动市民修缮私人住房四万三千余间（其中危险房屋一万一千八百余间，一般渗漏房屋三万一千一百余间）。

二、新建房屋：今年计划新建市级企业工人宿舍约五千间，中央所属企业工人宿舍约一万四千余间，市民住宅一千九百间。目前已开工的有工人宿舍八千三百余间（包括中央与地方的企业），市民住宅已完工。如果财政上许可，还准备再建五千间旅店，和一部分中小学校舍及学生宿舍。

（一九五二年城区下水道工程及河湖工程示意图、计划表；一九五二年城区积水地区整修工程示意图、计划表，附后。）<略>

北京市人民政府关于文教卫生工作的报告

一九五一年以来，由于生产的继续恢复与发展，人民的经济生活改善了，政治觉悟提高了，人民的文化要求也更加迫切了。我们虽然在文化、教育、卫生等方面已经作了不少工作，但还远不能满足人民不断增长着的要求。现在，把一九五一年和一九五二年上半年文教、卫生方面的工作，简要地报告如下：

一、教育工作

在学校教育方面：一九五一年的工作计划，是按着“在现有的基础上，提高质量，并作适当发展”的方针制订的。

从发展方面看，中、小学都完成并超过了原定的计划。

增加小学校，解决学龄儿童的入学问题，是人民很迫切的要求。一九五一年，实际增加了六百六十一班，超过原订计划十五班。根据今年上半年的统计，公、私立小学合计已有学生二十万七千余人，较一九五零年底增加了百分之二十三点八。一九五一年中学所增加的班次，超过原订计划一倍多，今年上半年全市中学生总人数是四万八千零八人，较一九五零年同期增加了百分之十八点七。在招生时对于烈属、军属和工农子女都给以特别照顾，因而在录取的新生当中，工农子女所占的比重也逐年增加，例如工人子女在市立中学入学的新生中所占的比例，一九五零年是百分之十五点二，一九五一年即上升到百分之二十点八。但是这种发展距人民的需要还相差很远，特别是小学，据我们初步推算，一九五一年暑期投考小学而未被录取的至少还有一万二千余名。外城区和郊区的小学校更不够用。因此在一九五一年十月又作了补充计划，在外城修建小学三所。

至于市属的技术学校和师范学校由于中学毕业的学生太少，招生都未足额。例如建筑专科学校拟招收两班，结果只招足了一班；北京师范原计划增普通班三班、速成班两班，结果普通班只招足一班，速成班只招到七人。

工农速成中学和工农文化补习学校都建立了新校舍，并增加了班次。

另方面，提高质量是一九五一年文教工作的重点，为了改进和提高中、小学教育，我们进行了以下几项工作：

（1）通过讲授政治课和课外活动的方式，进行了抗美援朝的爱国主义教育，使广大师生的政治觉悟普遍提高。一九五一年春假，全市公、私立中学的师生百分之六十以上参加了抗美援朝的宣传工作;六月,中学师生六千多人自动报名到郊区协助农民捕蝗;七月,响应祖国号召报名参加军事干部学校的学生达四千余人。这一切都说明广大教师和学生的政治觉悟提高了。但是在我们进行爱国主义教育当中还有缺点，我们对教师的帮助很不够,因此,有许多教师还不善于通过各科教学工作去贯彻爱国主义的思想教育，一部分教师在教学上还存在着客观主义或主观主义的缺点。

(2)改善学生生活,注意学生健康。一九五一年十一月和今年四月对学生的健康作了两次重点检查，以贯彻毛主席“健康第一”的指示和政务院“关于改善各级学校学生健康状况的决定”。现在，已有不少学校调整了作业和课外活动时间，精简课程，改进教学，以减轻学生的疲劳。在体育活动方面，推行了夏季和冬季的体育锻炼标准之后，约有百分之七十的中学生已经常地参加了。为了逐步解决体育场所和体育器材的问题，修建了北海、官园两个成人体育场和十二个儿童体育场。在医疗卫生方面，我们尽量使城区中、小学有医生、护士的照顾，并督促各校加强环境卫生。学生的伙食管理也有改善。经过这些努力，学生的健康状况已有改进。但是仍有一些学校的行政负责人强调客观困难，不注意环境卫生的改进和卫生习惯的培养，对学生的健康漠不关心。这是应当加以批评的。

(3)为了提高中、小学教学质量，必须提高教员的思想水平和业务水平，因此，我们除成立了中、小学行政研究组和各科教学研究组外，在一九五一年底，又组织了中、小学教师进行思想改造的学习，目的是以马克思、列宁主义和毛泽东思想为武器，联系实际，进行检查，彻底肃清封建、买办的反动思想、批判资产阶级、小资产阶级的错误思想。经过这次学习，大部分教职员在思想上提高了一步。伟大的“三反”运动展开后，广大教师积极参加了斗争，并受到实际的阶级教育；今年五月起，以市立第四中学、第一女子中学、私立汇文中学三校为重点，进行了深入的批判资产阶级思想的学习，准备取得经验后，在中学方面普遍地展开。同时，为了改善教员的生活，鼓励其安心工作，从去年十月起，已适当地调整了教员的薪资。

(4)对于接受外国津贴的六十六处中、小学，已根据政务院的决定和教育部的指示加以整顿和处理，使这些学校与帝国主义割断了联系，成为中国人民自己的学校、并与教会分开。同时，为了团结公、私力量办好教育，对于以上这些原来接受外国津贴的学校和一般私立中、小学都在经费方面给予补助，并帮助他们解决了一部分干部和师资问题。经过这些扶助和整顿，私立中、小学都有了一些改进。

在社会教育方面：职工业余学校是我们进行社会教育的重点。一年多以来，职工业余学校有很大发展：一九五零年学员四万五千人，今年六月增加到十五万人，并且学员缺课的现象已经减少了。现在工厂设的业余学校，出席人数平均达到百分之八十五到九十五，各区设立的业余学校，出席人数平均达到百分之七十五到八十五。此外，为了适应发展生产的需要，一九五一年推行了业余技术教育，已在十九个厂、矿中试办。

关于农民的业余教育，一九五一年已经作到差不多每个行政村都有民校，共有学员二万一千余人，最近统计已达五万人。

一般成人补习学校原计划只进行整顿，以巩固原有的成绩，但是，由于群众学习文化的要求很迫切，一九五一年底参加学习的人数比一九五零年增加了约一点四倍，大部分班或组都有了固定的教员，到今年六月，半年中间又增加了约百分之七十三，现在已达五万二千余人。

一九五二年已经作了和正计划作下列几项工作：

(1)经过重点实验，推行“速成识字法”：今年一月间，我们协助高碑店文化馆组织了附近二十六个青壮年男女农民重点实验速成识字法，经过一百九十八小时学习后，学员平均已认识一千六百三十八个生字，能阅读通俗书报，并能写三、五百字的应用文字。

为了进一步取得教学经验并加以推广，计划在今年五月至八月，在干部、职工、农民和市民中进行一次有计划的和较为普遍的实验；自十月至十二月以职工业余学校、农民业余学校和成人补习学校为基础，对学员中的文盲、半文盲推行速成识字法，准备明后年在全市展开普遍的识字运动。

(2)一九五二年暑假后，市立小学拟再增加五百六十班，连同原有的班次共可增加小学生三万余人；同时，公、私立初中合计拟新增二百二十四班，连同原有的一百五十八班，共可收一万九千余人。今年小学毕业的学生，基本上可全部获得升学的机会。另增设工农速成初等学校一所，可收学生五百人。

(3)培养中、小学教师：为了解决中、小学增加班次后的师资问题，决定动员本市失业知识分子，经过三、四个月的见习和训练后，充任正式教师。目前，已招收中学见习教师八十五人，小学见习教师三百八十人，分配至中、小学见习，由学校指定业务较强的教师负责辅导。

二、文艺工作

一年来的文艺工作有很大开展。新的话剧、歌舞剧、评剧、曲艺、美术和各种形式的群众文艺作品，以及修改了的戏曲显著地增加了。以表现首都市政建设和人民生活的改变为主题的话剧《龙须沟》的演出，曾受到群众的热烈欢迎。新的评剧占全年演出评剧剧目的百分之八十以上。美术工作方面，也产生了一些受群众欢迎的连环画，例如宣传婚姻法的“和睦家庭”“杨丽源改嫁”，歌颂劳动模范的“殷维臣互助组”，以及宣传爱国主义的“粉碎美国侵略者的细菌战”等，都结合当前的群众运动起了宣传作用。

群众文艺活动，是通过业余艺术学校的学员、作家，在专业文艺团体的辅导帮助下开展起来的。去年业余艺术学校举办了两期，学员共达三千三百余人，大部分学员，对群众文艺活动起了推动作用。去年一年，除组织郊区农民春节演出及“五一”“十一”的表演外，还组织了“工人五一创作竞赛”、“伟大祖国的首都征文”，“工人、农民、学生的演出及联合演出”，并经过评选后发奖。在抗美援朝运动中，我们将群众文艺作品一百二十八种印发推广，大大地增强了群众的创作热情和信心。

对于戏曲改革工作，我们着重改革地方戏。首先是改造艺人的思想，组织他们学习政治、理论，鼓励他们自觉地选择和修改旧节目。一年来，戏曲艺人的政治觉悟有很大的提高，在抗美援朝运动中，曾义演二百五十余场，捐款达二亿六千九百万元。特别是有很多名演员到朝鲜前线慰问中国人民志愿军和参加老解放区访问团，把他们的艺术贡献给祖国和人民，充分表现了他们爱国热情的高涨。

从去年十一月起，全市文艺工作者进行了“文艺整风”，随后又参加了“三反”运动，今年五月又普遍地学习了《毛主席在延安文艺座谈会上的讲话》，批判了文艺工作中的资产阶级腐朽思想，为今后继续贯彻毛主席的文艺方针，进行文化艺术建设事业做了准备工作。

今后的计划是：(1) 组织北京市的文学艺术团体、剧院、戏曲班社，以全力为工农兵服务，将文学艺术普及到工农兵当中去；(2) 组织文艺工作者下厂下乡，体验生活，并辅导工农群众的文艺活动；(3) 在工矿区适当增设剧场、电影院、文化馆、展览室；(4) 加强文艺干部的政治理论和业务的学习。

此外，还新成立了北京人民出版社，着重出版各种通俗读物。

三、公共卫生工作

一九五一年北京市公共卫生工作，在贯彻“预防为主”，保证首都人民健康的要求下，进行了以下几项工作：

(一) 防疫工作

一九五一年，由于开展了群众的卫生运动，推行预防注射和接种，加强环境卫生和饮食物管理，已基本上消灭了天花，并使几种主要传染病较过去大为减少。各项预防注射和接种均超过了计划，种痘超过原计划百分之五十一点八，伤寒及伤寒霍乱混合注射，超过原计划百分之六十七。城区因肠胃传染病而死亡的，已较一九五零年减少了百分之三十八。斑疹伤寒及回归热基本上受到了控制。

但是，在防疫工作上还有很大的缺点，主要是不够普遍深入，工作亦不平衡，对有些地区重视不足，缺乏深入的检查，今年三月份以后，展开了全市的爱国卫生运动，除全市环境卫生已有显著改进外，并积极捕灭传染疾病的蝇、蚊、鼠等，市民的防疫注射、接种较去年也更加普遍。通过此次运动，使本市防疫工作收到了很大效果。

(二) 妇幼卫生工作

在妇幼卫生方面，着重推行科学接生和幼儿保健工作，一九五一年加强了原有妇幼保健网的基层组织，同时，在城、郊区训练了接生员九百人，以召开母亲会的形式进行了大力宣传，根据城区的统计，新法接生人数已由一九五零年的百分之七十二点七，上升到百分之八十七点九，今年一至四月又上升到百分之九十四点九，因而产妇和婴儿破伤风的死亡率减低了，初生儿破伤风死亡率，一九五零年为千分之五点七，一九五一年减至千分之二点六，产妇的死亡率也由千分之二点四减至千分之一点三。缺点是对于幼儿的保健方面，作得还很不够，郊区工作的开展，还落后于群众的要求，因消毒不严格而使母子受传染的现象，还没有彻底消灭。

(三) 学校卫生工作

一九五零年受医疗卫生照顾的学校仅一百九十三处，学生八万三千余人，一九五一年则增至五百零三处，学生二十万余人，为了开展学校卫生，训练了教师和卫生队员二千六百余人，成为学校卫生的骨干，经过这些骨干分子的带头推动，各校环境卫生已有改善。学校卫生工作，在量的发展方面是有成绩的，但质的方面还不够，必须选择重点，加强检查，以便进一步提高。

(四) 医疗工作

一九五一年全年增添了病床二百七十张，并协助工厂六十六处建立了嘱托医师的关系，在一百人以上的工厂，建立了卫生室二十七处和卫生所二处，此外，全市还新建工人诊所及工人医院八处。因此，本市已有三百零八个工厂，可以受到医疗照顾。

为了解决郊区农民的医疗问题，一九五一年共增设郊区医药合作社二处，人民诊所五处，在门头沟建立了卫生院一处，还发动城区中、西开业医师，到郊区组织了联合诊所二十四处。

受美国津贴的同仁、道济、妇婴三个医院，一九五一年已由政府予以补助，并改为合办，割断了与美帝国主义的联系。自合办后，业务上均有相当发展（今年六月道济医院已改为市立第六医院）。今年私立儿童医院，已改为市立第二儿童医院。苏联红十字会医院（八十张病床），已于六月二十三日正式开幕。对于贫苦市民，实行免费医疗的人数也较以往增加了，计一九五一年免费门诊达三十四万五千余人次，其他免费住院、免费接生及免费难产住院共达一万零七百余人。

由于这些措施，本市人民享受医疗的情况已逐渐改进，以死亡前的治疗为例，死前未经治疗的，一九五一年一月份为百分之三十四点五，到十二月份已减低到百分之二十二点九，死前经西医治疗过的，也由一月份的百分之三十九点七，上升到十二月份的百分之五十六。

今后，我们计划进行以下几项工作，有的已经在进行：

(1) 开展爱国卫生运动：继续改进环境卫生，捕灭蝇、蚊、鼠、虱子、跳蚤、臭虫，大力进行卫生宣传教育，实施各种预防注射，把爱国卫生运动普遍开展起来。

(2) 进行医务人员的思想改造：在“三反”“五反”运动胜利的基础上，对本市医务人员开展一个思想改造的学习，以批评与自我批评的方法，改正医务人员中的单纯技术观点、宗派主义等错误思想，建立其为人民服务的观点。

(3)发展新的医疗机构，决定建立有六百张病床的儿童医院一处。在同仁医院增建五百张病床的病房一幢，市立传染病医院亦拟新增病床八十张，此外，苏联红十字会医院将迁移到第九区，增加病床到二百张，已开始建筑新院址。

(4) 其他妇幼卫生，学校卫生等工作：拟在现有基础上，加以整顿、巩固，提高质量，并总结经验，以备将来普遍推广。

附：一九五二年教育工作计划及卫生工作计划

一、教育工作计划

一、幼儿教育：在原有的市立幼儿园中改十班为整日制班，以便利家长参加社会工作。

二、初等教育：在原有市立小学内增设五百六十班（递增二百五十班，新增三百一十班，连原有的班次可增收学生三万余人）。工农干部文化补习学校（系初等学校程度）递增二班。另外增设工农速成初等学校一所，可收学生五百人。

三、中等教育：

（一）工农速成中学递增四班。

（二）北京师范递增四班，工业学校递增五班，土木科（设于建筑专科学校内）增十班收学生四百人，并增设产业工人班二班，财经学校递增二班。

（三）在原有的市立中学及计划接管的私立中学内，增设初中一年级一百八十四班；并协助私立中学增设四十班，连同原有的一百五十八班共招收三百八十二班。

（四）在原有的市立中学内增设高中一年级七班。

四、专科教育：北京市建筑专科学校招收二班，收学生一百人。

五、工农业余教育：大规模实验速成识字法，并在此基础上展开第一期的识字运动（对象为：干部五千人、工人十万人、青年农民八万人、市民五万人）。

六、培养干部工作：

（一）采用见习方法培养中学教师八十人，小学教师四百人。

（二）短期训练失业知识分子四百人，充任小学教师。

（三）抽调中、小学优秀教师到师大和小学教师进修班学习。

此外，如财政上许可尚拟：增设整日制幼儿园一所，在第五、六、七、八、九、十区新建小学若干所；在郊区没有学校的行政村中新建一些学校，再多增加一些小学生；并接管一些经费困难办理不善的私立小学和过去接受外资津贴的小学；接管有发展条件，但本身无力扩充或经济困难无法维持的私立中学十二所。

二、卫生工作计划

一、传染病预防工作：除发动群众，大力扑灭蚊蝇外，仍重点推行各种预防接种工作，其项目如下：

（一）牛痘：一百万人，本市一九五零、一九五一年两年已接种一百五十万人，今年再种一百万人，即可达成普种。

（二）四联（伤寒、副伤寒、甲·乙霍乱）：计划接种八十万人以上。

（三）白喉：十五万人（内包括注射白喉、破伤风、百日咳三联疫苗的八万人），对象为八岁以下儿童，全市估计约三十余万人，一九五一年已接种二十万人，本年约可达成普种。

（四）胎盘球蛋白：一万人；百日咳：五千人。为了防治麻疹和百日咳，根据疾病流行情况，重点推行。

（五）赤痢法基：四万五千人，以工厂和建筑工人为主要对象。

（六）卡介苗接种：四万人。

此外，为了配合爱国卫生运动，根据实际情况，进行其他各种预防注射。

二、发展医疗机构：采取新建、吸收，和调整充实三种方式，发展医疗机构，其主要项目如下：

（一）新建儿童医院：六百张病床，扩大同仁医院五百张病床；增建工程本年开始。

传染病医院新建二层楼病房一幢，将原有病床一百二十张增至二百张。

调整结核病防治机构：以黑龙潭疗养院和道济医院礼路胡同休养所为基础，酌量扩充病床。

（二）将道济医院和私立儿童医院改为市立第六医院和第二儿童医院。

（三）调整并充实市立和其他医院：

（1）将市立外科医院改为市立第五医院，分科治疗，设置病床一百五十张；第三医院增设病床四十张；第一、二医院需增建房屋，充实设备。

（2）门头沟卫生院设病床二十张；第三、第七、第八卫生所、十四区、十五区、长辛店卫生站，酌量增建房屋。

（3）辅助合办医院二处（同仁、妇婴），其他医院六处（东华、半施、“五四”、回民、万生、怀仁六个医院）。

三、保健工作：具体项目如下：

（一）妇幼保健：进行科学接生，全年免费接生七千八百人，难产住院九百人，平产住院七百二十人，治疗孕妇梅毒二百人，难产输血一百人，另外在郊区巡回训练接生员一千二百人。

（二）学校卫生：增设口腔保健站一处。

（三）工矿卫生：协助各工厂矿场建立医疗机构，增加三个区（十一、十二、十三区）卫生所的工矿卫生大夫各一人，开展该三区的工矿卫生工作。继续补助工人医院二处，工人诊疗所十六处，训练工厂保健员二百人，重点实施工矿卫生的示范工作，对大型工厂重点进行保安检查。

四、医疗救济：为了扩大进行贫病市民的医疗救济，本年将免费门诊名额和传染病患者免费治疗和住院的名额，酌予增加，其余则就原有基础上，予以继续维持，其具体项目如下：

免费门诊每日一千九百人（较去年增加七百人）；免费住院病床二百七十张；对患猩红热、麻疹的儿童，重点免费治疗；

流行性乙型脑炎及儿童急性传染病免费住院七百人（全年）；维持原有的巡回医疗队以配合急救工作；在郊区补助医药合作社四处，人民诊所七处。

五、培养干部：其具体项目如下：

（一）开办妇幼专修科一班，招收助产士或护士三十人，经过二年训练，使其成为妇幼卫生医师。

（二）护士学校招生一百零五人，第一医院护士学校招生五十人，第三医院护士学校招生三十人，市立助产学校招生一百一十人。

（三）仁光、同德、第六，三个护士学校，本年予以充实，共招生一百二十人。并继续补助向安、正明两助产学校，济畜兽医讲习班及中医进修学校。

（四）短期技术训练工作：助理护士三十人，公共卫生护士二十人，口腔保健员十八人（去年招生，本年四月毕业后，不再办理），生命统计员、防疫员、环境卫生员继续酌予训练。训练郊区妇幼保健员一百人，对不合格助产士再训练一百五十人。

六、加强医、药政管理：本市过去医、药政的管理工作，系由市公共卫生局集中办理，本年度拟将此项工作，交由各卫生所（院、站）分区管理，另在局内组设药品检查组，检查全市特别是郊区的药品和成药，进行本市及外埠药厂出品的检查工作。

七、医务人员的思想改造运动：解放以来，本市医务人员，在政治、思想和工作作风上，虽有提高，但雇佣观点、单纯技术观点与脱离政治的偏向，仍旧存在。因此，医务人员的思想改造运动，已成为今后作好医务卫生工作的中心环节。此项运动，由专门组成的机构，负责领导进行。

北京市第四届各界人民代表会议代表选举委员会吴晗主任委员关于北京市第四届各界人民代表会议代表选举工作的报告

去年十二月二十一日第三届市协商委员会和市人民政府召开联席会议，决定以吴晗、李乐光、薛愚、董汝勤、张鸿舜等十九人组成第四届市各界人民代表会议代表选举委员会，负责领导和办理这次的代表选举工作。选举委员会于二十三日宣告成立，并决定建立各级选举委员会，制订选举工作计划，随即开始进行工作。但由于“三反”、“五反”运动的展开，选举工作进行不久，即暂时停顿下来。从今年五月起，在“三反”、“五反”运动胜利的基础上，选举工作重新全面展开，至七月二十五日止，本届各界人民代表会议的选举工作已全部办理完竣。

本届代表由选举产生的共四百六十五名，加上政府代表十八名，邀请代表七十二名，总计五百五十五名。由选举产生的，比上届增加了三十四名。其中二十名是少数民族、烈军属、宗教界的代表，上届是由政府邀请的，今年是由选举产生的；其余十四名是新增加的公营工矿企业职工代表，是因为一年来工业的发展与职工人数的增加，由选举委员会建议，经市人民政府、军管会与有关方面协商决定后增选的。

本届代表选举结果与上届比较起来，有不少变化。上届由直接选举产生的代表占百分之二十二，本届占百分之三十四。上届妇女代表为七十四名占代表总数的百分之十四，本届为九十八名占百分之十八。此外，这次少数民族的代表也增加了。

广大人民经过抗美援朝、镇压反革命以及“三反”、“五反”等运动，政治觉悟更加提高了，并且对于人民代表会议的选举也有了三年多的经验，所以在这次选举当中所表现的情绪，较过去都更加热烈。人民印刷厂的女工张秀兰说：“选代表一定要认真、负责，要能把我们的意见带上去又能把代表会议的决议传达下来的人，才配当代表！”许多学校的教师和学生都深入地进行宣传，反复地进行协商候选人。工商界和不少的街道居民，为了选好自己的代表有的开会到深夜始散。这次参加选举的人数，也比上一届有显著的增加。上一届大企业参加选举的人数，平均占职工人数总数的百分之六十五，这一届平均占百分之八十五，有的如北京电车公司则达百分之九十七。街道居民参加选举的，上一届平均占总户数的百分之六十，这一届平均占百分之八十。再就参加这一次选举工作的积极分子来说，也较上届增加得很多。以四区为例，去年参加选举工作的街道积极分子约六百人，今年增加到三千多人。街道上的妇女群众，也积极参加了这次选举活动。各界人民都以极高的热情选举自己的代表，这充分表现了广大人民的政治觉悟是一年比一年提高了。

为了做好这一次选举工作，我们开始就吸取了过去的经验，注意到健全选举机构，深入进行宣传，放手发扬民主并充分进行酝酿和协商。

首先，我们建立了比较健全的选举机构。在市选举委员会下建立了党派、人民团体、工人、学校、区域、工商界、机关部队、少数民族烈军属宗教界八个选举分会。在各分会下，又按照具体情况分别建立了九十六个支会。各级选举委员会都由各民主党派、各人民团体以及有关方面的代表人物所组成。在各级选举委员会下，一般地都建立了办公室并配备了专职干部。市选举委员会为了及时了解情况和解决问题，曾协同几个分会组织干部去进行督促与检查，这对于这次的选举工作也起了作用。

深入地进行宣传是选举工作中最重要的一个环节。为了加强这一工作，我们制订了宣传计划，并印发了宣传要点和宣传资料，其中包括刘少奇副主席在本市第三届各界人民代表会议上的讲话和北京市各界人民代表会议代表产生办法等文件。此外，举行了三千余人的干部报告大会，并利用报纸和电台向全市市民进行了宣传。各分会和各支会的主要负责人，也都分别作了有关选举的报告。群众听了这些报告后，即广泛地展开了讨论与座谈，从而使各界人民更加深刻地认识了人民代表会议制度的优越性、人民代表会议的职权、代表的权利和义务以及当选为代表的条件等问题。另外各级选举委员会关于选举中的若干具体问题，如候选人提出的方式和选举的方式等，也都向选民作出明确的交代与解释。各选举单位比较普遍地举行了报告会、片儿会、讨论会、座谈会，出版了黑板报、大字报，收听了电台广播。这几种宣传方式在选举工作中收到的效果都很大。此外，从这次工作中证明，选举宣传工作，必须与历次代表会议的成就相结合和用群众亲身的经验来教育群众。例如第九区第十二派出所选举工作组用政府修龙须沟、金鱼池的生动事例向群众做宣传，以及人民银行由上届代表介绍了人民政府对人民银行职工提案的处理情况，都大大加强了群众对人民政府的信赖和对选举的认识。宣传工作中的缺点是报纸上的报导组织得不够和有些单位对宣传工作做得还不够充分。

其次，在这次选举工作中，我们反复宣传了放手发扬民主的原则。在提出候选名单时，为了有领导地发扬民主，就必须进行充分的酝酿和反复的协商。一般是先在选民中酝酿，再在小组上提名，然后提出来协商，协商时应尽可能地照顾到各方面的代表人物。协商的结果再在选民中进行讨论。如果选民没有更多的意见时，即可进行选举。如选民意见较多，则必须反复地协商。这样，由下而上和由上而下相结合的方法，选举的结果都是好的。北京铁道学院经过充分酝酿和反复协商选出了代表以后，有的人就说："这才是最负责的民主。"燕京大学同样地有人说："协商的形式是很可贵的，又精简、又民主。"从这次选举的经验证明，只要经过充分的酝酿和足够的协商，选几名代表提几名候选人是可以办得到的，而且可以选得很好的；但如代表性人物在选民中还不那样突出，或同时有几个候选人条件差不很多，经过反复酝酿和协商，仍不能获得一致意见，则作为一种例外多提一二名候选人也可以。选举工作必须发扬民主，依照人民的意志办事。但是，发扬民主又必须要有领导地来进行，无论对候选人的酝酿也好，协商也好，如果没有领导，也是不可能做好的。

这次选举工作，由于抓住了以上几个环节，结果比较过去有更大的收获，不仅是选出了大批的、新的、与群众有密切联系的代表性人物，并且又教育了广大群众。

另一方面，这次选举工作也存在一些缺点。由于有些干部缺乏民主生活习惯，有些任其自流。因之，有个别单位在提候选人比条件的时候，就发生了偏向；有的单位没有经过充分的酝酿和足够的协商即进行选举；有的单位虽进行了酝酿与协商，但缺乏足够的领导，就造成选票分散或很多人选举时弃权的现象。这些都是这次选举中的缺点。

这次选举在政治上的收获是很大的。通过这次选举，进一步密切了人民与政府的联系。各界人民特别是工人农民及其他劳动人民，都更加深刻地体会到国家和政府的事情就是自己的事情。广大妇女群众，也表现得异常活跃。宗教界和少数民族对这次由选举产生他们自己的代表，也表现了高度的热情，表示非常兴奋。

许多代表在当选后，都感到非常光荣，纷纷向选民表示：一定要密切联系群众，依靠群众，更好地完成群众交给他们的任务。

让我们全体代表与全体人民紧密地团结在中国共产党和人民政府周围，把我们的首都建设得更好！

北京市第四届第一次各界人民代表会议提案审查委员会总召集人许德珩关于提案审查的报告

（1952年8月14日通过）

各位代表：

我现在代表提案审查委员会报告审查提案的结果。

这一次代表会议当中，收到提案很多，共有一万件左右，事先经过代表们交换意见，加以归并后，在数量上大大减少；由于印发了政府对上届提案执行情况的报告，代表们看了以后，认为不需要再提了，又撤消了不少。因此，提到这次代表会议的提案为一千六百八十八件，其中包括政法、公安类一百二十六件，财政、经济类一百四十六件，文化、教育类三百九十六件，卫生类二百四十件，市政建设类五百七十五件，社会福利及其他类二百零五件。

我们处理这些提案的办法是：凡全部或一部应办而又可能办的，都送请市人民政府核办；凡可办可不办或情况还不完全清楚须待研究后始能决定的，都送请市人民政府参考；凡不属于市人民政府职权范围内的问题，须转送其他有关方面处理的，如有些事情是属于中央人民政府各部门的，有些是属于各党派团体的，均分别转送；凡已经处理或正在处理的，均加以解释说明，即不再送给市人民政府；有些提案理由不充分，或尚不宜于办理的则予以保留。根据以上原则，审查的结果是：

一、政法、公安类提案一百二十六件，经审查后归并为三十五件。其中，送市人民政府核办的十九件，包括："改善交通管理，加强交通安全宣传，改善公共汽车设备"、"取缔乞丐、暗娼、卦摊、舞女及无业游民"、"取缔街头残存的反动标语、标志及滥贴广告"、"加强防火、防特，加强对反革命分子家属政治教育"、"加强对干部及人民代表的政治教育"、"取缔圣母军及驱逐帝国主义分子出境"、"加强政府、人民代表与人民之间的联系"、"培养妇女司法干部"、"简化报户口手续、注意儿童年龄"、"彻底禁毒"、"不准私商制造及贩卖刑具"、"禁止儿童在护城河及臭水沟中游泳、玩耍"、"大力宣传婚姻法，调整办理婚姻登记时间"、"统一关厢领导"、"街道积极分子兼职太多，影响生产与学习问题"、"规定悬挂国旗、党旗办法"、"去掉德国侵略军所建石碑"、"收回德、法、意、奥等国茔地"、"整理坟墓，增添火葬场"等案；转送有关部门的五件，包括："发起全市拥护和平运动，迎接亚洲和平会议"、"继续搞好爱国公约"、"教育改进车站检查人员工作态度"、"妇女基层组织不健全，街道各委员和妇女应加强教育"、"纠正军风纪"等案；已办的一案；其他关于加强管理郊区私营载客汽车等十案送市人民政府参考。

二、财经类提案一百四十六件，经审查后归并为六十件。其中送政府核办的十五件，包括："建议各厂、矿、企业、机关本年底做好一九五三年基本建设计划"、"设立工业研究试验所及产品检验机构"、"建议政府合理使用铜及其他金属"、"召开物资交流展览会，及时处理呆滞器材"、"试办集体农庄"、"加强菜蔬栽培领导及菜蔬运输"、"改进办理税务工作"、"严加管理、检查工商户五反后不法行为"、"注意私营工厂卫生及工人健康"、"建议检查商标"、"解决永茂实业公司印刷厂工时及基本建设费拨发问题"、"人民银行发行零票，公布废票标准，增设办事处问题"、"规定砖瓦规格"、"请劳动局定时公布救济金收支及预决算情况"、"关于土产公司营业"等案；转有关部门的十四件；"设立五反经常性机构"、"自行车捐应改为一年缴一次"、"建立公营家具厂"、"增强各煤窑的排水"、"调查五反后工商界的顾虑和困难"、"国营贸易公司工作时间问题"等六件已办或正在办理；"发行首都建设公债"一件，因目前无此必要予以保留；其余二十四件，都送市人民政府参考。

三、文教类提案三百九十六件，其中文化、教育方面共二百一十八件，未及归并。审查结果，送政府核办的共九十三件，包括："关于中小学增班、增校、减低学费，加强对私立中小学的领导，或改私立为公立，及增设职工业余学校"等二十三件；"增加中小学宿舍，采用二部制"四件；"增添科学仪器及文娱、体育设备"二件；"修建学校校舍、桌椅，增加郊区小学办公费"三件；"改善中学伙食，增加校舍，减少文娱活动"二件；"教员进修与改善学校领导"五件；"注意文教工作者及学生的健康"三件；"与家庭配合教育儿童"二件；"改善小学教学方法"一件；"调查私立学校情况并加强领导"二件；"纠正教师用简笔字教小学生"一件；"划清学校与教会房产界限"一件；"开展体育活动，增加体育设备"七件；"建立儿童宫，开展儿童文娱活动"四件；"训练幼稚师范教员、保育员"二件；"设立广播站"二件；"推广速成识字法，扫除文盲"八件；"增设业余学校"一件；"检查业余学校师资标准"一件；"提高业余学校教员待遇"二件；"培养成人夜校师资"一件；"请指示各校负责人重视职工学习"一件；"加强领导私立职业补习学校"二件；"关于夜校问题"一件；"成立文化补习班"一件；"使初中以上程度勤务员有机会入技术学校"一件；"普及科学知识"一件；"多开展览会"一件；"宣传遵守时间"一件；"加强人民热爱人民武装的教育"一件；"加强干部政治学习"三件；"加强市民政治学习"一件；"印制宣传画册"一件；"重视古物发掘工作"一件。转有关部门的二十七件。须调查处理的二件。保留的二件（"建立工读学校"）。其余九十四件都送政府参考。

文教类的提案中，文艺方面一百七十八件，经审查后归并为五十七件。其中关于"加强工农文艺辅导工作"、"组织及领导文娱活动"、"加强旧剧改革工作"、"减低新剧、旧剧票价"、"加强影剧院管理"、"有关电影放映设置及影院管理工作"、"增建中小型图书馆和书报阅览室"、"减低书报价格，增设街道阅览室等"、"补助和增加书报阅览室经费"、"成立旧书公司"、"对市民进行国际主义教育"、"加强对出租克郎棋商人的教育"、"审查领袖像的绘制"等十三件交政府核办；此外"降低书报价格，增加图书发行量及其它有关书籍问题"、"对中央文化部的建议与意见"、"保存白云观、东岳庙古迹"等三件，转电影局、文化部等有关部门参考办理；其余四十一件送市人民政府参考。

四、卫生类提案二百四十件，经审查后归并为四十四件。其中关于“增设医疗机构、医疗设备”、“改善门诊制度、简化门诊手续”、“改善医药工作人员态度”、“加强候诊室卫生宣传”、“加强对医药及医药广告的管理”、“广泛收罗中医人才”、“加强训练营养工作人员”、“规定医务人员休假制度”、“加强中西医联系，设立中西医联合门诊”、“各医药机构行政上应重视药工人员”、“推广苏联医疗经验加强研究”、“加强培养中级医务人员”、“加强医务人员的思想、业务教育”、“统筹备置破伤风抗毒素”、“禁用有毒的铸金材料”、“加强无照行医及镶牙人员的管理”、“加强爱国卫生工作”、“加强学校卫生工作”、“注意机关干部健康”、“加强饮食、浴堂、理发业的卫生管理”、“加强妇幼卫生”、“设置救护车”、“改建第一医院院址”、“增设流动诊疗所”、“彻底改造医务人员思想，改进制度”、“增设及改善医院设备，改进医院制度”、“加强清洁卫生工作”、“本市爱国卫生运动很有成绩建议予以表扬”等二十八案，送市人民政府核办；“加强医师工会的领导”、“加强反细菌战的宣传”二案，分别送请市总工会与北京市和大分会参考；另外已经办理和处理的有五案；其余九件送市人民政府参考。

五、市政建设类提案五百七十五件，经审查后归并为一百二十五件。其中送市人民政府核办的五十一件，包括：“拆除三座门”、“检查处理建筑工人宿舍事前计划不周”、“解决幸福村塌墙问题”、“各大企业职工宿舍希望分配在工作地点附近”、“说服房主出租空房、并取缔黑市评议租价”、“解决住房、厂房等问题”、“检查危险建筑物，修饰古建筑物，并整顿市容”、“修理东长安街有倒塌危险的新建楼房”、“修理棋盘街房子和管理该地摊贩”、“检查清理护国寺房屋和木料”、“解决小学校舍困难和减租”、“解决教育工作者的住房问题”、“关于房屋租赁关系”、“填平郊区的苇塘、粪场，清除工程地点积水”、“改善市区排水系统”、“疏浚市区河道水沟或修建下水道”、“修整市内河沟及郊区池塘”、“后海及前外水关修栏杆”、“德外大街修建石子路，明沟改暗沟”、“调整广外关厢环境卫生”、“检查整修各处下水道、臭水沟、秽水池、脏水坑”、“修建市区下水道”、“下水道口路面下陷应修理，下水道口铁盖应盖好”、“下水道及臭沟的修建问题”、“污水池加盖，设垃圾筒”、“增设、改善公共厕所”、“进一步加强卫生工作”、“迁移西苑粪场，修整革大附近脏水沟”、“迁移粪厂”、“改善西直门至西郊公园沿路卫生”、“改善西直门外停马车场的卫生”、“利用农民晒肥时杀蝇”、“捕家犬时应加强宣传”、“修路工程要与地下工程配合”、“修建马路后必须轧紧”、“展修通复兴门道路，拆除天安门东端清洁队宿舍”、“在北大医学院或西什库教堂开一道路通旃坛寺、西皇城根”、“展宽朝外关厢马路”、“关于城门交通问题”、“修整便道添植树木，清除路上障碍物”、“检查城墙以防倒塌”、“街上要少堆建筑材料”、“修理地下工程后，应修好道路”、“保护交通警察健康”、“增建公园，并改善其设备与管理”、“植防风林，绿化首都”、“美化市容”、“太平湖划归俄文专科学校做体育场”、“增加游泳指导员，并降低游泳票价”、“游泳者应严格检查身体”、“增进游泳池之卫生及安全”等案；此外转送有关部门处理的共八件；已见上届提案执行情况报告的一件；保留的一件，即提议将北京车站旁的河改成暗沟或填平，因按照本市都市计划，这条护城河将来可能改为运河，故予以保留；其余六十四件都送市人民政府参考。

六、社会福利及其他类提案共二百零五件，经审查后归并为五十七件。其中送市人民政府核办的十八件，包括：关于“照顾子女多的职工生活”、“设工人疗养院、养老院”、“工人保安、保健问题”、“劳动就业”、“在少数民族住区的机关增设少数民族干部”、“解决回族牛肉供应及公营食堂照顾回族”、“注意烈军属的民族关系”、“加强对市民进行有关民族政策的宣传教育”、“注意工厂选举劳动模范歧视教徒的个别问题”、“协助烈军属、青年军属、少数民族、僧尼、喇嘛的学习与就业”、“继续做好拥军优属工作”、“改善养老院卫生情况”、“加强协助工商界学习”、“戏曲界退出特种行业公会加入市总工会”、“设立公共食堂”、“提倡火葬”、“表扬各种工作岗位上的模范”、“批评教育作风态度不好的干部”等案；此外“调整干部勤杂人员工资”一件，政府最近已经实行；“管理、修缮会馆”一件，政府已有管理办法，并已开始修缮；有关中央人民政府、铁路局、邮局、电信局、人民团体及其他不属于市人民政府职权范围的问题十二件，分别送转有关部门参考；其余“增设托儿所、托儿站，增加托儿名额”及其他问题二十五件，送请市人民政府参考。

总计，审查委员会，共审查提案一千六百八十八件，经归并为五百九十六件（其中文教的未并），审查结果，送市人民政府核办的二百三十七件，参考的二百六十七件，转送其他有关部门的七十一件，此外已处理的十五件，须经调查后再处理的二件，而保留的仅四件。

因为收到提案很多，时间很仓促，所以今天来不及印发详细的材料和每一件提案审查的详细结果（随后印发各代表）。

以上审查报告，是否有当？请大会公决。

舒舍予在北京市第四届第一次各界人民代表会议上的闭幕词

（1952年8月14日）

北京市第四届第一次各界人民代表会议在本月十一日开幕，经过四天的会议，现在胜利闭幕了。跟以前的会议比较起来，这次会议有了显然不同的进步，这是因为这次会议是在伟大的“三反”和“五反”胜利基础上举行的；群众的政治觉悟普遍提高了，自然会更热烈地参加会议。我们的会议开得很好，代表发言踊跃、讨论热烈，提案也很多，将近一万件，这是因为代表们要是没有热情，来代表人民的利益，人民是不会答应我们的。这一届代表人数，由上届的五百一十九人增加到五百五十五人，所代表的方面也更广泛；市政府委员，由上届的二十九人，增加到三十三人；协商委员由上届的六十三人，增加到六十九人；人数的增多，并非偶然，而是证明人民政权和政府是完全属于我们人民的。新选出的市长和副市长还是上届我们的好市长，好副市长。我们这次又选举了他们，因为他们好。他们在上届任期中，真给人民办了事，人民爱护他们，所以才再选举他们，人民感谢他们的功绩，所以热情地拥护他们再继续为人民服务。

关于以后北京的几项中心政治任务，像爱国增产节约运动，爱国卫生运动，速成识字运动等，代表们已经热烈讨论过，我不再重复。只愿再指出：从代表们的发言来看，我相信这些重大的运动，已经有了成功的保证。爱国增产节约运动不断发展，就会不断改变北京的面貌，由消费城市变成生产城市，由古老的光荣城市，变成带头创造新历史的光荣城市，叫全国人民感到有这样的首都，的确是光荣的。爱国卫生运动的成功，真会使北京成为“里外三新”的城市，就是人民的思想干净，身上干净，环境干净。清洁是和美丽分不开的，北京市是世界最美丽的城市之一，我相信，加上“里外三新”，就会加倍美丽。速成识字运动的成功，会使北京名符其实的成为文化之城。所谓文化城，必然是这样的意思——人民都有文化。

我不愿再多说什么，可是上边我的话是以兴奋和热情说出来的。我们应当一致努力立即完成上述各项任务，把毛主席的北京建设成最伟大、最光荣的都城。现在让我们欢呼：

毛主席万岁！

中国共产党万岁！

伟大的北京万岁！

北京市人民政府委员会选举办法

（1952年8月13日）

一、凡出席北京市第四届各界人民代表会议之代表，均有选举权。凡具有市各界人民代表会议组织通则第三条规定之资格者，不论代表或非代表均有被选举权。

二、北京市市长、副市长、市人民政府委员之选举，采用无记名联记投票方式。

三、选举人对于选举票上之候选人同意时，即请在被选举人姓名之上画一圆圈（○）。

四、选举人对于候选人不同意时，得将其不同意之候选人姓名用（×）划去；同时，如欲另选候选人名单以外之人，可在划去候选人姓名下空白处填写所欲选之姓名，但所选总数不得超过法定名额，如超出，全票作废。

五、选票上之书写，一律用钢笔或毛笔。

六、凡选票违背以上三、四、五，三条规定及书写模糊，无法辨明者，均为废票。

七、选举人填写完毕后，应亲自将选举票投入票箱。

八、选举总监督由全体会议选出，负监察、稽核及指导之全责；另设监票十四人，由主席团提出名单经全体会议同意后担任之。

九、投票完毕，由选举总监督当场开启票箱，经核计票数后，交由监票人会同秘书处工作人员在指定地点开票。选举结果，由选举总监督在全体会议上当场宣布。

北京市第四届第一次各界人民代表会议关于政府工作报告的决议

（1952年8月14日）

北京市第四届各界人民代表会议听取了彭真市长关于过去一年半的工作总结和当前中心工作的报告，听取了北京市人民政府关于财政收支概算、爱国增产节约运动、爱国卫生运动、速成识字运动的报告和计划，并审查了其他各项工作的书面报告，经过反复讨论，一致认为满意，并表示全部接受。

三年来北京市在生产上有极大的发展，一九五一年的工业生产总值等于一九五零年的两倍半，等于一九四九年的八倍多，其中，国营工业的生产等于一九四九年的十倍弱，私营工业的生产等于六倍强。这样的成就，说明北京市已经迅速地从消费的城市向着生产的城市迈进，北京市的工业已经在很快的进展，国营工业比私营工业发展得更快些。这是因为北京市人民政府在毛主席和中央人民政府的直接指导下实行了正确的领导和在全国经济情况好转的条件下，才能够获得的生产发展和经济繁荣的成就。

北京市人民政府一九五一年度的财政收支决算和一九五二年度的财政收支概算，不但消灭了预算中的赤字，而且使事业费在整个开支中的比重逐年增加，在一九五一年的决算中，事业费占支出总额的百分之六十九点三九，在一九五二年的预算中，事业费增加到百分之七十五点一三，如加上中央所拨的各项专款，事业费即增加到百分之八十二点六六。事业费中除生产投资以外，其余是用于文教、卫生、市政建设和社会事业，即直接用于本市人民的福利上。这是北京市三年来各方面建设的突飞猛进，在财政方面的表现。

北京市第四届各界人民代表会议全体代表完全拥护彭真市长所提出的当前的几项中心工作：开展爱国增产节约运动、爱国卫生运动、速成识字运动和改善工人、学生等健康的措施等。我们认为这几项中心工作是为我们的大规模的经济建设和文化建设准备有利的条件。我们北京市的全体人民都应该以极大的努力来进行这些工作。增产节约运动的中心关键是总结和推广先进经验、改进技术、改善劳动组织、提高生产效率。同时，我们认为总结与推广先进经验不仅是生产上的关键问题，也是推进其他各项工作的关键问题，我们在各种工作的岗位上，都应当高度发扬创造性，并大力来推广先进经验。我们认为爱国卫生运动和速成识字运动的意义，不仅是提高文化、改进人民健康，而且与发展生产、进行大规模的经济建设有不可分离的关系。因此，我们号召各界人民继续进行爱国卫生运动，并广泛展开速成识字运动，要使我们北京市进一步成为更清洁和更有高度文化的人民首都。我们要以完成这几项中心工作来迎接我们祖国的经济建设高潮和文化建设高潮。

北京市第四届各界人民代表会议协商委员会名单

（1952年8月14日）

主　席　彭　真
副主席（四人）
刘　仁　钱端升　梁思成　蒋光鼐
委　员　（六十九人）（按姓氏笔画多少为序）
王之相　王宾初　王梓仲　王明之　毛树多
文　重　田常青　巨　赞　朱长江　吉合群
吴　晗　余心清　余贻倜　李伯钊　李君武
李乐光　吕乃君　林砺儒　周致远　周凤鸣
邵宗汉　侯俊岩　胡泉桂　胡一声　高晓亭
徐乃明　马玉槐　凌其峻　浦洁修　陈　垣
张友渔　张奚若　张锡钧　曹言行　曹宪波
梁思成　许德珩　庄　俊　彭　真　彭望钺
彭泽民　汤用彤　程宏毅　冯佩之　冯基平
冯宾符　曾昭抡　傅华亭　劳君展　费孝通
杨伯箴　杨造新　杨蕴玉　杨仲兰　杨德亮
叶企孙　董汝勤　载　涛　闻家驷　赵复三
蒋光鼐　刘　仁　刘一峰　霍凤岐　钱端升
薛子正　聂荣臻　罗　旺　罗瑞卿
秘书长　李乐光
副秘书长（六人）
廖沫沙　崔月犁　陈铭德　李续纲　李健生
孙孚凌

北京市人民政府市长、副市长、政府委员会委员名单

（1952年8月14日）

市　长　彭　真
副市长（二人）
张友渔　吴　晗
政府委员　（三十人）
刘　仁　薛子正　张晓梅　聂荣臻　罗瑞卿
萧　明　程宏毅　王文斌　雷洁琼　傅华亭
彭泽民　梁思成　舒舍予　王斐然　柴泽民
郭树德　安朝俊　徐楚波　蔡廷锴　牟泽衔
翁独健　马玉槐　李国瑞　严镜清　郑　芸
黄润萍　隋经仁　乐松生　薛　愚　朱兆雪

北京市第四届第一次各界人民代表会议主席团名单

（1952年8月11日）

（按姓氏笔画多少为序）
安朝俊　吴　晗　余心清　余贻倜　李健生
马玉槐　梁思成　凌其峻　柴泽民　徐乃明
张友渔　张奚若　张晓梅　许德珩　郭树德
舒舍予　彭　真　冯佩之　冯宾符　黄润萍
傅华亭　杨伯箴　杨蕴玉　闻家驷　刘　仁
刘一峰　钱端升　蒋光鼐　薛子正　薛　愚
聂荣臻

北京市第四届各界人民代表会议全体代表名单

（代表总数五五五名）

一、军事管制委员会及人民政府代表　一八名

(1) 中国人民解放军北京市军事管制委员会　二名

聂荣臻　李公侠

(2) 北京市人民政府　一六名

张友渔　吴晗　罗瑞卿　薛子正　程宏毅
牟泽衔　曹言行　翁独健　王明之　严镜清
彭城　贾庭三　董汝勤(女)　刘仲华　范儒生
王斐然

二、民主党派代表　三〇名

(1) 中国共产党北京市委员会　五名

彭真　刘仁　顾大川　李乐光　廖沫沙

(2) 中国国民党革命委员会北京市分部　五名

蒋光鼐　谭惕吾(女)　阎熔水　张克明　陈铭德

(3) 中国民主同盟北京市支部　五名

闻家驷　沈一帆　臧克家　彭慧(女)　侯祥麟

(4) 中国民主建国会北京市分会　三名

凌其峻　莫艺昌　隋经仁

(5) 中国民主促进会北京市分会　三名

冯宾符　雷洁琼（女）　胡景荣（女）

(6) 中国农工民主党北京市委员会　三名

彭泽民　李健生（女）　嵇铨

(7) 九三学社北京分会　三名

薛愚　劳君展（女）　董渭川

(8) 中国新民主主义青年团北京市委员会三名

杨伯箴　张大中　杜平（女）

三、机关及部队代表　三一名

(1) 卫戍部队　八名

周致远　佘积德　陈其峰　郑希文　景玉龙
方仲英　王正　阎玉瑚

(2) 公安部队　八名

侯惠云　王志新　侯建华　于守刚　李非
韩世琪　何永祥　陈华春

(3) 各机关　一五名

李光宇　林亨元　刘希涛　陈慧(女)　郭任之
阿艾沙（维吾尔族）　刘火　王仲珊　范新三
石侠（女）　冯基平　孙复旺　孙国梁
王瑛璞（女）　汪婉珍（女）

四、人民团体代表　二二一名

(1) 北京市总工会　六二名

萧明　冯佩之　李晨　许平　李进和
黄勋卿　侯永山　王泽然　苗培良　许东才
高玉山　柴善昌　陈光兴　袁峙　周贵鑫
郭玉山　张锡旺　褚寿仲　王进元　毛树多
郑修岐　陈志　李广田　杨明　刘克勤
马景印　高肇文　卢焕章　赵焕智　李玉璋
王春宜　李敬祥　刘富贵　羿葆珍　赵芝梁
刘子忠　张兴　苏启华　吴德宽　任克成
杨仲兰　赵引珠(女)　徐楚波　何森荫　卞慎吾
胡一声　陈仁高　王宝初　郑芸（女）
陈君平（女）　刘昭谦　张洁琪（女）
王庆萍（女）　梁慧颜（女）　王恩沂
贺淑蓉（女）　孟庆麟　张兰馨（女）
余贻倜　冯传汉　朱维馨（女）　曲昭然

(2) 北京市农民协会　二三名

柴泽民　苏民　周凤鸣　王永明　邢启珍
傅宗昆（满族）　赵玉清（女）　王果氏（女）
孙鸿升　霍凤岐　寇顺义（女）　王金珍（女）
史文亮　萧德旺　苏淑敏（女）　申多
张淑珍（女）　程学信　杨茂　黄德忠
董瑞珍（女）　王顺英（女）　刘桐恩

(3) 北京市工商业联合会　五七名

石金奎　王甦　傅卫川　张文华　高玉民
杨志远　李岩　王镇武　高振德　王挹秋
董萍　李玉奎　力伯法　贾星五　傅华亭
浦洁修（女）　乐松生　孙孚凌　常子久（回族）
焦寰五　李贻赞　王敏生　高守信
马兰亭（回族）　刘文经　马祥俊　赵辑五
袁松亭　俞京生　杨宜之　施复湘　石纪御
毛质宸　马祝三（回族）　张泽民　董化棠
刘一峰　宣节　贺永昌　刘玉杰　柴碧岑

李砚之　马增骥　朱庆云　张玉堂　张柏青
柏　岳　李秀德　程双科　白秀生　孔禾农
赵泉禄　杨学恭　佟　祥（回族）　郝法尧
张平喜　孙翰卿
（4）北京市学生联合会　二〇名
古奇踪　徐乃明　詹永杰　常增皓　李雁书
刘华明（女）　魏玉蓉（女）　杨宝坤　符之琛
曹秀麟（女）　李经贤（女）　王彩祥（回、女）
李道佳（女）　白国肥　常　熹　王德余（回族）
张根茂　王世良　杨甲荣（女）　姚玉兰（女）
（5）北京市民主妇女联合会　二〇名
张晓梅（女）　杨蕴玉（女）　刘清扬（女）
杨葆俊（女）　杨造新（女）　张洁珣（女）
罗凤林（女）　金兆瑛（女）　薛淑兰（女）
张兰友（女）　林巧稚（女）　曾昭懿（女）
江载芳（女）　董洁如（女）　新凤霞（女）
丁一岚（女）　愈秀蔼（女）　龚业雅（女）
宗志敏（女）　张贵珍（女）
（6）北京市文学艺术工作者联合会　一四名
舒舍予　李伯钊(女)　王亚平　吴　雪　王松声
曹　禺　胡　蛮　　老志诚　焦菊隐　郝寿臣
荀慧生　李再雯（女）张永田　白凤鸣
（7）北京市医药卫生联合会　六名
赵增谋　俞锡璇（女）　陈兰英（女）　白啸山
林菊英（女）　郭玉英（女）
（8）中华全国新闻工作者协会筹备委员会北京分会及北京市出版界　六名
李　庄　李　普　邵宗汉　周　游　梁涛然
葛一虹
（9）北京市民主青年联合会　二名
关世雄　赵复三
（10）北京市中苏友好协会　二名
王之相　高振东
（11）中国人民保卫世界和平反对美国侵略委员会北京市分会　二名
张奚若　崔月犁
（12）北京市供销合作总社　五名
王　纯　夏壁臣　马广志　彭　倩(女)　韩　和
（13）中国人民救济总会北京市分会　一名
邢赞亭
（14）中华全国体育总会北京市分会　一名
侯浚岩
五、公营工矿企业职工代表　八四名
刘涤华　林　一（女）　郭树德　马　清（回民）
郑玉葵(女)　范经声　郝　祥　李长庚　庄　正
高晓亭　伊　田(女)　王桂石　周家华　蔡恩波
曹宪波　田兴唐　魏笑天　鲍镇增　孟志元
刘惠莲(女)　黄润萍　李克佐　吉合群　王俊明
袁永厚　邓国彬　张德山　谷子禾　杜　谦
张　彩　周福荣　宋　彬　史　迈　胡泉桂
韩伯平　李国瑞　王文斌　朱长江　王　和
楼彦厘　田文林　赵丹林　王　谦　黄恩博
林道全　宋恩荣　李　章　张世铭　施茂修
鲁　恒　刘克光　张九丰　崔映国　傅沛兴
刘　志　陈毅人　赵化达　马　壮　殷玉昆
方　石　刘玉江　张钟祥　胡仁奎　周康民
张　岐　宋国章　王　曙　田中元　唐青生
姚庚禄　杨秀芝　徐肖冰　胡体昭　郎文祥
萧　秧　多子杰　崔鸿才　赵友文　王　立
赵振邦　林　白　黄成田　田明昌　任惠兰(女)
六、专科以上学校教职员工学生代表　四五名
向　达　张龙翔　邹致圻　文　重　李永禄
季国平(女)　周培源　梁思成　樊恭炼　段多朋
王　森　张继先　祁开智　钟敬文　吕乃君(女)
侯大乾　戈　平　俞圣麒　黄瑞纶　周家炽
黄钱根　侯仁之　刘德贵　陆瑶华(女)　陈　垣
李文明　周骆良　严仁英（女）　叶恭绍（女）
魏有仁　张锡钧　杨玉文（女）　陈　殊
陈剑琴(女)　刘　昂　江　丰　艾思奇　舒　强
齐　平(女)　罗　清　赵　平　宋景超（女）
张　靖　乌　飞（蒙古族）　刘文质
七、区域代表　三四名
（1）第一区　三名
周　仁　李子勋　李淑媛（女）
（2）第二区　三名
杜　若（女）　周同德（女）　田竹岗
（3）第三区　三名
宋国藩　刘国治　王静贤（女）
（4）第四区　三名
魏　彬　刘志敏（女）　马士鹤
（5）第五区　三名
顾　德　古秉诚　盛惠芸（女）
（6）第六区　三名
李　锐　张秀兰（女）　孙泽民
（7）第七区　三名
宋汝棼　王曰庄（女）　杨连泰
（8）第八区　三名
贺翼张　李中行　郭大妈（女）

(9) 第九区　三名

张　旭　杨　贵　赵淑兰（女）

(10) 第十区　一名

单昭祥

(11) 第十一区　一名

张还吾

(12) 第十二区　一名

吕连英

(13) 第十三区　一名

张宗平

(14) 第十四区　一名

王景铭

(15) 第十五区　一名

崔连举

(16) 第十六区　一名

林彤

八、少数民族代表　一一名

白荫泰（蒙族）　关　保（蒙族）　罗　旺（藏族）

孟特尔（藏族）　马玉槐（回族）　马　坚（回族）

闪懿昌（回、女）　李德寿（回族）　杜冠武（回族）

马文斌（回族）　亚子洲（回族）

九、烈属、军属代表　四名

王德海（回族）　白玉珍（满、女）　王淑贞（女）　贾兰文（女）

十、宗教界代表　五名

杨德亮（伊斯兰教、回族）　巨　赞（佛教）

呢　玛（喇嘛教、蒙族）　王梓仲（基督教）

张英魁（天主教）

十一、邀请代表　七二名

汤用彤　许德珩　郑　昕　曹靖华　孙云铸

费　青　樊　弘　张　任　陈士骅　钱端升

曾昭抡　叶企孙　钱伟长　马约翰　费孝通

华罗庚　陆士嘉(女)　陈定民　林砺儒　傅种孙

黎锦熙　赵承信　严景耀　蔡镏生　赵锡禹

李宗恩　裘祖源　吴英恺　吴朝仁　吴阶平

诸福棠　林葆骆　吴继文　邓金鍌　戴世铭

孟继懋　周泽昭　马　丁　戴正启　陈怡迪(女)

赵树屏　朱砚农　钱三强　华南圭　林徽因(女)

朱兆雪　钟　森　庄　俊　陈占祥　李酉山

安朝俊　吴钟岭　李荣彰　彭望钺　侯德原

孙恩麟　余心清　侯宝林　李桂云(女)　于非闇

汪　洋　载　涛（满族）　罗常培（满族）

连阔如(满族)　义　安(佛教)　于明沼(道教)

李君武（天主教）　陈文润（基督教、女）

田常青（基督教）　黄　浩　潘龄皋　陈云诰

北京市第四届第二次各界人民代表会议

（1953 年 8 月 24 日——26 日）

北京市第四届第二次各界人民代表会议于 1953 年 8 月 24 日至 26 日举行。

会议听取并通过了张友渔副市长关于北京市 1952 年度财政收支决算和 1953 年度财政收支预算的报告，听取并通过了市选举委员会主席刘仁关于北京市基层选举典型试验工作报告。审阅通过了市人民政府关于 1952 年度政法、财经、文教卫生、市政建设等工作和 1953 年度政法、文教卫生、市政建设等工作计划及执行情况的七个书面报告。

提交会议的提案 427 件，经整理合并为 213 件。其中政法类 18 件，财经类 42 件，市政建设类 62 件，文化教育类 46 件，卫生类 22 件，社会福利及其他类 23 件。

市协商委员会主席彭真在会议闭幕前作了讲话。

北京市人民政府张友渔副市长关于北京市一九五二年度财政收支决算和一九五三年度财政收支预算的报告

（1953年8月24日）

各位代表：

现在，我代表北京市人民政府向大会报告本市一九五二年度财政收支决算和一九五三年度财政收支预算。

首先，报告一九五二年度财政收支决算。

从决算来看：本市一九五二年度财政收支预算的执行情况基本上是好的。在掌握收支方面，虽然工作中还有不少缺点，但从总的方面来说，是有成绩的。总收入（包括中央税上解部分）超过原预算百分之十二点四四（参看表一，略），实际支出（不包括中央税上解部分）则为原预算的百分之九十一点一二（参看表三，略），结余一千八百四十亿零五百万元。

在收入方面，总收入（包括中央税上解部分）一万九千三百八十六亿四千零六十三万元。其中，工商税超过原预算百分之十点三二；企业收入超过原预算百分之一百七十点九五；其他收入（包括事业收入、专卖收入、上年结余等）为原预算的百分之八十二点七七（参看表一，略）。税收和企业收入增加的原因，主要是在全国财经状况根本好转的情况下，本市经济的日趋繁荣。虽然在去年上半年的"三反""五反"运动过程中，工商业曾一度发生暂时的减产、滞销现象，但是"三反""五反"运动的胜利，对财经情况的根本好转，工商业的正常发展，则起了巨大的积极的作用。"三反""五反"运动胜利结束后，国营工业和贸易机关立即掀起了增产节约运动的热潮，广大职工的积极性充分发挥起来，找窍门、挖潜力，使生产和营业都有了迅速增长，地方国营工业和公私合营工业的全年生产总值较一九五一年增加了百分之四十六点三六，十五个国营专业公司和地方国营公司的营业额较一九五一年增加了百分之七十九点四七，私营工商业经过政府采取加工、订货、收购、贷款和调整商业等措施后，也有了发展。这就保证了一九五二年度岁入预算的超额完成。另外，本市在"三反"后接管了机关生产三百四十二个单位，也是企业收入超过原预算一点七倍的主要原因之一。

在支出方面，总支出（不包括中央税上解部分）九千三百二十九亿零一百万元。其中，经济建设支出占总支出的百分之三十七点三四；社会文教事业支出占百分之四十点七；行政管理支出占百分之二十一点七八；其他支出占百分之零点一八（参看表三，略）。这就是说，经济建设支出和社会文教事业支出等事业费共占总支出的百分之七十八点零四，较一九五一年度事业费占总支出的百分之六十九点三九，比重又增大了百分之八点六五。实际支出总额较原预算减少的原因，主要是去年上半年由于各部门集中力量搞"三反""五反"，各项建设工程开工较迟，因而有些工程没有全部完工，成为跨年度工程，原预算所列经费没有用完。有些部分则是因为我们工作上或制度上的缺点，事情办得迟缓，而没有用完。但是，应当指出，一九五二年度实际支出虽较原预算减少百分之八点八八，但一九五二年度实际支出较一九五一年度实际支出却增加了百分之六十五点九。这是因为根据一九五二年度的具体情况，有重点地、更多地进行了一些必要与可能的建设。

我们执行一九五二年度财政收支预算是有成绩的，但仍存在着不少缺点。我们的支出虽然绝大部分是用在必要的建设事业，但由于没有根据"三反""五反"运动后的具体情况，对原计划做适当修正，特别是对市政工程和其他建筑工程，没有按照当时实际的可能条件，分别轻重缓急，重新安排，当削减的削减，当推迟的推迟，对紧急者则集中力量突击完成之，却仍按照原定的全年计划，在去年下半年内，一齐进行，以致任务多、时间紧，使设计、施工都陷于忙、乱、草率的状态，造成一些浪费，并产生某些质量不好的结果。同时，在财务制度方面，也仍缺乏严格的审查和监督，特别是对企业和事业单位管得更少。因此，违反财政制度、财政纪律和浪费等现象，还不断发生。此外，在编制预算时，我们对生产发展和经济繁荣的速度，有些估计不足，因而把收入指标定得较低，结果超收不少。去年我报告一九五一年度财政收支决算时，即曾对这种缺点做过检讨。在一九五二年度财政收支预算的编制和执行中，虽已有所改进，但仍未克服。今后，仍须继续努力。

其次，报告一九五三年度财政收支预算。

这个预算是在国家建设时期的总方针下，根据国家计划指标，以一九五二年度财政收支决算为基础，并估计到可能发展的情况编制的。总收入为二万六千八百一十三亿零九百万元，较一九五二年度实际收入增加了百分之三十八点三一（参看表七，略）。其中，除商品流通税等中央税应当上解外，属于本市的收入计七千六百二十八亿零九百万元，拟请中央另补助九千六百七十二亿五千五百万元，二者合计一万七千三百亿零六千四百万元（参看表五，略）。这个数字，同时，也就是本市一九五三年度预算的总支出。它较一九五二年度实际支出增加百分之八十五点四五（参看表八，略）。

一九五三年度总收入分为三类：

（一）各项税收二万二千二百六十亿元，占总收入的百分之八十三点零二。其中，工商税占百分之八十二点四六，农业税占百分之零点五六。

（二）地方国营企业利润和折旧等收入二千一百四十亿零二千二百万元，占总收入的百分之七点九八。其中，利润占百分之六点一二，固定资产折旧和变价占百分之一点八四。

（三）其他收入（包括事业收入、上年结余等）二千四百一十二亿八千七百万元，占总收入的百分之九。其中，上年结余占百分之六点八六，事业收入占百分之零点八三，其他收入占百分之一点三一（参看表四，略）。

以上各项收入和一九五二年度岁入决算相比较：各项税收增加百分之四十一点三，地方国营企业利润等收入增加百分之二十五点七五，其他收入增加百分之二十四点九五（参看表七，略）。因为我们是在生产发展、经济繁荣的基础上来增加收入，所以这种增加是有把握的。

应当指出：在一九五三年度预算所列的工商税中，国营企业和合作社交纳的税款占着较大的比重。一九五二年度，它占工商业税总额的百分之四十四点四，一九五三年度预算增到百分之五十八点一五；公私合营企业交纳的税款一九五二年度占百分之七点三三，一九五三年度预算增到百分之七点三八；私营工商业交纳的税款则一九五二年度占百分之四十八点二七，一九五三年度预算降到百分之三十四点四七。如果将地方国营企业交纳的利润也计算在内，则国营企业和合作社所占的比重一九五二年度为百分之五十点四，一九五三年度预算更增为百分之六十一点四七，公私合营企业一九五二年度为百分之六点五四，一九五三年度预算更增为百分之六点八，而私营工商业则一九五二年度只为百分之四十三点零六，一九五三年度预算更降为百分之三十一点七三了（参看表九，略）。但是私营工商业交纳的税款所占比重虽较一九五二年度为小，而绝对数字却也有所增加，即由一九五二年度的四千八百八十亿元，增到一九五三年度的六千五百六十一亿元了，即增加了百分之三十四点四四。这种增加是整个生产发展、经济繁荣和“三反”“五反”后偷税漏税大为减少的结果。

一九五三年度预算总支出分为四类：

（一）经济建设费包括市政建设、公用事业、地方国营工业、农林、水利事业等支出共计八千三百七十六亿四千万元，占总支出的百分之四十八点四二。其中，市政建设占百分之二十五点二，公用事业占百分之十一点四二，地方工业占百分之九点九七，农林水利事业占百分之一点五七。

（二）社会文教建设费包括教育、卫生、社会福利、文化事业等支出共计五千六百九十九亿元，占总支出的百分之三十二点九四。其中，教育占百分之十四点九八，卫生占百分之十二点九五，社会福利占百分之二点一八，文化事业占百分之二。

（三）行政管理费包括民主党派、人民团体补助费等支出共计二千六百二十亿三千四百万元，占总支出的百分之十五点一四。

（四）预备费六百零四亿九千万元，占总支出的百分之三点五（参看表六，略）。

前二类支出为事业费，它占了总支出的百分之八十一点三六，和一九五二年度岁出决算事业费占总支出的百分之七十八点零四相比较，所占比重，是更增大了百分之三点三二。不仅这样，根据过去经验，预备费大部分是用作事业费的。因此，在决算时，事业费所占的比重将更大。

如拿以上各类支出的绝对数字和一九五二年度岁出决算相比较，则经济建设费增加了百分之一百四十点四七；社会文教建设费增加了百分之五十点一；行政管理费增加了百分之二十七点九（参看表八，略）。支出增加的原因，除一九五二年度的跨年度工程经费移到一九五三年度开支外，主要是我们计划根据可能和需要，进一步发展各项建设事业（关于各项事业的具体内容，详见另行印发的各项工作计划报告）。

第一、为了进一步贯彻为生产服务，为劳动人民服务，为中央服务的方针，一九五三年度市政建设和公用事业，计划适应生产和人口不断增长的需要，在人力、财力和技术、经验许可的条件下，作较大的发展。

在卫生工程方面：计划修建下水道总长八十一点五八公里，超过一九五二年度新建下水道工程的百分之三十四点六。其中，在城区，修建四海下游干线等二十九处下水道共长三十四点一四公里；在郊区，新建下水道共长三十三点三七公里；在永定门、广安门等关厢和海淀、南苑等镇新建下水道共长一十四点零七公里；另外，计划增建下水道支线七公里，整修旧下水道三十五处，共长十余公里。

在河湖工程方面：计划疏浚凉水河，计浚土一百五十余万公方；紫竹院挖湖工程，计浚土十四万余公方。

在道路工程方面：计划新筑和改善道路总长一百九十公里，面积一百三十六万平方公尺，约相当于解放后四年来修筑道路工程面积的总和。其中，在城区，除改善旧石渣路四十条和胡同土路一百零四条外，并展宽、改善和新筑一些干路和区间路，总长九十四公里；在郊区，展宽原有干路和增筑新路共长九十六公里。和修筑道路同时，修建桥涵二十四座。

在自来水方面：计划扩充管线十一万二千八百七十公尺，以适应西北郊和西郊大规模进行建筑的需要，并为了增辟水源，计划继续完成六处凿井工程，增凿水井十一处，东水厂修建电机房一座，在京西矿区城子镇新建水厂一处（解决煤矿工人的吃水问题）。同时，扩充专管用户二千二百九十户，公用水站二百处。用水人口将增至一百八十八万人，较一九五二年度增加百分之十二。

在公共交通方面：计划新增五二式八轮有轨电车二十辆，拖车二十辆，每日平均行驶车辆一百七十二辆，较一九五二年度增加百分之十二点八四；计划新增大型公共汽车一百辆，每日平均行驶车辆一百七十辆，较一九五二年度增加百分之四十三点四三。

第二、为了有重点地发展地方国营工业，一九五三年度计划投资筹建两个大砖窑厂，并完成机织印染厂和针织厂各一个。另外，进行恢复与改建的有北京木材厂、化学试剂研究所等二十一个单位；零星补充修建的有三十二个单位。

一九五三年度农林水利等事业也将作适当发展，计划扩建德茂等国营农场，培植西山小西天风景林，加强永定河防汛等工作。

第三、和经济建设相适应，一九五三年度的文化建设，是认真执行中央“整顿巩固、重点发展、提高质量、稳步前进”的方针。

在教育方面：小学维持现有的总人数，计划招收新生三万六千余人，着重进行整顿；中等学校和一九五二年度相比较：高中在学人数将达一万五千一百五十二人，即增加四千四百六十四人；初中在学人数将达五万五千九百一十五人，即增加七千六百三十四人；中等技术学校和师范学校基本上维持现有规模，计划招收新生一千四百五十人。扫盲工作着重巩固现有十七万八千人的学习，以干部和产业工人为主要对象。这里需要补充说明的是初中原计划招收新生一万七千人，结果，还有九千左右本市小学毕业生未能入学；为此，我们已报请中央，另谋适当解决办法，小学也还有一部分及龄儿童不能入学，特别还有不少初小毕业生不能升入高小，因此，还需要将招生名额适当增加。但是，文化教育事业的发展是不能不为生产发展的水平所规定而孤立地前进的。特别是目前教师十分困难，即使能建起校舍，一时仍不可能很好地解决这个问题。

在卫生方面：继续进行儿童医院、同仁医院、传染病院、回民医院等修建工程；增建肺结核病院（中心防治院）一处，卫生防疫站六处，并建立儿童保健所一处。

在文化方面：新建影院、剧场各二个，曲艺场一个，增加电影放映队七队，连原有的共十四队。

第四、社会福利事业费也有所增加，主要是优抚、救济费。这是因为一方面本市现有相当数量的，有功于国家、人民的革命烈士和革命军人的家属。他们，特别是其中的老弱残废的生产和生活问题，必须支出一笔优抚费，给予解决。另一方面，在过去反动势力统治下，长期存在着的无业、失业、半失业人口，虽然随着各种建设事业的发展已经大大减少，但在短时期内，还不可能完全消灭这种现象。为了帮助其中生活特别困难的解决生产和生活问题，也需要在救济和组织生产相结合的方针下，支出一笔救济费。

当然，我们在市政建设、公用事业、文化建设和社会福利事业上的措施，虽已做了很大的努力，还远不能满足各方面日益增长的需要。因此，郊区新建的许多高等学校、机关、工厂、工人宿舍等虽已修好房子，却既未修马路，也无下水道，水电供应也很不足，公共交通十分不便，使他们感到很大困难。但市政、文教等建设事业，只能以生产发展为基础，不能脱离生产发展的水平而孤立前进，因为受人力、财力、技术、经验等客观条件的限制，目前只能做到这样。凡是目前必须做而人力、财力又能做到的，我们就努力去做；凡不是目前必须做或虽需要做而为人力、财力所做不到的就缓做或不做，否则就要犯重大错误。

应当指出：一九五三年度行政管理费也略有增加。这主要是为了适应建设事业的发展，增设和扩充了一些必要的工作机构如统计局的设立和工商局分设为工商管理局、商业局等，因而增加了开支。

一九五三年度的财政收支预算半年来的执行情况（到六月底止）是：收入方面，已完成原预算的百分之四十八点八六（就包括上解的中央税在内的总收入说，则完成百分之四十五点二）；支出方面，因各项建设工作，开始较晚，实际支出为原预算的百分之四十一点五一。这说明预算本身是接近实际的，也说明我们执行预算是有成绩的。但是必须记取几年来的经验教训，即我们在建设工作上，往往是前松后紧，而在财政开支上，则往往是前紧后松。如果我们对预算的执行不严格控制，则仍有被突破的危险。我们必须坚决贯彻在发展生产的基础上增加收入，并节减一切可以节减的开支的方针，必须使增产节约运动经常化和普遍化，以保证正确实现这个预算。这就首先要在基本建设方面反对冒进倾向和在生产方面反对保守倾向，同时，对私营工商业，给予正确的指导和监督，使向有利于国计民生的方向发展；其次，正确执行税收政策，完成税收计划，依率计征，依法办事，一方面不许任何税收有所偷漏，另方面也不许额外征收一文；第三要厉行节约，反对浪费，无论建筑部门、企业、事业机构、行政机关都须严格遵守财政制度和财政纪律。财政机关应当切实负起监督和检查的责任。

各位代表：以上就是我关于一九五二年度财政收支决算和一九五三年度财政收支预算的报告。请大会审查和批准。

北京市人民政府关于一九五二年度政法工作的报告

兹将一九五二年度我们在政法方面的几项主要工作，分别报告如下：

一、民主建政工作

本市市各界人民代表会议已召开了四届共九次，由第二届起代行了人民代表大会的职权，各界人民通过自己选出的代表选举市长和市人民政府委员会，制订本市的施政方针，通过预算和决算，发挥了人民管理国家、监督政府的作用，获得了很大的成绩。

第四届各界人民代表会议的代表人数从第三届的五百十九名增至五百五十五名。其中，由选举产生的共四百六十五名，比上一届增加了三十四名，而由直接选举产生的，则增加了百分之十二，达到代表总数的百分之三十四；妇女代表和少数民族的代表，也都增加了。广大人民经过民主生活的切身体验，政治觉悟和参加建政工作的积极性大大提高了。例如，上一届大企业参加选举的人数，平均占职工人数的百分之六十五，这一届平均占百分之八十五，有的单位，如北京市电车公司，则达百分之九十七。并且市各界人民代表的成份也有了若干变动，由于生产建设事业的发展，涌现出不少劳动模范和工作有显著成绩的专家、技术人员，其中，很多人当选了代表。

各区区各界人民代表会议一九五二年七月选举的结果，城区九个区共选出代表一千六百九十七人。上届区人民代表一千五百零二人中，未当选的占百分之四十一，其中有一部分是贪污腐化、强迫命令、脱离群众的，这说明群众政治觉悟提高后，对自己的代表的选择，更加严肃认真。

为了便于领导，一九五二年八月，我们将城区九个区并为七个区，郊区七个区加上由河北省划归本市管辖的宛平全县和房山、良乡两县的一部分区、村并为六个区。除京西矿区外，城、郊十二个区，在一九五二年九月初改选了区人民政府，共选出区长、副区长、区人民政府委员二百一十四名。在选举中，充分发扬了民主，广泛地照顾了各阶级、各民族和各地区的特点。例如前门区私营工商业户较多，就有一名私营工商业者当选为副区长；宣武区回民较多，就有回民当选为区长和区人民政府委员；南苑区农业占的比重大，就有农民当选为副区长；石景山区是工业区，就有工人当选为副区长。

此外，郊区大部分行政村，一九五二年都进行了改选村政权的工作。在改选中，不但清洗了村政权中一些蜕化变质、贪污腐化、作风恶劣的坏分子，而且使广大群众和村干部受到了教育，选出了群众中的积极分子，充实与健全了村政权。

建政工作中的主要缺点是：市各界人民代表会议开得较少，有些重大问题没有及时经过代表会议讨论。

有些市、区代表和群众的联系也还不够十分密切。

二、公安工作

一年来，人民公安机关贯彻执行了中央所规定的方针政策，继续镇压反革命分子，在确保首都社会治安上，获得了进一步的成效。

首先，在镇压反革命工作方面，陆续逮捕了一批应该而且必须逮捕的反革命分子，登记管制了一批应该和必须管制的反革命分子。对镇压反革命运动中留下来的大批案件，进行了清理结案工作，除少数情节复杂的案件，尚在继续清理外，全部积案基本上已经清理完毕。在押案犯，除老弱残病或罪恶重大另作处理者外，均已劳动改造。被管制的反革命分子，经过慎重审查，将一大批确有悔改表现者宣布解除管制。首都的社会治安情况已发生根本变化。抢匪、惯匪已近绝迹（一九五二年一年内仅发生抢案两起，且都情节轻微）。

其次，一九五二年八月，在全市范围内开展了肃毒运动。逮捕了案情重大的贩毒犯，登记管制了一般贩毒犯，断绝了烟毒的来源。由于充分发动了群众，进行了广泛深入的宣传，收效很大。

以上是一年来公安工作的主要成就。但是首都仍有若干暗藏的敌人存在；在社会治安方面，虽然抢劫匪已基本消灭，但偷窃活动仍很严重；由于首都各项建设的发展，人口逐渐增多，车祸、火警等灾害，仍未见减少。因而，今后公安工作的任务，仍然是艰巨与繁重的。

在公安机关内部，经过“三反”和反旧警察作风运动，已进一步纯洁了组织，提高了干部和民警的政治思想水平。但由于新吸收的民警数量很大，部分干部和民警政策业务水平较低，思想作风不纯，因而在工作上仍不断发生严重的缺点和错误。根据在检查工作中所暴露与揭发的问题来看，主要是缺乏实事求是的调查研究工作作风，因而还有个别错扣、错押以及在管制工作中多管、漏管的现象；在处理群众问题上，也有部分干部和民警方式简单、态度生硬，对人民群众爱护的热情不够，因而引起群众的不满，甚至还有个别的违法乱纪行为。这些现象，经发现后，均已及时予以纠正和处理。目前，在公安机关内正继续开展反对官僚主义、命令主义和违法乱纪的斗争，要求通过这一斗争，达到改进领导、改进工作的目的。

三、司法工作

市、区人民法院在“三反”运动后，从一九五二年八月下旬至十一月中旬，在市司法改革委员会领导下，开展了司法改革运动。这次运动的成绩是显著的。

第一、揭发和批判了在市、区人民法院中所残存的旧法观点、旧司法作风，从而使干部划清了新旧法的思想界限，政治水平大大提高，加强了群众路线和实事求是的工作作风，对市、区人民法院工作的改进上起了很大的作用。

第二、彻底整顿与纯洁了组织。市、区人民法院在“三反”运动中已清洗了一些违法乱纪、不堪改造的坏分子，这次又对旧司法人员进行了一次甄别，其中，旧法观点与旧司法作风较浓厚而不宜做司法工作的，都已介绍转业或调做其他工作；同时，又从转业建设军人、公安局、检察署、妇联、工会、市人民政府行政干部学校等方面调用了大批的干部，以充实机构。

第三、系统地总结了人民司法工作的经验，肯定和建立了各项新的制度，如陪审制度、集体调解、当事人座谈会、巡回审判、问事处、宣判制度、宣教制度等。并从原来的四个区人民法院增至每区一个区人民法院，大大加强了审判力量，便利了人民。

在司法改革运动中，广大群众对我们在司法工作中的错误和缺点，广泛展开了批评，提出了口头或书面意见二千零六十五件。市、区人民法院对这些意见，都曾逐件研究，加以处理，事后又进行了复查，从而更加密切了与人民群众的联系。

从这次运动的深入检查中，可以看出：四年来，本市人民司法工作，成绩是主要的，在贯彻国家政策法令、配合各项政治改革和社会改革运动、巩固人民民主专政、保障人民合法权益上，都起了一定作用。司法工作制度和工作方法也有不少改进。

但在运动中也暴露出市、区人民法院曾经存在严重的组织不纯、思想不纯的现象。有一些干部因学过旧法，或受了旧法观点的影响，在处理案件时跳不出旧法的圈子，他们在审理案件上，缺乏群众观点和对人民负责的精神，不切实调查研究，轻信口供，主观臆断地处理案件，给人民司法工作造成了不少的损失。这些，在运动中，都已分别检查、检讨和纠正了。此外，并发现有错判的案件二十六件，也都予以改判或重新处理。

“三反”运动和司法改革运动后，市、区人民法院干部的工作积极性空前高涨。全年，市、区人民法院共受理刑事、民事案件共四万五千九百十一件，已结四万一千三百件（均包括旧存案，均不包括敌逆产案件），较一九五一年多结九千三百一十一件。此外，还处理了非诉讼事件七千六百七十二件。但因干部在数量上和质量上还都赶不上工作需要，在审判工作上，还未完全做到细致稳妥。不服市人民法院判决而上诉的刑事案件，占刑事结案的百分之六弱，其中经上级法院判决维持原判的占百分之七十七；上诉的民事案件占民事结案的百分之八弱，其中经上级法院判决维持原判的占百分之七十四。比较严重的是各区区人民法院，判决的刑事案件，上诉的达百分之十，其中，经市人民法院判决维持原判的仅占百分之三十八；民事案件上诉的占百分之五强，其中，经市人民法院判决维持原判的仅占百分之四十三。由此可见，提高工作质量是非常必要的。

人民检察工作，一年来主要是参加了“三反”运动，协助法院清理积案和参加司法改革工作。对在“三反”中不服临时分庭判决的上诉案件三十七件，进行检查，使四十一人的上诉案得到正确处理，使三十二人的错判得到纠正。在司法改革运动中，检查了市人民法院拖延、错判及处理草率等大小案件五十七件，对法院工作的改进方面，起了一定的督促作用。但这一工作，还缺乏计划性和有系统的检查。今后，必须克服这一缺点。

四、人民监察工作

一九五二年，市人民监察委员会主要是配合“三反”、“五反”运动和司法改革运动做了一些工作。全年共收案一百九十八件，结案一百三十四件。其中，大部分是违法失职的案件，小部分是“三反”运动以后的贪污案件。最严重的是：京西矿务局火药厂分厂爆炸事件与中国煤业建筑公司北京分公司的工伤事故等，我们对有关失职人员都做了严肃的处理。在“三反”运动以后，着重建立了人民监察通讯员的工作，截至一九五二年底，共任命了人民监察通讯员五百五十五人，组成了一百三十三个小组。他们对人民监察工作一般都很重视，能积极工作，仅十、十一、十二三个月内，就收到他们的报告八十多件，其中，反映干部中所发生的错误与缺点，绝大部分是确实的。一年来，监察工作上的主要缺点是与中心工作结合不够及工作上有些被动。

五、优抚工作

我们对本市革命烈士、革命军人、革命工作人员家属和革命残废军人中生活困难的，采取组织生产、介绍就业、代耕和实物补助的办法，基本上解决了他们的生活问题。本市现有装订、被服、草绳等军属生产单位十九种，计三十处，一九五二年共盈利四十九亿余万元(工资在内)，相当于全年所发优待粮的百分之一百零四，可解决七千余人的生活问题。目前，烈、军属生产，以与国营企业和合作社建立密切的联系，组织加工性的生产为宜；今后，并可逐步发展为生产合作社。我们介绍了烈、军属二千一百十一人到机关、企业、工厂、学校等部门工作；又继续举办了五期烈、军属政治学习班，参加学习的一千九百二十人，为烈、军属就业创造有利条件。我们对郊区的三千六百六十五户无劳动力的烈、军属，进行了代耕工作，代耕土地一万九千六百七十五亩，其中，有百分之七十五以上达到了当地农民土地的产量，有百分之十五超过了一般农民的土地产量。此外，对于老弱残废的贫苦烈、军属经常给以实物补助。在烈、军属的福利方面，我们也尽可能地给以照顾。一九五二年九月间，制订了贫苦烈、军属免费医疗办法，基本上解决了他们的治病问题；烈、军属子弟入中、小学的，一九五二年内也优先录取了二千七百二十五人。经过历次政治改革和社会改革运动，群众觉悟大大提高后，拥军优属已逐渐形成风气。在市、区各界人民代表会议中，就有烈、军属代表一百七十九名，还有不少烈、军属参加了街道工作，成为各种运动中的模范人物和街道优抚工作中的骨干分子。

一九五二年，中央分配到本市的转业建设军人，都已介绍到机关、企业等部门，参加了各项生产建设事业，或在学校学习，有重病必须疗养的，已送医院治疗。

我们在优抚工作中，也还存在着不少的缺点。主要是：优抚工作部门没有深入了解下情，以致应该优待而未优待和不应该优待而优待了的现象仍然存在；对烈、军属的教育，也还做得不够，个别烈、军属还存在着单纯依赖优待的思想；对介绍有就业条件的烈、军属就业，做得也还不够；郊区代耕负担不平衡的现象，曾经普遍地存在着，直到一九五二年底，遵照华北行政委员会的指示，制订本市郊区代耕工作方案后，才初步得到了改进。

六、社会救济工作

一九五二年，我们对老弱孤寡需要长期救济的市民二千三百七十六户，五千三百五十五人，对有劳动力但因人口多或疾病、死亡等原因，需要临时救济的二千五百零三户，八千八百八十八人，分别给以必要的救济，缺少冬衣的贫苦市民都得到了冬衣补助；将二千六百零四名无依无靠的孤老残废和童乞，收容到生产教养院中予以教养；对丰台、门头沟两地因受水、旱灾以致生活困难的农民，也进行了救济。此外，对外地来京找工作的农民或因灾荒流入本市的灾民约计七千余人，除找到职业不愿还乡者外，都分别遣送回籍，参加农业生产。全年共计救济了八万一千六百七十四户，二十四万五千四百四十二人，发放救济款六十一亿四千二百余万元，做到了不冻死、不饿死一个人。特别是经过一九五二年十一月份的贫民调查，建立了贫户调查登记卡片，进一步掌握了全市贫民的基本情况，使救济工作开始由被动转向主动，为以后开展救济工作，打下了良好的基础。

救济贫民工作中的主要缺点是：没有认真贯彻人民自助和生产自救的方针，在部分干部中存在着单纯救济的“仁政”观点，不适当地认为应该提高救济标准，对组织贫苦市民生产，介绍就业这一主要环节反而注意不够，对有的区组织起来的小型生产，既未加以应有的帮助，又未推广其经验，这就不仅耗费了国家资财，而且使部分贫苦市民产生了单纯依赖政府救济的思想，使救济工作长期处于被动。同时，因为我们检查工作不够，各区对救济标准掌握上也不一致，有些不该救济的救济了，有些该救济的反而没救济，有时同一贫苦户，在内城区得到救济，迁居外城区就受不到救济，这也是必须纠正的。

北京市人民政府关于一九五三年度政法工作计划及执行情况的报告

兹将一九五三年度政法工作计划及上半年执行情况，简要报告如下：

第一部分：工作计划

一、建政工作

(一)根据中华人民共和国全国人民代表大会及地方各级人民代表大会选举法，逐步进行市、区、乡三级人民代表大会的选举工作。在普选前，完成全市人口普查和郊区划乡工作。公安、司法、监察、检察机关在本身的业务范围内，保证选举工作的顺利进行。

(二)组织全市市、区各级机关干部学习民族政策。

(三)总结一九五二年度开始的东单、西单、东四、宣武四个区试建街道居民组织的经验，准备在城区各街道推广。

二、公安工作

主要工作是进行经常的业务建设。

(一) 加强经济保卫工作。

(二) 加强对特务间谍的侦察工作。

(三) 进一步改进劳动改造工作，切实贯彻劳动改造政策。加强对犯人的政治思想教育，结合生产劳动，逐渐改造其反动思想。

(四)经常了解被管制分子的情况，以求正确地、有效地贯彻教育改造的政策。对管制期满而表现较好的，予以解除；对新发现应予登记或管制的，根据其具体情况及解放后的表现，分别适当处理。

(五) 对反革命分子家属，继续贯彻争取教育的方针。

(六) 加强治安行政工作。整顿户籍，消灭抢劫，减少骗窃、火警等事故，并加强交通管理。

三、司法、检察工作

(一) 市、区人民法院在司法改革运动基础上，建立和巩固各项新的工作制度，如建立人民接待室、实行巡回就审等；有计划、有系统地加强对干部的思想、政策、业务教育。

(二) 清理积案，并对过去所处理的案件，再作一次彻底检查。

(三)成立司法行政处，以加强对司法干部的管理、培养和教育，并负责各种人民司法制度的建立。

(四)市人民检察署以保障国家经济建设的顺利进行为中心任务，有重点地在重要工、矿、企业部门与基本建设方面检查破坏、盗窃行为以及侵害工人合法利益、漠视工人安全、造成重大损失或伤亡等责任事故。其次是：配合法院、公安局，检查处理过的案件；检查各级干部违法乱纪、侵犯人权的行为；有重点地逐步建立检察通讯员，调整与增设检举箱、控告箱；扩大检察工作的宣传。

四、监察工作

(一)根据第二次全国监察工作会议的精神和本市各项工作计划，以生产和基本建设为重点，依靠群众，密切结合各项工作，经常地向官僚主义、命令主义、违法乱纪的行为，作坚决的斗争。

(二) 加强对监察通讯员的领导，改进人民意见箱和人民检举接待室的管理工作，并督促检查市属财经、企业部门建立和健全监察机构。

五、劳动行政工作

(一) 清理劳动就业工作，贯彻介绍就业必须服从生产的原则。

(二) 进行安全卫生大检查，督促国营厂、矿和私营工厂在必要与可能的条件下，改善安全设备，以加强劳动保护工作。

(三) 调整劳资关系。

六、优抚、救济工作

(一) 在城区和郊区非农业人口中，以组织烈、军属就业为主，并继续举办烈、军属学习班，以培养其就业条件；对已组织起来的军属生产加以巩固，向生产合作社方向发展；对老弱残废的贫苦烈、军属，定期予以实物补助。郊区农业地区，组织作好代耕工作。同时，对烈、军属进一步加强军属光荣和爱国主义的教育，以及劳动光荣的教育。

（二）继续作好转业建设军人的安置工作，使其安心生产，各得其所。

（三）对贫苦市民，根据救济与组织生产相结合的方针，城区组织有劳动力的贫苦市民参加各项建设工程，并组织妇女生产；对无依无靠的老弱、残废，则按时予以救济。

（四）为了统一领导本市救济工作，根据全国救济工作会议的精神，民政局与中国人民救济总会北京市分会合署办公，并将救济分会所属各救济单位和民政局生产教养院所属各教养单位，加以合并、调整，并深入检查改进其工作。

七、贯彻婚姻法工作

（一）抽调民政、司法各有关部门干部，集中力量，开展贯彻婚姻法运动。

（二）市、区人民法院通过这次运动，更进一步地检查过去对婚姻案件的处理情况。

八、人事工作

（一）加强对干部的了解、培养、使用、提拔工作。建立各级职务名单管理制度，实行分层负责的管理干部办法，以及建立预备名单制度。

（二）建立部队转业干部的登记制度。

（三）干部福利方面：帮助有条件的单位成立机关托儿所；增加干部疗养院的床位，并帮助较大单位成立疗养室。

第二部分：执行情况

一、建政工作

（一）本市选举委员会成立前，我们已进行了普选的准备工作。如：普查户口、更换户口簿，进行郊区划乡等工作。

（二）组织市、区各级机关干部学习民族政策。参加这次学习的干部共达四万人，学习后，都进一步认识了贯彻执行民族政策的重要。对检查出来的一些违反民族政策的事件，大部已经处理，少数正在处理中。

（三）一九五二年开始的东单、西单、东四、宣武四个区试建街道居民委员会的工作，已经总结。关于建立街道居民委员会的方案也已提出，一俟中央批准后，即在城区各街道分批建立。

二、公安工作

（一）半年来，协助外地追捕逃匿在本市的一批反革命分子，其中绝大部分是血债累累、民愤极大的还乡团队和伪军、政、警、宪人员。由于我们对材料进行了反复核对，并在逮捕前做了充分准备，因而尚未发现有错误的。

（二）对刑期在十五年以下已投入劳动改造的犯人，进行了审查，其中在劳动改造中表现好的，都得到了依法减刑的处理，对在清河盐场劳动改造的二百七十八名“猴车”、惯窃等犯，也进行了清理。其中，一百九十二名罪恶不大或刑期已满的，已予释放。

（三）我们根据被管制的反革命分子的罪行及在管制期中的表现，以及根据新发现的材料，于一九五二年十一月至今年一月整顿了管制工作，有一批已撤销管制，并新管制了一批。

三、司法、检察工作

（一）今年二至四月份，市、区人民法院又进行了一次有计划有步骤的清理积案工作。一九五二年原存未结案四千五百七十四件（敌逆产案二千九百五十一件在外），今年一至四月份共收案一万二千九百七十件（敌逆产案一百九十八件在外），清理中，计处理了各种案件一万五千二百一十件和敌逆产案件六百一十件。积案现已很少，工作也转入正常。

（二）为贯彻第二届全国司法会议决议，我们曾在全市科长级干部扩大会上进行了传达，组织有关干部进行了学习，并根据本市的具体情况，拟定了贯彻执行的计划。目前，已建立了司法行政处和市、区人民法院的人民接待室。此外，并补充了干部，举办了司法干部短期训练班。

（三）今年春季，市人民检察署组织视察组，视察了石景山钢铁厂和房山东矿等，取得了一定的工作经验。半年来，又调整、增设了二十八个检举箱，进行了关于检察工作任务的宣传；收到了不少人民来信和接见了大批来访群众，因而也更加密切了与人民群众的联系；根据人民的申诉与各方面的反映，检查、纠正了市、区人民法院和公安局错捕、错判案十四件。

四、监察工作

（一）人民监察委员会半年来共结案三百九十九件。其中，属于官僚主义、违反政策法令、违反规章制度、贪污浪费的共二百零八件；侵犯人权、丧失立场、越权渎职、欺骗组织等共十八件；强迫命令、违法乱纪、泄露机密等十件；其它一百六十三件。四月以后，处理了人民来信一百八十八件（四月以前的人民来信和案件没有分开处理，已计入案件数字之内）。对失职人员都已及时处理。

（二）今年一月，普遍地检查了一次市、区各机关的人民意见箱与检举箱。发现不少机关的意见箱无人负责管理，长期不开，对积压情况严重的有关失职人员，已给了行政处分。同时，拟定了《北京市人民政府所属各单位设置和管理人民意见箱办法》，通令各直属单位遵照执行。半年来，又增设了三十八个人民意见箱，任命了二百五十八名监察通讯员（现共有七百五十五人），进一步健全了市监察委员会的工作。

五、劳动行政工作

（一）今年二、三月间，对已登记的劳动就业人员，进行了清理审查工作，为今后有计划有步骤地贯彻"就业必须服从生产"的原则进行介绍就业，创造了条件。

（二）今年上半年，召集了两次劳动保护的专业会议，使不少厂、矿和建筑工地的劳动保护工作，有了改进。

（三）目前，各国营厂、矿、企业和建筑单位，已在大力整顿劳动纪律；私营工商业，也已按行业开始试行整顿。

（四）春节以来，外地许多农民盲目来京，到劳动局要求工作。其中，许多人食宿无着，生活困难，有些露宿街头，甚至有行乞和行窃的。这样，既使这些农民遭受很大损失，又影响了本市治安和现有失业人员的就业，同时，也减少了农村的劳动力，影响了农业生产。因此，我们自三月份起，即开始动员他们还乡。其中，对有困难的则予以补助，发给路费，截至五月上旬止，已动员了九千多人还乡。其中，七千多人得到了路费补助，计用去四亿五千多万元。突击动员工作，已告一段落。

六、优抚、救济工作

（一）新年至春节期间，全市开展了拥军、优属工作。各处都举行了慰问烈、军属大会，市、区各机关和军委、华北军区政治部的首长，并分别进行了重点慰问；各界、各阶层人民和驻京部队更用多种多样的方式，进行了热烈的、群众性的拥军、优属和拥政、爱民运动。二月二十二日，召开了市优抚模范代表大会，出席代表二百三十五名，使到会代表进一步明确了优抚工作的方针，交流了工作经验，树立了优抚工作的旗帜。

（二）整顿郊区代耕工作，已做出一定成绩。根据海淀、南苑、石景山三个区及丰台十个村的情况来看，代耕面一般缩小了百分之五，最多缩小了百分之十；取消了农村干部与民兵不代耕的规定，并将原来十八岁至四十五岁的农民负代耕勤务，改为十八岁至五十五岁，扩大了服勤面，大大地减轻了群众的代耕负担，保证了代耕土地的产量。

（三）今年二月和五月，先后派了检查组，认真地检查和整顿了生产教养院所属各收容教养单位的工作。批评、撤换或处分了失职的工作人员，表扬了好人好事；调整和加强了干部力量；建立了一些新的制度，使各单位的工作有了初步改进。现正研究制订全面的、切实可行的改进办法。

（四）今年四月，已将原民政局领导的生产教养院所属各单位，与中国人民救济总会北京市分会所属各救济单位合并。目前，对收容人员已初步进行了集中和调整。

七、贯彻婚姻法工作

（一）本市贯彻婚姻法运动，经过典型试验和训练干部等准备工作，自今年三月下旬起，即在各阶层群众中先后展开，到四月中旬陆续结束，基本上做到了家喻户晓，起到了一定的移风易俗的作用。在运动中，并检查出因婚姻问题杀害、伤害妇女的案件九起，凶犯已由法院进行处理。

（二）市人民法院从四月一日起，开始进行婚姻法执行情况的检查，先从组织具体执行婚姻政策的干部学习、检查思想入手，然后，又检查了有关的人民群众来信一百一十件，和一九五二年全年及今年一至三月的全部有关婚姻问题的案件八百八十八件，检查的结果，发现错判案件还是有的。其中，有一件是属于政策性错判的；有十九件是不应判刑而判刑的或轻罪重判的，都已纠正；有七件是轻率判决离婚的，应当事人要求，都已复婚。

八、人事工作

（一）提拔与培养干部工作。半年来，我们大量地放手提拔了三百七十五名工作中的骨干，充实到各领导岗位上，从而加强了各单位的领导力量，也鼓舞了干部的情绪。多数单位对新提拔的干部及下层骨干的培养，都很重视。不少单位为了培养干部，还增设了副职。但在工作中，有些单位也还存在着对所提拔干部的政治、历史情况，缺乏严肃而慎重的审查，单纯追求提拔的数字，平时对干部既缺乏有计划的培养，提拔后，也有不管或不具体帮助解决工作困难的现象。以上缺点，有的已经改正，有的正在改进中。此外，今年春季，各单位并输送出干部二百六十八人，重点配备了基本建设部门。

（二）部队转业干部登记工作，已于六月底完成，共登记了二千四百零二人。其中，团级以上干部占百分之四，营级以下干部占百分之九十六。

北京市人民政府关于一九五二年度财经工作的报告

一、地方国营及公私合营工业情况

一九五二年度地方国营及公私合营工业生产总值，完成全年计划的百分之一百零三点三七，比一九五一年度增加了百分之四十六点三六；并在这个基础上，超额完成增产节约计划的百分之一百四十三点七二，为国家增产节约二千二百一十八亿元。从主要产品产值来看：纸张完成百分之一百零六点五，面粉完成百分之一百零六点五四，砖完成百分之一百一十四点零七，毛呢完成百分之一百七十六点七，毛线完成百分之一百九十，棉布完成百分之八十八，煤完成百分之八十四点七六。总之，以上几种主要产品均超额完成或接近完成了原定的生产计划。

取得以上成绩的主要原因是：地方国营工业经过了民主改革、抗美援朝、"三反"等一系列的运动，职工群众政治觉悟普遍提高；开展了爱国增产节约运动，挖潜力、找窍门，发挥了工人阶级的智慧和热情；同时在运动中推广了先进经验，提高了工人技术操作水平；并且进行了查定工作，改进了劳动组织和生产管理。

少数厂矿没有完成计划，主要原因是："三反"运动期间放松了生产领导；基本建设没有按计划完成或生产管理不善；原料、材料供应不及时等。

工业生产中需要解决的问题：(一) 不少厂矿计划管理工作还做得较差；(二) 许多产品质量次、成本高，有些产品销路不广；(三) 部分产品产销计划不平衡，产销结合不够。

一九五二年度地方国营工业的各项基本建设工程，均未如期完成，其中：企业公司只完成百分之七十五，公用局只完成百分之七十一点八，建筑公司只完成百分之五十六点八。没有完成任务的主要原因是：我们对基本建设的复杂性认识不足，任务大、缺乏经验；建筑部门又是由几个单位拼凑起来的，还很不健全。各项工程计划确定也较晚；设计时间短促和工程设计方面的一再改变以及设计、施工、拨款、备料和运输等工作不能衔接配合，影响了工程的进行。

自十一月份起，我们加强对基本建设的领导后，情况已有所改进。

二、国营贸易公司和合作社工作

一九五二年国营贸易和合作社工作，在"三反"运动期间，曾短时间受到影响，"三反"结束后，国营贸易公司即开展了爱国增产节约竞赛运动，并贯彻了大力推销工业品的方针，通过清仓排队、仓库改革、财务会计制度的检查等，使国营贸易工作提高了一步。至一九五二年底，十五个国营专业公司及地方公司的总销货额，完成了年度计划的百分之一百点七二，较一九五一年增加百分之七十九点四七；加工收购产品总值，完成了年度计划的百分之一百二十一点六七，较一九五一年增加百分之一百一十二，这对保证人民生活必需品的供应、稳定市场物价和促进公私营生产方面起了很大作用。合作社由于学习并推广了苏联的拨货计价(即金额记帐法)和改善劳动组织的先进经验，在经营管理上有了初步改进。一九五二年度基层社的零售总额较一九五一年增加一点四倍。农产品收购方面，籽棉增加零点五倍，粮食增加一点四倍，花生增加一倍。供应农民肥料一千二百零三万斤，较一九五一年增加一点三倍；新式农具供应亦有增加。此外，工业生产合作社也有很大的发展，生产总值较一九五一年增加四点一倍。

但在工作中仍存在着以下缺点：

(一) 在国营贸易公司系统，计划性很差，对市场情况了解不够，在扶植生产上，由于对产销情况摸得不准，经常发生供应失调、产销不能平衡的现象。

(二) 在合作社的经营上，对于社员的要求，缺乏系统的调查研究，合作社的民主制度还没有很好地建立起来。

三、私营工商业情况

"五反"期间，一部分私营工商业暂时发生了停工、减产、滞销、资金周转不灵等困难。四月份，政府确定大力进行加工订货、银行贷款和收购成品，以恢复生产、活跃市场，并积极地组织物资交流。九、十月间，召开了北京市物资交流大会；十一月以后又遵照中央指示，正确地执行了调整商业的政策。这一系列的措施，促进了生产的恢复和市场的活跃。至十二月份私营工业产值已经超过一九五一年同期产值。

但在私营工商业工作中仍存在一些问题，需要解决：

(一)一部分私营工业由于设备落后、管理不善、技术差，因而成本高、质量低，造成销售上的困难；

(二) 国家加工订货与收购的计划性不够，同时在工缴费计算和验收标准方面存在不少问题；

(三) 一部分原料，因缺乏计划性，致供应失调，影响生产；

(四) 劳资关系需要进一步加以调整和改善。

四、财政、税收、金融工作

财政预决算执行的结果，另有报告。

税收工作，超额完成全年计划百分之十点零三，这主要是由于生产和贸易的发展，同时税收机关加强了调查研究工作，贯彻了依法办事、依率计征的方针。

银行工作，在组织资金合理使用、巩固金融、稳定物价、扶植工农业生产上起了很大作用。以一九五二年末和一九五一年同期相比：存款总额增加了百分之八十，放款总额增加了百分之一百七十。全年对私营工商业贷款三千一百五十一亿，扶植了一万五千三百九十七户，从而扶植了生产，活跃了市场，促进了物资交流。

北京市人民政府关于一九五二年度市政建设工作的报告

一九五二年度的市政建设计划是以卫生工程为重点，配合都市发展新建工程，进一步改善城市的环境卫生、交通、居住条件而制订的。现将工作情况报告如下：

一、卫生工程

一九五二年共新建了下水道五十四公里。在城区已将四平园、铜法寺、大石桥、李广桥、宣武区南部、龙须沟下游、泡子河、夕照寺、北新仓和南横街等处大小十四条臭水沟改建成暗沟，解决了一百零八处积水和部分机关、市民住宅区污水的宣泄问题；在东郊工业区，阜成门外关厢和西郊新市区等处新建下水道十六点三零七公里，这些地方的部分工厂、学校的污水和雨水均已得到宣泄；继续整修旧下水道五十七点九公里，全市所有旧下水道，基本上都已恢复了排水效能。河湖工程完成土方一百六十四万公方，开挖、疏浚了陶然亭和龙潭，陶然亭有十七万五千平方公尺水面，二十六万吨容水量，龙潭有四十五万四千平方公尺水面，一百万吨容水量，使原来繁殖蚊蝇的苇塘变成人工湖，将来即可逐渐修筑成为公园，作为外城和部分郊区居民游憩之所。疏浚西郊莲花河主流四点七二公里，支流四点五五公里，新开渠八点五四公里，为西郊新市区和仓库区的雨水宣泄，开辟了出路。养护方面：掏挖了下水道四十五公里，培修河坡五万四千公方。此外，并运除垃圾八十五万公方，接管粪道四万六千门户，城门附近的粪场，已全部迁移到离城约五公里的地方。这些修建工程和措施，大大地改善了首都的环境卫生，特别是外城原来卫生条件很差的劳动人民聚居的地区，给爱国卫生运动创造了有利条件。

二、公共交通和公共建筑

一九五二年新修和改善铺装路面五十二万四千七百四十六平方公尺，大小街道五十余条。其中，新修的有木厂胡同、永安路、虎坊路等三条沥青石渣路，广渠门至东郊工业区、永定路、丰台路、复兴门外北侧等四条沥青卵石路，南郊易燃性工业区、玉泉路、万寿路等二十七条卵石路和南礼士路石渣路；就原有石渣路面加以沥青表面处理的有东直门大街、花市大街、雍和宫大街等十九条道路。此外，新修土路三十余条，保养高级路面五万一千五百九十八平方公尺，中低级路面三十八万九千六百六十一平方公尺，整修土路和人行便道三千一百余条，均已超过原订计划。值得特别提出的是学习苏联先进经验，试验沥青卵石路和土路泼油做法，基本上获得成功，为今后修路工程开辟了新的方向。

为便利交通，开辟了宣武门西和雍和宫北城墙豁口两处，拆除西便门瓮城加宽豁口一处，张自忠路东口坡度已改善，西郊青龙桥门楼已拆除。特别是新辟的新街口城墙豁口至清华园之间的道路和铺装广渠门至东郊工业区之间的道路，更进一步改善了城郊间的交通。

桥涵工程：新建桥梁十座，改善五座，保养十座，新建涵管一百五十四处。

园林工程：在复兴路、中央大道、林荫大道和金鱼池、什刹海沿岸各地植树一万三千零五十五株，据检查，成活率在百分之八十左右。完成育苗六十九种，约一百五十万株，为将来绿化首都，准备了条件。

到一九五二年底为止，公共汽车每日平均行驶一百一十四辆，较一九五一年同期增加了百分之三十二点五六；电车每日平均行驶一百四十七辆，较一九五一年同期增加了百分之十八点七。全年乘客人数均已超过原订计划，乘客人数每日平均约二十八万人。在经营管理方面也有改进：公共汽车增辟了和平门和宣武门内外城间的环行路线，并灵活调度车辆，每日上下班时间，在主要交通线路上尽量增加车辆，以缓和乘客拥挤现象；在各主要线路上，电车行车间隔已缩短为四分半钟。

三、房屋的修缮和建筑

一九五二年公房修缮六万二千七百四十四间，超过原订计划的百分之十二点七。另外，还有重点地进行了修理门窗、接廊、打隔断、修建下水道和渗水井、更换电线、增建厕所和自来水等工程，进一步改善了公房的使用和卫生条件。私有房屋经继续通过各区房屋修缮委员会检查、动员修缮，并对无力修缮的酌予贷款后，房屋状况已有显著改进。根据一九五二年雨季检查，未发生公房倒塌现象；渗漏的房屋，已由一九五一年占修缮房屋的百分之八降低到百分之四点五，其中，轻微渗漏的占百分之七十，滴漏的占百分之三十。私有房屋倒塌间数，也较过去显著减少。

新建市民住宅一千九百四十一间，已全部完成。各企业单位新建工人宿舍共两万七千间，超过原订计划的百分之四十二。为解决各中、小学房屋困难，新建教室和宿舍五千余间；并新建公寓、农民旅馆二千余间。

四、自来水

自来水的供应，到一九五二年底为止，用水人口已达一百六十五万三千余人，占全市人口三分之二以上，较一九五一年同期增加了百分之十八。城区人口已有百分之九十四以上吃到自来水。添建干支管九十一点二公里。水质方面：细菌检查正常率为百分之九十四，较一九五一年提高了百分之八；剩余氯检查正常率为百分之九十五点五，较一九五一年提高了百分之九，进一步保证了水质的清洁。

一九五二年的市政建设工程，虽因“三反”运动关系，开工日期较晚，但在全体工作人员的积极努力和广大市民的热烈支持下，全年计划均已全部完成或超额完成；并由于开展爱国增产运动，出现了找窍门、挖潜力、改进工作等新的气象，涌现了大批模范工作者，为国家增产节约不少资金，仅卫生工程局、建设局两个单位，增产节约数字就达一百七十六亿元。

一九五二年市政建设工作是有成绩的，但由于领导方面的官僚主义和部分干部的怕负责任的工作作风，工作上还存在着很多缺点，其中有的并很严重。如有些设计带有很大的盲目性；有些工程质量很差；各有关部门之间还未能很好地密切配合；施工中还存在着浪费现象等。经过全面检查，这些缺点已在总结工作中，予以彻底揭发，并进一步研究了改进办法。

为迎接一九五三年市政建设任务，一九五二年冬季停工期间，市政建设各单位均已进行了训练工人、调配干部、整顿机构、建立制度等准备工作，为今后市政建设工作的改善打下了基础。

北京市人民政府关于一九五三年度市政建设工作计划及执行情况的报告

一、道路工程

一九五三年度，计划新建和改善道路工程总长一百九十公里，面积一百三十六万平方公尺，约等于解放后四年来道路工程的总和。

在郊区展宽旧有干路和增建新路共长九十六公里。主要工程是：东郊展宽、补修京塘国道京区段沥青路和铺装建国门外沥青路；南郊改建永南路；西北郊改善、展宽京颐沥青路和铺修德清沥青路；西郊新建自阜成门至复兴门间三条东西向和两条南北向的道路；北郊新建东直门北小街豁口外向北和自德胜门至安定门间的东西向道路，并改善安立路。

在城区除改善旧有石渣路四十条和胡同土路一百零四条外，主要工程是：展宽平安里至地安门、朝阳门内大街等主要干路；改善新街口北大街通往郊区的道路；改善和新建先农坛和天坛集会场地区附近的道路；并在宣武、崇文两区新建若干区间路，总长九十四公里。

此外，新建桥涵二十四座。

到六月底止，道路工程已经完工的有：东经路、先农坛南墙根、白纸坊至广安门、沙子口至铁匠营、天坛二道坛门、西便门至屯绢胡同西口豁口、南郊区间路、蜂窝工人住宅区、龙须沟新线、朝阳门内大街、天坛头道坛门内外、先农坛东便门、牛街至右安门等十三处；正在施工的有：京颐路、德清路、建国门外、东直门北小街豁口外、先农坛西墙根、清华园至成府、京塘国道东大桥到大黄庄、永南路等十九处，总计约完成全年计划的百分之三十三点三。桥涵工程已完成桥五座，涵洞三座，正在施工的四座，总计约完成全年计划的百分之三十四。

二、卫生工程

一九五三年度，计划新建下水道工程总长八十一点五八公里，超过一九五二年度新建下水道工程的百分之三十四点六。在城区，新建四海下游干线、西皇城根、西直门大街、新街口北大街、西什库东夹道、鼓楼西大街、蒜市口到大石桥等二十九处下水道，共长三十四点一四公里，主要是增辟干线和解决较严重的积水问题。这些工程以四海下游干线工程为最大。在西北郊文教区、西郊三里河行政区和新市区以及安定门外地坛东北地区，新建下水道共长三十三点三七公里，主要为配合以上各地区的发展，解决学校、机关和职工宿舍污水、雨水的宣泄问题。在永定门、广安门、德胜门、朝阳门关厢和郊区海淀、南苑两镇，新建下水道共长十四点零七公里，主要是配合以上各地区的发展，重点消灭臭水沟和死水坑。

此外，计划增建下水道支线七公里；整修旧下水道三十五处，长十余公里，以解决城区零星积水问题。

河湖工程，计划疏浚凉水河和整修西北郊紫竹院，共浚土一百六十四万余公方。紫竹院原为蓄水湖泊，后来变为稻田、苇塘，为调剂长河水量，故决定废田还湖，计浚土十四万余公方。每年雨季时，南旱河、莲花河河水，均流入南护城河，严重地影响着南城下水道的排水，为减免洪水对城区的威胁和为解决南郊工业区下水道的排泄问题，决定疏浚凉水河，以容纳南旱河、莲花河部分水量，计浚土一百五十余万公方。

到六月底止，下水道工程已开工的计有：安内花园、安内北城根、鼓楼西大街、新街口北大街、四海东北岸、西直门大街、北皇城根、四海下游干线、法通寺、蒜市口至大石桥、万明路、德外关厢、亮果厂、永外关厢、西什库后库和西郊新市区、海淀、南苑等二十二处。其中，安内花园、安内北城根和万明路等五处已竣工，总计完成全年计划的百分之三十九。紫竹院挖湖工程，即将竣工。解决积水工程已完成二十处，新建下水道支线五千零七十六公尺。

在自来水方面，主要是配合西北郊和西郊大规模进行建筑的需要，计划扩充自来水管线十一万二千八百七十公尺。其中，口径在三百公厘以上干管三万七千三百五十九公尺，分布在西北郊文教区一万八千六百一十七公尺，西郊行政区一万一千二百九十二公尺，城区东四十条至东皇城根和地安门至南北长街等处七千四百五十公尺；口径在二百五十公厘以下支管七万五千五百一十公尺，分布在郊区六万三千五百六十公尺，城区一万一千九百五十公尺。到六月底止，已完工一万六千一百六十九公尺。

为增辟水源，将继续完成跨年度的六处凿井工程，增凿水井十一处，其中，有五处已经完工。东水厂修建电机房一座，已施工，一九五三年内即可供水。城子镇新建水厂一处。另外，扩充专管用户二千二百九十户，公用水站二百处。用水人口，计划增至一百八十八万人，较一九五二年度增加百分之十二。

三、公共交通

一九五三年度，在电车方面，计划新增有轨电车二十辆，拖车二十辆，每日平均行驶车辆一百七十二辆，较一九五二年度增加百分之十二点八四，到六月底止，已达一百六十四辆。全年乘客，计划增至一亿一千万人次，较一九五二年度增加百分之五十四，到六月底止，乘客已达到五千四百一十四万人次，达全年计划的百分之四十九。另外，计划自天桥至永定门改铺双轨路线，亦已竣工。

在公共汽车方面，计划新增大型公共汽车一百辆，到六月底止，已增三十九辆。计划每日平均行驶车辆一百七十辆，较一九五二年度增加百分之四十三点四三，到六月底止，已达一百七十二辆。全年乘客，计划增至六千四百六十二万人次，较一九五二年度增加百分之一百零一，到六月底止，乘客已达到二千九百三十四万人次，占全年计划的百分之四十五。计划继续完成和新建保养厂三处，已有一处完工。

四、园林管理与绿化工程

一九五三年度，计划扩充西郊公园内动物园。一九五二年秋，曾应苏联、捷克、匈牙利、民主德国等兄弟国家的要求，交换了动物。今后，还需要建立经常交换关系，以增进国际友谊和加强对外文化交流。计划继续修建的象房、熊山、鹿园、兽舍、草原动物园等项工程，已基本完成；计划增加虎豹房、狼山、猛禽舍、鸣禽室、厚皮兽室、猴舍各一座，其中，狼山已基本完成。颐和园除修缮工程外，增设游船七十只，北海增设游船一百只，均已完成。

绿化工程，除继续培植陶然亭、龙潭园林外，并计划在城区增辟公园和初步绿化东单广场，在什刹海、官园新辟小型儿童公园两处，共植树五万一千三百七十二株；计划增辟苗圃四百三十亩，育苗三百三十万株，春季育苗已基本完成。

继续在主要干路和河岸两侧植树二万零三百七十

三株。已种完永定门内大街、阜成门内大街、筒子河、复兴路、广渠门至西大望路、西北郊文教区等六处；种完河岸树两处，共植树一万一千六百四十二株。

五、房屋管理与建设用地

为配合都市发展，继续发动公私力量新建和修缮房屋，严格限制公家购、租民房，合理掌握房价和租价，以缓和房荒问题。

在公房方面，继续提高公房管理的技术水平，自三月初至八月底，仍本着安全为主，保养为辅，重点改善的方针，进行修缮。总计应修缮的公房八万一千七百四十二间，到六月底止，已竣工三万九千六百三十九间，占全年计划的百分之四十八。

为拆除危险房屋，和在郊区进行建设必须迁移一部分农民，因此，计划以租金收入，城区筹建新房七幢，计一万一千一百三十六平方公尺；郊区增建房屋一万二千一百一十九平方公尺，均已开工。

在民房方面，继续通过各区房屋修缮委员会动员修缮，到六月底止，已经修缮二万五千余间，仍在继续动员并协助解决中。

为配合各项建设工作需要，一九五三年，郊区建设用地，到六月底止，已批准五百六十五件，计地三万六千九百二十五亩。其中，已处理完竣的二百五十二件，计地一万零一百零五亩；正在进行的二百四十一件，计地一万九千七百四十六亩（其中约有半数以上已基本完成，但未完全结束）。城区建筑用地，已批准一百五十六件，计地一千三百一十一亩。其中，已处理完竣的四十二件，计地二百二十五亩，已立契但未完全结束的二十六件，约二百六十二亩。

对于郊区失地农民，除农民自行转业和已由用地单位吸收参加工作者外，需要由政府介绍工作的，已与各用地单位设法陆续解决中。

四年来，首都各方面建设工作发展很快，由于我们经验不足和缺乏必要的资料，都市建设总的规划还未定，致各项建设计划性还很差，还难免有不少缺点。

北京市人民政府关于一九五二年度文教卫生工作的报告

一九五二年度北京市的文教卫生工作继续有很大的发展，并进行了若干的调整和改革。兹就教育、文化和卫生三方面分述如次：

教育工作

一、学校教育

中、小学和技术学校数量发展都很大。小学增设了五百九十班，共增加学生三万一千五百六十九人，较一九五一年增加了百分之十六。包括新划入的宛平县部分，全市公私立小学学生总数共达二十四万六千五百八十九人。郊区基本上已经作到每一个行政村有一所小学。另外，增设了幼儿园五所，现在入园幼儿共达三千九百八十八人。中学增设了二百九十四班，连各级插班生在内共增加学生一万六千六百九十二人，较一九五一年增加百分之三十九点二，连国立、省立在内，全市中学学生总数共达六万六千八百六十四人。暑假后，接办了本市全部的私立中学和部分私立小学（六十校），对这些学校及其教职员，均作了适当的调整与配备，并统一建立了一些校内的工作制度。市属中等技术学校（包括财经、工业、土木建筑及卫生等学校），共增加学生八百七十九人，较一九五一年约增加百分之三十四，现在学生人数共达三千四百六十七人。北京师范学校增加四班，二百零八人，连同新划入的宛平县初级师范学校在内，学生总数共达一千零二十三人。

除发展班次之外，还进行了一些改进和整顿工作。

过去本市各中、小学在工作中存在着严重的忙乱现象。许多学校的行政负责人和部分教员参加社会活动过多，有的校长甚至将大部分时间参加校外的社会活动，在校内工作的时间反而很少，这样就严重地影响了教学工作的提高。为克服这种现象，从一九五二年十一月开始进行整顿。首先，明确规定教学工作是学校中压倒一切的中心任务；其次，加强教育行政工作的计划性，并切实贯彻了校长负责制，在校长领导下精简会议，调整教师兼职，使校内一切工作都能环绕教学进行。经过整顿以后，中学教师的忙乱现象已基本克服，小学的教师兼职过多等忙乱现象，已大为减少。

为了改善学生的健康状况，对学生在社会活动中过多的兼职也作了调整，伙食也进行了检查和改进。

一九五二年上半年，教师们都参加了“三反”运动，下半年在中学教师当中又开展了一次学习运动，这就提高了大多数教师的政治觉悟，为改进教学工作打下了较好的思想基础。下半年，还调整了市属各学校教职员工的工资，中学教师的工资较前增加了百分之十二点二一，小学教师增加了百分之十七点八。

在学校教育方面，虽然数量发展很快，但仍不能满足人民需要，并缺乏计划性；另一方面，也有些冒进，如盲目地实行小学五年一贯制等。对教学质量的提高做得很不够。在中、小学教师中，几年以来吸收了一些水平较低或对于教育工作没有经验的教员，也影响到教学质量的提高。由于有部分教师在教学上有缺点或缺乏责任心，有些学校课堂纪律很不好。这些都是需要改进的。

二、工农业余教育

本市工农业余教育，由于实验和重点推行速成识字法，已经进入了新的阶段。

一九五二年一月至七月，分别在干部、工人、农民和市民中进行了速成识字法的实验工作。实验证明：凡能坚持每周八小时业余学习的学员，经过一年左右的学习，多数能够认识两千左右常用字，阅读通俗书报。六月至九月间，结合初步总结实验速成识字法的经验，进行了师资的训练工作，并根据中央指示和实验经验，把教学时间延长到一年以上。同时对于没有足够的时间进行突击学习的，则仍采用一般的学习方法。这样，我们的扫盲计划才比较符合了实际情况。

经过上述各项必要的准备，从一九五二年十一月起，开始了第一批扫除文盲的工作。学员共十七万八千人，其中用速成识字法学习的十一万二千人，用一般方法学习的六万六千人。计包括机关工作人员九千人（内市属干部三千二百人），职工六万八千五百人（内大厂矿工人二万三千人），农民六万二千五百人，市民三万八千人。

一年来的扫盲工作是有成绩的。采用速成识字法后，除实验阶段已扫除三千余文盲、半文盲外，截至目前，接近扫除的文盲有二万五千人，已超过一九五二年以前两年间扫盲的总数。干部、工人、农民学员，经过扫盲学习后，在提高工作效率和生产技术上，都起了积极的作用。同时在干部和教师中还培养了一批扫盲力量。最重要的是从实践中摸索到一些新的教学经验。在实验和推行速成识字法的过程中，发现群众生产、生活条件和祁建华速成识字法所要求的学习条件中间，存在着很大的矛盾。于是采取了“分段速成”和“单元突击、单元巩固”两种教学法，这两个办法，经过几个单位实验的结果，成绩都很好。

过去工作中的缺点，主要是在教学方法上未能根据群众生产、生活的具体条件，规定不同的时间、进度、方法和要求，而是一般化地搬用部队的经验和做法，要求偏高、偏急，造成一部分学员的夹生和掉队现象。这种偏向，经发现后，已逐步纠正。其次，在教学组织上也未照顾学员条件不同、要求不一的特点，片面强调了正规化的班级组织形式。产生这些缺点的主要原因，是我们最初有盲目乐观的情绪，对实验工作检查和总结不够，工作中存在着不联系群众、不深入实际的官僚主义作风。

扫盲工作以外，业余学校的高小、初中班还有学员三万一千人。工人业余技术教育方面，工人参加学习的达八千多人，很多厂矿通过了技术研究会、技术课本，推广了先进经验。

文化工作

一、戏剧电影工作

本市共有公营剧团和较大的私营剧团、班社三十八个，每日京戏、评戏、话剧、曲艺等的观众近二万人。因此，改革旧戏曲，创作新戏剧，供给剧团、班社上演，以满足人民的要求，是目前戏剧工作的重点。在戏曲改革工作中，第一、改编和创作了一些剧目，并创造了新式曲剧；第二、领导艺人进行了学习，特别是帮助他们学习了毛主席《在延安文艺座谈会上的讲话》；第三、组织了一百多个有编导能力的艺人进行业务学习。一九五二年六月，“北京人民艺术剧院”改组为专业的话剧院。经过文艺整风，该院工作人员大批下厂下乡体验生活、创作剧本并排演新剧目。

目前剧本荒仍很严重，尤其是缺少反映现实、鼓舞人民群众政治与生产热情的好剧本。工农群众的业余文娱活动，也普遍缺少好的演唱材料。有些私营剧团、班社的改革徒具形式，目前还存在很多不合理的制度，尚待改进。

一九五二年，市属电影放映队由两个增加为七个，并开始有计划地巡回放映。九月将本市各机关、团体所属的四十八个电影放映队组织起来，成立了电影放映队联合工作委员会，领导全市放映工作。全市放映队的全年电影观众达五百九十二万人次。

二、社会文化工作

一九五二年，文化馆由十七个增到二十个，文化站由六十个增到六十三个，市立图书馆在西华门增设新址一处。为配合抗美援朝、“三反”、“五反”、爱国卫生和贯彻婚姻法等运动，各文化馆、站组织了文艺演出、展览、阅览和讲座等项活动，一年中参加这些活动的群众约有六百万人次。此外，业余艺术学校分设了工人、农民、学生、机关干部、戏曲艺人五个部，业务方面又分为戏剧、音乐、舞蹈、美术、文学五个系，培养了一批群众文艺活动的骨干。这在业余文艺活动的开展和配合各项政治运动的宣传上，都起了一定的作用。

三、新闻出版、美术、科学普及、文物调查工作

一九五二年，我们创办了“北京日报”，这对于反映和推动本市的各项工作作用很大。一九五二年，在本市的各国营、私营出版单位共出版书籍二亿零三百余万册（包括初版、重版），工作中的主要缺点是计划性不足。为使出版工作配合国家建设，并逐步走向计划化，一九五二年已按照中央的指示，推动本市各出版单位事先制订了出版计划。为配合抗美援朝、爱国卫生和贯彻婚姻法等运动，北京的美术工作者创作了许多为群众欢迎的招贴画和连环画。北京国画家很多，组织在“北京中国画研究会”中的共二百三十六人，政府对该会曾给了适当补助。他们在参加政治理论学习后，已在进行新的创作，并在最近举行了第一届国画展览会。北京市科学技术普及协会，在一九五二年办了两千多次科学技术讲座和三十次展览。为了保护古文物，文物调查组在一九五二年，也进行了古文物的调查、搜集、发掘和鉴定等工作。

卫生工作

一九五二年，本市进行了大规模的爱国卫生运动，公共卫生工作进一步与群众结合起来，人民的健康水平有所提高。一九五二年的本市人口死亡率，已从一九五一年的千分之十二点七四降为千分之九点三。

一、传染病的防治工作

由于本市展开了群众性的爱国卫生运动，并用了较大的力量进行了卫生工程的修建，首都的环境卫生有了很大的改善。同时增设了传染病的防治机构，预防接种的人次较一九五一年增加约三倍。因此，传染病的发生数字和患者死亡人数有了显著减少。例如白喉发病人数较一九五一年约减少了百分之五十二点五；伤寒约减少了百分之二十三；流行性乙型脑炎约减少了百分之三十八。一九五二年十一种传染病患者的死亡人数，已较一九五一年减少了百分之五十八。

传染病防治工作中的主要缺点是对传染病的管理不够严格。例如对传染病患者的访视、追究病源、检疫消毒和住院隔离等一系列工作都作得较差。由于宣传教育不够，有一部分预防接种流于形式。例如种痘的数字虽然很大，但是有的儿童没有接种，有的儿童则在三年中重复种了五、六次；许多预防注射须连续接种三、四次，始能发生免疫作用，但许多人只作了一两次。这些都没有发生实际的效果。

二、医疗工作

首先是增设了医疗机构。一九五二年一年中，我们新建了十处，接办了十六处，实际增加病床五百五十五张。此外，还组织了公私联合医院和私人开业的中西医联合诊所共二十处。其次，是对机关工作人员和教职员及卫生工作人员等实行了公费医疗制度，从一九五二年七月开始实施至年底，享受住院治疗的已有九百九十五人，门诊医疗的有二万五千七百六十八人次。对贫苦市民也继续施行了免费医疗。

为了提高医疗效能和端正服务态度，在卫生工作人员中进行了政治学习和业务学习，并推行了苏联的先进医学经验，如无痛分娩法等，取得了良好的效果；也推行了卫生工作人员自己创造的一些先进经验。

但是，由于本市人口不断增加，广大劳动人民生活的改善和文化水平的提高，要求就医的人数日益增加，而我们的医务人员和医疗机构的增加，还远赶不上人民的需要。目前医院的门诊和住院都非常拥挤，加上对贫苦市民的免费医疗，因免费标准掌握得不够严格，免费门诊和住院的人数太多，更增加了医院的拥挤。

三、妇幼卫生工作

首先是继续推广新法接生。一九五二年城区用新法接生的已达出生总数的百分之九十六点六；在郊区新法接生也在逐步推广。因此，一九五二年城区新生儿的死亡率较一九五一年下降千分之八点一四，产褥热已近于消灭。此外，从一九五二年七月起开始推行了无痛分娩法，成功率达到百分之九十二点八。无痛分娩法的继续推广，将使广大的产妇避免生产时的苦痛。

一九五二年加强了儿童健康的检查工作，全年共检查了七万一千一百零九人次；托儿所儿童的卫生管理也有所改进；加以传染病防治和医疗工作的改善，本市婴儿的死亡率已比一九五一年降低了千分之二十点九三。

妇幼保健工作中的缺点是：宣传小儿疾病预防知识作得很不够；郊区新法接生还没有普及。

四、工矿、学校的卫生工作

我们在工矿卫生工作方面还比较薄弱。虽然工矿医疗机构已增加了一些，如供全市工矿企业使用的病床已占本市病床总数的百分之十三点二，平均六百二十一个工人已有一个医师；但在分布上很不平衡，有些工矿企业，医疗设备还很差，医师很少。为了解决慢性病工人的疗养问题，我们向各工矿企业提出了自办休养所的计划，一九五二年各工矿开办的休养所共达十七处。此外，为了加强工矿群众性的卫生工作，还训练了六百多名不脱产的保健员，其中有些能起作用，也有一部分因为缺乏经常的领导和帮助，不大起作用。工矿卫生工作的缺点是贯彻预防为主的精神很不足。

学校卫生工作方面也有进一步的开展，一九五二年共训练了四十名保健员到郊区去开展卫生保健工

作。全市开展学校卫生工作的单位已占学校总数的百分之六十七点七，平均一千八百一十五个学生中已有一个学校卫生医师。

五、卫生干部的培养和教育

卫生工作人员的不足是发展卫生事业中最大困难之一。因此，加强培养卫生干部的工作是十分重要的。一九五二年一年当中，我们培养了中级卫生干部五百五十一名，初级卫生干部二百零二名，短期训练的卫生人员一千八百零三名。

在培养卫生干部的工作中，最大的缺点是本市办的一些中级卫生学校规模太小，过于分散，专职教员也太少。因此教学质量不高，这是今后需加改进的。

北京市人民政府关于一九五三年度文教卫生工作计划及执行情况的报告

一九五三年度本市的文教卫生工作，根据中央“整顿巩固、重点发展、提高质量、稳步前进”的总方针，已分别制订了计划。今将计划纲要及上半年执行情况，报告如下：

第一部分：工作计划

一、教育工作

今年的教育工作，主要是办好中、小学和中等技术学校，为国家建设培养合格的人才；其次是有重点地进行扫盲工作。

(一)根据国家建设的需要和实际可能，今年的招生计划如下：

1、中学：今年暑假后，高中一年级拟招收学生七千零一十人，在学人数将达一万五千一百五十二人，较一九五二年度增加四千四百六十四人；初中一年级原拟招收学生一万七千二百人，暑假后在学人数将达五万五千九百一十五人，较一九五二年度增加七千六百三十四人(根据最近招生结果，原定招生数字与学生要求入学数字相差较多，还需适当增加)。

2、小学：今年一年级原拟招收新生三万六千余人，暑假后在学人数将为二十五万八千人(根据最近招生结果，仍有相当数量及龄儿童不能入学，特别还有不少初小毕业生不能升入高小，因此还需将招生名额适当增加)。

(二)解放以来，中、小学在数量上已有很大发展，但在提高教学质量上还十分不足。为了整顿巩固、提高教学质量，拟采取以下措施：

1、明确学校一切工作以提高教学为中心，整顿学校各种主要制度，克服学校中的忙乱和混乱现象。

2、加强教学工作的计划性。各校按照全市中、小学的学期工作计划，参照自己的具体情况，订出教学工作计划，以便使各校教学进度按照计划进行，并逐步提高教学效果。同时改进视导检查工作的方法。

3、暑假后，适当地、有步骤地调整中学的班次，选择一批中学首先进行整顿，充实师资与设备；整顿小学，停止推行“五年一贯制”，并调整班次。经过调查、研究，订出合理的教职员工编制与经费开支标准。

4、改进与加强教师的学习领导。有系统地、切合实际地学习苏联，交流与推广先进教学经验；成立中学教师进修学院和小学教师进修学校，有计划地组织教师的业余学习，以提高教师质量。

5、加强学生的自觉纪律教育，加强中学的政治思想教育和政治课与时事课的检查。

6、改进学生的健康状况。切实执行政务院关于改善学生健康状况的决定，办好学生伙食，保证学生睡眠时间，改善学校的环境卫生。

(三)中等技术学校，基本上维持现有的规模，不再发展，今年招收新生一千四百五十人(包括卫生学校)。加强各有关业务部门对技术学校的领导，根据实际情况，逐步设置专业，并进行整顿。

(四)扫盲工作，应根据中央“整顿巩固、有步骤有重点地稳步前进”的方针进行。今年主要是巩固现有用速成识字法识字的十一万二千人和用通常办法识字的六万六千人的学习。扫盲对象以干部及产业工人为主。作法上必须按照实际情况办事，服从生产需要，贯彻群众路线。在教学组织上，应按照不同的对象，分别采取班级和小组等不同的、便利群众的形式；教学方法上，应按照学员的实际情况，分别采取速成识字法“分段速成”教学法、“单元突击、单元巩固”教学法或通常的识字法。

(五)加强对业余学校初中班和高小班的领导，充实师资，加强教学研究工作；巩固现有学员的学习，学员人数不再发展。

二、文化工作

今年文化工作的方针，是对现有的文化事业加以整顿和提高，并有重点地进行一些建设。具体计划如下：

（一）组织新旧戏曲的编导力量，以解决剧本荒的问题；有重点有步骤地指导私营剧团进行必要而适当的改革；选择若干私营剧团实施公助办法，创造经验，带动一般剧团改进业务。

（二）北京人民艺术剧院应努力组织创作有较高思想水平与艺术水平的剧本；并计划在今年演出三个大型剧。全年在剧场演出六个月，在工厂、农村巡回演出三个月。

（三）将市属电影放映队扩充为十四个队，并逐步实行企业化。在城、郊区建立放映队网，争取全年放映一千场，吸收观众二百万人次。

（四）加强对一般影剧场的管理；切实整顿公营影剧场，并实行经济核算制；新建剧场二所，曲艺场一所，电影院二所，以解决演出和放映的困难。

（五）切实整顿本市现有的二十个文化馆和六十三个文化站。文化馆、站除配合扫盲工作，领导群众文艺活动外，并应组织时事宣传和科学技术普及工作，使之成为群众文化活动的中心。

（六）继续举办业余艺术学校。为了培养工农群众文艺活动的骨干，今年只开办工人部及农民部和创办短期的文化艺术干部训练班。

三、卫生工作

卫生工作，应以保证国家各项建设，特别是经济建设为当前的中心任务。针对解放以来本市卫生工作数量发展很大，质量提高不够的情况，今年卫生工作的方针是巩固提高、重点发展。具体计划如下：

（一）今年的爱国卫生运动，应转向深入、普遍和经常化；继续深入进行宣传教育，使群众自觉地坚持卫生工作，建立行之有效的经常制度；并以厂、矿、工地的卫生为重点，进一步改进环境卫生条件。

（二）大力加强工、矿卫生工作。督促各工、矿建立对卫生工作的责任制度；贯彻预防为主的方针，继续训练工厂保健员（预计训练八百人）；建议各工、矿自办工、矿休养所（室）二十五处；定期或不定期地检查工、矿安全卫生，吸取并推广工作经验。

（三）继续修建同仁医院和儿童医院，在本年度连其他各医疗机构共拟增加病床二千一百三十四张。

（四）重点整顿卫生基层组织，区卫生机构统一归区政府领导；应适当调整现有的医院和诊所，集中医疗力量，健全现有的较大的综合医院和专科医院；改善门诊和住院方面的一些医疗制度。

（五）防疫方面，要特别注意防治胃肠传染病，并加强防治虫媒传染病等，进一步健全传染病的报告制度，制订追踪、访视、隔离、消毒及管理传染病的有效办法。继续推行卡介苗接种（预计全年接种五万人）；建立肺结核病院（中心防治院）一处及卫生防疫站六处。

（六）着重向郊区推广新法接生，继续推行无痛分娩法。建立妇幼保健站二十八处，妇幼保健所四处，接生站二百处，并训练保健员、接生员等六百三十人。大力推行新育儿法，建立儿童保健所一处。

第二部分：执行情况

一、教育工作

（一）今年二月，市教育局分别召开了中、小学行政干部会议，制订了上半年中、小学的工作计划，开始加强了教育工作的计划性。

（二）本学期，各中学均加强了学校中各项社会活动的统一安排和控制，规定了各项制度。现在学校的忙乱现象，中学已基本上克服，小学已大为减少。

（三）采用“提高副食、调剂主食、压缩杂支”等办法，初步改善了各校伙食。

（四）为了提高教学质量和统一规格，已将一部分比较分散和不正规的卫生学校加以合并。建筑专科学校已根据院校调整的原则并入清华大学。中、小学结合暑假后招生，制订了调整班级的计划。为适合目前小学教学条件，今春实行“五年一贯制”的小学，现已恢复原来的“四二制”。

（五）扫盲工作，根据群众生产和生活条件，已适当减少了学员的学习时间；郊区增加了适合农民的小组学习方式。一、二月份普遍进行了教学检查工作。一般速成识字班已适当放慢进度，改进教学方法，逐步克服了“夹生”现象。教师工作时间过长的现象也克服了。

（六）八月初旬，进行了小学、中学和中等技术学校的招生工作。从招生的结果看，我们原订的指标数字是过低了。报名投考初中的三万八千余学生（包括外地来京投考的一万四千人），只录取了一万七千名，有两万一千名不能入学；初小毕业生亦有五千余人不能升入高小。因此还需适当增加一部分中、小学的招生数字，并采取举办补习班等办法，予以适当解决。

二、文化工作

（一）有作家和戏曲工作者参加的戏曲编导委员会已经成立，并已开始编写和整理剧本。私营北京艺培戏曲学校已经接办，改为公营“北京戏曲学校”。

（二）北京人民艺术剧院演出了《春华秋实》等剧，并已派巡回演出队分别下厂下乡为工人农民演出。

（三）目前，市属电影放映队已增加到九队（一九五二年为七队），并在城、郊区建立了三十一个放映据点。

（四）准备修建的四处影剧院、一处曲艺场，均已觅定地点，进行了设计，并有三处已经开工。

（五）业余艺术学校，已在城区和长辛店分别开办了工人的戏剧、音乐、舞蹈、美术等班。

（六）今年三月十五日，举行了全市民间艺术会演，选拔“太平鼓”参加了全国民间音乐舞蹈会演。

三、卫生工作

（一）今年二月和四月，全市进行了两次短期的卫生突击运动，进一步改善了环境卫生条件，并发动群众掀起了挖掘蝇蛹的热潮。市爱国卫生运动委员会提出：本年爱国卫生运动的一切工作，要围绕“三洁（屋里洁、院子洁、街道洁），三净（盆灶锅碗净、身体衣服净、家具摆设净）”和“一捕（捕鼠），五灭（灭蚊、蝇、跳蚤、虱子、臭虫）”的要求来进行。七月下旬又展开了以防止大脑炎和胃肠传染病为主的夏秋季卫生突击运动，并以工厂、工地为重点，结合安全卫生进行了大检查。目前，已有许多地区、机关、学校、工厂建立了责任地段的保洁制度以及定期大扫除、卫生值日、清洁交班和定期检查等制度，使爱国卫生运动逐渐转为经常化。

（二）为加强工、矿、工地卫生工作，今年二月，选择了九个较大的厂、矿、工地进行了重点调查，各工、矿的环境卫生较去年已有所改进。上半年，各工、矿已设立休养所共十八处；为加强工地卫生，训练了八十六名保健员，已分到各工地工作；市建筑工程局设立了卫生处，该局所属七个建筑公司都建立了保健站，多数工地有了保健组，使工地环境卫生条件有了相当的改善。

（三）新建儿童医院第二期工程和新建同仁医院工程，均在继续施工。

（四）继续推行了无痛分娩法。今年一至五月，全市实行无痛分娩的产妇，已有一万六千九百七十二人。

北京市选举委员会刘仁主席关于北京市基层选举典型试验工作报告

（1953 年 8 月 25 日）

主席、各位代表：

我现在代表北京市选举委员会报告北京市基层选举典型试验工作情况和关于今后全面展开基层选举工作的意见，是否有当，请大会审查、指正。

今年一月十三日，中央人民政府委员会决议于一九五三年召开由人民用普选方法产生的全国人民代表大会和地方各级人民代表大会，三月一日又公布了《中华人民共和国全国人民代表大会及地方各级人民代表大会选举法》。这是我们国家政治生活中的一件具有历史意义的重大事件，标志着我国人民民主政权发展的新阶段。大家知道：人民代表大会制度是我们国家的根本制度，是现在我国人民管理国家事务的最好的组织形式。实行普选和召开人民代表大会，将使我们人民民主专政的国家制度更加完备，从而可以进一步改进干部的工作作风和人民政府的工作，加强政府与人民之间的联系，提高广大人民群众的积极性和创造性，增强国家建设和国防的力量，稳步实现国家工业化和逐步过渡到社会主义。

根据中央人民政府的决议，北京市人民政府于今年一月开始进行普选的准备工作：组织了专门小组，在西单区二龙路、新皮库胡同和按院胡同进行典型调查，并研究普选中可能遇到的问题和解决办法。

今年五月六日，北京市选举委员会成立。六月上旬，市选举委员会抽调了一百六十名干部，组成三个工作组，在西单区安福胡同派出所辖区、东郊区关庄乡和海淀区蔡公庄乡开始进行基层选举典型试验工作。首先宣传普选的重要意义，并解释哪些人有选举权利，哪些人没有。接着进行人口调查登记、审查选民资格、登记选民、公布选民名单、发选民证；然后成立选民小组提出、讨论代表候选人，公布候选人名单；最后，在郊区召开选举大会以举手的方式进行选举，在城内的西单区设立选举站以无记名投票的方式进行选举。全部基层选举典型试验工作已于八月中旬结束。

这次基层选举典型试验地区选举结果：西单区安福胡同派出所辖区选出了区人民代表大会代表七人，东郊区关庄乡选出乡人民代表大会代表二十九人，海淀区蔡公庄乡选出乡人民代表大会代表三十五人。当选的代表所得票数一般都占投票总数百分之九十左右。选民都很热烈地参加选举。天增面粉厂许多工人于清晨五时即到选举站争投第一票。郊区开选举大会时，许多选民都换上节日穿的衣服。有的夜班工人下班后觉也不睡就赶去投票。有的选民全家一起投票，并带着照像机摄影留念。西单区典型试验地区参加投票的，占选民总数百分之九十，郊区占选民总数百分之七十七。郊区参加投票的比例较城区比例小，原因是选民中文盲较多，需要召开选举大会，致有些在家看门的选民不能参加。这些问题尚须设法解决。

普选的最高原则是充分发扬民主，保证选民能够选出自己认为满意的代表来。从这一时期的工作来看，发扬民主的关键，是在酝酿、讨论提出候选人名单时，选举委员会必须善于领导选民自由地充分地反复地进行酝酿和协商候选人名单，然后根据多数选民的意见，确定正式候选人名单。关庄乡和蔡公庄乡在选民小组中酝酿讨论提名后，由共产党组织和各人民团体集中选民的意见，联合提出初步的候选人名单，提交选民小组讨论，然后由选举委员会根据多数选民的意见，决定候选人名单，并正式公布。这样做的结果，选民普遍满意。有的说：“原先以为是干部说了算，现在看起来，还是我们说了算。”西单区安福胡同派出所辖区候选人的提名也是先由选民酝酿、讨论的，但由于城市居民日常往来很少，彼此熟悉的人较少，该区应选代表名额为七人，最初提的候选人却多达八十余名。各民主党派、各人民团体在集中选民意见联合提出候选人名单时，就遇到了相当多的困难，因为选民在酝酿中所提出的候选人名单很分散，就不可能都包括进初步候选人名单内，为此，各民主党派、各人民团体就需要对联合候选人名单作适当的介绍和解释，并说明联合候选人名单还可能有不妥当的地方，需要经过充分的、反复的酝酿和协商，才能得出为大家满意的比较集中的候选人名单。在进行这一工作时，有些干部作得很好，但也有的干部作得比较简单、生硬。例如在有些选民不同意各民主党派、各人民团体所提候选人名单中的某些候选人时，有的干部反复解释说服，希望选民接受，有些选民不接受时，甚至有个别干部批评选民“狭隘”，以致引起一些选民的不满。这种作法是错误的，今后必须坚决加以避免和纠正。我们认为：在选举中采取主要由各民主党派、各人民团体联合提候选人名单的办法，确实可以更好地集中群众意见，它是民主的、正确的，那种认为主要由各民主党派、各人民团体联合提候选人名单是不民主的看法，显然是错误的。但各民主党派、各人民团体联合提出的候选人名单，应该提交选民小组充分酝酿讨论，他们可以部分改变、也可以全部改变候选人名单，选举委员会在根据选民小组讨论的结果确定候选人名单时，应邀集若干选民小组的代表共同讨论，并根据多数选民的意见，加以修改。那种把联合候选人名单看作不需要根据选民讨论中发现的新情况作适当的修改的看法，也是错误的。同时，虽然我们认为选几名代表提几名候选人的办法，是比较好的，但如选民对候选人名单的意见不能全部取得一致，彼此争持不下，而候选人条件又相差不多，因而使候选人名额不得不超过应选代表名额，也是可以的，在这里需要灵活地处理，不可机械地办事。

在贯彻发扬民主的原则下，还要按照当地居民中的阶层和民族的具体情况，适当照顾到代表的广泛性。如西单区安福胡同派出所辖区三个选区当选的共七名代表中，有工人、教育工作者、资本家、街道居民，也有少数民族和妇女，这说明选民在选举时是尽可能照顾了各方面的。但如从一个选区来看，只能产生两三名代表，就很难照顾到各方面了。因此，在基层选举工作全面展开时，应将各个选区适当划大。这里还应该说明，即使选区划大，一个选区能选出的代表的名额总是有限的，事实上很难把各个方面都照顾到，如西单区典型试验地区机关较多，即无机关工作人员当选为代表。因此，照顾代表广泛性的问题，不能光从一个选区或几个选区来看，而必须从整个市、区来看。

在选举过程当中，郊区关庄乡和蔡公庄乡的选民小组在酝酿讨论候选人时，对候选人中的共产党、政府和群众团体的干部，有强迫命令等错误的都展开了批评。有的干部，如蔡公庄乡乡长方永贵同志向选民正确地做了检讨后，就取得了选民的支持，仍然当选为代表。一个妇女说：“乡长过去说话态度不好，但工作好，现在承认了错误，我们就拥护他。”有的干部，如关庄乡生产委员、共产党支部副书记陆德林同志不肯向选民检讨，就落选了。同时，有些工作积极、作风正派的干部，则受到了选民的表扬。如蔡公庄乡政府秘书祁玉和被提名为候选人时，许多选民都说他“没官僚，态度好，不自私自利”，结果当选票数达百分之九十四。从这些事实看来，选民对干部的批评是是非分明的、与人为善的，因而使干部受到很大教育。如有的不积极领导互助组的干部，受批评后就召开互助组会议，解决互助组中存在的一些问题。前面所说的落选的陆德林同志，也在选举后召开的乡人民代表大会上作了沉痛的检讨。这些事实，反过来又教育了选民。有的说："干部有错要改，我们有错也要改。"有的说："过去干部发脾气固然不对，但也不能全怪干部，我们要是都没有毛病，干部不就不发脾气了么?"有的说："我们一批评，干部就检讨，真是当家作主了。"应该说明：农村有些干部的强迫命令作风是相当严重的，但这与我们市、区各级领导机关布置工作过多、要求完成任务过急、而又对政策界限和工作方法缺乏明确的交代，以及平日对他们的教育不够有很大关系。因此，对于犯有强迫命令作风的基层干部，必须一面严肃批评，并帮助他们好好向选民检讨，一面要向选民说明领导上的责任。

选民资格的审查工作，要求作到不让一个公民被错误地剥夺了选举权利，也不能让一个反动分子或未经改变成份的地主阶级分子非法窃取了庄严的选举权利。因此，这是一件十分复杂、细致的工作。特别是在城市中，混有一批地主阶级分子等应被剥夺选举权利的分子，不像在乡村中那么容易审查清楚，更须认真慎重地进行。我们的作法是：先由区、乡选举委员会根据本人所谈历史情况和调查材料，吸收熟悉情况的选民积极分子参加审查。对依法应被剥夺选举权利的分子，并当面对他说清剥夺的根据和理由，听其表示意见。然后由选举委员会依法初步审定，并公布选民名单，再号召群众提意见和审查被剥夺选举权利者的申诉，加以处理。这次基层选举典型试验地区中，在公布选民名单时被剥夺选举权利的，有六人提出了申诉，经过审查后，其中有四人还是应该被剥夺选举权利的，有两人是不应该被剥夺选举权利的，已在投票前及时加以处理。这样审查结果，三个典型试验地区人口一万六千八百五十四人中，被剥夺选举权利的有一百三十三人，占人口总数千分之七点九(因在押反革命分子未计入，将来全市普选时被剥夺选举权利的，比例可能大一些)，其中，尚未改变成份的地主阶级分子九十六人，依法被剥夺政治权利的反革命分子三十二人，其他依法被剥夺政治权利者五人。此外，还有精神病患者十七名也没有选举权利。这一事实充分说明了我们人民民主的选举的普遍性，绝大多数人都是有选举权利的，只有极少数尚未改变成份的地方阶级分子和反革命分子才被剥夺了选举权利。这对广大人民群众又是很好的教育和鼓舞，使许多人进一步划清了敌我界限。许多人都认真地查看选民名单，有些人还检举了一些他们认为应当被剥夺选举权利的。还有许多人把选民证叫做"好人证"、"光荣证"、"当家做主证"。有些农民说："地主就是没有选举权，真对!"

现在各阶层人民的生产、工作和学习都十分忙，必须做到便利选民参加选举，一方面保证选民充分行使选举权利，另一方面又尽可能避免妨碍选民的生产、工作和学习。因此，我们严格控制了开会次数与开会时间，同时注意了精简其他活动和采取了多种多样便利选民的办法。在选民登记工作中，我们采用了流动登记站的办法，分片、分批登记，不仅可以节省选民往返时间，而且一般地避免了排队等候的现象，选民对此很满意，有的选民说："这次选民登记又快又不挤，比过去打防疫针省时间。"在城区选举时采用无记名投票，从上午六时直到深夜十二时，随时都可以投票，这就使在不同时间工作的人一般都能够参加选举。郊区蔡公庄乡和关庄乡不仅利用农民生产空隙时间进行选举工作，而且在农业生产最忙时，还暂时停止了选举工作，干部并帮助农民拔麦、除虫。因此农民非常满意。有的农民说："这真是普选、生产两不误，再选不好代表，就说不过去了。"郊区在开选举大会时，特别在会场附近成立了临时托儿站，便利了一些妇女选民参加。虽然如此，这次基层选举典型试验地区在便利选民参加选举方面也是有缺点的，主要是没有设法使一些愿意参加而因故不能参加选举的人也能行使选举权利。今后为了使每个选民都能够有机会行使他们的选举权利，对于要求参加选举的产妇、病人以及在家看门等不能参加选举大会或到站投票的选民，可以考虑用设立流动投票箱或其他适当办法来解决。

从上述情况看来，这次基层选举典型试验工作的收获很大，发现了进行基层选举中的许多具体问题，取得了一些有益的经验和教训，为进一步在全市展开普选运动打下了良好的基础。

关于在全市展开基层选举的问题，原来准备在七月下旬开始进行，但因基层选举典型试验工作尚未结束，许多准备工作尚未就绪，特别是郊区正值农忙季节不得不予以推迟。现在准备改在十月间开始进行，并争取在十一月底以前基本完成。郊区秋收较晚的地区，还可以再适当推迟。由于城市情况十分复杂，三个基层选举典型试验地区范围很小，经验可能是有限的，全市展开基层选举工作后，还可能会发生很多估计不到的问题。为了保证普选运动的健康发展，准备在全市展开基层选举时，首先选择一个区提前进行，以便进一步吸取经验，稳步前进。目前迫切需要进行的主要工作是大量抽调并训练干部，这是做好基层选举工作的一个重要条件。根据中央选举委员会关于基层选举工作的指示，每两千人口按五名干部计算，本市参加基层选举工作的干部至少应有五千八百名。市人民法院并须抽调必要数目的干部，组织相当数量的人民法庭，准备处理有关普选的案件。这些干部将从本市各机关、各民主党派、各人民团体及一部分学校中抽调，并在九月底或十月初采取集中听报告、分区组织讨论的方式，进行十天左右的训练。这就要求各单位在工作上早作安排，保证干部的及时输送，以便全市基层选举工作能够如期顺利开始。

各位代表：开展普选运动是今年我们全国人民的一项伟大任务，我们首都人民一定会以高度的政治热情，为胜利地完成这一重大任务而努力。

北京市第四届第二次各界人民代表会议提案审查委员会总召集人许德珩关于提案审查的报告

（1953年8月26日通过）

这次会议共收到提案四百二十七案，经整理合并为二百一十三案。其中属于政法类的十八案；属于财经类的四十二案；属于市政建设类的六十二案；属于文化教育类的四十六案；属于卫生类的二十二案；属于社会福利及其他类的二十三案。

对于这些提案，我们根据以下的原则进行了审查：

一、凡应办而又可能办或一部分可能办的，均送市人民政府核办；

二、凡可办可不办或须待研究后始能决定的，均送市人民政府参考；

三、凡不属于市人民政府职权范围内的问题，须转送其它有关方面处理的，均转送各有关部门；

四、内容不甚适当，或目前暂不能办的，予以保留。

根据以上原则，把全部案件加以审查后，其中拟送市人民政府核办的，共七十四案；拟送市人民政府参考的，共一百零三案；拟转送各有关部门的，共二十五案；拟予以保留的，共十一案。

按照上述原则所提各项处理意见是否有当，请大会公决。

（处理意见，见附件："北京市第四届第二次各界人民代表会议提案及审查意见"略。）

彭真主席在北京市第四届第二次各界人民代表会议上的总结报告（记录稿）

（1953年8月26日）

这次会议应该在前几个月召开，因为基层选举典型试验工作没有搞完，所以迟开了几个月。

这次会议开得很好，一方面肯定了政府工作成绩，同时，对各方面工作上的缺点，也不客气地、严肃地提出了批评，对应该做而没有做或认为应该做的工作提出了意见。我代表市人民政府各部门向代表们深深致以谢意！这些批评，对于我们工作的改进是一种很好的鞭策，可以使各方面改正工作中存在的缺点。钱伟长等十三位代表提出组织特种委员会深入了解本年度中等学校统一招生的录取原则、分配办法及其执行情况并追查责任的提案，有人认为这样提太过分了，我认为并不过分，统一招生工作发生这样多的问题应该检查，而且应该追查责任。有人说应当论事不论人，但事是人做的，怎能不追查责任呢？追查责任主要是为了帮助改正缺点。如果代表们只有同意，没有批评，我们的工作就得不到改进。这次会议在这方面比过去有显著的进步，但批评得还不够。只有这样才像一家人，才是同志。会议结束后，即进行详细检查，凡是缺点，即尽力去改正。

第一、大会上争论比较尖锐的是城墙拆不拆的问题。这是一个很复杂的问题。应该在制定首都建设总规划中，从长计议。因为首都的规划还没有确定，今天如果做结论就会犯错误。但是原则上凡是建设新的应该采取积极的态度，拆除旧的则应采取慎重的态度，如果不是不立刻拆就会妨碍生产、交通和都市建设的就不忙于拆除，对那些有价值的文物，则应尽可能予以保护。

第二、这次会议，大家关于文教、卫生、市政建设、增建房屋等方面提出很多意见，这些意见本身，绝大部分是对的，但是有些是今天必需而可能办到的，有些是必需但还不可能办到的。一般地说，都是属于人民的物质和文化的需要，为了满足这些需要，市人民政府几年来尽了很大努力，做了很多工作，但也有不少缺点和错误。今后，应根据必要和可能的条件，分别本末、轻重、缓急来逐步加以解决。现在，就以下几个问题分别加以说明：

(一)关于中小学招生问题。这个问题牵涉面很广，很重要，这次投考的学生共三万八千人，未被录取的有二万一千人，这不只是未被录取学生的问题，对学生的家长、教员和其他学生都有着很大的影响。城市和乡村不同，小学生十二、三岁不能上学就可能变成小流氓，所学的功课也会忘掉。在未被录取的学生中，有一部分平常功课很好，考试的时候，因为精神过分紧张，却没有考取；有的因为迟到不能进入试场，这是没有道理的，同时，这次录取，对学生的平常成绩缺乏应有的照顾。虽然平常成绩不能作为可靠的根据，但是应该适当照顾，不能只凭“偶然”碰“大运”。过去各学校成绩标准差别很大，这次录取的中学学生中，市立中心小学录取的占百分之九十五，整个市立小学占百分之七十五，私立小学占百分之五十五，郊区小学占百分之四十二。郊区学生因在农忙季节参加生产，所以成绩差一些，但是教育局对学校的教学工作检查督促也很不够，因而各校水准极不一致。对未录取学生的补救办法，是再招考一次，但是九千人都要录取也不可能，只能是勉强适合中学成绩的就升中学；成绩很低的只好仍回原校再读一年小学；另外，办一部分补习学校；年岁在十六岁以上的在自愿原则下介绍到工厂学技术。尽管采取这些办法仍不可能全部解决。在招生工作中存在着很多缺点，譬如有些未被录取的学生到教育局去问，教育局的答复彼此前后矛盾，这次答复是这样，下次答复又是那样，有的说成绩不好的分配到公安学校，有的却说成绩好的分配到公安学校。公安学校是培养公安人员来保卫人民民主专政和国家经济建设的，因此，录取的学生应该是政治可靠、功课也好，采取自愿投考的方法，并照顾学生的个性不要强调统一分配。这次招生工作上有缺点、有错误，教育局翁局长已承认了，我再承认一次，大家应向市民交代清楚，也要说明目前问题仍然不能完全解决。因为我们的教育事业不能离开生产而孤立地发展，苏联的经验也是如此，苏联现在还不是所有的小学生都能入中学，城市实行十年一贯制，乡村是七年一贯制，这是因为受到工业发展的限制。莫斯科市一九一三年至一九三一年十八年中间学生人数增加的情况是这样：小学生一九一三年八万一千人，一九三一年十六万六千人，中学生一九一三年三万六千七百人，一九三一年八万五千人，技术学校学生一九三一年十五万人。我们北京一九五三年暑假前有中学生六万六千多人，小学生二十五万一千多人。解决问题的关键在于校舍缺乏，但这并不难解决，过去在解放区办教育避风向阳的地方就是教室，现在为了培养后一代，与其失学，不如在露天上课，像中山公园就可以开几十个班。最困难的是教师缺乏。全国中学生二百五十万人，连同技术学校、师范学校学生共三百万人，小学生五千三百万人，如果都按六年级计算，一班两个教员就需要二百万教师。等于全部大学生的十倍。因此，必须经过相当长的时期才能圆满的解决。本市学生发展速度并不慢，小学学生比一九四九年增加了百分之七十六，中学学生比一九四九年增加了百分之六十六，中央已经给我们很大照顾，但还不能解决问题。

(二)关于医疗卫生问题。现在医务工作人员的工作很繁重，很紧张，绝大多数医务工作人员已经尽了极大的努力，同时，政府方面几年来也用了极大的力量发展医疗卫生工作和设备。今年医疗卫生经费总额比一九四九年增加了二十二倍，但问题还不能解决。一方面是工作有缺点，应该纠正；另方面，公费医疗实施后，有些工作人员病不大也去治疗，甚至没有病也去看病，这都应该纠正。各机关应该说服工作人员小病不要找大医院去看，对没病去看病的人应予批评以至取消公费医疗待遇。问题的关键是医师缺乏，一九五三年中央分配给本市八个医生已经是很照顾了。至于医院工作中的缺点可以研究改进。一方面要改进我们工作，同时对不能完全解决的困难，也要告诉全体市民。应该强调爱国卫生运动的必要性，除继续增加医疗设备外，应动员起来讲究卫生，以减少疾病。

（三）关于增建房屋问题。房荒问题的确还没有解决。解放之初，本市共有一百一十八万间房屋，三年来新建的房屋相当于这个数目的三之分一强。一九五三年计划建筑三百八十四万平方公尺，但由于设计人员、技术工人及建筑材料都不可能，所以削减了五十万平方公尺，估计今年能完成二百多万平方公尺，但是三年来人口也增加三分之一，房屋建筑的速度并不慢，但问题仍然不能解决。现在大家要求增建校舍、医院、宿舍、旅馆、戏院、电影院的意见都对，但必须分别轻重缓急。苏联的经验是：第一工厂、第二学校、第三医院和新设机关、第四是其他，我们原则上也是有一部分机关放在第三，但有些新设机关不盖房子便无法办公，必须放在第二位。

另外，关于公家包租旅馆问题，有一部分是为了开会包租的，还有一部分是新成立的工业部门因无住房包租的。政务院和军委早已发布通知限各机关逐步建房退出包租的旅馆，正在检查执行中。

第三、关于物价问题。刚解放时物价问题很严重，本来不应用行政手段来解决，但是还有“粮老虎”。抗美援朝战争发生后，毛主席所给全国的指示是边打、边稳。一面作战，一面稳定物价，因为我们跟美帝国主义及其附庸国家作战需要消耗大量人力、财力，当时，中央人民政府、中共中央、毛主席都很担心这个问题。解放后物价曾波动过几次，因为那时物资掌握在私人手里，现在人民生产、生活主要必需品国家可以掌握了。但还有一部分物资国家没有掌握，私人就哄抬物价，牟取非法利润，工商联正在克服。在国家掌握下的物价，从一九五二年七月到一九五三年七月总指数上涨了百分之一点六四。这并不是各种物价都涨，而是有涨有落。农产品特别是小麦、面粉和大米涨得比较多，约涨百分之十。猪肉、香油、小米等也上涨了一些。农产品价格所以上涨有以下几个原因：第一、农产品和工业品有剪刀差，农产品价格过低，工业品价格相对的高。这样农民生产的粮食粜出后，再买工业品就吃亏，引起农民不满。为了缩小剪刀差，农产品价格就需要提高。不提高就不合理；第二、粮食减产。几年来由于发展经济作物，粮食播种面积减少，而粮食的产量却有很大增加，可是消费量也增长，现在农民吃粮食比以前增多。过去有些山区的农民“糠菜半年粮”一年只有三分之一吃粮食。解放后，实行了土地改革，农民吃糠菜减少了，工业和城市人口增加了，粮食需要量就大为增加；同时，我们过去还把一部分粮食拿到国外去换机器；第三、在供求关系方面，细粮需要量增加很多，中央商业部规定细粮供应减少一半，但产米区如湖南等地的人民没有吃粗粮的习惯，便不能给一半粗粮，产麦区农民主要吃小麦，也不能给一半粗粮。以本市来讲一九四九年细粮的消费量仅占全部粮食消费量的三分之一，一九五三年却已达到百分之八十二，吃粗粮的人很少，其他城市也是如此，因此，细粮供求关系发生变化，求过于供。我们可不可以向苏联买小麦呢？是可以的，但是我想宁使小麦供应发生问题，还是向苏联购买机器，在此情况下，我们是让大米、面粉脱销，造成囤积居奇搞黑市，还是把价格提高限制细粮消耗量呢？为了不使脱销，不发生黑市，比较正常的把细粮价格酌量提高是必要的。此外，今年河南、安徽、苏北、山东等省受灾小麦歉收，上海大米是从四川、贵州运出来的。从四川运大米运费比粮价贵，但是国家就不能计较因赔钱而不供应粮食。由于以上几种原因，使得农产品价格不能不相对提高。

大家都晓得我们正在进行抗美援朝战争，在战争中间，任何国家的物价都要波动，但是我国物价的波动却最小。今后，物价不但要稳定，而且争取逐渐能够降低，以改善人民的生活。稳定物价的办法只有增加生产。现在我国生产不但达到战前水平，绝大部分工业并超过了战前水平。但是人民物质的文化的需要增长很快，拿布来说，一九五二年销售二百二十五万匹，一九五零年销售九十五万匹，增加两倍半，一九五三年预计增至三百六十万匹，约增四倍。可是生产的发展还没有这样快。以公私商业销货总额来说，一九五二年本市交易额十一万三千亿元，等于一九四九年的四倍；一九四九年是二万六千亿元。今天通过的预算是一万七千亿元，和那时的交易总额差不多。今后，为了保证物价不但稳定，而且逐渐降低，根本办法是发展生产，因此，必须集中人力、物力发展生产特别是工业生产，尤其是重工业生产。为了保证工业发展，我们不能不忍受暂时的困难，特别是工人同志和国家机关工作人员不能不忍受暂时困难，处处节约积累资金，以发展生产。过去我国是受帝国主义欺侮的，现在它虽然不敢欺侮我们了，但是美帝国主义者还帮助蒋介石霸占我国的台湾，这还是在欺侮我们。因为美国一年可以生产一万万吨钢，我国一年产钢还不到二百万吨，还不能制造一台拖拉机、一辆坦克，一架飞机、一辆汽车，工业不发展就难免不受人欺侮，国家的独立就无保障。为了使我国完全在世界上站起来，没有人敢来欺侮，为了使人民物质的文化的生活不断改善，必须举国一致处处节约，积累资金，提高效率，同心同德努力发展生产。我们首都现在还没有从消费城市转变为工业城市，所有文教、卫生、市政建设等都应当以生产发展为基础，不能离开生产水平而孤立前进。这次会议讨论有关物质的文化的需要的问题比较多，这是应该的，但是反映如何节约发展生产的比较少。今后，市各界人民代表会议应当进一步把全市人民的力量集中起来发展生产，繁荣经济，只要这个问题解决了，所有问题都可以得到解决。

第四、关于普选问题。普选工作经过典型试验已取得初步经验。这次会议上代表们提出很多问题和意见，这些问题不是很短时间所能解决的，同时按照选举法的规定，还有很多具体工作，需要仔细研究，建议交由市选举委员会、协商委员会再仔细研究。但总的精神是要充分发扬民主，不仅使选民对政府工作人员候选人能够自由地无拘束地进行批评，并且要保证选民能够自由地提出他们所要提出的候选人和选出他们所要选的代表。至于基层选举全面开展的时间可以在十月开始，郊区代表觉得十月是农忙时候，提议改在十一月中旬开始，我们已予同意。这样十二月底可以完成基层选举工作，即可召开区人民代表大会和市人民代表大会。

最后，讲讲我们的任务。今年三大任务是抗美援朝、召开普选的各级人民代表大会和大规模经济建设开始。当时我们的任务是边打、边稳、边建。现在朝鲜战争停止了，这是我们抗美援朝的胜利，是朝鲜人民的胜利。有人问停战靠得住靠不住呢？那要看美帝国主义者，它要打就打，它并不愿意停战，但是又不能继续打下去。至于美帝国主义者讲十六个国家怎么样，那是吓人，如果他们要打就不会停战了，停了再打就不容易了。主要原因还是过去毛主席分析的：死人、花钱、吵架，它都受不了。当中国志愿军出国时，很多人怀疑战争打得过打不过？毛主席指示能打得过，打不过就被赶回来，再攻出去！事实证明毛主席、中央人民政府的决定是正确的。能不能把敌人赶回三八线是个问题，后来证明能够赶回去。能不能在三八线守住也是个问题，毛主席指示挖工事，要守住。事实证明守得住，并且能够纵深突破敌人的防线，李承晚和美帝国主义一部分军队只有二十公里工事，都被突破了，敌人就发慌了。也许有人问，为什么不继续攻击呢？因为我们要和平，收复了失地，取得了经验就够了，这就使美帝国主义不敢到中国来打，我们赢得时间发展工业，工业发展起来，帝国主义就更不敢侵略我们。本届各界人民代表会议第三次会议准备在十月间召开专门讨论一次生产问题。

现在附带讲一个问题，今天代表讲话中提到在北京看到中国人民志愿军残废军人的脸被敌人凝固汽油弹烧坏了很难看，甚至有人笑话，这是很没道理的，世界上什么人最漂亮，我看就是在前线对敌作战为抗美援朝作战致成残废的脸上受伤的人最好看，最漂亮，最光荣！中国人民志愿军是全国人民中最优秀的儿女，我们应该敬爱他们，感谢他们。我们所以能够积极发展工业，首先要感谢我们的中国人民志愿军，在毛主席领导下把敌人赶回三八线，保卫我国的安全，我们要饮水思源。

最后，我再重复讲一下，现在，全体市民必须处处节约，集中力量，发展我们的工业，这是我们当前最中心的任务。

北京市第四届第二次各界人民代表会议关于政府工作报告的决议

（1953 年 8 月 26 日）

北京市第四届第二次各界人民代表会议，听取了张友渔副市长《关于北京市一九五二年度财政收支决算和一九五三年度财政收支预算的报告》，审阅了市人民政府关于一九五二年度政法、财经、文教卫生、市政建设等工作的四个书面报告，及关于一九五三年度政法、文教卫生、市政建设工作计划及执行情况的三个书面报告，并作了充分地讨论，一致认为满意。

市人民政府一九五二年度的各项工作是有成绩的，一九五三年度的各项工作计划也是正确的。在财政收支方面，由于全面地开展了增产节约的运动，市人民政府正确地执行了一九五二年度的预算；一九五三年度的预算，一方面计划在增产的基础上增加收入，另一方面又以较大的百分比用于各项事业费的开支。这是完全符合于正在开始的第一个国家五年计划的要求的，符合于全市人民的利益的。本年度上半年的执行情况的正常更说明了这一预算的正确。

生活在人民民主制度和生产不断发展中的人民，对物质和文化的需要是不断增长的，现在首都各界人民需要建筑更多的房屋、道路、下水道、学校、托儿所、医院、娱乐场所，以及举办其他各方面有关市民福利的事业。但国家的工业化和有计划的经济建设是要求一切建设事业按比例发展，市政和文化等建设，不能脱离生产发展的水平而孤立地前进。大会完全同意，在发展生产的基础上，在必需和可能的条件下，根据为生产服务，为劳动人民服务，为中央服务的原则，分别轻重缓急，本末先后，更进一步发展市政、文教等建设事业，凡是必需而又可能的必须做，凡是不需要或虽需要但目前还没有可能做的，就不做或缓做。首都全体市民将紧密地团结在市人民政府周围，为贯彻这一正确的方针而共同努力。

北京市第四届第二次各界人民代表会议关于市选举委员会刘仁主席《关于北京市基层选举典型试验工作报告》的决议

（1953 年 8 月 26 日）

北京市第四届第二次各界人民代表会议听取了市选举委员会刘仁主席关于北京市基层选举典型试验工作报告以后，认为本市在这次基层选举典型试验工作中，已取得了关于普选工作的初步经验；特决定于十月、十一月间在全市进行基层选举工作。

北京市第四届第二次各界人民代表会议主席团名单

（按姓氏笔划多少为序）

王之相　王宝初　王梓仲　王明之　毛树多
文　重　田常青　巨　赞　朱长江　吉合群
吴　晗　余心清　余贻倜　李伯钊　李君武
李乐光　吕乃君　林砺儒　周致远　周凤鸣
邵宗汉　侯俊岩　胡泉桂　胡一声　高晓亭
徐乃明　马玉槐　凌其峻　浦洁修　陈　垣
张友渔　张奚若　张锡钧　曹言行　曹宪波
梁思成　许德珩　庄　俊　彭　真　彭望铖
彭泽民　汤用彤　程宏毅　冯佩之　冯基平
冯宾符　曾昭抡　傅华亭　劳君展　费孝通
杨伯箴　杨造新　杨蕴玉　杨仲兰　杨德亮
叶企孙　董汝勤　载　涛　闻家驷　赵复三
蒋光鼐　刘　仁　刘一峰　霍凤岐　钱端升
薛子正　聂荣臻　罗　旺　罗瑞卿

北京市第四届第三次各界人民代表会议

(1953年10月29日)

北京市第四届第三次各界人民代表会议于1953年10月29日在北京人民印刷厂礼堂举行。这次会议是市各界人民代表会议和各区各界人民代表会议联席会议。其中市代表555人，区代表1730人。

市财政经济委员会主任刘仁作了关于国营厂矿企业增产节约竞赛运动情况和面粉计划供应问题的报告。市协商委员会主席彭真就刘仁的报告作了补充说明并作了总结报告。

会议讨论通过了刘仁的报告。

彭真主席致开会词（记录稿）

这次会议是市各界人民代表会议和区人民代表会议联席会议，因限于礼堂的容量，不能把所有代表都请来参加，同时郊区有些代表比较忙，因此，城区代表全体参加，郊区一部分代表参加，回去还可以传达。此外，市、区代表选出比较久，有些代表因工作变动离开北京，到别处工作或就业，本应补选，但因就要进行普选，正式选举人民代表大会的代表，故未补选。还有些代表住得比较远，因此，还有一部分缺席。现在出席代表已超过半数，现在宣布开会。

这次会议的议程是增产节约问题，由市人民政府财经委员会主任刘仁报告。他的报告分为两部分，一部分是关于工矿企业增产节约的情况。这时期做得很有成绩。我们人民民主国家要兴旺、繁荣起来，首先决定于生产。我们的生产一天天增加更多的财富，才能满足日益增长的需要。在生产中间工业生产是首要的工作。我们现在是农业国，我们国家所以落后，所以在世界上受帝国主义的欺侮，是因为我们的工业落后。美国那一方面都不如我们，但是他们的钢多，一年可产一万万吨钢，而我们一年只产一两万吨钢。国家社会主义工业化是我国当前最中心的任务。因此，首先要在工矿企业中开展增产节约运动。创造更多的财富，就是增产。增产节约是很重要的，随便一个节约，就可以节约大量的生产资料和劳动力。这方面做得很有成绩。其次一部分是粮食问题。总的来讲，由于土地改革，由于农民的解放，由于农民政治觉悟的提高，几年来粮食增产很快，一九五二年农业生产总产量已超过战前最高产量。大家都知道，我们过去名义上是农业国，实际从清朝末年以来是从外国输入粮食。在中华人民共和国成立后，粮食已不再是入超了，而且还有相当一部分输出。输出到苏联和新民主主义国家去换取机器，并和东南亚国家如锡兰换取橡胶。我们的粮食生产虽然增加很快，但粮食消费的速度增加更快。因此，粮食发生紧张局面，在北京市特别是面粉比较紧张，也需要做适当处理。一方面为了保证城市人口和工业用粮的需要并保证农村缺粮户的需要，国家应掌握适当的粮食；另方面粮食供应应有计划。这就是这次会议的主要议程。

财政经济委员会主任刘仁关于国营厂矿企业增产节约竞赛运动情况和面粉计划供应问题的报告（记录稿）

（一）关于国营、地方国营厂矿企业增产节约竞赛情况

最近两个月来，在党和人民政府领导下，全市工矿企业普遍展开了增产节约竞赛运动，在伟大的国家五年计划经济建设和保证完成与争取超额完成一九五三年国家计划的信心、决心下，广大职工都表现了高度的爱国主义的劳动热情，有力地推动了各方面的工作，改变了各厂矿企业的生产情况，过去没有很好完成国家计划的，经过增产节约运动开展后，普遍能完成国家计划。目前，运动正在进一步向前发展。

增产节约计划，由领导提出，经过群众讨论后，比原来增产节约计划普遍有所提高。全市国营、地方国营工矿企业原定增产节约总值六千五百亿元，上缴超额盈余四千五百亿元。经过群众讨论后，增产节约总值增到七千五百亿元，上缴超额盈余增到四千九百亿元。建筑业增产节约总值一千三百亿元，总共八千八百亿元。由于生产竞赛的开展，九月份全市工业生产总值完成计划百分之一〇二，比八月份增加百分之十一点八。有些单位在过去几个月完不成计划，经过开展增产节约竞赛运动后，都能完成，可能超额完成计划，不能完成计划的单位现已大大减少。这次增产节约竞赛运动，是在深入的思想动员后，在检查计划的完成情况，发动群众讨论，并制定了增产节约计划的基础上开展的。这次运动有下面几个特点：

第一、领导上对这个运动抓得比较紧，同时动作比较快，领导上提出不久，很快的各个厂矿就行动起来，大多数单位都是一边动员，一边制定增产节约计划，同时又一边展开生产竞赛。从思想动员，到群众行动起来，前后共十几天时间。

第二、这次参加竞赛运动的面比较宽，不只是国营大厂矿都动起来，而且许多地方国营的小厂矿也都参加这个运动，根据现在统计，全市一百二十九个单位中，开展了竞赛运动的已有一百二十四个单位。在建筑业方面六百多个工地已经展开竞赛运动。在厂矿企业内部，从干部到工人，从技术人员到行政管理人员都是积极参加这次生产竞赛运动。

第三、这次生产竞赛的目的是明确的，多数厂矿都和生产管理结合起来，这样，就比过去好。现在这些厂矿基本上作到能按照现定的工作计划稳步前进，没有因为开展生产竞赛运动打乱原来的部署，因而对提高生产、改进企业管理都起了很大推动作用。

首先，由于发动了群众找窍门、挖潜力，推广先进经验，特别是认真执行了苏联专家的建议，使生产获得很大改进。如石景山钢铁厂在操作上采取苏联的先进经验，生产提高很多，九月份下半月比上半月一号高炉的产量提高百分之三点八七，二号高炉产量九月份下半月比上半月提高百分之十四点六。京西矿务局推广先进经验掘进效率提高百分之五十，地方工业局所属砖窑厂推广苏联先进经验细砖快烧法，产量提高百分之三十三，清河砖厂提高百分之五十，北京第一机器厂推广苏联先进经验，废品率由过去的百分之十三，降低到百分之四点七，在建筑业方面，混凝土采取了苏联的先进经验，按重量比，也降低了成本，少用了洋灰，降低百分之二十二。在这时期，质量也有显著提高。以石景山钢铁厂来讲，生铁废品率由八月份的百分之一点五九，降低到九月份的百分之零点四六。清河制呢厂进一步解决了精纺车间染花问题，成品率由八月份的百分之七十五提高到百分之九十六，毛线成品率达到百分之百。人民电机厂变压器过去退修率百分之二十二，现在降低到百分之五点九。其他方面也有很多改进。在建筑方面，工程质量也是显著提高。

其次，竞赛运动开展后也推动了企业管理的改进。很多厂矿企业九月份生产均衡率大大提高。如农业机械总厂九月份的均衡率达到百分之百。

□□均衡率达到百分之九十五，创造了该厂推行作业计划以来的新纪录。新华印刷厂产品均衡率也达到百分之九十七。在建筑业中间，有些工地推行了帮助作业计划，也提高了企业管理水平和工程质量，加速了

工程进度。如三六五一工地速度有很大提高，第一层地基用三十二天，第二层二十二天，第三层十五天，第四层十天，第五层只用八天就完成了。其他工地也有许多工程进度有很大进步，质量也有很大进步。

在竞赛中间涌现出许多生产上的先进人物和先进小组。如农业机械总厂铸工车间朱中玉小组九月份产品均衡率达到百分之百，提前六天完成，废品率由八月份的百分之十六降低到九月份的百分之八点一，京西矿务局房山矿李金泉小组掘进率由十二至十四米提高到十八至二十米。在建筑业方面，儿童医院工地洋灰工开展竞赛后，生产效率提高一倍半。第二机械工业部十九工区刘奉朝小组砌砖效率，由过去每天每工三千块砖提高到五千块砖。同时，在竞赛中间也发现很多爱护国家资财的模范人物。如石景山发电厂工人杨文庆经常捡废铁，有一次从废铁堆里捡出三角铁作了十辆运煤小车。这种爱护国家资财的精神是很好的，像这种情况，在工矿里不是一两个，也是很多的，技术人员和工作人员在这次竞赛运动中间，也发挥了很大作用。如京西矿务局总工程师李永章亲自下井帮助工人推行快速掘进法，石景山钢铁厂工程师刘振五、丁吉申等同志也都到现场帮助工人执行苏联专家的建议，这样做对生产提高提〔起〕了很大作用，在建筑方面，儿童医院的技术人员和工人结合，利用废料，一层楼减少五千多万元。

目前，运动的发展还是不平衡的，从总的方面来看，还有以下这些缺点：第一、有些厂矿严重存在着忽视质量、忽视安全的情况，虽然在这一时期有了很大改进，但事故还发生很多。

第二、有些厂矿的竞赛运动和企业改进没有能够很好地结合起来，或者结合的不够好，有的单位存在着只问生产管理，不过问竞赛的情况，有的单搞竞赛运动，不注意改进管理。

第三、有的单位很多群众注意先进经验，但领导上很不注意，或者晓得这件事情，没有认真加以解决和推广，有的单位对苏联或者各地的先进经验缺乏具体的研究和认真执行。

第四、小组计划虽然是普遍订了，但有些单位对计划的执行情况还缺乏检查，有些小组定出计划还是流于形式。

这些缺点在今后工作中还需要进一步改进。

（二）关于面粉实行计划供应的问题

解放以来，我们国家的粮食生产是一天天提高的，一九五二年年产量已经超过战前最高水平，小麦的产量也是增加的，一九五二年小麦产量较一九四九年增加了百分之三十八。但一方面由于我国农业生产基础，还是落后的小农经济，同时，经常不断地又遭受自然灾害的袭击，粮食产量不是像工业增产速度那样快。又由于我国经济建设的需要，经济作物的耕地面积逐年扩大，小麦产量虽然有了增加，但它的播种面积总是有一定的限度。今年我们主要产麦地区在四月间遭受霜灾。另一方面，由于城市和工业的需要一年年增加，人民的生活也是逐年提高，粮食的消费也是逐年增多，不但许多过去“糠菜半年粮”现在吃的好了，而且许多过去吃粗粮或吃细粮很少的，现在吃细粮的比重也是增加了。这种情况不只是在城市中如此，而且在农村中细粮的消费量也是大大的增加。我们知道北方人生活改善，就是吃面粉。以北京的情况来讲：一九五〇年细粮的销售量只占粮食总销售量的百分之三十，现在只是面粉的销售量已占粮食总销售量的百分之六十。以郊区张各庄乡来讲：一九五二年整个乡只生产小麦十万零九千多斤，但一九五二年九月至一九五三年八月，一年中间就购买面粉十三万七千斤。由此情况说明需要吃面粉的速度，比小麦的生产速度快。这种情况就很自然地引起面粉供应的紧张情况，所以，在这个时期面粉的供应情况是很紧张的。在这种情况下，私商就乘机从事面粉的投机活动，增加了国家对面粉的管理和调度上的困难。如今年八月份，粮食交易所私商购买面粉的数量，比六月份增加两倍半。有些面粉零售商很少直接供应消费者，而是以倒卖为主，有的利用本市与外地面粉的差价搞黑市从事投机活动。这就使面粉供应上很吃紧。在这个时期，很多小贩将面粉运出城外，造成黑市从中取利。这种情况，我们如不迅速设法加以解决，势必要发生严重的供销脱节现象，造成混乱，助长了少数不法商人囤积居奇投机倒把等非法活动，引起面粉价格的高涨，牵涉到整个物价，严重影响人民的生活，妨碍国家的经济建设。显然，这种情况是对少数投机商人有利，而对绝大多数人民是不利的。

解决这个问题，当然最好的办法，也是最根本的办法，是大量增加小麦的产量。随着国家社会主义工业化和农业集体化、机械化以后，是能逐步解决的。但这样做时间就要很长，不是短时间所能办到的。因为农业机械化，就必须国家首先工业化，供给农业机器，我国第一个五年计划，还不能生产拖拉机，所以，使用拖拉机生产，不是短时间所能解决的。

在目前情况下，用什么办法解决这个问题呢？

我们可否考虑到外国买一些小麦、面粉供应需要呢？这种办法我们考虑是不行的。因为如果我们把国家建设资金用来从外国买面粉，就会影响国家的工业建设，就会影响到国家五年计划的完成。我们大家都知道，国家工业建设是我们全体人民的最大利益，我们应该用一切力量完成国家社会主义工业化。我们为着实现国家社会主义工业化，必须尽一切力量争取一些粮食出口换取机器。进行国家工业建设。这样做才是符合我们的长远利益和全体人民的最大利益的。我们不买机器，去买面粉是不妥当的，也不能这样做的。

是不是可以要求中央粮食部由全国其他地方大量调拨面粉，充分供给北京市人民的需要呢?这样做也是不合理的，因为首都的面粉供应，已经比其他地方好得多了，我们今天也不应该再要求中央粮食部对北京多拨面粉。如果只是首都充分供应面粉，其他地方没有或很少供应面粉，而又要承认面粉的自由市场同时存在，即使中央粮食部增加对北京的面粉供应，也解决不了现在的问题。因为本市周围各地没有面粉，就会有许多投机商人到北京倒运面粉。现在已经开始出现了这种情况，而且情况比较严重，不只是有些私商倒卖面粉，甚至有的学生也开始有这种情况，这样做不但解决不了问题，反而便利投机商人、投机分子的活动，所以也不好这样做。

我们再三反复考虑后，认为只有对面粉实行计划供应由国营粮食公司对面粉实行统销，才能解决现在的困难。实行面粉计划供应是一件关系十分重大的事情，特别是许多人要比过去吃面粉少了，而且在购买时要增加一些困难。但实行面粉计划供应后，就可以使面粉供应摆脱自由市场，根本上杜绝投机商人的捣乱和破坏活动。把面粉供应放在长期的巩固的基础上，使城市的面粉供应就有了保证，面粉价格和其他物价也不致波动。这样做也就保证了国家经济建设计划的顺利进行。现在只有采取这种办法，这是完全符合我们国家和人民的长远利益和暂时利益的。我们认为实行计划供应是唯一的最好的办法。

关于面粉计划供应的具体措施：

第一、关于面粉计划供应的办法和数量。我们计划对全市居民一般都是每人每月一律供应面粉八斤。另外，对公私企业职工、机关工作人员、文教卫生工作人员、大车工人、三轮车工人、手工业者及中等以上学校的学生本人每人每月再增加供应面粉四斤。共十二斤；对铁路职工、装卸工人和职工在一百人以上的公私工矿企业、建筑企业以及现代化交通运输业职工本人每人每月再增加供应面粉六斤，共十八斤。人数的计算，以十月三十一日前，在工商管理局、劳动局登记备案的人数为标准。对医院住院病人，准备充分供应面粉，在北京的大使馆、领事馆的外交人员，当然应该充分供应面粉。对郊区农民中不种粮食的菜农，每人每月也供应面粉八斤，一般的农业人口原则上应该是种什么吃什么，同时，应该与河北省农村农民大体上一致。但对缺粮户还应给以适当的照顾。农民中少量的有无相通，互相调剂和交换是允许的，但不能买卖小麦和面粉，专门经营买卖小麦和面粉是不允许的。

这个办法是根据面粉供应力量和国家社会主义工业化的利益制定的，原则上对在业的劳动人民是加以照顾的，对其中大产业工人又加以特别照顾。但要说明界限是很难划分得绝对恰当。因为不管怎样划总有交界的地方。在这种情况下，总会有人有意见，而且他们的意见还不能说完全没有一点道理。如大的工矿企业职工在一百人以上的，可以多购买六斤面粉，九十九人的工矿企业职工可能有意见，如果说一百人不合理，九十人也还有八十九人，七十人还有六十九人，就是两个人也还有一个人会有意见。如果都照顾，面粉又不够。虽然可能有些人有意见，但最好还是采取这个办法。在目前面粉供应不足和缺乏经验的情况下，我们认为这样做法是比较合理的，而且是切实可行的。

第二、面粉实行计划供应后，势必会有些不法商人投机倒把、囤积居奇、高抬物价、扰乱市场，必须由国家严加管理。因此，必须规定面粉和小麦由国家粮食公司统销，由国家经营，任何私商不能自由经营面粉和小麦。凡是经营粮食的坐商、行商和摊贩都应向政府据实申报现存面粉和小麦的数量，报告后由国家粮食公司予以收购。对专营粮食的私营粮店经过审查核准后，可以由国家粮食公司委托代销面粉业务。对私营机制面粉厂，仍可由国家粮食公司委托加工，但也不允许经营面粉和小麦。

第三、私营饮食业和食品工业，面粉消耗量也是很大的，实行面粉计划供应后其面粉消耗量可能比现在还要有些增加，这是一个很大的漏洞。但有些人因工作需要不能回去吃饭，还有些过往旅客，是应加以照顾的。我们对饮食业和食品工业也不能不适当的供应一些面粉。我们计划暂时按照饮食业和食品业经常需要的平均数字予以适当供应。同时，饮食业和食品工业现存的面粉数量也需要向国家粮食公司登记，在国家粮食公司供应的数字中扣除，私营饮食业营业需要面粉，如果供应不足时，应该用些大米和粗粮来补充，应该指出，在面粉供应减少以后，对饮食业和食品工业供应适当的面粉，对他们和顾客显然都是一种照顾。他们应该尽量增加一部分粗粮食品供应，改变过去只卖细粮不卖粗粮的不合理现象，这样来节省面粉的消费。

第四、面粉计划供应的手续。开始实行时，我们是先按户口簿对全市居民发给购面票，居民可凭购面票到国营粮食店，或合作社及国家粮食公司委托的代销店购买面粉。至于享受增加供应部分，由其所属机关单位或学校统一办理手续。

实行面粉计划供应是一项关系广大人民日常生活的十分复杂的工作。在开始时，必须作为一项中心工作来进行。要抽调大批干部，集中力量做好计划供应工作。首先要做好广泛的宣传教育工作，使每个人都能认识这个问题，并动员广大人民群众拥护政府的这项措施，动员全市人民团结一致，制止粮食的浪费，人人反对囤积粮食，反对经营粮食的买卖，协助政府监督和检举不法分子的投机捣乱、造谣破坏等活动。特别是私营粮食业、饮食业和食品工业的职工应协助政府贯彻面粉计划供应的措施，反对不法商人的投机活动。私营粮食业、饮食业和食品工业的工商业者也应贯彻政府有关面粉计划供应的各项措施，反对投机倒把，囤积居奇，并且要在政府和国营粮食公司的领导和监督下，做好面粉加工和代销业务。

我们相信，在中国共产党和中央人民政府及毛主席的正确领导下，依靠广大人民群众积极支持，我们一定能够克服一切困难，保证我们首都面粉计划供应的措施，能够很好的贯彻执行。

彭真主席就刘仁报告的问题所作的补充说明（记录稿）

刘仁同志已代表市政府提出关于增产节约和面粉计划供应的报告。关于增产节约问题我没有什么补充，关于面粉计划供应问题，就刘仁同志的报告，再加以补充说明。

这个计划实行后，大家吃面粉是增加还是减少了呢？是减少了，减少了一半左右，大米并没有减，还可以照旧供应。现在我们吃面粉的数量很不合理，到现在为止，细粮占全部粮食消费总额的百分之八十三，全国粮食生产的品种是粗粮、细粮各一半，但南方人是吃大米，就不能叫他们吃粗粮，同时，把北方的粗粮运到南方去也很贵，小麦主要是华北、西北、东北地区用。面粉的消费量占细粮的百分之六十，这是很不合理的。过去，各地总是供应城市，供应首都，其实，这是很不合理的。军队的细粮比例是比较合理的，普通部队吃细粮百分之三十，坦克部队吃细粮百分之五十，空军吃细粮百分之八十，当然这是军委过去规定的，现在实际吃细粮的数量也占百分之八、九十以上。这些情况就造成面粉供应的紧张局面，原来中央粮食部供给本市今年的面粉到十月底仅四个月即已消耗百分之六十。如仍照这样下去是不行的。因此，报经中央批准实行面粉计划供应，从整个国家利益来讲，从全体人民利益来讲，面粉计划供应是目前最好的办法，至少可以说是比较好的办法。

最近时期，有一部分投机的粮食商人，粮贩、农民、甚至学生和工人以及青年团员中，也有一些投机的人乘面粉缺乏的时候进行投机，粮商用种种办法把面粉搞到手里捣乱，目的是为了赚钱，学生到礼拜天用自行车运面粉下乡赚钱，青年团员也有运七袋面粉到固安县赚钱的事情，共产党员中，也有人听说面粉很紧，借钱买一百袋面粉给工人食堂。我想我们工人同志不吃这种可耻的面粉。实行计划供应后，对这些投机取巧破坏国家经济计划，破坏人民生活的人是不利的，现在主要是整这部分人。

如果不实行这种方案，还有几种方案：

第一种方案是照现在的情况供应，四个月把全年的粮食吃掉百分之六十。这样做投机分子会高兴，正派人就倒霉了。如果不改变办法，大概到阴历年就没有面粉了。这种办法是不行的。

第二种办法是把面粉价钱提高，利用提高面粉价格限制面粉的消费量。这样做是害大家，当然面粉在国家手里，国家可以赚些钱，特别是投机分子会赚些钱，但结果是少数人吃面粉，多数人看着。因此，这种办法也不可以，我们是人民民主国家，对自己不能采取这种办法。

第三种办法是到外国去买面粉。这是蒋介石的办法。我们到外国去买面粉当然可以，但是我们究竟是到外国买机器，还是买面粉？我想还是买机器。苏联帮助我们设计一百四十一个工厂，建设好以后，我们国家的整个面貌就可以改变。过去，从清末到北洋军阀时代、国民党时代，都是到外国买面粉而亡的国，国民党时代吃美国粉，我们叫“亡国粉”，谁爱吃“亡国粉”呢？我们中央人民政府成立几年期间，从粮食入超的国家变成出超的国家，到外国去买面粉是可耻的事情。如果我们到外国去买面粉，能输出工业品也好，但是我们还是农业国，农业国家如果到外国去买粮食、棉花，国家不亡是无天理！我们要用粮食到兄弟国家换机器，也同别的国家换日用品和橡胶。如果为了吃面粉，把小米、大米存起来坏掉，在人民国家里是不能做的。

第四种办法是各地少吃面粉供应首都。现在外地已经有很大意见，有人讲："我们是产麦地区，面粉价比你们还贵。"我们也无话可讲，所以这个办法也不行。

我们愿意大家都吃到面粉，想很多办法维持现状，但是以上这些办法都不能用，只好实行计划供应，统销面粉。不但私营粮商不准经营小麦、面粉，粮贩也不准经营小麦、面粉。农民挑小麦到城里来卖是可以的，但是只能卖给国营商店，不能卖给私商。至于学生等不要再搞投机。这样，虽然暂时有些困难，面粉减少一些，但可以保证全年以及任何时候有相当数量的面粉，而且投机分子也可能多吃面粉，这样，对生产有好处，免得农民参加投机活动。农民有两面性，一方面劳动创造财富，这是根本方面，和无产阶级一样，但另方面，有一种投机性，这就变成了商人，会影响农业生产。为了刺激农民安心进行生产，所以采取这种办法，对生产有利。现在工人思想也很混乱，学生不安心上学，如果不加以限制，这部分人就会堕落。至于粮商的问题，投机商是要完的，完的越早越好。正当的粮商和店员可到国家商店工作。还有一部分给国家代销粮食，变成国家资本主义。有一部分跨行跨业的，就要转业，如杂货店代售粮食的，就专门卖杂货，不要再跨行跨业经营粮食。粮食由国家控制起来，不允许在粮食上使投机分子兴风作浪，向我们进攻，影响我们的生产。

关于分等问题，现在分为八斤、十二斤、十八斤三等。原来考虑时，感到结合处很难划分清楚，准备按平均计算，但从理论上讲不好平均，从实际上讲也不应该平均，矿工吃的比其他人多，按调查有的工人一月吃七十二斤，如统统按平均十斤计算，则减去六十二斤。同时，我们国家所以落后，就是过去政治反动和工业落后，现在有机会搞工业了，如果平均配售是不符合保证国家工业化的原则的。国家工业化是全体人民的利益，并不只是工厂工人的利益，他们的劳动是为了实现我们的利益。因此，决定分为三等。有人讲："现在知识分子不值钱了。"这种说法是不对的，这是吃粮食，不是政治地位。三轮工人也会讲："为什么三轮工人不按工人算？"大车工人也会讲："公共汽车公司工人按一百人以上企业计算，大车工人也是运输工人，也在一百人以上为什么只按十二斤计算？"这都很难讲清楚。但是面粉只有这么多，只能大体合理，有一部分人会吃亏，吃了亏将来就有好处。事物总有分界限，我们应该从整个国家整体观点来看，不必斤斤计较。

再如，百人以上工矿企业职工按十八斤供应的问题，也是大问题。都是煤矿工人，那个矿是一百人按十八斤计算，这个矿九十九人就按十二斤计算，就会有人提出：我们是同样的工人只是差一个人，就少给面粉？工人就会埋怨国营企业或资本家为什么不多增加一个人，叫大家少吃面粉？我们也认为这是不合理的，但是找不出合理的界限，如果统统按十八斤配售，又没有那么多面粉，只好九十九人的厂矿企业吃点亏，为了保证国家的建设顺利进行，对大产业工人就需要加以照顾，因此，界限就需要划分一下。

本市现有人口三百万人，除农民外，是二百六、七十万人。这样计算后，有一百零八万人是十二斤，四十四万人是十八斤，此外，还有三十多万人是本市附近各地（南口、高碑店、通县等）的企业职工，也需要本市供给，因为都是大企业也都按十八斤供应面粉。

至于家属问题，有人讲：为什么把人家给分家呢？国家工作人员家属是八斤，本人是十二斤。我想不要计较这些，并不是共产党员家庭观念薄弱，主要是很难划分，有的人在北京工作，家在外地，也有的人在外地工作，家在本市，因此，只好家属一律八斤。

工商界也会有人讲：国家是四个阶级，为什么只给我们八斤呢？我想工商界的同志多吃点副食品就可以了，免得把问题弄得很复杂，就不好办了。

总之，我们要顾全国家全局，保证长远计划，保证工业顺利进行，保证人民生活的安定。这个计划准备从十一月一日开始实行。在代表会议未作决定前，不得向外宣布。

增产节约和粮食问题，是一件大事情，也是一件好事情，请同志们考虑。

彭真主席总结报告（记录稿）

这次会议到现在为止，已经开了十多个小时，在这十多个小时内解决了这样一件大事情，这是很值得的，而且很好！

关于增产节约问题，我在这里应该代表政府，也可以代表我们大家，向各个工矿企业当中增产节约的英雄、模范工作同志致谢！在这样短期间内，靠大家的积极性、靠技术人员、熟练工人和全体工人的努力，替我们国家和全国人民创造了这样大的财富，而且像那样突出的杨文庆，仅仅捡些“破烂”煤核就节约几千万，这是增产节约中的模范，他们是我们大家教员，我们应该向他们学习！

苏联在十月革命后，有人问列宁同志怎样使我们的国家社会主义进入更大的胜利，列宁同志说：“不用讲其他条件，只讲一点，就是当每个劳动人民爱护国家一针一线，就像爱护自己的财产的时候，就是由社会主义进入了共产主义社会。”我国刚成立不久，很多人还有旧社会带来的习气，往往对国家的事情，为国家增产，为国家、为全体人民爱惜财产，就不如为自己生产，为自己做事情，爱护自己的财富。像杨文庆就不是这样，他是为了替国家增产，想尽了种种办法，但是开始时，很多人讥笑他是捡破烂的，最后他是模范，是我们的教员，是我们的老师，我们应向他学习。

因为我们人民民主国家要繁荣富强，要逐渐做到满足人民不断增长的物质需要和精神需要，就要靠生产、靠生产中的节约，用比较少的生产资料、劳动力创造比较更多的财富来满足人民的需要，所以这是一件大事情。

经过小组讨论和大会发言，大家一致同意市人民政府提出的计划，就把这个计划作为大会的决定，坚决贯彻！这个决定实行后，在北京来讲是开始了新的阶段，面粉市场从此就要完全掌握在社会主义性质的国营经济手里和国家资本主义手里，脱离了私人资本主义市场的影响，脱离了小农自发式的影响。这样，我们就可以逐步有计划地保证我们的工业和城市的需要，有计划地保证人民生活中关于面粉部分的需要，人民不必为面粉费心思，国家也不必再为面粉问题浪费很多精力。

在小组讨论和大会发言中提出几个具体问题，分别说明如下：

第一，计划供应的范围是否按户口的问题。计划供应的原则是按户口，小孩从出生日起算。至于临时户口，只要是参加生产的临时工人，不是一两天的，各个单位都应补报户口。

第二，农民的问题，郊区问题比较复杂，准备在这次会议后，召集郊区代表、村干部开会详细布置。郊区居民中有一种虽是住在郊区，但并不是农民，如清华大学职工等就和城内一样，在郊区的工厂也和城内一样。农民问题不很好解决，本市有三十万农业人口，也可和城市一样，但本市郊区和河北省各县接触，如果我们和城市一样，便和河北省各县不一致，结果很孤立，而且事实上也不应该这样，也不需要这样。经过调查，农业人口一个月一人平均只要一斤面，如果按八斤供应，他们决不会卖粗粮买细粮。因此，原则上大致和河北省一致。另外准备一部分面粉，由各区负责掌握，适当加以照顾，如过年、过节、婚丧嫁娶等临时事情的需要。对菜农和种粮很少的农民则应根据具体情况适当照顾。农民所生产的小麦，除缴纳公粮外，可到合作社换面粉或在本村内调剂，但不允许经营面粉买卖。

昨天也听到有人讲：“你的面粉不下乡，我的小麦也不进城。”实际本市的小麦都不是本市郊区来的，主要是其他地区来的。如果你的小麦不进城，城内的一切都不下乡。道理很明显，这只能是挑拨离间工农的关系或者是没有觉悟的人说的气话。如果是气话，解释一下就算了。如果是挑拨离间工农的关系，就要很好地批驳。所以农民应该把粮食卖给国家，国家供给农村需要。供应粮食是为了整体利益，也是为了所有人民的利益。此点应在农民同志中间讲清楚。

第三，私营工厂作坊的伙食问题，过去吃细粮，现在改吃粗粮，伙食可以节省一些钱，所节省的钱应该增加副食品，以保证店员工人同志的健康，如副食品增加后仍有节余，就分节余。

有人提出，建筑公司很多南方工人，过去南方工人吃大米，北方工人吃面粉，现在大米没有实行计划供应，面粉有限制了，结果南方工人就吃好的，北方工人就吃亏了。这是不成问题的，南方人习惯吃大米，北方人除产麦区外，并不是从来就吃面粉，现在有十八斤面粉也差不多。同时，我想各单位自己还可以调剂，总的来讲，应从全面来看，北方工人和南方工人都是工人阶级，不必为几斤面粉计较。主要从政治上提高觉悟，从全局来看，把南方工人当作自己来看。

第四，面票是否准许买卖的问题。如果准许买卖，就会给投机分子开辟一条道路，扰乱粮食供应。因此，不论何人均不准买卖，买卖就是犯法，但一个单位内可以调剂，送人也可以，但不能有代价。

第五，房租以面粉计算的问题，有些房主以面粉计算房租，这是犯法的，应该按面粉价格折合人民币计算。

此外，大家有些建议，所有这些建议都很好，凡是可以办到的，就交由主管部门去办。

下面还有几个问题，请大家考虑：

第一，面食业的问题，这是很大的漏洞。现在准备按照过去平均消费量供应面粉。这样做可能有些人要钻空子，除了享受计划供应的面粉外，还要由饭馆供应。最近曾有人订做挂面三十万斤，因此，挂面、面条应加以管制，烧饼、大饼等还照旧供应，但要供应八五粉。如果有人经常吃烧饼、大饼，最好用面票去换，照旧供给一个时期后，如果漏洞很大，再另想办法，至于饭铺可以做些大米饭或粗粮。

第二，检查现存面粉问题，有的代表提出，把现存面粉检查一次，这是很好的建议，但检查很困难，可以暂时不检查。

第三，明后天的面粉供应问题。有的代表提出明后天最好停止售卖。我们也曾准备这样做。但为了考验首都人民的觉悟程度，是自私自利，还是照顾全局，从各民主党派一直到老百姓每个人都考验一下。因此，明后天不必停止售卖，看有多少人还在投机取巧。但不要整袋购买，可以按户口购买。批发即行停止。

第四，谨防扒手。扒手有两种，一种是投机分子，也许是粮商、粮贩，也许是农民、工人，这种人不顾国家大局，不顾全体人民的利益，而是自私自利。另一种是反革命。反革命被我们打倒了，但反革命并没有肃清，无时无刻不在钻空子，向我们进攻。因此，应动员全市人民防止反革命捣乱。

现在，市、区代表的意见已经完全一致。成败的主要关键在于我们工作是否做到家。我们要靠全体人民自觉地执行市、区各界人民代表会议的决定。要想达到自觉，首先靠代表和列席同志向各界人民彻底讲清道理。我想首都人民解放已四年多，如果讲清道理，把我们的主张变成三百万人的主张，一定能够贯彻。为了做到家喻户晓，各单位、各区、各街道和农村明天上午都召开会议，将这次会议的决定进行宣传，明天之内要做到每个人都晓得。这样，我们的首都在国家第一个五年计划中间，又做了一件很大的事情。面粉问题的解决，保证了人民生活和工业的需要，同时，这次取得经验后，将来就可以全面解决问题，不再因粮食问题浪费精神。

北京市第四届第四次各界人民代表会议

(1954年6月26日——28日)

北京市第四届第四次各界人民代表会议于1954年6月26日至28日举行。

这次会议着重讨论了中华人民共和国宪法草案和提高北京市中小学教育质量问题。北京市教育局局长翁独健向大会作了关于中学和小学教育问题的报告,市协商委员会主席彭真作了总结发言。

会议通过了关于拥护中华人民共和国宪法草案的决议和关于提高北京市中学和小学教育质量问题的决议。

北京市人民政府教育局局长翁独健关于中学和小学教育问题的报告

(1954年6月26日)

主席、各位代表:

这次市各界人民代表会议是要集中讨论本市中、小学教育问题的。请让我来报告一下本市中、小学教育的主要情况、存在的问题以及我们准备采取的一些措施,以便大家讨论并请给予指正。

解放以来,本市中、小学教育工作,在中央教育部、华北教育局、中共北京市委和市人民政府的领导下,由于广大教职员的努力,曾经取得了一些成绩。首先,在数量上有很大发展。现在,中学学生的人数,已经从一九四九年的四万多人,增加到八万一千多人,即增加了百分之一百零三;小学学生的人数,已经从一九四九年的十四万两千多人,增加到二十七万七千多人,即增加了百分之九十五。这是解放后人民文化要求不断增长的反映。

在学生家庭成份方面,也发生了很大变化。学生中工农子女的比重逐年增加。现在,工人、农民和国家工作人员的子女,在中学生中已占百分之七十二,在小学生中已占百分之七十五。

教学内容和教学方法,也进行了初步改革。现在,中学的自然科学课程都已由教育部制定了教学大纲,采用了根据苏联教材编写的新教材。几年来，经过各项社会改革运动和知识分子的思想改造，教师和学生的政治觉悟已经有显著的提高。大部分教师在教学上都是努力的，大部分学生也是努力学习的。

去年，我们根据中央文委指示的文教工作方针，对中、小学进行了整顿。部分学校的领导干部已经开始注意教学工作，有些学校学习了苏联的先进经验，初步总结了自己的经验，从而提高了教学效果。以男四中为例，由于对教学抓得比较紧，督促教师认真备课和钻研教材，并注意学习苏联，因而提高了学生的学习成绩。以一九五二学年度上下两个学期来比较，得五分的学生由百分之十八点八，增加到百分之三十一点九；得四分的学生由百分之三十九点七，增加到百分之四十二点二；得三分的学生则从百分之三十一点六，降低到百分之二十点六。

但是必须说明：我们今天办得较好的学校，为数还是很少，多数学校的教学质量不高，有的还很差，在我们的中、小学教育当中，还存在着很多严重的缺点和问题，如何提出切实有效的办法来普遍地提高学校教育的质量，这就是我们目前迫切需要解决的问题。

从一九五三年本市高中毕业生投考高等学校的成绩来看，平均成绩不及格，即不到六十分的人数竟占投考人数的百分之七十！在四十四个完全中学中，只有师大女附中、男四中、北京中学、师大男附中、男八中、二中和一中等七个学校的成绩较好，总平均分数在六十分以上。其余三十七个中学，总平均分数都不到六十分。甚至有七个中学，投考学生的成绩平均还不到四十分！去年，本市高小毕业投考初中的学生成绩也不好，不及格的人数，占投考总人数的百分之五十一，其中有一千四百多名学生，三门考试课程的总分数还不满八十分！

此外，还有不少学生存在着鄙视体力劳动、看不起劳动人民的剥削阶级思想；在很多学校中都有少数学生学习纪律不好；也有少数学生受了旧社会污毒的影响，思想很混乱，甚至有些有流氓行为和违法行为。

几年来，我们的中、小学教育质量提高得很慢，教学效果很差。其中，固然有一些客观原因，例如学校数量发展很快，而师资缺乏可靠的来源，在现有的中、小学教师中，从过去失业的知识分子中吸收的，相当于教师总人数的百分之四十三，其中，有很多是有相当的业务水平能够胜任的，但也有不少是缺乏专业知识，业务能力很差，不能称职的。这样，就不能不影响教育质量。又如，现有的七十三个中学，有三分之二是接办的私立中学，其中，有些学校是原来基础较好的，但大部分原来的基础很差，招收的学生很滥，在接办后短时期内整顿好是有困难的。上面提到学生投考高等学校平均成绩不到四十分的七个中学，都是原来基础很差的私立中学。

但是，必须承认：教育质量差的主要原因，是我们没有在发展数量的同时，注意到提高质量的重要性。虽然，去年我们也强调地提出过“面向教学”，但由于缺少系统的、切实有效的具体措施，致所谓“面向教学”不能不流为一个空洞的口号。我们并没有把主要的精力放在教学的领导上。我们曾经对校长们提出过以领导教学为中心任务的要求，但我们并没有给他们以应有的保证，具体的领导和帮助以及必要的检查和督促。这样，就使许多学校的校长也始终不能把主要的精力放在教学的领导上。

由于我们忽视质量，因而我们对教师的培养和提高也缺乏有效的措施，忙乱现象虽然在去年整顿后曾一度减少，但最近一个时期又有发展，虽然这关系到很多单位，但我们没有及时地对这个问题加以系统的调查研究，提出解决意见，以致迄未彻底克服。目前，多数校长、教导主任和教师的非教学活动仍然过多，没有充分的时间考虑教学问题，深入钻研教材，认真备课。有些校长、教师，星期日也得不到休息，他们反映：“我们没有星期日，只有星期七！”对教师的学习没有统一领导，多头并进，杂而不精，效果不大。许多教师今天是要求学习和提高的，但是，我们对于如何培养和提高现有的教师，缺乏长远的计划和有效的领导。从去年下半年起，虽然组织部分中、小学教师进行业余进修，并收到一些效果。但参加进修的范围还是很小，领导也不够强。根据我们初步了解，在现有中学教师中，因为水平低，在教学上有困难的约有七百人，但能进入教师进修学院学习的，只有三百多人，进修学院也缺乏严格的学习制度，上课时缺席的还不少，效果还不够大。

我们对聘用新教师也缺乏严格的选择和必要的训练。有不少人分配工作后，对教学不能胜任。

对于教师的教学工作也缺少严格的考核，在工资待遇上还存在某些平均主义的现象，对优秀教师缺少应有的奖励，对那些工作极不负责、品质极为恶劣的教师，也没有及时加以处理。

对于学生的入学、升级和毕业，过去虽然也有一些制度，但是不够严格。就招生工作来说，以往几年多是按任务数字录取学生，能收多少，就收多少，即使成绩很差，也可能被录取，特别突出的是一九五二年暑假，把报考的学生，包括外地学生都一齐包下来了。正如许多教师所说的：“拍拍脑袋就进来！”这样做的结果，必然造成学生程度很不整齐，使教师在教学上感到很大困难。去年录取学生的质量虽较一九五二年有些提高，但是成绩依然很不齐，有一部分学生质量还是很差。在学生的升级考试上，也缺少统一的、严格的规定，有的学校学生八门功课不及格，也照样升级。我们虽然也有补考制度，实际上补考的试题一般是比较容易的，评阅考卷也很松，并且补考是在次一学期编班以后才举行，因而流于形式。升级不严格的结果，就不可避免地培养出大批名义上毕业，实际上不合标准的学生来。

对学生的政治思想教育，特别是劳动教育进行得很不够。曾经有一个时期，只片面地强调升学，对学生当中从旧社会沾染来的鄙视体力劳动、看不起劳动人民的剥削阶级思想，长期没有进行有系统的批判，乃是我们教育工作中一个方针性的错误。由于政治思想教育差，很多学校里都有一些不守纪律的学生，妨碍课堂教学。教师反映：常常因为有两三个不守纪律的学生影响课堂秩序，不能进行正常的教学。甚至有些学生有流氓行为和违法行为。教师感到没办法，我们也没有具体地帮助学校如何解决这些问题。

由于以上情况，使得我们中、小学教育的质量，不能迅速地提高，培养出来的学生，就不能不出一些“废品”。这种情况如果继续下去，就必然要影响高等学校学生的质量和劳动后备力量的质量，就会给国家社会主义建设事业带来极大的损失。

对于以上情况，我们在中共北京市委和市人民政府、市府文委的帮助下进行了检查，找出了目前存在的关键问题，中共北京市委并做出了关于提高中、小学教育质量的决定，准备迅速采取有效的措施来改变这种情况，以便普遍地提高教育质量。

首先，我们必须使全体教育工作者，从市教育局、区文教科的领导人到中、小学校长和教师明确认识，提高中、小学教育质量是当前首要的任务。由于国家建设的需要和人民文化要求的日益增长，北京市中、小学的数量，今后一定还要不断增长。但是，发展数量，必须保证质量。目前，首先应抓紧提高教育质量这一重要环节。今年中、小学的招生计划，已经中央批准的数字是：市立高中招生一万人，市立初中招生三万二千人；市立小学招生四万二千人。为了保证中学入学学生的质量，今年暑假招生除仍举行统一考试外，必须按照一定的成绩标准来录取。录取的学生必须语文、数学及格或者总平均分数及格。为了保证质量，即使达不到上述计划所规定的数字也不能滥取。对于不能录取的学生，我们也初步研究了解决的办法。对于投考初中成绩太差，而年龄很小的学生，我们将举办一部分补习班，使他们能继续学习；对于年龄较大的学生，我们已和各有关方面研究，将有步骤地辅导和组织他们参加生产或组织他们自学。希望各有关方面也能协助我们来这样作。

其次，是依靠和发动教师来制订提高教学质量的计划，广大师生应以极大努力为实现提高教育质量的计划而奋斗。北京市中、小学的数量很大，暑假后，中、小学合计约一千所左右，学生将近四十万人，中、小学的教师超过一万人。要在这样一个庞大的范围内普遍地有效地提高教学质量，绝非单靠由上而下地发布几个指示，或者做几条简单的规定，就可以实现的。特别是各校具体条件和原有基础很不平衡，因此，除市教育局将要对全市中、小学制订较长远的提高教育质量的总计划，并对尚无教学大纲的主要课程规定出明确的教育目的和教学要求外，还必须依靠各校校长和教师分别按照各校、各班、各门不同课程的具体情况，实事求是地根据现有的基础和条件，自己订出提高教学质量的具体计划。在实现计划时，一定要认识到：提高教育质量主要应依靠教师，提高其业务水平，改进教学内容，并相应地改善教学方法。同时，也要提高学生的学习积极性，并且要很好地告诉学生应该如何更好地进行学习，采用突击竞赛的方法或过重地增加学生负担，都是不对的。必须使学生有适当的作体育锻炼、文化娱乐和休息的时间，以保证增进学生的健康；必须避免追求表面的甚至完全虚假的分数和虚报成绩等不良现象，保证学习分数符合学生实际成绩。

第三、当前提高教育质量的关键，是领导教师钻研教材和教学大纲，领会和掌握所教学科的思想内容、科学内容、教学目的，改进教学方法，使教师能切实地、系统地改进教学工作。为了做好这一工作，我们必须给各校教师以具体的帮助。当前，最切实的办法是组织和领导有经验的教师，群策群力地研究教材、教学法和教学中的问题，编辑能指导教学的材料，随编随印，一面使用，一面集思广益加以修改。这样作，就可以大大减轻教师在备课方面的负担，也可以免去教师为解决一两个教材中的问题遍翻参考书籍而不能解决的困难。这样做，就可以提高教师们的工作效率，使教师在这一基础上作更进一步的钻研，就可以普遍地把我们的教学工作提高一步。今年暑假，我们就准备试行聘请若干有经验的主要科目的教师，开始编写一部分这样的资料。今后，对于从事此项编写工作的教师，需要适当地减轻其原有的教学负担，或给以适当的报酬。为了研究教学，教育局拟建立专门机构或指定专人经常地领导这一工作及其他教学研究工作。

为了使教学质量能不断地提高，最根本的办法还是提高教师的业务水平和政治水平。对于前面提到的七百多个因水平过低，任课还有困难的中学教师，我们准备让他们能全部参加业余的教师进修学院。根据他们教学上的具体需要进修，并保证他们每周有一天的时间参加学习。这部分教师除时事政策学习外，可暂不参加其他学习。进修时，要为他们订出严格的学习制度，并举行定期的考试。对其余教师也准备根据各科不同的需要，有重点地为他们聘请专家举办一些专门讲座，帮助他们继续提高。

对于教师的政治理论学习，拟根据中、小学教师的具体情况和不同的水平，规定比较长期的、系统的学习计划，进行统一领导，提高学习质量。克服政治学习分量过重，内容一般化，缺乏领导而收效不大的偏向。

为了使教师在业余有充分时间认真备课，钻研教材，须坚决减少教师过多的非教学活动和繁杂的事务。很多教师几乎每天下午都要开各种不同的会，只有晚上才有时间备课和批改作业，对教学很有影响。这些教师所参加的会议也必须精简。

教育质量的提高，必须建立在教师政治思想觉悟提高的基础上。因此，必须通过经常的教学工作检查、政治理论学习，开展批评与自我批评，加强对教师的思想教育。目前，除继续肃清封建的、买办的、法西斯的残余思想影响外，必须着重地、系统地批判和克服教师中的资产阶级思想。

为了解决今后发展当中师资的困难，必须加强培养师资的工作。今年准备适当地扩充北京市师范学校并举办五百人左右的师范专修科，以便为将来开办师范学院打下基础。

第四、对教师的工作应当有系统地考核，主要应根据学生成绩的优劣和学业进步的快慢，评定他们工作的成绩。对于成绩优良的教师，应给以奖励，逐步地、适当地提高他们的薪金待遇；对于成绩低劣的，就要向他们提出要求，通过他们自己的业余进修和认真钻研，来提高他们的教学水平，经过帮助，仍不能提高的，不应使他们继续担任原来的教职；对少数思想反动、品质恶劣的教师，应该进行审查，严肃处理，而不应优容姑息，以贻误我们对后一代的教育。

教师工资制度中存在的某些平均主义现象，拟逐步地加以改变。对水平高、教得好的教师将适当提高其待遇；对兼班主任等工作的教师，除原有工资外，也可考虑适当另给一些报酬。总之，要以按劳取酬的原则，逐步改正教师工资中的不合理部分。

为了团结和发挥广大教师的积极性，我们应该从政治上和生活上关怀他们。

第五、对学生必须贯彻全面发展的教育，要培养学生成为品学兼优、身体健康的人才。要教育学生深刻了解学习目的，充分发挥学习的自觉性和积极性，学好功课，以便成为祖国的社会主义的建设者。

今后，中学招生时，我们拟先规定适当的录取标准，不合格的就不收。对学生的升级和毕业也将规定出严格而又适当的统一的标准。现在升级、补考制度规定过宽的拟即加以修订。毕业考试不及格的，不准毕业。

对于学习成绩和品质优良的学生，今后应适当地给予精神奖励或物质奖励。我们已制定了中学和小学学生的奖惩办法的草案，将来正式确定后，即可按照所规定的办法实行奖惩。考核成绩的标准是应当统一的，我们将逐步地从小学的高年级起，实行统一的考试，考试的科目为其主要课程。今年，我们已计划即在初中二年级和高中二年级试行统一考试，以便取得经验，逐步推广。

加强对学生的政治思想教育，当前要特别加强劳动教育和自觉的纪律教育，要使学生养成又有活泼、创造精神，又有遵守纪律的习惯。不久以前，教育局已经发出了加强对学生的政治思想教育的指示，今后要不断地研究这方面的工作，继续改进和加强这项工作。对于不遵守纪律的学生，要认真地进行教育；对于有严重违犯纪律的行为而又屡教不改的，各校应根据其所犯错误的轻重，遵照统一规定的奖惩办法，分别给予适当的惩罚；对于品质十分恶劣并有违法行为的学生，要作必要的处理。但同时，也要反对对学生采取粗暴的态度，无论如何不得对学生施行体罚。在整顿学生纪律的时候，必须注意到：一定要课堂教学进行得好，对课外活动加以正确的指导，才能收到良好的效果，班主任的工作也须加强。

目前，在部分学校中还存在着社团活动过多、会议过多而影响学习的现象，这些也须加以纠正。对于那些可以丰富、扩大知识领域的活动应该适当地加以开展。为了增进学生的身心健康，文娱和体育活动，还应适当地加强。

第六、今后要加强视察工作，检查和帮助学校改进教学，为了不断取得经验，就要办好几个学校。对教学成绩差的学校，要分期分批地加以整顿。对校长和教师的忙乱现象，要彻底地加以克服。许多班数过多的学校，校长领导有一定的困难，今后应有计划地提拔一些干部，增设副职，以减少校长的行政事务工作，保证他们对教学工作的领导。各区文教科、各校行政领导干部和教师的流动，今后须尽量减少，以便他们能积累工作和教学经验。

为了保证以上措施的贯彻，我们教育局、区文教科的领导同志和各学校的校长要真正把绝大部分的精力，用来领导教学，钻研业务。我自己和有些教育局的领导同志，过去经常忙于事务，对各校的教学工作了解得很少，更谈不上具体领导。我们对业务钻研得也很差，并没有真正成为办教育的内行。北京市中、小学教育质量很差，是和我们教育局领导上的严重缺点分不开的。如果对这种情况不能迅速地坚决地加以克服，就不能完成国家和人民付托给我们的光荣职责。必须使全体教育工作者以严格的批评和自我批评的精神，正视我们当前工作中的缺点，克服骄傲自满和“差不多”的思想，为实现提高教育质量的光荣任务而奋斗！

各位代表，以上就是关于我们的中、小学教育工作中的情况、问题和今后所拟采取的各项措施的报告。

北京市第四届各界人民代表会议协商委员会彭真主席在北京市第四届第四次各界人民代表会议闭幕前的总结发言（摘要）

（1954年6月28日）

北京市中、小学教育工作是有很大成绩的。解放以来，小学学生从十四万多人增加到二十七万多人，中学学生从四万多人增加到八万多人。今年暑假以后，中、小学学生总数将超过四十万人，发展速度是很快的。从学生的质量来看，不仅比解放以前高，而且在解放后逐年都有提高。这是全体教师、学生努力的结果，教育局工作的结果。这些成绩都是应该肯定的。但工作中的缺点也是很大的，问题也是很严重的。主要问题是学生程度不高，有些教师不好。教师和学生中多数是努力的，是好的，其中有一部分并且是很好的，但是也有极少数教师和学生是很坏的。一般地说，我们的教学水平不高，有些学校并且很低，这个问题必须解决。

教育水准必须提高，也可能提高，困难是有的，但都是可以克服的，因为我们有一大批有经验的和先进的教师可以作为骨干，北京有这么多高等学校，可以帮助我们，中央也在这里，我们随时都可以请示。

我们首先对学生要有统一的测验标准，按计划逐步提高学生水准。招生、升级和毕业都应按规定的标准，不应马虎，同时要根据学生成绩的高低和进步快慢来评定教师的工作。对工作好的要奖励，对工作不好的和落后的要批评、教育。对学生也是一样，必须有奖励有批评，对违法乱纪的分子，并且要有必要的惩罚。

我们对校长、教师的要求只有一条，就是：把学校办好，把学生教育好。学生“好”是要“身体好、学习好、工作好”，不是一好，也不是两好，必须是三好。要达到三好，必须师生共同努力，首先是要教师好好教导。

为了把学校办好，把学生教育好，领导上必须组织有教学经验的教师编写教学指导和参考材料，总结交流先进经验和介绍苏联的经验，以减轻教师在备课方面的负担，提高他们的教学能力。领导上必须帮助各校正确地解决妨碍教学工作的坏教师和坏学生的问题。必须克服校长、教师因课外负担过重或工作方法上的缺点而造成的忙乱现象。教育行政部门必须加强对学校的视导工作，必须加强对学校的领导和检查、督促。

此外，还必须尽可能解决带孩子的女教师的困难。对教学好的、有成绩的教师，应奖励和表扬，对工作落后、成绩不好，但工作态度还好，有改进条件的，应采取有效办法帮助他们提高。对教师中思想反动、不可救药的分子和违法犯罪的分子，应分别作行政或法律处置，对这样的人不应优容姑息，纵容他们贻误和摧残我们的后一代。对学生也是一样，要表扬好的，批评不好的，惩罚违法的，对严重的违法分子，不应优容姑息，必须严肃处理。但对于学生的一般错误，甚至较严重的错误，应该耐心地循循善诱地教育和帮助他们改正。不要轻易给学生“扣帽子”或者粗暴地打击。

提高教育质量的关键在于领导，首先是教育行政部门的领导同志和校长、教导主任，必须把主要精力放在改进教学工作上，切实帮助教师提高业务能力和教学效果。在今年暑假中，要迅速集中力量编写教学指导和参考材料，帮助程度差的教师补习功课，学习业务。

北京市第四届第四次各界人民代表会议关于拥护中华人民共和国宪法草案的决议

（1954年6月28日）

北京市第四届第四次各界人民代表会议全体代表以无限兴奋和愉快的心情，热烈地讨论了中华人民共和国宪法草案，一致认为这个宪法草案是中国人民在中国共产党和毛主席领导下取得的人民革命和国家建设伟大胜利的结果之一。

这个宪法草案总结了我国人民长时期革命斗争的丰富经验，吸取了国际的革命先进经验，巩固了中国人民革命的成果和几年来国家建设的新胜利，反映了国家在过渡时期的根本要求和全国人民建设社会主义社会的共同愿望，规定了逐步建设社会主义社会的正确道路。我国人民第一部宪法将成为动员和鼓舞全国人民积极参加社会主义建设和社会主义改造事业的有力武器，将成为实现国家在过渡时期的总任务的可靠保证。

我们全体代表对中华人民共和国宪法草案一致表示热烈的拥护，并向伟大的中国共产党和毛主席致以衷心的感谢和崇高的敬意。

我们全体代表在闭会后将积极地参加并推动全市各阶层人民对宪法草案的学习、讨论和宣传工作，并提出意见，以供中华人民共和国宪法起草委员会参考；并保证全体市民在宪法正式颁布后，自觉地遵守宪法，积极地为完成国家过渡时期总任务，为建设伟大的社会主义国家而奋斗。

北京市第四届第四次各界人民代表会议关于提高北京市中学和小学教育质量问题的决议

（1954年6月28日）

北京市第四届第四次各界人民代表会议，就《中国共产党北京市委员会关于提高北京市中小学教育质量的决定》和北京市人民政府教育局局长翁独健《关于中学和小学教育问题的报告》，进行了充分的讨论。

大会一致认为：中国共产党北京市委员会对于北京市中学和小学教育状况的分析是完全正确的，市委所提出的关于提高中学和小学教育质量的工作任务是切实可行的。大会同意翁独健局长报告中所提出的各项具体措施。大会责成北京市人民政府应切实领导教育行政部门迅速地坚决地把主要精力放到教学研究和教育领导上去，领导各学校校长、教师和学生，切实贯彻执行这些具体措施。

提高中学和小学教育质量的问题，是关系到全市现有三十六万多名（暑假后将达到四十万名以上）中小学学生和他们的家长，关系到全体教师和全市人民以及整个国家今后建设事业的重大问题。大会号召全市的中小学教育工作者、中小学学生家长和全体学生都要积极地为实现这个任务而努力；全市各界人民也都要为帮助各中小学校完成这个任务而共同努力。

北京市第四届第四次各界人民代表会议主席团名单

（按姓氏笔划多少为序）

王之相　王宝初　王梓仲　王明之　毛树多
文　重　田常青　巨　赞　朱长江　吉合群
吴　晗　余心清　余贻倜　李伯钊　李君武
李乐光　吕乃君　林砺儒　周致远　周凤鸣
邵宗汉　侯俊岩　胡泉桂　胡一声　高晓亭
徐乃明　马玉槐　凌其峻　浦洁修　陈　垣
张友渔　张奚若　张锡钧　曹言行　曹宪波
梁思成　许德珩　庄　俊　彭　真　彭望钺
彭泽民　汤用彤　程宏毅　冯佩之　冯基平
冯宾符　曾昭抡　劳君展　费孝通　杨伯箴
杨造新　杨蕴玉　杨仲兰　杨德亮　叶企孙
董汝勤　载　涛　闻家驷　赵复三　蒋光鼐
刘　仁　刘一峰　霍凤岐　钱端升　薛子正
聂荣臻　罗　旺　罗瑞卿

第　二　编

北京市人民代表大会文献资料

北京市第一届人民代表大会第一次会议

(1954 年 8 月 17 日—23 日)

北京市第一届人民代表大会第一次会议于 1954 年 8 月 17 日至 23 日举行。大会代表共 564 人。其中，工人 168 人，农民 28 人，机关工作人员 96 人，文教工作者 137 人，医药卫生工作者 26 人，技术人员 26 人，合作社工作者 12 人，驻京武装部队 10 人，私营工商业者 43 人，宗教职业者 9 人，烈属、军属、转业军人、街道居民等 9 人。其中，妇女占代表总数的18．8%，少数民族占7．3%。

大会听取、审查了市长彭真关于政府工作的报告，副市长张友渔关于1953年度财政收支决算和1954年度财政收支预算的报告，审阅了市政府关于政法、财经、文教卫生和市政建设等工作的各项书面报告。大会听取了市宪法草案讨论委员会委员吴晗关于宣传讨论宪法草案工作的报告。

大会选出了北京市出席全国人民代表大会代表。

大会通过了关于拥护和进一步宣传讨论中华人民共和国宪法草案的决议，通过了关于拥护周恩来总理兼外长的外交报告、中央人民政府解放台湾的号召和各民主党派、各人民团体为解放台湾联合宣言的决议，通过了关于政府工作报告的决议。

大会共收到提案170件，经整理合并为106件。其中，政法类14件，财经类12件，文化教育类23件，卫生类10件，市政建设类39件，社会福利及其他类8件。

大会最后，彭真作总结发言。

这次会议因全国人民代表大会即将召开，新宪法将对各级地方政府的组织有新的规定，市人民委员会将要按全国人民代表大会的立法改选。因此中央决定市人委暂不改选。

彭真关于北京市五年来政府工作情况和今后工作任务的报告

（1954年8月19日）

北京市全体人民过去五年多，在中央和毛主席的直接领导下，在中央和华北局有关部门的直接领导和帮助下，在全国人民和各地领导同志的关怀帮助下，依靠各民主党派、各人民团体和各界各族人民的团结努力，用很大的规模和很快的速度进行了首都各方面的恢复和建设工作，彻底粉碎了反动统治机构并清除了国民党的反动作风，进行了肃清帝国主义、封建主义、官僚资本主义的残余势力和残余影响的各项社会改革运动，进行了伟大的抗美援朝运动，进行了肃清旧社会污毒的“三反”、“五反”运动，进行了工厂企业的民主改革，进行了经济恢复和发展工作，并在人民群众自我教育的基础上，进行了思想改造工作，从而使北京在政治、经济、思想、文化教育、市政建设和社会风气等各方面面貌一新，全体人民物质和文化生活也不断地获得改善。

五年来，北京各项建设工作的成绩虽然是很大的，但是工作中也还存在着许多严重的缺点，最主要的是我们的思想政治领导比较薄弱，领导上统筹全面的计划性不够，创造性不够，业务领导水平不高，特别是及时地把经验加以总结使之条理化以提高干部和群众的工作做得不够，因而干部的政治思想水平提高的速度跟不上客观形势的需要。同时有些干部不是用应有的先进水平来要求和鞭策自己，而是“取法乎中”或者用落后标准来衡量自己的工作，有点成绩就沾沾自喜，以为自己的工作已经“差不多”了，骄傲自满，不求进步。这就使得许多工作不能大踏步前进。我们只有不断地开展批评与自我批评，检查、揭发和无情地批评工作中的缺点、错误，并及时改正，才能加强团结，提高斗志，振作士气，按照国家在过渡时期的总任务和国家当前的计划，完成我们的光荣任务。

今后的工作任务，在政治斗争方面：第一，要为完成解放台湾的光荣任务奋斗到底。第二，要提高警惕，肃清残余的反革命分子，严防敌人特务间谍的破坏活动。任何麻痹轻敌的右倾思想，都是危险的，都是有利于敌人而不利于我们的。第三，我们已经大量清除了和严重打击了旧社会遗留下来的很多污毒，如妓院、贪污、盗窃现象等。但是，这些历史上长期遗留下来的污毒，绝不是在短期内或者经过一两次运动就可以彻底肃清的。同时，有些旧社会的污毒，例如小偷、骗子和其他流氓分子等，我们过去也还没有来得及一一作系统的处理。对他们必须作长期不懈的斗争。第四，我们国家在过渡时期的总任务，是实现国家的社会主义工业化和对农业、资本主义工商业和手工业的社会主义改造。现在农民、手工业者已经在广大范围内自愿地纷纷组织起来，自觉地实行社会主义的自我改造。有很多资本家已经看清了历史趋势和利害关系，愿意按照社会发展规律，接受社会主义改造，努力在社会主义建设和社会主义改造中立功。但也还有一小部分资本家，目光短浅，自私成性，不愿意实行、甚至抵抗社会主义改造。我们对于这些人首先必须耐心地进行充分的教育，打通他们的思想，使他们沿着总任务所规定的轨道前进。但是，对于那些顽固地破坏社会主义改造的分子，对于重施“五毒”的严重违法分子，就不能不进行严肃的斗争。第五，我们还必须按照社会主义建设和社会主义改造的需要，在工人阶级的领导下，把全体人民的意志统一起来才能使我们的团结日益巩固和加强。不顾整体，不顾国家、人民的个人主义；轻视劳动、轻视劳动人民的剥削阶级的观点，无组织无纪律的散漫性和思想上的懒惰，都是不利于我们伟大的社会主义事业的，我们应该不断地用群众自我教育的方法把它克服。只有这样，才能保证我们不断地进步而不致落后掉队。第六，随着国家大规模的、有计划的建设时期的开始，随着全国人民代表大会会议的召开和宪法的公布，我们的人民民主制度将逐步更加健全和完备。所有国家工作人员、全体人民，必须树立严格遵守法律和按照法律办事的习惯。我们首都的工作人员和市民不但应该成为劳动的模范，工作的模范，并且应该成为守法的模范。

在经济建设方面，北京正在从消费城市向生产城市逐步转变。几年来，北京的工业生产有了很大的发展，1953年的工业生产总值为1949年的六点七六倍，为1948年的十点八倍。北京的社会主义建设与社会主义改造事业已有了发展。但由于北京原来的工业基础很弱，虽然发展速度很快，目前工业生产仍然很落后。当前国营工业的两个关键问题是有计划地建设新厂和不断发掘现有工厂的潜在力量。一方面，要认识到新建和扩建现代化的工厂矿山是建立我国强大的工业基础、实现国家的社会主义工业化重要关键，没有相当数量的现代化的大规模的新工厂的建立，是不可能把北京变为新的工业城市的。因此，必须动员一切力量、尽一切可能并从一切方面保障和支援第一个五年计划中所规定的在北京的新建厂矿的建设，并对全国的新建扩建的工厂进行有力的支援。另一方面，必须充分认识到，不断地改进生产，发掘潜力，是现有厂矿企业的根本任务，是我们领导工业的经常的中心工作。几年来，北京新建的大工厂还没有投入生产，原有厂矿中的工人只增加了一点九四倍，但生产总值却增加了近六倍。生产总值的增加主要是靠干部和工人努力，学习先进经验、改进管理、改进技术、发掘潜力获得的。我们现有厂矿的潜力还很大，必须再接再厉地不断发掘。北京的工业要不断增加产量、提高质量、降低成本，为生产物美价廉的产品而奋斗。中央国营厂矿必须严格执行中央主管部门的命令和指示，保证完成并争取超额完成国家计划。地方国营工业和私营工业必须切实改善管理，改进技术，克服产品质量低劣的现象，力求把废品、次品率减少到最小限度。同时，要按照国家和人民的需要，按照设备、原料、市场情况，统筹全局，把地方国营工业和私营工业进一步加以组织或改组，首先从整顿地方国营工业入手，并通过公私合营、加工订货及收购包销等各种形式，使资本主义工业逐步摆脱生产的盲目性和改变落后的状况，逐步把所有工厂各按所长，分工协作，组成一个有机的整体。要继续整顿建筑业，发掘潜力，克服浪费，努力完成并超额完成本年度提高劳动生产率百分之三十、减低工程造价百分之十、并切实保证工程质量的任务。

在商业工作方面，几年来商品流转额有很大的上升。1953年，公私销货总额较1949年增加了四点三三倍。其中，国营、合作社营、公私合营商业销货额增加了八点六九倍；私营商业增加了二点二九倍。而国营、合作社营、公私合营商业在总销货额中的比重，已由百分之三十二上升到百分之五十八。这是生产的恢复与发展、社会购买力的提高及城乡内外物资交流扩大的结果。正是由于生产发展，就业人数增加，人民生活水平提高，社会购买力增长速度超过了生活资料生产增长的速度，所以市场上出现了许多商品供不应求的情况。要解决供求方面存在的各种矛盾，根本的方法是要积极地、有计划地增加生产，但同时又必须从商业的收购与供销方面采取适当的措施，克服资本主义工商业的投机性和盲目性，以保证市场的稳定，保障社会主义建设的顺利进行。

在手工业的社会主义改造工作方面，必须按照“积极领导、稳步前进”的方针，按照市场和原料的情况，首先大量发展手工业者乐于接受的供销合作社和供销小组，再逐步地发展生产合作社。

土地改革后郊区农业生产得到了迅速的提高。如以1953年和1950年相比，农业生产总值增加了一点二一倍，其中蔬菜产量增加了四倍。到现在为止，参加合作社和互助组的农户已达农户总数的百分之五十七，但还需要积极地进一步加以发展，更重要的是要从这里取得合作化和逐步机械化的经验，并保障城市副食品、主要是蔬菜的供给。

在教育工作方面，旧北京号称“文化城”，但劳动人民并没有享受文化教育的权利。解放以后，人民政府不但以很快的速度发展了教育事业，而且改变了劳动人民受不到教育的情况。但还存在很多缺点，主要是很多中小学校的教育质量仍然很差，没有在发展数量的同时注意提高质量。教育行政部门正在有重点地采取积极措施加以改进。目前，已编辑了教学指导材料，合理地提高了新生录取标准，这是一个良好的开始。目前还应抓紧教师的进修工作。开学后必须做好制定提高教育质量计划的工作。首都是国家培养干部和专门人才的基地，是科学研究的重心。首都高等学校、科学研究机关的建设和发展，对我国经济、文化建设关系很大，我们必须全力保证它的顺利进行。

在卫生事业方面，解放以来有很大的发展，由于劳动人民的物质文化生活的改善，城区人口死亡率已大大下降。今后应大力加强厂矿企业、特别是重工业、新建厂矿和建筑工地的卫生医疗工作，逐步使爱国卫生运动做到经常化。当前要迅速采取有效措施改进对中医的工作。

在城市建设工作方面，我们执行了为生产服务、为劳动人民服务、为中央各机关服务的方针，根本改变了过去反动统治时期市政工程和公用设施只为少数统治阶级服务的状况，并大规模地、迅速地进行了房屋建筑，加强市政工程和公用设施。到1953年底，已新建各种房屋六百七十多万平方米，约相当于解放前北京原有房屋的三分之一。道路、下水道的整修和新建，也都取得了很大的成绩。可是，过去为了在城内少拆房屋，同时又缺乏城市建设的总体规划，以致造成了新建房屋十分分散的局面，不但很不经济，而且给今后城市改建和扩建增加了若干困难。今后必须及早确定总体规划，逐步做到统一规划，统一设计，按照社会主义的城市建设原则，把城市当做统一的整体，有计划地进行建设，尽可能坚持由内向外、由近到远、集中地、成区成片地发展的方针，并要重点地改建城区，逐步改变首都最主要交通干线的面貌。

北京是伟大的中华人民共和国的首都，各项建设规模很大，事实上有好多重大工作是在齐头并进，并且速度很快。我们做好工作的一个重要保证，就是全市人民的团结，就是工人阶级领导的、以工农联盟为基础的各民主阶级的团结。过去依靠我们的团结，取得了各项工作的成绩，今后还要更加加强我们的团结，以争取更大的胜利。

张友渔副市长关于北京市一九五三年度财政收支决算和一九五四年度财政收支预算的报告

(1954年8月17日)

各位代表：

现在，我代表北京市人民政府向大会报告本市一九五三年度财政收支决算和一九五四年度财政收支预算。

首先，报告一九五三年度财政收支决算。

一九五三年度财政收支预算的执行情况是比较良好的。由于我们在经济发展的基础上，贯彻执行了中央关于增加生产、增加收入、厉行节约、紧缩开支的指示，在全市企业、事业部门和行政机关，深入、广泛地开展了增产节约运动，大力组织收入，严格紧缩支出，因而总收入（包括上解中央部分）超过原预算百分之三十一点八九（参看表一，略），实际支出（不包括上解中央部分）则为原预算的百分之九十点八九，结余三千七百四十三亿元（其中，原预算支出部分实际结余和跨年度工程款共一千五百六十七亿元，另有收入超过原预算部分，经中央批准留市的二千一百七十六亿元）（参看

表三，略)。

在收入方面，总收入(包括上解中央部分)三万三千二百四十三亿元。其中，各项税收超过原预算百分之三十二点九二，企业收入超过原预算百分之三十点零一，其他收入(包括事业收入等)超过原预算百分之七点四四(参看表一，略)。和一九五二年度相比较，一九五三年度实际收入增加了百分之七十九。这充分反映了社会经济在社会主义建设中有了进一步的高涨和人民群众的购买力在生产发展的基础上有了进一步的提高。一九五三年度本市工农业总产值比一九五二年度增长了百分之四十三点四五；商品零售总额增长了百分之五十四。但应当说明：一九五三年度有些非经常性的收入为数不小，例如中国人民银行在本市汇缴全国各地人民银行营业税等，这也是收入增加的重要因素之一。

在支出方面，总支出(不包括上解中央部分)一万五千六百三十四亿元。其中，经济建设支出占百分之四十五点八四，社会文教卫生支出占百分之三十五点二，行政管理支出占百分之十五点四一，其他支出占百分之三点五五(参看表三，略)。一九五三年度实际支出虽比原预算减少百分之九点一一，但比一九五二年度实际支出却增加了百分之六十八。

经济建设支出由一九五二年度占总支出的百分之三十七点三四增加到百分之四十五点八四，比重又增大了百分之八点五，主要是用于地方国营工业的基本建设和市政建设。我们完成了砖瓦厂、木材厂等新建工程和化学试剂研究所、针织厂、制呢厂、五金材料厂、玻璃厂等改建、扩建工程；修筑了道路一百六十五万三千余平方公尺，比一九五二年度修筑的面积增加两倍多；修筑了下水道八十三公里，超过一九五二年度修筑的下水道长度的百分之六十；新设了自来水管线二百零一点三七公里，全市饮用自来水人口已达一百八十九万人；增加了电车二十九辆，每天平均出车一百六十八辆，比一九五二年度增加百分之十点六五；增加了公共汽车九十六辆，每天平均出车一百七十七辆，比一九五二年度增加百分之四十九点三三。

社会文教卫生支出，由于根据国家各项建设事业应以工业为中心，而有计划地、按比例地发展的原则，执行了“整顿巩固、重点发展、提高质量、稳步前进”的方针，因而在总支出中所占的比重比一九五二年度稍有降低，但绝对数字却增加了一千七百余亿元。这是一个不小的数字。我们新建了中学五校，小学三校、幼儿园四所，并对市立各种学校进行了必要的扩建。计市立中学实增学生一万四千四百余人，中等师范实增学生三百七十九人，中等专业学校实增学生三百六十七人，小学实增学生二万一千一百四十一人。新增病床九百二十二张(包括原有医疗机构挖掘潜力增设病床四百零二张)。新建了剧场一座，曲艺厅两个，电影院两座。

(一九五三年度各项工作详见另行印发的书面报告)

总起来说，我们执行一九五三年度财政收支预算是有成绩的。但是必须指出：我们的工作还有不少缺点。

第一，在编制预算时，仍然存在着过去一再检讨的保守观点。对生产发展、经济繁荣的情况估计不足，对各项税收和地方国营企业缴纳利润、折旧收入的指标都订得偏低。这就一方面削弱了对挖掘潜力、创造财富的刺激作用，另方面影响了需要举办的事业的及时进行。

第二，建筑工程和市政建设工程由于年度计划批准较迟，设计赶不上施工，仍然没有摆脱严重的窝工、抢工的局面；并且造价普遍偏高，有些工程质量低劣，有的工程还发生返工现象，造成极大损失和浪费。一般地方国营企业和事业部门的财务管理还很差，在编审计划时，对定额和成本的分析研究做得不够，在执行计划中又缺乏严格的监督和检查，浪费和积压资金的现象仍很严重；对企业利润和基本折旧基金的缴纳，大都不及时和前松后紧；违反财政制度的现象还没有彻底克服。

第三，财政工作干部在预算管理中，缺乏依靠大家共同管好财政的足够认识，还没有做到确切掌握各项事业的基本情况，充分发挥财政监督的作用，也没有进一步发挥各主管部门的积极性，共同把财政工作管得更好。

上述这些缺点，今后必须消灭。

其次，报告一九五四年度财政收支预算。

一九五四年度财政收支预算，是根据国家在过渡时期的总任务的要求，遵照中央人民政府政务院关于编制一九五四年度预算的指示和国家计划指标，以一九五三年度财政收支决算为基础，并预计到可能发展的情况编制的。总收入(不包括一九五三年度结余)为三万三千八百九十四亿元(参看表四，略)，比一九五三年度实际收入增加了百分之一点九六(参看表七，略)。除上解中央部分外，属于本市收入的，计一万三千四百一十六亿元，加上一九五三年度结余三千一百四十三亿元(不包括拨做周转金的六百亿元)，为一万六千五百五十九亿元，拟请中央另补助一千一百八十九亿元，三项合计一万七千七百四十八亿元（参看表五，略）。这个数字也就是本市一九五四年度的总支出（参看表六，略）。它比一九五三年度实际支出增加百分之十三点五二（参看表八，略）。为了平衡季度收支和适应年终结转的需要，根据中央规定，从一九五三年度结余中拨出六百亿元，做为市财政的周转金。这项周转金，将长期保持，逐年结转，以保证预算的顺利执行。

一九五四年度总收入分为三类：

（一）各项税收三万零五百三十五亿元，占总收入的百分之九十点零九。其中，工商各税（包括国营经济、合作社经济、公私合营经济和私营工商业缴纳的各税以及房地产税等收入）占总收入的百分之八十九点四六，农业税占百分之零点六三（参看表四，略）。

（二）地方国营企业利润和基本折旧基金等收入二千七百一十七亿元，占总收入的百分之八点零二。其中，地方国营工业收入占总收入的百分之五点八四，交通和公用企业占百分之一点七三，农场和其他企业占百分之零点四五（参看表四，略）。

（三）其他收入（包括公用企业附加、规费、罚没等收入）占总收入的百分之一点八九（参看表四，略）。

从本市历年收入的情况来看，是逐年上升的。如以一九五零年度实际总收入做为一〇〇，则一九五一年度为二三八，一九五二年度为三五五，一九五三年度为六三四，一九五四年度预算为六四七。而且，在历年收入中，国营企业缴纳所占的比重越来越大，私营工商业缴纳的比重，则逐渐下降。一九五四年度的收入预算（不包括非经常性收入），国营企业的缴纳，继续占居第一位，它所占的比重，已由一九五三年度的百分之五十六点二二，上升为百分之五十八点六五，如果加上合作社和公私合营经济的缴纳，合计三项所占的比重，则已由百分之六十七点三上升为百分之七十一点二五；私营工商业税所占的比重，则由百分之二十八点七五下降为百分之二十六点零六。此外，农业税的征收量，仍维持一九五二年的水平，它在收入预算中所占的比重，由百分之一点二一下降为百分之零点六七，其他收入由百分之二点七四下降为百分之二点零二。这是和本市经济发展和公私比重的变化相适应的，因而收入预算的基础是可靠的，稳妥的。

一九五四年度支出的绝大部分，是用在发展地方国营工业、农业、市政建设和文教卫生事业等方面。

第一，用于经济建设的八千二百一十六亿元，占总支出的百分之四十六点二九（参看表六，略），比一九五三年度实际支出七千一百六十六亿元增加百分之一十四点六四（参看表八，略）。

（一）地方工业二千五百二十三亿元，占总支出的百分之十四点二一（参看表六，略）。主要是为了进一步贯彻地方国营工业为首都建设和人民的生活、生产服务，并对资本主义工业进行社会主义改造的方针，计划新建制药、制冰等工厂，同时，有重点地投资合营几个私营工厂，另外，还对现有工厂进行一些必要的扩建和改建。

应当说明，本市地方国营工业一九五四年度的投资增加不少，但在支出总额中所占的比重仍不算大。这是不是违反集中财力，发展生产的方针呢？不是。因为除了本市投资经营的地方国营工业外，在本市范围内的大工厂，中央另有巨额的投资，例如国营棉纺二厂等就都是由中央直接投资建设的。另外，本市市政建设费中，用于自来水、电车和公共汽车的部分，也都带有工业投资的性质。

（二）市政建设工程和公用事业五千二百三十五亿元，占总支出的百分之二十九点五（参看表六，略）。主要是为了进一步贯彻为生产服务、为劳动人民服务、为中央服务的方针，随着生产的发展，城市的扩大和人口的增加，这些事业需要继续做较大的发展。当然鉴于过去质量低劣，造价偏高的缺点，我们不应只满足于数量的发展，而必须努力提高质量，降低成本。

在道路工程方面：计划修建道路（包括大车道）一百六十五公里，总面积一百一十六万平方公尺，主要的有西长安街（今年只做拆迁房屋部分）、阜成门外大街、东直门到东北郊工业区道路等；配合道路工程修建桥涵二十二座。

在卫生工程方面：计划新建下水道三十四点五公里，主要的有阜成门外和东郊工业区污水管；新建南郊屠宰场污水处理池和清河污水处理场（分两年完成）。

在公用事业方面：计划新设自来水干支水管四十公里，增凿水源井十处，使每天最高供水量由十万吨增为十八万吨，计划新增公共汽车四十辆，电车机车二十五辆。

在园林方面：计划充实现有的动物园，增辟苗圃二千八百亩，并绿化天坛、陶然亭、龙潭、紫竹院等处。

另外，电业、电信事业和建筑工程都将有很大的发展，因不属本市预算拨款范围，这里就不详细说了。

（三）为了逐步举办一些必要的公共福利事业，满足首都人民日益改善的生活上的需要，计划筹办公共食堂、公共浴室、洗衣房、理发店等；同时，举办养猪、养鱼、养鸭等事业共投资一百二十三亿元，占总支出的百分之零点六九（参看表六，略）。

（四）农业、林业、水利二百一十三亿元，占总支出的百分之一点二（参看表六，略）。主要是扩充地方国营农场、南苑饲畜场和造林、育苗以及加固永定河防汛工程等。

第二，用于社会文教卫生的六千一百五十一亿元，占总支出的百分之三十四点六五（参看表六，略），比一九五三年度实际支出五千五百零三亿元增加百分之一十一点七九（参看表八，略）。但在总支出中所占的比重，略小于一九五三年度，这是为了继续贯彻执行“整顿巩固、重点发展、提高质量、稳步前进”的方针，并使能符合国家各项建设按比例发展的原则。

（一）教育、文化、体育等事业三千八百三十二亿元，占总支出的百分之二十一点五九（参看表六，略）。计划市立高中招生一万人，实增六千四百八十四人；市立初中招生三万二千人，实增一万七千四百零六人；市立中等专业学校招生二千一百人，实增一千一百八十四人；市立师范招生五百四十人，实增二百二十八人；市立小学招生四万二千人（比一九五三年度招生三万七千五百五十七人增加百分之十一点八），实增一万六千九百三十八人。新建普通中学六校，工农速成中学一校，小学十二校，医士学校一校，师范专修科一所。另外，计划新建电影院一座。应当承认，我们的学校数量虽有很大的发展，而质量却很差。因此，在发展数量的同时，必须着重提高教育质量。

（二）卫生事业一千九百八十七亿元，占总支出的百分之一十一点一九（参看表六，略）。除继续建成儿童医院和同仁医院外，计划新建综合医院一所，结核病院一所，共计增加病床八百张（加上儿童医院和同仁医院跨年度工程于今年完成后，开始使用的一千一百张则为一千九百张）；新建门诊部五个。

（三）优抚、救济费三百三十三亿元，占总支出的百分之一点八七（参看表六，略）。

第三，用于行政管理的，包括行政机关经费、政治业务费、民主党派和人民团体补助费等共二千三百五十三亿元，占总支出的百分之十三点二六（参看表六，略）。应当说明，我们对精简行政机关，节减机关经费，给国家积累工业化资金，是一向注意的。因而行政管理费在总支出中所占的比重也就逐年下降。一九五四年度比一九五三年度降低了百分之二点一五，比一九五二年度降低了百分之八点五二，比一九五一年度降低了百分之十六点一二。我们机关工作人员的生活一般还很艰苦，这是事实。因此，几年来，国家在生产恢复和发展的基础上，对机关工作人员的待遇，曾经做过几次调整，有了不少改善，并拨给福利费以解决个别工作人员的特殊困难问题，在一九五四年度支出预算的行政管理费中，又列入了适当调整工资和包干费标准所需要的经费。这说明国家是要在可能的范围内和逐步提高人民的物质的、文化的生活水平同样〔时〕，逐步改善机关工作人员的生活情况。但是，生活水平的提高，生活情况的改善，必须适应生产的发展，不应妨碍生产的发展，也只有在生产发展中，才能得到解决。我们机关工作人员应该服从国家在过渡时期的总任务的要求，继续发扬艰苦奋斗的精神，共同为建成社会主义社会而奋斗。

另外，用于其他支出的五百二十八亿元，占总支出的百分之二点九八；预备费五百亿元，占总支出的百分之二点八二（参看表六，略）。

（一九五四年度各项工作计划，详见另行印发的书面报告）

从历年支出的情况来看，也是逐年上升的。如以一九五零年度实际总支出做为一〇〇，则一九五一年度为一四〇，一九五二年度为二三三，一九五三年度为三九二，一九五四年度预算为四四二。这是由于收入增加了，需要多做一些建设事业。因此，在逐年上升的支出中，事业费所占的比重越来越大。一九五一年度占百分之六十九点三九，一九五二年度增加到百分之七十八点零四，一九五三年度又增加到百分之八十一点零四，一九五四年度预算，事业费在总支出中所占的比重（占百分之八十点九四）比一九五三年度只减少了百分之零点一，根据几年来的实际情况，预备费也有不少用在事业费上，因此，在决算中，事业费所占的比重预计将仍不会小于一九五三年度。这完全符合进一步发展国民经济和在发展生产基础上提高人民生活水平的要求。

此外，应向大会报告一下关于地方自筹经费的问题。现在我国正处在大规模的经济建设时期，国家为了集中主要力量发展重工业，其他建设应当有计划地、按比例地发展，不可能在国家预算中，拿出更多的钱来举办地方上需要举办的一切事业。但是，本市有一些特殊问题，市民要求解决，例如多办小学，整修路灯和改善环境卫生设施等。除已列入预算由国家财政解决者外，经市人民政府委员会和市协商委员会讨论通过，华北行政委员会批准由地方自筹经费举办。现在，已开始由私营、公私合营工商业按照所纳营业税和所得税额的百分之十随同缴纳，农业税则按照所纳额的百分之五随同缴纳。这项地方自筹经费，不列入财政预算，专用以举办地方公益事业。

最后，应当指出：一九五四年度财政收支预算根据上半年的执行情况来看，是接近实际的，能够有效执行的。到六月底为止，总收入已完成原预算的百分之四十四点九七（参看表九，略）；实际拨款占原预算的百分之三十九点四五（参看表十一，略）。但是我们决不应该因此而自满，而稍有松懈，为了保证正确实现一九五四年度的预算，必须在执行过程中，继续坚决贯彻在发展生产的基础上增加收入，并节减一切可以节减的开支的方针，力求达到收多于支和保持相当的后备力量。这就首先要在建筑部门和企业、事业机构中，继续深入地开展增产节约运动。切实贯彻劳动竞赛和改善管理、改进技术和改善劳动组织相结合的方针，提高劳动生产率，提高质量，降低成本，为国家创造更多的财富，积累更多的资金；反对满足现状的保守思想和“差不多”的骄傲情绪，反对不顾实际情况的贪多冒进和一切浪费国家资财的行为。行政机关也要切实遵照中央规定，精简机构，紧缩编制，进一步节减行政经费，提高机关工作效率；反对机构大层次多、人浮于事、效率低下的现象。

其次，要在正确执行税收政策中，完成税收计划。税务工作人员应当深入细致地工作，认真贯彻税收政策，一方面要对私营工商业者加强爱国守法的思想教育，并继续和偷税、漏税现象进行严肃的斗争；另方面要依率计征，依法办事，不得有分文额外征收。对征收农业税，要在维持一九五二年度的水平上，进一步贯彻公平合理和鼓励增产的负担政策。

第三，要加强财政监督，严格财政纪律。无论建筑部门、企业、事业机构、行政机关都要严格遵守财政制度和财政纪律；财政机关要继续克服只抓小不抓大，只管钱不管事的工作缺点，深入检查，充分发挥监督的作用，并有重点地帮助企业、事业部门进一步改善财务管理，合理使用资财，厉行节约，反对浪费，如期足额地提缴利润和基本折旧基金，努力完成和超额完成企业收入计划；坚决和一切违反财政制度和财政纪律现象进行斗争。

上述各项，还是非常艰巨的工作，还会遭遇到一些阻力，还需要进行严肃的斗争，我们热烈期望各位代表和全体市民给我们以监督、批评、鞭策和支持。

各位代表：以上就是我关于一九五三年度财政收支决算和一九五四年度财政收支预算的报告，请大会审查、批准！

北京市人民政府关于一九五三年度政法工作的报告

兹将一九五三年度政法方面的几项主要工作，分别报告如下：

一、政权建设工作

（一）普选工作。本市基层选举在市选举委员会统一领导下，在一九五三年六月开始。首先，在西单区安福胡同派出所辖界、东郊区关庄乡和海淀区蔡公庄乡进行了重点试办。以后，根据本市第四届第二次各界人民代表会议的决议，为取得基层选举的全面经验，西单区的选举工作提前在十月间开始。城区其他各区的选举工作，则在西单区取得经验的基础上在十二月上旬全面展开，一九五四年一月底结束。郊区各区的选举工作，也已在一九五四年三月底全部结束。

在这次选举工作中，由于有领导地充分发扬了民主，结合国家在过渡时期的总任务进行了广泛深入的宣传，各项选举活动都尽量采取了便民的方式，加以事先做了必要的准备工作，因而取得了很大的成绩。选民们以当家作主的气魄积极参加普选的各项活动，并且由此受到了极深刻的民主教育。全市参加选举的选民占选民总数的百分之九十二点一八，如将选举日临时外出的选民除去，则达百分之九十七点一二。在当选的代表中，工人成份的比例显有增加，进一步加强了工人阶级在政权中的领导作用；同时还有各民主党派、各阶层和各民族的一定数量的代表。全部当选的代表都是绝大多数选民所认为满意的和必要的。

（二）郊区划乡工作。我们根据华北划乡工作会议的精神和本市郊区的具体情况，制订了郊区划乡工作方案，报经华北行政委员会批准后，在一九五三年五月中旬，首先在八个乡进行了典型试验，六月初分批地全面展开，至七月上旬全部结束。

由于事先做了充分的准备工作，进行了深入的宣传教育，并贯彻了“生产结合划乡、划乡服从生产”的原则，划乡工作的进行基本上是顺利的。除镇、街建制不变外，计将原五百四十九个行政村划为三百十六个乡，划一了乡级组织，统一调整了乡界，解决了“五多”问题，调整了干部，不仅便利了工作，而且为普选工作准备了良好的组织基础。

（三）召开市、区各界人民代表会议。一九五三年内，市各界人民代表会议共召开了两次，分别讨论了增产节约、基层选举和实行面粉统销等重大问题；各区各界人民代表会议召开了三至五次，分别讨论了贯彻婚姻法、基层选举、增产节约和实行面粉统销等重大问题；并做出了相应的决议，保证了各项中心工作的顺利进行。

历次市、区各界人民代表会议都开得很好，特别在开展批评和自我批评方面，较前有显著的进步。例如在第四届第二次市各界人民代表会议上，部分代表对本市一九五三年秋季中学招生工作，提出了正面的、尖锐的批评。教育局负责干部在会上做了深刻的、诚恳的自我检讨，并主动提出了对于部分高小和初中毕业生失学问题的解决办法，获得了全体代表的一致拥护。

政权建设工作中的主要缺点是对区、乡级政权建设工作的领导一般化。例如石景山区政权工作怎样为工业生产服务，过去一直没有得到适当的解决；对在农业生产互助合作运动发展后的乡政权如何领导农业生产互助合作运动，特别是如何管理农业生产合作社的工作，也没有及时加以研究。

二、公安工作

（一）镇压反革命分子。全年共逮捕了反革命分子七百二十一名，其中约有百分之九十是从外地逃来的；破获了美蒋特务间谍现行活动案十七件；对隐藏在厂矿、企业和基本建设部门的反革命分子，也继续给予了有力的打击。全年共管制了应予管制的反革命分子五百二十五名；撤销管制的（在管制中确有悔改表现）共两千一百二十一名。

（二）刑事侦察工作。本市抢劫匪已基本肃清，一九五三年只在丰台地区发生河北省流窜土匪路劫大车一案，已及时破案。窃骗案则不断增加，特别是工地、机关和学校的内盗案增多。窃骗犯主要是旧社会遗留下来的一批不事劳动的游民，有的已混入工厂、企业内部。我们采取了重点破案和发动群众的方针，全年共破获窃骗案七千零四十九起，捕获窃骗犯两千三百五十三名，并选择典型案件，大张旗鼓地进行处理，严重打击了窃盗活动，进一步提高了群众的警惕性。自一九五三年十月以后，窃骗案件发生次数已逐渐减少。

一九五三年七、八月间，本市流氓活动曾一度嚣张，其中，情节严重的，竟至强奸妇女和幼女。经严厉镇压，逮捕了首恶分子一百七十七名，并召开群众大会，公审处决了罪行严重、民愤极大的六名后，流氓活动大为减少。

（三）交通管理工作。我们抓住了严格管理机动车和教育群众两个基本环节，并增强了警力，调整了交通岗位，因而基本上维护了本市的交通安全。但因有些街道过于狭窄，不少古老建筑妨碍交通，全市人口和车辆日益增多，加上少数单位对司机人员教育不严，交通管理工作上也还存在着一些缺点，车辆仍较一九五二年增多。

（四）消防工作。我们继续贯彻了“以防为主、以消为辅”的方针，以经济建设部门和重要机关为重点，大力进行了防火宣传和检查。因此，火灾发生的次数和成灾数都较一九五二年减少，改变了历年冬季火灾增加的情况。但火灾损失则比一九五二年增大，主要是机关、工厂和仓库曾发生几次较大的火灾，特别是在郊区，因路远，缺乏水源，扑灭不便，损失较重。

（五）户口管理工作。为适应国家建设的需要，提供精确的人口统计资料，并防止反革命分子和其他坏分子的活动，一九五三年上半年在全市范围内经过广泛深入的宣传，进行了普查户口工作，整顿了公共户口，纠正了户口登记项目的差错，使户口资料较前精确，并普遍提高了群众遵守户口规则的自觉性。这对保证粮食计划供应和普选工作的顺利进行，起了很大作用。户口管理工作从这些中心工作中，也得到了进一步的改进。

（六）改造罪犯工作。一年来，我们对犯人加强了认罪服法和树立劳动观点的教育，加强了狱政管理和建设，进一步改造了犯人。在劳动生产方面，从原有基础上，贯彻了重点经营的方针，加强了生产财务管理，实行了管教与生产相结合的办法，提高了劳动生产率，使工农业主要产品都超额完成了生产任务和增产节约计划。在发展生产的基础上，达到了全部劳改犯人的完全自给。

（七）机关政治工作。为加强公安机关的政治工作，遵照中央公安部的规定，成立了各级政治工作机构，加强了对干部、民警的政治思想领导。同时，在全市公安系统中开展了“新三反”斗争，着重检查了各级领导的官僚主义，从而提高了领导，改进了工作，并解决了派出所的忙乱问题。其次，遵照第二届全国司法会议的决议，对公安部门经办的反革命案件做了再一次的检查，未发现新的问题。极少数错捕错押的案件，在过去历次检查发现后，都已纠正，并教育了民警和干部。

目前，公安部门由于新警成份大量增加，政策业务水平低，因而工作上还存在着不少缺点，少数干部、民警仍有不负责任和态度生硬、脱离群众的作风，必须继续加以整顿。

三、司法、检察工作

为贯彻执行第二届全国司法会议决议，市、区人民法院在一九五三年内做了不少工作。首先，大力进行了三项中心工作：

(一) 清理积案。一九五二年底，市、区人民法院共有未结案四千五百七十四件，一九五三年共收刑、民事案件三万六千八百六十四件，共结刑、民事案件四万零一百九十二件(敌逆产两千二百二十七件除外)和公证事件两千一百二十三件，结案数已超过收案数，改变了历年来“边清边积”的情况，基本上消灭了积案，审判工作已转向主动。至一九五三年底，市、区人民法院未结案仅有一千二百四十六件，各区人民法院未结案一般都在五十件以下。

(二)检查错案。第二届全国司法会议决议下达后，市、区人民法院对“镇反”以来的全部反革命案件和一九五二年一月至一九五三年六月的全部刑事案件以及重大的民事案件共九千八百九十件，进行了检查。检查结果，肯定处理错误或有缺点的共四百四十件，占检查案件总数百分之四强，经核对属实后，都已严格遵照第二届全国司法会议决议的精神，由市人民法院汇总排队，严肃、认真地分别处理。

上述处理错误或有缺点的案件中，尚未发现由于干部贪赃枉法或严重失职而有意识地造成的错误，主要是由于市、区人民法院领导上的官僚主义作风和一般干部政策水平低、经验不足、思想片面，也有小部分系因干部工作责任心不够，不调查研究或粗枝大叶所致。对有关干部都已给以批评教育，以免再犯。

(三) 建立普选人民法庭。为保障选举工作的顺利进行，在各区基层选举先后展开时，市人民法院派出了人民法庭分驻各区，专门受理有关选民资格的诉讼案件(破坏选举的案件则由市人民法院直接受理)。在市人民法院统一领导和各区选举委员会紧密配合下，各区人民法庭的工作基本上是健康的，保障了选民的选举权利，防止了坏分子窃取选举权利。

其次，加强了司法行政和制度建设工作。

市人民法院于一九五三年七月建立了司法行政处，加强了市、区人民法院司法行政工作的领导。同时，市、区人民法院普遍建立了人民接待室，处理人民来信、来访和一些简易的刑、民事案件和纠纷，大大地便利了群众。郊区各区人民法院已在一九五三年第四季度内普遍建立了一至两个巡回审判站(巡回法庭)；街道调解委员会已在一九五三年九月在东四区羊管胡同着手试建，待总结经验后，即可推广。

北京铁路沿线专门法院和专门检察署已在一九五三年十一月开始筹建，一九五四年三月正式成立。

市人民检察署的业务，一年来很有发展，除配合各项中心工作外，主动地检查了石景山钢铁厂和京西矿区各矿的生产、安全情况和生产事故，系统地调查了全市私营工商业者的违法活动，发现并检察了一些较大的危害国家和人民利益的案件，并已着手进行一般监督和司法监督业务。

一九五三年底，最高人民检察署决定以本市人民检察署为全国检察工作试点之一，为此，市人民检察署根据需要与可能，并仿照莫斯科市检察工作的先进经验，正进一步加强组织和业务建设。

目前，司法、检察工作方面的主要缺点是：侦讯、起诉和审判工作制度还不健全，已有的一些经验，缺乏系统的总结；干部的政策、业务水平与实际需要相差很远；司法、检察工作的重要性和司法、检查工作必须为国家经济建设服务、为中心工作服务的思想还没有在全体司法、检察工作干部中普遍地明确起来。

四、监察工作一年来，本市监察工作有很大的发展。市人民监察委员会全年共收案件一千一百四十一件，较一九五二年增加了五点七倍；共收人民来信一千一百三十五件，较一九五二年增加了十倍；接见人民来访的次数，也较一九五二年增加了很多。随着工作的发展，监察机构和干部都已逐渐加强。一九五三年内，除处理上述案件和人民来信、来访等工作外，还集中了一部分力量，配合本市“新三反”和增产节约运动，会同有关部门进行了七项重点检查，并检查了地方工业局所属重点工厂执行增产节约计划的情况。人民监察通讯员的工作也有所加强。现市属机关共有人民监察通讯员一千一百四十四名，较一九五二年增加了一倍，全年直接向市监委反映了大小案件和问题共三百零二件(反映给财经部门监察室和行政领导上处理的尚未计入)。不少的人民监察通讯员在机关干部中广泛地宣传了人民监察工作，扩大了人民监察工作的影响。本市财经机关和企业部门现已建立了五十二个监察室，共有专职干部一百五十二人，在市监委的指导下，对各该财经企业部门执行政策和完成任务，初步发挥了检查督促作用。

今后，监察工作还须进一步加强，改进工作方法，提高工作效率，继续与官僚主义、命令主义、主观主义、分散主义以及破坏纪律等行为作斗争，以保障国家建设计划的顺利完成。

五、优抚工作

根据“介绍就业、组织生产为主，实物补助为辅”的方针，一九五三年全年介绍烈、军属，革命残废军人和复员建设军人就业的共一千六百余人，其工资收入可解决四千余人的生活问题。对于烈、军属中就业条件较差的，则组织他们到会计、打字、缝纫等职业补习学校学习技术，以培养就业条件，对其中生活困难的，并酌情补助学习费用。全市军属生产，除各区组织起来的小型生产和生产小组外，具有工厂规模的大型生产已有十八种、二十四处，参加生产的共一千三百三十余人，其中十八处已转为生产合作社，交市合作总社领导，从而解决了产品销售的困难，提高了烈、军属的生产积极性。郊区代耕工作已加整顿，现在代耕土地已有百分之七十以上固定给互助合作组织代耕，保证了烈、军属土地的产量不低于当地一般农民的土地产量。一九五三年受到实物补助的烈、军属共三千一百二十七户，九千五百四十三人，占烈、军属总数百分之九强，保证了烈、军属的生活不低于一般群众的生活水平。

一九五三年，中央分配到本市的复员建设军人共一千三百四十九人，其中，大部分都已安置就业。

一九五三年二月，本市还召开了优抚模范代表大会，总结了优抚工作的经验。在春节和“八一”等重大节日都开展了拥军优属运动，对烈、军属，革命残废军人和复员建设军人进行了慰劳和慰问。他们的政治和社会地位，已获得进一步提高，受到了政府和人民的热爱和尊敬。

优抚工作上还有不少缺点，主要是：未能充分地发动和组织群众共同做好优抚工作；各区对烈、军属的实物优待，标准掌握不一；对烈、军属进行劳动光荣的教育和组织生产也做得不够，致有些烈、军属还有较严重的单纯依赖政府的思想，应在今后工作中加以改进。

六、社会救济工作

一九五三年共介绍了有劳动力的贫苦市民七百余人和本市生产教养单位被收容人二百六十余人参加生产。对无依无靠的孤老残废和因灾害而生活极度困难的，给予经常的或临时的补助。全年累计补助了十四万五千七百人，开支救济款四十三亿五千五百九十万元。被救济户中患病的人也受到了必要的医疗救济。

一九五三年本市救济工作的特点是：缩小了救济面，节约了救济款，而必须救济的贫苦市民都得到适当的救济。这主要是由于民政部门进一步掌握了被救济户的基本情况和变化规律，建立了卡片制度，因而救济工作已转向主动。

本市各生产教养单位，现共有被收容人两千六百六十八人，各单位经过“新三反”运动后，工作已有显著改进。违法乱纪和侵犯人权的现象已经清除。生产教养机构已加调整，并根据被收容人的不同情况，明确了不同的管教方针，建立了必要的制度。随着管教工作的加强，不仅提高了被收容人的觉悟，开始树立了劳动观点，而且节省了国家开支。今后，仍须继续整顿、改进。

救济工作上的主要缺点是：救济和生产结合不够，偏重于单纯救济；部分干部还存在着“仁政”观点，有些地区救济面仍有过宽现象。

七、劳动行政工作

一九五三年内除继续进行劳动就业工作和处理私营企业中劳资关系问题外，主要是集中力量，在建筑业中进行了以下三项工作：

（一）调整工资，推行奖励制度。本市建筑业几年来发展很快，一九五三年底，全市建筑工人已增至二十四万多人，工资情况很不一致，甚至同一单位中，工资标准和福利待遇也悬殊很大。为此，我们自一九五三年一月至八月中旬，进行了调整工资的工作，在充分进行政治思想动员的基础上，制订了技术标准，评定了工人的技术等级。经这次调整后，工资平均增加了百分之三点六，基本澄清了混乱情况。

为提高工人的劳动效率，一九五三年十月间，我们在全市建筑工人中推行了奖励制度，多数建筑单位实行了超额奖。各单位在实行奖励制度后，劳动效率都显著提高。

（二）劳动力调剂、介绍工作。为扭转建筑业劳动力招雇与管理上的严重混乱情况，制止私自招工，防止农民盲目流入城市，市劳动局和有关部门采取了一系列的措施。最主要的是统一规定了各单位调拨或招雇工人须经市劳动局批准；招工必须订立明确的合同；完工后一律不发给完工证。同时，劳动部门加强了劳动力的供应工作，截至十一月底，采取各种方式供应的劳动力共达九万零五百余人。

此外，由于各建筑单位工程进度不同，需工时间不一，市劳动局曾组织各单位协商借调工人。从一九五三年三月至十一月，共组织借调二百余次，工人七千五百余人，借调期限平均为三十八天，效果尚好。一九五三年冬季，由于事前做了充分准备，各建筑单位临时工下工问题的处理都较顺利。

（三）劳动保护工作。由于建筑业劳动保护工作的基础薄弱，一九五三年内，我们大力贯彻了安全和生产统一的方针，督促各建筑单位建立和健全劳动保护机构，制订安全操作规程，并组织各单位交流了劳动保护工作的经验，解决了防护用具的发放问题。七月下旬，又在全市各建筑单位中展开了一次以卫生工作为主的大检查，揭发了各工地在卫生工作上存在的问题，使安全卫生条件得到适当改善，工人疾病率已显著降低。但这方面的工作还赶不上生产发展的需要，工伤事故尚未减少。

一年来，我们虽在建筑业中进行了上述各项工作，取得了一定成绩，但存在的问题还很多。不仅计划管理水平很低，安全和生产统一的方针没有普遍、深入地贯彻，而且窝工情况还十分严重。一九五三年，仅据建筑工程局等十三个单位的统计，共窝工一百三十六万八千多个工作日，工资损失即近二百五十亿元。这些问题，必须逐步加以解决。

八、人事工作

（一）调配、吸收和任用干部工作。一年来，市府系统内增设和扩大了一些必要的机构，干部总数较一九五二年也有很大增加。在调配工作中我们着重充实了基本建设和生产部门，其他新设和增编的单位，也都相应地配备了一定的干部。全年吸收新干部的任务很大。各单位吸收干部，一般都是慎重的，但也有少数单位审查不严，或不顾条件，盲目吸收，以致混入政治历史不清、作风恶劣的分子。一九五三年九月，我们发布了录用工作人员暂行办法后，基本上纠正了这种偏向。

（二）了解、培养、训练和提拔干部工作。按照一九五三年三月制发的市府干部职务名单管理制度试行办法，对市府职务管理名单以内的干部多数已进行了了解。一九五三年的考绩工作，由于各级领导重视，亲自掌握，结合总结工作，展开了批评和自我批评，收获很大，为培养、训练、调配、提拔工作创造了有利的条件。据不完全统计，全年有三十二个市级单位和十个附属单位共举办了一百零五个各种专业训练班，受训的共五千七百三十三人。参加各单位自办的业余文化学习的有一千一百七十三人。另外，抽调各单位中层及基层领导干部二百三十七人离职学习文化。各单位都逐步建立了经常的政策业务学习制度。全年共提拔了科员以上干部近两千人，基本上贯彻了大胆放手和德才兼备的原则。

（三）干部福利和保健工作。全年受到长期补助的干部三千五百零五人，受到临时补助的六千八百零七人次。干部家庭的困难，都基本上获得解决。对妇女干部的照顾，除普遍规定了喂奶时间和带小孩看病不算请假外，并批准了机关自办托儿所，目前已有三百名儿童入所。为照顾干部中的慢性病患者，除开办了慢性病休养所一处外，并提倡成立机关休养室，目前已有五个单位成立，并已有一些干部由全休恢复到半日工作。

（四）紧缩编制工作。一九五三年八月，根据中央的指示，各单位从提高工作效率、发挥干部潜力、减少层次、裁并臃肿重复的机构着手，共裁减了一千一百八十一人，编余人员都已妥善安置。

人事工作的主要缺点是：为生产和基本建设服务的方针贯彻得不够，培养、训练干部的工作还赶不上形势发展的需要，今后应切实加以改进。

北京市人民政府关于一九五四年度政法工作计划和上半年执行情况的报告

一、一九五四年度政法工作计划

政权建设工作

（一）继续进行普选工作。区、乡（镇）基层选举预定三月底全部结束。按照中央规定和工作需要，适时地分别召开乡（镇）、区、市人民代表大会，选举出席区、市、全国人民代表大会的代表。

（二）加强工矿区政权建设工作，进一步研究解决石景山区在政权建设方面存在的问题，创造区政权工作更好地为工业生产服务的经验。

（三）逐步在城区普遍建立区人民政府街道办事处和街道居民委员会。

（四）研究改进乡政权工作，使其适合于生产发展、特别是农业互助合作运动发展的需要。

公安工作

（一）加强对以美帝国主义为首的国际间谍和蒋匪特务的斗争。加强工矿企业、基本建设部门和国家机关的保卫工作。继续查捕潜伏本市、漏网外逃和外地逃来的反革命分子。

（二）加强民警治安工作，进一步巩固社会治安。继续贯彻“政府管制与群众监督相结合、劳动生产与思想改造相结合”的管制方针，做好对反革命分子的管制工作；加强对刑事犯罪分子的斗争，严厉打击盗窃、诈骗、流氓活动和其他刑事犯罪分子；加强交通管理和消防工作；加强治安保卫委员会工作，以保障经济建设、社会秩序和市民安全。健全户口管理制度，为国家各项建设事业提供精确的人口统计资料。

（三）加强对罪犯的劳动改造工作，加强狱政建设，健全各种制度，继续贯彻“惩罚管制与思想改造相结合、劳动生产与政治教育相结合”的方针，促使罪犯进一步得到改造。组织犯人在刑满释放后留场就业或从事其他生产事业，以解决其本人及家庭的生活问题。

司法、检察工作

（一）市、区人民法院在审判业务上，应进一步学习苏联的先进经验，健全审判工作制度，改进审判工作方法和工作作风，建立一审陪审制，实行审判合议制，研究试行公设辩护人制度，逐步建立和整顿基层调解组织，总结巡回法庭和人民接待室的经验。

（二）市人民检察署应根据最高人民检察署的指示，参照莫斯科市检察工作的经验，结合本市的具体情况，健全组织机构。逐步建立和加强对刑事案件的侦讯、起诉、司法监督和一般监督工作，并逐步建立区人民检察署。

（三）市人民法院应加强公证工作和对危害与破坏经济建设案件的审判工作，设立国家经济建设保护庭。及时处理婚姻案件、特别是伤害妇女的案件，继续宣传贯彻婚姻法，对污辱妇女、强奸幼女的案件，严肃、认真地进行处理。

市人民检察署应继续开展工矿检察工作，加强对工商业资本家违法活动的检察工作，以保障国家经济建设和社会主义改造事业的顺利进行。

（四）成立北京铁路沿线专门法院和专门检察署。

监察工作

（一）重点检查工矿企业和市政建设部门中的问题，特别是检查在贯彻执行总任务中的问题。

（二）继续有重点地检查与人民群众关系密切的问题（如医院工作、工矿卫生工作等）和其他临时性的重大问题。

（三）加强各单位监察室的工作。由市人民监察委员会会同市商业局、粮食局，在所属百货公司和永定门粮食仓库，重点推行哈尔滨铁路稽核局监察工作的经验，同时协助其他监察室积极进行准备，吸取经验，争取在一九五五年内全面推广。

（四）加强对人民监察通讯员的领导，加强对人民检举、控诉的处理工作。

劳动行政工作

（一）加强建筑业劳动力的调剂供应工作，掌握各建筑单位需工、窝工情况，逐步做到劳动力的合理组织与使用。

（二）继续加强国营厂矿和建筑部门的劳动保护和工资奖励工作。督促各单位采取安全卫生的有效措施，建立安全责任制，逐步改善劳动条件，以减少伤亡事故的发生。在建筑部门中，积极、稳步地推行计件工资制。在国营厂矿中，建立与健全计时奖励制，重点推行计件工资制。

（三）积极地、有计划地在资本主义工商业、特别是在国家资本主义工商业中，适当地改善职工的劳动条件。

（四）加强私营企业中调处劳资争议的工作。

（五）继续贯彻介绍就业与自行就业相结合的方针，在就业服从生产的前提下，供应生产必需的劳动力。根据生产需要，以技术训练为主，继续举办转业人员训练班。

优抚工作

（一）在城区和郊区非农业地区，对烈、军属仍以介绍就业、组织生产为主。有就业条件的，应尽可能介绍其就业；就业条件较差、但有培养前途的，继续举办政治文化学习班或组织他们参加各种职业补习学校，以培养其就业条件。在农村，主要是组织烈、军属参加农、副业生产，并大力动员和组织他们参加互助合作；对无劳动力或缺乏劳动力和生活困难的烈、军属，则给以代耕或实物补助。在第二季度选定一至三个区进行重点检查，整顿改进代耕工作。各区并应建立经常的检查制度，培养模范代耕组（或社）。继续大力开展拥军优属工作，以提高烈、军属的政治地位。

（二）继续做好复员建设军人的安置工作。

社会救济工作

（一）重点检查被救济户的生产和劳动力的情况，掌握其变化规律，进一步做到救济与组织生产相结合。郊区如发生灾情，应根据生产自救、节约渡荒、群众互助并辅以政府必要救济的方针，做好救灾工作。

（二）继续整顿生产教养单位。被收容人中，有家可归的，动员回家；无家可归的，按照具体情况，分别处理；对孤老残废，以养为主，以教为辅，并组织他们参加轻微劳动；对学龄儿童，实行半工半读；有劳动力的青壮年，应参加劳动生产，自食其力，其中游民习气浓厚且屡教不改的，可由公安局强制劳动改造。

继续调查本市游民和失业、无业者的情况，研究对他们的处理办法。

外事工作

（一）配合有关部门处理外侨房地产和外资企业问题。

（二）继续了解各国在本市的侨民和侨民团体的情

况。处理国籍未定或有双重国籍的人在普选中的选举权利问题。办理其他外侨事务。

人事工作

（一）输送干部支援国家的经济建设，特别是国家的工业建设。

（二）继续紧缩行政机构，精简编制，并妥善地处理编余人员。

（三）健全职务名单管理制度，加强对干部的了解、培养和提拔工作。广设副职，加强平时的政策业务学习，以提高干部的工作能力。加强中、下级主要干部的离职轮训工作，举办短期训练班。

加强政法工作的宣传教育

（一）通过新闻报道、重大典型案件的公开处理以及其他方式，围绕中心工作，宣传政法工作怎样为国家在过渡时期的总任务服务，宣传逐步健全和运用法制武器的重要性，教育人民和干部遵守国家法律，树立法治观念，提高政治警惕性。

（二）组织在职干部继续学习马克思、恩格斯、列宁、斯大林和毛泽东关于国家与法权的理论，学习苏联政法工作为社会主义经济建设服务的先进经验。

（三）用批评和自我批批评的方法，在政法工作的各方面进一步肃清资产阶级思想，加强工人阶级的思想领导。

建立政法工作基点

为了系统地总结政法工作，贯彻政法工作为生产服务的方针，在市政法委员会统一领导和政法系统各单位密切配合下，在一九五四年内分别建立石景山区（重工业区）、宣武区（私营工厂较多的区）、丰台区（农业区）三个政法工作基点，摸索政法工作为工业生产服务的经验；摸索政法工作保障国家对资本主义工商业实行社会主义改造的经验；摸索政法工作保障和推动农业生产互助合作的经验；并研究改进城市街道工作。

二、上半年执行情况

政权建设工作

（一）全市基层选举工作在三月底结束后，各乡（镇）都召开了人民代表大会，选举了乡（镇）人民政府和出席区人民代表大会的代表。各区在六月中旬分别召开了第一届人民代表大会第一次会议，选举了出席市人民代表大会的代表，讨论了中华人民共和国宪法草案，并一致通过了拥护宪法草案的决议。

（二）三月间，在石景山区政法基点工作中，系统地调查了该区政权建设方面存在的问题，确定了加强为工业生产服务的一些具体办法，现正逐步试行。

（三）城内各区和石景山区已开始重点建立居民委员会和试建街道办事处，俟取得经验后即普遍建立。

（四）郊区各区已分别选择一至三个乡，进行典型调查，研究改进乡政权工作。

公安工作

（一）半年来，破获了现行反革命案件十二起，逮捕了特务间谍分子三十二名和潜藏在天主教内部的反革命分子五十三名。同时，逮捕了隐藏在国家机关、工矿企业、基本建设部门中的和其他外地逃来的漏网反革命分子三百十四名。根据新发现的材料，管制了应该管制的反革命分子二百二十二名。在已被管制的反革命分子中，由于确有悔改表现，撤销管制的五百三十六名。

（二）破获了抢劫案两起（共发生三起）、窃骗案二千三百七十六起（占发生案件总数的百分之八十二）。逮捕了强奸幼女和强奸、污辱妇女的流氓犯罪分子二百三十五名，并在重点地区召开群众大会，大张旗鼓地进行了处理；但由于我们在这个斗争中，发动群众不够，措施不够有力，因此，流氓活动虽曾一度敛迹，目前又渐嚣张，我们正采取有效措施给以打击。

（三）在户口管理工作上，先后制订了《市民户口管理实施细则》、《公共户口管理试行办法》和《工地户口管理试行办法》，进一步健全了一般户口、公共户口和工地户口的管理制度。在消防工作上，继续贯彻了“以防为主、以消为辅”的方针，检查了全市大的工厂、企业、仓库和重要机关的消防组织、消防设备和安全制度，因此，半年来，这些部门火灾发生次数较一九五三年同一时期下降了十分之一，损失也比一九五三年减少。在交通管理工作上，虽曾积极设法改进，但因本市车辆不断增加，工作上也还存在着不少缺点，半年来车祸仍未减少，目前正进一步设法改进。

司法、检察工作

（一）今年三月，市人民法院成立了国家经济建设保护庭，受理有关破坏国家经济建设、盗窃国家资财、公私纠纷和劳资争议等案件。同时，成立了北京铁路沿线专门法院和专门检察署，受理北京铁路管理局所辖范围内直接有关铁路运输的各种案件。

（二）市、区人民法院已开始实行一审陪审制。今年五月先由各人民团体选派了五百四十五名人民陪审员，参加审判有关的案件。六月又在西单、宣武两区人民代表大会上选举了地区性人民陪审员一百八十二名，试行轮流值日参加审判。此外，今年四月在部分乡的人民代表大会上选举了地区性人民陪审员一百十七名，在巡回法庭到当地就审或审理当地案件时，参加审判。

（三）市人民检察署已根据工作的需要，扩大了编制，成立了三个业务处负责进行审判监督、侦讯和侦讯监督、一般监督等工作，并通过重点办案，学习苏联检察工作的先进经验，初步建立了正规的检察制度。

目前，司法工作的主要缺点是：对有些贪污、盗窃国家资财和破坏国家经济建设的案件，处理得不及时；有的贪污案件，量刑偏轻。今年六月，市、区人民法院对已处理过的强奸幼女案件进行了一次普遍检查，发觉少数案件，量刑也偏轻，未能给流氓犯罪分子以严重打击。

监察工作

（一）市人民监察委员会会同有关部门普遍检查了市粮食局所属仓库的粮食保管工作，并组织了干部四百余人检查了合作社、零售公司所属一千二百多个粮食代销店、加工工厂的工作，对防止粮食霉坏、保证粮食安全渡夏起了一定作用。市属各单位监察室也对有关生产财务计划进行了重点检查，取得了一些成绩。但仍有部分监察室的工作没有走上正轨，陷于忙乱被动和处理零星问题的状态。

（二）在重点推行哈尔滨铁路稽核局监察工作的经验方面，已选派了干部三十人参加中央人民监察委员会举办的训练班学习或旁听，为开展这一工作进行准备。

劳动行政工作

（一）市劳动局会同有关部门根据平均先进的原则，制订了建筑企业中的劳动定额标准，经过试点后，已自六月份开始积极、稳步地在建筑部门中推行计件工资制，对鼓励工人的生产积极性、提高劳动生产率和改善施工管理，已获得一定的成绩。

（二）今年建筑业各单位共申请需工五万三千余人，经各单位调剂供应五千八百余人，吸收本市劳动力五千六百余人，自外地招工三万八千余人，基本上满足了需工单位的要求，保证了工程的顺利进行。同时，加强了各单位内部和各单位互相间劳动力的调剂平衡工作，使窝工浪费现象大为减少。

（三）在劳动保护工作上，主要是督促、协助基本建设单位和国营、私营厂矿企业制订安全生产计划，进行电气安全检查，并研究解决存在的问题。但因督促检查不严、措施不够有力，在基本建设单位中工伤事故仍不断发生，特别是七月间中央铁道部新建铁路工程总局第四工程局第二工段发生的翻船事故和苏联展览馆工区发生的冷藏仓库房顶倒塌事故最为严重，除彻底查处外，现正督促各单位认真检查、改进劳动保护工作。

优抚、社会救济工作

（一）春节期间，全市开展了大规模的拥军优属运动。这次运动，比往年任何一次都广泛深入，仅各区召开的军、政、民联欢会和座谈会即有一千二百余次，到会的有十八万九千余人。市、区各机关和各界人民对烈、军属，革命残废军人，复员建设军人和驻京部队进行了普遍慰问。二月十二日又举行了全市烈、军属、革命残废军人、复员建设军人代表会议，向到会代表五百四十一人报告了一九五三年优抚工作情况并进行了国家在过渡时期的总任务的宣传教育。这对推动全市烈、军属、革命残废军人、复员建设军人积极参加生产、参加本市各项建设事业起了很大作用。

（二）在组织烈、军属和贫苦市民生产和介绍烈、军属就业方面，城内各区除整顿了原有的二十五个生产组织外，新成立了一百零三个生产单位，参加生产的有烈、军属一千二百余人，贫苦市民八百余人。另外，并已拨款六亿余元作为烈、军属生产补助金。半年来，烈、军属经介绍就业的共九百零四人。

（三）郊区代耕工作已逐渐与互助合作组织结合起来。据不完全的统计，烈、军、工属和二等以上革命残废军人享受代耕的土地与互助合作组织结合起来的（加入互助合作组织或固定由互助合作组织代耕），已占享受代耕土地总数的百分之八十四，使烈、军属的土地产量得到保障。

（四）半年来，分配到本市的复员建设军人三百八十三人，连同一九五三年复员尚未安置的一百零八人，总计四百九十一人，其中，已安置妥当的有三百二十九人，其余正在继续安置。

人事工作

（一）半年来，输送到中央各工业部门的干部，计有局、处长级以上的十三人，科长级二十人，技术干部二十人，一般干部三十人。此外，还抽调了科长级干部九十八人，充实了本市的经济建设单位。

（二）制订了干部培养训练计划。现已调往中共北京市委党校和市府行政干部学校学习的有六百四十余人，参加各单位举办的各种短期训练班学习的有四千三百余人。

（三）根据中央关于紧缩行政机构精简编制的指示，各单位共编余了两千七百余人。其中，原属行政、事业单位的编余人员除极少数退休、资遣或参加学习外，多数已分配了适当的工作；各企业单位的编余人员也正在妥善安置中。

外事工作

（一）半年来，配合有关部门处理了外侨房地产二十余处。

（二）协助苏联大使馆办理了本市苏侨三百多人的回国工作。

（三）在普选期间，协助有关单位解决了国籍未定或有双重国籍的人的选举权利问题。

加强政法工作的宣传教育

今年四、五月间，政法系统各单位结合学习国家在过渡时期的总任务和中国共产党七届四中全会的文件，比较全面地检查了五年来各项方针、政策的执行情况，肯定了工作成绩，指出了工作中的缺点，着重批判了在政法工作上的资产阶级思想。同时，多数单位都曾召开各种专业会议，分别传达中央各有关专业会议的决议，进一步明确了工作方针和工作任务，为今后开展业务，提高工作质量，打下良好基础。此外，在学习苏联政法工作的先进经验和通过新闻报道等方式进行政法工作的宣传方面，也取得了一定成绩。

建立政法工作基点

石景山区和宣武区两个政法工作基点已在今年三月、五月先后建立。石景山区政法基点工作组在进行了系统的调查研究后，在政权建设、公安、司法工作方面已采取若干措施，初步取得了一些成绩和经验。宣武区政法基点工作组也系统地了解了该区政法工作保障对资本主义工商业实行社会主义改造的情况，初步提出了改进意见，并已重点建立街道办事处和居民委员会，以改进和加强街道工作。

北京市人民政府关于一九五三年度财经工作的报告

一九五三年是国家进入有计划的经济建设的第一年，北京市的财政经济情况有很大的发展和变化。工业生产总值增加很多；建筑工程超额完成了任务；商业销售总额扩大，基本上保证了生产资料和生活必需品的供应；在财政税收方面，完成了增加收入、紧缩开支的任务。

一、北京市一九五三年度工业生产有很大的发展。超额完成了国家计划的百分之三点三七。全市工业生产总值较一九五二年度增加百分之四十四，其中国营工业增加百分之十九，地方国营工业增加百分之五十九，合作社营工业（包括手工业生产合作社）增加百分之一百三十九，私营工业和个体手工业增加百分之五十六。由于一九五三年本市建筑工程和城市人口大大增加，因此和建筑工程及人民生活有关的行业，有更多的发展。如全市木材加工业一九五三年度的产值比一九五二年度增加百分之一百零六，金属加工增加百分之八十四，建筑材料增加百分之五十五，其他如缝纫、食品、文教用品等也都有很大的发展。

国营工业在中央各工业部的具体领导下，一九五三年度进行了比较系统的生产改革工作，推行了作业计划，贯彻了责任制；地方国营工业在一九五三年度开展了质量的检查运动，整顿了劳动纪律，建立了一些责任制度，并加强了技术管理。特别是在国营工业和地方国营工业中开展了增产节约运动后，有力地推动了生产的发展，促使生产计划和利润计划的超额完成，产值超额完成年度计划的百分之五点一，上缴超额利润二千三百二十一亿元。在品种方面，二十八种主要产品中完成和超额完成的有原煤、电力、金属切削机床、毛纺品、纸张等二十种；未完成计划的有生铁、水泥等八种。劳动生产率已有提高，产品的质量一般已有所改进，有些产品的成本也有所降低。虽然一九五三年度我们在工业生产上取得了相当大的成绩，但仍然存在着生产不均衡、事故多、质量低、浪费大等缺点，特别是地方国营工业技术管理薄弱，产品质量低劣的现象仍很严重，亟待今后努力克服。

手工业生产合作社有很大的发展。截至年底组织起来的人数已达一万三千六百余人，较一九五二年底增加百分之七十七。在发展生产合作社的同时，对已组织起来的生产合作社进行了整顿工作，产品质量已有一些改进，品种和数量也有增多，在满足人民生活需要方面已起了积极作用。但由于对小生产的特点缺乏认识，对通过低级的供销形式来着手组织手工业者注意不够，而是盲目地追求组织高级形式的生产合作社；对手工业改造的对象不够明确，个体手工业劳动者组织的很少。有些生产合作社组织起来后，没有及时地进行巩固和提高，组织不纯，生产紊乱，亟待进行整顿。

在社会需要迅速增加而国营工业不能满足的情况下，私营工业在一九五三年内有较大的发展。发展了的行业主要是铁工、建筑材料、木器、食品、文教用品等。由于许多私营工厂是在市场需要迅速增加而发展起来的，加以我们对社会需要增长的情况估计不足，生产指导工作做得不够，因而私营工业在发展中带有一定程度的盲目性，致使有些行业发生过剩现象。

一九五三年度国家对私营工业加工、订货、收购、包销总值有很大增加，在生产总值中所占比重由一九五二年度的百分之三十八增加到一九五三年度的百分之五十一，国家通过这些业务，已把一部分私营工业的生产初步纳入了国家计划的轨道。目前较固定的加工、订货，主要是面粉、绒衣、织布、染布、皮鞋、金笔、乐器和橡胶制品等行业，共八十余种产品。在加工、订货工作中的主要缺点是缺乏强有力的统一领导、严格的监督和检查以及健全的管理制度，使不法资本家不断发生偷工减料、高估成本等违法行为。

二、一九五三年度本市建筑工程任务共计三百六十万平方公尺（包括跨年度工程），完成三百一十万平方公尺，实际完成可供使用的建筑面积二百五十万平方公尺。劳动生产率比一九五二年度提高了百分之二十左右，企业管理工作由于学习了苏联和我国其他地区的先进经验，有了许多改进，同时对全部在京建筑工程分别轻重缓急进行排队，制止了盲目冒进，贯彻了质量第一、保证重点的方针，同时评定了工人技术等级和统一了工资标准。对地方建筑材料的供应和运输，实行了统一分配和统一调度，基本上保证了近一千万吨建筑材料的及时供应。但建筑企业管理水平还比较低，工作发展极不平衡，潜力很大，由于建筑计划定得过迟，有些任务临时决定，要求过急，有些工程项目变动甚多，造成了时而窝工、时而抢工的混乱现象，引起严重的浪费。此外，计划管理和专责制还没有很好建立，劳动组织和材料管理制度都较混乱。这些问题，都是必须加以解决的。

三、国营商业和合作社商业，随着社会购买力的提高，在支持生产、服务消费者的过程中得到了进一步的发展。一九五三年度全市公私营商业销售总额较一九五二年度增加了百分之六十一，其中，国营商业增加百分之七十四，合作社商业增加百分之五十二，私营商业增加百分之五十一。国营商业和合作社商业超额完成了全年购销计划，降低了商品流转费用，国营商业还超额完成了全年上缴利润计划，为国家积累了资金。为了满足人民日益增长的需要，国营商业部门逐步扩大了商业网，增添了新的品种。合作社商业部门在建筑工地、新建工矿区增设了一些零售网，扩大了副食品和百货的经营比重。

在商业工作中，上半年突出的错误就是对市场需要和发展的情况估计不足，片面地实行经济核算制，盲目减少库存，紧缩资金，对暂时不好销售的公私工业产品缩减加工、收购的数量，加以受了修正税制的影响，这就妨碍了生产，也使国营商业货色减少，有些商品脱销，削弱了国营商业对市场的领导作用。一九五三年下半年，贯彻了全国财经会议的精神，纠正了上述错误后，国营商业有了进一步发展，经营比重上升，私商比重下降。

目前商业工作中存在的问题，主要是对消费者的需要了解不够，经营的品种和规格不能适应群众多种多样的需要，对市场情况仍然估计不足，“时而积压、时而脱销”的情况，还不断发生，在扶植生产方面，由于对供、产、销的平衡，了解和研究不够，计划性还很差，在经营管理上虽有改进，但仍存在着很多的缺点。

四、为了保证粮食的供应，在一九五三年十一月、十二月先后实行了面粉和大米、粗粮的计划供应。实行以来，打击了投机粮商，保证了粮食正常供应，市场物价也保持平稳，绝大多数市民表示满意。对私营粮商采取了大部分维持下来的方针，通过加工、代销的国家资本主义形式进行了改造。

五、随着生产的发展，人民购买力提高，财政收入也增加了，一九五三年度收入为原预算的百分之一百三十二，支出为原预算的百分之九十一。税收完成计划的百分之一百三十三。

从以上情况看来，北京市一九五三年度的财经工作是有成绩的，为了巩固这些成绩，克服各项工作中存在的缺点，必须改进财经工作的领导，克服工作不深入的官僚主义作风，加强财经工作的计划性，并努力组织计划的实现，加强财经部门的政治思想工作，开展批评和自我批评，努力提高财经工作的水平，迎接一九五四年财经工作的新任务。

北京市人民政府关于一九五四年度财经工作计划和上半年执行情况的报告

一、一九五四年财经工作计划

根据国家在过渡时期的总任务和本市的具体情况，一九五四年度财经工作，在积极发展与扩大国营工业，有计划有步骤地发展国营商业和合作社商业，逐步对农业、手工业、资本主义工商业进行社会主义改造，以进一步满足国家建设和人民生产、生活的需要的总方针下，提出以下计划：

(一)积极发展与扩大国营工业，保证国民经济中社会主义成份的稳步增长。一九五四年度国营、地方国营、公私合营和合作社营工业生产总值计划指标与一九五三年度实绩比较：国营工业增加百分之十八点二五；地方国营工业增加百分之十六；公私合营工业增加百分之八十二；合作社营工业（包括手工业生产合作社）增加百分之一百一十七。地方国营工业一九五四年度基本建设投资总额为二千二百六十七亿元，其中新建与扩建工厂的投资，占投资总额的百分之六十。

国营和地方国营工业必须充分发挥现有企业的潜力，努力提高生产管理水平，提高质量降低成本，增加产量，增加品种，提高劳动生产率，同时重点地进行新建与扩建。地方国营工业应特别注意增加日用品的生产和提高建筑材料的质量，以逐步满足人民生活和生产上日益增长的需要，保证完成和争取超额完成一九五四年度国家生产计划。

合作社营工业必须根据“积极领导、稳步前进”的方针，着重发展和工农业生产、城市建设、人民生活需要及出口贸易有关的主要行业，从供销入手，逐步发展生产合作社，并大力巩固与提高现有的生产合作社。

(二)一九五四年度建筑工程任务很大，全年建筑总任务为三百七十余万平方公尺（包括跨年度工程六十五万平方公尺），因此，必须提高管理水平和技术水平，要求在保证质量的前提下，劳动生产效率比一九五三年度提高百分之三十，工程造价比一九五三年度降低百分之十。

(三)国营商业和合作社商业必须坚决贯彻为生产服务和为消费者服务的方针。一九五四年度社会商品流转总额较一九五三年度增加百分之十一，其中，批发额增加百分之七点五五，零售额增加百分之十四点八四。为此，国营商业和合作社商业必须积极加强工农业产品的收购和供应的计划性，合理组织货源，积极推销地方国营工业和手工业的产品，加强生产资料的经营和副食品的供应，适当增加品种；有计划、有步骤地扩大商业网，尤其在新建工矿、机关、学校地区。国营商业必须加强对市场的统一领导，扶植合作社商业的巩固和发展。在经营管理方面，必须提高劳动效率，改善服务态度，精简不必要的手续和制度，以便利顾客。改进保管工作，减少损耗，加速资金周转，降低流转费用，稳步地推行经济核算制。

(四)正确地贯彻对资本主义工商业的利用、限制、改造政策。根据国家需要，稳步地对私营工业进行公私合营，大力加强对加工、订货工作的领导和管理，进一步扩大加工、订货、收购、包销的品种和数量，使私营工业生产逐步纳入国家计划轨道。对私营商业主要是采取批购、经销、代销等国家资本主义的方式，对其进行改造。

财政、税收、金融工作，应根据国家总任务的精神，密切配合生产和贸易部门，共同协作，发挥支持国家建设、促进工农业生产的积极作用。

二、上半年执行情况

半年来，财经工作已获得了相当大的成绩：

在工业方面：全市公私营工业上半年生产总值完成国家年度计划的百分之五十五，其中，国营工业完成百分之五十三，地方国营工业完成百分之五十一，公私合营工业完成百分之三十一，合作社营工业完成百分之三十九。上半年工业总产值除私营工业外，都超过去年同期水平。

全市一百四十八个国营、地方国营和公私合营工业，完成上半年产值计划的有一百一十个（其中八十五个，完成全年计划的百分之五十以上），在品种方面，三十种主要产品，完成和超额完成产量计划的有铁、煤、金属切削机床等二十四种（其中二十一种完成全年产量计划的百分之五十以上），未完成的有冶金焦、变压器等六种。劳动生产率也有进一步的提高，五十个较大的厂矿，上半年完成劳动计划的百分之一百零九点五。地方国营工业并试制新产品三百余种，其中二百五十余种已投入生产，将近原有产品品种总数的十分之一。

地方国营工业，一九五四年上半年完成基本建设投资额四百二十七亿元，完成年度计划的百分之十九，新建的有制药厂、制冰厂等，扩建的有木材厂、氧气厂等。

手工业合作化方面：上半年在中共北京市委员会召开手工业工作会议后，组织了全市手工业者代表的宣传总路线的报告大会，并在手工业较集中的崇文区召开了手工业代表会议。建立手工业生产合作社联合社，加强了手工业生产和供销工作的领导，因而手工业合作化运动得到进一步开展，半年来新发展了社员四千三百余人（现在社员已达一万七千九百余人）。

在建筑工程方面：全市批准面积为三百七十余万平方公尺（包括中央、华北、市级），各施工单位截至六月底共已承担建筑任务三百五十二万平方公尺，上半年已完成一百万平方公尺左右，占全年任务的百分之二十八点五。其中市建筑工程局一百五十八万平方公尺，上半年预计完成四十三万平方公尺，占全年预计完成任务的百分之三十三。一般地说今年开工情况比往年为好，开工面积大，开工日期提前，窝工减少，并且推行了计件工资制，大大提高了劳动效率。

在商业工作方面：一九五四年上半年公私营商业销售总额较一九五三年度同期增加百分之五，其中零售总额增加百分之十。国营商业积极地组织货源，扩大经营，完成全年销售计划的百分之四十四，较一九五三年度同期增加百分之五十五；合作社商业零售总额完成计划的百分之五十九，较一九五三年度周期增加百分之八十四。由于国营商业和合作社商业的迅速发展，社会主义商业的经营比重进一步扩大，加强了市场的组织性和计划性，基本上保证了供应，稳定了市场物价。国营商业通过加工、订货、收购、包销，有力地支持了公私营工业生产的发展，上半年加工、订货、收购、包销总额较一九五三年度同期增加一倍多，其中私营工业增加百分之八十五。

合作社商业已成为国营商业领导市场、组织供应、开展城乡物资交流的有力助手。上半年供应郊区农民生产、生活资料，较一九五三年度同期增加百分之九十二，收购农副产品，较一九五三年度同期增加百分之一百八十五。通过这些工作，促进了农村互助合作的发展，从而有助于工农联盟的巩固。

对资本主义工商业改造方面：上半年召开了公私合营工业会议，总结了经验，确定了方针，截至六月底已经公私合营的计有新华橡胶厂、大华窑业公司等十户。召开了加工、订货的工作会议，确定了对私营工业加工、订货的计划，及时地分配了加工、订货的任务，并制定了统一的管理办法。上半年对资本主义工业的加工、订货产值，已占其总产值的百分之六十七点五。三月份实行了食油的计划供应，对油商进行了全行业的改造，有一千六百多户为国家加工、经销。猪肉、纱布、茶叶、纸张等私营商业，已全部或大部由国营公司进货，使其逐步纳入了国家计划轨道。

在税收工作方面：由于深入地进行了检查工作，加强了反偷漏税的斗争，加强了税源控制，超额完成了上半年计划的百分之四。

目前，财经工作中存在的问题和缺点是：

在地方国营工业生产中，不少产品质量低、成本高、规格不完全适合市场需要。如北京市砖瓦公司生产的部分砖瓦等级划分不清，有一部分质量次，抗折力和抗压力都很差；油漆、乐器、胶鞋等由于质量不好，群众不满。造成以上情况的主要原因是：管理水平低，技术水平落后，领导上存在着单纯追求产值数量、忽视质量的资本主义经营思想。同时在产、供、销方面，有些原材料供应困难，有些产品满足不了需要，有些产品还有积压现象。在私营工业中，有不少工厂是在一九五三年度市场需要迅速增加的情况下，发展起来的，这种发展带有一定程度的盲目性，因而目前有一些行业如缝纫、木器、铁工等，在经营方面发生了困难。

在手工业合作化方面：组织发展个体手工业劳动者很少，吸收社员时审查不严，使一些坏分子混进了合作社。有些合作社组织起来后，由于没有及时建立制度，加强政治教育，因而造成了不应有的混乱现象。

建筑企业中，由于技术管理水平低，计划管理和专责制未很好地建立，劳动组织和材料管理较混乱，因此，有些工程质量很差，返工和材料的浪费现象还很严重。

在商业工作方面：由于对人民生活上和生产上日益增长的需要及商品供销情况了解不够，因此，在收购和供应工作中存在着不少的缺点，造成某些商品不应有的积压和脱销。在加工、订货、收购工作中，缺乏严格的产品检验制度，因而有些商品如乐器、皮球、绒衣等质量不合规格。在经营管理方面，流转费用高，商品调拨不灵，有些商品不能及时和顾客见面，有些售货员对顾客的服务态度不好。所有这些缺点，说明国营商业的管理水平还落后于业务的发展。

在资本主义工商业改造工作方面：在加工、订货工作中，缺乏强有力的领导和管理，不法资本家趁机高估成本、偷工减料、粗制滥造。在经销、代销中，发现有些粮商和油商有擅自动用公款，少给份量，以坏顶好等现象。这些现象的不断发生，说明我们还缺乏一些切合实际的管理办法和检查制度，同时对不法资本家的违法行为的揭发和处理也不够及时。

财经工作的计划性很差，各种经济成份间和产、供、销等方面都存在着不平衡、不衔接的现象，编计划时缺乏深入的研究分析，对计划的执行检查不够。

财经部门政治思想工作是薄弱的，在不少单位中间，存在着单纯业务观点、忽视政治的倾向。

为了完成一九五四年度财经工作计划，克服工作中存在的缺点，下半年的工作必须注意以下各点：

(一)国营工业和地方国营工业必须大力提高现有企业管理水平，以提高产品质量、降低成本。因此，必须加强计划管理和技术领导，认真地贯彻责任制。在地方国营工业中，尤应加强对职工重视产品质量的思想教育，制订和贯彻产品质量标准，健全检验机构和制度，制订或修订操作规程、明确责任、规定质量奖惩办法；加强对各种计划指标和原材料消耗定额的检查；加强市场供需情况的调查研究，积极增加新品种，改进现有产品的设计和规格。开展节约原材料、燃料和利用代用品、利用废料等工作。为使各项生产管理工作顺利进行，应结合中心工作逐步实行一长制。

加强对手工业生产合作社的领导。对现有生产社和今后组织起来的生产社，必须注意从改进生产着手，继续巩固提高，加强生产管理和政治教育工作，以提高产品质量、降低成本。

(二)建筑企业要积极地提高管理水平和技术水平，切实保证工程质量，不断地提高劳动生产率，降低建筑成本，有计划、有步骤地建立和健全独立的技术检验机构和质量责任制。继续推行计件工资制。大力减少材料的浪费，降低工程造价。

(三)为了迎接秋后贸易上的旺季，国营商业和合作社商业必须积极地、正确地组织工农业产品的收购和供应，加强对市场的统一领导，大力加强副食品的供应，特别是加强在新建工矿、机关、学校地区的供应工作；努力改善经营管理，改善服务态度。

(四)在供、产、销平衡的原则下，扩大对私营工业的加工、订货、收购、包销，有条件地、有计划地组织公私合营，搞好现有公私合营企业的生产。对私营商业，主要是采取批购、经销、代销等国家资本主义的形式，按行业逐步进行社会主义改造。为了正确贯彻对私营工商业的利用、限制、改造政策，必须加强行政管理和工人群众的监督，加强对资本家的爱国守法教育，对资本家的违法行为，应及时地、严肃地进行处理。

(五)堵塞偷税、漏税。私营工商业资本家偷漏税的情况还相当严重，今后必须继续加强检查工作，使反偷漏税的工作经常化，密切与职工、店员的联系，发动广大职工进行监督。

(六)加强财经工作的计划性。随着生产的发展和需要的增加，首先应在生产指标、原料供应、产品推销等方面，在目前所能控制的范围中，逐渐加强计划性，做到平衡和衔接。因此，今后必须加强计划工作和统计工作的领导，加强计划的检查工作，组织计划的实践，使计划工作起到指导与监督生产和分配的作用。

(七)加强财经企业部门的政治思想领导，开展批评和自我批评，不断地揭发和克服工作中的缺点和错误，克服"差不多"思想和骄傲自满情绪，批判资本主义的经营思想，加强干部的教育和训练，不断提高干部政治觉悟和业务水平，胜利地完成一九五四年财经工作的任务。

附：北京市郊区一九五三年度农业生产概况和一九五四年度计划要点及上半年执行情况的报告

(一)

一九五三年春，中共中央发布《关于春耕生产给各级党委的指示》后，我们统一安排了郊区农村工作，克服了"五多"现象，使农业生产真正成为农村中的中心任务。经过划乡和"新三反"运动，整顿了农村基层组织，加强和改进了市、区农业生产主管部门的工作，加以风调雨顺，一般作物收成很好。蔬菜生产的发展很快，菜田面积扩大到九万七千四百九十五亩，温室由原有的三千三百八十七间增加到四千六百七十六间，阳畦由二万五千三百九十七个增加到三万二千二百五十二个。各种蔬菜总产量达六亿三千二百多万斤，比一九五二年度增加了百分之四十九点四，大量供应了首都的需要。粮、棉总产量也超过一九五二年度，粮食增产百分之七点八，棉花增产百分之十五点八。全年造林一百八十八万株，封山育林四万多亩，抚育幼林三万一千多亩，大家畜增殖二千二百五十二头，达六万一千四百余头；猪、羊等小家畜增殖五万四千六百余头，达十六万一千余头。乳牛由二千四百头增殖到三千二百一十七头，平均每日产奶量增加四千磅。

互助合作组织在一九五三年春根据中共中央《关于农业生产互助合作的决议》整顿后，百分之三十八点三的农户已经组织起来，农业生产合作社由十个发展到六十三个，入社农民一千零四户，占总农户的千分之八；常年互助组有二千八百四十三个，参加互助组的农民二万零六百七十六户，连同临时互助组共占总农户的百分之三十七点五。各社、组在产量上普遍都有增加，农业生产合作社的成绩更为显著。据四十八个社的单位面积平均产量统计：蔬菜产量比互助组高百分之七点六，比单干户高百分之十九点五；棉花产量比单干户高百分之三十二；粮食产量比单干户高百分之二十五点四：突出地显示了组织起来的优越性。一九五三年郊区的信用合作社已发展到六十六个，约有一万农户得到信用合作社的贷款七十一亿元。供销合作社全年供应农民肥料四千六百三十多万斤、农药十八万斤和水车、农具等生产资料。在推动农业爱国增产竞赛，收购农、副业产品，供应农民生产和生活资料，活跃农村金融方面，互助合作组织都发挥了很大的作用。这是一九五三年农业生产获得成绩的重要因素。

地方国营彰化、和义、八一农场、南苑畜牧场和京郊农业机器拖拉机站，在一九五三年度经过整顿劳动纪律和开展增产节约运动，超额完成了生产任务，为国家生产蔬菜一千零三十六万斤、粮食三百八十三万斤、棉花八十九万斤、鲜牛奶一百七十六万磅，总计上缴利润四十二亿八千二百八十六万元。

(二)

一九五四年度郊区的农业生产，为配合首都需要和逐步实现对农业的社会主义改造，积极、稳步地发展互助合作运动，并贯彻中央关于大城市郊区农业生产为城市服务的方针，继续发展蔬菜、畜牧、水果生产，提高粮、棉、花生单位面积产量。在一九五三年度生产的基础上，粮食增产百分之四点四，蔬菜增产百分之十点八，棉花增产百分之零点七，油料作物增产百分之九点八。推广优良果苗一万五千株。计划乳牛增加五百六十头，猪、羊等小家畜增加二万三千九百余头。在有条件的地区注意发展淡水养鱼事业。依靠群众利用宅旁、路边、沟沿空地植树，保护耕地。封山育林，并继续营造小西山风景林和永定河防护林。继续改进地方国营农场和农业机器拖拉机站的经营管理，增辟畜牧场和果园、菜田。

为保证实现上述任务，首先，要继续向农民宣传总路线，发展互助合作运动。一九五四年度要求组织起来的农民占总农户的百分之六十。其中，参加常年互助组的占二分之一；农业生产合作社发展到一百五十个，社员二千八百六十户。同时，巩固、整顿供销合作社，并以菜、棉、稻区为重点，发展信用合作社。第二，积极领导农民改进耕作技术，和自然灾害作斗争。继续推广先进的密植经验，重点推行科学施肥，改良品种，进行防旱、防涝、防治病虫害。第三，加强对蔬菜生产的领导，提高蔬菜种植技术，增加蔬菜产量；并推贷水车，增加水井，扩大菜田五千亩。大力发展温室、阳畦；同时，由供销合作社在菜区推行产销结合合同，加强产销计划，调剂市场供应，逐步克服季节性的供求失调的矛盾。第四，大力解决肥料问题。克服群众单纯依赖商品肥料的思想，发动群众养猪、养羊，提倡积肥。第五，供销合作社、人民银行、信用合作社要做好生产资料供应和发放农贷的工作。

(三)

经过一九五三年冬季总路线的宣传，郊区农民普遍受到社会主义教育，农民发展生产的积极性和互助合作的积极性大为高涨。互助合作组织的发展超过了原订计划，现在已建立了四百一十二个农业生产合作社，入社农民共九千八百六十户，占总农户数的百分之七点九。其中，属于社会主义性质，土地不分红的社有一百一十四个。全郊区三百一十六个乡中有二百一十三个乡建立了农业生产合作社，有七个乡已经基本上合作化。菜区的农业生产合作社发展最快，现有蔬菜生产合作社一百三十四个，入社菜农占菜农总户数的百分之十八。信用合作社也由原来的六十六个发展到一百八十五个，吸收农民存款二百余亿元。实行粮食统购统销后，许多农民结合出售余粮储备了生产资料。一九五四年春，市、区先后召开了农业劳动模范大会，树立了生产旗帜，交流了生产经验。这些，都在思想上、组织上和物质上为一九五四年的春耕生产作了准备。在此基础上，五月底以前就顺利地完成了一百零三万亩农田的春播任务。播种粮食作物八十万亩，蔬菜八万多亩，棉花八万亩，花生五万五千多亩，各种作物出苗情况很好。对二十二万亩麦田进行了春耕、追肥，保证了收成，总产量比一九五三年度增加了六十五万斤。山区养羊已达十万只，比一九五三年度增加百分之四十三。全郊区养猪已有十万三千口以上，比一九五三年度增加了百分之十二。栽培果树仅京西矿区就已接种六万六千株。除了农民自己培育的果苗，仅农林局推广的良种果苗就有五万四千多株。

地方国营农场和农业机器拖拉机站一九五四年上半年推行了定额生产、计划管理并加强了技术管理和对周围农民的示范。除完成了蔬菜、粮、棉春播任务外，新建果园二百三十四亩，扩大蔬菜种植面积五百四十六亩，筹备增建畜牧场一个。早春播种的大麦、燕麦、甘蓝、饲料都得到很好的收成。上半年乳牛产奶八十九万四千多斤，并繁殖小牛七十二头。八一、和义农场还扩大了养鸭、养鱼业务。农业机器拖拉机站春耕中，给红星集体农庄和八个农业生产合作社代耕土地一万七千多亩，做到保证质量，降低成本，不误农时，并节省油料一千二百多斤，每匹牵引马力平均代耕面积由一九五三年度春季的三十六亩提高到七十二亩，实际成本由一九五三年度每亩二万二千六百六十四元降为每亩一万三千三百一十七元。各农场通过生产活动，加强了和附近农民的联系，如帮助农民配制农药、修理农具，邀请农民参观、座谈等，在生产上起到了示范作用。

随着互助合作运动的发展和生产规模的扩大，耕作技术也有提高。播种前，一般采用科学方法处理了种子，如红星集体农庄七千亩棉花的棉籽全部经过粒选，一般农民也采用浸种、拌种的方法，提高了出芽率，减少了苗期病害。经过一九五三年度的试验，农民接受苏联先进的密植经验，一九五四年棉田大部实行密植，花生、玉米、谷子也都适当增加了单位面积的株数，扁豆、西红柿密植的也增多了。此外，不少农业生产合作社和互助组运用了集体力量，增加和改进了生产设备，石景山区田村农业生产合作社打了电井两眼，红星集体农庄并开辟了苗圃，白盆窑等农业生产合作社还添置了柴油抽水机。上半年仅供销合作社就供应农民水车四百一十四台，大小农具二万多件。

一九五四年郊区春耕生产进展顺利，出苗良好，但自春季虫害扑灭后，五月下旬连续降雨，六月份雨量为一九五三年同期的两倍多，部分低洼地区涝灾威胁十分严重。目前已有十五万亩低洼农田受灾，估计有八万亩将减产。目前雨季还未过去，必须动员广大农民群众排水抗涝，减少受灾面积，争取在未受水灾的土地上超额增产，以确保一九五四年度郊区农业生产计划的实现，迎接秋后互助合作运动的大发展。

北京市人民政府关于一九五三年度文教卫生工作的报告

一九五三年度的文教卫生工作，由于执行了中央“整顿巩固、重点发展、提高质量、稳步前进”的方针，以及全体文教卫生工作干部的努力，取得了很多成绩。

一、已开始将文教卫生事业的发展纳入国家有计划建设的轨道，调整了各项事业发展的比例，减少了发展中的盲目性，纠正了某些工作当中的冒进倾向，并注意纠正了反冒进后的保守倾向。

在教育方面，一九五三年度高中招生七千一百二十八名，师范招生六百七十七名，中等专业学校招生三千五百三十二名，发展的比率都较大，而且高中、师范发展的速度较以往加快了（高中一九五二年度增长了百分之十七点七，一九五三年度增长了百分之三十二点二；师范一九五二年度增长了百分之十三点五，一九五三年度增长了百分之五十二点四）。初中招生二万零六百零三名，发展速度较以往减低（一九五二年度初中增加了百分之四十一点二，一九五三年度只增加了百分之十九点六），入学学生的质量已有所提高，纠正了一九五二年度将投考学生全部包下来的做法。初师已停止发展。

小学方面，一九五三年度招生五万余名，实增二万七千余名（包括私立小学实增学生），停止了过早地推行“五年一贯制”，新发展的班次或学校主要设在工矿、机关和劳动人民集中而又缺乏学校的几个市区。

在卫生工作方面，已增加了一些医疗病床，连跨年度计划在内，一九五三年度实增病床九百二十二张，市属病床较一九五二年度增加了百分之五十五点五（不包括接办的四百八十一张病床在内）。

在文化事业方面，新建天桥剧场，东四、前门曲艺厅和影院二处。市属电影放映队增加到十四队。在开始大规模扫盲时，由于冒进情绪，曾把文化馆的大部分干部抽去做扫盲工作，因而影响了文化馆的其他业务，在一九五三年度已被纠正。此外，并缩减了一部分在市区不起作用的文化站。

在开始把文教事业的发展纳入国家计划建设的轨道时，也遇到一些困难。在学校教育方面，一方面我们过去对劳动教育进行得很差，片面地强调“升学”、“当专家”，很多学生还有鄙视劳动的思想，错误地认为升学是唯一的出路，同时外地来京投考的学生过多；另一方面，在纠正冒进的时候，对发展的指标定得较低，曾引起了一定的困难，最后由于采取了扩大招生名额、将成绩太差的一部分高小毕业生退回小学继续学习、举办了四千人的补习班、并输送了一千四百名参加生产，始大体解决。

但是，在一九五三年度工作中，也有一些工作发生了只顾发展而忽视质量和某些形式主义的偏向。如训练了很多工厂保健员和妇幼保健员，训练后有些又没有很好地领导，因而有些不起作用或起的作用不大；妇幼保健站等分散的机构成立得过早过多，以致机构重叠，人力不足，一时难于领导，有些也未起到应有的作用。另外，在反对强迫命令的作风和“五多”时又产生了一些缩手缩脚的偏向，使工作受到了一定的影响。如爱国卫生运动在前半年没有很好开展，即其一例。

二、一九五三年度在整顿工作方面，用了较多的力量，并取得了一些成绩。

教育部门着重整顿了小学和扫盲工作。调整了编制上的不合理的地方，适当减轻了高年级班和二部制班教师过重的负担；调整了班次，添补了空额（因此增收了四千名小学生入学），小学中的混乱现象已大为减少；区文教科和小学校长开始注意了教学工作，并加强了对备课和教研组的领导，为了提高教师和校长的工作水平，分别举办了业余的教师进修学校和校长学习班。扫盲工作方面，为了进行整顿，事先进行了比较周密的调查研究，召开了扫盲工作者的代表会议，明确了扫盲为生产服务的方针，然后根据不同的对象和群众生产、生活的具体条件，采用了不同的教学法和组织形式，纠正了一律集中、突击的做法，基本上克服了扫盲与生产的矛盾，改变了政府包办的做法，逐渐转到群众自筹自办，工人扫盲经费由工会文教费开支。除扫盲外，也适当注意了工农业余教育高小班和初中班的领导。经过整顿，参加扫盲学习和工农业余文化学习的人数还有十八万人，一九五三年度一年中已扫除文盲五万五千人。此外，语文、算术或代数一科提高到小学毕业程度的近二万人，达到初中程度的近二千人，干部中的文盲已大部扫除。

中学方面，经过思想改造和各种政治学习，教职员的政治觉悟已有提高，学校的领导干部都学习了团结改造知识分子的政策，多数学校对团结教职员的工作做得较好，因而提高了教师的积极性。一九五三年年初，召开了教育行政会议，提出了“面向教学”和“加强教学的计划性”。但是，不少校长在领导教学方面还没有经验，教育局也只发出了号召，还缺少具体的、系统的、切实有效的措施；教师的非教学活动，仍然很多，忙乱现象还未彻底克服。在强调计划教学时，有些学校曾经执行得过于机械，在学习苏联时还有形式主义的偏向。

市属的专业学校也进行了整顿，其中过于分散的卫生学校，已初步合并集中。各种专业学校都明确了培养的目标，以适应发展生产的需要。

文化事业方面，整顿了影、剧场的管理工作；电影队建立了比较固定的放映据点；初步整顿了民营公助剧团和部分文化馆、站，训练了文化馆、站和放映队的干部；组织了戏曲编导委员会，编写和整理了一些剧本。

卫生工作方面，整顿了医院的门诊，初步减轻了门诊拥挤的现象；调整了原有的卫生医疗机构，成立了耳鼻喉专科医院；病床的周转率和使用率都已提高；整顿了免费门诊；不少厂矿与市属的医疗机构建立了嘱托关系和分工医疗关系。

出版工作方面，为加强对出版业的管理，举办了出版业的登记工作。淘汰了骗人的私营流动供应书商七家。但是组织书评，推荐好的出版物，组织编译稿件充实出版内容等工作还做得很少。

科学普及工作方面，协助北京市科学普及协会充实了办事机构，初步纠正了工作中的形式主义。注意了和有关单位的合作，提高了科学讲演和出版物的质量。

三、在财务和基本建设的管理方面有所改善，继续发掘潜力，满足了一部分人民文化生活的需要。

财务管理方面，市属影、剧场经过核资定产，查工时、定工量和整顿劳动纪律后，经营上大见起色。各部门通过精简节约运动，都发掘了一些潜力，其中以卫生部门做得较深入。

基本建设任务，连跨年度的在内，共计十八万多平方公尺，其中教育部门十万多平方公尺，卫生部门七万多平方公尺，文化部门八千平方公尺。截至一九五三年底，教育部门完成百分之六十点五；卫生部门除儿童医院、同仁医院外，完成百分之八十三点三（儿童医院、同仁医院完成百分之六十二点一）；文化部门全部完成。而且建筑的质量较一九五二年有所提高，经过检查后，浪费也减少了。

在发掘潜力解决人民的需要上，也取得一些成绩。如卫生部门，一九五三年度实增的九百二十二张病床中，有一部分是不用国家的基本建设开支而增加的。精简节约运动后，各医院机构普遍提高了病床的周转率。中医联合诊所和分诊所，一九五二年度原有四十四处，一九五三年度又增加了十五处，全年门诊约六十四万人次，解决了一部分市民诊疗的问题。此外，一九五三年度增加了中学二部制班一百三十七个，小学二部制班三百十二个。小学调整班次、添补空额即增收了四千多名学生。

一九五三年度的文教工作虽然取得了一些成绩，但是仍旧赶不上国家建设和人民的需要，还存在着许多严重的问题和缺点。其中主要的是：

（一）政治思想领导薄弱，许多具体的方针政策问题还没有很好地解决，有些虽然在原则上解决了，却没有贯彻到实际工作中去。如中、小学教育的任务，一方面是为高等学校培养新生，一方面是为国家各项建设事业供应具有一定文化科学知识的劳动后备力量，但是在广大的教职员、学生和社会上，都还缺乏正确的了解，片面强调升学，而我们对于劳动生产的思想教育则没有认真地进行。在卫生工作方面，虽然强调了工业卫生，但是实际上做得很不够，对于团结中西医的政策，还没有很好地贯彻。对民间职业剧团的发展方向还不够明确。对于广大的文教卫生工作者的思想政治教育和团结改造工作，也都很薄弱。

（二）整顿工作，虽然已经做了很多，但是有一些还没有进行，有的还整顿得不好，质量低仍是普遍存在的一个严重问题。如学校的教育质量仍然很差，从学生升学考试的成绩来看，一九五三年度本市高中毕业生投考高等学校平均成绩不到六十分的人数，竟占投考学生总数的百分之七十；小学毕业生升学考试中，三门功课总分数还不满八十分的有一千四百多名。产生这种情况的原因很多，一方面是学校数量发展很快，师资缺乏可靠的来源，对于新师资缺乏严格的选择和应有的训练，不少教师质量很低；另一方面，过去对学生入学、升班的考核很不严格，许多毕业学生没有达到应有的水平。但主要的原因还是没有在发展数量的同时，注意到提高质量的重要性，对于如何提高教学质量没有采取具体措施，并缺乏督促检查。此外，多数私立文化补习学校很乱，还根本没有进行管理。文化方面，戏剧上演节目不仅贫乏，而且质量不高，远不能满足人民日益增长的文化需要。文化馆、站虽经整顿，但工作质量仍低。在医务工作方面，区级卫生机构还没有很好地整顿，在郊区的一部分卫生机构还很紊乱。工矿卫生是特别薄弱的环节，而且缺乏健全的领导。此外，文教卫生事业发展很大，过去对于培养干部注意得不够，因而干部的补充缺乏可靠的来源，对今后的发展和工作质量的提高，造成了严重的困难。

北京市人民政府关于一九五四年度文教卫生工作计划和上半年执行情况的报告

一、一九五四年度文教卫生工作计划

北京市一九五四年度文教卫生工作，仍是继续贯彻“整顿巩固、重点发展、提高质量、稳步前进”的方针。特别是要加强政治思想领导，在进一步整顿巩固的基础上，提高工作质量，继续克服文教卫生工作与国家建设和人民需要之间，以及各项文教卫生工作相互之间不相适应的状况；加强对财务和基本建设的管理，厉行节约，发掘潜力，以更多地满足人民的文化需要。

根据以上方针，制订了一九五四年度文教卫生工作计划要点如下：

教育工作

按照政务院文教委员会所规定的方针，中等专业学校和高级中学是保证国家建设的重点教育事业，首先应大力办好这些学校。为办好中等专业学校，必须切实解决领导关系问题，加强管理，调整和设置必要的专业，并提高教育质量。

（一）中学和小学教育方面，首要的任务是提高教育质量，切实纠正只求数量，不顾质量，以及在质量方面满足于已有水平的保守倾向。提高质量的关键，在于提高师资和提高教育行政干部的领导水平。因此应很好地组织教师进修，保证教师有必要的进修时间，减少教师的非教学活动，并继续训练学校的行政领导骨干。此外，还须采取一系列的措施：依靠教师和发动教师制订提高教学质量的计划，系统地考核教师的工作，严格升学和升级的考试制度，加强教育行政部门对教学工作的领导和帮助。注意培养师资，并制订较长远的培养计划。对新办的师范专修科调配得力干部，切实解决师资问题，保证办好。同时要贯彻全面发展的原则，注意师生的健康，对学生加强爱国主义、国际主义、集体主义（纪律教育包括在内）、特别是劳动生产的思想教育。

（二）一九五四年度的招生计划：市立高中一万人，市立初中三万二千人（但为了保证入学的质量，必须严格录取标准，不合格的不收，其中投考初中的高小毕业生不够录取标准的，可酌设补习班予以吸收）。市立小学招生四万二千人，新建中学六校，工农速成中学一校，新建小学十二校，增设师范专修科，招生五百人。

市属中学专业学校招生二千一百人，新建医士学校一所。此外，要切实地安排学生升学和就业的各项工作。

（三）关于干部、工农群众的业余教育。干部文化学习应以机关自办为主；产业工人的文化学习，除扫盲部分外，仍应办好业余学校的高小班和一部分初中班，提高教学质量，并注意文化学习、技术学习和政治学习的配合。一般扫盲工作主要依靠群众自办，并注意扫盲后的巩固工作。对私立小学和私立文化补习学校应加强管理，使能充分发挥作用，以满足群众的文化要求。

卫生和体育工作

（一）加强对工业卫生工作的统一领导。目前以重工业和较大厂矿为重点，特别是工地卫生工作需要大力加强。

（二）继续整顿和加强医疗预防工作，特别是区级卫生医疗机构应进行整顿和调整。

（三）继续贯彻团结中西医的工作方针，切实纠正歧视和轻视中医的错误倾向，改进和扩大中医的进修工作，加强对中医、中药的研究，解决中药供销中存在的问题。改善对开业中西医的管理，以充分发挥其作用，满足人民的需要。

（四）继续开展爱国卫生运动和防疫工作，对已能控制的各项传染病要巩固其成绩，对还未能很好控制的传染病，如痢疾、麻疹和流行性“乙型”脑炎，应做为今年防治的重点。对爱国卫生运动，在纠正了形式主义和强迫命令的偏向后，要防止消极保守，并接受去年的教训及早布置。

（五）一九五四年度的卫生事业计划：拟新建综合医院一所、结核病院一所，计增加病床八百张；新建门诊部五个。此外，并拟在今年完成儿童医院和同仁医院的跨年度工程，计可增加病床一千一百张，全年总计可增加病床一千九百张。

（六）体育工作方面，主要是在厂矿、学校和机关中开展群众性的体育活动（厂矿的体育活动，因为基础较差，应先重点推行，积累经验，并注意培养干部）。此外，还须加强对体育工作的宣传，并注意培养体育活动的骨干。

文化艺术工作

当前文化艺术工作的主要任务，是积极发展文学艺术创作，努力艺术实践，以爱国主义、社会主义的精神教育群众，宣传国家在过渡时期的总任务，并丰富人民的文化生活。

（一）电影工作方面，建立电影放映网，加强电影的政治宣传工作。一九五四年度将新建电影院一座。

（二）戏剧方面，加强话剧的活动，并到工厂、农村巡回演出。

加强戏曲的编导工作，一方面采取演出更多的反映现实生活的剧本，另一方面积极地整理旧剧目，以克服上演节目的贫乏现象。对于新的优秀节目的演出，应予支持。加强对民间职业剧团的管理、领导和对戏曲艺人的思想教育。对多数已经合作经营的戏曲班社，进一步协助他们整顿组织，改进业务。

（三）美术方面，加强美术工作的创作实践和对创作的领导，并注意组织作品的发表和展出，继续辅导群众美术活动，加强对国画界的领导。

（四）音乐工作，根据目前的条件，以组织群众音乐活动为主。

（五）群众业余艺术活动，以工矿、农村为主；街道市民的业余剧团等，应加整顿。

（六）文化馆、站的工作，应做有效的整顿，并提高其质量。对城区质量很低作用不大的文化站，适当地加以收缩和归并。文化馆、站的服务对象，在农村以农民为主，城市和工业区以工人和其他劳动人民为主，并应很好地和工会俱乐部相结合。

（七）图书馆的工作，应和文化馆、站及厂矿自办图书室的工作取得联系。增加通俗读物，文艺、政治理论和科学技术书刊都应兼顾。要整顿巩固现有的图书流通站。开辟为中、小学教员服务的参考图书阅览室。

（八）文物组的工作，应配合市政建设，保护确有价值的古文物，并着手地方历史建设博物馆的材料征集工作。

新闻出版工作

认真地监督管理新华书店北京分店，改善书刊供应工作，以满足人民的文化需要。加强对私营出版业的管理，并有步骤地实行社会主义改造。

科学普及协会和自然科学专门学会的工作

（一）加强对科学普及工作的领导，积极组织普及科学知识的报告，办好通俗科学刊物，提高工作质量，克服形式主义。继续和有关部门合作，密切结合国家在过渡时期的总任务，对广大群众普及科学技术知识。

（二）对北京科联所属各专门学会的工作要加强领导，加强科学技术经验的交流，并使科学家的研究工作和本市的各项建设工作相结合，以有助于解决各项建设事业中存在的重大科学技术问题。

二、上半年执行情况

一九五四年上半年，全市文教工作人员学习了国家在过渡时期的总路线，领导干部学习了中共中央关于七届四中全会的公报，进一步明确了各项文教工作在国家建设事业中的地位和作用，初步检查了骄傲自满情绪和“差不多”的思想，加强了政治思想领导。在行政领导干部间开展了批评和自我批评，增强了团结。在这一基础上，进行了以下工作：

教育工作

（一）根据中共北京市委“关于提高北京市中、小学教育质量的决定”，和北京市第四届第四次各界人民代表会议“关于提高中学和小学教育质量的决议”，已进行了以下各项工作：为帮助教师提高教学质量，组织了优秀的中、小学教师一百六十人，分别进行编辑中、小学各主要科目的教学计划纲要和教学参考资料；已拟定暑期中、小学教师的进修计划，吸收业务较差的中学教师三百人、小学教师六百人参加进修学习。暑假前，已选定高中二年级和初中二年级全体学生，举行了语文、数学的统一考试，以便吸取经验，全面推广统一考试制度。

（二）为加强对学生的思想政治教育，在本年四月发出了《关于加强中等学校思想政治教育的指示》，并根据《中共中央宣传部关于小学和初中毕业生劳动生产宣传提纲》，对中、小学的师生和学生家长进行了劳动教育的宣传。

（三）三月底召开了中等技术教育工作会议，会上着重解决了改进教学和加强政治思想领导、巩固专业思想的问题。

（四）一九五四年度中、小学招生工作，正在进行，除采取统一招生办法外，决定严格入学考试，非达到一定的标准不录取，以保证入学学生的质量。现在报名投考初中的共三万三千人，高中的共一万三千六百人。

本市已组织中、小学毕业生就业委员会。一九五四年上半年，已参加工业生产的高小学生达一千五百人，初中学生达五百人。最近，还拟陆续输送初中和高小毕业生约五千余人参加工厂和机关工作。

（五）学校的基本建设任务，全年为八万余平方公尺，上半年已开工二万二千余平方公尺，完成九千余平方公尺。

卫生和体育工作

（一）加强了工业卫生工作的领导。协助重点厂矿建立了卫生统计制度，举办了厂矿、工地炊事人员和伙食管理人员的卫生训练，以及工厂保健员、卫生小组长的业务学习；各市立医院和十五个较大厂矿建立了分工医疗关系；为展开工人中的防痨工作，在郊区厂矿中，为九千六百多工人做了透视。在女工较集中的三十九个工厂和工人家属宿舍中，开展了妇幼卫生工作，分别帮助其医务室、托儿所、哺乳室和市立的医疗机构建立了医疗嘱托关系。

目前，工业卫生工作开展得还很不够，必须根据“积极领导、稳步前进、面向生产、依靠工人、贯彻预防为主”的方针，进一步加强。

（二）市立医院在一九五三年整顿门诊工作的基础上，推行了医疗保护制度，进一步提高了工作效率。重点实行了分工医疗制和包工负责制。因此，半年来，门诊、病床使用率和周转率都超过了定额。

（三）中医工作方面，上半年成立中医门诊部一处，并在第一医院设立了针灸科。以中医为主的联合诊所，也有进一步的发展。

为了彻底纠正歧视和轻视中医的错误倾向，扩大中医的业务，并加强对中医、中药的研究，已组织了中医工作办公室，先后召开了中西医和有关中药的座谈会，搜集关于中医、中药工作的意见，并已初步拟定了今后改进中医工作的具体方案。

（四）关于整顿区级卫生机构方面，已组织调查组在三个区进行了系统的调查，初步摸清基层卫生组织存在着机构分散、工作互不配合以及缺乏具体领导等问题，即将拟定方案进行整顿。

（五）爱国卫生运动方面，在春节和“五一”国际劳动节前，动员全市人民进行了两次大扫除，通过电影、广播、展览和文艺演出等形式，进行了经常的卫生宣传教育工作。在防疫工作方面，上半年已进行各种预防接种六十七万人次。但半年来本市爱国卫生运动开展得很差，扑灭蚊蝇的工作也做得不好，肠胃传染病较一九五三年同期增多，其主要原因是对各单位各系统的卫生工作缺乏督促检查。从七月中旬对最坏的单位进行了公开的批评和处分，加强了督促检查，情况已开始转变。

（六）卫生事业的基本建设工作，新建结核病院、综合医院和医士学校，已分别在六月、七月开始施工。

（七）体育工作方面，为推动厂矿和学校的群众性体育活动，五月间本市举办了第二次工人体育运动大会和全市中等以上学校学生田径、体育运动大会。目前，厂矿中经常的体育活动虽有一定开展，但还不够普遍。机关方面，已开展了工间操运动。此外也加强了体育工作的宣传。

文化艺术工作

（一）电影工作，市属十八个电影放映队在城、郊区建立了三十七个放映点，固定了巡回放映日期，并加强了电影的政治宣传工作。

（二）话剧的演出活动已较前增多，北京人民艺术剧院超额完成了上半年的演出计划。戏曲编导工作方面，已编出了一些新的剧本，但目前剧本缺乏的现象，仍然严重。

（三）组织民间职业剧团进行了国家在过渡时期总路线的学习。

（四）文化馆、站在上半年继续进行了整顿，已将崇文区一、二馆加以合并，并在城区裁并了五个文化站，现在全市有十八个文化馆、五十四个文化站。

（五）由文物组举办了京郊出土文物展览，观众达六万人。此外，并对全市古建筑进行了重点调查。

（六）为了贯彻文化艺术为厂矿工人服务的方针，业余艺术学校新招学员七百五十一人，其中大部分是厂矿的职工。城区文化馆举办了业余工人文艺训练班，训练了一千七百多名工人文艺骨干。并由专业文艺团体对重点工厂的文娱活动进行了辅导。

（七）春节期间，为了向农民进行国家在过渡时期的总任务的宣传，首都九个专业剧团和十个电影放映队到郊区巡回演出。最近连续组织歌舞晚会及夏季音乐舞蹈晚会多次，群众性的音乐活动已有所开展。中国画研究会也举办规模较大的作品展览。通过这些工作，加强了艺术实践，也丰富了人民的文化生活。

新闻出版工作

（一）《北京日报》超额完成上半年发行计划（一千零七万七千余份）的百分之三，发行总份数一千零三十八万九千余份。

（二）国营新华书店北京分店在城、郊区增设门市部和书亭六处，上半年销货总额较一九五三年同期增加了百分之二十七。

（三）由于加强了对私营出版业的管理，投机的出版物，已较一九五三年度大为减少。

科学普及协会和各自然科学专门学会的工作。

（一）科学普及工作方面，已加强了组织演讲和编写通俗科学刊物工作。

（二）各自然科学专门学会已开始结合本市生产建设工作中的科学技术问题，进行学术研究，并配合提高中学教育质量工作，为中学教员举办了自然科学的专门讲座。

北京市人民政府关于一九五三年度市政建设工作的报告

一九五三年度市政建设各单位，经过“新三反”运动、整顿劳动纪律和增产节约运动，职工们的政治和思想水平，有了一定的提高，在工作上，发挥了相当的积极性和创造性，推行了先进技术经验，改善了工作方法，并建立了各种制度。在完成年度计划上获得了一定成绩，工程质量也有所提高。

一、年度计划执行情况

道路、桥涵工程：一九五三年度计划修筑道路十九万九千五百三十九公尺，路面总面积一百六十三万二千二百七十八平方公尺。其中，高级路面六万零零七十六公尺，面积五十二万二千六百八十九平方公尺（西颐路、朝阳门内大街、建国门外大街、朝阳门外大街和德清路的代办工程等）；其余为石渣、卵石和土路。计划内的道路工程，除炸货屋子向北修筑石渣路工程，因受下水道工程影响外，余都按期完成了年度计划，计完成道路工程十九万六千六百六十一公尺，面积一百六十五万三千三百一十五平方公尺。桥涵工程二十三座，都已完成计划。

下水道工程：一九五三年度计划新建下水道七十六点六九公里，共三十八处（四海下水道干线、文教区、大石桥、西北皇城根、后库、西直门大街、新街口北大街、鼓楼西大街和四个关厢、德胜门外、永定门外、朝阳门外等）。除文教区下水道上游因遭地下水和流砂的严重阻碍，三里河行政区因下水道干管须穿过铁路，都延至一九五四年一月完成外，其余已按期竣工，计完成总计划的百分之九十七。此外，还代办了百万庄、北大医学院等四处下水道工程六点八公里，全年完成的下水道工程总计共长八十三公里。

整修旧下水道工程，共完成三十五处，长七千五百八十五公尺（后帽胡同、茶叶胡同、东直门北小街、豆腐巷等）；此外，并完成排除积水工程三十一处，长六千九百八十二公尺（二龙路、西四块玉、石虎胡同、西斜街等）。

环境卫生方面：全年共运除了垃圾九十万零三千六百二十九公方，占全年计划的百分之一百零七，其中，直接消纳的比重达百分之四十九。清除粪便十七万三千吨，完成了原定计划的百分之一百十一。

自来水供应方面：全年增建了各种口径的自来水管线二百零一点三七公里，增设公用水站一百七十三处，用水人口已达一百八十九万八千人，全年供水量较一九五二年度提高了百分之四十八。

公共交通方面：电车每日平均出车一百六十八点九辆，完成全年计划的百分之九十八；全年乘客一亿一千七百五十一万人次，超过全年计划的百分之四点七四。公共汽车每日平均出车一百七十七点三八辆，全年乘客七千一百六十二万人次，都超过原订计划。

建设用地方面：郊区方面，一九五三年度共批准七百七十九件，计四万一千八百八十一亩，其中，已办完手续的七百件，实用地三万零九百五十一亩，继续处理的尚有七十九件，计六千二百五十三亩。已处理的土地中，工矿企业用地占百分之二十九点三，文教卫生用地占百分之二十六点七，公共建设用地占百分之十五点七，机关建筑用地占百分之十四点一，军事机关用地占百分之九点二，临时用地占百分之五。为使用以上土地，帮助一万一千六百十九户农民解决了转业和生活问题，拆迁房屋四千五百二十九间。城区方面，批准用地共二百二十四件，计二千零十四亩，需拆除房屋六千一百五十三间，其中，已办完手续的一百七十九件，实用地一千二百八十一亩，拆除房屋三千零九十六间。继续处理的有四十五件，计用地五百七十五亩，需拆除房屋三千零五十九间。在已办完手续的用地中，公共建设用地占百分之二十三点一，文教用地占百分之一点三，机关建筑用地占百分之六十七点八，临时用地占百分之七点八。

公房修缮工程：房地产管理局整修了公房四千一百九十五所，计八万七千八百九十五间，添建了新房一千一百八十七间，重建了六百七十三间(用以调剂危险房屋住户)；代办工程五十二处，已完成八万三千平方公尺，并超额完成去冬公房普查计划四千三百九十四间。

(一九五三年度建筑工程局建筑任务详见另行印发的财经工作报告)

园林管理工作：育苗面积，已由一千一百六十八亩增至一千六百四十八亩，苗数由二百二十万株增至六百八十二万株。动物园中建筑了各种兽舍、温室等共五千五百九十八平方公尺。铺修园路四万二千九百二十三平方公尺，植树五万四千六百八十株，铺植草皮三万四千八百七十九平方公尺，添置儿童运动器械二十四件。

二、增产节约情况

原计划各单位(不包括公用局系统)共增产节约三百八十四亿零四百三十六万元，实际完成五百亿零九百九十九万一千元。除建设局、卫生工程局因临时增加工程和部分工程超支以及建设局机械厂增产成品不上缴外，实际上缴二百七十九亿五千七百九十八万一千元。

三、工地管理和工程质量情况

增产节约运动开展后，在“百年大计、质量第一”的号召下，各单位所属工区的干部和工人共同研究了保证质量和节约开支的办法，卫生工程局拟定了操作规程和各种制度，推动了工程进度。一九五二年度四平园、龙须沟下游和东郊的砖拱沟工程都曾发现裂纹，一九五三年度的砖拱沟则没有发现。万明路工程土质很坏，但因利用了打桩法，避免了基础裂缝。黄城根工程，经指定专人负责检查质量，坚持坍陷试验，因此混凝土没有裂缝，强度都达到一百一十号的标准，有些还超过了这个标准，加以砌砖灌浆比较严密，枕基下管采取“对号入座”的方法，避免了因管子长短不一而产生误差。因此，工程质量比一九五二年度一般都大为提高。

建设局的卵石路，一般都超过了过去水平。例如沙(沙石口）铁（铁匠营）路坚实平整，天干不散，雨后不泥泞。在道路养护方面，也有改进，过去新补路面常常高于旧路面，目前这种现象没有了。加宽油路的工程，也能做到新旧路面衔接。

各工地推行计划管理后，克服了窝工紊乱现象；各施工单位都已注意推行施工组织和班队作业计划，建立了班组竞赛、相互学习、互相支援等制度，整顿劳动纪律，提高工人的阶级觉悟，提高了劳动效率，克服了过去施工过程中无重点和无人负责的现象。

此外，各职能部门已做到了明确分工，贯彻了责任制、分层负责制，并加强了彼此间的联系，克服了过去相互推诿、不负责任的现象。

总之，一九五三年度的市政建设工作是比较过去有进步的，但工作中也还存在着不少的缺点。

由于我们还存在某种程度的官僚主义作风，领导机构不健全，各种工程还缺乏严密的计划和配合。一九五三年度的市政工程，因配合不当曾发生大小事故二百六十起，其中，以自来水和下水道工程相互冲突为最多，计六十八起，占百分之二十六；其次是道路和下水道的冲突三十三起，占百分之十三。

造成上述事故的原因：由于施工进度迟缓，不能按时完成的一百九十四件。如北锣鼓巷下水道工程，因自来水管线需要变迁，自来水公司没有及时配合，下水道开槽后，晾槽十八天，自来水公司才把自来水管挪移。

又如白纸坊下水道，因还土未夯实，影响道路的质量。属于计划不周的四十件。如文教区下水道因开工较晚和竣工期限推迟，致影响自来水管线工程和炸货屋子的道路工程不能在一九五三年内完成。属于设计方面的二十件。如西颐公路的西直门关厢段，设计一再改变，施工部门又必须在国庆节前完工，乃不得不赶任务，电信、电业两单位因时间仓促，准备不及，配合不好，以致修好道路后，还有部分电杆需要移动。又如新建下水道的检查井、雨水口与道路高度不一，造成返工例子不少。由于其他原因所造成的损失亦有五十一件。上述事故，损失在百万元以上的五十五件(占百分之二十一)，百万元以下的二百零五件（占百分之七十九)。

此外，在工程质量方面，由于有些工地没有严格贯彻操作规程，或因工程较大缺乏经验以及某些干部的粗枝大叶作风，也发生了一些问题。如文教区、永定门外、海淀等下水道，都曾发现裂纹和漏水现象；南苑下水道基础厚薄不均，西段有八十六公尺裂纹，并有部分坍塌（现已补修)；文教区下水道中游不仅因流砂难于处理而延缓工期，且由于处理不善，造成严重的返工浪费。

有些新建道路验收不久即发现路面不平、局部龟裂或软化现象。如先农坛西墙根、新龙须沟、朝阳门内大街、法源寺、德胜门关厢等路，都发现上述毛病。

关于建筑用地工作，虽较一九五二年度有所改进，但缺点还存在不少。如申请用地手续仍显繁多，个别拨地重复，少数用地户不按规定手续办事，损害农地和群众利益的事件，仍有发生。这些，都有待于今后及时检查纠正。

北京市人民政府关于一九五四年度市政建设工作计划和上半年执行情况的报告

一、一九五四年度市政建设工作计划

几年来，市政建设各部门做了不少工程，但由于过去基础太差，仍远远落后于实际需要。一九五四年度在基本建设方面虽有四千余亿元的投资，也仍只能有重点地做一些当前最急迫需要的工程。根据本市市政建设“为中央服务、为生产服务、为劳动人民服务”的既定方针和客观需要与可能，一九五四年度市政工程计划，按下列原则拟定：

(一) 配合重点建筑区，争取对新建房屋最多、需要最急迫而又可能的地区，适当地添建一些工程。有计划地、有重点地舒畅城市最拥挤的道路，部分地解决急切的排水问题，适当改善环境卫生条件。

(二) 尽可能地配合生产建设，一方面着手规划并重点建设工业区，为新建厂地创造条件；另一方面大力改善郊区现有土路，有计划地予以加固和展宽，相应地提高建筑材料的运输效能，争取不损害农田。

(三) 为适应生活必需，增加自来水水源，相应地添设管线，并适当改善公共交通条件。

(四) 除有特殊意义的重要工程外，凡不是急需的工程，一律缓办。

一九五四年度市政建设计划，共包括道路、桥涵、下水道、沟渠、污水处理、自来水、公共交通、园林、建筑事务管理、房地产管理、电业、电信等项目。

道路、桥涵方面：修建道路一百六十五公里，总面积约一百一十六万平方公尺。主要道路计有西长安街(今年只作拆迁房屋部分)、新街口至文教区、东直门至东北郊工业区、阜成门外大街、东直门北小街豁口以北、地安门至东四十条、苏联展览馆门前向南和颐和园至温泉道路等；新建改建主要桥涵二十二座。连同房屋拆迁(包括西长安街共三千二百六十间)和其他基本建设等，共需投资一千四百九十亿三千三百万元。

下水道、沟渠、污水处理方面：共新建下水道约三十四点五公里和明渠两条，主要工程计有阜外污水干管，新市区圆明园、翠微路、东郊工业区污水管，文教区师大支线和南郊屠宰场污水处理池，清河污水处理场(分两年完成)。连同房屋拆迁和其他基本建设等，共需投资一千一百七十三亿七千零七十万元。

自来水方面：原有水源井共四十八口，每日最高供水量约为十万吨，除扩充原有东直门外、安定门外、西郊新市区、长辛店等四水厂外，新增南郊万泉寺、北郊清河水厂和酒仙桥等处水源井十口，一九五三年跨年度水源井十五口。此外，还接收长辛店铁路局水井三口，长河沿岸补压水井三口，至今年底共将有水源井七十九口，每日最高供水量可达十八万吨。以上工程连同必要的输水干管、支管约四十公里和其他基本建设等，共需投资六百一十亿元。

公共交通方面：增造电车机车二十五辆和跨年度机车五辆，拖车七辆。增购公共汽车四十辆和跨年度四辆。开辟朝阳门至西郊公园、西四牌楼至颐和园、安外住宅区至北纬路、德胜门至清河等四条汽车路线。购置电车、汽车，连同必要的附属设备和其他基本建设等，共投资五百二十八亿元。

园林方面：以育苗为重点，增辟苗圃二千八百亩，繁殖苗木五百四十六万株，预计一九五四年底在圃苗木达一千二百万株。另在天坛、陶然亭、龙潭、紫竹院等处植树、绿化，共需投资一百七十亿元。

建筑事务管理方面：完成京西矿区的控制测量，城郊区的导线、水准测量，配合拨地和市政建设的定线钉桩测量工作印制精确地形图，训练基层技术干部和钻探工人，购置机械、仪器，成立土壤试验室，共需投资一百亿元。

房地产管理方面：房地产管理局除修缮公房五万二千八百二十九间外，并代建和自建新房三十三项，建筑面积十二万平方公尺（包括跨年度工程二万五千二百平方公尺）。修缮预算二百六十一亿元。

（一九五四年度建筑工程局建筑任务详见另行印发的财经工作报告）

电业方面：新装六千瓩发电机一座，重建变电站两个，连同零星基本建设共需五百六十四亿一千九百万元，由中央燃料工业部投资。另有业务扩充工程，如变电站和线路等，由用户投资。

电信方面：在两个新建自动电话局内装设自动电话交换机六千号，新建地下管道十四点二六孔公里，地下和架空电缆皮长一百六十六点九二公里，共计工作量八百零九亿零三百五十万元，由中央邮电部投资。

以上各项总计投资四千零九十一亿九千六百三十万元（不包括房地产管理局、电业局和电信局的投资），连同维护费六百零八亿零三百七十万元，共为四千七百亿元（跨年度工程费在外）。

今年市政工程中约需拆迁民房四千二百间，在改建旧城市当中，必然要遇到拆除旧房的问题。过去几年，因在恢复期间，问题还不很严重，一九五三年以来市政工程逐渐增多，拆房数字亦随之增加，由于拆迁房屋与处理市民迁居的困难，严重影响工程进度。解放以来，新建房屋虽然不少，但房屋缺乏的现象仍然严重存在，故不可能有相应的空房供作拆迁，今后当考虑兴建部分周转房屋，以利市政建设的进行。

二、上半年执行情况

根据上述计划，市政建设各单位在三月中旬陆续开工，四月间全面展开工作，截至六月底，在三个半月的时间内，已完成市政建设全部计划（市直接投资的）的百分之四十八点五三（按工作量计算）。其中：卫生工程局完成全年计划百分之五十一点一二，竣工的有东郊棉纺厂污水管、阜外污水管滨河上游，共长二点一七公里，代办下水道一线，长一点六九公里。建设局完成全年计划百分之五十五点九三，完成各种路面四十七万五千平方公尺，新修和改善道路已竣工的有十二线，长二十四公里，完成代修道路工程三万一千三百余平方公尺。绿化工程完成百分之六十点八八，已铺草皮三十二万余平方公尺，公园植树四万八千九百株，行道树七千八百株，代办苏联展览馆植树三千株。公用事业完成全年计划百分之三十四点四，已完成新水源井八口、输水管十六公里，并制成新电车机车九辆。房屋建筑与公房修缮方面，新建工程完成计划百分之二十九点六四，已竣工的九处，建筑面积共八千五百平方公尺，公房修缮完成百分之五十八点二；另外，拆除危险房屋三百五十八间，翻建和增建三百三十四间，查出危险和半危险民房二万六千二百五十九间，已修缮一万九千五百二十四间，占全部修缮民房百分之七十四点三。建筑管理方面，拨出建筑用地一万九千二百四十亩，其中建筑面积为二百八十五万五千五百零六平方公尺；市政建设用地五千零四十亩；批准市民零星建筑二千四百件，面积二十三万平方公尺；审核初步设计一百七十八万平方公尺，技术设计一百三十七万五千六百平方公尺。电信方面，完成计划百分之五十一点八，已完成新建地下管道十四点二六孔公里，装设架空和地下电缆共七十八点二九八公里。电业方面，完成上半年供电计划百分之一百零二点一，供应电力一亿七百十八万八千度；完成基本建设工程百分之三十八点五，其中有变电站一个，已投入生产，另有由用户负担的业务扩充工程，完成新变电站二个，共增加变电设备一万六千四百千伏安；此外，完成三万五千伏输电线三条，长四十五公里，新建高、低压配电线八十七公里。

今年上半年计划完成情况，较一九五三年度同期有些进步，卫生工程局和建设局的工程进度一般的都超过原计划的百分之五十。在工程质量方面也有所提高，但文教区下水道中游，由于施工期间未认真处理流砂和基础问题，致中段管道发生下沉现象，造成严重返工浪费。

完成上半年计划的主要原因是：（一）年度计划确定较早，能提前做出技术设计，克服了过去设计赶不上施工的现象。其次，是建立和健全了一些必要的制度，认真地实行了班组作业计划，开展了技术革新；做到了没有施工组织计划不准开工，不填领料手折不准用料，不合技术标准不准交接等制度，因而提高了管理水平和技术水平。推行计件工资制后，在多劳多得的原则下鼓舞了工人生产情绪，提高了生产率。如卫生工程局推行计件工资制后，提高工率百分之四十；建设局试行计件工资后，劳动效率也有所提高。再次，是工程配合得当，各工种间互相签订了工程配合协议书，基本上避免了工程无配合或配合不及时的现象，保证了工程进度。

北京市宪法草案讨论委员会吴晗委员关于北京市宣传、讨论中华人民共和国宪法草案工作的报告

（1954年8月17日）

各位代表：

中华人民共和国宪法草案的宣传、讨论工作，在本市业已全面展开。

这一工作大体上分为三个阶段：第一阶段，进行准备工作；第二阶段，展开普遍宣传，并组织初步讨论；第三阶段，进行逐章逐条的讨论。我谨代表北京市宪法草案讨论委员会把这一工作进行的情况向大会报告如下：

一、展开宣传讨论前的准备工作

六月一日，在北京市各界讨论宪法草案（初稿）委员会的基础上，成立了北京市宪法草案讨论委员会，吸收了政府、各民主党派、各人民团体、各界的负责同志或代表人物参加。在它的下面设立了各区、国营大厂矿、国营建筑业、中共市委机关及人民团体、各民主党派、市府机关、公安局机关、高等学校、文艺界、工商界、宗教界和少数民族等二十三个分会。六月九日到六月十八日间，市宪法草案讨论委员会集中训练了全市的报告员和辅导学习讨论的骨干分子，共四千多人。在训练期，共举办了四次报告：第一次讲宪法草案的主要内容和基本精神，第二、三次讲解条文，第四次讲如何对群众宣传。经过较深入的讨论后，受训的人都基本上掌握了宪法草案的基本精神和主要内容。

在宪法草案公布后，我们一面立即展开初步的宣传活动，一面继续进行准备工作：各分会、各厂矿共训练了宣传员、工会基层干部、街道居民积极分子等两万多人。此外，各分会都指定了有经验的报告员在各阶层群众中进行试讲。报告员在试讲前经过集体研究，准备出讲稿，试讲后又根据群众的意见加以修改，在试讲的基础上，市宪法草案讨论委员会编写和转发了对工人、对农民、对街道居民的三种通俗讲话材料，并直接举办了一次对街道居民的示范报告。

以上各项工作对保证宣传内容的正确、通俗，起了决定性的作用。

二、普遍宣传的情况和问题

宪法草案公布后，全市即逐步展开了大规模的宣传工作。首先在工人、干部等有组织群众中开始，然后在街道居民中进行，农民方面因为麦收，学校师生方面因为考试，都延至七月中才开始。宣传的主要方式是由经过训练的报告员和各单位的负责同志根据中共中央宣传部所发的报告大纲做报告。对有组织群众的宣传都通过原有的组织系统进行，由本单位、本系统负责，对农民和街道居民，则由各区分会组织的报告员按居住情况分片做报告。在工人中一般报告三次或四次，在居民中一般报告两次。对其他各阶层也都按不同情况规定了宣传上的不同要求和报告次数。根据不完全的统计，全市（不包括中央机关）听过报告的已有八十六万余人。除了向群众做报告外，其他各种宣传形式和宣传工具也紧密地配合了宣传。北京人民广播电台编写了十五篇解释宪法草案的通俗讲话和对话，每日反覆地播送，北京日报不间断地进行了宣传报道。全市有两万多块黑板报都一致以宣传宪法草案为中心。在厂矿企业中，读报和广播也较平日活跃。有的厂矿设立了对宪法草案的献礼台。有的工人自己编写了宣传宪法草案的快板、单弦。所有的宣传活动都贯彻了便利群众的原则，做到了不妨碍生产、工作和学习。

宪法草案的公布，受到了各阶层人民热烈的拥护。各民主党派、各人民团体市一级组织的负责人都发表了谈话或文章，市总工会、市妇联、少数民族、宗教界

都曾举行群众座谈会和群众集会，大家对宪法草案一致表示热烈拥护。在这个期间召开的各区人民代表大会会议和市各界人民代表会议都曾将宪法草案的讨论做为一项重要的议题，并通过了拥护宪法草案的决议。经过这一阶段的宣传，广大人民群众对宪法草案的主要内容和基本精神已有初步了解，进一步认识了我国人民民主制度的优越性，增强了为完成国家在过渡时期总任务而奋斗的信心。大家对宪法草案中明确规定工人阶级在国家中的领导地位，和肯定了社会主义的伟大前途，表示特别兴奋；看到宪法草案中关于国家机构和公民的基本权利、义务的规定，都不禁回顾自己在旧社会的切身经历，感到作为中华人民共和国公民的光荣。

宪法草案的宣传和讨论已开始成为推动生产、工作和学习的动力，许多工人为拥护宪法草案进一步展开了劳动竞赛和技术革新运动，在生产上取得了新的成绩。

从这一阶段的宣传工作中，我们有以下几点体会：

第一、必须很好地宣传宪法在国家和社会生活中的巨大作用。开始时，有些干部和群众对制定宪法的重大意义认识不足，说是："有总路线就够了，不要宪法也可以。"我们在宣传中着重地批判了这种思想。

第二、必须首先向群众宣传宪法草案的基本精神和主要内容。在群众对宪法草案的基本精神和主要内容有初步了解后，再引导进行逐条讨论。在报告员试讲过程中，我们发现有的报告员一开始就向群众详细讲解条文，介绍了很多名词，群众反映"难懂"。因此，我们规定：对文化程度低的群众做报告时，不应按宪法草案的章节次序而应归纳成几个基本问题来讲。

第三、在进行守法教育时，特别在讲解公民的义务时，必须注意不要乱戴"违宪"的帽子，吓唬人。我们曾发现有人把在礼堂吃瓜子也批评为违反宪法。对这种说法，我们已及时予以纠正。

第四、对不同的对象宣传时，应该强调不同的重点。对干部，要求他们进一步认识国家和法律在社会主义建设中的作用和宪法对国家进一步民主化的意义，加强守法观念和群众观点。对国营工矿的工人，应结合当前的生产任务和生产中的问题，号召工人开展劳动竞赛运动，进一步确立遵守劳动纪律和爱护公共财产的观念。对资本主义工商业的工人、店员，应进一步教育他们担负起对资本家进行监督的责任。对农民，应进一步动员他们积极参加以互助合作为中心的农业增产运动，同时，要说明互助合作的自愿原则。对资本家应着重宣传爱国守法。

三、逐章逐条讨论的工作

在各阶层群众已经初步了解宪法草案的基本精神和主要内容的基础上，我们又继续在机关干部、学校教职员、工人群众、街道居民积极分子、农村干部和农业生产合作社社员中，进一步深入地进行了宣传，并组织逐章逐条讨论。在讨论中使各个方面的群众将自己的生产、工作、学习联系到宪法草案的条文，并收集群众对宪法草案的意见，在各重要街道和胡同中设立了意见箱。目前，全市参加讨论的已达五十一万人（中央机关在外）。大家对这种全民讨论的做法很满意，特别是在逐条讨论中将宪法草案的具体条文联系自己的生产、工作和学习，使自己更加认识到宪法草案和自己的一切都有密切关系。很多人表示："我们的宪法是来自人民，经过人民讨论，人民代表大会通过，由人民遵守。这真是我国自古以来第一个人民宪法。"各阶层、各界都热烈地进行了讨论。许多机关和工厂经常参加讨论的达到总人数的百分之九十。少数民族、宗教界代表人物参加讨论的达到百分之八十以上。各民主党派的成员在雨天也远道赶来参加讨论。截至目前，全市共已提出二万四千二百八十一条意见，并有一些人根据宪法草案的精神，对某些政府工作人员的工作提出批评。

今后宪法草案的讨论工作中，应更加注意具体条文联系各界自己的生产、工作和学习，使宪法草案的讨论成为推动生产、工作和学习的力量，并注意防止勉强大家提意见等变相强迫命令的形式主义的做法。此外，讨论中发现意见分歧，也不必强求取得一致意见，应把各种不同的意见收集起来，向上汇报。

宪法草案讨论的工作，约在八月下旬结束。结束后直至全国人民代表大会会议召开这一期间，仍应该通过读报、广播等方式经常在人民群众中进行有关宪法草案的宣传。

各位代表都曾参加过宪法草案的讨论，并都做了很多宣传工作，希望今后继续积极地协助宣传、讨论工作。

我们对宪法草案的宣传、讨论工作还做得不够，请各位代表给予批评和指示；同时，我建议大会对宪法草案展开进一步的讨论。

北京市第一届人民代表大会第一次会议提案审查委员会关于提案审查的报告

（1954 年 8 月 23 日通过）

各位代表：

这次大会共收到提案一百七十案，经整理合并为一百零六案。其中，属于政法类的十四案；属于财经类的十二案；属于文化教育类的二十三案；属于卫生类的十案；属于市政建设类的三十九案；属于社会福利及其他类的八案。

对于这些提案，我们根据以下的原则进行了审查：

一、凡重大问题，都提请大会讨论；

二、凡应办而又能办或一部分能办的，都交市人民政府办理；

三、凡须待研究后才能决定办或不办的，都交市人民政府参考；

四、凡不属市人民政府职权范围内的问题，须转送其他有关部门处理的，都转送各有关部门；

五、内容不甚适当或目前暂不能办的，保留。

根据以上原则，对全部提案加以审查后，其中，除已经办理并已分别向原提案人说明的三案和转大会《关于一致拥护和进一步宣传、讨论中华人民共和国宪法草案的决议》起草委员会的一案外，拟提请大会讨论的一案；拟交市人民政府办理的共五十案；拟交市人民政府参考的共四十一案；拟转送各有关部门的共九案；拟保留的一案。

按照上述原则，对各案所提处理意见，是否有当，请大会公决。

彭真在北京市第一届人民代表大会第一次会议上的总结

（1954 年 8 月 23 日）

这次会议开了一个星期，开得很好。也许有的同志感觉开得稍为长了一点。我看不长。我们讨论了五年来的工作。特别是因为要选举出席全国人民代表大会的代表，我们详细讨论了候选人名单；对各方面的工作大家提出了很多意见。没有时间怎能行呢？民主是要时间的。如果是市长“专政”，根本不要这样长的时间。毛主席指示我们：会议要多开两天，使所有代表把意见讲完，特别是把批评的意见讲完。所以，这次会议多开两天我认为是对的，特别是毛主席有这样的指示，我就更觉得应该。大家都很忙，都希望开得短一点；但是，大家既有这么多的意见、问题，还是多花费一点时间好。时间短了，就不能充分发扬民主。民主不是形式的，是实质的问题。代表们讲话的作用很大。我们看不出的缺点，代表们看得出来。这是动力。所以，多开两天是必要的。

这次选举全国人民代表大会的代表，全市人民很高兴。这次选举光荣地完成了全市市民交付我们的任务。从全国人民代表大会代表的选举，可以看到北京市人民的团结，代表的团结。二十八位当选的代表中，九位代表是全票，十三位代表差一票是全票，三位代表差两票是全票，两位代表差三票是全票，另一位代表差四票是全票。五百三十九位代表投票，只有一位代表差四票是全票。这样集中的票数，有多少国家是这样呢？敌人说我们是假民主，事实并不是这样。票数的集中，反映了代表的团结，反映了北京市人民的团结，团结得像钢铁一样。当选的代表中，有工人代表、农民代表、工商界代表，有教授、中小学教员和少数民族代表，很有代表性。

中华人民共和国宪法草案，我们在北京市第四届第四次各界人民代表会议上进行了讨论，这次会议也进行了讨论，并且通过了决议。宪法是根本法。我们无论办什么事情，都要按照宪法。现在还有一小部分人没有参加逐条讨论，需要补上这一课。已经参加过逐条讨论的就不必再讨论了，愿意研究的，还可继续研究。宪法正式公布后，还要继续组织学习。我们现在要用搞好生产，搞好工作，搞好生活，搞好学习，搞好营业，迎接全国人民代表大会的召开，迎接宪法的制定和颁布。

代表同志们在发言中提出一些问题，有关负责同志已经根据大家的意见作了检讨。为了节省大家的时间，具体工作我就不讲了。下面讲几个问题。

第一，工作计划性和北京市总体规划问题。总体规划就是北京将来要建成什么样的城市，也就是总的部署，总的安排。既要照顾现在的情况，又要考虑三五十年乃至百年的远景，因此很难确定。修马路要花很多钱。如果修高级路面，只修天安门一段，很多人会不赞成，还是多修一些普及的，将来有钱再修高级的。人口数估计十五年要发展到五百万左右。刘少奇副主席曾讲过，北京要准备发展到一千万人口。所以，北京市都市规划的确很难定。下次会议上可以提出来大家研究。初步确定后，一面建设，一面修改。几年来，由于总体规划没有确定，城市建设工程比较紊乱，修了房子没有下水道，修了学校没有电影院。这反映了市政建设的计划性不够，其他工作也反映了计划性不够。这表现了我们由旧社会到新社会，由半殖民地半封建社会到社会主义社会的过渡性。现在，小农经济、资本主义经济还占很大比重，国营经济规模还很小，所以计划性不够，这是客观原因。主观方面是我们的工作能力不够，知识经验不足，脑筋开动得不够。因此，首先要把总体规划初步确定，提高各方面的计划性。

第二，人多忙乱问题。我们现在干部的确多，的确忙，工作也的确有点乱。我看，人又多又不多。我们有很多工作，没有干部不能作，但的确也有的单位人多。人忙不忙呢?有的忙，有的不忙，有的甚至没有事情做。忙也有几种，有的忙乱，有的很忙，不乱，工作还有相当成绩。产生忙乱的原因，在于组织机构不合理，人力分配不合理，工作方法不够科学，计划性不够。解决这个问题，首先要调整组织机构。这次会后，要整个研究一下市人民政府的组织机构，有的要调整，有的要增加。如教育局，至少要改成两个局。教育局现在管三十几万人，暑假后要管四十万人，这不是一件容易的事情，势必要分开。把整个机构按工作性质加以分工。但每个单位的层次要减少，一个局下边可以不设科的就不要设科。人员要精干，按照工作需要，应该设几个人就设几个人，要精减到最低限度，免得出官僚主义。我们不要学国民党那样，我们是要做工作的。层次少，人少，便于直接接近下属干部，直接接近群众。还应该提高工作效率，提高工作质量。要提高干部的水平，包括我们自己在内。我们的干部绝大多数是好的，问题是训练教育不够。应该经常总结经验。先进经验要推广，错误经验要告诉大家。

第三，工作质量问题。所有的工作都有质量问题，也就是成本问题、工作效率问题。我们的工业生产质量不够高，其他各项工作的质量也不够高。教育部门曾经作过检查。我们各单位的负责同志是不是工作质量都很好呢?每个文件、每个报告是否都抓住问题、解决问题呢?我看不是。我们所有的工作都有成本问题。可以两个人做的就不要五个人搞，一天可以搞完的就不要搞四天。我们要提高工作效率，提高工作质量，节省人力、物力。现在我们一部分同志还有供给制思想，不计成本。供给制当时是进步的、必要的，在那样情况下，大家饿不着，冻不着。没有供给制，中国革命不能成功。现在，发展到这样大的局面，这样多的企业，还继续搞供给制就不行了。供给制，也不是要什么，给什么；要多少，给多少。另一部分同志不是供给制思想，而是大少爷思想，工作心中无数，不计效果。这两种思想都要克服。要把全体人民的人力、物力很科学很合理地使用。不这样，我们这个家当不好，对不起人民对我们的委托。

第四，普及和提高问题。会上提的很多问题，我认为是涉及这样的问题的。几年来的工作都是应急。日本侵略者和国民党反动派把城市破坏了，下水道、自来水破烂不堪，房子不够用。解放后，首都要搞这个，要搞那个，而我们的经济比较困难，又没有经验，又要应急。钱只有那么多，道路又不能只修一段，别处不修。大家都要修，结果只好为多修一点，降低了质量要求。五年来小学生由十四万人增中到二十八万人，中学生由四万人增加到八万人。由于失学儿童很多，为了满足大家要求，于是追求数量。如果不追求数量，失学儿童就会更多。但这样一来，就影响了学校教育质量。当然，我们不能以缺乏教员来原谅自己。所以数量和质量是一个矛盾，是普及和提高的问题。物资供应也有这个问题。王府井百货大楼很好，修一个也很必要，多修几个现在就做不到。东郊、北郊、西郊发展起来了，没有能力修很多商店，只好想些临时办法，只要保证物资供应就可以了。文化艺术也是一样。老舍、曹禺、焦菊隐等几位先生都在写剧本。但是，也要有普及。买戏票的，夜里去排队站到天亮，机关团体买票登记到两个月后。所以，既要提高，也要普及，这是个矛盾。房子问题也是这样，前几年很多机关没有房子，只好盖些标准低些的，过几年再盖好点的。现在无论市政、房屋、文化、教育，首先主要是普及，然后在普及基础上提高。道路、房子，要修一部分比较高级的，戏曲、话剧也要编写高级的，没有高级的不能提高。同时，普及也不是落后的普及，而是要在提高的指导和帮助下普及。很多地区没有电影院，现在可以修点标准不很高的，能够使用就可以了。大家晓得，我们的技术工人、设计人员不很多，即使有钱，也不可能完全满足大家的要求。

第五，中西医问题。有一部分西医觉得号召学习中医是不对的；也有的中医觉得还是中医高。这两种想法都不很妥当。现在的西医，是经过资本主义发展阶段，在科学发展、生产发展的基础上经过整理的医学，因此是科学的。中医应该承认这点。但西医是不是一切已经发展到极点了呢？老实讲，西医现在还有很多问题解决不了，并不是十全十美，所以西医也不要自满。中医是有丰富经验的，但没有经过科学整理。现在要加以科学整理，使我国的医学在世界上有所贡献。另外，中医有的祖传秘方，不传外人，传儿媳妇不传女儿，这是保守思想，应当破除。把历史一概否定是不对的。但为什么不普遍要求中医学习西医呢？因为中医大多过去没有受过近代科学教育。如果普遍要求中医学习西医，让他们都先学生物、物理、化学、数学，那是有困难的，做不到。但并不是中医不要学西医了。中医要好好学习西医，凡是能学的，就学。现在主要是为了整理中医，特别强调西医学习中医。当然不是要所有西医都去学习中医，而是在西医方面有修养的人，可以抽出相当多的时间去研究中医。至于具体工作如何进行，另行研究。

第六，公德问题。会上很多代表讲到这个问题。这的确是一个集体主义问题，即大家都关心的人民群众的利益问题，今后应在全市开展讲公德的教育。比如偷公用电话的零件、城市嘈杂问题等等，都是公德问题。对群众主要是教育问题，对少数坏人也要给以惩罚。城市嘈杂问题，市政府发了通告，除了教育，也要有点处罚。无论大干部、小干部，大机关、小机关，这次会后要找几个典型处理，并在报纸上登出来。

第七，批评和自我批评问题。会上代表同志们对各方面的工作提出了广泛的批评。这次会上的批评比哪次会的批评都好，批评得也比较全面。绝大多数的批评都是建设性的，对我们的工作有很大帮助和鞭策。但是有些同志的批评过于客气；有的同志只是提出了建议，对缺点、错误没有讲，可能也有时间关系，不能详细讲。以后希望大家不要客气。人民当家作主，市政府是人民的勤务员，都应该是全心全意为人民服务的公仆。人民代表大会是母亲，市政府是人民代表大会的儿女。市政府就是要执行代表大会的各项决议和上级的指示，把各方面的工作管起来。所以代表大会应该每次检查和批评我们的工作，使我们的工作做得好。

这次会上很多同志作了自我批评，我看是比较好的。我在报告里作了点自我批评。有人讲有些责任不应放在我的身上，我认为不是这样。比如，教育质量不好，一年前就解决可不可以呢？上一年解决当然也许不如今年解决好，但是总可以好点嘛。工程质量问题，儿童医院刚修完就漏，设计、施工人员当然有责任，为什么事前我们领导不检查呢？我是有责任的，至少是系统检查不够。会上各个方面的负责同志也展开了自我批评，可能还不够，会后要继续检查。以后开会，有时讨论总的问题，有时可以讨论一两个具体问题。只要我们有全体人民监督，有代表大会的监督，市政府、市长、副市长的官僚主义就会少一点，各个主管部门的工作就会不断地改进。

以工程质量来说，设计人员有时就是不接受使用人员的意见。专家要为大家服务，内行要为外行服务，专家应该想办法帮助外行。当时人们提意见，不听，代表大会一批评才接受。与其那样，何不早在设计时就倾听大家的意见呢？大家应该虚心，不断检查自己。工作中有错误应该加以总结，痛快承认错误。这次会后可以把所有今年盖的房子的设计、施工等一切方面研究一下。首先由使用房子的人提出意见，然后找点工人、店员、市民、教授、专家、内行、外行，大家看看，作个鉴定。要取得经验教训。这样，我们的工程质量就会好。当然，有些建筑，任务紧急，限期完成。但是，期限有个必须，还有个可能。即使事情是政府委员会通过的，设计施工的同志认为不可能就说不可能，可能就说可能。

这样展开批评和自我批评后，我们的工作就会一天比一天进步。只检查一次不行。这次检查出很多毛病，解决后，又会发生新的问题，又需要检查、解决。要不断地提出问题，不断地解决问题。这样，就不会自满，也就不会怕批评和自我批评了，我们的一切工作就可以进步而不致落后了。

至于代表们所提出的公共汽车、电车、诊疗所、电影院、剧院、会议厅、公园等问题，需要另行具体研究。

最后，谢谢代表同志们给我们的批评和指教，会后要逐项具体研究去做好。

北京市第一届人民代表大会第一次会议议事规则

（北京市第一届人民代表大会第一次会议预备会议通过）

（1954年8月17日）

第一条 北京市第一届人民代表大会第一次会议在开始时举行预备会议，商定市人民代表大会会议主席团人选和本次会议有关议事日程事项。

第二条 主席团互推执行主席若干人轮流主持会议。

主席团互推召集人一人，召集并主持主席团会议。

第三条 市人民代表大会举行会议时，须有过半数代表的出席，始得开会。

第四条 市人民代表大会代表的提案，由主席团交由提案审查委员会审查，再提交市人民代表大会会议讨论。

第五条 市人民代表大会会议的议案，须有过半数出席代表的赞成，始得成立决议。

第六条 市人民代表大会会议通过议案时，一般采用举手表决方式。如果执行主席认为必要，对于重大议案的通过，可以采用起立表决方式。

第七条 代表要求发言时，应先向执行主席报名。

第八条 在大会进行讨论时，每人每次发言以不超过十分钟为准，如有需要，经主席许可得延长发言时间。每人对每一议案的发言，以不超过两次为准，如有未尽意见，可以书面提交主席团处理。

第九条 执行主席对于议案的讨论，得根据情形宣告讨论终结，并付表决。

北京市第一届人民代表大会第一次会议选举全国人民代表大会代表的办法

（1954年8月21日通过）

一、根据中华人民共和国全国人民代表大会及地方各级人民代表大会选举法，制定本办法。

二、本市应选出的全国人民代表大会的代表由市人民代表大会选举之。

三、本市应选全国人民代表大会代表二十八人。

四、全国人民代表大会代表的选举，采用无记名投票方法。

五、市人民代表大会须有过半数代表出席，始得开会进行选举。

六、大会主席团就出席会议的代表中提出监选人九人，经大会通过后，负责监督选举、发票、核对投票人数和票数，并做出记录。

七、选举人如同意选票上所列的候选人，即在该候选人姓名的上端画“〇”；如不同意，即在该候选人姓名的上端画“×”；如愿选选票以外的人，可在画“×”的候选人姓名下的空格内，填写自己所愿选的人。

八、每一选票所选举的人数超过二十八人的作废；不足二十八人的仍有效。

九、一律用钢笔或毛笔写选票。

十、选举人如自己不能写票，得请其他选举人代写。

十一、选票应由选举人亲自投入票箱。

十二、每一选票全部书写模糊无法辨认，全票作废；部分书写模糊的无法辨认的，可以辨认的部分有效，其余无效。

十三、全国人民代表大会代表候选人所得票数超过出席市人民代表大会代表的半数，始得当选。如当选人数不足二十八人，其不足名额，应另行补选。

十四、大会主席团应根据选举法确定选举结果是否有效，并宣布之。

十五、本办法由北京市第一届人民代表大会第一次会议通过后施行。

北京市第一届人民代表大会第一次会议关于拥护和进一步宣传、讨论中华人民共和国宪法草案的决议

（1954 年 8 月 23 日）

北京市第一届人民代表大会第一次会议的全体代表，会前曾和全市人民在一起学习和讨论了中华人民共和国宪法草案，在这次会议上，听取了北京市宪法草案讨论委员会吴晗委员“关于北京市宣传、讨论宪法草案工作的报告”，并对宪法草案作了进一步的讨论。全体代表同意吴晗委员的报告，一致认为：中华人民共和国宪法草案是工人阶级领导下全国人民意志的集中表现，它记载了我国人民革命的成果，反映了国家过渡时期的根本要求和全国人民建设社会主义社会的共同愿望。全体代表一致表示竭诚拥护，并认为：应继续在全市人民中进一步普遍深入地宣传、讨论宪法草案，进一步提高全市人民的社会主义觉悟和爱国热情，以实际行动迎接全国人民代表大会的召开，迎接中华人民共和国宪法的诞生，并准备为宪法的彻底实现而奋斗！

北京市第一届人民代表大会第一次会议关于拥护周恩来总理兼外长的外交报告、中央人民政府解放台湾的号召和各民主党派、各人民团体为解放台湾联合宣言的决议

（1954 年 8 月 23 日）

北京市第一届人民代表大会第一次会议全体代表，一致拥护周恩来总理兼外长在中央人民政府委员会第三十三次会议上所作的外交报告、中央人民政府解放台湾的号召和各民主党派、各人民团体为解放台湾的联合宣言。

我国一贯所奉行的和平外交政策，是我国人民的一致愿望。由于我国和苏联坚持和平外交政策，促进了国际紧张局势的缓和，从而为我国社会主义建设提供了有利的条件。我国要努力与有关国家共同保证彻底实现日内瓦会议关于恢复印度支那和平的各项协议，并继续谋求朝鲜问题的和平解决、继续为巩固和发展我国和世界各国的和平合作关系，为建立亚洲和世界的集体和平而努力。

台湾是我国领土不可分割的一部分，决不容许蒋介石卖国集团盘踞，决不容许美国侵略集团侵占作为进攻我国的军事基地，威胁我国的安全，威胁远东和世界和平。我们一定要解放台湾，彻底消灭蒋介石卖国集团。解放台湾是行使中国人民的主权，是中国的内政，决不容许任何外国干涉。我们一定要同全国同胞一道，加强各方面的工作，紧密团结，提高警惕，努力生产，厉行节约，努力工作，努力学习，完成国家建设计划，加强国防力量．积极支援中国人民解放军，为解放台

湾，消灭蒋介石卖国集团，最后完成中国人民的神圣解放事业而奋斗到底。

北京市第一届人民代表大会第一次会议关于政府工作报告的决议

（1954年8月23日）

北京市第一届人民代表大会第一次会议，听取了彭真市长“关于政府工作的报告”和张友渔副市长“关于北京市一九五三年度财政收支决算和一九五四年度财政收支预算的报告”，审阅了北京市人民政府关于政法、财经、文教卫生和市政建设等工作的各项书面报告，经过热烈讨论，一致认为满意。大会一致同意彭真市长在报告中对解放五年来工作成绩的估计和指出的各项缺点，并认为彭真市长在报告中所提出的今后的具体工作方针和任务以及张友渔副市长在报告中所提出的一九五四年度预算方案，都是符合于国家在过渡时期的总任务和第一个五年建设计划的精神，并符合于首都全体人民的要求的。因此，大会批准彭真市长“关于政府工作的报告”和张友渔副市长“关于北京市一九五三年度财政收支决算和一九五四年度财政收支预算的报告”，并号召首都全体人民紧密地团结起来，为实现以上报告中所提出的各项任务而奋斗。

北京市第一届人民代表大会第一次会议选举全国人民代表大会代表的结果

（以得票多寡为序，得票同数的，以姓氏笔划为序）

（1954年8月21日）

毛泽东　李　永　周恩来　马玉槐（回族）
张友渔　张晓梅（女）　彭　真　刘少奇
诸福棠　李树森　林巧稚（女）　殷维臣
郭树德　梁思成　梅兰芳　黄润萍　华罗庚
舒舍予（满族）　刘世梅（女）　刘英源
刘德珍　蒋南翔　范　瑾（女）
浦洁修（女）　张奚若　吴　晗
载　涛（满族）　乐松生

北京市第一届人民代表大会第一次会议主席团和秘书长、副秘书长名单

（1954年8月17日）

主席团（四十九人，以姓氏笔划为序）

王文斌　王光伟　王梓仲　王斐然　王景铭
王　纯　王辉球　巨　赞　江隆基　安朝俊
余心清　余贻倜　吴　晗　李君武　李伯球
沈　桓（女）　杜　若（女）　胡锡奎
范　瑾（女）　马玉槐　徐楚波　殷维臣
浦洁修（女）　张大中　张友渔　张奚若
张晓梅（女）　梁思成　许德珩　郭树德
傅种孙　彭　真　程宏毅　舒舍予　冯基平
冯宾符　华罗庚　载　涛　赵树屏　刘　仁
刘莱夫　刘世梅（女）　蒋光鼐　蒋南翔
乐松生　郑　芸（女）　钱端升　薛　愚
薛子正

秘书长

薛子正

副秘书长

柴泽民　李公侠

北京市第一届人民代表大会代表名单

（代表共五百六十四人，按姓氏笔划排列）

东单区（四十七人）

王梓仲　王维民　方秀英（女）　朱维馨（女）
宋　彬　吴　雪　李宗恩　李冠英　李纪甫
李　永　李　桦　汪凌志　何士珍（女）
周　仁　周泽昭　林茂森　林葆骆　林　栋
金荣信　俞京生　姜秀清（女）　胡方明
柏　岳　高庆恩　马锡钧　张立宏　张克明
张相臣　张德林　张锡钧　张　鋆　常梦渠
陈　冲　陈文润（女）　陈朝璧　陈铭德
梅兰芳　莫艺昌　彭　真　杨仲兰　赵丹林
刘淑英（女）　阎旭东　龙印玺　戴士铭
罗殿文　苏从周

东四区（六十一人）

王曾涛　田常青　伊什噶瓦（蒙）　朱友学
朱国华　江隆基　宋国藩　宋万荣　宋毓真（女）
余心清　吴昱恒　吴英恺（满）　吴　晗
李玉库　李伯球　李健生（女）　李淑英（女）
李　庄　李　澈（女）　沈　桓（女）
周发岐　周巍峙　季羡林　侯伯远　胡锡奎
马　可　徐楚波　耿廉行　要福增　黄恩博
张连财　张喜贺　张德山　张兰馨（女）
曹　禺　梁思成　许德珩　陈伯康（满）
陈　殊　陆泉海（满）　凌其峻　冯亦代
冯宾符　曾昭懿（女）　杨春葆
杨葆俊（女、满）　杨树斌　雷洁琼（女）
载　涛（满）　赵承信　赵复三　刘仲华
刘彦贞　刘家惠　郑天翔　卢金堂　钱端升
魏子俊　戴念慈　关世雄　铁　华

西单区（五十四人）

王之相　王存忠　王敏生　王敬先　王锡祯
王凤年　王庆全（女）　孔庆斌　田富贵（女）
白荫泰（蒙）　巨　赞　朱　颜　吴祖光
李松林（女）　李海珍　李观博　杜　若（女）
沈一帆　周士琴（女）　周皓明（女）

林亨元 胡亚美（女） 孙承佩 孙念台
孙尧阶 高凤桐 殷景伯 张友渔 张建华
张慧贞（女） 张继德 崔谷忱 曹盛福
郭任之 郭春林 程双科 冯传汉 曾昭抡
劳君展（女） 叶云章 贾兰文（女）
杨 滨（女） 董洁如（女） 雷绍瑜
赵引珠（女） 赵树屏 郑 芸（女、满）
诸福棠 晓 岚（女） 钟敬文 罗霈霖
罗 旺（藏） 谭惕吾（女） 苏灵扬（女）

西四区（五十七人）

于非闇（满） 王子文 王世明 王明之
王淑芸（女） 尹辛酉 尹赞勋 石俊池
史廷臣 白宝增 朱兆雪 宋鑫泉 吴朝仁
吴阶平 李玉荣（女、回） 李英岚（女）
李君武 李贻赞 邢赞亭 何锡麟 林 彤
祁开智 冼 群 胡 蛮 范 离 孙方山
高春升 马 壮 徐肖冰 浦洁修（女）
张奚若 张鸿舜 张 纯 曹健华 陈 琦（女）
傅种孙 彭兴德 程珍声（女） 温 冈（女）
华南圭 叶恭绍（女） 杨秀芝 杨香九
赵增谋 熊济芬（女） 刘士敏（女）
刘景昆 邓金鍌 邓国彬 邓 胥 鲁 桓
韩焕荣（女） 薛秀英（女） 薛 愚
聂荣臻 苏正悟 严仁英

崇文区（四十五人）

丁一岚（女） 王人旋 王子如（女）
王信缘 王斐然 王 纯 王 甦 史 迈
白宝华 牟泽衔 宋汝棼 李玉奎 吕连英
何 微 林巧稚（女） 房希珍 胡泉桂
范瑞久 茅慧珍（女） 孙凤岐 孙国樑
孙 洪（女） 高玉民 马祥俊（满）
殷宗琦 张文奇 张佩强 张德培 张钟祥
崔 河 康绍彝 毕安德 许 平 陈占祥
陈明绍 程宏毅 隋经仁 舒舍予（满）
焦菊隐 叶 子（女） 赵增山（满）
刘文经 萧 秩 魏殿奎 罗凤林（女）

前门区（四十二人）

王玉清 王淑珍（女） 王庆萍（女）
王 骥 毛质宸 田宠仁 老志诚 李再雯（女）
李佩琳（女） 李桂云（女） 李银线（女）
李忆兰（女） 李 非 林道泉 亚子洲（回）
侯宝林 胡一声 宣 节 高肇文 马增骥
马应中 柴善昌 黄淑俊（女） 黄嘉生
连阔如（满） 郭善栋 陈振华（女）
陈学境（女） 汤绍远 焦寰五 杨福来
董渭川 裘盛戎 赵 坤 楼彦厘 刘一峰
刘涤华 郑玉葵（女） 乐松生 韩万年
谢 宏 魏 彬

宣武区（五十五人）

王亚平 王彩仙（女） 王 立 王 君（女）
孔禾浓 朱仲丽（女） 朱 临 艾思奇
宋 立（女） 谷子禾 余贻倜 吴思行
吴海峰 李德寿（回） 李乐光 李宝信
李 恕（回） 杜广泽 沈成章（回）
佟 铮（满） 金雅如（回） 范 瑾（女）
闪懿昌（女、回） 孙孚凌 高东海
马玉槐（回） 马祝三（回） 马广志
马兰亭（回） 荀慧生 袁松亭 郝寿臣
翁独健 倪家玺 张大中 张茂林
张桂珍（女、回） 张福恩
张晓梅（女） 张泽民 张 旭 崔月犁
梁慧颜（女） 郭玉珍（女） 傅卫川
傅丰永 贺翼张 项玉树 杨德亮（回）
刘志兰（女） 刘振武 黎 晓 韩昭良
魏笑天 严镜清

东郊区（四十一人）

力伯法 王秀荣（女） 王海秀 王瑛璞（女）
王鸿喜 朱少时 宋 汀（女） 李克佐
李庆春 李 泰 杜冠武（回） 邢起珍
佟德禄 周 杰 孟用潜 林 白
马秀芬（女、回） 耿 晓（女）
袁 峙 章鸿文 黄润萍 张惠芬（女）
张宝贵 常子久（回） 郭淑文（女）
陈仁高 单昭祥 贾自兴 杨 述 杨慧洁（女）
董瑞珍（女） 赵玉清（女） 赵鹏飞（满）
刘玉满 刘莱夫 黎哲闳 蒋光鼐 潘功臣
燕贺春 韩 和 严又陵

南苑区（二十人）

王镇武 朱长江 安云霞（女） 李公侠
周 游 施 平 孙振海 马清藻 殷玉昆
袁泽洲 寇顺义（女） 柴泽民 张还吾
贾星五 杨益民 万丹如（女） 刘长龄
鲍尚德 霍凤岐 苏 民

丰台区（二十三人）

丁建成 王金珍（女） 王效斌 王景铭
王照华 白秀生 李树森 林 一（女）
高玉贵 高晓亭 马 清（回） 马万仁
殷维臣 倪吉英 郭 荣 郭树德 彭思明

彭恩起　贺淑蓉（女）　刘秉德　韩国信
薛子正　龚蕴章

海淀区（六十一人）

于学馥　王　屾（女）　王光伟
白玉珍（女、蒙）　申　多　朱文亭
米尔苏里唐（维吾尔）　向　达（苗）
金士宣　李酉山　沈　元　沈汝松　何宗瑾
何毓芬（女）　佟汉功　周沛然　林　泰
林徽因（女）　侯仁之　侯　明　施嘉炀
孙文郁　孙昌宗　马文斌（回）
唐绍英（女、瑶）　徐英超　黄瑞沦
张　任　张　更　张若平　张朝卷　张景钺
张福庭（女）　张龙翔　许宗韫（女）
陈士骅　陈水耿　陈　忠　陈　芬（女）
陈彦儒（女）　陈陆圻　陈宝森　郭斐然
程永祥　程学信　冯殿璞　华罗庚　杨振忠
费　青　齐　平（女）　刘世梅（女）
刘英源　刘德义　郑　昕　蒋南翔　蔡　旭
钱伟长　钟　森（满）　戴松恩
关淑琴（女、满）　苏淑敏（女）

石景山区（十二人）

王文斌　王福海　王　赓　安朝俊　谷受民
李瑜铭　侯德成　范冠海　陈鸿芝（女）
刘　仁　刘德珍　萧　平

京西矿区（三十六人）

王　江　王　云　毛树多　石金奎　白宝纯（回）
任成龙　任显禄　朱泽民　吴子牧　李一飞
李　晨　李国瑞　李德普　李荣彰　李逢春
段福洞　高振德　荆聿玖　张世铭　张志海
张峻峰　张进政　曹建章　陈怡迪（女）
陈　龄　傅宝良　彭　城　冯基平　景振洋
贾庭三　赵　凡　刘桐恩　郑吉福　郑修岐
龙文耀　谭怀才

驻京武装部队（十人）

王之平　王辉球　吴　涛　李　耀　吕　展
侯惠云　段德彰　张少英　刘其人　刘秉彦

北京市第一届人民代表大会第二次会议

（1955年2月8日——11日）

北京市第一届人民代表大会第二次会议于1955年2月8日至11日举行。

大会听取、审查了公共卫生局长严镜清关于改进北京市卫生工作的报告和农林局副局长杨益民关于北京市郊区发展农业生产和互助合作运动的报告。

会议通过了关于政府工作报告的决议。

会议共收到提案141件，经整理合并为117件。其中，属于市政建设类40件，卫生类27件，财政经济类21件，文化教育类12件，政治法律类11件，社会福利及其他类6件。

大会选举产生了市长、副市长、人民委员会委员和市高级、中级人民法院院长。

最后，彭真作了总结发言。

北京市人民政府公共卫生局长严镜清关于改进北京市卫生工作的报告

（1955年2月8日）

几年来，本市的卫生工作，在中国共产党和人民政府的领导下，由于各有关部门的支持，依靠着广大人民和全体卫生工作人员的共同努力，基本上贯彻了“预防为主、面向工农兵、团结中西医、卫生工作与群众运动相结合”的方针，取得了很大的成绩。从一九五二年起，全市开展了大规模的群众性爱国卫生运动，发挥了广大群众的积极性，进行了各项卫生防疫措施，创造和推广了很多捕灭蚊、蝇和老鼠的办法，使苍蝇、蚊子、老鼠大为减少，首都的环境卫生和个人卫生状况有了很大改善。医疗卫生机构已有相当发展，目前市属医疗卫生机构已由一九四九年的十九处充实和发展到了一百二十八处，病床已由五百三十七张增加到三千五百三十五张（包括接办的在内），如果把中央直属医院（军事系统除外）、厂、矿自办医院和私人医院等的病床计算在内，达七千一百六十余张。医院进行了初步整顿后，病人住不进医院和门诊挂不上号的现象已经减少。大部分厂、矿企业也都陆续建立了医疗卫生机构，办了肺结核疗养所（室）一百一十二个，可收容二千六百余人。市属医疗机构和二百一十八个厂、矿企业建立了医疗嘱托关系，在石景山钢铁等九个较大的厂、矿企业中推行了车间医师制，初步改善了厂、矿企业的卫生状况，因而工人因病缺勤率已经降低。根据六个大型工厂的统计，一九五四年一月至十月，职工因病缺勤率已较一九五三年同期降低了百分之二十六。医务人员的政治思想觉悟也有所提高，服务态度有所改进。歧视和轻视中医的思想已得到初步纠正，并采取了若干措施，扩大中医的业务，加强中西医的学术交流。

由于人民生活水平的提高和卫生条件不断的改善，市公共卫生局过去所规定的十四种传染病，大部分已得到控制，人口死亡率也逐渐降低。根据城市统计，人口死亡率已由一九四九年的千分之十四点一，逐年降低到一九五四年的千分之七点七。

本市的卫生工作，虽然获得了以上成绩，但还存在着缺点和问题。

首先，是对于卫生工作“为生产服务、为劳动人民服务”的方针贯彻不够，对厂、矿、工地的医疗卫生机构，缺乏统一的领导和管理，因而多数医疗卫生机构和工作制度不健全，有混乱现象。有些厂、矿企业的行政领导对卫生工作缺乏经常的、系统的领导和检查。对于有些可以预防和减少的多发病和职业病，还没有采取有效的措施，因此仍就〔旧〕影响着工人的健康和生产。

第二，是医疗质量一般很低。在许多医疗机构中，还存在着不少诊断草率、护理不周和治愈率低的现象。误诊、误治的现象还不少。有些不应化脓的手术化了脓，有些本来看两次就能好的病，往往要看三、四次。各医院的护理常规普遍不健全或执行不认真，护理人员打错针、给错药的事故，还在不断地发生。由于治疗、护理质量低和有些医务人员责任心不强，医疗事故不断发生。其中很多是由于医务人员以极不负责的态度对待病人而造成的责任事故。据不完全统计，在一九五三和一九五四年上半年期间，经查属实，已经处理的死亡责任事故就达十一件之多。厂、矿医疗部门的责任事故也时有发生。据京西矿务局劳保科统计，一九五四年上半年，在该局所属医疗单位中共发生大小医疗事故七十七件。医疗质量低的原因，固然是由于医疗机构发展得很快，医务干部的培养赶不上需要，吸收了不少技术水平很低和一些不合格的医务人员，但主要的是由于我们对数量方面的要求多，对医疗质量的提高缺乏应有的重视和具体的措施，又很少检查。

区级医疗卫生机构工作质量很低，有的机构工作任务不够明确，制度紊乱，有些机构由于在建立前缺乏调查研究，设置不当。这些分散的医疗卫生机构还没有经过系统的整顿和合理的部署及调查。在工作上对如何便利群众，也注意得很不够。因此，有些单位工作效果不大，人力物力都有很大浪费。有的妇幼保健站的助产士每三、四天才接生一次，有些医疗预防站每天门诊人数只一、二十人。

最主要的是，我们对于全市的医疗卫生机构的部署、设置和他们之间的分工、配合，缺乏统盘的安排和健全的领导。这是各种混乱现象发生的主要原因和当前问题的关键。

第三，是群众的爱国卫生运动成绩还不巩固，还存在着时而紧张、时而松懈的现象，而且发展也很不平衡。几年来，本市的爱国卫生运动虽有很大成绩，但是对巩固它的成绩并使群众卫生工作经常化，还缺乏具体的措施。在纠正强迫命令的偏向后，又产生了一些自流倾向。一九五四年上半年，强调了宣传，放松了检查；抓住了厂、矿、工地等重点，放松了对一般街道和机关、团体的检查以及对食品业的卫生监督。批评和表扬也做得很差，因而不少单位的环境卫生一直未能改善，有些部门形成无人负责的自流现象。这就使得爱国卫生运动发展极不平衡，成绩也不巩固。

在防疫工作和传染病的管理方面，还存在着很多缺点。疫情报告制度很不健全，有些医院对疫情报告很不重视。隔离消毒工作做得很差，甚至还有在医院内感染了传染病的。对传染病的研究工作也做得很差。目前有些传染病，还没有能够控制（例如去年痢疾仍旧没有得到有效的控制，并曾发生了几处食物中毒的暴发疫情）。厂、矿中的职业病、多发病仍然很多。

第四，是对开业医师的领导和管理，做得很不够。对于这方面的医疗事故和其他一些严重的问题，还没有进行认真的检查，没有加强对他们的领导和发挥他们的力量。

在公费医疗工作方面，由于管理不严，在诊病给药、住院方面，都存在着浪费现象。另方面，因为有些享受公费医疗的人，对公费医疗制度缺乏正确的认识，并有违反公费医疗制度的现象，不仅造成浪费，也助长了医院的忙乱。

以上缺点和问题的产生，主要是由于我们在领导工作上存在着很多缺点。首先，是对于为工业生产服务、预防为主、团结中医等方针贯彻得不够，对全市的医疗卫生组织和工作，缺乏调查研究和统一的计划与部署，具体的政治思想领导和业务领导做得不够，因而领导一般化；事务主义和官僚主义的作风很严重。其次，是由于政治思想工作薄弱，还有少数医务人员比较严重地存在着资产阶级思想，服务态度不好，工作纪律很坏，对病人不负责任。有的医师治病不从治好疾病出发，而从个人兴趣出发。有些医师还存在着互不团结的宗派主义思想，不能相互虚心学习，取长补短。护理人员和防疫、保健人员不安心工作的现象也很普遍，不少人缺乏专业思想，对自己工作不热爱、不钻研。过去在我们所进行的政治思想教育中，一般化的政治学习做得多，而联系实际不够，未能及时针对医务人员中存在着的各种不正确思想，进行教育。

此外，对提高卫生工作干部的业务水平也做得很不够。对一般技术水平低的干部的业务学习和进修，对医学学术研究的鼓励和提倡，都没有系统地组织进行。有的医疗机构虽然建立了病案讨论等制度，但由于缺乏领导，没有很好地坚持下来。对提高防疫、保健人员和厂、矿企业中的卫生干部的业务，就做得更差了。

根据以上的情况和问题，今后的卫生工作，准备分别采取以下几项措施：

一、进一步贯彻卫生工作为生产服务的方针，加强厂、矿的卫生工作。坚决执行中央对厂、矿卫生工作“积极领导、稳步前进、面向生产、依靠工人、贯彻预防为主”的方针。首先，市公共卫生局应当把统一管理本市厂、矿的卫生工作的任务担当起来，将这一工作列为首要任务。规模较小的厂、矿可由区的卫生机关管理。现在厂、矿企业的医疗卫生管理机构和业务机构是不健全的，市公共卫生局应依照第一届全国工业卫生会议决议的要求，协助他们逐步增设和整顿。厂、矿企业的行政领导方面应把卫生工作列入工厂计划，保证生产任务的胜利完成。第二，市公共卫生局和区卫生科（卫生建设科）应加强对厂、矿企业医疗卫生工作的业务领导，组织厂、矿医务人员的业务学习，逐步提高他们的业务水平；有领导地逐步地推行车间医师制等苏联先进经验，组织相互观摩和交流经验，逐步建立厂、矿医疗机构和市属医疗机构间的分工医疗关系。第三，组织市内医学研究机关和卫生教育机关，选择重点厂、矿，对危害工人健康和影响生产最大的职业病和多发病进行调查研究，订出预防管理的办法。这一调查研究工作，应由市公共卫生局统一计划，组织进行，以免力量分散，并防止多头领导，妨碍生产。此外，并应建立和健全工伤疾病统计，找出工人因病缺勤的主要原因，提出有效的预防办法，逐步解决。第四，重点试行卫生监督工作。特别对严重危害工人健康的不卫生状况和新建、扩建的大型厂、矿，试行卫生监督。

二，制定全市统盘的计划，合理地安排、调整和整顿医疗卫生机构，提高医疗质量。市属医院应把提高医疗质量当作中心任务。区级医疗卫生机构应先进行整顿，逐步提高工作质量。

为了提高医疗质量，首先，应在领导思想上切实纠正只求数量，贪多图快，而不注意医疗效果的偏向。市公共卫生局必须对医疗质量提出具体要求，加强对医疗质量的检查。发动各种医疗机构订出切实可行的提高医疗质量的计划。第二，应加强医院科学化的管理，认真学习苏联的医院管理经验，建立明确而切实的职责分工，逐步推行医疗保护制。修正和制定医疗规章制度。充分发挥科主任和主治医师的技术能力和医疗工作中的领导作用。切实减少医务人员的事务工作，逐步实行护士和卫生员的两级分工。修正定员定额标准，进一步加强计划管理。对各医院的病床，应统一掌握，解决急重病人入院的困难。为了保证医疗质量的提高，必须切实克服医务人员的忙乱现象，精简会议，减少兼职，保证他们把主要精力用到医疗业务上去。此外，应加强医疗统计工作，特别要建立各种医疗质量的统计工作，以便检查。第三，逐步拟定统一而切实可行的医疗护理常规，保证按照常规进行认真的检查和治疗，充分发挥医疗效能。制定常规的方法，应当是有重点的，选择有条件的科、室先行拟定，试行后予以推广。第四，应加强对业务人员业务学习的领导，提高他们的业务水平。提倡钻研业务和研究学术。认真学习苏联先进医学理论、经验和新疗法。对在职干部的业务学习时间应有统一的规定，有计划地组织医务人员业余和脱产的进修，具体规定培养干部的计划。改进病案的记录和保管，进行整理和分析。加强病历、死亡和手术前后的讨论。加强化验工作和病理解剖工作。加强中华医学会北京分会的领导，组织专科学术讨论。第五，逐步建立中心医院和必要的专科医院，根据全市医疗机构的分布和技术条件，逐步建立分级分工医疗制度。加强和中央直属各大医院的联系，特别是要加强和北京苏联红十字医院的联系，组织转诊会诊，解决疑难疾病问题。第六，适当地充实医疗设备，加强检验机构。

在上述各项措施当中，统盘计划、部署全市的医疗卫生机构和人员，充分发挥医务人员的技术能力是一个关键性的问题，为此，就要进行一系列的工作，保证水平较低的医务人员能向高级医务人员学习，小的医疗机构能得到大医院具体的技术上的帮助和指导。

对分散的区级医疗卫生机构，要进行认真的整顿，逐步提高工作质量。市公共卫生局和区卫生科（卫生建设科）必须加强对它们的具体领导，帮助推广优良的经验。对过于分散而效果不大或设置不当的医疗卫生机构，应适当调整。城区方面，医疗预防应适当调整，逐步扩充为门诊部，并受一定医院的业务领导，提高业务水平，为将来实行分级医疗和地段负责制打下基础。郊区方面，应设立综合性的医疗卫生机构，对现有分散的小机构适当地进行合并，对以上机构的干部应该积极组织和领导他们业务学习，提高技术水平。

三、继续开展爱国卫生运动，加强防疫工作。几年来的经验证明，爱国卫生运动是群众性的预防工作，是贯彻“预防为主”的方针的关键。为了使群众爱国卫生运动经常化，必须各部门各级领导重视，依靠宣传教育和组织检查相结合的方法来推动。必须深入地发动群众，依靠群众，人人动手，互相监督，互相检查，才能把工作做好。今年我们的主要奋斗目标，仍然是防治危害人民健康的痢疾、流行性“乙型”脑炎、麻疹等传染病。要大力发动广大人民捕灭蚊、蝇、老鼠，经常保持室内和环境的清洁，消灭蚊、蝇的滋生条件，改进饮食卫生，并采取以下几项具体措施：第一，市公共卫生局应在年度开始就制定全市爱国卫生运动的全年计划，包括工作的具体要求，步骤和措施，按照季节和不同的对象，规定具体的实施步骤。第二，各部门特别是厂、矿、工地、机关、学校和食品企业，应制定卫生工作计划，指定专人为卫生工作负责人，加强督促检查，克服无人负责的现象。第三，继续改进环境卫生和个人卫生，在群众中广泛进行卫生常识教育，使群众养成爱好清洁卫生的习惯，要结合尊重社会公德的宣传，鼓励人民讲求卫生。第四，有重点地推行卫生监督制度，着手制定必要的卫生规程逐步试行。在食品企业和饮食行业中设立卫生监察通讯员，作为卫生行政部门实行卫生监督的助手。加强对食品卫生的管理，卫生行政部门对违反卫生规程或政府规定的卫生要求的单位，应给以批评和依法处分。

此外，各级医疗卫生部门应加强传染病的管理，整顿和健全疫情报告制度。减少遗漏，全面地，及时地掌握疫情，并加强宣传，做好预防注射、消毒等工作，减少传染病的发生。对发现的病例，应及时做好隔离、消毒等防治工作；如一旦发生传染病的流行，应立即采取紧急防疫措施，加以控制和扑灭，防止蔓延。

四、要加强对开业医生的领导和管理，对这方面的医疗事故和某些开业医生的唯利是图的观点和江湖习气，加以检查和克服，同时要纠正排斥和轻视中医的错误思想，发挥他们的工作积极性，端正他们的医疗作风。为了贯彻中医政策，我们已另订具体方案，对其中已经采取的一系列措施，如扩大中医业务，组织中西医互相学习，特别是组织西医学习和研究中医，发扬中医的学术遗产等方面，都需要不断总结经验，切实贯彻。

在公费医疗方面，要进行整顿，加强管理，对享受公费医疗的人，也要进行教育，以减少医院中工作忙乱现象，保证急重病患者就医的方便。

以上各项工作，是改进本市卫生工作的主要措施。这些任务是艰巨繁重的。为了保证这些措施的顺利进行，必须切实改进卫生部门的领导，提高卫生医务人员的政治思想水平和业务水平。

改进卫生部门的领导，首先，要克服“差不多”的骄傲自满情绪，克服保守思想，改进领导作风。认真研究党和政府的政策、方针，加强工作上的政策性、计划性，克服忙乱现象，应抓住每一时期的工作中心，掌握重要环节，加强调查研究，推广优良经验，把工作一件一件摸透，一件一件管好。其次，应适当地加强区级卫生机构和业务单位的领导力量，以便分级负责。

为了充分发挥广大卫生医务工作人员的积极性，今后必须根据团结改造知识分子的政策，加强对卫生医务人员的政治思想教育，进一步树立全心全意为人民卫生事业、即为人民服务的思想。必须克服一部分医务人员粗枝大叶、不负责任的恶劣作用和从个人兴趣出发，不从广大群众利益出发，服务态度不好，劳动纪律松弛的资产阶级个人主义思想。对卫生医务人员的政治理论学习要加强领导，注意克服一般化的毛病。应分别不同的对象，规定学习内容，应着重与医学有关的理论和辩证唯物论的学习。对卫生医务人员的政治思想和生活的关怀，必须充分注意。建立对日常工作的考核制度，对工作好的，应予以奖励，对作风恶劣、工作极不负责的，也必须严肃处理。

今后必须加强对现有医务人员业务学习的领导。所有医务人员要把重视业务学习和学术研究工作，努力学习苏联的先进医学理论和经验。必须使高级医务人员能负责培养、教育那些水平较低的卫生医务人员。

上述改进本市卫生工作的各项措施，主要应由市公共卫生局执行，但同时还需要有关部门大力配合，更必须动员全市广大的卫生医务工作者在工作中充分发挥自己的积极性和创造性，同时也要求广大人民积极地支持和监督。

北京市人民政府农林局副局长杨益民关于北京市郊区发展农业生产和互助合作运动的报告

(1955年2月8日)

(一)

几年来，郊区的农业生产贯彻了为城市服务的方针，在积极发展蔬菜、乳、肉、果品生产，提高棉、粮、油料作物的单位面积产量上，取得了很大的成绩。虽然一九五四年郊区遭受了多年来未有的涝灾，但在共产党和人民政府领导下，经过全部郊区农民和全体农村工作干部的共同努力，开展了互助合作运动，执行了各项奖励和扶植生产的措施，几项主要生产的产量都有很大的增加。一九五四年蔬菜总产量达到了七亿二千万斤，完成全年计划的百分之一百零三点一，比一九五三年增产了百分之十四点三，相当一九四九年的六点八倍；乳牛发展到四千七百零六头，完成全年计划的百分之一百一十八点三，比一九五三年增加百分之四十六点二；猪、羊发展到十九万六千多只，完成全年计划的百分之一百零六点二，比一九五三年增加百分之二十二点一；水果生产也有相当发展。只有棉、粮、油料作物因为严重的涝灾产量减少了。

农业生产虽然已有很大发展，但是仍然还不能满足首都人民对于农产品的日益增长的需要，比较突出的是蔬菜和牛乳的供应问题。本市现在有三百多万人口，每天约需一百几十万斤的鲜菜，按照目前郊区蔬菜产量本来可以满足需要，但因为蔬菜生产现在基本上还是个体经济，农业的生产技术还很低，还主要靠手工和体力劳动，还严重地受着季节性限制，产品又不易贮藏，加上我们在市场管理上还缺乏经验，所以不断发生季节性的供求失调。牛乳供应也因为人民生活加上我们在市场管理上缺乏经验，所以不断发生季节性的供求失调。牛乳供应也因为人民生活水平提高和吃牛乳的婴儿增多等原因而感到严重的不足。此外，对栽培果树、植树、造林的工作还缺乏统盘的计划，还抓得不紧，发展速度还很慢，同首都建设不相适应。

根据以上情况，一九五五年郊区农业生产除积极提高棉、粮、油料作物产量外，主要任务是：

一、积极发展蔬菜、水果生产：一九五五年蔬菜总产量计划由七亿二千二百四十二万五千斤增加到八亿八千八百二十五万斤，增加百分之二十二点九。计划推广优良果苗十二万株，并动员群众大量栽植果树。

二、努力发展畜牧事业，增产乳、肉：一九五五年计划乳牛由四千七百零六头增殖到五千六百六十五头，增加百分之二十点四；猪由十一万一千七百口增加到十四万五千二百口，增加百分之三十；羊由八万四千八百只增加到十万零一千七百只（主要在山区），增加百分之二十。

三、大力造林，绿化西山：一九五五年计划国营造林五百万株，并动员群众大量植树。

为了争取完成以上任务，必须发挥全郊区广大农民的积极性，继续开展互助合作运动，依靠互助合作组织，带动单干农民，改进耕作技术，推广双轮双铧犁，推广劳动模范的先进增产经验，加强家畜的饲养管理，加强防旱、防涝和防治病虫害，开展群众性的植树造林、护林护山防火运动和山区的水土保持工作；发动本市部队、机关、学校、工厂、医院，大家动手积极育苗、植树和造林，积极参加绿化首都的工作。国营农场、农业机器拖拉机站应进一步改进经营管理，保证耕作质量，提高产量，降低成本，积累机械耕作经验，发挥示范作用。

(二)

为了从根本上改变分散、落后的小农经济，发展农业生产，供应首都需要，必须根据中央方针稳步地开展互助合作运动。过去三年来试办的农业生产合作社，绝大多数都增加了产量和收入，合作社的产量比互助组高，互助组的产量比单干农民高。据一九五四年秋收后二百九十六个农业生产合作社的统计，比一九五三年增产的社有七十五个；受灾后仍保持一九五三年产量的有七十八个；因灾情较重而减产的有一百四十三个（其中，有十五个社因为经营其他副业，收入反有增加）。但就是这些因为灾情严重而减产的社，他们的产量仍旧比当地的互助组和单干农户的高。同时他们的生产一般地能按国家的计划进行，国家需要什么，合作社大体就可以生产什么，充分显示了农业生产合作社的优越性，在郊区广大农民中树立了良好的榜样。因此，在进一步宣传了国家在过渡时期的总任务后，尤其在去年冬季，互助合作运动就有了很大发展。目前，郊区农业生产合作社已发展到七百个。社员共发展到五万六千六百八十一户，占郊区农户总数的百分之四十七。现在入社农户达到全乡总户数百分之八十的乡有五十二个，达到百分之六十的有七十四个。

在发展农业生产合作社之前，我们曾经进行了一系列的准备工作：在办好老社的基础上，经常结合各个季节的生产活动，向农民进行社会主义教育，提高了农民的觉悟；在一九五四年内就训练了互助组长和积极分子九千多人，准备了办社骨干；去年秋收前，并在农民群众中进行了深入的发展社的宣传教育。因此，秋后农民群众要求参加和组织农业生产合作社的情绪空前高涨，入社已成为群众性的运动，除党员、团员、积极分子和贫农积极带头外，大批中农也要求入社。丰台区还在宣传政策阶段的时候，就有百分之四十五的中农报了名。市、区有关农村工作各部门共抽调干部四百多人，下乡领导群众分批建社。新建的社大多数是在密切结合生产，选拔了合适的领导骨干，经过群众酝酿之后，自愿建立起来的。多数社员情绪良好，干部有办好社的信心。因此，这一批社的发展，基本上是健康的，在党和政府正确领导下，是有条件进一步办好的。

但是在农业生产合作社的大发展中，也产生了不少缺点：

第一，运动展开后，部分干部只看到广大农民群众纷纷入社，没有充分考虑到当前的具体情况，特别是全体农民群众的觉悟程度和工作中的困难，过早过急地盲目举办土地不分红的高级社。在去冬发展社的工作中，有些干部错误地把少数乡干部、党员、团员和贫农积极分子的觉悟水平和要求当作全体农民的觉悟水平和要求，不顾当前的条件，不顾贫农和中农的关系，就一下取消土地分红，实行完全按劳取酬的作法，对土地较多较好，人口较多劳力较少较弱或丧失劳动力的农民的切身困难和意见不重视、不照顾，盲目追求高级形式，组织高级的农业生产合作社，这是不对的。

在处理生产资料评价入社问题上，有些地方牲畜折价过低，有些地方把应归还农民折价款的期限拖长到十年，并且只还本不付息；还有十一个社采取了把生产资料全部折价作为股金入社的办法，虽然股金仍旧为社员个人所有，但只有退社时才能带走。这些办法，实际上是侵犯了牲畜、农具多的农民即中农的利益，已引起这部分农民的不满，以致发生了某些地方耕畜市价过低甚至宰杀牲畜、低价出卖生产资料的严重现象。

在京西矿区和海淀区山区的一些农林牧生产合作社里，果树报酬一般偏低，有十三个社竟取消了果树分红，不给任何报酬，以致使有果树的农民感到吃亏，对社不满。部分有果树的农民怕吃亏而对果树不加爱护，不加修理培植，个别乡并发生了砍伐和出卖果树的严重现象。

这些做法实际上是损害了中农利益，使中农吃了亏，这样就不可能很好地依靠贫农团结中农。

此外，也有部分干部在发展社的过程中，没有很好地依靠贫农（包括新中农），充分发挥贫农对合作化事业的积极性，有些地方甚至排挤贫农或让贫农吃了亏。还有少数干部对富农的阴谋破坏缺乏警惕，盲目吸收富农入社。

第二，大社办得有些过多。一九五四年在市、区所派的干部的直接领导和帮助下，全郊区共试办了十三个百户以上的社。我们郊区的农业生产合作社还刚刚建立不久，干部和群众都还缺乏经验，还没建立起比较系统的制度，可是现在百户以上的大社已发展到了一百七十六个了。其中有些社条件很差，领导骨干很弱，干部和群众经验很少，原来又没有合作基础，也不量力地盲目地举办大社。这样的急躁冒进是容易使工作遭受挫折的。

第三，少数干部不能很好地耐心地对农民进行教育，他们为了完成任务，在宣传动员中，竟说“不入社就是翻身忘本”，“就是和地主富农有拉拢”，甚至说要“调换土地”，“收回国有土地”等来强迫农民入社；个别干部随便许愿，以入社后一切困难都可以解决来引诱农民入社。部分社建社工作粗糙简单，干部包办代替，忽视政治工作，生产资料入社评价、制订社章、选举社的领导干部也不发动社员反复讨论协商。因此，这些社虽已建立起来也是很不巩固的。

产生上述缺点的主要原因，是我们对办高级社和大社的繁重性和困难的认识不够明确，对合作化的方针政策交代得不够清楚，对建社扩社的工作方法和步骤布置得不细致，最主要的是我们本身也有急躁冒进情绪，因此有些参加办社的干部既缺乏经验和办法，又不能正确地了解和执行党的合作化政策。

去冬农业生产合作社已有很大的发展，暂时应坚决停止发展，集中力量进行巩固工作，并采取以下具体措施：

第一，组织力量，深入乡、社进行认真的检查、整顿：(一)目前主要是建立土地分红的半社会主义性质的农业生产合作社，这样就更便利于依靠贫农巩固地团结中农，有利于发展农业生产互助合作运动。因此，对去冬新办的土地不分红的高级社，只要有部分社员要求土地分红或者不是真心赞成土地不分红，就应说服干部和积极分子，加以改变。(二)对社员生产资料折价款，除扣下应缴纳的入社股金或生产资金外，多余部分应在三年到五年内分期还本、付息。(三)目前暂不提倡羊群、树木、蜂群等入社，而应集中精力先办好农业生产合作社；已入社的必须按自愿或互利的原则，慎重地、妥善地加以处理。已入社的果树，必须给以合理报酬；有不愿把果树入社的，应允许退出，自行经营。(四)没有把握办好的大社，就不要勉强，可以向社员说明利害，经社员讨论，愿意分的可以分成几个小社或中社，小社、中社办好了，再合起来办大社就容易了；凡不能分建而又势必办下去的大社，要加以具体帮助，保证把社办好。

第二，所有的社都应立即转入生产并做好春耕准备，制订一九五五年度的生产计划，发动社员进行生产投资。在制订计划的同时，也应在自愿基础上签订供、产、销结合合同。在春耕以前，分期办好乡、社干部，生产队长，会计和技术员等训练班。

第三，加强并改进对农业生产合作社的领导干部。首先，加强市、区对互助合作运动的统一领导。其次，培养乡、社干部的办社能力，防止区干部包办代替。办好合作社主要靠干部和社员自已，因为区干部不能长期住社替农民办社，所以提高乡、社干部独立办社的能力就成为当前决定的关键了。再次，办社干部必须学习政策，懂得政策，学会办社的业务。在社员中，应通过订立和学习社章，进一步贯彻党在农村工作中的阶级路线和自愿互利原则。

北京市第一届人民代表大会第二次会议提案审查委员会关于提案审查的报告

(1955年2月11日通过)

这次会议共收到提案一百四十一案，经整理合并为一百一十七案。其中，属于市政建设类的四十案，卫生类的二十七案，财政经济类的二十一案，文化教育类的十二案，政治法律类的十一案，社会福利及其他类的六案。

对于这些提案，我们根据以下的原则，进行了审查：

一、凡应当办、可能办或一部分可能办的，不论政府正在办理或尚待办理，都交市人民委员会办理。

二、凡须研究后才能决定办或不办的，都交市人民委员会研究处理。

三、凡不属市人民委员会职权范围以内的提案，都转送其他有关部门处理。

四、已办或目前暂不能办的，向原提案代表说明。

根据这四项原则审查的结果，一百一十七案中交市人民委员会办理的六十六案；交市人民委员会研究处理的三十八案；转送其他有关部门处理的十二案；已办并向原提案代表做了说明的一案。

提案和审查意见，已经发给各位代表。

此外，还有迟到的市民建议四件来不及审查，我们把这四件建议径送市人民委员会处理。

以上意见，是否有当？请大会公议！

彭真市长总结报告（记录稿）

（1955年2月11日）

各位代表、各位同志：

这次会议各位代表对我们的工作提出很多很好的批评、很好的意见，经过这次会议后，我想北京市的卫生工作、郊区农业生产互助合作运动将会大大前进一步。刚才主席团商议后，有些问题要我讲一下。

总的来讲，我们的卫生工作和医疗工作，解放以来有了很大成绩和很大进步，但是我们的工作中间还有很多缺点，我们的工作现在还远不能满足全体市民的需要。郊区工作也是这样，解放以后有很大成绩，很大进步，消灭了郊区中的封建土地所有制，发展了生产，发展了互助合作运动。但在这个前进中间有很多缺点和错误。必须切实进一步检查、揭发和克服目前工作中存在着的错误和缺点。

解决这些问题，应该从我们当前的情况出发，从实际出发。因此，我首先想讲讲当前我们国家所处的情况。

我们中国人民站起了。我们在过去是受压迫的，过去受敌对阶级压迫，现在把它们赶了出去，我们站起来了。我们中国人民首都人民都有相当的觉悟，我们有工人阶级领导的、各民主阶级、各民主党派、各个民族和全体人民的团结，在政治上我们是先进的。

但是现在帝国主义要欺侮我们，霸占我们的台湾。因为我们的工业还很落后，我们的生产还很落后；我们人民的文化水平还很低，这是千真万确的。美国是帝国主义国家，政治反动、落后，但是他们的钢多，每年生产近一万万吨钢，它们现在经济上发生危机，钢的生产减产二千万吨，我们的钢只有一两百万吨，它们的钢减产二千万吨，等于我们全部钢的产量的十倍。由于我们的工业落后，文化教育也就落后，科学也就比较落后。这是我们国家另一方面的情况。

另外现在帝国主义还从各方面严重地包围着我们，时时刻刻企图颠覆我们的国家。

这就是我们现在的情况。我们的一切工作应该从这个情况出发来解决，来部署。

在这种情况下，我们的国家，我们的首都的第一件事应该是生产，当然将来也是这样，特别是发展工业是首要的，而工业又以发展重工业是第一重要的。如果美国总是几万万吨钢，我们只是几百万吨钢，我们开多少次会议、开办多少处大学，我们仍然落后。工业不发展，农业、手工业就不能发展，文化教育的提高也是困难的。因此，我们的市政建设、文化教育、卫生等一切工作都应该以生产为中心、为基础。

在这情况下，我们的卫生工作应该怎样呢？

这两天小组会的讨论和大会发言中可以明显地看出，目前在医疗卫生工作方面确实存在着数量和质量的问题。也就是普及和提高的问题。这主要是由于我们的工业落后、文化教育落后，全国六万万人口，大夫只有两三万人，中医几十万人，护士也少；另方面，解放后人民的生活水平提高，看病的人增多。因此发生数量和质量的矛盾，普及和提高的矛盾，这是我们当前的根本矛盾。在这个矛盾面前怎么办呢？代表大会要解决这个问题。我们现在是提高还是普及呢？第一是普及，要不要提高呢？要提高，但是要在普及的基础上提高。怎样普及呢？是不是停留在中国过去落后的阶段，有病不请大夫，跑到庙里烧香呢？不是的，而是在提高指导下普及，在现有的医学技术、医疗水准的指导下普及。首先是普及，普及和提高要统一起来，即在普及基础上提高，在提高指导下普及。

提高有两种，一种是资本主义的提高。我们不能说美国的医学水准很低，我们也不能说希特勒时代的德国医学水准很低，但是我们不能像它们那样，它们那样提高是绝大多数人享受不到的，多数人处在很黑暗的情况下，得到好处的只是少数。我想没有人赞成这样的提高。还有一种是共产主义的提高。共产主义社会里所有的人都提高，现在我们又做不到。所谓共产主义，就是工业有很高的发展，到“各尽所能，各取所需”那样高的生产水准。而今天我们六万万人的国家只有一两百万吨钢，所以今天还办不到。

大会所有的发言都反映出这个问题。对同仁医院、第三医院、儿童医院提出的问题很多，但并不是这几个医院最不好，相反这是几个较好的医院，其他医院并不是没有问题，据我了解私人诊所的事故更多，黑暗也更多。同仁医院现在每一天有一千六百多个病人，如果看得仔细每个人诊断十五分钟或二十分钟，就看不了这样多人，满员后其余的赶走，很显然是不行的。如以提高为主，只有那么多大夫，一天只有二十四点钟，满额后所有病人一律不收，第二天又是那么多，怎么办？所以不能以提高为第一，必须贯彻普及第一，在普及基础上提高的方针。

数量和质量的矛盾在生产上比较好解决。如市人民代表大会第一次会议上代表们提出的一只袖子长一只袖子短的绒衣，可以少生产一点，可是医疗方面很难解决，数量虽有定额，但是到医院的病人很多，数量减少不了，我们应该使有病的人都尽可能得到适当的治疗，按照我们的力量尽可能的看得仔细，尽可能少出事故。这次会议上有激烈争论的就是这个问题，别的问题譬如有些大夫不负责任等问题并没有争论，大家不满意，各医院院长也不满意。

解决这个问题必须通盘计划，统一部署和使用全市现有的医疗设备和医疗力量，没有通盘计划、没有统一部署这些问题不能解决。这次会议通过了公共卫生局提出的关于市卫生工作的报告，这个报告的缺点是在这方面讲得不清楚。这个问题解决了，医疗质量才有可能比现在提高一点，医疗事故比现在少出一点。现在不能要求过高，大夫只有这么多，如果今天太乐观，以后一定失去信用。有了通盘计划，统一部署，包括中央和市级卫生医疗设备统一做，才可能在普及基础上提高医疗水准。

什么是病呢？病是敌人，我们要想法对待敌人。现在有些浪费力量，患感冒一定要请名大夫看，小病也要找大大夫看，如果所有的病都找名大夫，结果每个人只能看五分钟，好大夫也变成坏大夫了。实际上不需要都找大医生，而应该实行分级负责的办法，像作战一样，有第一线、第二线、第三线，刚从医学院毕业的学生上第一线，治疗比较小病，一般应该治的到第二线医院，大夫能治就治，治不了就是治不了，第二线医院把需要治疗的，或者住院或者不住院，都治了。比较疑难大症需要医疗水准较高的大夫治疗的再到第三线医院，至于是否需要划分诊断地区还可研究。另外必须把大夫从日常行政事务中解放出来，减少医疗工作以外的一切必要的繁杂事务，一个报告不要听三次，凡是可以不做的事情就不做，以便使他们解决疑难疾病，从事研究工作，总结医疗工作经验，充实医学理论，指导医疗工作。这样才有可能不断地提高医疗水平，才能创造中国人民自己的医学。

为此，必须对医疗卫生队伍加以整顿。现在医疗卫生队伍比较乱，各医院的大夫绝大多数是好的，也的确有不好的、很坏的，如有的大夫强奸女病人，对这类的大夫应该送到法院去、依法处理。

至于紧急病症应如何处理由公共卫生局召集会议研究。原则上紧急病送到医院以后应该马上得到安置、处理，尽我们所有的力量予以治疗，不要互相推诿。

公费医疗的制度也需要研究整顿。至于对少数没有病而故意捣乱的，应该把公费医疗证收回，所有的挂号费用等应由他自己负担，如果还不起可以劳动偿还，公共卫生局可再具体研究。

关于医疗事故问题，现在的医疗事故是减少了，是克服了，今后还需要努力减少、努力克服。至于什么是医疗事故应该加以检查和分析，不要把病人因为病没有治好而死了，就说成是医疗事故。人总是要死的，人有感情，人死了当然难过，但是要分析病人死的原因。如果医院对病人的治疗基本上是正确的，没有发生其他问题就不能说是医疗事故，因为我们现在只有这样的科学水准。如果是看错了病，处方不妥当，或是打错了针，拿错了药而造成事故的则是责任事故。凡不是医疗事故就应该说明不是医疗事故，病人家属有意见还可以争论，如果把没有治好的病都说成是事故，则会造成医院怕负责任，对重病人不敢收，或互相推的现象。各医院也要认清哪些是医疗事故，不要怕。事故要分几种。一种的确是责任事故，完全由于医务人员不负责任，对病人不关心、马马虎虎、粗枝大叶等原因而造成的事故，医院人员应有责任，应该查究，给以批评或处分。一种是政治事故，由于医务人员品质恶劣或政治上有问题，拿病人生命当儿戏，特别有意地造成事故，必须严加查办。还有一种是医务人员确已尽了自己的努力，但由于业务水平的限制而造成事故，对这一部分事故，也只能是取得经验教训，借以教育医务人员改进工作避免再发生这类事故。不负责任的事故也要分析，如果一个大夫每天应看三十个病人，一个人看二十分钟，今天让他看一百个病人，由于疏忽出了事故也在所难免，这是强迫人家犯错误，强迫人家粗枝大叶。所以，需要通盘计划，统一部署，才能解决一系列的问题。这次会议上代表们提出很多意见，各医院应该进行检查，对医疗事故必须分别情况，严肃谨慎地处理，以便教育干部，提高干部的水准。

关于医药卫生、医疗器材等方面也有很多问题，都要统一处理。

关于卫生方面预防为主的方针，中央早已规定，应继续贯彻。

爱国卫生运动，几年来有很大成绩，改变了本市环境卫生的面貌。但在反对细菌战时,爱国卫生运动做得最好,以后则时松时紧,一九五四年确实不如一九五二年;同时街道做得比较好,比较差的是机关、学校、工厂,也有一部分卫生机关本身的卫生工作做得很不好。群众性的爱国卫生运动,应该建立在群众自觉的基础上,但要经常不断地督促检查,公共卫生局可以简单地规定几项根本的、必须做好的项目和介绍几样有效的办法,动员全市人民做好爱国卫生工作,各个机关应有专人负责,并且要政府机关检查,相互之间检查。现在我们的死亡率几乎减低一半,现在已到春季,必须立即抓紧开展全市的爱国卫生运动,而且应比美国发动细菌战的时候做得更好,特别是机关、学校、工厂要做得更好。

在卫生工作方面应该特别提出政治思想教育问题。

我们国家要进行社会主义建设和社会主义改造,但是有些人的思想还是资本主义思想,没有社会主义思想就建设不了社会主义社会。医务界中相当数量的医务人员没有从思想方法、医疗方法上系统地清除资产阶级思想,三反、五反运动时虽也曾进行过思想改造,但那主要是政治思想改造。因此,必须系统地清除资产阶级思想,用马克思列宁主义,用辩证唯物主义把医务人员的思想武装起来。学习苏联经验,批判地接受中国和外国的医学经验来丰富和发展我国的医学和医疗卫生事业。毛主席就是创造性地学习马列主义,把马列主义在中国具体化,为什么我们不能把中国和外国的医学经验加以总结,创造中国自己的医学呢?毛主席曾经说过:只要我们把医学经验很好地加以总结,我国在医学上会对世界有所贡献。我们提倡西医学中医,因为只有这样才能总结中医的经验,把中国医学提高一步。中国人民是聪明的,勤劳的,随着我们的工业的发展,在医学上是有所创造的。为此,医务人员必须要加强政治学习,加强理论学习,清除资产阶级思想。

关于郊区农业生产和互助合作运动,这项工作已有很大成绩,工作中也有很多缺点和问题,这些在报告中讲得很清楚了,应该抓紧解决,而且是可以解决的。

关键问题是依靠农业,巩固地团结中农,进行农业社会主义改造。郊区农业改造有很大成绩,增加了产量,增加了收入,有百分之四十七的农产组织在合作社和互助组里。还有百分之五十三的农户是单干户。工作也取得了一些经验。但工作中的缺点很多,主要是盲目办大社、高级社,土地、果树、牲畜不分红等,这样就会破坏贫农与中农的团结,影响工农联盟——即我们国家的基础。这个问题,现在已经大体上解决。

办大社、办高级社是不是很好呢?离开当前的情况和具体条件,当然是办大社、办高级社好,但是现在刚刚开始办社,我们还没有经验,发展高级社是要摔跤的,所以现在已经发展起来的大社,能办下去的应该加强干部力量继续办下去;办不下去的可以分成小社。土地不分红的社只要有一个农民不是真正自愿就应该给以土地报酬,但土地报酬不能多于劳动报酬,如果土地报酬多于劳动报酬,即是恢复到土改以前的情况了。如果土地报酬少或不给土地报酬,土地多一点的中农就吃亏了。这是个很细致很复杂的工作,要使劳动力多和劳动力少的或者土地多和土地少的农民都不吃亏,大家都感到公道。农林局要很细致的研究处理这个问题。如果这项工作做不好,就会影响贫农与中农的团结,影响工人和农民的团结,和影响我们国家的基础——工农联盟。

北京市第一届人民代表大会第二次会议选举北京市人民委员会组成人员和北京市高级、中级人民法院院长的办法

(1955 年 2 月 10 日通过)

一、根据中华人民共和国地方各级人民代表大会和地方各级人民委员会组织法和中华人民共和国人民法院组织法,制定本办法。

二、北京市市长、副市长、人民委员会委员和市高

级、中级人民法院院长，由市人民代表大会采用无记名投票方式选举之。

三、选举市长一人，副市长八人、人民委员会委员三十八人，选举市高级、中级人民法院院长各一人。

四、市人民代表大会须有过半数代表出席，始得开会进行选举。

五、大会主席团就出席会议的代表中提出监票人九人，经大会通过后，在大会主席团领导下对发票、投票、计票执行监督。

六、投票人同意选举票上所列的某一个候选人的时候，就在这个候选人姓名上面的空格内划一个〇；如果不同意，就划一个×；不划〇，又不划×，算作弃权。

投票人如果要在选举票上所列的候选人以外，另选他人的时候，可在你不同意的划过×的原候选人姓名下面的空格内，写上自己要选的人的姓名。投票人在选举票上所选的人数，不可超过规定名额，如超过，全票作废。

七、投票人写票时，一律用钢笔或毛笔。

八、投票人如自己不能写票，可以请人代写。

九、选举票应由投票人亲自投入票箱。

十、每一选票全部书写模糊无法辨认，全票作废；部分书写模糊无法辨认的，可以辨认的部分有效，其余无效。

十一、候选人所得票数超过市人民代表大会代表的半数，始得当选；如当选人数不足规定名额，其不足数，应另行补选。

十二、选举结果，由大会主席团宣布之。

十三、本办法由北京市第一届人民代表大会第二次会议通过后施行。

北京市第一届人民代表大会第二次会议关于政府工作报告的决议

（1955年2月11日）

北京市第一届人民代表大会第二次会议，听取并讨论了公共卫生局严镜清局长“关于改进北京市卫生工作的报告”和农林局杨益民副局长“关于北京市郊区发展农业生产和互助合作运动的报告”。大会一致同意严镜清局长在报告中指出的北京市卫生工作的成绩和缺点以及改进工作的各项措施；同意杨益民副局长在报告中指出的北京市郊区农业生产和互助合作运动的成绩、缺点以及一九五五年郊区农业生产的主要任务和有关农业生产合作社的几项措施。

大会批准严镜清局长“关于改进北京市卫生工作的报告”和杨益民副局长“关于北京市郊区发展农业生产和互助合作运动的报告”，并责成北京市人民委员会切实贯彻以上报告中所提出的各项工作任务，对本次会议代表们所提有关以上两项工作的意见也应切实研究参照执行。

北京市第一届人民代表大会第二次会议选举北京市人民委员会组成人员和北京市高级、中级人民法院院长的结果

(1955 年 2 月 11 日)

市　长

彭　真

副市长

张友渔　吴　晗　王昆仑　薛子正　冯基平
程宏毅　贾庭三　乐松生

委　员

王子如（女）　王文斌　王明之　王效斌
王　纯　王景铭　朱兆雪　牟泽衔　安朝俊
李公侠　李克佐　李伯球　李国瑞
杜　若（女）　马玉槐　胡锡奎　柴泽民
徐楚波　翁独健　梁思成　孙孚凌　张大中
张锡钧　曹　禺　隋经仁　彭思明　舒舍予
傅种孙　贾星五　雷洁琼（女）　赵树屏
刘　仁　郑天翔　郑　芸（女）　蒋光鼐
薛　愚　严镜清　苏灵扬（女）

高级人民法院院长

王斐然

中级人民法院院长

贺战军

北京市第一届人民代表大会第二次会议主席团名单

（四十五人，以姓氏笔划为序）

(1955 年 2 月 8 日)

王文斌　王光伟　王梓仲　王昆仑　王景铭
王　纯　王辉球　巨　赞　江隆基　安朝俊
余心清　余贻倜　吴　晗　李君武　李伯球
杜　若（女）　林巧稚（女）　胡锡奎
范　瑾（女）　徐楚波　殷维臣　浦洁修（女）
张大中　张友渔　张奚若　许德珩　郭树德
傅种孙　彭　真　程宏毅　舒舍予　冯基平
贾庭三　雷洁琼（女）　华罗庚　载　涛
赵树屏　刘　仁　刘莱夫　刘世梅（女）
蒋光鼐　蒋南翔　乐松生　郑　芸（女）
薛子正

北京市第一届人民代表大会第三次会议

（1955年9月19日—21日）

北京市第一届人民代表大会第三次会议于1955年9月19日至21日举行。

大会听取、审查了张友渔副市长作的关于本市1954年财政收支决算和1955年财政收支预算的报告。听取了副市长程宏毅、冯基平、吴晗、贾庭三分别就本市粮食供应、肃清反革命分子、进一步提高中小学教育质量、增加生产厉行节约问题所作的发言，听取了农林水利办公室赵凡主任就郊区农业生产和农业合作化问题所作的发言。

会议通过了关于本市1954年财政收支决算和1955年财政收支预算的决议。

大会共收到提案107件，经整理合并为92件。其中，政法类10件，财经类17件，文化教育类15件，卫生类12件，城市建设类35件，社会福利及其他类3件。

北京市人民委员会关于本市一九五四年财政收支决算和一九五五年财政收支预算的报告

（1955年9月19日）

主席、各位代表：

现在，我代表北京市人民委员会向市第一届人民代表大会第三次会议报告本市一九五四年财政收支决算和一九五五年财政收支预算。

一九五四年财政收支预算的执行情况比较好。决算收入总额完成预算的百分之一百一十五点四八，如包括全部中央税计算（不包括上年结余）则完成百分之一百零五点四六；决算支出总额为预算的百分之八十一点九二。就是说，收入超额完成了，支出却有结余。

一九五四年决算中的收入总额为二亿二千零六十六万元（已折为新币，下同）。其中，各项税收共收到一亿零九百一十六万元，超过预算百分之八点五八，占收入总额的百分之四十九点四七；地方国营企业收入（包括交通运输）收到五千二百四十二万元，超过预算百分之四十八点一八，占收入总额的百分之二十三点七六；其它收入（包括公用事业附加、规费等）收到一千零三十三万元，超过预算百分之六十点八六，占收入总额的百分之四点六八；另有一九五三年结余三千二百六十一万元（其中一部分是跨年度工程经费），中央补助一千六百一十四万元。

一九五四年，中央分配给本市需要完成的税收任务为三亿零五百二十六万元，实际完成了三亿零三百二十五万元，占原分配数字的百分之九十九点三四。这主要是由于部分税源发生变化，例如国营建筑企业承包国家基本建设工程，一九五四年中央新规定不再纳税，中国进出口公司部分税款变更纳税地点不在本市缴纳，粮食部贷款部分下放，分散在各地纳税。如把这几项不可比的部分除掉，而以可比部分计算，则超额完成百分之六点九二。

一九五四年地方国营企业收入超过原计划较多。这固然是由于我们地方工业的潜力还很大，但主要是由于各工厂依靠全体职工，改进了管理，降低了成本。例如地方工业局所属工厂，生产总值比计划增加了百分之十点八，总成本比计划降低了百分之四点五；公用局所属自来水公司实际完成售水量，比计划增加了百分之十五点五，每吨水的成本比计划降低了百分之十六点六，总成本比计划降低了百分之十三点七。但另一方面也必须指出，有些单位，对供销情况掌握不住，特别是对工厂潜力估计不足，财务计划订得有些保守。这也是必须克服的偏向和缺点。

在一九五四年决算的收入来源中，各种经济成份向国家缴款所占的比重是：地方国营企业缴纳的利润、国营和地方国营企业缴纳的税款占百分之六十点六，比一九五三年（非经常性收入除外）增长了百分之四点三八；合作社缴款占百分之八点零一，比一九五三年增长了百分之二点七一；公私合营企业缴款占百分之六点五四，比一九五三年增长了百分之零点七六：以上三项共占百分之七十五点一五，比一九五三年增长了百分之七点八五。资本主义工商业缴款占百分之二十一点一八，比一九五三年下降了百分之七点五七。其他部分缴款占百分之三点六七，比一九五三年下降了百分之零点二八。这种情况说明了在国民经济发展中，社会主义经济成份的迅速发展和壮大以及它为国家积累社会主义建设资金所起的重要作用。

一九五四年决算的支出总额为一亿七千四百九十一万元，为预算的百分之八十一点九二。支出共分四类：

（一）用于经济建设的八千六百八十五万元，为该类支出原预算的百分之七十八点零三，占支出总额的百分之四十九点六六，绝对数比一九五三年增长了百分之二十一点一一，在支出总额中，仍占第一位。这类支出主要用于地方国营工业、农业、交通运输、市政建设等方面。

地方国营工业，为了配合整个国家的建设，满足人民的生活需要，在继续整顿原有工厂，发挥企业潜力的同时，基本上完成了新建制药厂等工程和扩建清河制呢厂长毛绒车间等工程。

建筑企业投资方面，完成了新建光华木材厂胶合板车间，新建储木厂等工程，并已投入生产。

交通运输投资方面，增购卡车三十部，新建柴油车厂一处。

公用企业投资方面，增购公共汽车四十部，开辟新路线七条，延长路线六条，并改善了管理和经营，使乘客由一九五三年的平均每日十九万人次增至一九五四年的平均每日三十万人次，即增加了百分之五十八点九四。新造电车二十五辆，同时也改善了管理和经营，使乘客由一九五三年的平均每日三十二万人次增至一九五四年的平均每日三十四万人次，即增加了百分之六点二五。安装自来水管线五万零六百七十五公尺，凿井十九眼，年供水量由一九五三年的二千四百八十四万吨增至一九五四年的三千六百八十六万吨，即增加了百分之四十九点零三；吃水人口由一九五三年的一百八十九万八千人增至一九五四年的二百二十一万人，即增加了百分之十六点四一。

道路桥涵建设方面，新建道路长一百六十七公里，面积一百一十四万六千七百多平方公里，桥涵十八座；整修保养道路长七百五十八公尺，面积五百五十七万一千八百余平方公尺，桥涵一百八十座。这些工程主要是为了服务生产，便利运输。例如：东直门至酒仙桥，广安门外仓库南北线，白纸坊东西线，颐（颐和园）温（温泉）路，清河至羊坊，五棵松至丰台等。还有一些道路是为了便利市民的交通，满足市民的迫切需要，如阜成门至复（复兴门）西路，新街口至西北郊，平安里至东四十条等。

沟渠建设和环境卫生方面，新建下水道三万六千二百余公尺，主要是为了配合工业建设排水需要和扩建市区排水需要，计完成了棉纺厂区污水、雨水管工程，广安门和北蜂窝仓库区两处明渠；阜成门外滨河干线，西北郊师大支线，专家招待所、民族学院等处下水道工程，并新建南郊屠宰场污水处理池。此外，全年掏挖了下水道七万四千六百余公尺，完成河湖配水任务，基本上保证了雨季河道安全和改进了首都的环境卫生；全年收运了垃圾九十五万四千余立方公尺，在东单、西单、东四、西四四个区内实行了直接消纳，取消了五处待运场，并建立了海淀、石景山两处清洁队；整修了公厕、污水池、渗水井等，也进一步改善了环境卫生。

园林建设方面，增植路树七万九千三百余株，花卉二千七百余株，铺草皮三十二万三千七百余平方公尺，修筑园路七百余平方公尺，建设起陶然亭、龙潭、紫竹院等公园。

农林水利方面，为了适应农业生产和合作化运动发展的需要，增购了拖拉机，建立了示范性的拖拉机站，代耕面积八万三千七百五十二亩次，并筹建畜力农具站一处。为了供应市民生活上的需要，国营农场增购了乳牛二百一十九头，连原有乳牛共达一千零五十二头，年产牛奶三百三十三万七千六百八十六斤，但仍远不能满足市民的需要；国营农场和菜农共生产菜蔬七亿零三百多万斤，并为了帮助菜农生产，曾贷款给菜农六十万元。水利仍以永定河防汛为主，完成了庞村险工处的加固工程，溢流堤拆修石堤工程，新建山区缓洪拦泞坝十四座，泄洪沟一处。

林业方面，由于驻京部队的协助，在西山和永定河地区造林二千二百七十九亩。

（二）用于社会文教事业的五千六百九十六万元，为该类支出原预算的百分之八十二点六二，占支出总额的百分之三十二点五七，绝对数比一九五三年增加了百分之四点七四。

教育事业方面，根据“整顿巩固、重点发展、提高质量、稳步前进”的方针，着重提高教学质量并适当地进行发展。新建市立中学七处，工农速成中学一处，师范学校一处（未完工），小学六处，幼儿园四处，并扩建了四十六个中学。市立高中增加了九十五班，增招学生三千九百八十五人，连同原有学生共达一万八千六百八十九人；市立初中增加了二百一十二班，增招学生一万三千七百九十三人，连同原有学生共达七万零五百四十二人；市立小学增加了四百五十八班，增招学生一万九千七百七十八人，连同原有学生共达二十四万七千四百五十三人；新建市属工农速成中学招生一百九十七人；市属中等专业学校增招学生四百七十四人，连同原有学生共达四千四百三十人。扫盲工作是在巩固、提高的方针下进行的。一九五四年全市参加业余文化学习的约十七万人。目前，干部中的文盲已基本扫除，产业工人中的文盲扫除了百分之三十以上，农村中平均每乡扫除了文盲四、五十人。

文化事业方面，新建新街口、交道口两个电影院。在西郊动物园内建设了小动物园和羚羊馆等，新添了大批新的动物。增设了天坛阅览室；增加了电影放映队。

卫生事业方面，一九五四年除维持原有各类病床三千四百九十四张和卫生所、院、站十二处，卫生防疫站六处，门诊部和医疗站三十八处，结核病防治所五处，妇幼保健所五处，保健站三十二处外，新建了四百张病床的综合医院和四百张病床的结核病防治院各一处，四百人次（每日）门诊部一处，二百人次（每日）门诊部三处，一百人次（每日）门诊部一处，并新建了结核病防治所一处，儿童保健所一处，药品检验所一处，完成了同仁医院扩建工程和儿童医院大部工程。并为了进一步发挥中医的作用，建立了第二中医门诊部，同时，在三个市属医院中设立了中医部。此外，一九五三年建成的回民医院本年开诊，对回民医疗大有便利。

优抚、救济方面，在贯彻“生产自救、政府补助”的方针下，帮助三千四百七十三户烈、军属参加了互助合作组织，帮助贫苦市民一千八百八十人参加了各种劳动生产，救济了残老孤幼十万零八千一百人。一九五四年本市郊区二百五十五个乡遭受了不同程序的水灾，其淹田三十二万四千亩，塌房一万四千多间，除发放救济款二十三万元和救济棉衣七千八百余件外，并组织灾民从事副业生产，灾民的生活困难基本上得了解决。

（三）用于行政管理费的二千五百四十四万元，为该类支出原预算的百分之九十三点八五，占支出总额的百分之十四点五四，绝对数比一九五三年下降了百分之零点八七。在这类支出中，工资、包干生活费占百分之四十九点七三。此外，为了解决机关职工家属生活困难，还另支出了相当于工资、包干生活费的百分之六点七二的福利费。

（四）用于其它支出的，包括清河农场基金等，共支出五百六十六万元，为该类支出原预算的百分之九十八点九一，占支出总额的百分之三点二三。

从上述财政收支的情况来看，可以说，我们在一九五四年预算的执行上，是有一定成绩的。首先，收入超额完成，支出有所节约，收支相抵，结余四千五百七十四万元。其次，在支出总额中，事业费为百分之八十二点二三，所占的比重很大；行政管理费只占百分之十四点五四，另有其他支出占百分之三点二三。但是，在我们的工作中还有缺点。开支所以能有结余，有一部分是节约的结果，把不应该花的钱省下了，但有相当大的一部分是由于各项事业中基本建设的投资计划完成情况不好，应该花的钱没有花出去。地方国营工业和文教卫生事业的基本建设投资，都有一部分由于任务确定较晚，计划反复修改，特别是主管部门抓得不紧，努力不够，致推迟了计划的完成。此外，在个别事业中，也还存在着预算偏高的情况。例如阜成门外滨河干线污水管工程原预算为五百三十六万元，实际只用了四百三十四万元（占原预算的百分之八十点九七），很明鲜原预算偏高了。这些缺点今后必须克服。在税收工作方面，由于对偷税漏税做了认真检查和处理，取得一定成绩，但在检查过程中，也曾发生一些偏差，主要是对有的工商户偷税漏税年度追查得较远，对有的工商户处罚不完全恰当，发现后已加纠正。在财政监督方面，我们虽然开始注意了企业、事业财务的监督和管理，但仍做得很不够。在有些企业中，仍存在着严重的浪费现象；文教卫生事业的定员定额管理一般地偏松、偏宽；基本建设方面，铺张浪费的情况没有及时得到纠正；市政建设方面没有切实可行的统盘计划，缺乏应有的配合，返工浪费的情况仍然十分严重。行政管理费开支虽在支出总额中所占比重不大，但也还有很大浪费，主要是机构庞大，人浮于事。上述缺点必须切实克服。

以上是关于一九五四年财政收支决算的报告。其次，报告一九五五年财政收支预算。

一九五五年本市财政收支预算，是遵照国家分配的国民经济建设指标和财务指标，以一九五四年财政收支决算为基础。根据本年国家发展国民经济的要求和本市的实际情况，按照增加生产，厉行节约的方针而编制的。

今年，中央根据国家预算，要求本市在税收方面完成的控制数字是：工商各税（包括中央税和地方税）三亿四千三百万元；契税六十万元；农业税二百六十八万元：合计三亿四千六百二十八万元。这是年初定下来的控制数字，比一九五四年为大，现在看来，因为情况有变化，完成是有困难的。随着国民经济的发展，生产的提高，税收当然会有增加。但由于社会主义改造工作的进展，国家资本主义经济范围的扩大，公私经济比重的变化，国营企业的上缴利润增加了，而有些税收，例如所得税却减少了。国家有确定的税率，我们的任务是消灭偷税漏税，切实按照税率征收，以保证完成应该完成的税收。不管是公营企业或私营企业，都不允许有偷税漏税的行为。

在上述税收控制数字中间，属于本市收入的，为七千九百六十二万元，加上企业利润六千二百六十七万元，其他收入一千六百九十九万元，再加上一九五四年结余四千五百七十四万元（其中跨年度工程经费占三千二百九十万元），中央另外补助一千三百五十四万元，共为二亿一千八百五十六万元。这是本市一九五五年的收入总额。本市一九五五年的支出总额为二亿一千六百七十二万元。收入超过支出一百八十四万元，即做为本年度结余，根据中央规定，应保留在今后两年内支配。另在支出预算总额外，还有周转金六百万元，可以临时周转，但年终仍有须收回。

一九五五年本市财政收支预算和一九五四年财政收支决算相比较，本年收入减少百分之零点九五，本市支出增长百分之二十三点九一。收入减少的原因是中央税留成由去年的百分之二十四降低为百分之十（农业税仍为百分之四十）；支出增长的原因，一方面是适应建设事业发展的需要，另一方面，是由于一九五四年没有用完的基本建设的预算拨款数字较大，需要转到一九五五年继续使用。

在一九五五年预算收入中，各项税收为七千九百六十二万元，占收入总额的百分之三十六点四三，比一九五四年实际收入减少百分之二十七点零六。其中，工商各税（包括各种经济成份缴纳的税款）占收入总额的百分之三十五点六七；契税占百分之零点二七；农业税占百分之零点四九。

地方国营企业收入为六千二百六十七万元，占收入总额的百分之二十八点六七，比一九五四年实际收入增长百分之十九点五五。它为什么可能有这样大的增长呢？主要依靠地方国营企业改进管理，发掘潜力，并降低成本，增加生产总值，因而增加上缴利润。例如，各地方工业局所属地方国营工厂计划成本比去年降低百分之七点一三，生产总值比去年增加百分之九点一；上下水道工程局所属自来水公司（去年属公用局）售水量比去年增加百分之三十九点八六，每吨水的成本比去年降低百分之六点六一；公用局所属公共汽车公司乘客人次比一九五四年增加百分之三十六点六五，每公里成本比去年降低百分之零点六。

其他收入（包括公用事业附加、规费等）为一千六百九十九万元，占收入总额的百分之七点七七，比一九五四年实际收入增长百分之六十四点四七。其他收入增长较多的原因，是由于清河农场等生产收入本年计划上缴七百四十八万元（一九五四年、一九五五年利润一并上缴）。

在一九五五年预算支出中，用于经济建设的一亿零一百三十五万元，占支出总额的百分之四十六点七七，比一九五四年实际支出的八千六百八十五万元，增长百分之十六点六九。

其中，地方国营工业和公私合营企业支出二千四百八十六万元（包括跨年度工程经费一千二百一十九万元）；占支出总额的百分之十一点四七。主要用途是完成制冰厂、氧氯厂、化学试剂研究所东郊分所工程，和新建大灰厂，扩建窦店砖瓦厂，增加制砖干燥设备等。另外，在整顿现有工厂的基础上，为了改善劳动条件，提高产品质量，增加必要的技术安全设备和改进质量的设备。

地方国营工业的投资比去年减少了一些。这是因为一九五五年整个国家预算的首要任务是集中财力发展重工业，对于地方国营工业的投资，不可能过多。本市的地方国营工业还有很大的生产潜力没有发挥出来，同时，私营工业和广大的手工业也没有完全发挥了它们的生产潜力。我们应该在发挥这些潜力方面努力，不应该要求过多投资。

建筑企业支出一百四十八万元，占支出总额的百分之零点六八，计划用以增添必要的机械设备等。

交通运输企业支出二百七十八万元，占支出总额的百分之一点二九，计划用以增购运输卡车一百二十二辆，新建和扩建汽车停车场各一处。

市政建设支出四千六百五十二万元，占支出总额的百分之二十一点四六。

其中，用于道路工程方面一千一百八十六万元，占支出总额的百分之五点四七。计划修筑道路七十三万八千一百八十平方公尺，主要是为工业生产服务，例如朝阳门外东大桥至棉纺厂区、石景山金顶街等十三条道路。另外，为了改善东西城交通，并着手改建北海大桥。

用于下水道方面一千零九万元，占支出总额的百分之四点六六。计划新建下水道三万一千四百二十公尺，主要也是为工业生产服务，例如棉纺厂区、石景山发电厂等处下水道工程。另外，为了解决西郊的排水问题，并使丰台、南苑一部分农田免受涝灾，进行疏浚凉水河；为了逐步改善环境卫生，计划将御河全部改为下水道，消灭城区最后一条污臭明沟。

用于公用事业方面一千四百一十六万元，占支出总额的百分之六点五三。其中，计划铺设自来水管线二万七千四百三十公尺，增加城郊区公用水站五十处，凿井十五眼，使吃水人口由一九五四年的二百二十一万人增至一九五五年的二百三十五万八千人。为了便利交通，计划增加大型公用汽车四十一辆，并新辟天坛北坛根第六路双轨电车道。

用于园林绿化方面二百零九万元，占支出总额的百分之零点九六。计划增辟日坛、东单、官园等区域公园，并继续建设陶然亭公园。

用于城市规划、地籍整理、勘测设计、消防等方面三百六十八万元，占支出总额的百分之一点七。

用于市政建设的维护方面四百六十四万元，占支出总额的百分之二点一四。

此外，周转房屋建筑费二千万元，建筑房屋二十六万多平方公尺，占支出总额的百分之九点二三，其他经济建设支出六十七万元，占支出总额的百分之零点三一。

农业、林业、水利支出五百零四万元，占支出总额的百分之二点三三。农业方面，为了适应郊区农业合作化的发展，加强示范，推广新的农业科学技术，计划成立试验农场一处，新式畜力农具站一处，示范种畜场一处，养鱼站一处，技术推广站六处，拖拉机站和国营农场增购拖拉机六十三台（折合十五马力标准台），为农民代耕土地九万亩。国营农场增购乳牛二百零七头，连原有乳牛(包括小牛成长为乳牛数)共达一千四百六十二头，另有公私合营牛奶厂乳牛五百七十三头，年产牛奶五百七十四万七千四百二十三斤（包括公私合营）；国营农场和菜农预计生产菜蔬八亿八千八百万斤，比去年增加百分之二十六。水利方面，为了确保首都不受洪水威胁，计划对永定河堤防继续进行补修和加固；同时，整修清河、坝河，疏挖排水沟。并在郊区设立水文站、雨量站，以利今后水利事业的发展。为了使南苑区六万四千多亩土地减免涝灾，进行疏浚凤河工程。林业方面，为了调节首都气候、保持水土，保护农业生产，计划在山西造林一万亩，在永定河岸造林一千亩。

在一九五五年预算支出中，用于社会文教事业的八千一百四十万元，占支出总额的百分之三十七点五六，比一九五四年实际支出的五千六百九十六万元，增加百分之四十二点八九。

其中，教育、文化、体育事业支出五千八百八十三万元，占支出总额的百分之二十七点一五。

教育事业方面，继续采取各项措施，提高教育质量，并适当进行发展。新建中学十三处，小学十五处，幼儿园五处，扩建中学四十处，小学八十一处。增招高中学生五千七百九十五人（包括非市立各校则为五千八百十五人），在校学生可达二万四千四百八十四人（包括非市立各校则为二万四千七百十五人）；增招初中学生一万二千一百三十三人（包括非市立各校则为一万二千九百零三人),在校学生可达八万二千六百七十五人(包括非市立各校则为八万五千七百零三人);增招小学学生二万三千八百二十人(包括非市立各校则为二万四千五百五十三人),在校学生可达二十七万一千零一十四人(包括非市立各校则为三十二万一千一百九十六人);师范学院今年正式开办,招收学生本科二百人,专科四百人;中等师范增招学生三百二十人,在校学生可达一千九百三十三人;中等专业学校增招学生七百二十九人,在校学生可达五千一百九十六人。虽然我们新建、扩建不少学校,并采取推行二部制和扩大教室容量等措施,使大量学龄儿童能够入学,初中、小学毕业生能够升学,但还不能完全解决问题。这是由于教育事业必须以经济建设的发展为基础,只能随着经济建设的发展而做适当比例的发展,决不能也不应该片面地、孤立地发展。文教经费在本年预算中所占的比重已经很大,不可能也不应该不顾其他各项事业发展而片面增加。在进行社会主义建设的我们的国家,劳动是光荣的事情。中、小学毕业生没有考入学校的,应该积极地、愉快地参加劳动生产。对于年龄小或一时找不到职业的学生,我们决定增设高小毕业生补习班,并举办广播函授学校,帮助他们补习功课。

文化事业方面,新建广安门电影院,开辟北海露天影院,并建立北京群众艺术馆筹备处和公园文化服务社,以开展群众业余文化活动。

体育事业方面,计划新建游泳场一处。

卫生事业支出一千七百八十二万元,占支出总额的百分之八点二二。计划新建综合医院二处,一处三百病床,一处二百五十张病床;产科医院一处,二百张病床;扩建精神病院一处,一百张病床,共增病床八百五十张。新建门诊部四处,每日二百人次和四百人次的各二处。

优抚、救济支出四百七十五万元,占支出总额的百分之二点一九,主要用于补助烈、军属和救济贫苦市民,并计划移民六千三百人到西北地区从事农业生产。此外,为了逐步扩大火葬,计划新建火葬场一处。

在一九五五年预算支出中,用于行政费的(包括行政机关经费、民主党派和人民团体补助费等)二千五百四十二万元,占支出总额的百分之十一点七三,比一九五四年实支数减少了百分之零点零六。在这类支出中,工资占百分之五十五点二九。另外,为了解决机关职工家属生活困难,还另有相当于工资的百分之七点一一的福利费。

用于其他支出的(包括庆祝重大节日所需经费和高等学校毕业生调追旅费等)二百一十九万元,占支出总额的百分之一点零一。

总预备费六百三十六万元,占支出总额的百分之二点九三。

各位代表:我们一九五五年预算的支出总额为二亿一千六百七十二万元,比去年决算的支出总额,增加了百分之二十三点九一,这个数字是不小的。问题是在怎样很好地使用这些钱,不许浪费,也不要积压。当然,如果我们要求“百废俱举”,这些钱远不够用。但是“百废俱举”是错误的想法和做法,我们不应提出这样的要求。我们的钱应该有重点、有计划地、合理地使用。

按照中央规定:在列入预算的支出项目外,如果地方还需要举办一些必要的公共事业,那就应该依靠自筹经费解决。一九五四年本市地方自筹经费实际收入四百二十四万元,占原计划五百零七万元的百分之八十三点六六。主要用于补助修建小学,增购消防汽车、运输垃圾汽车和修理、更换路灯、旧电线等。实际支出一百七十二万元,结余二百五十二万元。这是由于向国外订购的消防汽车没有到和修建小学的工程没有完,都结转到一九五五年继续使用。

一九五五年地方自筹经费仍按照原订比率筹征,预计可收到五百三十二万元,加上上年结余,共计七百八十四万元。这笔经费,除一九五四年没有完成的事项需要继续使用一百四十八万元外,计划用以补助小学事业费二百二十万元,环境卫生费用二百四十四万元,郊区小学、民校房屋修缮等经费三十四万元,四项合计六百四十六万元。其余一百三十八万元,仍将用以继续举办地方迫切需要的公共事业,例如补助街道托儿站等。

最后,应该指出,今年上半年预算执行情况并不好。收入方面,只完成预算的百分之三十五点六四,包括全部上年结余,则为百分之四十六点九;支出方面,为预算的百分之四十一点二。为了胜利地实现一九五五年预算,今后,还须做极大的努力。我们要求全市行政机关和事业、企业单位的全体工作人员一致动员起来,为进一步增加生产、增加收入、厉行节约、克服浪费、改进工作而斗争。

在地方国营企业中,必须继续开展增加生产、厉行节约的运动。应该进一步深入贯彻总路线的教育,使职工们充分认识到节约是积累社会主义建设资金、发展社会主义经济的有效方法,在整个社会主义经济建设过程中的任何时候,都是头等重要的问题,而在目前尤其重要。应该抓住增产节约的关键问题,制订技术组织措施计划,认真执行,加强技术管理,提高技术水平,加强财务成本管理,节约原材料,并做好精简编制工作，以切实提高产品质量，降低成本，提高劳动生产率。

在基本建设（包括市政建设）方面，必须根据中央指示，认真审查各种工程项目、设计和预算。坚决削减不必要的和可以缓办的工程项目，降低可以降低的工程造价。对于已经开工的主要工程，应严格控制掌握，加强拨款监督，努力发掘内部可以利用的一切资源，提高资金的周转率。同时，建筑企业和市政建设各单位应该进一步发动群众，继续开展反浪费运动，改进计划和施工管理工作，改善劳动组织，为保证工程质量，降低工程成本而努力。

在行政机关和事业单位中，必须彻底进行精简工作，改变机构臃肿、层次重叠、人浮于事的现象，为国家节省人力、财力，并克服官僚主义，提高工作效率。现在，市级行政机关的精简工作已经结束，市级政府系统四十二个单位七千三百一十一人，精简了三千一百七十七人，即百分之四十三点四六。其中，二十二个单位精简二分之一左右，并有两个单位精简了百分之六十以上。附属机关、区级机关和事业、企业单位的精简工作正在进行。我们必须和一切妨碍精简工作的错误思想和行为继续斗争，把这一工作贯彻到底。

同时，必须彻底克服铺张浪费现象，进一步节约行政开支。行政经费在我们预算中所占比重，虽逐年下降（它已由一九五零年的百分之二十八点五二，下降为一九五五年的百分之十一点七三），但有些行政机关和事业单位，在行政经费开支上，还存在着相当严重的浪费现象，必须切实纠正。精简机构和整顿编制就是节约行政经费的主要办法。同时，还应该严格控制购置、修缮、招待、公杂等一切费用的开支。目前就应该停止购置一切不必要的家具，取消不必要的会餐、送礼和招待等，并适当降低各行政机关和事业单位事业费、购置费、公杂费的开支标准。"三反"运动后，各机关曾建立监督经费开支的财务监督委员会等群众性组织，在财务监督方面，起了一定的作用。今后必须加强这一工作，把财务工作放在广大群众的监督下，使机关中树立起为建立社会主义社会而艰苦奋斗的风气。

在财政工作方面，必须继续健全各种财政制度，加强财政纪律教育和财政监督工作。根据中央规定，参照本市历年来行之有效的经验，我们制订了一九五五年预算编制和执行的几项规定，进一步贯彻统一领导、分级管理的财政方针，明确划分预算管理的审批权限，加强财政监督，以促进预算的正确执行；此外，并制订了文教卫生部门定员定额的管理办法，对有收入的单位贯彻了"差额补助，全额管理"的精神，防止资金的挪用、分散、积压和浪费。今后财政部门必须密切配合监察机关经常系统地向贪污、浪费和一切违反财政制度、财政纪律的现象做斗争。

在税务工作方面，必须加强对资本主义工商业的税收稽征管理工作和守法纳税教育。目前，资本主义工商业中偷税漏税的现象还相当严重，税务机关和工商管理部门对贯彻依率计征、依法办事的同时，必须坚决和偷税漏税等不法行为做斗争。我们号召本市工商业者发挥爱国守法的精神，履行自己光荣纳税的义务，并检举那些偷税漏税的不法资本家，使他们受到应得的处分。

为了做好上述各项工作，争取一九五五年预算的胜利实现，保证各项建设事业的顺利进行，我们热烈期望各位代表和全体市民给我们以监督、批评和支持。

以上报告，请审查！

程宏毅副市长关于粮食供应工作的发言

（1955年9月19日）

主席、各位代表：

我现在就粮食供应工作发言。

国务院最近颁布了"农村粮食统购统销暂行办法"和"市镇粮食定量供应暂行办法"。这是国家在粮食工作上所采取的新的重大措施，是进一步巩固工农联盟，保证城乡粮食供应，促进农业生产和农业互助合作运动的进一步发展的重要步骤；这是顺利完成发展国民经济的第一个五年计划的保证。

在国家社会主义建设和社会主义改造过程中，正确地解决粮食问题，是保证我国建设成为一个社会主义国家的重要条件。解放以来，由于中国共产党和人民政府的正确领导和广大农民的积极增产，我国的粮食产量一年比一年增加，并且已经超过了解放前最高的产量。一九四九年全国每人平均只有原粮三百八十多斤，一九五四年全国每人平均即有原粮五百五十多斤。按照我国人民当前的实际生活水平，我国的粮食产量是够吃够用的。但是随着国家社会主义建设的进展，城市和工矿区不断地增加和发展，经济作物地区不断地扩大，城乡人民的生活水平普遍地提高，国家和人民对粮食的需要也就一年比一年增加，而当前我国的农村仍是小农经济占绝对优势，农业生产水平还很低，商品率不高，因此国家能够掌握的粮食是不很宽裕的。当然，解决我国粮食问题的根本办法，是努力加速我国的工业建设，积极发展农业合作化运动，使我国农业集体化和现代化。但同时还必须从粮食的分配方面来加以调节。因此，从一九五三年起国家便实行了粮食统购统销政策。两年来，粮食统购统销政策获得了巨大的成就，城市和工矿区人民、农村缺粮农民和渔民、盐民、林民、牧民、船民、经济作物区同灾区人民的需要得到了保证，国家建设和国防的需要也得到了保证，粮食市场一直是稳定的；虽然在统购统销的具体工作中曾经发生过一些缺点，但是广大人民根据自己的经验已经认识到统购统销政策是完全必要的和正确的。现在国务院颁布的两个暂行办法，就是统购统销政策的进一步具体化和制度化。

北京市在执行国家粮食统购统销政策方面是有很大成绩的，全市人民的需要得到了合理的保证，市场物价继续保持稳定。但是我们的工作中仍然存在着许多缺点，主要是在统销方面供应偏宽，管理松懈，因而粮食浪费、损耗很大，奸商奸贩投机倒运现象相当严重。因此，自去年下半年以来，粮食销售量逐月增加。今年一至四月份较去年同期，人口增加了百分之十四点九四，而粮食销售量却增加了百分之二十八点四五，粮食销售量的增长速度超过了人口的增长速度。从一九五四年六月到一九五五年七月，本市居民口粮部分（包括熟食业食品工业用粮）每人平均每年销售四百六十斤（贸易粮）。虽然这个数字包括着饮食行业和糕点业的用粮，其中有一部分是销到外地的，但这个比例并不大（只占百分之二十），绝大部分是本市居民消费了。大家知道，农民的活很重，食量一般很大，在北方来说，也不过“大口小口，一月一斗”（全年约折原粮三百几十斤），而本市的大口小口就要四百几十斤。很显然，粮食的浪费、损耗和走漏是十分严重的，根据我们的分析，大约有百分之二十左右的粮食是不应该销售而销售了的。不仅城区如此，本市郊区农村与毗连河北省的农村比较，粮食供应标准较高，供应太宽，许多不该供应的供应了，该少供应的多供应了。本市机关、部队、厂矿、企业、学校、医院普遍存在着严重浪费粮食的现象，许多集体伙食单位的吃饭人数没有核实，虚报冒领、“宽打窄用”实际上“宽打浪费”的现象是普遍的。前些时候，在市建筑事务管理局所属工程地质勘探所住的地方，挖渗沟时就挖出淘米时漏掉的大米一百多斤。有的单位把剩饭抛到垃圾堆里，丢到下水道里，这种例子是相当多的。粮食部门在保管、加工、运输各方面的浪费和损耗很大，如市粮食局一九五四年调进的江米，今年一月检查有二百三十多万斤发酸和粘性减低，其中有八十多万斤作了饴糖。在居民中间有一部分人浪费糟蹋粮食的现象也相当严重，如前门区居民许金松（房产主）家中存粮一千三百多斤，因存放日久，霉坏了三百多斤。此外，还发现不少奸商、奸贩套购、囤存、偷运粮食，破坏国家粮食供应的政策。芦沟桥派出所在今年五月二十五日，一夜即查获奸商倒运粮食的案件五十六起。所有上述这些严重缺点的产生，主要是由于我们对粮食供应工作和粮食节约工作的重要意义认识不够，对粮食供应工作抓得不紧，缺乏一套必要的严密的制度和办法，对于已有的一些制度，如凭证购买当月需要粮食、购粮必须登记、购粮证不许转让等，粮食工作的主管部门也没有严格执行。这种情况如不迅速纠正，就势必影响整个国家的粮食供应计划，就势必迫使国家减少其他方面的粮食供应或者不得不增加对农民收购粮食的数量，就势必要影响工农联盟的巩固和国家工业化的顺利进行。

从今年四月份以来，我们在全市普遍地进行了节约粮食的宣传和动员工作，由于机关、部队、团体、厂矿、企业、学校、医院各单位行政负责人的积极领导，全体职工干部的努力，普遍开展了节约粮食运动，执行了粮食预决算制度，七月份又进一步改为按正式户口供应，解决了重复计算人口和重领粮食的浪费现象。现在许多单位都采取了具体措施，在节约粮食方面收到显著成绩，如人民大学七月份比六月份节省粮食一万三千一百七十斤。但还有不少单位对节约粮食重视不够，还存在着严重浪费现象。从六月份开始，我们对街道居民普遍地进行了按户订用粮计划、核实人口、核实粮食供应量工作。由于深入地进行了宣传教育，提高了居民对节约粮食的认识，在广大居民中间已逐渐造成了节约粮食的风气，并且已经收到节约粮食的实际效果，例如崇文区手帕胡同派出所管界的居民共八千九百一十七人，八月份较一至五月份的平均每月粮食数量减少了二万二千七百五十四斤。但还有一些户的用粮计划偏高；有少数户的用粮计划由于我们在执行工作中的某些缺点而核得偏低；也有少数户的用粮计划本来不低，甚至有大量存粮，却叫嚣粮食不够。对此都做了适当的处理。对于行业用粮和饲料供应，我们也加强了检查和管理。对饲料已实行定量供应。此外，我们对本市运输卡车改善了经营与管理，提高了运输效率，已动员多余的三千多辆大车回乡生产和支援缺乏运输力的新建工矿城市。在此期间，在郊区大力进行了粮食统销补课工作。据丰台、南苑等七个乡的典型材料计算，农村过去供应过宽，约有百分之二十到三十的粮食不应该供应而供应了。

由于全市广大人民的积极拥护和支持，实行了以上一系列措施后，自五月份起，本市粮食销售量即开始下降。和四月份粮食销售量比较，五月份减少一千一百七十二万斤，即减少百分之七点九；六月份减少二千六百七十八万斤，即减少百分之十八点二；七月份减少三千七百三十八万斤，即减少百分之二十五点四。其中如只计算口粮消费部分，七月份较四月份减少二千三百七十九万斤，即减少百分之二十点七。节约的成绩是很大的，但是这并没有削减了大家合理的需要量，只是浪费糟蹋粮食的现象减少了，并且这仅仅是节约粮食的初步成绩，还有很多机关、厂矿、学校，很多居民的节约粮食工作没有深入开展，还必须继续大力进行。

当前粮食工作的主要任务，就是要坚决地贯彻执行国务院发布的“农村粮食统购统销暂行办法”和“市镇粮食定量供应暂行办法”，以便进一步克服浪费、节约粮食、支援国家建设和巩固工农联盟。按照国务院的规定，对市镇居民食用的粮食，应根据劳动差别和年龄大小分等定量供应。工业和行业用粮应根据它们正常的、实际的需要，经过本单位的计划和主管部门的审核，然后给予适量供应。城镇牲畜饲料由各业按照规定编制计划，经过批准定量供应。根据几个月来按户核实供应的情况来看，国务院粮食定量供应暂行办法所规定的定量标准是适当的，分等定量供应的办法是合情合理的，全市人民应积极拥护和执行这个办法。由于有些人虽然劳动、年龄相同，而食量有大有小，因此有少数的人可能不足，有相当多的人的实际消费量比规定的标准低，可能有富裕，对此，需采取适当的办法合理调剂。因为实行粮食定量供应是一件十分复杂、细致的工作，而我们在这一方面还缺乏经验，为了把这个工作做好，市人民委员会决定，按照国务院规定的办法，在东单、石景山两个区进行典型试验，以便取得比较系统的经验，解决推行中各项具体问题，然后全市推行。现在试点工作已经展开。在郊区必须大力贯彻“农村粮食统购统销暂行办法”，认真实行三定政策，把定产、定购、定销的数字进一步地一直规定到户，并实行购销结合、划分余缺、统一安排、凭票管理的制度，这就是要根据农民粮食有余、自足和缺粮的三种不同情况，统一计算征收、统购和销售的数字，做到应购者购、应销者销，购销多少同时安排，然后分别发给凭证。根据本市郊区粮食生产的情况，我们规定一九五五年七月至一九五六年六月底这一粮食年度连征带购粮食的数字为五千万斤（包括周转粮），这个总数三年不变，农民增产的粮食由农民自由支配。在执行中，对粮食产量必须估得确实，定产不得定低，也不得超过实际产量，留粮必须按着农民的实际需要，实事求是地规定留粮标准，留粮必须留够。对缺粮农民必须把人数和供应的数量搞清楚，并注意粮食销售的时间性，何时缺粮，何时供应。同时，应健全粮食供应制度，严格控制，认真克服以往郊区供应偏宽的缺点。

为了胜利地贯彻国家的粮食政策，节约粮食，支援我国社会主义建设和社会主义改造的伟大事业，除了进行深入细致的组织工作外，必须向各界人民系统地进行宣传解释工作，使他们正确了解农村粮食统购统销和市镇粮食定量供应的办法和意义。在农村实行定产、定购、定销以后，由于生产的不断提高，农民一年一年将有更多的余粮，应该教育农民用来发展农业生产，防止浪费。在城市居民中必须反复进行爱护和节约粮食的教育，进一步克服浪费现象。所有机关、部队、团体、厂矿企业、学校、医院等单位，更必须毫无例外地成为执行国家计划和节约粮食的模范。粮食的保管运输和加工部门必须深入地检查和改进工作，用最大努力减少粮食损耗。对于那些严重地不负责任以致损坏大批粮食的，必须严格追究责任，予以必要的处分。对于行业用粮，也应进一步加强管理，堵塞漏洞。本市熟食业和粮食复制业全年用粮一亿斤左右，消耗粮食很大。因此，一方面要对熟食业和粮食复制业的用粮加以合理的规定和管理；另一方面要对主要粮食复制品如挂面、切面等实行凭票购买办法。私营饮食业、熟食业、粮食复制业，必须严格遵守政府的法令，不得有套购粮食、短秤、减量、掺假、涨价等违法行为。政府对这些行业，将根据他们的自愿，采取不同形式，逐步对他们实行社会主义改造。对其它工商行业和牲畜饲料用粮，应按照中央规定实行按户定额和分类定量的供应制度，加强管理，发动群众实行监督，克服浪费，反对囤积和倒卖行为。

为了保证国家粮食政策的贯彻、必须提高警惕，坚决揭露和打击反革命分子的阴谋破坏活动。

各位代表：“农村粮食统购统销暂行办法”和“市镇粮食定量供应暂行办法”的实行，将使我国的粮食统购统销工作和粮食分配制度更加合理，将能进一步推动节约粮食工作，全市人民应当一致努力，坚决执行这两个办法，为巩固和发扬粮食统购统销的成就，为争取我国粮食战线上的新的胜利而奋斗！

冯基平副市长兼公安局长关于肃清反革命分子工作的发言

（1955年9月19日）

各位代表：

我现在专门谈一谈肃清反革命分子的问题。

几年来，我们北京市对反革命分子的斗争，是坚决执行了中央规定的方针和政策的。我们的公安机关和有关部门在全市各界人民的支持与协助下，不断地清除了各类反革命分子，以及抢匪、惯窃、惯骗、强奸与侮辱妇女的罪犯等刑事犯罪分子；特别是通过大张旗鼓的镇压反革命运动，给了反革命分子以严重打击，巩固了首都的社会秩序。由于中央的领导及广大人民的支持，这一工作是有很大成绩的。

但是，正是由于我们在镇压反革命分子的工作上取得了成绩，就使我们许多干部特别是公安部门的干部产生了相当严重的骄傲自满情绪，认为反革命分子已经肃清得差不多了，以为残余的反革命分子已经微不足道了，毋需再加以清除和警惕了。同时，在群众中也逐渐滋长了麻痹思想，认为反革命分子既然不足为害，那末就可以放心睡觉了。不是很长时间没有发生抢案了吗？难道我们的治安情况还不算良好吗？事实怎么样呢？反革命分子是不是已经完全肃清了呢？是不是已经停止活动了呢？没有！反革命分子从来没有停止过敌视我们的行动，他们没有放弃过他们的反革命复辟的企图。

经过大张旗鼓的镇压反革命运动和不断的对反革命活动的打击，敌人留在北京的反革命分子确实是被大批地清除了，也有一部分跑到外地去了，但是，还有一部分则仍然千方百计地隐匿着。此外，还有从各地逃来的国内外敌人不断派遣进来的反革命分子。这些反革命分子虽然由于我们不断地给以严重的打击，使他们心惊胆寒，但是他们也学了乖，变得更加狡猾了。他们拼命地伪装起来，暗藏起来，窥伺机会进行阴谋破坏。他们改名换姓，伪造历史，潜藏下来，而且藏得很“深”。最近，我们不断发现罪大恶极、血债累累的反革命分子的事实，充分地说明了当前反革命活动的这个特点。例如：今年捕获的反革命分子陈品亮，曾经在安新县残杀革命干部和家属十余人，今年七月捕获的反革命分子史鸿儒，外号“史阎王”，曾经逮捕我革命干部和群众三十多人，并将他们杀死在新城县有名的“万人坑”里。反革命分子宋文汉，是蒋匪特务组织“除奸组”的负责人，在一九四七年石家庄解放前夕，曾经逮捕进步人士二百多人，将他们关押在以恐怖出名的特务据点“十九号”里，进行非刑拷打，残暴屠杀。请想，这些罪恶滔天的罪犯竟能逃匿六、七年之久，这不充分说明了我们的麻痹吗？

也许有人认为，这些反革命分子受到了严重打击，就不会再为非作歹了吧？不是的，有些反革命分子是坚决与人民为敌的，你不彻底打倒他们，他们就永远想待机再起。我们取缔反动会道门已经四年了，可是今年春天，在京西矿区又破获了九宫道的一个支系“后天道”的案件，捕获了一批罪恶重大的道首，这些家伙就是在我们取缔了一贯道、九宫道等反动会道门以后潜伏下来的。或许有人认为反革命分子究竟是藏在暗处的“黑人”，见不得天日，成不了气候。那么请看抢匪任仲元一个人所给我们的危害吧！这个抢匪，一个人在三个月里就连续持枪行抢六次。而这个抢匪是什么人呢？正是蒋介石嫡系伪青年军二零八师的一个作恶多端的兵痞，地地道道的反革命分子，不是什么简单的刑事罪犯，如果不是很快地把他逮捕起来予以惩处，他就会继续作恶，危害国家和人民。

不要以为刑事罪犯不足以危害我们，刑事罪犯常常是配合反革命分子的活动的，其中有些人本身就是罪恶累累的反革命分子。譬如流氓孙禄，从今年端阳节到上月中旬被捕，就强奸了六个幼女。最近捕获的流氓吴海生是开杂货铺的老板，经常向左近十多个儿童诲淫诲盗，并鸡奸了三个幼童。又如销赃犯宋臣，教唆组织十二个幼童偷窃建筑工地的铁筋、电线、麻绳等。还有的骗犯骗了财物还强奸妇女，甚至逼得被奸妇女羞愧自杀。这些罪犯对我们新社会千方百计地进行破坏，是反革命分子的一支“别动队”。难道能够丝毫放松对他们的警惕吗？

反革命分子不但在社会上掩藏下来，有的并且打进我们国家机关和企业、学校，乃至于我们共产党里来。例如：最近破获的反革命土匪“黑团”组织中，有三个人已经分别混入了税务局、京西矿务局和北京汽车公司。最近还逮捕了一个蒋匪军统特务罗昱，这个反革命分子领受了潜伏任务，混入北京师范大学，伪装进步，骗取信任，五次连任班主席，暗地里却以卑鄙阴险的手段，进行挑拨离间和各种破坏活动。有些甚至窃据了重要的或机要的职位，例如：最近根据人民的检举，我们查明了市人民委员会前办公厅副主任吴晟原来是负有血债的反革命分子。吴犯参加过阎匪“同志会”的核心“基干组”，当过阎匪的专员兼保安司令，曾亲自下令处决三个共产党员。又如北京电信局报务员训练班前教务主任计养田，原来是一个潜伏下来的蒋匪军统特务。

上面所说的这些漏了网的反革命分子竟能够一直潜伏到今天，这难道不是很奇怪吗？反革命分子究竟是怎么样混进首都并能潜伏下来，甚至打进人民内部来的呢？请看事实吧！今年以来，我们逮捕了五千多名反革命分子和各种犯罪分子，根据统计，在已捕的反革命分子中约有百分之六、七十是从外地来的，那么我们要问，这些“外来户”是怎样落户的呢？是什么人帮助他们报户口？什么人留他们住宿？管他们饭吃？又是什么人给他们找的职业呢？不难设想，如果没有一批“热心人”帮了反革命分子的忙，收留了他们，包庇了他们，他们是无法存身的。例如蒋匪特务机关“内政部调查局”从香港派进来的特务张达，就是利用他在北京、天津、涞水、石家庄、定兴、涿县等亲友们的麻痹大意，骗取了他们的帮助，往来各地刺探军事情报，并把这些军事情报报告了敌人在香港的特务机关。严重的是，不仅普通群众中有包庇反革命和被反革命利用的人，在一些干部甚至在极少数负责的党员干部中，也有这样的人。当然，那些帮了反革命分子的忙，便利了反革命分子进行反革命活动的人，给反反革命分子做了防空洞的人，不见得都是有意地包庇敌人。其中有些人是由于麻痹大意，受了反革命的蒙蔽，被反革命钻了空子，对于这样的人，只要他们清醒过来，提高了觉悟，提高了警惕，他们就会积极参加对反革命分子的斗争。有些人是受了反革命的威胁利诱，因而包庇反革命。对于这样的人，应该向他们讲清政策，打消他们的顾虑，号召他们大胆检举，洗清自己。至于那些与反革命分子同谋，有意包庇反革命的人，只要他们把反革命检举出来，也可以宽大处理；对于那些坚决与反革命分子为伍，死不悔悟的人，则必须严厉制裁。如果我们真正作到没有一个人包庇反革命，堵塞了一切反革命的防空洞，反革命分子将会全部被清查出来，这难道不是很明白的吗？

为了肃清一切暗藏的反革命分子，除了加强专门机关的工作外，还必须继续提高人民群众的革命警惕性，充分依靠群众，使保卫治安的专门工作同群众斗争相结合。依靠人民，取得人民群众的积极支持和协助，这就是我们镇压反革命分子的力量的源泉。过去我们依靠群众，在镇压反革命运动中取得了伟大的成绩；今后斗争愈加尖锐，敌人愈加隐蔽，愈加采取两面手法来欺骗我们，我们也就愈加要依靠群众，依靠千万双眼睛去发现敌人。只要广大人民群众的眼睛擦亮了，各种可以给反革命分子利用的漏洞堵塞了，反革命分子就隐藏不住了。有一个混进了新华印刷厂的反革命分子高霖尌企图纵火，今年一月在该厂一千二百令的纸垛里放了一根裹着火柴的纸烟，一头已经点着，但是他的这个阴谋很快被工人发觉，国家财产没有受到损失。隐藏在北京医学院的反革命分子邢式洪，在今年七月全国人民代表大会通过第一个五年计划大家都在欢欣鼓舞的时候，竟连续在校内书写反动标语，而当学校组织追查时，邢又在校卫队门口贴了一张反动标语，并且威胁地说：“如果敢和我们作对，让你北医片瓦不留。”看起来，这个反革命分子如此猖狂，好像是真有点本事似的，其实，他并没有吓唬住任何人，由于专门机关侦察和群众揭发，不久就逮捕了他。

我们是相信革命人民的力量的，人民在工人阶级和共产党领导之下对于反革命的专政，具有无比的威力。人民经过了伟大的镇压反革命的运动，经过了反对胡风反革命集团的斗争，现在是愈有经验，警惕愈高，眼睛愈亮，不断出现着与反革命分子做斗争的英雄模范。例如：青年刻字工人吴德元，自北京解放以来就曾协助政府发现了二百八十一个反革命分子和刑事犯罪分子；反革命分子会经常写信恫吓他，但他没有被吓倒，反而更加提高了积极性。再如张玉珍，是个家庭妇女，她在一九五一年夏天发现同院一个名叫高宪伊的很可疑，就开始对高注意，打听他的历史；四年多来，高宪伊搬了四次家，张玉珍还一直在追查，终于在今年七月发现了高宪伊的下落，报告公安机关依法逮捕了这个有六条血债的反革命分子。最近，由于人民的广泛发动，向政府提供了大批检举材料，对肃清反革命分子的斗争起了很大作用。由于人民的检举，有些长期隐藏在山洞里、床底下、炕洞里的反革命分子也被抓了出来。有的群众自备路费亲赴外地调查反革命分子的罪行；有的奋不顾身地追赶逃跑的反革命分子；有的反革命分子的家属也向政府揭发反革命分子的罪恶，交出反革命罪证。在群众发动起来以后，对暗藏的反革命分子确实形成了天罗地网，使反革命分子走投无路。例如：有一个反革命分子企图再一次“滑过去”，从东北逃来北京，还准备再从北京逃往西安，但是一到北京，就被群众向政府检举了他，很快地就把他捕获了。最近我们在群众的帮助和揭发下，破获了王明道反革命阴谋集团案件，并且已经将其中首要分子、一直与帝国主义和蒋匪特务相勾结的、披着宗教外衣欺骗青年、进行反革命破坏活动的王明道逮捕起来。经初步审讯，王明道已经承认了他在敌伪统治时期就与日本帝国主义相勾结，解放以后，更大事进行反对国家、反对人民的反革命活动。

这些例子说明了什么呢？这说明：只要我们在肃清反革命分子的运动中将群众发动起来，发扬群众的爱国的英雄主义，群众中就会出现更多的肃清反革命分子的英雄。这些例子还说明了，只要我们提高了政治警惕，堵塞了一切包庇反革命的防空洞，反革命分子就无处藏身了；只要我们把反革命分子的伎俩暴露在光天化日之下，反革命分子就无法施展他们的阴谋了；只要保卫治安的工作与群众斗争相结合，反革命分子就只有灭亡的命运了。这就是我们与反革命分子作斗争的主要经验。

反革命分子企图复辟的意愿是实现不了的。他们面前只有二条路：或者是向人民投降，得到宽大处理，或者是继续隐瞒抗拒，受到国法制裁。目前，有一部分反革命分子已经来向政府自首坦白，这些人必将得到政府的从宽处理。从台湾、香港、澳门等地来的特务分子来向政府自首坦白的，也得到了政府的从宽处理，这样的例子是每年都有的。但是仍有一部分反革命分子在犹豫观望，这些人如果不及早悔悟，就会一错再错。反革命分子中还有一些死硬分子，他们妄想进行绝望的、垂死的挣扎。对于这些人，如果他们不投降，就要干脆、彻底、坚决地消灭他们，使他们遭到最后的毁灭。

我们在镇压反革命分子的工作上，必须遵守毛主席的指示：“提高警惕，肃清一切特务分子；防止偏差，不要冤枉一个好人”，认真加以贯彻执行。专门工作机关更应加强调查研究，把一切应该逮捕的反革命分子都要依法逮捕起来，并在工作中严格遵守法律。对于一切反革命分子，我们的政策是：坦白从宽、抗拒从严、立功赎罪、立大功者受奖。应该向反革命分子说清楚：全国人民觉悟提高了，任何地方都藏不住，自己不坦白，别人就会检举，坦白了比不坦白好。同时，要使我们的干部和群众了解：对反革命分子不检举，就是包庇反革命，将来查出来，自己要负责任，对反革命分子检举了比不检举好。

各位代表！北京是我们伟大祖国的首都，中国共产党中央和中央人民政府在这里领导着全国的社会主义建设事业，因此也必然成为敌人进行破坏的首要目标。这就使我们必须一面从事于建设事业，一面警惕着反革命分子的破坏，以便保证社会主义建设事业的胜利完成。希望各位代表团结群众和教育群众，并且带动群众，积极参加这一斗争。希望我们全体市民警惕起来，擦亮眼睛，担负起肃清一切反革命分子的光荣责任。这样就一定能够坚决、彻底、干净、全部地肃清一切反革命分子，就一定能够保卫中央、保卫首都的安全，保卫广大人民群众安居乐业。

吴晗副市长关于进一步提高教育质量工作的发言

（1955 年 9 月 19 日）

一

从一九五四年六月中共北京市委发布“关于提高北京市中、小学教育质量的决定”和北京市第四届第四次各界人民代表会议通过“关于提高北京市中学和小学教育质量的决议”以来，由于教育行政部门执行了代表会议的决议，采取了若干重要措施，由于学校领导干部和广大教师、学生的共同努力，本市中、小学教育质量有所提高，工作已取得成绩。

学生在知识方面有了比较显著的进步。中、小学学生对所学功课的基本概念比过去明确了，思维能力和表达能力都提高了，死记死背的现象逐渐减少，学得的知识比较巩固了。在语文方面，语言基础知识的水平提高了，理解和运用词汇的能力有较大的进步；在数理方面，中学学生运用原理、公式说明和解决问题的能力有了进步；演算能力，特别是小学学生口算能力的提高比较显著。从考试成绩来看，各校考试题目都比过去难，评分标准也比过去严，但学生的分数仍有增长。例如市第二十三中学，一九五四～一九五五年学年度第一学期二十四个班中，期中考试平均八十分以上的只有两个班，期末考试为四个班。第二学期期中考试结果平均八十分以上的十六个班。小学的情况也是如此。一九五四年第一次全市算术统一考试不及格学生的人数为百分之十九点三八，一九五五年第二次统一考试，不及格人数下降为百分之十二；成绩优良学生的人数，第一次统一考试为百分之四十七点四七，第二次统一考试则上升到百分之六十四点四二。学生升学考试的成绩也有进步。今年本市本届高中毕业生投考高等学校的共四千三百一十人，及格人数为百分之六十七点三九，和去年的百分之十四点三六、前年的百分之二十七的及格人数相比较，成绩显然是提高了。全市本届有高中毕业生的四十三个中学，学生投考高等学校的平均成绩都比去年好，其中，回民学院、女十中、十三中、二十三中、女二中等校学生的平均成绩都有很大的提高。例如女十中，去年平均成绩为三十六点四四分，今年为六十二点七九分；十三中去年平均成绩为四十七点五四分，今年为七十三点一三分。此外，初中和高小毕业生的升学考试成绩也都有所提高。

学生的社会主义觉悟也有所提高。在师生中轻视体力劳动、轻视劳动人民的剥削阶级思想影响已受到批判。奢侈浪费的行为开始为广大学生所鄙视。绝大多数学生都积极响应祖国生产建设的号召，去年寒假本市厂矿招收青年工人共二千九百零三人，全市初三报考学生为七千一百七十四人，今年夏天甘肃、青海在本市招收初三学生八百四十四名参加建设工作，报名的有一千五百三十九人。学生中迟到、旷课和违反学习纪律的现象已大大减少，一般能够按时完成作业，绝大多数学生学习的自觉性和积极性大大提高了。各学校都出现了一些先进的班，学生集体主义的精神加强了，彼此鼓励进步，互相帮助，并对不良的现象和行为展开斗争。学生的政治要求也不断提高，参加青年团的人数大量增加。例如二十六中，一九五四年九月青年团员总数占合乎入团年龄学生人数的百分之十五点二，一九五五年七月则已上升为百分之二十二点七二。此外，学生爱护公共财物的精神大有提高，损坏公物的现象大大减少；对节约粮食工作也比较重视，例如五中、三十五中等校上学期节约粮食有成绩，曾受到粮食局的表扬。

中等学校大力推行“劳卫制”，在八十个学校中有四万五千人参加了“劳卫制”一级和预备级的锻炼，占学生人数的百分之四十九点九，达到及格标准的占百分之六十点九。没有实行“劳卫制”的学校，课外体育活动也有普遍的开展，体育锻炼已形成风气。

各中、小学校中，“三好”的学生逐渐增多，在中学生中，获得“三好”优秀奖章的有九千六百余人。

二

我们所以能够取得这些成绩，首先是由于中国共产党和人民政府文教方针的正确，由于前政务院改进和发展中学教育的指示、市委的决定和市代表会议决议的正确。我们根据这些正确的方针政策、重要措施，和各种错误思想进行了斗争。应该指出，在各界人民代表会议作了决议以后，大部分干部和教师热烈拥护，并开始检查和改进自己的工作，但是也还有些人骄傲自满，不愿意承认教育质量不高这一事实；或满足于已有质量；有的虽然勉强承认，又把原因推到客观方面，认为“各方面条件都差，只能如此”缺乏信心和决心；有的甚至埋怨领导要求过高过急，认为“必须三、五年才能见效”。通过学习前政务院的指示、中共北京市委的决定和各界人民代表会议的决议，并通过教育质量的检查，批判了干部和教师中间的“差不多”的自满情绪和其他错误思想，初步统一了认识，在这个基础上发动了群众，进一步订出比较切合实际的提高教育质量的计划，这就使干部和教师有了比较明确的奋斗目标。

其次，应该着重指出，在各界人民代表会议作出决议以来，广大教职员工积极响应号召，以坚定不移的精神，从检查和改进自己的工作入手，付出了辛勤的劳动，作出了巨大的努力，这是提高教育质量的工作获得成绩的主要原因。绝大多数教师端正了教学态度，认真钻研教材，加强了备课和教学研究，在教学方法上也有不少的改进。多数教师纠正了不重视检查学生学习质量和对学生要求不严的偏向，注意课堂提问和平时的考查。教师教学的计划性加强了，绝大多数的教师能按时完成教学进度。有的教师为了帮助程度差的学生，牺牲休息时间补课、温课。有的班主任经常进行家庭访问，增进了学校和家庭的联系。这些，都表现了教师对人民负责和关怀青年一代的高贵品质。此外，不少的学校行政人员和总务人员，纠正了轻视行政和总务工作的偏向，树立了积极为教学工作服务的思想，为师生创造比较良好的教学环境。有些管理员和炊事员，积极找窍门，想办法，节约开支，改善伙食，工作上取得了优良的成绩。这些成绩优良的教师和职员、工友得到了政府的奖励和广大师生的尊重，他们是无愧于“人民教育工作者”这个光荣的称号。

第三，大多数的领导干部抓紧了提高教学质量这个中心环节，集中精力研究和领导教学工作，并及时总结和传播教学经验。广大的青年学生，热爱祖国，热爱学习，努力提高自己的科学知识和社会主义觉悟水平。这些，都是使提高教育质量的工作取得成绩的重要原因。

第四，还由于教育行政部门执行以下各项重要措施：

(1) 编写中、小学各科教学参考资料，统一了教师对各科教材和教学目的的认识，减少备课的困难。这些资料经过一年的试用，今年暑假又根据教学实践中所得的经验以及许多教师所提出的意见作了修改，并且都经过专家的审订。

(2) 吸收中学教师(绝大多数是初中教师)一千多人和小学教师四千多人进修业务和补习文化。创办了北京师范学院，暑假已招收本科学生二百人，专科学生四百人。

(3) 组织专题报告和优秀教师经验交流会共六十二次。编译苏联教育论文三十六篇，供学校领导干部和教师参考。

(4) 采用了统一的考试标准，提高了试题的质量，克服了有些学校评分过宽成绩虚假的现象，并严格规定了升级标准和新生录取标准。

此外，还根据工作成绩进行了中、小学教职员和工友的定级调薪工作，绝大多数教职员工都增加了工资。今年一月奖励、表扬了工作成绩较好的教职员和工友五千四百人，鼓舞了广大教育工作人员的积极性。为了帮助女教师解决带孩子的困难，开办了一批托儿站和乳儿室。为了保护学生的目力，初步改善了一些教室采光和照明设备。为了加强教学效果和体育活动，补充了教学仪器和体育用具。

应该指出：一年来教育工作获得这样的成绩，决定性的一环，是大力编写了中、小学教学参考资料，给教师以极大帮助，提高了教学效果。许多教授和专家不辞劳苦地为我们审订教学参考资料，给教师讲授教学方法和教学经验。科学研究机关、高等院校给予许多人力、物力和经验的帮助。我们应当感谢他们，并希望今后在继续提高教育质量的工作中，得到他们更多的帮助。

三

必须指出：过去一年虽然进步很快，但是成绩仍然不够高，也还不够巩固。我们决不能因此就骄傲自满起来，以为差不多了，成绩够好了，如果这样，我们就不会再前进，就会落后。我们决不应该满足于目前的水平，而应该把我们的工作提高到可能的最高的标准。根据这样的标准来衡量，毫无疑问，我们的教育质量还差得多，甚至差得很远。首先，从国家的要求来说，我们学校培养的学生，各方面都优秀的还只是一部分，大部分只能达到刚刚及格的标准，并且还有一部分是不合格的，如投考高等学校的学生还有三分之一不及格，因此，我们的工作还是远不能满足国家社会主义建设和社会主义改造事业的需要。其次，中、小学的教育质量，一年来虽普遍有所提高，但是很不平衡，以高中毕业生升学考试的成绩为例，有些学校一九五五年平均成绩较一九五四年成绩有显著的提高；但是，有些条件相差不多甚至条件更好的学校，由于骄傲自满或信心不够，成绩的提高并不那样显著，应该说他们还没有达到或接近可能的较高的标准，而是相对地落后了。前一类学校也还必须以较高的标准要求自己，作更进一步的努力。后一类学校就必须急起直追，争取达到较高的标准。过去一年的事实证明了更进一步提高教育质量，不仅仅是应该这样做，而且完全有可能这样做。

我们的工作还存在许多缺点：教育局对重点学校的工作还没有认真抓紧；对分批整顿教学成绩很差的学校做得也很不够，特别是在工作方法上，没有能够及时地发现学校和教师的先进经验，加以总结推广，给学校以具体的领导和帮助。

为了巩固已经取得的成绩，更进一步提高教育质量，今后必须继续贯彻前政务院的指示和中共北京市委决定的精神，继续坚决执行市第四届第四次各界人民代表会议的决议，在过去一年工作的基础上着重做好以下几件事情：

首先，应该为争取消灭一部分学生的成绩不及格的现象而努力。过去一年各级学校进步的速度虽然很快，但是水平不够高，还有一部分学生成绩不及格，例如在投考高等学校时，有百分之三十三的高中毕业生升学考试不及格。今年七月，中学高、初中二年级物理采用统一标准考试，全市高中二年级不及格的人数占百分之二十一点二，其中第四十中学不及格人数占百分之五十七；初中二年级不及格人数占百分之二十二点一，其中第三十八中学不及格人数占百分之六十一。七月间小学五年级算术统一考试，全市不及格人数占百分之十一点九，其中老虎洞小学不及格人数占百分之六十，大红门小学不及格的占百分之五十。这种情况必须采取积极有效办法加以改变，努力做到百分之百的学生都合乎国家所需要的规格。为此，所有学校应在现有基础上努力提高教学质量，达到这一要求，特别是有些学校的学生入学成绩较高，例如在八十分以上，条件很好，更应该以最高的标准要求自己，而不应该骄傲自满，停滞不前。相反，应当作更大的努力，大力提高学生的成绩，带动其他学校共同前进。

其次，教育局和大部分学校过去是抓紧了提高教育质量这一工作的，今后应该进一步改进领导方法，密切注意发现和研究总结各校、各门功课，各个教师的先进经验，及时地予以介绍传播，给学校和教师以具体帮助，有效地提高教学水平。

中、小学教学参考资料的编写工作，在提高教育质量的工作中起了决定的作用。去年所编的资料，虽然有缺点，还是很受教师欢迎，今年又作了很大修改，字数达六百四十万，比去年质量提高了，这是很大的成绩。今后还必须要求教师在教学实践中，随时提出意见，不断加以补充修正，提高质量，教师有了教学参考资料的帮助，还应当加强政治和业务学习，提高政治、业务水平，认真改进教学。

最后，我们必须坚决执行毛主席所指示的“三好”的方针，采取措施，有效地适当地控制学生作业的适当分量，普遍展开体育活动，注意饮食卫生，保证他们有充分的睡眠时间。学校应该和学生的家庭密切配合，共同做好这四件事情，以保证学生的身体健康。还必须着重提出，学生必须用功学习，对学习采取敷衍态度是旧社会的二流子作风，是不能容许的，不能原凉的。对这种学生采取放任态度，显然是没落阶级的思想，决不应听任其滋长蔓延，必须坚决反对。

学生课业负担问题，根据上学期的调查，百分之七十以上学生的课业负担是不重的，初中一、二年级的功课反而较轻。但是有一部分学生干部、程度较差而努力争取进步的学生，以及大部分中学初三和高三毕业生负担是比较重的。解决的办法是适当减轻学生干部的过重负担，按可能条件，注意初一、二主要课程的的教学，使学生在低年级时打好基础，这样便可以相对地减轻初三以上学生的课业负担。针对不同情况采取有效的办法，问题是可以解决的。

一年的工作证明了提高教育质量的决议是正确的，也证明了有些人们对这一决议怀疑、动摇是错误的。只要我们不骄傲自满，只要我们继续努力，我们的教育工作一定能够做得更好，一定可以朝着最高的标准前进！

贾庭三副市长关于增加生产、厉行节约工作的发言

（1955 年 9 月 20 日）

几年以来，北京市的工业生产在中央和各级党组织的正确领导下，在工会组织、青年团组织的配合下，在全市广大职工的努力下，执行了中央关于“增加生产、厉行节约”的方针，取得了很大成绩。

全市国营、地方国营、合作社营及公私合营工矿企业的生产总值，一九五四年度完成了国家计划百分之一百一十一点六。成本较一九五三年降低了百分之五点四。一九五五年上半年完成了国家计划百分之一百零五点一，完成全年计划百分之五十点六。成本较一九五四年降低了百分之三点二。一年多来，完成计划的情况是有很大进步的。一九五四年全年除八月份未能完成计划（因雨水过多，以致许多砖瓦灰石等厂没有完成计划）外，其余各月都按月完成了国家计划，今年一至八月份也都逐月超额完成了国家计划。去年下半年全市开展厂际劳动竞赛以后，在参加竞赛的厂矿中全面完成产值、产量、质量、成本、劳动生产率计划的单位逐月增加，一九五四年第四季度只有十六个，今年第一季度有三十一个，第二季度增加到五十四个。地方国营工业还采取了一系列的措施，克服产品质量低劣的现象。虽然取得了很大成绩，但各方面的缺点很多，特别是产品质量低、浪费大、成本高的现象还很严重。任何骄傲自满，停滞不前，以低的标准要求自己的思想都是没有根据的、错误的。

在工矿企业和交通运输业中，增加生产、厉行节约的运动，从六月十三日李富春副总理作了关于“厉行节约，为完成社会主义建设而奋斗”的报告以后，已经进一步深入展开。特别是七月份全国人民代表大会讨论和通过了我国发展国民经济的第一个五年计划以后，更鼓舞了广大职工的生产热情，广大职工普遍认识到：“中国共产党中央委员会和毛泽东主席主持拟定的我国发展国民经济的第一个五年计划，是全国人民为实现过渡时期总任务而奋斗的带有决定意义的纲领，是和平的经济建设和文化建设的计划。”从而促进了竞赛运动的进一步高涨。在运动中，首先发动职工揭发了严

重的浪费现象，多数单位并进行了反浪费展览，对厂矿企业领导干部，进行了深刻的教育。从各单位揭发的材料来看，本市工业生产方面存在浪费现象主要表现在：

首先，对原材料管理不善，控制不严。一般工业原材料占总成本的百分之五十至七十，目前中心问题是多数工厂的原材料消耗都超过了定额，有的定额很保守，长期没有修改，就是对这种陈旧定额的执行情况也缺乏检查；有的工厂则还没有材料消耗定额，因此原材料的浪费现象是相当严重的，例如：清河制呢厂今年一至四月份，原毛消耗量超过定额九千四百多斤，损失六万六千余元；光华木材厂去年一年就卖了九百多万斤劈柴，其中有不少是能用的木材；机织印染厂的煤和火碱的消耗，和全国先进工厂比较，一年就损失六十三万元；许多工厂废弃大量器材，不少可用的工具、机器零件甚至整个机器被丢在废物堆里。

二、许多工矿企业由于产品质量低，废、次品多，所造成的损失也很大。例如：四个地方工业局所属工厂中的七十九个单位，今年第一季度因质量不好所造成的损失达四十三万元；电机厂去年仅电扇一项质量事故，即损失五十万元。

三、人员过多，机构臃肿。许多工厂、企业管理机构和劳动组织不合理，不但造成人力、工时的巨大浪费，而且严重地影响了管理的改进和职工技术水平的提高。例如：石景山钢铁厂、石景山发电厂和清河制呢厂等三个工厂，是企业管理比较好的单位，这次共精简了四千二百五十七人，约占三个单位原有职工总数的百分之二十七点七；市火柴厂下半年生产任务比上半年增加了百分之二十一点四七，本来计划要增加劳动力，现在反而精简了职工三十六人，提高了劳动生产率百分之十八点六。

四、资金积压现象严重。今年第一季度四个地方工业局所属单位流动资金超出计划一千七百余万元，相当于流动资金计划定额的百分之四十七。由于原材料供应制度很不科学甚至很混乱，有些单位虽然几次处理了呆滞物资，但由于工作漏洞很多，往往又造成新的积压。如玻璃厂今年六月份定做坩锅二十六个，因规格提错，结果不能使用，只此一项造成积压约七百八十多元。

上面所说的仅是国营企业中严重浪费的几个主要方面的情况，其他如管理费用高，工具损失多等方面的浪费还是很多的。这些浪费现象如果不彻底纠正，就会妨碍我们国家的社会主义工业化，妨碍我们实现过渡时期的总任务。

为什么会产生这样严重的浪费现象呢？尽管有一些客观原因，但主要是由于我们领导上对厉行节约、反对浪费在社会主义建设事业中的巨大政治和经济意义认识不够，没有把增产节约和艰苦奋斗的精神贯彻到生产的各个方面；没有深刻体会到“兢兢业业、克服困难、努力增产、厉行节约”是一个长期的、经常的政治任务，对职工的教育不深入或流为形式或停留在空洞的抽象的教条式的说教。至于企业管理方面，也存在着缺乏制度或制度不严，计划不周，生产组织得不好；定额管理和技术领导簿弱，尤其严重的是：企业领导思想上，长期存在着片面追求数量而忽视质量和财务成本的偏向，缺乏经济核算思想。

今年全市增产节约运动大张旗鼓地展开以来，广大职工思想认识提高了，在揭发了以上浪费现象的基础上，制定了增产节约计划。据初步统计，全市仅工矿企业、交通运输业全年在完成国家计划以外，还可为国家增产节约五千六百多万元。仅石景山钢铁厂今年就能增产节约一千一百多万元，北京铁路局今年可增产节约五百多万元。不少单位在运动过程中解决了很多生产上的关键性问题，改进了管理。目前全市已有些单位开始推行了班组经济核算。从这些单位推行的结果来看，不但节约了原材料，降低了成本，提高了产品质量，并且保证了全面完成国家计划。这一工作，已成为当前增产节约运动和改进企业管理的重要环节。例如：石景山钢铁厂铸管车间推行班组经济核算以后，每月仅铁水一项即可节约一百六十四吨，不但质量逐月提高，而且成本逐月降低；北京铁路局东便门车辆段推行班组经济核算以后，客、货车修理成本降低了百分之三十，只修换一辆客车车灯的费用由过去的平均六十八元降低到现在的二点四元；北京市水泥瓦厂自从推行班组经济核算以后，半年来逐月全面地完成了国家计划，该厂用肥皂水代替柴油做润滑剂，全年可节省柴油七万二千斤。在节约方面，国营北京第一棉纺厂用水玻璃代替面粉浆纱，每月可节省面粉一万七千斤；机织印染厂废碱的回收率由上半年的百分之六十四提高到百分之八十一点六；光华木材厂利用碎料做门窗、家具，七、八月份处理了碎料一千零四十立方公尺。全市各工矿企业在增产节约运动以来，一般成本降低百分之三至百分之五。在精简编制方面，仅四个地方工业局截至目前即精简了职工一万一千六百六十五人，将近原有职工总数的四分之一，不但改进了管理工作，改善了劳动组织，而且提高了劳动生产率；同时，采取轮班生产、轮班学习的方法处理多余的人员，不仅可以提高职工的政治、技术、业务和文化水平，并可为国家培养更多的人材。在提高产品质量、节约流动资金等方面也已引起了各单位的重视，目前正在制定措施，逐步改进。

目前增产节约工作虽然取得了很大成绩，但发展是不平衡的。多数单位抓住了关键，制订了具体措施，分季、分月地贯彻到车间与工段，从而保证了增产节约计划的实现；还有一部分单位，虽然抓住了关键，但措施不具体，或虽有措施但没有很好地贯彻到车间与工段中去，因此，这些单位的增产节约计划还没有被群众掌握，增产节约任务的完成情况也不能按期检查和实现；还有少数单位，既没有抓住关键，也没有制订具体措施，增产节约运动只是刮了一阵风。我们必须再接再厉继续开展增加生产、厉行节约的运动，为提高产品质量，降低成本，提高劳动生产率，进行持久的不懈的斗争。为此，当前必须做好以下工作：

一、为了增加生产，凡有条件的工厂，都应该在产、供、销平衡的基础上，积极试制新的产品，有计划地组织协作，并从各方面发挥潜在力量，争取超额完成生产计划。地方国营工业几年来虽有很大成绩，但突出的问题是有些产品质量低劣、成本很高，与上海、天津等地的同类产品相比，有的质量较次，价格（指出厂价格）反而较高，有的质量大致相同而价格较高，有的价格大致相同质量较差。这种情况已经引起消费者的不满，有些产品已经积压、滞销，给国家造成很大损失。因此，地方国营工业应该切实有效地限期提高质量、降低成本，以满足城乡人民生活和生产上的需要。

二、在增加生产、厉行节约运动的基础上，要抓住关键问题，订出可能达到的最先进的指标，订出具体的技术组织措施计划，发动全体职工认真执行。这是目前各工矿企业增产节约工作的中心环节。凡措施订的不具体的，要在编制季、月计划时加以补充修正；没有抓住关键和没有制订具体措施计划的，要在编制第四季度作业计划中进行补课，以保证增产节约计划的实现。

三、必须继续改进企业的管理。只有在切实改进管理工作的基础上，才能达到增产节约的目的，同时才能使增产节约运动向着经常化的方向发展。在地方国营工业中，目前应特别加强技术管理；加强试验研究和新产品设计、试制工作，切实提高产品质量。坚决反对那种片面追求数量，忽视质量，忽视作业计划的错误作法，应该认真均衡生产，提高质量；也就是很大的节约。同时也必须加强财务、成本管理。制订或修订原材料和辅助材料消耗定额和其他技术经济指标，严格执行领退料制度，加强原材料的计划供应和技术供应工作，尽量使用代用品。对于那些落后的保守的技术经济指标，必须坚决纠正，用先进的高的标准要求我们的工作。此外，凡有条件的工矿企业部都应加强财务监督，积极推行车间、班组的经济核算制和全厂经济活动分析工作，这是使竞赛经常化和保证全面完成计划的一些重要措施。

保证以上任务实现的关键，是进一步广泛深入地开展劳动竞赛，充分发挥广大职工群众高度的积极性和创造性。各个工矿企业必须在党的领导下，深入地教育全体职工充分认识到厉行节约、反对浪费是关键关系到能否胜利完成国家发展国民经济第一个五年计划的关键问题，是建设社会主义的长期的、经常的政治任务，要培养职工自觉地爱护国家资财和遵守劳动纪律的优良品质。在劳动竞赛中，要克服过去不少单位竞赛内容不全面的作法，竞赛指标除产量和质量指标以外，还需要有成本指标和必要的技术经济指标。并且要把这些指标交给职工群众。只有群众掌握了各种指标并且定期检查其执行情况，才能保证国家计划的全面完成。同时还要克服目前竞赛中的形式主义。有些单位口号不少，但小组没有计划，群众心中无数，对于合理化建议和推广先进经验也缺乏经常的组织工作，这种现象必须加以纠正和改进。此外，还要做好竞赛当中的奖励和竞赛中的政治思想工作。在私营企业中，应该指出，由于管理不善以及某些资本家消极经营，质量低、浪费大、成本高的现象更加严重，这些企业必须努力改进。现在已有五百三十九个工厂开展了增产节约运动，并且已获得初步成绩，应该根据条件进一步开展。为此，应结合生产安排，逐步建立行业增产节约委员会，加强各区增产节约委员会的领导，逐步建立基层组织，并且有条件地组织同行业厂际竞赛。

总之，在建设社会主义和实现我国第一个五年计划的伟大事业中，充分发挥广大职工群众的积极性和创造性，坚持不断地提高产量、提高质量、降低成本、提高劳动生产率，具有极其重要的意义。因此，我们需要继续深入动员广大职工群众，为了保证完成今年的增产节约计划而努力，为胜利完成第一个五年计划而斗争。

农林水利办公室赵凡主任关于郊区农业生产和农业合作化问题的发言

（1955年9月21日）

主席、各位代表：

我完全同意张友渔副市长关于财政预、决算的报告，程宏毅、冯基平、吴晗、贾庭三四位副市长的发言。

我现在就本市郊区农业生产和农业合作化问题发表一点意见。

关于农业合作化问题。

自从今年二月本市第一届人民代表大会第二次会议之后，郊区广大农民群众和市、区各有关农村工作部门的全体干部，在中共北京市委和市人民委员会的领导下，遵照着中央关于发展农业合作化运动的方针、政策，坚决地执行了本市第一届人民代表大会第二次会议的决议，认真地检查、整顿和巩固了郊区已建立起来的七百多个农业生产合作社，并已经取得了很大的成绩。

上次会议肯定了郊区农业生产合作社去冬大发展的成绩，认为郊区农业生产合作社从去年的四百一十二个发展到今年的七百零一个；入社农户由占总农户百分之八发展到百分之四十六，这是郊区农业社会主义改造事业的巨大胜利。同时，也尖锐地指出了在发展社的工作中某些地方违反自愿互利政策、侵犯中农利益（也有的社发生排斥贫农入社的错误）和贪高图大等缺点和错误。同时，上次大会也肯定了：根据中央和中共北京市委的指示，当时为了纠正上述缺点和错误所采取的措施是必要的和正确的。

在上次大会以后，为了进一步巩固和办好现有的合作社，并为了继续克服在合作社大发展中曾经发生的一些缺点和错误，在市委和市人民委员会领导下，市、区各有关农村工作部门，抽调了五百多名干部组成工作组，深入乡社，帮助乡社干部和广大社员群众，从以下几方面进行了多次的整顿和巩固工作：

（一）结合修订社章，反复贯彻了自愿互利政策，纠正了某些社盲目贪高图大的偏向。在群众自愿的条件下，把原来准备办的完全社会主义性质的二百六十六个高级社，改建为半社会主义性质的低级社；把三十一个不具备办大社条件的社，改为三、五十户的中、小社。对有些社社员入社的生产资料折价超过股金部分的偿还年限，也由三至八年且不付利息，改为三至五年并按银行向合作社的贷款利率付息，并明确规定了逐年的偿还比例。京西矿区十一个原定果树入社不分红的社，已改为按劳力、果树比例分红；有十七个不具备办社条件的社，根据群众的自愿，有领导地转为互助组。同时，经过深入宣传和贯彻自愿互利政策之后，有五千五百七十户（主要是富裕农民）勉强入社的农民退了社。

由于采取了群众路线的工作方法，在处理上述这些问题时，一般都作到了既不伤害积极分子的办社热情，又提高了社员的思想觉悟，进一步提高了社内社外农民的生产情绪和消除了部分社外农民的顾虑，从政策上巩固了已经建立起来的七百多个社。

（二）健全了社的组织机构，大力训练办社骨干。在整顿巩固社的工作中，领导各社建立和健全了社的管理委员会、生产队、生产组、财务组、生产技术组等。在春耕之前，并由市、区各有关农村工作部门分别集中训练了社主任、党支部书记、团支部书记、会计员、生产队长、农业技术员、牲畜饲养员、托儿组骨干等一万六千多名办社骨干，使他们进一步了解了农业合作化政策，提高了办社的业务能力，成为今年办好郊区七百多个社的骨干力量。

（三）逐步建立和改善了社的经营管理。(1)健全与加强了管委会的集体领导和分工负责制；(2)帮助各社制定全年的生产计划，有力地克服了各社生产上的盲目性，使社员有了明确的奋斗目标；(3)改进了各社的劳动计算制度，大力地推行了按件计工制和小包工制，并在七个重点社试行了先进的包工包产超产奖励制度，因而大大地激发了社员的劳动积极性和改善了社的劳动管理；(4)协助各社逐步建立了财务管理制度，如定期清结公布账目、财产保管、执行预决算、社员借支等制度。由于各区财务组的督促和绝大多数社内财务干部的积极努力，郊区百分之八十以上的社大体上做到了账目基本上清楚;(5)协助各社建立了牲畜的饲养、使用制度,基本上克服了有些社在建社初期牲畜饲养管理中的混乱现象和因牲口喂养不好而造成的瘦弱伤亡现象。

(四)推广了一些先进的农业科学技术知识和增产经验,以增加社的生产和社员的收入,从生产上进行了巩固社的工作。各社普遍推行了选种、浸种、拌种和小麦、棉花密植等先进增产经验,推广了双轮双铧犁等新式农具,并有十个合作社和集体农庄进行了机耕,因而保证了绝大多数社的单位面积产量比社外单干农民高。根据近郊五个区的统计,农业生产合作社的小麦单位面积产量平均较社外农民高百分之十。

(五)在区、乡各级党组织和政府的领导与具体帮助下,普遍建立和加强了各社的政治思想工作。结合修订社章、贯彻自愿互利政策和改善社的经营管理,继续进行了总路线的教育,教育社员要爱护社,要正确地处理个人利益与集体利益的矛盾,适当地批判了社员中的只顾家不顾社的思想,从思想上进行巩固。

(六)坚决贯彻了党在农村的阶级政策,建立和加强了农业社的保卫工作。在整顿巩固社的过程中,调整了社的领导成份,进一步加强了中、贫农的团结。各社都建立了保卫组织,清洗了一批混入社内的地主、富农及其他坏分子,大张旗鼓地逮捕、宣判了一批破坏农业生产合作社的反革命分子,严厉地打击了反革命分子和各种坏分子的破坏活动,有力地保卫了农业社会主义改造的顺利进行。

此外,在整顿和巩固农业生产合作社的同时,还大力发展了二千二百二十二个互助组。

根据最近检查,郊区七百零一个社中,比当地互助组和单干户增产的社有六百零三个(占总社数百分之八十六点零一),平产的社有八十七个(占百分之十二点四一),有减产危险的社十一个(占百分之一点五六)。这说明郊区的七百零一个社,从入春以来,经过数次整顿,克服了局部的和个别的缺点之后,不仅能巩固下来,而且绝大多数社是办得好的。同时也证明了郊区去冬今春合作社大发展运动基本上是健康的;在大发展之后,花一段时间集中力量进行整顿和巩固的工作,也是必要的和正确的。

但是,在整顿巩固农业生产合作社的工作中也曾发生过一些缺点。如有的干部由于对政策领会不透、工作方法生硬,或有强迫命令的作风,在少数社里造成部分不应退社的社员退了社,个别不应转组的社也“动员”转了组,少数乡、社干部对退社农民采取了歧视、打击的态度。引起了这些农民的不满。另外,目前在部分合作社内部还轻重不同地存在着思想领导薄弱、领导骨干和社员成份不纯、生产计划不周、资金使用不当、劳动力调配混乱、劳动报酬计算不合理、账目不清、牲畜管理不好等问题。上述问题虽然是局部的或是个别的,并且有些问题已经及时进行了纠正,但是我们仍须加强领导,积极解决,争取把郊区的七百多个社从现有基础上再提高一步,把它办得更好。

由于郊区七百多个社已经巩固下来,而且绝大多数社都增了产,进一步向郊区广大农民显示了农业生产合作社的优越性,所以目前已有许多互助组组员、单干农民纷纷要求入社。因此,郊区在今冬明春,应在进一步整顿、巩固和全面规划的基础上,积极地、有计划地发展。据丰台区初步规划,该区今冬明春入社农户将由现在占总农户的百分之五十八增加到百分之七十;东郊区初步规划,入社农户也将从目前占总农户的百分之三十七点七增加到百分之六十左右。其他各区也正在进行发展社的全面规划。从目前情况来看,今冬明春郊区入社农户大体上要从现在占总农户的百分之四十六发展到百分之六十左右(其中菜区入社农户将会从现在占菜农户数的百分之六十二发展到百分之七十到八十)。我们一定要戒骄戒躁,巩固已有的成绩,克服工作中的缺点,切实做好当前的三秋生产工作,领导各社认真进行分配决算工作,做好冬季生产计划,并向社内外农民再进行一次农业合作化的方针、政策的宣传教育,做好今冬明春发展社的工作,以保证郊区的农业合作化运动健康地、顺利地前进。

关于农业生产问题。

今春以来,我们积极地组织和动员郊区五十三万农民开展了以互助合作为中心的农业爱国增产竞赛运动,取得了显著的成绩。今年粮食、蔬菜都超额完成了播种计划,棉花基本上完成了播种计划,只有油料作物完成计划较差。由于农业生产合作社带动广大农民采用了各种农业增产技术措施,由于国家的大力援助,加以风调雨顺,各种作物都生长得很好,今年郊区将是一个丰收年。

关于增产粮食问题。郊区现有粮食播种面积一百一十六万亩,年产粮食约二亿四千多万斤,郊区五十三万农业人口的口粮、种籽和牲畜饲料是大体可以自给的。过去由于农村工作部门对粮食生产的重要性认识不足,因而对一部分农民忽视增产粮食,特别是副业收入较大的地区,一部分农民存在着“重副业轻农业”的倾向,未能及时加以纠正。据京西矿区初步了解,在副业收入大的地区,几年来荒芜了耕地万余亩。所以在这类地区都要依赖国家供应部分粮食,这是不合理的。今后必须大力纠正这种偏向。郊区因耕地有限，又须种植一定数量的蔬菜和必要的经济作物，增产粮食最主要的办法，必须是提高单位面积产量和在粮食计划耕地内扩大高产作物的种植。今年虽然种植土豆、白薯十一万五千亩，比去年增加了一万五千亩，但扩大播种的潜力还很大，今后必须大力推行。

现在我着重谈一下蔬菜生产问题。

为了保证对首都的蔬菜供应，几年来，中共北京市委和市人民委员会大力领导郊区农民积极地发展了蔬菜生产。菜田面积由一九四九年的三万八千余亩发展到现在的近十万亩。同时还增加了原有菜田的复种面积，提高了单位面积产量。今年蔬菜总产量可达八亿八千多万斤，基本上够全市人口的需要。今年一月至八月已经供应首都人民三亿二千二百多万斤，比去年同期增加百分之二十六点七，菜价平均比去年降低百分之十三点九四。但在蔬菜产销中仍存在着季节性的过剩和不足、存在着菜价高低不稳的现象。其情况是：三、四月和八、九月不足，六、七月和十一月过剩。这对全市人民的日常生活和菜农的收入及生产情绪都有很大影响。

产生上述问题的原因很多，除了我们各主管部门主观努力不够和缺乏管理这一工作的经验外，主要是：(1)蔬菜的播种、收获，受季节性和农民种植习惯的限制很大。如菠菜、小白菜、小水萝卜，每年三月下旬播种，五月中下旬大量成熟；西红柿、茄子、黄瓜，三月下旬播种，六、七月大量成熟；大白菜八月播种，十一月收获。这些蔬菜同期成熟，集中大量上市的结果，便造成市场蔬菜一时过剩、滞销、跌价，菜农受损，蔬菜公司赔钱的紧张局面。如今年五月间小白菜跌价至一角钱三十斤，使菜农所得不够生产成本，甚至连运费都不够。但在三、四月间，当冬季窖藏大白菜卖完、春菜还未收获及八月间菜农腾地赶种大白菜时，市场又产生暂时的供不应求和菜价上涨。如八月下旬，有些菜贩卖的小白菜一斤竟涨到一角六分，这就加重了消费者的生活负担。(2)菜区农业合作化运动虽然发展很快，但目前仍有百分之三十八的菜农没有入社，蔬菜生产受市场价格的支配，还存在着相当大的盲目性。如今年有些菜农感到洋白菜省工，去年价格高、利润大，于是便争相抢种，结果造成六月间市场洋白菜的大量积压、腐烂。另一方面，有些种菜的地主、富农分子，不遵守国家计划进行生产，破坏市场管理，勾结奸商奸贩轰〔哄〕抬价格，也影响了蔬菜价格的稳定。(3)病虫害和自然灾害还不能完全防治，这对蔬菜生产的威胁很大。如一九五二年秋大白菜发生毒素病即减产一半以上。每年雨季如遇阴雨连绵，蔬菜也常因而减产。(4)在蔬菜的经销、分配工作和市场管理方面，在批零差价的掌握调剂方面，在内运外销和加工储藏方面，在对菜商、菜贩的社会主义改造等方面，几年来已经做了很多工作，取得了很大成绩。如统一了全市蔬菜市场的管理，改造了七十九家批发商，对四千多户零售菜商、菜贩用组织互助合作、固定批发市场、联购分销的方式开始进行改造；同时推广了蔬菜产销结合合同，这对解决蔬菜产销矛盾和调剂菜价方面起了很大作用。但在这些方面还存在着很多严重的缺点，极须克服。

为了解决上述问题，现在已经着手从以下几方面进行工作：

第一，把菜农尽早地组织到农业生产合作社中来，今冬明春，入社菜农计划发展到百分之七十到八十。

第二，进一步实行计划生产，指导菜农按季种植，合理轮茬，排开播种和各种蔬菜成熟的时间，积极地稳妥地改变菜农不合理的种植习惯，改进种植技术和栽培方法，防治病虫灾害，提高单位面积产量，降低成本，以逐步做到菜价稳定，保证供应。

第三，提倡多种耐贮藏、产量高的蔬菜，如土豆、苤兰、洋葱、大白菜等，适当控制不耐贮藏而收获时期又过分集中的蔬菜的播种面积；加强技术指导。

第四，扩大现有国营农场的蔬菜生活，以调剂供应。

第五，改进蔬菜的经销分配工作，改进市场管理，积极稳步地对菜商、菜贩进行社会主义改造，作好本市蔬菜的内运外销和加工贮藏工作。为此，必须认真调查全市蔬菜生产和消费的规律，妥善制定季节差价，鼓励广大菜农和消费者利用一切方法大量贮藏蔬菜（如提倡窖菜、晒干菜、腌菜、家庭泡菜等），以克服季节性的过剩或不足。对菜商、菜贩要有计划地把他们组织起来，划区编组，定点供应。严禁地主、富农分子和奸商奸贩抬价、压价、破坏市场管理的非法行为。进一步推广蔬菜产销结合合同。国营蔬菜经销部门要在蔬菜旺季大力进行加工贮藏，并与经营副食品的部门密切联系，按照蔬菜供应情况，灵活调剂其他副食品的供应。

北京市第一届人民代表大会第三次会议提案审查委员会关于提案审查的报告

（1955年9月21日通过）

这次会议共收到提案一百零七件，经整理合并为九十二件。按照性质分类，属于政法类的十件，财经类的十七件，文化教育类的十五件，卫生类的十二件，城市建设类的三十五件，社会福利及其他类的三件。

提案审查委员会分设了政法、财经、文化教育、卫生、城市建设、社会福利及其他共六个组进行审查。先由各组就有关提案逐案研究，提出初步审查意见；接着，由总召集人和各组召集人共同进行研究；最后由提案委员会全体会议审议通过。

我们审查的原则是：凡应办、可能办或一部分能办的，不论正在办理或尚待办理，都交市人民委员会办理；凡需要研究后才能决定办或不办的，都交市人民委员会研究处理；凡不属市人民委员会职权范围以内的，都转送其他有关主管部门研究处理。

审查结果，在九十二件提案中，交市人民委员会办理的三十五件；交市人民委员会研究处理的四十六件；转送其他有关主管部门研究处理的一件。

此外，在这次会议期间，还收到人民来信三件，都交由市人民委员会负责处理。

提案和审查意见，现印发给各位代表。所提审查意见是否有当，请大会公决。

北京市第一届人民代表大会第三次会议关于本市一九五四年财政收支决算和一九五五年财政收支预算的决议

（一九五五年九月二十一日北京市第一届人民代表大会第三次会议通过）

北京市第一届人民代表大会第三次会议听取了张友渔副市长关于本市一九五四年财政收支决算和一九五五年财政收支预算的报告，对本市一九五四年财政收支决算和一九五五年财政收支预算进行了审查。会议一致认为：本市一九五四年财政收支的执行情况基本上是良好的；本市一九五五年财政收支预算体现增加生产、厉行节约的方针，符合于国家发展国民经济的要求和本市的实际情况。会议同意张友渔副市长关于本市一九五四年财政收支决算和一九五五年财政收支预算的报告，批准本市一九五四年财政收支决算和一九五五年财政收支预算，并责成北京市人民委员会及其所属各单位努力增加生产，厉行节约，反对浪费，为争取胜利完成本市一九五五年各项工作任务而奋斗。

北京市第一届人民代表大会第三次会议主席团和秘书长名单

（1955 年 9 月 19 日）

主席团（四十七人，以姓氏笔划为序）

王子如（女） 王文斌 王光伟 王梓仲
王昆仑 王斐然 王照华 王辉球 王　纯
巨　赞 江隆基 安朝俊 余心清 余贻倜
吴　晗 李君武 李伯球 杜　若（女）
林巧稚（女） 胡锡奎 范　瑾（女）
徐楚波 殷维臣 浦洁修（女） 柴泽民
张友渔 张奚若 许德珩 凌其峻 郭树德
傅种孙 彭　真 彭思明 程宏毅 舒舍予
冯基平 贾庭三 雷洁琼（女） 载　涛
赵树屏 刘　仁 蒋光鼐 乐松生 郑　芸（女）
钱端升 薛子正 薛　愚

秘书长

柴泽民

北京市第一届人民代表大会第四次会议

（1956年8月8日——15日）

北京市第一届人民代表大会第四次会议于1956年8月8日至15日举行。

大会听取、审查了张友渔副市长关于北京市1955年财政收支决算和1956年财政收支预算的报告，以及薛子正、程宏毅分别做的关于市政建设和改进本市商业工作的报告。

会议通过了关于北京市1955年财政收支决算和1956年财政收支预算的决议，通过了关于市政建设工作报告的决议、关于改进本市商业工作报告的决议。

大会共收到提案446件，经整理合并为311件。其中，政法类22件，财经类105件，文化教育类41类，卫生类28件，城市建设类103件，社会福利及其他类12件。

彭真市长在会上作了克服官僚主义作风的发言。

关于北京市1955年财政收支决算和1956年财政收支预算的报告

——在1956年8月8日市第一届人民代表大会第四次会议上

北京市副市长　张友渔

主席、各位代表：

我代表北京市人民委员会向第一届人民代表大会第四次会议报告本市1955年财政收支决算和1956年财政收支预算。

一、1955年财政收支决算

1955年本市财政收支决算，收入方面包括上年结余共为2亿1，404万2千元，支出方面为2亿零511万9千元，收支相抵后还余892万3千元。

这里需要向大会说明一下，去年第一届人民代表大会第三次会议通过的1955年财政收支预算，在执行的过程中，曾作了局部的调整。主要是由于中央指拨专款追加了一部分事业计划；我们又把预备费、基本建设节约款中的一部分，以及1954年建筑企业的超计划收入中的609万元，投入了地方工业、建筑企业和农林水利事业。调整的结果，收入由2亿1，856万5千元增到2亿3，094万8千元，支出由2亿1，672万5千元增到2亿2，910万8千元，收支预算都较原预算增加了1，238万3千元。另外，上年结余款中有184万元，经中央指定须结转到1956年才能动用，故仍列为地方结余。

执行的结果，1955年财政收支决算和1954年财政收支决算相比较，收入减少了661万元，即减少了3%，支出增长了3，021万元，即增加了17.27%。和调整后的预算（以下简称预算）相比较，收入完成了92.68%，即比预算少了1，691万元。其中：地方税和中央税（商品流通税、货物税、工商营业税和所得税）留成收入完成6，256万9千元，为预算的80.27%，占收入总额的29.23%，农业税留成收入完成123万8千元，为预算的115.49%，占收入总额的0.58%；地方国营企业收入完成7，297万6千元，为预算的106.14%，占收入总额的34.1%；其他收入完成1，167万3千元，为预算的66，38%，占收入总额的5.45%；中央补助收入1，984万2千元，上年结余收入4，574万4千元，都和预算数相同，共占收入总额的30.64%。

在上述各项主要收入当中，地方国营企业收入是超额完成了的，地方税和中央税留成则没有达到预算数，即少收了1，521万5千元，因而也影响到去年决算的收入总额，只完成了预算的92.68%。地方税和中央税合计实收2亿8，437万4千元，也只完成了原定任务3亿4，568万元的82.27%。

税收所以没有完成原定任务，是因为：一部分税源发生了变化。例如某些国营企业原来集中在本市缴纳的营业税和印花税，逐渐分散到各地缴纳，约减收1，986万元；还有在社会主义改造过程中，原来的私营工商业，采取加工订货和经销、代销的范围日益扩大，私营工商业所占的比重日益减少，部分所得税转化为国营企业的利润，只所得税就约减少1，635万元；特别是去年，税收收入的预算编列得就偏高。当然，偷漏税的情况还是有的，但不是税收没有完成任务的主要原因。

农业税收入虽由于预算编列得较低，超收了15.49%，但所占的比重很小。

1955年国营经济、合作社经济、公私合营经济向国家的缴款（包括税收和地方国营企业的利润）所占的比重更增加了，和1954年相比较，由75%上升到83%；资本主义工商业缴纳的税款则继续下降了，即由21%下降到12%。这也反映出我们在社会主义经济改造过程中，国民经济构成的巨大的变化。

1955年财政收支决算，支出为预算数的89.53%，即比预算少支了2，399万元。其中用于经济建设（包括市政建设）的支出为9，837万9千元，占支出总额的47.96%；文教卫生事业的支出为6，366万8千元，占支出总额的31.04%；优抚和社会救济的支出为252万2千元，占支出总额的1.23%；行政费的支出为2，821万9千元，占支出总额的13.76%；其他支出387万4千元，占支出总额的1.89%。

1955年决算，在支出方面，比预算少了10.47%。其中，一部分是由于各部门厉行节约、反对浪费的结果；另外一部分是由于计划中的任务没有完成，主要的是有几项重要的基建工程，如玻璃厂、混凝土构件厂、灰石厂和两个综合医院、一个产科医院都没有完成；也有一部分是由于在宽打窄用的思想下，有些预算项目原来编列得数字就偏高。

在节约方面，最显著的是在反对了建筑上的浪费现象后，建筑造价降低了。例如中、小学校舍的建筑造价即由每平方公尺100元降低到80元左右。其次是人员编制方面的精简。在国家机关、民主党派和群众团体，以及企业系统事业单位当中，普遍进行了整编工作，共精简职工20，100余人，约为原编制的25%，精简出来的人员有1万多人已作处理，其中退职、退休、升学、转入生产单位的1，300余人，调往外地的291人，其余大部分充实了新建的机构。这不仅避免了因为工作发展、新机构建立，而增加更多编制，并且也解决了一部分干部不足的困难。当然，我们在精简机构、紧缩编制方面，还必须继续进行工作。

去年在节约方面是有成绩的，但是也有缺点。例如在基建方面，有一部分投资的削减不尽合理，造成部分建筑工人窝工，积压了一些已经准备的材料，同时，也因为有些工程造价定得过低，降低了建筑质量，反而形成浪费，并且有些部门把原来计划建筑的职工宿舍和食堂等也削减了，致职工在工作条件和生活条件方面的困难得不到适当解决。

在基本建设方面，由于有些任务确定过迟，准备工作和设计工作跟不上，使得好几项重要的建设投资积压起来，没有能够完成任务，延缓了建设的速度，这是今后应当竭力避免的。

在1955年财政收支决算中，用于经济建设方面（包括市政建设）的支出9，837万9千元，比1954年增长13，28%，具体用途如下：用在地方国营工业方面的支出1，753万1千元，相当于预算数的67%，新建成的有制药厂新厂，可年产针剂6，300万支，片剂6亿5，300万片；清河制呢厂长毛绒绒线车间，可年产长毛绒27万公尺；窦店砖瓦厂示范车间，可年产机砖3，000万块；制冰厂可日产人造冰60吨；光华、森华木材厂干燥室，每年可烘干木材20，240立方公尺。此外，还扩建了氧气厂、试剂厂等。

1955年本市地方国营工业总产值完成原订计划的107%，比1954年增长了36%。在65种主要产品中，完成或超额完成产量计划的有49种；没有完成计划的有16种。在试制成功的新产品方面，仅地方工业局系统即达509种。

用在公私合营企业的投资323万3千元，为预算数的131%。

用在建筑企业的支出305万8千元，为预算数的51.92%，其中主要是购买了建筑用机械，另外增建职工宿舍约75，000平方公尺。这项预算结余很多，主要是因为预算中编列的混凝土构件厂工程没有能够施工的原故。

1955年市属建筑企业，机械化和工厂化和程度都有所提高，根据重点工程统计，用工厂化方式完成的工作量已占19%。由于认真推广了计件工资制，全年任务的安排比较均衡，改善了生产的管理，建筑安装工人的劳动效率有很大的提高。市建筑工程局系统的工人比1954年减少了7，000多人，即减少了22%，而完成的工作量却比1954年增加了21，89%。竣工面积达148万6千平方公尺，超过原订计划的11.4%。

用在农林水利事业方面的支出643万4千元，为预算数的91.07%。其中：(1)农业：购置拖拉机60.8标准台、联合收割机7台，国营农场已全部实行机耕，为农民代耕面积达11万7千余亩，比1954年增长了8万亩。成立了畜力农具站和试验农场各一处，增加乳牛179头。(2)林业：造林14，485亩，超过原订计划18%，为1954年的4倍。(3)水利：疏浚了凤河、凉水河等，可减免涝灾21万余亩。

用在交通运输企业的支出334万元，为预算数的99.4%，添置柴油车122辆，汽车货运量比1954年增长67.5%。

用在市政建设的支出6，478万3千元，为预算数的97%。

在道路工程方面，计新建、改建道路70公里，包括代办工程在内则共达110公里。北海大桥的改建工程也于1955年开工。

新增公共汽车41辆，增加线路20公里，有轨电车新辟线路一条，增铺轨道约5公里。

新建自来水水源四厂一处，包括代办工程在内，共增加管线77.7公里，供水量比1954年增加了31.9%。

敷设下水道管道32.4公里，市内最后一条明沟——御河，已改为暗沟。

扩充了陶然亭、月坛公园，并且新建了东单、官园等小型公园。

此外，为了拆迁房屋的便利，1955年已建成周转房19万5千余平方公尺。

1955年国民经济建设计划执行的结果表明，地方基本建设投资完成了1亿零85万元，新增加的固定资产（包括经济、文教卫生、行政方面的基本建设）比1954年增加的固定资产增长了27.2%，和1954年相比，地方工业产值增长了11.3%，农业产值因为1954年水灾严重，1955年是丰收，所以增长较多，约增长24.7%。在地方工业当中，地方国营、合作社营和公私合营工业所占的比重由54.8%上升到70.5%；私营工业则由45.2%下降到29.5%；如果连中央国营工业计算在内，则私营工业的比重已降低到18.6%。在零售商业当中，国营、合作社营和国家资本主义商业所占的比重由60.17%上升到73.29%；私营商业由39.83%下降到26.71%。参加农业生产合作社的农户已占到农户总数的92%。手工业已经合作化的，按产值计算已达36%。

在1955年财政收支决算中，用于文化教育事业的支出5，255万元，为预算数的83%，占支出总额的25.62%。

在教育方面，为了培养师资新建了师范学院、中等师范学校、高中教员进修所各1处；新建中学13校，扩建46校；新建小学17校，扩建99校；新建幼儿园5处。和1954年相比较：包括非市属学校在内，全市普通中学在学人数已由97，910人增到11万7，067人，即增加了19.57%；小学已由30万4，340人增到33万6，980人，即增加了10.72%；幼儿园和幼儿班等收容的儿童据不十分完全的统计已由12，778人增到20，888人，即增加了64%（另有军委系统和中央直属机关尚有能容纳6，580名儿童的幼儿园没有包括在内）。

在文化事业方面，影、剧场都有增建和扩充；书刊的出版和发行都有发展。影院由18处增为23处，座席增加了31%；剧场由24处增为26处，座席增加了

16.8%；新华书店门市部和书亭由37处增到43处。

在1955年财政收支决算中，用于卫生事业的支出1,111万8千元，为预算数的64.95%，占支出总额的5.42%。

在卫生事业方面，扩建精神病院增加了100床，增建了门诊部2处。因为有一些跨年度的新建和扩建的医院于1955年交付使用，所以1955年比1954年市属医院的病床数增加了653张，约增22.6%。

在1955年财政收支决算中，用于优抚和社会救济的支出252万2千元，为预算数的52.97%，占支出总额的1.23%，预算数没有用完的原因主要是由于火葬场因国外订货没有到，没有建成。

在1955年财政收支决算中，用于行政管理费的支出2,821万9千元，为预算数的104.55%，占支出总额的13.76%，这项开支比1954年所占的比例(14.54%)是减少了，但超过预算4.55%。超过的原因主要是改革行政机关的工资制度(取消包干制，全部实行工资制，工资分制改为货币工资制)增加了一部分开支，并且增建了一些必要的行政用房。前面已经说过，我们虽然进行了精简工作，但有些机关机构编制仍然偏大，用在这方面的行政管理费还应当进一步节约。

1955年财政收支决算年终结余892万3千元，全部结转到1956年预算中使用。

此外，还有地方自筹经费，1955年实际收入562万元，连上年结转252万元，共814万元。实际开支440万元，其中，主要用于补助小学教育、环境卫生费、补充消防器材等和郊区各乡的公益事业开支。结余374万元，全部结转到1956年度继续在这几方面使用。

二、1956年财政收支预算

1956年本市的农业、手工业和资本主义工商业的社会主义改造已经取得了决定性的胜利，现在郊区的农业生产合作社已全部转为高级社，手工业也已全部合作化，资本主义工商业已全部实行公私合营，人民建设社会主义的热情空前高涨，这就是完成和超额完成国家所规定的1956年本市各项国民经济计划的有利条件。根据本市各项国民经济发展的计划，一方面反对右倾保守思想，一方面反对脱离实际的冒进倾向，是我们制定1956年财政收支预算的总方针。

1956年财政收支预算草案中规定的市财政收入总额，包括上年结转收入共为2亿2,441万4千元，比1955年决算的收入增加4.85%，支出总额也是2亿2,441万4千元，比1955年决算的支出增加9.41%，收支平衡。

在收入中，工商各税为4,400万元，占收入总额的19.61%；地方国营企业收入为8,354万9千元，占收入总额的37.23%；其他收入950万元，占收入总额的4.23%；上年结余收入892万3千元，占收入总额的3.98%；中央补助收入7,844万2千元，占收入总额的34.95%。

中央补助收入比1955年增加了295.33%，而各项税收收入则比1955年减少了约31%，这主要是因为本年度中央税留成减少的原故。地方国营企业和事业收入比上年增长14.49%，这是因为地方国营企业又有发展，成本降低，生产率提高，因而利润也增长了的原故。

包括全部中央税在内，1956年本市规定的全部收入为4亿零185万3千元，和1955年比较，增长了8.9%。其中，各项税收增长8.59%，地方国营企业和事业收入增加14.49%。从各种不同的经济成份来看，国营、合作社、公私合营经济的缴款(包括税款和地方国营企业利润)所占的比重和1955年比较，由83.53%上升到94.05%，私营工商业缴纳的税款则由12.56%下降到2.96%，其他缴款由3.91%下降到2.99%。

在支出中，继续增大了经济建设费(包括市政建设)所占的比重，在工业方面着重发展人民生活用品、地方建筑材料和农业生产资料的生产；市政建设方面的重点是解决城市水源问题；农林水利方面着重扩大农田水利灌溉和机耕的面积。

经济建设(包括市政建设)支出为1亿1,797万2千元，占支出总额的52.57%，比1955年决算增长19.92%。其中，市政建设支出和地方工业支出所占的比重最大；和1955年相比较，建筑企业、地方工业和水利事业增长最多。

地方工业支出3,017万7千元，占支出总额的13.45%，比上年增长72%，即增加了1,200余万元。

其中，重要的投资项目，除上年没有完成的玻璃厂、灰石厂、电机厂、金属结构厂的厂房、燕京造纸厂长网造纸车间外，今年计划新建或扩建的主要项目有：清河制呢厂哔叽车间，增加细纱锭10,400个，建成后可年产哔叽180万公尺；日光灯厂建成后可年产日光灯20万只；制药厂农药车间，建成后可年产各种杀虫药剂13,000吨；继续扩建化学试剂厂，扩建后每年可增产各种化学药品600多吨。

建筑企业支出915万元，占支出总额的4.08%，比1955年增长199%。

其中，主要是建设混凝土构件厂，建成后可年产混凝土构件35,000立方公尺；适当增置建筑机械；设立建筑技术研究所。为了建筑业的逐步机械化和工厂化，以加快施工速度，并且逐步减轻工人的某些笨重的体力劳动，这些投资都是必要的。

农林水利和为农村服务的电讯支出共964万2千元，占支出总额的4.29%，其中，可比的部分，农林水利支出较上年增长29%。主要是：

1. 增置拖拉机68标准台，建立拖拉机修理厂1处，机耕面积可达30万亩，比1955年约增加两倍，估计在总耕作面积当中将有一半以上是用机器耕作和用新式农具耕作的。

2. 继续完成温榆河等五项水利灌溉工程和兴建东南郊引水工程，完成后，可灌溉耕地31万余亩。

3. 继续在西山、八宝山、十三陵等地造林22,500亩，加上园林局在东北郊所造防护林585亩，共计23,085亩。

此外，为了适应合作化后农民的需要，在郊区建立电话网，计划安装电话147部，绝大多数乡可通电话。试建一部分农村有线广播网。

交通运输支出392万元，占支出总额的1.75%，比上年增加17%，主要是增置柴油卡车150辆，并且增设一部分保养厂和停车站。汽车货运量可比1955年增加122%。

市政建设支出6,508万3千元，占支出总额的29%，比上年增加0.46%。

为了改善城市交通，计划修建道路94公里，其中，包括东四到西四、西单到复兴门干线和永定门南苑公路的铺装等主要工程；新添无轨电车25辆，首先，开辟从朝阳门经阜成门到动物园的线路；继续改建北海大桥。

为了解决工业发展和人民生活用水的水源问题，计划于1956年基本上完成永定河引水工程，同时，展宽前三门护城河。永定河水引入城区后就可能进一步地保证河湖水面清洁。新建下水道28.83公里，其中，包括沿顺城街的污水截流管。

自来水方面除扩建水源一、二厂的配水设备外，并拟增建水源三厂和新建管线26公里。

在园林绿化方面，拟扩充区域性的小型公园10处，种植行道树50公里。

公私合营企业根据中央规定的以收抵支的办法，收支都没有列入1956年的预算。

和上述1956年财政收支预算的实现相适应，固定资产和各项生产都将有所增长。

1956年基本建设的计划投资额共为1亿5,377万2千元（包括经济建设、社会文教、行政各方面的基本建设在内），比1955年实际完成的投资额增长54%。

1956年地方工业，生产总值计划为8亿7,000万元（另有由手工业转为公私合营工业的部分4,100万元不包括在内），比1955年增长8%，但是根据实际生产情况，本年地方工业的生产总值预计可达9亿7,000万元，其中，可比部分比1955年约增长15%；农业生产（包括农村副业）总产值计划为8,054万元，将比1955年增长9.4%；商品零售总额计划为11亿7,000万元，比1955年增长3.3%。根据实际情况估计，这个计划还会超过。

随着经济的发展和社会主义改造的胜利，人民的生活也将进一步改善。

1956年内，本市就业人数将有较大增加，今年以来各生产单位和事业单位包括国营企业在内，共要求补充从业人员49.000余人。上半年已经介绍了15,000多青年到各工厂和技术学校去工作或学习；从登记的失业或无业的人当中，介绍了9,745人参加工作。在上述就业的人数当中有1万多人是妇女。

1956年本市职工的平均工资约将增加14%左右（平均增加14%，不是每一个人都增加14%）。其中，高级知识分子和高级技术人员以及原来工资较低的供销合作社人员、乡人民委员会工作人员和农林水利工作人员等平均增加的比例还要大一些；其次，中、小学教员增加的平均比例也在总平均数之上（平均比例在总平均数之上，不是每一个人的增加数都在总平均数之上）。其他方面人员增加得要比较少一些。

几年来，职工的劳动生产率不断提高。随着生产的发展和劳动生产率的提高，工人的生活也应当相应地逐步改善。我们为了改善工人的生活和扩大工人的福利曾经做了不少工作，但是近两年来，工资的调整不够及时，工资调整的幅度和劳动生产率提高的速度不相适应。职工宿舍虽然每年都有增加，但和需要比起来，相差还很远，不少职工的住房问题还得不到适当解决。因此，今年在调整工资的同时，对于职工的宿舍也计划多建一些，仅市级各系统计划修建的住宅面积就有13万4,000多平方公尺。为职工及其家属居住用的房屋，包括国营企业和中央机关在内，1956年计划修建113万平方公尺，如果建筑材料和施工力量没有大问题，要尽可能争取实现这个计划。并且在修建职工宿舍的时候，还应当照顾到中、小学教职员和医务人员的需要。当然，修建职工宿舍问题涉及经费、材料、设计施工能力等各方面，只能有计划地逐步解决，不可能要求一下子就完全或大部解决。此外，企业奖励基金和劳保基金大量积压，而工人迫切需要解决的福利问题却没有得到解决的状况，今后应当继续改善。

为了改善农民的生活，主要办法是帮助农民增加生产，增加收入，不使农民负担过重，并且要做好农村的供应工作。在农业税方面，适应农村全部合作化以后的新情况，1956年拟将按户计征的累进税制改为按社计征的比例税制，但1956年征税数字仍旧维持原来的水平，1956年计划征收280万4千元，较1955年实收数字还低4.3%。此外，随同正税附征的地方自筹经费(包括烈、军属代耕粮)，拟根据中央规定，适当增加一些，用以解决乡村小学的部分经费，即从原来相当于正税的9%增到15%。由于几年来农民收入有一定增长，今年正税的计划数字较去年实收数字还低，增加一些地方自筹经费后，农民的负担还不会过重。另外，为了帮助京郊农民发展生产，1956年计划发放农贷1，458万元，比1955年增加了两倍多。

根据今年农业生产的情况，如果没有意外的灾害，估计农民的收入是会增加的，今后的关键问题是继续贯彻勤俭办社的原则，减少非生产开支，做好农业生产合作社的分配工作，争取绝大多数的社员能够增加收入。

私营工商业者，经过全面实行公私合营的社会主义改造后，绝大部分已经在不同形式的公私合营企业和合作企业中服务。根据最近的统计，已有24,500多资方人员被安排了工作，对少数还没有作适当安置的或待遇上不合理的，正在陆续加以解决。私股的股息按照中央指示，一般都规定为五厘，最近已经发放了上半年的股息。

人民的文化生活水平，1956年也将继续提高，在1956年的财政收支预算中，文化教育支出为5,332万9千元，占支出总额的23.76%，比1955年决算增长1.48%。

在教育方面，计划新建中学16校，小学15校，幼儿园2处，并且扩建师范学院和中等师范学校。

1956年度全市中学计划招生60，356人，在学人数将达到152，372人，比1955年度增长24%；小学计划招生85，000人，在学人数将达到372，365人，比1955年度增长11%；据不十分完全的统计，幼儿园、幼儿班等共可容纳儿童57，881人，比1955年度增长177%（另有军委系统、中央直属机关尚有能容纳9,304名儿童的幼儿园没有包括在内)；师范学院招生1,830人，在学人数将达到2，413人，比1955年度增长313%；中等师范学校招生1，720人，在学人数将达到3，148人，比1955年度增长52%。

扫除文盲的工作也将适当开展，1956年参加扫盲学习的人数将达到27万余人，比1955年约增长90%。

在干部训练方面，工农文化补习学校、行政干部学校等，都将有所扩充。

在文化事业方面，计划增设区图书馆6处，改建儿童图书馆1处，新建电影院1处，改建儿童电影院1处，改修露天剧场2处，开办为高级知识分子服务的文化联谊社1处。

在体育方面，除继续建造上年没有完工的游泳场外，计划新建运动场2处，体育场1处。此外，宣武门护城河展宽后，附带开辟天然游泳场1处。

卫生事业支出为1，300万2千元，占支出总额的5.8%，比1955年决算增长16.95%。除计划继续修建1955年没有建成的产科医院和两处综合医院、两处门诊部外，还计划新建门诊所5处，开办中医医院1处。1956年预计仅市卫生局所属病床即将达到4，783张，约比1955年增加35%（另有中央准备下交的1，727张病床和由民政局转交卫生局的360张精神病疗养床没有包括在内)。

1956年财政收支预算中，优抚救济支出为741万4千元，占支出总额的3.3%，比上年决算增长193.97%。除烈、军属的补助费和贫苦救济费外，还包括移民经费，并且计划建成残废军人教养院1处，火葬场2处。

1956年财政收支预算中，行政管理费支出为2,916万2千元，占支出总额的12.99%，绝对数字比1955年决算增长3.34%，在支出总额中所占的比例，则降低了0.77%。这种情况也是合理的。因为行政管理费当中，工资福利费就约占64%，但现在机关工作人员的工资还是低工资，和其他职工一样需要不断提高。虽然编制人员还应当继续精简，但工资总额不一定能减少。

在预算外，由地方自筹的经费，预计1956年可收入427万元，连同上年结转的374万元，共801万元。开支计划为：补助小学教育经费380万元，补助环境卫生费280万元，维修路灯费20万元，补助街道托儿所20万元，分配给郊区各区、乡37万元用于当地的公益事业开支，共计737万元。收支相抵还剩余64万元，仍将用于有关社会福利的事业。

此外，原河北省昌平县在今年3月间划入本市，成为本市的一个区。它的财政收支预算，在划入本市前，已经核定收支都为128万3千元，暂时没有列入本市预算。

这里还须说明，今年本市财政收支预算经财政部核定的总指标，原较上述的预算草案所列总额多704万元，但国务院提到这次全国人民代表大会通过的国家预算，按照力求把预算打在确实可靠的基础上的方针，把原草案中的基建投资总额核减5%。因此，本市的预算也相应地核减了704万元。有些基建项目不得不移作预备项目。鉴于往年有些投资因为具体情况变化，不能完成时，往往积压资金，所以在预算外，规定一些预备项目，是必要的。估计这些预备项目，有不少是可能进行的。正因为这样，在预算执行的过程中，势不能不在这次人民代表大会通过的总方针的条件下，做些项目间的调整；并且，本市预算是国家预算的一部分，国家颁发的事业指标和财政指标有所变化，本市预算在收支上，也就不能不有所增减。

三、为实现1956年财政收支预算而奋斗

1956年财政收支预算的实现，首先依靠于很好地执行1956年的各项国民经济计划。为了更方便地审议这个预算草案是否打在可靠的基础上，是否能够实现，请允许我简单地介绍一下1956年上半年的经济计划执行的情况。

根据市统计局的材料，今年上半年，在工业方面，全市工业总产值完成上半年计划的112%，完成全年计划的53%，比去年同期增长了28.5%。其中，地方工业完成上半年计划的117.1%，完成全年计划的55.5%，比去年同期增长了25.5%，劳动生产率比去年增长了42.2%；手工业完成上半年计划的109.5%，比去年同期增长了9.4%。

在农业方面，已完成的播种面积，相当于全年计划的83.2%（夏播的面积没有计入），其中，主要作物小麦超过计划4.5%，棉花超过计划12.4%，稻谷的播种面积超过计划63%，仅油料作物稍低于原订计划，完成93.5%。

在商业方面，上半年商品零售总额达6亿2，000余万元，完成了年计划的52.4%，比去年同期增长了10.6%。

在税收方面，工商各税已完成年计划的56.34%，完成上半年计划的117.17%。

从上面的考察当中，可以看出，今年上半年工业、手工业、农业、商业和税收完成计划的情况是良好的。但是另一方面，在关系于我们的经济建设很重要的一个方面，即基建投资和建筑工程方面以及和建筑工程有密切关系的运输方面，却还存在着一些困难和问题。截至6月底止，市属各单位的基建投资额完成了年计划的44.49%，虽然比较去年有了进步，但是仅完成了本年上半年计划投资额的66%。市属建筑工程部门仅完成上半年生产计划的88%。特别是从第二季度以来，由于钢筋、水泥供应不足，严重地影响了工程进度。其次，运输方面也存在着问题，由于年初对运输任务估计不足，原订的计划较低，运输潜力没有充分发挥，虽然今年上半年的货运量完成了原订计划的96.5%，但和目前的实际需要相比还相差很多。由于运输赶不上，也影响了建筑工程的顺利进行。

因此，为了全面地、均衡地完成1956年的经济建设计划，从而保证预算的实现，还需要努力改进我们的工作，克服很多困难。

首先，在建筑方面，必须很好地进行部署。为了克服钢筋、水泥供应不足的困难，应当在保证质量的条件下，采取各种经过切实鉴定的先进措施。例如适当采用干混凝土、水泥加掺合料，以生石灰代替低标号水泥和冷拉钢筋、钢筋点焊等措施以节约水泥和钢材，认真执行材料消耗定额和限额领料制度。对于普通房屋可暂时多采用一些砖木结构，以代替混合结构。为了克服运输力不足的困难，运输管理部门应当按照轻重缓急统一调度运输力，加强计划性，注意车辆的检修保养，以提高出车率，推行计件工资制，以提高劳动效率，积极地培养训练汽车司机，以便实行双班运输，更多地组织机关自用卡车和一部分农车参加运输。

其次，在建筑工业、工业和市政工程方面，必须纠正只贪多图快而忘记了“又好、又省”的片面性。

在建筑工业方面，虽然某些重点工程设计和施工的质量有所提高，但一般工程质量低劣仍是比较普遍的现象。许多新建筑墙壁、楼板裂缝，地面沉陷不平，门窗翘裂，抹灰不匀，平屋顶漏雨，地下室渗水，暖气不暖或漏水。这和设计、施工、建筑材料的质量都有关系。因此，设计部门必须提高设计工作的质量，加强对图纸的技术检查工作；施工部门应当认真贯彻操作规程，加强技术管理和质量检查，为了保证施工质量的不断提高，应当改进奖励制度，试行“质量记分”的办法；建筑材料生产部门应当切实改进砖、瓦、砂、石、水暖材料和小五金的规格和质量。此外，由于某些建筑造价定得过低和某些劳动定额偏高而降低质量的偏向，也应当纠正。

本市的工业在提高质量、降低成本、提高劳动生产率方面虽然有很大成绩，但是和其他先进地区、先进工厂比起来，多数产品仍旧是质量较低而成本较高的。仅以第一地方工业局所属厂子为例，1955年生产的48种可比产品，质量赶上国内先进厂子的只有海军呢等

11 种，落后于国内先进厂子的有 30 种，质量很坏的有 7 种。在成本方面，根据 27 种可比产品的统计，成本高于国内先进厂的达 19 种。许多生产单位因为返工浪费和废品率高，所造成的损失是很大的。例如北京市电机厂去年上半年每月平均返修的时间曾达 6,000 多工时。去年四个工业局所属各厂出产的废品所造成的损失共达 209 万余元。因此，在工业方面如何在提高质量和降低成本方面完成计划，赶上国内先进厂，仍然是当前地方工业的一个迫切任务。各厂必须及时修订限期赶上国内先进厂生产水平的规划，并且采取各种有效措施，组织实现，以彻底转变北京市地方工业的落后状态。

此外，新增加的 4,000 多户公私合营工业和已经组织起来的 800 多个手工业合作社，生产潜力很大，必须稳妥地进行生产改组，以保证在品种不减少、质量有所提高和供销平衡的条件下，大量增产。

在市政工程方面，由于设计标准不恰当，施工粗糙，材料不合规格，而造成了工程质量的低劣。例如道路翻浆、路面松散龟裂、上下水道因漏水返工等现象；由于对市政设计资料缺乏科学的调查研究，缺乏预见，计划性不够而造成的各种损失，都须切实改进。此外，修马路不修便道，拆迁民房后，对拆迁户安置不妥当，给他们盖的房子很坏，又不注意解决他们生活上的各种需要等，都是缺乏群众观点的表现，今后必须切实纠正。因为市政工作另有专题报告，这里就不多说了。

在农业生产方面，农业生产合作社的社员们生产的劲头是足的，前面已经说过，必须坚持勤俭办社的原则，必须做好收益的分配工作，减少非生产性的开支，不要设想把农村工作纲要中规定的各项好事一下子办完，冒进倾向应当防止。此外，还要纠正只顾搞农业生产，而忽视农村副业的片面性。

在零售商业方面，首先要根据群众的需要做好供应工作，提高服务质量，以便利消费者。同时，必须降低商品流转费用，精简管理机构，改进调拨货物不及时，手续繁杂等缺点；要充分发挥公私合营商业的潜力和逐步发展新建区的商业网。关于这一方面另有专题报告，这里也不多谈了。

在其他文教卫生事业经费方面，在行政管理费用方面，还要继续注意节约。

为了很好地实现 1956 年财政收支预算，除了以上保证国民经济发展的一些主要措施外，还应当做好直接的财务管理工作。

财政部门对预算的收入和支出计划的实现，都负有一定责任，为此，必须加强财政部门对收入和各项事业开支和生产财务的监督工作，各生产单位也必须管好生产财务。鉴于过去过分强调财政部门的集中管理，管得太紧太死，反而妨碍了各部门、各单位对财政开支的责任心和积极性，我们已经对财务计划的管理审批制度进行了某些改进，今后，还应当进一步改进，以便使各部门、各单位都对国家的财政开支积极负责。在分级管理方面，因为现在的区人民委员会是一级政权，按道理说，也应当有一定的财政权，虽然区级财政还不可能一下建立起来，但是应当做好试点工作(今年已在南苑、东郊两个区进行这个工作)，以便取得经验，等到条件成熟时，建立区级财政。

税收方面，在私营工商业全面公私合营后，应当着重向纳税单位宣传税法税则，帮助各企业单位健全会计制度，熟悉计税方法，加强督促检查，以防止漏税。各国营、公私合营企业、合作社都应当重视纳税工作，不许可漏税。

为了保证以上各项工作的切实改进，还必须改进市人民委员会的领导，继续不断地和各种脱离群众的官僚主义作斗争，在一切工作方面，加强群众观点，贯彻群众路线，把全市各阶层的人民的积极性发挥起来，为完成各项社会主义建设任务而斗争。必须承认：产生上面谈到的各方面缺点的总根源，是我们有严重官僚主义作风和群众观点不够，不在铲除这个总根源上下工夫，是不可能把工作彻底改好的。

各位代表，1956 年财政收支预算关系到本市的经济建设，关系到广大人民的物质生活和文化生活，我们所提草案是否妥当，和 1955 年的财政收支决算一并提请大会审查。

关于市政建设工作的报告

——在1956年8月8日市第一届人民代表大会第四次会议上

北京市副市长　薛子正

各位代表：

我现在代表市人民委员会向大会报告几年来市政建设的工作情况、存在的问题与改进工作的意见：

（一）

解放后，市人民政府用了很大的力量进行市政建设，以改善劳动人民的生活环境。据财政局的统计，七年来，国家用于市政建设的投资为1亿8，774万元(不包括房屋建设投资)，占全部预算的25.54％。七年来，市政建设各单位由于贯彻执行了为生产服务、为劳动人民服务、为中央机关服务的方针，大力改善了供水、排水、道路桥梁、公共交通、园林绿化等设施，改变了城市面貌。

增加了供水能量。目前全市饮用自来水的人口相当于全市人口66％，比解放初期用水人口增加了二倍半，城区饮用自来水的人口已达97.6％；同时工业用水量也大为增加，平均每人每日的用水量由解放初的30.6公升，至1955年底增加到52公升。几年来修建的供水管网达682公里，并扩建和新建了5个自来水水源厂。

改善了环境卫生，清除了远年垃圾，取消了城内的垃圾待运场，实行了夜间收运办法；迁移了城内粪场，消灭了粪霸，改革了粪道管理，建立了群众性的保洁制度；消灭了龙须沟、李广桥、御河、四平园等大臭水沟，改善了严重积水和蚊蝇孳生地区的环境。七年来共修复了旧下水道280多公里，新建了新下水道达289公里。

河湖工程方面，七年来疏浚了131公里河道，开辟了70万平方公尺的人工湖，并在今年内完成永定河引水的初期工程（原来决定“七一”通水，因隧洞塌方推迟了通水日期）。陶然亭、龙潭原来都是大苇塘、垃圾、粪便汇聚的大臭水坑，现在都已开辟成为公园和游人休息的场所。

为了适应本市交通发展的需要，改建和新建了不少交通干道，展宽了西长安街、平安里至张自忠路、朝阳门内大街和朝外大街、京通公路、京门公路、阜成门至钓鱼台、西直门至颐和园（西颐路）、德胜门至清河镇(德清路)、颐和园至温泉和东直门至酒仙桥等道路，今年并争取打通和展宽东四至西四的道路。七年来共修筑了各种道路682公里，比解放前原有铺装道路增加2.6倍，打通城墙豁口29处，建筑桥梁55座。在关厢和郊区，还修筑了200多公里粒料稳定土路，采用沥青表面处理的办法整修了80条城区胡同土路。这些工程的完成，对改善交通运输、城乡物资交流和配合新建筑区的发展，起了应有的作用。

公共交通方面，也得到较迅速的恢复和发展。从平均每人每年利用公共交通车辆的次数来看，由1949年的17次到1955年增加到96.4次。营业路线长度也比1949年增加了4.6倍，从1949年的71.7公里，增加到403.65公里。目前已有汽车403辆，较解放初期增加了6倍多。电车240辆，较解放初期增加了4倍多。乘客人数，目前平均每天达到96万人次，比1949年增加10倍多。

房屋管理方面，由我们管理的公房36万零750间，机关、团体、学校、企业等使用的占76.4％，市民住用的占23.6％。并大部贯彻执行了“统一管理，以租养房”的方针。

园林绿化方面，除恢复和改善原有的北海、中山、颐和园、天坛等公园外，新辟了陶然亭、紫竹院、东单、官园等公园，并充实了动物园。1949年至1955年七年间共种植路树73，700余株，河道树25，000余株，育苗面积增到312公顷。

（二）

从首都建设的发展要求来检查我们的工作，则暴露出我们在工作中的不少缺点和问题：

一、在道路工程方面，当前最主要的问题是如何克服道路翻浆、路面龟裂、松散等现象。经检查分析产生上述现象的原因是：

1、有些道路的年龄太老，应该翻修的未能及时翻修。

2、路面结构太薄，不能适应当前的交通运输。解放前原有路面一般仅12至15公分厚，而且没有基础。解放后虽然改进了设计计算，但对苏联设计理论研究不透，没有具体结合本市的气候、土壤、水文地质等情况，制订出合理的设计规范，机械地搬用了苏联过时的计算方法，以致不合理地降低了标准。

3、施工粗糙，违反操作规程，片面追求进度，加以某些制度松弛，技术管理薄弱，造成工程质量低劣。

4、材料规格不能控制。目前由于没有专门生产道路用料的机构，用料的质量很低，加上供应不及时，严重地影响了工程进度和质量。

还应该说明：有些马路确实太老了，到了应该翻修重建的年龄了。如东华门大街、王府井大街等虽然也年年补修，但的确是补得东来西又坏，修补一块坏了四周，最彻底的办法，就必须有计划地投资逐年翻修。

解放后新建的马路也发生了类似的现象，甚至有的当年修当年就坏了，这就应该由我们负责，是我们工作中的缺点，应该检查改正。

我们除了正视这些缺点外，应继续采取下列措施谋求改进。

1、在设计方面，加强调查研究工作，根据北京的具体条件，确定设计标准，纠正设计工作中的公式主义、主观主义的偏向。

2、在施工方面，加强技术管理，严格贯彻技术交底，建立并健全检查、验收等制度。对职工不断地进行“质量第一”的教育，推行质量计分等办法，以保证质量。

3、主动地与生产单位联系，改进材料规格，加强改进沥青材料的研究，制订统一的标准，扩大半成品预制范围，增加必要的机械、仪器设备，用集中炒油、配油，机械撒布、铺摊代替手工业操作。

4、有系统地总结几年来已经取得的经验，并继续推广和提高这些经验，改进工程质量。

二、在供水排水方面，应该是如何开发水源，保证水质，解决河湖污染与提高工程质量等问题，目前的具体情况是：

1、设计质量较粗糙、科学依据不足和严重缺乏技术资料。

2、没有全面规划，部分地区的流域规划重复或选线不恰当。

3、未摸清地下水源情况，盲目分散开发，互相影响。

4、施工质量不好与质量事故还不断发生。

5、分流制未建成，还没有污水处理厂，河湖污染情况较严重。

解放初期，懂得搞下水道的人并不多，如何满足北京这样一个人口众多、发展很快的城市里供水、排水的需要，对我们还是个新问题。1949年秋天，苏联专家建议整理旧有下水道，是改善城市环境卫生的第一步。经过调查研究和老工人的努力以及“沟董事”的协助，才初步了解全市旧下水道的流域系统和管道的位置、类型、出口等具体情况。

在1950年至1952年的恢复时期，承苏联专家的帮助指导，很快地疏浚了全部旧有下水道，添建了若干新的下水道，解决了严重的积水问题。扩充了自来水管网，建立了公用水站。但由于经验和知识的限制，工作中曾产生了一些缺点和错误。下面的几个例子足以说明：

1、永定门内大街的下水道因流域规划的差误，先修建了路东的双孔方沟，但宣泄能力不够，后来又被迫添建路西的砖砌拱沟。李广桥下水道就与四海下水道上游的规划流域面积重复，造成了浪费。

2、有些胡同新修的下水道，虽然解决了当时的积水现象，但未考虑到长远规划，以致将来还要改修。

3、文教区下水道上游，当时只顾抢工，忽视了流沙的严重危害性，管道基础未予加固，排水工作也未作好就安设了管子，致交工后管道严重下沉、裂缝漏水，最严重部分不得不予废弃，造成损失。现在又将这条下水道的上游出口改建到万泉水系。

克服上述缺点的具体措施，除改善设计、施工，建立并健全各种制度外，还应该根据城市发展的总体规划，拟定近期和远景相结合的上下水道规划设计，推广设计、施工中的先进经验。

关于地下水源问题。目前对地下水源的利用，至今尚缺乏深刻的研究，而城市人口逐年增加，消耗水量日有增长，如果对这点有限的地下水源任其无计划地开发，势必造成地下水源更加困难的严重后果。目前有些自来水厂已感到地下水位日渐降低，为此，除已商请地质部门对本市水文地质进行详尽勘察外，对于目前盲目凿井互相干扰的情况，应作研究处理。

雨水、污水合流制的下水道，已不能满足首都发展的要求，1953年虽然确定了雨水、污水分流制的方针，并开始修建了污水干管，但由于客观条件的限制，新建的数量极少，目前大部分污水仍需排入河道，因而河湖污染情况仍很严重，再加上全市27,000多个渗井的渗透，致饮用为主的地下水源已经受到严重威胁。我们除加强水源防护工作之外，还必须有计划地增建污水干管和兴建污水处理厂，以求得这一问题的根本解决。

三、公共交通方面也有不少的缺点和问题

1、乘客拥挤，车辆不够，远远不能满足客观发展的需要。今年上半年公共交通乘客人数较去年同期增加了22%，但车辆仅增加6.6%，因而上下班时间特别在星期日和假日乘客拥挤的现象就更为严重。

2、马路太窄（全市12公尺以上的马路不多），因而行车路线太少，所有公共交通的车辆几乎都拥挤在几条主要干道上。从公共交通普及程度来看，城区每平方公里仅有1.6公里长的公共交通路线网（莫斯科中心区每平方公里有5至6公里的公共交通路线网），郊区每平方公里仅0.058公里路线网，这充分说明目前公共交通严重缺乏的情形。

3、有些乘务员服务态度不好。过去由于我们过分地强调提高经济技术指标，忽视了乘客流量的增大，这样就使得部分职工也片面地追求定额指标，忽视乘客安全，产生了对乘客推上推下，夹人、摔人，甚至不关车门就走和谩骂乘客的严重现象。

4、过分强调节省油量，也是造成混乱的原因之一。我们曾开展过不领燃料工作日的运动，但在运动中既缺乏具体措施，又作过不恰当的奖励，因此有些司机也曾经不适当地节省油量，过火地滑车，结果大大降低了车行速度，并且常常发生误点，引起乘客不满。

5、技术员工严重不足，特别缺乏汽车司机，这样就造成了工人的普遍的加班加点，影响工人健康。

6、公共汽车的营业时间太短，夜间收车太早，居民感到不便。

7、电车路基太坏，车辆太旧，行车颠簸太大，路面损坏较严重，安全设备也不全。

产生上述缺点的原因，除部分由于财力的限制与马路断面太窄等客观因素外，主要的还由于我们对客观形势的发展估计不足，事先缺乏应有的准备，乘客大量增加之后，又没有能够及时改进工作，致损害了乘客的利益，应该深刻检讨。

改正上述缺点的具体措施是：

1、提高车辆利用率，加强调度工作。公共汽车计划第三季度的车辆利用率提高到94.6%，除修理养护外，假日出车397辆，平日出车375辆，并继续加强直达车、区间车和直达快车的利用，缩短乘客的旅行时间。

2、延长营业时间，适当地增加职工人数，尤其是技工和司机。从7月份起，市区公共汽车除十一、十四路和六路均晚上九时半收车外，其余11条路线均分别延长到十时至十一时多收车；郊区各路线一般的也延长班车营业时间，三十一、三十二、三十八等路车，增加夜班车。

3、开展先进生产者运动，加强司机和售票员的思想教育，提高技术水平，改善服务态度。

4、在国家预算许可的条件下，增加部分公共汽车；对路线的增加，仍应加强城市建设各部门的通力合作，并争取逐年解决。

四、关于改进组织管理和领导作风问题

几年来，在改进组织管理，改进领导方面，作了不少工作，也获得了一定的成绩，但混乱现象仍然存在，需要继续改进。在最初的一段时期，管理技术业务的领导干部，大部分是既不熟悉业务，也无组织管理的经验。往往把行政和企业混淆在一起，领导职责不明，既是业主，又是包工，既管设计，又管施工，没有健全的财务管理制度，大部分工程在年初虽有预算，但在年终结算时往往是实报实销；没有技术管理，没有定额指标，更没有统一的技术标准，因而，既不容易总结经验，也不容易互相监督检查。

1953年冬天，在中共北京市委员会的督促帮助之下，市政建设各单位，先后均选派了干部到钢铁学院工地去学习企业化管理、成本核算等制度。从这次学习之后，使我们开始重视企业化管理的方法和苏联先进经验，并懂得了计划管理、财务管理、成本核算和施工组织设计、班组作业计划等是提高劳动效率、提高质量、降低成本的主要保证。很多干部并且能够在实际工作中体现这些经验和制度。从1954年开始，先后改革了组织管理上的供给制和包干制，实行企业化管理。与此同时，把计时工资制改变为计件工资制；成立了市政工程设计院，加强了规划设计；加强了工地技术管理，统一工程排队；逐渐地克服了“一面建设，一面破坏”的现象。

随着组织管理的改进和技术业务的提高，又暴露了领导上某些弱点：

1、缺乏计划性和预见性。

2、缺乏群众观点，对群众的切身利益关心不够。

3、对合理化建议和推行先进经验未予应有的重视。

4、民主作风不够。

领导作风的好坏，是保证作好工作的主要关键。

历年来由于年度计划确定较迟，甚至拖延到后半年才能最后确定，有些工程确定之后，又常常改变，尤其是年年都有些临时紧急任务，因而不得不打乱原有的工程计划。为了赶任务常常必须日夜加班，抢工突击，这样就给设计、施工、材料供应、运输力调动等工作带来了很多困难，造成终年忙乱。这里除了因总体规划未定，使年度计划和工程设计受到一定影响外，我们过去对规划、计划重视不够，没有及时制订出市政建设的统一规划，也是主要原因之一。例如疏浚凉水河的工程，事先联系不够，考虑不周，贸然决定开工，因对防涝问题解决的不够好，遂不得不停工，拖延到1955年才又施工，造成浪费。又如展宽西长安街的工程因处理双塔去留问题犹豫不决，道路断面一再改变，道牙安好又拆，电线杆一挪再挪，也造成返工浪费。

由于缺乏预见性，有部分道路、桥梁的设计曾经不合理地降低了标准，致不能适应当前交通运输的发展需要。部分桥梁不得不予加固或改建。下水道和自来水也有类似的情形。自来水的管网，也因对发展远景估计不足，对人口计算有偏差，过多地埋设了一些口径较小的管子，也给长远发展带来了困难。

对群众切身利益关心不够。以拆除民房、迁移居民的情形来说，由于首都大规模地改建，在城外已征用了许多农田，搬动了一些农民；在城内每年也要拆除一些民房，搬动上千户的居民。为了安置被迁移的居民，已在城郊关厢开辟了15个迁居区，并已住进了两万多人。但是由于业主太多，要求又急，规划管理和设计施工部门又往往草率从事，把部分房子建筑在低洼地里，一到雨季，积水很深，有些房屋的质量也很低劣。有部分迁建区的商业和服务行业也很缺乏，使住进的居民在日常生活上很不方便。对上述问题从5月上半月开始已分别进行处理，现在继续处理。

公房管理方面忽视群众利益的例子也不少，对居民一些日常生活上的要求，如接长一些电灯线，换一块窗玻璃，修理一下厕所等，这是容易解决而且应该解决的，但也有拖延到一年半载或经人民来信揭露之后才予解决。上述情形，有的已有改进，但还未能完全克服，今后还必须认真纠正这些缺点和错误。

对城内部分地区的市政设施，我们也有注意不够的地方，其中有一些是群众迫切需要而又花钱不多就能办到的，如有的地方缺乏公共用水站，有些汽车站、电车站附近还有积水现象，有些人行道必须平垫铺装等。对于这些关系广大群众切身利益和必须解决的问题，我们却长期未予很好地解决。今后我们有责任督促各有关部门通力合作进行处理。

对市政建设各单位的职工福利，特别是职工宿舍也是长期未解决的问题，电车、汽车两公司有80%以上的职工没有家属宿舍。上下水道工程公司和道路工程公司有5，000多职工没有家属宿舍。很多工程队在外面工作住帐篷，回城后又缺乏足够的宿舍，这样，不仅影响工人生活和学习，也严重影响到工作情绪。

在采纳合理化建议与推行先进经验方面，几年来市政建设各单位的职工，在工程实践中发挥了他们的智慧，创造和积累了不少的经验，并提供了不少的合理化建议。例如汽车公司为了节省汽油改用白煤炉，解决了当时燃料供应的困难，降低了成本。电车公司试制云母圈和隔电版〔板〕成功，解决了国外订货的困难。电车上采用了在阻力和马达皮上安装挡水版〔板〕，解决了大雨毁车与交通中断的损失。上下水道工程局采纳的合理化建议，其中如测量高程的活动塔尺与测量地下水位的电测器，解决了扬水试验的地下水位的观测问题。自来水管接口处采用了水泥石棉代替了贵重的青铅，六年来节省了青铅1，040吨。道路工程局采用蓄热、加化学剂、蒸气养护等一系列的建议，使混凝土路面也能冬季施工，这样就增长了全年修洋灰路的作业日数（由过去的178天增加到282天），并保证了质量。但由于我们关心不够，对已推行的建议没有足够的重视，也未及时予以推广，对那些没有被采纳的，也未组织其继续研究试验，给予帮助和支持，对那些不完全合理的缺乏耐心解释说服。下水道方面的列车下管法、四合一施工法，在其他城市已大为推广，但我们却未予以应有的重视和奖励，这不能不说是我们的缺点。

由于民主作风不够，批评和自我批评不正常，尤其是自下而上的批评展不开，就放纵了我们的骄傲自满情绪，不能很好地听取广大职工的意见，因而有些可以避免的损失未能避免，很多具体工作中的缺点未能及时纠正，这也是我们今后工作中必须认真改进的。

五、对今后工作的意见

为了适应当前社会主义建设和社会主义改造的新形势，市政建设各单位必须克服困难，纠正缺点，迎头赶上。

1、在供水排水方面，永定河引水工程完成后，虽然基本上解决了近期工业发展和城市生活用水的水源，为了增加自来水供应，还必须进一步考虑在永定河畔筹建河水厂并铺设导水管，引水入城区，以满足人民生活需要。

其次，应该有计划地修建雨水管解决城区积水，逐年疏浚通惠河、清河、坝河、莲花河等；并适当地展宽、加深护城河，增强这些河流的宣泄能力，减轻新建区的积水和农田内涝的灾害。

2、在改善环境卫生方面，必须建成雨水、污水分流制，增建污水管，兴建污水处理厂，把污水经过处理后流入河道，保证河湖和地下水源不受污染。

应逐年减少城区渗水井与露天厕所，推行垃圾分类收集，使环境卫生得到进一步的改善。

3、在改善城市交通方面，必须有计划地逐年展宽一些干道，如展宽东、西长安街，打通东直门到西直门、广安门到广渠门等大街。

增设无轨电车，陆续拆除内城有轨电车以无轨电车代替，并将有轨电车移置到永定门至南苑、广安门至丰台等路线，以便利蔬菜供应和城乡间的交通运输。

4、为解决居民居住的便利，在建筑力量和材料供应的可能条件下，兴建一些简易房屋和职工宿舍，以解决职工家属住房的紧迫需要。

5、为进一步地克服城市建设中的混乱现象，今后必须统一领导，统一投资（房屋建筑与市政工程投资还要求相应地平衡），统一规划设计，统一建筑管理，必须有一个总的领导机构，才能有计划地进行建设。

6、改进领导管理：第一、必须展开思想斗争，既要反对盲目冒进，又要反对右倾保守，要慎重地制订计划与提出如何完成计划的工作方法，工作计划初步确定之后，除应有一般的工作布置以外，还应广泛征求职工同志的意见；在工程进行中要有具体的督促检查，在保证质量的基础上保证计划的完成。第二、要多关心群众利益。以拆迁民房为例，首都必须改建，因而，有一部分民房要拆除，还有一部分住户要搬出城外或城关厢。但在规划设计时必须注意尽量少占农田，少拆民房。如果实在不能避免时，必须妥善地、有计划的、负责地作好一切准备工作，解决被迁移户的困难。反对那些不负责任的"哄走了事"严重脱离群众的官僚主义作风。只有坚决发扬民主、改进领导，在广大人民支持与监督之下，才能更好地完成我们的建设事业，把首都建设得更美丽。

最后，应该说明：这个报告只是提到了市政工程单位和公共交通的一些经验教训，至于其他工作请各单位的负责同志补充说明。

以上报告，请大会审查。

关于改进本市商业工作的报告

——在1956年8月8日市第一届人民代表大会第四次会议上

北京市副市长　程宏毅

主席、各位代表：

我现在报告一下本市商业工作的主要情况、存在的问题和准备采取的一些改进措施，请大会讨论。

解放以来，由于生产的恢复和发展、社会购买力的提高以及城乡物资交流的扩大，本市商品流转额有了很大的上升。1955年本市商业批发额为10亿元，比1949年增加了4.7倍，预计今年可以达到11亿6,000万元，比去年增加16%，可以超过今年原预计数的12%。1955年本市社会商品零售额为11亿3，000万元，比1949年增加了4.3倍，预计今年可以达到13亿元左右，比去年增加15%，超过原订计划11%。第一个五年计划中规定的本市1957年社会商品零售额13亿8,000万元的任务，估计将要超额完成。这样，1957年本市社会商品零售额比1949年将增加5.4倍，比1952年将增加84%。

几年来，国营和合作社商业发展得很快。1955年国营和合作社商业的批发额比1949年增加了7.6倍，全市批发总额中国营和合作社商业所占的比重已由1949年的45%，上升为1955年的92%；国营和合作社商业零售额比1949年增加了18倍，所占的比重已由1949年的19.6%，上升为1955年的69.3%；职工由1949年的5，000人，增加到1955年的34，000多人，增加了将近6倍。

饮食业和服务性的行业也有很大的发展。全市饮食业的营业额1955年比1949年增加了5倍，从业人员由16，000多人增加到18，000多人；理发、浴堂、洗染、旅店、照像等服务性行业的营业额增加了将近6.5倍，从业人员由12,000多人增加到19,000多人。

1953年以来，由于生产的发展、人民生活水平的提高和就业人数的增加，社会购买力增长的速度超过了消费资料生产增长的速度，加以当时还存在着私营工商业的盲目性和投机性，因而，市场上出现了许多商品供不应求的情况。国营商业部门扩大了对工业品的加工、订货、收购和包销的范围，执行了国家对粮食、食油、棉布等主要产品的统购统销政策。这对稳定市场、保证对人民生活需要的供应、支持工农业生产和贯彻执行国家对私营工商业利用、限制、改造的政策，起了巨大的作用。

去年以来，我们又执行了城市粮食分等定量供应和郊区农村粮食定产、定购、定销的政策，有效地节约了粮食。

由于中央的正确领导、广大职工和全市人民的热烈拥护，以及本市私营工商业者接受改造的积极性，我们在今年1月上旬的社会主义改造高潮中，对私营商业实行了全行业公私合营，满足了广大群众普遍要求走社会主义道路的迫切愿望，取得了对私营商业社会主义改造的决定性的胜利。全行业公私合营以后，我们进行了清产估价、核资定股、人事安排、保持和恢复经营特点、安排了小商小贩和初步调整商业网等工作。因此，今年上半年公私合营商业的营业额比去年同期增加了43%，显示出公私合营商业的优越性。

商业工作虽然有以上的成绩，但是也还存在着很多错误、缺点和问题。

一、在商品供应工作上，不能很好地适应群众和生产方面日益增长的需要。不少的商品供不应求，品种少、质量次、规格不全或货不对路，常常发生时而积压、时而脱销，这里积压、那里脱销的现象。在副食品方面如猪肉、牛肉、羊肉、鸡、鸭、鱼、蛋等，由于生产赶不上消费的增长，生产的季节性很大，同时由于远途调运和缺乏必要的设备，加以我们经营管理上存在着很多的缺点，所以供应上不能满足需要。使群众购买时排队拥挤，并且有时还有出售臭肉、臭鱼虾、臭鸡蛋的情况。几年来蔬菜的生产有了很大的发展，商业部门加强了蔬菜的供应和蔬菜市场的管理工作，有效地缓和了蔬菜供应的紧张状况，基本上稳定了蔬菜价格，这是很大的成绩。但是由于蔬菜批发工作组织得不好，经营环节多，储存、保管、调运工作存在着很多缺点；流动的零售菜贩在改造中减少得多了一些；加以蔬菜生产的季节性也很大，农业生产合作社还不能完全按计划生产，有些社没有按照合同规定数量按期送菜上市，以致蔬菜有时大量积压，有时严重脱销，甚至造成大批蔬菜腐烂；蔬菜的品种、质量也不能适合消费者需要。在衣着日用工业品方面，服装、鞋帽的号码不全，有时只有大号没有小号，或者是只有上身没有下身，儿童的服装、鞋帽品种、规格更少，经常脱销；季节性的商品往往旺季脱销，或者花样规格不全，临时组织进货，等货到了，旺季也过去了，造成积压；很多零星商品如钮扣、松紧带、卫生球、冷布等也存在着脱销的情况。文化用品方面，文具纸张、科学仪器等也有很多品种供应不足。例如纸张几年来都有大量积压，今年却严重脱销。农村中有些小农具的供应不但数量不足，而且质次价高。在城乡物资交流方面，也有某些人为的阻塞现象，例如鸡蛋今年旺季时，市食品公司不恰当地限制乡村农民和小贩来京出售鸡蛋，并且还有强迫贬价收购的错误作法。

二、商业部门对工业、手工业产品实行加工、订货、收购、包销方面，如同前面所说的，有很大的成绩，但工作中有盲目性，使有的工厂有时停工减产，有时突击增产；对工业部门某些原料的供应时有时无；对产品的验收由于许多产品没有明确的检验标准，没有检验仪器，验收标准时紧时松；有些产品的工缴货价偏低。例如市五金公司经营的油毡，1955年销售17万卷，但1956年只提出收购10万卷，而上半年就销售了15万卷，使得工厂临时突击生产，市场出现严重缺货的现象。做毛笔用的黄鼠狼尾巴，长期没有货，畜产公司又不积极组织采购。使得毛笔的质量下降，用户意见很多。市文化用品公司在金笔积压时，强调本市金笔厂的产品质次价高，不予收购，要求工厂停工，但在金笔供不应求时，竟修改了原订合同中的质量标准，收进了不合规格的产品出售。有些产品由于改进生产降低了成本，商业部门便将工缴费也随之降低，使工业部门改进生产、降低成本的积极性受到很大的影响。例如第一皮毛生产合作社在1952年给市畜产公司作猸子皮衣每件裁工用9个工，每个裁工作一件皮衣收入为21.6元，1955年经过改进以后，每件只用6个工，工人收入也就随着减为14.4元，降低了33%。

商业部门对零星的农副产品收购工作也有不少缺点，如京西矿区核桃皮、杏仁皮年产200万斤，由于出口困难，今年停止了收购；知母、柴胡等药材，国药公司不积极收购；蜂蜜由于收售价差率达85%（产地收购价0.69元，本市零售价1.28元），农民意见很大。

三、几年来国营和合作社零售商业对群众的服务工作虽然不断有所改进，但是问题仍然很多。除了前面说过的商品不全、质量不好以外，商业部门对零售店的商品经营和对零售店的管理，往往不是从群众的需要和便利出发，而是强调自己的管理方便。

很多零售店的营业时间不适合群众的需要，有的零售店的营业时间和机关、工厂上下班的时间一样，营业时间也没有根据季节的变化进行调整，大家感到买点东西赶钟点、太紧张。

有些商品出售时分量不足，如曾经有一个时期对整袋面粉亏短分量，不给补足。管送的商品如煤球，往往拖延一两个星期还送不到。有些商品本来可以挑选的，也不准顾客挑选。凡士林起码要买一磅，螺丝钉起码要买一罗。

有一些零售店的售货手续过繁。粮食、食油等统购统销商品，群众购买时手续很麻烦。

许多零售店原来是在一个地方同时卖主食和各种副食，但是商业部门单纯为了自己经营管理方便，将一个零售店分成为粮食、食品杂货、肉食、水产、蔬菜等五个摊子，各管各的业务，有的营业时间还不一致，因而群众购买东西感到不便，也给零售店的经营管理造成困难。

对有些有连带关系的商品硬要把它分开在几个地方卖。例如有些零售店卖合页〔叶〕不卖螺丝钉，卖新药的不卖酒精（最近已纠正）。

在私营商业全行业公私合营以后，许多专业公司在各区设立了“区店”，这是必要的；但是不适当地从各个基层商店抽调了过多的人员，把一些有经验、有技术的私方人员和店员抽到区店里作管理工作，结果影响了原来零售店的业务，同时造成区店管理机构臃肿。

在贯彻执行民族政策方面，公私合营以后，商业部门在帮助回民企业解决经营上的困难、人事安排、保持和恢复回民企业的经营特点等方面做了很多工作。但是由于商业部门各级领导对贯彻执行民族政策重视不够，对职工进行经常的宣传教育工作做得很差，以致在实际工作中发生了不少问题，主要是对伊斯兰教的风俗习惯重视不够。比如饮食业中曾经组织了10个联合食堂，虽然是汉、回民分别经营的，但实行了统一核算，有的食堂甚至统一采购原料，共同使用一个仓库（现已纠正）；在经营糖果和糕点上，也有的没有注意照顾回民；有些零售店的包装、储存等用具没有按照民族习惯分别设置；有些地方在调整商业网的时候，把供应回民的饮食和副食商店撤销了，造成当地回民群众生活的不便。

四、由于首都各项建设事业的发展，人口的迅速增加，旧的商业网不但在城外新建地区、就是在城内也已经不能完全适应需要。

解放以来，本市人口已由200万人增加到350万人，加上新划进来的昌平区已有380万人。新建的房屋也是逐年增加，到1955年底，本市新建房屋的竣工面积已经达到1，400多万平方公尺，今年还要建筑500万平方公尺左右，其中大部分都建在城外，但是却没有同时相应地修建商店用房。因而在工厂、机关、学校，宿舍建成以后，没有商店，使当地群众生活感到很大不便。从1954年以来，我们在新建区建设了一些临时性商店，并且采取了临时搭棚售货、向各机关定期送货、组织流动售货车、摆摊等办法，解决了一些供应问题。今年我们又在新建区建设了6个大型综合商场，并且继续建筑4万平方公尺的商店。这样，虽然改进了新建区的供应工作，但是现在新建区已有工人、干部、学生和家属等约90多万人，目前商店仍然很少，商业从业人员只有5，000多人，仅占当地人口的0.7%（城区占5.3%），因此仍不能满足需要。饮食业和理发、洗染、照像、旅馆等服务性行业，几年来虽然也有了很大发展，但仍远不能满足需要。这些行业不但在郊区新建区十分缺乏，就是在城区有些地方也不够，以致理发、洗澡、吃早点有时都要排队；洗染、照像行业交货时间很长，质量也不好。

旧的商业网在分布上有不合理的地方，我们在私营商业全行业公私合营后，即按行业并根据不同地区的需要，对商业网进行了初步调整。在调整中对于原来分布大体合理的行业（如粮食）或和人民日常生活关系密切的行业（如油盐店、肉铺），除了一小部分商店因设置过密不易维持，进行了个别调整外，一般都维持原地不动；对供应对象主要是机关、企业的行业（如地车、汽车材料业），作了较大程度的集中或合并；对小商店和连家铺，为了居民购买方便，一般原地不动；对经营困难的，我们首先解决资金、货源问题，使它原地维持，实在不能维持的，协助进行迁并。通过这些调整，初步解决了业务忙闲不均和地区间商业网分布不合理的现象，并且将城区分布较密的百货、饮食、理发等40多个行业中2，200多人迁到郊区六大商场经营，支援了新建区商业网的建设，同时通过调整也减少了商品经营重复，使过去困难户的营业得到了维持。有些商店经过并店集中，扩大了货场，增加了品种，营业额也增加了，如西单商场就是一个例子。但在这项工作中还有缺点，主要是对经营群众日常生活必需品的油盐店、猪肉、蔬菜、饮食和服务等行业，有的地区迁并得多了一些，当地群众感到不便。郊区流动商贩参加农业生产合作社的较多，同时组织合作商店和合作小组后，集中得多了一些，因而农村流动的和分散的商贩减少，农民买东西感到不如以前方便。

五、过去我们对商业部门职工的生活福利关心得很不够，对职工群众许多的切身困难没有及时地加以解决。

职工的工作时间过长，一般零售店职工的工作时间在九小时以上，有的甚至到十四小时。对职工业余时间缺乏合理安排，对各种会议没有加以适当控制，如百货公司第二门市部在今年3月上、中两旬内就召开过三十八次会议。结帐和表报制度繁杂，有的常常要到夜间十二点钟左右才能结清。由于职工工时过长，许多职工长期睡眠不足，影响了职工的健康；有些售货员精神疲乏，工作效率不高，常出差错事故。工时过长也影响了职工的政治、文化和业务水平的提高，有些售货员没有时间照顾家庭，自己的生活也很难安排。

职工的宿舍严重缺乏。目前国营和合作社商业的职工已由去年的34，000多人增加到46，000多人，但是几年来职工的宿舍建筑得很少。零售公司很多基层商店的业务员没有宿舍，只好睡在柜台上，白天休息的时候，只好遛马路；交电公司有20个青年职工，因为找不到房子只好拖延婚期；食品公司有146个职工把猪棚和货棚当作宿舍。有些职工反映："商品怕晒盖货棚，怕冻盖暖库，人没处住却没人管。"

在福利金的使用上有偏紧偏严的现象，职工要求补助必须经过本人申请、小组讨论、领导批准等"五关"，层层核减，以致职工实际困难得不到及时的和应有的解决，而福利金却有大量积压。

国营和合作社商业部门所以发生这些错误、缺点和问题，一方面固然有客观上的原因和困难，如人民生活水平日益提高，生产发展赶不上需要的增长，副食品生产的季节性很大，我们的业务发展迅速，新增加的人员很多，基本建设资金缺乏等等。但是最主要的原因是，商业部门的领导上存在着官僚主义作风和右倾保守思想，对于在社会主义建设高潮下，工农业生产日益高涨和广大人民日益增长的各方面需要估计不足；部分干部存在着资本主义的经营思想，对消费者和生产的需要缺乏主动的、高度负责的精神，在工作中往往考虑本身经营管理的方便多，而考虑群众的需要很不够。在客观情况已经变化了以后，商业部门对工作中的一些作法，及时地加以研究提出改进的意见也很不够。

国营商业部门过去为了执行稳定市场、保证供应和对私营工商业的利用、限制和改造的政策，在私营工商业实行全行业公私合营以前，对主要的大宗的商品采取了加工、订货、统购、包销的进货形式，在经营管理方面采取了集中统一的方针，这在当时是完全必要的和正确的，在今后也还要继续适当地采取这些办法。但是，由于采取商品集中采购，统一调拨，自上而下分配，资金不分批发和零售集中使用，统一调度等办法，就很难照顾到具体的情况和群众的需要。由于没有实行经济核算制，也就不能发挥各个经营单位的积极性和主动性，因此也就给商业部门带来了供给制思想和官僚主义作风等缺点。目前国营商业的批发部门主持几万种商品的进货计划，对生产和人民生活中多种多样的并且是多变的需要很难了解清楚，进货计划带有很大的盲目性，再加上商业系统的层次重迭、手续繁多，又不能及时修改计划，有时对某种商品采取硬性搭配的办法；零售店既不能到外地采购，也不能向本市的生产部门直接订购，又不能在地区和商店之间互通有无，只是批发部门有什么就卖什么，实际上助长了国营商业的官僚主义的经营作风，而且也降低了生产部门对改进产品质量、品种、花色的关心。现在资本主义工商业全部公私合营了，农业、手工业全部合作化了，已经有条件适当改变过去的作法。我们必须充分利用这些有利的条件，努力发挥国营和公私合营商业的潜力，不仅必须保证做好城乡物资供应工作，稳定市场物价，并且要进一步改善商业为生产、为消费者服务的质量，努力扩大和加速商品流转、降低流转费用，争取完成和超额完成国家的各项计划指标。为此，拟采取以下各项措施：

第一、切实改进货源的组织和商品的供应工作

商业部门对广大人民所需要的日常消费资料，应该首先由零售商店在深入地调查研究群众需要的基础上，提出要货计划，批发部门根据零售商店的具体要求，组织货源。国营商业对某些品种、花色比较简单而数量又大的主要产品仍然采取统购、包销的方式；对某些供不应求的商品仍然要采取计划分配的方式；对其他品种复杂的零星商品，在产供销统一计划的范围内，可以就商品的品种、规格、花色、式样实行选购，并且要允许工业部门按照国家规定的价格自行推销，或者给工业部门代销。但是由于对选购工作还没有经验，因此在实行以前，要作到充分的准备，首先应对一小部分商品进行试验，然后分批地有步骤地推行。对于公私合营商店同本市和外地的工业、手工业原有的进货关系以及行商、小贩的外地采购业务，应该在统一计划下，加以保持和发展。对于国营、合作社和公私合营商店原来有经验的一切采购人员，都要分配他们担负采购、进货工作，充分发挥他们的积极作用。国营商业的工作人员应该学习他们这方面的好的经验，改进我们的工作。商业部门应该尽可能提早提出进货计划，保持适当的库存，努力改善推销工作，并且应该加强产供销计划性，使工业部门能够合理地安排生产。同时还要改进商品验收工作。为了促进商品质量的提高，商业部门对于生产部门所需要的原料，除国家统一调拨的以外，应允许用货部门选购，不得搭配。在工缴货价方面，为了鼓励工业部门根据群众需要及时改变产品的品种、规格、花色、式样，提高产品质量，应该切实执行按质论价的办法，不经市人民委员会的批准，商业部门不得随便降

低工缴货价，现行工缴货价不合理的应该适当调整。在解决这些问题当中，商业部门应该主动征求工业部门的意见，工业部门和商业部门应互相协作互相帮助。

副食品的经营，有很大的季节性和技术性，调运、整装、保管和推销上也有许多困难。因此，要对负责经营副食品的从业人员实行物质鼓励的办法，规定活体商品的增益、损耗定额，超额者提奖；按照他们的职务分别给予应有的权限，以便及时地处理采购、分级、变价、推销当中的具体问题；并加强对他们的政治思想教育，提高他们工作的积极性和责任心。同时要把过去经营这些商品有经验的人员和商贩充分使用起来，让他们继续担负经营这些商品的工作。关于蔬菜供应，要尽量作到就地生产、就地供应，较大的机关、团体、学校和部队可以在统一计划下，直接和农业生产合作社订立供应合同，直接供应。在蔬菜经营上必须大大地减少经营环节，简化批发手续，增加必要的加工储存设备，同时应该根据需要，适当增设零售商场，国营副食品门市部应该增加蔬菜经营，扩大货场，合理调配经营人员；公私合营油盐店凡已取消蔬菜经营的应该恢复；蔬菜联营组应该增加流动菜车，扩大他们的流动范围。在货源组织上，还应继续加强内运外销工作，以调剂淡、旺季和群众多种多样的需要。关于活体的副食品的供应，市食品公司应切实改进调运工作中的缺点，减少损伤腐烂，同时必须协助郊区农民发展生猪、鸡鸭等的生产。

第二、提高零售商业的服务水平

为了加强零售商业的经营计划性，加强对零售商业的领导，对目前有些国营公司同时管理着批发和零售业务的办法要加以改变。今后批发和零售一般的应分开经营，单独核算，这样批发单位就可以集中力量从事货源的组织工作和分配工作，并且使得批发业务有条件划细，逐步走向专业化，便利零售单位采购；零售单位应该实行经济核算制，一般零售店都要有独立的资金，独立经营，独立计算盈亏，使经营好的企业可以提取奖金，同时要积极地有步骤地推行计件工资制和奖励工资制，以鼓励职工的积极性。

为了便利群众购货，减少群众排队拥挤的现象，各零售店应该取消不合理的售货手续和制度。有些零售店营业场址过小的应适当扩大。各零售店应该根据群众的习惯，根据不同的季节和不同的行业合理地调整营业时间，在商店集中的地区还可以把同类商店的营业时间错开。零售店对外营业时间应适当延长。现在许多商店的店员工作时间过长、工作过累，应该采取店员轮班上班的办法。某些地区、某些零售部门感到人员不足，应该首先从地区之间、行业之间进行调剂，精简管理机构，充实零售单位；同时要改善劳动组织，简化内部的手续制度，减少不必要的统计报表，应该考虑将目前有些零售店一日盘存一次的办法改为一星期、十天或一个月盘存一次的办法，以减少店员的工作时间。

一般零售店应该放在居民委员会的监督下，要定期召开顾客座谈会来认真听取和研究消费者的意见；设在机关、学校、厂矿、企业内的商店或合作社，应主动地认真地征求和听取所在单位的意见，改进供应工作。同时各零售单位的领导人员也应认真地支持和采纳店员职工的建议，来改进工作。依靠广大群众的监督与帮助，加强与群众的联系，是今后改进商业工作服务质量的关键之一，必须引起我们所有商业工作人员的严重注意。

商业部门必须保证商品的质量，改进食品的清洁卫生工作，腐坏变质的商品一律不得出售。商店出售商品分量不足的，必须予以补足。管送的商品必须及时送到。各零售店经营的所有的商品今后都应允许顾客挑选。有些商品按习惯应该零卖的，应即取消“售卖起点”，做到消费者要多少、卖多少。

此外，还应该加强对职工政治思想教育，改善服务态度。

进一步发挥公私合营商店的潜力。国营商业对于已经实行定息的公私合营商店，应当按行业统一编制经营计划，扩大对他们的商品供应。对公私合营商店的资金应当按行业进行统一调剂，并且保持他们的单独核算，资金有困难的，可以经过主管国营公司批准，由银行贷款解决。公私合营商店凡是向国营批发部门购进的商品，出售价格应当同国营零售牌价一致，自行采购和加工的商品，可以根据实际成本规定出售价格；小商贩出售的商品，如果是经过自己的包装、整理，付出劳动较多的，可以允许多得一些盈利。对小商小贩的营业，也应该通盘加以安排，帮助他们增加商品品种和解决资金困难，使他更好地为消费者服务，并且能够获得必要的收入。

为了更好地为消费者服务，便利顾客，应该采用多种多样的服务方式。比如较大的厂矿、企业、机关、团体、学校所需要的一些用品，国营商业可以指定一部分商店，固定和这些单位联系，负责进行供应，甚至还应替他们向外埠采购。这样，不但便利了用户，而且也可以加强商业部门的经营计划性。又如给顾客包修、改制、送货、订货等服务方式，都应该根据群众的需要与可能，逐步实行。商业部门应该注意研究我国过去商业上优良的服务方式，根据具体条件，逐步推行。

几年来，国营商业、饮食业和服务业的业务人员，增加很多，其中有不少是新吸收来的人员，业务水平很低，有的连起码的、简单的售货技术（如算帐、过秤、包装等）都不会；有的虽有些售货技术，但也很不熟练；技术性较大的饮食业和服务行业，现在技术工人极为缺乏。因而，劳动效率很低，也就不能不影响到服务质量，已经成为改进工作中需要迫切解决的严重问题。今后国营和公私合营的商业、饮食业和服务业，都应该招收徒工，用带徒弟和开办训练班的办法，积极加以训练、培养。各个主管国营公司应利用座谈会、观摩等方法，按行业组织各项技术的交流，保证职工有学习技术的时间。更重要的是应该通过奖励工资制和其他物质奖励制度，并且要加强政治思想工作，鼓励职工学习技术的积极性。

为了提高商业和服务业的工作质量和服务水平，必须贯彻按质论价的政策。因为质量优良的商品大家都知道所花的制作时间和付出的劳动要比一般产品为多，并且需要较好的技术和熟练的劳动。所以，对这些产品，商业部门在向工业部门加工、订货或收购时所订的价格（或工缴费）应该比一般产品要高些，出售价自然也应随着比一般的高，只有这样，才能使得产品质量优良的单位得到应有的报酬，促使生产部门更多地注意提高产品质量；才能使得有技术的工人得到较多的收入，促使工人不断地学习和提高技术。这不仅对商业如此，就是对一些服务性的行业也应该贯彻这种政策，以便更有效地提高他们的服务水平。这样做是完全符合生产者和消费者的利益的。

第三、加强新建区商业网的建设工作和调整商业网工作

目前新建区的商业网仍然严重不足，必须继续修建，对这些地区已有的商店必须办好，新建区和城内某些地区的服务性行业太少，也应当积极地加以发展。今后，还必须结合城市整体规划做出商业网的长期规划，根据全市每年修建房屋的计划，相应地建设商业网。

目前在商业网的分布上还仍然存在着不合理的情况，不能完全适应群众的需要。在有些地方如王府井、西单、前门等商业集中的地区，有些商店规模较大、品种较全，而在另外有些地方由于商店很小，品种不全，消费者买不到需要的商品，往往跑到这些商业集中的地区去买，造成这些地区商店的顾客过分拥挤，购货不便。因此，必须继续进行适当的调整。我们准备在花市、大栅栏、菜市口、东四、西四等地区现有商业网的基础上进行调整，利用现有的房屋、设备，扩建较大型的百货商店和食品商店，并根据不同地区居民的需要和购买规律，使业务相联系的商店作到合理配置，以便调整和组成为若干个足以满足一般群众需要的商业中心。在调整中要把同一地区经营重复的商店适当合并，增加品种，打通门面，扩大营业场地。现有分布在小胡同里的经营食品杂货、烟酒、小百货等小商店，对居民很方便，过去调整不当影响供应的应该恢复，少数地区缺乏这种小商店的也应该增设。

第四、解决商业部门职工的生活福利问题

为了解决职工工时过长问题，我们正在国营零售店里逐步推行八小时工作制，为此，必须精简不必要的会议和其他业余活动。对工作地点距离住处过远的职工的工作，特别是女职工，各个系统内部进行调整，尽可能使职工住处与工作地点接近。要增办哺乳室、托儿站，切实解决女店员的困难。农村供销社营业时间必须便利农民，目前实行八小时工作制还有困难，可以采取轮流休息的办法。

商业和服务行业职工的宿舍和职工生活困难补助以及福利设施问题，有关部门正在逐步解决。

第五、关于私营商业社会主义改造中的问题

目前公私合营商业的营业情况，一般较好，但还需要解决以下几个问题：

（1）本市的小商店和连家铺，大部分已经实行了经销、代销、部分自营，今后将连同摊贩一起，在自愿的原则下，把他们逐步地、分期地、分行分业地组织成为分散经营、各负盈亏的合作小组。由国营商店、供销合作社和公私合营商店中指定一个中心商店，作为若干个合作小组的批发店，由这个批发店领导合作小组，负责供应商店、向银行贷款，并代他们向税局交税。目前正在西单区试点，取得经验后，在全市推广。

（2）对私方人员的团结教育和改造需要进一步加强。全行业公私合营后，在人事安排上大部分是适当的，但由于我们对资方人员的业务专长了解不够，因此对参加社会活动较少、在经营技术上有专长的人员照顾不够，其中个别的职务安排得不当，现正在纠正。

现在公私双方共事的关系已有改进，但还有些公股代表、职工不尊重私方人员的职权，对他们工作中的困难具体帮助不够，个别的对私方人员抱有歧视态度。但也有些私方人员在工作中怕担子重、怕干不了、怕犯错误，因而在工作中束手束脚，不敢负责，也有个别的私方人员看不起职工，工作中不依靠群众。我们认为这些问题应该从两方面来解决：公股代表要负起积极团结教育改造私方人员的责任，在工作中要给私方人员以应有的信任，发挥他们的长处，并帮助他们作出成绩，要同他们商量办事，认真考虑他们的意见和批评，

规定适当的制度，使他们参加应该参加的业务会议和阅读有关业务的文件，教育职工尊重他们的职权；私方人员在工作和学习中要发挥积极作用，努力进行自我改造，主动地和诚恳地去接近公股代表和工人，争取他们的帮助和支持。

(3)公私合营商店原来的工资、福利不合理的地方必须逐步解决。根据国务院指示的精神，公私合营企业中职工与私方人员的工资标准和相当的国营企业比较：高的不降低，低的根据生产经营情况和企业的条件逐步地增加。现在中华全国总工会等部门正在举行公私合营企业工资会议，等到会议决定后，即可进行调整。目前有些公私合营商店，由于业务扩大，营业员工时过长，也应当调配人力，适当解决。

最后，为了改进商业工作，必须切实地改进我们的领导作风。商业部门的各级领导干部必须很好地学习政策，钻研业务，认真地克服右倾保守思想和资本主义经营思想，树立明确为群众为生产服务的观点，要在各项工作中认真地深入群众，联系群众，依靠群众，坚决克服官僚主义。我们相信在党和政府的正确领导下，在广大群众的监督下，本市商业部门的工作人员一定能够改正错误，克服缺点，改进工作更好地为群众、为首都的各项建设事业而服务。

北京市第一届人民代表大会第四次会议提案审查委员会关于提案的审查报告

(1955 年 8 月 15 日通过)

北京市第一届人民代表大会第四次会议收到的提案共 446 件。由于在这次会议以前召开了预备会议，不少代表对有关议题的工作进行了视察，因而提案比较集中。属于商业和城市建设方面的提案最多，并且在很多提案中提出了比较具体的办法。提案审查委员会把全部提案整理合并为 311 件。按性质分类，属于政法类的有 22 件，财经类的 105 件，文化教育类的有 41 件，卫生类的有 28 件，城市建设类的有 103 件，社会福利及其他类的有 12 件。

提案审查委员会分设了政法、财经、文化教育、卫生、城市建设、社会福利及其他共 6 个组，分别对有关提案逐案进行了研究，提出初步审查意见；接着，由总召集人和分组召集人共同进行研究；最后，由提案审查委员会全体会议讨论通过。

我们审查的原则是：凡是该办又可能办或者一部分可能办的，都交市人民委员会办理；凡是需要研究后才能决定办或者不办的，都交市人民委员会研究处理；凡是不属于市人民委员会工作范围以内的，都交市人民委员会转送其他有关主管部门研究处理。

审查结果，在 311 件提案中，交市人民委员会办理的有 151 件，交市人民委员会研究处理的有 131 件，交市人民委员会转送其他有关主管部门研究处理的有 29 件。全部提案的审查意见等到大会通过后，马上交市人民委员会认真处理，并且把执行情况在下次会议前提出报告。

此外，这次会议收到迟到提案 16 件，提案审查委员会来不及审查，拟交市人民委员会研究处理。从 7 月 7 日举行预备会议以后，直到现在的正式会议期间，还收到人民来信 58 件，也一并交由市人民委员会负责处理。

提案和审查意见，已经印发给各位代表，是否妥当，请大会审议。

北京市第一届人民代表大会第四次会议关于北京市1955年财政收支决算和1956年财政收支预算的决议

（1956年8月15日市第一届人民代表大会第四次会议通过）

北京市第一届人民代表大会第四次会议听取了张友渔副市长关于本市1955年财政收支决算和1956年财政收支预算的报告，经过小组和大会的讨论，并且经过预决算审查委员会的审查，大会同意预决算审查委员会的审查报告，决定：

1．批准1955年本市决算总收入2亿1，404万2千元，总支出2亿零511万9千元，并且同意把1955年决算结余892万3千元全部转列到1956年预算中使用。

2．批准1956年本市预算总收入（包括上年结余）和总支出各为2亿2，441万4千元，并且同意预算中所列的各项支出。

3．同意张友渔副市长在报告中所提出的关于实现1956年本市预算的各项方针和措施。

4．鉴于往年有些投资因为具体情况变化而不能完成的时候，往往积压资金，所以在预算外规定一些预备项目是必要的。并同意市人民委员会在预算执行的过程中，可以在市人民代表大会所通过的总方针下，进行必要的调整。

大会责成市人民委员会及其所属单位认真贯彻执行1956年预算，并且号召全市人民努力生产，厉行节约，为完成和超额完成1956年各项国民经济建设任务，为实现1956年本市的预算而奋斗。

北京市第一届人民代表大会第四次会议关于市政建设工作报告的决议

（1956年8月15日市第一届人民代表大会第四次会议通过）

北京市第一届人民代表大会第四次会议听取了薛子正副市长“关于市政建设工作的报告”以后，一致同意。市人民委员会由于执行了为生产服务、为劳动人民服务、为中央机关服务的方针，大力改善了本市的供水排水、道路桥梁、公共交通、园林绿化等设施，改变了城市面貌。

大会同意薛副市长在报告中所指出的市政建设工作方面的缺点和改进工作的各项措施。特别是要根据城市发展的需要，制订出近期同远景相结合的市政建设的全面规划，加强计划性和各部门间的通力合作；加强调查研究和地质地形勘测等工作，纠正工程设计中的主观主义和公式主义的偏向；提高施工技术管理水平，建立并健全检查、验收等制度，保证工程质量；提高公共交通车辆利用率，延长班车营业时间，加强对职工的政治教育，改进服务态度；逐步增建住宅，改善房屋的修护和管理；在首都的改建、扩建过程中，拆除部分民房、迁移部分居民势所难免，但是必须注意尽量节约用地、少拆民房，实在不能避免的时候，必须有计划地、负责地、妥善地解决被迁移户的困难；为了更好地发挥市政建设部门职工的积极性，应该很好地开展先进生产者运动，并且关心职工的生活。大会责成市人民委员会督促市政建设各部门贯彻执行上述措施。对本次会议中代表们提出的有关意见，也应该切实研究、认真处理，使市政建设进一步改进和提高。

北京市第一届人民代表大会第四次会议关于改进本市商业工作报告的决议

(1956年8月15日市第一届人民代表大会第四次会议通过)

北京市第一届人民代表大会第四次会议听取并讨论了程宏毅副市长“关于改进本市商业工作的报告”。大会一致同意这个报告中所指出的几年来商业工作的成绩、缺点和准备采取的各项措施。大会认为几年来本市的商业工作，在稳定市场、保证供应、支持工农业生产和贯彻执行国家对私营工商业利用、限制、改造的政策方面，有着很大的成绩。尤其是在今年社会主义改造高潮中，对私营商业实行了全行业公私合营，取得了社会主义改造的决定性胜利。大会同时指出，除了生产的发展还跟不上社会购买力的增长等客观原因以外，目前本市商业工作中存在的许多缺点是造成人民生活资料供应方面许多不便的主要原因。不少商品供应不足，品种规格不全，质量次；副食品的供应不足，购买的时候排队拥挤；许多商店营业时间不能适合群众需要，售货手续过繁，服务水平低；新建区和城内某些地区的零售商店、饮食店和服务商店不够，对新建区的供应工作还有很多缺点；对工业、手工业的加工订货和对农副产品的收购计划性差，工缴费、货价还有不尽合理的地方，在验收标准和验收工作上也存在着许多缺点；国营和合作社商业的组织机构重迭，经营管理不善，管理费用和损失浪费也很大；对职工生活福利方面的问题关心得很不够。

大会同意程宏毅副市长在报告中提出的改进商业工作的几项主要措施。大会认为商业部门应该加强组织货源和分配商品的计划性，在对大部分主要产品仍然采取统购包销和计划供应办法的同时，应该适当改变以往同工业、手工业的供销关系，有准备地从一部分商品开始，有步骤地推行选购商品的办法，以适应当前资本主义工商业全部公私合营和农业、手工业全部合作化以后的新形势；其他有关工缴费、货价等问题，也必须根据当前的具体情况，由工商双方密切协作，合理地加以调整。副食品的供应工作，特别是肉食、蔬菜的经营和管理必须大力改善，应该从生产、分配、价格和调运、储存、加工以及售货组织等各个经营环节上，多方面设法加以改善。零售商店也必须从各个方面采取措施，尽力减少群众购货排队拥挤的现象，有效地提高服务水平和改善服务态度。为此，各类零售商店应该加强同群众的联系，在广大群众的监督和帮助之下，努力改进供应工作。应该积极地有计划地修建和扩建新建区和城内某些地区的零售商店、饮食店和服务店；新建区的商品供应工作，也必须认真地加以改善；现有商业网分布不合理的，还必须继续进行调整。商业部门职工福利问题也必须切实解决。大会还认为，为了改进商业工作，必须加强为群众为生产服务的思想，加强群众观点的教育，坚决克服官僚主义。

最后，大会责成市人民委员会督促和组织各有关部门采取具体措施贯彻实现，并且对本次会议中代表们提出的有关意见认真研究，参照处理，以便切实改进商业工作，更好地为群众、为首都的各项建设事业服务。

北京市第一届人民代表大会第四次会议主席团、秘书长名单

（1956年8月8日市第一届人民代表大会第四次会议通过）

主席团 （四十五人，按姓氏笔划排列）

王子如（女） 王文斌 王光伟 王梓仲
王昆仑 王斐然 王辉球 王　纯 乐松生
巨　赞 江隆基 刘　仁 余心清 佘贻倜
吴　晗 李君武 李伯球 杜　若（女）
林巧稚（女） 郑　芸（女） 胡锡奎
范　瑾（女） 马玉槐 徐楚波 殷维臣
浦洁修（女） 凌其峻 张大中 张奚若
张友渔 梅兰芳 郭树德 梁思成 彭　真
彭思明 傅种孙 冯基平 程宏毅 华罗庚
贾庭三 雷洁琼（女） 载　涛 蒋光鼐
薛子正 薛　愚

秘书长

薛子正

北京市第二届人民代表大会第一次会议

(1957年1月9日——12日)

北京市第二届人民代表大会第一次会议本应在1956年12月底以前举行,由于准备工作未能就绪,经市人民委员会第22次会议决定推迟到1957年1月上旬举行。

北京市第二届人民代表大会第一次会议于1957年1月9日至12日举行。大会代表共619人,其中,妇女占代表总数的22.9%,少数民族占代表总数的8.4%。

大会听取和通过了副市长张友渔关于开展增产节约运动的报告。

大会共收到提案491件,经整理合并为427件。其中,政法类46件,工业、手工业、农业类72件,商业类(包括粮食、财政、金融)71件,教育类(包括体育)44件,文化卫生类60件,城市建设类125件,其他类9件。

根据国务院关于1956年选举工作指示的规定,本应在人大二届一次会议上选出市人民委员会成员。但由于当时彭真不在北京,有关问题没有定下来,因此市人民委员会的选举工作推迟到市人大二届二次会议进行。

关于开展增产节约运动的报告

——在1957年1月9日北京市第二届人民代表大会第一次会议上

北京市副市长 张友渔

各位代表:

我现在代表北京市人民委员会向大会报告关于开展增产节约运动的问题。

目前很多物资供应紧张,而生产的潜力还没有充分发挥,浪费物资的现象也很多。因此,发动全市人民开展一个广泛的增产节约运动,有很重要的意义。我们必须认识增产节约始终是促进社会主义建设,从而创造条件,以不断改善人民的物质、文化生活的重要手段。

为了说明我们在增产节约运动中所应当采取的各项措施,首先,有必要回顾一下本市一年来的工作。

一

1956年是国民经济全面高涨的一年。在1956年内,我们先后完成了农业的高级形式的合作化,完成了手工业的合作化，完成了资本主义工商业全行业的公私合营，从而取得了社会主义改造的决定性的胜利。由于人民群众建设社会主义的积极性空前高涨，本市国民经济的各个方面，大部分都超额完成了1956年度的计划指标，并且比1955年有较多的增长。

在工业方面，总产值比1956年原订计划超过17.5%，其中，地方工业总产值超过23.7%，比1955年增长33.7%，并且已经在1956年8月份，即提前一年零四个月，达到了第一个五年计划规定的1957年的水平。在地方国营工业的161种可比产品中，102种产品的质量有了显著的改进。

私营工业在全部公私合营以后，已经初步完成了生产改组工作，职工生产情绪空前高涨，绝大多数企业的生产潜力得到了发挥。据1956年前三个季度的统计，生产总值较1955年同期增加了30.9%；质量一般有所提高，成本一般有所降低，新产品有所增加，职工的劳动条件也有所改善。

在手工业合作化的高潮以后，全市有近十万手工业者已经全部组织起来。其中，新参加手工业合作社的社员有五万三千人。在改组过程中，由于我们抓得不紧，有一部分手工业合作社曾一度盲目地扩社、并社和打乱原有的产、供、销关系。针对这种情况，我们按照在增加生产、便利人民的基础上增加社员收入的方针，采取了一些措施，对手工业合作社进行了整顿。1956年手工业的总产值超过原订计划的21%左右，每一个手工业合作社社员的平均产值比1955年增长了约32%。随着生产的发展，目前，全市有90%以上的手工业合作社社员收入较入社前有所增加，生活有所改善。

郊区的农业，因为遭受了较严重的涝灾，没有完成生产指标。在主要作物当中，粮食约完成原定指标的77%左右，棉花约完成原定指标的57%左右。但是，在遭受严重涝灾的情况下，仍然显示出高级形式的合作社有着很大的优越性。例如1956年的涝灾虽比1954年更为严重，由于国家的大力支援和社员的积极努力，粮、棉作物的产量仍然比1954年高得多：粮食的单位面积产量高于1954年的14%左右，棉花的单位面积产量高于1954年50%左右。蔬菜和水果的总产量，都高于1955年。在全市427个农业生产合作社中，有299个合作社（即占合作社总数的70%）增加了收入；在全部合作社中，大部分的社员可以达到或者超过1955年的实际收入。

1956年完成的基本建设投资，包括中央国营工业在内，比1955年约增加35%。其中，地方企业和事业的基本建设投资，比1955年约增加58%。

1956年开工的建筑面积，共达530万平方公尺，完成的工程量约为394万平方公尺，竣工面积为356万平方公尺。工业方面新建和扩建的基本建设工程，已经完成而投入生产或试车的，在国营企业方面，主要有：电子管厂、第一汽车附件厂、华北金属结构厂、国棉三厂等；地方国营工业方面有：燕京造纸厂、化学试剂厂、制药厂、义利食品厂、日光灯厂、大理石厂、电机厂、汽车修配厂、北京食品厂等。

1956年社会商品零售总额，由于人民购买力的迅速增长，超过原订计划的30%，比1955年约增长34%。

1956年人民的生活也有不少改善，仅市属各部门职工工资的总额就比1955年增加约二千五百余万元，平均提高了14%左右。公私合营企业职工的工资也正在准备进行调整。手工业合作社社员的平均收入，1956年8月份就比4月份提高了17.5%。全市的就业人数，仅由市劳动局介绍就业的，即达六万多人。文教卫生事业也有较大的发展。中、小学的招生数字超过了原订计划。1956年中学学生比1955年增加了三万七千多人，小学学生增加了四万三千多人。医疗机构的病床比1955年约增加了一千五百七十张。

从上述情况可以看出，1956年本市国民经济各个方面的发展是比较快的，人民的生活也有相当改善。在生活供应方面，也保证了人民吃饱穿暖。这些成绩的获得是和社会主义改造的伟大胜利分不开的，是全市人民和干部艰苦奋斗、积极工作的结果。

但是，社会主义改造虽然取得了决定性的胜利，并不是一切困难问题都已得到解决；并且随着各项事业的发展和人民生活需要的不断增长，还出现了一些新的问题。

当前的主要问题，首先表现在许多物资供应方面的紧张。由于工资调整、就业人数增加、人民生活改善和本市人口的大量增加，社会购买力的增长非常迅速。1956年很多商品的供应量较往年都有增加，就人民生活必需品的供应数量来说，棉布比1955年增加了32%，肉类增加了22%，煤炭增加了24%，蔬菜增加了33%。以上这些生活用品增加的速度都大大超过了人口增加的速度（1956年的平均人口包括新划入的昌平区在内超过1955年约11.5%）。但是，由于生产的发展仍然赶不上人民生活需要的增长，有些生活用品的供应仍然显得很紧张。在公共交通、房屋等方面，也有同样的情况。目前，公共交通方面乘客拥挤的情况是十分严重的，这也是因为公共交通车辆虽然有所增加，但仍然赶不上需要。据统计，1956年的公共交通车辆比1955年增加了4.6%，但乘客的人次却比1955年增加了41%。如果和1949年比较，公共交通车辆增加了三倍多，而乘客人次增加了十二倍。在前一次市人民代表大会会议上，我们曾决定拨款三百万元，以增加公共汽车，但是，因为进口困难，只买到了28辆卡车改装为交通车，另外把一部分投资改用来铺设北新桥到东直门的电车线路。由于买车困难，今后也只能适当地增加一些车辆，不可能增加太多。即使能买到大批车辆，现有的马路也容纳不下，如果展宽马路，又必须大量拆房，这一系列的问题，都是目前不能完全解决的。住房问题也很紧张。截至1956年底，虽然在我们新建的房屋一千七百多万平方公尺的面积当中，住房占710万平方公尺，仅1956年竣工的住房面积就有134万平方公尺，但由于人口大量增加，仍然不能适应需要。

人民生活的逐步改善是完全必要的。过去几年来人民的生活已有很大的改善，但是，我们的经济还很落后，物资的增加很有限，并且我们要建设社会主义就必须发展重工业，不可能把有限的资金完全花在改善人民生活上。因此，人民的生活只能逐步地改善，生活的改善决不应该超过生产增长的速度。这些都必须向人民反复地解释清楚。我们过去在强调改善人民生活的同时，对于"艰苦朴素、勤俭建国"的精神宣传得很不够，有些人产生了单纯追求享受的倾向，机关、企业铺张浪费的现象也有所滋长。这些，都是不利于社会主义建设的，都是应当反对的。

其次，在生产和原材料供应方面，也出现了若干失调或紧张的现象。1956年基本建设的规模增长较大，开工的建筑面积比1955年增加了47%，不少建筑材料如钢筋、水泥、木材等都未能保证供应，运输力也跟不上，因而很多建筑工程不得不被迫停工；有些机电产品的生产也因为原料不足而未能完成原定的任务。

从以上的问题当中，可以看出，在人民生活的需要和生产之间，在建设事业和生产资料的供应之间，都出现了某些失调的现象。

另一方面，在我们工作当中也存在着不少缺点。由于我们缺乏经验，并且有主观主义和官僚主义的毛病，在社会主义改造高潮以后，有许多具体工作没有跟上去，从而发生了一些偏差。例如：有些公私合营企业和手工业合作社在改造后，不适当地打乱了原有的产销关系；有些半修理、半制造性的厂子，不适当地集中、合并或完全转为制造业，使群众感到很大的不便，使残旧的东西得不到修理，增加了浪费。农业生产指标规定得偏高，耕作的技术规程没有经过典型试验即普遍推广，对副业生产的统筹安排曾经一度忽视。对计划供应的粮食、布匹，也曾一度放松了管理。这些缺点，虽然已经纠正或正在继续纠正，但是应当引为教训，在今后的工作当中，要切实克服主观主义和官僚主义的毛病。

二

为了进一步发展国民经济，胜利地完成和超额完成第一个五年计划，在发展生产的基础上逐步改善人民的生活，缓和物资供应的紧张状况，就需要发动和依靠全市人民开展一个广泛的增产节约运动；并且在制订1957年国民经济计划的时候，要按照"保证重点、适当压缩"的方针，合理地使用财力、物力和人力。

第一、在工业、手工业、建筑、市政工程等生产部门都要开展增产节约的运动。为了增加工业品的生产，必须大力发动群众，采取改进生产管理、改善劳动组织、推广先进经验等措施，挖掘生产潜力，努力增加产品的数量和种类。增加生产必须在原材料有保证和社会需要的前提下进行。工业部门应当认真调查研究社会需要和原材料的供应情况。凡是原材料有保证、产品有销路的，必须大力增产；凡是原材料不足而社会又迫切需要的，应当积极设法利用代用品、废料进行生产，试制新产品，以求在原材料不足的情况下，积极增加生产。为了更好地满足社会需要，必须做好地方国营、公私合营工业和手工业合作社之间的统筹安排，加强生产的计划性。各工业局和生产合作总社可按照不同产品进行分工，同种产品应当由一个部门负责安排，避免各自为政的现象。在建筑方面，应当妥善地安排1957年的建筑任务，首先保证工厂、学校和一部分科学研究机关等的建筑工程，其余的建筑力量应当着重修建居住用房。在一切新建工程中，应当尽量地少拆民房。

目前，本市各有关部门虽然已经重视了修理业的问题，并采取了适当措施加以改进，但有些方面的修理工作仍然不能满足需要，以致许多残旧的东西不能利用，浪费很大。以棉服一项为例，1956年生产约120万件，假定这120万件棉衣中有四分之一利用旧里、旧棉，就可以节约二万一千匹布和三十万斤新棉，但由于缝衣铺都去赶制新衣，无暇翻改旧衣，造成国家和人民的巨大浪费。因此，有关部门应当继续调查研究工农业生产工具、科学仪器和服装、家具等方面在修理上的需要，积极扩展修理业务和翻新业务。服务性的手工业应当在提高生产、便利消费者的原则下，加强为人民服务的观点，改善经营管理，那种只顾管理方便、不顾消费者方便的倾向是完全错误的。

在增产节约运动中，要教育职工进一步认识到充分利用现有工厂和设备的重要意义，反对瞧不起旧工厂、旧设备的思想。1957年由于基本建设力量和投资的限制，本市地方工业不可能增加很多的投资项目，尤其需要精打细算，把有限的投资用在见效快的项目和改进关键性的设备方面。

由于工业品、建筑和市政工程质量的好坏，直接关系到使用的年限和原材料的消耗数量，提高质量本身就是很大的增产和节约，因此，在增产节约运动中，工业、建筑安装和市政工程方面，应当十分重视并且继续坚持不懈地提高质量。各主管部门和各单位应当继续在领导干部和职工群众中进行提高质量的思想教育，纠正“重量轻质”的错误观点；认真采取提高技术水平的措施，充分发挥技术人员的作用；有准备地制订和修订产品质量标准，凡是没有产品质量标准的应当加以制订，已经制订了的，应当加以检查和修订；结合学习和推广先进经验，有计划地制订或修订工艺规程和操作规程；继续加强技术研究工作，建立或改进检验工作，严格防止在产品供不应求或任务紧张的情况下，发生放松检验或验收标准的现象。各部门都应当总结提高质量的经验，加以交流，务必1957年在提高质量方面做出更大的成绩。

1956年本市的工业、手工业、市政工程和建筑企业虽然在提高质量和发挥潜力方面取得了较大成绩，但在节约方面还做得很不够。以暖汽材料厂为例，1—9月份生产火焰式锅炉和132型暖汽炉片，因超重而多用了生铁90多吨；10月份在技术上改进后，仅一个月就节省了15吨生铁。在本市比较先进的公私合营企业仁立麻纺织厂，1—10月原麻消耗量超过全国先进工厂的定额将近五万多公斤。许多工厂、手工业合作社的废物堆中经常发现不少可用的器材。在市政工程和建筑企业当中，因计划不周、返工浪费所造成的损失也很大。为了贯彻“勤俭建国”、“勤俭办企业”、“勤俭办社”的方针，解决任务大和原材料不足的矛盾，必须大力发动群众，反对浪费，厉行节约。由于原材料一般占总成本的70%左右，节约工作的重点必须放在节约原材料方面，应当及时地制定或修订原材料的消耗定额，加强原材料的保管、领发工作，清理仓库，充分利用呆滞材料、废料和副产品；在企业之间做好原材料的调剂使用工作，防止大材小用、优材劣用；特别要注意改进工业和工程的设计，提高技术，以节约原材料。对于今年供应十分紧张的重要物资，如钢材、生铁、水泥、木材等，尤其应当学习和推广先进经验，厉行节约。此外，在劳动力的调配、工具使用、流动资金的占用和企业管理费用方面，各单位也存在着不同程度的浪费现象，应当加以检查，提出节约的要求，制订改进措施和积极推行经济核算制。为了做好节约工作，还必须在干部和工人中进行“勤俭建国”、“勤俭办企业”、“勤俭办社”的思想教育。在增产节约运动中，要反对只顾增产、忽视节约，也要防止片面地节约原材料，因而降低质量或者变相地偷工减料。

在增产节约运动中，要防止忽视生产安全和随意加班加点的现象。1956年在生产安全工作方面有严重的缺点，死亡事故比1955年增加了，1957年应当采取具体措施，设法消灭或者减少工伤事故，改善劳动条件。

开展先进生产者运动是发动和组织群众实现增产节约的重要方法。为了达到增产节约的目的，必须加强对先进生产者运动的领导。应当认真发现、总结和推广先进经验，继续虚心学习国内外的先进经验，按照“互相学习、互相帮助、取长补短、共同提高”的原则，支持先进职工，帮助落后职工，正确地规定先进生产者的条件，做好评选、奖励工作。

第二、在农业方面，要更好地继续贯彻郊区农业为城市服务的方针，增产蔬菜、乳、肉，同时也要提高粮、棉等的单位面积产量。在制订生产计划的时候，一定要实事求是，经各农业社进行民主讨论后，再加以核定或修正。关于蔬菜播种的面积，根据1956年缺菜的情况来看，还需要扩大，要多种些大白菜、萝卜、大葱等较容易保存的蔬菜，以保证蔬菜的供应。对蔬菜播种的季节，应当做出合理的安排，以减少旺季积压、淡季脱销的现象，减少农民和消费者的损失。

1957年要大力发展养猪事业。为此，必须适当调整生猪收购价格，使养猪户能够得到合理的利益，以刺激养猪的积极性；要利用野菜和菜田地区的菜叶、菜根，利用机关团体的剩菜剩汤和食品加工业的一些副产品，并有计划地种植一些饲料作物，解决猪的饲料问题；要增加种猪，实行自养自繁；加强疫病防治工作；改进生猪收购工作。总之，要加强对养猪工作的具体领导，想尽一切办法保证增产。

对于农业和副业，必须正确执行统筹兼顾的方针，合理地使用劳动力和资金。忽视对副业的领导是错误的，但是也不应当因为副业收入多而轻视农业生产。在副业生产方面，要合理地规定农业社经营的副业和社员家庭经营的副业范围，不可限制过死。对于合作社经营的副业生产，必须规定合理分配收入的办法，以便发挥社员参加副业生产的积极性。

各农业合作社都应当根据具体的条件，建立定期的预分制度，适时地把农、副业生产的收入分配给社员。预分工作和分配决算工作，都应当经过社员大会或社员代表大会充分地协商和讨论，并对社员进行"勤俭办社、勤俭持家"的教育和集体主义的教育。

在国营农场、农业机械拖拉机站、公私合营畜牧场等方面，必须充分发挥生产潜力，精简非生产人员，节约开支，降低成本。

第三、在商业部门，由于经营管理不善，商品的损耗和浪费现象很严重，例如食品公司在鲜蛋加工过程中，由于劳动力组织不好，有十一万斤坏掉，损失四万多元。商业企业的管理机构庞大，管理费用过多。例如食品杂货和糖业糕点两个公司分开后，区管理处的人员即增加了694人，每月增加工资开支三、四万元。就食品杂货公司西单管理处来看，机构就很庞大，设七股一室，共有146人，其中人事、保卫、秘书、总务四个单位就有80人。在商业部门开展增产节约运动，不但对于增加国家积累、节约资金有重大意义，而且直接关系到商品供应紧张状况的改善。为此，首先应当加强商品供应的计划性，密切与工业部门的联系和配合，努力组织货源，统筹安排生产和销售计划。对于供应不足的产品，应当做好市场需要的调查研究工作，分别轻重缓急，加以适当安排。对于带有较大季节性的商品，如服装、鞋帽、冬煤、烟筒、炉子等，必须提前向生产部门提出供应计划，以便及早安排生产，在销售旺季前做必要的储备，尽可能避免临时突击生产。对于粮食、棉布、食油等统销物资，应当认真按照计划供应，不可以忽紧忽松。对于猪肉、大麻等供应不足的商品，应当合理地分配。在原料供应方面，与保证国家重点建设需要的同时，对民用部分的主要原料，要有适当的供应，并且在分配上要切实注意国营工厂之间、国营工厂和公私合营工厂、手工业合作社之间的统筹安排。必须做好管理市场、稳定物价的工作，防止投机倒卖、高抬物价。

其次，必须改善商业企业的经营管理工作，进一步发挥现有的潜力。目前，有些商店的劳动效率不高，服务质量不好，必须在增产节约运动中，逐步改进经营管理制度，提高服务质量，加强计划工作和财务会计工作。为了克服有些商店的费用开支过大和浪费的现象，还必须在职工中加强爱护国家资财的教育工作，推行费用定额管理工作和改进商品的进销储存工作，把商品损耗减少到最低限度，降低经营管理费用。

在货物运输方面，因为运力不足，在1956年曾不断发生车站上货物积压堵塞和工地上停工待料的现象。1957年的运力仍然不足，除了根据国家投资的可能，适当增加运输汽车外，也应当开展增产节约运动，挖掘潜力，改善经营管理，逐步推行双班制，采取增加拖车、改进修车方法等措施；充分组织利用机关企业自备的载重车辆和马车、平板三轮；加强计划性，克服运力的浪费现象；同时，还必须注意节约油料、轮胎，加强保养，减少机件的损耗，以降低运输成本。

第四、在市政、公用事业和文教、卫生事业等其他方面也需要本着少花钱多办事、厉行节约的精神，加以妥善安排。

市政、公用事业的安排，必须区别轻重缓急，保证重点，同时照顾那些人民迫切需要而花钱少、效果大的项目。1957年市政建设的重点应当是：配合热电站的兴建工程，修建东护城河和通惠河截流管；继续完成水源三厂的工程；为了进一步解决公共交通乘客过分拥挤的问题，开辟无轨电车线路和继续增加车辆。

在教育工作方面，小学和中学都需要继续增加二部制的班次，尽量多招收一些儿童入学。同时，要加强课外的辅导，尽可能地增设一些校外的教育机构，增加儿童课外活动的公共场所。还要依靠学生的家庭和社会上各方面的力量，加强对学校教育的配合。应当提倡走读，在城区新建的一般中等学校中不建宿舍；郊区的中等学校，则应当适当地修建一些必要的宿舍。关于开辟运动场地的问题，只能就有条件的个别解决。

在卫生工作方面，因为跨年度的工程很多，1957年不可能再增建新的医院；对新建区的门诊机构，将适当增加一些。为了解决医疗机构的忙乱问题，应当继续加强分级分工医疗工作，改进医院的管理和工作制度，精简行政管理人员；整顿基层医疗机构，统筹安排、合理使用现有的医疗力量，并进一步做好爱国卫生运动，加强防疫工作。对公费医疗工作还要继续整顿，加强管理，克服浪费药品的现象，使公费医疗经费得到更合理的使用。

在文化工作方面，暂时不再增建影剧院。但是应当利用各单位的礼堂、俱乐部，经常或巡回放映电影，并利用某些剧场增加电影日场。在郊区也应当设法利用礼堂、俱乐部巡回演出戏剧。

第五、关于生活用品的节约。前面已经说过，商品供应紧张是目前比较突出的主要问题之一。从根本上解决这个问题，就需要不断地增加生产，并且改进商品的供应。另一方面，向人民宣传节约的重要性，发动人民节约物资，也有极重大的意义。1956年不少商品的供应量较往年都有很大的增加，但是供应仍感不足。因此，在保证人民吃饱、穿暖，基本生活需要不受影响的条件下，应当大力提倡节约。

首先，是节约粮食。1956年由于本市的人口增加很多，我们对粮食的管理又一度放松，不少机关、团体、企业以及部分居民浪费粮食的现象又有滋长，因而1956年下半年粮食的销售量增长过多，9月份比7月份的销售量就增加了18%。根据目前的情况，如果不严加控制，势必大大超过国家规定的粮食销售指标，影响国家粮食供应计划的平衡。因此，除了加强对粮食的管理工作外，还必须在广大市民群众中广泛地进行宣传教育，把节约粮食作为一项经常的任务。对机关、企业、团体的集体伙食单位，应当认真执行粮食预决算制度，结余的粮食应当上缴或在下月扣除；对农民应当要求他们先吃自己的口粮，不足时再由国家供应；对于饮食业的用粮，也要加以控制。

其次，是节约煤炭。由于有些农村遭受了水灾，农民没有柴烧，需要多供应一些煤炭；同时，城市人民的需要量也大为增加。1956年本市共供应了煤炭二百八十万吨，比1955年增加了五十四万吨，但是，煤炭的供应情况仍很紧张。从目前煤的货源和铁路运输的情况来看，1957年煤的供应还会紧张。我们除了改善供应工作外，还应当大力宣传和号召节约用煤，特别是机关、团体、企业应当交流节约用煤的经验，尽量减少煤的消耗。1956年度全市机关、团体、学校烤火用煤即达九十万吨，如果节约10%，就可节省九万吨，足够三万六千户一年的使用。

再次是节约用电。目前北京地区用电负荷为十二万多瓩，其中照明用电占七万瓩。1957年北京地区预计用电负荷将达十七万瓩，而电力设备容量仅为十四万二千瓩（包括1957年新增加的设备三万六千瓩在内），尚缺电二万八千瓩。根据京、津、唐、张电力网总计，1957年缺电将达十万瓩以上。由于电力不足，已经严重地影响了工业生产。目前，浪费电力的现象还很严重，节约的潜力很大。我们应该大力节约，并且在电力的使用和管理办法方面加以改进。

以上所说的，只是几种主要物资，对其他的生活必需品，如布匹、纸张、药品等，也应当大力节约。

此外，为了缓和城市物资供应和公用事业方面的紧张状况，对人口的增加应当严格控制。目前，全市人口已经达到四百万人以上（其中包括农业人口约八十三万），较1956年年初增加了约四十万人（都是城市人口），其中多数是1956年下半年以后增加的，并且有相当一部分是非生产人口。人口的增加是加重物资供应、房屋和公共交通方面紧张状况的主要原因之一。因此，今后对非生产人口应当严格控制，也要限制农民盲目流入城市。为了照顾家在农村的职工，可以考虑采取每年轮流放假回家的办法，以减少家属来京，这对于减轻职工养家的困难、便于职工家属在农村参加生产，都有很大好处。

最后，为了克服官僚主义，提高工作效率，还必须进一步精简机构和编制。目前，本市事业、企业单位编制庞大、人浮于事的情况比较严重。例如在社会主义改造高潮中，曾派了一批干部去领导改造的工作，组织了一些公司、总厂、总店等机构。目前，社会主义改造已经基本完成，工商业也已进行了改组，这些机构也应当随着实际情况的变化，加以裁并和减少，编制应当精简。有些原来参加生产和营业的人，应当让他们回到原来的岗位上去，以充分发挥他们的作用。

行政机关也需要进一步精简。有些行政单位在体制上需要加以改变、合并，并且裁撤一些不必要的机构，精简多余的编制。有些单位在工作上还有重复，或者机构的设置不够合理，需要进行调整。有些单位的工作任务和对象在社会主义改造高潮后发生了变化，工作方法也必须随之改变。编制也可以精简。现在市级机关正在研究精简机构和编制的方案。

各方面实行精简后，可以派一部分干部去加强基层单位的工作；暂时没有安置工作的，也可以组织学习，以提高其政治、业务水平，以备新的工作任务的需要，或者采取其他的办法，加以妥善安置。

在一切国家机关和事业、企业单位中，都必须贯彻“艰苦朴素、勤俭建国”的方针，反对铺张浪费，严格控制各单位的购置费用，节约行政开支。

各位代表：今后我们的工作任务是艰巨的。为了胜利地完成我们的任务，克服我们工作当中存在的缺点，团结全市各阶层的人民，开展一个广泛的增产节约运动，就需要改进我们的领导工作，充分依靠群众、发动群众。各级领导机关和领导部门都必须进一步克服脱离实际、脱离群众的主观主义和官僚主义作风。在增产节约运动中，一定要防止忽视改善人民的生活或者忽视生产的质量与安全等等片面的有害的作法；同时要把增产节约当作一项持久的根本方针，在各项具体工作中加以贯彻，而不要只是一阵风，吹过去了就松懈下来。只要我们认真地克服官僚主义，充分地发动群众的积极性，再加上正确的领导，一切困难是不难克服的；一切艰巨复杂的任务，一定能够胜利完成。

北京市第二届人民代表大会第一次会议提案审查委员会关于提案的审查报告

（1957年1月11日通过）

北京市第二届人民代表大会第一次会议共收到提案491件，经整理合并为427件。其中，政法类46件，工业、手工业、农业类72件，商业类（包括粮食、财政、金融）71件，教育类（包括体育）44件，文化卫生类60件，城市建设类125件，其他类9件。

提案审查委员会分设了政法组，工业、农业、手工业组，商业组，教育组，文化卫生组，城市建设组，其他组，共七个组，分别对有关提案逐案进行了研究，提出初步审查意见；然后由总召集人和各组召集人共同讨论通过。

我们审查的原则是：凡是该办又可能办或者主要部分、大部分可能办的，都交市人民委员会办理；凡是需要研究后才能决定办或者不办的，都交市人民委员会研究处理；凡是肯定不能办或者需要缓办的，都说明不能办或者缓办的理由；凡是不属于市人民委员会工作范围以内的，都交市人民委员会转送其他有关主管部门研究处理。

审查结果，在427件提案中，除1件已经办理以外，交市人民委员会办理的有158件，交市人民委员会研究处理的有214件，不能办或者需要缓办的有5件，交市人民委员会转送其他有关主管部门研究处理的有49件。全部提案的审查意见等大会通过后，即送交市人民委员会认真处理。

此外，还收到迟到提案44件，提案审查委员会来不及审查，准备交市人民委员会研究处理。

提案和审查意见，已经印发给各位代表，是否妥当，请大会审议。

北京市第二届人民代表大会第一次会议关于开展增产节约运动报告的决议

（1957年1月12日北京市第二届人民代表大会第一次会议通过）

北京市第二届人民代表大会第一次会议听取并且讨论了张友渔副市长关于开展增产节约运动的报告。大会一致同意报告中所指出的本市在1956年工作的成绩、缺点和问题。大会认为，本市在1956年取得了对农业、手工业和资本主义工商业的社会主义改造的决定性的胜利，国民经济各方面有了较快的发展，人民生活也有了不少的改善，工作上获得了很大的成绩。但是，随着社会主义建设事业的发展和人民生活需要的迅速增长，也产生了一些新的问题，许多生产、基本建设所需用的原材料和人民生活所需要的日用品出现了供不应求的情况，公共交通、房屋和其他公用事业也有紧张的现象；并且由于市人民委员会在一系列新的工作方面缺乏经验，又存在一些主观主义和官僚主义的思想作风，因而在工作中也发生了一些偏差和缺点。大会认为，为了胜利地完成和超额完成第一个五年计划，进一步解决社会需要同物资供应不足的矛盾，在发展生产的基础上逐步改善人民生活，完全有必要发动全市人民开展一个广泛的深入的增产节约运动：

一、在工业、手工业、建筑、市政工程等生产部门，应当发动和依靠职工群众，充分利用现有的企业和设备，认真采取改进技术、改善管理的措施，以努力提高产品和工程的质量，增加产品的数量和品种，节约原材料，降低成本，更好地满足国家建设和人民生活的需要。在修理和服务性的行业中，应当对职工加强为群众服务的思想教育，积极扩展修理业务，提高服务质量。在农业方面，要继续贯彻执行郊区农业为城市服务的方针，增加蔬菜、乳、肉的生产，提高粮棉等的单位面积产量，做好对农、副业生产的统筹安排工作。在商业部门应当做好市场情况的调查研究工作，加强商品供应的计划性，改善经营管理，降低管理费用，减少商品损耗。在市政、公用事业和文教、卫生事业等方面，也应当本着少花钱多办事的原则，区别轻重缓急，保证重点，加以妥善安排。

二、为了贯彻执行“勤俭建国”的方针，发扬我国人民艰苦朴素的优良传统，应当向全市人民广泛、深入地宣传增产节约的重要意义，发动广大群众努力增产，厉行节约，反对浪费，对于目前供应紧张的几项主要物资，如粮食、煤炭、电力等，尤其应当依靠群众的自觉，大力节约。

三、为了缓和城市物资供应和公用事业的紧张状况，责成市人民委员会采取必要的措施，对城市人口的增加加以控制。

四、为了提高工作效率，必须在全市一切国家机关和事业、企业单位中认真精简机构和编制。各级领导机关和领导部门都要进一步发扬民主，依靠群众，克服主观主义和官僚主义，切实改进领导工作。

五、增产节约始终是促进社会主义建设、改善人民生活的重要手段，因此，必须在各项具体工作中经常贯彻执行增产节约的方针，绝不应当把增产节约运动只当成临时性的突击任务，变成一阵风。为了使增产节约运动经常、持久地开展，市人民委员会应当定期检查各部门增产节约的工作。各部门必须根据具体情况实事求是地提出增产节约的要求和措施，防止片面的宣传和作法，防止在生产上只顾增产和节约，而忽视质量和安全，或者在提倡艰苦朴素的同时，而忽视了在可能范围内改善人民的生活。

北京市第二届人民代表大会第一次会议主席团、秘书长名单

（1957 年 1 月 9 日北京市第二届人民代表大会第一次会议通过）

主席团 （47 人，按姓氏笔划排列）

万泰和　王辉球　王昆仑　王照华　王　烔
王文斌　王　纯　王斐然　王梓仲　巨　赞
刘　仁　杜　若（女）　李伯球　李君武
余心清　余贻倜　吴　晗　林巧稚（女）
赵　凡　赵炳南　赵进义　胡锡奎
范　瑾（女）　郑　芸（女）　陈炳基
徐楚波　柴泽民　马玉槐　凌其峻
浦洁修（女）　郭树德　郭　荣　梁思成
张友渔　张晓梅（女）　冯基平　程宏毅
焦菊隐　华罗庚　贾庭三　载　涛
雷洁琼（女）　黎　晓　钱端升　蔡鍾长
蒋光鼐　薛　愚

秘书长

柴泽民

北京市第二届人民代表大会代表名单

（代表共计六百一十九人，本名单以区为单位按代表姓氏笔划排列）

东单区（四十九人）

王　烔　王永贵　王梓仲　王顺茂　王济民
王毓芬（女）　王增福（回）　尹德丰
田志臣　宋　彬　余贻倜　李宗恩　李纪甫

李祥瑞　李滨声　杜冠武（回）　汪凌志
何士珍（女）　何秀兰（女、回）
何观清　周佩娟（女）　周泽昭　林茂森
林葆骆　陈文润（女）　郑璧如（女）
俞京生　姜秀清（女）　胡宗显　范至甫
施荣浩　马玉文（女）马锡钧　高庆恩
张仲元（女）　张立宏　张英华（女）
张克明　张　鋆　张蕙芬（女）　张锡钧
常梦渠　彭　真　杨仲兰　蔡钟长　颜乃卿
戴士铭　萧　田　龚培春（女）
西单区（六十二人）
于文敏（女）　王玉山　王　林（女、回）
王子如（女）　王文岐　王之相　王少桐
王巧英（女）　王敏生　王树森　王锡祯
尹赞勋　田富贵（女）　巨　赞　刘莱夫
刘景连　任宝森　朱　颜　孙尧阶　孙国梁
吴祖光　吴金萃（满）　李万英（女）
李振三　李松林（女）　李观博　沈一帆
杜　若（女）　汪　琦（女）　祁永安(蒙)
劳君展（女）　陈茂生　郑　芸（女、满）
胡亚美（女）　赵引珠（女）　赵新田
赵树屏　徐景和　徐政闻　黄干卿　张　琪(女)
张桂生（女）　张友渔　张懋中　张肃庵
张洙曾　张继德　常子久　常秀桐　郭淑文(女)
崔载之　程双科　冯传汉　贾兰文（女）
杨　滨（女）　杨昌葆　董洁如（女）
雷绍瑜　晓　岚（女）　臧进敏　钟敬文
谭惕吾（女）
东四区（六十六人）
万泰和　王书庄　王秋琳（女）　王桂海
王曾涛　田常青　卢金堂　关世雄　刘仲华
刘士豪　刘　勤　伊什噶瓦（蒙）　宋万荣
宋毓真（女）　宋鑫泉　宋和鸾（女）
吴　晗　吴昱恒　李玉库　李伯球　李肇祥
李慰慈（女）　汪静娴（女）　邢相生
沙　平（女）　吕英南（女）　周发岐
周巍峙　陈　殊　尚小云　邱毓璋　和少安
孟目的　孟根怀　陆泉海（满）　郑天翔
俞秀蔼（女）　胡锡奎　赵承信　赵炳南(回)
凌其峻　徐寿荣　徐楚波　马福兰（女）
黄恩博　张德山　张连财　张兰馨（女）
梁思成　郭寿萱　彭筱蕙（女）　曹冰峰
曹宝禄　冯亦代　曾宪楷（女）　杨香九
杨春葆　杨葆俊（女、满）　杨锡镠

雷洁琼（女）　顾均正　载　涛（满）
钱端升　戴念慈　魏子俊　栾志仁
西四区（五十九人）
于非闇（满）　王明之　王之轩　王昆仑
王式敏（女）　王斐然　牛梦雁　尹辛酉
左　恭　邓金鎏　叶恭绍（女）　白宝增
刘建华　刘　磊（女）　刘景昆　曲　直
华南圭　朱兆雪　朱维馨（女）　吴阶平
吴华庆　吴朝仁　吴瀛轩　李　珍（女、满）
李　玮（女）　李君武　汪　洋　祁开智
邢赞亭　何锡麟　严仁英（女）　林　彤
林方其　陈　琦（女）　陈炳基　陈铭德
金书田（满）　孟明慧　柏　岳　赵玉坤(女)
赵锦亭　赵增谋　徐肖冰
马木提吾怕尔（维吾尔）　殷继增　张启工
梁洁莲（女）　崔谷忱　梅兰芳　曾昭懿(女)
莫艺昌　傅种孙　杨发明（回）　裘盛戎
翟玉贞（女）　熊济芬（女）　樊　干
钱淑秀（女）　薛　愚
崇文区（四十五人）
丁佑曾　王　甦　叶　子（女）　刘文经
孙凤岐　艾思奇　宋汝棼　余心清
吴拱贤（女、满）　李　瑛（女）
李淑兰（女、满）　吕连英　林巧稚(女)
房希珍　周　游　陈守一　陈占祥　陈珠明(女)
陈明绍　郑瑞亭　胡泉桂　赵荣光　赵相之
赵增山（满）　范瑞久　徐继元　徐英超
夏　翔　马玉槐（回）　马祥俊（满）
殷宗琦　高玉民　黄淑俊（女）　崔　河
崔　昶　许　平　陶　倬　曾汝珍（女、满）
程宏毅　舒舍予（满）　焦菊隐　隋经仁
黎　晓　阎振荣　谢连云
前门区（三十九人）
王淑珍（女）　毛质宸　云福增（回）
田文宽　田宠仁　乐松生　史善明　刘一峰
牟常勋　老志诚　李忆兰（女）　李良发
李桂云（女）　李再雯（女）　李佩琳(女)
李家瑜（女）　尚兴久　郑玉葵（女）
赵德华（女）　马增骥　侯学礼　浦洁修(女)
乌秀琴（女，满）　连阔如（满）
高肇文　黄嘉生　张书恩（女）　张霭庭(女)
崔月犁　许庆艾（女）　冯忠莲（女）
焦寰五　汤绍远　杨福来　顾惠芳（女）
董渭川　管华庭（回）　谢　宏　魏　彬

宣武区（五十八人）
王　公　王　纯　王宗仁　王　恺　王国臣
孔昭恺　牛凤鸣（女）　田宗植　白秀生
刘志兰（女）　刘友渔　刘瑞华（女）
朱仲丽（女）　孙孚凌　佘涤清　吴海峰
吴鑫寿　李酉山　李　恕（回）　李　静（女）
沈成章（回）　严镜清　杜广泽　佟　铮（满）
陈伯沈　金雅如（回）　胡文衡　范　瑾（女）
袁松亭　宣　节　闪懿昌（女、回）
徐兰沅　徐人骐　马祝三（回）　荀慧生
倪德荣　倪家玺　秦忠和　郝寿臣　张　旭
张茂林　张泽民　张晓梅（女）　梁慧颜（女）
郭玉珍（女）　屠韵茹（女）　彭先昆
冯致臣（回）　曾子平　傅丰永　傅卫川
杨士惠　樊书琴（女、满）　蔡鸿沅
钟　森（满）　韩昭良　魏笑天
东郊区（四十一人）
丁振岐　王文荣　王茹仙（女）　归金娣（女）
刘　云　刘　富　刘淑英（女）
刘宝琴（女、满）　池百川　孙淑娥（女）
宋国藩　李克佐　李学方　李拓芜　李贻赞
佟德禄（满）　周　杰　周　润　林　栋
陈仁高　陈　涛　陈修明　陈树林　邵淑兰（女）
邵亚清（女）　罗霈霖　赵玉清（女）
徐振海　马志敏（女，回）　姚春生
高国元　高其昌　张世恩　许正华（女）
康振芃（女）　程光炳　单昭祥　杨慧洁（女）
路　昭　蒋光鼐　骆纂英
南苑区（二十人）
丁玉德（回）　王万斌　王镇武　刘敏秀（女）
乔廷凯　李公侠　李文儒　安云霞（女）
苏　民　苏锡尧　袁泽洲　施　平　姜玉廷
马极图　马清藻　柴泽民　黄毓彦　张　栩
张还吾　寇顺义（女）
丰台区（二十二人）
王　相　王效斌　王景铭　王赞卿　尹庆仁
刘秉德　陈　冲　金士宣　苏从周　赵桂香（女）
马应中　倪吉英　郝慎铭　高玉贵　曹　燕（女）
郭　荣　郭树德　彭思明　贺淑蓉（女）
贾长威　蒋兆和　钟用达
海淀区（六十八人）
力伯法　于学馥　王少泉　王照华　水天同
申　多　关淑琴（女、满）　刘长文
朱荫章　孙文郁　孙念台　孙昌宗　孙家玺
华罗庚　毕连俊　向　达（苗）　庄前鼎
吴承祺　李玉芬（女、蒙）　李　椿
李亚铃　李桂珍（女）　李爱笙（女）
沈　元　沈汝松　沈曼丽（女）　周沛然
林梅兰（女）　林永福　林黎奋（女）
陈　达　陈　芬（女）　陈士骅　陈宝森
罗凤山（女）　郑　昕　赵进义
赵宗仪（女、满）　赵　钰（满）
赵明蓟（满）　昂望顿珠（藏）　徐秉文（女）
夏宗宁（女）　马文斌（回）　侯仁之
秦力生　唐绍英（女、瑶）　高德仙
高宗耀　张　任　张　更　张　树　张龙翔
张景钺　曹湘君（女）　郭斐然　程学信
冯景兰　冯鹏奇　焦今昔　杨　述　贾星五
杨振忠　费　青　蔡　旭　蔡长年　钱伟长
庞薰琹
石景山区（十五人）
王福海　刘　仁　刘光金　刘寄梅　李文通
李瑜铭　吕德祥　安朝俊　赵鹏飞（满）
高　铨　高润芝　张一禾（女）　张　萍
曹宪波　杨霞梅（女）
京西矿区（三十四人）
王秀凤（女）　王惠臣　王振喜　毛树多
白玉芳（女）　龙文耀　刘宝林　艾德怀
朱　临　宋恩荣　吴子牧　吴钟秀　李一飞
李逢春　李荣彰　谷崇光　陈陆圻　陈怡迪
赵　凡　赵永章　马广兰（女）　殷玉昆
姚俊芳（女）　夏　雪　翁独健　张进政
张志海　张世铭　彭　城　傅宝良　景振洋
贾庭三　杨淑琴（女）　戴松恩
昌平区（三十一人）
王文斌　王瑛璞（女）　牟泽衔　应书田
吴　雪　李临川　杜柏林　杜逢明　汪家镠（女）
汪菊涧　佐思吉　苏灵扬（女）　苏瑞莲（女）
郑维三　郑家英（女）　赵春荣　高晓亭
黄文达（回）　黄瑞纶　张又明　张俊士
张仲儒　梁建勋　郭步岳　冯基平　曾昭抡
贺翼张　温秀荣（女）　贾　震　董文兴
戴冀农
部队（十人）
王之平　王世藩　王辉球　白文华　吴　涛（蒙）
李继开　吕　展　赵正才　段德彰　张英勃

北京市第二届人民代表大会第二次会议

（1957 年 7 月 23 日——8 月 4 日）

北京市第二届人民代表大会第二次会议，于 1957 年 7 月 23 日至 8 月 4 日举行。大会代表共 619 人。

大会听取并通过了张友渔副市长关于本市 1956 年财政收支决算和 1957 年财政收支预算的报告，以及吴晗、冯基平、程宏毅、王纯关于本市教育、卫生、文化工作，关于本市城市建设工作，关于本市商业工作，关于本市 1956 年度国民经济执行情况和 1957 年度国民经济计划的报告。

大会听取并通过了王斐然关于本市高、中级人民法院工作报告，郭步岳关于 1956 年和 1957 年上半年本市检察工作情况的报告。

大会共收到提案 408 件，经整理合并为 375 件。其中，政法类 50 件，财经类 121 件，文教卫生类 72 件，城市建设类 119 件，社会救济及其他类 13 件。

会议选举产生了新的市人民委员会组成人员。

最后，彭真作了总结发言。

关于北京市 1956 年财政收支决算和 1957 年财政收支预算的报告

——1957 年 7 月 23 日在北京市第二届人民代表大会第二次会议上

北京市副市长　张友渔

主席、各位代表：

我代表北京市人民委员会向大会报告 1956 年财政收支决算和 1957 年财政收支预算，请大会审查。

一、1956 年财政收支决算

本市 1956 年国民经济发展的情况，我们在市人民代表大会前一次会议上所做的“关于开展增产节约运动的报告”中，已经作了简要的说明，指出 1956 年是社会主义革命取得决定性胜利和国民经济全面高涨的一年，本市国民经济的各个方面，大部分都超额完成了 1956 年度的计划指标，并且比 1955 年有较多的增长。

在国民经济发展的基础上，本市 1956 年财政收支预算的执行结果，基本上是良好的。

1956 年第一届人民代表大会第四次会议所通过的本市 1956 年财政收支预算为 22，441.4 万元，根据那一次会议的决议，市人民委员会在预算执行的过程中，根据收入情况的变化和事业发展的需要，作了必要的调整，共追加了 5，314.7 万元。包括：(1) 中央追加了本市一些事业计划，同时追加了预算 2，311.1 万元；(2) 为了补充地方国营企业的流动资金，经中央同意动用了周转金 845.7 万元；(3) 由于看到收入有超收的可能，可以多举办一些建设事业，因而又追加了收支预算 2，029.6 万元，主要用于扩大地方工业、建筑企业和公用事业等方面的投资；(4) 河北省所属昌平县和通县七个乡划入本市后，带来预算 128.3 万元。调整后的 1956 年财政收支预算为 27，756.1 万元，决算和调整后的预算相比较：收入为预算的 101.76%，超收 488 万元；支出为预算的 97.34%，少支 737.1 万元。

1956 年财政收入完成的情况很好，较原预算超过很多。主要是由于社会主义改造的胜利和 1955 年的大丰收，给生产的发展造成了有利的条件，从而使国民经济各部门一般都超额完成了计划。例如本市工业总产值（包括在本市的中央国营工业）完成了 185，642 万元，为原计划的 119.9%，比 1955 年增长了 43.8%；由于就业人数增加和调整了职工工资，社会购买力增加，市场更形活跃，社会商品流转总额超过计划 32.4%，比 1955 年增长了 37%；加以对外贸易扩大、进出口营业额增大和银行资金的增加；因而税收和企业利润都随着增加了。

在本市收入总额中，工商各税完成了 5，791.9 万元；地方国营企业和事业收入完成了 9，789.4 万元；其他收入完成了 1，127.1 万元，都超过了原预算很多。此外，上年结转的实际收入为 1，742 万元（包括由周转金转来的 845.7 万元），中央补助收入为 9，793.7 万元。

在 1956 年支出决算总额中，经济建设费占 57.25%，社会文教费占 30.47%，行政管理费占 11.41%，其他支出占 0.87%。

经济建设费实际支出了 15，467.4 万元。其中：

用于地方工业的支出为 5，573.2 万元。主要是基本建设投资，计 4，173.2 万元，用以补充流动资金的为 1，400 万元。基本建设投资主要是用以扩建清河制呢厂、燕京造纸厂、针织厂、食品厂、制药厂、化学试剂厂、电机厂、机械厂、通用机械厂、汽车装配厂、金属结构厂、暖汽材料厂、管件厂、木材厂、水泥瓦厂等单位，新建玻璃厂、日光灯厂、灰石厂等单位。由于基本建设投资较多，使得地方工业的生产基础扩大了。例如清河制呢厂扩建哔叽车间后，已分出一个新厂（北京毛纺织厂），可年产哔叽 195 万公尺；暖汽材料厂新建炼钢车间，可年产铸钢件 1，626 吨、钢锭 8，856 吨，这些产品过去都是依赖外地供应的；燕京造纸厂增建了长网机车间和改建了四号圆网机，可年产凸版纸 3,910 吨、新闻纸 602 吨。

用于农业、林业、水利和为农村服务的电讯的支出为 966.5 万元。主要是添置拖拉机 68 个标准台、联合收割机 1 台和其它农业机械，拖拉机站 1956 年内共为农业生产合作社代耕土地 16 万亩；继续完成了郊区的

5处扬水灌溉工程，可灌溉农田47，800亩；另外，发展了群众性的开渠打井工作，可灌溉农田11万亩，新增加的灌溉面积共达7万多亩；在郊区各乡安装电话机169台，并且初步建立了农村有线广播网，设立了市广播站1处、区广播站7处，安装喇叭6，000多个；仅农林局全年造林就达19，035亩，抚育幼林54，300亩次，培育成林7，500亩。

用于建筑工程企业的支出为1，001.6万元。主要是继续进行混凝土构件厂等工程，并添置了一些施工机械设备和用于勘察设计经费等。

用于公共交通、运输和公用事业方面的支出为7，926.1万元。在公共交通方面，朝阳门大街到动物园的无轨电车线路已基本上安装完成，购置无轨电车25辆；停车保养场已接近完成，添置了公共汽车28辆。在货运方面，添置运输卡车190辆，并且利用旧料做成双轴挂车160辆。在道路建设方面，西单到复兴门、阜成门到猪市大街等道路都已基本完成，修筑了郊区各乡间的道路37.1公里，新建居民区道路11.6公里，共计修筑道路78.7公里。在城市供水、排水方面，新增自来水管线23公里，开始建设水源三厂工程，永定河引水工程已基本完成，前三门护城河西段已展宽，为了配合这项工程，还修建了前三门污水截流管西段；为了配合城市主要道路的新建和展宽，修建了西单到复兴门、文津街到猪市大街、台基厂、阜外大街、月坛南北街、黑山扈等处下水道，计修筑污水管23.6公里，雨水管8.4公里。城市绿化方面，在道路两旁种植行道树102,225株，河岸植树10,758株，新建公园绿地1,680亩，植树519，922株。

社会文教费实际支出了8，232.6万元。其中：

用于文化方面的支出为405.7万元。计改建影剧院3座，新增新华书店门市部12处，建立区图书馆5处，并且修缮了国子监，开辟为首都图书馆。

用于教育方面的支出为4，132.6万元。新建中学14校、中学班2校、小学13校、幼儿园2所。此外，因建筑材料供应不足等原因，新建师范学院工程、扩建师范学校工程和新建中、小学各2处没有能够完成。学生人数比1955年有较多的增加，计：小学生增加11.7%，中学生增加25.4%。

用于体育方面的支出为319.9万元。主要是新建了游泳场1处、运动场3处和国防俱乐部3处等。

用于医疗卫生方面的支出为2，075.2万元。新建了100张病床的综合医院1处，门诊部5处，精神病院的床位增加了500张。此外，东郊区、宣武区两个综合医院和产科医院原计划就是分年完成的，1957年将继续施工。

用于优抚救济方面的支出为584.5万元。生活困难的烈属、军属等得到长期补助的共1，499人，得到临时补助的共10,100人次，领抚恤金的革命残废军人和烈士家属共4,200余人，受到临时和长期救济的城、乡贫苦市民共218,958人次。此外，由于1956年农业受灾比较严重，灾区农民受到救济的共有14，574人。

行政管理费实际支出了3，083.7万元。

在预算外，还有地方自筹经费。1956年实收了637.6万元，连同上年结余的374.5万元共为1,012.1万元。1956年实际支出了544.9万元，其中：用于改善环境卫生的为280万元；补助小学教育经费238.4万元，补助街道托儿站13.4万元；此外，乡村公益事业等开支为13.1万元。年终结余467.2万元，全部结转到1957年使用。

从上述情况可以看出，1956年财政决算和1955年相比较，收支都增长了31%强。这主要是因为1956年社会主义改造的胜利和1955年大丰收，工业原料增加，生产有较大的发展，同时在基本建设方面还有一些特殊项目，如：永定河引水工程等，中央给追拨了专款。

1956年地方工业（不包括在本市的中央国营工业）总产值为112,481万元，比1955年增长了38.4%，相当于1949年的13倍多，私营工业由于实现了全行业公私合营，1956年总产值比1955年增长了35.4%。手工业由于实现了合作化，1956年总产值比1955年增长了38.5%。

农业由于实现了完全社会主义性质的合作化，虽然1956年遭受了严重的涝灾，仍有多数农业合作社增加了收入，没有受灾和受灾在五成以下的轻灾区，每亩粮食的平均产量比丰收的1955年增长了6.7%。为了支援农村的合作化，并且解决农民受灾后的困难，1956年，国家在郊区农村的投资共496万元，贷款1，197万元，支出救济费55万元。

由于社会购买力的提高，1956年社会商品零售总额比1955年增长37%，相当于1949年的7倍多。举几种主要消费品为例：棉布的销售量比1955年增长47%，煤炭增长24%，猪肉增长14.7%，蔬菜增长27%，纸张增长23.9%。这些都超过了人口增长的速度，也就是说每一个人的平均消费量都有所增加。

1956年公用事业也有很大的发展。铺装道路已达834公里，比1955年增加了9.6%，相当于1949年的3.2倍；自来水管线已达1，130公里，比1955年增加了8.1%，相当于1949年的3.1倍；下水道已达608公里，比1955年增加了5.5%，相当于1949年的2.1倍；

电车达240辆，乘客人次比1955年增长25.8%；公共汽车已达431辆，乘客人次比1955年增长57%（1949年初只有电车49辆、公共汽车5辆）。

以上所说的1956年国民经济的全面高涨，是与农业、手工业和资本主义工商业的社会主义改造分不开的。并且这样一个伟大、深刻的社会经济制度的改革进行得非常顺利、迅速，在生产上不但没有引起什么波动，而且在改造后的第一年就显示出新的生产关系的巨大优越性，促进了生产发展，为生产的巨大高涨开辟了广阔的道路。同时1955年的大丰收也给生产的巨大增长，提供了有利的条件。

随着生产的发展，人民的生活也有了适当的改善。

1956年就业的人数增加了14万人，仅市属各部门新增加的职工就有5.4万人。随着生产的发展，职工人数相应地增长是必要的。但是也有一部分职工的增加超过了需要，造成一些企业或事业的机构庞大、人浮于事的现象，这对生产是不利的。

职工的工资也进行了调整，仅市属各部门职工工资的总额就比1955年增加2,500余万元，其中绝大部分工资的增加是合理的，同时由于就业人数增加，工资总额也自然要增加，但是也有些徒工和新吸收的不熟练工人，工资偏高了。

在人民的文化生活方面也有所改善。1956年度，小学学生增加了43，000多人，比1955年度增长11.7%，约相当于1949年的3倍；普通中学增加了3万人，比1955年度增长25.4%，相当于1949年的3倍半。1956年扫除文盲51，800人；业余高小卒业的11，000人。影、剧院的座位，比1955年增加了3，300个；观众人次增加了616万人次。市属医疗机构的病床比1955年增加了1，539张，相当于1949年的3倍多。

从以上的说明和列举的数字可以看出，我们的建设事业已获得了很大成绩，人民生活也已有了显著的改善。那些怀疑社会主义的优越性，说人民的生活水平没有提高的论调，是完全不符合事实的。当然，我们并不否认人民的生活水平还不算高，但是生活水平的提高，只能在生产发展的基础上逐步实现，不可能一下子提得很高，在这一方面提出过高要求，是不利于社会主义建设事业的。

二、1957年财政收支预算

在市人民代表大会前一次会议通过的“关于开展增产节约运动的报告”中，已经规定，在制定1957年国民经济计划时，要按照“保证重点，适当压缩”的方针，既要根据国家的物力财力条件，把预算打在充分可靠的基础上，又要巩固1956年经济战线上的胜利，保证第一个五年计划的超额完成。1957年财政收支预算草案就是根据这个精神和国家预算的指标编制的。

1957年本市财政收入预算总额包括上年结转的收入在内，共为20，698.5万元，和1956年调整前的原预算相比较，减少了1，742万元，即7.77%。支出减少了2,211万元，即9.85%。收入总额减少的原因，主要是今年基本建设投资减少后，中央补助也相应地减少了，但企业、事业收入和税收等比1956年仍然是增加的。在支出预算方面，主要是基本建设投资额比1956年减少了，这是因为1956年有些特殊基本建设项目是今年没有的，仅永定河引水工程一项，在1956年原预算中即占1，900万元（实际支出约2，600万元）。基本建设投资虽然比去年减少了，但仍然高于第一个五年计划中1957年原订计划指标8.9%，并且本市1953年到1956年基本建设投资共达44，511万元，已经完成了第一个五年计划基本建设投资总额的93.1%，加上1957年预算中的投资数，共达55，383万元，则超过第一个五年计划15%左右。除了基本建设投资有所减少外，本市的事业经费比1956年还是增加的。因此，虽然支出预算总额比1956年减少，但仍然可以保证各项事业和工作的顺利进行。

在预算收入总额中，各项税收为7，060万元（其中地方税3，000万元，中央税留成4,060万元），占收入总额的34.11%；地方企业（包括公私合营企业）和事业收入为10，124.4万元，占收入总额的48.91%；公债留成收入为705.2万元，占收入总额的3.41%；其它收入为1，000万元，占收入总额的4.83%；上年结转收入为1，225.1万元，占收入总额的5.92%；此外，还有中央补助342万元。

在各项税收中，中央税留成部分比1956年实收数增加了1，928.1万元，这是因为中央税中给地方的留成项目多了，1956年只有工商营业税和工商所得税两种，给本市留成10%，1957年商品流通税、货物税、工商营业税、工商所得税四种都留成10%；农业税留成60%。地方税则比1956年实收稍有减少，主要是由于印花税简并税率和屠宰税降低税率的原故。

地方企业和事业收入比1956年增加了。增加的原因，主要是生产发展了，同时今年将公私合营企业收大于支部分和劳改企业收入都纳入了预算，而1956年没有包括这些项目。

此外，本市预算中还增列了公债收入，这是因为今年中央将公债收入的40%留给本市，而过去则是全部上缴的。

在支出总额中，经济建设费支出为8，740.1万元，占支出总额的43.2%；社会文教费支出为7，992万元，占支出总额的39.51%；行政管理费为3，067.6万元，占支出总额的15.16%；其它支出为235.1万元，占支出总额的1.16%；预备费195.6万元，占支出总额的0.97%。

在经济建设支出中包括以下项目：

(1) 地方工业支出2，321.1万元。主要用途是继续完成去年已经动工而没有完成的项目，计有：清河制呢厂哔叽车间，今年即可完成；新建玻璃厂工程预计明年第一季度试车，投入生产后，可日熔玻璃原料23吨，能够生产各种高级玻璃器皿和仪器；灰石厂工程预计明年第一季度完成，完成后可年产石灰30万吨；此外，还有木材厂胶合板车间等工程。

除了继续完成以上各项主要工程外，还计划扩建暖汽材料厂炼钢车间和暖汽锅炉车间等工程，以及添置一些机器设备，新建部分职工宿舍。

(2)建筑工程支出543.6万元。主要是继续完成混凝土构件厂工程，在提高现有机械设备利用率的基础上增添部分机械设备。

(3)农林水利和农村电讯支出639.2万元。其中国营农场的投资主要是用以增加奶牛和养猪等副食品的生产。继续建筑南郊拖拉机修理厂，筹建"八一"拖拉机站。林业方面，今年仍以绿化西山为主，计划造林24，495亩。水利方面，主要是进行东郊水利灌溉、水土保持、永定河防洪、小河排水等工程，并建立水文站、雨量站、气象站、污水灌溉试验站等22处。

(4) 城市公用事业支出5，236.2万元。

公用企业方面，主要是为了逐步改善公共交通状况。本年计划增加无轨电车70辆，架设西郊甘家口到前门的无轨电车线路；有轨电车方面，增加线路2条、拖车10辆。此外，并增加公共汽车65辆，新建汽车修车保养场1处。

在货运方面，为了充分发挥现有车辆能力，扩建汽车修理厂1处，增添一部分运输卡车和拖车。

在道路方面，配合无轨和有轨电车增加线路，拟改建复兴门到三里河，前门到宣武门等道路，修筑新建居民区的道路，以上共计35公里。

在供水方面，继续完成新建水源三厂工程和水源三厂出水干管。

下水道方面，主要是配合东郊热电站工程，改善水源，有效地利用永定河水，继续修建前三门东段截流管工程，并开始修建东护城河污水管和通惠河污水管，其次是解决长辛店和北蜂窝新建居民区等处的排水问题。

绿化方面，今年计划种植行路树80公里，植树936，050株，繁殖苗木2，522，000株，继续在月坛、日坛等地区绿化，使逐渐成为市郊公园。

在社会文教费支出中，包括以下项目：

(1) 文化支出503.1万元。计划兴建植物园1处，本年可完成一部分；改建宽银幕电影院1处，并继续完成国子监和孔庙的修缮工程。

(2) 教育支出4，825.2万元。计划新建小学7校，聋哑学校1校，新建师范1校，幼儿园1校，扩建小学149校，新建中学16校，扩建中学24校，中学班25校。

今年全市中学计划招生60,070人，在学人数将达到169，000人，比1956年增长14.02%；小学计划招生96，600人，在学人数将达到473，027人，比1956年增长11.9%；中等师范招生1，270人，在学人数将达3，488人，比1956年增长21.62%；师范学院招生1，000人，在学人数将达2，517人，比1956年增长31.37%；幼儿园增加280人，在学人数将达6,388人，比1956年增加4.58%。

此外，中小学大量发展二部制后，为了加强对儿童的课外教育，计划增辟一些少年儿童的校外活动场所，如少年之家、少年宫等。

教育事业的这种发展速度是绝不能算慢的，但是由于中、小学毕业生逐年增多，一方面升学的人数还要增加，另一方面高小或初中毕业后不能升学需要参加生产或准备参加生产的，也要一年比一年多，这完全是正常的现象，是好事，绝不能设想所有小学毕业生都升学，直到大学毕业，不仅今天作不到、今后长期内也不能作到，世界上，也还没有一个国家能作到这一点。

(3) 卫生支出1，838.1万元。1957年计划增加门诊部10处、防疫站2处，并继续完成东郊区、宣武区两个综合医院和产科医院工程；年底，市属医疗机构的病床总数将达12,054张，比1956年底增加2,647张。另外，还计划新建1,000张病床的精神病收容所1处。

虽然病床和医疗机构增加不少，但仍不可能一下满足人民的需要，目前必须合理利用，对公费医疗中的浪费现象也还需要继续加强管理和改进。

(4) 优抚救济支出为386.2元。1957年优抚支出比1956年增加了20.21%，其中，除对一般贫苦烈、军属补助外，复员军人和复员转业的残废军人有所增加，残废金和补助费也相应增加，国家机关工作人员的退休金也增加了。救济费则比去年减少，主要原因是去年救济费中包括了移民费，数字较大，今年则没有列入这笔开支。

行政管理费支出为3，067.6万元，比1956年实际支出减少了16万元，占支出总额的15.16%。行政费在支出总额中占比例增大的原因主要是支出总额减少后，行政费的比重相对地增大了。同时从1956年4月份起普遍提高了工资，7月份起部分人员调整了级别后，工作人员的工资总额增加了，虽然十级以上的干部在工资调整后又降低了薪金3%到10%，但是1957年由行政开支的工资总额仍比1956年增加159万元。由于贯彻了节约措施，办公杂支、修缮、购置等费用减少了，1957年每人全年平均开支比1956年降低了28.34%，共计减少了198万元，同时福利费也减少了，但是在行政管理费中大部是工资的开支，而目前精简机构、紧缩编制的工作还正在积极进行，精简出来的人员只能陆续处理或组织一部分人去学习，因此，行政管理费一时还不能大减。

此外，还有一部分地方自筹经费收入，不包括在预算内。它的收支情况附带说明如下：

工商业税和农业税附加两项收入全年预计为632.2万元，加上上年结转的收入467.2万元，共为1,099.4万元。该项经费计划用于市政维护费方面的为358万元；补助小学教育经费为454.8万元；私立托儿所和幼儿园的补助费为21.9万元；乡镇地方公益事业开支等27.2万元；共计861.9万元。收支相抵，结余237.5万元，仍将用于公益事业方面。

根据我国目前物力财力条件，我们认为这个预算草案是安排得比较合理的，是可以保证我们必须举办的各项事业顺利实现的。

历年来，国民经济的不断发展，是保证我们财政收支的可靠的物质基础。从财政收入方面看，企业收入是逐年增长的。1952年本市的地方企业和事业收入只有1，702万元，到1956年已增加到9，787万元，1957年预计可以达到10，124万元，增加将近5倍。各项税款收入（包括中央税收在内）1952年为15,753万元，1956年增加到41,916万元，1957年预计为44，003万元，增加了1.7倍多。

另一方面，我们的财政工作，也从资金方面为发展国民经济提供了条件，对发展国民经济所必需的资金，都尽可能地给予了安排。综计第一个五年计划期间经济建设支出总额，为49，900万元，占全部财政支出的50%。其中，用于工业和建筑工业的支出为16，115.4万元；用于农林水利事业的支出为2，574.2万元；用于城市公用事业的支出为28,925.9万元。这些财政支出，推动了工农业生产的发展，并直接关系着人民的衣、食、住、行，使人民的物质生活得到改善。

在第一个五年计划期间，社会文教经费支出总额共为34，000万元，占全部财政支出的34%。其中，教育支出占第一位，并且是不断增长的。1957年虽然预算支出总额比1956年减少了，但是，教育经费仍比1956年有所增加。1956年决算中教育经费支出为4,132.6万元，1957年增加到4，825.2万元（此外，由地方自筹经费中补助小学和幼儿园的454.8万余元还不包括在内）。

其次，在卫生事业方面的支出，也是较多的。1952年卫生支出是1,128万元，1957年已增加为1，838万元，增加了50%以上。

根据以上几项主要的指标，可以看出，无论在经济建设或文教卫生事业等方面，发展速度都不能算慢，而是相当快的。但是，大家都知道，我们的建设事业是在反动统治所遗留下来的破烂摊子的基础上进行的，经济和文化都很落后，建设工作很吃力，建设的时间又还不久，所以必须继续艰苦奋斗，发展生产，努力进行社会主义建设，争取早日改变经济和文化方面的落后状态，才能进一步提高人民的物质和文化生活。右派分子故意抹煞我们建设上的成绩和人民生活上的改善，诽谤社会主义，攻击党和政府，很明显是包藏祸心，别有企图，但是他们的反动企图决骗不了广大人民，目前，正在被揭露和被粉碎！

三、继续深入开展增产节约运动，为胜利实现1957年的财政收支预算而奋斗。

为了顺利实现本市1957年财政预算，保证本市国民经济计划的完成，必须继续深入开展增产节约运动。

自从今年中共中央、国务院分别发出关于开展增产节约运动的指示，市人民代表大会前一次会议决定开展增产节约运动以来，在群众的支持下，增产节约已经获得了比较显著的成效。勤俭建国、勤俭办企业、勤俭办合作社、勤俭持家、勤俭办一切事业的方针，已经开始贯彻到各个部门和全市人民中去。社会上勤俭朴素的风气已经有所增长，铺张浪费的现象已经大为减少。在增产节约运动中，由于批判了盲目追求现代化、机械化，瞧不起旧工厂、旧设备等错误思想，国家工作人员和经济工作人员认识了充分利用现有的工厂和设备的重要意义，注意了精打细算，把有限的投资用在花钱少、见效快的项目和改进关键性的设备方面，在保证超额完成第一个五年计划的条件下，对工业和公用事业的基本建设，采取了削减非急需的建设项目，降低建筑标准等措施，节约了不少的物资和资金。今年上半年，在地方工业和手工业方面，虽然有些原材料供应不足，但是由于发挥了广大职工建设社会主义的积极性，千方百计地挖潜力、找窍门，生产仍然有很大的增长。

上半年地方工业的总产值，已经完成了全年计划的50%，比去年同期增长了14%；手工业的总产值比去年同期增长了31%。手工业开展了修理翻新业务，仅各缝纫社在二、三月份就拆改翻新了3万多件衣服，这是一项很大的社会节约。为了节约工业用原材料，采取了改变产品设计，利用代用品和废料，降低原料消耗定额等措施，据四个地方工业局的初步统计，今年上半年就节约了木材4，700立方公尺、钢铁3，700吨。工业品的成本降低了，而产品质量大部分有所提高。在农业方面贯彻了“民主办社”、“勤俭办社”和为城市服务的方针，进一步改善了农业社的经营管理，农民的生产情绪很高，蔬菜的播种面积，可由去年的22万亩扩大到今年的27万亩，养猪的头数也有很大增加。在商业方面，由于增产节约运动的开展，通过改善经营管理，商品流转费用也有所减少。此外，社会节约的成绩也很大，全市粮食、电力和煤炭的消费，都有节省。以上的情况可以证明，开展增产节约运动对于节约财力、物力、推动生产发展的重大作用，也证明了可以增产节约，潜力是很大的。同时，由于许多生产资料和消费资料的供应仍很紧张，并且这种紧张的情况有些还是比较长期存在的，特别是去年遭受了严重的灾荒，因此，开展增产节约更有重要的意义。

但在开展增产节约运动以来，也还存在着一些问题，我们也取得了一些经验和教训。首先是增产节约运动在各部门各单位的开展是不平衡的，有些单位领导重视，发动群众较好，解决问题及时，增产节约的成绩就很大；反之，有些单位重视不够，群众发动较差，解决问题不及时，有的甚至“吹了一阵风”就松懈下来，成绩就很差。也有些单位对于增产节约运动了解得很片面，因而出现了事故增多、质量下降的偏向。这些问题有的已经纠正，有的正在纠正。

今后，我们必须在已有的基础上把增产节约运动推广到所有的部门、所有的单位，并认真检查这一运动开展的情况。结合整风运动，各级领导干部要进一步克服脱离群众、脱离实际的主观主义、官僚主义和宗派主义，认真在继续开展增产节约运动中贯彻群众路线，坚决改正工作中存在的一切缺点。在运动中要继续克服各种有害的片面性，要坚决避免名义上是增产节约，而实际上是降低质量反而造成浪费的现象。各单位有关增产节约的方案、措施以及各项制度和办法，都应该通过群众讨论，动员群众自觉地加以贯彻。

增产节约运动的开展，促进了生产的发展，上半年国民经济计划完成的情况是良好的。关于地方工业、手工业和农业的情况前面已经谈过了，在社会商品零售额方面比去年同期也有所增长，截至6月底，已完成了全年计划指标的47.7%。由于国民经济的继续发展，上半年财政收支情况一般地也是比较好的。截止6月底，企业和事业收入入库的已完成全年计划指标的37%(实际利润还大于这个数字，主要是有些企业已经实现的利润，还没有缴库)，各项税收已完成49.62%，收入总额已达8，193.9万元，为1957年预算草案所编列的收入总额的42.83%。支出方面，截止6月底共支出9，414.3万元，为支出预算的46.54%。根据以上情况，我们相信今年的财政收支预算是可以实现的。

各位代表，本市1957年的财政收支预算，反映了我们进一步发展社会主义建设事业的要求，1957年财政收支预算的实现一定可以保证1957年的国民经济计划的完成和第一个五年计划的超额完成。只要我们进一步改善各级领导的作风，进一步克服主观主义、官僚主义和宗派主义，团结和依靠全市各阶层人民，进一步深入开展增产节约运动，就会把我们的社会主义建设事业引向新的胜利。

关于北京市1956年度国民经济计划执行情况和1957年度国民经济计划的报告

——1957年7月23日在北京市第二届人民代表大会第二次会议上

北京市计划委员会主任 王 纯

各位代表：

我代表北京市人民委员会向大会做关于本市1956年度国民经济计划执行情况和1957年度国民经济计划的报告，请予审查。

一、本市1956年度国民经济计划执行的情况

1956年，我们胜利地完成了对农业、手工业和资本主义工商业的社会主义改造。郊区农村共组成了427个高级农业生产合作社，入社农户占郊区总农户的99.6%。全市近10万手工业者也已经全部组织起来，分别参加了手工业生产合作社、生产小组和供销形式的生产合作社。全市资本主义工业共4，600户、从业人员66，100人，已经转变为公私合营企业；全市私营商业共47，900户、从业人员97，900人，已经转变为公私合营企业和合作商店、合作小组。由于社会主义改造的胜利，广大群众建设社会主义的积极性空前高涨，要求提前完成第一个五年计划，本市1956年度国民经济计划就是适应了这种新形势的。因而国民经济各个部门都有了很大的发展，并且已有很多部门提前完成了第一个五年计划。

工业方面。1956年地方工业总产值完成了112,481万元，为原年度计划的128%，比1955年增长38.4%，已经提前一年并且超额24.9%完成了第一个五年计划规定的1957年的指标。列入国家计划的70种主要产品产量中，有胶鞋、铁铸管、面粉等35种完成了年度计划，有些工业产品虽然没有完成年度计划，但是都比1955年有所增加。在列入第一个五年计划的22种产品中，已有钢、钢材、变压器、面粉等13种提前一年完成了五年计划。1956年地方工业也试制成功了不少的新产品，例如桥式起重机、细菌肥料、人造棉卡机布、日光灯等共50多种。在161种可比产品中，有102种的产品质量有了显著提高。地方国营工业的经营管理水平也有了很大的改善。劳动生产率完成了原计划的108.8%，比1955年提高了21.8%。1956年地方工业可比产品的总成本比1955年降低了9.3%。

公私合营工业经过经济改组和国家进行投资后，适当地增加或调整了一些生产设备，生产的水平提高了，总产值比1955年增加了35.4%，产品质量和品种也有提高和增加。

1956年手工业总产值完成了28，601万元，为计划数的121.7%，比1955年增长20.6%（其中手工业生产合作社增长38.5%），已经提前一年并且超额2%完成了第一个五年计划规定的1957年的指标。

农业方面。1956年，郊区农业生产所遭受的涝灾比1954年严重得多，是解放以来最严重的一年，受灾的农作物面积达80多万亩，占郊区播种面积的30.9%（其中颗粒不收的有20多万亩），因而一般农作物没有完成年度计划。1956年粮食总产量为31,178万斤，完成计划71.6%；棉花因雨多普遍落铃减产，1956年总产量为265万斤，完成计划35.5%。1956年农业生产虽然遭受了严重的自然灾害，但是由于国家的大力支援和合作化的优越性，以及社员的积极努力，有效地推行了技术改革和各项先进增产经验，增加了作物的施肥量，兴修了许多水利和进行了其他基本建设，粮食的单位面积产量，如果以没有受灾和因灾减产五成以下的轻灾粮田平均计算，则比丰收的1955年增产6.7%；蔬菜的总产量则高于1955年16%。从社员的收入看，仅按社内的劳动工分分配的结果计算，在427个农业社中比1955年增加收入的有233个社（占54.6%），不增不减的有51个社（占12%），因灾情严重减少收入的有143个社（占33.4%），有70%以上的社员增加收入的共有224个社。此外，由于纠正了去年曾一度忽视副业生产的偏向以后，一般社社员参加集体副业生产所得的“提成”、补助费和社员个人经营的家庭副业生产的收入也有了增加，根据典型社的调查每户约有90元左右。

基本建设方面。基本建设投资额在1956年内有很大的增长。1956年，市属各单位的基本建设投资总额为15，069万元，比1955年增加49.4%，完成计划的98%。1953年到1956年四年累计已完成第一个五年计划的基本建设投资额的93.1%。1956年各部门完成基本建设投资额的情况如下：

地方工业3，876万元，为1955年的252.5%；

城市公用事业6,652万元，为1955年的183.7%；

文教卫生事业1，681万元，为1955年的63.3%；

建筑企业687万元，为1955年的62.1%；

农业水利617万元，为1955年的219.6%；

其他1，556万元，为1955年的175.4%。

1956年，新投入生产的或交付使用的建设项目主要如下：在工业方面，有燕京造纸厂长网机车间、制药厂农药车间、细菌肥料厂等86个。在市政建设方面，有永定河引水工程、前三门污水管西段、西单到复兴门的道路等工程项目，在1956年内新增自来水管道有23公里，下水道有32公里，道路有78.7公里（其中高级路面为25公里）。在文教卫生方面，新建扩建的医院有积水潭综合医院、精神病院等，共增加病床950张。新建中学14所，中学班2校，小学13所，1956年增加的中学生座位16，850个，小学生座位13，596个。此外，购置了拖拉机131台（包括农林局的68台，劳改农场的63台），载重汽车190辆，公共汽车28辆等。

商业方面。随着生产高涨、基本建设扩大和职工工资增加，1956年社会购买力有很大的增长，社会商品零售额相应地增长很多，国营商业的销售计划和购入

计划都超额完成了。

1956年全市商品零售总额为158，300万元，超过计划的32.4%，比1955年增长37%。已经提前一年并超额12.3%完成了第一个五年计划所规定的1957年的指标。1956年主要商品的供应量比1955年都增加了。例如：

粮食：16亿斤，比上年增加10.2%；

棉布：315万匹，比上年增加47.4%；

煤炭：280万吨，比上年增加24%；

食糖：17，404吨，比上年增加12.2%；

猪肉：73.2万口，比上年增加14.7%。

虽然1956年许多商品的供应量比1955年大大增加了，但由于去年下半年城市人口增加很快，1956年底全市人口已增加到403万人，除新划入的昌平区和通县七个乡的29万人外，比1955年增加了40万人。随着事业发展的需要，就业人员也增加较多，仅市属各部门的职工总数1956年比1955年就增加了54，000人。职工工资进行了调整，人民购买力提高，因而有些商品呈现了供不应求的现象。

交通运输方面。随着生产的发展和基本建设规模的扩大，1956年的运输量也相应地增加了。1956年汽车和马车的货运总量为2，700万吨，完成计划124.6%，比1955年增加10.6%，其中汽车货运量占27%，比1955年增加97%。在货运周转量中（即吨公里），汽车运输比重由1955年的39.1%上升到1956年的57.5%。由于生产和建设发展的需要，运输任务相应地加大，去年运输力供求之间是比较紧张的。

城市公用事业方面。1956年城市公用事业发展很大，全市铺装道路的长度到年底已达834公里，比1955年增加9.6%（其中高级路面占47%）；自来水管线长度已增加到1，130公里，比1955年增加8.1%，用自来水的人口达到263万人，比1955年增加19.9%；1956年年底下水道总长度共608公里，比1955年增加5.5%；1956年共有电车240辆，有公共汽车431辆，比1955年增加7.5%，但由于城市人口增加很多，乘客人次相应增加很大，因而1956年城市公共交通在高负荷时间内仍然是比较拥挤的。

文化教育和卫生事业方面。1956年各级学校的招生计划都超额完成了。普通中学在学人数达到148,000人，比1955年增加25.4%；小学在学人数达到422，700人，比1955年增加11.7%。1956年由业余文化补习学校毕业的职工、农民、城市居民共有6万多人，比1955年增加81.3%，在业余文化补习学校学习的约有20万人。

1956年底市属单位医院和疗养院的床位总数有9，606张，其中1956年新增1，539张。

此外，在医疗预防、妇幼卫生等方面的机构和人员也有增加，在这方面也都进行了很多的工作。

1956年全市有电影院27座，座位数比1955年增加24%，全年观众人次比1955年增加了37%，全市有剧场32个，观众人次比1955年增加14.5%。

1956年我们还建成了两个体育运动场和一个游泳场（即陶然亭游泳池）。

上述情况说明，1956年本市的经济和文化建设事业都获得了巨大的成绩。这是全市各阶层人民在中国共产党领导下共同努力的结果。但是，在我们的具体工作中，也还有缺点和错误。主要是在编制和执行1956年国民经济计划的过程中，对基本建设、工业生产的规模和物资供应之间平衡衔接工作做得不够，因而有的工程没有按计划完成，致使国家投资和物资不能及时发挥效果。其次，在物资供应紧张的情况下，对统筹兼顾、合理安排的工作做得也不够，有些地方没有能够很好地兼顾国家建设和人民生活两方面的需要。此外，关于全面综合平衡工作和组织各方面相互协作也注意得比较差，例如劳动计划控制得不够严格，致使某些单位去年人员增加得多了一些。这些缺点，有些虽然是难于避免的，但主要的还是我们缺乏经验，需要在今后工作中努力学习提高，以不断地克服缺点，改进我们的计划工作。

二、1957年度国民经济计划

1957年度国民经济计划的编制，是在1956年全市社会主义改造取得决定性的胜利和1956年国民经济有了很大发展的基础上，同时又在去年全国农业生产遭受严重自然灾害的情况下进行的。

为了使国民经济各个方面的发展有可靠的物力和财力做保证，1957年工业生产、基本建设、商业、文化教育事业等各方面的发展，必须和国家分配的物资和投资相适应；同时，我们还必须贯彻执行中央所指示的统筹兼顾、适当安排、瞻前顾后、综合平衡、增产节约、勤俭建国、发扬成绩、纠正缺点的方针；使1957年的国民经济计划的编制能够调动各方面的积极因素，以便把经济计划放在既充分可靠而又积极的基础之上。

现在我将国务院下达的本市1957年度国民经济计划各个方面的主要指标，以及市人民委员会对1957年经济计划的具体安排意见说明如下：

（一）关于工业生产

1957年，地方工业、手工业的总产值，计划为138,031万元，比1956年增长2.8%，其中地方工业为

106,691万元，比1956年增长0.7%(这是按可比口径计算的，就是说已经把今年划分中央国营工业的商业系统的加工工业的产值6,518万元，从1956年的产值中减除后，再和1957年计划比较出来的增长速度)；手工业生产合作社为31，000万元，比上年增长10.94%。

今年的地方工业总产值增长速度小于去年的原因，主要是由于去年全国农业遭受了严重的自然灾害，主要的工业原材料作物减产；同时今年本市的建筑面积比去年有所减少，因而棉纺织业、建筑材料等工业的生产受到了影响。今年纺织（棉布、印染布)、缝纫、油脂、建筑材料和木材加工等工业部门产品的产值就比去年约减少了4，500万元，这就影响了全部工业总产值的增长速度。但是，其他工业部门今年的产值增长速度还是较大的。如造纸工业增长31%，橡胶加工增长10%，玻璃工业增长56%，化学加工增长8%，燃料加工增长18%，钢铁冶炼增长189%等。如果把1956年和1957年两年增长的速度合并计算，则地方工业的总产值每年平均上升幅度为20%，仍然超过第一个五年计划要求达到的每年平均增长14.6%的速度。

至于手工业增长速度大于地方工业的原因，主要是根据群众对手工业产品的需要并适当地照顾到手工业的生产安排。

本市列入国家1957年计划平衡的产品共有55种，其中有35种比1956年增加，有19种比1955年减少，有1种是维持去年的水平（关于这些产品1957年的计划产量，在印发的北京市1957年国民经济计划表册中已有详细数字)。今年有些产品的产量比去年减少的原因，主要是上面已经说明的受工业原材料农作物减产的影响。

（二）关于基本建设

1957年，国务院分配给本市的基本建设投资总额为8，734.8万元，另外，财政部又批准动用上年结余466.6万元，安排了基本建设，所以，实际上1957年基本建设投资拨款共为9,201.4万元。虽然比1956年有所减少，但是比第一个五年计划原规定的1957年投资额还增加了8.9%。我们根据国家分配的投资和原材料数量，对今年市属单位基本建设投资分配的重点是解决各项事业的跨年度工程和保证学校、地方工业以及市政部门的迫切需要。关于1957年各项事业基本建设安排的主要工程项目，在印发的1957年计划表册里已经详列了。现在将各部门的国家基本建设拨款安排的情况说明如下：

地方工业投资（包括工业学校基本建设费）为2,341.5万元。其中有一半以上（约1，300万元）的投资是安排跨年度工程，主要项目有：针织厂、染线厂、制药厂、食品厂、造纸厂、北京毛纺厂、玻璃厂、暖气材料厂、灰石厂、水泥砖瓦厂等；用在改建和平衡设备的投资约占全部投资的30%左右；其余约有10%左右是解决一些职工生活福利设施。

城市公用事业的投资为3，908.6万元。主要是解决供水、排水和公共交通问题。主要项目有：东护城河和通惠河的污水管工程、水源三厂工程、东郊工业区和西北郊大学区的上水道工程，新建前门至西郊甘家口无轨电车路线、永定门车站到永定门的有轨电车路线，并相应地展宽和加固这两条线路的道路以及增置一部分公共汽车和无轨电车。1957年度新增加的道路共有35公里，下水道干线27公里，自来水管线33公里，公共汽车65辆，无轨电车70辆，有轨电车拖车10辆。

农业方面分配的投资为180.3万元。主要是用于国营农场发展奶牛、养猪等副食品生产，以及平衡充实拖拉机站的机具和修理设备。水利方面主要是进行东郊的引水灌溉工程以及解决水土保持、小河排水、永定河岁修；继续进行西山造林等。

交通运输方面的投资为252.1万元。主要是购置载重汽车35辆、拖车80辆和修建停车场、修理厂以及一部分职工宿舍等。今年计划购买汽车35辆、拖车80辆。

建筑企业方面的投资为360.2万元。主要是继续完成去年未完的跨年度工程（混凝土构件工厂)，并在充分利用现有机械设备的基础上，适当购置一部分工具。

教育方面的基本建设投资为840.3万元（包括工农业余教育局)。为了保证完成今年的中、小学招生任务，必须在进一步实行二部制的基础上，相应地新建和扩建一部分校舍。计划今年内新建中学16所、小学7所、师范学校1所、聋哑学校一所。另外，还要改建或扩建部分中小学。这样，共可增加中学生座位16，400个，小学生座位11，900个。

公共卫生方面的投资为460.3万元。主要是继续进行东郊区、宣武区的2个综合医院和产科医院等跨年度工程，新建1，000床的精神病院1座和一些门诊所、防疫站等。

文化和体育事业方面的投资为79.5万元。文化方面主要是完成东郊电影院的跨年度工程和改建儿童电影院。体育方面主要是新建一所体育中学（去年已招生)，修建地坛体育运动场（去年未完工程）和月坛体育场，并修建一些群众性的简易运动场。

其他方面的投资为312万元，主要是公安局劳改企业的投资和民政局修建的两个火葬场等。

关于动用上年财政结余安排的项目有：购置公共汽车和货运汽车、东郊水利工程、兴凯湖农场的场外水利工程和补充精神病院投资等。

另外，今年国家分配给公私合营企业的基本建设投资为957.5万元。其中分配给工业企业的为680.5万元，主要是完成跨年度工程和增添一些平衡设备等；分配给运输企业的为145万元，主要是修建三轮车厂、购置载重汽车等；分配给农业企业的为125万元，主要是扩建东郊公私合营畜牧场的牛舍，以及购买牧场用的机具等。

这里，需要向各位代表说明的是，以上国民经济计划中所安排的基本建设投资额和财政预算中安排的基本建设拨款不完全一致。其原因是因为财政预算所列数字，是根据国家财政制度的规定，将一部分事业部门固定资产的购置也列为基本建设，但不列入国民经济计划；另外有一部分投资，例如劳改企业的投资，则没有列入财政预算，但必须列入国家的基本建设投资计划。

（三）关于商业

1957年，社会商品零售总额计划为16亿元。其中居民购买力部分比1956年增加了10.3%，由于精简节约的开展，机关团体等社会集体购买力比1956年减少了12.6%，这样增减相抵后，社会商品零售总额仍然比1956年增长1.1%。在主要商品供应方面，有关人民生活必需品如粮食、猪肉、水产、蔬菜、食油等计划销售的数量都比1956年增加了。但有少数商品（主要是棉布）的销售计划比1956年减少了。棉布供应量降低的原因，是因为去年棉花歉收，因而相应地降低了供应标准。因此，1957年商品的供应量基本上是能够保证全市人民需要的。但是由于生产的发展赶不上人民不断增长的需要，有些商品供应的情况还是比较紧张的。全市人民还需要努力贯彻执行增产节约的方针，特别是对于粮食、棉布、煤炭等物资的节约工作，需要继续加强进行。

（四）关于农业生产

1957年，根据郊区农业为城市服务的方针和国家下达的农业生产指标，粮食的总产量计划为39,400万斤，比1956年增加26%；棉花的总产量计划为480万斤，比1956年增加81%。只要不遭受大的自然灾害，以上的农业增产计划是可以完成的。

郊区农村应当大力发展蔬菜生产和养猪事业。1957年蔬菜播种面积原计划为23万亩，总产量为12.7亿斤，比1956年增长24%。现在根据蔬菜的需要量，蔬菜播种面积扩大到27万亩。养猪24万头，比1956年增长83.8%，郊区的养猪生产必须大力发展，这不仅可以增加城市的食肉供应，而且可为农业生产积肥并增加社员的收入。各农业生产社都应当注意到农副业生产的结合，各种生产都应当有适当比例，都要有通盘的安排。

（五）关于劳动和中、小学招生指标

由于去年就业人员增加的较多，总的来看各机关企业等单位的人员已经有余，不能再增加工作人员。今年虽然有些企业、事业单位随着事业的发展，还需要相应地增加一些职工，但是在增加的人员当中，除有少部分是从高等学校和中等技术学校今年毕业生中调配外，其余的主要是从机关、企业中的现有人员和转业军人中调剂补充解决。

1957年，本市小学招收新生为96，600人，初中招收新生为49，300人，高中和中等师范招收新生12，040人。按照这个招生计划，今年各级学校的在学人数比1956年增加得不少，小学生增加了50，000人，初中生增加了21，000人，高中生增加了2，100人。虽然国家已经尽力作了安排，招生人数增加了很多，但是今年本市中、小学生仍将有很大一批应届毕业生不能升学，不能升学的高小毕业生约为10，000人，初中毕业生约为16，000人，高中毕业生约为2，000人（估计数），这种情况也是正常的现象。因为我国中、小学教育的主要任务是要培养有社会主义觉悟的、有文化的、身体健康的新的劳动者，中、小学毕业生不应当也不可能全部都升入初中、高中或大学，因此，每年都必须有大量学生去参加生产。今年没有能够升学的学生，凡是年龄适当的都应当参加工、农业及其他各种劳动和生产，主要是农业生产，一时还没有条件就业的和年龄过小的学生，则应当动员社会各方面力量帮助他们，采用各种形式，在自愿原则下自学或补习功课，等待升学或就业。

以上就是1957年度国民经济计划安排的主要情况。

各位代表：1957年是第一个五年计划的最后一年，1957年度国民经济计划完成后，本市第一个五年计划执行的结果是怎么样呢？这是全市人民十分关心的问题。特别是在最近时期资产阶级右派分子向中国共产党、向广大劳动人民、向社会主义发动了猖狂的进攻。他们要想否认我国人民在共产党和人民政府领导下所获得的伟大成就，企图使资本主义在我国复辟。不用从全国来说，只用本市几年来全市人民在共产党和人民政府领导下取得的伟大成就，就可以粉碎他们的进攻。

1957年地方工业的总产值比1952年增长145%，每年平均增长的速度为19.6%，已经超过了原定的14.6%的增长速度。1957年手工业的总产值比1952年增长157%，每年平均增长的速度为20.9%，也已经超过了原定的18.1%的增长速度。

第一个五年计划本市基本建设投资总额为47,822.9万元，预计五年共可完成55，383万元，也超过原定计划的15.8%。在第一个五年计划期间，地方工业扩建和新建的工厂共有120多个项目。其中主要的有：清河制呢厂、机织印染厂、北京毛纺厂、针织厂、搪瓷厂、食品厂、玻璃厂、制药厂、窦店砖瓦厂、新都砖瓦厂、混凝土预制构件厂、大理石厂、花岗石厂、石灰厂、化学试剂厂、木材厂、暖汽材料厂、机械厂、细菌肥料厂、氧气厂等。

在市政建设方面，五年内新增加的道路共为491公里（面积436万平方公尺），可超过第一个五年计划原定水平的22%；新增加的自来水管管线长度共为497公里，可超过原定水平的2%，并且新建了两个自来水源厂，有效供水量全年可达到6，800万吨，超过原定水平4.6%；新增加的下水道干线有239公里，可超过原定水平4.7%；新增加公共汽车284辆，超过原定水平2%，新增加有轨电车75辆，另外还有95辆无轨电车，这是第一个五年计划新增加的项目；此外还完成了永定河的引水工程，完成了绿化面积449公顷。

在文教卫生事业方面，五年内新建的中学和中学班共60所，新建小学55所，新建师范学院1所，新建师范学校2所，另外绝大多数的中、小学都进行了扩建和改建。普通中、小学在学人数除高中不能达到五年计划原定水平外，初中和小学都能超额完成，高中1957年在学人数预计为五年计划原定水平的88%，初中为原定水平的101%，小学为原定水平的108.8%。五年内新建了3个大型的综合医院，新建了儿童、产科、结核病等专科医院，此外还扩建了同仁和第二、第六综合医院，仅市卫生局系统新增加的病床共有6,800多张，为原定水平的124%；五年内新建的电影院有12座。

1957年社会商品零售总额计划为16亿元，比五年计划原定的1957年水平14亿元超过了14.2%。

农业生产方面，如果今年没有大的自然灾害，第一个五年计划所规定的农业生产的主要指标，也是能够完成的。

上述情况可以充分说明，今年国民经济计划完成后，除个别指标外，绝大多数的生产和事业发展计划指标都可以完成或超额完成第一个五年计划。

以上是第一个五年计划预计完成的情况。如果我们把解放以来所获得的成就和解放前的情况对比一下，那么，我们就可以清楚地看出，几年来在共产党领导下，我们所进行的社会主义建设事业的伟大成就，是任何反动统治时期所不能比拟的。解放前，1948年全市工业的总产值仅为10，000万元，而现在（指1956年实际数，下同）为185，000万元，比1948年增加17倍之多；1948年底，全市工业职工总数约为56，900人，而现在已经达到了237，200人，增加了3倍以上。再以几个工厂为例来看。北京市制药厂，在1949年解放的时候，只留有13个工人，因为没有药可做，只好改行生产肥皂维持生活；而现在已经扩建成为1,200多人的大工厂了。清河制呢厂建于光绪年间，至1949年时，设备已非常陈旧，而且只有3,000多个纺锭，只能生产质量很低劣的粗纺毛织品；而现在扩建成为拥有2万多纺锭的毛纺厂了，并且能够生产质量优良的各种精纺毛织品。石景山钢铁厂在解放那年生产的生铁，只有3万多吨，而现在的年产量已经达到了40多万吨。解放以前，北京市根本没有机器制造业，不能生产车床，而现在一年就能生产各种车床1,500多台了。解放以来，北京市的面貌日新月异地在由消费城市向伟大的社会主义生产城市发展着，我们的首都已经建设了许多现代化的大工业企业，最新技术的电子管厂、华北无线电器材厂和北京有线电厂已经开工生产了，其他如京西大台煤矿、机床厂、汽车附件厂、三个国营棉纺厂、华北农业机械厂等等的规模也是大家所知道的。

1949年解放初期的发电量仅为14，500万度，而现在的供电能力已达到了57，200万度，比1949年增加了3倍。同时，正在修建的东郊热电站，到明年第四季度即可开始发电。

1948年能够使用自来水的人口仅为61万人，而现在则已经达到了263万人，增加了3.3倍；每人每年的平均供水量也由1948年的13.3吨上升到现在的22.5吨。1949年初，本市的下水道虽然有287公里，但其中能使用的只有20公里，到1952年经过我们整修掏挖，才全部利用，现在全市的下水道长度已达608公里。1949年初，全市铺有路面的道路只有262公里，现在则已增加到834公里，增加了2.2倍。1949年初，公共汽车只有5辆，而现在已达到了431辆，今年年底可达到500辆以上；解放时，有轨电车只有49辆，而现在已有240辆，都增加了好多倍，并且我们已经开始建设了无轨电车线路。

自1949年到1957年，我们新建的房屋建筑面积共为2,100万平方公尺，超过了解放前旧有房屋面积的总数。

1948年，全市的高等学校为17所，学生仅有17,700人，而现在已经发展到31所，学生达到了79,100人，增加了三倍多；1948年中等学校只有85所，学生5万人，而现在已有151所，学生达到了18万人，增加了2.6倍；现有小学1,245所，在学人数422,736人，比1948年也增加了2.6倍。

1949年初，全市医院共有病床2,900张，而现在已达到了16,000张，增加了4.5倍。

随着生产的发展，广大职工群众的生活也有了显著的改善，由于职工的工资提高，农民收入增加，人民购买力逐年提高，社会商品零售总额也大为增加。1956年的零售总额为158,300万元，相当于1949年的7倍。

以上列举的各种事实，已足够说明解放以来本市工业生产和各项建设事业发展的规模和速度是空前的。这不就是共产党和人民政府领导全市人民共同劳动的结果吗？资产阶级右派分子能够否认这些铁的事实吗？

三、继续进一步开展增产节约运动，为全面地完成1957年度国民经济计划而奋斗

自从今年本届人民代表大会前一次会议决议开展增产节约运动以来，已经收到比较显著的效果，今年上半年计划执行情况是比较好的。上半年工业总产值已完成年度计划的50%；手工业的总产值上半年已完成年度计划的47.6%。在节约原材料方面，也得到了相当成绩。在农业生产方面，春播和夏播的作物的种植情况一般良好，蔬菜种植面积有所增加，猪的饲养头数较去年增加很多，如果没有大的自然灾害，今年农业生产可能超额完成计划。在基本建设方面，由于今年投资计划和建筑任务确定得较晚，冬季施工面小，原材料供应不平衡，因而上半年投资计划完成得比较差，相当于年度计划的37%左右(往年约完成40—45%)。在市场方面，上半年完成的社会零售总额为7.6亿元，完成年度计划的47.7%。社会上俭朴节约的风气得到发扬，办公用品的销售量已大大下降；煤炭、粮食、电力的节约也已取得了一定的成效。但在增产节约运动中还存在着一些缺点，如有些产品质量下降，有些部门伤亡事故增多，有些企业资金积压周转不灵等；还有些企业只顾自己的增产节约而忽视或打断了与其他企业的联系协作关系。为了保证1957年度国民经济计划的顺利实现，我们认为必须克服缺点，继续贯彻执行勤俭建国的方针，进一步开展增产节约运动。

第一，认真加强原材料的节约和调剂工作，进一步安排下半年的生产。从前面谈到的情况可以看到，在今年工业、手工业和基本建设当中，节约原材料仍然是增产节约运动的中心环节。因此，各生产和基本建设单位，应当继续加强健全原材料的定额管理和保管、领发工作，在不影响质量的条件下，尽量利用呆滞材料、废料、副产品和代用品。在企业之间、部门之间必须加强原材料的调剂使用工作，以防止大材小用、优材劣用，并可相互支援，互通有无，进一步安排生产。同时，在安排生产的时候，应当注意照顾到人民生活必需品和季节性商品的生产（如火炉、煤球、铁锅等)。

第二，为了在各项建设事业中认真贯彻执行勤俭建国的方针，根据薄一波副总理在全国人民代表大会报告中所指出的几项具体措施，并结合本市的情况，我们需要进行以下工作：

（一）认真安排下半年开始建设的项目。首先根据材料供应的可能，分别根据需用急缓情况，把可供应的材料安排到主要和必需的工程上，以免普遍开花，都为半成品，不能交付使用。其次，未开工工程的图纸，在不影响工程进度和质量的条件下，重新修改，特别是对于一些非生产性不急需的项目，能缓建的，就缓建。另外对1958年的基本建设项目也已根据国家经委通知，开始着手研究，争取提前确定一些项目，以便及早动手进行设计和施工材料的准备工作。

（二）节约城市用地：(1)进一步节约城市建设用地，纠正某些严重浪费土地的现象，严格控制建筑密度，充分合理利用建设基地。同时一般的建筑物都不应当留预备发展地；(2)新的建筑部署时应当进一步贯彻紧凑发展的原则，尽量先在已有的建筑区域内填空补白，这样既可节省用地，也可以充分利用现有的市政设施；(3)尽量少拆现有房屋，必要非拆不可时，也尽量把可能留下的房子组织到新建筑物中，充分加以利用。

（三)着手研究建筑标准，根据物资供应的条件，结合实用，实事求是、充分地发挥设计人员的积极性和创造性，尽可能地降低建筑造价。

（四）进一步加强城市建设方面的配合协作工作。从规划设计到施工，从地上到地下，都需要进一步加强配合。这一、二年来虽然有改进，但是还赶不上发展的需要，如果这方面前进一步，将是很大的节约。

（五）在进行新的工业项目建设的时候，必须充分考虑现有企业的生产能力，统筹兼顾、合理安排、互相协作、促进生产、节约建设资金，而可避免互相排挤，阻碍生产发展。

第三，加强农业生产工作的领导，争取今年农业大

丰收。为此，今后应当采取以下措施：(1) 加强田间管理工作，大量积肥，根据条件和需要，及时追肥，及时进行中耕除草；(2) 加强防旱防涝工作，及时进行抗旱和抗涝的准备，特别是当前应注意防涝工作；(3) 及时除治病虫，对于现已发生的病虫害，组织力量除治，制止蔓延；(4) 尽可能多种秋菜，争取超额完成秋菜的播种计划。

第四，一切增产节约措施的推行必须保证质量和安全。在开展增产节约运动过程中，有些部门曾经发生忽视产品质量和生产安全的偏向，这种现象必须注意纠正。对原材料的节约措施一定要在保证质量的条件下推行；一切新产品、新配方，不经过试制和检定，不应当盲目大批投入生产。各个生产和施工部门需要加强安全工作的技术组织措施，严格执行技术安全操作规程，经常进行检查，并对职工进行安全生产的教育。一切增产节约措施应当注意实际效果，那种形式上节约实际上造成浪费是错误的作法，必须设法纠正。

第五，进一步加强对增产节约运动的领导。为了进一步加强对增产节约运动的领导，市属各局以及所属企业、事业单位都应当定期督促、检查指导和管理所属各该单位的增产节约工作，组织先进经验交流会议，使增产节约运动更加广泛地、更加深入地坚持下去。

各位代表！本市1957年度的国民经济计划在执行过程中一定还会遇到新的困难和问题。为了保证1957年国民经济计划的实现，我们应当加强对计划的监督和检查工作，发现问题，及时调整解决。我们相信，只要我们全市人民共同努力，在中国共产党的领导下，进一步开展增产节约运动，千方百计挖掘潜在力量，一定能够克服和解决经济计划执行过程中遇到的困难和问题，一定可以争取完满地全面完成1957年的国民经济计划和第一个五年计划。

关于北京市教育、卫生、文化工作的报告

——1957年7月24日在北京市第二届人民代表大会第二次会议上

北京市副市长　吴　晗

各位代表：

我现在代表北京市人民委员会报告本市的教育、卫生和文化工作，请大会审查。

首先我谈谈本市的教育工作。

解放以后，本市中小学教育有很大的发展，目前本市已有小学1，245所，学生42万人。城区的及龄儿童差不多全部上了小学，郊区及龄儿童入学的也达到80%以上。现有中学114所，附设在小学的中学班46处，学生14万8千人。和1949年相比，小学学生增长了两倍，初中学生增长了三倍，高中学生增长了一倍半。为了加强校外的辅导工作，还陆续建立了一些少年之家、儿童图书馆等校外教育机构。

为了完成历年的发展任务，我们作了很大的努力。解放以来，新建中学69所，小学62所，不少学校还进行了扩建。解放后增建的校舍面积相当全部旧有校舍的一倍半。同时采用了大量开办二部制班的办法，在原有的校舍和设备基础上，多吸收了15万学生入学。目前初小二部制班占总班数的66．23%（城区占93．8%），初中二部制班占总班数的48．94%。

在中小学教育的发展中，贯彻了为劳动人民服务的方针。为了使工农子女获得受教育的机会，对贫苦学生给免除杂费，并发给人民助学金。着重在过去缺少学校的地区兴建学校，已根本改变了学校分布不平衡的状况。几年来，学生成份已经起了显著的变化，由于小学教育的发展，工人、农民的子弟都得到了受教育的机会，在中学学生中，工农子弟的比重也不断增加。

这些都说明，解放后中小学教育的发展不是很慢，而是很快的。也只有在工人阶级领导的国家里，在社会主义制度下，教育事业才可能这样迅速地发展。但有些人却认为中小学的发展还太少，有些右派分子大喊大叫：1957年是全面冒退了；中小学毕业生不能全部升学，是因为我们犯了错误，把教育工作搞糟了。这些论调是完全不符合事实的。1957年是不是冒退了呢？今年暑假本市小学计划招生96，600人，初中招生49，300人，高中和师范招生11，970人。按照这个计划，暑假后在学的小学学生将比1956年增加5万人，初中

学生将增加2万1千多人，高中学生将增加2千多人。根本不是甚么冒退。但是，由于今年中小学毕业生人数比往年多，不能升入初中的高小毕业生仍将有1万多人，不能升入高中和中等专业学校的初中毕业生将有1万6千多人。

中小学能不能发展得更快一些，使中小学毕业生都能升学呢？我们认为这是做不到的。文化教育事业是服从并服务于经济基础的，它的发展必须取决于经济建设的需要及其所提供的可能条件。再多发展，不仅财力、物力达不到，师资来源也成问题。勉强发展，对国家建设和教育事业本身都是不利的。要求每个公民都上中学和上大学，不仅在目前，即使在今后相当长的时间内都是不可能做到的。

有部分高小和初中毕业生不能升学，而去参加生产劳动，是正常的现象，还是不正常的现象？是好事情，还是坏事情？

最近几年，为了适应国家对于建设人才的迫切需要，本市高等学校和中等学校招生比较多，因此，高中毕业生几乎全部升入大学，中小学毕业生的升学比例也很大。这种现象是暂时的和不正常的现象。今后中小学毕业生愈来愈多，一方面，将一年比一年有更多的中小学毕业生升学；另一方面又将一年比一年有更多的中小学毕业生应该参加生产或准备参加生产。这是今后长时期内存在的现象，也是正常的现象。这表明劳动者的文化程度正在逐渐提高，这对国家、对人民，都是好事情，而不是坏事情。右派分子所说的“搞糟了”、“犯了错误”，完全是一种恶意的歪曲和污蔑。

社会主义教育的根本目的就是为了培养有社会主义觉悟的、有文化的、身体健康的劳动者。无论小学、中学还是大学学生离开学校以后都要参加生产，成为劳动者。他们只是在文化程度和所从事的具体劳动上有些不同，而没有任何根本的差异。本来普通教育就有两重任务，一方面要培养大批的具有一定文化程度的劳动后备力量；一方面也要为高一级的学校培养合格的新生。有人认为初中毕业后再去参加体力劳动、去种地是浪费，这种意见是完全错误的。在农业合作化以后，必须有一部分具有一定文化程度的劳动力参加到农业合作社中去，这正是把我国的落后的农业改变为先进的农业所必需的。那种认为毕业后不能继续升学就叫失学、就没有前途的看法，是不正确的。

由于社会上还存在着“万般皆下品，唯有读书高”，“学而优则仕”的剥削阶级思想的残余，加以过去我们对于普通教育的任务向学生、向社会宣传得不够，劳动教育进行得也不够经常，这就造成不少学生毕业后不愿意参加工农业生产劳动的不健康现象。我们应该纠正过去工作中的缺点，注意教育学生把参加工农业生产劳动看作光荣的事情，同时还要依靠社会各方面的力量，分别情况，对于不能升学的毕业生加以统筹安排。动员家在农村的未能升学的初中、高小毕业生回乡生产，对一部分家在城市的毕业生也应该创造条件，使他们有参加农业生产的机会。就全国来说，能够容纳大量劳动力的是农村，所以，参加农业生产就成为安排中、小学生毕业生的主要方向，能在城市就业的只是极少的一部分人。此外还应当采取多种方式，动员各种社会力量，帮助不能升学而暂时又没有机会参加生产的学生进行自学，准备将来升学或参加生产。我们相信，广大的学生及其家长，在认识到社会主义教育的性质，了解到中小学毕业生不能全部升学的现象是一种正常现象以后，是会以正确的态度对待自己或自己子女的升学问题的。但是，右派分子却利用群众不了解全面情况和对发展教育事业的过高要求，来挑拨群众对党和政府的不满，这是我们绝对不能容许的。

我们的教育改革是有成绩，还是没有成绩？教育质量提高了，还是没有提高？学校是办好了，还是办坏了？

我们的回答是：教育改革有很大的成绩，教育质量在不断提高，学校不是办坏了，和过去比较，事实是好得多了。

解放以来，我们对中小学的教育制度、教育内容和教学方法，进行了一系列的改革，这是必需做的，我们必须把为剥削阶级服务的旧教育改变成为为社会主义建设服务的新教育。

首先，我们明确了新教育的目的，多数教师对学生有了全面关怀的责任感。在教学内容方面一般地加强了思想性、科学性。绝大部分科目有了统一的教学大纲和教科书，规定了统一的教学要求，纠正了解放前“自由教学”的严重缺点；绝大部分教师认真备课、钻研教材，加强了教学的计划性。在教学方法方面，注意了使学生理解和巩固所学的知识，反对死记硬背和注入式的教学。教学内容和教学方法的改革对教育质量的提高起了很大的作用。

在思想政治教育方面，通过历次政治运动、政治课和各科教学、建立班主任制度和课外小组活动等一系列工作，使学生的思想品质和学校纪律有了很大的进步。共青团和少先队组织在思想政治教育上起了很大的作用。

在学校领导方面，注意了思想政治教育和教学研究工作，通过各科教学研究组的活动，逐步形成了教师集体，团结互助，树立了新的风气。

我们教师队伍虽然每年都在扩大，很多教师都是临时招聘或转业的人员，但是，由于他们大多数都积极热情地工作和努力学习，教育质量还是得到不断的提高。为了提高中小学教师的水平，组织了教师参加业余进修。目前参加各种业余学习的教师，中学约有4，000人，小学约有8，000人。

经过教育改革，学生成绩已有提高，特别是在1954年中共北京市委“关于提高北京市中、小学教育质量的决定”和市第四届第四次各界人民代表会议“关于提高中小学教育质量的决议”发布后更为显著。中小学学生升级标准比以前严格，而留级生的数字却逐年下降，小学各年级留级生在全体学生中的比例，1954年为8．7%，1956年降为4．48%；初中留级生比例，1954年为5．78%，1956年降为2．2%；高中留级生比例，1954年为2．91%，1956年降为1．2%。新生入学的录取标准较前有所提高，1956年中学录取新生的成绩都在60分以上。

学生的思想品质和学校的纪律也有很大的进步，劳动观点的教育也收到了一定成效。开展了群众性的体育活动，在多数中学推行了劳卫制，并且注意了改善学生伙食。学生的健康情况有所改善，体能和体质有所增强。

学校的数量在飞速发展，教育的内容也发生了根本的变化，一方面改变了过去学校的片面教育，使学生在德育、智育、体育各方面得到比较全面的发展；另一方面还改变了过去学校只重视培养少数学生忽视多数学生的情况，使绝大多数学生能获得较好的成绩。许多在解放前质量很差的私立中小学现在面目一新，而且逐年在不断进步，有的已成为全市先进的学校。

右派分子妄言我们学校办得一团糟，教育质量甚至不如解放前，是完全不符合事实的。他们企图否定我们的成绩，以此作为反党、反社会主义的借口，这种阴谋必须揭穿。

另一方面在我们的工作中也存在着不少缺点：在教育方针方面对于培养学生成为有文化的劳动者这一目的还不够明确；教学计划中有些课程安排得不尽合理；有些教材分量重、内容深，脱离实际；教学方法有些形式主义和教条主义的缺点，有些教师不能根据教学目的、内容、学生情况选择教学方法。在思想政治教育方面，近两年来忽视了过去在思想政治教育上的好的经验，减少了政治课的授课时数，对政治课重视不够，没有很好地将课内课外活动和社会政治运动相结合，也忽视了加强班主任和团队的配合。

至于谈到教育改革应该说不是作得太多，而是改革得还不够。今后必须进一步改革和加强教育教学工作。大力加强思想政治教育，有计划地加强生产劳动教育，培养劳动习惯和技能。暑假后中学各年级将普遍增设政治课，郊区小学高年级和初中三年级增设农业生产实习课；改进教学方法，贯彻理论联系实际的基本原则；采取切实有效的措施，积极地贯彻关于在普通教育中“培养有社会主义觉悟的、有文化的、身体健康的劳动者”的方针。

有人说：中小学教师的工作累、生活苦、社会地位低；有些右派分子甚至还说不如国民党统治时期，进而提出了所谓要为中小学教师请命的谬论。他们戴着一付“同情”和“爱护”中小学教师的假面具，企图煽动教师对党和政府的不满。但事实是不是像他们所说的那样呢？在座代表中的教师们和所有的教师除右派以外，都可以用事实来驳倒他们。

解放后中小学教师的生活待遇改善了，解放以来在中小学里进行了四次工资调整，目前中小学教职员的实际工资比起解放前国民党统治时期都提高了，而且中小学的全体教职员都享受了公费医疗、福利补助和产病假照发工资等福利待遇。解放前中小学教师那种生活困难、职业无保障的悲惨景象已经一去不复返了。所谓中小学教师生活没有改善的论调是完全不合事实的。

中小学教师的社会地位，解放以后也有很大的提高，譬如在本市的各级人民代表大会和市、区人民委员会中差不多都有中小学教师被选为代表或委员。1956年，选出的北京市劳动模范中就有中小学教师27人，这种地位和荣誉难道是在旧社会的中小学教师所能得到的吗？当然，目前社会上还有些人轻视中小学教师，但这只是少数人，绝不能说党和政府以及广大的群众是不尊重教师的。

目前中小学教师的工作确实比较忙，这是因为解放后中小学有了很大的发展，增加了大批的新教师。譬如小学教师在解放初期只有2，465人，现在已达到11，102人，增加了四倍多，他们在工作中需要边学边教，在学习方面要花去很大精力，同时由于社会主义建设事业的需要，对教师的工作，也就要求比较严格，除教好功课以外，还要求他们进行课外辅导，对学生全面负责。我们认为为了建设社会主义，教师们付出辛勤的劳动，紧张地工作，全心全意为人民服务，这正是人民教师的一种光荣。如果以为在社会主义社会中，可以游手好闲，不劳而获，或者少劳多获；那是一种可耻的剥削阶级思想。当然，由于我们工作中还有许多缺点，工作安排得不够好，造成教师一些不必要的忙乱现象，这些是应该加以克服的。

最后，谈谈关于中小学教师思想改造的问题。解放以来，教师们经过历次的社会运动，特别是思想改造运动以后，多数教师的政治觉悟和工作积极性有很大提高，正是在这个基础上才获得上面所提到的成绩。因而所谓知识分子的思想改造是不必要的说法是没有根据的。我们认为教师的思想改造工作做得还很不够，在向学生进行劳动教育的过程中就暴露出我们有不少教师自己还缺乏正确的劳动观点，在这次反右派的大风浪中也还有些人立场模糊，是非不明，这就说明我们教师的思想改造不仅不能削弱，而且必须加强。另外，在教师的队伍中，还有一部分思想政治和道德品质都很恶劣，并且还有一部分右派分子，经常在师生中散布毒素，这又说明教师的队伍必须整顿，才能办好社会主义的教育事业。

在教育工作中，另外一个重要的部分就是工农业余教育，这是解放后才建立的新事业，两年来也有很大的发展。1955、1956两年共扫除文盲7万余人，业余高小毕业约2万人，业余初中毕业约6百余人，有些企业单位和少数村庄，已基本上扫除了文盲；大多数文化水平不及初中程度的职工，都参加了业余中小学学习。参加扫盲学习的人数一年来大体保持在20万人左右，大大超过往年的规模。业余中小学也逐步走上了正常轨道，目前参加学习的近20万人。广大工农群众文化学习的积极性非常高涨，他们认为只有在共产党领导下的新中国才有了学习文化的机会。他们说：解放后不只经济上、政治上翻了身，文化上也翻了身。工农群众学习文化后，对提高生产、改进工作以及参加各项政治活动，都起了积极的作用。

但是，应该指出，业余教育是一项新的事业，在工作中也还存在着一些缺点和问题。1956年扫盲工作计划有些偏高偏急，在纠正的过程中，不少单位又出现了放任自流的现象。领导部门对扫盲工作时松时紧，或者只限于一般号召，没有积极领导充分发动群众，认真地开展群众性的学习活动。今后，必须实事求是地积极地广泛地发动群众，充分发挥群众的积极性和创造性，采取灵活多样的学习形式和学习方法，加强领导，妥善安排，密切和工会、共青团、妇联等有关方面的配合，发动更多的文盲参加学习，使扫盲运动经常持久地开展起来，并且要十分注意扫盲后的巩固工作。

业余中小学的教学质量虽有所提高，但质量差的现象仍相当普遍。主要是由于几年来业余中小学数量发展很快，师资不足，忽视成人教育的特点，课程不适合成人的需要，教材不切合实际。今后必须面向教学，加强教师进修工作和思想工作，按照业余教育的特点，修订教学计划，改进教学制度，重新编选教材，改进教学方法，并注意做好业余学校的组织工作，以提高业余教育的质量。

广大工农群众的业余时间不多，要使他们学得好，各机关、企业必须根据生产、工作的需要以及干部、职工的具体情况，对他们的政治、文化和技术学习予以统一安排。

其次，我谈谈卫生工作。

解放以来，本市的卫生事业有了很大的发展，并且基本上贯彻了“面向工农兵、预防为主、团结中西医、卫生工作与群众运动相结合”的方针，最近两年多以来，医疗卫生工作继续有所发展和提高。

解放后全市增加了8，215张病床，其中1955、1956两年中增加了2，653张。到1956年底，全市共有11，056张病床（不包括疗养床）。每1，000人口的病床数，1949年为1．4张，1956年增长到2．8张，增长了一倍。许多大型的新建医院，如儿童医院、同仁医院、积水潭医院等已投入使用。许多预防保健机构，如卫生防疫站、结核病保健所、妇幼保健所（站）等，基本上是解放后建立起来的，全市公立预防保健机构和基层医疗机构由1949年的282处，增加到1956年的671处。

由于医疗事业的普及、卫生防疫工作和爱国卫生运动继续开展，以及人民生活水平的提高，本市城区人口死亡率历年都有降低，1949年是14．1‰，1954年为7．7‰，1956年降低为6．7‰。

无论从医疗事业的发展来看，或从医疗卫生工作的效果来看，成绩都是很大的。

以下分别就医疗工作和预防保健工作的情况和存在的问题谈一谈。

在医疗工作方面，两年多以来，本市实行了分级分工医疗，已初步把各种医疗机构组织成为一个医疗网，建立了医疗机构间逐级的技术指导关系；发展和整顿了基层医疗机构，并对现有机构设置不平衡的情况作了初步调整。由于逐步调整医疗关系和提倡群众就近就医，基本上扭转了医疗机构忙闲不均现象，并已逐步开展了地段预防工作。

继续贯彻了团结中西医的政策，除建立了中医医院外，各医院普遍设立了中医部或中医科，组织西医学习中医。在城区对无照中医陆续进行检定。对私人举办的中医学习班，也进行了整顿。对一些骗人诈财的江湖医生，不论打着中医或西医的招牌都应该加以取缔。

由于社会主义改造高潮后享受劳保待遇的职工就

增加了18万人，同时，城市人口增加很快，医疗力量的发展赶不上需要，大、中、小医疗机构普遍发生病人拥挤现象。虽然总的医疗水平是在逐步提高，但是有些医疗机构医疗任务过重，也影响了医疗质量的提高。

为了改善这种状况，除了认真贯彻预防为主的方针、减少发病率外，应该继续贯彻分级分工医疗。合理使用现有的医疗设备和医疗力量。对于公费医疗工作应当切实加强整顿和管理，减少浪费。分级分工医疗中的突出问题是基层机构医疗力量薄弱，同时，一个基层机构大约要为3万左右的居民服务，任务很重。为了首先满足居民的门诊要求，今后，必须加强基层机构和逐步增设门诊机构，对现有联合诊所要加强领导，并发挥开业医的作用。

在预防保健工作方面。解放后也有很大的发展。几年来，大力开展了爱国卫生运动。卫生防疫工作也取得了很大的成绩，天花、霍乱、回归热等传染病几年来已没有发生，肺结核、百日咳等传染病的死亡专率也大为降低(每10万人口中死于结核病的：1949年为229.8；1954年为82；1956年降为67. 1。百日咳在1954年为2. 4，1956年降为0. 1)。对痢疾、脑炎、麻疹等传染病也采取了病家访视、消毒、及时隔离、住院等措施。

城区对早产儿和体弱婴儿进行了保健指导，并对一部分地区的一岁以下婴儿进行地段保健工作。本市婴儿死亡率1949年为117. 6‰，1954年为46. 1‰，1956年降为35. 1‰。

从以上的情况可以说明，在预防保健工作方面成绩是很大的，有人认为现在的预防工作是一团糟，防疫工作不如解放前。这些说法都是不符合事实的。

但是我们的工作中也有一些缺点，还需要改进。在爱国卫生运动中还存在着时紧时松的现象，没有普遍做到经常化，市、区领导部门对经常的群众卫生工作缺乏具体安排。基层卫生组织不够健全。卫生宣传教育不深入。同时有些地方蚊蝇增多了，对农村分散积肥和积水坑洼问题没有及时采取有效的措施，也是蚊蝇多的原因之一。防疫工作的基础还比较薄弱，防疫人员不仅数量少而且质量低，设备也较差。对部分传染病及时采取综合防治措施，还做得不够。对流行性传染病的研究工作也做得较差。有些医疗机构对预防工作也重视不够。今后在继续发展医疗机构的同时，还应该对防疫、保健机构多发展些，这样作是花钱少、收效较大的。

为了加强对爱国卫生运动的领导和积极开展卫生防疫工作，今后应采取以下措施：

今年要大力开展夏秋季爱国卫生运动。要发动群众集中在一个时间之内大力扑灭蚊蝇；切实改进对粪便、垃圾、污水、积水的处理，逐步消灭蚊蝇孳生条件。建立与健全卫生防疫机构，加强卫生防疫力量，适当增添卫生防疫设备。医疗机构必须认真开展预防保健工作，如家庭访视、卫生宣传等。通过广泛开展经常性的卫生宣传教育，提高人民群众的卫生知识水平。

最后，我谈谈本市的文化工作。

解放以来我们对旧有的文化事业进行了一系列的调整和改造，并且有计划地发展了很多新的文化事业。

以影剧场来说，解放后我们新建和改建了剧场15处，影院12处，其中最近两年新建和改建的剧场有8处，影院10处(其中包括经常放映电影的工人俱乐部6处)，并将两处电影院改建为宽银幕影院和儿童影院。剧场座位已由1949年的20，041个增加到36，076个，约增加了80%。影院座位也由1949年的14，940个增加到20，611个，约增加了33%。影剧院的观众，1956年已达2，561万人次。此外，还采取了一些发掘设备潜力、丰富人民文化生活和便利群众的措施，如利用机关、企业的礼堂、俱乐部组织戏剧演出；在缺少影院的地区利用剧场、礼堂放映电影；增加了售票点，改进了售票方法。组织专业的艺术团体到郊区的工矿、学校巡回演出和全市149个电影放映队的巡回放映，也吸收了大量观众。其中电影放映队观众就有3千2百余万人次，比影院的观众还多50%以上。对于广大劳动人民来说，欣赏戏剧和电影的机会，比解放前是大为增加了。

从书刊的发行和书刊的阅览方面来看，书刊发行的数量是逐年增加的，以1956年和1954年相比，图书发行量增加了1，600多万册。1956年鼓励古旧书业积极到各地大量收集古旧书，基本上满足了科学文教机构对古旧书刊的需要。但是在古旧书的采购和利用上也有很多不合理的现象，有些单位不问业务需要盲目抢购，有些图书馆积压大量图书还设有开箱。我们为了群众阅览图书的方便，已将国子监修缮，辟为粗具规模的首都图书馆，藏书近百万册，并在城区设立了5个区图书馆，扩大了少年儿童图书馆。对于散在各区的租书摊、店进行了整顿，基本上肃清了反动、淫秽、荒诞书刊的流通，增加了有益图书，已成为供应群众文化食粮的据点。为了配合科学研究工作，在新华书店开辟了两个供应中外书刊的专家服务部，在首都图书馆开辟了“北京地方资料”、“中医”、“教学参考”等6个专门阅览室。

为了文化的普及，我们对群众性的文化活动特别予以注意。解放后建立了文化馆、站，开展了多样的文化活动。最近两年来，参加活动的群众达770多万人次。1955年建立的群众艺术馆已经培养出大批群众文艺骨干，并组织了许多音乐、舞蹈的演出。在去年农村合作化高潮以后，农村的文化工作也有很大发展。目前已建立起农村俱乐部212个，图书室321个，图书经销点102个。电影队在农村的放映点由155个增加到280个。在37个乡设立了广播站，初步在农村建立了广播网。像这样一些普及的群众性的文化事业都是解放前旧社会所根本没有的。

文化工作者的队伍也扩大了。戏曲艺人在旧社会受剥削、受污辱和被损害的情况已经根本改变。戏曲界的封建把头制度，已被消灭。政府帮助他们建立了艺人合作的剧团，帮助他们进行思想改造，帮助他们解决演出场所、剧本、说唱材料以至戏箱、彩衣设置等问题。

但是近来，竟有人发出种种谬论，想抹煞这些事实，说目前艺人的地位很可怜，好像还不如旧社会，甚至还不如封建王朝统治下所处的地位。尤其不能容忍的，是少数右派政治野心家在戏曲界进行挑拨、点火，装出为戏曲界请命的姿态，大事煽动，戏曲界也有一部分右派分子和他们勾结在一起，共同进行反对党、反对社会主义的活动。

在文化艺术方面，党提出了“百花齐放，推陈出新”的方针。在我们的实际工作当中证明这个方针是完全正确的。按照这个方针，我们就要很好地发掘、继承我们的历史文化遗产，进行必要的改革，去其糟粕，取其精华，以便适应社会主义社会人民文化生活的需要。我们在文化艺术工作中执行了这一正确的方针。

以戏曲工作为例，文化行政部门纠正了过去曾经采取过一些简单、片面的作法，破除了不应有的清规戒律，使很多传统的剧目重现于舞台。这样，也就解除了艺人对选择上演剧目的思想顾虑，使本市经常上演的剧目大为增加。虽然也出现了一些坏戏、毒草，但是，观众与戏曲界已经提出了一些批评，今后，根据群众的批评和戏曲界彼此间的批评，将使坏戏逐步淘汰，好戏保留下来。

在话剧方面，几年来加强了艺术实践，提高了演出水平，上演了各种不同体裁、不同风格的剧目，包括一些“五四”以来的优秀剧目，受到观众的欢迎。

另一方面，我们还要强调党和政府对文化艺术工作的领导，文化艺术工作应该为政治服务，文艺既要有思想性，又要有艺术性，要继续坚持为工农兵服务的方向。戏剧方面，除了挖掘传统戏目而外，应该更多地提倡创作反映现实生活或更有教育意义的、艺术水平较高的新剧本，这也是许多文艺工作者的不容推卸的责任。我们提出所有艺术工作者，包括戏曲艺人在内都要进行自我思想改造，这是完全正确的。我们反对对艺术采取简单的行政干涉，而主张“百花齐放，推陈出新”，用艺术批评的方法来领导艺术。那些否认党对艺术的领导，否认艺术作品的政治标准，否认艺术工作者进行思想改造的必要性的说法，是完全不正确的。在这里我们还要批评那些吃了人民的饭，养尊处优，却不积极为人民服务，常年累月不演出的剧团和演员。

要想繁荣和发展文化事业，丰富人民的文化生活，必须贯彻文化工作的群众路线，依靠社会力量。不能设想一切文化事业都能由政府包办下来，更不能采取把群众自办的文化事业、民间剧团，一律由政府接管的作法。周总理最近在全国人民代表大会第四次会议上的报告中指出：“我们应该在‘百花齐放，推陈出新’的方针下发挥文化艺术工作者和广大人民群众的创造性和积极性。国家只能举办少数的示范性的文艺和体育事业；并且引导他们走向自给。对于大量的各种文化艺术事业，应该提倡文化艺术工作者自力经营。”他指出：国家举办、自力经营和群众业余这三个方面的文化队伍要密切结合，相互学习和提高，以逐步地满足人民对于文化生活的需要。这就是我们文化事业建设的根本方针和努力方向。

目前在本市存在着剧团过多而演出场所不足的困难。仅民营的京剧、评剧、曲艺等团体就有40多个，艺人和工作人员3千多人，有不少剧团班子不齐，演出的剧目大受限制，某些民营剧团合作后，剧目增加，艺术效果提高，因此在艺人完全自愿的基础上合作并班，是有好处的。此外，还应该多组织剧团巡回演出，对于一些俱乐部和礼堂，也必须继续多加利用演出戏剧。

过去在文化工作的领导上和管理上，从全局出发，统筹兼顾，合理安排注意得不够，常有顾此失彼、厚此薄彼的现象；今后应当努力克服。另一方面，文化事业的发展也必须从实际的需要和可能出发，要坚决执行依靠群众，发掘潜力，勤俭办事的精神。近来有些人不顾实际条件要求政府把什么事都办起来，要人、要钱、要房子，你不给就是不重视文化，这是一种不现实的和实现国家工业化的方针相矛盾的有害的说法。

总起来看，解放以来，我们的文教卫生事业已经进行了一系列的改革和调整，根本改变了它的性质，过去主要是为少数人服务的，现在是为广大劳动群众、为社会主义服务。在数量上也有了巨大的发展。这些成绩的取得，是和党与政府的正确领导，和广大群众、文教工作者、卫生工作者的努力分不开的。但是在文教界、卫生界各个部门，都有一部分右派分子，这些部门都是资产阶级右派分子企图夺取的阵地。最近他们对党和社会主义发动了猖狂的进攻，到处进行挑拨，散布谬论，否定解放以来文教工作和卫生工作的巨大成绩，想把为劳动人民、为社会主义服务的文教事业拉回资本主义的老路上去。他们否定党的领导，否定知识分子进行思想改造的必要性。并针对着党所制定的一些根本政策进行攻击。在教育方面，企图把教育改革的成绩一笔抹煞，硬说普通教育和扫盲工作都搞糟了。在卫生工作方面，借口外行不能领导内行，否认党对卫生工作的领导。在文艺工作方面，想取消为工农兵服务的方向，认为政治思想标准不应该有，有了就是教条主义，会扼杀文艺创作。我们必须揭穿这些阴谋，须知没有党的领导，就不可能有社会主义的文教事业和卫生事业。在文教部门和卫生部门服务的知识分子必须坚决和右派分子划清界限，坚决和这些右派分子进行斗争。

关于北京市城市建设工作的报告

——1957年7月24日在北京市第二届人民代表大会第二次会议上

北京市副市长　冯基平

各位代表：

我现在代表市人民委员会向大会报告两年来城市建设工作中的几个主要问题。

（一）

北京市的城市建设工作，按照“为生产服务、为劳动人民服务、为中央机关服务”的方针，几年来，获得了很大的发展。尤其1955、1956两年，随着社会主义经济的发展和根据人民生活的需要，有了更加迅速的发展，逐步改变着城市的面貌。

在房屋建筑方面，解放以来共新建各种房屋1,800余万平方公尺，其中近两年来，就新建了811万平方公尺，其中：厂房建筑67万平方公尺，占全部新建房屋面积的8.3%（其中包括北京电子管厂、华北无线电器材厂等重点建设工程）；高等院校47万平方公尺，占5.8%；宿舍366万平方公尺，占45%；医疗机构16万平方公尺，占2%；中、小学16万平方公尺，占2%；办公用房126万平方公尺，占15.5%；其他173万平方公尺，占21.4%。由于设计和施工技术水平的提高和工作上的改进，两年来房屋建筑造价有了显著的降低，工程质量也有所提高。建筑的规模和速度都是空前的。对旧有的公房，大部分继续执行了“统一管理，以租养房”的方针。两年来共修缮了17万3千多间次，投资547万元。本市私有房屋因年久失修，毁损严重，经发动群众自检自修，并发放了贷款或救济，两年来，共修缮了危险房屋17万8千多间次。虽然我们新建的房屋很多，并大力维修了旧有的房屋，但是，由于人口的迅速增加，仍然不能满足需要。

在城市供水方面，解放以来共增建管道766公里，相当于原有管道的两倍多，其中近两年来增建的管道是162公里。除在水源一、二两厂增建了水源井及改建了配水设备外，还新建了水源四厂。全市使用自来水人口，在1949年为63万人，1954年为221万人，1956年增加到263万人（相当解放初用水人口的4.2倍），城区使用自来水的人口已达98%左右。每人每日用水量平均也由1949年的30.34公升提高到1956年的59.49公升。如包括自备水源的用水量在内，则每人每日平均用水量可达96公升。为了配合高层建筑的发展，水压标准也由1954年底的14公尺以上提高到1956年的17至25公尺。此外，还加强了检漏工作，漏水率已由1954年的18.53%降低到1956年的9.93%。1956年开始进行的永定河引水工程，今年已经完成，并且已经放水进城。为了配合引水工程，前三门护城河也部分展宽挖深。永定河引水工程的完成，对于改善环境卫生，扩大水源，起了极其重要的作用，并为将来发展水上交通打下了基础。

在排水方面，解放以来共修建了下水道321公里，其中近两年来修建的是66公里。已经完工的西护城河截流管和正在修建的通惠河、东北护城河及前三门截流管工程，对于将来雨水、污水分流和集中处理都有很大作用，也都是市区排泄污水的总干道。两年来，由于技术人员和广大职工的积极努力，认真学习，总结经验，从而改善了下水道工程的质量。

在道路工程方面，解放以来，共铺装了路面720公里（包括代办工程在内），其中近两年来修建的是183公里，高级路面79公里，约占43%，主要有西长安街到复兴门，永定门外大街和南苑路，从阜成门经北海大桥到猪市大街等路。北海大桥也已展宽。这些路线建成后，使得城内东西城间的交通大为改善，并解决了城郊交通的困难。如西单到复兴门的道路，在未展宽之前，所有出入复兴门的载重汽车都必须绕道阜成门，对运输力是个很大的浪费，即使如此，这条道路的交通还是异常不便，车辆时常阻塞，展宽以后，已经根本上解决了出入复兴门的交通问题。此外，为了进一步改善城乡间的交通，还用“民工建勤”的办法修筑了总长37.14公里的农村道路，在郊区新建平房区修筑了11.62公里的道路。

在公共交通方面，有轨电车的营业线路长度，到1956年底已达84.98公里，比1949年增加了37.98公里，其中两年来增加的是27.15公里。公共汽车，到1956年底已有431辆，其中426辆都是解放后增加的，近两年来增加的是111辆。1956年有轨电车和公共汽车的乘客达38,333万人次，比1949年增加了13倍多，比1954年增加了61%左右。以全市每人每年平均乘车次数来比较，1954年为73次，1956年则增加为132次。首都汽车公司还开办了出租小汽车业务，目前已有出租小汽车120辆。此外，还完成了从朝阳门到动物园的无轨电车的架线工程，并已于今年部分通车。为了缓和公共交通的拥挤排队现象，除增加车辆外，在提高服务质量、提高运输效率方面也采取了一些措施，并且组织了企业、学校的客、货车参加了假日及假日前后的客运工作。为了减少交通拥挤，调整了工厂、机关职工的上下班作息时间；同时市房地产管理局进行了调换住房的工作，以减少交通流量，截至7月初，已介绍换成3,044起，房8,898间。其中，机关用房111起，3,601间，个人用房2,933起，5,297间。

在园林绿化方面，两年来，继续维修和改善了原有的中山公园、颐和园、天坛、陶然亭、紫竹院等公园，进一步充实了动物园，新辟了东单、官园、日坛、月坛等公园和太平湖、万寿西宫第10个小公园。种植了行道树共145,000多株，长190公里。在东北郊工业区和西北郊八大学院地区植树45万余株。育苗面积也增加了2,460余亩。此外，还在西山八大处、香山、卧佛寺以及郊区河道沿岸、京西矿区和周口店、昌平等地，进行了大片植树造林。两年来，共造林41,842亩。我们很感谢驻京部队在完成这些造林任务时，踊跃参加了义务劳动。

根据以上的情况可以看出，解放以来，特别是近两年来，在城市建设方面，发展是很迅速的，人民的居住、交通、环境卫生等条件有了很大的改善。这些建设的规模之大，进度之快，都是解放前任何时期所能比拟的；而这些建设又是完全体现了为劳动人民服务、为生产服务的方针。有人说除了1950年修整龙须沟是为劳动人民解决点问题以外，其余几年来的建设都不是为劳动人民服务的，上述铁一般的事实，粉碎了这种无耻谰言。

我们不能忘记，目前我国仍是一个在经济上落后的国家，城市建设必须在生产发展的基础上分别轻重缓急逐步进行，一定要按照勤俭建国和首先发展生产的方针，充分发挥现有设备的潜力，并采用一些临时性的因陋就简的办法来解决当前迫切需要解决的问题，少花钱，多办事。那种不顾实际条件只片面强调改善生活的论调，是不管生产的寄生阶级的观点，这种观点从表面上看，好像是代表人民的利益说话，而实际上是违反和破坏人民最根本利益的。

（二）

两年来，我们的城市建设工作继续执行了上述的正确方针，取得了巨大的成绩，但是工作中还存在着不少的缺点和问题。

1. 在建房拨地方面，比三年以前有了比较严格的控制，但是，由于对一些建设单位的建筑计划以及发展规划了解得不完全清楚，再加上有些建设单位计划常有变化，有时中途缩减任务或推迟了建设日期，因此，也往往发生了一些征地后又不使用的现象。对于这种征而未用的土地，历年来我们都进行了检查处理。今年又对过去所有征而未用的土地进行了一次普遍的检查。解放以来征而未用的土地共有10,853亩，经过历年的处理，其中已有7,862亩交给农业合作社耕种，其余2,991亩，因为土质不宜耕种或建房任务尚未最后确定削减，所以尚未处理。由于在郊区建房，就要扩大城区范围，增加市政和服务行业的投资，因而不得不在城区拆除一部分房屋进行改建。1956年以前，每年多是拆迁不及时，造成工人窝工和建筑拖期的损失，而1956年却因为建筑任务削减或推迟施工日期，造成了某些早拆晚用或拆而未用的现象。为了防止这种现象的继续发生，1956年11月我们作了决定，严格限制拆房，凡是建筑任务削减、推迟或尚未最后确定的，一律不准拆房；并规定今后拆房必须先经市人民委员会审批。

2. 在房屋建筑方面，最主要的问题是保证和提高工程质量。1956年各建筑施工单位对工程质量的改进是有成绩的，出现了全面质量较好的建筑工程。但从总的情况看来，工程质量改进还不大，发展还很不平衡，成绩还不够巩固，混凝土楼板裂缝、平屋顶漏雨、地下室渗水等技术性较强的质量问题，还没有完全解决。

质量不好的原因很多，其中主要的有下列几个方面：首先是许多施工单位的领导没有真正坚持质量第一的原则，单纯追求工作数量，对工人的政治思想教育又比较薄弱，劳动定额和企业奖励制度也有不尽合理之处，因而也就产生了只顾追求超额计件工资、忽视质量的毛病；其次是由于任务确定迟，业主用房急迫，加上窝工的威胁，以致仓促开工，再加上材料供应又有很大困难，因而造成了生产上被动混乱；再次是设计和施工单位协作联系不够，而设计单位对图纸的审核不严，设计图纸和施工说明的质量粗糙。另外是由于任务庞大，战线太长，缺乏足够的技术指导力量，缺乏严格的监督检查，因而工程质量也就得不到充分的保证。

在新建平房区方面，过去我们的工作是有缺点的。对此，薛副市长已在1956年8月召开的第一届人民代表大会第四次会议上报告过，此后市人民委员会对新建平房区的房屋质量和居住条件即加以重视，主管局在这方面也做了若干工作。1956年着重解决了大部分严重的积水和排水问题，添作了一些甬路，房屋无顶棚的添作了顶棚，部分纸顶棚的改作了灰顶棚，有的还添了纱窗、电表和补做了一些其他工程。房地产管理局又在新建平房区附近抽出332间零星公房，解决了迫切需要的服务行业的用房。该局还组织了住户、工厂职工、学生和该局干部、工人，在新建平房区内植树5万5千多株，有的还培植了小型绿地。为了继续解决新建平房的质量问题，今年4月间，市人民委员会又专门组织了一次检查，并已责成有关单位解决危险、漏雨、严重潮湿及其他改善工程，目前这些工程正在进行中。今后对于新建平房区的建筑，我们要从拨地、设计、施工、管理上加以严格控制和经常检查。

为了进一步改进建筑工程质量，我们准备从以下几个方面进行努力。

第一，必须纠正单纯追求工作数量的现象，将质量第一的原则贯彻到实际工作中去，下达指标应当切合实际，明确质量要求的标准，改革过去不合理的奖励制度，加强政治思想教育和施工复验工作，贯彻生产者对质量负责的精神。

第二，坚持不做好施工准备就不开工的原则。除个别工程由于特殊情况外，一般工程应当尽可能在收到全部图纸，签订合同，做好施工组织设计，安排好主要施工临时设施和争取储备一定数量的材料后再开工。另一方面，应当争取尽速完工交付使用，工期延长，就等于一部分资金被积压。

第三，加强建筑企业的技术管理和质量监督工作。一方面建立统一的生产技术指挥系统，充实基层的技术指导力量，减少技术人员的行政事务工作，另一方面还要健全与加强质量的监督检查机构。此外，还要不断地提高工人的技术水平。加强施工与设计单位密切的配合。

3. 在道路工程方面，由于近二年道路翻浆的情况比较严重，我们对翻浆的原因进行了研究，采取了一些防止翻浆的措施，如改进和提高了新修道路的设计标准，克服了过去在设计工作中不切实际、不因地制宜的主观主义，在施工中加强了路基轧实的管理和重视工程质量的教育。因此，去年新修和加固了的一些主要道路如西单到复兴门、阜成门内大街、景山前街等工程质量都有了显著提高。

今年入春以来，许多道路翻浆的现象却比往年严重。翻浆面积共达51万平方公尺，其中，高级、次高级路面约有18万多平方公尺。在翻浆的高级、次高级道路中，有62%是解放前修筑的旧路，另外38%的道路，都是1955年以前修的，如德胜门外大街、昌平路、东直门外大街、东直路、学院路及北沟沿等。这些道路都是标准很低（一般造价每平方公尺为6至8元），结构较薄，未做排水、防水的设施。至于1955年以后新修的一些高级道路，由于基础较厚，增强了路的承载力，所以都还没有发生翻浆现象。为了进一步改进工作，我们曾邀集了中央有关部门和上海等地的高级技术人员进行研究，并曾请苏联专家帮助分析。大家一致认为道路翻浆的最根本原因是交通量增多，载重量增大，路面结构薄和路基没有必要的排水、防水的设施。至于今年翻浆数量比过去增多的原因，则是由于去年九、十月份雨量过大，去冬今春气温忽冷忽热，冻融循环，使路面发生了严重的冻胀变形。此外，在有些新修的道路工程中，个别地段施工粗糙，质量低劣，忽视排水，也是道路翻浆的原因之一。对于已经翻浆或松散龟裂的高级道路，我们已按照今年本市的财政情况，分别轻重缓急采取了下列解决办法：第一，零星翻浆的道路，采取“那儿坏，补那儿”暂时维持的办法；第二，成段或全路大量翻浆的，在主要地点采取了加强路基，加厚路面，修筑纵横盲沟等排水、隔水的设施等办法；第三，对郊区重要干线，路面已发生严重的龟裂松散的部分，也在主要地点予以补修加固。

在道路养护方面，采取一些有效的措施，使现有道路翻浆的情况适当减少，例如，在必要时对某些道路可以在解冻期间临时限制交通，秋季和解冻时加强路基临时排水措施，雨季时注意路面排水等都是比较可行的办法。目前因限于财力和物力，我们还不可能随着交通容量和车辆的载重量的增长修筑很多高级道路。为了适应当前城市交通和人民生活的需要，今后势必还要修筑一些标准较低的道路。因此，在短期间内大部分道路翻浆问题，还是不可能完全解决的。

从北京解放到1956年底，我们共修建了道路总面积580万平方公尺，为解放前历代反动统治时期修筑铺装道路总和的2.3倍。北京的道路不仅数量大大增多了，而且在技术上、质量上也都有了显著的改进和提高。所谓"无风三尺土，有雨一街泥"的状况已经改变了。右派分子借口道路翻浆问题，发出一些恶毒的反社会主义的言论，显然是一种恶意的污蔑和诽谤。

此外，关于刨路问题，由于近几年来，我们注意加强了市政工程施工的配合协作，过去马路修好后又刨开的现象已经大大地减少了。但是，两年来也还发生了一些刨路的问题。其原因：在客观上，主要是由于市政建设的配合是一个十分复杂的问题，一条道路下面往往需要埋设各种管道达七、八种之多，而有些管道却常常因为有关单位限于年度的投资计划和管线器材的供应，不能同时配合施工，有的则是因为在修路时没有其他方面的建设规划，以致事前无法配合施工。另一方面，在主观上，我们过去的工作也是有缺点的，如去年新修的台基厂道路即因道路和下水道施工部门配合不密切，发生了修好路面后又刨开修雨水口的现象。这是应该引为教训，并在今后努力克服的。

4. 在供水方面的主要问题是水源仍然紧张。今年本市最高日用水量估计约为33万吨，而实际配水能力只有29.5万吨，相当需要的89.4%。因此，在用水最多的时候，部分高层建筑的用水就会发生困难。如果根据每年用水量的增长情况推算，1958年全市需水达4.6秒立方公尺，而目前实际供水能力才3秒立方公尺。为了解决用水问题，我们从去年就开始了兴建水源三厂的工程，以增加水源1.5至1.8秒立方公尺。这个水源厂须到明年投入生产，在三厂投入生产之前，还必须认真调配水源，节约用水，否则在用水最多的时候，水压仍将不能维持。

目前对本市地下水源还缺乏详细勘察和研究，初步测算，可以动用的只有6秒立方公尺左右，而目前除自来水公司的深井和市民的水井外，各厂矿、企业、机关装有电力抽水的自备水井就有325处（其抽水能力约和自来水公司的全部供水能力相等），并且仍在继续增加。这些水井分布在自来水水源范围之内，常和自来水源发生干扰，互相影响，如果继续开发下去，势必造成地下水源更加困难的严重后果。本市地下水由于过度地开发，目前，有些自来水井的水位已日趋降低。对于水源的分配问题，我们应该统筹兼顾，合理安排，并且应该积极设法利用地上水源。

在排水方面，两年来，虽然做了很多工作，获得很大成绩，但问题仍是很多的。例如，全市渗井已有3万座左右，有些地区还在发展，非常容易污染自来水的地下水源，城区河湖也仍在污染，影响着周围居民的环境卫生。对此，我们应该积极进行工作，修建必要的排水设施；但要想短期间全部解决这些问题，乃是不可能的，我们必须根据财力物力的条件分期地进行建设，逐步加以解决。

5. 在公共交通方面，根据历年乘客增长的规律和1957年的发展情况，估计今年乘客人次将比去年增长28%左右。乘客流量在时间上也很不均衡。据1956年5月份调查，公共汽车在上下班时间内每小时的乘客人数，约为全日平均每小时人数的2.06倍；郊区假日为平日的2倍。因此平日乘客拥挤现象虽已有了改善，但在上下班时及假日乘客拥挤排队的情况还是比较严重的。此外，由于管理工作上也还存在着一些缺点，如行车间隔不匀，部分服务人员态度不好，行车秩序紊乱等，因此，在1957年我们已经和正在采取下列办法来加以改进。

第一，提高车辆利用率和加强管理。将电车全年平均出车率由去年的86%提高到92%，提高首都汽车公司和公共汽车公司的车辆利用效率，在管理上加强调度工作，整顿行车秩序，提高服务质量。

第二，增加无轨电车95辆（其中包括1956年跨至今年度完成的25辆），以开辟自动物园至朝阳门、前门至甘家口两条路线，共计19.5公里；增加有轨电车拖车10辆，并铺建东直门至北新桥和永定门至永外火车站的路线共计3公里。另外，还准备增加公共汽车65辆及其他附属设备。

第三，我们已于去冬开始组织机关、学校、企业的交通车在假日及假日前后参加客运工作，这对于缓和高峰时间的拥挤，特别是对缓和郊区线路的拥挤的作用很大。今后还必须加强这项工作。

第四，继续积极组织房屋交换工作，合理使用房屋，以减少交通流量。

第五，充分利用京郊铁路兼营短途客运。目前京郊铁路短途客运量每月达20万人左右，这方面的潜力还应积极发挥。

第六，充分利用客运三轮车。目前全市共有客运三轮车1，477辆，现已将破旧的三轮车进行了整修，并建立了修理厂。为了满足乘客的需要，还需要进一步整修车辆，整顿三轮车合作组的组织，加强对三轮车工人的思想教育，在合理议价的基础上贯彻客运三轮车统一议价标准，并计划通过大修，试制、选制一部分新三轮车和制造一部分儿童车，以发挥三轮车的运输效率。

采用以上各种措施后，就可以减轻交通拥挤的现象。但是，由于首都的人口和乘车的人数迅速增加，对公共交通的需要增长很快，短期间完全满足公共交通的需要，还是不可能的。

（三）

根据1957年国民经济计划草案中的规定，城市建设方面的主要任务，简单说明如下：

今年北京地区（包括中央系统在内）的房屋建筑任务，经国务院先后批准，共为367万平方公尺。其中：住宅用房157万平方公尺，占42.7%左右；工厂厂房40万平方公尺，占10.9%；高等院校和科学研究机关用房45万多平方公尺，占12.2%；医疗单位用房11万平方公尺，占3%；中小学用房9万多平方公尺，占2.4%。

1957年的市政建设主要的工程项目计划有：

(1)配合东郊热电站的建设，新建东护城河及通惠河西段的截流管。

(2)继续建设水源三厂的工程。

(3)增置一些无轨电车和公共汽车，并相应地展宽和加固一些道路，以适当解决公共交通过分拥挤的问题。

截至6月底止，房屋建筑已完成工程量约130万平方公尺，东护城河及通惠河截流管已分别完成62%和43%，水源三厂已完成年度计划的17%，无轨电车线路的修路工程约计完成40%左右。

由于今年城市建设各部门的任务都确定得较迟，物资供应上也存在着不同程度的困难，因此，完成今年的城市建设任务是十分繁重而艰巨的。我们根据国务院的指示，在今年年初，明确了全面、深入地开展增产节约运动是今年城市建设各部门的一个重要任务。半年多以来，城市建设各部门的增产节约运动已普遍开展，并获得了一定成绩。

保证工程质量是今年开展增产节约运动的首要内容。由于大家的努力，已经获得了一定成绩。在道路工程方面，今年认真的总结了道路翻浆的经验教训。在道路设计方面，对于高级道路，都认真地考虑了交通量和防水、排水设施。在道路施工方面，对高填土方严格地实行逐层夯实并认真掌握土壤最佳含水量的技术措施，从而提高了基础工程中土路床的密实度。道路的块石基础码得严紧、密实。路面工程一般也做到了平整。上下水道工程的质量也有改进。公共汽车公司上半年行车运转的质量是逐步提高的，如行车故障率，1月份为150.8秒/百公里，5月份则下降为101.8秒/百公里。

在节约原材料和工力方面，建筑工程局所属施工企业和设计部门密切合作，在施工前，认真进行了施工图纸的审核工作，从而提高了工程质量，节约了工力和材料。如市第三建筑工程公司在四、五月份内，共审核了72项单位工程、21万平方公尺建筑面积的施工图纸，从中提出的建议经建设单位和设计部门同意采纳的有453条，总计可以节约23万多元。市第五建筑工程公司在四、五月份内节约了水泥373吨，钢筋30吨，木材224立方公尺，砖32万块，共可节约12万多元，约占这一时期完成工作量的3.23%。此外，各建筑企业在重视、采纳职工群众提出的合理化建议和堵塞施工过程中的浪费漏洞等方面也已经取得了初步的节约成效。道路工程局所属施工企业采用了一些就地取材、利用废料等节约措施，截至5月底，共节约了工程直接费28万多元，其中材料节约占80%左右。上下水道工程局所属企业采用了技术措施，节约了水泥141吨，再加上改进材料管理，贯彻废料回收制度，尽可能实行就地取材和采用窄槽施工等有效措施，在1至5月份内节约了115万多元。

此外，今年上半年驻京部队，机关企业职工和学校教师学生等，在道路工程、上下水道工程、绿化工程等城市建设各个方面踊跃参加了义务劳动，从而支持、帮助了首都的城市建设工作。仅在绿化工程方面，从3月下旬到6月下旬参加义务劳动的即有6万6千多人次，完成了苗圃的一大部分经常工作，并植树9万5千多株。

在精简机构、紧缩编制、充实基层、减少非生产人员的工作方面，半年来，也取得了比较显著的成绩。根据建筑工程局、上下水道工程局和道路工程局的统计：从领导机关调到基层和直接参加生产的干部共有669人（其中建筑工程局占623人），动员消防、警卫、勤杂人员转作工人的共有1，913人（其中建筑工程局占1，126人）。另一方面，对企业上层的职能机构进行了紧缩归并，下放了部分领导干部与骨干，充实了基层的领导力量。

半年来，虽然在贯彻增产节约方面获得了一定的成绩，但是运动的进展是很不平衡的，今后还需要大力贯彻。

各位代表，这个报告只是概括地谈了一下两年来城市建设工作中主要情况和问题，至于其中具体的情况和问题以及其他有关方面的工作，将有各单位的负责同志做专题的补充说明。

以上报告，请大会审查。

关于北京市商业工作的报告

——1957年7月24日在北京市第二届人民代表大会第二次会议上

北京市副市长　程宏毅

主席、各位代表：

我代表北京市人民委员会向大会做关于商业工作的报告。

一年以来，我们在许多商品供应紧张的情况下，基本上保证了供应和市场物价的稳定，从而支持了工农业生产和基本建设的顺利进行；对私营商业的社会主义改造取得了决定性的胜利；商业部门的经营管理和服务质量也都有了很多改进。但是，在商业工作中也还存在着不少缺点和问题。现在我就本市当前商业工作中的商品供应、私营商业改造、市场管理和经营管理四个问题报告如下：

一、关于商品供应问题

由于生产发展和社会购买力提高，本市商品的流转额进一步扩大了。1956年，社会商品零售额为15亿8千万元，比1955年增长37%，已提前一年并超额12%完成了第一个五年计划所规定的1957年的指标。许多商品的供应量都较往年增加。1956年比1955年，粮食的供应量增加了10%，食油增加了5.9%，棉布增加了47%，服装增加了44%，棉花增加了64%，猪肉增加了14%，煤炭增加了24%，蔬菜增加了27%，食糖增加了12%，水产增加了26%，毛巾袜子增加了56%，纸张增加了23%。除粮食、食油外，都超过了人口增加的速度。1957年上半年社会商品零售额比1956年同期又增加了17.3%，主要商品的销售量一般地也都有了不同程度的增加。

但是，自从去年下半年以来，不少商品出现了供不应求的现象。其原因，从根本上说，是社会购买力增长的速度超过了生产增长的速度。1956年，由于就业人数和职工工资都有了较大的增加，社会购买力有了很大的增长，许多消费资料的生产量和供应量虽然每年都在不断地增加，但是由于人民消费的需要量增长得更快，所以仍然感到供应不足。其次，在去年有些农副产品因灾减产，例如棉花的减产就影响了棉织品的生产和供应。同时，本市人口大量增加，1956年比1955年增加了40万人，虽然政府已经采取了控制人口的一些措施，今年上半年人口仍有增加。此外，我们的商业工作中也还存在着缺点。主要是对市场情况估计不足，对有些商品的生产和供应，计划不周、安排不当，有些主要物资一度供应偏宽，有些商品的分配和调拨不好，也影响到商品供应工作的进一步改善。

虽然社会购买力不断增长、商品的供应和社会购买力之间还有一定的差额，但是，我们仍然基本上保证了供应和保持了市场物价的稳定。这就充分地显示了社会主义制度的优越性。在国民党反动派统治时期，只有军阀、官僚、资产阶级、地主、富农等剥削阶级极少数的人，才能够任意享受，而工人、农民等绝大多数劳动人民的购买力则是很低的，他们终年过着吃不饱、穿不暖的穷苦日子；而现在的情况根本改变了，广大劳动人民的生活得到了很大改善。这从几种主要商品的销售量上就可以看得很清楚。1950年和1956年比较：猪肉，由26万8千口，增加到73万2千口，增加了1.7倍；食油，由1，223万斤，增加到4，667万斤，增加了2.8倍；棉布，由95万匹，增加到315万匹，增加了2.3倍；蔬菜，由1亿7千万斤，增加到7亿6千万斤（净菜），增加了3.4倍，平均每人全年的消费量由83斤，上升到209斤，增加了1.5倍；食糖，由2，758吨，增加到17，404吨，增加了5.3倍，平均每人的消费量由2.6斤，上升到9.3斤，增加了2.

6倍；袜子，由37万打，增加到147万打，增加将近3倍，平均每人的消费量由2双，上升到4．7双，增加了1倍多。解放后，由于土地改革和农业合作化的胜利，广大农民免除了地主阶级的剥削，在党和政府的领导下，农业生产发展了，农民的收入逐年增加，购买力大大提高，生活有了很大改善。本市郊区平均每个农民全年的购买力，已由1952年的65元，上升到1956年的100元（包括新划进来的昌平区），增加了54%。国家供应农民的生产资料和消费资料也随着增加了，1953年和1956年比较：化学肥料，由564吨，增加到6，318吨，增加了10多倍；棉布，由17万匹，增加到30万匹，增加了80%；袜子，由89万双，增加到149万双，增加了67%；食糖，由164万斤，增加到258万斤，增加了58%，煤油，由245万斤，增加到276万斤，增加了12%。这些事实，充分说明了解放后城乡广大人民的生活是逐年改善的，而且改善的速度是历史上所没有过的。在广大劳动人民的生活已经有了显著改善的同时，确实也有极少数剥削者的生活是比解放前降低了，他们不能再过过去那种挥霍无度的生活了，这是完全应该的。

为了保证全市人民的商品供应，我们已经进行了许多工作。今年以来，经过全市开展了增产节约运动和商业部门积极地组织货源后，商品供应和社会购买力之间的差额缩小了，有些商品，例如一般办公用品、文教用品、木器家具和一部分高级消费品的供应紧张情况有了缓和；但是许多主要商品的供应仍然还是紧张的，特别是粮食、棉布、棉花、煤炭、猪肉、食糖和粮食制品等仍然不能满足人民日益增长的需要。副食品是广大人民天天需用的，数量很大，品种很多，而且大都是活鲜商品，容易腐烂，不宜长途运输，根据本市条件有些副食品应该也可能逐步做到就近生产、就近供应。所以，积极地增加副食品的生产是解决副食品供应的根本办法。解放以来，我们大力发展了蔬菜生产，例如目前蔬菜的供应量中80%以上是靠本市郊区生产的，但是仍然不足，必须积极努力，增加生产，改善蔬菜的供应。商业部门和农业部门应该密切协作，互相配合，共同负责制定副食品的生产规划。商业部门必须从改进收购工作等方面促进生产的发展，为此，我们已经加强了对本市郊区副食品生产的领导，蔬菜今年的复种面积可由去年的22万多亩增加到27万亩。并且经中央同意，已将河北省通县专区所属的13个县划归本市作为生猪的生产基地。由于发展副食品的生产是一个十分复杂的问题，牵涉的面很广，为了加强领导，我们已成立生猪生产委员会和蔬菜生产办公室，专门指导生猪和蔬菜的生产工作。

我国的工业生产基础薄弱，目前农业生产还摆脱不了天灾的影响，在增加生产的同时，厉行节约也是十分必要的。今年开展增产节约运动以来，人民积极响应了国家的号召，使得某些商品供应紧张的情况缓和下来，这一情况也充分说明了节约的潜力是很大的，所以必须继续提倡艰苦朴素、勤俭持家的风气。去年以来，粮食、煤炭、棉布节约取得了成绩，今后还必须继续大力提倡节约，克服浪费。

为城市人民生活服务的旅店、理发、浴池、照像、洗染、修理等服务性行业，一年来经过调整商业网、增添设备和在企业内部开展劳动竞赛、组织技术交流、培养技术人员等工作，在扩大服务面、提高技术水平、改进服务态度等方面取得了不少成绩。原来供不应求的情况已经有了一些缓和，但是由于本市人口的迅速增加和广大人民生活水平的提高，当前服务业仍还是不能满足人民需要的，尤其是新建地区严重不足，还必须有计划地继续发展。

二、关于对私营商业的改造问题

1956年，本市基本上完成了对私营商业、饮食业和服务业的社会主义改造。全市座商和摊商共有4万7千多户、9万多从业人员，已有占户数92%和占从业人数95%的私营企业，转变为公私合营商店、合作商店、合作小组或者直接变为国营商店。合营后，对所有的私方在职人员，根据“量材录用、适当照顾”的原则，安排了他们的工作。对企业进行了经济改组，调整了商业网，初步地改善了经营管理。合营后，由于企业的性质发生了根本的变化，广大职工群众发挥了高度的劳动热情，以主人翁的态度积极地参加了企业的经营和管理，因而劳动效率大大提高了，1956年公私合营商店、合作商店和合作小组的零售总额，较1955年增加了64%，平均每人的零售额比改造前增加了70%；今年上半年的零售总额较去年同期又增加了46%。这就充分地显示出社会主义的优越性。对合营前遗留下的不合理的工资制度进行了初步调整，实行了劳保合同，职工的生活得到了改善。私方人员通过工作和学习，他们中间的大多数人员提高了思想认识，但是，我们对私方人员的思想改造工作和店员的政治教育工作还做得不够。由于一部分私方人员在政治上还没有得到应有的改造和一部分店员还缺乏应有的政治觉悟，因而也有一部分私方人员和少数店员的服务态度还不够好，这是很坏的现象，我们今后必须注意改进。

私营商业社会主义改造工作的成就是伟大的。但是资产阶级右派分子，如刘一峰、吴金萃、张焕尧、阎少青等人竟企图抹煞这些成绩，向党、向广大劳动人民、向社会主义发动了猖狂的进攻，如他们说，合营后资本家生活普遍下降了。事实怎样呢？合营后，政府采取了一系列的措施，在工资改革时，私方人员原来的高额工资都保留下来了，低的工资提高了；对病假工资、医疗费用等，已经按照国务院的规定加以解决；股金在二千元以下的私方人员也享受了劳保待遇；对生活困难的还进行了补助。通过这些措施，大多数私方人员的生活并没有降低，中、小企业的私方人员，他们在合营后，收入更加稳定了，生活有了保障。当然，也有一些私方人员，他们的工资收入虽然没有减少，但剥削收入受到了限制，不能再像过去那样囤积居奇、投机倒把、牟取暴利，再过他们那种穷奢极态的生活了，他们的生活水平确实是下降了，这种下降难道不是完全应该吗？有少数资本家主张公方代表退出公私合营企业。这种说法也是十分荒谬的。合营后，国营专业公司派出了公方代表，领导企业，依靠了广大职工，在企业里逐步建立了社会主义经营管理制度，在企业经营管理和对私方人员的思想改造方面，都做出了很大的成绩，受到了广大职工群众和多数工商业者的拥护。十分显然，那些主张公方代表退出合营企业的人，不正是企图摆脱党和政府的领导，抗拒社会主义改造，想走资本主义道路吗？他们说，资产阶级没有两面性了，不需要继续改造了。这也是完全不符合事实的。在全行业合营后，多数私方人员经过学习，有了显著的进步，但是仍然有不少的私方人员对资本主义制度还有留恋，对社会主义制度抱有抵触情绪，他们过高地估计了自己进步的一面，拒绝自我改造；有些私方人员在工作上不负责任，消极怠工，挥霍企业资金，假公济私，挪用公款，贪污盗窃，有的甚至对公方代表、对职工抱敌视态度，挑拨离间，进行破坏活动。这些事实，不是清清楚楚地说明了资产阶级还有消极落后的一面吗？所以说，资产阶级分子不是不需要改造，而是必须继续进行长期的、彻底的本质改造。

关于小商小贩的改造工作。目前已有8，489户组织了合作商店，21，437户组织了合作小组。他们组织起来以后，一般保持了原有分散经营、便利群众的特点，国家从货源、贷款以及降低税率等方面对他们加以照顾，因而营业额普遍上升，收入增加了。但自去年下半年以来，由于我们曾一度放松了对小商小贩的管理和教育，有些小商小贩的违法活动，又有滋长，有些商贩用高抬价格、少给分量、掺假使杂等行为欺骗顾客，牟取非法利润。对此，政府虽然加强了行政管理，对违法户分别进行了处理，业务部门也相应地采取了一些措施，但目前还有些小商小贩进行投机违法活动。为了加强对小商小贩的社会主义改造，今后应该实行专人负责划片管理的办法，加强对他们的领导和教育。同时，加强对他们的货源分配工作，对少数困难户，在货源上仍给予照顾；在物价方面，主要商品必须服从国营公司的零售牌价，对那些经过加工整理、零星出售、花费劳动较的商品，可以稍高于国营公司的零售牌价，或者实行议价。此外，还必须对他们加强走社会主义道路和爱国守法的思想教育，端正他们的经营作风，更好地为消费者服务。

三、关于市场管理问题

自从去年下半年各地开放了某些农副产品和土特产品的自由市场以后，农民和乡贩贩运水产、水果、鸡、鸭、竹柳山货等到本市的逐渐增多。但是，由于我们开始曾经放松了对市场的管理，市场上某些农副产品，和有些手工业原材料的价格曾经上涨过多；有些小商小贩在本市捣卖统购统销商品，影响了国家收购任务的完成。无照摊贩也随着增加，其中，并且还混有少数反革命分子，他们进行投机违法、扰乱市场的活动。因此，我们已经采取了如下的措施：(1)取缔无照摊贩，动员在城市经营商业贩运的农民还乡生产；(2)对于统购统销和国家统一收购的物资严加管理（如猪肉、牛羊肉、废铜铁、大麻、油料等)；(3)对真正属于国家开放的自产自销的产品，设立固定市场，必须在市场内集中交易；(4)对商品价格、商品质量、商品卫生进行管理，对投机违法行为严格取缔。

为了保证供应，稳定蔬菜的价格，本市自5月6日起取消了蔬菜的自由市场。在取消以前，自由市场上蔬菜的上市量最多时每天才8万斤左右，还不到蔬菜公司供应量的10%，其中除有一小部分是从外地运来的外，其余大部分是商贩从本市郊区高价收购来的。他们趁着当时蔬菜供应不足的机会，用高价收买郊区农民的蔬菜，影响国营公司的收购，扰乱了市场价格，广大消费者对菜价过高十分不满。针对这些情况，我们加强了市场管理，取消了蔬菜自由市场，对本市郊区生产的和外地运来的蔬菜都实行了统一收购。采取这些措施后，价格下降了，一般居民对菜价降低表示满意；农民也安心生产，不再受投机小贩的扰乱了。不过今年第二季度蔬菜的价格比去年是高了一些，原因是受前一个时期自由市场价格的影响，加以今年春寒，上市季节推迟，产量减少，再就是今年有的蔬菜的质量比去年好了，价格也应该比去年高些。最近一个时期随着蔬菜上市量的增加，对蔬菜市场加强了管理，蔬菜的价格已经接近去年同期的水平。今后蔬菜的价格，必须要在努力增加生产、加强市场管理的基础上加以稳定。

四、关于经营管理问题

本市商业部门的经营管理工作，由于广大职工的积极努力，有了显著的改进。1956年国营商业的费用水平降低了，资金周转加快了，财产管理中帐货不符等缺点有了很大克服，商品损耗和财产损失有了减少，从而为国家节约和积累了很多资金，支持了国家社会主义建设事业。但是随着私营商业社会主义改造的基本完成，社会主义的统一市场已经形成，国营商业在整个国民经济中所担负的任务越来越繁重了，过去国营商业经营的都是主要商品，而现在无论是主要商品或者是次要的商品，都必须由国营商业统一计划，统一安排。因此，进一步改善经营管理，把人民生活需要和国家建议需要的物资，根据必要与可能有计划地组织进来，并且合理地分配到消费者手里，就成为今后商业部门的一个十分艰巨和光荣的任务。可是，商业部门不少的领导干部对这一点认识不足，对于必要与可能供应的商品，有时就没有全面地、妥善地安排生产和供应，特别是对一些季节性的商品，货源组织不及时，往往临时突击加工或调拨采购。在分配商品上也常常表现出对市场供需情况了解和分析不够，缺乏统筹安排，使得一部分商品在某些地区、某些商店或某一时期内出现供需失调的情况。为了改变这种情况，商业部门必须加强对市场情况和消费者需要的调查研究工作，对广大人民需要的日常消费资料，应当由零售商店按照历年来的产销规律和当前市场情况提出正确的进货计划，批发部门根据零售商店的具体要求积极组织货源，同时要改进加工、采购、运输等各个环节上的工作，及时地有重点地安排商品的生产和供应。为了改进商品的供应，还必须按照商品的不同，在大、中、小各种类型商店间进行合理的分配；国营、公私合营和小商小贩间，城区郊区间，机关团体、工业基建部门和居民间都应统筹安排。各地区间、各经营单位间要加强联系，相互调剂支援，使商品适合消费者的需要，并且摆布得当、调运及时。这是商业部门增产节约极其重要的一个方面，也是作好供应工作、降低费用的一个重要环节。

关于零售商业方面的工作。一年来，随着劳动竞赛运动的开展，零售商店的服务质量已有了提高，不少商店增加了商品品种，改进了售货方法，延长了对外的营业时间，营业员的服务态度也有了改善。同时，为了便利群众购买，有计划地发展了新的商业网和调整了旧有的商业网。1956年以来，我们在新建区增建了94个门市部，其中有6个是大型联合商场，88个是中小型门市部，建筑面积10.5万平方公尺。新建区商品供应问题，已初步得到改善。在郊区新建扩建了107个门市部，400多个小型商店，基本上做到了每乡有一个品种较全的中心门市部。在城区着重调整了旧有商业网，调整规模较大的地区有前门大街、大栅栏、花市大街、菜市口、西单商场、劝业场等处，这些地区的商业网经过调整后，已经改变了旧有的面貌，便利了群众，但是，由于本市人口迅速增加和新建地区逐渐扩大，几年来国营、合作社商业虽然也不断地发展商业网，但仍不能满足需要，特别是新建区的副食、蔬菜、肉类等商店还不够。同时，过去新建的商店一般系大型的联合商场和中型的门市部，还不能完全适应这些地区居民居住分散情况的需要。为了解决这一问题，最近已在国营副食品零售店、公私合营油盐店和蔬菜联购联销组中增添卖菜的零售点159个，增加流动菜车512辆，增加卖菜人员700多人，其中有一部分是在机关、工厂、学校集中的新建区增加的。今后还必须在新建区和郊区适当发展小商店、货棚、流动货车，以便利居民购买。

对于零售商店的管理，过去一般是以有关的市级国营专业公司为主，区级的管理机构为辅，按行业统一集中管理。这种管理办法，在当时，对于统一安排市场，维持和改造私营商业曾起过很大作用，是适宜的。但是，现在成千上万的公私合营商店、合作商店、合作小组都直接由市级国营商业部门管理，而且国营批发商业几年来有很大的发展，组织货源的任务十分繁重，如果继续采用由市级国营专业公司集中管理的办法，势必会影响基层企业单位积极性的充分发挥。今后，对零售商店必须按照统一领导、分级管理、因地制宜、因事制宜的原则，进一步划分市和区的管理职权。逐步实行以区级管理机构为主、国营专业公司为辅的管理办法。所以这样做，是因为区级管理机构更加接近基层企业单位，也更加容易了解消费者的需要，以便及时地解决问题，充分地发挥基层单位的积极性。特别是服务业和经营副食品的行业，点多、分散，与居民的关系十分密切，有许多问题需要因地制宜由当地区人民委员会和商业、服务业的区级管理机构解决。目前服务性行业的市、区管理职权已经作了大体划分，有一部分管理职权已经下放到区；副食品行业与人民生活关系比较密切，最近也正在下放；其他如煤铺、日用百货等行业也都必须研究，逐步下放。

为了有效地改进零售商业工作，除了加强区人民委员会和区级管理机构对零售店的领导外，还必须建立消费者对零售商店经常监督的制度，这是推动零售商店改进工作提高服务质量的有效方法，对密切国营商业部门和消费者的关系也有很大的积极作用。前门区已采取通过街道办事处与居民委员会选聘商业监督员，监督当地零售店的办法。监督的内容是商品的价格、质量、分量、卫生和营业时间、服务态度等。通过商业监督员不仅使商业部门及时发现工作中的缺点，而且可以使消费者及时了解到商品供应的情况和问题，协助零售商店作好商品供应工作。其他各区正在试点，准备推广。

国营、公私合营商业的管理机构，正在进行精简。过去由于商业管理机构层次多、手续繁、管理人员多，已影响到经营管理的改进。在社会主义改造的高潮时期，为了加强对私营商业改造工作的领导，各专业公司按行业在各区成立了区店，这在当时是必要的。但改造高潮过去后，有些区店机构已不适应当前的需要，没有及时加以调整，有些区店机构庞大、人浮于事。现在，副食品商业局已将食品和副食品行业的21个区管理处，合并为7个区管理处，由原有人员2，144人精简为1，124人，减少了47．5%，其他专业公司也正在进行精简工作。今后还必须认真地简化手续制度，减少商品流转环节，精简管理机构的人员，充实业务人员，加强基层。同时，各级管理机构和基层商店的管理人员要尽可能地直接从事采购、运输、保管、售货等工作。这样，就可以大大加强货源的组织工作和商品的分配调拨工作，并可以大大改进商业部门的经营管理。

为了提高零售商业和服务业的服务质量，我们还必须大力改进零售商业的服务态度。对全体职工特别是对新职工要加强政治思想教育，并组织他们学习业务技术，使他们认识到商业工作的重要性，全心全意为消费者服务，克服目前商业部门中一部分工作人员轻视商业、服务业工作的思想，教育他们周到地、熟练地为顾客服务。同时，在社会上也要提倡尊重商业、服务业人员的劳动，树立顾客和营业人员互相尊重的风气。

各位代表：1957年商业工作的任务是繁重的，不少商品的供应仍然是紧张的，市场物价必须继续稳定，公私合营企业和小商小贩需要加强改造，企业的经营管理水平和服务质量需要进一步的改进和提高。为此，商业部门必须继续深入地开展增产节约运动，使增产节约成为商业部门一种经常的制度，在广大的职工中树立爱护国家财产、勤俭办企业的思想。同时，要把增产节约运动和当前的整风运动很好地结合起来，边整边改，通过这次伟大的整风运动，切实改进商业部门的领导作风，认真地克服脱离实际、脱离群众的主观主义和官僚主义，树立明确的为群众、为生产服务的观点。克服一切困难，为完成1957年的商业工作任务而努力。

以上报告，请大会审查。

关于北京市高、中级人民法院工作的报告（摘要）

北京市高级人民法院院长　王斐然

（1957年7月27日）

主席、各位代表：

我完全同意政府各项工作报告。现在我代表高、中级人民法院向大会报告从1955年5月建院以来的工作，请予审查。

两年多来取得了很大成就

两年多以来，高、中级人民法院在实现党和国家赋予它的对敌人实行专政和调整人民内部矛盾的职能方面，取得了很大成就，严肃地打击了反革命势力和其他犯罪分子，有效地保护了公民的权利和合法利益。在1955年5月至1957年6月间，高级人民法院共办结第一、二审案件637件，其中反革命案件258件，普通刑事案件282件，民事案件97件。并处理了假释1，016件、提前释放396件、减刑334件、恢复政治权利90件、解除管制7件（共1，843件）。同一时期内，中级人民法院共办结第一、二审案件9，718件，其中反革命分子案件2，055件，普通刑事案件2，594件，民事案件5，069件。通过这样许多案件的审判，对促进社会主义革命的顺利发展，保卫社会主义制度的建立和巩固，都起了积极作用。

1955年正当社会主义改造高潮的前夕，残余的反革命分子仍在对社会主义革命疯狂地进行种种破坏活动，在当时形势下，为了保障社会主义建设和社会主义改造事业的顺利进行，我们依法坚决惩办了一批反革命分子和严重破坏社会秩序的窃盗和危害社会秩序的流氓分子。我国社会主义革命取得了决定性的胜利后，反革命势力更加孤立、动摇、分化、瓦解，根据新的形势和政策精神，我们对于现行的和怙恶不悛的反革命分子实行严厉镇压的同时，对于真诚悔过坦白交代的反革命分子依法给予更宽大的处理，进一步促使反革命势力的分化、瓦解和消灭。

绝大部分案件是处理得正确的

在我们所处理的案件中，绝大部分是正确的，偏差是极少数的。由于我们对政策了解不够全面，也有些案件判重了，也有些案件重罪轻判，该判不判的现象。例如：被告人魏志林，1940年将一个八路军人员之妻及子媳抓捕后，与另外两匪将其子媳轮奸，将其妻送匪首杀害，原判免予刑事处分，后又改判徒刑三年，现在看来还是轻了。又如：被告人马绍英，地主成分，1947年土改时被斗争，同年随匪军还乡倒算时，将我贫农骨干群众两人亲自吊打、锥扎，致其中一人当夜身死，另外还倒算很多粮食。原判徒刑二年，缓刑二年（现已重新审理）。同时我们对于有严重罪行的其他刑事犯罪分子也打击不力。由于我们在贯彻执行政策中存在着片面从宽的偏向，因而轻纵了一些有严重罪行的反革命分子和其他刑事犯罪分子，引起了群众很大的不满，我们对于检查出的案件已经作了认真检查纠正，并引起思想上的警惕。

反革命虽已基本肃清，但不应丝毫放松警惕

现在反革命势力虽已基本上肃清，但是我们不应该丝毫放松警惕，而忽视还有反革命分子的存在，国内还有少数残余反革命分子，帝国主义和蒋介石集团仍在不断派遣特务、间谍分子进来，原来剥削阶级分子中也有人伺机破坏社会主义事业。反革命分子始终是我们国家和人民最凶恶的敌人，因此，作为人民民主专政工具之一的法院，必须继续与之作坚决的斗争。在普通刑事案件中，有几类重大的刑事案件如：抢劫案、制毒贩毒案、扰乱金融案等等，已经或者几乎绝迹。但是偷窃、危害社会秩序的流氓等类案件还是比较严重的，他们侵犯公私财产，污辱、奸淫妇女，唆使、引诱少年儿童犯罪，严重破坏社会秩序，妨害社会主义建设，必须予以有效的打击。

贯彻各项审判制度

实行公开审判

我们在审判工作中大力贯彻了中华人民共和国人民法院组织法所规定的各项审判制度，这不仅符合加强法制的要求，而且是保证办案正确、提高办案效率的关键。我们在审理案件时，实行了公开审判制度。除有关国家机密、当事人阴私和未满18周岁少年人犯罪的案件可以不公开进行外，其他的案件一律公开进行审理，并于开庭前公告审理的案件吸引人民群众旁听，有的案件还就地进行审判，这样就使审判活动置于广大群众监督之下，加强了审判人员的责任感，改善了审判作风，从而更加保证审判的正确性，也对旁听群众起到法纪宣传教育的作用。

人民陪审员制度是走群众路线的方法之一

根据人民法院组织法第八条规定，我们在审理第一审案件时，除简单的民事案件和轻微的刑事案件外，一律实行人民陪审员制度。现全市共有人民陪审员3，401名，他们来自广大人民群众，有高度的责任感，一般都能够按期到法院执行职务，积极主动地调查研究案情，认真负责地评议案件，使案件更容易得到正确及时的处理，不少人民陪审员各行各业的专门知识和生活经验，大大补充了审判人员知识的不足，特别是在处理一些厂矿责任事故和医疗事故案件时表现得最为显著。大大密切了人民法院同群众的联系，人民法院的活动更借此直接获得了人民群众的监督和支持。实际上也是审判工作走群众路线的方法之一。

逐步贯彻执行辩护制度

我们在审判工作中逐步贯彻执行了辩护制度。人民法院在送达起诉书的同时，就向刑事被告人交代辩护权利，在法庭上我们保证了被告人自己行使辩护权，并允许他委托近亲属、律师或其他人为他辩护。在审理重大的案件和被告人是聋哑或未成年人的案件时，即便被告人找不到辩护人，我们也指定律师为他辩护，有的被告人不愿请辩护人，我们也尽可能通知他的近亲属出庭旁听。有辩护人参加的案件，辩护人向审判庭提出有利于被告人的材料和意见，这就更便于审判庭全面地审究被告人有无罪责或罪责轻重，对提高办案质量有积极的作用。

此外，如回避制度、合义制度我们也都遵照人民法院组织法规定执行了。我们在贯彻执行各项审判制度上虽然获得了很大的成绩，但也还存在着一定程度的形式主义的缺点，有的陪审的案件中由于法院在帮助人民陪审员掌握审判业务上作得不够，人民陪审员发挥作用不够，有的区法院有些可以不陪审的案件也陪审了。

贯彻审判监督制度

中华人民共和国人民法院组织法所规定的审判监督制度有极为重要的意义，为着有效的贯彻这一制度，我们经常把已经发生法律效力的判决有计划的进行检查，借以主动的发现错案，依法改正，吸取经验教训。通过检查工作活动，不断地总结审判实践经验，定期的有重点的召开市、区人民法院审判员座谈会，交流执行政策、法律和依法办事的经验，互相批评，以达到发挥审判监督的职能。

此外，上级人民法院对下级人民法院最经常的监督与领导是通过审理上诉案件来实现的。我们审理上诉案件时，全面审查原审判决有无根据和是否合法，对于原判正确的案件予以维持；对于判决根据不足适用法律有错误或量刑畸轻畸重以及对审判程序有重大违反的案件，在撤销原判后分别予以改判或发回原审人民法院重新审判。1955 年上诉案件占第一审案件的22%，1956 年即增加到 32%，根据 1956 年底中级法院对上诉案件的检查统计，审结不服各区法院判决的上诉和抗议案件其中维持原判的占 65%，发回更审的占 9. 9%，改判的占 25%强。这说明基层法院审判质量还是好的。作为上诉审的高、中级人民法院及时正确的判结上诉案件，是发挥审判监督职能的重要关键。

人民检察院对人民法院起着有效的制约作用

人民检察院对人民法院的判决和裁定，有权按照上诉程序和审判监督程序提出抗议，两年来全市各级人民检察院提出抗议的共有 42 件，经再审后有 36 件得到了纠正，其余 6 件维持原判，这就有力地说明了人民检察院对人民法院的审判监督起着有效的制约作用。

人民来信、来访是我们检查案件的重要参考材料

人民来信和人民来访对于案件所提的意见，是我们检查案件的一项重要的参考材料，来信来访如果是表示对原判有意见的而且是有理由有根据的就作为申诉案件。两年以来，高、中级人民法院处理了人民来信 2，610 件，接待人民来访 9，767 人次。市高级人民法院两年以来处理的 2 百余件申诉案件中原判正确申诉没有理由的占绝大多数，原判不恰当，申诉有理由的只有 4 件。目前由于申诉既没有时间上的限制也没有审级上的限制，加以坏人怂恿别有用心的夸大人民司法工作中的缺点，助长了犯人缠诉，因而在一部分犯人中流行着“申诉三分利，驳回也够本”的说法，申诉案件增加很多。

右派分子只热中于反革命分子的申诉，而不相信人民

今年 4 月右派分子黄绍竑利用全国人民代表来本市视察司法工作的机会，一再恶毒地提出目前有些犯人还不敢上诉和申诉，怕上诉、申诉后作为“抗拒从严论处”事实证明这种说法不但不符合客观实际，而且是别有用心地对“坦白从宽、抗拒从严”政策的诬蔑。他热中于反革命分子的申诉，从不考虑判决时间的远近，但对反革命分子的追究，他们又强调“时效”已过，认为年代久远的犯罪可以不追究，他甚至只相信犯人的申诉，不相信广大的人民群众和我们的答复，例如流氓骗子李卓控告公安局在预审中有违法的情况，公安局曾专门作了检查，并无这种情况，而全国政协委员邓季惺竟不相信公安机关的答复，说“公安局是狡辩”。黄绍竑甚至把调去的现行反革命分子倪熙忠(未决犯)的案卷材料供给右派分子林希翎，作为他们进行反党反社会主义造谣诬蔑的资本，他们不惜为真正的反革命分子“申冤”从案卷材料上找“岔子”作文章。

工作中的缺点和错误

对一些案件量刑畸轻畸重，处理不当

高、中级人民法院从建院以来能够取得上述的成绩，是由于党和人民代表大会以及上级法院的正确领导和监督，有关部门的配合和群众的支持，同时也与全体干部的积极努力分不开的。但是在我们的工作中还存在着不少的缺点和错误，这主要表现在：在贯彻执行政策、法律中有些不够准确的地方，因而重判了一些案件，同时也放过了一些该判不判的坏人，对有些刑事案件的量刑，也有畸轻畸重的现象，在民事案件方面，对极少数案件也有处理不当的情况，此外，处理案件不及时，有时法律手续不完备，以及有些审判人员粗枝大叶

的工作作风还存在。这些缺点和错误是与高级法院的领导分不开的。我们必须通过这次整风运动坚决加以纠正。今年4月间全国和本市的人大代表、政协委员在视察工作中对本市各级人民法院的工作提出了许多宝贵的意见，这对克服我们工作中的缺点、错误，改进和提高我们的工作，都有很大的帮助。但是，如前所述，其中有些右派分子黄绍竑、邓季惺等别有用心地利用公安局、检察院、法院互相制约的关系，钻空子、找岔子，为反革命分子说话，并反对党对司法工作的领导，企图削弱和破坏人民民主专政。

清除反动的旧法观点。使相当数量的党员担任审判工作是完全必要的

今年5月下旬，我们开始了整风学习，很多同志本着爱护党和社会主义、爱护人民司法工作的良好愿望。对我们的工作提出了许多批评，这些意见对改进工作都有很好的帮助。但是我们机关里也出现了少数右派分子，他们借帮助党整风为名，向党进攻。例如有的右派分子认为我们把旧司法人员打入“冷宫”，而说现在的审判员都是不懂法律的党员。事实怎样呢？如中级法院现有审判人员46人，其中党员仅15人，非党干部31人，非党干部占了审判人员总数68%。对于旧司法人员，我们作过清理，除对其中反革命分子、贪污分子等依法处理外，对于因旧法观点甚深不能再继续作司法工作人员则转业作其他工作；对于那些思想上确已得到改造，拥护党和社会主义的则继续留作司法工作。此外也还有一些没有获得改造的旧法人员作了司法工作，这些人员对于我们人民司法工作危害极大，他们在处理案件中，由于反动的旧法观点严重的影响，在工作中实际上起着庇护敌人、压制人民的作用；不仅如此，由于他们的反对的旧法观点的影响，我们有些干部，甚至有的党员，也作了他们的俘虏，在审判工作中不能发挥应有的作用。为了加强司法工作，更好地贯彻党和国家的政策、法律，使相当数量的党员担任审判人员是完全必要的应当的。事实证明：过去我们贯彻执行政策不够好是与审判人员中党员人数少和还有旧法人员或是具有旧法观点的人是有很大的关系：也正因为我们搞司法工作的党员干部基本上懂得了人民的政策、法律，所以几年来能够正确地处理了大批案件，取得了很大成绩，当然，我们不仅不需要反动的旧法观点，而且必须继续坚决反对和加以批判。但是右派分子邓季惺等却发出怀疑党的领导妨碍审判独立的谬论。右派分子这样恶毒用心是显而易见的，他们妄想反对社会主义的右派分子“上台”，而要拥护社会主义的人“下台”，推翻工人阶级的领导，企图夺取对司法工作的领导权，使人民法院变质成为为反动派效劳的工具，我们必须坚决反对。

大力纠正缺点，有效地保卫社会主义

目前，我们的任务是：继续认真学习毛主席“关于正确处理人民内部矛盾的问题”的讲演，认真开展整风运动，大力纠正缺点、错误，改进我们的工作；同时继续在政治上、思想上开展反右派的斗争，彻底驳斥右派分子的反动言论，并彻底清除反动的与人民誓不两立的旧法观点。自国内政治形势起了根本变化后，人民内部矛盾开始上升到国家政治生活中的主要地位，但是反革命分子并没有完全肃清，其他犯罪还相当严重。正如董必武院长在第一届全国人民代表大会第四次会议所作工作报告中指出的“同一切犯罪现象作斗争，继续巩固人民民主专政，仍是我们人民法院的头等重要任务”，因此，必须全面地正确地贯彻党和国家的政策、法律，与反革命分子及其他犯罪分子作坚决的斗争，尤其对于那些现行反革命分子，因犯反革命罪服刑期满释放后又重新犯反革命罪的分子，以及解放前有罪恶民愤而解放后按照政策受到宽大处理或免予追究后又进行反革命活动的分子，必须予以严重惩办，防止右倾麻痹思想，有效地保卫社会主义制度，并保护社会主义建设事业的顺利进行；同时更加注意妥善处理民事纠纷，保护公民的权利和合法利益。我们有信心在党和人民代表大会及上级法院的领导和监督下，把我们的工作提高一步，使他更加适应今后社会主义建设蓬勃发展的需要。

（小标题是本报编者加的）

关于1956年和1957年上半年北京市检察工作情况的报告（摘要）

北京市人民检察院检察长　郭步岳

（1957年7月27日）

在1956年和1957年上半年，北京市市、区人民检察院，在党和最高人民检察院的正确领导下，根据社会主义改造已经取得了决定性胜利和1955年肃反斗争胜利后新的情况，运用检察职能，协同有关机关，本着“有反必肃”的方针和惩办与宽大相结合的政策，继续深入地进行了肃反斗争和打击普通刑事犯罪分子的斗争。现在将主要工作情况报告如下：

肃　反　斗　争

去年有一千五百多名反革命分子自首

在肃反斗争方面，1956年初，根据当时的形势，在全市范围内广泛深入地宣传了“坦白从宽、抗拒从严、立功折罪、立大功受奖”的政策。因而在1956年，有1，517名反革命分子向人民政府投案自首。其中，不仅有一般罪行的反革命分子，而且有罪恶严重、民愤很大、负有血债的反革命分子147名，还有从国外派遣进来和潜伏下来的特务间谍分子以及其他进行现行破坏活动的反革命分子16名。虽然经过党和政府一再号召反革命分子投案自首，但是仍然有少数坚决与人民为敌的反革命分子拒不投案，并且继续进行破坏活动。如特务分子孙懿波、林咏涛夫妇，曾在台湾受过专门特工训练，1956年3月潜回大陆，一到广州就发展了一名特务，然后来到北京长期潜伏，进行反革命活动。在1956年8月被市公安局破获。我们对于那些坚决与人民为敌的反革命分子，本着“有反必肃”的方针，协同有关机关继续给予了严厉的打击。对于投案自首的反革命分子，进一步实行了宽大政策。

我们继续批准逮捕进行反革命活动的分子。右派所谓“阶级斗争过时了”的说法是包藏阴谋的

在1956年和1957年上半年，我们继续批准逮捕并决定起诉了那些继续进行反革命活动的和经过宽大处理以后又进行反革命活动的分子，以及历史上有严重罪恶而拒不交代的反革命分子。例如反革命分子王叔平，充当过日伪守备队的翻译、蒋伪安东保安第一支队政治工作队长，在安东一带亲手枪杀我方军人、干部和群众九人。1956年春，在北京又和由香港潜入北京的一个特务取得联系。1956年人民政府号召反革命分子投案自首的时候，王叔平只交代了曾经充当日寇翻译和同派遣特务的关系，但对他的杀人罪行拒不坦白。本案经公安机关侦察属实，我们已经批准逮捕。再如混入北京师范大学的反革命分子谢昕，在1955年因企图杀人、书写反动标语被捕后，以假装老实认罪，骗得了宽大处理，免予起诉。释放后，她在右派分子黄绍竑的支持下竟然继续捣乱，企图翻案，声称她是“以莫须有的罪名被捕”，要求给她赔偿、恢复名誉。当学校用布告公布了对她的免予起诉书的内容以后，她竟将布告栏的玻璃打碎，撕毁布告。最近又张贴大字报，诬蔑、谩骂人民政府。我们已经批准逮捕了这个拒不悔过继续与人民为敌的反革命分子。这些事实证明，右派分子的所谓“阶级斗争过时了”，“用不着再搞肃反斗争了”，显然是极端荒谬毫无根据的。这些谬论包藏着阴险的政治企图：那就是使群众放松革命警惕，为反革命分子开脱罪责，否定肃反的成绩和必要性，并且还企图利用这些反革命分子作为右派分子反党、反社会主义的工具。不然，他们为什么对反革命分子那样多情，而对于群众的肃反运动又那样深恶痛绝呢？右派分子是利令

智昏了。人民群众坚决、彻底肃清一切反革命分子的意志和力量，绝不是右派分子所能动摇的。

对自首的和在押而有悔改表现的反革命分子进一步实行宽大处理

另一方面，我们对于投案自首的反革命分子和在押的已有悔改表现的反革命分子，根据惩治反革命条例和全国人民代表大会常务委员会“关于宽大处理和安置城市残余反革命分子的决定”，进一步实行了宽大政策。对于坦白自首的只有一般历史罪行的反革命分子未予追究。对于坦白自首的有一定罪恶，但按照党和国家的政策法律可以免予刑罚的分子，没有实行逮捕，作了宽大处理。同时，对于在1955年已经逮捕但尚未起诉的反革命分子，1956年也根据从宽的政策，分别作了处理，凡是可以从宽发落免予刑罚的都经我们审查，作了免予起诉的决定并予以释放。1956年1月至1957年6月底，北京市市、区人民检察院免予起诉的反革命分子共1,572人。其中，55%是1955年逮捕的反革命分子，45%是没有逮捕的坦白自首分子。如反革命分子张国境，解放前充当辽阳市国民党党部书记长，解放后虽作过交代，但暗中又组织反革命组织，亲自前往香港与特务机关取得联系，接受新的派遣任务。1955年12月张国境潜入北京后，曾四次密写情报寄往特务机关。按其罪行本应逮捕法办，但是因为他投案自首，并且有立功表现，所以未予逮捕，从宽免予起诉。我们对于那些坦白自首的但罪恶严重、民愤很大，必须给予刑罚的反革命分子，在向法院提起公诉的时候，也是既说明了他的罪恶，又说明了他有从宽判刑的条件，从而体现了党和国家的宽大政策。

我们经常对处理过的案件进行检查

我们在继续深入地进行肃反斗争中，为了巩固肃反成绩，纠正缺点错误，吸取经验，教育干部，改进工作，在进行工作的同时，经常对处理过的案件进行检查。1956年7月又根据最高人民检察院的指示，对1955年以来的肃反案件，进行了全面的检查。检查结果证明，党和政府关于继续发动群众开展肃反运动的指示是完全必要的、正确的，肃反斗争的成绩是主要的，运动的发展基本上是健康的。在肃反斗争中处理的案件绝大部分是正确的。1955年全年和1956年上半年，我们批准逮捕的反革命分子，经过我们认真的反复检查，其中错批准逮捕的占批准逮捕总数的1.29%。绝大多数是捕的正确的。这对巩固人民民主专政，保卫社会主义事业，确有重大的意义。全市社会主义改造在短期内取得了伟大的决定性的胜利，全市人民群众，能够安居乐业，是和肃反斗争的胜利分不开的。这在右派分子的内心里确实有难言之痛。右派分子虽然想千方百计的否定肃反的巨大成绩，恶毒的攻击我们的肃反工作，说“肃反搞糟了”“搞错了”“错误是主要的”，但是他们总抹煞不了上述铁的事实。

工作中的错误和缺点是次要的，右派分子任意夸大，别有用心

在我们的工作中也发生过一些缺点和错误。这些缺点和错误表现在两个方面：一方面错批准逮捕了五十三名虽有反动身份和反动言论但未构成反革命罪行的人，或者有很轻微反革命罪行但可以从宽处理不以反革命论处的人，以及个别无辜好人。另一方面，也漏掉和错放过反革命分子，最近我们检查免予起诉的反革命案件，就发现有应该起诉而没有起诉的，其中有的已经逮捕而又放了。如对于前面所说过的反革命分子谢昕，由于我们研究分析不够，工作不够深入，以致被她表面上的老实和伪装的悔过所蒙骗，就曾经从宽免予起诉予以释放。放了之后，她又继续进行了一系列的反革命破坏活动。在这里应该指出，这些缺点错误和整个肃反运动所获得的巨大成绩比较起来，只占次要的地位。右派分子抓住了肃反工作中个别的缺点和错误，任意夸大，借题发挥，对党和政府发动了猖狂的进攻，但是他们对我们在工作中漏掉和错放反革命分子的错误从来没有反对过，而且借词来扩大肃反的缺点和错误。他们这样做的居心何在，人民群众是看得很清楚的。我们对于上述两方面的缺点错误，特别是对于错捕，一贯是重视的，坚决按照“有错必纠”的原则，一经发现有错，随时就严肃地作了纠正，并总结了教训，改进了工作。所有已经发现的错案已经坚决予以平反。对于那些应捕应判而错误释放的犯人，只要他们罪行不太严重在释放后表现较好，安分守己，群众没有意见的，我们也不再加以追究；但对于在释放后胆敢继续捣乱的，必须再予逮捕依法处理；同时，对那些罪恶重大、群众有意见的，必须继续追究查办。正由于我们认真地检查纠正了和正在纠正着缺点和错误，就更加巩固了肃反斗争的伟大成果。

反革命分子还没有完全肃清，我们不能松懈斗志

近两年来，肃反斗争虽然已经取得了巨大的胜利，反革命分子的数量更加减少了，但还没有完全肃清。遗漏下的少数隐藏更深的反革命分子是绝不会死心的；

美蒋特务机关还在继续进行派遣特务的活动；而且还有可能出现一些新的反革命分子。因此，我们绝不能放松警惕，松懈我们的斗志，我们必须继续坚决贯彻“有反必肃”的方针，一经发现有反革命分子，就必须坚决地予以肃清。

同普通刑事犯的斗争

着重打击盗窃分子、流氓分子和教唆、组织犯罪活动的分子

为了维护社会秩序和广大人民的利益，北京市市、区人民检察院继续加强了同普通刑事犯罪分子的斗争。1956年以来，我们协同公安机关和人民法院，着重地打击了那些作恶多端的盗窃分子和流氓分子，以及那些教唆和组织犯罪活动的分子。对于那些罪该逮捕、判刑的犯罪分子，我们及时地进行了审查批准逮捕工作和审查起诉工作。1956年1月至1957年6月底，我们共批准逮捕了普通刑事犯罪分子1，521名，其中除少数正在公安机关侦讯者外，在公安机关侦查终结后经我们审查证实，必须给予刑罚的犯罪分子，我们已经起诉到法院，使犯罪分子受到了应得的法律制裁。但从目前情况来看，盗窃、危害社会秩序的流氓活动还很严重。因此，今后必须进一步加强同刑事犯罪分子的斗争。

处理职务犯罪和经济犯罪案件的方针是“惩罚与教育相结合”

在同普通刑事犯罪分子斗争中，我们除去对上述由公安机关负责侦查的刑事案件，进行了审查批准逮捕和审查起诉工作外，还由我们自己进行了对职务犯罪、经济犯罪案件和一部分侵犯人身权利犯罪案件的侦查工作。1956年全年和1957年上半年我们共受理检举、控告的案件一千八百四十八件，经审查提起刑事案件七百五十九件。在职务犯罪方面，比较严重的是贪污，在我们提起刑事案件的案件中，贪污案件占45.2%。在贪污分子的成员中，大多数是各企业部门近两年来新吸收的担任售货、采购、会计、出纳和管理物资的工作人员。这些贪污案件中，贪污额数在五百元以下的为最多，个别的有超过两千元的。这就说明新吸收就业的人，他们的情况还是相当复杂的，需要进一步的对他们进行教育改造，使他们能够成为全心全意为人民服务的新的公务人员。在经济犯罪方面，由于在资本主义工商业社会主义改造完成之后，缩小了进行经济犯罪活动的条件，这种案件较之过去减少了。但是有少数不法私方人员仍在合营企业内进行盗窃财产的活动。此外，少数不法私商投机倒把的活动，也不断有所发现。这也证明右派分子所谓资产阶级分子没有两面性了，不需要改造了，显然是不符实际的。

对上述各种犯罪分子，我们根据“惩罚与教育相结合”的方针，对于一般的轻微的犯罪行为，主要采取了交由行政主管部门批评教育或给予行政处分的方法加以处理；我们着重打击了那些情节比较严重、性质比较恶劣的贪污、盗窃分子。如贪污分子赵平三，原系私营友林卫生器材厂的资本家。1955年该厂倒闭，1956年被吸收到北京制药厂任采购员。他在采购中陆续含污9百多元，被揭发后他正在检讨期间，又贪污1百多元。前后共贪污1，095元。这个犯罪分子已经由我们逮捕起诉到法院，判处了徒刑。公私合营东单区兄弟委托商行经理、私方人员田培森和会计马家骥互相勾结，自合营以来盗窃企业财产和侵吞顾客托售物品所缴纳的税款达1万1千多元。我们已经逮捕了这两个犯罪分子。我们通过侦查处理这些犯罪案件，对于保护社会主义财产和社会主义经济秩序，起了积极作用，并且通过出庭公诉和公布典型案件进行了法制的宣传教育工作；结合办案，发现各机关、企业、合作社工作制度上的漏洞，都及时提出了建议请他们改进，以便堵塞漏洞，预防犯罪。

贯彻执行人民检察院组织法

检察机关同公安机关、法院分工负责，互相制约

两年来，我们有计划地逐步贯彻执行了人民检察院组织法的规定，积极开展了审查批准逮捕、审查起诉、审判监督、监所劳改监督、一般监督以及对刑事案件的侦查工作，并逐步地建立了必要的工作制度。1956年，我们已经基本上担负了人民检察院组织法所规定的各项任务。1956年以来，我们继续加强了检察机关的业务建设，贯彻执行了检察机关同公安机关、法院在法制方面的分工负责、互相制约的制度。在同公安机关和法院之间，我们分别依据人民检察院组织法所规定的行使职权的程序，执行了法定的监督任务。对于公安机关提请逮捕的案件，我们逐件地进行了认真审查，甄别证据。然后分别依据党和国家的政策法律，如惩治反革命条例、逮捕拘留条例等等，作出批准逮捕或者不批准逮捕的决定。对于公安机关侦查终结移送审查处理的案件，在公安机关侦查期间，我们就有重点地参与了讯问被告、讯问证人、勘验现场等侦查活动，然后在公

安机关移送审查的时候，再分别依据政策法律，作出起诉、不起诉或者免予起诉的决定；对于极少数侦查不够充分的案件作了退回补充侦查的决定。同时，我们通过审查批准逮捕、审查起诉、参与侦查活动等工作，对公安工作人员是否遵守法制进行了监督。从我们进行侦查监督工作的情况证明，公安机关作到了依法办事。另一方面，检察机关在工作中也受到了公安机关的制约，对检察机关不批准逮捕和决定不起诉的案件，如果公安机关认为有错误，也提出了意见，经检察机关重新审查，凡是错误的都得到了纠正。

逐步作到出席法庭支持公诉

我们对于起诉的案件，已逐步作到出席法庭支持公诉。我们对1957年第二季度起诉的案件，除东四、丰台区人民检察院有七个案件没有出庭而外，市和其他各区人民检察院都已经作到了全部出庭。我们对发现个别的违反诉讼程序或者影响了当事人诉讼权利的情况，都当庭建议审判长作了纠正。为了保证每个案件得到正确的判决，从1956年9月，我们又建立了逐件审查刑事判决的制度，对发现的法院不当判决和裁定，及时提出了抗议，得到了纠正。

办案质量不断提高，右派分子诬蔑我们“无法无天”是颠倒是非

从上述情况说明，检察机关同公安机关、法院贯彻执行了分工负责和互相制约的制度，不断地提高了办案的质量。如1955年我们批准逮捕的全部反革命分子和普通刑事犯罪分子中，错捕的占0.72%，在1956年上半年错捕的只有二名。1956年7月以来，至今尚未发现有错捕的现象。同时，对于工作中的缺点错误，通过三机关的互相制约，也及时得到了纠正。如我们在1957年1月至5月期间，发现法院判决不当的案件有32件，分别依法按照上诉程序和审判监督程序提出了抗议。其中，除19件正在审查外，有6件已发还更审，7件已经改判。从公安、检察、法院三个机关分工负责、互相制约依法办案的事实，证明右派分子诬蔑我们“无法可依、无法无天”等等，显然是颠倒是非，别有用心的。右派分子心目中的“法制”实际上是保护反革命的法制，而他们所反对的是人民的法制，是不利于右派分子、不利于反革命分子的法制，所以他们就利用人民所赋予他们的职权，到处为反革命分子“申冤”，充当反革命分子的义务辩护律师，替反革命分子撑腰，想借此破坏人民的革命法制。由此可见，不击退右派分子的进攻，就无法巩固人民民主专政，无法健全法制，因为他们就是法制的破坏者，想造成无法无天的混乱局面的就是他们。这是绝不能容许的。

检察工作所以能取得成绩，首先是由于党的领导

北京市的检察工作，所取得的上述成绩，是由于党和最高人民检察院的正确领导，由于有关机关的密切配合，广大人民群众的支持，以及本市全体检察干部积极努力而得来的。其中首先是由于党的正确领导，如果没有党和国家所制定的正确的方针政策，没有党对检察工作坚强的领导和严密的监督，任何成绩都是不可能取得的。右派分子说党委的领导，影响了检察、法院、公安三机关的互相制约，显然是恶意的诽谤，实际上是阴谋推翻党对司法方面的政治领导。我们必须坚决的予以回击。

在我们工作中也存在着一些缺点和错误。除了前面已经提到的在贯彻执行党和国家的政策法律方面，在极少数案件上有错、漏等偏差而外，我们对各个时期的政治形势的变化和违法犯罪动态的调查研究工作作得不够，因而我们思想有时落后于形势的发展，使检察工作在某些方面还落后于实际的需要。在检察干部中，还存在着某些主观片面、粗枝大叶以及脱离群众的思想作风。在1955年初，有一个短时期，在办理案件中，我们注意了犯罪事实，但也有对法律手续注意得不够的地方。产生这些缺点错误，固然和干部缺乏经验有关，但主要是由于我们市人民检察院领导工作不够深入，对工作检查不够严格，解决问题不够及时；同时，对干部的政治思想教育和政策法律教育工作，也作得不够。现在，我们正在整风，继续深入检查和纠正我们领导上的缺点和错误。

新情况下的主要任务

目前，国内阶级矛盾已经基本解决，肃反斗争已经取得了巨大胜利，虽然还有反革命分子，但是不多了。许多事实告诉我们，北京也和全国一样，阶级斗争并没有完全结束，反革命分子并没有完全肃清，某些方面的刑事犯罪，如贪污、盗窃和危害社会秩序的流氓分子等的犯罪活动，仍然相当严重。在这种新的情况下，北京市市、区人民检察院今后主要任务是：继续贯彻“有反必肃”的方针，正确地执行党和国家的政策法令，协同有关机关，依靠广大群众，彻底肃清一切反革命分子；加强同普通刑事犯罪活动的斗争，更加安定社会秩序，保卫国家和广大人民的利益。对于一切违反国家法制的行为，及时进行检查，使它得到纠正。同时，在斗争

中，必须继续切实依法办事，进一步发挥同公安机关、法院之间的分工负责、互相制约的作用，以达到正确地追究犯罪和充分保护人民权利的目的。

最后，我们诚恳地希望各位代表和广大人民群众，从各方面批评我们工作，给予更多的监督和帮助，以使市、区人民检察院更好地完成检察工作任务。

（小标题是本报编者加的）

北京市第二届人民代表大会第二次会议提案审查委员会关于提案的审查报告

（1957年8月4日通过）

北京市第二届人民代表大会第二次会议共收到提案408件，经整理合并为375件。其中，政法类50件，财经类121件，文教卫生类72件，城市建设类119件，社会救济及其他类13件。

提案审查委员会分设了政法组，财经组，文教卫生组，城市建设组，社会救济及其他组，共五个组，分别对有关提案逐案进行了研究，提出初步审查意见；然后由总召集人和各组召集人做了进一步的审查；最后，由提案审查委员会全体会议讨论通过。

审查的原则是：除了需要提请大会主席团处理的以外，凡是该办又可能办或者主要部分、大部分可能办的，都交市人民委员会或者其他有关单位办理；凡是需要研究后才能决定办或者不办的，都交市人民委员会研究处理；凡是肯定不能办或者需要缓办的，都说明不能办或者缓办的理由；凡是不属于市人民委员会工作范围以内的，都交市人民委员会转送其他有关部门研究处理。

审查结果，在375件提案中，请大会主席团处理的2件，交市人民委员会和其他有关单位办理的124件，交市人民委员会研究处理的194件，不能办或者需要缓办的22件，交市人民委员会转送其他有关部门研究处理的33件。全部提案的审查意见等大会通过后，即分别送交市人民委员会和其他有关单位处理。

此外，在这次会议召开预备会议以后，曾有代表提出一案，已由市人民委员会处理，故没有印发。这次会议还收到迟到提案52件，提案审查委员会来不及审查，拟交市人民委员会研究处理。

提案和审查意见，已经印发给各位代表，是否妥当，请大会审议。

彭真同志总结发言（摘要）

（1957年8月4日）

这次会议开得很好，很严肃、很紧张，也很活泼。这是进一步揭露和批判资产阶级右倾反动言行的会议，是检查工作、决定当前工作大计、改进工作的会议，是推动整风运动继续深入的会议，也是一次富有教育意义的会议。

我们的成绩是伟大的、主要的，工作中的错误、缺点也不少，并且有些错误、缺点是很严重的。但是总起来说，错误、缺点只是部分的，同成绩比起来，它是小得不可比拟的。

我们的成绩虽然是巨大的，我们各项建设事业的发展虽然是很快的，但是因为我们的国家过去长期受帝国主义、封建主义、官僚资本主义的灾害，底子太薄，这些成就还远不能满足目前人民日益增长的需要，工作不是“差不多”，而是离满足人民需要和理想还差得很多。需要我们国家和全体人民、全体工作人员勤俭建国，勤俭办企业，勤俭办合作社，勤俭办市政、教育等各种事业，勤俭持家；特别是要集中力量发展工农业生产，首先是工业生产，因为物质生产是一切事业的基础。

我们说我们的成绩是巨大的，并不是说我们工作中没有错误和缺点了，我们的错误、缺点是很多的，有些并且是很严重的。因此，今年五月一日，中共中央发出了关于整风运动的指示。在整风运动开始以后，工人、农民、革命知识分子和其他劳动者提了很多建设性的意见，其中绝大多数是对的，也有些是不对或者不安全对的。但是一切意见只要是善意的，不是恶意的，是建设性的，不是破坏性的，我们都表示感谢欢迎。其中有些正确的意见已经被接受并且据以改进了工作。

目前北京市党内外一些领导工作同志和工作人员在工作上、作风上存在不少错误和缺点，这些错误和缺点是同我们在领导上的缺点分不开的。主要是：

一、有很多工作同志同工农群众缺乏应有的联系，缺乏从他们之中把问题和意见集中起来，加以研究和解决，再坚持下去的习惯，甚至对工人、农民和其他劳动者中有些什么问题，他们在想些什么，都不清楚，甚至不大注意。这不是一个工人阶级领导的、以工农联盟为基础的社会主义国家的首都的工作同志所应该有的现象。这是一种原则性的缺点、错误。

二、有些机关政治空气稀薄，有些同志政治嗅觉不灵，对重大政治问题不能及时发觉、甚至不注意，因而，也就不能及时抓住，反映给上级解决或者自己加以解决。或者不知道问题的严重性，或者觉得事不关已，可以高高挂起，或者庸俗地因为怕得罪人，想采取超然中立的态度，但是他们却不怕得罪六万万人民。这不是我们首都的党和国家工作人员，特别是领导干部应有的政治态度，不能说这是什么进步会子的表现。

三、工作中缺乏工人阶级认真负责的精神和坚决克服困难，以改进工作，推进事业，而是有时在公事上、会议上纠缠很久，问题还没有实际解决。有的人甚至习染了或者凝固地保持着旧政权、旧社会遗留下来的恶劣的官僚作风，不是把问题抓住解决，而是把问题推来推去不解决，或者让问题一个个从面前滑过去，熟视无睹，甚至遇事先“打离身拳”，即要推脱责任。这绝不是全心全意为人民服务的表现。

四、有不少的同志不善于从带有普遍性的问题里面抓住典型，系统地从根本上加以解决，突破一点，推动全局，而只是把问题孤零零地碰到一个解决一个。

五、有些同志很容易认为自己的工作已经都做得很“差不多”了，很容易满足于现状。他们不是拿可能达到的最高的标准来要求自己，而是有点成就，甚至不出乱子就沾沾自喜，没有工人阶级的新兴的朝气，而是暮气沉沉。

六、机关中的工作人员和企业单位中的管理人员都过多，机构太大。但是有些同志却认为人越多越好，机构架子越大越好，一个人作事也似乎越少越好，当首长越不亲自动手越好。

为了从根本上认真改进作风，使领导机关同劳动群众密切联系，并且在首都一切人民中间进一步树立劳动光荣和勤劳的风气，扫除古老封建的消费城市所遗留下来的剥削阶级和各种寄生分子游手好闲、好吃懒做的恶习，凡是能劳动和有劳动条件的人，都要从事可能的劳动。今后，除了干部参加一部分体力劳动以外，还要从现有的各机关的工作人员和各事业、企业单位的管理人员中，抽出百分之三十到百分之五十左右的工作人员，到车间、商店、农场、农业合作社、手工业合作社、街道等基层单位去，较长期地参加生产劳动和基层工作。同时动员和教育全体市民按照勤俭建国、勤俭办社、勤俭办企业、勤俭办一切事业、勤俭持家的精神，来改进我们首都的工作和干部作风，来彻底改变首都各界人民的作风成为社会主义的劳动人民的作风。我们认为应当从现有各机关工作人员和企业管理人员抽调三万人左右参加生产和基层工作，在经过相当时期，例如两三年后还可以轮流调换。

我们必须坚决地采用整风的方法，坚决地、认真地整顿各个方面工作人员的作风、各界人民的作风，坚决克服工作中的错误和缺点，把我们首都的各项工作做得更好，使各项事业更迅速地发展，并且把首都人民群众的风气逐步整顿成为纯洁的社会主义风气。

彭真市长在北京市第二届人民代表大会第二次会议上宣布就职的讲话（摘要）

（1957 年 8 月 4 日）

彭真市长代表当选人讲了话。他说，谢谢代表大会对我们的委托和信任，我们确信不会辜负大会所给予的委托。我们不仅在经济战线上，还要在思想战线、政治战线上彻底完成社会主义革命。我们一定要按照工人阶级领导的人民群众和社会主义事业的要求，整顿我们的工作作风，改进我们的工作，把官僚主义、宗派主义、主观主义作风切实加以克服。他接着说，在我们的国家里，还存在着阶级斗争。我们要和资产阶级右派斗争，要和一切危害社会主义事业的敌对分子斗争，和一切不利于社会主义事业的思想和作风斗争。只有经过严肃的斗争和艰苦的工作，才能完成这些任务。我们不仅需要人民代表和全市人民的支持，还需要人民代表和全市人民对我们进行经常的监督。

北京市第二届人民代表大会第二次会议选举北京市人民委员会组成人员的办法

（1957 年 8 月 4 日北京市第二届人民代表大会第二次会议通过）

一、根据“中华人民共和国地方各级人民代表大会和地方各级人民委员会组织法”制定本办法。

二、北京市市长、副市长、人民委员会委员由市人民代表大会采用无记名投票方式选举。

三、选举市长一人，副市长七人，人民委员会委员三十九人。

四、市人民代表大会须有过半数代表出席，始得开会进行选举。

五、大会主席团就出席会议的代表中提出总监票人一人、监票人八人，经过大会通过之后，在大会主席团领导下对发票、投票和计票进行监督。

六、投票人同意选举票上所列的某一个候选人时，就在这个候选人姓名左面的空格里划一个“○”；不同意某一个候选人时，就在这个候选人姓名左面的空格里划一个“×”；在候选人姓名左面的空格里不划“○”又不划“×”的算作弃权。

投票人如果要在选举票上所列的候选人以外另选其他人，就在你不同意的划“×”的原候选人姓名右面的空格里，写上你自己要选举的人的姓名。

投票人在选举票上所选市长、副市长和人民委员会委员三个部分的人数，都不可超过规定名额，如果那一部分超过了规定名额，那一部分就作废。

七、投票人写票，一律用钢笔或毛笔。

八、投票人如果不会写票，可以请人代写。

九、选举票由投票人亲自投入票箱。

十、每张选举票，全部书写模糊无法辨认的，全票作废；部分书写模糊无法辨认的，可以辨认的部分有效，无法辨认的部分无效。

十一、候选人所得票数超过市人民代表大会全体代表的半数，始得当选；如果得票超过全体代表半数的候选人多于应选名额，得票较多的当选；如果当选人数不足规定名额，不足人数另行补选。

十二、选举结果，由大会主席团宣布。

十三、本办法由北京市第二届人民代表大会第二次会议通过后施行。

北京市第二届人民代表大会第二次会议关于1956年财政收支决算和1957年财政收支预算的决议

(1957年8月4日北京市第二届人民代表大会第二次会议通过)

北京市第二届人民代表大会第二次会议听取了张友渔副市长关于1956年财政收支决算和1957年财政收支预算的报告,以及预决算审查委员会的审查报告,大会认为1956年预算的执行情况基本上是良好的,支持了1956年社会主义改造和社会主义建设的伟大胜利;1957年预算的安排是稳妥可靠的,并且也是积极的。实现这个预算,可以巩固1956年经济战线上的胜利,保证本市第一个五年计划的完成和超额完成,从而为本市经济建设的进一步高涨与人民物质生活和文化生活的进一步提高打下基础。大会决定批准北京市1956年财政收支决算和1957年财政收支预算草案,并授权市人民委员会在预算执行过程中,可以根据情况的变化,在大会所通过的1957年预算的总方针下,进行必要的调整。

目前增产节约运动已经取得比较显著的成绩,大会号召各机关、企业、事业单位和全市人民,结合整风运动,更加深入地开展增产节约运动,把勤俭建国、勤俭办企业、勤俭办一切事业的方针贯彻到一切部门、一切工作中去,在全市人民中提倡艰苦奋斗、克勤克俭、节约光荣、浪费可耻的社会风气,为胜利地实现1957年财政收支预算,完成和超额完成1957年国民经济计划而奋斗。

北京市第二届人民代表大会第二次会议关于北京市人民委员会工作报告的决议

(1957年8月4日北京市第二届人民代表大会第二次会议通过)

北京市第二届人民代表大会第二次会议完全同意北京市人民委员会关于1956年度国民经济计划执行情况和1957年度国民经济计划的报告,关于教育、卫生、文化工作的报告,关于城市建设工作的报告和关于商业工作的报告。大会认为,1956年,市人民委员会的各项工作获得了很大的成绩,国民经济有了很大的发展,在生产发展的基础上,人民的物质生活水平和文化生活水平都有了相应的提高。这些铁一般的事实,有力地驳斥了资产阶级右派分子反对社会主义、反对中国共产党的领导的谰言,更加鼓舞了全市人民建设社会主义的积极性。大会认为,为了全面地完成和超额完成第一个五年计划和1957年度本市各项建设任务,必须肯定并且发扬工作中的成绩,认真克服缺点和错误,彻底粉碎右派分子的一切阴谋活动。大会深信,全市人民在中国共产党和人民政府的领导下,必定更加紧密地团结起来,通过整风运动,通过更广泛、更深入的反右派斗争,不断提高政治思想觉悟,进一步地大力开展增产节约运动,贯彻执行勤俭建国的方针,为社会主义建设事业的伟大胜利而奋斗!

北京市第二届人民代表大会第二次会议关于北京市高、中级人民法院工作报告的决议

(1957 年 8 月 4 日北京市第二届人民代表大会第二次会议通过)

北京市第二届人民代表大会第二次会议批准王斐然院长关于北京市高、中级人民法院工作的报告。会议认为:为了保卫人民民主专政制度,保障首都社会主义改造和社会主义建设的顺利进行,保障公民的权利和合法利益,今后,本市各级人民法院必须进一步健全各项审判制度,认真地总结经验,克服对少数案件审理不及时和对有些案件(如危害社会秩序的流氓、盗窃案件等)处理过宽等缺点,彻底清除反动的资产阶级的旧法观点,提高审判质量,更好地完成审判工作任务。

北京市人民委员会组成人员名单

(1957 年 8 月 4 日北京市第二届人民代表大会第二次会议选举)

市　长　彭　真

副市长

张友渔　吴　晗　王昆仑　冯基平　程宏毅
贾庭三　乐松生

委　员

王　纯　王子如　王文荣　王文斌　王福海
牟泽衔　翁独健　王振喜　王照华　刘　仁
安朝俊　吴　涛　郑天翔　马玉槐　张俊士
李克佐　李　瑛　郑　昕　郑　芸　胡锡奎
梁思成　彭思明　贾星五　蔡　旭　叶恭绍
孙孚凌　赵炳南　高其昌　张又明　朱　临
严镜清　赵引珠　徐楚波　张　蓥　朱兆雪
隋经仁　王明之　舒舍予　雷洁琼

北京市第二届人民代表大会第二次会议主席团、秘书长名单

(1957 年 7 月 23 日北京市第二届人民代表大会第二次会议通过)

主席团 (47 人,按姓氏笔划排列)

王辉球　王照华　王　炯　王文斌　王　纯
王斐然　王梓仲　巨　赞　乐松生　安朝俊
刘　仁　杜　若　李君武　余心清　余贻倜
吴　晗　林黎奋　林巧稚　陈炳基　赵　凡
赵炳南　胡锡奎　范　瑾　郑天翔　郑　芸

徐楚波　柴泽民　马玉槐　浦洁修　凌其峻　蒋光鼐　薛　愚
郭　荣　梅兰芳　梁思成　舒舍予　张友渔
张晓梅　冯基平　程宏毅　彭　真　华罗庚
贾庭三　载　涛　雷洁琼　黎　晓　蔡钟长

秘书长

柴泽民

北京市第三届人民代表大会第一次会议

（1958年8月12日——22日）

北京市第三届人民代表大会第一次会议于1958年8月12日至22日举行。代表681人。其中，妇女代表162人，占代表总数的23.8%；少数民族代表54人，占7.9%。

会议听取了副市长张友渔关于本市1957年财政收支决算和1958年财政收支预算（草案）的报告。听取了副市长程宏毅、贾庭三、市农林水利大生产运动办公室主任赵凡所作的关于工业工作，关于改革商业工作，关于进一步实现郊区农业生产大跃进的报告。

会议通过了关于1957年财政收支决算和1958年财政收支预算的决议，通过了关于北京市人民委员会工作报告的决议。

大会共收到提案553件，整理合并为486件。其中，政法类37件，财经类139件，文教卫生类133件，城市建设类168件，社会福利及其他类9件。

大会选举产生了北京市出席第二届全国人民代表大会代表，选举产生了市人民委员会组成人员，选举产生了市高级人民法院院长和中级人民法院院长。

彭真在最后一天的大会上作了重要发言。

北京市1957年财政收支决算和1958年财政收支预算(草案)的报告

——1958年8月12日在北京市第三届人民代表大会第一次会议上

北京市副市长　张友渔

各位代表：

我代表市人民委员会向大会报告本市1957年的财政收支决算和1958年的财政收支预算(草案),请予审查。

一、1957年财政收支决算

1957年本市财政收支预算的执行情况是良好的。执行的结果,保证了1957年本市国民经济计划的超额完成和各项工作的顺利进行,再一次证明了社会主义制度的优越性,彻底粉碎了资产阶级右派分子对于社会主义事业的诽谤和进攻。我们所以能够取得这些成绩,是由于全市人民在党的领导下,同全国人民一道,开展了增产节约运动和轰轰烈烈的整风、反右斗争,劳动人民的社会主义觉悟大大提高了,生产热情不断高涨。政治战线和思想战线上的胜利促进了经济战线上的胜利,特别是在中央再次强调了多、快、好、省建设社会主义的总路线,发布了全国农业发展纲要(修正草案)和提出15年赶上英国的号召以后,本市工、农业生产和各方面的工作都掀起了大跃进的高潮,使得1957年本市国民经济在1956年大发展的基础上又迈进了一步。

本市第二届人民代表大会第二次会议通过的1957年财政收支预算,收入是20698.5万元,支出是20230.4万元(加上当时根据中央规定暂不动用的1956年结余468.1万元,则为20698.5万元,收支平衡)。在执行过程中,由于增产节约运动的开展,国家财政收入增加,中央追加了本市一些事业建设项目,追加了预算收入546.9万元,又经中央同意动用了本市1956年结余468.1万元,因此,相应地调整了预算。调整后的预算,收支都是21245.4万元,比第二届人民代表大会第二次会议通过的预算,收入增加了546.9万元,支出增加了1015万元。增加的开支,主要是用于发展工农业生产、交通运输事业和文教卫生事业。执行的结果,收入完成了21902.7万元,为调整后预算收入的103.09%,超收657.3万元;支出为20646.9万元,为调整后预算支出的97.18%,结余598.5万元。超收和结余共计1255.8万元。

1957年财政收入决算是:

中央税留成和地方税完成7900.4万元,为该项预算的107.17%;

地方企业、事业收入完成10185.1万元,为该项预算的100.74%;

公债留成收入完成878.2万元,为该项预算的124.53%;

其他收入完成881.3万元,为该项预算的88.13%。

此外,上年结余为1225.1万元,中央补助为832.6万元。

由于工农业生产的发展,使得税收和企业的利润都有增长。1957年本市税收总额包括中央税在内完成了47339万元,为原计划的105.9%。地方工业解缴财政的利润、折旧等收入为6614万元,超过预算12.8%,超收752万元;公私合营企业由于合营后生产关系的改变,生产有了迅速的增长。因而解缴财政的利润、折旧等收入达到880万元,超过预算的45.3%,超收274万元。建筑企业由于建筑造价降低、新任务较少和管理工作上还有缺点,没有完成原定利润收入;交通运输业也由于建筑任务较少而没有完成原定利润收入。

1957年财政支出预算的执行情况是良好的。由于整风运动的开展和贯彻执行了勤俭建国和勤俭办一切事业的方针,各项费用都有结余,但是经济建设各项主要指标和社会文教事业的各项计划都完成或超额完成了。1957年各项财政支出决算是:

经济建设费支出9644.6万元,为该项支出预算的98.91%;

社会文教费支出7689.9万元,为该项支出预算的

97.31%；

行政管理费支出2814.2万元，为该项支出预算的92.32%；

其他支出496.2万元，为该项支出预算的93.71%。

增加预算周转金2万元。

教育事业费结余较多，是由于降低了教学行政费的标准和节约了费用开支的缘故，而1957年高中、初中和小学的招生计划都超额完成了。优抚救济费结余主要是由于农业生产丰收，农村中的“五保户”由农业社负担的部分增加，相应地减少了优抚救济费的支出。行政管理费结余是由于行政人员的精简、购置设备家具等开支有了很大的撙节，以及修改和降低了一些开支的标准等缘故。此外，应完未完工程结余55万元，结转到1958年继续使用。

1957年地方自筹经费收入939万元，支出852万元。在支出中用于补助小学和冬学民校的开支427万元，补助市政维护、环境卫生等费用的开支408万元，补助街道托儿所、托儿站的开支4万元，补助农村的公益事业开支约13万元。收支相抵结余87万元，连同上年结余467万元共554万元，转到1958年继续使用。

1957年我们在各个战线上都取得了新的成就。

1957年地方工业总产值，包括手工业在内，为134152万元（按1957年不变价格计算，以下同），超过了年度计划的6%，比1956年增长了7.4%，超过了第一个五年计划所规定的1957年指标的34.8%。其中，工业完成101739万元，超额完成年度计划的6.6%，比上一年增长了7.2%；手工业完成32413万元，超额完成年度计划的3.8%，比上一年增长了8.1%。生产管理工作和生产技术水平都有了进一步的改进，许多工厂的产品质量提高了，成本降低了。1957年地方工业的基本建设方面，主要是继续建设跨年度的玻璃厂，扩建化学试剂厂。玻璃厂今年五月已经投入生产，生产各种玻璃仪器，试剂厂增建了电解车间和钨酸钼酸车间。这两个厂的兴建和扩建，为科学研究用的化学仪器和试剂的生产打下了初步的基础。建成了北京毛纺厂，并已经投入生产，每年可生产毛哔叽等195万公尺。建成了灰石厂，每年可生产石灰30万吨，石渣39万立方公尺。建成了花岗石厂，每年可生产花岗石10万立方公尺。此外，为发挥现有各厂的生产能力、提高产品质量、增加新产品，对原有各厂也增加了一些机构设备。

1957年郊区农业获得了丰收。由于执行了勤俭办社和民主办社的方针，开展了社会主义的大辩论，郊区农业合作社进一步巩固了。1957年郊区（不包括新划入区）粮食总产量达到38000万斤，平均每亩产量（耕地面积）达到250斤。并有34个农业社的粮食产量达到或者超过了全国农业发展纲要规定的亩产400斤的指标。棉花产量达到444万斤，平均每亩产量为40斤。养猪由1956年的13万头，增加到26万头。蔬菜种植面积，由1956年的22万亩，增加到1957年的25.8万亩，蔬菜的总产量为12亿斤，比上一年增产了18%，基本上保证了本市的蔬菜供应。

1957年社会商品零售额为154811万元，相当于年度计划的96.8%，比1956年减少了2.2%。这主要是由于大批工作人员下放到各地和机关团体企业根据勤俭建国的方针厉行节约的缘故，但居民购买力则比1956年增长了13.3%，粮食、煤炭、糖、猪肉、食油等主要商品的供应量仍比1956年有所增长，市场物价继续保持稳定。

城市公用事业也有很大发展，在1957年内，新辟无轨电车线路两条，共长18公里，增加公共交通车辆155辆，市内公共交通的拥挤状况已有很大改善。连同委托工程在内，全市自来水管线长度已达1197公里，比上一年增加了67公里；下水道长度已达660公里，比上一年增加了52公里；铺有路面的道路长度已达1057公里，比上一年增加了223公里。

文教卫生事业的发展情况如下：文教方面，中、小学都有增建和扩建，中学在校学生人数由1956年的14万8千人增长到17万1千人，增长了15.5%；小学教育已经基本上普及，在校学生人数由1956年的42万2千人增长到46万8千人，增长了45773人，增加了10.8%。此外，还增设了供教学用的植物园、改建了宽银幕电影院等。体育方面，扩建了先农坛运动场，继续完成了地坛运动场，开辟了6所小型体育场。卫生方面，继续修建朝阳、宣武两个综合医院和产科医院，为了加强郊区和卫生机构较少地区的医疗卫生工作，新建了门诊部16处、防疫站4处和南苑区医院1处。全市病床总数由1万6千张增至1万7千3百张。

我们从1957年8月起，开始进行了精简行政机关和企业、事业管理机构的工作，抽调机关工作人员和企业管理人员下放到工业、手工业、建筑业和农业参加劳动锻炼和基层工作。到目前为止，全市行政、企业、事业各系统（包括国营工业企业和高等学校）共下放了干部51000多人，其中行政机关工作人员下放了6100多人。下放干部一般都和工人、农民打成一片，积极劳动，在生产上起了很好的作用。干部下放后，密切了机关、企业同劳动人民的联系，使下放干部提高了政治觉悟，加强了群众观点和劳动观点，增长了生产知识，改造了思想作风。大批干部下放参加生产和基层工作，不仅仅是减少了一些行政开支，更重要的是经过整风和精简机构，进一步发扬了机关、企业联系群众的优良作用，大大提高了工作效率，社会上轻视劳动的不良风气也有了很大的改变，起到了移风易俗的良好作用。

1957年是第一个五年计划的最后一年。五年来工、农业生产和市政、社会文教卫生等各项事业，都有了很大的发展，胜利地超额完成了第一个五年计划。五年来本市财政收入共为112993.5万元(包括历年的结余)，保证了本市第一个五年计划的超额完成。其中企业和事业的收入1952年是1700余万元，1957年增长到1亿多元，相当于1952年的6倍；企业和事业收入在每年财政收入中的比重，由1952年的15%增长到1957年的46%。税收的来源，随着1956年在生产资料所有制方面社会主义改造的基本完成，也起了根本的变化。例如工商税中私营工商业者缴纳的税款在1952年占工商税总额的48.27%，1957年税收基本上是来自国营、公私合营和合作社营企业。由于社会主义改造以后生产不断发展，国营、公私合营企业和合作社的利润及所纳的税款也不断增加，这是今后我们财政收入不断增长的可靠保证。

五年中财政支出共为100457.5万元，其中用于经济建设的支出共为50801.7万元，占五年支出总额的50.57%；社会文教等事业共支出33740.5万元，占五年支出总额的33.59%。以上两项合计为84542.2万元，占五年支出总额的84.16%。五年来财政支出的构成也有很大的变化，经济建设费用所占的比例逐年增长，由1952年占37.34%，增至1957年占46.71%；行政费由1952年占21.78%，降到1957年占13.63%。五年中基本建设的投资为58700万元，占全部支出的一半以上。北京市的地方工业五年中有很大的发展，新建工厂22个，扩建35个，多数工厂都增添了设备。地方工业的产值从1952年的46971万元，增长到1957年的134152万元。五年来新建筑的面积达1744万平方公尺，全市出现了不少成片的新建筑；新建中小学113所；新增病床4000多张；新建改建道路548公里，下水管道212公里。

经过第一个五年计划的各项建设，本市的面貌已经有了很大的改变，虽然还没有根本改变这个旧的消费城市成为现代化的生产城市，但是广大人民群众的物质和文化生活都有了显著的提高。本市五年来的财政收支情况，不仅保证了本市第一个五年国民经济计划的实现，而且为本市第二个五年计划的大发展创造了有利的条件。

各位代表：从北京解放后的第一天起，党就提出了把北京从一个消费城市变为生产城市的奋斗目标。在第一个五年计划期间，全市工业总产值已经增长了1.7倍，地方工业增长了近两倍；通过第一个五年计划的胜利实现，现在工业本身的积累已成为不断扩大再生产和建设新工业的重要资金来源。

这些成就的取得是和党的正确领导、全市人民的艰苦奋斗、全国各地的大力支援分不开的，是和各项伟大的社会改革运动、社会主义战胜资本主义的整个过程分不开的。私营工业在全行业公私合营以后，手工业在组织起来以后，生产效率和产值都迅速地增长了；农民在合作化和组织成高级合作社以后，克服了1956年的严重涝灾，并在1957年冬出钱出力进行了史无前例的、过去个体农民所不能想象的、大规模的兴修水利运动。所有制一经改变，生产力的发展就如此迅速，这一切都有力地证明了社会主义制度的优越性。去年开始的整风运动是继1956年所有制变革，在政治战线和思想战线上的社会主义革命。通过全民整风运动，在极大程度上克服了各级干部特别是领导干部的官僚主义、宗派主义、主观主义，领导和被领导的关系有了很大的改进。职工群众的社会主义觉悟提高了。农村中自发的资本主义倾向有了克服，农业生产合作社进一步巩固了。绝大多数资产阶级知识分子在工人阶级领导下得到了不同程度的改造并表示愿意为建设社会主义服务。通过整风运动所取得的政治战线和思想战线上的胜利激发了群众的革命和建设热情，促进了国民经济的大跃进。我们相信，伟大的全民整风运动的彻底胜利必将产生深远的影响，从而加速今后社会主义建设的发展。

二、1958年财政收支预算

现在全市人民在党的领导下，根据鼓足干劲、力争上游、多快好省地建设社会主义的总路线的精神，掀起了工农业生产和其他各个战线上大跃进的高潮。本市1958年财政收支预算是根据总路线的精神和目前大跃进的形势编制的。

第一届全国人民代表大会第五次会议通过的国家预算所规定的本市财政收支预算指标，收入和支出都是28092.9万元。在国家预算通过后几个月的时间内，形势发生了很大的变化。由于全市人民在党的领导下发挥了高度的积极性和创造性，千方百计地挖掘潜力，使得国民经济各部门都有了很大的跃进，工农业生产有了迅速的发展和提高，地方企业和事业的收入将大大增加，而增加的这些收入，由于中央实行了新的财政体制，划归地方财政，同时中央增拨了专案拨款，因此1958年本市的财政预算（草案）收入和支出都定为49317．3万元（新划入的五县一市的预算在接交前已经河北省确定，收支均为1723．1万元，没有包括在本市预算草案内），比国家原定的本市预算指标，收入和支出都增加了21224．4万元。比1957年，收入增加了27414．6万元，增长了125．17%；支出（不包括上解中央支出1861．5万元）增加了26808．9万元，增长了129．84%。

1958年财政收支预算是一个促进各项生产和各项事业全面大跃进的预算，是一个贯彻执行社会主义建设总路线的预算，是一个反保守反浪费的预算。根据目前情况看来，我们认为实现这个预算是完全可能的。通过1957年整风反右派斗争，社会主义革命已经在政治战线和思想战线上取得了基本的胜利，一切和社会主义制度不相适应的旧的生产关系的残余正在迅速改变，生产力获得空前的解放。在鼓足干劲、力争上游、多快好省地建设社会主义的总路线鼓舞下，工农群众掀起了生产大跃进的高潮，推动了国民经济的全面高涨，这是胜利实现1958年财政预算的最根本的条件。同时，今年预算草案又是根据新的财政体制编制的。按照中央规定的新财政体制，扩大了地方管理财政的权限。即将地方的企业和事业收入以及印花税等7种地方税收，作为地方的固定收入，用以解决地方的经常开支；基本建设投资和非经常性的开支另由中央拨款。如果地方固定收入不能满足以1957年数字为基数的经常开支的需要，再划给部分中央企业收入的中央税收解决。如果地方固定收入大于经常开支的，按一定比例上缴中央。本市固定收入大于经常开支，每年应上缴的比例占地方固定收入总额的7.53%。超收和结余归地方支配，这是增加生产投资的重要来源。此外，我们有了第一个五年计划的建设成就，第一个五年计划期间建设的一部分较大的工厂，将在今年正式投入生产或者在今年充分发挥它的设备能力。特别是今年投资兴建的新厂很多，并发动了区乡办工业的积极性，许多厂子已经或者即将投入生产，因此今后地方工业生产的增长的速度必然要比以往几年快得多。

1958年财政预算收入总额为49317．3万元，其中：

地方税收3800万元，比去年增加506．2万元，增加15．37%；

地方企业和事业收入20621．2万元，比去年增加10436．1万元，增加102．46%。其中地方工业收入为15437．3万元，比去年增加139．11%；

其他收入300万元，比去年减少581．3万元，主要因为公用事业附加收入1957年包括在预算内，1958年根据中央规定改列在地方自筹经费内的缘故；

中央对本市的基本建设等拨款为23340．3万元；

上年结转收入1255．8万元。

1958年预算收入中，地方企业和事业收入占41．81%，税收占7．71%，其他收入占0．61%，上年结转的收入占2．55%，中央拨款的收入占47．32%。

1958年财政预算支出总额为47455．8万元（不包括上缴中央的支出1861．5万元），其中：

经济建设费支出36057．6万元，比去年增加26413万元，增加273．86%。

社会文教费支出8108万元，比去年增加418.1万元，增加5．44%；

行政管理费支出2606万元，比去年减少208.2万元，减少7．4%；

其他支出434．2万元，比去年减少62万元，减少12．49%。

总预备费250万元。

发展生产，把首都从一个消费城市改建成为一个生产城市和现代化的工业基地，是全体人民的共同要求。因此1958年预算支出的重点首先是增加了工业的投资，今年用于地方工业的支出大大增加了，比1957年增加6.72倍；其次，为了配合工业建设，需要大力改建城市，在城市公用事业支出方面比1957年增加87．55%；再次，为了大力发展教育事业，今年在教育方面的支出，比1957年增加14%。行政管理费支出则比1957年减少7．4%。

1958年预算支出的构成方面和1957年决算比较有了显著的变化。经济建设费由1957年占支出总额的46．71%上升为75．98%；社会文教费由37．25%下降为17.09%，但绝对数额却比去年增加418.1万元，并且由于贯彻执行了多快好省的方针，和发动群众办社会文教事业，事业的规模更要大得多；行政管理费由13．63%下降为5．49%，绝对数也减少208．2万元。1958年预算中用于基本建设的拨款为35780.4万元，比去年增加24385．4万元，增加214%；用于事业费的拨款为7605.2万元，比去年增加1063．7万元。增加16．3%。在基本建设投资中，由中央拨款的投资是22724．8万元；由本市1957年结余和1958年超额收入解决的投资是13055．6万元。

在经济建设支出中：

（1）地方工业支出20302．8万元，比1957年增加6．72倍。

北京的工业在第一个五年计划期间虽然有了很大的发展，但是基础仍然薄弱。我们必须调动一切积极因素，依靠全市广大群众，用最快的速度和最大的毅力，争取在五年内把首都建设成为一个现代化的工业基地。五年看三年，三年看头年，1958年必须在工业的安排上和发展速度上打好基础。1958年地方工业总产值的跃进计划预计达到二十亿元，比1957年增长49%。

为了迅速地发展地方工业，必须贯彻中央的方针，一方面是"小厂扩建、大厂下蛋"，采取老厂支援新厂、大厂支援小厂的办法以加快新建、扩建的速度；另一方面新建和扩建都要"分期建设，边建边产"，动员全市人民和各个部门积极支援，加强各方面的协作，克服本位主义。并且还必须按照勤俭办企业的精神，因陋就简，穷干苦干，千方百计地发挥原有的工厂的潜力，充分利用现有的人力、物力、设备和厂房，增加产量，提高质量，降低成本，增加新品种。还要大力进行技术革新，调整劳动组织，并加强试验研究工作。

关于工业建设的规划，另有专题报告。

(2)在发展农林水利事业方面的支出为4213.3万元，比去年增加将近6倍。这些支出主要用于兴修十三陵水库等工程，新建南口、赵辛店两个国营农场和京西山区的国营畜牧场等。现在十三陵水库和同河北省一起修建的怀柔水库已先后按期竣工。为了解决京、津两地发展工业和城市的建设用水，增加农田灌溉面积，减少潮白河下游水灾，今年开始和河北省、中央水利电力部共同修建密云水库。这项工程今年拟先拨款1800万元。

(3)为了配合本市工业的发展和适应群众的需要，必须继续大力进行城市的改建工作和发展城市公用事业。今年城市公用事业方面支出为9950万元。

为了改善供水排水状况，继续建设自来水水源三厂、通惠河干管、疏竣前三门护城河、建设前门至崇文门污水管和东直门大街雨水管等。1958年全市计划安装自来水管50余公里，排水管56公里。

为了改进交通和运输的条件，在道路工程方面1958年全市修建铺装路面的道路共74公里。主要是展宽东单到建国门和延长东四十条到豁口的工程，修建清华园东路(已完工)、东顺城街、永定门内大街、安定门外大街、广安门内大街，先农坛南坛根路(已完工)等。此外，还计划铺装宣武门至新街口、东单至北新桥和西直门到天文馆的行人便道。公共交通方面主要是新辟前门至动物园(已行车)、前门至王府井、广安门至宣武门、崇文门经王府井至和平里(已通车至安定门)等无轨电车路线，增加无轨电车110辆，公共汽车185辆。1958年底公共交通的营运路线总长度可达616公里，比上一年增加11.8%。市内有轨电车轨道过于陈旧，不断地破坏道路路面，而且每年都要花一大笔维修费，彻底修理一次需款600万元。根据城市改建的需要，我们准备从今年开始到明年十月以前，将内城的轨道和外城蒜市口至菜市口一段的轨道拆除，改行无轨电车和公共汽车。这样做全部投资约为2000万元，可以一劳永逸，比较每年花钱维修还是合算的。

根据城市改建的需要，今年开始动工展宽天安门广场，全部工程在明年十月以前完成。

为了供应工业和居民生活使用的煤气，节约和综合利用煤炭，今年开始修建利用石景山钢铁厂煤气的工程。

为了结合东郊热电站工程，供应工厂和居民用热，年内要安装一部分热力管道，先供给东郊20多个工厂和一部分居民用热。

在社会文教事业支出中：

(1) 教育支出5098.2万元。

1958年计划在普及小学的基础上，普及初中教育，积极发展高中教育。包括新划区在内，今年增设小学32校，扩建16校，要求村村办小学，乡乡办中学。增设初级中学166校，扩建50校，初小毕业生全部升入高小，高小毕业生可以全部升入初中，初中毕业生绝大部分可以升入高中或中等技术学校。此外，还要和中央第一机械工业部合办机械学院，和中央化工部合办化工学院等高等学校。

为了促进文化革命和技术革命，为了迅速地提高群众的文化，除了普通的中等学校和小学校以外还要大办文化、技术业余教育。除了国家举办的以外，还要在乡、社、企业中发动群众办教育。

在一切中等以上的学校中都要贯彻执行教育与生产劳动相结合的方针，学校和工厂都要试办一些半工半读、半读半工的中学和中等技术学校。

今年为了迎接文化革命的高潮，加强了对扫盲工作的领导，从1月到7月底，继续扫除了16万多文盲。全市总计还有文盲的50万人，要在两年内全部扫除。必须一面扫除，一面做好巩固工作。

(2) 卫生事业支出1905.6万元。

几年来新建的医院已经不少，今后在卫生事业方面除继续开展群众性的除四害讲卫生、防治主要疾病和争取两年左右基本消灭四害并降低痢疾、结核等的发病率外，主要是要切实贯彻执行勤俭办医院的方针，努力提高医疗质量，开展地段工作，采取各种措施更好地为病人服务，加强郊区的卫生医疗工作。朝阳医院、宣武医院，产科医院、传染病院等都是去年的跨年度工程，仍列入本年预算继续完成。此外还新建400人次口腔门诊部一处和200人次的门诊部两处。为了贯彻执行预防为主和加强郊区以及卫生机构少的地区的卫生工作，新建、扩建6个郊区门诊部，5个防疫站和新建两个结核病防治所。郊区开设的门诊部都要附设妇幼保健机构，开展妇幼保健的工作。郊区已有一些农业社自办了医务室或医院为社员和家属看病，这是一个很好的发端，应该大力提倡。原计划今年增加病床1500张，很多医院根据勤俭办医院的方针，提出在不增加国家基本建设投资、不增加人员编制的情况下，把现有房屋适当调剂，可以再增加800张病床和430张简易病床。此外，工矿企业中的医疗机构还可以添设一些简易病床。

(3) 文化事业支出382. 4万元，体育事业支出183. 1万元。

为了配合工农业生产大跃进，文化事业方面，首先是大力开展普及工作，广泛发展群众性的文化事业。大力发展郊区有线广播网。文化事业要进一步地贯彻执行为工农兵服务的方针，剧团应上山下乡下厂，增加为工农群众演出的场次。此外，还要继续修建跨年度的三个区文化馆，现在已建成了两个。

体育事业方面，新建自行车比赛场一处，航空业余学校一处。扩建先农坛体育场和官园体育场。

(4) 优抚救济事业仍大体维持1957年的标准，今年用于优抚救济和移民的费用共为302. 4万元。

行政管理费支出为2606万元，比1957年减少7. 4%。

1958年地方自筹经费，在收入方面，连同上年结余554万元共为1848万元。在支出方面，已经安排用于维护道路、下水道、环境卫生和补助小学、民校等的开支1450万元，补助民办托儿所和托儿站的开支8万元，补助乡村的公益事业开支30万元，共计1488万元，收支相抵后还结余360万元，仍将继续安排用于城郊的公益事业开支。

在国民经济大发展的情况下，今年上半年财政收支预算的执行情况是很好的。地方税收、企业事业收入和其他收入共完成9940. 5万元，为这三项收入全年预算草案的40. 21%，比去年同期增加了79. 4%；支出为18402. 7万元，为全年预算草案的38. 78%，比去年同期增加了94. 8%。鉴于国民经济的不断跃进，今年的财政收入估计将会超额完成，同时，还有一些中央所属的企业和事业正在陆续下交给本市管理，它们的编制和本年的经费也将随之下拨，因此，我们请大会授权市人民委员会，在大会闭会期间，根据情况的变化，及时地调整1958年预算。

各位代表！鼓足干劲、力争上游、多快好省地建设社会主义的总路线是照耀我们前进的灯塔，必须在一切方面、一切工作中，全面地、深入地、坚决地贯彻执行。争取五年内把北京建设成为现代化的工业基地是我们全市人民伟大而光荣的任务。今后在继续完成政治战线上和思想战线上的社会主义革命基础上，在发展工业的同时，还要大力发展农业、林业、畜牧业、交通运输业、文化、科学、教育、卫生、体育等各项事业。配合工业建设和城市的发展进行首都的大改建，把首都建设成为更加适合于社会主义时代人们生产、学习、休息的现代化的城市。

为了多、快、好、省地建设社会主义，为了在十五年或更短一些的时间内赶上和超过英国，为了不断提高生产率，推动国民经济的全面跃进，一个技术、文化革命的高潮正在兴起。在工业、农业、建筑业等方面，笨重的体力劳动正在逐步地为机械化、半机械化所代替，改良工具形成了普遍的潮流，许多工厂和大专学校、科学研究机关携起手来，建立了兄弟般的协作。群众一经解放了思想、破除了迷信，他们的创造发明，往往提高生产效率几倍以至几十倍，正如目前在劳动人民文化宫和其他展览会上所展出的，不少的新技术、新产品已经赶上或超过了国际水平。我们每个人都感到，我们现在正经历着我国历史上伟大的飞跃发展的时代，我们的任务是十分光荣十分伟大同时也是很艰巨的。全市工人、农民和各行各业的工作人员，都应当响应党的号召，鼓足干劲、力争上游，解放思想，敢想敢说敢干，用让高山低头、河水让路的精神，贯彻执行总路线，勇猛地向技术革命和文化革命进军，为尽快地把首都建设成为现代化的工业基地而贡献出最大力量。全市各级领导人员都应当坚决执行群众路线的工作方法，不断反对和克服各种保守思想，以政治为统帅，以生产为中心，全面安排工作，加强协作，使各项工作全面高涨，全面跃进。

为了保证实现1958年财政收支预算，必须努力发展生产、增加收入、更快地积累资金。毛主席早就指示我们："财政政策的好坏固然足以影响经济，但是决定财政的却是经济。未有经济无基础而可以解决财政困难的，未有经济不发展而可以使财政充裕的。"为了实现1958年财政收支预算，我们必须努力完成工业产值、产量、新产品的计划，不断地提高劳动生产率；努力提高农物的单位面积产量，更好地满足首都副食品的供应。在一切工作中必须时刻贯彻勤俭建国、勤俭办一切事业的方针，以加速资金积累、加速社会主义建设。我相信，在中央和市委的领导下，在整风运动胜利的基础上，在工农群众和全市人民建设社会主义的革命干劲高涨的条件下，我们一定能够胜利地实现1958年财政收支预算，尽快把首都建设成为一个现代化的工业基地！

关于工业工作的报告

——1958年8月12日在北京市第三届人民代表大会第一次会议上

北京市副市长 贾庭三

各位代表：

现在我就工业工作向大会报告：

北京解放之初，党就提出了把北京从一个消费城市变为生产城市的奋斗目标。九年来，首都工人阶级和全体人民在党和政府的领导下，在工业的发展方面，做了很多工作，取得了很大的成绩。北京在刚刚解放的时候，全市职工人数不过7万人（包括邮电、铁路、建筑等工人在内），全年产值共1亿7千万元。1957年底仅工业职工人数已增加到24万人，市职工总数共为41万人，为1949年的5. 8倍；1957年国营工业和地方工业产值增加到23亿元(按1952年不变价格计算，按1957年不变价格计算则为21亿元)，为1949年的13. 5倍。在第一个五年计划期间，国营工业和地方工业以平均每年增长22%的速度发展，并且分别提前半年和一年四个月完成了国家计划。今年以来，在整风反右和双反运动胜利的基础上，在鼓足干劲、力争上游、多快好省地建设社会主义的总路线的光辉照耀下，全市工人阶级和广大人民精神奋发，斗志昂扬，掀起了两次工业大跃进的高潮。全市国营工业、地方工业今年1至7月份产值达到17亿1千万元，完成本年国家计划24亿元的71. 2%，比去年同期增长44%。今年全年产值跃进计划为32亿元（1957年不变价格，以下同），将比1957年增长52%。以地方工业来说，今年的产值计划由原来国家计划的14. 5亿元，一跃再跃，一直上升到20亿元，将比去年增长49%。根据现在的情况来看，完成上述跃进计划是有把握的，但是我们绝不应该满足于这个成绩而应该再接再厉，争取超额完成跃进计划，并且加快工业的基本建设，用最高的速度，争取在五年内把首都建设成一个现代化的工业基地。

一、当前工业生产大跃进的新形势

在总路线的光辉照耀下，广大职工群众穷干苦干，打破迷信，解放思想，掀起了生产跃进和技术革命的高潮。大跃进以来职工群众开始树立了敢想、敢说、敢干的共产主义风格，解除了各种思想顾虑和各色各样的迷信。过去，在一部分干部当中存在着只相信专家、技术人员，不相信群众的思想；在一部分技术人员中存在着迷信规章制度，迷信书本上的理论，不相信群众的智慧和创造力的思想；在工人当中存在着“文化低，既不懂技术理论，又不会画图、计算，找小窍门还可以，解决大问题可不行”的自卑感；如果不破除这一系列的迷信，大跃进是不可能的。石景山钢铁厂的职工，因为破除了高炉产量不能大跃进的教条，在不增加高炉设备的情况下，四次修改生产指标，就使生铁的年产量由原订计划42. 5万吨，跃进到52. 5万吨。但是，职工们并没有停止在这个产量上，党的总路线在工厂传达以后，工人们说：“东风鼓起英雄胆，干劲冲破九重天”，提出了“大胆想，大胆干，破除迷信突关键”的口号，一周内提出了2700件技术革新的建议，生铁的产量指标再一次被刷新，工人们提出了保证54万吨，争取56万吨。这样，就使一年内增长的数量，超过了第一个五年计划期间所增长的数字（1957年生产43万吨，比1952年增加了9万吨）。北京铁路局丰台工务段养路工共青团员王玉书，是个23岁的青年工人，只有高小文化程度，苦心钻研创造了“简易道岔”。这种道岔结构简单，不仅没有现在所使用的道岔的各种缺点，可以大大提高行车速度，而且还能节约大量钢材。据初步估算，每组道岔可以节约钢轨20公尺，按每公里平均有一组道岔计算，每一公里铁路能节约钢材一吨以上。华北无线电器材厂白瓷车间老工人顾文荣把手工操作的瓷管倒角机，改为电动高速倒角机，效率提高了一千倍。兴华染料厂五个职工苦战九昼夜，失败五十多次仍不灰心，终于试制成功“活性青”染料，为国内活性染料色谱增添了新色彩。第七黑白铁生产合作社，自从学习了总路线以后，也大搞技术革命，他们想：农民兄弟要实现水利化、机械化，难道我们就不能改变落后的手工操作吗？经过苦战一个多月，全厂共提出82项改进工具和创造机器设备的建议，现在基本上实现了机械化、半机械化。

在生产跃进和技术革命的高潮中，广大干部和职工发挥了穷干、苦干的精神。没有机器，他们就自己制造。没有原材料，就设法找代用品，利用废旧材料。不会设计，就自己到处找资料。没有蓝图，就自己绘制。没有机修、安装力量，就自己动手，依靠自力更生，克服一切困难，在现有的设备条件下，充分发挥潜力，改进、提高了生产。今年三月份，天津进出口公司拿了一块国外流行的飞利绸样品，要求北京承做，有的工厂因为从未做过，而不敢承制。这时，设备十分简陋的染织一厂，大胆的接下了这个任务。他们的口号是“穷干何愁条件少，苦干那怕困难多”，又提出“厂小志不小，厂穷志不穷”的豪语。在试制过程中，不会染职工就到外边去学，没有设备职工就自己动手制造，经过顽强的斗争，用了六昼夜的时间就试制成功，而且质量很好。只有十台皮带车床和100多名职工的公私合营三盛合铁工厂经过六昼夜的苦战，试制出一台新的牛头铇床，为了迎接“七一”，在十天内又试制成功了半自动化的六角车床。地方国营低压电器厂的青年红旗小组在6月份生产微电流多接点的继电器和接触器两种新产品720台，当时需要大小工具102件，但其中32件主要工具和仪表一件也没有，他们提出了“白手起家，不当伸手派”，经过十天的穷干、苦干，利用业余时间，利用废料，自己创造了调直机、点铧机、小钻床等大小工具24件，保证了生产任务的完成。第三马掌生产合作社原来只生产马掌，由于任务不足，社员们想办法，增加了汽车伐门、三角房架等十几种产品。生产这些产品所需要的工具，都是社员们自己动手做的或是用废品改成的，不但解决了任务不足的问题，并使全年产值由去年的3万6千元提高到66万元，增长了十七倍多。永定机械厂制造拖拉机，机械加工力量不足，职工自己动手采取“土”“洋”结合的办法，用一个多月的时间就做出车床、铇床、铣床等各种机床48台。汽车制造厂做汽车底盘、大梁、车身没有1000吨的水压机，过去靠手工敲打，两天半只做一个大梁，这次工人用“蚂蚁啃骨头”的办法，利用45吨的手攀压力机分段锻压，每天可以做50个。

随着技术革命的开展，很多工厂的技术水平大为提高，原来只修理不制造的工厂现在可以又修理又制造，有的工厂已经改为制造厂了。很多原来北京不能制造的产品，现在也制造出来了，试制出来的新产品如雨后春笋，今年上半年全市工业试制出来的新产品共达3397种。长辛店机车修理厂在6月份试制出新机车，结束了该厂60年来只修理不制造的局面。按照过去一般的情况，试制一台机车，从准备、试制到出车约需半年左右的时间，该厂订了一个先进的试制计划，打算在40天内完成，但是在全厂职工的英勇战斗下，日以继夜的苦干，只用了25天时间就试制成功。退休的老工人也自动回到厂内来参加试制工作，厂里把他们组成了一个“参谋部”，专门做技术指导。有的老工人为了及早出车，放下拐杖亲自参加操作。这个厂的领导干部和技术人员从开始制造一直到出车，日夜不离车间，同工人一起研究解决问题，锅炉车间技师郭士举和工段长郭士源是兄弟二人，在最后紧张的六天中，轮流吃饭，轮流休息，日日夜夜不停地和工人一起共同操作。结果提前两天完成任务。现在这个工厂不但已经试制成蒸汽机车，而且不久就可以制成内燃机车。汽车制造厂（原汽车附件厂）试制井冈山牌小汽车，由于今年的生产任务很紧张，只能用职工的业余时间来做，原计划80天制成，在群众苦干下只用了40天的时间就做出来了。有的老工人说：“做了几十年汽车零件，就是没有做过汽车，现在制造汽车的愿望实现了”。北京农业机械厂、兴平机械厂、永定机械厂先后试制出了红旗牌拖拉机、巨龙牌拖拉机和万能拖拉机。公私合营公大成农业机械厂，只有二百多个职工和一个技术员，过去只能作简单粗糙的农具，这次，职工们苦战十八天，制成了手扶万能拖拉机。这些机车、汽车和拖拉机的诞生，有力地粉碎了某些人对于制造汽车和拖拉机的神秘观点。

地方工业的新产品更是多种多样包罗万象。今年上半年地方工业试制成功的新产品共达2745种，仅四个地方工业局所属工厂试制成功的新产品即超过去年全年的一倍多。上半年地方工业共试制成功各种车床29种和电动机、水轮机、煤气机、双梁起重机、矽钢锭、超音波探伤仪、金属钙、半导体发电器、汽车轮胎、飞利绸、丝毛交织呢绒等。

在工业生产大跃进中，科学研究机关、高等院校、中等技术学校，也利用他们的机器设备、科学技术力量，在科学研究和试制新产品的工作中发挥了很大的作用，成为工业建设当中一支新的生力军。在三个月的勤工俭学活动中，各校新制成的新产品达到三百多种。

清华大学、北京工业学院、北京大学、邮电学院、矿业学院和航空学院都制成很多高级的新产品。仅清华大学就制成了90多种新产品，其中60多种产品达到了国内先进水平，有些已经赶上了国际水平。

很多学校在与工厂协作中，帮助工厂进行技术革命，解决了很多技术问题。在全国技术革新运动的推动下，学校的师生表现出很大的干劲、钻劲，并涌现出不少敢想、敢干，又红又专的新生力量。

生产大跃进以来，社会主义的协作精神空前发扬，相互支援，相互帮助形成了一种新的风气。很多老厂抽出大批干部、工人帮助新厂进行建设，全市十四个国营工厂负责筹备十八个地方国营新厂。大厂子拿出多余的物资、设备，调派技术人员，提供技术资料，帮助小厂改进生产。在试制新产品、扩大生产方面，大家彼此协作，发挥了比一个单位单独生产更大的力量。汽车制造厂制造的井冈山牌小汽车得到了全市十个兄弟工厂的帮助，长辛店机车厂制造的机车得到了七个兄弟工厂的帮助，大家把这些新产品看得比自己的任务还重要，没有材料就自己跑，技术问题解决不了就自己想办法，甚至有的党委书记、厂长亲自带领工人到委托协作的工厂去帮助生产，这种不分你我，不计名利，为建设祖国的工业贡献出一切力量的精神是值得表扬的。这是我们工业生产能够不断跃进的重要保证。

科学研究机关、高等院校、中等技术学校同工厂也组织了广泛的协作。他们抽出了大批的专家、教授、学生到工厂去帮助设计新产品，研究改进生产。很多重要的产品都是在他们的帮助下制成的。例如清华大学帮助汽车制造厂试制汽车，航空学院帮助公私合营电池厂把手工操作改成半自动化、机械化，生产效率提高了八倍到十倍。同时，许多工厂也抽出有经验的工人和技术人员帮助学校或者与学校协作进行新产品的试制和制造。这种理论与实践相结合，教学、科学研究与生产相结合的互助协作，不只是加速首都工业建设的一个很重要的方面，同时，也提高了教学和科学研究工作水平。

为了加速首都工业建设，全市人民开展了规模浩大的支援工业大跃进的运动。所有机关、部队、学校和全市人民都积极参加到运动中来，贡献出他们的力量。很多职工家属、市民、机关、部队的工作人员参加了义务劳动，为很多工厂加工生产。中央机关和市级机关由于精简机构、干部下放，腾出了大批房屋，拿出了17万平方公尺的房屋交给工厂做厂房。为了解决目前钢铁等材料不足的困难，全市人民都积极行动起来，搜集旧废料，拿出闲置设备、多余物资，支援工业生产，形成了一个声势壮阔的群众性的支援工业的运动。

今年的工业生产情况说明了群众的智慧和力量是无穷无尽的，只要我们发动群众，依靠群众，解放思想，鼓足干劲，我们就能不断地向前跃进，取得更大的成就。

二、工业基本建设在迅速发展

今年以来和工业生产大跃进并行的，还有一个工业基本建设的高潮。

在今年的工业基本建设中，贯彻执行了大、中、小相结合；重点与一般相结合；“土办法”和“洋办法”相结合；机械化、半机械化与手工操作相结合的方针，打破了办工业的神秘观点，掀起了全党办工业、全民办工业的高潮。

今年工业基本建设的规模和速度都是空前的。地方工业的投资有两亿多元，比1957年增加6.72倍，相当于第一个五年计划投资的1.5倍，而所办的事情则是二倍、三倍。在工业建设方面，由于破除了迷信，打破了清规戒律，改变了过去不分工程大小，不分工程简单和复杂的程度，一律机械地执行勘测、设计、施工的三个阶段论，尽可能采取了“边勘测、边设计、边施工”和“分期建设，边建边产”的方法，建设速度大大加快，过去要一、二年才能建成的项目，现在只要几个月就投入了生产。如东郊搪瓷厂扩建工程从购地、备料到开工，按过去的常规办事最快也要一个月，现在只用了四天；像这样一个工程按过去起码也要半年才能完成，现在只用了三个月就投入了生产。同时由于我们采取了“小厂扩建，大厂下蛋”，老厂支援新厂，大厂支援小厂的办法，也加快了工业发展的速度。截至七月底止已有24个工厂或车间的扩建工程已经完工投入了生产。

在工业基本建设方面，为了争取在五年内彻底改变首都的面貌，我们贯彻执行了中央“在重工业优先发展的条件下，工业和农业同时并举；在集中领导、全面规划、分工协作的条件下，中央工业和地方工业同时并举；大型企业和中、小型企业同时并举”的方针，一方面按照勤俭办企业的精神，因陋就简，利用原有企业进行了改建、扩建，同时根据国家建设的需要，建设了一些新厂，做为工业发展的骨干；一方面保证完成国家计划中的钢铁、机械、电力等重点项目，同时积极地发展化学工业、纺织工业、建筑材料工业和轻工业。

本市今年工业基本建设已经开工和正在筹建的主要项目如下：

在冶金工业方面，今年开始扩建石景山钢铁厂和北京钢厂，并且建设特殊钢厂，同时着手筹建电解铝厂。

在机械、电机制造和仪器、仪表工业方面，今年开始新建、扩建通用机械厂、轴承厂、汽轮机厂、发电机厂、锅炉厂、变压器厂、高压开关厂和中、小型电机厂、农业机械厂、长辛店机车厂和一些仪表工厂等。

在电力方面，继续完成第一热电站的建设，并且新建高井电站和下马岭水电站。

在化学工业方面，今年开始建设炼焦化学厂、塑料厂等。同时还要扩建化工厂（即原化学试剂厂）、制药厂和玻璃厂等。

在纺织工业和轻工业方面，今年除了新建长毛绒毛毯厂，筹建第四棉纺厂、印染厂外，还要扩建毛纺厂、搪瓷厂等。

在建筑材料工业方面，今年扩建琉璃河水泥厂，新建水泥砖厂、陶瓷厂、耐火材料厂等。为了适应基本建设的需要，今后应积极扩大地方建筑材料的生产。

积极发展本市郊区的区乡工业，建立区乡工业网，逐步消灭城乡差别，同时还要支援河北省承德专区等地的区乡工业的发展。半年来本市郊区区乡工业发展很快，到6月底为止，已经建立了6979个小型厂矿。首先建立了农业机械修配网，到6月底止已建起429个大小修造和修配厂与流动烘炉小组。根据三十七个农具修配厂的统计，上半年给农业社制造和修配了各种农具和提水工具75万多件，并在抗旱播种中改良创造农具359种，有力地支援了农业生产。现在，整个郊区都在日夜苦战，大量制造滚珠轴承，为在短期内实现运转工具轴承化而努力。此外，各区乡还分别建立了土法化肥厂、颗粒肥料厂、轮胎翻修厂、发电站、水泥厂、废品加工厂、人造纤维厂等。

这些工厂，一般是投资少见效快，有的工厂从筹备到生产仅仅用了两三天的时间。例如丰台区后府营乡仅仅花了八元多钱，用了两天时间，就建成了一座日产10吨的低标号水泥厂，水泥厂的窑是用废砖坯砌起来的，没有球磨机就用石碾代替，生产出来的水泥达到了150号的标号。通州区漷县乡花了6900多元用了八天时间就建成了一座发电能力35瓩的小水电站，全部工程除水泥、石灰是购买的以外，其余砖、石、木料等都是群众自己筹集的。现在，郊区已经建成了小型水电站15个，沼气站65个，土化肥厂1317个。一个声势浩大的全民办工业的浪潮已经掀起，这样一定要加快我们工业化的速度和农业技术改造的速度。

三、当前工业生产和基本建设方面的任务

当前在工业生产和基本建设方面的任务是：继续放手发动群众，大闹技术革命和文化革命，千方百计地完成和超额完成今年的跃进计划。为此，就需要：

（一）首先必须政治挂帅，放手发动群众，继续深入的宣传和贯彻执行社会主义建设的总路线。一年来的经验证明，整风运动和反右派斗争使我们在思想战线上和政治战线上取得了伟大胜利，克服了三风五气，生产上出现了新的气象。在整风运动以前，当三风五气等剥削阶级的残余影响还存在、种种旧的思想观点和习惯还束缚着人们的时候，人们的思想就不可能彻底的得到解放，积极性就不可能充分地发挥出来。整风运动和双反运动解放了人们的思想，广大职工的政治觉悟空前提高，党的八大二次会议后，总路线的宣传进一步解放了人们的思想，鼓足了大家的干劲，因而推动生产力飞跃地向前发展。这个事实有力地批判了那些只见物，不见人；只谈技术、业务，不谈思想政治；只务实、不务虚的错误做法。目前在企业当中这种倾向虽然已经基本上得到解决，但仍有一部分人有或多或少的重技术、轻政治的倾向，还有一些单位不是政治挂帅，而是业务挂帅，遇到问题不是首先从思想上去解决，而是局限于技术业务的小圈子里。因此要继续在企业干部和群众中进行社会主义建设总路线的教育。

今年上半年全市工业在产品产量、质量和试制新产品等方面，都取得了很大的成绩。但是就每一个单位完成计划的具体情况来看，则有的完成较好，有的完成较差；在新产品方面，有的只重视试制，重视试制是对的，但是有的单位在试成之后不注意安排生产，这样就不好；在质量方面，虽然有不少产品有很大提高，试制出的新产品也有几百种是比较先进的，但是还有相当数量的产品仍然是落后的，还有一部分产品质次价高。总之，发展是不平衡的。另外还有一些工厂没完成七月份跃进计划，在完成计划的单位中，也有少数工厂出现了骄傲自满情绪。因此，各个工厂当前必须普遍地召开一次全体职工大会或职工代表大会，向工人报告上半年生产完成的情况、缺点和问题，提出今后四个多月的战斗任务，发动群众大鸣大放，用总路线来检查工作，检查缺点和问题，来一个人人献计、献策的运动，大搞技术革命，千方百计地克服当前某些材料和设备供应的紧张情况，进一步订出更先进的跃进指标和措施，并为完成和超额完成今年的跃进计划而奋斗。

整风和双反运动的伟大胜利，改进了生产关系，打破了很多障碍生产力发展的规章制度，进一步改善了劳动组织，解放了生产力。当前在工资制度、劳动组织、生产调度、统计表报等方面还需要发动群众，提出意见，进一步加以改进。同时还要进一步发动工人参加企业的部分日常管理工作，工人参加管理不仅可以提高工人的责任心，进一步地提高主人翁思想，而且在生产过程中发生的问题，如生产调度、设备利用、一般的合理化建议的实施、劳动组织的调整等都可以得到及时和恰当的解决，不仅可以减轻领导上的日常事务，而且有利于企业管理机构的进一步精简，从而有利于生产力的发展。工人参加管理，干部参加劳动，是企业中的一个根本性的改革。它使领导与被领导之间的关系进一步密切了，职工的团结进一步加强了，今后应当继续坚持和推广。

此外，还应当切实注意职工的安全生产和身体健康，职工群众越是干劲足，领导上就更应注意职工的安全和健康。

其次，要继续反对保守思想。有保守思想的人是不可能贯彻执行党的社会主义建设总路线的。只要还有保守思想，满足于既得成绩，就不可能鼓足干劲，最多只能鼓起三、五成劲，或者六、七成劲，这样就不是力争上游，而是安于中游（实质是下游），不是多快好省地建设社会主义，而是安于少慢差费。这种保守思想在某些工厂表现为某种程度的骄傲自满，在某些工厂则表现为妄自菲薄的自卑感。有些同志不是强调自己设备陈旧，人数不多，没有什么潜力可以发挥，就是强调没有什么新产品可以试制，要做什么就是伸手要钱、要人、要设备。有些技术人员，不相信群众，甚至于给群众泼冷水，拖后腿。有些人不是千方百计地克服困难，而是在某些暂时的困难面前低头。有些人不是实实在在地干，而是空喊空叫。有些秋后算帐派和观潮派对于群众的积极性和创造性不是满腔热情地支持，对于工作中的困难，不是同群众站在一起想办法克服，而是站在旁边指手划脚，当主考大人。事实证明，无论在工业生产和基本建设方面，两条路线和两种方法的斗争是经常存在的，有的地方现在还是十分尖锐的。我们一时一刻也不能放松这种斗争。

再次，要发扬共产主义风格，克服有些单位和有些人的本位主义。本位主义者只要求别人帮助，而不愿意帮助别人；只考虑本单位的利益，而不考虑整体利益；只顾自己方便，而不管别人方便；不执行合同或者以供应材料、设备、人力作为交换条件，闲置和多余的物资不愿调出支援别人，甚至抗拒上级调拨，虚报、多要或抢购、争夺物资；只要别人配合，不愿与人协作。总之，是缺乏共产主义思想。本位主义是资产阶级损人利己的个人主义的一种表现。不彻底清除本位主义思想，就会人为地制造许多困难，使得我们的工业建设不能大踏步地前进。我们认为地方工业和中、小企业的发展，必须在集中领导、全面规划、分工协作的条件下发展，而不是盲目地、自由竞争地发展。必须认真地加强协作和平衡工作，结合总路线的宣传，对本位主义进行一次批判，要拔掉这面资产阶级思想的白旗。

最后，在基本建设和工业生产中发扬穷干、苦干的精神，贯彻执行勤俭办企业，勤俭办一切事业的方针。现在有些建设单位不是千方百计，发动群众挖潜力，因陋就简，分期进行建设，而是大摆阔气，盲目的求新、求大。有的非生产设施，设计得很大，很阔气，有的生产厂房不必要的过大过全，要的设备过多，本来目前生产上不急需的厂房、设备也要一下子准备齐全，人为地造成了紧张，打乱了工业建设的统一部署，这种作法是不符合多快好省的方针的，必须在反对本位主义时一并加以批判。

（二）积极地开展技术革命和文化革命。

现在我们已经进入以技术革命和文化革命为中心的社会主义建设的新时期。当前各个工矿企业在改进设计、改良工具设备、利用代用品、试制新产品以不断地提高效率、提高质量、降低成本等方面，都需要大搞技术革命。技术革命是一个轰轰烈烈的群众运动，必须在这个运动中广泛地放手发动群众、依靠群众，建立起一支又红又专的技术队伍。

为了开展群众性的技术革命就需要在广大人民群众中，同时掀起一个学文化、学技术、学科学的文化革命高潮。也就是说，在掀起技术革命高潮的同时，还需要有一个相辅而行的文化革命的高潮。各工厂企业要大力开展业余技术教育和文化教育。在技术学习中，我们不但要学一种技术，而且要学多种技术，要人人成为多面手，一方面是适应社会主义建设大跃进的需要，能适应活多、种类多的情况，一当十，十当百，那里需要就调到那里去；另一方面，它能够克服由于长期从事一种劳动所产生的思想上的片面性，使每个劳动者在思想、技术上全面发展，成为“能打、能踢，文武双全”的人。全市工业部门应立即广泛展开一个学做多面手的运动。

开展技术革命在北京有很多的有利条件，不仅在政治上有中央的直接领导，而且在技术上，北京有很多的科学研究机关、大学和专业学校，便于就近取得他们的指导和帮助。而这些研究机关、大专学校在整风以后，也正在贯彻执行教育和生产劳动相结合的方针，结合实际、面向生产。我们应当认真地发挥各个方面的积极性，加以组织，互相协作，并且和学校一起试行半工半读和半读半工的典型试验，以便取得经验。

技术革命也要政治挂帅，没有政治挂帅就不可能广泛地动员群众；没有政治挂帅，就不可能破除迷信、解放思想；没有政治挂帅，技术革命就会迷失方向。因此在技术革命运动中，同样必须加强党的领导，加强政治思想工作。

开展技术革命必须与当前生产紧密地结合起来。有的单位一方面在钻研新产品、新技术，而另一方面生产计划却完成得不够好，这种现象必须纠正。技术革命必须和当前生产结合起来，否则就不能收到应有的效果。

(三) 加强领导，统筹安排，保证重点，带动一般。

由于生产和基本建设一再跃进，由于运输力量紧张，目前钢材、生铁、水泥、木材、砖瓦灰石等材料严重不足，设备供应也赶不上需要，在基本建设方面必须分别轻重缓急，并且根据设备材料和施工进度的具体情况加以安排。集中优势力量，突击重点首先保证钢铁工业、机电工业和其它有条件在今年内建成的工程，早日完工并投入生产。有些新建、扩建的工厂特别是轻工业的工厂，应当充分利用现有房屋，迅速地投入生产，以便加快工业的发展速度。在生产方面要结合技术革命，依靠广大职工，厉行节约原材料和利用代用品。同时要加强调配工作，保证跃进计划的实现。

为了迅速地发展首都工业，全市所有工厂都要按行业、产业组织起来，广泛地组织协作，经验已经证明这是提高生产的一项很重要的措施。同时这样做也可以根据国家计划和市场需要来安排任务，避免生产中的盲目性。在组织协作时要注意制造与修理的合理安排，以免发生只抓制造不顾修理的现象。

(四) 认真搞“试验田”，推广先进经验，广泛开展一个比先进，学先进，赶先进的运动。

整风以来，企业领导干部的思想作风有了很大转变，克服了三风五气，密切了领导与群众的关系。现在绝大多数领导干部都直接参加了生产，同工人一起劳动，这对于改进企业管理，加强生产领导起了重大的作用，但是目前有些单位对于这项工作抓得还不够紧，不能始终一贯地坚持下去，有些领导干部虽然坚持了，但是只是一般地参加劳动，而没有着重到在生产中发现问题解决问题，因而在这些单位，工作改进的还不显著。应该认识领导干部参加劳动，搞“试验田”，这是改进和加强企业领导极其重要的一项措施。领导干部参加劳动搞“试验田”最主要的目的是深入生产发现问题，解决问题；在实际劳动中同群众一起研究、改进生产的办法；总结生产上工作上群众创造的先进经验。这是我们党的群众路线的一项内容，也是从群众中来到群众中去的一种工作方法。所有企业的领导干部，都要认真地、切实地搞“试验田”。半年来，学先进，比先进，赶先进的运动取得了显著的效果。许多单位到本市、到外地留学，学习和交流先进经验，比较生产技术指标，促进了生产。今年前半年国营工业三十三个单位与全国各地三百零三个厂矿企业比较了三百七十五项技术经济指标（与去年实际水平比较），结果发现有半数以上指标是处在中、下或落后水平，经过比较深深教育了领导干部和群众，纷纷分析自己落后的原因，学习别人的先进经验，从而改进、提高了生产。有的落后单位，由于学习了先进经验而变成了先进单位。经验证明：比先进、学先进、赶先进的运动，对于推动工业跃进有巨大的作用，应该广泛地深入地开展。

各位代表：现在全市人民正在和全国人民一道，在苦战三年，基本改变面貌的响亮口号下，奋勇前进。1958年只剩下四个多月了，时间是宝贵的。我们要抓紧时机，动员全市职工，在工业生产和工业建设两条战线上继续苦战，千方百计地克服一切困难完成和超额完成今年的跃进计划。

我们相信，我们首都的人民一定能够以更高的工业建设速度和在产量、质量、成本等方面全面超额完成跃进计划的成绩，迎接今年的国庆。一定能够同农业战线的大跃进并肩前进，争取今年工业的全面大丰收。

各位代表：让我们为贯彻执行党在建设时期鼓足干劲，力争上游，多快好省地建设社会主义的总路线，为争取在五年内把首都建成为现代化的社会主义工业基地而共同奋斗吧！

关于改革商业工作的报告

——1958年8月12日在北京市第三届人民代表大会第一次会议上

北京市副市长　程宏毅

各位代表：

商业部门在党的领导下，通过伟大的整风运动和反右派斗争，在全体干部和职工中间，开展了社会主义道路和资本主义道路的大辩论，集中地揭发和批判了商业工作中的右倾保守思想、资本主义经营思想、本位主义和官僚主义，领导干部改进了领导作风，职工们也自觉地批判了自己的缺点，提高了思想，从根本上改变了领导与群众的关系，干部和群众的思想解放了，职工的革命热情奔放出来了，解决了许多长期没有解决的问题，改革了许多限制群众手足的规章制度，使商业工作出现了大跃进的局面。在工农业生产高潮和居民整风运动的推动下，零售商业首先跃进，并带动了整个商业（包括批发、仓库业务）、服务业的跃进。而批发商业的跃进又促进了零售商业服务质量进一步提高。目前许多单位社会主义的正气大大上升，树立起互相协作、互相帮助、互相促进的风气。商业、服务业工作就在这种基础上进行了重大的改革，取得了很大的成绩。

现在就商业工作改革中的几个问题，向大会报告如下：

一、商业工作进一步为生产服务的问题

几年来，商业部门贯彻了为生产服务的方针，同生产部门的协作关系基本上是正常的。但是在整风运动以前，商业部门的工作人员对于生产的发展决定着商业的发展、商业要为生产服务的思想并不是很明确的，例如在加工数量、产品质量、品种、规格花色以及交货时间、利润分配、产销分工等方面经常同工业部门发生争执，这些争执有的是必要的，会促进双方向前进步，但也有许多是不应该有的。因而有些商业部门在同工业部门的协作中往往和工业部门扯皮多，主动地协商少；单纯考虑本身的盈亏多，从全面考虑发展经济少；单纯考虑本身库存多，对市场需要全面分析少；计较本单位的得失多，与其他单位互助协作少。同时还存在着不少不合理的规章制度，如工业早交货不收，工业购进原料要先钱后货，工业交成品则先货后钱等。在供应农业生产资料方面，往往有供应不及时，货色不对路，收购农副产品时验级作价不合理等问题。所有这些都说明了过去有些商业部门从单纯业务观点出发多，政治挂帅不够。社会主义商业应该为发展社会主义生产和满足人民日益增长的需要服务，把生产同人民的消费连接起来，一方面把日益增多的生产资料和生活资料送给生产者和消费者，另一方面又要把广大群众日益增长的需要反映给生产部门，以促进生产的不断发展，而社会主义生产的不断增长又为商品流转的不断扩大打下基础。所以社会主义商业应该以生产为基础、按照人民的需要组织商品的流通和分配。解放以来，商业部门在党的领导下是按照社会主义商业的轨道进行了自己的工作，因而取得了很大的成绩。但是资本主义商业经营思想和作风的残余并不是很快就能彻底肃清的。经过整风、反右斗争，商业部门的资本主义经营思想残余有了很大的克服，进一步地明确了为生产服务并促进生产发展的思想，与生产部门建立了互相支持、共同跃进的社会主义协作关系。经过工商协作会议，工商部门的负责干部亲自见面，政治挂帅，相互都从促进生产发展、从满足人民需要出发，解决了多年未解决的许多问题。在统筹安排和及时地调整供求关系的前提下，工业部门提出市场需要什么就生产什么，并保证产品规格质量，增加花色品种，商业部门提出工业生产什么就收购什么，生产多少就收购多少，并及时供应原料，反映消费者的意见，为工业部门提供国内外优良的样品。例如北京纺织品采购供应站，过去与纺织工业部门的关系一直不好，现在这个采购站的经理亲自到宣武织布厂搞试验田，深入车间，了解生产情况和问题，主动地帮助织布厂克服困难。在领导带动下，采购站的职工也都密切联系了生产，改变了过去纺织品的缴库验收中超产不收，早交不收，品种花色不齐也不收等不合理的规章制度。现在在保证产品质量的条件下，有多少收

多少，什么时候送什么时候收。这个采购站给工业部门提供了500多种样品，并已有200多种试制成功。批发商业与零售商业的关系也有了很大的改善，批发商业实行了给零售商店送货上门、看样选购等办法，便利了零售商业，加速了商品流转；零售商店提出凡适合本店经营范围的商品，只要批发部门有货，零售部门就要进货，使消费者能够及时买到，并协助批发部门积极设法推销积压商品。仓储工作在整个商业跃进的带动下，在扩大仓库容量，提高仓库的使用率，便利使用单位等方面也都有了很大改进。出口贸易在促进生产，挖掘货源，扩大出口方面也有显著的成绩。

农业生产的跃进也促使农村的商业工作发生了很大的变化。在为农业生产服务的思想指导下，农村商业部门主动地了解农业生产的需要，千方百计地供应各种农业生产资料和农民的生活资料，促进了农业生产的发展。通过门头沟区供销合作社上岸商店的工作可以看到农村商业工作的新面貌。这个商店过去政治工作很薄弱，为农业生产服务的思想不明确，经过整风运动，大大改进了工作，他们通过参与农业生产规划、参加生产会议、参加农业劳动、召开座谈会、串乡流动售货等办法了解生产需要。同时，把生产资料由集中经营改为分散经营，采取“人人负责，店店供应，包送到队，不误农时”的作法，充分发挥了各个分销处的积极性，克服了以前常常发生的供应不及时的缺点。如冯村生产队种花生400亩，忘了把购买花生根瘤菌列入计划，售货员荣国恩由于参加了生产计划会议，便主动准备。播种前一天生产队派人来要，立即拿回使用。上岸分销处售货员赵玉德，正在参加生产会议时，听到农民向生产队长报告菜田长了害虫，就连夜把农药送到队里，及时扑灭了虫害。何各庄分销处售货员史振生，到秋坡村流动售货时，发现水井虽已打好但没有水车，就回来用人力把水车拉上山去，及时安装、抽水灌溉。当农民习惯使用的八寸步犁无货供应时，他们就推广了很适合小面积耕地的翻转犁。生产队的喷雾器坏了，他们就动手去给焊接。农业社临时需要一些菜子、喷壶、木桶等零星东西，他们就赶快找到送去。现在这个店每个分销处只有两个售货员，按生产队划片包干，一个在家营业，一个出外联系工作，主动了解情况，及时供应，作到了农业生产需要什么就供应什么，什么时候需要就什么时候供应。农业社不需要再像往年那样自行出外采购推销，因而取消了三个购销人员。他们还通过作好生活资料供应，便利农民买货，节省了他们的生产时间。对分散的农村，特别是山地，采用了流动车送货上门和登门收购的办法，使农民不用出村就可以买到日用品和出售零星产品。这个商店由于积极为农业生产服务，在工农业生产大跃进的情况下，购销业务发展很快，今年上半年供应农业生产资料10万多元，比去年同期增加了4倍多，采购农副产品14678元，比去年同期增加7倍，而职工却由36人减到27人。这个商店和农业社亲如一家，成了农业社的后勤部，售货员成了农业社的购销员；有些农业社的干部当商店业务繁忙时，还主动帮助取货或卖货，成了商店的售货员。这个商店工作能够作到这样的改变，主要是因为党委加强了领导，抓紧政治思想工作，克服了职工中长期存在的不问生产的单纯买卖观点，树立了全心全意为农业生产服务为群众服务的思想，职工团结一致，干劲十足。现在全市农村的商店正在普遍推广上岸商店为农业生产服务的经验，掀起了学“上岸”、赶“上岸”的运动。

二、天桥百货商场改革商业工作的经验，已经推动了全市商业、服务业的大跃进

在工农业大跃进和全民整风的形势下，天桥百货商场，由于加强了政治思想工作，彻底地进行了整改，坚决地贯彻了党的群众路线，领导干部的作风转变了，职工的社会主义觉悟提高了。在这个基础上，今年二月初提出了改革商业工作的革命倡议。这个倡议一经提出就立刻得到了全市零售商业、服务行业的响应，掀起了一个“学天桥、赶天桥”的群众运动。在这个运动的推动和影响下，广大职工的服务态度有了很大的转变。

天桥百货商场关于改革商业工作的几项主要内容是：改革劳动组织，精简从业人员。把过去的两班工作制改为“一班顶到底”。由售货小组直接进货，勤进快销，减少流动资金，压缩不合理的库存。贯彻九项服务标准，改善服务态度。由于领导上的官僚主义和缺乏政治思想工作，这个商场的售货员过去服务态度不好，通过整风运动，领导干部接受了职工提出的批评和意见，走出了办公室和售货员一起售货并共同研究改进服务态度的办法，大大地鼓舞了职工的积极性，他们说：“领导上的缺点能改，我们为什么不能改？”，这样，服务态度不好的问题就由售货员自己提了出来。经过“为谁劳动”问题的辩论，大家在思想上明确了改善服务态度就是为了更好地为人民服务，就是为社会主义建设服务。经过职工认真地研究，制订九条服务公约，使改善服务态度有了具体要求。经过互相学习，互相观摩，苦学苦练，逐渐达到了九条服务公约的要求，在服务态度上有了根本改变，受到了群众的称赞。

六个多月以来，天桥百货商场不但实现了他们的倡议，彻底改革了工作，而且还发展了倡议的内容。他们精简了45%的从业人员（由101人减到55人），合理地安排了职工上下班时间，实行了忙闲互相支援；精简了手续制度，缩短了结帐和盘点时间；利用空隙时间整理商品和搞卫生工作，提高了工作效率；统一安排了党政工团的活动时间，减少了会议，缩短了会议时间。这样就不但保证了售货员有足够的时间休息，同时也有了一定的时间学习技术和文化。该商场今年第二季度销货额为66万元，比去年同期增加14万元，增加27%。流动资金由32万元减少到16万元；费用率从5.63%降到2.21%。由于职工责任心的提高长、短款差错减少了，今年第一季度长、短款占销货总额的万分之0.07，而去年同期为万分之0.25。经营品种增加了1,200种；再加上取消零售起点，实行敞开售货，实行了商品保退、保换、保修理，大大便利了群众。同时他们把群众对于商品质量和商品品种的意见，及时地反映给工业部门，这样也就可以促使工业部门改进生产、更好地满足群众需要。

天桥百货商场的革命倡议是全市商业工作大跃进的起点。由于他们的倡议集中地反映了广大职工力争上游的意志和革命干劲，倡议一经提出，就立即得到了全体商业职工的强烈的响应，很快在全市形成了一个“学天桥、赶天桥”的群众运动。特别是当运动发动起来以后，各级党委加强了领导，在本部门或本地区培养了典型，出现了很多的先进单位和先进工作者，5月份以后，全市各行各业各区广泛地开展了评比运动，作到了行行有旗帜。在评比过程中，各区、各行业、各商店，通过相互参观、访问、组织座谈和举办展览会等办法相互学习，交流经验，取长补短。据不完全统计全市和外地共有16万人次参观了“天桥”商场。为了深入地进行“为谁劳动”的教育，商业部门许多单位还组织了广大职工到煤矿、工厂、农村去参观、访问，收效很大。很多售货员提出要“劳动强度比矿工，服务态度比天桥”。不少商店增加经营品种，延长了营业时间，取消了零售起点，把蔬菜、水果、肉食、布匹、百货等商品实行了敞开售货；服务行业也扩大了服务范围，改进了服务方法，这样就大大地便利了群众。许多顾客称商店为“人民的商店”，称旅店为“旅客之家”。群众的鼓励使职工们扭转了对商业、服务行业工作“低人一等”、“没出息”的看法。现在他们认识到自己的劳动是社会主义整体建设中不可缺少的一部分，体会到在新社会中，只有劳动、只有为人民服务才是最光荣、最高尚的事情。社会上一部分人们中存在的看不起商业、服务业工作、不尊重售货员的劳动等旧社会遗留下来的剥削阶级残余思想，也有很大的克服，商店与群众之间形成了互相勉励，互相合作，“我为人人，人人为我”的新关系。

三、调整商业网问题

调整商业网是本市商业工作改革的一项重大措施。北京市的零售商业网在私营工商业改造高潮后，曾经进行过调整，但是由于当时没有能够得到彻底地改革，因此，分布状况仍然很不平衡、很不合理。如前门大街、大栅栏等主要街道商店过分重复；新建区的商业网虽然有了很大发展，但仍然不够；有些居民区商店过少；有的居民区虽然商店不少，但货品不全，居民感到不便。同时，由于商业网分布不合理，在人力、财力上都有很大浪费。全民整风运动中，商业、服务业很多职工提出打破陈规，彻底调整商业网；许多居民也提出了很多要求改进商业工作、调整商业网的意见。根据这种情况，五月份开始在前门区试点取得经验的基础上，进行了全面的调整。这次调整商业网的工作，贯彻了便利群众的原则和群众路线的工作方法。

根据不同地区不同行业的具体情况有增有减，采取了撤销、合并、迁移和新建相结合的调整办法。例如大栅栏这条不到300公尺的大街原来集中有55个商店（其中服装鞋帽店就有15家，百货店8家），在调整时，将过于重复的21家商店撤销了；将品种不会，群众需要的商店，扩大了门面，增加了品种。在居民区将距离很近而经营商品大体相同的副食商店适当合并和扩大。对于一个地区过多而其它地区缺少的店铺（如国药店），采取了迁移的办法。在商业网不足的新建区，采取了新建的办法，例如西单区复兴门外新建区（真武庙街道办事处管界）原有商业、服务业的营业点24个，在调整时根据当地居民的要求新建13个营业点，占原有营业点的54%，已经建成开始营业的有8户，其余均在筹建中。为了便利群众，这次调整商业网注意了对饮食等服务性行业的户数基本上不作大的变动，只是把他们分布的更为均匀了些。为了改善卫生条件，将一部分较集中的小摊贩、食品摊，迁移到房子里边去。在主要街道上对服装鞋帽、钟表眼镜等商店有计划地多保留了几家，以便群众购买时有挑选比较的机会。对于一些有经营特点的商店加以保留。这次调整商业网采取了群众定点、走群众路线的工作方法。商业网调整后，商店的分布较前均匀合理了，从商店的总数来说虽然有所减少，但不少商店的规模扩大了，综合性的商店较前多了，经营品种增加了。这就更加便利了群众，也改善了企业的经营管理，精简了人员。调整中还腾出了一部分房子，解决了一部分职工的住宿问题。新建区的商业网几年来虽然有了很大的发展，这次调整中也增加了一些商店，但由于这些地区的机关、工厂、学校和宿舍增加的很快，因而这些地区购买商品不便的问题，还没有得到彻底的解决。

四、依靠职工大力改革企业的经营管理问题

商业、服务业部门在整风运动中，已经取得了依靠职工管理企业的经验。

首先是领导作风的转变。表现在干部深入基层参加劳动，亲自动手搞试验田。前东单区副食品管理处的领导干部，在整风运动以前，浮在上层，不接近群众，不依靠群众管理企业，官僚主义的作风很严重。在双反运动中，放手发动了群众，在短短的十几天时间内，职工贴出16万多张大字报，集中地批评了领导干部的三多（工作布置多、会议多、事务工作多）、三少（深入基层少、检查少、具体帮助解决问题少）。党委和行政领导对群众的批评作了认真地研究和深刻地检查，并立即以实际行动改变作风，党委书记和管理处主任都分别到商店和售货员一起站柜台卖货，并且搞试验田；同时也带动管理处各科室的一部分干部积极参加劳动。领导干部参加劳动和动手搞"试验田"，不仅可以深入群众、联系群众、彻底地改造干部的思想和作风，并且可以系统地研究和解决企业中的重大问题，总结和提高经验，使干部走上又红又专的道路。由于领导作风的转变，就大大地改善了领导和群众的关系，启发了职工的积极性、创造性。在整风运动和反右派斗争中，全市商业、服务行业普遍地、深入地开展了"为谁劳动"的大辩论，提高了职工的阶级觉悟，清除了资产阶级的思想影响；公私合营企业中私方人员经过反右派斗争和整内运动以后，在思想上也有了进步。就是在这一思想基础上，贯彻执行了依靠职工改革企业管理的方针。天桥百货商场创造了职工参加企业管理的经验，他们的做法是："五权下放，八员负责"，就是把资金使用、残次品处理、费用开支、财产管理、人事调配等工作下放到销货小组管理，小组的成员（一般是八个人左右），分工管理进货、销货、财务计划、费用开支、人事调配、服务态度、物价差错、卫生检查、商品陈列等八项工作。过去商场经理、组长被事务工作所纠缠，很少有时间钻研企业的经营管理，现在分工明确，人人参加管理，人人关心商店，许多事情小组内部就解决了，开会次数减少，会议时间缩短，使商场工作做到了有条不紊了。过去商场天天盘点商品，查对库存，下班后几个钟头结不了帐，有时查点到深夜下不了班，而差错始终没有得到解决，现在改为按月按季盘点，由于职工责任心加强，自觉地加强了互相帮助、互相监督，差错大大减少。同时，采取了以表代帐的办法，大大地改革了会计手续制度，进销手续由原来40多个环节，简化成为15个环节，会计科目由原来36项简化为12项，现在9张卡片就代替了原来的215本帐，原来5个会计记帐，现在有一个就够了。

全市商业、服务行业，不但改革了企业的经营管理，从根本上改善了服务态度，而且还大力的精简了管理机构，下放了工作人员（已下放两万多人），参加了生产建设。他们在十三陵水库工地，在修建门头沟区的斋堂公路，在国营南口和赵辛店农场等生产建设的岗位上，不避寒暑，不怕困难，精神饱满，干劲十足，不仅在生产建设上取得了很大的成绩，而且还通过劳动，在思想改造方面也有了很大收获。

各位代表：商业、服务行业的改革工作，虽然已经取得了很大的成绩，但是我们还必须看到，工作的发展是不平衡的，拿建设社会主义总路线的标准来衡量还是不够的，还没有达到社会主义商业应有的、同时也是可能达到的更高水平，因此，我们绝不能有丝毫的骄傲自满，为了推动商业、服务行业工作的继续跃进，今后应当：

一、坚决贯彻政治挂帅，把整改工作进行到底。目前商业、服务业中已经涌现出来了不少的先进单位，这些单位的整改工作搞得彻底、政治思想工作搞得深、搞得透；多数单位的情况是工作虽然有了改进，但是由于干部、职工的思想问题解决得不深不透，因此，成绩还不巩固。此外，还有少数单位，目前仍然还处在落后状态，特别是有一些小的合营商店，整改很不彻底。因此，还需要结合整风运动的复查工作，进行深入的、全面的检查，一方面认真地总结和推广各行各业的先进经验，抓住典型，树立各行各业各方面的红旗；另一方面要对中间和落后的单位经过深入地检查，找出原因，大力帮助他们改进，使他们迅速赶上先进，使先进的更加先进，以便共同提高。所有商店应该在今年年底以前，争取赶上天桥百货商场的水平，并且一部分商店还应该超过他们。

领导干部参加劳动的制度和搞"试验田"以及参观、评比、现场会议等方法，必须加以坚持和推广。在

职工中间，特别是在青年职工和新职工中间，还需要大力进行政治思想教育，不断地提高他们的阶级觉悟，彻底扭转一部分职工轻视劳动的错误思想。要加强私方人员的思想教育工作，把改造企业和改造人的工作密切结合起来。我们希望所有的资本家、小业主都能在反右派斗争和整风运动胜利的基础上，积极地参加企业的改革工作，应该在公股代表的领导下，按照社会主义商业的经营原则，像过去管自己的企业那样，关心合营企业，办好合营企业，和公股代表、职工一起鼓足干劲、力争上游，为社会主义建设贡献自己的最大力量。

二、千方百计地支持工农业生产。为了坚决贯彻鼓足干劲、力争上游、多快好省地建设社会主义的总路线，尽快地把首都建设成一个现代化的工业基地，为了促进郊区农业生产的大发展，争取猪肉、蛋品和一些水果等尽快地作到自给，商业部门对于所有工业产品、农副业产品，应该积极地进行收购和推销工作，积极地寻找并供应工业原料，主动地了解社会需要，及时地反映给工业部门，以促进工业部门改进生产，增加品种花色，提高产品质量，降低成本。农村商业部门应当积极地供应农业需要的生产资料，作到及时供应，不误农时。商业部门应当采取有效措施，同农业生产合作社、国营农场密切协作，大力发展副食品生产基地，为彻底改善本市的副食品供应而斗争。商业部门的干部和职工应当深入工厂、农村，了解生产，参与生产，组织生产，更有效地支援和促进工农业生产的发展。目前商业部门正在举办一些与本身业务关系密切、市场需要、工业部门不办或暂时来不及办的简单的加工工业，这对增加生产、满足群众需要都会起积极作用，应该把它办好，但是必须注意原料、销路和劳动力的全面规划和统筹安排。还必须加强对外贸易的领导，进一步明确树立对外贸易为生产服务的观点，根据国外销售需要与可能，协助生产部门搞好出口商品的生产规划，积极地帮助解决生产中的困难，加强生产部门和供货部门的协作，保证完成今年进出口计划。

三、进一步提高服务质量，改进供应工作。为了提高服务质量，把社会主义商业推向更高的服务水平，所有的售货员都应该做到主动、热情、周到地为顾客服务，都应该努力学习，提高自己的业务技术水平，除了精通自己本职工作、熟练地为顾客服务外，还应该学会多种技术，人人作多面手，既能卖货，又能作简单的安装修理工作，这样就能大大地便利群众。所有零售商店应该进一步简化售货手续；在经营品种、营业时间等方面，也应进一步改进，流动售货工作应该很好地推广；还应该依靠职工和居民，采取各种措施，切实解决购货排队的问题。为了充分利用社会劳动力，服务行业除了有计划地发展一部分国营饮食店、缝纫店、洗染店外，还要根据群众需要和自愿的原则，组织职工家属和街道居民办理服务事业。为了彻底地解决新建区商业网的不足问题，国营商业应该有计划地建立一些商店，为了便利群众，便于有些季节性的商品在旺季时，扩大推销，还应该有计划地建立一些固定的或临时性的市场。此外，也可以由工厂、学校、机关和职工家属建立代销店，由国营商业部门给予积极的帮助和指导。

商业部门特别是食品行业和服务行业必须发动群众，依靠广大职工的努力，彻底改善卫生状况。为了保持商店卫生的经常化，各个商店都应该制订卫生公约，开展店与店、组与组、个人与个人之间的卫生工作的检查和评比。

一年来商品的供应工作有了不少改进，今后随着生产的发展还会有进一步的改善。但是当前有些商品仍然供应不足，拿猪肉的供应情况来说，全国和本市生猪的生产已经有了很大增长，但是仍然不能满足需要，有些猪还在育肥期间，有些要留作种猪，以备繁殖，收购工作也存在许多缺点，以至近来猪肉的供应减少。但是由于猪的生产发展了，以及粮食增产，逐渐减少饲料的困难，今后猪的生产还会大大增加，猪肉供应问题今后是可以得到改进的。在粮食供应方面，由于大秋作物还没收割，粮食调运也存在着一些缺点，因而目前供应的粮食品种不全。早点供应不足的问题也与粮食的供应问题有关，这些问题随着粮食的增产也将会得到适当的解决。今年蔬菜的供应工作有了很大改进，由于郊区扩大菜田，增加了蔬菜产量，农业社实行了排开播种和分期上市，商业部门在供应方法上采取了组织零售单位和农业生产社直接挂钩的办法，减少了运输环节，并且增加了零售点和流动车，因而今年夏季蔬菜做到供应充分、质量新鲜、价格便宜、购买方便。但是由于今年蔬菜旺季上市数量很大，比去年同期增加了40%以上，商业部门在调运、销售、储存方面还有缺点，因而发生了烂菜现象。为了克服这一缺点，今后农业生产社应该在保证蔬菜产量的基础上，适当增加品种，特别是要增加容易储存的品种，继续推行排开播种，分期上市的办法。商业部门应该改善经营管理，增加加工和储存的设备，改进调拨、销售工作。特别是要大力组织零售部门、机关、企业、农业社和街道居民普遍进行蔬菜的储藏和加工。

四、彻底改革企业的经营管理。商业服务行业应该普遍实行职工参加企业管理的制度。目前有些商店定期召开职工代表会议，有些商店建立了有职工代表参加的企业管理委员会，对于改善商店的经营管理起到了很好的作用。商业部门应该很好总结这一经验，加以推广。同时还必须加强群众对零售商店的监督，特别是与人民生活关系密切的副食品和粮食商店应该与街道居民建立起定期的联系制度，通过召开居民座谈会、顾客座谈会等办法，主动地、经常地听取消费者的意见，接受消费者的监督，不断地改进供应工作。居民监督是促进零售商店提高服务质量，改善服务态度，改进供应工作，改善经营管理的有效办法，它是密切商店同群众关系的重要形式。目前零售商业、服务业已经下放到区管理，这就更便于发动居民对商店进行监督。对企业内部的一切不合理的限制职工积极性、创造性的规章制度，都要坚决地加以修改和废除，并且建立起适应生产力发展的规章制度。

商业部门应该经常注意全面、均衡地完成各项计划指标，认真地贯彻勤俭办企业的方针，推行经济核算制，多快好省地组织商品流转，减少经营环节，降低商品流转费用，加速资金周转，扩大社会主义积累。但是也要防止只顾节约资金，减少库存，而不去积极组织收购和减少经营品种的现象，防止片面节约费用，而发生降低服务质量的现象。

五、积极开展技术革命和文化革命。广大职工经过总路线的学习，破除了迷信，打掉自卑感，树立了敢想、敢说、敢干的共产主义风格，掀起了一个群众性的技术革新运动。新技术的应用，已经开始起到减轻职工的劳动强度、提高劳动效率、便利群众的作用。今后技术革新运动，应该是：在仓库、运输、加工等部门，大力改进各种操作方法，尽快地实现机械化、半机械化，以代替笨重的体力劳动和手工劳动；在批发和零售单位，应提高业务技术，改进劳动组织，减少流转环节，简化手续制度；服务行业应改进操作技术，改进工具、设备，不断地提高服务质量。商业、服务业必须大力开展文化革命，要求在三年左右的时间内，大部分干部和职工都能达到初中的文化水平。

为了实现以上任务，达到彻底改革商业工作的目的，必须加强党的领导，认真贯彻党的方针政策，认真贯彻相信群众、依靠群众、从群众中来到群众中去的工作方法，充分地发挥职工的积极性、创造性，这样就一定能够把我们社会主义商业办得更好，就一定能够推动全市商业、服务业的工作继续前进。

关于进一步实现郊区农业生产大跃进的报告

——1958年8月13日在北京市第三届人民代表大会第一次会议上

北京市农林水利大生产运动办公室主任　赵　凡

各位代表：

现在，郊区农业生产和全国一样，正在大跃进运动中，成绩很大，但是运动是很不平衡的，有些庄稼长得很差，必须进一步鼓足干劲，抓紧田间管理，争取今年秋季和明年的大丰收。

首先，我报告一下郊区农业生产的主要情况和问题。

在水利方面，1957年10月以前，郊区仅有水浇地四十万亩，占耕地总面积的6．6%。经过去冬今春郊区全体农民的努力，新完成的水利工程可浇地三百七十五万亩，相当原有灌溉面积的九倍多，加上原有的四十万亩水浇地，灌溉面积达四百一十五万亩，占全部耕地面积的69%。其中包括：水库、内湖、坑、塘等蓄水工程一千二百多处，大小灌渠二百多处，水柜二百一十二处，各种水井一万四千多眼。在山区普遍展开了水土保持工作，先后修谷坊八千三百零八座，挖鱼鳞坑一百八十七万个、水平沟二十二点七万公尺、水窖二千个，整修梯田二十二万五千亩，扩大梯田二万六千亩，整滩淤地一万二千五百亩，加上造林和水库工程，共可初步控制流域面积一千平方公里，为全部水土流失面积的28%。在兴修水利扩大灌溉面积的同时，还建设了小型水利发电站三十多处。大兴、通州、朝阳、丰台等区已组成了水利灌溉网，以往经常遭受涝灾的大兴区已经做到渠库相通，能蓄能泄。因此，今年郊区在少有的长期干旱的情况下，基本上保证了农作物的播种和生长；最近进入雨季之后，许多新修的水利工程又发挥了拦洪蓄水作用。昌平区在7月10日以后的降雨量虽然比1955、1956两年都大，但由于修建了十三陵水库和桃峪口、响潭、白羊城等小型水库，所以温榆河、北运河比1955、1956两年的水位低，流量小，因而下游没有发生涝灾。就全郊区来看，至少有五十多万亩耕地免受涝灾，从而保证了今年郊区农业生产的大跃进。现在，郊区已经兴修的水利工程中，有一部分由于平整土地的工作没有跟上去，还没有发挥作用；不少地方可以打井的还没有打井，可以修建小型水库的地方也没有修小水库，现在还有30%耕地没有水利工程设施，到了干旱需水季节，不少地方仍然不能灌溉，影响农作物的及时播种和生长。今冬明春仍然有很大的兴修水利的任务。

在农作物生产方面，为了满足首都人民需要的蔬菜，进一步扩大了菜田面积。春夏季蔬菜播种了十八万亩，比去年同期增加三万多亩，总产量约八亿斤，比去年同期增加19%。各类蔬菜的单位面积产量都超过去年，并且创造了一些高额丰产纪录。丰台区红旗社的二亩西红柿在提早摘收供应市场需要的情况下，亩产四万三千九百三十九斤，比郊区历史上最高纪录（亩产一万八千斤，也是过去全国最高纪录）高出一倍多。丰台区东铁匠营社葱头亩产一万八千四百三十斤，超过郊区以往的最高纪录（亩产一万零四百二十六斤）的77%。昌平区卫星社一点二四亩黄瓜亩产二万零一百四十斤，比郊区以往最高丰产纪录高68%。朝阳区小红门乡红光社一点六四亩扁豆，平均亩产八千零四十点八斤，比郊区以往最高丰产纪录（亩产二千七百一十四斤）高出两倍。因为郊区蔬菜普遍增产，所以今年夏季充分满足了首都人民的需要，并且使蔬菜价格降低了。为了保证首都蔬菜完全自给，郊区农民做了很大努力，许多农业社为了平衡淡旺季供应，采用了各种各样的办法：排开播种、控制秧苗生长、提早打尖、促进早熟等。尽管农民做了这样多的努力，蔬菜供应量还是不能完全根据市场需要来安排，在收获季节必然要大量上市，供过于求，加以没有很好地及时安排蔬菜的加工、储藏、外销，因此，前一时期发生西红柿积压、腐烂现象。为了解决这个问题，要在蔬菜产区发动群众搞土窖冷藏设备，并且在蔬菜供应过剩的时候，就地进行蔬菜加工，腌咸菜、作西红柿酱等。

今年郊区小麦，战胜了干旱，也获得了丰收。全郊区共播种一百一十万亩小麦，平均亩产一百四十二斤，完成计划产量（亩产一百二十一斤）的117%，比1957年亩产五十四斤增产一点六倍。但是，拿这个产量来跟全国先进地区比较，仍然相差很远，比如河南省小麦平均亩产二百八十四斤，比郊区高出一倍。这说明我们郊区小麦是落后了，如果我们千方百计地采取各种有效措施，本来还可以获得更高的产量。就是以郊区的小麦来说，也有比较高产的例证，通州区金麦穗社五点六八亩小麦，平均亩产一千四百四十二斤六两；东郊农场全场二百零三亩小麦，平均亩产八百一十四斤，其中有二十八点三三亩，平均亩产一千一百三十六点三斤；通州区丰收社三点六二五亩小麦，平均亩产一千三百二十三斤；南郊农场一点零三六亩小麦，平均亩产一千零一十点六一斤。周口店区夏滩社一点四九亩麦田，土层很薄，去秋种麦时，粗耕了一遍，种的很稀，下了十二斤籽，返青时又黄又弱，被评为“乌龟”麦。共青团支部为了打破保守思想，就把这块“乌龟”麦包下来作为试验田，浇了五次水，锄了三遍，追了五次肥料，最后这块地亩产五百二十七斤十五两小麦。群众说“乌龟”麦也坐上了“飞机”。这些小麦丰产的事实也说明，郊区今年的小麦完全有可能争取到更高的产量。为什么今年郊区小麦生产落后了呢?一、由于我们没有完全克服右倾保守思想，今年小麦生产的指标订低了。去年秋季种麦时，我们领导干部思想上就没有解放，认为小麦是“低产作物”，因而指标订得保守；二、我们没有抓紧搞试验田，并且在党中央提出普遍搞试验田的指示以后，我们仍然抓得不紧，没有使每个社、每个生产队、每个生产小组、每个区乡社干部以至老年、青年、妇女都来搞试验田，因而没有能够充分利用试验田带动整个农业生产；三、最主要的是具体措施不够。绝大多数耕地没有深耕，没有密植，底肥不足，土地没有平整，并且麦田的管理也落后了。由于缺乏先进指标，没有搞好试验田作出活生生的榜样，同时又没有经过群众广泛深入开展辩论，使深耕、密植、施肥、加强田间管理等有效措施，没有或者没有完全变成群众自觉的行动，因而就不能充分发挥群众的积极性和创造性，造成今年郊区小麦虽然比去年增产但仍然处于落后的状态。

今年郊区大秋作物播种、生长都比往年好，底肥增多，平均每亩一万斤左右，密植程度提高，特别是6月底、7月初以来，我们接受小麦增产不多的教训，在全郊区开展了一个以三加（加苗、加水、加肥）两除（锄草、除虫）为中心的加强田间管理运动，并且把所有庄稼按一、二、三、四等分类插旗，发动群众通过大鸣、大放、大辩论，批评了保守思想，大力加苗、加肥、加水，除虫、锄草，使田间管理大大加强，一类苗由原来30%左右上升到60.8%，四类苗下降为2.7%，二类苗占23.7%，三类苗占12.6%。从现在大秋作物生长情况来看，全郊区粮棉作物将比去年大大增产。在今年内提前完成农业发展纲要的粮食指标，即完成亩产粮食四百斤的指标，是很有可能的。但是，由于今年的大秋作物也和小麦一样，底肥不足，土地没有深翻，密植不够，因而还很难赶上全国的先进地区。我们必须很好地接受这个教训，争取明年农业生产更大的跃进。

在畜牧方面，到6月底，全市累计养猪九十万头，比1957年同期增加69%。今年养猪生产的特点是：(1)国营农场和合作社、生产队的集体养猪有很大发展。到6月底，集体养猪已发展到二十二万一千八百九十八头，全郊区共建立了四千二百八十九个集体养猪场。(2)种公猪、母猪增加很快很多。全郊区已留养母猪十三万五千一百零九头，为明年有计划地自繁自养创造了条件。(3)广大妇女积极养猪，到6月底共建立了九百四十三个妇女“三八”养猪场，培养了喂猪女饲养员二千六百六十四名，养猪十一万一千四百二十九头。(4)猪的饲养管理也大大改善。昌平、朝阳、丰台等区基本上控制了猪瘟的流行，大大减少了猪只的发病和死亡。(5)出现了一批养猪红旗乡、红旗社、红旗队。朝阳区五一社南皋生产队，到6月底平均每户养猪十二点六头，每人平均二点六三头；顺义区龙湾屯乡养猪二万零十一头，平均每户七头，每人一点五头。今年郊区养猪任务很大，全年要求至少饲养一百八十万头，现在只完成一半，而且即使完成了这个任务，距离满足首都人民的需要也相差很远，因而绝对不可放松。现在，有些地方在抓紧田间管理时，忽视对养猪的安排，有些农业社在办了食堂以后，对社内集体养猪抓得不紧，对社员个人养猪也帮助不够，以致发生大量卖猪的现象，这些问题也是需要及时注意解决的。

郊区国营农场的奶牛，从大跃进高潮以来，饲养管理进一步得到改善，产奶量不断增加，今年上半年总产量达到一千五百七十多万斤，比去年同时期增加37%。

在林业方面，今年春季全市人民掀起了一个声势浩大的绿化造林运动，共完成四旁植树六千多万株，荒山荒地造林四十八万多亩，占全市应造林面积的23%。在运动中，先后出现了很多万亩林、千亩林、青年林、妇女林、环村林，特别是顺义区龙湾屯乡、周口店区龙门台乡、十渡乡等山区，依靠群众，献苗献种，克服了种子不足的困难，营造了三个双万亩林，十九个万亩林。顺义区龙湾屯乡在乡党委领导下，实行社队分片分段包干，每天上山七千多人，仅用五、六天的时间，就造成了“双万亩林”。这一事实驳倒了那种强调种子、苗木、劳力困难，不能迅速绿化荒山的保守、悲观的论调，为迅速绿化首都创立了一个良好的开端。

在绿化造林运动中，果树发展很快，共栽植了各种果树二百五十多万株，比1957年的五十七万株增加将近四倍，成活率一般在80%至90%。其中成绩最好的，是由下放干部为主新在荒河滩上开辟的南口国营果树农场，他们战胜了严寒、干旱，在一冬春将二千多亩沙滩换上好土，栽上了五十七万株果树，成活率达到96.8%。许多农业社对现有果树普遍进行了修剪、施肥和防治病虫害，普遍改进了果树的管理，所以今年除柿子挂果较差外，其余苹果、大桃、杏、梨、葡萄、核桃等都是枝叶繁茂，果实累累。海淀区北安河社1957年果品总产量六十万斤，而今年只杏子一项就收获八十万斤。国营西郊农场还出现了株产一千斤至一千五百斤的高产苹果树和株产六百斤左右的高产桃树。但是，仍有很多农业社对于很大一部分果树，仍然按照古老的、落后的、保守的方法进行管理，不但没有很好地修剪，甚至根本不修剪，不施肥，使这一部分水果产量仍然很低。

结合绿化造林运动，今年郊区还试验养蚕。第一批试养春蚕七百二十一张，共收茧四万六千九百四十点五斤，平均每张产茧六十五点一九斤，超过1957年全国春蚕平均每张产茧四十五点一七斤的44.32%，其中有三张达到一百斤以上。周口店区十渡乡李秀荣小组所饲养的一张达到产茧一百二十四点四斤的高产纪录。这些事实证明，郊区完全有条件养蚕，应该大大提倡。

自从去冬大跃进高潮以来，农村各项生产建设工作量增加很多，劳动力有些地方不足，有些地方十分紧张，因此，许多地方感到原有旧式生产工具效率很低，不能适应大跃进形势的需要。截至目前为止，全郊区已改革或创造了提水、加工、运输、耕作及除虫工具二千六百零三种，推广了九万七千二百四十五件，约占郊区现有农具的三分之一。这些改良农具的特点是：构造简单、使用方便、成本低、效率高。顺义区高力营镇工厂改制的双盘立磨，每日可磨粉一万二千斤，比旧式平磨提高效率一百三十倍。顺义区北郎中乡西小营团支部书记任木红创造的畜力锄地器，现在已经推广了四千八百六十二件，可解决五十万亩地的中耕锄地作业，预计全年可节省一千多万个劳动日。当前，农具改革已进入以运转工具滚珠轴承化为中心的新高潮，广大群众利用铁匠炉和铁业社的简单设备，大搞滚珠轴承，截至目前，已有六千多辆大车和一万多辆手推车实现了滚珠轴承化。其中改得最快的是通州区，他们发动了铁匠、木匠及广大农民群众，苦战七昼夜，制造出二万零七百四十四套滚珠轴承，因而提前实现了全区大车滚珠轴承化，使运输大车效率提高半倍至一倍。但是，有些干部轻视发动群众用土办法改良农具的意义，片面追求现代化、机械化，存在着坐等城市供应农业机械的依赖思想，因而有一个时期，群众发动不够，动手较晚，到现在还有三分之二的农具没有改革。为了保证今年的深耕、种麦和今冬大兴水利的需要，必须立即发动广大群众，穷干苦干，自力更生，改革一切旧式农具。

为了解决劳动力不足的困难，郊区正在大力动员组织妇女参加生产。许多地方发展了托儿组织，建立了农民食堂和缝纫厂、缝纫组。据最近不完全的统计：全郊区已有四十六万多个七岁以下的幼儿进了幼儿学校、幼儿园、托儿所；全郊区已办了三千二百多个农民食堂，入伙的有七十一万多人，占郊区总农业人口的30%左右；已组织起七百多个缝纫组和三百多个缝纫厂，有二千九百多部缝纫机，解决了妇女参加生产后缝衣服的困难。目前郊区农村妇女直接参加田间劳动和农村各项建设事业的已达三十二万人。

在大跃进高潮中，广大人民群众大大发扬了共产主义的精神和风格，人们打破了市界、区界、乡界、社界、队界，在人力、物力、技术上互相支援，在兴修水利、造林、突击抗旱等运动中都是这样。其中最突出的是修建十三陵、怀柔两个水库工程。十三陵水库最初由昌平区农民修建，在工程进行中得到了全郊区的非受益区农民的热情支援，随着工程的进展，又有首都的工人，解放军驻京部队、机关的官兵，中央和北京市的国家机关干部，学生、商业工作者参加。怀柔水库是由顺义、通州、大兴、周口店等四个区与附近河北省的八个县的农民共同修建的，其中大部分也都是间接受益或非受益地区的农民。这两个水库都是原计划在第三个五年计划期间修建，但是在去冬兴修水利高潮中，经过广大农民群众和干部讨论，就一鼓劲地动手搞起来，经过一百六十天的奋战，在洪水到来以前就全部完工了。在春播抗旱中，全市机关、部队、学校、工厂、企业动员了大批的人力、机器、技术帮助农民抗旱播种，尤其可贵的是，许多工人家属、城市居民也纷纷自带伙食来到农村，他们不要任何报酬，帮助农民战胜春旱，完成播种，为力求实现农业生产大跃进贡献自己的一份力量。

下面，我讲讲郊区农业生产今后的任务和当前的措施。

郊区农业生产的根本任务是：贯彻执行为城市服务的方针，保证城市副食品的供应；同时大力提高粮食、棉花、油料作物的单位面积产量，争取站在全国最前列。我们首先要大力发展副食品的生产，保证充分供应城市新鲜的蔬菜、猪肉、鸡、鸭、鸡蛋、牛奶和大部分水果等，因为这些鲜货远途运输损耗浪费很大，郊区一般又有发展条件。除蔬菜要完全保证供应以外，其他副食品也必须争取迅速达到自给自足，减轻外地的负担和运输上的损耗浪费。但是，绝不能因此放松粮食的生产，必须更加迅速地提高单位面积产量，保证粮食的高产。

为了完成这个任务，当前我们的措施是：

第一，保证秋季作物全面大丰收。现在距秋收定局已经不到一个月的时间，今年的农业大跃进已经进入决战的阶段，必须进一步发动郊区农民群众，抓紧这个决定今年增产的最后时机，大干、特干，穷干、苦干，进一步搞好田间管理，继续搞好追肥、锄草、除虫、松土等增产措施，力争把一类苗提高为丰产田，二类苗提高为一类苗，把三、四类苗迅速提高、升级，以至全部消灭。

第二，大量增加小麦的播种面积，争取明年大面积的高额丰产。计划秋季种麦一百一十万亩到一百五十万亩，明春必须努力增加春小麦的播种面积。根据今年各地丰产经验，秋耕时保证小麦丰产的关键措施是：多施底肥，深翻土地，密植全苗，普及良种。底肥一般在五万斤、六万斤、十万斤以上；深翻土地至少一尺半，过去的试验田有的深翻在三尺以上；密植多在一百万株以上，播种量不但是三十斤、四十斤、五十斤，还有更多的。各区、各乡、各社应该经过充分的鸣放、辩论，研究和推广各地的先进经验，订出自己的增产指标和措施，争取明年小麦产量能够站在全国最前列。

此外，其他耕地除不适宜深耕的以外，秋收后必须普遍深翻一尺五寸以上，为明年大跃进打好基础。

第三，保证种好秋菜。从今年9月后半月到明年4月前半月，约计7个多月的时间，首都五百多万人民的吃菜问题要靠秋菜解决，因此必须保证把秋菜种足、种好，完成种植三十二万亩的计划，使首都所需要的秋菜完全自给，并且力争有余。

第四，抓紧下半年的畜牧家禽生产，为明年大跃进作好准备。要抓紧留养母猪工作，到年底必须留够六十万头，以便大量繁殖仔猪，争取在两三年内根本解决城市所需猪肉的供应。各乡、社应按照养猪任务准备足够的青贮饲料。乡乡要建立兽医室，场场有防疫员，所有的猪都要进行防疫注射。对发展奶牛、牛、羊、鸡、鸭、兔以及其他大牲畜等工作，也必须同时搞好。

第五，掀起一个全民的更大规模的秋季造林高潮，争取在1959年基本上完成绿化首都的任务，今年秋季至少应造林一百万亩。除继续发动郊区农民大量造林、采种、育苗外，还要采取分山划片、包种、包活、包管理的办法，包给国家机关、学校、厂矿、企业等单位，发动干部、职工、学生参加义务劳动，按期完成造林任务。

第六，开展一个人人动手的大压绿肥和除四害、讲卫生相结合的积肥运动，把一切可以利用的肥料都充分利用起来。要求在8月底以前做到平均每亩积肥五万斤，为秋收作物追肥和秋季种麦准备足够的肥料，并且力争消除蚊蝇孳生的根源。作法是：(1)乘目前雨后草多、天热容易发酵的有利时机，发动郊区群众大量清除杂草，就地沤压绿肥。(2)家家户户收集尿肥、草木灰，改造现有厕所，作到粪池用缸，缸上有盖，不失肥效，不生苍蝇。(3)普遍进行"四翻一拆"，翻厕所、翻猪圈、翻牲口棚、翻磨道，拆土炕。秋收后再进一步开展冬季积肥运动，每亩地至少再积肥五万斤。

第七，大力改革农具，要求在8月底以前实现一切运转的工具滚珠轴承化，并且改浅耕犁为深耕犁，改稀植工具为密植工具。在推广以上农具时，首先发动群众献计、献材，广泛收购废铜烂铁，能自制的自制，能用木制的用木制，就地取材，就地制造。

第八，在今冬明春开展一个规模更大、干劲更足的水利建设运动，全面实现水利化，耕地园田化，坡地梯田化，提水机械化、半机械化。以修建小型水利工程为主，以蓄为主，着重修建小型水库，普遍打井，同时与河北省协作着手修建密云水库，完成潮白河引水工程，要求做到全部土地无雨保丰收，大雨也不发生严重的灾害，并且加强水土保持工作和平整土地的工作。

为了争取郊区农业生产能够站在全国最前列，必须改变领导农业生产的工作方法，贯彻执行党的群众路线，抓紧搞试验田和一切通过群众辩论这两个环节。许多经验证明，不种试验田，是搞不好农业生产的。从市、区主管农村工作的干部到乡社干部，以及每个生产队，生产组，青年、妇女、老农，都要搞试验田，在乡社中形成人人都搞试验田的评比、竞赛的热潮。要通过试验田，放手创造各种先进的典型经验，推动农业生产的不断的跃进。各级领导农业生产的干部应该毫无例外地亲自动手搞试验田，不断地发现和推广先进的典型经验。

大鸣、大放、大辩论，是党的群众路线的新发展。一切有关农业生产的各项指标和措施，都必须在每个乡、每个社、每个队、每个组充分展开大鸣、大放、大辩论，由群众自己制订本乡、本社、本队、本组的增产指标和措施，使这些指标、措施成为群众自己的要求，变成广大群众的实际行动，不能简单依靠行政命令办事。现在，郊区有一部分干部总想自上而下规定一套办法让群众执行，还不习惯于运用大鸣、大放、大辩论的方法，有些干部还把大鸣、大放、大辩论同完成增产任务对立起来，耽心大鸣、大放、大辩论太费时间，影响生产。他们没有看到，过去某些增产指标、措施不能实现或者不能完全实现的根本原因，正是没有在群众中充分展开鸣放、辩论，有些 地方的群众甚至不知道他们那里的增产指标和措施。我们必须通过几场大鸣、大放、大辩论，使郊区广大干部进一步改进工作作风，防止与克服任何命令主义的倾向，贯彻执行群众路线的工作方法，使各项工作都成为广大群众自觉的行动，郊区农业生产进一步的大跃进，才会有可靠的保证。

我们相信，郊区农民在党的社会主义建设总路线的光辉照耀下，一定能够克服困难，鼓足干劲，超额完成今年的农业增产计划，争取明年更大的丰收。

北京市第三届人民代表大会第一次会议提案审查委员会关于提案审查的报告

（1958年8月22日通过）

北京市第三届人民代表大会第一次会议共收到提案553件，经整理合并为486件。其中，政法类37件、财经类139件、文教卫生类133件、城市建设类168件、社会福利及其他类9件。

提案审查委员会分设了政法、财经、文教卫生、城市建设、社会福利及其他五个组，分别对有关提案逐案进行了研究，提出了初步审查意见；然后由总召集人和各组召集人做了进一步的审查；最后，由提案审查委员会全体会议讨论通过。

提案审查委员会认为，这次会议的提案反映了对各项事业进一步大跃进的要求和跃进中存在的各种问题，对促进社会主义建设事业的发展，具有积极的作用。提案审查委员会认为，对于各项提案应该按照鼓足干劲、力争上游、多快好省地建设社会主义总路线的精神进行处理。在全部486件提案中，可即由市人民委员会按原提案人意见办理和发动群众、组织群众自办的有213件；情况比较复杂和牵涉面较广，需要由市人民委员会认真地进行调查研究，根据具体情况加以处理的有231件；由于各种原因暂时不能办或不宜于办的有18件；提案中所提的问题不属于市人民委员会的职权范围，交市人民委员会转送其他有关部门处理的有24件。提案审查以后，今天又收到6件提案，一并交市人民委员会研究处理。

提案和审查意见已印发给各位代表，是否妥当，请大会审议。

彭真同志讲话（摘要）

（1958年8月22日）

要把北京从一个旧的消费的城市改变成为社会主义的生产城市，要从各方面彻底完成社会主义改造，把生产资料私有制改造成为社会主义所有制，把一切不劳而食的人改造成为劳动者，并且肃清一切非社会主义思想，改造社会风气。

经济的改造，特别是工农业生产的发展，是一切工作的基础。现在要深入地发动群众，通过基层生产单位的群众，确立和修改本单位的跃进的生产指标，采取切实有效的具体措施，并且抓紧思想政治和组织领导，以保证跃进生产指标的实现。只要这样，纵然指标比较高，也可以完成和超额完成；反之，纵然指标较低，也有完不成的危险。

必须坚持干部参加劳动的制度，必须贯彻执行教育与生产劳动相结合的方针，必须继续采取多种形式，发展教师、学生参加生产的制度。只有这样，才能使我们的干部永远密切联系群众，并且使领导者把政治与业务紧密地结合起来；只有这样，才能培养出又红又专的工人阶级知识分子，而不至于使学生成为厌恶劳动、脱离实际的非无产阶级知识分子。

关于北京的城市建设和乡村建设的规划问题。从经济的发展着想，从人民的精神生活和物质生活着想，从城市供应和城乡关系着想，城市建设的布局都不要过于集中，不要使现有的城市过分地扩大，应该在城市周围建设卫星城市和工业基地，发展乡村工业，建立既有现代农业、现代工业又有现代化设备的乡村。这样做的结果，就能逐步缩小以至消灭城乡差别。

关于乡村和城市家庭妇女参加生产劳动的问题。由于家庭妇女参加了生产和各项社会建设，她们迫切需要建立公共食堂、托儿所和缝纫社等等，把家务劳动变成集体化的社会劳动，使妇女从事相当大的一部分家务劳动中解放出来，并且在建立社会主义经济的基础上，改造旧社会遗留下来的生活形式。这是一件大事。

一切政府工作人员，都必须以无产阶级的作风为标准，以密切联系群众的作风为标准，以鼓足干劲、力争上游、多快好省的作风为标准，检查思想，改造思想，检查作风，改进作风，树立无产阶级的、密切联系工人、农民和所有群众的革命的工作作风。

北京市第三届人民代表大会第一次会议选举北京市应选的第二届全国人民代表大会代表、北京市人民委员会组成人员和北京市高级、中级人民法院院长的办法

（1958年8月22日北京市第三届人民代表大会第一次会议通过）

一、根据“中华人民共和国全国人民代表大会及地方各级人民代表大会选举法”、“中华人民共和国地方各级人民代表大会和地方各级人民委员会组织法”和“中华人民共和国人民法院组织法”制定本办法。

二、北京市应选的第二届全国人民代表大会代表，北京市市长、副市长、人民委员会委员和北京市高级、中级人民法院院长，由市人民代表大会采用无记名投票方式选举。

三、选举第二届全国人民代表大会代表二十九人；选举北京市市长一人、副市长七人、人民委员会委员三十九人；选举北京市高级、中级人民法院院长各一人。

四、市人民代表大会须有过半数代表出席，始得开会进行选举。

五、大会主席团就出席会议的代表中提出总监票一人，监票人八人，经大会通过后，在大会主席团领导下，对发票、投票和计票进行监督。

六、投票人同意选举票上所列的某一个候选人时，就在这个候选人姓名左面的空格里划一个“○”；不同意某一个候选人时，就在这个候选人姓名左面的空格里划一个“×”；在候选人姓名左面的空格里不划“○”又不划“×”的算作弃权。

投票人如果愿意在选举票上所列的候选人以外另选其他人，可以在划“×”的原候选人姓名右面的空格里，写上自己愿意选举的人的姓名。

投票人选举全国人民代表大会代表，北京市市长、副市长、人民委员会委员和北京市高级、中级人民法院院长时，每一选举票上所选举的人数，多于规定人数的作废，少于规定人数的有效。

七、投票人写票，一律用钢笔或毛笔。

八、投票人如自己不会写票，可以请人代写。

九、选举票由投票人亲自投入票箱。

十、全部书写模糊无法辨认的选举票，全票作废；部分书写模糊无法辨认的选举票，可以辨认的部分有效，无法辨认的部分无效。

十一、候选人获得出席代表半数以上选票时，始得当选。如果候选人所获得选票不足半数时，应另行补选。

十二、选举结果，由大会主席团宣布。

十三、本办法由北京市第三届人民代表大会第一次会议通过后施行。

北京市第三届人民代表大会第一次会议关于1957年财政收支决算和1958年财政收支预算的决议

（1958年8月22日北京市第三届人民代表大会第一次会议通过）

北京市第三届人民代表大会第一次会议听取了张友渔副市长关于北京市1957年财政收支决算和1958年财政收支预算（草案）的报告，经过小组和大会的讨论，并听取了预决算审查委员会的审查报告，大会认为，本市1957年预算的执行情况是良好的，市人民委员会在预算执行过程中所作的调整是必要的、恰当的。1958年预算（草案）贯彻了党的社会主义建设总路线的精神，适应大跃进的形势，收入和支出都有巨大的增长，各项安排也是恰当的，在全市人民积极努力下，是一定可以胜利实现的。大会同意预决算审查委员会的审查报告，批准本市1957年财政收支决算和1958年财政收支预算（草案），并授权市人民委员会根据情况的发展，在积极保证收入支出平衡的原则下，可以对预算进行必要的调整。

大会号召全市人民进一步鼓足干劲，力争上游，发扬敢想、敢说、敢干的共产主义风格和穷干、苦干的革命精神，为大大超额完成1958年国民经济计划，胜利实现1958年财政收支预算，为尽快地把首都建设成为一个现代化的工业基地而奋斗！

北京市第三届人民代表大会第一次会议关于北京市人民委员会工作报告的决议

（1958年8月22日北京市第三届人民代表大会第一次会议通过）

北京市第三届人民代表大会第一次会议一致同意北京市人民委员会关于工业工作的报告、关于进一步实现郊区农业生产大跃进的报告和关于改革商业工作的报告。

大会认为，在整风运动和反右派斗争伟大胜利的基础上，在党的社会主义建设的总路线的鼓舞下，全市人民精神奋发，斗志昂扬，在工农业生产和其他各个战线上掀起了大跃进的高潮，各方面的工作都获得了很大的成绩。1958年上半年，工业产值比去年同期有了很大增长，试制成功了多种新产品，在新建、扩建、改建一系列大、中型工厂的同时，区、乡举办了大批的小型工厂。农业方面，保证了城市的蔬菜供应；小麦的产量比去年有了增长，其他农作物也生长良好，改革、创造了多种农具，建成了十三陵水库和大量的小型蓄水、引水工程。在商业方面，通过推广天桥百货商场的经验，大大提高了全市商业为生产、为群众服务的质量。

大会认为，1958年上半年的工作虽然取得了很大成绩，但是有些工作仍然落后于全国最先进的水平。必须彻底克服保守思想，更进一步发动群众，进一步鼓足干部和群众的干劲，发扬穷干苦干、自力更生的精神，在工农业生产和基本建设战线上掀起新的大跃进的高潮，千方百计地采取各种有效的措施完成和超额完成工业和基本建设的跃进计划，力争农业全面的大丰收。

大会深信，全市人民在中国共产党和市、区人民委员会的领导下，一定能够贯彻执行党的鼓足干劲、力争上游、多快好省地建设社会主义的总路线，广泛开展技术革命和文化革命，促使以生产为中心的各项工作更大地、全面地跃进，争取以最快的速度把首都从消费城市改造、发展成为一个工业化的、现代化的城市。

北京市应选第二届全国人民代表大会代表名单

（1958年8月22日北京市第三届人民代表大会第一次会议选举）

（按姓氏笔划排列）

万 里 毛泽东 王昆仑 乐松生 刘少奇 刘德珍
安朝俊 宋 汀（女） 李 恕（回族） 吴 晗
林巧稚（女） 周恩来 罗淑珍（女）
范瑾（女） 浦洁修（女） 殷维臣 张友渔
张百发 张奚若 张晓梅（女） 郭树德 梁思成
梅兰芳 黄润萍 彭真 舒舍予（满族）
载涛（满族） 蒋南翔 诸福棠

北京市第三届人民代表大会第一次会议 北京市人民委员会组成人员名单

（1958年8月22日在北京市第三届人民代表大会第一次会议选举）

市　长：彭　真
副市长：万　里 冯基平 吴　晗 王昆仑
程宏毅 贾庭三 乐松生
委　员：（以姓氏笔划为序）
王　纯 王文荣 王文斌 王明之 王振喜
王福海 王照华 叶恭绍 刘　仁 孙孚凌
孙国梁 朱　临 朱兆雪 池际尚 牟泽衔
李　恕 吴　涛 杜　若 严镜清 陈克寒
郑天翔 赵　凡 赵引珠 赵炳南 赵鹏飞
侯仁之 高而恮 高其昌 张　鋆 张景伯
张晓梅 张懋中 梁思成 彭思明 隋经仁
贾星五 顾均正 蔡　旭 钟　森

北京市高级、中级人民法院院长名单

（1958年8月22日在北京市第三届人民代表大会第一次会议选举）

高级人民法院院长　林　彤

中级人民法院院长　王　良

北京市第三届人民代表大会第一次会议主席团、秘书长名单

（1958 年 8 月 12 日北京市第三届人民代表大会第一次会议通过）

主席团　（47 人，按姓氏笔划排列）

万　里　王　炯　王　纯　王昆仑　王辉球　王人旋
王文斌　王福海　王照华　乐松生　叶恭绍（女）
刘　仁　刘　涌　朱兆雪　吴　晗　李　昶　严希纯
严镜清　周　仁　范　瑾（女）　陈克寒　陈炳基
陈文润（女）　郑天翔　侯仁之　姚光裕　赵　凡
赵引珠（女）　赵炳南　高而怪　浦洁修　梅兰芳
张友渔　张晓梅（女）　张景伯　张　萍　彭　真
程宏毅　邹鲁风　冯基平　贾庭三　贾星五　顾均正
蔡钟长　蒋光鼐　黎　晓　谭浩强

秘书长

贾星五

北京市第三届人民代表大会代表名单

东城区（95 人）

王　炯　王人旋　王书庄　王济民　王逸民　王树元
王宪铨　王淑芳（女）　王景富　王瑛璞（女）
王毓芬（女）　尹德丰　田志臣　印常荣　卢金堂
刘　磊（女）　刘淑芳（女）　刘凤鸣　华克专
孙慧民（女）　吴　晗　吴　雪　吴介源　吴钟秀
宋　彬　宋万荣　李文澜　李文华　李玉库　李秀德
李瑞全　汪静娴（女）　辛耀宗　邢相生　周　仁
周存瑞　周佩娟（女）　周巍峙　林惠如（女）
罗光达　苏锦垣　花莲宝（女）　金巴降错
陈文润（女）　陈哲文　郑天翔　郑恩洪　俞京生
姜秀清（女）　胡泉桂　赵力成　赵国梁　赵炳南
赵增山　徐乃谦（女）　徐道振　马树田　高博彦
常凤笄（女）　张　治　张　鋆　张又明
张允敏（女）　张立宏　张兰馨（女）
张仲元（女）　张肃庵　张德义　张锡钧
曹玉璞（女）　梁豫珍（女）　郭寿萱　傅丰永
彭　真　彭筱蕙（女）　曾竹韶　董化棠　董世诚
董洁民（女）　杨士惠　杨金香　杨春葆　杨香九
杨葆俊（女）　杨锡镠　顾均正　蔡钟长　蒋光鼐
蒋祖英　穆瑞清　戴士铭　颜迺卿　魏　彬　魏毓麟
龚培春（女）

西城区（108 人）

万　里　于道济　弓鉴民　王子如（女）　王安府
王秀珍（女）　王季青（女）　王建志　王敏生
王经慧（女）　王锡祯　孔秀英（女）　仇方域
支慧民　邓金鎏　左　恭　叶恭绍（女）　孙志洁
孙国梁　齐世信　朱兆雪　朱维馨（女）
成　秀（女）　曲　正　何培修　何锦范
吴　珂（女）　吴华庆　吴阶平　吴祖光　吴朝仁
李　珍（女）　李　维（女）　李万计
李万英（女）　李汉民　李良发　李丽俐（女）
李松林（女）　李振鲁　李桂芝（女）
杜　若（女）　严希纯　宗崇仁　林　彤
苏灵扬（女）　陆宗达　金书田　金瑞莘（女）
陈　琦（女）　陈　模（女）　陈士骅　陈光旭
陈炳基　陈茂生　郑旦华（女）　姚光裕　柏　岳
胡亚美（女）　赵引珠（女）　赵增谋　赵锦亭
徐玉莲（女）　徐寿荣　徐政闻　秦力生　袁德麟
马志恒　高　戈　耿树鹏　殷继增　乌秀琴（女）
康　英（女）　常秀桐　张　琪（女）　张友渔
张玉寿（女）　张立茂　张育珂　张思恭　张启工
张道岐　张懋中　曹　禺　梅兰芳　陶　倬　黄元彬
黄卓明　汤世雄　董洁如（女）　冯　志（女）
冯傅汉　杨　滨（女）　杨永和　杨昌葆
贾兰文（女）　闻家驷　顾之惠（女）　顾康乐
雷绍瑜　廖馥君　裴　仁　翟玉贞（女）

蒋　敏（女）　骆慕英　钟启承　薛成业
兰玉珍（女）

崇文区（55人）

力伯法　于熙钟　方荣欣　王　甦　王昆仑　王宝臣
王曾涛　王传耀　毛之芬（女）　叶　子（女）
田文宽　刘珍甫　朱登辉　吕石泉　吕连英　宋世五
国立富　房希珍　苏立明（女）　孟佩祥　范　离
陈珠明（女）　禹培之（女）　侯学礼　祝寿河
赵荣光　赵维新（女）　夏　翔　夏长馨　徐英超
马祥俊　高延俊　高登榜　殷宗琦　崔　河　崔月犁
张　恒　张凤元　张兴彦　张明月　章　敬　许　平
黄淑俊（女）　黄嘉生　曾汝珍（女）　焦菊隐
焦寰五　程宏毅　隋经仁　杨洪泰　黎　晓　谢锡光
钟克华　魏子俊　谭浩强

宣武区（72人）

万莲卿（女）　于非闇　王　纯　王玉山
王玉蓉（女）　王宗仁　王培才　王殿元
牛凤鸣（女）　孔昭恺　乐松生　刘瑞华（女）
孙孚凌　孙金贵　齐国瑞　朱　临　朱仲丽（女）
佘涤清　吴昱恒　吴海峰　吴鑫寿　吕尚诚　李　恕
李　静（女）　李秀峰（女）　李茂春
李家瑜（女）　李桂云（女）　李贻赞　李德寿
杜广泽　沈一帆　严镜清　尚兴久　范　瑾（女）
范秉哲　陈伯沈　陈慧生（女）　胡幼琴（女）
荀慧生　徐兰沅　袁松亭　郝寿臣　马志英（女）
马祝三　马蕙英（女）　高肇文　倪家玺　倪德荣
浦洁修（女）　常子久　张　旭　张　洁（女）
张茂林　张晓梅（女）　梁思成　盖文林　傅卫川
曾子平　程玉珍（女）　邹鲁风　贺翼张
冯忠莲（女）　杨益三　顾慧芳（女）　蔡　平
樊书琴（女）　谢　宏　钟　森　戴念慈　韩昭良
萧　岩（女）

朝阳区（64人）

丁国仙（女）　丁振岐　于春和　王　策（女）
王　恺　王文荣　王文斌　王茹仙（女）　白振业
刘　拓　刘宝琴（女）　刘淑英（女）　刘福山
刘德明　孙仲鸣　孙昌宗　池百川　毕基初　冷　林
佟德禄　李文通　李酉山　李拓芜　李学方　杜冠武
周　杰　周凤鸣　孟宪祯（女）　林　栋　郑彤生
陈　涛　陈　晶（女）　陈谷音　陈树林　陈修明
陈曼云（女）　姜载愉　赵廷兰（女）　赵海山
徐振海　马志敏（女）　高　非（女）　高其昌
桂亚南（女）　康振芃（女）　崔子英　张　仁
张世恩　张志超　张英华（女）　许正华（女）
黄　祥　傅宗昆　单昭祥　程光炳　杨慧洁（女）
贾庭三　阎明光（女）　樊颖梅（女）
蒋兆安（女）　薛淑华（女）　韩连升　魏笑天
窦秀峰

丰台区（57人）

王效斌　王景铭　王镇武　尹庆仁　刘　仁　刘光金
刘寄梅　刘敏秀（女）　朱荫章　何锡麟
宋舜英（女）　李文儒　李健民　李德生
汪家镠（女）　苏　民　苏从周　苏锡尧　佫树旺
劳君展（女）　陈　发　陈　冲　陈　殊　陈克寒
信永利　姚士奎　赵桂香（女）　赵春霄　赵鹏飞
郝慎铭　袁泽洲　马应中　马清藻　高　铨　高玉贵
高维志　高润芝　倪吉英　张　萍　张树昆　曹明山
曹宪波　郭　荣　黄毓彦　莫艺昌　彭思明
贺淑蓉（女）　杨国玺　杨英麟　杨霞梅（女）
贾长威　蔡　旭　蔡连兴　霍占芳　戴凤臣　魏思文
魏建功

海淀区（76人）

于学馥　王玉芳（女）　王庆淑（女）　王希周
王照华　王福海　叶和才　申　多　边振纶（女）
刘义芳（女）　刘占武　刘长文　孙念台
池际尚（女）　毕金寿　何泽明　吴子牧　吴承祺
宋元俭　宋树欣（女）　李玉芬（女）
李守静（女）　李昌福　李纪甫　李修洁　沈　元
沈汝松　邢俊千　周发岐　周家炽　林黎奋（女）
罗凤山（女）　陈一凡　陈宝森　陆大绘　邵永成
房仲民（女）　侯仁之　洪茂宏　苗力田　赵　钰
赵宗仪（女）　徐秉文（女）　马文斌　马适安
马载之　高　沂　高而恮（女）　张　任　张　更
张大力　张文学　张龙翔　张乐漶（女）　张还吾
张国臣　张炳光　张德巩　曹湘君（女）　郭斐然
莫俊卿　冯鹏奇　彭庆遐　焦今昔　董文江　董耀禄
杨　述　杨承淑（女）　杨振忠　杨勤民　雷圭元
蔡长年　鲁　直（女）　鲍成吉　钟用达　戴　衡

门头沟区（25人）

王秀凤（女）　王明之　王建贵　王振喜
王宝琴（女）　史亚民　艾德怀　刘莱夫　李荣彰
杜逢明　金士宣　陈士林　赵　凡　赵永章　赵森林

高振德 耿子华 殷玉昆 张 萍 张世铭 彭 城
隗福勤 景振洋 裘盛戎 阎广顺

通州区（28人）

于际惠（女） 于建华（女） 方田古 王子田
王启英（女） 王敬亭 安 魁 庄前鼎 吕 忠
李文清 李少春 李贵田 李庆阳 柴泽民 常 生
张秀清（女） 张震东 张振铜 张景钺 郭国涌
曾德超 冯荣芳 董文兴 杨萃云（女） 熊寿祺
戴金伶（女） 戴松恩 魏继庚

顺义区（24人）

王慎斋 王福厚 皮宗秀（女） 刘希贵 关世雄
牟泽衔 何秀林 宋西林 宋景兰（女） 李 国
汪菊渊 严文井 周尚义 陈陆圻 侯鼎臣 胡振英
贠栋臣 高玉英（女） 荆聿玖 崔旭东 张青季
张淑兰（女） 阎长林 萧永顺

大兴区（19人）

王 良 尹峻峰 田 为 安云霞（女） 刘 涌
刘仲华 刘朝士 吴秀珍（女） 周毓芹（女）

陈修政 施 平 马极图 马德茂 张永珍 张庆兴
张宝英（女） 张景伯 寇顺义（女） 鲁国璋

周口店区（27人）

于泽英（女） 方徽五 王守武 申仲国 刘永国
刘永荣 刘克鑫 佟 铮 吴春山 吴祥祉 谷中秀
李忆兰（女） 杜宝珍 严中平 姜淑贤（女）
赵济才 赵锡武 马淑英（女） 袁德印 张 宣
张炳嬉 曹庶民 郭 华 冯卓如 杨淑芳（女）
贾星五 霍 梁

昌平区（21人）

于淑兰（女） 王淑萍（女） 王贯德 刘士豪
刘九祥 成安玉 乔著文（女） 宋新波 杜柏林
赵春荣 赵鼎新 高晓亭 张仲儒 张俊士 梁文秀
郭秀萍（女） 郭步岳 黄淑琴（女） 莫 艾
冯基平 阎秀兰（女）

部队（10人）

王世藩 王辉球 白文华 吴 涛 吕 展 李德安
赵正才 段德彰 张雨林 张英勃

北京市第三届人民代表大会第二次会议

（1959年9月10日—17日）

北京市第三届人民代表大会第二次会议于1959年9月10日至17日召开。代表688人。

会议听取了副市长万里关于北京市人民委员会工作报告，听取了副市长程宏毅关于北京市1958年财政收支决算和1959年财政收支预算（草案）的报告。

会议通过了关于北京市人民委员会工作报告的决议，通过了关于北京市1958年财政收支决算和1959年财政收支预算的决议。

大会共收到提案350件，经整理合并为320件。其中，政法类15件、财经类105件、文教卫生类77件、城市建设类121件、社会福利及其它类2件。

彭真市长在闭幕会上作了重要发言。

北京市人民委员会工作报告

——一九五九年九月十日在北京市第三届人民代表大会第二次会议上

北京市副市长　万　里

各位代表：

今天，正当首都的工人、农民和革命的知识分子热烈地响应中国共产党八届八中全会的号召，在各个战线上掀起了轰轰烈烈的增产节约运动新高潮的时候，我们北京市第三届人民代表大会第二次会议开幕了。这是具有十分重大意义的。

中共八届八中全会关于开展增产节约运动的决议指出：“目前全党和全国各族人民的中心任务，就是要深入展开轰轰烈烈的厉行增产节约的群众运动，为完成和超额完成一九五九年的生产和建设计划而斗争。

特别要抓紧今后一个多月的宝贵时机，掀起新的生产大高潮，使工业、农业、运输业在第三季度取得决定性的胜利，用这个胜利来迎接伟大的中华人民共和国成立的十周年。

为了完成这个光荣的任务，我们北京市人民，和全国人民一样，在一九五八年大跃进的基础上，鼓足干劲，在各个战线上展开热火朝天的继续大跃进的群众运动，不断地取得了新的胜利。在工业战线上，八月份全市职工以超额百分之十五点二的优异成绩完成了全月的产值计划，八月下旬平均日产值达到二千七百万元，创造了今年以来平均日产值的最高纪录。九月头五天的情况更好，全市工业的总产值比八月头五天增长了百分之三十八左右，主要产品的产量也都有很大的增长：如生铁增长百分之八，钢增长百分之八十七，钢材增长百分之四十二，煤增长百分之十六。在农业战线上，效区在遭受严重水涝灾害的情况下，抢种了五十五万亩秋菜，超额完成了原订四十一万八千亩秋菜播种计划的百分之三十二。蓄水量四十一亿公方的密云水库，从去年秋季开工，到今年汛期已经拦洪，发挥了巨大的防汛作用，使潮白河下游十几个县分免遭洪水的灾害。在基本建设工程上，全体职工一鼓作气，突击未完工程，二十天中竣工面积达到七十六万平方米。大家都可以看到全国人民代表大会的建筑和中国革命博物馆、中国历史博物馆、中国人民革命军事博物馆、民族文化宫、北京车站、工人体育场等十项大建筑，不到一年的工夫就已经完成了。

我们在社会主义建设事业各个方面不断跃进的事实，充分地证明了鼓足干劲、力争上游、多快好省地建设社会主义总路线的正确，它有力地粉碎了国内、国外一切敌对分子对我国社会主义建设总路线、大跃进、人民公社的无耻诽谤和诬蔑。我们的社会主义革命和建设事业的伟大成就，决不因为任何诽谤和诬蔑而有所减色；相反的，国内外一切敌对分子越是加紧攻击我们的总路线、大跃进、人民公社，就越加证明我们是完全做对了，我们更要高举总路线、大跃进和人民公社的光辉旗帜，奋勇前进。

我们为什么能够这样高速度地不断地向前跃进呢？这是因为旧社会遗留给我们的国民经济基础极端落后，使我们处于又穷又白的状态，而我国人民是不甘心于落后的，他们要求迅速地摆脱又穷又白的状态。因此，当着全国解放，人民掌握了自己的命运以后，他们就要求大规模地、高速度地进行社会主义革命和社会主义建设。我们所以能够这样高速度地不断地向前跃进，还因为我们有以毛泽东同志为首的中国共产党的英明领导。党在每个时期规定了革命和建设的正确路线、方针和政策，密切联系群众，体现了人民的愿望和要求，引导人民从一个胜利走向另一个胜利。北京十年来的成就非常生动地证明了这个道理。

十年来我们以不断革命的精神，不但彻底完成了各项民主改革，而且取得了社会主义革命的决定性胜利，展开了大规模的社会主义建设工作，使我们首都的面貌，随着我们伟大祖国的飞跃发展而发生了巨大的变化。

解放前的北京是一个落后的消费城市，当时几乎没有什么现代化的工业。一九四九年全市工业、手工业的产值只有一亿七千万元，全市产业工人只有七万多人；而一九五八年我们的工业、手工业的产值已增长到四十六亿元，比一九四九年增长了二十六倍。产业职工达到八十七万人，比一九四九年增长了十一倍以上。一九四九年北京的工业绝大部分是破破烂烂的小厂；而现在我们却已经有了一千人以上五千人以下的工厂九十七个，五千人以上的十三个。一九五八年一年的产值就增加了二十五亿元，超过了以前九年产值增长数的总和。这完全证明我们十年来是在不断的飞跃进步的过程中，而去年更是空前大跃进的一年。

在解放的初期，郊区的农民还是分散的个体农户，封建的土地关系束缚着农业生产力的发展。当时没有一台拖拉机，没有什么动力排灌机械，能灌溉的耕地仅占全部耕地面积的百分之二点八；现在，郊区农村已经全部实现了人民公社化。现在我们已经拥有四百九十台拖拉机和八万九千多匹马力的各种排灌机械，能灌溉的耕地已占全部耕地面积的三分之一。一九五八年粮食每亩产量达到三百一十八斤，比一九五七年的二百一十六斤增长了百分之四十七。一年内增长这样多，这难道不是空前的大跃进吗？

十年来新建房屋面积已达二千七百二十四万平方米，等于北京城原有建筑面积总和的一点三倍。在北京刚解放时，全市下水道只有二百八十公里，而大部分拥塞不通，能使用的仅有二十公里，经过十年的建设，除将淤塞不通的下水道全部修通以外，还新建下水道五百六十一公里，管径和工程质量都远非旧日的下水道可比。铺装路面的道路，解放前只有二百一十九万平方米，现在已经达到了一千零八十一万平方米，并且有了象长安街那样宽阔的高级道路。解放时全市只有五辆公共汽车和四十九辆有轨电车，而现在公共交通车辆已经达到一千一百三十六辆。

随着生产的发展和城市的改建，人民的物质生活和文化生活都有了显著的提高。全市在业人口由一九四九年的四十三万人，增长到一九五八年的一百六十二万人。除了社会劳保福利大大增长以外，从一九四九年到一九五八年，工业职工的平均工资增长了百分之七十多；每一个农业劳动力的平均收入，根据近郊区的统计，也增长了两倍多。

解放时，本市小学学生只有十一万多人，中学学生只有四万多人，当时大约有一半的学龄儿童不能上小学，上中学和大学的更少。如果按照现在的区划计算，解放时小学学生为三十二万人，中学和师范学生为四万三千人，大学学生为一万四千人；现在，小学学生已达到九十一万六千人，中学和师范学生达到二十六万七千人，大学学生达到十一万多人。即小学生增长了近两倍，中学和师范学生增长了五倍，大学学生增长了近七倍。解放时北京较大的医院很少，全市医生和其他医务人员只有四千多人，病床只有三千张；一九五八年医生和其他医务人员已增长到近三万人，病床增长到二万一千多张，增长了六倍多。

这些事实都充分说明了我们十年来的成就是极为巨大的！这些事实无可辩驳地证明了社会主义制度的巨大优越性。特别是一九五八年，我们全市人民，在鼓足干劲、力争上游、多快好省地建设社会主义的总路线光辉照耀下，意气风发，解放思想，苦干、实干、巧干，在各个战线上都掀起了轰轰烈烈的群众运动，实现了空前的全面的大跃进，加快了国民经济发展的速度，充分显示了总路线的威力。

十年来，特别是去年大跃进以来，我们积累了丰富的经验。总结这些经验，在已经取得的伟大胜利的基础上，响应中共八届八中全会的伟大号召，高举鼓足干劲、力争上游、多快好省地建设社会主义的总路线的胜利旗帜，继续跃进，这就是我们今后的光荣任务。现在我代表市人民委员会就几个主要方面的工作报告如下。

（一）关于工业生产和基本建设

北京市工业生产的情况一直是良好的。目前轰轰烈烈的增产节约运动的新高潮，正在工业战线上全面展开，工业产值日益增长。八月份工业总产值完成了五亿三千万元，超额百分之十五点二完成了月计划，比七月份增长百分之十九，其中钢的产量增长百分之十二点七，钢材增长百分之十七，生铁增长百分之二点七，水泥、电力、棉布、棉纱、毛织品等主要产品都超额完成了计划。很多日用轻工业品，也在迅速增长。这个新的成绩是怎样取得的呢？这是在一九五八年大跃进的基础上继续跃进的结果。如果没有大跃进，我们简直不能想象怎么能够有这样的成绩。

去年全市工业总产值完成四十六亿元，比一九五七年增长了一点一五倍，比一九四九年的一亿七千万元增长了二十六倍。而今年一月至八月已经完成四十亿三千多万元，比去年同期又增长了一倍多。国内外的敌对分子谩骂我们的大跃进是“大跃退”，他们连做梦也不敢想到世界上会有这样的大跃进。这只能怪他们眼光短浅，而又居心不良。至于我们大跃进的事实，那是决不会因此而被抹杀的。

为了说明一九五八年工业生产的巨大跃进和今年的继续跃进，现在就让我们来看看以下几种主要产品发展的情况吧。

第一是钢：在一九四九年，北京根本没有炼钢企业，在一九五七年即第一个五年计划完成的时候，钢的年产量也只有二万八千吨；而一九五八年一年的产量就达到了十六万吨（其中“洋钢”十二万多吨）。今年一至八月已经完成了二十万零六千吨“洋钢”。

第二是钢材：一九四九年我们一吨钢材也不能轧制；到一九五七年也只生产一万四千多吨；一九五八年一年即跃进到年产五万八千四百吨。今年一至八月就完成了十一万八千吨。

第三是生铁：一九四九年年产量不过二万六千吨；一九五七年已经增长到年产四十三万吨；一九五八年更进一步增长到年产五十二万吨，比一九四九年增长了将近十九倍。

钢铁工业突飞猛进的发展这个事实，充分说明去年的大炼钢铁的群众运动，具有巨大的生命力，所得极大。国内外的敌对分子诬蔑我们大炼钢铁“失败了”，右倾机会主义分子也胡说什么大办钢铁是“得不偿失”。在铁的事实面前，这些论调都已不攻自破。

第四是原煤：一九四九年年产量为一百一十一万吨，当时生产非常落后，全靠手工开采，没有现代化设备，而且雨季一到就常常淹窑停产；经过几年来的改进，增加了现代化设备。一九五七年增长到二百五十七万吨；一九五八年增长到四百六十万吨，比一九四九年增长三倍多。而且在采煤的设备和技术水平上也都有很大的提高，现在全市现代化的矿井有二十六个，生产过程已经基本上机械化或半机械化了。今年一至八月已经完成了四百零九万吨，比去年同期增长百分之六十八点五。

第五是电力：一九四九年全市电力生产一亿五千万度；一九五七年为七亿度，一九五八年达到十亿零五千万度，比一九四九年增长六倍多。今年一至八月已经完成十一亿六千万度，超过了去年全年的发电量。

第六是金属切削机床：一九四九年北京根本没有制造机床的工业；一九五七年年产一千九百台；一九五八年年产量增长到四千七百七十台，比一九五七年增长了一倍半，而且机床的品种也由两种增加到五十多种。今年一至八月已经完成二千七百多台，比去年同期增长百分之七点八。

第七是动力机械：在解放初期北京根本不能生产任何动力机械；一九五七年全年也只生产了动力机械五百匹马力；一九五八年则增长到三万八千匹马力。今年一至八月已经完成了二万四千六百多匹马力，比去年同期增长一倍。

第八是电子、无线电工业：解放初期我们在电子、无线电工业方面是一片空白；经过第一个五年计划的建设，我们已经建立起具有最新技术和最新设备的电子、无线电和电气通讯器材的工厂，为这项工业打下了良好的基础。一九五八年产品产量有了很大跃进，仅电子管一项就比一九五七年增长了大约两倍。今年预计可以比去年增长一倍左右。

第九是棉纱：一九四九年北京根本没有现代的棉纺工业；在第一个五年计划期间我们陆续建设了一些规模较大的纺纱厂，全市纱锭达到二十四万个。一九五七年棉纱的年产量为十万零九千件；一九五八年增长到十八万件，一年中增长了百分之六十五。今年一至八月已经完成了十五万件，比去年同期增长百分之四十八点八。

各位代表：以上这些重要的工业产品在解放初期多数是北京根本不能生产的，十年来在中国共产党的领导下，经过全市人民的努力，经过全国各地的支援，和苏联以及其他兄弟国家有关的专家的帮助，并学习了苏联的先进经验，我们不但从无到有，而且通过第一个五年计划期间和一九五八年的建设，使这些工业有了飞跃的发展，特别是其中很多产品，在一九五八年一年中所增长的比第一个五年计划期间五年增长的还要多。如果没有一九五八年的大跃进，我们怎么能够想象会有这样巨大的成绩呢？

一九五八年在降低成本和提高生产效率方面，所取得的成绩也很显著，和一九五七年比较，可比产品的成本平均降低了百分之十四点四；工业全员劳动生产率平均提高了百分之七十；特别是一九五八年新产品增加了几千种，有些产品的质量也有改进。这说明了我们的工业技术水平有很大的提高。

今年以来，我们不断反对右倾松劲情绪，特别是七月以来，反右倾的思想工作更加深入，广大工人群众的干劲更足，生产节节上升。从中共中央八届八中全会关于开展增产节约运动的决议公布以后，这一个巨大的推动力量，又进一步把本市的增产节约运动，迅速推到一个新的更大的高潮中去。现在可以看到这个新的高潮具有一些新的特点：

第一，一开始就出现了群众性的技术革新的热潮。如兴平机械厂真空泵车间，几乎每道工序都有技术革新，全车间的生产效率提高了将近二倍；民用灯具厂从八月二十七日以来，已经实现了九十一项技术革新，有的提高效率达十五倍。

第二，很多工厂普遍地突破了生产定额。如华北无线电器材厂第二分厂在中共中央八届八中全会公报公布后的五天内，在八百五十九名规定了生产定额的工人中，就有七百四十一人突破了定额；民用灯具厂四百二十五人中有三百六十三人突破了定额。

第三，更广泛地出现了群众性的比先进、学先进、赶先进的竞赛运动，很多职工天天创造新纪录。第一机床厂的姜东来小组过去每日锻铣床主轴十八根，在这次运动中，八月二十六日锻出二十八根，二十七日锻出三十二根，二十八日锻出三十四根，二十九日锻出三十八根，每天都是新纪录。北京电子管厂，八月份产值超过计划百分之七十一，废品率比七月份降低百分之十二。

现在空前高涨的大生产运动正在继续发展，从一个胜利引向另一个胜利。

在基本建设方面，因为北京是我们的首都，在城市改建和国家机关文教事业的建设方面都需要相当数量的投资，但是我们仍然不断地增加了工业建设投资的比重，特别是一九五八年，工业基本建设投资达五亿九千万元，占当年基本建设投资总额将近一半，比一九五七年增长了两倍半，相当于第一个五年计划期间本市工业基本建设投资总额的百分之六十以上。一九五八年新建和扩建的项目中，到年底已经建成或部分建成并投入生产的有一百三十三个，其中限额以上的有三十二个。经过十年，特别是通过第一个五年计划期间和一九五八年的建设，本市在钢铁冶炼工业、机电制造工业、电子无线电工业、化学工业、建筑材料工业、棉毛纺织工业等方面，都已经具有一定的规模，为首都的工业化打下了初步的基础。但是距离一个现代化的工业城市的目标还很远，今后我们的建设任务还很艰巨。

我们根据全国一盘棋的精神和集中力量保证重点的方针，对今年的基本建设项目作了安排，通过本市财政预算的基本建设投资总额为一亿六千万元，主要的部分仍然集中使用在工业方面，八个限额以上的项目中有六个是属于工业方面的，主要有特殊钢厂、汽轮机厂、一机床厂、铸锻件厂、第二化工厂、搪瓷厂等；属于文化企业的有北京电影制片厂；市政公用事业方面列入了自来水工程的新项目。此外，由中央投资兴建的还有东郊热电站、北京轴承厂等三十几个项目。中央和地方的基本建设投资合计为十二亿三千万元。

一九五九年我们制订的全市工业产值计划是六十五亿元，比一九五八年又增长百分之四十一。按照这个计划，钢、钢材、工业用的轴承、机车、货车等都将增长一倍乃至几倍；生铁、电力、联合收割机、植物油等都将增长百分之五十以上；原煤、烧碱、棉纱、机制纸等都将增长百分之二十五以上。

按照今年的工业生产计划，全年要完成六十五亿元的产值。也就是说，今后几个月，平均每月要完成六亿多元的产值，比前八个月平均的月产值要提高百分之二十二，比八月份要提高百分之十五。因此，我们的任务还是十分艰巨的，必须鼓足干劲，紧紧抓住当前的有利形势，发动职工群众，进一步深入开展增产节约运动，提高劳动生产率，大力增加生产，提高质量，节约原材料，降低成本，加强企业管理，加强设备维修，保证安全生产，大闹技术革命，改进劳动组织，实干结合巧干，争取按月按季地全面完成和超额完成今年的工业生产计划。

（二）关于农业生产

一九五八年也是我们农村工作全面大跃进的一年，这主要表现在农业生产的空前大丰收，秋季的深翻种麦，大规模地兴修水利，农业基本建设的扩大，全郊区实现了人民公社化，公社大办工业，大办集体福利事业等方面。

解放以来，我们的农业生产水平有了很大的提高。根据近郊区的统计，一九五八年棉花亩产量为六十斤，蔬菜亩产量为五千一百六十八斤，分别比一九四九年的十六斤和一千六百斤增长了两倍多。一九五八年，经过核实粮食亩产量达到三百一十八斤，比一九四九年亩产一百二十七斤增长了一倍多。而一九五八年增长的速度比以往几年更快，粮食的亩产量比一九五七年的亩产二百一十六斤增长了百分之四十七。这是一个特大的跃进。

今年小麦的大丰收是郊区农业新的跃进的标志。各人民公社在小麦的种植过程中充分发挥了社员群众的冲天干劲，贯彻执行了农业生产的“八字宪法”所规定的各项增产措施，积累了丰富的经验。去年秋季扩大了小麦播种面积，一般地都深翻一尺左右，普遍地实行了密植，增施了更多的底肥，大部分麦田都浇了水，并且加强了麦田的田间管理工作，因而使得今年的小麦获得了空前的大丰收。今年小麦的总产量达到二亿一千八百多万斤，比去年的一亿六千一百万斤增长了百分之三十五。出现了大面积的丰产田，亩产五百斤以上的麦田达一万二千多亩，其中有三十多亩亩产千斤以上。

为了供应城市人口对蔬菜的不断增长的需要，我们逐年地扩大了各种蔬菜的种植面积。大力发展了夏菜、秋菜的生产，并且增设了阳畦、温室以提高春菜产量。按原来的七个近郊区比较，十年来蔬菜的总产量由一九四九年的一亿零七百万斤增长到一九五八年的近十六亿斤，增长了十三倍以上；而在一九五八年一年内就增长了近四亿斤。

一九五八年农业战线上的跃进，还表现在农业积累和基本建设的迅速扩大方面。从一九五七年冬季就开始了大兴水利的运动，一九五八年一年内连续建成了十三陵水库和怀柔水库，同时各人民公社还修建了九十多个小型水库，连同挖渠等的工程量共达八千五百万土石方。这些水库大部分在当年就发生了效益。全郊区实际受益的灌溉面积从一九五七年的五十八万亩增长到二百三十七万亩。去年秋天开始，在中央直接领导下，与河北省共同建设的密云水库，工程量达三千七百多万土石方，现在已完成了两千五百多万土石方，主坝已达拦洪高程，建成后蓄水量相当于六十个十三陵水库，参加水库建设的民工经常达二十万人。这些水利工程的修建，为今后农业增产和防止水旱灾害，创造了极其有利的条件。一九五八年农业的积累也迅速增加。一年内增加了一百六十二台拖拉机，比一九五七年增长了百分之七十；排灌机械增加了两万三千五百匹马力，比一九五七年增长了一点四倍。

一九五八年秋后，在一个极短的时间内，全郊区势如潮涌般地实现了人民公社化。并且立即掀起了深翻土地的高潮，深翻土地的面积达六百万亩，其中约有四百五十万亩土地深翻一尺到一尺五寸；同时还兴办了几千个社办工厂，展开了冬季副业大生产运动，迅速地扩大了农业积累；举办了大批的食堂、托儿所、幼儿园，解放了大批的妇女劳动力；并且抽调了八、九万壮劳动力参加密云水库的建设。事实证明人民公社显然更便于实行统一规划，能够举办农业生产合作社所无力举办的较大的生产事业和基本建设，便于统筹全社的生产和分配，合理地安排劳动力和举办各种集体福利事业。现在由郊区二百八十万农民所组织起来的七十六个大规模的、工农商学兵相结合的、政社合一的人民公社，在按照统一领导、分级管理、分级核算、按劳分配的原则进行了整顿以后，已经走上了巩固的健全的发展道路。

今年在各人民公社的统一规划和统一领导下，郊区农村农、林、牧、副、渔各项生产继续全面跃进。除了小麦大丰收以外，粮食作物的春、夏播种面积，完成了六百零七万亩，超额完成了计划；春、夏播蔬菜完成了四十八万多亩；秋菜播种五十五万亩，比去年增长了两倍半。除了供应市场和农民自食的以外，目前鸡的饲养数已达到四百五十三万只，比年初的二百五十万只增加了百分之八十多；猪的圈存数达到一百零七万头，比年初的八十九万头增加了百分之二十。除了生产方面的跃进之外，今年又增加了拖拉机一百二十八台，排灌机械两万多匹马力。这一切都说明了在人民公社的统一规划下，今年农村的生产和基本建设的继续跃进。国内外的敌对分子说什么“人民公社搞糟了”，“公社内的农民开始失去对增加生产的兴趣”，这不是无耻的造谣又是什么呢？特别是在今年抗涝救灾的斗争中，人民公社的作用更加显著。今年的水涝灾害，由于雨量之大是近几十年来所未有的，降雨的时间和地点又十分集中，七、八两月累计降雨一千零六十六毫米，比常年全年降雨量还多四百多毫米。虽然几条大河由于我们兴建了水库没有成灾，但是重要的产菜区、产粮区和重要的副食品基地却造成了严重的内涝灾害。灾情最严重的大兴区遭受涝灾的耕地有八十一万亩，占全区耕地面积的百分之九十。全郊区淹地共达二百五十万亩，约为郊区全部耕地面积的三分之一。在这种严重灾害面前，勤劳勇敢的郊区农民，在人民公社的光辉旗帜下，抱定了人定胜天的抗灾决心，以冲天的干劲，向雨涝灾害展开了顽强的斗争，他们冒着倾盆大雨，日夜抢险、排涝，抢救庄稼，抢种秋菜。不少地方冒雨抢种秋菜，种了被冲，冲了又种，反复三、四次甚至于五次。经过这样的顽强战斗，现在已排出二百三十万亩土地的积水，并且超额完成了秋菜播种计划。

一九五八年国营农场有很大的发展，牛奶、猪、鸡、菜的生产都有迅速的增长。这些国营农场应当以生产副食品为主，并成为本市副食品生产的重要基地。

现在全市有几个大水库和一些人工湖，水面共达四十三万亩，应该好好地利用起来，发展淡水养鱼。

当前郊区各人民公社的任务是要抓紧时机，立即动员组织一切力量，作好以秋收、种麦和秋菜田间管理为中心的生产工作，力争秋季大丰收和打下明年继续跃进的基础。在秋收当中要作到熟一块、收一块，一定要比去年收得好、收得快、收得干净。同时要立即掀起一个种麦高潮，精耕细作，及时播种。争取秋播小麦扩大到一百五十万亩左右，并且开展大面积丰产田运动，力争单位面积产量大大超过今年的麦收。在蔬菜生产方面，主要是切实管理好已经种上的五十五万多亩秋菜，防治病虫，力争超额完成秋菜的计划产量，并且搞好冬季温室、阳畦和根茬菜的生产。为了防止今后的旱涝灾害，在今冬明春，要开展大规模的兴修水利运动，统一规划、统一领导，对今年雨涝积水的特点加以系统地调查研究，对现有的河道、渠道和涵洞，进行全面的整修，使之既能灌溉，又能宣泄，并且要使现有的二百四十五万亩有效灌溉面积发展到四百万亩左右，为明年农业继续跃进创造有利条件。为了进一步提高农业生产的劳动效率，除了要继续改进劳动组织、挖掘劳动潜力之外，要力争在今后三、五年内实现耕作、排灌的机械化和半机械化，要努力改良农村的运输工具，要力争生产和供应更多的化肥。

农村公共食堂、托儿组织必须坚持积极办好，自愿参加，继续实行粮食按人定量，分配到户，节约归己的原则，千方百计地把公共食堂、托儿所办好。

（三）关于城市建设

和工业、农业一样，在城市建设方面，从一九五八年以来也出现了大跃进，大规模地进行了城市改建工作，使我们的首都日益向着现代化的目标迅速前进。

在建筑工程方面，一九五八年和一九五九年的规模都超过了解放以来的任何一年。一九五八年全年竣工的建筑面积，由第一个五年计划期间平均每年的三百万平方米增长到四百五十七万平方米。一九五九年到八月底止，已经开工的建筑面积达三百三十七万平方米，已经完成的建筑安装工作量达四亿六千万元，比去年同期增长了一点二倍。

主要的建筑工程是兴建和扩建石景山钢铁厂、北京钢厂、特殊钢厂、炼焦化学厂、汽轮机厂、第一机床厂、农业机械厂等工厂，兴建了全国人民代表大会的建筑和中国革命博物馆、中国历史博物馆、中国人民革命军事博物馆、民族文化宫、北京车站、工人体育场等大型公共建筑。我们在集中力量突击工业基本建设和这一些巨大的公共建筑的同时，还兴建了一批科学研究机构、大中小学校和住宅建筑，从一九五八年初到今年八月底已经竣工的面积达二百六十多万平方米。其中包括住宅宿舍达一百八十多万平方米。

大跃进以来，北京的建筑业在工程质量、施工速度、技术水平、管理水平等各个方面都有飞跃的进步。许多工程量很大、装修标准较高、具有新式设备的重要建筑，都是在不到一年的时间内完成的。如目前全国最大的具有现代化设备的北京车站是在今年一月开工的，预计本月中旬即可交付使用。规模宏伟的人民革命军事博物馆，在今年七月底即已落成。全国人民代表大会的建筑规模最大，面积达十七万多平方米，比故宫的全部建筑面积还要大，结构十分复杂，有六十多米跨度的钢梁，最大的钢梁重达一百四十一吨。这个建筑的钢筋混凝土达十二万七千多立方米，大理石、花岗石、水磨石等十七万多平方米，并且具有复杂的通风、广播、电视、译意风、煤气、热力等设备。这个工程从开始设计到完工还不到一年。像以上这样一些大的工程，在这样短的时间内完成，这应该说是中国建筑史上空前的最大的跃进！那些攻击、诬蔑或者怀疑我国大跃进的人们，让他们来看看我们的这许多大规模的建筑吧！

在市政工程和公用设施方面，由于工业大发展和首都改建的需要，一九五八年完成的工程总量比一九五七年增长了将近一倍；而一九五九年又将比一九五八年增长近百分之八十。一九五九年的市政工程主要是完成了天安门广场的改建工程，广场的规模由原来的十一公顷扩大到现在的四十公顷；完成了东长安街的道路改建工程和由东单到西单的地下管道工程。特别是为现代化城市所不可缺少的热力和煤气，经过去年小型试办之后，今年开始进行了大规模的建设，预计今年可以建成热力干管十一公里，煤气干管二十一公里。一九五八年以来公共交通事业也有很大的发展和改进，为了适应城市建设发展的需要，改善公共交通，减少城市嘈杂，内城区的有轨电车线路已经全部拆除，同时增加了无轨电车一百四十二辆，公共汽车三百九十五辆。

一九五八年以来，我们在城市建设方面所以能够实现这样的大跃进，是由于我们在总路线的光辉照耀下，在工作中贯彻执行了集中力量、确保重点、突击〔出〕重点的方针，把集中领导和群众运动结合起来，把群众的冲天干劲和细致的管理工作结合起来，改进了技术管理和施工管理；而更重要的是城市建设战线上广大职工解放了思想，鼓足了冲天的干劲，把苦干、实干、巧干结合起来，进行着忘我的劳动，充分表现了主人翁的自觉。右倾机会主义分子不仅闭着眼睛，看不见大跃进的辉煌成就，而且反对总路线，害怕放手发动群众，他们把轰轰烈烈的群众运动说成是“小资产阶级的狂热性”。事实证明如果没有总路线，没有轰轰烈烈的群众运动，就不可能有这样的大跃进，这难道不是很清楚的吗？

十年来我们的城市建设工作确有很大的发展。今天的情况比北京解放以前的“无风三尺土，有雨一街泥”的情景有了根本的改变，破旧的房屋已经拆除了一百五十多万平方米，建造了两千七百二十四万平方米的新建筑，从封建时代残留下来的妨碍现代化市政建设的城墙，已经开始拆除了一部分。但是目前的北京距离一个完全现代化城市的标准还很远。十年来我们虽然建成了一千多万平方米的住宅和很多市政交通设施，但是我们的住房仍感不足，公共交通和自来水的供应也还赶不上日益增长的需要。这是发展中的困难。首都的改建与扩建工作是一个长期的严重的任务，需要大量的人力、物力和投资。在目前我们集中主要力量发展工业和农业生产，并且城市人口不断迅速增长的情况下，不可能很快地完全满足市民对住宅、公共交通和其他公共设施的要求。这些问题，只能随着生产的不断发展逐步解决。

今后的几个月，在建筑工程方面，除了应该坚决地把即将完工的基本建设项目迅速突击完工、交付使用以外，还应该大力突击重要的工厂、科学研究机构、学校和住宅等建筑工程；在市政工程方面要抓紧水源井和自来水管线的扩建工程。并且抓紧进行敷设煤气、热力管道的支线和户线，以发挥煤气、热力的效用。在设计和施工方面，都应该继续贯彻执行总路线，大搞群众运动，大闹技术革命，掀起大跃进的新高潮，提高生产效率，保证工程质量，厉行节约，反对浪费。设计工作要认真贯彻适用、经济、在可能条件下注意美观的方针，设计人员要深入现场、结合实际、调查研究、总结经验，不断地提高设计水平和逐步推广标准化设计。施工方面要进一步改进施工管理，健全各种制度，改进劳动组织，同时要加强施工机械的管理和使用，提高设备的利用率。

首都建设的速度将要不断提高，目前我们的建筑和市政工程的机械化施工水平还不高，手工劳动还占有相当大的比重，这种落后的状况决不足以适应迅速改建城市的需要。我们必须采取两条腿走路的方针，一面改善劳动组织，改进手工操作方法；一面随着首都工业的发展，逐步提高施工的机械化与半机械化的程度。现在就应该着手解决建筑机械的生产，大力培养机械化施工的技术力量。以提高首都建筑、市政企业施工的技术水平。

在城市规划方面，必须把近期建设和长远规划结合起来，既要从当前国家的生产水平和人民生活水平出发，又要考虑到将来发展的需要。必须对城市的各项建设，如工厂、住房、商店、学校、道路、上下水道等全面考虑，统筹安排、加强对城市规划的管理。

由于基本建设和工农业生产的迅速发展，今年的铁路、公路货运量都有很大的增长。当前除了抓紧运输任务的合理安排，提高运输工作的效率以外，还必须充分发挥全市运输工具的潜力，组织机关企业和郊区的各种运输工具参加运输。对于短途运输和装卸力量不足的困难，应该发动群众，大搞技术革命，集中力量加以解决。并且要逐步地增加机动车辆，实现运输工作和装卸工作的机械化或半机械化。

（四）关于市场的商品供应问题

随着工农业生产的继续跃进，各项建设事业的迅速发展和城市人口的迅速增长，本市的商品市场空前扩大，商品的收购数量和销售数量都增长很快。今年上半年商品购进总值为十六亿八千万元，比去年同期增长一点二倍，其中，本市产品收购总值为八亿一千万元，增长一点四倍。批发销售总值为十一亿六千万元，比去年同期增长百分之七十三。社会商品零售额达到十亿九千万元，比去年同期增长百分之四十三。今年以来无论从增长的绝对数和增长的速度来看，都比过去历年要高，主要商品的供应量有很大的增长。今年上半年的供应量比去年同期增长情况如下：

粮食	增长	百分之二十七
食油	增长	百分之五十四
蔬菜	增长	百分之二十二
水产	增长	百分之六十一
食糖	增长	百分之十六
糕点	增长	二点五倍
酒	增长	一倍
棉布	增长	百分之八十二
呢绒	增长	二点三倍
棉毛衫裤	增长	一点四倍
汗衫背心	增长	二倍
毛巾	增长	百分之四十八
胶鞋	增长	一点九倍
布鞋	增长	百分之四十
肥皂	增长	百分之八十八
收音机	增长	一点八倍
金笔	增长	二点五倍
面盆	增长	一点八倍

今年上半年，只有猪肉、蛋品等因为农民自食的部分增加了，市场供应量减少了一些；由于农民的生活提高了，他们多消费一些，这也是可以理解的。另外，由于我们对于日用工业品和手工业品的生产安排得不够好，所以有少数品种曾一度供应不足。但是总的来说，今年上半年属于穿的和多数用的商品，粮食和大部分副食品的供应都是比较充足的，供应不足的只不过是极少的一部分商品。经过抓紧安排生产，积极组织货源，并且在全国各地的支援下，某些供应不足的日用工业品和副食品，六月以后供应的情况已经有了好转。

某些商品供应一时紧张，主要是由于人口的增加和就业人数增加，因而购买力提高的结果。现在社会的购买力不是部分地而是普遍地提高了。过去是一少部分人有很高的购买力，而绝大多数人的购买力很低、消费量很少。现在这种情况已经发生了根本变化，城乡人民的购买力普遍提高。根据十年来市场变化的情况，这种趋势十分明显。按照可比的数字计算：社会商品零售额从一九四九年的二亿二千万元增长到一九五八年的十六亿四千万元，即增长了六点四倍；在这同一时期内，除去一九五八年新划入本市的通州等九县一市外，人口从二百三十六万增长到四百四十四万，即增长了百分之八十八。这就是说，按人平均的商品零售额有了很大的增长。

郊区实现了人民公社化和农、林、牧、副、渔全面发展以后，大批农村妇女参加生产劳动，社员收入和公社积累大大增加，农村购买力增长得更快。根据通州区马驹桥、永乐店和大兴区采育、庞各庄四个人民公社的商店统计，除了生产资料的供应大大增加以外，消费资料也增长的很多。上半年几种主要商品的供应量比去年同期增长的情况是：

鞋	增长	三点九倍
汗衫背心	增长	三点四倍
搪瓷口杯	增长	二点七倍
布鞋	增长	一倍
毛巾	增长	百分之七十
袜子	增长	百分之五十七

从以上的统计不难看出，城乡人民的购买力有了普遍的增长。农村日用工业品销售额增长的比例甚至比全市平均增长的比例还高。帝国主义者和国内敌对分子污蔑我们大跃进以来市场情况“混乱”，我们却要说“情况很好”。广大人民特别是占全国人口绝大多数的农民，生活提高了，消费量增加了，这难道不是一件大大的好事吗？这不正是大跃进、人民公社给人民带来的好处吗？

虽然曾经有一个时期有一小部分商品，主要是少数副食品和某些日用工业品供应不足，当时我们就认为，这种现象是暂时的，我们有办法改善这种状况。现在不是改善了吗？改善的根本办法是增加生产。从今年春季起，我们用很大力量进行了副食品和日用工业品生产的安排，现在已经收到了很好的效果。

关于蔬菜的生产和供应，从去年冬天起我们就作了很多工作，增加了冬季温室，阳畦蔬菜的生产，大力发展了夏季蔬菜生产，蔬菜的供应情况从今年四、五月起，就已经逐渐改善，到了七月份销售量平均每日达到五百多万斤，不但充分满足了需要，而且还有一些剩余。最近一个时期因为主要的菜区受到严重涝灾，蔬菜损失很大，以至蔬菜供应暂时又有些困难。经过全国各地的大力支援目前已经有好转，估计在十月、十一月大白菜、萝卜等上市以后，蔬菜供应的情况就可以改善。但是因为人口的增加和保管上的困难，在象北京这样的气候条件下，不可能一年四季样样俱全，需要调剂着吃。

关于猪、鸡等副食品的生产，在采取了集体喂养和社员自己喂养两条腿走路的方针以后，社员们饲养家禽、家畜的积极性大大提高了。同时，本市的国营农场也是以生产副食品为主的，并且将日益成为城市副食品生产的重要基地。此外，机关、部队、企业、学校等集体伙食单位，也正在利用一切可能的条件，饲养一部分家禽、家畜，以解决他们自己的一部分副食品供应问题。目前全部郊区饲养的猪、鸡都已经增加了不少，但是，这些猪、鸡还需要一个繁殖和育肥过程，因此要根本改善这些副食品的供应，还需要一些时间。

由于生产的发展，本市产品收购的总值比去年同期增长了一点四倍。这反映了本市日用工业品生产的巨大增长在各种日用工业品中，多数商品，因为增产很多，已能满足供应；有些商品，一时供应不足，在生产上加以安排后，供应情况也已经好转；只有一部分商品，例如橡胶、皮革等制品，由于原料不足等原因，一时还不能充分供应。

有少数思想尚未改造好的资产阶级分子和其他剥削阶级分子，说在北京什么也买不到，而实际情况怎样呢？仅百货大楼经常出售的就有三万二千多种商品。请问这些先生们，北京过去什么时候有过这样多的商品呢？

为了促进工农业生产的发展，为了支持工农业生产继续跃进，进一步作好商品的供应工作，商业部门应该积极地配合目前各个生产战线上的增产节约运动，大力组织城乡生产资料的供应和农产品、轻工业品、手工业品的收购，并且认真地改善仓库的管理，合理地调拨商品，有计划地组织生活资料的供应。特别是秋后旺季已经到来，农副产品将要大量上市，商业部门除了要抓紧蔬菜、肉类、水果、药材等的收购以外，还要积极地作好粮食、棉花、油料的收购、运输以及加工保管的准备工作。同时，商业部门要发动群众大力改善企业的经营管理，加速资金周转，降低损耗，节约费用；努力提高服务质量，改善服务态度。一九五八年由天桥百货商场发起的以提高企业经营管理水平和服务质量、改善服务态度为中心的改革商业工作的群众运动，已经取得了巨大的成绩，今后还必须继续更加深入地广泛地开展，并且不断加以提高。在轰轰烈烈的全民增产节约的运动中，商业工作也一定要在为生产、为群众服务方面作出更出色的成绩。

（五）关于文化教育和卫生工作

一九五八年也是北京市教育事业大跃进的一年。由于我们坚决地贯彻执行了教育为无产阶级的政治服务、为劳动人民、为社会主义服务，教育与生产劳动结合的方针，使教育事业发生了根本性质的变化，改变了几千年来教育与生产劳动脱节、脑力劳动与体力劳动分离的旧传统。在党的领导加强的前提下，广大师生通过劳动的实践，基本上克服了轻视体力劳动、轻视劳动人民的错误观点，在很大程度上改变了理论与实际相脱离的状态。这是教育事业上的一个大革命。

但是，那些未经改造的资产阶级知识分子却百般地攻击我们的这个正确的教育方针。他们说："学校搞得不像样子了。"事实是怎么样呢？过去只读书不劳动的那种学校的老样子的确已经不存在了；我们已经建立了又有教学又有劳动的新型学校。这是无产阶级领导的社会主义国家和人民所需要的。这样的教育革命难道不是一件大大的好事吗？

只要是愿意正视事实的人，都不能不承认，我们的教育事业是在不断的跃进中。去年全市大、中、小学生和中等专业学校学生总数已达到一百一十八万人。在去年的基础上，今年又有很大的发展。现在全市大、中、小学和中等专业学校学生总数已达到一百三十五万人，占全市总人口的五分之一。解放十年来；北京市高等学校学生从一万四千多人增长到十一万人，增长了近七倍，中学学生从四万三千人增长到二十六万人，增长了五倍。小学已经普及。教育发展这样迅速，但是校舍的建设赶不上需要，许多学校还要办二部制；教员也增加了不少，但是还感不足。这些问题显然都不是一下子可以解决的。这些都必须随着生产的发展逐步地解决。

去年一年中，参加业余学习的工农群众达到了三十五万人，扫除文盲的工作有很大的成绩，幼儿园也有很大的发展。

教育工作必须鼓足干劲，坚持不渝地贯彻执行党的教育方针，把学习和劳动的时间安排得更好，不断地提高教育质量。为此，市、区教育行政部门和各级学校都必须加强对教学工作的领导，加强基础课的教学，总结和交流好的经验，大力培养师资，并且要编好一套可以较长期使用的教材；高等学校要在以教学为主的前提下积极开展科学研究工作。为了更好地使工农知识化，要积极地继续开展扫盲工作，办好工农业余教育。

文化工作也出现了巨大的跃进。去年无论是群众业余文化活动和专业文化工作都有很大的发展。二千四百多名专业文化工作者深入厂矿、农村，同工农群众相结合，掀起了群众业余文化活动的高潮，培养出大批骨干分子，而专业文化队伍本身也受到了锻炼和提高。在这个基础上，今年工厂农村业余文化活动逐步地走向深入和经常化。专业的文化活动也大大繁荣起来。今年国庆节将有大批优秀的文艺节目和观众见面。今年上半年，新书的发行数量比去年同期增加了百分之七十多。革命博物馆、历史博物馆和其他博物馆、展览会等，都将在国庆期间先后开馆或展出。此外，今年在文艺界涌现出许多新的优秀的青年演员，而老的艺术家也发挥了更大的积极性。所有这些成绩的获得，都是同中央有关部门的指导帮助和全国各地的积极支援分不开的。今后文化工作方面，仍然应当坚决贯彻执行百花齐放、推陈出新的方针，更好地为工农兵服务，为社会主义服务。专业文化工作者必须继续努力提高创作和演出的质量以思想性、艺术性更高的作品，来教育人民，满足人民群众不断增长的文化需要。工厂、农村的群众文化活动应当在配合生产坚持业余自愿的原则下，用多种多样形式加以开展。

在卫生工作方面，去年开展了以除四害、消灭主要疾病为中心的、轰轰烈烈的群众性的爱国卫生运动，使痢疾的发病率大大下降，控制了冬季麻疹的蔓延。广大医务人员通过整风运动提高了政治思想觉悟，加强了为群众服务的观点，他们走出医院，下厂、下乡、下地段，把医药送到病家。去年除了由国家投资和企业投资增设病床两千二百多张以外，各医院还挖掘潜力增加了一部分病床。新建的有现代化设备的妇产医院已于今年上半年开幕。这些都说明，去年在医药卫生工作方面也有巨大的跃进。

在总结去年大跃进丰富经验的基础上，我们对各种医疗机构特别是大型医院进行了整顿，不论大、小医疗机构的医疗质量都有所提高。大医院和专科医院不但要负责进行治疗重大的疾病，而且有指导一般医疗机构、培养人材和科学研究的任务，也就是说，担负有提高医疗水平的任务。这些医院，必须加强政治思想领导，改进服务态度，团结中西医，提高医疗效果、医疗技术水平，严格执行先进的医疗制度，提高医院的管理水平。去年在农村建立的医疗预防网和在街道开展的地段工作，应当在贯彻分级分工的原则下，继续加强对他们的指导和帮助。

为了积极预防疾病，今年上半年我们已经进行了四次群众性的卫生突击运动，从七月份起，我们又进一步发动群众，继续进行了两次突击运动，都收到很好的效果。为了进一步消灭四害，在本月内我们要再进行两次突击运动，把卫生工作搞得更好。

为了增强人民体质，必须继续开展群众性的体育运动，并在这个基础上努力提高体育水平。第一届全国运动会即将在首都举行，希望首都的运动员能和各地的运动员友爱合作，很好地学习各地运动员的优良作风和技术，表现出优良的体育道德，取得优良的成绩。

在破除迷信、解放思想的号召下，去年的科学研究工作有很大的开展，这是我们生产跃进、特别是提高劳动生产率的重要条件之一。我们必须鼓足干劲、扎扎实实地、以坚毅不拔的精神和刻苦的努力来夺取科学技术的新阵地。科学研究机关和生产单位相结合，科学研究人员联系实际，是我们去年取得成绩的一个关键。今后要进一步按照科学研究的规划，组织协作，并抓紧检查。科学研究工作首先要研究生产建设中关键性的科学技术问题，集中力量，突破重点。但是，对于为将来生产开辟道路的尖端科学，和间接为生产服务的基础理论科学，也不应该忽视。对于已经研究成功的新技术和新产品，要抓紧鉴定和推广。北京市市属的科学研究机构，已经由一九五七年的十多个发展到目前的三十三个，我们必须巩固和充实这些研究机构，以利科学研究工作进一步地开展。

学术上的“百家争鸣”、艺术上的“百花齐放”是促使学术昌盛和艺术繁荣的长远方针，我们执行这个方针已经有了效果，学术界的讨论已经渐渐活泼起来，这是很好的现象。今后一定要继续坚持贯彻这个方针。

（六）反右倾、鼓干劲，为超额完成一九五九年的跃进计划而奋斗

各位代表：去年和今年，我们在总路线、大跃进和

人民公社的光辉旗帜下所取得的振奋人心的伟大成就，已经完全证明国内外的那些敌对分子，对于我们的总路线、大跃进和人民公社的恶意诽谤是毫无根据的，我们的前途充满着无限的光明。我们当前最主要的任务是要毫不动摇地继续贯彻总路线的精神，鼓足干劲，反对右倾保守思想和松劲情绪，深入展开轰轰烈烈的增产节约的群众运动。我们要用新的大跃进的成就，来响应中共八届八中全会的号召，争取在今年内完成第二个五年计划的主要指标，争取大大提前超额完成十二年农业发展纲要，争取在十年左右的时间内，在主要工业产品产量方面赶上英国。必须注意，右倾保守仍然是我们当前工作中的主要危险。我们必须坚决彻底地揭露、批判和克服右倾保守思想，继续鼓足干劲，力争上游，贯彻执行社会主义建设的总路线。从实际的经验中，我们深刻地体会到气可鼓而不可泄，同样的客观条件，一鼓劲和一泄劲所产生的结果完全不同。大家都还记得，在去年七、八月的时候，就曾有过一部分保守思想作怪，当时很多经过群众讨论所规定的生产指标都有完不成的危险；但是去年八月的市人民代表大会前后，我们召开了一系列的群众动员大会，大家一鼓劲，各项计划指标终于都超额完成了。今年五、六月间，也有一部分人产生了右倾松劲情绪；而在反右倾思想、鼓干劲之后，生产的面貌立刻起了变化，产值天天上升。我们必须永远记取这个宝贵的经验，无论如何不要忘记！

中国共产党八届八中全会向全国人民发出的开展增产节约运动的号召，应该成为我们当前一切工作的中心。在工业、农业、基本建设、商业以及其他各个战线上，都要努力增产、努力工作，开展社会主义的劳动竞赛。在工业方面，到今年年底，必须完成八十万吨生铁、三十六万吨钢、二十万吨钢材、六百三十五万吨原煤的生产任务，并要力争超额完成。基本建设方面要集中力量，保证主要项目，使更多的企业、事业和公共建筑迅速投入生产或交付使用，争取更快地发挥投资效果。在农业方面，没有受灾的地区要力争更大的丰收，以丰补歉；受灾地区要以生产救灾为中心，因地制宜地发展农、林、牧、副、渔各项生产，要抓紧秋收秋种、田间管理，特别要抓紧种麦工作，掀起一个种麦的群众高潮，争取明年更大的丰收。交通运输方面要合理地安排运输任务，挖掘运输潜力，提高运输效率，并且要大闹技术革命，解决短途运输和装卸工作这两个薄弱环节。商业工作要积极配合各个战线的增产节约运动，大力组织城乡生产资料和生活资料的供应，大力组织农产品、轻工业品和手工业品的收购。

在厉行增产的同时，必须厉行节约。一面增产，一面节约，勤俭建国，勤俭办人民公社，勤俭办一切企业、事业，勤俭持家，这是我们国家的富强之道，也是我们完成和超额完成今年计划的重要关键。除了生产方面的节约以外，还要在全市人民中广泛进行节约的宣传教育工作。国家机关应该首先做模范，克勤克俭，节俭一切可以节减的开支。在城乡居民中提倡节约粮食、煤炭、电力和其他供应还不算富裕的消费品，提倡储蓄。我们不但要善于安排生产，而且要善于安排生活，会过日子，精打细算，留有后备。

政治挂帅、贯彻群众路线是胜利地开展增产节约运动和超额地完成一九五九年计划指标的重要保证，也是我们做好一切工作所必须坚持的方针。一九五八年的大跃进和今年上半年的继续跃进，不但具体地显示了鼓足干劲、力争上游、多快好省地建设社会主义的总路线的威力，也说明了我们的社会主义建设必须通过轰轰烈烈的群众运动来进行。

我们应该时时刻刻记住毛主席给我们的教导，他说："我们必须相信：(一)广大农民是愿意在党的领导下逐步地走上社会主义道路的；(二)党是能够领导农民走上社会主义道路的。这两点是事物的本质和主流。如果缺乏这种信心，我们就不可能在大约三个五年计划时期内基本上建成社会主义。"这是毛主席在四年以前说的话，今天我们还应该按照这一段话来检查我们自己，看看我们对于群众、对于党是否有这样饱满的信心？我们要永远坚持贯彻群众路线，把广大群众日益高涨的革命干劲充分地发挥出来。

在全民整风运动和去年大跃进中所形成的定期召开群众会、五级干部会、大鸣大放大辩论的方法，以及干部参加劳动、种试验田、抓典型、学习业务、经常地联系基层群众等好方法，必须继续坚持下去，推动我们的工作不断地前进。

各位代表：回顾过去，我们的成就是十分伟大的；展望将来，我们的前途是无限光明的。我们首都的工人、农民、革命知识分子和其他爱国的人民要更加紧密地团结起来，在中国共产党和毛主席的领导下，同心同德，高举总路线、大跃进、人民公社的光荣旗帜，力争超额完成今年的跃进计划，力争在今年内完成第二个五年计划的主要指标，力争在各个战线上创造新的大跃进的光辉成绩，来迎接我们中华人民共和国成立十周年的伟大节日。

关于北京市一九五八年财政收支决算和一九五九年财政收支预算（草案）的报告

——一九五九年九月十日在北京市第三届人民代表大会第二次会议上

北京市副市长　程宏毅

各位代表：

现在我代表北京市人民委员会提出关于本市一九五八年财政收支决算和一九五九年财政收支预算（草案）的报告，请予审查。

（一）一九五八年财政收支决算

在鼓足干劲、力争上游、多快好省地建设社会主义总路线的光辉照耀下，一九五八年的社会主义建设出现了一个空前的、巨大的跃进，反映在财政收支预算的执行方面，一九五八年本市财政收入和支出都大大地超过了原来的预算。

本市第三届人民代表大会第一次会议通过的本市一九五八年财政收支预算都是四亿九千三百一十七万三千元。在执行过程中，由于中央将原属河北省的顺义、密云等九个县和通州市划归本市，划转到本市预算二千八百五十五万三千元；中央下放的一部分企业和事业单位划转本市预算一亿三千四百四十八万九千元；以及由于生产建设的跃进，追加了收支预算八千三百四十八万七千元，我们相应地调整了预算，调整后的预算，收支都是七亿三千九百七十万二千元。执行的结果：收入七亿七千三百一十三万九千元，支出七亿六千二百五十八万七千元，收支相抵后结余一千零五十五万二千元。

一九五八年财政收入决算七亿七千三百一十三万九千元，为调整后预算的百分之一百零四点五二，比一九五七年增长了百分之二百五十二点九九。如除去一九五八年新划入的九县一市和中央下放单位的预算，按照可比的口径计算，仍比一九五七年增长百分之一百九十五点八六。在一九五八年财政收入决算中：

各项地方税收三千四百二十四万八千元，为该项预算的百分之一百零七点零一；

地方企业及事业收入三亿四千零三十九万六千元，为该项预算的百分之一百零八点九八；

其他收入五百八十三万四千元，为该项预算的百分之一百二十四点五五；

中央补助收入三亿七千九百六十四万八千元；

上年结转收入一千三百零一万三千元。

一九五八年财政支出决算七亿六千二百五十八万七千元，为调整后预算的百分之一百零三点零九，比一九五七年支出增加百分之二百六十九点三五。在一九五八年财政支出决算中：

经济建设费支出五亿六千九百七十二万五千元，为该项预算的百分之一百零五点零九；

社会文教费支出一亿二千二百二十二万二千元；为该项预算的百分之九十四点八一；

行政管理费支出三千二百八十七万八千元，为该项预算的百分之九十九点一一；

其他支出一千二百一十万八千元，为该项预算的百分之九十六点八九。

上解中央支出二千三百六十五万四千元。

增加预算周转金二百万元。

此外，一九五八年地方自筹收入一千八百三十七万元，用于补助市政维护、环境卫生和补助小学等方面的开支，共支出一千零二十一万元，收支相抵结余八百一十六万元，转到一九五九年继续使用。

一九五八年本市经收的财政收入总额（包括应该上解中央的各项财政收入在内）为十一亿四千六百万元。按照可比数字计算，比一九五七年约增加百分之七十八，其中，地方工业的收入比一九五七年增长了将近三倍。财政收入的巨大增长是国民经济全面跃进的结果。一九五八年全市工业总产值完成了四十六亿元，比一九五七年增长一点一五倍，可比产品的成本平均降低了百分之十四点四，全员劳动生产率比一九五七年提高了百分之七十。一九五八年郊区农业生产也获得了丰收，特别是由于实现了人民公社化，促进了农林牧副渔的全面发展，如粮食的亩产量就比一九五七年增长了百分之四十七。

一九五八年财政支出主要用于基本建设投资。基本建设投资达五亿八千四百四十万元，占支出总额的百分之七十九点三，比一九五七年增长四点七倍，相当于本市第一个五年计划期间基本建设投资的总和。一九五八年的地方工业基本建设投资三亿三千万元，占基本建设投资额的一半以上。连同中央投资在内新建和扩建的项目，年底已经建成或部分建成投入生产的有一百三十三项，其中限额以上的三十二项。一九五八年农林水利基本建设也有很大增长，用在这方面的投资比一九五七年增长了二十七倍多。建成了十三陵水库和怀柔水库，规模巨大的密云水库也在去年秋季开工，现在已经拦洪。市政建设方面，也取得很大成绩，一九五八年全年竣工建筑面积达到四百五十七万平方米，比一九五七年增长百分之四十六；一九五八年添置无轨电车、公共汽车、拖车共三百辆；新修下水道六十公里，自来水管线十七公里。文教卫生事业也有很大的发展，一九五八年新建中学一百七十五校，全市中等学校和小学学生达到一百零八万人，比一九五七年增加十三万人；新增病床二千二百张。此外，还建成了北京电影学院、北京影片洗印厂、首都自然博物馆等文化设施。

一九五八年国民经济的全面大跃进，各项事业大发展，归根结底是党的领导、政治挂帅的结果，是贯彻执行鼓足干劲、力争上游、多快好省地建设社会主义总路线的结果，是各个战线上，开展蓬蓬勃勃的群众运动的结果。在国民经济高速度发展的基础上，一九五八年的财政收支才获得了巨大的增长。由于生产的跃进，大大增加了财政收入，而财政收入的增加，又保证了规模巨大的基本建设和各项事业的发展。

一九五八年财政收支的巨大增长这一事实，充分显示了总路线、大跃进和人民公社的无比威力，粉碎了国内外敌人的恶毒诬蔑和无耻攻击，粉碎了右倾机会主义分子的恶意诽谤。我们必须积极响应党的八届八中全会的伟大号召，在一九五八年胜利的基础上，鼓足干劲，继续跃进，坚决反对右倾思想和松劲情绪，为实现一九五九年的财政任务而奋斗。

（二）一九五九年财政收支预算

一九五九年是在去年大跃进的基础上继续跃进的一年。我们根据一九五九年国民经济发展的指标编制了一九五九年的财政收支预算草案。

一九五九年本市财政收入预算总额为十二亿三千五百万元（加上上年结余为十二亿四千五百五十五万二千元），比一九五八年本市经收的全部收入增长百分之七点七二。今年供销合作社系统所得税停征，定息户公私合营企业所得税停征，今年本市未发行公债，同时按照中央规定由今年起银行收入百分之五十列入市预算，如果除去这些不可比的因素，则一九五九年的预算收入将比去年经收的各项收入总额增长百分之二十八点七五。预算收入增长的原因是我们的各项生产事业在一九五九年继续跃进，企业、事业收入和工商税收都有很大的增长。

在一九五九年收入预算中：

企业和事业收入六亿八千八百五十四万元，占预算收入总额的百分之五十五点七五，其中仅地方工业收入即占预算收入总额的百分之三十三点二八；

工商税收五亿二千六百万元，占预算收入总额的百分之四十二点六；

农业税一千七百四十六万元，占预算收入总额百分之一点四一；

其他收入三百万元，占预算收入总额的百分之零点二四。

上年结余一千零五十五万二千元。

一九五九年本市财政收入预算总额十二亿三千五百万元中，根据中央新的财政管理体制，按比例上解中央百分之六十六点四九，即八亿二千一百一十八万元；其余作为本市开支，加上年结余一千零五十五万元，一九五九年的本市财政支出预算总额为四亿二千四百三十七万二千元。应该说明，一九五八年包括在本市预算中的一部分基本建设投资，如密云水库和部分城市建设等工程，一九五九年改列中央预算，还有三十几个限额以上的基本建设项目，由中央直接拨款。从中央在京的基本建设投资和本市预算中的基本建设投资总额来看，一九五八年为十二亿一千万元，一九五九年为十二亿三千万元。因此，应该说今年全市的基本建设规模仍然是巨大的跃进。

在一九五九年支出预算中：

经济建设费支出一亿七千二百三十六万二千元，占预算支出总额的百分之四十点六一；

社会文教费支出一亿三千一百八十七万二千元，占预算支出总额的百分之三十一点零七；

行政管理费支出四千八百八十五万三千元，占预算支出总额的百分之十一点五一；

其他支出三百二十八万五千元，占预算支出总额的百分之零点七八；

新增拨给银行的信贷资金六千五百万元，占预算支出总额的百分之十五点三二；

总预备费三百万元，占预算支出总额的百分之零点七一。

一九五九年地方自筹的收入为一千三百一十四万元，连同上年结余八百一十六万元，共计为二千一百三十万元。计划补助城市道路维修、下水道养护、环境卫生等开支。

一九五九年的本市财政收入预算，是建立在本市国民经济继续跃进的可靠基础上的。一九五九年工业和手工业的总产值计划为六十五亿元，比一九五八年完成的总产值增长百分之四十一，产品质量和劳动生产率将继续提高，产品成本将继续降低。农业生产方面，今年小麦已获得丰收，蔬菜、养猪、养鸡等副食品生产也有很大发展，大秋作物和菜田虽然今年有二百五十万亩（约三分之一的耕地）受了涝灾，损失很大，但是广大农民在党和政府的领导下，不屈不挠，顽强斗争，积极进行生产救灾；非灾区力争超产，做到以丰补歉，并且努力增加收入。所以今年的财政收入预算是有充分根据的。

一九五九年的支出预算中的主要部分是基本建设投资；在四亿二千四百三十七万二千元的支出预算总额中，基本建设投资为一亿六千万元，占支出总额的百分之三十八点一三。工业方面主要有：特殊钢厂、汽轮机厂、一机床厂、铸锻件厂、第二化工厂、搪瓷厂等限额以上的项目；农林水利方面，除了中央投资的密云水库工程以外，主要用于发展农田水利，添置农业机具和对国营农场的基建投资；在城市建设方面，除了中央直接拨款兴建了一些规模巨大的公共建筑以及配合这些建筑的市政设施外，本市还计划增设自来水管线五十七公里，下水道污水管二十四公里，铺装道路五十一公里，增加公共交通车辆四百四十八辆，铺设热力管道十一公里，煤气管道二十一公里，绿化城市二十五公顷。增加货运汽车三百二十辆，拖车六百余辆。

为了适应生产和建设的需要，今年文教卫生事业有很大发展。计划新建和扩建高师、师范、中学和小学共二百九十四校；去年开始修建的跨年工程妇产科医院、第二传染病医院等已经建成，连同今年计划扩建的精神病院，全市今年可增开病床约二千四百张；文化方面，今年修缮了故宫，建成了定陵博物馆，改建了北京展览馆的剧场，北京电影制片厂争取年内竣工。

随着工农业生产的跃进和各项事业的发展，今年财政支出预算中事业费的开支无论在绝对数字上或比例上都比去年有所增加，这将保证和支持各项事业向前跃进。

一九五九年的行政费开支，仍继续贯彻大力压缩的精神。由于公安总队等单位下放，其经费列入市预算，因此，今年的行政费开支将比去年有所增加。

各位代表：为了完成和超额完成今年的国民经济计划，实现一九五九年的财政预算，我们必须在各个战线上，继续鼓足干劲，坚决反对任何右倾思想，进一步开展增产节约运动，紧紧地抓住今后四个月的生产，努力完成生产计划，节约原材料、劳动力和流动资金；基本建设要加快进行，提早交付使用，投入生产；必须加强企业的财务管理，促进经济核算，不断推广先进经验；对基本建设的财务管理要在服从国家计划，保证工程质量的前提下，推行投资包干办法，管好基本建设预算，严格贯彻执行按照批准计划拨款和流动资金不得用于基本建设的规定。为了进一步促进农村人民公社的巩固和发展，在统一领导、分级管理、分级核算的原则下，财政部门应该积极帮助公社建立和健全各项财务制度，正确地安排积累、消费和生产的资金，大力发展以农业生产为中心的多种经营。所有机关、团体、企业、事业单位和人民公社必须继续贯彻执行勤俭办社、勤俭办企业、勤俭办一切事业的方针，厉行节约，反对铺张浪费。

随着国民经济的继续跃进，今年头八个月的财政收入情况是良好的。一至八月份全市工业产值累计完成了四十亿三千多万元，相当于全年计划产值的百分之六十二，比去年同期增加了一倍多，钢、钢材、生铁、煤、水泥、棉纱等重要产品都超额完成了生产计划。财政收入已经完成九亿零八百七十六万七千元，相当于全年预算收入的百分之七十三点六。但是今后四个月的任务还是十分艰巨的，我们丝毫也不能放松。中共中央八届八中全会的公报和关于开展增产节约运动的决议公布以后，全市人民积极响应党的战斗号召，反右倾、鼓干劲，意气风发，斗志昂扬，各个战线上已经掀起了一个轰轰烈烈、波澜壮阔的增产节约运动的新高潮。当前的形势对我们的工作是非常有利的。我们相信，一九五九年的国民经济计划一定能够完成和超额完成，一九五九年的财政收支预算一定能够胜利实现。

北京市第三届人民代表大会第二次会议提案审查委员会关于提案的审查报告

——一九五九年九月十七日北京市第三届人民代表大会第二次会议通过

北京市第三届人民代表大会第二次会议收到提案三百五十件，经整理合并为三百二十件。其中，政法类十五件、财经类一百零五件、文教卫生类七十七件、城市建设类一百二十一件、社会福利及其它类二件。

提案审查委员会分设了政法、财经、文教卫生、城市建设、社会福利及其它等五个组，分别对有关提案逐案进行研究，提出初步的审查意见；然后由总召集人同各组召集人做了进一步的审查，拟定了对各案的审查意见。其中交市人民委员会办理或研究处理的二百七十六件；不能办或缓办的十七件；不属于市人民委员会职权范围，应该转有关部门研究处理的二十七件。

提案审查委员会认为，这次会议的提案反映了人民群众对于本市各方面工作的意见，对工作的改进具有积极的作用。这些提案应该由市人民委员会积极研究处理，以便进一步改进工作。提案中还反映了人民群众对于生产和生活方面的一些要求，其中有些是应该办也可能办的，应该积极去办；有些要求必须在鼓足干劲，努力发展生产，在生产发展的基础上逐步地解决。

现在把全部提案和审查意见发给各位代表，是否妥当，请大会审议。

彭真市长在北京市第三届人民代表大会第二次会议上的发言（记录稿）

（1959年9月17日）

因为有些别的事情，没能经常参加会，但是听了一些汇报。这次会开得很好，大家对我们的工作觉得很满意，我想也应该满意。去年，从工人一直到工商业资本家，从农民一直到城里所有各阶层的人民，从学生到教授，从工人、农民一直到文艺工作者、教育工作者、机关工作者，所有各个方面，大家拼命地干，叫鼓足干劲么。无论在生产、无论在文化教育、无论我们人本身的改造方面，还有我们的生活，都有一个飞跃的进步。全国6亿7千万的人民，我们700万北京市人民，对我们的工作是满意还是不满意？我们不是唱京戏的，说“岂敢！岂敢！”我看用不着。我们的工作做得是不错。生产有很大发展，生活有相当提高，人有很大进步。人的进步包括文化知识，包括思想改造，当然，我不是说每个人都进步，总有例外，总有个极少数。我们应该满意，这次市人民代表会大家反映了这个情况，反映了全国人民的意见，反映了北京市人民的意见，满意我们去年一年的工作。

但是，这是不是说我们的工作就没有一点缺点，没有一点错误呢？不是，不管那一方面的工作，不仅我的工作，也包括同志们的工作在内，都有这样或那样的缺点。错误有大小不同，有时间长短不同，错误本身不能说长短，说的是时间的长短。既要作工作，那么错误是不可避免的；既要创造一件事情，那个事情的缺点是不可避免的。问题是成绩是九个指头还是一个指头？九个指头的成绩，一个指头的缺点，总是有的。可不可以九个半指头是成绩，可不可以八个半指头是成绩，可不可以七成、六成或八成是成绩，二、三、四成是缺点？那个也是会有的。我们这里讲的是个基本。在座的同志是拥护学习辩证法的，辩证法讲决定的东西是量，超过一定的量，即基本的东西，超过半数以上的东西，决定事物的性质。我们的工作，只要好好干，成绩和缺点就是九个指头和一个指头之比。什么人才倒过来呢?反革命是十个指头、十个指头全烂了。毛主席前天在各党派会议上讲，古人说“人非圣贤，孰能无过，”就是说除圣人以外，都是有“过”的。其实就是圣人也有“过”嘛。列宁算圣人吧，他就讲他什么时候犯过错误。马克思和恩格斯总算是圣人吧，他们也讲他们有过错。我们还不讲马克思《资本论》改了好多稿，改了又改，第三卷是马克思死了以后，恩格斯整理出来的。就是《共产党宣言》那么重要的历史文件，它也有错嘛。你说没有错，为什么 1871 年巴黎公社以后还要改，改的一点就是说旧政权夺过来还不行，还要粉碎了重搞。我的话不是说我们工作没有错误，而是说有了错误就要改。

我们的成绩究竟怎么样?十年来的成绩、十三年来的成绩，我国从解放以后经过三年的恢复，经过了第一个五年计划，现在又一个两年，十年来的成绩是很大的。

讲全国，同志们都知道，解放那年我们有多少棉花?889 万担，为了好记，就说 890 万担。现在多少呢?去年，开始我们把产量估高了，那时说 6700 万担，结果没有那么多，核实后是 4200 万担，只多不少。1949 年只有 890 万担，去年就 4200 万担嘛，去年一年增产差不多 1100 万担棉花，比 1949 年全年的产量还多。拿粮食来讲，1949 年是 2160 亿斤，去年一年增加了 1300 亿斤，总产量达到 5000 亿斤粮食。原来报多了，本来公社报县打折扣，县里报省打折扣，省里报又打了折扣，就怕那个数靠不住，我们到了中央又打了折扣，七折八折，又七折八折，那时 7500 亿斤，但真正一核实没有那么多，现在定了个 5000 亿斤，实际是只多不少。这次在庐山开会，各省市报的数字比 5000 亿斤要多，我们就定了个 5000 亿斤。去年有了个经验，生产多点，报少点没问题；生产少了，报多了名气就不大好。反正现在我们有了主意了，产量多了，订少点没什么。譬如今年的钢，我们就少报但可以多生产点，说是 1200 万吨，实际还可以多个百、八十万吨的，可是我们只报 1200 万吨，人就有这么怪的！我们党的八大提的第二个五年计划钢是 1050 万吨到 1200 万吨，说低了，生产多些没有问题，说高了再降低，他就会说你报那么高，为什么没办到?粮食也是这样，核实结果是 5200 亿，我们把零给抹了，从 2100 亿斤到 5000 亿斤，翻了一番还多，去年一年就增加 1300 亿斤。同志们都知道第一个五年计划粮食递增每年 3.7%，棉花递增每年 4.7%，农业总产值递增 4.5%，可是去年一年就增加这么多，这样工作应该满意的。这是农业，我只讲了两个数。讲工业，解放那年钢很少，1949 年只产十几万吨，现在我们叫做 800 万吨，实际好钢是 840 万吨，还有一部分钢不能轧钢，质量差一些，我们去掉了，完全算能用的、合乎现代工业质量的。过去我们一个国家才那么点钢，1957 年长到 535 万吨，去年一下又长到 800 万吨，今年 1200 万吨，有可能到 1300 万吨，如果达到 1300 万吨，我们就增产 500 万吨，到 1200 也还增产 400 万吨钢。煤，从李鸿章一直到“委员长”才 3200 万吨。1949 年我们只有 3200 万吨，去年一年就搞到了 2 亿 7 千万吨，今年对外讲是 3 亿 3 千 5 百万吨，实际会达到 3 亿 4 千万吨，从 3200 到 3 亿 4，你看增产多少?这还不讲过去我们不能做汽车，现在能做了；过去不能做火车头，现在能做了；过去不能做拖拉机、坦克，现在也能做了；飞机我们也可以做了。这样的工作，我们是满意，还是不满意?我看除了我们的敌人以外，我们都满意。敌人的特点是我们满意的他就不满意，我们不满意他就满意。

从北京来讲，北京过去名曰消费城市，这么大一个北京，世界有名，解放那年一年工业产值只 1 亿 7 千万元。工人多少呢?包括铁路工人、邮电工人一共才 6 万 9 千多人，就算 7 万吧。我们那个 1 亿 7 千万，有些东西没有算进去，如果把手工业都算在内，也只 1 亿 9 千万元，很可怜，这有什么可爱呢！这么大的中华人民共和国首都，毛主席在北京天安门宣布中华人民共和国成立，结果只有 7 万工人。什么人多呢?退职的文武官吏多，游手好闲的人多，吃喝玩乐的作风也很不错，你要找提画眉笼子的，这样典型很好找。写这样小说有很多材料。城市破破烂烂，下水道有，早已不通了，少数除外。自来水管子两头有管，中间没有，水就从中间土里面流过去，很少喝自来水，这可不是造谣，在座的自来水公司的同志他们都知道。“无风三尺土，有雨一街泥”，这是对旧北京的描写，有什么可爱?到处房子破破烂烂，大概可以装点门面的，只有故宫，可是故宫也只能给我们装那么大的门面，还有我们拆掉的四牌楼那么些东西。所以真正讲，北京过去是个落后的城市，落后有什么可爱?如果有可爱的地方，就是还有可改造的充分余地。现在的情况变了，万里同志报告讲过，原来产值 1 亿 7 千万元，1957 年产值 21 亿元，去年翻一番多，达到 46 亿元，今年 1 到 8 月 40 亿元还多一点，大概今年 60 到 70 亿元有希望。讲工人总数，过去只有 7 万人，现在 87 万人，恰恰加了个整数，加了 80 万。有些工厂一年的产值，一倍两倍的翻。如电子管厂，还有好多厂。有些小厂翻的更多，如民用灯具厂。还有些厂翻的更快，大概人个子小翻跟头就快，十倍二十倍地翻。这样，城市开始一步一步地就可以变成生产城市了。我们一进城就说北京的任务就是把消费城市变成生产城市，现在开始有了大的改变，但离我们预定的目标那还差很多。现在产值46亿元，也算真不少了，上海是170亿元，北京还没有上海的一个零头。上海的零头就差不多等于两个北京的产值。北京的工业产值总要和上海产值差不多的工业基础才行，工业要有相当的面、相当的高度，也就是相当的产值。但是比起十年之间，工业由1亿7千万元翻到46亿元，今年可能到65亿元，也许还多点，我们为什么不满意呢。从农业上来讲，过去全北京一年吃多少菜？现在吃多少菜？过去我们郊区的庄稼是什么样子？郊区同志也在这里，我讲话也许不好听，刚解放时我到过郊区，看到庄稼比草高不了多少，我这不是造谣，郊区同志都在，我是说有那么一块，不全是这样，有相当一部分地的庄稼比草高不了多少，棵数也差不多，我讲的是近郊区，远郊区就不同。现在我们出去看看，整个郊区不同了，不但庄稼长得好，战胜灾害的力量也大，今年这么大的水把庄稼都泡了，种了三次、四次、五次，就那么把地最后还是种上了。在过去，简直不可设想。有些人也真是怪的很，你没有脑子，总有一双眼、两个耳朵嘛！你去到工厂看看，到农村看看，今年庄稼比去年庄稼怎样，今年小麦比去年小麦怎么样，有些人就是怪，难道你脑子不起作用，耳朵也不起作用，眼睛也不起作用吗？当然，我这话不大科学，脑子不起作用，眼睛也很难起作用。你跑到学校去看吧，清华大学可以去看看，那就是工厂吗，我这是举例子，当然还有好多学校也是这样。过去到清华一看很突出，培养出来的人大概是高等华人，过去老清华、老燕京的人总是和工农有所不同，穿的衣服不一定好，但神气不同，总之得和工人农民划个界线。现在从我们的教授到学生，大家不觉得劳动为耻，而感觉到劳动是光荣的。一个教授都五、六十岁了，跑到那里去劳动，这是世界观的改变。一个资本家，一个过去做过“大事”的人，现在也参加劳动。要是我们毛主席、刘主席、总理去参加劳动还可以说，因为“你们是工农出身工人阶级嘛，应该劳动”。好多大夫、演员也去参加劳动。提到演员去劳动，我到不怎么赞成，好多外科大夫，搞外科手术，手搞笨了究竟划得来划不来，也可以搞点别的劳动，外科大夫开一次刀就是很大劳动，同志们不信你去开个刀试试，一头大汗开不了。当然搞一些能够结合的劳动是可以的。整个北京，除极少数人都参加劳动了，街道15万人参加劳动，所有教授、教员、学生都去参加劳动，劳动不当回事，劳动非常愉快。一个清华大学的水利系，都不在清华而在密云水库，由张光斗同志带着学生到密云水库搞设计。密云水库可是大，可以蓄41亿方水，十三陵水库同志们去过，才六千万方水。十三陵水库只有180万方土，不到200万方土，密去水库已经搞了两千五百万方土，还要搞1300万方。这样搞很好，到密云水库的清华水利系一面施工，一面参加劳动。所有过去地主阶级出身的也好，资本家出身的也好，资本家本人也好，知识分子也好，大家都是一个劳动的空气，而且过去从来不参加劳动的也参加了，在家当少奶奶、太太的，现在也参加劳动了，这事还不值得喜欢吗？

有人问阶级怎么消灭？当然，第一是没收土地，第二，资本主义工商业改造。那么人怎么改造呢？人就是这么样改造的，这样不是慢慢地都变成劳动人民、工人阶级了吗？阶级最后消灭，就是这么个消灭法。经济制度改变了，人也变了。有人担心阶级最后消灭不知怎么消灭。四川有这么一个老太太，听说要消灭文盲，她说我就是文盲呀！结果一害怕，就上吊自杀了。消灭文盲也会死人，她是文盲，觉得与其让人家消灭，不如自己消灭，痛快一些，结果就自杀了。你说能不能变劳动者，你现在已经劳动就是开始变了。就是这么不知不觉地大家一块地就变了，也并不要举行一个仪式，像我们市人代会一样，来个开幕式。我们过去在农村入党，也没有什么仪式。抗战期间，我们京西有一个农民党员，入党一年多了，但还怀疑自己“我自己究竟进来没进来”，因为也看不到党有什么门。我看我们的阶级就是这么消灭法，思想意识改了、习惯改了、作风改了，大家都为社会主义，为共产主义服务，建设社会主义社会，按着总路线建设社会主义，还不是都改了吗？不过时间有长有短。有人问右派能不能改变？右派也能改变，过去我们就讲过，右派将来总有多数能够改好的。毛主席在划右派时就说：这些右派我还寄予希望的，大概总有70到80％能改好吧。毛主席前天在党派会上又讲，也许不是70到80％，有90％以上都可以改好。这么一个环境他还不改？总可以改的。

这是讲风气、讲人的改造。生活怎么样呢？生活也提高了。生活提高多不多？还是不多。因为我们国家是个穷的国家，要翻身，不能把生产的东西全用了，总要搞扩大再生产。但生活是提高了，现在一家只有一个就业的很少，有两个的、有三个的，只有少数是一个的。至于一户没有参加劳动的就更少。是不是还有失业的、全家吃不上饭的、早晨起开不了锅的、有没有呢？没有。排队的现象的确有，有一个时期我们菜缺，但你们可以去调查一下，以一个街道、一个居民区为单位，现在吃的菜比过去是少了还是多了?多得多了。至于排队是常常有，现在是买电影票排队，好话剧排队，买自行车、球票也排队，人人吃饱了，生活好了，看球也有兴趣了，自行车脱销，北京的自行车实在不少，满街都是车，可还是脱销。现在你们看有没有为了抢杂合面而排队的?没有啦。但也许我这个市长自己怕看破烂，所以说生活改善了。生产发展了、生活改善了、人也改变了、城市也改变了。北京改变了没有?新到北京的人是不感觉什么，越是老北京就越感到这点，有的老北京说“几天不到街上去就变了样了，跑到一个地方，一找没有了”。过去改造城市因为怕拆房子，主要在城外，因为没有力量，不能拆房子，现在开始在城里拆了。今年国庆来那么多外宾，总得有个地方开会，总得有个宴会的地方，所以修一个5000人吃饭的宴会厅，1万人的大会堂，会场是大了还是小了?结果还是小。一计算那天到会的代表和外宾就有11000人，可是你只有1万个座位，那只好动员我们自己人少去。说到车站，那个车站不搬家，崇文门每天要断绝交通七个小时，将来要八个小时、九个小时，总有一天24小时都要断绝的。所以要盖个新车站。还有革命博物馆、历史博物馆、军事博物馆，这都是教育的工厂、教育的工具。但是我们的工作也有缺点，因为我们下决心下得比较迟，所以拆房子比较急，就有那么一部分人安置得不好，请代表同志们遇到这些没有安置好的人，代表我们向人家赔个不是，道个歉，解释解释，工作做得不好。安置时有那么一部分家俱用不了，有些人也是我们国家的“领导”打小鼓的，这些人很有本事，收买人家的东西七折八扣的，折的很低，后来虽然挽救了一下，但总是伤了一些人，这是一种情况；再就是搬了家的，安置不好，或者娃娃上学不便利，上工地方太远，工作不便利。这些现在正在设计，再盖些居民住宅、学校、公房、各种宿舍。从现在起，这方面准备多盖点，有的已经盖了一部分。在城里有一个地方盖起来，四周围的往里一搬，不要在城外盖。我们的市民是好，人搬家是不容易的，鸟到晚上还要回到他自己的窝。人也是这样，新搬一个地方虽然比以前好，但也不习惯；何况搬了家还不方便。有些上工、上班、上学的确是不方便，这是我们没有做好的一件事情。但总的说，北京已经有很大改造，到城外可以看到，完全是新气象，城里也改造了一些，几年以后改变的更多，这些我们都是有成绩的。所以代表同志们大家发言对我们的工作满意，我想是有道理的。

现在还有问题没有?问题还很大，我们的生活虽然改变了，但是我们的生活还是比较贫苦的，我国6亿几千万人口，要有5亿几千万人专门搞粮食、搞农业，就是为了餬口，为了穿衣，我们怎么会不穷?我们生活还是低的。为什么那么多人搞粮食，就是因为我们没有工业、没有钢铁，农业主要还得靠手工，因此要5亿几千万人搞吃的、搞棉花。生活怎么能提高?假如1亿人搞吃的，搞穿的，倒过来，有5亿多人搞别的，那我们的生活就要比现在好了。同时，我们的工业还有很大一部是手工，连上海这样的工业城市，也还有很大一部分是手工业，和鞍钢不同，鞍钢是近代化的。北京手工业比重也是很大的。在这样情况下，生活就不能提得很高，提不上来嘛。所以要改善生活，就得搞生产、发展工业；就要搞原料工业，要搞钢铁、煤炭、钢材、机器工业、木材、各种加工工业。不发展这些，生活就没办法提高，你要一定片面的强调改善生活，那就得吃光喝光，所以我们自己知道我们的生活比过去有进步，但还是比较低的。同时，我们北京的服务业能不能满足大家的需要呢?你说不能满足吧，马马虎虎还可以，你说满足，实在也不能满足。如交通工具，无论电车、公共汽车还是不能满足，要满足也确实不容易。星期天、国庆节，公共汽车、电车要把所有的人都满足了，得多少汽车、电车，一下子不能满足。拿学校来讲，还有很多学校是二部制，搞二部制比让很多人上不了学还是好，但城市搞二部制也有困难，孩子下学回来，大人不在家怎么办。小孩子们都是要玩的，弄不好他就到街上当二流子。小孩子总不能按你的规矩，爸爸妈妈总想把自己的模子来训练儿女，教师总想按自己的模子来训练学生，那怎么行呢?如果都像咱们这样子，就都没有出息了，你这个父母总要儿子超过你嘛，老一代总应该要下一代超过你嘛。儿童自己总是有创造性的，就是要他们大体跟着我们的方向走，叫他们自己有些独立活动。古人讲：“大德不逾矩，小德出入可也。”要让儿童自己去活动去。所以学校、幼儿园、托儿所、食堂，今后还是应该多盖些。城市的房子有很多下雨就漏水，一半以上过了年龄，应该退伍了，还没退，进城十年还没退。这些问题很紧迫，但不能一下满足。城市的建设必需要先搞基本建设，上下水道、自来水、各种管道、煤气管子、热气管子，要不这样搞好，等于盖房子没把地基打好。有了这些东西，然后才是上面的房子，各色各样不同的建设。而所有城市没有工业的发展，是不能搞好的。没有工业生产做基础，没有工业生产的发展，没有农业生产的发展，要把一个城市改造好，那只有一个办法，就是像帝国主义在中国修东交民巷一样。东交民巷大家都去过，帝国主义他不管中国你怎样黑暗，你再黑暗他也不管，他在中国到处刮地皮、到处搜集，搜集了半天搞了那么个东交民巷，就那么一点点。过去那在北京就算不错了，现在看东交民巷像个什么样呢？我们不是这样，要改造城市要在生产发展的基础上改造，要在基本建设安排好的基础上改变整个城市，在生产发展的基础上改善生活，同时，也只有随着生产的发展和生活的改善以后，人的改造就比较容易。如果生产不发展，生活就吃不饱，衣服穿不暖。现在不是还有人讲："你说革命好，什么好呀。"生产发展了，生活改善了，那么人的心情就舒畅了，那么改造也就容易改造了。整个地主阶级、整个资产阶级、整个资产阶级知识分子都要改造，过去我们讲过多次了，要在生产发展、生活改善的基础上，就自自然然地改造了。政治动员、政治挂帅、再加上物质基础就可以改造了。所以毛主席在党派座谈会上谈 90%的右派分子是可以改好的。听说有的同志想听听关于特赦的问题，我在下面可以讲一讲。有这个基础，整个社会改造才容易，过去北京资本家也不少，其实北京的资本家也很可怜，北京市工商业资本家统统的算上，在资本主义改造清产核资时一共才 7 千万元，所有北京一切资本家的资金，统统算起来不过是这么多。现在我们一个月，今年八月份就是 5 亿 3 千万元，北京市所有工商业资本家的产值不过是 7 千多万元，所以当个资本家生活也并不是就那么好。我看有那么一小部分生活是好的，有相当多的工商业资本家不见得比我们纱厂、电子管厂、机器厂工人生活好。你说阶级转变就那么痛苦，由不劳动到劳动，这点是个大改变，所以困难的还是思想的改变，脑子的改变。就全国来讲，关键还是生产，当然还有教育，因为生产要有人才，文化要为生产服务，关键是搞生产。城里的人，机关人员在机关里工作，在学校里搞教育，很容易离开生产远一点，容易忘掉生产，离开了生产去想改善无轨电车，离开了生产去想改造房屋，离开了生产去想扩建学校，离开了生产去想搞这个、搞那个、搞公共食堂、托儿所等等。怎么可能呢？当然我们是北京市的人民代表在座的同志是不会忘掉的，大家都在各个方面工作的。我们北京市全体人民大家要围绕生产、发展生产、为生产服务。生产搞好了一切都可以搞好。还有就是改造思想，共产党员要不断地学习马列主义，学习毛泽东同志的著作，大家有了政治学习、有了理论学习、有文化学习包括科学等等。人和普通的动物有区别，这就是一条，我们全国人民都要成为有文化有知识的人，首都人民要成为有政治觉悟有文化知识的工作人员，工人要成为这样的工人，农民要成为这样的农民。

我再谈谈生产。生产怎么搞法？就是所有的人都要反对右倾，鼓足干劲，这件事可是要紧的！你说主观能动性没有作用吗？从北京来讲，我们四个月，5 月、
月、7 月、8 月都还是北京这样的条件，六七月就低
去了，一个小马鞍形，由 5 亿几到 4 亿几，现在又
亿几，就是因为干劲紧着在那儿鼓。有那么一部分
泄气，生产就下来了。有人讲还是稳当一些好。
劲、力争上游太紧张了，多快好省太紧张了，
一点好。怎么算稳当？在我脑子里，到现在这
算清楚。还是像从张之洞到蒋介石，一共搞
稳当，还是我们现在炼钢一年翻一番稳当？
老祖宗一直到蒋介石搞 2100 亿粮食稳当
加 1300 万斤粮食稳当？还是从老祖宗一
国棉花只有 890 万担稳当，还是一年增加一千多
稳当？究竟那个稳当？很显然，我们这么多人口，有 2100 万斤粮食怎么会稳当，还是一年增加粮食 1300 万斤稳当。煤也是这样，过去是 3200 万吨，去年是 2 亿 7 千万吨，今年是 3 亿 4 千万吨，哪个稳当呢？过去稳当吗？多少年从封建帝王一直到北洋军阀是很稳当的，发展生产是很稳当的，结果是中国受全世界帝国主义的压迫，日本占领我们的地方，几乎亡了中国，那叫稳当吗？我说我们国家如果有两亿多吨钢，比美国多过一倍，那恐怕就比较稳当了。每个人一年有一吨半到两吨粮食，那就稳当了。粮食就怕说多又不多，说多又少了一点，最经不了考验。索兴少一点，大家都节约一点也够了。去年粮食增加了，敞开肚皮吃了，一天三顿饱饭，结果吃的不够了，你看糟糕不糟糕。所以有人问你们粮食增产了，可是今年为什么那么紧张呀？这样的话是可以把人问倒的，北京的粮食还没有这样的情况，北京的粮食抓得很紧。有的地方三个月吃了半年的粮食，有的地方一天吃五顿饭，吃饭也是要插红旗呀，我们有个司令员，他母亲是江西永新人，她讲去年也是发疯，逼的人家一天吃五顿饭，我就吃不下去。这是因为思想上觉得粮食产多了，多吃点没关系，结果搞的这样紧张。将来粮食生产多了，一人一年一吨就行了，爱怎么吃怎么吃，只要不放火烧。现在一大意就不够吃了。所以还是生产发展快稳当。政治上也是一样，美国打到朝鲜，我们是出兵稳当，还是不出兵稳当？你不出兵美国就占领朝鲜，美国的飞机飞到鸭绿江边，坦克也开过来，鞍钢的生产就不好搞了，所以还是出兵稳当，出兵把美国赶回三八线，金日成同志把三八线一守，东北就安全了，还是这稳当。印度问题，对待尼赫鲁，究竟怎么才稳当。尼赫鲁这个人过去是我们的朋友，他来了，我们很多人夹道欢迎，碰杯、握手、万岁，群众喊没喊万岁我倒不清楚，也可能有人喊了两声。现在他忽然发疯了，要搞我们的西藏，把达赖一伙搞去了。讲好了的

西藏是我们的地方，他插了一手，用了种种方法，通过各方面的人，捎信要同我们谈，最后说，不正式地谈谈[illegible]们说，西藏是我们的内政，你躲得远远的。在[illegible]上怎么样才稳当？是又有斗争、又有团结稳[illegible]一味迁就他稳当？总之，我们中国共产党，中[illegible]一切要从积极方面想办法，生产从积极方面想[illegible]，鼓足干劲、力争上游、多快好省地建设社会主义，[illegible]稳当。少慢差费那种稳当不好。政治斗争也是这[illegible]，抗美援朝是出兵稳，不出兵稳？如果不出兵，美国[illegible]鸭绿江边支上大炮，我们东北就无法建设；出兵了，把美国赶到三八线，金日成同志看住了，我们这就可以好好建设了。总之，要从积极方面想办法。工人阶级是新型的阶级，无产阶级要政治挂帅，是从积极方面、从发展来解决问题，不是退守，这就稳当了。

从北京来说，这个五年计划完了，再一个五年计划，有两、三个五年计划，北京的面貌就会全改变，真正变成现代化的城市了。北京的工业要办好，不仅要有大的产值，而且大体上还要有个体系，各方面要比较完备，而且有个国际水准。

郊区农业在不长的时间内要机械化，不管是耕耘、收割、灌溉等各种生产过程，要都机械化。我们有这个力量，可以先搞个典型嘛。把整个旧城市统统地改造，大概这个五年计划不行，再有一个五年就差不多了。搞几个五年使整个中国改变了面貌，也使北京改变了面貌，我们北京是中华人民共和国首都，我们生产要站在全国的最前线，思想上、政治上也要站在全国的最前线。我们北京所有的人，从共产党员、青年团员到党外的朋友们，一直到资本家，一直到原来的地主，统统要改造成为有社会主义觉悟的人，使北京成为社会主义的首都。这个工作可以做到，关键是首先抓紧生产，当然还要抓紧教育，我们北京的特点是学生比工人多，工人 87 万，学生 135 万，教育是很大的一项。在这里顺便讲一下，北京教师，从大学到小学还有幼儿园，他们作了很大的工作，他们的工作很辛苦，我们这些人也算是忙人，他们比我们至少也是差不多，我们应该感谢他们！一百多万后一代，他们在那里为我们国家教育后一代。生产、教育要抓紧。

此外，有两个问题。有些同志们要问一下，我们要特赦，国庆十周年要特赦，为什么？是大赦还是特赦？这一次不是大赦，是特赦。过去也有人想过，五周年是不是大赦，那时候不行，把这些人放出去，群众不了解，群众就不能接受。现在，研究了犯人的情况，犯人有 30％改造得比较好；50％的人是一般；20％比较差或者抵抗或者有抵触情绪。真正拒绝改造、表现很不好的只有百分之几。全国各种犯人从溥仪到小偷在内大概不到 200 万人。30％中又有一部分人是改造得很好，确实改恶从善的。基于这样情况，又是建国十年了，群众的政治觉悟、群众的组织、社会的生产和生活的安定和提高，还有教育，是不是可以赦一部分？应该赦一部分。赦哪一部分？赦真正改好的。这不同于大赦，大赦有它的毛病，宪法上也写大赦、特赦，大赦是不改好也赦，他没有改造好、刑期没满，你把他放了出去怎么办？而且有的一些犯人有原告、有苦主，你把他放了，那一部分人又不满意。中国历史上大赦很多，有上千次的大赦，有的是在国家摇摇欲坠的时候，也有是在国家兴盛时搞大赦，李世民的时代就搞过大赦，他搞了，但又觉得有问题，矛盾解决不了，他说大赦有什么道理呀？他是个罪犯，你把他放了，有什么好处呀？我们现在是特赦，只赦改好了的那一部分人，矛盾也就解决了。外国的特赦是总统赦某一个人，扩大到某一个案，平常讲特赦是狭义的。我们是赦的确实改好的这部分人。还有这么一部分，如死刑缓刑的，无期徒期的。判死刑缓刑可以改无期徒刑，判无期徒刑的可以改成有期徒刑，将来改好了还可以放出来，估计这样办群众可以接受的，可以满意。这样一个对于犯人的改造，对犯人家属，让他们感到虽然判了刑还有希望，有前途，又是我们十周年国庆，对我们有好处，对我们调动一切积极因素，鼓足干劲、多快好省地建设社会主义有好处。准备今天下午人大常委会通过决议后，明天可能颁布特赦令。

同志们，我讲话没有稿子，讲得很长，下面还有议案，占同志们很长时间，我就讲到这里为止。

北京市第三届人民代表大会第二次会议关于北京市人民委员会工作报告的决议

（一九五九年九月十七日北京市第三届人民代表大会第二次会议通过）

北京市第三届人民代表大会第二次会议全体代表，以无比兴奋的心情听取了万里副市长关于北京市人民委员会的工作报告，大会全体一致同意这个报告。大会对本市万马奔腾、雄伟壮阔的大跃进局面和光辉灿烂的建设成就，表示十分满意；一致认为北京市人民委员会一年来的工作是坚决地全面地贯彻执行了社会主义建设总路线的。

在小组会和大会的讨论当中，代表们以无数的事例，驳斥了国内外敌对分子对总路线、大跃进、人民公社的诬蔑；生动地证明了总路线的正确，证明了大跃进的光辉成就，证明了人民公社的巨大威力，证明了社会主义制度的无比优越性，证明了中国共产党和毛主席领导的英明、正确和伟大。

大会热烈地响应中国共产党八届八中全会向全国人民发出的开展增产节约运动的号召，认为增产节约运动是我们当前一切工作的中心。在工业、农业、城市建设、交通运输、商业以及其他各个战线上，都要努力增产节约，努力工作，开展社会主义的劳动竞赛。大会号召首都的工人、农民、革命知识分子和其他爱国人民，在中国共产党和中国人民的伟大领袖毛主席的领导下，更加紧密地团结起来，高举总路线、大跃进、人民公社的光辉旗帜，继续反对右倾，鼓足干劲，力争上游，千方百计地进一步开展增产节约运动，用更大的成绩来迎接我们中华人民共和国建国十周年的伟大节日，力争提前超额完成今年的国民经济计划，力争提前完成农业发展纲要四十条，力争在本年内完成第二个五年计划的主要指标，为把我们伟大祖国的首都建设成为一个具有现代化工业、现代化农业、现代化科学技术和文化的社会主义城市而奋斗！

北京市第三届人民代表大会第二次会议关于北京市一九五八年财政收支决算和一九五九年财政收支预算的决议

（一九五九年九月十七日北京市第三届人民代表大会第二次会议通过）

北京市第三届人民代表大会第二次会议完全满意地听取了程宏毅副市长关于北京市一九五八年财政收支决算和一九五九年财政收支预算（草案）的报告，经过了审查和讨论，大会一致认为：市人民委员会根据上一次会议的决议，对一九五八年预算所作的调整是必要的和恰当的；预算执行的结果是良好的。一九五八年财政收入的巨大增长，保证了和促进了各项生产建设事业，特别是工业基本建设的高速度的发展，这充分证明了社会主义建设总路线的完全正确和大跃进、人民公社的伟大成就。

北京市人民委员会提出的1959年本市财政收支预算（草案），根据中央新的财政管理体制，本市经收的全部财政收入都作为本市的预算收入，其总额为十二亿三千五百万元。除按比例上缴中央百分之六十六点四九，即八亿二千一百一十八万元以外，其余部分加上年结余都作为本市开支，共四亿二千四百三十七万二千元，其中：

经济建设费支出一亿七千二百三十六万二千元，占预算支出总额的百分之四十点六一；

社会文教费支出一亿三千一百八十七万二千元，占预算支出总额的百分之三十一点零七；

行政管理费支出四千八百八十五万三千元，占预算支出总额的百分之十一点五一；

其他支出三百二十八万五千元，占预算支出总额的百分之零点七八；

新增拨给银行的信贷资金六千五百万元，占预算支出总额的百分之十五点三二；

总预备费三百万元，占预算支出总额的百分之零点七一。

大会认为：本市一九五九年财政收支预算（草案）充分体现了社会主义建设总路线的精神，各项收入的安排和资金的分配是合理的、恰当的，既保证了基本建设的继续扩大，又保证了各项事业的继续发展，这是一个反对右倾保守、支持生产建设大跃进的预算，是一个积极而又可靠的预算。

大会授权市人民委员会根据今后经济发展的情况，在必要时，对预算作适当的调整，以适应各项生产建设事业继续跃进的需要。

目前全市人民在中共八届八中全会的号召下，正掀起了轰轰烈烈的增产节约运动的新高潮，力争以全面超额完成第三季度跃进计划的出色成绩来庆祝建国十周年。大会深信，在中国共产党的正确领导下，在总路线、大跃进、人民公社的光辉旗帜下，经过全市人民的积极努力，坚决克服右倾保守思想和松劲情绪，我们一定能够完成和超额完成一九五九年的国民经济计划，胜利实现一九五九年的财政收支预算。

北京市第三届人民代表大会第二次会议主席团、秘书长名单

（一九五九年九月十四日北京市第三届人民代表大会第二次会议通过）

主席团（四十五人，按姓名笔划排列）

万　里　王　炯　王　纯　王人旋　王文荣　王昆仑
王福海　王照华　王辉球　乐松生　刘　仁　朱兆雪
吴　晗　李　昶　严希纯　严镜清　周　仁　林　彤
范瑾（女）　劳君展（女）　陈文润（女）
陈克寒　陈炳基　郑天翔　侯仁之　姚光裕　赵　凡
赵引珠（女）　赵炳南　高而怿（女）
浦洁修（女）　梅兰芳　张萍（丰台区）　张炳光
张景伯　张晓梅（女）　彭　真　程宏毅　邹鲁风
贾庭三　贾星五　顾均正　蔡钟长　蒋光鼐　黎　晓

秘书长

贾星五

北京市第三届人民代表大会第三次会议

（1960 年 6 月 24 日—30 日）

北京市第三届人民代表大会第三次会议于 1960 年 6 月 24 日至 30 日召开。这次会议是和中国人民政治协商会议北京市第二届委员会第二次全体会议同时召开的。市人民代表 687 人。

会议听取、通过了副市长万里关于北京市 1960 年国民经济计划、1959 年财政收支决算和 1960 年财政收支预算草案的报告。增选了两名副市长。

会议期间，陈毅副总理作了关于目前形势的报告。彭真同志作了重要讲话。

大会共收到提案 153 件，其中，政治类 20 件，财经类 44 件，文教卫生体育类 27 件，城市建设类 60 件，其他类 2 件。

关于北京市一九六〇年国民经济计划、一九五九年财政收支决算和一九六〇年财政收支预算草案的报告

——一九六〇年六月二十四日在北京市第三届人民代表大会第三次会议上

北京市副市长 万 里

各位代表：

从去年九月间召开的北京市第三届人民代表大会第二次会议以后，我们全市人民再接再厉，继续高举总路线、大跃进、人民公社的光辉旗帜，坚决贯彻执行了中国共产党八届八中全会关于开展增产节约运动的决议，进一步地反对了右倾，鼓足了干劲，发扬了敢想敢说敢做和实事求是相结合的精神，掀起了具有重大历史意义和巨大规模的群众运动的新高潮，在社会主义建设的各个战线上继续取得了新的伟大胜利。工业总产值比一九五八年增长了百分之四十七点七；在战胜

了严重的涝灾之后，农副业总产值比一九五八年也增长了百分之六点四；城市建设和科学文教卫生事业都有很大的发展；随着生产、建设的发展和人民生活水平的不断提高，交通运输量和社会商品零售额也迅速增长了。财政收入和支出的决算都大大超过了原预算。决算收入为原预算的百分之一百二十四；决算支出除了上缴中央的部分以外，为原预算的百分之一百六十八。财政收支预算随着生产的跃进，不断增长，经过市人民委员会进行了两次调整，在年终仍结余四千五百余万元，结转到今年继续使用。

我们的步伐自从踏进伟大的六十年代以来，就更加表现得豪迈而迅速了。今年一至五月，我们已经完成了工业总产值四十六亿元，实现了年初的开门红、月月红的新局面，已经完成了今年国家计划指标九十五亿六千万元的百分之四十八；在农业战线上，粮食高产作物的播种面积和蔬菜的种植面积也比去年增加了，水利建设和养猪积肥运动都取得了很大成绩；交通运输、基本建设同样继续出现了全面跃进的局面；教育、文化、卫生、体育和科学研究工作都正在沿着大改革、大普及、大提高的伟大道路前进。

目前在全市工业、农业、建筑业、交通运输业、商业、服务业、文教卫生等各个部门中思想革命、技术革命和文化革命互相结合的群众运动，正在轰轰烈烈地向前发展着。这次技术革新和技术革命运动规模之大、范围之广、程度之深，远远超过了一九五八年的大炼钢铁的群众运动。经过这个运动，笨重的体力劳动和手工操作，已经大为减少了；新技术、新工艺、新设计，层出不穷，并且已经在生产上表现有巨大的效果，生产面貌时时刻刻都在发生着新的变化。有的从工具设备的局部革命发展成为工具设备的全线革命；有的从生产方法的局部改革发展到生产方法采用新工艺、新技术的全面革命；有的从单项的革新发展到全工段、全车间、全企业以至全行业的技术改造；有的从工具设备、生产方法的改革，发展到产品设计的改革和原料材料使用的技术革命。这个全民的技术革新和技术革命运动，带有全面技术改造的极其重要的性质，它的出现完全不是偶然的，而是几年来我们在党和毛主席领导之下，在社会主义建设方面大搞群众运动的必然结果，是大跃进的必然产物。

我们的党和毛主席关于破除迷信、解放思想，敢想敢说敢做的号召，大大解除了群众对旧事物、旧规章及书本上一些陈旧知识的迷信，启发了群众的伟大创造性和无穷智慧；他们在不断革命的精神鼓舞下，按照客观规律，充分发挥主观能动性，大大发扬了革命干劲。他们说“困难是石头，干劲是锄头，锄头砸石头，困难就低头。”在技术革新和技术革命运动当中，坚决贯彻政治挂帅和大搞群众运动，进一步实现了理论和实践的结合。工矿企业、高等学校和科学研究机关三结合的大协作，设计部门、制造部门和使用部门三结合的大协作，在这个伟大的技术革命运动中有了进一步的发展。在这次运动当中不仅运用了现有的科学成就，而且在若干方面发展了现代科学技术的理论和成就。领导方面，抓典型、大评比、大提高、大推广，这样就动员了最广大的群众，投入到这个运动中去。在党的领导下，技术革新和技术革命运动，正在奔腾澎湃地向前发展。

今年春季还出现了另一个伟大的群众运动的高潮。这就是城市人民公社的普遍建立和发展。城市人民公社的出现，必然将对我们社会主义建设事业不断大跃进发生巨大的作用。

在这大好的形势面前，我们的计划工作和财政经济工作，必须更好地为我们的总路线、大跃进和人民公社进一步的发展服务。我们一定要进一步放手发动群众，鼓足更大的干劲，克服前进中可能遇到的困难，为争取一九六〇年更大更全面的胜利而努力。

按照国家规定的国民经济计划指标，北京市一九六〇年工农业总产值为一百亿零二千万元，比一九五九年将增长百分之三十九点三。根据这个指标和本市的具体情况，我们拟定一九六〇年财政预算收入为十九亿三千九百万元，比一九五九年决算增加百分之二十六；支出预算除按比例上缴中央的部分以外，为七亿八千四百四十九万一千元，比一九五九年决算增长百分之九点六。

关于今年发展国民经济的各项计划指标、一九五九年的财政决算和今年财政预算草案，详细项目另有附表，请代表们审查。现在我只就有关工业和交通运输、农业和商业、城市建设、科学文教事业、城市人民公社等几方面的主要情况和问题，报告如下。

工业和交通运输业向着新的阶段发展

北京的工业，经历了一九五八、一九五九两年连续大跃进，现在完全有可能而且应该担负更大的任务，攀登更高的目标。去年年底，中共北京市委根据国家的统一安排和全国一盘棋的精神，根据北京的具体条件，提出了首都工业以钢为纲、全面跃进、坚持两条腿走路、既要发展“小土群”“小洋群”，同时又要向高、大、精、尖发展的方针。这就是要使北京的工业走上一个新的发展阶段，不但在数量上、速度上飞跃地前进，而且要登上现代技术的高峰，站在技术革命的最前线，为我国的社会主义建设做出更好的贡献。

百战百胜的首都工业战线上的全体职工，在毛泽东思想的照耀下，高举总路线、大跃进和人民公社的红旗，乘胜前进，热烈地响应市委的号召。今年一开始就出现了空前大好的局面，生产高潮一浪接一浪地持续不断地向前发展。第一季度完成的工业总产值和主要产品产量都超过了去年第四季度，打破了历年第一季度生产往往低于前一年第四季度的“常规”，接着又出现了四月超三月，五月超四月的不断跃进。一九六〇年国家计划工业总产值为九十五亿六千万元，比一九五九年完成的六十八亿元提高百分之四十点六。今年一到五月，全市已经完成四十六亿元，达到了国家给我们规定的全年计划的百分之四十八。钢、铁等主要产品的产量，也已经完成全年国家计划的一半。有三百多个工厂已经在五月底提前一个月完成了上半年的国家计划。绝大多数产品的质量提高了，或者是稳定的。许多新的产品不断试制成功和投入生产。在这样一个又多又快又好又省地全面大跃进的局面下，我们完全有可能大大地超过国家计划，并且要努力争取今年的工业总产值比去年提高百分之六十以上；劳动生产率争取比去年提高百分之三十五以上，不仅增产不增人，而且要从老厂调出人来支援新建单位。在产品质量和新品种方面，要有一大批产品成为第一流的产品，并且要继续试制和生产更多的高级的、大型的、精密的、尖端的产品。

伟大的以马克思列宁主义思想为指导的全民性的技术革命运动，持续不断地发展、巩固和提高，是当前工业建设高潮的根本特点，也是实现全面大跃进的根本保证。

今年以来，技术革新和技术革命运动，从减少笨重体力劳动和手工操作，大搞机械化、半机械化、自动化、半自动化开始，紧接着就迅速发展到广泛采用新技术、新工艺，制造新设备和整个生产过程的大革命。很多工厂采取土洋并举的办法，搞出来了许多自动化、半自动化机床和自动的、半自动的生产线。例如北京汽车制造厂，大家动脑筋、想办法，自己动手，突击完成九条自动的和半自动的流水生产线，生产效率大为提高。思想大解放、迷信大破除的结果，不但设备落后的中小工厂能大搞技术革命，就是现代化的大工厂也能大搞技术革命，他们不仅大搞自动化、半自动化，而且对现代化的设备，进行改造。最近，很多工厂又大搞产品设计的革命，仅仅机电工业就已经完成三十二种产品设计的革命，试制成功的有二十三种，投入生产的八种。北京汽车制造厂的大灯、油封等三项产品设计革命以后，一年可以节约六百多吨钢材，一百多吨有色金属。人民机器厂的对开印刷机，改进设计以后，零件由一千一百四十多件减为七百七十多件，重量由二点八吨减到二点一吨，而且把手工续纸改为自动续纸。现在，技术革命运动已经席卷全市，广大职工愈战愈勇，新的经验，新的技术，在不断推广。这个运动正沿着全民的正确的科学的轨道胜利前进，推动生产不断跃进。

技术革命运动所以能够在这样短的时间内取得显著的成就，主要是由于广大的干部和群众高举毛泽东思想的旗帜，贯彻执行了无产阶级的革命的群众路线的结果。科学技术的理论都是来源于实践。资产阶级和它的专家把技术当作少数人的私有财产，他们为了垄断技术，把技术神秘化，说成是高深莫测，把广大劳动群众排除于科学门外。这样，就限制了科学技术的发展。我们采取了同他们完全相反的立场和方法，放手发动群众，在科学技术问题上大搞群众运动，结果就出现了人人动手、个个革新的轰轰烈烈的局面。许多普通的劳动者成了发明家，许多一穷二白的工厂，短期间就改变了面貌。装卸工人吴淑琴解放前是一个饱受地主压迫的童养媳，她参加工作只有两年，由于她有坚决革命到底的决心和百折不挠的革命意志，经过几个月的苦战，终于制成了装砖机，就是一个显明的例子。

我们的技术革新和技术革命运动，一直坚持了理论联系实际、脑力劳动与体力劳动相结合的方针。三结合就是理论联系实际的最好形式。这里有领导干部、技术人员、工人群众的三结合；有工矿企业、高等学校和科学研究机关的三结合；有设计者、制造者、使用者的三结合。全市有几万名教师、学生、科学研究人员和几十万职工，拧成一股劲，向科学技术大进军。脑力劳动和体力劳动、理论和实践更密切地结合起来，对群众的发明创造，及时地加以研究、总结、提高，使它系统化，使单个的革新成龙配套。实践推动了理论的发展，理论又指导了实践，这就使技术革命运动不断获得新的成果，不断地向前发展。

当前工业战线的主要任务，是抓住大好形势，在不断革命的思想指导下，继续前进，实现高产量、高质量、高效率、多品种、低消耗，多快好省的全面大跃进。当前特别必须切实抓住继续大搞技术革命和大力改进企业管理这两个主要的环节。

技术革新和技术革命运动要提高到一个新的阶段，即大普及、大提高、大面积丰收的阶段。在群众性的技术革新和技术革命运动中涌现出来的许多新技术、新经验，除了已经普遍推广的以外，有些已经试验成功还没有推广，或者还没有全面普遍推广；有些新技术、新设备还不完善或者还没有完全掌握其规律。现在要围绕高产量、高质量、高效率、低消耗的关键问题，大力推广行之有效的先进经验和革新项目。以鉴定、推广为纲，大力加以巩固和提高，集中力量解决生产上的薄弱环节和主要关键问题。产量上不去的，着重要攻增产关，劳动力不足的，着重要攻提高劳动效率关，原料、材料困难的，着重要攻增产、节约原料、材料关；质量不稳定的，着重要攻提高质量关。总之，要放手发动群众，充分运用头五个多月来技术革命已得的成果，针对生产中的关键问题，组织攻坚战役，使不完善的经验变为完善的；使没有完全掌握规律的新技术，能够完全掌握或者基本上掌握；没有普遍推广的经验，要迅速推广，在一定的范围内普遍化，并且在大普及的基础上大提高，夺取生产战线上更大的丰收。

在大搞技术革命的形势下，大量采用新设备、新工艺、新技术以后，在生产上引起了一系列的变化，因而对企业的管理工作提出了不少新的课题。而管理工作跟不上形势，恰恰是这个时期的主要弱点。因此，及时地改进并提高企业的管理工作，也是当前的一个重要环节。技术管理、新技术的鉴定和推广、计划管理、质量检验、生产准备工作等等，都需要发动和依靠群众，根据新的情况进行大破大立。目前要特别注意加强技术管理和设备的维护检修以及备品、备件的储备。防暑、降温、除尘和安全生产工作都要及时注意加强。产品质量检验制度，今年以来一直是受到重视的，许多产品的质量也在不断提高，但是也有少数产品质量不稳定，有的质量下降，在产量提高的同时必须注意质量的提高，高产优质要同时并举。

由于生产的迅速增长，原料、材料就需要相应地增加。因此，大抓原料、材料的增产节约，就成为保证生产持续大跃进的重要条件。我们解决原料、材料的根本方针是多种经营，综合利用，大家动手，自力更生。每个生产单位都应当根据需要和可能，用大搞机械化、半机械化、自动化、半自动化运动的劲头，掀起一个大搞原料、材料生产的群众运动。大搞原料、材料的生产，必须贯彻执行大中小并举、土洋并举、两条腿走路的方针，当前最重要的是大搞“小土群”、“小洋群”。一则可以做到投资小、收效快，在生产上迅速发挥作用；再者，可以为城乡工业的合理布局打下基础。

生产要有分工，同时要实行“一专多能”。那种把分工绝对化，片面地强调专业化，乃是一种违反生产发展客观规律的形而上学的观点，对发展生产是不利的。我们必须打破行业界限，大搞多种经营，综合利用，充分发挥物质的潜力，首先是把一切没有利用的或者没有充分利用的东西，充分加以利用。如工业的废水、废气、废渣的综合利用，煤炭、木材、农副产品的综合利用等。大搞技术革新和技术革命，许多新技术、新工艺的采用，已经给大搞多种经营和综合利用打开了十分广阔的道路。

城乡人民公社工业从无到有，从小到大，已经成为当前工业战线上的一支生力军。城市人民公社工业在为大工业服务，为城市建设服务，增产日用工业品等方面，发挥了很大作用。当前特别要注意保证质量不断提高，品种不能减少而且要有计划地增加。农村人民公社工业主要是为农业技术改造服务，综合利用农副产品，同时，为大工业、为城市建设服务，在统一安排劳动力的前提下，有重点、有计划地开采各种矿石和增产建筑材料，工业原料、材料等。

今后的首都工业必须一方面大搞技术革新和技术革命，最大限度地发挥现有企业的作用。另一方面要切实抓紧工业的基本建设，尤其是关键性的新建扩建企业的建设工作，保证按期建成投入生产。工业的基本建设十分重要，因为整个的讲，首都的工业基础还是比较薄弱的，缺乏一些主要的骨干，而且也需要根据劳动力的实际可能，有计划地安排一批“小土群”“小洋群”工业。

按照国家分配的投资计划，本市一九六〇年工业基本建设投资为五亿九千二百万元。其中，中央直属的工业企业的投资为四亿零六百万元，地方的工业企业投资为一亿八千六百万元。工业投资的重点，首先是冶金、化学、电力、煤炭等原材料和燃料、动力工业，投资额占工业投资总额的百分之六十二。其次为机械工业，投资额占工业投资总额的百分之十八点八，再次为适应首都大规模建设的需要，建筑材料工业也要有很大的发展。此外，轻工业和纺织工业方面的投资占工业投资总额的百分之八点三。

随着工业及其他生产的发展，去年交通运输量有了很大的增长，全市公路货运量完成九千四百多万吨，比一九五八年增长百分之九十四；铁路货运量完成一千七百多万吨，比一九五八年增长百分之四十一。今年本市铁路货运量计划为二千一百万吨，比一九五九年增长百分之二十二；公路货运量计划为一亿二千三百万吨，比一九五九年增长百分之三十点四；邮电事业也将有更大的发展。

一九六〇年国家预算内对公路运输、邮电方面的基本建设投资为七千二百四十六万元，其中中央企业为六千零一十八万元，地方企业为一千二百二十八万元。

本市交通运输业两年来有很大发展，装卸、运输的效率有很大的提高，运输量有很大的增长，但是仍然赶不上工农业生产、基本建设、商品流转等国民经济各个战线继续跃进的需要。为了完成今年的繁重的运输任务，适应国民经济继续跃进的需要，交通运输战线必须首先保证重点物资的运输，实现以高运保高产，当好先行官。因此，要继续大搞技术革新和技术革命的群众运动，大大提高装卸搬运效率，充分发挥各种机动车辆的运输能力，把工人从目前那种笨重体力劳动中解放出来。必须从各个环节，千方百计地挖掘现有运输设备的潜力，争取大大地超额完成今年的运输计划。各厂矿企业都要关心交通运输，大办厂内运输。要继续深入开展产、供运、销一条龙运输大协作和装卸搬运机械化、半机械化的群众运动，把运输过程中的各个环节紧密地衔接起来，带动整个运输组织工作的全面改革。同时要大办小洋铁路，重点解决地方建筑材料和矿石的运输问题；大造挂车，普遍实现拖带化；要推广节煤、节油的先进经验，以大大降低运输成本，节省燃料。

从各方面注意发展农业，加强商业工作

由于我们党的坚强领导，由于人民公社的优越性和广大人民群众冲天的革命干劲，去年本市郊区农业生产虽然遭受了严重的涝灾，受淹的耕地约占全部耕地面积三分之一以上，因而粮、棉减产。但是，在未受灾地区比一九五八年的产量都有增加。蔬菜被水冲了又种，经过三番五次地反复斗争，商品蔬菜的产量达到十六亿斤，比一九五八年增长百分之六十，基本上保证了首都人民的蔬菜供应。农村副业也有很大发展。因此，在遭受严重灾害的情况下，一九五九年农副业总产值仍然比一九五八年增长了百分之六点四，社员的收入、公社的积累都有增加。

一九六〇年郊区农业要在以粮为纲，保证本市蔬菜自给和大力发展以养猪为中心的畜牧业的方针下，全面安排农、林、牧、副、渔等各项生产和公社工业以及水利等基本建设事业。计划拟定：一九六〇年郊区农副业总产值比一九五九年增长百分之十六点七。主要农业生产指标是：粮食十六亿斤，比一九五九年增长百分之十点二；商品菜二十四亿多斤，增长百分之五十。我们要力争完成和超额完成这些指标。如果没有严重的自然灾害，这个目标是可以实现的。

粮食是宝中之宝，我们必须千方百计地增加粮食的生产。各个生产队都要认真地总结和推广执行农业“八字宪法”的实际经验，按每块土地定出增产粮食的具体计划和具体措施，并认真贯彻执行。为了完成今年的粮食生产计划，目前除了对一百五十万亩小麦要精打细收，保管好、分配好以外，还必须结合抗旱，作好夏种工作，要努力种好和管好玉米、水稻、白薯、多穗高粱等高产作物。虽然今年灌溉面积增加，但是由于旱情严重，要因时制宜、因地制宜地充分利用一切耕地，尽量种上庄稼。对于春播作物，要加强锄草、补苗、加水、加肥等田间管理工作。前半年，郊区农民已经进行了顽强的抗旱斗争，取得了成绩，还必须充分动员群众抓紧抗旱抢种并且注意防治病虫害和雨季可能发生的涝灾，力争粮食作物的增产。在蔬菜生产方面，要努力提高单位面积产量，增加复种面积，增加品种，以保证首都的蔬菜供应。

畜牧生产要以养猪为首，做到六畜兴旺。养猪不但可以增加肉食，而且也是促进农业全面发展的重要条件。一头猪就是一个小型的有机化肥厂，抓住了养猪问题，就等于抓住了多快好省地增产肥料的关键，就给增产粮食和其他农作物创造了极为有利的条件，同时，还可以扩大工业的原料来源。但是，我们郊区畜牧业生产的基础是比较薄弱的，我们必须坚持努力，克服困难，千方百计发展养猪事业。为此，必须大力加强对养猪工作的领导，要按公社、按生产队、按户具体定出养猪计划。特别要抓紧猪的繁殖。对现有的母猪必须饲养好、管理好，争取受孕期不空怀，怀孕后喂好养好，并且要大大提高小猪的成活率，扩大饲料来源，大力防治猪瘟、猪病。除了养猪以外，还要积极发展牛、羊、驴、骡、马、鸡、鸭、鹅、鹿、兔等家畜家禽的饲养，并且注意发展养蜂、养蚕。

我们要充分发挥人民公社的优越性，全面安排生产，发展多种经营，要开展群众性的绿化造林运动，注意发展药材的生产。在养捕并举的方针下，还必须大力发展渔业生产，利用农闲大搞各种副业生产和土特产生产。国营农场特别要发挥它的优越性，提供更多的农产品和畜产品，并且发展多种经营和综合利用。

兴修水利是保证农业增产的重要条件。去冬今春又开展了一个规模宏大的水利建设和平整土地的运动。目前灌溉面积已增加到三百万亩左右，今年施工的水利工程除了密云水库等大、中型水库以外，还有引水渠道和除涝排水等工程。今年麦收后和秋收后应特别抓紧平整土地修建渠道的工作，使已有的水利灌溉工程充分发挥效能，以便战胜旱涝，确保丰收。

积极推行农业的技术改造，使农业向现代化的方

向迈进，是我们的重要任务。郊区各区、县、人民公社，必须采取自力更生的道路，发动群众，穷干、苦干、巧干，采用小土群、小洋群的方法，大办公社工业。自己生产原料，炼钢、炼铁，自己生产机械武装自己。同时，工业、财贸、文教卫生等方面，都要大力支援农业，并且帮助农业实行技术改造，促进生产的发展。这样双管齐下，才可以争取在一个不太长的时间内，逐步实现农业的现代化。

城市支援农村，工业支援农业的工作，今年以来，已经发展到了一个更有组织、更有计划、更大规模的新阶段。市人民委员会已成立了农业机械局，专门领导农业机械的生产和修理，加强对农业技术改造工作的指导。同时，组织了城区各区和郊区各县，一部分大工厂、高等院校和郊区人民公社分别挂勾，建立起经常的、固定的互相协作、互相支援的新关系，首先是城市支援农村、工业支援农业的新关系。几个月来各区和各工厂已经拿出设备六百三十多台（其中机床一百三十八台），工具五千多件，金属材料三百多吨，电线一万五千多米，直接支援了农村公社工业。现在在六十七个农村人民公社中，除了房山县霞云岭人民公社以外，都有了拥有几台到十几台机床的农具修配厂。各区各厂还派出了二千四百多人帮助公社抢修农具，为公社工业培训了一千多技术工人，并且帮助公社新建、扩建了九十九个工厂企业；有的还采取城乡结合的形式，发展了一批钢铁“小洋群”企业，大搞原料、材料的生产。

城市支援农村、工业支援农业的主要任务是：积极促进农业和畜牧业的技术改造，以便发展农业和畜牧业，并且逐步实现公社工业化。目前，首先是工业部门应当保证按时间、按质量完成农村急需的机械设备的生产任务。同时要充分发挥各县各人民公社现有农业机械制造厂、修配厂在农业技术改造中的作用。这些工厂要全心全意为农业的技术改造服务，成为农村技术改造的前进阵地。另一方面，还要有计划地帮助农村人民公社组织农副产品的加工和综合利用，既增加公社的收入，又为轻工业、纺织工业等提供原料、材料，同时促进公社工业的发展。但是，各公社自己却不应该有任何依赖思想，必须自己加倍努力，自力更生，土洋并举，自己装备自己。

各公社要以农业生产为中心，因地制宜，因时制宜，全面规划，全面安排各项生产和基本建设，特别注意合理地安排使用劳动力，应该设法保证平时农业和畜牧业生产的劳动力不少于百分之六十到六十五；在农忙季节用于农业生产的劳动力则应该达到百分之七十以上。要鼓足干劲，发挥劳动潜力。在这里，还应该特别着重地指出：各公社要以办好公共食堂为中心，妥善地安排农村人民的生活。今年麦收下来就要节约用粮，计划用粮，认真地安排好群众的口粮。争取在丰收的情况下，今后逐步增加储备以备荒年。各个食堂都要种菜、养猪，增加副食。必须加强对食堂的领导和监督，实行民主管理，使我们的农村公共食堂日益巩固和提高。托儿所、幼儿园和敬老院也要继续发展、巩固和提高。

郊区农村中各级干部都要切实改进领导作风，贯彻执行党的群众路线，贯彻执行勤俭办社、勤俭办一切事业的方针，反对贪污，反对浪费，反对官僚主义和命令主义的作风，坚持干部参加劳动的制度，干部要和社员群众同吃、同住、同劳动，密切同群众的血肉联系，关心群众，既抓生产，又抓生活，以便更好地实现农村社会主义建设事业的大跃进。

随着生产建设的发展和人民生活水平的不断提高，去年以来，全市商品零售额又有很大的增长。一九五九年全市社会商品零售额达二十二亿二千万元，比一九五八年增长百分之二十。一九六〇年全市社会商品零售额拟定为二十八亿五千万元，比一九五九年将增长百分之二十八。

在工农业生产继续大跃进的形势下，市场情况一般是好的，购销两旺，商业、服务部门广大职工热情高涨，正在以忘我的劳动，积极地支持和促进生产，帮助组织人民的经济生活，大搞技术革新和技术革命。

今年一至五月份各种商品的零售总额比去年同期增长了百分之二十一。市场的繁荣反映了生产的大跃进，反映了就业人数的迅速增加和就业面的扩大。由于人民生活日益提高，社会购买力也迅速增长，特别是城市人民公社普遍建立以后，社会上从十六岁到六十岁（妇女到五十五岁）的劳动力、半劳动力，基本上都就业了，因此，社会购买力更加显著地增长起来。本来，在去年年底城市就业人口平均每户已经有二点三人，他们的家庭生活不仅有了保证，而且已经比过去有了很大的改善，现在又新增加了就业人员，增加了家庭收入，购买力无疑地就更加提高。许多过去只有极少数剥削阶级和其他富有分子才能享受的东西，现在已经变成广大人民的普遍需要。虽然这些商品的供应量增加了，但是仍然不能满足需要，这是市场情况的一种根本变化。人民消费水平的提高和生活的不断改善，这是一个极好的现象；但是，我们是一个拥有六亿五千万人口的大国，每个人多消费一点，合在一起，便是一个巨大的消费数量。一九五九年我国曾遇到几十年来未有的严重的旱、涝灾害，全国受灾面积共达六亿五千万亩。

由于党的坚强领导和广大农民冲天的革命干劲，由于人民公社在抗灾斗争中发挥了巨大作用；党和政府及时地抓紧了全国城乡人民生活的安排，因而才使广大灾区人民胜利地渡过了灾荒，也保证了城乡人民生活的基本供应，这是一个伟大的胜利。某些农副产品和以农副产品为原料的日用工业品的供应，暂时受到一些影响是难免的。

商业工作为了大力地支持和促进工农业生产的高速度发展，进一步安排好人民生活，克服工作中还存在的一些缺点，首先必须积极作好商品的收购和生产资料的供应工作。当前特别要大力支援农业的技术改造，积极协助人民公社全面安排生产、开展多种经营、大搞副食品生产、大搞农副产品加工和综合利用，一方面增加公社和社员的收入，一方面为工业提供更多的原材料，为城市居民提供更多的生活必需品。同时要全面地组织好人民的经济生活。随着城乡人民公社的进一步巩固和发展，以及人民生活集体化的程度提高，不仅商品的需要发生了新的变化，而且商品的购、销都将有很大的增长。商业部门必须适应这种新的形势，更好地、更合理地组织商品供应和分配，积极提高服务质量，便利群众，办好各项集体福利事业，帮助群众过好日子。商业、服务业部门也必须大搞技术革新和技术革命，提高劳动效率，节约物资，大力改善企业的经营管理，加速资金周转，大力改进商品的调运和保管工作，降低商品损耗，降低费用水平。

有计划地改建旧城，发展首都的城市建设

去年以来，北京的城市建设又有很大的发展。铺装道路现有一千三百七十四公里，相当于一九四九年二百六十三公里的五点二倍；现在城市每日供水量为四十四万吨，相当于一九四九年最高日用水量三点八万吨的十二倍；现有下水道八百五十七公里，相当于一九四九年可用下水道二十二公里的三十九倍；公共交通客运量较一九四九年上升二十二倍。各项市政设施的服务水平都有显著的提高。特别是去年对天安门广场和东西长安街开始了较大规模的改建的同时，我们就开始进行为现代化城市所不可缺少的煤气和热力建设工程，使首都面貌有很大的改变。但是总的说来，城市建设的发展远远跟不上各方面的需要。特别是旧城改建只是刚刚开始。前几年根据当时国家经济状况，对旧城原有的房屋要充分利用，为了避免大量拆房，不可能进行较大规模的改建，除了在房屋较稀的地区新建了一些房屋以外，绝大部分新建筑都建在城外，因此至今旧城之内大多数破旧平房还未改建，市政设施还很落后。随着工农业生产、科学文教事业的持续大跃进和城乡人民公社的大发展，城市建设不仅要以更大规模和更高的速度进行，而且在建设过程中对于城市旧有的建筑以及各项市政设施的落后面貌，都需要逐步地加以根本的改变，以便把我们首都建设成为一个庄严、美丽、现代化的城市。

城市的各项建设首先必须统一规划，全面安排。工厂、高等学校、科学研究机构以及其他各项建设的布局，既要适应目前各方面事业发展的需要，又必须从长远着眼，尽可能有利于工、农、商、学、兵的结合，有利于逐步消灭工农差别、城乡差别和脑力劳动与体力劳动的差别。为此，城区和近郊区的建设必须注意不能太集中，要留出大片的农田、菜地、果园等绿地，以便实现城市园林化。现在城区附近新建的工厂、高等学校、科学研究机构比较集中，今后，新建单位应该适当地分散，使其布局更加合理。也只有这样才能逐步疏散旧城区过密的人口，便于改建。

在城市建设过程中，还必须注意居住、生产、工作、教育等各方面的建设按比例的发展。居住区要尽可能地接近工作地点，这样既有利于组织人民公社的生产与生活，又可以降低城市的交通量。人民公社建立以后，居住区和住宅建设必须适应集体生活的需要，全面安排公共食堂、托儿所、幼儿园、中小学、商店、诊疗所、服务站等等一整套服务设施。在住宅建设上，也还要照顾到家庭和个人生活上的方便，贯彻大集体小自由的原则。

我们必须有计划地、尽快地进行旧城的改建，这是首都建设中的一项最繁重也是最重要的任务。一方面要有计划有步骤地在几条主要干道上进行改建；另一方面要充实各区的建筑力量，由各区负责，按照城市人民公社的规划，今年开始逐步地、一片一片地建造住宅和集体生活所需要的服务设施。

在改建旧城的过程中，窄狭的道路要展宽，架空电线要入地，管径太小、位置不对的上下水道要改建，煤气热力管道要大量新建等。以上各项市政工程需要统一规划、综合设计，并且要和房屋改建相配合，尽可能按照“先地下，后地上”的原则，有计划地分期分批进行。

城市建设的设计水平必须提高。设计工作是多快好省地进行建设的首要环节。应该注意采用各种先进的技术成就，并且根据北京市的具体条件，在大搞群众

运动的基础上，不断地进行革新和创造。

在建筑艺术方面，几年来取得了一定的成就和经验。但是总的说来，建筑艺术水平和建筑物的使用面积都还不高，今后不仅要提高个体建筑的艺术水平，提高使用面积，而且要提高群体的、成街成片的建筑艺术水平，并且要使房屋和街道庭院的绿化配合协调起来，美化环境。不论在建筑布局或个体建筑设计上，都要不断提高建筑质量，充分体现对人民的关怀，做到使用方便，居住舒适，同时要注意节约用地和注意增加建筑物的使用面积。为此，应该继续推广“设计竞赛、群众评比、集体创造”的方法。设计工作者应该深入群众，体验生活，倾听群众的意见和要求，更好地贯彻执行“适用、经济，在可能条件下注意美观”的方针。

为了适应更大规模、更高速度地进行城市建设的需要，在建筑和市政工程的施工方面，必须在政治挂帅、大搞群众运动的基础上，土洋并举，继续开展以机械化、工厂化为中心的技术革新和技术革命运动。要大力推行装配式的建筑，增加施工机械、建设生产预制构件和新的建筑材料的工厂，逐步把我们的建筑、市政施工单位培养成为一支具有高度政治觉悟、具有现代装备和掌握先进技术的施工队伍。

今年本市用于改建旧城的投资为一亿元，主要是建造住宅、学校和其他服务设施，供改建旧城、安置迁移居民。今年市政建设投资八千万元，首先着重进行城市供水工程，继续开发地下水，同时开始建设河水厂；其次要修建三环路，建国门到通州以及昌平路等道路工程；第三，根据材料供应情况，要继续发展煤气、热力、公共交通、排水等工程。

今年各方面要求进行的建筑工程和市政工程都很多，根据施工力量、材料、运输等方面的条件，不能完全满足各方面要求。必须根据轻重缓急，进行工程排队，集中优势兵力，分期分批，重点突击，打歼灭战，多快好省地组织快速施工，力争多完成一些建设任务，加快城市建设的速度。

进一步普及和提高教育、文化、卫生和科学研究工作

从一九五八年以来，我们北京市的文教工作在党的社会主义建设总路线的光辉照耀下，广泛地开展了群众运动，开始形成了文化革命的高潮。由于在政治、思想战线上“兴无灭资”的斗争取得了伟大的胜利，全市人民出现了崭新的精神面貌，广大人民群众的革命觉悟有了很大的提高，文化教育事业有了很大的发展。

知识分子的思想改造，取得了显著的成绩，大批青年知识分子下厂、下乡，积极参加劳动，参加人民公社化运动，参加技术革新和技术革命运动，进一步与工农群众建立了密切的联系；许多老知识分子思想上也有了很大的进步。

目前全市正在开展学习马克思列宁主义、学习毛泽东著作的群众运动，上百万的工农群众正在热烈地学习毛泽东著作。毛泽东思想成为广大干部和群众用来观察世界、研究问题、指导工作的锐利武器，它已经成为巨大的物质力量，大大地推动了生产、工作、技术革新和技术革命运动的开展。

技术大革命首先是思想大革命、大解放的结果，同时又和文化革命的高潮密切结合。现在三大革命已经汇合成一个巨大的洪流，形成了无往不胜、无坚不摧的伟大力量。广大职工普遍地、有组织地学习毛泽东著作，普通的劳动者不仅学习理论，而且写理论文章，举办科学论文讨论会；不少工人学会了用分析矛盾的方法，分析生产运动中的主要矛盾，抓工作中的关键。群众掌握了理论，越来越发挥出巨大威力。伴随着技术革命运动的开展，很快就掀起了一个文化革命的高潮。业余文化教育和扫盲运动都有很大发展，全市参加业余文化学习的已超过一百万人。现在仅工业部门就建立起四十八个从扫盲班起到中等技术学校一直到业余大学的业余教育体系。入业余学校的职工占全体职工的百分之七十多。全市业余大学的人数已由一万多人增长到四万多人，业余中等技术学校的人数已由一万多人增长到三万九千人。

文化教育事业的大发展还表现在全市大、中、小学生和中等专业学校学生总数由一九五八年暑假前的一百一十八万人，增长到一百三十五万人，教育质量也不断提高。文艺创作方面出现了“为了六十一个阶级弟兄”、“巴山红浪”、“星火燎原”、“春雷”、“穆桂英挂帅交响乐”、“生活的凯歌”、“杨门女将”等许多优秀作品。爱国卫生运动的开展日益广泛和深入，医疗质量有了很大的提高，医疗机构和病床都有增加，城乡的医疗保健网有了发展。科学研究工作在技术革新、技术革命运动中有了很大的提高和普及。体育工作也有了很大发展。

在文教事业大革命的过程中，一支以无产阶级知识分子为骨干的文化教育队伍已经开始形成，青年一代的新知识分子正在迅速成长。文化、教育、科学、艺术、体育、卫生以及其他各个方面，都涌现出大批新生力量，他们和工农群众在一起，作出了许多优异的成绩。工人出身的知识分子也正在增长，到今年年底，工

人出身的技术干部将占全市技术干部的四分之一以上。知识分子劳动化和工农群众知识化是文化革命的两个方面，我们坚持沿着这个方向前进，就一定能够以较快的速度建立起一支强大的无产阶级知识分子的队伍。

今后我们文教工作的基本任务是：继续贯彻执行党的总路线，把政治思想战线的社会主义革命进行到底，彻底肃清资产阶级政治思想影响，更加提高人民群众的共产主义觉悟和道德品质。当前，应该进一步地开展学习马克思列宁主义、学习毛泽东著作运动，深入学习纪念列宁诞辰的三篇文章，向以铁托集团为代表的现代修正主义思想作坚决的彻底的斗争；并使广大群众通过这个学习运动，掌握马克思列宁主义的思想武器，树立与加强辩证唯物主义和历史唯物主义的世界观，深入开展“兴无灭资”的两条道路斗争，迅速培养无产阶级的理论队伍，推动当前各项工作更大的跃进。

要继续深入贯彻执行“教育为无产阶级的政治服务、教育与生产劳动相结合”的方针，应当把体力劳动看作是生活的第一需要。我们必须努力使工农群众知识化，同时还要努力使知识分子劳动化。我们不仅要使资产阶级知识分子通过参加劳动得到改造，而且新生的一代知识分子也要通过劳动不断地提高和改造他们自己，并且养成爱好劳动的习惯。

在教育工作方面，大、中、小学都需要进行教学改革，进一步地提高和发展；要发动群众大办业余教育和幼儿教育，为逐步地实现全民教育的普及和提高而奋斗。

全日制的中、小学必须按照“适当缩短年限、适当提高程度，适当控制学时，适当增加劳动”的原则，积极地进行教学改革，首先要在一些中、小学中积极进行试验。加强教师的进修工作，积极提高教师的政治、业务水平，是进行教学改革的一个重要的条件。大专学校也要结合技术革新和技术革命运动，结合反对现代修正主义思想和用吸取精华，抛弃糟粕、毒素的方针，批判资产阶级文化遗产的学术思想的斗争，积极进行教学改革。进行教学改革的时候必须注意不要加重师生负担，不要降低学生的基础科学知识水平，而要使学生学到更高深更广博的知识，在科学知识方面、在劳动技能方面成为一专多能的人。教学改革是涉及到学制、课程、教学内容、教学方法各个方面的全面改革，必须加强党的领导，坚持贯彻群众路线，坚持一切经过试验的原则来进行。

我们要进一步地发展教育事业。在今年，除根据可能，努力发展全日制的小学、初中和高中以外，还要增加市属中等技术学校学生的人数；举办市属的工业大学、第二医学院、农学院、艺术学院及体育师范学院；对业余教育要更大的发展。

要执行“抓两头、带中间”的办法，一头抓紧扫盲和业余初等教育，一头抓紧业余大学和业余中等专业学校，以带动业余教育全面跃进。当前全市扫盲任务还很大，必须抓紧时机，采取有效的措施，首先是认真推行注音识字，在一九六二年以前大体完成扫除青壮年中文盲的任务。今年内要争取把有条件入业余大学和业余中等专业学校的青壮年职工基本上都组织入学。所有工矿企业、城乡人民公社、机关团体、部队、文教部门都要大办业余教育。

对幼儿教育要积极开展。迅速、积极发展托儿所、幼儿园和提高保育工作的质量，关系到社会主义建设的速度，关系到妇女的彻底解放，对于巩固和发展城乡人民公社和培养身心健康的共产主义的接班人都有重大的意义。必须努力办好保育事业，使每个入托、入园的孩子比在家里生活得好，教育得好，使孩子愿意留在那里，父母也愿意把孩子放到那里。为此，所有机关、团体、工厂、矿山、学校、人民公社等单位，都要大办幼儿教育。同时要积极发展幼儿师范、幼儿护士学校，大量举办短期训练班，培养出更多合格的保教人员。

一九六〇年首都文化艺术事业，应该按照文化艺术为工农兵服务、为社会主义服务的方向，继续贯彻执行“百花齐放、百家争鸣”，推陈出新，普及与提高相结合，专业文化艺术团体与业余群众文化活动相结合的方针，全面规划、积极发展，重点建设、提高质量。要进一步繁荣文艺创作，发展文艺评论，继续提高专业文化艺术团体的创作、演出水平和工作质量，同时也要密切配合政治运动、生产斗争，开展群众性的业余文化艺术活动，特别是农村的文化艺术活动。

卫生事业要继续开展以除四害、讲卫生、消灭主要疾病为中心的群众性的爱国卫生运动，培养群众的卫生习惯，以移风易俗，改造国家。要继续发展和加强医疗保健网和地段医疗服务。要做好预防工作，加强劳动卫生工作和公共食堂、托儿所、幼儿园等集体生活福利事业单位的卫生工作。医疗保健单位应该继续提高医疗质量，改进服务态度，中西医好好团结，大搞医学科学研究、技术革新和技术革命。一九六〇年，市属医院计划适当发展一部分病床，并尽可能地增设一些简易病床。

体育工作方面要继续大力开展城乡的群众性的体育运动，提倡体操、打球、跑步、爬山、游水、打拳及各种各色的体育运动，以增强人民体质，保证生产和工作的不断跃进，并结合民兵训练，开展国防体育活动。

在科学研究工作方面，必须坚持科学研究为生产建设服务的方针，进一步地、广泛地开展科学技术的群众运动，用最快速度来发展本市的科学技术事业。目前首先要充分发动并全面组织科学研究部门、高等学校、产业部门和其他各方面的科学研究力量，紧密配合当前的技术革新和技术革命运动，猛攻生产技术上的薄弱环节和关键问题，大力推广最新科学技术的应用，并积极地开展各种科学普及活动，积极地开展青少年的业余科学技术活动。其次要动员广大科学技术工作者和大专学校的师生深入现场，深入群众，系统进行调查研究、精心观察、认真学习、迅速地总结群众创造的新经验、新技术和新设备，努力发展科学技术理论。同时还要继续破除迷信、解放思想，树立共产主义的雄心大志，攻尖端，攀高峰，争上游，占领新的科学领域，争取提前并超额完成国家十二年科学规划中分配给北京市的任务。目前本市的地方科学研究力量还比较薄弱，同时又还没有充分地组织各方面的协作和发掘各方面的潜力，必须积极发展，增添必要的机构、设备和研究人员。对发展科学技术研究所需要的材料和资金，在计划中要适当安排，给予保证，并且充分发掘潜力。

把城市人民公社同农村人民公社一样办好

当一九五八年郊区农村大办人民公社的同时，城市广大居民也热烈响应党的号召，踊跃参加了大炼钢铁运动，发扬了穷干、苦干的精神，白手起家，大办小土群工业，同时还积极参加了工农业的生产劳动，并且也表现出组织人民公社的强烈愿望和要求。但是，当时由于我们一方面需要集中力量领导农村人民公社的发展，另一方面城市的情况也比较复杂，因此，我们在城区组织和领导街道居民参加街道生产的同时，逐步进行建立城市人民公社的试点工作，以便取得经验。试办了以街道居民为主体的二龙路、椿树胡同、北新桥、体育馆路等人民公社；试办了以大工厂为主体、工农相结合的石景山等人民公社。一年多以来，农村人民公社经过发展和整顿，已经日益巩固，城市居民也亲眼看到了城市人民公社的优越性，取得了举办城市人民公社的经验，因此，从今年三月以来，形成了一个群众性的普遍大办城市人民公社的高潮，在不到两个月的时间内，城区街道都办起了人民公社。目前全市已建立城市人民公社三十八个，其中以街道居民为主体的有三十五个，以大工厂为主体、工农相结合的有石景山、清河、酒仙桥三个人民公社。参加公社工业生产和集体福利工作的已达二十五万多人，约占可以组织起来的劳动力和半劳动力的百分之七十多。

由于广大妇女参加了生产，她们迫切地要求生活集体化和家务劳动社会化，所以两年以来，大大发展了集体生活福利事业。除了厂矿、机关、学校所办的一百七十多万人入伙的食堂以外，还陆续举办了街道食堂三千五百多个；托儿组织二千八百多个，收托儿童十四万多人；服务组织二千多个，服务人员二万多人。这些集体生活福利和服务组织办起来以后，大大减轻了参加生产人员的家务劳动，使她们有可能安心生产和学习，进一步受到了社会主义和集体主义的教育，提高了她们的政治、文化水平。

我们的城市人民公社是按照先组织生产、再组织集体生活福利事业，又有大集体、又有小自由，自愿参加的原则，分期分批来举办的；发展是健康的，是迅速的，受到了广大群众的热烈欢迎。

城市人民公社的出现不是偶然的，它是我国政治经济发展的必然产物，也是广大劳动人民特别是广大职工家属的迫切要求。它和农村人民公社一样，可以更好地发展生产、发展集体生活福利事业，同时也增加了劳动人民的收入，从而改善了群众的生活，使广大家庭妇女走上彻底解放的道路。城市人民公社的更为深远的意义，还在于它是彻底改造城市的社会生活，彻底改变城市人民的政治面貌，使它适合于现阶段的社会主义建设和未来的共产主义建设的组织形式。事实将证明城市人民公社和农村人民公社一样，将在今后社会主义建设事业中愈来愈明显地显示出它的伟大的生命力和巨大的作用。

帝国主义分子和以铁托集团为代表的现代修正主义者，早在一九五八年我们还没有大办城市人民公社的时候，就造谣说我们的“城市人民公社失败了”。他们恶毒地诬蔑我们的城市人民公社“破坏了家庭”，“破坏了自由”，说什么参加公社生产劳动是“奴役劳动”。我们诚然破坏了封建家长制的家庭关系，从而结束了妇女的依赖和从属的地位，建立起真正的民主团结的新的家庭生活，使我国男女老幼获得了从来不曾有过的家庭幸福，这难道不是一件天大的好事吗？我们破坏了人压迫人、人剥削人的“自由”，这难道不是天大的好事吗？在共产党的英明领导下，我国的人民群众以崇高的共产主义风格和英雄气概，大办工业，没有资金就大家凑、穷干、苦干、巧干，白手起家；在城市街道新建的小工厂中，“过道作车间，大院作厂房”；不懂技术就苦学苦钻，到处寻师访友，不怕失败，不怕困难。就是这样，人们以冲天的革命干劲，在短短的时间内办起了七百多个街道工厂。这种出于热爱社会主义事业，迫切要求走上彻底解放道路的自觉的劳动，难道是什么“奴役劳动”吗？帝国主义者和现代修正主义者的那些无耻谰言，除了证明他们是中国人民的死敌以外，还能证明什么呢？帝国主义者和现代修正主义者所咒骂的、反对的，正是我们要坚持的最好的东西，不是极为清楚和明显的吗？而他们的造谣诬蔑却正是表现了他们的软弱和对我们革命事业胜利的恐惧。让帝国主义者和一切反动派在我们的面前发抖吧！我们全北京和全中国的人民，将更高地举起总路线、大跃进、人民公社的光辉旗帜，从一个胜利走向另一个胜利！

另外，也有一些人，在人民公社开始组织的时候，曾有若干的疑虑，怕参加劳动，怕过集体生活，怕动用他们的房子、家具，怕不加入食堂副食品供应不便等。在公社开始建立时，我们早就告诉了他们，这些顾虑是多余的。我们在组织城市人民公社生产和生活的时候，根据党的方针和政策，首先吸收那些有真正要求和需要的人参加公社，对于还有若干顾虑的人不吸收他们参加，并且劝他们不要勉强参加。至于对个人所有的生活资料包括房屋、家具、存款等，我们宣布了仍然都归个人所有。无论参加人民公社与否，副食品都照常供应。我们执行了以上的方针、政策，已经打破了某些人的不必要的顾虑，今后我们仍将按照党的政策办事。

当前城市人民公社在大发展之后，正在进行着整顿和巩固的工作，这主要是：

第一，加强党对公社的领导，充实公社干部，整顿基层组织，改进领导作风，进行社会主义和共产主义的思想教育，进一步提高干部和社员的政治觉悟。

第二，加强对社办工业的管理，各区对公社工业正在实行统一领导，统一安排生产、原料、产品销售等，提高管理水平和技术水平，建立和健全必要的生产技术管理、财务、劳动工资制度。在工资制度上应以计时为主，计件为辅和逐步增加集体福利事业的原则。目前因为公社工业的生产技术还比较落后，纯收入较低，而底子又还很薄，工资水平应低于国营同类企业的工资，以便增加积累，扩大再生产，进行技术改造和举办集体福利事业。

第三，加强集体生活福利事业的领导，进行整顿、巩固和发展。特别是托儿所和食堂，应该大力整顿和发展，提高托儿所和食堂工作人员的政治、业务和技术水平，使这些集体生活福利事业，愈办愈好，愈办愈多。

劳逸结合，安排好群众的劳动、学习和生活，保证持续的大跃进

在伟大的社会主义建设高潮中，广大群众以共产主义的雄心壮志紧张地进行劳动、工作和学习，这是革命的常规，是好事。不论任何时候，我们对广大群众的这种崇高的革命热情，都必须坚决保护和积极支持。但是，为了使群众的革命热情持久下去，保证生产和建设的持续大跃进，就必须根据中央的指示有张有弛、劳逸结合的原则，根据既有大集体又有小自由的原则，对群众的生产、工作、学习和生活进行统一安排。一切厂矿、商店、学校、机关、人民公社以及文教卫生、服务事业单位，都必须保证职工每天有充分的休息时间和必要的自由支配时间，公休和假日应尽可能地让群众自由支配。需要执行突击而延长了工作时间的时候，领导上应当在事后主动地给他们安排适当休息时间。许多单位的经验证明，在大跃进中，做到有劳有逸不仅是必要的，而且是完全可以办得到的。有不少单位经过研究，提出具体措施，保证了职工和工作人员的业余学习的时间，充分的休息时间，群众始终以饱满的劳动热情和旺盛的精力从事生产、工作和学习，保证了持续的跃进。有张有弛、劳逸结合，使生产、工作和学习有节奏地、波浪式地前进，这样一种安排，是领导艺术问题，也是群众观点问题。各单位的领导人必须把保证群众有充分的休息和必要的自由活动的时间，像保证生产、工作、学习一样，当作一项重要的政治任务来看待，不但要安排好，而且要勤加检查，不断改进。同时还要结合技术革新和技术革命运动来改善劳动条件，加强安全卫生和劳动保护工作。

由于城乡人民公社的发展，群众的生活已经日益集体化。多数人都在食堂吃饭；入幼儿园、托儿所的孩子也一天比一天多。因此，办好食堂，办好托儿所、幼儿园，更好地安排群众的生活，已经成为我们的一项极其重要的政治任务。生活安排得好坏，关系很大，只要安排得好，即使有困难也可以克服。去冬今春以来，对灾区生活安排得较好，胜利地渡过了灾荒，群众的干劲也很足。今后我们必须学会把富日子当穷日子过，精打细算，帮助群众过好日子，即使丰产的年头，也不可以浪费。

目前我们各方面的工作都在大跃进，新事物、新情况不断出现，这就对我们全体干部提出了新的要求，要求我们更加要深入实际，联系群众，及时地发现问题、

解决问题，善于抓住典型，及时总结经验，加以推广。必须继续提倡把敢想、敢说、敢做和实事求是的工作作风很好地结合起来，克服官僚主义，坚持勤俭建国、勤俭办企业、勤俭办社、勤俭办一切事业的方针，发扬艰苦朴素的优良传统，消灭一切铺张浪费的现象，把我们伟大的社会主义建设事业不断推向前进。我们相信，在党的领导下，在毛泽东思想的光辉照耀下，全市人民动员起来，鼓足干劲，力争上游，一九六〇年的国民经济计划和财政收支预算一定会胜利实现。一九六〇年的社会主义建设事业一定会有一个更好、更全面的大跃进。

附：北京市一九六〇年国民经济计划主要指标

关于北京市一九六〇年国民经济计划的说明

北京市一九五九年财政收支决算

北京市一九六〇年财政收支预算（草案）

关于北京市一九五九年财政收支决算和一九六〇年财政收支预算（草案）的说明

（以上附件均略）

北京市第三届人民代表大会第三次会议提案审查委员会关于提案的审查报告

——一九六〇年六月三十日北京市第三届人民代表大会第三次会议通过

北京市第三届人民代表大会第三次会议，共收到提案一百五十三件，其中属于政法方面的二十件，财经方面的四十四件，文教卫生体育方面的二十七件，城市建设方面的六十件，其它方面的二件。

提案审查委员会研究审查了这次会议的全部提案，认为：很多提案都是对本市各方面工作的具体建议或意见，对推动工作具有积极的作用；由于这些提案涉及各系统工作中的具体问题较多，需要经过调查研究、通盘考虑后才能决定具体的处理办法，同时，没有特别需要提交大会讨论的提案。因此，建议大会把全部提案交市人民委员会认真研究，积极地分别加以处理，并将处理情况随时报告各代表。

鉴于首都的社会主义建设事业发展很快，建议市人民代表除了在人民代表大会开会期间提案以外，随时向市人民委员会就各方面的工作提出建议、意见和批评，以便促进各项工作更好、更全面地跃进。

以上意见，是否妥当，请大会审议。

彭真同志在北京市第三届人民代表大会第三次会议上的讲话（记录稿）

（1960年6月30日）

我没能参加这次会。这次从国外回来，中央还有很多事情要料理。听同志们讲，这次会开得很好，万里副市长和陈毅同志作了报告，副市长也增选了，我听说大家要我参加会议，因此今天我就赶来了。还听说要我讲几句话，没有多少话要讲了：形势，陈毅副总理报告过了；工作万里副市长报告过了，没有什么可讲的了。要讲吗，就是这几句话。

第一个就是工作，北京市的工作确实有很大成绩。解放十年以来，特别是1958年以来，我们工作有飞跃的进展。1958年和1959年我们取得多大的成绩呀。今年我估计将会有更大的进展。无论工农业生产、市政建设、交通运输、文化教育卫生、商业服务业，所有各个方面都有伟大的成绩。我想凡是熟悉北京情况的人，特别是老北京，拿现在和解放前一比，和1958年以前一比，大家就可以看清这个问题了。成绩是伟大的，是我们大家努力的结果。我们党、政府、代表七百几十万人民，我们大家努力的结果。是值得我们庆贺的、高兴的，值得欢欣鼓舞的。

但是，这些成绩离我们的目标还远得很。要赶上世界最发达的资本主义国家，这还远得很。从我们这个一穷二白、农业很落后、工业没基础、文化教育很落后的国家，赶上世界最先进的资本主义国家，要很努一把力，要很出一身汗。所以现在有成绩，我们要高兴，但不要自满，认为差不多了。差得还很多。差异很多，干起来难不难？不很难。

我们首先要抓紧什么呢？我们首先要抓紧农业。我们北京是个大城市，但是我们有二百几十万农业人口。农业是我们的基础。从我们所有的兄弟国家来看，从我们自己来看，都看得到农业比工业困难，农业上不去，工业也受到限制，所以我们要抓紧农业。城市要支援农业。中国有句老话“民以食为天”。这是真的。不管是男人、女人、老人、小孩，不管是工、农、商、学、兵，都要吃饭，都要穿衣服，这都要靠农业。住在城里边容易忽视了农业，得注意抓紧农业。农业方面现在我们还有很多问题，比如说天不下雨我们就要受到影响，下雨下多了也不行。比如去年秋天刚种菜给你冲了，再种上又给你冲了。我们对自然灾害能够基本上控制就好啦。这一个还要狠狠的努力。我们对粮食、棉花、菜蔬、养猪都要下很大力量，抓好这些东西。搞不好啊，就有很大影响。在我们这个城市，蔬菜稍微一缺就是很大的事情，要从全国往这里调青菜，大家的生活也受到影响。我们要抓粮食、棉花、蔬菜，抓紧养猪，抓紧各种副食品，包括农林牧副渔，各种东西都得好好地把它抓起来。

第二个要抓紧工业、交通运输工作。这个方面，现在不能松劲。前半年的成绩还可以，但是这一点成绩还远远不能使我们感到满足。整个的工业要抓紧，工业里也特别要抓紧的是原料工业。因为没有粮食就做不成饭，没有棉花就织不成布，当然也还有合成纤维人造纤维。没有原材料，各种工业发展起来就要窝工。无论城市、农村以及各个人民公社，一定要用极大的注意力来抓原料工作。市委、市人委也要不断地抓紧这个问题。原材料生产是一个根本的问题，没有这个，无论建筑也好，工厂也好，无论哪样也好，都不行。其中还有个品种问题。在钢铁里边，不仅有多少万吨钢，还要有各种钢的品种。当然在北京不能把钢铁搞得样样都有，但是，很多合金钢我们北京可以搞，我们应该努力积极地搞。日本只有一千几百万吨钢，但他品种比我们全。苏联在第二次世界大战打响时不过1800万吨钢。后来打到斯大林格勒的时候，苏联钢产量不过800万吨，因为那时他们的工业叫人家破坏了。但是他们的品种很齐全。现在我们有1300多万吨钢，今年年底将有1800多万吨，那就是跟第二次世界大战打响的时候苏联的钢产量一般多。可是我们的品种没有他们多。我们发展得比较快。品种方面我们也要赶上去。原材料工业，还有各种的化学工业，等等。所以，工业以后要抓紧原材料的生产。这一个问题不解决，其它的问题就上不去了。当然原材料的生产比较麻烦，费劳动力，成本比较大，但是这是根本问题，你没有这个根本的东西，其它的就比较困难。

第三是指标。这次人代会报告的指标可不可以订得高一点呢？可以。定高一点可不可以办到呢？可以办到。可是我们不采取这个办法。我们还是宁可把指标订得稍微低一点，使得年终的时候我们把它超过以至于大大地超过。这样我们大家也心情舒畅，各方面也好安排，比较主动。我们中国共产党历来就是做得比说得多，不是说得多做得少。过去我们打仗的时候，俘虏一个就说一个，俘虏一百就说一百，绝不说一百零一个，缴来50条枪就说50条，绝不说51条。我们跟我们的敌人不同，他们缴了一条枪就说一百条、一千条，俘虏一个人就说得不知道有多少。我们不学那个作风。我们还是要踏踏实实、埋头苦干，把年度指标订得低一点，长远指标订得更低一点，以后可以大大超过。这样我们就比较主动。不但我们现在，包括我们今后一直到我们的后代，永远采取这个办法。这样比较好。这次代表大会万里同志所做报告里的指标就是按照这种精神订的。这是比较低的指标，所有同志们，无论干部、群众，各方面要互相协作，一齐努力，到年底使他大大的超过，超过的越多越好。像我们这样六亿七千万人的国家，仅仅是现在这样是不行的，或比现在翻多少番，一切都赶上世界上最发达的资本主义国家。那个时候世界和我们国家的情况都变了。现在我们还是要鼓足干劲，刻苦耐劳，艰苦奋斗，用这样精神来解决问题。现在正是打基础的时候，要鼓足干劲，力争上游。我们是首都，要照顾中国的全局。你总要站在全国的最前面，要不要你这个首都干什么呢！叫你当个尾巴何必要你呢！为什么叫你首都，不叫你“尾都”呢？在这一点需要我们代表同志们大家来督促，所有我们的干部，工作人员，大家齐心努力来这样做。

下面我想讲一讲劳逸结合的问题。这个问题讲过好多次了，中央也发了指示。因为一鼓足干劲，大家连觉也不睡了，总是那么苦战几昼夜，加班加点。这种精神实在是好，但是这样不能持久。人们工作一个时候是需要休息的，觉睡足了，休息好了，干8小时的工作可以等于10小时、12小时的效率。文化教育，工农业都是一样。总是那么苦战几昼夜，总是加班加点，最后人们的精神就不那么旺盛了，脑子也没有那么灵活了。加班加点的结果工作成绩不一定是最好的。我们是工人阶级领导的政府，是人民政府，应该注意到各方面工作人员的健康。管起这个就不管那个，管起工作就不管健康，要你这个党干什么！要你这个政府干什么！一个工厂、公社、学校要你这个领导干什么呢！一个是要鼓足干劲，一个是要好好开动脑筋。所有各方面领导都要开动脑筋，事先把工作安排好，组织好。只要安排好了，组织好了，工作时间可以不要那么长，工作的成绩可以比加班加点搞的好。学校方面中共中央和国务院有个指示是向全体师生宣读了的。宣读以后多数人是非常高兴的，但是有那么一小部分同志他就不那么通。按他的意思最好是一年三百六十五天都不用睡觉。至于其他方面，虽然没有指示，也要发动干部具体安排。有些单位安排得好，但也有一部分单位没有安排。所以我提议各方面所有的领导同志，包括车间、生产队、包括大学校系、中等学校的班主任以及市政建设各个方面所有领导干部，从基层领导单位起，都要多动脑筋。领导要有艺术，一个是出主意，另一个是善于用人，主意出得恰当，用人用得合适，就可以用比较少的时间，不用加班加点把工作做得很好。毛主席对学生讲身体好、学习好、工作好。我们是工作干部，也要工作好、学习好、身体好。没有劳逸结合不是这个好了，就是那个没搞好。不能想象这个单位工作搞好了，身体不好；也不可能想象工作搞好了，学习没搞好。劳逸安排得好才能做到“三好”。同志们都要抓一下。

谈谈生活问题。现在百分之八十左右的人从事生产，整个社会发生了变化。现在还没有使所有人员都加入食堂，也没有必要这样做。既然人家参加生产，就必须把食堂搞好，这是生活中很重要的一项。生产集体化了，要用很大力量去管，生活开始集体化也要用很大力量去管。人家自己管不了，你又不管，那怎么办？生产集体化生产关系变了，生活集体化生活形式改变了，因此生活管理摆在每一个单位领导同志的面前，一手抓生产，一手抓生活。

我们现在生活在一个新的社会。经过多少年很多生活都要组织起来。要把各种服务工作如食堂、托儿所等当成一种重大的社会主义事业来注意。下次改选市代表，我提议选一批服务业的同志如大师傅、养猪的同志等做市人民代表。代表大会没有这方面代表，它的代表性就不够完全。生活问题不能像过去那样少管一些就行了。过去生活是个体的，现在有很多生活集体化了，领导要抓。现在我们要一手抓生产、抓教育、抓学习，一手抓生活。将来检查工作时，每个单位生活管的好坏应该列入检查项目。如果生活搞不好，工作也不会搞好。

最后一个问题是大集体“小自由”。一万年后生活集体化了，还要保持“小自由”，这是一种永远的方针。现在8小时工作，将来6小时，其余18小时除了睡8小时觉还有10小时呀如何支配，统统搞成集体活动不行。有集体活动同时一定也还要有个人活动。“小自由”是一个重要的策略。在集体化的集体上经常注意“小自由”，才能持久，才能使生活制度、社会制度越久越能看出它的优越性。不能临时搞起来觉得很好，过一个时候感到这也不方便，那也不方便。在将来包括托儿所，父母下班以后可以抱着孩子玩玩，睡觉时又送回去，我举这么个例子来说明要有“小自由”。只有这样才能万万年的搞下去。如果片面地什么都要集体那不行。有的学校提以学校为“家”，那么家就不是家了。有些口号很好，但要注意是否全面。所以一定要注意大集体里的“小自由”。这是领导要注意的。假使那个单位在这方面有缺点，不能怨他们，因为市委、市人委没抓这项工作，没及时解决这个问题。

我的话可能与万里副市长、陈副总理报告有些重复，但是我觉得这几个问题很重要，所以再提提，请同志们考虑考虑。

祝同志们身体健康。

北京市第三届人民代表大会第三次会议关于北京市一九六〇年国民经济计划一九五九年财政收支决算和一九六〇年财政收支预算的决议

（一九六〇年六月三十日北京市第三届人民代表大会第三次会议通过）

北京市第三届人民代表大会第三次会议全体代表听取了万里副市长代表北京市人民委员会所作的“关于北京市一九六〇年国民经济计划、一九五九年财政收支决算和一九六〇年财政收支预算草案的报告”。审议了关于北京市一九六〇年国民经济计划、北京市一九五九年财政收支决算和一九六〇年财政收支预算草案。

大会认为，北京市第三届人民代表大会第二次会议以来，本市国民经济各个战线上以技术革新和技术革命为中心的增产节约运动取得了很大的成绩。在全市工业、农业、建筑业、交通运输业、商业、服务业、文教卫生等各个部门中，思想革命、技术革命、文化革命互相结合的群众运动正在蓬蓬勃勃地向前发展，城市人民公社已经建立和发展，各项工作都有了很大的跃进。

大会经过了热烈的讨论，一致同意万里副市长的报告，一致同意北京市一九六〇年国民经济计划的各项指标、一九五九年财政收支决算和一九六〇年财政收支预算草案。大会认为，一九六〇年本市国民经济计划是继续跃进的计划，一九六〇年财政收支预算是与国民经济计划相适应的，而且都是积极的、可靠的。

大会号召全市人民在中国共产党的领导下，在毛泽东思想的光辉照耀下，紧密地团结起来，继续高举总路线、大跃进和人民公社的旗帜，鼓足干劲，力争上游，进一步发扬敢想敢说敢做和实事求是相结合的精神，密切联系群众，更加广泛和深入地开展思想革命、技术革命、文化革命的群众运动，坚持勤俭建国、勤俭办企业、勤俭办社、勤俭办一切事业的方针，增加生产，厉行节约；为完成和超额完成本市一九六〇年国民经济计划，为实现本市一九六〇年财政预算，为实现一九六〇年的继续大跃进而奋斗。

北京市第三届人民代表大会第三次会议增选的北京市两位副市长名单

（一九六〇年六月三十日在北京市第三届人民代表大会第三次会议上当选）

王 纯　　赵鹏飞

北京市第三届人民代表大会第三次会议主席团、秘书长名单

（一九六〇年六月二十四日北京市第三届人民代表大会第三次会议通过）

主席团（四十三人，按姓名笔划排列）

万　里　王　炯　王　纯　王人旋　王文荣　王文斌
王昆仑　王福海　王辉球　叶恭绍（女）　乐松生
刘　仁　吴　晗　吴子牧　李　恕　严镜清
范瑾（女）　林　彤　陈文润（女）　陈克寒
郑天翔　姚光裕　赵　凡　赵引珠（女）　赵炳南
高而恮（女）　浦洁修（女）　梅兰芳　张友渔
张炳光　张景伯　张晓梅（女）　梁思成　彭　真
冯基平　贾庭三　贾星五　顾均正　蔡　旭　蔡钟长
蒋光鼐　黎　晓　魏　彬

秘书长

贾星五

北京市第四届人民代表大会第一次会议

（1962 年 6 月 11 日——19 日）

北京市第四届人民代表大会第一次会议于 1962 年 6 月 11 日至 19 日在全国政协礼堂举行。大会代表共 745 人。其中妇女代表 202 人，占总人数的 27. 11%；少数民族代表 57 人，占 7. 6%。列席人员 276 人。

大会听取并批准了副市长万里所作的北京市人民委员会工作报告。报告分两个部分：一、关于四年来工作的初步总结，二、关于调整工作和当前的任务。

大会还听取并批准了林彤院长所作的市高级人民法院、中级人民法院工作报告。

大会通过了选举北京市人民委员会组成人员和北京市高级人民法院、中级人民法院院长的办法。

大会共收到提案 376 件，整理合并为 365 件，其中财经类 148 件、文教卫生类 95 件、城市建设类 89 件、政法类 30 件，其他 3 件。

大会选举产生了市人民委员会组成人员和市高级人民法院、中级人民法院院长。

在 19 日的大会上彭真作了重要讲话。

北京市人民委员会工作报告

——1962年6月11日在北京市第四届人民代表大会第一次会议上

北京市副市长　万　里

各位代表：

我现在代表市人民委员会向大会做工作报告。

1958年以来，我们全市人民，在中国共产党和人民政府的领导下，高举总路线、大跃进、人民公社三面红旗，团结一致，奋发图强，在胜利完成第一个五年计划的基础上，开始了第二个五年计划的国民经济建设，通过艰苦的努力，实现了国民经济的大跃进，在经济建设和文化建设方面都取得了巨大的成就。首都的面貌已经发生了根本性的变化。我们的首都，已经由一个落后的消费城市发展成为一个具有现代化工业初步基础的社会主义的生产城市。

几年来，通过轰轰烈烈的社会主义革命运动和社会主义建设运动，全市的工人、农民、知识分子和其他劳动人民的政治水平和思想觉悟，有了很大的提高，民族资产阶级分子在政治上也有了很大的进步，人民的精神面貌和社会风气都发生了很大的变化。他们经受了多次考验，并且证明是经得起考验的。在中国共产党的领导下，以工农联盟为基础的人民民主统一战线进一步巩固和扩大了。

在这个期间，从1959年到1961年，我国遭受了连续三年的严重自然灾害，北京地区也有不同程度的自然灾害，同时，社会主义建设的大发展给我们带来了许多新的问题，在工作中也产生了一些缺点和错误。从1960年底开始，由于我们逐步贯彻执行了中央提出的以调整为中心的调整、巩固、充实、提高的方针，为战胜严重自然灾害所造成的不利影响，纠正工作中的缺点和错误，克服我们面临的困难，进行了巨大的努力，我们各方面的工作，正在沿着正确的轨道，健康地向前发展。但是，目前在财政经济方面，还有相当严重的困难，还有一系列的艰巨工作要我们去做。

摆在我们面前的任务，就是要团结全市人民，认真地总结经验，在全国统一安排下，切实地做好调整国民经济的各项工作，巩固已经取得的成绩，进一步克服当前的困难，继续高举三面红旗，争取新的胜利。

在第二届全国人民代表大会第三次会议上，周恩来总理对三年来的工作做了总结。我现在代表市人民委员会根据总理报告的精神，讲一下本市1958年以来的工作，并且提出当前调整国民经济的任务。

关于四年来工作的初步总结

1958年以来，我们在各个战线上取得了巨大的成就：

第一，在工业战线上，无论工业基本建设或工业生产，都有了迅速的发展和提高。现在，首都已经建立了现代化工业的初步基础。在解放当时，北京的工业基础很薄弱，绝大部分工厂是破破烂烂的小厂，并且大都是些修配性的工厂和手工工厂。在第一个五年计划期间，北京新建和扩建了许多工厂，并且开始建立了一些新的工业部门。进入第二个五年计划以来，我们进行了更大规模的工业建设。从1958年到1961年，工业基本建设投资（包括中央直属企业）共达二十四亿元，为第一个五年计划期间工业基本建设投资总额的两倍多。建成和部分建成投入生产的项目二百零六个，建立了许多新的工业部门。主要工业部门的设备能力，都有了很大的增长。煤炭的生产能力增加了一点五倍；发电设备的装机容量增加了三点三倍；炼铁能力增加了一倍；炼钢能力增加了二十多倍；炼焦能力增加了三倍多；全市的机床拥有量增加了一点五倍。冶金工业方面，初步建立了矿山、炼钢、轧钢和耐火材料等工业部门。机电工业方面，初步建立了电机制造工业、精密机床和精密仪器工业，开始建设重型机械工业。化学工业方面，初步建立了电石、合成氨等基本原料工厂以及塑料的原料生产和加工工厂。轻工业方面，新建和扩建了皮鞋、灯泡、食品、地毯、乐器、造酒和特种工艺等工厂。

由于投入生产的新企业增多，加上原有企业潜力的发挥，这几年工业生产有了很大的发展。1960年工业总产值达到九十三亿元，比1957年的二十一亿元增加了三点四倍。1961年，经过调整，工业生产的产值下降百分之四十，全年总产值仍为五十五亿元，还比1957年增长一点六倍。这几年，我们的工业生产不仅在数量上有了很大发展，而且技术水平也有所提高，技术力量有很大发展。产品的品种、质量也发生了巨大的变化。许多过去不能生产的产品，现在已经能够成批地制造。钢材从生产线材为主，扩大为电焊管、小无缝钢管、薄板、型钢等十几种，并且试制了一些合金钢。机床从六个品种增加到九十三个品种，开始生产了大型机床和精密机床。棉纺织工业过去只能生产大路货，现在可以生产大批精纺织品；纺织品的花色品种由七百多个增加到一千七百多个。日用工业品的数量和品种也有了发展。1961年商业部门从本市购进的日用工业品总额达八亿七千万元，比1957年增加了百分之四十四。

第二，进行了大规模的城市建设，使首都的城市面貌有了显著的变化。从1958年到1961年，竣工的建筑面积达一千三百九十多万平米。连同前八年累计，解放以来新建的面积共达三千五百多万平米。其中居住用房有一千三百多万平米。就其在新建房屋中的比重和满足居民需要来说，是少了；但是就其绝对数来说，是很不小的。四年来工厂厂房建筑的比重大大增长了。在完成大量工业建筑的同时，还修建了像人民大会堂、革命博物馆、历史博物馆、军事博物馆等重要的公共建筑，新建和扩建了许多科学研究机构用房和大、中、小学校舍以及各种服务设施。在这几年当中，无论工程的设计水平和施工水平都有了很大的提高，建筑材料工业也有了很大发展。

城市公用事业发展很大。和1957年相比，自来水的年供水能力增加了一亿零五百万吨，增加了一倍多；铺装路面的道路，增加了三百六十四公里，增加了百分之三十四；下水道的长度增加了二百五十一公里，增加了百分之三十八。市内电话的装机容量，增加了二万一千八百五十七门，增加了百分之四十九。新建了煤气、热力等设施，现在已有煤气管道七十多公里，有十万居民用上了煤气；敷设了热力管道四十多公里，有九十八万平米建筑物已经使用这种集中供应的热力。1961年公共交通车辆已达一千四百多辆，比1957年的八百七十八辆，增加了百分之六十四。

第三，建立、发展和巩固了郊区的人民公社，兴办了大量农田水利建设，增加了农业机械化设备，为农业生产的发展创造了有利的条件。在三年左右的时间内，我们除了在河北省和各方面的通力协作下，建成了密云水库以外，还建成了怀柔水库、十三陵水库等中型水库八座，小型水库几十座。这就为控制洪水灾害、逐步实现郊区的水利化以及改善首都城市用水状况，创造了良好的条件。由于这些水库的建成，仅北京郊区的潮白河、温榆河流域就有一百多万亩耕地可以减少和免除洪水灾害。几年来修建的一些排涝工程，也在一定程度上减轻了内涝。郊区的灌溉事业也有了很大发展，修建了许多渠道，大量平整了土地，打了二千多眼机井，使全郊区的有效灌溉面积由1957年的五十多万亩扩大到一百二十多万亩。这些灌溉工程还有很大潜力，今后，经过继续配套，有效灌溉面积还可以大大增加。

除了农田水利建设之外，这几年农业技术装备也有了相当程度的提高。目前全郊区拥有拖拉机一千一百多台，比1957年增加了三点八倍，1961年机耕地面积达到三百一十二万亩，比1957年增加了三倍多。农业机械动力设备已有九万九千马力，比1957年增加了五点二倍。郊区农村用电量，1961年达到四千九百三十八万度，比1957年增加了十四倍多。

在农业生产方面，这几年来为了增加城市的供应，商品蔬菜的生产有很大的发展。1957年只有八亿九千多万斤，1961年增加到十八亿斤左右。国营农场的生产也有了发展，对城市副食品的供应担负了一定的任务，特别是担负了差不多全部的牛奶供应任务。牛奶产量由1957年的二千八百一十六万斤，增加到1961年的五千三百零一万斤，增加百分之八十八。1959年和1960年，由于自然灾害的影响、城市建设和水利建设占用耕地过多以及扩大菜田等原因，也由于我们工作上的一些缺点和错误，粮、棉、油的产量减少了。1961年郊区各地贯彻执行了中央制定的有关农业的各项政策，农民的生产积极性大大提高，同时农业第一线的劳动力增加了，水利建设发挥了较大的作用，城市对农村的支援和工业对农业的支援也进一步加强了，因此，虽然上半年旱灾严重，夏收减产较多，当年粮食总产量仍然比1960年增加百分之十。有一部分生产大队，由于正确地执行了有关农业的各项政策，因时因地制宜地贯彻执行了农业八字宪法，粮食连年增产，1961年的产量超过了产量最高的1958年。

第四，商业工作也有很大成绩。在城市人口和职工增加很多，社会购买力增长很大，在连续遭受了三年多的严重天灾，许多商品不足的情况下，商业部门与工农业生产部门密切配合，做了很大的努力，不断地改进了商品收购、调拨和供应工作，加上全国各地在他们自己困难的情况下，仍然大力支援了首都，这样就保证了全市人民有现在这样的生活资料的供应。1961年，商业部门商品购进总额达三十五亿七千万元，比1957年的二十一亿五千万元增加百分之六十六。1961年社会商品零售额为二十一亿元，比1957年增加百分之二十三。对外贸易的计划任务历年都超额完成。

第五，教育事业有了很大发展，在许多方面质量有了提高。1957年以来，高等学校学生从八万一千人发展到十三万四千人；普通中学学生从十九万六千人增加到二十八万一千人；中等专业学校学生从二万五千人增加到四万三千人；小学生从七十二万八千人增加到一百零三万八千人。城市小学教育普及了，城市的小学毕业生基本上都升入了初中。职工的业余教育和城市幼儿教育也都有发展。四年来，高等学校共毕业学生六万二千余人，中等专业学校共毕业学生二万九千余人，为国家输送了大批人材。几年来，新教师大批成长起来了，教师队伍进一步加强了。

在教育工作中，由于我们坚决贯彻执行了教育为无产阶级的政治服务、教育与生产劳动相结合的方针，取得了很大成绩。在教育战线上，马克思列宁主义、毛泽东思想阵地进一步加强了。广大师生积极参加生产劳动，对待劳动和劳动人民的态度有了显著的改变，大大地促进了理论和实际的联系。教学内容和教学方法也有不少改进，一部分课程的教学质量有了提高。

第六，由于我们执行了文艺为工农兵服务和百花齐放、百家争鸣的方针，文化艺术工作有了很大的发展和提高。几年来，文学、电影、戏剧、音乐、舞蹈及美术等方面，都创作了不少思想性和艺术性比较好的优秀作品。在本市发行的图书总量，从1958年到1961年共达两亿六千九百万册，比第一个五年计划期间五年的发行总量增加百分之三十六。新建设了北京电影制片厂，建立了科学教育电影制片厂、芭蕾舞剧团等文化单位。

第七，卫生医疗事业也有了很大的发展。全市病床由1957年的一万七千多张增加到1961年的二万四千多张，增加了不少为工厂、农村服务的基层医疗机构。医疗技术水平在某些方面有了显著提高，掌握了脑外科等医疗技术，对烧伤、脑外伤、小儿中毒性痢疾等危急病人的抢救取得了很好的效果。在发展中医事业、继承祖国医学遗产上，作了不少工作。医疗器材和药品的制造也有增加。爱国卫生运动取得了很大成绩，结合城市建设，不断地改善了城市环境卫生的条件。几种主要传染病，如痢疾、麻疹等的病死率都有所下降。

在体育事业方面，群众性的体育运动有了广泛的开展，对增强人民的体质起了积极作用。有些体育项目创造了优异的成绩。

第八，科学研究工作在一些重要方面有了开展，科学技术力量有了很大发展。中央和地方的高等学校、科学研究单位和一些生产部门互相协作，为国家各方面建设事业进行了不少研究工作，对于许多过去没有研究过的课题做了不少的试验、研究和新产品试制，有些属于生产技术方面的项目已经投入生产。在开展科学研究工作中，高等学校和科学研究单位同生产部门结合起来，加强了理论同实际的联系，对科学研究、生产建设和教学质量的提高，起了积极的作用。

第九，在广大人民群众的支持下，公安工作也有很大的成绩，坚决有力地打击了残余的反革命分子和其他刑事犯罪分子，坚决有力地打击了各种盗窃、流氓、投机倒把活动，加强了城乡治安的管理，使首都保持着比较良好的社会秩序。民兵建设工作也有了新的开展。

必须指出，在取得上述伟大成就的同时，在大规模的社会主义建设的具体工作中，也出现了不少缺点和错误，其中有些缺点和错误是比较严重的。

第一，这几年来，我们总是想尽可能快地满足首都人民的要求和各方面的期望，尽早地把北京由一个消费的城市变成一个生产的城市，由一个市政设施落后的城市变成一个现代化的城市，迅速改变首都的面貌。但是，由于经验不足，对需要考虑得多，对可能考虑得少，因而在北京市几年来的大发展中，工农业生产的某些指标定得过高，基本建设规模过大，工业和文教等事业发展过快。由于这些原因，再加上我们对于城市人口的增加控制不严，许多机关、企业、事业单位的机构庞大，城市人口和职工增加过多过快，这不但给住房、交通、水电供应、学校教育和市场供应等方面带来很大困难，而且大大加重了国家的负担。这种状况同我国当前的农业生产水平是很不适应的。

在各项事业的大发展中，对统筹安排注意得不够。例如，有些加工工业办得多了一些，原料没有可靠的来源，造成生产上的困难。对日用工业品的生产曾经有一个时期注意不够，有些小商品的生产被挤掉了一些。

第二，我们对多快好省的方针执行得不够全面，比较更多地注意了多快，对好省注意不够；注意了数量，对质量、品种注意不够。例如，在工业产品的质量方面，虽然不少产品质量有了提高，并且增加了大量的新品种，但是，由于技术力量不足、经营管理不善和我们领导工作上的一些缺点、错误，也有一些产品的质量仍然不好，有一小部分产品的质量很不好。在基本建设方面，虽然总的来说，工程的质量是好的，但是，也有一些工程质量不好，甚至发生了一些严重的质量事故。

工业、交通、建筑、商业、银行等部门，较长时期放松了企业管理。在大跃进中，我们破除了一些不合理的规章制度，建立了一些新的、合理的规章制度。这是必要的，正确的。问题是有一些合理的规章制度也破了，或者不认真执行了；也有一些不合理的规章制度破了之后，没有及时地相应建立起合理的规章制度，削弱了企业的管理工作。许多企业长期放松了责任制，不注意经济核算，以致工作秩序较乱，浪费很大，提高了成本。在财政金融工作中，放松了对企业的财务监督，也放松了对信贷资金和现金的管理。这些都给我们的工作带来了一些损失。

第三，在农村人民公社建立的初期，许多地方曾经混淆了集体所有制和全民所有制的界限，忽视了按劳分配和等价交换的原则，曾经因为生产大队和生产队的规模过大，造成了队与队、村与村之间的平均主义，和发生过一些其他的缺点、错误。这些缺点和错误，曾经对农业生产造成了损失。

此外在城市中，对于某些手工业、小商小贩和修理服务业，也有不适当地急于把集体所有制改变为全民所有制的错误。

第四，团结、教育、改造知识分子的政策和百花齐放、百家争鸣的方针，贯彻执行得不够好，不够全面。北京是知识分子比较集中的地方，我们有一个比较强大的知识分子队伍，这是我们进行社会主义建设的极为有利的条件。这几年来，绝大多数知识分子在政治上思想上都有了很大的进步，已经是劳动人民的知识分子，他们在各个不同的工作岗位上努力工作，作出了贡献。但是在我们的工作中，也曾发生过对一部分知识分子的进步估计不足，对他们的思想改造的长期性认识不足，要求过高过急，在方式上也缺乏耐心的说服教育，有简单化的毛病。在知识分子中，有很多人已经树立了正确的世界观，有些人还没有，都需要继续学习马克思列宁主义，学习毛主席的著作，学习党和国家的方针政策，以提高自己的思想政治觉悟和进行思想改造，或者来逐步建立正确的世界观，全心全意为人民服务，为社会主义建设服务。但是，一个人的世界观的根本改造是一个长期的过程，主要依靠自己努力，即自我改造，对他们的帮助应该采取说服的方法，诚恳地、耐心地帮助他们。应该为他们创造必要的工作条件和学习条件，帮助他们解决各种必须解决的问题，以使他们在社会主义建设的各个战线上作出更多的贡献。但是我们在这些方面做得不够，影响了一部分知识分子积极性的充分发挥。同时，在贯彻执行百花齐放、百家争鸣的方针上，一方面有显著的成绩，另一方面有的单位采取了不适当的行政方式，对于某些学术讨论和文艺创作，作了过份的干涉。这些缺点是必须纠正的。

为了提高认识，统一思想，我们应该很好地总结经验，分析错误和缺点产生的原因。

那么，为什么会产生这些缺点和错误呢？我们认为主要是由于：第一，我们在社会主义建设事业的许多方面还缺乏经验。社会主义建设总路线、大跃进、人民公社都是过去没有过的新事物，实现总路线的一套具体政策的形成，有一个必经的过程。在当时我们对于一些问题还不认识或认识不清楚，在实践的过程中，也不可能不发生一些缺点和错误。第二，调查研究工作做得不够，不少事情没有经过系统的、周密的调查研究，情况不明，不能根据具体的情况，正确地贯彻执行中央的政策，对某些问题的决定不符合实际，或者不完全符合实际。有些事情虽然也作了些调查，但是没有认真听取下级和群众的不同意见，即注意听取正面的和反面的两方面的意见，加以比较和分析研究，因而不能充分了解事实真相，及时发现问题，解决问题，发生了一些有可能避免的缺点和错误。第三，有许多事情没有走好群众路线。几年来，群众运动有很大的发展，这是好的一面，正因为放手发动群众，调动了群众的积极性，我们才能取得巨大的成绩。但是也有相当一部分群众运动，追求形式，不求实效，浪费了群众的精力。有些事情，如大搞技术革新、技术革命，提倡合理密植等，本来是好事，但是由于某些指标不切实际，要求过急，没有充分地和工人、农民、技术干部商量，不是通过群众的实践取得经验以后再行推广，没有根据不同情况，因时因地制宜，采取适当的措施，这就不能不发生许多问题，使工作受到损失。第四，这几年来，有些负责干部滋长了不同程度的骄傲自满情绪，不虚心听取群众意见，不爱听对缺点、错误的批评，思想方法主观片面，往往单凭热情和主观愿望办事，违反了客观规律，以致把好事办坏。第五，几年来，许多干部忙于处理繁重的生产建设和文化建设事务，没有认真学习毛泽东思想，对中央的方针政策，结合实际情况深入地研究也很不够，如果我们能够很好地学习，有些缺点、错误是可以避免的，有些是可以及时纠正的。所有这些，都应当引为深刻教训。

回顾四年来，北京市广大人民在党和政府的领导下，经过艰苦的努力，在各个战线上都取得了巨大的成就。我们的首都已经由消费城市发展成为具有现代化工业初步基础的社会主义的生产城市；我们的市政设施已经有了很大的发展，初步改变了过去的落后状态；我们进行的大规模农田水利建设和增加的大量农业技术装备，将会越来越发挥更大的作用。前面所说的缺点和错误，都是我们在贯彻执行总路线中，在具体工作中所发生的，而不是总路线、大跃进、人民公社本身的问题。如果把这些缺点和错误同我们的成绩比较起来，毕竟成绩是巨大的，主要的，第一位的；而缺点、错误则是次要的，第二位的。事实证明了总路线、大跃进、人民公社这三面红旗是正确的，证明了在总路线的指引下，实现国民经济的大跃进是必要的，也是可能的。

根据这几年的经验，我们深刻地体会到毛主席所指出的“只有总路线还不够，还必须有一套具体的政策”的重要意义。我们过去没有进行大规模社会主义建设的经验，对许多客观规律还没有认识或者没有完全认识。人们认识客观世界，是需要有一个过程，取得经验也要有一个过程。经过这几年的大跃进，我们取得了丰富的实践经验。现在中央已经根据全国经验的总结，制定出了农业、工业、高等教育、科学研究等方面的成套的具体政策，并且召开了第二届全国人民代表大会的第三次会议，通过了有关的重要决议。我们的任务就是要在各项具体工作中，认真地、更好地贯彻执行这些政策，认真地总结我们自己的经验，改进工作，在已经取得的大成就的基础上，继续高举三面红旗，鼓足干劲，力争上游，扎扎实实地进行调整工作，继续把我们的社会主义建设事业推向前进。

关于调整工作和当前的任务

从1960年底以来，我们逐步贯彻执行了中央提出的调整、巩固、充实、提高的方针，在各个方面，进行了很多调整工作，收到了显著的成效。

第一，在改进农村人民公社的工作方面，我们贯彻执行了中共中央关于农村人民公社当前政策问题的紧急指示信十二条和农村人民公社工作条例(草案)六十条，在农村开展了整风整社运动，调整了社、队规模，改变了供给制办法，停止了普遍办食堂的作法，认真执行了按劳分配、等价交换的社会主义原则。这样就提高了农民的生产积极性。1961年11月以来，经过普遍发动群众充分讨论，全郊区已有百分之九十五的生产大队改为以生产队为基本核算单位，进一步调动了农民集体生产的积极性。同时，近一年多以来，我们大力缩短了工业和基本建设战线，压缩了县、社工业，从各方面挤出劳动力，大力加强了农业生产第一线。城市对农村的支援，工业对农业的支援，如排灌设备和化肥的供应，小农具的修造，拖拉机的维修等方面也大大加强了。农业生产的形势有了显著的好转。

第二，在国家计划的统一安排下，调整了工业生产指标，大大缩短了重工业战线。关闭了一批原料供应严重不足和成本高、质量坏、生产效率过低的企业。同时采取各种形式，加强了轻工业战线，积极安排了日用工业品的生产。这样，除了以农副产品为原料的轻工业产品，因为受农业减产的影响，产量下降较多以外，以工业产品为原料的轻工业品大部分都有增加。无论重工作和轻工业都大力整顿和提高了产品的质量，增加了品种，坚决制止了某些粗制滥造的现象。

在文化教育事业方面，也适当控制和调整了发展的规模和速度。

第三，大大缩短了基本建设战线。1960年是北京市基本建设投资最多的一年，基本建设投资包括中央和地方，共达十六亿八千万元。1961年的基本建设投资减少了，但仍然有六亿八千万元；按照我们现在的条件，显然基本建设的规模过大，投资过多了。因此，1962年又进行了压缩，按照国家计划，拟减少为一亿七千六百万元，其中地方投资为四千二百万元，主要是用于完成必要的未完工程、设备配套、中小型水利工程和增建中、小学校舍等项目。

第四，大力减少了城市人口，精简了职工。1961年减少了近四十万城市人口。但是，在这一年中，由于人口的自然增长和迁入了一些人口。净减少了城市人口二十二万人，其中国家职工有十七万五千人。1962年截至4月底为止，又精简了职工七万多人。从1961年到今年4月底，在精简的职工中，回农村的共有二十二万人，加强了农业战线的劳动力，减轻了国家财政，特别是农村对城市供应的负担。

第五，在工业交通企业中，试行了国营工业企业工作条例（草案)，加强了对工业生产的集中领导，在企业内部进一步贯彻执行了党委领导下的厂长负责制，建立和健全了企业的生产行政指挥系统。许多单位加强了技术管理工作，建立了以总工程师为首的技术指挥系统，加强了设备维修和产品检验。不少单位开始重视经济核算工作，着手整顿财务成本管理。一部分企业正在从进行“五定”(定产品方案和生产规模；定人员和机构；定主要的原料、材料、燃料、动力、工具的消耗定额和供应来源；定固定资产和流动资金；定协作关系）入手，全面加强企业管理工作。

第六，在商品不足的情况下，国营商业部门和有关部门做了不少的工作：加强了农、副产品和日用工业品的收购；压缩了企业、事业单位、机关、团体、学校和部队的集团购买力，腾出了一部分商品供应市场；逐步扩大了某些生活必需品的计划供应，使这些商品得到比较合理的分配。计划供应的商品除了按人定量分配的商品以外，还包括对高温工人、井下工人、产妇、孕妇、病人、婴儿和高级知识分子等的特殊需要的补助。从1961年以来，除了平价供应的商品以外，开始出售糖果、糕点等少数几种高价商品。最近并且对某些供应不足的工业品实行凭购货券供应。这是在物资不足，购买力和商品供应量之间差额过大的情况下的一种临时性措施。

在郊区农村中，恢复了农村集市贸易，便利了农民之间和生产队之间互通有无，同时，也加强了对市场物价的管理，及时取缔了城市和近郊区的自由市场，坚决打击了投机倒把活动。1961年，为了发展城乡物资交流，郊区普遍恢复和建立了农村供销合作社。

第七，在文教事业单位整顿了工作秩序和教学秩序。改进了领导工作。进一步贯彻执行了百花齐放、百家争鸣的方针，积极开展了学术问题和艺术问题的自由讨论。学术研究活动正在进一步发展，文艺创作和演出的体材、形式、风格日趋多样化。

一年多以来，我们贯彻执行中央制定的以调整为中心的调整、巩固、充实、提高的方针，已经有了成效。但是，我们国家由于三年来严重的自然灾害和工作中的缺点、错误所造成的困难和问题，不是短期内能够完全解决的。比起1957年，农业方面粮、棉、油料的产量下降，而城市人口和职工都增加过多，我国目前的农业生产的水平供养这么多的城市人口是有困难的。市场上吃的东西，穿的东西、用的东西严重不足，很多工业缺乏足够的原料、材料和燃料。目前国家财政经济的困难是相当严重的。要争取财政经济状况的根本好转，还要经过相当时期的艰苦努力。同时，像北京这样一个几百万人口的大城市，郊区只有六百多万亩耕地，城市人口的粮食供应和许多副食品的供应，以及很多现代化大企业所需原材料的供应，都要靠全国的支援。我们还应该估计到，在进行国民经济调整的过程中，还会出现新的问题、新的困难。看不到或者不重视客观实际存在的严重困难，对于我们所面临的困难估计不足，对于我们的事业是极为不利的。另一方面，也要看到，这些困难毕竟是前进中、发展中的困难，是完全能够克服的。我们具备着克服困难的许多有利条件。我们有战无不胜的毛泽东思想的指导，有中国共产党的正确领导，有大量努力工作的好干部和建设社会主义的积极分子，有紧密地团结在党和人民政府周围、有觉悟的人民群众。这些是我们能够战胜一切困难的根本保证。我们还有十三年来、特别是大跃进以来建设起来的物质技术基础，许多工业建设和农田水利建设，在今后将发挥越来越大的作用。在农业方面，虽然大牲畜和农家肥料减少了，但是农业战线上的劳动力加强了，农田水利发展了，拖拉机和排灌设备增加了，化肥和农药也有所增加。特别是农村贯彻执行了农村人民公社工作条例（草案）六十条的规定和实行以生产队为基本核算单位后，农民的生产积极性大为高涨，农业生产情况已经开始好转。只要各方面的工作做好，不遭遇严重的自然灾害，郊区的农业生产就可能很好地恢复和发展起来。工业方面，虽然总产值和不少工业产品的数量下降了，但是设备状况改善了，品种正在不断增加，质量正在不断提高。同时，在这几年的实践中，我们取得了丰富的经验，包括正面的经验和反面的经验；特别是中央在总结了全国的经验以后，逐步制定了一系列比较完备的具体政策、具体措施和规章制度，从思想、理论直到具体政策和工作方法上，武装了全体干部。这一切都是我们战胜困难的极为有利的条件。只要我们对当前的形势有正确的认识，认真分析困难，研究克服困难的办法，并且把广大人民群众动员起来，同心协力，进行切实有效的工作，我们一定可以克服困难，逐步地争取财政经济状况的根本好转。

现在，根据中央的有关指示，结合本市具体情况，提出当前的几项主要任务。

第一，加强生产队工作，千方百计地增加农业生产。

我们要努力完成今年粮、棉、油等的农业生产计划，增加蔬菜的品种和产量，提高商品菜的质量，大力发展畜牧业和副业生产，以增加社员的收入，并且增加对城市的供应。

为了促进农业生产的发展，首先要作好生产队的工作。因为农村人民公社是以生产队为基础的三级所有制，加强生产队的工作，是搞好农业生产的关键。农村人民公社在实行了以生产队为基本核算单位以后，农民的生产积极性进一步提高了，生产上出现了新的气象。但是，许多队干部还缺乏经验，有些生产队的干部比较弱，在管理工作上还存在着许多问题，因此，必须加强对生产队的领导。县（区）、社、生产大队的干部应该深入生产队，具体帮助他们学会掌握政策，学会经营管理。要贯彻民主管理的方针，树立起各个生产队的领导核心，加强队委会集体领导、分工负责的制度；要改善劳动组织，合理安排劳力，建立和健全生产管理的各项责任制度；要搞好定额管理、评工记分，进一步克服社员与社员之间的平均主义，并且要做好口粮分配工作；还要坚决贯彻执行勤俭办社的方针，注意经济核算，加强财务管理。生产大队和生产队的干部经常参加劳动，是加强生产管理的重要关键。为此，县、公社的领导必须改进工作方法，精简会议，保证他们有相当数量的时间参加劳动，并且要坚持执行生产大队和生产队干部的补贴工分不超过大队全年工分总额百分之二到百分之二点五的规定。在加强生产管理的同时，还必须加强对社员的社会主义教育，加强社员爱社如家的观念，维护和巩固集体经济。

其次，为了增加农业生产，要因时因地制宜地贯彻执行农业增产的八字宪法。

在努力提高单位面积产量的同时，合理地扩大耕地面积，充分利用可耕的土地，力争多种多收。并且，要大力改良土壤。征而未用的基本建设占地，要交给生产队耕种。今后对基本建设等方面的占地，必须严格控制，防止浪费。

千方百计地增加肥料。养猪积肥仍然是目前增加肥料的主要办法。必须贯彻公养私养并举、以私养为主的方针，执行好养猪的奖励政策。并且，要从繁殖种猪、供应仔猪、修理猪圈、帮助解决饲料困难等方面，大力支持社员和生产队养猪。

大力加强水利工程的配套和管理。要充分利用农闲，有计划地、因地制宜地平整土地，修好支、斗、毛渠，管理好和使用好现有的水利工程和排灌设备，发挥水利设施的效益，把水源充分利用起来。同时，在需要排涝的地区，尽可能地修建一些必需的排涝工程，还要注意研究防止和解决耕地盐碱化问题。

选择和推广优良品种是投资少、见效快的一项增产措施。农业科学研究单位和国营农场必须把选择、培育和繁殖优良品种，作为一项重要任务。各生产队都应该建立种子田，加强田间选种工作，以解决本队所需要的良种。

大牲畜仍然是目前农业生产中的重要动力，必须采取自繁为主、自力更生的方针，大力繁殖大牲畜，研究制订奖励繁殖大牲畜的办法。还要加强大牲畜的饲养管理，建立和健全责任制度；并且，要采取有效措施，保证饲草的充分供应。在有放牧条件的地方，除了生产队要积极发展大牲畜以外，还应该提倡社员饲养一、两头大牲畜，使这些地区逐渐成为发展大牲畜的基地。

做好对拖拉机、排灌设备等农业机械的保管、使用、维修和配套工作，提高机械管理和工人操作水平，提高机耕的质量，提高农业机械的利用率，克服农业机械严重损坏的现象。

在植树造林方面，应当全面规划，以便有计划有步骤地，经过若干年的努力，把可以绿化的荒山、荒滩、空地绿化起来。要根据具体条件，尽量多种生长迅速的用材林木和核桃、栗子、花椒等树木。为了充分调动各方面造林的积极性，必须明确地、坚决地保护林权，坚持谁种谁有的政策。机关、企业、学校、部队种植的林木为全民所有；各公社、生产队种植的林木，为公社和生产队集体所有；社员个人在宅旁院内种植的树木，归社员所有。在有条件的山区，可以给社员划出一部分植树造林的自留山。林权没有确定的，要迅速确定，林权一经确定，就要坚持保护，并且长期稳定不变。要教育群众注意保护林木，对毁坏林木的，应该追究责任，严肃处理。没有分配的荒山、荒滩、荒地，应该加以分配，确定所有制，以便按照国家的规划和规定，负责绿化或垦种。

目前农村劳动力已有显著增加。今后城市还要精简职工和动员职工家属回乡参加农业生产。因此，应该充分使用所有的劳动力，实行精耕细作，增加农业生产。同时，注意开展多种经营，促进农、林、牧、副、渔的全面发展。

为了增加社员的收入和改善城乡的供应，应当积极发展集体的手工业和副业生产，并且处理好手工业者的分配问题。还应该提倡和鼓励社员在保证积极参加集体生产的条件下，充分利用工余时间和假日，恢复和发展传统的农村家庭副业。家庭副业的收入应全部归社员个人所有。

国营农场要进一步加强经营管理，严格实行经济核算，进一步提高劳动生产率和农、牧产品的商品率，努力完成和超额完成国家计划。

目前，正在麦收，一定要做好麦收和夏种、夏锄工作。麦子要收好、打好、储藏好，维护麦收秩序，完成国家的征购任务。

第二，在国家统一计划下，继续进行工业的调整，努力增加日用工业品的生产。

从 1961 年以来，工业方面已经进行了初步的调整工作，取得了很大成绩。但是，由于国民经济调整的需要和农业歉收等原因，工业生产中还存在一些问题。例如，一方面许多企业的生产任务和原料、燃料严重不足；另一方面职工人数过多，不少工厂不能充分开工，窝工现象比较普遍；有些工厂生产效率很低，原料、燃料、电力有很大的浪费。在这样的情况下，如果勉强维持下去，或者保留一个超过实际需要的架子，不仅会给国家增加困难，而且对企业本身也是极为不利的。因此，凡是没有生产任务的企业，就应该关闭、暂时停产或者改变生产任务；凡是任务不足的企业，就应该坚决缩小规模或者合并；凡是设备落后，生产效率低、质量次、原材料消耗大、成本高的企业，不论哪一个部门办的，不论是国营企业或者手工业合作社企业，都应该采取措施，努力提高产品质量、降低成本、减少原材料消耗，提高生产效率。如果继续粗制滥造，不计成本，不讲效率，势必要被淘汰。撤销了建设任务的新建单位，要坚决拆掉架子。过去由集体所有制不适当地转为全民所有制的企业，也可以恢复合作社的形式。城市人民公社工业，有正常生产条件、产品为目前急需、质量又好、成本又低的企业，可以继续保留；有的可以改为分散生产、自负盈亏的合作小组；其余的势必要停产或者关闭。农村人民公社或者生产大队举办的工业企业，凡不是为当地农业生产和农民生活直接服务的，不具备正常生产条件的，也势必要停办，以便把劳动力调剂到农业生产战线上去。通过这次工业的大调整、大改组，可以使我们的工业更加精干，用更少的人生产出更多、更好的工业品；可以使我们的工业经济技术水平大大提高。在调整的过程中，必须根据资源允许的条件，在全国统一安排下，努力发展原料工业，注意原料工业和加工工业的平衡发展。工业的调整是一件很繁重、很复杂的工作，必须按行业进行周密的全面规划，统筹安排，一个企业一个企业地研究。既要看到一个行业一个企业的生产，又必须全面考虑到各个单位之间的分工、协作关系，做到经过调整，减了人，放下架子，又不引起混乱，还可以加强薄弱环节。在进行这项工作的时候，各主管部门要认真地、细致地从全局出发，统一安排，服从统一调度，反对分散主义和本位主义。

工业生产的安排，必须服从国家的统一计划，不得在国家计划以外另搞计划。应该由地方安排的补充计划，必须报告中央，纳入国家计划。各企业要在国家规定的计划以内，合理地降低和减少原料、材料和燃料的消耗；在提高成品率、减少废品次品的条件下，争取超额完成任务，千方百计地合理地挖掘潜力，努力增产节约。增加生产是克服困难的根本办法。在国家统一的计划和安排下，各企业、各产业部门都要百折不挠地积极增加生产，尤其要增加农业生产资料的生产，以加强对农业的支援；增加市场需要的日用工业品的生产，以改善市场的供应。

要努力提高产品的质量，扩大产品品种，提高劳动生产率。在产品的质量方面，不论大小企业，不论什么产品，都必须精益求精，坚决消灭一切粗制滥造现象，努力减少废品率和不合格产品。凡是国家定有标准的产品，必须严格按照国家标准生产，争取稳定地达到国家标准；凡是没有国家标准的产品，应当尽可能制定质量标准，并且按照标准来进行生产。现在质量较好的产品，凡是有条件的，应该争取达到全国先进水平。

要根据国家的需要和各企业、各工业部门的技术条件和原料材料的条件，积极研究试制新产品，努力扩大产品品种。对于一些高级的、精密的、大型的产品，凡是国家有任务的，都要积极研究试制。这是关系提高我们的工业水平，建设我国独立经济体系的重要工作，在这方面决不能放松努力。

在调整工业和精简职工的基础上，要加强劳动管理，合理地利用工时，并且在可能条件下，逐步充实和改善企业的技术条件，努力学习国内外一切先进经验，不断地提高我们工业生产的劳动生产率。

为了提高质量，增加品种，提高劳动生产率，降低成本，就需要继续认真推行国营工业企业管理条例（草案），开展劳动竞赛和技术革新，加强技术工作、科学研究试验工作。同时，还要建立全市性的检验机构，加强科学技术情报工作，加强化验机构和计量工作，加强地质工作。工业部门要继续同高等院校、科学研究机关密切结合，进行研究、试验，继续进行群众性的技术革新，特别要注意加强技术指挥系统，充分发挥技术人员的作用。

第三，坚决实行“精兵简政”，进一步减少职工和城镇人口。

在当前的国民经济调整工作中，精简职工和减少城镇人口以加强农业战线，是一个最基本的环节。几年来，职工人数增加过多，虽然经过一年多的调整工作和大力减少职工和城镇人口，但是，现在职工和城镇人口仍然过多。根据我国目前农业生产的水平，是不可能供养这么多的职工和城镇人口的。同时，在工业和基本建设战线缩短以后，也不需要这样多的职工。我们的机关、企业和事业单位仍然存在机构庞大、人浮于事的现象。因此，我们必须下定决心，大量精简不必要的人员，裁并不必要的机构，继续缩短工业生产战线和基本建设战线，以减少职工、减少城镇人口，加强农业战线。只有这样，才能真正有利于国民经济的调整。

“精兵简政”不只是简单地减人，还要通过精简人员，使我们的机构真正精干起来，切实提高工作效率和生产效率，使某些人员过多、效率不高的单位真正得到改造。同时，使工人阶级的一部分骨干分子、先进分子，下乡上山，加强农业战线，加强基层的领导。让一些在城市企业中工作过几年的、有一定技术水平、文化水平和政治觉悟的工人，回到农村去参加农业生产，这对农业生产的管理、农业机械的维修、农业生产技术的研究提高和推广，都会发生积极的作用，对巩固工农联盟有着重大的意义。在农村方面，要全面地发展农、林、牧、副、渔各项生产，门路很多，需要的劳动力也很多，工人回乡以后是可以大有作为的。同时，城市职工减少以后，就可以逐步减轻农村对城市的农产品的供应负担，有利于扶持经济作物生产和整个农业生产的发展。

这几年职工家属进城的很多。他们在农村中是很好的劳动力，进城以后，大部分没有适当工作做，不但增加了城市的各种负担，而且使得职工生活发生困难。因此，在这次精简中，应当劝说这些职工家属尽量回乡参加生产。为了照顾家在农村或外地的职工和家人团聚，今后应当认真执行职工探亲假的制度。

今年的精简任务比去年更加复杂、艰巨，各部门、各单位要认真、细致、谨慎地做好动员工作和组织工作。要向职工说明，回乡参加农业战线，是帮助国家克服当前困难，增加生产，争取财政经济状况好转的一项有巨大意义的光荣任务。对精简下来的人员要妥善安置。对于回到本市郊区参加农业生产的回乡人员，有关区、县、社、队必须热诚欢迎，帮助他们安家，按照当地标准拨给自留地，在生产和生活上尽量予以帮助，使他们在农业生产上继续做出贡献。

此外，为了保护妇女和儿童的健康，更好地培养第二代，应该提倡节制生育。

第四，做好清理仓库、核定资金的工作，加强现金管理，严格财政纪律，加强经济核算，贯彻勤俭建国的方针。

各工厂、建筑、交通、商业企业、国营农场以及所有机关、事业单位都应该根据中央的决定，彻底清理仓库，核定资金。清查出来的物资，要据实上报，按照国家规定处理。只有这样做，才能把呆滞的物资合理地利用起来。首先是可以拿来直接投入市场或者经过加工、改制后投入市场，以改善市场的供应；其次，可以用来完成计划内的生产建设、设备配套，用来加强设备的维修。

所有企业必须加强经济核算，加强财务管理，恢复、建立和健全经济活动分析和成本分析制度，加强资金和物资的管理工作。赔钱的企业，应当根据中央指示，分别采取计划亏损，限期由亏转盈或关闭等不同的办法，迅速处置。对于赔钱的原因，应当进行具体分析。凡是由于企业外部的原因造成的，如材料涨价，计划多变，造成物资和产品积压等等，应由主管部门负责迅速解决。凡是由于企业内部原因造成的，如管理混乱，原料消耗过大，产品质量降低，不按计划办事等等，各企业必须立即采取措施，改善经营管理，降低费用，限期扭转赔钱局面。目前，商业部门中间环节过多，工业部门之间工艺性协作取费一般过高，原料材料乃至下脚料、废品的供应手续繁杂，这些都不合理地提高了工业、商业企业的费用。必须迅速取消不必要的中间环节，改善工艺协作的取费制度，改进原料材料的供应方法。

为了加强企业的经济核算，必须加强企业的财务会计、统计工作。在有条件的企业中，应当设置总会计师，建立严格的财务管理制度，加强原料材料的管理部门的工作。财政部门和银行应该从贷款和流动资金管理方面加强对企业财务的监督，不容许有违反国家财政、金融管理制度的现象。当然，我们加强财务管理的目的，是为了搞好生产，因此必须从便利生产出发，不能妨碍生产。

加强对财政金融的统一集中管理，严格财政纪律，加强现金管理，对于克服当前的困难有着十分重要的意义。各部门、各单位要模范地遵守国家的计划和规定，服从国家集中统一的领导；坚决不搞计划外的生产和建设，不在计划外增加贷款；不把银行贷款用于基本建设、弥补企业亏损、发放工资、缴纳利润；不把银行贷款用于职工福利费和企业技术措施费、新产品试制费、劳动保护费、零星固定资产购置费等的开支。对农村的到期农贷和预购定金、预付货款、赊销款，凡是有条件收回的要尽量收回；对那些确有困难暂时还不了的，可以经过上级主管部门批准，延期归还，以免影响农业生产。同时，对于那些生产上确实需要资金的，应当按照国家计划，给以信贷支援。所有企业的领导人都必须充分地认识加强经济核算、不断提高劳动生产率，是办好社会主义企业的根本问题。因此，所有企业单位都必须加强经济核算，建立和健全对资金和物资的管理工作。

第五，积极开展农副产品、工业品的收购工作，发展城乡商品交流，逐步改进市场供应。

郊区各区、县要加强对干部和群众的社会主义和爱国主义教育，教育农民兼顾国家、集体和个人三方面的利益，积极交售农副产品，完成和超额完成国家农副产品的收购计划，支援社会主义建设。农村供销合作社要把农产品的收购工作和供销工作结合起来，积极地开展和改进农副产品的收购工作和商品供应工作。在收购和供销工作中，特别要照顾种植粮、棉、油等农作物的农民的利益。要组织好农村生产资料的供应，并且通过这些供销业务，促进农村生产，特别是扶助农村副业、手工业的生产。农村集市必须积极办好，以便于农民之间，社、队之间互通有无，活跃农村经济。要通过工商管理部门、国营商业、税务、银行等部门和供销合作社的活动，加强对农村集市的领导和管理，严禁投机倒卖。为了保持农村市场的秩序，城市机关、企业、医院、学校、部队等单位都不要到农村集市采购或以其他任何方式套购、换购农副产品。

对于工业品和手工业品，除少量的零星的产品，经过批准，可以按照国家统一价格由工业部门自销外，其余应该完全由商业部门包销。商业部门在收购工业品和手工业产品的时候，要按质论价，对不合格的产品应该贬价收购，对根本不能用的产品应该不予收购，以促进产品质量的提高。同时，商业部门要及时地积极收购应该收购的产品，不要拖延、积压，妨害工业生产。商业部门收购的工业品和手工业品，凡是适合农村需要的，应当优先供应农村，以支援农业，解决农村生产和生活的需要；这样也就可以换回农副产品，供应城市需要。商业部门要继续面向生产，为生产服务，努力改进生产资料的供应工作，支持生产的发展。

在市场物价方面，应该坚决执行中央关于稳定市场物价的方针。除少数中央确定高价供应的商品以外，必须努力稳定一般人民生活必需品的价格，力求保证城市人民生活的稳定。物价委员会应该加强对市场物价的管理。

商业部门要继续研究和改进商品分配办法，搞好对居民的供应工作。适当增加粮食、油盐、蔬菜、煤柴等行业的零售点，以便利群众。特别要积极发展修理服务事业，增加服务项目，提高质量，合理取费，努力做到便利居民。过去商业和修理服务行业撤点、并点后被占用的门面房子，一般都应该退回，用来恢复和发展零售和服务业务。已经外调的有专门技艺的修理服务人员，要尽可能动员归队。同时，还要允许社会上有修理服务技术的或者愿意从事修理服务业务的人员，包括退职退休的职工、家庭妇女等，从事修理服务工作，可以通过手工业社或者合作小组等形式把他们组织起来，分散生产，分散经营，单独核算，除上交少量的公积金、公益金以外，自负盈亏。国营商业过去吸收进来的小商小贩，应当分别根据各个行业的具体情况，一部分应该适当地、有步骤地转为合作商店或合作小组，同时，应当加强对于他们的领导和管理。

第六，调整文教事业，提高文化、教育、卫生、科学研究等工作的质量。

文教事业的发展应该与国民经济的调整相适应，认真贯彻执行调整、巩固、充实、提高的方针。近几年来文教事业发展很大。虽然由于城市人口增长过多，许多方面还不能满足需要，例如近几年来，每年建筑的中、小学校舍都在十万平米以上，但城区的小学仍有百分之七十六是二部制，不但教师的负担重，而且影响教学质量；又如今年暑假还要有一部分初中和高中毕业生不能升学。但是，从我国目前的经济水平来看，北京的教育事业发展得不是少了，而是多了；不是慢了，而是快了。对于适龄儿童的入学问题，对于小学、中学毕业生工作和学习的安置问题，我们和各方面，要千方百计尽可能地解决。但是，实际上按照我国当前的经济水平，要求所有小学毕业生都升入中学，甚至要使所有的初、高中毕业生都升入大专学校，是根本不可能的，是办不到的。北京的教育发展可以比全国快一点，程度高一点，但不可能、也不应该相差太大。北京的教育事业是靠全国的支援和供应的，我们绝不可能、也不应该离开当前全国的经济基础，去孤立地要求北京的教育事业过多地发展。其他的文教事业也是如此。

对于不能升学的青少年，应该根据可能的条件进行适当的安置。在农村的要组织他们就地参加生产劳动；对城市的学生要帮助他们组织自学，适当举办广播、函授等补习教育；并且有领导地组织社会力量，兴办一些民办的、自费的教育事业。此外，还要通过其他的办法，对于这些青少年加以安置。

原来的民间职业演出团体近几年来改为国营的，根据具体情况，有的也可以仍旧改为民间职业演出团体。吸收或合并到国家医疗机构当中的联合医疗组织或开业医生，有的吸收或者合并得不适当的，也应当允许他们仍旧改为联合医疗组织或者私人开业。

通过调整，要做到使文教事业的队伍更加精干，以利于文教工作质量的提高。今后，文化、教育、卫生、体育、科学研究各部门，都要把不断提高工作质量作为自己的重要任务。

第七，总结经验，制定调整和发展的规划。

工业、农业、城市建设、文教卫生等各个战线和重要的基层单位都要认真总结经验，特别是四年来的正面经验和反面经验。通过认真总结经验，提高思想，加强领导，来进一步认识社会主义建设的客观规律，逐步制定出调整和今后发展的规划。

在农业战线上，各区县、各社队要根据具体情况制定规划，全面地发展农、林、牧、副、渔各项生产，不断地改进生产条件，争取在将来一定时期内，第一步达到农村人口平均每人每年生产粮食八百斤，每人养一口猪。此外还要开垦一切可能开垦的荒地，灌溉一切可能灌溉的旱地，改造一切可能改造的易涝地，绿化一切可能绿化的荒山、荒滩。

工业部门要对若干建设得不完整的新建、扩建项目，作出填平补齐的规划设计。对一批生产设备落后的企业，制定技术改造的规划。对于加工工业和原料工业的配合，对于生产的专业分工和固定协作、材料的定点供应、产品的配套、新产品的试制、技术水平的提高、新技术的采用、科学技术研究等方面，都要结合工业的调整和国营工业企业工作条例（草案）的贯彻，根据实际情况，进行系统的全面的规划。

城市建设部门，要重新研究城市建设各个方面的现状，对城市的规划进行审订，对局部地区存在的不合理的布局和不安全的现象，制定必要的调整方案。同时，根据国民经济的长远计划和各方面的需要，重新研究城市建设的总体规划；对已经存在的某些不合理的布局，要制定方案逐步调整。各个重点地区的详细规划和郊区城镇的规划，一些重要建设工程的设计方案，也要抓紧进行，做充分的准备，使今后的建设更合理更经济。

文教卫生等其他部门，也都要在总结经验和调整、巩固的基础上，制定今后的规划。

以上七项任务，就是我们当前的主要任务。

这里，我报告一下本市1960年和1961年的财政收支情况。本市1960年财政收入预算为十九亿三千九百万元，收入决算为二十亿零二千零三十二万四千元，为预算的百分之一百零四点一九。其中：企业收入十二亿七千四百万一千元，工商税收七亿一千七百零九万二千元，农业税收一千五百六十七万九千元，其他收入一千三百五十五万二千元。此外，还有结转到1960年继续使用的1959年结余款四千五百三十七万一千元。

1960年支出决算除上解中央十一亿六千六百七十一万三千元外，本市支出共为八亿六千零四十六万八千元，为预算七亿八千四百四十九万一千元的百分之一百零九点六八。其中：经济建设费支出五亿零三百五十六万六千元，社会文教费支出一亿七千七百一十五万八千元，行政管理费四千八百四十万八千元，其他支出七百二十八万六千元。另外，按照预算增拨企业流动资金一亿二千四百零五万元。

以上收支相抵后，还结余三千八百五十一万四千元，结转到1961年继续使用。

1960年本市地方自筹收入一千八百六十八万元，加上上年结余八百一十万元，合计为二千六百七十八万元。用于市政维护、环境卫生和补助小学等方面开支一千五百六十五万元。收支相抵结余一千一百一十三万元。

本市1961年的财政收支情况是：财政收入预算为十三亿元。执行的结果，完成了十三亿一千九百九十五万四千元，为预算的百分之一百零一点五三。其中：企业收入七亿八千零四十七万二千元，工商税收五亿一千七百零八万四千元，农业税收一千二百九十五万五千元，其他收入九百四十四万三千元。此外还有上级补助收入一亿零三百四十四万六千元以及结转到1961年继续使用的1960年结余款三千八百五十一万四千元。

在支出方面，除上解中央十一亿二千三百九十三万八千元外，本市支出预算为两亿九千五百六十七万七千元，支出决算为三亿二千七百零八万九千元，为预算的百分之一百一十点六二。其中：经济建设费支出一亿七千四百三十六万五千元，社会文教费支出一亿零四百零二万八千元，行政管理费支出四千五百六十八万五千元，其他支出三百零一万一千元。

以上收支相抵后，还结余一千零八十八万七千元。

此外，1961年地方自筹收入，为一千六百三十四万元，加上1960年结余一千一百一十三万元，合计为二千七百四十七万元。用于市政维护、小学教育以及农田水利补助等项支出一千六百六十九万元。收支相抵还结余一千零七十八万元。

1961年财政收支预算和决算都较前一年度下降，主要是由于国民经济计划的调整，本市的工业产值下降等原因，收入相应减少，在支出方面大力压缩了基本建设投资的缘故。

关于1960年的决算，1961年的预算和决算，都有详表发给各位代表，请大会审查；并请追认1961年的预算，批准1960和1961年的决算。

关于本市今年的财政收支预算草案，须要等国家的国民经济调整计划各项指标决定以后，才能提出。因此，我们请求市人民代表大会授权市人民委员会，在本市财政收支预算草案拟定以后，由市人民委员会审议批准，将来再报市人民代表大会审查追认。根据前五个月财政收入情况来看，今年的财政收入将比去年减少。因此，除了努力增加生产外，必须力求节约。基本建设投资已经大力压缩，其他开支也要严格控制。

各位代表：

当前国民经济的调整工作和增产节约的任务是很艰巨的。为了更好地完成这些任务，我们必须进一步加强全体人民的团结，充分调动广大人民群众建设社会主义的积极性，进一步发扬民主，加强和正确执行民主集中制，反对一切削弱和破坏民主集中制的现象。

我们必须充分发扬民主，活跃民主生活，开好地方各级人民代表大会，认真检查和总结工作，开展批评和自我批评，从而改进和推动我们的各项工作。这次代表大会，事先组织了代表们进行参观、访问，大家都了解到很多情况和问题。我们衷心希望在这次大会上，各位代表对市人民委员会和各级政府机构以及各企业、事业单位的工作，提出批评和建议。各区（县）人民委员会，也应该加强和区（县）人民代表的联系，接受代表们和人民群众的监督，认真听取人民群众的意见。

市和区(县)的政治协商会议、各民主党派的北京市的组织、工会、青年团体、妇女联合会、工商联合会等组织，科学文化方面的各种协会、学会以及工矿企业中的职工大会和职工代表大会，农村中的社员大会和社员代表大会、城区的居民委员会，都是发扬人民民主的组织形式，都应该充分发挥它们在国家生活中的积极作用。

在高度民主的基础上，必须加强集中统一的领导，反对分散主义。这几年中，我们在执行国家统一规定的国民经济计划方面有不够严格的情况；市人民委员会曾经一度把权力下放过多，这也助长了分散主义现象的发展；有些单位也有违反国家财经纪律的行为。这些都给我们的工作带来了一些损失。没有集中统一的领导，就不能建设社会主义。在目前对国民经济进行调整的时候，就更加需要高度集中统一的领导。今后在我们的一切工作中，必须严格执行中央的统一政策和国家统一计划，严格遵守国家财经纪律。

只有认真地正确地执行民主集中制，才能形成毛主席早就指出的“又有集中、又有民主，又有纪律、又有自由，又有统一意志、又有个人心情舒畅、生动活泼的那样一种政治局面”。有了这样的政治局面，我们就能够比较顺利地进行社会主义建设。

为了更好地团结群众做好工作，政府的各级干部都应该认真地学习马克思列宁主义和毛主席的著作，认真地学习和研究中央所规定的各项政策法令，坚持和发扬实事求是、群众路线的优良传统，克服主观主义、官僚主义和命令主义。

实事求是就是要调查研究，从实际出发，对具体问题进行具体分析，按照客观规律办事。各级干部对自己所管的工作要经常进行周密的调查研究，熟悉情况，了解工作中存在的问题，正确地指导工作。

群众路线就是要相信群众，依靠群众，遇事和群众商量，倾听群众的意见，从群众中来、到群众中去。从北京市这几年的工作来看，凡是坚持和贯彻了实事求是的精神和群众路线的，工作就取得了很大的成绩；凡是违反了实事求是的精神和群众路线的，就滋长了主观主义、官僚主义和命令主义，脱离实际，脱离群众。今后，我们必须认真加强同人民群众的联系。我们自己不懂得的事情，工人、农民、基层干部、技术人员、科学家很多人是懂得的，应当虚心向他们学习、请教。群众来信来访，直接向领导机关反映情况，对检查工作的缺点和错误，揭发违法乱纪的现象，改进工作，有极大的好处，必须重视。

各部门、各单位和我们全体干部以及全市人民都应该继续发扬艰苦朴素的优良作风，特别是在目前国家的经济生活比较困难的时期，更必须坚决贯彻执行勤俭建国、勤俭办企业、勤俭办一切事业的方针。

各位代表：几年来，我们全市人民在中国共产党的正确领导下，团结一致，艰苦奋斗，在社会主义建设事业中，取得了巨大的成就。我们深信，在毛泽东思想的指导下，在总路线、大跃进、人民公社三面红旗的光辉照耀下，有着光荣革命斗争传统并且经过考验的首都人民，一定会更加紧密地团结在中国共产党和人民政府的周围，同心同德，奋发图强，鼓足干劲，力争上游，战胜困难，为胜利地完成增产节约和调整国民经济的任务，为争取社会主义建设的新胜利而奋斗。

北京市高级人民法院、中级人民法院工作报告

——1962年6月15日在北京市第四届人民代表大会第一次会议上

北京市高级人民法院院长 林 彤

各位代表：

现在，我就北京市高级人民法院、中级人民法院1958年以来的工作，向大会报告，请予审查。

四年来，北京市高级人民法院、中级人民法院根据国家法律，依靠广大人民群众的支持与监督，通过审判反革命案件、其他刑事案件和民事案件，惩办了反革命分子和其他刑事犯罪分子，维护了首都的社会秩序，保障了公民的权利和合法利益。并且，在群众中进行了遵守国家法律的宣传教育，加强了对下级人民法院审判工作的监督，同时，认真负责地接待了人民来访，处理

了人民来信。现在就高级人民法院、中级人民法院所做的几项主要工作和全市各级人民法院的审判工作情况报告如下：

四年来，本市各级人民法院在审判反革命案件和其他刑事案件时，贯彻执行了惩办与宽大相结合的政策，有力地打击了反革命分子和其他刑事犯罪分子的各种犯罪活动。同时，各级人民法院选择了少数罪恶严重、民愤极大的案件，召开群众大会进行宣判，这在提高人民群众的革命警惕性、动员人民群众协助司法、检察、公安部门打击各种现行犯罪活动方面，收到了良好的效果。在1959年庆祝建国十周年期间，高级人民法院遵照中华人民共和国主席特赦令，对一些确实改恶从善的在押反革命罪犯和其他刑事罪犯，实行了特赦。对于有些在劳动改造期间，确有悔改和立功表现的犯罪分子，分别情况，依法予以减刑或假释。这些措施，对于被特赦、减刑或假释的罪犯和其他在押罪犯的继续改造，起到了积极的作用。

各级人民法院在审理刑事案件时，注意了严格区分敌我矛盾和人民内部矛盾的界限。对人民群众的还不能作为犯罪来看的轻微的违法行为，从有利于团结、有利于生产出发，坚持以说服教育为主的原则加以处理，对少数情节比较严重的已经构成犯罪行为的给予了应得的法律制裁。

在民事案件中，由生产资料私有制所产生的土地、房屋、债务纠纷等各类案件显著减少，婚姻案件所占的比重相对增长。四年来，各级人民法院对所受理的婚姻案件，根据中华人民共和国婚姻法的规定，依靠有关部门和群众的协助，实事求是地进行了妥善处理。对男女双方感情没有完全破裂的，法院进行了调解；双方感情确已破裂，经调解无效，坚持离婚的，则依法判决离婚。同时，各级人民法院还向当事人和群众进行了正确处理婚姻关系、建立民主、团结、和睦家庭的宣传教育工作。

高级人民法院、中级人民法院除了审理法律、法令规定管辖的第一审案件外，四年来，还受理了不服下级人民法院判决和裁定的上诉案件五千五百二十八件。审理结果，绝大多数案件原来的判决和裁定是正确的，维持了原判，对少数判决不恰当或不完全恰当的案件，都及时改判或发回更审，从而加强了对下级人民法院审判工作的指导与监督。

处理不服已经发生法律效力的判决和裁定的申诉，是各级人民法院的一项繁重的工作。四年来，高级人民法院、中级人民法院共处理申诉一千三百八十件。通过申诉，发现有少数原判不恰当的案件，我们依照中华人民共和国人民法院组织法的有关规定，进行了严肃处理。经过再审，原判全部不当的即全部改判，部分判决不当的即改正原判不当的部分。绝大多数原判是正确的，申诉是没有理由的。通过处理申诉，维护了正确的判决，也纠正了极少数判处不当的案件。

四年来，各级人民法院还接待人民来访十四万二千三百多人次，处理人民来信二万八千一百多件，接受了来自广大人民群众对审判工作的监督。我们对这些来信来访，都逐件认真负责地作了处理，向群众进行了政策、法律的宣传教育，改进了我们的工作。

1958年以来，各级人民法院进一步发扬了群众路线和调查研究、实事求是的作风。在处理人民内部的民事纠纷案件时，从有利于生产、有利于群众出发，携卷深入群众，进行调查研究，就地审理，并且执行了以调解为主的方针，效果是好的。根据四年来审结的民事案件的统计，有50%以上的案件是就地处理的，采取调解方法解决的占70%以上。由于深入群众调查处理案件，受到了群众的欢迎与协助，因而，案情调查得透彻，案件处理得比较正确。

各级人民法院在审判工作中，坚持执行了中华人民共和国人民法院组织法所规定的公开审理、陪审、辩护、回避、上诉、合议等各项审判制度。保证了正确、合法、及时地处理案件。

为了保卫人民民主专政制度，保障社会主义建设的顺利进行，保障公民的权利和合法利益，今后，我们必须在党的领导下进一步改进工作，正确贯彻执行国家的政策、法律，继续认真执行人民法院组织法规定的各项审判制度，进一步加强调查研究，经常注意总结审判工作经验，不断地提高审判人员政策思想和法律业务水平，以保证正确、合法、及时地处理案件，更好地为首都的社会主义建设服务。

以上报告，请各位代表审查指正。

北京市第四届人民代表大会第一次会议提案审查委员会关于提案的审查报告

（1962年6月19日北京市第四届人民代表大会第一次会议通过）

北京市第四届人民代表大会第一次会议共收到提案三百七十六件，经过整理合并为三百六十五件。其中，政法类三十件，财经类一百四十八件，文教卫生类九十五件，城市建设类八十九件，其他类三件。

提案审查委员会分设了财经组、文教卫生组、城市建设组、政法及其他组，分别对有关提案逐案进行了研究，提出了初步审查意见，然后由提案审查委员会全体会议审查通过。

我们审查提案的原则是：除了需要提请大会讨论的以外，凡是该办又可能办或者部分可能办的，都交市人民委员会或者其他有关单位办理；凡是需要研究以后才能决定办或者不办的，都交市人民委员会研究处理；凡是不属于市人民委员会职权范围以内的，都交市人民委员会转送其他有关部门研究处理；内容不甚适当或目前暂不能办的，说明情况，予以保留。

审查结果，在全部三百六十五件提案中，交市人民委员会和其他有关单位办理的有一百七十一件；交市人民委员会研究处理的有一百七十七件，交市人民委员会转其他有关部门研究处理的有九件；说明情况暂不能办理的有八件。全部提案的审查意见等大会通过后，即送交市人民委员会分别处理。

此外，提案审查后，又收到提案五十八件，准备一并交市人民委员会处理。

北京市第四届人民代表大会第一次会议选举北京市人民委员会组成人员和北京市高级人民法院、中级人民法院院长的办法

（1962年6月19日北京市第四届人民代表大会第一次会议通过）

一、根据“中华人民共和国地方各级人民代表大会和地方各级人民委员会组织法”和“中华人民共和国人民法院组织法”制定本办法。

二、北京市市长、副市长、人民委员会委员和北京市高级、中级人民法院院长，由市人民代表大会采用无记名投票方式选举。

三、选举北京市市长一人，副市长九人，人民委员会委员三十七人；选举北京市高级、中级人民法院院长各一人。

四、市人民代表大会须有过半数代表出席，始得开会进行选举。

五、大会主席团就出席会议的代表中提出总监票人一人，监票人八人，经过大会通过之后，在大会主席团领导下，对发票、投票和计票进行监督。

六、投票人同意选举票上所列的某一个候选人时，就在这个候选人姓名左面的空格里画一个“○”；不同意某一个候选人时，就在这个候选人姓名左面的空格里画一个“×”；在候选人左面的空格里不画“○”又不画“×”的算作弃权。

投票人如果要在选举票上所列的候选人以外另选

其他人，可以在画“×”的原候选人姓名右面的空格里写上自己要选的人的姓名。

投票人在选举北京市市长、副市长、人民委员会委员和北京市高级、中级人民法院院长时，每一选票上所选举的人数，多于规定人数的作废，少于规定人数的有效。

七、投票人写票，一律用钢笔或毛笔。

八、投票人如果自己不会写票，可以请人代写。

九、选举票由投票人亲自投入票箱。

十、全部书写模糊无法辨认的选举票全票作废；部分书写模糊无法辨认的选举票，可以辨认的部分有效，无法辨认的部分无效。

十一、候选人获得出席代表半数以上选票时始得当选。如果候选人所获得选票不足半数时，应另行补选。

十二、选举结果，由大会主席团宣布。

十三、本办法由北京市第四届人民代表大会第一次会议通过后施行。

北京市第四届人民代表大会第一次会议关于北京市人民委员会工作报告的决议

（1962年6月19日北京市第四届人民代表大会第一次会议通过）

北京市第四届人民代表大会第一次会议听取了万里副市长所作的“北京市人民委员会工作报告”，并进行了热烈、充分的讨论。会议同意和批准这个报告。

会议认为：1958年以来，全市人民在中国共产党和人民政府的领导下，高举总路线、大跃进、人民公社的光辉旗帜，团结一致，奋发图强，在全国各地的大力支援下，各个战线的工作都取得了巨大的成就。首都的经济建设和文化建设有了飞跃的发展，城市面貌起了根本的变化，首都已经由一个消费城市发展成为一个具有现代化工业初步基础的社会主义生产城市，人民的精神面貌和社会风气也都发生了深刻的变化。但是，在这期间，我国遭受了连续三年多的严重自然灾害，北京地区也有不同程度的自然灾害，我们的经济生活遇到了相当大的暂时困难。市人民委员会在中央和中共北京市委的领导下，贯彻执行了调整、巩固、充实、提高的方针，努力改进了农村人民公社工作，加强了城市对农村、工业对农业的支援，积极发展农业生产；缩短了基本建设战线；调整了工业生产指标，大力提高产品质量，扩大品种，增加了日用工业品的生产；对商业、文教等方面也进行了一系列的调整工作。同时，认真总结经验，克服工作中的缺点、错误，改进工作作风，使各项工作收到了显著的成效。

会议决定：追认市人民委员会工作报告中提出的1961年的财政收支预算；批准1960和1961年的财政收支决算；并授权市人民委员会审查、批准本市1962年的预算。

会议完全同意市人民委员会工作报告中所提出的当前各项任务。会议认为，这些任务是完全必要的和切实可行的，必须认真贯彻执行。会议号召全市人民在中国共产党的领导下，更高地举起总路线、大跃进、人民公社三面红旗，紧密团结，同心同德，奋发图强，战胜困难，鼓足干劲、力争上游，做好各项工作，为争取社会主义建设事业的新胜利，为争取把首都建设成为一个庄严美丽的、具有现代化工业、现代化农业、现代化科学技术和文化的社会主义城市而奋勇前进。

北京市第四届人民代表大会第一次会议关于北京市高级人民法院、中级人民法院工作报告的决议

（1962年6月19日北京市第四届人民代表大会第一次会议通过）

北京市第四届人民代表大会第一次会议听取了林彤院长所作的关于北京市高级人民法院、中级人民法院工作的报告。会议认为：北京市高级人民法院、中级人民法院四年来在依法惩办反革命分子和其他刑事犯罪分子，保障人民的合法权利方面进行了有效的工作，对巩固人民民主专政作出了贡献。会议批准这一报告。

北京市人民委员会组成人员当选名单

（1962年6月19日北京市第四届人民代表大会第一次会议选举）

市　长　彭　真

副市长　万　里　冯基平　吴　晗　王昆仑　程宏毅　贾庭三　乐松生　王　纯　赵鹏飞

委　员（以姓名笔划为序）

王文斌　王明之　王福海　叶恭绍　刘　仁　刘珍甫　刘绍文　孙孚凌　朱兆雪　朱　临　牟泽衔　杜　若　李启芳　李　恕　严镜清　陈克寒　佟　铮　郑天翔　张允敏　张景伯　张　鋆　张晓梅　张懋中　周发岐　赵　凡　赵引珠　赵炳南　侯仁之　钟　森　高其昌　高润芝　顾均正　梁思成　彭思明　隋经仁　贾星五　蔡　旭

北京市高级人民法院、中级人民法院院长当选名单

（1962年6月19日北京市第四届人民代表大会第一次会议选举）

高级人民法院院长　刘　涌

中级人民法院院长　薛光华

北京市第四届人民代表大会第一次会议主席团、秘书长名单

（1962年6月11日北京市第四届人民代表大会第一次会议通过）

主席团（五十一人，按姓名笔划排列）

万　里　王人旋　王文荣　王文斌　王明之　王　纯
王瑛璞（女）　王福海　叶恭绍（女）　乐松生
刘　仁　刘绍文　李　恕　吴　晗　严镜清　林　彤
范　瑾（女）　陈士骅　陈文润（女）　陈克寒
陈炳基　郑天翔　赵　凡　赵引珠（女）　赵炳南
赵鹏飞　侯仁之　侯鼎臣　姚光裕　高登榜
浦洁修（女）　顾均正　张允敏（女）　张友渔
张景伯　张进霖　梁思成　郭步岳　程宏毅　彭思明
彭　真　冯基平　贾庭三　贾星五　廖沫沙　蔡　旭
蔡钟长　蒋光鼐　黎　晓　魏　彬　栾佩珍（女）

秘书长

贾星五

北京市第四届人民代表大会代表名单

代表共745人，按代表姓名笔划排列。

东　城　区（95人）

王人旋　王书庄　王文珍（女）　王　林
王金凤（女）　王济民　王宪铨　王　炯
王淑芳（女）　王景富　王毓芬（女）　尹德丰
叶津生（女）　白忠玉　刘文伯　刘凤鸣
刘秀珍（女）　刘秀清（女）　刘淑芳（女）
刘　磊（女）　孙慧民（女）　印常荣　朱殿华
朱瑞芬（女）　吴钟秀　吴桂姐（女）　吴　晗
吴　雪　宋万荣　李文华　李凤珠（女）　李玉库
李瑞全　汪静娴（女）　邢相生　陈文润（女）
陈元箴（女）　陈志坚　陈哲文　陈锡兰（女）
罗光达　金书田　金巴降错　郑天翔　郑国安
郑恩洪　张又明　张允敏（女）　张立宏
张兰馨（女）　张仲元（女）　张宏根　张肃庵
张景钺　张　勤　张　鋆　张德义　张锡钧　俞京生
赵庆芳（女）　赵国梁　赵炳南　赵增山　恩长友
徐道振　马树田　顾均正　梁豫珍（女）
曹玉璞（女）　崔汝英（女）　常凤笄（女）
常作民　傅丰永　彭　真　彭筱蕙（女）　曾竹韶
景秀英（女）　黑木珍（女）　董洁民（女）
杨士惠　杨金香　杨香九　杨葆俊（女）　杨锡镠
蔡钟长　潘月娥（女）　蒋光鼐　蒋祖英　冀　岩
韩金德　戴士铭　魏　彬　魏毓麟　颜迺卿
龚培春（女）

西　城　区（109人）

万　里　于道济　弓鉴民　王安府　王秀珍（女）
王建志　王敏生　王淑敏（女）　王淑霞（女）
王经慧（女）　尹辛酉　支慧民　孔秀英（女）
田文宽　左　恭　叶恭绍（女）　兰玉珍（女）
刘从先　刘育毅　刘景祥　孙志洁　孙国梁　朱兆雪
朱淑荣（女）　朱维馨（女）　庄则栋　吴华庆
吴阶平　吴　洁　吴祖光　吴朝仁　宋　平
李万英（女）　李万计　李文瑞　李　非
李松林（女）　李桂芝（女）　李　维（女）
杜　若（女）　沈一帆　严希纯　苏灵扬（女）
陈士骅　陈光旭　陈炳基　陈淑琴（女）　陆宗达
周佩娟（女）　孟启予（女）　林　彤
金瑞莘（女）　邓金鋆　张友渔　张玉寿（女）
张立茂　张宗海　张思恭　张道岐　张懋中　姚光裕
柏　岳　胡亚美（女）　赵引珠（女）
赵玉琳（女）　赵金褪（女）　赵美荣（女）
赵　联　赵锦亭　赵鼎新　徐仁祥　徐玉莲（女）
徐寿荣　徐政闻　袁世海　马文华　马志恒

马英贞（女）　殷继增　顾之惠（女）　顾康乐
康　英（女）　常乃爱（女）　常秀桐
许淑珍（女）　陶　倬　黄元彬　黄卓明　傅炳荣
汤世雄　程玉清（女）　隋经义　冯传汉
董洁如（女）　解才民　解金声　杨永和
杨金荣（女）　贾兰文（女）　雷绍瑜　闻家驷
廖沫沙　廖馥君　翟玉贞（女）　臧　志　蔡　芳
蒋　敏（女）　骆俊清（女）　骆慕英

崇　文　区（55 人）

丁振岐　于熙钟　方荣欣　王子淑（女）
王凤兰（女）　王宏珍（女）　王昆仑　王曾涛
毛之芬（女）　田秀玲（女）　叶　子（女）
刘珍甫　刘锡福　朱登辉　吕石泉　吕连英
谷　旭（女）　宋世五　李金才（女）　李振桥
严惠卿（女）　别炳藩　苏立明（女）　陈文会
孟佩祥　范　离　林　栋　林惠如（女）　房希珍
罗玉凤（女）　张凤元　祝寿河　赵吉宽　赵荣光
赵维新（女）　赵毓鑫（女）　席德权　夏长馨
夏　翔　秦老海　秦鹏章　徐英超　马祥俊　高登榜
殷宗琦　黄淑俊（女）　黄嘉生　傅桂珍（女）
焦菊隐　程宏毅　隋经仁　杨洪泰　黎　晓
阎桂蓉（女）　阎道庸（女）

宣　武　区（72 人）

王玉荣（女）　王丽冰（女）　王宗仁　王国梁
王培才　王　纯　孔昭恺　乐松生　安　起　刘　涌
刘瑞华（女）　孙孚凌　齐国瑞　佘涤清　吴昱恒
吴海峰　吴鑫寿　宋　清　李玉兴　李秀峰（女）
李　恕　李淑琴（女）　李贻赞　李德寿
李　静（女）　肖　岩（女）　陈伯沈
陈　琦（女）　陈慧生（女）　尚兴久　范秉哲
范　瑾（女）　庞秀英（女）　邵克俭
张永兰（女）　张　旭　张克明　张晓梅（女）
张锡之　胡幼琴（女）　赵宝泉　赵家琦（女）
钟　森　荀慧生　徐兰沅　袁松亭　马志英（女）
马祝三　马彭寿　高肇文　倪家玺　倪德荣
浦洁修（女）　顾惠芳（女）　梁士儒（女）
梁思成　常子久　符文江　郭秀萍（女）　戚宗华
黄玉书（女）　黄运荃（女）　商　英（女）
傅筱君（女）　焦寰五　冯忠莲（女）
董玉春（女）　杨文儒　杨成伍　杨益三　蔡　平
韩昭良

朝　阳　区（70 人）

于春和　王文荣　王文斌　王宝臣　王茹仙（女）
王振中　王　策（女）　王　恺　田炳灿
刘松弟（女）　刘淑英（女）　任岐莲（女）
孙仲鸣　孙昌宗　池百川　毕基初　庄贵德　冷　林
佟德禄　李文通　李玉琴（女）　李世华（女）
李学方　李拓芜　李培元　汪振芝　杜冠武　陈谷音
陈国禧　陈修明　陈曼云（女）　陈　晶（女）
周凤鸣　孟祥凤（女）　国立富　单昭祥　郑彤生
张　仁　张世恩　张志超　张英华（女）
张艳荣（女）　张清珍　张熙春（女）　张维箴
赵凤云（女）　夏　瑾（女）　徐世芳　高其昌
高登云　桂亚男（女）　桂育鹏　顾延明
康振芃（女）　许铁刚　郭寿萱　黄　祥
冯　志（女）　董化棠　杨秀云（女）
杨金兰（女）　杨爱娣（女）　贾庭三　樊颖梅
谢安营　薛淑华（女）　韩连升　韩银竹（女）
魏笑天　窦秀峰

海　淀　区（77 人）

丁海鹏　王玉芳（女）　王庆淑（女）
王守渝（女）　王景隆　王照华　王福海　叶和才
石占奎　刘文斌　刘长文　刘占武　刘彩云（女）
孙克平（女）　孙念台　齐耀扬　曲陆兰（女）
池际尚（女）　吴子牧　吴承祺　何泽明　宋广熙
宋元俭　李汉民　李玉芬（女）　李旭明　李秀德
李　珍（女）　李修洁　李益发　李纪甫　沈　元
沈汝松　陈一凡　陈玉萍（女）　陈宝森　陆大绘
周发岐　周沛然　林之明（女）　房仲民（女）
罗凤山（女）　金成淳　欧昌明　张文学　张　任
张龙翔　张　更　张还吾　洪茂宏　侯仁之　祝伯权
赵宗仪（女）　钟用达　徐　亮　马炳先　马振岳
马载之　马骏台（女）　高世良　高　沂
许宝华（女）　郭汉新　彭玉仙（女）　彭庆遐
曾　点（女）　焦今昔　冯鹏奇　杨承淑（女）
杨振忠　杨勤民　雷圭元　蔡长年　鲍成吉
韩淑秀（女）　戴　衡　栾佩珍（女）

丰　台　区（58 人）

王治国　王淑珍（女）　王景铭　王镇武
牛品芬（女）　白焕英　申耀池　石九言　厉元凯
刘　仁　刘开璧　刘光金　刘秀兰（女）　刘寄梅
刘敏秀（女）　孙鸿臣　齐洪荫　何锡麟

宋舜英（女） 李树清（女） 苏从周 苏　民
苏式琪（女） 佫树旺 劳君展（女） 陈　发
陈　冲 陈克寒 陈　殊 张庆如 张进霖 姚士魁
信永利 赵文普 赵桂香（女） 赵　峰 赵焕然
赵鹏飞 袁泽洲 郝慎铭 姜载愉 高　铨 高维志
高润芝 倪吉英 倪志福 郭　荣 莫艺昌 彭思明
冯连喜 杨广岭 杨英麟 杨霞梅（女） 蔡　旭
蔡连兴 戴凤臣 魏建功 魏思文

门头沟区（24人）

王明之 王秀凤（女） 王振喜 王裴庆 龙文耀
朱　觉 艾德怀 李华林 李启芳 李茂荣 李荣彰
汪家镠（女） 杜兴旭 杜逢明 金士宣 张世铭
张　萍 张殿富 赵　凡 彭　城 景振洋 隗福勤
裘盛戎 阎广顺

昌　平　县（19人）

王家驹 王淑珍（女） 王淑萍（女） 刘士豪
刘甫瑞 刘春波 成安玉 宋新波 陈茂生 陈景龙
金淑兰（女） 张俊士 赵　钰 高晓亭 郭步岳
焦士清（女） 冯基平 杨玉清 杨美如（女）

大　兴　县（19人）

王　良 田　为 安云霞（女） 刘仲华 刘　涌
刘朝士 吴秀珍（女） 苏一夫 陈修政 陈　阵
张景伯 赵　彪 高凤莲（女） 游济世 温凤来
杨洪芬（女） 鲁国璋 薛永恒 薛恩蒲

房　山　县（27人）

方士铨 方徽五 王守武 王瑛璞（女）
史秀琴（女） 刘永荣 佟　铮 吴祥祉 谷中秀
李万铭 李少春 李忆兰（女） 严中平 周家炽
张革夫 赵　宽 赵锡武 高福喜 曹庶民 郭　华
郭守良 冯卓如 贾星五 贾洪琴（女） 熊寿祺
蔡景超 魏　均

通　　县（28人）

于以庭 于际惠（女） 于建华（女） 王子田
王连吉 王敬亭 司玉清（女） 安　魁 刘万钧
刘　拓 刘喜春（女） 庄前鼎 吴镜汀 杜广泽
陈　义 陈　山 季庆阳 张立生 张秀兰（女）
张振铜 赵春霄 马林章 曹正印 曹光锐 郭武珊
郭国涌 曾德超 戴松恩

顺　义　县（24人）

王文英（女） 王慎斋 史家忠 刘永国 关世雄
牟泽衔 李长瑞 李延安 李瑜铭 汪菊渊 严文井
肖永顺 陈陆圻 周广仁 周尚义 孟繁增
张凤鸣（女） 张青季 张淑兰（女） 侯鼎臣
贠栋臣 盖文林 程光炳 韩桂珍（女）

怀　柔　县（12人）

王锡瑞 邓连会 毛淑英（女） 刘宗杰 刘烈武
朱　临 李文澜 李成荣 孟宪堂 张定和 崔　河
钱澄海

密　云　县（19人）

力伯法 方宗岱 王传耀 田瑞贤（女） 孙鸿儒
吴显志 李酉山 李荣相 李桂云（女） 严镜清
肖庆森 陈　波 姜淑珍（女） 高秉德 倪介瑜
傅振举 贺翼张 甄树德 戴念慈

平　谷　县（15人）

山　智 刘子章 刘文生 刘成华（女） 吕　琨
李杏村 沈英杰 张育生 苗力田 赵启泰 秦力生
常庚哲 景瑞兰（女） 杨湘泉 聂　真

延　庆　县（12人）

关学曾 吴　强 陈　桢（女） 陆　达 周荣志
张兴彦 高万红（女） 高相举 耿子华
崔美善（女） 莫　艾 薛成业

部　　队（10人）

王弼臣 刘大煜 刘绍文 李逸民 严　俊 赵承丰
徐又彬 傅继泽 贾克明 戴金川

北京市第四届人民代表大会第二次会议

（1963年3月29日——4月5日）

北京市第四届人民代表大会第二次会议于1963年3月29日至4月5日举行。大会代表共745人。

大会听取并审查批准了万里副市长所作的关于郊区农村形势和任务的报告。报告分三个部分：一、郊区农村的形势，二、进一步巩固人民公社集体经济逐步实现农业的技术改革，三、努力争取1963年农业的丰收全面发展农业生产。

大会还听取并审查批准了程宏毅副市长代表北京市人民委员会所作的关于北京市1962年财政收支决算和1963年财政收支预算（草案）的报告。

此次会议特别邀请了郊区农业劳动模范和人民公社、国营农场、农业机械站的干部以及在京的部分农业科学专家共1200多人列席会议；中国人民政治协商会议北京市第三届委员会常务委员会委员也列席了会议。

大会共收到提案611件。其中政法类62件，财经类253件，文教卫生类134件，城市建设类156件，其他类6件。

关于郊区农村形势和任务的报告

——1963年3月29日在北京市第四届人民代表大会第二次会议上

北京市副市长　万　里

各位代表、各位同志：

1962年9月举行的中国共产党八届十中全会作出了“关于进一步巩固人民公社集体经济、发展农业生产的决定”。在这一有历史意义的决定里，提出了进一步巩固人民公社集体经济，并在集体经济的基础上，分期分批地、因时因地制宜地实现农业技术改革的任务，为我国的农业和国民经济的进一步发展指出了明确的方向。我们全体人民都受到了很大的鼓舞。几年来我们在郊区农村中，为巩固人民公社集体经济、发展农业生产进行了大量的、有成效的工作；1962年郊区的广大农民，在党和政府的领导和各方面的支援下，依靠集体的力量，战胜了严重的秋旱，争得了一个好收成。广大的农民群众对于发展集体经济更加信心百倍，一个农业生产的新高潮已经到来。在这个时候，我们北京市的人民代表大会专门讨论一次农业问题是十分必要的。这样可以更好地动员广大农民和全市人民，切实地根据北京的具体条件，全面地贯彻执行十中全会的决定，努力争取1963年农业的丰收；可以更有利于动员各方面的力量，有计划地在物质方面、技术方面、财政方面，积极地支援农业，支援人民公社集体经济，有步骤地实现农业技术改革，促进农业和国民经济的新高涨。为了把会议开好，我们特别邀请了郊区人民公社、生产大队、生产队和国营农场、农业机械站的一些干部和劳动模范、在京的部分农业科学技术专家来列席会议。在这里，让我们对他们表示热烈的欢迎。以下我分三部分来讲：

一、郊区农村的形势

当前农村的形势很好。人民公社集体经济进一步走上了健康发展的道路；几年来，依靠集体力量，在国家大力支援下，发展起来的农业基本建设发挥了巨大的作用；去年农业收成很好，农民的生活普遍改善，农产品的收购显著地增加，广大社员的生产积极性很高，郊区农村呈现了一片欣欣向荣的景象。

第一，1962年是我们战胜了严重的秋旱，获得了农业大增产的一年。

1962年粮食的计划产量，是十二亿四千万斤，实际产量十四亿三千万斤，包括社员的自留地在内，达到了十五亿七千多万斤，比1961年增长了百分之二十九；在几年来大规模进行城市建设、兴修水利，因而耕地面积比1957年减少了七、八十万亩的情况下，使粮食的总产量超过了1957年。在全郊区已经有二十一个公社和四个国营农场的粮食作物平均亩产量达到四百斤以上，实现了农业发展纲要所规定的指标。有些社、队和国营农场平均亩产达到六、七百斤以上。这是个体的小农经济所从来没有达到过的水平。

蔬菜和干鲜果品的增产幅度也很大。1962年蔬菜总产量达到三十二亿多斤，比1961年增长百分之二十四；同时，品种增加，质量提高，供应比较均衡，满足了城乡人民的需要。这是郊区农民的一项重要贡献。干鲜果品的总产量达到一亿七千九百三十一万斤，比1961年增加百分之八十四。在蔬菜和干鲜果品的增产当中，大跃进以来发展的新菜田和新果园起了显著的作用，今后还将发挥更大的作用。比较突出的如四季青公社西山大队，几年来栽植的果树共有二万七千多株，去年已经有两万多株开始结果。从1958年到1962年，果品的产量增长了二十五倍。

棉花的产量达到五百七十二万斤，比1961年增长百分之三十五，油料的产量达到一千九百六十三万斤，增长百分之十二。

以养猪为中心的畜牧生产，也有了较快的发展。1962年年底圈存七十七万五千头，比1961年增长百分之二十七点九，平均每户养一头多一点。并且出现了一些每人平均养猪一头的生产大队和生产队。如顺义县木林公社陈各庄大队，全村一百五十九户，七百五十四人，集体和个人全年累计养猪一千零十五头，平均每人养猪一点三五头，全年交售肥猪一百六十一头，平均每户交售一头多。1962年养羊达到六十九万七千头，比1961年增长了百分之十五。全年供应商品牛奶四千三百八十多万斤，比1961年增长百分之二十二点九。大牲畜比1961年也略有增加。

在林业方面，1962年共植树造林六万四千亩。

第二，在生产发展的基础上，社员生活普遍有所改善，粮食的征购数量和其他农副产品的收购量有了显著的增加。

由于生产的发展，农村人民公社的集体收入和社员个人的收入都增加了。根据郊区各人民公社1962年的决算，公社、大队和生产队三级的总收入比1961年增长百分之十二点六。社员分配的总额比1961年增长百分之十九点七，每户平均增长百分之十四点一。社员占有的粮食一般都比较多，全年平均每人在四百斤左右。许多缺粮队已经变成余粮队。有些生产队除了社员分配以外，还留下了相当于几个月口粮的储备粮，社员的生活普遍有所改善。只有少数落后队和由于秋旱严重减产较多的山区重灾队，口粮指标较低。

由于农业生产发展了，我们又不断加强了对农村干部、社员的社会主义和爱国主义教育，坚持实行了正确的收购政策，加强了对农村集市贸易的领导和管理，打击了投机倒把活动，使得1962年各项主要的农副产品除油料外，都超额完成了收购计划，并且比1961年有很大增长。郊区全年农副产品收购总值完成二亿零三百多万元，比1961年增长百分之二十八。粮食征购完成二亿四千九百多万斤，比1961年增长百分之十八；棉花收购完成四万六千五百多担，比1961年增长百分之四十九；肥猪收购完成十五万三千多头，比

1961年增长百分之六十四；上市蔬菜二十三亿七千万斤，比1961年增长百分之二十七；收购干鲜果品一亿六千多万斤，比1961年增长一倍多。各个生产队和社员积极向国家交售农副产品，不仅支援了国家建设，改善了市场供应，并且也增加了集体和个人的收入。

第三，人民公社的集体经济已经进一步巩固，在发展农业生产上更加显示了它的优越性，社员的集体生产积极性普遍高涨。

自1958年公社化以来，郊区农村人民公社经过了不断的整顿，特别是贯彻执行了修订的农村人民公社工作条例，总结了办社的经验，纠正了工作中的缺点、错误，建立、健全了人民公社的各项制度，使郊区的人民公社进一步巩固起来。同时，我们在去年对全郊区各个公社、生产大队和生产队干部五万多人分批进行了训练，提高了农村干部的社会主义思想觉悟和政策水平，坚定了办好社、队的信心，显著地改进了社、队的经营管理工作，改进了工作方法和工作作风；对广大社员进行了社会主义教育，使大家结合生产发展、收入增加的事实，更加深刻地体会到人民公社的优越性，参加集体生产的积极性也更加高涨。

当前，在全郊区一万四千七百五十四个生产队中，绝大多数的队工作搞得好，农业生产有了较快的发展，集体经济是巩固的。全市有一千四百九十二个基本核算单位，占全郊区基本核算单位总数的百分之十一点二，粮食的亩产量超过四百斤，提前实现了全国农业发展纲要所规定的粮食指标。其中顺义县有四百多个基本核算单位的粮食亩产量超过四百斤，占全县核算单位总数的百分之二十八。该县北小营公社上辇大队去年粮食产量比1961年增产百分之三十五点五，比1957年增产百分之七十七，平均亩产量达到了六百六十三斤；平均每人向国家交售粮食四百七十斤，分配给社员的粮食也较多，并且大队还留下了相当于三个月口粮的储备粮。这些先进的生产队为人民公社的集体经济树立了良好的榜样。

对于生产和工作比较落后的队，我们在去年夏季就进行了一次整顿。其中绝大多数健全了领导核心，认真贯彻执行了党和国家对农村的各项政策、措施，改进了经营管理，增加了生产。如大兴县安定公社后安定大队，原来生产搞得很不好，社员集体生产的情绪不高，整顿后生产迅速改观，秋后获得了好收成，从缺粮队变成了余粮队。但是根据最近的了解，在全郊区，还有占总数百分之七左右的落后队，生产和经营管理搞得不好，主要是领导核心还不健全，政策没有很好贯彻，个别也有领导权被坏分子篡夺了的。我们已经派了大批干部，到这些落后队帮助进行整顿，以便把社员生产的积极性更好地调动起来。

第四，在国家和全市人民的大力支援下，在集体化的基础上，农业生产力有了迅速的发展。

在第二个五年计划期间，北京郊区兴建了大规模的农田水利工程。我们先后兴建了大中小型水库三十九座，总蓄水能力达到四十七亿立米，基本控制了潮白河、温榆河等主要河流，新修五千亩以上的灌区三十三处，同时还修建了许多防洪、排涝工程。北京郊区的防洪和排涝能力已经大为提高，灌溉的面积从1957年的五十八万亩增加到1962年的一百八十多万亩。

郊区农村的机械设备和电力设备增加很快。1962年底郊区已有拖拉机一千九百零四个标准台，比1957年增加四倍多。排灌机械十一万一千马力，比1957年增加五点九倍。高压输电线路二千九百五十二公里，比1957年增加六倍多。农村用电量在1962年达到五千二百万度，比1957年增加近十七倍。郊区五千三百多个村庄中已有二千五百多个用上了电。通了电的农村，不仅大量用电力来排水、灌溉和加工粮食，而且许多农户还装上了电灯、收音机，从经济上和文化生活上都大大改善了农村的面貌。化肥和化学农药的供应量，在第二个五年计划期间也有了显著的增加，1962年共供应化肥六万五千一百十八吨，比1957年增加了五点七倍，平均每亩十九斤半；化学农药一千一百五十三吨，比1957年增加了百分之四十八。此外，在科学研究和技术推广方面也取得了一定的成绩。培育和推广了一些作物和果树的优良品种；防治了一些粮、棉、蔬菜、果树的病虫害；在不同地区总结和推广了一些先进的增产经验，大规模的水利建设，现代化农业技术装备的增加，使北京郊区若干地区的生产面貌发生了根本变化。如近郊的朝阳、丰台和海淀三个主要产菜区，已经基本上实现了水利化，灌溉电力化。这三个主要产菜区大部分的土地已经平整好，许多水利设施基本上已经配套，平均每五、六十亩菜田就有一台电力抽水机，可以免除一般的旱涝灾害。顺义、通县、房山、大兴、怀柔等县也都建设成了一些成片的能够保证粮食稳定增产的农田。很显然，郊区农业生产力的迅速发展，不仅体现了人民公社集体经济的优越性，而且也体现了我国国民经济大跃进的成果。在个体小农经济的基础上，农业生产力根本不可能得到这样迅速的发展；没有大跃进中发展起来的工业为装备农业提供的物质条件，农业生产力也不可能得到这样迅速的发展。

当然，我们不能满足于已经取得的成就。当前农村社会主义同资本主义两条道路的斗争还相当激烈。我们在工作上和生产上都还有很多缺点和问题，不仅有一部分落后队需要继续整顿，在一般生产队和工作好的生产队，也有不少工作上的问题需要进一步解决。我们的农业技术装备还是落后的，我们对农业科学技术工作还抓得很不够，在农业机械、电力设备和水利设施的管理上还缺乏经验，存在着许多严重缺点。很多生产队在生产管理上存在着人力、物力、财力的浪费。有些国营农场的经营管理水平也很低，浪费现象也很严重。有些生产队的肥料、牲畜很不足。我们的农业技术水平和劳动生产率还不高，抗拒自然灾害的能力还很低。我们必须继续兢兢业业，戒骄戒躁，进一步加强对农村工作的领导，紧密地依靠群众，加强各方面对农业的支援，把郊区的农业生产和建设推向一个新的发展阶段。

二、进一步巩固人民公社集体经济逐步实现农业的技术改革

进一步巩固集体经济，在集体化的基础上，实现农业的技术改革，将使我国社会主义建设走上一个伟大的历史新阶段。

在完成了土地改革以后，按照党和国家在农业问题上的根本路线，第一步是实现农业集体化，第二步是在农业集体化的基础上实现农业的机械化和电气化。北京郊区农业的集体化，在比较短的时间内就有步骤地实现了，1956年全面地建立了高级农业生产合作社。接着，在1958年又由农业生产合作社联合组成了人民公社，把农业集体经济推向一个更高的发展阶段。人民公社组成以后，我们不断加强了领导，进行了整顿，特别是我们坚决贯彻执行了修订的农村人民公社工作条例，加强了生产队的领导，系统地向广大社员进行了社会主义教育，巩固和发展了人民公社的集体经济，在发展农业生产、抵抗自然灾害中，发挥了人民公社的优越性，加强了社会主义在农村中的阵地。

但是，正如十中全会公报所指出的："在无产阶级革命和无产阶级专政的整个历史时期，在由资本主义过渡到共产主义的整个历史时期（这个时期需要几十年，甚至更多的时间）存在着无产阶级和资产阶级之间的阶级斗争，存在着社会主义和资本主义这两条道路的斗争。"现在郊区农村中，总的说来，社会主义的集体经济是巩固的，社会秩序和社会风气是好的。但是，也有一部分落后社员，只热衷于搞十边地和个人副业，不积极参加集体劳动，或者违反国家的政策、法令，以极不正确的态度对待国家利益和集体利益。也有少数干部，贪图个人享受、讲排场、铺张浪费、假公济私、破坏制度、损人利己、多吃多占。特别是还有少数人，从事投机倒把活动，倒卖粮食，倒卖票证，倒卖化肥等统配物资，牟取暴利，盗窃国家资财。有些没有改造好的地主分子及其他反动分子，也不甘心于自己的灭亡，企图复辟，甚至篡夺了个别生产队的领导权。以上这一切都反映出农村中的阶级斗争还是相当激烈的，并且已经孳生了一批新的资产阶级分子和一股资本主义势力。

因此，我们必须继续开展社会主义革命的斗争。在农村中要普遍加强对干部和社员的社会主义、爱国主义、集体主义和城乡互助的教育，加强以无产阶级思想教育农民群众，提高干部和社员的思想觉悟，使他们认清方向，坚定地走集体化道路。使大家进一步认识到：只有走集体化的道路，在农业集体化的基础上，建成社会主义的现代化大农业，才能使农村永远摆脱落后的生产方式，摆脱贫困，高度发展农业生产和农村经济，使农民走上共同富裕的道路。为了发展和巩固农村社会主义的集体经济，必须坚定地依靠老贫农和下中农，巩固地联合其他中农，全面地加强集体经济，同资本主义自发势力及各种旧的习惯势力作坚持不懈的斗争，按照政策严肃对待各种损害国家利益和集体利益的行为，坚决打击贪污盗窃、投机倒把活动，坚决打击地主分子及其他反动分子的破坏活动，使农村沿着社会主义的道路不断前进。

党和国家在农业问题上的根本路线的第二步，是在农业集体化的基础上实现农业的机械化和电气化。中共八届十中全会"关于进一步巩固人民公社集体经济、发展农业生产的决定"指出：经过二十年到二十五年的努力，在全国范围内基本上实现农业现代化的任务。有步骤地推进我国农业的技术改革，使我国的集体农业在技术上逐步实现现代化，这是关系我们国家命运的一件大事。我们北京应该努力站在农业技术改革运动的最前列，并且通过农业技术改革，把郊区的农业生产提高到一个新的水平。现在郊区已经有十分之一以上的基本核算单位提前实现了全国农业发展纲要所规定的粮食平均亩产四百斤的指标，有些生产队已经达到平均每人养猪一头的水平。随着农业技术改革的逐步实现，农业生产力的进一步发展，完全可以期望有更多的生产队、公社以至县（区）达到或超过这个水平，一切自然条件相同的地区，也都应该和可能达到这个水平。各县（区）、社、队都应该根据自己的条件，制定规划，为达到或超过这个水平而奋斗。

为了实现这个任务，根据北京的具体情况，我们应当有计划、有步骤地增加农业机械，扩大机械作业范

围；建立和发展供电网；继续兴修水利和管好用好现有的水利设施；开垦荒地，改良土壤；绿化造林，发展山区经济；增施肥料，推广优良品种，实行精耕细作；积极开展农业科学研究和技术推广工作，充分利用一切能够利用的科学技术成果和先进的增产经验。

为了有计划地推进农业技术改革，我们正在中央农业部门的直接帮助下，草拟本市的发展农业生产和实现农业技术改革的规划。郊区的各县（区）、社、队也应该根据以上精神，在全市统筹安排下，结合自己的条件，拟定自己的农业技术改革的规划。各有关部门也要拟定支援农业、支援农业技术改革的规划。拟定规划要有科学根据，要经过系统周密的调查研究，按照自然条件、耕作条件以及人力、物力、财力等条件，实事求是地来进行。并且应当广泛征求社、队的意见，使规划落实到可靠的基础上。

实现农业技术改革是一个艰巨的任务，但是在我们北京市，具备着许多有利的条件，例如：郊区农村人民公社已经进一步巩固起来；农业生产力已经有了较大的发展；大跃进以来工业的大发展，已经给农业的技术改革创造了较好的物质条件；专家和技术人材比较多；特别是我们处在首都，更能够及时地得到中央的领导和中央各有关部门的帮助与支持。因此，我们应当而且也可能做得好一些，做得快一些。只要我们鼓足干劲，艰苦地工作，充分调动各方面的力量，紧紧依靠群众，走群众路线，我们就一定能够更好地实现这个光荣的任务。

三、努力争取1963年农业的丰收 全面发展农业生产

1963年是发展国民经济第三个五年计划的第一年。我们在农业战线上的任务是克服当前的严重干旱威胁，争取适时播种，千方百计地争取1963年的丰收；同时，在进一步巩固人民公社集体经济的基础上，有计划地推动农业技术改革工作，加强农业科学研究，加强对现代化农业技术装备的管理，认真总结自己的经验，健全各项经营管理制度，为农业生产的继续发展创造更好的物质技术条件。

1963年北京郊区农业的生产应该继续贯彻执行粮食作物与经济作物并举的方针，在优先发展粮食和蔬菜的同时，努力增产棉花、油料；按照农牧结合的方针大力发展以养猪为中心的畜牧生产，同时统筹安排农、林、牧、副、渔，发展多种经营。在保证粮、棉、油、菜、猪等主要生产的条件下，积极地组织一切有劳动能力的社员从事渔猎、采集、养蜂、养蚕、农副产品加工和荆柳编织、小农具等手工业品的制造。

今年的农业生产计划，各社、队已经普遍地进行了讨论。粮食的计划产量为十四亿斤。由于去年秋旱严重，小麦播种比上一年减少了三十多万亩，当前土地的墒情又很差，春播存在着很大困难，各社、队应当充分发动群众，保证计划产量的完成，并积极开展增产运动，努力争取使今年的收成接近、达到或超过去年的总产量。蔬菜生产要继续做到保证城市的供应，并且要进一步增加品种，提高质量，产销衔接，均衡上市。棉花的计划产量为六百万斤（皮棉）；油料的计划产量为二千九百九十四万斤；计划收购肥猪十八万头；都比去年有不同幅度的增长。

完成和超额完成今年生产计划，一方面我们有许多有利的条件，备耕工作一般也比去年好，另一方面也存在着困难和问题，特别是旱情还在继续发展，墒情很差，春播的困难很大。根据最近的调查分析，全郊区五百三十万亩需要春播的耕地当中，除了有水源条件，可以灌溉和墒情较好的土地以外，有三百多万亩耕地失墒严重，播种困难。因此，争取完成和超额完成今年的计划绝不是轻而易举的，我们必须继续鼓足干劲，把各项工作做好。关于今年的工作，分下面几个问题来讲。

第一，发动群众，坚决与干旱作斗争，力争适时播种。

春播季节已经到来，抗旱工作十分紧迫。充分发动群众，顽强地、坚持不懈地与干旱作斗争，千方百计地促使小麦健壮生长，争取春季适时播种，是郊区农村当前最迫切的任务，也是保证今年农业丰收的关键。其他各项农业增产的措施，也应该紧密地配合进行。

为了保证实现这一迫切的任务，首先要对当前旱情的严重性有足够的估计，坚决克服靠天等雨的麻痹侥幸心理，及时地进行查墒、验墒，分别不同地区，制定具体的抗旱措施。在水源丰富的地区，要利用目前用水较少的时机，尽量多浇地，并且要加强各社、队的相互支援，必要时可以打破队界，充分利用现有的水利设施给邻近的生产队浇地，浇水的费用应该按照等价交换的原则合理分担。在有条件的地方，要千方百计地挖掘一切可以利用的水源，如打井、开渠、挖泉等等，扩大灌溉面积。在有水源而不能浇水的地区，要及早作好安排，深入发动群众挑水点种，力争适时播种。

对现有的水利工程，要继续进行配套工作，最大限度地发挥现有的灌溉工程的作用。现有的灌渠、扬水站还远远没有充分发挥效益，很多工程不配套，土地没有平整好，因此应该尽快地调整现有的输电、配电线路和

排灌设备，积极地进行扬水工程的建设、配套，提高利用率，大搞以平整土地为中心的渠道维修、配套工作，力争在播种前把计划浇水的土地平整好，以发挥灌溉效益。

加强对现有水利设施的管理，是当前充分发挥水利效益，同干旱作斗争的一个十分重要的环节。现在全郊区已经建设起来的固定的大、小渠道，就有一万多公里。我们必须抓紧解决许多水利设施无人管理，渠道渗水、漏水，桥闸、涵洞等建筑物不断被破坏，灌溉用水浪费等问题。为此，市、县（区）水利部门要统一负责管理现有的水利设施，对灌溉五千亩以上的渠道要设立专管机构；逐步建立、健全有关管水、用水和收费等制度。在农民群众中要认真进行爱护水利设施的教育，并且经过群众讨论，订立爱护水利设施的公约，作到充分用水，合理用水，节约用水，并防止盐碱化。同时，对于防洪、排涝设施也应加强管理，在汛期以前要及时完成运潮减河等排涝工程，预防涝灾。

在大搞水利的同时，还要采取行之有效的抗旱农业措施。比如根据季节和墒情的变化，把地块作物加以排队，合理调整种植计划；因地制宜地采用各种行之有效的抗旱播种办法，如挑水点种、趁墒抢种、浸种催芽等；在既无水源又严重干旱的地区要多准备些种子，看下雨早晚，适宜种什么就种什么。播种出苗以后，要加强田间管理，及时查苗、补苗，力争全苗。

去年秋天播种的八十五万亩小麦，由于干旱严重，旱地小麦已有大量死苗情况。为了争取今年的小麦有较好的收成，必须进一步组织发动群众，根据不同生产条件，针对不同麦苗生长情况，采取有效措施，把麦田管好、管细、管到底。特别要管好四十多万亩水浇麦田，及时浇水追肥，力争高产丰收。旱地麦田要加强松土保墒，勤锄多耪。此外，还要注意防治地下虫害，做好麦田的保苗工作。

第二，实行农牧结合，大力发展以养猪为中心的畜牧生产。

实行农牧结合，使农业与畜牧业互相促进，是我们全面发展农村经济的一个重要方面。大力发展以养猪为中心的畜牧生产，不仅可以增加集体和社员收入，进一步改善城乡人民的副食品供应，特别重要的是可以提供更多的肥料。大家都知道，猪多了，肥料就多了，才能更多地增产粮食；粮食多了，饲料就多了，又可以促进养猪生产的发展。北京郊区粮食亩产达到四百斤以上的生产队，绝大部分都是养猪比较多的。现在，在粮食生产有了一定发展的情况下，我们更应当把养猪生产很好的发展起来，特别是那些养猪很少，圈肥很缺，影响粮食增产的生产队，更应当这样做。今年虽然许多生产队的粮食比较多了，但是仍然要认真节约用粮，留下必要的储备，以备荒年，并且要加以全面安排，尽可能地把多余的粮食，用来发展养猪。

为了促进养猪事业的发展，我们要进一步贯彻“公养私养并举、以私养为主”的方针。一方面要继续在安排饲料、供应仔猪、积肥奖励和贯彻执行收购肥猪的政策等方面，支持和鼓励社员私人养猪；同时，要加强对集体养猪的领导和管理，有条件的生产队或大队应当把集体养猪有步骤地发展起来。因为只有在发展社员私人养猪的同时，把集体养猪也发展起来，才能为社员提供更多的仔猪，才能更快地增加养猪头数，如果对集体养猪不加注意，也会影响养猪生产的进一步发展。集体养猪场应当和发展粉坊、豆腐坊等副业结合起来，这对办好猪场的作用很大，有条件的地方应当积极举办。

大牲畜在许多地区仍然是我们当前农业上的主要动力和肥料来源。发展大牲畜是发展农业生产的一项重要措施。像房山县崇各庄公社岗上大队注意发展大牲畜，不但使本队的牲畜增加，粮食增产，去年还先后支援兄弟社、队二十四头牲畜。为了发展大牲畜，我们必须在喂好、管好现有大牲畜，进一步健全饲养、管理、使用责任制度的同时，本着“自力更生为主、力争外援为辅”的原则，进一步加强大牲畜的配种繁殖工作。除了各生产队要普遍自繁自养外，还要在有条件的地方建立牲畜繁殖基地。对大牲畜的繁殖要制定和实行必要的牲畜繁殖奖励制度，贯彻执行对饲养人员的奖励办法。

养羊可以提供肉食、皮、毛，可以提供肥料，而且它是以放牧为主的，饲料又用得少。在妥善解决林、牧矛盾的条件下，山区应该积极地发展。

为了保证畜牧业的发展，要十分注意做好牲畜防疫工作。大力开展防疫注射，防止疫病流行。同时，也要注意有计划地培养训练生产队的防疫人员，团结好民间兽医，进一步发挥他们在发展畜牧生产、防治疫病上的作用。

郊区的水库、坑塘很多，应该充分加以利用，要按照具体情况分别规定由国家或公社、生产大队、生产队经营，因地制宜地发展养鱼和种植藕、菱等水生植物。

此外，还应当提倡饲养家禽、家兔，增加集体和社员的收入。

第三，积极地开发建设山区，有计划地植树造林。

北京郊区的总面积为一万六千多平方公里，其中山区占百分之六十以上。建设和开发山区，有重大和深远的经济意义，应当提到我们工作的重要议事日程上来。当前要继续贯彻以植树造林和水土保持为中心的建设山区的方针，积极地开展植树造林和水土保持工作。山区绿化要采取封山育林和人工造林同时并举的方法。首先在各个水库和河流的上游、水土流失地区和有天然下种条件的地区，要有计划地进行封山育林；在其他广大宜林荒山，要有计划地植树造林。为了发动群众造林，林权已经确定的，不要轻易变动；有争议的应该通过协商立即确定，并不再变动。农林牧要密切结合，互相促进，而不要互相妨碍。为了解决林、牧的矛盾，县（区）、公社与生产队要结合起来，合理地划分林区和牧区，一方面因地制宜地积极发展山区牧、副业，一方面有计划地进行封山育林，实行定期封山、开山，有组织地进行割草打柴。对于乱开山坡，破坏水土保持和林木生产的现象，必须严格制止。山区造林要因地制宜地发展用材林和经济林，积极种植核桃、栗子、柿子、枣、杏、花椒等。结合山区林、牧业的发展，要逐步修建和改善山区道路。

1958年以来，在首都的工厂、部队、机关、学校，分片包干上山造林，绿化了一部分荒山，取得了很大的成绩。对已经种植的林木，必须认真管好。

平原地区要利用沙荒和河滩造林，在风沙危害地区要营造防护林，以保护农田。各社、队和社员，以及工厂、部队、机关、学校都要因地制宜地制定植树造林计划，充分利用宅旁、村旁、道旁、水旁的空地植树造林。植树造林实行“谁造谁有”的政策，经济林从种植到老死、用材林从种植到成材采伐，所有权不变。同时，提倡生产队、社员和工厂、部队、机关、学校，在有条件的地方，利用空地种植蓖麻、葵花，增产油料。

果产区要加强果树管理，果树较多的生产队，应当建立专业组织，专责经营果树，加强技术管理，及时防治病虫害，争取今年果品继续丰收。

国营林场和苗圃要加强经营管理，制定生产和产品交售计划，保证完成，同时要努力降低成本，提高劳动生产率，提高造林质量，在绿化造林事业中，发挥示范作用。

在林业工作中，必须坚持营造与抚育管理并重，既要努力营造新林，又要重视抚育幼林、保护管理成林。在林木多的地方，要建立护林防火组织，发动群众订立护林公约，认真执行护林有功者奖，破坏林木者罚的政策。对于破坏林木的行为，必须及时严肃处理。

要充分利用山林资源，发展养蚕、养蜂及其它林副业生产。养蚕、养蜂既可以增加集体和个人的收入，又可以增加国家的工业原料。要积极种植桑树，加强桑园的管理，逐步发展郊区的养蚕事业。

第四，积极开展农业科学的研究和技术推广工作，充分利用一切能够利用的科学技术成果和先进的增产经验。

北京市的农业科学研究机构和技术力量，已经有了一定的充实和提高。目前有农业、林业、畜牧兽医、水产、农业机械等五个研究所，各县、区的农业技术推广站、畜牧兽医站、种子站也分别建立起来。今后的问题是要加强领导，充分发挥科学技术人员的积极性，更好地为实现农业技术改革、发展农业生产服务。要认真帮助解决开展农业科学研究和技术推广工作中所遇到的各种问题。贯彻执行百家争鸣的方针，支持科学技术人员对待科学技术问题采取勇于负责的态度，使他们作出更大的贡献。同时，要取得中央在京的农业科学研究单位、高等院校的配合和各方面专家的指导、帮助。组织科学研究单位和高等院校同各国营农场、牧场、林场以及集体生产单位进行协作，建立生产实验基地，实行干部、科学技术人员和农民群众三结合的方法，以推进科学研究和技术推广工作。

在农业科学技术研究和推广工作中，必须坚持调查研究，实事求是的科学态度，坚持因地、因时制宜，从实际出发和从群众中来到群众中去的群众路线的工作方法，重视和总结农民的丰富增产经验，推广农业技术措施要经过反复试验、典型示范、讲求实效。科学研究和技术推广工作必须同生产实践密切结合，既要从当前生产实际需要出发，重点解决当前生产中的关键问题，又要从长远的发展着眼，全面地、合理地安排。土、肥、水、种、密、保、管、工八项农业增产措施，是农业科学研究的中心。根据发展农业生产的需要，应该首先加强良种选育、病虫害防治、农田灌溉、农业机械化、防治耕地盐碱化、城市肥源的利用、牲畜防疫和治疗以及耕作制度、栽培方法等项目的科学研究和技术推广工作。科学家要关心推广工作，要对推广站、试验场进行科学技术上的指导；从事技术推广工作的人员要注意总结实际经验，使经验提高为科学理论。技术推广工作，还应当和生产单位当前的增产措施密切结合起来。

推广优良品种是收效大、投资小的一项增产措施。像顺义县木林公社荣各庄大队，自1956年以来，先后培育十个玉米杂交品种，全面实现了玉米良种化，玉米产量比当地一般玉米增产百分之三十以上。因此，在今年生产中，要进一步做好种子工作，坚持自繁、自选、自留、自用为主、调济为辅的方针，由各生产队建立自己的种子田，选好、留足下一年的种子。同时，积极推广经过小面积试验，增产效果好，群众欢迎的优良品种。各国营农场、示范繁殖农场和科学研究单位要加强良种的繁殖、复壮和培育工作。种子站要加强推广良种的技术指导和经营工作。

积极作好植物保护工作，是促进农业增产的另一项重要措施。当前的要求是：推广和利用已经成熟的科学技术措施，加强技术指导，防治粮食、棉花、蔬菜、果树的病虫害；加强病虫害发生和发展的预报和情报工作；加强植物检疫工作。

还要改进积肥、施肥方法，进一步改造盐碱地，改良土壤，合理灌溉，合理安排茬口，实行精耕细作，并在今年做出更大的成绩来。

为了更好地开展农业技术推广工作，改进生产技术，还要注意培养生产队的技术人才，加强农业科学技术知识的宣传普及工作，办好农业学校。郊区现有十一万高小、初中毕业生，要有计划地通过生产实践、通过短期训练、业余技术学习等方式，在他们当中培养出一批生产技术好、又劳动好的骨干，壮大农业生产技术力量。各个生产大队和生产队，要组织有当地劳动模范、生产能手和劳动好又有技术的老农参加的技术小组，负责本队的生产技术改进。

第五，加强现代化农业机械设备的管理。

几年来，郊区的农业机械、电气设备增加很快，为农业的增产提供了有利的条件，对当前的抗旱起了很大的作用。但在农业机械化、电气化的发展过程中，由于缺乏经验，也给我们带来许多新的问题，这些问题是：管理工作跟不上去，许多机械设备无人负责，缺乏严格的规章制度，利用效率低，事故多，损失大，成本高。

在机械化、电气化的开始阶段，发生这些问题是难以完全避免的，但是，现在我们应当立即抓紧解决这些问题。对于现代化的农业技术装备，一定要用现代化的方法去管理，而且一定要由市级主管部门和县、区领导机关经常加以注意。那种只顾新建、只顾增加设备，而忽视科学管理和保养维修的态度是完全错误的。在目前时期，必须以降低机耕和灌溉的成本、提高农作物的单位面积产量为中心，有步骤地、全面地提高农业技术装备的使用管理水平，加强保养、维修工作。

加强农业机械设备管理的关键是，领导干部亲自负责，认真地、一项一项地、具体地总结过去的经验，认真整顿和提高管理干部和技术人员的队伍，建立和健全各项管理制度。要参照管工业的办法来管理农业机械设备，建立各种农业机具的原始记录和使用、保管制度。要建立机械的专责制度，专人管理使用和定期检修，严格执行机具维修、保养制度和安全作业规程。现在全市有农业机械修理厂二十个，设备都不配套，工种都不齐全。应当把现有力量重新进行调整和加强，先配齐几个拖拉机的大修工厂，再配齐几个拖拉机的小修工厂，并且要有计划地增设各种技术设备的修理点。维修所需要的配件、零件、材料，要优先安排生产和供应。在管理体制方面，对于拖拉机、大中型扬水站、供电设备和农业机械厂，要集中归市、县（区）管理。现在已经成立了郊区电力局，负责统一管理农村的电力网。对输电设备建设不合理的，要根据全面规划，逐步地进行改建。对排灌设备不配套的，要大力进行调整、配套。另外，为了充分发挥现有农业机械的作用，要加强机车调度，组织连片连耕，加强计划管理，积极开展以田间作业为中心的多项作业，提高机车利用率，多方面为农业服务，并且严格地实行经济核算，降低成本，提高效率。还要切实加强对机务人员的政治思想工作，帮助他们切实改进工作方法，树立与农民同甘共苦、全心全意为农业生产服务的作风。对于精减还乡的技术工人，要很好地安排他们担负农业机具的管理、维修工作。同时，要从城市工业交通系统抽调一批技术干部和技术工人，到各县（区）农业机械局、农业机械站、修配厂担任农业机械的技术管理工作和充实农业机械队伍的骨干，并且担负起培养新生力量的任务。

公社、生产大队和生产队对自有的排灌机械、农副产品加工等机械也应指定专人，加强管理，对操纵使用机械的人要加强教育，帮助他们做好工作，并且不要轻易调动。

第六，办好国营农场，发挥国营农场在现代化农业技术管理方面的示范作用。

几年来，国营农场有了很大的发展。目前郊区共有国营农场十八个，拥有耕地四十六万亩，约占郊区总耕地面积的百分之七。在农业机械化、电气化和水利化方面，都有了相当的基础，在耕地、耙地、播种方面基本上实现了机械化，在中耕和收获方面部分实现了机械化。随着水利工程的修建，电力、排灌机械的增加，已经有百分之四十以上的耕地可以灌溉。农业和畜牧业的生产都发展很快。几年来不仅提供了大量的商品牛奶、水果、蔬菜、肉、鸭、蛋等副食品，成为供应城市副食品的重要基地，而且粮食的亩产量和总产量都提高得很快。

对于建设现代化的农业，我们还缺乏经验，国营农场应该利用现有的条件，加强领导，积极办好，在农业技术改革方面发挥示范作用。各农场要继续贯彻农牧并举、多种经营的方针，努力在增产粮食、乳、肉、菜、水果等方面起带头作用。本市的牛奶几乎全部是由国营农场供应的，经过去年的整顿，国营农场的牛奶产量正在不断地上升，今年的饲料条件又较好，今后还要进一步改善牛群的饲养管理，健全责任制度，加强奶牛的防疫工作，继续提高牛奶的产量。国营农场在实现机械化、电气化方面，要先走一走。目前主要是切实用好、管好各种现代化的农业设备，在这方面积累和提供经验；并且担负起培养和输送劳动好的、有经验的管理干部和技术干部的任务。国营农场要大力克服经营管理方面的落后现象，加强经济核算制，健全各种制度，节约开支，减少损耗，精简管理人员、充实和加强生产第一线；同时，要加强对职工的教育，发动和依靠群众，切实扭转各种人力、物力、财力的浪费；努力提高劳动生产率，降低成本，增加盈利。

农场要成为农业科学技术研究的实验基地，密切同农业科学研究部门协作，发动群众，推广和运用科学研究的新成就，及时向郊区提供丰产经验，推广和提供优良品种。

对农场的职工要加强思想教育，提高他们的觉悟，关心他们的生活，进一步提高他们的劳动积极性和自觉性。

第七，继续进行社会主义教育。

去年冬天开始的农村整风整社运动，就是大规模的社会主义教育运动，就是社会主义同资本主义两条道路斗争的教育运动。我们在中国共产党八届十中全会以后，立即在农村中普遍地宣读了会议的公报、决议和修订的农村人民公社工作条例；同时，根据十中全会的精神，再次训练了公社、生产大队和生产队的干部。使广大的农民群众和社、队干部进一步提高了思想觉悟，初步揭发和批判了资本主义思想和资本主义的自发活动，进一步加强了走社会主义道路、办好人民公社集体经济的信心；并且联系郊区的实际情况，看到了在集体化的基础上实现农业现代化的光明前途，鼓起了更大的干劲，从而有力地推动了去冬今春以抗旱、兴修水利为中心的农业生产运动。

目前，农村的社会主义教育运动正在深入开展。从运动中反映出来的大量事实证明，哪里教育运动进行得好，整改进行得彻底，哪里集体生产就搞得好；哪里教育运动进行得差，整改进行得不彻底，哪里集体生产就搞得不景气。少数落后队所以长期不能翻身，主要的原因就是那里的资本主义思想没有受到深入的批判，那里的资本主义活动没有受到必要的打击，或者领导核心不健全，干部的政策水平低，领导能力差或思想作风上的毛病比较严重。因此，我们必须根据十中全会的精神和各项政策，以社会主义同资本主义两条道路斗争为纲，继续深入开展社会主义教育运动和不断进行整改工作。

深入进行社会主义教育运动的关键是，放手发动群众，充分发扬民主，检查和讨论本社、本队的工作。既要充分肯定成绩，总结经验，使群众通过回忆对比，通过切身经历，认清集体经济的优越性，揭发和批判资本主义的自发活动及其危害性，进一步坚定走社会主义道路的决心；又要认真执行民主集中制，让群众充分地批评管理工作中的缺点和错误，按照修订的农村人民公社工作条例，认真改进工作，改进干部的工作作风，全面加强社、队的工作。对于不积极参加集体劳动、侵犯集体利益的人要加强教育和正确地进行处理。坚决打击投机倒把分子、没有改造好的地主分子及其他反动分子的破坏活动。

表扬先进单位和先进人物，树立榜样，是进行社会主义教育的一项重要方法。各社、队要结合生产、工作，评选五好社员。五好社员的条件是：(1) 政治思想好。坚决走社会主义道路，爱国家，爱集体，团结互助。(2) 遵守政策好。坚决遵守政策法令，积极响应党和国家的号召；认真执行社员大会、社员代表大会的决议。(3) 集体劳动好。积极参加集体劳动，完成和超额完成生产队规定的出工、交肥任务，遵守劳动纪律。(4) 爱护公物好。爱护国家和社、队公共财物，严格遵守公共财物的管理制度，能够向一切盗窃、破坏公共财物的行为作斗争。(5) 勤俭作风好。节约用粮，节省开支，不铺张，不浪费，精打细算过日子。在评选五好社员的同时，要教育干部认真执行“党政干部三大纪律、八项注意”，(三大纪律是：(一) 认真执行党中央的政策和国家的法令，积极参加社会主义建设。(二) 实行民主集中制。(三) 如实反映情况。八项注意是：(一) 关心群众生活。(二) 参加集体劳动。(三) 以平等的态度对人。(四) 工作要同群众商量，办事要公道。(五) 同群众打成一片，不特殊化。(六) 没有调查，没有发言权。(七) 按照实际情况办事。(八) 提高无产阶级的阶级觉悟，提高政治水平。) 对于政治思想好、立场坚定、办事公道、民主作风好、参加劳动好的干部和五好社员要给以鼓励和表扬。现在，我们的农村人民公社、国营农场、农业机械站中，已经有了不少劳动模范和先进工作者，他们在热爱国家，坚持社会主义道路，全面发展农业生产方面创造了许多生动的事迹，给广大干部和社员树立了榜样。我们希望今后他们更好地和群众密切结合，克服缺点，发挥带头作用，希望我们郊区有更多的五好社员和先进工作者涌现出来。

第八，进一步加强社、队的建设，健全各项经营管理制度。

在人民公社进一步巩固起来的基础上，我们要用最大的力量，加强社、队建设，健全各项经营管理制度，进一步把人民公社办好。

根据许多先进单位的共同经验，要把生产队建设好，必须达到下列五项要求：

(1)执行政策好。认真贯彻执行修订的农村人民公社工作条例，模范地遵守国家法令，坚持社会主义道路，积极响应党和国家的一切号召，根据国家要求和当地情况，积极完成国家计划。坚决向危害国家利益，破坏集体利益的行为作斗争。

(2)集体生产好。贯彻执行农业八字增产措施，推广先进的增产经验和技术措施，发展多种经营，努力发展集体生产；对各项生产，都有计划，有检查，合理派工，组织一切有劳动能力的人参加集体劳动；加强定额管理，按照劳动的数量和质量评工记分；合理规定社员出工、交肥任务，给予合理报酬。在保证集体经济占绝对优势的条件下，允许和鼓励社员利用剩余时间和假日，发展家庭副业。

(3)支援国家好。加强对社员的爱国主义、社会主义、集体主义教育，正确对待国家利益、集体利益和个人利益的关系，反对违反国家商业政策，高价私售国家规定不准私自上市的产品，坚决反对投机倒把，积极完成和超额完成农副产品交售任务，为首都城乡人民提供更多的商品粮食和副食品，为工业生产提供更多、更好的原料，对国家作出更大的贡献。

(4)民主作风好。认真贯彻民主集中制，是实现各项任务的基本保证。社、队生产计划、分配计划和重大的技术措施都要由社员充分讨论，民主决定；工分、现金、粮食及其他物资的帐目都要定期向社员张榜公布；干部要真正由社员民主选举，依靠广大社员把社、队的工作搞好；坚持干部参加劳动、遇事同群众商量的群众路线作风。

(5)勤俭办社好。健全财务管理和实物保管制度，控制非生产性开支，精打细算，降低生产成本。在发展生产、节约开支的基础上，逐步增加社员收入，改善社员生活，逐步增加公共积累，瞻前顾后，留有储备。

我们希望每一个公社、生产大队和生产队，都要按照这五项要求，切切实实地改进自己的工作，争取自己的社、队成为模范单位。

第九，加强城市和农村、工业和农业之间的相互支援。

农业是发展国民经济的基础。农业发展了才能提供更多的商品粮食、副食品和工业原料，促进工业和整个国民经济更快地发展。我们郊区的广大农民对于支援首都建设和城市人民的生活，曾经作出了宝贵的贡献。今后应该在农业生产发展的基础上，作出更多的贡献。应该鼓足干劲完成上述的各项任务，努力增产粮食和各种经济作物，全面地发展农、林、牧、副、渔各项生产，积极地交售农副产品，供应工业更多、更好的原料，供应城市人民更多、更好的副食品和农村手工业品，进一步加强对城市、对国家建设的支援。

另一方面，进一步巩固人民公社集体经济，发展农业生产，并且在农业集体化的基础上逐步地实现农业的技术改革，是一项艰巨的任务，这绝不只是农业部门和农民的事，而是我们全体人民的事。各个有关部门也必须加强对农业的支援，把支援郊区农业、支援集体经济、支援郊区农业的技术改革放到重要议事日程上来。

工业、交通战线上的广大职工，工业交通部门和各有关的企业，在农业技术改革方面负有直接的重要的责任。为了适应郊区水利建设的需要，机电工业部门要生产成套的排灌设备和打井设备，要在国家统一安排下努力生产各种适合于北京地区的农业机具，并且大力提高各种小农具的质量。化学工业部门要力争在今年多增产一些化肥，同时要抓紧农药的生产。这一切产品，都应该努力做到质量好，品种对路，规格配套，坚固耐用，价格低廉。各个工业部门尤其是机电、化工、交通、供电等部门都要同几个县、区、国营农场和生产队建立经常联系，研究和解决适合于北京郊区的农业机械的设计、制造问题，帮助安装和检修机械设备，帮助培训技术力量。

国营商业和供销合作社以及商业战线上的广大职工，不仅要做好农副产品的收购和农村日用消费品的供应工作，更要做好农业机具、车辆、化肥、农药、耕畜等生产资料的供应工作。在供应农业生产资料的时候，要努力作到供应及时，便利群众，便利生产，价格合理，商品对路。既要注意机械化的，也要注意半机械化的；既要注意大型的，也要注意中、小型的；既要注意主件，也要注意附件、零件和各种维修器材。供销合作社要一方面积极地组织当地手工业生产，另一方面发展与外地的物资交流，根据本市的需要，增加传统上从外地购入的牲畜、小农具、杂肥等生产资料的供应。在农副产品收购方面，要兼顾国家、集体、个人三方面的利益，正确执行国家的收购政策和价格政策。不论在供销方面和在农副产品收购方面，都要不断改善经营，减少周转环节，提高效率，降低损耗，降低流转费用，提高服务质量。

城市建设部门要在规划、设计、施工等方面积极支援农村建设。要对农村修桥、修路给以技术指导；进一步发展利用城市污水灌溉农田；各施工单位应该尽可能地抽调技术工力，支援引水渠道、减河工程、水源井、抽水站等各项工程建设。对国家建设占用土地必须严格控制，尽可能少占农田。

卫生部门，应该结合农村的需要，按照当前农村的生产和生活水平，开展医疗预防和卫生防疫工作，同时还应该大力宣传、推广节制生育，提倡有计划地生育子女，保护妇女的健康，使子女受到较好的教养。

其他科学、文教等一切部门都应该根据农村的需要来规定自己支援农业的任务。例如，在农村干部和农民中普及科学技术知识；农村的中、小学，应该加强农业生产知识的课程；继续开展农村业余文化教育；多出版一些适合农村需要的普及科学技术知识的通俗出版物，提高农村的文化知识水平。

把几千年来靠手工操作的农业，逐步改造成为社会主义现代化的大农业，是一个伟大的历史任务，实现这一伟大任务，需要更多的干部、工人、知识分子到农村去。两年来，已经有大批职工和城市人口回乡参加农业生产，这对加强农业战线和农业的增产起了积极的作用。同时城市的企业和事业单位，也确实存在着机构庞大、非生产人员过多和人力的浪费现象，精简以后，有利于提高劳动生产效率和工作效率，也减轻农村对城市的负担。今后还应该继续精简职工和减少城市人口，并且需要分配一部分干部和学生去支援农村的生产和建设。下乡参加农业生产的干部、职工、学生都应该服从国家的调动，不避艰苦，自觉地下乡上山，同农民群众打成一片，用勤恳的劳动，去建立农业生产的新的物质技术基础，创造农村的新的文化精神生活。这是对农村和农业生产最实际、最有效的支援，也是我们城市人民的一项光荣的责任。

各位代表、各位同志，我们当前的任务是光荣而艰巨的。我们在前进的道路上，还会遇到很多困难，但是这只能激励我们，鼓起更大的干劲，作出更多的贡献，而不会被困难所吓倒，因为我们历来就是在战胜困难中前进的。战胜困难的关键在于充分地发动群众，人民群众的智慧和力量是无穷的。在过去革命时期，人民的英勇斗争证明了这一点。1958 年以来，社会主义建设的经验又一次证明了：在毛主席和中共中央的领导下，组织起来的中国人民，能够排除任何困难，不断创造新的胜利。目前我们的国民经济正在逐步好转，但是还有困难，我们的农业生产具备着种种有利条件，但是又遇到了严重的干旱。现在春播季节已经到来，抗旱播种的任务十分紧迫。我们全市人民、郊区的广大农民，一定要更加紧密地团结在中国共产党的周围，同心同德，继续高举总路线、大跃进、人民公社的旗帜，鼓足干劲，为战胜干旱，争取 1963 年农业的丰收而奋斗，为厉行增产节约而奋斗，为实现国民经济建设的新高涨而奋斗。

关于北京市 1962 年财政收支决算和 1963 年财政收支预算（草案）的报告

——1963 年 3 月 29 日在北京市第四届人民代表大会第二次会议上

北京市副市长 程宏毅

各位代表、各位同志：

北京市第四届人民代表大会第一次会议授权市人民委员会审议批准的本市 1962 年财政收支预算，已经市人民委员会第四次会议审查批准。这个收支预算表，已印发给各位代表，请大会予以追认。现在，我代表市人民委员会提出本市 1962 年财政收支决算和 1963 年财政收支预算（草案）的报告，请予审议。

一、1962 年财政收支决算

1962 年本市财政收支情况是良好的，收入和支出都超过了预算。1962 年本市财政收入预算总额为七亿七千万元；支出预算总额为二亿四千零六十八万七千元。执行的结果：1962 年收入决算为七亿八千八百三十二万元，相当于预算的百分之一百零二点三八；支出决算为二亿五千六百五十万七千元，相当于预算的百分之一百零六点五七。此外，收入方面还有中央专案拨款九千九百四十五万元，上年结余一千零八十八万七千元；支出方面还有按照规定上解中央的六亿一千五百三十九万四千元。这样，收入总计为八亿九千八百六十五万七千元；支出总计为八亿七千一百九十万一千元。收支相抵，结余二千六百七十五万六千元。

在收入决算中：

企业收入三亿一千八百六十二万七千元，相当于预算的百分之一百零一点八六；

工商税收入四亿四千八百七十四万八千元，相当于预算的百分之一百零一点九九；

农业税一千四百七十三万三千元，相当于预算的百分之一百三十一点五四；

其他收入六百二十一万二千元，相当于预算的百分之一百零三点五三。

在支出决算中：

经济建设费支出一亿一千零五十八万一千元，相当于预算的百分之一百二十六点七六；

社会文教费支出一亿零六百三十七万五千元，相当于预算的百分之九十七点九七；

行政费支出三千四百一十二万二千元，相当于预算的百分之一百零一点四三；

其他支出五百四十二万九千元，相当于预算的百分之一百零四点一二。

1962年财政收支预算的胜利实现，是我们正确贯彻执行中央所规定的国民经济的调整、巩固、充实、提高的方针和中央为实现这个方针所采取的一系列措施的结果；是全市人民团结一致，在党和人民政府的领导下，高举总路线、大跃进、人民公社三面红旗，发愤图强，艰苦奋斗，战胜困难的结果。

一年来，我们贯彻执行了中央关于调整国民经济和发展农业生产、巩固集体经济等各项有关的指示和决定，进行了大量而有成效的工作，取得了很大的成绩。我们的国民经济情况，正在一天一天地好起来。在农业方面，贯彻执行了党和国家关于农村人民公社的一系列政策，进一步加强了农业战线，发挥了人民公社集体经济的优越性，调动了社员集体生产的积极性，在各行各业的大力支援下，战胜了严重的秋旱，获得了一个好的收成。粮食、蔬菜、水果产量有了大幅度的增长；猪、羊、鸡、鸭等家畜家禽也有显著的增加。在工业方面，进行了艰巨的调整工作，并且开展了以全面完成国家计划、大力支援农业为中心的增产节约运动，取得了显著成效。从去年八月以后，工业生产的产值逐月增长，1962年工业的总产值超额完成了国家计划。支援农业的生产资料和以工业品为原料的日用品，大多数都比1961年增加。同时，许多工业企业系统地整顿了技术管理和财务管理，初步健全了规章制度；产品的成本有所降低，劳动生产率有所提高，大部分产品的质量稳步上升，有些产品的质量有很大改进。随着工农业生产的发展，商业部门对农副产品和日用工业品的收购增加了，商业部门的经营管理工作不断有所改进，市场供应状况有了显著的好转。

1962年，所有企业、事业单位都彻底清理了仓库，发挥了物资潜力，支援了生产，支援了市场，进一步缩短了基本建设战线；精减了职工，减少了城市人口，有力地支援了农业，减轻了国家和城市的负担。同时本市各个部门、各个单位认真贯彻执行了中央在财政金融工作方面所采取的一系列措施，加强了财政和信贷工作的集中统一管理，整顿了财政制度和财政纪律，进一步紧缩了非生产性开支。这些有力的措施，对于克服困难，争取国民经济的好转，发生了很大的作用。国民经济的好转是1962年财政预算胜利实现的基础。

1962年的各项财政支出支援了工农业生产的发展，保证了社会主义建设事业的顺利进行。我现在就财政支出的一些主要项目，分别作一些说明。

农林水利支出为五千三百三十四万六千元，相当于预算的百分之一百三十三点七三。在这一项开支中，除了农林、水利、气象等各项事业的经费开支外，还安排了一些基本建设投资和补助人民公社举办小型水利的拨款。主要的项目是：第一，为了防旱排涝，兴修了东南郊排涝工程；新建和改建了五处农业用的变电站，架设10千伏的配电线路二百二十八公里；投资或帮助生产队新打机井六百零一眼；新建扬水站三座，继续完成了各个水库的溢洪道、排水等收尾工程。同时，在小型农田水利建设方面，添置水泵一千零六十六个，修水渠三十三万七千米，新建涵洞一千二百一十二座。第二，是国营农场和林场的投资，包括兴建牛舍和安装牛奶冷冻机四十二台；造林一万七千七百亩，林木育苗一千五百八十八亩；同时，还给国营农场增拨了一部分流动资金。此外，还有用于支援农村人民公社添置排灌机械等的资金六百三十五万元，农业长期贷款三十万元。1962年国家财政支援农业的投资，在抗旱斗争中，在进一步巩固集体经济和发展农业生产中，发挥了重大作用。

地方工业支出为四千零九十五万九千元，相当于预算的百分之一百一十三点二二。主要是：第一，在基本建设方面，新建合成洗涤剂车间一千九百多平方米，第二毛纺厂新建染整房一万二千一百多平方米，葡萄酒厂新建储酒池八十个，印染厂添置印花设备等和其他一些收尾工程及填平补齐的项目，共投资一千七百万元；第二，用于企业的新产品试制、技术组织措施、劳动安全保护等方面的开支共二千二百万元。这些投资对于增加产品品种，提高产品质量，支援农业，增加市场商品供应，节约原材料，提高劳动生产率等方面，收到了显著效果。

城市公用事业支出为九百八十九万五千元，相当于预算的百分之二百二十四点一七。其中用于市政工程的维护费三百八十三万元，用于基本建设的五百四十五万元。主要是用来改善城市交通和自来水的供应。如：扩建了水源三厂、四厂的水源井，新建了南郊上水联络管道四千八百米；添置了公共汽车十四部，以及完成汽车修配厂的收尾工程等；此外，还新建煤气管道十点九公里。这项开支超过预算较多，是由于我们动支了一部分预备费，中央也增拨了一部分经费，用来建设了污水灌溉工程，改建了建国门桥、东直门桥等几座必须改建的桥梁。

文化教育支出为七千三百五十二万七千元，相当于预算的百分之一百点三二。除了用于文化、教育、体育等事业的经费开支外，还新建、扩建了中、小学二十所。其中文化支出只相当于预算的百分之六十点三五，是由于原来市属的电影制片厂等单位已上交文化部，经费也改由中央财政开支。

1962年结余的二千六百七十五万六千元，主要是第四季度为了支援农业，中央追加了一些投资，因为计划决定得晚，有些工程还没有全部完成的缘故。这些结余，按照规定结转到1963年继续使用。

此外，本市1962年地方自筹收入完成了一千五百二十六万二千元，加上上年结余一千零八十九万六千元，共计二千六百一十五万八千元。1962年支出了一千七百五十九万五千元，其中，用于市政建设维护、环境卫生开支九百四十二万元，补助教育经费六百四十二万元。收支相抵，结余八百五十六万三千元。

二、1963年财政收支预算（草案）

如上所述，我们国民经济各个方面的情况正在日益好转，但是还有困难。我们必须继续高举总路线、大跃进、人民公社三面红旗，贯彻执行以农业为基础、以工业为主导的发展国民经济的总方针，在已经取得的成绩的基础上，扎扎实实地做好工作，努力增加生产，厉行节约，克服困难，争取发展国民经济的新胜利。按照以上精神和中央的统一安排，我们拟定本市1963年财政收支预算（草案）如下：

1963年预算收入十亿零一千六百三十四万元，预算支出三亿零八百一十一万七千元。同1962年决算比较：收入增加二亿二千八百零二万元，增长百分之二十八点九二；支出增加五千一百六十一万元，增长百分之二十点一二。此外，收入方面还有中央专案拨款六千七百六十三万一千元，上年结余二千六百七十五万六千元；支出方面还有按照规定，上解中央的八亿零二百六十一万元，这样收支总计各为十一亿一千零七十二万七千元，收支平衡。

除中央的专案拨款和上年结余外，在本市预算收入中：

企业收入为五亿零七百六十四万元，占收入总额的百分之四十九点九五，比上年增长百分之五十九点三二；

工商税收入为四亿八千八百万元，占收入总额的百分之四十八点零一，比上年增长百分之八点七五；

农业税一千四百七十万元，占收入总额的百分之一点四五，和上年持平。

其他收入六百万元，占收入总额的百分之零点五九。

除上解中央的支出外，在本市预算支出中：

经济建设费支出一亿三千一百八十八万九千元，占支出总额的百分之四十二点八一，比上年增长百分之十九点二七；

社会文教费支出一亿二千六百六十三万八千元，占支出总额的百分之四十一点一，比上年增长百分之十九点零五；

行政费支出三千四百一十一万元，占支出总额的百分之十一点零七，和上年持平。

其他支出九百八十九万元，占支出总额的百分之三点二一；

总预备费五百五十九万元，占支出总额的百分之一点八一。

1963年的财政预算收入计划增长的根据是：一方面，工农业生产将进一步发展，特别是工、商企业增产节约运动和改善经营管理运动的深入开展，对企业降低成本，降低费用，减少亏损，增加盈利将发挥很大作用，从而企业收入和税收都将随着增加；另一方面，1963年中央对地方财政收入的管理办法有了一些改变，1962年的商业企业收入在本市预算中只编列了本市留成百分之三十的部分，而1963年则全部列入市预算，仅这一项即将增加一亿多元；劳改企业收入在1962年是以收抵支，没有列入预算，1963年按照规定列入了市预算。

在预算支出方面：

农林水利支出为四千九百五十九万元，占预算支出总额的百分之十六点一，此外在劳改企业的支出中属于劳改农场的投资为五百五十万元，两项合计实际用于农业方面的资金共为五千五百零九万元，占预算支出总额的百分之十七点八八。在农林水利的投资中，首先是用于兴修水利方面的开支，共三千零八十五万六千元，主要项目有运潮减河一期续建工程、潮河总干渠扩建一期工程、电力灌溉工程和帮助人民公社兴建小型农田水利工程等；农垦支出为八百一十八万一千元，加上属于劳改农场投资的五百五十万元，合计为一千三百多万元，主要用于国营农场的水利设施，国营农场新建、扩建牛奶场，购置拖拉机等；农业支出为三百八十五万七千元，主要用于农业科学研究以及良种繁殖场、种子站等方面；林业支出为二百三十五万六千元，除经常事业费支出以外，主要用于造林和林木育苗。

地方工业支出为四千二百三十四万三千元，其主要开支是：第一，基本建设的投资二千五百三十九万八千元，主要用于支援农业技术改革和增加日用品生产、增加品种、提高质量所必需的项目，如第二毛纺厂织染车间工程，化工二厂苯酐车间工程，制药厂新建车间工程，特殊钢厂的薄板轧机配套设备和第三轧钢厂冷轧带钢车间扩建工程，以及其他一些填平补齐的工程和设备等。第二，用于企业的新产品试制、技术组织措施、劳动安全保护等方面的支出为一千六百零八万八千元。

城市公用事业支出为二千五百零一万四千元，除了一部分用于维护费外，还安排了以下一些项目：新建煤气管支线十五点八公里，续建南郊水源厂工程，添置无轨电车二十辆，新建一部分居民用房等。

文化教育支出为八千五百四十八万二千元，除了保证文教事业所必需的经费开支外，还要新建中学校舍十五处，小学校舍十处。

1963年的行政管理费预算仍是本着厉行节约、压缩非生产性开支的精神安排的，开支维持去年的水平，占预算支出总额的比例比去年还低。

此外，1963年本市地方自筹收入预算为一千五百四十万元，加上上年结余的八百五十六万三千元，共计二千三百九十六万三千元，仍将用于城市建设维护、环境卫生和补助教育经费等方面。

各位代表、各位同志：1963年是我国第三个五年计划的第一年，为了争取国民经济的进一步发展，为了保证1963年财政收支预算的胜利实现，关键在于广泛地深入地开展一个增加生产、厉行节约的运动，发动群众全面地完成国民经济计划。首先要千方百计地争取农业生产继续有一个好收成；工业方面要在提高产品质量、增加品种的前提下，充分发挥企业潜力，节约原材料消耗，提高劳动生产率，降低成本，努力完成和超额完成今年的生产计划；商业部门要更好地为工农业生产服务，为人民生活服务，积极发展城乡物资交流，努力搞好收购和供应工作，同时要切实做好以降低商品流通费用、提高服务质量为中心的改善经营管理的工作。1963年工业企业的可比产品成本要求比1962年降低百分之四点五，商业部门的流通费用水平要求比1962年降低百分之十六点六。目前许多工商企业，已经初步开展了增产节约运动，取得了一定的成绩。但是目前无论在国营企业或者合作社企业中，无论在生产过程或者商品流通过程中，都还确实存在着严重浪费国家资财和严重浪费劳动力的现象。因此所有工业、建筑、交通运输、商业企业和国营农场都要在增产节约运动中，无例外地充分发动群众，依靠群众，大力改善经营管理，加强经济核算，精减非生产人员，在保证质量的前提下，降低成本，减少费用，增加盈利，为国家节约和积累更多的资金，更有力地支援社会主义建设。

为了发展工农业生产，1963年在农田水利和工业基本建设方面的投资都有所增加。各个部门、各个单位必须按照预算和计划所规定的用途把钱用到最需要的方面去，特别是支援农业的资金必须合理安排，讲求经济效果。农村人民公社的各个生产队都应该本着自力更生为主的精神，把自己的资金和国家支援的资金统筹安排、重点使用。所有的企业、事业单位、国家机关、人民公社和全市广大干部、工人、人民公社的社员都必须继续贯彻勤俭建国、勤俭办企业、勤俭办社、勤俭持家、勤俭办一切事业的方针，厉行节约，反对一切铺张浪费的现象，发扬艰苦朴素的优良传统。

各位代表、各位同志：目前的经济形势正在一天一天地好起来。但是在目前我们还不是没有困难的。要全面地实现今年的国民经济计划，胜利地完成今年的财政收支预算，还必须做许多艰苦的工作。我们全市人民一定要更加团结一致，鼓足干劲，克服困难，努力增加生产，厉行节约，为争取国民经济的进一步发展和胜利实现1963年财政预算而奋斗。

北京市第四届人民代表大会第二次会议提案审查委员会关于提案的审查报告

（1963年4月5日北京市第四届人民代表大会第二次会议通过）

北京市第四届人民代表大会第二次会议共收到提案六百一十一件。其中，政法类六十二件，财经类二百五十三件，文教卫生类一百三十四件，城市建设类一百五十六件，其他类六件。

提案审查委员会分设了财经组、文教卫生组、城市建设组、政法及其他组，分别对有关提案逐案进行了研究，提出了初步审查意见，然后由提案审查委员会全体会议审查通过。

我们审查提案的原则是：除了需要提请大会讨论的以外，凡是该办又可能办或者大部分可能办的，都交市人民委员会或者其他有关单位办理；凡是需要研究以后才能决定办或者不办的，都交市人民委员会研究处理；凡是不属于市人民委员会工作范围以内的，都交市人民委员会转其他有关部门研究处理；目前暂不能办的，说明情况，予以保留。

审查结果，在全部六百一十一件提案中，交市人民委员会和其他有关单位办理的有二百五十七件；交市人民委员会研究处理的有三百一十四件；交市人民委员会转送其他有关部门研究处理的有三十三件；说明情况暂不能办理的有七件。全部提案的审查意见等大会通过后，即送交市人民委员会分别处理。

提案和审查意见，已经印发给各位代表，是否妥当，请大会审议。

北京市第四届人民代表大会第二次会议关于郊区农村形势和任务的报告的决议

（1963年4月5日北京市第四届人民代表大会第二次会议通过）

北京市第四届人民代表大会第二次会议听取了万里副市长所作的“关于郊区农村形势和任务的报告”，并进行了热烈的讨论。

会议一致同意报告中对郊区农村形势的分析。当前的农村形势很好。1962年郊区广大农民在党和政府的领导下，在国家和各方面的支援下，依靠集体的力量，战胜了严重的秋旱，争得了丰收。农民的生活改善了，农副产品的收购量增加了。广大的农民群众对于发展集体经济更加信心百倍。

会议一致同意报告中为争取1963年农业丰收和全面发展农业生产所提出的各项任务。

会议认为，必须全面地贯彻执行中共八届十中全会的决定，继续深入开展社会主义教育运动，进一步巩固和发展农村人民公社的集体经济。在发展集体经济的基础上，制定规划，有步骤地实现农业技术改革，把郊区的农业生产提高到一个新的水平。为了实现以上的任务，必须动员广大农民群众发挥自力更生的精神，积极努力，同时也要动员全市各方面的力量，有计划地从物质方面、技术方面、财政方面进一步加强对农业的支援。

目前旱情仍然严重。当前最迫切的任务，是要立即动员起来，战胜严重的干旱，力争适时播种，争取今年继续有一个较好的收成。

会议号召：全市人民和郊区广大农民一起，更加紧密地团结起来，在中国共产党和人民政府的领导下，同心同德，继续高举总路线、大跃进、人民公社的旗帜，鼓足干劲，厉行增产节约，为实现报告中所提出的各项任务，为争取1963年农业战线上的更大成就，为实现国民经济的新高涨而奋勇前进！

北京市第四届人民代表大会第二次会议关于1962年财政收支决算和1963年财政收支预算的决议

（1963年4月5日北京市第四届人民代表大会第二次会议通过）

北京市第四届人民代表大会第二次会议听取了程宏毅副市长关于北京市1962年财政收支决算和1963年财政收支预算（草案）的报告。经过财政收支预决算审查委员会的审查和大会的讨论，大会认为：本市1962年财政收支预算执行情况是良好的，超额完成了收入预算，适当地追加了农田水利、工业技术措施和城市公用事业等方面的支出。1963年财政收支预算的安排，是符合本市的经济情况的，体现了以农业为基础、以工业为主导的发展国民经济的总方针，同时也是适应整个国民经济发展的需要的。大会决定：追认本市1962年财政收支预算；批准本市1962年财政收支决算和1963年财政收支预算（草案）；并授权市人民委员会在预算执行过程中，根据情况的发展，对1963年预算进行必要的调整。

大会认为，为了胜利完成1963年财政收支预算，还要进行许多艰苦的工作，要进一步全面开展增加生产、厉行节约的运动，全面地完成和超额完成今年的国民经济计划。农业方面要千方百计争取今年继续有一个较好的收成；工商企业都要不断提高劳动生产率，改善经营管理，在提高产品质量、提高服务质量的条件下，降低生产成本、降低流通费用，增加盈利，为国家积累更多的资金。所有企业、事业单位和人民公社的各个核算单位都要厉行节约，反对一切人力、物力、财力的浪费现象。

大会号召：全市人民紧密团结起来，鼓足干劲，开展增产节约的劳动竞赛，为完成和超额完成1963年的国民经济计划而奋斗，为胜利实现本市1963年财政收支预算而奋斗！

北京市第四届人民代表大会第二次会议主席团、秘书长名单

（1963年3月29日北京市第四届人民代表大会第二次会议通过）

主席团（四十九人，按姓名笔划排列）

万　里　王人旋　王文荣　王文斌　王明之　王昆仑
王　纯　王福海　乐松生　叶恭绍（女）　刘　仁
刘绍文　李　恕　吴　晗　严希纯　严镜清　陈士骅
陈文润（女）　陈克寒　陈炳基　赵　凡
赵引珠（女）　赵炳南　赵春霄　赵鹏飞　郑天翔
范　瑾（女）　侯仁之　侯鼎臣　顾均正
浦洁修（女）　高登榜　郭步岳　张友渔　张进霖
张晓梅（女）　梁思成　程宏毅　彭思明　彭　真
曾　点（女）　贾庭三　贾星五　廖沫沙　蔡　旭
蒋光鼐　黎　晓　颜迺卿　魏　彬

秘书长

贾星五

北京市第五届人民代表大会第一次会议

(1964年9月3日—12日)

北京市第五届人民代表大会第一次会议于1964年9月3日至12日在人民大会堂举行。代表751名，其中妇女代表203名，占代表总数的27.03%；少数民族代表56名，占7.46%。

会议听取和讨论了副市长贾庭三关于工业工作的报告，报告分两个部分：(一)关于工业生产和科学实验方面的工作，(二)关于社会主义教育运动。听取和审查了副市长王纯关于1963年财政收支决算及1964年财政收支预算草案的报告。

会议通过了关于北京市工业工作的报告及1963年财政收支决算和1964年财政收支预算的决议。通过了选举北京市应选的第三届全国人民代表大会代表和北京市人民委员会组成人员的办法。

会议共收到提案799件。其中，政法类54件，财经类259件，文教卫生类212件，城市建设类267件，其他类7件。会议听取了提案审查委员会关于提案的审查报告。

会议选举了本市出席第三届全国人民代表大会代表，选举了新的市人民委员会。

会议期间彭真作了关于国内国际形势和社会主义教育问题的报告。

关于工业工作的报告

——1964年9月3日在北京市第五届人民代表大会第一次会议上

北京市副市长
兼工业生产委员会主任 贾庭三

各位代表，各位同志：

现在我代表市人民委员会向大会报告工业工作，请大会审查。

北京工业战线上的广大职工在毛泽东思想的光辉照耀下，高举社会主义建设总路线的红旗，开展了阶级斗争、生产斗争和科学实验三项伟大的革命运动，取得了很大成就。北京的工业经过了几年的调整、巩固、充实、提高，经过大力学习先进经验，出现了一个新局面，在提高质量、增加品种方面实现了大跃进。生产形势一年比一年好。同时，自中共中央八届十中全会以来，特别是1963年以来，在工业企业中普遍地开展了规模巨大的社会主义教育运动，广大职工的精神面貌发生了很大变化，思想水平和阶级觉悟显著提高，生产积极性大为高涨，有力地推动了生产和科学实验的发展。

北京工业战线当前的任务，是继续不断地提高质量，增加品种，提高劳动生产率，降低成本，尤其是要加强科学研究工作，大力采用和推广新技术，在提高质量、增加新品种方面取得更多的成绩，在新的基础上，全面提高北京工业的水平，从根本上改变北京工业的面貌。并且，根据国家的统一安排，大力支援内地的建设，以适应国民经济进一步发展的需要。同时，要有步骤地、分期分批地、更深入地开展社会主义教育运动，在这个运动中，重新教育人，重新组织革命的阶级队伍，彻底挖掉封建主义、资本主义、修正主义的根子，不断提高广大职工的马克思列宁主义、毛泽东思想的水平，使首都的工人阶级成为一支像解放军那样的革命化、战斗化的，能够吃大苦，耐大劳，经得起大风大浪考验的队伍。

现在，我分以下两方面向大会报告。

（一）关于工业生产和科学实验方面的工作

按照调整、巩固、充实、提高的方针和中共中央、国务院有关的指示，结合北京市的具体情况，从1961年起，中共北京市委和市人民委员会多次指出：北京的工业已经发展到了一个新的阶段——全面提高工业水平的阶段。解放以来，特别是1958年以来，北京工业有了飞跃发展，许多工业部门，许多重要产品，从无到有、从小到大、从少到多地发展起来，已经建立起来了一个现代化工业的初步基础，实现了由消费城市到生产城市的历史性的转变。但是，我们的工业毕竟是新发展起来的，底子很薄，有些新厂还没有完全建成，职工队伍还很年轻，技术水平不高，我们不少企业的产品，质量低、品种少、成本高、劳动生产率低，比起国际国内的先进水平来，有很大差距，尤其是质量和品种方面的落后现象，成为北京工业发展的主要问题。按照中央提出的以农业为基础、以工业为主导的发展国民经济的总方针和奋发图强、自力更生建设我国独立的比较完整的国民经济体系的任务，根据对北京工业发展中主要矛盾的分析，在今后若干年内，北京工业生产的中心是提高水平的问题。所谓提高水平，就是提高质量，增加品种，降低成本，提高劳动生产率，其中最关键的是提高质量，增加品种，是向高级精密的方向发展。这样，既适应了国家的需要，发展了生产，又可防止城市的过分扩大。这个方针经过一个时期的贯彻执行，已经取得了显著成效，在提高质量、增加品种方面实现了大跃进。据不完全统计，1964年生产的品种比1957年增加了一倍多；据一千多种主要产品分析，质量全面达到国家标准的，1961年为百分之十九，1964年上半年增加为百分之五十二，主要指标达到国家标准，一部分次要指标达不到国家标准的，1961年为百分之七十，1964年上半年为百分之四十四；主要指标也达不到国家标准的，1961年为百分之十一，1964年上半年为百分之四。在今后若干年内，我们仍然要大力贯彻执行这个方针。

第一，按照以农业为基础、以工业为主导的发展国民经济的总方针，积极发展了支援农业的产品。农业机械、排灌设备、化肥等的产量，有了成倍的增长。在支援农业上做出了一定的贡献，直接有力地支援了北京郊区农业的技术改造。如氮肥，1963年全市生产总量为五万一千八百吨，比1961年二万二千七百吨增长一点二倍。氮肥不仅数量增加，而且质量也有提高，硫氨的含氮量平均增加百分之一，含酸量下降百分之五十，肥效逐步提高。我们不但生产了化肥，而且试制了化肥设备。北京化工实验厂正在试车的年产二万五千吨合成氨的大型压缩机，就是1958年开始建设的北京第二通用机械厂生产的。这台压缩机投入生产以后，1964年全市氮肥的产量可达六万二千吨，比1963年又增长百分之二十。农药，试制成功了一些重要的新品种。在沈阳化工研究院和北京农业大学的帮助下，试制成功了稻田除草剂——敌稗。北京化工局及其所属农药厂，在兄弟单位大力支援下，不到一个月的时间，安装起了二十九台设备，按时完成了农垦部二点五吨敌稗原粉的试制任务，经过在南方稻田的试验，除草效率〔果〕很好。还试制成功了高效低毒杀虫剂——结晶乐果，现在也已经开始小批生产。三年来，北京电业部门为北京郊区架设和安装了二千二百五十多公里输电线路和八座输电、变电站。机电工业部门生产了大量的成套的农业电器控制设备、变电设备、成套的水泵、井管等排灌设备，支援了郊区电气化、水利化。最近北京水泵厂和第二通用机械厂等单位试制成功了自吸式水泵、高压喷雾器等产品。自吸式水泵比一般水泵便于使用和检修，并且省电三分之一，机器的成本也比较低。高压喷雾器有效喷雾高度可达十五米到二十米。

第二，发展了一批高级、精密的产品，为许多工业部门提供了重要的原料、材料、元件和设备，也为加强国防建设和进一步开展科学研究工作做出了一定的贡献。冶金工业，优质钢和合金钢的比重从1961年的百分之二十，提高到今年的百分之七十以上，例如：高温、高压锅炉用的耐热无缝钢管，过去依靠进口，现在北京钢厂已经成批生产，供应电厂使用；开始成批和小批生产了有色金属和精密合金，并且轧制成了板、管、丝、带等多种材料。化学工业，除了基本化工原料有很大发展以外，还试制成功了多种超纯物质和发光材料等重要产品。半导体工业，进行了系统的调整，在中央科学研究机关和高等院校的大力帮助下，从原料材料提纯到器件和整机制造，都打下了比较好的基础。半导体硅整流器，在椿树人民公社半导体整流器厂生产出来了，并且得到了多方面的应用。半导体收音机不久就可以小批投入市场。机电工业，生产了高精度的磨床、中型坐标搪床，中型光谱仪等多种仪器、仪表和设备。手表厂已经基本建成，正进行小批试制生产。汽车工业，开始成批生产四十五到六十五马力的柴油发动机和七十五马力的汽油发动机，也小批生产了吉普车和小卧车。

第三，纺织工业和轻工业的各个行业，在供应国内市场和出口贸易方面起着日益重要的作用。纺织工业，现在已经初步形成了一个包括棉、毛、丝、化学纤维、针织、印染等比较齐全的工业部门。品种由少到多，质量由低到高。纺织品1957年只有几百个品种规格，而且主要是中档和低档产品，现在，生产了两千多个品种规格，不少是高档产品。轻工业和手工业方面，玻璃和塑料加工行业有了突出的发展，光学玻璃眼镜片的质量接近了国际先进水平，塑料制品从生产到生活，得到了广泛的应用。纺织工业、轻工业和手工业担负着大量的出口任务，棉、毛的确凉、部分精纺毛织品、人造棉坯布、光学眼镜片、乐器、特种工艺品、果脯、葡萄酒等，在国际市场上打开了销路。

第四，在提高质量、增加品种的基础上，工业生产总值稳步上升，技术经济指标稳步提高。本市的工业总产值1963年比1962年增长百分之三点八，今年上半年比1963年同期又增长百分之十一点八。劳动生产率是不断提高的，1963年全员劳动生产率比1957年提高百分之三十七点九，比1962年提高百分之八点九，1964年上半年又比1963年同期提高了九点七。并且成本也是逐年下降的，地方工业1963年可比产品成本比1962年下降百分之十点二，1964年上半年又比1963年下降百分之五点九二。资金占用额逐年减少，1963年地方工业占用定额流动资金比1962年减少百分之十二点二，1964年上半年在生产提高的情况下，资金占用额继续降低了百分之二点五。利润逐年增加，地方工业1963年上缴利润比1962年增加百分之四十二，1964年预计将比1963年增加百分之十五以上。

这些成绩是怎么取得的？我们怎样才能巩固已有成绩，进一步全面提高北京工业的水平呢？

第一，以马克思列宁主义、毛泽东思想为指南，高举社会主义建设总路线的红旗，发扬奋发图强，自力更生，艰苦奋斗，勤俭建国的精神，以客观上需要的和可能达到的最高标准要求自己。凡是这样做的，就出现了领导、群众紧密团结、信心十足、情绪饱满、斗志昂扬、敢于革新、敢于创造的局面，顶住了并且战胜了一个一个的困难，在提高质量、增加品种方面实现了突飞猛进的跃进，生产面貌不断改观。凡是贯彻执行总路线不坚决或者在暂时困难面前动摇的，情况就恰恰相反，在那里工作上松松垮垮，群众运动冷冷清清，不敢鼓足干劲，力争上游，不敢革命，质量就提不高，品种增加不了，长期不能扭转生产被动的局面。在工作取得了一些成绩以后，又必须不断反对骄傲自满和“差不多”思想。这实质上是中游思想，是违反总路线精神的，是违反不断革命的原则的。几年来，我们的工作每前进一步，取得一些成绩，就有一些部门和干部表现出不同程度的骄傲自满和“差不多”思想。有一部分干部则存在着比较严重的骄傲自满情绪，对自己估计过高，稍有成绩，就沾沾自喜，夜郎自大，固步自封，不虚心学习别人的先进经验。有骄傲自满思想的人，就不能鼓足干劲，力争上游，而只能退居中游，甚至沦为下游。骄傲自满在有些原来比较先进的单位，表现为“先进到顶”的思想，他们不再发动群众找差距、争上游，也不向先进单位学习，因此被别人赶过去了，从上游退居中游。有一些学了外地的先进经验有了一些进步的单位，则表现为“差不多”了，洋洋自得，直到全国评比或者用户提出批评甚至退货时，才发现自己还很落后，这才“出乎意料之外”、“大吃一惊”。在一些工作比较落后的单位，也骄傲自满，他们只找落后的较量，产品质量虽然一直不好，但是也心安理得。他们说：“我的不好，还有比我更不好的！”“我这样的条件，做出这样的产品来，也就很不错了。”这些单位的共同特点，是安于现状，强调困难，缺乏艰苦奋斗的精神，不是依靠群众，千方百计地克服困难。我们针对以上问题，一方面组织干部和职工学习毛主席著作，用不断革命的思想武装群众，提高他们的认识，加强相互学习，反对固步自封、骄傲自满；另一方面，比先进，找差距，放手发动群众，揭开落后盖子，找出造成落后的原因，最后制订解决问题的措施，努力追赶先进，克服落后。事实证明，在工业战线上，鼓足干劲、力争上游、奋发图强和安于现状、固步自封、甘居中游两种思想的斗争是经常存在的，有些地方甚至是十分尖锐的。这实际上是无产阶级思想和非无产阶级思想的斗争。我们在今后，仍然要继续不断地进行这种斗争，任何时候都要以马克思列宁主义、毛泽东思想挂帅，都要高举总路线红旗，以可能达到的最高标准要求自己，要求自己部门的工作，永不骄傲自满，永远力争上游，永远当促进派，永远当生产上的革命派。

第二，围绕着提高产品质量、增加品种的要求，持续地开展比学赶帮运动。1963年初，我们提出了“学先进、赶上海”的口号，各工业企业根据这一要求，制定了赶先进的规划，开展了比学赶帮竞赛。与此同时，放手发动群众，开展了大规模的增产节约、反对浪费的运动，揭发和解决了大量人力和物力的浪费。从1963年下半年开始，我们多次组织各企业领导干部、技术人员和老工人三结合的班子，到上海、天津等地对口的工厂，系统地学习先进经验。学习的方法，不仅是一般地问、记、看，而且跟班劳动，在劳动中学习，直到学会技术，能够独立操作。并且还要经过鉴定、验收和考试，直到全部学会为止。回厂后，采取原班人马，结合本厂情况，反复试验，直到最后成功，全面推广。绝大多数出去学习的单位是这样做了，效果很好。去年年底和今年年初在上海、天津两地学习的结果，就使电解铜、无缝钢管、电石、缝纫机等四百多个品种的质量有了显著提高。今年以来，在社会主义教育运动的基础上，整个工业战线掀起了一个学解放军、学大庆的热潮，职工群众政治觉悟大大提高，把比学赶帮运动推向了新高潮，赶国内和国际先进水平、消灭落后现象的运动，开展得比较扎实，效果很显著。在运动中，涌现出来大批先进单位和先进人物，经过群众性总结评比，肯定了成绩，指出了方向，鼓舞了士气，总结了经验，选出了标兵。只1963年工业交通部门就评选出二千二百一十五个“五好”集体和一万四千四百七十三名“五好”职工。这里还要讲一下，不只是工业交通部门这几年工作取得了很大成绩，基本建设和财贸部门等也取得了很大成绩，涌现出不少先进集体和先进人物。应邀参加这次大会的工业交通、财贸、建筑等方面先进集体和先进人物的代表就有一千三百九十八人。在“五好”集体中，石景山钢铁公司炼钢厂白云石车间，把思想工作放在第一位，不断进行阶级教育，干部坚持参加劳动，和工人同甘共苦，群众干劲足，带起了一个革命化、战斗化的好作风；京西矿务局陈家坟工地岩石掘进一队，坚持政治挂帅，不断学习先进经验，连续四年安全生产，创造了掘进最高纪录；国棉二厂织布车间“三姐妹”陈素芝、于世卿、王凤霄，不断进行思想革命，带头突破技术难关，创造了三班生产团结协作的好经验；“毛泽东号”机车包车组，坚持活学活用毛主席著作，多拉、快跑、安全、低耗，全面完成国家计划；市内电话39分局，十五年如一日，高举毛泽东思想红旗，继承和发扬了延安作风，在完成为中央服务的通讯工作中，做出了优异成绩；第三建筑公司李瑞环青年突击队，六年来坚持学习毛主席著作，刻苦钻研，不断革新技术，成绩突出；第二建筑公司于春和瓦工青年突击队，坚持质量第一，年年多快好省地完成国家计划，热情帮助后进同志；天桥百货商场，一贯认真贯彻执行国家的政策，虚心学习先进经验，不断提高了服务质量，改善经营管理。“五好”职工都是听党的话，立场比较坚定，风格高，干劲足，功夫硬的先进人物。如北京汽车修配厂一分厂焊工薛玉昆，对工作忠心耿耿，刻苦钻研技术，在技术协作活动中，不断地解决了重大关键问题；长辛店机车车辆工厂工人出身的工程师陈发，以厂为家，以全副精力修理机车，积极为国家培养技术力量，为社会主义建设事业培养接班人；北京起重机厂车工李昌安，风格高，干劲足，积极参加和组织厂内、厂际技术协作活动，帮助解决了不少“老、大、难”的技术关键问题；北京绒毯厂挡车工韩茶仙，九年来一贯高产，优质，低消耗，十五次突破定额，创造了班产长毛绒最高纪录；永定机械厂工人出身的工程师倪志福，创造了具有先进水平的钻头，并写出了科学论文；解放军画报印刷厂技术员王行恕，奋发图强，自力更生，大胆创制了我国还从来没有生产过的电子感光版；北京邮局投递员罗淑珍，工作认真负责，连续十年零八个月投递邮件、报刊近三百万件，没有发生过指标差错；青年粪业工人齐振刚，不断提高阶级觉悟，坚决服从社会需要，立志当红色的粪业接班人。出席这次大会的同志们和全市各个战线上的五好集体、五好职工，站在首都社会主义革命和社会主义建设的最前列，发挥了骨干作用、带头作用和桥梁作用，为我们的社会主义建设事业做出了榜样。让我们大家向他们致以崇高的敬意！

我们必须继续不断地把以“五好”为目标的比学赶帮运动，更加深入地开展下去，防止和克服某些形式主义现象。各个战线上的先进集体和先进人物，都要戒骄戒躁，谦虚谨慎，继续发挥骨干作用、带头作用、桥梁作用，把比学赶帮运动推向新的阶段，使落后的赶上先进，先进的更加先进，以提高整个社会的生产水平。

第三，要围绕着提高北京工业水平，克服落后，迎头赶上先进的目标，加强科学研究工作，积极采用和推广新技术，开展群众性的技术革新和技术革命运动。三年来，根据北京工业发展的要求，在科学研究方面，进一步明确了研究的方向，加强了科学研究的组织工作，壮大了科学队伍，新建了一批研究所，进一步充实了科学研究的技术装备，制订了三年科学技术规划，在中央各科学研究机关、高等院校的大力帮助下，取得了显著成绩。例如，在半导体方面，从材料、器件到整机进行了配套研究。目前硅材料已经能够满足生产一般晶体管的要求，并且，用自己的材料，试验研究成功了硅晶体管等产品。在新技术方面，超声波乳化、粉碎、助燃、凿岩等项目已经进行了初步鉴定，今年计划在一些单位推广。超声波打纸浆在燕京造纸厂已经初步试验成功，比原来打浆效率提高三倍。粉末冶金已在本市汽车、机床、仪表零件制造中试验推广，节约了大量的有色金属。电加工设备，已经试验成功电火花加工、线电极切削等设备，为解决硬质、形状复杂的模具加工创造了条件。以上这些项目，都是实行了厂内三结合（领导干部、技术人员、工人）和厂外三结合（工厂与使用单位、科学研究机关及高等院校）的结果。这是一个理论联系实际的很好的形式，今后还要坚持下去，并且更加扩大它的范围。

群众性的技术革新和技术革命运动，在总结过去经验的基础上，又开展起来了。像北京拉锁厂这样一个破旧的工厂，能够生产出国内第一流的拉锁，并且在国内首先制造出尼龙拉锁，使主要生产工序从全部手工操作到机械化、半自动化，就是依靠了顽强的革命意志，坚持试验，自己动手，穷干苦干，依靠厂内、厂外三结合，不断进行技术革新和技术革命的结果。拉锁厂是自力更生，大搞技术革新和技术革命运动，进行技术改造的一个典型。还有一些其他的工厂，也和拉锁厂一样，取得了显著成效。全市性的技术协作活动，也广泛地开展起来了，在提高技术，交流经验，攻克生产难关等方面，发挥了重要作用。

群众性的技术革新和技术革命运动，是我们全体职工在毛泽东思想和总路线的光辉照耀下的一项伟大创造。是奋发图强，自力更生，艰苦奋斗，勤俭建国，少花钱，多办事的实际行动，是生产管理和技术改造方面群众路线的具体运用。我们十五年的经验证明，在一切工作中，都要大搞群众运动。那么，在企业的技术改造、设备更新方面，在突破技术难题，过质量关，品种关，成本关，劳动生产率关等方面，自然也必须大搞群众运动——大搞技术革新和技术革命的群众运动。在这个问题上，一个时期，有些工业的领导干部认识不清楚，缺乏依靠群众的思想和艰苦奋斗的精神，事事向国家伸手要钱，本来可以解决的问题，也没有解决。其结果生产上冷冷清清，一事无成，只能是少慢差费，只能是多花钱少办事。所以，搞不搞群众性的、有领导有计划的技术革新和技术革命运动，是生产管理和技术工作上要不要群众路线的问题，是如何对待总路线的问题，是北京工业水平能否迅速提高的问题。我们在今后必须进一步抓紧这个问题，我们必须是敢想、敢说、敢干和一切经过试验相结合，既有高度的革命热情，又有严格的科学精神，大胆地干，坚持不懈地干。

第四，系统地调整现有工业。从 1961 年开始，特别是去年以来，围绕着提高产品质量、增加品种的目标，按照专业分工、加强协作的方针，按行业进行统一规划，调整企业的生产方向、产品方案和生产规模。现在初步调整完了的，有塑料、无线电半导体、玻璃、造纸等十几个行业，取得了初步的成绩。以塑料行业为例，经过调整，实行了专业化生产，调出了二千多平方米厂房，十多台关键设备，因而可以增加几十个新品种，并且多数产品质量提高，成本下降。搞好调整工作，必须注意以下几个问题：(1) 要做好调查研究，对每个企业和社会需要的情况摸清楚。(2) 从实际出发，远近结合，按行归口，制订全行业的调整方案，使所有工业企业，各得其所，发挥其应有的作用。(3) 调整产品、厂房、设备时，必须制订具体计划，分期分批进行，先易后难，集中力量打歼灭战，既完成调整任务，又不影响生产计划的完成。(4)在实行专业化生产和加强协作的基础上，逐步对企业进行技术改造。这里，最关键的是做好思想工作，加强全局观点，统一对调整工作的认识，反对本位主义和分散主义。今后必须按照专业化生产和加强协作的方向，同时考虑到城市布局，继续进行系统的调整，使北京工业的分布和生产组织都更加合理，使企业的分工协作关系更加合理，以利于提高技术，提高产品质量，增加新产品，提高劳动生产率，降低成本，提高机械化、自动化的水平。

第五，加强企业管理的基础工作，开展练基本功的活动。许多企业整顿了图纸管理、工艺规程、检验制度等技术管理工作，对提高产品质量起了重要作用，建立和健全了岗位责任制，使每个生产工人和基层干部在自己的岗位上都有明确的责任。并围绕着岗位责任制，健全巡回检查、交接班等制度。有些单位加强了劳动管理，健全了劳动定额。广大职工根据提高质量、提高技术、提高劳动生产率的要求，掀起了一个苦练基本功的高潮。今后，为了全面提高管理水平，必须加强技术管理，进一步健全岗位责任制，并且要继续扎扎实实地开展技术练兵活动，这是企业管理的基本的工作。

以上既是我们工作的几项经验，又是我们今后还必须继续进行的几项主要工作。

各位代表，各位同志：

虽然我们取得了很大成就，但是，我们决不能自满，我们的工业水平，同国家要求和群众的需要比较，还相差很远，我们许多企业、许多产品和全国先进单位比较，还很落后。根据6月底的统计，我们地方工业和先进地区对比的产品，在质量方面有百分之八十一，在成本方面有百分之八十三，在原材料消耗方面有百分之七十六，在劳动生产率方面有百分之七十八，还落后于全国的先进水平。我们必须坚持不懈地努力，把阶级斗争、生产斗争和科学实验三项伟大的革命运动坚持下去，既要搞好社会主义教育运动，又要搞好生产和科学研究。生产和科学研究工作的中心，仍然是提高质量、增加品种、降低成本、提高劳动生产率。

当前，要围绕着赶国内和国际先进水平，消灭落后现象和实现重点产品的生产规划，继续抓紧做好以上各项工作，学习大庆精神和大寨精神，放手发动群众，把大搞群众运动同加强集中管理密切结合起来，争取在一个不很长的时期内，实现全面提高北京工业水平的历史任务。

（二）关于社会主义教育运动

中共中央八届十中全会指出："在无产阶级革命和无产阶级专政的整个历史时期，在由资本主义过渡到共产主义的整个历史时期(这个时期需要几十年，甚至更多的时间）存在着无产阶级和资产阶级之间的阶级斗争，存在着社会主义和资本主义这两条道路的斗争。被推翻的反动统治阶级，不甘心于灭亡，他们总是企图复辟。同时，社会上还存在着资产阶级的影响和旧社会的习惯势力，存在着一部分小生产者的自发的资本主义倾向，因此，在人民中，还有一些没有受到社会主义改造的人，他们人数不多，只占人口的百分之几，但一有机会就企图离开社会主义道路，走资本主义道路。在这些情况下，阶级斗争是不可避免的。这是马克思列宁主义早就阐明了的一条历史规律，我们千万不要忘记。这种阶级斗争是错综复杂的、曲折的、时起时伏的，有时甚至是很激烈的。"阶级斗争、两条道路的斗争表现在北京市的各个方面，农村有，城市有，也反映到工业、商业等企业，反映到各行各业的职工队伍里。而且，这个斗争目前是很尖锐的。几年来，北京工业及其它战线上绝大多数干部和职工，在党的领导下，高举总路线红旗，发扬了艰苦朴素的光荣传统，经受住了暂时严重困难的考验，坚持社会主义道路，他们不愧为光荣的社会主义战士。但是，在我们的队伍中，也有一部分人受了资产阶级思想的腐蚀，资产阶级思想作风有所滋长。他们有的表现为损大公、肥小公，只顾局部、不顾大局的损害国家利益的分散主义和本位主义；有的是铺张浪费，损公利已，破坏制度，走后门，多吃多占；有的是在困难时期表现动摇，干私活，倒买卖，向往单干；有的是"我字当头"，"钱字第一"，好逸恶劳，追求资产阶级的生活方式。这些损害社会主义的作风和行为，都是阶级斗争、两条道路斗争在我们职工队伍中的反映。更为严重的是，有少数人猖狂地进行贪污盗窃、投机倒把、长途贩运、私设地下工厂等活动，蜕变为新的资产阶级分子。同时，由于解放以来职工队伍的不断扩大，也混进来一些阶级敌对分子和反革命分子，他们也不断趁机活动。在这里，既有敌我矛盾，又有大量的人民内部矛盾，两类矛盾交织在一起，必须正确地加以处理。

在这样复杂、尖锐的阶级斗争面前，有不少人认识很模糊，看不见资本主义势力猖狂进攻，认为“地主没有了土地，资本家交出了企业，大家都是干活吃饭，还有什么阶级、阶级斗争?”青年工人因为没有亲身经受过旧社会的压迫、剥削，只是“听人讲过，书上念过，电影里看过”，有不少人不懂得什么是阶级剥削和阶级压迫，有的甚至认为“那是宣传，没有那么厉害!”有些人，虽然也经历过阶级斗争，但是在长期的和平环境里，也麻痹起来，认为“有共产党和毛主席的英明领导，有几百万解放军，地主、资本家不敢造反”.“周围是一片太平景象，哪里还有阶级斗争”，等等。

为了重新教育人，重新组织革命的阶级队伍，为了把首都的工人阶级锻炼成一支像解放军那样的革命化、战斗化的队伍，能够顶得住大风大浪，能够吃大苦，耐大劳，不论在任何困难的条件下，都能够坚定不移，永远鼓足干劲，永远力争上游，永远以可能达到的最高标准要求自己，永远当促进派，永远当革命派，高举马克思列宁主义的大旗，反对修正主义，防止资本主义复辟，把社会主义革命进行到底，必须普遍地、反复地进行社会主义教育运动。

去年以来，我们根据中央指示，分批开展了社会主义教育运动。在运动中，贯彻了说服教育、洗手洗澡、轻装上阵、团结对敌的方针。首先是领导干部自觉革命，“洗澡下楼”，许多单位的领导干部向全体职工群众认真进行了检查，接受群众批评，进行整改。领导干部自我检查，手脚不干净的，自动“洗手洗澡”，群众反映很好。他们说：“这真是共产党领导的干部，知过必改，说到做到。”“领导上这么点毛病都检讨了，我们还有什么不能说的?”纷纷表示也要“洗洗手，擦擦油泥，卸一卸包袱”。这样，就初步形成群众自觉革命的形势。

在领导干部“洗澡下楼”后，便轻装上阵，进一步领导社会主义教育运动，大讲阶级斗争形势，发动群众，大揭阶级斗争的盖子，忆苦、诉苦，激发了阶级感情，提高了阶级觉悟，划清社会主义和资本主义的界限。许多职工说：“原来阶级斗争就在身边，天天看，看不见，受了腐蚀不自觉，实在危险。”“工人阶级的天下来之不易，刀把子可不能让给别人。”青年工人也开始体会到“自己是身在福中不知福”。在群众进一步提高觉悟的基础上，大家查上当，放包袱，找根源。在这个群众性的自觉革命的热潮中，许多职工交代了种种公私不分，乱抄乱拿，干私活，小量贩卖，虚报冒领等错误行为，纷纷交回了私自拿回家的公物。对待职工群众的这类问题，我们主要着眼于划清是非界限，提高阶级觉悟，经济上则能退多少算多少，从宽处理。不少职工说：“我们贪图小利，实际上是帮助了资本主义复辟，最后国家、个人都要吃大亏。”“党真是两手从泥坑里往外拉，自己是又痛心，又痛快。”有些同志检查了忘本思想，表示要永远跟着共产党，坚决走社会主义道路。接着许多单位进一步讨论了工人阶级应该怎样对待暂时困难，怎样对待国家财产，应该怎样保证把社会主义革命进行到底，挖掉修正主义的根子，不让资本主义复辟。广大职工经过这一系列社会主义教育，擦亮了眼睛，激起了对贪污盗窃、投机倒把分子的仇恨。他们说：“咱们一块一块地砌砖头，搞社会主义建设；他们却在暗地里拆墙角，搞资本主义复辟。”“在困难时期，咱们是艰苦奋斗，瓜菜代；他们却兴风作浪，大发困难财。”于是绝大多数的干部和群众团结在党的周围，积极投入这一场斗争，纷纷起来揭发贪污盗窃、投机倒把问题。

在反对贪污盗窃、反对投机倒把的斗争一开始，我们反复交代了政策，强调指出“过去从宽，现在从严”、“坦白从宽，隐瞒从严”、“退赃从宽，不退从严”，并且表明，这次运动要既不冤枉一个好人，也不放过一个坏人，号召坦白检举。在运动中，放手发动揭发检举，进行三清三查，即清查帐目、仓库、财物。在群众起来斗争的形势下，揭露了一批贪污盗窃分子和投机倒把分子，打击了资产阶级分子和资本主义势力的猖狂进攻。在这场斗争中，还揭露了一部分未经改造好的不法资产阶级分子，用种种手法在企业内部大肆腐蚀拉拢职工，首先是大量新参加工作的青年职工。他们用“关心生活”、“问寒问暖”、“帮助学习技术业务”、借钱、送礼、介绍对象等手法，从感情上拉关系；接着引诱职工占小便宜，千方百计拉职工下水；再进一步引诱职工搞贪污盗窃、投机倒把。在大量腐蚀职工的同时，还千方百计地用软硬兼施等办法，拉干部下水，用拉出来、打进去的办法篡夺领导权。在他们的罪恶活动下，有些基层领导干部已经蜕化变质。在反贪污盗窃、投机倒把斗争中，我们既强调放手发动群众，揭发检举，又贯彻了实事求是、调查研究的原则，组织专业队伍查证核实。最后发动群众民主讨论定案，实行三定，即定时间、定事实、定性质，三允许，即允许本人补充交代、允许申辩、允许翻案，务求案情确实。许多犯错误的人，表示决心悔改，并且积极退赃，争取宽大处理。自然也有极少数顽固不化、死不悔改的人，受到了应得的惩处。

在反对贪污盗窃、投机倒把的斗争之后，我们又发动群众集中地进行了一次反官僚主义和分散主义的斗争，集中解决一批企业中长期存在而没有解决的问题。

精简不合理的机构，减少不必要的会议、表报、文件，反对扯皮现象，进一步检查违反国家计划、违反政策、违反制度的分散主义行为，加强全局观点。树立干部参加劳动，后方为生产前线服务的战斗作风，健全岗位责任制。

为了抵制资产阶级思想的腐蚀，挖掉封建主义、资本主义、修正主义的根子，栽好马克思列宁主义、毛泽东思想的根子，在广大职工中，掀起了学习毛主席著作的高潮，各厂、各车间纷纷成立毛主席著作学习小组，以毛泽东思想为武器，联系思想，联系实际，有力地推动了生产，推动了思想的革命化。有些单位，在学解放军、学大庆的群众运动中，以毛泽东思想为指南，以解放军和大庆人为榜样，掀起了一场兴无产阶级思想、灭资产阶级思想，破资产阶级世界观、立无产阶级世界观的思想革命运动，解决为谁劳动的问题。这个运动锻炼着各种不同的人。一批先进职工回顾了自己的进步过程，找出了自己的不足，明确了进步方向，革命火把举得更高了。不少对社会主义革命缺乏思想准备的人，开始认识了工人阶级的历史使命，政治眼界宽了，“胸中有了六亿五千万和三十亿”，由目光短浅、胸无大志，变成了“立足车间，眼看世界”。一些落后的人，开始有了明显的转变。一些剥削阶级家庭出身又没有经过很好改造的人，批判了自己“思想上始终贯穿着一条白线”，表示要背叛自己出身的阶级。许多职工说：“丢掉了思想包袱，就吃得香，睡得甜，走路轻松，干活起劲。”“思想革命了，人也变聪明了。”

阶级斗争，一抓就灵。这一年的社会主义教育运动，已经取得了初步的、但是影响深远的成绩，刹住了歪风邪气，初步打击了资本主义势力和封建势力的进攻，提高了广大职工的阶级觉悟，推动了干部参加劳动，大大改善了干部和群众的关系，因而有力地促进了生产和工作。但是，这个运动还仅仅是开始，不少地方发动群众不够，群众革命运动的声势不壮，对于新老资产阶级分子的进攻揭得不透，揭得不深，因而有不少地方运动还搞得不深不透，或者在一些问题上不深不透。要真正做到重新教育人，重新组织革命的阶级队伍，还需要经过长期的艰苦的工作和斗争。

现在，社会主义教育运动正继续进行。为了彻底挖掉封建主义、资本主义、修正主义的根子，栽好马克思列宁主义、毛泽东思想的根子，必须用更长的时间，用更大的力量，继续深入地、反复地开展社会主义教育运动。要组织强大的工作队，由负责干部亲自带领下去，帮助搞好这个运动。在这个不断教育人的运动中，要善于组织革命的阶级队伍，提高他们的阶级觉悟，正确地处理人民内部矛盾，团结一切可以团结的人。向那些敌视社会主义的资本主义势力和封建主义势力，向那些地主、富农、反革命分子、资产阶级右派分子，向那些贪污盗窃分子和蜕化变质分子，进行尖锐的针锋相对的斗争，打败他们对社会主义的进攻，并把他们中间的大多数人改造成为新人。

为了更好地进行阶级斗争、生产斗争和科学实验三项伟大的革命运动，我们的领导作风，必须革命化，我们的机关作风，必须革命化，否则就不能适应当前革命形势的要求。领导作风革命化，机关作风革命化，从根本上克服官僚主义，避免修正主义和教条主义，这要做许多工作，当前最关重要的是两条：一条是负责干部蹲点，一条是干部参加劳动。拿社会主义教育运动来说，这是一场前所未有的翻天覆地的大革命，这是无产阶级专政的条件下进行的阶级斗争，而这场斗争是尖锐的、复杂的、曲折的，出现了许多新的特点，是我们过去所没有遇见过的。敌人是不甘心于失败的，他们一心要搞“和平演变”，他们十分狡猾，善于隐藏自己的真面目，善于利用合法的斗争形式，钻我们工作的空子，他们有一套对付我们的办法。进行这样一场革命，仅仅依靠过去的经验是不够了。如果你只浮在上面，听听汇报，看看表报，不了解真实情况，又没有直接的经验，就一定打不赢，一定会打败仗。所以，领导干部必须下去蹲点，带领强大的工作队，深入到斗争的最前线，实行同吃、同住、同劳动，直接联系群众，教育群众，放手发动群众，了解真实情况，发现敌人，组织革命的阶级队伍，团结绝大多数，才能取得胜利。在生产斗争和科学实验方面也是这样。我们建设和管理社会主义企业，应该既不同于资本主义，又不同于修正主义，我们要总结十五年来正面的和反面的经验，要正确地采纳国外好的经验。如果我们负责干部不亲自蹲点，亲自调查研究，亲自“解剖麻雀”，亲自找出问题的关键，要想大踏步地改进工作是不可能的。因此，为了领导好生产斗争和科学实验，也同样需要蹲点。一切真知都是从直接经验发源的。今后对任何一项新的工作，都要负责干部先蹲点，取得直接经验。领导方法的一条重要原则是一般号召与个别指导相结合。没有好的个别指导，也不可能有有效的一般号召。所以负责干部蹲点是一项重要的领导方法，是要长期实行的。现在市一级领导干部，已经带领大批工作队到基层蹲点，这是一个良好的开端。

再一条是干部参加劳动。我们的干部是普通劳动者，而不是骑在人民头上的老爷。干部通过参加劳动，同劳动人民保持最广泛的、经常的、密切的联系，这是社会主义社会的一个根本性的制度。从去年开展社会主义教育运动以来，干部参加劳动的情况有了显著的改进，改善了干部和群众的关系。缺点是有些单位还坚持得不好，特别是没有强调学会一门技术，逐步顶上生产岗位。最近总结了这方面的经验，提出了要求，所有干部，除年老、体弱、有病的以外，一律要坚持参加劳动，凡是有条件的，都要学会一门技术，逐步顶上生产岗位。有些单位开始实行干部半日劳动、半日工作的制度。干部参加劳动多了，经常了，就可以减少会议、表报，就可以解决问题快，解决问题比较准确。半日劳动、半日工作是一种干部参加体力劳动的更重要的形式，长期地坚持下去，形成制度，习惯成自然，就可以逐渐做到既能当工人，又能当干部，既能体力劳动，又能脑力劳动，既有生产技术，又有管理本领，使我们的干部成为既懂政治、又懂业务、又红又专、不是浮在上面、做官当老爷、脱离群众，而是同群众打成一片、受群众拥护的真正好干部。因此，要加紧试点，总结经验，逐步推广。技术人员、科学研究人员，也要参加劳动，使理论和实际密切结合，有效地改造思想，丢掉知识分子的架子，逐步实现知识分子劳动化。我们的方向是知识分子劳动化，工农群众知识化，这样逐步缩小体力劳动和脑力劳动的差别，这也是反对和防止修正主义的一项重大措施。

各位代表，各位同志：

在党和政府的领导下，首都工业战线在阶级斗争、生产斗争和科学实验三大革命斗争中都取得了很大成就，但是，这毕竟是万里长征刚走了第一步，我们今后的任务是更艰巨、更复杂的。我们坚信，只要我们坚定地团结在党中央和毛主席的周围，高举总路线的红旗，认真地按照中央所规定的方针和政策办事，发扬奋发图强，自力更生，艰苦奋斗，勤俭建国的精神，我们就一定能够战胜一切困难，把北京工业的水平进一步提高，把社会主义教育运动搞深、搞透、搞彻底，挖掉封建主义、资本主义和修正主义的根子，栽好马克思列宁主义、毛泽东思想的根子，把我们的社会主义革命和社会主义建设事业不断向前推进。

关于北京市1963年财政收支决算和1964年财政收支预算草案的报告

——1964年9月3日在北京市第五届人民代表大会第一次会议上

北京市副市长
兼计划委员会主任 王 纯

各位代表，各位同志：

现将本市1963年财政收支决算和1964年财政收支预算草案报告如下：

（一）1963年财政收支决算

1963年北京市的国民经济情况和全国一样，是开始全面好转的一年，反映在财政上的情况也是良好的。

第四届第二次市人民代表大会通过的本市1963年预算收入为十亿零一千六百三十四万元，预算支出为三亿零八百一十一万七千元。在预算执行过程中，收入方面，由于许多商品降低售价和不少高价商品改为平价供应，商业利润较预计减少；支出方面，国家增拨了基本建设投资和技术组织措施、新产品试制、零星设备购置、劳动安全保护等四项费用，增拨了工业和农场的流动资金。因此，经市人民委员会第十六次会议通过，对预算进行了调整。预算收入，调整为九亿八千二百二十三万元，调低了百分之三点三六；预算支出，调整为四亿三千六百一十八万三千元，调高了百分之四十一点五六。

按照调整后的预算执行的结果，收入超过了预算；支出预算由于国家增拨的一部分基本建设投资是在去年下半年才下达的，因此没有全部花出去。但和1962年相比，无论收入和支出决算都有相当大的增长。收支相抵，还有一部分结余。

收入决算为十亿零一千一百一十六万六千元，为预算的百分之一百零二点九五，比1962年决算增长百分之二十八点二七。其中：

(一) 企业收入四亿七千七百零六万五千元，为这项预算的百分之一百零一点一七，比1962年增长百分之四十九点七二；

(二) 工商税收入五亿一千一百九十四万七千元，为这项预算的百分之一百零四点四八，比1962年增长百分之十四点零八；

(三) 农业税收入一千四百三十四万四千元，为这项预算的百分之九十七点五八，比1962年减少百分之二点六四，这主要是因为在1962年的收入中有一笔1961年的农业税尾欠的缘故；

(四) 其他收入七百八十一万元，为这项预算的百分之一百三十点一七，比1962年增长百分之二十五点七二。

支出决算为三亿七千七百七十八万六千元，为预算的百分之八十六点六一，比1962年决算增长百分之四十七点二八。其中：

(一) 经济建设费支出二亿零四百一十九万二千元，为这项预算的百分之八十二点零六，比1962年增长百分之八十四点六五；

(二) 社会文教费支出一亿二千八百一十四万元，为这项预算的百分之九十四点零四，比1962年增长百分之二十点四六；

(三) 行政费支出三千七百六十三万四千元，为这项预算的百分之九十七点九五，比1962年增长百分之十点二九；

(四) 其他支出七百八十二万元，为这项预算的百分之六十一点七四，比1962年增长百分之四十四点零四。

除了以上本市当年的收入和支出以外，在收入方面还有中央专案拨款一亿四千零八十六万九千元，上年结余二千六百七十五万六千元；在支出方面还有按照规定上解中央的七亿三千七百八十三万八千元。这样，收入总计为十一亿七千八百七十九万一千元，支出总计为十一亿一千五百六十二万四千元。收支相抵，结余六千三百一十六万七千元。

在结余的六千三百一十六万七千元中，有六千一百八十四万八千元是由于：第一，有一部分基本建设工程项目确定得较晚，当年没有完成；第二，有一部分小型农田水利补助费、技术组织措施等四项费用和优抚、救济费等，是属于跨年度使用的。这两个方面的结余款项，按照中央规定都要结转到1964年继续使用于原来的项目。

国民经济开始全面好转反映在财政收入上，首先就是企业收入比上年有较大增长，其中仅地方工业收入就增长了近八千万元；工商税收也有较多增加，而农业税则是继续稳定的。

在支出方面，各项支出决算较上年都有增加，其中经济建设费增长最多，其次是社会文教科学费，至于行政管理费则只稍有增加。支出决算的各个项目的数字另有附表，现在仅就其中主要的项目分别说明如下：

(一)农林水利方面的支出决算八千二百六十万零九千元，为这项预算的百分之七十八点二，比上年增长百分之五十四点八六。其中基本建设投资四千多万元，主要用于兴修水利和增置农业机械等方面。主要项目有：运潮减河一期续建工程，潮河总干渠扩建一期工程，电力灌溉工程等，共增加灌溉面积五十七万亩、除涝控制面积五十一万亩；增加排灌机械一千二百多台；新建输电线路一千零四十六公里；购置拖拉机四十八台、运输汽车七十九辆。此外还有事业费一千七百多万元，农业企业的流动资金一千三百四十多万元，学生及其他城市人口下乡安置费用八百八十多万元。

(二)地方工业方面的支出决算八千三百六十三万元，为这项预算的百分之八十五点二六，比上年增长一倍多。其主要开支是：第一，基本建设投资二千二百三十二万元；第二，企业的技术组织措施、新产品试制、零星设备购置、劳动安全保护等方面的支出四千零二十一万元；第三，企业流动资金二千零三十一万元。基本建设投资主要用于支援农业和增加日用品生产、提高质量、增加品种以及进行调整所必需的建设项目。当年建成或基本建成的项目主要有：焦化厂新建硫铵车间，设计能力可以年产化肥一万三千吨；为了发展塑料工业，化工二厂改建了苯酐车间，并新建电石炉一座，设计能力可以年产电石二万吨，还建成了西智石灰矿，设计能力可以年产电石原料石灰石四十万吨；为了增加小型钢材，建成第二轧钢厂开坯车间。跨年度进行的项目有：第二毛纺厂织、染、整车间配套工程，制药厂雷米封原料车间工程，糠醛厂合成洗涤剂车间工程，北京木材厂纤维板车间扩建工程，特殊钢厂的薄板轧机配套设备和第三轧钢厂冷轧带钢车间扩建工程等。由于地方工业正在进行调整，所以技术组织措施等四项费用开支较大，这些费用主要用于为提高质量、增加品种所进行的技术措施和降低原材料消耗等方面的开支。

(三)城市公用事业的支出决算二千三百九十五万五千元，为这项预算的百分之九十八点一三，比上年增长一点四倍。其中基本建设投资一千四百五十五万元，主要建设项目有：新建宽街至幸福村无轨电车线路四公里，添置无轨电车二十辆；新建煤气管道十八点九四公里，自来水管道四点一公里；新建道路八公里，桥梁五座；园林绿化植树十七万多株。

（四）社会文教科学费支出决算一亿二千八百一十四万元，为这项预算的百分之九十四点零四，比上年增长百分之二十点四六。其中最主要的是文教支出，除了经常费开支以外，还新建了中学十六所、小学十一所，建筑面积共为十四万五千多平方米。

（五）行政管理费方面的支出决算三千七百六十三万四千元，为这项预算的百分之九十七点九五，比上年增长了百分之十，主要是由于去年下半年有百分之四十左右的工作人员调整了工资的缘故。

（六）其他支出决算七百八十二万元，为这项预算的百分之六十一点七四，比上年增长百分之四十四点零四。包括职工生活困难补助费、不列国家行政编制的基层税务人员经费、大学毕业生调遣费、民兵事业费、少数民族补助费、节日庆祝费等。其中职工生活困难补助费一百七十万元、少数民族补助费十万元，是上年所没有的，这是支出比上年增加的主要原因。

此外，本市1963年地方自筹收入完成了一千五百六十八万二千元，还有上年结余八百五十六万三千元，合计为二千四百二十四万五千元。共计开支一千五百零八万一千元，其中用于城市维护、环境卫生方面的开支为七百七十六万七千元，补助教育经费六百四十七万一千元。收支相抵后，结余九百一十六万四千元，结转到1964年继续使用。

如上所述，1963年的财政决算，无论收入和支出都比1962年有较大增长，财政收入的增长以及基本建设投资和技术组织措施、新产品试制费等生产性开支的增加，都反映了国民经济情况的开始全面好转。1963年继续贯彻执行调整、巩固、充实、提高的发展国民经济的方针，取得了比较显著的成绩。农业生产方面获得了全面增产。粮食总产量达到十七亿斤，比1962年增长百分之七点九，棉花、油料、养猪都有较大幅度的增产，山区建设和农田水利建设也取得了较大成绩，特别是种在水浇地上的小麦面积扩大，为今年的小麦增产打下了较好基础。工业生产方面，超额完成了产值计划，特别是在提高质量、增加品种方面，取得了比较显著的成绩，化肥生产和塑料工业都有较大发展，并且劳动生产率继续有所提高，成本继续有所降低。在工农业生产继续发展的基础上，商品收购量进一步增长，市场供应情况显著好转，物价总水平有所下降，在去年下半年大约有百分之四十左右的职工提高了工资，群众的生活有了改善。基本建设工作进行得也较好，在大量精简了职工的情况下，完成了比上年更多的工作量。

（二）1964年财政收支预算草案

本市1964年的国民经济计划，在总路线的指引下，根据以农业为基础、以工业为主导的发展国民经济的总方针，本着奋发图强、自力更生、艰苦奋斗、勤俭建国的精神和继续进行调整、巩固、充实、提高的要求，在国家的统一安排下，已经下达执行。按照计划，1964年农业生产要有进一步的发展；工业生产的产值将继续稳步上升，质量将继续提高，品种将继续增加；基本建设任务比去年增加。在财政方面，应当在生产发展的基础上，进一步挖掘潜力，增加收入，扩大积累，以保证工农业生产和各项社会主义建设事业发展的需要，促进国民经济进一步全面好转。

根据今年的国民经济计划和生产形势，我们拟定本市1964年财政收支预算草案如下：

1964年预算收入十亿零五千一百四十一万七千元，比上年收入决算增长百分之三点九八；预算支出四亿五千五百三十四万五千元，比上年支出决算增长百分之二十点五三。此外，收入方面还有中央专案拨款一亿二千七百零五万六千元，上年结余六千三百一十六万七千元；在支出方面还有上解中央的七亿八千六百二十九万五千元。这样，收支总计各为十二亿四千一百六十四万元，收支平衡。

除中央拨款和上年结余以外，今年预算收入将继续增长，其中主要是企业收入比上年决算收入继续有较多的增长，各项税收同上年决算基本持平。其主要项目是：

一、企业收入五亿二千零四十一万七千元，比上年决算增长百分之九点零九。

二、工商税收五亿一千万元，和上年决算基本持平。

三、农业税收入一千四百万元，也和上年决算基本持平。

四、其他收入七百万元。

根据1964年的发展国民经济计划和半年多以来的执行情况，由于各项事业的发展，预计企业盈利将有较多的增加，按照拟定的预算草案，今年和上年比较，仅只工业企业收入一项即将增加四千九百万元。其他建筑工程、交通运输等企业收入都将有不同程度的增长。只有商业、城市公用企业、文化企业和其他企业收入有所减少。商业企业收入主要由于部分物价降低，高价商品改为平价供应而有所减少；城市公用企业收入主要由于今年增加了公共交通车辆的大修费用和增加了自来水方面的大修费用,影响到利润减少;文化企业收入主要是因为新华印刷厂、京华印书局和外文书店等企业上调中央文化部,其收入划为中央财政收入,因而本市收入减少较多;其他企业收入除了不可比的因素以外,主要是消防器材厂上调中央有关部门,因而影响这部分收入减少。

支出预算合计四亿五千五百三十四万五千元,其分配是:

一、经济建设费支出二亿三千六百五十七万元,占支出预算的百分之五十一点九六,比去年决算增长百分之十五点八六。

二、社会文教科学费支出一亿六千二百二十万零三千元,占支出预算的百分之三十五点六二,比去年决算增长百分之二十六点五八。

三、行政管理费支出三千八百五十七万元,占支出预算百分之八点四七,比去年决算增长百分之二点四九。

四、其他支出一千一百三十万零二千元,占支出预算的百分之二点四八,比去年决算增长百分之四十四点五三。

五、预备费六百七十万元。

以上支出的具体项目请参阅附表,这里不一一说明,现仅将重要项目说明如下:

(一)用于农林水利方面的支出为八千九百二十万零一千元,占预算支出的百分之十九点五九。农林水利支出比去年决算增加,主要是农林水利基本建设投资增加较多,今年为五千七百三十五万九千元,比去年决算增加一千六百多万元,用于当前迫切需要进行的建设项目。例如,为了巩固堤岸等设施,提高防洪、除涝能力而进行建设的有:怀柔水库和崇各庄青龙头水库新开溢洪道工程,运潮减河二期工程,拒马河复堤工程等;属于进一步扩大水利灌溉的有:永定河大兴引水渠道工程,通惠河南干渠改建工程,京密引水渠道工程,密云水库调节池防渗工程等。以上这些工程对于加强水库安全,提高防洪、除涝、蓄洪的能力,扩大水利灌溉面积,都将起很大作用。此外还将新建35千伏输电线路三十公里,10千伏配电线路八百公里,续建怀柔、小汤山等农业变电站收尾工程;续建国营农场的小型水利和猪场;国营林场造林四万八千九百亩。

(二)用于地方工业的支出为七千一百四十四万二千元,占预算支出的百分之十五点六九。地方工业支出比支年决算有所减少,主要是因为去年中央已经拨给流动资金二千零三十万元,今年中央不再拨了。至于地方工业的基本建设投资则是比去年增加的。去年地方工业基本建设投资为二千二百三十二万七千元,今年增至三千四百零九万元,增长百分之五十二点六九。地方工业基本建设投资,根据继续调整、巩固、充实、提高的方针,主要用于填平补齐、成龙配套、提高质量、增加品种的续建、扩建项目,如:北京印染厂续建工程,第二毛纺厂续建工程,绒毯厂呢绒车间迁建工程,续建糠醛厂合成洗涤剂喷粉车间,玻璃二厂续建工程,冷风机械厂迁建工程,为增加塑料原粉而进行的化工二厂一号、二号电石炉续建工程,特殊钢厂薄板车间改建工程,第三轧钢厂冷轧带钢车间改建工程,三星铅笔厂扩建工程,新建橡胶厂的准备车间及仓库,扩建轻工业模具厂等;还有为了增产建筑材料利用废料而进行的矽酸盐砖厂石灰消化工段扩建工程,继续完成矿渣制品厂一期工程,并开始兴建二期工程,以及1963年没有完成的一些收尾工程。

(三)用于交通邮电方面的支出为五百一十九万一千元,占预算支出的百分之一点一四,比去年决算增加一百九十九万元。支出增加的主要原因是基本建设增多了,今年交通邮电基本建设投资为三百九十二万一千元,主要用于交通运输局汽车更新,新建长途客车保养场等工程。

(四)用于城市公用事业方面的支出为三千四百一十万零五千元,占预算的百分之七点四九,比去年决算增加一千零一十五万元。其中基本建设投资为二千零三十七万五千元,比去年增加五百八十一万六千元。城市公用事业投资,为了发挥现有设备能力,充分利用煤气,扩大供水,主要用于:和平里、永安里、三里屯北小区以及城内部分地区的煤气管的安装工程,继续完成南郊水厂工程,新建天坛至东单的输水干管工程等;为了加强城市防洪能力,加固玉渊潭堤防等。除基建投资外,其他款项主要用于市政维护。

(五)用于商业方面的支出为五百四十九万一千元,占预算支出的百分之一点二一,其中基本建设投资为五百四十二万一千元,主要是用于为加强冷藏能力、调剂季节供应而兴建的西郊冷藏库扩建工程和其他仓库建设。

(六)用于社会文教科学费支出为一亿六千二百二十万零三千元,除了由于文教事业的发展,事业费开支相应增加以外,主要是增加了基本建设的投资。基本建设投资由去年的一千四百七十九万三千元增加到今年的二千五百四十二万一千元。其中只是中、小学校舍就将新建二十八万平米,计中学三十所,小学四十八所,这些学校建成后,可以保证实现今年中学生净增六万三千多人,小学生净增九万四千多人的招生计划。此外还有工业大学实验楼续建工程，第二医学院教学楼续建工程，第一传染病院病房楼工程以及顺义县医院扩建工程等。同时，为了大力开展科学研究和科学实验工作，1964年增加了研究设备和研究费用，因而这方面的开支比1963年有所增长。

（七）用于行政管理费支出比去年决算有一些增加，主要是由于调整工作人员工资的支出，去年是从八月份开始的，今年则要全年开支。

（八）用于其他方面的支出主要的仍然是职工生活困难补助费、基层税务人员经费、大学毕业生调遣费、民兵事业费、少数民族补助费、节日庆祝费等。

本市1964年自筹收入计划为一千九百五十九万元，加上上年结余九百一十六万四千元，共计收入二千八百七十五万四千元。今年自筹收入计划比去年有所增加，是由于：第一，为了解决农村社会主义教育经费，将农业税附加由原来占正税的百分之十提高到百分之十五，可以增加自筹收入六十万元；第二，为了进一步加强市政设施的维修和管理，从今年七月份开始征收工业动力用电附加（为电费的百分之八），半年约可增加自筹收入三百五十万元。自筹收入除了农业税附加增收的六十万元专用于农村社会主义教育经费以外，其余都仍然用于城市维护、市政建设、补助中小学教育经费以及环境卫生等方面的开支。

1964年预算草案的收入和支出计划都比上年有所增加，根据1964年的国民经济计划和半年多以来的执行情况，目前本市国民经济各方面的情况都很好，实现今年的预算有很多的有利条件，如果没有特殊情况，拟定的预算是可以实现的。当然，另一方面，我们也要估计到，可能还会出现由于市场、物价的变化、工业的继续调整而引起的财政收入的变化，因此，要圆满地实现今年的预算，还需要我们做艰苦的努力。

（三）为完成1964年的财政预算而奋斗

发展生产，胜利实现国民经济计划，是胜利实现财政预算的基础。目前，本市国民经济各个方面的情况都是很好的。

今年以来，在各个战线上，广泛开展了社会主义教育运动，各部门、各企业、各单位已经掀起一个比学赶帮的增产节约运动和学习解放军、学习大庆、学习大寨的群众运动。广大工农群众通过阶级斗争的实践和学习毛主席著作，政治觉悟有很大提高，人们的革命精神振奋，工作和生产情绪高涨，阶级斗争、生产斗争、科学实验三大革命 运动正在紧密结合地开展，从而促进了本市的生产建设和各方面的工作，国民经济形势进一步全面好转，一个新的生产高潮正在形成和发展，城市和乡村都呈现一派大好形势。

在农业战线上，农村社会主义教育运动正在深入进行，人民公社集体经济进一步巩固和发展，生产形势很好。今年夏收作物总产量达到二亿五千万斤，比去年增产八千万斤。秋收作物长势好，田间管理较细，肥料也比往年多，群众生产热情很高。虽然入夏以来，局部地区遭受涝灾和雹灾，但是由于广大社员的艰苦努力，农田水利工程发挥了效益，从目前看，今年的丰产基础仍然比去年好。蔬菜生产提高了单位面积产量，适当减少了菜地面积，并且质量提高，品种增多，价格平稳，供应充足。养猪发展很快，6月末圈存猪一百二十八万多头，比去年同期增加百分之四十七，相当于去年的累计养猪头数；上半年收购商品肥猪二十二万多头，比去年同期增加一倍多。农田水利建设工程也完成得比较好，为了提高防洪标准，进行了怀柔、崇各庄等水库的加固工程，完成了运潮减河、永定河大兴引水渠工程。平整了土地一百一十四万亩，新打机井四百五十眼，新建扬水站一百六十四处，新建农业用的高压线路三百七十六公里，现在郊区农田的有效灌溉面积已扩大到近三百万亩，比1963年的二百二十万亩增加了八十万亩。农业科学技术工作开展得也较好，今年各部门的许多科学家下乡，与群众同吃、同住、同劳动，深入实际，结合生产，走群众路线，不少地方实行领导干部、科学技术人员和群众三结合，建立了样板田。群众性的科学实验活动，有了新的开展。全郊区已组织了几千个农村科学小组，开展了不少研究工作和科学技术的推广工作。在推广优良品种，农作物的栽培、管理，植物保护、畜牧兽医等方面都取得了比较显著的成绩。特别是除治玉米钻心虫和防治猪瘟方面，取得了较好的成效。今后，在农村工作方面，要在深入开展农村社会主义教育运动的基础上，进一步巩固和发展人民公社的集体经济。要认真贯彻大寨的革命精神，依靠群众，自力更生，艰苦奋斗，进行建设。要从管好全部农田出发，有步骤地、因地制宜地建立和发展旱涝保收的稳产高产农田。并且注意发展多种经营，努力增加社员的集体经济收入。在下半年的工作中，要继续做好大秋作物和秋菜的田间管理工作，力争全面丰收；同时，要积极做好秋收、秋耕和秋种的各项工作，大力开展积肥运动，保证种好小麦，为争取明年夏季的好收成创造条件，并为冬季的副业生产和今冬明春开展群众性的农田水利建设做好准备。山区要组织好劳动力，及时采摘果品上市，做好水土保持工作，严禁陡坡开荒，大力开展植树造林，积极进行山区建设。

在工业战线上，继续开展了社会主义教育运动和以提高质量、增加品种为中心的增产节约运动，结合学习解放军，学习大庆，进一步掀起了比学赶帮的竞赛高潮，在竞赛中，涌现出了大批的“五好”集体和“五好”职工，学习和推广了不少先进经验，使生产稳步上升。上半年工业产值完成全年计划的百分之五十一点六，比去年同期增长百分之十一点八；国家计划产品绝大部分完成或超额完成了计划；多数产品质量继续稳定上升，品种继续增加；新产品试制工作取得了比较显著的成效，许多过去不能生产的精密的、高级的工业产品，陆续投入生产；成本下降，利润增加；上半年全员劳动生产率比去年同期提高百分之九点七。地方工业多数行业制定了调整的规划，无线电半导体和塑料等行业的调整工作，已经取得了较好的效果。科学技术工作也有了加强。研究的课题比较落实，目标明确，力量集中。新建了几个研究所，并充实了原有的科学研究机构。进一步加强了和中央研究单位的协作，领导干部、技术人员、职工群众的三结合和工厂、使用单位、科学研究单位及高等院校的三结合，都配合得比较好，群众性的技术革新运动又有了新的开展。但是我们必须看到，在工业生产上，不少产品的质量、成本、原料消耗、劳动生产率等主要技术经济指标仍旧落后于全国的先进单位。在提高质量、增加品种方面，有些行业还进展不快。因此，在今后的工作中，仍然是要认真克服骄傲自满，继续深入开展社会主义教育运动和比学赶帮、增产节约的群众运动，努力提高质量和增加品种；继续进行系统的行业调整工作，更好地发挥企业的生产潜力。

基本建设方面，上半年全市完成投资额比去年同期增长百分之四十四点四，其中市属单位增长百分之四十二点四，全市开、复工面积比去年同期增长百分之三十三点八。重点工程进展较好。建筑企业的劳动生产率比去年同期也有很大提高。市属单位上半年完成的投资中，主要是农田水利和中小学工程，占全市上半年完成投资总额的百分之五十六；工业方面上半年建成投产的主要有第二毛纺织厂的八十四台织机和全部的整染车间工程，化工二厂的一、二号电石炉的改建工程，炼焦化学厂年产二百吨的乙烯车间工程等。当前基本建设工作中存在的主要矛盾，还是建筑任务大，与建筑材料的供应和施工力量不尽适应。今后必须继续贯彻执行集中力量打歼灭战的方针，努力提高设计水平和工程质量，降低建筑造价，使投资发挥最好的经济效果。

市场情况继续好转。由于工农业生产的发展，上半年商品的购进总额比去年同期增加百分之六点七，社会商品零售总额比去年同期增加百分之三点七。多数商品的供应都比较充足，许多商品价格下降，加上职工工资收入的增加，群众生活继续有所改善。今年6月末，城乡居民储蓄额都有很大增加，超过了历史最高水平，这是物价稳定、人民生活改善的一个显著标志。商业方面的经营管理工作进一步改善，反对资本主义经营作风初步见到成效，商品流转费用继续降低，利润计划完成较好。市场情况，在前进道路上也还有一些问题和困难，如穿的商品仍然不足，有些商品的品种、花色、不尽对路，质量不够好，不能满足消费者的需要等。今后要在社会主义教育运动的基础上，继续开展改进经营管理运动，继续贯彻执行为政治服务、为工农业生产服务、为城乡人民生活服务的方针，加强政治观点、群众观点、生产观点，进一步反对资本主义经营思想和作风，减少经营环节，降低流通费用，提高服务质量。目前，要积极做好一切准备，迎接秋后销售和收购的旺季。

其他各个战线，如城市建设、科学技术、教育、文化、卫生、体育等事业，也都有适当的发展和提高，取得了新的成就。

为了完成和超额完成1964年发展国民经济计划，争取国民经济的进一步全面好转，必须继续高举总路线的旗帜，加强对阶级斗争、生产斗争、科学实验三大革命运动的领导，做好各方面的工作。

首先，在城市和农村都必须继续深入开展社会主义教育运动，进一步提高群众社会主义革命的政治思想觉悟，充分调动广大群众社会主义革命的积极性，战胜城乡资本主义势力，不断地清除资本主义影响，确保我们的国民经济沿着社会主义的道路前进。必须克服骄傲自满、固步自封的思想，继续开展比学赶帮、增产节约运动，认真地向先进单位学习，找差距，挖潜力，努力提高自己的思想水平、工作水平和生产水平。同时，各有关部门必须重视科学实验，认真加强科学技术工作，继续实行领导干部、技术人员与群众的三结合，把群众性的技术革新和技术革命运动真正深入地开展起来。各部门、各单位、各企业都应该进一步贯彻执行勤俭建国、勤俭办企业、勤俭办社、勤俭办一切事业的方针。社会主义农业的建设必须主要依靠人民公社集体生产的积累来进行，必须认真学习和贯彻大寨的自力更生的革命精神。为了贯彻执行勤俭办企业的方针，要把坚强的政治思想工作同严格的经济核算结合起来，把深入开展群众性的增产节约运动同改革和健全各项规章制度结合起来，把解决重大关键问题同点滴节约聚少成多结合起来。例如，北京酿酒厂在增产节约运动中，经过职工的刻苦钻研，开展技术革新，在确保质量的前提下，去年比轻工业部规定的标准节约粮食消耗二千三百多吨，这些粮食可以增产一千多吨白酒或七百多吨酒精。北京木材厂开展增产节约运动，推广先进经验，采取各种节约和代用的措施，今年上半年节约木材八千多立方米。这种千方百计挖掘潜力，点滴节约的精神，很值得各部门、各企业、事业单位学习。在发展农业生产方面，房山县周口店公社南韩继大队发扬自力更生的革命精神，不是依赖国家投资和贷款，而是主要依靠群众力量，发挥人民公社集体经济的潜力，战胜各种困难条件，扎扎实实地进行农田建设，把瘠薄的土地改造为良田，自1957年以来，连续六年取得稳产高产的成绩。去年，这个一百七十四户的大队的一千一百多亩集体耕地，平均亩产八百五十一斤，向国家提供商品粮四十万斤，肥猪一百七十一头。这种依靠群众、自力更生进行农田建设发展生产的精神，应该大大提倡和发扬。

为了把上述各项工作真正贯彻到群众中去，真正成为群众的实际行动，关键在于认真克服官僚主义，切实改进领导作风。各单位的领导干部必须亲自下去蹲点，取得第一手的材料和直接的斗争经验，各级干部必须认真坚持参加劳动的制度。因为只有这样，才能免于脱离群众、脱离实际的危险，才能够真正把一般号召和具体指导结合起来，实行革命化的领导，有效地推动阶级斗争、生产斗争、科学实验三大革命运动不断向前发展。

目前全市和全国的政治和经济形势都很好，一个农业和工业生产的新高潮正在形成和发展。全市人民应该更加团结一致，高举社会主义建设总路线的旗帜，在党和政府的领导下，鼓足干劲，扎扎实实，增加生产，厉行节约，为完成和超额完成本市今年的国民经济计划，为圆满地实现今年的财政收支预算而奋斗。

北京市第五届人民代表大会第一次会议提案审查委员会关于提案的审查报告

（1964年9月12日北京市第五届人民代表大会第一次会议通过）

北京市第五届人民代表大会第一次会议共收到提案七百九十九件。其中，政法类五十四件，财经类二百五十九件，文教卫生类二百一十二件，城市建设类二百六十七件，其它类七件。

提案审查委员会分设了财经组、文教卫生组、城市建设组、政法及其它组，分别对有关提案逐案进行了研究，提出了初步审查意见，然后由提案审查委员会全体会议审查通过。

我们审查提案的原则是：除了需要提请大会讨论的以外，凡是该办又可能办或者大部分可能办的，都交市人民委员会或者其他有关单位办理；凡是需要研究以后才能决定办或者不办的，都交市人民委员会研究处理；凡是不属于市人民委员会工作范围以内的，都交市人民委员会转其他有关部门研究处理；内容不甚适当或目前暂不能办的，说明情况，予以保留。

审查结果，在全部七百九十九件提案中，交市人民委员会和其他有关单位办理的有三百五十一件；交市人民委员会研究处理的有三百九十六件；交市人民委员会转送其他有关部门研究处理的有四十七件；说明情况暂不能办理的有五件。全部提案的审查意见等大会通过后，即送交市人民委员会分别处理。

提案和审查意见，已经印发给各位代表，是否妥当，请大会审议。

北京市第五届人民代表大会第一次会议选举北京市应选的第三届全国人民代表大会代表和北京市人民委员会组成人员的办法

(1964年9月12日北京市第五届人民代表大会第一次会议通过)

一、根据“中华人民共和国全国人民代表大会及地方各级人民代表大会选举法”、“中华人民共和国地方各级人民代表大会和地方各级人民委员会组织法”制定本办法。

二、北京市应选的第三届全国人民代表大会代表和北京市市长、副市长、人民委员会委员，由市人民代表大会采用无记名投票方法选举。

三、选举第三届全国人民代表大会代表一百零一人；选举北京市市长一人、副市长十人、人民委员会委员三十六人。

四、市人民代表大会须有过半数代表出席，始得开会进行选举。

五、大会主席团就出席会议的代表中提出总监票人一人，监票人八人，经过大会通过后，在大会主席团领导下，对发票、投票和计票进行监督。

六、投票人同意选举票上所列的某一个候选人时，就在这个候选人姓名左面的空格里画一个“○”；不同意某一个候选人时，就在这个候选人姓名左面的空格里画一个“×”；在候选人左面的空格里不画“○”又不画“×”的算作弃权。

投票人如果要在选举票上所列的候选人以外另选其他人，可以在画“×”的原候选人姓名右面的空格里写上自己要选举的人的姓名。

投票人选举全国人民代表大会代表和北京市市长、副市长、人民委员会委员时，每一选举票上所选举的人数，多于规定人数的作废，少于规定人数的有效。

七、投票人写票，一律用钢笔或毛笔。

八、投票人如果自己不会写票，可以请人代写。

九、选举票由投票人亲自投入票箱。

十、全部书写模糊无法辨认的选举票，全票作废；部分书写模糊无法辨认的选举票，可以辨认的部分有效，无法辨认的部分无效。

十一、候选人获得出席代表半数以上选票时，始得当选。如果候选人所获得选票不足半数时，应另行补选。

十二、选举结果由大会主席团宣布。

十三、本办法由北京市第五届人民代表大会第一次会议通过后施行。

北京市第五届人民代表大会第一次会议关于工业工作报告的决议

(1964年9月12日北京市第五届人民代表大会第一次会议通过)

北京市第五届人民代表大会第一次会议听取了贾庭三副市长所作的“关于工业工作的报告”，大会经过认真的讨论，一致同意这个报告。

北京市广大职工在毛泽东思想的光辉照耀下，在中共中央和国务院的领导下，坚定地执行了社会主义建设的总路线，使北京市在不很长的时间内，建立了现代化工业的初步基础，实现了由消费城市变为生产城市的历史性的转变，这是一个巨大的成就。近几年来，又经过贯彻执行调整、巩固、充实、提高的方针，开展比学赶帮的增产节约运动，进一步取得了显著成效，在提高质量、增加品种方面实现了大跃进。大会对工业战线上的光辉成就，表示十分满意。我们虽然取得了很大的成绩，但是，还应当看到，北京市的工业水平，同国家的要求和人民的需要比较，还相差很远，许多企业、许多产品和全国先进单位比较，还很落后。大会认为，北京工业生产战线当前的主要任务是全面提高水平，就是继续不断地提高质量，增加品种，提高劳动生产率，降低成本，尤其是要认真加强科学研究工作，开展群众性的技术革新和技术革命运动，积极采用和推广新技术，在提高质量、增加新品种方面取得更多的成绩，从根本上改变北京工业的面貌。

大会认为，目前正在开展的社会主义教育运动，是一次大规模的重新教育人，重新组织革命队伍的伟大运动。社会主义教育运动开展以来，已经初步打击了资本主义势力和封建势力的猖狂进攻，提高了广大职工的阶级觉悟，有力地促进了生产和各项工作。但是，这个运动还仅仅是开始，必须有步骤地、更深入地展开，彻底挖掉封建主义、资本主义、修正主义的根子，不断提高广大职工的马克思列宁主义、毛泽东思想的水平，把首都的工人阶级锻炼成为一支革命化、战斗化的队伍。

大会指出，为了更好地进行阶级斗争、生产斗争和科学实验三大革命运动，领导作风必须革命化，机关作风必须革命化。当前最关重要的是，各级领导干部必须蹲点，干部必须参加劳动，这是从根本上克服官僚主义，避免修正主义和教条主义的重大措施，必须认真贯彻执行。

大会号召：全市人民和工业战线上的广大职工一起，进一步团结起来，高举毛泽东思想的红旗，高举总路线的红旗，发扬奋发图强、自力更生、艰苦奋斗、勤俭建国的精神，以客观上需要的和可能达到的最高标准要求自己的工作，继续深入地开展社会主义教育运动，战胜一切困难，奋勇前进，为实现全面提高北京工业水平的历史任务而奋斗，为建设我们伟大的首都而奋斗！

北京市第五届人民代表大会第一次会议关于1963年财政收支决算和1964年财政收支预算的决议

（1964年9月12日北京市第五届人民代表大会第一次会议通过）

北京市第五届人民代表大会第一次会议听取了王纯副市长关于北京市1963年财政收支决算和1964年财政收支预算草案的报告。经过审查和讨论，大会认为：本市1963年财政收支预算执行的结果是良好的，收入超额完成，支出略有结余，并比上年有较大增长，反映了国民经济的开始全面好转。1964年的财政收支预算草案中，收入预算是积极的，也是可以实现的；支出预算的安排是符合进一步发展国民经济的要求的，是恰当的，大会一致表示满意。大会决定批准本市1963年财政收支决算和1964年财政收支预算草案，并授权市人民委员会在预算执行过程中，根据经济发展的情况，在必要时对预算进行适当调整。

大会认为：目前政治经济形势都很好，阶级斗争、生产斗争和科学实验三大革命运动正在紧密结合地开展，各个战线都出现一派大好形势，这是实现1964年财政收支预算十分有利的条件。大会号召：全市人民在中国共产党和人民政府的领导下，更加紧密地团结起来，努力增加生产，厉行节约，进一步贯彻勤俭建国、勤俭办企业、勤俭办社、勤俭办一切事业的方针，为1964年财政收支预算的胜利实现而奋斗！为国民经济的进一步全面好转而奋斗！

北京市第五届人民代表大会第一次会议选举的第三届全国人民代表大会代表名单

（1964年9月12日北京市第五届人民代表大会第一次会议选举）

毛泽东　刘少奇　周恩来　邓小平　彭　真　万　里
王　义　王　恺　王永贵　王昆仑　王恺谋　邓　拓
田文宽　乐松生　安　起（回族）　安朝俊　朱　觉
朱　临　朱兆雪　朱宝和　朱洪荫（蒙族）　刘云生
刘白羽　刘宗悦　刘国娟（女）　刘德珍　庄则栋
华罗庚　任新民　陆　平　宋　汀（女）　陈　发
陈素芝（女）　杜　若（女）　杜仁懿（女）
李　恕（回族）　李文富　李克佐　李瑜铭
李德寿（回族）　李墨林　吴　晗　吴作人　吴镜汀
张　鎏　张子锷　张友渔　张光斗　张百发　张体伦
张怀祖　张奚若　张晓梅（女）　杨士惠　杨甲三
严仁英（女）　时传祥　范　瑾（女）　范柏林
周玉兰（女）　周发岐　林巧稚（女）　林传光
易宗朴　罗淑珍（女）　孟继懋　贺　霖　侯幼临
姚淑平（女）　赵燕侠（女）　载　涛（满族）
徐仁祥　徐庆文　徐光宪　秦怀森　贾庭三
浦洁修（女）　郭树德　郭影秋　殷维臣
陶淑范（女）　诸福棠　黄　昆　黄润萍　崔广成
章旭昭（女）　梁思成　彭志忠　谢　莹
舒舍予（满族）　蒋南翔　董维域　韩瑞兰（女）
虞家锡　裘维蕃　蔡　旭　蔡乾汉　谭富英
潘文淑（女）　潘本权　魏建功

北京市第五届人民代表大会第一次会议选举的北京市人民委员会组成人员名单

（1964年9月12日北京市第五届人民代表大会第一次会议选举）

市　长　彭　真
副市长　万　里　贾庭三　吴　晗　王昆仑
程宏毅　赵　凡　范　瑾(女)王　纯
崔月犁　乐松生
委　员　(以姓氏笔划为序)
王文斌　王明之　王春平(女)王福海
冯希谦　叶恭绍(女)刘　仁　刘绍文
刘珍甫　朱　临　朱兆雪　孙孚凌
张　任　张景伯　张懋中　杜　若(女)
李　恕　李启芳　佟　铮　陈克寒
汪通祺　严镜清　郑天翔　钟　森
侯仁之　赵引珠(女)赵炳南　顾之惠(女)
顾均正　高其昌　高润芝　贾星五
萧　英　隋经仁　彭思明　蔡　旭

北京市第五届人民代表大会第一次会议主席团、秘书长名单

（1964年9月2日北京市第五届人民代表大会第一次会议预备会议通过）

主席团（四十九人，按姓名笔划排列）

丁贡南　万　里　王　纯　王文斌　王明之　王昆仑
王福海　乐松生　叶恭绍（女）　刘　仁　刘绍文
朱兆雪　张　旭　张友渔　张进霖　张晓梅（女）
吴　晗　李　昶　陈文润（女）　陈炳基　严希纯
严镜清　范　瑾（女）　郑天翔　赵　凡
赵引珠（女）　赵炳南　赵春霄　赵鹏飞　侯仁之
侯鼎臣　浦洁修（女）　贾庭三　贾星五　高登榜
顾均正　郭步岳　郭景海　崔月犁　彭　真　彭思明
程宏毅　蒋光鼐　蔡　旭　蔡连兴　蔡钟长　廖沫沙
魏　彬　魏建功

秘书长

贾星五

北京市第五届人民代表大会代表名单

（代表共751人，按选举单位和代表姓名笔划排列）

东城区（90人）

丁贡南　丁淑珍（女）　马云生　马树田　王　炯
王　敏（女）　王书庄　王文珍（女）　王忠诲
王洪发　王宪铨　王淑芳（女）　王景富
王毓芬（女）　尹德丰　白忠玉　刘　磊（女）
刘淑芳（女）　邢相生　孙珊嫊（女）
孙慧民（女）　印常荣　朱殿华　朱瑞芬（女）
吴　洁　吴　晗　吴钟秀　李　维（女）
李凤珠（女）　李永序　李玉库　张　鋆　张又明
张立宏　张仲元（女）　张锡钧　张肃庵
张韵生（女）　张德义　宋万荣　宋莉妹（女）
杨士惠　杨香九　杨葆俊（女）　杨锡镠
陈文润（女）　陈元箴（女）　陈锡兰（女）
何崇禄　汪静娴（女）　金书田　金巴降错
郑天翔　郑国安　郑恩洪　罗光达　范俊康
武桂梅（女）　孟繁华　赵庆芳（女）　赵炳南
赵香蘅（女）　俞京生　顾均正　徐道振
康　英（女）　常凤笄（女）　曹玉璞（女）
崔汝英（女）　梁豫珍（女）　彭　真　彭广麟
彭筱蕙（女）　傅丰永　黑木珍（女）　曾竹韶
蒋光鼐　蒋祖英　景秀英（女）　韩金德
董洁民（女）　蔡钟长　颜乃卿　潘逊皋　潘致和
冀　岩　戴士铭　戴镜元　魏　彬　魏毓麟

西城区（106人）

万　里　马志恒　马英贞（女）　马瑞芝（女）
弓鉴民　王安府　王秀珍（女）　王经慧（女）
王敏生　王淑霞（女）　王德益　孔秀英（女）
邓金鋆　支慧民　冯　志（女）　冯传汉　左　恭
兰玉珍（女）　史国祥　叶恭绍（女）　刘从先
刘秀清（女）　刘育毅　刘淑琴（女）　刘景祥
汤世雄　朱廷仁　朱兆雪　孙志洁　孙国梁
许淑珍（女）　那慧霞（女）　宋　平
杜　若（女）　李　非　李万计　李文瑞
李松林（女）　李荣增　李桂芝（女）　沈一帆
陈士骅　陈汀声　陈光旭　陈哲文　陈淑琴（女）
张友渔　张玉寿（女）　张立茂　张治邦　张思恭
张懋中　杨永和　杨金荣（女）　吴阶平　吴华庆

吴祖光 吴朝仁 苏灵扬（女） 严希纯 陆宗达
辛慧玲（女） 孟启予（女） 孟雅君（女）
周佩娟（女） 金瑞莘（女） 柏 岳 赵 联
赵引珠（女） 赵玉琳（女） 赵学芳
赵金褪（女） 赵锦亭 赵鼎新 胡亚美（女）
骆俊清（女） 闻家驷 陶 倬 顾之惠（女）
顾康乐 徐仁祥 徐玉莲（女） 徐寿荣 徐政闻
袁世海 贾兰文（女） 郭秀英（女） 殷继增
萧 英 曹 禺 常乃爱（女） 常秀桐 隋经义
黄卓明 黄逢坤 蒋 敏（女） 程玉清（女）
覃厚禄 解才民 解金声 雷绍瑜 蔡 芳
翟玉贞（女） 廖沫沙 廖馥君 臧 志

崇文区（55人）

丁振岐 于熙钟 马玉俊 马祥俊 毛之芬（女）
王子杰 王子淑（女） 王宏珍（女） 王昆仑
王淑珍（女） 王曾涛 方荣欣 牛春亭（女）
叶 子（女） 刘珍甫 刘锡福 许洪度 朱登辉
朱维馨（女） 陈文会 陈玉祥 李文芳 李振桥
宋世五 吕石泉 吕连英 张宏根 杨洪泰 杨维民
杨锡宪 罗玉凤（女） 房希珍 孟佩祥 金德忠
赵荣光 赵毓鑫（女） 祝寿河 夏 翔 夏长馨
高守信 高登榜 徐英超 殷宗琦 秦鹏章 席德权
崔广成 崔月犁 隋经仁 黄淑俊（女） 黄嘉生
阎道庸（女） 程宏毅 焦菊隐 黎 晓 薛恩厚

宣武区（73人）

马志英（女） 马祝三 马彭寿 于道济
王 君（女） 王 纯 王中秋 王玉荣（女）
王芷沅（女） 王宗仁 王培才 孔昭恺 乐松生
冯忠莲（女） 艾翠兰（女） 刘 涌 刘文伯
刘永顺 刘宝义 刘尚青 刘瑞华（女）
朱 琳（女） 孙孚凌 张 旭 张永兰（女）
张克明 张晓梅（女） 张锡之 李 恕
李 静（女） 李玉兴 李连胖 李贻赞
李淑琴（女） 李德寿 宋 清 陈 琦（女）
陈伯沈 陈慧生（女） 杨文儒 杨益三 邵克俭
吴海峰 佘涤清 范 瑾（女） 范秉哲 尚兴久
洪广源 胡幼琴（女） 赵宝泉 赵家琦（女）
费金泉 荀慧生 徐兰沅 袁松亭 浦洁修（女）
倪家玺 倪德荣 顾惠芳（女） 钱曾敏（女）
高肇文 萧 岩（女） 商 英（女）
梁士儒（女） 符文江 黄玉书（女）

黄运荃（女） 曹淑敏（女） 韩昭良
傅筱君（女） 焦寰五 滕淑娥（女） 薛光华

朝阳区（70人）

于春和 王 苏 王 策（女） 王子田 王文斌
王宝臣 王茹仙（女） 王振中 王淑英（女）
尹绮华（女） 白 涛（女） 司玉清（女）
冯希谦 田炳灿 池百川 孙仲鸣 孙昌宗
任岐莲（女） 刘松弟（女） 刘淑英（女）
毕基初 张 仁 张世恩 张志超 张艳荣（女）
张清珍 张鸿舜 张熙春（女） 李二娥（女）
李文通 李玉琴（女） 李学方 李祖彭 李培元
李淑贞（女） 杨秀云（女） 杨金兰（女）
杨爱娣（女） 陈谷音 陈国禧 陈曼云（女）
杜冠武 汪振芝 佟德禄 林 栋 林秀根（女）
郑彤生 单昭祥 孟祥凤（女） 钟立辉（女）
赵春燕（女） 徐世芳 陶玉珍（女） 宫邦发
郭寿萱 高其昌 高登云 桂育鹏 贾庭三 黄 祥
萧志庄 曹启璋 康振芃（女） 董化棠 谢安营
韩连升 褚淑珍（女） 樊颖梅（女）
薛淑华（女） 魏笑天

海淀区（80人）

丁海鹏 马建民 马炳先 马载之 马振岳
王庆淑（女） 王守渝（女） 王福海
戈锦文（女） 叶和才 刘占武 刘长文 刘光弟
刘静云（女） 刘静廉（女） 孙克平（女）
孙念台 曲陆兰（女） 池际尚（女）
许宝华（女） 朴爱顺（女） 沈 元 沈汝松
张 任 张 更 张龙翔 张还吾 张福森
李 珍（女） 李汉民 李玉芬（女） 李旭明
李纪甫 李秀德 李修洁 陈一凡 陈开臻 陈宝森
吴子牧 吴承祺 吴浮山（女） 吴焕仁 陆大绘
宋广熙 宋元俭 杨秀岚（女） 杨承淑（女）
杨振忠 何泽明 苏维仁 罗凤山（女）
林水仙（女） 房仲民（女） 周发岐 欧昌明
侯仁之 钟用达 祝伯权 洪茂宏 赵宗仪（女）
赵春燕（女） 高 沂 高世良 高树仁
郭文惠（女） 郭景海 袁平书 徐善驾 焦今昔
傅长兆 彭庆遐 韩淑巧（女） 韩淑秀（女）
雷圭元 蔡长年 蔡乾汉 蔡增贵 薛 延（女）
薛宝衡 戴 衡

丰台区（61人）

王治国 王宝琏 王镇武 牛品芬（女） 石九言
厉元凯 冯连喜 刘 仁 刘光金 刘秀兰（女）
齐洪荫 孙鸿臣 苏 民 苏从周 苏式琪（女）
陈 殊 陈克寒 杨广岭 杨英麟 劳君展（女）
张进霖 李金才（女） 李德勋 李慕艳 杜松庭
沙钟瑞 吴桂姐（女） 宋舜英（女） 宋德银
林 彤 佟树旺 赵文普 赵廷河 赵明秀
赵桂香（女） 赵鹏飞 赵焕然 信永利 姚世魁
郝慎铭 郭 荣 郭玉柱 高 铨 高润芝 高维志
莫艺昌 席正平 倪吉英 倪志福 袁泽洲 常子久
盖文林 黄乐山 萧顺鹏 彭思明 蔡连兴
蔡素琏（女） 戴凤臣 魏 明 魏建功 魏思文

门头沟区（24人）

邓付山 王秀凤（女） 王明之 王国梁 王振喜
王裴庆 龙文耀 朱 觉 孙惠英（女） 张 萍
李长顺 李华林 李启芳 李荣彰 李桂俭 杜兴旭
杜逢明 汪家镠（女） 金士宣 赵 凡 彭 城
景振洋 隗福勤 裘盛戎

昌平县（20人）

于秀荣（女） 王家驹 冯基平 史静贤（女）
刘士豪 刘春波 许正宣 陈茂生 陈景龙
杨美如（女） 宋新波 金淑兰（女） 赵 钰
赵海泉 赵德珍 姜载愉 郭步岳 焦士清（女）
傅国珍 解 杰

大兴县（20人）

王玉章 田 为 安 林 安云霞（女） 刘 涌
刘仲华 刘朝士 关学曾 苏一夫 吴秀珍（女）
吴振贤（女） 陈修政 张树榛（女） 张景伯
杨鸿芬（女） 赵晨明 郭 方 温凤来 游济世
薛天宽

房山县（29人）

马 祥 王春平（女） 王瑛璞（女）
仉淑兰（女） 方徽五 冯卓如 佟 铮 李万明
李忆兰（女） 李世济（女） 严中平 谷中秀
杨昌业 陈炳基 吴祥祉 郑学兰（女） 赵 宽
钟 森 郭 华 郭长波 徐庆文 贾星五 高福喜
曹庶民 董建像 雷 加 熊寿祺 霍 梁 魏 钧

通县（28人）

于建华（女） 王文成 王月荣 王连吉
王淑敏（女） 王敬亭 邓哲熙 刘 拓 刘万钧
刘学凤（女） 华 骏 安 魁 陈 义 陈 山
杜广泽 李文伟（女） 李凤香（女） 张立生
张美霞（女） 张振铜 吴镜汀 季庆阳 赵春霄
郭武珊 曹光锐 曾德超 鲍伟廉 戴松恩

顺义县（25人）

万 瑞 王景祥 王慎斋 史家钟 刘永国 关世雄
牟泽衔 贠栋臣 乔洪森 张凤鸣（女）
张秀亭（女） 张青季 李长瑞 李瑜铭 陈陆圻
汪菊渊 周尚义 郑思远 孟繁增 侯鼎臣 萧永顺
曹崇文 程光炳 蔡 旭 樊永楠

怀柔县（12人）

毛淑英（女） 王锡瑞 朱 临 刘宗杰 张 喜
张定和 李文澜 李进坤 李晓章 孟宪堂 钱澄海
崔 河

密云县（20人）

力伯法 王 宪 王传耀 方宗岱 刘正舟 李西山
李桂云（女） 吴显志 宋瑞芝（女） 严镜清
郑裕峥 娄合成 赵保存 贺翼张 倪介瑜 梁子光
阎振峰 傅振举 甄树德 戴念慈

平谷县（16人）

王文哲 王洪章 刘成华（女） 刘自臣 刘烈武
李 苾 张怀生 张育生 张俊生 沈英杰 杨湘泉
罗 清 苗力田 赵清河 秦力生 崔旭东

延庆县（12人）

刘 明 任德茂 陆 达 张兴彦 杨志光 杨洪儒
吴贵科 汪通祺 莫 艾 高万红（女）
黄本芝（女） 崔美善（女）

部队（10人）

王 澄 刘月生 刘绍文 陈伯禄 罗亦经 徐又彬
贾若瑜 傅继泽 路 扬 戴金川

北京市第五届人民代表大会第二次会议

（1965 年 9 月 3 日——11 日）

北京市第五届人民代表大会第二次会议于 1965 年 9 月 3 日至 11 日举行。

会议听取、讨论并批准了万里副市长关于商业工作的报告，听取、审查、通过了王纯副市长关于 1964 年财政收支决算和 1965 年财政收支预算的报告。

本次会议共收到提案 281 件。其中，政法类 23 件，财经类 104 件，文教卫生体育类 66 件，城市建设类 76 件，其他类 12 件。会议还听取了提案审查委员会关于提案的审查报告。

关于北京市商业工作的报告

（1965 年 9 月 7 日）

北京市副市长 万 里

各位代表、各位同志：

现在我代表市人民委员会报告商业工作，请大会审查。

北京当前的市场状况，和全国一样，形势很好。市场商品供应比较充裕，品种增加，质量提高，物价有所下降，城乡人民的生活继续有了改善。

在党的正确领导下，城乡社会主义教育运动更加广泛、更加深入地向前发展，广大人民群众和干部的思想觉悟大大提高，高举毛泽东思想红旗，贯彻执行社会主义建设总路线，正确地执行了党的一系列方针政策，大张旗鼓地开展阶级斗争、生产斗争、科学实验三大革命运动，开始出现了社会主义建设的新高潮。工农业生产的进一步发展，全国各地区、各城市对首都积极支援，调来了大量的商品，是市场形势大好的根本保证。北京的工农业生产，和全国一样，也有了很大发展。郊区的农业生产形势很好，粮食连年增产。今年夏粮虽然丰收，平均亩产比去年增加百分之三十七，总产量增加百分之四十七，但迄今绝大部分地区还没有下透雨，旱情严重，有些地方要减产。由于几年来的水利建设发挥了作用，广大群众积极进行了抗旱斗争，总的看来，还可以争取一个好收成。郊区农村初步建成了副食品生产基地，蔬菜、牛奶、部分水果等已经能够满足供应。郊区农民交售猪、鲜蛋的数量，今年上半年比去年同期增长百分之五十多。在工业战线上，去年以来，广泛地开展了以提高质量、增加品种为中心的群众运动，带动了生产水平的全面提高，出现了新的生产高潮。今年上半年工业总产值比去年同期增加百分之十九，棉布、棉纱、各种针棉织品、合成纤维制品、塑料制品、缝纫机、暖水瓶、胶鞋等日用品，产量都有显著增长。今年三月间，若干单位曾经发生过片面追求产品数量，忽视质量的现象，而且出了一批次品、废品，但经过四月二十一日会议后，这种倾向很快扭转了。并且有不少产品质量提高，品种花色增多，成本下降了。

在工农业生产开始全面高涨的基础上，商业部门购销两旺，物资交流活跃。城乡人民生活必需品的供应，虽然有些商品如布匹等仍然供应不足，但总的说来，不论吃的、穿的、用的，都有了改善。今年上半年，食油、猪肉、鸡蛋等吃的商品，棉布、服装、针棉织品等穿的商品，缝纫机、手表、暖水瓶等用的商品，销售数量分别比去年同期增加百分之十到百分之五十以上。猪肉，城市人口的平均消费量，去年上半年为每人十一斤四两，今年上半年为每人十三斤九两，增加百分之二十二。市场物价水平也有下降，猪肉、鸡蛋、牛奶、水果、收音机、暖水瓶等商品的价格都降低了。前几年我们曾经对一小部分商品实行高价供应，现在除个别商品以外，都已经改为平价供应。市场上商品的花色品种增多。各种塑料制品、合成纤维制品等新产品逐渐增多。商业经营方式和供应办法也有不少改进。许多商品的供应已经取消了凭证凭券的限制。这些都充分反映了当前经济形势确实很好。但是，也应当看到，在大好形势下，还存在着某些困难和问题，比如今年华北等地区不少地方旱情很严重，有些地方已经出现局部的灾荒；某些物资，如穿的还不能满足需要；我们的工作还存在着很多缺点等。因此，我们需要继续努力，做好工作，不断克服前进道路上的一切障碍，争取国民经济的进一步高涨。

在商业战线上，通过社会主义教育运动，提高了广大职工的思想觉悟，突出了政治，以政治带业务，使商业工作有了显著的改进。今年以来，广大商业职工学习毛主席著作的群众运动，有了新的发展，精神面貌有了很大改变。在学习中反对了不问政治的单纯业务观点，反对了骄傲自满、固步自封、孤陋寡闻、夜郎自大的思想；进一步明确了社会主义商业的方向和任务，坚持了“发展经济，保障供给”的方针，提倡为革命而做买卖，加强了政治观点、生产观点、群众观点，树立全心全意为人民服务、为社会主义革命和建设服务的思想，振起了广大职工的革命精神，努力改善经营管理，提高服务质量，改进商业工作。

第一，改善了工农业产品的收购和生产资料的供应工作，对于生产的发展起了一定的促进作用。

商业部门配合农业生产部门，进一步加强了农村副业生产的组织和领导，促进多种经营的发展。改善了农副产品的收购工作，开始注意了对零星的、分散的、小土特产品的收购。今年上半年供销合作社收购副业产品四千七百多万元，比去年同期增加百分之三十四点八，平均每户社员增加收入十七元五角。废旧物资收购额达九十三万元，比去年同期增加一点五倍。这就增加了生产队、社员的收入，支持了集体经济的发展，并且支援了国家建设和市场供应。农业生产资料的供应数量增加，多数质量提高，价格下降，供应方法也有改进。

工业产品的收购和推销工作有所加强。今年上半年市商业局系统，工业品收购总额比去年同期增加百分之十五。工业生产需要的原料、材料、辅料和劳动保护用品，供应量有很大增加。商业部门的同志，同工业部门一起，进行了一些调查研究工作，并且多次携带样品深入郊区和河北省部分农村，调查农村需要，征求农民意见，为改进产品设计，增产适合广大农村市场销售的物美价廉、坚固耐用的产品，提供了一些资料。其中有些已经开始成批生产，如适合农村销售的搪瓷面盆、铅笔、小块香皂等，在一定程度上促进了工业生产的发展。

第二，城乡零售企业，积极改善经营管理，提高服务质量，便利群众。

许多零售商店根据居民需要，增加了花色品种和服务项目，改进了供应办法和服务方式，降低了零售起点，合理地安排了营业时间。例如，东安市场七月份增添了四千六百多种商品，其中许多是日用小商品。不少粮店增添了出售切面业务。有些粮店调整了劳动组织和营业时间，改变了过去职工上班粮店开门、职工下班粮店停业的不便利群众的作法。许多粮店主动地为应该调整粮食定量的儿童办理手续，送粮票上门。有些副食店，在猪肉分级论价的基础上，对猪肉的不同部位，试行分等论价办法，适应了各种不同需要。修理业、服务业价格最近陆续有所降低，服务质量也有一些提高，饮食业的卫生工作多数单位有所改进，并采取了一些方便群众的措施。例如，有一百二十九户饭馆为职工子弟六千余人包饭，减少了职工的家务负担。

在石景山、南苑东高地、和平里等新建的工矿区和居民区，进行了改革商业工作的试点，已经初步收到成效。对于市区的几个商业中心和一些新建地区的商业网点，有重点地进行了调整，并且新建了一些商店。郊区农村，在商业网点稀少的地区，供销合作社下乡上山，又收又卖，使这些地区群众生活必需品的供应和农副产品的收购有了改善。

第三，许多批发企业，改善经营管理，减少流转环节，经济、合理地组织商品流通，扩大物资交流。为了便利零售，许多批发单位降低了批发起点，为零售送货上门。有些批发单位帮助零售单位调剂长期积压的商品。对于蔬菜、水果等不易保管的新鲜商品，实行由生产单位和零售单位直接挂钩送货的办法，蔬菜、水果、糕点、豆制食品等二十四种主要副食品，已经大部分是由生产单位直接送到零售店的。这样使商品的质量有了提高，又能够尽快地供应到消费者手里，同时，还节约了人力、物力，减少了商业费用和商品损耗。

第四，商业系统许多领导干部开始深入基层，蹲点劳动，进行调查研究，促进了机关革命化，脱离实际、脱离群众的官僚主义和主观主义的思想作风有了一定转变。有些领导干部通过蹲点劳动，密切了同群众的关系，了解了许多情况，系统地解决了工作中的某些重要问题。市供销社的领导同志，总结了房山县“背篓商店”的先进经验，在郊区大力推广，现在郊区农村已经出现了一批比较好的基层供销社和分销店，有力地促进了农村商业工作。

初步调整了郊区各县商业组织。通县等地开始精简机构，减少管理人员，充实第一线，并且调整了国营商店和供销合作社的分工，使供销社集中力量加强农村商业工作。

社会主义商业，是城乡物资交流的纽带，是生产同消费的桥梁，它承担着大量的工农业产品的收购和销售工作，承担着城乡人民生活的供应和服务工作，同各方面联系广泛，任务十分繁重。商业战线上的广大职工，在党和政府的领导下，政治挂帅，坚持按照社会主义原则经营业务，开展购销活动，生意比过去做得更好一些。例如，在肉、蛋、蔬菜、瓜果旺季，一个月蔬菜上市量达二亿六千万斤、瓜果几千万斤，有时一天蔬菜上市量就达一千二百万斤，要把这样大量的新鲜商品，及时地从生产部门送到消费者手里，而又尽量减少损耗，是一件十分复杂、艰巨的工作。在运输等部门的配合下，商业职工不辞辛劳，日以继夜，千方百计组织收购、调运、储存和推销工作，比较好地完成了任务，保证了商品的质量。商业部门工作的改进，更好地促进了生产，保障了供给，也显著地改进了商业部门同生产部门、同广大群众的关系和商业部门内部的关系，形成了一种团结友爱、互助协作的同志关系。商业部门关心生产、支持生产，生产部门也注意根据市场需要，积极地增产适销的商品。商业职工关心群众利益，广大群众也更加热爱商业工作者，主动支持和帮助商业部门解决困难。当售货人员送货下乡时，社员问寒问暖，有的还争着帮助售货员背货、推车、挑担；每年大白菜集中上市时，许多城市居民帮助商店卸车、整修、分配，保证了几亿斤秋菜储存任务的及时顺利完成。广大群众关心和支持商业工作，给了商业工作者很大的鼓舞。

几年来，商业战线上涌现出大批先进单位和先进职工，应邀列席这次代表大会的商业部门先进单位代表和先进职工就有二百四十人。他们中间有为了建设社会主义新农村，长期坚持背篓送货上山，支持生产发展，关心群众生活的房山县黄山店“背篓商店”；有一贯认真执行党和国家的政策，不断改善经营管理，提高了服务质量和服务水平的天桥百货商场；有模范地为零售商店服务，合理地组织商品流通的阜成门水产批发部；有不断提高服务质量，尽量方便群众，深受居民欢迎和赞扬的阜成门南顺城街第二粮店；有根据群众需要，增加花色品种，改进服务方法，做好清洁卫生工作的隆福寺小吃店；有不断提高产品质量，热情为顾客服务，方便群众的前门服装缝纫社；有由先进变落后，加强了政治思想工作，又由落后变先进的护国寺副食商场；有活学活用毛主席著作，不断地改进思想、改进工作，工作做出显著成绩的大栅栏自行车商店会计施德文同志；有认真读毛主席的书，听毛主席的话，坚决按照毛主席的指示办事，勤勤恳恳，不辞辛苦为居民服务，坚决勇敢地和资产阶级的歪风邪气进行斗争的北礼士路新华副食商店的售货组长谢炳琴同志。类似这样的先进单位和先进工作者还很多，就不一一列举了。全市商业战线上的先进集体和先进工作者，在商业工作中，发挥了骨干作用、带头作用和桥梁作用，带动了全市商业工作不断前进。全市各行业的广大职工，应该好好向他们学习。让我们大家向他们并通过他们向商业战线上的全体职工同志致以崇高的敬意！

各位代表、各位同志！这几年来，商业战线上无产阶级和资产阶级的阶级斗争，社会主义和资本主义两条道路的斗争是尖锐的、严重的。在商业系统的从业人员中，有相当数量的资产阶级分子，在商业工作和商业队伍中，资产阶级思想和资本主义经营作风还有相当的影响。经过历次政治运动和不断进行社会主义教育，多数资产阶级分子接受党的领导走社会主义道路，接受社会主义改造，许多人有了不同程度的进步；商业队伍和商业工作中的资产阶级思想，和旧社会遗留下来的资本主义经营作风，也有很大改变。但是，还有少部分人对社会主义改造有抵触不满情绪，有些人在集体所有制的商业、修理服务业中，宣扬自负盈亏、闹退出集体单干。有些人宣扬资产阶级个人主义和资产阶级腐朽的生活方式，腐蚀我们的干部和职工，特别是青年职工，同我们争夺下一代。有些人传播资本主义唯利是图、损人利己的经营作风，教唆职工抬级抬价、压级压价，少给分量，掺杂使假，欺骗群众。也有少数人进行贪污盗窃、投机倒把活动，其中有的还同社会上的投机倒把分子相互勾结，狼狈为奸，扰乱市场，破坏国家经济建设。也有的人甚至篡夺了企业的领导权，肆无忌惮地进行各种破坏社会主义事业的罪恶活动。

商业战线上的广大干部、职工，在党的领导下，对各种资产阶级思想、作风和资本主义的违法活动，展开了尖锐的、不调和的斗争，维护了国家和人民的利益，巩固和扩大了社会主义阵地。但是，必须看到，无产阶级和资产阶级、社会主义和资本主义两个阶级、两条道路的斗争还是长期的、复杂的、时起时伏的。资产阶级思想作风对我们商业队伍的侵蚀和影响是严重的。因此，必须把社会主义教育运动进行到底，把加强对资产阶级分子的团结教育改造工作做得更好，对少数违法的资产阶级分子和极少数蜕化变质分子危害社会主义事业的行为，进行坚决的斗争，以保证我们的商业工作沿着社会主义方向不断前进。

在我们的工作上也还存在着很多缺点和问题，有些缺点还是相当严重的。必须根据毛主席教导的一分为二的观点，对工作进行严格的检查，发扬成绩，克服缺点，坚持不断革命的精神，认真改进工作。

商业部门不少单位政治观点、生产观点、群众观点不强，突出政治不够，不问政治的单纯业务观点相当严重，没有把全心全意为人民服务，促进工农业生产发展，千方百计便利群众放在第一位。有些商店经营品种不对路，商业网点设置和营业时间安排不当，服务质量不高，服务态度不好，给群众生活造成了不便。例如，有的县城把粮店安排在城外，城里的居民买粮要跑很远的路。有些新建地区居民生活必需品的供应还没有很好解决。修理业、服务业虽然有了一些进步，但是总的讲，还是很落后的，比起上海等兄弟城市差得很远，许多地方质次价高、不方便群众、不卫生。有些饭馆不愿经营群众欢迎的价钱便宜的饭菜和小吃，而且饭菜做得不好，个别的有时甚至还出售腐烂变质的食品，影响人民身体健康。修理业有些单位挑肥拣瘦，愿做收入多的活，不愿做收入少的活，而且厂店分家，收活和修活脱节，很不方便群众。有的成衣铺本来承担着改旧翻新任务，但不愿拆洗棉衣。有的修鞋门市部愿修大人鞋、不愿修小孩鞋。有的甚至不执行国家价格政策，巧立名目，乱加价，多要钱；或者偷工减料、粗制滥造，弄虚作假，欺骗顾客。如正在检查处理的南苑修表门市部，以一个小业主为首，经常敲诈勒索，欺骗群众。不久以前他们为四个机关修了六十二只电钟，该擦油泥的四十七只，只擦了一只，其余上点油应付了事，白白拿了九十二元修理费。农村某些地区供销社供应网点过少，不便利群众，在组织副业生产和收购供应等方面还存在不少问题，需要进一步解决。

有些批发公司和商业工作人员，对工业部门增加新品种、新花色的产品，不热情欢迎、积极支持、帮助推销，有的甚至滥加阻挠。这个问题一直未能认真解决。不少商业部门对生产情况和市场情况调查研究不够，因而有些工作看得不远，对某些主要产品统筹安排不够，往往给生产和市场供应都带来一些不利影响。例如，去年大号圆钉、粗铅丝库存稍微多了一些，就要求生产单位减产、改产，以致今年市场上大号圆钉、粗铅丝又供应不足。今年游泳衣的严重脱销，也是由于事前对形势估计不足，没有充分安排生产，在游泳衣供应严重不足时，又临时布置突击生产，工作又做得很粗，部分原材料选用不当，质量检查也不够认真，致使许多质量低劣的产品上市。这样的经验教训已经不少，必须认真记取。

各级商业领导部门存在着程度不同的官僚主义、主观主义，许多领导同志蹲点、参加劳动、调查研究不够，不善于总结经验，不善于发现和解决问题。上层管理机构和批发企业机构庞大，层次重叠，中间环节多、手续烦琐，一些规章制度不合理，而且往往各自为政，各行其是，不利于生产发展和商品流通。有些上层管理机构和批发企业，只顾自己方便，不为生产单位和零售单位着想，以不正确的态度对待它们，给它们的工作造成很大困难。有的地方的基层零售商店到北京城里进货，曾经要到六十多个单位办手续，到七十多个地方去取货。买饭碗要到前门外批发部开票，到广安门外陶瓷厂取货；买斧子要到五金公司买斧头，到土产经营处买斧把；买妇女用的卫生纸，几个不同的品种就要分别到西城护国寺、宣武教子胡同、前门粮食店街和丰台区的方庄取货。基层供销社到县城进货，在城里就要花半天到一天时间。曾经发生过这样的事，通县有一个生产队买几斤谷种，派人办了九道手续，跑了一百里跑；东高地有的工厂买劳保毛巾，派人到城里跑了十多趟。对这样人力、物力严重浪费的现象，纠正得不力，不及时，不系统。

商业工作中的这些缺点，有些已经解决或者正在解决，有些已经引起注意，有些还没有引起注意，需要在今后工作中逐步抓紧解决。

现在我们正面临着社会主义建设全面高涨的新形势。经过社会主义教育运动，广大人民群众的革命热情空前高涨，工农业生产和各项建设事业正在蓬勃发展，人民的需要不断提高。在当前大好形势下，出现了许多新的情况、新的矛盾和问题，需要调查研究正确解决；国家和人民对商业工作的要求更高了，今后工作中也还会遇到一些新的困难。因此，商业战线的任务更重了。为了搞好社会主义商业，首先是把商业部门的社会主义教育运动进行到底，继续突出政治，高举毛泽东思想红旗，不断地提高职工的社会主义觉悟，鼓足更大的革命干劲，以可能达到的最高标准更严格地要求我们的工作，根据党和国家的方针政策，积极做好收购和供应工作，扩大城乡之间、地区之间的物资交流，改善经营管理，提高服务质量。

从这几年商业工作中我们可以得到一些什么经验教训，今后怎样进一步办好社会主义商业呢？

第一，高举毛泽东思想的红旗，以阶级斗争为纲，突出政治，把政治思想工作放在一切工作的首要地位，以政治统率业务。毛主席早就说过，政治是统帅、是灵魂，政治工作是经济工作的生命线。政治挂帅，商业工作就能沿着社会主义道路顺利地前进，高屋建瓴，势如破竹。反之，离开政治，为做买卖而做买卖，就会迷失方向，走到资本主义的邪路上去。政治挂帅，就是毛泽东思想挂帅，用毛泽东思想来改造思想，指导工作。无数经验证明，凡是工作做得好的，都是按照毛泽东思想办事的结果；凡是不根据毛泽东思想办事的，就要发生这样或者那样的错误，使工作遭受损失。什么地方认真学习毛主席著作，什么地方就出现了生动活泼的局面，取得较大的或者突出的成绩；什么地方不认真学习毛主席著作，什么地方就暮气沉沉，工作停滞不前。因此，必须狠抓政治工作，使之真正成为全盘工作的基础。要做好政治工作，就要思想政治工作同业务结合，把政治工作做到每个人的身上去，做到日常业务活动中去，抓住活的思想，进行教育，引导职工走上革命化的道路。商业职工和别的战线上的工作同志一样，要根据个人自觉自愿的原则，按照自己文化、政治水平和工作需要，好好学习毛主席著作，用毛泽东思想把头脑武装起来。各级领导干部，要实事求是地带头学习，带头学好。要通过学习，加强社会主义教育，反对骄傲自满、固步自封、孤陋寡闻、夜郎自大的思想，克服形形色色的资本主义、本位主义、个人主义思想，使广大职工更深刻地认识为革命而做买卖的道理，加强政治观点、生产观点、群众观点，身在企业，胸怀祖国，关心世界革命，振起广大职工的革命精神，坚持不断革命，全心全意地为人民服务。只有人的思想革命化，我们的业务才能革命化。

第二，把商业战线上的社会主义教育运动进行到底，重新教育人，加强商业队伍的建设。我们商业战线上的十几万工作人员，绝大多数都是为了社会主义事业勤勤恳恳工作的，许多人经历了阶级斗争和社会主义建设的锻炼，有了很大进步，总的来看是一支好队伍。但是，我们的队伍还远远不能适应商业战线上日益繁重、艰巨的任务。商业队伍中，还有一部分资产阶级分子，需要进一步加强对他们的教育改造；资产阶级思想和旧社会遗留下来的资本主义经营作风，在商业战线上还有广泛的影响；许多干部思想政治水平不高，业务还不熟悉；几年来，吸收了一批青年职工，他们总的说来表现是很好的，是朝气勃勃的，但是，他们既缺乏阶级斗争的锻炼，又没有掌握熟练的业务知识。因此，必须下定决心，经过不断的努力，把我们商业队伍建设成为一支用毛泽东思想武装起来的、业务技术水平比较高的、有组织有纪律的战斗队伍。

要认真做好青年职工的工作，发挥他们的积极性和创造性，积极培养他们成为又红又专的革命接班人。许多青年参加商业工作以来，进步很快，有的已成为工作中的骨干。必须用一分为二的观点，正确对待青年职工的优点和缺点，注意青年的特点。照顾他们的正当的兴趣和要求，积极地引导他们前进。要吸收他们积极参加社会主义教育运动，加强对他们的阶级教育、革命人生观教育和革命传统教育，提高他们的无产阶级觉悟，抵抗资产阶级的腐蚀。要组织青年职工大练基本功，逐步掌握过硬的本领。同时，要大胆地、有计划地提拔优秀青年职工担任基层单位的领导工作。

认真做好资产阶级分子的团结教育改造工作。对于资产阶级分子应当“重在表现”。资产阶级作为一个阶级，是一定要消灭的，但是属于资产阶级的人，只要愿意进行改造，决心过好社会主义革命这一关，是有光明前途的。对他们必须继续采取积极态度，鼓励他们接受改造，努力工作，同时，同一切资本主义复辟活动进行斗争。

要进一步办好商业系统的各种学校。这些学校都应该加强政治工作，把政治教育放在第一位，凡是宜于半工半读的，都应该实行半工半读，使学生在学习期间，在思想、业务上就能逐步地受到锻炼和提高。

所有的商业职工都要继续大学解放军，加强革命传统教育，大兴“三八作风”，坚持“四个第一”。教育全体职工全心全意为人民服务，毫不利己，专门利人，一切都为了人民和革命的最高利益，以献身于社会主义革命和建设为最大快乐。有了这种革命精神，就能够最充分地发挥出每个人的积极性、创造性，发挥出每个人的聪明才智；就能够克服各种不良倾向，正确地理解和执行党的方针、政策，在工作中克服一个又一个的困难，取得一个又一个的胜利。

第三，从“发展经济，保障供给”的要求出发，更好地贯彻执行为生产服务、为人民生活服务的方针，在国家计划指导下，贯彻执行“及时收购，积极推销，生意做活，活而不乱”的原则，扩大商品流通，千方百计地促进工农业生产新高潮的发展，保证市场商品的供应。

商业部门应当面向全国、面向农村，加强调查研究，深入了解各地方、各季节对生产资料、生活资料的各种不同需要，力求做到供应及时，品种规格对路，质量好，价格适当。同时，要经常地、及时地向工农业生产部门反映市场情况，根据市场需要，安排生产，提高产品质量，增加花色品种；又要根据工农业生产情况，及时进行收购，积极组织销售，扩大物资交流，促进生产发展。工农业生产部门，必须加强同商业部门的协作配合，根据国家建设和人民生活的需要，不断改进生产，增产质量更好、品种对路的产品，供应市场。

农村是我国工业市场的主体。一切商业部门都应当面向广大农村，把支援农业、支援人民公社集体经济，做好农村商业工作放在首要地位。要积极地组织和扶植农业生产和副业生产的发展，做好副业产品的收购工作。充分利用农村的人力、物力，就地组织农副产品的加工，增加生产队和社员收入，发展集体经济。要采取切实有效的措施，组织工业品下乡，促进农村经济的发展，扩大工业品市场。农村基层供销社，要合理增加网点，适当增加代销店，根据农村特点，不断改进经营方式，上山下乡，又买又卖，便利群众，并且逐步地增加经营项目和服务项目。

要进一步改善经营管理，不断提高服务质量，千方百计便利群众。特别是要逐步加强和改进新建区、工矿区的供应工作。推行石景山、南苑东高地、和平里等新建区改革商业工作试点的经验，按地区建立集中统一领导，统筹安排业务，尽可能地满足当地群众的基本生活需要。

大力改进修理、服务行业的工作。认真调查研究修理、服务行业存在的问题，在加强政治工作的基础上，切实改善经营管理，提高服务质量，降低成本，努力做到工精、物美、价廉、方便。饮食、服务行业要普遍做好卫生工作，保证群众身体健康。

认真改进批发工作，结合本市特点，大力推广唐山地区的经验、经济、合理地组织商品流通，尽力方便零售，扩大物资交流，更好地为生产和消费服务。

在商业工作中，必须把政治观点和经济观点统一起来，根据为生产服务、为人民生活服务的原则，在国家计划的指导下，认真地改善经营管理，加强经济核算，为国家积累资金。不能不顾党的政策，不顾全局利益，把一个单位、一个部门的赚钱放在第一位；也不能不讲求经济核算，不计成本，不问盈亏，甚至损害国家和人民的整体利益。

一切商业单位，都应该倾听群众意见，接受群众监督，把商业活动置于群众监督之下。地区性商业单位，应当有步骤地建立消费者代表会议，定期向他们报告工作，接受群众的批评和监督。我们全市人民，要关心商业工作，尊重商业职工的劳动，既监督他们，又帮助和支持他们。在这方面已经出现了大量模范事例，值得大家学习。但是，也有极少数人不尊重商业职工，刁难甚至侮辱商业职工，这是应当注意纠正的。

第四，必须立标兵、树旗帜，广泛开展比学赶帮超的群众运动。突破一点，取得经验，推动全局，这是毛主席历来指示的群众路线的工作方法。各行业、各地区都要抓住先进典型，及时总结经验，树立活的样板，发动广大群众开展比学赶帮超运动，使得后进的赶上先进，甚至超过先进，原来先进的向更加先进的和一切单位的长处学习，互相帮助，共同提高。过去我们商业部门对此认识不够，没有很好地抓住典型，总结经验，树立样板，对于已有的像天桥百货商场这样的先进典型，也推广不力，没有把赶天桥、超天桥的运动坚持发展下去。今年上半年，我们总结了“背篓商店”的先进经验，而且大力推广，号召全市一切商业单位、全体商业人员学习“背篓商店”的革命精神，在全市商业职工中就掀起了一个比学赶帮超的热潮。不但出现了一批“背篓商店”式的供销社和分销店，而且推动了整个商业工作的改进。但是，这个运动开展得还不够广泛、不够深入，必须继续努力。同时还要虚心学习上海等兄弟省市的先进经验，全面地改善经营管理，提高服务质量，把我们的工作不断地推向新的水平。

在比学赶帮超的群众运动中，要加强领导，坚持革命精神和科学态度相结合。一方面，要充分发扬群众的主动性和创造性，领导者必须以满腔热情对待新鲜事物，鼓励一切正确的改革；另一方面，领导者又要保持冷静的头脑，当冷静的促进派。一定要实事求是，扎扎实实，反对形式主义。业务上的重大改革，应当经过试验，取得经验，然后推广。规章制度的改革，应该既坚决又慎重，必须经过上级批准的，要及时报请上级批准。

要注意劳逸结合。群众的积极性愈高，就愈要关心群众的生活和健康。目前不少商业职工的工时较长，劳动强度较大，还有很多笨重的体力劳动，绝不能随便延长工作时间，增加劳动强度。要提倡巧干，实行技术革新、技术革命，在可能条件下尽力改善劳动条件，做到在现有工作时间内，更好地完成任务。职工业余活动，必须妥善安排。切实精简不必要的会议，给职工留出必要的时间，由职工自己支配。

第五，实行机关革命化，改进领导思想和领导作风。

要使商业队伍和商业工作革命化，关键在于领导机关和领导干部革命化。各级领导干部，一方面，要认真地学习毛主席著作，钻研党的方针政策，联系思想、联系实际，勇敢地开展批评和自我批评，克服非无产阶级思想，提高马克思列宁主义的水平。另一方面，要大兴调查研究之风，坚持劳动和蹲点制度。毛主席说：“人的正确思想，只能从社会实践中来，只能从社会的生产斗争、阶级斗争和科学实验这三项实践中来。”商业工作要为生产服务、为消费服务，就必须密切联系实际、联系群众，必须了解和熟悉生产情况和消费情况。领导干部，只有深入基层、深入群众、蹲点、参加劳动、调查研究、总结经验，才能克服官僚主义、主观主义。我们要求，各级商业管理机构和批发机构，逐步做到经常有三分之一的干部，由领导干部带领，深入基层蹲点。并且要把学习毛主席著作和参加劳动、调查研究、总结经验结合起来，做到既改造主观世界，又把工作经验整理起来，使之系统化、条理化，用以指导客观实践。城区、近郊区、县城的基层零售企业的领导干部，除个别规模很大的商店以外，一般都要不脱离生产，至少有一半时间参加劳动，逐渐形成一支既能从事脑力劳动，又能参加体力劳动的新型的干部队伍。

在思想革命和作风革命的基础上，大力精简行政机构和企业管理机构，减少中间环节，改革不合理的规章制度，取消不必要的表报、文件，抽调尽可能多的人员充实基层，加强业务第一线。

各位代表、各位同志，目前国际和国内的形势都是大好的，但是，凶恶的美帝国主义正在疯狂地扩大对越南的侵略战争，正在蹂躏我们亲如兄弟的越南人民，并且不断向我国挑衅。我们更应当加倍奋发图强，做好工作，加快我们社会主义建设的步伐，充实我们的国力，加强我们的国防，援助越南人民抗美救国的斗争，尽我们应尽的国际主义义务。有伟大的毛泽东思想作为我们一切工作的指针，有光荣、伟大、正确的中国共产党的英明领导，只要我们放手发动群众，充分发挥广大群众的积极性，继续发扬自力更生、奋发图强、艰苦奋斗、勤俭建国的革命精神，我们就可以紧紧跟上形势的发展，把我们首都的商业工作做得更好，把我们的一切工作做得更好，促进社会主义革命和社会主义建设事业不断前进。

关于北京市一九六四年财政收支决算和一九六五年财政收支预算（草案）的报告

（1965年9月7日）

北京市副市长
兼计划委员会主任 王纯

各位代表、各位同志：

现在我代表市人民委员会报告本市一九六四年财政收支决算和一九六五年财政收支预算（草案），请予审查。

一、一九六四年财政收支决算

一九六四年本市财政收支预算执行的结果是良好的，收入大于支出，并略有结余。一九六四年本市当年收入完成十亿零六千一百九十五万四千元，为预算的百分之一百零一，比一九六三年决算增长百分之五。一九六四年本市当年的收入，加上中央的拨款一亿七千零八十万三千元，上年结余六千三百一十六万七千元，收入总计为十二亿九千五百九十二万四千元。一九六四年本市支出四亿零七百八十九万五千元，为预算的百分之八十九点五八，比一九六三年决算增长百分之七点九。本市支出加上上解中央的八亿零四百一十五万八千元，支出总计为十二亿一千二百零五万三千元。这样，收支相抵，结余八千三百八十七万一千元。这些结余，绝大部分是基本建设未完工程的投资，少数是一些小型农田水利补助费、技术组织措施费和优抚、救济费等，按照中央规定都结转到一九六五年继续使用于原来安排的项目。

此外，本市一九六四年地方自筹收入完成一千九百六十七万三千元，加上上年结余九百一十六万四千元，合计为二千八百八十三万七千元；共开支二千三百八十三万七千元；收支相抵，结余五百万元，结转到一九六五年继续使用。

一九六四年本市财政收入超额完成，是由于工农业生产继续发展，商品流通扩大，工业成本和商品流通费用不断降低，国民经济情况全面好转的结果。

一九六四年郊区农业生产在连续三年增产的基础上，又获得了丰收。粮食总产量达到十九亿五千万斤，比一九六三年增长百分之十四。棉花、油料等主要经济作物产量都有较大幅度的增长。林业、牧业、副业、渔业也有发展。供应城市的各种农副产品，除蔬菜已满足供应外，其它商品增加很多，例如肥猪达到六十六万头，鸡蛋达到一千万斤，干鲜瓜果达到二亿三千五百万斤，牛奶达到八千多万斤，再加上外地的支援，保证了对首都人民副食品的供应。

一九六四年工业生产计划的各项指标都完成得较好，产值、产量、品种、质量、劳动生产率都有显著的增加和提高，成本下降。工业总产值比一九六三年增长了百分之十三。大部分产品产量都有增加，例如钢、钢材、水泥、化肥、农药、棉纺织品、塑料制品等都增长百分之三十以上。地方工业可比产品的成本比一九六三年平均降低了百分之七点七。工业企业劳动生产率比一九六三年提高了百分之十七。

在工农业生产继续发展的基础上，一九六四年本市市场繁荣，购销两旺，商品流通扩大，商品收购量进一步增长，收购总值比一九六三年增长百分之八点六，社会商品零售额比一九六三年增长百分之四点二。因为有不少商品降了价，按商品的销售量计算，增长的比例还要大。例如，肉、蛋等副食品增加百分之六十，自行车增加百分之二十三，收音机增加百分之六十。总之，一九六四年多数商品供应已经比较充裕，生活日用品和副食品，多数都可以满足需要。商业的经营管理有了进一步的改善，商品流通费用比一九六三年平均降低了百分之二点三。

在工农业生产不断发展，商品流通扩大的基础上，继续贯彻执行了稳定市场物价和稳中有降的政策，特别是猪肉、禽蛋等副食品，一部分日用工业品和一部分农业生产资料的价格降低得比较多，使城乡人民的实际收入增加了，购买力提高了，生活继续有了改善。

一九六四年的财政支出决算比上年度增加较多，这是由于国民经济情况的全面好转，为了适应工农业生产发展和人民生活的需要，扩大了基本建设的投资，增加了技术组织措施费、新产品试制费等生产性开支。一九六四年地方基本建设支出共一亿二千万元，比上年度增长了百分之十九点一，在使用上，注意贯彻执行了集中力量打歼灭战的方针，投资效果有了显著提高。

农林水利支出，主要用于加固堤坝、提高防洪排涝能力和开渠、打井、小型水利配套工程。怀柔水库、崇各庄青龙头水库的溢洪道工程和运潮减河的二期工程，都已经完成，进一步增加了北运河等地区的防洪排涝能力。同时又建成了青龙头水库灌区和永丰北灌区大型灌溉工程；新打机井一千六百多眼；新建了小型扬水站九百多处；新建了农业配电线路六百五十七点七公里，从而扩大了灌溉面积七十万亩。

地方工业支出，主要用于技术改造、设备更新和必要的续建扩建工程。例如，为第二毛纺厂配套，增添了八十四台轻型织机，增加精纺毛纺品年产能力一百万米；化工二厂续建三号电石炉，每年可增产电石二万吨；特殊钢厂建成了金属制品车间，扩大了新产品合金钢丝的生产；为了利用城市废料，减少占用农田，新建矿渣砖厂一期工程，每年可增产矿渣砖三千万块。

为了使科学研究成果迅速用于生产，加强了科学技术工作的中间试验建设。初步建成的有五项，即脱水蔬菜；液化石油气作民用燃料；用超吸附方法，分离焦炉气中的乙烯；硅半导体材料；大功率硅整流器装置原件。

城市公用事业和交通邮电支出，主要用于新建、改建郊区公路五十九点六公里，扩建、改建城市道路三十三点九公里；新建桥梁六座；新建和延长无轨电车线路四点二公里；增购载货汽车一百辆，公共汽车二十五辆；新建煤气支户管道二十二点八公里，供水管道二十二公里；完成了南郊水厂的末期工程，每日供水能力增加三万五千吨。进一步改善了城乡交通，发挥了现有设备能力，扩大了煤气的利用和供水能力。

文教卫生科学事业支出，除了经常费外，新建和扩建了中学十九所、小学四十三所，保证了增招中小学生所需校舍。扩建了第一传染病医院，增加了病床二百余张。同时，还增加了一些科学试验设备和科学研究费用。

商业支出，主要用于扩建了西郊冷藏库和其它仓库建设，增强了冷藏和调剂季节供应的能力；改建了三里河、右安门、北新桥等菜市场。

总起来说，一九六四年本市的工农业生产都有较大的发展，市场繁荣，财政的收支都有增长。这一切都标志着，本市和全国的情况一样，工农业生产已经开始全面高涨。这是全市人民在中国共产党的领导下，高举毛泽东思想的伟大红旗，坚持社会主义建设总路线，进一步深入开展阶级斗争、生产斗争、科学实验三大革命运动所取得的伟大胜利。

二、一九六五年财政收支预算（草案）

目前形势大好。全市城乡社会主义教育运动正在广泛深入开展，广大干部和群众学习毛泽东思想的积极性和自觉性越来越高涨，学解放军、学大庆、学大寨的革命精神大为发扬，阶级斗争、生产斗争、科学实验三大革命运动正在紧密结合，互相促进，并且已经掀起了一个比学赶帮超的群众运动。我们要更高地举起毛泽东思想的伟大红旗，更好地贯彻执行鼓足干劲、力争上游、多快好省地建设社会主义的总路线，在积极发展生产的基础上，努力增加收入，节省开支，以促进国民经济的更大发展，保证援越抗美、加强战备和发展各项社会主义事业必不可少的需要。一九六五年本市的财政收支预算（草案），就是根据上述要求和今年本市的国民经济情况编制的。

一九六五年本市当年预算收入为十亿零八千七百七十二万七千元，比上年收入决算增长百分之二点四三，加上中央拨款收入二千零六十一万四千元，上年结余八千三百八十七万一千元，收入总计为十一亿九千二百二十一万二千元；当年预算支出为五亿零八百九十八万六千元，比上年支出决算增长百分之二十四点七八，加上上解中央的六亿八千三百二十二万六千元，支出总计也为十一亿九千二百二十一万二千元，收支平衡。

此外，本市一九六五年地方自筹收入二千四百零七万元，加上上年结余五百万元，合计为二千九百零七万元。

在这里应当说明一下，今年工农业生产形势大好，为什么拟定的预算收入只比去年决算增长百分之二点四三呢？这是因为：(一)今年有些工厂划归中央主管部统一管理，这些工厂的收入约计五千万元左右，不再列入本市预算。(二) 商业部门在经营猪、蔬菜等副食品方面，有所亏损。为了促进猪、蔬菜、牛奶、鸡蛋等副食品的生产，保证对全市人民的供应，国家对这些商品在一个时期是赔钱经营。由于供应数量增多亏损也增加了。国家暂时赔钱经营这些副食品，是不是应该呢？我们认为在目前的情况下，这样做是必要的。因为如果为了不使商业亏损，而降低收购价格，或者减少收购的数量，这样做就必然要影响农民养猪的积极性，猪少了，肥料必然减少，这就要影响农业增产。同时城市的肉食供应也得不到保证。因而，我们在政策上宁肯商业暂时亏损一些，也必须大力扶持养猪事业的发展。从长远看，这对发展农业生产，争取粮食丰收，是有利的。关于蔬菜，前几年在生产淡季，常常供应不足，经过几年来的努力，蔬菜的供应量增加很多，而且品种增加，质量提高，但是考虑到自然灾害还可能引起蔬菜意外的减产，我们在计划安排上，总是打得稍宽一点。这样，在生产旺季，在丰收年度，国家要收购多些；而许多蔬菜又不能长期保存，为防止腐烂变质，造成更大损失，常常进价高，销价低，因此国家就要贴补一些。今后各生产队的蔬菜种植面积，应服从国家计划，不要再扩大菜田面积，而要提高单位面积产量，增加品种，提高质量，并努力降低成本，以尽量减少国家亏损。(三) 许多工业品和农业生产资料降低了价格，因而也降低了工商业利润。以上这三个因素都影响到本市财政收入的减少。这就是今年财政收入增长较少的原因。

一九六五年支出预算比上年支出决算增长较多，主要是基本建设支出的增加，共安排二亿零三百六十万元，比上年决算增长百分之六十八。各项事业经费一般的比一九六三年都有增加，行政管理费则维持上年水平。

各项支出的具体项目请参阅附表，这里就一九六五年财政支出安排中的几个主要问题作一些说明。

(一) 地方工业的基本建设支出有较多的增加。地方工业支出预算为一亿二千四百三十万元，比上年支出决算增加五千零九十四万元，其中基本建设支出为七千零六十三万元，比上年增加四千五百多万元，增加了一点七倍。重点是首先保证跨年度未完工程的投资，以便集中力量打歼灭战，使这些项目早日竣工投产，发挥效益。例如矿渣砖厂第一期工程、糠醛厂的合成洗涤剂车间、北京木材厂的纤维板车间、玻璃二厂的粉碎车间、电池厂的锰粉车间等跨年度工程，今年都可以竣工投产。今年安排的新项目，主要是为了发挥现有生产能力，搞了一些填平补齐和技术改造工程，例如，印染厂增添一部分设备，并搞些配套工程，使印染年产能力由二千万米提高到五千万米；化工二厂进行技术改造后，聚氯乙烯产量可以增加一倍；手表厂适当填平补齐以后，将能成批投入生产；为了利用城市废渣做砖，以节约耕地，计划扩建矿渣砖厂，今年完成这个厂的二期工程以后，石钢的高炉渣就可以利用；为了利用东郊热电厂的烟灰和化工二厂的电石渣，计划在东郊新建一个烟灰砖厂；为发展新型建筑材料，今年开始建设一个加气混凝土工厂。

此外，为挖掘现有企业潜力，实行专业化协作，增加品种，提高产量，降低成本，在群众性的技术革命、技术革新的基础上，对一部分工厂适当进行技术改造，因此，安排了技术组织措施费用和新产品试制费用四千零四万元。

(二) 用于农林水利方面的支出，预算中编列了四千九百六十七万元。由于近几年来国家投资兴建的大型水利工程，已经为郊区的水利化打下了初步基础。一九六五年是在已有水利工程的基础上，进行继续加固，发动群众，依靠自力更生，发扬大寨精神，进行水利配套，充分发挥现有水利设施的潜力。今年农林水利方面的支出，集中力量搞十三陵、王家园、唐指山等几个水库的加固工程。为了发挥现有水利工程的灌溉效益，节约用水，做了崇各庄水库和几条干渠的防渗工程。帮助社队打了机井三百多眼，新建小型扬水站三百多处，架设了相应的高压输电线路。这样，郊区的水浇地面积将由去年的三百一十万亩，增加到三百五十万亩。

此外，今年旱灾是几十年所未有的，各水库蓄水很少，尤其官厅水库水量大大减少，入不敷出，如不采取紧急措施，今年年底或明春一百万亩农田灌溉用水和发电用水即无法保证。为此，已于八月间紧急请示中央批准，另拨款三千万元，修建京密引水第二期工程，以便把密云水库的水引入城市，解决城市工业用水和扩大农田灌溉面积。这笔款不在今年的预算之内。

(三) 交通邮电的支出为一千五百一十二万六千元，比上年支出决算增加九百七十万一千元。主要是用于郊区几条主要干道工程，计划长度为一百二十二公里(今年只完成一部分)。此外，还有一些桥梁工程和新建通讯线路二百八十公里等。

(四) 城市公用事业方面的支出为三千四百五十五万三千元，比上年支出决算增加八百一十万元。除了事业费外，用于基本建设的支出二千五百九十万元，比上年增加一千二百多万元，主要用于：为东郊维尼龙厂配套供应水源，新建了水源六厂；为了利用现有煤气干管，继续发展煤气支管道安装工程十处，用煤气的人可以扩大五万多人，达到二十三万多人。为了利用石油废气，从今年起，在一部分地区试点推广使用液化石油气，新建了一处液化石油罐站，该站投产后，今年可供五、六千户居民使用，明年再增容积为二百立方米的储气罐两个，可供应三、四万户居民使用。

（五）文教卫生科学费支出比上年决算支出增加一千七百四十三万六千元，达到一亿七千四百四十万零八千元。除了由于文教事业的发展，事业费开支相应增加以外，主要是增加了基本建设的支出。计划新建和扩建中学二十所、小学三十二所、半工半读学校十六所，建筑面积十七万八千五百平方米。为了发展体育事业和大力开展游泳活动，今年增加了一部分体育场和游泳场的开支。在卫生支出中，新建延庆县医院和怀柔县门诊部，扩建丰台门诊部。

（六）为了改善职工、居民的居住条件，今年各系统的基本建设投资，连同自筹资金，计划新建宿舍三十五万平方米，今年可以完成十九万平方米。

各位代表，万里副市长在商业工作报告中已经讲到，目前工农业生产和市场情况都是很好的，因此今年前半年财政收支的情况也比较好，一至七月财政收入共为六亿二千万元，相当于全年预算收入（草案）的百分之五十七，比去年同期增长百分之六点五；财政支出共为二亿二千七百万元，相当于全年预算支出（草案）的百分之四十四点五，比去年同期增长百分之一。根据目前情况看，只要全市人民努力增加生产，厉行节约，今年的财政收支预算（草案）是可以实现的。

北京市第五届人民代表大会第二次会议
提案审查委员会关于提案的审查报告

（1965年9月11日）

北京市第五届人民代表大会第二次会议，共收到提案二百八十一件，其中属于政法方面的二十三件，财经方面的一百零四件，文教卫生体育方面的六十六件，城市建设方面的七十六件，其它方面的十二件。

提案审查委员会研究审查了这次会议的全部提案，建议大会把全部提案交市人民委员会或转有关部门认真负责地研究处理，并将处理情况答复提案人。

以上意见，是否妥当，请大会审议。

北京市第五届人民代表大会第二次会议
关于商业工作报告的决议

（1965年9月11日）

北京市第五届人民代表大会第二次会议听取了万里副市长所作的“关于北京市商业工作的报告”，进行了热烈的讨论，并批准这个报告。

大会认为，当前的经济形势很好，在工农业生产进一步发展的基础上，市场繁荣，城乡人民生活继续有了改善。商业战线的思想政治工作有所加强，学习毛主席著作的群众运动有了新的发展，提高了广大职工的思想觉悟，突出了政治，以政治带业务，积极开展购销活动，扩大城乡物资交流，大力支持工农业生产，改善经营管理，提高服务质量，各方面工作都有了显著改进。大会对商业战线上取得的成就表示满意。但是，在商业战线上仍然存在着阶级斗争和两条道路的斗争，在商业工作中仍然存在着一些缺点和问题。随着工农业生产和各项社会主义建设事业的发展，国家和人民对商业工作的要求更高了，商业工作的任务也更加繁重了。因此，商业战线上的职工，在党和政府的领导下，必须继续突出政治，搞好社会主义教育运动，开展学习毛主席著作的群众运动，高举毛泽东思想红旗，不断提高社会主义觉悟，加强政治观点、生产观点和群众观点，使北京市的商业工作沿着社会主义的道路不断前进。

我们的商业工作，要更好地执行为生产服务、为人民生活服务的方针，在国家计划指导下，面向全国，面向农村，扩大商品交流，大力组织和支持工业与农、副业生产的发展，进一步改善经营管理，提高服务质量。对于修理、服务行业的工作，要注意大力改进。商业工作的领导干部，要认真下去蹲点、参加劳动，做好调查研究工作，并虚心听取基层干部和群众的意见；放手发动群众，树旗帜、立标兵，广泛开展比学赶帮超的群众运动，以便全面地提高商业工作的水平。

我们全市人民和各个生产部门，也要关心商业工作，支持商业工作，尊重商业职工的劳动，督促与帮助商业部门更好地为生产服务、为人民生活服务。

北京市第五届人民代表大会第二次会议关于1964年财政收支决算和1965年财政收支预算的决议

（1965年9月11日）

北京市第五届人民代表大会第二次会议，听取了王纯副市长代表市人民委员会所作的关于北京市1964年财政收支决算和1965年财政收支预算（草案）的报告。经过审查和讨论，大会认为：本市1964年财政收支预算执行的结果是良好的。无论收入和支出比上年度都有增长。收大于支，并略有结余。1965年财政收支预算的安排，是符合国民经济进一步发展和各项社会主义建设事业需要的。1965年收入预算和支出预算都比1964年决算增长。在支出预算中，增长较多的是经济建设费，其次是社会文教科学费，行政管理费仍保持1964年水平，没有增加。这样安排，大会认为是恰当的。大会决定：批准本市1964年财政收支决算和1965年财政收支预算（草案），并授权市人民委员会在预算执行过程中，根据情况的发展，在必要时对预算进行适当调整。

目前形势大好，工农业生产都有新的发展，这是胜利实现1965年财政收支预算十分有利的条件。但是，也要看到在工作中还存在着一些困难和问题。为了胜利实现1965年财政收支预算，大会号召：全市人民要在中国共产党和人民政府的领导下，更加紧密地团结起来，高举毛泽东思想的伟大红旗，在总路线的光辉照耀下，广泛地开展比学赶帮超的群众运动，努力增加生产，厉行节约，在工农业生产进一步发展的基础上，为1965年财政收支预算的胜利实现而奋斗。

北京市第五届人民代表大会第二次会议主席团、秘书长名单

（1965年9月6日）

主席团（四十九人，按姓名笔划排列）

丁贡南　万　里　王　纯　王　炯　王文斌　王明之
王昆仑　王福海　乐松生　叶恭绍（女）　刘　仁
刘绍文　张友渔　张进霖　张晓梅（女）　李　恕
陈文润（女）　陈克寒　陈炳基　严希纯　严镜清
范　瑾（女）　郑天翔　赵　凡　赵引珠（女）
赵炳南　赵春霄　赵鹏飞　钟　森　闻家驷　侯仁之
侯鼎臣　浦洁修（女）　贾庭三　贾星五　高登榜
顾均正　郭步岳　郭景海　崔广成　崔月犁　彭　真
彭思明　蒋光鼐　蔡连兴　蔡钟长　廖沫沙　魏　彬
魏建功

秘书长

贾星五

北京市革命委员会

北京市革命委员会于1967年4月20日宣告成立。

北京市革命委员会由97名委员组成。其中，工人24名，贫下中农13名，军队17名，大学14名，中学6名，机关干部13名，文教卫生系统6名，街道居民4名。

1967年4月19日到20日，举行了北京市革命委员会第一次全体会议。会议推选谢富治为北京市革命委员会主任委员，吴德、郑维山、傅崇碧、聂元梓为副主任委员。

1975年1月7日北京市革命委员会召开扩大会议，经过协商选举，产生了北京市出席第四届全国人民代表大会代表共222名。其中，北京市80名，中央建议由北京市协商选举的142名。

北京市革命委员会委员名单

（总名额97名，实有94名）

工人（24名，实有23名）

刘锡昌　徐　铠　王景瑞　鲁文阁　吴富博　苗永昆
许永昌　刘庆生　洪振海　阎德璞　张振元　屈金河
郑书才　赵天顺　吕嘉才　吴式全　刘世珍　李自卫
姜大千　金树良　李桂林　马永祥　王万林

农民（13名）

邓万田　罗瑞华　张桂福　赵志玺　高清林　王勇军
王春江　李树林　李福茂　张凤兰　康淑芬　刘瑞敏
林　茂

军队（17名）

郑维山　傅崇碧　黄作珍　刘绍文　范普权　牟立善
咸毅山　王子发　孔祥秀　刘大乱　黄金相　张永和
由文俊　刘同声　甘　俊　吴志坚　阎成恩

大学（13名）

谭厚兰　蒯大富　韩爱晶　陈荣金　朱　成　谭剑峰
杨　哲　冯兴旺　刘长信　王大宾　潘朝东　王德祥
陈兆琪

中学（6名，实有5名）

李冬民　薛玉峰　程金香　陈永康　刘龙江

机关（13名）

谢富治　吴　德　周景方　刘建勋　丁国钰　高扬文
牛连璧　杨寿山　杨少桥　梁家瑞　王振宗　王铁明
何秀芳

文教卫生（7名，实有6名）

聂元梓　涂武生　钟润良　谭元寿　叶华宝　陈汝棠

居民（4名）

张文兰　蒲文清　曹淑青　梁月英

北京市革命委员会常委名单

（1967 年 4 月 20 日）

（总名额 33 名，实有 28 名）

刘锡昌　徐 铠　王景瑞　鲁文阁　苗永昆　邓万田
罗瑞华　张桂福　郑维山　傅崇碧　黄作珍　刘绍文
范普权　牟立善　聂元梓　谭厚兰　蒯大富　韩爱晶
王大宾　李冬民　谢富治　吴 德　周景方　刘建勋
丁国钰　高扬文　牛连璧　涂武生

北京市出席第四届全国人民代表大会代表名单

（二百二十二名）

丁雪松（女）　于会泳　于 桑　万 里　马长礼
马成杰　马 军　马 坚　马振永　王 义　王世梭
王世敏（女）　王 生　王观澜　王来珍（女）
王秀英（女）　王治秋　王忠泽　王佩珠（女）
王金葛（女）　王炜钰（女）　王建明　王选海
王 殊　王海容（女）　王维俭（女）　王惠德
王道义　王 震　王 薇（女）　牛书申
仁庆扎西　乌兰夫　方 毅　邓小平
邓颖超（女）　古 元　卢宗英　叶 飞　叶 昆
田 章　白寿彝　白漱新（女）　丛学成　冯友兰
冯 钦　边 疆　成 荫　吕玉珍（女）　朱宗义
朱振明　乔冠华　伍经元　任允中　任成水　任恒太
庄则栋　刘大铮　刘友法　刘长瑜（女）
刘凤秀（女）　刘仙洲　刘庆棠　刘 羽（女）
刘芸生（女）　刘秀美（女）　刘诗昆　刘 祥
关瑞梧（女）　汤一介　许福昌　孙鸿志（女）
牟 森　杜秀咸　李力殷　李井泉　李少春
李长英（女）　李文化　李双喜　李巧云（女）
李茂元　李英杰　李金泉　李 炎　李承祥　李荣春
李俊林　李腊和　李景德　李富春　李 强
李翠兰（女）　李德伦　杨 扬　杨寿山
杨秀英（女）　杨宏典　杨牧之　杨春茂
杨春霞（女）　杨福绵　吴元福　吴印咸　吴仲华
吴作人　吴春山　吴桓兴　吴继华（女）　吴 德
吴德峰　何生祥　何厚文　余秋里　辛小练　汪 洋
沈 鸿　宋庆忠　宋金兰（女）　迟 群　张中玉
张凤文（女）　张凤玲（女）　张文碧　张世忠
张永枚　张发科　张进齐　张运麟（女）
张 均（女）　张 杰　张荫华　张荫锡　张勇手
张锡田　张 鋆　张 镈　陈丁茂　陈子斌　陈 云
陈玉娘（女）　陈世骧　陈永祥　陈国栋　陈福进
陈德和　武新宇　范达仁　林巧稚（女）　林兆木
林佳楣（女）　林慧卿（女）　卓 琳（女）
罗玉川　罗霈霖　周 天　周明臣　周建人　周海婴
周培源　郑银堂　孟继懋　赵俊祯（女）　赵炳南
赵洪雁　赵淑珍（女）　赵燕侠（女）　柳忠阳
钟 敏（女）　侯宝林　洪雪飞（女）　袁世海
袁 琛　莫 艾　夏震寰　夏 鼐　顾品珍（女）
钱伟长　倪志福　徐今强　徐 富　殷诚忠　殷承祯
高玉倩（女）　郭 伟　郭沫若　郭映福　郭 鲁
唐仲文　浦洁修（女）　浩 亮　浩 然　诸福棠
姬鹏飞　黄长水　曹贤钦（女）　曹 禺
曹轶欧（女）　曹 鲁　盛丽华（女）
康克清（女）　韩文芝　韩权华（女）　韩光明

韩宝瑞 程纯枢 程绍沛 傅文启 傅玉芳（女） 解力夫 蔡 畅（女） 廖承志 谭元寿 谭震林
童第周 谢 芳（女） 谢静宜（女） 赖际发 薛菁华（女） 薄太和 冀汉朝 魏建功

韩宝瑞 程纯枢 程绍沛 傅文启 傅玉芳（女） 解力夫 蔡 畅（女） 廖承志 谭元寿 谭震林
童第周 谢 芳（女） 谢静宜（女） 赖际发 薛菁华（女） 薄太和 冀汉朝 魏建功

北京市第七届人民代表大会第一次会议

(1977年11月24日——12月3日)

北京市第七届人民代表大会第一次会议于1977年11月24日至12月3日举行。与会代表1100多名。

大会听取、通过了吴德关于北京市革命委员会工作报告。选出了新的革命委员会和本市出席第五届全国人民代表大会的代表。倪志福致闭幕词。12月5日,华国锋会见了全体代表。

大会收到代表提案58件,提案内容共计79项。

北京市革命委员会工作报告(摘要)

——一九七七年十一月二十四日在北京市第七届人民代表大会第一次会议上报告,十二月三日通过

吴 德

(一)

十年来无产阶级同资产阶级、马克思主义同修正主义的伟大斗争,特别是粉碎"四人帮"的伟大胜利,有力地推动了首都社会主义建设事业的发展。

工业战线,开展了工业学大庆的群众运动,坚持毛主席提出的走我国自己工业发展的道路,逐步建成了以钢铁、石油化工、机械仪表为重点的门类比较齐全的工业基地。在建设中坚持了工业"以钢为纲"的方针,大力发展了基础工业和原材料工业。冶金工业形成了一个从采矿到轧材的初具规模的综合能力,结

束了无米之炊和有钢不能轧材的历史。一九七七年钢产量比一九六五年将增长三倍以上，钢材增长一倍以上；发电量增长一点四倍。在石油化工部的直接领导下，建成了石油化工总厂，引进了三十万吨乙烯设备，石油化学工业从无到有，炼油能力迅速增长，石油产品达到八十五种。煤炭工业也有发展。轻工业和支农产品增长幅度很大。轻工产品自给率已由一九六五年的百分之二十提高到一九七七年的百分之八十，手扶拖拉机年产量已达到万台，农用化肥和农药都增长近四倍。交通运输、邮电通信有了较大发展。十年中还建成了一批能够生产某些高级、精密、大型、尖端产品的企业，为工业、国防和科学技术的现代化，做出了一定贡献。地质工作也取得很大成绩。今年全市工业总产值比一九六五年将增长二点七倍。

基本建设按照为无产阶级政治服务、为工农业生产服务、为人民生活服务的原则和集中力量打歼灭战的方针，做了大量工作，使首都城市建设有了很大发展。一九六六到一九七六的十一年间，完成的基本建设投资平均每年递增百分之九；竣工面积相当于一个旧北京城。今年可完成的投资额和竣工面积又有进一步增长。毛主席纪念堂建筑工程，在全国支援下，仅半年时间就高速度、高质量地完成了任务。地下铁道第一期工程已建成，城市供水、供热、供气等公用事业和环境保护工作，也有了新的发展。

农业方面，开展了农业学大寨的群众运动，狠抓了党的基本路线教育，坚持了社会主义道路，农、林、牧、副、渔有了发展，集体经济进一步巩固，农村面貌显著变化。各县区坚持把农田基本建设作为一项伟大的社会主义事业来办，近十年新修防洪与灌溉结合的中小型水库一百多座，治理涝洼地一百多万亩。累计大平大整土地二百一十多万亩，有效灌溉面积达到耕地总面积的百分之八十以上。在毛主席关于“农业的根本出路在于机械化”的指示指引下，农业机械化的程度有了很大提高。

一九七七年拥有的大中型拖拉机比一九六七年增长近三倍，手扶拖拉机增长二十四倍；机耕面积达百分之七十以上，排灌、扬场、脱粒、饲料粉碎、米面加工，已基本实现机械化。每个大队都通了电，百分之九十五以上的大队通了公路。坚持“以粮为纲，全面发展”的方针和郊区农业为城市服务的原则，一九七五年粮食总产和单产都比一九六七年增长百分之六十以上。去年、今年遭受严重的自然灾害，仍获得较好收成。一九七七年可提供的商品肥猪比一九六七年增长百分之七十以上。蔬菜保证了供应。林业建设有了较大发展，干鲜果产量达到三亿多斤，北方水果基本自给。近几年来，在城市工业的支援下，各县区都发展了社队企业。在农村人民公社总收入中，公社和大队两级的收入已占百分之五十左右。

财贸方面，认真贯彻执行了毛主席关于“发展经济，保障供给”的财经工作总方针，开展了学大庆、学大寨的“双学”运动。坚持、巩固了社会主义统一市场，购销渠道畅通，基本保证了城乡供应，完成了财政收支计划。商品购进总值，一九七七年将比一九六五年增长百分之七十五，销售总值将增长百分之七十七，社会商品零售总额可增长一倍以上。外贸出口增长三点六倍，财政收入增长二点七倍。在各区委统一领导下，依靠群众，协同各方，创办“三站”（生活服务站、红医站、校外活动站）两代（代销店、代营食堂）一所（托儿所）”，不断改进供应办法，尽可能地方便了群众。在去年地震期间，广大财贸职工不顾家庭和个人安危，坚持营业，深入街头、帐篷服务，表现了全心全意为人民的高度政治觉悟。

在科学、教育、文化、体育战线，“四人帮”的干扰破坏是极其严重的，造成的损失是很大的。但是，广大科学、技术、教育、文艺、体育工作者，坚持毛主席的革命路线，辛勤劳动，为人民做了很多有益的工作。科技方面，已经有了初具规模的各类研究机构和专业队伍，群众性科学实验运动发展很快，农村四级科技网基本形成，工矿企业的技术革新活动广泛展开，全市已经取得了一千三百多项具有国内外先进水平的科技成果。教育方面，城市普及了高中教育，郊区高中普及率已达百分之七十。几十万城市中学毕业生上山下乡，走上了与工农相结合的道路。全市办起“七·二一”工人大学近七百所，十三个郊区县都办了“五·七”农民大学。粉碎“四人帮”以后，科学、教育、文艺、体育等战线的形势越来越好。

卫生方面，认真贯彻执行了毛主席关于“把医疗卫生工作的重点放到农村去”和“预防为主”的方针，坚持中西医结合，开展“群防群治”，提高了人民健康水平。特别是农村医疗卫生事业有了很大发展。大批医务工作者组成医疗队到边疆和郊区农村防病治病，培训医务人员。公社卫生院及其拥有的病床，比一九六五年增长三倍以上。实行合作医疗的大队已占大队总数的百分之九十九点三，大队赤脚医生一万五千二百多人，平均每个大队三点八人。逐步改变了农村缺医少药的状况。计划生育取得了显著成绩，人口自然增长率大幅度下降。

随着经济建设的发展，城市就业面逐年扩大，部分职工工资作了调整，人民生活有所提高。一九七七年城镇居民储蓄额比一九六五年将增加一倍以上。农村集体福利事业有了很大发展，社员平均收入比一九六七年增长百分之二十以上。

贯彻执行“备战、备荒、为人民”，“深挖洞，广积粮，不称霸”的方针，加强了战备工作。发动群众努力搞好人防工程建设，取得很大成绩，人防专业队伍也逐步落实。

十年来的战斗历程，使我们深深体会到，我们的一切胜利，都是在毛主席、华主席和党中央的直接领导与亲切关怀下取得的，都是战无不胜的毛泽东思想的伟大胜利，毛主席革命路线的伟大胜利。毛主席的革命路线，是我们进行社会主义革命和社会主义建设的生命线。

十年来的斗争，使我们更深刻地体会到，“人民，只有人民，才是创造世界历史的动力”。北京市的人民群众和广大干部，在毛主席、华主席和党中央的领导和关怀下，同“四人帮”作斗争，同地震等自然灾害作斗争，阶级斗争、路线斗争觉悟和大干社会主义的积极性是很高的。十年来所取得的成绩，要归功于全市人民。

北京市的各项工作，一直得到中央机关、国家机关、解放军驻京部队以及各兄弟省、市、自治区的大力支援和帮助。我们取得的成绩，是同这些支援和帮助分不开的。在此，我代表北京市革命委员会和全市人民，向中央机关、国家机关、驻京部队以及各省、市、自治区，表示衷心的感谢。

十年来，北京市的各项工作是在尖锐复杂的两个阶级、两条路线的斗争中前进的。林彪反党集团特别是“四人帮”反党集团的干扰破坏，给我们造成了严重的损失。市革命委员会成立以后，林彪反党集团和“四人帮”，为了改变党的基本路线，颠覆无产阶级专政，复辟资本主义，煽动“怀疑一切，打倒一切”的反革命妖风，分裂群众，挑动武斗，破坏毛主席的伟大战略部署。林彪反党集团被粉碎以后，“四人帮”不甘心失败，继续对抗毛主席关于“三要三不要”的指示，阴谋进行篡夺党和国家最高领导权的罪恶活动。他们通过其心腹干将迟群和那个女黑干将严密控制清华、北大，搞资产阶级帮派，压制、迫害广大革命师生员工，把两校变成“四人帮”乱党、乱军、乱国，疯狂进行篡党夺权阴谋活动的重要据点。他们还拼凑臭名昭著的“两校大批判组”，作为“四人帮”大造反革命舆论的御用工具和进行反党活动的急先锋。“四人帮”和那个女黑干将还通过在市公安局的那个黑干将，将市公安局极少数人拉进他们的资产阶级帮派之中。团市委的几个负责人，在那个女黑干将的操纵下，成了妄图夺取北京市委领导权的工具。市出版办公室的个别人，在迟群一伙和“两校大批判组”的指使下，搞特务活动，诬告陷害中央领导同志。他们网罗一小撮政治野心家和“头上长角，身上长刺”的张铁生式的反革命分子，打砸抢分子，卖身投靠的所谓“老干部”，反动文人和拒不接受改造的资产阶级知识分子，漏网右派以及直系亲属被我杀、关、管而对党抱有仇恨的人，组成了这个资产阶级帮派的骨干队伍。“四人帮”和迟群一伙，通过这个资产阶级帮派，大搞修正主义，大搞分裂，大搞阴谋诡计，对党对人民犯下了滔天罪行。

他们疯狂反对伟大的领袖和导师毛主席，反对敬爱的周总理，反对英明领袖华主席，阴谋篡党夺权。“四人帮”及迟群一伙，假借毛主席发动的每一次政治运动，另搞一套，干扰破坏毛主席的战略部署。批林批孔运动中，他们搞“三箭齐发”。他们不批林，假批孔，大搞影射史学，炮制《孔丘其人》等大量反党文章，疯狂攻击周总理。学习无产阶级专政理论时，他们歪曲毛主席的指示，把所谓经验主义作为“大敌”，把反经验主义当作纲，继续攻击周总理，攻击其他中央领导同志。在敬爱的周总理逝世以后，他们对周总理的攻击更加放肆，并且压制和迫害悼念周总理的广大干部和群众。他们违背毛主席的指示，另搞一套，打击诬陷邓小平同志。华国锋同志一担任国务院代总理、总理、党中央第一副主席，迟群和那个女黑干将马上就把攻击的矛头集中指向华国锋同志，用极其阴险、恶毒的语言进行攻击诬蔑。毛主席逝世前后，他们的反革命活动更加猖獗。在“四人帮”及迟群和那个女黑干将的指使下，“两校大批判组”狂叫“现在正是战斗的时候，要大写、特写、快写”，“进行白热化战斗”，抛出“永远按既定方针办”的黑文，发出篡党夺权的动员令，妄图篡夺党和国家最高领导权，由“四人帮”取而代之。

他们大肆宣扬和推行“四人帮”的所谓“老干部是‘民主派’，‘民主派’就是‘走资派’”的反革命政治纲领，妄图打倒从中央到地方一大批党政军负责干部。迟群一伙蓄意颠倒敌我关系，篡改党的基本路线，首先跳出来恶毒攻击老干部都是“还乡团”，胡说“民主革命时期的民主派，只能是社会主义时期的走资派”，抛出“走资派是一层人”的反动理论，大肆叫嚷“党外资产阶级已经没有力量了，资产阶级的主要成份在党内”，“党内有了一个资产阶级”。他们把这套反动谬论，四处扩散，流毒全国，危害全国。

他们大搞特务活动，搜集编造诬陷材料，为“四人帮”的反党阴谋活动提供炮弹。“两校大批判组”采取歪曲篡改、无中生有、颠倒黑白等卑鄙手段，炮制《言论摘编》，对邓小平同志进行骇人听闻的诬陷。迟群一伙以清华大学为据点，设立信访组，秘密串连，并派出一些人，利用“开门办学”的机会，私整了一大批中央和地方党政军负责同志的黑材料。

他们推行“四人帮”“乱中夺权”的反革命策略，不仅在北京兴风作浪，还把黑手伸到全国各地，大搞乱党、乱军、乱政的罪恶活动。迟群一伙煽动和指使“四人帮”在各地的党羽，大搞“层层揪”、“揪一层人”，策动军队的少数坏人搞什么“开门建军”，“揪戴红五星的走资派”。据清华大学清查，遭到他们干扰破坏的有省、市、自治区和中央机关、国家机关以及解放军的一百九十多个单位。

他们破坏社会主义法制，把专政矛头指向党内和人民群众，妄图改变无产阶级专政的性质。“四人帮”在市公安局的那个黑干将秉承“四人帮”及其在公安部的党羽的黑旨意，阴险地提出“走资派与反革命是联系到一起的”，叫嚷现在“还盯住四类分子不放，思想就是停留在民主革命阶段”，大肆煽动专政机关“要敢于碰党内资产阶级”，“要警惕有权有势，能调动车、马、炮的人”，妄图专共产党的政，专各级老干部的政。他公然破坏无产阶级法纪，搞反革命侦察，按照王洪文的黑旨意，狂妄地提出要抓所谓“大鲨鱼”，编造黑材料，打击诬陷中央和地方党政军领导干部。

他们挑拨离间，大搞分裂活动，破坏革命团结。迟群一伙大肆鼓吹“踢开党委闹革命”、“矛头向上就是大方向”，挑拨党和群众、上级与下级的关系。他们攻击老工人、老干部“越老越右，越老越修”，“都是既得利益者”，破坏工人队伍、干部队伍的团结。他们诬蔑听党的话的青年是什么“温驯的小绵羊”，把跟他们跑的封为“反潮流”的“小老虎”，在青年内部制造对立。迟群和那个女黑干将伙同市公安局的那个黑干将“盯着市委”，攻击市委，分裂市革命委员会，妄图夺北京市的领导权。

他们破坏抓革命、促生产、促工作、促战备的方针，破坏工业学大庆、农业学大寨运动，破坏社会主义经济建设。迟群和那个女黑干将疯狂反对华国锋同志在第一次全国农业学大寨会议上的总结报告，恶狠狠地叫喊：“光讲大干，谁知道你干什么去了，谁知道你干到哪里去了”。他们派人整郊区县委领导干部的黑材料，轰赶学大寨工作队。他们攻击大庆是“唯生产力论的典型”，千方百计要砍倒毛主席树立的大庆红旗。叛徒江青跑到一个工厂叫嚷：“那种官僚主义者已经吸工人血了，你们还不罢工？”公然煽动罢工停产。迟群和那个女黑干将也派“两校大批判组”的人窜到一些厂矿企业，收集所谓“买办思想”、“洋奴哲学”、“投降卖国”的材料，攻击毛主席、党中央关于经济建设的路线、方针、政策，破坏北京市的生产建设。

他们疯狂反对毛主席关于科研、教育、文艺、体育等方面的路线、方针、政策，搞乱了思想，搞乱了组织，搞乱了队伍，造成极其严重的后果。迟群一伙大肆煽动取消科学研究，诬蔑科研机构是“资产阶级土围子”，攻击实验室工作是“科学游戏”，诬蔑加强基础理论研究是什么“脱离实际”、“刮理论风”。他们打着“教育革命”的幌子，借批“智育第一”破坏学文化，胡说“知识到手，人被夺走”，“宁可少学，也不要资产阶级知识分子”。他们大肆鼓吹“专政就是专业”，“培养出来的人能反潮流，跟走资派斗，就可以打九十九分”，妄图把青年培养成张铁生式的反革命打手。他们利用一个小学生的日记和来信，以批“师道尊严”为名，煽动师生对立，打击革命教师，破坏教育革命。他们伙同“四人帮”在文化部的死党，大搞资产阶级文化专制主义，大搞反革命阴谋文艺，丑化革命领导干部和人民群众，为“四人帮”和他们自己树碑立传。

他们肆意践踏党的干部政策、知识分子政策、统战政策、民族政策和侨务政策，反对毛主席提出的调动一切积极因素的基本方针，破坏社会主义革命事业。他们推行结帮营私、招降纳叛的修正主义干部路线，攻击北京市落实党的干部政策，给老干部安排工作，是什么“重用走资派”，“搞翻案”。他们全盘否定毛主席对知识分子的基本估计，疯狂诬蔑“十七年培养出来的知识分子对经济基础起了破坏作用”，诬蔑知识分子是“臭老九”，“是资产阶级精神贵族”。对知识分子动不动就扣帽子、打棍子，搞政治陷害，实行法西斯专政。他们攻击毛主席关于统一战线的光辉思想，反对统战工作中又团结又斗争的基本原则，诬蔑统战工作是搞投降主义，鼓吹“斗争就是政策”的反动谬论。

他们大肆散布资产阶级的腐朽作风，败坏党的优良传统。他们主观武断、弄虚作假，造谣言、放暗箭。他们大搞顺帮者昌，逆帮者亡，对提意见的人打击报复，残酷镇压。他们大搞特殊化，挥霍浪费，腐化堕落。他们唯利是图，唯权是夺，横行霸道，为所欲为。

“四人帮”这一套歪风邪气，严重地破坏了毛主席为我们树立的理论联系实际、密切联系群众、批评与自我批评、实事求是、民主集中制、艰苦朴素和全心全意为人民服务的优良传统和作风。

迟群一伙同他们的主子“四人帮”一样，都是阴险狡猾的反革命两面派。我们同他们的斗争，比起同那些明火执仗的阶级敌人的斗争，更加艰巨复杂。他们用所谓“两个兵”的红袍把自己裹起来，打着宣传毛泽东思想的旗号，贩卖修正主义的黑货；利用毛主席抓过的点，假借贯彻毛主席革命路线，来反对毛主席，推行“四人帮”反革命的修正主义路线。他们依仗“四人帮”的权势，利用窃据的地位和权力，施展淫威，玩弄诡计，煽阴风，告阴状，制造事端，搞突然袭击，压人、整人。但是，他们的倒行逆施，是违背历史发展规律的，是不得人心的。他们在全市声名狼藉，在市革委会内部十分孤立，即使在他们严密控制的单位，跟他们跑的也只是极少数，广大群众和干部对他们恨之入骨。英明领袖华主席为首的党中央一举粉碎“四人帮”，全市军民欢欣鼓舞，斗志昂扬，立即掀起了愤怒声讨、揭发、批判的高潮，使“四人帮”及迟群和那个女黑干将一伙陷入了人民战争的汪洋大海之中。在华主席、党中央的领导下，揭批“四人帮”的伟大斗争步步深入。这场政治大革命，已经成为推动各项工作的强大动力，各条战线都在胜利前进，形势越来越好。抓纲治国初见成效的大好局面，已经展现在我们面前。

十年来，特别是粉碎“四人帮”以来，北京市的工作虽然取得了一定的成绩，但也存在着许多问题，有不少缺点、错误。我们一定要认真总结经验，接受教训，在实践中坚决克服缺点，纠正错误，更好地完成党和人民交给我们的任务。

（二）

现在，摆在我们全市人民面前的任务，就是要坚决贯彻执行党的十一大路线，按照抓纲治国战略决策的要求，团结战斗，实现三年大见成效，加快向“四个现代化”进军的步伐。

一、坚决把揭批“四人帮”的伟大斗争进行到底

揭批“四人帮”的斗争虽然已经取得了重大胜利，但是，“四人帮”那一套反动的思想、路线和作风，决不可能随着他们的垮台而自动消失。“四人帮”及其心腹干将迟群和那个女黑干将搞起来的资产阶级帮派体系，在各个领域散布了大量的反马列主义、反毛泽东思想的修正主义谬论。对“四人帮”流毒影响之深，危害之广、破坏之大，决不能低估。“四人帮”是一伙新老反革命结成的黑帮，是地富反坏和新老资产阶级的总代表。我们同他们的斗争，是你死我活的阶级斗争。我们必须进一步放手发动群众，拿出当年打日本鬼子、打蒋介石、推倒三座大山那种革命气势，满怀对“四人帮”的深仇大恨，大打揭批“四人帮”的人民战争，把这场政治大革命坚决进行到底。

要乘胜追击，坚决搞好清查工作。一定要把同“四人帮”篡党夺权阴谋活动有牵连的人和事，一件一件彻底查清，决不能有丝毫含糊；一定要把“四人帮”及其余党的资产阶级帮派体系彻底摧毁，决不能留下隐患。对于“四人帮”的死党及罪恶严重的骨干分子，必须彻底批判，严肃处理。随着运动的深入，要认真执行党的政策，严格区分和正确处理人民内部矛盾和敌我矛盾，扩大教育面，缩小打击面。经过群众揭发和调查研究，凡属犯一般性错误的，问题已经查清了，要及时予以解脱，教育他们放下包袱，轻装上阵，同广大群众一道投入揭批“四人帮”的斗争。对于一切可以争取的犯了错误的人，要认真做好思想转化工作，帮助他们提高觉悟，改正错误。要团结百分之九十五以上的干部和群众，最大限度地孤立和集中打击“四人帮”及其一小撮罪行严重而又不肯改悔的死党。同时要深入清查和狠狠打击那些仇恨社会主义，在“四人帮”及其余党支持和纵容下进行阶级报复，罪行严重，民愤很大的地富反坏分子和大搞资本主义活动的贪污盗窃、投机倒把分子。

要继续抓好大批判。深入地系统地批判“四人帮”的反革命修正主义路线和反动世界观，是长期的艰巨的任务。我们要在揭批“四人帮”篡党夺权阴谋和反革命罪恶历史的基础上，打好第三个战役。要采取多种方法组织群众阅读“四人帮”罪证《材料之三》，深入揭批他们的反革命修正主义路线的极右实质及其在各方面的表现，并且从哲学、政治经济学、科学社会主义理论上进行批判。“四人帮”推行的那个“老干部是‘民主派’，‘民主派’就是‘走资派’”的反革命政治纲领，集中地反映了“四人帮”反革命修正主义路线的极右实质。我们要以毛主席无产阶级专政下继续革命的伟大理论为武器，认真学习和贯彻华主席、党中央关于揭批“四人帮”的一系列指示，从政治上、思想上把这个反革命政治纲领批深批透，彻

底揭露他们反革命的险恶用心和对革命事业的危害。对“四人帮”的御用工具“两校大批判组”及迟群一伙炮制的大量反动文章，散布的大量反动谬论，要继续深揭狠批。要运用“三大讲”、路线对比等方法，联系实际，肃清“四人帮”在本地区、本单位、本部门的流毒和影响，把被“四人帮”搞乱了的思想、路线是非加以澄清，把具体的工作路线、方针、政策和方法弄清楚。领导干部一定要立场坚定、旗帜鲜明地站在斗争最前列，切实加强对运动的领导。继续发挥工农业余理论队伍和专业理论队伍在大批判中的战斗作用，和广大群众一起，把革命大批判一浪高一浪地推向前进。

要紧密结合揭批“四人帮”的斗争，开展一次新的马克思主义教育运动，用马列主义、毛泽东思想武装广大干部、群众。“四人帮”是马列主义、毛泽东思想的最凶恶最无耻的敌人，要彻底清算他们歪曲篡改马列主义、毛泽东思想的罪行。他们采取卑劣的手法，时而把马克思主义同毛泽东思想割裂开来，时而把马列主义、毛泽东思想的这一原理同另一原理对立起来，经常不顾任何历史条件，不顾原著的精神实质，挑出片言只语，骗人，吓人，搞乱了思想、搞乱了理论。

我们一定要刻苦学习马列和毛主席著作，努力掌握马列主义、毛泽东思想的科学体系，完整地而不是零碎地、准确地而不是随意地、实际地而不是空洞地领会马列主义、毛泽东思想各个方面的基本原理，运用马克思主义的立场、观点、方法，来分析、处理、解决我们在革命和建设中遇到的一切问题。

二、鼓足干劲，力争上游，高速度发展国民经济

我们必须充分认识，高速度发展我国的国民经济，是增强国防力量，对付社会帝国主义和帝国主义侵略威胁的迫切需要；是加强经济实力，巩固无产阶级专政的迫切需要；是创造丰富的物质财富，不断改善人民物质文化生活的迫切需要；是以高度的劳动生产率，体现社会主义制度的优越性，最终战胜资本主义的迫切需要。围绕建设速度问题，始终存在着两个阶级、两条路线的激烈斗争。早在一九五八年，毛主席就提出了鼓足干劲，力争上游，多快好省地建设社会主义的总路线。社会主义建设总路线的灵魂是高速度，高速度全面地体现了多快好省的要求。“四人帮”狂叫“宁要社会主义的低速度，不要资本主义的高速度”，其实质是根本反对社会主义建设总路线，严重干扰、破坏了社会主义建设事业。现在粉碎了“四人帮”，毛主席的革命路线能够全面贯彻执行了，我们必须把高速度地发展国民经济，作为一个政治路线问题，在工作中认真贯彻落实。

经过二十八年的建设、发展，全市工业、农业、科学技术都有了相当的基础，有计划按比例高速度地发展国民经济，是具有充分条件的，是完全可能的。我们一定要克服那种“贡献不大年年有，步子不快年年走”的右倾保守思想，认真贯彻执行党的社会主义建设总路线，贯彻执行“以农业为基础、工业为主导”的总方针和一系列两条腿走路的方针、政策，按农、轻、重次序安排国民经济计划。在国家计划统一安排下，加强集中领导，搞好统一规划，做好积极平衡，调整上层建筑和生产关系领域不适应生产力发展的部分，大力开展技术革新和技术革命，用革命加拚命的精神，加快经济发展的步伐；在本世纪内，把全市国民经济各部门用先进技术装备起来，使首都成为具有现代工业、现代农业、现代科学技术、现代城市设施的清洁的社会主义新型城市。

工业方面，要放手发动群众，大搞技术改造，三年内使钢铁、炼油、化工、电子、光学仪器和机械工业，出现新的面貌，产品质量、数量、品种都要有一个跃进，主要产品向高级、精密、尖端、成套的方向发展。要大力发展基础工业。钢铁工业，通过技术改造，在不污染、不扩大占地面积的前提下，争取产量翻番。同时，大力发展高级合金钢，钢材品种自给率由现在的百分之三十，提高到百分之六十以上。进一步提高炼油能力，做到能生产国家所需要的各类品种。化工，重点抓好三十万吨乙烯的生产，发展塑料、橡胶、纤维三大合成材料及其配套的辅助材料，努力增加化肥产量。电子工业重点抓好电子计算机，带动其它产品的发展和提高。仪表工业要全面提高技术水平，重点发展光学仪器，激光器件、仪器和设备；发展色谱、质谱仪等高级精密分析仪器，以及成套的自动化装置；积极发展超纯石英玻璃和光导纤维。机械工业，在提高现有产品质量的基础上，成批生产大型、精密机床，要继续努力发展轻工业，发展“五小”工业。到一九八五年，把首都建设成为一个以钢铁、石油化工、电子、机械仪表为主的，以生产高、精、尖产品为重点的，轻重工业协调的，初具规模的现代化工业基地。

各行各业都要大力支援农业，积极促进农业的现代化。农业方面，要贯彻执行“以粮为纲，全面发展”的方针，坚持为城市服务的原则。大力搞好农田

基本建设，苦干三年，建成旱涝保收、高产稳产田四百五十万亩，基本实现农业机械化，特别是抓好耕、播、收、运、田间管理等项作业的机械化。到一九八○年粮食平均亩产达到八百斤至一千斤，棉、油超“纲要”。蔬菜要增加品种，做到淡季不淡，均衡供应。大力加强山区建设，努力研制、生产适合山区需要的各种机械；积极发展林业。增产干鲜果品和土特产品。坚决贯彻落实华主席关于“总结经验把机械化养猪养鸡事业发展起来满足人民需要”的重要指示，到一九八一年（争取一九八○年），实现鸡蛋自给，猪肉基本自给。与此同时，积极地有计划地发展社队企业，进一步壮大社队两级的经济力量，为向高一级所有制逐步过渡创造条件。

为了实现以上目标，要着重抓好以下几方面工作：

要继续深入发展学大庆、学大寨的群众运动。真正用大庆工人阶级、大寨贫下中农那种革命精神办工业，办农业，办商业。到一九八○年，工业、交通、基本建设和财贸企业，要有百分之四十以上的单位，达到大庆式企业的标准；绝大部分企业八项经济技术指标达到并部分超过国内先进水平；在农村，所有的县（区）都要建成大寨县，已经是学大寨先进县（区）的，要继续巩固提高。学大庆，学大寨，大干社会主义，力量在群众，关键在领导。我们要不断总结经验，提高各级领导干部的认识。要振奋革命精神，深入群众，参加劳动，确实搞好领导班子的革命化。各级干部要像大庆、大寨的干部那样，在阶级斗争、生产斗争和科学实验三大革命运动中走在前，干在前，出大力，流大汗。要做深入细致的政治思想工作，在搞好革命化队伍的建设上狠下功夫。要放手发动群众，大搞群众运动，开展社会主义劳动竞赛，定期评比先进，表扬先进。已经开展起来的北京与上海、天津几个基层单位的对口赛，要认真总结经验，学习上海、天津的先进经验，带动全市的竞赛。从现在开始，要分期分批地对企业和社队认真进行整顿，明后两年搞完。要集中力量首先把重点企业整顿好。企业是不是整顿好了，要检查验收。要看：（1）揭批“四人帮”的斗争搞得好不好，与“四人帮”阴谋活动有牵连的人和事查清了没有；（2）一个坚决执行毛主席革命路线的好的领导班子是不是建立起来了；（3）工人、技术人员和干部的社会主义积极性是不是调动起来了；（4）阶级敌人的破坏活动，贪污盗窃、投机倒把等资本主义活动打击了没有，资产阶级歪风刹住了没有；（5）必要的规章制度是不是建立和严格执行了，企业的机构是不是精简了，过多的非直接生产人员回到生产第一线没有；（6）八项经济技术指标，特别是质量、消耗、成本等指标和各种设备完好率，有没有显著进步。提高产品质量，降低原材料消耗，反对浪费，是当前工业企业必须大力解决的一个重要问题。没有高质量就没有高速度，每项产品必须做到优质、高产、低消耗。农村社队是不是整顿好了，也要按照普及大寨县的标准，认真检查验收。

要改革工业管理体制，搞好协作，搞好现有企业的挖潜、革新、改造。要改造城区工业。现有企业要逐步实行按行业归口，产、供、销统一管理。凡有碍市容和易燃、易爆、“三废”污染严重、噪音大的工厂，要坚决地有计划地迁出市区。今后新建的工厂，尽可能安排到远郊县，逐步建设若干个各有特点的工业城镇。同时要继续认真做好“三废”治理和消烟除尘工作，以期减少并逐步解决首都的环境污染问题。市属工业由于组织得不好，行业之间的协作没有很好开展起来，现有设备、人力、技术的作用没能充分发挥，造成很大的浪费。必须采取坚决措施，改进工业管理，打破门户界限，全市一盘棋，组织起来，合理分工，按行业实行专业化协作。各工业领导部门，都要按照全市工业的发展方向和专业化协作的要求，制定所属企业挖潜、革新、改造的规划和措施。坚决制止盲目铺新摊子，上基本建设。要把设备折旧费和物资首先用于挖潜、革新、改造，提高产品的质量、数量和劳动生产率，积极应用，推广和发展新技术、新工艺、新材料、新产品，赶超国内外先进水平。

要加强薄弱环节，认真解决好燃料、动力、交通运输和城市用水紧张的问题。只有抓紧解决这些问题，高速度发展国民经济才有保障。煤炭工业，在国家统一计划下，要采取坚决有力的措施，对储量较大的老矿进行技术改造，切实解决掘进走在前面和提高回采率的问题，使今后几年有较大幅度的增产。在统一规划、不与大矿争资源的条件下，积极发展一批小煤窑。要大搞煤矸石的综合利用。电力方面，要扩建、新增一定数量的发电能力。鼓励有条件的企业利用余热自己办电，自己使用。郊区农村要普遍发展沼气，有条件的县社队要办好小水电。为了解决城市用水特别是工业用水紧张的问题，要加速白河堡水库的建设，尽快实现“东水西调”。同时要采取积极措施扩大水源。要发动群众持久地、普遍地开展节煤、节电、节油、节水活动。铁路运输要抓紧完成北京枢纽工程和新的客车站的建设，同时加强运输管理，提高日装卸车数和运行正点率。

要抓紧建设必要的配套和填平补齐项目，使一些工业部门尽快形成比较完整的生产能力。在积极进行钢铁工业技术改造的同时，加速发展小钢铁。化学工业，除石化外，重点抓好炼焦化工，解决为化纤、塑料加工配套所需的染料、油剂、助剂；努力增产医药、农药以及畜禽用药。机械工业，要注意安排好运输机械、农业机械、零配件的生产。轻纺工业，经过必要的配套、改造，逐步转到以利用石油化学工业生产的塑料、合成纤维等原料为主；要增加花色品种，扩大高、中档产品的生产，认真组织好与人民生活密切相关的小商品的生产；要结合农村社队企业的发展，在郊区建设一批造纸原料生产基地。

要搞好基本建设，加强城市管理。遵照毛主席关于不打无准备之仗的教导，切实贯彻执行集中力量打歼灭战的方针。材料和其它条件不具备的工程，不能施工；施工的项目要大干快上，努力缩短工程周期，提高质量，降低造价，尽快发挥投资效益。要认真处理好“骨头”与“肉”的关系。“光注意‘骨头’，不大注意‘肉’，厂房、机器设备等搞起来了，而市政建设和服务性的设施没有相应地搞起来，将来问题很大。”要进一步做好城市建设和旧城改造的规划，加快改造旧城的步伐。今后几年，在保证国家重点工程建设的前提下，加强公共交通、市政工程、邮电通信、职工宿舍以及其他生活服务设施的建设。市内公路要打通卡口，联通环路，修建立交，逐步形成横竖畅通的干道系统，逐步改善交通紧张状况。要兴建新的职工住房。一九八〇年前，建成前三门和西二环两条新街。从有利生产、方便群众出发，积极充实、调整、新建一些商业、服务业网点和文教卫生设施。要实行两条腿走路的方针，职工宿舍和生活服务设施的建筑，一方面从全市基建队伍中确定一部分施工力量，专门承担统建任务，一方面发动有条件的厂矿企业和单位，按照已经批准的计划和城市建设规划，自建一部分。要狠抓建材工业，重点发展新型墙体材料和水泥，扩大砖瓦砂石料生产。在集中统一领导下，充分发挥市、区两个积极性，有关方面要密切协同，依靠群众，切实搞好市政、绿化、公用事业、环境卫生、交通秩序等城市管理工作。要加强地质勘探工业，为工业生产和基本建设提供后备资源和地质资料。

财贸工作要继续贯彻执行“发展经济，保障供给”的总方针，更好地为无产阶级政治、为工农业生产和人民生活服务。要促进生产，开辟货源，扩大收购，合理分配，保证需要，稳定物价。银行、信贷、财政等部门，要发挥对各项经济活动的监督作用，促进企业、事业单位提高经营管理水平。商业、服务部门，要认真组织好人民经济生活，大力改善服务态度，积极提高服务质量。

各城区的工作，要坚决执行为生产、为工人群众服务的方针，逐步地把重点放到办好商业、服务业，办好城市公用事业，办好教育、卫生事业方面来。要把地区商店、代销店、社会主义大院“三结合”的供应服务网组织好，使“三站、两代、一所”成龙配套。各方面都要重视和支持街道的工作，热情帮助他们解决实际问题。

高速度发展国民经济，必须发扬艰苦奋斗、自力更生、勤俭建国的革命精神。北京市各方面条件很好，条件越好，越需要强调自力更生、艰苦创业，反对依赖国家，反对铺张浪费。要发动群众揭发批判“四人帮”严重破坏党的艰苦奋斗优良传统的罪行，联系实际，揭露矛盾，分清是非，肃清其流毒和影响，把自力更生、艰苦奋斗、勤俭办一切事业的方针，认真落实到实际工作中去。

各尽所能、按劳分配，是社会主义历史阶段的分配原则，必须认真贯彻执行。要坚持无产阶级政治挂帅，提倡共产主义劳动态度，各尽所能，全心全意地为人民服务。同时也必须坚持按劳分配的原则，在分配上干多干少、干好干坏、干和不干都一样，不利于调动广大群众的社会主义积极性；要按照各人的劳动态度、技术高低、贡献大小而有所不同，做到多劳多得，少劳少得，不劳不得。要十分注意职工的劳动保护，搞好安全生产。

三、向科学技术现代化进军，大力发展社会主义文化教育事业

繁荣科学文化同发展经济一样，是建设社会主义强大国家的迫切需要。多年来，“四人帮”控制文教阵地，插手科技战线，使社会主义科学文化事业遭受空前浩劫。我们要以极大的努力，消除他们的流毒和影响，把这些战线的工作切实做好。

科研工作总的设想是，三年大治，治中有赶；后五年大发展，赶中有超；在本世纪内把北京建设成为一个具有世界先进水平的科学技术基地。这个科学技术基地，应该是：(1) 建立起一支宏大的工人阶级的科技队伍，有一批第一流的科学技术专家；(2) 拥有并不断发展现代化的科学实验手段；(3) 在若干重要科学技术领域进入世界先进行列，不断做出创造性的科研成果，在理论上有所发现，有所创新；(4) 能够

解决四个现代化建设中提出的重大科学技术问题，以最先进的科学技术成果极大地改变首都国民经济的面貌。近三年内，要按照上述目标，加强科技工作的领导，整顿和健全科技管理系统；在大力发展科学实验的群众运动中，调整、充实、培养、提高科技队伍，巩固、提高、发展农村四级科学实验网和工矿企业等基层群众性科技组织，加强专业科研机构的建设。要集中力量攻克一批生产建设中急需解决的科技难关，建立一批应用新技术的样板。要大力加强科技情报工作，发展计量事业，搞好地震预测预报的科学研究。科研工作，要侧重应用科学，同时抓好必要的基础科学理论研究；既要研究解决当前生产建设中的重大关键课题，也要走前一步，注意研究、引入新兴技术和基础科学理论的新成就；要着眼于现代世界先进水平，学创结合，立足于超。要把革命精神和科学态度结合起来，既要有敢攀高峰的雄心壮志，又要扎扎实实地工作。

教育方面，要全面地、正确地贯彻毛主席的教育思想，继续搞好教育革命，坚持“教育必须为无产阶级政治服务，必须同生产劳动相结合”，“使受教育者在德育、智育、体育几方面都得到发展，成为有社会主义觉悟的有文化的劳动者”的方针。由于“四人帮”的严重干扰破坏，教育质量普遍下降。要下大力量抓好整顿，三年内见到成效，把教育质量提高起来。整顿教育，首先要配备好学校的领导班子，培养提高教师队伍，加强政治思想工作，建立健全必要的规章制度，整顿好校风和教学秩序。要正确处理“主学”和“兼学”的关系。要组织力量迅速编写、修改出高质量的教材和教学参考资料。办好一批重点学校，树立样板，带动一般。三年内，城区基本解决中小学二部制问题，农村普及十年制教育。要搞好幼儿教育。各行各业要恢复和建立一批中等专业技术学校和技工学校。继续办好“七·二一”工人大学和“五·七”农民大学，积极发展电视广播和函授等多种形式的业余教育。要大力办好师范院校和教师进修院校，切实提高教师的教学水平。各方面都要关心青少年和上山下乡知识青年的健康成长，为他们参加学习和各种有益的文化体育活动创造条件。

哲学社会科学各个领域，要以马列主义、毛泽东思想为指导，批判修正主义和资产阶级意识形态。深入揭批“四人帮”，澄清他们在哲学、历史、政治、经济、文学等各方面制造的混乱，研究总结历史的和现实的经验，更好地为社会主义革命和社会主义建设服务。

文化艺术方面，要坚定不移地贯彻文艺为无产阶级政治服务，为工农兵服务的方向，执行“百花齐放，推陈出新”、“古为今用，洋为中用”的方针，大力发展和繁荣社会主义文化艺术。要调整文艺政策，“逐步逐步扩大文艺节目”。要打破“四人帮”对革命文艺作品的禁锢，打破“四人帮”对中外优秀的、进步的古典文艺作品的封锁。正确处理重大题材和其他题材、现代题材和历史题材的关系，始终把重大题材和现代题材放在首位，满腔热情地表现和反映社会主义革命和社会主义建设的伟大斗争，创作出无愧于我们伟大时代的文艺作品。同时也要恰当地选写其他题材和历史题材，真正做到题材、体裁、风格多样化。要进一步发展群众文化工作，大力培养、提高业余的和专业的创作、评论队伍。

要进一步做好马列著作和毛主席著作的出版发行工作。在保证政治读物出版的同时，狠抓科技书刊、科学普及读物、教材和文艺作品的出版。

医疗卫生方面，要全面地、正确地理解和贯彻毛主席的卫生路线和方针，走我国自己医疗卫生工作的道路。在全市范围内，进一步发展提高以医院为中心，防治结合、中西医结合、平战结合的医疗防治网。要坚持“预防为主”的方针，办好各级防疫站，积极开展以除害灭病为中心的爱国卫生运动，大力搞好饮食、环境卫生，消灭病源，最大限度地控制肝炎、痢疾、流感、流脑等主要传染病的发病率。要继续坚持“把医疗卫生工作的重点放到农村去”的方针，加强县医院、中心公社卫生院和公社卫生院，巩固提高合作医疗，使郊区四级医疗卫生网充分发挥作用，逐步做到比较疑难的病能在县内治疗。要大力改进城市医疗卫生工作，加强基层建设，办好街道医院、居委会群众防治站，积极发展工厂防治协作片。要加强职业病的防治，恢复、充实学校保健网和儿童少年卫生研究机构，抓好妇幼保健，继续做好计划生育工作。

“发展体育运动，增强人民体质”。三年内要进一步普及群众体育活动，发展业余训练。要加强体育队伍的思想建设和组织建设，严格训练，严格要求，在主要运动项目上赶超国内和世界先进水平。

建国以来，在教育、科学、文艺、出版、卫生、体育等各个领域，毛主席的革命路线是始终占主导地位的。“四人帮”诬蔑文化大革命前各个文化领域是“黑线专政”，全盘否定各文化领域的成就，特别是他们封锁毛主席的指示，炮制了反革命的“两个估计”，诬蔑文化大革命前十七年的教育战线“是彻头彻尾彻里彻外的修正主义路线”，是资产阶级专了无产阶级的政；

完全抹煞广大知识分子的辛勤劳动和贡献，疯狂叫嚷要“同十七年对着干”。他们炮制“两个估计”的险恶用心，是妄图从教育战线打开缺口，进而否定社会主义制度的优越性，否定毛主席的革命路线，篡夺党和国家的最高领导权。

“四人帮”炮制的“两个估计”，严重地打击和压抑了广大知识分子的社会主义积极性，在政治上搞乱了阶级阵线。毛主席教导我们：“在社会主义社会里，主要的社会成员是三部分人，就是工人、农民和知识分子。知识分子是脑力劳动者。”“四人帮”把革命知识分子同工人、农民之间的同志关系，颠倒为敌我关系，造成了严重的恶果。我们一定要把“四人帮”颠倒了的是非纠正过来，全面地正确地贯彻执行党的团结、教育、改造知识分子的政策。必须充分肯定，绝大多数知识分子是拥护党，拥护社会主义的，对毛主席的无产阶级革命路线是有深厚感情的。在为建设社会主义现代化强国的伟大事业中，广大工人、农民、知识分子，要在毛主席革命路线基础上更好地团结起来。要按照毛主席的政策，尊重广大知识分子的劳动，尊重他们的专长，表彰他们的成就，为他们的工作和生活创造必要的条件。广大知识分子，要在三大革命运动的实践中继续努力改造世界观，坚持走同工农相结合的道路，沿着又红又专的方向不断前进。我们要通过各种途径，不断提高广大科学技术工作者、文化教育工作者和医务工作者的水平。要在工农群众中，在上山下乡知识青年中，在广大青少年中，造成一个为社会主义革命和建设，为实现四个现代化而努力学习科学文化的热潮。要满腔热情地去发现、培养、扶植各方面优秀人才，尽快造就一大批工人阶级的科学家、工程师、经济计划和企业管理专家、教授、教员、文学家、艺术家、新闻工作者和马克思主义理论工作者。

百花齐放、百家争鸣是毛主席制定的发展科学、繁荣社会主义文化事业的基本方针。贯彻这个方针，是调动知识分子积极因素的一个重要环节。毛主席早就指出：“压制学术界的自由讨论，是犯罪的行为”。“利用行政力量，强制推行一种风格，一种学派，禁止另一种风格，另一种学派，我们认为会有害于艺术和科学的发展”。我们要深入批判“四人帮”破坏“双百”方针、实行资产阶级文化专制主义的罪行，鼓励广大知识分子为发展社会主义的科学文化，勇于创新，勇于革命，坚持真理，修正错误。要在毛主席的六条政治标准指引下，开展不同学术见解的自由讨论，促进文化艺术和科学事业的繁荣。

现在，在华主席、党中央的号召下，社会主义科学文化建设的新高潮正在兴起。我们高兴地看到，广大科技、教育、文艺、体育、卫生工作者，精神振奋，干劲很足。广大青少年努力为革命学习，整个社会风气为之一新。我们相信，不用太久的时间，一定会实现伟大领袖和导师毛主席的预言：“我们将以一个具有高度文化的民族出现于世界”。

四、加强政法公安工作，加强民兵建设，进一步巩固无产阶级专政

十年来，公安战线的广大干警努力工作，全市人民紧密配合，总的说任务是完成得好的。但是，由于“四人帮”在市公安局的那个黑干将，勾结坐镇清华的那个女黑干将，在公安工作中推行了一条所谓“打击锋芒指向党内资产阶级”的反革命修正主义路线，蓄意颠倒敌我关系，混淆两类不同性质的矛盾，破坏了公安干警与人民群众血肉相联的亲密关系，削弱了对敌斗争。政法公安战线的同志和全市人民，要继续深入批判和清算“四人帮”及其在市公安局的那个黑干将的罪行，牢记毛主席关于“我们的专政工具不能削弱，还应当加强”的教导，全面地、正确地贯彻执行毛主席的公安工作路线和政策，把首都的治安保卫工作切实加强起来。

必须坚持党对公安工作和司法工作的绝对领导，坚决执行党的无产阶级政策，严格遵照华主席的指示，把专政矛头对准反动阶级、反动派和反革命分子，包括地主、富农、反动资本家以及一切卖国贼。对于那些盗窃犯、诈骗犯、杀人放火犯、流氓集团、打砸抢者和严重破坏社会秩序的坏分子，也必须实行专政。要真正依靠广大人民群众，实行群众路线和专门工作相结合，狠狠打击现行反革命和刑事犯罪活动。要大力加强治安管理，恢复和健全群众性的治保组织，开展好防火、防盗、防特、防事故的“四防”工作。特别要整顿、加强重点地区和繁华地区的治安联防，还要依靠群众，做好预防犯罪和教育改造违法犯罪分子等工作。

要紧密结合揭批“四人帮”的斗争，大力开展社会主义法制的宣传教育工作。要大讲遵守社会主义法制对于巩固无产阶级专政，实现安定团结，建设社会主义的重要意义，增强广大干部和人民群众的法制观念，支持和表扬敢于同违法犯罪分子作斗争、勇于维护社会主义法纪的好人好事。大力提倡维护革命秩序，发扬共产主义道德，树立社会主义新风尚。政法

公安工作人员要做遵纪守法的模范，密切群众关系，全心全意为人民服务。

要进一步加强民兵建设。几年来，首都民兵在市委和卫戍区领导下，配合公安部门，在保卫党中央、保卫首都、维护社会治安、保护人民利益方面，做了大量的工作。要继续深入批判“四人帮”阴谋篡党夺权搞第二武装，破坏民兵建设的罪行，进一步提高广大民兵的觉悟。要坚持实行野战军、地方军和民兵三结合的传统体制，坚持地方党委和军事系统对民兵工作的双重领导，搞好组织、政治、军事三落实，继续做好值勤巡逻、维护社会治安的工作。要深入开展学大庆、学大寨、学雷锋、学硬骨头六连、学习民兵英雄模范人物的活动，严格训练，劳武结合，切实执行“三大纪律八项注意”，在三大革命运动中建设民兵，为巩固无产阶级专政作出贡献。

要继续做好战备工作，搞好军工生产，加强小三线建设。要遵照华主席关于人防工程“要注意维护”，“要平战结合”的指示，进一步发动群众搞好人防工程建设。

要继续做好拥军优属工作，进一步密切军政、军民关系。要从各个方面热情支持人民解放军的战备工作和加强革命化、现代化的建设。

五、加强各级革命委员会的建设

为了发挥各级革命委员会在社会主义革命和社会主义建设中应有的作用，今冬明春，农村人民公社，县、区，都要召开人民代表大会，按照毛主席提出的革命接班人五项条件和老、中、青三结合的原则，选举新的革命委员会。革命委员会要有广泛的代表性。要把群众公认的工人、农民、革命干部和知识分子中的优秀分子，把在群众中确有威信、在社会主义革命和社会主义建设中确有贡献的先进人物选进革命委员会，而决不能把那些打砸抢者、“闹而优则仕”的人物搞进来，这是加强革命委员会建设的一个首要问题。做到了这一点，群众才高兴，才有利于调动各方面的积极性，革命委员会才能发挥它的作用。

“工、农、商、学、兵、政、党这七个方面，党是领导一切的。”各级革命委员会必须在党的一元化领导下进行工作。必须认真抓好思想建设。革命委员会的成员，一定要带头刻苦学习马克思主义、列宁主义、毛泽东思想，特别是要认真学习和掌握毛主席关于无产阶级专政下继续革命的伟大理论，坚持毛主席教导的“要搞马克思主义，不要搞修正主义；要团结，不要分裂；要光明正大，不要搞阴谋诡计”三项基本原则。这三项基本原则，是划分正确路线和错误路线的标准，是识别党内走资派的根本标志。要把坚持“三要三不要”，做为我们一切言论和行动的准则。要理论联系实际，把学习和整风结合起来，经常开展批评与自我批评，不断提高继续革命的觉悟，反修防修，永远保持革命委员会的无产阶级性质。

革命委员会要认真实行民主集中制。毛主席说：“没有广泛的人民民主，无产阶级专政不能巩固，政权会不稳。”过去在“四人帮”的破坏和影响下，既存在着应该民主不民主，也存在着应该集中不集中的现象。要通过深入揭批“四人帮”，全面地贯彻执行民主集中制原则。在人民内部，真正实行“知无不言，言无不尽”，“言者无罪，闻者足戒”，“有则改之，无则加勉”。革命委员会成员及其工作人员，都要严格要求自己，自觉地接受群众监督，绝不允许压制来自群众的批评。革命委员会要实行集体领导和个人分工负责相结合的原则，依靠集体的政治经验和集体智慧做好工作。既要反对个人说了算的坏作风，也要反对那种不负责任、怕负责任的错误态度。要把民主和集中很好统一起来，真正造成一个又有集中又有民主，又有纪律又有自由，又有统一意志、又有个人心情舒畅、生动活泼，那样一种政治局面，以利于社会主义革命和社会主义建设。

革命委员会要“打破重叠的行政机构，精兵简政，组织起一个革命化的联系群众的领导班子。”这些年来事业发展了，增加某些机构和人员是必要的。但是许多部门和单位，机构庞大，人浮于事，这种情况必须改变。各级革命委员会一定要精减机构，克服“五多”，达到精简、统一、效能、节约和反对官僚主义五项目的。要相信群众，依靠群众，全心全意为人民服务。坚持从群众中来，到群众中去的领导方法，有事同群众商量。革委会成员必须以普通劳动者的姿态出现，深入基层、深入群众，定期参加集体生产劳动，虚心倾听群众呼声，关心群众疾苦。要自觉限制资产阶级权利，纠正一切脱离群众的不正之风。要重视人民群众来信，热情接待来访的群众，认真处理他们提出的问题。

要恢复和发扬实事求是的作风。实事求是，是马克思主义唯物论的根本思想路线问题。“四人帮”形而上学猖獗，唯心主义横行，说空话，说假话，造成极恶劣的影响。我们一定要彻底肃清他们的流毒，坚持实事求是、老老实实的科学态度，大兴调查研究之风，克服领导一般化。市、区、县革命委员会的领导干部，每年至少要有三分之一的时间，到三大革命运动的第一线，解剖“麻雀”，解决问题，总结经验。

革命委员会的任务很重，工作很多，必须统筹兼顾，全面安排。要正确处理各种矛盾、各种关系，认真贯彻执行党的各项政策，包括干部政策、知识分子政策、知识青年上山下乡政策、文艺政策、民族政策、侨务政策、统战政策以及各项经济政策，调动一切积极因素，团结一切可能团结的力量，巩固和发展工人阶级领导的工农联盟为基础的包括爱国民主党派、爱国人士和台湾同胞、港澳同胞、海外侨胞的统一战线，组织起浩浩荡荡的革命大军，为建设社会主义的现代化强国而奋斗。

倪志福在北京市第七届人民代表大会第一次会议上的闭幕词

（1977年12月3日）

各位代表：

北京市第七届人民代表大会第一次会议，在英明领袖华主席、党中央和人大常委会、国务院的亲切关怀下，在市委的直接领导下，经过代表们的共同努力，圆满地完成了大会的预定任务。

我们这次大会，高举毛主席的伟大旗帜，贯彻执行党的十一大路线，坚持马克思主义，坚持团结，坚持光明正大，始终充满着继续革命，团结战斗，朝气蓬勃的热烈气氛。代表们认真学习了毛主席关于无产阶级专政下继续革命的伟大理论，学习了华主席的重要指示和党的十一大文献，联系各条战线的实际，揭发批判了王、张、江、姚“四人帮”及其心腹干将迟群等反党、反革命的罪行。大家热情歌颂无产阶级文化大革命特别是粉碎“四人帮”的伟大胜利，畅谈了在华主席、党中央抓纲治国战略决策指引下出现的大好形势。代表们抚今追昔，更加崇敬我们伟大的领袖和导师毛主席，更加怀念毛主席的亲密战友、我们敬爱的周总理和朱委员长，更加热爱我们的英明领袖华主席。我们的大会按照毛主席倡导的党的优良传统和优良作风，遵循民主集中制的原则，充分发扬民主，畅所欲言，造成了一个又有集中又有民主，又有纪律又有自由，又有统一意志，又有个人心情舒畅、生动活泼，那样一种政治局面。使这次大会开成了一个团结的大会，胜利的大会。

当前，北京市同全国一样，形势一派大好。在党的十一大路线指引下，在揭批“四人帮”的伟大斗争推动下，全市人民意气风发，斗志昂扬，各条战线都在胜利地前进。这次大会之后，我们要进一步动员全市人民，坚决贯彻执行党的十一大路线，按照华主席、党中央抓纲治国战略决策的要求，团结战斗，努力实现大会提出的各项战斗任务，大打揭批“四人帮”的人民战争，掀起社会主义经济建设高潮和文化建设高潮，进一步发展大好形势，迎接第五届全国人民代表大会的召开。

我们一定要紧紧抓住揭批“四人帮”斗争这个纲。要进一步放手发动群众，继续向“四人帮”发起猛烈进攻，按照中央的部署，打好第三战役，决不能有丝毫的松劲情绪。要坚决地深入地进行清查工作，彻底粉碎“四人帮”及迟群和那个女黑干将搞的资产阶级帮派体系，把与“四人帮”篡党夺权阴谋活动有牵连的人和事，一件一件地查清楚，决不能留下隐患。要组织广大干部和群众，努力学习马列著作和毛主席著作，学习党的十一大文献，掌握思想武器，深入批判“四人帮”反革命修正主义路线的极右实质及其反革命政治纲领，掀起一个大揭发、大批判的新高潮。要紧密联系实际，搞清楚各条战线、各个部门的具体工作路线、方针、政策和方法，彻底肃清“四人帮”的流毒和影响。要结合企业整顿、社队整顿，狠狠打击一小撮阶级敌人的破坏活动，打击贪污盗窃分子、投机倒把分子，打退城乡资本主义势力的猖狂进攻。对于人民内部的资本主义倾向，要进行批评教育，加以纠正。

我们一定要认真搞好各级领导班子的整顿和建设。北京市各级领导班子，大多数是好的、比较好的，但是，由于“四人帮”的干扰、破坏，也存在着政治上、思想上、组织上、作风上不纯的问题。领导班子的整顿和建设，重在教育。要在揭批“四人帮”的斗争中，认真总结正反两个方面的经验教训，提高马克思主义水平，提高阶级斗争、路线斗争和继续革命的觉悟，振奋革命精神，鼓舞革命干劲。对于后进班子，领导机关要派出得力干部帮助整顿，问题严重的要加以调整，使之尽快改变面貌。各级领导干部要带头恢复和发扬党的优良传统和作风。坚持实事求是，说老实话，办老实事，做老实人，杜绝一切假话，空话。坚持辩证唯物主义和历史唯物主义，反对唯心主义和形而上学。对工作，对自己实行一分为二，反对固步自封，骄傲自满。坚持群众路线，经常保持和群众的密切联系，坚决反对那种高高在上、脱离群众的官僚主义作风。坚持艰苦奋斗，勤俭建国、勤俭办一切事业的精神，抵制资产阶级思想的侵袭，纠正一切不正之风。总之，要像华主席指示的那样，把各级领导班子逐步建设成全面地正确地贯彻执行毛主席的无产阶级革命路线，坚决执行党中央的决策和指示，坚持参加集体生产劳动，密切联系群众，自觉限制资产阶级法权，团结战斗，在群众中有威信的精干的领导班子。

我们一定要狠抓队伍的革命化建设。大庆、大寨的一条根本经验，就是用毛泽东思想教育人，带出了一支特别能战斗的革命化队伍。每个单位都能像大庆、大寨那样，既有一个好的领导班子，又有一支思想红，技术精，干劲大，纪律严，团结战斗的队伍，我们就会无坚不摧，无攻不克。要在揭批“四人帮”的伟大斗争中，深入开展马克思主义教育运动，认真组织广大群众学习马列和毛主席著作，特别是要学好毛主席关于无产阶级专政下继续革命的伟大理论，加强党的基本路线教育；同时，要办好各种类型的职工业余学校，农民夜校，学政治，学文化，学技术，学业务，努力做到又红又专，以适应“四个现代化”的需要。要加强政治工作机构，健全政治工作制度，深入细致地做好经常的思想政治工作。要善于在三大革命运动中，发现和培养先进人物，树立标兵，大力表彰先进人物先进事迹，发挥他们的骨干、桥梁、模范作用，带动中间，帮助后进。这样就可以做到华主席所说的“先进更先进，后进赶先进，革命加拚命，无往而不胜。”

我们一定要深入开展工业学大庆、农业学大寨的群众运动，抓革命、促生产、促工作、促战备，促进国民经济的高速度发展，大力发展社会主义的科学技术和文化教育、卫生、体育事业，为实现四个现代化做出贡献。要在切实整顿企业和社队的基础上，严格按照中央规定的标准和这次大会批准的规划，努力建设大庆式企业，普及大寨县（区）。要认真贯彻执行毛主席和华主席、党中央关于科学技术、文化教育、卫生、体育工作的重要指示，搞好各个文化领域的革命。要把阶级斗争、生产斗争、科学实验三大革命运动结合起来，加强对科技工作的领导，进一步动员广大干部、群众、科学技术工作者，向科学技术现代化进军，努力作出优异成绩，迎接全国科学大会的召开。

我们一定要团结一切可能团结的力量，调动一切积极因素，为伟大的社会主义事业服务。毛主席教导我们：“国家的统一，人民的团结，国内各民族的团结，这是我们的事业必定要胜利的基本保证。”我们要进一步巩固和发展工人阶级领导的工农联盟为基础的包括爱国民主党派、爱国人士和台湾同胞、港澳同胞、海外侨胞的统一战线，加强人民内部的团结，加强领导和群众的团结，加强军政、军民的团结。要认真贯彻落实党的各项政策，充分调动广大工人、贫下中农、革命干部、知识分子和爱国人士的社会主义积极性。各条战线的广大干部、群众，要开展一个革命大竞赛，鼓足干劲，力争上游，把各项社会主义事业干得又多又快又好又省，为国家多做贡献。

让我们高高举起毛主席的伟大旗帜，紧密团结在华主席为首的党中央周围，沿着党的十一大路线，奋勇前进，争取更大的胜利。

北京市第七届人民代表大会第一次会议关于《北京市革命委员会工作报告》的决议

（一九七七年十二月三日通过）

北京市第七届人民代表大会第一次会议批准吴德同志代表市革命委员会向大会作的《北京市革命委员会工作报告》。会议认为，市革命委员会成立十年多来，在毛主席的革命路线指引下，在华主席、党中央的关怀和领导下，团结带领全市人民，经过两个阶级、两条路线的激烈斗争，取得了社会主义革命和社会主义建设的重大胜利。工作报告全面地总结了北京市的工作，明确地提出了当前和今后一个时期的战斗任务。大会号召全市人民，更高地举起毛主席的伟大旗帜，紧密团结在华主席为首的党中央周围，认真贯彻执行党的十一大路线，调动一切积极因素，坚决把揭批“四人帮”的伟大斗争进行到底，鼓足干劲，力争上游，高速度地发展国民经济，努力向科学技术现代化进军，大力发展社会主义文化教育事业，加强政法公安工作和民兵建设，进一步巩固无产阶级专政，发扬党的优良传统，大兴社会主义风尚，为实现英明领袖华主席提出的抓纲治国的伟大战略决策，实现我国的四个现代化做出贡献，为把首都建设成为具有现代工业、现代农业、现代科学技术、现代城市设施的清洁的社会主义新型城市，而努力奋斗。

北京市出席第五届全国人民代表大会代表名单

（按姓氏笔划排列）

（二百一十七名）

丁声树　马　坚　王大钧　王　义　王兰琴（女）
王　迁　王成奎　王来珍（女）　王作舟　王言昌
王冶秋　王若水　王昆仑　王忠诚　王炜钰（女）
王俊生　王淑贤（女）　王淑玲（女）　王绥琯
王惠德　王瑞丰　王德昌　车文焕　牛桂德
毛文书（女）　毛维忠　毛联珏　邓止怡　石　钧
石梅音（女）　叶笃正　田中山　史洪志　白介夫
白寿彝　白继良　白漱新（女）　丛学成　冯　至
吕兰欣（女）　吕保维　朱　觉　乔石琼（女）
伍经元　任子超　任成水　任承训　任恒太　华国锋
华罗庚　向锦江　邬纪秀　刘长文　刘凤琴（女）
刘　达　刘宗卓　刘诗昆　刘绍文　刘香芝（女）
刘贺生　刘素英（女）　刘振奇　刘润芳　刘景春
刘　锋　刘道玉　刘渡舟　刘富存　刘德源　刘　毅
刘耀民　关山复　江牧岳　许明月（女）
许树华（女）　许维英　许琴妹（女）　纪登奎
严仁英（女）　芦国俊　杜才元　杜培花（女）
李义福　李子平（女）　李凤甫　李凤楼
李巧云（女）　李何林　李明智　李　忠
李　岩（女）　李建平　李承为　李梦夫
李　琴（女）　李腊和　李瑞环　李嗣尧　李　鑫
杨士惠　杨小亭　杨世荣　杨财发　杨秀英（女）
杨　沫（女）　杨春茂　杨维民　杨景荣（女）
杨嘉墀　杨德林　肖友明　肖　伦　肖　赤　吴仲华
吴桓兴　吴　德　何东昌　辛育龄　汪东兴　汪润生
沈秉镇　沈　澄　宋一平　宋玉英（女）　宋庆忠
张大中　张平化　张仲臣　张国基　张秉贵　张相麟
张树礼　张　琳（女）　张锡田　张　鋆
阿依吐拉（女）　陈丁茂　陈世骧　陈永祥
陈伦芬（女）　陈宝森　陈建帮　陈常好　陈福汉
陈　篪　茆于蘀　茅以升　林巧稚（女）

林兰英（女） 林佳楣（女） 罗玉川 周长生
周发岐 周 林 周建人 周培源 郑天翔 孟继懋
赵文玺（女） 赵永竹 赵炳南 赵喜明 赵鹏飞
赵燕侠（女） 荣 科 胡汉泉 柳大纲 柳德春
段宝成 侯宝林 施登元 洪丝丝 秦力生 耿长外
夏 鼐 顾谷同 钱钟泰 倪志福 徐庆文
奚润珍（女） 高庆狮 高毅民 郭映福 郭福金
郭影秋 唐由之 浦洁修（女） 诸福棠 姬鹏飞
黄秉维 黄 勇 黄鸿宁 梅增森 曹友仲
曹轶欧（女） 曹 禺 曹 鲁 庾秀荷（女）
葛廷山 董新菊（女） 韩作黎 程纯枢 傅文启
傅振刚 焦素芬（女） 童第周 鲍文奎 廉双进
慕庆光 蔡若虹 蔡俊岭 谭葆宪 潘致斌 薄太和
穆成礼 魏鼎旺 瞿菊芳（女） 陈景润 武玉璞
范 权 罗叔章（女） 岳长华（女） 周叔弢
庞淑兰（女） 郑天挺 赵士杰 赵今声 赵志纯
赵 钧 郝德青 胡乔木 胡祚宽 胡 增 钟子云
俞霭峰（女） 洪伯年 顾康乐 钱三强
徐茂芬（女） 殷之华 殷宝华 高士其 高玉堂
郭芝榕 郭锡禄 黄仕机 黄志刚 曹本熹 崔庆武
梁学义 彭义祥 蒋南翔 韩权华（女） 储光明
路 达 路希杰 解学恭 廖灿辉 缪天瑞 穆 青
戴念慈 魏淑珍（女）

北京市革命委员会委员名单

（一百一十名）

（1977年12月30日）

吴 德 倪志福 丁国钰 黄作珍 王 磊 郑天翔
杨寿山 吴 烈 贾 汀 赵鹏飞 王 宪 毛联珏
王笑一 刘坚夫 叶 林 郭献瑞 王 纯 李立功
李巧云（女） 丁体仁 丁希荣（女） 于瑞义
王一夫 王永美（女） 王忠诚 王炜钰（女）
王学礼 王学俭 王景铭 邓忠田 叶华明 叶选平
叶恭绍（女） 白介夫 丛学成 吕子敬 朱 临
刘庆仁 刘季芝 刘桂兰（女） 刘殿臣 刘耀民
关世雄 安宏琴（女） 孙孚凌 毕振华 杜春永
灿 曲（女） 杨秀英（女） 杨俊生 苏从周
李学龙 李振海 李崇善 李德荣 吴文华 余 量
辛育龄 张 琳（女） 张 满 张文兰（女）
张孝敬 张还吾 张秉贵 张金英 张树藩 张鸿舜
陆 达 陈 莹（女） 陈永祥 陈克恭 陈希同
陈金钰 陈福汉 邵锡全 周长生 周冠五 周培源
卓会卿 易宗朴 岱忠信 武旭昶 孟兆英 赵 峰
赵正晶 项子明 钮茂生 段连弟 贾秀珍（女）
顾希贤 徐 光（女） 徐庆文 徐际昆 浩 然
高淑兰（女） 唐士健 黄民伟 黄频捷 常 春
常 浦 管德荣 韩作黎 韩伯平 董淑兰（女）
傅长龙 傅崇碧 阎庆寿 蒲文清（女） 潘家多
薛振声

北京市革命委员会主任、副主任名单

主 任 吴 德

副主任

倪志福 丁国钰 黄作珍 郑天翔 杨寿山 吴 烈
贾 汀 赵鹏飞（满） 王 宪 毛联珏 王笑一
刘坚夫 叶 林 郭献瑞 王 纯 李立功
李巧云（女）

北京市第七届人民代表大会第一次会议主席团、秘书长名单

主席团（以姓氏笔划为序）

丁贡南 丁国钰 马进 王纯 王宪 王磊 王少林 王学礼 王金玲（女） 王笑一 王景铭 毛文书（女） 毛联珏 叶林 叶恭绍（女） 白寿彝 吕子敬 刘达 刘明 刘玉满 刘坚夫 刘绍文 刘祖春 刘锡昌 刘耀民 邬纪秀 关瑞梧（女） 孙孚凌 杨寿山 杨俊生 李伟 李巧云（女） 李昌安 李玉铭 沈澄 吴烈 吴德 吴仲华 吴素萱（女） 陆达 张满 张仲臣 张进齐 张还吾 张秉贵 张铁夫 张树藩 陈永祥 陈伦芬（女） 陈希同 陈福汉 陈福初 周林 周荣国 周培源 范瑾（女） 郑天翔 易宗朴 孟继懋 赵峰 赵炳南 赵鹏飞 项子明 贾汀 贾步彬 倪志福 徐庆文 徐运北 浦洁修（女） 郭映福 郭步岳 郭献瑞 高戈 唐士健 诸福棠 梅嘉生 黄民伟 黄作珍 崔旭东 蒋绍毅（女） 童第周 傅崇碧 蒲文清（女） 鲍溥汉

秘书长 贾汀

北京市第七届人民代表大会代表名单

东城区代表团（124人）

于云先 于乐天 于纯钢（女） 于贵海 于殿基 么长江 马桂兰（女） 王大琬（女） 王兰琴（女） 王忠海 王金龙 王秋霞（女） 王桂珍（女） 王继曾 王增礼 毛文书（女） 左诵芬（女） 田阿桐 申金海 白彤玉 白忠玉 司徒擎 朱长茂 朱琳（女） 任恒太 邬绮文（女） 刘友渔 刘长柱 刘永祥 刘存一 刘利恒 刘锋 刘燕茹（女） 关世雄 安士伟 安志敏 牟冠英（女） 孙孚凌 孙京京（女） 杜占梅 李凤珠（女） 李志英（女） 李昭（女） 李培元 杨世瑞 杨西孟 杨志远 杨贵和 杨复沛 杨桂珍（女） 吴德 沈兆富 沈淑珍（女） 沈德伦 张大中 张克明 张仲身 张国贤 张秉贵 张金荣 张春茂 张春香（女） 张树藩 张晓楼 张静 陈原 陈锡章 武旭昶 林准 郁仁存 岱忠信 郑志昌 郑彦存（女） 房秀珍（女） 胡金树 赵月然（女） 赵松岭 赵宝华 赵荣（女） 赵炳南 项曼君（女） 柳步青 闻莲清（女） 娄文彬 姜桂玲（女） 姜善智 贾汀 聂宝芳 顾均正 徐秀荣（女） 高秀英（女） 高剑光 高登云 浦洁修（女） 诸有琼（女） 黄洪年 黄淑卿（女） 曹禺 曹琪 盛廷海 常春 常梦渠 崔振宇 庾秀荷（女） 梁正中 梁继昕 梁豫珍（女） 韩凤兰（女） 韩玉竹（女） 韩金德 董宝信 焦福盘 曾洁光 薄文清（女） 路有礼 溥松窗 蔡又红（女） 蔡慧新（女） 潘廉志 翟瑞凤 颜炳玉（女） 薛振声 魏正明 戴士铭

增补：

林乎加（1979.5.6） 贾庭三（1979.5.6）
王继芬(女)(1979.11.13) 王雪涛（1979.11.13）
苏健（1979.11.13） 苏展（1979.11.13）
赵起扬（1979.11.13） 侯镜如（1979.11.13）
彭思明（1979.11.13） 魏彬（1979.11.13）
刘乐哉（1981.3.19） 段君毅（1981.3.19）

西城区代表团（139人）

丁大中 丁育芝（女） 乜树芳 于宗英（女） 于孟霞（女） 马进 马承良 马宝琛 马素兰（女） 尹春芳 王义 王凤海 王学琦

王笑一　王宸生　王德章　石子恒　石　钧　司元河
朱世雄　任玉山　刘秀梅（女）　刘季芝
刘香芝（女）　刘育毅　刘润芳　刘　祥　刘绍文
刘殿臣　齐发仞　关志琴（女）　关爱芳（女）
汤佩松　孙东堂　孙国梁　孙嘉广　杜导正　杜松庭
李子平（女）　李忆兰（女）　李宗贤　李春光
李景春（女）　李景慈　李录章　李俊林　李振海
李敬彦（女）　杨　沫（女）　杨步荣　肖德生
吴永图　吴　昊（女）　吴林泉　吴　强　吴恩德
吴素萱（女）　佟孟侨　宋书声　宋金兰（女）
林明美（女）　严仁英（女）　严梅和（女）
张子芳　张凤兰（女）　张书林　张兴庚　张克智
张国基　张思恭　张金英　张　真　张鸿舜　陆　阳
陈木森　陈厚棣（女）　陈晓中　罗永祥　周汉荣
周永生　周长生　周越先（女）　周惠兰（女）
武双奎　范金印　郑心畬　郑婉若（女）　郑裕峥
郑麟畬　孟继懋　胡亚美（女）　胡运和　胡景山
赵正晶　赵寿瑞　赵淑珍（女）　段士奇　段宝成
洪　儒　钟　森　顾之惠（女）　顾希贤　浩　然
姜洪俊　俞占鳌　贾步彬　贾荫楠　倪志福
秦淑雅（女）　徐光炜　徐际昆　徐荣惠（女）
徐荫培　高振水　高富有　高毅民　诸福棠
郭淑琴（女）　黄　钢　黄萃庭　曹俊喜（女）
董新菊（女）　董淑兰（女）　屠金城　景　良
梅世蓉（女）　韩作黎　韩敬让　蔡玉清（女）
温承训　谢荫达　戚志芬（女）　熊德兰（女）
樊　亢（女）　黎　晓　雷　加　潘家多　谭景春
籍殿祥

增补：

安　林　（1979.11.14）　佟　铮　（1979.11.14）
阮章竞　（1979.11.14）　张继恒（女）（1979.11.14）
张　镈　（1979.11.14）　胡一哉（女）（1979.11.14）
封明为　（1979.11.14）　徐汉涛　（1979.11.14）
程筱鹤　（1979.11.14）　刘景平　（1981.3.19）
焦若愚　（1981.3.21）　冯基平　（1982.2.16）

宣武区代表团（105 人）

丁成宗　丁国钰　于明章　马玉成　马金芝（女）
马俊硕　王一夫　王万惠　王文锦（女）　王存信
王永美（女）　王东峨　王企贤　王芷沅（女）
王忠诚　王秀认（女）　王俊生　王炳强　仇新铨
孔繁永　石晶华（女）　艾翠兰（女）　叶选平
白以骥　朱　临　乔文仲　毕振华　任成水　刘万章
刘云峰　刘坚夫　刘宝堂　刘树发　孙宝金　孙衍庆
孙致中　孙德刚　严镜清　李　亮　李　俊
李桂云（女）　李桂桐　李崇善　李登志　李殿斌
李瑞琳（女）　李德寿　李　耀　杨文堂
杨秀英（女）　吴文华　吴秀英（女）　何乔生
宋吉英（女）　张云兰（女）　张友惠（女）
张育生　张树礼　张殿发　张锡田　陈宝昌
陈　实（女）　陈德起　范儒生　周德福　郑绍宁
尚伶敏（女）　尚宝清　陆　达　陆明静（女）
易宗朴　孟兆荣　赵永竹　赵庆合　赵守华　赵荣琛
赵　祥　赵鼎新　侯林祥　洪雪端（女）　段云生
费菊珍（女）　秦国庆　都英香　高洪均
郭淑兰（女）　崔德厚　郭　仁　郭影秋　陶　红
黄频捷　章旭昭（女）　梁桂花（女）　韩庆全
韩琴谱（女）　蒋　争　董维域　覃异之　覃修谟
傅云兰（女）　傅长龙　焦淑梅（女）
薛　光（女）　濮荷生（女）　魏　明

增补：

王进轩　（1979.11.13）　叶子龙　（1979.11.13）
安　民　（1981.3.28）　宋汝芬　（1979.11.13）
陈克寒　（1979.11.13）　顾　德　（1979.11.13）
高俊庭　（1979.11.13）　盖双林　（1979.11.13）
彭　城　（1979.11.13）

崇文区代表团（59 人）

于熙钟　马立英（女）　王九行　王金葛（女）
王树翰　王淑芬（女）　牛桂德　邓乃陵　史义林
左玉长　田广恩　冉振明　刘　侠（女）　刘树波
刘思悌　刘德堂　许淑兰（女）　李洪才　李立功
李建峰　李淑英（女）　李德信　杨士惠　杨国栋
杨维民　吴士和　沈　澄　宋玉英（女）
易光焕（女）　张文兰（女）　张孝敬
张玲宝（女）　张毓卿（女）　和希恭　郑洁时
赵世泰　赵宝岐　赵鹏飞　赵嘉莉（女）　夏长馨
陶永翠（女）　徐贤琴（女）　殷宗琦
殷俊英（女）　奚润珍（女）　黄作珍，
曹杏尊（女）　康凌福　黄维辉　常凤女（女）
廉双进　董三敏（女）　董庭魁　蒋绍毅（女）
韩学荣（女）　解计田　薛光华　蔡其侃　潘致斌

增补：

万丹如（女）（1979.11.13）　王树森　（1979.11.13）
王斐然　（1979.11.13）　冯　麟　（1979.11.13）

李　瑛（女）(1979.11.13)　张　旭　(1979.11.13)
张继斌
(1979.11.13)

石景山区代表团（45人）

于忠厚　马素花（女）　王志芬（女）
王秀芝（女）　王杰华　王绍彬　左尚勇　叶　林
史洪志　由文泉　白良玉　冯有明　吕子敬　向作慰
刘焕忠　刘淑珍（女）　齐振军　安朝俊
许树华（女）　孙济民　孙景和　杜德亮
李凤霞（女）　李玉桂（女）　李芝瑞（女）
李希容　李奎岳　李寅起　杨希亮　何泽明　张芳清
张群仆　周冠五　赵大美　胡　枝　钟启竞　聂万成
高纯义　唐国庆　黄　勇　常广信　傅文启
曾琼兰（女）　蔡景义　薄太和

增补：

王振中　(1979.11.22)　刘导生(1979.11.22)
佘涤清　(1979.11.22)　陈　鹏(1979.11.22)

朝阳区代表团（154人）

于振国　万奇英（女）　马德昌　卫安江（女）
王一峰　王　云　王元祺　王凤云（女）
王凤霄（女）　王凤藻　王　平　王　迁
王丽云（女）　王传寿　王庆福　王宝琏
王金玲（女）　王武英（女）　王季文　王道荣
王　磊　毛联珏　尹文田　邓丽华（女）　石维成
田老壮　田丽萍（女）　田瑞芝（女）　叶蕴琨
白继良　吕兰欣（女）　乔梧芳　朱　礼　任承训
任贵森　刘玉满　刘安荣（女）　刘存月　刘行义
刘绍润　刘庆仁　刘志斌　刘连生　刘鸾英（女）
刘贺生　刘桂兰（女）　安士明　安茂仁　江勇为
许墨才　孙秀英（女）　李正道　李巧云（女）
李学英（女）　李秀荣（女）　李振海　李步英
李林江　李春月　李淑珍（女）　芦金盈　杨小亭
杨云池　杨凤文　杨树斌　杨振桐　杨永芝（女）
杨沛霆　杨潮光　吴季宏　吴俊周　吴鑫泉　汪大明
何秀芳（女）　何耀文　佟德禄　余　量　宋长佑
宋守忠　宋新华（女）　张士林　张元生　张方佐
张玉岭　张玉华（女）　张明哲　张桂清（女）
张炳海　张振江　张崇祜　张　峰　张淑琴（女）
张锦华（女）　张　德　陈丁茂　陈正仁　陈克恭
陈庆新　陈兰英（女）　陈伦芬（女）
陈秀丽（女）　陈秀华（女）　陈勋斌　陈常好
罗秀芬（女）　周长兰（女）　周光裕　周宣诚
邵锡全　茆于薛　林铁树　孟宪武　孟昭虎　赵凤志
赵　安　赵丛森　赵德华　柳文奎　星淑惠（女）
钟立辉（女）　段庆山　修先平　桂清科　高玉林
高树榕　高德生　郭庆荣　郭素香（女）　郭鹤增
铁维珍（女）　徐芳春　徐祖声　徐树清　翁心植
唐振儒　曹　良　曹家铭　黄友良　黄树浦　黄毓龙
景德祥　麻寿宽　隋永海　韩金英（女）　韩思泰
谢淑霞（女）　勒建民（女）　葛祥书　雷希恩
翟俊花（女）　穆成礼　戴昌鼎　魏文德
瞿菊芳（女）

增补：

马耀骥　(1979.11.13)　李克佐　(1979.11.13)
刘永国　(1979.11.13)　陈明绍　(1979.11.13)
陆　禹　(1979.11.13)　杨冠飞　(1979.11.13)
武　光　(1982.2.18)　武珂枫　(1979.11.13)
张　彭　(1979.11.13)

海淀区代表团（189人）

丁希荣（女）　丁贡南　丁始琪（女）　于庆魁
于瑞义　万倫如（女）　马　坚　马学良　王之声
王文敏（女）　王书贵　王文忠　王世强
王玉珍（女）　王占生　王成奎　王兆麒　王　序
王作舟　王伯瀛（女）　王松茂　王学礼　王学作
王宝贵　王炜钰（女）　王家华　王艳雪（女）
王健勋　王淑贤（女）　王淑玲（女）　王锡祺
王德昌　叶华明　叶恭绍（女）　田荣芳（女）
白寿彝　白秋月（女）　朱立生　朱　觉　朱世纶
任允芙（女）　乔石琼（女）　邢　辉（女）
向锦江　江泽涵　牟泽衔　吕月华（女）　刘占武
刘长文　刘　达　刘　红（女）　刘存香（女）
刘宝忠　刘振岐　刘淑文（女）　刘德润　关学增
关瑞梧（女）　许春文（女）　许琴妹（女）
孙一康　孙承强　孙桂仙（女）　米怀恕　苏从周
苏加楷　杜　若（女）　李　珍（女）　李书元
李有发　李述靖　李荫远　李春和　李敏华（女）
杨财发　杨国枢　杨嘉墀　杨德林　吴中量　吴元福
吴　平　吴仲华　吴佑寿　吴志宽　汪丽梅（女）
沙福敏（女）　宋世荣　宋丽川　张　运　张文仁
张双林　张双喜　张还吾　张苏斌　张明元　张学儒
张　维　陆宗达　陈世书　陈世骧　陈兰芝（女）
陈加耐　陈光旭　陈克嶷　陈国庆　陈宝森　陈俊森
陈　莹（女）　陈继祥　沈渔邨（女）　何东昌

邱竞男（女） 林 一（女） 林 冰 林诗仲
林家桂（女） 岳相昆 周发岐 周 林 周成民
周 崧 周培源 周 盛 郑天翔 郑京平（女）
赵广琴（女） 赵访熊 尚翠兰（女）
金淑英（女） 姚淑平（女） 姚锐戈 施汝谷
胡 华 胡 珍 胡济民 钟师统 费振刚 俞融生
姜忠同 闻家驷 耿长外 袁旭沧 贾 震 钱 宁
秘荣芹（女） 徐大雄 徐文海 徐永强 徐运北
徐光宪 徐富荣 徐鹤鸣 唐月宋（女） 唐范宇
高玉成 高淑珍（女） 高德瑞 郭罗基 郭映福
郭慕孙 郭增禄 黄兰友 黄玉相 黄宝珊 曹国辉
曹盛芳（女） 曹靖华 常和生 常 浦 阎德洲
盖淑芬（女） 梁启旺 崔秀英（女） 彭庆暹
彭瑞骢 韩 朔 韩素兰（女） 焦桂芬（女）
董玉香（女） 蒋泽廉（女） 程金山 童 铠
童第周 鲍文奎 鲍城志 蔡长年 蔡邦华 蔡金涛
熊振翔（女）

增补：

宁 棍 （1979.11.13） 汪坤仁 （1979.11.13）
陈守一 （1979.11.13） 李培山 （1979.11.13）
侯仁之 （1979.11.13） 胡传揆 （1979.11.13）
唐有棋 （1979.11.13） 贾星五 （1979.11.13）
梅月兰 （1979.11.13） 雷洁琼 （1979.11.13）
蔡 旭 （1979.11.13）

丰台区代表团（81 人）

丁美荣（女） 丁鼎武 于自贵 马义民 马幼祥
马振年 马德山 王义英 王文英（女）
王来珍（女） 王 明 王学俭 王 恺 王炳信
王福珍（女） 尤玉珍（女） 文延生 古巨成
平惠祎（女） 丛学成 庄逢甘 刘凤英（女）
刘荣书 刘玲雪（女） 刘淑敏（女） 刘福增
孙永堂 杜才元 杜玉兰（女） 杜培花（女）
李凤甫 李文海 李金兰（女） 李松江 李明实
李明智 李 梅（女） 李淑英（女）
李淑琴（女） 李德荣 李瑜铭 杨中兴 杨寿山
杨振海 杨家琳 吴惠永（女） 佟 英（女）
余梦伦 库秀芬（女） 张玉明 张 波 张志儒
张 连 张国珍（女） 张桂琴（女） 陈金榜
陈福汉 陈福进 郑文斌 柳德春 段贺林 侯景山
侯德孝 祖学谟 徐 光（女） 徐国勋 郭孝禹
郭冠荣 郭素琴（女） 黄纬禄 梅秀荣（女）
梅增森 隋绍山 阎凤兰（女） 阎保江 焦广玉
焦广桂 焦玉荣（女） 谢振东 瞿 纠 魏鼎旺

门头沟区代表团（29 人）

于淑侠（女） 王计海 王青平 王富荣（女）
邬纪秀 刘景春 安宏琴（女） 安树君 杜春永
李树英 李贵武 李家梁（女） 邹世桂
宋英子（女） 张凤珍（女） 张仲华 张进齐
张志虎 张 环 张铁夫 范德录 孟兆英
郭桂英（女） 黄秀菊（女） 曹安定 韩友金
韩宝瑞 彭德生 蔡俊岭

昌平县代表团（30 人）

王云霞（女） 王 玺 毛丽英（女）
邓秀兰（女） 艾德有 史静贤（女） 白介夫
邢国珍 刘德华 齐 发 苏 力 李庚绪 杨德忠
肖清智（女） 邱光林 宋广熙 宋庆忠
灿 曲（女） 张秀琴（女） 张明玉 陈希同
金淑兰（女） 孟凡振 祝锡文 姚长平 郭献瑞
郭福山 黄万忠 曹友仲 董明本

大兴县代表团（23 人）

马泽林 王希亮 王振铎 王桂英（女）
叶桂馨（女） 白仙畔（女） 冯桂深 任玉亮
刘祖春 刘朝仕 李 岩（女） 宋宝玉 张广云
张 琳（女） 张福忠 范铁生 郑会民
俞家珍（女） 夏芝凤 崔旭东 韩玉珍 管德荣
潘老文（女）

增选：

张景伯 （1979.11.12）

房山县代表团（55 人）

马士杰 王少林 王家寅 王西银 王延臣 王茂隆
王昌兰（女） 王桂华（女） 王淑明（女）
王景铭 王素英（女） 王 耀（女） 仉国华
邓忠田 叶长荣 任全会 任俊琴（女）
刘凤琴（女） 刘祥忠 刘 桐 孙仲杰
孙秀芳（女） 孙 蔼 李 忠 杨少桥 杨春茂
吴连芝 冷凤兰（女） 宋秀琴（女） 张文芳
张永红（女） 张秀春（女） 张国明 张铁民
张淑莉 陈爱芯（女） 张淑清（女） 周家福
郑玉亭 郑 伟 胡广霞（女） 柳致山 姜登洲
夏桂元 徐庆文 殷秀丽（女） 黄德兰（女）

曹长振 常国旺 扈文瑞 董书镶 程 珮 傅振刚
隗有顺 韩伯平

增补

吴春山 (1979.11.13) 张万欣 (1979.11.13)

通县代表团（37人）

马连登 马淑惠（女） 王连友 王希俊 王 纯
王茂胜 王 昆 见德庆 凤忠梧 尹淑英（女）
邓健民 史志茂 刘红玲（女） 刘素英（女）
池有德 许长义 杜东才 李昌安 杨会礼 杨春林
辛育龄 宋桂英（女） 张玉春 张民秀（女）
张 泽 张德生 陈怀义 金树恩 郎金恒
赵文英（女） 赵 峰 段文喜 殷继颜
高淑兰（女） 梁三欧 慕庆光 魏汉卿

顺义县代表团（23人）

马有金 王永贵 王 宪 车文焕 石 巍 史家俊
乔洪森 刘 明 员彩莲（女） 李凤英（女）
李树成 杨景荣（女） 何广勤 宋素维（女）
张 旭 邵娜萍（女） 范 瑾（女） 段连弟
侯鼎臣 施登元 贾凤德 高继文 潘 胜

平谷县代表团（15人）

王明芹（女） 王亚东（女） 刘广富 杨希顺
何宝兰（女） 张仲臣 张体伦 陈永祥
陈素英（女） 金 鸣 赵振河 黄民伟 段尊贤
高贺荣 郭步岳

增补

王仲林 (1981.3.28)

密云县代表团（24人）

丁广珍 王亚兰（女） 王明如 王 常 任建亚
刘锡昌 李正来 李学龙 杨志诚 张永权
张桂兰（女） 周荣国 郑广荣 郑国新 钮茂生
钱登高 高尚富 郭福金 席凤仪（女） 唐士健
曹振安 傅振举 裴福生 瞿桂珍（女）

怀柔县代表团（14人）

万玉常 刘宗杰 李 伟（女） 李明瑞 李瑞环
张 岚（女） 张 满 赵长宝 赵文玺（女）
赵 壁（女） 贾秀珍（女） 高 戈 彭光和
焦宝德

延庆县代表团（16人）

马桂元 王泉仁 文和阳 田文魁 刘富存 刘富来
刘耀明 许福山 李淑芬（女） 杨玉荣（女）
陈树青（女） 陈跃林 卓会卿 项子明 梁士宏
鲍溥汉

人民解放军驻京部队代表团（32人）

丁体仁 王 林 王德绪 田 英 刘汉霞（女）
孙树峰 苏成林 李 伟 李淑英（女） 李新源
杨俊生 吴 烈 邱子明 宋文海 张纯清 张金明
张敏生 张殿永 陈克难 陈罗华 陈金钰 陈福初
金幼仙（女） 郑汉涛 咸毅山 姚绮文（女）
郭开锋 梅嘉生 阎庆寿 彭方复 傅崇碧 廖鼎祥

增补

潘 焱 (1979.11)

北京市第七届人民代表大会第二次会议

（1979 年 5 月 13 日）

北京市第七届人民代表大会第二次会议于 1979 年 5 月 13 日下午在人民大会堂举行。

北京市革命委员会主任林乎加在会上作了形势和任务的讲话。

出席会议的1076位代表，以无记名投票的方式，补选了彭真、薄一波、安子文、陶希晋、林乎加为第五届全国人民代表大会代表。

会议审议通过：追认林乎加为北京市革委会委员、主任，贾庭三为北京市革委会委员、副主任，白介夫为北京市革委会委员、副主任；追认郭步岳为北京市高级人民法院院长，薛光华为北京市中级人民法院院长，林彤为北京市人民检察院检察长。

北京市第七届人民代表大会第二次会议选举办法

（1979 年 5 月 13 日）

一、根据中央提议，经过北京市革命委员会全体会议、大会主席团和全体代表酝酿协商，提出补选北京市出席五届全国人民代表大会代表候选人五名，名单见选票。

二、大会选举用无记名投票方式进行。每一候选人，以得到到会代表过半数赞成票当选。

三、各代表有权对候选人表示同意或不同意。如同意，不在选票上书写任何符号；如不同意，在候选人名字上边的空格内，用钢笔或圆珠笔划一个×号；如另选他人时，在不同意的候选人名字下边的空格内写上另选人姓名。

不认识字的代表，可找工作人员或其他代表协助。

四、每张选票所选举的人数，不超过原定候选人名额的有效；超过原定候选人名额和不符合本办法第三项的选票作废。

五、投票张数等于或少于到会代表人数，选举有效；如果选票多于到会代表人数，则这次选举无效。

六、大会设监票人十九名，由各个代表团推选一人担任，负责监察投票和计票。

七、会场共设票箱十一个。大会主席团投主席台上的票箱，各位代表按座区分别到指定的票箱依次投票。投票时，监票人先投票。

八、宣布选举结果。

北京市补选第五届全国人民代表大会代表名单

（1979 年 5 月 13 日）

彭真、薄一波、安子文、陶希晋、林乎加

追认北京市革命委员会委员、副主任、主任名单

（1979 年 5 月 13 日）

林乎加（委员、主任）
贾庭三（委员、副主任）
白介夫（委员、副主任）

追认北京市高级人民法院院长、中级人民法院院长、北京市人民检察院检察长名单

（1979 年 5 月 13 日）

郭步岳（高级人民法院院长）
薛光华（中级人民法院院长）
林　彤（人民检察院检察长）

北京市第七届人民代表大会第二次会议主席团和秘书长名单

（七十七名，按姓氏笔划为序）

主席团名单：

丁贡南　王　纯　王　宪　王　磊　王学礼

王金玲（女）　王笑一　王景铭　毛文书（女）

毛联珏　叶　林　叶恭绍（女）　白介夫

白仙畔（女）　白寿彝　吕子敬　刘　达　刘　明

刘坚夫　刘绍文　刘祖春　邬纪秀　关瑞梧（女）

孙孚凌　杨寿山　杨俊生　李立功　李　伟

李巧云（女）　李昌安　李　昭（女）　李瑜铭

沈　澄　吴　烈　吴　德　吴仲华　张　满　张仲臣

张进齐　张还吾　张秉贵　张育生　陈伦芬（女）

陈希同　陈福汉　陈福初　林乎加　周　林　周培源

范　瑾（女）　郑天翔　易宗朴　孟继懋　赵　峰

赵炳南　赵鹏飞　项子明　贾步彬　贾庭三　倪志福

徐庆文　浦洁修（女）　郭映福　郭步岳　郭献瑞

高　戈　唐士健　诸福棠　梅嘉生　黄民伟　黄作珍

崔旭东　蒋绍毅　傅崇碧　蒲文清（女）　鲍溥汉

黎　晓

秘书长：高　戈

北京市第七届人民代表大会第三次会议

（1979年12月6日——13日）

北京市第七届人民代表大会第三次会议于1979年12月6日至13日举行。

大会听取了林乎加所作的政府工作报告，听取了苏展关于北京市1979年国民经济计划草案和执行情况的报告，甄树德关于北京市1978年财政决算、1979年财政预算草案和执行情况的报告。

北京市人民法院、北京市人民检察院向会议提交了书面工作报告。会议还审查了关于北京住宅建设和市政建设问题、关于北京市科学技术工作情况、关于物价调整和物价大检查情况、关于整顿北京市社会治安情况和措施、关于当前交通管理情况和今后工作意见、关于北京市爱国卫生运动和环境保护工作情况等六个问题的书面发言。

会议通过了关于政府工作报告，通过了关于北京市1979年国民经济计划、1978年财政决算和1979年财政预算的决议，通过了关于北京市人民法院工作报告和人民检察院工作报告的决议。

大会共收到提案648件。其中财经类243件，文教卫生类192件，城市建设类141件，政法和其他类72件。另有迟到提案24件。

大会增选了第五届全国人民代表大会代表，选举了北京市第七届人民代表大会常务委员会的组成人员，北京市市长、副市长和北京市高、中级人民法院院长，北京市人民检察院检察长及分院检察长。

政 府 工 作 报 告

——一九七九年十二月七日在北京市第七届人民代表大会第三次会议上

林乎加

各位代表：

现在，我受北京市革命委员会的委托，向市人民代表大会报告政府工作。

一、两年来北京市的形势发生了深刻的变化

自北京市第七届人民代表大会第一次会议以来，特别是党的十一届三中全会以来，在中央和市委领导下，我们贯彻执行了解放思想、开动机器、实事求是、团结一致向前看的方针，努力把工作着重点转移到社会主义现代化建设上来，北京市的形势发生了深刻的变化。政治上出现了安定团结的局面，经济上得到了恢复和发展，科学、教育、文化、卫生、体育等方面，也由乱到治，正在逐步走上健康发展的道路。

在政治思想方面，打倒“四人帮”后，北京市的揭批查运动由于领导上的缺点和错误，曾有一段时间没有真正开展起来。一九七八年五月以后，在中央的关怀下，陆续调整了市级党政领导班子，逐步改变了这种被动落后状况。广大干部和群众联系各条战线的实际，揭发批判了林彪、“四人帮”和他们在北京的黑干将迟群等人的反革命罪行，批判了他们歪曲和篡改马列主义、毛泽东思想的种种反革命谬论和极左路线，拨乱反正，在不少方面澄清了路线是非。同“四人帮”篡党夺权阴谋活动有牵连的人和事已经基本查清。对文化大革命中搞打砸抢问题严重的人，也进行了清查和处理。全市绝大多数单位揭批查群众运动基本结束。在此基础上，初步调整和充实了各级领导班子。

与此同时，大大加快了平反冤、假、错案和落实政策的步伐，把“四人帮”颠倒了的历史重新颠倒过来。北京市是受林彪、“四人帮”之害最早最重的地区之一。林彪、“四人帮”和那个顾问出于篡党夺权的野心，施展阴谋诡计，把领导北京人民进行社会主义革命和社会主义建设成绩卓著的，以彭真、刘仁同志为首的北京市委和市人委打成“反革命修正主义集团”；把解放前领导华北地区党的地下工作，同帝国主义和国民党反动派作过殊死斗争的中共中央华北局城工部打成“黑城工部”；把为巩固无产阶级专政做出重大贡献的北京市公安局打成“大特务大叛徒集团”；诬陷《海瑞罢官》为“反党”作品，诬陷《三家村札记》作者邓拓、吴晗、廖沫沙同志为“反党集团”。这几起重大冤案，不仅把原北京市主要领导干部置之死地，而且株连了一大批干部、群众和家属，使他们遭到残酷斗争，无情打击。林彪、“四人帮”和一度掌握全国公检法大权的那个人还制造了大批冤、假、错案，使绝大多数领导干部、劳动模范、知识分子、爱国民主人士、原工商业者和归国侨胞，都不同程度地受到诬陷和打击，有的被投入监狱，不少人甚至被迫害致死。他们还制造派性，挑动大规模的武斗，大搞打砸抢，严重地破坏了社会治安，败坏了道德风尚，践踏了社会主义民主和法制。一九七六年四月五日，“四人帮”一伙又残酷镇压在天安门广场悼念周总理、声讨“四人帮”的革命群众运动。这一切，使全市人民遭受了一

场骇人听闻的浩劫。我们本着实事求是的精神，打破种种“禁区”，陆续解决了这些问题。经党中央批准，对天安门事件进行了平反，对彭真、刘仁同志为首的北京市委、市人委和北京市文化大革命前十七年的工作，对原中共中央华北局城工部、北京市公安局以及各条战线的工作，都作出了正确评价，推倒了一切诬蔑不实之词。文化大革命以来的冤、假、错案，经过复查，绝大部分已经平反昭雪。被林彪、“四人帮”严重破坏的干部政策、知识分子政策、民族政策、宗教政策、侨务政策，对原工商业者的政策，对原国民党起义投诚人员的政策，已经和正在落实。右派摘帽和错划右派的改正工作，对长期劳动守法的地富分子改变成份的工作也基本完成。

经过上述一系列的工作，从根本上扭转了“四人帮”横行时那种万马齐喑的局面。社会主义民主得到了发扬，思想得到了解放，党的优良传统和作风开始得到恢复，广大群众欢欣鼓舞，心情舒畅，出现了前所未有的生动活泼的新气象，为工作着重点的转移创造了良好的条件。

在经济工作方面，贯彻执行了党的经济政策，整顿了企业，使生产成为企业活动的中心，改善和加强了经营管理，对体制和管理制度进行了一些改革，取得了较好效果。

工业生产，一九七八年总产值达到一百九十一亿六千万元，比一九七七年增长百分之十三点九。今年一至十月又比去年同期增长百分之八点一，全市工业今年的增长速度预计可达到百分之八以上。今年前十个月主要产品产量完成计划较好，一些短线产品增长较快。全市有近百种产品质量达到或接近国内先进水平，其中七种获得国家金质奖章，七种获得银质奖章。全市试制出新产品一千六百多种、新花色新规格一万种以上，比去年同期有大幅度增加。原材料和煤、电、油消耗有所降低。在实行企业利润留成办法以后，上缴利润增加。去年以来，工业调整也取得初步成效。对于原料没有来源、亏损过大或污染严重的工厂，关闭或撤销二十四个；对于加工能力过大、产品重复、销路不畅的工厂，合并了五十八个，改产了五十七个；还有三百四十八个工厂按专业化协作的原则，调整了产品方向。铁路、交通、邮电部门都超额完成了计划。地质工作也取得了较好成绩。

农业生产，一九七八年粮食产量达到三十七亿斤，超过历史最高的一九七五年。鲜果生产和生猪、鲜蛋收购量以及社队企业收入等都创造了历史最高水平。社员从集体分得的平均收入比一九七七年增加百分之二十七。今年农村广大干部和社员做了很大努力，但由于春寒秋旱，推迟了夏收夏种的时间，影响了小麦、玉米、水稻的生长和成熟，加上我们领导抓得不紧，工作发展很不平衡，有高有低，粮食总产预计比一九七八年减少约两亿斤，减产百分之六左右。蔬菜生产完成了年度计划，但是，淡季蔬菜生产和供应的问题仍然没有解决好。其他副食品生产是继续增长的，预计商品猪（毛重）增长百分之六，商品奶增长百分之九，商品鲜蛋增长百分之五十四，肉鸡增长百分之三十，北京鸭增长百分之三十四点七，鲜鱼捕捞增长百分之四十。社队工副业总收入预计增加百分之十八，社员平均收入也将有进一步增加。水利、气象等工作取得较好成绩。造林比往年搞得扎实。

基本建设，计划内项目一九七八年完成投资十九亿九千万元，是建国以来最高的一年。基建计划内房屋竣工面积三百四十万平米，比一九七七年增长百分之二十九。市政建设完成投资一亿四千万元，比上年增长一倍。今年一至十月份，全市完成的基建投资又比去年同期增长百分之二十五，房屋建筑开复工面积和竣工面积分别比去年同期增长了百分之五十点二和三十一点六。市政建设也比去年同期有较大增长。规划、设计、勘测和煤气、热力、自来水、公共交通、园林绿化等城市公用事业，房屋管理和修缮、市政设施养护、市容卫生、环境保护、抗震加固等方面，都取得一定成绩。砖、瓦、砂、石和大小五金等建筑材料有较大幅度增产。

财政贸易，一九七八年比一九七七年，商品购进总值增长百分之十七，零售额增长百分之九点四。今年一至十月，通过大力支持生产，积极组织货源，扩大商品流通，商品购进总值和零售额比去年同期又分别增长百分之十四点五和十六点九。商业、服务业新建了一批网点，有些单位服务质量有所提高，服务态度有所改善。外贸出口一九七八年比一九七七年增长百分之二十三点二，今年预计比去年又增长百分之四十以上。财政收入一九七八年比一九七七年增长百分之十八。今年财政收入预算比去年减少了百分之十四，这是由于国家经济体制和财政制度上的改变，以及部分工业品降价，部分调入的原材料涨价，特别是农副产品提高收购价后销售价格未动前增加了财政补贴。如果除掉这些因素，按可比口径，财政收入预计比去年增长百分之五点六。今年一至十月财政收入完成情况是比较好的，预计全年可以完成计划。

在科技、文教工作方面，批判了林彪、“四人帮”实行的文化专制主义和文化虚无主义以及摧残科学文教事业、迫害科技文教人员的罪行，贯彻了百花齐放、百家争鸣的方针，初步形成了学术上自由探讨的风气，注意发挥专家作用，组织管理和物质条件等都有所加强和改善。我们整顿、恢复和新建了市属科研机构，加强了科学研究工作，大学和工厂也开展了科研活动，不少领域取得了成果，有的达到了国内外先进水平。新技术、新材料、新工艺应用范围不断扩大，科学普及工作也得到开展。教育战线批判了反动的“两个估计”，改革了招生制度，整顿和加强了各级教育部门和学校领导班子，正常教学秩序基本恢复，教育质量开始回升。在各方面的支持下，新办了一批走读制的大学分校。文化、出版、卫生、体育和计划生育工作都有新的进展，创作了一些好的文艺作品，演出了不少好的戏剧，出版了不少好书籍，加强了文物保护工作；麻疹、小儿麻痹、百日咳、大脑炎等传染病发病率降低，不少医院的治愈率有所增长，医疗质量有所提高；群众性的体育运动正在恢复，北京运动员在第八届亚运会和第四届全运会上取得了较好成绩。

两年来，我们虽然做了不少工作，取得了一定成绩，但是，主要由于林彪、“四人帮”长达十年的破坏，加上我们的一些缺点、错误，目前，国民经济还面临着许多严重的问题，主要是：城市建设长期以来“骨头”和“肉”的比例关系失调，住房十分紧张，交通拥挤，市政公用和生活服务设施严重不足，不少房子盖起来，因缺乏市政公用设施，迟迟不能交付使用，多年来形成的基本建设战线长、散、乱、费的状况没有多大改变，城市规划和管理工作、房屋和市政公用设施维护管理工作薄弱。工业内部比例关系不够协调，煤、油、电、运紧张，轻纺工业发展缓慢，建筑材料工业落后，许多企业的生产水平、经营管理水平和技术水平低，产品质量差，花色品种少，消耗高，浪费大，劳动生产率低。郊区农村经济政策贯彻落实得不够，因地制宜地全面发展农、林、牧、副、渔的方针执行得不好，为城市提供丰富多样的副食品的问题还需要进一步解决，科学种田和经营管理水平急需提高。商业、服务业网点少，不少单位经营管理不善，服务质量差。城市人口增长过多、过快，待业青年安置任务很繁重。科学教育事业存在不少问题，远远落后于四个现代化的需要。旅游事业和出口贸易十分薄弱。现行经济体制和管理制度弊病很多，严重束缚了生产力的发展。此外，社会治安、交通秩序、市容卫生、环境保护以及城市其他管理工作，问题也很多，与首都的地位很不相称，同各方面的要求很不适应。

以上这些问题，从我们市革委领导上来检查，主要是：对林彪、“四人帮”的极左路线联系实际批得不深不透，对他们的流毒影响造成的严重危害估计不足，在七届人大一次会议上和以后的一段时间内，我们曾提出过一些不切合实际的指标和口号；开展真理标准问题的讨论，从思想路线这个根本问题上拨乱反正有个时期抓得不紧；市级领导机关机构臃肿，人浮于事，职责不清，业务水平低，办事效率不高；在十年动乱之后百废待兴、百事待理的情况下，我们对一些关系全局的重大问题，缺乏系统周密的调查研究，忙于应付日常事务，没有完全摆脱忙乱被动局面。我们有些工作和先进兄弟省、市、自治区相比，存在不小的差距。当然，有些关系广大人民生活的问题，是多年积累下来的，目前国家财力物力有限，不是一下子能够解决的，要千方百计地创造条件，在生产发展的基础上，逐步解决。也有些问题本来可以解决得好一些、快一些，由于我们工作做得不好，没有收到预期的效果。我们一定要发扬成绩，克服缺点，切实把工作着重点转移到社会主义现代化建设上来，努力走在“四化”的前列，为国家多做贡献，把北京建设成一个具有现代化工业、现代化农业、现代化科学技术和现代化城市设施的清洁美丽的城市。

二、切实把工作的着重点转移到社会主义现代化建设上来，认真贯彻国民经济调整、改革、整顿、提高的方针

现代化建设是当前最大的政治，搞好经济工作是压倒一切的政治问题。国家的巩固，社会的安定，人民物质文化生活的改善，都取决于现代化建设的成功，取决于生产的迅速发展。我们一定要全力以赴地抓好经济工作，其它各项工作都要紧紧围绕经济建设这个中心，为这个中心服务。工作着重点转移后，进行现代化建设的第一个战役，就是对国民经济进行调整、改革、整顿、提高，把国民经济逐步纳入持久的按比例的高速度发展的轨道。当前，要着重抓好以下十项工作：

（一）认真搞好工业调整，充分挖掘现有企业潜力，把工业生产提高到一个新水平。

工业生产要有个较大的发展，积极利用外资引进一些先进技术，有计划地建设一些新项目，是必要的。但是，主要应该立足于现有企业，走挖潜、革新、改

造的道路，努力改善经营管理，应用先进科学技术，依靠群众，自力更生，艰苦奋斗，像首钢那样，对五十年代的设备进行革新、改造，打出七十年代的生产水平。

在工业调整中，必须使轻纺工业有较大幅度的增长。各行各业都要支持轻纺工业。要继续发展石油化学工业，为轻纺工业提供更多的原料；机械工业和电子仪表工业要为轻纺工业积极提供技术装备；要优先供应轻纺工业所需的燃料、动力和原材料；要给生产缺门短线产品的轻纺企业补充劳动力，增加生产班次；要有计划地把一些产品无销路的企业改为生产轻纺工业产品；重工业企业要充分利用富余的生产能力和边角余料，生产一些日用工业品；军工企业要按照军民结合、平战结合的原则，尽可能多生产一些工艺相近的民用产品；市里掌握的工业技措费用应主要用于轻纺和为其服务的工业的技术改造和填平补齐，扩大生产能力；银行贷款应优先用于轻纺工业。此外，还要广泛采用全民带集体、组织合营和兴办集体所有制企业的办法发展轻纺工业。

在工业调整中，还要进一步解决工业各行各业内部比例关系不协调的问题。冶金工业要扩大轧材的能力，增加急需的规格品种。机械工业要努力为农业、轻纺工业和基本建设提供设备。化工、电子仪表、汽车等各个行业都要认真搞好内部的填平补齐，形成综合的生产能力。

要继续按照专业化协作和有利于综合利用的原则改组工业，进一步推行产品、零部件、工艺和技术后方的专业化，逐步解决“大而全”、“小而全”的问题，逐步实现产品和零部件的标准化、系列化和通用化。工业改组要同各行业发展生产的长远规划相结合；同发展对外贸易、组织来料加工和技术引进相结合；同解决环境污染和噪声扰民、改善工业布局、发展社队企业相结合。工业改组的重点要放在轻纺工业、电子仪表工业和机械工业方面。要打破行业与行业的界限、民用和军工的界限、全民和集体的界限，对重点产品组织“一条龙”大协作。当前，要下大力量把缝纫机、电视机、手表、叉车、电机和电梯等若干条“龙”组织好，尽快把一些缺门短线产品搞上去。

工业各部门都要把提高质量、增加规格品种、增产群众急需的物美价廉的产品、搞好产品升档和换代作为主攻方向。必须下决心改变许多产品质量低劣、设计陈旧、规格品种单调、成本高、在市场上缺少竞争能力的状况，瞄准国内外先进水平，打一场质量、花色品种和包装装璜的翻身仗。要大力推行全面质量管理的经验，制订规划，采取措施，组织攻关，限期实现。

当前，全国煤炭、石油、电力很紧张。我们必须在努力增产煤炭、电力的同时，把节约能源作为一项战略任务来抓。本市在能源利用方面存在着许多浪费现象，有些十分惊人。最近全市正在积极响应中央号召，把节约能源的活动坚持不懈地抓下去，千方百计降低燃料、动力的消耗，坚决完成和超额完成国家下达我市的节煤、节电、节油的指标。要抓住用量大的重点户，实行严格的定额管理。今后，对企业用煤、用电、用油都要规定指标，实行定量供应。浪费大的要限期改进，有的要停产整顿。对节约能源好的单位要优先供应，并给予奖励。要大力推广节约能源的先进技术，大搞能源综合利用，提高能源利用效率，充分挖掘能源潜力。要放手发动群众，开展节约一度电、一斤煤、一滴油的活动，从节约中求增产、求速度。

（二）坚决贯彻中央关于加快农业发展若干问题的决定，加快农业现代化建设的步伐。

北京郊区发展农业生产的条件是优越的。要充分发挥郊区农业生产的潜力，加快现代化建设的步伐，关键是贯彻落实农村的各项政策。中央发布关于农业的两个文件以来，郊区农村落实经济政策取得一定进展。不少社队实行了各种形式的生产责任制，改进了劳动计酬的办法；尊重社队自主权的问题开始得到注意，因地制宜地发展生产的原则贯彻得比过去好；不少地方取消了对社员家庭副业不应有的限制，普遍开放了集市贸易，农村经济开始活跃起来。昌平县普遍推行了联系产量的“四定一奖”责任制，今年在气候条件不利的情况下仍比去年增产。朝阳区五路居三队实行温室蔬菜生产超产奖，产量大大提高，集体和社员个人收入都显著增加。怀柔县长哨营公社采取队户合造薪炭林和桑园等办法，使林业得到迅速发展。一定要推广这些经验，着重解决吃“大锅饭”的平均主义，把联系产量的责任制和定额管理等制度普遍建立起来。当前落实农村经济政策的主要障碍是，不少干部，首先是我们一些领导干部思想解放不够，顾虑重重。要通过深入学习中央关于农业的两个文件，总结正反两个方面的经验，尽快加以克服。过去，郊区不少干部，特别是基层干部（包括一些社员），在农村经济政策方面提出过正确主张，抵制过极左的东西，曾受到打击和迫害，这个问题解决得还不彻底。必须大张旗鼓地为他们平反昭雪，分清是非功过，只有这样，经济政策才能得到顺利的落实。

要使郊区农村经济有一个大的发展，还必须在贯彻农、林、牧、副、渔五业并举的方针上有一个大的突破。北京的山区占总面积百分之六十二，资源丰富，潜力很大，搞好山区建设具有重要意义。过去，我们主要抓了六百多万亩耕地上的粮和菜，对七百多万亩宜林宜牧的荒山和二十四万多亩水面没有很好地利用。着重抓了养猪、养鸡，但对发展牛、羊注意不够。鲜果发展较快，但核桃、栗子等干果比历史最高水平减产很多。用材林、薪炭林也日益缩小。水库修了不少，水产增加得不多。这种局面必须尽快改变。我们一定要从北京郊区的实际情况出发，发动群众民主讨论，在农业自然资源普查的基础上，重新制订农业区域规划和发展规划。要发扬艰苦奋斗、自力更生的精神，坚持不懈地搞好农业基本建设，进一步建设高标准的、旱涝保收的高产稳产田。要下大功夫加强山区特别是老根据地的建设，扶持穷社穷队发展生产。要按照中央的政策原则，针对实际工作中存在的问题，规定一些具体的补充办法，加速发展牧业、林业、渔业和各种土特产品的生产，在郊区进一步建设起能为城市提供大量的、多种多样的副食品的基地。还要努力发展工副业生产，为大工业配套，为城市建设供料，为出口提供货源。

实现农业现代化，一定要发展农业科学技术，采用科学的经营管理方法。当前要下功夫狠抓良种的引进、培育和推广，大力改良土壤，增加有机肥料，加强现有农业机具的管理，提高利用率和完好率，并搞好农机和农艺的结合，特别是“三夏”、“三秋”的机械化。还要大办沼气，研究利用各种能源。要兴办和办好各级农业干部学校和技术学校，大力培训农业干部和科技人员，并在广大社员中大力普及农业科技知识。郊区社队和国营农牧场中不少单位成本无核算，消耗无指标，开支无制度，理财不民主。一定要大力改善经营管理，讲求经济效果，逐步建立起一整套行之有效的经营管理办法，努力做到增产、增收、增贡献和降低开支。

摆正农业和工副业的关系。要保证农业第一线的劳动力。从事农业和工副业的社员的待遇要统筹兼顾，合理安排，在优先把农业生产搞上去的前提下，社队企业必须有一个更大的发展。首先要充分利用本地资源，同时城市工业要进一步扩散下放产品。企业要认真整顿，搞好经济核算，提高产品质量，降低消耗，增加利润。要抓紧农工商联合企业的试点工作，努力探索使农村更快富裕起来的途径。

各行各业都要关心农业，支援农业。工业战线要努力生产质量好、价钱便宜的农用工业品。商业部门要积极发展农村商业和供销社网点，努力改进收购和供应工作。财政、银行部门要加强对支农资金和信贷的管理。科研、教育部门要帮助农村开展农业科学研究和培养农业技术人才。文化部门要帮助农村活跃文化生活。卫生部门要帮助农村发展合作医疗事业，提高农民健康水平。总之，各方面都要为建设社会主义现代化的新农村作出贡献。

（三）加强城市规划和建设的管理工作，大力调整城市建设中各种比例关系，坚决缩短基本建设战线，加快建设速度。

粉碎“四人帮”以来，在党中央、国务院的关怀下，对北京城市建设中多年积累下来的问题，已经开始采取措施逐步加以解决。近两年在国民经济还有暂时困难的情况下，国家已尽可能地增加了市政公用设施和住宅建设的投资。一九七八年全市基建计划内新建住宅一百六十一万平米，是一九五五年以来最多的一年。预计今年竣工的房屋面积四百二十多万平米中，住宅有二百六十多万平米，又比去年增长了百分之六十多；中小学、商业、服务业网点等生活配套设施六十一万平米。两项合计占今年预计竣工面积的四分之三。但是，由于欠账过多，城市人口还在急剧增长，要改变住宅和生活服务设施以及市政公用设施严重不足的状况，困难很大，不是短时期能够解决的，还需做长期不懈的努力。

明年，国家基本建设投资有较大幅度的压缩。住宅建设除国家拨款外，市里要从地方机动财力，国营企业要从利润留成，集体经济要从公共积累等方面筹集资金，尽量多建设一些住宅和生活配套工程。市政公用设施的建设必须放在先行的地位，所需资金和材料要优先保证，那种先盖了房子因为缺乏市政公用设施而不能交付使用的现象再也不能继续下去了。为此，大型公共建筑，除一些必须搞的旅游旅馆和外事工程外，一般不搞；楼堂馆所除中央特殊批准者外，一律不搞；工业方面必须坚决实行“先生产后基建，先挖潜后新建”的原则。全市的基本建设计划要搞好综合平衡，全面安排，按照实际可能量力而行，真正做到集中力量打歼灭战，确保重点，提高竣工率，发挥投资效果。今后，必须严格按基本建设程序办事，新开工程必须做到投资、材料设备、规划设计、占地拆迁和施工力量“五落实”，决不能乱铺摊子，坚决扭转北京基本建设战线长期存在的长、散、乱、费的被动局面。

要想把首都建设搞得快一些、好一些，必须迅速改变建筑材料生产落后的状况。要动员全市各工业部门的力量，共同努力，争取在三年内建成一个能适应建设工程需要的、有一定新型材料比重的、比较配套的建筑材料生产体系。要坚决克服浪费材料的现象，特别要采取综合利用和各种代用节约措施，尽一切可能把木材的用量降下来。

设计部门要坚持百花齐放、百家争鸣的方针，贯彻执行适用、经济和可能条件下美观的原则，学习和运用国内外先进的设计经验和建设工艺，努力提高建筑的有效利用面积。同时，大力开展设计标准化，加快建设速度。

要克服重基建轻管理的倾向，在调查研究的基础上制订一些法规，切实加强城市房屋和市政公用设施的管理、维护。房屋维修要确保住户安全，努力改善居住条件。要维护好有文物价值的古建筑物。要加强城市道路和下水道的养护，提高完好率。要努力改善市容卫生，要把环境保护工作提到重要位置上来。认真执行环境保护法，严格环境的监督管理，控制污染的发展，并积极加以治理。新建项目的环境保护工程必须与主体工程同时设计、同时施工、同时投产。发动机关、学校、企事业单位、街道居民，种树种草，绿化首都。

要把首都建设好、管理好，必须有一个城市建设发展总体规划作为依据。市规划局在历次方案的基础上经过调查研究和广泛征求意见，草拟了一个北京城市建设远景和近期发展的总体规划纲要，现正着手编制具体的规划方案。希望大家都来关心和支持这项工作，为首都城市建设绘制宏伟的蓝图。

（四）贯彻“发展经济，保障供给”的方针，搞好财贸工作。

产销对路，产销结合，克服商品脱销或积压，是当前迫切需要解决的问题。商业部门一定要认真研究市场的需要和供求关系的变化，帮助工业部门增产品种规格适销对路的产品，帮助农村社队因地制宜地发展多种经营和家庭副业，及时供应农业生产资料，及时收购农副产品，大力组织好工业品下乡。

随着经济的发展和人民生活水平的提高，迫切需要进一步改进商业、服务业的工作，把更多的家务劳动社会化。要增加商业、服务业网点，延长营业时间，改进服务方式，加强技术培训，提高服务质量，搞好商品卫生，把已经丢掉的服务项目恢复起来。天桥百货商场努力改善经营，方便群众，恢复和增加了二十一个服务项目，扩大了一百八十多个经营品种，夏季营业时间延长到十三个小时，售货人员热情接待顾客，做到主动打招呼，主动递商品，主动介绍商品，受到顾客赞扬。财贸战线要大力推广天桥百货商场的经验。

农村开放集市贸易、城区设立农副产品市场后，对活跃城乡经济，方便人民生活，起了积极作用，但也出现一些问题。各有关部门要加强管理，做到管而不死，活而不乱，既有利于活跃市场，又不妨碍市容卫生、交通安全和社会秩序。

要充分发挥财政部门对国民经济的促进和监督作用，发挥银行信贷的杠杆作用。要利用各种信贷或财政补贴的办法，扶植那些国内外市场需要、见效快、盈利多的产品的生产。要与各部门紧密配合，共同搞好清仓利库、清产核资、扭亏增盈。要采用经济办法促进各单位用好管好各种资金，实现增产增收。要在一切领域提倡勤俭节约，少花钱多办事。要加强财政信贷监督，把住减收增支的口子，坚持财经制度，同贪污盗窃、损失浪费以及一切违反财经纪律的行为作坚决的斗争。当前，要特别防止年终突击花钱和滥发奖金。要进一步动员各部门、各单位共同努力，确保完成并争取超额完成今年的财政收入预算。

这里再讲一讲物价问题。近年来，国家在生产和流通领域采取了计划调节与市场调节相结合、以计划调节为主、同时充分注意发挥市场调节作用的方针，克服忽视商品生产价值法则的偏向。在这一方针下，国家一方面有计划地提高了十八种主要农副产品的收购价格，从今年十一月开始，又提高了八种主要副食品的销售价格；另一方面，对于一些不宜由国家把价格订死的农副产品、土特产品和小商品，由原来按计划价格收购改为议价收购，同时，在城乡开放了集市贸易。这类商品的购销价格，只能按市场供需情况的变化，有升有降，自行调节。现在这类商品涨价的不少，今后，生产发展了，市场活跃了，价格也可能逐步降下来。这些都是国家在调整经济中采取的重大措施。这样做，对调动广大农民和城镇手工业企业的积极性，发展生产，扩大货源，活跃市场起了很大的作用。为了弥补由于主要副食品涨价职工在生活上受的影响，国家给职工发了副食品价格补贴，同时降低了一部分工业品的价格。经过宣传解释，广大群众对这样做的理由和好处，有了比较清楚的了解。但是，由于我们的思想和工作没有跟上变化了的情况，宣传教育工作做得不够，对物价管理不严，有些单位擅自涨价，或者采取偷工减料、以次顶好、缺斤少两等手法变相涨价；同时，群众需要的某些中、低档商品供应不足或无货供应，被迫购买高档商品；有些修理服务单位也有多收费、乱收费的现象。这些问题，引起了群众的强烈不满。今年十月以来，市革委会邀请各方面的人士，并抽调了大批干部，组成检查团，在全市开展了物价大检查，初步纠正了上述错误作法，我们要把这项工作继续抓下去。要加强专业力量，并建立群众性的监督组织，共同搞好对物价的管理。更为重要的是，我们必须切实加强思想教育工作，动员工商企业的职工和农村的干部、社员，努力提高生产，改善经营，降低成本和流通费用，为群众提供质量好、价格便宜的消费品。对在这方面作出显著成绩的要大力表扬，对只顾追逐利润随意涨价或变相涨价的，要区别情况给予批评教育或严肃处理。

（五）积极发展科学教育文化事业，提高全市人民的科学文化水平，加速培养建设人才。

实现“四化”，科学是关键，教育是基础。科学教育必须先行。北京是我国科学教育文化的重要基地。必须加强这方面的领导，认真解决林彪、“四人帮”摧残破坏造成的严重问题，大力发展北京的科学教育文化事业，加速培养科学技术人才、经营管理人才和各种专门人才。

在高等教育方面，要积极协助中央各部办好设在北京的全国性的高等学校，特别是一批全国重点大学，使之成为适合国家四个现代化需要的教育中心和科研中心。要切实办好现有市属几所高等学校和大学分校，加快校舍的建设，充实师资和教学设备，不断提高教学质量。对大学分校的布局、发展规模和专业设置，要尽快作出统一规划，进行合理的调整。

中小学教育要集中力量进一步搞好整顿和提高。要努力办好一批重点学校，同时也要切实抓好一般学校，普遍提高教学质量。要打好小学教育的基础，特别要重视办好农村小学，改善办学条件。要积极而有步骤地改革中等教育的结构，合理调整普通高中的规模和布局，减少普通高中，动员各方面的力量，积极增办中等专业学校、技工学校和农业中学。还要大力发展和办好托儿所、幼儿园。

提高教育质量的关键是提高教师的教学水平。要积极办好各级师范和教师进修院校，同时还要大力提倡和鼓励教师勤奋自学，要按学业水平和教学成绩定级调资。

为了提高全民族的科学文化水平，必须大力恢复和加强工农教育。市革命委员会已设立工农教育办公室，负责统一规划和组织推动这方面的工作。各行各业都要积极举办各级文化、技术学校，并积极开展电视、广播、函授教育。还要继续开展扫除文盲的工作。

各级各类学校都要全面贯彻执行党的教育方针，使学生真正在德、智、体诸方面都能生动活泼主动地得到发展，既要提高教育质量，又要减轻学生负担。要积极开展体育活动，增强体质，不断提高学生健康水平。

青少年是祖国的未来。本市人口中七岁至二十八岁的有四百零五万人，在校学生就有二百万。做好青少年的培养教育工作，使他们将来能担负起实现“四化”的重任，是关系国家前途的大问题。应该看到，林彪、“四人帮”散布的无政府主义、极端个人主义等反动思潮，在青少年中流毒很深。要进一步动员各个方面的力量，以四项基本原则为中心内容，加强对青少年的政治思想教育，引导他们树立革命理想，热爱祖国，热爱党，热爱社会主义，养成良好的道德风尚和遵纪守法的习惯。特别要花力气做好后进青少年的转化工作。要鼓励作家多创作一些对青少年有教育意义的文艺作品。要积极创造条件，开展适合青少年特点的文化、艺术、科技、体育活动，逐步增设各种活动场所，使广大青少年健康地成长。

加快社会主义现代化建设，必须努力发展科学研究事业。科学研究工作要处理好近期和远期的关系。要针对本市工农业生产和城市建设需要解决的科学技术问题，确定主攻方向，部署主要力量，用科研成果促进当前生产建设。同时，对于首都现代化建设需要先行一步的科研工作和那些影响全局的事业，如计算机应用、测试中心等，应当及早安排，为各项事业的发展和提高准备技术基础，培养科技人才，提供研究成果。

现在有些科研成果未能及时推广应用，是一个急需解决的问题。计划部门和生产部门要密切配合科研部门，搞好科学研究的中间试验、工业试验和技术推广工作，使各项科研成果能够较快地形成生产能力。要逐步研究和制定出鼓励生产企业采用新技术、新工艺、发展新产品的经济政策。

中央部门在京科研机构、高等院校很多，这是首都发展科学技术的一个十分有利的条件。要进一步加强同他们的联系，在协作攻关、推广科技成果、培训科技人才方面积极争取他们的支持和帮助。要继续把市属科研机构整顿好，特别要把重点研究所建设好，各企业也要积极开展科研活动，逐步形成一支强大的地方科学研究队伍。要继续加强科技后勤工作，保障科研工作的顺利进行。

适应现代化建设的需要，新闻、广播、电视、出版、文艺、文物、卫生、体育等各项事业，都要立足于现有条件，根据财力、物力的可能，统筹安排，有一个新的发展和提高。

知识分子是实现四个现代化的一支骨干力量。目前，广大知识分子的安排使用、政治待遇、工作条件和工资福利等方面存在许多亟待解决的问题。为了加速社会主义现代化建设，要在各条战线上进一步落实党的知识分子政策。要在政治上关心他们，尊重他们的劳动，倾听他们的意见。在充分发挥老专家、老教师、老艺术家作用的同时，特别要注意在中年、青年知识分子中培养和发现人才，把他们放到重要的岗位上，热情支持他们的工作，使他们在实践中增长才干，不断提高。要积极改善知识分子的工作条件和生活条件，使他们能够专心致志地从事科研、教学和创作活动。要贯彻百花齐放、百家争鸣的方针，坚决实行“三不主义”，活跃思想，广开言路，发扬学术民主，促进科学、教育、文化事业的繁荣和发展。

（六）积极而有步骤地改革经济体制和管理制度，把经济工作搞活。

我们现行的经济体制和管理制度弊病很多，有许多违反客观经济规律的条条框框，严重地束缚了经济的发展。从生产、流通到分配各个环节，有许多事情中央已有了改革的初步办法或原则指示，我们要解放思想，实事求是，敢于实践，勇于创新。要逐步把用行政办法管理企业改变为用经济办法管理企业。国务院已发布了工业企业扩大自主权的试点办法，在人财物、产供销方面给了企业一些机动权。最近，国务院又批转了基本建设投资由财政拨款改为银行贷款的试行条例，今后企业的流动资金也要试行这种办法。这些都是改革经济体制的重大措施，我们一定要积极地贯彻执行。在扩大企业自主权方面，本市已选择一百一十个条件较好的重点企业进行试点。面上的企业扩大自主权先从实行利润留成办法做起。市革委会七月初制订了全市国营工业企业利润留成的试行办法，把企业留成的多少同他们对国家贡献的大小直接联系起来，把职工奖金多少同工资总额脱钩，同利润挂钩。不少企业在实行这个办法的同时，加强了车间的经济核算，改进了奖励办法，按职工劳动的质量和数量计奖，把经济责任、经济效果和经济利益紧密结合起来，初步解决了企业之间、车间班组之间和职工个人之间干好干坏一个样的问题，调动了广大干部和职工的积极性，收到了明显效果。建筑、财贸企业和集体所有制企业都要认真推广这个经验。在实行物质奖励的同时，必须加强政治思想工作，在职工中大力提倡艰苦奋斗、为“四化”献身的共产主义精神。

流通方面，工业、农业与商业之间，商业内部批发和零售之间存在不少矛盾。我们要以计划调节为主，同时充分注意发挥市场调节的作用，改变一切都实行统购包销的办法，克服产销脱节的现象。企业要面向市场、研究市场，根据市场需要安排生产，增产适销对路产品，并做好产品推销和技术服务工作。要积极而慎重地改革工商、农商之间现行的购销关系。今后，一类物资继续由国家统购统销。二、三类物资要签订合同，坚持按计划收购；商业部门不收购的产品，允许生产单位自销。工厂可以参加展销会，在商店设专柜，或开门市部，按国家的价格政策，推销计划外产品，试销新产品，让生产者与消费者直接见面，促使工厂努力做到物美价廉，品种对路。对质次、价高、品种不适销的产品，商业部门可以拒绝收购，但不能单纯从压缩流动资金考虑，把本来有销路的产品拒之门外。商业内部过去一向是由批发部门统一进货，很难适应市场情况的千变万化。今后要提倡零售商店向工厂直接订货，厂店挂钩。六一鞋厂与商店挂钩后，根据消费者的需要努力改换品种花色，产品由滞销变为畅销，这个经验要认真推广。要适当增加一些专业商店，使购销的方式更加灵活。还要试办一些工商合一的企业，对产、供、销实行一条鞭管理。无论国营工厂、手工业合作社，还是批发商业、零售商业，今后都要十分注意供需关系的变化，变“坐商”为“行商”，变“等食吃”为“找食吃”，用各种办法扩大生产，扩大销售。农村供销社在完成国家规定的购销任务外，要积极开展三类农副产品的议购议销和其他自营业务，加强城乡交流，活跃市场，方便群众，并积极参加集市贸易，用经济办法加以引导，平稳物价，打击投机倒把活动。

改革物资管理体制也是当前一项迫切的任务。现在物资管理部门和企业单位积压的物资很多。要坚决改变层层设库的状况，要加速开展清仓利库，清产核资，核定物资储备定额，把多余的物资拿出来，调剂使用。要制订经济办法，物资储备超过定额、过多占用流动资金的，要多支付利息。物资管理部门要认真学习上海的经验，改进服务态度和服务方式，采取送货上门、函电购货、寄售调剂、一条龙服务等办法支持生产，并为呆滞物资积极寻找出路。

（七）继续进行企业整顿，大力提高经营管理水平。

经过两年多的整顿，本市各条战线几千个企业的面貌有了改观，管理严重混乱的企业大为减少。但是，这决不是说我们企业整顿的任务已经不大了。华国锋同志在政府工作报告中指出，整顿企业的内容主要是：建立起政治上、业务上强有力的领导班子，建立起合理的、有效率的、文明的生产秩序和工作秩序。对照这两条要求检查，我们多数企业还是有很大差距的。首钢在整顿企业方面提供了成功的经验。他们敢于根据“四化”的需要调配干部，把一大批组织生产的强手、企业管理的内行和生产技术专家任命为厂矿、工程公司的一、二、三把手。他们在管理中突出了一个“严”字，反复检查，反复贯彻，过去行之有效的规章制度得到了恢复，从上到下建立了明确、严格的责任制，做到人人有专责，事事有章法。这是首钢生产上不断创水平，攀高峰，十三项技术经济指标在全国冶金战线名列前茅，六项达到国际水平的主要原因。全市工交、基建、财贸各单位都要学习首钢的经验，搞好企业的整顿。一定要把企业的领导班子建设成能干“四化”的班子。有了能干“四化”的班子，才能带出一支能干“四化”的队伍。在整顿企业管理中，对岗位责任制、技术操作规程、定员、定额、原始记录、经济核算、安全生产制度、劳动纪律以及计量、测试等工作，要像大庆那样做到“三老四严”，坚决把林彪、“四人帮”多年破坏造成的松松垮垮的坏习气彻底改变过来。

现在，企业中机构臃肿，人员过多，不少人缺乏专业知识和技能。要在建立严格岗位责任制的基础上，把多余的人员调出来，有计划地进行各种专业训练，或从事其他生产、基建和服务工作。

在三年调整时期，我们一定要把整顿企业的工作始终放在一个重要的位置上，订出规划，分期分批、扎扎实实地抓出成效来。整顿企业必须分类要求，分类指导。第一类是班子比较强、经营管理工作基础比较好、各项指标比较先进的。要努力学习清河毛纺厂、北京内燃机总厂实行全面质量管理和经济核算的经验，学习第六建筑公司推行全优工号的经验，瞄准国内外的先进水平，努力赶上它、超过它，实现生产和经营管理的现代化。第二类是班子不够强、管理工作不够健全的，要多下功夫帮助他们尽快把班子调配好，把企业管理的基础工作切实搞好。第一步要做到各项技术经济指标超过本企业的历史最好水平，而后向国内先进水平迈进。第三类是领导班子问题多、管理工作混乱的，要帮助他们找出原因，订出措施，限期改变落后局面。必要时从上级机关或先进企业抽去得力干部，帮助他们进行整顿。

(八）积极发展城镇集体所有制经济，做好待业青年的安置工作。

城镇集体所有制经济是我国社会主义经济建设的重要组成部分。发展城镇集体所有制经济是我们在社会主义历史阶段的一项长期的战略任务。集体企业投资少，见效快，吸收劳动力多，生产服务方式灵活多样，具有强大的生命力和广阔的发展前途。那种认为发展城镇集体所有制经济只是一种权宜之计，是一种“倒退”，以及认为它低人一等的看法，都是不正确的。我们必须广泛宣传发展城镇集体所有制经济的重大意义。在政治上，对全民和集体两种社会主义经济要一视同仁；在政策上，要为城镇集体所有制经济的发展创造条件，在国家统一计划下，解决好产供销的问题；财政金融部门要从信贷、税收等方面给予支持。集体所有制企业职工的工资和福利，应该根据其经营的好坏确定，可以低于或等于，也可以高于国营企业。那种硬是要集体低于全民的框框必须打破，但也要防止不顾集体经济的发展，过分追求高工资、高福利，甚至把积累分光吃光的错误倾向。

大力发展城镇集体经济，也是安排待业青年就业的重要途径。今年三月以来，通过发展各种集体经济，安排了十二万多人，其中包括一批病残青年。安排的形式多样，项目很多，主要是：(1) 挖掘现有街道企事业潜力，吸收待业青年；(2) 兴办各种生活服务和修理事业；(3) 组织劳动服务社向企事业单位包工包活，承担各种服务和修缮性任务；(4) 代营食堂、代销店等零星服务网点，吸收待业青年，改为集体自营。此外，还举办了各种文化技术训练班，为就业做准备。这样，既解决了待业青年的实际生活问题，有利于社会的安定，又能为社会创造物质财富，满足群众需要，还能为国家培养、训练人才，逐步改变许多事情没人干，又有大量的人没事干的不合理现象。要看到安置待业青年的任务还很重，已经安排的有些还不够巩固，必须再接再厉，继续抓好这项工作。

城镇集体所有制企业要坚持为生产、为人民生活、为外贸出口服务的方向，坚持以小型分散为主和独立核算、自负盈亏的方针。发展城镇集体经济不仅是各区和街道的事情，各部门、各行业都应当负起应尽的责任。要加强对这项工作的领导，尽快地把各级生产服务合作社的管理机构建立、健全起来。要搞好统筹规划，全面安排，制订全市统一的合作社章程，使这项事业得以健康地发展。

（九）大力发展对外贸易和旅游事业。

大力发展对外贸易，开展对外经济技术合作，是增强我国独立自主，自力更生能力，加快四个现代化建设速度的一项重大政策。通过大搞外贸出口，可以使我们的产品接受国际市场的检验，促使我们提高技术水平和经营管理水平；可以发展我们的生产，活跃国内市场，解决劳动就业问题；可以增加积累，为国家提供更多的建设资金。

近两年来，北京的对外贸易有相当的发展，但是在全国出口贸易总额中所占的比重仍然很小。最近，国务院进出口管理委员会召开了京、津、沪三市出口工作座谈会，在外贸出口方面适当扩大了地方自主权，要求三市在不很长的时间内建设成在国际市场上竞争能力很强的重要出口基地。这个任务是光荣而艰巨的。我们要抓紧时机，充分发挥我市的有利条件，把外贸出口搞上去。我们的外贸出口必须有个明确的发展方向和战略部署。首先，要把投资少、见效快、换汇率高的轻纺工业搞上去。其次，要大搞劳务性加工产品，如服装加工、工艺美术加工等。第三，要大力发展石油化工工业。第四，逐步改变出口商品结构，积极增加冶金、机械、电子、光学、仪表等工业产品的出口比重。第五，要努力发展劳务出口，组织人员出国搞基建工程，开设饭馆，经营其它事业。总之，要千方百计争取在短期内使出口创汇有大幅度的增长。市和区、县、局都要把外贸出口作为一项重大任务来抓。市革委会成立了进出口管理委员会，统一领导全市的外贸工作及其它各项对外经济活动。同时，成立了北京进出口总公司，北京经济建设总公司、北京投资信托公司、北京友谊服务总公司、长城建设总公司，经营有关对外经济业务。

大搞外贸出口，主要应依靠现有企业挖掘潜力。要有计划地确定一批工厂和车间专门生产出口产品。要通过来料加工、装配业务、补偿贸易、技术合作、合资办厂等多种形式，积极引进先进技术，努力提高我们的生产技术水平。

扩大对外贸易必须改善工贸关系。企业和外贸部门要实行“四联合”(联合办公，联合安排生产，联合对外洽谈，联合派小组出国考察)、“两公开”(出口商品价格对工业部门公开，工业生产成本对外贸部门公开)，充分调动双方的积极性。北京绢花厂今年年初同外贸部门协商安排的出口计划为六百五十万元，比去年低百分之六。当时已签订合同的只有一百多万元。他们主动和外贸部门配合，同外商直接洽谈业务，按外商要求设计了许多新品种，打开了销路。目前，已签订合同的达八百四十万元，预计全年出口额可达到八百万元以上。产销直接见面，生意就做活了，这是一个成功的经验，要积极加以推广。此外，要坚决实行鼓励出口的价格政策和外汇留成办法，合理调整出口税率。

北京是我国的首都，又有世界闻名的名胜古迹，是国外旅游者向往的地方。北京旅游事业发展的快慢，直接影响全国旅游事业的开展。目前，我市旅游设施严重不足，住房、吃饭、交通、服务和旅游商品的供应，都远不能满足需要。我们必须积极采取措施把旅游事业搞上去。要加速改建、扩建和新建旅游旅馆，积极培训服务人员和技术人员，大力改善经营管理，提高服务水平。同时，要千方百计地多生产一些设计新颖、式样美观、具有北京特色的旅游纪念商品和特种工艺品，努力做好旅游商品的推销工作。

(十）严格控制城市规模，控制人口增长。

我市城市人口已从解放初期的一百七十六万人增长到四百九十一万多人。近两年城市人口机械增长过快，一九七八年从外地调入北京的城市人口减去从北京调出的，净增八万六千多人；今年一至十月又净增了十一万一千多人。这种机械增长过快的趋势还在继续发展。自然增长率也大幅度回升，一九七六年全市曾下降到千分之二点五三，但一九七八年又回升到千分之六点八，今年还有可能回升到千分之八点五。城市过大，人口增长过快，势必使本来已经十分紧张的住房、交通、生活用品供应、青少年教育和就业等问题更加尖锐，更难解决。因此，我们要迅速制定具体的管理办法，严格控制城市人口的机械增长，降低人口的自然增长。今年的基本建设项目，凡是不必要建在北京的，就不要摆在北京；必须放在北京的，也要到远郊区的小城镇建设，逐渐疏散市区过于密集的人口。建设小城镇，水、电、路等市政公用设施必须先行，商业、服务业以及文教、卫生、体育设施也必须同时配套建设，并在经济上制定一套鼓励迁往小城镇的具体政策。

要切实做好计划生育工作。国家要求一九八五年把全国人口的自然增长率下降到千分之五，北京应该降到千分之五以下，这是一个十分艰巨的任务。要进一步开展马克思主义人口理论的研究和宣传教育，使广大干部和群众切实认识到搞好计划生育，降低人口增长率，是我们面临的一个战略问题，直接关系到整个民族的健康和福利，关系到四个现代化的实现。号召一对夫妇只生一个孩子。各级主要领导干部要亲自抓计划生育工作，把计划生育的执行情况列为各单位检查工作、开展评比的一个内容。要特别注意加强农村的计划生育工作。还要切实搞好妇幼保健工作。

各位代表！为了打好实现“四化”的第一个战役，我们一定要依靠群众，发动群众，在各行各业中，深入持久地开展一个以高产、优质、多品种、低消耗为中心的增产节约运动，开展群众性的社会主义劳动竞赛和合理化建议运动，努力完成和超额完成今年的计划。要把开展增产节约运动同贯彻执行国民经济调整、改革、整顿、提高的八字方针紧密结合起来。从今年五月以来，经过层层发动，全市增产节约运动蓬勃发展，取得了一定的成绩。七月份，全市展开了增产节约运动的大检查、大总结、大评比活动。各系统都发现了一些技术革新的重要成果，总结出许多改进企业管理的好经验，评选出一批大干“四化”的先进集体、先进职工和优秀干部。国务院九月份隆重举行了嘉奖工交基建战线先进企业和劳动模范的仪式，北京市有八个单位被评选为全国先进企业，有十四位同志被评选为全国劳动模范。我们要大张旗鼓地宣传他们的先进思想和先进事迹，认真推广他们的经验，使先进水平迅速变成普遍的水平。今年年底和明年年初，我们还要结合验收大庆式企业和大庆式局的工作，进行大检查、大总结、大评比、大表彰，抓典型，出成果，出经验，出人才，把增产节约运动提高到一个新的水平，为明年国民经济的发展打下良好的基础。

三、加强社会主义民主和法制，巩固和发展安定团结的政治局面

实现全国工作着重点的转移，加速社会主义现代化建设，必须有一个安定团结的政治局面。加强社会主义民主和法制的建设，是巩固和发展安定团结政治局面的保证。全国五届人大二次会议通过的几项重要法律，对加强社会主义民主和法制，具有十分重大的意义。

我市自粉碎“四人帮”以来，特别是贯彻党的十一届三中全会精神以来，随着揭批查运动的深入开展，落实党的各项政策，复查纠正了大批冤、假、错案，加强了社会主义法制，整顿了生产秩序、工作秩序和社会秩序，初步实现了人民渴望已久的安定团结、生动活泼的政治局面。为了进一步巩固和发展这种大好形势，我们必须坚持四项基本原则，排除“左”和右的干扰。目前“左”的干扰仍然是我们进行“四化”建设的主要障碍，要继续深入批判林彪、“四人帮”的极左路线，进一步肃清它的流毒和影响。同时，我们也必须注意当前有极少数人违反广大人民群众的利益和意愿，打着“民主”、“自由”的幌子，煽动无政府主义、极端个人主义，违法乱纪，从根本上否定四项基本原则，总想用各种形式搞动乱，破坏安定团结。我们一定要保持清醒的头脑，同广大群众一道，坚决抵制、谴责和反对这种错误倾向，维护来之不易的安定团结。鉴于“西单墙”被某些别有用心的人利用来进行违法活动，扰乱社会秩序，干扰“四化”建设，我们已采取适当措施予以解决。我们要运用各种宣传工具，采用生动活泼的方式，广泛深入地对广大干部和群众进行民主和法制的宣传教育，使大家懂得，我们强调发展社会主义民主和健全社会主义法制，是既保障民主，又保障集中，既保障自由，又保障纪律，既保障个人心情舒畅，又保障统一意志。要正确认识民主与专政，民主与集中，自由与纪律等方面的辩证关系，划清解放思想与资产阶级自由化的界限，正确运用民主权利，提高遵纪守法的自觉性。我们一定要从维护安定团结这个大局出发，坚持社会主义道路，坚持无产阶级专政，坚持共产党的领导，坚持马列主义、毛泽东思想，保证党和国家集中统一领导的实现，保障社会主义现代化建设的顺利进行。为进一步发扬民主，健全法制，要做好以下几项工作：

（一）实行地方政权体制和选举制度的改革。

全国五届人大二次会议制定的《中华人民共和国地方各级人民代表大会和地方各级人民政府组织法》和《中华人民共和国全国人民代表大会和地方各级人民代表大会选举法》，是发扬社会主义民主，健全民主集中制的重大改革。这次市人民代表大会就要选举产生自己的常务委员会，市革命委员会要改为市人民政府。市辖区和县的人民代表大会都要成立它的常务委员会。区、县的革命委员会也要改为区、县人民政府。市辖区和县的人民代表大会的代表实行由选民直接选举。候选人名额一般应多于应选人名额。这些措施将大大加强人民行使管理国家的权利，提高地方各级人民代表大会的作用，加强对各级地方政府的监督，密切政府和人民群众的联系。为了搞好这些重大改革，我们已在东城区和怀柔县进行试点，为明年普遍实行新的组织法和选举法取得经验。为了保证人民代表真正能够履行他们自己的职权，建议市人民代表大会常务委员会选出后，对本市政治、经济、科技、文化、教育、卫生、民政、民族工作等方面的重大问题进行调查研究和充分讨论，制订地方性法规；监督市人民政府、人民法院和人民检察院的工作；定期组织人民代表视察工作，听取选民对政府工作的意见，市和区、县人民政府要提供便利条件。各有关部门要向人民代表汇报工作，如实反映情况，并认真研究解决人民代表提出的批评和建议，决不允许对人民代表进

行封锁和欺骗。

（二）继续整顿领导班子，改进干部作风，建立岗位责任制，提高工作效率。

政府工作人员，特别是各级领导干部，必须十分重视和珍惜人民赋予自己的权力，任劳任怨，勇于负责，做人民的公仆，全心全意为人民服务。绝不允许利用职权谋取私利，走后门，特殊化。对于干部的生活待遇，要建立、健全必要的法规和制度，做到有章可循，便于群众监督，违反者轻则批评教育，重则纪律处分。要反对那种遇事不负责任，怕得罪人，互相推诿，饱食终日，无所用心，议而不决，决而不行的官僚主义；也要反对个人专断，不调查研究，偏听偏信，不按客观规律办事，瞎指挥的官僚主义。各级领导干部要密切联系群众，关心群众的切身利益，倾听群众的呼声，接受群众的监督，和群众同甘共苦，重视人民来信来访工作，并亲自处理群众反映的重大问题。各级领导机关，首先是市级领导机关，要改变机构臃肿、层次重叠、人浮于事、政出多门、文牍主义、事务主义、办事效率很低的状况。要坚持民主集中制，切实加强集体领导，严格分工负责的制度。领导机关和各级企事业单位都要建立岗位责任制，做到人人有专责、事事有人管。要坚持精兵简政的原则，“达到精简、统一、效能、节约和反对官僚主义五项目的”。现在市革委会权力集中过多，区、县作为一级政权的作用没有很好发挥，局一级的职能也发挥得很不够。这个问题需要抓紧解决。

厂矿企业要恢复和健全职工代表大会制度。重大问题都要提交职工代表大会讨论决定，企业负责人要定期向大会报告工作，并听取意见，保证广大职工行使管理企业的权利。要认真总结和推广选举干部试点单位的经验，逐步创造条件，做到农村人民公社的各级领导人员和企业、事业单位的基层领导人员由群众直接选举。选举干部的工作最好和经济体制的改革结合进行，把经营管理的好坏和群众的物质利益同选举干部直接联系起来。这样，群众就会更加关心领导人选，更加认真对待选举，有利于把大公无私、勇于负责、精通业务和有组织才能的优秀分子选拔到领导岗位上来。在目前还没有条件实行群众选举和不宜实行群众选举的单位，可以试行定期的民意投票，对领导干部的工作进行群众性的评议。领导机关要把群众的评议作为考核、任用干部的重要依据。

（三）加强司法战线的建设。

粉碎“四人帮”以来，我们整顿和加强了各级公安机关和人民法院的工作，重建了各级人民检察院，取得了很大成绩。但是，同健全法制的要求还很不适应。尤其是各级人民法院和人民检察院的组织还不健全，人员缺额很多，还要继续从其他战线选调一批思想好、作风正、身体健康、有一定政策和文化水平的干部到司法战线工作。对学过司法专业和做过司法工作，包括教学、研究工作的人员，进行一次普查、摸底，凡现在仍然适合做司法工作的，应尽量归队。同时，对现有司法干部队伍进行必要的培训和整顿。

全体司法人员要恢复和发扬司法工作的优良传统和作风，要依靠群众，以事实为根据，以法律为准绳，重调查研究，重证据，不轻信口供，严禁刑讯逼供。不允许违反刑法和刑事诉讼法的规定，滥行捕人抓人。要真正做到有法必依，执法必严，违法必究，有效地打击敌人，保护人民。坚持法律面前人人平等。全体公安司法人员都要学习法律，熟悉法律，正确运用法律，同一切违法犯罪行为作斗争，切实保护人民利益。

政府工作人员，特别是各级领导干部，要认真学习法律，带头遵守法律，尊重和保护人民的民主权利，做遵守法纪的模范。要积极支持人民检察院独立行使检察权，人民法院独立行使审判权。

（四）加强社会主义法制，坚决刹住危害社会治安的歪风，迅速把社会秩序整顿好。

在我国，剥削阶级作为一个阶级已经被消灭了，但还存在着阶级斗争，还有反动阶级的残余、“四人帮”的余孽和敌特分子，还存在极少数敌视和破坏我国社会主义现代化建设的反革命分子和其他刑事犯罪分子。并且国内阶级斗争又同国际阶级斗争密切地联系着。

北京市的社会治安，经过整顿，有了相当改善。但今年八月以来，刑事犯罪活动又有明显增加。近一个月来，由于发动群众，各方面通力合作，狠抓整顿，情况逐步好转。最近，全国人大常委会通过决议，明确规定建国以来制定的法律、法令除同目前的宪法、法律和法令相抵触外，继续有效。国务院公布了劳动教养补充规定。我们要严肃、谨慎、准确地运用法律武器，贯彻教育与惩办相结合的原则，按照专门机关与广大群众相结合的方针，动员各单位和广大群众，同公检法机关一起，进一步整顿社会治安。对于以推翻无产阶级专政和社会主义制度为目的，制造动乱，危害国家的现行反革命分子，对杀人犯、强奸犯、抢劫犯、放火犯和其他严重破坏社会秩序的犯罪分子，特别是犯罪集团头子和教唆犯，都必须依法制裁，狠狠打击。对罪行轻微的，特别是青少年，要采取教育改造和挽救的方针，要给他们以改造教育的环境和条件。对其中的惯犯，要法办或实行劳动教养。要防止和纠正那种畏首畏尾、该抓不抓、该判不判、该管不管的错误倾向。要稳、准、狠以准为重点地打击敌人。要表扬奖励那些在同坏人斗争中做出贡献的人员。群众性的治保委员会在维护社会治安上起过重要作用，要认真整顿和加强。对那些容易发生流氓犯罪的地方和场所，要组织力量巡逻、侦察，加强治安管理。卫戍部队要积极参加配合，群策群力，进一步把首都社会秩序整顿好。

为了维护安定团结，保卫“四化”建设的顺利进行，我们还要提高警惕，加强战备，做好民兵工作。要进一步巩固和加强军政团结、军民团结。

四、坚决执行党的路线，为夺取首都现代化建设的新胜利而奋斗

党中央根据建国三十年来社会主义革命和社会主义建设正反两个方面的经验，制定了正确的政治路线、思想路线和组织路线。我们一定要坚决贯彻执行。叶剑英同志国庆讲话中说：“现在我们的任务，就是团结各族人民，调动一切积极因素，同心同德，鼓足干劲，力争上游，多快好省地建设现代化的社会主义强国。”这就是我们党的政治路线。简单地说，叫做实现四个现代化。我们要继续清除林彪、“四人帮”极左路线的流毒和影响，紧紧跟上四个现代化的形势，一切工作都要围绕四个现代化这个中心，认真地服务于四个现代化建设，坚决服从四个现代化的要求。

思想路线是制定政治路线的基础。端正思想路线，就是坚持一切从实际出发，实事求是，理论联系实际。这是无产阶级世界观的根本点，是毛泽东思想的精髓。一年多来，关于实践是检验真理唯一标准问题的讨论，就是要坚持毛泽东同志倡导的辩证唯物主义的思想路线。这场讨论，有力地批判了林彪、“四人帮”制造的现代迷信和本本主义，击中了他们大搞唯心主义、形而上学的要害，打破了他们强加给人们的精神枷锁，大大促进了人们的思想解放，为实现工作着重点的转移作了思想准备。我们北京市的广大干部和群众，对这件关系“四化”能否实现，关系党和国家前途命运的大事，一开始便给以极大的关注，进行了学习和讨论。今年九月份以来，全市又普遍开展了对真理标准问题学习和讨论的补课，进行辩证唯物主义思想路线的教育，着重弄清什么是真高举、什么是假高举，紧密联系四个现代化建设的实际，分析解决本单位的各种问题。对于社会主义建设，我们虽然有了不少经验教训，但是还不能说已经掌握了它的客观规律。我们必须按照毛主席历来倡导的实践第一的观点，深入群众，深入实际，调查研究，探索最有利于发展社会生产力、最有利于提高人民劳动积极性和物质文化生活水平的措施，按照实际情况扎扎实实地解决问题。绝不能随心所欲，盲目蛮干；绝不要浮夸；绝不要说假话，说大话，说空话。要尊重客观规律，研究客观规律，照客观规律办事。实现“四化”是一个崭新的课题，我们要在各个方面坚持一切依靠群众、一切为了群众的路线，“从群众中来，到群众中去”，“集中起来，坚持下去”，经过实践、认识、再实践、再认识，不断总结经验，加快首都现代化建设的步伐。

组织路线是执行政治路线和思想路线的保证。叶剑英同志在国庆讲话中着重指出，当前对各级领导干部要特别强调三条标准：“一是坚决拥护党的政治路线和思想路线；二是大公无私，严守法纪，坚持党性，根绝派性；三是有强烈的革命事业心和政治责任心，有胜任工作的业务能力。”这为我们在新时期贯彻执行组织路线，加强各级领导班子的建设指明了方向。现在摆在我们面前的一个十分迫切的任务，就是要下大功夫培养、发现人才，克服各种阻力，打破保守思想，改变论资排辈的现象，大胆提拔优秀的中年、青年干部，使他们在老干部的帮助下，在群众的监督下，逐步担当起各项事业的领导责任，使我们的事业后继有人。在这个问题上，我们老同志要有战略眼光，懂得解决接班人问题的重要性。解决好这个问题，就是老干部对党的事业的重大贡献。

在宏伟的现代化建设的征途中，我们的干部，尤其是在各行各业领导岗位上的干部，必须努力学习和掌握科学技术与专业知识，否则是无法胜任自己工作的。长期安于当外行，沉醉于政治空谈，决不能治国，而只能误国。现代化建设要求逐步改变我们干部队伍的结构，减少一般行政干部，增加大批各行各业的专业干部。我们要通过各种形式，组织干部学习，抓好干部的脱产培训和在职轮训工作，帮助他们学习马列主义、毛泽东思想，帮助他们学科学、学技术、学管理，使他们成为精通本职业务的、适应现代化建设要求的专门家，为四个现代化做出贡献。

要把党的路线变为群众的自觉行动，必须大力加强思想政治工作。目前，我们思想政治工作的队伍、内容、方法和作风，都很不适应四个现代化建设形势的要求，必须加以改进、整顿和提高。要正确理解政治

与经济、政治与业务、政治与技术的关系。要把坚持四项基本原则、安定团结地搞“四化”作为思想政治工作的中心内容。当前要克服忽视和放松思想政治工作的倾向。政治工作要善于针对当前一些倾向性问题，主动积极、深入细致地进行宣传教育。要恢复和发扬党的优良传统，坚决肃清林彪、“四人帮”在思想政治工作方面造成的流毒和影响。大家都要来做思想政治工作，真正把思想政治工作做到经济工作中去，做到各项业务工作中去，深入到群众活动的各个领域中去，把大家的思想统一到党的十一届三中全会和全国五届人大二次会议的精神上来，鼓舞斗志，振作精神，同心同德，战胜前进道路上的各种困难，保证“四化”任务的顺利完成。

统一战线在我国各个历史时期曾发挥过巨大的作用。在新的历史时期，统一战线也进入了一个新的历史发展阶段。它是全体社会主义劳动者和一切爱国者的广泛联盟，担负着为四个现代化服务和统一祖国的双重任务。统一战线仍然是一个重要法宝，不是可以削弱，而是应该加强；不是缩小，而是应该扩大。我们要继续贯彻落实有关统一战线的各项具体政策，恢复和发扬毛泽东同志、周恩来同志为统一战线树立的民主协商的优良传统，认真贯彻执行“长期共存、互相监督”的方针，搞好党与非党人士同志式的合作共事关系。要选拔、安排一批业务上有真才实学的党外专家或政治上有代表性的党外人士，担任市、区、县人民政府和局的行政领导职务，切实保证他们在主管范围内有职、有权、有责，充分发挥他们主人翁的责任感和积极性。北京市是少数民族散居地区，少数民族较多，共有二十七万人，而且各个民族都有。要认真贯彻落实党的民族政策，做好民族工作，加强民族团结。要做好侨务工作，认真落实侨务政策。我们一定要进一步发展和壮大革命的爱国的统一战线，把统一战线的工作重点也切实转移到为四个现代化服务上来。

各位代表！现在我们国家的形势大好。北京市的形势也是大好的。摆在我们面前的任务是光荣的，也是十分艰巨的。我们有经受了各种风浪严峻考验的伟大的人民，伟大的党，有优越的社会主义制度，又有正确的路线。北京是我国的首都，党中央、国务院对我们指导和帮助很具体、很及时；工业企业大有潜力可挖；实现农业现代化有较好的物质基础；有比较强的基本建设队伍；有很多研究机关和高等院校，专门人才也比较多。北京人民有光荣的革命传统，各条战线都有一些先进典型和英雄模范。我们对实现社会主义现代化充满了信心。我们一定要发扬奋发图强、勤劳勇敢、艰苦奋斗、舍己为公的革命精神，紧密地团结在马克思列宁主义、毛泽东思想的旗帜下，在党中央和国务院的领导下，为夺取首都现代化建设的新胜利而努力奋斗。

以上报告，请大会审议。

关于北京市一九七九年国民经济计划草案和执行情况的报告

——一九七九年十二月八日在北京市第七届人民代表大会第三次会议上

苏 展

各位代表：

关于北京市一九七九年国民经济计划草案主要指标和执行情况汇总表，已经发给大家。我受市革命委员会的委托，现在向大会作扼要说明。

北京市一九七九年国民经济计划草案，是根据调整、改革、整顿、提高的方针和国务院下达的一九七九年国民经济计划指标，结合北京市的实际情况编制的。一九七九年是全国工作着重点转移到社会主义现代化建设上来的头一年。全市广大工人、农民、知识分子和干部，在党中央和市委的领导下，贯彻执行党的十一届三中全会决议和五届人大二次会议精神，解放思想，开动机器，团结奋战，为实现一九七九年国民经济计划做了大量工作，作出了很大贡献。一年来，加快了轻纺工业和建筑材料工业的发展；增加了郊区副食品的生产和收购量；住宅和生活服务设施竣工的建筑面积和市政公用设施完成的投资额是解放以来最多的一年；城乡物资交流活跃，市场商品供应量和外贸出口额有较大幅度的增长；交通邮电、地质勘探、科学、教育、文化、卫生、体育事业和安置待业人员等方面都取得了不小的成绩；在生产发展的基础上，城乡人民生活也有了改善。一九七九年各条战线取得的成绩，反映了工作着重点转移到社会主义现代化建设上来的好形势。

一、关于工业

一九七九年国务院下达的主要工业产品产量计划指标是：钢一百七十八万吨，比上年实际下降百分之六点八；生铁二百四十四万吨，下降百分之一点六；煤炭八百一十万吨，下降百分之一点一；发电量九十九亿九千万度，增长百分之零点八；化肥五十二万一千九百吨，增长百分之零点八；水泥一百九十一万五千吨，原油加工量六百万吨，都与上年持平；塑料二十八万四千吨，增长百分之九点三；棉纱五万吨，下降百分之五点七；纸及纸板十二万五千吨，增长百分之三点三；电视机七万五千部，增长百分之九十四；手表一百二十五万只，增长百分之十六点五；缝纫机三十六万架，增长百分之二十；灯泡二千万只，增长百分之四十三点五，等等。钢、棉纱等主要产品产量计划指标比上年有所下降，是国家根据原材料和燃料的平衡情况确定的。工交战线广大职工解放思想，勇于实践，努力按照客观规律办事。许多工业企业实行产销见面，以销定产，按国家建设和人民的需要，增产了大量适销对路的产品，密切了工商、工贸关系，把计划调节和市场调节结合起来。不少企业扩大了企业自主权，实行利润留成、厂内经济核算、按劳动的数量和质量计分授奖等办法，正确处理国家、企业和个人三者的关系，初步贯彻了按劳分配原则，企业办得比过去活了。一至十月全市工业总产值完成一百七十五亿三千万元，为年计划的百分之八十四点七，比去年同期增长百分之八点一。据一百二十一种主要产品产量统计，一至十月累计完成年计划进度（百分之八十三以上）的占百分之八十七点六，比去年同期增长的占百分之七十四点四。发电设备、电视机、民用炉等三十四种主要产品已提前完成了年计划。预计绝大多数产品产量可以超额完成全年计划，全市工业增长速度可以超过百分之八。

（一）轻纺工业的发展加快了。为了生产更多更好的轻纺产品，以适应国内市场和出口的需要，今年以来，优先保证了轻纺工业所需燃料、动力、原材料的供应，并在原计划外增拨了一部分煤、重油、钢材、木材和有色金属等物资，用于增产急需产品。归地方统筹安排的工业投资一千一百万元，全部用于轻纺工业。市里集中掌握的更新改造资金，也大部分用于轻纺工业和民用电子产品的挖潜、革新、改造。轻纺工业部门努力挖掘生产潜力，增产适销对路产品，加快生产发展速度，纺织局的工作做得很出色。他们广开门路，“找米下锅”，一面想办法多用化纤，一面积极争取来料加工。棉纱、坯布、毛条有缺口，就发动群众增产，同时争取外地资源。结果，三万件棉纱缺口有了着落，并在计划外调入三千万米坯布，使全局各行业开足马力生产，生产水平逐步提高。这个局年初计划总产值比去年下降百分之五点六，现在可以保证比去年增长百分之八以上。一轻局、二轻局的工作也很有成绩。经过多方面的努力，一至十月累计，轻纺工业的增长速度为百分之九点六，改变了重工业增长速度长期高于轻纺工业的状况。预计全年轻纺工业增长速度将达到百分之十以上，大部分主要产品都可超额完成计划。

（二）建筑材料工业生产有较大的发展。近年来，为适应基本建设发展的需要，增加了建筑材料的建设投资，扩大了生产能力。今年基建投资计划八千万元（不包括贷款），比上年增长百分之五十四，是建国以来最多的一年。投产的主要项目有：年产能力约二亿块砖的三组隧道窑，年产能力一亿块砖的尾矿砖厂，年产能力十万立〔方〕米的加气混凝土厂等。建材局一至十月的产值比去年同期增长百分之十二点三。除水泥由于首钢精矿粉品位提高，水渣供应减少，增长幅度不大外，其他建筑材料都比上年有较大幅度的增长。预计砖可以增长百分之十四点八，石渣增长百分之十四点八，砂子增长百分之二十七。为了节约木材，积极扩大了钢窗和钢木门的生产，并发展木材的综合利用，提高木材利用率。油毡、建筑五金和水暖零件等也都有不同程度的增长。

（三）提高了产品质量，增加了花色品种。各工业主管部门和企业都制订了具体规划，大打产品质量升级、品种更新的翻身仗。许多企业推广全面质量管理经验，加强质量管理的各项基础工作，使多数产品质量有了明显提高。首钢、冶金、机械、燕化、化工、电子仪表、汽车、一轻等十个工业局（公司），市考核的主要产品质量指标全部达到或超过了本企业历史最好水平。在全市质量评比鉴定中，今年有一百三十八种产品被命名为市级优质产品。在全国优质产品评比中，本市有近百种产品接近或达到国内先进水平，有十四种产品荣获国家金质或银质奖章。首钢在去年三十项指标全面超过历史最好水平的基础上，继续广泛深入地开展攀高峰、创水平、夺冠军活动，今年又取得好成绩。到十月底，有二十三项指标刷新了去年的纪录，十三项指标在全国冶金战线名列前茅，其中六项指标达到了国际先进水平。精矿粉品位和铸造生铁荣获国家金质奖章。北京化工厂瞄准当代试剂王牌——西德“伊默克”，一个产品一个产品地分析对比和组织攻关，到今年十月份已有九十一种化学试剂达到“伊默克”水平。许多工业企业在大力提高产品质量的同时，积极增加花色品种。到十月底，全市增加新产品、新品种一千六百多种，增加新花色、新规格一万种以上。

（四）降低了原材料和燃料消耗，从节约中求增产。市考核的六十九项可比消耗指标，有百分之八十以上达到或低于历史最好水平。前三个季度，全市节约煤炭三十万吨，节约重油一万三千吨，节约电力一亿四千万度，分别完成年度节约计划的百分之八十六、九十和八十二。在节约煤、电、油的过程中，对年用油二千五百吨、用煤五千吨以上的九十九个大户，以及用电负荷一千千瓦以上的八十个大户，逐级制订节约计划，按月进行考核。冶金局系统在节约重油方面创造了很多先进经验，取得良好效果，今年一至十月份钢材产量比去年同期增长百分之十五点四，而热轧钢材的重油单耗却下降了九点八公斤，十个月已为国家节约重油一万一千八百吨。

（五）工业调整取得初步成效。根据国家经委关于工业调整的要求，全市七个县办氮肥厂经过整顿，煤、电消耗有较大幅度的下降；十七个磷肥厂关闭了十个；延庆小铁厂已经停止生产。对于那些原材料没有来源或供应不足，加工力量过大，产品重复，以及污染、扰民严重的工厂，到九月底已撤销十三个，合并五十八个，改产五十七个。全市有三百四十八个厂调整了产品方向，实行专业化生产。今后还要按照专业化协作原则，继续截长补短，合理调整，以便腾出更多的力量，发展国内外市场急需的产品。

（六）实行利润留成等经济政策，调动了广大职工向生产的广度和深度进军的积极性。今年全市工业企业上缴利润计划为二十三亿一千万元，按可比口径计算，比去年实际增长百分之十一点五，任务是艰巨的。根据这种情况，市革委会于七月份下达企业利润留成办法，有三百六十六个国营工业企业经财税局核批实行利润留成。同时，实行厂内经济核算和按分计奖的制度，把经济效果、经济责任和经济利益有效地结合起来，改变了吃“大锅饭”的状况，调动了企业和职工的积极性。他们立足于现有基础，大搞挖潜、革新、改造，一至十月份实现了三万五千二百三十九项技术革新项目，其中重大的一千一百三十三项，生产能力有了提高；他们通过业余学校、专题学习班等多种途径，刻苦学习技术，钻研业务，技术水平和业务水平有了提高；他们通过定员、定额，建立健全各种规章制度，狠抓基础工作，管理水平有了提高。化工二厂实行上述办法以后，十月份产值和利润都创造了历史最好水平。全市第三季度工业上缴利润比去年同期增长百分之十点三，扭转了上半年比去年同期下降的局面。十月份工业上缴利润比去年同期增长百分之三十五点七八，预计可以超额完成全年利润计划。

二、关于农业

今年的农业生产计划指标，是按照农林牧副渔五业并举的方针安排的。粮食计划指标与去年持平，油料、蔬菜和生猪、鲜蛋等副食品的计划指标都有较大幅度的增长。计划和执行情况是：

粮食总产量计划为三十七亿斤，预计完成三十五亿斤，比去年减产二亿斤左右。油料播种面积增加，总产量计划为六千八百万斤，比去年增长百分之三十，预计完成五千二百万斤，与去年持平。

蔬菜计划调市商品菜二十二亿九千万斤，比去年增长百分之十五点七；预计完成二十一亿斤，增长百分之六点一。但是均衡上市搞得不好，七、八月供应紧张。

生猪计划收购一百九十万头，比去年增长百分之三点五；预计全年可收购一百八十五万头，毛重增长百分之六。

鲜蛋计划收购四千万斤，比去年增长百分之四十七点四；商品牛奶一亿零七百六十万斤，比去年增长百分之四。这两项预计都可以完成计划。

干鲜果品产量计划为三亿五千万斤，与去年基本持平，因受灾预计完成三亿斤左右，减产五千万斤。

从上述情况看来，今年农业生产计划完成得不够好。客观上是受春寒秋旱的影响，但主要是我们的工作有缺点，领导上抓得不够紧，贯彻落实农村各项经济政策抓得不狠；“三夏”、“三秋”农机不配套，机械作业水平低，不适应抢农时、夺高产的需要；对科学种田和增产的先进经验总结推广不力，经营管理水平不高。我们必须加强对农业生产的领导，认真总结经验，采取有力措施，把明年的农业生产切实搞好。

今冬明春要继续搞好农业基本建设，以提高抗御自然灾害的能力。计划打井八百眼，建设高产稳产田十五万亩，整修梯田二十万亩，续建海子等几座水库，搞好水利工程配套，发展喷灌滴灌两万亩。

由于今年大秋作物成熟期推迟，越冬小麦播种面积比计划有所减少，加上雨水少，出苗不好，要抓紧抗旱浇麦，加强田间管理，并且做好明年的各项生产准备工作，努力争取明年农业丰收和林、牧、副、渔业全面发展。

山区建设今年取得较好成绩。预计全年整地造林十三万亩，修筑山区公路二百公里，发展小水电一万千瓦。与此同时，为了发展山区畜牧业和干果生产，在种植牧草、饲养改良黄牛和改进果树嫁接等方面做了不少试验研究和推广工作。今后我们要继续关心和扶植山区特别是老根据地的建设，进一步改变山区面貌，改善山区人民生活。

三、关于基本建设和城市建设

一九七九年北京地区基本建设计划投资二十七亿多元，比去年实际增长百分之三十六。

北京地区的基本建设任务大，要求急。今年年初确定的计划和以后陆续追加的建筑面积，已达两千万平方米，相当于解放时北京市区和近郊城镇房屋建筑面积的总和，远远超过了客观实际的可能。经过大体的综合平衡，除部分建设项目进行施工前的准备工作外，今年基建计划内房屋建筑开复工八百五十万平方米，比去年增长百分之四点三；竣工四百二十六万平方米，比去年增长百分之二十五。另有技措、翻建和零星建筑开复工一百五十万平方米，计划竣工七十万平方米。

长期以来，由于林彪、“四人帮”的干扰破坏，基本建设工作中突出的问题是：城市建设“骨头”与“肉”的比例关系严重失调，住房十分缺乏，交通拥挤，市政公用设施和生活服务设施严重不足，欠帐很多。据典型调查推算，要解决现有城市人口中无房户、拥挤户的困难和落实政策归还被占用的私人自住房，约需新建住宅一千八百万平方米。要解决市政公用设施的欠帐问题，还不包括供电和电信在内，约需投资十八亿元。根据调整国民经济的八字方针，我们在安排一九七九年基建计划时，注意到调整“骨头”和“肉”的比例关系，加强综合平衡，优先安排住宅和生活服务设施、市政公用工程以及国家计划内的重点工程。为了缩短基本建设战线，集中力量打歼灭战，我们坚持按基建程序办事，严格控制新开工程。今年年初就明确了竣工投产的具体项目，然后按季度分期分批地进行部署，组织“七一”战役、“十一”战役，现在正进行年终战役，确保竣工投产计划的实现。整个基建战线广泛深入地开展以竣工投产为中心的增产节约运动和创“全优工号”的社会主义竞赛，调动了广大职工的生产积极性，克服了各种困难，在完成今年的基建任务上做出了新的成绩。

一至十月份，累计完成投资十四亿八千万元，为年计划的百分之五十五，比去年同期增长百分之二十五。一至十月房屋建筑开复工面积八百九十三万平方米，为年计划的百分之一百零五；竣工面积二百零二万平方米，为年计划的百分之四十七，比去年同期增长百分之三十一点六。预计全年竣工计划可以完成。主要施工单位的劳动生产率和工程质量都有所提高，工程成本也有所降低。

住宅建设。计划竣工二百六十八万平方米，占全市计划竣工面积的百分之六十二点九，比去年实际增长百分之六十六点五。到十月底已竣工一百零三万平方米，为年计划的百分之三十八点四，比去年同期有较大幅度增长。我们正继续抓紧竣工投产工作，预计可以完成全年的住宅建设计划。

生活配套设施。商业网点、托儿所、中小学、医院等，今年计划竣工六十一万平方米，占全市计划竣工面积的百分之十四，比去年实际增长百分之五十三点六。其中：商业、服务业网点二十五万平方米，中小学十四万平方米，医院四万平方米。大专院校新建房屋计划开复工六十一万平方米，预计竣工二十一万平方米。

市政建设。国家今年对首都市政建设的投资作了较多照顾，包括地方自筹资金二千万元在内，共安排一亿九千万元，比去年增长百分之三十一，是建国以来投资最多的一年。市政建设投资占地方国家预算内投资的比例，由去年的百分之十九上升到百分之二十六。到十月底，市政建设投资已完成一亿七千五百万元，为年计划的百分之九十二。水源八厂一期工程和水源三厂出厂干管工程已完成，共增加日供水能力十八万吨，使今年夏季用水高峰的紧张情况有了缓和。铺设道路计划一百四十万平方米，到十月底已完成一百二十九万平方米，为计划的百分之九十二，二环路崇文门至朝阳门段和建国门立交桥已通车。液化气用户增加了十万户，添置了公共汽车三百四十五辆。广安门电话分局已投入使用，新增市内电话七千二百门。

全市重点工程和今年安排竣工收尾项目，预计年内可建成或基本建成九十四项。已经建成的项目主要有：首都国际机场候机楼工程；首钢扩建裴庄铁矿，新增能力二百万吨；燕山石化总公司前进化工厂电站二号机组，新增装机容量一万二千千瓦；西南郊食品冷库一期工程，新增冷藏能力一万五千吨等等。

根据国家要求，我们对在建的基本建设项目进行了清理。我市去年年底共有大中型项目五十六项，第一批停建、缓建的有锅炉厂、阀门厂、锻压机床厂等五个项目，缩小规模的有三个项目。今后还要继续清理在建项目。

今年以来，在市政公用设施的管理和维护、房屋修缮、城市绿化以及环境保护等方面，也取得了一定成效。今年用于城市维护的费用预计比去年增长百分之二十五。一至十月房屋大中修共五百三十多万平方米，绿化植树九十多万棵，分别比去年同期增长百分之二十和百分之四十七。在治理“三废”方面，列入计划要在一九八一年前治理的有二十五个工厂四十一个项目，预计到今年底可完成九项。四个城区共有四千八百多台锅炉，要采取消烟除尘措施加以改造，预计到今年底可改造百分之七十左右。目前环境污染还是个突出的问题，今后要继续抓紧治理。

四、关于对外贸易和商业服务业

一九七九年外贸收购计划为八亿零六百万元，比一九七八年增长百分之三点三。按照这个收购指标，出口换汇额为二亿九千万美元。根据中央关于“对外贸易要有一个大的发展”的方针和对北京市的要求，本市轻纺工业部门努力挖潜增产，出口棉布比去年增产两千五百多万米，出口服装预计可达一千三百多万件，特种工艺品中的珐琅、抽纱都已成为换汇千万美元以上的大宗畅销产品。我市外贸部门与工业部门密切配合，努力开展推销活动，例如对绢花的出口采取工厂与外商直接见面的做法，使出口额增加一倍以上。同时开展了推销库存、降低费用等工作，使成交额大幅度增加。在各方面的努力下，一至十月份外贸收购总额完成九亿三千万元，已经提前一个季度超额完成全年计划，比去年同期增长百分之四十九点一。出口总值一至十月累计完成三亿三千万美元，也已提前完成全年计划，比去年同期增长百分之四十九，创历史同期最高水平。各类商品出口额比去年同期都有较大幅度的增长。目前商品货源以及与外商成交合同的情况都比较好，只要工业、农业、外贸、交通运输等部门互相合作，密切配合，按期交货，及时运出，全年出口额预计可以达到四亿美元。今年以来，出口产品的质量有所提高，花色品种有所增加，包装装潢有所改进。对于有出口基础的服装、纺织等行业，正在着手进行技术改造，开始建立了一批出口专厂或专车间。为了尽快把出口搞上去，外贸部门加强了对国际市场的调查研究，掌握行情，广开销路，努力把生意做好做活，扩大出口成交额，提高出口合同履约率。在有条件的郊区农村，如以生产核桃、栗子、杏仁等为主的山区社队，外贸部门已着手建立出口农副产品的生产基地。目前全市已有一批工厂与外商签订了七十四项加工装配、补偿贸易合同，可收外汇一千六百九十万美元。从各方面的条件来看，我市开展这些业务是大有可为的。要继续挖掘现有厂房、设备的潜力，多找门路，增加品种，不断提高技术，争取大幅度地增加出口，为国家多换外汇。

我市发展旅游的任务很重。今年在饭店、旅馆非常紧张的情况下，广大职工努力克服困难，挖掘潜力，一至十月份全市接待了外国旅游者、华侨、港澳和台湾同胞以及中国血统外籍人等共十二万七千多人，比去年同期多接待了三万四千多人，旅游外汇收入为二千三百多万美元（不包括在国内乘坐飞机、火车和购买物品的外汇收入）。总的来看，我市为旅游服务的住房、吃饭、交通和旅游商品的供应等，都远不能适应需要。计划从今年开始利用外资、侨资改建、扩建或新建一些旅馆。到目前为止，已草签协议十项，总投资三亿多美元，建筑面积四十万平方米，要结合全市基本建设任务进行统筹安排，其中一部分具备开工条件的项目，近期内即可动工兴建。为适应国外旅游者的需要，一些具有北京特色的副食品、工艺品、纪念品和日用工业品，今年生产发展较快，销售额有大幅度的增长。为解决当前旅游住房十分紧张的问题，要继续挖掘现有饭店、宾馆和高级招待所的潜力，充分利用现有设备。同时，要加强旅游队伍建设，培训技术人员和服务人员，增加旅游设施，扩大参观游览网点，抓紧抓好旅游纪念商品的生产等。

今年全市社会商品零售总额计划为四十九亿元，比去年增长百分之十一。一至十月完成四十二亿三千万元，比去年同期增长百分之十六点九，预计全年将达到五十一亿元。吃、穿、用商品的销售量大都比去年有较大增长，少数商品如铝锅、搪瓷口杯、洗衣粉销售量有所减少。随着生产的发展，商业部门的收购量相应增加。商品收购总值（不包括外贸）一至十月累计达到四十四亿二千万元，全年预计完成五十二亿元，比去年同期增长百分之四点六。农副产品收购总值一至十月已完成四亿五千一百万元，比去年同期增长百分之二十，猪、家禽、蛋、水产品、牛奶、鲜果等主要农副产品收购量普遍有较大增加。大部分轻纺工业产品收购量也都有增长。

一年多来，商业服务业在服务态度、服务质量等方面，都有所改进和提高。为了解决群众吃饭排队问题，增设了几百个饮食点和代营食堂，增添了几百个食品流动售货车和食品售货商亭。为了方便群众，许多零售商店延长了营业时间，增加了花色品种，恢复了一些过去被砍掉了的服务项目。

五、关于科学、教育、文化、卫生事业

科学研究方面。一九七九年列入计划的科研项目共二百八十四项，重点是：发展现代化养猪、养鸡、养鱼和种菜的科技研究，解决市场急需的质高价廉的化纤和民用电器等轻纺产品的技术关键、改进旅游商品和出口产品包装材料，扩大应用太阳能和地下热水等新能源，研制计算机、电视机、手表所需大规模集成电路及其基础材料等。到国庆节前已完成六十项，预计年底可完成七十项。有一部分科研成果已经过鉴定，可以推广应用，如医用X线自动干板照相机、测震防震用双频激光干涉仪、吸收式冰箱、大型电火花切割机床、新型蜗轮副等等。

教育方面。今年高等院校计划招生一万七千人，在校学生达到五万五千人；大学分校招生一千四百人，在校学生达到一万七千人；研究生招收二千八百人；中等专业学校招生八千五百人；技工学校招生一万二千人；普通高中招生二十四万一千人，在校学生达到四十万四千人；初中招生十三万五千人，在校学生达到五十一万九千人；小学招生十七万九千人，在校学生达到九十八万一千人。实际执行情况是：高等院校、大学分校、研究生、中专、技工学校基本上按计划招收。中小学招生数比计划有所减少，小学少招了二万四千人，初中少招了二万一千人，高中少招了九万五千人，主要原因是招生计划数定得较高，与实际情况有出入。许多家长不愿学生入普通高中，这种情况在农村比较普遍。今年以来，托儿所、幼儿园和各类工农业余教育都有所发展。

卫生方面。今年医院病床（不包括中央在京单位所属医院）计划增加一千三百张，比去年增长百分之四点八，预计可以完成。对城乡医疗卫生机构继续进行整顿，努力提高管理水平、医疗技术和服务质量。同仁医院按经济办法管理医疗事业进行试点，取得初步经验，正在有计划地推广。今年以来，广泛开展了以防病灭害为中心的爱国卫生运动，并加强了城市卫生管理和地方病的防治工作。

计划生育方面。最近两年北京市人口出生率显著回升。一九七七年为千分之十点二，一九七八年为千分之十二点九，今年预计将达到千分之十四以上。人口自然增长率，一九七八年为千分之六点八，今年计划为千分之七点五，预计将达到千分之八点五。人口出生率回升的客观原因是这两年达到生育年龄的男女激增，主观原因是计划生育工作抓得还不够紧，有些郊区县计划外生育占百分之二十以上。为了进一步搞好计划生育工作，要大力提倡一对夫妇只生育一个子女，力争一九八五年把人口自然增长率降到千分之五以下。

文化出版、广播电视、文艺、体育等方面，根据财力、物力的可能，都进行了适当安排。出版了不少好书，排演了许多好节目，北京运动员在第八届亚运会和第四届全运会上取得了好成绩，各个方面都有了新的发展和提高。

六、关于安置城镇待业人员

今年年初全市约有四十万待业人员需要安排就业。到十月底，通过招工、招生和组织知识青年下乡等，已安置了十六万人；通过参加街道生产服务事业和新发展的各类合作社，已安置了十二万人。其余十二万人，预计到年底通过上述两种途径还可安置五至六万人。大批安置待业人员，不仅解决劳动就业问题，更重要的是促进了生产和服务事业的发展。今年安置不了的，明年继续安置。根据国务院的有关规定，各部门、各企业要认真做好职工的退休退职工作，使符合退休退职条件的职工按计划退下来，这样明年就可以多安置一些待业青年。

一九八〇年是打好四个现代化第一战役的第二年，我们一定要联系实际，肃清林彪、“四人帮”极左路线的流毒，进一步解放思想，脚踏实地，搞好安定团结，排除“左”右干扰和阻力，集中精力把国民经济搞上去，这是我们目前压倒一切的中心任务。各条战线都要使自己的工作较快地适应四个现代化的需要，更好地为四个现代化服务，为实现四个现代化作出更大的贡献。

一九八〇年经济工作的主要任务是继续贯彻执行调整、改革、整顿、提高的方针。为了进一步贯彻执行这个方针，严格按经济规律办事，把经济工作搞得更细、更活、更有成效，一九八〇年我们要抓紧以下几个方面的工作：一、要充分发挥现有企业的作用，狠抓老企业的挖潜、革新、改造。二、坚定而又稳妥地进行经济管理体制的改革，扩大企业自主权，加快体制改革的步伐。三、按照人民需要组织生产。实行计划调节与市场调节相结合，以计划调节为主，同时充分发挥市场调节的作用。四、要搞好计划的综合平衡工作。要用经济办法管理经济，基建拨款和流动资金都要按照国家的规定逐步采取银行信贷的办法。要做好清仓利库和清产核资工作。事业单位（科研、设计、医院、文艺等）要逐步实行经济管理的办法。五、充分利用外资，大力发展进出口贸易，把路子走宽，把生意做活，为国家多增加外汇。六、继续开展以高产、优质、多品种、低消耗为中心（基建单位以竣工投产为中心）的增产节约运动，要把节约能源、节约木材摆到重要位置。七、加快轻纺工业的发展，搞好市场供应，搞好产销衔接，不断满足社会需要。八、继续加强市政公用设施、住宅和其他生活服务设施的建设，调整“骨头”与“肉”的比例关系。九、大力支援农业，认真落实农村的经济政策，加快郊区农业的发展，把郊区的农副业生产搞上去，为城市提供更多的副食品。十、广泛开展评比活动，总结推广先进经验。推广首钢狠抓岗位责任制的经验，把定岗位后的多余人员组织起来学技术、学文化、学管理。要调动一切积极因素，充分发挥各类人员特别是科技人员的作用，为四个现代化贡献力量。

一九八〇年初步设想的奋斗目标是：工业增长速度为百分之六。粮食产量为三十七亿斤，比今年预计增长百分之六。基本建设房屋竣工面积五百万平方米，比今年增长百分之十七，要动员各方面的财力、物力，尽可能多地安排住宅建设。外贸出口换汇额计划安排五亿美元，比今年增长百分之二十五。社会商品零售额计划五十六亿元，比今年增长百分之十。一九八〇年需要安置的待业人员约有二十八万人，要继续广开就业门路，通过各种途径，分期分批妥善加以安置，以促进生产和服务事业的发展。关于一九八〇年本市国民经济计划草案，我们准备根据国务院将要下达的指标，结合北京市的情况进行编制，提请下次人民代表大会审查批准。

为了适应工作着重点的转移，集中精力把国民经济搞上去，我们的思想作风必须来个大转变。要鼓实劲，坚持实事求是，按照客观经济规律办事。要刻苦钻研，深入实际，调查研究，以身作则，发扬党的优良传统。我们有党的十一届三中全会、五届人大二次会议和叶剑英同志国庆讲话的精神，完全有条件把广大群众和干部的思想统一起来，团结一致，向着实现四个现代化的目标奋勇前进。我们都要做实现四个现代化的促进派，扎扎实实地搞好经济调整工作，把生产搞上去，为今后加快经济的发展打下坚实的基础。

各位代表：北京市实现国民经济调整、改革、整顿、提高的任务是十分艰巨的，前进中还有不少困难，但是，我们有信心和决心在党中央和国务院的领导下，紧紧依靠全市人民群众，同心同德，艰苦奋斗，加倍努力，做好工作，克服困难，取得一九八〇年国民经济发展的新胜利。

以上报告，请大会审议。

关于北京市一九七八年财政决算、一九七九年财政预算草案和执行情况的报告

——一九七九年十二月八日在北京市第七届人民代表大会第三次会议上

甄树德

各位代表：

北京市一九七八年财政决算、一九七九年财政预算草案和执行情况的报表已经发给大家。现在，我受市革命委员会委托，向大会作简要说明。

一、一九七八年财政决算

第七届市人民代表大会第一次会议以来，随着国民经济的恢复和发展，本市财政收入有了明显的好转。

一九七八年全年财政总收入五十亿零四千五百五十九万三千元，比一九七七年增长百分之十八。各类收入情况如下：

（一）国营企业收入三十亿零三千零五万七千元，比一九七七年增长百分之十四点五。其中工业企业收入增长了百分之十五点七。一九七八年全市企业亏损总额为一亿七千四百四十五万元，比一九七七年下降百分之十七点三六。其中工业企业亏损由上年的四千七百三十八万元减少为二千五百五十八万元，减少了百分之四十六点零一，亏损户由六十四户减为三十九

户。商业亏损由一九七七年的一亿零四百六十六万元，上升到一亿二千一百八十八万元，增长百分之十六点四五。主要原因是肉、蛋、鱼、菜的销售价格低于收购价格，销售量增加，亏损额相应加大。粮食亏损一千六百二十万元，比一九七七年少亏二千七百九十一万元，减少百分之六十三点三。这主要是因为进口小麦增加，价格低、费用少以及粮食部门改善了经营管理。

（二）上交基本折旧基金一亿八千四百四十八万三千元。按照国家规定，固定资产提取的基本折旧基金，企业留百分之五十，上交国家百分之五十。这项基金仍用于企业的挖潜、革新、改造。

（三）工商税收十八亿零七百五十四万九千元，比一九七七年增长百分之十三点一。

（四）农业税一千七百八十七万元，比一九七七年增长百分之九。

（五）其他收入五百六十三万四千元，比一九七七年减少百分之六十二点二。主要是由于落实政策，退还了一部分上缴的物资变价款和存款。

一九七八年财政总支出，包括地方机动财力在内，共计二十亿零三千七百七十八万五千元，比一九七七年增长百分之二十七点六。各类支出情况如下：

（一）基本建设拨款十亿零八千八百七十四万元（包括地方机动财力安排的基本建设）。工业方面，新增生产能力主要有：苯十万吨，顺丁橡胶一万五千吨，乙二醇六万吨，铁矿石二百万吨，钢材二万五千吨，柴油机五万五千马力，卡车一千辆，照相机五万架，涤纶长丝二百吨，塑料墙纸九百五十万平米，木纹直接印刷四百万平米，合成氨八千吨等。农业方面，建成的主要项目有：通县凉水河田村闸工程增加灌溉面积十万亩，农用十千伏输电线路二百七十八公里，饲养能力为一万头的机械化养猪场，饲养能力为三十四万只的机械化养鸡场。城市建设方面，建成市属单位职工宿舍九十二万平米，增加日供水能力五万四千吨，发展液化气用户三万四千户，增加供热管道六点五公里，建成西南二环路、月坛北街等道路四十一公里，增加公共汽车和出租汽车一百八十三辆。商业、服务业方面，增建饭馆一百零四个，代营食堂一百零三个，饮食商亭二百一十八处，卖菜网点六十三处，翻建扩建网点一百五十处，建成日产面包一万斤的车间一座。文教卫生方面，新建扩建医院三处，农村卫生院六处，门诊部二十处，新建中、小学校舍五万七千平米，可增收学生三万人。

（二）企业挖潜改造资金一亿三千五百零四万元。主要用于企业的设备更新、技术改造、综合利用、治理“三废”、试制新产品和劳动安全保护等方面。一九七八年，工业企业共实现技术革新和技术改造四万八千五百多项，其中比较重要的有一千九百三十二项。试制成功新产品一千五百一十七种，建成自动化、半自动化生产流水线三十条。商业企业增添了仓储机械、冷冻冷藏机械、饮食服务机械、粮食机械、零售机械等六千三百多台。

（三）科技三项费用，包括新产品试制费，中间试验费，科学研究补助费，共支出五千二百八十二万五千元，取得科研成果三百二十四项。农业方面，培育成两个小麦新品种。轻工方面，试制成自动手表、家用洗衣机等。纺织工业方面，自捻纺纱和半精梳毛纺新工艺进入中间试验，异形纤维、丙纶的应用研究也取得了成果。电子技术方面，大规模集成电路已小批生产，试制超纯气体、超纯试剂、光刻胶、超微粒干版等也都取得了可喜成绩。化学工业方面，用新配方制成农用塑料薄膜。冶金工业方面，采取炼铁新技术，高炉利用系数达到世界水平。机械工业方面，制成粉末冶金三叉戟飞机刹车片，赶上英国水平。新能源利用方面，太阳能热水器正在试制和试用。

（四）流动资金支出一亿三千五百九十二万五千元。首先考虑了为农业服务的企业、轻纺工业、基础工业所需的资金。同时，也给新投产的车间、企业和增加新产品的企业以及增产幅度较大的企业增拨了资金，收到较好的效果。

（五）支援农业支出，包括小型农田水利，支援农村人民公社投资，造林以及各项农业事业费，共八千四百万零三千元，比上年增长百分之二十八点一。在国家支援下，共打机井一千五百一十一眼，机井配套一千九百五十眼，建扬水站一百七十四处，塘坝截流十五处，建小水库五座，小水电站五千二百三十四千瓦，购置大中型拖拉机一百三十二台，手扶拖拉机四百零一台，平整土地三十四万四千亩，新建社队养猪场二千一百二十八个，养鸡场一百六十五个，推广良种三千五百零九万斤，造林十四万一千亩。此外，还新建扩建了一批社队企业，社队企业总收入比上年增加百分之四十一。

（六）城市维护费，包括道路、桥涵、给水、排水、污水处理、煤气、热力、消防、园林、绿化等公用事业设施的维护费和环境卫生经费，支出三千三百四十三万七千元。如果加上预算外的市自筹收入用于这方面的开支，城市维护费总支出为七千三百八十四万元。除了对现有公共设施进行经常维护和管理外，在四千三百个居民院中安装了自来水，解决了二千五百八十处的庭院积水，植树造林六十万零三千株，新建公厕七十五座，垃圾台九十九座，土路铺装路面二十七万七千平米，新建下水道一万四千四百米。

（七）文教科学卫生事业费支出二亿四千三百一十七万九千元，比上年增长百分之五。

教育事业费除了维持学校日常经费外，用于新办大学分校三十六所，招收学生一万六千人；翻修多年失修的中小学校舍六十万平米；增添课桌椅十万五千件，添置电视机四百五十台，录音机六百台，电影放映机一百台，各种物理、化学教学用的仪器设备十五万七千多件；恢复整修和重建了一大批中学实验室。

医疗卫生方面，新增病床五百零八张。城市医院病床达到一万零七百八十三张，郊区县医院达到一千八百四十三张。

科研方面，新成立新技术研究所和计算中心，恢复了科学技术协会。

（八）行政管理费支出七千四百三十五万五千元，比上年增长百分之十四点九。主要原因是一九七七年第四季度开始调整了工资，也有些单位增加了人员编制。

（九）其他支出五千一百三十六万八千元，比上年增长百分之五十二点一。这主要是地震以后有些城市房屋需要加固，增加经费较多。

（十）此外，还有地质勘探费、工业、交通、商业部门事业费、城镇人口下乡补助费、抚恤和救济事业费、人民防空经费等各项支出一亿三千八百九十一万三千元。

一九七八年财政决算，收支相抵，除按照国家规定上解中央部分以外，市财政结余七亿零三百零九万七千元。在结余总额中，基本建设、企业挖潜改造、新产品试制、小型农田水利等未完工程结转和专项结转三亿六千三百零三万五千元，一九七九年继续使用。结余总额中还包括市地方机动财力三亿四千零六万二千元，其中市级三亿零二百零五万六千元，各区、县三千八百万零六千元。按照国家的规定，当年取得的机动财力，留到下一年安排使用。

此外，按照国家规定，没有包括在预算之内的市地方自筹收入，包括公用事业附加和工商税附加，一九七八年完成了五千九百七十三万元，加上上年结余四千一百五十九万元，共计一亿零一百三十二万元。一九七八年支出了六千五百七十一万元，其中用于市政建设维护六千二百一十二万元，补助教育经费一百七十一万元。收支相抵，结余三千五百六十一万元。

北京市一九七八年财政决算表明，财政收支情况是比较好的，收入大幅度增长，超额完成了国家计划；支出基本上保证了各项生产建设事业计划所需的资金。财政部门在预算执行过程中发挥了主管部门的作用，成绩是显著的。但也存在着缺点和问题，主要是：反映情况、揭露矛盾、提出建议、认真监督还做得不够，管理偏松，有些规章制度没有很好坚持。许多企业经营管理不善，成本高，消耗大，质量差，积累少，经济核算制很不完善。一些单位违犯国家财经纪律的现象仍然时有发生。资金的使用效果差，损失浪费相当严重。这些缺点和问题，都必须认真采取措施加以解决。

二、一九七九年财政预算草案

一九七九年财政预算草案，是根据国民经济调整、改革、整顿、提高的任务和国家预算的安排，结合本市的国民经济计划编制的。

一九七九年全市预算收入总额为四十三亿四千万元。今年工业产值计划增长百分之八，企业还要降低成本和费用，扭亏增盈，财政收入本来应该增加。但由于国家在经济管理体制上、财政制度上的改变和所采取的一些政策性措施，市财政收入反而比上年减少百分之十四。减少收入的主要因素有：由于体制和制度的改变，包括工交企业提取企业基金和超计划利润，改变折旧基金上缴比例，商业企业、建筑企业实行利润留成，饮食服务行业提高利润留成比例以及提取工会经费等，减少收入三亿一千一百万元；部分企业改变隶属关系，划归中央主管部门直接领导，减少市预算收入一亿零二百万元；调整价格，包括提高农副产品收购价格，降低部分工业品销售价，部分原材料调入价格提高以及一些商品削价处理等，减少收入五亿四千八百万元；调整职工工资和减税免税减少收入二千五百万元。以上各项减少收入九亿八千六百万元，在一九七九年预算中已经扣除了。如果按上年的可比口径计算，今年的预算收入比上年增长百分之五点六。应该指出，在国民经济调整过程中，在国家和企业的关系上，实行企业基金、利润留成，扩大企业自主权等，都是为了进一步调动企业和职工的积极性。在积累和消费的关系上，提高农副产品收购价格，调整职工工资，发放奖金和补贴等，都是为了增加农民和职工收入，改善人民生活。从当前看，固然要减少一部分财政收入，但从长远看，随着各项政策的贯彻落实，必将促进国民经济的进一步发展和财政收入的增长。

各类收入情况是：

(一)企业收入二十四亿一千五百五十万元，比上年减少百分之二十点三。主要情况是：

工业收入二十三亿一千三百二十万元，比上年减少百分之八点四。增加收入的因素有工业生产增长，成本降低，扭亏增盈，共增加收入二亿九千万元。减少收入的因素有部分工业产品降价二亿五千万元，部分调入的原材料提价五千万元，企业基金和超计划留成七千万元，综合奖和工会经费三千万元，部分企业划归中央主管部门直接领导减少市财政收入一亿零二百万元，共减少收入五亿零二百万元。增减相抵后，比去年净减少二亿一千二百万元。

商业收入二亿二千五百五十万元，比上年减少百分之三十二点八。增加收入的因素有销售增长，流通费用降低，增加收入三千三百万元。减少收入因素有实行利润留成减少收入六千万元，商品削价损失三千万元，肉、蛋、禽等副食品销售量增加，多亏二千三百万元，主管部门超计划留成和工会经费三千万元，共减少收入一亿四千三百万元。增减相抵后，比去年净减少收入一亿一千万元。

此外，还有交通、建筑施工等企业收入和粮油、肉蛋以及其他商品价差补贴等，收入与补贴相抵，净减少一亿二千三百二十万元。其中仅肉蛋收购价提高以后，在销价没有提高以前，就由财政补贴差价一亿元。

(二)上交基本折旧基金九千七百九十万元，比上年减少百分之四十六点九。主要是按国家规定减少了上交财政的比例。

(三)工商税收十八亿一千万元，和上年持平。工业生产增长而工商税收没有增长的原因：一是棉花统购价格提高后，降低了棉纱、棉布的税率；二是钢坯、农机金属协作件免税，县办小水泥厂减半征税；三是减免了一部分社队企业的所得税和工商税；四是部分工业产品降价，税款相应减少。

(四)农业税收入一千六百六十万元。

此外，还有上年结余收入七亿零三百零九万七千元。

一九七九年预算总支出十九亿八千八百九十万零八千元，比上年减少百分之二点四。其中市机动财力安排二亿七千三百六十五万六千元。

各类支出情况是：

(一)基本建设拨款八亿一千五百二十六万六千元，比上年减少百分之二十五点一。这是按照缩短基本建设战线的要求安排的。但优先保证了职工宿舍、学校、市政公用设施、外事工程和为旅游、出口服务的项目以及农业、轻工业、建筑材料工业的续建工程。

(二)企业挖潜改造资金预算内为一亿四千一百九十一万六千元，比上年增长百分之五点一。此外，按照国家规定，由企业上交的折旧基金中又安排了七千二百万元。国家还通过小型技术措施贷款、轻纺工业专项贷款、出口工业品生产专项贷款、补偿贸易和装配业务贷款等方式，支援工业企业的挖潜、革新、改造。这几项贷款的基金总额共有八千八百七十万元。

(三)科技三项费用五千八百九十万九千元，比上年增长百分之十一点五，主要用于科学研究、新产品试制和中间试验。对于重点项目在经费上给予优先保证。

(四)流动资金一亿五千八百六十六万五千元，比上年增长百分之十六点七。增拨的流动资金主要用于支持轻纺工业，支技增产幅度大的企业，支持为出口、旅游事业服务的企业。

(五)支援农业支出，包括农、林、水利、畜牧、水产、农机、气象和支援农村人民公社投资，共一亿零五百二十四万三千元，比上年增长百分之二十五点三。其中国家计划安排三千九百十八万五千元，市、区、县机动财力和上年结转安排六千六百零五万八千元。在支农资金中，小型水利事业费和支援社队企业，开展多种经营占有较大的比重。

(六)城市维护费支出四千一百九十万一千元，比上年增长百分之二十五点三。如果加上从市自筹收入中用于这方面的经费，则城市维护费总数为九千七百三十三万一千元。维护费主要用于翻修、加固、展宽道路，翻修、改建下水道，改善路灯，植树以及环境卫生等方面。

(七)文教、科学、卫生事业费二亿八千七百六十万三千元，比上年增长百分之十八点三。今年的教育事业费除保证现有学校和新建校的正常经费开支外，还拿出相当大的一笔钱继续用于大学分校添置各种必要的仪器设备，中、小学添置电化教育设备、教学仪器，增添和更新桌椅，修缮校舍等方面。卫生事业费用于以除害灭病为中心的爱国卫生运动，加强医院管理，提高病床使用率，并成立急救中心，增加救护车辆，健全急救组织，新增病床六百三十一张，添置七百多万元的主要医疗设备。科学事业费除保证现有研究所的基本需要外，主要加强农业、建筑材料、半导体器件、塑料、冶金、机电、化工等十三个重点研究所的建设。同时还抓紧建设计算中心，开展太阳能的利用研究工作。文化、体育、通讯、广播、计划生育等各项事业费，也做了适当的安排。计划修复剧场五个，新建文化馆两个，成立和恢复剧团六个，翻修工人体育馆，以逐步改善群众文化生活。

（八）行政管理费支出八千七百八十一万四千元，比上年增长百分之十八点一。行政费增加主要是增加了落实政策补发工资的支出。另外，根据工作需要，也增加了一部分经费。

（九）其他支出七千七百三十四万七千元，比上年增长百分之五十点六。主要是从今年下半年起，统一了房屋租金标准，降低了偏高的房屋租金，房屋维修费用由财政补贴。这是本市继停征车辆牌照税，实行职工交通补贴，停收暖气费之后，又一项改善职工生活的重要措施。

（十）地质勘探费，工业、交通、商业部门事业费，城镇人口下乡补助费，抚恤和救济事业费，人民防空经费等各项支出还有一亿六千七百八十七万一千元。随着事业的发展，比上年都有不同程度的增长。

（十一）预备费四千六百三十七万三千元，其中市预备费二千四百一十五万元，各区、县预备费和区县还没有安排的机动财力二千二百二十二万三千元。

除按照国家规定，上交中央二十九亿二千二百二十万三千元以外，收支安排之后，结余一亿三千一百九十八万六千元。本年结余包括两部分：一是国家今年对北京市不再实行增收分成的财政体制以后，拨给本市一九八〇年安排使用的机动财力八千一百万元；二是考虑到明年市的机动财力少，为了瞻前顾后，留有余地，今年的机动财力在计划中没有全部安排，暂时留下五千零九十八万六千元，准备留到明年使用。

一九七九年本市地方自筹收入预算为六千一百五十万元，加上上年结余三千五百六十一万元，共计九千七百一十一万元，仍用于城市建设维护、环境卫生和补助教育经费等方面。

北京市一九七九年财政收支预算的安排，体现了调整国民经济的方针。预算收入的安排是积极的。预算支出除基本建设做了较大的压缩外，一般都比上年有所增长，有的增长幅度还比较大。但是，当前国家还有困难，财力物力有限，各方面的要求不可能都得到满足。只能从实际出发，量力而行，按照轻重缓急，统筹安排。

三、一九七九年一至十月预算执行情况。

今年以来，在全市广泛开展增产节约运动的基础上，财政情况良好。一至十月份财政收入三十九亿四千九百七十万元，占年度预算收入的百分之九十一，进度是比较快的。从今年下半年起，在市属部分工业企业中试行了利润留成办法，把国家、企业和个人三者的利益更好地结合起来，大大调动了企业和职工挖掘潜力、增收节支的积极性，已收到比较明显的经济效果，工业企业上缴利润增加。工业企业的上交利润是市财政收入的主要来源，工业利润的增长，对完成今年财政收入预算将起重大作用。

一至十月财政支出十三亿八千四百四十七万元，完成年度预算的百分之六十九点六。其中基本建设拨款六亿一千四百六十六万元，完成预算的百分之七十五点四。基本建设战线开展了以竣工投产为中心的增产节约运动，进度较快，效果显著。其他各项事业行政费预算执行情况也是好的。

从一至十月预算执行情况看，预计全年预算收入是可以完成的，并可能超过一些，预算支出可以做到略有结余。但是也应看到：不少企业没有完成降低成本计划，产品有些积压，有些企业欠交利润，特别是第四季度不少企业陆续完成国家计划后，任务不足，一些燃料、动力和原材料供应紧张，有些企业进行设备检修，有些产品货款不能及时收回。这对生产和财政收入都有一定影响。同时，十一月份起调整职工工资，增发副食品价格补贴，提高部分开支标准，都需增加支出，收支预算还要相应调整。各级财政部门和各部门、各单位要再接再厉，克服困难，力争把收支预算完成得更好一些，把增收节支的工作抓紧抓好，一抓到底，不能有半点松劲。

最近，市革命委员会转发了国务院《关于严禁年终突击花钱，制止滥发奖金的通知》，并结合本市情况提出了具体要求。各部门、各单位必须不折不扣地贯彻执行。坚决防止年终突击花钱，滥发奖金，把一切可以节省的钱节省下来。各单位的公用经费和企业管理费要努力节减，停止追加新的支出。坚决压缩社会集团购买力，对国家规定专项控制的商品年底前一律停止购买。确定停、缓建的基本建设项目，除人员工资和必要的工程维护费外，一律停止拨款。国家计划内项目，要加强拨款监督。坚持按程序、按计划、按预算、按进度拨款，严禁以任何形式转移资金。

各部门、各单位要严格执行国家规定的奖金制度和发奖标准，坚决防止和纠正滥发奖金、津贴，任意降低提奖条件，扩大奖金范围，提高奖金标准。更不允许以奖励为名，以购买劳保用品为名，或巧立名目，滥发的确良、收音机等实物，不得私分或变相私分福利费和其他经费。一切应当上交国家的收入，必须按规定上交。不许乱摊成本费用，或采取其他手段，化大公为小公，把国家资金转为预算外资金。不许低价私分产品、商品和国家财物，或以试听、试用为名，化公为私。不许用公款请客、送礼。必须指出，广大人民群众辛勤劳动，节衣缩食积累起来的资金，来之不易，一定要十分珍惜，贯彻勤俭办一切事业的方针，把有限的资金用在刀刃上，发挥每一元钱的作用。在国家财政困难，大家都过紧日子的时候，如果突击花钱，滥发奖金、补助，大手大脚，挥霍浪费，那就不是一般违反财经纪律的问题了，而是一种犯罪行为。对违反财经纪律的，要根据情况进行批评教育和处理。情节严重、性质恶劣的，要给予纪律制裁，直至追究法律责任，以经济犯罪论处。我们要努力造成一种节约光荣、浪费可耻的社会风气，真正把浪费这只实现四化的“拦路虎”搬掉。

各级财政、银行部门要认真贯彻“发展经济，保障供给”的财政经济工作总方针，牢固地树立政治观点、生产观点和群众观点，积极热情地从资金上、工作上支持和促进生产建设和各项事业的发展，帮助企业、事业和基本建设单位改善经营管理，加强经济核算，管好用好各项资金。在增加生产、厉行节约的基础上，开源节流，增收节支，并且要在贯彻落实调整、改革、整顿、提高的任务中，加强调查研究，积极解决新形势下出现的新问题。财政、银行部门还要在为生产建设服务、为人民生活服务的同时，加强监督，把好口子，大力组织收入，严格控制支出，同一切违反财经纪律、贪污盗窃和损失浪费的行为作不懈的斗争。希望各级领导机关进一步加强对财政、财务工作的领导，支持财会人员的工作，表彰认真贯彻《会计人员职权条例》的财会人员。对坚持制度的财会人员进行打击报复的，要查明情况，严肃处理。

这里，讲一讲关于改革财政管理制度的问题。我们现行的财政管理办法是有弊病的。一个是统收统支，一个是供给制。部门和单位在经营管理上没有必要的自主权，也不承担经济责任。经营的好坏与部门、单位和职工的经济利益没有直接联系，不利于调动单位和职工的积极性、创造性，不利于促进增产节约，增收节支，不利于加快四化的进程，这种状况必须改变。因此，各部门、各单位要按照国务院和有关部门关于改革管理体制的精神，结合我市情况加以改革。今年下半年，在部分工业企业中试行了利润留成办法，取得很好的效果。一九八〇年要在今年试行的基础上，总结经验，加以完善。在继续做好扩大企业自主权试点工作的同时，从明年起，对基本建设投资，企业流动资金，各项事业费也要用经济方法加强管理。在基本建设投资方面，为了建立经济责任制，提高投资效果，对独立核算的，有偿还能力的企业的基本建设投资由财政拨款逐步改为由建设银行贷款。在工业流动资金方面，为了促进企业改善经营管理，减少物资积压，加速资金周转，企业的自有资金由财政拨给、无偿占用的办法，要逐步改为由人民银行贷款。在事业费方面，为了贯彻少花钱，多办事的原则，有利于增收节支，对事业单位的财务管理，应区别情况，采取不同方式，加以改革。有正常收入，收入比较多的，可以实行企业经营、独立核算，自负盈亏，或实行比例留成的办法；收入少的，可以实行全额管理、定额补助、结余留用的办法。上述事业单位结余的资金，可用于发展事业、职工集体福利和奖励。

以上各项改革，财政部门要会同有关主管部门大力协作，研究制定方案，选择有条件的单位积极组织试点，认真总结经验，逐步加以推广。

以上报告，请大会审议。

北京市人民法院工作报告（摘要）

——一九七九年十二月八日在北京市第七届人民代表大会第三次会议上

各位代表：

从本市第七届人民代表大会第一次会议以来，首都司法战线的面貌发生了很大的变化，出现了新的气象。

打倒“四人帮”之后，由于林彪、“四人帮”推行的极左路线的流毒和影响尚未彻底肃清，极少数反革命分子还在继续进行捣乱和破坏，刑事犯罪分子的破坏活动仍比较猖獗，给首都的社会主义建设和人民的生命财产造成了危害。为了保护人民的民主权利和生命财产的安全，维护首都的社会秩序和安定团结，我们根据宪法和法律，对现行反革命分子和其他刑事犯罪分子的破坏活动，给予了坚决的打击。在一年零十个月的时间里，各级法院共审结反革命案件一百七十二件，其他刑事案件五千六百二十一件。在刑事审判活动中，我们坚持以事实为根据，以法律为准绳，区分罪与非罪的界限，认真贯彻惩办与宽大相结合的政策，并且逐步恢复了公开审判、陪审、辩护、合议等各项重要的审判程序制度，办案质量有了明显提高。对现行的重大的反革命分子，对少数屡教不改的惯犯，对犯罪集团中的首犯，对青少年犯罪的教唆犯，对杀人、抢劫、强奸、放火、投毒等严重破坏社会秩序的犯罪分子，我们依法予以严厉惩处。

在文化大革命中，林彪、“四人帮”及其在北京市公安局的那个黑干将，实行封建法西斯专政，制造了大量的冤、假、错案。去年以来，各级人民法院依靠群众、依靠组织，冲破“禁区”，克服阻力，有计划、有步骤地开展了复查工作。首先，集中力量对一九六六年六月至一九七七年十二月经法院判处的反革命案件进行了全面复查。到今年六月底，已对上述期间各级法院判处的反革命案件一千五百五十九件进行了复查，发现其中有冤、假、错案七百九十件，占复查案件总数的百分之五十点九。复查的普通刑事案件七千二百四十七件中，决定改判的约占复查总数的百分之八。

正确、及时地处理人民内部纠纷，是人民法院的重要任务之一。在一年零十个月的时间内，各级法院共处理了各类民事案件一万二千五百八十八件。在民事审判活动中，各级法院认真贯彻执行了“依靠群众，调查研究，就地解决，调解为主”的方针，从有利于实现四化和方便群众的原则出发，多数案件采取说服教育和调解的方法去解决。

为了增强法制观念，预防和减少犯罪与纠纷的发生，动员群众同违法犯罪行为作斗争，在城乡广泛深入地开展了社会主义法制宣传教育活动。受到教育的干部和群众达一百七十余万人次。

五届人大二次会议通过了刑法、刑事诉讼法等七个重要法律，使我国法制建设进入了一个新的历史阶段。摆在我们首都司法机关面前的一项紧迫任务，就是要从思想上、组织上、工作上，为明年一月一日刑法、刑事诉讼法和人民法院组织法等法律的正式生效实施，作好充分的准备。

司法干部肩负着人民的重托，一定要进一步肃清封建专制主义、法律虚无主义和林彪、“四人帮”的流毒，克服以言代法，有法不依，认为法律“可有可无”、“政策就是法律”，以及依法办事“麻烦”等错误思想，坚决贯彻执行“以事实为根据，以法律为准绳”以及公开审判、陪审、辩护等一系列诉讼原则和制度。

刑法和刑事诉讼法，是保护人民，打击敌人，惩罚犯罪的锐利武器。国内外阶级敌人、反革命分子和刑事犯罪分子，决不会因为我们搞四个现代化而停止他们的破坏活动。最近一个时期，有极少数反革命分子打着“要民主”、“要自由”、“要人权”的旗号，利用某些人的无政府主义和极端个人主义思想，公然煽动推翻我国无产阶级专政的政权和社会主义制度，制造动乱；刑事犯罪分子相当猖狂。他们的活动，严重地破坏了社会秩序，危害了人民生命财产的安全。我们要同公安、检察部门密切配合，紧紧依靠群众，正确、合法、及时地审理这些案件，狠狠打击一小撮现行反革命分子和刑事犯罪分子，整顿首都社会治安，维护安定团结的政治局面，保障首都现代化建设的顺利进行。

经济司法是一项新的工作。为了维护国家主权和经济权益，我们已在高、中级法院分别设立了经济审判庭，将逐步开展经济司法工作。

我们一定要把平反冤案、假案、错案的工作进行到底，把落实党的各项政策的工作认真负责地做好。但是有极少数人，尽管有关单位对他们的问题已经作了适当处理，仍然坚持不合理的要求，蓄意闹事，制造动乱，破坏社会安定。对这种人的不法行为，必须予以法律的制裁。

我们要进一步端正思想路线，坚持四项基本原则，按照法律的规定和实际工作的需要，健全法院的组织机构，完善有关的规章制度，充实干部队伍，改进领导作风和工作作风。要教育干警忠实于法律和制度，忠实于人民利益，忠实于事实真相，坚决做到“有法必依，执法必严，违法必究”，做学法、执法、守法的模范，做不畏权势、刚正不阿、不惜以身殉职的司法工作者。

北京市人民检察院工作报告（摘要）

——一九七九年十二月八日在北京市第七届人民代表大会第三次会议上

各位代表：

自第五届全国人民代表大会第一次会议决定重新设置人民检察院以来，市人民检察院和市人民检察分院已于一九七八年七月开始办公；各区、县人民检察院，都已从一九七八年八月起相继建立并开始工作。在此期间，本市检察机关一面抓紧自身的建设，一面积极开展检察工作，取得了一定成绩。

检察机关是被林彪、“四人帮”彻底砸烂了的“重灾户”。广大检察干部联系实际，深入揭发批判了林彪、“四人帮”肆意践踏社会主义民主和法制，对广大干部和群众疯狂地实行封建法西斯专政的罪行。一致认为，在文化大革命前，北京市各级检察机关，工作成绩是很大的，干部队伍是好的。通过揭批林彪、“四人帮”，分清了路线是非，为首都检察机关恢复了名誉，为遭受诬陷、迫害的检察干部落实了政策。截至目前，各级检察机关已有大批干部归队或调进来工作，并且有计划地分期分批地训练了干部。

本市检察机关重建以来，以坚决打击各种犯罪活动，搞好首都社会治安，保障人民民主权利，巩固和发展安定团结的政治局面，作为自己的首要任务。从一月起，已陆续办理了公安机关提请批准逮捕的人犯。在审查起诉方面，办理了公安机关移送起诉的案件一千三百五十一件，其中包括检察机关一月十日担负审查批准逮捕工作以前的遗留案件。各级检察机关还出席法庭支持公诉四百三十九次。检察机关批准逮捕和决定起诉的人犯，主要是以推翻无产阶级专政的政权和社会主义制度为目的、危害中华人民共和国的行为的反革命分子，严重破坏社会主义秩序的杀人犯、放火犯、抢劫犯、诈骗犯、盗窃犯、强奸犯、流氓集团的首要分子，以及文化大革命期间罪行严重的打、砸、抢分子。前一个时期，有人打着“民主”的旗号，兴风作浪，制造事端，破坏工作秩序、生产秩序和社会秩序，甚至有的公然煽动打倒中国共产党，推翻社会主义制度，颠覆无产阶级专政，广大群众强烈要求无产阶级专政机关绳之以法。市人民检察院根据公安机关的提请，依照法律的规定，批准逮捕了这种违法犯罪分子，维护了首都的革命秩序，受到了人民群众的拥护。

各级检察机关同违犯法纪的行为进行了斗争。截至今年十月底，共受理严重违法乱纪案件五十九件。已办理结案五十件。通过办理这些案件，打击了严重违法乱纪的犯罪分子，维护了法律的尊严，保护了人民的民主权利。

各级人民检察院对人民来信来访非常重视，建立了处理人民来信来访的工作制度。对重要的来信和来访记录由检察长、副检察长亲自批示，对于涉及检察工作范围的来信来访案件，坚持了只办不转，已经直接调查处理和会同有关部门处理了一千五百九十五件。

本市各级检察机关的当务之急，是必须大力加强检察机关的组织建设、思想建设和业务建设，切实解决必要的工作条件，积极地、逐步地把法律赋予检察机关的各项工作任务全面开展起来。

北京市第七届人民代表大会第三次会议提案审查委员会关于提案的审查报告

——一九七九年十二月十三日北京市第七届人民代表大会第三次会议通过

侯镜如

北京市第七届人民代表大会第三次会议开幕以来，代表们带着全市人民的重托，踊跃地向大会提出了有利于各项事业发展的各种提案，表达了人民最迫切的愿望和要求，体现了代表们当家作主的高度责任感和积极性，充分反映了全市人民同心同德向四个现代化进军的大好形势。

这次大会到接收提案截止时，共收提案六百四十八件。其中财经类二百四十三件，文教卫生类一百九十二件，城市建设类一百四十一件，政法和其他类七十二件。另有迟到提案二十四件。

提案审查委员会分设了财经、文教卫生、城市建设、政法及其他四个组。各组邀请了有关主管单位负责同志列席会议，对有关提案逐件进行了认真审理，提出了初步审查意见，然后，由提案审查委员会讨论通过。

我们审查提案的原则是：凡是应该办而且可能办的，都交有关部门办理；凡是牵涉方面较多，需要有关部门通盘考虑，或者需要创造条件逐步实施的，交各该主管部门研究办理；凡是需要由有关部门调查研究以后才能肯定能否办理的，交由各该主管部门进行调查研究；凡是不属于本市工作权限范围以内的，转请中央有关部门研究处理。

审查结果，在六百四十八件提案中，交市人民政府和有关部门办理的有一百五十件；交市人民政府和有关部门研究办理的有三百零九件；交有关部门调查研究的有一百七十八件；不属于本市工作权限范围以内转请中央有关部门研究处理的有十一件。迟到的二十四件交市人大常委会。建议大会责成本市各有关部门按照上述审查意见进行处理，并将处理情况和结果，及时向市人大常委会报告，由市人大常委会进行督促检查，并向下一次代表大会提出报告。

北京市第七届人民代表大会第三次会议选举办法

(1979 年 12 月 13 日)

一、根据《中华人民共和国地方各级人民代表大会和地方各级人民政府组织法》和《中华人民共和国全国人民代表大会和地方各级人民代表大会选举法》制定本办法。

二、北京市第七届人民代表大会第三次会议选举北京市第七届人民代表大会常务委员会主任、副主任、委员，选举北京市市长、副市长，选举北京市高级人民法院院长和中级人民法院院长，选举北京市人民检察院检察长和人民检察院分院检察长，增选第五届全国人民代表大会代表，均以无记名投票方式进行。十种票一次投票，分别计票。

三、北京市第七届人民代表大会第三次会议，选举北京市第七届人民代表大会常务委员会主任一人，提候选人一人；选举副主任十四人，提候选人十六人；选举委员四十二人，提候选人四十七人。

选举北京市市长一人，提候选人一人；选举副市长十二人，提候选人十五人。

选举北京市高级人民法院院长一人，提候选人一人；选举北京市中级人民法院院长一人，提候选人一人。

选举北京市人民检察院检察长一人，提候选人一人；选举北京市人民检察院分院检察长一人，提候选人一人。

增选第五届全国人民代表大会代表一人，提候选人一人。

四、北京市第七届人民代表大会常务委员会主任、副主任、委员，北京市市长、副市长，北京市高级人民法院院长、中级人民法院院长和北京市人民检察院检察长、人民检察院分院检察长的人选，由市人民代表大会主席团提名。代表也可联合提名。如果所提候选人名额过多，可以进行预选，根据较多数人意见，确定正式候选人名单。

根据中共中央建议，增选一名第五届全国人民代表大会代表。候选人由市人民代表大会主席团提名。

五、市人民代表大会须有过半数代表出席，始得开会进行选举。

六、由各代表团推选总监票人二人、监票人十七人，经大会通过后，在大会主席团领导下，对发票、投票和计票进行监督。

七、投票人对于确定的候选人，可以投赞成票，可以投反对票，也可以弃权。对北京市第七届人民代表大会常务委员会主任、副主任、委员，可以另选其他北京市第七届人民代表大会代表。对北京市市长、副市长，北京市高级人民法院院长、中级人民法院院长，北京市人民检察院检察长、人民检察院分院检察长，第五届全国人民代表大会代表，可以另选其他任何代表或选民。

投票人赞成选票上所列的某一个候选人时，就在这个候选人姓名左面的空格里画一个“〇”；不同意某一个候选人时，就在这个候选人姓名左面的空格里画一个“×”；在候选人左面的空格里不画“〇”又不画“×”的算作弃权。

投票人如果要在选票上所列的候选人以外另选其他人，可以在画“×”的原候选人姓名右面的空格里写上自己要选举的人的姓名。

八、投票人选举北京市第七届人民代表大会常务委员会主任、副主任、委员，北京市市长、副市长，北京市高级人民法院院长、中级人民法院院长，北京市人民检察院检察长、人民检察院分院检察长，第五届全国人民代表大会代表时，每张选票所选举的人数，多于第三条规定应选人数的作废，等于和少于规定应选人数的有效。

九、投票人写票，一律用钢笔、毛笔或圆珠笔。符号要准确，笔迹要清楚。

十、投票人如果自己不会写票，可以请人代写。

十一、选票由投票人亲自投入票箱。

十二、投票结束后，当众打开票箱，由计票人清点票数，并将清点结果报告大会执行主席。票数等于或者少于投票人数，选举有效；票数多于投票人数，选举无效。

十三、全部书写模糊无法辨认的选票，全票作废；部分书写模糊无法辨认的选票，可以辨认的部分有效，无法辨认的部分无效。

十四、候选人获得全体代表半数以上选票时，始得当选。获得过半数选票的名额超过应选名额时，以得票多的当选。如遇票数相等不能确定当选人时，应当就票数相等的候选人重新投票。获得过半数选票的名额少于应选名额时，对不足的名额，另行选举。

十五、选举结果由大会主席团宣布。

十六、本办法由北京市第七届人民代表大会第三次会议通过后施行。

北京市第七届人民代表大会第三次会议关于《政府工作报告》的决议

（一九七九年十二月十三日北京市第七届人民代表大会第三次会议通过）

北京市第七届人民代表大会第三次会议审查批准林乎加主任代表北京市革命委员会所作的政府工作报告，并决议如下：

一、会议认为，一年多来北京市的形势发生了深刻的变化。报告对北京市的形势和政府的工作，实事求是地作了分析，既肯定了成绩，总结了经验，又找出了差距，提出了新形势下的任务，符合北京市的实际情况，大家表示满意。

二、会议认为，在党的十一届三中全会和第五届全国人民代表大会第二次会议关于把全党全国工作着重点转移到社会主义现代化建设上来的决策和解放思想、开动机器、实事求是、团结一致向前看的方针指引下，市革命委员会对贯彻落实国民经济调整、改革、整顿、提高的方针，结合本市的情况，制订了具体措施，明确了前进方向。这对动员全市人民把北京建设成一个具有现代化工业、现代化农业、现代化科学技术和现代化城市设施的清洁美丽的城市，具有重要意义。

会议强调，现代化建设是当前最大的政治，搞好经济工作是压倒一切的政治问题。我们的一切工作都要紧紧围绕这个中心，服务于这个中心。会议要求全市各级政府坚决落实政府工作报告中提出的各项建设任务，全力以赴地抓好经济工作，深入持久地开展增产节约运动，努力完成和超额完成国民经济计划。

三、会议认为，为适应四个现代化的需要，必须大力发展北京市的科学教育文化事业，提高全市人民的科学文化水平，加速培养建设人才。要进一步落实知识分子政策，积极改善他们的工作条件和生活条件。要贯彻“百花齐放、百家争鸣”的方针，发扬学术民主，促进科学教育文化事业的繁荣。

四、会议认为，加强社会主义民主和法制，巩固和发展安定团结的政治局面，是实现工作着重点转移，加速社会主义现代化建设的保证。全市人民一定要珍惜当前的大好局面，坚持四项基本原则，继续批判极左路线，批判无政府主义、极端个人主义和封建剥削阶级的思想意识，整顿社会治安，排除“左”、右干扰，保障四化建设的顺利进行。要切实整顿政府机关，改进干部作风，克服官僚主义，提高工作效率。要更好地贯彻执行民主集中制，保障人民群众行使管理国家的权利和其他各项民主权利，充分发挥全市人民在社会主义现代化建设中的积极性和创造性。

五、会议认为，为加快四化建设步伐，必须坚决贯彻执行党的政治路线、思想路线和组织路线，坚持实践是检验真理的唯一标准的原则，加强思想政治工作，大胆提拔优秀中、青年干部，使我们的事业后继有人。会议号召全市人民紧密团结在马列主义、毛泽东思想旗帜下，团结在党中央、国务院周围，同心同德，齐心协力，奋发图强，坚决打好工作着重点转移到社会主义现代化建设上来的第一个战役，为夺取首都四化建设的新胜利而努力奋斗。

北京市第七届人民代表大会第三次会议关于北京市一九七九年国民经济计划、一九七八年财政决算和一九七九年财政预算的决议

（一九七九年十二月十三日北京市第七届人民代表大会第三次会议通过）

北京市第七届人民代表大会第三次会议根据国民经济计划和财政收支预决算审查委员会提出的审查报告，批准北京市一九七九年国民经济计划和市计划委员会主任苏展同志所作的《关于北京市一九七九年国民经济计划草案和执行情况的报告》，批准北京市一九七八年财政决算、一九七九年财政预算和市财税局长甄树德同志所作的《关于北京市一九七八年财政决算、一九七九年财政预算草案和执行情况的报告》。

会议认为，北京市一九七八年在国民经济迅速恢复和发展的基础上，财政情况显著好转，财政收入有较大幅度增长，生产建设资金和文教、科学、卫生事业费有所增加，人民生活有所改善。一九七九年的国民经济计划和财政预算体现了国民经济调整、改革、整顿、提高的方针，各项指标是积极而又留有余地的。从国民经济计划和财政预算的执行情况来看，一九七九年的国民经济计划主要指标预计大多数可以完成和超额完成，一九七九年的收入预算预计可以超额完成，支出略有结余。一九七九年北京市国民经济计划和财政预算执行情况，反映了把工作着重点转移到社会主义现代化建设上来的大好形势。这是广大工人、农民、知识分子和干部，辛勤劳动，努力工作，认真贯彻执行党中央和国务院制定的路线、方针、政策的结果。

会议号召全市各条战线在中共北京市委和市人民政府的领导下，继续贯彻执行国民经济调整、改革、整顿、提高的方针和各项政策，更加广泛发动群众，调动一切积极因素，深入开展增产节约运动，鼓足干劲，战胜各种困难，打好四个现代化建设的第一个战役，夺取国民经济进一步发展的新胜利。

北京市第七届人民代表大会第三次会议关于北京市人民法院工作报告和人民检察院工作报告的决议

（一九七九年十二月十三日北京市第七届人民代表大会第三次会议通过）

北京市第七届人民代表大会第三次会议批准北京市人民法院工作报告，批准北京市人民检察院工作报告。会议认为，随着全国工作着重点的转移，社会主义法制的逐步加强和完善，必须进一步从思想上、组织上、制度上加强首都司法工作和检察工作的建设。市人民法院和人民检察院要尽快适应四个现代化建设的新形势和新任务，充分发挥审判机关和法律监督机关的职能，忠实于法律和制度，切实做到有法必

依，执法必严，违法必究，保护人民的民主权利和合法利益，准确、及时地惩罚罪犯，维护首都的社会秩序、生产秩序、工作秩序、教学科研秩序、人民群众生活秩序，巩固和发展安定团结的政治局面，保障社会主义现代化建设的顺利进行。

增选第五届全国人民代表大会代表名单

（1979 年 12 月 13 日）

增选第五届全国人民代表大会代表　马寅初

北京市第七届人民代表大会常务委员会组成人员名单

（1979 年 12 月 13 日）

主　任： 贾庭三

副主任： 赵鹏飞　王　宪　潘　焱　陈克寒　范　瑾（女）　马耀骥　王斐然　杨春茂　侯镜如　闻家驷　浦洁修（女）　蔡　旭　安朝俊　叶恭绍（女）

委　员： 丁体仁　万丹如（女）　王进轩　王学礼　王树森　王继芬（女）　宁　榥　冯　麟　朱　觉　刘宗杰　安士伟　阮章竞　严镜清　李克佐　吴春山　辛育龄　张大中　张万欣　张国基　张继斌　张景伯　张　镈　陈丁茂　武珂枫　范金印　岱忠信　赵炳南　赵荣琛　赵起扬　胡一哉（女）　胡传揆　侯仁之　顾之惠（女）　顾　德　钱　宁　徐汉涛　徐　光（女）　高俊庭　诸福棠　黄频捷　梅月兰（女）　彭思明

北京市市长、副市长名单

（1979 年 12 月 13 日）

市　长 林乎加

副市长 叶　林　王　纯　王笑一　刘坚夫　白介夫　叶子龙　郭献瑞　雷洁琼（女）　陆　禹　苏　展　张　彭　陈希同

北京市高级人民法院院长 中级人民法院院长名单

（1979年12月13日）

北京市高级人民法院院长　张　旭　　北京市中级人民法院院长　刘云峰

北京市人民检察院检察长 人民检察院分院检察长名单

（1979年12月13日）

北京市人民检察院检察长　魏　彬　　北京市人民检察院分院检察长　王振中

北京市第七届人民代表大会第三次会议主席团、秘书长名单

（一九七九年十二月六日北京市第七届人民代表大会第三次会议预备会议通过）

主席团（一百零三人，按姓氏笔划排列）

丁贡南　丁宗英（女）　马耀骥　王金玲（女）
王　纯　王学礼　王　宪　王笑一　王斐然
毛文书（女）　毛联珏　叶子龙　叶　林
叶恭绍（女）　白介夫　白寿彝　司徒擎　吕子敬
乔洪森　邬纪秀　刘　达　刘导生　刘坚夫　刘祖春
孙孚凌　牟冠英（女）　严镜清　李巧云（女）
李立功　李　伟（部队）　李克佐　李昌安　李瑜铭
杨寿山　杨春茂　杨俊生　吴文华　吴仲华　吴春山
吴　烈　何东昌　佟　铮　佘涤清　张万欣　张仲臣
张旭（崇文区）　张进齐　张还吾　张秉贵　张继斌
张景伯　张　满　张　镈　陆　禹　陈木森
陈伦芬（女）　陈克寒　陈希同　陈明绍　陈　鹏
陈福汉　陈福初　范　瑾（女）　易宗朴　周冠五
周培源　林乎加　封明为　项子明　赵　峰　赵炳南
赵鹏飞　钟师统　侯仁之　侯镜如　闻家驷　贾星五
贾庭三　倪志福　徐　光（女）　徐庆文　高　戈
郭步岳　郭映福　郭献瑞　唐士健　浦洁修（女）
诸福棠　黄民伟　梅嘉生　曹　禺　崔旭东　盖双林
彭　城　彭思明　蒲文清（女）　雷洁琼（女）
鲍溥汉　蔡又红（女）　蔡　旭　黎　晓　潘　焱
魏　彬

秘书长 陆 禹

北京市第七届人民代表大会第三次会议主席团常务主席名单

（二十七人）

（一九七九年十二月六日主席团第一次会议通过）

林乎加 倪志福 贾庭三 叶 林 王 纯 赵鹏飞 侯镜如 闻家驷 浦洁修（女） 雷洁琼（女）
陈 鹏 毛联珏 李立功 王 宪 王笑一 刘坚夫 叶恭绍（女） 丁贡南 马耀骥 周培源 何东昌
刘祖春 白介夫 刘导生 佘涤清 叶子龙 吴 烈

北京市第七届人民代表大会第四次会议

（1980年4月1日——4日）

北京市第七届人民代表大会第四次会议于1980年4月1日至4日举行。

大会听取了苏展关于北京市1980年国民经济计划草案的报告，甄树德关于北京市1979年财政决算和1980年财政预算草案的报告。大会还审查了市人民政府有关部门就工业生产、农业生产、城市供应、物价和社会治安等工作提交的书面发言。

会议通过了北京市1980年国民经济计划、1979年财政决算和1980年财政预算的决议。

大会共收到提案308件，其中财经类111件，文教卫生类62件，城市建设类102件，政法和其他类33件。

关于北京市一九八〇年国民经济计划草案的报告

——一九八〇年四月二日在北京市第七届人民代表大会第四次会议上

苏　展

各位代表：

我受市人民政府的委托，现在向大会提出关于一九八〇年国民经济计划草案的报告，请予审议。

一、一九七九年国民经济计划执行情况

一九七九年，全市人民在党中央、国务院和市委的领导下，遵照党的十一届三中全会和五届人大二次会议的精神，把工作着重点转移到社会主义现代化建设上来，贯彻执行调整、改革、整顿、提高的方针，落实党的各项政策，深入开展增产节约运动，对经济管理体制进行了一些改革，对企业进行了整顿，国民经济各条战线都取得了比较显著的成绩。

第一，工业在调整中前进。一九七九年工业总产值完成二百一十一亿五千万元，比上年增长百分之十

点四。据一百二十一种主要产品产量统计，完成和超额完成全年计划的占百分之八十八。钢完成一百九十六万五千吨，超过计划百分之十点四；发电量完成一百零三亿八千万度，超过计划百分之三点九；化肥(按有效成分计算)完成十二万吨，超过计划百分之十二点二；水泥完成二百零四万九千吨，超过计划百分之七；棉纱完成五万七千八百吨（折三十一万八千件），超过计划百分之十五点六；纸及纸板完成十三万九千吨，超过计划百分之十一；电视机完成十二万五千台，超过计划百分之六十六点五；这些产品产量都创造了历史最高水平。

经过调整，轻工业的增长速度超过了重工业。去年轻纺工业生产比上年增长百分之十三点一，重工业增长百分之九。轻纺工业的比重由上年的百分之三十五点五提高到百分之三十六点三。市场急需的一些主要产品大幅度增长，如电视机增长两倍，家具、缝纫机、电冰箱、提花毛毯、毛线、手表等分别增长百分之十七至二十五。

大多数产品 质量提高，品种增加，消耗下降。在国家优质产品评比中，首钢公司生产的精矿粉、铸造生铁，纺织局的冰山牌的确良、天鹅牌高级单面花呢，大华、北京衬衫厂的天坛牌男衬衫，同仁堂的安宫牛黄丸等十四种产品，分别获得金质和银质奖章。去年本市参加全国同行业鉴定评比的三百五十六种产品，有五十种夺得国内冠军，有的还赶上了国际同类产品的先进水平。试制新产品二千三百种，新花色、新品种近二万种，是近几年来成绩最好的一年，重要的有医用直线加速器、日历手表、洗衣机、透气人造革以及微量分析天平、快锻机等等。市考核的主要产品消耗指标百分之九十八完成了计划，首钢的入炉焦比、钢铁料消耗等指标进入国际先进行列。在“节能月”活动的推动下，能源节约效果显著。全年共节电两亿度，节煤四十万吨，节约燃料油二万吨，有力地保证了增产计划的实现。

群众性的技术革新活动，有了新的发展。一九七九年实现技术革新五万一千多项，其中比较重大的有一千六百多项。这些项目的实现，对提高质量，增加品种，节约能源，提高产量，发挥了很大作用。

工业改组工作已初见成效。全市对三百八十九个企业进行了调整改组，其中关停了二十一个亏损严重、产品销路不畅的企业，合并、转产一百三十六个企业；与此同时，根据专业化协作和经济合理的原则，明确生产方向，实行专业化生产的有四百零六个企业。例如，东郊的北京起重机器厂、建筑机械厂和第三通用机械厂等三个“全能”大厂，按照零部件、工艺和技术后方专业化的原则，分别改组成为十七个专业工厂。

交通运输超额完成计划。铁路运输货运量完成三千四百八十五万吨，超过计划百分之二点二，安全生产成绩显著，全年行车事故比上年下降百分之四十二。公路运输、市内公共交通和邮电事业都取得较大成绩。地质工作也作出了良好的成绩。

第二，农村经济有了新的发展。去年，除粮食、果品下降外，其它各业，特别是畜牧业有较大增长。农业总产值达到十二亿六千万元，比上年增长百分之四点四，社员年平均收入一百五十元，比上年增加二十四元。农民心情舒畅，农村形势大好。

去年，粮食总产三十四亿六千万斤，比上年下降百分之七；油料总产五十一万担，调市商品菜二十一亿三千万斤，与上年基本持平。交售商品猪一百九十九万三千头，折肉二亿二千万斤，交售鲜蛋四千四百六十五万斤，分别比上年增长百分之二十和百分之六十五。奶牛头数和牛奶产量都有增加，全年商品奶一亿一千四百万斤，比上年增长百分之十点六。捕捞鲜鱼五百五十二万斤，比上年增长百分之五十四点六。干鲜果是小年，总产三亿二千万斤，比上年下降百分之八点六。社队企业总产值十亿零一千万元，比上年增长百分之二十八点一。

去年粮食减产，客观上是受气候条件影响较大。春寒秋旱，夏收夏种推迟；积温过低，作物需要的热量不足，致使籽粒瘪瘦，千粒重比常年降低百分之十以上（晚稻降低百分之二十），仅小麦、大麦、水稻三项，就影响产量一亿九千多万斤。但是，在工作上也存在着许多缺点和问题。相当一些地方经济政策落实得不够好，特别是生产责任制，没有普遍建立起来。分配中的平均主义还没有很好克服。在生产指挥上，不够及时、有力，对有些关键问题抓得不紧。去年大白菜冻坏，就是因为对突然降温缺乏思想准备，没有及时组织抢收，贻误了农时，造成了损失。此外，农田基本建设一度放松，科学种田也抓得不够得力。这些都是应当认真加以总结改进的。

第三，基本建设集中力量打歼灭战，大力调整“骨头”与“肉”的比例关系。一九七九年完成投资额二十三亿九千万元，比上年增长百之二十点七。其中市政建设完成投资二亿一千万元（不包括电信等投资），比上年增长百分之五十四，是建国以来完成投资最多的一年，相当于文化大革命十年投资的总和。全市房屋竣工面积实际完成四百六十五万平方米（包括技措、翻建等项目共计五百三十八万平方米)，其中住宅完成二百六十六万平方米，比上年增长百分之六十五。去年全市竣工的住宅面积，相当于一九六七年至一九七六年十年住宅竣工面积的一半多，占全部竣工面积的比重，由上年的百分之四十二点四上升为百分之五十二点九，是建国以来竣工面积最多、比重最高的一年。

国家计划要求建成投产的十二个大中型项目，有八个建成和部分建成；市安排的九十三项竣工收尾项目，建成和基本建成八十项。新增加的生产能力，主要有：发电装机容量六万五千千瓦，日供水能力十三万吨，市内电话七千二百门，冷藏能力一万五千吨，棉纺锭一万六千五百锭，水泥十八万五千吨，各种砖二亿六千万块，炼铁能力一百万吨，新增中小学生席位三万一千七百个，发展液化气用户十万九千户，等等。

施工企业开展了创全优工号的劳动竞赛，工程质量和劳动效率都有所提高，全员劳动生产率达到四千六百七十八元，比上年增长百分之六点四。

第四，对外贸易发展较快，出口商品额大幅度增加。全年出口总值完成四亿一千七百多万美元，超过计划百分之四十五点三，比上年增长百分之四十六点六。增长幅度大的是化工、医药产品和轻工、纺织品等。来料加工和补偿贸易等业务有较大进展，初步摸索了一些把外贸搞活的经验。旅游事业迅速发展。全年非贸易外汇收入七千万美元，比上年增长百分之六十六。

第五，安排了大量人员就业和临时就业。一九七九年通过招工和积极发展城市集体经济等多种途径，共安置三十二万人。其中：全民所有制和集体所有制企业招工和安置二十二万人，参加生产和劳动服务合作社十万人。这是多年来安排劳动就业最多的一年。全市在业人员与被抚养人口的比例，由上年的一比零点六二降低到一比零点五三。另外，还组织了三万人参加文化技术学习，为升学和就业做了准备。

第六，城乡市场活跃。随着生产的发展和国民收入分配的调整，经济战线广大职工和农民的收入增加，一九七九年全市居民购买力比上年增加七亿元，增长百分之二十。社会商品零售总额达到五十二亿元，超过计划百分之六，比上年增长百分之十七点九。商业、服务业网点新增七百多个，是近几年来增加最多的一年。

第七，科学技术、文化、教育等事业有了发展和提高。

科研机构迅速恢复和发展，整顿工作收到成效。文化大革命中，许多科研单位改为生产企业。经过调整，一九七九年底，已有市属研究所七十四个，区县属研究所二十八个，企业的研究工作也有新的发展。市属研究所普遍调整了领导班子，加强了业务指挥系统，明确了方向任务和科研人员的岗位责任制。科研计划执行情况良好，全市共奖励了五百三十五项优秀成果。科技交流、科技情报和科学普及工作也都取得可喜成绩。

教育方面，德、智、体全面发展的方针进一步得到贯彻，学生思想工作有了加强，大、中、小学教学质量都有所提高。一九七九年全市共招收大学生一万五千八百多人，中等专业学校学生六千八百多人，技工学校学生九千九百多人。

卫生部门整顿了工作秩序，恢复了以岗位责任制为中心的各项规章制度，医疗质量有所提高，服务态度有所改进。门诊“三长一短”的现象有了明显改善。病床使用率和周转次数达到了历史最好水平。

体育战线在开展群众体育、青少年业余训练、专业体工队训练等方面做了大量工作，全市达到等级运动员标准的五千九百四十人。在第四届全国运动会上，我市获得金牌、银牌、铜牌数列全国第二位（解放军列第一位)，打破二十三项全国纪录。

文化、出版、广播电视、文物等事业也都有新的发展和提高。

总的来看，在四个现代化第一战役的第一年，计划完成情况是好的，成绩比较显著。经过这一年的实践，广大干部和群众进一步增强了实现四个现代化的信心，并且初步摸索到一些经验。主要是：贯彻执行调整国民经济的“八字”方针，试行用经济办法管理经济，落实党的各项经济政策。在计划调节和市场调节相结合，以计划调节为主的方针指导下，发挥市场调节的作用，把经济搞活。进行扩大企业自主权的试点，实行利润留成，并结合厂内经济核算制和按分计奖等办法，正确处理国家、集体和个人三者的关系，调动企业和职工增产节约、增收节支的积极性，促进企业经营管理工作的不断改进。认真搞好挖潜、革新、改造，充分发挥现有企业的作用，赶超国内外先进水平。当然，在调整过程中，也还存在不少问题。工业企业经营管理水平低，技术工作十分薄弱，消耗高、浪费大、质量差、品种不对路的问题还相当普遍。基本建设的被动局面还没有从根本上扭转过来。工业交通、基本建设方面的伤亡事故和设备事故仍然严重。农村有些经济政策还需要认真落实，农业内部结构还不够合理，农林牧之间的比例关系还需要进一步调整，农作物的布局也有待进一步改进。商业部门对市场供应，特别是蔬菜供应组织得不好，冬贮大白菜受到严重损失。商业、服务业的服务态度还存在着不少问题。在计划工作中综合平衡搞得不够好，特别是对于“骨头”和“肉”的平衡、物资和资金的平衡、内外贸的平衡抓得不够，对于保证计划实现的措施抓得不狠。在推行奖励制度的过程中，也发生了平均主义和滥发奖金的问题。所有这些，都要下大力气在今后逐步求得解决。

二、一九八〇年国民经济计划的安排

一九八〇年是打好四个现代化第一战役的第二年，是三年调整的关键性的一年。我们要坚定不移地执行党的三中全会、四中全会和五中全会制定的路线、方针、政策，一心扑向四个现代化，集中精力把国民经济搞上去。要继续贯彻调整、改革、整顿、提高的八字方针。城市建设要进一步调整“骨头”与“肉”的比例关系，突出地抓好住宅建设、市政建设和各种生活服务设施的建设。工业要狠抓老企业的挖潜、革新、改造，继续优先发展轻纺工业以及为轻纺工业服务的原材料工业，要把质量、品种放在第一位。农业要在抓好粮食、蔬菜生产的同时，大力发展林、牧、副、渔各业，并把山区建设放在重要位置上。商业服务业要适应新的情况，积极组织好收购、供应和服务工作，活跃城乡市场；要加强物价管理，千方百计保持市场物价的基本稳定。要大力发展出口贸易，把路子走宽，把生意作活。要围绕四化建设迫切需要解决的技术课题，加强科学研究。要适应国民经济发展的需要，大力提高教学质量，积极改革教育结构。要认真抓好计划生育工作。继续广开门路，安排好劳动就业。在发展生产的基础上，使人民生活继续有所改善。要积极而又稳妥地进行经济管理体制的改革，进一步做好企业、事业和社队的整顿工作。要抓紧制订全市国民经济发展的十年规划和一九八一年计划。总之，要采取各种有力措施，调动一切积极因素，在八十年代的第一年里，为加速四化建设作出更大的贡献。

根据全国计划会议分配给北京的任务，结合我市的具体情况，对一九八〇年国民经济计划拟作如下安排：

第一，关于工业生产

一九八〇年的工业生产增长速度计划为百分之六，争取达到百分之八以上。

按照国民经济调整的要求，一九八〇年国家下达北京市的工业产品产量指标，与去年实际相比，有升、有降、有持平的。大致可以分为以下三种情况：

第一种，有些产品今年计划比去年实际有较大幅度的增长，主要是电子、轻工业产品和部分原材料产品。例如：电视机计划安排十五万零九百台（不包括进口散件组装的电视机），比去年增长百分之二十点五；缝纫机四十二万架，增长百分之十二；手表一百五十万只，增长百分之十六点六；市场家具一百八十三万九千件，增长百分之七点四；生铁二百八十五万吨，增长百分之十二点九；等等。对于这些产品，我们必须保证完成，并力争超产。

第二种，有些产品今年计划指标低于去年实际，是由于国家给企业增产留有较大的余地，以便更好地按照市场的需要，安排适销对路的产品，并利用市场调节增加原料来源和扩大产品销路。经与有关方面研究，提出了增加品种和产量的要求。例如：棉纱，国家计划五万五千七百吨，增产计划六万吨。棉布，国家计划二亿五千万米，增产计划二亿七千五百万米。收音机，国家计划一百二十五万台，增产计划一百八十万台。化肥，国家计划十万七千六百吨，增产计划十二万六千八百吨。汽车，国家计划一万七千五百辆，增产计划二万五千六百辆。轮胎外胎，国家计划二十四万五千条，增产计划三十二万条等等。都比去年实际增加。对于增产所需要的原材料、配套件，有些已基本落实，如棉花、橡胶等。有的正在积极落实中。

第三种，有些生产指标是国家根据原料、燃料供应情况，有计划地作了调整。例如：钢，国家计划一百七十四万吨，比上年实际下降百分之十一点四，增产计划安排一百八十四万吨，仍比上年下降百分之六点四。原油加工量，国家计划五百九十万吨，只比上年实际增长百分之零点六。发电量，国家计划一百亿度，比上年下降百分之三点七，我们安排增产四亿度后，也只能保持上年水平。

为了进一步调整轻重工业的比例关系，加快轻纺工业的发展，要继续抓好以下工作：(1) 轻纺工业生产需要的燃料、电力要优先保证，增产所需的原材料，物资、商业和外贸部门要大力支持，优先安排。(2) 优先安排轻纺工业基本建设和技术措施项目。今年国家投资和贷款安排的轻纺工业基建项目共四千二百万元，比去年增长百分之二十三；用更新改造资金和贷款安排的技术措施现已达五千一百多万元。要抓紧做好建设前期的准备工作，凡具备开工条件的项目要优先施工，力争迅速发挥效益。(3) 对非轻纺工业部门生产的轻工产品，如仪表局的电视机、录音机、收音机，建材局的家具，二商局的食品加工，以及印刷行业等等（约占全市轻工业产值的百分之四十五左右），应当同对待轻纺各局一样，认真帮助解决生产中的各种问题，充分发挥他们的积极作用。(4) 要把农机局、农场局以及军工小三线的富余生产能力利用起来，发展市场和出口产品。任务不足的机械工业企业，要安排生产一些市场短缺的商品，要为发展轻纺工业提供设备，主动承担轻纺工业的协作任务。(5) 充分利用郊区县、社工业现有厂房、空地，通过带料加工、合营，以厂带社、扩散加工点等办法，发展轻纺工业产品。对此，市有关部门都要积极支持。

要使本市整个工业在今年取得更大的进步，还必须着重抓好以下几个环节：一是把提高质量、增加品种放在突出的位置上。质量低、花色品种少，仍然是北京工业的一大弱点，必须下大力量改变这种状况，努力使我们的工业品在国际和国内市场具有很强的竞争能力。为此，各行各业都要广泛开展产品升级、更新换代和创优质、创名牌的活动，一个产品一个产品地制订具体目标和措施，并且确定期限、确定责任人，切实组织实现。二是继续进行工业的改组。要按照专业化协作的原则，把综合性的公司逐步按产品划分为小公司、小总厂，把全能厂划分为专业厂。要围绕国家和市场急需的重点产品，跨行业地组织“一条龙”大协作，尽快把质量、产量搞上去，把成本降下来。机械、电子仪表等行业任务不足的工厂，要下决心改变产品方向，积极生产农业、轻纺工业、城市建设等各方面迫切需要的产品。三是狠抓原料、材料、特别是能源的节约，从节约中求增产。原料、燃料供应紧张是当前组织工业生产中一个很大的矛盾。不解决这个问题，争取今年工业产值增长百分之八以上的目标就要落空。每个企业，特别是那些能源消耗大的单位，都要指定一名副经理、副厂长或副总工程师，专门抓节能。要严格实行定额供应能源的制度。要积极采取各种技术措施，推广各种先进经验，把能源和原材料的消耗迅速降下来。四是要进一步整顿企业，改善企业的经营管理。每个企业都要建立健全严格的岗位责任制，从领导干部到各种专业人员，到全体职工，都要做到各司其职，各负其责，纪律严明，奖惩分明。去年一些单位在实行全面质量管理、层层开展经济核算等方面取得的好经验，要认真地加以推广。我们一定要从提高企业经营管理水平中要质量、要效率、要利润。

今年一季度的形势很好。全市工业总产值预计可比去年同期增长百分之十二左右，主要产品产量都有增长，质量进一步提高，上缴利润增加。我们要继续努力，认真贯彻五中全会精神，进一步调动广大职工的积极性，团结一致，共同努力，抓紧抓狠，工业生产肯定会比去年取得更大的成就。

第二，关于交通运输

一九八〇年北京地区铁路货运量计划安排三千二百五十万吨，客运量计划安排二千五百万人。要进一步加强运输的组织和整顿工作，搞好装卸工作，提高客、货运输质量，做到安全正点，超额完成全年运输任务。

一九八〇年公路货运量计划安排四千二百九十八万吨。今年全市基本建设任务比去年大，工农业生产也有增长，运量肯定会有较多增加。因此，要进一步挖掘运输潜力，继续加强社会车辆的组织工作，搞好一条龙联合运输，同时要注意搞好小宗、少批量货物的运输，千方百计为发展生产和流通做好服务工作。

一九八〇年公共交通客运量计划安排二十一亿人次，比上年增长百分之二。一九七九年在市内交通方面采取了一些措施，增加了车辆，调整了线路，加强了调度，客运量增长较大。但由于有些线路卡口多，路面窄，车速慢，拥挤超载现象仍很严重。一九八〇年要进一步采取措施，实行车、路、交通管理统一规划，加强现有车辆的调度和管理，同时要增辟、调整站点和线路，进一步改善运输条件。为了缓和上下班高峰的矛盾，企业对错开上下班时间的规定要严格执行。

第三，关于农业生产

千方百计夺取今年农业的全面增长，是郊区农业战线的中心任务。一九八〇年计划要求：粮食产量三十七亿斤，比一九七九年实际增加二亿四千万斤，增长百分之六点九。油料五十六万担，增加五万担，增长百分之九。肥猪收购二百万头，比上年略有增长。调市商品菜二十一亿六千六百万斤，增加三千多万斤。牛奶一亿二千万斤，增加五百多万斤。捕捞鲜鱼六百万斤，增加四十八万斤。

北京郊区农业生产的条件是好的，增产的潜力很大。关键是要进一步落实好农村的经济政策，充分调动广大农民群众的生产积极性。在当前要充分发动群众，同干旱和严重低温等自然灾害作斗争，克服夏粮减产定局的思想，千方百计抗灾夺丰收，使农、林、牧、副、渔各业都有较快的发展。为此，要切实做好以下几方面的工作：

(1) 继续全面贯彻中央关于发展农业生产的两个文件，建立健全责任制，改善经营管理，按自然规律制定生产措施。特别是要大力推广联系产量计算报酬的责任制，进一步克服平均主义和无人负责的现象，这是实现农业增产的重要保证。

(2)要在国家计划指导下，尊重社队的自主权，适当调整农业内部结构，因地制宜地贯彻农、林、牧、副、渔五业并举的方针，特别是要搞好广大群众关心的粮食和蔬菜、牛奶、水果的生产。要加强工农联盟教育，农商部门要密切合作，共同搞好城市副食品的供应。

(3)狠抓增产的关键措施，推广农业科学技术。要大力推广良种，提高栽培技术，搞好植保、防疫工作，科学使用肥料和饲料，进一步完善种植制度。要健全四级农业科学研究网和各级畜牧兽医站，加强县社农业领导干部和科技人员的培训，普及科学知识，提高科技水平。农业科学研究部门要根据北京的具体情况，认真研究解决一批影响生产发展的关键课题。县农研所应以推广先进技术为主要任务。

(4) 认真抓好农业基本建设。今年要着重抓好农田水利建设、改良土壤和建设良种基地这三项工作。计划全年扩大水浇地六万亩，除涝七万亩，大平大整和整修梯田五万亩，建设旱涝保收高产稳产农田三十万亩。建小水电十五处。为了改良土壤，提高地力，要扩大绿肥、豆类种植面积。积极发展沼气。要逐步建立种子生产基地，实行专业化生产，并办好种畜场。

(5) 把山区建设作为一项战略任务抓起来。认真贯彻落实中央、国务院关于大力开展植树造林的指示，认真落实市《关于山区林业建设几个政策的规定》。帮助社队制订切实可行的加速植树造林和山区林、牧、副业全面发展的规划，加强树种更新和苗圃建设，使造林绿化、果品生产、养羊养牛、多种经营有一个新的发展。同时要进一步解决山区交通、文化、卫生等方面存在的问题。

(6) 广开生产门路，大力发展农村工副业，帮助社员搞好正当的家庭副业，繁荣农村经济，增加社员收入，为首都市场和出口贸易提供更多的农副产品。社队企业要边调整、边巩固、边发展，一九八〇年总收入争取比一九七九年增长百分之十以上，努力达到公社三级收入的百分之五十。

(7) 各行各业都要大力支援农业。要继续动员各方面的力量，参加绿化造林，支援“三夏”。要根据农业需要，生产对路的化肥、农药和塑料薄膜等产品，及时供应各种生产资料。要积极支持社队企业的发展。

第四，关于基本建设

一九八〇年基本建设任务仍然很大。初步汇总，全市投资总规模为二十五亿六千万元，比去年实际增加一亿七千万元。其中：中央直属直供项目投资为十二亿零七百万元，地方投资十一亿元，统建约二亿五千万元。中央和地方有关部门要求建设的房屋建筑面积达到一千八百万平方米，比去年增加五百万平方米。

根据调整国民经济八字方针的要求，一九八〇年北京市的建设要坚决缩短战线，清理在建项目，继续调整“骨头”与“肉”的比例关系，加强市政建设、住宅建设和生活服务设施的建设，同时要充分考虑外事、旅游、外贸出口的需要。要加强全市基本建设的统一安排和统一调度工作，狠抓竣工投产，逐季进行施工排队，集中力量打歼灭战。新开工程要严格按照基本建设程序办事。计划安排开复工面积一千二百万平方米，其余六百万平方米的项目，今年只能先做基本建设前期的准备工作。安排竣工面积五百三十二万平方米，投产项目二百五十九个。

住宅建设，是今年基本建设的一个突出重点。安排竣工三百四十八万平方米，比上年增长百分之三十，占全部计划竣工面积的百分之六十五。无论从规模和占竣工面积的比例来看，都是建国以来最高的一年。今年地方用于住宅建设的投资共安排三亿七千万元，其中国家拨款四千万元，市财政筹措三千五百万元，企业自筹二亿一千五百万元，上年结转和贷款八千万元(包括地方参加统建投资)。国家补助和市财政筹措的资金，主要是安排区县和文教卫生、行政事业单位职工的住宅。

其次是市政建设，全市投资一亿五千万元。主要项目有：

道路：建成二环路、京顺公路、体育馆东路和三环路友谊宾馆至阜成路段。

供水：全部建成水源八厂，日供水能力为三十七万吨。

排水：疏浚清河、亮马河下游，共十七公里。

排污水：建成西郊污水干线一期工程，全长三点五公里。

煤气：扩建北京煤气厂，建成一台炉子，增加日供气能力十万立方米。

热力：抓紧完成第二热电厂的收尾工程。

地铁投资九千万元，主要是一期工程收尾和二期环线续建。

在地方基本建设投资十一亿元中，除了用于住宅建设、市政建设的投资外，主要部门的安排情况如下：

(1) 旅游事业建设，投资七千三百万元。一九八〇开始动工新建和扩建的有华旅、燕翔、香山、西苑、民族等饭店，建成复兴门外旅馆。

(2) 轻纺工业，投资六千五百万元，共安排了八十个项目。主要有葡萄酒厂、玻璃二厂、日光灯厂、京棉二厂、通县涤纶厂、大兴塑料厂、塑料三厂和皮毛厂等。葡萄酒厂、玻璃二厂等争取在今年竣工投产。

(3) 重工业和交通，投资二亿元。主要是燕山石化总公司为轻纺工业提供原料的聚酯、催化裂化、顺丁橡胶等工程，投资一亿零六百万元（另有一亿五千万元进口设备）。其它都是续建工程，如西郊烟灰制品厂、第二轧钢厂以及电梯厂、化工二厂、化工实验厂收尾等。交通方面主要有新建八达岭公路和京密公路收尾等。

(4) 农林水利，投资三千六百万元。主要有：白河堡、遥桥峪、海子、古城等水库续建，永定河堤防加固以及牛堡屯、大兴、东北旺农业变电站等。

(5) 财贸，投资四千万元。主要有宣武酱油厂、北京酱油厂、冷库、博兴旅馆、首都洗染厂、汽柴油管线收尾以及商业网点翻建等。

(6) 文教卫生，投资三千七百万元。高等院校主要有北京工业大学、经济学院、第二医学院、师范学院以及人民大学一分校、北京工业大学一、二分校、建工学院分校等。由于中小学分布不平衡，在若干地区还需新建中小学校舍八万平方米（不包括统建工程安排的中小学），其中城近郊区五万平方米，远郊县三万平方米。医疗卫生部门主要安排宣武中医、复兴、崇文、垂杨柳等医院的续建工程。文化、出版、体育、广播、科学等事业，主要有大葆台汉墓展览室、印刷二厂、三厂和北京广播电台、篮排手球训练房和电子计算中心等。

(7) 市属其它部门投资二千万元。

从上述安排来看，一九八〇年的基本建设任务是相当艰巨的，而建筑材料特别是木材供应严重不足。因此，在建设过程中，要坚决贯彻执行集中力量打歼灭战的方针。市计委、建委和有关部门，已经根据材料和施工力量进行了认真排队，首先保证当年竣工投产和条件较好的重点续建工程，努力完成竣工五百三十二万平方米的任务，并且力争超过。

为了消除污染，保护环境，要认真贯彻执行国家公布的《环境保护法》。各企业在新建、扩建时，一定要坚持“三同时”的规定，搞好治理三废污染设施的建设。老企业对于限期治理的项目，要尽快完成。

第五，关于商业和外贸

商业：一九八〇年主要商品货源计划为五十六亿元，比一九七九年增长百分之八。社会购买力将达到五十九亿元以上，比上年增长百分之十五左右。商品可供量与购买力之间还有一定的差额。当前主要是群众的需要发生了新变化，高中档日用工业品的需要量迅速增加，矛盾比较突出。部分副食品供应比较紧张。为了搞好首都的市场供应工作，商业部门要大力支持工农业生产的发展，主动配合生产单位，按照社会需要，调整和安排生产，积极增产市场适销对路的商品。大力组织外埠货源，按照国家政策的规定，积极开展议购议销业务，争取有更多的商品投放市场。要进一步加强对集市贸易的管理，严禁投机倒把活动。外贸部门要进一步清理库存，把一些不适合外销而国内市场需要的产品，交给商业部门内销。要积极发展饮食、服务业和群众需要的各种修理、租赁业务。商业、服务业都要大力改善经营管理，减少中间环节，降低流通费用，加速资金周转。严格执行价格政策，坚决制止一切变相提价的行为。要努力改善服务态度，提高服务质量，千方百计方便群众，更好地为人民生活服务。

外贸：一九八〇年外贸出口计划为五亿一千万美元，比一九七九年实际出口额增加近一亿美元，增长百分之二十二点三。我们一定要千方百计组织货源，力争超额完成这一出口任务。为了更好地增加出口，生产部门要广开生产门路，增加出口货源，同时要在质量、品种、包装装潢上狠下功夫，提高产品档次，增加创汇能力。外贸部门要大力开展推销工作，走出去，请进来，特别是过去没有经销过的商品，要积极寻找销路，打入国际市场。工贸双方要认真贯彻“四联合”、“两公开”的规定，一致对外，密切协作，互相支持，搞好产销见面。

要有计划地利用外资，采取来料加工、来件装配、补偿贸易、技术合作等多种形式，引进新技术，促进我市企业的挖潜、革新、改造，提高技术水平，增强在国际市场上的竞争能力。

发展旅游事业对于增进同各国人民的友好往来，增加外汇收入，促进四化建设，有着重要的意义。北京市是全国发展旅游事业的重点地区之一，我们一定要认真提高服务质量，增加旅游产品，尽快把列入计划的旅馆建设起来，以促进旅游事业迅速发展。

第六，关于劳动和物价

劳动：一九八〇年劳动资源二十三万人，国家分配我市全民所有制单位招工指标五万六千人，加上中央在京单位和集体所有制企业招工，以及补充自然减员，大概可以安排十五万人左右，还有七、八万人需要安置。一九七九年在组织劳动就业方面成绩是显著的。一九八〇年要进一步动员各方面的力量，继续做好待业青年的安置工作和劳动力的调配工作。

今年上半年还要做好百分之四十的职工调整工资的工作。调整工资关系到广大职工的切身利益。搞好了，可以调动干部、群众的积极性，促进团结，促进生产。反之，就会影响团结，影响生产。这是一项重要的经济工作，更是一项重要的政治工作。我们一定要按照国务院有关指示的精神和市调整工资会议的几条规定，认真抓好。

鉴于去年安全事故较多，今年要认真采取措施，加强劳动保护，做好安全工作。

物价：这是大家都很关心的问题。根据最近召开的全国物价会议精神，市场价格经过了一九七九年的大调整，一九八〇年需要保持相对稳定。对国计民生影响大的主要产品价格，必须从严控制。目前由于农产品和部分原材料调价带来的问题很多。部分产品因原材料提价影响成本不大，企业仍有一定利润的，不得提高销售价格。由于原材料提价影响利润较大甚至造成亏损的，首先应当从改善经营管理、降低成本来求得解决。如仍有困难，商业利润较大的，可通过调整工商利润或减税办法来解决。个别经过批准，也可以采取财政补贴办法。对国计民生影响不大的少数商品，如果必须提价的，要严格执行批准手续，同时要尽量与降低某些产品的价格配合进行，做到有升有降地调整。对物价大检查中，查出来的问题，有些已经解决，有些正在研究解决中。总之，我们要切实加强物价管理工作，把物价检查工作经常化、制度化，及时发现问题、解决问题，千方百计保证市场物价的基本稳定。

第七，关于科技、教育、卫生、出版、文化、体育

科技：一九八〇年计划安排科研项目三百一十项，四百一十一个课题。其中：属于重大新产品试制九十二项，中间试验三十七项，科学研究一百八十一项。在全部项目中，今年新安排的一百二十九项，一百六十八个课题。一九八〇年科学研究的重点是集中主要力量抓好近期见效、解决生产建设中关键技术问题的项目，如节约能源、发展农业和轻纺工业和新型建筑材料等，同时安排好技术理论和基础理论的研究。要努力学习和消化国外引进的先进技术，为我所用。要积极推广应用科研成果，尽快变成生产力。

教育：要继续贯彻德、智、体全面发展的方针。积极稳步地发展高等教育，有计划有步骤地安排市属院校和大学分校的校舍建设。一九八〇年大学计划招生一万六千五百人，比一九七九年略有增长，其中市属大学和大学分校招生二千人。各市属院校要进一步采取措施（如多发展走读生等），挖掘潜力，力争完成和超额完成招生任务。对已经安排的基本建设工程要抓紧施工，力争早日交付使用。要大力进行中等教育的结构改革，除普通高中外，要积极试办职业学校，工交、建筑、财贸、农业等部门要大力发展中等专业学校和技工学校。尽快解决中等技术人材严重不足的矛盾。一九八〇年中等专业学校计划招生八千人，技工学校计划招生一万人，都比一九七九年有所增长。高中招生十二万五千九百人，初中招生十三万六千八百人，小学招生十四万人。农村要坚持普及初中和巩固、提高小学生入学率。要进一步搞好幼儿教育，幼儿教育要由教育部门统一归口。要挖掘现有园、所的潜力，各机关、企业、事业单位的幼儿园、托儿所，能对外开放的尽量开放，多收一些孩子。要积极发展成人教育，创造条件，恢复和发展各级各类工农业余学校。努力办好电视教育。

卫生：一九八〇年计划新增医院床位一千六百张，达到两万九千八百张。增加门诊部十一个，幼儿保健所两个，专业防治所和药品检验所各一所。要继续贯彻预防为主的方针，广泛开展爱国卫生运动，进一步整顿城乡医疗卫生组织，加强卫生防疫工作，大力防治疾病，为提高城乡人民健康水平服务。要继续开展职业病的普查和医疗工作。努力搞好环境卫生、食品卫生的监测工作。要进一步试行医院的经济管理制度，总结经验，克服试行过程中出现的问题。

出版：一九八〇年出版总印张计划为五亿一千五百万张，比一九七九年增长百分之三点二。目前北京地区出版任务很重，印刷能力比较紧张，要加速现有企业的技术改造，适当增加高效设备，调整劳动组织，改革工艺，充分挖掘生产潜力。

文化艺术：一九八〇年电影放映队发展到三千零九十六个，比一九七九年增加一百二十个。专业艺术表演团体发展到二十二个，比一九七九年增加五个。观众人数计划达到三亿三千五百万人次，比一九七九年增长百分之十三。要继续开放内部礼堂、俱乐部，增加演出场次，以适应群众对文化生活的需要。

体育：要以学校体育为重点，广泛开展群众性体育活动，增强人民体质。要调整业余训练场所的布局，

大力加强业余训练工作，提高训练质量。要调整专业项目，加强专业队建设，迅速提高我市运动技术水平，创造优异成绩。

第八，计划生育

一九八〇年全市人口出生率计划为千分之十四点六，其中城市千分之十三点三，农村千分之十六。自然增长率为千分之八点五。近年来，由于育龄妇女的比重逐渐加大，人口出生率回升很快。要狠抓计划生育的工作，努力提高一胎率，严格控制生两胎，特别是要抓好农村的计划生育工作。对独生子女的奖励政策要严格执行。要加强计划生育的技术指导和科研工作。

上述国民经济计划的安排，总的说来，基本上是符合调整国民经济“八字”方针的。今年的计划安排，要比去年主动得多，但是，物资和能源平衡还比较紧，市场商品供应还有一定的差额，“骨头”与“肉”比例关系的失调状况还不可能很快调整过来。目前国家在经济上还有不少困难，多年积累下来的许多问题，只能根据生产发展和国家财力、物力的可能，逐步求得解决。

三、同心同德，努力增产节约，为全面完成和超额完成一九八〇年国民经济计划而奋斗

今年已经过去三个月了。八十年代的第一春，全市政治经济形势都很好。我们既要充分肯定各项工作的成绩和进步，鼓舞斗志，坚定信心；又要清醒地看到我们工作中存在的问题、差距和面临的困难，兢兢业业、扎扎实实地把首都的四化建设推向前进。

要完成今年本市的国民经济计划，必须充分发动群众，广泛、深入地开展增产节约运动，狠抓增收节支。去年，本市经济战线的各个行业，涌现了一大批先进集体、先进个人，创造出许多可贵的经验。工交系统的首钢、燕山石化总公司、化工局、纺织局、铁路分局，基建系统的建工局、建材局、公用局、国家建委一局，农业系统的四季青公社、南韩继大队、一渡河大队，商业服务业的天桥百货商场、来广营供销社、新风饭馆等等，都做出了出色的成绩。我们必须在全市掀起一个群众性的学先进、赶先进的新热潮，把这些单位的先进水平尽快地变成普遍水平，并奋力向国内、国际的先进水平看齐。应当看到，我们同国内外先进水平相比，差距还很大，在本市局与局之间、厂与厂之间、社队与社队之间、商店与商店之间，各项技术经济指标都有很大的差距。这种差距就是巨大的潜力。我们要切实加强思想政治工作，使广大干部、职工和社员进一步树立起为伟大祖国争光的豪情壮志。各单位都制订创水平、攀高峰、夺冠军的规划，广泛地开展社会主义劳动竞赛，既要轰轰烈烈，又要扎扎实实，把管理水平、技术水平、生产水平大大提高一步。

要实现增产节约，增收节支，调动各方面的积极性，还要改革那些对发展生产不利的经济体制和制度。去年，我们在改革方面已经迈出了一步，今年要继续搞下去。企业扩大经营管理的自主权要继续试验，在管理基础比较好的企业，试行固定资产纳税、流动资金贷款的办法，并在可能的条件下，给企业以更多的自主权。要按照国务院的规定，进一步改进利润留成的办法。奖励制度要克服平均主义，坚决把评奖改为计奖，凡有条件实行计件工资的企业或工种，可以实行计件工资。一定要体现各尽所能、按劳分配的原则。要总结执行计划调节与市场调节相结合的经验，继续做好这方面的工作。发挥市场调节的作用，必须保证完成国家计划，完成合同，保证质量，严格遵守国家的价格政策。工商部门要密切合作，采取多种形式把市场搞活。农业要继续推广联系产量的责任制，加强集市贸易的管理。要加强财政、银行的杠杆作用。坚持外贸体制的改革。经济体制的全面改革，需要做大量深入的调查研究，不能草率从事。但对那些必须改的、有条件改的、不改就会影响经济调整顺利进行的方面，要在符合总体改革方向的前提下，继续抓下去。

把经济搞上去，归根结底要靠贯彻落实党的三中全会、四中全会和五中全会制定的政治路线、思想路线和组织路线。把经济建设当作中心，其他各项工作都要围绕这个中心，服从这个中心，决不能干扰它，冲击它。我们一定要进一步把思想路线搞端正，解放思想，开动机器，坚持实事求是，一切从实际出发，理论联系实际，把实践作为检验真理的唯一标准。在马列主义、毛泽东思想基本原理的指导下，打破习惯势力和主观偏见的束缚，真正仔细地研究本单位、本部门的新情况，从实践中、从群众中找出解决新问题的办法。我们一定要在党的领导下，切实整顿各级领导班子，培养和选拔接班人，造就又红又专的建设人才。努力改进领导方法和工作作风，克服官僚主义，认真解决机构臃肿，人浮于事，责任不清，办事效率低的问题，保证党的路线、方针、政策得到有力的贯彻执

行。

各位代表！我们首都人民有决心、有信心，在党中央、国务院和市委的领导下，同心同德，努力奋斗，聚精会神把经济工作搞上去，一天也不能耽误，在八十年代的第一年，出色地完成国民经济计划规定的各项任务，以优异的成绩迎接党的第十二次代表大会的胜利召开！

关于北京市一九七九年财政决算和一九八〇年财政预算草案的报告

——一九八〇年四月二日在北京市第七届人民代表大会第四次会议上

甄树德

各位代表：

现在，我受市人民政府的委托，向大会提出关于北京市一九七九年财政决算和一九八〇年财政预算草案的报告，请予审议。

一、一九七九年财政决算

一九七九年全市广大干部和群众在市委和市人民政府的领导下，在党的十一届三中全会、四中全会和五届人大二次会议精神指引下，把工作着重点转移到社会主义现代化建设上来，认真贯彻执行国民经济调整、改革、整顿、提高的方针和各项经济政策，广泛地开展了增产节约运动。国民经济的调整，初见成效，工农业生产取得新的成绩。一九七九年全市工业总产值比上年增长百分之十点四，主要产品产量多数有较大幅度的增长，轻纺工业得到加强，产品质量提高，花色品种增加，消耗降低，能源节约效果显著。对外来料加工、补偿贸易等有了较大发展。农业生产，除粮食比上年减产外，畜禽产品大幅度增长。中央关于农业问题的决定和提高农副产品收购价格的措施执行以来，大大激发了广大农民的积极性。交售生猪比上年增长百分之二十，鲜蛋增长百分之六十五。由于多种经营迅速发展和农副产品收购价格的提高，每个社员平均收入达到一百五十元，比上年增加二十四元。农民高兴，农村兴旺的局面开始出现。随着工农业生产的发展，商业购进总值比上年增长百分之十七，社会商品零售额增长百分之十七点九。在国营商业购销两旺的同时，城乡集市贸易十分活跃。

在国民经济调整初见成效、工农业生产增长、商品流通扩大的基础上，一九七九年财政收入超额完成预算，支出略有结余。

一九七九年，财政总收入完成四十七亿五千五百一十六万七千元，完成年度预算的百分之一百零九点六。各类收入完成情况如下：

（一）国营企业收入二十七亿三千零九十万零六千元，完成预算的百分之一百一十三点一。其中工业收入超额完成预算百分之九点五（市属工业上缴利润比一九七八年实际增长百分之十点二）。一九七九年下半年对部分企业试行了利润留成的办法，把经济效果、经济责任同经济利益结合起来，推动了增产节约运动的深入开展，促进了增产增收，保证了上缴利润的超额完成。许多企业广开门路，“找米下锅”，努力按照客观经济规律办事，实行产销见面，以销定产，增产了大量适销对路的产品，在坚持以计划调节为主的前提下，注意发挥市场调节的作用，生产搞活了，企业搞活了。与此同时，加强了企业内部的经济核算，实行按分计奖的办法，初步解决了“吃大锅饭”的问题，取得了显著的经济效果。商业收入完成预算的百分之一百一十九点一，这主要是商品流通扩大的结果。

（二）工商税收十九亿二千二百一十七万五千元，完成预算的百分之一百零六点二。工商税收完成情况好，也主要是工业生产特别是轻纺工业生产增长，集体企业迅速发展，城乡市场活跃，社会商品零售额大幅度上升的结果。

一九七九年财政总支出十七亿七千一百零七万一千元，为年度预算的百分之八十九。

现将几类主要支出情况作如下说明：

（一）基本建设拨款七亿七千二百七十四万五千

元。一九七九年基本建设通过狠抓竣工投产，建成一批重要的工业项目和与人民生活密切相关的项目。工业方面，主要有昌平年产八十万吨的石灰石矿，北京矽酸盐制品厂年产五万立米加气混凝土的车间，燕山石油化学总公司机修厂和一万二千千瓦自备电站，日供水十三万吨的水源八厂工程。财贸方面，主要有冷藏能力一万五千吨的冷库，面包房十六处，日产主食面包三万一千斤，饭馆六十个，红都服装店，双井百货楼、服务楼，甘家口旅馆及浴池相继建成。文教卫生方面，主要是新增中小学学生座位二万九千个（不包括中央在京单位），新建口腔医院，新增牙椅一百二十张，新建卫生院六处，新增简易病床一百七十一张。农村方面，建成十千伏配电线路一百七十二点五公里，变压器三万六千六百千伏安，架设农村有线广播线路四十二点五杆公里。市政建设方面，铺设自来水配水管线二十四点一公里，输水管线二十六公里，排水管线十六点一公里，煤气管线二点一公里，建成城市立交桥两座，道路二十三公里，添置公共汽车四百五十三辆，新增加液化石油气用户十万九千户。住宅方面，属于地方部分共计竣工一百零七万平米（包括企业自筹在内）。

（二）企业挖潜改造资金一亿二千一百五十六万六千元。一年来，建成机械化、半自动化生产线一百条，其中七十三条已经投产。如葡萄酒厂封装半自动化生产线、玻璃二厂玻璃瓶自动化生产线投产后，产量各翻了两番；轻纺工业和其他短线产品完成一批技术改造项目，如造纸总厂、印染厂等都大幅度地增加了生产能力。挖潜改造方面也取得了成果。据不完全统计，共完成一百零三个项目，一年可增加产值六亿三千多万元，利润九千四百多万元。

（三）科技三项费用六千一百七十三万八千元。一九七九年工业部门大抓新产品试制，增加了适销对路的新产品，填补了国内某些产品的空白，为满足社会生产和人民物质文化生活需要做出了贡献。全年完成新产品试制两千三百种，批量投产的有九百三十种。不仅完成的项目多，而且经济价值大，其中：填补国内空白的新产品有一百八十五种，适销对路的轻纺新产品四百七十多种，为出口提供新产品一百四十种。

（四）增拨流动资金一亿一千八百二十万零四千元。主要用于新投产企业、新投产车间，也给增产幅度较大的老企业增拨了一部分必要的自有资金，其中用于支持轻纺工业和出口旅游方面的占三分之一以上。

（五）支援农业支出八千六百零七万五千元。在国家支援下，通过社员的辛勤劳动，完成的主要项目有：新建小水库四座，塘坝截流三十一处，蓄水池一百一十二个，扬水站二百零一处，打井一千二百二十八眼，新修渠道八百四十二公里，疏挖河道排水沟一千九百公里，衬砌渠道三百八十八公里，地下管道五十二公里，增加和改善灌溉面积四十六万七千亩，治理盐碱地一万七千亩，大平大整土地二十一万亩，造地六千亩，发展喷滴灌一万四千八百亩，建成小水电站十五处，全年总发电量达二千二百四十三万度。此外，还帮助经济比较困难的社队发展多种经营，养羊、养牛、养鱼，栽植果树二十万株，造林十六万亩；发展小型工副业八十处，新建鱼池一百五十处；购买大牲畜九十四头，小型农机具七千多台件。

（六）城市维护费支出三千七百六十万零九千元，加上地方自筹收入用在这方面的支出，总计九千五百六十六万九千元。除现有城市公用设施日常的维护和管理所需的经费以外，一年来为二千二百七十三处居民院安装了自来水，解决了一千五百五十七处居民庭院的积水问题，植树九十二万株，翻修、改建道路五十五万三千平米、下水道二十点五公里，新建公共厕所九百零六座、垃圾台一百座，新铺草皮四十万平米。

（七）文教、科学、卫生事业费支出二亿九千四百四十二万八千元。一九七九年教育经费除了保证现有院校正常开支外，重点用于补充设备和增加新建院校的经费。高等学校恢复了北京农学院和北京体育师范学院，充实了财贸学院，给大学分校补充了一些仪器设备，添置桌椅一万五千套，电视机一千二百台，各种汽车一百一十八辆，安装了闭路电视设备。修复中小学危险房屋十七万平方米，添置桌椅十四万件，电视机四百一十二台，电影机四十四台，教学仪器二十八万七千件。为了改善中小学教师的生活，贯彻按劳分配原则，调动他们的积极性，从去年起在中小学教员中实行了班主任津贴和超课时报酬费制度，相应增加了一部分经费。卫生事业方面，一九七九年大力开展了除害灭病为中心的爱国卫生运动取得较大成绩，痢疾下降百分之十四点七，伤寒下降百分之六十二点六。卫生系统通过挖潜增加床位七百四十五张，建立了城近郊区的急救站组织，并添置了一批大型医疗器械设备。

一九七九年财政决算收支相抵，除按照国家规定上缴中央部分以外，市财政结余四亿八千九百五十一万七千元。在结余总额中，基本建设、企业挖潜改造、科技三项费用、小型农田水利等未完工程结余和各项专项结余三亿一千五百六十六万五千元，结转一九八〇年继续使用。结余总额中还包括本市机动财力一亿七千三百八十五万二千元，其中：市级一亿三千七百五十四万六千元，各区县三千六百三十万零六千元。按照规定，当年取得的机动财力，可留到下一年安排使用。

一九七九年市地方自筹收入完成七千一百万元，加上上年结余三千五百六十二万元，共计一亿零六百六十二万元。一九七九年支出八千二百五十四万元，用于城市建设投资二千一百万元，城市维护五千八百零六万元，教育及其他三百四十万元。结余二千四百零八万元。

经济决定财政，财政反过来又影响经济。一九七九年北京市财政预算执行情况充分证明：只有生产发展了，财政收入才有可靠的基础，资金供应才有可靠的保障。在预算执行过程中，贯彻了调整、改革、整顿、提高的方针。从财力的安排上积极支持了农业和轻纺工业，大幅度提高了农副产品的收购价格，减免了一部分农村税收，增加了农业事业费，从一九七九年十一月份起提高了百分之四十职工的工资，实行了奖励制度，扩大了劳动就业。在改革方面，首钢、内燃机总厂、清河毛纺厂进行了扩大企业自主权的试点，一部分工业、交通、商业、服务、建筑企业试行了利润留成办法，部分事业单位进行了“预算包干”办法的试点，取得了初步的经验。总之，财政工作在调整积累和消费、“骨头”和“肉”的比例关系方面，在促进增产节约、增收节支方面，都发挥了重大作用。在目前国家财政经济还有不少困难的条件下，国家在财政上用了很大力量加快生产建设，改善人民生活，是不容易的，基本上适应了全党工作着重点转移后新形势的需要。但是，预算执行中也存在一些问题，主要是：一方面调整价格、增加工资、发放奖金、扩大就业；而另一方面，基本建设规模还比较大，战线还相当长，因而财政情况比较紧张。关系到广大群众生活方面的问题，包括住宅、商业网点、文教卫生幼托事业、城市公用设施等，紧张状况虽然有所改善，但还没有根本改变，群众生活上的困难还很多。以上这些问题，有的需要认真总结，加以改进；有的只能在生产发展的基础上逐步解决。

二、一九八〇年财政预算草案

一九八〇年是国民经济三年调整的第二年，也是关键的一年。一九八〇年的财政预算草案是根据调整、改革、整顿、提高的方针和一九八〇年国民经济计划指标、国家分配的收支任务，参照一九七九年预算执行情况和财力、物力的可能，按照收支平衡、略有结余的原则编制的。收入预算是积极可靠，留有余地的；支出预算坚持了厉行节约，既保证了重点，又照顾了一般。一九八〇年财政工作的任务是：积极投入增产节约运动，紧密配合各部门、各单位完成各项增产节约任务。要坚定不移地贯彻执行“发展经济，保障供给”的总方针，切实做好本职工作，更好地为生产建设服务，为人民生活服务，财政干部一定要防止那种就财政论财政，离开经济的发展，只是在收支上打圈子的单纯财政观点。同时，也要依靠广大群众，切实加强财政监督，同一切违反财经纪律的行为作斗争。并积极而又稳妥地搞好财政管理制度的改革。在八十年代第一年里，为打好工作着重点转移后的第一仗而贡献力量。

一九八〇年全市总收入四十七亿九千八百五十四万元，比一九七九年决算收入增长百分之零点九，基本上维持一九七九年实际收入水平。其中：企业收入二十七亿六千三百六十五万元，比上年增长百分之一点二；工商税收十九亿三千五百万元，比上年增长百分之零点七。

现在，就一九八〇年收入中几个主要情况作如下说明：

（一）国家提高粮食、棉花的收购价格而销价未动，是从去年五月份开始的，给职工增发副食品价格补贴和百分之四十的职工调整工资，是从去年十一月份执行的，有些工业产品降价也是在去年陆续确定的，所有这些影响财政收入的因素，今年都是全年计算的，大体上要减少收入两亿五千万元。如果把减少的这部分收入加上去，按相同口径比较，一九八〇年财政收入比上年增长百分之六点二，与工业生产增长百分之六，基本上是相适应的。

（二）今年许多企业要继续实行利润留成办法，部分企业要全面实行扩大自主权的试点。这部分应该留给企业的利润也已经在财政收入中扣除，预算草案中的企业收入是净收入。

（三）今年预算收入的安排，考虑了增产增收，挖掘潜力的因素。按照一九八〇年市国民经济计划草案规定的指标，工业总产值增长百分之六，商品零售额增长百分之十四点六，工业可比产品成本和商品流通费用降低百分之二计算，这个收入指标的安排是积极的，也是可靠的，经过努力是可以完成的。

一九八〇年财政总支出安排十五亿三千一百四十八万元，比一九七九年支出决算减少百分之十三点五。在总支出中，国家计划十亿零九千三百七十四万五千元，市机动财力安排一亿二千二百零七万元，上年专项支出结转三亿一千五百六十六万五千元。

一九八〇年总支出预算比上年减少较多的原因是：

(一)一九八〇年国家财政收入比上年减少，财政支出势必要相应减少。在各项支出中，主要是压缩了基本建设拨款和流动资金。企业挖潜改造资金、支农资金、人防经费也都有所减少。文教、科学、卫生等事业费稍有增加。

(二)今年的各项事业费、行政费支出，国家要求除了应发个人部分（工资、福利费、助学金等）以外，公用经费（包括办公费、汽油费、会议费、旅差费、修缮费、购置费等）压缩百分之二十，但国家不收回，用以解决发展事业经费之不足。预算的安排，贯彻了这个精神。由于部门之间、单位之间情况不同，我们没有采取“一刀切”的办法，而是区别对待。比如中小学经费已经很紧了，就没有压缩，而是尽可能地增加了一些。

(三)今年市机动财力比上年减少了一半多。这是因为国家对市的财政体制原先是“增收分成”的办法，一九七八年增收的多，分成也多；去年由于国家在政策和制度上有改变，市财政收入比上年不但没有增加，反而减少，这样，就谈不到分成了。国家为了照顾地方财政困难，拨给北京市八千一百万元，作为地方机动财力，除分配区县二千多万元外，市里还有六千多万元，加上去年没有动用的机动财力五千多万元和上年支出结余一千八百多万元，机动财力总数只有一亿三千七百五十四万六千元，比去年减少一半多。在已经安排的一亿二千二百零七万元中，用于基本建设方面（包括商业网点、职工住宅在内）三千五百五十三万元，占百分之二十九点一；用于支援农业方面二千三百万元，占百分之十八点八；用于教育事业方面三千七百四十万元，占百分之三十点六；用于其他方面二千六百一十四万元，占百分之二十一点四。

(四)支出中有些指标中央在国家预算中已经作了安排，但还没有分配下达到各省市，今后将陆续下达。因此，本市财政总支出预算今后还会有变化。

现将一九八〇年几类主要支出的情况作如下说明：

(一)基本建设拨款五亿六千七百零六万元。其中：国家计划四亿一千一百零三万元（包括国家追加指标二千四百九十五万元），市机动财力安排三千五百五十三万元，上年专项结转安排一亿二千零五十万元。基建拨款比去年减少较多，这是贯彻调整、改革、整顿、提高方针的需要。在建设项目的安排上，继续调整“骨头”和“肉”的关系，优先安排市政、住宅和生活服务设施以及轻纺、旅游重点工程和其他续建工程。其中住宅建设除了国家计划安排四千万元外，市机动财力安排二千五百万元，上年基建结余和贷款安排了二千五百万元；另外，在预算之外，还由大集体企业集中的税后利润安排了一千五百万元，企业自筹资金安排二亿一千五百万元，再加上统建宿舍结余资金五千万元，全市（不包括中央在京单位）用于住宅建设的投资总数三亿七千万元。

(二)企业挖潜改造资金七千七百七十四万七千元。今年企业的新建项目很少，增加生产主要靠老企业的挖潜、革新、改造。这部分资金将主要用于节约能源，发展轻纺工业，扩大出口旅游，提高产品质量，增加产品品种，采用新工艺、新技术、新材料等方面。挖潜改造资金还将用于“三废”治理措施项目。为了奖励企业治理“三废”污染，保护环境，开展综合利用，今年开始对治理“三废”的产品实行利润提成办法，并给以减税免税照顾，这是国家一项重要的经济政策。除了预算中安排的企业挖潜改造资金以外，企业留用的基本折旧基金和市财政集中的挖潜改造资金还有二亿三千八百万元，各种贷款用于挖潜改造的也有两亿元。这是一笔很可观的数字。我们一定要管好用好这些资金，特别是抓紧完成新建项目和在建项目，尽快竣工投产，形成生产能力。这对发展生产，增加收入，将起很大作用。

(三)科技三项费用（包括重要科学研究补助费、新产品试制费、中间试验费）三千一百四十万零六千元。按照国民经济调整的需要，主要用于轻纺工业、商业市场、城市建设、环境保护、能源利用、医疗卫生、新兴技术等方面关键问题的研究试验。今年预算中的科技三项费用比上年减少，是因为预算只列了市统筹安排的部分，中央有关部门和财政部还将陆续下达项目和预算指标，预计全年支出将不低于去年水平。

(四)增拨流动资金九千二百五十一万六千元，比上年减少较多，同企业的要求，有很大差距。目前有些企业的财产、物资、资金管理混乱，家底不清，物资积压。按照国务院的部署，今年将在清仓查库的基础上，全面进行核资。我们要把这项工作认真搞好，加速资金周转，减少资金占用。这样，增拨流动资金虽然比上年减少，还是可以安排下去的。

(五)支援农业支出七千八百八十一万二千元。其中：国家计划四千零八万元，市机动财力安排二千三百万元，上年专项结转安排一千五百七十三万二千元。一九八〇年的支农资金主要用于小水库的续建工程、配套工程、建塘坝截流、蓄水池、扬水站、小水电站、打井、修渠，增加和改善灌溉面积，继续支援穷队开展多种经营，促进增产增收，尽快改变面貌。造林经费比上年增加，将帮助社队造林十六万五千亩，抚育幼林十二万五千亩。今年支农资金比去年减少较多，但只要在合理安排、挖掘资金潜力、提高资金使用效果上下功夫，是能够做到少花钱、多办事的。

（六）城市维护费四千四百一十七万九千元，比上年增长百分之十七点五。如果加上用附加收入安排在这方面的资金，总数为一亿零五百一十七万九千元。维护费除对道路、下水道等公用设施进行维护保养外，一九八〇年计划植树五十万株，铺草皮八十万平方米，修建垃圾台一百座，清除居民庭院积水一千二百二十三处，解决通县、南苑、长辛店等地自来水进院的问题。

（七）文教、科学、卫生事业费三亿二千三百八十四万五千元。比上年增长百分之十，占全市总支出的比重，由上年的百分之十六点六提高到百分之二十一点一。

1、教育事业费一亿九千四百二十万零九千元（包括市机动财力安排的支出三千七百四十万元），比上年增长百分之九点七，占全市总支出的比重，由去年的百分之十提高到百分之十二点七。市机动财力用于教育事业费的部分，首先是弥补中小学经费之不足，增加班主任津贴和超课时报酬；其次是安排大学分校的经费；第三是在新的住宅区建中学二十一所，小学十四所，相应地增加了经费和设备费。目前，中小学经费很紧，今年预算中增加了二百万元，用于提高中小学的公用经费开支标准。职工业余教育经费也有所增加，开展职工业余教育，组织待业青年学习，电视大学也有发展。这些项目，预算都已作了安排。如果把工业、交通、农业、商业、卫生等部门办的中等专业学校、技工学校的经费和基本建设拨款中用于兴建大、中、小学校舍的投资计算在内，则教育支出总数为二亿二千二百多万元，占总支出的百分之十四点五。在目前百废待举，国家财政还有困难的情况下，对教育经费的安排，确实做了很大努力。尽管如此，教育经费还是很紧的。这只能随着生产的发展，财政收入的增长，逐步增加。

2、卫生事业费九千零六十三万一千元，比上年增长百分之八点五。一九八〇年将继续贯彻预防为主的方针，广泛开展以除害灭病为中心的爱国卫生运动，加强防疫工作，健全急救组织，同时计划建立儿科研究所，添置一批医疗设备。

此外，关于托幼经费，国家办的托儿所预算中已经安排，比上年略有增加。街道办的托儿所，除由幼儿家长所在单位负担一部分外，还由大集体企业集中的税后利润中补助一百五十万元。

3、科学事业费六百六十二万二千元，比上年增长百分之二十五点六。预算中的科学事业费数目较小。应该说明，这部分科学事业费只是市科学技术委员会系统各研究所的经费。如果加上科技三项费用和其他部门用于科学研究的经费，以及有些研究所用附属工厂的利润抵充的科研费，全市一九八〇年用于科研方面的经费总计为六千万元。市里掌握的科学事业费重点用于新成立的理化测试中心、辐射中心、太阳能研究所、电加工研究所的开办费和设备费以及为计算中心添置设备。

4、文化、体育、通讯、广播、文物、计划生育等事业费三千二百三十八万三千元，比上年增长百分之十三点三。除了正常经费开支外，主要事业项目有：恢复戏曲研究所、文化艺术干部学校、筹建徐悲鸿纪念馆、建立业余体育学校五所。今年还要多下一些力量，狠抓计划生育。

（八）预备费二千九百七十五万元，其中市级一千九百四十五万元，区县一千零三十万元。这笔预备费为数不多，主要用以解决预算执行过程中临时发生的一些必需的开支，上半年一般不动用。

一九八〇年附加收入预算为八千九百零八万元，仍旧用于城市维护、环境卫生和补助教育经费等方面。其中，用于中小学房屋修缮的费用有七百五十万元。

按照以上安排，收支相抵，除按照财政体制规定上解中央一部分以后，结余一亿三千二百七十八万二千元。本年预算结余包括两部分：一、国家拨给的机动财力八千一百万元，按规定明年安排使用；二、本年机动财力没有安排的有五千一百七十八万二千元（市级一千五百四十七万六千元、区县三千六百三十万零六千元）。

以上一九八〇年收支预算的安排，体现了国民经济调整的方针。一、缩短了基本建设战线；二、调整了“骨头”和“肉”的关系；三、大力支援轻纺工业；四、在发展生产的条件下，继续改善人民生活；五、厉行节约，大力压缩非生产性开支。但是，应该看到，一九八〇年收支预算的安排还是很紧的，特别是支出方面，从各方面的要求来看，在财力的需要与可能之间，矛盾相当尖锐，国家基本建设计划中的煤、电和某些短线产品需要上去，而投资不足；科学、教育、卫生、城市建设、住宅等欠帐很多，需要陆续归还；职工福利待遇方面许多问题有待解决，但又不能不顾现实财力物力的可能，百废俱兴。今年预算虽然尽量做了安排，但远远不能满足客观需要。这些情况需要向各位代表并通过各位代表向全市人民解释清楚。

三、增长节约，增收节支，为实现一九八〇年财政预算而努力

当前，北京市的政治形势、经济形势都很好，广大干部和群众的精神面貌发生了很大变化，政治上安定团结，经济上稳步前进，国民经济调整、改革、整顿、提高的方针，日益深入人心，并且正在进一步贯彻到实际工作中去。党在农村的政策逐步落实，农业生产欣欣向荣，工业战线上一个以优质、高产、多品种、低消耗和安全生产为中心的增产节约运动持续开展，效果越来越显著。轻纺工业发展很快，企业管理不断改善。所有这些，必将反映到财政上来，这是实现一九八〇年预算极为有利的条件。我们一定要努力增产节约、增收节支，保证实现一九八〇年财政收支预算。

工业部门在增产节约运动中，要在设备和原材料允许的条件下，努力增产那些质量好、消耗低、盈利多、适合国家和市场需要的产品；在增加生产的同时，要大力节约能源、节约原材料，特别是要把煤耗、电耗、油耗降下来，把木材利用率搞上去。这方面潜力很大，搞得好，不仅可以降低成本，增加盈利，而且可以生产更多的产品。亏损企业要采取措施，改善经营管理，尽快扭转由于工作中的问题造成的经营性亏损；盈利的和转亏为盈的企业，要继续努力消灭亏损车间和亏损产品，提高盈利水平。

商业部门要在不断改善服务态度、提高服务质量的前提下，采取措施，改善经营管理，降低费用。经营性亏损力争在年内消灭，政策性亏损要压缩到最低限度。不允许用政策性亏损掩盖经营性亏损，更不允许用随意涨价和变相涨价的办法来转嫁亏损。

建设单位和施工企业，要继续贯彻调整方针，抓住缩短基本建设战线、集中力量打歼灭战这个中心，对国家计划确定的重点项目要优先保证，使之尽快竣工投产，形成生产能力，发挥投资效果，这是最大的节约。建设银行对重点项目要及时供应资金。已确定停缓建项目要坚决下马，停止拨款。新上项目必须按基建程序办事，注意经济效果。任何单位、任何个人不准擅自搞计划外工程，搞楼堂馆所。施工企业要注意节约，合理地降低工程造价。建设银行还要会同基建单位做好基建投资由拨款改为贷款的试点工作，凡是符合贷款条件的项目，都应改拨款为贷款。试办贷款要按国家计划办事。对投资少、见效快、短期能收回贷款的挖潜改造项目，可以灵活掌握，给以支持。

所有行政机关、事业单位和企业单位都必须认真贯彻执行中共中央、国务院《关于节约非生产性开支、反对浪费的通知》和市人民政府的具体要求，采取措施，努力节约公用经费，精简会议，控制旅差费，压缩购置费，节约办公费，控制小汽车，勤俭办外事，严禁用公款请客送礼，严禁私分产品和国家财物，整顿招待所，整顿劳保福利开支和奖金、津贴，整顿人员编制；行政、事业单位从今年起试行"预算包干"，增收和支出节余，留单位使用。财政部门要会同有关部门结合实际情况，具体实施，把试行工作抓好。目前，我们的生产水平和生活水平还很低，在财政经济上还有不少困难。由于林彪、"四人帮"的长期干扰破坏，在人力、物力、财力上有严重的浪费现象，不少单位机构臃肿，人浮于事，有的地方和单位，无视国家规定和财经纪律，滥支滥用、铺张浪费，这种状况必须扭转。勤俭节约是我们的长期方针，没有艰苦创业的精神，扎扎实实的工作作风，当前调整国民经济和逐步实现四化，就无从谈起。因此，厉行节约，反对浪费，恢复和发扬艰苦朴素的优良传统，是当务之急，既是一个重大的经济问题，也是一个极其尖锐的政治问题，必须给予高度重视。

去年以来，工业、交通、商业、服务、施工企业先后试行了利润留成办法，行政、事业单位有的已经实行"预算包干"，并正在全面推行。企业实行利润留成，行政事业单位实行"预算包干"以后，单位的财权扩大了，自己可以支配的资金增加了，要加强财务管理，管好用好这些资金，充分发挥效用，注意严格执行国家有关规定，防止采取不正当手段"增收节支"，不准挥霍浪费，滥发奖金。随着单位财权扩大，财政部门要加强监督，维护财经纪律，这是责无旁贷的，对违反制度、铺张浪费现象，有权有责进行检查并向党政领导报告。实行财政监督，在当前是为了更好地贯彻国民经济调整、改革、整顿、提高的方针，是为了保证预算的实现，是为加速实现四化服务的。因此，要切实改进工作作风和工作方法，要"晓之以理"、"导之以规"、"绳之以纪"，把财政监督寓于服务

和促进之中。

所有企业、事业单位和机关、团体在增产节约运动中应注意加强政治思想工作，教育职工发扬自力更生、艰苦奋斗的精神，树立主人翁的思想，把精神鼓励和物质鼓励更好地结合起来。

财政是国民经济的综合反映，在国民经济调整改革过程中，新的问题、新的情况、新的要求会不断出现，而且必然要反映到财政上来。这就要求我们上下之间、部门之间，相互商量，加强联系，拧成一股劲，共同把事情办好。财政部门一方面要广开门路，从发展经济来开辟财源，增加收入，积极促进国民经济的调整、改革、整顿、提高和其他各项事业的顺利进行；一方面要严格执行计划，坚决堵住乱开减收增支的口子。为此，各级财政部门要加强调查研究，及时反映情况，提出建议。

各位代表：我们已经跨进了实现四化有决定性的八十年代。今年的预算确定得比较早，这对实现一九八〇年的财政预算十分有利。今年以来，全市各条战线广大职工努力增产节约、增收节支，头两个月财政收入完成七亿九千九百万元，占年度预算的百分之十六点七，比去年同期增长百分之二十五点四。增长多、进度快，形势非常好。党的十一届五中全会精神的传达贯彻，对于加强和改善党的领导，进一步落实党的各项政策，调动广大人民群众的积极性，齐心协力搞四化，加快建设步伐，将产生巨大的推动作用。让我们以八十年代一天也不能耽误的精神，同心同德，群策群力，抓紧，抓早，一抓到底，为圆满实现一九八〇年的财政预算，为夺取八十年代第一年的新胜利而努力！

北京市第七届人民代表大会提案审查委员会关于第四次代表大会提案的审查报告

——一九八〇年五月十一日北京市人民代表大会常务委员会第四次会议通过

侯镜如

北京市第七届人民代表大会第四次会议共收到提案三百零八件，其中财经类一百一十一件，文教卫生类六十二件，城市建设类一百零二件，政法和其他类三十三件。

提案审查委员会分设了财经、文教卫生、城市建设、政法和其他四个组，各组邀请了有关主管单位负责同志参加会议，对有关提案进行了认真审理，提出初步审查意见，然后，由提案审查委员会讨论通过。

提案审查委员会根据提案的具体情况，提出了以下审查原则：凡是应该办而且可能办的，都交有关部门办理；凡是牵涉方面较多，需要有关部门通盘考虑，或者需要创造条件逐步实施的，都交各该主管部门研究办理；凡是需要由有关部门经过调查研究之后才能肯定能否办理的，都交由各该主管部门进行调查研究；凡是不属于本市工作权限范围以内的，转请中央有关部门研究处理。

审查结果，在三百零八件提案中，交市人大常委会、市人民政府和其他有关部门办理的七十件，研究办理的一百八十五件，调查研究的四十七件；不属于本市工作权限范围以内转请中央有关部门研究处理的六件。提案审查委员会认为，这次会议的提案，反映了全市广大人民的意见和要求，对发展和巩固本市安定团结的政治局面，促进首都社会主义现代化建设，改进本市各方面的工作，都具有积极的推动作用，建议按照上述审查意见，把各项提案分别交各有关部门进行处理，并将处理情况和结果及时向市人大常委会报告，由市人大常委会向下一次代表大会提出报告。

北京市第七届人民代表大会第四次会议关于北京市一九八〇年国民经济计划、一九七九年财政决算和一九八〇年财政预算的决议

（一九八〇年四月四日北京市第七届人民代表大会第四次会议通过）

北京市第七届人民代表大会第四次会议，批准本市一九八〇年国民经济计划和副市长兼市计划委员会主任苏展所作的《关于北京市一九八〇年国民经济计划草案的报告》，批准本市一九七九年财政决算、一九八〇年财政预算和市财税局长甄树德所作的《关于北京市一九七九年财政决算和一九八〇年财政预算草案的报告》。

会议认为，北京市一九七九年国民经济计划和财政预算的执行情况是良好的。工业、农业、交通、基建、财贸都取得了比较显著的成绩，科技、文教、卫生、体育等项事业都有新的发展，人民生活有所改善，并开始摸索和积累了一些管理经济的新的经验。这是全市广大群众，在党和政府领导下，积极贯彻执行党的十一届三中全会以来制定的路线、方针、政策，把工作着重点转移到社会主义现代化建设上来的结果。我市的四化建设已经开始走上健全发展的轨道。

会议认为，一九八〇年的国民经济计划和财政预算，体现了调整、改革、整顿、提高的方针，各项计划指标的安排是积极的、留有余地的。实现这个计划和预算，将使经济建设在调整中继续前进，科技、文教、卫生、体育等项事业进一步发展。

一九八〇年是八十年代第一年，是三年调整的关键性的一年。会议号召：全市各条战线广大干部和群众，要在党的三中全会、四中全会、五中全会的精神指引下，巩固和发展安定团结的政治局面，广泛深入地开展增产节约运动，努力完成和超额完成今年的国民经济计划，圆满实现今年的财政预算。工业要狠抓现有企业的挖潜、革新、改造，继续优先发展轻纺工业以及为轻纺工业服务的原材料工业，把质量、品种放在第一位，努力节约原材料，特别要狠抓能源的节约，从节约中求增产。要按照专业化协作和经济合理的原则，大力搞好工业改组和调整工作，扩大企业自主权，继续整顿企业。农业要继续贯彻执行中共中央关于发展农业生产的两个文件，落实各项政策，因地制宜建立健全生产责任制，努力向各种自然灾害作斗争，确保农、林、牧、副、渔全面增长，密切结合市场的需要搞好蔬菜生产，加强山区建设。基本建设要坚决缩短战线，集中力量打歼灭战，进一步调整城市建设“骨头”和“肉”的比例关系，开展创全优工号竞赛，狠抓竣工投产，切实提高投资效果。财贸要大力支持工农业生产的发展，做好市场供应，改善经营管理，提高服务质量，改善服务态度。要加强市场管理，稳定物价。要搞好城镇集体经济，认真做好待业青年的安置工作。所有企、事业单位和行政机关，都要认真执行中共中央和国务院《关于节约非生产性开支、反对浪费的通知》，发扬艰苦创业的精神，狠抓增收节支，严格财经纪律，勤俭办一切事业。要努力提高干部、职工和社员群众的科学、文化、技术、管理水平，改进工作方法，提高工作效率。

全市人民动员起来，同心同德，一心一意，扑向四化，一天也不耽误地把经济工作搞上去，为加快首都的社会主义现代化建设作出新的贡献，以优异成绩迎接党的十二次代表大会的胜利召开！

北京市第七届人民代表大会第四次会议主席团、秘书长名单

（一九八〇年四月一日北京市第七届人民代表大会第四次会议预备会议通过）

主席团（九十七人，按姓氏笔划排列）

丁贡南　于宗英（女）　马耀骥　王金玲（女）
王学礼　王　宪　王斐然　毛文书（女）　毛联珏
叶恭绍（女）　白寿彝　司徒擎　吕子敬　乔洪森
邬纪秀　刘　达　刘导生　刘绍文　刘祖春　陆宗达
安朝俊　孙孚凌　牟冠英（女）　邢国珍　严镜清
苏从周　苏　健　李巧云（女）　李立功
李　伟（部队）　李克佐　李学龙　李昌安
李　瑛（女）　李瑜铭　杨寿山　杨春茂　杨俊生
吴文华　吴仲华　吴春山　吴　烈　何东昌　佟　铮
佘涤清　张万欣　张仲臣　张进齐　张还吾　张秉贵
张继斌　张景伯　张　满　张　镈　陈木森
陈伦芬（女）　陈克寒　陈明绍　陈　鹏　陈福汉
陈福初　范　瑾（女）　易宗朴　周冠五　周培源
封明为　项子明　赵　峰　赵炳南　赵鹏飞　钟师统
侯仁之　侯镜如　闻家驷　贾星五　贾庭三　顾均正
倪志福　徐　光（女）　徐庆文　高　戈　郭步岳
郭映福　郭影秋　浦洁修（女）　诸福棠　黄民伟
梅嘉生　曹　禺　崔旭东　盖双林　彭思明
蒲文清（女）　鲍溥汉　蔡又红（女）　蔡　旭
潘　焱

秘书长

马耀骥

北京市第七届人民代表大会第四次会议主席团常务主席名单

（二十七人）

（一九八〇年四月一日主席团第一次会议通过）

贾庭三　赵鹏飞　陈　鹏　毛联珏　李立功　王　宪
刘祖春　刘导生　佘涤清　吴　烈　倪志福　潘　焱
陈克寒　范　瑾（女）　马耀骥　王斐然　杨春茂
侯镜如　闻家驷　浦洁修（女）　蔡　旭　安朝俊
叶恭绍（女）　高　戈　丁贡南　周培源　何东昌

北京市第七届人民代表大会第五次会议

（1981 年 4 月 22 日——28 日）

北京市第七届人民代表大会第五次会议于 1981 年 4 月 22 日至 4 月 28 日召开。代表 1244 人。

大会听取、审查和批准了苏展关于北京市 1980 年国民经济计划执行情况、财政决算和 1981 年国民经济计划、财政预算草案的报告，听取和审查了副市长赵鹏飞所作的政府工作报告，贾庭三、张旭、魏彬分别作的北京市人民代表大会常务委员会工作报告、北京市人民法院工作报告和北京市人民检察院工作报告。焦若愚市长在会议上作了重要讲话。

大会共收到提案 749 件，其中财经类 279 件，文教卫生类 168 件，城市建设类 224 件，政法和其他类 78 件。

大会选举了焦若愚为北京市市长。

政 府 工 作 报 告

——一九八一年四月二十三日在北京市第七届人民代表大会第五次会议上

北京市副市长 赵鹏飞

各位代表：

现在，我受北京市人民政府的委托，向市人民代表大会报告工作。

一、北京市工作的基本情况

一九八〇年以来，在党中央和国务院的直接关怀和领导下，经过全市人民的共同努力，本市各方面的工作取得了较好的成绩。北京市的政治、经济形势，同全国一样，总的是好的，但也存在许多困难和问题。

(一) 政治形势好的主要表现

党的三中全会以来的路线、方针、政策日益深入人心，全市广大干部、群众的政治觉悟不断提高。去年，全市组织学习邓小平同志关于《目前的形势和任务》的报告后，使大家认清了形势，明确了奋斗目标，提高了觉悟。去年四月，中央书记处根据首都特点，总结三十年来首都建设的经验，对今后首都建设方针提出了四项重要指示，给首都建设指明了方向，得到全市人民的热烈拥护。去年四季度，国务院召开了全国省长、市长、自治区主席会议和计划会议，随后中共中央又召开了工作会议，决定了在经济上实行进一步调整、在政治上实现进一步安定的重大方针。大家认为这是当前我国经济和政治的唯一正确的方针。全市广大干部、群众经过一年多来的学习和实践，思想不断解放，对党和政府的路线、方针、政策加深了理解；对建国以来经济建设工作的主体错误是“左”的错误有了认识；对在新的历史时期坚持四项基本原则的重要性有了更深的领会；对首都建设的指导方针更加明确。大家感到，建设具有高度物质文明和高度精神文明的社会主义强国的方向更明了，路子更清了，劲头更大了，信心更足了。这是政治形势好的首要标志，是我们搞好各项工作的根本保证。

社会主义民主得到了发扬，社会主义法制有了加强。去年，全市实行了区、县人民代表的直接选举，绝大多数区、县相继召开了人民代表大会，通过差额选举，产生了区、县人大常委会和人民政府。在市人民代表大会闭会期间，市人民政府先后就物价、爱国卫生、蔬菜供应、社会治安和城市规划等重要问题，提请市人大常委会审议，接受监督。在过去的一年里，重新建立了司法行政机构，恢复了律师制度，选举了各级人民陪审员，从各方面为今年全面实施《刑法》、《刑事诉讼法》作了准备。通过上述工作，密切了政府与人民群众的联系，提高了广大人民群众当家作主的责任感和积极性。

革命的爱国的统一战线得到了进一步的巩固和发展。全市已有十四个区、县成立或恢复了政治协商会议。市、区两级政协扩大了组成人员，有了更广泛的代表性。民主党派的工作也得到了恢复和发展。政协和民主党派通过协商讨论和调查研究，积极协助政府推动工作，并且提出了许多宝贵的批评和建议，在调动一切积极因素、团结一切爱国力量为四化建设服务方面发挥了积极的作用。与此同时，各有关部门继续贯彻落实了各项政策，解决了许多遗留问题，特别是在贯彻执行民族政策、宗教政策、侨务政策以及把小商小贩、小手工业者和其他劳动者从原工商业者中划出来的政策等方面，有了新的进展。全市各族人民的大团结更加广泛和增强了。

整顿社会治安和树立良好社会风尚的工作，经过各方面努力，进行综合治理，收到了一定成效。刑事犯罪分子和经济犯罪分子受到了打击，破案率有了提高。基层治保工作得到了加强，涌现出一批勇于同坏人坏事作斗争和热心挽救失足青少年的先进人物、先进集体。劳动教养和工读学校的工作有了改进，教育和挽救了一大批犯错误的人，使他们弃旧图新，走上了正路。各方面注意抓了青少年教育工作，认真贯彻了《中小学学生守则》、《青工守则》。最近以来开展了

“五讲”、“四美”、“学雷锋、树新风”活动，这对于树立社会主义的道德风尚，提倡遵纪守法、维护秩序、讲究文明礼貌等，起了很好的推动作用。

（二）国民经济形势好的主要表现

国民经济形势好的情况，在关于一九八〇年国民经济计划执行情况和财政决算的报告中将有具体说明，这里只概括地讲一讲。

工业在调整和改革中继续前进。去年，按专业化协作和经济合理的原则，继续对工业进行调整和改组。在占全市工业总产值百分之八十的全民所有制工业企业中进行了扩大企业自主权的试点。通过发挥市场调节作用，广开生产门路，增加了适销对路产品的生产。同时，在整顿企业、改善经营管理、增产增收、节约能源、降低消耗、增加花色品种、提高质量等方面都有进步。一九八〇年全市工业总产值完成二百三十二亿一千万元，比上年增长百分之九点七。其中，轻工业增长百分之十九点三，重工业增长百分之四点三。交通运输和地质工作超额完成计划，邮电建设有了一定发展。

郊区农村贯彻执行了中央关于农业的政策，推行了以“专业承包、联产计酬”为主的各种形式的生产责任制，调动了广大干部和社员的积极性，同时较好地发挥了科技人员和水利设施的作用，战胜了严重的冻灾和百年不遇的大旱，粮食（总产三十七亿二千万斤）和牛奶、鸡蛋、猪肉、鲜鱼等都创历史新水平。蔬菜生产完成了计划。油料增产两成。山区林业政策继续得到落实，全市造林三十六万五千亩，超过计划近一倍。社队工副业的总收入比上年增长百分之二十。

城市建设中“骨头”与“肉”的比例关系继续有所调整。去年全市房屋建筑竣工五百五十万平方米，比上年增长百分之十八，其中住宅竣工面积达到三百五十六万平方米（内有市属单位一百六十四万平方米），比上年增长百分之三十三，创历史最高水平。建成了一批外事、旅游、科研、文教、卫生和商业工程。房屋竣工面积和市政公用设施建成交付使用的工程项目，都是建国以来最多的一年。环境治理和城市绿化也有新的进展。

商业购销两旺。在中央有关部门和兄弟省、市、自治区的大力支援下，去年全市商品收购总值一百二十二亿二千万元，比上年增长百分之十七点三；城乡商品零售额达六十亿元，比上年增长百分之十五点三。财贸部门在支持工农业生产、组织货源、方便群众生活、稳定物价等方面做了不少工作。随着落实各项经济政策，在国营商业的领导下，工业自销、议购议销、集体所有制和个体所有制商业以及城乡集市贸易均有发展。对外贸易去年出口总值达五亿九千多万美元，创历史最高水平，剔除价格因素，实际增长百分之二十四。通过发放外汇贷款、开展补偿贸易、来料加工和引进部分先进设备和技术，在提高生产技术和管理水平、弥补某些原材料不足、增加生产和出口能力等方面都起到了作用。

科研工作不断加强。去年共获得科研成果八百多项（其中比较重大的三百多项），有一半以上得到了应用和推广，取得了较好的技术经济效果。教育事业得到一定的恢复和发展，高等院校在校学生恢复到八万三千人，小学的学制开始由五年改为六年，高中开始分批由两年制改为三年制。中等教育结构开始进行改革，增加了职业教育。学校的管理逐步走上正规，教学质量有不同程度的提高。工农业余教育有了较大发展，以电视大学为主要形式的业余高等学校的学员达四万人，参加其他各种业余教育组织的达四十万人，并制定了高等教育的自学考试制度，从今年起开始试行。文化、出版、广播、电视、卫生、计划生育、体育、文物等事业都取得了一定的成就。

全市财政实现了增收节支。一九八〇年财政收入五十一亿二千多万元，超过预算百分之八点一，比上年增长百分之七点九。支出十四亿八千多万元，比预算减少百分之十六点九，比上年下降百分之二十三点八。除按照规定上缴国家和专项支出结转到今年继续使用的部分外，市财政实际结余两亿八千多万元。回笼货币八亿七千万元，创历史最高纪录。

去年，通过广开门路，青年就学就业达十八万多人。特别是组织了集体所有制的城市生产服务合作社和劳动服务公司，广泛开展了灵活多样的业务，既方便了群众生活，又为安置青年就业开辟了新的途径。

由于扩大就业、调整工资和发放奖金等，一九八〇年职工每人全年平均增加收入一百六十元。由于生产发展、农副产品收购价格上调，郊区农业人口每人从集体分配到的收入平均达到一百八十二元，比上年增加三十一元。去年年底城乡居民储蓄存款达十四亿四千万元，比一九七六年增长百分之九十点一，创历史最高水平。除没有增加工资、没有奖金收入和抚养人口多的一部分职工，以及极少数受灾严重地区的社员生活有所下降外，大多数城乡人民群众的生活有程度不同的改善。

（三）存在的问题和困难

在政治上还存在一些不安定的因素。刑事犯罪活动比较严重，经济犯罪活动也有增加。极少数唯恐天下不乱的人还在变换手法，反对四项基本原则，破坏安定团结和四化建设。

国民经济各部门比例失调的状况还没有扭转过来。城市住宅和市政公用设施、生活服务设施严重不足。城市管理和维护工作相当薄弱，环境污染、市容卫生、交通秩序和房屋修缮等方面问题很多。适合首都特点和解决人民吃穿用的工业比重小，产品质量差，花色品种少。郊区农业内部结构与建设副食品基地的方针还不适应，多种经营还不发达，一部分山区社队贫困的面貌没有多大改变。市场商品供需矛盾比较突出，商业网点少，分布也不合理，集体所有制和个体所有制的商业、饮食业和服务业比重太小，做衣难、买菜难、修理难和在街上吃饭难等问题还没有多少改善。教育、卫生、文化、体育等事业在十年动乱中遭到严重摧残，许多方面至今没有恢复到历史最好状况。市属科研机构的技术骨干和仪器设备十分短缺。今年城市青年需要就学、就业的约有二十六万人，任务十分艰巨。

所有这些问题，主要是林彪、"四人帮"一伙的破坏和长期以来"左"的错误造成的。但是，就我们近两年的工作来检查，确实存在着不少缺点和错误。一九七九年，中央提出了"调整、改革、整顿、提高"的八字方针。当时，我们对十年动乱造成的严重破坏缺乏足够的估量，对我国的国情和首都的特点没有真正的了解，在经济建设中还继续受到"左"的思想和作法的束缚，提出了一些过高的、不切实际的目标。在北京重工业的比重已经超过了上海、天津的情况下，仍强调发展重工业。去年四月，中央书记处对首都建设方针提出了四项指示。但是，在一段相当长的时间里，我们对这些指示的深刻意义理解得很不够，贯彻得很不力，没有使北京市的工作来一个大的转变。在实际工作中，政治思想建设、环境美化建设、科学文教建设仍然没有摆在应有的位置上；对经济建设如何适合首都的特点，为改善广大人民生活服务，研究得不够，也没有下大的决心去解决。对于这样一个关系北京市全局的根本方针问题，没有发动广大干部、群众和各方面专家，认真开展学习讨论，倾听大家的意见，提出切实可行的措施，因而受到了各方面的批评。所有这些缺点、错误的产生，都同前一段北京市没有抓紧抓好真理标准问题的讨论，对"两个凡是"的观点批判得很不够，端正思想路线的问题解决得不好，有密切的关系。中央明确指出，检查北京市工作好坏的标准是：政治思想建设、环境美化建设、科学教育文化建设和适合首都特点的经济建设。我们一定要按照这一标准认真总结经验，吸取教训，改进工作，把首都建设推向一个新的发展阶段。

二、按照首都特点对国民经济实行进一步调整

党中央、国务院决定对国民经济实行进一步调整。这是一次健康的、清醒的调整，是继续贯彻党的十一届三中全会精神的极其重要的决策。把这次调整搞好了，就能使我们的经济工作摆脱长期以来"左"的思想和作法的束缚，真正从我国的国情出发，量力而行，循序渐进，讲求实效，把经济发展同逐步改善人民生活密切结合起来，从而使我国的经济走上协调的、健康的、稳步发展的道路。我们一定要深刻领会这次调整的重大而深远的意义，坚决地贯彻执行。

北京是祖国的首都，各项工作都要适应首都的特点。中央书记处指示：要把北京建成为全中国全世界社会秩序、社会治安、社会风气和道德风尚最好的城市；要把北京变成全国环境最清洁、最卫生、最优美的第一流的城市，也是世界上比较好的城市；要把北京建成全国科学、文化、技术最发达，教育程度最高的第一流的城市，并且在世界上也是文化最发达的城市之一；要使北京经济上不断繁荣，人民生活方便、安定。这是摆在全市人民面前一项长期的艰巨的光荣的任务。在北京市进行国民经济的进一步调整，必须贯彻落实中央这个指示精神。根据国家对我市经济调整的要求，结合本市的具体情况，市计委和市财政局编制了北京市一九八一年国民经济计划草案和财政预算草案，将提请大会审议。这里，我就本市国民经济调整中的方针政策和一些重要问题，提出以下意见。

（一）关于城市建设和城市管理

长期以来，北京的基本建设一直是规模过大，战线过长。根据这次调整的要求，今年北京地区房屋建筑的开复工面积要由各方面要求的一千八百万平方米压缩到一千二百万平方米。其中，中央在京单位项目七百四十万平方米，地方项目四百六十万平方米。原已批准的地方基建项目（主要是工业交通）有四十多项要停建或缓建。

现在，城市建设中"骨头"与"肉"的比例关系失调的状况仍很严重。近两年虽然建设了大量的住宅和许多市政公用设施以及生活服务设施，但由于过去欠账过多和人口增长过快，住宅十分短缺、市政公用设施和各项生活服务设施严重不足的矛盾仍很尖锐。

今后若干年内，要坚定不移地把住宅、市政公用设施和生活服务设施放在首位，每年住宅和配套的生活服务设施的竣工面积要占全市房屋竣工面积总数的百分之六十以上。今年全市住宅计划竣工四百万平方米，其中市属各单位一百五十万平方米。根据过去的经验，今后住宅建设要尽可能地扩大统一开发建设的比重，实行统一规划，统一征用土地，统一安排地上地下的各项配套工程，使住宅区能够比较完整地建设起来。在大搞住宅建设的同时，要重视大专院校急需的教学用房、国家的重点科研工程、外事用房和旅游工程的建设。基本建设部门要认真改进工作，坚持基本建设程序，提高工程质量，降低造价，缩短建设周期，提高竣工率，发挥投资效益。

经过三十年来的大规模建设，征用了大量土地，城近郊区可供建设的用地已经很少，城市附近的社队平均每人只有几分耕地。目前绝大多数的建设单位仍想在城近郊区征用土地进行建设，矛盾十分尖锐。我们要根据中央的指示，把首都建设的总体规划方案尽快确定下来，严格控制首都的规模，大力调整城市的布局。今后在城近郊区，只能有控制地安排党中央、国务院、中央军委首脑机关的工程，外事工程，部分旅游工程，以及急需配套的住宅、市政公用设施和生活服务设施，不再安排其他新的建设项目。要坚决保留必不可少的菜地、林地和水源地，风景区更要严禁一切无关的工程建设。凡不是必须摆在北京的建设项目，坚决不要摆在北京；必须建在北京的项目，要坚决摆到远郊区去。为此，要有计划地建设黄村、通县和昌平等卫星城镇，并制定鼓励向远郊扩散人口的政策和办法。同时，要加强规划管理，坚决制止乱占地、乱建房、乱堆料、乱砍树等混乱现象。

长期以来，我们在发展生产和城市建设中对环境保护重视不够，以致污染严重，造成不良后果。近几年虽然做了一些工作，取得了一些成绩，但总的来说，环境污染的状况还没有得到多少改变，有些污染物质还在增加，有些地区和单位的环境日趋恶化。最近，国务院发布了《关于在国民经济调整时期加强环境保护工作的决定》，要求北京的环保工作走在全国的前面，搞好环境整治规划，组织发动群众，落实各项措施，努力在三、五年内使北京市的环境面貌有一个较大的改善。我们必须严格执行《中华人民共和国环境保护法》和市人民政府制定的治理污染的各项规定，用经济和法律的手段，推动各单位加速环境污染的预防和治理。当前，首先要集中力量解决城区的污染问题，还要重点抓好首钢、燕化和化工、电力行业的污染治理。同时，要积极改变本市的燃料构成，千方百计增加煤气和液化石油气的生产，克服当前供应不足的困难，并力争逐步扩大供应范围，以减少直接烧煤造成的大气污染。对密云、官厅、怀柔等几大水库和自来水厂水源地的环境保护工作要切实加强。要广泛动员企业、学校、机关、部队和街道的力量，大搞首都绿化，积极培植苗木，有计划地增加城市绿地面积；同时要加强住宅区和小城镇的环境治理，清除垃圾，平整道路，清理沟渠，广种树木花草，努力把首都的环境搞得清洁、优美。

十年动乱期间，由于林彪、“四人帮”的破坏和“左”的思想影响，本市收缴了城市私有房屋（其中私人自住房有七万间），根据宪法的规定，应一律确认原房主的所有权。这是历史遗留下来的一个老大难问题，只能根据国家财力、物力的可能逐步解决。当前首先要解决原自住房被挤占后房主现在居住有困难的问题。去年市里曾对这个问题提出了一些解决办法。有些单位认真执行了，也有些单位没有执行。在没有执行的单位中，有的是有条件执行而没有执行，有的是确有实际困难，一时腾不出来。应该承认，本市各级政府和有关部门对这项工作抓得很不得力。市政府认为有必要重申：凡是机关、部队占用的私人自住房，应当坚决退还。企事业单位和街道组织占用的私人自住房，能全退的全退，能部分退的部分退，实在退不了的，要做出退房计划，分期分批逐步解决。凡有职工挤占私人自住房的单位，在分配本单位新建住宅时，对挤占了私人自住房的职工，应视同无房户对待，从新建房屋中安排他们的住房，以便腾出房屋退还给原房主。职工挤占私人自住房多的单位，用于这方面的房屋应占新建房屋的百分之二十，以便照顾本单位其它职工住房的困难。如原房主不坚持退还原房，或退还原房确有困难，也可适当给房主另行安排住房。鉴于不少基层单位没有新建住宅，市政府准备根据财力、物力的情况，从今年起每年筹建一定数量的住宅，今年争取达到十万平方米，专门用于解决占用私人自住房的问题。落实私房政策是个十分复杂的问题，市里已经组织专门力量进行调查，以便从实际出发，进一步研究解决具体问题的办法。为了加强这项工作的领导，市、区政府都要建立专管机构负责监督执行。

合理分配城市新建住宅，是广大群众十分关心的问题。中央领导同志最近指出：在分配住房时，要照顾困难户，优先解决没有房子住或者住房面积特别少的困难户，先不讲职务，先讲困难。今后新建的住宅，除各单位用自筹资金建设的以外，市里投资建设的，要重点照顾基层文教、卫生和财贸等单位的住房困难户。市和区、县、局以及基层单位都要建立分房委员会，加强对住宅分配工作的具体领导。各单位分房委员会的组成人员，除有关部门的领导干部外，要吸收办事公道、有威信的群众代表参加，使房屋分配合理，杜绝不正之风。分配住宅一定要走群众路线，采取个人申请、民主评议、张榜公布、分房委员会批准的办法，使分房的全过程都能接受群众的监督。任何领导干部都无权个人批房。

（二）关于教育、科技、卫生、文化、体育

北京的教育、科技、卫生、文化、体育等事业在十年动乱中遭到严重摧残。同一九六五年相比，大学在校学生少三分之一，中专在校学生少四分之一，大中小学的教育质量大都明显下降。市属医院减少了八所，病床十分紧张。北京市的科研机构虽然恢复和新建了不少，但技术骨干和研究手段急待充实。文化、体育设施近十多年基本上没有增加。这种状况很不适应现代化建设的需要，与首都的地位也很不相称。在国民经济调整时期，对教育、科技、文化、卫生、体育事业，一定要给予高度的重视，切实加强领导，使之得到较快的恢复和发展。

今年，中央和市属大专院校急需的教学用房和宿舍计划开复工一百万平方米，计划竣工四十四万平方米，是"文化大革命"以来最多的一年。市属重点研究所要充实，产科、儿科和其他病床要增加，广播电台要建设。同时，这方面的事业费在国家财政还有暂时困难的情况下，也比上年有较大的增长。

调整时期，这些事业还要在整顿、充实、提高上狠下功夫。高等教育要认真总结建国以来正反两方面的经验，进一步明确办学指导思想，制定规划，加强师资队伍和教学设备的建设，争取得到较快的恢复和发展。北京市要同中央有关主管部门密切配合，办好全国重点大学和其他学校。地方院校的建校工作也要切实加强，首先办好市属重点学校。继续依靠本校支持和坚持走读方式办好大学分校，并按本市现代化建设的需要和量力而行的原则尽快把长远规划和体制确定下来，进行必要的调整。今年高等学校的招生工作，要尽量克服困难，力争完成国家下达的任务。各条战线都要十分重视中等专业教育，力争在今后几年内有一个较大的发展，并办好一批质量较高的中等专业学校。前几年不顾可能的条件在全市盲目普及高中，给中小学教育带来严重后果，必须认真进行调整。普通高中要稳步压缩，中等职业技术教育要尽力发展，初中和小学的工作要切实加强，重点中小学要优先办好。要端正办学思想，认真贯彻德、智、体全面发展的方针，大抓教师队伍的培养提高，并在可能条件下逐步改善办学条件，在提高教育质量上狠下功夫。要积极开展学生课余和校外的科技、文体等多种多样的活动。要重视学龄前儿童的教育，发展幼儿园。机关、企事业单位，没有幼儿园的要积极筹办，已经有的要挖掘潜力增加名额，有条件的还应当招收附近居民的幼儿入园。所有的幼儿园都要努力提高保教质量，使幼儿从小得到健康成长。

在按照党中央、国务院《关于加强职工教育的决定》，狠抓在职职工的培训。通过发展电视大学和职工业余大学，举办业余中专、业余中学等方式，把广大职工特别是在十年动乱中被耽误了的青年一代，最广泛地组织起来学习，提高他们的文化科学和业务技术水平，以适应现代化建设的需要。这是一种能够收到很好效果的智力投资，也是建设精神文明的有力措施，具有重要的战略意义。此外，对于私人办学也要加以鼓励和支持，并加强领导和管理。

市属科研单位要进行调整、整顿、充实和提高。科技工作要紧密结合当前经济建设的迫切需要，狠抓技术开发和新技术推广。医疗卫生单位要贯彻预防为主的方针，加强防疫工作，努力控制肝炎、痢疾和流脑三大传染病的流行。各级医院都要切实加强对医护人员的思想整顿和业务培训，努力提高医疗水平，改善服务态度。同时，还要积极整顿、改进公费医疗和分级分工医疗等制度，并争取有更多的中央在京单位的医院接受其他单位的职工和附近的居民就医，使现在的卫生设施和卫生经费发挥更大的效益。文化体育部门要立足于现有条件，积极改进工作。要继续推动机关、部队、企事业单位内部的礼堂、游泳池、运动场向社会开放，活跃群众性的文体生活。首都的艺术和体育要在普及的基础上提高，努力争取在国内成为第一流，还要努力赶超世界先进水平。

北京一个突出的优势是集中了大批的高等学校、科研院所，专家、学者、教授是全国最多的。我们要充分发挥他们在首都建设中的巨大作用。工业、农业、城建、财贸、教育、科技、卫生等各项建设事业，都要取得他们的支持和帮助。要聘请他们担任顾问和老师，把他们的科研成果接过来，迅速形成生产能力。过去，我们这方面的工作做得不够。今后各主管部门要把这个问题认真重视起来，并具体落实。市科委要会同市科协和各种学会在这方面发挥积极作用。

（三）关于工业

北京的工业要适应首都的特点，以解决人民吃穿用的需要为重点，狠抓工业结构、产品结构和组织结构的调整，最大限度地把消费品生产搞上去，逐步使经济结构合理化。今年本市工业产值要比去年增长百分之三，其中轻纺工业要增长百分之八，这个任务必须保证完成。

首先，要大力发展食品工业，包括面粉、啤酒、汽水、调味品、豆制品、肉制品、糖果、糕点和方便食品等，使目前食品供不应求的状况较快地得到改变。其次，要发展纺织工业，特别是毛纺工业，以适应人民群众穿着水平不断提高的需要。第三，要发展电视机、收音机、录音机等民用电子工业，洗衣机、电冰箱等民用电器工业，缝纫机、手表、自行车等民用机械工业。第四，要发展服装工业、印刷工业、建材工业、医药工业等。北京的特种手工艺历史悠久，驰名中外，要充分发挥这一优势。要把这些工业搞上去，主要靠充分利用现有企业挖潜、革新、改造，大力发展名牌产品和市场紧缺商品，努力提高产品质量，增加花色品种，改进产品式样和包装装璜，发展高中档产品。同时，对群众需要的低档商品和日用小商品，也要注意安排，品种、数量不能减少，力求价廉物美，满足需要。

发展轻纺工业不只是轻纺工业部门的任务，商业、外贸、金融、物资、交通、电力、机械、冶金、化工等部门都要积极支持。对轻纺工业要继续实行“六个优先”，即材料、燃料、电力供应优先，挖潜、革新、改造措施优先，基本建设施工力量安排优先，银行贷款优先，外汇分配和技术引进优先，交通运输优先。今后，本市重工业的规模不再扩大，努力方向是结合节能和治理污染，开展综合利用，向深度加工发展，为发展轻纺工业和消费品生产提供更多的原材料、装备和人才。市政府准备从机械、农机、仪表、化工等行业中调出一批任务不足的工厂转产轻纺工业品。这是迅速发展轻纺工业的有效途径，要尽快予以落实。

要狠抓工业组织结构的调整。通过调整、改组、联合，把生产能力合理地组织起来，充分发挥现有企业的作用，提高经济效益，要继续按照专业化协作和经济合理的原则改组工业。要打破行业和行政区划的界限，开展各种形式的经济联合。要狠抓本市各工业部门之间的联合，包括地方企业和中央在京企业的联合，城区和远郊区县的联合。还要推动本市工业与外省市的联合，使发展工业的路子越走越宽。

近两年利用外资、引进国外新技术有很大成绩。但由于缺乏经验，也发生一些问题。今后，对这件事既要积极又要头脑清醒。借外债要十分谨慎，认真进行可行性研究，仔细计算偿还能力。对来料加工、来件组装、补偿贸易等要积极发展，但要精心选择项目。发展出口贸易要考虑首都的特点，处理好内外贸的关系。货源紧缺而又属于人民生活必需的商品，首先满足国内市场的需要；换汇率很低，国内又紧张的商品，可以不出口或少出口；要实行工贸结合，积极调整出口商品的结构，努力扩大重工业产品，特别是机电产品的比重。

（四）关于农业

北京的农业要在抓紧粮食生产的同时，广开门路，积极开展多种经营。要继续贯彻执行为城市服务的方针，努力把蔬菜、牛奶、蛋禽、肉食、水产、干鲜果品等生产搞上去，把郊区建成稳定的副食品基地。要根据郊区各地的自然条件和经济条件，合理进行农业区划，逐步调整农林牧副渔各业的比例，搞好农作物的布局，讲求经济效益，实现增产增收。要加快绿化造林的步伐，提高成活率。要进一步改变忽视山区工作的倾向，切实把山区建设好。

发展农业生产、活跃农村经济的关键在于继续清除“左”的思想影响，进一步贯彻执行党的三中全会以来各项农业政策。当前，一是巩固、完善、稳定以“专业承包、联产计酬”为主要形式的生产责任制，区别不同情况，组织多种形式的专业队、专业组、专业户、专业工。大力整顿社队财务管理，减少损失浪费，努力增收节支，提高农业生产的经济效果，逐步向企业化管理的方向发展。二是积极开展多种经营，大力发展商品经济。实行国家、集体、个人一起上，特别是要积极鼓励和支持社员发展家庭副业。对家庭饲养业，在品种和数量上不要限制。除农忙季节外，允许一些半劳力和辅助劳力不出集体工，专营家庭副业。三是积极组织社队之间、农工之间、农商之间以及社队同国营农场之间等各种形式的经济联合，逐步建立农工商综合经营的农业经济体制，使农村经济更加蓬勃地向前发展。四是在山区要适当放宽政策，实行适合山区特点的各种生产责任制。对那些分散零星的土地，要调动群众的积极性，采取群众欢迎的办法管好种好。要尽快把自留山（滩）划到社员户，并且认真清理和确定林权，颁发林权证书。

发展农业生产，还要加强农业科学技术工作，不断提高郊区农业的科学技术水平。要搞好农业科研，充分发挥各业科技顾问团的作用；建立健全农民科技队伍，抓好干部社员的科技学习和训练；大力推广应用增产技术措施和科研成果；积极推动科研和技术推广部门与生产单位签订技术服务合同。

郊区各区、县、社、队要在继续深入开展致富讨论的基础上，因地制宜地合理利用和开发各种资源，发挥自己的优势和特长，制定五年农村经济的发展规划。

各行各业要继续大力支援农业，支援山区建设。今年严重缺水，旱情持续发展，各方面都要十分注意节约用水、合理用水。要鼓足干劲，千方百计克服困难，战胜干旱和其他灾害，夺取农业全面丰收。

（五）关于商业、服务业和旅游业

目前，本市商业服务业的网点、人员、仓储和加工能力都严重不足，人民生活很不方便。同时，今年社会购买力还将有较大的增长，市场商品的供需矛盾仍然比较大，适销对路的商品短缺。要下大力量解决这些问题。

首先要在广大职工中牢固树立全心全意为人民服务的思想，处处为方便群众着想，狠抓提高服务质量，改善服务态度，改进经营管理，并尽可能地增设网点和流动服务车，延长营业时间，革除“官商作风”。更为重要的是要认真克服“左”的思想和做法，把政策搞对头，使国营经济、集体经济和个体经济三者一齐上，把各方面的积极性调动起来。要鼓励和支持机关、部队、企事业单位办好食堂，并可以按集体经济的方式兴办为本单位职工服务的消费、修理等各种生活服务事业，有条件的单位还可以对社会开放。各级政府、城市街道组织、农村社队和有关部门要根据当地的需要，积极组织集体和个体所有制的饮食业、修理业、服装加工业以及各种零售商业，使它们有一个大的发展。国营商业对它们要积极加以领导和扶持，坚决纠正目前存在的排挤、轻视集体经济和个体经济的错误倾向。以上这些都是解决商业、饮食业和修理服务业网点不够、力量不足、人民生活不便的有效途径。

商业部门要努力减少流通环节，十分注意市场情况的变化，加强预测预报，通过同工业、农业部门密切协作，本市与外地密切协作，增加生产，扩大市场商品的货源，并努力做到品种适销对路，花色规格齐全。要千方百计提供条件，吸引外省市来京办展销会，开办有地方特点的饭馆和商店。要下大力量缩小社会购买力同市场可供商品之间的差额，力争平衡，尽可能多地回笼货币。

要继续狠抓控制物价、整顿议价的工作，保持物价稳定。工商行政管理部门要加强对农贸市场、贸易货栈的整顿和管理，并配合有关方面，打击各种经济犯罪活动，保持市场的良好秩序，努力做到管而不死、活而不乱。

努力发展旅游事业是北京市的一项重要任务。要抓紧建设新的旅游旅馆，培训各种人员，积极扩大旅游商品的生产，增添各种服务项目，切实整顿旅游风景区。接待旅游者的规模和数量要量力而行。现有的旅游旅馆和有关单位都要加强对职工的教育和整顿，努力改进工作，提高效率和服务质量，做到旅游者高兴而来，满意而去。

（六）关于安置城市待业青年

大量待业青年是我们发展各项事业的一支重要力量。在安排就业的问题上要走出一条新路，就是改变劳动力的结构，发展第三产业。根据本市的情况，主要是商业、饮食业、服务业、修理业、短途客货运输、家庭劳务以及为旅游服务的各种行业等。第三产业是社会生产总过程的必要劳动，有广阔的发展前途。从事这种劳动，是高尚的、光荣的，应当得到社会尊重，要扭转那种轻视服务性劳动的错误思想倾向。此外，有条件的，可以安排他们从事手工业和劳动密集的轻工业。还要鼓励和支持一部分待业青年到国营农场、林场、牧场以及场办企业就业，或者在政府领导和资助下，由待业青年自己集体兴办这些事业。安置的主要办法是发展集体和个体所有制经济。对这些经济成份，政治上要一视同仁，经济上要给以扶持，收入水平根据经营情况可以低于、同于也可以高于国营企业的职工。大量组织各种技术文化补习学校，为待业青年就业和升学准备条件，也是解决这个问题的重要措施。把大批待业青年安置好，不仅有利于首都的经济发展，也是保证社会安定的一件大事。全市各行业、各单位，要把它作为大家的共同任务，做出积极的贡献。

（七）关于控制人口

截至一九八〇年底，全市的常住人口为八百八十五万六千人，相当于解放初期二百零三万人的四倍多，加上其他驻京单位人口和暂住人口，实际已达九百七十一万六千人。城区人口密度每平方公里二万六千余人，大于巴黎、东京，仅次于纽约。人口增长过快，给城市各方面的工作带来一系列很难解决的尖锐矛盾。北京人口增长快，除五次扩大郊区增加二百八十三万人以外，主要有三个因素：一是市外迁入多，机械增长快；二是应该迁出的人口，长期迁不出去；三是计划生育抓晚了，前些年自然增长数量大。为了控制首都的人口，必须采取有力的措施。一是要严格控制人口的机械增长，市政府已经拟定了一个管理办法，报请国务院审批。二是要大力加强计划生育，提倡晚婚、晚育，并以避孕为主，降低人口自然增长率。要动员全市人民积极响应党中央、国务院的号召，实现一对夫妇只生一个孩子。这是一件移风易俗的大事，需要各方面和全市人民共同努力，才能收到应有的效果。

（八）关于财政

按照国务院的要求，今年本市财政收入指标为五十二亿一千九百多万元，比去年增加近一亿元。由于今年不少工业品的产量指标减少了，许多原料、燃料供应数量减少，价格提高，要完成财政收入任务，难度很大。今年本市财政支出指标为十六亿零三百多万元，比去年决算支出增长百分之七点九。其中，国家预算十二亿零九百多万元，上年专项支出结转两亿一千七百多万元，市机动财力安排一亿七千七百万元。

实现上述任务，必然会牵动全市国民经济的各个方面。我们一定要清楚地认识到进行这次调整是保证经济全局的稳定，消除潜在危险所必须的，是全国人民根本利益的所在。全市各部门、各单位都要为全局着想，自觉地做到小局服从大局，小道理服从大道理。今年一季度工业生产和经济效果都不够理想，产值和利润都比去年同期有所下降。根据国务院《关于抓好当前工业生产的紧急通知》，市政府已针对其中存在的主要问题采取了措施，召开了万人增产节约动员大会，进一步加强政治思想工作，完善利润留成办法和奖励超额劳动办法，克服平均主义，实行多超多奖、少超少奖、不超不奖的原则，以充分地调动工交企业和广大职工增产节约、增收节支的积极性。纺织工业局已经带头提出了“五一见光明”的要求，即“五一”前掀起增产节约、增收节支的新高潮，把生产提高到比去年增长百分之八的水平，把经济效果提高到能够确保完成上缴利润必成计划的水平，“五一”以后向生产的更高水平和完成上缴利润期成计划努力。其他各工业局正在努力跟上来，生产在上升，形势在好转。全市各部门、各单位一定要学习他们的革命精神，推广他们的经验，依靠和发动群众，增产节约，增收节支，艰苦奋斗，按照国务院的规定，制止滥发奖金和津贴的现象，勤俭办一切事业，战胜各种困难，圆满地完成今年本市调整经济的各项任务，为全国实现财政收支平衡、稳定经济和安定人民生活做出首都应有的贡献。

赵紫阳同志在去年十二月中央工作会议的讲话中提出一个十分重要的问题，就是要努力提高经济效果，走出一条发展经济的新路子。他指出：长期以来，我们走的是一条重建设轻生产、高积累低效率的道路。这条路子，是靠紧缩人民消费，保持过高积累率来维持的。表面上看，生产增长速度不算慢，但是真正创造的社会财富很少，人民得到的实惠不多，今后再也不能走这条老路子。这个问题，在北京市表现得也很明显。通过这次进一步调整，我们一定要在指导思想上来一个根本转变，即不是靠多上基本建设，多铺新摊子，大量增加能源和原材料的消耗，而是主要靠发挥现有企业的作用，进行合理的技术改造，降低消耗，提高质量，提高效率，来扩大社会生产。这样做增长速度表面上看不算高，但经济效益好，社会财富增加得多，人民得到的实惠多。在今年的经济调整中，我们北京市就要走这条路，一心一意地抓现有企业的挖潜、革新、改造，依靠现有的设备和技术力量，努力改善经营管理，有效地运用国内外现成的新技术，深入开展增产节约、增收节支运动，认真搞好节水、节电、节煤、节油的工作，向官僚主义、向浪费要原料、要能源、要利润。过去我们的经济工作之所以效益差，是同经济体制不合理密切关联的。在这次经济进一步调整中，改革要服从于调整，有利于调整的改革要积极进行。两年来，本市在改革方面做了不少工作，方向是正确的，效果是明显的。本市大中型企业大多数已经进行了扩大自主权的试点，要继续把这项工作搞好，取得比较完整的经验。对小型企业、微利企业、亏赔企业和集体所有制企业，要区别不同情况，试行各种形式的经济责任制。要搞好企业的民主管理，所有企业都要认真发挥职工代表大会或职工大会的作用。市场调节的作用要在国家计划的指导下得到更好的发挥。通过调整和改革，我们才能提高经济效果，走出一条发展经济的新路子。

总起来看，北京市国民经济的调整任务是十分艰巨、复杂的，确是“百废待兴”、“百业待举”。在调整时期投资有限的情况下，好事要做，只能量力而行，尽力而为。有些好事不是一下子能办到的，只能逐步地办。但是，只要我们认识一致，方针政策对头，加强集中统一领导，依靠群众，群策群力，鼓足干劲，充分利用首都的有利条件，发挥主观能动性，是可以大有作为的。全市各部门、各单位都要按照中央关于首都建设方针的四项指示，拟订五年调整规划，在此基础上搞出全市的五年调整规划，报请国务院审批。

三、加强政治思想建设，实现政治上的进一步安定

北京是我国的首都，是中央的所在地，是我国对外交往的中心。北京要在社会秩序、社会治安、社会风气和道德风尚方面成为全国、全世界最好的城市，必须加强人民民主专政，加强思想政治工作，加强社会主义民主和法制，加强政法公安工作的建设。

(一)切实加强思想政治工作，不断提高广大干部和群众的思想政治觉悟，树立新的社会风气和道德风尚

我们要按照中央的要求，教育广大干部、群众正确认识当前的大好形势和我们面临的困难；正确认识建国三十一年来社会主义革命和建设的巨大成绩和经验教训；把大家的思想统一到党的三中全会以来的路线、方针、政策上来，努力完成调整国民经济的任务，实现安定团结。

坚持四项基本原则是实现四个现代化的根本前提，是我们的立国之本。各级政府要积极主动、理直气壮地宣传四项基本原则，捍卫四项基本原则。对于那些反对四项基本原则的严重错误思想和言论，必须进行批判和斗争。对于干部、群众中的思想认识问题，则要坚持说服教育方法，坚持疏导方针，不能简单粗暴，堵塞压制。对于坚持敌视社会主义的有组织的破坏力量，必须依法予以限制和制裁。全市广大干部、职工都应自觉捍卫四项基本原则，勇于挺身站出来同违反四项基本原则的言论和行为进行严肃的思想斗争，绝不能持中立态度，更不能跟着一些人反对四项基本原则。

思想政治工作一定要联系实际，结合经济工作、业务工作一道去做，并注意解决群众的实际困难。对群众生活方面存在的问题，应该解决也能够解决的，要积极创造条件，切实抓紧解决；一时解决不了的，要向群众说清楚，取得谅解。要坚决批判和纠正各种脱离群众、对群众疾苦不闻不问的官僚主义态度。广大干部和职工要树立全局观念，眼前利益服从长远利益，个人利益服从国家利益，发挥自己的聪明才智，各尽所能地为四化建设多做贡献。

十年动乱的一个严重后果，就是搞乱了一些人的思想，败坏了社会风气和道德风尚。我们要动员社会力量，坚持不懈地采用多种形式，生动活泼地在广大群众中进行共产主义思想和共产主义道德教育，进行爱国主义教育。要提倡和表彰大公无私，服从大局，一不怕苦，二不怕死，毫不利己，专门利人，艰苦奋斗，廉洁奉公，严守纪律，自我牺牲，全心全意为人民服务的革命精神。要继续批判和反对封建主义的种种残余影响，批判和反对崇拜资本主义、主张资产阶级自由化的倾向，批判和反对资产阶级损人利己、唯利是图、“一切向钱看”的腐朽思想，批判和反对无政府主义、极端个人主义。为树立社会主义新风尚，我们要动员全市人民坚持不懈地开展以“学雷锋、树新风”、“五讲”、“四美”为主要内容的文明礼貌活动，使首都人民成为爱祖国，爱人民，爱社会主义，有理想，有信念，有道德，讲文明，有礼貌，维护公共利益的高尚的人。整个社会都要关心青少年的健康成长。我们要坚决响应党中央的号召，努力恢复和发扬首都关心少年儿童的好传统，从各单位实际出发，尽可能地在人力、物力、财力等各方面给予大力支持。通过学校、家庭和社会各个方面共同努力，采取丰富多采、生动活泼的教育方式，鼓励和引导他们好学上进，立志成才，使他们成为德、智、体全面发展，为人民作贡献，为祖国作贡献，为人类作贡献的共产主义事业接班人。

(二)发展社会主义民主，加强社会主义法制

三十一年来的经验反复证明，没有健全的法制，不可能有健全的民主。而没有民主和法制，安定团结的局面是不可能巩固的。我们要继续充分发扬社会主义民主，保障人民行使自己的民主权利，提高主人翁的责任感和建设社会主义的积极性。本市各级政府都要接受人民代表大会和它的常务委员会的监督，欢迎人民代表检查政府的工作，倾听他们的批评和建议，认真处理代表的提案。企业事业单位的领导班子要接受职工代表大会的监督。我们要依照宪法、法律、法令规定，使用法律武器，同反革命分子和其他各种刑事犯罪分子进行斗争。学会运用法律武器处理敌我矛盾和人民内部矛盾。我国的《刑法》、《刑事诉讼法》已经正式颁布实行。为保证“两法”实施，要充实政法、公安部门的业务骨干，抓紧培训现有干部，加强律师公证队伍的建设，迅速把各级司法行政机关建立健全起来。对各级法院、检察院的办公用房、法庭监所建设，要抓紧解决。解放以来颁布的法律、法令、条例，凡经全国人大常委会重申继续有效的，都要严格执行。还要根据我市的具体情况和实际需要，提请市人大常委会制订和颁布各种地方性法规。逐步使各项工作纳入法制轨道。当前，特别要在广大干部、群众中加强社会主义法制教育和纪律教育。要在干部、群众中有计划、有步骤地进一步肃清林彪、江青反革命集团破坏法制的余毒，增强法制观念，使干部、群众懂得法律，明确哪些行为是合法的，哪些行为是违法的，自觉遵守法律，积极、主动、勇敢地对各种违法现象进行坚决的抵制和斗争。同时，要规定和完善各种纪

律，做到大中小学的学生从入学起，工人从入厂起，战士从入伍起，工作人员从到职起，就要学习和服从各自所必须遵守的纪律。农村社队和城市街道组织也要发动群众制定必须遵守的各种公约。要造成人人遵纪守法的良好风尚。

（三）整顿社会治安，坚决打击反革命分子和各种犯罪分子的破坏活动。

当前，北京社会治安方面还存在不少问题。刑事犯罪活动比较严重。一九八〇年全市发生的各类刑事案件比上年有所上升，凶杀、抢劫、强奸等恶性案件屡有发生，甚至还出现了北京站爆炸事件。今年第一季度刑事案件又比去年第四季度有所上升。这种状况引起广大人民的不满。经济犯罪活动也有增加。贪污盗窃，投机倒把，走私漏税，倒卖票证，套购倒卖等非法活动不断发生。极少数唯恐天下不乱的人采用“文化大革命”时期的某些办法，打着“民主”、“自由”的旗号，要求“绝对自由”，煽动无政府主义，违反宪法和法律，反对四项基本原则，破坏人民民主专政和社会主义制度。在一些单位内部，也有极少数人与上述各种犯罪分子内外勾结，狼狈为奸。

以上种种情况，有的属于反革命分子的活动，有的属于林彪、“四人帮”残余势力的反扑，有的属于唯恐天下不乱者的破坏，有的属于剥削阶级残余分子的故态复萌，有的是由于封建主义、资产阶级的思想作风的严重腐蚀，对首都进一步实现安定危害很大。我们一些同志对于这种种活动的严重性、长期性和复杂性，还没有足够认识，因而打击不力，甚至放纵不管。这种状况必须坚决扭转。我们必须提高警惕，保持清醒的头脑，要认识到阶级斗争虽然已经不是我们社会中的主要矛盾，但是它确实仍然存在，不可小看。我们要针对当前首都社会治安方面存在的实际问题，采取有力措施，加强隐蔽斗争，加强侦察工作建设，进一步提高破案率。对杀人、抢劫、强奸、放火、爆炸等危害极大的刑事案件和反革命案件，要迅速侦破，依法严厉制裁，决不能手软。要从各方面努力，确保首都实现进一步的安定。

要认真整顿和加强劳改、劳教工作。去年从劳改、劳教场所逃跑出来重新犯罪的情况相当严重，这种状况必须坚决扭转。我们一定要把劳改、劳教场所建设好，充实管教队伍，办好并大力发展劳改、劳教企业。今年上半年要组织专门力量，对劳改、劳教、少管场所深入进行检查整顿，切实加强管教，提高改造质量，防止发生逃跑事件。对在逃人犯，必须抓紧追查归案。对刑满释放人员中那些惯偷惯窃、流氓成性、屡教不改、难以就业的人，要尽量留场就业，给予生活出路。

此外，教育部门要继续办好工读学校。在加强政治思想和科学文化教育的同时，要解决有工可做的问题。通过经常的劳动，改造思想，学习技能，使工读学校充分发挥挽救失足青少年的作用。

（四）整顿和加强政法、公安工作

政法、公安部门在十年动乱中遭到严重破坏，至今仍是我们工作中的薄弱环节。这些部门的力量，人员的政治、业务水平，以及技术装备，同形势发展的要求很不适应。要下决心挑选一批好的干部、职工和复员转业军人，经过训练，扩大和加强政法、公安干警队伍。对现有人员要进行认真的整顿和有计划的培训。要积极筹办市政法干校，办好法律夜大学，开办各种轮训班，为提高政法、公安干警的政治理论素养和业务水平创造条件。还要逐步增添一些必要的技术装备。中央领导同志要求：北京市的政法、公安队伍，“必须有最高的政治觉悟和政治纪律，必须模范地执行中央的路线和政策，必须同最广大的人民群众保持血肉般的联系，从而取得最广大人民的热爱和拥护”。这是北京市政法、公安战线的一项光荣任务。我们决不辜负中央和首都人民的期望，一定要把这支队伍建设好。

大力整顿和加强公安派出所和治保委员会的工作，是搞好社会治安的基础。派出所要紧紧依靠群众，同街道组织和有关部门密切配合，切实做好调查研究，掌握管界户口情况，掌握敌情、社情动态，取得打击和防范反革命活动和各种刑事犯罪的主动权。派出所管界过大的，要适当调整。

实行专门机关同广大群众相结合，是政法、公安工作的优良传统。各级政府机关和企事业单位，都要建立和健全专职的保卫组织和群众性的治保组织，实行治保工作责任制，做到对所属职工、群众的情况了如指掌，抓好对他们的遵纪守法教育和道德品质教育。对影响社会治安和有犯罪苗头的人员，要做到心中有数，做好管理教育工作，预防犯罪。公安部门要会同各单位深入动员教育，收缴凶器，并刹住制造、携带凶器的歪风；对拒不交出或继续制造、携带凶器的，要依法处理。要大力加强民事纠纷的调处工作，把人民内部矛盾解决在基层，解决在萌芽状态，防止矛盾激化。西城区苇坑、东城区国子监东这两个居民委员会，对管界内的情况进行了深入的调查研究，查隐患，堵漏洞，调解民事纠纷，关心挽救失足青少年，三年没有发生刑事案件和治安灾害事故。他们的工作是非常出色的。他们的经验证明，只要领导重视，全民动员，政策对头，措施得力，社会治安是一定能够搞好的。我们一定要在全市大力宣传和推广他们的经验，切实整顿和加强基层组织的工作。

各位代表！

我们正处在新的历史转折时期。实现经济上的进一步调整和政治上的进一步安定，贯彻落实中央关于首都建设方针的四项指示，是极其光荣而艰巨的任务。这就要求全市各级政府的工作人员，首先是领导干部，在思想上有一个大提高，作风上有一个大改进。

我们要继续认真学习中央有关文件，深刻领会其精神实质，领导带头联系思想实际和工作实际，检查总结工作中的经验教训，发扬成绩，克服缺点，纠正错误。作为领导思想，重点一般是防止、纠正和反对“左”的阻力和影响。至于不同地方，不同时间，不同问题，要从实际情况出发，有“左”就纠正“左”，有右就纠正右，对“左”对右都要做具体分析，不千篇一律，不一刀切，不随意上纲。要继续按照“解放思想，开动脑筋，实事求是，团结一致向前看，研究新情况，解决新问题”的要求，正确地、全面地贯彻执行党的十一届三中全会以来的路线、方针和政策。这是胜利完成各项任务的根本保证。

我们要发扬全心全意为人民服务、对人民负责的优良传统，克服目前存在的脱离群众、脱离实际、办事拖拉、互相扯皮、不负责任、各自为政等官僚主义作风，解决市、区分工体制上市里权力集中过多，影响区、县发挥主动性、积极性的问题。今年二月份以来，按照中央的指示，我们抓住劲松、团结湖两个新建住宅区内许多长期得不到解决的问题，在有关部门开展了“为人民服务，对人民负责”的讨论。在短短的两个月时间里，不仅解决了六十万平方米房屋建成后长期不能使用或使用不便的问题，而且对密切联系群众，改进领导作风和工作方法，促进工作体制和规章制度的改革，提高工作效率，培植社会主义新风尚，起到了很大的推动作用。要很好总结实践中取得的经验，并用规章制度固定起来，坚持下去。事实证明，开展“为人民服务，对人民负责”的讨论，是实现经济调整和政治安定的重要措施和思想基础。目前，这场讨论正在全市各条战线陆续展开，工作发展还很不平衡，有些单位取得了较好成绩，有些单位仅仅是开始。我们一定要坚持不懈地把这场讨论广泛、深入地开展下去。这场讨论搞好了，可以预期我们北京市的各方面工作将会出现一个崭新的面貌。

中央、国务院对北京市的工作十分关怀，寄予了很大的期望。我们在首都工作，一定要谦虚谨慎，戒骄戒躁，高标准，严要求，充分尊重中央、国务院各部门的领导和指导，虚心学习兄弟省、市、自治区和国外的先进经验，同全市各族人民和各界人士紧密地团结在一起，兢兢业业，扎扎实实，振作精神，实干苦干，使北京市的工作努力争取走在全国的前列，为夺取首都建设的新胜利而奋斗。

关于北京市一九八〇年国民经济计划执行情况、财政决算和一九八一年国民经济计划、财政预算草案的报告

——一九八一年四月二十三日在北京市第七届人民代表大会第五次会议上

北京市副市长　苏　展

各位代表：

现在，我受市人民政府的委托，向大会提出关于一九八〇年国民经济计划执行情况、财政决算和一九八一年国民经济计划、财政预算草案的报告，请予审议。

一、一九八〇年国民经济计划执行情况和财政决算

一九八〇年，全市人民继续贯彻执行党的十一届三中全会以来的路线、方针、政策，各项事业都有了新的进展，国民经济计划和财政预算的执行情况都比较好。

（一）经济形势好，主要表现在以下几个方面：

第一，工业在调整和改革中继续增长。一九八〇年全市工业生产，计划要求增长百分之六，实际增长百分之九点七，完成产值二百三十二亿一千万元，其中轻工业增长百分之十九点三，重工业增长百分之四点三。轻工业占全市工业的比重，已由上年的百分之三十六点三上升到百分之三十九点五。据一百二十六种主要产品产量统计，完成和超额完成计划的占百分之九十。洗衣机、电视机、收音机、缝纫机、手表、皮鞋等市场紧缺的消费品都有较大幅度的增长。大多数产品质量提高。在全国同行业评比中，有一百三十七种产品名列第一，并有二十三种产品荣获国家金质、银质奖章。试制新产品二千零五十种，增加新花色、新规格二万七千多种。许多企业狠抓节约能源的工作，实现了节能增产的要求。每万元产值耗用燃料比上年降低百分之七，耗电量比上年降低百分之四点八。调整改组工作也取得一定成效。到一九八〇年底，全市按照专业化协作和经济合理的原则，已经组织了一百零六个专业公司和总厂，“大而全”、“小而全”的状况有所改变。结合调整工业布局，治理三废污染，对耗能大、污染噪音严重、产品重复、加工能力过剩、长期亏损的一百八十四个企业实行关停并转，对二百三十四个企业重新确定了产品方向。交通运输和地质工作超额完成计划，邮电事业也取得了好成绩。

第二，农业在大灾之年夺得好收成。郊区农村继续落实党的各项经济政策，推行以专业承包、联产计酬为主的各种形式的生产责任制，大大调动了广大干部和社员的积极性。水利设施和农业科学技术也发挥了作用。因此，一九八〇年在遭到严重的冻害和旱灾的情况下，仍然获得好收成。粮食总产量达到三十七亿二千万斤，超过计划二千万斤，比上年增产二亿六千多万斤（夏粮减产四亿七千多万斤，秋粮增产七亿三千多万斤）。收购生猪二百二十八万头、鲜蛋四千八百四十一万斤，生产牛奶一亿三千六百万斤，捕鱼八百零七万斤，都超额完成计划，创造了历史最好水平。油料产量六十二万担，比上年增产近两成。蔬菜生产完成计划。山区造林超过计划近一倍。社队工副业企业总收入比上年增长百分之二十。

第三，城市建设中“骨头”与“肉”的比例关系有所调整。一九八〇年全市完成基本建设投资二十六亿五千万元，比上年增长百分之十三。在全部基本建设投资中，非生产性投资的比重已由上年的百分之四十六提高到百分之五十二点四（“文化大革命”十年平均仅为百分之十七点四，第一个五年计划时期为百分之四十八点五）。在生产性投资中，大力压缩了重工业投资，增加了轻纺工业的投资。全年房屋竣工面积五百五十万平方米，比上年增长百分之十八，其中住宅竣工三百五十六万平方米，增长百分之三十三。市政公用设施建成交付使用的工程项目，是建国以来最多的一年。水源八厂已基本建成，初步解决了东南郊一带生活、生产用水紧张的问题；二环路快车道全线通车，还建成和展宽了一些道路，使城近郊区交通堵塞拥挤状况有所改善；地铁环线铺轨工程全部完成；重点解决了朝阳路、青年沟等地区雨季积水的问题。电信建设也有较快发展。同时，建成了一批科学、文教、卫生、商业、旅游旅馆和外事工程。环境治理和城市绿化也有新的进展。城区锅炉改造数量累计已占现有锅炉总数百分之八十五左右。城区栽种草坪七十万平方米，植树七十多万株，还对部分公园、风景区和名胜古迹进行了修缮和整顿。

第四，商业购销两旺。一九八〇年全市商品收购总值一百二十二亿二千万元，比上年增长百分之十七点三；城乡商品零售总额达六十亿元，比上年增长百分之十五点三。粮油、猪肉、家禽等食品供应比较充裕，蔬菜供应不均衡而且偏紧。呢绒、绸缎、毛线、电视机、收音机、录音机、电扇等中高档穿用商品销量大幅度增长，都比上年增销二成以上。随着各项经济政策的落实，在国营商业的领导下，集体所有制商业、工业自销、议购议销和城乡集市贸易、个体工商业都有较大发展。

第五，对外贸易大幅度增长。一九八〇年出口商品换汇额达到五亿九千五百万美元，超额完成计划百分之十七，比上年增长百分之四十二点六，剔除价格因素，实际增长百分之二十四，创历史最高水平。出口产品结构开始有了变化，化工和机械设备等重工业品的出口额比上年增长一倍以上。通过发放外汇贷款，开展补偿贸易、来料加工以及引进部分先进设备和技术，对提高我市生产技术和管理水平，弥补某些原材料不足，增加生产和出口能力等方面，都起到了

较好的作用。

第六，科研、文教、卫生等事业取得新的成就。科研机构的领导力量有所加强，工作条件有所改善。技术职称套改和评定工作已基本结束，进一步调动了科研人员的积极性。根据科研为经济建设服务的方针，调整了科研任务，增加了中间试验和工业试验项目。一九八〇年取得科研成果八百多项。一九七八、七九年两年获奖的五百三十六项优秀成果，到一九八〇年得到推广应用的已达到百分之七十六。对外技术交流和科学普及工作也有了加强。

教育事业得到一定的恢复和发展。高等院校在校学生已恢复到八万三千人（包括大学分校一万九千人），中等专业学校学生达到二万二千人。中等教育结构改革有了良好的开端，不少普通中学办了职业高中班，高中学制开始由两年制改为三年制，小学学制开始由五年制改为六年制。教学质量有了提高。工农业余教育迅速发展。以电视大学为主要形式的业余高等学校学员有四万人，参加其它各种业余教育组织的人数达到四十万人。

卫生部门加强了疾病防治工作。一九八〇年麻疹、伤寒、流行性脑炎的发病率都比上年有所下降。医疗质量和服务态度有所改进。城市环境卫生面貌有了一定的改善。计划生育工作取得成效，全市独生子女率已达到百分之八十（城市达到百分之九十以上）。妇幼保健工作有所加强。

文化、体育、出版、广播电视、文物等事业都取得较好的成绩。

第七，继续安置待业人员就业，城乡人民生活进一步有所改善。一九八〇年采取多种形式，广开门路，青年就学就业达十八万多人。特别是组织了集体所有制的城市生产服务合作社和劳动服务公司，开展灵活多样的业务，既方便了群众生活，又为安置待业青年开辟了新的途径。由于扩大就业、调整职工工资和发放奖金等，一九八〇年职工收入平均比上年增加一百六十元。郊区农业人口从集体分得的收入，每人平均达到一百八十二元，比上年增加三十一元。除了没有增加工资、没有奖金收入和抚养人口多的一部分职工，以及极少数受灾严重地区的社员生活有所下降外，绝大多数城乡人民群众的生活都有所改善。

（二）在经济发展的基础上，财政决算情况良好。

一九八〇年财政收入原预算为四十七亿九千八百五十四万元，由于企业隶属关系的变化和其他原因，国家批准调整为四十七亿四千四百一十三万元。收入决算五十一亿二千八百九十万四千元，完成调整预算的百分之一百零八点一，比上年增长百分之七点九。其中：国营企业收入二十九亿一千二百八十九万九千元；工商税收二十一亿零三百六十八万一千元。一九八〇年财政收入是在保证提高农副产品收购价格、增加职工工资、安排劳动就业、减免农村税收等重大政策措施的执行，冲减财政收入三亿四千万元的情况下实现的。

一九八〇年财政支出原预算为十五亿三千一百四十八万元，在执行过程中，国家陆续追加了一部分支出，调整预算为十七亿八千九百三十九万三千元。支出决算十四亿八千七百零九万八千元，为调整预算的百分之八十三点一。各类主要支出的情况是：

第一，基本建设拨款五亿六千四百七十八万七千元。重点用于地方部门的住宅建设、市政公用设施和发展轻纺工业、增建商业服务设施等方面。地方住宅竣工一百六十四万平方米，其中大部分是各单位用自筹资金建设的；新建中小学等校舍九万二千多平方米；新建饭馆十三个；新建旅馆六个，增加床位三千八百六十四张；新建蔬菜冷库一万五千平方米；购置公共汽车、电车和出租汽车三百二十五辆（包括用城市维护费购置的部分）。

第二，企业挖潜改造资金一亿二千一百五十万一千元。重点用于节约能源、治理污染以及轻工市场、出口、旅游事业等方面。一年来，已完成交付的项目有四百零五个，经济效果比较显著。据十五个部门的统计，通过革新、挖潜、改造，共节油两万八千六百吨，节煤六万六千一百吨，增加产值六亿八千五百万元，增加税利一亿二千多万元，创外汇两千一百多万美元。

第三，科技三项费用四千三百三十五万五千元。重点用于副食品生产、食品加工、中高档轻纺新产品、新能源、新型建筑材料、环境保护等方面的研究项目。

第四，增拨企业流动资金八千六百零九万二千元。主要用于轻纺工业增加生产。一九八〇年全市工业交通企业普遍进行了清查财产、核定流动资金和调剂余缺的工作，对于加速资金周转，起到了一定的作用。

第五，支援农业支出七千四百七十八万三千元。在国家财政的支持下，通过广大社员的努力，一九八〇年新建小水库两座，打井五百五十五眼，建小水电站二十一处，除涝治碱十四万八千亩，造林三十六万五千亩等。

第六，城市维护费支出三千八百四十一万四千元，加上地方自筹收入用于这方面的支出，总计一亿零二百零一万七千元。用于整修污水池八百四十一处，在居民院内建污水池七千四百九十五处，新增垃圾桶三千三百个，新建垃圾台九十座，新建、改建公厕二百七十八座；大中修道路六十九万五千七百平方米、下水道十四公里，改善楼房小区和胡同道路六十四万六千平方米；翻建居民住房六万八千四百六十平方米，解决积水三百三十四处，自来水进院一千七百零一处。

第七，文教、科学、卫生事业费支出三亿二千一百五十四万元。教育事业方面，除了保证正常开支外，重点修复了中小学危险校舍九万零九百平方米，并补充了一部分教学设备。卫生事业方面，新建、扩建的市口腔医院、垂杨柳医院等增添设备，同仁医院病房楼进行翻修。各医院扩大了门诊范围，改善了管理，病床使用率由上年的百分之八十七点一提高到九十二点一。文物、文化事业方面，维修了雍和宫、大钟寺；成立了十一个文物保管所，加强了文物古迹的管理工作；修缮了中和剧场、东四剧场，并着手改建音乐堂。

第八，人防经费九百八十四万一千元。一九八〇年完成续建工程六十三项，五万零四百平方米，加固、改造工程五万五千平方米。一年来，利用地下工程三十三万平方米，开办旅馆、招待所五十多处，商业网点七处，生产车间三万五千平方米，各种仓库十四万九千平方米。

一九八〇年财政决算收支相抵，除根据国家规定上解中央部分以外，市财政结余五亿七千九百一十九万元。其中基本建设、企业挖潜改造、科技三项费用、小型农田水利等未完工程结余和各项专项结余二亿八千九百四十一万七千元，按照国家规定，这些资金可结转一九八一年继续使用。还有国家拨给的财政体制分成、超收分成和支出结余共计二亿八千九百七十七万三千元，作为本市机动财力，在以后年度中安排使用。

一九八〇年市地方自筹收入七千零八十一万一千元，支出六千四百九十六万三千元，结余五百八十四万八千元。

总的来说，财政预算执行的结果是好的。收入超额完成预算，支出略有结余，这对于调整比例关系，促进生产发展，保证各项事业的正常需要，提高城乡人民生活水平，都起了一定的作用。但也存在不少缺点，主要是对收支抓得还不够紧，管理不严，监督不够有力；有些企业浪费严重，不顾国家整体利益，滥发多发奖金；行政事业单位机构多，人员多，效率低，超编经费开支还很大。这些缺点在今后工作中要认真改进。

二、一九八一年国民经济计划和财政预算的初步安排

北京市一九八一年国民经济计划和财政预算草案，是根据中央书记处关于首都建设方针的四项指示，按照国家分配给北京市的任务进行编制的。属于方针、政策和执行中需要解决的一些重要问题，在政府工作报告中已经讲了，这里着重讲计划和预算的具体安排。

（一）国民经济计划安排。

第一，严格控制基本建设规模，提高投资效果，进一步调整“骨头”与“肉”的比例关系。

坚决压缩基本建设规模，是这次调整的主要方面。不仅投资要压缩，建筑面积也要控制。北京地区的建设投资一九八一年计划安排为二十四亿七千二百万元，建筑工程开复工面积要由各方面要求的一千八百万平方米压缩到一千二百万平方米。

一九八一年地方基本建设投资，初步安排九亿八千三百万元，比一九八〇年实际十二亿五千万元减少百分之二十二。其中：国家投资三亿五千九百万元（包括国家指定项目投资二亿九千一百万元，由地方统筹安排的投资六千八百万元）；地方财政投资两亿四千万元；各项贷款一亿一千四百万元；企业自筹资金两亿七千万元（全民所有制企业自筹一亿九千九百万元，集体所有制企业自筹七千一百万元）。建筑面积计划为四百九十四万平方米（包括预备项目）。

为了更好地调整“骨头”与“肉”的比例关系，今年地方基本建设安排的重点是：市政公用设施；住宅；商业服务网点、中小学和医院等生活配套设施；大专院校急需的教学用房；外事用房和某些市政设施条件具备的旅游工程；以及适应首都需要的其它工程。对工业基本建设作了较大的压缩。地方非生产性投资的比重，将由上年的百分之五十一点五提高到百分之八十左右。

具体安排是：

1、住宅建设，投资三亿九千三百万元，占地方投资总额的百分之四十；开复工建筑面积二百九十六万平方米，占地方建筑面积的百分之六十。要求当年竣工一百五十万至一百七十万平方米，基本维持去年水平。其中市属各局自筹资金安排九十八万平方米，市财政资金安排二十二万平方米，市政、地铁等拆迁房十万平方米，由区县分配的三十七万平方米，由市掌

握分配的三万平方米。地方投资兴建的住宅，要重点照顾文教、卫生部门和中小企事业单位的住房困难户。安排新建十万平方米住宅，用于逐步解决被挤占的私人自住房问题。

2、市政建设和地铁，投资两亿九千六百万元，占地方投资总额的百分之三十。主要安排三环路、京顺路、二环路、西郊污水干管、水源八厂、北京煤气厂和东二环、西二环、东北三环上下水管线以及城市园林绿化等工程。地铁环线要基本完成。市政建设是全市的重点，一定要抓好。

3、旅游旅馆，投资五千三百万元。主要安排建国饭店、长城饭店、华侨旅游旅馆、长安饭店、香山饭店、西苑饭店和扩建民族饭店等。

4、科学、文教、卫生、体育等事业，投资三千五百万元。主要安排工业大学，师范学院，第二医学院，经济学院，人大一分校，工大一、二分校和中小学校舍；新建颅脑外科医院，扩建宣武中医院、积水潭医院、友谊医院和几个医院增加妇产科床位；北京广播电台、印刷二厂、手排篮球训练馆、网球馆、大葆台汉墓展览室等工程。文教卫生部门的基本建设计划，几年来一直完成得不好，今年要狠抓施工进度，特别是高等院校，下半年都有招生任务，要力争早日建成一批校舍。

5、公安政法，投资一千一百万元。主要安排清河、天堂河等劳改农场，少管所，石景山、通县、怀柔、房山、延庆等区县的检察院和法院。市中级法院、检察院等今年要进行施工准备。

6、商业服务业，投资三千万元。主要安排商业、服务业网点和北京、宣武酱油厂，南苑榨油厂，王府井服装眼镜楼、首都洗染厂和二十几个风味食品点等。

7、农林水利，投资两千四百万元。主要安排古城、海子等水库收尾，遥桥峪水库续建，十一万伏变电站两座，造林育苗等。农业投资压缩后，有些水利工程如白河堡水库等要停下来。

8、轻工业，投资六千四百万元。主要安排集体所有制企业自筹资金和贷款建设的通县涤纶抽丝厂、工艺品厂、挑花厂、彩色电视机装配线、昌平玻璃厂以及在建的日光灯厂等。

9、重工业，投资四千五百万元。主要安排燕化总公司贷款建设的聚酯收尾工程和部分建材工业收尾项目，其它绝大部分项目都要停缓建。

10、其它。交通运输投资八百多万元，环境保护和三废治理投资五百二十万元（不包括各单位自筹资金），区县和其它部门投资一千九百万元。

初步安排：一九八一年停缓建项目有四十多项，建筑面积十七万平方米，主要是工业交通项目。如半导体器件研究所超净车间、北郊轮胎厂、冰箱电机厂、电冰箱修理厂和平谷、延庆两条地方铁路等。对这些停缓建项目，各主管部门要认真做好善后处理工作，尽量减少损失。

由于多年来积累下来的问题成堆，有些问题在今年的基本建设计划中还不能解决，只能逐步安排。

第二，大力发展农业生产，搞好城市副食品供应。

要继续改善农村集体经济的管理方法，调整农业内部生产结构，认真贯彻执行中央对农村的各项经济政策，努力发展农村经济。要在搞好粮食生产的同时，加强副食品基地的建设，大搞多种经营，充分发挥集体和个人两个积极性，努力增加社员收入。

粮食产量计划三十三亿斤，争取三十五亿斤；油料四十六万担，争取五十三万担。在提高单产的同时，要增加豆类、小杂粮的生产，适当发展绿肥，搞好倒茬轮作，合理利用土地。

大力发展副食品生产，是郊区农业的重要任务。计划收购生猪一百八十万头，鲜蛋五千万斤；生产牛奶一亿四千五百万斤，干鲜果品三亿斤；捕鱼六百万斤。要大力搞好蔬菜的生产和供应，调市商品菜安排二十一亿斤，农商部门要密切协作，共同安排好品种和季节的生产，认真解决好群众吃菜问题。

造林面积，安排二十五万亩，争取五十万亩；四旁植树一千五百万株。要认真落实林业政策，抓紧抓好育苗和林木管护工作，提高成活率，讲求实效，使首都的林业建设有一个大的进展。

第三，认真调整和改组工业，把北京的工业建设逐步转到适合首都特点的轨道上来。

全市一九八一年工业增长速度安排百分之三，其中轻工业增长百分之八。由于能源和原材料的限制，以及部分产品的销路问题，生产指标留有较大的余地。计划安排的一百九十九种轻、重工业产品（不包括机械产品），比上年增长的六十五种，占百分之三十三；下降的一百二十五种，占百分之六十三。要千方百计节约能源，节约原材料，大力提高产品质量，增加品种，增产适销对路的产品，努力完成和超额完成各项计划。

根据国家安排，主要产品产量的指标是：

钢一百六十六万吨，铁二百七十万吨，分别比上年减少三十五万和三十三万吨；煤七百四十万吨，其中矿务局六百一十万吨，比上年减少五万吨；电管局发电量九十八亿度，由于缺水，水电少发，比上年减少三亿度；原油加工量五百三十万吨，比上年减少六十一万吨；水泥二百一十万吨，比上年减少三万多吨；棉纱六万二千七百吨，呢绒一千一百万米，毛线五千三百吨，均与上年基本持平；自行车十八万辆，比上年增加六万五千辆；手表一百七十万只，增加十八万只；缝纫机五十二万架，增加七万架；洗衣机八万台，增加两万八千台。对于生产和人民生活需要的短线、紧缺产品，一定要努力多生产一些。

北京的工业要抓好五个方面的调整：（1）调整工业结构，适应首都的特点，以解决人民吃穿用的需要为重点；（2）调整产品结构和生产方向；（3）调整工业布局，治理三废污染；（4）调整企业组织结构，按专业化协作和经济合理的原则，进一步改组工业，实行联合；（5）调整出口产品结构。

各部门要根据政府工作报告提出的方向和原则，对所属企业认真地进行摸底排队，提出调整方案。根据是否适合首都特点、污染情况、耗能多少、产品是否适销对路、经济效益大小、有无发展前途等条件，进行分析比较，确定哪些产品要大力发展，哪些产品要控制，哪些产品要转产，压长线、上短线，特别要集中力量把食品、轻纺产品和市场紧缺的其它产品搞上去。对于三环路以内污染严重的企业，要抓紧治理，逐步解决污染问题。对于那些以小挤大、以落后挤先进、超过能源和原材料供应可能的加工工业要实行关停并转。今年内要关停几个耗能高、污染严重的小电石厂、小铁厂、农药厂和磷肥厂，转产一批任务严重不足的机械厂、农机厂。要在市政府统一领导下，制定切实可行的工业调整规划，逐步实行。

农村社队企业近两年发展很快，需要进行整顿。要因地制宜发展种植业、养殖业、建筑材料工业、有资源条件的采矿业、手工业以及为大工业协作配套的工业。对一些同大工业争原料、产品没有销路、质量差、消耗高、污染严重的企业，要关停并转。今后发展社队企业和近郊区社队企业占地，都要严格履行审批手续。

城镇街道工业也要进行整顿。今后组织知识青年就业，应以发展修理业、服务业、饮食业、零售商业为主，适当搞些不污染、不扰民的劳动密集型的轻工业和手工业。坚决不要在城区内再搞新的工厂。

所有企业都要利用调整的机会，狠抓企业的整顿，狠抓职工的政治、文化、技术和业务教育。停工、窝工单位的职工，都要很好地组织起来，除从事植树绿化、修路等公益性的劳动外，有计划地进行正规培训。要重视"智力投资"，努力提高干部和工人的政治、技术和业务水平，从而使工业企业的管理水平和技术水平有个显著提高。

交通运输：铁路货运量安排两千八百八十万吨，汽车货运量三千五百万吨，分别比上年实际下降百分之十五左右，主要是重工业生产计划压缩后，货源减少，执行结果可能会超过。城市公共交通客运量安排二十五亿五千万人次，比一九八〇年增长百分之七点一。

第四，努力搞好首都市场供应，合理安排内外贸易。

近几年来，社会购买力增长很快，一九七九年增长百分之二十，一九八〇年增长百分之十五点三。一九八一年社会商品零售额计划安排六十五亿元，比一九八〇年增长百分之八点三（有可能达到百分之十以上）。目前某些高中档商品，如纯毛呢绒、名牌自行车、名牌手表、缝纫机、大衣柜和双人床等，供需矛盾比较突出。工业部门要进一步挖掘生产潜力，努力增产。商业部门要千方百计组织货源，大力压缩商品库存，加速商品周转，增加市场供应。外贸部门库存不适合出口的商品，要尽可能转为内销。一九八一年商业和外贸部门要压缩库存一亿元以上。

搞好首都市场供应的一个重要方面，是要在国营商业的领导下，大力发展集体商业、个体商业，管好农贸市场，逐步改变国营商业一家垄断的局面。

为了解决商业、服务业网点少的问题，除市里安排增加一批网点外，要动员机关、企事业单位把食堂、浴室、洗衣房等办好，增加服务项目，方便职工，减轻社会上商业服务业的压力。要充分利用人防工程，开设商店、旅馆、餐厅等；要根据条件再发展一些售货亭、售货车。总之，对那些不花钱、少花钱能增加商业服务业网点，方便群众，扩大社会就业的事，要大力去办。

一九八一年的外贸出口任务，国家对国内紧缺的商品和高亏商品作了适当的压缩。计划安排，出口商品收购额为十五亿五千万元，比上年减少百分之七点七；出口商品换汇额，必成数为四亿九千六百万美元，期成数为五亿七千万美元，比一九八〇年分别下降百分之十六点六和百分之四点二。工业、农业和外贸部门要互相支持，密切协作，努力完成任务。

根据首都的特点，旅游业要有一个大的发展。要加紧旅游旅馆的建设，努力增加旅游点和旅游产品，改进服务工作，提高服务质量。

第五，安排好文教、卫生、科技和计划生育工作。

在调整时期，教育、科技、文化、卫生、体育事业不是退，而是要进。我们要尽财力、物力的可能作适当安排。这些事业还要在整顿、提高上狠下功夫。

教育方面，一九八一年高等学校、中等专业学校、技工学校招生计划，根据量力而行、尽力而为的原则，要力争完成国家下达的任务。要认真搞好中等教育的结构改革，减少普通高中，增加职业高中，进一步加强幼儿教育。要狠抓在职职工的培训，采取多种形式，如继续发展电视大学，举办业余中专、业余技校等，提高他们的文化科学和业务技术水平。

科技方面，市属科研单位要进行整顿和调整，认真贯彻科学技术首先要促进国民经济发展的方针，科研项目要紧密结合经济建设的需要进行安排。一九八一年安排科研任务三百八十七项，其中农业、轻工市场和能源的科研项目占百分之四十一。

卫生方面，一九八一年医院病床发展到两万九千一百多张，比上年增加六百多张。各级医疗卫生单位要进一步贯彻执行预防为主的方针，加强对各种传染病的防治工作，努力提高医疗质量，改善服务态度，改进经营管理。

计划生育工作是一项战略性任务，要认真贯彻全国计划生育宣传工作座谈会的精神，努力控制人口自然增长率。由于进入法定婚龄的青年大量增加，要进一步提倡晚婚、晚育，要继续进行只生一胎的宣传教育工作，特别是农村要切实抓紧。

（二）财政预算草案。

财政收入国家安排为五十二亿一千九百二十六万元，比上年增长百分之一点八。其中：企业收入二十九亿二千七百五十二万元，比上年增长百分之零点五；上交基本折旧基金七千九百万元，比上年减少百分之八点四；工商税收二十一亿九千五百万元，比上年增长百分之四点三。由于一些企业生产任务不足，能源供应紧张，某些原材料涨价和某些工业品降价等因素，完成这个任务比较艰巨。但是，应该看到，随着经济调整的全面展开，能源、原材料供应逐步趋于合理，企业经营管理水平和盈利水平将有所提高。随着国务院《关于平衡财政收支、严格财政管理的决定》和《关于切实加强信贷管理、严格控制货币发行的决定》的贯彻执行，各方面的漏洞和增支减收的口子将大大减少。我们一定要千方百计采取措施，增产节约，增收节支，提高经济效果，力争完成国家分配的财政收入任务。

财政支出安排十六亿零三百八十五万七千元，比上年决算支出增长百分之七点九。在总支出中，国家计划十二亿零九百四十二万元，上年专项支出结转二亿一千七百四十三万七千元，市机动财力安排一亿七千七百万元。机动财力的安排，是根据我市今年的最低需要提出的，主要用于建设住宅、商业网点以及弥补行政、文教卫生事业费的不足，已报请国务院审批。在国务院未批准之前，暂照此安排。今后正式批准数字如有出入，再由市人民政府报请市人大常委进行调整。

各类主要支出的情况是：

第一，基本建设拨款六亿八千八百一十五万元，比上年增长百分之二十一点八。其中国家计划三亿五千八百六十七万元，比上年减少一亿零八百五十八万元，压缩百分之二十三点二。为了贯彻中央书记处关于首都建设方针的四项指示，经国务院批准，从今年起每年从北京地区的工商企业利润总额中提取百分之五作为首都城市建设专项资金，一九八一年提取约二亿元。另外，还有上年结余安排七千四百八十万元，市机动财力安排五千四百六十八万元。

第二，企业挖潜改造资金三千二百六十三万二千元，其中用上年结余安排二千七百六十三万二千元，市机动财力安排五百万元。由于国家安排的挖潜改造资金计划还没有下达，下达后数字还会增加。已经安排的资金将主要用于轻纺工业和人民生活有关的项目。

第三，科技三项费用三千三百零一万六千元。主要用于对首都建设和人民生活紧密相关的重要科研项目，包括蔬菜、食品、轻纺工业产品、节约能源、环境保护、建筑材料、计算机软件开发和计算中心的扩大应用等方面。

第四，支援农业支出七千八百八十四万七千元，比上年增长百分之五点四。主要是集中搞一些投资少、见效快的项目。小型水利事业费重点用于水利配套，合理利用地下水源；支援人民公社的投资，重点用于扶植穷队利用本地资源发展多种经营，促进增产增收。同时要积极支持社队造林。

第五，城市维护费三千五百九十二万五千元，加上地方自筹用于这方面的支出，共计一亿一千零五十三万六千元。重点用于环境卫生、市政设施维护以及进一步搞好城市绿化和解决群众生活方面的实际困难。计划植树六十三万株，铺草坪六十万平方米，绿化街道二十六条；新建、扩建公厕四百个，改建公厕一千零五十个；大中修道路四十五万平方米、下水道二十三公里，改善楼房小区道路十万平方米；重点解决严重积水地区的房屋改建和翻建，城区自来水进院问题今年内可基本解决。

第六，文教、科学、卫生事业费三亿六千零五十万五千元，比上年增长百分之十二点一，占全市总支出的比重为百分之二十二点五。其中：教育事业费增长百分之十点三；卫生事业费增长百分之十七点四；文化、科学、体育、广播、出版、计划生育事业费都有不同程度的增长。如果把这方面的基本建设拨款加上去，文教、科学、卫生支出的比重将上升到百分之二十五点七；教育支出占总支出的比重将由百分之十三点三上升到百分之十四点六。特别需要提出的是：今年全市计划动用的机动财力中，用于文教、卫生方面的支出就有五千六百多万元，占百分之三十一点七。目前，教育经费特别是中小学经费困难尤为突出，教学行政费严重不足，不少校舍破旧不堪，条件很差，今年计划重点解决这两个方面的问题。提高教学行政费（包括办公费、教学费、图书费）的标准，中学提高百分之四十，小学提高百分之九十，幼儿园提高百分之五十左右。教育部门自己管理的中小学校舍维修费（不包括房管局经管的校舍）安排五百万元，比上年增加二百四十万元。卫生事业方面，计划新建团结湖、劲松小区门诊部，复兴医院增加病床，继续完成同仁医院病房楼的翻修工程。即使这样安排，一九八一年的文教、科学、卫生事业费仍然很紧，有些事情不得不推迟。

以上安排，收支相抵，根据国家财政体制的规定，上解中央财政四十亿零八十二万元后，本年预算结余一亿九千三百七十七万三千元。预算结余包括两部分：(1) 国家每年拨给的财政体制分成八千一百万元，按照规定在下一年安排使用；(2) 本年机动财力即上年结余没有安排的还有一亿一千二百七十七万三千元（包括认购国库券二千万元）。按照规定，这部分资金未经国务院批准，不准动用；同时，考虑到在调整期间财政收支都不可能有大的增长，为了瞻前顾后，保证来年必不可少的经费开支，有必要保留一部分机动财力留待今后使用。

一九八一年市地方自筹收入七千五百五十八万八千元，支出七千四百六十一万一千元，结余九十七万七千元，仍用于城市维护、环境卫生、补助中小学校舍修缮费等方面。

关于国家发行的国库券，分配我市认购任务一亿二千万至一亿四千五百万元，市人民政府已经作了安排，要坚决保证完成。

（三）在调整中继续搞好财政经济体制改革。

一九七九年以来，我们按照党中央、国务院的指示，在改革财政经济体制方面做了不少工作。全市部分国营工业企业和商业、服务业、出版、公用、物资等企业试行了利润留成的办法；十一个工业企业实行了“以税代利、独立核算、自负盈亏”的试点；国营农场试行了财务包干的办法；工业、商业部门在国家计划指导下发挥了市场调节的作用；一些科研单位与企业或农村社队签订了经济合同；等等。实践证明，这些改革的方向是正确的，效果是好的，对于搞活经济、提高经济效益起了积极作用。两年来，我市经济建设事业取得进展，重要原因之一就是通过财政经济体制的改革，调动了基层单位和广大职工的积极性。实行利润留成的企业，去年在原材料涨价等不利条件下，经过千方百计增收节支，上缴利润仍比上年增加了一亿六千万元。市场调节对工业企业解决生产任务和原材料不足的问题，对商业部门缓和商品货源不足的矛盾，都起了明显的作用。

在这次经济大调整中，改革要服从于调整，有利于调整的改革要积极进行，前一段行之有效的改革要继续坚持，改革的成果要巩固和发展，少量新的改革的试点要有领导有步骤地进行。根据本市的具体情况，一九八一年要重点抓好以下几件事：(1) 进一步完善利润留成办法，加强对企业主要经济技术指标的考核，据以确定利润留成比例的多少和奖励水平的高低；对企业自留基金的使用要加强管理，使企业的利益和国家的利益更好地结合起来。(2) 没有实行利润留成的企业，要根据不同情况，实行企业基金制度或财政包干办法，调动企业的积极性，为国家多做贡献。(3) 实行“以税代利、独立核算、自负盈亏”的试点单位，要总结经验，进一步搞好试点。(4) 区县财政体制，要在试行“收支挂钩、增长分成”的基础上，研究改进。(5) 对基本建设投资，除少数行政事业单位的项目外，有偿还能力的单位，要逐步改财政拨款为银行贷款的制度。(6) 在计划指导下，更好地发挥市场调节在生产和流通领域中的积极作用，认真研究解决这方面出现的新情况、新问题。(7) 继续组织各种形式的经济联合，包括工业部门之间、工商之间、工贸之间、工农之间、农商之间以及农业内部的联合；科研、设计单位与生产单位的联合，城区与郊区的联合，本市与外省市，以及国内与国外的经济联合等。已有的工商联合、工贸联合和农工商联合的试点，要进一步搞好。(8) 根据经济调整的需要，在国家有关方针、政策的指导下，研究制订若干具体办法，使城镇集体所有制和个体所有制经济得到较大的发展，以补国营经济的不足。

（四）进一步搞好稳定物价的工作。

国务院于去年十二月和今年一月相继发布了《关于严格控制物价、整顿议价的通知》和《关于加强市场管理打击投机倒把和走私活动的指示》以后，市政府成立了领导小组，认真抓了这方面的工作，并制订了《贯彻执行国务院〈关于严格控制物价、整顿议价的通知〉的通知》、《关于农副产品议购议销的品种范围和作价原则的试行规定》、《关于严格处理乱涨价和变相涨价的试行规定》、《关于加强市场管理的暂行规定》、《关于打击投机倒把的暂行规定》、《关于城市农贸市场管理的暂行规定》、《关于农村集市贸易管理的暂行规定》等一系列政策规定和具体措施。经过两个月的努力，市场物价已基本稳住，市场秩序也有所改进。要再接再厉，把这项工作狠抓下去。

当前要着重抓好以下几件事：(1) 认真开展物价的监督和检查工作，打击投机倒把活动。要进一步贯彻执行国务院和市政府制定的有关政策规定和具体措施，更广泛地发动群众，充分发挥群众义务物价检查员的作用，揭发检举一切违犯物价纪律的行为。各有关部门要根据情况，严肃处理，对投机倒把活动要给予有力的打击。(2) 切实加强物价管理。对城市生产服务合作社、社队企业、农工商联合企业以及非工商部门所属企业、事业单位的价格和收费标准，要按照物价分级管理的权限，由负责归口单位认真进行管理，履行审批手续。各零售单位都要建立健全适用、必要的物价账卡、标签和物价管理制度，以及计量器具的检查、校验和维修制度等。要加强各级物价机构和人员。(3) 继续整顿农副产品的议购议销工作，对不实行议购议销的农副产品，如葡萄、柿子、红果等要确定收购计划，按规定价格签订产销合同。对完成收购计划和产销合同后允许议价议销的农副产品，也要严格执行市政府批准的作价原则。(4) 整顿贸易货栈和农贸市场。今后对贸易货栈的经营范围和作价办法要进行认真的整顿，对经营方式要进行疏导，坚决制止某些单位和个人利用贸易货栈、农贸市场进行哄抬物价、套购倒卖等违法活动。同时，要把贸易货栈和农贸市场搞好搞活，发挥其积极作用，限制其消极作用。(5) 认真研究解决控制物价后出现的新问题。控制物价后，一部分企业和某些商品，由于过去原材料价格已经上涨或者产地批发价格早已提高，致使利润减少甚至亏损，有些商品可能出现有行无市的情况。解决这个问题的办法，首先要靠企业改进经营管理，加强经济核算，降低成本，减少浪费，提高经济效果。同时，市里也要组织力量，深入调查研究，区别不同情况，分别采取减少利润指标、调整利润基数、调剂工商利润、补贴原材料差价或减免税收等办法，以调动企业生产、经营的积极性。超出地方权限的问题，要报请国务院审批。

（五）正确实行奖励制度，坚决制止滥发奖金、津贴。

一九七八年在企业中恢复奖励制度以来，结合经济体制改革，不断改进了奖励制度。多数企业基本上做到了按照经营效果确定奖金水平，在一部分职工中，实行了按照完成任务的质量和数量计算奖金的办法，体现了按劳分配的原则，调动了企业和职工的积极性，促进了增产增收。目前存在的问题是：在相当一部分企业中，奖励办法有平均主义的现象；有些单位采取不正当的手段，滥发奖金；不少单位违反国家规定，滥发津贴、补贴、加班费和实物。例如，有些单位发给职工的洗理费，超过了一九七九年升级每人平均增加的工资。滥发奖金、津贴、补贴的危害很大。它引导职工“向钱看”，对职工思想起了腐蚀作用，必须认真整顿，坚决纠正。

我们要坚决执行国务院《关于正确实行奖励制度坚决制止滥发奖金的几项规定》。正确实行奖励制度，是一个涉及到几百万职工切身利益的大问题。要足够地估计到做好这项工作的艰巨性和复杂性，要坚决贯彻按劳分配的原则，进一步调动广大职工的积极性。各级领导干部要从大局出发，认真加强政治思想工作，切不可掉以轻心，等闲对待。今后任何部门和个人都无权违反国家规定，批准增加工资、奖金、津贴和福利。对违反规定的要从严处理。

以上讲的是一九八一年国民经济计划、财政预算安排和有关经济方面的几项主要工作。最近，国家计委发出通知，要求各省市着手编制“六五”计划和十年设想，同时制订一九八二年计划。我们要根据中央工作会议精神，认真总结首都建设的历史经验和教训，组织力量进行调查研究，注意听取专家和群众的意见，加强综合平衡，搞出一个适合首都特点的切实可行的长远规划来。

三、加强集中统一，努力增产节约，增收节支，促进国民经济稳步发展

这次调整是清醒的健康的调整。我们要在压缩基本建设规模的情况下，采取积极的态度，认真抓好农

业和工业生产，促进国民经济的稳步发展、财政状况的进一步好转。凡是社会需要、有条件搞上去的生产都要搞上去，这也是调整的要求。农业、工业、交通、邮电、建筑、财贸等各条战线都要无一例外地把增产节约、增收节支摆在重要位置，认真抓好。所有企事业单位都要广开生产门路，努力挖掘潜力，增加生产，积极组织收入，反对铺张浪费，大力压缩非生产性开支，节约一切可以节省的资金，为国家分担困难，多做贡献。

要充分利用现有基础，进行挖潜、革新、改造。全市工业企业共有七千七百多个（包括城市街道工业和农村社队工业企业五千多个），固定资产一百四十多亿元，职工一百四十多万人，这是一个很大的基础。要狠抓工业的改组和企业的联合，在改组、联合的基础上进行技术改造，提高生产能力。同时，要加强企业管理，向管理要潜力、要效率、要效益。要把消费品生产放到重要位置上，大力增加适销对路产品，增加市场供应，促进经济结构合理化。要广泛开展提高质量、增加品种、节约能源、降低成本为中心的增产节约活动，要在主要经济技术指标上赶超先进水平。在赶超活动中，要对比先进找差距，查原因，定措施，制定赶超规划，努力组织实现，走出一条提高经济效益的新路子来。

要认真抓好节约能源和原材料工作。一九八一年能源和物资供应都比较紧张。所有使用单位都必须狠抓节约，从节约中求增产。国家要求节电百分之三，节煤百分之四，节油百分之五，这个任务一定要保证完成。各部门、各企业都要加强能源管理，严格实行定量供应，并封存一批汽车；改变生活用电和用煤气的包费制；抓紧余热利用，搞好热平衡，提高热效率，狠抓耗能设备和工艺的技术改造，大力推广节能效果显著的远红外线加热、硅酸铝纤维保温等新技术。要认真执行国家制定的能源奖惩办法，广泛开展各种形式的群众性的节能竞赛活动。要严格控制煤炭、液化气和成品油的外流。要改进物资供应方法，加速物资周转，组织物资交流，把物资搞活。要认真清理仓库，合理利用库存，把有限的物资用到最需要的地方去。

要广开门路，争取更多地安排待业人员就业。今年待业人员约有二十六万人，要大力发展第三产业，鼓励待业青年从事集体和个体所有制的饮食业、服务业、修理业、商业和不污染、不扰民的手工业，使这些行业有一个较大的发展。为了推动这方面的工作，政策要适当放宽。

要加强集中统一领导。这次经济调整，牵动全局，影响到各个方面。有一批基本建设项目要下马，一部分企业要关停并转，还有一些企业生产任务不足，绝大部分单位的行政事业费要缩减，奖金和各种津贴要整顿，燃料和原材料的供应要减少。在这种情况下，生产要搞上去，各方面的工作要有新的改进和提高，困难和问题确实不少。必须加强领导，特别是在宏观经济方面，在扭转国民经济被动状况的重大措施上，要加强集中统一，实行统一指挥。我们要坚决执行国务院的下述规定：

1、中央决定的方针、政策和重大措施，所有地方、部门和企业都要坚决执行，不能三心二意，不能阳奉阴违，更不能顶着不办。

2、各省、市、自治区的建设规模和投资方向，要经国家计委审查，由国务院批准。

3、财政税收制度和重大财政措施要集中统一，任何地方、部门和企业都必须严格遵守，不得以任何形式截留应当上缴的税收和利润，不得超越国家规定的权限减免税收。

4、要严格遵守信贷管理制度和现金管理制度，控制信用投放，非经人民银行总行批准，不得在计划以外增加贷款。

5、国家规定的重要物资、包括重要的农副产品和原材料的调拨计划，各地方、各部门、各企业必须坚决完成。

6、要制定物价管理条件，加强物价管理，坚决制止随意提价、变相涨价。

7、要正确实行国家规定的奖励制度，严格检查监督，坚决制止滥发和变相滥发奖金，制止滥发加班加点工资、各种津贴和福利补贴。

8、加强外贸、外汇的管理，协调一致，统一对外或联合对外，禁止互相拆台。地方、部门和企业以各种形式向外借款，要严格遵守国家规定的审批办法和统一管理的制度。

计划部门要牢固地树立量力而行的思想，搞好综合平衡。各项主要计划指标要由市计委认真审查，报市政府批准后统一下达。财政、税务、银行、劳动、物价、物资、统计等综合部门，都要坚持原则，坚持制度，更好地发挥检查、监督、协调和服务作用。各区县局、各部门都要自觉地从大局出发，服从全局利益。当然，现在强调集中统一，并不是什么都要集中，把什么都搞得死死的，回到过去的老路上去。要在加强计划指导和行政干预的同时，继续发挥区、县和基层单位的积极性和主动性。

为了使调整工作顺利进行，必须实现政治上的进一步安定，大力加强政治思想工作。要积极宣传调整的积极作用和深远意义，使广大干部、群众对调整的方针、政策和措施有清楚的了解，统一认识，全力以赴。要振奋全市工人、农民、知识分子和其他劳动人民奋发图强的革命精神，提高主人翁责任感，发挥主动性、积极性，在各自的岗位上努力生产，做好本职工作。各条战线都要广泛、深入地开展为人民服务、对人民负责的讨论，通过这场讨论，促使本市各项工作不断前进。

各位代表！党中央和国务院对北京市的工作十分关切，我们首都人民决心在党中央、国务院和市委的领导下，团结一致，同心同德，坚决贯彻执行中央书记处关于首都建设方针的四项指示，按照首都的特点，扎扎实实地做好各项工作，为国民经济的进一步调整，为实现国家财政收支平衡作出贡献。

北京市人民代表大会常务委员会工作报告

——一九八一年四月二十七日在北京市第七届人民代表大会第五次会议上

市人民代表大会常务委员会主任　贾庭三

各位代表：

我受市人民代表大会常务委员会的委托，向大会报告本届人大三次会议以来常委会的工作。

北京市第七届人民代表大会常务委员会自一九七九年十二月成立以来，在党的十一届三中全会精神指引下，在市委领导下，贯彻市七届人大三次会议的决议，按照《中华人民共和国地方各级人民代表大会和地方各级人民政府组织法》的规定，积极开展工作。召集了市七届人大四次会议，召开了十二次常委会议，集体讨论决定了本市的一些重大问题。在健全人民代表大会这个根本政治制度，发扬社会主义民主和健全社会主义法制方面前进了一步。一年多来，主要做了以下工作：

一、经市人大常委会议讨论的重要议题共二十四项，分别作出了决议、决定和提出建议。听取和讨论了本市一九八〇年国民经济计划草案和一九七九年财政决算、一九八〇年财政预算草案，为召开市七届人大四次会议做了比较充分的准备。学习讨论了中央书记处关于首都建设方针的四项指示，指出四项指示是党的十一届三中全会确定的政治路线在北京市的具体化，并针对当时的实际情况，提出了积极贯彻这个重要指示的意见。围绕落实中央的上述指示，讨论了北京城市建设总体规划纲要（草案），要求市政府加强领导，搞好城市建设规划，努力建设和管理好城市。听取了有关部门关于整顿首都社会治安和实施刑法、刑事诉讼法的报告，听取了深入开展爱国卫生运动的报告，并通过了相应的决议。根据广大群众的迫切要求，听取和讨论了认真贯彻执行国务院关于《严格控制物价、整顿议价的通知》的报告，责成有关部门推广了二龙路街道群众检查监督物价的经验，组织部分委员和代表参加了物价大检查。在最近的两次常委会上，又讨论了召开市七届人大五次会议的问题和准备提请会议审议的北京市一九八一年国民经济计划和财政预算草案。所有这些，对保证党的方针政策的贯彻执行，调动全市人民进行四化建设的积极性，都发挥了重要作用。

二、领导和主持了区、县直接选举工作。根据《选举法》和全国人大常委会关于县级直接选举工作的决定，常委会对本市区、县直接选举作出了全面部署。在整个选举过程中，反复强调要严格依法办事，充分发扬民主，注意代表的先进性和广泛性，把坚持四项基本原则、密切联系群众、热心四化事业的优秀人物选进代表大会。并派出干部帮助各区、县总结经验，实行分类指导，及时解决选举工作中出现的问题，保证了选举工作的顺利进行。现在全市各区、县人民代表都已产生，绝大多数区、县召开了代表大会，选出了为人民信赖的领导班子。区、县直接选举工作的完成，区、县人大常委会和人民政府的建立，区、县法院院长、检察院检察长的选举产生，以及结合选举产生人民陪审员，是我市政权建设的重大成就，这标志着政治民主化进一步完备，增强了人民当家作主的信心和责任感。

三、初步进行了立法工作。制订和颁布了《北京市区、县人民代表大会代表选举试行细则》，保证了《选举法》的正确实施。一九八〇年初通过了《关于延长刑事案件办理期限的决定》；条件基本具备以后，又通过了《关于实施刑事诉讼法的决议》。对于打击敌人，惩办犯罪，保护人民，维护首都的社会治安，起了积极作用。

遵照全国人大常委会的要求，对修改宪法，对民法、民事诉讼法、国籍法和婚姻法等草案，邀集本市各界人士，分别进行了比较广泛深入的讨论座谈，提出了许多重要意见和建议。还配合全国人大常委会对起草工厂法、合同法的问题进行了调查座谈。

我们还对本市地方立法的规划、程序等问题进行了座谈，提出了初步意见，围绕本市正在起草的一些法规进行调查研究，搜集资料，为常委会审议这些法规做了准备。

四、决定设立有关工作机构，任免国家工作人员。由于林乎加市长调离本市，根据《中华人民共和国地方各级人民代表大会和地方各级人民政府组织法》第二十八条第七项的规定，市人大常委会第十次会议决定了焦若愚同志为代理市长，决定了赵鹏飞同志为副市长，根据《地方组织法》第二十六条的规定，赵鹏飞同志不再担任市人大常委会副主任职务。一年多年，还任命市政府组成人员十一人；任命市人大常委会机关负责工作人员十人；任免市法院、检察院负责工作人员和审判员、检察员二百二十四人；批准任命区、县检察院检察长、副检察长、检察委员会委员十人。还决定设立市选举委员会，通过了市选举委员会组成人员，批准了区、县选举委员会组成人员二百七十六人。

此外，市人大常委会第十一次会议，根据地方《组织法》第二十八条第十款和《选举法》第四十条的规定，决定罢免了曹轶欧、陈永祥的第五届全国人民代表大会代表资格。

五、组织市人大常委会委员和部分人民代表视察和检查工作。先后视察了北京市住宅建设、市容卫生、蔬菜产销、畜牧生产、物价管理、人防工程和劳动教养等方面的工作，并到农村灾区进行慰问和视察。通过这些活动，听取和反映了人民群众的呼声和要求，为常委会讨论决定问题作了准备。常委会及时把群众意见转交政府和有关部门处理，帮助它们改进工作。

常委会把密切联系代表作为自己工作的基础，除了以上活动外，还多次邀请代表参加调查会、座谈会，个别访问代表和接待代表来访。部分常委会委员及常委会办公厅和各工作室，同一些代表保持了经常的联系。

六、督促市政府和有关部门认真做好提案处理工作。市七届人大三次会议、四次会议收到代表提案九百九十五件，在代表大会闭会期间，收到代表提交常委会的提案七十一件，共计一千零六十六件。这些提案反映了人民群众的意见和要求。常委会除经常督促有关部门抓紧处理外，还制订了在市人代会闭会期间代表向市人大常委会提交提案的处理办法，对提案处理情况进行了检查，征求了一些代表对提案处理的意见。市政府和有关部门对代表提案的处理比过去有较大的改进。目前除闭会期间收到的提案由市人大常委随时交各有关部门处理外，其余均已根据情况分别进行了处理。

在过去一年中，我们还对一千零九十二件人民来信，依据有关政策规定，分别进行了处理。

七、进行了外事活动。先后接待和陪同接待了日本东京都议会及其他一些国家的地方议会代表团，市人大代表团回访了东京都议会，加强了同一些国家的地方议会之间的工作交流和增进人民之间的友谊。

一年多来，市人大常委会的工作是有成绩的。但是，同地方《组织法》赋予我们的任务和人民群众对我们的要求相比，还有不少差距。地方人大常委会的建立是一个新的事物，没有现成的经验可以借鉴。我们对地方《组织法》关于地方人大常委会性质、任务、职权的规定，有一个学习和实践的过程，如何制订地方性法规和如何有效地行使监督权力，还在摸索之中。我们同代表的联系还不够广泛、不够密切，对有些代表提案的处理督促检查还不够及时。常委会在组织机构的设置上如何同任务相适应，也有待于在实践中研究改进。

各位代表！一九八一年，我们要在市委的领导下，坚持四项基本原则，贯彻落实中央提出的在经济上实行进一步的调整、在政治上实现进一步安定的重大方针，贯彻本次人代会的各项决议，对北京市的国民经济进行大的调整，把首都建设转移到中央四项指示的轨道上来，为使首都展现出和她的地位相称的面貌而努力。围绕这个总的任务，市人大常委会要努力做好以下几项工作：

第一，认真讨论本市工作中的有关重大事项。除按照今年国民经济计划的要求，讨论广泛发动群众，深入开展增产节约、增收节支的问题外，还要对建设社会主义精神文明、搞好社会治安、美化城市环境、提高教育质量、方便群众生活中的重要问题等，进行专题讨论。同时要有计划地组织委员和代表进行视察、调查和座谈，广泛征询意见。对常委会作出的决议和决定的贯彻执行情况要进行认真的检查。

第二，做好地方立法工作。为使各项工作逐步纳入法制轨道，必须制订相应的地方性法规，市人大常委会要把主要精力放到立法工作上来。要明确立法的职责划分。为执行全国人民代表大会和它的常委会制订的法律、法令，根据本市情况制订的相应的实施细则和施行办法，涉及本市广大人民群众切身利益和公民基本权利义务的重大问题所制订的地方性法规，以及其它应由人大常委会审议的地方性法规，要提交人大常委会审议通过，分别由人大常委会或市政府公布施行，并报全国人大常委会和国务院备案。为了使立法工作能够有计划地进行，市人大常委会要和市政府共同拟订地方立法工作的规划。要由领导同志主管法制工作，成立相应的工作机构。在积极准备的基础上，争取在今年内通过和颁布一些亟需的地方性法规，并加强法制宣传教育，定期检查执行情况，维护法律的严肃性。

第三，加强对政府、法院、检察院工作的监督。常委会要监督政府、法院、检察院的活动是否违反宪法、法律、法令，是否正确执行党和国家的方针、政策，当前特别要注意监督它们贯彻执行中央关于进一步调整国民经济、实现安定团结的方针的情况和落实中央书记处关于首都建设方针四项指示的情况。要逐步完善监督制度，包括有计划地听取和审议政府、法院、检察院的工作报告，视察它们的工作，检查代表提案处理情况，在上述活动中提出建议和批评，受理人民群众对上述机关和国家工作人员的申诉和意见，同官僚主义、违法渎职行为作斗争。要组织委员和代表就一些重大问题和典型事件深入进行调查研究，以有效地行使监督权力。

第四，加强市人大常委会同区、县人大常委会和市人民代表的联系。本市区、县人大常委会相继建立，为我们开展工作、联系代表、更好地行使职权，创造了有利的条件。市人大常委会要适应这个情况，加强同区、县人大常委会的联系。要邀请区、县人大常委会负责同志列席市人大常委会的有关会议，参与市人大常委会讨论决定一些重大问题。要同区、县人大常委会共同配合，搞好调查研究、视察、检查工作。审议、制订地方性法规草案，要征询区、县人大常委会的意见。

市人大常委会要把加强同市人民代表的联系作为履行好自己职责的一个重要方面。在实际工作中，要逐步完善联系代表的制度。除已有的联系办法外，每年要组织全体代表进行一至二次对工作的视察。对代表提出的提案，要继续督促有关部门认真办理，同时，做好接待代表来访和处理代表来信的工作。

市人大常委会要根据集体领导、分工负责的原则，进一步健全领导工作制度，改进工作作风，深入基层，调查研究，密切联系代表和人民群众，以为人民服务、对人民负责为出发点，努力做好各项工作。

各位代表！我们国家正处在大转变的重要时刻，形势的发展对我们的工作提出了更高的要求。通过一年多的实践，我们也摸索了一些经验。在这个基础上，我们的工作应该也完全可以做得更好一些。我们要振奋精神，艰苦奋斗，同心同德，为发扬社会主义民主，加强社会主义法制，搞好首都现代化建设作出应有的贡献！

以上报告是否妥当，请各位代表审议。

北京市人民法院工作报告（摘要）

——一九八一年四月二十七日在北京市第七届人民代表大会第五次会议上

北京市高级人民法院院长　张　旭

各位代表：

现将1980年1月以来的工作情况报告如下：

一、审判刑事、民事和经济案件

运用法律武器惩办犯罪分子，保卫人民民主专政制度，是人民法院的首要任务。1980年，全市各级人民法院受理的一审刑事案件比1979年增加了56%，这种严重情况是不可小看的。

一年多来，全市各级人民法院贯彻全国和本市城市治安工作会议的精神，在依法审判一般刑事犯罪分子的同时，对那些杀人、放火、强奸、抢劫以及其他严重破坏社会秩序的现行刑事犯罪分子，在刑法规定的量刑幅度和刑事诉讼法规定的审限之内，从快处理，从重打击。凡是从重惩办的重大现行案件，都作为急案，及时进行了审判。在罪犯中，青少年占有很大的比重。对未成年罪犯，对有从轻、减轻情节的，我们依法予以从轻或减轻判处。还办理了公安和劳改部门提出的对服刑期间的犯罪分子减刑、假释的案件。

正确地审理民事案件，对于促进安定团结，有重要的意义。在民事审判工作中，我们坚持了依靠群众、调查研究、就地解决、调解为主的方针，经过多方面的工作，使大量纠纷得到了适当的解决。在已审结的一审民事案件中，用调解方式处理的案件占总数的71%。在民事案件中，离婚案件约占一半，我们特别予以慎重对待。经过深入调查，事实证明夫妻感情确已破裂，调解无法和好的，在做好工作的条件下，一般都准予离婚；夫妻感情尚未达到完全破裂程度的，尽可能地多做工作，促其和好。1980年审结的一审离婚案件中，因感情完全破裂，调解离婚的和调解无效判决离婚的，两项占离婚案件总数的57%；经调解后和好的占总数的22%。

根据最高人民法院的有关指示，我们逐步开展了经济审判工作。市高、中级法院和13个区、县法院建立了经济审判庭，6个区、县法院设立了审理经济案件的小组或专人；组织干部进行了业务学习，并到有关经济部门进行了广泛的调查研究。同时，各级法院还根据最高人民法院关于收案范围的意见，试办了经济犯罪案件和处理经济纠纷。其中中级法院审结4件经济犯罪案件，收缴赃款4.08万元；解决44起经济纠纷，使总值达428万元的资财得到了流转和合理的使用。

二、复查纠正冤假错案

遵照中央和市委有关指示的精神，我们对“文化大革命”中判处的全部刑事案件和“文化大革命”前后判处的一部分刑事案件进行了认真的复查，纠正了冤假错案，落实了党的政策。

对“文化大革命”中谢富治等人把持本市政法机关期间以“公法”、“检法”军管会名义判处的反革命和普通刑事案件的复查，经过两年多时间的工作，到1980年6月底已经全部结束。“文化大革命”前因右派问题等而被判刑的案件，也进行了复查。还复查了“文化大革命”后、党的十一届三中全会以前两年中判处的刑事案件。

一年多来，全市各级人民法院还办理了申诉案件，处理了大量来信和来访。对提出的问题，认真查实，分别不同情况作了处理。原判正确的，向申诉人或来信、来访人说明情况，予以维护；原判有错误的，实事求是地作了改正。

冤假错案改正之后，我们在有关部门配合、支持下，作了比较细致的善后工作。凡原来有工作的，绝大数都恢复了工作；原来无工作仍有工作能力的，绝大多数安排了就业。冤假错案的改正，是对林彪、“四人帮”封建法西斯专政的有力揭露和控诉，党的政策的落实，温暖了受害人及其亲属的心，激发了他们大干社会主义的积极性，受到了广大群众的衷心拥护。

三、努力实施刑法、刑事诉讼法

第五届全国人民代表大会第二次会议通过的刑法、刑事诉讼法，从1980年1月1日起生效。这是我国社会主义法制建设发展到一个新阶段的重要标志。在刑事审判工作中，我们坚决依照刑法的规定区分罪与非罪、应追究刑事责任与不应追究刑事责任以及不同罪名的界限，严格按照刑法对被告人定罪、量刑。

为了贯彻刑事诉讼法，克服审判人员量少质弱和法庭不足等困难，我们在各方面的支持下，做了大量工作。

第一，绝大多数案件，做到了在法定时限之内审结。1980年全市各级人民法院共审结一、二审刑事案件中，两个半月之内结案的占总数的93%，符合市人大常委会关于延长办理刑事案件期限的决定，其中杀人、放火、抢劫、强奸以及其他严重破坏社会秩序的现行刑事犯罪案件，全部在一个半月之内结案，达到了刑事诉讼法的要求。1980年12月市人大常委会决定，从1981年1月起，全面实施刑事诉讼法。今年一季度结案的案件，在法定时间一个半月之内审结的占总数的90%。

第二，绝大多数案件，实行了依法公开审判。在已结的刑事案件中，开庭前出了审判公告，允许群众旁听和新闻单位采访报道，实行了公开审判的，占依法应公开审判案件总数的80%，其中一审占依法应当公开审判案件总数的92%。公开审判时参加旁听的群众达13万多人次。

第三，绝大多数案件的审理，实行了陪审、合议、辩护等制度。除二审案件和独任审理的案件之外，依法应实行人民陪审员陪审的，都实行了陪审。被告人的辩护权得到了保障，允许被告人请辩护人，依法应由法院指定辩护人进行辩护的，各级法院都指定了辩护人。有辩护人出庭为被告人辩护的一审案件，占一审案件总数的32%。

一年多来，全市各级人民法院虽然做了大量工作，比较好地完成了任务。但是，也还存在一些问题，存在着缺点和错误。第一，已审结的刑事案件，还有一部分尚未完全依照刑事诉讼法办理。1980年审结的案件，审限超过两个半月的，占总数的7%；今年一季度审结的案件，审限超过一个半月的约占结案总数的10%。依法应当公开审判的案件，由于法庭不足等原因，还有占总数21%的案件未能公开审判。第二，办案效率较低，有的案件审判质量不高。已经审结的案件，有少数判轻了，也有的判重了，个别的甚至把违法行为按犯罪判了刑。第三，法院干部的业务水平不够高，办公用房和法庭严重不足，业务用车缺乏，影响了"两法"的实施。上述问题，我们要在今后工作中加以克服和改进。

今后，我们要从以下几个方面做好工作：

一、全面实施刑事诉讼法，严格执行刑法，以惩办现行刑事犯罪分子为中心，努力把刑事、民事和经济审判工作做好。

二、研究新情况，解决新问题，运用法律武器同犯罪分子作斗争，解决民事、经济纠纷等。

三、加强法院的思想建设和业务建设，广泛、深入地开展"为人民服务，对人民负责"的讨论，结合实际，大力加强政治思想工作，使全体干警更好地坚持四项基本原则，端正思想路线，全心全意为人民服务，学会正确地运用法律武器，打击敌人，同犯罪行为作斗争。

北京市人民检察院工作报告（摘要）

——一九八一年四月二十七日在北京市第七届人民代表大会第五次会议上

北京市人民检察院检察长 魏 彬

各位代表：

现就本市各级人民检察院一年多以来认真实施中华人民共和国刑法和刑事诉讼法，积极开展检察工作的情况报告如下：

一、积极创造条件，切实实施"两法"，努力发挥法律监督机关的职能作用

刑法和刑事诉讼法，是我国社会主义的重要法律。从1980年1月1日起，本市各级人民检察院除普遍实施刑法以外，为尽早全面实施刑事诉讼法，大力加强了组织建设和业务建设。目前，本市检察队伍已经从1979年底的823人发展到1182人。各级人民检察院认真组织干部学习党的路线、方针、政策，学习刑法、刑事诉讼法和人民检察院组织法，举办短期训练班，累计培训干部577名。建立了检察工作的规章制度，制定了审查批捕、审查起诉、出庭支持公诉、经济检察、法纪检察、监所检察等工作试行细则。增添了部分业务用房和物资设备。所有这些，为全面实施刑事诉讼法提供了基本的条件。各级人民检察院从1980年一开始就努力按照刑事诉讼法的规定办理案件，到11月份就开始了全面实施刑事诉讼法。具体情况是：

第一，从1980年1月1日起，本市各级人民检察院办理的审查批捕、审查起诉、经济检察、法纪检察等各方面的案件，都符合刑事诉讼法规定的程序。

第二，刑事诉讼法规定：“人民法院审判公诉案件，除罪行较轻经人民法院同意的以外，人民检察院应当派员出席法庭支持公诉”。1980年上半年，本市各级人民检察院实际出庭公诉数占法院开庭审理公诉案件数的85.7%，在10月份，这个比例上升为98.8%，从11月份以来，基本上做到依法应当出庭的案件全部出庭。

第三，认真按照法律规定的期限办理案件。1980年1至10月份，在审查批捕工作中，除五件复杂、疑难案件需对犯罪事实调查核实，因而超过法定期限以外，其他案件都在法定期限内作出批准逮捕或不批准逮捕的决定。在审查起诉工作中，按照市人大常委会关于在1980年内延长办理刑事案件期限的决定，在两个月以内结案的占98.6%，其中有96.7%，达到了刑事诉讼法规定的一个半月以内结案的要求。超过两个月审查终结的仅占2.4%。从1980年10月1日以后，除一件批捕案件因案情特殊，一件审查起诉案件因主要证人去向不明而超过法定期限外，都在刑事诉讼法规定的期限内办理完毕。

第四，根据刑事诉讼法的规定，在同各种犯罪分子作斗争中，人民检察院与公安机关、人民法院，认真实行了分工负责、互相配合、互相制约的制度。从1980年1月至今年2月底，经审查批准逮捕人数，占公安机关提请批准逮捕人犯总数的92.7%；不批准逮捕人数，占4.7%；退回补充侦查人数占2.6%。公安机关对不批准逮捕的决定认为有错误要求复议、提请复核的13名，经重新审查又批准逮捕6名，仍不批准逮捕7名。市检察院及分院还积极开展了二审审判监督等工作。通过上述工作，发挥了人民检察院法律监督的职能作用，保障了法律的正确实施。

二、与公安机关、人民法院紧密配合，协同作战，继续整顿社会治安，严厉打击现行犯罪活动

打击刑事犯罪，整顿社会治安，是巩固和发展首都安定团结政治局面的一个重要方面。一年多来，本市各级人民检察院认真贯彻执行了中央书记处关于首都建设方针的四项指示和1979年11月全国城市治安会议的精神，正确、及时地重点打击了各种严重危害社会治安的现行犯罪分子。据部分区、县检察院的统计，对这类重大案件的审查起诉时间，在准确、合法的前提下，一般平均每案只用16天就办理完毕，使严重犯罪分子受到及时打击。

整顿社会治安，不仅要坚决打击现行犯罪，而且要积极减少犯罪因素，做好防范工作。各级人民检察院普遍开展了法制宣传教育工作，积极参加综合治理，建议有关部门加强预防，堵塞漏洞，不给犯罪分子以可乘之机。各级人民检察院还对失足青少年坚持了教育、挽救、改造的方针，对罪行轻微或具备从宽条件而决定免于起诉的人，积极协同有关部门落实帮教措施，定期进行考察，做好教育挽救工作。

加强对罪犯的改造工作，也是整顿社会治安的一重要内容。一年多来，市检察院重点检察市看守所、监狱、劳改、劳教单位48次，各区、县检察院对各区、县看守所实行了一月一次的定期检察。在检察中，积极帮助监所、劳改、劳教部门整顿和改善狱政管理，加强了管教工作，健全了监管制度。

三、认真开展经济检察和法纪检察工作，积极同国家工作人员中的违法犯罪行为作斗争

根据刑事诉讼法规定，人民检察院负责直接受理，侦查刑法中规定的贪污、渎职、侵犯公民民主权利和一些经济犯罪案件。一年多来，各级人民检察院重点深入到530多个企事业单位、基层商店、人民公社，就经济方面和法纪方面的违法犯罪情况，进行调查研究。通过调查，宣传法制，发现了一批违法犯罪线索。1980年1月至今年2月底，各级人民检察院共办理经济、法纪方面的违法犯罪案件207件，已结案164件，其中向法院提起公诉77件，免予起诉21件，建议有关机关处理的66件。各级人民检察院在办理经济、法纪案件中，坚持对一切公民在适用法律上一律平等的原则，惩治了严重违法犯罪分子，保护了社会主义的全民所有的财产和劳动群众集体所有的财产，保护了公民的民主权利和合法利益。

各级人民检察院还处理了一批群众来信来访，解决了一批群众迫切要求解决的问题，平反纠正了一些冤假错案。

一年多来，本市各级人民检察院在实施“两法”，开展检察工作方面是有成效的。但是，由于检察机关仍然处于建设过程中，干部队伍中还存在着骨干少、缺乏经验、法律知识不足的问题，各项检察业务工作制度还不够健全，与法律赋予检察机关任务的需要，还有不小的差距，市检察院在工作上也存在深入实际

少，调查研究和及时总结经验不够等缺点，有待改进。

各位代表！目前北京市的形势总的是好的，但是在安定团结的局面下还有不安定的因素，刑事犯罪活动比较严重，经济犯罪渐趋上升。这些犯罪活动，有的属于反革命分子的活动，有的属于林彪、“四人帮”残余势力的反扑，有的属于唯恐天下不乱者的破坏，有的属于剥削阶级残余分子的故态复萌，有的是由于封建主义、资产阶级的思想作风的严重腐蚀，对首都进一步实现安定团结和经济调整，对全市人民群众生命财产的安全，危害很大。在这种形势下，各级人民检察院的中心任务，应当是继续积极参加整顿社会治安，保障首都经济调整的顺利进行，保障人民群众生命财产的安全。要按照党和国家的方针、政策，切实加强人民民主专政，认真实施刑法，全面实施刑事诉讼法，通过行使检察权，与公安机关、人民法院一道，准确、及时、有力地打击反革命分子和危害社会治安的刑事犯罪分子，决不手软。同时，要进一步开展法制宣传，积极参加综合治理，加强防范工作。要大力加强监所检察，积极帮助监所、劳教单位改善和加强管教工作，采取措施，防止脱逃，提高改造教育质量。在经济检察和法纪检察工作方面，要及时打击危害国民经济调整、破坏社会主义经济秩序的经济犯罪活动，认真查处贪污、行贿受贿、盗伐森林和玩忽职守而造成重大事故、损失的案件，以及利用职权严重侵犯国家和集体利益等违法犯罪案件，严肃处理利用职权非法拘禁、报复陷害、刑讯逼供、徇私枉法等严重侵犯公民民主权利的违法犯罪行为。在工作中，要正确贯彻执行公检法分工负责、互相配合、互相制约的制度，坚持依法办案，提高办案质量，努力争取首都社会治安的进一步好转。

我们要进一步加强检察机关的建设，特别是检察队伍的建设，使各级人民检察院的工作有一个明显的进步，更好地完成法律赋予检察机关的任务。

北京市第七届人民代表大会提案审查委员会关于第五次代表会议提案的审查报告

——一九八一年四月二十八日北京市第七届人民代表大会第五次会议通过

侯镜如

北京市第七届人民代表大会第五次会议共收到提案七百四十九件，其中财经类二百七十九件，文教卫生类一百六十八件，城市建设类二百二十四件，政法和其他类七十八件。

提案审查委员会分设了财经、文教卫生、城市建设、政法和其他四个组，对有关提案进行了认真审查，提出初步审查意见后，已经提案审查委员会讨论通过。审查结果，交市人大常委会研究办理的七件，交市人民政府研究办理的七百四十二件。

提案审查委员会认为，这次会议的提案，反映了全市广大人民的意见和要求，对贯彻落实中央书记处关于首都建设方针的四项指示，进一步搞好本市国民经济的调整，发展和巩固安定团结的政治局面，改进本市各方面的工作，具有积极的推动作用。建议大会批准按照上述审查意见，把各项提案分别交各有关部门进行处理。各有关部门必须以对人民负责的精神，高度重视，认真办理。凡是能够解决的问题，一定要千方百计地及时加以解决；凡是涉及面较广而且复杂的问题，要通盘考虑，列入规划，积极创造条件逐步加以解决；凡是按照党和国家的政策或者其他原因解决不了的问题，要向提案人作出说明和解释。市人民政府要将处理情况和结果及时向市人大常委会报告，由市人大常委会向下一次代表大会提出报告。

在市七届人大五次会议上的讲话*

焦若愚

（1981 年 4 月 28 日）

各位代表，各位委员：

这次市人民代表大会决定我担任北京市市长，这是各位代表和北京市人民对我的信任，我表示衷心的感谢。我参加革命以来，虽然为党为人民做过一些工作，但能力有限，水平不高，尤其是担任首都的市长，更加感到任务艰巨，责任重大。今后，一定要在全市人民和各位代表的帮助和监督下，同市、区、县各级政府工作人员一道，兢兢业业，尽心竭力，努力把工作做好。

我到北京市工作已经三个月了，经过调查研究，了解情况，深深感到去年四月中央书记处关于首都建设方针的四项指示非常重要，需要反复学习，深刻领会。中央的指示首先明确了首都的特点，一是全国的政治中心，二是国际交往的中心。中央指示：要把北京建成为全中国全世界社会秩序、社会治安、社会风气和道德风尚最好的城市；要把北京变成全国环境最清洁、最卫生、最优美的第一流的城市，也是世界上比较好的城市；要把北京建成全国科学、文化、技术最发达，教育程度最高的第一流的城市，并且在世界上也是文化最发达的城市之一；要使北京经济上不断繁荣，人民生活方便、安定。中央明确提出，检查北京市工作好坏的标准是：政治思想建设、环境美化建设、科学文化建设和适合首都特点的经济建设。同时，还提出了改变首都面貌的实施步骤，争取三年一小变，五年一中变，十至十五年一大变。并且强调指出：搞好首都建设必须严格控制人口，要搞一个改造、美化北京的远景规划，在京的党政军领导机关和北京市要通力合作。

中央关于首都建设方针的一系列指示，是在深入调查研究的基础上提出来的，是对北京三十一年来建设经验的科学总结，是党的三中全会以来的路线、方针、政策在首都建设问题上的体现，完全符合北京的实际情况，具有极其重要的现实意义和深远的历史意义。

中央关于首都建设方针的上述指示是一个整体，相互之间有着密切的联系。中央对首都特点的指示，是首都建设方针的核心和出发点。只有把握住首都的特点，才能深刻理解四项指示的全部内容和要求。中央关于实施步骤的要求，既明确了实现四项指示是摆在全市人民面前一项长期的艰巨的任务，也是为了使我们从实际出发，扎扎实实，稳步前进。我们必须用中央关于首都建设方针的指示，统一我们的思想，统一我们的行动，把贯彻落实中央关于首都建设方针的指示作为政府工作的根本任务。

赵鹏飞同志受市人民政府的委托所作的政府工作报告，是市政府反复研究讨论通过的，是我们共同的意见。在这次市人民代表大会和市政协会议上，代表和委员们以高度的政治责任感对政府工作报告进行了认真的审议和讨论。今天，市人民代表大会批准了这个报告。会议期间，大家还对政府的工作提出了许多中肯的批评和好的建议。这些都是对我们市政府工作的很大支持。在代表和委员们的发言中，意见比较集中的问题主要是：发展工农业生产，整顿社会治安，开展“五讲”、“四美”活动，树立良好的道德风尚，提高教育质量，安置青年就业，加强城市建设和管理，加速住宅建设，治理环境污染，解决人民生活不便等问题。这些确实是广大人民群众十分关心的问题。政府工作报告对解决这些问题提出了一些方针、政策和措施。有些问题的解决措施比较具体，正在逐步实行；有些问题虽然方针、政策明确了，但尚待进一步调查研究，制订切实可行的具体措施。应当看到，上述这些问题是长期积累下来的，是多方面原因造成的。我们在工作上一定要采取积极的态度，千方百计去努力解决。在方针、政策上看准了的事情，客观条

* 1981 年 1 月 25 日市人大常委会决定，经中央批准焦若愚为市长，增补了赵鹏飞为副市长。

件有可能办到的事情，必须狠狠抓住不放，务期较快地取得成效。但是，有些问题比较复杂，牵涉面很广，需要全面考虑，进行周密细致的调查研究；有些事情限于财力物力，不是一下子能够办到的，只能量力而行，尽力而为，逐步解决。总之，我们一定要根据大家的意见，把人民群众最关心的这些问题作为今后政府工作的重点，一项一项地抓紧落实。

为了贯彻执行这次市人民代表大会的决议，完成市政府工作报告中提出的各项任务，当前我们要着重抓好以下三个环节：

第一，在全市广大干部和群众继续深入学习中央工作会议精神的过程中，市政府和区、县、局的领导干部要联系实际，检查工作，清理思想，总结经验教训。我们对北京市工作中“左”的思想和做法的影响不能低估，现在清理得还很不够，作为领导思想，要着重解决这方面的问题。但在总结经验教训时，必须从各单位的实际情况出发，对具体问题做具体分析，实事求是，有“左”反“左”，有右反右。不要千篇一律，不要一刀切，不要乱上纲上线。我们一定要把这项工作抓紧抓好，进一步把我们的思想统一到三中全会以来党的路线、方针、政策上来。

第二，要切实改善市政府的领导。首先要按照首都建设的方针加强对全市工作的统盘筹划，合理安排，使各方面工作协调一致地向前发展。目前在市区分工上，市里权力集中过多，不利于发挥区、县的积极性和主动性。对这个问题，我们已经做过一些调查研究，并召集各有关方面多次座谈听取意见，正在研究方案，加以解决。加强基层政权建设是我们搞好工作的基础。我们准备和区、县政府的同志共同研究，采取积极措施，整顿和加强领导班子，调整和健全组织，改进工作，把基层政权建设好。为了克服政府工作中存在的脱离实际、脱离群众、办事拖拉、互相扯皮、不负责任等官僚主义作风，我们开展了“为人民服务、对人民负责”的讨论，收到一定效果，但发展还很不平衡，有些部门和单位还没有真正行动起来。我们准备在五月份进行一次普遍的检查，表彰先进，总结交流经验，把这场讨论广泛深入地开展下去。

第三，要抓紧制订首都建设的五年规划。建设现代化的大城市，本来就是一件纷繁复杂、涉及面很广的事情，我们的目标是要把北京建成具有高度精神文明和高度物质文明的社会主义首都，目前面临的问题很多，各项事业都需要进行调整和改革，各方面的任务很重而又互相关联，迫切要求制订一个首都建设的长远规划。我们准备从抓五年规划入手，认真总结首都建设的历史经验和教训，注意研究新情况、新问题和新的发展趋势，学习兄弟省市和国外的先进经验，切实把这件大事抓好。城市建设是整个首都建设的重要环节，我们要在近期内把城市建设规划委员会建立起来，吸收有关方面的负责干部和有经验的专家参加，广泛听取人民群众的意见，把城市建设规划尽快搞出来。制定其他方面的规划，也要注意吸收专家和人民群众的意见。总之，我们一定要动员各方面的力量通力合作，集中广大人民群众的智慧，经过深入调查研究和反复论证，制订出一个适合首都特点的切实可行的规划，使首都的建设沿着中央指引的方向健康地协调地发展。

各位代表、各位委员！

搞好国民经济的调整，实现政治上进一步的安定，贯彻执行首都建设方针，我们面临许多困难，任务十分艰巨。但是，我们的有利条件很多，应该充满信心。我们有党的十一届三中全会以来的路线、方针、政策的指引，有党中央、国务院的亲切关怀和直接领导，有国务院各部门的具体指导和帮助，有人民解放军和兄弟省、市、自治区的大力支援。在北京集中了较多的各方面的专家人材。北京人民有着光荣的革命传统和建设社会主义的积极性，只要我们坚持四项基本原则，坚决贯彻执行党的路线、方针和政策，紧紧团结和依靠广大人民群众，同心同德，群策群力，我们就一定能够战胜困难，发展大好形势，不断取得首都建设的新胜利。

北京市第七届人民代表大会第五次会议决定北京市市长人选的办法

（一九八一年四月二十八日北京市第七届人民代表大会第五次会议通过）

一、根据《中华人民共和国地方各级人民代表大会和地方各级人民政府组织法》制定本办法。

二、决定北京市市长人选，采用无记名投票方式。

三、北京市市长的候选人，由大会主席团提名，交各代表团充分讨论、协商，然后由大会主席团根据较多数代表的意见，提出正式候选人名单，提请大会通过。

四、每个代表团推选监票人一人，再由各监票人推选总监票人二人，经大会通过后，在大会主席团领导下，对发票、投票、计票进行监督。

五、投票人有权对市长候选人表示同意或不同意。如同意，在名字前边的空格内画一个“〇”；如不同意，则画一个“×”；不画“〇”，又不画“×”的，视为弃权票。如另选他人，可在候选人名字前画“×”，然后在后边空格内写上另选人的姓名。

六、每张票选一人，多于一人的为废票。书写模糊无法辨认的也为废票。

七、写票要用钢笔、毛笔或圆珠笔，符号要准确，笔迹要清楚。投票人如自己不会写票，可以请人代写。

八、投票人应将票亲自投入票箱。

九、投票结束后，当众打开票箱清点票数，由总监票人将清点结果报告大会执行主席。票数等于或者少于投票人数，投票有效；票数多于投票人数，投票无效。

十、北京市市长人选，获得全体代表过半数的票，始得有效。

十一、投票结果由大会主席团宣布。

十二、本办法由北京市第七届人民代表大会第五次会议通过后施行。

北京市第七届人民代表大会第五次会议关于政府工作报告的决议

（一九八一年四月二十八日北京市第七届人民代表大会第五次会议通过）

北京市第七届人民代表大会第五次会议，批准赵鹏飞副市长代表市人民政府所作的政府工作报告。

会议认为，政府工作报告正确地分析了北京市的政治经济形势，肯定了全市人民在党的十一届三中全会的路线指引下取得的成绩，检查了工作指导上的缺点和错误，总结了经验教训，明确了工作方向。报告是实事求是的，是符合北京市实际情况的。

会议同意报告提出的，按照首都特点对本市国民经济实行进一步调整和加强政治思想建设、实现政治上进一步安定的各项任务。会议认为，实现上述任务，关键在于全面、正确地贯彻执行党的十一届三中全会以来的路线、方针和政策，把我们的各项工作真正转移到中央书记处关于首都建设方针四项指示的轨道上来。会议要求各级政府工作人员，首先是各级领导干部，继续解放思想，坚持四项基本原则，发扬成绩，克服缺点，纠正错误，密切联系群众，认真改进作风，高标准，严要求，务必使各项工作落到实处。

会议号召全市广大干部和人民群众，紧密团结在党中央和国务院的周围，在中共北京市委和市人民政府的领导下，发扬首都人民的光荣革命传统，广泛、持久地开展“五讲”、“四美”活动，继续深入开展“为人民服务，对人民负责”的讨论，掀起增产节约、增收节支新高潮，同心同德，振奋精神，实干苦干，克服困难，发展大好形势，为夺取首都建设的新胜利而奋斗！

北京市第七届人民代表大会第五次会议关于北京市一九八一年国民经济计划、一九八〇年财政决算和一九八一年财政预算的决议

（一九八一年四月二十八日北京市第七届人民代表大会第五次会议通过）

北京市第七届人民代表大会第五次会议同意苏展副市长所作的《关于北京市一九八〇年国民经济计划执行情况、财政决算和一九八一年国民经济计划、财政预算草案的报告》，批准本市一九八一年国民经济计划、一九八〇年财政决算和一九八一年财政预算。

会议认为，北京市一九八〇年国民经济计划和财政预算的执行情况是好的。工业、农业、交通、基本建设、商业、外贸都取得了较好的成绩，科学、教育、文化、卫生、体育等事业都有所发展，财政收入超额完成预算，支出略有结余，城乡人民生活有所改善。整个国民经济在调整和改革中发展。这是全市广大干部和群众，在党和政府的领导下，贯彻执行党的十一届三中全会以来的路线、方针、政策的结果。

会议认为，一九八一年国民经济计划和财政预算，体现了中央关于在经济上实行进一步的调整、在政治上实现进一步安定的重大方针和中央书记处关于首都建设方针四项指示的精神，贯彻了从实际出发，量力而行，讲求经济效果的指导思想。会议要求市人民政府加强集中统一领导，严格财经纪律，认真组织实施这个计划和预算。

会议号召：全市各条战线广大干部和群众，要围绕经济调整这个中心，努力增产，厉行节约，提高经济效果，完成和超额完成今年的国民经济计划。所有企业、事业单位和行政机关，都要坚决贯彻执行国务院关于平衡财政收支、切实加强信贷管理的有关规定，树立全局观念，大力增收节支，克服浪费，为实现今年的财政预算而努力。

北京市第七届人民代表大会第五次会议关于市人民代表大会常务委员会工作报告的决议

（一九八一年四月二十八日北京市第七届人民代表大会第五次会议通过）

北京市第七届人民代表大会第五次会议批准贾庭三主任所作的北京市人民代表大会常务委员会工作报告。为了搞好本市国民经济的调整、巩固发展安定团结的政治局面，把首都建设转移到中央四项指示的轨道上来，必须发展社会主义民主，健全社会主义法制。市人大常委会要进一步发挥地方国家权力机关的作用，大力加强地方立法工作，加强对市人民政府、市人民法院、市人民检察院的监督，加强同市人民代表和区、县人大常委会的联系，认真检查本次人民代表大会各项决议的执行情况，动员全市人民，以主人翁的态度积极完成大会确定的各项工作任务，为使首都展现出和她的地位相称的面貌而奋斗！

北京市第七届人民代表大会第五次会议关于市人民法院工作报告和市人民检察院工作报告的决议

（一九八一年四月二十八日北京市第七届人民代表大会第五次会议通过）

北京市第七届人民代表大会第五次会议，批准张旭院长所作的北京市人民法院工作报告，批准魏彬检察长所作的北京市人民检察院工作报告。一年多来本市各级人民法院、人民检察院认真施行刑法、刑事诉讼法等重要法律，做了大量工作，是有成绩的。按照中央书记处关于首都建设方针的四项指示，搞好本市的社会主义现代化建设，必须加强人民民主专政。人民法院和人民检察院要大力加强思想建设、组织建设和业务建设，改进工作作风，充分发挥审判机关和法律监督机关的职能；严格依法办事，准确、及时、有力地打击反革命分子和其它破坏社会秩序的犯罪分子；依靠社会各方面的力量，做好预防犯罪工作，搞好首都的社会治安；加强经济司法工作和民事调解、审判工作，正确处理人民内部矛盾，同危害经济建设、侵犯公民权益的违法犯罪行为进行斗争，以确保首都的政治安定和经济调整的顺利进行。

北京市市长名单

（1981年4月28日）

焦若愚

北京市第七届人民代表大会第五次会议主席团、秘书长名单

（一九八一年四月二十二日北京市第七届人民代表大会第五次会议预备会议通过）

主席团（九十六人，按姓氏笔划排列）

丁贡南 于宗英（女） 马耀骥 王仲林 王企贤
王延臣 王金玲（女） 王学礼 王 宪 王清平
王斐然 王景铭 毛文书（女） 毛联珏
叶恭绍（女） 白寿彝 司徒擎 吕子敬 乔洪森
邬纪秀 刘永国 刘乐哉 刘景平 刘富存 刘 达
刘导生 刘绍文 刘祖春 陆宗达 安 民 安朝俊
孙孚凌 牟冠英（女） 邢国珍 严镜清 苏从周
李巧云（女） 李立功 李 伟（部队） 李克佐
李学龙 李昌安 李 瑛（女） 杨寿山 杨春茂
吴文华 吴仲华 吴春山 吴 烈 何东昌 佟 铮
佘涤清 张万欣 张还吾 张秉贵 张继斌 张景伯
张 满 张 镈 陈木森 陈伦芬（女） 陈明绍
陈 鹏 陈福汉 陈福初 范 瑾（女） 易宗朴
周冠五 周培源 项子明 赵 峰 赵炳南 钟师统
段君毅 侯仁之 侯镜如 闻家驷 贾星五 贾庭三
倪志福 徐 光（女） 高 戈 郭步岳 郭映福
郭影秋 浦洁修（女） 诸福棠 黄民伟 梅嘉生
曹 禺 崔旭东 彭思明 蒲文清（女）
蔡又红（女） 蔡 旭 潘 焱

秘书长

马耀骥

北京市第七届人民代表大会第五次会议主席团常务主席名单

（一九八一年四月二十二日主席团第一次会议推定）

（二十六人）

段君毅 贾庭三 陈 鹏 李立功 王 宪 刘导生 刘祖春 佘涤清 吴 烈 倪志福 潘 焱

范　瑾（女）　马耀骥　王斐然　杨春茂　侯镜如　叶恭绍（女）　毛联珏　高　戈　丁贡南　周培源
闻家驷　浦洁修（女）　蔡　旭　安朝俊　何东昌

北京市第七届人民代表大会第六次会议

（1982年3月13日—20日）

北京市第七届人民代表大会第六次会议于1982年3月13日至3月20日召开。代表1240人。

大会听取、审查和批准了韩伯平关于北京市1981年经济、社会发展计划执行情况和1982年经济、社会发展计划草案的报告。听取和批准了甄树德关于北京市1981年财政决算和1982年财政预算草案的报告，听取了贾庭三、张旭、魏彬关于北京市人民代表大会常务委员会工作报告，北京市高级人民法院工作报告，北京市人民检察院工作报告。

会议审议了有关社会治安、爱国卫生运动、绿化造林工作、安置青年就业等问题的书面专题发言。

大会还原则批准了关于北京市城市绿化管理暂行办法草案的决议，关于北京市市容环境卫生管理规定草案决议。

焦若愚市长在大会上作了重要讲话。

大会共收到提案1181件，其中财经类396件，文教卫生类235件，城市建设类400件，政法和其他类150件。

关于北京市一九八一年经济、社会发展计划执行情况和一九八二年经济、社会发展计划草案的报告

——一九八二年三月十三日在北京市第七届人民代表大会第六次会议上

北京市计划委员会主任 韩伯平

各位代表：

我受市人民政府的委托，现在向大会提出关于一九八一年经济、社会发展计划执行情况和一九八二年经济、社会发展计划草案的报告，请予审议。

一、一九八一年计划执行情况

一九八一年，我市各条战线认真贯彻执行党中央和国务院关于在经济上实行进一步调整、政治上实现进一步安定的方针，努力把各项工作纳入中央书记处关于首都建设方针四项指示的轨道，经过全市人民的共同努力，计划执行情况比较好，取得了预期的效果。

第一，压缩基本建设规模和调整投资方向取得较好成绩。一九八一年全市完成基本建设投资二十三亿九千万元，比上年下降百分之九点九。其中：国家预算内投资十四亿九千万元，比上年下降百分之十六点五；各项贷款和自筹资金项目完成投资九亿元，增长百分之三点四。

在压缩基本建设规模的情况下，大幅度提高了同人民物质、文化生活密切相关的非生产性建设的投资比例。全市一九八一年非生产性建设投资完成十五亿二千万元，比上年增长百分之九点五；在全部投资中的比重，由上年的百分之五十二点四提高到百分之六十三点七。住宅、市政建设和公安政法、文教卫生以及商业服务等生活配套项目的建设进一步加强。全年房屋竣工面积五百八十三万平方米，其中住宅三百九十万平方米（约七万套），比上年增长百分之九点六。市政公用设施，新增日供水能力十万吨，日供煤气十万立方米；三环路全线连通，二环路大部分慢车道和有关地下市政管线完工，为今后二环路两侧进行建设创造了有利条件。同时，还初步解决了双榆树、蒲黄榆地区雨季积水和污水淤积的问题。文教卫生部门的建设取得较大进展，全年完成投资二亿一千三百万元，比上年增长百分之三十五，是近几年来完成投资最多的一年。全市大专院校校舍共完成三十六万多平方米；建成一批中小学，新增中小学生座位四万个；新增病床五百四十张。外事、旅游旅馆工程的建设都取得不小的成绩。环境保护和城市绿化继续有了进展。对首钢、燕化几个大污染源和三环路以内比较严重的污染扰民点进行治理，一九八〇、八一年两年三环路以内共治理四百四十五项，污染情况有所减轻；全市园林植树八十八万株，铺栽草坪六十八万平方米。

生产性建设投资比例也有较大的调整。一九八一年在工业投资比上年压缩百分之三十的条件下，轻工、纺织、食品工业建设进一步加强。市属轻纺各局全年完成投资额占地方工业部门投资的比重，由上年的百分之十七点四上升到百分之二十七点五，再加上各种渠道安排的技术措施项目建成投产，使棉纺、毛纺、电视机、啤酒和糕点、酱油等生产能力有较大的增加，这对于保证轻纺工业生产的增长起了重要作用。

第二，工业在调整和改组中继续前进。一九八一

年工业战线根据首都的特点，认真调整产业结构、产品结构和组织结构，大力发展消费品生产。全市工业总产值完成二百三十八亿二千万元，比上年增长百分之一点七。轻纺工业生产增长百分之十四点五，超过了计划增长百分之八的要求；轻纺工业在全部工业中的比重，由上年的百分之三十九点一上升为百分之四十四点一。第一批制订三年发展规划的十九种日用消费品，以重点厂为中心，进行挖潜、改造，采取多种形式组织专业化协作，生产都有较大幅度的增长。洗衣机、照相机增长二至三倍；电冰箱、电视机、收音机、缝纫机、钢木家具等增长百分之二十至五十以上。在轻纺工业迅速发展的同时，调整重工业服务方向的工作初见成效。建材工业持续发展；冶金工业在钢铁限产的情况下，增产了市场急需的线材、薄板、带钢、焊管等钢材；化学工业努力增产轻纺工业短缺的材料；机械工业不少工厂转向生产民用电器、民用机械，并为轻纺工业的技术改造积极提供设备。一九八一年共关停并转了六十多个工厂。重工业根据调整的要求，前三个季度生产都比上年同期下降，第四季度开始回升，全年生产下降百分之六点六，使整个工业生产的增长速度受到一定影响，没有能实现计划增长百分之三的要求。为了适应市场需要，工业部门积极增产适销对路产品。许多产品质量有所提高。全市一九八一年又有二十三种产品获得国家金质银质奖章，累计达到五十九种；评选出优质产品二百零二种，累计达到五百五十四种。据不完全统计，在参加全国同行业评比中，有四十五种产品获得第一名。轻纺、化工、电子仪表等行业全年投产的新花色、新品种在二万种以上。许多企业结合工业调整，狠抓节约能源和节约用水的工作。全市共节约工业用水一亿一千多万吨，并且完成了国家下达的节油、节煤和节电计划。交通运输、邮电事业和地质工作也都较好地完成了任务。一九八一年全市新装电话五千七百部，是建国以来增加电话最多的一年。

第三，大旱之年继续夺得农业较好收成。一九八一年，郊区农村全面推行了以专业承包、联产计酬为主要形式的生产责任制，巩固和发展了集体经济。广大干部和社员在“服务首都、富裕农民”的方针指导下，战胜了连续三年的干旱，使农副业生产有较大发展。各郊区县根据自然条件和缺水情况，继续对农业结构进行调整。种植业调整了粮油作物布局，发展了大豆、小杂粮生产。全年粮食总产量达到三十六亿一千万斤，虽比产量最高的一九八〇年减少一亿斤（夏粮增产三亿斤，秋粮减产四亿斤），但仍是历史上第四个高产年。油料产量四千四百五十一万斤，减少一千七百万斤。蔬菜生产取得较好成绩，基本保证了市场供应，上市比较均衡。畜牧业在稳定养猪、巩固发展国营养鸡场的同时，扶植了集体养奶牛，大力发展了社员户养鸡。牛奶、鲜蛋、肉类的生产和自给率都创造了历史最好水平。牛奶产量达到一亿五千二百五十万斤，比上年增长百分之十二；鲜蛋收购五千四百八十七万斤，比上年增长百分之十三点三。发展林业摆到了重要的位置上来。造林面积超过计划百分之六十四，达到四十一万亩；四旁植树一千八百多万株。与此同时，加强了育苗工作。社队工副业和家庭副业继续有了较快的发展。

第四，城乡市场稳定活跃，对外贸易和旅游事业继续发展。由于本市工农业生产的发展，中央有关部门和兄弟省市的大力支援，各级商业部门积极组织货源，一九八一年商品货源比较充裕。全市商品收购总值一百三十五亿元，比上年增长百分之十一。城乡商品零售总额达到六十八亿元，比上年增长百分之十一点七。市场稳定，总的供应情况好于往年，有些长期供应不足的商品开始有了缓和。为了方便群众生活，搞好首都市场供应，一九八一年在新建、翻扩建国营商业网点的同时，积极发展了集体商业和个体经营的网点，全市共增加商业服务业网点五千个（其中集体所有制网点一千八百多个，个体网点二千七百多个），是近几年来增加网点最快的一年。新增加的网点，大都是群众急需的百货店、粮店、菜站、副食店和饭馆、服装加工门市部等，规模小，分布面广，经营灵活。群众过去反映强烈的吃早点难、做衣难等问题，在不同地区有了不同程度的缓和。

一九八一年出口商品总额六亿三千万美元，超额完成计划百分之十点五，比上年增长百分之六点六。出口产品结构继续有所变化，五金矿产和机械仪器等重工业品出口额都比上年增长百分之三十以上。在搞好正常出口贸易的同时，各种形式的灵活贸易进一步有了发展。一九七九年以来，经正式批准的灵活贸易项目共二百一十四项，成交总额达一亿四千多万美元，引进了一批成套设备、关键设备和生产线，对加速我市工业企业技术改造、促进外贸出口增长等方面，都起了良好的作用。

一九八一年，市旅游部门共接待旅游者三十九万人次，比上年增长百分之三十七。旅游商品供应增加，服务质量有所提高。

第五，科研、文教、卫生等事业取得新的进展。科技研究事业，根据党中央关于科学技术首先应当为经济建设服务的方针，进一步调整了科技发展的方向和任务。一九八一年重点安排了首都建设急需的农业、食品、轻纺、能源、环保、城市建设等科研任务。列入市计划的三百八十二个科研项目，已有九十多项取得重要成果，加上各部门自行安排的科研项目，全市共取得六百多项科研成果。例如农业方面培育出蕃茄和瘦肉型猪等新品种，食品工业方面的植物蛋白食品酸豆乳，纺织工业方面的转移印花等等。许多科技成果已经推广应用于生产，获得较好的经济效益。

教育事业。一九八一年高等学校、中等专业学校努力挖掘潜力，实际招生数都超过了计划。高等学校招生一万七千九百多人，中专招生七千九百多人。为了调整压缩普通高中，提高新生入学质量，高中招生五万四千多人，比计划减少两万人。职业中学招生四千一百人。初中招生十六万零三百多人，入学率达到百分之九十五点五。

卫生事业。一九八一年增加病床（包括病房加床）八百多张，总数达到两万九千三百张。妇产科和儿科病床仍相当紧张。专业医务人员增加四千六百多人，达到十万七千多人。各级医院经过初步整顿，在提高医疗质量和加强基础护理工作等方面取得一定成绩。

体育事业取得可喜的成绩。我市优秀运动员、队在国内外比赛中，有一人一次超过一项世界纪录，一人一次超过一项亚洲纪录，共获得金牌一百零九块、银牌一百一十五块和铜牌一百二十块。文化、出版、电视、广播、新闻、文物等事业都有一定的发展。

第六，城镇就业面继续扩大，城乡人民生活进一步有所改善。一九八一年安置城镇待业青年就业十三万六千人，还有八万多人要留到一九八二年安置。一九八一年末，全市全民所有制和集体所有制职工人数达到三百四十四万三千人，比年初增加十七万八千人。随着就业面的扩大，平均每一职工负担的人口由上年的零点五人减为零点四四人。城市居民每人平均收入增长百分之三。郊区农村在生产发展的基础上，社员收入连续第四年大幅度增长，平均每人从集体分得的收入比上年增长百分之十一，达到二百零二元。由于城乡人民收入增加，居民在银行的存款继续增加。全市居民一九八一年共增加储蓄存款三亿元，总额达到十七亿四千万元，平均每个城镇居民储蓄三百元，每个农村社员储蓄四十四元。

总的来说，一九八一年各条战线的工作是有成绩的。但是还存在不少问题。工业生产的增长速度不够理想，经济效益差，浪费现象仍相当严重，经济调整的步伐还不够大。农业生产发展不平衡，部分低产区、山区还比较穷。水、电、煤气、热力和公共交通等全面紧张，商业服务网点仍比较少，群众生活还不够方便，城市管理亟待加强。科研、文教、卫生等事业的恢复和发展还比较慢。人口急剧增加，住宅严重不足，城镇待业青年安置的任务还相当艰巨。这些都是摆在我们面前的紧迫问题，要在今后逐步改进和解决。

二、一九八二年计划的初步安排

北京市一九八二年经济和社会发展计划的主要任务是，认真贯彻全国五届人大四次会议精神和中央书记处关于首都建设方针的四项指示，从首都的特点出发，切实贯彻落实赵紫阳总理提出的经济建设十条方针，努力提高经济效益，保证国民经济的健康发展。按照国家分配给北京市的任务，对一九八二年计划拟作如下安排。

第一，继续控制基本建设规模，大力缩短建设周期，努力提高投资效果。

为了进一步调整首都建设比例失调的状况，提高投资效果，一九八二年要继续严格控制建设规模和建筑面积。北京地区一九八二年基本建设投资计划约为二十九亿五千万元，各方面要求安排建筑面积二千四百万平方米，经过国家计委、国家建委和市政府共同排队后，安排一千六百多万平方米，竣工五百五十万平方米。

根据中央书记处关于首都建设方针四项指示的精神，一九八二年全市基本建设安排的顺序：一是住宅和市政建设；二是公安、政法、文教卫生和配套的商业服务设施；三是外交使馆建设和急需的旅游工程；四是解决人民生活急需的食品工业和轻纺工业，以及为轻纺工业和城市建设服务的原材料工业和建筑材料工业。

一九八二年地方基本建设投资，初步安排为十二亿七千多万元，基本维持一九八一年计划水平。其中：国家投资三亿零三百万元（包括国家指定项目投资二亿二千五百万元，地方统筹安排的投资七千八百万元）；地方财政安排投资二亿六千八百多万元（包括中央批准北京市提取百分之五的工商利润二亿元，上年基建结转六千八百多万元）；各项贷款二亿八千五百多万元（国内贷款二亿一千七百多万元，利用外资六千八百万元）；企业自筹资金四亿一千五百多万元（全民所有制企业三亿一千八百多万元，集体所有制企业九千七百万元）。在地方全部投资中，非生产性建设投资的比重将继续保持百分之七十左右。建筑面积计划七百一十七万平方米。具体安排如下：

1、住宅建设，投资四亿五千七百万元，占地方投资总额的百分之三十六；建筑面积四百六十五万平方米，占地方建筑面积的百分之六十五。要求当年竣工二百万平方米左右，比上年实际略有增加，其中用于落实私房政策的住宅占百分之二十。在施工安排上，首先要把力量集中到在建的住宅工程上；要抓好上下水、煤气、热力、供电、小区道路等市政工程和商业服务网点、中小学等配套项目的建设。要做到数量多、质量好、配套水平高、施工周期短。竣工住宅必须符合标准，达到进住条件。

2、市政建设和地铁，投资二亿八千六百万元，占地方投资总额的百分之二十二点四。市政建设工程投资，首先是安排水源和煤气源的建设，其次是热源、交通干道、排水干管等，还安排了一些花钱少、见效快、群众急需的小型市政公用设施。主要项目有：改建北三环、学院路等道路和铺设市政管线；新建田村山、长辛店、通县、城子四个自来水厂；续建南城污水干线和西郊污水干线；治理北护城河、长河，疏浚清河、万泉河、亮马河；续建北京煤气厂；铺设首钢至木樨地的煤气管道；建设左家庄供热厂；建设房山、清河、西北郊、建国门等十一个大型变电站；建设北太平庄、清河、丰台、东单等七个电话、电信局。地下铁，继续建设环线工程，争取在今年投入运行。

3、科学、文教、卫生、体育等事业，投资四千三百万元，占地方投资总额的百分之三点四。主要安排工业大学、师范学院、经济学院、建工学院、第二医学院、人大一分校和中小学校舍，续建、扩建颅脑外科医院、积水潭医院、职业病研究所、市防疫站、通县医院和几个医院增加产科病床，北京低周波电台应急工程、北京画院、北京出版社，扩建什刹海体校，中国书店库房、印刷二厂电子分色和胶印制版车间，以及市理化测试中心、计划生育宣教中心等。由于今年的基本建设投资额有较多增加，要求有关部门狠抓施工进度，力争有更多的校舍、病床和其它工程项目投入使用。

4、公安、政法部门，投资一千七百万元，占地方投资总额的百分之一点三。主要安排清河、双河劳改农场，城近郊监所、劳教用房，武装民警营房、警察学校、消防用房和司法局、检察院、法院办公用房等。

5、商业服务业，投资四千八百多万元，占地方投资总额的百分之三点八。主要安排西城、东城等服装零活加工楼，王府井服装眼镜楼，石景山糕点厂、崇文食品厂、海淀酱油厂，惠中、果子市旅馆和永定门火车站饭馆，北郊、东郊、门头沟、大兴等四个面粉厂，以及住宅区配套商店、铺面房拆迁等。

6、旅游旅馆，投资四千六百多万元，占地方投资总额的百分之三点六。主要安排新建和续建华侨宾馆、建国饭店、长城饭店、长安饭店中心、建华饭店等五个旅游旅馆；改建和扩建香山饭店、民族饭店、西苑饭店等。建设总规模为四千五百八十四套客房，二百零四套公寓办公房。

7、环境保护，投资一千一百万元，主要安排北京染料厂、光华染织厂、油毡原纸厂和医院等污水治理，东城、宣武、丰台三个区监测站，以及市监测中心大气污染连续监测站。

8、农林水利，投资三千三百多万元，占地方投资总额的百分之二点六。主要安排续建海子、遥桥峪水库，水利调度中心，农业学校和植保站，林业种子库，生物药品厂、北京气象台搬迁、蔬菜研究所以及农业变电站和抗旱打井等工程。潮白河向阳闸引水工程和白河堡水库建设已作安排，投资不包括在内。

9、交通运输业，投资五百三十多万元，主要安排八达岭公路、长途汽车公司保修厂、莲花池长途汽车站和大件运输公司大红门车队等。

10、工业，投资二亿八千八百多万元，占地方投资总额的百分之二十二点六。在全部投资中，利用外资和国内贷款占百分之七十八点四。轻工业投资二亿零三百万元，主要安排长毛绒厂，北京卷烟厂、丝绸厂迁建，毛纺动力厂，北京、五星啤酒厂，人民、方便食品厂，造纸总厂脱墨车间，洗衣机厂，二轻产品展销楼，地毯三厂，工艺美术学校，北京制药厂避孕药车间和燕山石化总公司五项塑料加工工程、北京电视机厂等。重工业投资八千五百万元，主要安排燕山石化总公司顺丁橡胶收尾工程、光华木材厂、西郊烟灰制品厂和焦化厂焦炉大修等。

11、区县，投资一千零五十万元。主要安排区县属医院、区法院和检察院办公用房、派出所、剧团、文化馆、商业网点等。

12、其他部门，投资二千八百万元。

为了使基本建设更好地发挥投资效益，要集中力量首先安排好续建项目。对于今年有条件建成的项目，要集中资金、材料、施工力量，保证建成一个，投入使用一个，绝不能分散力量，继续拉长战线。严禁计划外工程。要进一步解决开发工作落后于当年建设的矛盾，做到征地、拆迁、规划设计、市政公用工程先行。对于新建工程要严格控制。必须新建的项目，一定要按基本建设程序办事，做好施工前的各项准备工作。建设单位要做到资金、设计、材料、建设场地和水、电、道路等外部条件五落实。不具备施工条件的，不能开工，一开工就要一气呵成。

第二，继续大力发展消费品工业，进一步调整重工业的服务方向。

一九八二年的工业生产，要在狠抓经济效益的基础上，实现“保三争四”的增长速度，但一定不能有水分。计划要求：轻纺工业增长百分之七，力争达到百分之十；重工业基本维持上年水平，争取有一定增长。

计划安排的二百九十七种产品，比上年增长的占百分之四十六点五，持平的占百分之十一点八，下降的占百分之四十一点七。主要产品产量的指标是：

钢一百八十一万吨，比上年减少九万多吨；生铁二百七十万吨，增加一万吨；煤（矿务局）六百一十五万吨，增加十三万吨；发电量（电管局）九十二亿二千万度，原油加工量五百二十四万五千吨，都略低于上年水平；水泥二百零五万六千吨，减少十一万七千吨；棉纱六万六千吨，呢绒一千二百万米，略有下降；毛线五千八百吨，增加一百二十吨；自行车二十二万辆，增加六万多辆；洗衣机二十二万台，增加六万七千台；缝纫机六十万架，增加五万架；电冰箱四万台，增加九千台；手表一百七十五万只，增加二十六万只。对于市场紧缺的消费品和生产资料，一定要在保证质量的前提下，力争多生产一些。

为了把今年的工业生产搞上去，要以发展消费品为中心，继续调整产品结构，进一步调整重工业的服务方向。要根据一九八一年制订的日用消费品三年规划，抓紧组织基建、技措项目按期建成，发挥生产能力，同时要再选择一批适合首都特点、适销对路和具有发展前途的产品，继续制订发展规划。重工业要围绕消费品生产和社会需要，继续调整服务方向，千方百计广开生产门路，增产市场急需的短线产品。机械工业要扩大服务领域，提高适应能力，积极试制和生产节能多、效率高的设备，搞好低效、通用设备的更新换代工作。对于那些产品质量差、消耗高、重复生产、产品严重积压的企业，要实行关、停、并、转。结合工业调整，要继续抓好治理三废污染，治理尘毒危害，加强劳动保护，搞好安全生产。

要努力提高产品质量，增加花色品种，降低产品成本，增产质优价廉的产品。要在巩固、提高已有的优质产品的基础上，争取今年再创造出一批名牌产品和优质产品。各工业局、各公司都要制订一批重点产品升级规划，力争所有主要产品的质量都有提高，要把产品质量、品种作为考核企业的重要标准。

要继续调整企业组织结构，坚决打破行业和部门所有制界限，按专业化原则组织生产，今年要着重抓好印刷机、工业缝纫机、电冰箱、洗衣机、自行车等一批重点产品的专业化协作。同时，根据发展生产的要求，积极组织工农、工商、工贸联合，以及本市同外省市的联合。

交通运输业，铁路货运量安排二千九百万吨，汽车货运量三千五百四十万吨，都比上年实际有所下降，执行结果仍会超过。城市公共交通客运量安排二十八亿人次，比上年增长百分之六。铁路、交通、邮电部门要在调整中继续提高服务质量，提高效率。

第三，在继续抓紧粮食生产的同时，大力搞好副食品生产，积极开展多种经营。

今年面临着持续干旱、严重缺水的情况，郊区农业要以抗旱为中心，统筹安排各项生产。

根据国家下达的任务，结合我市的具体情况，对农业生产的主要指标作如下安排：

粮食总产量三十五亿斤，略高于前五年的平均产量。要认真搞好夏粮生产，为全年丰收打好基础；秋粮生产要进一步调整作物布局，压缩水稻面积，扩大小杂粮生产。粮田面积要力争稳定。油料总产量六千万斤，比上年增长百分之三十四点八。

调市商品菜二十二亿四千万斤，增长百分之七点二。近郊区要坚持以菜为主，种足面积，留足劳力，提高单产，增加品种，按计划上市。同时要抓好远郊城镇和工矿区的蔬菜生产。

肉类总产量十一万吨。要稳定养猪生产，扭转生猪下降的趋势，坚持队繁（殖）户养，多做工作，努力争取完成商品猪二百万头的任务。牛奶总产一亿六千万斤，增长百分之六点七。收购肉羊八万只，肉牛二千五百头。要发展瘦肉型猪，发展肉牛、长毛兔等食草类动物。鱼类捕捞量五百万斤。

造林二十五万至五十万亩，育苗九万亩。要把林业建设作为搞好首都环境美化建设，改善农业生态条件，加强山区建设的重大任务。要广泛发动群众投入全民义务植树活动。干鲜果品三亿一千万斤。要加强果树管理，提高单株产量。

社队企业收入十四亿元左右，约增长百分之七。

为了完成今年的农业生产计划，要进一步落实党在农村的各项经济政策，巩固和完善农业生产责任制，进一步调动社员的生产积极性。

要加强农业用水管理，努力节约用水。充分利用河道基流和城市废水；搞好渠道衬砌防渗；加强打井和机井维修工作，提高机井利用率，在有条件的地方，发展一些喷灌、滴灌。

要抓好科技成果的推广工作，充分发挥科技顾问团的作用，积极开展科技部门和生产单位签订技术服务合同的工作。要进一步研究解决有关发展畜牧生产的重大政策问题，如巩固发展养鸡专业户、重点户和集体养猪场等。

加强经营管理，千方百计提高经济效益。要整顿好社队企业和公社一级的财务管理，加强经济核算，制订各种费用定额，帮助穷队开辟生产门路，增加收入。要搞好财政包干和粮油包干。对正在试行的订立购销合同和农工商试点等，都要认真总结经验，进一步完善。要认真执行国家计划，履行产销合同，在国家计划指导下，搞活农村经济。

第四，继续努力搞好市场供应，安排好对外贸易，进一步发展旅游事业。

一九八二年社会商品零售总额预计为七十四亿元，比上年增长百分之八点八，从国家分配的货源和本市工农业生产发展的情况来看，部分商品供应仍将继续偏紧。吃的方面，主要是水产品、牛肉和豆制品等；穿的方面，主要是粗纺呢绒、纯棉白布、棉毛衫裤和儿童服装等；用的方面，主要是木制家具、民用玻璃、名牌自行车和缝纫机等。特别是农村购买力迅速增长，搞好消费品和农业生产资料的供应，任务很重。商业部门要认真贯彻“发展经济，保障供给”的方针，积极扶植工农业生产的发展，组织好工农业产品的收购，发展与兄弟省市的协作，争取更多的货源，丰富首都市场。同时要抓好商办工业的技术改造，提高管理水平。要抓紧面粉厂和食用油厂的建设，尽快解决酱油、醋、糕点、熟肉、豆制品等食品的供应问题。

要加强小商品的生产和供应。小商品品种杂、利润小，但同人民生活密切相关。工商部门要通力合作，把生产经营搞好。要在保证工业部门有微利的原则下，处理好产销之间的关系；有些还可以在税收政策上作必要的调整。

要继续大力增加商业网点，方便群众生活。国营商业在货源方面要统一安排，积极地支持集体、个体商业的发展。新建住宅小区要同时建设好商业服务设施；对于商业网点的危险房屋，要抓好翻改建工作。

要继续搞好稳定物价的工作。认真贯彻执行国务院《关于坚决稳定市场物价的通知》，开展物价大检查，对市场物价要实行集中统一，归口管理。对于擅自提价、变相涨价等违反物价政策纪律的行为，要认真查清，严肃处理。要按照国务院的有关规定，稳定农产品收购价格，不得随便采取加价、补贴等办法。蔬菜价格要在增加生产和供应的基础上，加强管理，继续保持稳定。

为了进一步搞好首都市场供应，要加强市场预测工作，及时掌握市场供求变化情况和发展趋势。商业、工业、银行、统计等部门和各区县要密切配合，从下到上，逐步建立纵横结合的市场信息网络，使商品生产更加适销对路，购销计划更加适应市场变化情况。

对外贸易出口任务，一九八二年安排六亿三千万美元，与上年持平。但由于高压聚乙烯、聚丙烯等主要化工产品，国家不再安排出口，棉纺织品因与国内市场矛盾较大，出口量又不能增加，完成出口任务还是比较艰巨的。工贸双方要密切配合，积极扩展对外贸易，进一步开展来料加工、来件装配和补偿贸易等灵活贸易。对于机械、电机、电器、电子仪表和其他一些工业产品，要狠下功夫打开外销门路。要积极有效地利用外国资金，引进先进技术，发展各种形式的国际经济合作，更好地为首都建设服务。

要进一步发展旅游事业，争取一九八二年接待旅游者五十万人次以上。要加强对旅游事业的领导和管理，切实搞好旅游旅馆和旅游点的建设，大力组织好旅游商品的供应，与此同时，要加强旅游工作队伍的建设，努力提高服务质量。

第五，发展城镇集体所有制和个体经济，安排劳动就业。

一九八二年我市将有二十万城镇青年待业。由于国民经济正在继续调整，现有企业要整顿劳动组织，一些新建、扩建单位必须增加的职工，除安排大学、中专、技校毕业生和复员退伍军人外，主要是从企业多余人员中调剂解决。因此，国营企业、事业单位和市属大集体单位，一般不再从社会招工。安排城镇待业青年就业，必须继续贯彻“在国家统筹规划和指导下，实行劳动部门介绍就业、自愿组织起来就业和自谋职业相结合”的方针，大力发展城镇集体经济，适当发展个体经营。要继续发展商业服务业，实行集中劳动和分散劳动并重的方针。有些行业，如送煤、送奶、修缮、搬运、装卸以及家务劳动社会化所需要的各种劳动服务行业，要尽可能多发展。同时，要积极发展适合首都特点、劳动密集型的轻工业和手工业，以便容纳更多的青年就业。有些国营农场、林场、牧场，根据不同的条件，也可以组织一些青年发展养殖业和种植业。

第六，发展科技、文教、卫生、体育事业。

科技事业，要贯彻科学技术与经济、社会协调发展的方针，继续结合首都的特点，大力加强生产技术的研究，加强工农业生产第一线的技术开发和科技成果的推广工作，更好地为经济建设、城市建设、文教卫生建设服务。一九八二年安排科研项目四百四十七项，其中属于开发研究和应用研究的项目占百分之九十六。要进一步改革科研管理工作，提高经济效益，重大科研项目要继续试行“专项管理、专家评议、签订合同”的办法。要积极开展科技开发、交流活动，努力培训科技人员，提高科技队伍的水平。要充分利用北京地区科技力量的优势，把科研单位、大专院校和生产单位组织起来，开展协作攻关。

教育事业，要进一步做好调整、整顿工作，大力提高教学质量。今年安排高等院校招生二万零六百多人，比一九八一年增加二千六百多人，专业设置要压缩长线，增加政法、经济和轻纺等专业。中专招生八千人，技工学校招生四千人。要继续改革中等教育结构，积极稳步地发展职业高中，适应青年劳动就业的需要。一九八二年初中、小学招生数显著减少，要努力提高教学质量，打好小学、初中教育的基础。要努力发展幼儿教育，兴办各种形式的托幼园所，提高幼儿入托率。要努力发展工农业余教育，继续抓好职工培训工作，巩固和发展电视大学、函授大学，举办业余中专和技校，努力提高在职人员的文化和技术水平。

卫生事业，要进一步贯彻预防为主的方针，深入开展爱国卫生运动。各级医疗卫生单位都要继续抓好调整工作，改进经营管理，改善服务态度，加强科学研究，努力提高首都的医疗卫生水平。一九八二年计划增加病床六百张，主要是增加妇产科、儿科、肿瘤和传染病的病床。要继续适当增加医务人员，特别是护理、药剂人员，逐渐改变看病难和医护人员比例失调的状况。要认真发动和组织群众搞好企业、事业单位和机关内外的清洁卫生，消灭鼠害和蚊蝇，加强食品卫生管理工作，保护首都人民的健康。

体育事业，要进一步搞好学校体育和职工体育工作，搞好业余训练和优秀运动队的训练，争取在一九八三年全国运动会获得好成绩。

严格控制人口和认真搞好计划生育。这方面的任务十分艰巨。近年来，进入婚龄的青年大幅度增加，预示着今后几年内人口自然增长率的急剧回升。初步估计，一九八二年自然增长将达到十二万人，自然增长率为千分之十三点七。为此，要继续采取有力措施，少生、优生和只生一胎，同时，要严格控制人口的机械增长。

三、振奋精神，增加生产，厉行节约，努力提高经济效益，完成和超额完成一九八二年计划

一九八二年，全市的工作中心是一手抓物质文明建设，一手抓精神文明建设，从首都的地位和当前的实际需要出发，要把精神文明建设放在第一位，同时一刻也不放松物质文明建设。为了顺利地实现一九八二年计划规定的各项任务，各个部门、各企业、事业单位，都要在市委、市政府的领导下，统一思想，提高认识，振奋精神，学先进，找差距，深入开展以提高经济效益为中心的增产节约运动。要着重抓好以下几项工作：

第一，分期分批地进行企业整顿。

全市工业、交通、财贸、物资、建筑施工部门和国营农场等管理部门，都要认真贯彻中共中央、国务院《关于国营工业企业进行全面整顿的决定》精神，从今年起，用两三年时间，对现有企业分期分批地进行整顿。各部门、各行业都要结合本身的特点，提出企业整顿的内容、方法和步骤。整顿的主要内容：一是进一步完善经济责任制。工业企业要改进利润包干的办法，对企业全面考核质量、产量、品种、成本、消耗、利润和供货合同等指标，狠抓提高质量、增加品种、降低成本等工作。建筑施工企业要推行经济合同责任制，结合创全优工程和全面质量管理活动，全面考核工程质量、材料消耗、建设工期、建筑成本等经济指标。财贸系统重点是整顿经营思想和经营作风，改善服务态度，提高服务质量，严格执行物价政策和供应政策。二是整顿劳动组织。逐步建立健全岗位责任制，按定员定额组织生产（经营）。要下决心把多余人员组织起来，搞技术业务培训。三是整顿劳动纪律。根据国务院领导同志的指示，从一九八一年下半年开始，在市经委、建委、财办、农办四个系统的十四个企业中进行试点，取得了初步经验。最近，市政府初步拟订了《北京市关于企业职工奖惩制度的试行规定》，所有企业都要制订《职工守则》，制订劳动奖惩具体实施办法。四是整顿财经纪律。要结合目前全市开展的财务大检查，总结经验，制订必要的制度，加强企业财务经常性的检查和监督。企业的领导干部和财务干部要模范地遵守财政纪律，严格执行国家的有

关规定。对于违犯国家财政制度的企业和人员，要追究经济责任和法律责任。围绕企业整顿，要着重做好整顿领导班子的工作，加强领导班子的思想建设和组织建设。

第二，有重点有步骤地进行技术改造和设备更新，充分发挥现有企业的作用。

今后我市经济的发展，主要是对现有企业进行技术改造和设备更新，充分发挥经济效益。从北京的实际情况出发，一九八二年工业战线要着重抓好合理利用和节约能源、水源，治理三废，改造食品工业，提高轻纺产品质量等八个方面的技术改造计划。这个计划，最近已经国家计委、经委批准，共安排项目三百多个。所需资金四亿五千万元，外汇贷款八千六百万元，百分之九十以上是从更新改造资金、银行中短期贷款和企业生产发展基金筹集解决的。这些改造项目完成以后，每年就可以增加工业产值二十一亿元，增加利润四亿七千万元，增加出口创汇五千万美元。利用原有企业进行技术改造和设备更新，同新建企业比较，具有需用资金少、建设周期短、增加收入多等优点。按照这样的技术改造路子走下去，我市经济发展将会有比较高的速度。这是挖掘生产潜力，提高经济效益的重要途径，一定要抓紧抓好。要求交通、财贸和建筑施工等部门，都制订技术改造计划，经过批准，贯彻执行。在技术改造过程中，要注意三个结合：技术改造和企业调整、专业化改组相结合；技术改造和推广科技成果相结合；技术改造和城市改造相结合。

第三，狠抓节水、节能工作。

今年我市缺水情况仍很严重，国家分配给我市的煤炭、重油大体上只能保持去年水平，电力供应还将比去年紧张。各部门和企业要努力提高水和能源的利用率，以节约求增产。要切实贯彻执行国务院召开的京津节水会议精神和市政府关于节水工作的部署，坚决贯彻执行中共中央、国务院、中央军委《关于节约石油的通知》，贯彻试行国家经委、计委、能源委《对工矿企业和城市节约能源的若干具体要求》和市政府制订的各项节能法规。要努力抓好全市凭证供应的一千八百个工业用电户、一千六百个工业用煤户和二百六十六个用水大户的用电、用煤、用水的定额管理工作。继续抓好耗能设备、工艺的技术改造，今年计划更新改造锅炉一千台；抓好远红外线加热、硅酸铝纤维保温等新工艺、新技术的推广工作。同时，加紧进行焦化厂焦炉大修改造和首钢供应城市煤气等重大节能项目的规划设计和建设工作。国家要求节约煤炭百分之三点五、节约燃料油等百分之三、节电百分之二的指标，要确保实现，并力争超过。

第四，认真研究生财、聚财、用财之道，挖掘潜力，增收节支。

当前我市面临的一个严重问题，是资金不足，不能适应首都建设的需要。解决这个问题的途径，是努力增产增收，节省开支，同时加强预算外资金的管理，加强和发挥银行聚集、调动和统一管理信贷资金的作用。随着经济、社会事业的发展和经济管理体制的逐步改革，以及人民生活的提高，预算外资金和城乡居民储蓄存款将逐步增多。把预算外资金和国家预算内资金、信贷资金结合起来，统筹安排，综合平衡，合理使用，就能够发挥很大的作用。要以计划部门为主，财政、银行、物资、统计等部门积极参加，通力合作，逐步编制综合财政计划。从一九八二年起，各部门、各单位都要编制预算外资金收支计划，逐级审查，汇总上报。重点单位的计划，要报经市计委批准，下达执行。要制订预算外资金管理办法和银行聚集、运用资金办法。

第五，坚持计划经济为主、市场调节为辅的原则。

我们国家是社会主义计划经济。整个经济工作，包括工业、农业、财贸各个方面和生产、建设、流通等各个领域，都要坚持计划经济为主、市场调节为辅的方针。广大干部要牢固地树立计划经济观念，树立全国一盘棋思想。在搞活微观经济的同时，必须加强国家计划指导，反对本位主义、分散主义的倾向。要把实行企业经济责任制和加强企业计划管理、经营管理结合起来，使企业能够按国家计划、社会需要生产，更好地提高经济效益。人民生活要改善，国家建设也要发展。要正确处理吃饭和建设的关系，正确处理国家、集体和个人三者之间的关系，艰苦奋斗，勤俭建国，不能吃光用光。凡是纳入国家计划的产品，生产部门要严格按计划生产，按计划交货；商业、物资、外贸、交通运输部门要按计划收购、调拨和供应。各个企业都要努力完成国家规定的生产任务、上调任务和上交利润、税收任务。农村社队要严格执行国家规定的统购统销和计划收购、派购等政策，保证国家计划的完成。计划部门要认真贯彻中央的方针政策，深入调查研究，把经济、社会、科技发展密切结合起来，实事求是地搞好综合平衡，编好年度计划和长远规划，并且做好计划检查、协调和服务工作。

第六，加强思想政治工作。

政治工作是一切经济工作的生命线。没有坚强的政治思想工作，经济建设是难以顺利进行的。今年在经济领域中，要坚决打击走私贩私、投机倒把、贪污受贿、盗窃国家资财的经济犯罪活动。同时，对大公无私、廉洁奉公的好人好事，要给予表彰。要大力开展“五讲四美”活动，搞好“全民文明礼貌月”活动，提高广大干部和群众的思想觉悟和道德水平。要教育广大干部和群众坚持四项基本原则，正确处理局部利益和整体利益、目前利益和长远利益的关系，增强主人翁责任感，树立国家观念、全局观念和“为人民服务，对人民负责”的观念。要调动广大职工的积极性，振奋精神，克服困难，发扬革命传统，踏踏实实地工作，为国家多做贡献。要坚持思想领先的原则，要通过算帐、摆事实、讲道理、今昔对比的方法，对职工进行生动的经济形势的宣传教育，做有效的细致的政治思想工作。要使广大干部和群众自觉地抵制和克服各种剥削阶级思想的侵蚀和影响，同各种不良现象作斗争，把他们的积极性真正引导到增产节约、提高经济效益的轨道上来，把我市的经济发展提高到一个新的水平。

各位代表！党中央、国务院对首都建设寄予很大的希望。我们首都九百万人民决心在党中央、国务院和市委的领导下，认真贯彻落实全国五届人大四次会议的精神和中央书记处关于首都建设方针的四项指示，从首都的特点出发，团结一致，努力工作，为保证国民经济的健康发展，为完成和超额完成一九八二年计划作出新的贡献。

关于北京市一九八一年财政决算和一九八二年财政预算草案的报告

——一九八二年三月十三日在北京市第七届人民代表大会第六次会议上

北京市财政局长　甄树德

各位代表：

现在，我受市人民政府的委托，向大会提出北京市一九八一年财政决算和一九八二年财政预算草案的报告，请予审议。

一、一九八一年财政决算

一九八一年，全市各条战线广大职工、干部和农村社员，认真贯彻执行中共中央确定的经济上实行进一步调整，政治上实现进一步安定的方针和各项经济政策，把各项工作纳入中央书记处关于首都建设方针四项指示的轨道，各条战线的工作都取得了新的进展。在这一年里，通过财政收支预算的执行，促进了国民经济调整，支持了工农业生产的发展，在财政比较困难的情况下，从资金上保证了各项建设按照计划顺利进行和各项事业的基本需要。一九八一年财政预算完成情况是比较好的。

一九八一年市第七届人民代表大会第五次会议批准的收入预算总额为五十二亿一千九百二十六万元，在预算执行中，由于国家在经济调整方面采取的措施，包括部分原材料价格上调、部分产品降价、财政补贴增加以及企业隶属关系变化等原因，减少了一部分收入，这些都是原来收入计划所没有考虑的新因素。为了按照实际情况考核预算的执行，经征得财政部同意，并报请市人民代表大会常务委员会审议批准，收入预算调整为四十八亿七千万元。执行结果，财政收入完成四十九亿一千四百零八万元，完成调整后预算的百分之一百点九。其中：企业收入完成二十五亿七千八百六十一万元，完成调整后预算的百分之一百点二。在企业收入中，工业收入完成二十五亿零六百七十八万元，完成调整后预算的百分之一百点三；商业收入完成二亿五千二百七十九万元，完成调整后预算的百分之一百零一点一；企业上交折旧完成八千五百五十二万元，完成调整后预算的百分之一百点六；工商税收完成二十二亿二千七百三十万元，完成调整后预算的百分之一百零一点五。

现将主要情况说明如下：

(一)一九八一年我市工业生产在调整中仍有一定的增长。全市工业总产值完成二百三十八亿二千万元，比上年增长百分之一点七，特别是轻纺工业发展速度较快，比上年增长百分之十四点五；重工业调整服务方向，关停并转了一部分工厂，生产比上年下降百分之六点六。郊区农村，基本上建立起各种形式的联产计酬责任制，调动了广大社员和干部的生产积极性，战胜了连续三年的干旱，农副业生产有较大发展。粮食总产量达到三十六亿一千万斤，是建国以来第四个高产年。商业市场购销两旺，社会商品零售额完成六十八亿元，比上年增长百分之十一点七。对外贸易也有进一步发展，出口总值达到六亿三千万美元，比上年增长百分之六点六。工农业生产特别是消费品生产的发展和商品流通的扩大，是一九八一年财政收入完成较好的重要因素。

（二）企业建立了各种形式的经济责任制，大大调动了广大干部和职工的增产挖潜，改善经营管理，降低成本，增加盈利的积极性。企业上交的利润比年初预计好得多。首钢公司在减产的情况下，上交国家的利润仍比上年增长，实现了减产增收。

（三）通过税收和企业财务大检查，补交税款二千一百万元，补交利润三千五百万元，共增加收入五千六百万元。不仅堵塞了漏洞，增加了收入，而且加强了法制，维护了财经纪律。

（四）一九八一年财政收入和上年比较，下降百分之四点二，主要是部分原材料提价、库存商品削价、工业品降价以及向企业征收排烟费、排污费、地下水费、保险费，财政补贴增加等减少收入较多，约有二亿八千万元。如果按可比口径计算，财政收入比上年增长百分之一点三。

一九八一年市人民代表大会批准的支出预算总额为十六亿零三百八十五万七千元。在预算执行过程中，国家又陆续给本市增加了一部分支出，包括基本建设拨款、更新改造资金和各项行政事业费。经征得财政部同意，并报请市人民代表大会常务委员会审议批准，支出预算调整为十八亿零五百七十六万九千元。一九八一年支出决算十五亿零八百三十一万元，为调整后年度预算的百分之八十三点五。在财政支出中，基本建设拨款五亿九千四百七十二万元，为预算的百分之八十五点六；企业挖潜改造资金八千五百三十一万元，为预算的百分之九十七点八；科技三项费用四千二百三十六万元，为预算的百分之九十点一；支援农业支出七千零八十八万元，为预算的百分之七十九；城市维护费支出三千五百九十四万元，为预算的百分之九十九点六；文教科学卫生事业费三亿六千五百五十三万元，为预算的百分之九十二点一；行政管理费支出一亿零七百五十四万元，为预算的百分之八十五点七。

现将主要情况说明如下：

（一）一九八一年财政支出，支持了工农业生产的发展。在这一年里，一批与人民生活密切相关的轻纺、食品工业建设项目和一批能源建材项目建成投产。主要有：京棉二厂增加三万纱锭、北京电视机厂彩色电视组装能力全年达到十五万台、玻璃二厂年产机制瓶七千万个、制药四厂年产蜂王精二千一百万支、宣武酱油厂年产酱油一千八百万斤、西城糕点厂年产糕点一千一百万斤等。

（二）增加了城市公用设施建设和住宅建设的投资。全年地方住宅竣工面积达到一百七十七万平方米、建成道路七十三点八公里、建成水源八厂，新增日供水能力十万吨、新建煤气厂日产煤气十万立方米制气炉一座、园林植树八十八万株、植草皮六十八万平方米、新增公共汽车、电车二百一十辆。以上项目的完成对于改善城市居民的生活条件，美化环境将起到一定的作用。

（三）支持了文教科学卫生事业的发展。一九八一年高等学校招收新生三千五百人，中等专业学校和普通中学、职业中学招收新生二十一万人，小学招收新生十一万七千人。医院新增病床五百四十张，医疗卫生设备状况也有所改善。科学事业有所发展，全市一九八一年取得六百多项科研成果，同时在促进科技成果投产推广应用方面，获得较好的经济效益。

一九八一年财政决算收支相抵，除按国家规定上解中央部分和购买国库券外，市财政结余五亿一千二百七十五万九千元。在结余总额中包括：（一）基本建设拨款、企业挖潜改造资金、科技三项费用、小型农田水利等未完工程和其他专项结余资金三亿二千二百五十二万元，按国家规定，结转一九八二年继续使用；（二）地方机动财力一亿九千零二十三万九千元（市级一亿三千二百一十八万七千元，区、县五千八百零五万二千元），结转一九八二年使用。

一九八一年地方附加收入七千三百零八万九千元，加上历年结余一千七百零三万四千元，共计九千零十二万三千元。支出七千三百三十万元，主要用于城市维护。收支相抵结余一千六百八十二万三千元。

此外，一九八一年全市购买国库券一亿五千万元，超过国家分配必成数指标的百分之二十五，超过国家分配期成数指标的百分之三点四。全市超额完成国库券任务，分担了国家的困难，为平衡全国财政收支，减少货币投放作出了贡献。

在一九八一年财政预算执行中反映出一些问题，主要是：经济效益差，损失浪费大，经济领域中的不正之风严重，化大公为小公，截留利润，偷税漏税，滥发奖金、津贴、补助等违反财经纪律的现象时有发生；收入中的“跑、冒、滴、漏”还比较普遍；财政、税务部门执法不严，监督不力。这些都影响了财政收入，必须采取有效措施，认真加以解决。

二、一九八二年财政预算草案

一九八二年财政预算草案，是根据赵紫阳总理提出的经济建设十条方针和中央书记处对首都建设方针四项指示，按照本市安排的国民经济各项指标，进行编制的。

一九八二年财政收入预算安排四十七亿元，比上年实际收入下降百分之四点四。财政收入预算总额中，企业收入安排二十三亿四千八百二十万元，比上年实际收入下降百分之八点九。其中：工业收入安排二十三亿五千万元，比上年实际收入下降百分之六点三；商业收入安排二亿四千七百六十一万元，比上年实际收入下降百分之二；企业上交折旧安排七千万元，比上年实际收入下降百分之十八点一；工商税收安排二十二亿六千二百万元，比上年实际收入增长百分之一点六。

按照以上安排，一九八二年收入比上年减少二亿一千四百万元。一九八二年工业生产增长速度为“保三争四”，社会商品零售额增长百分之九。为什么工业生产增长，商品流通扩大，财政收入反而下降呢？这是因为：国家决定有些工业产品继续降价，如电视机、半导体收音机、手表、弹力呢等；有些原材料提价，如纸浆、羊毛、二辛脂等；归还银行贷款增加和提高银行贷款利率，减少收入较多。初步计算，要减少收入四亿五千万元。如果按可比口径计算，一九八二年收入要比上年增长百分之五。因此，从目前情况看，这个指标安排是不低的，必须经过很大努力才能实现。

一九八二年增加收入的有利条件很多。首先，一九八二年工业生产安排增长百分之三到四，特别是轻纺工业增长百分之七，力争达到百分之十，重工业的生产也开始有所好转，这是增加收入的根本保证；第二，通过调整经济结构和比例关系，进行企业整顿，必然带来经济效益的提高和收入的增加；第三，加强财政税收管理，整顿财经纪律，堵塞收入中的“跑、冒、滴、漏”；第四，经济责任制将进一步完善，国家、集体、个人三者利益关系更趋合理，这对增加收入也是很有利的。因此，只要我们抓好这几方面的工作，一九八二年的收入预算是可以完成的。

一九八二年财政支出安排十五亿一千八百五十四万一千元，比上年决算支出增长百分之零点七。在总支出中，包括国家分配计划十一亿七千八百六十五万元，市机动财力安排一亿五千一百万元，上年专项支出结余安排一亿八千八百八十九万一千元。

现将主要情况说明如下：

（一）基本建设拨款安排五亿七千一百二十五万元，比上年实际支出下降百分之三点九。在拨款总额中，包括国家预算内拨款三亿零二百八十五万元；北京地区工商企业利润中提取百分之五的城市维护和城市建设资金二亿元；用上年基建结余安排六千八百四十万元。基本建设方面继续落实中央对首都建设方针的四项指示，进一步调整“骨头”和“肉”的比例关系，基本建设拨款的安排重点是职工住宅和市政公用设施。职工住宅拨款安排一亿五千万元（不包括企业、事业单位用自筹资金安排的职工住宅建设），市政建设拨款安排二亿二千万元。

（二）支援农业支出安排八千零八十五万一千元，比上年实际支出增长百分之十四点一。农业生产的发展必须是一靠政策，二靠科学，国家支援农业生产的资金是有限的，要把有限的资金用到刀刃上，努力提高资金的使用效果。今年支农资金的重点是用于抗旱的水利设施建设，支持发展造林和穷队发展多种经营，促进增产增收。

（三）文教科学卫生事业费安排三亿九千四百九十七万六千元，比上年增长百分之八点一，占全市总支出的比重由上年决算的百分之二十四点二上升到百分之二十六。其中：教育事业费比上年增长百分之八，除正常经费外，增加了团结湖、劲松、双榆树、魏公村等居民区中、小学和幼儿园的开办费；卫生事业费比上年增长百分之八点九，为了改善医疗条件，提高防病能力，安排了一部分陈旧设备的更新；文化、科学、体育、广播、文物、出版、计划生育等支出也都比上年有不同程度的增长。这里说明，在今年财政比较紧的情况下，市机动财力用于文教科学卫生事业方面的支出达到五千五百二十九万元，占机动财力总额的百分之三十六点六，是作了很大努力的。

（四）行政管理费安排一亿一千九百四十万元，比上年增长百分之十一。主要是为了加强公安、检察、司法工作，安排军队转业干部，相应增加人员编制，多安排了一部分经费。

一九八二年财政预算安排结果，收支相抵，除根据国家规定上解中央三十五亿一千六百三十五万元外，市财政预算结余二亿五千八百八十六万八千元。其中：国家给的机动财力八千一百万元，按规定在下年安排使用；其余一亿七千七百八十六万八千元，是去年的专项结余还没有安排，在一九八二年预算执行中继续安排。

一九八二年地方附加收入六千七百万元，仍用于城市维护支出。

此外，一九八二年根据国务院公布的《中华人民共和国一九八二年国库券条例》和国务院《关于向城乡人民发行国库券的通知》，全国共发行国库券四十亿元，其中公家二十亿元，城乡个人二十亿元。国家分配北京市购买国库券指标一亿一千八百七十万元。其中：全民所有制单位和集体所有制单位购买指标为五千九百九十万元，城乡个人购买指标为五千八百八十万元。根据各部门的财力状况和城乡人民的收入水平，经过充分动员，积极组织认购，这个任务是可以完成的。

三、振奋精神，鼓足干劲，努力完成一九八二年财政预算

一九八二年是"六五"计划的第二年，也是关键性的一年。必须鼓足干劲，采取切实有效措施，努力挖掘潜力，增收节支。

第一，整顿企业，提高经济效益。要分批地有计划地对现有企业进行全面整顿。对工业生产中单纯追求产值，忽视产品质量，能源、原材料消耗高、浪费大和产品积压的问题；对基本建设中周期长、工程质量差、返工浪费和占用资金、物资过多的问题；对流通环节中盲目采购、物资积压、资金周转缓慢等问题，都要经过认真整顿，尽快加以解决。

第二，调整经济结构，合理安排生产。主要是进一步促进轻纺工业的发展，增加紧缺商品和适销对路商品的生产，满足广大群众购买力增长的需要，活跃市场，为国家提供更多的积累。

第三，严格控制各项支出，努力提高资金使用效果。一九八一年国家财政收支的基本平衡，是在紧缩支出的情况下实现的，是不巩固的。当前财政还面临相当大的困难，实现国家财政状况的根本好转，尚需相当的时间，并付出艰巨的努力。我们还要过紧日子，严格控制各项支出，讲究用财之道，不花冤枉钱，使有限的资金发挥更大的效果。

第四，加强财政监督，严肃财经纪律。一九八二年要继续开展企业财务大检查，通过检查，推动企业改善经营管理，加强经济核算，严肃财经纪律，坚决制止和纠正截留利润、乱挤成本和转移资金、偷税漏税等违法行为。对浪费国家资财，造成重大损失的要追究经济责任，情节严重的，还应依法处理。同时，要狠狠打击经济领域中的走私行贿、投机倒把、贪污盗窃等犯罪行为。

各位代表，当前北京市和全国一样，政治、经济形势一派大好，让我们同心同德，群策群力，振奋精神，鼓足干劲，为实现一九八二年财政预算而努力，为继续保持全国财政收支基本平衡做出贡献。

在北京市第七届人民代表大会第六次会议上的讲话

（1982年3月16日）

焦若愚

各位代表，各位委员：

这几天，各位代表认真地审议了《一九八一年经济、社会发展计划执行情况和一九八二年经济、社会发展计划草案的报告》以及《一九八一年财政决算和一九八二年财政预算草案的报告》。大家对市政府的工作，提出了许多好的意见、批评和建议。我们一定要认真研究，采取措施，积极办理；有些要创造条件，逐步解决。

当前，北京市的政治、经济形势都是好的。去年，全市各项工作逐步纳入中央书记处关于首都建设方针四项指示的轨道，取得新的进展。今年头两个月，许多方面的工作又有了一个好的势头。一、二月份，全市工业总产值比去年同期增长百分之十点二，铁路货运量和公共交通客运量分别比去年同期增长百分之十一点二和五点八。郊区农业虽然遇到连年大旱，经过广大干部和社员的努力，完成了冬麦播种计划，蔬菜、牛奶、鲜蛋等副食品上市量明显增加。商业购销两旺，一、二

月份累计，本市工业品收购量比去年同期增长百分之二点八，社会商品零售总额增长百分之三点八，新年和春节的市场供应也好于去年。基本建设头两个月完成的工作量比去年同期增长百分之十一，住宅竣工面积增长百分之十六。社会治安通过加强综合治理，今年一、二月份各类刑事案件比去年同期减少百分之十四点一。开展“五讲四美”活动，收到了成效，社会秩序和社会风气有了可喜的变化。尤其是开展“文明礼貌月”活动以来，在中央、国务院领导同志、驻京部队首长以及市、区、县、局各级负责干部的带动下，全市军民普遍行动起来，纷纷走上街头，打扫卫生，维持秩序，开展宣传。仅二月二十八日，即出动了二百多万人。全市学雷锋小组和青年服务队增加到三万个，为群众做了大量好事。七十万名少先队员在城近郊区建立起两千五百多条“红领巾卫生街”。车站前、公园内、商店里、公共电汽车上，到处可以看到热心为群众服务、助人为乐的动人景象。所有这一切，使全市人民的精神面貌为之一振。当然，这还只能说是一个良好的开端，工作中还存在不少问题，发展还不平衡。我们一定要再接再厉，发扬成绩，克服缺点，保持这一好的势头，发展这一好的势头。

关于一九八二年的工作任务，总起来说就是贯彻两手抓的原则，一手抓物质文明建设，一手抓精神文明建设。社会主义现代化建设，必须在建设高度物质文明的同时，建设高度的社会主义精神文明，才能保证国民经济的持久发展，保证物质文明建设的社会主义方向。北京是首都，是全国的政治中心，从当前的实际情况和迫切需要出发，要把精神文明建设放在首位。同时，又必须抓紧物质文明建设，任何忽视和放松物质文明建设的思想都是错误的。毛泽东同志一九四五年在论述整风和生产两大运动的重要性时曾经指出：“一九四二年和一九四三年两年先后开始的带普遍性的整风运动和生产运动，曾经分别在精神生活方面和物质生活方面起了和正在起着决定性的作用。这两个环子，如果不在适当时机抓住他们，我们就无法抓住整个的革命链条，而我们的斗争就不能继续前进。”现在，我们就是要紧紧抓住精神文明建设和物质文明建设这两个环子，使我们各方面的工作在一九八二年取得令人满意的新成就。

下面，我讲一讲市政府一九八二年要着重抓的几项主要工作：

一、搞好精神文明建设。精神文明建设要把思想教育作为中心环节。各级政府、各行各业都要重视思想教育，加强思想政治工作。正如邓小平同志所指出的，要“教育我们的后代，要有理想，讲道德，守纪律，有礼貌，要艰苦奋斗。每个人都要有爱国主义精神，有民族自尊心”。在我们实行对外开放、对内搞活经济的政策的条件下，我们一定要研究新情况、新问题。我们要紧密结合当前新的历史条件，认真学习马克思列宁主义和毛泽东同志著作。各单位要结合自己的具体情况，经常地、有计划地对人民群众特别是青少年，进行社会主义和共产主义教育、道德教育、法制教育、组织纪律性教育、爱国主义和国际主义教育，以及经济形势教育，树立热爱党、热爱祖国、热爱社会主义、热爱集体、热爱劳动的思想。

从去年开始的“五讲四美”活动，是广泛发动群众，进行精神文明建设的好形式，要深入持久地开展下去。今年继续以清洁卫生为突破口，集中力量，狠抓三个重点，即搞好环境卫生，解决一个“脏”字；整顿社会秩序，解决一个“乱”字；改进服务态度，解决一个“差”字。

在环境卫生方面，城近郊七个区要着重治理二十条大街和十个重点地区，以带动全市环境卫生工作。对十个重点地区要由有关街道和单位分片包干，负责到底。通过大家共同努力，使这些街道和地区清洁、整齐、美观，反映出首都人民的精神面貌。

在整顿公共秩序方面，要把贯彻执行市人大常委会批准的道路交通管理法规，坚持不懈地抓下去，切实搞好交通秩序；要坚决清理违章建筑，该拆除的要无条件地拆除；禁止任意摆摊设点，加强农贸市场的管理。

在改进服务态度方面，要对职工深入进行为人民服务，为顾客着想的思想教育，制订服务工作守则，开展提高服务质量、改进服务态度的评比竞赛。

在“五讲四美”活动中，要大力提倡关心集体，团结同志，助人为乐，维护社会公德，正确处理恋爱、婚姻、家庭问题，勤俭持家，节约办婚事、丧事，移风易俗，树立新的社会风尚。

各行各业都要结合自己的特点，订出厂规、店规、校规、村规等作为行为准则，严格执行。好的要表扬，违犯的要批评教育。现在，农村和城市有人聚众赌博，社会上有淫秽书刊、画片、录音、录像流行，要坚决制止，予以取缔。各级政府要领导人民群众反对歪风邪气，进行反腐蚀斗争。

目前，正在开展的“文明礼貌月”活动，已经把群众动员起来，我们要继续做好组织工作，加强督促检查，要有始有终，收到实效，并在“五讲四美”活动中巩固和发展已经取得的成果。

北京是首都，治安情况的好坏直接关系到国家的政治声誉。我们要通过综合治理，搞好社会治安。对案件多、秩序乱、安全工作薄弱的地区和单位，要组织各方面的力量一个一个解决问题。公安部门要有计划有步骤地对各类犯罪分子进行持续不断的打击。当前，要集中力量开展以破现行案件、特别是重大案件为中心的破案活动。要加强街道基础工作，健全居委会和治保组织。依靠基层组织和群众，对有违法犯罪行为的青少年、危害社会治安的重点人和由于人民内部矛盾激化可能犯罪的人员，摸清底数，落实帮教措施。各基层单位都要大力开展法制宣传教育，加强内部保卫和安全防范工作，建立和健全治安岗位责任制，并把治安情况的好坏作为对各单位工作考核的重要内容之一。因个人失职在治安上造成重大问题的，要追究有关领导和当事者的责任。

发展教育、科学、文化、艺术、卫生、体育事业，是精神文明建设的一个重要方面，我们各级政府一定要十分重视，为这些事业的发展积极创造条件。学校教育要坚持以提高质量为中心，贯彻党的教育方针，使受教育者在德育、智育、体育几方面都得到发展，成为有社会主义觉悟的有文化的劳动者和又红又专的人材。高等教育既要把全日制院校办好，抓好市属院校和大学分校的调整，又要继续发展业余、电视、函授大学，鼓励自学成材。中等教育结构要合理调整，下决心改一批普通高中为职业中学。今后，企事业单位招工应先从职业高中毕业生中择优录取。中小学要注意提高教师的教学水平。对于教学水平低的教师要进行必要的调整或者有计划地分批轮训。科技工作要从首都建设的需要出发，着重进行应用技术的研究，以具有重大经济效益和现代化水平的高精尖项目为重点，逐个突破；同时要积极开展科技成果的推广工作。医疗卫生工作要贯彻中西医结合和以预防为主的方针，提高服务质量，改善服务态度，积极采取措施，缓和看病难的状况。

二、坚决打击经济领域的犯罪活动。近几年，经济领域的犯罪活动大量增多，这是一个突出的严重问题。由于十年内乱期间，林彪、江青反革命集团所煽动的无政府主义、极端个人主义思潮对一部分人的毒害很深，也由于这几年，在实行对外开放和对内搞活经济政策的同时，我们的思想政治工作和必要的管理制度、管理措施没有及时跟上，以致走私贩私、投机诈骗、贪污受贿、把大量国家和集体财产窃为己有等违法犯罪活动大量增加，比三十年前“三反”、“五反”时期还严重得多。北京市仅一九八一年查获的投机倒把、走私贩私、贪污受贿案件就有一万三千四百多起，到目前止，万元以上的大案有一百一十多起。在中央统一部署下，我们组织各方面的力量，与这种犯罪活动开展了坚决的斗争。截至目前，已逮捕拘留案犯一百六十多人。

当前，经济领域的犯罪活动在一些部门和单位比较猖獗，是我国在前进中出现的一股逆流，我们必须给予严重的注意。这是我国在新的历史条件下阶级斗争的重要表现，是国内外阶级敌人用资本主义腐朽思想对我们进行破坏腐蚀的反映。如果不从现在起，集中力量同这种逆流进行最坚决、最严肃的斗争，那就会对我们社会主义事业造成极大的危害。我们各级政府工作人员，首先是领导干部，必须认真抓好这场关系到国家盛衰兴亡的斗争。工商管理、海关、公安、财税、银行等部门要在打击经济犯罪中充分发挥作用，提出线索，摸清情况，积极主动配合党的纪律检查委员会和司法部门深入调查重要案件。各级政府部门和企业事业单位领导人，要认真分析本单位的情况，做到心中有数，发现问题，及时报告，积极配合有关部门调查处理。对于重大经济犯罪案件，不管涉及哪个部门，不管涉及什么干部，一定要追究到底，查个水落石出。凡是侵占国家和集体资财以及私人财物的，一定要实行经济退赔或依法没收赃款，或者罚款，决不能让这些人在经济上占便宜；触犯法律的要依法惩处。对于麻木不仁、姑息养奸、庇护犯罪分子的领导干部，要追究责任，严肃处理。通过打击经济犯罪活动，把政府机构中的腐化变质分子清理出去；并且要认真总结经验教训，加强社会主义法纪和道德品质教育，整顿组织，严密制度，制定措施，堵塞漏洞。最近，全国人大常委会通过了《关于严惩严重破坏经济的罪犯的决定》，这是对经济犯罪活动进行斗争的有力武器。文件规定：“凡在本决定施行之日以前犯罪，而在一九八二年五月一日以前投案自首的或者已被逮捕而如实坦白承认全部罪行，并如实地检举其它犯罪人员的犯罪事实的，一律按本决定施行以前的有关法律规定处理。”我们各级政府和企业事业单位一定要深入宣传这个重要决定，形成一个强大的政治攻势，促使各种有犯罪活动的人，走悔过自新的道路。

党和国家对外实行开放和对内搞活经济的政策，是根据社会主义建设的需要和国际形势所采取的坚定不移的政策。我们不能因为经济领域犯罪活动增多，而对这两项政策发生动摇。今后，对凡是以正当手段来同我们作生意的国际资本和港澳工商业者，我们还要采取欢迎态度，待之以礼，实行平等互利的原则，积极地发展对外贸易和技术经济交流活动。要根据国家政策、法令，继续把工农业生产和商品流通搞活，对正当的集体经济和个体经济还要加以指导和扶植。我们既要坚持对外实行开放和对内搞活经济的政策，又要坚持进行反对资本主义思想腐蚀的斗争。只有这样，才能保证社会主义现代化建设的顺利进行。

三、加强城市管理。城市管理涉及的面很广，包括环境保护，园林绿化，环境卫生，房屋的分配、管理和修缮，煤气、热力、自来水等公用事业，公共交通，道路、下水道和城市河湖管理，电话邮政，防震抗震等方面，过去工作比较薄弱，需要抓紧制订有关管理办法，逐步建立起城市管理的正常秩序。当前急需制订一个科学的切实可行的城市建设总体规划，作为城市建设和管理的依据。去年，城市规划委员会成立后，遵照中央关于首都建设方针四项指示修订了规划草案，并且听取了市人民代表、政协委员、各方面专家和干部、群众的意见，要在上半年完成修订工作，上报审批。同时，要着手制订分区规划和近期重点建设地区的详细规划，使首都各项建设在统一规划的指导下得到比较协调的发展。要根据规划方案调整和安排城市的合理布局。必须安排在城市中心区的新建工程，要有计划地和改造旧城结合起来，按照成街成片的规划，拆旧建新，不允许拆毁好的庭院、房屋，占用绿地，搞“见缝插针”和零星添建。要把扰民的工厂和不必要设在市区的仓库、料场等逐步迁到远郊，腾出建设用地。近郊主要安排住宅及生活配套设施的建设。卫星城镇的开发建设工作要积极进行，首先集中力量抓好黄村，并准备建设昌平。

城市绿化对于美化市容，维护和改善生态环境十分重要。要广泛发动群众，加强组织领导，利用一切可以利用的土地和空间，大力植树造林，种草养花。各单位、各住户既要各负其责，搞好自己的庭院绿化；又要根据统一部署，积极参加公共场所的绿化。要认真贯彻全国人大五届四次会议《关于开展全民义务植树运动的决议》和国务院《关于开展全民义务植树运动的实施办法》，有计划有步骤地开展植树运动，既要造成声势，又要扎扎实实，讲究科学，保证质量，注重实效。

逐步解决城市居民的住房困难，加快落实私房政策的步伐，是城市管理的一项重要任务。近三年来，北京的市属和区属单位，每年竣工住宅都在一百万平方米以上，但由于以前欠账太多，人口增加太快，现在住房仍然严重不足。据有的街道调查，住房困难户约占住户总数的百分之五十左右。由于当前国家的财力物力有困难，城近郊区建设用地也很紧张，住宅建设赶不上城市居民日益增长的需要。面对这个矛盾，我们各级政府、各级领导干部，一方面要如实地向群众说明情况，动员大家同心协力，共同克服困难。另一方面，我们要积极采取措施，尽可能把群众的住房问题解决得好一些。首先要千方百计多建住宅。所需资金，除国家和市财政尽力安排外，有盈利的企业、事业单位要自筹解决。我看许多企业单位少发些奖金，少搞些其他福利，积攒资金多建一些住房，群众是会拥护的。一些资金较少的企业、事业单位，可以由房管部门或有关区、县、局组织他们集资建房。个人愿意参加集资建房的也要欢迎。在解决建房用地和建筑材料上，市政府各有关部门要大力给以支持。其次，要切实做好住房分配工作。由于当前可供分配的房源不足，我们要坚持按居住困难程度分房的原则。各级领导干部一定要以身作则，坚持群众路线，通过民主评议，合理分配住房，坚决杜绝特殊化、走后门等不正之风，使群众的住房困难逐步得到缓和。

落实私房政策的工作，难度很大，政策性很强。当前首先要下力量解决私人自住房被挤占的问题。各级政府机关和企事业单位占用私人自住房要尽快腾退。各单位职工占用私人自住房的，由所在单位从每年竣工的新建住宅中拿出百分之二十逐步解决，占用私人自住房少的单位可以少拿。这一规定必须严格执行。凡是占用私人自住房的职工，只要给他安排了相应的公房就应立即迁出；不许利用落实私房政策，提出过高要求，无理取闹。在落实私房政策中，要对私人自住房被占的知名人士、高级知识分子、华侨、港澳台胞和住房严重困难的房主的问题优先予以解决。

待业青年的安置，是当前城市工作的一个重要问题，对搞好社会秩序关系很大。一九八二年全市需要安置的待业青年约有二十万人。北京和其他工业城市不同，没有许多新的工业建设项目投产。每年国营企业只能吸收四、五万人，绝大多数人难以安排到国营企业就业。

为了解决这个尖锐的问题，必须贯彻“在国家统筹计划和指导下，实行劳动部门介绍就业、自愿组织起来就业和自谋职业相结合”的方针，继续大力发展集体经济，适当发展个体经营。要广泛进行宣传教育工作，使广大干部、职工和青年真正认识集体经济是社会主义经济的组成部分，解决北京青年的就业问题主要依靠发展集体经济，动员待业青年积极参加各种形式的集体经济组织。

市政府决定成立一个领导小组，加强对发展集体经济的领导，统筹安排城镇青年的就业问题。当前发展集体经济，要着重从以下几个方面开辟门路：

1、继续发展饮食业、服务业、修理业和商业；

2、从市场需要出发，发展不污染、不扰民的劳动密集型轻工业和手工业；

3、发展各种形式的建筑业和修缮业；

4、发展劳动服务业，适应家务劳动社会化和群众日常生活的需要；

5、在有条件的地方，发展集体养殖业和种植业。

政府各部门要共同努力，积极创造条件，促进集体经济的发展。各级计划部门要协助疏通计划渠道，帮助规划经营的范围、规模和发展方向，制定集体经济的物资供应政策。所需资金，主要靠集体经济自行筹集，有关机关、企业、事业单位给以必要的帮助，银行在贷款上给以支持。经营场地，经规划部门和交通管理部门批准，可以在非主要街道安排一些临时建筑或利用原有铺面房，发展小商业群和生产服务网点，也可以按照规划建设高层工业楼、商业楼，以求多容纳一些集体经济企业。解决集体经济的技术力量，主要靠搞好就业训练，办好职业高中，同时也要组织有关国营企业按专业对口，派出人员，进行技术指导，给以帮助。在发展集体经济的政策上，要认真总结经验，研究解决税收和物价管理等方面的问题。对现有集体经济要加强管理，切实整顿，一定要执行“独立经营、自负盈亏、民主管理”的原则，坚持社会主义方向，认真贯彻党和国家的经济政策和各项法令，反对违法经营，努力提高经营管理水平。此外，还要支持有条件的家庭和个人搞个体经营，既弥补国营经济和集体经济的不足，方便人民生活，又解决一部分人的就业。

控制首都人口增长是一项战略性的任务。要继续狠抓计划生育，控制人口的自然增长率。同时，要采取坚决措施，控制人口的机械增长。具体办法要尽快搞出来上报审批。

四、搞好适合首都特点的经济建设。郊区农业，要继续贯彻“服务首都、富裕农民”的方针，在抓紧粮食的同时，搞好多种经营，搞好副食品生产。蔬菜和北方水果要保证供应，牛奶要不断提高供应水平，猪肉、鲜蛋争取三年左右实现基本自给，即自给率达到百分之八十左右。农业生产也要以计划经济为主、市场调节为辅，保质、保量、保品种，保证按计划上市。工业、商业都要支援农业。要加强山区建设，逐步改变山区面貌。全市工业要根据首都的特点搞好调整，把发展消费品生产放在重要位置。去年搞了十九种日用消费品的发展规划，收效很好。今年要搞好三十多种优势产品和日用消费品的发展规划，并围绕这些产品调整企业，进行技术改造。重工业要调整服务方向，提高适应能力。所有工业企业都要在提高质量、增加品种上狠下功夫，努力生产适销对路的产品。建筑业要提高施工效率，缩短建设周期。商业服务业要认真搞好流通和服务，把市场搞活，做到繁荣经济，方便群众。

赵紫阳总理最近在全国工交会议上指出：在调整时期，我国国民经济的发展，必须保持一定的速度。当前有必要强调端正工业生产上的指导思想，就是说，要讲求经济效益，有一个扎扎实实的没有水分的速度。不仅工业生产上是这样，在基本建设、流通领域，以至整个经济工作中，都有个端正指导思想的问题。他还说，今年我们一定要在提高经济效益上有个大的转变，开创一个新局面。我们一定要认真贯彻执行赵总理的指示，要在提高经济效益上挖潜力，求速度，把速度和效益统一起来，努力实现并力争超过工业生产“保三争四”的目标。

提高经济效益，就是要以尽量少的活劳动消耗和物质消耗，生产出更多符合社会需要的产品。社会需要，包括质量、花色、品种，也包括一定的数量极限，适合购买力水平等内容。社会需要是多方面的，有生产上的需要，有消费上的需要。而且随着生产的发展和人民生活的改善，社会需要也不断发生变化。为了使生产的产品符合社会需要，必须加强市场预测，改进和提高计划工作水平。同时，必须克服本位主义，反对那种只顾局部利益、小单位利益，不顾集体利益，而给国家造成损失的错误行为。要树立全国一盘棋的思想，并加强行政干预，对那些不正当、不合理的生产要加以制止或限制。

提高经济效益，必须下功夫把企业整顿好。这是搞好经济工作的基础。我市现有大量的企业，要分批进行整顿，先抓那些问题较多，潜力大，急迫需要整顿的大中型企业和单位。这些企业整顿好了，经济效益可以很快提高。整顿企业重点要抓好领导班子的配备和领导制度的改革。要挑选一批年纪四十岁左右的熟悉业务、德才兼备的干部和技术（业务）人员进入领导班子。搞好定员定额，轮训职工，不断提高职工的文化、技术、业务水平，以适应现代化企业的要求。政府各有关委、办和区、县、局要切实加强对整顿企业的领导，负责干部要亲自蹲点，扎扎实实地搞几年，把各项基础工作打好，使企业出现一个新面貌。

提高经济效益，必须把科研和生产更密切地结合起来。地方科研单位要坚持以应用技术研究为主，积极推广新技术，为发展工农业生产服务。各有关部门要围绕着工农业生产的技术关键，把科研和生产部门的技术力量组织起来攻关，并推广成熟的科技成果，促进生产的迅速发展。

提高经济效益，必须节约动力和原材料，降低消耗。当前北京旱情严重，各行各业尤其要认真保护水的资源，狠抓节水节电，使有限的水、电资源发挥出更大的效益。

五、做好机构改革的准备工作。国务院的机构改革已经制定了总体方案，并已在十二个部门进行试点，取得初步成效。从北京市的情况来看，市政府的委、办、局有九十五个，还有五十九个临时机构，政府机关工作人员一万零三百人（不含公安系统），比“文化大革命”前增加近一倍。由于北京市人口增多，事业发展，增建某些机构是必要的，但也确实存在问题，机构重叠，部门林立，办事很慢，效率很低，必须坚决进行改革。

改革政府机构是我们面临的一项十分重要的任务。搞好机构改革，对于振奋广大干部的精神，进一步改善我们的领导作风和领导方法，对于我们整个经济的调整和改革，对于进行首都的物质文明和精神文明建设，都将产生极大的推动作用。

改革机构是一项十分复杂、非常艰巨的工作，我们一定要认真总结过去的经验教训，决心要大，工作要细，步子要稳。根据国务院的部署，我们首先要搞好调查研究工作，积极为机构改革做好各方面的准备。

根据国务院机构改革的经验，市政府这次机构改革要着重解决以下几个问题：

1、改变机构重叠、部门林立、分工不合理、职责不明确的状况，提高工作效率，加强政权工作和管理工作，加强对技术工作的领导。

2、改变机构臃肿、人浮于事、副职虚职过多、领导班子老化的状况，在干部的年轻化、知识化、专业化、革命化上迈出一大步，适应四化建设的需要。同时，对老干部的退休离休要妥善安排。

3、安排好干部的轮训，组织他们学习和掌握管理城市和进行现代化建设的知识和技能，使所有干部都有学习提高的机会。

我们政府工作人员对机构改革必须采取积极的态度。当前，一方面要积极提出建议，研究方案，做好准备工作；另一方面，又要以高度的责任心坚守工作岗位，以饱满的热情做好工作。

我们各级政府工作人员一定要振奋精神，努力改进工作方法和工作作风，深入群众，深入实际，调查研究，解决问题，扎扎实实地做工作，团结全市人民，夺取首都物质文明和精神文明建设的新胜利！

北京市人民代表大会常务委员会工作报告

——一九八二年三月十七日在北京市第七届人民代表大会第六次会议上

市人民代表大会常务委员会主任　贾庭三

各位代表：

我受市人民代表大会常务委员会的委托，向大会报告本届人大第五次会议以来常务委员会的工作。

一九八一年四月本市七届人大五次会议闭幕以后，市人大常委会把贯彻经济上实行进一步调整、政治上实现进一步安定的重大方针和落实中央书记处关于首都建设方针的四项指示作为自己的根本任务，努力实现大会的各项决议，大力加强地方立法工作，加强对政府、法院、检察院工作的监督，进一步发挥了地方国家权力机关的作用，在推动首都物质文明和精神文明的建设方面取得了新的进展。

一年来，主要做了以下工作：

一、围绕落实首都建设方针的四项指示，讨论决定本市工作中的一些重大事项。市人大常委会先后举行了七次会议，讨论审议的议题共二十一项。在政治思想建设方面，听取了维护首都社会治安的报告，讨论了贯彻全国人大常委会通过的关于处理逃跑或者重新犯罪的劳改犯和劳教人员的决定等三个有关法律文件的措施；检查和讨论了按照法定期限办理刑事案件的问题。在环境美化建设方面，听取和讨论了本市开展爱国卫生运动的报告，确定把搞好清洁卫生作为建设精神文明的突破口；听取和讨论了本市绿化工作情况和开展义务植树运动的报告，作出了响应全国人民代表大会号召积极开展全民义务植树运动的决议。在文化教育建设方面，听取和讨论了全面贯彻党的教育方针、努力提高中小学教育质量的报告，通过了加强中小学教育工作的决议；讨论检查了本市文物保护工作，提出了加强领导和管理的建议。在适合首都特点的经济建设、方便人民生活方面，听取和讨论了本市工业调整情况和今后安排的汇报、关于发展商业饮食业服务业修理业的情况和今后工作意见的汇报、关于解决住房严重困难和落实私房政策问题的汇报、关于节约用水情况的汇报，分别提出了意见和建议。各次常委会议的情况和决议、决定，都及时发了公报和消息。这些，对于动员全市广大群众，落实中央的方针、政策，推动市人民政府、人民法院和人民检察院的工作，使各项建设事业沿着四项指示的轨道前进，都起了积极作用。

二、把地方立法工作作为一项主要任务，努力健全社会主义法制。市人大常委会从成立以来的工作实践中体会到，为了把各项工作逐步纳入法制轨道，必须把立法工作和监督法律的施行作为自己的主要任务。为此，召开了立法工作座谈会，对本市地方立法的范围、程序、规划和组织领导等，作出了规定，提出了要求。去年还举办了每周一次的法学讲座，加强了对干部的培训。对拟订的地方性法规草案，都由领导干部主持，广泛征集意见，组织有关单位和干部集体研究，逐条讨论修改，为市人大常委会审议通过这些法规作了准备。一年来，市人大常委会审议通过的地方性法规有：《北京市道路交通管理暂行规则》、《北京市文物保护管理办法》、《关于案情复杂的刑事案件延长办案期限的审批办法》等，这些法规已分别由市人民政府和市人大常委会颁布实施。还有一些地方性法规正在拟订中。地方立法工作的过程，是总结经验，统一认识，把经过实践证明行之有效的政策定型化和完善化的过程。地方性法规的颁布施行，对于保护人民群众的根本利益，正确处理两类不同性质的矛盾，巩固发展安定团结的政治局面，保证首都四化建设的顺利进行，将起重要作用。

市人大常委会还受全国人大常委会的委托，组织力量参与了修改宪法的调查和座谈，邀集有关人士对中华人民共和国民法、民事诉讼法、工厂法、经济合同法等四个法律草案进行了比较广泛深入的讨论，提供了意见和建议。

三、采取多种形式，加强对同级政府、法院、检察院工作的监督检查。监督地方政府、法院、检察院的工作是地方人大常委会的一项重要职权。一年来，市人大常委会在这方面进行了一些新的努力。除了有计划地听取和审议政府、法院、检察院的工作报告，督促它们正确执行国家的法律法令和党的方针政策以外，还从以下几个方面加强了工作：

1、围绕首都建设和群众迫切关心的问题，组织委员、代表视察、检查工作，或组织力量进行专题调查，将视察、调查结果向政府和有关部门提出意见和建议。一年来组织视察十六次，召开了各种座谈会、汇报会，参加视察、座谈的委员和代表共二千多人次。有关郊区农村抗旱救灾、实行生产责任制、物价检查、城市建设总体规划汇报展览、城乡基层政权的建设和对首钢的视察等，都写了视察、调查报告，向政府提出了建议，引起了市人民政府和有关部门的重视，有的作了专门研究或拟订了解决方案，有的已得到解决或部分解决。在这次代表大会之前组织全体代表进行的一次广泛的视察，为开好这次大会作了准备。

2、把处理代表提案作为尊重代表民主权利的一件大事，督促有关部门认真办理。除了派人到一些区、县和市属单位进行实地检查和直接办理了一批重点提案外，还作出了提案处理必须征求提案人意见的规定。去年十月下旬会同市人民政府联合召开了办理提案的经验交流会，表彰了先进，督促了后进，提高了干部以“为人民服务，对人民负责”的精神办理代表提案的自觉性。到二月底为止，七届人大五次会议提出的七百四十九件提案，已基本上处理完毕，许多提案办理的质量有所提高。

3、办理来信和接待来访，受理对国家工作人员的申诉。一年来共收到代表和人民来信一千八百七十件。对来信来访提出的问题和意见均已转交有关部门处理。其中由市人大常委会领导同志亲自批办的有六十四件。

四、加强地方国家权力机关的建设，使人大常委会的工作逐步走上正规。去年初，本市区、县直接选举完成以后，各区、县相继建立人大常委会，都面临如何开展工作的新课题。为此，市和区县人大常委会的负责同志进行了座谈讨论，根据《地方组织法》的规定和中央指示精神，总结经验，统一认识，提出了加强和改进市区县人大常委会工作的意见，对于通过国家权力机关实现党的方针、政策、主张，正确处理地方国家权力机关和地方国家行政机关的关系，以及把人大常委会建设成为名副其实的权力机关和工作机关等问题，从思想上、组织上、工作程序和工作方法上作出了相应的规定，为市和区县人大常委会开展工作打下了基础。

适应大城市的特点，市人大常委会加强了同区、县人大常委会的联系和对区、县人大常委会的法律监督，除了邀请区、县人大常委会负责同志列席市人大常委的有关会议以外，还委托他们征集对地方性法规草案的意见，通过他们了解基层代表和人民群众的呼声，交流工作情况，研究解决共同关心的问题，并注意把市和区、县两级人大常委会讨论的议题和进行的视察等项活动互相衔接起来，工作中互相配合和支持。

一年来，市人大常委会依据《地方组织法》的规定，任免了国家工作人员，其中任免市政府组成人员二十一人，任免市人大常委会机关负责工作人员九人，任免市法院、检察院负责工作人员和审判员、检察员七十二人，批准任免区、县检察长、副检察长、检察委员会委员九十一人。补选了出席五届全国人民代表大会的代表五人。

在外事活动方面，市人大常委会先后接待和陪同接待了泰国、日本、丹麦、挪威等国家的地方议会代表团和友好代表团，增进了相互之间的了解和友谊。

一年来，市人大常委会的工作比过去有了一些新的进展，但是，同《地方组织法》规定的任务和人民群众的要求相比，还有不小的差距。人大常委会如何更好地行使职权，发挥地方国家权力机关的作用，还需要进一步研究和改进。过去我们比较多地注意了常委会议前的准备工作，这是必要的，但对决议、决定的贯彻执行和法律、法规的实施抓得还很不够，检查监督工作还不够有力，对有些重大问题的调查研究也不够深入和充分，这些，都有待于在今后工作中加以改进。

一九八二年是"六五"计划的重要一年，是中央作出首都建设方针四项指示的第三年，是我们实现首都面貌"三年一小变"的决定性的一年。在新的一年里，我们要认真贯彻中央关于一手抓物质文明建设、一手抓精神文明建设的部署，根据首都的地位和当前的实际需要，要把精神文明建设放在首位；认真贯彻五届人大四次会议通过的今后我国经济建设的十条方针，努力提高经济效益；全面贯彻落实中央书记处关于首都建设方针的四项指示，在政治思想建设、环境美化建设、文化教育建设和适合首都特点的经济建设等方面做出新的成绩。围绕着上述任务，市人大常委会要把搞好地方立法和监督法律、法令的施行作为一九八二年的工作重点，同市政府和有关部门一起，着重抓好城市绿化、市容环境卫生、城市建设规划、征用土地、拆迁安置和畜禽防疫等方面法规的制订和修订。今后的一年，要有计划地就本市工作中的重大问题，进行视察、调查，听取政府、法院、检察院的汇报，有的要做出相应的决议，并大力加强对决议、决定执行情况的检查。在上述工作中，市人大常委会要把联系人民代表作为自己工作的基础，把调查研究作为基本的工作方法，进一步密切同区、县人大常委会的联系，以更好地发挥地方国家权力机关的作用。

各位代表：人民代表大会制度是我们国家的根本政治制度。建设高度民主的社会主义政治制度，是社会主义革命的根本任务之一。我们一定要振奋革命精神，改进工作方法，把市人民代表大会及其常务委员会建设成为有权威的人民权力机关，为夺取首都建设的新胜利而努力奋斗！

北京市高级人民法院工作报告（摘要）

——一九八二年三月十七日在北京市第七届人民代表大会第六次会议上

北京市高级人民法院院长　张　旭

各位代表：

自本市第七届人民代表大会第五次会议以来，各级人民法院以整顿社会治安为中心，按照国家的法律、法令，开展了刑事、民事、经济审判等工作，基本上完成了党和人民交付的任务。现在，我就全市各级人民法院近一年来的主要工作报告如下：

一、刑事案件审判工作

审判刑事案件，打击敌人，惩办犯罪，维护首都的社会治安，保护国家和人民的利益，是全市各级人民法院的首要任务。近一年来，我们认真贯彻了全国五大城市治安座谈会的精神，与公安、检察等部门密切配合，对杀人、放火、强奸、抢劫、爆炸以及其他严重危害社会秩序的现行刑事犯罪分子，依法给予了有力的打击。

在近一年时间内，全市各级人民法院审结一审刑事案件占收案总数的91.9%。对从重打击的犯罪案件，都作为急案办理，审理的时间多数不超过一个月，做到了依法从快。为了更好地发挥审判的威力，把杀人、放火、强奸、抢劫、爆炸以及其他严重破坏社会秩序的现行刑事犯罪分子的嚣张气焰打下去，支持群众同犯罪作斗争，我们还选择一些重大案件，召开群众大会，进行了公开审判或公开宣判。反革命罪犯和贪污受贿、投机倒把、盗窃国家资财等经济领域里的刑事犯罪分子，危害很大，也是我们打击的重点，都依法给予了从严惩处。

在刑事审判工作中，我们坚决执行了打击少数，改造、教育多数的方针和坦白从宽、抗拒从严，惩办与宽大相结合的基本政策，做到了区别对待，严格依法办事。对刑事案件的审理，基本上做到了依照刑事诉讼法的规定进行，实行了陪审、辩护、合议、公开审判和公开宣判等程序制度。在已审结的刑事案件中，实行公开审判的，占应公开审判数的96%，实行陪审的，占应陪审总数的99.8%；依法应指定辩护人的，都指定了辩护人，被告人要求请辩护人的，一般都满足其要求。

二、民事案件审判工作

审判民事案件，正确、及时地解决人民内部纠纷，维护国家、集体和公民的合法权益，促进人民内部的安定团结，是全市各级人民法院的又一项重要任务。在近一年时间内，全市各级人民法院审结的一审民事案件占收案（包括旧存）总数的85.7%。

在民事审判工作中，我们认真执行了“依靠群众，调查研究，就地解决，调解为主”的方针。对当事人和有关群众宣传了党的政策和社会主义法制，进行了社会主义和共产主义道德教育，分清了正确与错误、合法与非法、是与非的界限，着重用调解的方式，使纠纷得到了及时的解决。在全市已审结的民事案件中，经过工作，用调解方式结案、撤诉的占结案总数的81.1%。我们还对调解委员会进行了业务上的指导，使大量的小纠纷在萌芽状态或在基层就得到了解决。

三、经济案件审判工作

审判经济案件，是全市各级人民法院的一项新任务。在经济审判工作中，我们从有利于生产，有利于保障国家经济计划的顺利实施和有利于单位间团结协作的原则出发，依靠组织和群众，着重于调解，使不少经济纠纷比较及时地得到了解决。据初步统计，由于纠纷的解决，使五百多万元有争议资金和物资得以投入周转，使五万多平方米有争议的土地得以利用，使一些生产和建设得以顺利进行。

四、二审案件的审判工作和审判监督

二审案件的审判和申诉处理工作，是保障当事人诉讼权利，正确执行政策和法律，保证办案质量的一项重要工作。对上诉和人民检察院抗诉的案件，我们都对全部材料进行了认真的审查，有的还深入群众、深入实际，进行了必要的调查，在弄清事实的基础上，依据政策和法律，作了适当的处理。

由于党的政策的落实，办案质量的进一步提高，刑事申诉和来信显著减少。对申诉和来信来访，我们坚持在查清事实的基础上，按照党的政策和国家法律，实事求是地进行了处理。通过对上诉、抗诉、申诉案件和来信来访的处理，维护了正确的判决和裁定，改正了缺点和错误，教育了当事人，进一步落实了党的政策，调动了积极因素，促进了社会的安定。

各位代表，近一年来，全市各级人民法院的工作虽然取得了不小的成绩，但是也还存在一些缺点和问题。

当前，首都的社会治安状况有所好转。但是还不很稳定，还没有根本好转。同反革命犯罪作斗争，同刑事犯罪分子作斗争，同经济领域里的犯罪行为作斗争，仍然是我们当前的重要任务，也是长期的艰巨任务。中央书记处关于首都建设方针的四项指示，要求我们首先搞好首都的社会治安，这是全市各个部门的共同责任，也是各级人民法院的重要职责。我们要在市委的领导下，在上级人民法院和地方各级人大常委会的监督下，继续以整顿社会治安为中心，以狠狠打击严重破坏社会秩序的现行刑事犯罪分子为重点，做好刑事、民事、经济案件的审判工作。对杀人、抢劫、强奸、放火、爆炸和其他严重危害社会秩序的现行刑事犯罪分子，要依法从重从快予以惩办。反革命犯罪是刑事犯罪中最危险的犯罪，历来是我们打击的重点，要依法予以严惩。当前，走私、套汇、投机倒把牟取暴利、盗窃公共财物、盗卖珍贵文物和索贿受贿等经济犯罪活动猖獗，这是对社会主义建设事业和人民利益的一个极大的祸害，我们要运用法律武器，坚决同这个祸害作斗争。在人民法院面临的任务很重、要求越来越高的形势下，我们一定要振奋精神，克服困难，勤奋地工作和学习，为实现首都社会治安在今年内有明显好转而努力奋斗。

北京市人民检察院工作报告（摘要）

——一九八二年三月十七日在北京市第七届人民代表大会第六次会议上

北京市人民检察院检察长　魏　彬

各位代表：

现在，我向大会报告市七届人大五次会议以来，本市人民检察院的工作。一年来，本市人民检察院为确保首都的政治安定和经济调整的顺利进行，以整顿社会治安为中心，全面开展了检察工作。通过行使检察权，同反革命分子和其他破坏社会秩序的犯罪分子，同危害经济建设和侵犯公民权益的违法犯罪行为进行了坚决的斗争。

一、各级检察院把开展刑事检察，与公安机关和人民法院互相配合，严厉打击反革命分子和其他破坏社会秩序的犯罪分子，作为第一位的任务。1981年，各级检察院对公安机关侦查的案件认真进行审查批捕、审查起诉，并依照法律规定检察院应当派员出庭的案件，都派员出庭，支持了公诉。各级检察院在办案中，坚持以事实为根据，以法律为准绳，严格依照《刑法》、《刑事诉讼法》的规定办理案件。办案的质量是好的。决定起诉的案件，经法院审理，99.9%作了有罪判决。

各级检察机关在审查批捕、审查起诉和出庭支持公诉工作中，坚决贯彻执行了去年五大城市治安座谈会精神和全国人大常委会十九次会议通过的三个有关法律的决议、决定，全国省、市、自治区检察长会议和市委政法工作会议的精神，对于杀人犯、抢劫犯、强奸犯、爆炸犯、放火犯以及其他严重危害社会治安的现行刑事犯罪分子，特别是对这几类罪犯中的主犯、惯犯和教唆犯，给予了有力的打击，并且积极配合人民法院召开了百余次宣判大会，震慑犯罪分子，教育群众，收到了良好效果。

在坚决依法惩处严重危害社会治安的现行刑事犯罪分子的同时，各级检察院还注意了全面执行党和国家规定的打击少数，争取、分化、改造多数的一贯方针，和惩办与宽大相结合，坦白从宽、抗拒从严的基本政策。对于重点打击的现行刑事犯做到了既打得狠，又区别对待。对其中失足青少年的犯罪，坚持了教育、感化、挽救的方针。对于有轻微违法行为的人，则不批准逮捕、不起诉，依靠社会力量进行帮助教育。

本市检察机关在整顿社会治安中，还注意了经常调查研究犯罪的动向、规律和特点，以及治安方面出现的新情况、新问题，提出防范意见，及时通报有关单位；注意了通过多种形式开展法制宣传教育；注意了结合办案发现管理上的漏洞，及时向有关单位提出建议，采取措施预防和减少犯罪。这些，为首都社会治安的“综合治理”做出了贡献。

二、大力开展经济检察和法纪检察工作，直接受理、侦查经济方面和法纪方面的违法犯罪案件，打击经济领域的犯罪活动和侵犯公民权益的犯罪行为，以保障经济调整和经济建设的顺利进行。各级检察院直接侦查的经济犯罪案件，主要是国家工作人员利用职权犯罪，有的还牵连到负责干部。广大检察干部依靠党委、依靠群众，努力排除各种干扰和阻力，坚持了有法必依，违法必究，执法必严，同时在办案中注意了努力挽回经济损失。

当前经济领域的犯罪活动相当严重，有些犯罪活动十分猖狂。许多案件是内外勾结，多方串通，团伙作案，而且多是发生在机关、企事业、团体的内部，涉及到党员、干部，甚至领导干部，在政治上和经济上给党和国家造成严重危害。事实证明，党中央把严肃处理经济上的重大犯罪案件作为关系到我们党和国家前途命运的重大问题来抓，是非常正确的。全国人大常委会作出《关于严惩严重破坏经济的罪犯的决定》，补充和修改刑法的有关条款，对经济罪犯量刑从重，对违法的国家工作人员处理从严，是完全必要的。现在，各级检察院正在认真学习、贯彻落实这一决定，抓紧办理经济犯罪案件，特别是那些万元以上的大贪污案，务必核清犯罪事实，保证证据材料确凿无误，并坚决按照国法严肃处理。

三、各级检察院对劳改、劳教场所和看守所，实行了经常的、定期的检察制度，配合公安劳改部门努力把罪犯改造成为社会主义新人。根据对劳改人员实行“改造第一，生产第二”的方针，各级检察院与公安机关紧密配合，积极做好劳改工作。在劳教中，实行了教育、感化、挽救的方针，与劳教部门配合，为失足青年创造了良好的改造条件，促进了他们的思想转化。

一年来，各级检察院还按照市七届人大五次会议决议的要求，加强了自身的思想建设和业务建设。现在，检察干部已有所增加，队伍有所加强，经过政治思想教育、业务培训和实际工作的锻炼，干部的政治素质和业务素质都有了提高，保证了检察工作取得新的进展。但是，检察工作中还存在不少问题，有待于继续努力加以解决。

争取首都社会治安的决定性好转是全市人民群众的迫切愿望，坚决打击经济领域的犯罪活动也刻不容缓。各级检察院对此负有重大责任。1982年，我们要继续以整顿社会治安为中心，依法严惩严重现行刑事犯罪分子，坚决打击反革命分子和林彪、“四人帮”残余势力的破坏活动，大力加强同经济领域犯罪活动的斗争，特别是要认真查处那些与负责干部有牵连的现行的经济上的重大犯罪案件。对公安机关负责侦查的走私、套汇、投机倒把牟取暴利、盗窃公共财物、盗卖珍贵文物等重大经济犯罪案件，要及时审查批捕、审查起诉；对检察院负责侦查的贪污、索贿受贿等重大经济犯罪案件和国家工作人员为包庇或者纵容经济犯罪活动而循私舞弊、报复陷害、贪赃枉法、渎职等重大犯罪案件，要抓紧依法侦查、起诉。凡是重大的经济犯罪案件，不论涉及到什么人，都要雷厉风行，抓住不放，一抓到底，严格依法惩处。在严厉制裁经济领域犯罪活动的斗争中，我们还要注意打击制作、偷运、贩卖淫秽物品的犯罪活动。为了完成上述任务，检察院要切实加强自身的建设，充实加强领导班子，整顿扩大检察队伍，加强政治思想工作，提高干部的政治水平和业务水平，为落实中央书记处关于首都建设方针的四项指示，争取今年内社会治安有一个明显的好转，保证首都经济建设的顺利进行而努力奋斗。

北京市第七届人民代表大会提案审查委员会关于第六次代表会议提案的审查报告

——一九八二年三月二十日北京市第七届人民代表大会第六次会议通过

侯镜如

北京市第七届人民代表大会第六次会议共收到提案一千一百八十一件，其中财经类三百九十六件，文教卫生类二百三十五件，城市建设类四百件，政法和其他类一百五十件。

提案审查委员会分设了财经、文教卫生、城市建设、政法和其他四个组，对有关提案进行了认真审查，提出初步审查意见后，已经提案审查委员会讨论通过。

审查结果，在一千一百八十一件提案中，交市人大常委会研究办理的十件，交市人民政府研究处理的一千一百六十七件，交市高级人民法院研究办理的一件，交市人民检察院研究办理的三件。另外，不属于上述承办部门工作权限范围以内的四十八件，作为建议转请有关部门研究。

提案审查委员会认为，这次会议的提案，反映了全市广大人民的意见和要求，对贯彻落实中央书记处关于首都建设方针的四项指示，进一步发展本市国民经济，建设社会主义精神文明，改进本市各方面的工作，具有积极的推动作用。建议大会批准按照上述审查意见，把各项提案分别交各有关部门进行处理。各有关部门必须以对人民负责的精神，高度重视，认真办理。凡是能够解决的问题，一定要千方百计地及时加以解决；凡是涉及面较广而且复杂的问题，要通盘考虑，列入规划，积极创造条件逐步加以解决；凡是按照党和国家的政策或者其他原因解决不了的问题，要向提案人作出说明和解释。市人民政府、市高级人民法院、市人民检察院要将处理情况和结果及时向市人大常委会报告，由市人大常委会向下一次代表大会提出报告。

北京市第七届人民代表大会第六次会议关于北京市一九八二年经济、社会发展计划和一九八一年财政决算、一九八二年财政预算的决议

（一九八二年三月二十日北京市第七届人民代表大会第六次会议通过）

北京市第七届人民代表大会第六次会议经过审议，批准市计划委员会主任韩伯平代表市人民政府所作的《关于北京市一九八一年经济、社会发展计划执行情况和一九八二年经济、社会发展计划草案的报告》，批准市财政局长甄树德代表市人民政府所作的《关于北京市一九八一年财政决算和一九八二年财政预算草案的报告》，批准本市一九八二年经济、社会发展计划和一九八一年财政决算、一九八二年财政预算。会议认为，这两个报告是实事求是的，一九八二年计划和预算的安排是适当的。

自上次代表大会以来，市人民政府领导全市人民，认真贯彻执行中央关于经济上实行进一步调整、政治上实现进一步安定的重大方针，把各项工作逐步纳入了中央书记处关于首都建设方针四项指示的轨道，取得了新的进展。今年头两个月，各方面的工作又有了一个好的开端，出现了可喜的变化。

会议认为，一九八二年要认真贯彻中央关于一手抓物质文明建设、一手抓精神文明建设的部署，根据首都的地位和当前的实际需要，要把精神文明建设放在首位，同时一刻也不放松物质文明建设，两个方面都要取得比较令人满意的新成就。市人民政府要加强城市的规划、管理和建设，使各项事业协调发展，把人口、就业、住房、物价和教育等问题列入重要议事日程。要采取有力措施，切实解决“脏、乱、差”的问题，使首都的市容卫生、城市绿化、交通秩序、社会治安、服务质量等方面有显著的进步。工农业生产、基本建设和商品流通等经济领域的工作，都要严格讲求经济效益，争取有一个扎扎实实的速度。要千方百计节约水、电、油、煤和各种原材料，大力组织科技攻关，推广应用科技成果。要开展反对资本主义腐蚀的斗争，严厉打击经济领域的犯罪活动。切实加强财政监督，严肃财经纪律，增收节支，反对浪费，确保一九八二年经济、社会发展计划和财政预算的完成。

大会号召，全市人民要在党和政府领导下，同心同德，振奋精神，把“五讲四美”、文明礼貌活动坚持不懈地开展下去，学先进，找差距，深入开展以提高经济效益为中心的增产节约运动，夺取首都物质文明和精神文明建设的新胜利。

北京市第七届人民代表大会第六次会议关于市人民代表大会常务委员会工作报告的决议

（一九八二年三月二十日北京市第七届人民代表大会第六次会议通过）

北京市第七届人民代表大会第六次会议批准贾庭三主任所作的北京市人民代表大会常务委员会工作报告。会议认为，一年来，市人大常委会坚决贯彻执行中央关于经济上实行进一步调整、政治上实现进一步安定的重大方针和中央书记处关于首都建设方针的四项指示，认真履行地方组织法赋予的职权，工作取得了新的进展。一九八二年应当重点加强地方立法工作和监督法律、法令的施行，有计划地讨论本市建设和群众关心的重大问题，加强对决议、决定执行情况的检查，进一步密切同人民代表的联系，更好地发挥地方国家权力机关的作用，为把物质文明和精神文明建设推进到一个新的水平而努力！

北京市第七届人民代表大会第六次会议关于市高级人民法院工作报告和市人民检察院工作报告的决议

（一九八二年三月二十日北京市第七届人民代表大会第六次会议通过）

北京市第七届人民代表大会第六次会议批准张旭院长所作的北京市高级人民法院工作报告，批准魏彬检察长所作的北京市人民检察院工作报告。会议认为，自本市七届人大五次会议以来，人民法院和人民检察院发挥审判机关和法律监督机关的职能作用，工作是有成绩的。一九八二年，应当认真学习、大力宣传、坚决贯彻执行全国人大常委会《关于严惩严重破坏经济的罪犯的决定》，依法严惩各种严重破坏经济的罪犯；与公安机关和有关单位相配合，依法准确、及时地打击反革命分子和其他刑事犯罪分子；依照《民事诉讼法》（试行）、《经济合同法》和其它有关法律法令，妥善处理民事案件和经济纠纷案件；继续加强司法、检察队伍的建设，坚持秉公执法，提高办案质量，以争取首都社会治安的明显好转，保障社会主义建设的顺利进行。

北京市第七届人民代表大会第六次会议关于原则批准《北京市市容环境卫生管理规定草案》的决议

（一九八二年三月二十日北京市第七届人民代表大会第六次会议通过）

北京市第七届人民代表大会第六次会议决定：原则批准《北京市市容环境卫生管理规定草案》，由市人民政府根据代表所提意见加以修订，公布施行。

北京市第七届人民代表大会第六次会议关于原则批准《北京市城市绿化管理暂行办法草案》的决议

（一九八二年三月二十日北京市第七届人民代表大会第六次会议通过）

北京市第七届人民代表大会第六次会议决定：原则批准《北京市城市绿化管理暂行办法草案》，由市人民政府根据代表所提意见加以修订，公布施行。

补选北京市人民代表大会常务委员会副主任名单

（1982年3月20日）

武　光

北京市第七届人民代表大会第六次会议主席团、秘书长名单

（一九八二年三月十二日北京市第七届人民代表大会第六次会议预备会议通过）

主席团（九十六人，按姓氏笔划排列）

丁贡南　于宗英（女）　马耀骥　王仲林　王企贤
王延臣　王金玲（女）　王学礼　王　宪　王清平
王斐然　王景铭　毛文书（女）　叶恭绍（女）
白寿彝　冯基平　司徒擎　吕子敬　乔洪森　邬纪秀
刘永国　刘景平　刘富存　刘　达　刘导生　刘祖春
陆宗达　安　民　安朝俊　孙孚凌　牟冠英（女）
邢国珍　严镜清　苏从周　苏　健　李巧云（女）
李　伟（部队）　李克佐　李学龙　李昌安
李　瑛（女）　杨寿山　杨春茂　吴文华　吴仲华
吴春山　吴　烈　何东昌　佟　铮　佘涤清　张万欣
张还吾　张秉贵　张继斌　张景伯　张　满　张　镈
陈木森　陈伦芬（女）　陈希同　陈明绍　陈　鹏
陈福汉　陈福初　武　光　范　瑾（女）　易宗朴
周冠五　周培源　项子明　赵　峰　赵炳南　钟师统
段君毅　侯仁之　侯镜如　闻家驷　贾星五　贾庭三
倪志福　徐　光（女）　高　戈　郭步岳　郭映福
郭影秋　浦洁修（女）　诸福棠　黄民伟　梅嘉生
曹　禺　崔旭东　彭思明　蒲文清（女）
蔡又红（女）　蔡　旭　潘　焱

秘书长

马耀骥

北京市第七届人民代表大会第六次会议主席团常务主席名单

（二十六人）

（一九八二年三月十二日主席团第一次会议推定）

段君毅　贾庭三　陈希同　陈　鹏　王　宪　刘导生　闻家驷　浦洁修（女）　蔡　旭　安朝俊
冯基平　刘祖春　佘涤清　吴　烈　倪志福　潘　焱　叶恭绍（女）　高　戈　丁贡南　周培源　何东昌
范　瑾（女）　马耀骥　王斐然　杨春茂　侯镜如

北京市第八届人民代表大会第一次会议

（1983年3月16日——24日）

北京市第八届人民代表大会第一次会议于1983年3月16日至24日在人民大会堂举行。会议代表973人。市政协委员和市人大常委会、市人民政府各部门以及各区县负责人列席了开幕式和闭幕式。

大会听取并通过了市长焦若愚所作的政府工作报告和市财政局长甄树德关于本市1982年财政决算、1983年财政预算的报告。审议通过了北京市第六个五年计划和1983年国民经济、社会发展计划。审议通过了市人大常委会工作报告、市高级人民法院和人民检察院工作报告。

大会审议通过了关于深入学习新宪法、保证新宪法实施的议案。通过了关于议案的若干暂行规定和市人大常委会设立各委员会的暂行规定。

大会共收到议案55件。其中财经类13件；城建类15件；文教卫生类20件；政法和其它类7件。大会听取和通过了议案审查委员会关于议案的审查报告。

大会选出了北京市出席第六届全国人民代表大会代表，选出了市人大常委会主任、副主任、委员，选出了市长、副市长，市高级和中级人民法院院长、市人民检察院和分院检察长。

新当选的市长陈希同在闭幕式上讲了话。

政 府 工 作 报 告

——一九八三年三月十六日在北京市第八届人民代表大会第一次会议上

焦若愚

各位代表：

现在，我受北京市人民政府的委托，向人民代表大会报告工作，请大会审议。

贯彻四项指示初见成效的三年

一九七九年十二月市第七届人民代表大会第三次会议选举产生本届政府，到现在，已经三年零四个月了。三年多来，我们贯彻执行了中国共产党十一届三中全会的路线和一系列方针、政策，贯彻执行了中共中央书记处关于首都建设方针的四项指示，针对长期存在的问题，清除“左”的影响，从各方面拨乱反正，进行了一系列调整，加强了政治思想建设、环境美化建设、科学教育文化建设和适合首都特点的经济建设，使各条战线的工作逐步纳入四项指示的轨道，取得了初步成效。

三年来，我们着重抓了以下工作：

（一）大力建设以共产主义思想为核心的精神文明，整顿社会风气、社会治安、社会秩序

按照中共中央书记处的四项指示，根据首都的特点，我们坚持把社会主义精神文明建设放在突出的位置上。广泛开展了群众性的“五讲四美三热爱”活动，逐步加强了共产主义的思想教育、理想教育和纪律教育。普遍推行了《首都人民文明公约》、职工守则、学生守则、乡规民约，建立各种职业道德规范。同时，在干部中开展了“为人民服务、对人民负责”的讨论；狠刹了利用公款大吃大喝等不正之风。在广大群众特别是青少年中，学雷锋、学先进、积极向上的好风气得到发扬，先进职工、模范社员、三好学生和五好家庭大量涌现。讲文明、讲礼貌、讲卫生、讲秩序、讲道德的社会风气正在逐步形成。

北京的社会治安、社会秩序和市容环境是全市人民极为关心的问题，三年来，我们动员各方面的力量，依靠广大人民群众，加强了综合治理。

公安部门逐步调整和充实了公安干警队伍，加强了社会治安的基础工作。普遍调整和改选了居民委员会和治保委员会，许多单位建立健全了治安保卫责任制，采取了安全防范措施。一九八一年六月以来。加强了刑事案件的侦破工作，与法院、检察院密切配合，发挥法律和政策的威力，对犯罪分子连续进行了集中打击，打掉了一大批犯罪团伙。在依法从重从快惩治严重犯罪分子的同时，积极宣传政策、法令，加强政治工作，促使一大批犯罪分子分化瓦解，走上悔过自新的道路。对失足青少年，采取单位包职工，学校包学生，家长包子女，街道包待业青年的办法，几方面密切配合，加强了教育、感化和挽救工作，同时，建立了一万多个人民调解组织，加强了调解工作，对预防犯罪起了重要作用。近两年，刑事犯罪案件发案数逐步下降，一九八一年下半年比上半年下降百分之十七点五，一九八二年又比一九八一年下降百分之十七点六。破案率逐步提高，一九八二年比一九八一年提高百分之四点四，其中重大案件破案率达到百分之九十一点六。社会治安、社会秩序正在日趋好转。广大公安干警和人民群众为维护首都的社会治安，建立安定、良好的社会环境，做出了重要贡献，涌现出一批像曹振贤、周怡等同志那样为保护人民利益而奋不顾身同犯罪分子英勇斗争的英雄模范人物。他们的事迹闪耀着共产主义思想的光辉，体现着一代新人的精神风貌。

去年以来，全市又开展了打击经济领域和其它领域严重犯罪活动的斗争。截至一九八三年一月底，共查出经济违法犯罪案件六千一百九十三起，已结案的占百分之六十九点六，已查清待处理的占百分之十七点四；其中大案要案二百三十二起，已结案的占百分之六十四点一，已查清待处理的占百分之二十三点八。

在整顿交通秩序和市容环境卫生方面，贯彻执行了市七届人大六次会议和市人大常委会批准的两个法规。在人民群众的支持下，对重点街道、繁华地区的秩序进行了整顿，清理多年积存下来的垃圾，制止沿街乱堆物料、乱建房屋以及侵占、破坏绿地的现象。同时，依靠群众，采取多种措施，加强了交通管理，使交通秩序有了改善，伤亡事故明显减少。

在整顿社会治安、社会秩序和市容环境卫生的工作中，逐步形成一些综合治理办法。主要是：(1) 把加强专门机构的工作同依靠广大人民群众紧密结合起来，共同进行管理；(2) 按地区统一安排，条块结合，以块为主，分片包干，把责任落实到每个工厂、企业、机关、学校、街道；(3) 把加强宣传教育同严格执行法规法令结合起来，不断提高群众遵纪守法的自觉性；(4) 把大规模的群众活动同经常性的检查评比结合起来，表扬先进，批评落后，有奖有罚。这些措施，使整顿社会治安、社会秩序和市容环境卫生的工作，逐步成为全社会的行动，向着经常化、制度化前进。

（二）积极兴建住宅，加强城市基础设施和环境美化建设，努力改善城市面貌

为了尽快解决城市住宅严重不足，城市基础设施欠帐太多的问题，改变市容环境同首都地位极不相称的状况，我们加强了这些方面的建设。

住宅建设，三年完成投资二十四亿元，新建住宅一千二百五十多万平方米（折合居住面积六百多万平方米）。同时，还有计划地开发了一批新的住宅小区，预计可安排住宅楼七百万平方米。但是，由于城市人口急剧增加，住房不足仍然是一个十分突出的问题。

道路、供水、热力、煤气等项建设，三年完成投资七亿六千多万元。市区道路的总长度比一九七九年增加百分之十三，三环路特别是有九座立交桥的二环路已建成通车，使首都的交通状况发生了显著变化。三年来，增加了五百九十多辆公共电汽车和一批出租汽车，线路总长度增加了百分之十一点七，“行路难”、“乘车难”的状况开始有所缓和。给水和排水干管总计增加了三百六十三公里。使用气体燃料的居民，由一九七九年的七十六万八千户增加到一九八二年的八十八万户，占城镇居民总户数的百分之六十一。三年新增电话二万八千门，比一九七九年增长百分之二十七。

环境卫生部门，充实了人员和设备，进一步健全了垃圾粪便清运制度。现在，城区已有百分之六十的地方实现了垃圾容器化，百分之八十的道路基本上做到了每日清扫，三千八百多条胡同铺了沥青路面。

在治理公害方面，经过工矿企业、环保部门和科技人员的共同努力，三年完成投资一亿四千万元，三环路以内完成治理工程三百一十多项，撤销了一批电镀、锻铸、热处理点，汞、镉、砷等六种有害物质的排放量明显下降，西郊地区地下水源受酚、氰污染的面积逐步缩

小。

在绿化美化方面，三年来城近郊区植树三百二十九万株，铺草坪二百一十七万平方米，开辟街头绿地五十二处，道路绿化总长度达到一千八百三十二公里。六十条干道初步做到乔木与灌木、落叶树与常青树相结合，有树有花有草。城镇出现一批花园式的工厂、学校和楼区庭院。乡村“四旁”植树六千四百多万株，荒山造林一百二十万亩。这是建国以来最好的成绩。

（三）有计划、有步骤地加强教育、科学、文化、卫生、体育事业的建设

教育、科学、文化等事业，过去三年，通过贯彻执行党和国家的一系列方针、政策，得到了恢复和发展。

高等院校已恢复到五十一所，同时举办了一批走读制的大学分校，在校学生人数由一九七九年的七万三千人增加到一九八二年的九万三千八百人。各校还招收了四千四百多名研究生，其中一百三十四名是博士研究生。全市新建中小学和幼儿园九十九所，中小学校的危险校舍大部分已得到修复。大、中学校增添了一批实验室、电化教室，充实扩大了图书室、阅览室，使教学条件有了改善。同时，进行了中等教育结构的改革。城镇初中毕业生升入中专、职业高中、技校的人数与升入普通高中人数的比例，已由一九七九年的一比七，上升到一九八二年的一比三。各类学校加强了教师队伍的培训，整顿了教学秩序，教育质量稳步提高。

在恢复和发展普通学校教育的同时，动员各方面的力量，举办了广播电视大学、业余大学、函授大学和职工大学，开设了各种文化、技术补习班，实行了自学考试制度，初步形成了成人教育体系。一九八二年底，已有近百万工人、农民、干部、教师、科技人员和待业青年参加学习，其中有七万多人正在接受高等教育。一九八〇年以来，参加高等教育自学考试取得单科结业证书的有九千五百多人次。

科学研究工作也有了较快的发展。我市已有各类研究所一百八十九个，拥有科研人员一万三千六百多人，其中研究员、副研究员三百二十人，助理研究员五千六百八十三人。科研工作进一步明确了为首都建设服务的思想，围绕重大课题开展了协作攻关、科技交流和推广工作。三年来，取得重要科研成果一千多项，对工农业生产和各项建设起了推动作用。

文化、出版、广播、电视等事业都呈现出繁荣兴旺的景象。创作和演出了一批优秀作品和剧目。恢复和建立了一批文化馆站，城乡群众文化活动有了发展。加强了文物保护工作，修复了一批古建筑物，对破坏文物古迹的错误行为进行了斗争。卫生部门着重整顿了医疗队伍和医院管理工作，加强了疾病的防治。一些传染病的发病率有了明显下降，有的已基本得到控制。计划生育工作，通过深入宣传教育，积极落实各项措施，已经收到明显成效。群众性的体育活动有了发展，优秀运动队的运动水平有了新的提高。在世界性和全国性的一些比赛项目中，我市运动员创造了不少好成绩。

（四）贯彻调整、改革、整顿、提高的方针，经济稳步发展

遵照中共中央书记处关于首都建设方针的指示精神，坚决而有计划地调整了工业内部的产业结构和产品结构。制定了食品、纺织、服装、电视机、缝纫机、洗衣机等十九种产品的三年发展规划，调整出一批工厂进行转产、合并，组织跨行业、跨部门的生产协作，有效地扩大了生产能力。同时，有计划、有重点地利用外资，引进先进技术和设备，对一些企业特别是中小企业进行了技术改造，已有一百四十三个项目投入生产，促进了轻纺工业和一些重点产品的更新换代和质量的提高。轻工业产值在全市工业产值中的比重，由一九七九年的百分之三十六上升到一九八二年的百分之四十五点七。同一九七九年相比，食品工业的产值增长了百分之二十七点五，纺织工业增长了百分之三十六点一，电子工业增长了百分之二十。重工业逐步转向为农业、轻工业、商业和建筑业的技术改造服务。

根据党中央、国务院关于国营工业企业进行全面整顿的指示精神，正在对二百多个大中型企业进行整顿，普遍学习推广首钢的经验，逐步加强了企业管理的基础工作。同时，进行了经济体制改革的试点，一些企业试行了“以税代利、自负盈亏”，在少数企业中试行了浮动工资制。

一九八二年完成工业总产值二百二十八亿七千万元，三年来平均每年递增百分之五点六。许多企业的产品质量稳定上升，经济效益逐步提高。一九八二年劳动生产率比上年提高百分之一点三，可比产品成本降低百分之一点三二，万元产值消耗能源降低百分之三。

郊区农业，从党的十一届三中全会以来，逐步克服吃“大锅饭”的平均主义的严重错误，实行了多种形式的以专业承包、联产计酬为特点的生产责任制，并因地因业制宜地发展了专业户和重点户。同时贯彻执行“服务首都，富裕农民，建设社会主义现代化新农村”的方针，在决不放松粮食生产的前提下，大力发展多种经营，使农、林、牧、副、渔等各业逐步协调发展。蔬菜和副食品实行以本市生产为主，外地调进为辅，国家、集体、个人一齐上的方针，逐步建立起菜、奶、蛋、肉、禽、瓜果等副食品生产基地。三年来供应城市的副食品显著增加。一九八二年调市商品菜达到二十四亿三千万斤,在品种、质量和均衡上市方面,都有了明显改进。猪肉从一九八一年起已敞开供应。鲜蛋供应量,一九八二年达到一亿零五百多万斤,其中本市收购量八千一百万斤,比一九七九年增长百分之八十。

粮食生产在连年严重干旱,耕地面积逐年减少的情况下,总产量稳定在三十六亿斤左右,去年达到三十七亿一千万斤;近三年同前三年比较,共增产八亿五千多万斤,平均每年增加二亿八千万斤。农业总产值一九八二年达到二十亿九千万元,一九七九年以来,平均每年递增百分之九点五;三级总收入达到三十二亿七千万元,平均每年递增百分之十四点七。农村的大好形势,对首都建设的全局,已经并将继续产生巨大的影响,起到重要的推动作用。

商业方面,按照计划经济为主、市场调节为辅的原则和搞活经济的政策,改变了国营企业独家经营的状况,初步放宽了购销政策,发展了多种经济成分和多种经营形式,增加了流通渠道,出现了一大批集体贸易公司、合作商店和个体经营户。三年来,国营和集体的商业服务业网点增加了四千七百多个,个体经营户到一九八二年底达到一万一千六百多个。同时,在城市和郊区农村开放了一百零七个农贸市场和农村集市。“买菜难”、“做衣难”、“修理难”、“住店难”的状况有了缓和。

最近,在前门、西单两条大街的零售商业、饮食、修理、服务业的基层企业,进行了经营承包责任制的试点,并因势利导,在面上逐步推开,对调动职工的积极性、提高经营管理水平、改善服务态度起了促进作用。

全市商业,市场繁荣,购销两旺。一九八二年社会商品零售总额达到七十三亿三千万元,三年来平均每年递增百分之十二。

外贸出口换汇额,一九八二年比一九七九年增长百分之四十六点九。旅游事业迅速发展,一九八二年接待来自外国和港澳的旅游者四十五万七千人次,比一九七九年增长百分之八十一点三。

在发展生产的基础上逐步改善了城乡人民的生活。三年来,采取国家招工、发展多种形式的集体经济和扶助个人经营等办法,安排了三十七万一千多名城镇青年就业,同时有计划地调整了职工工资。一九八二年城市居民平均收入五百六十八元,比一九七九年提高百分之二十四点八。郊区农民每人平均从集体分得的收入,一九八二年为二百八十八元,比一九七九年提高百分之七十八点九;加上家庭副业收入,每个农民的年平均收入已达三百五十四元。城乡居民购买高档、耐用消费品的数量显著增加。根据典型调查,城市电视普及率达到百分之八十以上,缝纫机普及率达到百分之七十左右。农村有收音机的家庭占百分之九十四,有电视机的占百分之三十三左右,有缝纫机的占百分之五十以上。一九八二年底,城乡居民储蓄额达到二十一亿八千万元,比一九七九年底增长百分之九十六点六。

(五)发扬社会主义民主,健全社会主义法制

建设社会主义物质文明和精神文明,都要靠发展社会主义民主和加强社会主义法制来保证。按照社会主义民主要扩展到政治生活、经济生活、文化生活和社会生活各个方面的要求,三年来,市政府就工业、农业、城建、治安、教育、体育、文物保护和贯彻执行地方性法规等方面的工作,向市人大常委会做了多次专题汇报,听取委员们的批评和意见。同时,有步骤地发展各个企业事业单位的民主管理和基层社会生活的群众自治。在工矿企业普遍建立职工代表会议的制度,并试行了民主选举厂长和企业经理。城市普遍改选和逐步健全了居民委员会,农村正在结合行政管理体制的改革,试建村民委员会。许多基层单位还通过群众民主讨论,制定了厂规、校规、店规和村规,使群众性的自治工作逐步加强。

在加强社会主义民主建设的同时,逐步加强了社会主义法制建设。一方面认真贯彻执行国家颁布的法律、法令,另一方面根据我市的具体情况和群众的要求,草拟了五项地方性法规,经市人民代表大会及其常务委员会批准施行。五届全国人大五次会议以后,通过学习和贯彻执行新宪法和各项法规,加强了社会主义法制教育。政府机关努力按照法律正确处理政治生活、社会生活中的各种问题,依照法规来管理和建设城市,使政府工作逐渐走上法制的轨道。

几年来,在中共北京市委的统一领导下,逐步加强了落实知识分子政策的工作,广大知识分子在首都建设中发挥了越来越重要的作用。各级政府在贯彻民族政策、侨务政策、宗教政策,以及落实私房政策和解决“文革”中查抄物资、遣返人员遗留问题等方面,也做了许多工作,进一步促进了安定团结,调动了各方面的积极性。

在北京市的各项工作中,中共中央、国务院各部门和人民解放军给了我们很大的帮助和支持。驻京部队在保卫党中央、保卫和支援首都四化建设方面做出了很大贡献,在社会主义精神文明建设中为首都人民树立了榜样,在组织民兵训练方面做了大量的工作。长期革命征程中形成的拥军优属、拥政爱民的优良传统进一步发扬。军政军民大团结不断得到加强,体现社会主

义精神文明的新型军政、军民关系正在建立和发展。

在政府工作中，市、区政协、各民主党派和各界人士，给了我们很大帮助。通过参与国家大政方针和本市重要事务的讨论，以及深入基层调查研究，许多党派、团体及其成员，为发展首都的经济、教育、科学、文化、卫生、体育等事业，搞好首都的社会治安、社会秩序，提出不少好的建议，对于改进和推动政府工作，发挥了重要作用。

过去三年，我们各条战线的工作都取得了一些进展，但是，同党中央、国务院对我们的要求相比，同广大人民群众对我们的期望相比，还存在着相当大的差距。就全市来说，"左"的思想影响还没有完全消除，十年内乱在各方面遗留的问题还有待进一步解决。市政府领导工作上还存在一些缺点和失误。在艰巨而繁重的任务面前，没有很好地做到通观全局，统筹安排。对实际工作中的一些问题，该决断的未能及时决断。领导作风存在官僚主义，深入调查研究不够，帮助基层解决实际问题做得差。摆在我们面前的突出问题是：城市基础设施欠帐太多，电、水、气、热等方面的供应十分紧张；环境污染仍很严重；教育、科学、卫生、文化等方面的设施与这些事业的发展和社会需要很不适应；各经济部门调整、整顿和技术改造的任务还十分艰巨，经济体制的改革才刚刚开始，经济效益低的问题还远没有解决；农村经济发展不平衡，山区经济比较落后；社会治安、社会秩序、社会风气方面还存在不少问题。我们要以一九八三年作为新的起点，加倍努力，克服缺点，战胜困难，把首都的各项建设事业进一步推向前进。

六五计划期间首都建设的主要任务

中国共产党第十二次全国代表大会为我们制定了社会主义现代化建设的宏伟纲领，北京市党的第五次代表大会根据十二大精神，研究确定了今后五年以及到一九九〇年首都建设的奋斗目标。去年十一月，五届全国人大五次会议批准了我国第六个五年计划以后，市政府加紧了本市六五计划的编制工作。现在，《北京市国民经济和社会发展第六个五年计划（草案）》和《北京市一九八三年国民经济和社会发展计划（草案）》已分送给各位代表，请大会审议。

本市的六五计划，贯彻了中共中央书记处关于首都建设方针的四项指示和全国六五计划的指导思想，从北京市的实际情况出发，对各项建设事业作了统筹安排。六五计划期间首都建设的主要任务如下：

（一）坚决把基础设施的建设放在城市建设的首位，合理安排房屋建设的规模和布局

搞好城市建设对于首都有着特殊的重要性，我们必须首先在这一方面作出妥善安排。长期以来，我市基础设施的建设与城市建设发展的需要极不适应，造成供电、供水、供气、供热、道路、电信、公共交通等全面紧张，不仅影响到人民生活，也直接影响到各项事业的发展。近几年，虽然已经注意到这个问题，但由于欠帐太多，加上城近郊区的人口、建筑物增加很快，矛盾仍然十分尖锐。六五计划期间，要继续坚决地把各种城市基础设施的建设放在优先地位。计划规定，用于这方面的投资将达到十四亿元，比五五计划期间增长一倍以上。今后三年，要把石景山发电厂改、扩建为装机容量为六十万千瓦的热电厂，同时要抓紧建设与山西向北京高压输电干线配套的输变电工程；要新建、扩建田村山、通县、城子等自来水厂，增加日供水能力三十六万吨，并着手新建水源九厂；要抓紧完成白河堡水库和向阳闸水利工程，同时积极准备开发新的水源；要续建北京煤气厂，完成把首钢焦炉煤气输往市区的工程，增加日供气能力五十万立方米，并着手进行把华北油田天然气引进北京和焦化厂焦炉大修改造的工程，同时积极筹建日产煤气二百万立方米的大型煤制气厂，争取到一九八五年城区有百分之八十以上的居民户用上气体燃料；要完成左家庄大型集中供热厂一期工程，对第二热电厂进行技术改造，使我市集中供热面积由六百万平方米增加到九百万平方米，同时进行宋家庄和大郊亭热电厂的规划设计工作；要改建三环路，增设立交桥，打通二环路与三环路之间的六条联络线，并建成通向黄村和昌平两个卫星城的交通干线。今后三年还要新辟四十二条公共交通线路，增加公共电汽车一千辆；要扩建、新建二十五个电话局，增加电话八万六千门，比一九八二年底增长百分之六十四，还要新建、扩建邮局四十个，新增一批邮电所、点。各有关方面一定要密切协作，确保这些建设计划如期实现。同时，对现有的各种市政设施，要切实采取措施，加强管理和维护。

北京地区房屋建设任务的总规模过大，也是近几年存在的突出问题。各方面要求在北京地区安排的建筑总面积大大超出目前市政设施配套、材料供应和施工设计力量的实际可能。为此，六五计划规定，全市每年开复工的总面积要控制在一千六百万平方米以内，竣工面积要稳定在六百万平方米左右。对已经列入国家计划的建设项目，一律要按照工程的轻重缓急，特别要根据施工条件，分别列为当年的开工项目、施工准备

项目和规划设计项目。所有建设项目都必须按基建程序办事,对新开工程尤其要严加控制,凡是前期工作没做好的,一律不得开工。对于当年有条件建成的项目,要确保按期建成投产。为了从根本上解决首都建设中市政、生活设施配套与合理布局的问题,还必须从城市建设的投资体制上进行改革,扩大统一开发建设的规模和比重。我们总结多年来的经验教训,已提出一个初步方案,并向国务院做了汇报。目前,正会同有关部门进行具体研究。

六五计划后三年,本市新建房屋要继续以住宅为重点,同时切实搞好与之相配套的各种生活服务设施。要保证每年竣工住宅四百万平方米,占房屋总竣工面积的三分之二(其中,属于地方单位的住宅,约占全部住宅的一半)。这样,三年内全市约可建成单元式住宅二十二万套。同时要继续抓紧落实私房政策的工作,力争在今后五年内,把十年内乱遗留下来的这个大难题基本解决。

合理安排城市布局,是一个关系重大、影响深远的问题。经过长期的工作,《北京市城市建设总体规划方案(草案)》已经市人大常委会讨论通过,报请国务院审批。下一步,要在总体规划的指导下,按照"旧城区逐步改造,近郊区调整配套,远郊区积极发展"的方针,抓紧制订分区规划和近期重点建设地区的详细规划。六五计划后三年,要把长安街及其延长线和二环路的两侧作为重点进行建设。在这些地区将陆续兴建广播、电视、外贸、旅游、商场、剧院、医院、文化设施等大型公用建筑。城区的建设要有计划地与改造旧城区的危破房屋以及狭窄的道路结合起来。在近郊区,主要安排新的住宅和各种生活服务设施。还要按照规划加速黄村、昌平两个卫星城镇的建设。要重视社会主义现代化新农村的建设,从规划上和技术上加强指导,在少占土地、不占耕地的前提下,使农民的居住条件逐步得到改善。

(二)狠抓污染治理和植树造林,进一步净化、绿化、美化首都的环境

加强环境建设,认真治理污染,是社会主义现代化建设中的一件大事。目前在本市,特别是城区和近郊区,空气、水和土壤的污染以及噪声、震动扰民问题仍然是很严重的。六五计划后三年,我们一定要下大力量进行治理。

根治空气污染的一项主要措施是用电力和气体燃料取代直接烧煤。我们要朝这个方向努力。今后三年到五年,要抓紧完成前面讲到的新建、扩建、改建热电厂、煤气厂的工程,逐步增加集中供热面积和使用气体燃料的住户。在近期内,要积极推广新式节煤炉,继续改造现有的旧型炉窑,在有条件的地区逐步推行锅炉集中管理、联片供热。与此同时,还要使本市汽车逐步改用不含铅的汽油,以减轻汽车尾气对空气的污染。

治理水的污染,一是有关工厂、科研单位对含有重金属和特殊污染物质的废水必须就地进行处理,使其达到排放标准,医院必须对含菌污水、污物进行无害化处理;二是要加紧污水管道的建设,六五计划后三年,要完成西郊污水干线的续建工程,在城近郊还要新建污水管道一百公里;三是疏浚河道,重点是完成清河、小月河、万泉河、北护城河和亮马河等疏浚工程,着手治理通惠河;四是动工建设高碑店污水处理厂,积极筹建郑王坟污水处理厂。

净化首都的环境,还要狠抓街道的清扫、垃圾的清运以及扰民严重的工厂的治理。三年以内,要对市区四百三十五条主要街道分批进行治理,四个城区的街道全部实现每日清扫保洁,二环路以内实现垃圾清运容器化,并逐步实行垃圾的分类处理。还要建成十二处城市垃圾转运站和堆放场。对市中心区污染、噪声、震动扰民的一百多家工厂,要分别停产、转产或就地加以改造。所有企事业单位都要认真贯彻执行国家和地方有关环境保护的法规,特别是新项目的建设必须与污染治理工程实行"三同时",杜绝新污染源的产生。还要草拟有关基建工程与工业企业的环境保护,以及防治水和空气污染等方面的法规,使这些方面的管理工作有章可循。

环境建设的另一项重要内容是大抓绿化造林。要深入持久地开展全民义务植树活动,每个市民每年都要参加若干天的公益劳动,种树,种草,种花,把首都的绿化提高到一个新水平。六五计划后三年,要在城近郊区植树三百一十万株,铺设草坪一百五十万平方米,增加街头绿地五十处,新辟和完善莲花池、玉渊潭等十多个公园。城市的绿化要向多层次、立体化方向发展。城市的主要干道,要实现较高水平的绿化。工厂、学校、部队、机关的庭院,有条件的都要尽可能实现园林化。三年内,还要在郊区基本完成四旁绿化、平原农田林网化,在风沙危害区大力营造防护林网,山区林地面积要由现在的三百五十万亩增加到四百五十万亩,并要加强管理,努力提高林木成活率。对毁坏林木等违法行为,要依法严肃处理。

(三)努力提高经济效益,积极发展适合首都特点的经济

六五计划规定,到一九八五年,工农业总产值达到二百八十四亿元,比一九八〇年增长百分之二十三,比一九八二年增长百分之十三点八。其中，工业总产值要达到二百六十亿元，农业总产值要达到二十四亿元。

工业今后三年的递增速度，根据国家下达的产量指标，初步安排为百分之四点四。这是考虑到，近一二年能源供应的紧张状况还难以改变，有些原材料存在缺口，有些产品因销路不畅暂时还得限制产量。但是，应当看到，本市工业增产的潜力还是很大的。工业战线广大职工要继续贯彻执行调整、改革、整顿、提高的方针，加快改革的步伐，促进技术进步，坚持以提高经济效益为中心，实现速度和效益的统一。1. 狠抓企业整顿。三年内，要把全市国营企业普遍整顿一遍。通过学习首钢经验，大多数企业要达到国家规定的企业整顿标准。2. 加速技术改造。六五计划围绕重点行业、重点产品，安排了一批重大技术改造项目，一定要抓紧进行，尽早收到成效。所有工业企业，都要积极推进技术进步，抓紧新技术、新工艺、新设备、新材料的推广应用，开发新产品，更换老产品。3、推进经济改革。今后三年，工业企业要逐步实行“以税代利、自负盈亏”，企业内部要广泛推行各种形式的经济责任制。企业不再吃国家的“大锅饭”，职工不再吃企业的“大锅饭”，企业和职工的积极性就会大为提高。4、继续进行调整。根据市场的需要，要着重发展食品、纺织、电子等轻工产品和其他优势产品。要给这些行业和企业，优先供应能源和原材料。要根据首都建设任务的要求，注意发展建筑材料工业，特别是新型建筑材料。日用消费品生产要继续放在重要地位，重工业要严格按照国家计划组织生产。对产品不合需要、大量积压的企业，盲目发展起来以劣挤优的企业，要坚决实行关、停、并、转。要严格控制基本建设规模。新开工厂，一定要经过严格审批。

今后三年，农业总产值的递增速度初步安排为百分之四点七。这是留有较大余地的。现在，郊区农村的形势很好。要继续贯彻“服务首都，富裕农民，建设社会主义现代化新农村”的方针，在郊区建设起有较高水平的副食品生产基地。到一九八五年，粮食总产量计划达到三十八亿斤，有可能争取四十亿斤；牛奶产量计划达到二点八亿斤，有可能争取三亿斤；鲜蛋交售量和鲜鱼捕捞量计划增长百分之六十，搞好了，也可能超过。蔬菜生产要在保证数量的基础上，做到品种多、质量好，上市均衡。要继续加强农田基本建设，加强山区建设，加强城市对农村的支援。农村开展多种经营，门路是很广的。以农副产品和当地矿产品为原料的食品工业、饲料工业、建材工业可以有很大发展，手工业和建筑业可以广泛组织。把郊区农业搞上去，一靠政策，二靠科学。要进一步发展和完善以专业承包、联产计酬为特点的各种形式的生产责任制，放手发展专业户和重点户。各种行之有效的新技术要大面积地推广，农业科技力量要进一步组织起来，开展科技攻关，力争早日拿出成果。

工农业生产在执行长远规划中，要把年度计划打得积极一点，把工作抓得更紧一些。今后三年，如果把工农业生产的潜力充分挖掘出来，保持前三年的递增速度，我市的经济就会有更快的发展，六五计划指标可以超额完成。我们应该朝着这个目标努力。

实现六五计划，必须努力发展商业和改进商业工作。现在，进入交换的农副产品和工业产品的范围和数量都大大扩展了。相形之下，商品流通环节越来越不适应新形势的要求。我们必须大力发展城乡商业，积极开辟各种流通渠道，减少流通环节，做到货畅其流，使商业在支持工农业生产和改善人民生活方面起到应有的作用。六五计划规定，到一九八五年，全市社会商品零售总额要达到八十六亿元，比一九八〇年增长百分之四十点三，比一九八二年增长百分之十七点三。零售商业经营管理体制的改革要继续向前推进。要在办好国营商业的同时，积极发展集体和个体的零售商业、服务业、修理业，特别是饮食业。要尽快地将本市特有的风味食品全部恢复起来，大量增加新型食品，并将全国各地有特色的食品引到北京来。还要加强批发商业的建设，扩大仓储和加工能力，增设日用工业品和农副产品的批发市场。对外经济贸易也要有一个较大发展。计划规定，外贸出口换汇额，一九八五年要比一九八二年增长百分之二十四。对外经济贸易部门要与生产部门密切协作，大力发展在国际市场上有竞争能力的拳头产品，特别要扩大机电产品在出口产品中的比重。要积极有效地利用外资，吸收外商直接投资或与外商合资经营，更多地引进先进而适用的技术和关键设备，以加速我市各工业部门的技术改造。

北京是我国国际交往的中心，我们一定要把旅游作为一项重要事业切实搞好，做到增进友谊，经济受益。六五计划期间，我市接待外国和港澳旅游者将由一九八二年的四十五点七万人次增加到一九八五年的一百万人次。近几年，我市正在兴建一批旅游旅馆，预计到一九八五年，客房可以由现在的五千间左右增加到一万间。我们还要抓紧建设与旅游旅馆相配套的商业服务业设施，发展旅游商品生产，积极培训各种专业人才，改进经营管理。北京的旅游业应当也有条件走在全国的前头，并在国际上赢得良好的声誉。

六五计划期间，全市各经济部门都要在提高经济效益上狠下功夫。这是衡量各部门、各单位工作成绩的最主要的尺度。长期以来存在的那种只抓产值、抓数量、抓速度，而不注意提高经济效益的倾向，必须坚决纠正。为此，我们在六五计划中规定了一系列反映经济效益的指标，要求工业企业和施工企业要提高劳动生产率，工业产品和建筑工程要提高质量，降低成本和造价，每百元工业产值实现的利税要增加，每万元工业产值所耗能源要减少，基本建设固定资产交付使用率要提高，商业系统流动资金的周转天数要减少，等等。各部门、各单位都要努力增产，厉行节约，千方百计保证完成这些指标，并争取做得更好。

北京是个缺水的城市，连年干旱使这个矛盾更加尖锐。电力供应近两年仍然很紧张。全市各个系统对节水、节电必须给予高度重视。要继续抓好水、电的计划分配，普遍实行定量包干、择优供应、超用加价的办法，坚决取消生活用水、用电的包费制，使有限的水源、电源得到合理的使用。

六五计划期间，还要在国家统筹规划和指导下，实行“劳动部门介绍就业、自愿组织起来就业和自谋职业相结合”的方针，采取多种途径解决劳动就业问题。通过发展国营经济、集体经济和个体经济，到一九八五年底，使城镇待业青年基本上得到安置。

（四）采取有力措施，积极发展教育、科学、文化、体育、卫生事业

教育、科学事业是我国四化建设的战略重点之一，中共中央书记处关于首都建设方针的指示也要求我们大力发展教育、科学、文化等事业。六五计划后三年，我们准备尽可能地增加这些事业的建设投资和经费。用这些资金，加上动员全社会的力量，我市的科教文卫事业在规模上可以有新的发展，在设备上可以得到一定改善。

普通教育要在调整中积极发展。对国务院各部委在京院校的基本建设任务，要根据国家下达的计划积极给予安排。市里要重点建设工业大学、师范学院、经济学院、第二医学院等院校。中小学除新建住宅区要配套建设外，还要新建、改建八十所。各高等院校都要进一步调动教师的积极性，充分利用现有的校舍和教学设备，扩大招收走读生，努力增加招生人数。要根据经济和社会发展的需要，实行长、短期结合的多种学制，并调整专业的设置，适当增加财贸、企业管理、政法等系科的比重。调整中等教育的结构更是一项急迫而艰巨的任务。要逐步减少普通高中，加强中等专业学校，发展技工学校，特别要积极发展职业高中，招生人数力争比五年计划规定的数字更多一些。这样，到一九八五年，城镇初中毕业生升入中专、职业高中、技校的人数与升入普通高中的人数比例，就有可能接近一比一。郊区农村的教育事业也要得到加强。农村的学龄儿童要逐步做到有百分之九十五以上受到合乎标准的小学教育。各县（区）都要集中力量办好几所重点高中，同时办好几所农业中学。各级各类学校都要下大力量组织好教师队伍的轮训和进修，不断改进教材和教法，贯彻德、智、体全面发展的方针，进一步提高教育质量。要重视小学教育。要动员各方面的力量，采取多种途径，积极发展托幼事业，抓紧培养幼儿教育的师资，使城镇儿童的入托率和入园率在今后三年内有较为明显的提高。

今后三年，成人教育要有一个大的发展。各级干部学校和全市高等院校，要把干部的正规化教育任务很好地担负起来。要抓紧青壮年职工的文化、技术补课工作。职工大学要整顿、提高，业余中专要积极发展，高等教育自学考试要根据社会需要进一步扩大考试科目。各级教育领导机关和全市中等学校，要与各行各业通力合作，充分利用现有的师资和校舍，广泛举办各种职业学校或职业训练班。农村社队要为农民积极兴办各种夜校和技术学习班。同时，做好扫除青壮年文盲的工作。还要积极鼓励、支持社会团体和私人办学，为各项建设事业输送有专业技能的人才，为城镇待业青年就业创造条件。

各级领导都要进一步树立振兴经济要依靠科学技术进步的指导思想，充分调动科技人员的积极性，经常给他们提任务，为他们开展科技工作创造条件，为科技成果的应用开辟道路。科学技术工作要更好地为首都各项建设事业服务，做好发展科学技术的长远规划，围绕首都建设最迫切的课题，组织科技攻关。力争到一九八五年，在能源的节约，污染的治理，蔬菜的栽培，瘦肉型猪的繁殖，大规模集成电路的研制，计算机的应用，新型食品、纺织品和耐用消费品的开发，精密仪器仪表的设计，新型建筑材料的试制，脑血管、心血管、肝炎、肿瘤疾病的防治等方面，搞出一批新的成果或取得较大进展。同时，切实抓好国内外已经成熟的先进技术的推广应用。中央各部门在京的直属科研院所、高等院校很多，力量雄厚，我们一定要加强与他们的联系和协作，争取他们的指导和支持，使首都这一突出的优势得到充分的发扬。

在努力发展自然科学的同时，还要注意发展社会科学。建设社会主义物质文明、精神文明都迫切要求我们加强经济学、管理学、法学、社会学、伦理学、心理学等学科的研究。北京市的社会科学研究所要得到充实和加强，有关的高等院校要把这些方面的研究推进一步。实际工作部门与研究单位要密切协作，围绕社会生活中的一些重要问题，搞出一批理论与实践相结合的、有价值、有水平的研究成果。要继续加强科学技术普及工作，自然科学和社会科学各个学会的工作要搞得更加活跃。

六五计划后三年，全市文化、新闻、出版、广播、电视、文物、卫生、体育等部门，都要努力改进工作，做出新成绩。各文艺团体和广大文艺工作者，要积极投身到四化建设的火热的斗争中去，创作和演出更多的优秀作品、优秀剧目。要热心帮助各部门各单位开展群众性的文化活动，各行各业也要积极地为开展群众文化活动创造条件。新闻、出版、广播、电视要努力丰富内容、提高质量。今后三年，新的广播电台和电视台将陆续建成，同时要积极增建转播站，使电视的人口覆盖率由现在的百分之七十，提高到百分之九十以上。文物部门要与有关部门协作，抓紧制订全市文物分级保护和整修的规划，进一步加强文物保护工作。卫生部门要继续贯彻落实城乡并重、中西医结合和预防为主的方针，努力提高医疗质量和改进服务态度，进一步搞好疾病的预防和治疗工作。同时要大力改善基层医院的条件，切实解决好大医院和小医院忙闲不均的问题。六五计划后三年，要新建扩建中日友好医院、人民医院、首都医院、北京医院、阜外医院以及颅脑、肿瘤、口腔、妇产、儿科等医院，增加病床三千多张。体育部门要下大力量组织好群众性的体育活动。培训优秀运动员要突出重点项目，改进训练方法，力争在全国运动会上取得好成绩，并不断为国家输送优秀运动员。中小学要加强体育教学，组织好课外体育活动，增强学生体质。

教育、科学、文化、卫生等部门在管理体制上也存在着严重的弊病，必须进行改革。但是，这些事业有着不同于经济事业的特点和规律，不能简单照搬经济部门的作法。这些部门的改革，应首先着眼于调动各种专业人员的积极性，搞好本职工作，多出人才，多出成果。科研系统前一段采用的科研成果有偿转让，与生产、使用部门签订技术服务合同等作法，可以比较广泛地推行。最近，在市属四个科研所试行了科研承包责任制，要注意总结经验。文化系统试行的定额补贴承包责任制的作法，卫生系统试行的经费定额补贴、节余分成的作法，要进一步完善。总的讲，文教部门的改革，当前的主要任务是，积极认真地抓好试点，总结经验。

为了加快教育、科学、文化、卫生和整个首都建设事业的发展，各政府机关和各条战线的同志，必须彻底清除长期“左”倾错误的严重影响，确立对知识分子的正确观念。我们要深刻认识：推翻旧世界，需要知识和知识分子；建设新世界，更加需要知识和知识分子。在社会主义现代化建设的新时期中，知识分子起着特别重要的作用。我国知识分子已经成为工人阶级的一部分，是我们国家的宝贵财富，一定要造成尊重知识和知识分子的社会风气。要采取有力措施，改善知识分子的工作条件和生活条件，工作上放手使用，生活上关心照顾，使他们充分施展自己的才干，为首都的社会主义现代化建设，为造福人民，做出巨大贡献。

（五）大搞综合治理，力争实现社会治安、社会秩序和社会风气的进一步好转

当前的社会治安、社会秩序问题，是各类社会矛盾的综合反映，必须发动和组织全社会各方面的力量进行综合治理。为此，要进一步建立健全综合治理的责任制度和领导体系，实行条块结合，以块为主，层层负责，按地区统一部署，协同行动。各部门、各单位要根据不同情况，把安全保卫责任制同生产、工作任务结合起来，做到同部署、同检查、同评比、同奖惩。市、区要定期组织检查，对搞得好的单位要给以表彰，对搞得不好的单位要给予批评，对多次发生重大案件或发生重大恶性案件和事故的单位，要追究领导的责任。在京的所有单位，都要建立综合治理领导小组。在城近郊区和远郊城镇，要在当地党组织的统一领导下，以当地政府和它的派出机构为主，建立统筹和协调全地区综合治理工作的领导机构，经常召开联席会议。同时，进一步建立健全基层的群众性的治保组织，注意发挥他们的作用。这样，才能使整顿社会治安、社会秩序具有可靠的组织保证。综合治理的核心是主动做好人的思想教育工作，特别是加强对失足青少年的教育挽救工作。要通过落实“四包”，加强帮教措施，争取他们中的大多数人改正错误，悔过自新。综合治理的基础是加强基层组织和基础工作，经常开展调查研究，切实掌握社会治安情况和各种不安定的因素，主动做好防范工作，及时调解人民内部矛盾，防止矛盾激化，把大量治安问题解决在萌芽状态。与此同时，对蓄意破坏我们社会主义制度的敌对分子和严重危害社会治安的犯罪分子，还要继续依法从重从快地给予打击，严加惩治。对坦白认罪、有立功表现的案犯要从宽处理。对间谍特务分子的活动要提高警惕，加强斗争。

实现首都社会治安的进一步好转，必须继续加强公安部门的工作。鉴于目前公安系统第一线的工作薄弱，设施和装备不足，我们在六五计划中安排了这方面的基本建设投资，增拨了日常的经费。公安部门要努力做好公安队伍的思想整顿和组织整顿工作，加强法制

教育，争取三年内把没有受过正规训练的公安干警普遍轮训一遍，提高他们的政治素质和业务素质。公安部门的工作人员都要不断加强法制观念，严格按照宪法和国家的法律、法令办事。

通过全市各部门、各单位的共同努力，做到刑事案件进一步下降，破案率进一步提高，车祸、火灾等治安灾害事故明显减少；对贪污盗窃、投机诈骗、走私贩私、行贿受贿等经济领域和其它领域的犯罪活动及时给予严厉打击，消灭那些在新中国早已绝迹而目前又重新出现的丑恶现象。

今后，要把“五讲四美三热爱”活动深入持久地开展下去，动员全市人民移风易俗，改造社会，建设社会主义精神文明。要在全市人民中首先是青少年中普遍进行思想教育、道德教育和纪律教育。要以共产主义理想、道德和三热爱为主要内容，对职工分期分批进行政治轮训。要结合农村的实际，对农民深入进行共产主义理想和党的现行政策相统一的政治思想教育。同时在各级各类学校逐步建立由浅而深、互相衔接的共产主义思想教育体系。要继续广泛深入地宣传新宪法，学习新宪法，不断加强社会主义法制教育，进一步提高广大干部和人民群众遵守和维护新宪法的自觉性。要在加强日常政治思想工作的同时，继续推行《首都人民文明公约》和各种乡规民约、职业公约，建立文明村、文明街、文明班组，搞好优质服务，建立优良秩序，进一步掀起学雷锋、学先进的热潮。通过这些活动，在全市人民中形成更加坚定的共同政治信念，使全心全意为人民服务、先公后私、助人为乐的共产主义思想和道德风尚更加发扬光大，好逸恶劳、损公肥私、打击先进、“一切向钱看”、不择手段地追求享受等歪风邪气得到有效的制止和普遍的鄙视，讲文明、讲礼貌、讲卫生、讲秩序、讲道德在全市蔚然成风，实现首都社会风气的进一步好转。

（六）严格控制人口增长

控制首都人口增长是个十分重要的问题。截至一九八二年底，本市正式人口已达九百一十七万八千多人。过去三年，共增加四十七万多人。照这样的速度发展下去，全市常住人口将很快突破一千万。人口增长过快，在城市使住房、就业、公共交通、子女抚育等一系列问题都难以解决；在农村造成人均耕地减少，人均分配水平下降。实行计划生育是我国的一项基本国策，我们一定要严格控制人口的自然增长。对人口的机械增长也要严加控制。前两年，全市计划生育工作取得了一定成绩。一九八二年，独生子女率在城市已经达到百分之九十八，在农村达到百分之七十四。但是，由于近几年每年新婚人数都在十八万对左右，面临一个新的生育高峰。今后，要进一步加强计划生育工作，城市和农村的独生子女率要保持稳定并有所提高，力争自然增长率控制在千分之十四以内。要继续大力提倡晚婚晚育，优生优育，一对夫妇只生一个孩子。在坚持思想教育为主的同时，辅之必要的经济措施、组织措施和技术措施。全市计划生育工作的重点在农村，农村的生育计划要和各种形式的生产责任制结合起来，落实到社队和个人，严格控制二胎，坚决杜绝多胎。要继续破除重男轻女、多子多福的封建习俗，加强妇幼保健工作。为了控制首都人口的机械增长，要进一步制订严格的管理办法，坚决贯彻执行。同时，还要积极做好向外疏导城区人口的工作。

今后三年我们要做的工作很多。除上述问题外，还要继续加强民兵建设，认真作好拥军优属工作和复员转业军人的安置工作；搞好社会救济和社会福利事业，依靠群众积极发展社会公益事业。

各位代表！

北京市的六五计划前两年的执行情况是好的，完成后三年的任务存在很多困难，也有不少有利条件。我们一定要把关系全局的事情统筹安排好，通过整顿和改革，调动各部门、各单位的积极性、主动性，同时，进一步落实各项政策，把全市各界各族人民团结起来，共同努力完成我市的六五计划。这样，到一九八五年，城市基础设施大量欠帐的被动局面将会有所改变；有二十多万户城镇居民可以迁入新楼，住房极度紧张的状况将会得到缓和；空气和水源的污染可以有所减轻，无论城区还是郊区的绿化都会提高到新的水平，使人们有一个比较清洁优美的生活环境；工业在调整、整顿特别是在技术改造方面将会有较大的进展，农业，特别是林、牧、渔各业将有较快的发展，加上商业工作的改进，市场上的各种日用工业品和主副食品将会更加丰富；高等教育的规模通过多种途径得到相当的扩展，中等教育的结构有较大的变化，少年、青年、壮年普遍有学习的机会；围绕首都建设关键技术课题的科技攻关将取得一批重要成果，文化、卫生、体育设施可以有相当的增加；各行各业旨在打破“大锅饭”、“铁饭碗”的改革，会取得可喜的进展；人口得到应有的控制，社会治安、社会秩序和社会风气将会有进一步的好转；在生产发展的基础上，城乡人民生活将会得到进一步改善。这一切，都将为今后首都建设的大发展、大变化打下较好的基础。三年的时间不长，我们一定要珍惜每一寸光阴，为实现这一美好的前景而尽心尽力。

进一步改进和加强政府工作

为了完成六五计划期间的主要任务，开创首都社会主义现代化建设的新局面，必须切实改进政府的工作。

(一) 政府工作要适应新的形势，加强对改革的领导

农业的改革和城市工商企业初步改革的经验充分说明，只有从实际出发，冲破在经济和社会生活的各个领域长期禁锢着人们的头脑、严重束缚着生产力发展的错误的观念和模式，全面系统地、坚决而有秩序地、有领导有步骤地实行改革，才能全面开创社会主义现代化建设的新局面。在今后的工作中，我们一定要在坚持四项原则，坚持社会主义基本制度的前提下，调整那些不适应生产力发展的生产关系的环节，调整那些不适应经济基础要求的上层建筑的环节，以充分调动广大人民群众的积极性和创造性，努力建设有中国特色的社会主义。我们政府工作人员，必须以坚定的态度和满腔的热情来对待改革和参加改革，从各行各业的具体情况出发，调查研究，统筹规划，精心指导。

遵照中央关于改革要出经济效益、出速度、出精神文明、出财源和出人才的要求，我们的改革，必须以既促进社会主义物质文明建设，又促进社会主义精神文明建设为不可动摇的目的和准绳。改革要有利于实行按劳分配的原则，促进企业建立健全经济责任制，进一步把经济搞活；要有利于正确处理国家、企业和职工三者的物质利益关系，保证国家得大头，企业得中头，个人得小头，充分调动企业和职工的积极性，领导机关要切实掌握和分析改革的动向，及时解决改革中出现的新问题。财政、税务、物价、银行、工商管理等部门，要积极支持改革，同时要加强对经济活动的监督和检查。要保护国家和消费者的利益，对套购抬价的违法行为，要及时检查处理，对无证商贩要坚决取缔。

(二) 积极进行政府机构的改革，搞好新老干部的合作与交替

搞好政府机构改革，是加强政权建设的一项根本性措施。要按照中央的部署，积极完成政府机构的改革工作。要认真解决机构重叠、人浮于事的问题，做到精简机构，减少人员，实行定编不定人；努力做到政企分开，使那些能够实行企业化管理的机构，充分发挥经济职能，成为真正的经济实体；要明确政府各部门的职责范围，建立岗位责任制，并认真进行考核和检查。

机构改革的核心问题，是要在革命化的前提下实现领导班子和干部队伍的年轻化、知识化、专业化。这就要通过新老干部的交替，逐步做到：大批老同志退下来，搞好传帮带；吸收大批德才兼备、年富力强的知识分子到各级领导班子中来；热情鼓励和组织那些有相当领导经验和政治水平、但文化程度太低的中年干部，下决心补习文化。这是一项具有深远意义的战略措施，我们必须努力实现。在干部的年龄结构上，市直属机关和区政府领导班子中，五十岁以下的优秀干部应占一定比例；县政府领导班子中，四十岁左右的优秀干部应占一定比例。在智力结构上，要认真选拔一批具有大专文化程度的干部，并且吸收专家、内行进入各级领导班子。具有大专文化水平的(包括自学成才的)干部，在县以上机关领导班子中要达到百分之五十以上，经济、科研、文教、卫生等部门应该更多一些。要提倡老爱新、新尊老。老同志要主动承担起选拔、培养中青年干部的重任，热情帮助他们大胆进行工作；新上来的同志要诚心诚意地尊重老同志，向老同志学习，接好革命事业的班。对离休、退休的老干部，要妥善安排，在政治上、生活上都要切实给予关心。

在市区领导体制上，过去一直存在市一级集中过多，统得过死的现象，要结合机构改革认真解决。要在保证统一领导、统一规划的前提下，扩大区政府的行政管理权限。要采取有效措施，保障区、县政府按照宪法和地方各级人民政府组织法的规定行使职权，充分发挥他们在首都建设中的积极能动作用。

农村基层政权的建设，要按照宪法的规定，改变农村人民公社政社合一的体制，设立乡政府，争取在今冬明春基本完成。要进一步建立健全企业的职工代表会、城市的居民委员会和农村的村民委员会等基层群众自治组织，以扩大人民群众管理经济、文化和社会事务的权利。

(三) 切实改进政府的工作作风和工作方法

我们政府机关在改进工作作风方面做了很大的努力，取得了一定的成效。但是，仍然存在脱离群众、脱离实际、办事拖拉、互相扯皮、文件多、会议多和某些事情上追求形式不讲实效等官僚主义作风。这个问题不解决，不仅不利于发挥政府的职能，而且有损害人民政府的信誉和丧失改革成果的危险。

我们领导机关和领导干部，要努力提高领导水平，想问题要想到点子上，要善于抓大事，抓主要问题；工作上只要情况明，看准了的事情，就果断去办，敢于决断，善于决断，切实抓出成效，扎扎实实，不搞形式主义；对干部要严格要求，不怕得罪人，布置工作要有检查督促，有批评表扬。要把集体领导和分工负责紧密结

合起来。领导干部要发扬大胆负责和勇于挑重担的精神。

要采取坚决措施，精简会议，减少文件。能够当面商量解决的问题，就不搞繁琐的公文手续；应该到现场去解决的问题，就不在机关开会议来议去；个人职责范围内能够解决的事情，就要认真负责地处理；开会要经过认真准备，不解决问题的会议坚决不开。政府机关要面向基层，切实帮助基层单位及时而有效地解决问题。

要坚持和发扬调查研究的作风。政府和各部门的领导干部要下决心从繁琐的事务中摆脱出来，深入群众、深入实际，做系统的调查，主动钻研新情况，解决新问题，总结新经验，创立新章法。力求按照科学性和全面性的要求办事，防止主观主义地决定重大问题。

要发扬依靠群众和密切联系群众的作风。认真听取各方面的意见，遇事同群众商量，自觉接受人民群众的监督；做好人民来信来访工作，认真负责地处理群众提出的重要问题。要使政府真正成为关心人民利益、全心全意为人民服务的机关。

（四）重新学习，不断提高政府工作人员的政治素质和业务能力

为了建设一个具有高度民主、高度文明的现代化的社会主义强国，党中央号召各条战线、各行各业的广大干部，一定要在新的伟大斗争中重新学习。一方面要更好地掌握马克思列宁主义、毛泽东思想，这是指导我们思想和一切行动的理论基础；另一方面要更好地掌握各门社会科学和自然科学，掌握现代技术和经营管理科学。按照中共中央书记处的四项指示，要把首都北京建设成为全国、全世界第一流的城市，还必须努力学习管理现代化大城市的知识，这是摆在我们面前的一项迫切任务。我们要有计划有步骤地把重新学习开展起来，并且长期坚持下去。要从实际情况出发，制定学习科学文化和专业知识的规划，通过组织轮训、送高等院校代培、开展自学等各种形式，加强干部培训工作。所有机关工作人员，都要以高度的革命热情，积极参加学习，不断提高政治水平和业务能力，以适应工作的需要。

政府机关的一切工作人员，都要提高遵纪守法的自觉性，模范地遵守和维护国家的法律、法令，坚决贯彻执行党和国家的方针政策，认真执行政府的各项决定。要十分珍惜政府工作人员的崇高荣誉，忠于职守，廉洁奉公；要正确运用人民赋予我们的权力，同违法乱纪、营私舞弊、假公济私、贪污盗窃和其它各种滥用职权、谋求私利的行为作斗争，成为维护国家和人民利益的模范。

各位代表！

现在，全市人民都殷切期望首都的社会主义现代化建设事业不断取得新的进展。我们坚信，在中共中央、国务院的正确领导和关怀下，在中共中央书记处关于首都建设方针四项指示的指引下，全市各族人民团结一致，努力奋斗，完全能够把各项工作做得比以往任何时期更好一些，完全能够克服前进道路上的各种困难，在今后的工作中，取得更大的进展。

让我们在中国共产党第十二次全国代表大会精神指引下，奋发努力，勇于创新，兢兢业业，埋头苦干，为全面开创首都社会主义现代化建设的新局面而奋斗！

北京市国民经济和社会发展第六个五年计划
（1981——1985）

（一九八三年三月二十四日北京市第八届人民代表大会第一次会议批准）

北京市国民经济和社会发展第六个五年计划，是根据全国五届人大五次会议通过的第六个五年计划，按照中央书记处关于首都建设方针的四项指示，结合北京市实际情况制订的。

第一章　基本情况

建国三十多年来，北京市的社会主义建设在党中

央、国务院的领导和关怀下，在中央各部门和各兄弟省、市、自治区的大力支持下，在中共北京市委的直接领导下，经过全市人民的共同努力，得到了很大的发展。从物质文明建设到精神文明建设，各方面都发生了显著的变化。工业建立了门类比较齐全的基础。到一九八〇年，工业固定资产原值达到150亿元，比一九四九年增长170倍；工业总产值(按一九八〇年不变价格计算)达到213亿元，比一九四九年增长近200倍。农业现代化程度有了明显提高。建成大中小型水库82座，可以灌溉的农田达到510万亩；农业机械总动力增加到319万马力。一九八〇年粮食产量37.2亿斤，比一九四九年增长3倍多。社会商品零售总额，一九八〇年达到61.3亿元，比一九四九年增长20倍以上；对外贸易，一九八〇年出口商品换汇额达到5.9亿美元，比一九五〇年增长200多倍。基本建设，从一九四九年到一九八〇年，共投资310亿元，建成房屋8,000多万平方米，其中住宅和生活服务设施近4,500万平方米，比解放初期原有住房增长2.3倍。到一九八〇年，全市自来水日供水能力达到163万吨，比一九四九年增长18倍；电话交换机总容量增加到10.45万门，增长3倍；全市有80多万户居民用上了煤气或液化石油气。到一九八〇年，各类学校在校学生数达到180万人，比一九四九年增长3.7倍。

三十多年来，北京市国民经济和社会发展的成就是巨大的。但是，由于缺乏经验和受"左"的指导思想的影响，加上十年动乱的破坏，问题成堆，百废待兴。

一九八〇年四月，中央书记处根据首都的特点，针对北京市存在的问题，作出了关于首都建设方针的四项指示。中央书记处明确指示：北京是全国的政治中心，是我国进行国际交往的中心。要把北京建成全中国、全世界社会秩序、社会治安、社会风气和道德风尚最好的城市；变成全国环境最清洁、最卫生、最优美的第一流城市，也是世界上比较好的城市；建成全国科学、文化、技术最发达，教育程度最高的第一流城市，并且在世界上也是文化最发达的城市之一；同时还要做到经济上不断繁荣，人民生活方便、安定。

近几年来，在党中央、国务院的领导和帮助下，在中共北京市委的具体领导下，我们按照中央书记处四项指示的要求，狠抓了社会治安、城市建设、环境卫生和绿化、科教文卫、经济建设等方面的工作，取得了较好的效果。但还存在着不少问题，主要是：城市人口增长过快，城市规模迅速扩大，城市基础设施如供水、供电、煤气、热力、电信、交通道路等，远远跟不上城市发展的需要，住宅还很紧张，环境污染仍相当严重；教育、科学、文化、卫生、体育等事业，还不能适应四化建设和人民文化生活提高的需要；现有科技力量还没有得到充分发挥；生产、建设、流通领域等方面的经济效益还比较低，产品质量品种还不能适应城乡人民生活不断改善的需要，商业服务设施也不能满足方便人民生活的要求；社会风气和社会治安还没有根本好转。

第二章 方针和任务

北京市国民经济和社会发展第六个五年计划的任务，是按照党的十二大确定的战略目标，赵总理在五届人大五次会议所作的关于第六个五年计划报告的精神和中央书记处关于首都建设方针的四项指示，继续贯彻执行调整、改革、整顿、提高的方针，安排好各方面的工作，使社会秩序、社会治安、社会风气和道德风尚有根本的好转，城市面貌有较大的改观，教育、科技、文化、卫生、体育等事业有较大的发展，国民经济稳步增长，人民生活进一步改善，并为第七个五年计划的国民经济和社会发展打下坚实的基础。

针对北京市目前存在的问题，后三年的主要任务是：

1、继续贯彻两手抓的原则，一手抓物质文明建设，一手抓精神文明建设，从首都的特点和现实情况出发，着重抓好社会主义精神文明的建设，同时一刻也不放松物质文明的建设。

2、坚决地、有秩序地进行经济和其他方面的改革。在进一步巩固和完善农村改革的同时，认真抓好商业、工业、科技、文教和其他各部门的改革，经过试点，稳步推开。通过改革，走出首都现代化建设的新路子。

3、认真抓好城市建设特别是水、电、煤气、热力、道路等基础设施的建设，抓紧环境污染的治理，搞好环境卫生。

4、进一步落实党对知识分子的政策，充分调动知识分子的积极性，组织好各方面的力量，发挥北京地区科学文化教育部门力量雄厚的优势，把经济、科技和社会发展密切结合起来。加强科学技术研究，发展教育事业，多出成果，多出人才，有效地提高经济、技术、管理水平和人民的科学文化水平。

5、一切经济活动都要以提高经济效益为中心，同时要注意社会效益。工业生产和基本建设，要以尽量少的劳动消耗和物质消耗，生产出更多的符合社会需要的产品；流通领域要实行多渠道、少环节的经营体制，以加速资金周转和商品流通。要在不断提高经济效益的前提下，挖潜力，求速度。

6、大力发展消费品生产，争取食品工业、轻纺工业和农副产品生产有较快的发展；原材料工业要在继续调整服务方向的前提下，搞好深度加工和综合利用，求得一定的增长；机械、电子仪表工业，要进行产品更新换代，大力生产耗能低、效率高的设备和仪表，以适应国民经济技术改造的需要。要使社会生产两大部类协调发展，保证经济不断繁荣，人民生活方便、安定。

7、把节能、节水和节约原材料作为工作的重点，采取一切可行的措施，使有限的能源、水源和原材料充分发挥作用，保证生产和建设事业的顺利发展。

8、坚持“一要吃饭、二要建设”的原则，统筹兼顾人民生活的改善和生产建设的发展，正确处理国家、集体、个人三者之间的关系。要根据国家计划的安排，有效地控制固定资产投资规模，使有限的资金发挥最大的效益。

9、坚持计划经济为主、市场调节为辅的方针，树立全国一盘棋思想，加强计划的综合平衡，把加强集中统一和搞活经济结合起来，在国家计划指导下，充分发挥部门、企业和群众的积极性。

10、严格控制人口增长，认真抓好计划生育工作，严格控制人口的机械增长。逐步改变劳动结构，大力发展集体经济和个体经济，安排好城镇青年劳动就业。

第三章 计划总轮廓

一、社会总产品

计划要求，一九八五年包括农业、工业、建筑业、运输业、商业饮食业五个物质生产部门的社会总产品（按照一九八〇年价格推算）达到342亿元，比一九八〇年的275.8亿元增长24%，平均每年增长4.4%。其中：

农业（包括农民家庭副业）平均每年增长5.7%；

工业平均每年增长4.1%；

建筑业平均每年增长4.1%；

运输邮电业平均每年增长4%；

商业、饮食业平均每年增长5.7%。

社会总产品的增长，主要通过科学技术进步，大力降低能源、原材料消耗和费用，提高劳动生产率来实现。

二、国民收入

一九八五年，国民收入生产额计划达到135亿元，比一九八〇年的110.4亿元增加24.6亿元，平均每年增加4.9亿元，增长4.1%。其中：

农业净产值平均每年增长5%；

工业净产值平均每年增长4%；

建筑业净产值平均每年增长4%；

运输邮电业净产值平均每年增长3.7%；

商业、饮食业净产值平均每年增长5.7%。

当前生产建设中存在的主要问题是物质消耗高，浪费严重。各个生产部门和单位，都要千方百计采取措施，把过高的物质消耗降下来，保证国民收入增长速度接近或等于工农业生产的增长速度。

三、工农业总产值

计划要求，一九八五年达到284亿元，比一九八〇年的230.7亿元增长23%，平均每年增长4.2%。

农业总产值24亿元（不包括家庭副业），比一九八〇年的17.7亿元增长35.6%，平均每年增长6.3%。

工业总产值260亿元，比一九八〇年的213亿元增长22%，平均每年增长4.1%。其中：轻工业118亿元，比一九八〇年增长33%，平均每年增长5.9%；重工业142亿元，比一九八〇年增长15%，平均每年增长2.9%。

四、固定资产投资

计划规定，五年合计170亿元，其中中央部门70亿元，地方100亿元。在地方投资中，基本建设70亿元，更新改造30亿元。基本建设开复工面积每年控制在1，600万平方米以内，竣工600万平方米左右。五年共竣工3，000万平方米。

五、财政收入

计划要求，一九八五年达到51.2亿元，相当于一九八〇年的收入水平。

六、社会商品零售总额

计划安排，一九八五年达到86亿元，平均每年增长7%。

七、经济效益

1、平均每人占有的国民收入，一九八五年达到1，395元，比一九八〇年的1，256元增长11%，平均每年增长2.1%。

2、全民所有制工业企业劳动生产率，一九八五年为18，350元，比一九八〇年的17，847元增长2.8%。

施工企业劳动生产率，一九八五年达到6，220元，比一九八〇年的5，249元增长18.5%，平均每年增长3.5%。

3、国营工业企业可比产品成本，一九八五年比一九八〇年降低5.1%，平均每年降低1%。

4、每万元工业总产值耗能源（折标准煤），一九八五年计划为5.34吨，比一九八〇年的6.37吨降低15.8%，平均每年降低3.3%。每万元工业总产值耗水

300吨，比一九八〇年的368吨降低18.5%，平均每年降低4%。

5、每百元工业产值实现的利税，一九八五年为28.23元，略高于一九八〇年水平。

6、基本建设固定资产交付使用率，一九八五年计划安排80—85%，比一九八〇年的69.9%提高10—15%。

7、一商系统流动资金周转天数，一九八五年计划为95天，比一九八〇年的98天加快3天。

八、文教卫生

高等学校在校学生数，一九八五年达到10.2万人，比一九八〇年增长23%；中专、技校和职业高中在校人数达到6.4万人，比一九八〇年增长39%；中小学在校人数达到144万人，城市普及初中，农村普及小学。

医院病床，一九八五年达到3.4万多张，比一九八〇年增加0.6万多张。

各区县都有文化馆、图书馆，街道、农村都有文化站。

九、人口

全市常住人口，一九八五年控制在970万人以内，五年共增加84万人，平均每年增加17万人左右。

十、居民收入和消费水平

郊区农村平均每个农民纯收入由一九八〇年的288元提高到一九八五年的440元，平均每年递增8.8%。城市职工平均工资由一九八〇年的852元提高到921元，平均每年递增1.6%。全市城乡居民平均每人的消费水平，由一九八〇年的484元提高到一九八五年的582元，平均每年递增3.8%。其中：农民消费由274元提高到390元，平均每年递增7.2%；城市居民消费由642元提高到716元，平均每年递增2.2%。

第四章 固定资产投资和城市建设

一、固定资产投资

“六五”计划安排全市固定资产投资共170亿元，比第五个五年计划期间实际完成的112.9亿元增长50%。其中：中央部门在京单位的投资70亿元，比“五五”增长44%；地方单位的投资100亿元，增长55.8%。

在地方固定资产投资中，属于基本建设的投资为70亿元，资金来源是：国家预算投资约35亿元（包括工商利润留成、国家财政补贴、国家安排地方统筹投资和部商地方项目的投资等），银行贷款和利用外资15亿元，企业自筹20亿元。

地方的基本建设投资，重点用于市政和城市基础设施建设，住宅建设、文教卫生和相应的生活设施的建设，以及商业服务、公安政法和必要的食品、轻纺工业的建设。用于住宅建设的投资为24.5亿元，占全部地方投资的三分之一，加上中央部门的住宅投资，五年累计将超过50亿元，比“五五”期间增加两倍。对办公用房、招待所等的建设要严格控制。

第六个五年地方基本建设分部门的投资安排（包括住宅建设）同第五个五年比较，主要情况如下：

城市建设，“六五”计划安排投资20亿元，比“五五”实际完成投资增长40%；

科技文教卫生，“六五”安排3.5亿元，比“五五”实际完成增长1.7倍；

公安政法，“六五”安排1.7亿元，比“五五”实际完成增长3.3倍；

商业服务，“六五”安排4.6亿元，比“五五”实际完成增长64%；

工业交通，“六五”安排22亿元，比“五五”实际完成下降14%；

区县及其它，“六五”安排9.5亿元，比“五五”实际完成增长1.6倍。

二、市政建设

“六五”期间，要采取有力措施，使城市基础设施落后于城市建设的状况有所改变，供电、供水、供气、供热和交通等紧张状况有所缓和，城市市容环境进一步整洁。

1、供水

“六五”期间，建成白河堡水库、向阳闸两处水源工程，完善水源八厂和新建田村山水厂，建设通县、城子、长辛店等水厂，争取一九八五年发挥效益，共增加市区日供水能力36万吨。同时，要抓紧筹建水源九厂，争取一九八四年开工。由于地下水位下降，市区原有水源厂达不到设计能力，后三年供水仍较紧张，要进一步开展节约用水的工作。

2、煤气、热力

煤气，“六五”期间完成北京煤气厂和首钢输送焦炉气进城的工程，增加日供气能力50万立方米；同时要抓紧焦化厂焦炉易地大修和增气工程，力争一九八六年前后发挥效益。积极筹建日供气200万立方米的煤制气厂，使管道煤气用户逐步增加。液化石油气，后三年每年增加7,000吨，以解决高层建筑住户用气的需要。建设华北油田向北京供天然气工程，日供气10万立方米。争取到一九八五年，城区有80%左右的住户用上煤气和液化气。

供热，挖掘第二热电厂潜力，力争达到设计能力；新建左家庄供热厂一期工程，使集中供热面积由600多万平方米增加到900多万平方米；改建石景山电厂，积极筹建宋家庄、大郊亭等热电厂，增加供热能力，减少城市污染。

3、道路

“六五”期间，主要是完善二环路，展宽三环路部分地段，建成三环路的学院路、德胜门外、安定门外和牛王庙等立交桥；打通清河一西直门一广安门一右安门一黄村的南北交通干线；建成二环、三环路间的部分联络线；建成西红门至良乡的区间道路。地铁环城线正常通车。根据城市道路的发展情况，要大力发展公共交通事业，使公共电、汽车的超载运输状况进一步得到缓和，营运车辆的高峰小时载客量，力争恢复到一九六五年的状况。

4、城市排污和污水处理

“六五”期间，建成西郊污水干线，结合道路工程建设一批污水排水管道；治理清河、万泉河、小月河、北土城沟、亮马河、长河、通惠河和北护城河等污染较严重的河道，力争三环路以内实现清污分流，使河水逐步还清。建设高碑店污水处理厂，并着手筹建郑王坟等污水处理厂。

5、环境卫生和园林

“六五”期间，建成垃圾转运站、堆放场12处，增加部分清洁车辆，基本做到垃圾全部送出。对部分污染扰民的工厂实行搬迁和改造。积极新辟和完善莲花池、玉渊潭、紫竹院、陶然亭等10多个公园，城近郊区要尽量开辟小型公园绿地，新建道路两侧要及时种树种草，使城市面貌有所改观。

三、邮电通信建设

1、市内电话

“六五”期间，计划新建、改建电话局、所30个(其中城区电话局、所25个)，增加电话交换机总容量10.3万门。其中，新建东单、东直门外、北太平庄、紫竹院、劲松、团结湖、双榆树、蒲黄榆等8个电话局，增加交换机总容量3.2万门；改扩建电话局、所22个，增加交换机总容量7.1万门。在抓紧“六五”计划安排的建设项目的同时，积极筹建一批为“七五”前期准备的项目。此外，安排相应的地下电信管道和电话电缆工程，提高通信能力，扩大服务项目。

2、长途电信建设

根据国家“六五”计划安排，重点建成北京国际电信局，初装国际电话交换机400路，国际用户电报和数据通信交换机3,000条，实现国际通信自动化、半自动化。一九八五年前，建成北京自动转报中心。完成国内卫星通信网北京主控站及其配套项目，增加北京到各省市干线传输能力，实现北京同各大城市和各省省会、自治区首府的长途电话接线自动化、半自动化。

3、邮政通信建设

根据国家“六五”计划安排，重点抓好北京邮政通信枢纽工程建设，争取一九八五年完成重件楼的土建工程，同时，建成北京航空邮件转港局和国际邮件局。大力发展城镇邮电局、所，方便人民生活。五年内，计划新建邮电局22个，改建邮电局18个，并在新建居民聚集区建设邮电所、点，增加街头信筒、信箱。为了满足城市科学研究、文化教育事业发展的要求，建设市级中心报刊门市部和集邮门市部。

四、住宅建设

“六五”期间，北京地区(包括中央部门在京单位)计划建设住宅2,000万平方米(中央和地方各1,000万平方米)，相当于一九四九至一九八〇年新建住宅3,400多万平方米的58%。平均每年竣工400万平方米，占全市竣工面积的三分之二，适当解决各方面急需住宅的需要。资金除各单位自筹外，国家每年拿出七、八千万元补助无资金来源的单位。到一九八五年，城镇居民每人平均居住面积将由一九八〇年的4.79平方米增加到6平方米左右。

住房建设要以成片开发为主。“六五”期间，除建成团结湖、劲松等大型住宅区外，计划建成或基本建成西便门、左家庄、双榆树路北、垡头、魏公村、古城、塔院等10万平方米以上规模的住宅区17个，开始建设香河园、五路居、骡马市大街等10万平方米以上规模的住宅区20个，着手开发六里屯、罗道庄、西罗园三个30万平方米以上规模的住宅区。

为了加快住宅建设的步伐，要加强对统一建设的领导，除市开发公司外，还要组织有条件的区、县、局分片进行开发。

五、城市开发和改造

为了合理安排城市布局，按照城市建设总体规划方案，要实行旧城区逐步改造，近郊区调整配套，远郊区积极发展的方针，逐步改变建设项目过分集中在城近郊区的状况。

1、城区建设

旧城区人口已过度稠密，旧房60%以上破旧不堪。要抓紧危险房屋的改造，全市成片危险房屋有29片，“六五”期间拟重点改造青年湖、黑窑场等9片；同时要重点建设和改造一些街道和地区。计划重点建设的地区：(1)西二环路两侧和北二环路北侧，安排一些标准较高的建筑，如人民医院、黑龙江驻京办事处、中央音乐学院等，特别是北二环路北侧，随着护城河治理和滨河绿地的形成，将建成一片风景优美的住宅区；(2)建国门外和复兴门外大街两侧，安排建设会议中心、邮电枢纽、科技交流中心、海关、北京广播电台、国际信托公司、外交公寓和饭店等；(3)基本建成琉璃厂文化街等。

2、卫星城建设

“六五”期间，继续建设并完善大兴黄村卫星城，同时进行开发昌平卫星城的准备工作。

第五章 科学技术、教育和人才培养

一、科学技术

经济振兴要依靠科学技术，科技工作要面向经济建设。要通过多种形式的联合，充分发挥首都的科学技术优势，围绕经济建设的重点和薄弱环节，组织科技攻关，加快科技成果的推广应用。

“六五”期间，主要围绕以下十个方面开展科学研究和技术开发工作：(1)蔬菜、奶牛、瘦肉型猪和干鲜果品的系统研究开发，粮食中低产地区的综合开发；(2)计算机应用和大规模集成电路；(3)食品、轻纺和耐用消费品；(4)节能技术和沼气、太阳能等新能源利用；(5)光学、电子、精密机电设备和仪器；(6)污水、垃圾、烟灰处理利用和环境美化；(7)精细化工、精细陶瓷、精密冶金和高分子材料深度加工；(8)新型建筑材料、框架轻板及高层建筑新技术；(9)肝炎、肿瘤、脑心血管病防治；(10)系统科学（软科学）研究。

为了发挥科学技术的作用，要抓好以下几项工作：(1)加强科研机构的改革和整顿，进一步实行科研责任制，试行科技人员的招聘、兼职和咨询等制度，充分发挥科技人员的作用。发展各种形式的科研、生产联合体，加强实验基地、行业的和基层的科技开发中心的建设，使科研、教学、生产紧密地结合，互相促进。(2)采取多种形式，把首都的科技力量组织起来，参加制订科技规划、技术改造规划、科技攻关、成果推广和咨询服务等工作。(3)加强智力开发，除从大学生中选拔人才外，通过科技进修、国内外考察、短期培训等多种途径，大力培养科技人才，不断地吸收世界各国的新鲜知识，提高解决实际问题的能力，同时要大力开展科学普及活动，提高人民科学知识水平。(4)大力建设科技领域的精神文明，打破部门观念，提倡协作精神和共产主义道德风尚，深入开展学习罗健夫、蒋筑英同志先进事迹的活动。

要注意抓好社会科学的研究和普及工作，大力培养技术经济和现代管理人才。

二、教育和人才培养

“六五”期间，要稳步发展高等教育，认真进行中等教育结构改革，搞好普通中小学教育，大力发展各种形式的工农教育，调动社会各方面办学的积极性。大力提高教学质量，充分发挥各类学校的作用，为首都建设培养更多更好的人才。

1、高等教育

要认真办好现有的大专院校，调整走读制的大学分校，广泛开展电视教育、函授教育和办好夜大学。实行住读和走读并重，逐步扩大招生规模。一九八五年全市高等院校招生2.8万人，比一九八〇年增加1万人，在校学生数达到10.2万人。其中：中央在京院校招生2.2万人，在校学生达到7.5万人；市属高等院校招生0.6万人，在校学生达到2.7万人。

为提倡多种形式和多种途径办学，加速培养人才，一九八三年拟办两所两年制的专科学校，同时增加干部进修班的招生人数。

改革招生分配办法，增加农、医、师范院校的农村学生比重，财经、工科院校要创造条件，实行定向招生，逐步做到在国家分配计划范围内，用人单位与学校直接联系，进行学生分配。

2、中等专业教育和职业教育

要调整、加强现有中等专业学校，对专业性质相同或相近的学校要适当合并，做到布局合理、专业配套。为了发展缺门短线专业，除对现有学校增设专业、扩大招生名额外，要利用普通中学办一批中等专业学校。一九八五年计划招生1万人，在校学生数达到2.4万人，比一九八〇年的2.19万人增长9.6%。

对现有技工学校要进行必要的调整和整顿，逐步做到规模适宜、工种和专业设置对路、稳步发展。为了调动各方面办学的积极性，要逐步过渡到以局（总公司）和公司（总厂）办校为主、厂办校为辅的三级办学形式。一九八五年计划招生0.9万人，在校学生数达到2万人。

除调整加强中等专业学校和办好技工学校外，城市一部分普通中学要举办多种学制、多种形式的中等职业学校。要在巩固提高现有职业高中和职业学校的基础上，扩大规模，争取到一九八五年招生8,000人。农村要试办农业中学。教育部门要把发展职业技术教育当作自己的一项重要任务，各经济管理部门要与教育部门密切配合，共同办好职业学校。

3、中小学教育

“六五”期间，中小学教育的基本任务是：积极发展幼儿教育，普及小学教育，整顿提高初中，调整改革高中，大力发展职业技术教育，充实加强师范教育。要全面贯彻党的教育方针，切实提高教学质量，为高一级学校输送合格的新生，为各行各业培养经过职业技术教育的劳动后备力量。要把农村普及小学教育，城市普及初中教育，城乡大力改革中等教育结构列为工作的重点，特别要抓好教师队伍和干部队伍的建设。

到一九八五年，远郊区县都要普及小学教育，基本形成以中心小学为核心的小学教育网。要有一支稳定、合格的教师和干部队伍。要改善办学条件，配备必要的教学设备。城市要普及初中教育，农村集镇和公社所在地的初中得到整顿提高。进一步调整学校布局，努力做到学生就近上学。要积极发展幼儿教育。一九八五年以前城镇幼儿入园率保持70—75%。要采取多种途径发展幼儿园，鼓励机关、厂矿、企业事业单位自办幼儿园，动员社会力量举办集体所有制和家庭的小型托幼组。要加强托幼师资的培训。

4、工农教育

要整顿提高职工高等教育，发展广播电视函授教育。职工大学保持30所左右；电视大学要在办好电子、机械、中文等专业的基础上，再增设经济管理专业，各种职工高等教育学生保持5万人的规模。一九八五年前要把教育电视台建立起来。

积极稳步地开展高等自学考试工作。计划到一九八五年，开展中文、法律、工业经济、商业经济、英语、档案、数学、金融、工业民用建筑、党政干部基础科和农业等12个专业、150科的考试工作。

开展青壮年职工文化技术补课。一九八五年以前要使现有74万名以上没有达到初中毕业程度的职工，基本上完成补课任务。

加强扫盲工作。逐步做到青壮年中的文盲都能受到扫盲教育，后三年计划扫盲15—20万人。

5、教育建设

“六五”期间，重点建设北京工业大学、师范学院、经济学院，第二医学院等市属院校教学、试验用房，使其形成比较完整的规模。为了调整中小学布局，除新建住宅区配套建设外，计划新建和扩改建80所。要加强托儿所、幼儿园的建设，以缓和儿童入托难的问题。

第六章　卫生、文化、体育、出版事业

一、医疗卫生事业

要继续贯彻面向基层、预防为主、城乡并重、中西医结合的方针。“六五”期间，着重解决医院合理布局和医疗事业合理结构的问题。要搞好医院的改革，加强医院管理，进一步提高病床使用率和周转率，改进服务态度，提高医疗质量。

加强医院建设，改善门诊和病床紧张状况。中央部门在京医院，要基本建成中日友好医院、阜外医院门诊楼、北医口腔医院、402医院、北京军区263医院等，开工建设人民、北京、首都等医院和干部病房楼。市属医院，要建成天坛颅脑外科医院，扩建友谊、积水潭、朝阳、复兴和儿童医院等重点医院，新建市急救中心、精神病院等，翻扩建隆福医院、第四医院和疗养院等，同时加强区县和街道医院的建设。计划安排，一九八五年医院的病床达到3.4万多张，比一九八〇年增加6，000多张，其中中央部门所属医院增加1，000张，地方医院新建扩建和挖潜增加5，000多张。

要在精神文明建设中，广泛深入地开展爱国卫生运动。要加强卫生监督和防疫工作，严防烈性病传入首都。要减少病毒性肝炎的发病率，控制肠道传染病的流传，消灭食物中毒暴发。要管好蚊蝇孳生地，实现医院污水无害化。

要加强卫生队伍的建设，特别是加快护士、医技人员的培养，逐步改变目前医护、医技人员比例失调的状况。计划安排，一九八五年地方医疗单位卫生技术人员达到4.5万人，比一九八〇年的3.7万人增加8，000人。

二、文化事业

要继续贯彻“百花齐放、百家争鸣”的方针，进一步清除十年动乱遗留下来的错误影响。反对资产阶级自由化，反对封建主义、资本主义堕落腐朽文化，大力繁荣社会主义文艺创作，提高文化艺术水平，使全市优秀保留剧目增加到80台左右。积极开展省市间文化、演出交流活动，丰富首都文化生活。“六五”期间，群众文化事业和基层文化建设要有较大发展。要对现有条件简陋的区县文化馆、图书馆进行改造，同时加强街道、农村文化站的建设。对剧场、影院和农村简易电影放映场要加强管理和改造，合理调整布局，改善放映条件，使群众能就近看上电影，山区农民能经常看到电影。广播、电视要提高节目的质量，加强节目制作和传送手段，努力扩大广播和电视的覆盖率。要加强文物古迹管理和保护工作，维护好文物古迹，逐步进行整修。

三、体育事业

“六五”期间，要努力发展体育事业，增强人民体质，振奋革命精神。进一步搞好学校体育和职工体育工

作。要大力加强业余训练和优秀运动队的训练工作，运动技术水平要达到全国第一流水平，争取在第五届全国运动会和一九八四年举行的奥运会等重大比赛中创造优异成绩。

四、出版事业

计划安排，一九八五年全市报刊、杂志、书籍的印刷出版能力达到11.8亿印张，比一九八〇年增长20.4%。

第七章 农 业

“六五”期间，郊区农业要贯彻执行“服务首都，富裕农民，建设社会主义新农村”的方针，在决不放松粮食生产的前提下，广开门路，大搞多种经营，特别要发展种植业和养殖业，使首都蔬菜、牛奶、鸡蛋、北方水果等主要副食品生产有较多的增长。要进一步清除“左”的影响，继续落实和完善联产承包责任制，积极发展专业组（队）、专业户、重点户和家庭副业，不断提高农副产品的商品率。要十分注意山区的建设，加速山区经济的发展。要大抓荒山荒滩造林、平原林网化和四旁绿化，加强水土保持，恢复、保护和创造良好的生态平衡。要搞好农业科研和农业区划工作，大力培养农业科技人员，推广适用技术和技术承包责任制，不断提高农业生产的科学技术水平。

一、种植业

粮食，一九八五年计划38亿斤，争取超过。要稳定粮田面积，主攻单产，增加总产。今后三年，高产地区要在稳产的基础上继续增产，中低产地区要努力推广先进技术，改善生产条件，使产量水平迅速提高。争取到一九八五年全市平均亩产达到800斤以上。要继续增加豆类和其它小杂粮生产。

油料，一九八五年计划7，000万斤，比一九八〇年增长13%。花生要推广地膜覆盖技术，努力提高单产。

蔬菜，一九八五年调市商品菜计划24亿斤，比一九八〇年增长17%。要努力做到数量充足、质量新鲜、品种多样、上市均衡。要继续进行产供销体制改革，进城蔬菜要进行粗加工，尽量减少损失浪费。

二、畜牧业

畜产品是解决城市副食品供应的重点，要努力创造条件，积极发展。一九八五年主要畜产品产量指标是：

鲜蛋收购13，000万斤，比一九八〇年的4，841万斤增长1.7倍，争取实现基本自给，敞开供应。

商品猪稳定在200～220万头。要积极发展瘦肉型猪，争取瘦肉型猪的比重达到15%左右。

牛奶产量28，000万斤，比一九八〇年的13，618万斤增长1倍。奶山羊也要有较大的发展。

同时，要积极发展商品羊、菜牛和肉鸡、肉兔等，增加市场肉食供应。

促进畜牧业发展的主要措施是：

1、进一步贯彻国营、集体、个体一齐上的方针，鼓励发展家庭饲养业。

2、继续调整畜牧业内部结构。在发展养猪业的同时，要积极发展以食草为主的牛、羊、兔的生产，尽力推广杂交良种。羊和兔要向肉皮、肉绒兼用的方向发展，以提高经济效益。

3、努力增加饲料、饲草生产。要广泛开辟饲料来源，尤其是蛋白饲料，并大力增加配合、混合饲料加工能力。“六五”期间，计划新建万吨以上饲料厂7个，5，000吨饲料厂18个，同时对现有饲料厂进行技术改造，积极鼓励社队自建饲料厂，力争一九八五年饲料生产能力达到100万吨以上。要充分利用荒山草场和沙荒地种植牧草，努力解决饲草需要。

4、建立健全科研、推广、生产相结合的体系，用科学技术提高畜牧业的经济效益，同时要建立良种繁育、人工授精和疫病防治体系。

5、“六五”期间，计划建成第二种鸡场和一个年产1，000万只肉鸡的联合企业；改扩建大钟寺、东直门、南郊、双桥等牛奶加工厂，提高鲜奶加工能力。

三、水产业

一九八五年水产捕捞量达到1，200万斤，比一九八〇年的807万斤增长48.7%。后三年要新建社队商品鱼基地1.5万亩，并对现有国营鱼场进行改造。实行科学养鱼，推广优良鱼种，提高单产。

四、农村工副业

“六五”期间，要根据郊区地少人多的特点，积极发展农副产品的粗加工和深度加工，特别要注意发展就地取材的农副产品加工工业，发展农村的饮食、修理和其它服务性行业，方便群众。要充分利用矿产资源，因地制宜、有计划地发展采矿业以及砖、瓦、灰、砂、石等建材工业。要大力发展建筑业、劳动密集型的手工业和农机修理业以及为城市服务的其它工业等。发展农村工副业，要十分注意节约能源，严格防止污染环境。

五、农业基本建设

要从充分发挥郊区水利和土地潜力，不断提高抗灾能力，建设社会主义新农村出发，规划郊区的农业基本建设。农田基本建设，平原地区要以配套、挖潜为重点，搞好节水、排涝工作和园田化建设，后三年要完成遥桥峪水库工程，提高永定河的防洪标准，继续搞好打井配电工程。要继续加强现有水利工程的管理，搞好配套，充分发挥潜力，提高水的有效利用系数。山区建设，要继续坚持以林果为主的原则，宜农则农，宜林则林，宜牧则牧，农林牧副渔协调发展，实行山水林田路综合治理。后三年要大力解决山区人畜饮水困难及防治地方病改水工程。同时要积极搞好水土保持和扩大灌溉面积，进一步改善山区的交通条件。新农村建设，首先要搞好规划，抓紧30个点的试验和总结推广工作，积极开发利用小水电、太阳能、沼气和地热等新能源。要严格控制基本建设规模和社员盖房占地，到一九八五年粮田面积要稳定在480万亩左右。

六、造林

要继续深入开展全民义务植树活动。一九八五年林地面积争取达到450万亩，比一九八〇年的306万亩增长47%，其中浅山区50万亩，深山区达到400万亩。造林重点是旅游风景区和风沙危害区。要搞好规划，加强技术指导和管理，实行责任制，努力提高成活率，一九八五年造林保存率要由目前的39%提高到60%左右。

要努力发展果品生产，一九八五年干鲜果品总产量达到4亿斤，比一九八〇年的3.2亿斤增长25%。要加强果树的管理，积极改善灌溉条件，努力提高一级果的比重。要重点发展栗子、核桃、苹果、葡萄、柿子、梨、红果等市场紧缺和耐贮存的品种。要利用林木资源积极发展养蜂和养蚕事业，增加集体和社员收入。到一九八五年，蜂蜜生产240万斤，比一九八〇年增长75.9%；蚕茧生产22—24万斤，增长8—17.6%。

第八章　工　　业

北京市的工业已有相当规模，但水和能源十分短缺，对环境的污染比较严重。“六五”期间要大力进行调整和整顿，积极提高产品质量，增加品种。要充分利用现有工业基础，通过技术改造，努力向高、精、尖方向发展。要着重发展食品、电子、纺织、轻工、光学、印刷、仪器仪表、新型建筑材料以及传统的工艺美术品等耗能低、用水省、运量小、不污染扰民的工业。冶金、石油化工、机械等重工业，要积极采用新技术、新工艺，努力降低能耗和水耗，发展深度加工和综合利用，促进产品更新换代，更好地为轻纺工业、农业和城市建设服务。与此同时，要进一步调整工业布局，推行工艺专业化协作，认真治理三废，努力减轻对环境的污染。要加快经济体制改革的步伐，推行各种经济责任制，不断改进和加强经营管理，努力提高经济效益，为国家作出更大的贡献。

一、食品工业

“六五”期间，要积极采取措施，大力发展基础原材料的生产，增产面广量大、供不应求、影响人民基本生活需要的产品。对于生产能力不足的面粉、食油、调味品、糕点、优质白酒、肉制品等安排一批基本建设和技术改造项目。有计划地引进啤酒、人造黄油、冷饮、婴幼儿食品等生产新技术，改进糕点、方便食品、豆制品、汽水等产品的生产条件和产品质量。大力恢复和发展前店后厂，增加传统食品和引进全国有名的地方风味食品。充分利用本市山区资源，调动各方面发展食品工业的积极性。

粮油加工：面粉一九八五年加工能力达到21亿斤，比一九八〇年增加5亿斤；食油加工量达到8万吨，增加3万吨，可以适应需要。

酒类：啤酒一九八五年计划生产11万吨，比一九八〇年增加1倍；葡萄酒生产2.4万吨，增长50%，其中高档葡萄酒3，700吨，增长3倍；优质白酒生产1.25万吨，增长4倍。

酱油：一九八五年生产12万吨，比一九八〇年增长41%。

熟肉：一九八五年生产4万吨，比一九八〇年增长1倍。

糖果和冷食冷饮可以满足市场需要。后三年，食品工业要继续加强管理，提高质量，增加品种，搞好食品卫生。

二、纺织工业

“六五”期间要不断提高技术水平，努力开发新品种，重点发展毛纺，适当扩大棉纺，加强印染后整理，合理利用化纤。调整产品结构，加强专业化协作，更好地丰富首都市场，并扩大旅游纺织产品，增加出口。

棉纺工业：一九八五年计划生产纱41万件，比一九八〇年增长14.4%；布2.9亿米。“六五”期间，棉纺能力力争达到48.7万锭，比一九八〇年增加13.4万锭。

毛纺工业：“六五”期间力争达到9.12万锭，比一九八〇年增加3.27万锭。一九八五年呢绒产量达到1，805万米，比一九八〇增长61%，其中粗纺呢绒400万米，增长1.7倍。要认真解决毛条的生产能力。采用新技术，扩大新品种，增加混纺呢绒，利用山羊绒、驼绒、兔毛等原料，生产具有各种特色的毛纺织品。要采取防缩、防蛀等特种整理，提高毛纺织品的服用性能。

化纤工业：一九八五年生产能力达到4.4万吨，比一九八〇年增长71%，主要是新建北京化纤厂，扩建北京涤纶厂和涤纶试验厂。要集中力量开发新品种，充分利用化纤原料，除针织经编纬编产品多用化纤长丝外，还要增加机织化纤织物的新花色、新品种。

印染行业：重点是调整产品专业分工，加强后整理，发展多品种、小批量生产，增强适应市场变化的能力。

三、轻工业

“六五”期间，要积极引进国内外先进技术和关键设备，努力开发新产品，在普遍提高质量的基础上，创出更多的优质名牌产品，适应首都市场和出口的需要。

1、日用化学产品：合成洗涤剂由一九八〇年的2.4万吨增加到5万吨，化妆品由3，100万元增加到6，200万元，电池由7，900万只增加到1.2亿只。

2、造纸：重点是改变产品结构，增加高档纸的比重，提高质量，节约能源和治理三废，大力发展工业包装用纸、涂布纸、复合纸、各种记录纸等加工纸，使这些产品的产量由一九八〇年的2.2万吨增加到5.6万吨。

3、缝纫机：一九八五年生产70—80万架，比一九八〇年增加25—35万架。要提高家用缝纫机质量，增加花色品种。同时积极试制工业缝纫机，一九八五年形成3—5万架的生产能力。

4、日用玻璃制品：玻璃瓶罐产量，一九八五年计划生产15万吨，比一九八〇年增加6.3万吨，品种由68个增加到120个。玻璃器皿计划安排8，000万件，增加2，500万件，其中铅晶质玻璃200万件，精雕刻工艺美术玻璃240万件，花色品种由现在的200种增加到400种。

5、乐器：重点发展钢琴和风琴，适当发展民族乐器。在巩固和提高现有产品质量的基础上，积极试制和发展电子乐器。钢琴由一九八〇年的3，300架增加到6，000架，风琴由4，400架增加到1万架。

6、皮革及革制品：重点扩大制革能力，提高皮革化工和五金配件质量和配套能力。制革年产量由一九八〇年的110万张增加到140万张左右，皮鞋年产量由772万双增加到1，200万双。

7、服装：重点发展国内外市场供不应求的高档西服、呢服、防寒服、羽绒服装和童装，做到质量提高、档次齐全、款式不断创新。

8、包装装潢：重点是扩大商标印刷和印铁的能力，采用新材料，发展新品种，提高装潢设计水平。商标印刷能力由一九八〇年的21.2亿印增加到50亿印，印铁能力由6，000万印增加到1亿印。

9、塑料制品：重点是增加新品种，扩大塑料的应用范围，大力发展塑料异型材的生产，并扩大建筑用塑料材料和包装材料，抓紧研制仿瓷、仿金属、仿木制等小商品，以丰富首都市场。

10、电冰箱：要在提高产品质量的基础上，发展品种，产量由一九八〇年的2.6万台增加到一九八五年的10万台。

11、洗衣机：重点是增加品种，改进质量。计划由一九八〇年的5.8万台增加到一九八五年的50万台，双缸洗衣机要创出水平，打出信誉。

12、特种工艺品：重点发展牙雕、玉雕、景泰蓝、漆器等历史悠久、具有较高技术水平、在国际市场享有盛誉的“拳头”产品，要向仿古复制、传统产品和异型产品等高档产品发展。旅游和内销产品，主要生产具有我国独特风格的中小件实用品。

13、地毯：要努力提高质量，增加花色品种，争取多出口。一九八五年综合生产能力达50万平方米左右。

根据市场需要，要积极发展小商品生产。特别对那些薄利或亏损而人民日常生活又不可缺少的小商品和生产企业，要放宽政策，鼓励发展。要积极贯彻国务院的决定，逐步放开小商品价格，实行市场调节，对季节性较强的小商品，要实行季节差价，千方百计把市场搞活，保证人民的需要。

四、电子仪表工业

电子仪表工业是知识密集、技术密集和劳动密集型工业，耗能少、运量少，污染轻，适宜在首都发展。最近，国务院确定北京是电子计算机和大规模集成电路北方基地的中心。“六五”期间，要切实改进元器件、基础件的生产工艺，加强基础技术的研究和开发。要把大规模集成电路和计算机的生产和推广应用放在突出的位置上，同时狠抓机械基础配套件（如低压电路、光栅等）和电子元器件的系列配套，迅速提高产品的质量和性能，使主要产品走在全国前列，部分产品在国际市场具有竞争能力。

1、半导体器件和大规模集成电路：重点发展MOS电路，要突破大规模集成电路技术关，使1K静态存储器、4K动态MOS存储器、四位和八位微处理机CPU电路实现批量生产。

2、计算机工业：首先发展微处理机，一九八五年产量达到6，000台；其次是模拟机和数模混合仿真计算机。要结合技术改造引进先进技术，把配套的外部设备搞上去。

3、光学仪器：要进一步发挥北京在真空设备方面的优势，大力发展电子束、离子束加工设备和电子光学设备。进一步提高精密仪器和精密天平等重点产品的质量，增加品种，使这些产品接近国际先进水平。积极开展激光技术的科研、生产和推广应用工作。

4、自动化仪器仪表：重点抓好自动化成套设计服务，发挥现有企业的潜力。一九八五年EK系列电表产量达到5，000台，低压电器160万件。

5、广播、电视产品：通过国产化，不断提高整机和专用配套件的技术水平，搞好技术储备，狠抓基础配套件。“六五”期间要使显像管、高频头、行输出变压器、录音机芯等基础产品有较大发展，为提高整机的质量打好基础。一九八五年收音机产量达到230万台，收录机50万台，黑白电视机40万台，彩色电视机20万台，黑白显像管50万只。

6、无线电测量仪器：要积极采用和推广微处理机，积极开发数字化、智能化、多功能、高精度、宽量程的测试仪器，结合引进技术和关键元器件，发展大规模集成电路的测试系统。

7、微电机：要努力增加品种、提高质量和自动化程度，抓紧开发电子仪表配套需要的品种。一九八五年产量达到50—60万台。

8、无线电元件：要加强基础工作，瞄准整机，发展短缺品种，进一步提高生产技术水平，充分发挥引进生产线的潜力，一九八五年产量达到5亿件。

9、与有关单位结合发展硅、锗单晶及成品片的生产。

五、医药工业

“六五”期间，主要是调整产品结构，发展适合首都特点的产品和出口拳头产品。

西药重点抓好以下产品：(1)氨基酸，要加强原料试制，为以后逐步实现氨基酸产品系列化打下基础。(2)维生素和抗菌素，要形成维生素E、维生素C、维生素B、菸酸等系列，发展多种剂型，发展半合成抗菌素，如头孢菌素和丁胺卡那等系列产品。(3)心血管药、抗结核药和避孕药，形成北京的“拳头”产品。(4)各种补剂，要发展中西复方制剂。(5)医疗器械，重点发展X光机、直线加速器、医用电子和生化仪器等已有初步基础的系列产品。

中成药是本市的优势产品之一。“六五”期间要完成同仁堂制药厂、中药总厂等改扩建工程，使产品质量达到国家标准。积极搞好传统产品的生产，同时发展安宫降压丸、消栓再造丸以及胶丸、颗粒冲剂、栓剂等新品种和新剂型。积极挖掘秘方、验方、恢复和扩大中药品种，增加产量。

“六五”期间，要有一批原料药、制剂、医疗器械产品的质量达到国际先进水平。到一九八五年，化学原料药总产量达到2，300—2，500吨，比一九八〇年增长20.5—31%，其中维生素发展到500吨，抗结核药发展到800吨，抗菌素和氨基酸发展到200吨；片剂达95亿片；针剂7亿支；中成药达到1万吨；医疗器械总产值达到7，500万元。

六、建筑材料工业

“六五”期间，要努力扩大短线产品的生产能力，积极发展新型材料，开发新技术，提高产品质量，要有一批产品达到国际水平和国内同行业先进水平，为改变首都建筑面貌提供物质条件。

水泥：要积极发展大水泥厂，调整改造小水泥厂，一九八五年产量达270万吨。

卫生陶瓷：一九八五年达到25万件。

平板玻璃：要努力提高质量，一九八五年达到120万标箱。

新型建筑材料：要努力发展低能耗、轻型、高强度、多功能的新品种，并形成体系。一九八五年综合配套产品可供竣工200万平方米建筑面积使用，其中板柱体系示范性住宅建筑25万平方米、旅游和民用活结构房屋10万平方米。

建筑装饰材料和五金水暖器材：重点发展水磨石、大理石、花岗石等建筑制品，琉璃、陶瓷、涂料等内外墙饰面材料及铝合金门窗、门锁、卫生洁具、建筑塑料等，要做到品种配套，适应高级工程的质量要求，并努力扩大出口。

地方建筑材料：要开拓原料资源，组织深采和市县(社)联合经营，以保证全市每年竣工600万平方米的用料。

人造板：要扩大生产能力，一九八五年产量达到10万立方米；民用家具产量达到250万件，实现敞开、成套供应。

七、化学工业

石油化工，要在原油加工量不增加的情况下，努力开发和引进新技术，提高产品质量和深度加工，进一步开展综合利用，抓紧建设8万吨苯酚、丙酮和1.2万吨间甲酚装置，以及引进的聚丙烯地毯等5个项目。积极引进技术，改造聚丙烯装置，一九八五年形成11.5万吨的能力。同时，大力降低能源消耗，积极治理三废。

化学工业要配合大规模集成电路的需要，发展超纯气体、超纯化学试剂和光刻胶等。抓紧东方化工厂丙烯酸装置及其配套的油漆厂扩建工程，积极开展建设蛋氨酸工程的可行性研究。继续发展化肥生产。氯碱、染料、硫酸、助剂工业要通过技术改造，在节能的基础上提高生产，发展品种。橡胶行业要集中力量把钢丝子午线轮胎搞上去。油漆行业要大力发展各种新型的涂料产品。与此同时，还要使现有企业的环境有较大的改善，水、大气和噪声污染得到基本治理。

计划安排，一九八五年原油加工量530万吨，塑料35.6万吨，合成橡胶6.5万吨，化肥15.3万吨，烧碱8.5万吨，硫酸15万吨，油漆3.3万吨，轮胎37万套。

八、机械工业

"六五"期间，要加强技术改造，提高技术水平，发展品种，改进质量，主要产品要按照国际标准生产，继续调整产品结构，引进、消化国外先进技术，重点发展印刷机械、数控机床和精密量仪、供热发电设备、液压元件以及粉末冶金件、食品包装机械和工程机械等产品；努力扩大服务领域，为轻工、食品、电子、城建、环保、商业、旅游等各行各业技术改造提供先进的设备。要大力发展高效节能的工业锅炉、工业泵、风机、冷冻机、阀门、Y系列电机和低损耗变压器等通用产品，增加社会经济效益。同时要努力扩大机电产品的出口，到一九八五年力争出口超过1亿元。通过治、改、并、迁，基本上解决城近郊区机械厂的污染扰民问题。

计划安排一九八五年主要产品的生产能力为：印刷机800台，发电设备60万千瓦，叉车3,000台，铣床3,500台，吊车400台。

农业机械，要紧密结合农业生产的需要，开发新品种，"六五"期间重点发展饲料加工、畜禽饲养机械、小型拖拉机和机动喷雾器，并相应地安排好拖内配件、农机具和小农具的生产。

九、汽车工业

"六五"期间，要以BJ130轻型载重汽车和BJ212越野汽车为基础，加速研制0.5—1吨轻型越野汽车、1—1.5吨轻型汽车、2—2.5吨轻型卡车及变型车，相应研制新型柴油机、汽油机、变速器、汽车和内燃机附件等，开发新品种。要进一步降低成车油耗，BJ212及BJ130分别达到每百公里耗用12公升和13.5公升，并提高产品质量，使汽车大修里程稳定在20万公里，力争达到30万公里。

一九八五年汽车产量安排3.5万辆，比一九八〇年增长24%；内燃机454万马力，增长15.5%。

十、冶金工业

1、钢铁工业："六五"期间，首钢要集中力量围绕节能、节水和治理三废进行技术改造，使烟、尘、水方面都要达到国家排放标准，并向城区日提供50万立方米焦炉煤气，为改善首都环境作出贡献。城区各厂，要抓紧一轧钢、三轧钢、镀锌丝厂、拔丝厂等的迁建，调整带钢生产布局，要统一规划北钢、特钢的电炉钢生产，逐步解决严重污染、扰民问题。

2、有色金属："六五"期间，要结合技术改造，引进必要的先进技术和设备，以适应本市和外贸出口的需要。铜材产量由一九八〇年的0.92万吨增加到一九八五年的1.5万吨（其中宽铜带增加5,000吨）；铝材产量由4,227吨增加到1万吨；锌材由2,400吨增加到6,000吨。品种由150个增加到200个。重点增加钟表所需的铜材，建筑和家具用的氧化着色铝合金型材，食品包装、装潢、纺织金银丝和商品铭牌等用的铝带、轧制铝箔和喷镀铝箔，以及仪器仪表、阀门、发电机冷凝器等用的各种精密铜管、易切铜管、耐腐蚀管等。

十一、区县社工业

发展区县社工业要坚持因地制宜、广开门路、拾遗补缺的方向，充分开发、利用本地资源，发展多种经营。"六五"期间，主要是发展采矿、建材、化肥以及利用当地资源的酿造、糕点、果品和粮食加工等食品工业；同时承担大工业配套任务和扩散下放产品的生产任务；发展出口、旅游需要的传统手工艺品；并发展农机产品、零部件加工和农机修配业等，为郊区农业生产服务。在发展中，要注意综合平衡，特别是燃料、动力的平衡，注意环境保护。

城镇集体经济要广开门路，灵活多样，发展不污染、不扰民、劳动密集型和市场短缺的日用小商品、工艺美术品的工艺性加工和生产。

"六五"期间，区县社工业产值平均每年增长8%左右。

十二、地质工作

"六五"期间，重点抓好水文地质、区域调查、矿产普查勘探和开展环境地质工作。要进一步查清全市地下水资源及其开发利用条件，开展通县、昌平、大兴等卫星城镇供水水文地质勘察，逐步为严重缺水的山区居民点提供水源。要扩大地下热水资源的勘察范围，积极进行开发利用的试验研究工作；要统筹安排非金属和金属矿产的普查勘探工作，为首都建设提供矿产资源。

第九章 工业调整和技术改造

一、工业调整

1、调整工业结构。三中全会以来，重点调整了轻重工业的比例关系，根据首都的特点，重点发展了食品、轻纺、民用电子、民用电器工业，轻工业在整个工业中的比重，已由一九七八年的35.5%调整到一九八二年的45.7%。今后三年，要继续把重点放在发展食品工业、电子工业和日用消费品生产上。在落实全市第一、二批40个行业、70种重点日用消费品和优势产品发展规划的基础上，要补充制订冶金(重点是特殊钢)、石油化工行业的综合利用、深度加工规划，以及电子计算机和大规模集成电路发展规划。

2、调整重工业的服务方向，扩大服务领域。前两年已经做了不少工作，后三年冶金、石油化工、建筑材料等工业，要为本市城市建设和工农业生产提供质量好、品种规格多、新型的各种原材料。机械工业要进一步调整改组，实行专业化协作，加速技术改造，实现产品更新换代，为各行各业提供高效节能、技术先进的设备。要把工艺专业化和机电设备维修专业化协作摆在重要的位置上。一九八五年，旧城区以内的铸锻厂点将全部撤销，三环路以内的71个铸锻厂点将调整为24个；全市铸、锻、热处理、电镀厂点将从一九八一年的1，486个压缩到886个，减少40%以上；要有步骤地成立铸锻、热处理、电镀、机电设备维修和超纯气体生产中心，使北京工业向现代化的社会大生产迈出新的一步。

3、调整工业布局，改善城市环境。列入第一、二批限期治理规划的项目，有三分之二已经完成或正在实施，在此基础上，准备通过治、改、并、迁、停等不同途径，争取再治理一批。到一九八五年，城区工业污染和扰民问题将得到基本治理。

对污染严重、耗能多、技术落后、长期亏损、不适宜在首都发展的工厂，将陆续有计划有步骤地实行关、停、并、转。

二、技术改造

“六五”期间，要大力采用适用的新技术、新工艺、新装备、新材料，积极引进、消化国内外先进技术，在打基础、上水平、产品更新换代上下功夫，在节约能源和“三废”治理上下功夫。要把技术改造同工业调整、改组结合起来，同利用外资、引进先进技术结合起来，同改变工业结构和布局、搞好首都城市建设结合起来。技术改造的重点是：第一、合理利用和节约能源、水源；第二、治理“三废”，改善劳动保护和安全生产条件，减轻对环境的污染；第三，对食品、轻工、纺织、工艺美术品行业进行改造，发展品种，提高质量；第四、发展电子工业、光学工业及其元器件、集成电路和配套的原材料；第五、冶金、化工行业的综合利用和深度加工；第六、机械基础件、高效节能设备和主要产品的更新换代；第七、加强科学技术研究，特别是应用技术的开发，加强或完善测试手段。

计划安排的重大技术改造项目有：

冶金工业：首钢一烧结改造，二高炉压差发电，旧锅炉房改造为热电联产，尿素车间改造；北钢引进电炉消烟除尘设备；特殊钢厂引进高速拔丝机和小型线材轧机；以及铁、钢厂技术改造等。

石油化学工业：东方红炼油厂丙烷脱沥青等装置改造，前进化工厂乙烯装置改造，向阳化工厂聚丙烯装置改造，胜利化工厂氧化脱氢、丁二烯抽提装置改造等。

机械工业：消化引进高压液压技术、叉车技术、K型铣床技术、高速冲床技术；引进关键设备改造胶印机生产条件，发展新型胶印机；研制20万千瓦供热发电机组；发展组合机床，引进研制转塔钻床和精密珩磨机等。

汽车工业：改进内燃机性能技术指标，达到国际七十年代水平；消化并批量生产新型风冷柴油机；试制定型第二代轻型越野车，降低油耗，减轻排气污染，使各项技术经济指标接近世界水平等。

化学工业：引进技术改造硫酸装置，引进聚丙烯双向拉伸成套设备，结合焦炉易地大修改造焦炉等。

电子仪表工业：引进金属化涤纶电容、炭膜电位器、炭膜片、插接件、MOS电路等基础元器件生产技术，引进红外光电测距仪、电子天平、真空镀膜设备、火灾报警系统等制造技术及关键设备，开发BCM系列微处理机，实现黑白电视机、录音机国产化等。

食品、轻纺工业：引进啤酒、冰激凌、果汁、糕点、方便食品、食用油加氢、人造黄油、电冰箱、冰箱压缩机及电机、双缸洗衣机、废纸脱墨、低定量涂布铜板纸、易拉罐、复合包装材料等制造技术和关键设备；改造玻璃熔炉和制瓶机，制造薄壁轻量瓶；改进维生素E生产工艺，引进医用直线加速器制造技术，改善中药蜜丸生产条件；引进光电机试制油光绸，更新梳毛机、高温高压染色机、超大牵伸细纱机、梳棉机，完成十一条印染后整理生产线的改造等。

到一九八五年，力争使本市重点企业、重点产品的关键技术接近或达到国际七十年代末、八十年代初期的水平。

第十章 能源生产和节约

“六五”期间，能源方面要认真贯彻执行“开发与节约并重，在近期内要把节约放在优先地位”的方针。在积极发展煤炭、电力生产的同时，要狠抓节约能源和节约用水的工作。

一、煤炭

“六五”期间，煤矿要狠抓企业整顿，大力扭转采掘比例失调的状况，抓紧生产矿的改造和公用工程的配套，改革采煤方法，提高资源回收率。更新老、旧、杂设备，改善井下作业环境，解决安全生产中的重大隐患。加快新井筹建工作，发展综合利用。同时，要加强社队煤窑的领导，努力提高煤炭生产水平。一九八五年，全市煤炭产量计划830万吨，比一九八〇年提高4.9%。其中统配煤矿630万吨，比一九八〇年提高1.6%。

二、电力

目前供电已很紧张，经常拉路限电，一九八五年北京地区的用电负荷将从一九八〇年的133.9万千瓦增加到180万千瓦左右。因此，“六五”期间，除搞好现有电厂和线路的维护保养，保证安全运行外，在增加发、供电能力和为“七五”作准备方面，需要抓紧以下工程的建设：

1、为配合山西至北京50万伏送电线路建设的需要，一九八五年要建成房山50万伏变电站。

2、积极抓好石景山电厂的改建工作，安装3台20万千瓦供热发电机组。除发电外，每小时供热600～800百万大卡，争取一九八六年第一台机组开始发电和供热。

3、改造首钢和毛麻丝公司锅炉房，建设热电站，装机容量共12万千瓦。

4、做好大郊亭、宋家庄等热电站的建设前期准备工作。

三、节约能源

“六五”期间，全市计划节约能源287万吨标准煤。工业是节能的重点，一九八五年计划全市工业消耗能源1,388万吨标准煤，平均每万元产值消耗能源5.34吨标准煤，比一九八〇年的6.37吨下降1吨左右，平均每年递减3.5%，约可节约标准煤254万吨左右。主要措施是：

1、调整工业结构和产品结构，提高加工深度。进一步提高食品、轻纺、电子工业在工业总产值中的比重，调整产品结构，提高加工深度，控制和减少耗能高的产品产量。

2、进行以节能为中心的技术改造。主要采取改造工艺、设备，利用余热、余能，更新改造低效锅炉、窑炉等办法，五年计划改造小型锅炉1,000台、窑炉200座。

3、加强能源管理。健全煤炭定额管理，实行超额加价制度；进一步执行供电定量包干制度，取消包费制。同时在企业、事业单位，结合完善经济责任制，建立健全能源计量、统计、定额管理和考核制度，降低能源消耗。

“六五”期间，城镇民用能源计划节约28万吨标准煤。主要措施是发展城市煤气与集中供热，增加蜂窝煤、混合煤的生产供应能力等。除已列入计划的煤气和供热项目外，煤炭总公司增加大型蜂窝煤年生产供应能力26万吨，混合煤年生产供应能力200万吨，推广新型煤炉。同时，市属交通运输部门通过更新和改造老旧车辆，加强用油定额管理，推行节油新技术、新经验以及改进节油奖励制度等，五年内节约能源5万吨标准煤。

四、节约用水

一九八〇年全市耗水量约为42亿吨，已接近一般年份水资源总量。“六五”期间，工业、农业和市政生活用水都要坚持大力节约的方针。

1、工业用水

一九八〇年，全市工业耗水量约为12亿吨，占全市耗水量的29%。“六五”期间，全市工业企业要努力提高水的重复利用率，降低单位产品耗水量。一九八五年计划，全市月耗水量万吨以上266个用水大户，水的重复利用率提高到80%左右，其中78个尚未重复利用的单位，要限期实现水的循环使用。全市工业企业的万元产值耗水量计划由一九八〇年的368吨降到一九八五年的300吨左右（不包括电厂用水），每年递减4%。

2、农业用水

一九八〇年，全市农业耗水量约为26亿吨（不包括工业退水和城市污水），占全市耗水量的62%。市郊农田每亩年耗水470吨，渠道输水损失在40%左右，节约潜力很大。“六五”期间，重点要加强用水管理，搞好渠道衬砌，降低输水损失率，建立健全机井管理制度，做到科学用水，节约用水。

3、市政生活用水

一九八〇年，全市市政生活耗水量约为4亿吨，占全市耗水量的9%。近两年来，由于城市建设的迅速发展和人民生活水平的不断提高，在大力节水的情况下，市政生活用水仍将有所增加。“六五”期间，市政生活用水的年递增率计划控制在5%以内，一九八五年达到5亿吨左右，比一九八〇年增长25%。节约的主要措施是：普遍安装用户水表，逐步扩大限额供水、超额累进加价的范围，取消用水包费制，以及实现空调、冷冻用水循环使用，改进厕所冲水设备和淋浴设备等。

五、农村能源

本市远郊大部分农村生活用能源严重不足。“六五”期间，要在节约能源的同时，因地制宜地开发能源。一是发展沼气。一九八〇年底，市郊已有沼气化大队154个，建有沼气池的社员2.73万户。一九八五年计划发展到5～6万户，二是发展小水电。一九八〇年底，市郊已有小水电站82座，装机容量2.86万千瓦；一九八五年计划达到120处左右，装机容量达到4万千瓦以上。同时积极发展薪炭林、省柴灶和太阳能热水器等。

第十一章　交通运输

一、交通运输量

一九八五年交通运输量主要指标如下：

铁路货物发运量3，440万吨，比一九八〇年增长2.5%，平均每年增长0.5%。

汽车货运量4，600万吨，比一九八〇年增长9.2%，平均每年递增1.8%；汽车货运周转量8.78亿吨公里，比一九八〇年增长19.5%，平均每年递增3.6%。

铁路客运量3，750万人次，比一九八〇年增长35.8%，平均每年递增6.3%。

城市公共交通客运量33亿人次，比一九八〇年增长43%，平均每年递增6.8%；长途汽车客运量3，090万人次，比一九八〇年增长25.4%，平均每年递增4.7%。

二、铁路建设

根据全国“六五”计划的部署，北京铁路建设重点是加速技术改造，对一些“卡脖子”地段进行填平补齐，提高运输能力。完成大同经沙城到丰台线的电气化改造，以及北京到原平和北京到通辽线的改造。同时，扩建北京铁路枢纽。北京到秦皇岛复线和电气化改造工程，一九八六年交付使用。

“六五”期间；要继续改造车辆编解作业系统，建成双桥货运辅助编组站，扩建城近郊区9个货运场，提高机械化水平，大力推广集装箱运输。

为了适应北京客运量日益增长的需要，计划改造永定门、西直门两个客车站，积极筹建北京西客站，并对东、西客车站间的地下联结线进行可行性研究。

三、公路建设

根据国家公路建设规划的统一要求，“六五”期间，对首都通往全国各省、市的12条干线放射路，要分期分批地进行技术改造，重点解决路面窄、标准低、质量差、技术落后的问题。

“六五”期间，计划改造7条国家级干线公路，主要有：北京到开封、北京到广州、北京到天津、北京到西宁等公路的北京区域段。为了适应对外经济贸易发展的需要，密切北京与天津的经济和社会联系，计划在“六五”后期，开辟北京左安门经通县、天津到塘沽的快速公路，争取“七五”期间建成。并搞好路旁绿化。

为了满足旅游事业迅速发展的要求，“六五”期间，计划对德胜门到八达岭公路进行技术改造，提高路面通行能力。开辟阜成门外三环路到香山、颐和园的旅游道路，新建房山到上方山的旅游公路，怀柔到慕田峪的第二长城旅游区道路。

要积极发展县社队之间的公路网，进一步沟通城乡运输。

第十二章　商业服务业

“六五期间”，要调整社会商业结构，积极改革商业体制，适当放宽购销政策，大力疏通和增加流通渠道，进一步扩大商品流通，搞好市场供应，保持物价基本稳定，更好地发展商品生产，活跃城乡经济，方便人民生活。

计划安排，一九八五年社会商品零售总额达到86亿元，比一九八〇年的61.3亿元增长40.3%，平均每年增长7%。

一九八五年主要商品的销售安排是：

粮食43.6亿斤，比一九八〇年的35.9亿斤增加7.7亿斤，平均每年增加1.54亿斤。

食油16.600万斤，比一九八〇年的13，163万斤增加3，437万斤，平均每年增加687万斤。

猪肉42，000万斤，比一九八〇年的35，583万斤增加6，417万斤，平均每年增加1，283万斤。城乡居民消费水平将由一九八〇年的40斤增加到一九八五年的43斤。

棉布保持1.3亿米左右。

化纤布批发销售1亿米以上，比一九八〇年的7，985万米增加2，015万米以上。

呢绒批发销售700万米，比一九八〇年的515万米增加185万米。

对耐用消费品，要大力搞好推销和技术服务工作，扩大销售量。

为了改进商业工作，促进商品流通，要进一步改革商业体制：

1、在保证计划经济为主的前提下，缩减计划管理品种，充分发挥商场调节的作用。除了少数重要工农业产品继续实行指令性计划管理外，对目前由地方管理的非重要工农业产品，分别实行订购、选购、商业代批代销、议购议销等多种购销形式。

2、认真贯彻多种经济成分、多种流通渠道、多种经营形式、少环节的原则，积极帮助集体和个体商业的发展。国营批发商业对集体、个体商业服务业，在货源和材料供应上，要一视同仁，积极支持。国营、集体和个体商业服务业都要严格执行国家法令和物价政策。

3、抓紧供销社体制改革，恢复农村基层供销社的合作商业性质。广泛发展基层供销社和队办企业、重点户、专业户的联合，以及农工商、牧工商等联合企业与供销社的联营，积极扩大经营范围和服务领域。

4、商业服务业企业普遍推行经营责任制，彻底克服端“铁饭碗”吃“大锅饭”平均主义的弊端，进一步调动企业和职工的积极性，提高经济效益，改善服务态度，提高服务质量。

为了方便群众，要积极发展商业、服务业网点。除新建住宅区要搞好商业服务业网点配套建设外，在东大桥、甘家口、公主坟、木樨园等地，逐步开发几个中心商业区，在原有建成区补充若干网点，如阜外百货、菜市场，骡马市大街南侧商业街，双榆树综合商场，左家庄和马连道商业楼，左家庄和前三门菜市场等，并充分利用生产服务联社和劳动服务公司的力量，多搞一些网点，以方便群众。

第十三章　对外经济贸易和旅游

一、对外经济贸易

“六五”期间，要大力发展在国际市场上有竞争能力的“拳头”商品，进一步调整出口商品结构，扩大机电产品在出口产品中的比重。要在利用外资、发展合营企业和扩大进料加工方面，取得较大的进展。

计划安排，一九八五年出口商品收购总值达到22亿元(按外贸计划价格计算)，比一九八〇年的16.8亿元增长30.9%；出口换汇额达到7.6亿美元，比一九八〇年的5.87亿美元增长29.5%，平均每年增长5.3%。在当前资本主义经济萧条的情况下，完成这一任务比较艰巨。为此，工贸部门要进一步加强协作，积极引进先进技术，千方百计把出口产品质量、花色品种和包装装潢抓上去。外贸部门要对国际市场大力进行调查研究，加强推销工作。要采取与国外厂商技术合作、来料加工、补偿贸易等多种灵活贸易方式，促进出口贸易的发展。要制订出口“拳头”产品规划，有计划地扶植本市有优势、出口有前途的重点出口产品。

要大力发展承包工程和劳务合作，认真做好援外等工作。计划安排，一九八五年在国外的技术和劳务人员达到3，500人。

二、旅游

“六五”期间，要认真贯彻“积极发展，量力而行，稳步前进”的方针。计划安排，一九八五年接待国外旅游者100万人以上，比一九八〇年的28.6万人增长2.5倍。要进一步抓好旅游资源的规划和开发，重点抓紧慕田峪长城第二游览区的建设和现有游览区(点)的挖潜改造工作，扩大容纳能力；要适当扩大旅游设施的建设。“六五”期间，共安排建设14个旅游饭店，其中：地方管理的燕京、建国、华都、香山饭店已交付使用，西苑、长城、建华、燕春饭店正在建设，长安饭店中心准备开工；中央部门还安排了建设丽都、昆仑等5个饭店。这些项目建成后，可增加客房8，000间左右。要努力解决交通、食品供应和旅游者文娱活动等问题，提高综合接待能力。要加强旅游人才的培养训练，提高旅游从业人员的素质，大力改进服务质量。

第十四章　财政和信贷

一、财政收入

计划规定，“六五”合计财政收入为243.9亿元，一九八五年达到51.2亿元，相当于一九八〇年的收入水平。财政收入同生产、流通等主要经济指标的增长速度不相适应的主要原因是：国家在经济调整中采取一系列政策和措施，影响了财政收入的增长，如农产品大幅度调价，使政策性补贴大量增加；部分工业原料提价和部分产品降价，减少企业利润；投资由国家拨款改为贷款，用利润归还银行本息；改变税收政策，烧油特别税直接征入国库等等。按可比口径计算，一九八五年财政收入应为62亿元，平均每年递增4%，接近于工农业生产增长速度。

二、财政支出

计划规定，“六五”合计财政支出（不包括历年用上年结余安排的支出）为89.6亿元，其中一九八五年支出19.9亿元，五年平均递增6%。重点是逐年增加文教、科学、卫生事业的开支，保证基本建设、支援农业和城市维护开支，以及必不可少的行政管理费用的需要。各项主要开支安排如下：

1、基本建设拨款，五年支出36.8亿元，其中一九八五年支出8.12亿元，平均每年递增7.5%。主要是增加城市基础设施建设、落实私房政策和住宅建设以及公安政法、文教卫生等方面的投资。

2、支援农业支出，五年合计4亿元，其中一九八五年支出0.85亿元，平均每年递增2.6%。

3、城市维护费（不包括用三项费用开支的经常维护费），五年支出1.88亿元，其中一九八五年支出0.43亿元，平均每年递增2.4%。

4、文教、科学、卫生事业费，五年支出22.38亿元，其中一九八五年支出5.15亿元，平均每年递增10%；占财政总支出的比重，由一九八〇年的21.6%提高到一九八五年的25.9%。

5、行政管理费，五年支出6.34亿元，其中一九八五年1.49亿元，平均每年递增8.7%。

同各方面的要求相比，“六五”的财政支出安排比较紧，必须精打细算，合理使用。

三、增收节支的措施

为了实现上述财政收支计划，后三年要采取以下措施：

1、坚定不移地推行和完善各种形式的经济责任制，搞好经济体制的改革，充分调动各方面增产增收的积极性。

2、合理利用更新改造资金，有计划地对老企业进行分期分批的技术改造和设备更新，挖掘潜力。

3、加强财政税收管理，严肃财经纪律，严格执行税法，大力组织收入。

4、各项开支都要严格按计划和预算办事，努力节约使用，防止在预算指标外随意开减收增支的口子。

四、信贷收支和货币回笼

1、各项存款

“六五”期间，存款总额预计增加74.2亿元，平均每年增加近15亿元，到一九八五年存款余额将达到250亿元。五年内，城乡储蓄存款预计增加14.1亿元，到一九八五年余额将达到28.6亿元，比一九八〇年增加一倍。

2、各项放款

银行要进一步发挥信贷、利率的杠杆作用，努力提高经济效益。“六五”期间，计划增加贷款总额67.3亿元，其中代理总行发放专项和设备性贷款占45.5%，支持工商企业扩大生产流通和增加能源、交通建设资金占26.6%，增加外贸贷款占24.2%，支持搞活农村经济占3.7%。到一九八五年末，贷款余额将达到143.4亿元。

3、货币回笼

随着生产的发展和商品流通的扩大，货币流入量仍将逐年有所增加。预计“六五”期间回笼货币53亿元，平均每年10.6亿元。

第十五章　劳动和控制人口增长

一、劳动

“六五”期间，要贯彻执行“在国家统筹规划和指导下，实行劳动部门介绍就业、自愿组织起来就业和自谋职业相结合”的方针，采取多种途径解决劳动就业问题。全市共有劳动资源70万人，其中城镇高中毕业和不能升学的初中毕业生需要安排就业的有36万人。五年内，全民和集体所有制企业招工约可安排33万人，全民和集体所有制企业补充自然减员约15万人，通过各种途径组织就业的约有17万人，再加上部分青年参军，这样，一九八四年前的城镇待业青年基本上可以得到安置。

预计到一九八五年，全市全民和集体所有制单位职工将达到386万人，比一九八〇年增加60万人。其中：全民所有制单位职工308万人，增加39万人；集体所有制单位职工78万人，增加21万人。城镇就业人口占人口总数的比重，将由一九八〇年的62.7%提高到67.7%，平均每个就业人口负担0.4人。

一九八五年，工资总额达到34.5亿元，比一九八〇年增长31%；每人平均工资达到921元，比一九八〇年增长8.2%。

要根据中共关于改革的方针和部署，对现行劳动制度坚决地有秩序地进行改革，打破“铁饭碗”和“大锅饭”，完善劳动合同制和就业预备制，在后三年要重点解决好初中毕业后不能升学的学生的文化技术培训问题。根据中央的部署，要对工资制度和劳动保险制度逐步进行改革。

二、人口和计划生育

近几年来，每年新婚人数在18万对左右，因此，要进一步加强计划生育工作。要求后三年城市独生子女率稳定在95%以上，农村稳定在70%以上，力争自然增长率控制在14‰以内。

人口机械增长，一九八〇年以来逐年有所下降。后三年仍须严格控制。

初步计算，一九八五年全市常住人口将达到970

万人，比一九八〇年的886万人增加84万人。

实行计划生育，严格控制人口增长，是我国的一项基本国策。要继续大力提倡晚婚晚育、优生优育，实行一对夫妇只生一个孩子，严格控制二胎，坚决杜绝多胎生育的方针。要继续破除重男轻女、多子多福的封建习俗，保护女婴和生女婴的母亲。在坚持思想教育为主的同时，辅以必要的经济措施、组织措施和技术措施。要加强计划生育的科学研究、技术指导以及药品器械的生产和供应工作。

第十六章 环境保护

“六五”期间环境保护的主要目标：

1、基本改造完三环路以内的各种炉窑，全市工业粉尘收尘率由一九八〇年的38%提高到一九八五年的70%。

2、全市企事业单位排放的含重金属废水和大部分医院的含菌污水得到治理，使工业废水处理率由一九八〇年的15%提高到一九八五年的40%。市区地下水受重金属及酚氰的污染得到控制。

3、逐步使护城河、长河、亮马河、通惠河上段的河水基本还清，两岸绿树成荫，建成人们休憩的场所。

4、保持密云、怀柔和官厅三大水库及引水渠的水质清洁。城市绿化率由一九八〇年的20%提高到一九八五年的25%。

5、加强固体废渣的综合利用，使固体废渣的综合利用率由一九八〇年的40%提高到一九八五年的60%。

6、控制水土流失、风沙危害的继续发展，用高效低毒农药取代高残留有机氯农药，保护农业的生态环境。

为了实现上述目标，要采取以下措施：

1、控制城市规模，调整工业结构，加强环境管理。市区内不再新建、扩建工业企业，对严重污染又难以治理的工厂，实行关、停、并、转、迁；社队企业要以种植业和养殖业为基础，发展农副产品加工业和服务性行业；基本建设和技措项目，坚持实行“三同时”和环境影响报告书制度；加强环境保护立法工作，抓紧制订环境保护法规。

2、综合治理燃煤造成的空气污染。发展集中供热，严格控制建设分散锅炉房，重点改造三环路以内的现有锅炉，调整锅炉房布局，逐步实行热力公司集中经营管理，联片供热。

3、综合治理水源污染。要求工业排放废水中的酚、氰、汞、铬、砷、镉等主要毒物的含量达到国家标准。重点治理首钢、燕化、电力三大企业的污染，首钢的有害废水全部得到治理；燕化的外排污水达到排放标准；电力系统要重点解决烟尘污染，努力消除废水、废渣对永定河、通惠河和红领巾湖的污染。化工、医药、纺织、建材工业的废水处理率提高到80%以上；造纸工业的废水处理率达到75%以上；煤炭、电镀和皮革工业废水排放要达到国家标准；冶金机械、汽车制造工业的含酸、油、碱废水大部分得到治理；医疗卫生部门要以市区为重点，医院含菌污水和废弃物都要按要求进行治理，达到排放标准。

4、健全污水管网，净化、绿化、美化市中心区的主要河流及其两岸，重点保护饮用水源。修建护城河、长河、亮马河和通惠河上段的污水截流管，疏通河道，绿化两岸。河流两岸的工业废水要达到排放标准后进入下水道，不准直接入河道。划定密云、怀柔、官厅等水库及引水渠为水源保护区。

5、集中解决三环路以内的“三废”污染和噪声扰民问题。三环路以内污染扰民严重的800个企业中，五年中计划解决污染源600项；解决33个厂点的噪声扰民和苯气污染问题。市区内禁用高音喇叭。要采取积极的措施防治电磁波和放射性污染。

6、加强固体废物的综合利用。一九八五年前要在二环路内全部实现垃圾桶式收运，逐步做到垃圾分类，经过无害化处理的有机物用于农田，无机物用于填坑、铺路和生产建筑材料。

7、搞好市区的园林绿化和山区绿化。一九八五年底全市乔木达到500万株，草坪达到500万平方米，发展垂直绿化。完成风景游览区绿化面积30万亩，风沙危害区要搞好防风林建设。开发京郊自然资源保护区，保护自然资源和野生动植物资源。

8、加强环境科研和监测。完成国家、城乡建设环境保护部以及本市确定的重点环境保护课题的研究。建成空气连续自动监测系统，加强全市监测网的建设，不断提高监测技术水平，加强环境综合分析，编好环境质量报告书，及时掌握环境污染状况和发展趋势。

第十七章 社会治安、社会秩序和社会风气

今后三年内，要力争实现社会治安、社会秩序和社会风气的根本好转。采取“综合治理”的方针，把加强政治思想工作，开展“五讲四美三热爱”活动，推行《首都人民文明公约》和各种职业的道德规范，评选先

进个人、先进集体、五好家庭，组织文化和技术学习，贯彻有关维护公共秩序的各项法规等等，密切结合起来。做到：刑事案件的发生率显著降低，破案率显著提高；车祸、火灾等治安灾害事故显著减少；生产秩序、教学秩序、工作秩序有条不紊，公共场所秩序井然；坚决消灭那些在新中国早已绝迹而目前又重新出现的丑恶现象。人民的道德水平将有较大的提高，劳动态度、工作态度、服务态度有进一步的改进，好逸恶劳、损公肥私、打击先进等歪风邪气得到有效的制止，讲文明、讲礼貌、讲卫生、讲秩序、讲道德在全市蔚然成风。

要加强公安、政法部门的工作，健全社会主义法制。坚决打击反社会主义的敌对分子和刑事犯罪分子，坚决打击经济领域和其它领域中严重犯罪活动。要加强监狱、拘留所、劳改和劳教场所的建设，改善交通、消防等方面技术装备。

× × ×

以上各项计划安排，总的说来，是积极可靠、留有余地的，经过努力，可以完成和超额完成。实现这个计划，对落实中央书记处四项指示，改变首都的面貌，实现国家财政经济状况的根本好转，都有着重要作用。让我们在党的十二大精神指引下，在党中央和国务院的领导和关怀下，在中共北京市委的直接领导下，全市人民团结一致，克服困难，为实现北京市的“六五”计划，开创首都现代化建设的新局面而努力奋斗。

北京市一九八三年国民经济和社会发展计划

（一九八三年三月二十四日北京市第八届人民代表大会第一次会议批准）

市人民政府根据第五届全国人民代表大会第五次会议通过的“六五”和一九八三年国民经济和社会发展计划，结合本市的情况，拟订了北京市一九八三年国民经济和社会发展计划草案，提请大会审议。

一、一九八二年计划执行情况

一九八二年，全市人民继续贯彻执行调整、改革、整顿、提高的方针，进一步落实中央书记处关于首都建设方针的四项指示，克服前进中的困难，各项事业都取得了新的进展。

（一）农业

郊区农村认真贯彻执行“服务首都，富裕农民，建设社会主义新农村”的方针，认真落实联产承包责任制，推广应用科技成果，大力发展多种经营，取得了较好的收成。夏粮因灾减产，但秋粮获得丰收。全年粮食总产量达到三十七亿一千万斤，比上年增产一亿斤，接近历史最高年产量。油料产量四千五百五十六万斤，比上年增长百分之二点四。副食品生产显著增长。调市商品菜完成二十四亿三千万斤，比上年增长百分之十七。由于温室、大棚和地膜覆盖技术的应用和发展，蔬菜上市提前，供应比较均衡。畜牧业生产，采取国营、集体、个体一齐上的方针，加快了发展。一九八二年收购鲜蛋八千一百三十五万斤，比上年增长百分之四十八点三；牛奶产量一亿七千八百七十七万斤，增长百分之十七。商品猪二百一十一万四千头，超过计划百分之五点七。鱼类捕捞量七百五十九万斤，超过计划百分之五十二。贯彻中央关于绿化首都的指示，成片造林四十二万二千亩，四旁植树二千八百多万株。农业总产值达到二十亿九千万元，比上年增长百分之十三点五。

（二）工业

全市工业总产值完成二百二十八亿七千万元，比上年增长百分之五点六，超过了“保三争四”的计划要求。其中，轻工业比上年增长百分之三，重工业回升较快，增长百分之七点六。九十六种国家计划产品，完成全年计划的有八十四种，占百分之八十八。少数产品如自行车、照相机、收音机、闹钟等因整顿质量或销路不畅等原因，没有达到计划要求。全市主要产品质量稳定提高率达到百分之九十七点六，又有二十四种产品获得国家金质或银质奖章。参加全国同行业评比的二百零五种产品，有六十七种获得第一名。全年试制新产品二千二百多种，增加新花色三万多种。三分之二的产品的能源和原材料消耗比上年有所降低。第一批整顿的二百五十八个重点企业，经过整顿，领导班子得到加强，改进了管理，端正了经营思想。全市百分之七十以上的全民所有制企业学习首都钢铁公司的经验，建立了不同形式的经济责任制，经济效益有了一定的提高。一九八二年市属全民所有制工业企业劳动生产率比上年提高百分之一点三，可比产品成本降低百分之一点三二，销售收入增长百分之二点六。交通运输、邮电事业和地质工作都超额完成了计划。

（三）基本建设

一九八二年全市完成投资二十六亿元，比上年增长百分之八点八。其中：国家预算内投资十三亿三千万元，比上年下降百分之十点五；各项贷款完成四亿二千万元，增长一点二倍；自筹资金项目完成投资八亿五千万元，增长百分之十九点八。自筹资金占全部投资的比重达到百分之三十二点七。全年房屋竣工面积六百一十五万平方米，其中住宅四百二十二万平方米，占百分之六十八点六。市政公用设施建设有明显的进展，共建成道路四十一公里，上下水、热力、煤气等管道八十九公里，主要有西南三环路、水源八厂输水工程、北京煤气厂主体工程、西郊污水干管一期工程等。施工的电话分局七处，其中东直门分局已建成开通使用。地下铁环城线工程已基本建成。城市绿化，全年共植树一百七十万株，铺种草皮八十一万平方米，分别比上年增长百分之九十一和百分之十九。文教卫生部门新增中小学生席位三万三千个，医院床位八百五十五张等。旅游旅馆建成建国、华都、香山三个饭店，新增一千三百九十五间客房。还建成一批食品和轻纺工业项目。

（四）市场供应和外贸、旅游

一九八二年商品零售总额七十三亿三千万元，比上年增长百分之六点五。其中吃的、用的商品销售继续增长，穿的商品销售有所下降。许多过去长期供应不足的商品，去年供应量有明显的增加，有的甚至出现积压滞销现象，人民购买商品的选择性大大增强了。这是多年来没有过的新情况。随着农业生产的迅速发展，农村市场出现前所未有的活跃局面。远郊区县商品销售的增长速度快于城近郊区，特别是农业生产资料有大幅度的增长。适应方便群众生活的需要，商业服务网点继续增加，全年共增加五千八百多个，其中集体网点一千零四十多个，个体网点四千四百多个。

对外贸易。一九八二年由于国际市场变化大，出口额受较大影响。全年完成六亿一千三百万美元，比上年下降百分之四点四。

旅游事业。一九八二年旅游部门共接待旅游者四十五万七千人，比上年增长百分之十六。

（五）科研、文教、卫生、体育等事业

科技研究事业。由于落实知识分子政策和贯彻执行科学技术为经济建设服务的方针，调动了广大科技人员的积极性。一九八二年共取得五百多项科研成果，经评定，有二百八十八项获得市优秀科技成果奖，其中百分之八十的项目已在不同程度上得到推广应用。例如，治疗脑胶质瘤的中药抗瘤粉，带汉字显示的微处理机，计算机在商业、医疗部门和企业管理中的应用等。与此同时，在改革科技管理体制，试行各种形式的联合和责任制，加强试验基地建设和人才培训等方面，也作出了一定的成绩。

教育事业。一九八二年高等学校、中等专业学校招生数都比上年有所增加。研究生招收二千一百人，高等院校招生二万一千九百多人，中等专业学校招生八千七百多人，技工学校五千八百人。录取新生的政治素质、学业成绩和健康状况都有提高。中等教育结构继续进行调整。普通高中进一步压缩，全年招生三万五千人，比上年减少一万九千人。城市职业高中招生五千二百人，在校学生达到一万三千人。初中招生十三万一千多人。民办学校也有了发展。工农业余教育蓬勃发展。自从一九八〇年九月开始试行高等教育自学考试以来，到一九八二年底，全市累计有九千五百一十一人次取得了单科合格证书。

卫生事业。一九八二年防治疾病工作取得了较好成绩，往年发病多的痢疾、斑疹伤寒、猩红热等病有了明显的下降，白喉、小儿麻痹已接近消灭。区县医院和产科病床的建设加快。医院两种收费制度经过试点，已在城区普遍推开，医务人员的服务态度和医疗质量进一步提高。

体育事业。一九八二年我市运动员、队参加国内国际比赛中，有一人一次达到一项世界纪录，一人一次打破一项亚洲纪录，十三人二十四次打破十二项全国纪录，共获得金牌一百三十六块、银牌一百一十九块和铜牌九十四块。文化、出版、电视、广播、新闻、文物等事业都有新的发展。

（六）人民生活

一九八二年安置城镇待业青年十三万五千人。到年底，全市全民所有制和集体所有制职工人数达到三百五十七万六千人，比年初增加十三万二千人。全年工资总额比上年增长百分之七点二。郊区农民集体分配和家庭副业收入人均达到三百五十四元。由于城乡人民收入的提高，银行储蓄大幅度增加。全市一九八二年共增加储蓄存款四亿三千七百多万元，比上年增长百分之二十五，平均每个城镇居民储蓄三百五十九元，每个农民储蓄六十七元。

（七）计划生育

初步统计，一九八二年城市一胎率达到百分之九十八点一八，农村一胎率达到百分之七十五点六二。由于近年来结婚的青年大幅度增加，进入人口生育高峰，全年人口出生率达到千分之二十点零四，自然增长率达到千分之十四点三六。年末全市常住人口达到九百一十七万八千人，比上年增加十七万人，其中自然增长约十三万人，机械增长约四万人。

一九八二年计划执行情况总的是好的，但也还存在不少问题。一是基本建设战线太长，而城市基础设施建设又跟不上城市建设发展的需要。二是经济效益还不理想，不少技术经济指标落后于上海和一些兄弟省市。三是商品流通渠道还不够畅通等等。这些问题要在一九八三年计划安排中逐步解决。

二、一九八三年计划的初步安排

一九八三年国民经济和社会发展计划的基本任务是，切实贯彻党的十二大和全国五届人大五次会议精神，继续落实中央书记处关于首都建设方针的四项指示。根据国家分配给北京的任务，结合我市的具体情况，对一九八三年计划拟作如下安排：

（一）关于基本建设

赵紫阳总理《关于第六个五年计划的报告》中提出，要严格控制固定资产投资的总规模，切实管好用好计划安排的投资，保证重点建设和技术改造，并宣布了五项规定。接着，国务院又发出了《关于严格控制固定资产投资规模的补充规定》。为了认真贯彻执行国务院决定，北京地区一九八三年基本建设投资(包括按基本建设管理的更新改造项目投资，下同)计划安排三十六亿四千万元。经国家计委、国家经委和市政府共同排队，安排房屋建筑开复工面积一千六百万平方米，计划竣工六百万平方米左右。

一九八三年地方基本建设投资，初步安排十七亿元，比一九八二年计划十六亿二千万元多八千万元。其中：国家预算内投资四亿一千五百万元(包括国家指定项目投资三亿三千七百万元，地方统筹安排的投资七千八百万元)；地方财政安排投资四亿元（包括工商利润留成二亿元和国家财政补贴我市基本建设投资二亿元)；各项贷款二亿三千万元（包括国内贷款一亿五千万元，利用外资八千万元）；企业自筹资金六亿多元(包括全民所有制企业四亿七千多万元，集体所有制企业一亿三千多万元)。投资安排的原则：一是把城市基础设施放在各项建设的先行地位；二是住宅建设特别是要确保落实私房政策用房的建设；三是安排好文教卫生、公安政法、商业服务等急需用房的建设；四是安排环境保护以及必要的轻纺、食品工业和扩大农副产品生产的建设项目等。对于办公用房、招待所等建设要从严控制。在地方全部投资中，非生产性建设投资的比重仍将保持百分之七十左右。具体安排如下：

1、住宅建设，投资六亿三千万元，占地方投资总额的百分之三十七；建筑面积五百七十五万平方米，占地方建筑面积的百分之六十五。要求当年竣工二百万平方米左右。

2、市政建设，投资二亿八千多万元，比一九八二年计划增长百分之五。主要用于建设道路交通、煤气、供水、热力、排水和疏浚城近郊河道、污水治理以及园林绿化和环境卫生等。安排的重要项目有：继续改建东北三环路、学院路等道路和铺设市政管线，新建二郎庙立交桥，北京煤气厂制气、输气管线工程，首钢煤气输送市区的工程，左家庄供热厂，建设田村山、通县、城子三个自来水厂、完善西、北二环等输水管道工程，治理长河以及建设西郊污水干线二期工程和城市垃圾转运站、堆放场等。

地铁投资四千八百万元，主要是购置车辆和地铁环线的收尾工程。

水源工程，白河堡水库和向阳闸工程投资二千九百万元。必须搞好汛前工程，确保汛期安全。

3、科教文卫部门，投资七千万元，比一九八二年计划增长百分之十八点二，重点安排医院用房和大专院校、中小学教学用房。列入建设计划的医院有：天坛、友谊、积水潭、朝阳等重点医院以及部分区、县、街道医院，还安排了隆福、第二儿童医院等施工准备项目。大专院校有北京工业大学、经济学院、师范学院、第二医学院和体育师范学院等。新建中小学二十五所，另外在统建小区安排一批配套的中小学。科技方面有科技活动中心、理化测试中心、试验动物饲养中心、能源计量测试中心。体育方面安排了什刹海体校、田径训练馆等。宣传部门安排了北京广播电台、北京电视台、北京日报社等，还安排了一批文化和托幼事业的投资。

4、公安政法部门，投资四千三百万元，比一九八二年计划增长百分之四十四点五。主要工程有：市政法大楼、警察学校、四个劳改农场、改建区县监所和社会福利院等。第二监狱等先做施工准备。

5、财贸部门，投资七千五百万元；比一九八二年计划增长百分之十四点九。主要工程有大中型商场、腾铺面房用房和面粉厂、食品厂、饲料加工厂等。

6、农林水利部门，投资四千六百万元，比一九八二年计划增长百分之三十六点四。重点建设遥桥峪水库、三个小水库加固、三个变电站以及养鸡、牛奶加工、磷肥改造和造林育苗等项目。

7、工业部门，投资二亿六千多万元，比一九八二年计划下降百分之十九点四；占全部投资的比重，由一九八二年的百分之二十点一下降到百分之十五点四。主要建设工程有：燕化的三十万吨乙烯综合利用配套工程、首钢迁安矿、建筑材料和轻纺、食品工业项目等。

8、环境保护，投资一千三百万元，比一九八二年计划增长百分之九。主要用于三废治理、消烟除尘等。此外，各部门、各企业还用自有资金安排一批治理污染源项目。

9、旅游部门，投资四千七百万元，全部是利用外资、贷款和自有资金。重点是把续建工程尽快搞上去，发挥投资效益，不再安排新项目。为了开辟新的旅游点，长城慕田峪段要抓紧全面开工，石花洞也要开始建设。同时，还要抓紧建设为旅游业服务的供应设施和网点。

10、各区、县，投资四千四百万元。

为了更好地发挥投资效益，要优先安排好一九八三年能竣工的续建项目；其次是对于去年已开工的建设项目，要采取措施尽量缩短工期；再次是安排去年已经做好施工准备、确属必须建设的项目。对于事前没有进行可行性研究和技术经济论证，没有做好勘察、设计、征地、拆迁等建设前期工作的，一律不列入年度建设计划，更不能仓促开工。新开工程除落实私房政策用房外，一般不安排。各施工单位要切实整顿劳动组织，合理安排施工队伍，认真实行经济责任制，全面推行创全优工号竞赛，努力提高劳动效率，在缩短建设工期、降低工程造价、提高交付使用率等方面做出更大的成绩。

（二）关于工业生产

一九八三年的工业生产，要继续贯彻执行调整、改革、整顿、提高的方针，切实把工作转移到以提高经济效益为中心的轨道上来。计划要求：工业总产值增长百分之四点一，全员劳动生产率提高百分之二，争取超过；可比产品成本降低百分之一点六。

计划安排的三百五十九种主要产品，比上年增长的占百分之四十九，持平的占百分之十五点三，下降的占百分之三十五点七。主要产品产量的指标是：

钢一百八十八万吨，比上年减少十二万多吨；生铁二百七十万吨，减少二十一万六千吨；煤（矿务局）六百一十五万至六百二十万吨，维持上年水平；发电量一百零五亿二千万度，增加四亿九千万度；原油加工量五百二十四万五千吨，减少九万吨；水泥二百二十万至二百二十八万吨，减少二十一万至二十九万吨（主要原因是水渣资源不足）；棉纱六万九千吨，略有增加；呢绒一千一百六十万米，减少一百二十九万米；自行车二十万辆，增加十万辆；洗衣机三十一万至三十九万台；缝纫机六十五万架，增加一万架；电冰箱五万三千五百至六万台，增加八千五百至一万五千台；手表一百七十五万只，维持上年水平。

为了搞好今年的工业生产，要根据市场需要，切实抓好消费品生产，努力提高产品质量，积极增加花色品种，加速新产品开发，在“新、巧、美、廉”方面下功夫，更好地适应市场的要求。对于群众需要的小商品，要采取积极态度，大力发展。重工业部门要继续狠抓能源的增产和节约，进一步调整服务方向，加强技术工作，搞好产品更新换代和技术储备工作。各工业局、公司和企业，都要切实加强市场预测，确定合理的产品发展方向，选好产品类型，及时调整产品结构。从今年起，都要制定新产品发展规划，提出淘汰产品的明确要求。根据国务院规定，要组织力量认真制订本市一九八三年至一九九〇年技术改造规划，抓紧一九八三年重点技术改造项目的实施。

要按照加快改革和专业化协作原则，进一步调整企业组织结构。要按行业发展规划对企业进行调整、改组和联合。对铸、锻、热处理、电镀、机修等部分要继续进行裁减、合并，成立各种工艺中心，实行独立经营、独立核算。

交通运输业，铁路货运量安排三千零六十万吨，保持上年水平；汽车货运量四千零八十三万吨，比上年略有下降。城市公共交通客运量安排三十亿一千万人次，比上年增长百分之五点八。铁路、交通、邮电部门都要进一步提高效率，提高服务质量，更好地为经济和社会发展服务。

（三）关于农业生产

一九八三年农业要继续贯彻执行“服务首都，富裕农民，建设社会主义新农村”的方针，在决不放松粮食生产的前提下，积极开展多种经营。农业总产值要求增长百分之四，努力超过。

农业生产主要指标安排如下：

粮食总产量三十六亿斤，力争超过。要确保粮田面积达到四百八十万亩，要抓好中、低产区的生产，力争全市平均亩产达到八百斤，取得夏粮、秋粮的全面丰收。要大力推广间作套种豆类，努力增产蛋白饲料。

油料总产量六千三百万斤，比上年增长百分之三十八点三。近年来油料连年完成计划不好，要大力推广优良品种，增加花生的地膜覆盖面积，提高单产，力争超额完成总产量计划。

调市商品菜二十二亿四千万斤，保持一九八二年计划水平。要努力做到数量充足，质量新鲜，品种多样，上市均衡。要搞好商农结合试点，做到不突破亏损包干，不减少农民收入，保持价格稳定，同时要搞好远郊城镇和工矿区的蔬菜生产和供应。

商品猪保持二百万头。要办好集体猪场，并为社员提供更多的仔猪。要多发展瘦肉型猪。牛奶总产量一亿九千万斤，比上年增长百分之六点三。在搞好国营奶牛场的同时，要大力发展集体和个体户养奶牛。水产捕捞量六百万至七百万斤。

造林三十万亩。要继续开展全民义务植树活动，实行责任制，努力提高成活率。要抓好风景区、风沙危害区造林以及平原林网化和四旁植树。干鲜果品三亿二千万斤，继续推行技术承包责任制，提高产量和果品质量。

为了实现今年的农业生产计划，要认真贯彻落实中共中央制定的《当前农村经济政策的若干问题》的有关规定。农林牧副渔各业要根据各自不同的情况和群众的意愿，坚决落实各种不同形式的联产承包责任制，在此基础上，大力发展专业队、专业组和专业户、重点户。要积极发展农副产品加工工业和在国家计划指导下的其它工业，进一步支持社员发展家庭副业，把农村所有劳动力充分利用起来。在郊区农村社会主义商品经济迅速发展的基础上，搞好体制改革试点，鼓励和推广各种形式的经济联合，开辟多种形式的流通渠道，进一步把农村经济搞活，提高农副产品的商品率。

要继续搞好农业建设。除了重点建设水库外，要搞好打井配套工程和渠道衬砌工作，提高农田抗灾能力，提高水的有效利用率。山区要尽快解决人畜饮水困难问题。要十分重视利用山区、丘陵和水面的丰富资源，大力开发山区、丘陵地区和平原地区的荒地荒滩，种植牧草，发展牛羊兔等食草动物。要推广喇叭沟门公社和造纸总厂联合建立造纸林基地的经验。一九八三年争取再建一个工农联合的纤维板用材林基地，把荒山荒滩逐步利用起来，做到人尽其才，地尽其利，物尽其用。同时，要积极进行社会主义新农村的建设。

各行各业都要支援农业。一九八三年计划安排几个磷肥厂的改造，提高磷肥的质量。要调整氮肥的生产结构，增加尿素和复合肥料的生产。首钢、化工实验厂的尿素工程要尽快搞上去；各县的小化肥厂要进一步节约能源，提高产品质量，挖潜增产。为了发展蔬菜、油料作物和西瓜的生产，要向郊区提供更多更好的农用薄膜。要大力发展饲料工业。一九八三年计划在郊区安排一批大中小型饲料加工厂，努力增加配合饲料的生产和供应。

要积极总结推广适用科学技术。要充分利用北京科学技术力量的优势，发挥科学顾问团的作用，进一步把科学技术用于农、林、牧、副、渔业的各个方面，使科学技术成为推动郊区农业生产的巨大力量。一九八三年要着重抓好种植业和畜牧业的良种繁育和推广工作，加强农作物病虫害的预测、预报和防治工作。

（四）关于商业、外贸

商业。要认真贯彻执行“促进商品生产，发展商品流通，繁荣城乡经济，为人民日益增长的物质文化需要和社会主义现代化建设服务”的方针。一九八三年社会商品零售总额计划为七十八亿五千万元，比上年增长百分之七。从市场情况看，吃的和用的商品销售仍会继续增加，穿的商品在纺织品调价后，销售也有所增加，特别是化纤及其混纺织物将有较大幅度的增长。

商业部门要认真贯彻全国商业工作会议精神，克服“左”的思想影响，实行城乡通开的管理体制，进一步巩固和完善经营管理责任制，把经济搞活，努力开创商业工作新局面。要在改革国营商业体制的同时，继续发展集体商业和个体商业。北京的商业服务业要搞得更活些，要组织全国名牌商品和适销对路商品的采购和供应，加速副食品加工的技术改造，提高质量，提高卫生水平，挖掘和恢复北京传统食品、小吃和名菜名点。要有全国各地最好的食品和小吃，可以自己搞，也欢迎兄弟省、市、自治区来北京搞，要使北京的市场商品丰富多彩，琳琅满目。要进一步解决做衣难、吃饭难、洗澡难、配眼镜难、修理难等问题，方便群众。要进一步做好农副土特产品的采购工作，积极组织农业生产资料和农村建筑材料的供应。

商业职工要进一步树立全心全意为群众的观点，自觉维护消费者利益，切实改善服务态度，搞好优质服务。要加强城乡市场管理，搞好市场秩序。要加强物价管理，继续保持市场物价的基本稳定。实行承包责任制的企业，要认真遵守物价管理制度。要坚决制止擅自涨价、变相涨价等现象。对弄虚作假、哄抬物价、投机倒把等违反物价政策、纪律和市场管理的行为，要严肃处理。

外经外贸。要认真贯彻全国外经外贸会议的精神，在国家统一计划、统一政策、联合对外的原则指导下，积极扩大对外贸易和经济技术交流。一九八三年外贸收购计划为十六亿六千万元，出口换汇计划为六亿五千万美元。要制订出口“拳头”产品发展规划，组织好出口货源，同时努力提高产品档次，对于国外有市场的产品要尽量多生产、多出口。机械产品的出口潜力很大，要努力提高质量，力争有更多的产品打入国际市场，提高机械产品的出口比重。要千方百计压缩现有库存，能外销的要积极推销；对长期积压的库存商品，要进行彻底清理，该报废的报废，该处理的处理，以减少资金积压。

利用外资，引进适用技术和消化国外技术，是促进企业技术进步、加快技术改造步伐的一项主要措施。当资本主义世界经济情况不好，我们要充分利用这一有利时机，加快利用外资，引进新技术，引进适用的廉价设备，改造现有企业。一九八三年争取成交九十四个项目，外汇金额一亿七千万美元。

承包工程和劳务合作，在世界市场上是个很有发展前途的新型行业，我市要积极发展。经国务院批准，已成立了中国北京国际经济合作公司。一九八三年在国外的技术、劳务人员计划达到一千五百人。

（五）关于科学、教育、卫生、文化、体育事业

科技事业，要认真贯彻执行赵紫阳总理在科学技术奖励大会上的讲话精神，面向经济建设。一九八三年计划安排三百七十个项目，其中开发研究和应用研究占百分之九十七。要求在蔬菜、牛奶、瘦肉型猪和牧草种植的关键技术，节约能源技术、污水、垃圾、烟灰处理和利用技术，食品、轻纺工业生产技术，电子、精密机械仪表和基础材料，新型建筑材料，以及肝炎、肿瘤防治等方面，取得新的进展。要通过计划把科研、生产和建设等部门的力量组织起来，使科研成果在经济建设中发挥更大的作用。

教育事业，要坚持德智体全面发展，在不断提高教育质量的同时，大力加强思想政治工作，实行教育与生产劳动相结合。使培养出来的学生，真正是有社会主义觉悟的、有文化和专门知识的劳动者。要根据国民经济和社会发展的需要，合理调整各级各类教育之间的比例关系，继续改革教育结构。一九八三年全市高等学校计划招生二万四千一百人，比上年增加二千一百多人；中专招生九千八百人，增加一千一百人；技工学校招生七千人，增加一千二百人。职业高中班初步安排招生五千人。同时，要集中力量办好一批农业中学。要认真抓好普及教育的工作，农村要在最近两年内普及小学教育，城市普及初中教育。要努力提高中小学的教学质量。要大力开展扫除文盲的活动，积极安排好学龄前儿童教育。要大力发展业余教育事业，把电视、函授、夜大等各类业余大学和业余中专搞上去，鼓励通过各种途径自学成才。要继续发展民办学校。

卫生事业，要继续贯彻面向基层、预防为主、城乡并重、中西医结合的方针。在加强市级医疗单位建设的同时，要逐步改造和建设区、县和街道基层医疗单位，把市、区（县）、街道三级医疗卫生网建设起来，今年进行试点，取得经验后逐步推广。一九八三年拟通过调整、挖潜和扩建，增加病床一千张左右。要搞好医学教育的建设，逐步解决卫生技术人员的培养和补充问题。要在“五讲四美三热爱”活动中，继续深入开展爱国卫生运动，加强传染病、地方病的预防和管理，整顿和治理市容环境卫生。

出版事业，要充分利用现有基础采取措施，进行技术改造，提高印刷效率，缩短印刷周期。文化事业，要积极提高创作、演出水平，创作更多的优秀剧本和剧目，丰富人民的精神生活。要加强区县文化馆、图书馆和农村、街道文化活动站的建设，积极组织群众文化活动。

体育事业，要在进一步搞好学校体育工作和大力普及群众业余体育活动的基础上，提高运动水平。要进一步加强优秀运动队的训练，力争在第五届全运会上创造更好的成绩。

（六）关于劳动就业

一九八三年，我市需要安置的城镇待业青年约有十五万人，任务仍很艰巨。要继续贯彻“在国家统筹规划和指导下，实行劳动部门介绍就业、自愿组织起来就业和自谋职业相结合”的方针。要大力发展独立核算、自负盈亏的城镇集体所有制经济，既要安排待业青年就业，又要活跃经济，方便群众，并为国家创造财富。同时，要积极扶持个体户的发展，广开门路，使待业青年各尽所能。

要积极进行劳动制度的改革。一是用工制度的改革，今后原则上都要实行劳动合同制。从固定工为主转为合同制工人为主的用工形式，这是克服“铁饭碗”弊病的一项主要措施，有关部门要共同努力，使劳动合同制逐步完善。二是就业制度的改革，从今年起试行劳动就业预备制。把没有考取高等学校、中等专业学校、技工学校的城镇初、高中毕业生和其他待业青年，组织参加半工半读的劳动预备队，根据不同情况，采取不同办法，通过各种途径，进行就业前的培训和劳动锻炼，使待业青年在树立为人民服务的思想、正确的劳动态度和职业道德以及文化技术、劳动纪律等方面打下一定的基础。

（七）关于人口和计划生育

一九八三年人口自然增长率，计划安排千分之十三，各部门要继续抓紧抓好计划生育工作，力争把人口出生率控制在千分之十九以内。机械增长的人口仍需严格控制，力争不超过三万人。这样，全年人口仍将净增十五万人左右。

三、切实把提高经济效益放在全部经济工作的首位

为了顺利地完成一九八三年计划，为逐步实现党的十二大提出的我国经济建设的宏伟目标打下基础，我们必须切实把全部经济工作转移到以提高经济效益为中心的轨道上来。要在高度重视和积极进行改革的前提下，把经济工作抓紧抓实在。要采取有效措施，努力使生产、建设、流通领域以及其他各个方面的经济效益，有一个比较显著的提高。在指导思想和工作上，要实现四个转变：从重点抓产值、产量，以速度为中心，转到着重抓质量、品种、新产品开发和消耗、成本，以经济效益为中心；从主要依靠外延，扩大基本建设规模来增加生产，转到依靠内涵，挖掘现有企业内部潜力；从不够重视科学技术的作用，转到更好地依靠科学技术进步和技术改造，发展生产力；从主要依靠行政手段来实现计划的要求，转到行政手段与经济手段并用，使基层单位由被动地接受国家计划，转变为主动地完成国家计划。一九八三年要着重抓好以下几方面的工作：

第一，坚决而有秩序地进行经济体制改革。

实行经济体制改革，克服吃“大锅饭”和端“铁饭碗”的弊病，真正做到多劳多得，少劳少得，不劳不得，意义不亚于对私营工商业的改造。农业实行联产承包责任制，已取得了巨大的成效，农村经济出现了崭新的面貌；商业改革的试点也取得明显的效果；工业、科研、文教和其他各部门，都在积极进行经济体制改革的试点，要认真总结经验，积极组织推广。城市经济体制的改革，比农村要复杂得多，涉及面很广，互相影响比较大，因此，对各种改革的试点，要精心指导，及时总结经验，走“实践——总结——再实践”的路子，以保证各项改革健康地向前发展。

第二，切实搞好企业整顿和改组。

本市工业、交通、商业、建筑、外贸和国营农牧场的经营管理工作普遍薄弱，人力、物力的浪费严重。狠抓企业的整顿工作，是挖掘潜力、提高经济效益最现实的途径。整顿企业的主要内容：一是整顿领导班子。工业系统要重点抓好列入全国大中型骨干企业名单的五十九个企业领导班子的调整和建设，其它系统都要分期分批抓紧进行。二是健全和进一步落实经济责任制，把责、权、利结合起来，通过推行经济责任制，建立健全各种管理规章制度，包括计划管理、质量管理、劳动管理、财务管理、物资管理等方面，并落实到车间、科室、班组和个人。三是搞好按劳分配，克服平均主义。要结合推行和落实经济责任制，进一步试行浮动工资制。四是搞好定员定额工作，把多余的人员坚决抽出来，组织轮训，或广开生产门路，安排他们的工作，同时解决全民所有制职工和集体所有制职工混杂在一起的问题。这几项工作都是硬任务，难度较大。为了切实提高经济效益，改变企业经营管理落后的局面，必须敢于碰硬。企业整顿工作要坚决按照中央指示精神进行，认真推广首钢的经验，坚持高标准、严要求、讲实效，绝不能走过场。经过整顿的企业，主要经济技术指标和综合经济效益都要显著地高于整顿前的水平，否则就是不合格，要重新补课。

在狠抓企业整顿同时，还要有领导地进行企业的改组，这主要是指工业企业。目前全市各系统的工业企业已有三千七百多个(队办企业除外)，现在还在增加。遵照国务院的决定，对于那些物资消耗高、产品质量差、经营不善而长期亏损的企业，生产供过于求、产品大量积压的企业，以及与先进企业争能源、争原材料、争运输能力、争市场的落后企业，特别是盲目发展起来的以劣挤优的企业，要坚决实行关停并转。今后新建企业，要严格按程序报批，综合部门要认真把关，防止由于新的“上马”、“下马”造成严重的损失浪费。

第三，对现有企业进行技术改造，大力推进企业的技术进步。

近一年来，本市各经济部门和企业开始注意技术改造和技术进步，但真正下大力气狠抓这个关键，并抓出成绩的还是少数。关心技术进步，既要普遍号召，更要自上而下有重点有步骤地组织攻关，大力推广。为此，首先要在调查研究的基础上，把本市各经济部门、特别是重点行业的技术改造规划抓紧制订出来，分期组织实施；其次要把首都各方面的科学技术力量很好地组织起来，围绕具有重大经济效益的项目进行攻关，开展一条龙大协作。今年要重点抓好节约能源、节约用水和原材料，改进产品结构，发展新产品，加强适合首都特点的工业部门的薄弱环节和改进关键技术，以及综合利用、治理污染、改善环境等方面的技术改造项目。并且进一步加强工贸结合，采取多种方式，积极引进国外先进技术，改造现有企业，发展“拳头”产品，扩大出口。为了不断提高职工队伍的素质，要加强职工的培训工作。一九八三年要突出抓好两头：抓青壮年职工的文化、技术补课，抓干部轮训。要分期分批对企业领导干部、中青年后备干部、专业管理干部和政工干部进行轮训，提高他们的文化、理论和管理水平。对科技干部，也要通过各种形式进行技术培训和交流，解决知识更新问题。各部门、各单位都要进一步端正对知识分

子的认识，认真落实知识分子政策，对知识分子政治上要充分信任，业务上要坚决依靠，生活上要关怀照顾，让他们能够心情舒畅、专心致志地为四化贡献力量。

第四，继续把节约能源、节水、节约原材料放在重要的位置。

实现一九八三年计划，突出的矛盾仍然是能源、水源、原材料不足，出路只能是厉行节约。节约能源、节约用水和节约原材料的主要措施：一是严格实行计划供应办法。各局、公司要按照市下达的指标，分解到企业，并督促企业层层落实到班组、机台、岗位和个人，消耗超过计划的只能限产或停产。二是抓住大户。节约能源要重点抓住年耗能折合标准煤万吨以上的一百多个大户，修订、压缩消耗指标，采取有效措施把能耗降下来。三是加强管理，堵塞各种漏洞。要做好定量包干、凭证供应等工作，按月按季严格考核，要认真实行超耗不补或超耗加价的办法。四是结合工业调整和技术改造，有计划地改进设备，改进工艺，特别是要改造和更换低效能、高能耗的工业窑炉和机电设备，提高水的重复利用率，各系统、各单位都要舍得在这方面投入更多的财力和物力。五是大力推广节约能源、节约用水、节约原材料的新技术、新工艺、新经验，搞好综合利用，同时要广泛发动技术人员和工人，围绕节能、节水、节约原材料，开展群众性的技术革新活动。

一九八三年是实现“六五”计划关键的一年。我们决心在党中央、国务院的正确领导下，在市委的直接领导下，依靠全市工人、农民和知识分子，加强思想政治工作，认真学习兄弟省市的先进经验，努力完成和超额完成一九八三年计划规定的各项任务，争取作出新成就、新贡献，为我们伟大的事业增添新的光彩。

关于北京市一九八二年财政决算和一九八三年财政预算草案的报告

——一九八三年三月十七日在北京市第八届人民代表大会第一次会议上

北京市财政局长　甄树德

各位代表：

我受市人民政府的委托，现在向大会提出北京市一九八二年财政决算和一九八三年财政预算草案的报告，请予审议。

一、一九八二年财政决算

一九八二年，全市各条战线广大职工和干部在中共北京市委和市人民政府的领导下，认真贯彻党的“十二大”、五届人大四次会议精神和中共书记处关于首都建设方针的四项指示，各部门、各单位做了大量艰苦细致的工作，取得了明显的成绩。国民经济在调整和改革中继续发展，开始转到以提高经济效益为中心的轨道上来，社会主义精神文明和物质文明建设都收到可喜的成果，打击经济领域中严重犯罪活动初战告捷，并继续扩大战果。在这个基础上，财政预算完成情况良好。

一九八二年市第七届人民代表大会第六次会议批准的财政收入预算总额为四十七亿元。在预算执行过程中，由于国家采取一些政策措施，包括部分产品降价、银行贷款利率提高和财政补贴增加等原因，减少了一部分收入。这些都是原来预算中没有预计的新因素。为了按实际情况考核预算的执行，经国务院同意，报请市人大常委批准，一九八二年财政收入预算调整为四十六亿元。预算执行结果，财政收入完成四十七亿一千四百六十万元，为调整后预算的百分之一百百零二点五。在总收入中，工商税收完成二十四亿一千四百七十万元，为调整后预算的百分之一百零三点六；企业收入完成二十一亿七千四百六十四万元，为调整后预算的百分之一零一。其中：工业收入二十三亿三千五百一十四万元，为调整后预算的百分之一百零一点五，商业收入六千五百四十五万元，为调整后预算的百分之八十七点三，粮油、棉花、煤炭价差补贴二亿四千六百五十四万元，为调整后预算的百分之一百零三点六。现将财政收入方法的主要情况报告如下：

(一) 一九八二年，通过经济体制的改革、企业整顿和技术改造有计划有重点地进行，促进了工农业生产的发展、商品流通的扩大和经济效益的提高。这是完成和超额完成财政收入的物质基础。首钢公司实行“利润递增包干”，少数企业继续试行“以税代利”，多数企业实行“全额利润留成”办法，农村各种形式的生产责任制进一步完善。这些在促进工农业生产发展中，都收到了明显的效果。一九八二年全市工业总产值完成二百二十八亿七千万元，比上年增长百分之五点六。特别是重工业回升较快，在能源供应紧张的情况下，实现了节能增产，比上年增长百分之七点六；轻工业积极调整产品结构，努力发展适销对路产品，生产稳步增长，比上年增长百分之三。农业生产获得全面丰收，在干旱等灾害比较严重的情况下，粮食总产量达到三十七亿一千万斤，比上年增加一亿斤。商品货源充裕，市场繁荣，全市社会商品零售总额达到七十三亿三千万元，比上年增长百分之六点五。工交系统在以提高经济效益为中心，全面整顿企业，有计划有重点地进行技术改造方面，取得了好成绩。工业企业可比产品成本降低百分之一点三二，万元产值综合能耗比上年实际下降百分之三，全市节煤二十九万吨，节约重油一万吨，节电一亿三千万度，节水一亿吨。全年安排技术改造一千三百多项，已经完成近六百项，可增加产值七亿多元，增加利润一亿四千多万元。一九八二年全市广大财政、税务干部，在积极配合各部门、各企业促进生产发展的同时，深入宣传税法，认真执行各项财政、财务制度；在各级领导部门的支持下，大力组织收入，开展了全市性的企业财务和税收大检查，进行了纳税登记，清理了税源，全年增加财政收入一亿元。对一九八二年财政收入预算的超额完成，发挥了重要作用。

（二）一九八二年在超额完成财政收入预算的同时，还从财政收入中拿出十六亿元，用于支援农业、工业的发展和改善人民生活。其中：用于粮油、棉花、民用煤炭、液化石油气、汽车月票、猪皮等各项政策补贴有三亿三千多万元；用于粮、油、肉、蛋、禽、菜、鱼等副食品亏损补贴和一部分工业品亏损补贴有四亿八千万元；留给国营工业、商业、交通、农业企业支配的利润留成、企业基金和税后利润有七亿九千万元，用于生产发展、技术改造和职工集体福利、兴建住宅、发放奖金。以上各项都是由一九八二年收入中抵留的，财政收入总额中已经减掉了。

（三）一九八二年总收入与上年比较，下降了百分之四点一。

为什么生产增长，财政收入反而下降呢？在国民经济调整中，国家采取的一些措施，影响收入较多。这主要是，一部分工业产品降价，库存积压商品削价处理，部分农副产品调拨价提高，征收烧油特别税（直接上交中央），提高银行贷款利率等大约减少收入四亿九千万元。如果扣除这些因素，按可比口径计算，财政收入比上年增长百分之五点七，这和生产增长幅度还是相适应的。

一九八二年市人代会批准的支出预算总额为十五亿一千八百五十四万一千元。在预算执行过程中，根据国家计划的安排和我市的实际情况，国家又陆续增加了一部分拨款，包括：基本建设、企业挖潜改造资金和各项行政事业费等。经国务院同意，并报请市人大常委批准，支出预算调整为二十二亿五千五百一十七万五千元。一九八二年支出决算十六亿六千六百六十八万元，为调整后预算的百分之七十三点九。在总支出中，基本建设拨款六亿五千零八十二万元，为调整后预算的百分之八十一点三；企业挖潜改造和科技三项费用一亿一千二百零三万元，为调整后预算的百分之六十二点七；支援农业支出八千零二十八万元，为调整后预算的百分之七十七点一；城市维护费支出三千七百三十八万元，为调整后预算的百分之八十六点四；文教科学卫生事业费支出四亿一千九百八十八万元，为调整后预算的百分之九十一；行政管理费支出一亿一千六百二十六万元，为调整后预算的百分之七十九点七；其他支出九千二百八十七万元，为调整后预算的百分之三十四点六。一九八二年支出决算和预算比较，完成的进度是不快的，只占调整后预算的百分之七十三点九。这主要是由于有些基本建设项目是跨年进行的，有不少支出项目是在下半年、四季度，甚至更晚一些才确定的，因此在当年不可能全部花出去，按照规定都转到一九八三年继续使用。现将财政支出方面的主要情况报告如下：

一九八二年基本建设拨款比上年增加五千六百一十万元，重点用于市政、职工住宅、文教卫生和水利设施方面的建设。全年我市地方住宅竣工一百九十四万平方米（包括企业自筹），建成道路四十一公里，建成上下水、热力、煤气等管道八十九公里，新增公共交通车辆三百三十六辆，植树一百七十万株，植草皮八十一万平方米，建成中小学教学楼十万平方米，新增学生席位二万三千个，新建扩建病房楼八处等。这些项目的建成，使住房紧张情况略有缓和，环境绿化有了新的进展，城市交通状况、教学和医疗条件也都有所改善。

一九八二年继续增加了文教科学卫生事业费支出，支持了各项事业的发展，全年支出比上年增加五千四百三十五万元。一年来，在教育方面，高等学校招生五千四百多人，中等专业学校招生六千二百多人，职业高中招生五千二百多人，普通中、小学招生二十七万一千人。在卫生方面，新增病床六百一十三张。科技部门的研究成果增多，推广应用工作有所增强。文化、体育、计划生育等方面也都取得了新的成绩。

一九八二年进一步从资金上支持了企业的挖潜改造和科学技术的发展。在改善现有企业技术装备落后面貌、开发新品种、提高产品质量、节约能源、治理污染等方面，收到了良好效果。全年安排更新改造措施项目二百八十九项。其中：改善技术装备项目二十三项，科研新产品新技术项目六十三项，节能节水项目四十四项，增产轻工产品九十八项，对三环路以内工业部门污染扰民点，通过关、停、并、转和就地治理，已有百分之四十多得到治理。全市科技成果五百六十七项，有百分之八十的项目在不同程度上得到应用和推广。

一九八二年城市维护费支出取得的效果也是好的。全年维护保养道路一千一百公里，维护保养下水道一千三百六十多公里，维护保养桥梁二百四十八座，全年清运垃圾二百零五万吨，清运粪便一百万吨，新建公厕二十座，维修公厕二百四十七座，新建和维修垃圾台八十四座，新增垃圾桶三千五百个，新增果皮箱一千三百七十五个，扫尘六十四万公里，繁殖苗木一百八十三万株，对改善首都的环境卫生发挥了作用。

一九八二年支援农业支出，重点用于农业科学技术的研究和推广工作，支持社队抗旱、抗灾和发展多种经营。一年来搞了十二项农业科技项目，在水稻旱种技术、地膜覆盖栽培等方面取得了显著效果；支援打井三千九百七十二眼、渠道衬砌六百五十九公里，疏挖排水沟一千一百三十八公里，山区新建水窖一百六十九处，这些工程对战胜连续三年严重干旱发挥了很好的作用；造林四十二万二千亩，种牧草三万一千亩，支援社队养鸡、养兔、栽植果树、兴办小型工副业等，对促进自然条件较好、资源丰富的穷队尽快富裕起来起了一定作用。

一九八二年其他支出比上年实际支出增加较多，主要用于落实私房政策增加支出五千二百万元。

一九八二年财政决算收支相抵，除按国家规定上解中央部分外，市财政结余七亿八千五百五十五万九千元。大家知道，市财政状况是比较困难的，而年终又有大量结余，这是为什么呢？需要向各位代表加以说明。在一九八二年结余总额中，首先是基本建设拨款、企业挖潜改造资金、科技三项费用、小型农田水利等未完工程的各项专项结余资金和行政事业单位的预算包干结余共有六亿一千零二十四万九千元。这部分结余数字大的原因，在前面已经讲过，主要是一九八二年三、四季度追加的支出预算较大、当年用不出去，按国家规定结转一九八三年继续使用；第二是市、区、县的机动财力一亿六千八百三十一万元（市级八千一百万元，区、县八千七百三十一万元），也要结转一九八三年使用；第三是财政上的一般结余只有七百万元，这部分结余，来年可以安排新的支出。

一九八二年地方各项附加收入七千八百零九万七千元，支出六千五百七十万元，主要用于城市维护。收支相抵当年结余一千二百三十九万七千元。

一九八二年我市国库券的发行工作，经过充分的思想动员，全市（包括中央在京单位）各机关、团体、企业、事业单位和广大人民群众，积极响应党和政府的号召，为国家分忧，踊跃购买，超额完成国家分配任务。全市共完成一亿五千二百五十五万元，超过国家分配指标三千三百八十五万元。

一九八二年财政预算的完成情况是好的。但是，也存在一些缺点和问题。一九八二年各行各业都在开始抓经济效益，是有进步的，这是应该肯定的。但应该看到，在生产、流通和建设领域中的经济效益仍不够理想，问题还很多。企业管理混乱，损失浪费大的情况，还带有普遍性；财政收入中的“跑、冒、滴、漏”，挪用、挤占、截留收入等违反财经纪律的现象还时有发生；在财力分配上，兼顾国家、集体、个人三者利益，正确处理三者关系方面，还存在一些问题；在财政体制、企业财务体制上，某些“吃大锅饭”的情况，也还没有完全改变。一年来，财政、税务部门的监督工作有所加强，但还远远不能适应形势的要求，执法不严的状况，没有根本扭转。这些问题，不能不影响财政收入，应该在新的一年里，在改革中研究解决，努力把各项工作做好。

二、一九八三年财政预算草案

一九八三年财政预算草案，是根据党的“十二大”提出的伟大战略目标和经济建设总方针，根据中央书记处关于首都建设方针四项指示，按照本市安排的国民经济和社会发展的各项指标安排的。一九八三年财政预算草案继续贯彻调整、改革、整顿、提高的方针，在支持生产发展，促进经济效益提高的基础上，增加财政收入；根据需要与可能，坚持量力而行的原则，安排各项支出，重点支持文教科学卫生事业的发展，继续改善人民生活。

一九八三年财政收入预算安排四十七亿二千万元，和上年实际收入持平。在财政收入总额中，企业收入安排二十一亿八千八百万元，比上年实际收入增长百分之零点六。其中：工业收入安排二十四亿元，比上年实际收入增长百分之二点八；商业收入安排四千五百万元，比上年实际收入下降百分之三十一点二；粮油、棉花、煤炭价差补贴安排二亿六千三百万元，比上年实际补贴增长百分之六点七。工商税收安排二十四亿元，比上年实际收入下降百分之零点六。

一九八三年财政收入扭转了前两年连续下降的局面，保持了上年的实际收入水平，这是财政收入好转的良好开端。但是从总收入看，与工农业生产的增长、商品流通的扩大和经济效益提高等项经济指标还不相适应。主要有两方面的原因：一是，一九八二年部分工业产品降价、征收烧油特别税、取消优待电价、短途运输加价、商品削价等反映到一九八三年仍要减少财政收入；二是，企业归还银行各项专项贷款增加以及各项补贴增加等，也要相应减少收入。以上两个因素大体要减少收入二亿三千万元。如果按可比口径计算，比上年实际收入增长百分之五。

以上情况可以看出，一九八三年的财政收入指标安排是积极的。虽然还有一些困难，但必须看到也有许多有利条件：一是，各行各业认真贯彻中央提出的改革方针，建立健全各种形式的经济责任制，打破“吃大锅饭”的局面，有利于调动企业、个人增产节约、增收节支的积极性；二是，进一步整顿企业，把各项生产建设纳入以提高经济效益为中心的轨道上来。经济效益的提高，必然会带来财政收入的增加；三是，财政、税务的管理工作正在加强，今年将大力整顿财经纪律、堵塞“跑、冒、滴、漏”，把各种流失的财政收入，予以清理收回。只要我们抓好这几方面工作，一九八三年的财政收入预算经过努力是能够实现的。

这里有一个情况需要说明：一九八三年的财政收入预算四十七亿二千万元中，没有考虑今年一月份化纤产品、电视机、手表、洗衣机降价和棉布提价对财政收入的影响。从我市情况看，降价减少的收入大大高于提价增加的收入，因而对一九八三年的收入影响是很大的。但目前市财政收入预算，只能这样安排。这是因为，这次调价涉及到中央和地方之间、地区之间、部门之间收益的重大调整，由此而引起的各方面的收支增减转移关系十分复杂；需要进一步核实数字并经全国平衡之后，再行处理。

一九八三年财政支出预算安排二十二亿一千八百五十万零三千元，比上年决算支出增长百分之三十三点一。在总支出中，包括国家分配指标十五亿五千七百八十六万元；市、区、县机动财力安排一亿一千六百四十三万四千元；上年专项支出结余安排五亿一千四百七十万零九千元；其他资金安排九百五十万元。各项支出的安排情况是：

（一）基本建设拨款安排九亿三千零七十八万三千元，比上年实际支出增加二亿八千万元，增长百分之四十三。在拨款总额中，包括国家分配指标七亿九千一百一十六万元，上年专项结余安排一亿三千九百六十二万三千元。基本建设拨款增加较多，主要是用于市政公用设施、落实私房政策建房和文化教育卫生、公安政法、商业等方面的建设。

（二）支援农业支出安排九千三百二十万零六千元，比上年实际支出增长百分之十六点一。重点用于小型农田水利、社队造林补助、发展淡水养鱼补助和开展多种经营等。

（三）文教科学卫生事业费安排四亿七千三百零一万九千元，比上年实际支出增长百分之十二点七，增加五千三百一十三万九千元。其中：教育事业费增长百分之十二点七，文化事业费增长百分之二十七点五，科学事业费增长百分之六十一点三，体育事业费增长百分之二十二点七，卫生事业费（包括公费医疗经费）增长百分之三点六。在文教科学卫生事业费总支出中，包括市机动财力安排用于这方面的支出有四千五百万元，占全市机动财力总额八千一百万元的百分之五十五点六。目前，在国家和市财政还很困难的情况下，一时还拿不出很多的钱，今年预算能安排到这种程度，确实是做了很大努力的。今后随着财政经济状况的不断好转；在财力可能的情况下，还应当进一步增加这方面的支出。

（四）城市维护费安排五千九百一十七万九千元（包括用工商利润百分之五提成二亿元中安排的二千万元），比上年实际支出增长百分之五十八点三。除此之外，还用地方附加收入安排六千零三十万元。这样，一九八三年用于城市维护的资金共有一亿一千九百四十七万九千元。

（五）行政管理费安排一亿二千七百九十三万四千元，比上年实际支出增长百分之十。增加的支出主要是公安、检察、司法部门增加人员经费和必要的业务费用。

（六）其他支出安排二亿二千零六十三万七千元，比上年实际支出增长一点三倍。其他支出增加这么多的原因，是去年国家增拨了一大笔落实私房政策资金和十年动乱期间遣返人员落实政策应补发的工资经费，大部分都转到今年支用。

一九八三年财政预算安排结果，收支相抵，除根据国家规定上解中央三十一亿三千四百三十五万元外，市财政预算结余二亿四千三百二十万零六千元。其中：国家拨给的机动财力八千一百万元，按规定在下年安排使用；其余一亿六千二百二十万零六千元，是去年的专项结余目前还没有安排，将在一九八三年预算执行中陆续安排。

一九八三年地方附加收入六千七百万元，扣除交纳百分之十的能源交通重点建设基金六百七十万元，还有六千零三十万元，仍用于城市维护支出。

为了实现今后二十年的战略目标，必须由国家集中必要的资金，分轻重缓急，进行重点建设。中共中央和国务院决定，从一九八三年起，从各地区、各部门、各单位的预算外资金中，征集能源交通重点建设基金。这是一项具有重大战略意义的决策，是一项光荣而艰巨的任务，必须认真贯彻执行。国家分配我市征集指标一亿六千万元。这是一项新的工作，涉及面广，政策性强，工作量大，涉及各区、县、各部门、各单位的切身利益，一定要充分做好政治思想工作和组织工作，财政、税务部门要努力克服困难，积极工作，保证能源交通重点建设基金的征集任务的完成。

一九八三年国务院决定继续发行国库券。国家分配我市一九八三年国库券指标一亿一千八百七十万元，总额和去年相同。但由于今年国家将开征能源交通重点建设基金，因此，对一九八三年单位和个人的发行任务作了调整。其中：全民所有制单位和集体所有制单位购买指标四千七百七十万元，比上年减少一千二百二十万元；城乡个人购买指标七千一百万元，比上年增加一千二百二十万元。随着部门、单位财力的扩大和城乡人民收入的显著增加，只要做好工作，积极组织认购，这个任务是可以完成的。

以上能源交通重点建设基金一亿六千万元和国库券一亿一千八百七十万元，都由市人民政府负责组织征集和认购，收入直接上缴中央，不做为本市财政预算收入。

三、为实现一九八三年财政预算而努力

为实现党的"十二大"提出的新时期战略目标，全面开创首都社会主义现代化建设的新局面，保证一九八三年财政预算的完成，为进一步改善国家和我市的财政状况做出贡献，重点要抓好以下几项工作：

(一) 遵循党中央确定的正确方针，坚决而有秩序地进行改革。要积极进行财政体制、税收制度和企业财务体制的改革。为了进一步完善国营企业的经济责任制，扩大企业的自主权，把责、权、利密切结合起来，使企业外有压力，内有动力，从根本上打破"吃大锅饭"的体制，并保证国家财政收入，根据国务院最近批准的"国营企业利改税试行办法"，结合我市情况，今年要在总结试行"以税代利"企业经验的基础上积极推行。为了促进科学技术发展，支持技术改造，支持新产品试制，要积极改革这方面的财政、税收制度。对远郊九县实行财政包干体制的经验，要认真总结，进一步完善。十个城近郊区的财政体制也要在调查研究的基础上加以改革。行政、事业单位，要坚持行之有效的"预算包干办法"，并进一步扩大包干范围，促进少花钱多办事。在财政、税收、企事业财务制度改革的同时，财政、税务部门要大力支持科技、文教、体育、卫生等各条战线的改革，做改革的促进派。所有改革都要坚持先试点，后推广，既要抓紧又要有步骤地进行；都要正确处理国家、集体和个人三者关系。

(二)把财政经济工作转到以提高经济效益为中心的轨道上来，把提高经济效益放在首位，这是增加财政收入的根本途径。目前，一些部门和单位，在生产建设上重视产值，忽视经济效益的倾向，仍然存在。经济效益差，反映在财政上，就是生产增长了，而财政收入不能同步增长，或增长较少。目前，我市国营企业的资金收入率（每百元固定资金和流动资金提供的税收和利润）、流动资金周转率（流动资金周转天数）、固定资产投资回收率（每百元投资交付使用的固定资产）、全员劳动生产率等与历史最好水平相比，还都有不小的差距。这是几年来财政收入上不去的一个重要原因，也是潜力所在。这几个率是考核生产建设单位的主要指标，是增加财政收入的关键，必须努力抓好。为了提高企业的资金收入率、流动资金周转率、固定资产投资回收率等，必须结合企业的调整和整顿，加强企业财务管理，加强经济核算，加强基础工作，制定定员定额，建立健全经济责任制，把企业内部的经济指标和经济责任制结合起来，扭转财务管理混乱的状况，努力消除经营性亏损，减少损失浪费。财政、税务部门要跳出收收支支的圈子，促生产，讲效益，抓管理，研究经济，研究政策，发挥杠杆作用。

(三) 抓紧亏损企业的扭亏工作，严格控制各项补贴。一九八二年全市工商企业亏损总额将近五亿元，占全市总收入的百分之十还要多，主要是商业、粮食、供销、水产以及煤矿、劳改企业、地铁公司等。当然，亏损总额中绝大部分是属于政策性亏损，但也掩盖了一部分经营管理不善造成的亏损。必须采取积极措施，改善经营管理，彻底改变鲜活商品霉烂变质，损失浪费严

重，亏损弥补大敞口的状况。所有亏损企业，都要编报亏损计划，坚决把由于经营管理不善造成的亏损压缩下来。对于国家政策允许的各项补贴，一定要按国家规定的补贴办法、补贴范围严格掌握，不允许自立章法，自行扩大补贴范围，增加财政负担。

（四）严格控制支出，加强预算管理，提高资金使用效果。特别是要严格控制固定资产投资的总规模，切实管好用好计划内安排的投资，保证重点建设和技术改造。各部门、各单位，不论是财政拨款，还是银行贷款；不论是生产建设投资，还是非生产性行政事业支出，都要讲求资金使用效果，保证计划的实现。那种只管指标和拨款，不问资金使用效果和计划完成情况的做法，必须改变。目前，国家财力有限，要办的事情很多，资金的需要与可能之间的矛盾十分突出，只能量力而行。重要的是把本地区、本部门、本单位预算内、外的资金安排好、管理好、使用好，把有限的资金用到刀刃上，讲求效果，不花冤枉钱。

（五）要加强财政税收管理工作，严肃财经纪律。一九八二年开展企业财务和税收大检查的结果表明，违反财经纪律的现象仍很严重。不少单位擅自提高开支标准，任意扩大开支范围，乱挤成本，乱摊费用，乱拉资金，偷税、漏税，截留和挪用国家收入，个别单位甚至公然抗税不缴。目前值得注意的一个问题是，不少单位巧立名目，滥发补助、滥发实物，相互攀比，形成一股风，问题相当严重。事实证明，财政管理不严，财经纪律松弛，不仅分散和浪费了国家资金，而且助长了不正之风，给贪污盗窃、投机倒把、走私贩私等严重经济犯罪分子开了方便之门。各级领导人员，要以身作则，模范地遵守和执行国家法令和财政制度，并以此教育干部。严肃财经纪律是关系到实现财政经济状况根本好转，树立良好的社会风气的大事情，必须高度重视。对于违反财经纪律，情节严重的要追究责任。对坚持财经制度的财会人员进行打击报复的，更不能容许，一经查出，要从严处理。

各位代表，当前北京市和全国一样，政治经济形势很好。我们一定要认真贯彻落实党的“十二大”提出的各项任务，在中共北京市委和市人民政府的领导下，全市人民团结一致，鼓足干劲抓工作，为圆满实现我市一九八三年财政预算，为争取国家财政经济状况的根本好转而努力奋斗。

北京市人民代表大会常务委员会工作报告

——在北京市第八届人民代表大会第一次会议上

北京市人民代表大会常务委员会主任　贾庭三

各位代表：

我受市第七届人民代表大会常务委员会的委托，向大会报告常务委员会的工作。

本届市人大常委会自一九七九年十二月成立以来，认真贯彻执行各次代表大会的决议，积极落实党的十一届三中全会以来的路线、方针、政策和中央书记处关于首都建设方针的四项指示，努力推进首都的物质文明和精神文明建设，发展社会主义民主，健全社会主义法制，发挥了地方国家权力机关的作用。三年中，依照《地方组织法》的规定，召开了二十六次常委会议，讨论的重要议题共六十六项，分别作出了决议、决定和提出建议；审议批准并颁布施行了七个地方性法规；加强了对政府、法院、检察院的监督；依法任免和批准任免了国家工作人员五百一十四人，补选了六名全国人大代表，罢免了两名全国人大代表。关于前两年的工作，过去已向两次代表大会分别作过报告，现在着重报告一九八二年三月市七届人大六次会议闭幕以来的工作：

一、组织讨论宪法修改草案，加强地方立法工作。

组织全市人民讨论《中华人民共和国宪法修改草案》，保证新宪法的实施，是市人大常委会的重要任务和庄严职责。全国人大常委会公布《中华人民共和国宪法修改草案》以后，市人大常委会随即召开会议，作出了《关于在全市讨论〈中华人民共和国宪法修改草案〉的决议》。从去年五月到八月期间，在市人大常委会主持下，全市各级机关、各个部门和广大基层单位普遍开展了学习讨论。常委会和有关方面连续召开了民主党派、群众团体、民族、宗教、台胞、归侨、青年、妇女等各界人士各种类型的座谈会，组织了三次全市性的学习辅导和经验交流会。广大干部群众热烈拥护宪法修改草案，同时提出了修改和补充的意见，经过常委会综合整理按期上报，其中有些重要意见已被采纳。这次学习讨论充分体现了社会主义民主，对广大人民群众也是一次深刻的法制教育。新宪法通过和颁布以后，常委会召开会议进行了学习讨论，要求委员和代表认真钻研和模范遵守新宪法，带领全市人民贯彻实施新宪法，同违反宪法、破坏宪法的言行作斗争，使新宪法成为我们实现四个现代化和治国安邦最锐利的法律武器。

市人大常委会还受全国人大常委会的委托，邀集有关部门和专家对国家建设征用土地条例、文物保护法、食品卫生法和修改选举法、地方组织法若干规定的决议等十二个法律草案进行座谈，提供了修改意见和建议。

制定地方性法规，对于保证宪法和法律的正确实施，把本市的各项工作逐步纳入法制轨道，具有重要意义。一九八一年以来，以加强城市管理和建设为重点，经过市人民代表大会和市人大常委会审议批准，颁布施行了《北京市道路交通管理暂行规则》、《北京市文物保护管理办法》、《北京市市容环境卫生管理规定》、《北京市城市绿化管理暂行办法》和《关于案情复杂的刑事案件延长办案期限的审批办法》等地方性法规。随着城市建设的发展，拆迁安置的任务日益加大，一九八二年十二月常委会又审议批准了《北京市建设拆迁安置办法》，由市政府颁布施行。在此期间，常委会还为其他地方性法规的制订进行了准备工作。一年来，常委会加强了对法规执行情况的检查，先后在两次常委会议上，听取了文物保护和城市绿化管理办法执行情况的汇报，还召开了专门会议检查交通法规执行的情况。在一九八二年三月和十二月，宣传贯彻这几个法规，成为全市“五讲四美”和“文明礼貌月”活动的重要内容。现在，这几个法规已经逐渐为越来越多的群众所自觉遵守，交通事故显著减少，环境卫生有了改进，城市绿化有较大发展，文物保护得到加强，城市面貌逐渐改观。从实践中我们体会到：第一，制订地方性法规必须从实际出发，在北京来说，最主要的是要围绕落实中央书记处关于首都建设方针的四项指示，加强首都物质文明和精神文明建设中迫切需要解决的实际问题来进行。这样，才能方向明确，重点突出，体现人民群众的意愿，使法规成为推动首都现代化建设的重要武器。第二，法规是人们行为的规范。在制定法规的过程中，要正确处理主管部门和有关方面的关系，明确划分它们的职责任务；法规中既要对有关部门为人民服务、保障人民合法权益作出规定，又要对正确地施行管理、制裁违法行为提出明确的要求；法规的规定要从现实的社会状况、管理水平和人民群众的觉悟程度出发，同时要适应改革的需要，提高一步，把两者统一起来。为此，就要进行周密的调查研究；揭露矛盾，总结经验教训，使政策定型化和完善化。第三，在制订法规的同时，要注意做好实施法规的准备工作，落实各项措施，包括执法队伍的设置、充实和培训，管理工作的改进等；在法规颁布后，要动员各方面的力量组织好学习宣传，并且经常检查施行情况，切实解决执行中的各种问题，务必使法规的实施从思想上、组织上、物质上获得可靠的保证。

二、以继续落实首都建设方针的四项指示为主要内容，讨论决定本市工作中的一些重大事项。

按照四项指示的要求制定首都城市建设总体规划，是把首都建设成为现代化社会主义新型城市的一个关键。早在一九八〇年，常委会就讨论了《北京城市建设规划纲要(草案)》，以后又组织全体市人民代表视察了城市建设规划汇报展览。在此基础上，常委会在一九八二年七月的会议上，专门审议了市政府提出的《北京城市建设总体规划方案(草案)》。会议通过了相应的决议，认为规划方案（草案）是经过认真调查研究和广泛征集各方面的意见而编制的，它明确了北京的城市性质、规模、布局等一系列重大问题，基本上符合北京的地位、特点和建设的实际情况，体现了四项指示的要求和人民群众的愿望，可以做为指导首都城市建设发展的总的依据。会议决定，由市政府根据讨论中提出的意见，对规划方案（草案）作必要的修改，报请国务院审查批准后组织实施。

积极发展适合首都特点的经济，是四项指示提出的一项重要要求。常委会于一九八二年八月听取了市政府关于工业生产形势的报告，肯定了工交战线的成绩，要求工业部门进一步端正指导思想，切实改变过去片面追求速度、轻视效益的习惯做法，重视原材料、能源的节约，产品质量的提高和尽量满足消费者及用户在花色品种方面的要求，把全部工作转到以提高经济效益为中心的轨道上来。党的十二大以后，全市人民为二十年国民经济翻两番的宏伟目标所鼓舞，纷纷提出了本部门本单位开创新局面的设想，常委会组织委员视察了首钢公司和沙河公社，听取了他们实行企业改革、农业改革和经济翻番设想的汇报。接着又听取和审议了市政府《关于郊区农业情况和今后发展设想的汇报》，要求进一步落实和完善各种形式的联产计酬责任制，抓好农业科技成果的推广应用，加强城市支援农村，把山区建设摆在重要地位。常委会还召开专门会议听取了商业改革情况的汇报，作了一些调查研究。由于经济战线广大群众的努力，工农业生产、商品流通和经济效益都取得了新的进展。

鉴于经济犯罪活动毒化社会风气，危害经济建设，常委会把打击经济领域犯罪活动作为着重抓的一件大事，听取和审议了市政府的工作报告，强调要认真贯彻中共中央、全国人大常委会、国务院关于坚决打击经济领域中严重犯罪活动的决定，广泛深入地进行思想发动，充分发挥政策、法律的威力，把大案要案做为重点，抓紧进行查处。这一斗争现已收到显著成效。

一年来，常委会还先后听取了市政府关于《贯彻预防为主方针，加强卫生防病工作》、《进一步发展体育运动，提高我市运动水平》、《广泛发动群众，努力开创城市绿化工作新局面》和《本市计划生育工作的情况和今后意见》的报告，要求把这些工作作为开展“五讲四美”活动、加强精神文明建设的重要内容，从改进领导和管理等方面提出了意见，促进了这些工作的开展。计划生育部门认真总结经验，贯彻执行有关政策规定，扩大宣传教育，使城乡特别是农村的计划生育工作得到加强。卫生部门注意纠正“重治轻防”的片面观点，把积极预防传染病作为工作的重点，全市开展了大规模的卫生宣传活动，围绕防治肝炎、痢疾、地方病和防止医疗过程中的交叉感染打了四个战役，有效地防止了烈性肠道传染病的传入和续发，一些常见传染病的发病率有所下降。

三、组织委员和代表视察、调查，监督检查政府、法院、检察院的工作。

为了充分发挥委员和代表的作用，更好地履行人大常委会的职权，一年来常委会采取多种形式，组织委员和代表视察工作，召开专题座谈会，进行调查研究，收到了较好的效果。

视察、调查和座谈活动主要是从以下三个方面进行的：

一是为常委会讨论决定重大问题进行准备。在讨论工农业生产和城市建设总体规划方案时，事先组织委员和代表视察了经济效益好、中、差不同类型的工厂，实行农业生产责任制、推广科技成果、进行体制改革的典型公社和大队，视察了卫星城镇和市区建设的情况，并组织有关方面比较系统地进行了山区调查。在讨论卫生、体育和计划生育时，视察了医院、防疫站、优秀运动队训练基地、业余体校和计划生育宣传中心，访问了一些农村大队和独生子女户。这些视察、调查和座谈访问，使委员们直接掌握了第一手材料，倾听了群众的呼声，使常委会讨论决定的问题比较符合实际。

二是围绕地方立法和法规的施行进行视察、调查。在审议城市建设拆迁安置办法之前，进行了典型问题的调查分析，多次召开了座谈会，使法规的各项规定比较切实地贯彻了拆迁安置工作的基本原则：既保证建设需要，又对被迁单位和被迁户进行合理安置。对于已经公布施行的交通、市容卫生、文物和绿化四个法规，组织了现场视察和调查，解决了法规实施中的一些问题，例如正在遭受严重损坏的珍贵文物龙藏经版得到了抢救和保管，督促有关部门加强了市容卫生监察队伍的管理，严肃处理了破坏执法的典型案件。通过这些活动，推动了法规的深入贯彻，维护了法规的严肃性。

三是通过视察检查工作，推动有关政策的落实，解决群众关心的一些问题。常委会组织物价检查小组对物价管理进行了专题视察和座谈，对搞活经济的新形势下需要解决的问题进行了研究，督促有关部门处理了十多起物价违纪问题的悬案，进一步落实了国家关于稳定市场物价的规定。常委会分别召开了少数民族、宗教和归侨台胞座谈会，检查了这些方面的工作，倾听了群众的意见，并视察了宗教寺庙，推动了党和统一战线政策的进一步落实。常委会文教委员小组就工农教育问题进行了视察、调查和座谈，对动员社会各方面力量支持工农教育事业、采取多种形式办学和制订鼓励职工学习的政策等提出了建议。常委会还就加强社会治安进行了座谈，组织部分委员视察了监狱和少管所，检查了劳改、劳教政策执行的情况，组织农村市人民代表一百多人视察参观了城市工业，听取了他们对工业支援农业的意见。

一年来，常委会在督促有关部门办理代表提案和人民来信方面做了不少工作。常委会领导同志亲自抓重点提案的处理，直接受理并亲自批办了一百一十九件人民来信，使一些重要问题得到解决。例如，检查了有关盲聋哑残人员就业安置的七件提案的处理情况，促进了社会福利工厂生产的发展；帮助有的工业区解决商场开业问题，方便了群众生活；邀集委员、专家和有关方面共同座谈，对著名的芦沟古桥和元大都土城的保护提出了建议。这些，对改进政府工作，密切同人民群众的关系起了积极作用。

四、主持市八届人大代表的选举工作。

市七届人民代表大会于一九八二年十一月任期届满。根据《地方组织法》和《选举法》的有关规定，常委会把主持代表的换届选举工作当作一项重要任务来抓，在十月的常委会议上提出了人大代表换届工作的意见和方案，并在十二月作出了市人大常委会设立代表资格审查委员会的决议。根据常委会的部署，今年一、二月间，各区县相继召开了人民代表大会，对市人民代表候选人进行了反复讨论和民主协商，选出市人民代表九百七十三人。代表中，不少是为四化建设努力奋斗的闯将，各行各业的劳动模范和先进工作者。知识分子代表的比重比上届增加了百分之四点八，民主党派和无党派爱国人士的比重增加了百分之十一，少数民族、台胞、归侨代表的比重也都有所增加，体现了各族各界人士团结合作、共建大业的精神。中青年代表占代表总数的百分之六十一以上，有利于新老合作和交替。

在外事活动方面，市人大常委会接待了与北京结为友好城市的日本东京都议会友好代表团，还接待和陪同接待了朝鲜等二十四个国家和地方的议会代表团和友好代表团，增进了人民之间的友谊。

市人大常委会还加强了同区、县人大常委会的联系，邀请他们列席有关会议，委托他们征集对法律、法规草案的意见，许多视察、调查和检查工作的活动都是和他们结合进行的。

各位代表：地方设立人大常委会，是地方政权组织的一项重大改革，它有利于人民行使当家作主的权力，把国家的命运掌握在人民群众手里；有利于建设高度民主的政治制度，运用民主和法制的武器管理国家；对于团结各族各界人民齐心协力开创社会主义现代化建设的新局面，具有重大意义。几年来常委会依法履行自己的职权，做了不少工作，逐步有所前进，并且积累了一些经验。但是，同加强首都民主法制建设的要求相比，还有很多差距，地方立法数量较少，仍然是一个薄弱环节；对法律、法规、政策执行情况的检查不够经常，监督不够有力，一些工作缺少实效，存在一般化的缺点；组织机构的设置同任务也还不相适应。这些都需要在今后努力改进和加强。

各位代表：党的十二大为我国的社会主义现代化建议提出了宏伟的纲领。新宪法的颁布和实施，为把我国建设成为高度文明、高度民主的社会主义强国提供了最可靠的法律保证。当前，全市各条战线正在沿着改革的方向前进，必将有力地促进首都现代化建设的发展。我们要继续解放思想，勤奋工作，勇于改革，破旧创新，把人大常委会建设成为强有力的地方国家权力机关和工作机关，在首都的政治生活和四化建设中充分发挥它应有的作用。

北京市高级人民法院工作报告（摘要）

——在北京市第八届人民代表大会第一次会议上

北京市高级人民法院院长 张 旭

在本市第七届人民代表大会第六次会议至今的一年内，全市各级人民法院积极地开展了刑事、民事、经济等审判工作，审结一、二审和申诉案件23，620件，较好地完成了任务。现在我就几项主要工作向大会作报告，请予审议。

一、坚决执行中央的两个《决定》，依法从严打击严重破坏经济的犯罪。

在全国人大常委作出《关于严惩严重破坏经济的罪犯的决定》和中共中央、国务院作出《关于打击经济领域中严重犯罪活动的决定》之后，我们即组织全市法院干警认真学习，提高执行《决定》的自觉性；同时，加强打击严重经济犯罪的审判工作；并及时检查审判经济犯罪的工作，交流经验，进行指导。一年内，全市各级人民法院共审结走私贩私、贪污受贿、投机诈骗、盗窃国家和集体财产等经济犯罪案件835件，罪犯1，138名，其中个人非法所得万元以上和走私贩私、投机倒把金额30万元以上的大案、要案73件，罪犯145名。

经济犯罪案件，情况比较复杂，我们在审判工作中着重抓了以下三个环节：第一、查清事实，严格划清罪与非罪的界限。第二、牢牢掌握打击的重点。打击的重点是：数额巨大、情节严重的案件，国家干部犯罪，特别是国家机关和企、事业单位领导干部犯罪的案件以及内外勾结合谋犯罪的案件。第三、紧密结合形势，充分发挥审判工作的威力，政策兑现，宣传社会主义法制，扩大办案的社会效果。

二、以整顿社会治安为中心，对杀人、放火、强奸、抢劫、爆炸以及其他严重破坏社会秩序的刑事犯罪继续执行依法从重从快的方针，坚决给予有力的打击。

几年来，经过各方面的共同努力，首都的社会治安状况逐步好转。但是，问题还不少，重大的案件时有发生。全市各级人民法院紧紧掌握打击的重点，对杀人、放火、强奸、抢劫、爆炸以及其他严重危害社会秩序的罪犯（简称为“六类”案件罪犯），从重从快判处。“六类”案件中，对首犯、主犯、惯犯以及有其他从重情节的，根据其犯罪的事实、性质、情节和对于社会的危害程度，依法予以从重判处。对“六类”案件中的罪犯，一般作了从重处理，但又区别对待，实行惩办与宽大相结合。对于“六类”案件，凡依法应公开审理的，基本上都进行了公开审理，对其中的大案或有教育意义的案件，还结合形势，在公安、检察机关和区、县人民政府的配合下，召开宣判大会，大张旗鼓地进行了公开宣判处理。

三、依法进行了对林彪、江青反革命集团在北京的案犯聂元梓、蒯大富、韩爱晶等人的审判。

市中级人民法院受理市人民检察院分院分别提起公诉的聂元梓、蒯大富、韩爱晶等反革命案后，已依法先后开庭进行了公开审理并给予了应有的法律制裁。

四、试行“民事诉讼法”，实施“经济合同法”，着重用调解的方式办理民事和经济纠纷案件，以保护公民、集体和国家的合法权益。

一年内，全市各级人民法院共审结离婚、赔偿、赡养、继承等一审民事案件15，572件，比上年同期多13.7%。在已审结的民事和经济案件中，经过工作，调解解决或撤诉的共12，448件，占结案总数的79.9%，用判决方式结案的2，734件，只占总数的17.6%。主要用调解的方式审理民事和经济纠纷案件，是我国审判工作的一个特色。大量的婚姻、家庭、继承、赔偿、赡养等纠纷，由于及时地主要用调解的方式作了处理，防止了一些矛盾激化，避免了一些刑事案件的发生。

五、结合审判工作，积极参与“综合治理”，以促进社会治安状况的根本好转。

结合刑事、民事、经济审判和申诉、信访工作，全市各级人民法院还从以下四个方面配合了社会治安的“综合治理”：第一、进行公开审判，选择典型案件进行大会宣判，并采取多种形式，向群众进行了广泛的法制宣传。第二、一年内，一审、二审和申诉案件的承办人接触数万名当事人，来信来访涉及11万多人，我们在各项工作中都加强了对他们的思想教育和法制宣传。第三、与司法行政部门配合，对司法助理员和人民调解委员会进行了业务指导，发挥了他们的积极作用，使大量纠纷在萌芽状态得到了及时解决。第四、办理刑事、民事、经济案件，注意了寻找案件发生的原因，及时地向有关单位提出了书面或口头的司法建议，促进了有关单位作风和工作的改进、规章制度的健全，堵塞了漏洞。据不完全统计，一年内全市各级人民法院共提出司法建议649件，其中书面建议414件，对有关单位改进工作，避免损失，预防犯罪，起了积极的作用。

一年来，全市各级人民法院通过以上审判活动，做了大量的工作，取得了较好的成绩。但是在我们的工作中，还存在不少缺点和问题。民事案件继续上升，加上“经济合同法”的执行和“民事诉讼法”的试行，审判力量不适应工作的需要，有一部分案件未能及时审结。在刑事审判工作中，由于人力不够等原因，也有一些案件未能在法定时间内结案。在工作中，有的同志审判作风不够端正；有的同志不善于运用法律武器；有的文明司法不够；有些办案质量还不够高。这些问题和缺点，我们要争取在工作中尽快地加以解决。

根据中央指示的精神，人民法院也有改革的任务。我们要在认真学习、深入调查研究的基础上，制定改革的方案和办法，有步骤地搞好改革。要抓好法院干警队伍的思想建设和组织建设，使之成为一支有理想、有道德、有文化、守纪律的，忠于人民利益、忠于法律制度、忠于事实真象的，战斗力强的司法队伍，为实现首都社会治安状况的根本好转，为保障社会主义精神文明和物质文明建设的顺利进行，作出我们最大的努力。

北京市人民检察院工作报告（摘要）

——在北京市第八届人民代表大会第一次会议上

北京市人民检察院检察长 魏 彬

（一）

去年年初，中共中央、国务院作出了《关于打击经济领域中严重犯罪活动的决定》，全国人大常委会作出了《关于严惩严重破坏经济的罪犯的决定》。这是打击严重经济犯罪的有力武器。我们把打击严重经济犯罪活动作为一项重大任务，加强了领导，充实了力量，协同有关部门抓紧查办大案要案。截止去年年底，由检察机关自行立案侦查的经济犯罪案件共418起，其中万元以上的32起，5000元以上的43起。

在打击严重经济犯罪活动中，我们严格按照党的政策和国家法律办事，严格区分罪与非罪的界限。一年来，检察机关免予起诉的有113人，充分发挥了党的政策和法律的威力，争取、挽救了一批犯罪分子，孤立打击了少数严重的经济犯罪分子。由于严格地按照法律程序办案，有效地防止了冤假错案的发生。既打击了严重经济犯罪活动，也有利于首都对外开放、对内搞活经济政策的贯彻执行。

我们清醒地看到，一些严重的经济犯罪活动，并没有全部揭露出来，随着斗争的深入，经济犯罪分子的手段也更加狡猾，更加隐蔽。因此，同经济领域中严重犯罪活动的斗争，将是长期的、艰巨的，我们必须进一步加强领导，提高干部的思想认识，充实办案力量，毫不放松地把这场斗争深入开展下去。

（二）

在打击严重经济犯罪的同时，各级检察机关始终把打击严重的刑事犯罪活动，整顿社会治安，作为一项中心任务来抓。一年来，各级检察机关认真贯彻全国政法工作会议确定的方针、政策，对杀人、抢劫、强奸、放火、爆炸以及其他严重危害社会治案的现行刑事犯罪分子，继续执行依法从重从快惩处的方针。1982年共批准逮捕各类刑事犯罪分子3258人，出席法庭支持公诉2，629次。上述案犯，全部在法定时限内做出批捕或者起诉的决定；对那些重大的恶性案件，还采取措施尽量缩短审查起诉的时间。

当前，青少年犯罪仍然占很大比重。我们在审查批捕和审查起诉工作中，对于有一般犯罪行为的青少年，特别是初犯或共同犯罪中的从犯以及未成年犯，可以不捕不起诉的，尽量采取教育、挽救的办法。

劳改犯和劳教人员中的重新犯罪，也是当前危害社会治安的一个突出问题。检察机关按照中央改进改造工作座谈会精神，协同公安机关，在监狱、看守所和劳教场所进一步落实党的劳改、劳教政策，改进监管措施，搞好文明管理，纠正违法乱纪的现象，进一步提高了改造工作质量。1982年劳改犯和劳教人员重新犯罪被逮捕、起诉的，比1981年减少了29.6%。同时，严厉打击了重新犯罪和反改造的“尖子”。

对社会治安问题进行“综合治理”，是争取社会治安情况的根本好转的关键。在过去的一年里，检察机关结合办案积极参加了综合治理，支持广大干部、群众同违法犯罪行为作斗争，广泛地开展了法制宣传。在办案中发现有关单位政治思想工作以及管理上存在的薄弱环节和漏洞，及时提出改进建议。对发案比较多的单位，有的区、县检察院还派人去帮助采取措施，健全制度，对预防犯罪起了一定的作用。

（三）

对林彪、江青反革命集团在北京的要犯聂元梓、蒯大富、韩爱晶等人，由市人民检察院分院进行了审查起诉工作。确凿的证据证明，上述案犯在“文化大革命”的十年内乱期间，分别犯有阴谋颠覆政府、反革命宣传煽动、杀人、诬告陷害等罪行。依据各个被告人的犯罪事实，根据《中华人民共和国刑事诉讼法》和《刑法》的有关规定，决定对聂元梓、蒯大富、韩爱晶等人向北京市中级人民法院提起公诉，并派员出席法庭支持公诉。

（四）

一年来，各级检察机关认真调查、处理人民群众的控告和申诉，对于不构成犯罪的违法乱纪行为，转请有关单位进行了严肃处理。对于报复陷害、非法搜查、非法拘禁、破坏邮电、侵犯公民通信自由等情节严重的，检察机关立案侦查的30件，已侦查终结向法院起诉的15件。现在仍有少数干部特别是有些基层干部，没有完全摆脱“左”的思想影响，法制观念薄弱，个别的甚至目无法纪，任意侵犯人民民主权利。这种情况应引起我们注意。一方面要加强对干部群众的法制教育，尤其要使干部懂得任何机关、任何组织和个人都必须在宪法和法律规定的范围内活动，不允许任何人有超越宪法和法律的特权；一方面要同那些破坏法制、侵犯人民民主权利的行为坚决地进行斗争，对其中触犯刑律构成犯罪的，必须追究刑事责任。

（五）

根据市委和最高人民检察院的指示，检察机关继续加强了检察队伍的整顿、训练工作。一年来，举办短训班，组织干部学习了党的十二大文件和五届全国人大五次会议文件，开展了反腐蚀教育，积极开展“文明礼貌”和“五讲四美”活动。在业务训练方面，检察系统目前有132名干部分别在中央政法干校、中国人民大学函授院北京分院、北京市法律夜大学习。市检察院还办了刑法、刑诉法和检察院组织法训练班，并按业务分工办了六个专业轮训班，90%的业务干部参加了轮训。

各位代表，检察机关要坚决贯彻党的十二大和五届全国人大五次会议精神，认真学习、执行新宪法，更加自觉地保卫和促进北京市的社会主义现代化建设；要根据上级的布置，在认真学习、深入领会中央关于改革指示的精神的基础上，结合检察机关的特点，深入调查研究，积极进行各方面的改革；搞好新老干部的合作和交替，调整机构设置；对干部队伍进行整顿训练，提高干部和政治素质和业务素质；要进一步改善领导方法，深入实际，加强调查研究，了解新情况，研究新问题，总结新经验，开创检察工作新局面。在新的一年里，继续以打击严重经济犯罪和刑事犯罪分子的破坏活动为中心，各项检察业务都要有新气象、新成就。为保证首都社会主义现代化建设的顺利进行做出新贡献。

关于两个暂行规定草案的说明

——一九八三年三月十六日在北京市第八届人民代表大会第一次会议上

北京市人民代表大会常务委员会副主任　范　瑾

各位代表：

现就提交这次会议审议的《关于议案的若干暂行规定（草案）》和《关于北京市人民代表大会常务委员会设立各委员会的暂行规定（草案）》作简要说明。

为了进一步健全人民代表大会制度，加强人民代表大会及其常务委员会的组织和工作，五届全国人大五次会议根据新通过的《中华人民共和国宪法》，修订了《全国人民代表大会组织法》，进行了一些重要改革。鉴于“地方组织法”于一九七九年七月颁布，实施的时间不长，习仲勋副委员长在说明中指出：为了保持法律的稳定性，对“地方组织法”只作了一些必要的修改，可改可不改的都没有改。为了便于工作，各省、自治区、直辖市可根据宪法、“全国人大组织法”和“地方组织法”的精神，从本地区的实际情况出发，自己作出暂行规定，将来全国人大可以根据各地经验，再对“地方组织法”作补充修改。据此精神，经过反复研究，我们准备先就议案和市人大常委会设立各委员会这两个问题进行改革，为此拟订了两个暂行规定草案，提请大会审议。

一、《关于议案的若干暂行规定（草案）》

多年来，北京市人民代表大会召开会议期间都收到了代表提出的大量提案，通过办理这些提案，解决了一批群众关心的问题，推动了工作。但是，这些提案主要是对各方面工作提出的建议、批评和意见，涉及的问题有很多并不属于人民代表大会职权范围，不能构成议案，大会也不好通过实质性的决议，只能决定转交有关方面研究处理。为了使代表大会能够集中力量解决属于自己职权范围内的重要问题，便于代表更好地行使民主权利，有必要对代表提出的议案和对各方面工作提出的建议、批评、意见分别进行处理。

《草案》中规定，在北京市人民代表大会开会期间，大会主席团、市人民代表大会常务委员会、市人民政府、市高级人民法院、市人民检察院可以向大会提出属于市人民代表大会职权范围内的议案，由主席团决定交各代表团审议，或者并交议案审查委员会审议、提出报告，再由主席团审议决定提交大会表决。一个代表团或者十五名以上的代表，也可以向北京市人民代表大会提出属于市人民代表大会职权范围内的议案，由主席团决定是否列入大会议程，或者先交议案审查委员会审议、提出是否列入大会议程的意见，再决定是否列入大会议程。规定这样一些程序是必要的。因为议案与一般的建议、批评和意见不同，它属于人民代表大会职权范围内的重大事项，而且要由大会审议作出决定，有的要成为地方性法规。议案一经代表大会通过，就具有一定的约束力，有关方面和全市人民必须遵守。因此，议案的提出是一件很严肃的事情，每项议案都应该是有情况、有分析、有解决问题的意见，有要求代表大会决议事项的建议，这就要求提出议案要有充分的准备，以利于代表大会审议。

关于代表大会的职权，“地方组织法”第七条中列了十六项，已经作出了原则规定，这里不再重述。

“地方组织法”规定，代表大会要听取和审查本级人民政府、人大常委会、法院和检察院的工作报告，审查和批准本行政区域的国民经济、社会发展计划和财政预决算。这些都是代表大会的重要议案，一般都是经过充分准备由大会预备会议通过列入议程的。因此《草案》中对这些议案的提出和审议程序没有再作规定，只对上述单位在会议期间提出议案和进行审议的程序作了规定。

大会期间提出的议案，经过审议，有的不具备条件列入大会议程，有的不属于代表大会的职权范围，鉴于这类问题为相当数量的代表所关心，将视情况作出恰当处理。这方面需要在以后总结实践经验的基础上，逐步形成一些具体办法，因此《草案》没有对此作出规定。

为搞好大会议案工作，要依靠各个代表团和各位代表共同努力，同时也要有专门机构承办这方面的工作。《草案》规定，在北京市人民代表大会举行会议期间，设立议案审查委员会，在大会主席团领导下进行工作。

《草案》中还规定，北京市人民代表提出的对各方面工作的建议、批评和意见，由市人大常委会办公厅交由有关规定、组织认真研究处理，并在规定期限内向代表作出答复。同时，取消了过去实行的一人提议三人附议的办法，改为每个代表都可以单独或联合提出自己的建议、批评和意见，这样做，既简化了工作程序，又可以更广泛地发扬民主。今后虽然不再使用“提案”的名称，实际工作中仍然要像过去对待“提案”那样重视人民代表的建议、批评和意见。各有关单位仍要有专门机构或人员，认真办理并负责答复代表的建议、批评和意见，处理工作不得有任何削弱。市人大常委会办公厅要加强督促检查。

二、《关于北京市人民代表大会常务委员会设立各委员会的暂行规定（草案）》

市七届人大常委会原有政法、财经、城建、农村、文教五个工作室，在常委会领导下做了不少工作，但是还不能完全适应工作发展的需要。因此，《草案》规定，在市人大常委会设立政法、财经、教科文、城建、农村五个委员会，还可以设立其它需要设立的委员会。各委员会成立后，市人大常委会原有的五个工作室即行撤销。

各委员会受常委会的委托，完成常委会交付的工作，是常委会的参谋和助手。根据几年来的实践经验，《草案》规定，各委员会要为常委会审议重要议案和其它法案做好准备工作；根据常委会的委托检查法律、法令、地方性法规和常委会决议、决定执行情况，组织对于专门问题的调查，并提出处理意见；联系代表，对代表提出的人民群众关心的重要问题提出处理意见等。有关委员会的这些工作任务，都是围绕着市人大常委会更好地行使职权来规定的。在本规定草案通过之后，各委员会应当在总结实践经验的基础上逐步制定自己的工作条例。

关于议案的若干暂行规定

（一九八三年三月十六日北京市第八届人民代表大会第一次会议通过）

一、北京市人民代表大会举行会议的时候，设立议案审查委员会，在市人民代表大会主席团领导下进行工作。议案审查委员会组成人员的人选，由市人民代表大会常务委员会在市人民代表大会代表中提名，市人民代表大会或大会预备会议通过。

二、北京市人民代表大会主席团、北京市人民代表大会常务委员会、北京市人民政府、北京市高级人民法院、北京市人民检察院，可以向北京市人民代表大会提出属于市人民代表大会职权范围内的议案。在代表大会举行会议期间提出的议案，由主席团决定交各代表团审议，或者并交议案审查委员会审议、提出报告，再由主席团审议决定提交大会表决。

三、一个代表团或者十五名以上的代表，可以向北京市人民代表大会提出属于市人民代表大会职权范围内的议案，由主席团决定是否列入大会议程，或者先交议案审查委员会审议，提出是否列入大会议程的意见，再决定是否列入大会议程。

四、北京市人民政府、北京市高级人民法院、北京市人民检察院，可以向北京市人民代表大会常务委员会提出属于常务委员会职权范围内的议案，由主任会议决定提请常务委员会会议审议。

五、北京市人民代表大会常务委员会组成人员五人以上，可以向常务委员会提出属于常务委员会职权范围内的议案，由主任会议决定是否提请常务委员会会议审议。

六、向北京市人民代表大会或者市人民代表大会常务委员会提出的议案，在交付市人民代表大会或者常务委员会会议表决前，提案人要求撤回的，对该议案的审议即行终止。

七、北京市人民代表大会或者人民代表大会常务委员会审议的议案，付表决时以全体代表或者常务委员会全体组成人员的过半数通过。

八、北京市人民代表大会代表向市人民代表大会或者市人民代表大会常务委员会提出的对各方面工作的建议、批评和意见，由市人民代表大会常务委员会办公厅分别交由市人民政府、市高级人民法院、市人民检察院及其他有关机关、组织认真研究处理，并于收到建议、批评和意见后的半年内将处理结果答复代表，在市人民代表大会下一次会议前向市人民代表大会常务委员会作出综合报告。

关于北京市人民代表大会常务委员会设立各委员会的暂行规定

（一九八三年三月二十四日北京市第八届人民代表大会第一次会议通过）

一、为加强北京市人民代表大会常务委员会的工作，根据实际需要，在北京市人民代表大会常务委员会设立政法委员会、财经委员会、教科文委员会、城建委员会、农村委员会和需要设立的其他委员会。

二、各委员会由主任一人、副主任若干人和委员若干人组成。主任、副主任和委员的人选，由北京市人民代表大会常务委员会主任会议提名，常务委员会会议通过。

各委员会可以根据工作需要设顾问若干人，顾问由北京市人民代表大会常务委员会任免。

三、各委员会的工作如下：

（1）为市人民代表大会常务委员会审议决定重大事项做好准备工作；

（2）草拟需要由本委员会拟订的地方性法规，对有关方面准备提交市人民代表大会常务委员会审议的地方性法规草案进行研究，并提出意见；

政法委员会对提请市人民代表大会常务委员会审议的地方性法规草案统一进行研究；

（3）受市人民代表大会常务委员会的委托，检查国家法律、法令、本市的地方性法规和市人民代表大会常务委员会有关决议、决定的执行情况，组织对于专门问题的调查并提出意见；

（4）联系市人民代表大会代表，对代表提出的人民群众关心的重要问题，提出处理意见；

（5）办理市人民代表大会常务委员会交办的其它事项。

北京市第八届人民代表大会议案审查委员会关于第一次代表会议议案的审查报告

侯镜如

（一九八三年三月二十四日北京市第八届人民代表大会第一次会议通过）

北京市第八届人民代表大会第一次会议共收到议案五十五件，其中财经类十三件，城建类十五件，文教卫生类二十件，政法和其它类七件。议案审查委员会对全部议案逐件进行了审议，向主席团提出了审查意见。

经主席团会议讨论决定，确定予以立案的议案有十二件，其中列入大会议程，由全体代表审议决定的一件，交市人大常委会列入议程的十一件；属于重要建议交市人大常委会研究办理的十四件；确定改按建议、批评和意见交由有关部门研究处理的二十九件。

议案审查委员会认为，这次会议的议案提出了本市的一些重大问题，如关于认真学习、遵守和执行新宪法，关于加快首都绿化步伐，关于切实加强领导，搞好首都教育事业，特别是中、小、幼教育事业和关于搞好首都环境保护等方面的议案，反映了全市广大人民群众的愿望和要求，对于贯彻落实中央书记处关于首都建设方针的四项指示，健全社会主义民主和法制，推动各方面的改革，努力完成“六五”计划期间首都建设的主要任务，进一步改进和加强本市各方面的工作，具有重要的推动作用。建议大会批准上述审查意见。各有关部门对大会通过的决议和市人大常委会交办的议案，要深入调查研究，提出具体的解决办法和措施，认真贯彻落实。并向市人大常委会报告办理情况和结果，由市人大常委会向下一次代表大会提出报告。

在北京市八届人大一次会议上的讲话

陈希同

（1983 年 3 月 24 日）

各位代表：

首先，我代表当选的六位副市长和我本人，对全体代表和全市人民给予我们的信任和委托表示深切的感谢！我们深知，首都的工作任务非常艰巨，而我们的能力和水平，特别是我个人的能力和水平，同担负的任务是不相称的。我们一定要兢兢业业，谦虚谨慎，努力工作，同全市人民一道，在上届政府取得很大成绩的基础上，把首都的社会主义建设事业继续推向前进。

首都建设的成就，是在党中央、国务院的领导和亲切关怀下，经过全市人民的努力取得的。一九八〇年四月中共中央书记处作出的关于首都建设方针的四项指示，是建国以来首都建设经验的总结，完全符合北京的实际，受到了全市人民和全国人民的拥护。焦若愚市长主持的上届政府遵循这个方针，实现了“三年小变”的目标。我们必须按照党的十二大精神，全国人大五届五次会议的各项决议和六五计划，继续坚定不移地贯彻落实中央书记处的四项指示，努力实现这次代表大会确定的今后三年的任务，使首都的政治思想建设、环境美化建设、教育科学文化建设和适合首都特点的经济建设，达到一个新的水平。再经过两年的努力，实现“五年中变”。

为了使首都的建设能够顺利地更快地发展，必须继续贯彻执行调整、改革、整顿、提高的方针，在调整中精心指导，积极改革；必须在大力抓好物质文明建设的同时，继续加强社会主义精神文明建设和民主与法制的建设，努力实现社会风气和社会治安的根本好转；必须高度重视知识和知识分子在社会主义现代化建设中的作用，大力促进教育事业的发展和科学技术的进步。在近几年之内，尤其要下功夫打好两个方面的基础。一是要通过机构改革，逐步建立起革命化、年轻化、知识化、专业化的各级政府领导班子，并通过多种渠道的培训，建立起一支适应四化需要的干部队伍。没有这一条，首都建设的顺利发展是不可能的。二是要抓好城镇基础设施的建设，特别是要加快水、电、煤气、热力等方面的建设，逐步解决能源和环境污染等问题，摆脱被动局面，保证生产和其他事业的发展，为人民创造一个良好的工作、学习和生活环境。否则，首都建设的顺利发展同样是不可能的。

人民群众殷切地希望我们提高工作效率，改进工作作风。为此，从市政府起，各级政府工作人员想问题、办事情，必须从首都是全国的政治中心这个特点出发，从人民的利益出发，顾大局，识大体，同心协力，密切合作。坚决反对部门主义、互相扯皮、各行其是、各自为政。要认真调查研究，虚心听取群众的意见，多方征求专家的意见，积极为人民办事，帮助下级解决问题，反对高高在上，脱离实际，脱离群众的官僚主义。大话、空话一定不讲。决定了的事要各负其责，坚决去办。一时办不到的，要把困难如实地告诉人民，取得人民的谅解和支持。各级领导干部要刻苦学习，努力成为内行。所有政府工作人员要廉洁奉公，模范地遵守宪法和法律。我们热烈欢迎各位代表和人民群众通过各种方式对我们进行批评监督和帮助。

人民的首都都要靠人民来建设。要靠人民来管理。在各项工作中，我们必须坚决贯彻执行党中央、国务院的指示，在市委的具体领导下，紧紧依靠工人、农民和知识分子；依靠老同志的支持和帮助；依靠中央和国家机关各部门的指导和帮助；依靠各民主党派、各人民团体和各界爱国人士的支持和帮助；依靠驻京部队的支持和帮助；依靠各兄弟省、市、自治区的支持和帮助。总之，只要我们坚定地依靠广大人民群众，积极主动地取得各方面的支持和帮助，同心同德，团结一致，群策群力，艰苦奋斗，就一定能够战胜前进道路上的困难，达到预定的目标。

全市人民团结起来，为开创首都社会主义现代化建设的新局面而奋斗！

北京市第八届人民代表大会第一次会议选举办法

（一九八三年三月十七日北京市第八届人民代表大会第一次会议通过）

一、根据《中华人民共和国地方各级人民代表大会和地方各级人民政府组织法》和《中华人民共和国全国人民代表大会和地方各级人民代表大会选举法》，结合本市情况，制定本办法。

二、北京市第八届人民代表大会第一次会议，选举北京市应选的第六届全国人民代表大会代表七十人；选举北京市第八届人民代表大会常务委员会主任一人、副主任十二人、委员四十七人；选举北京市市长一人、副市长六人；选举北京市高级人民法院院长一人，北京市中级人民法院院长一人；选举北京市人民检察院检察长一人，北京市人民检察院分院检察长一人。

三、根据《中华人民共和国全国人民代表大会和地方各级人民代表大会选举法》第二十六条、第二十七条和第二十八条的规定：选举北京市应选的第六届全国人民代表大会代表候选人的名额，应多于应选代表的名额。候选人由大会主席团汇总大会代表（一人提名，有三人以上附议）和中国共产党、各民主党派、各人民团体提出的候选人名单，交各代表团反复讨论，民主协商，如果所提候选人名额过多，可以进行预选，根据较多数代表的意见，确定正式代表候选人名单。

四、根据《中华人民共和国地方各级人民代表大会和地方各级人民政府组织法》第十六条的规定，北京市第八届人民代表大会常务委员会主任、副主任、委员，北京市市长、副市长、北京市高级人民法院院长、中级人民法院院长和北京市人民检察院检察长、人民检察院分院检察长的人选，由大会主席团提名，市人民代表大会代表（一人提名，有三人以上附议）也可以提名，由各代表团反复讨论，民主协商，然后经过预选产生正式候选人名单。

五、正式选举和预选均采用无记名投票方式。正式选举分两次投票，第一次投票选举北京市应选的第六届全国人民代表大会代表；第二次投票进行其他各项选举。预选可以按代表团分别进行投票。

六、正式选举和预选须有全体代表过半数出席，始得开会进行选举。

七、每个代表团推选监票人一人，并由大会主席团提名总监票人二人，经大会通过后，在大会主席团的领导下，对发票、投票和计票进行监督。各代表团进行预选时，可再推选监票人一至三人。

八、投票人对于选票上所列的候选人，可以投赞成票，可以投反对票，可以弃权，也可以另选他人。对北京市第八届人民代表大会常务委员会主任、副主任、委员，可以另选北京市第八届人民代表大会其他代表。对第六届全国人民代表大会代表，北京市市长、副市长。北京市高级人民法院院长、中级人民法院院长，北京市人民检察院检察长、人民检察院分院检察长，可以另选其他代表或选民。

投票人赞成选票上所列的某一个候选人时，就在这个候选人姓名左面的空格里画一个“○”；不同意某一个候选人时，就在这个候选人姓名左面的空格里画一个“×”；在候选人左面的空格里不画“○”又不画“×”的为弃权。

投票人如果要在选票上所列的候选人以外另选其他人，可以在画“×”的原候选人姓名右面的空格里写上自己要选举的人的姓名。

九、各项选举的每张选票，选举的人数多于第二条规定应选人数的作废，等于或少于规定应选人数的有效。

十、投票人写票，要用钢笔、毛笔或圆珠笔。符号要准确，笔迹要清楚。

十一、投票人如果自己不会写票，可以委托他人代写。

十二、选票由投票人亲自投入票箱。

十三、投票结束后，当众打开票箱，由计票人清点选票张数，并将清点结果报告大会执行主席。选票张数等于或者少于投票人数，选举有效；多于投票人数，选举无效。

十四、全部书写模糊无法辨认的选票，全票作废；部分书写模糊无法辨认的选票，可以辨认的部分有效，无法辨认的部分无效。

十五、候选人获得全体代表过半数的选票时，始得当选。获得过半数选票的名额超过应选名额时，以得票多的当选。如遇票数相等不能确定当选人时，应当就票数相等的候选人重新投票。获得过半数选票的名额少于应选名额时，对不足的名额，另行选举。

十六、选举结果由大会主席团宣布。

十七、本办法由北京市第八届人民代表大会第一次会议通过后施行。

北京市第八届人民代表大会第一次会议关于《政府工作报告》和《北京市第六个五年计划》的决议

（一九八三年三月二十四日北京市第八届人民代表大会第一次会议通过）

北京市第八届人民代表大会第一次会议批准焦若愚市长代表市人民政府所作的《政府工作报告》，批准《北京市国民经济和社会发展第六个五年计划》，执行中如需部分变更，由市人民政府提请市人大常委会审议决定。

会议认为，在中共中央、国务院的领导和关怀下，三年多来，市人民政府依靠和组织人民群众，积极贯彻执行党的一系列方针政策和中共中央书记处关于首都建设方针的四项指示，使各条战线的工作取得了可喜的进展。政府工作报告和六五计划提出的北京市国民经济和社会发展的主要任务，符合本市的实际情况。实现这些任务，将使首都的精神文明建设和物质文明建设提高到一个新的水平。会议号召全市人民，坚决贯彻执行中国共产党第十二次全国代表大会制定的社会主义现代化建设的宏伟纲领和五届全国人大五次会议通过的新宪法，进一步贯彻落实中共中央书记处关于首都建设方针的四项指示和各项政策，发扬勇于创新的精神，全面系统地、坚决而有秩序地、有领导有步骤地实行改革，学先进、赶先进，兢兢业业，埋头苦干，为完成六五计划的各项任务，全面开创首都社会主义现代化建设的新局面而奋斗！

北京市第八届人民代表大会第一次会议关于北京市一九八三年国民经济、社会发展计划和一九八二年财政决算、一九八三年财政预算的决议

（一九八三年三月二十四日北京市第八届人民代表大会第一次会议通过）

北京市第八届人民代表大会第一次会议，批准市人民政府提出的一九八三年国民经济、社会发展计划，批准一九八二年财政决算和一九八三年财政预算，批准市财政局甄树德局长代表市人民政府所作的《北京市一九八二年财政决算和一九八三年财政预算草案的报告》。

会议认为，一九八二年国民经济、社会发展计划和财政预算完成情况是良好的，一九八三年国民经济、社会发展计划和财政预算的安排是适当的，市人民政府要认真组织实施，如需部分变更，由市人民政府提请市人大常委会审议决定。

会议号召，全市人民在中共北京市委和市人民政府的领导下，努力工作，发展生产，厉行节约，反对浪费，艰苦奋斗，群策群力，为实现一九八三年国民经济、

社会发展计划和财政预算而奋斗。

北京市第八届人民代表大会第一次会议关于市人民代表大会常务委员会工作报告的决议

（一九八三年三月二十四日北京市第八届人民代表大会第一次会议通过）

北京市第八届人民代表大会第一次会议批准贾庭三主任所作的北京市第七届人民代表大会常务委员会工作报告，并对市人大常委会三年来的工作表示满意。第八届市人大常委会应当认真学习、宣传和贯彻执行《中华人民共和国宪法》，坚决维护宪法的尊严；积极履行《中华人民共和国地方各级人民代表大会和地方各级人民政府组织法》所赋予的职权，大力推进首都的社会主义民主和法制建设；密切同人民代表和人民群众的联系，加强和改进工作，发挥地方国家权力机关的作用，为进一步贯彻执行中共中央书记处关于首都建设方针的四项指示，开创首都社会主义建设的新局面而努力！

北京市第八届人民代表大会第一次会议关于北京市高级人民法院工作报告和北京市人民检察院工作报告的决议

（一九八三年三月二十四日北京市第八届人民代表大会第一次会议通过）

北京市第八届人民代表大会第一次会议批准张旭院长所作的北京市高级人民法院工作报告，批准魏彬检察长所作的北京市人民检察院工作报告。会议认为，本市人民法院和人民检察院发挥审判机关和法律监督机关的职能作用，做了大量工作，取得了新的进展。人民法院和人民检察院要认真学习和贯彻执行《中华人民共和国宪法》和各项法律，在工作中严格依法办事，做到有法必依、执法必严、违法必究。要严惩经济领域中的严重犯罪分子，坚决打击反革命分子和各种严重破坏社会秩序的刑事犯罪分子，依法妥善处理民事案件和经济纠纷案件，加强调解工作，以维护国家和人民的权益，保障首都社会主义建设的顺利进行。

北京市第八届人民代表大会第一次会议关于深入学习新宪法、保证新宪法实施的决议

（一九八三年三月二十四日北京市第八届人民代表大会第一次会议通过）

北京市第八届人民代表大会第一次会议审议了闻家驷等二十七位代表提出的《关于深入学习新宪法、保证新宪法实施的议案》。会议认为，新宪法是治国安邦的根本大法，反映了全国人民的共同意志和根本利益，具有最大的权威性和最高的法律效力。认真实施新宪法，是把我国建设成为高度文明、高度民主的社会主义国家的根本保证。议案提出的各项建议是可行的，决定予以通过。会议要求本市一切国家机关、党派、团体、企业事业组织，都要采取必要的措施，作到人人学习、人人遵守、人人掌握，切实保证新宪法的贯彻执行。

北京市出席第六届全国人民代表大会代表名单

（1983年3月24日）

（七十人）

王汉斌　叶才民　白寿彝　刘　仁　刘　达　刘渡舟
安太庠　宋世雄　张友渔　陈博仁　林兰英（女）
林　雨（女）　季羡林　赵紫阳　胡耀邦　侯宝林
倪志福　彭　真　董建华　裘维蕃　鲍文奎　王忠裂
王恺谋　王　群（女）　王碧霖（女）　叶　林
叶佩英（女）　史定潮（女）　史静贤（女）
白介夫　朱　觉　朱维林　朱德熙　刘德珍　孙建勋
严仁英（女）　芦增雨　李会元　李瑜铭　杨士惠
杨　沫（女）　杨春茂　张万雨　张秀珍（女）
张秀琴（女）　张国基　张国霞　张秉贵　张腾霄
陈丁茂　陈伦芬（女）　陈希同　周冠五　赵炳南
赵鹏飞　赵燕侠（女）　段君毅　段宝成
耿玉玲（女）　徐庆文　郭映福　浦洁修（女）
诸福棠　黄子云　黄英夫　董新菊（女）　韩茂富
傅春明　谢自秾　雷洁琼（女）

北京市第八届人民代表大会常务委员会主任、副主任、委员名单

（1983年3月23日）

（六十人）

主　任　赵鹏飞

副主任　潘　焱　范　瑾（女）　王斐然　杨春茂
武　光　侯镜如　闻家驷　浦洁修（女）
蔡　旭　安朝俊　佘涤清　陈明绍

委　员　于宗英（女）　王立行　王向明　王作舟
王金鲁　王炜钰（女）　王树森　王　哲
王继芬（女）　王景铭　仉振亮　石　钧
叶佩琼（女）　宁　榥　邢　军　吕子敬
刘永国　刘景平　刘殿臣　安士伟　阮章竞
严镜清　李克佐　李　晨　李乾构
李　瑛（女）　吴一平　邹　俠（女）
沈　勃　张国基　张继斌　张福森　张　镈
陈丁茂　岱忠信　郑元景　郑　宁（女）
赵荣琛　胡亚美（女）　侯仁之　徐汉涛
徐　光（女）　常　浦　景　良　谢　荣
谭　壮　潘家多

北京市市长、副市长名单

（1983 年 3 月 23 日）

（七人）

市　　长　陈希同
副 市 长　白介夫
副 市 长　韩伯平
副 市 长　张百发
副 市 长　安　林
副 市 长　孙孚凌
副 市 长　张　彭

北京市高级人民法院院长名单

（1983 年 3 月 23 日）

薛光华

北京市中级人民法院院长名单

（1983 年 3 月 23 日）

刘云峰

北京市人民检察院检察长名单

（1983 年 3 月 23 日）

王振中

北京市人民检察院分院检察长名单

(1983年3月23日)

秦英杰

北京市第八届人民代表大会第一次会议主席团、秘书长名单

(一九八三年三月十五日北京市第八届人民代表大会第一次会议预备会议通过)

主席团 (八十四人 按姓氏笔划排列)

丁吉庆 丁贡南 于宗英(女) 马耀骥
王大琬(女) 王心田 王立行 王仲林 王 宪
王培宝 王斐然 王景铭 王 耀 仉振亮
叶恭绍(女) 白良玉 冯佩之 邢 军 邢恒钧
吕子敬 仲 凯 邬绮文(女) 刘永国 刘导生
刘景平 安 民 安朝俊 孙孚凌 严镜清 苏 健
李广田 李玉梅(女) 李克佐 李培新
李 瑛(女) 杨春茂 吴 烈 佘涤清
邹 倓(女) 汪家镠(女) 沈 勃 张书明
张还吾 张国基 张革夫 张继斌 张 镈 陈木森
陈长庚 陈希同 陈明绍 武 光 范 瑾(女)
周 怡(女) 郑凤仪 郑汉涛 郑汉浩 赵访熊
赵鹏飞 南荣榜 段君毅 侯仁之 侯镜如 逄先知
闻家驷 贾春旺 贾星五 贾庭三 徐 光(女)
高 戈 浦洁修(女) 黄英夫 梅向明 崔旭东
崇 力 隋世忠 韩正非 韩 凯 焦若愚 解 衡
蔡玉清(女) 蔡 旭 蔡其侃 潘 焱

秘书长 杨春茂

北京市第八届人民代表大会第一次会议主席团常务主席名单

(一九八三年三月十五日主席团第一次会议推定)

(二十一人)

段君毅 焦若愚 陈希同 赵鹏飞 马耀骥 王 宪
吴 烈 汪家镠(女) 贾春旺 贾庭三 潘 焱
范 瑾(女) 王斐然 杨春茂 武 光 侯镜如
闻家驷 浦洁修(女) 蔡 旭 安朝俊
叶恭绍(女)

北京市第八届人民代表大会第一次会议副秘书长名单

（一九八三年三月十五日主席团第一次会议决定）

张明义 肖 英 徐汉涛 路德润 吴惟诚 殷汝棠 白有光 匡于中 杨登彦 张文奇

北京市第八届人民代表大会代表名单

（972名 按姓氏笔划排列）

东城区（101名）

丁大中 马龙伯 王大琬（女） 王丙戌 王立行
王竹琴 王春中 王继芬（女） 王 斌
王慧敏（女） 区灿棋 甘振伟 卢晓玲（女）
叶祖兴 田荣芳（女） 白忠玉 冯文芳（女）
冯俊发 朱 琳（女） 邬绮文（女） 刘文伯
刘 炎（女） 刘雪珊（女） 米荣真 安士伟
孙孚凌 孙家琇（女） 孙鸿光 牟冠英（女）
严家其 苏 健 巫君玉 李 宁 李青萍（女）
李沛钰 李 信 李 桦 李晓利（女） 李培元
李乾构 杨东生 杨贵和 吴永亮 何海生 佟 福
张凤琴（女） 张立宏 张臣杰 张国贤 张觉民
张效梅（女） 张锦辉（女） 张廉云（女）
陈与楫 陈 山 陈绍潞 陈 原 武旭昶 林治强
周 怡（女） 周绍祺 庞树义 赵国平 赵复三
段君毅 侯镜如 闻莲清（女） 姚 明（女）
姚玲珠（女） 耿玉勋 耿 震 贾长禹 贾庭三
高全寿 高 克 唐美亭（女） 浦洁修（女）
诸有琼（女） 黄军灵 黄毓彦 梅 阡 常梦渠
崔荫升 崇 力 康树人 梁顺沛 梁泰然 彭之光
韩玉竹（女） 韩金德 程兰英（女） 傅国光
鲁明健 温承训 谢惠民 解 衡 溥松窗 臧国盛
颜炳玉（女） 薛宝顺 戴士铭

增补

张大中（1985.2） 刘弼臣（1985.2）

西城区（121名）

丁 榕（女） 乜树芳 于宗英（女）
王文敏（女） 王文斌 王玉苍 王玉珍（女）
王宪铨 王爱冬（女） 王基志 王淑玲（女）
王景芝（女） 石 钧 龙永枢 卢新亮 白其章
冯 侠 吉勤之（女） 仲 伟（女） 刘乃昌
刘文亭 刘世婷（女） 刘起禄 刘劲武
刘尚德（女） 刘和正 刘绍棠 刘星辰
刘美生（女） 刘景平 齐发仞 关世雄
关志琴（女） 许启恭 许京骐 孙国梁 孙鸿烈
李子庆 李忆兰（女） 李正行（女） 李汉文
李兴耕 李怀之（女） 李秉训（女）
李棠仪（女） 李 耀 杨文璞 杨百川 杨守成
杨侯第 杨起华 杨富令 杨嘉秋（女）
吴 昊（女） 吴佩申 何文荣（女）
何鲁丽（女） 沙 明 张子芳 张汝智 张国基
张金英 张柏青 张毓俊 陆鹤飞 陈木森
陈友兰（女） 陈占祥 陈丽娜（女）
陈秀云（女） 陈 怡（女） 陈树兰（女）
陈娟美（女） 陈锡祜 林明美（女） 卓植深
金铁宽 周子泉 周越先（女） 郑克巽（女）
郑麟蕃 孟宪英（女） 封明为 赵 果 越 荣
胡代聪 胡亚美 胡景山 南 嘉（女） 段继增
侯 林 侯维城 逄先知 秦淑雅（女） 袁承文
顾之惠（女） 徐光炜 徐荫培 徐雄飞 高德生

高毅民 郭淑琴（女） 曹贤钦（女） 崔季民
梁凡初 梁淑珍（女） 屠金城 琚贻桐（女）
傅炳昌 焦若愚 谢 荣 楚树谦 蔡玉清（女）
裴申恒（女） 欧阳成 潘志明 衡瑞华（女）
戴洪祥 魏永成 端木和 籍殿祥

增补

李锡铭（1984.8） 齐家蕙（女）（1985.1）

宣武区（86名）

刁明章 于春开 于韶华（女） 马玉田（女）
马宏亮 马俊硕 王 平 王平安 王东峨 王企贤
王俊生 王康久 王 皓 尹盛喜 石志明
石晶华（女） 叶子龙 叶佩琼（女） 邢德海
毕振华 任文堂 庄宝国 刘文豹 刘建设（女）
刘 茵 刘鸿彬 刘靖圻 安 民 孙济民 严镜清
李玉英（女） 李克佐 李 昶 李家珂 李家骥
李崇善 李瑞琳（女） 杨寿昆 杨秉超 吴一平
吴文华 何乔生 宋吉英（女） 张友蕙（女）
张关基 张育生 张树礼 张锡圣 陈世平 陈希同
陈秉忠 武 义 林 挺 罗维安 金启惠（女）
金 蕙 周子贞 郑一夫 郑祖尧 孟兆荣
赵玉芳（女） 赵伯涛（女） 赵荣琛 赵振华
赵 祥 胡长安 施益纯 姜善智 洪雪端（女）
秦国庆 高洪均 郭琴生（女） 席瑞生 崔德厚
章民新（女） 章旭昭（女） 盖双林 梁学政
蒋 争 覃异之 甄清斌 谭蕙英（女） 熊剑英
潘 梁 薛 光（女）魏 明

增补：

王 君（女）（1985.2） 石鸿飞（1985.2）

崇文区（63名）

王作舟 王郁芬（女） 王忠诚 王金葛（女）
王泽长 王树森 王树翰 王振中 王铁生 王笑一
王斐然 邓学经 龙 光 朴莲玉（女） 任尚信
刘云峰 刘仁三 刘文经 刘容庆（女） 孙东堂
孙京京（女） 李玉梅（女） 李金海
李 瑛（女） 李德良 杨向东 杨冠飞 杨维民
杨福来 邱钟惠（女） 沈信夫 张文兰（女）
张玉琛 张香庆 张桂荣（女） 张继斌
张毓卿（女） 尚小龙 和希恭 郑洁时 赵荣祥
赵鹏飞 赵嘉莉（女） 胡金树 柳步青 秦英杰
徐贤琴（女） 殷宗琦 殷俊英（女）
奚润珍（女） 高俊经（女） 郭 兴 黄维辉
常凤女（女） 梁志华 储传亨 鲁 刚 蔡其侃
潘致斌 潘家多 潘廉志 司徒杜 薛光华

增补：

赵有光（1985.2） 张占英（女）（1985.2）

朝阳区（115名）

于善凤（女） 马玉玲（女） 马同倞
马 瑾（女） 马德昌 马耀骥 王元祺
王凤云（女） 王文伯 王立成 王仲祺 王庆福
王秀云（女） 王英杰 王建平 王理坤 毛志勤
殳立群 尹建华 邓丽华（女） 邓英文 邓鼎泓
石纫瑄（女） 皮德祥（女） 史凤兰（女）
白继良 司更生 吕兰欣（女） 朱先智 乔季森
乔宝林 任玉琢（女） 任扶善 任承训
刘玉兰（女） 刘永国 刘权泰 刘 杰 刘秉彝
刘 祥 刘锦媛（女） 刘增祥 汤德芬（女）
安士明 安 林 孙绍琪 孙琪娜（女） 苏里曼
苏 琦（女） 杜洁萍（女） 李宗苏 李春月
李斯特 李善馥（女） 李瑜铭 杨永义 冷 林
辛育龄 沈学斌 沈保圻 宋世荣 张世霖 张百发
张 崇 张 彭 张黎明（女） 张德泉
张燕丽（女） 陈丁茂 陈仁高 陈秀华（女）
陈秀丽（女） 陈明绍 陈金城 陈绍珍（女）
陈勋斌 陈素映（女） 武 光 茆于葎 果祝增
罗秀芬（女） 岱忠信 金银香（女）
周长兰（女） 周光裕 庞文弟 冼锦荣 孟广茝
赵来田 赵培琪 赵德华 胡占恒 祝若兰（女）
袁文川 钱椿涛 徐汉涛 翁心植 高永兴
桑鸿美（女） 黄世华 黄永乐 常月娥（女）
常凤祥 崔 虎 葛 军 蒋绍安 程汝兴
傅力力（女） 焦淑梅（女） 曾学蓉（女）
廖雅章 樊恭烋 黎 晓 穆成礼 魏国华

增补：

徐惟诚（1985.2）

海淀区（126名）

丁贡南 丁启鸿 万脩如（女） 王之声 王书贵
王成奎 王向明 王伯瀛（女） 王炜钰（女）
王学作 王经瑾 王素仙（女） 王福成
王 黎（女） 王德昌 邓诗魔 叶恭绍（女）
叶桂馨（女） 田中山 田 军 丛 力（女）
冯佩之 宁 榥 朱 捷 乔德金 向锦江 庄巧生
刘平田 刘源张 刘淑文（女） 江小珂（女）
许世全 许兰英（女） 孙树本 孙淑萍（女）
阴法鲁 杜 力（女） 李凤英（女） 李成山
李茂永 李述靖 李 欧 李宝瑞（女）
李 珍（女） 李培山 李践为 杨财发 杨国枢

杨素珍（女） 肖天铎 吴中量 余 群
邹 倓（女） 闵桂荣 汪家镠（女） 汪坤仁
沙福敏（女） 沈其益 沈 澄 宋 军 张立钧
张华林 张还吾 张灿如 张琼郁 张象枢
陆懋云（女） 陈有民 陈光旭 陈先霖 陈仲颐
陈守一 陈志平 陈宝森 陈钟祥 陈 莹（女）
陈继祥 陈慎意 邵 炜 林 冰 罗国杰 罗颖骥
罗豪才 岳相昆 郑淑琴（女） 诚静容（女）
赵访熊 赵秀英（女） 胡 华 钟启竞 侯仁之
施汝谷 闻家驷 姜维壮 耿长外 贾茂松 贾春旺
贾星五 夏德钤 顾本广 秘荣芹（女） 徐大雄
高德瑞 唐月宋（女） 陶大镛 陶逸钟 黄正兴
黄植文（女） 梅月兰（女） 梅向明 曹炳勋
章 淹（女） 隋世忠 彭庆遐 董华民 蒋钟仁
粟秀玉（女） 温庭书 赖石引 甄廷华
雷洁琼（女） 蔡 旭 廖秋忠 熊尚义
潘季淑（女） 魏承祜

增补：

戎 易（1985.2）

丰台区（61名）

丁修琱 丁鼎武 王子美 王志选 王来珍（女）
王秀文（女） 王景铭 文延生 尹令三 卢 肃
申玉玢 仲 凯 刘育毅 刘荣书 刘淑敏（女）
刘景云（女）许凤英（女）孙秀如（女）
孙 洪（女） 杜松庭 李世明 李宝祥 李 俊
李素静（女） 杨永公 杨中兴 杨春茂
宋英子（女） 张 镈 陆 禹 陈佑才 陈柳生
陈晓中 范铁生 尚子诚 周庆瑞 郑元景 郑家麟
赵正晶 赵亚光 南荣榜 柯美菱（女） 段贺林
祖学谟 徐 光（女） 高俊华（女） 高俊庭
高麟祥 浩 然 梅秀荣（女） 梅增森 常自超
常景畲 崔旭东 阎凤兰（女） 韩伯平 韩 凯
谢东利 裘鸿樵 雷 加 欧阳晓康（女）

燕山区（18名）

王笃之 王素英（女） 王 哲 王淑明（女）
王 耀 刘福玲（女） 刘殿臣 齐国章
关曙光（女） 季 忠 张万欣 张立文
张秀芬（女） 张振纲 郑汝芳 董福新 韩正非
谭 壮

增补：

林雷川（1985.2） 夏钦林（1985.2）

石景山区（32名）

王成明 王兆熊 王 进（女） 王秀芝（女）
王振山 邓泽福 叶 林 白良玉 邢 军 吕子敬
刘导生 刘淑珍（女） 安朝俊 李希容 杨世明
杨立民 杨希亮 何泽明 余涤清 陈家华 林三环
郑 宁（女） 赵长白（女） 郝志英（女）
聂万成 铁执中（女） 黄 勇 董长福 蒋宝恺
韩久庆 谢起升 满开疆

门头沟区（27名）

于淑侠（女） 王大明 王清平 王新安 田荣林
田俊才 刘历华 刘玉嵩 刘如明 刘景春 关延朴
阮章竞 吴建国 沈 勃 张凤珍（女） 张文茂
张书明 张志安 张福森 孟兆英 项大实 赵 平
徐炳忠 郭桂英（女） 黄金秀（女）
阎志忠（女） 韩有金

增补：

梁怀庆（1985.2）

通县（30名）

丁吉庆 马泰山 王希俊 王 纯 方达焜 邓健民
石建增 丘喜基 毕德山 刘英华（女） 刘林宝
许长义 李玉珍（女） 李志祥 张玉川
张玉华（女） 张光先 张秀清（女）
张秀琴（女） 陈文惠（女） 陈玉甫 陈宏志
郎金恒 贾一平 高淑兰（女） 梁三欧 董丰元
董 华 慕庆光 穆顺亭

顺义县（23名）

卫洪鸣 王心田 王金鲁 王 宪 田树华
史庆芸（女） 乔洪森 刘树香（女） 李进宝
李伯康 张金铎 范 瑾（女） 周庆申（女）
孟丽荣（女） 孟宗山 赵春桂（女） 段连弟
秦占平 贾凤德 徐柏龄 高继文 崔信卿 穆文学

增补：

黎 光（1985.2）

怀柔县（15名）

王济民 王殿英 朱光宝 吴林泉 张永诚 张守礼
郑凤仪 单昭祥 贾瑞银 高 戈 黄 光
董新华（女） 景 良 窦钟馥（女） 潘新盛

增补：

周 全（1985.2）

密云县（18名）

可贵元 石 煌 白文俊 刘检玲（女） 刘海成
那选仲 李广田 李健敏 杨 光（女） 杨树权
张九树 张素丽（女） 周宝庭 贾荣山 徐友森
殷 波 高尚富 黄纪诚

增补：

郑云山（1985.2）

平谷县（14名）

于凤玲（女） 王仲林 王秀清（女） 王殿义
刘文忠 杨希顺 吴立水 张体伦 周奎正
赵秀英（女） 胡松林 姚庆雨 高贺荣 郭献瑞

增补：

李其炎（1985.2）

大兴县（25名）

王桂英（女） 左连璧 邢恒钧 任贺轩 华德兴
刘黎明 李华丽（女） 李国栋 李钢钟（女）
肖 英 何仲铎 张广云 张占林 张进霖 张连发
张福忠 金永明 周克服 秦丕珍 夏连香（女）
黄志明 黄英夫 曾爱玲（女） 韩秀冬（女）
谭 泉

房山县（28名）

马士杰 马淑敏（女） 王凤梧 王茂隆 王明利
仉振亮 田 哲 冯志武 冯桂荣（女） 邢春华
吉伟青 刘凤琴（女） 齐 岩（女） 苏 华
李 军（女） 李 明 杨建平（女） 张寿彭
张 秀 张革夫 张淑丽（女） 林功涛 罗玉水
晋德英（女） 高泽洲 曹贵生 樊 华 魏 安

增补：

张成基（1985.2）

昌平县（27名）

王云霞（女） 王佛海 王桂冀 王培宝 艾存义
石 玲 史静贤（女） 白介夫 闪 荣（女）
兰士宝 朱 桓 刘士林 刘长利 刘克强 李庚绪
李富余 杨友修 杨季伟 沈嵩生 柳长有 黄万忠
黄万海 曹有仲 梁秀英（女） 梁 泰 董伟光
韩书林

延庆县（12名）

卫红永 王凤藻 史万江 朱 琪 吴雅薇（女）
张淑琴（女） 张维新 陈长庚 唐成厚 黄循忠
常 浦 谢翠芝（女）

增补：

金 鉴（1985.2） 郭春昌（1985.2）

解放军驻京部队（30名）

马铁军 毕庶畅 任玉洪 刘建国 刘 薇（女）
孙玉勇 李培新 吴 烈 何廷仁 狄文蔚 张云青
张靖华 张 燕（女） 陈克难 陈树林 周树青
周维晞 郑汉涛 郑汉浩 郑 坚 柳静宜（女）
咸毅山 索风林 高文远 郭开锋 席华亭 常爱堂
阎 生 韩福茂 潘 焱

北京市第八届人民代表大会第二次会议

（1984年4月3日—9日）

北京市第八届人民代表大会第二次会议于1984年4月3日至9日举行。

大会听取并通过了陈希同所作的北京市人民政府工作报告，报告第一部分总结了1983年的工作情况，第二部分对1984年的工作进行了安排。会议听取并通过了市计委主任王军关于北京市1984年国民经济和社会发展计划草案的报告、市财政局长常自超关于北京市1983年财政决算和1984年财政预算草案的报告。审议通过了市人大常委会工作报告、市高级人民法院和检察院工作报告。

会议通过了补选第六届全国人民代表大会代表办法，并补选了第六届全国人大代表。

大会共收到议案48件，其中财经类16件，城建类13件，教育科学文化卫生类15件，政法和其他方面4件。大会听取和通过了议案审查委员会关于议案的审查报告。

政府工作报告

——一九八四年四月三日在北京市第八届人民代表大会第二次会议上

陈希同

各位代表：

现在，我代表市人民政府，向人民代表大会报告工作，请大会审议。

1983年的工作情况

1983年3月召开的北京市第八届人民代表大会第一次会议，已经过去一年了。一年来，在党中央、国务院的亲切关怀和中共北京市委的直接领导下，本市各级政府和全市各族人民沿着党的十二大路线，认真贯彻六届全国人大一次会议精神，为实现市八届人大一次会议提出的各项任务，付出了巨大的努力。1983年是把各项工作进一步纳入中央书记处关于首都建设方针四项指示的轨道的一年；是在上届政府工作的基础上，继续前进，狠抓精神文明和物质文明建设，努力打好基础，在一些方面迈出了新的步伐的一年。过去一年，在政治思想建设、环境美化建设、科学文化建设和适合首都特点的经济建设方面，都取得了新的成就。

一、政治思想建设进一步加强，社会治安、社会秩序和社会风气开始明显好转。

中共中央书记处把政治思想建设作为检查北京市工作的第一条标准。中共北京市第五次代表大会强调，在物质文明建设和精神文明建设两手抓的前提下，在一个时期内，要更加着重抓好社会主义精神文明建设。这完全符合首都的实际。1983年，我们坚决贯彻这一指导思想，把以共产主义思想为核心的社会主义精神文明建设向前推进了一步。

共产主义和爱国主义思想教育更加广泛深入。在党的领导下，开展了多种形式的生动活泼的政治思想工作。去年，全市组织共产主义思想宣传报告团400多个，报告1，300多场，听众达50多万人次。“振兴中华”读书活动蓬勃发展，参加人数达40万人。工交、城建等系统从近代史教育入手，对25万青工进行了政治轮训；商业、服务业系统进行了以职业道德教育为主要内容的轮训，在近100万职工中开展了“端正经营思想，提高服务水平”的教育。从首都是我国国际交往中心的特点出发，在广大市民特别是涉外单位的职工中进行了国际主义教育。通过学习宣传新宪法，对干部、群众加强了民主和法制教育。有法不依，执法不严的软弱现象有所改变，遵纪守法的自觉性有了提高。

“五讲四美三热爱”活动取得新的进展。全市“军民共建”文明单位已有1，150多个，涌现出一大批“文明街”、“文明村”、“文明店”、“文明校”、“文明工厂”、“文明大院”和“五好家庭”。在城近郊区1.8万个单位进一步推行并完善了“门前三包”责任制，对美化城市环境、改善社会秩序起了重要作用。学雷锋、树新风活动逐步走向经常化，对孤寡病残人员的“综合包户服务”小组已发展到8，132个；还出现了许多像“贴心人服务队”、“三八服务组”、“青年助耕队”、“智力咨询站”等义务社会服务组织，社会风气和道德风尚出现了可喜的新气象。

严厉打击严重刑事犯罪和经济犯罪分子的斗争取得了重大胜利。去年八月以来，坚决贯彻中央关于打击严重刑事犯罪分子的方针，依法严厉惩处了一大批严重刑事犯罪分子。为非作歹、残害群众的坏人，绝大多数已被铲除，犯罪团伙遭到了摧毁性打击，严重滋扰和破坏公共秩序的犯罪活动已大大减少。经过专门机关和广大群众的共同努力，全市去年8月至12月刑事案件的月平均发案数比1月至7月下降了58.7%，破案率提高了14.6%。与此同时，打击严重经济犯罪分子的斗争也取得了重大成果。全年立案查处了1，450起经济违法犯罪案件，其中93%已经结案处理。严厉打击严重刑事犯罪和经济犯罪分子，广大群众拍手称快，安全感增强，并纷纷起来与犯罪活动作斗争，有力地促进了社会治安、社会秩序的好转。

二、城市建设和管理得到加强，环境的绿化、美化、净化初见成效。

各项基础设施是建设现代化城市的基本条件，改善环境是建设文明城市的重要内容。去年，我们把基础设施的建设坚决放在了城市建设的首位，同时狠抓了环境的绿化、美化、净化工作。

城市基础设施的建设有了新的进展。去年，基本完成了北京煤气厂扩建工程，增加日供气能力20万立方米。首钢30万立方米煤气进城工程按计划完成了土建任务。新建高压供电线路33.8公里，新建道路29公里，铺设各种管道221公里。新增电话1.4万门，在一些繁华街道增设45座投币式电话亭和35个“黄帽子”快班邮筒。新辟、延长、调整了38条公共电汽车和长途汽车线路，增加运营线路2，430公里，还新建和开通了15处人行过街天桥和地下通道。新建的田村山水厂厂外管线工程已经竣工。全市新铺设自来水管线206公里，为1，366个居民院通进了自来水。

绿化、美化工作取得新的成绩。1983年党政军民学一齐动手，在城市植树195万株，新铺草坪74万平方米，新增街头绿地24处。在天安门两侧建成了花坛绿地。整治、绿化了复兴门外大街、白广路、体育馆路、古城、三里河等一批街道和地区，并涌现出一批环境优美的花园式企业、机关和学校。郊区四旁植树2，790万株，完成荒山造林49.4万亩，比上年增加17.1%。

治理污染开始出现新局面。去年在城区基本实现了垃圾容器化，收集率达90%以上。在主要干道新建、翻建了205座公共厕所。在三环路范围内，治理了工业企业污染源223个，撤销了101个电镀点，改造锅炉423台。主要依靠群众义务劳动，初步整治了北护城河、亮马河、万泉河及其沿岸的污染源，清除淤泥6万立方米，使河水水质和市容环境得到改善。全市近12万辆机动车更换了低音喇叭，在15条主要街道禁止机动车鸣喇叭，市区交通噪声平均下降了3.5分贝。

一年来，我们还采用行政、经济和立法的手段，加强了城市管理。经市人大常委会批准，颁布了《北京市城市建设规划管理办法》，市政府还制定了有关禁止乱倒渣土、乱建围墙等15个具体规定，对维护城市生活的正常秩序起到了积极的作用。

三、教育、科学、文化、卫生、体育事业有了不同程度的发展。

根据党中央、国务院的指示精神和广大群众的呼声，各级政府进一步加强了对科学、教育工作的领导，注意发挥知识分子的作用，并增拨了投资，推动了这些事业的发展。

教育结构改革取得成效，各类教育事业有了新的发展。按照首都四化建设的需要，初步调整、整顿了高等院校和大学分校，采取多种学制、多种教育形式的办法，发展了高等教育。市属高等院校招生人数增长47.2%，北京地区高等院校招收研究生人数增长了36.3%。成人高等教育发展较快，招生人数比上年增长44.3%，电大、职工大学、函授大学、夜大学1983年底在校学生达5.5万多人，今年年初已有1.2万多人毕业。高等教育自学考试有3.7万人次取得了单科合格证书。中等教育结构的改革也取得了成效，中等专业学校招生人数增长了29.8%，职业高中和农业中学招生人数增长了39.4%，全市初中毕业生升入中专、技术、职业高中和各种职业学校的人数，同升入普通中学的人数比例，由上年的1：3.47调整到1：2.54。民办教育也有了发展。为了支持教育事业，1983年市财政增拨教育经费2，200万元，各区县从机动财力中拨出1，000多万元，为中小学修复了85%的危险房屋，增添了教学设备，并帮助教师解决了生活方面的一些实际问题。市里还安排建设教师宿舍10万平方米。学前教育和托幼事业得到了重视，新办了第二幼儿师范学校，扩建了26个市区和街道幼儿园（所），发展了9，700多个家庭托儿所。

科技工作出现了新气象。按照科学技术要面向首都经济建设和城市建设的要求，科技部门调整了科研方向。去年，围绕重点科研项目组织了20条科研、试验、生产、应用“一条龙”，建立了科技协作中心和开发交流中心，在20个单位试行了科研责任制。这些措施，调动了科技人员的积极性，密切了科研和生产的联系，在发挥北京地区科技优势方面比过去有了进步。去年全市取得科研成果近900项，科研成果的推广应用加快了步伐。小麦品种实现了第五次更新换代，玉米优良品种已基本普及，水稻旱种开始大面积推广。黑白电视机三片集成电路和光导纤维已批量试制成功。框架轻板新结构建筑材料已经成批成套生产。医药科研也取得了一些可喜成果。一些工业部门与在京大学和科研单位确定了长期合作关系，建立了生产科研联合体，提出了一批联合攻关项目，对推动技术进步起了重要作用。

群众文化活动日益活跃。去年，全市扩建区、县文化馆、图书馆9处，群众娱乐场所多处。全市有100万人参加了“五月的鲜花”歌咏活动，参观首都博物馆的人数由上年的9万人次增加到60万人次。文化、新闻、出版、广播、电视等部门的广大工作者，大力宣传社会主义精神文明，为丰富活跃群众业余文化生活、抵制精神污染作出了积极贡献。

文物保护工作得到重视和加强。按照国家颁布的文物保护法和本市的文物保护法规，制定了一批文物点的保护计划和措施。新建的李大钊烈士陵园、大葆台汉墓博物馆已向群众开放。在文化部的支持下，对东南城角楼、德胜门箭楼和居庸关进行了全面修缮。具有悠久历史的琉璃厂文化街改建工程已初具规模。

医疗卫生条件有了一定改善。新建扩建了医院，新增病床1，100多张，并开设家庭病床1.8万张，城乡人民“就医难”的矛盾有了一定缓和。同时，在部分医疗单位进行了管理体制和公费医疗管理办法的改革试验，调动了医疗单位的积极性。

体育活动广泛开展，运动水平有了新的提高。全市群众性的体育活动开展得很活跃，越来越多的青少年和中老年参加了体育锻炼，仅中小学校就建立了3，943个运动队，全市有72万多名学生达到了《国家体育锻炼标准》，占适龄学生总数的60%。1983年在国内国际重大体育比赛中，本市体育健儿拿到了79块金牌和83块银牌；在第五届全运会上获得的总分居全国第三位，取得了良好成绩。

四、经济工作继续沿着适合首都特点的方向前进。

按照北京城乡经济的发展要服从和服务于北京作为政治中心和文化中心的要求，进一步调整了经济结构、产业结构和产品结构，加强了整顿和改革，促进了城乡经济的繁荣。

工业在贯彻“八字方针”方面取得了明显进展。去年全市工业系统认真抓了企业整顿，已有30%的企业验收合格，这些企业的产值、利润占工业企业总产值和总利润的80%以上，通过全面整顿，企业素质和经济效益有了不同程度的提高。产品质量有了改进，去年全市有43种产品荣获国家质量奖，比上年增加79%；全市工业总产值完成250.6亿元，比上年增长了9.6%；全员劳动生产率比上年提高6%；地方国营工业实现利润比上年增长4.3%，扭转了利润连续两年下降的局面。在狠抓企业整顿的同时，全市工业系统进行了产业结构调整，开展了较大规模的技术改造。通过“内联”(联合攻关)、“外引”(引进技术)，加快了技术改造的步伐。全市批准利用外资引进技术设备项目138项，已有69项建成投产，是历史上最多的一年；联合攻关项目已落实350项，比上年有了很大发展。经过改造的企业、车间或关键工序，其技术水平和产品质量多数达到国外七十年代末期的水平。特别是加强了电子、食品、纺织、服装、塑料等行业的改造，为发展适合首都特点的工业打下了较好的技术基础。

经过深入改革，农村经济空前高涨。去年，郊区农林牧副渔各业进一步落实了生产责任制，其中有70%实行了包干分配，并涌现出22万个专业户，加上改革经济结构，改革管理体制，改革流通体制，农村商品经济发展较快。农业总产值达到27.1亿元，比上年增长29.3%，提前两年完成了“六五”计划指标；公社三级总收入达到44.8亿元，比上年增长33.4%；粮食总产量突破了40亿斤，比上年增长8.6%，亩产第一次超过800斤；鲜蛋收购量达到1.3亿斤，比上年增长59.3%，比1980年增长了2.5倍，加上从外埠调入一部分，基本上做到了全年敞开供应；牛奶产量达到2.1亿斤，比上年增长18.4%，肉类总产量达到2.9亿斤，增长7.6%；淡水鱼捕捞量增长45.4%；干鲜果品增长31.5%；蔬菜在保证供应的前提下，增加了品种，提高了质量。

基本建设战线保证了国家重点工程，加快了住宅建设。根据中央确保重点建设的指示，地方建设项目新开工面积比上年缩减了31%，国家安排在北京的8个重点工程项目，有5项按期、3项提前完成了进度计划。全年房屋建筑开复工面积1，730万平方米，竣工657.4万平方米，其中住宅竣工470万平方米，创历史最高水平。去年还大修民用危险房屋1.3万间，补漏51万间，加固楼房19万间，并为3.4万户居民调换房屋5.2万间。郊区去年共有3.3万户农民新建了13.5万间住房，并着手按照规划试建35个新村。城乡人民居住条件继续得到一定的改善。

商业工作有了新的改进，城乡市场繁荣兴盛。去年全市社会商品零售总额达到83.6亿元，比上年增长14%。商业战线按照“三多一少”(多种经济形式、多种经营方式、多条流通渠道、少环节)的方针，进一步放宽了政策，依靠国家、集体、个人三方面的积极性，增加了一大批商业服务业网点，其中集体所有制网点1081个，个体户2.4万户，比上年增加1.8倍；还开设了22个自选市场，与外省市联合经营了18个风味饭馆。不少零售商店与生产单位直接挂钩，到外埠采购。这对活跃城乡市场、沟通流通渠道、方便人民生活起了积极作用。1983年初，在零售商业、服务业中试行了经营承包责任制，有效地调动了企业和职工的积极性。零售商业服务业实现利润比上年增长40.4%，销售费用率下降了2.02%。供销社的改革取得了更为显著的成效，有力地促进了农村商品生产的发展，全系统实现利润比上年增长54.1%，253个基层供销社做到了社社盈利。

旅游事业稳步发展。全年接待外国旅客、华侨和台湾、港澳同胞50多万人，比上年增加11.5%。

财政收入超额完成计划，城乡人民收入水平有了提高。经过全市各部门、各单位，特别是财政、税收、金融、劳动、物价等主管部门共同努力，去年本市财政收入超额完成了国家计划，比上年增长2.7%，扭转了连续两年下降的局面。城乡人民收入继续增加，城市人均生活费收入比上年大约增加5.2%，农民人均年收入增加38.3%，达到506元，城乡居民个人储蓄年末余额比上年增长了37%。

根据首都建设形势发展的需要和市八届人大第一次会议的要求，一年来，我们边学习、边实践、边总结经验，各级政府在加强自身建设和改进领导方面作了一些努力。

一是在党的领导下，依靠老同志的支持和帮助，下大力量调整了领导班子，改革了政府工作机构。市政府工作部门由79个减少到49个；委、办、局的领导干部由476人减为212人，减少了55.5%。区、县政府和市属各局领导班子的调整已基本完成。区、县局以下领导班子的调整还在继续进行。调整后的领导班子朝着革命化、年轻化、知识化、专业化方向前进了一大步。市政府委、办、局领导成员的平均年龄由58.5岁降为53.1岁，具有大专文化水平的由30%提高到64.6%。正副区、县长的平均年龄由56.2岁降为49.2岁，具有大专文化水平的占47.6%。这些同志大都年富力强，朝气蓬勃，在老同志的亲切关怀和具体指导帮助下，努力提高自己的政治思想水平和业务工作能力，在实践中勤奋学习，埋头苦干，勇于改革，正在成为开创首都建设新局面的一支骨干力量。

二是认真解决落实政策中的突出问题，注意调动一切积极因素。在市委的统一领导和各方的支持帮助下，各级政府进一步加强了落实知识分子政策、统战政策、侨务政策、民族政策和宗教政策的工作，并尽力解决了一批突出的问题，对于调动广大知识分子、各界人士和爱国华侨的积极性，进一步加强民族团结，起了重要作用。对十年内乱遗留下来的一些老大难问题，本着实事求是的精神作了处理。在十年内乱期间，全市接管私房50多万间，约765万平方米，落实私房政策的任务极其艰巨。去年我们狠抓了这项工作，发还了32万间私人房屋的产权，占接管私房总数的62%。被挤占的私人自住房腾退近1万间，累计2.7万间，占应退数的33%，其中港澳台同胞和华侨的私人自住房，退还了60%。为近几年落实政策回城的职工普遍补发了工资（一部分财力不足的集体企业采取分期补发的办法），还给8.6万多户退还了被查抄的财物。通过落实这些政策，维护了公民的合法权益，进一步消除了"文革"的消极后果，促进了安定团结。但在这些方面遗留的问题还不少，我们正在继续抓紧解决。

三是认真实行群众路线，贯彻"人民城市人民建，人民城市人民管"的方针。城市的各项建设和管理直接关系着广大人民群众的切身利益，只有依靠群众，发动群众，才能办好这些事业。广大群众和各界人士出于主人翁的责任感，对首都的各项建设出了不少好主意，提了许多好建议。一年来，我们依靠和组织群众开展了规模浩大的义务劳动和义务服务活动，包括"军民共建"、"门前三包"、义务包片绿化荒山、义务治理河道、义务帮助老弱病残、义务维护公共秩序等等，在环境的绿化、美化和治理脏、乱、差中发挥了巨大作用。这不仅是加快城市建设和加强城市管理的好办法，也是群众进行共产主义思想自我教育的好形式。

四是初步调整了市政府和区县政府的分工分权。过去，市里集中权力过多，统得过死，限制了区县政府的积极性和主动性。去年在一些方面作了改进，区县政府有了较大的权限，积极性、主动性得到了进一步的发挥，在绿化、美化城镇，加强环境治理，发展文教事业，增加商业、服务业网点和安排知青就业等方面作了许多事情。过去，不少单靠市政府直接抓而迟迟未能解决的问题，现在比较迅速地解决了。但这仅仅是开了个头，今年要在调查研究的基础上继续扩大区县的权限。

五是努力改进领导作风。对各级新领导班子，市委着重指出，要坚持为人民服务、对人民负责的宗旨，密切联系群众，时刻关心群众的疾苦；要身体力行，言必言，行必果，埋头苦干，努力提高工作效率；要勇于负责，敢于碰硬，敢于解决老大难问题；要依靠各方面的专家学者当参谋，提高领导决策的科学性。一年来，各级政府在这些方面，作了一些努力。市和区县政府，采取现场办公等方式，就地解决了一批群众关心的紧迫问题。我们聘请了600多名专家担任市政府顾问，组成了29个顾问团（组），他们为首都各方面的建设献计献策，发挥了重要作用。通过加强信访工作，使我们及时听到了群众的呼声，得到了许多有益的批评和建议。一年来，召开了47次市长办公会议，讨论决定了130件事情，经检查，有124件得到贯彻。政府各部门之间扯皮有所减少，拖拉作风有所改进，工作效率有了提高。但是在改进领导作风方面我们做得还很不够，在一些方面仍然存在着互相推诿、不负责任等官僚主义现象，需要进一步克服。

各位代表：

在过去的一年中，市人大常委会和各位代表对政府工作及时给以监督指导，经常听取政府的汇报，深入基层进行检查，同时，市政协在这方面作了许多有益的工作，这是对市政府的极大帮助和支持。我们还得到中央机关、国家机关和驻京部队的指导和帮助，得到各群众团体、各民主党派和无党派人士以及各种学会的支持和帮助。各方面的支持和帮助，有力地推进了首都的各项建设，借此机会，我代表市政府向大家表示衷心的感谢。

1983年的工作虽然取得了一些进展，但是，同中央、国务院对我们的要求相比，同一些先进省市取得的成就相比，差距还很大，问题还不少，许多事情还远远不能令人满意。由于规划管理不严，盲目分散建设和投资不足，长期以来城市基础设施的建设欠帐过多，诸如水、电、煤气、热力、电讯、交通等等，还远远不能适应城市发展的需要，特别是水源缺乏的问题日趋严重；住宅建设的速度赶不上需要的增长，大批群众住房仍很紧张；交通拥挤、环境污染的现象仍很严重；教育、科学、文化事业的发展和以共产主义思想为核心的精神文明建设，与首都作为全国政治、文化中心的要求差距还很大；工业结构改革和技术改造的步伐还不够快，有些吃、穿、用产品的品种少、质量差或产量不足，适应不了首都人民生活水平日益提高的需要；在郊区占土地面积60%以上的山区，经济发展还比较落后，农民还不富裕；“对外开放、对内搞活”的方针贯彻得不够得力，流通搞得不活，零售商业，服务业的发展规模和多样性还很不够，人民生活不方便，还存在着吃饭难、做衣难、住店难、购物难等几难；服务态度、服务质量差的问题，还亟待我们认真加以解决。

以上这些问题的存在，说明了首都建设任务是十分艰巨的，而且有些问题不是短期内能够根本解决的，许多事情还只能量力而行，逐步去办。但是，在党中央、国务院的亲切关怀下，只要我们善于依靠广大群众和各方面的支持、帮助，只要继续狠抓打基础的工作，并且努力改进工作作风，克服官僚主义，减少主观主义，鼓足干劲，扎扎实实地进行工作，我们就一定能使首都的建设一年比一年好，经过若干年坚持不懈的努力，实现首都建设总体规划的目标。

1984年的工作安排

1984年是建国35周年，是实现三个根本好转关键性的一年。在这新的一年里，我们一定要大鼓爱国热情，增长四化志气，发扬勇于改革、大胆创新的精神，更加全面地、有计划地贯彻落实中央书记处关于首都建设方针的四项指示和党中央、国务院对《北京城市建设总体规划方案》的重要批复，努力把首都各方面的建设继续推向前进，使北京市各方面的工作做得更好一些，使各项基础工作搞得更快一些，更扎实一些，以更大的成绩向建国35周年献礼。

党中央、国务院对《北京城市建设总体规划方案》所作的重要批复，是中央书记处关于首都建设方针四项指示的进一步发展，是党在新的历史时期的总任务和十二大提出的战略目标、战略部署在北京的具体化，是北京城市建设拨乱反正的纲领性文件，是全面开创首都建设新局面的指导方针，得到了全市人民和各界人士的热烈拥护。今年二、三月份，我们在全市大张旗鼓地开展了学习、贯彻《批复》的活动，在一些重要问题上统一了认识，大家为搞好首都建设提出了许多宝贵的建议，不少单位还做到了边贯彻、边行动。这次学习、贯彻《批复》的活动，为顺利实施规划打下了良好的群众基础，但仅仅是个开端。市政府在今年全年的工作中，要始终把学习和贯彻《批复》作为统管全局的中心环节，坚持不懈地抓下去。一方面要规划长远，在《批复》精神指导下，以总体规划为依据，尽快编制出分区规划、详细规划和分期实施规划；另一方面要狠抓当前，首先是下决心治乱、治散、治软，把首都的各项建设更进一步地纳入四项指示和《批复》的轨道，以便按照规划的要求，有计划地、有秩序地开展各项建设。为此，1984年市政府要着重抓好以下十个方面的工作：

一、切实加强群众的思想政治工作，使首都人民的精神面貌和道德风尚有一个较大的变化，为提前实现社会风气的根本好转打好基础。

加强政治思想工作，是党组织的任务，也是各级政府时刻不可放松的任务。1984年必须在党的领导下，采取有力措施，依靠各方面力量，通过多种有效途径，使共产主义、爱国主义、国际主义思想在全市人民中得到进一步的树立和发扬。

举办轮训班、开展读书活动、举行演讲会，这是我们向人民群众灌输革命思想的传统办法。实践证明这套办法今天仍然有效。去年，全市各系统、各单位开展的这些活动，多数做得很好。今年要在提高质量的前提下，扩大规模。青工政治轮训、职业道德轮训要达到60万人次，参加“振兴中华”读书活动的人数要达到70万左右，要邀请更多的先进人物在全市作报告。大、中小学要通过教学和开展课外活动，进一步加强思想政治工作。今年要围绕庆祝建国35周年，宣传我国革命的光辉历程，宣传三中全会以来的伟大成就，宣传本地区、本单位的显著变化，大力表彰一批英雄模范，掀起一个形势教育和革命传统教育的热潮，引导群众把爱国之志化为报国之行，促进我们各方面的工作。各级政府要为开展这些活动，积极提供必要的工作和物质条件。

开展"五讲四美三热爱"活动。组织各个系统之间共建文明单位，是近年来在建设社会主义精神文明中创造出的新经验。它的特点是内容生动活泼，丰富多采，动员的力量非常广泛。我们各级政府机关和企事业单位，要积极支持工、青、妇等群众团体，在全市广泛深入地开展"做文明市民，创文明单位，建文明城市"的活动。各方面共建的文明单位要比去年翻一番，达到3，000个以上。城区要把三分之一的街道和居民委员会建成文明单位，农村要有四分之一的村镇成为文明村镇，全市要有五分之一的家庭成为五好家庭。

中央书记处1980年4月在讨论首都建设方针时指出：北京市人民的道德风尚和精神状态如何，在国内国际有重大影响。对这一点，我们必须不断加深认识。全市各级政府和所属各部门、各单位，一定要把建设精神文明列为自已的重要议程，防止和克服埋头业务工作，忽视思想工作的倾向。今年，在欢庆建国35周年之际，经过各方面的共同努力，一定要使全市人民的思想道德风貌有一个较大的变化。把这一环抓好了，其他各项建设事业的健康顺利发展才有保障。

二、继续严厉打击严重刑事犯罪和经济犯罪分子，切实加强社会治安的综合治理。

本市的社会治安已有比较明显的好转，但是，治安状况不够稳定，恶性刑事犯罪案件还有发生，打击严重经济犯罪分子的任务也很重，与实现社会治安、社会秩序根本好转的目标，还有不小的差距。今年，全市各级政府和各级公安、司法行政部门，一定要与法院、检察院密切配合，再接再厉，搞好综合治理，使首都的社会治安实现进一步明显好转，确保建国35周年庆祝活动的安全。

进一步严厉打击严重刑事犯罪分子，要注意把隐藏在机关、企业、学校内部的犯罪分子和外地流窜来京的犯罪分子挖出来，特别是对内外勾结、跨地区跨单位作案的犯罪团伙，要内外配合，一网打尽。在这场斗争中，要强调一个"准"字，要严格依法办事。全国人大常委会对七种重点打击对象，已作了明确规定，我们一定要认真贯彻执行，同时加强侦破工作，力争今年刑事案件的发案数比去年有较大幅度的下降，破案率，特别是重大案件的破案率有进一步提高。

要继续坚持综合治理。首要的一环是大力加强城乡基层政权建设和基础工作。今年内，一定要使派出所的工作得到切实的加强，使基层群众性治保组织得到充实和整顿，依靠他们深入了解和掌握情况。只有这样，才能把各种可能犯罪人员的一举一动纳入我们的视线，掌握斗争的主动权。其次是推动各机关、企业事业单位健全安全保卫机构，严格安全保卫制度，消除隐患，堵塞漏洞。对一贯忽视这项工作，使犯罪分子在那里得以猖狂活动的单位，必须严肃追究领导的责任。第三是认真搞好对失足青少年的帮教工作和对人民内部矛盾的调解工作，使失足青少年走上改过自新的道路，使大量的民事纠纷解决在萌芽状态，避免激化为犯罪行为。第四是严格户籍管理，认真清理暂住人口，控制流动人口，不给犯罪分子由外地窜入本市作案之机。搞好社会治安最重要的保证还是把广大群众充分发动起来，支持他们与各种犯罪行为作坚决的斗争。

根据国家的统一部署，本市去年已经建立起一支武装警察队伍。今年，我们要进一步加强这支队伍的军政训练，摸索出一套适应新形势的工作方法，并与各方面力量有机地结合起来，使全市的社会治安，特别是重要地区、重要部位的安全得到切实的保障。

去年，打击严重经济犯罪分子的工作取得很大成绩，但是发展很不平衡，有些部门、有些单位还没有真正行动起来。今年，一定要把这方面的斗争引向深入，特别要消除"死角"，抓紧大案、要案处理，对边打边犯的犯罪分子要及时从重惩处。

三、继续狠抓基础设施的建设，逐步摆脱城市建设上的被动状态。

供水、电力、煤气、交通、电讯等基础设施严重不足，是北京城市建设多年积累下来的一大矛盾。今年我们要继续坚定不移地狠抓这些设施的建设，为今后加快首都建设打下基础。

在供水方面，年内要完成田村山水厂的土建工程，进入设备安装阶段，确保明年夏季建成供水；扩建的通县水厂要保证今年用水高峰时做到简易供水。鉴于北京地区连年干旱，要及早采取措施，防止今年夏季可能出现的严重水荒。我们一定要在开源的同时，狠抓节流，要采取强有力的行政和经济的措施，推动机关、企事业和居民处处节约用水。从长远看，北京是严重缺水的地区，必须设法开辟新的水源。我们要在国务院有关部门的支持下，制定具体方案。

在供电方面，国家安排的由山西通向北京的高压输电线路，正在紧张施工，我们要把与之配套的房山变电站在年内建好。今年还要再建成4座变电站。改造石景山电厂的工程要全面做好施工准备，力争下半年开工。在国务院有关部门的帮助下，制定北京市电气化的长远规划。

在供气方面，要继续大力发展煤制气和引入天然气。要确保今年“七·一”前完成首钢煤气进城工程，力争日供气能力比去年提高27%左右。年内把华北油田天然气进京管道铺设完。同时，要加快入户管网的建设。

在道路、交通方面，近期的主攻方向是改造三环路和解决“出城难”的问题。目前，北三环路上的4座立交桥和马家堡公路、铁路立交桥都已开工，年内要保证牛王庙和马家堡两座立交桥建成通车；昌平路、学院路拓宽工程要力争在年内完成。这样，城区与北郊和东北郊之间交通严重阻塞的状况可望缓和。下一步再解决通往西郊和南郊路口的阻塞问题。地铁环线要确保今年“十一”正式运行。在繁华路口和交叉路口动工修建2座人行过街天桥、3座地下过街道和4座转盘式通道。在广泛征求意见的基础上，制定解决东单、西单交通拥挤的方案。

在通讯方面，年内要开通和增容4座电话局，新增电话2万门，同时抓紧市区8座新建电话局的施工；新建3座邮电局、14个邮电所。为了方便群众，今年要再增设300部公用电话（其中100部投币式电话）和25个“黄帽子”快班邮筒。

城市基础设施建设大多具有投资大、工期长的特点。我们要提前作出安排，抓紧设计、施工、力争早日建成投入使用，使我们逐步摆脱被动局面。

四、进一步加强环境建设，争取城市绿化、美化、净化有更大进展。

植树造林、修建公园、养花育草、整治河湖，是创造良好生态环境的重要环节，对首都来说意义十分重大。

要实行城乡一齐抓。今年要按计划完成城市植树100万株、铺草坪50万平方米、建设街头绿地400亩的任务。郊区分片义务植树要达到1,600万株以上，并力争有较高的成活率。在市区，要优先搞好1条百里长街、2条河、10个公园和15条主要街道的绿化、美化。在这些主要街道上要种植冷季型草坪12万平方米，并适当配以园林小品，逐步改变过去那种一条街、两行树的单调形式，有计划地使城市绿化由平面向立体、由单一向多样发展。郊区县镇也要有重点地抓好这一工作。现在各区县绿化、美化环境的积极性很高，分别提出了在本地区新建、整治公园的计划，有的已经动工。这些工程得到了广大群众的热情支持。附近的驻军、机关、企业和居民，积极参加义务劳动，反映出广大群众对加速首都绿化、美化的迫切心愿。

郊区造林要进一步放宽政策，实行多种形式的承包责任制。年内要完成四旁植树2,000万株，封山育林50万亩，荒山造林30万亩，育苗9万亩，并继续重点抓好风沙严重危害区的整治。

治理污染的工作今年要有更大进展。要划定密云、官厅、怀柔三大水库及引水渠道的水源保护区，严格防止新的污染。要动员各方面力量共同努力，使万泉河、长河、北护城河和亮马河上游的河水基本还清、两岸绿化。年内再撤销铸、锻、热处理和电镀厂点100个，治理其它扰民污染源292个。凡统建地区，一律按规划统一建设锅炉房，实行集中供热；非统建地区，要实行联片供热，尽可能地减少严重污染空气的大烟囱。年内要建成三个无黑烟区。今年还要对所有超标准放污染物的单位全面实行征收排污费的办法。

要进一步加强环境卫生管理。做到城区垃圾日产日清，对暴露在地面的180个垃圾站和260个垃圾台进行改造，并逐步做到分类收集清运，建成4个垃圾转运站和4个垃圾堆放场，并着手逐步改变公共厕所脏臭的状况。

去年，本市作了汽车更换低音喇叭和在主要街道禁止鸣喇叭的规定，减少了噪声污染，得到各方面的支持。今年要更严格地执行这一规定，并增加20条禁止汽车鸣喇叭的街道。逐步淘汰噪声大、污染空气严重的东风021型摩托车，年底前明令禁止在三环路以内行驶。

五、采取积极措施，大力发展教育、文化、卫生、体育事业。

《批复》指出，北京不但是我国的政治中心，同时也是我国的文化中心，这就要求我们把教育、文化、卫生、体育的建设放在更加重要的位置上。

大力发展教育事业是搞好现代化建设的基础。教育要面向四化，面向世界，面向未来，为四化培养合格人才。要加强各方面对专业人才需求的预测，据以继续调整高等教育的层次、结构和专业设置，今年内基本完成市属高等院校和大学分校的调整工作。同时，继续进行教育改革的试验，增加改革的试点。要充分利用高等院校的师资力量，在郊区县试办大学分校。要动员北京地区各高等院校挖掘潜力，使今年高校招生人数扩大到2.92万人，比去年增长5.4%，提前一年实现“六五”计划指标。要进一步发展中等专业技术教育。对确定首批办好的46所中专、技校、职业高中，要加强领导，制定规划，落实措施，务求办出特色，办出水平，办出经验。

中小学要下大气力提高教学质量，努力提高学生的合格率。要高标准严要求，办好25所市属重点学校，支持和鼓励他们在教育改革中大胆探索，勇于创新，多出人才。要分期分批整顿城近郊区101所办得较差的中学，力争今年整顿好三分之一。中小学要为培养掌握现代技术的人才打好基础。当前，尤其要抓好计算机知识的普及。今年，先在17所中学开设计算机选修课，待取得经验后逐步向全市推广。

要继续发展幼儿教育，通过多种途径增加托儿所、幼儿园，同时注意培养保教人员。

成人教育要进一步发展。电视大学、职工大学、函授大学和夜大学要根据首都四化建设的需要，调整专业设置，合理布局，特别要注意提高质量。今年招生人数要达到2万人以上。要下大力量办好电视大学，筹建电视中专。今年9月电视中专开学后，争取全市成人中等专业学校的招生人数由去年的1，000人增加到1.7万人。要继续支持民办职业教育的发展。

今年，要进一步加强城乡群众文化工作，逐步健全区县、乡（街道）、村三级群众文化组织，扩建一批区县文化馆、图书馆。力争城区千人以上的企业单位都能建立图书馆和俱乐部，农村一半以上的生产大队建立俱乐部或“青年之家”。要在远郊区县建立一批电视差转台，基本解决山区16万人看不到电视的问题。为迎接建国35周年，要在群众中开展“歌唱伟大祖国”的文艺比赛和汇演。要组织文艺工作者创作更多反映社会主义建设的优秀作品。要继续摸索文艺团体管理体制改革的途径，进行改革试验。思想文化战线要继续做好清除精神污染的工作。

文物管理部门要把保护文物同利用文物结合起来，更好地发挥文物的教育作用。今年，要量力而行，积极修复一批古建筑，重点修复鼓楼、大钟寺藏经楼和宛平县城；对周口店猿人遗迹和大钟寺保护范围内的厂矿着手进行搬迁和订出搬迁的计划；争取开放东南城角楼、德胜门箭楼、文天祥祠等文物点。

医疗卫生战线要加强基层医院的建设，积极改善医疗条件，有计划地为他们补充更新医疗器械设备。市属各大医院要帮助基层医院培训医务人员，提高技术水平，搞好业务建设。今年要新建扩建一批区县医院、防疫站和街道医院，全部建成后可增加病床近4，000张。要进一步巩固和发展家庭病床，加强管理，健全制度，完善办法，提高质量。中年知识分子是各条战线的骨干力量，他们的负担很重，要积极采取措施，保护他们的健康。要认真总结经验，逐步扩大管理体制和公费医疗管理办法改革的试点，加强管理，减少浪费。

计划生育工作要继续抓紧，今年人口自然增长率要力争不超过12‰，同时要严格控制人口的机械增长。

积极发展体育事业，继续大力开展群众性体育活动。重点抓好中小学体育，开展多种体育竞赛，提高青少年的身体素质。要建立田径、游泳、体操等单项运动技术学校，大力加强少年儿童的业余训练工作，为我市运动队培养合格的后备人才。要调整和充实教练员队伍，加强业务进修，改进训练方法，提高训练水平，并着手筹建新的训练基地。提倡各机关、企事业单位以及农村因地制宜地开展工间操、太极拳等有益于健康的群众性体育运动，组织各种竞赛活动，提高我市人民的健康水平。

发展首都的文化、教育、卫生、体育事业，都需要动员各方面的力量去办。对各单位自办或在自愿的原则下几个单位集资兴办体育场、文化馆等设施，市政府都要给以支持。

六、大力抓好科学研究、新技术推广和技术引进，推动技术进步。

大专院校、科研院所多，科技人员多，是北京地区的优势。应当采取多种形式发挥这一优势。要大力组织生产企业同大学、科研单位以及国防科工委系统挂钩协作，开展重点项目联合攻关，组织科研、试验、生产、应用“一条龙”以及建立生产科研联合体。今年要继续抓好26个“一条龙”的攻关开发项目，力争早出成果，多出成果。同时，重视发挥科协和各学会的作用，大力普及科学技术知识，努力办好科技进修学院。农村要建立健全技术推广体系，充实加强技术推广力量；工业部门要大力开展群众性的技术革新活动，推广新技术、新工艺，开发新产品，加速产品的更新换代。

为了加快技术改造的步伐，今年要更放手地从国外引进先进技术和设备，目前已安排技术引进项目230多个。我们要力争把引进的规模搞得更大一些，方式更灵活一些，可以购买技术专利，可以与外国企业合营，依照宪法和国家有关法律，允许外商来京独资办厂。技术引进的重点是电子、食品加工、轻纺和建材工业技术设备。在扩大引进的同时要注意对外来技术的消化和吸收，提高引进的经济效益。同时，积极引进兄弟省市的先进技术，与他们进行联合与合作。

要密切注视“世界新的技术革命”的形势，研究制订本市的科技政策和长远规划，积极扶持新兴技术的发展。当前要特别注重电子计算机在城市建设、城市管理、经济建设以及其他行业的推广应用。今年全市应用微型计算机、单板机的数量至少要比去年翻一番。

今年，要在总结经验的基础上，完善和扩大科研责任制，把试点单位由20个增加到50个。在农村要进一步完善和扩大技术承包责任制，以充分调动科研单位和科技人员的积极性。

要推动技术进步，必须进一步落实知识分子政策，重视知识，重视专门人才，重视智力投资，继续克服有些地方轻视知识、歧视知识分子的错误作法。市政府聘请的专家顾问今年要增加到1，000名以上，在重要技术经济方针的决策和实施过程中，要听取这些专家顾问的意见，发挥他们的作用。全市各个系统及其基层单位，都应按照自己的需要，选聘一些专家担任顾问。各单位对现有的科技人员，政治上要信任，生活上要关心，工作上要放手，充分发挥他们的聪明才智。还要积极支持科技人员组成各种专业咨询组织，为各单位提供咨询服务。

七、加速工业的调整和技术改造，促进适合首都特点的工业进一步发展和提高。

《批复》要求，首都“工业建设的规模要严加控制。工业发展主要应当依靠技术进步”，“应着重发展高精尖的，技术密集型的工业，当前尤其要迅速发展食品加工工业、电子工业和适合首都特点的其他轻工业”。我们要坚决按照这一方针，进一步搞好工业的调整和改造。

食品工业必须有一个大的发展。为适应首都市场的需要，今年要重点抓好啤酒、牛奶加工、面粉、豆腐、方便食品、风味食品、植物油加工以及粮食复制品的生产。啤酒产量要达到11.5万吨，比去年增长13%，豆腐产量要比去年增长10%以上。要抓紧在建食品工业项目的施工，并作好生产准备，使之竣工后能迅速投产。

电子产品和其他本市具有优势的耐用消费品，也要更快地搞上去。今年电子计算机系列产品争取翻番，电视机产量要由去年的41万台增加到55.5万台，录音机系列产品和家用电器产品要比去年增长50%以上。电冰箱、胶印机、电子计算机、摩托车等产品，都要像“白兰”洗衣机那样走城乡结合、工农结合、专业化协作的路子，迅速提高质量，扩大产量。

要大力加强技术改造。技术改造的重点放在开发新产品、提高质量、降低能源和原材料消耗上。要通过大搞“内联”、“外引”，加速改造。今年要组织技术协作和联合攻关项目400多个，继续引进一批先进技术设备，实现技术改造项目362项，使120个企业得到初步改造，100种主要产品达到国外七十年代末或八十年代初的水平。

继续扎扎实实地抓企业整顿，坚持高标准，严要求。到年底要再有400多个企业达到验收合格标准；已验收合格的企业要在技术现代化、管理现代化和人才现代化上下功夫。今年要争取企业素质和经济效益有一个明显提高，并有一批企业进入全国同行业先进行列，达到“六好”标准。

1984年全市工业总产值要达到263亿元以上，保证提前一年完成“六五”计划指标，与去年相比，全员劳动生产率提高3%，可比产品成本降低1.5%，万元产值能耗降低3%以上，并做到销售收入、实现利润与工业总产值同步增长。

八、大力发展多种经营和商品生产，使郊区农村经济更上一层楼。

根据中央1984年1号文件和《批复》的精神，郊区农村今年要大力发展多种经营和商品经济，特别是要把蔬菜、牛奶、禽蛋、肉类、水产、干鲜果品的生产搞上去，为首都提供品种更多、质量更好、数量更足的副食品。

今年，要巩固和完善各种形式的生产责任制，同时，进一步深入地进行经济结构和管理体制的改革。要坚持国营、集体和社员个人一齐上的方针，充分调动集体和社员的积极性，大力发展饲养业和各类商品生产，集体饲养奶牛要达到1.1万头，社员户养奶牛突破2，000头，奶山羊突破7万只。要端正对专业户的看法，正确对待那部分先富起来的农民，鼓励和支持他们带头勤劳致富，带头发展商品生产，带头改进生产技术。

要把山区建设放在重要地位，坚持以林果为主、兼营其他的方针。各行各业都要为加速山区经济的发展贡献力量。

要打破部门、地区、所有制的界限，发展多种形式的经济联合。农商之间、农工之间、生产单位与科研部门之间可以联营；近郊与远郊、平原与山区、本市与外地、本市与外国可以联营；农户与农户、农户与集体、集体与国营、农户与国营之间也可以联营。凡是有利于发展商品生产，有利于搞活农村经济的联合，我们都要积极支持。要大力推广、应用现有的各项科技成果，广泛开展各种形式的技术服务活动，并采取多种形式，为农村培养急需的专门人才。要鼓励知识分子到农村去。郊区各区县政府可以根据自己的财力物力，为聘用专门人才自订优惠条件。

今年，郊区农村要力争实现以下目标：牛奶产量2.44亿斤，比去年增长15.3%；交售鲜蛋1.5亿斤，增长16.3%；淡水鱼捕捞1，500万斤，增长36%；考虑到去冬今春旱情十分严重，集体粮食总产量计划为37亿斤，干鲜果品总产量3.6亿斤，力争超过；调市蔬菜22.3亿斤；交售生猪200万头。农业总产值力争比去年增长10%以上；乡镇企业总收入增长15%以上；公社三级总收入达到48亿元，争取50亿元，比1980年翻一番。在保证税金和集体积累增加的前提下，农民人均年收入达到570元以上，比1983年增长13%。

九、严格按照《批复》和总体规划方案的要求安排基本建设项目，积极推进施工企业和设计单位的改革。

多年来，要求在北京地区建设的项目过多，布局又很不合理，造成了一系列的尖锐矛盾。今后，必须坚决贯彻《批复》的精神，严格按照总体规划方案，对所有建设项目进行排队，并合理安排布局。考虑到目前城区建筑密度和人口密度过高，近郊区可供建设的用地也已经十分有限。从今年起，要把住旧城，控制近郊，发展远郊，逐步从城内向城外疏散。对城近郊区的新开工程，要严格控制，提倡“见缝插绿”，坚决制止“见缝插楼”。必须摆在北京地区建设的某些项目，要尽可能安排到远郊卫星城镇。对住宅、办公楼要逐步实行统一开发、统一建设，使新的建筑成街成片，扭转分散建设、各自为政、杂乱无章、严重浪费国家资财的局面。总之，今年，我们一定要在治理基本建设的“乱”和“散”方面，迈出重要的一步。

今年全市基本建设开复工面积计划为1,600万平方米，要力争控制在这个限度内，以免摊子铺得过大，处处打“消耗战”。对中日友好医院、东单电话局等国家的重点工程，必须集中人力、物力，确保按计划进行。对市里安排的重点工程和重点大学的扩建工程，也要按期完成。我们一定要把施工力量组织好，建筑材料供应安排好，保证全年房屋竣工面积达到600万平方米以上，其中住宅达到400万平方米以上。适应国际交往的需要，今年要建成西苑、长城、京伦、燕春、日坛等饭店和宾馆，同时再安排一批不同档次的旅游旅馆。为了加快建设速度，必须解决好征地拆迁问题。积多年之经验，市里必须掌握一批拆迁周转房，才能摆脱因无房搬迁而严重妨碍建设速度和布局的被动局面。从今年起，我们要下大力量着手建设一批周转房。

要加快施工进度特别是提高竣工率，必须加快建筑施工企业管理体制的改革步伐。今年，要逐步地推行施工单位向建设单位承包整个工程的经济责任制，并试行公开招标的办法，欢迎外省市施工单位来京投标。在施工企业内部也要层层实行承包，市统建住宅全部实行投资包干，真正实现责、权、利三者的统一，打破吃大锅饭的现状。

要努力提高建筑设计水平。无论大型公共建筑的设计，还是住宅小区的规划设计，要尽可能邀请全国兄弟省市的设计院和大专院校参加，可以联合设计，也可以分头设计，择优选用，并给予奖励。各设计单位要发挥设计人员的积极性和创造性，努力改进设计；各建设单位和施工单位对改进设计要给以支持。经过几年的努力，使北京的建筑形式博采众家之长，逐步改变千篇一律的格局。

要大力整治建筑工地脏、乱、差的状况，推行文明施工。从今年起，建筑工地临时工棚要逐步改为标准较高的二层活动房。工程竣工后，尽快撤走，为绿化美化环境提供方便。年内要在近郊建成8个混凝土集中搅拌站，逐步取代城近郊分散设置的临时搅拌站。

十、加速商业的发展，进一步搞活流通，以适应工农业生产迅速增长和人民生活水平不断提高的新形势。

十一届三中全会以来，特别是近两年来工农业生产的迅速发展和城乡人民生活水平的明显改善，对改进流通工作提出了新的更高的要求。下决心进一步抓好商业服务业，把流通搞活，是摆在我们面前的一项刻不容缓的任务。

按照《批复》中关于“商业服务业应在短期内有一个较大的发展”的要求，商业部门必须进一步贯彻“三多一少”的方针。要按照国营、集体、个人一齐上的原则，在以国营商业为主渠道的前提下，大力扶持集体、个体商业和服务业的发展。批发部门要加强外埠采购，零售单位要进一步与生产单位直接挂钩，多方组织货源，努力减少流转环节，并采取多种方式大力推销。要认真学习重庆建立工业品贸易中心的经验，今年建立全市性工业品批发市场2个。为增加城乡之间的商品流通渠道，在三环路内外筹建农副产品批发交易市场4个，并在郊区普遍发展基层供销社代理批发，国营集体联合批发以及重点集镇的国营零售商店兼营批发等各种类型的批发网点。

要继续抓好零售商业网点的建设。今年新建国营、集体网点1,200个，并有计划地发展一大批个体户。针对本市目前矛盾突出的“住店难”、“吃饭难”等问题，国庆节前要建成中、低档旅馆15个，年底前改造饭馆50个，今明两年在城近郊区新建饭馆300个。去年试办的自选市场，是改革零售商业传统经营方式、向商业经营管理现代化转变的一个尝试，受到了群众的欢迎，今年要再建25个。

《批复》指出生活服务设施要逐步实现社会化。目前，一些单位的内部食堂、浴室、礼堂已向社会开放，今年要进一步推广。对组织家务劳动服务公司的试点，要在总结经验的基础上逐步扩大。

在实行“利改税”后，要继续坚持和完善零售商业和服务业的经营承包责任制；批发商业也要通过试点，稳步推行各种经营责任制。在商业改革中要注意引导职工更好地为生产服务，为消费者服务。要通过企业整顿和财贸职工的政治、业务培训，加强职业道德教育，开展技术练兵、技术考核和技术表演赛，使职工的政治素质和业务素质不断提高，使服务态度和服务质量有一个明显的改进，做到优质服务，礼貌待客。为了切实解决提高服务质量的问题，市政府决定成立一个领导小组，专门负责抓这项工作。

要把郊区供销社真正办成农民群众集体所有的合作商业。要突破农民入股的限制，提高农民股金的比重；要突破现有经营范围和服务领域的限制，做到想农民所想，急农民所急，办农民想办的事；要大力发展同乡镇企业、专业户、重点户和一般社员的联营，联营户要从去年的3万户增加到9万户，联营总收入由1，600万元增加到5，400万元。

财政、税收、银行、物价、工商管理等部门对搞活流通、搞活经济要给以积极的支持，同时加强监督和检查。要认真执行物价、税收、信贷等政策和规定，既要维护经营者的正当权益，又不允许损害国家和消费者的利益。

各位代表：

为了实现上述任务，今年在改进市政府的领导工作方面，拟着重抓好以下三点：

一是抓改革。我们深深体会到：要同党中央保持高度的一致，就必须努力开创新局面；而要开创新局面，在许多事情上，就非搞改革不可，近几年，全国的农业、北京市农业所以能够取得显著的发展，最重要的一条就是冲破了长期以来“左”的思想的严重束缚，深入进行了改革。去年，我们在城市的工业、基建、商业、科技、教育、文化、卫生等战线，也搞了一些改革的试验，但步子有限，范围不大，有少数单位向前迈了一步，又退了回来。城市各业的情况的确比较复杂，不能把农村的一套照搬过来。但是农村改革的基本经验，对城市也是适用的。我们一定要遵照党中央、国务院确定的“对外开放，对内搞活”的方针，进一步解放思想，着重克服“左”的影响，冲破束缚生产发展的条条框框，在调查研究的基础上，制定一些具体的政策。特别是要坚决地、有步骤地改变企业吃国家的“大锅饭”，职工吃企业的“大锅饭”的状况。只有在加强政治思想工作的前提下，认真贯彻按劳分配的原则，使责、权、利紧密结合，才能充分调动企业和广大职工的积极性。我们各级政府领导干部必须认清：老路不能走，邪路走不得，要把四化建设推向前进就必须走新路。而新路是没有现成的模式可以仿效的，只能靠我们自己去试验、去探索。要保持坚韧不拔的毅力，绝不能因为改革中出现一点毛病和问题就裹足不前。要深入下去，掌握第一手材料，认真抓好试点，逐步推开。看准了的事，就坚决去办。事关全局、需要上级批准的，就积极提出方案，报请上级批准后去办。要精心指导，发现问题，立即解决，有了经验，及时推广。今年，我们一定要在改革方面迈出更大的步伐，取得更大的成效。

二是抓法制。多年的经验证明，要把北京这样的大城市建设好、管理好，没有一整套法规和具体管理办法是不行的；这也是治乱、治散、治软的根本之道。党中央、国务院在《批复》中明确指示要建立法规体系，做到各项工作都有法可依。今年，要对已经颁布的法规的执行情况认真进行检查；还要着手拟订一系列地方性法规，报市人大常委会批准后，颁布施行；市政府也要制订若干管理条例。有了法规和条例，就要做到“有法必依，执法必严，违法必究”。只有这样，才能巩固前一段治乱、治散的成果，才能使城市建设总体规划方案得以全面实施，把城市建设和管理工作提高到一个新的水平。

三是抓领导作风和领导方法的改进。在繁重的任务面前，市政府和所属各部门的领导干部，就得辛苦一些，忙是避免不了的，但必须努力做到“忙而不乱”。这就要求我们提高领导艺术。对全局的情况要心中有数，对重大的问题要挤出时间做系统的调查研究。要按照革命化、年轻化、知识化、专业化的要求，继续调整局和区县以下的领导班子。要给区县政府和市属各局以更大的权限，放手让他们做更多的事情。要加强综合部门和各系统主管部门之间的协调配合，彻底改变某些部门间“隔口如隔山”的局面。要建立强有力的“参谋部”和“智囊团”，虚心听取他们的意见，充分发挥他们的作用。既要强调集体领导，又要实行分工负责，建立严格的岗位责任制，属于自己职责和权限范围内的事情，要独立负责，大胆去办，不推不拖。对决定了的事项，要狠抓落实，一抓到底，务求见到实效。要进一步提倡各部门深入现场联合办公，面对面地解决问题，尽量少开会、少发文件，努力使自己从“文山会海”中解放出来。要密切联系群众，认真处理人民来信，听取群众的呼声，这样才能使我们减少失误，少犯错误。

今年是中国共产党开始全面整党的一年。这次整党是把我国建设成为现代化的、高度文明、高度民主的社会主义国家的根本保证。作为政府的工作人员，我们一定要关心这件大事，积极地向党提出意见和建议，帮助整好党。在政府工作人员中的共产党员，特别是党员领导干部，一定要以身作则，严格要求自己，努力提高觉悟，纠正各种不正之风。对整党中揭露出来的属于政府工作中的缺点和错误，要本着边整边改的精神，坚决加以改正。在这次整党中揭露出的崇文门旅馆等单位服务态度恶劣的事件，就暴露了政府工作中存在的问题。各方面对此提出的批评，对我们是很大的帮助，我在这里表示衷心的感谢。我们热切地希望各位代表、各位政协委员和各界人士，继续对政府各方面工作中的缺点和错误给以批评和帮助。

现在，全国和全市的政治和经济形势都是一派大好。广大人民殷切希望北京市的工作在1984年有更大的进步。我们一定兢兢业业，埋头苦干，在中国共产党第十二次全国代表大会精神的鼓舞和指导下，坚持四项基本原则，坚决贯彻执行中央书记处关于首都建设方针的四项指示和党中央、国务院对《北京城市建设总体规划方案》的重要批复，依靠各方面支持和帮助，为全面开创首都建设的新局面而努力奋斗！

关于北京市一九八四年国民经济和社会发展计划草案的报告

——一九八四年四月四日在北京市第八届人民代表大会第二次会议上

北京市计划委员会主任　王　军

各位代表：

我受市人民政府的委托，现在向大会提出北京市1984年国民经济和社会发展计划草案的报告，请予审议。

一、1983年计划执行情况

1983年，全市人民在党的十二大和六届全国人大一次会议精神指引下，在市委的领导下，贯彻落实中央书记处关于首都建设方针的四项指示和中央、国务院对《北京城市建设总体规划方案》的批复，超额完成了国民经济和社会发展计划，各条战线都取得了新的成就。

郊区农村普遍推行以统一经营、专业承包为主的各种不同形式的联产承包责任制，积极开展多种经营，推广应用先进科学技术，农业生产获得创纪录的丰收。农业总产值、粮食和肉类总产量提前两年超过了市八届人大一次会议通过的“六五”计划规定的指标。农业总产值达到27.1亿元，比上年增长29.3%。粮食总产量40.3亿斤，比历史上最高的1980年增产3.1亿斤，平均亩产829斤。在“服务首都，富裕农民，建设社会主义现代化新农村”的方针指导下，副食品生产成绩显著，特别是鲜蛋、牛奶的生产形势喜人。全年鲜蛋收购量1.3亿斤，比上年增长59.3%，加上外省市调进一部分，做到了全年敞开供应。牛奶产量达到2.1亿斤，比上年增长18.4%。肉类总产量达到14.9万吨，比上年增长7.6%。淡水鱼捕捞量1，103万斤，比上年增长45.4%。干鲜果品产量3.64亿斤，比上年增长31.5%。蔬菜数量充足，品种增加，上市均衡，供应情况进一步改善。全年造林49.4万亩，超额完成计划。随着副食品生产和工副业的迅速发展，粮食以外的多种经营收入在集体总收入中的比例已达到85.8%。

工业生产持续增长。全市工业总产值完成250.6亿元，比上年增长9.6%，大大超过了计划增长4%的速度。其中重工业增长11.4%，轻工业增长7.7%。99种主要产品的产量中，有94种超额完成了国家计划。列入“六五”计划的37种主要工业产品产量，已有钢、钢材、煤、发电设备、汽车、化肥、水泥、纸、缝纫机、卷烟等15种提前两年完成了计划规定的1985年指标。工业部门围绕提高企业素质，狠抓企业整顿和技术改造，在提高产品质量和经济效益方面，取得较好效果。经过企业整顿，1983年已验收合格的企业共245个，约占经委系统企业总数的30%。全年获国家金、银质奖的产品43种，比上年增长79%。在全国同行业质量评比中，有36%的产品获得第一名。全年试制新产品1，600多种，增加新花色、新规格2.3万种。全年技术改造的重点项目共600多项，食品、化纤、针织品、冶金、化工等行业的一批增加品种、提高质量、改进包装的项目已经投产见效。主要经济效益指标有一定进步。1983年市属全民所有制工业上交利润15.4亿元，比上年增长0.5%，扭转了近两年连续下降的局面。全员劳动生产率提高5.5%.可比产品成本降低0.61%，万元产值耗标准煤降低7%左右。重点治理城区污染扰民严重的工业企业有新的进展，关停并转了39个企业，城区内31个锻造厂点已全部撤销或外迁，三环路以内的电镀厂点已撤销36.4%。

铁路货运量完成3,152万吨，比上年增长2.8%。公路货运量4，479万吨，比上年增长3.9%。市内公共交通客运量达到30.2亿人次，比上年增长6%。邮电事业和地质勘探工作都取得新成绩，市内电话增加了14，280门。

基本建设，根据中央关于严格控制固定资产投资规模、集中财力物力确保重点建设的指示，我市认真清理地方在建项目，停建缓建了401个基建和更改措施项目，核减投资1.5亿元，建设规模得到控制，没有突破国家下达的计划。全年基建投资计划内项目完成投资27.1亿元，完成计划79.2%(主要是计划投资规模偏大)。房屋建筑开复工面积1，730万平方米，竣工657.4万平方米，其中住宅470万平方米，创历史最高水平。房屋建筑竣工率达到38%，比上年提高2.3%。其中中日友好医院、东单电话局、彩色电视中心等8项国家重点工程完成全年投资计划95.5%，大大高于全市平均水平。

地方基本建设完成投资11.3亿元。城市基础设施的建设进一步加强。全年新建道路29公里，雨污水干线管道22公里，北京煤气厂已形成日供气30万立方米的能力，北护城河、万泉河、亮马河等疏浚治理取得了显著效果。文教卫生部门，医院新增病床300张，加上中央部门所属医院共增加1，106张；建成大专院校用房21.7万平方米，中小学用房5.1万平方米。建成职工住宅220万平方米（不包括统建分给地方的住宅)。食品工业部门，新增生产能力主要有啤酒2.5万吨、再制奶6，000多万斤、小食品120万斤等。政法公安、商业饮食服务业等都有一批项目建成。

市场繁荣，购销两旺。商业部门大力进行多种经济成分、多种流通渠道、多种经营形式和减少流通环节的体制改革，积极推行经营责任制，调动了职工的积极性，进一步搞活了市场。全年社会商品零售总额完成83.6亿元，比上年增长14%，吃、穿、用各类商品销售额全面增长。高档耐用消费品始终保持旺销势头，特别是电冰箱、洗衣机、彩色电视机、电扇等家用电器供不应求。城镇集体经济和个体经济继续发展。1983年新发展知青集体网点821个，累计已达到6,446个；新增个体户2.4万多户，累计已达到3.6万多户。

对外贸易，由于受资本主义市场萧条影响以及严格控制出口亏损等原因，全年完成出口商品换汇额5.9亿美元，只完成计划的90.6%。利用外资、引进技术和灵活贸易取得了新进展，全年签约成交项目201项，金额1.32亿多美元。

旅游事业，1983年旅游部门共接待旅游者50.9万人，比上年增长11.5%。

高等学校招生2.77万人，比上年增长26.5%。中专、技校、职业中学招生人数都有增加。普通中学和小学得到了加强。成人教育和幼儿教育有新的发展。一些学校的办学条件有所改善，教学质量继续提高。卫生防病和医疗工作有所改进，全市产科病床已增至2，400张，紧张状况有所缓和。科学技术研究进一步贯彻面向经济建设的方针，围绕重点科技项目组织了20条科研、生产协作“一条龙”，并选择了20个院所试行科研责任制，全年共取得近900项成果。体育运动水平有了提高，在第五届全运会上，本市运动员获得的金、银、铜牌数居全国第三位。文化、新闻、出版、广播、电视和文物事业都做出了新成绩。

劳动就业，1983年共安置城镇待业青年7.9万人，到年底，全市全民所有制和集体所有制职工人数达到372万人，比年初增加11.9万人。全年工资总额比上年增长10.8%。郊区农民人均收入达到506元，比上年增加140元，是历史上增长最多的一年。随着城乡人民收入的提高，银行储蓄大幅度增加，全市1983年共增加储蓄存款8亿元，比上年增长37%。

计划生育工作取得重大成绩。城市一胎率已达到99.1%，农村一胎率已提高到80.8%。全市人口出生率由1982年的20.04‰下降到15.63‰，自然增长率由14.36‰下降到10.14‰。全市人口机械增长5.9万人（包括基建工程兵集体转地方增加2万多人)。年末常住人口达到933.2万人，比上年末增加15.4万人。这是近几年来人口增加较少的一年。

总的看，去年全市在物质文明和精神文明建设方面都取得了新的进展，社会经济形势是很好的，但也还存在一些问题。主要是：基本建设规模仍然偏大，建筑材料供应紧张，竣工率提高不多；食品工业发展还不够快，少数轻纺产品如手表、闹钟等，由于应变能力差，规格、型号、花色变化慢，不适销对路，造成滞销减产；经济效益提高仍然较慢，同上海、天津等先进地区比，差距还不小；科学、教育、文化事业的发展同北京作为全国政治和文化中心的地位不相称。

二、1984 年计划草案的安排

1984 年是建国 35 周年，是实现“六五”计划关键的一年。我们要继续贯彻执行调整、改革、整顿、提高的方针，紧紧围绕党的十二大提出的奋斗目标，继续全面落实中央书记处关于首都建设方针的四项指示和中央、国务院对《北京城市建设总体规划方案》的批复，根据北京是全国政治中心和文化中心的性质要求，统筹安排物质文明和精神文明建设的各项计划，促进我市社会经济的繁荣和发展，争取提前一年实现“六五”计划规定的主要指标，以努力开创首都社会主义现代化建设新局面的实际行动迎接建国 35 周年。

根据全国计划会议分配给北京的任务，结合我市的具体情况，对 1984 年计划拟作如下安排：

（一）农业生产

1984 年要认真贯彻中央一号文件精神，进一步解放思想，继续改革，放手发展商品生产，在抓紧粮食生产的同时，努力把禽蛋、肉食、牛奶、水果、淡水鱼等副食品生产搞上去，尽快把郊区建设成为首都服务的、稳定的副食品基地。农业计划指标，因受自然条件影响较大，余地留得稍大一些，执行中尽力超过。农业总产值计划增长 10.7%，粮食总产量 37 亿斤，调市商品菜 22.3 亿斤，牛奶产量 2.44 亿斤，鲜蛋收购 1.3—1.5 亿斤，商品猪稳定在 200 万头左右（重点发展瘦肉型猪），淡水鱼 1，500 万斤。乡镇企业要有新发展，总收入争取达到 27 亿元以上。根据绿化首都的要求，1984 年郊区计划造林 30 万亩，重点是平原防护林带和前脸山区的风景区、旅游区。造林要同封山育林相结合，要采取有效措施提高成活率。

实现 1984 年农业生产计划，要进一步稳定、完善生产责任制，在专业承包的基础上，积极发展多种形式的联合经营。要逐步建立商品生产服务体系。粮食生产要稳定种植面积，1984 年要种足 480 万亩，关大力提高单产。牛奶羊奶要一齐抓，要积极引进良种奶牛，大力发展集体和专业户养牛，同时把奶品加工安排好，力争经过几年的努力，解决鲜奶供应紧张的问题。干鲜果品生产要加强科学管理，改良品种，努力提高单产。去冬今春持续干旱，要狠抓节水工作。目前两大水库蓄水量只有 16.3 亿方，比去年同期减少 3.6 亿方，各郊区县要重点抓好渠道防渗工作，并总结推广水稻旱地直播技术，提高水的利用率，全年农业用水要控制在去年的水平上。要努力搞好氮肥生产，提高磷肥的质量，增加配合、混合饲料的生产。各行各业都要继续大力支援郊区农业。

（二）工业生产

1984 年的工业生产，要以提高经济效益为中心，把提高产品质量、增加品种、降低能源和原材料消耗作为主攻方向，在继续抓好企业全面整顿、努力提高企业素质的基础上，加强技术开发和技术改造，加快技术引进的步伐。1984 年全市工业速度拟安排增长 5%，工业总产值达到 263 亿元，提前一年实现“六五”计划规定的 1985 年指标。市计划产品共安排 339 种，主要产品产量指标是：钢 215 万吨，生铁 290 万吨，煤 810 万吨，发电量 101.9 亿度，水泥 242.3 万吨，化学纤维 3.66 万吨，棉纱 6.5 万吨，呢绒 1，255 万米，电冰箱 9 万台，电视机 55.5 万台，洗衣机 44 万台，啤酒 11.5 万吨。这些都是留有充分余地的，执行中将会超过。另外安排了区、县和非工业系统的产品产量指标 126 种，作为指导性计划。

根据首都城市性质的要求，要迅速发展食品工业、电子工业和适合首都特点的其它工业。要把发展食品工业放在工业部门的首位。按照统筹规划、分口经营、各有侧重、工农商各部门协调发展的原则，充分发挥市、区、县、乡的积极性，努力把食品工业搞上去。市里已制订了 1981—1990 年食品工业发展规划，在规划的范围内，要打破部门界限，只要符合食品卫生法的要求，各级、各种经济类型都可以搞。为适应人民生活水平提高和旅游事业的需要，要发展多种多样的食品，逐步做到数量足、品种多、质量好、讲卫生、有营养、食用方便、价格适宜，力争有新的突破。

轻纺工业要继续实行“六优先”原则，努力增产适销对路产品，要突出上质量、上品种、上水平，压缩长线产品，转产紧缺商品，扩大名牌、优质产品，开拓新的生产门类和领域，加速产品更新换代。要从大批量、少品种生产转到适应小批量、多品种上来。

电子仪表工业要加快发展速度。广播电视和仪器、仪表产品要在不断提高产品质量和增加新品种的前提下，争取在数量上有较大的增长。北京是全国电子计算机生产的重要基地之一，要在全国统筹安排下，结合首都城市管理计算机化总体规划方案，加强科研试制工作，努力开发新品种，形成系列，同时积极开展推广应用和销售服务工作。要努力提高生产资料类电子产品的比重，为国防建设和国民经济各部门多提供一些电子技术装备。电视机、收音机、录音机等日用消费品，要在品种、款式、价格等方面提高竞争能力，适应市场需要。

重工业要坚持按需生产，继续扩大服务领域。机械工业要努力抓好促进技术进步的产品，积极生产急需的短线产品和节能产品，限制和淘汰性能落后的产品，重点安排备品备件生产，择优安排量大面广的产品，保证国家重点工程和食品、电子、轻纺工业的需要。农机工业要努力适应农村经济发展的新要求，调整产品结构，大力发展农副产品深度加工等多种经营机械。

建材工业要在现有基础上，把水平提高一步，保证质量，提高档次，大力发展新型建筑材料，特别是建筑装修和五金水暖产品，为美化首都做出贡献。要积极发展水泥工业，在全市统一规划下，有计划地改造、扩建现有企业，提高质量，增加产量，尽可能弥补一部分供需缺口。

交通运输，1984年铁路货运量安排3，100万吨，公路货运量4，278万吨。要切实保证重点物资的运输，特别是煤炭的运输。要进一步搞好公路、铁路分流，挖掘潜力。市内公共交通客运量安排31.5亿人次。1984年要开辟5条新线，延长、调整3条旧线，并抓紧修理厂的技术改造，提高车辆保修质量。要进一步提高服务水平。

（三）商业、外贸和旅游

商业，1984年社会商品零售总额计划安排92亿元，比1983年增长10%。随着生产建设的发展和人民生活水平的提高，市场将进一步繁荣，吃、穿、用消费品和农业生产资料的购买力继续全面增长，特别是用的商品销售比重会持续上升，中高档消费品的销售量将大幅度增长。商业部门要千方百计组织货源，确保市场供应。

商业服务业要进一步树立为生产服务、为消费者服务的思想，继续扩大和疏通流通渠道，加强市场预测和信息反馈工作，进一步密切工商关系，巩固和发展多种形式的工商联营。要充分发挥国营批发商业的主导作用，积极组织货源，促进工业部门多生产适销对路的商品，千方百计保证建国35周年首都市场供应。要进一步搞好供销社体制改革和农副产品的收购工作，并积极组织好工业品下乡和农业生产资料的供应，促进城乡经济的发展。要进一步加强市场管理和物价管理，取缔一切非法经营活动。要继续大力增加商业网点，积极发展风味食品餐馆、自选商场、快餐加工厂、土特产品商店，改进服务设施和服务手段，丰富首都市场。要大力发展劳务性服务，努力开发新的服务领域，组织街道家务服务公司，方便人民生活。要加强企业内部的整顿工作，努力降低流通费用和商品损耗，大力压缩经营性亏损，对政策性亏损商品的单位亏损额要努力降低，千方百计完成国家下达的扭亏任务。要逐步完善企业内部的承包责任制，进一步端正经营思想，改善服务态度，不断提高服务水平，使北京的商业服务业朝着国内第一流的方向迈进。

外贸，要认真贯彻党中央、国务院关于严格控制外贸亏损的指示，积极落实全国对外经济贸易计划会议精神，在提高经济效益和产品质量的前提下，为国家多创外汇，多积累资金。初步安排1984年出口商品换汇额4.9—5亿美元。工农业部门要在外贸部门的密切配合下，积极增产适销产品，提高商品的档次和质量，增加花色品种，尽快降低生产成本，增强在国际市场的竞争能力。外贸部门要在国家核定的换汇成本的基础上，采取措施，尽可能增加收购，扩大出口，保持和扩大国际市场占有率，努力完成1984年出口计划，同时要搞好计划外的代理出口任务。

要切实加强外贸企业的整顿工作，认真提高经营管理水平，减少费用和损耗，及时掌握国际市场上的行情变化，提高产品换汇率。要做好清仓查库、处理积压商品的工作，在统一对外政策的指导下，切实搞好外贸经营。要根据本市的具体条件，合理地引进先进技术项目和先进设备，促进企业的技术进步，利用外资加速企业的技术改造，推动国内经济的发展，提高外汇资金的使用效率。

旅游事业，要进一步改善经营管理，提高服务质量，扩大接待能力。1984年安排接待旅游者56万人，比1983年增长10%左右。

（四）教育、科学、文化、卫生、体育等项事业

为了把北京逐步建设成为社会主义高度文明的现代化城市，必须在抓好社会主义物质文明建设的同时，着重抓好社会主义精神文明的建设。

1984年全市高等学校计划招生2.92万人，比1983年增长5.4%，超过“六五”计划规定的1985年招生2.8万人的指标。其中中央在京院校招生2.22万人，地方院校（包括分校）招生7，016人，在校生将达到10.6万多人，增长16.2%。要开展人才预测工作，制订人才培养规划。根据国家建设的需要，进一步调整专业设置，挖掘潜力，努力增加急需的专业和研究生、专科生的招生人数。

中等教育要继续抓紧结构改革。进一步扩大中等专业学校、技工学校和职业中学的招生规模。1984年中等专业学校计划招生10，300人，技工学校招生8，500人，职业中学安排7，500人，中专、技校和职业中学招生人数同普通高中招生人数的比例达到1：1.9。要进一步发展成人教育，电视大学、职工大学等在校学生达到6.1万人，同时要抓紧青壮年职工的文

化、技术补课工作。要继续抓好普及教育和幼儿教育的工作，要特别注意提高教师水平。各类学校都要坚持不懈地努力提高教学质量。在对学生进行文化科学教育的同时，要大力加强爱国主义、集体主义、社会主义和共产主义的思想教育，培养有社会主义觉悟的、有文化和专业知识的劳动者。

科技事业，继续贯彻“科学技术要面向经济建设，经济振兴要依靠科学技术进步”的方针。1984年计划安排26个科技开发“一条龙”项目和333个科研项目，要着重抓好经济效果比较显著的重点科技开发项目和新技术推广项目。例如干鲜果品良种繁育体系和大面积丰产示范，争取在短期内大幅度提高产量，增加品种；膜分离技术进一步应用到食品工业和治理污染；锅炉烧型煤，沼气和太阳能利用；以及电子计算机开发应用等。与此同时，在科技计划管理上，要继续抓好“一条龙”项目和扩大科研单位责任制的试点工作。要大力加强社会科学的研究工作。

医疗卫生事业，要继续贯彻执行面向基层、预防为主、城乡并重、中西医结合的方针。通过挖潜、改革，加强管理，提高病床使用率和周转率，进一步改善服务水平，提高医疗质量。要加强卫生监督和防疫工作，控制传染病和肠道病的流行。1984年，通过调整和新建、扩建，新增病床2，000张，重点是增加基层医院病床以及妇科、儿科和干部病床。要继续加强卫生队伍的建设。

文化事业，要坚持社会主义方向，清除形形色色的精神污染，努力为人民提供更多更好的精神食粮。要加强工矿和农村群众文化建设，广泛开展丰富多彩的高尚、健康的文体活动。要加强剧场、影院的管理，充分发挥在京单位公共娱乐设施的作用。加速广播电视的建设。1984年要使广播和电视的覆盖率分别达到95％和90％。要通过技术改造和积极引进先进设备，进一步提高印刷出版能力和技术水平。

体育事业，要搞好学校体育、职工体育工作，加强业余和专业队的训练，争取在国际和国内比赛中获得更好的成绩。

（五）基本建设

北京地区1984年基本建设投资计划安排40亿元左右。其中中央单位的建设投资24.7亿元，国家重点建设项目除继续施工的8项外，新安排的施工项目有北京科技情报中心、北京高能物理实验基地、北京邮政通信枢纽、北京科技活动中心。

地方基本建设投资安排13.5亿元，大体相当于1983年初的计划水平。其中国家预算投资3.94亿元（包括中央部门指定安排的项目0.96亿元），财政补贴和工商利润留成2.76亿元，利润外资0.51亿元，银行贷款0.59亿元，上年结转投资0.87亿元，全民所有制企业自筹3.57亿元，集体企业自筹1.28亿元。投资安排的原则是：继续把城市基础设施放在各项建设的首位；确保落实私房政策用房的建设，继续搞好住宅建设；安排好食品工业和农副产品加工工业；认真安排好文教卫生、政法公安、商业服务等急需项目和中低档旅游、社会旅馆的建设；注意环境保护，安排必要的轻纺工业及其原料的建设项目等。对办公用房、招待所等要从严控制。具体安排情况如下：

1、城市基础设施建设，投资2.4亿元（另有不纳入固定资产规模和更新改造项目的投资0.94亿元），主要用于建设东北三环路、学院路、5座立交桥、首钢煤气工程、田村山水厂、煤气厂配套管线、天然气管道工程、北护城河、万泉河等治理工程、西郊污水干线和园林绿化等，同时积极做好水源九厂的前期准备工作。此外，今年内还要完成昌平路展宽、改善工程。

2、落实私房政策用房建设，投资0.9亿元。经过去年一年的认真准备，已征地1，300多亩，具备了较大规模的建房条件，全年计划安排房55.7万平方米，要适当集中力量，力争建成15—20万平方米。

3、科教文卫部门，投资1.27亿元，建筑面积70万平方米。重点安排天坛、积水潭、复兴以及区、县等47所医院；北工大、师范学院等10所大学和大学分校；第四中学、景山学校等45所中小学；电视台、教育电视台、广播电台、电视大学、戏曲学校、歌舞团、曲艺团、北京日报印刷厂房、体校教学训练楼、田径馆、科技活动中心、科技干部进修学院、实验动物饲养中心、自然博物馆生态展览室、能源计量测试中心以及托儿所、幼儿园等。并专项安排城近郊区中小学教师住宅10万平方米。

4、政法公安部门，投资0.33亿元，建筑面积16万平方米。首先是安排为加强社会治安所急需的各种房舍建筑，计6万平方米；其次是警察学校、交通指挥中心、交通治安派出所以及双河煤矿、社会福利院、政法大楼、区县公检法用房等。同时进行精神病院等施工前期准备工作。

5、财贸部门，投资0.97亿元，建筑面积67万平方米。主要安排东郊、大兴面粉厂和北郊面粉厂原料筒仓工程，5个肉类加工厂，交电、劳保、百货3个批发部，蔬菜冷库5处，惠中旅馆、和平里商场、中国照相馆、利新饭馆等，以及为住宅配套的商业网点10万平方米，铺面房搬迁房4.5万平方米等。

6、农林水利部门，投资0.55亿元，建筑面积20万平方米。主要安排遥桥峪水库、永定河左堤加固、十三陵补水工程、白河堡南干渠、鲜奶加工厂、肉鸡联合企业等。

7、工业部门，投资3.14亿元，建筑面积202万平方米。其中轻纺、食品工业安排1.37亿元，主要用于建设毛纺动力厂、毛条厂、卷烟厂搬迁、东郊葡萄酒厂、联合制革厂等；重工业安排1.77亿元，主要是焦化厂焦炉大修及增气工程、首钢水厂采矿、半导体器件二厂超净车间和轮胎厂搬迁工程等。在这3亿多元投资中，用于建设职工住宅的占一半以上。

8、环境保护，投资1,000万元，主要安排化工制药厂污水处理工程，监测中心大气污染连续监测系统和宣武、平谷、怀柔三个监测站等。另外在市政建设、工业建设和更新改造措施中，都安排了一批环境保护项目。

9、旅游，投资0.67亿元，主要是建成长城、京伦、燕春、西苑四个饭店，可增加客房2,823间。新建北京饭店贵宾楼，以及进行长安饭店中心（暂定名称）和京华大厦的施工前期准备工作。另外，为解决一般旅游和外地来京人员住宿难的问题，安排了中低档旅馆（大部是利用集体所有制资金）85个，4万个床位，要集中力量，争取年内建成一批。

10、各区、县，投资1.22亿元，建筑面积87万平方米。主要是安排住宅50万平方米和密云纺织厂等。对黄村、昌平两个卫星城，安排了一部分市政设施的投资。

在上述地方基本建设投资中，属于精神文明建设的投资约为1.6亿多元，建筑面积120万平方米，比1983年有较大增加。住宅建设（包括落实私房政策用房）已安排490万平方米，最近，经国家计委同意增加一部分自筹投资指标，拟再安排几十万平方米，力争总的开复工面积不低于去年的水平。

（六）劳动就业和人口增长

1984年国家安排我市全民所有制企业招工指标4.9万人，除了安排大学、中专、技校毕业生和复员转业军人外，约有1.8万人可以从社会上招收。再加上补充自然减员、集体所有制企业招工，以及积极发展城镇集体、个体经济事业，在今年内大体可以把去年年底以前的待业青年安排完。1984年当年毕业不能升学的高、初中生3万人，仍将结转到明年安排。对这些待业青年要继续实行劳动就业预备制，采取多种形式，组织技术、业务、职业道德等就业前培训，各部门都要重视这项工作，认真抓好。为了进一步巩固和发展城镇集体经济，要继续制定和完善鼓励、扶持集体（包括个体）经济发展的措施和办法。集体经济网点的建设要纳入整个城市规划统一考虑，统一安排。

1984年要继续狠抓计划生育工作，人口自然增长率计划控制在12‰以内，其中城市为11.5‰，农村为12.5‰。要继续严格控制进京人口，争取1984年机械增长人口控制在4万人以内。全市常住人口控制在950万人以内。只要今后两年继续抓紧控制人口增长的各项措施，1985年可以不突破“六五”计划规定的目标。

三、努力开创提高经济效益的新局面

为了顺利地实现1984年计划规定的各项任务，各个部门、各企业、事业单位都要树立全国一盘棋思想，努力增加生产，厉行节约，增加收入。计划要求1984年国营工业企业劳动生产率比上年提高3%，可比产品成本降低1.5%，商业费用降低4%等等，要千方百计，努力完成，为开创提高经济效益新局面作出新的成绩。为此，要着重抓好以下几项工作：

第一，继续搞好企业整顿和调整。

1984年，工业、商业、建筑业和其它部门都要继续认真抓好企业整顿工作。按照原定计划，按时完成进度要求，通过整顿达到验收标准。在企业整顿工作中，关键是要按照革命化、年轻化、知识化、专业化的要求，调整好领导班子，不仅要重视智能结构的变化，特别是要挑选能够开创新局面的人才担任领导工作，通过企业整顿，使经营管理水平大大提高一步。已经整顿验收合格的企业，要进一步巩固提高，争取1984年在提高企业素质和经济效益上有显著改善。

工业要按经济合理的原则，进一步搞好调整。一是要进一步搞好行业规划。在基本实现40种重点日用消费品和优势产品三年发展规划的基础上，根据中央、国务院《批复》的精神，结合制订“七五”计划，进一步制定重点行业的发展规划和技术改造、技术引进规划。二是调整产品结构。要有计划地淘汰一批落后产品，扩散下放一批适合郊区县和乡镇工业生产的产品，腾出厂房和技术力量，转产食品、电子和适合首都特点的其它产品。三是调整企业组织结构。要选择一批有发展前途的产品，走“白兰”道路，通过城乡结合、专业化协作，使电冰箱、电子计算机、钢琴、胶印机、轻型汽车、摩托车等产品更快地发展起来。乡镇工业要大力发展食品工业、饲料工业、建材工业、煤炭工业以及为城市大工业配套服务的加工业。商业部门的网点布局、结构等也要进一步调整。

第二，继续进行经济体制的改革。

经济体制的改革，要从理顺经济关系的要求出发，既要照顾财政困难，又要通过改革解决财政困难。总的是要勇于探索，勇于实践，发扬创新精神，坚持不懈地进行改革，绝不要走回头路。农业要进一步稳定、完善多种形式的联产承包责任制，大力发展商品生产，搞活商品流通。工商企业要在总结、完善现有经济责任制的情况下，研究和试行新的管理制度，以进一步调动企业和职工的积极性，克服平均主义。工业部门要做好“利改税”第二步的各项准备工作，对实行“以税代利，自负盈亏”的试点企业，要在总结经验的基础上，继续探索和提高。商业部门要继续进行改革。饮食、服务、修理行业的管理体制，要从现行的市、区（县）结合以市为主，逐步改为市、区（县）结合以区（县）为主，人、财、物全部下放给区（县），市里主要管统一政策、统一规划和业务指导。建筑部门要逐步扩大实行施工承包责任制，试行公开招标的办法。科技部门要进一步扩大科研单位责任制的试点工作。

第三，狠抓技术进步，用先进技术改造现有企业。

根据中央、国务院对《北京城市建设总体规划方案》的批复精神，今后我市经济的发展，主要是依靠对现有企业进行技术改造，依靠技术进步。工业、农业、交通、商业、建筑等部门，都要在推进技术进步方面狠下功夫。要充分发挥北京的科学技术优势，走“外引”（引进技术）、“内联”（联合攻关）的道路。工业技术改造、技术引进的重点要放在开发新产品、提高质量、降低能源和原材料消耗上，放在食品、电子（特别是电子计算机）工业和其它适合首都特点的工业上。1984年已经下达节能、劳动保护、环境保护和引进新技术等技术改造项目720多项，另外已开展工作的引进项目170多项，正在抓紧落实。要采取补偿贸易、散件组装、引进关键设备、引进软件和合作生产、合资经营、租赁设备等多种形式、利用外资，引进技术，特别是要争取多搞一些合资经营项目，力争全年签约成交金额比去年有较大幅度的增长。在推进技术进步中，要大力开展群众性的技术革新和合理化建议活动，组织好军工生产技术向民用生产的转移工作，积极开发新产品，增加花色品种，加快产品的更新换代，努力提高新产品的商品性和经济效益。各部门和企业都要瞄准国内外先进水平，着重抓好技术攻关和新技术推广工作。要不断增强对新产品的研究和开发能力，从科研、试制、中间试验到投产，组织跨厂或跨行业的新产品开发一条龙，努力做到改进一代、定型一代、试制一代、预研一代，制订产品更新换代的发展规划，采取措施努力实现。

第四，狠抓节约用水、节约能源、节约原材料工作。

几年来，我市持续干旱，水资源的供需矛盾十分突出。1984年要动员全社会的力量，扎扎实实地搞好节约用水工作。要求工业生产和生活用水节约3—5%。市有关部门要采取应急措施，保证安全度过三季度民用水高峰期。

1984年能源、原材料供应仍很紧张。煤炭除了生活用煤略有增加，新投产的东方化工厂、北京化纤厂等生产用煤有所增加外，其他各类用煤基本上只能维持去年水平。电力供应指标约有20万千瓦缺口。国家统一分配的主要物资，特别是钢材、水泥的供需矛盾最为突出，纯碱、生铁、有色金属等都还有一定的缺口。为了实现1984年计划，要求今年全市万元产值能耗比上年下降3%以上。节约能源的主要措施：(1)各部门要按照国家经委《检查评比升级暂行办法》定期进行企业评比，一等企业优先供应，三等以下企业限期半年达到二等企业标准，逾期达不到的，要采取减少供应、加价供应的办法，直至停止供应。(2)各用煤单位要重点改造、更新低效用能设备，制订限期改造规划，逾期不改，要减少或停止供应煤炭；未经市节煤办公室和煤炭总公司批准，不得任意扩大锅炉容量。(3)电力继续实行计划分配、定量包干办法，节约归己，超用加价。(4)严格控制电石、铁合金等高能耗产品的生产。各种原材料的消耗定额都要有所降低，要努力完成和超额完成市下达的原材料消耗定额计划。要加强物资的计划分配和管理，在国家计划指导下，搞好市场调节，不允许计划外冲击计划内。为了解决钢材、水泥的缺口问题，要求首钢继续供应钢材8万吨，从各区，县水泥厂收购水泥12万吨。各部门要努力节约代用，降低消耗，减少库存，克服浪费。

各位代表：实现1984年计划的有利条件很多。整党正在逐步深入，党的领导进一步加强；严厉打击刑事犯罪活动的斗争继续深入，社会治安进一步好转；经济体制改革继续完善，将给企业以更多的活力和动力；企业技术改造和引进国外先进技术设备的工作在已有的基础上将加速进行；城乡居民的生活水平日益改善，实现四个现代化的信心更加增强。经过二、三月份全市范围内开展宣传、贯彻中共中央、国务院对《北京城市建设总体规划方案》的批复的活动，全市人民进一步掌握中央书记处关于首都建设方针四项指示的精神，积极献计献策，为搞好首都两个文明建设贡献力量。第一季度生产建设形势都很好，为完成全年计划打下了良好的基础。我们决心在市委的直接领导下，依靠广大干部和群众，努力完成和超额完成1984年国民经济和社会发展计划，以提前一年全面实现“六五”计划主要指标的优异成绩，迎接建国35周年。

关于北京市一九八三年财政决算和一九八四年财政预算草案的报告

——一九八四年四月四日在北京市第八届人民代表大会第二次会议上

北京市财政局局长　常自超

各位代表：

我受市人民政府的委托，现在向大会提出北京市1983年财政决算和1984年财政预算草案的报告，请予审议。

一、1983年财政决算

1983年，在市委的领导下，全市各区县、各部门认真贯彻党的十二大和六届人大一次会议精神，继续执行调整、改革、整顿、提高的方针，贯彻中央书记处关于首都建设方针四项指示和中共中央、国务院关于对《北京城市建设总体规划方案》的重要批复，国民经济的调整和改革取得了成效，各项生产建设事业有了新的发展。农业获得丰收，工业生产持续增长，经济效益有了提高；市场繁荣，购销两旺，人民生活继续有所改善；打击刑事犯罪活动取得很大成绩，社会治安开始明显好转。社会主义物质文明建设和精神文明建设都取得了新成就。在这个基础上，财政预算执行结果也是比较好的。

市第八届人民代表大会第一次会议批准的1983年北京市财政收入预算总额为47.2亿元。在预算执行过程中，国务院决定，燕山石油化学工业总公司，从1983年起上划中央，上缴利润相应划归中央财政，减少本市收入8.6亿元；还有，国家批准化纤布、手表、电视机等产品降价，减少本市收入1.34亿元。为了按实际情况考核预算的执行，经国务院同意，提请市人大常委会批准，1983年财政收入预算调整为372，540万元。预算执行结果，实际完成398，441.4万元，为调整后预算的107%，超收25，901.4万元，比上年实际收入增长2.7%。按可比口径计算，比上年增长9.2%，是我市近年来财政情况最好的一年。各项主要收入的完成情况是：

工业收入完成154，056.3万元，为调整后预算的108.4%。在化纤布等产品降价、增收煤炭维简费和压缩外贸亏损等减少收入较多的情况下，仍然比上年的实际收入增长0.5%。除去这些减少收入的因素，按可比口径计算，则比上年增长8.5%。1983年工业收入之所以取得比较好的成绩，主要是工业部门认真抓了企业调整和整顿，工业生产有了较大增长，全市工业总产值达到250.6亿元，比上年增长9.6%，大大超过了年初确定的“保四争五”的目标；在生产增长的同时，各工业部门狠抓了提高经济效益，在扭亏增盈方面取得明显效果，全市工业可比产品成本降低0.61%，万元产值耗标准煤比上年降低7%左右。所有这些，都保证了财政收入的稳步增长。

商业收入完成7，176.5万元，为调整后预算的159.5%，比上年增长9.6%。由于生产的发展，人民购买力的增长，加上商业部门为活跃首都市场，积极组织货源，努力扩大销售，不断提高服务质量，使1983年各类商品销售额全面大幅度增长。全市社会商品零售总额达到83.6亿元，比上年增长14%；商业企业在改善经营管理，提高经济效益，减少损失浪费方面也收到了明显效果。全市商业企业流通费用下降6.9%，超额实现了年初计划降低2%的要求。

工商税收完成262，634万元，为预算的109.4%，比上年增长8.8%，这个增长幅度是比较高的，基本上做到了与生产同步增长。税收增加，首先是由于工农业生产增长，商品流通扩大，农村乡镇企业迅速发展；其次是，国家批准新开征和恢复了一些税种，调整了部分税率，相应增加了税收；三是，广大税务干部认真执行了国家税收法规，积极组织收入，加强管理，开展税收大检查，保证了税收及时足额地入库。一年来共查补偷漏税款8，000多万元，对超额完成税收计划起了重要作用。

市人民代表大会批准的1983年支出预算为221，850.3万元。在预算执行过程中，根据需要国家陆续增加了一部分拨款。同时，从市机动财力中又追加了一部分支出。增加的支出主要用于：行政事业单位调整工资；城市建设和城市维护（包括市政建设、园林绿化、环境卫生、治理脏、乱、差等）；中小学教育经费、职业高中经费、大学设备购置费、医院妇产科增加产床设备费、改善中年知识分子医疗条件经费、文化馆、图书馆维修费；企业挖潜改造，科学研究技术改造方面支出；永定河防汛经费、农业技术推广经费、社队造林补助费、商品鱼基地建设补助费等。此外，为了加强公、检、法工作，开展打击刑事犯罪活动，也增加了一部分经费。在增加以上支出预算的同时，根据国务院的要求，为了控制基本建设规模，相应削减了基本建设拨款预算。根据以上情况，提请市人大常委会批准，支出预算调整为254，247.9万元。

1983年支出决算196，054.4万元，为调整后预算的77.1%，比上年增长17.6%。在总支出中，基本建设拨款64，682.2万元，为调整后预算的74%；企业挖潜和科技三项费用20，842.5万元，为调整后预算的81.1%；支援农业支出8，274.8万元，为调整后预算的75.3%；城市维护费支出8，103.6万元，为调整后预算的83.6%；文教科学卫生事业费支出46，260.1万元，为调整后预算的88.8%；行政管理费支出13，799.1万元，为调整后预算的80.9%；其他支出18，365.5万元，为调整后预算的66.4%。1983年财政支出，贯彻了中央严格控制基建规模的精神，增加了文化教育科学卫生等方面的支出，保证了城市维护方面急需的开支，大力支援了农业，及时提供了打击刑事犯罪所需的资金。与此同时，对行政机关、事业单位的公用经费等非生产性支出进行了压缩。各项支出的主要情况是：

1983年基本建设拨款，比上年有所减少。这是由于压缩了基建规模，清理了在建项目，停缓建了一批工程。基建拨款虽然有所减少，但竣工率提高了，重点工程得到了保证。城市基础设施、职工住宅、文教卫生和商业、饮食服务业网点的建设，都取得了较好的效果。1983年完成地方职工住宅220万平方米（包括企业自筹），新增日供煤气能力20万立方米，新建道路29公里，新建人行过街天桥和地下过街人行道共7处，新增公共电、汽车和出租汽车405辆，新建商业、饮食服务业网点3.3万平方米，植树195万株，铺草坪74万平方米，中小学新增11，690个席位，医院新增病床300张等。这些项目的建成，对缓和职工住宅紧张状况，改善交通，绿化美化环境，改善教学和医疗条件，方便群众生活等方面，都起了一定作用。

1983年文教科学卫生事业费支出继续有较大增长。全年支出比上年增长10.2%，重点支持了事业发展，改善了教学和医疗条件。其中：教育事业费增长12.3%，高等院校招生7，900人，中等专业学校招生8，700多人，职业高中招生6，200多人，都比上年有较大增长。成人教育的发展更为显著，参加业余大学、函授大学、夜大学和电视大学学习的人数大量增加，1983年达到5.5万多人。此外，文化、卫生、科学、体育等方面的支出也比上年有较大的增长，使这些事业有了新的发展。

1983年城市维护费支出，比上年增长较多。随着城市建设规模的不断扩大，保证了市政设施的维护和急需开支，重点用于市政建设、园林绿化、环境卫生和治理脏、乱、差等方面。100条大街的治理，初见成效；街巷改造铺方砖28万平方米，治理积水区37处，改换树池1万多个；维护保养道路1，900多公里，维护保养下水道1，500多公里；清运垃圾220多万吨，清运粪便近100万吨；新建公厕所100座，新增垃圾桶9，000多个，新增果皮箱3，200多个，繁殖苗木350万株。这对逐步把首都建成清洁、优美的城市，不断改善全市人民的生活环境方面前进了一步。

1983年农业支出，体现了“服务首都，富裕农民，建设社会主义新农村”的方针，大力支持了农村建设，特别是农业科学技术的推广和发展多种经营。全年共进行农业科研51项，推广应用科技成果168项；打井860眼，渠道衬砌470多公里，疏挖河道和排水沟2，600多公里，解决山区饮水工程37处；造林49.4万亩，种植牧草14.5万亩。这些项目对促进农业生产，提高科学种田水平，增强抗灾能力，改善山区农民生活，提高社员分配水平等方面发挥了作用。

1983年财政决算收支相抵后，除按规定上解中央部分外，财政结余105，598.2万元。在市财政还有困难的情况下，为什么会出现大量结余呢？这里，需要向各位代表着重说明的是：1983年的结余，绝大部分是专项结余。首先，基本建设、企业挖潜改造和落实私房政策建房等未完工程的结余款就有57，780.9万元。这是因为许多项目都是跨年进行的，有些是下半年甚至有的是年底才追加的支出，如落实私房政策拨款就是在四季度才批准追加的，当年花不出去。去年又根据国务院关于控制基建规模的精神，压缩了一些基建项目，加上我市基建任务大，施工力量不足，所以结余较多；第二，中央返回1983年本市能源交通重点建设基金超收款8，086.7万元，这部分资金1984年才能安排使用；第三，城镇青年就业经费、社会救济费、人防经费、抗震加固经费等专项拨款的结余有3,400万元；四是，由各单位支配的经费包干结余有6，600万元。这四方面的结余共有75,867.6万元，都不能用于安排其他方面的支出，按照规定要专项保留，转到1984年或以后年度继续使用。除了专项结余以外，还有一部分结余是市、区县的超收分成，中央补助和一般支出结余共有29，730.6万元。其中：属于各区、县1983年的超收分成和支出结余，除支援市财政1，500万元外，还有18，158.3万元，将由各区、县在1984年安排使用；属于市财政一般结余有11,572.3万元。包括按照规定将在1984年使用的机动财力8,100万元，一般支出结余3，472.3万元。

这里再着重报告一下1983年财政方面几项重要改革的情况。一是，进一步完善九个县的财政包干体制，同时改革了十个城近郊区的财政体制。区、县原来实行的是“统收统支”的财政体制，收入全部上交市财政，支出由市财政拨款。实行这种体制市里管理太多，统得过死，不利于调动区、县增收节支的积极性，不利于统筹安排。为了改变这种状况，从1981年起对远郊九县实行了财政包干，一定五年的管理体制，并在1983年进一步加以完善。同时，对城近郊区，从1983年起实行了“定收、定支、定上交（或补助）、一年一定”的财政包干管理体制。这是近几年来，我市在财政体制改革方面的一个重大的尝试。新的体制，改变了过去“统收统支”，“吃大锅饭”的局面，扩大了区、县的财权，增加了财力，有利于促使各区、县努力增加收入，节约支出，因地制宜统筹安排，支持了生产和各项事业的发展。1983年19个区、县财政收入完成71，599.8万元，比包干基数5.1亿元，超收20，599.8万元，比上年实际收入增长35.5%，这个增长幅度是历史上所没有的。实行新体制以后，各区、县收入大幅度增长，机动财力增加很多。按照中央对市的现行财政体制，各区、县增加的机动财力，除了中央财政补助一小部分外，主要由市负担。这样一来，区、县的钱多了，市里的钱相对地减少了，市财政比较紧。这就要求各区、县今后要用自己的财力办更多的事情；二是，除首钢公司经国务院批准仍实行递增包干办法外，1983年全市工业、商业、饮食服务业和其他企业全部按国务院规定办法实行了利改税。这项改革，对搞活经济、摆正国家、企业和职工三者关系，调动企业、职工的积极性，保证财政收入，发挥了重要作用；三是，在行政事业单位实行预算包干的基础上，1983年又进一步扩大了包干范围，实行单位预算包干，结余和增加的收入不上交，财政拨款不减少，从而调动了行政事业单位节约开支、增加收入的积极性。同时，解决了一些单位过去年终突击花钱的这个反复出现的问题。这几项改革，对较好地完成1983年财政收支预算，起了积极作用。

此外，1983年市各项地方附加收入有8，561.3万元，支出7，980.2万元，收支相抵后当年结余581.1万元。1983年中央分配我市推销国库券和征收能源交通重点建设基金任务，也都超额完成。

从1983年总的预算执行情况看，财政收入超额完成，支出除专项拨款外，还做到略有结余，情况是好的。但是，在预算执行中也存在一些问题：首先，财政收入未能和生产同步增长。主要原因是生产、建设、流通领域里的经济效益虽然比过去有所提高，但总的说还是比较差的。投入多、产出少，成本高、利润少，资金占用多、周转慢，建设周期长、投资回收慢，这种状况还没有根本改变，经济效益还不理想；第二，亏损和价格补贴继续上升。1983年亏损和补贴总额达到9.4亿元，比上年增加1.4亿元。其中：粮油、棉花、民用煤、猪皮等价格补贴4.8亿元；电汽车、地铁、液化气、房租、取暖等补贴1.2亿元；肉、蛋、禽、鱼、菜、瓜果等亏损3.4亿元。所有这些亏损和补贴，绝大部分都是政策性的，都是通过冲减财政收入处理的，主要用于城市居民生活方面，按城市人口计算，平均每人一年补贴168元。在目前条件下，为了保证人民生活的稳定，适当补贴是必要的。但是，即使是政策性亏损，也应研究妥善的办法尽量减少。对由于经营管理不善造成的亏损，必须坚决压缩。不然，这将给财政带来很大负担，长此下去，将难以承受；第三，铺张浪费，违反财经纪律的问题，不仅在生产、建设、流通领域里有，而且连一些人们认为是“清水衙门”的机关和事业单位问题也不少。截留利润、偷漏税款，化大公为小公，私设“小钱柜”；滥发奖金、补贴、实物、讲排场、摆阔气，追求高标准设施，请客送礼，公费旅游，等等，屡有发生。去年4季度通过开展财务大检查，自查、互查、重点检查出来的违反财经纪律问题的总金额，据不完全统计，就有1.39亿元，问题应当说是相当严重的。这种做法不仅挖掉了应该上缴的财政收入，把一部分辛辛苦苦积累起来的资金浪费掉了，而且破坏了党风和社会风气，腐蚀了职工队伍。此外，基建规模还是过大，竣工率比较低，严重影响了投资效果。一些单位的事业费虽然比较紧，但也存在着使用不当，效果不好的问题。所有这些都必须切实加以纠正和改进。

二、1984年财政预算草案

1984年是建国35周年，是实现中央提出的三个根本好转的关键性一年。1984年的预算草案，是继续遵循党的十二大和六届全国人大提出的战略目标和经济建设总方针，全面贯彻中央书记处关于首都建设方针的四项指示和中共中央、国务院关于对《北京城市建设总体规划方案》的批复精神，按照本市国民经济和社会发展计划各项指标安排的。在财政收入方面，本着积极可靠的原则，努力提高经济效益，实现扭亏增盈，进一步挖掘增加收入的潜力；在财政支出方面，坚持保证重点，兼顾一般，统筹安排，量力而行的原则，根据《批复》的精神，首都做为全国政治中心和文化中心的要求，重点用于职工住宅、商业网点、环境保护、食品工业、文化教育科学卫生等方面和城市建设、市政维护、园林绿化以及加强公、检、法，打击刑事犯罪方面的需要，同时紧缩行政管理费开支。

1984年财政收入预算安排40亿元，比上年实际收入增长0.4%。1984年的收入预算比去年增长不多，是因为今年增加了许多减少收入的因素，如果按上年的可比口径计算，1984年的收入实际比上年增长6.8%（在收入总额中，已扣除了政策性亏损和各种补贴，如果不算这部分亏损和补贴，全市收入总额为50亿元）。1984年各项主要收入安排情况是：工业收入安排141，870万元，比上年实际收入下降7.9%。工业收入下降的主要原因：一是，北京汽车制造厂和美国合营，利润转为投资，不再上交；二是，压缩外贸亏损，工业企业让利，减少收入；三是，去年4季度企业调整了职工工资，这项开支今年要加大；四是，归还到期银行专项贷款比上年增加较多。这些都是1984年收入减少的客观因素。如果按可比口径比较，比上年增长6.5%。商业收入安排8，000万元，比上年实际收入增长11.5%。工商税收安排27.2亿元，比上年实际收入增长3.6%。

1984年财政收入预算的安排，是积极的，完成这个任务并不是轻而易举的。但是我们也要看到，1984年增加收入的有利因素是很多的。首先，随着中央关于经济工作方针和政策的进一步贯彻落实，国民经济必然会有一个稳定的增长，这是财政收入增加的基础；二是，从中央到市，各级党政加强了对提高经济效益、扭亏增盈工作的领导，并正在采取有力措施，落实扭亏指标，这对增加财政收入十分有利；三是，许多重点企业的整顿工作已初见成效，涌现出一批验收合格的企业，企业素质有所提高，经营管理和经济效益将进一步改善和提高，这必然会反映到增加财政收入上来；四是，1983年通过财务大检查，应上交的部分收入将在今年入库，违反财经纪律和铺张浪费的现象也将有所减少。总之，随着经济形势越来越好，经过努力，实现1984年的财政收入预算是可能的，并力争有所超过。

1984年财政支出预算安排250，965.3万元，比上年决算支出增长28%。在总支出中，国家分配指标161，943.2万元；上年专项支出结余安排62，264.7万元；市、区县机动财力安排25，507.4万元；用排污费、水资源等收入安排的支出1，250万元。各项主要支出安排情况是：

1984年基本建设拨款安排95，687.4万元，比上年实际支出增长47.9%。在总拨款中，包括国家分配指标62，223.6万元；上年专项结余安排30，693万元；区、县机动财力安排2，770.8万元。1984年基本建设拨款，重点用于城市基础设施、职工住宅、落实私房政策用房、商业网点、环境保护、食品工业、文教卫生和公安政法等方面的建设。此外，还用1983年能源交通重点建设基金的超收款，安排了天然气进京、焦化厂焦炉易地大修等能源重点项目。

1984年企业挖潜改造资金安排15，347.1万元，和上年年初安排比较增加1.4倍，比上年实际支出增长5.6%，在执行中还将陆续增加。已经安排的支出，重点用于企业的设备更新、技术改造、综合利用、治理"三废"和劳动保护方面，同时为了加快商业网点建设，除基本建设拨款中安排了新建网点外，还安排了500万元用于网点的翻建。

1984年科技三项费用安排3，806万元，和上年年初安排比较，增加46%，但比上年实际支出下降39.7%。这是因为科技三项费用每年都是年初安排预算较少，在预算执行中，新的科研项目确定之后，还要陆续追加。因此，全年用在这方面的支出，只能比上年增加，不会减少。在1984年已经安排的支出中，主要用于技术开发重点项目，包括农业，轻、重工业的技术进步，加强能源、交通、新设备新材料的开发和推广电子计算机的应用等。

1984年文教科学卫生事业费安排54，296.7万元，比上年实际支出增长17.4%。这是考虑到首都做为文化中心，在财力上应尽可能地支持文教事业的发展，是近几年增长比例最高的。其中：文化事业费增长47%，重点用于图书馆、文化馆、站的修缮和设备购置等；教育事业费增长13.6%，增加部分重点用于补充大专院校实验室设备，试办职业大学和继续改善中小学的教学条件，增加图书、仪器设备、绿化校园、重点添置微型电脑等方面。此外，为了贯彻教育结构改革的方针，职业高中经费也做了安排，并支持成人教育，发展多种形式办学；卫生事业费增长15.7%，增加部分重点用于天坛医院和脑神经外科研究所设备购置，进一步改善医疗条件以及防治防疫经费等；体育事业费增长11.4%，增加部分重点用于提高运动员伙食标准和增加体育设施等；科学事业费增长40.6%，增加部分主要用于科研经费开展新技术研究等；计划生育事业费增长16.4%，重点用于深入开展计划生育宣传和手术费等。此外，文物事业费和广播电视事业费也比上年有所增加。在文教科学卫生事业费支出总额中，包括市和区、县机动财力安排的支出8，114.4万元。这部分支出占全市机动财力安排的总支出的31.8%。

1984年支援农业支出安排11，062.6万元，比上年实际支出增长33.7%。根据《批复》和中共中央1984年1号文件精神，我市农业的发展，应以面向首都市场，适应首都需要为基本方针，促进农村多种经营和商品经济迅速发展，努力把蔬菜、牛奶、禽蛋、肉食、水产、干鲜果品搞上去，把郊区尽快建设成为首都服务的、稳定的副食品基地。1984年支援农业支出，重点用于扶植社队发展多种经营、支持农业科学技术的发展、小型农田水利的建设、社队造林补助、发展淡水鱼基地和增加瘦肉型猪补助等方面。同时为了改善山区落后面貌，加快山区建设，在支出中安排了山区建设专款500万元。

1984年城市维护费安排10，583.5万元，比上年实际支出增长30.6%。如果再加上地方附加收入安排的6，800万元，总支出达到17，383.5万元，这是近几年用于这方面支出最多的一年。这主要是因为欠帐太多，城市规模不断扩大，所需经费相应增加。1984年城市维护费支出，主要用于基础设施的维护、园林绿化、环境卫生等方面。

1984年行政管理费支出安排18，183.3万元，比上年实际支出增长31.8%。行政管理费的增加，一是，继续打击刑事犯罪活动，公、检、法增加人员，经费和业务费都增加较多；二是，为了进一步整顿和加强街道政权建设，充分发挥居民委员会的作用，在现有妇女、治保、调解、卫生四个工作委员会的基础上，再增加青少年教育、计划生育和社会福利三个工作委员会，经费也相应增加；三是，为了加强市容、市场、卫生等方面的管理，经费也有所增加，这都是必需的。如果除去这些由于情况变化增加的支出，正常经费基本上维持上年水平。还应提到的是，庆祝建国35周年活动经费，这里没有安排，将来由中央另拨专款。

1984年支出预算的安排，与各方面需要的支出有很大差距。但目前市财政确实拿不出更多的钱来，生产建设事业的需要和财力可能之间的矛盾十分突出。在这种情况下，只能本着量力而行的原则，分别轻重缓急，合理分配，妥善安排，把有限的财力用到最需要的方面去，有些问题只能逐步解决。

1984年财政预算安排结果，收支相抵，除按规定上解中央部分外，本年预算结余27，146.1万元。其中：国家拨给的机动财力8，100万元，按规定在下年安排使用；其余是上年专项结余和市、区县的一般结余，目前还没有安排的部分，在预算执行过程中将陆续安排使用。同时，还要适当留有余地，做为后备，解决一些临时急需的开支。

此外，1984年各项地方附加收入预算为7，650万元，支出安排6，800万元，仍用于城市维护费。

三、开创新局面，为实现1984年财政预算而努力奋斗

1984年是实现财政状况根本好转关键性的一年，财政面临的形势很好，任务很重。为了实现1984年财政预算，重点要抓好以下几项工作：

（一）努力提高经济效益，狠抓企业扭亏增盈。根据最近国务院召开的全国经济工作会议精神，1984年要开创提高经济效益的新局面。提高经济效益，实现扭亏增盈，是增加财政收入的主要途径。要大抓扭亏增盈，向扭亏增盈要财政收入，力争生产、税利、财政收入同步增长。1984年国家下达的各项提高经济效益和扭亏增盈任务很重，要结合本市情况，采取有力措施，努力完成国家下达的计划。工业亏损企业到1983年底还有9户，1984年除北京矿务局有特殊情况外，其他企业到年底要全部扭亏为盈；商业、粮食、水产等企业亏损，要在保证市场供应和不损害消费者利益的前提下，加强管理，大力压缩经营性亏损。对政策性亏损，要采取单亏包干的办法，努力减少。要大力支持商办工业，增加盈利水平，使盈亏相抵后的净亏损有所下降。在抓好扭亏的同时，还要注意减少盈利企业中的亏损产品，努力提高盈利企业的盈利水平。

（二）强化税收工作，加强税收管理，进一步搞好国营企业利改税工作。实行利改税以后，通过税收形式组织的收入，占全部财政收入的比重越来越大，当前已占全市财政总收入的80%以上，税收工作的管理，直

接关系到财政收入。因此，一定要强化税收工作，加强税收管理。各级税务部门，要坚持国家税收政策、法规、制度，发挥税收对促进生产、扩大流通的杠杆作用；对偷税、漏税、欠税和擅自减税免税的要加强监督检查，发现问题要严肃处理，偷、漏、欠的税款要及时追补入库；要加强调查研究，对新开征的税种，要注意研究新问题，总结管理经验，逐步完善。国营企业利改税第一步改革，已在全市普遍实行，凡是确定征收国营企业所得税的企业，都要按照规定缴纳所得税，并严格按照核定的税后利润分配方案和比例执行。

（三）严格控制基本建设拨款，认真审查自筹基建的资金来源。凡是列入市基建计划的重点工程，要保证资金供应。对计划外的基建项目和投资超过计划的项目，一律停止拨款。真正把基建规模控制在国家规定的范围内，集中人力、物力、财力保证重点建设。对于列入市基建计划的项目，要加强资金使用效果的监督检查，防止铺张浪费、任意提高造价标准和扩大建设规模。对自筹基建项目，要认真审核资金来源是否正当和落实，凡是未经财政部门审查同意的自筹项目，计委不下达计划，建设银行不予存款。

（四）严格控制和节约行政管理费和企业管理费。近几年来，行政机关事业单位的公用经费开支和企业管理费开支增加很快，这固然有多方面的原因，但在一些单位中，也确实存在花钱大手大脚，挥霍浪费的现象。中央指出，行政管理费的开支，要过3年紧日子。为了贯彻落实这一指示，根据中共中央国务院关于大力节减行政事业费的精神，本市1984年行政机关的公用经费除业务费基本保持上年水平外，市级单位压缩20%。区、县级单位压缩10%；事业单位的行政费用，除中、小学教育经费、卫生经费、科研经费外，也按上述比例压缩；企业管理费用，除工资、福利基金、工会经费、折旧费、生产性修理费、生产性水电费外，要按上年实际开支，一律压缩20%。各部门要按以上要求分别制订节约计划，把近几年行政经费、企业管理费急剧增加，铺张浪费的状况扭转过来。

（五）坚持改革。区、县财政体制的改革，确定了市财政和区、县财政的关系；利改税的改革，确定了国家和企业的关系。执行以来的经验表明，这两项重大改革，是卓有成效的，不仅扩大了区、县和企业的自主权，调动了他们的积极性，而且对保证财政收入的增长发挥了重要作用，1984年要继续贯彻执行。对区、县财政包干后的主要经验和出现的问题，要认真总结。特别是区、县机动财力在增加的情况下，如何把钱花好用好，取得更大的资金效果，如何正确处理好市财政和区、县财政的关系等问题，要在调查研究的基础上，进一步改进。利改税的第一步已经初步显示了它的优越性，要继续完善。利改税的第二步是第一步改革的继续和发展，要积极进行调查测算，作好准备。财政、税务部门在自身改革的同时，还要大力支持包括商业企业、建筑企业在内的各方面的改革。

（六）加强财政监督，严肃财经纪律。上面已经提到，目前，违反财经纪律的问题，面广量大，而且屡查屡犯，问题相当严重。针对这种情况，财政、税务、审计部门，要在促进经济搞活，提高效益的同时，必须加强监督，同损害国家利益的现象进行坚决的斗争。这样既有利于加强财务管理，增加财政收入，又有利于整顿党风和社会风气，严肃法纪。今年在适当的时候，还要继续开展大检查。去年检查出来的问题，要抓紧处理，该上缴的要补交，隐瞒不报的，一经查出，就要从严处理，不能光检查不处理。务期通过几年的功夫，使这方面的情况能够得到基本好转，做到有法必依，执法必严，违法必究。要针对大检查中暴露出来的规章制度方面的问题，认真加以研究，建立和健全各项制度，没有的要建立，不合理的要改进，不完善的要健全。

（七）提高财政税务工作的政策水平。在当前的大好形势下，为了更好地贯彻三中全会以来制定的路线、方针、政策，财政税务部门广大干部，要经常学习方针、政策，认清形势，不断提高政策业务水平。在工作中要服从和服务于全国和全市的奋斗目标，服从和服务于中央书记处对首都建设方针的四项指示和中共中央、国务院的《批复》。要牢固地树立政治观点、生产观点、群众观点，提高为政治服务，为生产服务，为人民生活服务的自觉性；要跳出单纯收收支支的圈子，加强调查研究，主动了解各方面的情况，努力研究生财之道、聚财之道和用财之道，支持各项事业的发展；要在力所能及的条件下，帮助解决一些必须解决的实际问题，并促进和帮助各部门按照计划和预算，把该花的钱花出去，该办的事情办好，以尽快发挥效益。

各位代表：当前北京市和全国一样，政治、经济形势很好，我们一定要在党中央、国务院正确领导下，为实现党的十二大提出的奋斗目标，为迎接建国35周年，为圆满实现我市1984年财政预算而努力奋斗。

北京市人民代表大会常务委员会工作报告

——一九八四年四月七日在北京市第八届人民代表大会第二次会议上

市人民代表大会常务委员会主任　赵鹏飞

各位代表：

我代表市人民代表大会常务委员会，向大会报告常务委员会的工作。

一九八三年三月本市八届人大一次会议闭幕以来，市人大常委会共召开了十次常务委员会会议，根据代表大会的决议和地方组织法赋予的职权，主要做了以下几方面的工作：

一、认真宣传宪法，制订保证国家法律实施的地方性法规。

根据代表大会通过的关于深入学习新宪法、保证新宪法实施的议案和决议，常务委员会督促和帮助有关部门作出了学习、宣传宪法的部署。去年五月在全市开展了以宪法为中心的法制宣传周活动，运用各种典型事例，同宪法中有关的根本准则联系起来进行宣传。一些过去学习走了过场的单位，在宣传周中进行了补课。宣传部门在去年下半年举办了宪法问答和宪法讲座，高校、中学、干校和职工轮训班等各类学校也增加了宪法和法制教育的内容。这些活动使广大干部群众受到了教育，增强了宪法和法制观念。

为了保证国家法律在本市的施行，常务委员会结合本市的实际情况，制订和审议批准了北京市区县乡镇人民代表大会代表选举实施细则、城市建设规划管理暂行办法、农村林木资源保护管理暂行办法、商用计量器具管理办法和民事诉讼收费暂行办法等五个地方性法规。选举实施细则是为了贯彻国家选举法，保障选民的民主权利，使区县乡镇人民代表大会代表的选举依法进行而制订的。城市建设规划管理暂行办法是为了保证国务院颁发的城市规划条例和本市城市建设总体规划方案的实施，纠正城市建设中存在的乱、散、软的现象而制订的。农村林木资源保护管理暂行办法是根据国家森林法的要求，为加速首都绿化，改善首都生态环境而制订的。商用计量器具管理办法是针对计量器具失修失准的问题，为了维护国家、集体和消费者的利益而制订的。根据实际工作发展的需要，还修订了市容环境卫生、城市绿化和道路交通管理等三个地方性法规的一些条款。

一年来，我们还遵照全国人大常委会法制工作委员会的要求，邀请有关代表、专家和实际工作者，对国家统计法、兵役法、专利法、水污染防治法、民族区域自治法以及其它一些正在起草的法律草案多次进行座谈，征集各方面的意见，并将这些意见整理上报。

二、审议和办理代表大会交付的议案，讨论和决定本市工作中的一些重大事项。

市八届人大一次会议交付常务委员会审议的议案共十一件，并案后为四项。即：提高中小学教育质量、加快首都绿化步伐、搞好首都环境保护和制订商用计量器具管理办法。常务委员会把审议和办理这些议案作为自己的重要任务，认真进行调查研究，列为重要议题逐项进行了审议，作出了相应的决议，并为决议的贯彻执行做了大量工作。以办理提高中小学教育质量的议案为例，为了弄清情况、问题和拟定改进的措施，我们先后十次召开了有部分市人大代表、教师、家长、区县教育部门负责人和提议案人参加的座谈会，听取各方面的意见，并实地察看了一些城乡的中小学，同师生进行了交谈。常务委员会在审议这项议案时，邀请了部分提议案人参加，听取了市人民政府就这项工作所作的报告，委员和代表们进行了比较充分的讨论。会议就端正办学指导思想、改革中等教育结构、搞好师资队伍建设、改善办学条件和加强领导等问题作出了决议。会后市政府把常务委员会批准的政府的报告发到所有中小学贯彻执行，常务委员会把决议、报告等文件发给了所有提议案的代表。市、区、县人大常委会先后组织八百六十多名委员和代表，实地检查了三百七十多所学校贯彻落实会议决议的情况。各区、县普遍召开了中小学教育工作会议或人大常委会议。经过这一系列工作，加强中小学教育工作已形成社会舆论，办学指导思想初步得到端正，办学条件有所改善。据不完全统计，除市政府决定增拨给中小学教育经费五百万元以外，各区、县又给中小学增拨教育经费一千余万元。在这次检查中代表们又提出了一些意见和建议，政府有关部门正在研究解决之中。其他几项议案也大体上是采用上述方式办理的。常务委员会审议批准的市政府关于加快郊区绿化造林工作的报告和城市绿化建设的五年规划、关于保护首都环境加快治理污染的意见以及北京市商用计量器具管理办法，政府也正在组织实施。

一年来，常务委员会讨论的重大事项还有：传达、学习中共中央、国务院对北京城市建设总体规划方案的批复，讨论了市政府贯彻批复的初步意见；听取并讨论了市政府关于动员群众义务劳动、整治河道的报告，作出了相应的决议；传达、讨论了全国人大常委会关于严惩严重危害社会治安的犯罪分子的决定，作出了坚决贯彻执行上述决定的决议，并听取了市政府的工作汇报，检查了决议执行情况；国家食品卫生法颁布之后，常务委员会在去年夏季到来之前，审议了市政府关于贯彻执行这一重要法律的意见的报告，作出了相应的决议。此外，还审议了市政府提出的加强社会主义精神文明建设和抵制精神污染、商业系统实行经营责任制、发挥个体工商业的补充作用以及科技、体育工作的报告。常务委员会在听取和审议政府的工作报告时，委员们充分发表了意见，反映了人民群众的呼声和要求，既肯定了工作成绩，也指出了缺点和不足，提出了批评和改进工作的建议，对政府工作起到了监督和帮助的作用。

三、加强同人民代表的联系，进一步发挥代表的作用。

一年来常务委员会从以下几个方面加强了这项工作：一是采取报告会、汇报会、情况介绍会等形式，把本市一些重大的工作部署、一些方面的重要工作情况和政策措施及时向代表通报。例如为全体代表举办了学习、宣传、贯彻中央、国务院对北京城市建设总体规划批复的报告会，为城建战线的代表举办了重点工程情况介绍会，为医药卫生界代表举办了本市卫生工作一九八三年主要情况和一九八四年工作安排的汇报会。这些活动使代表对本市一些方面的工作形势和问题有了比较具体的了解，有利于他们行使职权、向群众进行宣传和协助政府开展工作。二是把办理代表提出的意见、批评和建议作为尊重代表民主权利的大事，督促有关方面认真办理，并组织代表实地视察和检查。市八届人大一次会议上代表提出的意见、批评和建议共一千四百多件，会后，常务委员会就及时转交给了有关部门。在办理过程中，常务委员会组织了一百多名代表，到十一个区、县、局进行检查，各单位都由领导干部亲自汇报，回答代表的提问，发扬了民主，推动了政府工作。三是邀请有关代表参加常务委员会的工作。常务委员会在审议重大问题前和拟定地方性法规的过程中，一般都请熟悉这方面专业的代表参加座谈、视察和调查，有的议题还吸收有关代表列席常务委员会会议。在检查法律、法规和决议的执行情况时，组织代表视察工作的方法也作了改进，为求收到实效。例如为了推动国家食品卫生法的贯彻，组织代表视察了七个区、县和一轻、二商系统的四十九个饮食、副食点和食品生产、加工工厂，事前不通知被视察的单位，视察中对好的给以表扬，对差的当场座谈、提出意见，由行政主管部门采取措施限期改进，事后常务委员会又就落实的情况对一些单位进行了复查。此外，常务委员会还组织了几次大规模的代表视察和座谈活动，先后有九百多名代表视察了新产品展览会，四百七十多名代表视察了城市和农村的十五个单位，一百二十多名远郊县、区的代表进城视察和参观。常务委员会主任、副主任和委员还分赴十九个区、县和部队，向四百多位代表汇报常务委员会的工作，广泛听取意见。据统计，一年来代表参加常务委员会组织的各项活动四千多人次。在总结几年来实践经验的基础上，制订了加强同市人大代表联系的暂行办法。

四、建立市人大常委会各委员会，从组织上加强常务委员会的工作。

根据代表大会通过的关于设立市人大常委会各委员会的暂行规定，常务委员会任命了各委员会的组成人员，建立了委员会的办事机构，充实了一些工作人员。一年来，各委员会在自己的分工范围内开展工作，发挥了参谋助手作用。一是为常务委员会审议决定重大事项和制订地方性法规进行准备工作，着重于实际情况的调查研究，征集代表、专家和人民群众的意见，对地方性法规草案进行初步审查，对常务委员会会议讨论的议题提出比较系统的意见。二是检查国家法律、地方性法规和常务委员会决议的执行情况，督促主管部门贯彻落实。三是对本市工作的一些重要问题，同政府主管部门研究讨论，提出改进工作的建议。四是加强同本委员会工作有关的代表的联系，吸收他们参加委员会组织的活动。这些，使常务委员会的日常工作得到加强，工作效能有所提高。

一年来，常务委员会还依照地方组织的规定，任免政府组成人员、人大常委会各委员会组成人员和机关负责工作人员以及法院、检察院工作人员一百九十二人；处理群众来信来访二千九百三十三件，督促和帮助有关单位解决了一些比较急迫的问题；接待和陪同接待外国议会和民间友好团体四十次，赵鹏飞主任率市人大友好代表团应邀访问了日本东京都议会。

各位代表：常务委员会一年来的工作取得了一些新的进展，但是同开创首都现代化建设新局面的要求还有差距。今年是中华人民共和国建国三十五周年，我们要以党的十二大精神和宪法为指导，围绕贯彻落实中央书记处关于首都建设方针的四项指示和中共中央、国务院对北京城市建设总体规划的批复，审议决定本市工作中的重大事项，检查维护宪法尊严和保证宪法实施的情况，加强对法律、法规执行情况的监督检查和地方立法工作，搞好区县乡镇人民代表大会的换届选举，进一步密切同人民代表和群众的联系，按照地方组织法的规定，更好地履行自己的职责。我们要振奋精神，勇于创新，深入实际，加强调查研究，在发展社会主义民主，健全社会主义法制，推动首都社会主义现代化建设的斗争中，更好地发挥地方国家权力机关的作用。

北京市高级人民法院工作报告（摘要）

——1984年4月7日在北京市八届人大二次会议上

北京市高级人民法院院长　薛光华

在本市第八届人民代表大会第一次会议至今的一年里，全市各级人民法院遵照会议《关于北京市高级人民法院工作报告和北京市人民检察院工作报告的决议》，依照党的方针政策和国家法律，以严惩严重危害社会治安的犯罪分子的审判工作为中心，做了大量工作，较好地完成了各项任务。一年来的工作，主要有以下11项：

第一，坚决贯彻执行中央关于严厉打击刑事犯罪活动的决定，依法从重从快惩处了一批严重危害社会治安的犯罪分子；

第二，坚决贯彻执行中共中央、全国人大常委会和国务院关于严惩严重破坏经济的罪犯的决定，审结经济犯罪案件1，046件，对重大的贪污、行贿受贿、投机倒把、诈骗、盗窃公共财产等罪犯，给予了严厉制裁，挽回了国家经济损失150多万元；

第三，对林彪、江青反革命集团案犯戚本禹、刘庆棠、迟群、赵登程、齐景和、舒龙山等人依法进行审判，根据他们犯罪的事实，犯罪的性质、情节和对于社会的危害程度，给予了应得的法律制裁；

第四，审结离婚、继承、赔偿、债务、房屋等民事案件17，427件，解决了大量民事纠纷，保护了公民的合法权益；

第五，依照《中华人民共和国经济合同法》等法律、法规，审结经济纠纷案件459件，维护了经济秩序，促进了生产和建设的发展；

第六，在民事、经济审判工作中，试行了《中华人民共和国民事诉讼法(试行)》，进一步提高了审判工作质量；

第七，审结二审案件3，415件，其中刑事案件1，513件，民事案件1，871件，经济纠纷案件31件，维持了一审的正确判决，对极少数适用法律错误或量刑不当的，事实不清或证据不足的，及时发回重新审判或作了改判；

第八，审结申诉案件1，917件（其中刑事1，496件，民事421件）和院长提交审判委员会决定的再审案件229件，对原判正确的予以维持，对原判不当的作了纠正，发挥了审判监督的作用；

第九，为进一步落实对原国民党起义、投诚人员的政策，按照中央指示，对建国以来审理的有关案件，全部进行了复查，现正在陆续处理；

第十，处理群众来信39，710件，接待群众来访80，802人次，宣传了有关的政策、法律，解决了他们的一些合理要求；

第十一，通过审判活动、印发布告和《刑事罪犯罪行录》、举办图片展览和开展法制讲演等形式，广泛地进行了社会主义法制宣传。

以上是全市各级人民法院一年来的工作概况，现着重就依法严惩严重危害社会治安的罪犯的审判工作汇报如下：

1983年8月，中央作出了关于严厉打击刑事犯罪活动的重大决策和工作部署。9月，全国人大常委会作出了关于严惩和迅速审判严重危害社会治安的犯罪分子的两个决定，市人大常委会作出了《坚决贯彻执行全国人大常委会关于严惩严重危害社会治安的犯罪分子的决定的决议》。全市各级人民法院遵照上述决定和决议，把严惩严重危害社会治安的犯罪分子作为自己的中心任务，与公安、检察、司法行政机关密切配合，全力以赴投入战斗，对严重的刑事罪犯给以沉重的打击。一年内，全市各级人民法院判处了一批刑事罪犯，其中1983年8月至今年2月判处的罪犯中，属于从重打击的流氓集团首犯，杀人、放火、抢劫、强奸犯以及其他严重危害社会治安的罪犯占89.8%。

为了打击敌人，震慑罪犯，宣传社会主义法制，鼓舞和支持群众同犯罪作斗争，市中级人民法院和区、县人民法院于1983年8月至1984年1月，先后在市和区、县召开33次严厉打击刑事犯罪分子大会，参加大会的群众共30多万人，收听有线广播和收看大会实况录相的达150多万人。

我们对严重刑事罪犯依法严惩的同时，对投案自首的，揭发检举其他犯罪分子有立功表现的，“送子归案”而罪犯又供认全部罪行的，以及有其他从宽情节的，都依法作了从轻、减轻或免除处罚的处理。

在审判工作的全过程中，我们“以事实为根据，以法律为准绳”，要求对罪犯的判处，必须事实清楚，证据确实，定罪正确，量刑适当，程序合法。我们的主要做法是：

第一，把审判人员的思想统一到党的方针政策和国家法律上来，纠正了过去对严重刑事罪犯打击不力的现象，刑事审判工作出现了新局面。

第二，在审判工作中，我们强调一个“准”字，就是要不枉不纵，不错不漏，防止错判；尤其要防止错杀，杀人一定要严格把“关”。经检查表明，我们依法判处死刑的案件都是正确的。

第三，及时总结经验，进行指导。

开展严厉打击刑事犯罪活动以来，首都的社会治安状况开始有了明显好转。全市各级人民法院在中央和本市有关部门的大力支援下，在全市人民的支持下，经过全体审判人员和干警夜以继日的共同努力，工作取得了一定成绩。但工作中也还存在一些缺点，主要是：对一些新情况、新问题调查研究不够；对一般案件的处理有的还有粗糙的现象；市法院对区、县法院的审判监督和指导工作，还做得不够深入。

各位代表，我们深感同严重危害社会治安的刑事犯罪分子作斗争，是一项长期的艰巨任务。当前社会治安状况好转还很不稳固，社会治安状况不好的因素还远未消除，一些坚决与人民为敌的犯罪分子还在继续进行罪恶活动。摆在全市各级人民法院面前的任务是十分繁重的，我们一定要再接再厉，坚持不懈，继续坚决贯彻执行依法从重从快的方针，严惩严重危害社会治安的犯罪分子，维护宪法和法律的尊严，为保护人民的利益，保卫建国35周年庆祝活动的安全，为争取尽快实现首都社会治安状况的根本好转，保障社会主义物质文明和精神文明建设的顺利进行，作出新的贡献。

北京市人民检察院工作报告（摘要）

——1984年4月7日在北京市八届人大二次会议上

北京市人民检察院检察长　王振中

现在，我就本市各级人民检察院1983年以来的主要工作情况向大会报告。

（一）

一年来，本市各级检察机关认真执行市第八届人民代表大会第一次会议《关于北京市高级人民法院工作报告和北京市人民检察院工作报告的决议》，以整顿社会治安、打击刑事犯罪为中心开展了各项工作。1983年8月党中央作出关于严厉打击刑事犯罪活动的重大决策和部署。此后，全国人大常委会和市人大常委会相继作出有关的决定和决议。本市各级检察机关，遵照上述的重大决策和决定、决议，在最高人民检察院的领导下，在中央和本市有关部门的支援下，全力以赴，投入严厉打击刑事犯罪活动的斗争。

第一，依法“从重从快”打击了严重危害社会治安的刑事犯罪分子。出席法庭支持公诉的人次，占法院开庭审理案件总数的99.5%。办案质量总的说是比较好的。

在严厉打击刑事犯罪活动的斗争中，我们重点打击了流氓犯罪集团分子；流窜作案分子；杀人犯、放火犯、爆炸犯、投毒犯、强奸犯、抢劫犯和重大盗窃犯；拐卖妇女、儿童的人贩子，强迫、引诱、容留妇女卖淫的犯罪分子，制造、贩卖、组织传播淫秽物品的犯罪分子或借此引诱青少年犯罪的分子；劳改逃跑犯，重新犯罪的劳改释放人员和解除劳教人员。特别对流氓犯罪集团给予了狠狠的打击。在斗争中，我们对上述各类犯罪分子坚决实行依法从重从快惩处的方针，该判刑的坚决批准逮捕，提起公诉。

与此同时，依照刑法总则的规定，严格执行惩办与宽大相结合的政策。我们对于主动坦白、投案自首、检举立功的和其他具有刑法规定的从轻、减轻条件的，都给予从轻、减轻处理。对依法不需要判处刑罚或者免除刑罚的作了免予起诉的决定。免予起诉后，责成他们具结取保，保证不再犯罪，并协同有关单位落实对他们的帮教措施，定期考察。对有轻微违法犯罪行为的失足青少年，坚持实行教育、感化、挽救的方针。

第二，依法履行检察机关的法律监督职能。各级检察机关以保证准确地惩治刑事犯罪分子，防漏、防错和纠正徇私枉法、刑讯逼供等违法行为为重点，对侦查活动实行监督。对于发现的侦查活动中的违法行为，及时通知侦查机关作了纠正，对其中个别严重违法乱纪造成严重后果的，依法追究了刑事责任。在对审判活动实行监督中，对重罪轻判或轻罪重判的案件，依照法律程序提出抗诉。提出抗诉的案件，法院均已改判。

各级检察机关在对侦查活动、审判活动实行监督的同时，充分注意了公安、法院对检察院的制约。在各级检察机关已经批准逮捕的人犯中，有的原来检察院作过不批准逮捕的决定，经公安机关依法提请复议或复核以后决定批准逮捕了。法院对检察院起诉的案件，个别的作了无罪判决，极少数退回检察院作了补充侦查。

第三，依法严厉打击劳改犯、劳教人员中的重新犯罪活动。对重新犯罪的劳教人员和劳改犯，该批捕、起诉的，都坚决批捕、起诉了。同时，配合有关部门，在监所和劳改、劳教场所，宣传惩办与宽大相结合的政策，号召坦白检举，有力地促进了犯罪分子的分化瓦解，促使更多的人服从管教，争取从宽处理，努力改造成为新人。

对前一段的斗争成果，我们必须充分肯定，但也不能估计过高。这场斗争仅仅进行半年多，离社会治安根本好转的目标，离中央对首都建设方针四项指示的要求，还差得很远。我们必须充分认识这一斗争的长期性、复杂性和艰巨性，充分认识确保首都安全的特殊重要性，坚持不懈地把这场斗争继续健康、深入发展下去，为确保国庆35周年庆祝活动的安全，为尽快实现首都社会治安的根本好转作出积极的贡献。

（二）

在严厉打击严重危害社会治安的刑事犯罪活动的同时，各级检察机关还按照党中央、国务院的《决定》和最高人民检察院的指示，继续抓紧打击严重经济犯罪活动的斗争。1983年以来，各级检察院直接立案侦查处理贪污、行贿、受贿等经济犯罪案件403件，逮捕人犯163人，起诉人犯187人。其中5，000元以上万元以下的案件48件，万元以上的案件42件，挽回国家经济损失100多万元。通过打击经济犯罪分子，对于正确执行对外开放和对内搞活经济的方针，对于保卫社会主义经济制度和现代化建设的顺利进行，起了积极作用。

当前经济领域里的犯罪活动仍然相当严重，斗争相当尖锐。据统计，1983年立案办理的贪污、行贿、受贿的案件中，有三分之一的罪犯是在1982年开展打击经济犯罪斗争之后开始或继续进行犯罪活动的。

有些犯罪分子隐蔽很深，并未因开展打击经济犯罪的斗争而停止犯罪。

严厉打击经济犯罪活动以后，又产生了一些新的经济犯罪分子。

有相当一部分案件是内外勾结，给国家造成的经济损失十分重大。

从以上情况可以看出，打击经济犯罪活动是长期的、艰巨的斗争。我们决心继续贯彻执行党中央、全国人大常委会和国务院有关打击严重经济犯罪活动的指示、通知和规定，把这场斗争深入开展下去。

（三）

过去的一年，各级检察机关担负了繁重而艰巨的任务，在紧张的严厉打击刑事犯罪和经济犯罪的斗争中，我们进一步加强了检察机关的思想建设、组织建设和业务建设。检察干部队伍，正逐步向革命化、年轻化、知识化、专业化迈进。但是，按照形势和任务的要求，这支队伍的数量、政治业务素质都还不适应，这就要求我们必须继续充实、扩大检察队伍，把这支队伍整顿好，训练好。

各位代表：我们一定要按照这次市人民代表大会提出的任务和作出的决议做好工作，开创检察工作的新局面。我们坚信，只要坚决贯彻执行党和国家的方针政策，坚决依照法律办事，紧紧依靠广大人民群众，就一定能够尽快实现首都社会治安的根本好转。

北京市第八届人民代表大会第二次会议议案审查委员会关于代表议案的审查报告

杨春茂

（一九八四年四月九日北京市第八届人民代表大会第二次会议通过）

北京市第八届人民代表大会第二次会议共收到代表提出的议案48件，其中财经方面的16件，城建方面的13件，教育科学文化卫生方面的15件，政法和其它方面的4件。对加强城市建设规划工作、改善城乡生态环境、提高商业服务业的服务水平、发展山区教育和基层医疗建设、加快食品工业生产以及保护妇女儿童合法权益等，提出了不少重要意见。议案目录已印发给各位代表。

议案审查委员会对代表提出的全部议案逐项进行审查，提出了审查意见，并向主席团作了报告。经主席团讨论决定，有11件交市人大常委会审议，有37件属于对本市某一方面工作的建议，分别交市人民政府及有关部门研究处理。建议大会批准上述审查意见。各有关部门对于交付办理的议案，要调查研究，认真处理，处理的情况和结果要报告市人大常委会，并及时答复提议案的代表。

此外，本次代表大会共收到代表提出的建议、批评和意见一千零九十七件，由市人大常委会办公厅分别交由市人民政府及其他有关机关、组织认真研究处理，并负责将处理结果答复代表。

北京市第八届人民代表大会第二次会议补选第六届全国人大代表办法

（一九八四年四月四日北京市第八届人民代表大会第二次会议通过）

一、根据《中华人民共和国地方各级人民代表大会和地方各级人民政府组织法》和《中华人民共和国全国人民代表大会和地方各级人民代表大会选举法》，制定本办法。

二、北京市第八届人民代表大会第二次会议，补选北京市出席第六届全国人民代表大会代表一人。

三、代表候选人由大会主席团汇总中共北京市委、北京市各民主党派、人民团体和大会代表（一人提名，有三人以上附议）推荐的候选人名单，交各代表团讨论、协商，如果所提候选人名额过多，可以进行预选，根据较多数代表的意见，确定正式代表候选人名单。

四、正式选举和预选均采用无记名投票方式，按代表团分别投票。各代表团投票选举时，由团长、副团长主持。

五、正式选举和预选须有代表团的全体代表过半数出席，始得进行选举。

六、每个代表团推选监票人二人，并由大会主席团提出总监票人二人，经大会通过后，对发票、投票和计票进行监督。

七、投票人对于选票上所列的候选人，可以投赞成票，可以投反对票，可以弃权，也可以另选他人。

投票人赞成选票上所列的某一个候选人时，就在这个候选人姓名左面的空格里画一个“○”；不同意某一个候选人时，就在这个候选人姓名左面的空格里画一个“×”；在候选人左面的空格里不画“○”又不画“×”的为弃权。

投票人如果要在选票上所列的候选人以外另选其他人，可以在画“×”的原候选人姓名右面的空格里写上自己要选举的人的姓名。

八、每张选票选举的人数多于一人的作废。

九、投票人写票，要用钢笔、毛笔或圆珠笔。符号要准确，笔迹要清楚。

十、投票人如果自己不会写票，可以委托他人代写。

十一、选票由投票人亲自投入票箱。

十二、各代表团投票结束后，当众打开票箱，由工作人员清点选票张数。所投票数等于或者少于投票人数的有效；将选票装入票箱并加封条，送到计票处统一计票。所投票数多于投票人数的无效，另行选举。

十三、书写模糊无法辨认的选票作废。

十四、候选人获得全体代表半数以上选票时，始得当选。

十五、选举结果由大会主席团宣布。

十六、本办法由北京市第八届人民代表大会第二次会议通过后施行。

北京市第八届人民代表大会第二次会议关于《政府工作报告》的决议

（一九八四年四月九日北京市第八届人民代表大会第二次会议通过）

北京市第八届人民代表大会第二次会议批准陈希同市长代表市人民政府所作的《政府工作报告》。

会议满意地指出，一年来，在党的十二大和六届全国人大一次会议精神的指引下，市人民政府认真贯彻市八届人大一次会议的决议，依靠全市人民，在开创首都建设新局面方面取得了可喜的进展，各项工作进一步纳入了中央书记处关于首都建设方针四项指示的轨道，在一些方面迈出了新的步伐。政治思想建设进一步加强，社会治安和社会秩序开始明显好转；城市基础设施的建设得到了重视和加强，环境的绿化、美化初见成效；教育、科学、文化、卫生、体育事业有了不同程度的发展；经济建设进一步贯彻“调整、改革、整顿、提高”的方针，继续沿着适合首都特点的方向前进，农村经济取得较大发展，为服务首都做出了贡献。这是全市广大人民群众在党和政府的领导下，共同努力的结果。

会议认为，《政府工作报告》提出的一九八四年的十项主要工作任务，体现了求实和进取的精神，是积极的，可行的。会议要求，在一九八四年，要进一步全面地贯彻中央书记处关于首都建设方针的四项指示和中共中央、国务院对《北京城市建设总体规划方案》的批复，坚持在物质文明建设和精神文明建设两手抓的前提下，着重地抓好社会主义精神文明建设，同时一刻也不要放松经济建设；要充分发扬人民民主，切实加强法制建设；要继续抓紧城市基础设施建设和环境治理，全面加强城市规划设计和城市管理；要继续贯彻各项政策，大力加强科学研究，加快技术改造的步伐，进一步促进城乡经济的发展。会议强调，要下更大的力量抓好教育工作和文化建设；要采取具体有力的措施加快山区建设；要把提高服务质量、改善服务态度作为本市商业、服务业和各项公用事业单位为人民服务、对人民负责的重要内容，坚持不懈地抓下去，并且一定要抓出成效。

今年是中华人民共和国建国三十五周年。会议号召，全市人民要以主人翁的精神，大鼓爱国热情，增长四化志气，团结一致，立志改革，勇于创新，为实现大会确定的各项任务而努力奋斗，在各条战线创造优异的成绩向国庆献礼！

北京市第八届人民代表大会第二次会议关于一九八四年国民经济、社会发展计划和一九八三年财政决算、一九八四年财政预算的决议

（一九八四年四月九日北京市第八届人民代表大会第二次会议通过）

北京市第八届人民代表大会第二次会议，听取并审议了市计划委员会主任王军代表市人民政府所作的一九八四年国民经济和社会发展计划草案的报告，听取并审议了市财政局局长常自超代表市人民政府所作的一九八三年财政决算和一九八四年财政预算草案的报告。

会议根据国民经济社会发展计划和财政预决算审查委员会的审查报告，批准本市一九八四年国民经济和社会发展计划，批准一九八三年财政决算和一九八四年财政预算。

北京市第八届人民代表大会第二次会议关于市人民代表大会常务委员会工作报告的决议

（一九八四年四月九日北京市第八届人民代表大会第二次会议通过）

北京市第八届人民代表大会第二次会议批准赵鹏飞主任所作的北京市人民代表大会常务委员会工作报告，认为本届常务委员会成立以来工作取得了新的进展。

会议要求，常务委员会在新的一年里，以党的十二大精神和宪法为指导，围绕贯彻落实中央书记处关于首都建设方针的四项指示和中共中央、国务院对《北京城市建设总体规划方案》的批复，讨论决定本市社会主义精神文明建设、物质文明建设、民主和法制建设中的大事，抓紧地方立法工作，加强对政府、法院、检察院工作的监督，进一步密切同人民代表的联系，在开创首都社会主义现代化建设新局面中，更好地发挥地方国家权力机关的作用。

北京市第八届人民代表大会第二次会议关于市高级人民法院和市人民检察院工作报告的决议

（一九八四年四月九日北京市第八届人民代表大会第二次会议通过）

北京市第八届人民代表大会第二次会议批准薛光华院长所作的北京市高级人民法院工作报告和王振中检察长所作的北京市人民检察院工作报告。

会议认为，一年来，本市人民法院和人民检察院在保护人民合法权益、严厉打击严重刑事犯罪活动和其它犯罪的斗争中，有效地发挥了国家审判机关和法律监督机关的作用，促进了首都社会治安开始明显好转。会议要求本市各级人民法院和人民检察院再接再厉，继续贯彻执行依法从重从快的方针，准确地严惩严重危害社会治安的犯罪分子和严重破坏社会主义经济的犯罪分子，加强民事、经济审判工作和法律监督工作，为尽快实现社会治安状况的根本好转，保障首都社会主义现代化建设的顺利进行作出更大的贡献。

补选第六届全国人民代表大会代表名单

（1984 年 4 月 9 日）

张占林

北京市第八届人民代表大会第二次会议主席团、秘书长名单

（一九八四年四月二日北京市第八届人民代表大会第二次会议预备会议通过）

主席团（八十七人　按姓名笔划排列）

丁吉庆　丁贡南　于宗英（女）　马耀骥
王大琬（女）　王立行　王仲林　王　纯　王　宪
王培宝　王斐然　王景铭　王　耀　仉振亮　叶子龙
叶　林　叶恭绍（女）白良玉　冯佩之　邢　军
邢恒均　吕子敬　仲凯　邬绮文（女）　刘导生
刘景平　刘殿臣　安朝俊　严镜清　李广田
李玉梅（女）　李克佐　李钢钟（女）　李培新
李　晨　李　瑛（女）　李瑜铭　杨春茂　吴　烈
佘涤清　邹　俠（女）　汪家镠（女）　沈　勃
张文茂　张还吾　张国基　张金铎　张革夫　张继斌
张　镈　陈木森　陈长庚　陈明绍　武　光
范　瑾（女）　林　挺　周　怡（女）　郑凤仪
郑汉涛　郑汉浩　赵访熊　赵国平　赵鹏飞　南荣榜
段君毅　侯仁之　侯镜如　逄先知　闻家驷　贾春旺
贾星五　浦洁修（女）　黄英夫　梅向明　常　浦

崔旭东　崇　力　隋世忠　韩正非　韩　凯　焦若愚　蔡其侃　潘　焱
雷洁琼（女）　解　衡　蔡玉清（女）　蔡　旭　**秘书长**　邢　军

北京市第八届人民代表大会第二次会议主席团常务主席名单

（一九八四年四月二日主席团第一次会议推定）

（二十人）

段君毅　赵鹏飞　焦若愚　马耀骥　王　宪　浦洁修（女）　蔡　旭　安朝俊　佘涤清
汪家镠（女）　贾春旺　潘　焱　范　瑾（女）　陈明绍　邢　军
王斐然　杨春茂　武　光　侯镜如　闻家驷

北京市第八届人民代表大会第二次会议副秘书长名单

（一九八四年四月二日主席团第一次会议决定）

张明义　路德润　白有光　王立行　王同兴　张文奇
赵有光　徐炳忠　王昭钺　杨登彦　刘玉令

北京市第八届人民代表大会第三次会议

（1984 年 8 月 17 日—18 日）

北京市第八届人民代表大会第三次会议于 1984 年 8 月 17 日至 18 日举行。会议审议并通过了市人大常委会提出的增选一名副主任的议案和陈希同市长提出的调整北京市人民政府部分组成人员的议案，补选了北京市人民代表大会常务委员会副主任和北京市副市长。

关于调整北京市人民政府部分组成人员的议案

北京市第八届人民代表大会：

一、为了有利于选拔中青年干部进入市政府领导班子，进一步形成梯形配备，白介夫、安林、张彭同志请求辞去现任副市长的职务，建议接受他们的请求，并决定补选三名副市长。

二、鉴于北京市人民政府的任务十分繁重，为适应工作需要，建议决定再增选一名副市长。

以上建议，请予审议。

市　长　陈希同

一九八四年八月三日

关于增选一名市人大常委会副主任的议案

北京市第八届人民代表大会：

为适应北京市人民代表大会常务委员会工作发展的需要，建议增选一名市人大常委会副主任，请予审议。

北京市第八届人民代表大会常务委员会

一九八四年八月七日

北京市第八届人民代表大会第三次会议选举办法

（一九八四年八月十七日北京市第八届人民代表大会第三次会议通过）

一、根据《中华人民共和国地方各级人民代表大会和地方各级人民政府组织法》，结合本市情况，制定本办法。

二、北京市第八届人民代表大会第三次会议，增选北京市人民代表大会常务委员会副主任一人，补选和增选北京市副市长四人。

三、北京市人民代表大会常务委员会副主任和北京市副市长的人选，由大会主席团提名，市人民代表大会代表（一人提名，有三人以上附议）也可以提名。选举可以采用候选人数多于应选人数的办法；也可以经过预选产生候选人名单，然后进行选举。

四、正式选举和预选均采用无记名投票方式。预选可以按代表团分别进行投票。

五、正式选举须有全体代表过半数出席，按代表团进行预选时须有代表团全体代表过半数出席，始得开会进行选举。

六、每个代表团推选监票人一人，并由大会主席团提名总监票人二人，经大会通过后，在大会主席团的领导下，对发票、投票和计票进行监督。各代表团进行预选时，可再推选监票人一至三人。

七、投票人对于选票上所列的候选人，可以投赞成票，可以投反对票，可以弃权，也可以另选他人。对北京市人大常委会副主任可以另选北京市第八届人民代表大会其他代表。对北京市副市长可以另选其他任何选民。

投票人赞成选票上所列的某一个候选人时，就在这个候选人姓名左面的空格里画一个“○”；不同意某一个候选人时，就在这个候选人姓名左面的空格里画一个“×”；在候选人左面的空格里不画“○”又不画“×”的为弃权。

投票人如果要在选票上所列的候选人以外另选其他人，可以在画“×”的原候选人姓名右面的空格里写上自己要选举的人的姓名。

八、每张选票选举的人数，多于第二条规定应选人数的作废，等于或少于规定应选人数的有效。

九、投票人写票，要用钢笔、毛笔或圆珠笔。符号要准确，笔迹要清楚。

十、选票由投票人亲自投入票箱。

十一、投票结束后，当众打开票箱，计票人清点选票张数后，由总监票人将清点结果报告大会执行主席。选票张数等于或者少于投票人数，选举有效；多于投票人数，选举无效。

十二、全部书写模糊无法辨认的选票，全票作废；部分书写模糊无法辨认的选票，可以辨认的部分有效，无法辨认的部分无效。

十三、候选人获得全体代表过半数的选票，始得当选。获得过半数选票的候选人的名额超过应选名额时，以得票多的当选。如遇票数相等不能确定当选人时，应当就票数相等的候选人重新投票。获得过半数选票的名额少于应选名额时，对不足的名额，是否另行选举，由主席团提出意见，提交大会决定。

十四、选举结果由大会主席团宣布。

十五、本办法由北京市第八届人民代表大会第三次会议通过后施行。

北京市第八届人民代表大会第三次会议关于陈希同市长提出的调整北京市人民政府部分组成人员的议案的决议

（一九八四年八月十七日通过）

北京市第八届人民代表大会第三次会议，审议了陈希同市长提出的关于调整北京市人民政府部分组成人员的议案。会议同意陈希同市长在议案中提出的建议，并决议如下：

一、接受白介夫、安林、张彭辞去北京市副市长的请求；

二、本次代表大会会议补选三名副市长，增选一名副市长。

北京市第八届人民代表大会第三次会议关于常务委员会提出的增选一名常务委员会副主任的议案的决议

（一九八四年八月十七日通过）

北京市第八届人民代表大会第三次会议，审议了常务委员会提出的增选一名常务委员会副主任的议案。会议同意常务委员会的建议，决定本次代表大会会议增选一名常务委员会副主任。

补选北京市人民代表大会常务委员会副主任名单

（1984年8月18日）

马耀骥

补选和增选北京市副市长名单

（1984年8月18日）

陈昊苏　封明为
张健民　黄　超

北京市第八届人民代表大会第三次会议主席团、秘书长名单

（一九八四年八月十六日北京市第八届人民代表大会第三次会议预备会议通过）

主席团（八十八人　按姓名笔划排列）

丁吉庆　丁贡南　于宗英（女）　马耀骥
王大琬（女）　王立行　王仲林　王　纯　王　宪
王培宝　王斐然　王景铭　王　耀　仉振亮　叶子龙
叶　林　叶恭绍（女）　白良玉　冯佩之　邢　军
邢恒均　吕子敬　仲　凯　邬绮文（女）　刘导生
刘景平　刘殿臣　安朝俊　严镜清　李广田
李玉梅（女）　李克佐　李钢钟（女）　李培新
李　晨　李　瑛（女）　李瑜铭　李锡铭　杨春茂
吴　烈　佘涤清　邹　偀（女）　汪家镠（女）
沈　勃　张文茂　张还吾　张国基　张金铎　张革夫
张继斌　张　镈　陈木森　陈长庚　陈明绍　武　光
范　瑾（女）　林　挺　周　怡（女）　郑凤仪
郑汉涛　郑汉浩　赵访熊　赵国平　赵鹏飞　南荣榜
段君毅　侯仁之　侯镜如　逄先知　闻家驷　贾春旺
贾星五　浦洁修（女）　黄英夫　梅向明　常　浦
崔旭东　崇　力　隋世忠　韩正非　韩　凯　焦若愚
雷洁琼（女）　解　衡　蔡玉清（女）　蔡　旭
蔡其侃　潘　焱

秘书长

邢　军

北京市第八届人民代表大会第三次会议主席团常务主席名单

（一九八四年八月十六日主席团第一次会议推定）

（二十一人）

李锡铭　赵鹏飞　段君毅　焦若愚　马耀骥　王　宪　浦洁修（女）　蔡　旭　安朝俊　佘涤清　陈明绍
汪家镠（女）　贾春旺　潘　焱　范　瑾（女）　邢　军
王斐然　杨春茂　武　光　侯镜如　闻家驷

北京市第八届人民代表大会第三次会议副秘书长名单

（一九八四年八月十六日主席团第一次会议决定）

路德润　白有光　唐纪宇　王同兴　赵有光　徐炳忠　杨登彦　刘玉令　王鼎丰

北京市第八届人民代表大会第四次会议

(1985年3月10日—18日)

北京市第八届人民代表大会第四次会议于1985年3月10日至18日举行。

大会听取并通过了副市长韩伯平关于北京市经济体制改革问题的报告，听取并通过了市计委主任王军关于1985年国民经济、社会发展计划的报告及财政局长常自超关于1984年财政预算执行情况和1985年财政预算的报告。审议并通过了市人大常委会工作报告、市高级人民法院和市检察院工作报告。

会议通过了关于深入学习、宣传邓小平同志重要讲话，坚持五讲四美三热爱，做有理想、有道德、有文化、有纪律的文明市民议案的决议。通过了关于规定全市人民义务植树日的建议。

会议补选和增选了北京市人民代表大会常务委员会副主任和委员。

大会共收到代表团提出的议案6件，15名以上代表联合提出的议案48件。其中，政法类8件，财经类12件，城市建设类21件，教育科学文化卫生类13件。大会听取和通过了议案审查委员会关于议案的审查报告。

关于北京市经济体制改革问题的报告

——一九八五年三月十日在北京市第八届人民代表大会第四次会议上的政府工作报告

北京市副市长　韩伯平

各位代表：

现在，我受市政府委托，就北京市经济体制改革问题，向大会作工作报告，请各位代表审议。

一九八四年经济体制改革情况

一九八四年，在党中央、国务院的领导下，按照中共北京市委的部署，全市认真抓了整党和改革两件大事，贯彻执行了对内搞活经济，对外实行开放的方针，进一步落实了中央、国务院关于首都建设方针的各项指示。经过全市人民的共同努力，首都的政治思想建设、环境美化建设、科学文化建设和适合首都特点的经济建设，都取得了很大成绩。社会风气和社会治安有了明显好转，各条战线的工作都取得了较大的进步，全市人民更加精神振奋，为实现首都的四化建设任务奋发前进。

一九八四年，全市的经济体制改革在总结过去经验的基础上，特别是在整党的推动下，在迎接建国三十五周年的鼓舞下，又有了新的进展。农村的改革进一步深入。城市的改革，在搞活企业、搞活流通、实行第二步利改税、政企职责分开等方面，都做了许多工作，取得了显著成效。

农村的改革更加深化。以发展商品经济为核心，进一步完善了联产承包责任制，调整了农村产业结构，改革了管理体制。联产承包责任制已从种植业普遍推广到林业、畜牧业、渔业和国营农、林、牧、渔等企业，特别是专业承包和各类专业户、重点户有了较大的发展。去年各类专业户、重点户已达三十余万户，占总农户的百分之三十左右，比一九八三年增加了百分之三十八。各县区本着服务首都、面向市场、城乡结合、因地制宜、发挥优势的精神，以较大步伐调整了产业结构，大力发展了乡镇企业。去年一年新增乡镇企业七千六百多个，总数已达一点六万多个；务工、经商和服务业等从业人员新增加十四点四万多人，总数已达六十五万人。农村经济的内容已扩展为农、林、牧、副、渔、工、建、运、商、服务等十个方面。乡镇企业的总收入在郊区集体经济总收入中已占百分之五十七，在农村社会总产值中，乡镇工业总产值已占百分之四十九点四。乡镇企业的大发展，为农村积累建设资金，保证粮食、蔬菜和其它副食品生产，增加农民收入，创造了重要条件。县、乡、镇、村实行了政企分开，改革了经济管理体制。许多县区积极引导农民在乡内外、县内外、市内外、国内外，以及不同所有制企业之间开展了多种形式的联合经营。一九八四年，农民新组成的各种联合体已达二千六百多个，同中央单位、市属单位、大专院校、驻京部队、外地、外商联营的企业已发展到四百八十多个。同时从国外引进了一批先进的技术设备。联营的领域已由工农业生产扩展到商业、旅游、服务等第三产业。新的联合体和各种形式联营企业的发展,使农村经济更加活跃,并为大规模地发展商品生产、推进技术进步开辟了广阔的道路。

城市的改革更加广泛深入。围绕打破两个"大锅饭"和搞活企业这个中心,按照国务院第二步利改税的规定,国营企业实行了以税代利,初步解决了企业吃国家"大锅饭"的问题,并为扩大企业自主权提供了重要条件。在企业内部,通过建立健全责任制、改革工资分配办法和奖励办法,初步解决了职工吃企业"大锅饭"的问题。

根据国务院"把建筑业作为城市改革突破口"的指示,去年在国营建筑企业、市政和安装企业,实行了百元产值工资含量包干责任制,住宅工程实行了按平方米造价包干责任制,一批工程试行了招标承包制,设计部门也实行了承包责任制。这些改革,初步打破了建筑业封闭垄断的管理体制,使建筑业的施工速度、工程质量和经济效益得到全面提高。全民所有制施工企业全员劳动生产率达到八千二百多元,比上年提高百分之二十七点三,创造了历史最高水平。市建筑工程总公司竣工面积突破一百五十万平方米,全员劳动生产率突破一万元,结束了几年来竣工在一百三十万平方米左右、全员人均施工产值在七、八千元徘徊的局面。实行平方米造价包干的住宅小区,合同工期大都比计划提前一至两年。一批重点工程建设创出了新水平,全市最大的三元立交桥,实行投资包干后,两年的工期缩短到九个多月,提前一年多完成了建设任务。市建筑设计院实行技术经济承包责任制,开创了设计工作的新局面,全年完成设计任务六百零三万平方米,比上年增长百分之四十四。市政管理系统的园林、公共交通、房管等单位实行了优质服务经济承包制,也收到了较好的效果。

商业系统在改革管理体制、改革批发体制、搞活流通方面,迈出较大的步伐。到去年年底,国营零售商业、服务业有四千九百三十六个自然门店已基本上实行了独立 核算。年利润在二十万元以下的四千六百九十七户国营小型零售商业、服务业企业,已全部按照"自主经营,独立核算,照章纳税,自负盈亏"的原则进行了改革。有些实行了全民所有、集体经营,有些直接转为集体所有制企业,有些租赁给集体或经营者个人。全市已建起三十九个国营专业性、综合性的批发市场和一批集体的贸易中心、贸易货栈。这些批发市场和贸易中心,扩大了经营范围,实行多渠道进货,采取多种购销形式,减少经营环节,使批发商业从封闭型、分配型向开放型的流通体制迈出了新的一步。商业改革的另一个进展,是在更大范围打破了地区、行业和所有制的界限,广泛开展了上下左右内外联合,实行了对国内、国外两个方面开放,同各省市、自治区的联合,同国外的合作以及本市农商、工商、农工商联合经营的商业服务业,有了很大的发展。去年仅引进的外地风味饭馆就有四十多家。同时大力发展了集体、个体和各种合作商业服务业。去年一年全市新增集体和个体坐商三千三百多户,新增摊商一万多户。实行改革的企业,内部都逐步建立健全了多种形式的经营承包责任制,有力地调动了商业服务业职工的积极性。许多商店扩大了经营范围,延长了营业时间,生意越做越活,服务态度和服务质量也有了一定的改进。

工业改革按照国务院扩大国营工业企业自主权的十条规定,市政府及主管部门进一步下放了权力,扩大了企业的经营自主权。全市有四百一十六个地方国营工业企业实行了第二步利改税。对集体所有制企业进一步放宽了政策,市属四百九十九个集体工业企业已完全按照集体所有制性质实行自主经营。对小型国营工业企业实行了"全民所有,集体经营,照章纳税,自负盈亏"的办法。去年,还在部分企业进行了领导体制和分配制度的改革试验。在三十三个骨干企业中试行了厂长负责制,在三十六个企业试行了工资总额和经济效益挂钩的办法,在煤矿试行了吨煤工资含量包干的办法。这些改革,使企业由生产型开始向经营型、开拓型转变。集体企业、国营小企业搞得比较活,发展较快。一些大中型企业,也在发挥自己的特长和优势,努力把企业搞活,经济效益有了显著提高。大多数企业为适应发展商品生产的要求,增强企业的竞争能力,重视了技术进步和技术改造。去年,全市地方工业部门技术改造共完成投资七点四亿元,比上年增长百分之二十五。改革进一步促进了城乡结合、发展专业化协作,走"白兰道路"。全市已有六百七十多家工厂向乡镇工业企业扩散产品和零部件,实行了多种形式的协作。一些工厂同外省市的联合生产或技术联营也有了发展。不少企业还由过去的单一生产发展到一业为主、多种经营,兴办第三产业。到去年底,工矿企业建立的商业服务业网点已达到一千一百多个,从业人员四点六万多人。

科研、教育、文化、体育和医疗卫生部门也都在积极探索改革的路子。全市已有五十一个科研院所试行科研责任制,占市属科研单位的三分之二。同时,在三十个技术开发和推广应用的科研院所试行了科研成果"有偿转让合同制"、"课题承包制",并相应扩大了院所的自主权，把国家同科研单位的关系从行政管理变为合同管理。这些改革，有力地促进了科研与生产相结合，去年科研单位转让的成果比一九八三年增加了一点六倍，科研工作更加适应城乡经济对技术进步的迫切需要。高等院校和中等专业学校试行了管理制度的改革，试行了岗位责任制和校长负责制。改革公费医疗制度和发动社会力量采取多种形式办医疗卫生事业的试验，也取得了一些经验。

为了适应农村和城市基层单位改革的需要，计划、财政、税务、金融、劳动、人事、工商管理、物价管理、外经外贸等方面，也初步进行了同步配套改革，市政府各有关委办也开始简政放权。这些改革同基层单位的改革起着相互推动、相互促进的作用。

改革的深入发展有力地调动了广大工人、农民和知识分子的积极性。全市人民同心同德，意气风发，在党中央、国务院的领导下，为建设具有社会主义高度文明的首都，一九八四年又迈出了重要的一步。

工农业生产全面增长，经济效益显著提高。全市工农业总产值完成三百一十五点七亿元，比上年增长百分十三点七，是十一届三中全会以来增长最快的一年。粮食总产量达到四十三点五亿斤，创历史最高纪录。围绕城乡人民生活需要，蔬菜、牛奶、家禽、鲜鱼和干鲜果品等产量都有较大增长，生猪正在向瘦肉型转化。乡镇企业总收入达到三十二亿元，比上年增长百分之二十六。农村集体经济总收入和纯收入，均比一九八〇年翻了一番。工业总产值完成二百八十一点七亿元，比上年增长百分之十二点四。新产品增加了百分之三十四，有七十多种产品达到国际水平，九百种产品达到国内先进水平；有五十八种产品获国家质量奖，比上年增长近百分之三十五。经济效益有明显提高，实现了工业总产值与实现利润、财政收入同步增长。

基本建设、特别是城市基础设施工程取得了很好成绩。全市固定资产投资额完成五十二点二亿元，比上年增长百分之三十五点六，其中基建投资完成三十六点一亿元，比上年增长百分之三十三点二；全市城镇房屋竣工面积八百一十八点七万平方米，增长百分之五点六。城市基础设施投资比上年增长百分之五十二点一。建成四座立交桥。地铁二期工程建成通车。新增电话二点三万多门。新建扩建道路一百二十四万平方米。管道煤气用户新增了五点一万户。

市政管理进一步加强，城市绿化美化取得新的进展。城近郊区植树二百零八万株，铺草坪一百二十五万平方米。新建扩建了十个公园。环境保护工作有所加强，市容面貌发生了明显变化。加强了房屋修缮工作，自来水和下水道进居民院又有新的进展。

外经外贸和旅游事业取得了新的成绩。一九八四年，引进技术、利用外资是六年来最多的一年。全市利用外资和技术引进签约项目共三百九十三项，金额五点六亿美元。出口总额为六点三亿美元。接待海外游客六十五点七万人次，比一九八三年增加百分之二十九点一。

财政收入稳定上升。全市完成四十四点三八亿元，比上年增长百分之十三，是近几年超收最多、增长幅度最大的一年。

城乡市场购销两旺，人民生活进一步改善。流通体制的改革，商业网点的大量增加，为促进生产的发展，沟通流通渠道，丰富首都市场，方便人民群众生活，起到了重要作用。一九八四年，全市社会商品零售总额完成一百零一点七亿元，比上年增长百分之二十一点六，是一九五七年以来增长幅度最大的一年。吃穿用商品销售量全面增长。彩色电视机、电冰箱、洗衣机等高档消费品大幅度增销。人民收入普遍增加。城市职工人均年收入达一千一百五十九元，农民人均年纯收入达六百六十四元，均比上年增加一百五十元左右。

教育、科技、文化、卫生、体育事业都取得了较大的进展。根据各方面对人才的需求，高等学校招生比上年增加三千八百人，达到三万多人，九个县区创办了大学分校，在校学生一千多人。继续调整了中等教育结构，职业教育和成人教育发展很快。全市接受中等职业教育的人数达到十四点三万人，比上年增长一倍多。科研工作全年取得成果八百多项。文艺创作、新闻出版事业更加繁荣，群众文化活动开展得生动活泼。人民医疗保健工作继续加强。人口增长得到了有计划的控制。本市运动员在国内外重大比赛中取得了较好成绩。全市电视人口覆盖率达到百分之九十八以上。文物保护和博物馆事业有了新的发展。

改革使人们的精神面貌发生了变化。“五讲四美三热爱”活动更加深入，社会风气明显好转。参加政治培训的青年职工达到一百多万人，占青工总数的百分之九十一。参加“振兴中华”读书活动的职工达到七十七万人。全市评选出文明单位三千六百多个，涌现出一大批文明工厂、文明村和文明商店。

经过严厉打击严重刑事犯罪分子和综合治理，一九八四年首都社会治安是十八年来最好的一年。刑事案件比上年下降了百分之四十六点六。社会发案率下降到万分之六点二，破案率有较大提高。社会治安工作的加强，确保了建国三十五周年庆祝活动和首都重大政治活动的安全，并保证了改革的顺利进行。

各位代表：

由于全市人民的共同努力，市人代会通过的“六五”计划所规定的一九八五年国民经济和社会发展的主要指标，已经提前完成。

几年来的改革实践和取得的显著成效，有力地证明了党中央的路线、方针、政策和有关改革的各项决策是完全正确的。全市的改革所以能够健康地向前发展，根本的一条，是及时得到了党中央、国务院的直接关怀和正确指导。中央、国务院各部门、驻京部队、各人民团体、各民主党派也给了我们极大的支持和热情帮助，也是全市人民辛勤劳动和努力工作的结果。从全市各级政府来说，在市委领导下，坚持思想上、政治上同党中央保持高度的一致，不断地清除“左”的思想影响，进一步端正了各项业务工作的指导思想。在工作指导上，采取了先抓试点，由点到面、逐步展开的方法；同时比较注意了把生产关系的改革同技术改造、技术引进结合起来，把发挥各级政府的领导作用同尊重、依靠知识分子，发挥专家顾问的作用结合起来。因此使各项改革比较符合实际，有效地推动了各项事业的发展。

我们工作中还存在不少问题。城市人民生活中的“几难”问题仍然比较突出；社会服务水平不高、服务态度差的问题仍需继续努力解决；文化、教育、卫生、体育等事业的发展远远不能适应人民的需要，这些情况同首都的地位很不相称。农村经济活跃起来了，但山区的经济发展仍然不快，有的地方还没有完全改变贫困落后的面貌。在进行改革的过程中，主要是去年十月份以后出现了乱发奖金、乱发实物、乱提工资、乱涨价和倒卖紧缺物资及紧俏商品等不正之风，我们没有及时刹住，对改革和各项工作产生了十分不利的影响。回顾过去一年市政府的工作，主要的问题在于：我们领导工作上存在着官僚主义，对新情况、新问题缺乏调查研究，缺乏预见，未能及时地、有针对性地提出有力的措施；我们对宏观的、全局的、战略性的问题，缺乏通盘的研究和安排；对于新的不正之风的严重危害性认识不够，估计不足，纠正不够果断有力，执法不严；对于既要把经济搞活，又要加强监督管理，我们缺乏经验，有些政策界限问题，又未抓紧研究，因而该管的未能管住，使少数投机取巧、图谋私利的人钻了空子。对这种种问题，我们一定要在广大群众的支持和帮助下，认真地加以解决。

一九八五年经济体制改革的主要任务

党的十二届三中全会通过的《关于经济体制改革的决定》，为我国的经济体制改革制订了宏伟的蓝图，是指导我国进行经济体制改革的纲领。一九八五年是以城市为重点进行经济体制改革的第一年，搞好今年的改革工作是巩固和发展大好形势的需要，是保证今后改革顺利进行的关键。农村的经济改革要在过去三年跨出三大步的基础上，通过贯彻落实今年中共中央、国务院一号文件，对农村经济继续放开，从生产到流通，进一步发挥市场调节的作用，促进农村产业结构的合理化和商品生产的大发展，使其更加适合商品经济发展的要求。从今年开始，经济体制改革的重点要转向城市。城市的经济体制改革较之农村更为繁重和复杂，它涉及到各行各业，涉及到经济管理体制的各个环节。虽然我们还缺乏经验，但是必须看到，当前的政治形势和经济形势很好，安定团结的局面日益巩固，工农业生产全面增长，社会商品大量增加，人民生活不断改善，特别是十一届三中全会以来，中央的路线、方针、政策日益深入人心，改革已是人心所向，大势所趋。人民盼望改革、支持改革。我们必须抓住有利时机，调动一切积极因素，坚定不移地把城市的经济体制改革推向前进，巩固和发展大好形势。改革的指导方针是：慎重初战，务求必胜。方法上，要领导亲自动手抓试点，由点到面，走一步，看一步，稳步前进。按照党中央、国务院的部署，今年要在继续搞活企业，不断提高经济效益的前提下，集中力量进行工资制度的改革和价格体系的改革，为理顺经济关系创造更好的条件。把这两项改革搞好了，一定能进一步增强企业和基层的活力，进一步调动广大干部和群众的积极性，促进各项事业的迅速发展。

现将本市今年经济体制改革的几项主要工作向大会报告如下：

一、关于改革工资制度

党的十二届三中全会《决定》指出，认真贯彻按劳分配原则，改革工资制度，是整个经济体制改革的一个组成部分。现行的工资制度，基本上是沿袭了五十年代制订的办法，它在历史上起过重要作用，但已经不能适应社会主义现代化建设和职工队伍本身建设的要求，阻碍技术进步和劳动生产率的提高。其主要弊病是：职工的劳动所得同职务、责任、能力、贡献脱节，严重影响了职工积极性的发挥，也影响经济体制改革的顺利进行，因此，改革工资制度势在必行。

这次工资改革主要是两个方面，即国营企业工资制度的改革和国家机关、事业单位工资制度的改革。改革的目的：主要是消除严重的“大锅饭”和平均主义的积弊，初步建立体现按劳分配的、比较合理的新的工资制度。

国营企业工资改革的方向是：把企业的工资总额与经济效益挂起钩来，经济效益提高了，工资总额就可以按一定的比例增长；经济效益下降了，工资总额也要按比例下降。由于各个行业和企业情况不同，工资总额与经济效益挂钩的具体办法，可以有所不同。工业企业一般的是同上交税利挂钩；交通运输企业可以同周转量或运距运量挂钩；商业服务业可以同销售额或营业额、上交税利挂钩，同时还要考虑执行政策和服务质量等指标；建筑和煤矿企业可以继续实行百元产值工资含量包干和吨煤工资含量包干。这些办法，经过近两年的试验，效果较好。主要是进一步打破了两个“大锅饭”。一个企业职工收入是增是减，主要看这个企业经济效益是升还是降，企业之间因经济效益不同，职工收入也可以不同。至于企业内部采取什么样的分配形式，是实行计件工资还是计时工资，是实行等级工资制还是岗位（职务）工资制、结构工资制，是否建立津贴、补贴制度，或浮动工资、浮动升级制度等，由企业根据实际情况，依照按劳分配的原则，结合建立各种形式的经济责任制，自行确定。国家只核定企业的工资总额同效益挂钩的比例。总之，企业要逐步推行一套把效益高低与本人贡献大小挂起钩来的办法。这样，既可以使职工工资随着生产的增长而不断有所提高，又可以不使工资总额的增长速度超过国民收入和劳动生产率增长的速度，使工资增长与生产发展、劳动生产率的提高保持适当的比例。

国家机关和教育、科学、文化、卫生、体育等事业单位人员工资制度改革的初步意见是：实行以职务工资为主要内容的结构工资制，发挥工资各个组成部分的不同职能作用，把工资和职务、责任、能力、贡献结合起来，按照实际担任的职务领取工资。

通过这次改革，机关干部、文教人员的工资收入水平将有所提高；经营好的企业，职工收入将提高得多一些。但是，我们也要看到，工资方面的问题是二十多年积累下来的，不可能一次解决。工资能增长多少，要受生产发展和劳动生产率增长的严格制约。因此，这次工资改革，主要是使工资制度进入新的轨道，工资的总水平一时还不可能上升很多，只能量力而行。今后随着生产的发展和国民收入的不断增加，职工的收入将会稳定增长。

今年将要进行的工资改革，无论是国营企业还是机关、事业单位，都是一项艰巨复杂的工作，涉及面大，政策性强，关系到广大知识分子、干部和工人的切身利益，一定要慎重从事。要坚决按照国务院的统一部署进行工作，先试点，由点到面，稳扎稳打，逐步推进。各单位不能各行其是，不得相互攀比，一律不得擅自动作。对前一阶段一些单位乱涨工资、乱发奖金、津贴、实物的错误行为，必须坚决纠正。有的要退回，有的要在今年改革工资的增资指标中扣除。去年凡是发放奖金、津贴超过限额的单位，一律要严格执行国务院早已颁发的有关规定，如数交纳奖金税。在今年的工资改革中，各单位都要切实加强领导，严守纪律，一定要保证这一重大改革顺利进行。

二、关于改革价格体系

我国现行的价格体系，由于长期忽视价值规律的作用和其他历史原因，存在许多不合理的现象。主要表现是：某些矿产品和原材料价格偏低，不利于这些基础工业的发展，也不利于促使加工工业提高经济效益和技术进步；主要农副产品的购销价格倒挂，不仅使国家财政补贴逐年加重，也不利于合理地调整农业生产结构；有些服务行业收费偏低，使这类企业没有活力，发展缓慢，甚至发生萎缩；还有一些同类产品质量不同，但价格没有拉开，不利于提高产品质量，发展花色品种。不改变这种状况，就不能解决企业富有活力的问题，对促进商品生产和商品流通的迅速发展，对改善人民生活都十分不利。因此，党的十二届三中全会作出决策，要对我国的价格体系进行改革。

近几年来，我们在物价方面已经进行了一些改革。首先是在农村大幅度地提高了粮、棉、油的收购价格；其次是逐步地放开了一部分副食品和日用小商品的价格，实行议购议销；第三是对一部分工业品价格进行了有降有升的调整；第四是对一部分以劳务为主的服务项目调整了收费标准。这些变动，总的看效果是好的。这几年价格的变动大体有以下几种情况：

（一）属于计划价格的商品，包括对城镇居民定量供应的粮油和主要副食品，以及大宗的日用工业品，价格都没有动。只是由于生铁、纸张等提价，适当地调高了一部分铁制品、纸制品以及食用碱等商品的价格。

（二）属于议购议销的农副产品，范围有所扩大，主要是干鲜果、淡水鱼、小品种蔬菜、海味、茶叶等。这些商品的价格，按照国务院的规定，早就可以放开，本市去年才安排实行。放开后，多数价格上涨，少数下落。

（三）有些计划管理的商品，允许其价格在一定限度内浮动，主要是纺织品、皮鞋、服装、收录音机等。实行的结果是：有些供不应求的商品，如呢绒等，价格上浮了，有些供过于求的商品，如录音机等，价格下浮了。

（四）实行工商双方协商定价的小商品，种类有所增加，其中属于群众消费的约增加了一百二十多种，连同前两年放开的共六百多种。这些商品的价格在去年大部分没有变动，有变动的只占百分之三十二，其中上升的占百分之十九点五，下降的占百分之十二。

（五）经过主管部门批准，适当调高了一部分服务项目的收费标准，包括服装零活加工、服装干洗、出租汽车、手表和自行车修理等。

总的来看，消费品的价格是上涨了一些，为了促进生产和搞活流通，这些变动是必要的。需要说明的是，由于国家对主要日用工业品的价格还是实行计划管理的，对城镇居民的粮、油和主要副食品继续实行财政补贴，全年补贴的金额达七点五亿元，因此物价的总水平并没有出现大的变动。去年物价是上涨了一些，但城乡人民的生活水平还是提高了。城乡居民收入水平有明显增加，在社会商品零售总额大幅度增长的同时，城乡个人储蓄额仍然增加了不少，这说明群众的生活水平确实提高了。

根据国务院的部署，今年要在改革价格体系方面迈出重要的一步。合理的价格体系，是理顺各种经济关系，促进国民经济良性循环的关键。对这项改革，我们既要看到它的重要性和迫切性，改革要坚定不移；又要充分估计到它的艰巨性和复杂性，必须慎重从事。既要抓住当前政治、经济形势很好的时机，果断地进行改革，又要考虑到国家财政的负担能力、企业的消化能力和群众的承受能力，走一步，看一步。今年，物价改革主要是放开猪价；蔬菜实行大路品种价格管住，细小品种放开；适当提高铁路短途运价。肉价调整后，对城镇居民采取定额补贴的办法，保护消费者的利益不受大的影响。物价改革要按照国家的统一部署进行。

今年准备陆续出台的这几项物价改革，对整个经济的发展是有好处的，也是各方面能承受得了的。不属于这个范围之内的国家管理的其他商品价格，今年都不许动。各有关企业，一定要努力挖掘内部潜力，降低成本，降低费用，不得把负担转嫁给消费者。有些工业品还准备有计划地降价。三类小商品的价格和农贸市场的价格，随行就市，有升有降。这对促进生产，供应需要，方便群众，都是有好处的。对某些生产、经营单位乱涨物价或变相涨价的错误行为，我们将切实加强检查监督，一经发现，一定严肃处理。

这次价格体系的改革，是结构性的调整物价，调价的原则是有降有升，使商品的比价趋于合理，起到指导生产、调节消费的作用，而不是通货膨胀，各种东西都提价。合理地调整价格，必将使生产发展更快，流通搞得更活。正如李先念主席在今年春节团拜祝词中讲的："依靠党中央和国务院的正确领导，依靠亿万人民群众的智慧和力量，我们一定能够很好地解决改革过程中出现的各种新问题，巩固和发展大好形势。随着生产的发展和经济效益的提高，职工的工资将会逐步增加，不能因为物价的某些必要的调整而降低城乡居民的实际生活水平。"我们北京市的各级政府一定要坚决做到这一点。我们要做好宣传解释工作，消除人民群众对改革价格体系的顾虑，避免思想波动，解除紧张敏感的心理，还要采取有力措施，防止抢购现象发生。对人民生活的必需品，必要时可以实行定量供应，使哄抬物价、投机倒把的不法之徒，无可乘之机。

三、关于改革计划体制和流通体制

计划和流通是整个国民经济发展的两个重要环节。近年来，尽管我们在改革计划和流通体制方面，取得了一定的进展，但是与形势的发展相比，还相差很远。今年，为适应进一步搞活经济的要求，必须对现行的计划和流通体制作进一步的改革。

今年计划体制改革的主要内容，就是要继续有步骤地适当缩小指令性计划的范围，适当扩大指导性计划和市场调节的范围，同时要充分重视经济杠杆和市场的作用，运用经济的手段，以及必要的行政、立法手段，推动计划的实现。为此，今年着重抓好以下几项工作：

（一）全面改革计划指标体系。按照中央、国务院今年一号文件精神，今后农业生产要在国家计划的指导下，扩大市场调节，任何单位都不得再向农民下达指令性计划。政府和有关经济部门只向农民提供一些年度的和中长期的指导性计划和各方面的信息，引导农民根据市场需求来安排生产。工业生产方面，指令性计划产品指标减为二十六个，占全市工业总产值的比重，将由去年的百分之五十五下降到百分之十八。商品流转计划管理的商品，指令性计划指标减为三十三个，占社会商品收购总额的比重，由百分之五十九点八下降为百分之十三点五。过去由市里下达并进行考核的经济效益指标共有二百多个，今后除保留少数综合性指标和一部分重点企业、重点产品的耗能、耗水指标外，其余的不再下达，而由各个行业、各个企业自己编制和考核，使企业能在更大范围内实行自主经营。

（二）逐步改进对固定资产投资的计划管理。从今年起，凡是在国家预算内和市财政拨款安排的基本建设投资，全部改为银行贷款，并实行指令性计划，这是对多年来靠行政系统单向分配资金制度的一次突破。对于地方、部门的自筹投资和利用外资安排的基本建设，其计划额度允许在一定的范围内浮动。对于利用自筹资金安排的技术改造项目，适当放宽审批权限。但就全市范围来讲，对基本建设的总规模还要进行必要的控制。

（三）改变传统的靠计划分配调拨物资的方式。从今年起，除国家专项下达的物资指标要如数分配到有关单位外，市里统一组织分配的物资，实行统一定价，并通过生产资料批发市场和贸易中心调剂余缺，串换品种。

（四）积极运用经济调节手段。为了逐步发挥经济杠杆对国民经济进行调节的作用，要进一步依靠市计划委员会，组织银行、物价、财政、税收、审计、劳动等部门，综合运用价格、税收、信贷、工资和财政补贴等手段。逐步建立全市的经济信息反馈系统，积极开展宏观经济预测，促使国民经济协调发展。

今年流通体制的改革，重点是改革农副产品购销体制和批发体制。按照国务院的规定，农副产品购销体制要突破长期实行的统购包销的办法，按照不同情况，分别实行合同定购、市场收购。从今年起，除个别品种外，国家不再向农民下达农副产品统购派购任务。这是农村实行联产承包责任制改革之后的第二次大改革。根据国务院的指示，商业部门要坚决地把原来主要按指令性计划统购包销的流通体制，改变为在宏观计划指导下，充分发挥市场调节作用的开放式、多渠道、少环节的流通体制。粮食部门除严格执行定购合同外，一定要积极帮助农民解决“卖粮难”的问题，鼓励粮食生产。今年要在县城和大的集镇建立粮油贸易市场。原有的购粮单位要改为经营单位，积极参与议购议销。同时，下大力量帮助农民扩大粮食的转化和加工。今年要尽快地在全市兴建十个蔬菜批发市场，五十个农贸市场，为郊区和外地农民把农副产品直接销售到城区市场创造条件。国营商业在流通领域要继续起主导作用，加强对购销活动的引导和调节，并掌握充足的货源，发挥平抑物价、稳定市场的作用。

要进一步搞好工业品批发系统的改革，尽快增建贸易中心和开放型的批发市场。要把批发经营业务搞活，实行多渠道、少环节、灵活服务，以适应工农业生产发展和零售商业发展的需要。但重要生产资料和紧俏耐用消费品的批发业务，仍要掌握在国营商业、物资部门和生产单位手中，集体和个体商业不得经营这些商品的批发业务。

零售商业的改革，要继续贯彻“三多一少”的方针，开展多种形式的工商、农商、商商联营。要继续坚持国营、集体、个体一起上，大力发展直接为人民生活服务的第三产业，尤其要发展集体、个体商业、服务业。全市各机关、团体和企事业单位，都要积极兴办第三产业。各方面都要支持发展第三产业。凡重要商业街道两侧的围墙、空地和不对外开放的建筑，都应充分利用起来兴办第三产业。自己无力兴办的，应将房屋出租、交换、转让给其他单位或个人去办，或由所在地区政府征用后招标兴办。自己不办又不转让的，要征收商业土地占用费。

四、关于改革政府机关和经济管理部门的机构

随着经济体制改革的深入，政府领导机关和经济管理部门的机构改革势在必行。上层建筑必须适应经济基础。现在已经越来越清楚地看到，政府领导机关和经济管理部门在领导体制和机构设置上存在着许多弊端：部门林立，条块分割，经济管理机构层次过多，权力过于集中，妨碍企业进一步搞活。因此，要求领导机关的工作转到为生产服务，为基层服务的轨道上来。

机构改革的指导思想和原则是：要以中共中央关于整党和经济体制改革两个决定为指针，按照为人民服务和精简、统一、效能的原则，以及政府机关管理经济的职能，实行政企职责分开，下放权力，精简机构，减少人员，改进作风，逐步建立科学的、新型的工作体系，使各级领导机关更好地为企业和基层服务。

这次改革机构，要有领导、有计划地进行。先进行经济管理部门的改革和搞好市和区县的分权，然后再进行市政府自身的改革。今年，在改革机构中我们着重抓以下几件事：

（一）继续放权。要实实在在地把该放的权力放给基层和企业，凡该放而未放的要坚决放下去；揽权、截权的要立即纠正。领导机关要坚决简政，以保证放权的落实。经济管理机构要减少层次，凡上下重叠、工作重复的部门和机构，要坚决进行精简合并。

（二）认真做好市政府各委、办和各局职能机构的调整及人员定编工作。一定要做到各委、办、局职责明确，机构精干。

（三）认真搞好试点。要解剖典型，先易后难，在实践中探索经验，逐步统一认识。根据市委的部署，经济管理部门的机构改革确定在五个单位试点。市和区（县）分权及加强区（县）政权建设，确定在一个区和一个县试点。各系统、各区县也要根据自己的情况，确定各自的机构改革试点单位。今年上半年试点单位要总结出经验来，然后逐步推广和完善。

各位代表：

今年我们进行的各项改革，中心就是要进一步把企业搞活，使各个企业特别是国营大中型企业，都能充分发挥自己的特长和优势，为发展生产、繁荣城乡经

济、增加国家收入和富裕人民，作出更大的贡献。通过改革进一步调动广大劳动者的积极性和创造性，努力做好各方面的工作。工业企业要努力增加生产，提高经济效益。要大力发展适合首都特点的轻纺工业，对这些行业继续实行“六个优先”，尽最大努力，提高质量，增加产量，增加品种，以丰富城乡市场供应。采取具体有效的措施加快山区建设，对困难较大的山区要作为重点加以扶持，同时要认真落实政策，放手发动群众深入开展致富大讨论，广开生产门路，尽快改变落后面貌，缩小同平原地区的差距。教育工作要适应改革的需要，努力办好区县大学分校和走读大学；进一步调整中等教育结构，积极发展职业高中和中等专业学校，特别是要发展幼儿师范学校；成人教育的重点要由普通教育转移到中专和技术培训上来。与此同时，采取切实措施，增加托幼园所，努力改善中小学和托幼园所的教学条件，改善中小学教师的和托幼保教人员的生活条件。要尽快地改革人事管理制度，制定切合实际的鼓励人才合理流动的政策和办法。要把国家的力量、社会的力量、部门的力量、集体的力量几方面结合起来，实行多部门、多渠道、多层次的人才开发和智力开发，在经济体制改革过程中开创人才开发工作的新局面。科技、卫生、文化、体育、新闻出版等事业也要在改革中创出新的成绩。总之，我们一定要通过改革促进生产和各项事业的发展，全面完成全市一九八五年国民经济和社会发展计划，并为实施第七个五年计划作好准备，为胜利完成经济体制改革的总体任务打好基础，把首都的物质文明建设和精神文明建设推进到一个新的阶段。

加强对改革工作的领导

邓小平同志最近指出，“我们在建设具有中国特色的社会主义社会时，一定要坚持发展物质文明和精神文明，坚持五讲四美三热爱，教育全国人民做到有理想、有道德、有文化、有纪律。这四条里面理想和纪律特别重要。”这是我们加强改革领导工作的根本指导思想。我们正在进行的改革，是建设社会主义的现代化国家，进而实现共产主义远大理想的伟大实践。必须有理想才能坚持改革的正确方向，才能不忘全心全意为人民服务的根本宗旨。纪律是改革实施的保证，必须讲纪律，真正维护和坚持执行党和国家的政策，才能团结和组织人民，才能排除各种干扰和障碍，推动改革健康地前进。因此，我们各级政府要按照这个要求，加强改革的领导工作。

一、要精心规划、精心指导，务求初战必胜

一九八五年，我们必须坚决贯彻执行中共中央《关于经济体制改革的决定》和国务院有关改革的方针、政策和措施。同时也要看到，对于以城市为重点的经济体制改革，许多事情还处于开创阶段，我们的经验还很不够，知识也很不足。这就要求我们必须保持清醒的头脑，对工作要精心指导，慎重初战。要按照中央的要求，妥善规划好各项改革，作出周密的研究和多方面的比较。各级领导都要深入基层加强调查研究，及时解决改革中出现的问题。在工作指导上，继续采取典型示范，以点带面，逐步推开的方法，不搞一拥而上，不搞一刀切。要坚持脚踏实地、扎扎实实的工作作风，提倡兢兢业业干实事，反对搞形式主义，使改革稳步前进，务求必胜。

二、要做好思想政治工作，加强全局观念

要结合改革的实际，广泛而深入地宣传改革的理论和政策，以党的十二届三中全会《决定》为武器，统一大家的思想，充分认识改革的目的、意义和前景，加深对社会主义的科学理解。要引导干部和群众正确处理局部与整体、国家利益和集体、个人利益之间的关系。我们每一个部门、每一个单位、每一个国家干部，都要紧密围绕国家的整体任务进行活动；局部的利益，个人的利益要服从于整体利益，而不能有损于整体。各级政府、各个部门、各个单位都要加强全局观念，反对本位主义。要坚持在发展生产的基础上改善人民生活的方针，发扬艰苦奋斗、勤俭建国、勤俭办一切事业的精神，反对分光花尽的做法。要使各项改革做到促进社会的安定、生产的发展、人民生活的改善和国家财力物力的增强。

三、要严格纪律，坚决反对新的不正之风

要保证改革顺利前进，必须严格纪律。各级干部特别是领导干部，必须模范地遵守政纪、法纪，做到有令必行，有禁必止。企业可以充分地运用国家规定范围内的自主权，但对党中央、国务院的统一规定，必须严格遵照执行，不能有任何折扣。一定要警惕少数人钻改革的空子，破坏和干扰改革，败坏改革的名誉。市政府再次重申：今后决不允许政府机关干部利用职权经商办企业，套购国家紧缺物资，倒买倒卖，谋取私利；决不允许违反政策乱涨物价，制造混乱；决不允许巧立名目滥发奖金和实物；决不允许随意提高工资；决不允许动用公款请客送礼，挥霍浪费。政府公职人员在各种公司、中心担任董事长、董事、经理、顾问的，一律无效。对那些任意涨价、哄抬物价、就地倒卖、扰乱市场的，要一律严加取缔。对犯有错误的人，要分别情况，给予法律的、行政的、经济的惩处。对时至今日依旧有令不行、有禁不止的，要从严处理，同时追究领导责任。

要进一步清理、整顿新办的各类工商企业“公司”和“中心”。凡是有利于发展生产、有利于方便群众生活的合法经营的企业，我们要继续予以扶持和鼓励。对假借改革的名义，钻多种价格的空子，搞转手倒买倒卖、牟取暴利的，要坚决取缔，其暴利必须没收，偷漏税款必须补税，并课以罚金。

四、要加强法制建设和经济监督工作

为了保证改革和各项工作有秩序地进行，必须大力加强法制建设。各级政府和政府有关部门要尽快学会运用法律手段管理经济。今年要重点搞好经济体制改革和城市建设、城市管理等方面的地方性法规的草拟工作，尽快做到依靠法律促进改革，保障建设。同时，要大力加强和充实政府各部门的法制工作机构，加强法制队伍建设，并依靠群众的监督和支持，使现有的各项法律和法规得以严格的执行。

要进一步充实和加强各经济监督机构。经济监督机构要在改革中积极改进工作方法，认真依照法律、法规和国家的政策，加强经济监督。要加强外汇管理和信贷管理，尤其是要加强对税收、物价的监督和市场的管理，对哄抬物价、煽动抢购、非法倒卖、炒买炒卖外汇、偷税漏税等违法行为，要严加惩办。各级政府、各个部门都要坚决维护经济法规和纪律的严肃性，同违反法律和财经纪律的行为坚决斗争。

要继续严厉打击严重刑事犯罪分子和严重经济犯罪分子，加强社会治安综合治理，整顿社会秩序，为全面改革创造更好的社会政治条件。

五、要充分发扬民主，群策群力搞好改革

经济体制改革是一场伟大的群众性的探索和创新的事业，必须充分发扬民主，团结广大人民群众共同努力奋斗。各级政府和政府各部门要积极支持锐意改革的干部和群众。要认真听取广大人民群众对改革的建议和反映，欢迎人民群众通过报纸、广播、电视、来信来访等多种形式，向政府反映情况，提出批评和建议。对群众的意见和要求，要及时作出回答，决不能敷衍搪塞。

我们诚恳地接受人民代表的监督和指导。希望各位代表、政协委员经常检查全市各方面的工作，对各项改革提出建议和批评，监督和帮助我们做好工作。

工会、共青团、妇联、科协、文联、侨联等群众团体，几年来在协助政府加强与人民群众的联系方面发挥了重要作用。我们热忱地希望各群众团体继续协助政府动员群众，把改革搞好。

六、搞好改革，发展生产

发展生产、增收节支、加速货币回笼，是搞好改革的重要条件，又是对改革的检验。因此，在抓改革的同时，必须加强对工农业生产的领导。继续保持今年一、二月份生产增长和经济效益提高的好势头，力争在搞好各项改革的同时，使生产有一个大的发展，经济效益有较大的提高。

各位代表：

当前的形势是很好的，我们进行经济体制改革的有利条件是很多的。我们在党中央、国务院的领导下，得到中直机关、国家机关、驻京部队、各群众团体和民主党派的大力支持。各兄弟省市对北京的现代化建设和经济改革一直给予了热情的关心和有力的帮助。我们坚信，只要认真贯彻执行党的十二届三中全会的《决定》和国务院关于各项改革的指示与部署，经过全市人民的共同努力，北京市的经济体制改革一定能够健康的前进，首都的社会主义现代化建设一定会出现新的更好的局面。

以上报告，请各位代表审议。

关于北京市一九八五年国民经济和社会发展计划草案的报告

——一九八五年三月十一日在北京市第八届人民代表大会第四次会议上

北京市计划委员会主任　王　军

各位代表：

我受市人民政府的委托，现在向大会提出北京市一九八五年国民经济和社会发展计划草案的报告，请予审议。

一九八四年计划执行情况

一九八四年，是北京市近几年来国民经济和社会发展形势最好的一年。在过去的一年里，全市人民在党中央、国务院的亲切关怀和中共北京市委的直接领导下，在整党、改革、迎接建国三十五周年的推动下，进一步贯彻中央书记处关于首都建设方针的四项指示和中央、国务院对《北京城市建设总体规划方案》的批复，认真执行对内搞活经济、对外实行开放的方针，在社会主义现代化建设的进程中，迈出了新的重要的一步。城市面貌有较大的变化，国民经济出现了持续、稳定、协调发展的好势头，社会事业蓬勃发展，人民生活水平明显提高，各条战线都取得了很大成绩。一九八四年国民经济和社会发展计划已经超额完成。

一、狠抓城市基础设施的建设，各项工程是多年来完成得最好的一年。

一九八四年，我们坚定不移地把基础设施的建设放在城市建设的首位，供水、电力、煤气、交通、电讯等基础设施建设普遍加快。全年城市基础设施项目共完成投资五亿八千万元，比一九八三年增长百分之五十二点一，为今后加快首都建设打下了良好的基础。

在供水方面，通过大力挖掘设备潜力，使市区日供水能力提高到一百三十七万吨，比上年增长百分之五点四；田村山水厂等供水工程加快了建设进度。在供电方面，大同到房山的五十万伏输变电工程已经送电，建成了两个二十二万伏变电站和两个十一万伏变电站，完成了三个十一万伏变电站的土建工程。在供气方面，首钢煤气进城一期工程按计划完成，增加日供气能力三十万立方米，铺设煤气干管十二公里，户外支管一百多公里，又有五万一千多户居民用上了管道煤气，比一九八三年发展用户数增长一点八倍，创历史最高纪录。全市煤气、液化气用户已达九十六万户，城镇居民气化率达到百分之七十二点三。在石油部的大力支持下，华北油田天然气进京管线用了不到七个月的时间就已铺设到焦化厂。在通讯方面，新建和扩建十五个电话分支局，新增电话二万三千门；新建和扩建了八个邮电局、十二个邮电所。在道路、交通方面，新建、扩建道路七十三公里，面积一百二十四万平方米。本市最大的立交桥——三元立交桥只用了九个多月就提前建成，工期比原计划缩短一年零三个月；马家堡、西直门、德胜门立交桥也都建成通车。昌平路、学院路和东北三环路快车道等都提前或按期完工，城区与北郊、东北郊之间的交通严重阻塞状况得到缓和。地铁二期工程在国庆节前已投入运行，开辟、调整公共汽车线路二十五条。此外，新建东单和清河两座人行过街天桥、一座转盘，整修了重点地区路面九万多平方米。

二、加强环境建设，城市绿化、美化、净化取得了明显的成效。

一九八四年是贯彻落实党中央、国务院批准的北京城市建设总体规划方案的第一年，“人民城市人民建，人民城市人民管”的方针，已经成为首都人民的自觉行动，广大干部、群众和驻京部队积极支持和参与治乱、治软、治散，广泛参加义务劳动，植树种草，治理脏河臭沟，整修道路，兴建公园，使首都的市容发生了显著的变化。

城市绿化水平有了较大的提高。一九八四年城近郊区共植树二百零八万株，比上年增长百分之九点五；铺草坪一百二十五万平方米，比上年增长百分之六十九。主要街头和各工矿企业、机关团体、新建住宅小区共扩大绿地面积二百三十八公顷。去年突出地抓了“一条线、两条河、十个公园和十五条大街”的绿化美化工作，做到了三季有花，四季常青。原定于国庆节前完成的什刹海第一期整治工程，由于广大军民积极参加义务劳动，提前于“六一”完成。新建了一百零三个园林小品和园林建筑，建立城市雕塑十五处。郊区造林实行了多种形式的承包责任制，共完成四十八万多亩，超额完成了计划。

一九八四年环境保护工作有了新的进展。计划规定的十二项任务已全部完成。河北、山西、北京三省市联合颁发了官厅水库水源保护管理办法。初步划定了密云和怀柔水库的水源保护区。综合整治了北护城河和亮马河上段河水，修建了万泉河污水截流管，治理了长河沿岸的大部分污染源。全市共撤销电镀厂点一百个，解决了城区五十二个工厂、车间的“三废”和噪声扰民问题，全市工业污水处理率已提高到百分之四十三。有机氯农药六六六、滴滴涕已在全市停止销售和使用。全市完成联片供热四十四片，供热面积达八十万平方米。四个城区的锅炉已全部采取了消烟除尘措施，全市初步建成了香山、二龙路和三里河三个无黑烟区。为了减少交通噪声污染，二环路以内已禁止汽车鸣笛，三环路以内的六千辆旧东风摩托车已全部更换。

三、教育、文化、卫生、体育事业取得显著的进展。

人才培养取得新成绩，招生计划超额完成。高等学校招生三万多人，比一九八三年增加三千八百人。东城、西城、海淀区和远郊区县共办起了十二所大学分校和自费走读大学。中等教育结构进一步调整，中等职业技术学校共招生三万四千人，比上年增加七千七百人。

初中毕业生升入普通高中和中专、职业高中、技校的比例，从一九八三年的二点四五比一调整到一点八六比一。去年职业中学毕业生三千九百多人，为发展第三产业培养了急需人才，普遍受到用人单位的热烈欢迎。成人教育有了新的发展，职工大学、电视大学、夜大学、函授大学等在校学生达到七万人。全市高等教育自学考试有十三万人次参加，毕业人数达到九百多人。社会力量办学也有所发展，全市民办学校已达二百一十所，现有学员八万多人。中小学教育质量有了提高，在抓好二十五所市属重点学校的基础上，又抓了一百零一所学校的整顿。在一九八三年五所中学开设电子计算机课程的基础上，去年又有四十五所中学建立了计算机房，装备微型计算机六百台；三十所小学装备了微型机一百一十台。去年新开办幼儿园、托儿所二百六十六处，全市收托幼儿达三十六万人，比上年增加二万二千人。

城乡群众文化工作得到进一步加强，健全了区县、乡（街道）、村三级文化组织。为了解决山区十六万群众看不到电视、二十四万群众看不好电视的问题，国庆节前全市新建了电视差转台六十座。昌平县还建立了全市第一座县级电视台，并已正式播放节目。全市电视人口覆盖率达到百分之九十八以上。专业文艺团体在剧目创作和表演方面也取得了好成绩，有九个节目在国内外演出中获奖，有三名演员获得全国首届梅花奖。出版事业进一步发展，印刷工业的技术改造正在按计划顺利进行。

文物管理部门公布了北京市第三批市级文物保护单位一百一十一处，划定并公布了六十项文物保护单位的保护范围及建设控制地带，完成了全市文物普查工作，获得较全面的资料。重建修复了大钟寺藏经楼、文天祥祠堂等十三处古建筑，琉璃厂文化街一期改造工程已基本竣工，博物馆事业也有了新的发展。

群众性体育竞赛活动广泛开展。我市运动员在国内外比赛中取得了较好的成绩，去年共获得各种奖牌三百九十六块，其中国际比赛获得奖牌七十八块。

医疗卫生战线，除进一步加强了医疗机构和公费医疗管理办法的改革外，还健全了城市四级医疗预防网，补充街道医院和区县医院的医疗设备，改善了医疗条件。各级医院开设的家庭病床达到一万二千张，全市个体开业医生已发展到四百九十五户。

计划生育取得了较大的成绩，人口出生率已下降到千分之十四点零五。全市人口增长得到进一步控制，一九八四年底全市常住人口达到九百四十五万二千人。

一九八四年是地方文教卫生基本建设完成得最多最好的一年，全年完成基本建设投资一亿六千万元，比一九八三年增加百分之七十五点四。新建扩建了区县图书馆、文化馆二十个；新增医院病床二千九百多张，是近几年增加最多的一年。全市城乡医院病床已达到三万五千张，提前一年实现了“六五”计划规定的一九八五年指标。

四、加快科学研究、新技术推广和技术引进的步伐，推动了技术进步。

去年，全市科研单位通过改革和继续落实知识分子政策，进一步调动了广大科技人员的积极性。市政府聘请的各方面科技顾问已超过一千人，他们在重要技术经济方针的决策和实施过程中，发挥了重要作用。

一九八四年共取得科研成果八百多项，一批科技成果在农业和工业生产中得到应用。农业推广了小麦优良品种，建立了干鲜果品良种繁育基地，建成一批瘦肉型猪良种繁殖场。工业方面主要进行了电子计算机的推广应用，已有五十个工业企业采用微电脑和单板机进行管理和工艺流程控制。

全市工业企业加快了引进国外新技术的步伐，去年共签订引进技术、进口设备项目三百三十六项，金额二亿九千一百万美元，比上年增长一点四倍，重点对食品、轻纺、电子、仪器仪表行业进行技术改造。另外，在饮料、饲料、灯具、裘皮加工、计算机生产及应用技术等工业生产性项目的中外合资经营方面，也初步打开了局面。

五、大力发展适合首都特点的工业，生产增长速度是近几年最快的一年。

由于扩大了国营工业企业自主权，实行利改税第二步改革，促使企业进一步增强了活力，去年的生产增长速度是近几年来最快的一年。全市工业总产值完成二百八十一亿七千万元，比一九八三年增长百分之十二点四，轻重工业发展比较协调。一百种主要工业产品产量，有八十八种完成和超额完成了一九八四年生产计划，七十三种比一九八三年有不同程度的增长。产品质量有明显提高，优质产品增加。有五十八种产品荣获国家金质、银质奖，比一九八三年增加十五种，是获奖最多的一年；有一百八十一种被评为部优质产品；四百七十多种被评为市优质产品；三十四种产品获全国同行业产品产量评比第一名；三种工艺美术品在世界博览会上夺得金牌。

工业企业加快了技术改造的步伐。全年地方工业部门更新改造投资完成七亿四千万元，比上年增长百分之二十五。新增生产能力主要有黄油、起酥油七千五百吨，方便面五百万斤，冰激凌一万一千吨，电冰箱八万台，洗衣机十万台，彩色电视机十一万台，收录机二十万台，121型小卡车四千辆等。

经济效益有较大提高。全市地方全民所有制预算内工业企业的产值增长百分之九点七，实现利润增长百分之十一点九，实现了同步增长。各工业总公司万元产值综合能耗下降百分之七点八，是近几年来能耗下降最多的一年。全民所有制工业企业劳动生产率比上年提高百分之八点八，也是近几年来提高得最快的一年。

市内公共交通客运量达到三十二亿四千万人次，铁路、公路货运量都超额完成了一九八四年计划，民用航空也超额完成了运输计划。邮电业务量完成一亿八千万元，比上年增长百分之十六点二。地质勘探工作也取得新成绩。

六、大力发展多种经营和商品生产，郊区农村经济更上一层楼。

一九八四年，郊 区农副产品生产大幅度增长，粮食产量四十三亿五千万斤，创历史最高纪录。牛奶产量达到二亿五千万斤，比上年增长百分之十九；鲜蛋收购量一亿六千七百万斤，增长百分之二十八点九，基本上做到了敞开供应。市政府采取有力措施调动农民养鱼的积极性，淡水鱼养殖业发展很快，鲜鱼捕捞量突破二千万斤，比上年增长百分之八十三以上。蔬菜供应数量充足，品种增加，平均每天上市七百万斤。以上都超过历史最好水平。在一九八四年中央一 号、四号文件的推动下，乡镇企业发展迅速，去年底已发展到一万六千五百多个，比上年新增加七千六百多个，新增从业人员十四万四千多人，总收入达到三十二亿元，比上年增长百分之二十六。农村经济的内容已扩展为农、林、牧、副、渔、工、建、运、商、服十个方面。在农村社会总产值中，非农业产值已占三分之二。农副产品的商品率由上年的百分之七十二点四提高到百分之七十六点四。集体经济总收入和纯收入都比上年增长四分之一以上。农村能源建设取得新进展。全年新建沼气池八千个，比上年增长百分之五十八；完成节柴灶二十六万户，比上年增长八倍，大兴县提前一年完成了国务院下达的普及任务。一九八四年丰台、石景山、昌平、顺义、通县、房山六个区县的农业总产值比一九八〇年增长一倍以上，朝阳、怀柔接近翻番。郊区各县区工农业总产值达到六十二亿九千万元，比一九八〇年增长百分之八十九，其中朝阳、丰台、昌平、顺义等四个区县都比一九八〇年翻了一番多。

七、确保国家重点工程进度，基本建设成绩显著。

一九八四年，我们严格按照《批复》和总体规划方案的基本要求安排建设计划，建筑业开始打破垄断封闭式的体制，改革初见成效。全市固定资产投资额完成五十二亿二千万元，比上年增长百分之三十五点六，其中基本建设投资完成三十六亿一千万元，比上年增长百分之三十三点二，都创历史最高纪录。全市城镇房屋竣工面积八百一十八万七千平方米，比上年增长百分之五点六。住宅竣工四百二十万平方米，地方和中央约各占一半。全市城镇居民人均居住面积已达到六平方米。

在基本建设工作中，确保了国家二十项重点工程的建设，全面完成施工进度计划。国际电信局、东单电话局、北京图书馆、中央彩电中心等工程都按计划完成进度，中日友好医院已竣工交付使用，东方化工厂的丙烯酸酯车间也已投料试车成功。

旅馆建设取得了新进展。地方共建成高、中、低档旅馆二十八个，加上中央各部门建成的旅馆，共增加床位一万二千张。包括各部门利用现有条件开办的旅馆在内，全市旅馆、招待所床位已达二十六万六千张，比上年增加五万八千张，是建国以来增加床位最多的一年。“住宿难”的状况开始有所缓和。

全市已有六千多个工程项目实行投资包干。大部分施工单位开始试行百元产值工资含量包干为主要形式的经济承包责任制，经济效益普遍提高，全民所有制施工企业全员劳动生产率达到八千二百多元，比一九八三年提高了百分之二十七点三。市建筑工程总公司全员劳动生产率突破万元，比历史最高的一九八三年增长了百分之二十八。

八、进一步搞活了流通，首都市场更加繁荣活跃。

一九八四年是首都市场最繁荣的一年，人民生活水平有了进一步的提高。社会商品零售总额完成一百零一亿七千万元，比一九八三年增长百分之二十一点六，是一九五七年以来增长最多的一年。吃、穿、用等商品销售全面增长，特别是用的商品销售额迅猛增长，已跃居各类消费品的首位。家用电器等高档商品大幅度增销，与一九八三年相比，电视机销售量增长百分之六十一点三，录音机增长百分之四十一点一，洗衣机增长百分之八十三点四，电冰箱增长一点七倍。

商业服务业网点有了较大的发展。一九八四年坚持国营、集体、个人一起上的方针，新增各类商业服务网点四千五百多个，其中集体和个体坐商三千三百多个，占四分之三。打破了过去的封闭式、多环节的批发流通体制，集体兴办的贸易中心、贸易货栈大量涌现。农商、工商、农工商联合经营有了很大的发展，同时加强了与兄弟省市的联营，引进全国各地风味食品和先进技术，仅四个城区就实行联营一百五十二户。

旅游事业也有很大的发展。一九八四年全市接待国内外旅游者四千多万人次，其中国外旅游者六十五万七千人次，比上年增长百分之二十九点一，外汇人民币收入三亿九千多万元，比上年增长百分之四十，都创造了历史新纪录。

外贸出口，去年完成六亿三千万美元，超额完成了计划。出口换汇成本由三元八角下降到三元四角五分，库存占用资金减少五亿六千万元，商品卖价提高，亏损显著减少。

随着生产和流通的发展，青年就业问题基本解决。一九八三届以前的中学毕业生，除极少数在家自学准备报考高校和不愿参加工作的以外，全市只剩下一千多人还没有就业。人民生活水平有了进一步的提高。据统计部门抽样调查，本市城市职工年平均收入达到一千一百五十九元，农民人均年纯收入达到六百六十四元，都比一九八三年增加一百五十元左右。城乡储蓄存款继续增加，一九八四年末储蓄余额达到三十八亿七千多万元，比年初增加了八亿九千多万元。

一九八四年，由于全市人民的努力，市八届人民代表大会一次会议批准的北京市"六五"计划所规定的一九八五年国民经济和社会发展主要指标，包括社会总产值、工业总产值、农业总产值、国民收入、固定资产投资额、社会商品零售总额、各类学校招生人数和在校学生人数、医院病床数、出版总印张，二十多种主要工农业产品产量、铁路公路客货运输量以及工业全员劳动生产率、建筑施工企业全员劳动生产率、万元工业产值综合能耗等经济效益指标，都已提前完成。职工年平均工资和农村人均纯收入也都大大超过了预定的目标。

过去的一年，本市在各个方面虽然取得了很多进步，但是同党中央、国务院的要求还相差很远，同全市人民的要求和期望还相差很远。由于长期积累的问题太多，由于财力、物力有限，再加上工作中的缺点和失误，在许多方面还不能尽如人意。主要是电力供应严重不足；基本建设规模仍然偏大，房屋竣工率有所下降；某些主要副食品和高档消费品供应不足；公共交通拥挤，城市居民的住房仍然紧张，城市建设、城市管理和第三产业的发展，还远远不能适应首都现代化建设的需要；消费基金特别是工资性支出增长过快，有失控现象。这些问题都要在一九八五年计划安排中注意逐步解决。

一九八五年计划草案的安排

一九八五年是中央书记处发出首都建设方针四项指示的五周年，是第六个五年计划的最后一年，又是以城市为重点的经济体制改革开展的第一年。在新的一年里，我们要发扬开放、开发、开拓精神，同心同德，和衷共济，进一步团结起来，认真贯彻党的十二届三中全会关于经济体制改革的决定，更好地落实党中央四项指示和十项批复，更加放手地执行对内搞活经济、对外实行开放的方针，全面安排好两个文明的建设，使各项事业有更大的发展，取得更大的突破，在争取全面超额完成"六五"计划的同时，为"七五"计划多做一些准备工作。

根据全国计划会议的安排和北京城市性质的要求，一九八五年北京市国民经济和社会发展计划的指导思想是：

一、加强两个基础建设，一是加强城市基础设施的建设，继续放在各项建设的首位；二是加强人才培养。

二、大力发展第三产业。利用各方面的力量，加快商业、饮食服务业、旅游业的发展。

三、加强科学技术的研究、推广应用和引进消化工作，用新技术改造老企业，开拓新产业。

四、加强精神文明建设，进一步发扬民主，健全法制，学会用法制手段管理各项经济事业。

五、在提高经济效益的前提下，努力发展工农业生产。要抓好一批有"后劲"的项目，为"七五"计划的顺利进行和后十年的持续增长打下良好基础。

一九八五年计划主要指标初步安排如下：

工农业总产值三百四十亿元，比上年增长百分之九。其中：工业总产值三百零二亿元，增长百分之八以上；农业总产值三十八亿元，增长百分之十二。

国民收入一百七十亿元，比上年预计增长百分之九以上。

地方基本建设投资二十六亿二千万元。

社会商品零售总额一百二十亿元，比上年增长百分之十八。

按照上述指导思想和主要指标安排，一九八五年要努力完成以下主要任务：

一、继续大力加强城市基础设施建设，把首都的城市建设和管理提高到一个新的水平。

加强城市基础设施的建设，是建设社会主义现代化城市的基本条件，要继续把它放在城市建设的首位，集中力量加快水、电、煤气、热力、电讯和道路、交通等方面的建设。

供水和污水治理，一九八五年计划建成田村山水厂，基本建成城子水厂，扩建通县水厂，共增加日供水能力二十万吨左右。同时，开始建设水源九厂。为了解决西北郊河道污染问题，要完成小月河和北土城沟治理工程；续建西郊污水干管；着手建设高碑店污水处理厂，并为治理通惠河做好准备。

电力，目前我市实际用电负荷已达一百七十万千瓦左右，预计今年冬季高峰用电将达到一百八十五万千瓦以上。除了争取山西大同、神头电厂多向北京送电以外，要加快石景山电厂的改造，力争一九八七年底第一台二十万千瓦发电机组投产。同时，要大大加速输变电工程的建设。

煤气，天然气进京一期工程一九八五年计划建成各项配套设施，具备供气条件；同时建设从焦化厂到中关村的管线及配套设施，解决西北郊高等院校、科研单位集中地区的用气问题。焦化厂要建成一座焦炉，具备烘炉条件，为一九八六年增加煤气供应打好基础。全年计划发展管道煤气用户六万户，力争发展十万户。

热力，建成左家庄供热厂一期工程，第二热电厂尖峰锅炉工程已批准集资建设，计划尽快搞上去。

电话，一九八五年计划建成和部分建成东单、皇城根、厂甸三个电话局，增加电话交换机容量三万三千门，力争增加四万门。实现后，“打电话难”可望得到初步缓和。

道路、交通，一九八五年把重点放在解决南部“出城难”的问题上，计划建成京开公路（三环至黄村段）和京良公路，改建东南三环路。同时，继续建成、完善北部地区主要道路，全面完成北三环路，包括马甸（德胜门外）、安贞（安定门外）两座立交桥；完成学院路、学院南路、车公庄路收尾工程；建成万泉河路，改造玉泉山路。为了缓解市内交通拥挤问题，计划在主要道口继续修建一批过街天桥和地下道；增加大、小公共汽车七百四十辆和出租汽车五千辆。

二、大力加强人才培养和技术开发，加快科学文化教育事业的发展。

北京是全国的文化中心，人才和智力开发工作要走在全国的前列。根据普查材料，全市现有专门人才三十万人，占职工总数的百分之十一点一，但从首都建设的需要来看，仍严重不足，而且分布很不平衡，要下决心从现在起大力培养。一九八五年要尽快把全市人才规划编制出来，在此基础上，通盘研究高等学校的改造、扩建和挖潜工作，为“七五”计划的发展打好基础。要按照面向四化、面向世界、面向未来的方针，改革教育和学校管理制度。推广北京工业大学的经验，把教学、科研工作更紧密地同四化建设结合起来。要继续调整高等教育结构层次和各类专业比例，提高专科生比重；积极办好县办大学分校和走读大学。要进一步调整中等教育结构，大力发展中等专业教育，在大力办好城市职业高中的同时，积极发展农村职业教育；成人教育的重点要由补习文化转移到中等专业教育和技术培训上来。一九八五年市属高等学校计划招生七千五百人。中等专业学校招生一万二千五百人，其中市属学校八千一百人；城市职业高中招生一万人，农村职业学校招生四千人；技工学校招生一万一千人，其中市属学校九千人。初中毕业生升入普通高中和中专、职业高中、技校的比例将进一步调整为一点三四比一。成人高等教育招生二万七千人，成人中等教育招生十四万九千人。学校建设，市属高等院校计划抓紧建设北京工业大学、师范学院、经济学院、第二医学院和成人教育学院等。安排建设十七所中小学和一批专业学校（如农业学校、戏曲学校、游泳学校等），要集中主要力量建成四中和为新建住宅区配套的十二所中小学，建成九处托幼园所。重点改造位于使馆区的五十五中，同时在城区改造中学一所，职业高中六所，小学两所。

要进一步抓好科技与经济建设的结合工作，使科技成果尽快转化为生产力，努力提高社会经济效益。一九八五年要大力组织科技攻关与推广应用，计划安排对首都现代化建设有重要意义的五十五个重点科研项目，其中属于计算机、集成电路、光纤通讯、辐射技术等十四项；为农业、食品、轻纺市场等直接服务的十九项；城市建设、环境保护、医疗卫生方面八项；新能源开发四项；机电新型产品和新型材料十项。要发展科技市场，实行科技成果商品化。从事技术开发、推广应用的市属科研单位，一九八五年全部实行科研“有偿合同制”。非开发性质的科研单位，实行科研基金制和经费包干制。专业性、行业性强的，要逐步向行业技术开发中心过渡，并建立多种形式的科研生产联合体。

卫生事业，要进一步加强医疗防病工作，贯彻国家、集体、个人一齐上的方针，鼓励集体办医和个体开业。继续改革门诊制度，采取多种形式改革公费医疗管理办法，实行定编定员和岗位责任制，提高医疗质量和服务水平。计划安排天坛、隆福、积水潭等三十九个医院的扩建、续建工程，竣工交付使用十九个，再加上进一步挖掘现有医院的潜力，力争增加病床二千张左右。积极鼓励出诊，继续发展家庭病床，以缓和群众看病难、住院难的矛盾。要坚持不懈地加强计划生育、优生优育宣传工作，人口出生率力争控制在千分之十三以内。

文化事业要有大的发展。要采取多种形式，进一步开展群众文化活动。重点加强区县和基层文化设施的建设，计划建成九个区县文化馆、图书馆，以适应人民精神生活的需要。要抓紧印刷一厂、二厂、三厂的技术改造，尽快扩大生产能力。专业文艺团体普遍试行定额补贴、经费包干责任制，演出队继续进行承包试点。文物保护工作要继续坚持保护和利用相结合的原则，使文物在两个文明建设中发挥更大的作用。积极筹建长城博物馆、古钟博物馆、五塔寺石刻博物馆和万寿寺艺术博物馆、鼓楼计时博物馆等。

体育事业，要大力开展群众体育活动，增强人民体质，提高全市人民的健康水平。积极开展多种形式、多种渠道、多种层次的培训，形成多梯次的业余训练体系，加速培养基础扎实、实力雄厚的体育后备力量，进一步加强优秀运动队的训练工作，力争在国内外比赛中取得优异成绩。要配合国家有关部门积极做好亚运会有关体育、服务设施建设的前期准备工作。

三、大力发展以商业、饮食、服务业为重点的第三产业，在触决群众生活“几难”上有较大的进展。

大力发展第三产业，是首都经济建设的一项战略任务。要坚决贯彻执行全民、集体、个体一起上，上下左右内外联的方针，一业为主，多种经营，千方百计发展为人民生活服务的行业，逐步解决吃饭难、做衣难、洗 衣难、乘车难、住店难、买东西难等问题。为了调动各方面的积极性，市委、市政府最近提出的加快发展第三产业，解决人民生活“几难”的若干意见，要认真贯彻执行。各行各业、各个方面都要积极扶持第三产业，财政、税收、信贷、城市规划等部门，对这些行业的发展要给以优惠，提供方便。

要加速商业服务网点的建设。一九八五年计划建设和平里、齐家园、木樨地、东大桥等百货商场，以及第二友谊商店、西单华侨 商店等十多个中型商场；居民住宅小区配套商业网点安排十五万平方米，铺面搬迁房六万平方米。要下决心把王府井饮食街建起来，以引进外地风味餐馆为主。今后主要街道两侧建筑的底层，都要安排商业服务网点。一九八五年要求地方新增国营和集体商业服务网点两千个以上，再加上中央部门、部队和市属机关团体、企业事业单位新举办的商业、服务业以及个体户，全市增加网点总数争取突破一万个。风味餐馆争取达到一百个以上。

旅游事业，要积极发展国内旅游，在搞好国内旅游的基础上，发展国际旅游。一九八五年计划接待外国旅游者八十万人次，比一九八四年增长百分之二十二。旅馆建设，一九八五年地方计划安排开复工五十七个，竣工三十八个，加上中央部门建设的旅馆，可增加床位一万七千张。此外，动员各部门、各单位以及城乡集体和个人，充分利用现有条件，挖掘房屋潜力，开办几百家旅馆。预计全年总共可以增加床位五万张以上。

一九八五年市场形势肯定比一九八四年更加活跃，农民收入将进一步增加，行政、事业单位要进行工资制度改革，企业工资总额同经济效益直接挂钩后，职工收入将要增加，社会购买力将继续有较大幅度的增长。一九八五年社会商品零售总额计划安排一百二十亿元，执行中将会超过。为了保证市场繁荣，满足人民生活日益增长的需求，要充分发挥国营商业的主渠道作用。工业部门要把首都市场作为自己的主要市场，市计委、经委、财办组织本市工商双方商定的收购计划，必须坚决执行。市政府决定对紧俏的轻纺名牌优质产品，按照“六优先”的原则，在能源、材料、资金、外汇等方面择优予以支持。工业、商业、外贸等部门要通力合作，千方百计组织适销对路的货源，并鼓励零售单位自行采购商品。要克服惜售思想，压缩库存，把主要商品、紧俏商品的供应搞好。与此同时，要按照国务院的指示，进一步压缩社会集团购买力，机关、企事业单位不要与民争购商品。

要大力发展保险事业，充分发挥其防灾补损、稳定企业经营、安定人民生活、聚集建设资金的积极作用。

四、努力发展工农业生产和交通运输，提高经济效益。

农业，要认真执行党中央、国务院一九八五年一号文件规定的各项政策，进一步改革农村经济管理体制，在国家计划指导下，扩大市场调节，适应市场需求，调整产业结构，大力发展商品经济，使郊区更快地兴旺富裕起来。

要继续贯彻决不放松粮食生产、积极发展多种经营的方针，为首都市场提供更多的副食品。全市粮食产量安排三十九亿斤，油料五千万斤。蔬菜，要逐步减少近郊菜地，向远郊、外地扩散。调整下来的菜地，根据市场需要发展养鱼和油料、酒粮、饲料、果品、花卉等生产。要利用粮食较多的大好时机，继续大力发展养殖业。在抓好猪、蛋、奶生产的同时，积极发展市场紧缺的瘦肉型猪、肉牛、肉羊、肉鸡和淡水鱼的生产。一九八五年计划收购生猪一百八十万头，鸡蛋一亿七千万斤。牛奶产量安排两亿七千万斤，淡水鱼捕捞量二千五百万斤以上。要大力发展肉食、酿造、果品加工、快餐等食品加工业和饲料工业，并相应发展贮存、保鲜和加工包装。郊区工农业总产值将突破七十亿元，比一九八〇年翻一番多，至少有一个县工农业总产值超过十亿元。乡镇企业要有更大的发展，总收入争取比一九八四年增长百分之二十。

工业，要认真抓好技术改造，推动技术进步，大力发展适合首都特点的食品、电子、家用电器、汽车和建筑材料工业。食品工业要特别注意发展基本原材料，增加面粉、食用油加工能力，继续开发方便食品和儿童食品。轻纺工业（包括消费类电子产品）生产部门要把增产名牌优质和适销对路产品、保证市场供应，作为一项事关大局、事关经济体制改革顺利进行的政治任务来抓，严肃对待，认真落实。计划、物资、供电、运输、银行等有关部门要积极支持，密切配合。生产能力务必不要放空，凡是有需要而又能够增产的，都要千方百计超计划生产。一九八五年计划安排：啤酒十三万七千吨；电冰箱十五万台；洗衣机六十万台；电视机八十万台，其中彩电四十万台；合成洗涤剂四万八千吨；化学纤维三万七千五百吨；呢绒一千三百二十六万米；微型计算机五千台；水泥二百六十万吨；汽车四万五千辆；钢二百四十五万吨；钢材二百一十万吨；原煤八百六十万吨；发电量一百零二亿度。大多数产品产量都比上年有不同程度的增加，也是留有超产余地的。

国务院领导同志指出：从今年起下决心把建设方针逐步转到以技术改造和改建、扩建为主上来，凡是通过老企业的技术改造或者改建、扩建能够解决的问题，就坚决不上新项目。要切实纠正长期以来形成的重基本建设轻技术改造、重新建轻改建扩建的观念和做法。这对北京来说尤为重要。我市工业经过三十多年建设，已有相当的基础，今后生产的发展，实现翻番的目标，主要是依靠技术改造，充分挖掘老企业的潜力。要集中力量抓好一百项重点技术改造项目，保证实现。通过改造，要求一九八五年增加富强粉加工能力二亿五千万斤，油脂加工能力二千万斤，果汁果酱加工能力五千五百吨，啤酒一万五千吨，羊绒衫十二万件，彩色电视机组装能力四十万台，微型计算机组装能力一万台，加气混凝土能力十万立方米，花岗岩加工能力三万三千立方米等。与此同时，要加快工业调整步伐，实行城乡结合、工农协作，继续走“白兰之路”。着重抓好轻型载重汽车、三轮小卡车、电冰箱、叉车、旅行车等优势产品的专业化协作，有计划地向乡镇工业扩散。

今后北京城市建设和各项事业发展的任务很重，需要大量的资金，这就要靠努力发展生产、增加收入来解决。因此，不论是为全国实现工农业年总产值翻两番作贡献，还是为本市各项事业的发展积累资金，都必须积极发展那些本市有基础、有优势、又适合首都特点的工业。市委、市政府已决定把这项工作作为一件大事来抓，并成立了重点工程建设领导小组。主要项目包括食品（啤酒、面粉、油脂加工等）、电子（彩色显象管、集成电路等）、机械（轻型载重汽车、发电设备等）、建材（水泥和高级装修材料）、日用消费品（电冰箱等）以及水源九厂、热电厂、高碑店污水处理厂等，这是今后北京市经济发展的“后劲”所在，必须统一认识，统一步调，共同抓好。

交通运输，一九八五年铁路货运量计划安排三千一百万吨，公路货运量四千五百多万吨，执行中将会超过。市内公共交通客运量计划安排三十三亿一千万人次。一九八五年要开辟、调整三十一条线路，加强运营车辆的调度和管理，努力提高服务水平，为缓解首都乘车难作出贡献。

五、继续坚持对外开放的方针，进一步发展同各国的贸易往来，积极引进国内外先进技术。

我市要进一步扩大对外经济贸易，一九八五年计划安排出口商品五亿九千万美元，要大力组织好出口货源，力争达到六亿五千万美元以上，创历史最高纪录。技术引进要力争比一九八四年有较大增长，其中工业部门引进技术三百二十二项，中外合资力争签约二十项。引进工作要与科技研究和消化、开发工作结合起来进行，要根据北京的优势，引进系列产品和先进技术，迎头赶上。搞技术引进和技术改造，一方面，要把企业和产品建立在新技术的基础上，充分发挥现有企业作用；同时要注意发展外贸拳头产品，争取多出口，多创外汇。

六、控制基本建设规模，加快住宅建设，加强环境保护，进一步提高首都绿化、美化、净化水平。

一九八五年北京地区的基本建设投资总规模已达六十一亿元，比一九八四年实际完成投资增长百分之五十；要求施工的建筑面积近四千万平方米，大大超过了本市建筑施工的综合能力。因此，必须认真进行排队。对于国家和地方的重点工程、城市基础设施和计划竣工的项目，以及已经开工的续建工程，要尽力保证。对于新开项目要从严控制，不具备开工条件的，坚决不开工。建筑施工企业要克服单纯追求完成工作量、不重视提高竣工率的倾向，使房屋建筑面积竣工率达到或超过一九八三年的水平。全部或部分使用银行贷款的基本建设项目，银行要重新审核；属于自筹资金或集资建设的项目，财政、银行部门要审查资金来源是否落实。

在保证国家重点建设工程和继续坚决把城市基础设施建设摆在首位的前提下，要继续加快住宅建设。一九八五年全市基本建设竣工面积计划安排七百万平方米，其中住宅不少于四百五十万平方米。在住宅建设中，要求地方竣工二百五十万平方米。要认真抓紧落实私房政策用房和中小学教师住房的建设，落实私房政策用房要求竣工二十万平方米，中小学教师住房要求城近郊各区共竣工五万平方米，并要根据市计委、建委最近的部署，力争多完成一些。市政府决定再安排一批中小学教师住房的规划设计任务，城近郊各区和市教育局要指定专人负责逐一落实，为今后加快建设创造条件。各县对中小学教师住房也要作为重点，在分配时给予照顾。与此同时，要继续整修危险房屋，逐步改善市民居住条件。

一九八五年要进一步加强环境保护和治理污染工作。农村造林三十万亩，基本实现农田林网化。城市植树一百二十万株，铺草坪一百万平方米，种丰花月季一百万株。重点抓好九个公园、十二个住宅小区的绿化美化。综合整治"六海"风景区，结合工业调整，继续治理污染，再撤销一批铸锻、热处理、电镀厂点，建成龙潭、厂桥两个环境安静居民小区，和平里七区等九个清洁、优美居民小区。为了减少交通噪声和废气污染，要继续把三环路以外的五千多辆旧东风三轮摩托车基本上换掉。

七、安排好劳动就业，继续控制人口增长。

一九八五年，国家分配我市所属全民所有制单位招工指标为四万七千人，加上中央各部门和集体所有制单位招工以及顶替自然减员，约可安排八万人左右。需要安排的大中专、技校、职业学校毕业生约有二万五千人，复退转业军人一万三千人，必须从农村招工的约有一万多人，从社会招工约三万人左右。一九八四届中学毕业生大体可以安排下来。一九八五年当年的毕业生，要继续搞好就业前的定向、专业技术培训工作，并且鼓励他们从事集体经济和自谋职业。要进一步巩固现有的集体经济组织。对于各企业在改革中的富余人员，要以发展第三产业为主要途径，进行妥善安置，充分发挥他们的积极作用。

要逐步完善招工制度。对于科学文化水平要求较高和重点建设部门的招工，适当放宽择优的范围，保证其招工的质量和数量。要试办全市技术工人交流服务中心，协助技术工人合理流动，为经济建设服务。

一九八五年全市人口计划达到九百五十八万人，比一九八四年增加十二万八千人，其中自然增长八万人左右，自然增长率控制在千分之八左右，机械增长四万人左右。

八、认真抓好节水、节约能源、节约原材料工作。

狠抓节约工作，特别是节约用水、节约能源，是保证顺利实现一九八五年计划的重要环节。

我市持续几年干旱，目前密云、官厅两大水库的蓄水量比去年三月上旬减少五亿六千万立方米，是建库以来同期的最低蓄水量。必须采取应急措施，确保在汛期以前的必要用水。要压缩供水计划，工业用水平均压缩百分之十五；农业用水除了保证近郊菜田灌溉用水外，汛期以前不再供水。要求各单位严格执行市下达的供水计划，不得突破。要动员群众，采取切实措施，大力节约用水。对于节水成绩显著的集体和个人要给予奖励，对浪费水的单位要给予惩罚，做到奖罚分明。

今年能源供应仍有较大缺口，要求今年全市工业万元产值能耗比一九八四年下降百分之五点五，并且千方百计筹集计划外资源。为了确保城市民用煤的供应，房山、门头沟两个区县和矿务局必须保证完成一百一十万吨小窑煤的上调任务。市有关部门和区县要采取切实可行的措施，制止小窑煤大量外流。目前电力供应相当紧张，全市缺电二十多万千瓦，除了市里购买一部分高价油发电外，各单位要继续抓好计划用电和节电工作。"兰开夏"等五种型号老旧的锅炉，今年内要限期更新淘汰完毕；要继续发展小联片供热，撤并一批小锅炉房，砍掉一批烟囱。各单位要选择一批花钱不多、技术成熟的节能项目，限期推广。今后新上项目和安排老企业挖潜改造，都要选用省能的工艺、设备和新材料，各个方面都要精打细算，节约能源。

国家一九八五年分配给我市的物资，一般只维持一九八四年计划分配水平，缺口也不小。除了市里统一筹措外，要求各部门、各区县千方百计想办法，通过经济技术协作等多种途径，广泛组织物资资源。地方建筑材料要开足马力，努力生产。同时，要狠抓节约代用工作，充分利用库存物资，以保证生产建设任务的圆满实现。

各位代表：

当前我市政治经济形势大好，实现一九八五年计划的有利条件很多。第一期整党即将结束，第二期整党正在进行，随着整党的深入发展，将进一步发挥促进改革、促进经济发展的作用。全面贯彻党的十二届三中全会《关于经济体制改革的决定》，将使整个经济活动增加新的活力。经过整顿企业、调整领导班子，企业的经营管理水平将有新的提高。一、二月份国民经济发展的势头很好，预示着全年将继续保持较高的发展速度。我们相信，在市委的直接领导下，依靠广大干部和人民群众，坚持改革，大胆创新，开拓前进，加强纪律，有令必行，有禁必止，就一定可以完成和超额完成一九八五年国民经济和社会发展计划，在实现首都社会主义现代化建设的进程中取得新的更大的胜利。

以上报告，请各位代表审议。

关于北京市一九八四年财政预算执行情况和一九八五年财政预算草案的报告

——一九八五年三月十一日在北京市第八届人民代表大会第四次会议上

北京市财政局局长　常自超

各位代表：

我受市人民政府的委托，现在向大会提出北京市一九八四年财政预算执行情况和一九八五年财政预算草案的报告，请予审议。

一、一九八四年财政预算执行情况

一九八四年，在整党的推动下，在市委的领导下，全市各区县、各部门，牢牢抓住整党和改革两件大事，在贯彻对内搞活经济，对外实行开放的方针，贯彻落实中央关于首都建设方针四项指示和城市总体规划十项批复的进程中，迈出了新的重要的一步。各项改革蓬勃发展，农村的改革更加深化，以发展商品经济为核心，联产承包责任制进一步完善，农业生产结构有了较大的调整；工业以扩大企业自主权为重点的改革，正在逐步展开；商业的改革按照多种经济形式，多种经营方式，多种流通渠道和减少流通环节的原则，正在深入发展；利改税第二步改革全面贯彻执行。改革有力地促进了各项生产建设事业的发展，社会主义物质文明建设和精神文明建设都取得了新成就。工农业生产全面增长，经济效益显著提高；城乡市场进一步活跃，人民生活继续改善；城市基础设施的建设加快，城市面貌有了很大变化；教育、卫生事业有了进一步的发展。在国民经济和各项事业发展的基础上，财政预算执行情况也是比较好的。

北京市第八届人民代表大会第二次会议批准的一九八四年北京市财政收入预算总额为四十亿元。在预算执行过程中，国家增加了本市棉花价差补贴八百零五万元，相应调减本市收入预算，经报请市人大常委会批准，一九八四年财政收入预算调整为三十九亿九千一百九十五万元。预算执行结果，初步统计收入完成四十四亿三千七百五十五万元，为调整后预算的百分之一百一十一点二，超收四亿四千五百六十万元，比一九八三年实际收入增长百分之十三。一九八四年财政收入是超收最多的一年，也是增长幅度最大的一年，并实现了与生产同步增长。现将主要项目的收入情况报告如下：

工业收入完成十五亿一千五百九十五万元，为预算的百分之一百零六点九，按可比口径比上年增长百分之十一点四。这是近几年工业收入完成最好的一年。工业收入的增长，主要是生产增长和经济效益提高。一九八四年全市工业系统，认真贯彻各项改革精神，打破两个“大锅饭”，加强了企业内部管理，正逐步向生产经营开拓型转化，专业化协作向纵深发展，“白兰”道路越走越宽，有力地推动了生产的增长和经济效益的提高。全市工业总产值达到二百八十一亿七千万元，比上年增长百分之十二点四；地方预算内工业企业实现利润二十四亿二千万元，比上年增长百分之十一点九；资金周转加快四天；万元产值综合能耗，比上年减少零点四吨标准煤。这些，都保证了上缴税利与生产的同步增长。

工商税收完成三十亿二千九百八十三万元，为预算的百分之一百一十一点四，比上年增长百分之十五点四。工商税收大幅度增长，高于全市生产增长幅度，也高于全市总收入的增长幅度，除由于四季度实行利改税第二步改革，有一部分利润转到税收外，主要是由于工农业生产的增长和商品流通的扩大，以及农村乡镇企业和城市集体企业的迅速发展。另外，税务部门广大干部认真执行税收法令，开辟税源，组织收入，加强征收管理，堵塞“跑、冒、滴、漏”，对税收任务的超额完成和大幅度增长，起了重要作用。

商业收入完成三千四百四十七万元，为预算的百分之四十三点一，比上年下降百分之五十二。全市商业系统，在贯彻商业以多种经济形式，多种经营方式，多种流通渠道和减少流通环节的改革中，做了大量工作，取得了可喜的成绩，保证了首都市场货源充裕，购销两旺。全市社会商品零售总额达到一百零一亿七千万元，比上年增长百分之二十一点六，吃、穿、用商品的销售额全面大幅度增长。流通的扩大，销售的增加，盈利企业相应增加了财政收入。但由于政策性亏损商品的销售量增加较多，价格倒挂，多销多亏，还由于购进价格上调等客观原因，也加大了亏损。初步统计，仅猪肉、牛羊肉、鲜蛋和蔬菜增加的亏损就有五千五百万元。这是商业收入没有完成预算和比上年下降较多的主要原因。

在全市总收入中，各区、县的收入总额达到九亿一千万元，比上年增长百分之十五，是近几年增长幅度最高的一年。除个别区、县外，绝大多数都有不同程度的增长。

北京市第八届人民代表大会第二次会议批准的一九八四年支出预算为二十五亿零九百六十五万三千元。在预算执行过程中，根据需要国家陆续增加对我市的预算拨款六亿三千万元；市机动财力增加支出预算二千八百八十四万三千元；用上年超收的能源交通重点建设基金安排支出八千万元。以上三项共增加支出预算七亿三千八百八十四万三千元。经报请市人大常委会批准，支出预算调整为三十二亿四千八百四十九万六千元。

一九八四年支出总额为二十七亿一千一百四十七万九千元，为调整后预算的百分之八十三点五，比上年增长百分之三十八点三，是近些年来增长幅度最大的一年，也是支出总额最多的一年。在总支出中，基本建设支出十亿零八百五十四万二千元，为调整后预算的百分之七十九点四，比上年增长百分之五十五点九；企业挖潜和科技三项费用二亿九千零九十六万八千元，为调整后预算的百分之九十八点四，比上年增长百分之三十九点六；支援农业支出一亿一千一百五十三万二千元，为调整后预算的百分之八十二点九，比上年增长百分之三十四点八；城市维护费支出一亿二千零六十八万九千元，为调整后预算的百分之八十七点七，比上年增长百分之四十八点九；文教科学卫生事业费五亿五千一百九十四万一千元，为调整后预算的百分之九十四点五，比上年增长百分之十九点三；行政管理费一亿八千九百三十三万四千元，为调整后预算的百分之九十点一，比上年增长百分之三十七点二。主要支出项目的情况是：

一九八四年基本建设支出大幅度增加，重点加强了城市基础设施的建设。建成和基本建成的市政公用设施有：昌平路、学院路和东北三环路快车道等，建成三元、马家堡、西直门、德胜门四座立交桥，地铁二期工程实现通车，首钢煤气一期工程送气，增加日供气能力三十万立方米，建成煤气干管十二公里，发展煤气用户五万一千户，华北油田天然气进京工程进展迅速，上下水管线建成六十公里，新购置公共电、汽车二百五十五辆，新建职工住宅二百二十五万平方米（包括企业自筹），新建国营商业、服务业网点一千二百多个，新增中小学席位二万二千个。

一九八四年城市维护费支出，随着城市建设的发展，有了明显的增加。一年来突出抓了“一条线、二条河、十个公园、十五条大街”的绿化美化工作。新建了滨河、双秀、柳荫公园；对青年湖、西海子公园、龙潭湖、什刹海等进行了整修；全年植树二百零八万株，铺草坪一百二十五万平方米；新辟街头绿地二十七处，三十八点五公顷；从首都机场候机楼到石景山路的“百里长街”，重要路口摆设花坛四十个，沿途摆花一百万盆。市政道路的建设和养护有了新的进展，全市新建主要干道五条，共十二公里；养护维修主次干道三十三万平方米；新铺方砖人行道二十二万平方米；二环路以内铺装步道六万二千平方米。一年内治理积水区三十五处，修建下水道七公里，疏竣明渠二十三点二公里，修建污水支线四点八公里，解决了三十六条胡同群众倒污水的困难。全年清扫街道面积达一千九百五十万平方米；取消地面垃圾站一百八十一个，淘汰垃圾台二百四十个；新增垃圾桶一万多个，使桶式收运垃圾达到百分之八十点八；新建和翻建公共厕所三百一十四个。

一九八四年文化、教育、科学、卫生、体育等事业支出继续增加。其中：教育事业费增长百分之十二点九，重点解决了房屋修缮，设备购置，加强了成人教育。全年抢修危房十一万二千平方米，改建迁建校舍五千七百七十八间，购置各种图书三百六十七万九千册，配备书柜二千六百六十个，大书架一千三百七十个，配备新课桌椅八万八千八百三十五套，有五十所中小学配备了电脑。职业高中（班）和职业学校发展到一百六十二所，一百三十八个专业，二万六千人；成人教育也发展较快，夜大、职工大学和函授大学等在校人数达到七万人，成人中专学校和电视中专在校人数达到六万九千人。文化、卫生、科学、体育事业等也都取得了显著成绩。

一九八四年支援农业支出增加较多，主要是贯彻中共中央一号文件精神，重点支援了山区建设，植树造林、乡镇企业和多种经营的发展。延庆、密云、怀柔等七个山区，建设苹果、柿子、红果、京白梨、板栗基地六万亩，造林四十八万二千亩，治理水土流失二十一万七千亩；全年挖鱼池三万亩，投产使用鱼池一万四千亩，建鱼种场两处，当年成鱼产量达到二千万斤；支持郊区、县因地制宜开展多种经营，借出周转金三千七百万元，帮助八百六十个乡镇企业发展生产，当年实现纯收入一千五百万元。

一九八四年其他支出增加较多，主要是为了保证庆祝建国三十五周年活动的顺利进行，开支国庆活动经费四千万元。

一九八四年收支相抵后，除上解中央部分外，预算结余约为十亿零六千六百四十万元。在结余总额中，有六亿三千五百万元，都是属于按照规定，只能在下年度安排使用的资金。其中：一是，市、区、县一九八四年超收分成二亿二千三百万元；二是，中央补助专款一亿元；三是，中央拨给的机动财力八千一百万元；四是，中央返回的能源交通重点建设基金超收款一亿六千六百万元；五是，各单位的经费包干结余六千五百万元。下余四亿三千一百四十万元是基本建设，企业挖潜改造等未完工程款，也要结转到一九八五年继续使用。

以上报告的财政收支和结余数字，由于一九八四年决算还没有编制完毕，只是年底的初步统计数字。因此，财政收支和结余数字还会有变化，待正式决算编完后，再报请审查批准。

在总预算之外，一九八四年本市各项地方附加收入有八千七百六十六万元，支出八千万元，收支相抵后当年结余七百六十六万元。一九八四年中央分配我市推销国库券和征收能源交通重点建设基金任务，也都超额完成。

一九八四年财政部门在自身改革和支持配合各部门改革中，向前迈进了一步，改革初见成效。一年来，财政部门除了实行利改税第二步改革外，先后进行了七十多项改革，包括对工业、农业、商业和行政事业单位财务方面的改革，支持食品工业发展和发展第三产业，支持企业技术进步和技术改造的若干政策和措施以及对城近郊区的财政体制进一步改革。这些改革措施，对搞活经济、促进生产、调动各方面的积极性，完成一九八四年财政收支预算，起了积极作用。

一九八四年总的预算执行情况是比较好的，但也有一些值得注意的问题。首先，企业的经济效益虽然有了明显提高，但还没有达到应有的水平。有些单位经营管理不善，产供销不衔接，盲目生产、质次价高、积压滞销、损失浪费、消耗大、成本高、资金周转慢、劳动效率低等问题，还没有从根本上解决。全市工业企业可比产品成本不但没有降低反而上升百分之零点一八。当然，这里有些客观因素加大了成本，但是可以看出，企业本身在经营管理方面，适应经济调整的应变能力还不强。二是，全市亏损和补贴继续增加。一九八四年全市亏损和各种补贴额达到十亿三千三百万元，比一九八三年增加九千三百万元，增长百分之十。亏损和补贴逐年增加，有近四分之一的财政收入被吃掉，这是财政上的一个很大负担。随着价格体系的改革，情况将会有所改变。在这些亏损和补贴中，虽然绝大部分属于政策性的，但也掩盖了经营管理不善，损失浪费大等主观因素造成的亏损。因此必须下大力量把那些经营性的亏损压缩下来。三是，铺张浪费，违反财经纪律的现象较为普遍，有的甚至相当严重。有些部门和单位慷国家之慨，化公为私，不顾中央三令五申，借各种名义滥发高级毛料工作服，发高档消费品，发高额奖金和补贴，进高级饭店，摆高标准宴席，如此等等。这些都是在新形势下出现的不正之风，必须引起各部门和各单位的重视，切实加以纠正。

二、一九八五年财政预算草案

一九八五年是以城市为重点的经济体制改革全面铺开的一年，是我国第六个五年计划最后的一年，是实现首都面貌中变的一年。一九八五年财政预算草案，是根据党的十二届三中全会关于经济体制改革的决定的精神，按照十二大提出的总目标，按照中央对首都建设方针的四项指示，按照中央对北京市城市建设总体规划十项批复的精神和本市国民经济、社会发展计划的各项指标安排的。

一九八五年财政收入预算安排四十五亿二千万元，比上年实际收入增长百分之一点九，按可比口径计算，比上年增长百分之七点九，继续保持了与生产同步增长。主要项目安排情况是：

工业收入安排十三亿九千二百四十万元，按可比口径比上年实际收入增长百分之九；

商业收入安排四千万元，比上年实际收入增长百分之十六；

粮食亏损安排一亿三千六百万元，比上年实际亏损减少百分之十点三；

水产亏损安排六千五百万元，和上年实际亏损基本持平；

工商税收安排三十二亿九千四百万元，比上年实际收入增长百分之八点七；

以上各项收入预算，首先，是根据生产发展和提高经济效益的要求，工业产值增长百分之八以上，社会商品零售总额增长百分之十八，工业可比产品成本降低百分之一点五，商品流通费用降低百分之零点五，商业亏损企业扭亏百分之十一点四等各项指标安排的；第二，按利改税第二步改革办法，包括调整产品税、增值税税率，一部分原来的中央收入划归市财政收入，一部分原来的市财政收入划归中央收入安排的；第三，商业、粮食、水产收入，是按目前价格体系没有改革的情况安排的，在价格体系进行改革之后，再根据当时情况的变化进行调整。

一九八五年财政收入预算的安排，是积极可靠、留有余地的。中共中央关于经济体制改革决定的全面贯彻执行，必将给生产、流通、建设带来更大的活力，必将有力地推动生产的发展和财政收入的增加。这是实现一九八五年财政收入预算的可靠保证。

一九八五年财政支出预算安排三十亿零三千九百八十五万九千元，比上年实际支出增长百分之十二点一。财政支出预算是考虑到国家财政状况这一全局，结合本市的实际情况，按照财力的可能，本着保证重点，兼顾一般，从紧从严的原则安排的。首先，是从资金上保证了价格体系改革和工资制度改革的需要；二是，继续加强城市基础设施的建设和城市维护；三是，大力支持教育、科学、卫生事业的发展，进一步改善教学和医疗条件；四是，积极支持工业技术进步和技术改造，支持食品工业和第三产业的发展；五是，认真贯彻落实中共中央一号文件，支援农村商品生产和加快山区建设。各项支出的安排情况是：

一九八五年为了保证价格体系改革和工资制度改革的贯彻执行，安排了中、小学和各行政机关、事业单位的工资制度改革以及提高离、退休人员待遇和对职工发给物价补贴的资金一亿五千万元。这两项改革付诸实施后，再把增加的支出分别列入相应的预算科目中去。

一九八五年基本建设支出安排十一亿九千五百三十万元，比上年实际支出增长百分之十八点五。一九八五年的基本建设，继续把城市基础设施的建设放在首位，并针对目前住房难、乘车难、吃饭难、买东西难的问题，重点安排住宅，商业网点，旅馆和食品工业的建设，同时加强科教卫生，公安政法方面的建设。年内计划建成田村山水厂，基本建成城子水厂，增加管道煤气用户六万户，新增大小公共汽车七百四十辆，出租汽车五千辆，住宅竣工二百五十万平方米，建成和平里、齐家园、木樨地、东大桥等十余个中型商场，居民区配套商业网点五百个，总面积十五万平方米。

一九八五年城市维护费安排一亿五千四百八十八万四千元，比上年实际支出增长百分之二十八点三。加上用预算外城市公用事业附加收入安排的支出四千五百万元，一九八五年用于城市维护方面的支出总额达到一亿九千九百八十八万四千元，重点用于进一步提高首都绿化、美化、净化水平。计划城市植树一百二十万株，铺草坪一百万平方米，种丰花月季一百万株，搞好四座立交桥、三条道路、九个公园和十二个住宅小区的绿化和美化。

一九八五年文教科学卫生事业费安排六亿三千九百六十万五千元，比上年实际支出增长百分之十五点九。按照进一步加速教育、科学、文化、卫生、体育事业发展的要求，努力为四化建设培养更多的人才，根据现有财力，尽量保证需要。其中：教育事业费安排三亿五千二百四十一万九千元，比上年实际支出增长百分之十七点七。这个增长幅度超过全市总支出增长幅度的百分之五点六，如果加上基建和其他部门用于教育方面的支出，一九八五年用于教育方面支出总额达四亿九千五百万元，占总支出的比例由一九八四年的百分之十三点六，提高到百分之十六点三。如果把教育事业费和各项行政事业费总额进行比较则占百分之三十三点九，比一九八四年占百分之二十六点七，提高百分之七点二。一九八五年进一步调整中等教育结构，在办好城市职业高中的同时，积极发展农村职业教育。一九八五年市属高等院校计划招生七千五百人，城市职业高中和农村职业学校共招生一万四千人，成人高等教育招生二万七千人；同时积极办好县办大学分校和区办走读大学。卫生事业继续改革门诊制度，扩大公费医疗改革范围，实行定编定员和技术经济责任制。科学事业费增长百分之五十九点三，文化事业费增长百分之十七点二，文化事业在广泛开展群众文化活动的同时，专业文艺团体要普遍试行定额补贴，经费包干责任制，提高资金使用效果。体育事业费比上年也有所增长。

一九八五年支援农业支出安排一亿二千五百七十七万三千元，比上年实际支出增长百分之十二点八。一九八五年要认真贯彻中共中央关于进一步活跃农村经济的十项政策，促进农村产业结构的调整，发展农村商品经济，有计划有步骤地帮助贫困山区改变落后面貌，大力支持农副产品生产和淡水养殖，继续巩固和扩大干鲜果品基地的建设，尽快把郊区建成为首都服务的稳定的副食品基地。

一九八五年企业挖潜改造资金安排一千八百零五万元，比上年实际支出减少两亿多元。这是因为从一九八五年开始企业折旧基金不再上交财政，国家也不再另行安排。预算中安排的挖潜改造资金，重点用于以商业、服务业为主的第三产业，加快网点改造。

一九八五年行政管理费安排一亿九千五百二十六万元，比上年实际支出增长百分之三点一，除增加人员编制经费和一部分设备购置费外，行政经费压缩了百分之十。

一九八五年支出预算的安排是比较紧的，与各部门提出的要求还有不小的差距，需要与财力可能之间的矛盾，仍然比较突出。在预算执行过程中，国家还会对我市增加一部分拨款；另外市财政收入如果完成情况比较好，市财政也会根据可能，增加一部分支出。因此，目前只能量力而行，量入为出，本着分别轻重缓急，保证重点需要，兼顾一般的原则，先行安排。

一九八五年财政预算安排结果，除上解中央部分外，根据现有财力，做到了收支平衡。

此外，一九八五年城市公用事业附加收入预算安排四千五百万元，支出安排四千五百万元，仍用于城市维护费。

三、为实现一九八五年财政预算开拓前进

一九八五年是"六五"计划最后一年，是贯彻执行中央关于经济体制改革的决定的第一年。各项工作面临着开拓进取的新形势，任务十分繁重、艰巨和复杂。为实现一九八五年财政预算，必须付出最大的努力，开拓前进，重点要抓好以下几方面的工作。

(一)继续以提高经济效益为中心，狠抓扭亏增盈，努力增加收入，确保收支平衡。一九八五年要把经济效益提高到一个新水平。工业部门要在管理科学化，技术现代化，产品系列化上下功夫，调整产业结构，积极发展商品生产，面向市场，服务服从于消费。大力发展社会效益高，适销对路的产品，扩大财源，要坚持不懈地抓好扭亏增盈，要制定扭亏增盈的指标和措施，限期把由于经营管理不善造成亏损的企业整顿好。商业、粮食等部门，要在搞活市场，坚持多渠道，少环节，高效率上向前迈进一步。在不损害消费者利益的前提下，加强管理，扩大经营范围，增加经营品种，减少损失浪费，大力压缩亏损提高盈利水平。

(二)进一步加强税收征管工作，大力组织各项税收。随着利改税第二步改革的实施和不断完善，税收工作担负的任务越来越大，税收完成的好坏，直接关系到整个财政预算的实现。要针对税收工作中出现的新情况和新问题，建立和健全征管制度，清查税源，把应纳税单位都无遗漏地管起来，做好企业的纳税鉴定。完善征管办法，加强薄弱环节，充实征管力量，严防偷、漏、欠税，把该收的税款及时足额地组织入库。要抓好城市维护建设税、建筑税、国营企业超限额奖金税以及涉外税收的征收工作。同时还要加强税收法令政策的宣传工作。

(三)加强支出管理，严格按照预算控制各项支出，要严格控制基本建设规模。管好基建投资，努力做到投资少，周期短，收效快。各项事业费的财务管理和经费供应办法，要改进和完善。有些项目要推行有偿使用，定额补贴包干的办法，以提高资金使用效果。为了提倡勤俭节约的风尚，要大力紧缩行政经费，压缩百分之十。继续做好控制社会集团购买力的工作，压缩百分之二十，严格审批手续，防止集团购买冲击市场。要采取有效措施，控制消费基金的不合理增长。今年各方面要办的事情很多，但财力有限。各区、县，各部门在安排支出时，要根据自己的财力，分别缓急，统筹安排，把有限的钱用在刀刃上，发 挥最大的效益。

(四)继续搞好财政改革。首先，要继续抓好利改税第二步的改革，认真研究利改税实行过程中出现的新情况、新问题，不断加以完善。第二，市与县的财政包干体制，一定五年不变，今年是最后一年，从明年起要重新确定收支基数和留成比例，今年要调查研究，总结经验，做好准备。市对城近郊区实行的"定收、定支、定补助(定上缴)、一年一定"的体制，还不完善，准备研究改进，今年先进行试点。第三，建立乡一级财政。财政部门在搞好自身改革的同时，要积极参与、支持、配合包括价格体系和工资制度改革在内的各方面的改革，在简政放权和各项改革中要坚持宽、严结合的方针，不塞不流，不止不行，该宽的宽、该严的严；该支持的支持，该制约的制约；既要把微观搞活，又要注意宏观控制。

(五)继续加强财政监督，维护财经纪律。当前特别要大力纠正和防止那些截留收入、偷税漏税、乱挤成本以及借改革为名，谋取小团体或个人利益，乱涨物价，滥发钱物，有令不行，有禁不止，互相攀比等新形势下出现的不正之风。财政、税务、审计、统计、银行、劳动、物价、工商行政等部门要密切配合，加强监督，要敢于揭发，对重大案件要按照政策严肃处理，不搞下不为例，做到令行 禁止。

(六)加强财政、税务干部队伍的建设，不断提高政策水平和业务素质，以适应当前经济体制改革全面展开的新形势。在新形势下，财政税务干部必须自觉

地、创造性地、因地制宜地贯彻执行中央的方针、政策，要改变旧的习惯做法、为蓬勃发展的新形势开道和服务，要学会包括生财、聚财、用财在内的新的理财之道；要继续克服就财政论财政的片面财政观点，进一步端正业务指导思想，跳出收收支支的圈子，树立正确的经济观点，在提高经济效益上下功夫；要研究和支持生产、建设和流通，研究和支持技术进步，研究和支持科学教育事业，努力使各级财政部门成为国家的经营管理部门。

各位代表：今年的财政收支任务很重，实现一九八五年的收支预算，是保证和促进经济体制改革顺利进行和实现经济稳定发展的重要因素。根据今年经济生活中可变因素较多的特点，我们要经常分析预算执行情况，并注意研究各项改革对财政的影响，及时提出建议，并注意总结增收节支，搞活资金的经验。当前，北京市的政治经济形势越来越好，我们深信，在中央的正确路线方针政策的指引下，在市委的领导下，经过各区县、各部门、各单位广大职工和全市人民同心同德，群策群力，北京市一九八五年的财政收支预算一定可以实现。

北京市人民代表大会常务委员会工作报告

——一九八五年三月十四日在北京市第八届人民代表大会第四次会议上

北京市人民代表大会常务委员会主任　赵鹏飞

各位代表：

我代表市人民代表大会常务委员会向大会报告工作，请审查。

一九八四年四月本市八届人大二次会议闭幕以来，我们以党的十二大精神和宪法为指导，围绕贯彻落实中央书记处关于首都建设方针的四项指示和中共中央、国务院对北京城市建设总体规划方案的批复，根据代表大会的决议和法律赋予的职权，着重在讨论决定本市工作中的重大事项、加强民主与法制建设和密切同代表联系等方面进行了工作。去年八月，为适应工作发展需要和选拔年轻干部进入市政府领导班子，市人大常委会召集了市八届人大三次会议。这次会议增选了一名市人大常委会副主任；接受三名副市长辞职的请求，补选和增选了四名副市长。近一年来，市人大常委会共举行了九次常务委员会会议，审议了三十五项议题，作出了二十项决议、决定，在首都社会主义现代化建设中发挥了市人民代表大会常设机关的作用。

（一）

从过去主要依靠政策办事逐步过渡到既要依靠政策、又要健全社会主义法制管理国家，这是一个历史性的大转变。为了适应和促进这个转变，常务委员会加强了法制建设工作。近一年来，受全国人大常委会的委托，组织了对会计法、劳动法、继承法、森林法、药品管理法和国营工业企业法等十三个法律草案的讨论和征集意见，共召开了六十多次座谈会，参加讨论的有人民代表和各有关方面的实际工作者、法律工作者九百多人次。随着对内搞活经济的发展，适应城乡集市贸易日益活跃和农村建房大量增加的需要，常务委员会组织拟订和审议通过了《北京市城乡集市贸易食品卫生管理办法（试行）》和《北京市农村建房用地管理暂行办法》等地方性法规。与此同时，我们会同市政府有关部门检查了经济合同法、商标法、文物保护法等国家法律和北京市城市建设规划管理暂行办法、建设拆迁安置办法、道路交通管理暂行规则、商用计量器具管理办法、农村林木资源保护管理暂行办法等地方性法规的施行情况，督促有关部门依法处理了一批违法案件。常务委员会在去年八月专门召开了法制宣传座谈会，交流了新闻、出版等有关单位开展法制宣传工作的情况和经验，提出了加强和改进法制宣传的意见；编印了中央和中央领导同志关于社会主义民主、社会主义法制和人民代表大会制度的论述，汇编了民主与法制建设的学习文件，供本市人民代表和各级领导干部学习阅读；还举办了民主与法制讲座，组织干部学习法律知识。鉴于法制建设任务繁重，常务委员会除进一步加强各委员会的工作外，决定聘请了十名专家担任民主与法制建设方面的顾问，设立了法制工作室，负责法制建设方面的综合协调工作。

常务委员会召集专门会议，分析讨论了本市法制建设工作的情况。大家认为，在当前首都社会主义现代化建设和经济体制改革中，法制建设亟待加强。根据宪法规定，市人大常委会要把保证宪法、法律和行政法规在本市的遵守和执行作为自己的重要职责。围绕着这个总的要求，总结过去的经验，要继续从以下几个方面加强和改进工作：

第一，把全国人大常委会交付给我们征集对法律草案意见的工作，作为市人大代表参与国家立法和管理国家的大事来对待，尽可能多地征集有关代表和委员的意见。

第二，重要的国家法律颁布之后，要为代表、委员和有关部门的领导干部举行报告会，进行学习和宣传，同时根据本市的实际情况，采取必要的措施，认真贯彻实施。

第三，为适应经济体制改革的发展，要以积极负责的精神，加快制订地方性法规的步伐。根据本市工作的迫切需要和可能，在同宪法、法律、行政法规不抵触的前提下，在市人大及其常委会的职权范围内，经过周密的调查研究，总结实践经验，制订地方性法规。

第四，加强对宪法、法律、法规施行情况的监督检查，同时督促政府各主管部门检查自己业务范围内的法律、法规执行的情况，严格执法，维护法律的尊严。

第五，推动和协同有关部门加强法制宣传教育，使广大干部和群众学法、知法、守法，增强法制观念。

（二）

近一年来，常务委员会根据代表大会交付审议的议案，听取并审议了市政府的一些重要工作报告。

市八届人大二次会议交付常务委员会审议的议案有十一件，并案后为八件，都是关系到落实中共中央、国务院对北京城市建设总体规划方案批复的重要问题。在代表大会闭幕以后，常务委员会逐项进行了调查研究，听取了市政府的有关报告，进行了认真的审议讨论。对开发利用农村能源，加快编制分区规划、详细规划和远郊城镇规划，加强城市街道基层卫生组织的建设，保护妇女儿童合法权益等四件议案，作出了相应的决议；对发展食品工业，提高商业、服务业服务质量，增加商业网点，加强山区教育等四件议案，向政府提出了要求和建议。从审议情况看，政府对这些议案是重视的，办理的措施是积极可行的。通过办理这些议案，推动了工作，收到了较好的效果。以编制分区规划、详细规划和远郊城镇规划为例，截止今年一月，远郊十一个县城的规划已经拟定，城近郊八个区分区规划的调查研究工作已经基本完成，四十多个专业局分别提出了专业规划的初步方案或规划设想，长安街等重点地区的详细规划已基本完成或接近完成，预计再有一年左右的时间，可以完成分区、城镇、专业规划和近期重点建设地区详细规划的编制。常务委员会审议市政府报告时，要求在上述规划工作中，要注意综合平衡，当前的建设拨地要同分区规划、详细规划的安排相衔接，城市建设中过渡性、临时性的设施要服从于长远规划的实施，要扎实工作、精心规划，把关系首都建设千秋大业的具体蓝图绘制出来。

根据全国人大常委会的有关决定，本市进行了区、县、乡、镇人民代表大会的换届选举，这是人民行使当家作主权利、加强地方政权建设的大事。常务委员会把这项工作列为重要议题，在一九八四年二月审议通过了代表选举实施细则以后，及时提出了进行这项工作的部署意见，着重从充分发扬民主和严格依法办事两个方面加强了对这项工作的指导。从去年三月到六月，全市有六百八十多万选民参加了区、县人民代表大会代表的换届选举和政社分设以后的第一次乡、镇人民代表的选举，参选率达百分之九十九点二。选出的代表具有广泛的代表性，其中民主党派、无党派民主人士和非党群众代表，少数民族、知识分子和归侨、妇女代表的比例都有较大增加，一批改革中涌现出来的优秀人物被选为代表，有些勤劳致富的农村专业户、个体工商业户也被选为代表。各区、县人民代表大会选出的人大常委会组成人员和政府、法院、检察院的领导人，平均年龄下降，文化程度提高，朝着革命化、年轻化、知识化、专业化的方向迈进了一步。乡、镇人民政府的领导班子也得到充实和加强。

常务委员会在过去的一年里，还依法任免和批准任免了市政府组成人员、人大常委会机关负责工作人员、法院和检察院工作人员，共七十九人。此外，还要向大会报告：由于郑元景同志担任政府部门的行政领导工作，根据地方组织法的规定，常务委员会于一九八四年十月接受了他辞去市人大常委会委员的请求。

（三）

一九八四年一月至五月，彭真同志对加强人大常委会的工作和建设，对人大代表如何进行工作，先后作了三次重要讲话。我们在市人大常委会的全体会议上，进行了学习和讨论，并以彭真同志的讲话精神为指导，总结检查了过去的工作，进一步明确了前进的方向。

根据法律赋予的职责，市人大常委会的工作重点，必须围绕着四化建设的需要，集中精力抓好民主与法制建设，把民主与法制建设作为一项根本性的建设任务，同两个文明建设结合起来进行。市人大常委会遵照民主集中制的原则，由集体决定问题，集体行使权力，必须把开好常务委员会会议作为履行职责的基本形式。实践经验说明，我们必须抓住以上工作重点和履行职责的基本形式，才能把我们的整个工作带动起来，组织起来。

几年来的实践经验还说明，要开好常务委员会会议，必须选好议题，认真进行调查研究和准备，开会时要充分发扬民主，集思广益，在提高会议议题的审议质量上狠下功夫。市人大常委会各委员会，对市人大常委会讨论的议题进行专题调查、座谈讨论，提出初步审议的意见和为委员提供必要的资料，对开好常委会有重要作用。市人大常委会的每次会议，都邀请区、县人大常委会负责同志列席，参加讨论，以便作出的决定符合实际和切实可行。

联系人民代表，是常务委员会的一项重要职责。彭真同志指出：代表应当主要围绕人民代表大会的职权进行工作，在代表大会之前对有关议案进行调查研究；在代表大会上参与决定大政方针；在代表大会之后，注意在实践中去检验大会作出的决议和通过的法律，不断了解新的情况和发展中的新问题，监督决议、法律的正确实施。为了便于人民代表履行职权和发挥作用，我们做了以下工作：首先，为代表印发了彭真同志在六届全国人大二次会议期间的有关讲话，组织了《关于人民代表大会代表任务、地位、职权和活动方式问题》的专题报告。同时，分别为代表举办了城市经济体制改革、基本建设战线的形势、市政管理工作和普通教育工作情况的报告会。我们还印发了《人大工作通讯》和学习文件汇编，从一九八五年起为每位代表订阅了《中国法制报》等报刊，逐步落实代表阅读文件的规定。在召开这次代表大会之前，普遍组织代表视察了工作，为代表履行职责创造条件。其次，围绕市人大常委会的主要工作任务，组织一些有关代表参加专题调查、视察和座谈，讨论法律、法规草案，检查法律和法规的贯彻执行情况，检查代表建议办理情况，列席市人大常委会会议和各委员会会议，把代表的活动同常务委员会审议决定问题结合起来。先后参加上述视察、调查、座谈和报告会等活动的代表共达五千多人次。总的看我们在联系代表方面虽然规定了一些制度，工作上有了一些进步，但是做得还很不够，今后要继续加强。

对代表建议、批评和意见的处理，有所改进。去年五月，市人大常委会主任和市长专门召开了政府委、办、局和区、县领导干部会议，对加强这项工作提出了要求。市人大常委会各委员会先后邀请了一百八十多名代表，到十多个承办单位，面对面地听取汇报，实地进行检查，并就有些问题交换意见，商讨解决办法。截止今年一月，市八届人大二次会议和三次会议上代表提出的一千三百六十四件建议、批评和意见，已经全部办理完毕。但是，在办理过程中也还存在不少问题，有些单位仍然重视不够，抓得不紧，办理的质量不高，有的甚至有敷衍搪塞的现象。今后要督促和帮助有关部门，教育干部进一步提高认识，采取有效措施，加以改进。

各位代表：

在过去的一年里，我们的工作虽然取得了一些进展，但是，市人大常委会的工作仍然处在由过去主要依靠政策过渡到既要依靠政策、又要健全法制管理国家的大转变的过程中，如何履行好法律赋予我们的职责，在具体的制度和办法方面还不健全，需要我们在实践中继续探索，积累经验，逐步加以完善。一九八五年在党的十二届三中全会《关于经济体制改革的决定》和最近邓小平同志关于一靠理想二靠纪律才能团结起来的重要讲话精神指导下，本市经济体制改革要按照坚定不移、慎重初战、务求必胜的方针迈出重要的一步，首都的物质文明建设要持续、稳定、协调的发展，社会主义精神文明建设要取得新的进步，社会治安、社会秩序要进一步实现明显好转。我们市人大常委会的工作，要适应新形势发展的需要，认真贯彻执行本次代表大会的决议，更好地发挥人民代表大会常设机关的作用。要加强民主与法制建设，加强对宪法、法律的学习、宣传和执行情况的监督检查，不断调查研究新情况、新问题、新经验，加快制订地方性法规的步伐，以保障和促进经济体制改革和两个文明建设的顺利进行，为进一步开创首都社会主义现代化建设新局面而奋斗！

北京市高级人民法院工作报告（摘要）

——一九八五年三月十四日在北京市第八届人民代表大会第四次会议上

北京市高级人民法院院长 薛光华

一九八四年，我们遵照市第八届人民代表大会第二次会议《关于北京市高级人民法院工作报告和北京市人民检察院工作报告的决议》，遵照宪法和法律，积极地开展了刑事、民事和经济审判工作，通过惩罚罪犯、解决人民内部纠纷、宣传社会主义法制，在保护人民生命财产安全和合法权益，维护社会秩序，保障经济体制改革和四化建设顺利进行等方面，起了一定的作用。

一、继续执行依法从重从快的方针，稳准狠地严惩严重的刑事犯罪分子，同时从严惩办严重破坏经济的犯罪分子，保护集体、国家和人民的利益。

一九八四年共审结的各种刑事案件比上年增加百分之十七点四。对严重危害社会治安的犯罪分子，我们抓紧及时审理，根据他们犯罪的事实、性质、情节和对于社会的危害程度，依法予以从重判刑，在严惩严重刑事罪犯的同时，严惩了一批经济罪犯，为国家和集体挽回经济损失一百七十四万多元。

在一九八四年的刑事审判工作中，我们着重抓了以下几个环节：

第一，狠抓一个“准”字，不断提高办案质量。要求在刑事审判工作中必须做到五个“准”，即认定犯罪事实准；定罪准；从重打击的对象准；执行政策，适用法律准；判处死刑准。经过检查证明，我们审结的案件，做到了事实清楚，证据充分、定罪正确、量刑适当，程序合法，没有错杀的。

第二，坚持打击，保持“严打”的声威。在对严重刑事犯罪进行一段时间打击后，有的人认为对刑事罪犯的打击已经“差不多了”，“要收了”。我们除了做好思想工作，加强宣传外，主要用“严打”的实际行动作了回答。我们与公安、检察机关以及有关区、县密切配合，采取多种形式召开宣判大会，大张旗鼓地公开处理罪犯。结合宣判大会，还印发了各种宣传材料，并到一些单位、看守所等处讲演四百九十多次，听众达十二万多人（次）。群众普遍反映，召开宣判大会处理罪犯，这是对犯罪分子的有力打击，对有犯罪意念的人的威慑，鼓舞和支持了群众同犯罪分子作斗争。

第三，坚决兑现政策，严格依法办事，做到惩办与宽大相结合，“坦白从宽，抗拒从严”。一九八四年，我们在强调对严重刑事罪犯严办的同时，也强调对有“送子归案”、投案自首、坦白交待罪行、在检举揭发方面有立功表现等从轻、减轻和免除处罚情节的，予以从宽处理。一九八四年市中级人民法院一审判处的罪犯中，因有自首、坦白等情节而予以从轻、减轻判处或免除处罚的人数占罪犯总数的百分之十三点七五。

第四，对罪犯进行思想教育，把思想教育贯穿在刑事审判工作中。我们认为，对判处刑罚的罪犯，要坚持“教育、感化、挽救”的方针，绝大多数通过改造，使之成为新人。对罪犯的思想教育，我们主要采取了以下方式：1. 结合审判进行教育；2. 对判处徒刑缓刑、拘役、管制和免刑的进行考查，并针对存在的问题，对他们进行教育；3. 到劳改场所，对罪犯进行考查和教育，或通过写信进行教育。这些工作，都收到了较好的效果。

二、以为人民服务、对人民负责的精神，为群众排难解纷，保障公民的合法权益，促进人民内部的团结。

正确、及时审理民事案件，是全市各级人民法院的又一项重要任务。民事案件数量大，情况复杂，如处理不及时，或不妥当，矛盾就有可能激化，甚至发展成为犯罪案件。一九八四年审结的一审民事案件比一九八三年结案增加百分之七点三。我们的审判人员深入到街道和农村，在查清事实，分清是非的基础上，依靠组织，依靠群众，本着保护当事人合法利益，化消极因素为积极因素，促进团结，促进精神文明建设和四化建设的原则，经过教育和调解，使大多数纠纷得到了适当解决。经过工作，当事人撤诉的三千九百八十二件，占结案总数的百分之二十一点六；调解解决的一万零五百二十件，占总数的百分之五十七点一；用判决方式结案的只三千六百四十九件，占总数的百分之十九点八。一九八四年，办案质量和效率，也比过去有所提高，年底的未结案比一九 八三年下降了百分之二十八点八。

三、运用法律手段正确、及时解决经济纠纷，维护法人、公民的合法权益。

随着对外开放、对内搞活经济的政策的执行，经济体制改革和四化建设的发展，经济纠纷案件逐年增多。正确、及时地审判经济案件，依法保护法人、个体户、公民和在华投资的外国人的合法权益，是全市各级人民法院的又一项重要任务。一九八四年五月二十八日至六月二日，我们召开了第一次经济审判工作会议，决定凡向法院起诉的经济合同纠纷案件、涉外经济纠纷案件、农村承包合同纠纷案件、经济损害赔偿纠纷案件等都要受理，并努力办好。一年来，特别是经济审判工作会议后，经济案件的审判工作有了进一步的加强和开展。全年审结经济案件比一九八三年结案总数增加百分之五十一点七。经济案件百分之八十以上是合同纠纷案件。纠纷的发生，主要有三种情况，第一，当事人双方缺乏法律知识，所订合同不符合法律的规定，属于无效合同；第二，有的人目无国法，视合同为儿戏，签订合同后，发现对本人或本单位不利，便任意撕毁合同；第三，有的单位或个人，不顾合同的规定，拒绝履行合同规定的条款。此外，还有的人利用合同进行违法活动，有的甚至进行犯罪活动。我们经过调查，在弄清事实和责任是非以及性质的基础上，区别不同情况，进行处理。

四、加强业务指导，做好审判监督工作，切实执行和落实政策。

一九八四年，市法院用召开专业会议、交换意见、发案例、检查工作等方式，对审判工作进行了业务上的指导。市法院在审结刑事、民事和经济纠纷二审案件中，起了维护正确判决、裁定，改正错误，指导工作的作用。处理来信三万二千零八十八件，接待来访八万七千六百零五人，审结申诉案件一千八百九十五件，纠正了一些错误的判决。遵照党中央指示，对全市各级人民法院解放后错判的原国民党投诚起义人员，港、澳、台属案件进行的复查，到一九八四年底已基本结束。我们审查了建国以来判处的全部政治案件，其中属于投诚起义人员错判的三百零六件，属于台属台胞的五件，根据爱国一家，既往不咎，一视同仁，量才录用，妥善安置的原则，对其中错判的案件都已实事求是地作了纠正，并与有关方面配合，做了善后工作。

一九八四年，全市各级人民法院做了不少工作，较好地完成了各项审判任务，但是，还存在不少问题和缺点。审结的案件，有的工作不细或适用法律不当；审判力量，审判人员的政治和业务素质，仍然不能满足工作的需要。在民事和经济审判工作中，有的案件结案不及时。在刑事、民事、经济案件中，出现了不少新的情况，新的问题，我们对新情况、新问题的调查研究工作做得不够。

一九八五年，是经济体制改革、四化建设进一步发展的重要的一年。经过“严打”斗争，社会治安状况已经明显好转。但是，刑事犯罪分子还存在，他们会采取种种方式，进行破坏，危害我们的事业。因而，同刑事犯罪分子作斗争，仍然是一项长期的、艰巨的重要任务。随着经济体制改革的开展，经济的进一步搞活，经济纠纷还会增多。一九八五年，我们要再接再厉，积极工作，在最高人民法院和市人大常委会的监督下，遵照宪法、法律和人大常委会的有关决定，努力完成各项工作任务，为力争尽快实现首都社会治安的根本好转，为保障经济体制改革和四化建设的顺利进行，做出新的贡献。

北京市人民检察院工作报告（摘要）

——一九八五年三月十四日在北京市第八届人民代表大会第四次会议上

北京市人民检察院检察长　王振中

从市第八届人民代表大会第二次会议以来，本市各级人民检察院遵照会议《关于市高级人民法院和市人民检察院工作报告的决议》和最高人民检察院的部署，继续贯彻执行了依法从重从快的方针，准确地严惩严重危害社会治安的犯罪分子和严重破坏社会主义经济的犯罪分子，加强了法律监督工作。

在严厉打击严重刑事犯罪活动的斗争中，我们对流氓犯罪集团分子；流窜作案分子；杀人犯、放火犯、爆炸犯、投毒犯、强奸犯、抢劫犯和重大盗窃犯；劳改逃跑犯、重新犯罪的劳改释放人员和解除劳教人员，继续坚决实行了依法从重从快惩处的方针，而且按照市八届人大二次会议决议精神，强调了一个“准”字，既依法从重从快，又稳、准、狠地打击刑事犯罪分子。全市检察机关批准逮捕人犯、决定起诉案件和派员出席法庭支持公诉的质量是好的。从办案效率上看，审查批捕的全部在法定期限内作出了决定；审查起诉的案件，有百分之九十九点六在法定期限内作出了决定。对其中犯罪情节严重、危害或影响很大的案件，坚持了领导亲自动手，集中力量审查，在保证办案质量的前提下，用尽快的速度作出决定。审查起诉的案件中有百分之零点四由于案情重大、复杂，期限届满不能作出决定，都认真履行了延长期限的法定程序。为了进一步分化瓦解犯罪分子，我们依照刑法的规定，严格执行了惩办与宽大相结合的政策。对于投案自首、彻底坦白、检举立功和其他具有刑法规定的从轻、减轻条件，依法不需要判处刑罚或者免除刑罚的二百四十三件三百九十七人，作了免予起诉的决定。

严厉打击严重刑事犯罪活动的斗争日益深入，社会治安已经明显好转。但是，目前各种刑事犯罪案件的发案率，有的下降得多，有的下降得少。这场斗争还是长期的、复杂的、艰巨的。我们决心继续依法从重从快打击严重刑事犯罪活动，并积极配合思想、政治、经济、文化各条战线，实行综合治理，减少和预防犯罪。

在打击严重经济犯罪的斗争中，全市各级检察机关，大力加强对经济犯罪行为的检察工作，努力做到了打击刑事犯罪和打击经济犯罪同时进行，使经济检察工作取得了新的进展。一年多来，通过查处经济案件，为国家和集体挽回经济损失一百万零三千六百元。与此同时，我们批准公安机关逮捕了一批重大盗窃、投机诈骗等经济犯罪分子。各级检察机关注意了结合办案积极开展检察建议活动，帮助有关单位堵塞漏洞，预防犯罪。总之，全市各级检察机关通过办案和开展检察建议活动，对于打击严重经济犯罪分子的嚣张气焰，保障对外开放、对内搞活经济政策的贯彻执行，起了积极的作用。

从检察机关办理严重经济犯罪案件的情况来看，虽然打击严重经济犯罪的斗争取得很大成绩，但是斗争的深度和广度都还不够，打击的还不十分有力。当前，经济犯罪活动仍很突出。特别值得注意的是乘经济改革之机，进行经济违法犯罪活动的案件有增加的趋势。有的国家工作人员利用职务的便利，故意提高工程造价，冒领国家财物；有的国家工作人员、集体经济组织工作人员，私自大量、长期挪用公款进行倒买倒卖活动；有的国家工作人员利用职权私下为其他个人或集体经济组织谋取经济利益，而自己索取、收取大量财物；有的套购国家紧缺物资，投机诈骗；有的以签订合同为手段，或利用假合同，骗取对方信任，从中牟取大量财物；有的借承包国家、集体企业为名，侵吞公共财物，等等。这些严重的经济犯罪活动，对我国的现代化建设，对经济体制改革和对外开放、对内搞活经济的方针、政策的正确执行，妨碍很大。因此，打击经济犯罪活动，仍是今后一项十分重要的任务。我们决心继续坚持不懈地把这一斗争进行下去。

在加强法律监督工作方面，主要是在严厉打击各种犯罪活动的同时，加强了侦查监督、审判监督，以及刑事判决的执行和监所监督工作。还对国家工作人员侵犯公民民主权利、玩忽职守等触犯刑法的行为，实行了监督。

在侦查监督中，重点抓了防漏防错；在审判监督中，重点抓了判决、裁决是否正确，对发现的七件判决不当的案件提出了抗诉，法院均已改判。同时，对极少数侦查、审判法定期限届满又没有依法办理批准延长期限的案件，通知公安机关、人民法院一一作了纠正。所有这些，对严厉打击严重刑事犯罪活动的斗争严格在法律规定的范围内进行，起到了保证作用。

在刑事判决的执行和监所监督中，重点抓了执行死刑的临场监督，各监管人犯场所执行法律情况的检察和安全防范的检察。在各监管场所主要是协同有关部门继续坚持贯彻了“改造第一，生产第二”、“教育、感化、挽救”的方针，对在押人犯严格实行依法管理、文明管理。对个别刑讯逼供、体罚虐待人犯、触犯刑律的管教人员依法追究了刑事责任。

在对国家工作人员侵犯公民民主权利、玩忽职守等触犯刑法的行为实行监督中，主要是认真查处了那些非法拘禁、非法搜查、诬告陷害、开拆和隐匿邮件，以及由于玩忽职守、致使公共财产、国家和人民利益遭受重大损失的案件。各级检察机关通过办理这些案件，维护了公民的合法权益，对提高广大干部和群众的法制观念起了良好的作用。

为了更好地开展法律监督，我们还加强了受理控告、申诉和其他信访的工作。一九八四年三月以来，共受理信访七千二百八十二件次，从信访揭发的材料中，查获侵犯公民民主权利、贪污受贿以及其他犯罪分子四十一名。对所有信访，基本上做到了件件有结果、件件有交代。

一九八五年，我们要继续发动和依靠群众，正确执行党的政策，严格依法从重从快，稳准狠地打击严重刑事犯罪分子，在“准”字上狠下功夫。同时，大力加强对经济犯罪行为的检察工作，深入调查研究改革中出现的新情况、新问题，严格区分罪与非罪的界限；严肃查处那些乘改革之机，贪污受贿、走私贩私、投机诈骗、哄抬物价、偷税抗税，侵吞国家和集体财产，侵犯专业户和经济联合体的合法权益而触犯刑律的经济案件。对大案要案一定抓紧依法从严惩处。要通过办案，对于有关单位在工作上、制度上存在的问题，积极提出检察建议，以促其健全制度，堵塞漏洞。我们一定进一步提高认识，统一思想，肃清“左”的影响，加强和改革检察工作，更好地发挥检察机关法律监督的职能作用，维护社会主义民主和社会主义法制，为力争尽快实现首都社会治安的根本好转，为保障和促进经济体制改革和经济建设的顺利进行做出新的贡献。

北京市人民政府关于规定全市人民“义务植树日”的建议

（一九八五年三月十八日北京市第八届人民代表大会第四次会议通过）

北京市人民代表大会：

积极植树、种草、种花，绿化美化首都，是一项治理国土，改善生态环境，造福当代，荫及后人的伟大事业。五届全国人大常委会已经规定每年三月十二日为我国的“植树节”。北京市地处北方，气候偏寒，为了适时植树，提高成活率，便于更多的市民参加植树、种草、种花，并通过这项活动发扬集体主义、共产主义道德风尚，市人民政府建议规定每年四月的第一个星期日为全市的“义务植树日”。特提请代表大会审议。

北京市市长　陈希同

一九八五年三月十五日

北京市第八届人民代表大会第四次会议议案审查委员会关于代表议案的审查报告

杨春茂

（一九八五年三月十八日北京市第八届人民代表大会第四次会议通过）

本次会议收到代表团提出的议案六件，十五名以上代表联合提出的议案四十八件，共五十四件，其中，属于政法方面的八件，属于财政经济方面的十二件，属于城市建设方面的二十一件，属于教育、科学、文化、卫生方面的十三件。这些议案，对推动本市的经济体制改革和社会主义物质文明、精神文明建设提出了很多重要的意见。议案目录和审查意见已印发给各位代表。

议案审查委员会对上述议案，进行审查，提出了审查意见，并向主席团作了报告。经主席团讨论决定：(一)将逄先知等二十六位代表提出的第十六号议案和程汝兴等十八位代表提出的第四十二号议案，并案为“深入学习、宣传邓小平同志重要讲话，坚持五讲四美三热爱，做有理想、有道德、有文化、有纪律的文明市民”的议案，提请本次大会审议；（二）将王继芬等二十四位代表提出的“加强对托幼工作的领导”的议案、李玉英等十五位代表提出的“托幼事业应放在重要地位”的议案（上述两案并案处理）、平谷县代表团提出的“大力帮助贫困山区改变落后面貌”的议案、王景铭等十六位代表提出的“认真贯彻《消防条例》，切实加强消防工作”的议案、林冰等二十三位代表提出的“关于尽速制定普及义务教育法的建议”的议案以及温承训等二十三位代表提出的“我市应尽快颁布《北京市产品质量监督检验管理办法》”的议案，共六件议案交市人大常委会审议；（三）有四十一件属于对本市某一方面工作提出的建议和意见，分别交市人大常委会、市人民政府及有关部门认真研究处理，处理情况和结果由市人大常委会办公厅、市人民政府办公厅负责答复提议案的代表；（四）有五件分别转报全国人大常委会、国务院、中央军委。以上审查意见，建议大会予以批准。

此外，截止三月十七日，本次会议收到代表提出的建议、批评和意见共八百五十五件，已进行整理，由市人大常委会办公厅分别交由市人民政府办公厅及有关部门研究处理，并负责答复代表。

北京市第八届人民代表大会第四次会议选举办法

（一九八五年三月十一日北京市第八届人民代表大会第四次会议通过）

一、根据《中华人民共和国地方各级人民代表大会和地方各级人民政府组织法》，结合本市情况，制定本办法。

二、北京市第八届人民代表大会第四次会议，补选北京市人民代表大会常务委员会副主任四人，增选北京市人民代表大会常务委员会副主任一人；补选北京市人民代表大会常务委员会委员五人。

三、北京市人民代表大会常务委员会副主任和委员的人选，由大会主席团提名，市人民代表大会代表（一人提名，有三人以上附议）也可以提名。选举可以采用候选人数多于应选人数的办法；也可以经过预选产生候选人名单，然后进行选举。

四、选举和预选均采用无记名投票方式。预选可以按代表团分别进行投票。

五、选举须有全体代表过半数出席，按代表团进行预选时须有代表团全体代表过半数出席，始得开会进行选举。

六、每个代表团推选监票人一人，由大会主席团另提名总监票人二人，经大会通过后，在大会主席团的领导下，对发票、投票和计票进行监督。各代表团进行预选时，可再推选监票人一至三人。

七、投票人对于选票上所列的候选人，可以投赞成票，可以投反对票，可以弃权，也可以另选北京市第八届人民代表大会其他代表。

投票人赞成选票上所列的某一个候选人时，就在这个候选人姓名左面的空格里画一个“〇”；不同意某一个候选人时，就在这个候选人姓名左面的空格里画一个“×”；在候选人左面的空格里不画“〇”又不画“×”的为弃权。

投票人如果要在选票上所列的候选人以外另选其他人，可以在画“×”的原候选人姓名右面的空格里写上自己要选举的人的姓名。

八、每张选票选举的人数，多于第二条规定应选人数的作废，等于或少于规定应选人数的有效。

九、投票人写票，要用钢笔、毛笔或圆珠笔。符号要准确，笔迹要清楚。

十、选票由投票人亲自投入票箱。

十一、投票结束后，当众打开票箱，计票人清点选票张数后，由总监票人将清点结果报告大会执行主席。选票张数等于或者少于投票人数，选举有效；多于投票人数，选举无效。

十二、全部书写模糊无法辨认的选票，全票作废；部分书写模糊无法辨认的选票，可以辨认的部分有效，无法辨认的部分无效。

十三、候选人获得全体代表过半数的选票，始得当选。获得过半数选票的候选人的名额超过应选名额时，以得票多的当选。如遇候选人获得票数相等不能确定当选人时，应当就票数相等的候选人重新投票。获得过半数选票的名额少于应选名额时，对不足的名额，是否另行选举，由主席团提出意见，提交大会决定。

十四、选举结果由大会主席团宣布。

十五、本办法由北京市第八届人民代表大会第四次会议通过后施行。

北京市第八届人民代表大会第四次会议关于《北京市经济体制改革问题的报告》的决议

（一九八五年三月十八日北京市第八届人民代表大会第四次会议通过）

北京市第八届人民代表大会第四次会议，经过认真审议，批准韩伯平副市长代表市政府所作的关于北京市经济体制改革问题的工作报告。

会议认为，在党中央、国务院的正确领导下，市政府依靠全市人民的智慧和力量，在进行改革和各项建设上作了富有成效的工作。农村的改革取得了很大的成功，城市的改革也取得了有益的经验。改革有力地调动了广大群众的积极性和创造性，使首都的物质文明建设和精神文明建设，沿着中共中央、国务院关于首都建设方针指示的方向，在一九八四年又迈出了重要的一步。全市政治上更加安定团结，经济上更加活跃繁荣，各条战线的工作都有新的发展，人民生活进一步得到改善。

会议强调指出，我们在党的十二届三中全会决定指引下进行的经济体制改革，是建设社会主义的现代化国家的伟大实践。一九八五年的中心任务，是要按照国务院的统一部署，坚持慎重初战、务求必胜的方针，不失时机地把改革推向前进。为了确保改革健康、顺利的发展，必须认真贯彻邓小平同志关于一靠理想，二靠纪律，才能团结起来，建设有中国特色的社会主义的讲话精神。会议要求，市人民政府及各部门、各单位，要紧密围绕搞好经济体制改革这个中心，大力加强思想政治工作，以共产主义理想教育和纪律教育为重点，深入开展五讲四美三热爱活动。要教育干部坚持为人民服务、对人民负责的宗旨，坚决制止和纠正各种新的不正之风；对违反法纪、政纪，情节恶劣、危害严重的案件，要从严惩处。要坚持在发展生产的基础上不断改善人民生活，采取有力措施保护消费者的利益。要发扬艰苦奋斗、勤俭建国、勤俭办一切事业的优良传统，坚决反对铺张浪费。要加强民主与法制建设，加强经济监督工作和市场物价的管理工作，继续严厉打击严重刑事犯罪活动和严重经济犯罪活动。会议一致认为，大力发展生产力，努力增加社会商品量，适应人民不断增长的物质、文化生活的需要，是改革的根本目的。各部门、各单位，都要尊重知识，尊重人才，积极推进科学技术进步，切实改善经营管理，努力提高劳动生产率，以发展生产的成果来检验改革的成效。

今年是以城市为重点进行经济体制改革的第一年。搞好今年的改革，对于今后经济体制改革的顺利前进具有重要意义。会议号召，全市广大人民，要以国家主人翁的态度，同心同德，在党和政府的领导下，积极投入改革的实践，共同努力解决改革中出现的新问题，为取得改革的胜利，为完成和超额完成一九八五年全市国民经济和社会发展计划，把首都社会主义现代化建设推进到新的水平而努力奋斗！

北京市第八届人民代表大会第四次会议关于一九八五年国民经济、社会发展计划和一九八四年财政预算执行情况、一九八五年财政预算的决议

（一九八五年三月十八日北京市第八届人民代表大会第四次会议通过）

北京市第八届人民代表大会第四次会议，经过审议并根据国民经济社会发展计划和财政预决算审查委员会的审查报告，批准市人民政府提出的一九八五年国民经济、社会发展计划和一九八五年财政预算，批准市计划委员会主任王军所作的《关于一九八五年国民经济和社会发展计划草案的报告》，批准市财政局局长常自超所作的《关于一九八四年财政预算执行情况和一九八五年财政预算草案的报告》。关于一九八四年财政决算，待正式编制完毕后，由市人民代表大会常务委员会审查批准，并报告下次人民代表大会。

北京市第八届人民代表大会第四次会议关于市人民代表大会常务委员会工作报告的决议

（一九八五年三月十八日北京市第八届人民代表大会第四次会议通过）

北京市第八届人民代表大会第四次会议批准赵鹏飞主任所作的北京市人民代表大会常务委员会工作报告，认为常务委员会在过去的一年里进行了有成效的工作，进一步发挥了市人民代表大会常设机关的作用。

会议认为，一九八五年本市面临着新的形势和新的任务，经济体制改革要按照慎重初战、务求必胜的方针不失时机地迈出重要的一步，首都的物质文明建设要持续、稳定、协调的发展，社会主义精神文明建设要取得新的进步，社会治安、社会秩序要进一步实现明显好转。市人大常委会要以党的十二届三中全会《关于经济体制改革的决定》和最近邓小平同志关于一靠理想，二靠纪律，才能团结起来，建设有中国特色的社会主义的重要讲话精神为指导，依靠全体代表的共同努力，认真贯彻执行代表大会的决议，加强民主与法制建设，加强对宪法、法律、法规的学习、宣传和执行情况的监督检查，不断调查研究新情况、新问题、新经验，加快制订地方性法规的步伐，以保障经济体制改革和两个文明建设的顺利进行，为进一步开创首都社会主义现代化建设新局面而奋斗！

北京市第八届人民代表大会第四次会议关于市高级人民法院和市人民检察院工作报告的决议

（一九八五年三月十八日北京市第八届人民代表大会第四次会议通过）

北京市第八届人民代表大会第四次会议批准薛光华院长所作的北京市高级人民法院工作报告和王振中检察长所作的北京市人民检察院工作报告。

会议认为，市八届人大二次会议以来，各级人民法院和人民检察院的工作取得了显著成绩，在实现首都社会治安明显好转中发挥了重大作用。

会议要求，本市各级人民法院和人民检察院，必须继续依法从重从快、稳准狠地打击严重刑事犯罪分子，推动社会治安的综合治理；同时，法院必须加强经济案件的审判工作，检察院必须加强对经济犯罪行为的检察工作，依法从严惩处严重破坏经济的犯罪分子；并运用法律手段调节经济活动和经济关系。审判工作、检察工作，要自觉地服从和服务于经济体制改革，保卫和促进经济体制改革，更好地发挥国家审判机关、法律监督机关的作用，为实现首都社会治安的根本好转，保障首都社会主义现代化建设的顺利进行，作出更大的贡献。

北京市第八届人民代表大会第四次会议关于《深入学习、宣传邓小平同志重要讲话，坚持五讲四美三热爱，做有理想、有道德、有文化、有纪律的文明市民》议案的决议

（一九八五年三月十八日北京市第八届人民代表大会第四次会议通过）

北京市第八届人民代表大会第四次会议审议了逄先知、程汝兴等四十四位代表提出的关于《深入学习、宣传邓小平同志重要讲话，坚持五讲四美三热爱，做有理想、有道德、有文化、有纪律的文明市民》的议案。会议认为，议案提出的建议是重要的、可行的，决定予以通过。会议要求本市各级国家机关和各部门、各单位组织全市人民认真学习邓小平同志最近在全国科技工作会议上的重要讲话，深刻领会一靠理想，二靠纪律，才能团结起来，建设有中国特色的社会主义的重要论述，确保本市经济体制改革和各项建设事业沿着正确的方向健康地向前发展。要坚持物质文明和精神文明一起抓，切实加强对五讲四美三热爱活动的领导，认真采取各项有效措施，动员广大群众做文明市民，创建文明单位，为建设文明首都作出贡献。会议要求市人大常委会监督本决议的贯彻执行，并在适当的时候听取市人民政府和有关部门关于贯彻落实本决议情况的报告。

北京市第八届人民代表大会第四次会议关于调整市人大常委会部分组成人员的决议

（一九八五年三月十一日北京市第八届人民代表大会第四次会议通过）

北京市第八届人民代表大会第四次会议决定：

（一）接受王斐然、杨春茂、武光、安朝俊辞去北京市第八届人民代表大会常务委员会副主任职务的请求。

接受阮章竞、张国基、岱忠信、侯仁之辞去北京市第八届人民代表大会常务委员会委员职务的请求。

（二）根据市人大常委会组成人员出缺情况和工作需要，本次代表大会补选北京市人民代表大会常务委员会副主任四名，增选北京市人民代表大会常务委员会副主任一名；补选北京市人民代表大会常务委员会委员五名。

北京市第八届人民代表大会第四次会议补选和增选北京市人民代表大会常务委员会副主任名单

（1985 年 3 月 18 日）

张大中　黎光　邢军　戎易　夏钦林

北京市第八届人民代表大会第四次会议补选北京市人民代表大会常务委员会委员名单

（1985 年 3 月 18 日）

刘绍棠　林明美（女）　罗豪才　赵长白（女）　赵有光

北京市第八届人民代表大会第四次会议主席团、秘书长名单

（一九八五年三月九日北京市第八届人民代表大会第四次会议预备会议通过）

主席团 （九十二人 按姓名笔划排列）

丁吉庆 丁贡南 于宗英（女） 马耀骥 王大明
王大琬（女） 王立行 王 君（女） 王 纯
王 宪 王培宝 王斐然 王景铭 王 耀 仉振亮
叶子龙 叶 林 叶恭绍（女） 白良玉 冯佩之
邢 军 邢恒均 吕子敬 仲 凯 邬绮文（女）
刘导生 刘殿臣 齐家蕙（女） 安朝俊 严镜清
李玉梅（女） 李克佐 李其炎 李钢钟（女）
李培新 李 晨 李瑜铭 李锡铭 杨春茂 吴 烈
佘涤清 邹 俠（女） 汪家镠（女） 沈 勃
张成基 张还吾 张国基 张金铎 张继斌 张 镈
陈木森 陈明绍 武 光 范 瑾（女） 林雷川
金 鉴 周 怡（女） 郑云山 郑凤仪 郑汉涛
郑汉浩 赵访熊 赵国平 赵鹏飞 南荣榜 段君毅
侯仁之 侯镜如 逄先知 闻家驷 贾春旺 贾星五
徐惟诚 高贺荣 郭春昌 浦洁修（女） 黄英夫
常 浦 崔旭东 崇 力 梁怀庆 梁志华 隋世忠
韩 凯 焦若愚 雷洁琼（女） 解 衡
蔡玉清（女） 蔡 旭 蔡其侃 黎 光 潘 焱

秘书长

邢 军

北京市第八届人民代表大会第四次会议主席团常务主席名单

（一九八五年三月九日主席团第一次会议推定）

（二十六人）

李锡铭 赵鹏飞 段君毅 焦若愚 贾春旺 金 鉴
徐惟诚 汪家镠（女） 王大明 李其炎 黎 光
王 宪 潘 焱 范 瑾（女） 马耀骥 王斐然
杨春茂 武 光 侯镜如 闻家驷 浦洁修（女）
蔡 旭 安朝俊 佘涤清 陈明绍 邢 军

北京市第八届人民代表大会第四次会议副秘书长名单

（一九八五年三月九日主席团第一次会议决定）

白有光 沈 千（女） 郑怀义 王立行 王同兴 赵有光 徐炳忠 王昭钺 杨登彦 杨正彦 张文奇

北京市第八届人民代表大会第五次会议

（1986年5月13日—20日）

北京市第八届人民代表大会第五次会议于1986年5月13日至20日举行。

大会听取并通过了陈希同市长关于北京市国民经济和社会发展第七个五年计划的报告；听取并通过了市计委主任王军关于北京市1986年国民经济和社会发展计划的报告及市财政局长王宝森关于北京市1985年财政决算和1986年财政预算的报告。审查并通过了市人大常委会工作报告、市高级人民法院和市检察院工作报告。

大会选举了北京市高级人民法院院长、市人民检察院检察长、市中级人民法院院长。

大会共收到代表团提出的议案16件，15名以上代表联合提出的议案94件。其中，属于财经类22件，城市建设类29件，教育科学文化卫生类48件，政法类11件。大会听取和通过了议案审查委员会关于议案的审查报告。

关于北京市国民经济和社会发展第七个五年计划的报告

——一九八六年五月十三日在北京市第八届人民代表大会第五次会议上

北京市市长　陈希同

各位代表：

我代表市政府，向大会作关于北京市国民经济和社会发展第七个五年计划的报告。关于“七五”计划草案已发给各位代表，请审议。在报告“七五”计划之前，我先汇报一下“六五”计划完成情况。

一、“六五”计划完成情况

在党中央、国务院的亲切关怀和领导下，在中共北京市委的直接领导下，“六五”期间，全市各族人民认真执行中央关于对内搞活经济、对外实行开放的总方针，贯彻落实中央关于首都建设方针的四项指示和十条批复，坚持改革，勇于探索，群策群力，艰苦奋斗，完成或超额完成了第六个五年计划的各项任务和主要指标。首都的社会主义现代化建设取得了新的进展。

(一)城乡发展初步纳入了四项指示和十条批复的轨道，城乡面貌有了新的变化。

1980年，中共中央书记处对首都建设方针作了四项指示。1983年，中共中央、国务院又批准了《北京城市建设总体规划方案》，并作了十条重要批复，同时，决定成立首都规划建设委员会。四项指示和十条批复全面总结了首都三十多年来建设的经验，明确了北京作为全国政治、文化中心的城市性质，规定了首都发展的规模和方向，是北京市城乡建设和各项工作的纲领。四项指示和十条批复标志着首都的社会主义现代化建设进入了一个新阶段。全市人民经过认真学习讨论，受到极大鼓舞，认识到我们的各项工作都必须服从和服务于首都城市性质的要求。在总体规划的指导下，针对城乡建设中的问题，广泛发动群众，开展了治理乱、散、软的工作。与此同时，城市规划工作的重点，也及时地转移到编制分区规划和专业规划上来。经过两年多的努力，已基本完成市区分区土地使用规划方案，编制了30多项专业规划和远郊县城总体规划方案。城市重点地区详细规划工作和农村集镇、农民新村的规划，也有了很大进展。这些规划的制定，为克服建设中的混乱、分散状态，有计划地按总体规划进行建设，提供了有利条件。

基础设施建设一直是城市建设中的薄弱环节，严重影响着首都城市功能的发挥。“六五”期间，我们坚持把城市基础设施建设摆在各项建设的突出地位，投资比“五五”期间增长97.3%。五年来，新建、改建水厂4个，新增日供水能力34万吨；完成了北京煤气厂扩建、首钢煤气进城和华北天然气进京一期工程，新发展煤气家庭用户16.7万户，为“五五”时期的4.5倍，加上原有用户，城近郊已有102万户居民用上了气体燃料，占其总户数的71%；新增集中供热面积350万平方米，联片供热317万平方米；新增邮电局（所）52个，改建、扩建电话局54个，装机容量达21.4万门，比1980年增长80.6%，北京已可用自动拨号与26个城市通话，同世界39个国家和地区进行直达电路通讯联系；1985年与1980年相比，城市道路总长度增加16.9%，面积增加54.1%，改善了内二环路，打通了三环路；新建公路、铁路立交桥38座，完成了地铁二期工程；新建、改建公路1,428公里，比1980年增加15.6%；郊区乡村基本上通了公路。

城市和郊区村镇建设取得了较大进展。“六五”期间，城市各类房屋建筑竣工面积为3,942万平方米，接近解放初期两个北京城，比“五五”期间增长83%。其中住宅比“五五”时期增长1.2倍。建成10万平方米以上的居住小区22个。郊区各县城的面貌有了明显变化，黄村、昌平两个卫星城和13个集镇、37个新农村的建设已初具规模。

中央关于首都环境美化建设的指示深入人心，群众植树、种草、种花活动蓬勃开展，城市绿化、美化水平有了较大提高。五年中，城市植树1,000多万株，铺草坪400万平方米，新辟街头绿地50多处、150公顷，新建公园14个，改建、扩建公园15个。绿化美化已进入机关、企业、学校、营房和市民的院落、家庭。郊区荒山造林230万亩，比“五五”时期增长85%，平原植树一亿多株，风沙对北京城的危害有所减轻。与此同时，我们还努力进行了环境的综合整治。城区改产、撤销、合并、搬迁污染扰民厂点900多个，改造了一大批锅炉；治理了20多条新的“龙须沟”以及多处河湖、脏乱道路和场站；新建、改建公共厕所1，200多个；城近郊区实现了垃圾容器化；对噪声的治理也有所加强。城市环境的某些方面有了改善。

城市管理逐步加强，开始走上依法管理城市的轨道。五年来，共制定各种地方性法规、规章128项，促进了公共秩序的好转。

（二）经济持续稳定增长，逐步转到以提高效益为中心的轨道上来，适合首都特点的行业和生产门类加快了发展步伐。

“六五”期间，工农业总产值平均每年增长8.7%，超过4.3%的计划要求，其中工业平均每年增长7.6%（包括村办工业则增长8.7%），农业平均每年增长19%（不包括村办工业则增长7.7%）；国内生产总值平均每年增长10.8%；国民收入平均每年增长9.8%，提前两年实现了“六五”计划。市场繁荣、活跃，1985年实现社会商品零售总额127.9亿元，比1980年翻一番，平均每年增长15.8%。

第三产业受到重视，发展迅速，在国内生产总值中的比重由1980年的26.8%上升到1985年的33.3%，在全市从业人员中所占的比重由30.7%上升到36.1%。1985年，全市为人民生活服务的商业、饮食业、服务业、修理业网点达到8.2万个，比1980年增长3.5倍；全市万人拥有网点85.6个，比1980年增加3.2倍；集贸市场和摊群近600个。全市饭店、旅店和向社会开放的招待所由1980年的129家，增加到1985年的3，564家，床位由3万多张增加到38.6万张，分别增长26.6倍和11.8倍。五年新增公共交通车辆1，480辆，新增出租汽车9，630辆，为“五五”时期增加车辆的4倍多。群众生活中的某些不便和来京人员住店难等问题，有了不同程度的缓解。

旅游业迅速兴起。按照中央四项指示的要求，旅游业是重点发展的行业，“六五”期间，初步建成了一批具有相当规模的旅游服务设施。全市开放的游览点已达100多处，建成了不同档次的涉外饭店63家，床位3.2万张；旅游商品有了一定增加。1985年，全市接待入境旅游者93.7万人次，比1980年增加2.2倍，旅游创汇折合人民币9.4亿元，比1980年增加2.5倍，相当于当年全市外贸出口创汇的一半。

建筑业日益成为全市国民经济中的重要支柱，1985年完成产值43.9亿元，比1980年增长2倍，劳动生产率提高26.9%。

适合首都特点的工业得到优先发展。1985年与1980年相比：食品工业产值增长48%，缝纫工业产值增长47%，电子工业产值增长一倍；家用电器产品中的电视机产量增长1.7倍（其中彩电增长31倍），电冰箱增长5.7倍，洗衣机增长10倍。其它知识、技术密集型产业也有较大发展。轻工业产值平均每年增长8.7%，快于重工业平均每年增长7%的速度。工业的经济效益有了较大提高。全员劳动生产率和万元产值耗能、耗水等综合经济效益指标达到或超过了计划。

郊区农村坚持“服务首都，富裕农民，建设社会主义现代化新农村”的方针，农业物质技术基础进一步加强，合作经济组织日益完善和巩固，副食品基地建设取得了新成绩，乡镇企业有了迅速发展。1985年同1980年相比：粮食总产量增长18.1%，平均亩产超过450公斤；蔬菜上市量增长13.2%；牛奶产量翻了一番；鸡蛋增长3.1倍，城镇人均占有24.5公斤；肉鸡和淡水鱼分别增长3倍；干鲜果品增长18.5%。乡镇企业不仅成为农村经济的重要支柱和农村各项事业发展的重要资金来源，而且成为北京工业的第二条战线。1985年同1980年相比：乡镇企业总收入在集体经济总收入中的比重，由48.4%提高到70.2%；直接从事农业的劳动力在农村劳动力总数中的比重，已由81.9%下降到59.9%；乡镇工业总产值在全市工业总产值（包括村办工业）中的比重，由4.6%提高到12.3%。郊区农村经济的发展，进一步密切了城乡关系、工农关系，促进了城乡结合，缩小了城乡差别。

对外经济贸易有了较大发展。五年中，外贸出口30.8亿美元，比“五五”时期增长77.5%；引进国外先进技术及利用外资签约达1，000多项，协议金额22亿美元；向本市投资和输出技术设备的国家和地区，由8个发展到30多个；在海外开办的企业由5个发展到23个；对外承包工程和劳务合作有了良好开端。

随着经济的发展和经济效益的提高，“六五”期间扭转了头两年财政收入下降的局面。1985年与1980年相比，全市财政收入增长22.7%，五年总收入216.5亿元，比“五五”时期增长12.2%，平均每年增长4.2%。财政收入的增长，不仅为改革的顺利进行提供了条件，也为“七五”时期经济和社会的发展打下了基础。

（三）人才培养和科学技术取得良好成绩，教育、科技、文化等事业繁荣兴旺。

几年来，特别是《中共中央关于教育体制改革的决定》发布以来，出现了全社会关心、支持教育事业的新气象。五年中，市财政用于教育事业的经费14亿元，按可比口径计算，比“五五”期间增长72.8%，平均每年增长15%，大大超过财政收入平均每年增长4.2%的幅度。各部门、各单位也积极与学校挂钩，在改善办学条件等方面给予支援。初步统计，1985年各区县和各行各业自筹教育资金1.4亿元，相当于当年市财政对教育拨款总额的36.1%。五年共培养中专以上各种专门人才14.1万人（不包括成人教育）。1985年高等学校在校生人数已恢复到“文革”前的水平，达到12.3万人；成人高等教育在校人数10万多人，比1980年增加1.4倍；已有15.3万人次领取了高等教育自学考试单科合格证书。中等教育结构改革取得明显成效，普通高中与各种中等职业技术学校招生人数比例，由1980年的1比0.16调整到1985年的1比1.4，提前两年实现1比1的规划要求。全市普及了小学教育，城镇普及了初中教育。托幼事业有了进一步发展，城镇学龄前儿童的入托率由48.1%上升到58.7%。

科技工作日益受到重视。在《中共中央关于科学技术体制改革的决定》推动下，市属独立科研机构的改革已全面展开。科技部门认真贯彻“经济建设必须依靠科学技术，科学技术工作必须面向经济建设”的方针，五年申报奖励的科研成果4，051项，其中，获得国家科技进步奖63项，国家发明奖83项，北京市科技成果奖2，103项。在全国第一批被授予专利权的发明中，北京地区共52件，占46.8%。据可直接计算经济效益的340项成果统计，年创产值约8.3亿元，利税约1.7亿元。科技部门还积极开拓技术市场，促进技术成果商品化。科技协作广泛开展，科研与生产联合体已发展到508个，并与14个国家建立了国际科技合作关系，还涌现出700多家集体和个体科研技术服务机构。社会科学研究部门及研究人员，围绕我国和首都社会主义现代化建设中的重大理论和实际问题，开展了广泛深入的研究，取得了一批有一定质量的研究成果。

文化工作有了新的进步。新建电视差转台100座，使全市电视覆盖率达到90%。新建博物馆、文化馆36个。1985年与1980年相比，各种出版物增加了7.2亿印张，报纸发行量增加了一亿份，图书出版增加3.7亿册，杂志出版增加了2.4亿册。新闻、广播、电视、出版等部门及广大文艺工作者，坚持把社会效益放在首位，出现了一批以电视剧《四世同堂》为代表的较好的精神产品。市、区（县）、街道（乡）三级文化网日益巩固和发展，活跃了群众文化生活。

文物保护管理工作得到加强。市级以上文物保护单位由1980年的69处增加到1985年的189处，新划定的区县级文物保护单位达433处。五年用于文物保护、基建和古建筑修缮费用近一亿元，比“五五”时期成倍增加。一大批重要文物开始得到修复，并在文物的科学保护与合理利用相结合方面，进行了有益的探索，文物在现代化建设中日益发挥出应有的作用。

卫生事业在改革中也有所前进。五年新增病床近一万张，其中新建、扩建的30所医院增加病床8，000张；累计开辟家庭病床7.9万张，开业的个体行医人员1，180人。中医、中药受到重视，中西医结合有了新进展。卫生防疫和妇幼保健工作得到加强。计划生育工作成绩显著，人口自然增长率控制在7‰左右。

体育事业日益发展，体育设施有所增加，群众性体育活动更加广泛开展，一些体育项目在国际国内比赛中取得了好成绩，五年获得各种奖牌1，720枚。

（四）加强了精神文明建设和民主与法制建设，巩固和发展了安定团结的政治局面。

五年来，在全市群众中进行了坚持四项基本原则教育、以共产主义理想为核心的“四有”教育和形势政策教育，广泛开展了“五讲四美三热爱”、“军民警民共建文明单位”、“门前三包”、对孤寡老人及烈军属的“综合包户服务”等多种形式的精神文明建设活动。关心国家，关心集体，关心他人，尊老爱幼，助人为乐等良好风尚得到发扬，各条战线涌现出一批像张洁世、戴洪祥、仉振亮、方圻、王桂荣、杜金刚、韩友金、陈宏志、陈世平、邱大任、陶西平、潘际銮、王希富、司堃范、牟萍、刘继凤等代表新时期思想主流，体现时代精神的先进人物；并出现了一大批文明单位和五好家庭。

民主与法制建设进一步加强。职工代表会议、村民委员会、居民委员会、妇女代表会等群众组织发挥了越来越大的作用。各级政府加强了人民来信来访工作和办理人民代表建议、批评、意见及政协委员提案的工作。建立健全了律师公证机构。加强了法制宣传和法律知识的普及工作，轮训了各级领导干部7.8万人。通过严厉打击严重刑事犯罪和经济犯罪活动，实行综合治理，社会治安和社会秩序明显好转。1983年8月开展“严打”以来的29个月与“严打”前的29个月相比，刑事案件下降了45%。广大群众的安全感增强了。

政权建设得到加强。500多名年富力强的中青年干部走上了区县局级以上领导岗位。机构改革试点取得一定成效。乡政权普遍建立，街道办事处的工作有了改进。党和国家的知识分子政策，民族、统战、侨务、宗教、起义人员政策进一步落实。对“文革”中各种冤假错案的平反和清退查抄财物作了大量工作。“文革”

期间接管的765万平方米私人房屋，产权已基本发还，其中被挤占的私人自住房123万平方米，已腾退70.5万平方米，占应腾退的53%。

精神文明建设、民主与法制建设的加强以及各项政策的落实，有力地促进了首都政治上的安定团结。

（五）城乡人民生活进一步改善。

1985年和1980年相比，郊区农民人均纯收入由308元增加到775元，增长1.5倍；城镇职工人均工资由848元增加到1，343元，加上价格补贴，再扣除物价上涨因素，增长34.4%。城乡人民消费水平明显提高，消费结构也开始发生变化。在饮食、衣着不断改善的同时，高档耐用消费品，特别是家用电器拥有量大量增加。根据抽样调查：每百户城镇居民家庭拥有电视机113台（其中彩电32台）、洗衣机58台、电冰箱42台、电风扇87台、收录机71台；每百户农民家庭拥有电视机60台、洗衣机23台、电风扇32台、收录机21台。五年城镇共建住宅2，200多万平方米，相当于解放初的一个北京城，部分城镇居民的居住条件有了改善。郊区约有2/3的农户新建或翻建了住房。城乡居民储蓄1985年末达51.7亿元，比1980年增长2.6倍。城镇新增就业84万人，城区有劳动能力的残疾人基本得到安置。

五年来，我们还开展了大量的对外交往工作，促进了首都同外国一批城市之间的合作，增进了人民之间的友谊。

“六五”期间，首都社会主义现代化建设的成就，证明了党的十一届三中全会以来的路线是完全正确的，中央对首都建设方针的四项指示和十条批复是完全正确的，中央关于改革的一系列决定是完全正确的。

五年来，按照开放、搞活的总方针，改革从农村开始，逐步发展到城市，一直是推动我们各项事业前进的强大动力。在党中央关于农村工作的几个一号文件和关于经济体制、教育体制、科技体制改革的三个决定指引下，各项改革由点到面逐步展开。农村的联产承包责任制和商业、工业、建筑业、科技、教育领域的各种不同形式责任制的建立，开始打破了长期形成的两个“大锅饭”的局面，大大地调动了群众的社会主义积极性，促进了生产领域、流通领域、分配领域某些体制的不同程度的改革。这些改革使经济事业开始有了生机和活力，开始走上了以提高经济效益为中心的轨道，推动了生产的迅速发展和科技、文教等各项事业的进步。实践证明，只有坚持改革，不断探索，才能继续前进。如果不坚持改革，一遇困难和挫折就动摇后退，不仅已经取得的成果不可能巩固，甚至会重新回到僵化、封闭的老路上去。

五年来，我们坚持了“人民城市人民建，人民城市人民管”的群众路线。人民热爱祖国的首都，人民决心用自己的双手，建设自己的首都。近年来，义务劳动广泛开展，广大群众积极参加植树造林、美化环境、治理脏乱、修桥筑路、帮助办学、修缮文物、维护社会秩序和社会治安等活动，使我们在国家财力物力不足的情况下，得以克服重重困难，各项事业得以较快进展。

五年来，我们坚持了民主与法制建设。广大人民群众和各级人民代表、政协委员、各民主党派、各界爱国人士、政府顾问、专家学者，对首都的建设和我们的工作提出了许多宝贵建议，给予了有力的支持、批评和监督，使我们避免了不少失误。首都建设中的许多事情都是在人民群众和各界人士的建议、支持下兴办起来的。在发扬社会主义民主的同时，加强了法制建设，专业队伍和人民群众相结合，认真执法，为“六五”期间首都各项事业的顺利发展提供了重要保证。

五年来，首都的现代化建设在党中央、国务院的亲切关怀和具体指导下，依靠首都各族人民团结奋斗，得到中央各部门、驻京部队、兄弟省市自治区的大力支持和帮助；台港澳同胞、海外侨胞和国际友好人士，也在许多方面给予我们很大支持。在此，我代表市政府，向中央机关、驻京部队和兄弟省市自治区的同志们表示衷心感谢！向各条战线的广大工人、农民、知识分子、干部、公安干警、司法人员、离退休干部、街道积极分子表示衷心感谢！向关心首都建设的台湾和港澳同胞、海外侨胞、国际友人，以及所有给了我们支持和帮助的友好人士，表示衷心感谢！

五年来，我们虽然取得了一定成绩，但同党中央、国务院的要求和全国、全市人民的期望相比，还有很大差距，我们的工作还存在不少缺点和失误，前进中还有不少困难和问题。在城市规划、建设和管理方面，规划落后于开发，开发落后于建设以及分散建设的状况，还没有根本改变。水、电、气、热力、交通、电信等城市基础设施建设仍然落后于城市的发展。治理环境污染的任务相当艰巨。城市管理工作比较薄弱，法规、规章还很不完备，有法不依、执法不严和无法可依的现象还不同程度地存在，违章建设时有发生。人口膨胀尚未得到有效控制，因人口增长过快造成的城市生活中的各种矛盾十分尖锐。虽然修建了大批住宅，但部分居民住房仍然相当困难。落实私房政策的任务还十分艰巨。第三产业仍然不能适应需要，人民生活诸多不便的问题有的还很严重。在经济工作中，既有宏观控制不力，也有微观没有搞活的问题。不少企业经营管理差，经济效益低，产品质量不高，浪费严重，与先进城市相比还有较大差距。教育、科技、文化、卫生、体育设施，仍然不适应首都文化中心的要求，首都的人才优势尚未得到充分发挥。由于对改革的复杂性、艰巨性认识不足，缺乏经验，工作中也出现过一些失误。社会治安、社会秩序虽有明显好转，但还不够稳定，要达到稳定好转，尚须坚持不懈地努力。一些行业和单位的服务质量低，服务态度差，不正之风严重，损害了首都的声誉。政府机关中的官僚主义、扯皮拖拉作风不同程度存在，有的干部玩忽职守，给国家造成大量损失，少数领导干部以权谋私，甚至出现了贪污受贿、贪赃枉法的腐败现象。这些不良倾向，破坏了党和政府在人民群众中的威信，妨碍了现代化建设和各项改革的顺利进行。

上述问题的发生，许多是由于我们主观努力不够，抓得不紧，措施不力，没有把事情办好。有些则是因为缺乏经验，缺乏预见性，未能及时防止和纠正。至于城市建设中的某些困难和问题，则是限于财力物力等客观条件不足，只能量力而行，还要付出极大努力才能逐步解决。我们诚恳希望各位代表多提批评意见，使“七五”时期北京市的各项工作做得更好一些，取得更大的成绩。

二、第七个五年计划的基本任务

第七个五年计划时期，是我国经济发展战略和经济体制进一步由旧模式向新模式转换的关键时期。根据党中央“七五”计划建议精神和六届全国人大四次会议通过的“七五”计划，北京市“七五”期间经济和社会的发展，必须遵循建设具有中国特色的社会主义的总要求和对内搞活经济、对外实行开放的总方针，继续沿着中央关于首都建设方针的四项指示和十条批复指引的方向，坚定不移而又慎重稳妥地搞好改革，大力推进社会主义物质文明和精神文明建设，进一步发挥首都政治、文化中心的功能，更好地为中央服务，为国际国内交往服务，为北京市人民服务。

北京市第七个五年计划时期的基本任务是：

——按照中央的部署，积极、稳妥地深入进行以城市经济体制改革为中心的各个领域的改革，变革旧体制，逐步建立新体制，使各方面的工作充满生机和活力。

——按照城市建设总体规划的要求，基本完成市区及各县城的详细规划，努力提高城市综合管理水平，使城乡面貌有更大改观。

——坚持把科技进步和智力开发放在重要战略地位，使教育、科学、文化、卫生、体育事业得到更快的发展。

——继续调整产业结构，使经济建设朝着更加适合首都特点的方向发展。到1990年，国内生产总值、工农业总产值和国民收入分别比1980年翻一番以上，平均每年增长6%。在生产发展的基础上，进一步提高人民的生活水平。

——继续加强政治思想建设和民主与法制建设，使北京的社会秩序、社会治安、社会风气和道德风尚朝着第一流城市的目标迈出更大的一步。

为了完成上述任务，“七五”期间要重点抓好以下十二个方面的工作：

（一）继续抓好规划工作，使城乡建设进一步纳入按规划发展的轨道。

规划是建设的龙头，关系城乡发展的全局。“七五”期间，在总体规划的指导下，继续制定和完善城近郊区的分区规划、详细规划、专业规划、各县城及一批重要乡镇的规划，形成比较配套的城乡发展规划体系。力争规划好市区、各县城以及远郊重点旅游区、风景区的每一块土地，使之都能得到合理安排和利用。要制定和完善规划管理的各种法规和科学的工作程序，充实规划工作机构和队伍。要在广大干部和群众中进行总体规划的再学习，采取多种形式，加强对规划的宣传，努力使各项建设服从规划要求，严格按规划办事。

这里要特别强调一下保护北京作为文化古都的风貌问题。这是首都建设的一个重大问题，全国人民和国际友人都十分关注。由于种种原因，古都风貌已受到很大损害，必须采取坚决措施制止这种状况的发展。一要抓紧制定首都风貌规划，区别不同地点，提出不同要求，形成法规性文件，各方遵照执行。旧城区特别是皇城周围、东西长安街一线的各项建设，应该更加突出反映北京作为文化古都的独特风貌。二要坚决贯彻执行首都规划建设委员会颁布的《关于北京市区建筑高度控制方案的决定》，城市规划和建筑艺术审查部门，对新建筑的高度要认真审查，严格把关。三要坚决制止“见缝插楼”。城市改造必须按规划进行。在旧房群里分散插建新楼不仅使市政设施无法配套，而且严重破坏古都风貌，必须明令禁止。四要采取切实措施保护好文物古迹。大量的文物古迹是镶嵌在北京大地上的明珠，也是古都风貌的重要组成部分，要严加保护，严禁破坏，逐步恢复。五要在规划设计和建筑艺术风格上，提倡时代精神、民族传统和地方特色的统一。鼓励城市规划和建筑设计人员解放思想，按照文化古都、现代城市的要求，认真探索，大胆创新，使新建的房屋、道路、广场、园林、雕塑，既实用、经济、美观，又与古建筑交相辉映、统一和谐。对优秀的设计和创作要给予奖励。

“七五”期间，还要制定首都长远发展总体战略方案和经济、社会、科技等方面发展的分战略方案。战略研究要和当前的建设实践紧密结合，以减少建设的盲目性。目前，要着重研究水资源的开发利用和城市人口规模的控制。

在城乡规划和建设工作中，必须十分珍惜土地，节约建设用地。北京土地资源有限，郊区农村耕地平均每人只有1.64亩，市区土地更加紧张，必须严格执行现行法规、规章，尽快完善各种用地法规，使城乡用地更加合理。要坚决制止乱占、滥用、浪费土地的现象。近郊要保留足够的菜田面积，在布局上同城市隔离地带、绿色空间结合起来。远郊也要有计划地适当发展菜地，并保证粮田面积。乡镇企业占用耕地要严格按照城市规划管理和农村建房管理的规定办理，切实保护耕地。城市建设占地更应注意节约，坚决纠正占用土地中的不正之风。

（二）严格控制固定资产投资规模，调整投资结构，保证重点建设，继续把基础设施建设放在城市建设的首位。

“七五”期间全市固定资产投资规模计划安排400亿元，平均每年80亿元，基本保持1985年的实际完成水平。五年竣工建筑面积3，500万平方米。地方固定资产投资210亿元，其中基本建设125亿元，比“六五”实际完成增长67.6%。住宅投资基本保持“六五”时期的水平。这些指标是根据国家的财力、物力和建设力量的可能确定的。现在，各方要求新安排的项目很多，如果再扩大基建投资规模，势必进一步加剧城市建设与基础设施的矛盾，加剧城市用地和原材料的紧张，导致首都各项事业不能协调发展，使城市处于“低效运转”状态中。因此，一些项目要压缩、缓建，希望能得到各方的谅解和支持。要努力提高投资效益，集中力量确保国家重点工程和市重点工程按期交付使用，高质量地建设好亚运会27项配套工程设施。

基础设施是城市赖以存在和发展的基本条件。赵紫阳总理在关于第七个五年计划的报告中指出：“当前，不仅投资规模偏大，投资结构也不合理。主要表现是，能源、交通、通讯、原材料等基础设施和基础工业的投资比重偏低”，并强调“城市市政建设要把重点放在为生产和生活服务的基础上，其它方面，只能在有余力的条件下适当进行”。赵总理指出的这一问题非常重要，是对城市建设中长期忽视基础设施建设的经验教训的总结。我们一定要坚决压缩固定资产投资规模，积极调整投资结构，优先安排供水、排水、电力、煤气、供热、道路、交通、电信、邮政等公用设施的建设。“七五”期间，用于基础设施的投资将比“六五”时期增长一倍左右。到1990年，城市日供水能力新增50万吨；供热要实行管网、区域和联片并举，面积比1985年翻两番以上；基本实现市区居民炊事燃气化；改善三环路，建成外二环路，打通南郊出城通道；市内电话装机容量达到50万门以上，基本缓解电话不畅的矛盾。

北京是个严重缺水的城市，加之连年干旱，水位急剧下降，情况相当严重，这是制约首都发展的重要因素。开拓新水源需要大量资金，在当前国家财力不足的情况下，难以实现；即使有了资金，短期内也“远水难解近渴”。因此，出路在于节约用水，这是必须长期坚持的一条基本方针。要进一步制定城市和农村的节水、管水措施，重点抓好农业和耗水量大的企业的节水，认真执行对机关、企事业单位实行定量用水和超定量累进加价收费等管理办法，调整水的管理体制，改变多头领导，实行“一龙治水”。要大力发展节水新技术，进一步搞好水的重复利用。在群众中广泛深入宣传节水的意义，把节约用水作为精神文明建设的重要内容，使人人养成节约用水的美德。

（三）加强城乡环境的综合整治，朝着清洁、优美、生态健全的文明城市前进一步。

清洁、优美、生态健全的城市环境，不仅是文明城市的一个重要标志，而且对提高人民生活质量，保障人民健康，陶冶思想情操，具有十分重要的意义。要继续坚持“人民城市人民建，人民城市人民管”的方针，使环境建设与经济建设、城乡建设同步规划、同步实施、同步发展，以取得良好的经济效益、社会效益和环境效益。

“七五”时期，要在规划市区的四周与边缘集团之间，全部栽上界林，形成9条绿化隔离带，逐步发展成为森林公园。市区要建成6条楔形绿化走廊，新建、扩建30多处公园绿地，完成48处居民区的绿化美化，建成一批花园式单位，到1990年，力争市区绿化覆盖率由现在的22.1%提高到28%。郊区在大搞植树造林育草的同时，完成5条放射干道和4条河流沿岸的绿化，重点抓好5处风沙危害严重地带的整治，基本完成13个重点风景区的绿化任务。平原绿化要由林网化向成片造林发展。山区要大力营造用材林、水土保持林和薪炭林，搞好封山育林，五年封山育林育灌140万亩，造林150万亩。与此同时，要认真贯彻落实中央关于北京、天津、张家口、承德、唐山“两市三地”统一规划，大力种树、种草，改造首都周围环境的指示，与毗邻地区搞好绿化协作。

继续加强水、空气、噪声等污染的治理，进一步改善城乡环境。城区空气污染主要是烟尘污染，冬季采暖期尤为严重。在燃料结构难于较快改变的情况下，要采取各种措施积极治理，尽量减轻污染的程度。“七五”期间，市区大气环境要达到国家三级标准，饮用水达到国家二级标准，噪声控制在国家标准以内。建成7个垃圾堆放场，提高垃圾无害化处理率。试办居民区垃圾就近分类处理、利用。基本解决二环路以内的工业污染扰民和三环路以内的工业废气治理问题。对工业废渣，在控制排放量的基础上，进行综合利用，化害为利。

(四）加速人才培养和科技开发的步伐，更好地发挥文化中心的作用。

中央四项指示明确提出，要把北京建成全国科学、文化、技术最发达，教育程度最高的第一流城市。这既是我们长远的奋斗目标，也是我们当前工作的重点之一。“七五”期间，要以加强人才培养和科技进步为中心，把北京的教育、科技、文化、卫生、体育等事业提高到一个新水平。

邓小平同志指出：“教育是一个民族的最根本的事业，四化建设要靠知识、靠人才。”“七五”期间要继续贯彻执行中央关于教育体制改革的决定，坚持“教育面向现代化、面向世界、面向未来”和德育、智育、体育、美育全面发展的方针，采取多种形式使智力开发和人才培养同首都现代化建设的要求相适应。要切实搞好普及九年义务制教育，继续进行中等教育结构改革。高等教育要把培养师资和经济、法律、医护等方面的人才作为重点。努力发展成人教育，采取切实措施，加强幼儿教育和盲聋哑弱智儿童的特殊教育。逐步建立和完善对教育、科技人员进行继续教育的制度。到1990年，力争全市高等院校在校生达到17万人，比1985年增长40%。五年内，市属各类中专以上学校共培养各种专门人才23.7万人，其中普通高等院校4.5万人，中等专业学校5万人，成人教育14.2万人。

为了实现上述目标，要继续把工作重点放在加速师资队伍建设、改善办学条件和提高教育质量上来。从今年起到1993年，中小学在校生每年预计将增加4.3万人，对此要预作安排，努力缓解即将出现的校舍、教师严重不足问题。要大力办好各类师范院校，采取多种形式，开辟多种渠道，培养、培训师资，加速师资队伍的补充和提高。要继续提倡各级领导机关和企事业单位与学校挂钩，鼓励社会各方面支持和帮助教育事业。“七五”期间，地方财政用于教育事业的投资额为8.6亿元，比“六五”期间增长1.4倍，高于财政收入增长幅度。继续鼓励区、县、乡为所属地区的教育事业增拨经费。最近，国务院发布了《征收教育费附加的暂行规定》，这是加快发展地方教育事业，扩大地方教育经费资金来源的重要措施，我们要坚决贯彻执行。征收教育费附加以后，各地教育部门和学校，不准以任何名目向学生家长和单位集资，或变相集资。

继续深入进行科技体制改革，进一步贯彻科学技术为经济建设、城市建设和城市管理服务的方针，努力发展高精尖技术，为经济发展和首都建设提供数量多、经济效益好的科技成果。加速国外先进技术引进的消化、吸收、创新和国产化工作。有选择地研究推广一批新兴技术，加强新兴产业基地的建设。积极组织和实施本市的“星火计划”，五年内推广10项配套技术，抓好100个乡镇示范企业，组织1,000名科技人员下乡，培训10，000名农村技术骨干，实现“十、百、千、万”的奋斗目标，为振兴农村经济服务。进一步发挥北京地区的科技和人才优势，认真贯彻落实知识分子政策，鼓励科技人员发明创造。要认真贯彻执行专利法，保护发明权。我们将按照科技经费的增长高于经常性财政收入增长幅度的原则，安排科技事业费。

(五)继续大力发展为生产和人民生活服务的第三产业，提高城市的综合服务能力。

“七五”期间必须大力加快第三产业的发展。到1990年，第三产业的产值占全市国内生产总值的比重将提高到38%以上，从业人员在各业人员中的比重将提高到40%以上。要继续贯彻国家、集体、个体一起上，以集体和个体为主；城市乡村一起抓，上下左右内外联；本业为主，多种经营；区县为主，部门配合；谁办谁管谁受益等行之有效的方针、政策和措施。发展的重点仍是商业、饮食业、服务业和修理业。五年新建网点3.8万个，万人占有网点由现在的85.6个增加到118个。同时，新建一批市级商业中心和区级商业中心，使群众生活中的诸多不便得到较大缓解。

对便民微利的饮食、服务、修理等行业，要继续放宽政策，给予优惠。继续欢迎兄弟省市自治区来京兴办各种不同档次、不同风味的饮食餐馆。各机关、团体、单位的内部食堂、浴池、礼堂和理发馆，凡有条件的，要继续实行对社会开放。还要积极兴办金融、保险、信息、咨询等新兴行业，以适应对外开放和对内搞活经济的需要。

(六）继续抓好工业企业的技术改造，积极发展适合首都特点的工业。

北京市的工业已具有相当的规模和基础，形成了行业、门类比较完整的体系。多年来，在满足人民生活需要，积累资金，创收外汇，支援各项建设等方面发挥了重要作用。“七五”期间，要继续调整工业结构，优先发展适合首都特点的食品、电子、家用电器、服装、建材、印刷、汽车等行业，以及技术密集、知识密集、节能、低耗、污染少、高精尖的工业。要有计划有步骤地利用新技术、新工艺、新设备，改造传统工业和现有企业，依靠技术进步，走内涵为主的发展道路。对耗能多、污染大的工业企业要限期改造。不宜在城近郊继续生产的，要按照总体规划的安排，分期分批迁出市区并进行治理，不能搞污染搬家和扩散。同时，要继续狠抓一批有发展后劲项目的建设。

继续走“白兰道路”，巩固、提高和发展乡镇工业。搞好乡镇工业，对于建设强大的副食品基地，发展农村文化教育等事业，实现首都经济合理布局，缩小城乡差别，使城乡协调发展，具有十分重要的意义。“七五”期间，乡镇工业的发展要本着整顿、巩固、提高的原则，重点在加强技术改造、提高管理水平和经济效益上下功夫。到1990年，总产值达到70亿元，比1985年增长67%，占全市工业总产值的15.6%。

所有工业企业都要以提高经济效益为中心，增强质量观念、效益观念，增强为国家富强和人民幸福多做贡献的观念，进一步加强企业管理，努力提高产品质量，降低成本，提高劳动生产率。1990年，工业总产值达到448亿元（包括村办工业），平均每年增长6.3%，主要产品要按照国际标准组织生产，质量和性能有一个较大提高，一批主要生产线的技术装备达到发达国家八十年代初期的水平；工业全员劳动生产率比1985年提高30%左右。

（七）繁荣农村商品经济，努力建设更加稳定的、向现代化迈进的副食品基地。

北京郊区拥有丰富的自然资源、经济资源和旅游资源，不仅可以为城市人民和国内外游客提供品种多、质量好的农副产品，而且为疏散城市人口、调整工业布局、发展旅游事业提供了广阔天地。“七五”期间要继续贯彻“服务首都，富裕农民，建设社会主义现代化新农村”的方针，不断完善各种形式的责任制和地区性合作经济组织，发展横向经济联合，走城乡一体、农工商结合、协调发展的道路，使农村经济向专业化、商品化、现代化方向迈出更大的一步。“七五”期间，农业总产值（不包括村办工业）平均每年增长4%。要继续贯彻“决不放松粮食生产，积极开展多种经营”的方针，严格控制调减粮田面积，提高单位面积产量。积极发展菜、奶、蛋、肉、禽、鱼、果的生产，建立一批拥有现代技术的副食品基地。要注意发展高档副食品和花卉生产，以适应人民生活提高和旅游业发展的需要。要逐步建立农副产品的良种、肥料、饲料、种植、养殖、收购、加工、贮存、销售等一条龙的系列化生产经营体系，把农村商品生产置于现代化技术和管理手段上。要坚持“以工补农”，市和区县财政要提高对农业的投资比例，增加对农业的投入。要抓好对37个贫困乡的扶持工作，使其尽快改变面貌，争取“七五”期间人均劳动所得达到郊区农村1985年中等地区收入的水平。

（八）积极发展对外经济贸易，增加出口创汇能力。

实行对外开放，更多地利用外资和引进先进技术，必须大力增加出口，提高创汇能力。到1990年，外贸出口计划创汇额9亿美元。扩大出口的关键，是使出口产品适应国际市场不断变化的需要。为此，一要进一步调整出口商品结构，在扩大农副产品和服装、食品、工艺美术品等传统工业品出口的同时，努力提高机电设备、电子产品的出口比重，并由出口粗加工制成品为主，逐步转向出口精加工制成品为主。二要切实提高出口产品的质量，增加花色品种，搞好包装装璜，增强在国际市场上的竞争能力。三要建立由工、农、贸等部门协作的出口产品生产体系，建立一批出口产品专厂和基地，生产系列化产品。四要在巩固和发展已有市场的基础上，大力开展对外宣传和推销工作，进一步开拓新的国际市场。五要继续执行鼓励出口的政策。设立出口奖励基金，运用价格、信贷、税收等经济杠杆鼓励出口创汇。对出口商品的生产厂家，外贸部门要给予必要的扶持和照顾，并主动做好服务工作。对重点出口的商品，要在材料、燃料、电力和运输等方面优先安排。除少数关系国计民生的商品外，在内外销发生矛盾时，优先安排出口。六要加强对外贸出口的统一领导。外贸收购供货计划一律视同指令性计划，工、农、贸各方面必须严格执行。七要继续办好海外企业，大力发展对外承包工程、劳务出口和技术出口。

要积极利用外资，搞好国外先进技术的引进工作。“七五”期间，计划利用外资金额9.2亿美元。积极鼓励通过来料加工、补偿贸易、技术合作、合资经营等多种形式，更加有效地利用外资和引进技术，并欢迎国外厂商来京举办独资企业。

（九）开发丰富的旅游资源，大力发展旅游业。

北京是世界历史名城，发展旅游业具有得天独厚的条件。旅游业作为高效益新兴优化产业，不仅符合首都城市的性质和特点，也是外汇收入的一个重要来源。1990年，入境旅游者将达到200万人左右，比1985年翻一番以上。国内旅游人员也将有所增加。为了适应这个发展趋势，要在进一步改革旅游管理体制的同时，继续充实、完善、提高原有旅游区（点），增辟一批新的旅游区（点）。在部分地区试办空中旅游。鼓励社会各方面到郊区开发新的旅游点和风景区。要加速旅游饭店的建设和改造，使涉外饭店的客房增加到4万间，同时注意档次合理配备。大力发展适销对路的旅游商品，解决好交通、电信等问题，为旅游者食宿、购物、进出、通讯提供方便条件。加强旅游人才的培养，提高服务质量。调整政策，实行以游养游，使旅游业具有自我发展的活力。

（十）严格控制人口规模，制定人口控制的各项政策。

人口是决定城市发展规模的主要因素。根据预测，在未来的相当长时间内，全市的人口总量将持续增长。因此，“七五”期间，要努力把人口自然增长率控制在8‰以内。人口迁移要进出大体平衡。按照首都城市建设总体规划的要求，结合卫星城镇的建设和产业结构的调整，有计划地疏散市中心区人口，鼓励人才向郊区、边远地区、待开发地区转移。严格执行人口管理制度，加强对流动人口的管理。到1990年，常住人口控制在1，020万以内。

（十一）增产节约，广开财源，积极筹集首都建设发展资金。

要保证北京城市建设总体规划的顺利实施，完成“七五”计划的各项任务，必须讲究生财、聚财、用财之道，积极筹集和合理安排好各项建设资金，千方百计增加生产，提高经济效益。要按照中央十条批复的精神，制定筹集资金的政策和措施，使一些城市公用、公益事业逐步做到全部或部分自给、自养，并具有一定的自我发展能力。要采取多种形式和办法吸引更多的外资，欢迎兄弟省市自治区来京投资。在资金的使用上，应分别轻重缓急，坚持量力而行的原则，厉行节约，反对浪费，少花钱多办事。改变那种认为“贪污是犯罪，浪费无所谓”的错误观念，对严重浪费行为要严肃处理。要严格控制行政费用开支。继续对区、县实行财政包干，普遍建立乡财政，以调动区县乡增收节支的积极性。

（十二）在生产发展和提高经济效益的基础上，进一步改善人民的物质文化生活。

要遵循兼顾生产建设和生活消费的原则，恰当地确定提高人民生活水平的幅度。生活消费的增长速度不能高于生产的发展速度，职工工资的增长不能超过劳动生产率提高的幅度。“七五”期间，城镇职工实际人均工资平均每年增长4%，农民人均纯收入平均每年增长6%。城镇居民的居住条件将进一步改善。农村有更多的家庭住上新房。继续尽最大可能解决一批住房严重困难户的问题。

在物质生活水平不断提高的同时，要努力使城乡人民的精神生活日益丰富多彩。“七五”时期，供人们学习、娱乐、体育活动的场所和设施将有较大幅度增加。计划用于新闻、出版、广播电视、戏剧、舞蹈、音乐、美术、文物、博物馆、档案馆、图书馆等各项文化事业的投资2.5亿元，比“六五”时期增长1.5倍。随着亚运会的举办，体育设施将有较大增加，要利用这一契机推进群众性体育活动更加广泛开展，使运动水平有所提高。要进一步改革卫生体制和公费医疗、劳保医疗制度，实行多种形式办医，继续改善医疗卫生条件，五年内要抓好10个重点医院的扩建、改造，建成21个区县、街道医院，增加病床8，000张，力争使看病难的矛盾进一步缓解。特别要重视农村医疗卫生工作，增加医疗设施，充实医疗队伍，加强对医务人员的培训。同时，逐步建立形式多样、项目不同、标准有别的社会保障制度，社会保险、社会福利和社会救济等工作将有较大进展。

三、积极稳步地深入进行改革

继续深入进行经济体制改革和其它各项改革，是“七五”时期的中心任务，也是实现“七五”计划的关键。改革是为了进一步理顺各方面的经济关系，充分调动企业和全体劳动者的积极性和创造性，争取在今后五年或更长一些时期内，基本奠定具有中国特色的、充满生机和活力的社会主义经济体制的基础。改革的意义不仅在于当前，更重要的是对于九十年代的经济振兴和繁荣，对于进一步落实中央四项指示和十条批复，把北京建成我国具有高度社会主义物质文明和精神文明的政治、文化中心，有着决定性的作用。各级政府机关和企事业单位都要坚持把改革放在首位，勇于开拓探索，善于总结经验，使改革和建设相互适应，相互促进，协调一致地向前发展。

赵紫阳总理在全国人大六届四次会议上，对“七五”期间的经济体制改革做了精辟论述，提出了经济体制改革的三项主要内容，这完全符合北京的实际，我们要坚定不移地贯彻执行。

（一）进一步增强企业特别是全民所有制大中型企业的活力，使它们真正成为相对独立的经济实体，成为自主经营、自负盈亏的社会主义商品生产者和经营者。

搞活企业，增强企业的自我积累、自我发展、自我改造能力的前提条件，是进一步巩固和完善同按劳分配相结合的各种形式的经济责任制。实践反复证明，哪个企业的责任制比较完善，并坚持按劳分配，坚持责权利相结合，哪个企业就生机勃勃，充满活力，生产蒸蒸日上，经济效益不断提高。相反，哪个企业不搞责任制，不搞按劳分配，吃“大锅饭”，不实行责权利相结合，干部、职工的积极性就会受到严重挫伤，就必然死气沉沉，生产下降，效益降低。“七五”期间，我们要继续坚定不移地把经济责任制作为搞活企业的一项重要的基础工作来抓。责任制搞不好，不仅生产搞不上去，还必然影响到其它改革的顺利进行。

大力发展横向经济联合，是搞活经济的客观要求，是社会化大生产的必然趋势。它对于促进企业结构的合理化，推动资源的开发和资金、技术、劳动力的合理使用，以及商品的流通和社会主义统一市场的形成，都有十分重要的作用。北京市近几年在发展横向经济联合方面，取得了一定成绩。目前，已建立起各种工业联合体 279 个，商业、供销联合体 195 个，教育、科研和生产联合体 508 个，这些都为进一步发展横向经济联合提供了初步经验。但是应当看到，在这方面我们的步子迈得还不够大，不够快。

“七五”期间，我们要积极贯彻执行国务院发布的《关于进一步推动横向经济联合的若干规定》，根据首都的特点，适应首都的需要，下大力气发展多形式、多层次、多行业和不同所有制之间的横向经济联合，重点是发展企业之间的横向联合。要在自愿的基础上，坚持“扬长避短、形式多样、互利互惠、共同发展”。在内容上，可以是单项专业化协作，也可以是各种生产要素的全面联合。要特别提倡以大中型企业为骨干、以名优产品为“龙头”的联合，积极发展加工企业与原材料生产企业、民用企业与军工企业、生产企业与科研设计单位(包括大专院校)，以及农、工、商、外贸企业之间的联合，逐步形成一批企业群体和企业集团。在时间上，可以是中短期的，也可以是长期的。在范围上，可以跨地区、跨部门、跨行业、跨所有制形式。在方式上，可以是紧密型的，半紧密型的，也可以是松散型的。要维护企业发展横向经济联合的自主权，任何主管部门不得从本位利益出发，加以干涉和阻挠。

推进横向经济联合，势必同旧体制，特别是现行的计划体制、财政体制、金融体制、物资供应和流通体制中的不合理部分发生矛盾。综合经济职能部门要自觉地改进本部门的工作，适应发展横向经济联合的需要。同时，要加强对横向经济联合的指导、监督和检查。在不断发现矛盾、解决矛盾的过程中，推进横向经济联合和社会主义商品经济的发展，促进经济体制改革的深入。

(二) 进一步发展社会主义的商品市场，逐步完善市场体系。

社会主义市场体系，是消费品市场、生产资料市场、资金市场、技术市场和劳动力正常流动的有机结合。北京市消费品市场虽然逐年有所扩大，但仍然满足不了人民日益增长的消费需求。技术市场还处在不发达的低效益阶段，首都的技术优势尚未得到充分发挥。生产资料市场刚刚萌芽，资金市场还未创立。劳动力的合理流动问题也有待于探索。这种状况远远不能适应社会主义商品经济发展的要求。“七五”期间，要逐年减少国家统一分配调拨产品的数量和种类，进一步扩大消费品市场、生产资料市场和技术市场，有步骤地开拓和建立资金市场，同时促进劳动力的合理流动。

建立和完善社会主义市场体系，关键在于改革价格体系和价格管理体制。去年的物价改革，最重要的一项内容是调整了农副产品价格，特别是蔬菜的价格，步子迈得相当大。在菜价刚放开时出现了一些失误，但总的说进展比较顺利，效果比较明显，调动了生产者和经营者的积极性，丰富了市场，方便了群众。但市场的物价仍然存在着许多不稳定因素，价格改革还有大量的后续工作要做。特别是千家万户关注的蔬菜，价格要做到基本稳定，必须数量充足。这就要求我们继续搞好蔬菜产销体制和价格管理体制的改革，巩固现有的蔬菜基地，发展新的蔬菜基地，继续实行“近郊为主，远郊为辅，外埠调剂”的方针，进一步落实蔬菜生产的各项鼓励政策，加快批发交易市场建设，敞开城门，发展直线流通，同时要加强对市场的指导和管理。

我国能源、原材料等生产资料计划价格长期偏低。在“七五”期间，要按照国家的统一部署，有计划、有步骤地进行调整，逐步缩小计划价格与市场价格的差距。

价格体系的改革是一项牵动全局，又直接关系人民群众切身利益的大事，必须严格按照中央的部署，坚持稳步前进、放调结合的原则，充分考虑国家、企业和人民群众的承受能力，保持物价总水平的基本稳定。

(三)国家对企业的管理逐步由直接控制为主转向间接控制为主，建立新的社会主义宏观经济管理制度。

转变政府管理企业的职能，必须搞好自身机构体制的改革，实行政企职责分开，简政放权。过去，我们在这方面做了尝试，也取得一些经验。但是，从全局看，政府各职能部门的状况还远远不能适应经济体制改革的要求。许多企业应当拥有的自主权，还没有真正落到实处。行政部门过多干预企业生产经营活动的现象仍然存在。加上条块分割，机构重叠，人浮于事，互相扯皮，使企业的工作遇到不少阻力和困难。

“七五”期间，各级领导机关都要本着精简、统一、效能的原则，改革机构体制，裁并机构人员，减少层次，改进作风，把工作切实转移到搞好统筹规划，制订、掌握政策，组织协调，提供服务，运用经济调节手段和加强检查监督上来。政府的经济管理部门要着重抓好四件事：一是做好中长期的全行业发展规划，促进企业发展横向经济联合；二是推动企业的技术改造和技术进步，通过定期培训和考核干部，提高企业的管理水平和经济效益；三是搞好结构性控制，有选择地运用各种手段和经济杠杆，调节产业布局和产品结构，使之更趋合理；四是确定各个经济主体的行为规范，通过各种经济立法，增强企业的自我约束力。

计划、规划、财政、税务、工商管理、银行、物资、物价、审计、统计、劳动、计量、人事等综合部门，对搞活企业，发展商品市场，实现新旧体制交替，起着十分重要的作用。这些部门，在过去的各项改革中，做了大量艰苦细致的工作，取得了不同程度的成效。但是，在许多方面或环节上，仍然不能适应新形势的发展。“七五”期间，要总结经验，大胆探索，搞好自身改革和配套改革。既要加强宏观控制，又要支持企业搞活，做到管而不死，活而不乱。

各级政府机关都要树立为生产服务，为基层和企业服务的观点，坚持一切从实际出发，划清改革与不正之风的界限。对试验性改革，不可轻率推广，要及时认真总结经验教训；对行之有效的改革，不能任意否定，要积极给以支持，促其发展完善。

上述三方面的改革内容，是相互联系的有机整体。搞活企业特别是大中型企业，是发展商品市场的前提；建立和完善市场体系，又是政府对企业实行间接宏观控制的基础。三者相辅相成，缺一不可，必须配套进行。

改革是一项庞大而又艰巨的社会系统工程，必须总体设计，协调配套，分步实施。旧体制的消亡，新体制的建立，不可能毕其功于一役，它是一个较长期的渐进过程。在这个过程中，两种体制同时并存，相互发生作用，不可避免地会出现种种问题、矛盾和摩擦，甚至呈现胶着状态。由于改革只能在探索中前进，经验只能在实践中逐步积累，工作中产生某些失误是难以完全避免的。同时，人们在思想上对改革也有一个适应的过程。对各项改革，必须精心指导，周密规划，认真试点，谨慎从事，通过深入调查研究，提高预见性，力求减少失误。当改革一旦出现问题时，也不能消极埋怨，惊慌失措，甚至因噎废食，放弃改革。否则，将会给各项工作带来更大损失。只有坚持改革，在改革中寻求解决各种问题和矛盾的办法，才能克服困难，缩短新旧体制的转换过程，取得改革的胜利。

要坚持改革的正确方向，充分认识改革的艰巨性。改革不但使企业增强了活力，也加重了企业的责任。在新经济体制运行中，企业的生存和发展，企业职工物质利益的增加，将更加取决于企业自身管理水平的高低和经营的好坏。实践证明，凡是改革搞得好的企业，都是从难处着眼，在责任制、经营管理、降低物质消耗、讲究产品质量和提高效益上狠下功夫的。以为改革只是给企业放权、减税、让利，甚至理解为国家多给钱、职工多拿钱的看法，是一种误解，它违背了改革的目的。不及时端正企业改革的方向，必然使改革的路子越走越窄，甚至走向邪路。

我们进行经济体制改革，是为了发展社会生产力，实现国家的繁荣富强和人民的富裕幸福。在改革过程中，随着生产的发展，广大群众可以享受到越来越多的物质利益。但是有许多改革措施，需要经过一定时间的实践，才能发挥效益，不一定马上会给所有的地区、部门、企业、个人带来实惠，甚至一些地方、部门、企业和群众还可能暂时牺牲某些物质利益。这就需要我们树立长远的、全局的观点，以当前的、局部的利益，服从于长远的、全局的利益。最近，赵紫阳总理为张洁世同志题词，赞扬他“坚韧不拔的改革创新精神，一心一意为人民的廉洁作风”，“是我们时代精神的体现”。希望各级政府的工作人员和企业的领导干部，都以张洁世同志为楷模，锐意革新，知难而进，尊重群众的首创精神，支持勇于探索、改革的先进人物，并且一定要做到遵纪守法，廉洁奉公。

四、大力推进社会主义精神文明和民主与法制建设

在加强社会主义物质文明建设的同时，必须大力加强社会主义精神文明建设，这是建设具有中国特色的社会主义的一个长期战略方针。党中央要求北京应该成为全中国、全世界社会秩序、社会治安、社会风气和道德风尚最好的城市。实现这一目标，“七五”期间必须继续把社会主义精神文明建设放在突出重要地位，努力抓好。

（一）进一步加强思想政治工作，深入开展以“四有”为中心的多种形式的思想教育活动。

思想政治工作是经济工作顺利进行和健康发展的

保证。随着改革的深入发展,经济体制由旧模式向新模式转换,人们的思想也在发生深刻的变化。如何使广大干部和群众正确认识改革的性质、目的和意义,认识改革的艰巨性和复杂性,正确对待改革中出现的问题,树立适应改革要求的新思想、新观念,从而坚定信心,保证改革的顺利进行,这是思想政治工作面临的新课题。还要看到,对外开放和对内搞活经济,为我国社会主义现代化建设带来了前所未有的生机和活力,但资本主义腐朽的思想和生活方式、"一切向钱看"的思想以及资产阶级自由化的倾向,不可避免地会侵蚀我们的队伍。封建思想残余依然存在,清除这种思想的影响,仍然是我们的一项长期任务。因此,思想政治工作只能加强,不能削弱。"七五"期间,要继续在全市人民中深入进行坚持四项基本原则的教育,爱国主义、集体主义教育,"有理想、有道德、有文化、有纪律"的教育和社会公德、职业道德教育。这些教育要与每一阶段的形势和任务,特别是与正在进行的改革紧密结合起来;同学习英雄模范人物,发掘、宣传、表彰群众身边的共产主义因素结合起来;同每个人的工作、娱乐和日常生活等社会实践结合起来。继续大力开展"五讲四美三热爱","军民、警民共建文明单位","做文明市民、创文明单位、建文明城市",共产主义义务劳动等活动,使广大干部和职工群众逐步树立共产主义远大理想,焕发建设社会主义的热情,振奋为祖国献身的精神,提高思想道德水平;使每一个市民都树立起作为首都公民的荣誉感和责任感,逐步形成积极、向上、进取的精神状态和文明、健康、科学的生活方式。

思想文化工作部门的广大工作人员,在首都的精神文明建设中肩负着特别重要的使命。要继续坚持为人民服务、为社会主义服务的方向,正确处理经济效益和社会效益的关系,坚持把社会效益放在首位,创作、出版、演出、播放更多的思想性强、艺术水平高、无愧于我们伟大时代的精神产品。要更广泛地开展群众文化活动,丰富群众业余文化生活。理论工作者要面向实际,研究、探索改革和建设中出现的新情况、新问题,总结新经验,为首都社会主义精神文明建设做出更大贡献。

各行各业的服务工作,集中体现着首都的道德风尚和人民的精神面貌,对国内外有着重大影响。各部门、各单位都要把改善服务态度,提高服务质量作为精神文明建设的一项重要内容来抓。要进一步加强管理和教育,健全岗位责任制,落实各项奖惩措施;有计划、有步骤地培训职工,提高队伍素质,大力表彰和宣传先进典型,增强他们作为首都服务工作者的责任感和荣誉感;全社会都要尊重服务人员的劳动,支持他们的工作,使首都各行各业服务工作的面貌,尽快明显改观。

(二)端正各级政府机关的作风,推动社会风气稳定好转。

赵紫阳总理在六届人大四次会议上的报告中指出:"加强社会主义精神文明建设,纠正各种不正之风,各级政府机关要做表率。"北京市的各级政府应当坚决执行。无庸讳言,在一些机关和少数干部中,确实不同程度地存在着种种不正之风,甚至存在一些严重的腐败现象。有的以权谋私,弄虚作假,利用公款游山玩水,滥派人员出国等。有的官僚主义严重,失职渎职,给国家和人民造成重大损失。也有的敲诈勒索,贪污受贿。所有这些,都严重地损害了政府机关的威信,影响了工作效率,败坏了社会风气,引起群众的义愤和不满。

要认真执行党中央和国务院以及市委、市政府关于纠正不正之风的各项规定。对于有缺点错误的干部,要给予批评教育;对于严重官僚主义,造成重大损失的,必须追究责任;对于参与经济犯罪和其他犯罪活动的,必须依法惩处。

在整顿机关作风的过程中,各级政府机关和有关部门都要努力多为群众办好事,办实事。要少说多做,有的做了也不说,严禁浮夸吹嘘。反对不讲真话,报喜不报忧。要认真听取群众的批评意见,自觉地接受广大群众的监督,接受人民代表的监督。要大力支持、保护、表彰坚持原则,秉公执法,敢于同不正之风作斗争的好同志,树立扶正压邪的好风气。对于一切打击报复、诬告陷害的行为,必须严肃处理。各级政府机关的公职人员都要以身作则,以良好的精神面貌和工作作风,影响和带动社会风气的好转。

要继续落实知识分子政策和民族、统战、侨务、起义人员的政策;继续抓紧私房腾退工作和"文革"期间被查抄财物的清退工作。

(三)继续加强社会治安的综合治理,严厉打击严重刑事犯罪和严重经济犯罪。

实现社会治安和社会秩序的稳定好转,巩固和发展安定团结的政治局面,为改革和首都现代化建设创造良好的社会环境,必须进一步加强社会治安的综合治理,继续严厉打击严重刑事犯罪和经济犯罪。

"七五"期间,要继续加强执法机构的建设,充实队伍,提高人员素质。专业执法人员自身要奉公守法,严于执法;同时要坚持和群众相结合的原则,进一步建立健全各单位内部的安全保卫责任制,搞好治安联防工作。要大力加强对青少年的教育,继续办好工读学校,抓紧后进青少年和轻微违法犯罪青少年的帮教工作，妥善安置解除劳教、少管和刑满释放人员。要进一步建立健全公共场所管理责任制，整顿好文化、体育、商店、游乐场所的秩序和公共交通秩序。近几年，恶性交通事故和重大火灾事故有所上升，应引起各方面的高度重视，尽快完善各种管理制度和防患措施。

（四）加强社会主义民主与法制建设。

建设高度的社会主义民主与法制，是维护国家长治久安，进行社会主义物质文明建设和精神文明建设的可靠保证和必要条件，也是我们的根本目标和根本任务之一。我们必须坚持“一手抓建设，一手抓法制”，不断完善和加强社会主义民主与法制。

要进一步发扬社会主义民主。各级政府必须依照地方组织法的规定，尊重人民代表大会及其常务委员会的职权，对应由人大及其常委会审议决定的重大事项，要依法提请审议决定，并认真贯彻执行人大及其常委会的决议、决定。人民是国家的主人，政府公职人员是人民的公仆。要摆正公仆和主人的位置，自觉接受他们对政府工作的监督，认真办理人民代表大会交付的议案和人民代表的建议、批评、意见以及政协委员的提案、建议，接待好人民代表和政协委员的视察。要重视群众来信来访，关心群众的疾苦，倾听群众的呼声。对重大问题要广泛征求各方面的意见，慎重决策。要逐步使民主制度化、法律化，造成既有自由，又有纪律；既有统一意志，又有个人心情舒畅的生动活泼的政治局面。

“七五”期间，要在认真贯彻执行全国人大及其常委会和国务院、市人大及其常委会制定的各种法律、法规的同时，继续抓好地方性法规的草拟和行政规章的制定工作，使之逐步形成完整配套的城市管理法规体系，以规范人们的行为，调整社会生活和经济生活中的各种关系，保证改革的顺利进行，巩固改革的胜利成果。各级政府和执法部门的工作人员要首先带头学法懂法，奉公守法，严格执法。要坚持在“法律面前人人平等”的原则，克服以言代法、以权压法、以行政处理和经济处罚代替法律制裁的现象，更不允许有任何徇私枉法的行为。要加强法律、法规执行情况的检查，坚决纠正有法不依，执法不严的现象，以维护法律和法规的严肃性和权威性。

“七五”期间，要按照中央有关部门的部署，扎扎实实地抓好在公民中特别是干部和青年中基本普及法律常识的工作。同时，各单位要从自己的实际情况出发，组织群众学习有关的法律、法规和行政规章。大学要逐步做到普遍增设法律课，中小学校要把法律常识作为一项教育内容，从娃娃开始就要培养遵纪守法的观念。

各位代表，一九八六年是“七五”计划的第一年，搞好今年的工作，对于顺利实施“七五”计划至关重要。各项工作的安排已编制了具体计划，请一并审议。

北京市“七五”计划的主要奋斗目标和各项任务是艰巨的，也是宏伟的。实现上述目标和任务，北京作为政治、文化中心的城市功能必将得到进一步发挥，城乡面貌必将变得更加美好，城乡人民的生活水平必将进一步提高，并且将为九十年代的城乡发展和经济振兴，为全面实现党中央提出的到本世纪末的宏伟目标打下坚实的基础。我们相信，在党中央、国务院的领导和关怀下，在中共北京市委的直接领导下，在中央各部门、驻京部队和兄弟省市自治区的大力支持和帮助下，依靠全市各族人民同心同德，艰苦奋斗，北京市第七个五年计划一定能够实现。

北京市国民经济和社会发展第七个五年计划（摘要）（1986——1990）

北京市的社会主义现代化建设，在全面完成和超额完成第六个五年计划的基础上，已进入1986年到1990年的第七个五年计划时期。“七五”时期是全面改革经济、教育、科技体制的关键时期，也是在物质技术方面为本市九十年代国民经济和社会事业更好地发展准备条件的重要时期。统筹规划和做好这五年的工作，对于顺利实现党的十二大提出的本世纪末宏伟目标，进一步落实中央书记处关于首都建设方针的四项指示，保证后十年的经济振兴和繁荣，建设具有中国特色的社会主义现代化首都，具有十分重要的意义。

第一章 发展条件

过去的五年，我们在党的十一届三中全会以来的路线指引下，认真执行“调整、改革、整顿、提高”的方针，贯彻落实中央关于首都建设方针的四项指示和对《北京城市建设总体规划方案》的批复，坚决、稳妥地进行各项改革，物质文明建设和精神文明建设都取得很大成绩。国民经济以较高的速度持续发展，生产建设与人民生活、工业与农业、轻工业与重工业等重大比例关系基本协调，经济效益逐年提高，教育、科技、文化等事业有了较大的发展，社会安定，城乡人民生活有很大改善，首都面貌发生了明显的变化。

一、产业结构进行了较大的调整，生产力蓬勃发展。

1985年全市工农业总产值达到349.6亿元，平均每年增长8.7%。其中：农业总产值42.3亿元，平均每年增长19%（不包括村办工业为19.6亿元，平均每年增长7.7%）；工业总产值307.3亿元，平均每年增长7.6%。国民收入达到194亿元，平均每年增长9.8%。国内生产总值达到257亿元，平均每年增长10.8%。产业结构有较大调整，在继续发展第一、二产业的同时，加快了第三产业的发展。第三产业的产值占全市国内生产总值的比重，由1980年的26.8%提高到33.3%。

二、城市基础设施建设得到加强，城市面貌发生了可喜变化。

“六五”期间，全市固定资产投资完成234亿元，比“五五”增长一倍以上。建成各类房屋3,942万平方米，比“五五”增长83%，其中住宅2,267万平方米，增长1.2倍。新增日供水能力34万吨。新增煤制气日供应能力50万立方米，华北油田天然气工程已开始送气，城近郊区居民炊事气化率达到71%以上。新增电话装机容量9.6万门。城市道路长度增加437公里。植树一千万株，铺草坪400万平方米。清理和疏浚了一批河湖，撤并、迁出了一批严重污染扰民的厂点，城市环境局部有所改善。

三、教育、科技、卫生和文化体育事业有较大发展。

教育事业有很大发展。市属高等院校的招生人数，1985 年比 1980 年增加 2.3 倍，成人高等教育招生人数增加 9 倍。中等教育结构改革成效显著，提前两年实现了普通高中招生和中等技术学校招生 1∶1 的奋斗目标。全市普及了小学教育，城镇基本普及了初中教育，儿童入托率也有明显提高。

科技体制改革初见成效，科学研究工作取得显著成绩，五年共获得市科技成果奖 2，100 项。

医疗卫生事业发展较快，五年共增加病床近 1 万张。

文化和体育事业取得好成绩。建成文化馆、图书馆、博物馆 36 座，新建电视差转台 100 座，平均覆盖率达到 89%。创作和演出了以《四世同堂》为代表的一批优秀作品和剧目，划定的文物保护区增加到 622 处。体育事业日益受到社会重视，一些项目在国际和国内取得了好成绩。

四、城乡市场繁荣活跃，对外经济贸易和旅游业取得了很大进展。

1985 年社会商品零售总额达到 127.9 亿元，比 1980 年增长 1.1 倍。商业、饮食业、服务业、修理业的网点达到 8.2 万个，比 1980 年增加 3.5 倍。外贸出口总额五年共完成 30.8 亿美元，比“五五”增长 77.5%，出口商品结构有了明显变化。旅游事业发展迅速，入境旅游者达 93.7 万人次，比 1980 年增加 2.3 倍，旅游创汇增加到 3.3 亿美元。旅馆床位达 38.6 万张，初步缓解了国内旅客住店难的问题。

五、人口得到初步控制，人民生活有明显提高。

1985 年底全市常住人口为 958 万人，比“六五”计划规定的 970 万人少增加 12 万人。全市职工人数达到 382.3 万人，比 1980 年增加 55.8 万人，城市社会青年的就业问题已基本解决。职工工资有明显提高，每人年平均工资由 1980 年的 848 元提高到 1，343 元。加上价格补贴，扣除物价上升因素，比一九八〇年增长 34.4%。农民人均纯收入达到 775 元，比 1980 年增长 1.5 倍。城乡人民的居住条件都得到改善。社会主义精神文明建设和民主与法制建设得到加强，全市出现了道德风尚和社会治安明显好转、生活安定、奋发向上的大好局面。

第六个五年计划主要指标的顺利完成，国民经济、城市建设和社会发展方面取得的巨大成就，为在“七五”期间更好地推进首都社会主义现代化建设事业奠定了较好的基础。

但是，我市经济和社会发展的物质基础还比较薄弱。水资源、能源和原材料的供应相当紧张；城市基础设施落后于城市发展的状况还远没有改变，环境质量尚在继续恶化；智力开发和人才培养还不适应首都现代化建设的需要，技术进步比较缓慢；产业结构和产品结构同生产建设和人民消费结构的变化还不相适应，第三产业发展不快，人民生活仍有“诸多不便”；经济效益提高不快；固定资产投资规模过大的问题还有待进一步解决。

“七五”计划的制定，全面估量了本市经济和社会发展的现状，既充分看到我们的良好基础和各种有利条件，又足够地估计到面临的各种问题和困难，坚持实事求是、量力而行，力求把计划建立在积极可靠、留有余地的基础上，使国民经济和社会事业更加协调、健康地发展。

第二章 主要任务和奋斗目标

北京市国民经济和社会发展第七个五年计划的总任务是：遵循建设具有中国特色的社会主义的总要求和对内搞活经济、对外实行开放的基本方针，继续贯彻落实中央关于首都建设方针的“四项指示”和“十条批复”，精神文明建设和物质文明建设一齐抓，坚持改革，开拓前进。进一步发挥首都政治和文化中心的功能，更好地为中央服务，为国际、国内交往服务，为北京市人民服务。

“七五”期间要执行以下方针：

一、坚持把改革放在首位，使改革与社会经济的发展互相适应，互相促进。大力加强横向经济联合，促进社会主义商品经济的发展。

二、加强和改善宏观管理，严格控制固定资产投资规模，调整投资结构，控制消费基金的过分膨胀。努力保持财政、信贷、物资和外汇的基本平衡。

三、按照城市总体规划要求，控制城市规模，抓好城乡的综合整治，努力改善环境质量，注意生态平衡。抓紧旧城改造，同时又要保持文化古都风貌。

四、结合首都特点，继续调整产业结构，在进一步加快发展为生活服务的第三产业的同时，发展为生产服务的信息、咨询、金融、保险等事业。

五、坚持把智力开发和科技进步放在重要的战略地位上，搞好教育、科技体制改革，加快教育、科学、文化等项事业的发展。

六、发展适合首都特点的经济，狠抓现有企业的技术改造，做好引进技术的消化、吸收和创新工作，走内涵型为主的扩大再生产的道路。

七、加强对外经济技术交流，增加出口贸易，大力发展旅游事业，扩大劳务出口，努力增加外汇收入。

八、发扬艰苦奋斗精神，勤俭办一切事业。一切经济活动都要以提高经济效益为前提，以尽量少的投入取得尽量多的产出，努力增加收入，节约支出。

九、在生产增长和经济效益提高的基础上，不断改善城乡人民的物质文化生活。

主要奋斗目标是：

——国内生产总值，1990年为353亿元，比1980年翻一番以上；比1985年增长37%，平均每年增长6.5%。

——国民收入生产额，1990年为260亿元，比1980年翻一番以上；比1985年增长34.2%，平均每年增长6%。

——工农业总产值，1990年为472亿元，比1980年翻一番以上；比1985年增长35%，平均每年增长6.2%。其中：工业总产值412亿元，平均每年增长6%（包括村办工业为448亿元，平均每年增长6.3%）；农业总产值60亿元，平均每年增长7%（不包括村办工业则为24亿元，平均每年增长4%）。

——第三产业的产值占国内生产总值的比重由1985年的33.3%提高到1990年的38.2%；第三产业的从业人员占全社会劳动人数的比重由1985年的35.9%提高到1990年的42%。

——地方财政收入，1990年为67亿元（不包括城市建设维护税），平均每年增长6%。五年累计总收入为300亿元。

——地方固定资产投资总规模五年共210亿元，其中基本建设125亿元，更新改造85亿元。加上中央在京单位的建设投资，全市固定资产投资总规模五年合计为400亿元。

——五年内节约能源400万吨标准煤。

——社会商品零售总额，1990年为200亿元，平均每年增长9.4%。

——外汇总收入，1990年达16亿美元。其中：出口商品创汇9亿美元，平均每年增长8%；旅游创汇7亿美元（入境旅游者200万人次），平均每年增长16.3%。

——市属各类专业学校，五年内共培养各种专门人才23.7万人。其中：普通高等学校培养4.5万人，普通中等专业学校培养5万人，成人教育培养14.2万人。

——城乡医院病床，1990年达到4.6万张，比1985年增加8，000张。

——出版18亿印张，新建区县文化馆、图书馆25个，重点文物古迹修缮50处。广播覆盖率达到95%，电视覆盖率达到100%。郊区十个县（区）各建成一个体育场、体育馆、游泳场。

——城市绿化覆盖率达到28%，人均绿地面积达到6平方米以上。

——环境保护，市区大气环境质量基本达到国家三级标准，饮用水源达到国家二级标准，噪声力争达到国家标准，基本解决二环路以内的工业污染扰民和三环路以内的工业废气治理问题，工业废水的处理率提高到55%左右。

——全市职工，1990年达到395万人，比1985年净增12.7万人。

——城市职工人均工资平均每年增长4%，农民人均纯收入平均每年增长6%；城乡居民实际消费水平平均每年增长5%左右。

——全市常住人口，1990年控制在1，020万人，其中城镇人口620万人。

实现上述目标后，北京市的经济力量将进一步增强，为后十年的经济发展奠定较好的基础；城市基础设施不足的矛盾将初步得到缓和，城市面貌将发生更大的变化；教育、科技和文化事业将有较快发展；人民的生活质量、生活环境和居住条件将有进一步的改善。

第三章 产业结构

“七五”期间，要进一步合理地调整产业结构，使第三产业同第一、第二产业之间的比例关系有比较明显的改善。调整产业结构的重点，是加快发展为生活和生产服务的第三产业。要从实际出发，努力解决人民生活中的“几难”问题，使商业、饮食业、服务业、修理业和旅游业等有一个较大的发展。要把邮电通信和交通运输的发展放在更加重要的地位。还要积极发展为生产、建设服务的金融、保险、信息、咨询行业，加快建立生产资料贸易市场等。第一、二产业主要是搞好内部结构的调整。

大力发展直接为生活服务的第三产业，关键是放宽政策。要继续贯彻国营、集体、个体一起上，城市、乡村一起抓，上下左右内外联，本业为主、多种经营的方针，重点发展集体经济和个体经济。要适当增加对第三产业的投资。要在坚持为人民服务的前提下，逐步将一些福利型的第三产业，转变为经营性企业。对社会急需而基础薄弱的服务行业，要在贷款和税收政策上给予支持。要加强对第三产业所需人才的培养，努力提高人员素质。

郊区在重点发展商业、饮食业、服务业的同时，要积极开拓为产前、产中、产后服务的新领域，理顺农副产品流通渠道，鼓励产销直挂，减少中间环节，改善运输和存储条件，以适应农村商品经济发展的需要。

计划安排，第一产业占国内生产总值的比重由1985年的6.9%下降到1990年的5.7%，第二产业由59.9%下降到56%，第三产业由33.3%增长到38.2%。第一产业从业人员占全社会就业人员的比重由1985年的19.6%调整到14%左右，第二产业维持在44%左右，第三产业由35.9%提高到42%左右。劳动力主要流向第三产业。

第四章　郊区经济

要继续贯彻执行“服务首都、富裕农民、建设社会主义现代化新农村”的方针，推进农村经济的专业化、商品化、现代化。合理调整产业结构，使农、林、牧、副、渔，工、商、建、运、服全面发展。在抓好粮食生产的同时，把郊区建成更加稳定的现代化的副食品基地。郊区经济的发展，要与城市经济的发展相协调，逐步向城乡经济一体化的方向发展。

一、任务和目标

计划安排1990年郊区社会总产值达到180亿元，比1985年增长53%，平均每年增长8.9%，其中：农业总产值32亿元（不包括村办工业），平均每年增长4%；工业总产值100亿元，平均每年增长10%；建筑业产值20亿元，平均每年增长8%；运输业产值8亿元，平均每年增长10%；商业、饮食、服务业等20亿元，平均每年增长13%。到1990年，通县、房山、顺义各县的城乡社会总产值达到20亿元以上，昌平、朝阳、海淀等区县达到15亿元左右，有一批乡的产值达到1亿元以上。1990年乡镇工业产值达到70亿元，比1985年增长66.7%。

粮食产量安排215万吨，基本稳定在1985年的水平上。必须控制乱占粮食耕地面积，并在推广良种，科学施肥，节约用水，加强科学管理上狠下功夫，努力提高单位面积产量，要求平均每公顷产量达到7.5吨。

蔬菜要贯彻“近郊为主，远郊为辅，外埠调剂”的方针，严格控制乱占菜地，近郊要保证种足种好1.13万公顷（17万亩），产量稳定在75万吨以上，同时要积极发展远郊商品菜地，二、三年内达到2，600公顷（4万亩）左右。

商品猪稳定在200万头左右，其中瘦肉型猪达到100万头以上；牛奶产量25万吨，比1985年增长85%；商品蛋14万吨，比1985年增长17.6%；肉鸡3，000万只，比1985年增长1.3倍。畜牧业要继续采取国营、集体、个体一齐上的方针，逐步形成良种、饲料、饲养、防疫、加工、销售和技术服务相结合的体系。切实抓好瘦肉型猪系列攻关项目，认真做好饲料生产、供应、科研等工作。积极发展奶制品生产，建设日处理15万公斤鲜奶的乳品加工厂，增加奶制品品种。蛋品要在保证市场供应的前提下，增加加工能力，调剂淡旺季余缺。

淡水鱼安排3.5万吨，其中优质鱼占70%，比1985年增长1.3倍。池塘养鱼水面达到6.6万公顷（10万亩）以上。搞好商品鱼基地的配套建设，充分利用小水库、河湖、池塘、地热水、冷泉等一切可以利用的水面，采取现代化的育苗、饲养等先进技术，实行科学养鱼，提高单位水面产量。

干鲜果品1990年达到30万吨，比1985年增长58.7%。积极恢复和发展名特优新品种，建立良种苗木基地。改造原有果园，并选择适宜果品生产的地带，新建扩建一批干鲜果品生产基地。认真加强管理，提高单株产量，逐步改变果品生产的落后面貌。

二、主要政策措施

1、进一步搞好农村经济体制的改革，逐步完善和发展多种形式的家庭联产承包责任制，在家庭经营的基础上，按照自愿互利的原则，积极发展合作经济。

2、抓好科学技术和人才培养，大力推行本市“星火计划”，在改良品种，改进技术，改善管理上狠下功夫，促进农村商品经济的繁荣。

3、有计划地合理安排农村劳动力，要把农业富余劳动力的安排与发展农村集镇紧密结合起来，做到“离土不离乡”，防止无计划地流入城市。

4、郊区建设要坚持“城乡一起抓，以城带乡，以乡促城”，经济的发展要以集镇为重点，有领导、有计划地把集镇建成一定区域内的政治、经济、文化、科技服务中心。集镇和新农村建设，要按照规划，经过试点，逐步推广。

5、乡镇工业的发展，要根据各自的具体条件，重点发展农副产品加工、小型采矿、建筑材料以及为大工业配套的产品。对原有企业要有计划、有重点地进行技术改造，努力提高产品质量，提高经济效益，提高劳动生产率，积极治理污染。近郊区占用耕地新建乡镇工业要严格控制。所有乡镇企业都要不断扩大自身的积累，增强自我发展的能力。

6、加强山区建设，尽快改变贫困山区的面貌。要进一步放宽政策，调动山区人民自力更生、艰苦奋斗、勤劳致富的积极性。市县（区）各部门都要对37个贫困乡给予尽可能的支持，帮助发展山区经济，增强其内部的经济活力，使人均纯收入逐步达到550元以上。

第五章 工 业

“七五”期间，要以提高经济效益为中心，把提高产品质量放在十分突出的位置，大力加强新产品的研究和开发，正确处理好效益和速度、质量和数量的关系。要充分利用已有基础，进行技术改造和改建扩建，走内涵为主扩大再生产的路子。要抓一批增强后劲的基本建设和技术改造项目，保证工业生产的持续稳定增长。

要进一步调整工业结构，着重发展适合首都特点并具有一定优势的工业，继续把食品、电子、轻纺、建材、汽车、家用电器、印刷和服装加工等放在优先地位。机械工业要重点发展节省能源、机电仪一体化的精密机械。冶金和化学工业要在大力治理污染的前提下，向综合利用和深度加工方向发展。各行各业都要注意安排好人民生活需要的日用小商品生产。所有工业企业都要加强和改善劳动保护设施，认真治理环境污染，对耗能耗水高，质量差，严重污染环境的产品以及落后的工艺设备，要限期改进或淘汰。要打破部门行业界限，扩大横向经济联合，加强协作配套，提倡互相服务。

要进一步调整工业布局，不适宜在市区继续生产的工厂，要按照规划逐步迁往远郊区。位于城区和近郊区的工厂，要继续走“白兰道路”，进一步开展城乡协作、工农协作，按专业化原则向远郊区扩散产品和零部件。

一、任务和目标

工业总产值1990年达到412亿元，平均每年增长6%。

主要产品要按国际标准组织生产，质量和性能大部分达到发达国家七十年代末、八十年代初的水平；一批主要生产线的技术装备达到发达国家八十年代的水平。

工业产品出口创汇1990年达7.5亿美元，比1985年增长80%。

全民所有制工业企业全员劳动生产率平均每年提高5.5%。

重点行业的安排是：

1、食品工业，在继续抓好肉制品、奶制品、豆制品、糕点、调味品等传统食品、名优食品的同时，重点发展啤酒、名酒、饮料、精面、精炼油、方便食品和食品添加剂，积极开发新型食品、婴幼儿食品和中老年保健营养食品，更好地适应人民讲究卫生、营养、省时、多样化的消费趋向。

1990年安排面粉125—135万吨，比1985年增长10—19%，其中富强粉40—45万吨，增长47—65%；精炼油11.5万吨，比1985年增长60%；啤酒32—40万吨，增长一倍到一倍半；汽水3，000万打，增长44%。

新建潞河面粉厂，并对部分老面粉厂进行改造；采取新工艺改造现有炼油厂，增加精炼能力5万吨；新建、扩建华都、五星、北京啤酒厂和几个区县啤酒厂，扩建北冰洋饮料中心。同时要抓好区县和商办、农办食品工业的技术改造。注意发展小食品的生产。

2、电子工业

要坚持走“引进、消化、吸收、创新”的路子，加速国产化的步伐，不断增强自力更生、出口创汇的能力。

要认真抓好元器件生产，全部采用国际标准，大力发展集成电路，形成“一、三、五”的战略层次。即：开展1～2微米技术超大规模集成电路的研究，建立国家级的研究中心，成为国内工业化生产的技术先导和依托；建立2～3微米技术大规模集成电路生产线，重点为微机和程控交换机配套；大力发展5～7微米技术工业线性电路。在抓好电路的基础上，大力开发应用产品，发展计算机、程控交换机、彩色录像机、电子测量仪器、电子医疗器械和专用工艺设备等。要重视发展应用软件，首先搞好饭店、银行、交通运输、商业、物资等管理系统工程，为用户提供成套硬件设备、软件技术和信息资料。

1990年安排电子计算机250部，比1985年增长2.3倍；微型电子计算机2万部，比1985年增长3.3倍；集成电路8，000万块，比1985年增长9倍。形成年产30万台程控交换机的能力。机电设备、电子产品出口额力争达到1亿美元，比1985年增长1倍。

3、建材工业

“七五”期间，要认真贯彻执行全民办建材的方针，使本市建筑材料有个较大的发展。大力发展建筑结构材料，扩大水泥，砂石产量，争取实现地区基本自给。新型墙体材料要向轻质、高强、大规格、复合配套方向发展，增加空心粘土砖和保温、防水材料的产量。装饰材料要充分利用地方原料和工业原料积极开发高档壁纸、壁布、建筑涂料、矿棉吸音板、人造大理石、各种饰面砖以及塑料异型材和建筑雕塑制品等新型装饰材料。加强卫生间材料、设备配套，提高钢窗、铝合金门窗及其配件的质量和使用性能，开发以人造板为基材的装饰板材等。

1990年安排水泥410万吨，比1985年增长29%；平板玻璃90万重量箱；卫生洁具配套5～6万套；人造板8万立方米，比1985年增长33%。新型墙体材料要能适应300万平方米建筑的需要，逐步改变高档装饰材料大量依靠进口的局面。

“七五”期间，新建日产熟料2,000吨的北京水泥厂和两条日产700至1,000吨熟料的生产线；对琉璃河水泥厂进行改扩建；新建年产4,000吨玻璃棉生产线和1.6万吨岩棉生产线；建成150万平方米矿棉吸音板生产线、卫生间配套生产基地及房屋建筑材料配套项目等。

4、汽车工业

“七五”期间，现有汽车品种都要升级换代，新型汽车和为汽车配套的发动机性能要达到世界八十年代水平。开发旅行车专用底盘，发展多种档次、各种用途的改装车。后三轮摩托车在品种、性能、数量上都有较大发展。

通过技术引进和技术改造，发展横向经济联合和城乡协作，1990年汽车的生产能力达到8—10万辆，比1985年增长1倍。其中：BJ/XJ系列吉普车4万辆，2吨轻型卡车4万辆，1吨级轻型卡车2万辆；此外，15～27吨工矿两用汽车465辆，三轮摩托车4万辆，各种发动机20万台。

5、纺织和服装工业

纺织工业要继续调整产品结构，着重抓好化纤、毛纺、印染后整理三个行业的改造和发展。重点发展纯棉与涤棉印花织物、粗厚织物、化纤织物、高支纯毛织物、毛混纺织物、特种动物毛织物。要努力改善纺织品，特别是针织品的抗静电、抗起球、阻燃和防缩等性能，提高和稳定产品质量，不断推出新的花色品种。服装工业要不断改进设计，做到款式新、设计美、型号规格齐全，适应不同消费者的需要，使北京成为时装发展中心。

1990年生产化纤4.5万吨，比1985年增长14.2%；纱42万件，增长9%；布2.6亿米，与1985年持平；呢绒1,630万米，增长16%；毛线9,500吨；印染布2亿米，服装1.5亿件。

“七五”期间，纺织工业改扩建项目主要有：扩建仿毛、仿丝绸染织品生产能力各800万米，涤纶长丝2,000吨，毛精纺1.2万锭，续建毛条3,000吨，新增粗纺2,400锭和毛线9,200锭，新增完善印染生产线26条。改造一批服装厂。

6、日用品工业

积极采用先进技术，大力开发新产品，在普遍提高质量的基础上增加花色品种，创出更多的优质名牌产品。洗衣机、电冰箱、彩色电视机、手表、计时用具等要进一步提高质量、降低成本，扩大产量；造纸工业要发展无碳复写纸、复印机用纸、计算机用纸和生活用纸，并为建材工业提供优质原纸；日用化学工业产品要重点开发化妆品新系列和合成洗涤剂新品种；日用玻璃重点发展为食品和日用化学工业配套的包装容器，积极开发新型荧光灯和节能灯泡；大力开发适销对路的日用小型家用电器；努力提高钢琴质量和产量；发展不锈钢厨房用具；家具要改进造型、结构、表面处理和五金配件，向板式、拆装、组合、成套方向发展。塑料制品、工艺美术品、玩具、文教体育用品、办公用品和各类小商品要根据市场需要和资源情况积极安排生产。

1990年安排家用电冰箱55万台，比1985年增长2.2倍；家用洗衣机88万台，增长35%；彩色电视机80万台，增长1.1倍；机制纸及纸版21万吨，增长1.9%；合成洗涤剂7.5万吨，增长46%；不锈钢厨具设备和用品6.5万件；家具300万件，增长20%。

“七五”期间，要建成年产50万台的第二冰箱厂、年产100万台的冰箱压缩机厂，并完成电冰箱、洗衣机技术改造项目；新建彩色显像管厂；完成钢琴厂扩建项目和玻璃六厂扩建工程。

7、机械、仪器仪表工业

要在切实抓好基础技术、基础机械、基础元器件的同时，推进机电仪一体化技术的开发应用。大力开发节能机电产品，成套提供发电设备。机床工业重点发展数控、数显、精密高效机床，开发柔性制造单元和工业机器人等机械电子一体化产品。印刷机械、工程机械以及空调制冷机械要在现有基础上形成系列。继续提高机械基础件的标准化、系列化和通用化水平。实现仪器仪表自动化、集成化和数字化。要有60%以上产品达到国际上工业发达国家七十年代末、八十年代初期水平，一批机械产品达到国际上工业发达国家的先进水平，打入国际市场。

1990年安排金属切削机床7,000台，比1985年增长12.8%，其中数控机床、加工中心400台；印刷机械900台/1455色组，增长47%；发电设备130万千瓦，增长80%；电站锅炉120万千瓦；工程起重机1,000台；叉车5,000台，增长2倍；分析仪器7,400台，增长48%；光学仪器16,000台，增长23%；办公自动化装置2.9万台。

"七五"期间，要重点抓好20万和30万千瓦发电机组的成套项目，人民机器厂的胶印机和一机床数控仪等改扩建项目，液压件和工程机械的改造项目以及办公自动化项目等。

8、石油化学工业

石油化学工业要以实际形成650万吨炼油量和30万吨乙烯生产能力为中心，进一步搞好综合利用、深度加工和节能技术改造，实行优化生产，生产高附加值产品。化学工业要大力发展优质、高效、低能耗、少污染的精细化工产品，重点发展特种气体、高纯试剂、助剂、轮胎、汽车橡胶件、化工建材、工程塑料等产品。

1990年安排硫酸7.2万吨，烧碱9.5万吨，合成氨10万吨，塑料43万吨(其中低聚合度聚氯乙烯3万吨，聚丙烯11万吨，聚苯乙烯5万吨)，原油处理量650万吨，子午胎30万套，苯酚5万吨，丙酮4万吨，合成橡胶6.3万吨。

建设光刻胶、彩色发光粉、低聚合度聚氯乙烯、EVA乳液、尿素、子午胎、苯酚、丙酮等一批重点项目，"七五"末期，要有十套主要装置达到国际八十年代水平。

9、冶金工业

钢铁工业要完善300万吨钢铁的冶炼系统，建设好迁安矿山基地。对原有厂区要实现自动化控制，实现现代化管理。排放的污染物要控制在本市环保标准以内。"七五"期间，要完成第一、第三轧钢厂搬迁工程，着手进行北京钢厂的搬迁工作。

有色金属工业要着重发展耗能少、不污染环境、技术密集型产品。要完成铝型材(包括氧化着色能力)的扩建工程，铜盘条技术改造以及铜材厂、高熔金属材料厂等5个污染扰民企业的搬迁改造。

1990年安排：生铁300万吨；钢300万吨，比1985年增长12%；钢材270万吨，增长22%；铁矿石1,600万吨，增长18%；铜材2万吨，增长19%；铝材1.7万吨，增长93%；有色金属材料品种由目前的337种增加到420种以上。

二、主要政策措施：

1、积极稳妥地推进工业管理体制的改革，继续把搞活企业特别是搞活大中型企业，增强自我改造、自我发展能力，作为改革的重点。逐步由部门管理过渡到行业管理，利用经济杠杆的调节作用，从宏观上加强和改善对工业经济活动的管理。

2、继续推行全面质量管理，加强质量监督和检测机构。对名牌、优质、新产品要实行优质优价，努力增加品种，提高质量，开发新产品。严禁生产不符合技术标准的产品。

3、继续推进专业化协作，组织好零部件、组件和铸造、锻造、热处理、电镀等工艺以及工模具、机修等辅助部门的专业化生产。

4、发展生产企业与科研机构、高等院校、设计部门之间的多种形式的联合与合作，增强提高产品质量和开发新产品的能力。

5、对本市优先发展的行业和生产优质名牌、适销对路产品及出口产品的企业，继续在贷款、外汇使用、能源和原材料供应、运输条件等方面给予优先保证。制定对优先发展行业的鼓励政策以及搞活大中型企业的有关具体政策。对微利、低利企业在贷款、税收等方面给予支持。

6、搞好行业和重点企业的发展规划，加强技术改造，促进技术进步。提倡采用技贸结合和与外商合资经营、合作生产的办法，积极引起国外先进技术和关键设备。

7、推行企业现代化科学管理，加强职工的培训，不断提高职工队伍素质和企业经营管理水平。

8、为支持工业持续发展，除充分挖掘企业内部资金的潜力和积极利用外资外，对某些必需建设的项目，地方财力要给予支持。对社会效益好，还款能力差的重点改造项目，给予贴息贷款。

第六章　能源和水资源

北京是一个严重缺水、能源不足的城市，认真抓好节能、节水工作，是保证生产建设顺利进行，人民生活安定的重要一环。

一、能源生产与消费

1、电力

1990年本市计划发电量130亿度，需用电量预测为165亿度，加上线路损失等，需由华北电网调入电量47亿度，电网供求之间有较大缺口。因此，要结合发展集中供热，抓好电站建设。完成石景山热电厂改建工程，建成首钢自备电站，争取宋家庄热电厂投产1台机组，全市新增装机容量77万千瓦。同时抓紧高碑店热电厂的建设前期工作。加强市区送变电工程建设，建成两座500千伏变电站；新建、扩建10座220千伏变电站，线路559公里；新建29座110千伏变电站，线路398公里。

2、煤炭

1990年煤炭产量计划845万吨。预计1990年全市煤炭消费量将增加到2，420万吨(不含铁路运输用煤)，净增420万吨。除无烟煤基本上由本地区平衡解决外，需由外埠调入烟煤1，960万吨。

3、农村能源

贯彻“因地制宜，多能互补，综合利用，讲求效益”的方针，在积极发展小窑煤生产的同时，因地制宜营造薪炭林1万公顷，基本普及省柴灶，新建沼气池2.5万个，有计划地发展小水电，积极利用太阳能。

二、水的平衡

北京地区水资源多年年平均只有40至42亿吨，其中地下水25亿吨，地面水15至17亿吨。这些水源目前已全部利用，城区和部分近郊区地下水已严重过量开采。今后城市生活用水将持续增加，1990年预计达到6亿吨。生活用水的增加，只能靠压缩工农用水来解决。目前工业年耗水量在10亿吨左右，“七五”期间工业将进一步发展，但总耗水量不能增加，新建、扩建企业的用水，必须依靠老企业节约、调剂解决。农业用水必须压缩。目前农业耗水量为20～25亿吨，今后发展农村集镇，发展农村工农业生产，增加池塘养鱼等所需水源，只能从农田灌溉耗水中调剂解决。

三、节能、节水的目标和主要措施

1990年要求工业万元产值耗能降到3.7吨标准煤，平均年节能率4.61%，五年共节约（折标准煤）400万吨；万元产值耗水由目前的230吨降到200吨以下。工业用水重复利用率提高到75%以上，整个农村耗水要压缩到20亿吨左右。

1、认真贯彻落实国务院颁发的《节能管理暂行条例》，完善能源、水源择优供应办法，严格计划用电和计划用水。充实和完善计量、测试手段，健全以降低产品能耗和水耗为中心的各项管理制度。对超计划用电、用水实行累进加价收费。

2、分期分批地更新改造耗能高、用水多的生产工艺和设备，推广采用省能、省水的新产品、新工艺、新技术、新材料。重点改造冶金、化工、建材、造纸等行业，大力降低能耗，提高水的复用率。

3、调整工业结构，控制耗能高、用水多、污染大工业的发展，逐步形成省能、省水型的工业结构。郊区要调整农作物品种，加强用水管理，控制随意打井，认真搞好渠道衬砌，逐步发展喷灌、滴灌和管道送水，减少输水损失，提高用水效益。

4、加强宣传教育，中小学教材要补充和增加节水、节能的内容，做到人人重视节约，反对浪费。

第七章　交通运输和邮电通信

一、交通运输

要重点抓好城市公共交通建设，使交通拥挤状况得到改善；加强铁路、公路和空运的建设，对现有交通运输设施进行改造和扩建，改变运输业结构，提高综合运输能力。

1990年交通运输部门货运总量达到8，690万吨。其中：公路货运量5，190万吨，平均每年增长2.2%；铁路货物发送量3，500万吨，平均每年增长2.9%。铁路客运发送量6，000万人次，比1985年增长47%；城市公共交通客运量40—41亿人次，比1985年增长19.7—22.7%；民航客发运量300万人次，比1985年增长38.8%。

地铁要抓紧进行环形线的技术改造和复兴门折返线的建设，尽快实现环形运营。积极进行苹果园至复兴门段的技术改造，提高旧线的运营能力。加速复兴门到建国门段地铁工程的前期准备工作，并开始动工兴建。

城市公共汽车和长途汽车客运，要合理调整网线布局，在增加车辆的同时，对老旧车辆逐步进行更新，有计划地开辟新线。1990年公共汽车、电车线路计划达到196条；长途汽车线路达到265条。

公路货物运输要通过更新和增加车辆，调整车辆结构，使大、中、小型车辆的比例适应公路对铁路运输分流、集装箱运输和零星货物运输发展的需要。1990年交通运输部门各种车辆达到5，500辆，比1985年增加10%。公路建设重点是改建、扩建京石、京榆路，新建京津塘高速公路。

铁路部门要积极进行永定门站、西直门站、北京站和丰台枢纽等的改建和扩建，并为建设西客站创造条件。

民航要进一步加强经营管理，充分挖掘现有地面设施的潜力，扩大旅客运送能力。

二、邮电通信

邮电通信业要加强现代化通信手段的开发，重点扩大市内电话容量，大幅度增加长途电话线路，增强邮运能力，提高邮电通信的服务质量。

1990年邮电业务总量达到4.3亿元，平均每年增长13.9%。其中：电信部门业务总量3.44亿元，平均每年增长15.8%；邮政部门业务总量0.86亿元，平均每年增长8%。

积极采用程控电话、光缆、脉冲编码等新技术，改造市内电话网，大力增加市内电话容量，提高通话质量。“七五”期间，新增市内电话30万门，达到50万门以上，基本扭转市内电话装不上、打不通的紧张局面。

建成国际电话局，扩建长途电话大楼，相应增加中继设备，加速传输网的技术改造。到1990年，增加长途电话1.1万路，达到1.4万路，比1985年增长3.7倍。

调整邮政封发运输网路，积极利用社会力量增强邮运能力，组成一个多渠道、多层次和自办、委托办理、代办相结合的综合邮运网。对邮政设施要采用现代化手段进行技术改造，建成北京邮政通信枢纽，新建、扩建一批邮电局（所）和邮件、电报投递支局，逐步形成全功能、高效率的分拣封发网。

三、主要政策措施：

1、坚持多方集资兴办交通和邮电通信事业的方针，积极利用外资，引进先进技术。

2、加强现有交通、邮电设施的技术改造和改建扩建，充分发挥现有设施的能力。

3、加强经营管理，提高运输效率。要搞好多种运营方式的协调配合，组织多种形式的联运。积极采用现代化的调度指挥手段和电子计算机管理，提高运输效率和质量，确保运输安全。

第八章　商业、饮食业、服务业、修理业

为适应发展社会主义有计划的商品经济的要求，要进一步改革流通管理体制，搞活商品流通，增加消费品的供应，保持市场物价的基本稳定，使首都市场不断繁荣。

继续大力发展商业、饮食业、服务业和修理业等，使当前的“几难”问题得到基本缓解。要使农贸市场和消费品贸易批发市场有一个比较大的发展。逐步把北京建设成为信息灵、流通畅、商品丰富、服务周到、效益高、人民生活方便的城市。

1990年社会商品零售总额计划200亿元，比1985年增长56%，平均每年增长9.4%。1990年，零售商业、饮食业、服务业、修理业网点达到12万个，比1985年增长46%。

“七五”期间，要新建复兴门外综合商场、北京站综合商业楼、前门两侧食品街、南河沿食品街、中国商业友谊服务大厦、华威大厦等。

主要政策措施

1、加强市场的宏观指导，大力组织适销对路商品的收购和供应，保证完成计划收购调拨任务。对于农副产品和工业消费品，国营商业要采取合同收购等方式，掌握一定比例的货源，并积极参与市场调节，搞好首都市场供应。对市场需要的日用小商品要制定鼓励经营政策。

2、调动社会各方面的积极性，贯彻国营、集体、个体一起上的方针，继续积极发展零售商业、饮食业、服务业、修理业。对微利企业要继续放宽政策，给予优惠。要坚持薄利多销、方便服务的原则，树立文明经商、为消费者服务的思想，切实改进服务态度，提高服务质量。

3、进一步放宽政策，搞活流通。要运用经济、行政、法律等手段对商品流通进行引导和调节，逐步形成以国营商业为领导的，多种经济成分、多种经营形式、多渠道、少环节、方便群众的商品流通网络。国营商业要掌握关系国计民生的主要消费品和生产资料的批发环节，进一步完善商品储备制度，以便平抑物价和稳定市场。

4、继续增加零售商业、饮食业和修理服务业的网点，并使布局和经营项目配置趋向合理。首先解决居住区和新建住宅小区的网点配套建设，其次是发展地区性的中型商业网点，并根据资金可能，适当安排全市性的大型商业中心建设。

要适当扩大商品储存、运输设施的建设，提高商品储运机械化水平，提高食品的保鲜能力，加强商品的储存管理，努力减少商品损耗。

5、加强市场管理。工商行政、物价、税务、审计等部门，要加强对流通企业和流通活动的监督、检查，认真做好流通企业的注册登记工作，取缔无证商贩和未注册的各种贸易中心、公司、货栈。要认真执行国家有关物价政策和规定，经营商品要明码标价，公开交易，严禁随意涨价或变相涨价，保护消费者利益。

6、进一步挖掘潜力，推动机关、企事业单位的服务设施社会化。凡有条件的单位要逐步向社会开放，方便群众，服务社会，缓解人民生活中存在“诸多不便”状况。

第九章　对外经济贸易和利用外资

“七五”期间，要根据独立自主、平等互利的原则，进一步加强对外经济技术交流，扩大对外贸易、利用外资、引进技术和其它对外经济技术合作的规模，促进首都的社会主义现代化事业发展。

努力扩大出口，多创外汇，是实现“七五”计划的

关键之一。要搞好外贸体制改革，下大力气把出口抓上去，同时积极发展对外承包工程和劳务出口，办好海外企业。

进口商品必须保持合理的结构，重点是引进先进技术和关键设备以及本市急需的原材料。要千方百计节约用汇，严格控制消费品进口和防止重复引进，努力提高进口用汇的经济效益。

1990年出口总额达到9亿美元，平均每年增长8%。出口商品收购总值达到30亿元以上。利用外资五年合计9.2亿美元，比“六五”增加2倍。其中：国家统借统还1.2亿美元，地方自借1亿美元，直接吸收国外投资7亿美元。

主要政策和措施：

扩大出口创汇方面

1、认真落实出口货源。除少数关系国计民生的商品外，在内销和外销发生矛盾时，要挤一点内销保证出口货源。外贸收购供货计划一律视同指令性计划，工贸、农贸双方都必须严格执行。

2、切实抓好出口生产体系的建设。要积极发展以出口骨干企业为核心的横向经济联合，发展一批出口专业厂（车间），扩大名牌、“拳头”出口产品的生产能力。

3、对出口产品的生产，要继续优先安排资金、运输、原材料、燃料、动力和包装物料，优先安排技术改造和技术引进，加速出口产品的升级换代，创造更多的名牌、优质、高档产品，增加花色品种，改进包装装潢，多创外汇。

4、根据国务院的有关规定，制定鼓励出口商品生产、扩大出口创汇的措施。设立出口奖励基金，运用税收、价格、信贷等经济杠杆扶持出口企业和出口产品；进一步实行和完善出口创汇的留成制度和留成外汇的调剂办法；以1985年为基数，今后新增贸易留成外汇要拿出一部分支持出口企业的技术改造。

5、进一步调整出口商品结构。要在增加轻工、纺织、农副土特产品出口的同时，下大力量把机电设备、电子产品的出口搞上去。

6、开展对国际市场的调查研究，加强推销和服务工作，进一步开拓新的国际市场。外贸企业要努力改善经营管理，节约费用，减少亏损，降低换汇成本。

利用外资方面

1、拓宽利用外资的渠道。除了进一步加强利用国外优惠贷款之外，还要适当多用一些国外商业贷款。根据平等互利原则，更多地吸收国外直接投资，欢迎国外厂商在北京举办合资企业、合作企业和独资企业。外资的投向主要是生产型和出口创汇型的企业。

2、认真贯彻执行涉外法律和法规，保护国外投资者的正当权益。进一步改善投资环境，努力提高工作效率和对外业务能力，为国外投资者提供优质服务。

3、所有利用外资项目实行集中管理，纳入市固定资产投资计划、利用外资计划和外汇收支计划；借用外资要考虑偿还能力，合资企业的外汇一般要做到自身平衡。

4、大力提高利用外资的经济效益和社会效益。切实做好项目的可行性研究和技术论证，对原材料和能源供应、国内配套条件、产品销售以及外汇收支等，都要一一落实。

第十章 旅游业

“七五”期间，北京市旅游事业发展的主要目标是，提高综合接待能力，初步建成功能齐全的国际旅游重点城市。1990年计划接待入境旅客200万人次，平均每年增长16.4%，外汇收入7亿美元。在发展国际旅游业的同时，要兼顾国内旅游，努力安排好全国各地来京旅游者的接待工作。

主要政策和措施：

1、在国家统一计划下，动员各方面的力量，通过多种渠道筹集资金，加强旅游设施的建设，形成住宿、交通、游览、购物、通信等综合配套的接待能力。对于有发展前途的旅游点和旅游区，要全面规划，有计划地进行开发建设，扩大游客容量。在建设中要讲究实效，注意体现民族风格和地方特色，注意保护历史文物和风景名胜，防止污染环境。

2、按照规划有步骤地建设旅游饭店，注意高、中、低档饭店的合理比例。除已正式签约的以外，今后一般不再建设中外合资饭店，必要时可利用一部分国外商业贷款。“七五”期间新建各种档次的涉外客房2.1万间以上，全市客房达到4万间以上，新建公寓4，000套以上，写字间4，000套左右。

3、扩大旅游商品的生产和销售。把旅游商品创汇视同出口创汇给予同等待遇。多生产具有民族特色、地方特色和对国外旅游者有吸引力的工艺品、纪念品以及其它商品。增设旅游商品的销售网点，改进服务，扩大销售。

4、加快培养旅游业人才。建立和办好培养旅游人才的中专、职业学校和高等院校，筹建旅游培训中心，分期分批地轮训在职人员，提高他们的政治和业务素质。

5、加强宣传工作，提高旅游宣传影片、录像带、印刷品的质量，增加品种和数量，逐步向专题化、系列化发展。要适当增加出国展览，开展在主要客源国的广告业务，加强与邻近国家、地区的旅游合作。要开办多种形式的旅游业务，采取不同的接待方式，适应不同国家、民族、年龄、阶层旅游者的需要。

第十一章 科学技术

一、自然科学

“七五”期间，要把发展科学技术放在十分重要的地位上来。继续改革科技体制，同时采取多种形式，充分发挥首都的科技优势，组织科研、设计单位和高等学校的力量，围绕经济建设的重点和薄弱环节，进行科技攻关，加快科技成果的推广应用，不断提高生产技术水平。继续采取“研究、开发、示范、推广”一条龙的做法，在若干重要领域推广有实用价值的研究成果，并逐步形成生产能力。在积极引进国外先进技术的同时，加速消化、吸收、创新和国产化的步伐，不断增强自主开发的能力。科技成果的开发、推广和应用，要注重经济效益和社会效益的统一。在科研项目安排上，既要注意近期的科技开发和成果的应用推广，又要为九十年代的科技发展和经济振兴做好准备。

“七五”期间，科学研究和技术开发的重点是：

1、微电子技术、生物技术、新型材料、信息技术（计算机技术及光信息技术）、人工智能化、工业过程控制、企业管理自动化等。

2、水资源的合理利用与新能源的开发，城市计算机管理与城市交通现代化管理，环境保护与生态平衡。

3、对引进的先进技术要不断消化、吸收和创新，加快国产化的步伐。

4、大力开发蔬菜、果品、畜禽、水产等的新技术和新品种，为建设郊区的副食品基地提供优质的技术服务。

5、充分利用北京地区的智能优势，逐步建立光导通讯、高分子材料等新兴科学技术基地。

主要政策和措施：

1、继续进行科研机构的改革和整顿，加强科研部门和生产单位之间的横向联系，发展多种形式的科研生产联合体，搞活技术市场，使科研与生产紧密结合起来，相互促进，共同提高。

2、适当增加科技投资，加强实验基地和重点行业科技开发中心的建设。科研事业费和科技三项费用要高于当年地方经常性财政收入的增长。要安排一定数额的优惠科技贷款，以支持工业化试验和“短平快”项目。同时，要争取中央部门的支持，并积极承担国家科技攻关和工业性试验项目。

3、把农业科技成果的推广应用同搞好副食品基地和出口商品基地的建设结合起来。积极组织和实施本市的“星火计划”，发挥各区县的优势，开发和推广十一项成套技术和设备，抓好一百个技术先进的乡镇示范企业。组织一批专家去农村工作或兼职，帮助培养科技人才。

4、加强情报、信息、科普和科技立法等工作，逐步改善情报工作条件。除“六五”已经和正在建设的七个区县科技馆外，“七五”期间要陆续建设其他十二个区县的科技馆。

二、社会科学

社会科学必须坚持以马列主义、毛泽东思想为指导，坚持理论联系实际的原则，坚持理论为社会主义物质文明建设和精神文明建设服务的根本方向。把研究和解决北京市两个文明建设中提出的重大理论问题和实际问题作为主要课题。同时，重视基础理论的研究。

“七五”期间，北京市社会科学研究的重点是，研究北京市经济发展战略和发展有计划的商品经济的道路；结合北京市的经济体制改革和经济建设的实际，研究彼此相互促进的新途径；要从不同侧面研究北京的城市社会问题；从宏观的角度，全面地研究首都城市的综合管理问题；撰写出具有特色的北京通史和若干专史；研究和探讨社会主义文学发展的规律；加强历史唯物论和当代社会发展的哲学研究；在研究中外关系学史的基础上，重点进行与国外大城市的对比研究。

要加强哲学社会科学各群众学术团体的工作，使各群众学术团体成为北京市现代化建设的一支重要力量。

第十二章 教育和人才培养

“七五”期间，要认真贯彻落实《中共中央关于教育体制改革的决定》，按照面向现代化、面向世界、面向未来和德育、智育、体育、美育全面发展的方针，使教育事业在保证质量的基础上有较大的发展。

一、基础教育和职业技术教育

基础教育是发展教育事业的一项重要任务。根据我市具体情况，“七五”期间基础教育分两步走：

1、普及九年制义务教育，1987年城市及县镇地区普及初中教育，1990年农村地区普及初中教育，个别特殊困难的地方，普及初中教育的时间可适当延长。

2、1990年城市及县镇地区普及高中阶段的教育(包括普通高中、职业高中、中专和技工学校)。

1990年全市小学招生16万人，在校生为100万人；初中招生10万人，在校生30万人。

在实施九年制义务教育的同时，努力发展学前教育，继续发展和办好幼儿园（所)，积极搞好盲聋哑残疾人、弱智儿童特殊教育。同时要努力发展少数民族教育。

“七五”期间，全市小学入学人数面临高峰，要充分利用现有校舍，加快统建小区的学校建设，改扩建旧校舍，扩大班级名额，通过各种措施，尽力减少“二部制”。非教育部门占用的小学校舍要限期退还。

要继续大力发展中等职业技术教育，特别要加快发展农村职业教育。做好初中毕业生的合理分流，促进普通高中、中专、技校和职业高中的协调发展。

1990年计划安排普通高中招生3.6万人；全市各类全日制职业学校招生4.9万人，其中：中等专业学校招生1.88万人，技工学校招生1.27万人。

二、普通高等教育

要继续调整专业科类和层次结构，努力改善办学条件，不断提高教育质量，为国家培养出更多的合格人才。

1990年全市普通高等学校全日制本、专科招生4.4万人，其中市属学校招生1.3万人；招收研究生0.9万人，其中市属学校招生0.04万人。“七五”期间，全市共培养本、专科毕业生16万人，其中市属学校4.5万人；培养研究生3.3万人，其中市属学校0.1万人。

发展普通高等教育要切实抓好以下几项工作：

1、扩大高等学校的自主权，加强高等学校同生产、科研和社会其他方面的联系，提高其适应经济发展和科技进步需要的能力。要改革教学内容、教学制度和教学方法，适应现代科学技术和文化发展的需要。

2、调整高等院校的专业和科类结构，加快财经、政法、医科、管理、师范等薄弱学科和专业的发展。教育主管部门和高等学校要扶持社会急需的短缺专业和新兴边缘学科的成长。

3、努力办好重点大学和重点学科、专业。把北工大、师院等重点学校和一批重点学科相对集中的学校办成既是教育中心，又是科研中心。高等学校要积极承担国家的重大科学技术研究任务，学校实验室要逐步向社会开放。

4、继续改革招生与毕业生分配制度。招生计划分为国家招生、委托培养与自费生三种形式。委托培养与自费生不得挤占国家投资形成的培养能力。严格按照国家计划招生，继续实行高等学校定向招生。

5、高等院校的校舍建设已在“七五”计划中尽力做了安排。有关院校应集中力量按照批准的规划完成建设任务。

三、成人教育

稳步发展成人高等、中等教育，加强对在职人员的培训，提高职工的科学、文化和业务素质。

1990年全市成人高等学校在校生人数达到18万人，其中市属成人高等学校在校生6万人。全市成人中等学校在校生达到7万人，其中市属成人中等学校在校生6万人。“七五”期间，市属各类成人高等学校培养专门人才8万人；市属成人中等专业学校培养6.2万人。

成人教育要坚持半脱产与业余学习相结合、长期学习与短期学习相结合的原则，逐步减少脱产学习的人数。要按照成人的特点组织教学活动。并根据科学技术的发展，注意在职职工知识更新的教育。各类成人高等教育要坚持学用一致，讲求实效，避免片面追求“高层次”、文凭和学历的形式主义倾向。

四、发展教育事业的主要措施

1、加强师资队伍建设。要改革师范院校的招生制度，采取推荐和考试相结合的办法，提高入学新生的质量。非师范类高等院校也要承担培养中等教育师资的任务。同时，要加强在职师资的培训，提高教师素质。要重视幼儿师范教育，充实和提高音、体、美等学科的师资水平。要在社会上树立尊师重教的良好风尚，并为教师切实解决一些实际问题。

2、增加教育经费。教育拨款的增长要高于地方财政经常性收入的增长。教育事业费拨款应与在校生人数挂钩，使在校生人均教育费用逐年有所提高。地方征收的教育费附加和与学校挂钩单位自愿捐助的资金，不得挪作它用。继续动员社会各方面的力量关心和支持教育事业的发展。鼓励单位和个人捐资办学。

3、增加教育设施的投资，改善现有院校的办学条件。继续建设北京工业大学、北京师范学院、首都医学院、北京经济学院以及电视大学、电视教育台等。开始建设北京师范学院分院、北京联合大学职业技术师范学院、教师疗养院、教育中心等。新建扩建一批普通中学、职业高中、中专和技工学校。

4、广泛推行广播电视教学形式，电视大学要根据需要和办学条件，逐步增加面向社会招生。积极发展广播电视中等职业技术教育。

第十三章 卫生、文化和体育事业

一、卫生和医药

(一) 卫生保健事业

要进一步增加城乡医疗保健设施，扩大医疗卫生保健队伍，提高医学科学技术水平。要加强医疗事业的科学管理，改进服务态度，提高服务质量，保障人民身体健康。加强卫生防疫工作和卫生防疫队伍的建设，重点防治严重危害人民健康的传染病、地方病、职业病，控制和降低主要传染疾病的发病率。

“七五”期间重点完成天坛、友谊、儿童、同仁、中医以及隆福等一批医院的扩建、改建任务。建成一批县医院、街道医院、防疫站和妇幼保健院，加强农村中心卫生院的建设。建立和健全全市急救系统。五年内，全市城乡医院病床数计划增加8，000张，1990年达到4.6万张。

加速医学教育事业的发展，加强口腔、妇幼、公共卫生、生物医学工程、药学、中药等专业，积极培养中高级医务人员，五年共培养2万名大专学生及中专人才。

大力发展中医，加强中西医结合工作，完善市、区(县)两级中医机构，建立中医科研基地，带动中医科研队伍成长。中医、中西医结合病床达到2，700张。

要积极开展医药科学研究工作，继续发挥在神经外科、显微外科、手外科、烧伤、眼科、微循环、肾移植、小儿呼吸疾病等方面的科研优势，取得新的成果；围绕心脑血管疾病、肿瘤、病毒性肝炎等进行攻关；在大面积流行病学调查防治方面取得新成绩。

(二) 医药

“七五”期间，要加速技术改造，改善生产条件，充实检测手段，调整产品结构，提高产品质量，发展质量高、品种新、疗效好、污染少的产品。

1、化学医药，要把提高制剂水平放在首位，各种制剂要向“三定、三效、三释”的国际水平发展。重点改造北京制药厂，发展多种氨基酸新剂型的大输液。原料药要积极发展维生素类产品，加快半合成抗菌素和头孢霉素抗菌素药品的发展；继续保持抗结核药和避孕药品的优势；开发心血管和哮喘类药品的品种；适当发展营养补剂的生产；研制生化药物和生化试剂。

2、努力提高中成药生产工艺技术水平，挖掘秘方、验方，积极开发新剂型。

二、文化

(一) 文化艺术

文化艺术必须坚持为人民服务、为社会主义服务的方向，把社会效益放在首位。贯彻“百花齐放、百家争鸣”的方针，大力繁荣社会主义的艺术创作，努力反映全市人民在现代化建设中的精神风貌。艺术表演团体要创出新水平，传统剧种要保持自己的艺术特色，在国际交往中扩大中华民族优秀文化艺术在世界上的影响，进一步加强艺术科学研究和民族艺术遗产的挖掘和整理。改革专业艺术团体的领导体制，完善经营管理制度。到1990年，全市要有优秀保留剧目100个左右，大多数演出团体要达到国内一流艺术水平。

(二) 广播电视

广播电视要加强基础设施建设，加强节目制作能力，提高节目推出技术水平和质量，丰富节目内容，增加播出时间，扩大覆盖面。到1990年，全市广播覆盖率要达到95%。全市要有7个频道播放电视节目(其中地方台2个频道)，电视覆盖率要达到100%。建成北京电视台新台，完善调频立体声广播，达到一套节目全天播音。

(三) 新闻出版印刷

新闻出版部门要正确宣传党的路线和方针政策，传播一切有益于经济发展和社会进步的科学技术和文化知识，促进社会经济发展和加强文化、科技知识信息的交流。1990年出版印张计划达到18亿印张，其中：图书7亿印张，杂志2.36亿印张，报纸6.38亿印张，课本2.36亿印张。要不断提高报刊质量，主要报刊要达到全国一流水平，绝大多数报刊要做到思想性强、水平高、信息快、知识新，以适应不同读者的需要。

出版发行工作要坚持把社会效益放在首位，进一步调整出版结构和发行布局，建设图书发行中心。

发挥各方面的积极性，加强印刷行业技术改造步伐，努力缩短印刷出版周期。要把印刷行业作为首都发展的重点行业加以扶持，引进先进技术和设备，重点改造印刷一、二、三厂等一批企业。要加强人才的培养，努力提高印刷行业人员的素质。

(四) 群众文化

要加强基层文化建设，活跃群众业余文化生活，在普及的基础上提高群众文化活动水平。“七五”期间，完成全市19个区县文化馆、图书馆的改造和建设，健全、完善街道和乡一级的文化站，形成市、区(县)、乡、基层四级群众文化网。开始建设首都群众艺术馆、文化艺术活动中心、青少年宫等全市性文化活动场所。

(五) 文物保护、博物馆和档案馆建设

进一步加强文物保护和管理工作，把科学保护与合理利用结合起来，使文物在“四化”建设中发挥更大作用。对全市区、县级以上的600多个文物保护单位有重点地分批分期地进行修缮。要制定文物保护法令、法规，对广大群众进行爱护文物的宣传教育，严厉打击文物走私活动。五年内，基本建完各区县的档案馆。

进一步管好和用好北京地区现有的40座博物馆、纪念馆。要把抗日战争纪念馆和长城博物馆等建设起来。按照国家规定，做好开放历史档案的准备工作。

三、体育

进一步加强体育队伍的建设，大力开展群众性体育活动，提高运动水平，增强人民体质。

1、重点抓好学校体育，从少年儿童抓起。努力增加学校体育设施，加强体育教师队伍，不断提高体育教学水平，使学校成为增强学生体质、培养高水平运动后备人才的重要基地。大力开展群众性的职工业余体育活动。

2、积极配合中央有关部门做好举办亚运会的各项准备工作。亚运会确定的27项新建、改建体育设施，要高标准、高质量地按期建成。

3、加强体育后备力量的培养。要在全市建立初、中、高三级训练网。加强优秀运动队的建设，提高运动员、教练员的素质和水平，争取在第二届青运会、第六届全运会和1990年亚运会等重大比赛中创造优异成绩。

4、要建设市优秀运动员训练基地和市运动学校。各区县要积极创造条件，建设体育场、综合体育馆和游泳场，建设少年儿童训练房、灯光球场等体育设施。

第十四章 环境保护和绿化

一、环境保护

遵循经济建设、城乡建设、环境建设“三同步”的原则，开展区域性的综合整治，力争控制污染的发展，使重点保护目标和局部地区的环境质量有所改善，并完成一批环境保护示范工程，为全市环境质量的根本好转创造条件。

主要目标

1、大气环境质量：风景区、自然保护区达到国家二级标准，市区基本达到国家三级标准。

2、水体环境质量：三大水库及其引水渠等饮用水源达到国家二级标准，市区观赏河湖达到三级标准。

3、环境噪声：除个别地区外，按功能分区基本达到国家标准。

4、城市固体废弃物：市区垃圾做到及时清运，提高无害化处理率。

5、基本解决二环路以内的工业污染扰民问题；工业废渣的综合利用率达到50%以上，处理率达到30%以上；工业粉尘收尘率达到85%以上；工业废水处理率提高到55%左右。

二、绿化

以提高全地区的绿化覆盖率、改善首都的环境质量为出发点，按照建设首都大园林的基本指导原则，实行市区绿化和郊区绿化相结合，大公园、大绿地与小公园、小绿地相结合，点、线、面相结合，绿化与城市建设、治理相结合，乔、灌、草、花相结合。

主要目标

建设市区外缘环形绿化带和9片绿化隔离带边界林，万泉河路、京开路、昌平路等5条放射形绿化带，潮白河、清河、永定河、温榆河四条河流沿岸绿化；开始建设法海寺、大觉寺等五处森林公园；完成土城路、学院路、颐香路等30条市区道路和小月河等十多条河道两旁树木的栽植，发展二、三、四环路的绿化；在石景山、东郊、南郊、燕山等工业区营造防护林带，逐步改造东北郊，八大学院林带；逐步建成香河园、万泉河、刘家窑等四十多处居住区的绿化和小区公园；新建和扩建北土城、水碓、圆明园、万春园等三十处公园绿地；各远郊县城建设一、二处城镇公园，完成主要道路和新建居住区的绿化，并着手建设环城绿化带。山区要大力营造用材林、薪炭林和水土保持林，搞好封山育林。五年封山育林育灌140万亩，造林150万亩。重点抓好5处风沙危害严重地带的整治。

“七五”期间，城市植树750万株，铺草坪500万平方米。到1990年，城市人均占有公共绿地6平方米以上，绿化覆盖率达到28%；远郊县人均占有公共绿地3～7平方米，绿化覆盖率达到30%。

三、主要政策和措施：

1、把保护环境、搞好绿化、保持生态平衡作为城乡规划和建设的重要内容，编制好环境保护和城市绿化的中长期计划。对排放污染物进行总量控制。

2、大气环境保护应以城市建成区为重点，积极发展煤制气、天然气等清洁燃料；发展集中供热和联片供热；推广型煤，减少小煤炉和分散采暖锅炉对大气的污染；三环路以内的工业废气源要基本治理完毕，控制汽车尾气的排放。在城区内安排足够的绿地面积，建设分散、集团式的片林绿地把居民区隔离开，城区边缘建设绿化带。

3、水体保护以保护饮用水源为主。严格执行三大水库及其引水渠道的管理条例，修建永定河引水渠和昆玉段污水截流管；建设密云、怀柔两县污水处理厂，开展以污水资源化为目标的中水道试验工程；以保护饮用水为主，在水源地、河流两岸建绿化带。

4、固体废弃物的处理以城市垃圾和烟灰为主，制定有利于鼓励粉煤灰综合利用技术的经济政策。建设一批垃圾转运站以及卫生填埋场、垃圾焚烧炉及堆肥示范工程。加强对有毒有害物的管理。

5、基本解决三环路以内固定噪声源，逐步禁止拖拉机在三环路及附近居民区行驶。对电磁波和振动源进行全面普查，并制定管理办法。

6、搞好郊区各种农业生态的示范工程，开展生物防治工作，减少农药使用；发动群众开展植树造林，大力增加苗木花卉，防止水土流失。乡镇企业要严格执行国务院有关规定，防止产生新的污染。

7、鼓励资源的综合利用，限期淘汰污染严重的老企业和产品。各类建设工程都必须进行环境影响评价，未经批准不得建设。

8、开辟多种资金渠道，解决环境污染治理和绿化的投资。一是坚持“谁污染谁治理”的原则，促使污染环境的单位将自筹资金优先用于污染源治理；二是全面实行排污收费；三是对局部社会性的污染问题，采取由污染源及受益单位集资的办法；四是对综合整治和搬迁项目，实行优惠政策；五是划分造林的责任区，谁造林谁受益；六是适当增加地方财力对环境保护和绿化的投资。

9、加强各级环境和绿化管理机构，强化环境管理。要建立地方性环保和绿化法规；加强环保宏观战略研究和环境优量预测，围绕环境保护的重大课题，组织科研单位进行攻关；建成全市监测网络。

第十五章　固定资产投资

“七五”期间，要严格控制固定资产投资规模，调整投资结构，保证重点建设，加强和改善对固定资产投资的宏观控制，努力提高投资效果。

全市固定资产投资规模共安排400亿元，平均每年80亿元，基本维持1985年的实际完成水平。其中：中央单位190亿元，地方210亿元；基本建设295亿元，技术改造105亿元。

一、地方基本建设

投资规模五年共安排125亿元，比“六五”实际完成增长67.6%。

（一）安排原则：

“七五”前两年的基本建设规模，要控制在1985年的水平上，主要安排竣工和续建项目，严格控制新项目；后三年根据财力和物力的可能，适当安排必须建设的新项目。安排重点是：

1、继续把城市基础设施建设放在各项建设的首位。

2、增加教育、科学投资，积极安排文化和医疗保健设施的建设。

3、切实安排好亚运会设施和已签约的涉外项目的建设，争取多建成一些旅游服务设施。

4、适当增加农业、工业、商业等生产性建设投资，坚决压缩办公楼、各种中心等非生产性建设，适当安排住宅建设。

（二）投资规模安排和投资结构

城市基础设施建设安排40.4亿元（包括住宅，下同），比“六五”实际投资增加1倍。主要用于供水、排水、供气、供热、城市道路、地铁、环境保护、污水处理、环境卫生和园林绿化等。

科教文卫部门安排11.2亿元，比“六五”实际投资增加1倍。主要安排各类学校、科研单位、文化体育设施和医院建设。

商业、旅游部门安排22.4亿元，比“六五”实际投资增加90%。主要用于居住区网点配套，改造和建设新的区级商业中心以及个别的市级商业中心；建设档次结构合理的饭店、旅馆，基本解决国内外旅客住店难问题。

工业部门安排30亿元，主要用于发展适合首都特点的食品、电子、轻纺、建材等工业项目，使首都工业稳步增长，保持发展后劲。

农林水利部门安排5.8亿元，主要用于科研成果推广、水利工程配套、饲料工业和禽、奶、蛋等农产品加工工业。

政法部门安排2.8亿元，主要用于公检法业务用房、劳教和劳改设施、消防设施、交通指挥设施等。

区县安排6.3亿元。

其他投资6.1亿元（包括落实私房政策用房）。

在各部门投资中，用于住宅建设的投资约30亿元，可建成住宅1，000万平方米左右（包括中央部门共2，000万平方米以上）。

（三）努力提高投资效益

1、建立和健全管理制度，严格按基本建设程序办事。建立项目评估制度。列入计划的重点建设项目，要保证必要的资金、材料、设备，按合理工期组织施工。

2、用于基本建设的自筹资金，必须符合国家有关规定，并且要专户存入建设银行，存足半年方能使用。银行贷款和信托投资不能作为自筹资金使用。

3、推行投资包干和设计、施工招标投标经济责任制。依靠必要的行政手段和经济杠杆调节作用，促使建设单位和设计、施工单位提高效益。

（四）整顿提高建筑施工企业

1、以端正企业业务指导思想、纠正不正之风、加强企业管理、提高队伍素质为主要目标进行一次全面整顿。通过整顿，使工程质量有明显的提高，施工周期有所缩短，文明施工有较大进步，社会信誉逐步提高。经过几年努力，使北京建筑业进入全国的先进行列。

2、积极推进建筑业管理体制改革，除特殊工程外，新开工程都要努力创造条件，实行招标承包。同时要完善企业内部各种形式的经济责任制，改进“百元产值工资含量包干”、“流动资金由工程拨款改为贷款”等办法。

3、坚持质量第一的方针，建立和健全质量保证体系，确保工程质量达到设计功能和质量标准。

4、整顿和提高城乡集体施工队伍，加强质量监督，依靠自身的积累，提高施工装备水平。

二、技术改造

大力促进技术进步，积极采用国内外先进技术，改造传统产业，更新传统产品，使一批企业的装备水平、生产技术和产品质量性能有显著提高。

“七五”期间，安排地方技术改造措施投资85亿元，比“六五”期间增长57%。其中：工业技术改造的规模约60亿元。

技术改造要有重点、有步骤地进行，重点抓好以下三类企业的技术改造：

1、生产技术、管理水平在行业中领先，改造后能在赶超国际水平中起示范带头作用的大中型骨干企业；

2、关系国民经济全局但技术装备比较落后的老企业；

3、承担出口创汇（包括顶替进口）任务较多的轻纺、食品企业和有出口潜力的机械电子企业。

所有企业的技术改造，都要以提高经济效益为中心，大力提高产品的质量和性能，节约能源，降低原材料消耗，开发新的花色品种，扩大优质名牌、短线和出口产品的生产能力。同时，要加强和改善劳动保护设施，治理环境污染。

机械电子工业担负着装备国民经济各部门的任务，必须在技术改造上超前一步。要以产品为“龙头”，以升级换代为目标，搞好生产基础件、元器件、基础机械和提供成套技术装备的骨干企业的技术改造。

主要政策措施：

1、逐步调减调节税，有步骤地提高企业的固定资产折旧率，进一步增强企业自我改造能力。

2、根据“七五”计划的要求，制定切实可行的行业规划，按照专业化协作和经济合理的原则，促进企业的调整和联合，把技术改造同行业调整、企业结构改组结合起来。

3、各行各业在技术改造中，都要根据国外技术发展的趋势和本行业的技术发展政策、技术装备政策，引进适用的国外先进技术。

4、运用经济的、行政的手段，从价格、信贷、税收等方面实行优惠政策，促进企业的技术改造。

三、技术引进

技术引进要有重点、有步骤地进行。从企业来说，要放在大中型企业和能够出口创汇或生产顶替进口产品的项目上；从引进内容来说，要放在引进软件技术和必需的关键设备，特别是原材料、基础件、元器件的生产技术、基础工艺技术上。

主要政策和措施：

1、加强引进项目的行业管理，防止重复引进，利用经济手段和行政手段加强宏观管理和监督。积极开展招标工作，凡是按国家规定必须经过国内招标并能解决的机电设备，以及已经实现国产化的设备，不得进口。

2、做好技术引进项目的论证和可行性研究，认真进行审议、评估，避免失误。

3、在引进技术的同时，认真规划和组织消化吸收工作，并安排引进相应的管理手段和检测手段，以增强自主开发能力，提高国产化水平。

4、根据行业和项目的不同情况，采取多种形式进行技术引进。除许可证贸易、专有技术转让、顾问咨询外，还要采取合作生产、合作设计、合作研究、合作开发等各种技术合作形式，引进适用的先进技术。

在扩大技术和设备引进的同时，要通过多种方式和多种渠道，扩大国外智力的引进。要在产品开发、技术设计和工程施工等方面，加强同国外工程技术人员的合作；在经营管理方面，聘请国外专家进行指导和咨询。

第十六章　城市建设

“七五”期间要继续把城市基础设施放在城市建设的首位，使首都的供水、供气、供热、供电不足和通讯不畅、交通紧张等状况进一步得到缓解。

供水方面，主要建成水源九厂一期工程和城子水厂以及配套的输水管线，新增城市日供水能力50万吨以上。供气方面，主要建设华北油田天然气进京工程、焦化厂改造、首钢煤气工程和发展煤气用户，基本实现市区居民炊事煤气化。供热方面，主要建设左家庄供热厂二期工程、石景山热电厂供热管网、二热尖峰锅炉等工程，使集中供热面积由现在的916万平方米增加到3，000万平方米左右。城市道路方面，主要是建成东南三环路、外二环路及相应的一批立交桥，打通部分卡口，修建复兴门地铁折返线等，开始修建复兴门至建国门的地铁工程，使城区交通堵塞状况有所改善，南部交通出城难问题有所缓解。环境建设方面，主要建设密云、怀柔两个污水处理厂和高碑店污水处理厂、西郊污水干线和市区污水管线，部分治理通惠河、凉水河等河湖，建设垃圾堆放场和无害化处理厂，进行环境综合治理，搬迁一批严重污染扰民的工厂以及城市绿化等。适当安排公共交通车辆的购置，场站建设和市政工程拆迁用房等。与此同时，还要争取国务院主管部门的大力支持，扩建邮电通信设施，扩大民航客运能力，改造铁路客站，以改善北京对外交通通信联系。

住宅建设要和新区开发、旧城改造以及市政工程拆迁用房等统筹安排。旧城改造要改变过去那种单靠国家投资的办法。除地方财力逐年安排外，要充分调动各方面的积极性，以多种方式集资，进行成片改造。

要对各类开发建设公司进行整顿，建立和健全管理制度，禁止房屋自由交易，对高价倒卖房屋的不法行为要严肃查处。

第十七章 财政、金融

财政金融部门要研究生财、聚财、用财之道，管好、用好各项资金，积极支持经济体制改革，保证生产、建设和各项事业的顺利发展。

一、预算内财政收支

要在加强管理，不断提高经济效益的基础上，争取财政收入与生产同步增长。五年内，地方财政收入平均每年递增6%，1990年达到67亿元；五年累计300亿元。

地方财政支出，根据国家核定北京市的分成比例，加上城市维护建设税和超收留成的能源交通重点建设基金，“七五”期间地方可以使用的财力为185亿元左右。按照陈云同志关于“一要吃饭，二要建设”的指示精神，首先安排各项经费支出，计143亿元。在安排时，教育、科研、农业等方面经费的增长，都高于经常性财政收入增长的幅度，城市维护费也将相应增加，行政管理费要严格控制。用于基本建设的资金五年共计安排42亿元，不足部分，市政府将制定具体筹集资金的政策和措施来解决。

为了求得财政收支的平衡，必须大力增收节支。要在发展生产、搞活流通、提高经济效益上狠下功夫。增加财政收入关键在税收。按照国家税收体制和政策的有关规定，加强税收的征集和管理，坚持每年开展一次财务税收大检查，以保证财政收入任务的完成和超额完成。要严肃财经纪律，加强财务监督管理，提高资金使用效果。要压缩一切不合理的支出，严格控制社会集团购买力。

由于“七五”期间财政体制将进一步改革，收支安排在年度执行中会有必要的调整。

二、预算外资金

“七五”期间预算外资金约300亿元，1990年将达70亿元。加强预算外资金的管理，引导好预算外资金的使用，是计划、财政部门的重要任务。预算外资金要有半数以上用于企业改善生产条件、更新设备、发展新产品和建设职工住宅，并要留出一部分补充流动资金。用于奖励、福利的资金要按照国家有关规定适当控制。各级管理部门和企事业单位，都要加强预算外资金的管理，合理调整资金的使用方向。财政、审计部门要加强对预算外资金的监督、检查。

三、银行信贷

信贷是调节资金、支持生产、搞活流通、控制基本建设规模和消费基金过分膨胀的重要经济杠杆。1990年地方各银行存款余额计划达到249亿元，比1985年增加93亿元，其中企业存款增加31亿元，城镇储蓄存款增加47亿元。各银行贷款余额达到257亿元，比1985年增加132亿元，重点用于增加流动资金，对固定资产投资贷款要严格按照计划执行。“七五”期间计划回笼货币126亿元。

为缓解信贷资金紧张的矛盾，要把发展储蓄、增加存款作为银行的工作重点，大力发展储蓄网点，城市规划部门要给以支持；同时发展邮政储蓄，开展机关、企事业单位储蓄代理业务。对某些经济效益好、投资收回快的项目，经过批准，可以有计划地发行股票和债券。要加强信贷资金管理，坚决压缩不合理的资金占用，及时回收到期贷款和逾期欠款，加速资金周转。要灵活调剂和融通资金，提高资金使用效益。要提高银行服务质量，采用现代化手段提高工作效率。

四、保险事业

要以为生产和人民生活服务为宗旨，更好地发挥保险事业的经济补偿作用，使本市保险事业有个较大的发展。初步建立以法定形式和自愿形式相结合的保险制度。五年保险费总收入计划10亿元，比“六五”增长3.9倍，平均每年递增27%。其中，涉外保险业务保费总收入计划8，000万美元，平均每年递增30%。赔付率预测可控制在35%以内。

为实现上述目标，要努力扩大服务领域，不断增设适应社会和群众需要的保险种类；改革过时的或不合理的保险条款、制度、手续，提高服务质量和办事效率，方便企业和群众；把人身保险特别是养老金保险，作为发展的重点，对集体企业职工养老金实行法定保险；采取低保额、低费率，为农业生产提供必要的经济保障和更广泛的保险服务；为中外合资企业和国际交往提供更加灵活多样的保险服务项目，争取更多的外汇收入。

第十八章 物资平衡

努力组织物资资源，节约物资消耗，是保证生产建设顺利进行的重要条件。随着物资管理分配体制的进一步改革，国家统一分配的物资种类和数量都将逐步减少，主要物资的供需矛盾仍然较大。按照目前我市主要物资的供应水平（包括国家分配和市自行组织）测算，钢材五年累计约可分配460万吨，而需要600万吨以上；木材五年累计约可分配300万立方米，需要450万立方米左右；水泥五年累计约可分配400万吨，需要900万吨左右。为此，必须大力组织开发物资资源，做好全社会的物资平衡。

主要政策措施：

1、市分配的主要物资，首先保证指令性生产计划和重点建设项目的需要，市场紧缺的耐用消费品所需的原材料也要优先安排。对其余产品、项目等所需的物资，主要通过市场调节解决。

2、千方百计开发物资资源：

（1）对水泥等建筑材料要加快计划项目的建设进度，力争早投产，早发挥效益。

（2）各级物资部门都要利用现有条件，建设各种类型的物资市场，吸收外地资源，调剂本市库存，搞活物资流通。建设一座大型综合性的生产资料贸易中心。

（3）加强横向联系。各级物资部门和使用单位，都要发挥各自的优势，开展地区、部门、行业之间的协作，开发物资资源，建立原材料基地。

（4）首都钢铁公司和首都水泥厂在完成国家指令性计划后，超产的钢材和水泥要首先解决本市的需要。

（5）安排必要的外汇，进口钢材（关键品种）、木材、有色金属、化工原料等重要原材料。

3、要把节约一切原材料摆在重要位置。特别是要把节约代用木材作为一项长期任务，认真抓好。各生产、建设单位，都要加强原材料的管理，努力降低单耗定额，采取切实措施压缩库存，杜绝浪费，使有限的物资发挥更大的效益。

4、加强废旧金属的回收和利用。

第十九章 人口、劳动和社会保障

一、人口

严格控制城市规模和人口的增长，是坚定不移的方针。“七五”期间，达到婚育年龄的青年人数处于高峰时期，必须坚持实行计划生育。城镇要继续推行晚婚晚育和一对夫妇只生一个孩子，坚持避孕为主的方针，推行综合避孕措施。要普及避孕节育、优生优育和妇幼保健等科学知识，加强计划生育的科学研究和成果推广，保证避孕药具的生产与供应。在切实控制人口自然增长同时，要采取有力措施，严格控制人口的机械增长。

全市常住人口，1990年控制在1，020万人，比1985年增加62万人。其中城镇人口620万人，五年人口机械增长控制在15万人左右，自然增长率控制在8‰以内。

二、劳动

“七五”期间，全市新增劳动力资源90万人，其中城镇50万人，农村40万人。城镇新增劳动力，主要安排补充自然减员，中央和地方所属全民和集体所有制单位净增职工12万人左右。到1990年底，全市职工人数将达到395万人。农村新增劳动力，除补充自然减员外，净增22万人左右，按照“离土不离乡”的原则，主要流向第三产业。到1990年农村劳动力人数将达到210万人左右。

“七五”期间，要进一步加强劳动管理，要求工业企业的劳动生产率平均每年提高5.5%，商业、建筑业、交通运输业等也都要努力提高劳动效率。今后除新建企业可按合理定员增加职工外，原有企业主要靠采用先进技术、改革分配制度和提高职工素质来解决。鼓励企业组织多余职工发展第三产业。要继续改革和完善招工制度，坚持“择优录用”和“先培训后就业”的原则，贯彻“三结合”的就业方针，鼓励集体组织就业和个人自谋职业，并为他们提供方便条件。行政事业单位的编制要严加控制。

三、社会保障事业

按照有利生产、保障生活的原则，逐步建立、改进各种类型的社会保险制度，改进和完善社会福利、社会救济与优抚工作。

社会保险制度，要坚持社会化管理与单位管理结合，以社会化管理为主。根据机关、事业单位和企业的不同特点以及多种形式、多种用工制度并存的状况，逐步建立机关和事业单位、不同所有制企业以及城镇个体劳动者的社会保险制度。要逐步推行职工退休费用社会统筹的办法，根据以支定收、略有节余的原则，统一提取退休基金，调剂使用，改变目前部门之间、单位之间负担不均的状况。进一步改革公费医疗和劳保医疗制度。

社会福利事业。要逐步建立、改善社会保障体系和设施，增加托儿所、幼儿园、老年人和残疾人活动中心以及社会福利院、养老院、疗养院等，为儿童、老人、残疾者提供免费或低费的社会服务，为劳动者提供更多的休养场所。

要通过多种渠道设立各种社会保障基金，以企业和有收入的事业单位交纳为主，逐步由国家、集体和个人三者合理负担。

“七五”期间，计划修建两所市属社会福利院和部分区、县属的社会福利院，使全市社会福利院总床位达到1，900张。修建儿童福利院和精神病疗养院。

社会救济与优抚工作。要进一步做好保障残疾人的生活、抚恤烈士家属、优待军人家属的工作。根据财力的可能，适当调整抚恤和社会救济标准，保障社会困难户和受灾群众的基本生活。妥善解决盲聋哑人员的劳动、生活问题。

第二十章 居民收入和消费结构

在发展生产和提高经济效益的基础上，不断改善城乡人民的物质和文化生活。

一、居民收入

1990年，平均每个农民的纯收入达到1，040元，平均每年增长6%。全市职工平均工资达到1，630元，平均每年增长4%。城乡人民实际消费水平平均每年增长5%左右。

要认真贯彻按劳分配的原则，克服平均主义，同时也要采取措施，解决社会成员之间收入过分悬殊的问题。要保持和发扬艰苦奋斗、勤俭建国的优良传统和作风。要控制消费基金的过快增长，认真实施奖金税、工资调节税、城乡个体工商户所得税等，研究改进个人所得税法。要改进工资的管理体制。对全民所有制单位的工资总额实行指令性计划，对城镇集体所有制单位的工资实行指导性计划。所有单位都要严格执行国务院颁布的《工资基金暂行管理办法》，有关部门要切实加强监督和管理。

二、消费结构

1990年与1985年相比，城乡居民实际消费水平将提高28%左右，居民消费结构也将发生变化。食品消费比重将由52%下降到49%，穿着消费比重基本维持在14%的水平，用的商品消费比重由24%上升到26%，住房消费比重将有所上升，用于文化、生活服务的消费比重上升到8%。

要努力增产适合首都人民需要的工农业消费品，使首都居民的消费更加丰富多彩。吃的方面，要适应人民讲究营养、卫生、方便的要求，努力满足不同消费者的需要。穿的方面，要适应人民讲究美观、新颖、应时的要求，大力供应各类新型织物和中高档服装。用的方面，要积极组织供应各种家用电器、成套家具、室内装饰材料以及新型厨房设备等。烧的方面，要尽量增加清洁燃料。住的方面，要努力解决无房户和困难户的住房问题，并使人民的居住条件逐步得到改善。

要加强对居民消费的引导，制定政策措施，促进消费结构向合理方向发展。

第二十一章 国土开发和整治

“七五”期间，要按照自然规律和经济规律的客观要求，认真进行国土开发和整治工作。

一、编制以2000年为目标的全市国土规划纲要。近期内，主要完成潮白河流域的顺义、通县、怀柔、密云、延庆等县的国土综合开发规划。与天津市、河北省共同完成京津唐地区国土规划的编制工作。还要着手编制本市的国土法规。

二、继续开展国土开发的综合研究和评价。从本市当前存在的城市规模过大、人口膨胀、水源不足、交通拥挤、环境污染等问题入手，综合研究合理的经济发展速度、城市建设规模、人口疏导方案和交通布局等问题。

三、把水土保持、防风治沙等国土综合整治工程纳入首都现代化建设轨道。对水土流失严重的地区要逐步治理，“七五”期间，重点治理怀柔至密云、房山至门头沟两个暴雨中心。要改革治理水土流失工程的管理办法，因地制宜地推广家庭承包小流域治理方式。

落实国家安排的“三北”防护林建设规划和北京、天津、张家口、承德、唐山的三市两地造林绿化规划。配合有关单位，开展对郊区防风治沙的研究，切实采取措施，控制沙漠的侵蚀蔓延。

水土保持、造林绿化和防风固沙所需的资金，采取由市和区县共同筹集的办法解决。

四、加强城乡土地管理，切实保护耕地。“七五”期间，城市建设占用的耕地要严格控制在规划的范围之内。农村非农用占地必须大力压缩。要着手编制全市土地利用总体规划，制定土地使用条例。

五、加强地质工作。进行以水为主的各类地质资源的研究，重点抓好水文地质、工程地质和环境地质的综合研究。加强对规划区范围内的回灌、调蓄和水质的监测保护。积极开展对密怀顺地区和通县的地面沉降、地下水位下降、水质动态变化的研究。逐步完成卫星城水源基地的勘察。继续做好地质找矿、找水工作。要扩大地热资源的勘察面积，完成地热普查评价，力争找到二、三个可供开发的热田。在运用遥感技术的基础上，开展对山区航空照片的解译工作，为山区农业、林业发展提供资源开发的地质资料。

第二十二章　经济体制改革和横向经济联合

按照国家的统一部署，继续深入进行经济体制改革，进一步理顺各方面的关系，充分调动广大企业和全体劳动者的积极性和创造性。

一、继续搞活企业特别是全民所有制大中型企业。要在坚持社会主义公有制为主体的前提下，继续发展多种所有制形式和多种经营方式。继续从改善企业外部条件和深化企业内部改革两方面下功夫。按照国家的部署，有步骤地减免调节税，适当提高折旧率。逐步实行厂长(经理)负责制，完善企业内部的经济责任制，改革企业的工资奖励和劳动制度，进一步扩大企业的生产经营自主权，增强企业自我积累、自我改造和自我发展的能力。

二、进一步发展社会主义的商品市场，逐步完善市场体系。在生产发展的基础上，继续适当减少国家统一分配调拨产品的种类和数量，完善农副产品合同定购制度，大力发展跨地区、跨部门的商品流通，不断扩大消费品市场和生产资料市场。根据需要和可能，有步骤地开拓和建立技术市场、资金市场。

三、坚持稳步前进、调放结合的原则，进一步改革价格体系，重点是有计划、有步骤地解决能源、原材料等生产资料价格偏低的问题。结合工资改革，逐步合理地调整房租和劳务收费标准。

四、建立新的社会主义宏观经济管理制度。进一步改革计划体制，适当缩小指令性计划的比重，扩大指导性计划和市场调节的范围，逐步加强和完善间接控制体系，把计划工作的重点逐步转到主要运用经济政策、经济杠杆和对宏观经济进行管理与调节的轨道上来。适应政府管理经济职能的变化，要充实和加强综合性经济管理部门和经济检查监督机构。

五、大力加强横向经济联合。

充分发挥首都政治和文化中心的作用，进一步打破条块分割和地区封锁，敞开门户，按照扬长避短、形式多样、互利互惠、共同发展的原则，开展多种层次、多种内容和多种形式的横向经济联合。

1、在自愿互利的基础上，以本市的拳头产品为龙头，积极发展原材料生产与加工企业之间的联合，生产企业与科研单位(包括大专院校)之间的联合，民用与军工企业之间的联合，工、农、商、贸企业之间的联合，逐步形成不同形式、不同层次的企业群体或企业集团，促进资金、设备、技术和人才的合理交流。

2、坚持走“白兰道路”，郊区县与城市的工业、商业、科研单位，通过产品扩散、联合开发、产销直挂等多种渠道和方式，积极发展城乡之间的横向经济联合。

3、积极同承德、保定、张家口、唐山、廊房等邻近地区建立更加密切的横向经济联系。依靠各地的特点和优势，建立若干比较稳定、长期的生产资料和生活资料供应基地，首先是建立蔬菜和食品生产供应基地。

4、有计划地开展与全国其它地区的横向经济联合。一是把不适于在首都发展的高能耗和原材料短缺的工业产品有计划地转移到能源和原材料资源富裕的省区；二是在兄弟省区建立若干长期、稳定的羊毛、纸浆、啤酒大麦、皮革等原材料生产基地；三是继续引进各地的名、优、土、特产品和风味食品。欢迎兄弟省、市、自治区来京兴办为人民生活服务的第三产业。

5、根据首都生产建设发展的需要，积极开展物资协作、串换工作。

6、继续发挥首都科技优势，努力发展同兄弟省、区的技术协作；继续加强同内蒙古自治区等的对口支援工作。

第二十三章　经济信息

加强经济信息工作的基本目的是为各级党政领导的经济决策服务，为制订国民经济和社会发展计划服务，为促进生产、流通和搞好分配、指导消费服务，为提高企业和社会的经济效益服务。

要进一步健全和完善北京市经济信息管理系统。

在健全多层次的经济信息网络，抓好传统手段信息的基础上，加强信息预测手段的现代化建设。大力开发信息资源，扩大业务范围，提高服务质量。要把加工整理已有的信息和开发新的信息资源相结合，统计过去和预测未来相结合，开发纵向信息资源和开发横向信息资源相结合，更好地为首都的现代化建设服务。

北京市经济信息自动化管理系统，要利用现代化信息技术、经济数学和科学管理方法，搞好信息的收集、加工、处理、存储和传递工作，为各级政府及经济主管部门提供及时、准确的经济信息及有关社会信息。要进一步加强统计信息和统计监督工作，坚持实事求是原则，及时反映国民经济和社会事业发展的情况，开展统计分析和经济预测，搞好投入产出统计，为宏观控制和决策提供准确、灵通的信息；为各级计划部门编制经济社会发展中长期计划、年度计划等提供定量的科学分析依据及优选方案。要为各级政府、经济主管部门的事务管理、办公自动化提供技术服务，还要为基层企业的生产、经营活动提供信息咨询服务。

北京市经济信息自动化管理系统的建设重点是以经济信息中心为枢纽的主系统，与中央各部门、各省市逐步建立联系。市计划统计计算站是市经济信息自动化管理系统的中心处理站，承担计划、统计、预测、辅助决策等多方面的数据处理业务。要形成市、区县局两级自动化管理网络的雏形，局部实现办公自动化。要建立、健全和完善全市宏观经济数据库，实现市委、市政府机关与市计划统计计算站的联机检索、查询；要加强经济预测工作，建立为宏观经济管理与调节服务的软件方法库和数学模型库，逐步实现决策科学化；要培养和造就一大批既懂经济、又掌握现代化管理方法和手段的新型管理人才。各区、县、局要根据自己的特点和条件，逐步建立起信息收集、反馈系统并与主系统联结。对于信息量多、对国民经济影响较大的部门及有条件的单位，要尽快建立起现代化的信息管理系统。首先要抓好西城区和通县的试点工作，尽快建立起区域性信息自动化管理网络。

建设北京市经济信息管理系统，要由中央、地方、企业共同投资完成。要本着保证重点，讲究实效的原则，先易后难，由点到面，分批实施。各个子系统的建设，要与主系统保持兼容与通话能力，避免盲目上马和重复建设。

第二十四章　社会主义精神文明

“七五”期间，要把社会主义精神文明建设放在突出重要的地位。经过若干年的努力，使北京成为全国社会秩序、社会治安、社会风气和道德风尚方面最好的城市。

一、切实加强和认真改进思想政治工作

思想政治工作是经济工作顺利进行和健康发展的保证。要继续深入进行坚持四项基本原则的教育，爱国主义、集体主义教育，“有理想、有道德、有文化、有纪律”的教育，社会公德和职业道德教育。这些教育要与每一阶段的形势和任务，特别是与正在进行的改革紧密结合起来。继续大力开展“五讲四美三热爱”、“军民共建文明单位”、“做文明市民、创文明单位、建文明城市”、共产主义义务劳动等活动，使广大干部和群众逐步树立艰苦奋斗的共产主义远大理想，振奋建设社会主义的献身精神，提高思想道德水平。北京市各级政府要在坚决纠正各种不正之风方面走在全国前列。要建立起适应新时期特点和要求的强有力的思想政治工作体系，加强党对思想政治工作的组织领导，按照革命化、年轻化、专业化、知识化的要求，调整、充实和加强专职政工干部队伍。充分发挥工会、共青团、妇联以及各种群众组织和社会团体的作用，积极探索新时期思想政治工作的新规律和新方法。

二、继续加强社会治安的综合治理

要继续严厉打击严重刑事犯罪和严重经济犯罪。坚持以事实为根据，以法律为准绳，从大案要案抓起，稳、准、狠地坚决打击各类犯罪分子。经过几年的努力，使刑事案件发案率降低到历史最低水平。要大力加强对青少年的教育，降低低龄犯罪率。继续办好工读学校，抓紧对后进青少年和轻微违法犯罪青少年的帮教工作，妥善安置解除劳教、少管和刑满释放人员。各区县要力争建立一、二个安排劳改释放人员就业的企业，实行社会就业和专门就业相结合，使他们生活上有出路，思想上有帮教，减少重新犯罪。要进一步建立和健全公共场所管理责任制，整顿好社会公共秩序。要高度重视和采取有效措施，减少重大火灾和其它治安灾害事故。

要继续加强执法机构的建设，充实队伍，提高人员素质。执法工作要坚持和群众相结合的原则，进一步建立和健全各单位内部的安全保卫责任制，搞好治安联防工作。各街道、乡和大中型企业要普遍建立法律工作机构，整顿和健全调解队伍，依法调解民事纠纷和经济纠纷。

三、加强社会主义民主与法制的建设

要进一步加强社会主义民主。各级政府都要十分尊重并接受同级人民代表大会及其常设机构的监督，认真处理人民代表和政协委员的各项提案、建议。要重视群众来信来访。

要在认真贯彻全国人大常委和国务院、市人大常委制订的各种法律、法规的同时，继续建立和健全地方行政法规，逐步形成完整配套的城市管理的法规体系，用法律规章来规范人们的行为，调整社会生活和经济生活中的各种关系。

要按照中央有关部门的部署，抓好法律常识的宣传和学习。在普及《宪法》、《刑法》等全国性重要法律教育的同时，还要组织全市人民学习和掌握北京市地方法规。大学要普遍增设法律课，中小学要把法律常识列入教育计划。

注：1990年的国内生产总值、国民收入、郊区社会总产值、社会商品零售总额等均按1985年价格计算。

关于北京市一九八六年国民经济和社会发展计划草案的报告

——一九八六年五月十四日在北京市第八届人民代表大会第五次会议上

北京市计划委员会主任　王　军

各位代表：

北京市第八届人民代表大会第一次会议审议通过的“六五”计划，在全市人民的共同努力下，已经胜利实现。有关“六五”和一九八五年计划的执行情况，陈希同市长已经作了详细说明。现在，我受市政府的委托，向大会提出北京市一九八六年国民经济和社会发展计划草案，请予审议。

根据第六届全国人民代表大会第四次会议通过的我国“七五”计划和一九八六年计划，北京市一九八六年国民经济和社会发展计划的基本任务是：继续贯彻中央书记处的“四项指示”和党中央、国务院的“十条批复”精神，按照中央的统一部署，做好经济体制改革的巩固、消化、补充、改善工作，严格控制地方固定资产投资规模，防止消费基金增长过快，在提高经济效益的前提下，使生产保持适当的增长速度，努力改善宏观管理，保持财政、信贷、物资、外汇的基本平衡，使全市国民经济和社会事业继续稳定、协调地发展。

计划草案安排，全市社会总产值达到510亿元，比去年增长5.8%；国民收入205亿元，比去年增长5.7%；国内生产总值275亿元，比去年增长7%；工农业总产值372亿元，比去年增长6.4%。

下面就计划安排中的几个主要方面作简要说明。

一、农业要在稳定粮食产量的前提下，促进农村经济的全面发展。

郊区要继续贯彻“服务首都，富裕农民，建设社会主义现代化新农村”的方针，有计划、有步骤地调整产业结构，发展多种经营，改革和完善流通体制，按照专业化、商品化、现代化的要求，建设更加稳定的副食品基地。计划草案安排，郊区工农业总产值达到80.9亿元，比上年增长10%。粮食产量200万吨（40亿斤），牛奶产量14万吨（2.8亿斤），商品蛋12万吨（2.4亿斤），生猪收购170万头，肉鸡产量650万只，淡水鱼捕捞量1.75万吨（3，500万斤），干鲜果品19.5万吨（3.9亿斤）。

农业是国民经济的基础，粮食是基础的基础。为了稳定粮食产量，适当增加了农业生产和建设的资金，增加了支持农业生产的各项补贴。各个区县也要认真执行“以工补农”的方针，引导农民增加对农业的投入。粮田面积要相对稳定，必须采取措施严格控制粮田面积缩减过多的问题。要加强农业科研和技术推广工作，提高粮食优良品种的比重，增加施肥量，努力提高单位面积产量。

要继续贯彻农业生产为城市服务的方针，加强副食品基地的建设。蔬菜的生产和供应要坚持“近郊为主，远郊为辅，外埠调剂”的原则。蔬菜生产要切实抓好三个环节：一是确保蔬菜的种植面积，近郊不得少于17万亩，远郊要力争达到4万亩左右，这是保证蔬菜产量的基本措施；二是认真落实蔬菜产销合同，农商双方都要严格履行；三是坚决执行市政府制订的发展蔬菜生产、保证蔬菜供应的各项经济政策和规定，充分调动菜农的积极性。同时，商业部门要同邻近地区加强协作，建立蔬菜生产供应基地，抓紧外埠菜的收购调运工作，力争今年蔬菜的生产和供应比去年有较大改善。要继续大力发展牛奶、鸡蛋、禽类、淡水鱼、瘦肉猪和干鲜果品的生产、尽先保证首都市场需要。要进一步改革和完善农副产品的流通体制，实行产销直接挂钩，发展农工结合、农商结合和农工商结合的新型商业和跨地区联营，加快农副产品批发市场的建设，为农副产品进城创造更好的条件。

本市乡镇企业近几年有了很大发展，对改善工业布局、活跃农村经济、增强支农能力、增加农民收入起了重要作用。今年要进一步搞好整顿，加强管理，发展横向经济联合，努力提高经济效益。各区县要根据各自的经济情况和资源条件，调查市场需求，确定乡镇企业的发展方向和重点，努力避免盲目性。当前，主要发展农副产品加工、采矿、为大工业配套的工业、商业服务业以及为产前、产后服务的第三产业。行业主管部门要协助和指导各区县搞好乡镇企业的发展规划。乡镇企业的发展主要依靠自身的积累，要量力而行。财政、税务和银行等部门，要根据有关规定，择优给予扶持。乡镇企业增加的收入，要拿出一部分用于支持种植业和林、牧、渔业，促使农村各业的经济利益合理分配，各项生产得到协调发展。近郊区特别是规划市区范围内要严格控制新建乡镇工业企业。近郊农村有资金和技术的，可到远郊实行联营。今年乡镇企业总收入将达到60亿元以上，比去年增长16%。

要采取切实措施帮助山区37个贫困乡逐步改变面貌。全市各行各业和有关区县都要认真贯彻市人大常委、市政府的有关决议和各项政策规定，有计划、有重点地在资金、物资、技术等方面扶持他们搞好生产建设，尽快帮助解决当前存在的吃水、交通、造林等实际问题。各个贫困乡要发扬自力更生、艰苦奋斗的精神，依靠自身的力量，充分利用本地的各种资源优势，发展生产，改善生活，逐步改变贫困面貌。

二、工业生产要以提高产品质量和经济效益为中心，保证生产持续、稳定地增长。

计划草案安排，钢材产量222万吨，煤炭889万吨，水泥259万吨，汽车5.6万辆，电视机80万部(其中彩电40万部)，电冰箱21万台，洗衣机70万台。铁路货运量2，900—2，940万吨，公路货运量4，378万吨，城市公共交通客运量32.8亿人次。工业实现利税增长6%，全员劳动生产率提高5.5%，万元工业产值能耗降低5%，水耗降低6.5%，产品质量稳定提高率保持90%，定额流动资金周转加速3%。

工业部门要把提高产品质量和降低燃料动力、原材料消耗放在突出位置上。要坚持质量第一，认真贯彻国务院公布的《工业产品质量责任制条例》。所有企业都要制订提高产品质量的奋斗目标，加强对职工的技术培训，严格按质量标准组织生产。企业主管部门和质量监督机构，要认真帮助企业完善质量检验制度，进行严格管理和考核。要加强对130个耗能大户和260个耗水大户的管理。企业要对各种消耗特别是能源和水的消耗实行目标管理。对超计划用水用电的单位实行超额累进加价办法。在能源、水、原材料的分配上，坚持保重点企业，保出口产品、优质产品和技术先进产品，保证国家指令性计划和调市产品计划的完成。要限制那些质次价高、货不对路又大量消耗能源和原材料的产品生产。防止不讲经济效益、片面追求产值和速度的倾向。

工业企业要进一步调整产品结构，在大力发展出口创汇产品、名优产品和市场紧缺的适销对路产品上狠下功夫。努力改进老产品的质量和性能，提高产品档次，促进产品升级换代，不断增加新花色新品种。要时刻注意市场需求变化，加快新产品的开发、研制，不断增强企业的应变能力。今年要创市级以上优质产品300种，完成新产品试制2，000种，其中有1，000种投入生产。对生产优质产品、出口创汇产品和市场紧缺产品的企业，继续实行贷款优先、运输优先、优质优价和出口退税等鼓励政策。对人民生活需要的小商品，不能随意停产、减产，并在原材料供应和经济政策上给予优惠。

继续加强企业的技术改造，走内涵为主的扩大再生产道路。要以列入国家计划的34户大中型骨干企业和23户承担出口创汇任务的企业为重点，抓好引进技术项目的消化、创新、国产化工作。要努力提高投资效益，确保国家17项重点技术改造工程和本市130个项目按计划竣工投产。

今年一、二月份的工业生产由于各种因素的影响，没有达到预期的增长要求。市政府及时采取了有力措施，工业生产开始回升。三月份工业总产值达到27.6亿元，是本市历史最高水平。今后随着经济体制改革的不断完善，企业的活力，特别是大中型企业的活力将进一步增强；经过整党和企业整顿，企业领导班子将得到加强，各项经济责任制正在进一步落实；去年竣工投产的100多个技术改造项目，今年将发挥作用。只要我们统一认识，充分利用这些有利条件，扎扎实实地做好各方面的工作，进一步调动广大干部和职工的积极性，全年工业总产值在提高经济效益的前提下，实现6%的增长速度是完全可能的。

三、切实安排好首都市场供应，努力适应人民生活日益提高的需要。

计划草案安排，全市社会商品零售总额145亿元，比去年增长13.7%。当前存在的主要矛盾是商品可供量与社会购买力之间还存在一些差额，商品结构与市场需求不相适应，群众持币待购。为了满足人民群众改善生活的需要，工业部门要确保完成40种适销对路的紧俏商品和60种日用小商品的生产和供货计划。农业生产部门要努力增加农副产品的生产，认真执行订购合同。商业部门要继续改革流通体制，敞开首都大门，多渠道组织货源，进一步搞活流通。要大力促进跨地区和跨部门的横向经济联合，通过联营、联销、协作等多种形式，巩固原有货源渠道，发展新的货源基地。国营商业企业要掌握相当数量的紧俏商品和重要消费品，积极参与市场调节。为了改善同人民生活密切相关的蔬菜供应情况，农业和商业部门要密切合作，搞好蔬菜生产，做到均衡上市，保证近郊上调57.5万吨（11.5亿斤），远郊上调10万吨（2亿斤），外埠购进20万吨（4亿斤），使国营商业部门掌握主要的蔬菜货源，发挥主导作用，做到保证供应，菜价稳中有降。

要继续大力发展直接为人民生活服务的商业、饮食业、服务业、修理业。继续贯彻全民、集体、个体一起上，城市、乡村一起抓的方针，认真落实市委今年一号文件提出的各项政策措施，广泛调动社会各方面的积极性，确保今年新增网点1.5万个，并努力使网点布局合理，还要发展一批农贸市场和农产品批发市场。要进一步加强商、饮、服、修各业的经营管理，降低流通费用，提高经济效益，大力提倡文明经商，礼貌待客，切实改善服务态度，提高服务质量。当前，特别要采取措施，坚决纠正搭售商品等损害消费者利益的行业性不正之风。

四、积极发展外贸出口和旅游事业，增加外汇收入。

计划草案安排，一九八六年外贸出口换汇6.45亿美元，旅游外汇收入4亿美元（接待入境旅游人员120万人次），都比去年增加。

工业、农业、外贸部门要密切配合，提供尽量多的质高价廉、具有竞争力的出口商品货源，并着手建立稳定的出口生产体系。要努力扩大工业产品特别是机电产品的出口。对生产出口商品的企业，要切实执行国务院和市政府有关鼓励出口的各项经济政策。外贸企业要推行经营承包制，完善奖惩办法，进一步调动经营积极性。在内销与外销发生矛盾时，除少数关系国计民生的以外，要挤一点内销商品，保证出口。要加强出口推销，不断开拓新的国际市场，建立和健全销售网，有重点地在国外试办服务网点。

技术引进计划成交1亿美元，主要安排出口产品企业的技术改造和重点产品国产化项目。要着重抓好已签约成交的203项技术引进项目的实施和配套条件的落实工作。

要大力加强旅游设施的建设。涉外旅馆客房计划新增3，000间。民航、铁路要挖掘潜力，努力增加客运能力。要加快旅游点的建设，抓紧在建的石花洞、云居寺、十渡、团河行宫、石景山游乐园、八达岭长城博物馆等项目的建设，并着手建设慕田峪长城二期配套工程、关沟沿线新景点等。同时，要抓好旅游商品系列的开发和旅游人才的培养，努力提高旅游综合接待能力和服务水平。

五、认真贯彻中央关于科技和教育体制改革的决定，发展科学、教育、文化、卫生、体育事业。

要继续搞好科研体制的改革，加强基础管理，建立和完善各项责任制。进一步发挥首都的科技优势，鼓励科研部门之间和科研部门与生产部门之间的横向联系，继续发挥科技市场的作用，促进科研成果向生产领域转移，围绕经济建设和社会发展中的关键技术，组织好科技攻关。同时要注意新技术和高技术的开拓。今年科研计划的重点是：(1)开发新兴技术，发展新型材料；(2)抓好计算机的推广应用，提高管理工作的质量和效率；(3)集中力量抓好一批“短、平、快”科研项目，迅速转化为生产力；(4)抓好一批软科学项目，为制订北京地区的经济、社会、科技发展战略提供科学依据。今年要抓好81项市级科技计划项目，特别要集中力量把节水、瘦肉型猪、奶业开发及消防警报等14项“一条龙”技术攻关项目抓好。要认真组织实施本市的“星火计划”，大力推广已基本形成的10项配套技术，搞好30个有特色的乡镇示范企业。

教育事业，要认真贯彻德育、智育、体育、美育全面发展的方针，努力提高教学质量。计划草案安排，今年市属普通高等学校招生9，455人，中等专业学校招生10，000人，普通高中招生30，000人，职业高中招生10，000人，技工学校招生7，500人。要进一步合理调整教育结构，改善办学条件，充分调动各方面办学的积极性，实行多层次、多规格、多形式办学。要努力加强对师资队伍的培养，加快师范院校的建设。要认真抓好普及九年制义务教育，继续进行中等教育结构的改革，发展职业技术教育，同时做好初中毕业生的分流工作。要稳步发展多种形式的成人高等教育和中等专业教育，做到规模适当，专业对路，保证质量。普通高等教育要在改革中稳步发展，注重教育质量，调整专业结构和学历层次，严格按国家计划招生。要进一步改革大学生分配工作，努力做到合理使用。组织动员社会力量，努力办好托幼事业，进一步提高入托率。

“七五”后期，全市小学入学人数将逐步进入高峰，校舍和师资都严重不足，市委、市政府对此十分重视，已责成有关部门提出解决办法。经研究确定，要在充分利用现有校舍和扩大班级名额的同时，加快统建小区校舍的建设；市和区都要拨出专款，对一些校舍破旧而又有改造条件的小学，进行改建和扩建；非教育部门占用的小学校舍要限期退还。实现以上措施，要以各有关区为主，市有关部门积极配合，预期经过努力，将能基本缓解校舍严重不足问题。关于稳定中小学师资队伍和提高师资素质问题，也都相应采取了措施，正在逐项落实。

继续落实市政府关于发展教育事业的各项措施，动员全社会从各方面关心、支持教育事业，特别是山区教育事业。教育经费将比去年增长13.4%，高于财政收入的增长速度。

卫生医疗事业，要认真抓好传染病的防治，加强食品卫生监督，搞好儿童免疫和保健，完善围产期保健责任制，健全城乡三级预防保护网，进一步搞好中西医结合。继续加强医疗设施的建设，计划安排全市增加病床1，100张，继续发展家庭病床。要加强卫生专业人才的培养，集中力量办好首都医学院、中医药学院和一批卫校、护校。要努力改善服务态度，提高医疗质量。

要继续控制人口增长。计划生育工作一刻也不能放松，全市人口自然增长率计划9‰；人口机械增长要进一步严格控制。年末全市常住人口要控制在971万人以内。

要继续抓好文化、体育、广播、出版工作，加强区县文化馆、图书馆的建设，年内争取建成区县文化馆、图书馆10个。出版印刷行业要加快技术改造的步伐。体育工作要特别重视并加强中小学体育运动的开展和业余体校的工作，在广泛开展群众体育活动的基础上，不断提高优秀运动队的水平。广播和电视，要坚持以社会效益为最高准则，教育电视台下半年要试播。要继续进行大钟寺、万寿寺、十三陵、先农坛太岁殿等文化古迹的修缮工作，抓紧建设抗日战争纪念馆。

六、加强环境建设，搞好首都的绿化、美化、净化。

一九八六年的环境保护工作，市政府已经做了专门部署，要办好12件实事。要认真贯彻区域性综合整治的原则，重点放在水、气、垃圾和噪声污染的治理上。综合整治的主要项目有西长安街地区、北京体育馆地区一期工程，永定河引水渠和护城河西便门“盲肠”段，通县玉带河一期工程等。建成西郊三里河一区、天坛东里、青年湖东片等8个清洁优美居住小区。发展联片供热120万平方米。解决70个污染扰民严重的工厂（车间）污染源，完成15个医院的污水治理工程。以密云为试点，保护农业生态平衡和饮用水源。继续治理汽车尾气和噪声污染，禁止拖拉机在三环路部分地段内行驶。增设首钢、燕化两个大气自动监测站等。

绿化建设，计划农村造林30万亩，四旁植树1，500万株；城市植树120万株，铺草坪100万平方米，栽丰花月季25万株。各区县都要努力建设公园，搞好道路和居住小区的绿化，建立一批花园式单位。要做好京密、京周等公路以及市区外缘绿地的规划设计，并开始在部分地段进行绿化。

七、严格控制基本建设规模，保证重点建设

国务院多次强调指出，必须严格控制固定资产投资规模。这关系到我国经济能否稳定发展，关系到能否为经济体制改革创造一个良好的环境，是一个关系全局的问题，必须下决心控制住。“七五”前两年的固定资产投资规模要大体维持一九八五年的水平。

一九八六年，我市地方基本建设计划安排的原则是：重点保竣工项目，尽可能安排具备条件的续建项目，严格控制新项目。

根据国家下达给我市地方全民所有制单位基本建设规模，加上集体所有制单位以及按照国家规定不纳入控制规模的投资，计划草案安排地方基本建设总规模为19.9亿元，大体上维持去年的水平。

几个主要地方部门的投资安排情况是：

城市基础设施要继续放在各项建设的首位，计划安排的投资占全市地方财力安排基建投资的一半以上。重点安排城市供水、煤气和城市道路建设。供水方面，要建成城子水厂和北坞泵站改造工程，开始建设水源九厂，进一步对水源八厂改造挖潜。煤气方面，主要建设天然气市区输气干管、储罐、调压站；抓紧焦化厂焦炉移地大修和增气工程，力争年底具备烘炉条件；完成6万户居民的管道煤气施工和灶具安装任务，基本建成北郊灌瓶厂等。供热方面，继续建设左家庄供热厂二期工程，开始建设二热尖峰锅炉。道路方面，要建成玉泉山路、东直门外大街、安贞路北段、马家堡路以及大北窑立交桥等一批项目，开始建设东外二环路（东便门至蒲黄榆段）及配套的立交桥工程，着手改善、拓宽东南三环路（双井至木樨园）。市公路部门还用养路费安排了京石路、京榆路部分路段和八达岭路二期工程等。环境卫生方面，主要安排建设7个垃圾填埋场。对环境保护、园林绿化、水利防洪、公共交通、车辆购置以及市政工程拆迁房等，都作了适当安排。此外，还要配合邮电部完成市话装机容量6万门的计划。

教育部门，计划建成北京工业大学实验楼和学生食堂、农学院图书馆、人大二分校教学楼等，继续建设师范学院实验楼、经济学院图书馆、广播电视大学教学楼，抓紧北京四中等20多所中小学的改扩建工程，开始建设西藏中学和景山学校。

卫生部门，建成隆福、第六、小庄、管庄等医院和市急救中心，续建天坛、积水潭、回民、石景山等医院，开始扩建友谊、儿童、同仁医院。

科研、文化、体育部门，主要建设先农坛田径馆、教育电视台、广播电台二期工程、北京日报印刷厂、文物仓库、新技术所实验楼、科技活动中心、科技干部进修学院等。

财贸部门，计划建成和平里百货商场，建设祁家园商业楼、东四人民市场、阜成门菜市场、复兴门外综合商场等几个中型商场，继续建设饲料加工厂、豆制品二厂、六必居酱菜厂、海淀和通县两个肉联厂、蔬菜冷库、粮库，完成一批商业网点配套工程和铺面房改造。旅馆主要建设北京饭店贵宾楼、和平宾馆等7个中外合资旅馆和23个普通旅馆，计划竣工客房5，000多间、公寓244套、写字间30套。

政法部门，主要建设警察学校、交通指挥中心、社会福利院、儿童福利院、精神病疗养院以及法院档案库等。

农林水利部门，建成十三陵引水工程、永定河拦洪闸，建设华都肉联厂、乳品加工厂、水产品综合商场等。

工业部门，主要建设华都啤酒厂、东郊葡萄酒厂、冰箱压缩机厂、毛条厂、燕山水泥厂等适合首都特点的工业项目。

住宅建设，地方共安排建筑面积670万平方米，除一部分是随建设项目安排的以外，大部分是各单位自筹资金建设的，计划竣工200万平方米以上。其中：中小学教师住宅竣工10万平方米，老干部宿舍2万平方米。此外，还专项安排了军队退休干部住房、落实私房政策用房以及改造简易砌块楼等。

市政府经过反复研究后认为，以上安排符合国家关于严格控制投资规模的要求，也尽可能照顾到各方面的急需，规模已经不小。按照这个建设规模，施工力量仍然相当紧张，建筑材料还有较大缺口，完成计划需要做很大努力。

要控制投资规模，必须合理安排好建设项目。有些项目，从一个单位来看，是需要的，但从全市来看，并不一定合理；有些项目，虽然应该安排，但限于规模指标和地方财力，只能分批建设；还有一些项目的建设前期准备工作没有搞完，建设条件不具备，需要抓紧工作。总之，必须从全市的需要和地方财力物力的可能这两个方面考虑，进行综合平衡，合理安排。各部门、各单位要顾全大局，不争项目，不争投资，把精力放在在建项目上，狠抓建设进度，争取早建成、早使用，尽快发挥投资效益。

为了确保今年地方基本建设规模控制在国家下达的指标以内，必须采取以下措施：

1、清理在建项目。凡是建设条件不具备，经济效益差的项目，要停一批，缓一批，以保证必需的重点项目的建设。

2、从严控制新项目。除特殊批准的以外，原则上不开新项目。按照国家规定，大中型项目要报经国家计委批准，才能开工建设。各区、县、局（总公司）不得超越权限审批项目，不得突破下达的投资规模指标。越权审批的项目，有关部门不予办理规划、设计、征地手续，不发施工执照，银行不予拨款。

3、加强对基本建设自筹资金的管理。凡用于基本建设的自筹资金，必须先经财政部门审查，并认定来源正当、符合规定后存入建设银行，存满半年才能使用。银行贷款和信托投资不得作为自筹投资的资金来源。存款不足的，按存款数核减自筹投资计划指标。存入其它银行的资金，不准用于基本建设。

4、所有基本建设项目都必须按基本建设程序办事。要建立严格的项目评估制度。今后新上项目的可行性研究报告，由市计委委托咨询单位审议评估，再经市计委综合平衡审查批准，方可列入建设计划。

5、推行“投资包干”办法。凡具备投资包干条件的项目，要做到不包干就不开工。施工单位要认真进行全面整顿，努力提高建筑质量，缩短工期，禁止向建设单位索取与工程本身无关的任何费用，并且要进一步完善百元产值工资含量包干办法。设计单位要努力提高设计质量，积极为用户服务，严格按国家计委的规定收取设计费。

八、加强和改善宏观管理，搞好综合平衡。

加强和改善宏观管理，同样是经济体制改革的重要内容，目的是促使企业的微观经济活动能够更好地符合宏观经济发展的要求。实践证明，在搞活微观经济活动的同时，必须注意使宏观控制能力与之相适应，两个方面的改革要相辅相成，不能只强调一个方面而忽视另一个方面。今年在加强和改善宏观管理方面，除了要严格控制固定资产投资规模和调整投资结构以外，还要做好以下几项工作：

(一) 继续控制消费基金的过快增长。对城市职工工资基金要进一步加强管理。职工工资总额同企业上缴利税挂钩的试点不再扩大。任何单位都不得用奖励基金以外的资金建立新的津贴和补贴项目。要严格按照国家规定征收国营企业、事业单位奖金税和工资调节税。对集体企业和乡镇企业的减免税的范围和总额要进行整顿清理。要坚决压缩机关、企业、事业单位的集团购买力，严禁铺张浪费。

(二) 严格控制信贷规模。今年国家已下达的地方信贷计划指标为24亿元，比去年实际略有增加。用好这笔资金，对支持工农业生产和搞活商品流通有重要作用。银行要努力吸收存款，扩大资金来源。要积极增设储蓄网点，鼓励机关团体和企业单位举办储蓄代办业务。银行发放流动资金贷款，要区别对待，择优扶持，并且及时调剂资金余缺。各专业银行发放固定资产投资贷款的方向和规模，必须服从国家的宏观决策，既要纳入国家信贷计划，又要列入固定资产投资计划，不准用贷款搞计划外项目。要改进银行的结算工作，方便客户，加速资金流通。

(三)加强物资的综合平衡，搞好物资分配工作。今年国家分配给地方的物资，大体上只能维持前两年的水平，生产建设用主要物资都有较大缺口。市主管部门将多方设法组织地方物资资源和适当进口一些紧缺原材料。在分配上首先要保证指令性生产计划和重点建设项目的需要，对生产出口商品和市场紧缺商品所需的原材料要优先予以安排，其余主要通过市场调节解决。生产企业必须保证完成物资市调量计划，完不成计划进度的，不允许自行销售。要大力开展物资协作和串换工作，同时要筹集一笔资金，有计划、有步骤地在资源丰富地区建立原材料供应基地，进一步扩大物资资源。要继续搞好废金属的回收和利用，坚决完成废金属上交任务。

(四) 加强外汇的管理和使用。外汇要实行集中管理，严格按照国家下达的控制指标使用外汇。今年国家下达的地方用汇指标少于去年，必须精打细算，节约使用。市里集中的地方留成外汇主要用于生产、建设所必须进口的原材料和科教文卫等部门急需进口的设备、器材。要严格控制对出国团、组的审批。要切实做好本市外汇的调剂工作。借用国外贷款，要坚持自借自还的原则，同时认真落实国内配套资金和偿还能力；一定要履行审批手续，并且控制在规定的限额内。任何部门、单位未经批准，不得擅自对外签约。

(五) 加强和改善宏观管理的协调工作，要大力加强计划、财政、税务、银行、审计、统计、物资、劳动工资、工商管理等综合部门的工作，建立综合经济部门联席会议制度，更好地协调各综合经济管理部门在宏观管理方面的职能，充分运用经济调节手段和经济监督手段，保证计划的完成。

九、认真搞好今年的体制改革

一九八五年，我们按照中央、国务院的要求，坚决稳妥地进行了经济、教育、科技体制方面的各项改革，取得了可喜的进展，达到了初战必胜的要求。但由于经验不足，改革还不配套，还存在着一些问题。对于改革中出现的问题，要通过进一步的改革去逐步解决，绝不能走回头路。我们要根据中央、国务院的统一部署，切实做好“巩固、消化、补充、改善”工作，并为明后年的进一步改革做好各项准备。今年要着重抓好以下几项工作：

(一) 继续搞好物价和工资改革。

去年物价改革迈出的步子相当大，效果比预期的好。虽然在蔬菜价格刚刚放开时一度出现了一些失误，但总的来说，进展比较顺利。今年没有大的物价改革措施出台。国家要求本市今年物价指数控制在8%左右。由于去年物价改革影响今年“翘尾巴”部分将达6%，因此，今年保持物价基本稳定的任务仍然十分艰巨。对于一些不稳定的因素，绝不可掉以轻心。控制物价上涨过快的关键是稳定蔬菜价格。市政府已经专门作过研究、部署，农业、商业部门要共同努力，进一步落实鼓励蔬菜生产的各项政策和措施，坚决保证菜田面积不被挤占，改革蔬菜产销管理体制，发展直线流通，争取蔬菜价格稳中有降。

机关事业单位的工资改革今年要继续进行，专业技术职务聘任制度今年也要逐步推行，工作难度比去年更大。必须按国家的统一安排，认真细致地作好准备工作，先进行试点，取得经验，再逐步实施。企业工资实行套改后，要采取有力措施，进一步打破平均主义，坚持和改进企业内部的经济责任制，调动广大干部和职工的积极性。与此同时，对于社会成员之间收入过于悬殊的问题，要进行调查研究，分别不同情况，根据中央的政策规定，研究解决方案。

(二) 进一步增强企业特别是大中型企业的活力，提高企业自我改造和自我发展的能力。这不仅是经济体制改革的中心环节，也是完成今年国民经济计划的关键。要根据国务院的安排，有计划地对那些技术改造任务重、调节税率高的大中型企业调减调节税，并且逐步提高固定资产折旧率。要全面检查国务院一九八四年发布的《关于进一步扩大国营企业自主权的暂行规定》和市政府有关搞活企业的各项政策的执行情况，切实解决扩权中存在的问题，把应该扩大的自主权真正落实到企业。要坚定不移地实行以承包为主的多种形式的经济责任制。工业企业的厂长（经理）负责制和生产岗位责任制，商业、外贸部门的经营责任制和小企业的承包制、租赁制，建筑企业的招标承包制和百元产值工资含量包干办法等，都要根据国家有关规定，针对执行中存在的问题，认真地加以改进。农村以及其他部门的多种形式的责任制也要毫不动摇地坚持下去，并在实践中进一步完善和发展。

（三）大力发展横向经济联合。要认真贯彻全国经济体制改革工作会议精神和国务院关于推动横向经济联合的30条规定，结合本市情况，制定补充规定和实施细则，有计划、有目的地发展横向经济联合。首先，要积极组织本市城乡、行业、部门的横向经济联合，通过产品扩散、联合开发以及产销直挂等多种方式，在企业自愿、平等、互利的基础上，组建企业集团和经济联合体；第二，要发展与邻近地区的横向经济联系，增加首都的副食品供应；第三，要开展与资源丰富地区的横向经济联合，为北京市的工业建立稳定的原材料供应基地；第四，要发挥首都的科技优势，继续加强同各省、自治区、直辖市的技术协作，同时继续做好对口支援工作；第五，继续采取优惠政策，欢迎兄弟省、自治区、直辖市来京合资或独资兴办为人民生活服务的第三产业。

（四）继续改进计划管理体制，加强对指令性计划和指导性计划的管理。国家要求，地方和部门都要适当减少指令性计划。要安排好指令性计划的主要生产条件的平衡和衔接，承担指令性产品调拨任务的企业，都必须按计划接受订货，按需要的品种规格组织生产，对完不成国家计划订货合同的，将相应地扣减分配的物资。要努力加强对指导性计划的管理，综合经济部门既要加强宏观控制，又要帮助企业搞活经济，充分运用经济杠杆，引导企业完成计划任务。

各位代表！

当前本市的政治、经济形势都很好。固定资产投资规模已按国家计划得到控制，消费基金增长幅度趋于正常；市场稳定，物价指数逐月有所下降；外贸出口势头很好，比去年同期增长较多；农业生产形势良好，副食品生产继续增长，乡镇企业发展很快；财政收支和银行信贷正常，城乡储蓄大幅度增加，货币回笼超过去年同期；工业生产经过采取有力措施，已稳步回升。尽管在前进的道路上还存在着一些困难和问题需要认真克服和解决，但是，我们相信，在全国人大六届四次会议精神的鼓舞下，只要全市人民团结一致，坚持改革，兢兢业业、扎扎实实地做好工作，就一定能完成和超额完成一九八六年国民经济和社会发展计划（草案）中提出的各项任务，为“七五”计划创造一个良好的开端。

关于北京市一九八五年财政决算和一九八六年财政预算草案的报告

——一九八六年五月十四日在北京市第八届人民代表大会第五次会议上

北京市财政局局长　王宝森

各位代表：

我受市人民政府的委托，现在向大会提出北京市一九八五年财政决算和一九八六年财政预算草案的报告，请予审议。

一、一九八五年财政决算

一九八五年，在党中央、国务院和中共北京市委的领导下，全市各族人民贯彻市第八届人民代表大会第四次会议精神，围绕中央关于首都建设方针的“四项指示”和“十条”批复，把以城市为重点的经济体制改革放在首位，继续坚持“对外开放、对内搞活经济”的方针，经济建设和各项事业在改革中取得了新成就。在国民经济持续、稳定、协调发展的基础上，一九八五年财政预算执行情况良好。现将一九八五的财政决算情况报告如下：

市第八届人民代表大会第四次会议，批准的一九八五年市财政收入预算总额为452，000万元，完成

524，369.1万元，为预算的116%。其中：各项税收完成441，420.7万元，为预算的134%；工业收入完成127，484.1万元，为预算的91.6%（按可比口径为预算的104.3%）；交通收入完成2，861.2万元，为预算的114.5%；建筑施工企业收入完成6，099万元，为预算的122%；农业税完成2，576.2万元，为预算的155.2%；粮食政策性亏损22，022.2万元，为预算的161.9%；其他补贴和政策性亏损38，239.3万元。这些政策性亏损和补贴已经从总收入中扣除。

市第八届人民代表大会第四次会议，批准的一九八五年市财政支出预算总额为303，985.9万元。在预算执行过程中，根据需要国家陆续增加了对我市的预算拨款64，358.9万元，从市机动财力中追加支出预算7，622.1万元，共增加支出预算71，981万元。经报请市人大常委会批准，支出预算调整为375，966.9万元。执行结果，总支出为329，859.4万元，为调整预算的87.7%。其中：基本建设支出108，258万元，为预算的88.8%；企业挖潜改造资金支出29，899.3万元，为预算的99.9%；科技三项费用支出6，962.9万元，为预算的87%；支援农业支出和农业事业费支出12，255.8万元，为预算的80.2%；城市维护费支出15，749.2万元，为预算的97.8%；文教科学卫生事业费支出68，419万元，为预算的92.6%；行政管理费支出15，868万元，为预算的99.2%；城镇居民副食补贴支出32，882.2万元，为预算的81.1%；工、交、商部门事业费、城镇青年就业经费、抚恤社救和其他部门事业费等支出39，565万元。

一九八五年财政收支相抵后，除按体制规定上解中央253，290.7万元外，本市财政结余128，636.1万元。其中：基本建设、企业挖潜改造等专项资金结余93，428.4万元，这部分结余都要结转下年继续用于专项支出；各区县财政一九八五年超收分成用于下年使用的机动财力结余34，587.9万元；市级财政结余619.8万元。

一九八五年财政预算的执行结果，财政收入超额完成了预算，财政支出在批准的预算范围之内，保证了重点建设和各项事业的发展以及各项改革的顺利进行，并做到了收支平衡。现将主要情况说明如下：

（一）在经济发展，财源扩大的基础上，财政收入超收较多，增长幅度较大。一九八五年财政收入比预算超收72，000万元，按可比口径比上年增长13%，高于工业生产增长10.4%的幅度。超收之多，增长幅度之大，都是近些年少有的，也是建国以来收入最多的一年。这主要是改革促进了国民经济持续、稳定、协调地发展，经济工作开始转到以提高经济效益为中心的轨道上来，巩固和扩大了财源。

（二）企业留利增加，在一定程度上提高了企业自我改造自我发展的能力。一年来，通过完善利改税第二步改革，对企业进一步实施了鼓励政策，采取了一系列措施。主要是对大中型骨干企业减征了调节税，对食品、建材工业，对公共电汽车、自来水等公共事业，对饮食、服务、修理等行业，在政策上给予了较大的照顾。同时，在部分行业和重点企业中实行了固定资产分类折旧的办法，提高了折旧率。由于实行以上措施，据统计，一九八五年全市企业留利总额达到197，000万元，比一九八四年增加60，000万元，增长43.7%；地方国营工业企业固定资产折旧率，平均达到5.2%，比上年提高0.5%，增加折旧基金4，000万元。企业财力的增加，为企业技术改造，开发新技术、新产品，提高经济效益，增强企业后劲，创造了有利条件。

（三）在生产发展的基础上，人民生活进一步改善，调动了职工的积极性。一九八五年，全市行政事业单位和全民所有制企业职工调整工资以及用于人民生活方面的各种补贴共计190，000万元。其中：国家机关、事业单位和全民所有制企业职工共增加工资38，000万元；按照国家物价改革的规定，本市从五月十日起对猪肉等七种商品购销价格进行了调整，为了不使人民生活水平因调整价格而受到影响，对城镇居民按人口每人每月加发副食补贴7.50元（其中：信仰伊斯兰教的少数民族和大专院校在校学生，每月补贴9.00元），八个月共支出33，000万元；除以上两项外，用于人民生活方面的各种补贴还有119，000万元，按城镇居民计算，平均每人一年补贴198元。这些补贴包括：粮油政策补贴47，000万元，肉、蛋、禽、菜、鱼补贴41，500万元，生活用煤和液化气补贴13，000万元，公共电、汽车和地铁补贴8，500万元，房租和取暖补贴2，100万元，中小学生课本补贴220万元，肥皂补贴880万元，猪皮补贴2，900万元，豆腐补贴180万元等。这里需要向各位代表说明的是，去年猪肉等七种商品价格放开后，为什么仍有补贴41，500万元，这主要是，价格放开前亏损较多，价格放开后，虽然亏损减少，但是为了平抑物价，保证肉、蛋等有一定的库存，国家对一些商品还要进行补贴。特别是蔬菜，为了保证价格基本稳定，财政每年要保持一定的补贴。

由于增加了职工工资和加发副食补贴，虽然物价有所上涨，人民生活还是有了明显提高。一九八五年全市职工平均工资达到1，343元，扣除物价上涨因素，比上年增长11.4%，农民人均收入达到775元，比上年增长16.7%。

(四)保证了重点，加强了市政基础设施建设。一九八五年基本建设支出比上年增长7.6%。增加的支出，重点用于市政基础设施的建设，建成了一批与人民生活密切相关的市政骨干项目。包括：供水、供气、道路、住宅等。一九八五年城市维护费支出15,749.2万元(加上城市公用事业附加用于城市维护方面的支出，总支出达到20，349.2万元)，重点用于城市绿化，环境卫生和公用设施的正常开支。

(五)智力开发方面的支出有较大增长，支持了教育科学卫生等项事业的发展。一九八五年用于教育科学卫生方面的支出比上年增长23.6%，如果扣除调整工资不可比因素，增长13.6%。其中：教育事业费支出38，701.9万元，比上年增长29.1%，按可比口径增长15.7%，高于财政收入增长13%的幅度。一九八五年用于科学事业和科技三项费用支出8，792.8万元，比上年增长8.6%。为了支持重点科研项目和技术开发项目，增加拨款1，000万元。在增加科学技术支出的同时，为了支持科技体制改革，制订了“科技改革试点单位奖励办法”和“科技开发基金财务处理规定”，进行了“一所两制”试点。用于体育、文化、广播电视事业方面的支出，也比上年增加较多，促进了社会主义精神文明建设，取得了新的成绩。

(六)支持了农业生产，促进了农村产业结构的调整。一九八五年支援农业和农业事业费支出比上年增长9.8%。根据中央1号文件和市委关于“服务首都、富裕农民”指示精神，重点支持了郊区县农村发展商品生产，调整了产业结构，扶持了开发性、服务性、关键性的生产、服务项目；帮助发展了副食品生产基地；帮助乡镇企业和农村专业户发展市场需要的商品。所有这些都为农村发展商品经济，迅速改变农村面貌，为首都提供丰富的副食品，进一步繁荣市场创造了条件。

(七)大力压缩行政经费，严格控制社会集团购买力。根据国务院关于压缩行政经费和严格控制社会集团购买力的精神，市政府采取了有力措施，大力压缩了购置费、会议费、差旅费和社会集团购买力。经过各部门、各区、县的共同努力，克服了许多困难，在机构、人员增加和调整工资的情况下，行政经费比上年下降15.9%，社会集团购买力完成了总额压缩20%和专控商品压缩50%的任务。行政经费和社会集团购买力都控制在中央下达的指标之内。

(八)开展税收、财务大检查，整顿了财经纪律。根据国务院的要求，从九月份开始，市里成立了专门的机构，有11万多人，在全市范围内开展了税收、财务大检查。在市政府统一部署和国务院工作组的指导下，组织了力量，对1万多个单位进行了重点检查，有4.8万多个单位进行了自查。到年底市属单位共补交财政收入29,000万元。补交的收入中，大部分是各单位通过自查，主动上交的，也有一部分，是属于违犯财经纪律的问题。通过这次大检查，不仅增加了财政收入，而且也处理了少数违纪问题，为促进党风和社会风气的好转，纠正和制止不正之风，增强干部和群众的法制观念、政策观念、全局观念，也起到了积极作用。

(九)财政部门的自身改革，迈出了新的一步。从一九八五年起，中央对本市实行了“划分税种、核定收支、分级包干”的财政管理体制。为了使市对区、县的财政管理体制与中央对北京市的体制相适应，进一步完善和改进财政包干办法，一九八五年在崇文区和顺义县进行了新的财政管理体制试点。与此同时，根据国务院的指示精神，还在大兴县全县和其他县的一部分乡，进行了建立乡财政的试点。乡财政的建立，是完善基层政权，搞好政权建设的一个重要组成部分，是加强基层财政管理，适应农村商品经济迅速发展的客观需要。乡财政的试点工作，得到了各部门，各区县的大力支持，大兴县全县试点的经验和做法，正在全市推广。

各位代表，一九八五年预算执行情况是好的，但也还存在一些值得注意的问题。一是，基本建设规模仍然偏大，重新建、轻改造的思想仍然存在。二是，企业经济效益不高的状况，虽然经过几年的努力，有了可喜的进步，但是还有差距，潜力还很大。三是财政管理偏松，财经纪律松弛；“跑、冒、滴、漏”和损失浪费以及违反财经纪律的现象，在一些单位中还比较严重。以上这些问题，都要研究切实可行的措施，逐步加以解决。

二、一九八六年财政预算草案

一九八六年是实施“七五”计划的第一年。经济体制改革要“巩固、消化、补充、改善”，经济建设和各项事业必将有一个新的发展。安排好一九八六年财政预算，对于巩固和发展当前大好形势，实现“七五”计划时期的经济与财政任务，具有十分重大的意义。一九八六年财政预算草案，是根据本市“七五”计划中确定的总任务和一九八六年国民经济和社会发展计划的各项指标安排的。财政收入的安排，坚持了积极可靠，留有余地的原则，在促进生产发展，提高经济效益的基础上，保持了稳定增长速度；财政支出预算的安排，坚持量力而行，尽力而为，保证重点，兼顾一般的原则，同时，严格控制基建规模，继续紧缩行政经费开支，严格控制社会集团购买力。

一九八六年财政收入预算安排599，090万元，按可比口径计算，比上年增长8%，基本保持与生产同步增长。其中：工商税收安排471，000万元，工业收入安排139，830万元，商业收入安排13，000万元，粮食政策性亏损安排32，000万元，其他安排7，260万元。

一九八六年财政支出预算安排430，470万元，按可比口径计算，比上年增长7.6%。其中：基本建设支出91，800万元，企业挖潜改造资金5，000万元，支援农业和农业事业费支出14，372万元，城市维护费17，600万元（加上公用事业附加安排数，总额为22，300万元），文教科学卫生事业费77，338万元，行政管理费20，000万元，城镇居民副食补贴60，000万元，其他价格补贴62，690万元，科技三项费用、抚恤社救、其他支出等71，670万元，预备费10，000万元。

根据以上收支安排，除按照财政体制的规定上解中央的部分以外，本市财政收支平衡。

现对一九八六年财政收支预算安排的情况说明如下：

（一）价格补贴由退收入改列支出，相应扩大了收支规模。由财政支付的各项价格补贴，包括：粮、棉、油等农副产品价格补贴，市场用煤补贴，猪皮补贴以及蔬菜亏损等，都属于政策性补贴。这些价格补贴，过去财政上都是采取冲减收入的办法处理的。这种处理方法，既不能真实反映实际收支规模和资金分配政策，也不能真实反映国家在改善人民生活和促进工农业生产发展方面所作的努力。因此，国家决定从一九八六年起，把上述政策性补贴由冲减财政收入改列财政支出。把价格补贴放到明处，是预算管理制度上的一项重要改革，便于加强财政管理和监督。一九八六年在财政预算草案中，由于把冲减收入的价格补贴改列支出，财政收入和支出各增加49，090万元，相应扩大了一九八六年财政收支规模。在计算一九八六年财政收入预算时，还考虑了某些政策性措施，如减征大中型企业调节税，提高企业固定资产折旧率，银行利率提高，铁路运费涨价，省间粮油调拨经营费增加等减少收入的因素。

（二）加快城市基础设施建设，适应现代化首都需要。一九八六年预算内基本建设支出安排比上年实际减少16，500万元。这是在国家下达的基本建设总规模范围内，根据财力可能，统筹兼顾，突出重点的原则安排的。继续调整投资结构，重点增加供水、供气、供热、道路等方面的投资，把城市基础设施的建设放在首位。同时，还要加快住宅、医院、学校和商业网点的建设。

（三）增加智力投资，加快文教科学卫生事业发展。根据我市“七五”计划中提出的“要以加强人才培养和科技进步为中心，把北京的教育、科学事业提高到一个新水平”，有计划、有步骤地增加对科技和教育事业投资的要求，一九八六年文教科学卫生事业费安排77，338万元，比上年增长13%。其中：教育事业费安排43，878万元，比上年增长13.4%，高于财政收入增长8%的幅度。教育事业费的安排，贯彻了全国和市教育工作会议精神。增加的支出，重点用于普及九年义务制教育，加强职业技术和成人教育。为了解决中小学教学行政费不足问题，从今年起把教学行政费标准提高了一倍。同时，还安排了优秀教师的奖励资金等。一九八六年教育事业费的安排是做了很大努力的。尽管如此，由于欠帐多，条件差，底子薄，特别是中小学办学条件仍然是比较困难的。因此，在预算执行中，随着生产发展和财政收入的增加，在财力可能的条件下尽量再增加一些教育经费。

（四）增加支援农业支出，加快农村产业结构的调整。一九八六年根据中央1号文件精神，在支持粮食稳定增产的同时，大力推广科学技术，改善农业生产条件，加速发展农村商品经济，调整产业结构，支持乡镇企业发展，扶持养殖业，帮助贫困地区改变落后面貌。一九八六年支援农业支出和农业事业费安排比上年增长17.1%。为了增加支援农业生产资金，国家决定，从一九八六年起对征收的乡镇企业所得税和工商税增长的部分，返还给乡政府一部分，用于扶持农业生产的发展，本市全年约有1，000万元。乡镇企业的税后利润，也要拿出一部分用于农业投资，坚持“以工支农”和“以工补农”。为了帮助穷困地区逐步改变落后面貌，对37个穷困乡，在支农资金中，安排了500万元，帮助他们增强自力更生发展生产的能力，尽快实现治穷致富。

（五）保证工资改革和物价改革的资金供应。一九八六年对行政事业单位工资改革支出共安排了12，300万元。主要用于去年工资改革“翘尾”和行政事业单位工资“入轨”以及解决一些突出的问题。这部分资金已经分别列入了各有关的支出项目中；一九八六年安排城镇居民副食补贴60，000万元，其他价格补贴支出62，690万元。

各位代表，一九八六年财政预算收支的安排，总的说，收入打的是积极的，支出的安排是比较紧的。我们相信，经过各部门的共同努力，今年的财政预算是可以实现的。

三、为实现一九八六年财政预算而奋斗

为圆满地实现一九八六年财政预算，做好“七五”计划第一年的经济和财政工作，必须动员全市广大干部和职工，统一思想，克服困难，增强信心，共同努力，抓好以下几项工作。

(一)坚持把改革放在首位，促进首都经济的发展。按照国务院提出的“巩固、消化、补充、改善”的要求，慎重稳妥地搞好经济和财政、财务的改革。首先，根据中央和国务院关于扩大企业自主权的决定，进一步放宽政策，增强企业活力。今年计划进一步调减大中型企业调节税，继续提高部分企业的固定资产折旧率，以增强企业自我改造和发展能力。同时，要实行目标责任制，调动企业和职工的积极性；要进一步放宽对商业小型企业的优惠政策，研究制订亏损商品的补贴办法。在稳定市场，调动企业积极性，改善经营管理，减轻国家负担的前提下，对亏损商品实行总额控制或单亏包干办法；要进一步完善和改进国营建筑施工企业实行的百元产值工资含量办法；要对国营农牧水产企业继续实行“财政包干，自负盈亏”的办法；要改进区、县“财政包干”体制，从今年起，市对19个区、县全部实行“划分税种、核定收支、分级包干”，一定五年的财政管理体制；要普遍建立乡财政；要进一步扩大行政事业单位包干范围，在一部分单位实行定额预算管理试点。同时，积极支持经济体制和教育、科技体制改革，支持跨省市、跨地区、跨部门、跨行业的企业横向经济联合。为了适应发展社会主义商品经济的要求，有关部门要发挥调节经济的杠杆作用，对企业逐步由直接控制转向间接控制为主，建立新的社会主义宏观经济管理制度。

(二)狠抓增产节约，努力提高经济效益，积极开辟财源，确保财政收入有一个稳定的增长。一九八六年，工业生产必须保持适当的速度，努力实现“保六”的目标，这是完成一九八六年财政收入预算的基础。同时，在生产、建设、流通领域，都必须把提高经济效益放到十分重要的位置。要健全企业内部的经济责任制，严格各项规章制度，加强经济核算，努力降低成本、费用，加速资金周转，缩短建设周期，节约人力、物力、财力，用尽可能少的消耗，取得最大的经济效益。工业部门，要面向市场，服务服从消费，增产适销对路、竞争能力强的产品；商业、服务部门，要充分发挥国营企业领导作用。在搞活市场、搞活流通中，利用自己的优势。要加强经营管理，增加经营品种，扩大服务项目，提高服务质量；要切实抓好扭亏增盈，对那些由于经营管理不善长期亏损的单位，必须制订切实可行的措施，限期扭亏；要分期分批地整顿乡镇企业，提高技术水平和管理水平。

(三)坚持量力而行，尽力而为，严格控制和节约支出。财政支出，要在保证重点建设和各项事业发展资金供应的前提下，把支出规模严格控制在支出预算之内。要少花钱，多办事，把事情办好，让有限的资金发挥更大的效益。一九八六年要继续控制固定资产投资规模，严格按基本建设程序办事；继续压缩行政经费，各行政单位要发扬艰苦奋斗、勤俭节约的优良作风，反对铺张浪费，一定要把支出控制在市里分配的指标之内，不许突破；继续控制社会集团购买力，严格审批，特别要加强对专控商品的审批；要加强对临时出国人员的外汇管理，节约出国费用；要切实加强预算外资金的管理，整顿“小钱柜”。一九八六年各方面需要办的事情很多，由于财力有限，需要与可能之间的矛盾十分突出。因此，各部门、各单位、各区县，都要从大局出发，分别轻重缓急，统筹安排，在提高资金使用效果上下功夫，坚决防止超财力安排支出或“寅吃卯粮”。

(四)加强财政监督，严肃财经纪律，纠正和制止不正之风。通过去年税收、财务大检查中揭露出来的问题看，违反财经纪律的现象在一些单位仍然存在。主要表现是截留国家收入，偷税漏税，乱挤成本，乱摊费用，转移国家资金，谋取小团体或个人私利，假借各种名义争相出国，用公款旅游和请客送礼等。所有这些都干扰开放和改革的顺利进行，有损于党和国家在人民中的形象。根据国务院决定精神，要把开展税收、财务大检查，作为一项改革的重要内容来抓，除了加强经常性的监督工作外，每年都要选择适当时机，集中人力，一年一年地抓下去，切实纠正经济领域里的不正之风。财政、税务、审计部门要和其他部门密切配合，坚持有法必依，执法必严，违法必究，为维护财经纪律，做出成效。

(五)加强财税队伍建设，提高干部素质和管理水平。当前财政、税务部门面临的工作任务越来越艰巨。财政、税务部门必须围绕以城市为重点的经济体制改革这一中心，正确、全面地学习和运用党和国家的各项方针政策，创造性地、因地制宜地、实事求是地开展工作，为各项改革服务。但是，目前财税队伍的素质、水平与工作任务不相适应，这是一个突出问题，为此，要大力抓好干部队伍建设，采取多种形式培养干部。要深入实际，调查研究，掌握新情况，研究新问题；要进一步端正业务指导思想，讲求生财、聚财和用财之道，在

发展生产，促进流通，支持改革，提高效益，培养和扩大财源上下功夫。财政、税务干部要以身做则，廉洁奉公，严明纪律，坚决抵制和纠正不正之风。

各位代表：今年头四个月的预算执行情况基本是正常的。在全国六届人大四次会议精神的鼓舞下，随着各项经济体制改革措施的逐步完善，今年的国民经济必将更加稳定协调地发展。我们要在市委的领导下，动员全市人民，同心同德，群策群力，为实现北京市一九八六年财政预算而努力奋斗。

北京市人民代表大会常务委员会工作报告

——一九八六年五月十七日在北京市第八届人民代表大会第五次会议上

北京市人民代表大会常务委员会主任　赵鹏飞

各位代表：

我受市人民代表大会常务委员会的委托，向大会报告常务委员会的工作，请审查。

市八届人大四次会议闭幕以来，常务委员会按照地方组织法赋予的职责，认真贯彻执行代表大会的决议，抓紧制订地方性法规，加强对法律、法规实施情况的监督检查和对政府、法院、检察院工作的监督，审议代表大会交付的议案，改进代表视察办法和对代表建议、批评、意见的处理工作。一年多来，市人大常委会举行了九次会议，审议了二十八项议题，做出了八项决议、决定，通过并颁布了四个地方性法规，检查了十六个法律、法规的施行情况，加强了民主与法制建设，推动了首都社会主义物质文明建设和精神文明建设的发展。

一、制订地方性法规，征集对国家法律草案的修改意见

为保证宪法、法律和行政法规在本行政区域的遵守和执行，根据本市实际工作的需要，常务委员会组织各方面力量进行制订地方性法规的工作。一年多来，经常务委员会审议通过并颁布施行的地方性法规有：《北京市农村村民委员会暂行组织条例》，《北京市实施〈中华人民共和国水污染防治法〉条例》，《北京市农村林木资源保护管理条例》，《北京市水利工程保护管理条例》。对本市普及义务教育问题进行了调查研究，并对草拟的条例进行了初步审议。同时，正在草拟关于经济合同管理的若干规定、产品质量监督暂行条例、乡镇集体矿山企业审查批准和颁发采矿许可证办法、个体采矿管理办法、公路路政管理办法、基本建设项目环境保护条例、文物保护法实施办法（修订）等地方性法规。

为了改善本市的生态环境，实施水污染防治法条例对各类水体特别是饮用水源的保护、防止新污染源的产生和现有污染源的治理等作了规定。农村林木资源保护管理条例对健全林政队伍、依靠群众管林护林、防止山林火灾和采伐林木的审批制度等作了规定。为了发挥水利工程的效益，确保首都防洪安全，水利工程保护管理条例规定建立健全各级水利管理组织，落实和完善管理责任制，清除行洪障碍物，禁止一切危害工程安全的活动。农村村民委员会暂行组织条例是根据宪法的有关原则和政社分开以后的新情况，为了进一步发挥这一基层群众性自治组织的作用而制定的，规定村民委员会组成人员由村民直接选举产生，办理本村的公共事务和公益事业，重大问题召开村民大会讨论决定。

常务委员会在制订地方性法规的工作中，首先认真贯彻执行宪法与有关法律、行政法规的规定和要求，着重研究本市所要解决的主要问题和解决这些问题需要的各种条件，总结实践经验，使地方性法规所作的各项规定具有合法性、科学性和可行性；其次，对禁止性条款，明确具体地规定了与之相对应的处罚规定及执行的机构和程序，使法规的实施获得国家强制力的保证；同时贯彻了权利与义务相统一的原则，对人民群众、各种经济组织、社会团体的权益和义务，对主管部门、执法人员的职权和执法中应遵守的准则等都作了必要的规定，以防止权利和义务脱节，防止执法部门和人员徇私枉法。

根据首都建设发展和经济体制改革的需要，今后要分别轻重缓急，按照具体条件，积极负责地加快制订地方性法规的步伐，作到成熟一项制定一项，成熟几条

规定几条；既可以制订比较完备的法规，也可以做出单项规定，有针对性地解决本市两个文明建设中的实际问题。

常务委员会把征集对国家法律草案修改意见的工作，作为参与国家立法的大事来对待，用了较大的力量认真地来做这项工作。一年多来，根据全国人大常委会的要求，先后组织有关的委员、代表、法律工作者和实际工作者上千人次，对民法通则、继承法、义务教育法、技术合同法、计量法、外资企业法、中外合作经营企业法等十五个法律草案进行了多种形式的座谈讨论，为这些法律的制订提供了有益的意见。同时，这对我们也是一种实际的学习和训练，对今后贯彻实施这些法律也是有利的。

二、加强法律、法规执行情况的监督检查

认真执法，做到有法必依、执法必严、违法必究，是健全社会主义法制的关键。一年多来，常务委员会加强了法律、法规执行情况的监督检查，先后检查了药品管理法、食品卫生法、经济合同法、会计法、统计法、森林法、婚姻法、消防条例、国家建设征用土地条例、建设拆迁安置办法等十几个法律、法规的执行情况，针对实施中的问题，提出改进工作的意见和要求，督促各有关部门严格依法办事。

在国家法律正式施行之前，常务委员会注意了检查实施准备工作情况，督促主管部门从法律的宣传、执法队伍的训练、物质技术的准备、管理制度的整顿与健全等方面采取必要的措施，使法律能够比较顺利的实施。药品管理法公布以后，我们在实施之前的两个多月里，分别召开了本市药品生产、经营和监督管理部门的座谈会，组织了几十位委员和代表进行专题视察，调查了本市药品生产、经营和管理工作的现状与存在的主要问题。在此基础上，常务委员会听取和审议了市政府贯彻执行药品管理法的工作报告，并通过了相应的决议，对健全药政、药检机构，提高药品生产的质量，严禁销售假药、劣药等问题提出了明确的要求，推动了这一法律的贯彻实施。

对于实施中涉及范围比较广、问题比较多的法律，常务委员会组织有关部门的力量，上下左右一起动手检查施行情况，把检查和推动工作结合起来。去年八、九月间，由市人大常委会和市政府的领导同志主持和部署，市人大常委会财经委员会、市政府法规中心和市工商行政管理局具体负责，组织了对经济合同法施行情况的检查。其中由有关管理机关、高等院校和司法部门协同配合，到七个单位进行了典型调查；市经委、市财办系统的二十个局进行了自查；由各区、县人大常委会组织力量对四十八个单位进行了重点检查。在此基础上，常务委员会听取和审议了市政府贯彻执行经济合同法的情况和今后意见的报告，肯定了执行合同法的成绩，指出了存在的问题，就整顿合同管理制度、培训合同管理人员、健全管理网络、打击利用经济合同进行违法犯罪活动等问题作出了决议。这次深入检查和作出的决议，引起了各方面的重视。有关委、办、局和许多区、县相继召开会议部署贯彻，一些地方和单位轮训了本地区、本系统的企业领导干部和合同管理人员，一些企业修订了合同管理办法，越来越多的单位和企业更加重视依法签订和履行合同，运用经济合同组织生产、建设和经营活动。

常务委员会对于发现的违反法律、法规的问题，依照地方组织法的规定予以纠正。例如有的行政规定和措施与法律的有关规定相抵触，我们要求有关部门及时作了改正；有的基层单位在代表选举工作中发生涂改选票、虚报选举票数的违法行为，我们督促有关方面依法进行了查处；对群众申诉中反映的侵犯公民合法权益的典型事件，及时派人调查，督促有关方面依法进行了处理。现在有法不依、执法不严的现象仍然存在，今后必须进一步采取有力措施，推动各有关方面共同努力，加强法律监督检查工作。

三、审议代表大会交付的议案，听取和审议政府、法院、检察院的工作报告

一年多来，常务委员会就代表大会交付审议的议案和经济建设与改革中的一些重要问题，先后听取、审议了市政府和法院、检察院十四项工作报告，加强了对政府和法院、检察院的工作监督。

市八届人大四次会议交付常务委员会审议的议案共五项，即：发展幼儿教育、制订普及义务教育地方性法规、帮助贫困山区改变落后面貌、加强消防工作和产品质量监督检验。这些议案，都是人民群众关心和首都建设发展中的重要问题。常务委员会把它们列入重要议事日程，与市政府共同组织力量调查研究，对市政府为办理这些议案提出的报告逐项进行了审议。市政府根据委员们的意见，把托幼工作作为重要工作来抓，确定了主管全市托幼工作的机构，改善了托幼工作领导管理的体制；为加快消防设施建设，决定提高城市建设维护费中用于消防事业的比例并对健全消防组织、落实消防责任制做出了规定；为搞好产品质量，强调要加强质量监督机构，不允许用损害国家和消费者利益的办法增加利润，并针对当前情况制定了加强质量管理的措施。关于帮助部分山区摆脱贫困面貌问题，是许多代表所关注的，常务委员会指派专人会同政府及有关

方面进行了重点山村一百多农户的家计调查和林业、乡镇企业、山区教育的专题调查，为常务委员会审议政府的工作报告做了比较充分的准备。经过讨论，常务委员会通过了《关于帮助贫困山区改变面貌的决议》，要求用五年左右时间，帮助贫困山区改善生产条件，调整产业结构，密切同城市和平原的经济联系，发展商品生产，使人民生活得到显著改善。市政府根据"决议"的要求，将帮助三十七个贫困乡改变面貌列入了七五计划，并制订了具体措施，动员各部门逐项落实。

常务委员会根据上次代表大会决议的要求，检查了《关于深入学习、宣传邓小平同志重要讲话，坚持五讲四美三热爱，做有理想、有道德、有文化、有纪律的文明市民的决议》的执行情况，听取了市五讲四美三热爱活动委员会的工作报告。委员们认为，本市以"四有"为目标的共产主义教育，以"优良秩序、优美环境、优质服务"为重点的综合治理，以军民共建为主要形式的共建文明活动，取得了可喜的进展。这项工作必须继续坚持下去，要在大力推进社会主义物质文明建设的同时，切实加强社会主义精神文明建设，坚决纠正不正之风，力争早日实现首都社会风气的根本好转。

根据形势发展的需要，常务委员会围绕经济体制改革和城市建设管理中的重要问题，先后听取和审议了市政府关于一九八五年前八个月国民经济和社会发展计划执行情况、财政预算执行情况、物价改革情况、加快交通设施建设等工作报告，听取和审议了市高级人民法院、市人民检察院关于打击严重经济犯罪活动的报告。委员们认为，本市积极慎重地推进城乡经济改革，国民经济得到了持续、稳定、协调的发展，各项事业不断前进，成绩是显著的。同时也就工作中的一些问题提出了批评和建议。如针对蔬菜生产、供应和价格问题，要求政府加强计划管理和集市贸易的管理，发挥国营商业企业吞吐调剂、平抑市价的作用，以保证蔬菜供应和价格的基本稳定。为了保证经济体制改革的顺利进行，委员们认为必须对严重经济犯罪活动进行坚决的打击，特别是大案要案，要依法给予严厉惩处，决不能手软。在城市建设管理方面，委员们对目前交通拥挤、堵塞的严重情况提出了意见，对加快交通设施建设、严格执行交通法规、加强交通的调度和管理等提出了建议。此外，常务委员会还组织了处理偷税漏税案件、保证建筑工程质量和加快小学校舍的建设等专题调查，向市政府等有关部门提出意见和建议。市政府和法院、检察院分别对上述问题进行了认真研究，并采取了相应的措施。

为了贯彻全国人大常委会关于在公民中基本普及法律常识的决议，市人大常委会专门听取了市司法局受市政府委托就这项工作所作的报告，并通过了相应的决议。委员们认为，普及法律常识对于搞好首都建设，实现党和国家的总任务、总目标有重大意义。各级领导干部带头学法，守法，依法办事，是做好这项工作的关键。一定要注重普法教育的质量，把普法工作扎扎实实地推向前进。

四、认真办理代表建议、批评和意见，改进代表视察办法

市八届人大四次会议上，代表提出了九百四十件建议、批评和意见，这是代表联系群众、反映群众呼声、行使代表职权的一个重要方面。为了办理好这些建议、批评和意见，常务委员会会同市政府专门就这项工作向各有关部门和区、县领导干部进行了部署；市政府先后组织了五次检查并召开了经验交流会，进一步推动办理工作。在此基础上，常务委员会从三个方面加强了督促检查工作：对带有普遍性的问题，组织提建议的代表听取主管部门负责同志的汇报，并进行座谈，商讨解决办法；对牵涉方面较广的一些问题，派专人进行调查，由各有关部门共同会商，拟定解决方案，分工配合，组织落实；在办理工作大体告一段落时，向提建议的代表发函征询意见，由各有关部门对五十位代表在复函中提出的问题进行了复查补办。经过以上工作，使代表建议的办理工作有所改进和提高，一些重要的问题得到了解决。例如修建周口店北京猿人公园的建议，由常务委员会和市政府领导同志出面，组织专家和提建议的代表进行现场论证，明确了遗址公园应以保护和科研为主的方向；同时，市政府根据代表和专家的建议，指令附近的水泥厂停产，减少了对猿人遗址的污染破坏。有的代表提出农村实行经济体制改革后，对抚养五保户老人应有具体规定，有关部门结合办理代表建议，进行了调查研究，拟订了《北京市农村五保户供养工作暂行规定》，已由市政府颁布施行。根据代表的建议，常务委员会决定在政法委员会设立华侨组，以加强与归侨代表的联系，反映本市归侨的意见和要求。办理代表建议、批评和意见方面存在的主要问题是，仍有少数单位的领导同志对这项工作的重要意义认识不足，抓得不紧，有些问题解决得不及时、不认真；督促检查的工作也不够深入，需要在今后加以改进。

为了在平时更好地发挥代表作用，常务委员会有计划地邀请了一些代表参加有关议题的调查和座谈讨论，组织代表对经济、教育、科技改革和政法、民族、宗教、侨务、保护妇女儿童合法权益等方面工作进行视察和座谈，检查法律、法规和有关政策的执行情况，为

代表举办了学习宪法、会计法、继承法、民法通则和介绍本市经济建设、城市建设、精神文明建设等情况的专题报告会。在这次代表大会之前又组织代表对一百多个单位进行了一次普遍的视察。参加上述各项活动的代表共达四千多人次。同时，为了加强同代表的联系，还实行了主任、副主任和委员预约接待代表的办法，注意做好代表和群众来信来访的处理、接待工作，对两千五百零七件次来信来访反映的问题，都分别情况按有关规定做了处理。今年二月，常务委员会第二十六次主任会议对代表视察工作进行了研究，制订了《北京市人民代表大会代表视察试行办法》。从六月一日开始，除了根据代表意愿和工作需要继续有组织地进行视察外，将实行代表持视察证进行经常的、分散的视察。视察办法规定：代表可以个人持证单独视察，也可以几位代表一起视察；可以事先通知被视察单位，也可以不打招呼进行临场视察；视察的内容包括各条战线的工作情况和群众的意见与要求，具体的内容和单位由代表自行确定；视察工作主要利用业余时间进行，全年可以有十天时间进行脱产视察。与此同时，市人民政府办公厅拟定了关于认真做好接待市人大代表视察工作的通知，将与新的代表视察办法同时实行。代表视察办法的改进，有助于代表联系群众，使视察工作更加深入，更有成效。

五、依法进行人事任免工作

一年多来，常务委员会贯彻干部革命化、年轻化、知识化、专业化的原则，依法任免了市政府组成人员、法院审判人员、检察院检察人员和常委会机关负责工作人员二百二十七人。

在人事任免方面，需要向大会报告：李晨委员因担任市政协副主席，请求辞去市人大常委会委员职务，常务委员会接受了他辞职的请求；市高级人民法院薛光华院长请求辞去院长职务，常务委员会接受了他的请求，并任命刘云峰为北京市高级人民法院代理院长，不再担任北京市中级人民法院院长职务，同时任命纪树翰为北京市中级人民法院代理院长；北京市人民检察院王振中检察长请求辞去检察长职务，常务委员会接受了他的请求，业已上报最高人民检察院检察长提请全国人大常委会批准免职，常务委员会决定任命何访拔为北京市人民检察院代理检察长。

在人事任免工作中，常务委员会对发现的问题作了处理。市公用局局长马学亮玩忽职守，接受贿赂，后果严重。常务委员会举行专门会议，审议并同意陈希同市长提出的报告，决定免去马学亮北京市公用局局长的职务，由司法机关依法查处。会议指出：我们的工作人员必须廉洁奉公，克尽职守；特别是掌握一定权力的领导干部，更应当自觉地贯彻执行党和国家的路线、方针、政策，模范地遵守、执行各项法律与规章制度；在当前改革、开放、搞活的新形势下，尤其要保持清醒的头脑，坚决抵制资产阶级腐朽思想和封建主义思想残余的影响。常务委员会和各有关部门对自己任命和管理的干部要加强监督，教育他们全心全意为人民服务。对利用职权进行违法犯罪活动的人，必须依法严肃查处，以保卫人民的建设事业。

六、加强同区、县人大常委会的联系

一年多来，常务委员会先后召开了两次区、县人大常委会负责同志的座谈会和三次部分区、县人大常委会负责同志参加的工作研究会，认真学习中共中央关于建设高度的社会主义民主与健全社会主义法制的一系列重要指示、全国人大常委会领导同志关于加强地方人大常委会工作的重要讲话和市委《关于加强社会主义民主与法制建设若干问题的决定》，交流工作情况，研究改进工作的意见。大家认为，民主与法制建设是国家的根本大事、根本建设，也是人民交给我们的一项重要任务。当前，本市民主与法制建设同两个文明建设还不相适应，我们要为改变这一状况做坚持不懈的努力。同时，大家还认为，密切市同区、县人大常委会之间的联系，是加强地方人大常委会工作的重要一环。一年多来，常务委员会对重要议题的审议，重要法律实施的监督检查，重要法律、法规草案的讨论和征集意见的工作等，都注意了同区、县人大常委会联系配合、协调行动，效果是比较好的。市人大常委会还同区、县人大常委会一起研究了如何开好乡、镇人民代表大会的问题，交流了这方面的工作经验，推动了乡、镇人民代表大会按期召开。此外，还依照法律和有关规定解答区、县人大常委会在工作中遇到的问题，吸收区、县人大的同志参加市人大常委会举办的民主与法制讲座及学习法律的报告会，对区、县人大常委会的工作和建设给以支持。

各位代表：

上次代表大会以来，常务委员会的工作有所改进和加强，但是同宪法、地方组织法赋予的职权和全市人民的期望还有不小的差距，工作中存在不少缺点和问题：在制订地方性法规方面，我们的知识和经验都很不足；如何有效地对政府、法院、检察院依法进行监督，还有待于继续探索和改进；同代表的联系还不够广泛、密切；常务委员会自身的组织、制度建设还不够健全。这些问题都需要在实践中不断总结经验，逐步加以解决。

今年年初，邓小平同志提出“一手抓建设、一手抓法制”的思想，是建国三十六年来正反经验的高度概括，是党的十一届三中全会以来发展社会主义民主、健全社会主义法制的方针的继续和发展，是我们进行现代化建设的战略指导思想。六届全国人大四次会议制订了国民经济和社会发展第七个五年计划，并对深入改革和加强民主与法制建设提出了明确的要求。学习、宣传、贯彻执行这次全国人民代表大会的决议，是摆在我们面前的重要任务。今年是执行七五计划的第一年，市人大常委会要紧紧围绕上述指导思想和方针任务，按照地方组织法赋予的职责，在制订地方性法规，监督法律、法规的实施，有计划地听取审议“一府两院”的工作报告，加强同人民代表的联系和充分发挥代表作用，加强常务委员会自身的组织、制度建设等几个方面，做出切实的努力，为加强社会主义民主，健全社会主义法制，推动首都社会主义现代化建设事业的发展做出更大的贡献。

北京市高级人民法院工作报告（摘要）

——一九八六年五月十七日在北京市第八届人民代表大会第五次会议上

北京市高级人民法院代理院长　刘云峰

各位代表：

一年多来，全市各级人民法院遵照市第八届人民代表大会第四次会议的决议，依照宪法和法律，以严惩严重刑事罪犯的工作为重点，全面开展了刑事、民事、经济审判和其他工作，自觉地为党和国家的总任务、总目标服务，为社会主义现代化建设服务，较好地完成了各项任务。

一、依法严惩严重的刑事犯罪分子，以维护首都的社会治安。

一年多来，在继续同严重刑事犯罪分子的斗争中，主要抓了三项工作：第一、坚持贯彻执行依法“从重从快”的方针，及时严惩严重的刑事犯罪分子。

一年多来，全市各级人民法院新收公诉刑事案件4，786件，其中故意杀人案106件，强奸和奸淫幼女案840件，抢劫案166件，重大盗窃案314件，流氓案249件，以上五类犯罪案件共占全部刑事案件收案总数的35％。这些罪犯的犯罪活动，给国家和人民利益造成了严重的危害。

为了有力地打击严重刑事犯罪分子，保持“严打”的威慑声势，我们选择典型案件，分别在市和区、县召开34场大会，宣布了一批罪犯的犯罪事实和判处结果，严惩了罪犯，鼓舞和教育了群众。

第二、加强调查研究，做好思想政治工作，不断解决法院干部存在的认识问题和实际问题，以保证依法“从重从快”方针和稳准狠原则的正确贯彻执行。

经过一年多时间的严厉打击严重刑事犯罪活动的斗争，社会治安状况有了明显好转，有的同志便认为严厉打击严重刑事犯罪活动的斗争“差不多了”，“可以松一口气了”，等等。针对这种片面认识，我们结合传达贯彻全国政法工作会议和全国法院院长会议精神，组织干部学习中央领导同志的讲话，讨论如何正确认识治安形势。通过学习、讨论，绝大多数干部认识到，社会治安状况还没有根本好转，“从重从快”的方针必须坚持，严厉打击严重刑事犯罪活动的斗争不能松劲。同时，我们通过开展端正业务指导思想的讨论，使干部进一步树立了人民法院是人民民主专政的工具，必须把惩办犯罪分子作为主要任务的观点。

由于一度存在的松劲情绪，曾出现对极少数刑事犯罪分子处刑偏轻的现象。我们于1985年4月，选择两个区人民法院，对当年第一季度判处的刑事案件及时进行了检查。检查证明，确有极少数案件量刑偏轻。主要有两个原因：一是思想上有松劲情绪，二是有的同志不善于正确适用法律。随后，我们召开了区、县法院院长会议，要求全市各级法院对1985年第一季度判处的刑事案件普遍进行一次检查，着重检查有无重罪轻判的问题。市法院也组织力量，进行了重点检查。通过检查，发现判处不当的案件共有54件，占刑事一审结案总数的1.21％。根据检查结果，我们于7月上旬，再次召开区、县法院院长会议，对检查的情况作了总结，明确指出了一些案件之所以轻判，主要原因是有些同志对严重刑事犯罪活动的危害认识不足，对有关法律和全国人大常委会的决定理解不够全面，不能正确适用。为了进一步解决干部的思想认识和适用法律中存在的问题，我们选了17个轻判的案例，于去年十月中旬召开有区、县法院院长、刑庭庭长，市高、中级法院各庭、处、室负责同志参加的会议，组织到会同志结合轻判的案例，学习法律，学习全国人大常委会的有关决定和最高人民法院、最高人民检察院的有关适用法律的“解答”，总结经验，统一思想，提高认识，收到了很好的效果。

一年多年，我们在坚持贯彻依法“从重从快”的方针，打击严重的刑事犯罪活动的斗争中，既抓思想教育，又抓实际问题的解决，不但保证了正确执行法律，而且通过不断地总结经验，吸取教训，进一步提高了干部对打击严重刑事犯罪活动的意义的认识，提高了执行、适用法律的水平。

第三、坚决执行惩办与宽大相结合的政策，发挥政策和法律的威力。

在严惩严重刑事罪犯的同时，对有投案自首、坦白交待、检举立功等从轻、减轻和免除处罚情节的，都作了从宽处理。为了更好地发挥政策的威力，我们配合公安、检察、劳改部门在已决犯和劳教人员中开展了坦白交待、揭发检举的活动。依照刑法的规定，制定了一个检举立功、坦白从宽的“通告”，规定：立功的可以折罪，在规定的期限内坦白罪行的，可以宽大处理。去年四月下旬，法院的领导同志到劳改农场宣讲“通告”，进行了动员。随着政策的兑现，不少已决犯、劳教人员纷纷坦白交待余罪，揭发检举他人的问题，他们共坦白检举各种违法犯罪问题9，439件。我们又配合公安部门对在押未决犯开展了两次检举立功坦白交待罪行的活动，同样也获得了良好的效果。

综上所述，一年多来，我们在刑事审判工作中，根据现实斗争情况，采取多种措施，继续坚决贯彻执行了依法“从重从快”的方针，给了严重刑事罪犯以沉重的打击，在巩固和发展社会治安状况好转的成果方面，发挥了人民法院的专政威力和积极作用。

二、严惩严重破坏经济的犯罪分子，以保护国家和人民的利益不受侵害，保障经济体制改革和四化建设的顺利进行。

早在1982年，中共中央、全国人大常委会和国务院就作出了有关打击经济领域中严重犯罪活动的决定。1984年4月，邓小平同志明确指出，“打击经济犯罪活动的斗争，是我们坚持社会主义道路和实现四个现代化的一个保证……如果不搞这个斗争，四个现代化建设，对外开放和对内搞活经济的政策就要失败。”

中央的决定，邓小平同志的指示，完全符合实际情况。当前，经济犯罪活动十分猖獗，不但案件数量多，作案数额大，而且许多都与一些单位或干部有牵连，不少还内外勾结，结伙犯罪。特点是：

第一、有些机关、团体和企事业单位为了小团体和个人利益，打着“改革”，“搞活”的旗号，巧立名目，进行走私贩私、投机诈骗、贪污受贿等犯罪活动。

第二、有些“公司”或“中心”，一无资金，二无货源，又无固定从业人员、经营场所和设备，也没有财务和管理制度，利用合同或制造假合同进行诈骗犯罪活动，有的诈骗数额高达几百万元。

第三、一些没有改造好的有前科劣迹的人，成了“能人”，受到重用，当了“经理”、“业务员”，他们不择手段，大肆进行犯罪活动，侵占、挥霍大量公私财物。

第四、有的“公司”、“中心”或个人，跨行业、跨地区，互相串通，内外勾结，甚至同外商、港商共谋，进行犯罪活动。有的案件横跨十多个省、市，涉及几十个单位、上百人。

针对上述情况，为了严惩严重破坏经济的犯罪分子，我们主要做了三个方面的工作：

第一、深入实际，调查研究，划清罪与非罪的界限，指导审判实践。我们组织力量对市中级人民法院和各区、县人民法院在审理经济纠纷案件中提出的一些可能属于犯罪的案件，进行了分析研究，认为构成犯罪，应追究刑事责任的，选出案例，下发市中级法院和区、县法院作为区分罪与非罪和向公安机关移送经济犯罪案件的参考，从而推动了打击经济犯罪工作的开展。

第二、针对某些经济犯罪案件存在“以罚代刑”的实际情况，我们对投机倒把、贪污受贿、偷税抗税、诈骗等问题也进行了调查研究，初步划清了一些案件行政处理和依法追究刑事责任的界限，密切了有关部门与政法机关互相配合的关系，克服了工作上不衔接的缺点，为依法打击经济犯罪，创造了必要的条件。

第三、运用法律武器，严惩了一批严重破坏经济的犯罪分子。全市各级人民法院坚决执行全国人大常委会《关于严惩严重破坏经济的罪犯的决定》和中共中央、国务院《关于打击经济领域中严重犯罪活动的决定》，对已起诉到法院的严重破坏经济的罪犯给予了坚决打击。一年多来，全市各级人民法院共审结经济犯罪案件1，354件，判处经济罪犯1，819名，其中盗窃公共财物犯1，382名，贪污犯181名，受贿犯68名，投机倒把犯39名，诈骗公共财物犯124名。这些罪犯非法所得金额达三百七十多万元，给国家、集体造成直接经济损失达七百二十五万多元。

为了有力地打击经济犯罪分子的嚣张气焰，宣传党的政策和社会主义法制，推动打击经济犯罪分子斗争的进一步开展，我们选择一些典型的案件，召开大会进行公开处理。1985年11月，市中级人民法院在全市严厉打击经济犯罪分子大会上，宣布了首钢原副经理尹志农、密云县木材公司原党支部书记王楼、宣武区广内华丰贸易公司原经理薛桂云、丰台区工商行政管理局丰台管理所原专案办事员李绍华和夏勇、北京税务局朝阳分局酒仙桥税务所原外勤专管员甘均喜等13案23名罪犯的判决。印发了宣传材料十万份。这次大会，震动很大，群众反映很好。

今年第一季度，打击经济犯罪的工作有了进一步开展。市公用局原局长马学亮，利用职务之便，收受贿赂六千多元，贪污日元七万多元，由于玩忽职守，使国家经济上损失达四百七十多万元。马学亮犯受贿罪、贪污罪和玩忽职守罪，被判处有期徒刑六年。煤气公司原经理张盛源等犯有贪污、受贿等罪行的14名干部，也分别受到了法律的制裁。国家经委进出口局技贸结合处原副处长叶之枫与张常胜勾结，向港商、外商泄露国家重要机密，收受巨额贿赂，受到了国法的严厉制裁。叶之枫犯泄露国家重要机密罪和收受贿赂罪，我们依法判处其有期徒刑十七年，剥夺政治权利三年；张常胜收受贿赂折合人民币七十一万多元，数额特别巨大，情节特别严重，我们依法判处其死刑，剥夺政治权利终身，并经报请最高人民法院核准，已将张常胜执行了死刑。新华社发了消息，《人民日报》头版作了报道，并发表了评论。对马学亮、叶之枫、张常胜等罪犯的判决，震动很大，群众反映强烈，认为人民法院的判决表明了在法律面前人人平等，反映了人民的愿望。

三、正确处理民事、经济纠纷，保护国家、集体和公民的合法权益，促进改革和四化建设，促进安定团结。

及时、正确处理民事纠纷，是人民法院的重要任务之一。经过审判人员的努力，一年多来共审结一审民事案件19，702件，其中离婚案8，828件，赔偿案2，454件，房屋案2，413件，赡养案1，564件。这些案件，以调解方式结案或经工作后撤诉的15，439件，占结案总数的78.36%。做民事审判工作的绝大多数干部不怕苦，不怕累，深入群众，调查研究，在查清事实的基础上分清是非责任，耐心地做思想教育工作，使大量纠纷得到了适当的解决。

随着经济体制改革和四化建设的发展，法制建设的加强，国营企业、集体经济组织和公民要求人民法院保护其合法权益的经济纠纷案件迅速增多。一年多时间内，共受理经济纠纷案件3，532件。经济纠纷案件，政策性强，涉及面广，情况复杂，我们要求审判人员认真学习有关经济法规，深入调查研究，以高度负责的精神，依法妥善处理。经济审判人员“以事实为根据，以法律为准绳”，全年共审结经济纠纷案件2，547件，涉及诉讼标的金额达二亿三千一百多万元。在审结的案件中，以调解方式结案的1，647件，占结案总数的64.66%。

大量民事和经济纠纷得到正确处理，不仅保护了当事人的合法权益，宣传了社会主义法制，而且促进了安定团结，促进了企业经营管理的完善和生产建设的发展，防止了一些犯罪案件的发生。

四、排除干扰，坚持原则，实事求是，严格依法办事。

人民法院的审判工作，是保护国家和人民利益，制裁违法和犯罪行为的，得到了广大群众的拥护，但也遇到了一些干扰。去年上半年，在劳改场所，有的罪犯错误地认为，“严打”已经结束，现在申诉“有戏了”。有的罪犯家长也说，对他的孩子“判重了”。对此，我们一方面认真复查这些申诉案件，对个别确实判处不当的案件，依法进行了改判，另一方面，对申诉无理的，进行了说服教育，驳回了申诉。

需要指出的是，有的人对法院正在审理的案件，或者已经发生法律效力的裁决，仅凭一面之词，就利用报纸、杂志发表文章，断言某个案件是“冤案”。这种不恰当的做法，不仅干扰了法院的审判工作，给法院工作造成了困难，而且损害了人民法院的威信和法律的权威。

人民法院担负着国家赋予的审判权力，接受各方面的监督是做好审判工作的重要保证，因此，我们的态度是，忠实于事实真象，忠实于法律和制度，忠实于人民的利益。一切“以事实为根据，以法律为准绳”，坚持原则，实事求是，我们随时准备接受各种监督，倾听各方面的意见，凡判决、裁定错了的，坚决改正，吸取教训；凡判决、裁定正确的，不论来自何方的指责、干涉，坚持严格依法办事，不动摇，不改判。

各位代表：

1986年，是“七五”计划的第一年，是改革、开放、搞活和四化建设进一步发展的一年，是“一手抓建设，一手抓法制”的战略思想得到进一步贯彻落实的一年。我们要在市委和最高人民法院的领导下，坚决执行党的方针政策和国家的法律，全面贯彻1986年初召开的全国政法工作会议和全国法院院长会议精神，以实现社会治安稳定好转为目标，以打击严重的刑事罪犯和严重的经济罪犯为重点，全面做好刑事、民事、经济审判工作和其他工作，积极参与社会治安的综合治理，更好地为经济体制改革服务，为社会主义物质文明和精神文明建设服务。

一、继续坚决执行依法“从重从快”的方针，严厉打击严重的刑事犯罪活动，继续教育全体干警对形势要有清醒的认识，保持高度的警惕，旺盛的斗志，继续严厉打击严重的刑事犯罪分子。特别是对集团首犯、教唆犯、流窜犯、屡犯，更要从重惩处。对有法定从宽情节的，依法予以从宽处理，以打击、震慑和分化犯罪分子。

二、运用法律武器，严惩严重破坏经济的犯罪分子，特别是大案要案中的犯罪分子。对经教不改的分子，集团中的首要分子，兼犯有其他罪行的犯罪分子，给国家、集体和人民造成严重损失或危害的犯罪分子以及有其他从重处罚情节的犯罪分子，一定要依照法律从重处罚，罪大恶极，依法应判处死刑的，坚决判处死刑。对经济罪犯还要依法追缴赃款赃物，或没收财产，决不能让犯罪分子在经济上占便宜。对严重不负责任、玩忽职守，给国家和人民造成重大损失，已构成犯罪的人员，要坚决追究刑事责任，给予应有的法律制裁。

三、加强经济纠纷案件的审判工作和民事审判工作。随着经济体制改革的深入开展，需要用法律手段调整的经济关系的范围越来越宽，需要法院解决的经济纠纷越来越多。我们必须努力适应这一需要。要认真学习党的各项经济方针、政策和国家的法律、法规，提高办案质量和办案效率。民事审判工作也要努力提高办案质量和办案效率。要学习、宣传和贯彻民法通则，加强对新情况、新问题的调查研究，大力改进审判作风、发扬民事审判工作的优良传统，全心全意为人民服务。

四、结合审判工作，积极参与社会治安的综合治理。结合办案，积极参加在公民中基本普及法律常识的工作。要结合办理刑事、民事、经济纠纷案件，积极主动地开展司法建议活动。要配合有关方面，对罪犯进行认罪服法的教育。

五、大力加强思想政治工作和组织建设。进一步提高干部队伍的政治素质和业务素质。要教育干警树立全心全意为人民服务的共产主义思想，自觉抵制剥削阶级腐朽思想的侵蚀；要严明纪律，“从严治院”，纠正不正之风，大力改进审判作风和工作方法，要继续调整加强领导班子，提高各级领导干部的水平，加强团结，增强责任心。同时，还要抓好业务建设，加强干部短期业务培训，办好法律业余大学。总之，要不断提高法院队伍的素质，以适应形势发展的需要。

北京市人民检察院工作报告（摘要）

——一九八六年五月十七日在北京市第八届人民代表大会第五次会议上

北京市人民检察院代理检察长　何访拔

各位代表：

从市第八届人民代表大会第四次会议以来，本市各级检察院遵照会议《关于市高级人民法院和市人民检察院工作报告的决议》和最高人民检察院的部署，在绝不放松打击严重刑事犯罪的同时，把打击严重经济犯罪作为主要任务，并通过“两打”斗争，推动了各项检察业务的全面开展，为促进首都社会治安的稳定好转，保障经济体制改革和经济建设的顺利进行，做出了自己的努力。

现在，我就一年来的检察工作情况，报告如下：

一、继续坚持依法从重从快的方针，严厉打击严重刑事犯罪活动。

在继续严厉打击严重刑事犯罪的斗争中，我们坚持了依法从重从快的方针，坚持了严格依法办事和以准为核心的稳、准、狠的原则，坚持了集中打击，保持打击声威的做法。在审查批捕、审查起诉工作中，既注意了防错，又注意了防漏。

在过去的一年里，我们在刑事检察工作方面的主要做法是：

第一，在“准”字上下功夫，进一步提高办案质量。对公安机关提请批准逮捕和移送起诉的案件，我们严格遵照刑事诉讼法的规定，认真、细致地进行审查。凡属重点打击的严重刑事犯罪案件，在确保办案质量的前提下，从快进行了审理。凡属事实不清，证据不足的案件，为把犯罪事实搞准，防止冤、错，除退回公安机关补充侦查外，我们也主动地作了一些补充调查，据统计，在审查批捕案件中，我们自行补充侦查的有五百多人；在审查起诉案件中，由我们自行补充侦查的有一千五百多人。对那些容易混淆罪与非罪、此罪与彼罪界限的案件，我们均反复讨论和研究，多方征求意见，必要时还向最高人民检察院请示汇报，力求在定性上要准确，在运用法律上要恰当。一年来，我们起诉的案件，法院作出有罪判决的，占我们起诉案件总数的百分之九十九点三。

第二，在坚决打击现行犯的同时，我们深挖了隐藏在社会各个角落和内部单位的严重刑事犯罪分子。去年四月和六月，我们先后两次会同公安、法院、劳改部门，深入到劳改、劳教场所和各看守所，通过联合发布《通告》，宣传法制，召开政策兑现大会，开展在押人犯和劳动改造、劳动教养人员的坦白交待、揭发检举活动，深挖了犯罪。

第三，抓住某一时期社会治安的突出问题，采取相对集中打击的方法，扩大“严打”的声威。如去年下半年抢劫汽车、杀害司机的案件一度比较突出，我们及时地批准逮捕和起诉了十五名这类犯罪分子，配合法院召开了严惩劫车犯、杀人犯的专场宣判大会，效果很好。

第四，认真履行检察机关的法律监督职能，开展了侦查监督、审判监督和检察建议活动。对个别公安干警、司法干部在侦查活动和审判活动中的违法行为，及时作了纠正。对法院判决确有错误的，及时提出了抗诉。对有些单位在防范犯罪方面存在的漏洞，提出了检察建议。据统计，我们向有关单位提出书面检察建议一百四十余份，促进了这些单位及时加强防范措施，堵塞漏洞。

二、坚决打击严重经济犯罪活动。

一九八五年四月至一九八六年三月，本市各级检察机关共发现和受理各类经济违法犯罪案件一千一百八十五件，经过逐一审查，决定立案侦查的经济犯罪案件九百零二件；其中，大案要案二百四十九件。为国家和集体挽回经济损失三千三百多万元，相当于一九八四年的二十九倍，是检察机关重建以来六年挽回经济损失的六点八倍。

从我们查办案件所涉及的单位和个人来看，打击严重经济犯罪斗争的广度和深度有了新的突破。特别是挖出了一些隐藏在机关、企事业单位内部窃据要职，掌握要害的严重经济犯罪分子。

一年来，我们在打击严重经济犯罪的斗争中，主要做法是：

第一，加强统一思想的工作，不断提高对打击严重经济犯罪重要性和紧迫性的认识，明确把检察工作重点放到打击严重经济犯罪上来。一九八四年下半年，社会上出现几股新的不正之风，经济犯罪活动十分猖獗。由于经济犯罪活动与不正之风交织在一起，某些检察干部，害怕打击经济犯罪妨碍改革、搞活，出现了束手束脚、等待观望的状况。针对这种情况，我们在一九八五年四月召开了全市区、县检察长会议，通过传达贯彻全国政法工作会议和全国检察长会议精神，通过认真学习市八届人大四次会议《关于市高级人民法院和市人民检察院工作报告的决议》，着重作好统一思想的工作，提高了对打击严重经济犯罪重要性和紧迫性的认识，分清了改革、搞活和打击严重经济犯罪之间的关系，提出要大力加强对经济犯罪活动的检察工作。会后，打击经济犯罪的工作出现了好的势头。四、五、六三个月就立案一百四十三件，比前三个月增长近一倍，而且抓出了几起特大案件。在此期间，最高人民检察院在市检察院的《工作简报》上作了多次批示，鼓励我们“有了新的突破，新的面貌”。七月，我们召开了全市经济检察工作会议，认真总结和推广了朝阳、宣武检察院的办案经验，起到了明确方向，交流经验，鼓舞士气，坚定信心的作用。会后，很快在全市检察系统内出现了积极进取，勇于开拓的新局面。一九八六年初，我们又召开全市经济检察工作座谈会，通过互相通报和交流情况，树立了长期作战的思想，所以今年第一季度又有了新的进展。据统计，共新受理四百五十三件，比去年同期增长三点二倍，其中立案侦查的大案要案八十五件，比去年同期立案的大案要案数增加十三倍多。为国家和集体挽回经济损失八百二十多万元。

第二，坚决采取积极进攻的姿态，主动出击，深挖犯罪。一是有计划、有重点地深入到各个系统和部门，边宣传法制，边提供法律帮助，边调查和搜集犯罪线索，或在经济纠纷中发现犯罪线索；二是主动加强同工商、审计、税务等有关部门的联系，积极参加税收、财务、物价大检查和整顿公司、“中心”等活动，搜集犯罪线索；三是通过查办大案推动一个系统、一个部门开展清查，从清查中发现犯罪线索；四是在协助外省市调查经济犯罪案件中，发现新的犯罪分子；五是部分区、县检察院在一些单位和部门试建检察联络员，为检察机关提供犯罪线索；六是重视和加强控告申诉工作，通过群众来信来访的检举、揭发，从中挖出犯罪分子。据不完全统计，在一九八五年，通过上述新作法查获并立案的案件有三百四十多件，占当年立案总数的百分之五十多。

第三，选准对象，集中力量，抓紧突破。我们针对当前经济犯罪大案要案的特点，采取了一些措施。即：对各个方面反映上来的犯罪线索，经常进行分类排队，从中选出工作重点。对确定为工作重点的大案要案线索，经过必要的调查，确实看准了，就由领导亲自带领有关办案人员制定作战方案，选准突破口，立即行动，一鼓作气，突破要害。宣武区检察院发现正阳贸易公司经营毛毯有侵吞私分巨额公款的线索以后，采取果断措施，组成以经济检察业务干部为主的三十三人侦破队伍，由院领导统一指挥，分别负责传唤、审讯、搜查、取证等工作。仅用八天的时间，就侦破了这起犯罪数额达四十多万元的大案。朝阳区检察院在办理魏志东等三人投机倒把获利七万多元的大案时，仅用二十八个小时就查清了主要犯罪事实。突破要害以后，我们便确定专人做过细的查证工作，反复核对事实和证据，做到主要犯罪事实，一定要证据确实、充分。

第四，敢于打破关系网，保护层，善于冲破阻力，秉公执法。我们排除这些阻力的办法：(一) 本身要正，敢于碰硬，善于碰硬，拒腐蚀，永不沾，秉公执法；(二) 结合办案，宣传法制，提高有关人员的思想认识问题；(三) 凡与案件有牵连的人和事，不管涉及到哪一级的干部和组织，均追查清楚；(四) 坚持把犯罪事实搞准，以事实为根据，以法律为准绳，用事实和法律说服人；(五) 确属我们难以克服的困难，及时报告上级检察机关，取得支持和帮助。通过采取上述办法，我们在办案中遇到的阻力，就能够排除，使案件得到正确处理。

第五，坚持依法办事，正确区分罪与非罪的界限。根据我国《刑法》和最高人民法院、最高人民检察院《关于当前办理经济犯罪案件中具体应用法律的若干问题的解答 (试行)》的规定，应予追究刑事责任的经济犯罪案件，坚决依法查处，决不“以罚代刑”、“以风挡罪”；对属于新类型的案件和政策、法律不易拿准的疑难案件，我们采取的做法：一是写成案例，多方征求意见，必要时报请最高人民检察院同意，而后印发给各区、县检察院，用以指导区分罪与非罪和适用法律的问题。二是会同公安、法院等其他有关部门，对某些专题进行系统、深入的调查研究，联系本市实际情况，划出一些具体的政策界限，供办案参照执行。

第六，运用典型案例，采取多种形式，广泛开展法制宣传，扩大社会影响。为预防和抑制经济犯罪，保障和促进经济改革和经济建设，我们除结合办案及时向发案单位或其上一级领导机关提出有针对性的检察建议，推动他们健全管理制度，堵塞漏洞，预防犯罪之外，还经常深入到工厂、机关、学校、农村，运用典型案例，进行法制宣传。

在过去的一年里，我们通过查办严重经济犯罪案件，尤其是查处大案要案，不仅惩治了经济犯罪分子，保卫了经济建设，而且对于党风、社会风气的转变，对于社会安定和首都的“两个文明”建设，产生了积极影响。各级党委和有关部门对我们打击严重经济犯罪的工作也给予了较好的评价，不少区、县委或人大常委会还专门通报表扬了区、县检察院。到今年四月底，据不完全统计，全市各级检察院共收到赠送的锦旗一百八十多面，热情地称赞我们检察干部“廉洁奉公”，是“无畏战士，护法功臣”，“为经济改革护航”等等，使我们深受教育和鼓舞，增强了我们进一步搞好打击严重经济犯罪工作的信心和决心。

三、通过“两打”，推动了各项检察业务全面开展。

在法纪检察工作方面，我们吸取了打击严重经济犯罪工作的一些做法和经验，通过主动出击，积极办案，使法纪检察有了新的进展。一九八五年四月至一九八六年三月，受理玩忽职守、妨害邮电通信、刑讯逼供、非法拘禁和重大责任事故等案件共二百六十一件。其中，已决定立案侦查的一百一十八件。到今年三月底，已办结了一百零九件。特别是认真查处了一批重大的玩忽职守和责任事故以及严重侵犯公民民主权利、人身权利的案件，严肃了法纪，保障了公民的人身权利与民主权利。

在监所检察工作方面，我们采取了分级检察、驻场、驻所检察的措施，加强了安全检察和贯彻落实“改造第一，生产第二”，“教育、感化、挽救”的方针，以及依法实行文明管理的检察工作。同时，认真查处了劳改分子重新犯罪和劳教人员犯罪的案件一百四十一件，办理了干警严重违法乱纪的案件十一件，还定期对社会上的判处管制、缓刑、假释、保外就医、剥夺政治权利的人员进行检察，帮助有关单位落实了改造和帮教措施。

在控告、申诉工作方面，一年来，共接待群众来信来访九千六百多件次，接待中努力做到主动、热情，积极为民排难解忧。对那些可能导致矛盾激化的信访案件，认真、细致地进行疏导工作，防止了矛盾激化。对信访案件中反映出的犯罪线索，都及时转交有关单位和部门进行查办。

四、大力加强检察队伍的自身建设。

在这方面我们重点抓了以下三个方面的工作：一是大力加强了思想政治工作。教育广大检察干警热爱祖国，热爱人民，热爱本职，坚持原则，严格依法办事，坚决履行法律赋予的职责。教育广大检察干警要坚定共产主义理想，全心全意为人民服务，自觉抵制封建主义、资本主义各种腐朽思想的侵蚀，不谋私利，不贪赃枉法，不违法乱纪，成为有理想、有道德、有文化、有纪律，一身正气，两袖清风的人。努力做到奖罚分明，对于个别违法乱纪、执法犯法的检察干警，一经发现就严肃处理，绝不护短姑息。对于在“两打”斗争中涌现出的先进集体和个人，及时予以表彰。二是抓好领导班子的建设。按照革命化、年轻化、知识化、专业化的要求，结合整党和整顿党风，我们对全市检察机关的各级领导班子作了三次较大的调整，充实了各级领导力量。在此基础上，我们把领导班子建设的重点放在了思想作风建设上，坚持民主集中制，不断改进和完善领导的工作方法和工作作风，促进了各级领导亲临办案第一线，实实在在地为干警解决工作和生活上遇到的一些问题，较好地发挥组织领导作用。三是重视对干警的培训工作，努力提高他们的政治素质和业务素质。除平时强调以老带新，注意在实践中培养、锻炼干部外，我们在人员少、任务重的情况下，仍下决心批准了二百五十二名干警到电大、函大等院校学习，并抽出二百二十余名干警脱产参加了各种短期的业务培训，从而使干警在政治与业务的素质上有了不同程度的提高。

一年来，我们检察工作虽取得一些成绩，但我们的工作还存在着缺点和不足，主要是工作发展不平衡，开展工作的广度和深度不够，一些干警的政治和业务素质还不能适应工作需要。这些问题有待于我们进一步解决。

最近，党中央对进一步加强社会主义民主和法制建设，加强政法工作作出了许多重要指示。今年二月又召开全国政法工作会议和全国检察长会议，对政法工作和检察机关的主要任务作了部署。特别是邓小平同志提出的“一手抓建设，一手抓法制”的战略思想，为我们指明了前进方向，是我们在新形势下加强和改革检察工作的指导思想。

目前，我们检察机关的任务十分繁重，十分艰巨。现有的干部力量和工作条件难以适应斗争的需要，主要困难是：办案人员薄弱，办案经费严重不足，交通工具缺乏，办公用房紧张，技术装备十分落后。希望各级党委和政府继续给予重视，并帮助加以解决。我们各级检察机关也要继续挖掘潜力，积极克服困难，努力搞好检察工作。我们决心按照中央的要求，与有关部门积极配合，争取用一年左右的时间，把经济犯罪分子的嚣张气焰打下去，并继续抓紧严厉打击严重刑事犯罪活动，保持社会治安的稳定好转。同时，要继续加强自身建设，抓好思想政治工作，搞好各级领导班子的建设，教育广大干警模范地执行政策和纪律，自觉接受人民群众的监督，坚持文明执法，纠正不正之风，敢当现代“包公”，树立起好形象。还要根据实际需要，逐步实现检察技术装备的现代化。

各位代表，一九八六年是打击严重刑事犯罪的关键一年，也是把经济犯罪分子的嚣张气焰压下去的关键一年。我们检察机关一定要振奋精神，一身正气，两袖清风，秉公执法，为进一步全面开创检察工作的新局面努力奋斗，为首都“两个文明”建设作出更大的贡献！

北京市第八届人民代表大会第五次会议议案审查委员会关于代表议案的审查报告

张大中

（一九八六年五月二十日北京市第八届人民代表大会第五次会议通过）

本次会议收到代表团提出的议案十六件，十五名以上代表联合提出的议案九十四件，共一百一十件，其中属于财政经济方面的二十二件，属于城市建设方面的二十九件，属于教育、科学、文化、卫生方面的四十八件，属于政法方面的十一件。这些议案，以本市贯彻执行国民经济和社会发展第七个五年计划、积极稳步地深入进行改革、推进社会主义物质文明和精神文明建设、发展社会主义民主与健全社会主义法制，以及解决群众生活中的迫切问题等方面，提出了许多重要的意见和建议。议案目录已印发给各位代表。

议案审查委员会对上述议案进行审查，提出了审查意见，并向主席团作了报告。经主席团讨论决定：(一)将常浦等二十六位代表提出的“认真检查土地管理法规执行情况，制止乱占滥用耕地”的议案（第2号）、刘永国等一百二十一位代表提出的“尽速筹建高碑店污水处理场”的议案（第10号）、平谷县代表团提出的“北京郊区农民卖猪难的问题亟待解决”的议案（第15号）、陈志平等十五位代表提出的关于坚决整顿首都服务态度的议案（第36号）、王向明等十九位代表提出的“加强市人大及市人大常委会在全市范围内的法制监督工作”的议案（第60号）、仉振亮等三十位代表提出的“认真宣传贯彻民族政策，切实保障少数民族的平等权利”的议案（第61号）、侯仁之等十九位代表提出的“检查文物保护法执行情况，加强本市文物保护工作”的议案（第64号）、梅阡等十七位代表提出的关于落实各项措施改善首都服务态度的议案（第107号），共八件，其中第36号与第107号议案内容相同，并为一案，并案后共为七项，交市人大常委会审议；(二)将一百零二件作为对本市工作提出的建议、批评和意见，分别交市人大常委会和市人民政府及有关部门认真研究处理，并将处理结果答复提议案的代表，其中关于加强水资源保护管理、发展职业技术教育和首钢建设问题，承办单位要将办理情况向市人大常委会作出报告。关于解决中、小学师资和办学条件方面的建议，交市人大常委会和市人民政府结合贯彻实施《义务教育法》一并研究处理。以上审查意见，建议大会予以批准。

此外，截止五月二十日中午，本次会议收到代表提出的建议、批评和意见共一千一百九十七件，已进行整理，将由市人大常委会办公厅分别交由市人民政府办公厅及有关部门研究处理，并负责答复代表。

北京市第八届人民代表人会第五次会议选举办法

（一九八六年五月十二日北京市第八届人民代表大会第五次会议通过）

一、根据《中华人民共和国地方各级人民代表大会和地方各级人民政府组织法》，结合本市情况，制定本办法。

二、北京市第八届人民代表大会第五次会议，补选北京市高级人民法院院长、中级人民法院院长和北京市人民检察院检察长各一人。

三、北京市高级人民法院院长、中级人民法院院长和北京市人民检察院检察长的人选，由大会主席团提名，市人民代表大会代表（一人提名，有三人以上附议）也可以提名。选举可以采用候选人数多于应选人数的办法；也可以经过预选产生候选人名单，然后进行选举。

四、选举和预选均采用无记名投票方式。如预选可以按代表团分别进行投票。

五、选举须有全体代表过半数出席，按代表团进行预选时须有代表团全体代表过半数出席，始得开会进行选举。

六、每个代表团推选监票人一人，由大会主席团另提名总监票人二人，经大会通过后，在大会主席团的领导下，对发票、投票和计票进行监督。各代表团进行预选时，可再推选监票人一至三人。

七、投票人对于选票上所列的候选人，可以投赞成票，可以投反对票，可以弃权，也可以另选其他人。

投票人赞成选票上所列的某一个候选人时，就在这个候选人姓名左面的空格里画一个“○”；不同意某一个候选人时，就在这个候选人姓名左面的空格里画一个“×”；在候选人左面的空格里不画“○”又不画“×”的为弃权。

投票人如果要在选票上所列的候选人以外另选其他人，可以在画“×”的原候选人姓名右面的空格里写上自己要选举的人的姓名。

八、每张选票选举的人数，多于第二条规定应选人数的作废，等于或少于规定应选人数的有效。

九、投票人写票，要用钢笔、毛笔或圆珠笔。符号要准确，笔迹要清楚。

十、选票由投票人亲自投入票箱。

十一、投票结束后，当众打开票箱，计票人清点选票张数后，由总监票人将清点结果报告大会执行主席。选票张数等于或者少于投票人数，选举有效；多于投票人数，选举无效。

十二、全部书写模糊无法辨认的选票，全票作废；部分书写模糊无法辨认的选票，可以辨认的部分有效，无法辨认的部分无效。

十三、候选人获得全体代表过半数的选票，始得当选。如遇候选人所获选票都未超过半数时，是否另行选举，由主席团提出意见，提交大会决定。

十四、选举结果由大会主席团宣布。

十五、本办法由北京市第八届人民代表大会第五次会议通过后施行。

北京市第八届人民代表大会第五次会议关于本市第七个五年计划和第七个五年计划报告的决议

（一九八六年五月二十日北京市第八届人民代表大会第五次会议通过）

北京市第八届人民代表大会第五次会议，经过认真审议，决定批准陈希同市长代表市人民政府所作的《关于北京市国民经济和社会发展第七个五年计划的报告》，原则批准《北京市国民经济和社会发展第七个五年计划》。

会议认为，第六个五年计划期间，首都社会主义现代化建设，在对内搞活经济、对外实行开放的基本方针指引下，沿着中共中央书记处对首都建设方针的四项指示和中共中央、国务院对《北京城市建设总体规划方案》批复的轨道不断前进，取得了很大成就。城乡面貌有了明显改观，经济持续稳定增长，教育、科技、文化、卫生、体育等各个领域发生了新的变化，安定团结的政治局面得到进一步巩固和发展，城乡人民生活有了较大改善。这是在中共中央、国务院亲切关怀和领导下，在中共北京市委的具体领导下，全市人民共同努力奋斗的结果，也是中央各部门、驻京部队和兄弟省、市、自治区大力支持的结果。北京市人民政府在过去五年里，对各项建设和改革进行了富有成效的领导和组织工作，会议对此表示满意。

会议认为，我们在充分肯定成绩的同时，必须清醒地看到，工作中还有缺点和失误，改革和建设还面临着许多困难和问题。必须不断总结经验，坚定而审慎地做好各项工作，进一步巩固和发展首都建设的好形势。

会议认为，北京市第七个五年计划确定的基本任务，符合六届全国人大四次会议通过的“七五”计划的要求和本市的实际情况，是积极可行的，经过努力是可以实现的。这些任务的完成，必将使北京作为全国政治、文化中心的城市功能得到进一步加强和发挥，城乡面貌有更大改观，人民生活进一步改善，为首都九十年代经济和社会的更大发展打下坚实的基础。

会议认为，“七五”时期是我国经济发展战略和经济体制进一步由旧模式向新模式转换的关键时期。在此期间，必须坚持把改革放在首位，按照中共中央、国务院的部署，深入进行经济体制和教育、科技等各个领域的改革，要进一步完善各种经济责任制，扩大企业自主权，发展横向经济联合，发展社会主义商品市场，加强宏观经济的间接控制，使首都经济更加富有生机和活力。在改革中要加强总体设计，进行配套改革，有主有次，有先有后，有缓有急，分步实施，通过深入调查研究和试点，提高预见性，使各项改革顺利发展。

会议要求，市人民政府要把搞好城市的规划、建设和管理作为自己的重要职责，进一步贯彻“人民城市人民建，人民城市人民管”的方针。在按照城市建设总体规划的要求，制定并逐步完善分区规划和详细规划，切实维护规划的严肃性。要研究制定有效措施，严格控制城市人口的发展。要在严格控制固定资产投资规模的前提下，积极调整投资结构，把基础设施建设放在城市建设的突出地位，并切实保护好文化古都的风貌。要切实加强农业这个国民经济的基础，继续抓紧粮食和蔬菜生产，坚决制止滥占耕地。要加速发展适合首都特点的经济，在提高产品质量和经济效益的前提下，保证生产持续稳定的增长，特别要发展为生产和人民生活服务的第三产业，进一步缓解人民生活中的诸多不便。努力加强市场管理和物价管理，发挥国营商业的领导作用。

会议强调指出，在大力推进社会主义物质文明建设的同时，要切实加强社会主义精神文明建设，进一步发展社会主义民主和健全社会主义法制。“七五”期间，要切实加强和改进思想政治工作，在全市人民中坚持不懈地深入进行四项基本原则的教育和有理想、有道德、有文化、有纪律的教育，坚决反对资本主义的、封建主义的和其它的腐朽思想，树立良好的社会风气和道德风尚。要采取具体办法发挥首都教育、科技、文化的优势，以加速人才培养、科技进步和文化繁荣。各行各业要通过改革、进行教育与培训、加强领导和管理等有效措施，下大气力尽快改进服务态度，提高服务质量。各级人民政府要努力改进工作作风，提高工作效率，加强法制教育和法律、法规执行情况的检查，严格依法办事。要继续纠正不正之风，严厉打击严重刑事犯罪和严重经济犯罪活动，加强社会治安的综合治理，为改革和建设创造良好的社会环境。

会议认为，随着“七五”期间社会主义现代化建设的发展，新情况新问题会不断出现，市人民政府在制定年度计划时，可以根据实际情况进行必要的调整。

会议号召：全市各族各界人民在党和政府的领导下，同心同德，团结一致，发扬愚公移山、艰苦创业的精神，积极投入到“七五”计划的伟大实践中去，为胜利完成北京市国民经济和社会发展的第七个五年计划而努力奋斗。

北京市第八届人民代表大会第五次会议关于一九八六年国民经济、社会发展计划和一九八五年财政决算、一九八六年财政预算的决议

（一九八六年五月二十日北京市第八届人民代表大会第五次会议通过）

北京市第八届人民代表大会第五次会议，经过审议并根据国民经济、社会发展计划和财政预决算审查委员会的审查报告，决定批准市人民政府提出的一九八六年国民经济、社会发展计划和一九八五年财政决算、一九八六年财政预算，批准市计划委员会主任王军所作的《关于北京市一九八六年国民经济和社会发展计划草案的报告》，批准市财政局局长王宝森所作的《关于北京市一九八五年财政决算和一九八六年财政预算草案的报告》。

北京市第八届人民代表大会第五次会议关于市人大常委会工作报告的决议

（一九八六年五月二十日北京市第八届人民代表大会第五次会议通过）

北京市第八届人民代表大会第五次会议批准市人民代表大会常务委员会的工作报告，对常务委员会自北京市第八届人民代表大会第四次会议以来的工作表示满意。

会议要求，常务委员会在履行地方组织法赋予的职权，加强自身组织、制度的建设方面，继续进行探索和改进，为进一步加强社会主义民主与法制建设，发挥地方国家权力机关的作用，做出更大的努力。

北京市第八届人民代表大会第五次会议关于市高级人民法院工作报告和市人民检察院工作报告的决议

（一九八六年五月二十日北京市第八届人民代表大会第五次会议通过）

北京市第八届人民代表大会第五次会议批准北京市高级人民法院代理院长刘云峰所作的《北京市高级人民法院工作报告》和北京市人民检察院代理检察长何访拔所作的《北京市人民检察院工作报告》，对北京市高级人民法院和北京市人民检察院自上次代表大会会议以来的工作表示满意。

会议要求，人民法院和人民检察院认真履行审判机关和检察机关的职权，继续严厉打击严重刑事犯罪和严重经济犯罪活动，依法保护国家利益和人民的合法权益，努力加强自身建设，为实现首都社会治安的稳定好转，保障改革和经济建设的顺利进行，做出更大的贡献。

北京市高级人民法院院长、市人民检察院检察长、市中级人民法院院长名单

（一九八六年五月二十日北京市第八届人民代表大会第五次会议通过）

北京市高级人民法院院长　　刘云峰
北京市人民检察院检察长　　何访拔
北京市中级人民法院院长　　纪树翰

北京市第八届人民代表大会第五次会议主席团、秘书长名单

（一九八六年五月十二日北京市第八届人民代表大会第五次会议预备会议通过）

主席团（九十一人　　按姓名笔划排列）

丁吉庆　丁贡南　于宗英（女）　马耀骥　王大明
王大琬（女）　王立行　王　君（女）　王　宪
王培宝　王斐然　王景铭　仉振亮　叶子龙　叶　林
叶恭绍（女）　白良玉　冯佩之　邢　军　邢恒均
戎　易　吕子敬　仲　凯　邬绮文（女）　刘导生
刘殿臣　齐家蕙（女）　安朝俊　严镜清
李玉梅（女）　李克佐　李其炎　李钢钟（女）
李培新　李瑜铭　李锡铭　杨春茂　吴　烈　佘涤清
邹　倓（女）　汪家镠（女）　沈　勃　张大中
张成基　张还吾　张国基　张金铎　张继斌　张　镈
陈木森　陈明绍　武　光　范　瑾（女）　林雷川
金　鉴　周　怡（女）　郑云山　郑凤仪　郑汉涛
郑汉浩　赵访熊　赵国平　赵鹏飞　南荣榜　段君毅
侯仁之　侯镜如　逄先知　闻家驷　贾春旺　贾星五

夏钦林　徐惟诚　高贺荣　郭春昌　浦洁修（女）　蔡玉清（女）　蔡其侃　黎　光　潘　焱
黄英夫　常　浦　崔旭东　崇　力　梁怀庆　梁志华
隋世忠　韩　凯　焦若愚　雷洁琼（女）　解　衡

秘书长

邢　军

北京市第八届人民代表大会第五次会议主席团常务主席名单

（一九八六年五月十二日主席团第一次会议推定）

（二十三人）

李锡铭　赵鹏飞　段君毅　焦若愚　金　鉴　徐惟诚　浦洁修（女）　佘涤清　陈明绍　张大中　邢　军
汪家镠（女）　李其炎　黎　光　王立行　王　宪　戎　易　夏钦林
潘　焱　范　瑾（女）　马耀骥　侯镜如　闻家驷

北京市第八届人民代表大会第五次会议副秘书长名单

（一九八六年五月十二日主席团第一次会议决定）

沈　千（女）　郑怀义　刘虎山　王同兴　赵有光　徐炳忠　王昭钺　杨登彦　段柄仁　周泽民

北京市第八届人民代表大会第六次会议

（1987年3月5日—12日）

北京市第八届人民代表大会第六次会议于1987年3月5日至12日举行。

大会听取并通过了陈希同市长所作的北京市人民政府工作报告，听取并通过了市计委主任王军关于北京市1986年计划执行情况和1987年国民经济、社会发展计划的报告及市财政局长王宝森关于1986年财政决算和1987年财政预算的报告。审查并通过了市人大常委会工作报告、市高级人民法院和市检察院工作报告。听取了黄超副市长关于提请确定首都市花市树的议案的说明，并通过了关于市花市树的决议。

大会共收到代表团提出的议案6件，10名以上代表联合提出的议案101件。其中，属于政法类18件，财经类22件，城市建设类32件，教育科学文化卫生类35件。大会听取并通过了议案审查委员会关于议案的审查报告。

坚持四项基本原则　坚持改革开放搞活
推进首都社会主义现代化建设

——1987年3月6日在北京市第八届人民代表大会第六次会议上的报告

北京市市长　陈希同

各位代表：

我代表市政府，向大会报告北京市1986年的工作和1987年工作安排的意见，请审议。

一、关于1986年的工作

根据北京市第八届人民代表大会第五次会议通过的关于第七个五年计划的安排和部署，在中共中央、国务院以及中共北京市委的正确领导下，经过全市各族人民的共同努力，1986年国民经济和社会发展的主要任务都已胜利完成。经济体制改革有了新的进展，对外开放打开了新的局面，经济稳定提高，城乡面貌进一步改观，科学、教育、文化、卫生、体育等事业都取得了新成绩，社会主义民主和法制建设得到进一步加强。1986年首都的社会主义物质文明和精神文明建设，沿着中央"四项指示"和"十条批复"指引的方向又推进了较大的一步，为实现北京市第七个五年计划创造了一个良好的开端。

（一）城乡经济稳步发展，速度与效益相应增长

1986年，全市国民生产总值达到280亿元，按可比价格计算，比1985年增长4.4%；工农业总产值完成366.8亿元，增长4.9%；国民收入实现210亿元，增长6.4%。第三产业的产值比重由1985年的33.3%，上升到1986年的33.9%，从业人员比例由36.1%，提高到39.2%。

工业在改革和调整中走上了正常发展的轨道。去年年初，由于信贷资金紧张，外汇落实较晚，电力严重不足，一些企业的产品结构不适应社会需求的变化，加上工资套改后出现了新的平均主义，挫伤了职工积极性，工业生产一度出现下降的局面。在这一严峻形势面前，各方面同心协力，推进改革，完善和发展了多种形式的经济责任制，调动了企业广大职工的积极性，下半年生产逐月回升，全年工业总产值增长4.7%，其中地方预算内企业增长6.6%，实现利税增长4.8%，生产与经济效益相应提高，出现了三个转变：

一是企业由偏重数量和产值的增长向注重产品质量和经济效益的方面转变。同1985年相比，产品质量稳定提高率由81.1%上升到97.1%；万元产值综合能耗由4.67吨标准燃料降低到4.55吨，年节约燃料40万吨；万元产值水耗由218.2吨降低到197吨，节水5000万吨，接近于一个新建的田村山水厂；完成重点技术改造工程199项，年创产值能力可达20亿元。

二是企业的产品结构向适应市场需求的方向转变。短线原材料和重点消费品生产的增长幅度较大。轻工业产值增长5.1%，重工业产值增长4.4%，轻重工业继续向协调的方向发展。

三是企业开始由内贸型向内外贸并重型转变。有出口产品的企业由1985年的850家增加到1050家，出口产品增加上千种。

上述三个转变，不仅提高了企业的自我发展能力和市场竞争能力，也使北京市的产业结构和产品结构向更加适合首都特点的方向迈进了一步。

郊区经济继续保持稳定发展的好势头，现代化农业生产基地建设进展顺利。与1985年相比，农村社会总产值达到96.2亿元，增长8.1%。工、商、建、运、服等行业的比重由70.9%上升到71.4%。去年，在发展农村经济方面着重抓了以下工作：

一是稳定粮食生产。在调整农业结构，粮田播种面积减少18万亩，以及部分区县受灾严重的情况下，经过艰苦努力，粮食总产量仍达到21.65亿公斤，虽比上年减少1.4%，但播种面积单产提高了2.5公斤，创历史最高水平，又一次夺得丰收。

二是努力按照首都市场需求，增加副食品生产。蔬菜产量达到22.3亿公斤，比上年增长9.2%。牛奶产量达到1.46亿公斤，增长7.7%。西瓜产量达到3.25亿公斤，增长28.5%。瘦肉型猪、肉牛、奶牛、蛋鸡、

肉鸡、果品和坑塘养鱼等生产基地建设取得了新进展，品种增加，质量有所提高。

三是抓了乡镇企业的整顿、挖潜和横向联合。乡村工业、建筑业、交通运输业、商业、饮食服务业都有新的发展。乡、村两级工业总产值完成46.3亿元，比上年增长14.6%，有力地支持了农业发展和城市建设。

四是开发建设贫困乡的工作开始起步。全市37个贫困乡都已制定了脱贫规划，市县在资金、技术、物资等方面给予了有力的支持，促进了种养业的基础建设和乡镇企业的发展。新办乡级企业106个，安排劳动力8800多人。贫困乡的企业总收入和纯收入分别比1985年增加25%和75%，群众生活有了改善。

商业服务业经济效益和社会效益都有较大提高，市场繁荣，购销两旺。社会商品零售总额达146.5亿元，比上年增长14.6%，扣除物价上涨因素，增长7.4%。网点又有较大幅度增加，净增1.5万个，比上年增长18.3%，累计达到9.7万个，已经超过历史最高水平。新建农贸市场50个，新增饭馆1700多个，恢复北京风味小吃40多种，引进一批外地风味食品，26个省、市、自治区的1000多种风味菜肴已在首都落户。商品数量、花色品种、名优商品明显增多，供应结构有所改善。菜、肉、禽、蛋等主要副食品基本上做到了全年均衡上市。由于深化改革，加强横向联合，商品流通渠道不断扩大，生产单位自销和进入农贸市场的商品数量增加，外地商品源源进京。农贸市场销售额达6.3亿元，进一步方便了群众。

财政收入超额完成计划，各项税收有较大幅度增长。财政收入完成60.3亿元，按可比口径计算，比上年增长4.8%。其中，各项税收增长12.3%，超过计划3.4%。财政支出44.3亿元，为年度预算的96.2%，比上年同期增长18.5%。

随着工农业生产的发展和商品流通的活跃，全市经济实力继续增强，为经济体制的改革和人民生活的改善提供了条件。

(二) 外经外贸和旅游事业开创了新局面，对外开放迈出了新的步伐

外贸出口结束了连续五年在6亿美元左右徘徊的局面。全年出口商品总额达到7.24亿美元，比国家计划超额12.4%，比上年增长16.7%。出口产品结构发生很大变化，初加工产品的比重下降，深加工产品的比重上升，机电产品的出口额增长66.7%，占全市出口总额的比重由8%上升到12%。

利用外资、引进先进技术和管理经验取得了好成绩。利用外资协议金额9.8亿美元，比上年增长9%；技术引进成交96项，总金额1.92亿美元。截至去年底，已批准的中外合资、合营及外商独资企业达189家，协议金额21.6亿美元。外资投向由前几年以建设旅游旅馆等服务设施、改善投资环境为主，开始向建立出口创汇型和先进技术型生产企业方面转变。1986年批准的外商投资企业中，这类企业占总数的1/3，协议金额比上年增长66%。

旅游优势得到进一步发挥，旅游业呈现兴旺景象。旅游区、点和服务设施的建设，在前两年迅速发展的基础上，又迈出较大步伐。全年新增饭店、旅馆414个，床位5.5万张，适于接待外宾的床位由3.2万张增至4.2万张。全市社会旅馆床位累计37万张，初步形成了高、中、低档次配套的饭店宾馆服务体系。过去那种“盼北京，望北京，来到北京看星星”，露宿车站、街头的状况有了改变。旅游景点的建设步伐加快，整修、开放了慕田峪长城等游览区、点166个。旅游业的迅速发展，不仅为国际国内交往提供了条件，也为首都经济社会发展注入了新的活力。1986年海外入境旅游者99万人次，比上年增加5.7%；外汇收入4.4亿美元，增长38.9%，相当于全年外贸出口创汇的60%，约占全国旅游外汇收入的1/3；同时也提供了新的就业机会，据不完全统计，去年旅游各部门新增职工5000多人，比上年增长9.7%。旅游业已日益成为首都的重要新型产业。

投资环境有了进一步改善。按照《国务院关于鼓励外商投资的规定》，市政府又制定了30条规定，在简化审批程序、减免税收、降低费用、保障物资供应等方面进一步放宽政策，并向第一批24家先进技术型和出口创汇型外商投资企业颁发了确认证书，给予优惠。同时，下大力量加快通讯设施的建设速度，建设国际电话400路，与世界近40多个国家和地区建立直达电路，为吸引更多的外商来京投资进一步创造了条件。

(三) 城乡面貌又有新的变化，城市基础设施建设继续得到加强

城市规划工作开始发挥出“龙头”的作用，城乡建设逐步纳入总体规划的轨道。按照“继续治乱，重点治散”的要求，1986年完成了城近郊区1026平方公里范围内的分区土地使用规划和一批重点建设和改造地区的详细规划，并着手制定120个风景、文物保护区的规划。与此同时，加强了规划管理，全年查处各类违章事件2289起，拆除违章建筑613处，面积7.5万平方米，没收违章建筑11万平方米，退出违章占地1300亩。

在城市建设中，强调了严格控制基本建设规模，调整投资结构，提高投资效益，确保国家重点工程和城市

基础设施建设。全年完成基本建设投资58.7亿元，比上年增长8.3%，大大低于1985年增长50.2%的速度。在建项目减少304个，新开工项目减少129个。

城市基础设施在严重缺乏资金的情况下，采取节约投资、集中使用资金、投标承包等办法，加快了建设步伐。

水：日供水100万吨的水源九厂一期工程正在施工。建成了通县、城子水厂，新增日供水能力6.2万吨。狠抓了节约用水，在增水不多的情况下，避免了高楼断水现象。

电：新建紫竹院、建国门、北极寺三个11万伏变电站，为缓和电力紧张创造了条件。装机容量为60万千瓦的石景山发电厂新机组的建设，进展顺利。

燃气：完成10.5万户居民煤气、天然气管道施工和灶具安装，其中2.5万户已经通气。累计已有87%的城镇居民实现了炊事燃气化。经过整顿，改变了液化气供应混乱的局面，为持续、安全供气打下了基础。

供热：左家庄供热厂二期工程建成3台炉，增加集中供热面积60余万平方米。新增联片供热300万平方米。全市集中、联片供热面积累计近1600万平方米。

道路：新建、扩建干线6条，总长100公里。打通5个交通堵塞口。大中修城区道路20万平方米。新开、调整电汽车线路43条，增加运营线路54.7公里。在人口和车辆大幅度增长的情况下，部分地区的交通堵塞有所缓解。

通讯、邮政：新增市内电话用户2.5万户，发展公用电话407部，市内通信日妥投率由原来的63%提高到90%以上。

城市房屋建筑竣工面积904.3万平方米，接近于解放初北京市房屋总面积的一半，创历史最高纪录。其中住宅竣工面积达501万平方米，相当于6个劲松住宅区，是前三门南侧长达6公里住宅面积的10倍。与此同时，修缮危房9700多间，近15万平方米，楼房综合维修53万平方米。中小学教师住宅竣工14.4万平方米，是上年的两倍多，超过原计划10万平方米的指标。各种文化、体育、医疗设施显著增加。新建、扩建、改建医院36个，交付使用10个，完成投资1亿元。文教系统基本建设完成投资2.2亿元，建成教育电视台等一批重要设施。新建、改建城乡托幼园所269个，增加面积6.1万平方米，增加入托儿童5.9万人。新建体育场馆5座。亚运会27项工程已有8项开工。国家重点工程完成或超额完成当年计划。

以集镇为重点的新农村建设，由点到面逐步扩展。黄村、昌平和通镇等卫星城已初具规模。各县城和一批试点集镇在总体规划的指导下，面貌都有不同程度的变化。新农村建设已由原来的30多个村扩展到225个村。新建农民住宅楼1210栋，累计达到3448栋，建筑面积为37.9万平方米。新建公共设施155栋，累计达到360栋，建筑面积2.5万平方米。农民的居住环境有了新的改善。

绿化美化继续发展。全年城市植树165万株，扩大绿化面积62公顷。绿化、美化了20个居住小区和总长40公里的20多条市内道路。京开、京张等五大干线公路两侧已植树117公里。农村造林38.3万亩，四旁植树1482万株。5个风沙危害区造林3万亩，重点风景区造林7万亩。8个城近郊区的“五个二绿化工程”（两个公园、两条街道、两个居住小区、两个花园式单位、两个垂直绿化单位）全部完成。新建、改建各具特色的公园19个，一部分地区做到了三季有花、四季长青。

环境保护和治理工作取得了新成绩。年初确定的12项任务全部完成。77个严重污染扰民的工厂、车间得到整治或搬迁。完成永定河引水渠截流二期工程，使沿岸100万居民饮用水质得到改善。22所医院排污、3条污水河渠整治和第一热电厂消烟除尘工程全部完工。近5000亩的7个垃圾堆放场和8个垃圾转运站建设取得较大进展，全年清理垃圾263万吨，相当于搬走一个景山。西长安街和崇文区体育馆地区的755项综合整治任务，以及三里河、三元里等8个清洁优美居住区的建设工程基本完成。留民营、窦店生态农业试点进一步完善，大兴县森林公园及榆垡治沙等工程取得一定成绩。首都的生态环境得到进一步改善。

（四）教育、科技、文化、卫生、体育事业有了新的发展

社会主义现代化建设离不开人才培养和科技进步。1986年市财政提供教、科、文、卫、体经费达8.3亿元，比1985年增长19.9%，区、县、乡财政也专门拨了一批教育经费。各行各业都为发展教科文事业提供了大量的人力、物力、财力，作出了积极的贡献。

教育事业发展迅速。全年共培养具有中专以上文化程度的各类人才8.4万人，比1985年增长58.5%。普通高等院校在校学生增加5.7%。成人高等学校在校学生总数也有较大幅度的增加。有87万人参加了中、初级技术教育或短期职业培训。中等教育结构改革继续发展，中等专业学校、技工学校、职业高中与普通高中招生人数的结构渐趋合理。为贯彻国家义务教育法，制定了北京市的具体实施办法。全市小学入学率达到99.4%。昌平、顺义、房山、平谷、通县、大兴等

六个县全面实行了乡管教育。市委、市政府为发展中小学教育事业提出要办的10件实事，得到顺利实施。

科学技术在改革的推动下，进一步面向经济建设，面向城市建设和管理。全年取得科研成果2900多项，推广应用1400多项，新增产值12亿元，创利2亿多元。申报专利和专利授权项目数量均居全国首位。在全国第二届科技发明成果展览会上，北京地区有69项获奖，名列第一。农村“星火计划”顺利展开，第一批193个项目已经付诸实施，第二批200个项目正在落实。计算机技术推广应用范围不断扩大，软科学的研究工作得到明显加强。科研生产横向联合更加广泛深入，据不完全统计，北京地区科研生产联合组织已发展到600多个，比1985年增加20%。民办科技机构迅速发展，全市已有集体和个体科技机构700多家，多种专业技术组织229个。以“京海计算机技术开发公司”、“四通集团公司”为代表的一批以新技术为先导，技、工、贸相结合的高科技民办企业，取得了引人注目的成果。

文化、卫生、体育事业取得了较大成绩。在“为人民服务、为社会主义服务”和“百花齐放、百家争鸣”的方针指引下，广大文化工作者创作出一大批群众喜爱的好作品。妇幼保健、防疫治疗和计划生育工作有较大发展。许多医院开设了专科、专病、咨询和业余门诊。大小医疗机构之间建立医疗联合体90个。全市首次开展的创建无鼠害城市达标活动成果显著，鼠密度下降了95%以上。群众性体育活动继续蓬勃开展，企事业单位参与兴办各项体育事业有了良好开端。农民运动会的举办，有力地推动了农村群众性体育活动。北京市运动员在国内外重大比赛中共获得金、银、铜牌353块，为首都赢得了荣誉。

（五）在生产发展的基础上，人民生活水平进一步提高

根据统计局千户抽样调查，1986年城镇居民人均收入1067元，比上年增长17.6%，扣除物价上涨6.7%的因素，实际增长10.2%；郊区农民人均纯收入823元，比上年增长6.2%。1986年底城乡居民储蓄存款余额68.6亿元，比上年增加16.9亿元，增长32.7%；城镇人均储蓄948元，增长28.5%；农民人均储蓄336元，增长37.1%。部分居民住房条件有了改善，约8万户将迁入新居，10万户居民的住房困难得到缓解。“文革”中建造的有倒塌危险的楼房已拆除16栋，500户居民全部迁入新居。社会保障和社会福利事业也有所发展。城乡新建福利工厂400个，安置残疾人员3000余名；新建老年人活动站93个，敬老院41座，康复医院诊所15个，义务为老人、残疾人登门包户服务的综合服务站82个。养老金保险，待业救济，以及人身、财产、社会救济保险业开拓了新领域。由于在改革中必然引起的收入分配的变化，以及消费档次和赡养人口多少的不同，也有少数人收入增加不多，或实际生活水平有所下降，有待今后通过改革逐步加以解决。

（六）社会主义精神文明和民主法制建设进一步加强

在中共中央关于社会主义精神文明建设的指导方针指引下，贯彻落实市委、市政府制定的10条措施，两个文明建设一起抓的思想更加深入人心。坚持四项基本原则，维护安定团结和坚持改革、开放、搞活方针的自觉性日益提高。结合改革，广泛深入地开展了改进服务工作大讨论，对克服行业不正之风，提高服务质量，改善服务态度，起了很大作用。

民主和法制建设得到进一步加强。各级政府普遍加强了对人民来信来访的接待和处理工作。市人大代表提出的1462件建议、批评、意见已全部办理。市政协委员提出的760件提案已办理了98%。人大代表、政协委员以及科协等各方面的专家、学者为首都建设出主意、想办法，发挥了重要作用。市政府聘请的700多名顾问参与了各项重要决策的咨询工作，为首都的现代化建设做出了宝贵的贡献。城市建设和管理进一步纳入法制化轨道。去年共制定行政规章96项，提经市人大常委会审议颁布地方性法规6项。截至去年底，本市现行的法规、规章已达315项，无法可依的状况得到初步扭转，有法不依、执法不严的状况有所改变。在政府工作人员和全体公民中广泛开展的普及法律知识的教育，提高了政府工作人员依法办事的自觉性，增强了人民群众的法制观念和公民意识。广泛的爱国统一战线得到进一步发展，各民主党派、无党派民主人士同共产党和政府间的长期合作共事关系，全市各民族之间平等互助、亲密团结的关系，得到了新的加强。通过继续严厉打击严重刑事犯罪和严重经济犯罪，经过对社会治安的综合治理，以及对各种不正之风的认真纠正，首都社会治安、社会秩序进一步好转。各类执法人员特别是广大公安干警、武警部队和卫戍部队，辛苦操劳，赢得了人们的尊重。

去年年底，由于受资产阶级自由化思潮的影响，再加上少数别有用心的人挑动，发生了几个高等学校少数学生上街游行闹事的严重事件。各级政府机关、各院校和有关方面在党的领导下，认真执行政策，严格按照法律办事，积极加强教育和引导，做了大量深入细致的思想政治工作，使事情很快平息下来。各级政府认真执

行市人大常委会制定的《关于游行示威的若干暂行规定》，对保护公民正当民主权利，维护首都安定团结的政治局面，起了重要的作用。

各位代表！

一年来取得的成果充分证明，党的十一届三中全会以来的路线、方针、政策是完全正确的。实践使我们深深体会到，要保证首都现代化建设不断前进，必须坚定不移地坚持四项基本原则，维护安定团结的政治局面。1986年首都各项事业之所以能够取得这些进步，不是“大民主”闹出来的，而是全市各族人民在党的领导下，同心同德，艰苦奋斗，扎扎实实地干出来的。不坚持四项基本原则，没有共产党的领导，没有安定团结的政治局面，就什么事情也干不成。人心思定，人心厌乱。动乱，不安定，既妨碍改革的顺利进行，也影响经济的稳定发展，从根本上违背广大人民群众的利益和愿望。因此，我们必须同破坏首都安定团结的任何行为进行坚决的斗争。

推进首都社会主义现代化建设，必须坚持改革、开放、搞活。去年，我们的建设之所以取得较大进展，十分重要的原因，就是遵照国务院关于“巩固、消化、补充、改善”的方针，深化改革，扩大开放，发展有计划的商品经济。从北京的实际出发，紧紧围绕搞活企业这个中心环节，实行所有权和经营权适当分离，使经济体制改革在探索中不断前进。企业外部条件得到改善，内部机制得到加强，从而进一步调动了企业经营者和生产者的积极性。统分结合、双层经营的农村联产承包责任制进一步完善，专业承包和适度规模经营有较快发展。国营大中型企业发展和完善了多种形式的经济责任制。国营小型企业的租赁制首先在商业系统突破，得到普遍推广，目前已开始在部分小型工业企业试点。对极少数长期不景气的国营小型商业、服务业企业试行了转卖。在个别企业进行了股份制试点。全民所有制企业的厂长（经理）负责制由点到面，分期分批地实行，已由155个扩大到255个。个体小企业和摊商发展较快，从业人员由1985年的13.4万人增长到14.4万人。跨部门、跨行业、跨地区的横向经济联合也得到迅速发展，建立了一批以名优产品为龙头的生产、销售、原材料供应“一条龙”的联合体和以科技为龙头的教育、科研、生产、销售相结合的联合体。联合使企业的潜力得到发挥，增强了竞争的能力，提高了经济效益，促进了生产力的发展。综合经济部门也进行了一系列配套改革。资金市场、技术市场、劳务市场已初步形成，生产资料市场正在积极筹备。根据中共中央和国务院的有关方针政策，制定了一系列对外开放、鼓励出口和引进外资的措施，充分利用首都的优势积极改善投资环境，进一步扩大和发展了国际友好交往活动。这一系列改革开放措施，有力地推动了各项事业的前进。

北京作为伟大祖国的首都，它的建设和发展，每前进一步都离不开中共中央、国务院的领导和关怀；离不开中央在京机关，驻京部队，兄弟省、市、自治区的支持和帮助；离不开各民主党派，工会、共青团、妇联等人民团体，以及各方面的支持和关心；同时，也得到了国际友人、海外侨胞、台港澳同胞的同情和合作。为中央服务，为国内外交往服务，为北京市人民服务，是我们的宗旨，我们的本分。服务得越好，越能争取更多的支持和帮助。去年以来，我们在加强和各省市联系的同时，与中央各部门进行了一系列对话，既增进了他们对北京市情况的了解，得到了他们许多支持和帮助，又使我们看到了服务工作中的不足，需要努力改进。这种对话今后还要继续下去。毫无疑问，没有各方面的支持帮助，首都的现代化建设绝不会取得今天的进展。在此，我代表市政府，向为首都建设做出贡献的各行各业各界人士表示感谢！向热情支持帮助北京市工作的中央在京部门，驻京部队，兄弟省、市、自治区，各民主党派，人民团体，台港澳同胞，海外侨胞，国际友人表示衷心感谢！

充分发挥区、县、乡各级地方政府和街道办事处的积极性，才能更有效地贯彻城市建设的群众路线。为此，必须改变市政府集权过多的状况，适当分权，下放权力，使各级政府也作到权、责、利相结合。从1981年开始，市政府先后对区、县实行了财政包干。去年，市对区、县又下放了部分计划、规划和零售商业、饮食、服务、修理等行业的管理权，普遍建立了乡财政，在城近郊区进行，建立街道财政试点。对人权、物权也进行了某些调整和下放。市政府过去那种统得过死，管得过多，“市管人财物，区管脏乱差”的状况逐步改变。由于区、县、乡政府有了一定的人权、财权、物权，从而大大发挥了他们的主动性，使他们有可能从各自的实际出发，更有成效地调动全市各族人民和各部门参加首都建设的积极性，办成更多的事情，加快首都的建设。

转变各级政府机关的工作作风，改进领导方法，努力克服官僚主义，始终是搞好我们各项工作的一个十分重要的问题。当前各项改革正在探索中发展，新旧体制同时并存，各方面工作难度很大，往往一个环节上的不协调，都会影响整个机制的正常运行。因此，切实改进各级政府机关和领导干部的工作作风和工作方法，是关系改革和现代化建设成败的重大问题。去年北京市的改革和建设比较顺利，是同近几年来整党、纠正不正之风分不开的。在改革中，我们强调各级领导要深入第一线，亲自抓点，以点带面。对市政府各委办局建立了严格的责任制，把每年的工作计划分解到各个负责人，狠抓落实，实行“年初计划抓实事，年中检查看进度，年末总结要成果”。在日常工作中，我们强调要认真倾听群众的意见和呼声，主动解决群众要求而又可能解决的问题，特别要重视人民代表、政协委员、各民主党派、群众团体、专家、学者的意见。这样做，使我们避免、减少和纠正了不少失误。

在肯定成绩的同时，必须清醒地看到，我们的工作在不少方面还存在着很大差距和问题。比较突出的是：

1. 城市人口继续膨胀。人口的规模是制约城市发展的根本因素。去年，净增13.3万人，其中机械增长达6.2万人。按这样的速度增长，到1989年上半年，全市常住人口将突破1000万，首都的一系列社会经济矛盾会更加突出，将给城市建设和发展带来更大压力。目前正在拟定控制办法，待报国务院批准后实施。

2. 基本建设战线过长，在建项目过多，投资效益不高的状况尚未从根本上扭转。1986年全市房屋建筑开复工面积2761万平方米。这样大的建设规模，在世界大城市中是罕见的。许多项目缺资金、缺物资，拖长了建设周期。有些项目由于抢建，不仅质量低劣，也加大了原材料供应缺口，造成价格非正常上涨，特别不利于保证重点工程的建设。

3. 基础设施建设仍然不能适应城市迅速发展的需要。几年来基础设施建设虽然发展较快，但由于财力、物力有限，建设所需周期较长，老帐未还清又欠新帐。去年全市有40多万平方米住宅，由于水、电、气、热不通，竣工后不能交付使用。至于北京市水资源不足，更是一个威胁将来城市发展的严重问题。

4. 城镇居民的住房困难仍旧十分突出。近几年虽然建造了大量住宅，但由于人口增长过快，建房资金不足，分配体制不合理，至今仍有40万不同程度的住房困难户。尚须采取更有力的措施，逐年缓解这个严重的矛盾。

5. 商业服务业仍不能适应社会和人民生活的需要。经过多方面的努力，商业服务业网点虽已超过历史最高水平，但万人拥有网点数仍低于上海、天津，网点配置不合理的状况也有待进一步改进。服务态度和服务质量虽有一些进步，但距首都的地位和群众的要求，仍有很大差距。

6. 城市管理工作还跟不上迅速发展的形势。许多方面的管理仍然很差，一些必要的法规、规章尚未建立和完善起来，有些方面还存在着有法不依、执法不严、无人负责、相互掣肘等现象。

7. 经济生活中铺张浪费现象相当严重。许多企业能源、原材料消耗超过国家定额，不少部门和单位讲排场，摆阔气，比豪华，花钱大手大脚，行政经费支出有增无减。

8. 政府工作人员思想和工作作风还存在不少问题。作风不深入，调查研究不够，缺乏预见性，造成了某些工作上的失误。机构臃肿，拖拉扯皮，不负责任，效率不高。少数领导干部作官当老爷，对群众疾苦漠不关心的现象仍然存在。

上述问题，必须引起高度重视，拿出办法，逐步加以解决。希望各位代表和广大群众随时进行监督，对我们的缺点和错误及时提出批评和建议，帮助我们把工作做得更好一些。

二、1987年的奋斗目标和主要任务

根据中共中央和国务院的部署，1987年要集中力量抓好两件大事：一是在政治思想领域，深入进行坚持四项基本原则的宣传教育，坚决反对资产阶级自由化，进一步巩固和发展安定团结的政治局面；一是在经济领域，坚持正确的建设方针，深入体制改革和扩大对外开放，努力保证整个国民经济的长期稳定发展。

按照这个总要求，结合北京市的实际情况，1987年国民经济与社会发展的奋斗目标是：

——经济持续稳定发展，工农业总产值达到383亿元，比1986年增长4.7%；国民生产总值300亿元，增长7.1%；国民收入225亿元，增长7.1%；财政收入63.36亿元，增长5%。

——工业生产要坚持把提高经济效益放在首位，抓紧产业结构和产品结构的调整，加快适合首都特点行业的发展，努力增加适销对路的产品，提高产品质量。总产值达到335亿元，增长4%以上，上交利税增长4%，力争效益与速度相应增长。

——农村继续贯彻“服务首都，富裕农民，建设社会主义现代化新农村”的方针，认真抓好粮食生产，继续加强副食品基地建设，进一步发展乡镇企业，加快农村经济专业化、商品化、现代化进程，为1990年郊区农村工农业总产值比1980年翻两番打好基础。1987年农村社会总产值增长10%；乡镇企业总收入增长14%；增加粮食生产的投入，严格控制占用耕地，确保粮食总产量稳定在21亿公斤左右。

——加速发展第三产业，继续保持首都城乡市场

的繁荣和稳定，进一步提高服务工作水平。在巩固现有网点的基础上，再发展1万个，使总数达到11万个，布局和结构更趋合理。社会商品零售总额达到161亿元，增长10%。

——积极发展对外经济贸易和旅游业。出口创汇7.5亿美元，利用外资的生产性项目要有更大的发展。旅游外汇收入4.5亿美元。

——继续加强水、电、气、热、电讯、道路等城市基础设施建设。抓紧进行水源九厂的一期工程和石景山发电厂新增机组的扩建。发展集中、联片供热面积200万平方米，煤气用户9万户，电话用户2.6万户。加快完成京石公路一、二期扩建工程和地铁折返线工程，改造、展宽路口、路段39处，使城市交通进一步改善。

——在严格控制基本建设投资规模的基础上，确保重点工程建设。建成各类房屋800万平方米，完成北京图书馆、中央彩电中心土建工程、科技情报中心主体工程，以及燕山水泥厂等一批国家和北京市重点工程。抓紧亚运会各项工程的建设。在城市建设中要认真保护古都风貌。

——搞好绿化、美化和城乡环境的综合整治。各项工程建设在注意经济效益、社会效益的同时，一定要注意环境效益，使三者统一起来。城区植树120万株，种草100万平方米，栽植花卉35万株。郊区植树1000万株。搞好二环路等一批道路、10个公园、15片居住小区的重点绿化工程。解决60个工厂、车间的污染扰民问题。结合亚运会场馆建设，完成两个地区的综合整治，建成6个低噪声小区。营造密云水库周围水源保护林等农业生态工程，使首都环境不断改善。

——充分发挥首都科技优势，促进科技与经济建设、城乡建设和城市管理的结合。继续落实农村"星火计划"，着手实施工业技术振兴的"十、百、千、万"计划，即重点抓十来个行业的技术改造，组织一百个科研生产联合体，研究推广一千项关键技术，开发一万种新产品。同时，积极组织城市建设和城市管理方面的科技攻关和系统开发。集中力量抓好节约用水等六项"一条龙"攻关项目。建成一批高技术应用开发试验室。

——坚持把教育事业摆在重要战略地位。城镇地区实现普及九年制义务教育。进一步改善办学条件，建成北京四中等10所中小学教学楼。抓紧新建扩建一批小学校舍，以解决学生高峰期可能出现的校舍紧缺矛盾。继续发展托幼事业和残疾弱智儿童特殊教育。办好高等教育和各类成人教育。加强师资队伍建设。进一步发展文化、卫生、体育事业，抓紧一批医院的建设，全年新增病床1200张。

——在生产发展和经济效益提高的基础上，进一步改善首都人民的物质文化生活。全年建成住宅450万平方米，尽可能再解决一批住房严重困难户的问题。继续抓好物价、市场管理，维护消费者利益。

为实现上述目标，使首都的现代化建设沿着中央"四项指示"和"十条批复"的轨道继续向前推进，1987年要着重抓好以下四项工作：

（一）坚决压缩固定资产投资规模，确保重点工程和城市基础设施建设。

当前城市建设中的一个突出问题是固定资产投资规模仍然过大。我们的许多部门和同志不了解或未从全局出发考虑问题，对发展速度、改变面貌要求过快，对改善生活条件要求过急，超越了财力、物力的可能。尽快改变落后面貌，把北京早日建成国际上第一流现代化城市，这是我们的共同愿望。但实现这一愿望必须从实际出发，按照建设规模要同国力相适应的客观规律办事。应当看到，我国是一个发展中的国家，首都的现代化建设又是在改造旧城十分困难的基础上进行的。这几年我们的经济虽然有了很大发展，但是人均国民收入水平还很低，可以集中用于建设的财力、物力十分有限，各项建设只能量力而行，分别轻重缓急进行安排。好事要做，但不可能一朝做完。即使有了钱，也需要相当长的建设周期。想在短时期内赶上发达国家城市的水平，是不切实际的。

根据中共中央、国务院的部署，今年固定资产投资要坚决贯彻"三保三压"的方针，即保计划内建设，压计划外建设；保生产性建设，压非生产性建设；保重点建设，压非重点建设。1987年全市固定资产投资计划安排85亿元，比去年完成额减少10.1%，其中地方减少20%。全市房屋建筑开复工面积控制在2600万平方米以内，比去年减少5.8%。根据全市财力、物力和水资源、能源、交通状况，这样安排已经是尽了最大努力。

在压缩投资规模的同时，必须突出和确保建设重点。一是继续把城市基础设施的建设放在首位，加快水、电、气、热、通讯、道路等设施的建设；二是确保国家重点工程，尤其要保证亚运会各项工程1989年交付使用；三是抓紧一批重点技术改造项目和生产短线产品的工业项目的建设；四是加强住宅和文教、卫生、体育设施的建设。

为了确保建设重点，各方面都要顾全大局，认真贯彻以下措施：第一，严格控制新开工程，今年上半年，除特别急需的以外，一律不开新的工程。第二，认真清理在建项目，对一般性加工工业及目前并不急需的非生产性建设项目，要坚决停建或缓建，对可以建设的项目，要严格审查建设标准是否适当。第三，对计划外项目，银行要严格控制拨款、贷款。第四，改革分散建设的计划体制，扩大综合开发建设的比重。在依靠规划和统建，继续治“乱”的同时，要进一步治“散”，把旧城成片联街改造同新区的开发建设结合起来。在统一规划、统一计划、统一开发、统一建设、统一管理方面，力争迈出新的步伐。第五，重点建设要提前做好详细规划和重点项目的勘察设计工作，凡前期准备工作不充分的一律不准开工。第六，通过发行债券等多种途径，把部分预算外资金集中起来，用于城市基础设施的建设。同时，要积极认购国家发行的重点建设债券和重点企业债券，以确保关系全局的国家重点项目的建设。

（二）广泛深入开展增产节约、增收节支运动

在各行各业广泛深入地开展增产节约、增收节支运动，是我国经济建设的一个重要法宝。在生产建设规模不断扩大和改革、开放、搞活经济的新形势下，这个法宝不仅不能丢掉，而且要更好地发挥它的重要作用。我国人口多、底子薄，科学技术水平和劳动生产率都比较低。我们正处于社会主义现代化建设的初创时期，百业待举，人才、资金、物资都相当短缺，社会总供给远远满足不了总需求。这几年来，在我们的干部和群众中，艰苦奋斗、勤俭建国的思想不是加强了，而是淡薄了。有些地方和部门的同志，头脑发热，建筑追求高标准，设施追求现代化。一些企事业单位，一讲发展生产，就要建设新项目，增加新设备，向财政部门和银行要钱、要贷款的积极性很高，而对于合理运用现有的财力、物力，充分挖掘各方面的潜力，尽量少花钱多办事，把事情办得更好，向国家提供更多的积累，则想得不够。许多生产企业，不重视经济核算，管理松弛、粗放，劳动效率低，物资、能源消耗高，经济效益差，浪费惊人。因此，大力提倡艰苦奋斗、勤俭建国、勤俭办一切事业的精神，广泛深入持久地开展增产节约、增收节支运动，不仅能够充分合理和有效地利用有限的社会资源和自然资源，对克服当前财力、物力不足等困难具有重大的现实经济意义，而且是发扬中华民族优良传统，巩固和发展现代化建设大好形势的长远方针，一定要下大力量认真抓好，坚持不懈地抓下去。

增产节约，增收节支，必须抓住重点，讲究实效。在生产领域，重点是通过深化企业改革，调整产业结构和产品结构，加强企业管理，推动技术进步，开展综合利用，努力提高质量，降低消耗，节省各项费用开支，提高经济效益。

工业企业要适应市场需求的变化，进一步挖掘企业的内部潜力，加快产品的更新换代，增产市场紧缺的消费品和国家建设急需的产品。要积极发展进口替代商品的生产，提高国产化水平，尽快扭转一些企业依赖外汇购置散件，支撑生产的局面。力争做到全年万元产值能耗降低2%，节省管理费用10%，扭转亏损30%，定额流动资金周转天数压缩2—3%，全员劳动生产率增长3%。

郊区农村要适应首都市场的要求，增加蔬菜、副食品、干鲜果品以及其他适销产品的生产。粮食生产是关系全局的大事，要完善合同定购制，加强科技服务，增加投入，确保产量基本稳定。乡镇企业要走扩大内涵与外延相结合的道路，抓好骨干企业，增加适销对路拳头产品的生产，努力减少消耗，厉行节约。

商业企业要积极组织适销商品货源，开展多种形式的销售活动，加速商品流转，减少积压浪费，降低流通费用2%。

各行各业都要大力开展废旧物资回收、修旧利废和综合利用。无论在生产领域或生活领域中，都要特别注意节水、节电、节气。要制定更加严格的法规、规章，保证取得成效。

在城市建设中，有些项目标准过高，施工管理混乱，特别是材料浪费十分惊人。1987年要对国家和市重点建设项目进行设计复查，克服“重点建设重点浪费”现象。建筑业要巩固和发展整顿的成果，千方百计缩短建设周期，提高竣工率和施工质量，改进材料节约的奖励办法，降低工程费用，节省建设资金。对随意扩大建设规模，任意提高建设标准和挥霍浪费投资的，要追查责任，严肃处理。

各行各业特别是机关事业单位要坚决把经费开支压下来。除用于价格补贴、抚恤和社会救济等必须支出的经费以外，其余各项开支都要作不同程度的削减，提倡勤俭办一切事情，并要求把事情办得更好。国务院决定，今年的行政费、事业费和管理费开支要比去年实际执行数节约10%，必须努力做到。要严格控制机构设置和人员编制，超编人员要积极采取措施减下来。在没有精简以前，只保人头费，不再给办公经费。严格控制社会集团购买力，特别是对国家规定的专控、高档商品，更要从严控制。要坚决压缩会议费、差旅费、购置费等开支。严禁公费旅游，坚决抵制会议费搞摊派，今后不经上级主管部门批准，参加者所在单位可以拒绝报销。

消费基金的增长连续多年超过国民收入和劳动生产率的增长速度，导致有支付能力的消费需求增长过

快，消费欲望越来越高，这是目前经济生活中值得重视的一个问题。一些机关、企事业单位和社会团体，摆阔气，比豪华，挥霍公款，奢侈成风。一些同志不管自身经济条件是否允许，衣食住用一律向高标准看齐，婚丧嫁娶大操大办，请客送礼规格越来越高。要通过深入的思想教育，扭转这种不正常的风气。机关、团体、企事业单位的公共消费必须严加控制，严格管理，决不允许挥霍浪费。对人民群众的个人消费也要适当引导。依靠自己的劳动，改善生活是应当的，但切不可盲目攀比，追求高消费。如果要求国家把有限的资金过多地用于消费，工资的增长超过劳动生产率的增长，发展下去，势必造成生产萎缩，降低现代化建设的速度，最终必将妨碍人民生活的继续改善。

增产节约、增收节支的潜力很大。现在是一方面财力、物力不足，另一方面却存在着严重浪费现象。去年我们虽然新增的生产能力不多，但取得了较好的效益，一条重要经验就是靠挖潜，靠节约。这方面一定要有切实的措施，精心的计划安排。各企事业单位都要结合改革，制定切实可行的增产节约、增收节支的计划，发动群众讨论，落实到车间、班组、个人。开展节约的一个有效办法就是学先进、找差距。在相同条件下，差距就是潜力。各行各业都要和同行业的先进单位比较，制定赶超目标，提高管理水平，完善节约奖励办法，并纳入责任制，限期完成。要大力推广先进经验，广泛开展合理化建议活动，表彰在增产节约、增收节支中成绩显著的单位和个人，批评、惩罚严重浪费的责任者，使增产节约、增收节支运动广泛、深入、持久地开展下去。

（三）以搞活大中型企业为中心，深化各项改革

继续深入搞好经济体制改革和其它各项改革，促进国民经济长期稳定发展，是我们推行社会主义现代化建设的坚定不移的方针。我们的经济体制改革，必须适应在公有制基础上发展有计划商品经济的要求，以增强企业活力、完善市场体系和健全宏观管理制度为主要内容。改革的主要任务是增强企业的活力，特别是搞活全民所有制大中型企业，使其逐步具备自主经营、自负盈亏、自我积累、自我发展、自我约束的条件和能力，这是经济体制改革的出发点和立足点。要紧紧围绕这个中心，从内外两方面深化改革。首先抓住企业所有权和经营权分离这个关键，认真解决企业的经营机制问题，使经营者充分拥有经营管理的自主权。国营大中型工商企业要继续发展和完善多种形式的经营承包责任制，重点是搞活100个大中型国营工业企业。各企业可根据不同情况，选择近年来群众创造的行之有效的经营承包责任制形式，也可创造更好的形式。建筑企业在完善百元产值工资含量包干办法的基础上，要逐步推行工程总承包制和工程招标承包制，并划小核算单位。一般说来，小型企业可以推行租赁制和承包责任制。亏损或微利的全民所有制中型企业也可以有选择地进行租赁制试点。对于个别资产很少的亏损小企业，可试行转卖和折股出售。继续巩固、完善和发展供销社及蔬菜产销体制改革。与此同时，要加快企业领导体制的改革，继续贯彻执行关于全民所有制企业厂长、基层党组织和职工代表大会的三个工作条例，普遍推行厂长（经理）负责制，并逐步实行厂长（经理）任期目标责任制和任期终结审计制，把责、权、利配起套来，真正落实到企业经营者身上。切实加强企业管理，完善和发展企业内部各个层次、各个岗位的经济责任制，改进企业内部的分配制度，奖勤罚懒、奖优罚劣，坚决打破“大锅饭”，进一步调动广大职工的社会主义积极性。企业工资奖金的分配形式和办法，在有关部门核定的总额度内由企业自主决定。城市集体企业和乡镇企业，也要按照所有权和经营权分离的原则，克服目前某些党政企不分的现象，完善各种形式的承包制，有选择地推行租赁制。

巩固推进各种形式的横向经济联合，鼓励建立企业群体和企业集团。重点是大力发展按生产力合理配置、生产要素优化组合的经济联合体，科研和生产紧密结合的联合体，以巩固和扩大农副产品、工业原材料和出口创汇基地为目标的联合体。积极支持和鼓励不同地区、不同行业、不同所有制企业之间的横向联合。要特别注意发挥北京的科技优势。生产、流通和城市建设、管理部门，要积极主动联系高等院校、科研单位，根据自愿互利的原则，建立以科技为先导、拳头产品为龙头、大型骨干企业为主体的企业集团或企业群体。个别横向联合企业群体，在不改变公有制为主体，不损害国家利益的前提下，经过批准，也可以进行股份制的试点。巩固和发展横向联合一定要坚持自愿原则，反对行政捏合。参加联合的各方要有诚意，守信用，在平等互利的前提下，为取得更大的经济效益，应互相肯于让利、让权、让名，从大处着眼，远处着想，克服本位主义。防止把企业集团搞成变相的行政性公司或政府管理机构。

企业改革无论采取哪种形式，都必须以充分调动经营者和生产者的积极性、提高经济效益为目标，兼顾国家、企业、经营者、劳动者四者利益。既要保证当前生产，又要顾及长远发展，统筹考虑前劲和后劲、投入和产出，为企业实现良性循环创造条件。在核定承包基数和增长幅度时，要区别企业不同情况，“鞭打慢牛，促

进中牛，鼓励快牛”，绝不能“杀富济贫”、保护落后。在利益分配上，既要保证国家得大头，又要照顾企业和职工个人的利益。所有企业，不论大中小型、全民所有制还是集体所有制，都要着重研究如何改善企业内部机制，不能单纯依靠减税让利或提高产品价格去增强活力。如果企业内部管理不加强，改革搞不好，自己的潜力发挥不出来，外部条件再好也无济于事。从国家的经济全局来看，新的减税让利措施已不可能在较大范围出台，必须坚决走深化内部改革，挖掘潜力的路子。

经过几年来的改革，出现了一批个体工商户，他们对繁荣首都经济，起到了积极的补充作用。要按政策和法律、法规，切实保护其合法权益，帮助解决他们的困难，鼓励继续发展。同时，要严格加强管理，对少数违法经营者，坚决依法处理。

进一步改善企业的外部环境，是搞活企业的重要条件。今年要重点抓好以下四个方面的配套改革：

一是逐步建立和完善市场机制，为搞活企业提供良好的市场环境。企业的经营自主权扩大以后，将有条件根据科学预测，在计划指导下，更多地依靠市场来调节生产和流通。适应这个变化，必须加速流通体制特别是国营批发商业的改革步伐，探索以贸易中心为常设期货市场，建立流通与生产紧密结合的、符合商品自然流向的高效率、高效益批发体系，进一步发展商品市场，逐步发展生产资料市场。北京已列为国家金融体制改革的试点城市，要加快金融体制改革的步伐，改善企业筹集、运用、积累资金的方式。发展多种经营形式，开辟多种信贷业务。鼓励各金融组织之间开展竞争。推行专业银行企业化。逐步将单一的固定利率改为差别利率和浮动利率。建立和健全短期资金市场。搞好同行业拆借，探索建立长期资金市场。进一步发展和扩大技术市场，促进科技成果迅速转化为生产力。随着劳动用工制度的改革，逐步开拓劳务市场，保护和促进劳动力的合理流动。

二是经济综合部门和主管部门要同步改革。政府管理经济的职能和方式，要适应搞活企业的要求，向以宏观管理和间接控制为主转化。计划、财政、税务、物价、劳动、金融、审计、统计和工商行政管理等综合部门，要及时研究改革中出现的新情况、新问题、新要求，加强对经济的宏观调节、控制和监督。专业经济管理部门要转变职能，加强行业管理。市里集权过多仍然是急需改革的一个问题，要继续向区、县放权，扩大街道办事处和乡政权的管理权限。

三是抓紧清理行政性公司。各类行政性公司要尽快将属于企业的权限还给企业，属于行政管理的职能交由政府部门承担，根据实际情况和需要，或撤销或转为各种经营性、服务性的实体。

四是各级政府要注意保护企业的合法权益。在集中资金解决财政问题时，要制止向企业乱摊派，有包袱宁可政府背起来，也不能挤榨企业。

经济体制改革的深入发展，必然触动政治、文化、教育、科技等领域的旧体制，要求进行相应的改革。科学技术领域要认真落实国务院《关于进一步推进科技体制改革的若干规定》和《关于促进科研生产一体化的政策规定》，进一步搞活科研机构，促进多层次、多形式的科研生产联合。推动以技术开发为主的独立科研单位和设计单位进入大中型企业和企业集团，更好地实现科研生产一体化，促进科技与经济的紧密结合。进一步改革科技人员的管理制度，鼓励人才合理流动，为充分发挥科技人员的作用创造良好的社会环境。教育、文化、卫生、体育等领域的改革，要积极探索，继续向纵深发展。政治体制改革要按照中央的统一部署，在认真调查研究的基础上，制订方案，逐步实施。

在改革中如何正确认识和处理各方面的利益关系，是人们普遍重视的问题。随着新旧经济体制的逐步转换，各方面的利益关系必然需作相应的调整。原有的利益结构和分配关系将逐步被突破，新的合理的利益结构和分配关系将逐步形成。从总的趋向看，各方面的经济利益将随着改革的进展而得到增加，但利益的增加不可能齐头并进，必然有先有后，有多有少。而且在某项改革中得到的利益有可能在另一项改革中部分丧失，又可能在另外的改革中得到补偿。这种利益关系的复杂变化，要求我们采取改革措施的时候，必须做好深入细致的思想工作，使人们充分认识改革的长期性、复杂性，不因利益的暂时增减而影响改革的信心，不对个人利益的增进抱有脱离实际的奢望。在实际利益的分配问题上，一方面要继续克服平均主义，坚持拉开合理差别；另一方面对通过正当途径获得的高收入，也必须合理调节，以防止收入差别过于悬殊。至于对那些以不正当手段牟取暴利的，必须严加取缔。触犯刑律的，必须依法予以制裁。

(四) 坚持对外开放，进一步扩大对外经济技术和文化交流

对外开放是我们长期不变的基本国策。北京作为首都，是我国对外交往的中心。要充分发挥北京人才集中、信息灵敏、科技实力雄厚、有一定经济基础、投资环境好、名胜古迹多的优势，加强国际间的经济、技术、文化等方面的交流与合作，使对外开放取得新的进展，把北京建成全国最大的对外开放城市之一。

增加出口创汇，是实行对外开放，发展对外经济贸易与技术交流的基础和关键。出口创汇能力反映生产发展的水平，决定对外贸易、技术交流和引进国外先进技术的范围和程度，是关系对外开放前途的重大战略问题。1987年要重点抓好三方面的工作：一是继续落实和完善鼓励出口的各项政策规定，进一步调动生产企业的积极性，促进出口产品的生产；二是制定发展规划，建设出口生产基地，大力发展出口拳头产品，开发新的出口产品，调整产品出口结构，增强外贸出口的后劲；三是加强同外省市的联合，积极收购、调入外地产品，逐步形成辐射状的出口网络。

积极利用外资，引进先进技术和管理经验，是在自力更生的基础上加速国民经济发展的重要补充手段。我们利用外资决不是过头了，而是远远没有把有利条件充分利用起来。今后要扩大利用外资的范围，并同解决当前外汇紧缺、引进先进技术、改造企业、提高产品质量和增加花色品种，进而扩大外贸出口结合起来。1987年利用外资和引进技术的重点要进一步转向发展出口创汇型企业和技术先进的生产性建设方面来。首先要办好已有的外商投资企业，同时做好签约项目的前期准备工作，扎扎实实地再发展一批“三资”企业，并鼓励外商投资建设市政基础设施工程。继续开展对外经济技术交流活动，举办23个国际展览，召开对外经济技术洽谈会，大力改善通讯、交通、食宿、游乐等条件，创造良好的投资环境。

发展旅游业，对增加外汇收入，扩大对外交流，提供就业场所具有重要意义。北京是文化古都、历史名城，发展旅游业具有得天独厚的条件。1987年入境旅游者将达到105万人次左右，必须加速旅游基础设施的建设，提高综合接待能力。今年将新建改建18个旅游饭店，开辟一批新的旅游区点，动员工商企业积极生产和采购旅游商品，认真改善经营管理，提高服务质量，使旅游业有一个更大发展。

对外开放不仅适用于物质文明建设，而且适用于精神文明建设。1987年要扩大与国外大城市特别是友好城市在城市规划、建设、管理等方面的交流与合作。有针对性地加强对外交往，努力学习当代世界各国包括资本主义发达国家的先进科学技术、具有普遍适用性的经济行政管理经验和其他有益的文化知识。在可能的条件下，积极利用外资兴办文化、教育、卫生、体育事业，以促进首都精神文明的建设。

三、坚持四项基本原则，加强社会主义精神文明和民主法制的建设

党的十一届三中全会以来的路线，基本点是两条：一是坚持四项基本原则，一是实行改革、开放。两者相辅相成，缺一不可。在四项基本原则的指导下，切实加强社会主义精神文明建设，发展社会主义民主，健全社会主义法制，这是我们深入改革，坚持开放，搞活经济，做好各项工作的前提和保证。

（一）坚持四项基本原则，持续、健康地开展反对资产阶级自由化的斗争

坚持四项基本原则，开展反对资产阶级自由化的斗争，是当前我国政治思想领域的中心任务。四项基本原则，是载入我国宪法的、全国各族人民团结奋斗的共同政治基础，是我们立国治国的根本。资产阶级自由化思想的实质，就是反对四项基本原则，企图摆脱共产党的领导，否定社会主义制度，走资本主义道路。这场斗争直接关系到党的十一届三中全会以来的路线、方针、政策能否更正确更全面地贯彻，关系到党和国家的命运以及社会主义事业的前途。对此，全市各级干部特别是领导干部，要有清醒的认识，在党的领导下，立场坚定、旗帜鲜明地把这场斗争坚决地、健康地、持续地开展下去。

赵紫阳总理在今年春节团拜会上的讲话中明确指出：“当前反对资产阶级自由化，是要着重解决根本政治原则和政治方向问题。这项工作，严格限于中国共产党内，而且主要在政治思想领域中进行。农村不搞。企业和机关是进行正面教育。”各级政府要严格按照中共中央和国务院的部署办事，十分注意政策界限。在批评资产阶级自由化观点时，必须以党的十一届三中全会以来的路线、方针、政策为准绳，既要态度坚决，不可半途而废，又要政策和方法正确，始终以理服人，不搞政治运动，不重复过去“左”的错误做法。批评资产阶级自由化，不要联系经济改革的政策、农村政策、科学技术研究、文学艺术风格技巧的探索，以及人们的日常生活。决不允许以反对资产阶级自由化为借口，压制或打击群众对我们工作中缺点、错误的正当批评，不允许妨碍改革、开放、搞活。

第六届全国人大常委会第十九次会议制定的《关于加强法制教育维护安定团结的决定》，是在全体人民中进行以宪法为核心的法制教育的重要教材，是当前坚持四项基本原则、反对资产阶级自由化、维护安定团结的强有力的法律武器和思想武器。各级政府的领导

干部首先要认真学习,学会运用法律武器,同违反宪法和法律的行为作斗争。要组织训练宣讲队伍,联系实际,有针对性地向群众进行宣讲,做到家喻户晓,用宪法和法律武装广大干部和群众。新闻、出版、广播、电视等部门要认真组织对《决定》的宣传,编写一批有份量、有说服力的文章,帮助群众增强法制观念,提高思想认识。

（二）进一步推进社会主义精神文明建设

社会主义精神文明建设既是社会主义现代化建设的组成部分,也是推进现代化建设,推进改革、开放、搞活的动力和保证。北京是我们伟大祖国的首都,北京人的文化素养、道德水平和精神风貌,不仅对全国产生重要影响,而且为世界所瞩目。首都的社会主义精神文明建设必须走在前头,这是历史赋予我们的使命,也是北京人的光荣。根据党的十二届六中全会确定的关于社会主义精神文明建设的指导方针,结合北京市的实际,中共北京市委、市政府制定了10条措施。各行各业、各个部门、各单位都要认真贯彻执行。

按照"有理想、有道德、有文化、有纪律"的要求,加强理想教育,用共同理想动员和团结全市人民,为把首都建设成为高度文明、高度民主的社会主义现代化城市而奋斗,是首都社会主义精神文明建设的根本任务。积极引导全市人民树立首都意识,增强做首都市民的责任感和荣誉感,这是从北京的地位出发提出的特殊要求。各条战线、各种行业、各个部门要互相配合,通力协作,努力做好这方面的工作,为首都的社会主义现代化建设形成有利的舆论力量、价值观念、文化条件和社会环境。

加强职业道德素养,实现优质服务,是社会主义精神文明建设的一项重要内容,在北京更有特殊意义。各行各业都要遵循"为人民服务,对人民负责"的宗旨,树立主人翁的责任感,着重抓好与人民群众日常生活密切相关的十个方面的职业道德教育,即:文明礼貌、诚信无欺的商业服务业职业道德;安全正点、方便周到的公共交通服务人员职业道德;救死扶伤、高度负责的医务人员职业道德;热情友好、不卑不亢的旅游服务人员职业道德;情操高尚、台风正派的文艺工作者职业道德;教书育人、为人师表的教育工作者职业道德;为民着想、讲求质量的市政公用职工的职业道德;遵纪守法、买卖公平的个体经营者职业道德;秉公执法、铁面无私的公安、司法等部门的执法人员职业道德;廉洁奉公、甘当公仆的国家干部职业道德。工业、农业、城建等各行各业都要联系实际,制定简明易记、切实可行的服务规范,逐步完善服务标准,把职业道德的教育和职业纪律的要求结合起来,和各项改革措施挂起钩来,贯穿到日常工作、生产和服务活动中去。同时,要继续反对和纠正那些弄虚作假、利用职权和工作之便谋取私利、损害国家和广大群众利益等各种带有行业特点的不正之风。各级政府机关和领导干部都要在讲究职业道德、反对行业不正之风中起表率作用。

建立和发展团结、友爱、互敬、互助的新型人际关系,是社会主义精神文明建设的另一重要内容,也是造成良好社会风尚的前提条件。在我们的生活中,有许许多多大公无私,舍己为人,勇于为社会主义四化献身的先进人物,在他们身上闪烁着共产主义高尚品德的光辉,应当受到社会的尊敬。为抢救一个河北农家娃作出贡献的青年女工高玉花,自费登广告寻找多付钱的外国顾客的售货员张建华,配合公安部门及时抓获持枪逃犯的出租汽车司机张茂胜,从车轮下救出外国旅客的列车员崔兰卯,处处为顾客着想的个体经营者沈新泉等,就是这样的好同志。最近,发生了一起40余名民工误食亚硝酸钠中毒事件。一方有难,八方支援。从垂杨柳医院的医务人员到北京制药厂的干部、职工,从不知姓名的街道居民到过路的司机,纷纷动员起来,投入紧张的抢救工作。他们以自己的实际行动反映了新型的社会主义人与人之间的关系,传播了社会主义的文明新风,是大家学习的榜样。

随着人民物质生活水平的提高,人们对精神生活提出了更高的要求。文学艺术、新闻出版、广播电视等部门和广大文化工作者,要提供更多更好的精神产品,以丰富全市人民的文化生活,培养人们的高尚品德和情操,鼓舞人们为社会主义现代化事业献身的精神。要特别强调文艺作品的社会效益,坚决摒弃那些歪曲现实、庸俗低劣、消极颓废以及丧失国格、人格,损害社会主义事业的作品。具有现代化传播特点的电视文化已经在北京城乡普及,北京电视台和新增设的北京电视教育台,应该创制和播放更多更好的电视节目,在提高全市人民思想道德和文化素质方面发挥更好的作用。要重视图书馆、文化馆、文化站、博物馆、影剧院等群众性文化事业的建设,重视档案馆的建设。思想理论工作者要在马克思主义指导下,创造性地研究和总结社会主义现代化建设和全面改革的新情况、新问题、新经验,丰富和发展马克思主义科学理论。

（三）加强社会主义民主,健全社会主义法制

高度民主是社会主义的伟大目标之一。实现政治生活、经济生活、社会生活的民主化,要有一个长期建设过程。这只能在党的领导下,以四项基本原则为指导,依据宪法和法律,有计划、有步骤地进行。当前,

民主建设的一个重要任务，就是要澄清在民主问题上的一些模糊认识和错误观点，向广大群众和青年讲清楚社会主义民主同资产阶级民主的本质区别。搞资产阶级自由化的人，用抽象的“民主”、“自由”来反对四项基本原则，企图取消党的领导，否定社会主义制度，这只能导致极端民主化和无政府主义。要使群众了解，完备的民主制度，只能随着社会政治、经济、文化的发展，通过长期建设性的工作逐步建立起来。各级政府要按照地方组织法的规定，执行人民代表大会及其常务委员会的决议，对它负责并报告工作，接受它的监督。要认真办理人民代表大会交付的议案，以及人民代表、政协委员的建议、提案。重视群众来信来访，关心群众疾苦。同时充分发挥咨询、参谋部门、顾问团及专家学者的作用，努力推进决策的科学化、民主化，防止或尽可能减少决策失误。要进一步健全基层民主制度，全面落实企业职工代表大会的各项民主权利，充分发挥居民委员会、村民委员会、学生会、研究生会等群众自治组织的作用。要继续做好民族、宗教、侨务工作。在社会生活的各个领域中进一步加强社会主义民主，逐步使民主制度化、法律化。

社会主义法制体现人民意志，保障人民的合法权利和利益，调节人们之间的关系，规范和约束人们的行动，制裁和打击各种危害社会的不法行为。1987年，要进一步抓好地方性法规的草拟和行政规章的制定，完成拟定法规草案、制定规章60项的计划。各级政府和政府职能部门要运用法律手段加强对经济工作的监督和管理，调整城市社会生活和经济生活中的各种关系。要坚持不懈地做好在公民中普及法律常识的工作，把宪法作为根本的活动准则，培养遵纪守法、依法办事的观念和习惯。要进一步加强执法部门的工作，建立健全各级法制工作机构，对各级执法部门和工作人员要加强指导、教育、检查和监督，努力做到有法可依、有法必依、执法必严、违法必究，在法律面前人人平等。继续加强社会治安的综合治理，充分发挥专政机关的作用，依法从重从快严厉打击严重刑事犯罪，严惩严重经济犯罪。坚决取缔卖淫、吸毒、赌博、传播淫秽录像书刊等违法犯罪行为，依法禁止一切扰乱社会秩序的活动，维护人民的合法权益，保障社会安定，保证首都各项社会主义事业的正常进行。

各位代表！

1987年是实现“七五”计划的重要一年。摆在我们面前的任务是十分光荣的，也是相当艰巨的。建设具有中国特色的社会主义现代化的首都，没有现成模式可循，许多新的问题、新的困难正在等待我们去解决。我们必须认真贯彻执行中共中央和国务院的方针、政策，在中共北京市委的领导下，从北京的实际出发，大胆探索，积极进取，扎实工作，稳步前进，集中全市各族人民的智慧和力量，调动一切积极因素，同心同德，艰苦奋斗，努力完成1987年的各项工作任务，把首都社会主义现代化建设继续推向前进。

北京市1986年计划执行情况和1987年国民经济、社会发展计划草案的报告

——1987年3月7日在北京市第八届人民代表大会第六次会议上

北京市计划委员会主任　王　军

各位代表：

我受市政府的委托，向大会报告北京市1986年计划执行情况，并提出1987年国民经济和社会发展计划草案，请予审议。

一、1986年计划执行情况

去年，北京市在中央正确方针的指引下，在国务院的正确领导和兄弟省市的大力支持下，坚持社会主义物质文明和精神文明一起抓，经过全市人民的共同努力，胜利地实现了1986年国民经济和社会发展计划，

各方面都取得较大成绩和进步，整个形势是好的。

经济体制改革由于认真贯彻了“巩固、消化、补充、完善”的方针，继续深入发展。综合经济部门在计划、财政、税收、审计、金融、劳动工资、物资、物价以及工商行政等方面的改革比过去更加协调、配套；以经济责任制为中心的各项改革，进一步增强了企业的活力，同时大力发展横向经济联合，开始形成了一批企业群体和集团；农业方面进一步完善和发展了专业承包，不同程度地扩大了规模经营；教育和科研部门的改革也取得了可喜成绩。这些改革有力地推动了生产、建设、流通和各项事业的发展。

国民经济持续、稳定、协调地发展，各项计划的主要任务都已完成。国民收入完成210亿元，为计划的102.4%，比上年增长7.9%（按可比价格计算，增长6.4%）；国内生产总值完成280亿元，为计划的102%，比上年增长8.1%（按可比价格计算，增长4.4%）；工农业总产值达到366.8亿元，比上年增长4.9%。

农业结构进一步调整，粮食生产受到重视，实行科学种田，扩大良种面积，加强农田管理，粮食产量达到216.5万吨，超过计划16.5万吨，是又一个丰收年；副食品生产稳步发展，供应形势好于往年，蔬菜、肉类、牛奶的产量和商品蛋、成鱼捕捞量等都超额完成了计划；国家和农民增加了对农业的投入，现代化的粮食和副食品生产基地正在抓紧建设；乡镇企业在整顿和调整中继续发展，总收入增长15.2%；新农村建设又有新进展，农民居住条件进一步改善；市人大常委和市政府关于扶持山区贫困乡的决议得到认真贯彻，市有关部门和区县政府在资金、物资、技术上给予了大力扶持，生产得到发展，基本生活条件有所改善。

工业生产稳步上升，轻重工业协调发展，短线原材料和市场紧俏商品增产较多，经济效益也有进一步改善。全市工业总产值完成321.8亿元，比上年增长4.7%，其中轻工业增长5.1%，重工业增长4.4%。经济效益和产品质量都有明显提高和改善。地方预算内工业企业实现利税增长4.8%，基本作到了与产值相应增长；主要产品的原材料、燃料动力消耗稳定降低率提高到87%，万元产值耗水进一步下降，全年节水5000万吨。质量稳定提高率提高到97.1%，比上年有较大进步，本市参加全国质量抽查的产品合格率居全国第二，参加全国同行业评比的122种产品中，有57种居全国前三名。调整产品结构的工作取得新的进展，全年试制成功新产品3000多种，投产的占60%，有531种达到国内先进水平，83种达到国际70年代末、80年代初的水平。地方全民所有制工业企业劳动生产率比上年提高4.9%。去年头几个月，由于军工生产任务减少较多，原材料不足，信贷资金紧张，外汇落实较晚，供电不足，拉闸限电比较严重，产品结构不适应消费结构的急剧变化，企业的应变能力不强，加上工资套改产生了新的平均主义，影响了职工的积极性等原因，使生产一度低于上年同期水平。市政府及时加强了对工业生产的组织领导，并坚决采取了推动生产发展的各项政策性措施，较快地扭转了生产被动局面，下半年生产逐季上升，三季度增长3.4%，四季度增长12.4%。全年工业生产增长4.7%，基本趋于正常。

交通运输、邮电通信、地质勘探等都取得了新成绩。

基本建设规模得到有效控制，投资效益有所提高。全市基本建设完成投资58.7亿元，比上年增长8.3%，远远低于1985年增长50%的幅度。地方基本建设完成投资22.6亿元，基本保持上年实际水平，其中全民所有制基本建设投资控制在国家下达的指标以内。由于缩短了基本建设战线，投资效益得到提高。全市房屋施工面积比上年减少42万平方米，竣工面积比上年增加12.1万平方米，房屋竣工率由1985年的31.8%提高到32.8%。住宅竣工面积达到501万平方米，是历史上完成最多的一年。中小学教师宿舍竣工14.4万平方米，超过计划44%。

控制基本建设规模采取的主要措施是，认真、切实地削减建设项目，严格控制新开项目。1986年全年基本建设在建项目1878个，比上年减少304个，减少了13.9%，其中新开工项目由上年的696个，减少到567个，减少了18.5%。说明压缩基本建设规模确已见到成效。但是，由于1985年基本建设规模过于膨胀，去年处于调整、消化的过程当中，为了减少不应有的损失，对建设项目采取了慎重处理、缓缓刹车的方针，因而基本建设实际完成投资额仍略高于1985年的水平。这样做，既控制了基建规模，实现了国家给本市下达的控制要求，又没有发生“急刹车”可能带来的损失，是比较稳妥的。

城市基础设施继续得到加强，城市面貌进一步改观。城市用水建成了通县、城子水厂，新增日供水能力6.2万吨；水源九厂已进入施工高潮；永定河引水渠污水截流二期工程已经完成，长辛店水厂增添了臭氧设备，使近百万居民饮水质量得到改善。加快了居民炊事燃气化的进度，提前完成管道煤气用户安装工程10.5万户，其中已有2.5万户通气使用；焦化厂6号焦炉移地大修工程按计划于去年12月点火烘炉，今年三月底将投入生产，到年底可增加焦炉煤气日供量24万立方米；天然气工程已建成4个总容量为2万立方米的天然气球罐，焦化厂至西北郊35公里天然气输气管道正加紧建设。供热方面，左家庄供热厂二期工程新投产了3台锅炉，增加供热面积60万平方米，第二热电厂尖峰锅炉已经动工，石景山热电厂改建工程正紧张施工，预计明年上半年第一台机组可以投产，以上全部建成后共可增加供热面积1400多万平方米。市区道路局部有了改善，新建、扩建道路干线6条，总长100多公里，打通了5个“瓶子口”，即：玉泉路西三环至黄庄段、东直门外大街、安贞路北延、马家堡路、车公庄路口；建成大北窑立交桥，菜市口过街天桥，北海、景山公园人行过街地道；建成京开路北京段、京良路、东南外二环路劲松路口广渠门至肿瘤医院段和京石公路西道口至赵辛店段。远郊建成八达岭复线二期工程，扩建昌平路昌平至南口段，慕田峪16公里复线道路也已全面动工。为实现地铁环行，复兴门折返线正由铁道部隧道工程局抓紧施工，预计国庆节以前可以投入运行。邮电设施，初步建成三里屯、厂甸、东皇城根3个电话局，全市电话交换机总容量已达22.9万门，发展市话用户2.5万户，是建国以来增加电话最多的一年。国际电信局土建工程已完工，开始安装设备。环境保护工作取得了新的进展，年初确定的12项任务已经全部完成。绿化美化、环境卫生也取得较大成绩。

消费基金的过快增长得到抑制，城乡人民生活继续改善。全市四项工资性支出增长18.8%，低于上年增长35.2%的幅度。地方全民所有制单位的工资总额没有突破国家下达的指标。人民生活继续改善，主要表现在：(一)全市人均工资增长的幅度大于物价指数上升6.7%的幅度；(二)城乡人民购买力增加，市场稳定繁荣，社会商品零售总额达到146.5亿元，为计划的101%，比上年增长14.6%，其中集市贸易零售额增长1.3倍；(三)城乡居民储蓄大幅度增加，储蓄存款一年间增加了16.9亿元，是历史上增加最多的一年，年末储蓄存款余额已达68.6亿元，创历史最高记录；(四)城乡居民家庭中拥有的耐用消费品数量进一步增加。

财政增收，收支基本平衡；信贷实现“稳中求松”，指令性指标控制在国家下达的计划之内。地方财政收入完成60.34亿元，超额完成了市人代会批准的预算，按可比口径计算，比上年增长4.8%。财政支出44.3亿元，比上年实际支出增长18.5%，同调整后的预算比较，节约了3.8%。农业、教科文卫、城市维护有较多增加，行政管理费严格控制在预算以内，各项支出保证了重点建设和事业发展的需要，作到了收支平衡略有结余。信贷收支计划执行良好，各项指令性指标均控制在国家规定的范围之内。全市存款余额比年初增长22.8%；贷款余额比年初增长21.8%。银行系统采取了改善供给、控制需求的有效措施，大力组织存款。贷款突出支持了优质名牌、适销对路、出口创汇产品的生产；重点支持了轻纺、电子、汽车、机械等行业的技术改造、技术引进项目和外贸出口，基本保证了资金的合理需要，促进了经济发展。全市货币净回笼18.7亿元，比上年少回笼1.2亿元。

第三产业各部门在深化改革的同时，大力增加网点，全年净增网点1.5万个，全市网点数已达9.7万个，每万人拥有的网点超过了1957年的水平。其中饮食业净增1281个，理发、浴池、洗染业净增1213个，幼儿园所净增1196个，使得行业结构逐步趋于合理，居民生活中的“几难”问题，得到不同程度的缓解或改善。全市第三产业的增加值比上年增长10%，发展速度高于第一、二产业的增长速度，第三产业在国内生产总值中所占的比重也由1985年的33.3%提高到33.9%。

外贸出口和旅游外汇收入都有较大增加。出口达到7.24亿美元，超额完成了计划，结束了多年徘徊于6亿美元左右的局面；旅游外汇收入比上年增长了38.9%。利用外资发展迅速，协议金额达到9.8亿美元，比上年增长9%。截止到去年底，已批准中外合资、合作、外商独资企业189家，协议金额21.6亿美元，吸收外资的金额居全国各大城市之首。利用外资的重点已开始向技术先进型和出口创汇型的生产性项目转化，在去年批准的外商投资企业中，属于先进技术生产型的占1/3，协议金额比上年增长了66%。

教科文卫事业进一步发展，精神文明建设得到加强。教育贯彻了德智体美全面发展的方针，调整了教育结构，提高了教育质量。市属普通高校、中等专业学校、职业高中等都超额完成了招生计划。改善了办学条件，新增中等专业学校4所和中小学14所。科研围绕经济建设、城市建设和城市管理进行攻关，取得科研成果2900多项；发展了技术市场，开展了技术服务。文化设施建设进一步加强，建成了7座区县文化馆、图书馆，建成外文书店业务楼、戏曲学校教学用房、北京音乐厅和北京教育电视台等。新建、改建、扩建36个医院，其中有10个已交付使用，完成投资1亿元，比上年增长28%。全市城乡医院新增病床1290张。体育事业取得新成绩，到去年底，为第十一届亚运会建设的工程已有8项动工，还建成区县体育场馆5座，围棋馆1

座。本市运动员在第十届亚运会上获得金牌15枚，银牌17枚。全年举办区县以上运动会522次，并举行了全市首届农民运动会。计划生育工作继续取得好成绩，人口出生率在面临生育高峰的情况下仍控制到13.5‰。全市年末常住人口971.2万人。

1986年经济发展中存在的主要问题是，固定资产投资规模仍然过大；消费基金的增长连续几年超过国民收入和劳动生产率的增长，产品结构的调整跟不上消费结构的急剧变化，市场潜伏着不稳定的因素；经济领域和各项事业中的浪费现象比较普遍，有的还相当严重；城市基础设施的建设不能适应生产建设和人民生活的需要；能源和原材料供应紧张等。1987年必须妥善地解决前进中遇到的这些问题和困难，使经济保持良好的发展势头。

二、1987年计划草案安排意见

1987年是“七五”计划的第二年，对顺利实现“七五”计划至关重要。我们必须坚持四项基本原则，维护安定团结，从实际出发，努力做好各项工作。

最近国务院指出，今年的经济工作要着重抓好两件大事：一是压缩空气，严格控制固定资产投资规模，在各行各业中，提倡艰苦奋斗，勤俭建国，广泛开展增产节约、增收节支运动；二是深化改革，搞活企业特别是大中型企业，增强企业后劲。同时理顺一些重大的经济关系，使国民经济建立在长期稳定发展的基础上。据此，今年本市国民经济和社会发展计划的主要任务是：按照中央的统一部署，继续深化改革，坚持以改革的精神解决面临的各种困难；要在努力搞活微观经济的同时进一步改善和加强宏观管理；国民经济要保持适当的发展速度，经济效益进一步改善，工业产品结构同消费需求不相适应的矛盾有所缓解；努力扩大出口，减少进口，利用外资要取得更大进展；保持市场稳定繁荣；努力增加财政收入；严格控制固定资产投资规模，保证重点建设，注重投资效益；认真抓好精神文明建设，努力发展教科文卫事业。在生产增长和经济效益提高的基础上继续改善人民生活。

计划草案安排，全市工农业总产值383亿元，比去年增长4.4%；国民收入225亿元，比去年增长7.1%；国内生产总值300亿元，比去年增长7.1%；年末常住人口控制在985万人以内。

几个主要部门的计划安排意见如下：

(一)农业要在抓好粮食生产的同时，继续稳定增加副食品生产，加快农业现代化的步伐

计划草案安排：粮食产量210万吨，蔬菜总产量220万吨，肉类总产量12.5万吨，牛奶产量15.5万吨，鲜蛋产量14万吨，淡水鱼捕捞量2.3万吨，干鲜果品21万吨，造林面积2万公顷。农业总产值48亿元(包括村办工业)，增长6%。乡镇企业总收入增长14%。

要继续抓紧粮食生产，稳定粮田面积，提高单产，加快商品粮基地的建设，保证粮食产量的稳步增长。进一步完善联产承包责任制，推行规模经营，提高经济效益。改进粮食生产合同订购制度，充实合同的经济内容，在收购价格和包干结算办法不变的情况下，将平价优质化肥、柴油等的供应和预付定金的支付与粮食订购任务挂起钩来。蔬菜产销体制的改革要全面展开，种植面积近郊要确保11333公顷，远郊扩大到3333公顷(以后逐步扩大到4667公顷)，建成具有一定规模的现代化商品菜基地1667公顷，形成近郊、远郊和外埠三个层次相配套的充足菜源。继续抓好养鸡事业，重点要改造和挖掘现有养鸡场的生产能力，装满笼位。淡水养鱼要努力提高单位面积产量，增加优质鱼苗的投放比重，同时大力发展网箱养鱼。积极改造老果园，建成联片干鲜果品基地4667公顷。抓紧解决牛奶生产发展缓慢的问题，以确保联合国援助的再制奶停止后，仍能满足市场供应。乡镇企业要继续采取积极扶持的方针，在近几年发展较快的基础上，着重抓好整顿、巩固、提高的工作，走联合发展的道路，努力提高企业的经营管理和技术管理水平，创造自己的名牌优质产品，增强在国内外市场上的竞争能力，为农业现代化积累资金。要按照市人大常委和市政府的决定，继续抓好支援山区贫困乡的工作。市里用于扶持山区贫困乡的建设资金和物资将不少于去年。要有重点有步骤地帮助他们发展生产和改善基本生活条件，利用山区的优势，重点发展种植业和养殖业，有条件的也可发展采矿业和加工以当地农副产品为主的小型工业，尽快改变山区面貌。

在继续执行“以工补农”方针的同时，要适当增加对农业的投入。计划安排给农业的基本建设投资将有所增加；市财政适当增加了支援农业的支出，各郊区县财政也要安排一定比例的资金用于农业。要适当提高农村收入中的积累比例，广大农民也要适当增加劳动积累。新增加的资金主要用于农田水利、现代化的粮食生产基地和副食品生产基地的建设，以增强农业后劲，保证农业生产持续稳定发展。

(二)工业要在提高产品质量，提高经济效益的前提下，努力调整产品结构，保持适当的发展速度

计划草案安排：钢材产量245万吨，水泥产量250

万吨，汽车产量6.3万辆，发电量104亿度，电视机产量80万部，洗衣机产量67万台，电冰箱产量21万台，呢绒产量1548万米。在逐项落实工业生产十项政策性规定的基础上，要求工业总产值增长4%，并争取超过。

今年工业生产要突出抓好增产节约、增收节支，重点是提高产品质量，提高经济效益，调整产品结构。要紧紧抓住改革这一中心环节，推动工业生产持续、稳定、协调地发展。

提高产品质量的工作要摆到突出位置。抓好全面质量管理，深入检查国务院关于《工业产品质量责任管理条例》的贯彻落实，健全和完善本系统和本企业的质量管理办法，努力创造条件，改进质量检验手段，修订质量标准和监督验收制度，坚持质量抽查制度，定期开展质量评比，在奖惩中实行严格的质量否决权办法，建立起完善的质量保证体系。每个行业都要选择一批重点产品按国际标准组织生产，每个企业都要制订赶超国内、国际质量先进产品的奋斗目标。重点产品的质量稳定提高率要达到95%。今年再创100种国优、部优产品，并努力改进产品包装，提高产品竞争能力。

要努力提高经济效益。抓紧建立和修订产品的各类消耗定额，并采取切实有效措施，加强成本核算，降低消耗和管理费用，加速资金周转，提高劳动生产率。要建立严格的节约制度，改进节约奖励办法。要求地方预算内工业企业实现利税与工业产值同步增长，全员劳动生产率提高3%，万元产值耗能、耗水降低2%，物质消耗降低2%，企业管理费降低10%，定额流动资金周转加速2～3%，扭转亏损30%。这些目标要层层落实到基层企业。

要认真抓好调整产品结构和新产品的开发工作。引导企业进一步增强市场观念、竞争观念和开拓观念，及时了解国内市场需求的变化和国际市场的需要，按需组织生产和开发新产品。对已确定的100种适销对路产品，要积极组织增产；同时抓好100种小商品的生产。每个企业都要安排较强的技术力量专门研究开发新产品。要采取切实有效的措施，充分调动销售人员的积极性，认真研究各个消费层次的需要，将城市滞销但在农村畅销而质量又好的中低档产品销售到农村去。今年调整产品结构的重点是轻纺工业和机电工业。轻纺工业要增加名牌产品和市场紧缺产品的生产；出口产品要提高加工深度和质量档次，以同等数量产品换取更多外汇。机电工业要对能源、原材料工业需要的设备尽可能按需组织生产，对一些主要依靠进口零部件装配的产品要努力提高国产化水平。凡是供过于求和高耗能的产品都要限制生产。要利用价格、税收、信贷、外汇等经济杠杆调动企业调整产品结构的积极性。全年试制成功的新产品达到2000种，要求今年国庆节前开发1500种，其中至少有500种投入批量生产。

要继续大力发展适合首都特点的工业，增强企业后劲。工业的发展要坚持走内涵为主的道路，用现代化技术逐步改造传统工业。重点安排好一批限额以上大中型项目和调整产品结构的轻纺、机电工业技术改造项目。要缩短战线，提高投资效益，集中力量确保130项重点改造工程竣工投产。努力抓好彩电、冰箱、录像机、彩色印刷以及新型汽车的国产化和消化吸收工作。

工业企业的改革，要紧紧抓住搞活大中型企业，继续完善企业内部的经济责任制和发展横向联合这几个重要环节。认真贯彻搞活企业的一系列政策措施，增强企业的自我改造、自我发展和自我约束的能力，实行权、责、利的统一。搞活企业，不能单纯靠国家减税让利，而要认真挖掘内部潜力，提高经济效益。小型企业要积极试行租赁、承包责任制。要有计划地全面推行厂长负责制和各种经济责任制，进一步打破企业内部分配上的平均主义，拉开奖金档次，真正做到奖勤惩懒。大力发展企业横向联合。要以一批优势产品为龙头，以大中型企业为骨干发展横向联合，并积极创造条件，继续发展企业群体和企业集团。

（三）深化流通体制改革，安排好城乡市场，保持市场稳定繁荣

计划草案安排，社会商品零售总额161亿元，比去年增长10%。商业部门要搞好市场预测，掌握消费结构变化的趋势，与生产部门密切配合，共同努力组织市场货源，特别要加强对适销对路的紧俏商品和民用小商品的组织供应。要继续推动流通体制的改革，按照权、责、利相结合的原则，增强大中型商业企业的活力，在小型企业中扩大实行租赁制、承包制，粮库和其它仓储企业实行栈租经营承包。个别有条件的企业或企业集团，在不改变公有制为主体，不损害国家利益的前提下，经过批准可以进行股份制试点。要进一步搞活国营批发业，积极发展多种经济形式的批发商业。经营政策性亏损商品的企业，继续实行总额或单亏承包的办法。要充分调动商业企业和职工的积极性，打通城乡销售渠道，广泛开展横向联合，保持市场的稳定繁荣。要继续把30种主要商品的工业供货和商业收购量列入计划下达到生产企业和商业企业，并与物资供应和外汇安排挂起钩来。要采取行政手段和经济手段相结合的办法，保证本市紧俏商品和民用小商品的供应。要继续发展第三产业，努力抓紧商业网点的建设，逐步做到布

局合理。要求全年净增商业、饮食业、服务修理业等网点1万个。

物价工作要按照“坚持改革，稳步前进，保持基本稳定”的要求，加强物价的监督管理，严格控制国家管理的零售价格的变动，零售物价指数要力争控制在去年上升幅度以内。除对极少数严重影响生产、突出不合理的产品价格按照国家规定经过审批进行适当调整外，其他一律不动。对国家议购粮价、主要副食品零售价格以及计划外某些生产资料要规定最高限价。严格控制放开价格和实行浮动价格的品种范围，对已经放开的某些重要商品的价格，也要进行必要的指导。确保整个市场价格基本稳定，坚决制止擅自涨价、变相涨价等违法行为。

（四）出口创汇、利用外资和旅游事业都要创出新水平

要抓住当前国际市场比较活跃，特别是日元升值的有利时机，努力扩大对资出口；同时，进一步扩大同苏联和东欧国家的贸易，以增加外汇收入和换取生产建设用原材料。国家下达给北京市的出口创汇计划为6.87亿美元，要力争完成7.5亿美元以上。要继续完善鼓励出口的各项政策性措施，积极落实出口货源。工业出口产品的收购额要保证完成20亿元以上，并努力提高机电产品的出口比重。有些内外销都需要的商品，应该优先满足出口，市场不足部分可从外地组织货源。工贸双方要进一步密切配合，努力提高出口产品的质量，增加花色品种，改进包装装璜，沟通国际市场信息，巩固和扩大国际市场阵地。

利用外资工作要大力加强，重点是出口创汇企业、进口替代企业、技术先进企业以及某些城市基础设施项目。首先要采取切实措施办好已有的外商投资企业，同时，要进一步改善外商投资环境，充分利用去年对外经济技术洽谈会和最近举办的对外贸易洽谈会造成的好形势，认真做好项目的前期准备工作，落实建设条件，特别是资金条件，搞好外汇平衡，扎扎实实地发展一批“三资”企业。初步安排，利用外资签约50项，协议金额4亿美元，其中直接吸收外资1.5亿美元。

继续发展旅游事业，增加非贸易外汇收入。入境旅游人数将达到105万人次，外汇收入4.5亿美元以上。要重点抓好旅游基础设施的建设，提高综合接待能力。旅游客房新增3100间，主要有北京饭店贵宾楼、京都旅馆、香格里拉饭店、侨园饭店二期工程、专家公寓等一批旅游饭店。要积极开发新的旅游点和旅游商品，加强旅游业的经营管理，努力提高服务质量，改善服务态度。

要严格控制进口，凡是国内能够生产的，坚决不进口，一般机电产品，特别是耐用消费品要作为重点加以严格限制。已经进口的技术设备，要努力消化。今后工业部门每年都要提出国产化的具体目标，创造条件保证实施。市外汇管理分局要加强外汇的调剂工作，保证必须进口商品的用汇需要。技术引进和利用外资项目都必须作好自身的外汇平衡，充分考虑自己的偿还能力。没有批准立项的，不能对外作出具有约束力的承诺；没有批准可行性研究报告的，不得对外签约。

（五）严格控制基本建设规模，保证重点建设，提高投资效益

中央和国务院反复强调，要坚决控制固定资产投资规模，调整投资结构，保证重点建设。要实施“三保三压”的方针，即：保计划内建设，压计划外建设；保生产性建设，压非生产性建设；保国家重点建设，压非国家重点建设。今年的基本建设，除特殊批准的以外，一律不安排新的项目。这是端正投资方向，缩短建设周期，提高投资效益的基本前提。

去年年底，我们从本市基础设施欠账过多、教科文卫事业亟待发展的需要出发，曾设想多安排一些这方面的项目。现在国务院决定要从地方财政收入和企业自有资金中集中一部分用于国家重点建设。这是关系全局的大事。北京市应该照顾大局、服从全局。市政府经过反复研究，决心把地方财政安排的基本建设投资压缩20%。这样一来，原打算新上的项目就不得不推迟建设；一部分在建项目也要适当放慢进度。各部门各单位用自筹资金建设的项目，也将相应地压缩。根据以上原则，计划草案安排，地方基本建设投资19亿元，比1986年完成额减少16%。全市施工面积控制在2600万平方米左右，比去年减少160多万平方米。计划竣工800万平方米，其中住宅450万平方米。

几个主要部门的安排情况如下：

城市基础设施方面：为缓解交通拥挤问题，要抓紧东南外二环路建设和二环路、西单路口改造，打通北京站东街，建成地铁复兴门折返线和天安门人行过街设施以及夕照寺、八王坟等路口改造工程，配合亚运会工程建设安立路、北中轴路、北四环路（机场路至德清路段），另外还用养路费安排了京石路北京段、机场路复线（北皋至首都机场）等工程；供热项目，主要建成第二热电厂1台尖峰锅炉、左家庄供热厂二期工程，发展集中供热面积170万平方米；供气项目，主要建成焦化厂至中关村35公里天然气管线、北郊灌瓶厂、焦化厂6号焦炉改造工程，煤气用户通气9万户；供水主要安排了水源九厂续建、水源八厂改造及配水管网等工程。

文教卫生方面：建设经济学院图书馆，建成清华分校和北大分校图书馆，竣工10所中小学，专为培养藏族学生的西藏中学将动工兴建；建成小庄、隆福、甘家口、石景山、小汤山等医院，建设北京广播电台、文艺干校、马戏团饲养场、木偶剧团，继续建设区县文化馆、图书馆、档案馆等。亚运会专项工程，除继续建设去年已开工的8个场馆外，其余19项工程今年将全面开工。

农林水利方面：主要是建成永定河防洪工程，建设北郊乳品厂、饲料加工厂、瘦肉型猪系列工程、肉鸡孵化场及原种鸡场等。

工业方面：建成冰箱压缩机厂、燕山水泥厂、卷烟厂，继续建设华都啤酒厂、毛条厂等。

商业方面：主要安排了复兴门商场、祁家园商业楼、北京穆斯林食品贸易大厦、阜城门菜市场、牛奶供应网点、小型商业网点以及铺面房搬迁等。

政法公安方面：主要安排了警察学校、公安预审楼、交通指挥中心、消防用房、第二监狱、东北回京人员住宅、部分区县的司检法用房等。

旅馆、饭店要建成25座，增加客房4650间，其中中外合资饭店3座，增加客房1209间，公寓369套。

住宅建设方面：地方要竣工220万平方米，其中：中小学教师宿舍10万平方米，落实私房政策用房20万平方米，军队退休干部住房4万平方米。安排无力建房的基层商业职工住房12.5万平方米，交用2.5万平方米。

以上安排，虽尽了最大努力，但仍然存在着需要与可能的尖锐矛盾。大家想办的好事很多，但不能超越本市现实财力、物力的可能，不能互相攀比，不能百业俱兴。要坚决贯彻中央的指示精神，采取有力措施解决基本建设规模过大的问题，为经济体制改革和"七五"后几年的经济发展创造良好条件。

为了严格控制基本建设规模，拟采取以下措施：首先，各级领导要统一思想，提倡艰苦奋斗，勤俭建国，把有限的财力、物力集中用于加快重点工程建设；第二，根据国家批准的投资规模和本市财力的可能，市有关部门按照轻重缓急和建设条件，重新进行项目排队，今年上半年原则上不开新项目；第三，对已列入计划的项目，要集中资金和物力打歼灭战，缩短建设工期，尽快竣工交付使用；第四，积极推行对建设单位的竖向包干和建设单位与施工单位之间的工程投标承包制，有计划有组织地建立招标投标市场，鼓励施工企业开展竞争；第五，加强城市建设的综合开发，今后的住宅、一般工业和民用建设项目，逐步推行统一开发，并实行新区开发与旧城改造相结合的方针；第六，坚决制止敞口花钱、盲目提高设计和建设标准，要求所有在建项目都要节约投资3－5%。

（六）加强环境综合整治，搞好首都绿化美化建设

要在1986年环境区域性综合整治的基础上，结合亚运会工程的建设，重点综合整治月坛、先农坛等地区和二环路沿线的废气、废水和噪声污染；保护饮用水源，筹建密云、怀柔污水处理厂；完成昌平回龙观地区污水氧化塘以及通县玉带河二期工程，治理永定河及其水渠的污染源，并控制污染物的排放总量；完成10个工厂（车间）的搬迁，解决50个重点工厂（车间）的污染扰民问题；在4个城区建成6个低噪声小区；大力发展和推广民用蜂窝煤；完成6个医院的污水治理工程；兴建20座垃圾收运楼，并开展对垃圾无害化的研究和处理；继续完善密云、昌平县两个村庄的生态农业试点工作等。

继续搞好绿化美化建设，农村造林30万亩，城区植树120万株，铺草坪100万平方米，栽种丰花月季25万株、宿根花卉10万株。完成东西长安街及其延长线、二环路及市区外缘绿化环、三条放射线公路、5条城区道路以及10座市区公园等重点绿化工程。

（七）大力发展教科文卫事业

教育事业要继续贯彻中央关于教育体制改革的决定，不断完善各项改革措施，端正办学方向，坚持德智体美全面发展的方针，提高教育质量，增加学生的社会实践活动。高等教育要重点加强思想政治工作，进行坚持四项基本原则的教育，培养有理想、有道德、有文化、有纪律的专门人才，同时要充实和改善办学条件；继续调整中等教育结构，从调整政策和解决实际问题入手，促进职业技术教育的发展与提高；因地制宜地有计划分步骤地发展九年制义务教育，完成对城镇地区九年制义务教育的普及验收；要加强对中小学师资的培训；大力发展幼儿教育事业。

努力抓紧市属重点院校的建设，继续调整专业结构，加快短线专业的发展。市属高等学校计划招生10140人，比去年略有增加。

中等职业技术教育，要逐步实现从初级到高级、行业配套、结构合理，又能与普通教育沟通的教育体系。计划草案安排：中专招生15000人，其中市属11000人；技工学校招生10600人，其中市属8000人；职业高中招生20000－23000人，都比去年有较大增加。

城镇普通高中招生36000－40000人。今年城镇初中毕业生是个高峰，要尽最大努力做好初中毕业生的分流工作，千方百计多招收一些普通高中和中等职业

技术学校的学生，普通高中要克服困难，力争按高限招生。教育部门和劳动部门要紧密配合，共同做好这批没有升学的初中毕业生的职业培训和安置工作。各级教育部门和各类学校都要维护招生计划的严肃性。

小学要重点解决市区即将出现的二部制问题，抓紧校舍建设，所需投资按市政府的决定由市和区各负担一半，各区要积极安排落实。要继续调动社会力量发展幼儿园所，加强幼儿教师的培训，重点解决3岁以下儿童入托问题。

成人高等教育要继续贯彻调整、整顿、提高的方针，按需施教，并逐步把岗位培训放到重要位置。要适当减少普通高等院校招收干部专修科的名额，增加管理干部学院等的招生名额。要大力发展成人中专教育。成人高等学校计划招生18000人，成人中专招生21000人。

科技方面，要认真贯彻国务院《关于进一步推进科技体制改革的若干规定》，进一步搞活科研机构，促进多层次、多形式的科研生产联合，推进科技与经济的紧密结合；进一步改革科技人员管理制度，放宽放活对科技人员的政策，为充分发挥科技人员的作用创造良好的社会环境。要鼓励和支持科技人员流向农村、基层或实行兼职承包。市属科研单位要继续进行拨款制改革，普遍推行所长任期目标责任制。要发展多层次多形式的科研、生产联合体，有条件的科研单位可以与企业和企业集团组成科研生产联合体，逐步成为地区、行业、企业的新技术开发中心。要继续贯彻科技工作为首都经济建设、城市建设和城市管理服务的方针。今年要抓紧80个重点科研项目的实施，力争完成率达到85%以上，同时要抓好节水技术的研究和推广等6个"一条龙"系统开发项目。"星火计划"要重点抓紧11项农业系统工程配套、示范企业管理以及产品系列化的开发研究。要研究制订"工业技术振兴计划"。

医疗卫生方面，要继续贯彻预防为主的方针，加强对传染病的防治，搞好计划免疫，健全三级预防保健网，改善药品管理和食品卫生监督，努力加强卫生工作的科学管理，提高医疗质量，改进服务态度。要抓紧已开工医院的新建、扩建和改造工程，进一步挖掘现有设施的潜力，计划新增病床1200张，同时要继续发展家庭病床，鼓励集体和个人兴办医疗卫生设施。

要继续坚持抓好计划生育工作，人口自然增长率控制在10‰以内，同时严格限制人口的机械增长，使年末常住人口控制在985万人以内。

努力发展文化、体育事业。文化事业必须坚持社会主义方向，坚持以社会效益为最高检验标准，同时要积极改善经营，努力提高经济效益。要重点建设一批文化娱乐设施，中国人民抗日战争纪念馆要保证"七·七"正式对外开放。继续修复一批古建筑。提高出版质量，搞好图书发行，加强广播电视的建设和播放工作。要努力提高体育运动水平，增强人民体质，加快体育设施的建设，确保亚运会配套工程的建设进度。

各位代表！

当前北京市的经济形势很好，有着许多可以争取稳定增长的有利条件。经过1986年的努力奋斗，工业生产已趋正常，生产准备工作抓得较紧较早，今年1、2月份工业总产值完成51亿元，比去年同期增长9.2%，农业、商业、外贸的发展势头也很好，这就使我们能够集中更多精力深化企业改革，进一步搞活企业，提高经济效益；去年为促进企业发展陆续出台的各项经济政策，今年将全面发挥作用；随着企业内部分配制度的深入改革，将进一步调动职工的生产积极性；去年又有一批工业技术改造项目建成投产，增加了新的生产能力；国内外市场活跃，有利于本市发展商品生产和扩大出口等。但在经济发展中也还存在着不小的困难，主要是：固定资产投资需要与可能的矛盾很大；资金紧张，国家已决定通过借用地方财政收入、集资办电、发行债券等方式，从本市集中8亿元左右的资金用于国家重点建设，因此，地方预算内和预算外能用于建设的资金将比去年大幅度减少，预算内重点经费支出也不可能增加很多；银行信贷规模也要适当收缩；用于进口原材料和设备的外汇不足；生产建设用物资特别是钢材还有较大缺口；供电紧张局面在短期内很难得到缓和等。

我们既要充分看到经济工作中的有利条件，满怀信心地开创新局面，又要清醒地认识发展中的困难，采取切实可行的措施加以妥善解决。克服当前困难的最重要措施是，在全市范围内，在各行各业中，提倡艰苦奋斗、勤俭建国的精神，广泛深入地开展增产节约、增收节支运动。这是因为：(一)近几年来，艰苦奋斗、勤俭节约的思想淡薄了，各部门、各单位铺张浪费现象十分严重，这不仅不利于经济建设，而且也不利于改进党风和社会风气；(二)工业、商业、建筑业、交通运输业的不少经济技术指标低于历史最好水平，同先进地区相比差距很大，经济效益亟待提高；(三)许多单位对如何合理运用现有的人力、物力和财力，把事情办得更好，为社会创造更多的财富，为国家积累更多的资金，还没有很好地下功夫，而伸手向财政、银行要钱要贷款的劲头比较大；(四)财经纪律不严，漏洞很多。实践证明，解决当前财政金融困难的唯一正确途径是开源节流，广泛开展增产节约、增收节支运动。这不仅是社会主义物质文明建设的中心任务，而且要作为社会主义精神文明建设和改进党风、改进社会风气的一项重要任务。各部门、各单位都要结合自己的实际，向广大干部群众进行深入的勤俭建国、艰苦奋斗的教育，树立艰苦奋斗光荣、铺张浪费可耻的风气。要认真分析本单位同先进单位的差距，找出潜力，制定具体的增产节约目标和切实可行的措施。生产、建设、流通各个领域都要狠抓经济效益，提高劳动生产率，节约原材料、燃料动力和管理费用，降低生产（流通）成本，努力增加财政收入。行政事业单位要坚决压缩一切过高的、不合理的支出，要把节减行政经费，特别是会议费、差旅费、宴会费、庆祝活动费作为重点坚决压下来。要继续严格控制社会集团购买力。

最近，本市工业部门正在发动工业企业围绕开展增产节约、增收节支运动，进行找差距、订目标、拟措施的活动。有的工业总公司结合本系统的实际，开展“十查十要”活动，取得了初步效果。他们的做法给予我们有益的启示，充分证明中央提出开展增产节约、增收节支运动有很强的针对性，有极其重大的现实意义和深远意义。只要全市广大人民行动起来，认真贯彻落实中央、国务院的指示，坚持深入改革，坚持开放搞活，扎扎实实地把增产节约、增收节支运动开展起来，我们就一定能够克服当前的困难，胜利完成1987年本市国民经济和社会发展计划规定的各项任务。

关于北京市1986年财政决算和1987年财政预算草案的报告

——1987年3月7日在北京市第八届人民代表大会第六次会议上

北京市财政局局长　王宝森

各位代表：

我受市人民政府的委托，现在向大会提出北京市1986年财政决算和1987年财政预算草案的报告，请予审议。

一、1986年财政决算

1986年，在党中央、国务院和中共北京市委的正确领导下，全市各族人民共同努力，认真贯彻党的十一届三中全会以来的路线、方针、政策和中央关于首都建设方针的“四项指示”、“十条批复”，坚持四项基本原则，坚持改革、开放、搞活的方针，首都的社会主义物质文明和精神文明建设又向前迈进了一大步。经济体制改革有了新的突破，对外开放打开了新的局面，经济持续、稳定、协调地发展，各项事业都取得了新成绩。在此基础上，1986年财政预算执行情况也是好的。现将1986年财政决算情况报告如下：

市第八届人民代表大会第五次会议批准的1986年市财政收入预算为599090万元，完成603420万元，为预算的100.7%，超额完成了预算，按可比口径比上年增长4.8%。从分项情况看，工商税收、工业收入、商业收入等，完成情况都比较好。其中：各项税收完成495501万元，为预算的103.4%；工业收入完成132516万元，为预算的102.1%；商业收入完成13765万元，为预算的105.9%；农业税完成2691万元，为预算的119.6%；粮食亏损34469万元，为预算的107.7%；其他亏损6584万元。

市第八届人民代表大会第五次会议批准的1986年市财政支出预算总额为430470万元。在预算执行过程中，根据建设和各项事业发展的需要，中央和市陆续追加专项拨款29695万元，相应增加了支出预算。经报请市人大常委会批准，支出预算调整为460165万元。执行结果，总支出为442724万元，为调整预算的96.2%，没有突破预算。主要支出项目完成情况是：基本建设支出112202.1万元，为预算的99.6%；企业挖潜改造资金支出47338.7万元，为预算的96%；科技三项费用支出6365.2万元，为预算的93.6%；支援农业生产和农业事业费支出15444.3万元，为预算的96.1%；城市维护费支出17508.5万元，为预算的99.6%；文教科学卫生事业费支出83288.2万元，为预算的97.7%；行政经费支出19760.7万元，为预算的98.8%；城镇居民副食补贴和粮、油、菜等价格补贴支出 95617.9 万元，为预算的 87.7%，其他支出等 45198.4 万元。

1986 年财政预算总的执行结果，收支相抵后，略有结余。

1986 年财政收入超额完成了预算，比上年稳步增长；财政支出控制在批准的预算范围之内，并做到了收支平衡，略有结余。现将主要情况说明如下：

(一) 改革促进生产发展和经济效益提高，保证了财政收入的稳步增长。1986 年财政收入比上年增长 4.8%，略高于生产增长 4.7%的幅度。全市百元产值上交财政的利税率由 1985 年的 18.7%，提高到 1986 年的 18.9%，这是改革促进生产发展和经济效益提高的结果。遵照国务院关于“巩固、消化、补充、改善”的方针，结合本市的实际情况，市委、市政府采取了一系列改革措施，紧紧围绕搞活企业这个中心，抓住所有权和经营权相分离这个关键，经济体制改革有了新的突破。针对年初工业生产由于种种原因，一度出现下降的状况，狠抓了国营大中型企业各种形式的经营承包制和内部经济责任制的完善，扩大了厂长（经理）负责制的范围，大力发展跨部门、跨行业、跨地区的横向联合，进一步把企业的责、权、利结合起来，调动了企业和职工的积极性，推动了生产的发展。下半年工业生产逐月回升，全年总产值达到增长 4.7%的幅度，取得了生产与经济效益相应增长的好成绩；在商业系统，对国营小型商业试行了租赁和经营承包制，对亏损企业实行了不同的亏损包干办法，都收到了较好效果。生产的增长、流通的扩大和经济效益的提高，保证了财政收入的稳步增长。

(二)在国家收入增加的同时，企业留利继续增加，进一步增强了企业自我改造和自我发展的能力。一年来，继续调整了国家和企业的分配关系，对企业进一步实施鼓励政策。主要有：减征大中型企业调节税，扩大实行分类折旧办法的范围，提高折旧率，鼓励出口和发展横向经济联合，对建材、纺织、食品、公共交通、交通运输等行业实行了各种优惠政策，对重点亏损商品实行单亏包干，对国营建筑企业实行百元产值工资含量等办法。通过采取以上措施，增加了企业的留利。初步统计，1986 年全市企业留利达到 222000 万元，比 1985 年增加 30000 万元，增长 15.6%。企业财力的增加，为技术改造，开发新技术、新产品，提高产品质量，加速产品结构的调整，提高经济效益，创造了有利条件。

(三) 集中资金保证重点，加快城市基础设施的建设。1986 年基本建设支出 112202.1 万元，比上年增长 3.6%。在严格控制基本建设规模的同时，调整了投资结构，重点用于加快城市基础设施的建设，建成了一批与人民生活密切相关的骨干项目。建成通县、城子水厂，新增日供水能力 6.2 万吨；建成左家庄供热二期工程，增加供热面积 60 万平方米；新建、扩建道路总长 100 多公里；打通 5 个交通堵口；完成 10.5 万户居民煤气和天然气管道施工，其中 2.5 万户已经通气；住宅竣工 501 万平方米，其中：中小学教师住宅竣工 14.4 万平方米。这些项目的建成对缓解本市供水、供气、供热、交通、住宅的紧张状况，发挥了重大作用。1986 年城市维护费支出 17508.5 万元，比上年增长13.3%。加上城市公用事业附加收入，用于城市维护方面的支出，总计达到 23308.5 万元。城市绿化、美化、净化进程加快，成绩显著。1986 年城市植树 165 万株，扩大绿化面积 62 公顷，清运垃圾 263 万吨，进一步改善了城市居民的生活环境。

(四) 尽最大努力继续增加科技和教育等支出，加快了文教科学卫生事业的发展。1986 年用于文教科学卫生事业费的支出达到 83288.2 万元，比上年增长 19.9%，大大高于财政收入增长 4.8%的幅度。其中：教育事业费支出增长 14.9%，进一步改善了教学条件，提高了教学行政费标准，增添了教学仪器、设备，增加了中小学危房修缮支出，加强了成人教育、中等职业教育和夜大、电大教育，促进了中等教育结构的调整；卫生事业费支出增长 21.9%，重点为中医医院、儿童医院等补充了先进医疗设备。用于体育、文化、广播电视事业方面的支出，也比上年增加较多。1986 年用于科学事业和科技三项费用的支出达到 10116.2 万元，其中，为了支持重大科研项目的研究，增加了专款 500 万元，为科研多出成果、快出成果创造了条件。

(五)增加农业的投入，加快农村经济的发展。1986 年用于支援农业生产和农业事业费方面的支出达到 15444.3 万元，比上年增长 28.5%。重点用于发展粮食生产，建立副食品基地，扶持 37 个贫困乡脱贫致富以及促进乡镇企业的发展。一年来，建成了一些稳产商品粮基地，建成了无污染蔬菜基地 0.3 万亩，发展果品生产基地 5 万亩，建设商品鱼基地 2 万亩。同时，扶持农村完成郊区农村造林 38.2 万亩，义务植树 4 万亩。全年筹集资金 2000 万元，帮助贫困乡发展生产，增强造血机能，当年获得收益 900 多万元；重点扶持乡镇企业 106 个，收到较好的经济效果。所有这些都为加快农村经济的发展，改变农村面貌，为首都提供丰富的副食品打下了良好的基础。

(六) 用于城镇居民的各项财政补贴继续增加，保证了人民生活的不断改善和提高。1986年市财政用于城镇居民衣、食、住、行等方面的补贴总额达到196000万元，比上年增加40000万元。按全市586.8万城镇人口计算，平均一年对每个居民补贴334元，平均每天对每个居民补贴近1元。包括：城镇居民副食补贴50683.3万元，粮油政策补贴61500万元，肉、禽、蛋、菜亏损补贴31500万元，生活用煤和液化气补贴13000万元，公共电汽车月票和地铁补贴11000万元，房租和取暖补贴2200万元，猪皮制革补贴4000万元，其他补贴22116.7万元。这些补贴，虽然是财政的一个很大负担，如果继续增加，财力将难以承受。但是，当前在价格还没有完全理顺的情况下，为了调节经济，使人民生活的提高不受影响，还是必要的。

（七）加强财政税收管理，开展税收、财务、物价大检查，严肃了财经纪律。1986年财政、税务、审计部门加强了日常的征收管理，堵塞“跑、冒、滴、漏”，增加收入10000万元。根据国务院关于继续开展税收、财务、物价大检查的部署，从10月份开始，全市普遍开展了自查，并进行了重点检查。初步统计，1986年全市共查出各类违纪金额总计8200万元，已经补交入库6100万元。通过大检查，不仅增加了财政收入，维护了财经纪律，而且，进一步增强了广大干部、职工的法制观念、政策观念和全局观念。

（八）改革区、县财政体制，全面建立乡（镇）财政，进行街道财政试点。为了进一步下放财权，扩大区、县财政管理权限，充分调动区、县政府和广大群众的积极性，从1986年起，市与区、县全部实行了“划分税种、核定收支、分级包干、一定五年不变”新的财政管理体制。为了调动乡（镇）和街道理财的积极性，适应农村商品经济的发展和加强街道管理，更好地发挥基层政权的作用，1986年全市340个乡（镇）全部建立了乡财政，并在东城、西城、崇文、石景山四个区，进行了建立街道财政的试点。财政体制的改革，使各级政府和街道办事处，在一定程度上拥有了相应的财权。经过短短的一年实践，已经显示出了它的优越性。1986年19个区、县财政收入完成161553万元，比上年增长11.4%，大大超过了全市收入增长幅度；财政支出135412万元，比上年增长20.3%，反映了区、县经济实力的进一步增强。

各位代表，1986年财政预算执行情况是比较好的，但也确实存在一些值得注意的问题。一是，财政支出增长过快，特别是对基本建设虽然采取了种种控制措施，投资规模仍然偏大，基建战线仍然过长，在建项目过多，投资效益不高，计划外在建项目控制不严的状况，还没有从根本上扭转。二是，经济效益不高的问题仍普遍存在，企业内部潜力还没有充分发挥出来。三是，经济生活中铺张浪费、大手大脚、讲排场、比阔气的不良作风，在不少单位仍比较严重。四是，财政管理偏松，监督、检查不够，有些企业和单位截留收入、偷税、漏税等违犯财经纪律的现象，还比较严重。这些问题，都有待于在今后工作中逐步加以解决。

二、1987年财政预算草案

1987年财政收支预算草案，是根据中央关于今年在经济领域坚持正确的建设方针，大力开展增产节约、增收节支运动，在适当增加和进一步改善总供给的同时，着重抑制过大的总需求，使社会总需求与总供给相适应，保持国民经济长期稳定发展的精神，并按照本市国民经济和社会发展计划的各项指标要求安排的。

1987年财政收入预算安排633600万元，比上年增长5%，略高于生产增长4%的幅度。其中：工商税收安排535000万元，比上年增长8%；工业收入安排140000万元，比上年增长5.6%；商业收入安排14750万元，比上年增长7.2%；粮食亏损安排42000万元，比上年增亏21.8%；其他亏损安排14150万元。

1987年财政支出预算安排462600万元，比上年增长4.5%。其中：基本建设支出安排113800万元；企业挖潜改造资金安排10000万元；支援农业生产支出和农业事业费安排16200万元；城市维护费安排19200万元；文教卫生事业费和科学事业费安排89984万元；行政管理费安排19000万元；城镇居民副食补贴安排60000万元；各种价格补贴安排61500万元；科技三项费用、抚恤和社会救济、其他支出等安排64916万元；预备费安排8000万元。

按以上收支安排，除按财政体制上解中央部分外，1987年本市财政收支平衡。

现将1987年财政收支安排的主要情况说明如下：

（一）财政收入的安排是积极的，保持了稳定的增长。1987年财政收入预算的安排，充分考虑了增收的有利因素。一是，根据全市生产发展和提高经济效益的要求，按工业产值增长4%，社会商品零售总额增长10%，工业可比产品成本降低2%（要求原材料消耗降低2%，企业管理费用压缩10%），商品流通费用降低2%，工业亏损压缩30%计算的。二是，考虑了恢复征收国营建筑企业营业税，新开征房产税、车船使用税、个人收入调节税等增加的收入。三是，扣除了由于减征大中型企业调节税、企业全面实行分类折旧办法、企业调工资翘尾和价格调整翘尾等因素减少的收入。

1987年财政收入预算的安排，按可比口径计算，比上年增长9.3%。完成这个任务是很艰巨的，但有利条件也很多。随着改革的进一步深化，广泛开展增产节约、增收节支运动，经济效益也会有很大提高，经过努力这个任务是可以完成的。

（二）在确保重点的同时，把过高的支出压缩下来。1987年财政支出预算的安排，比上年只增长4.5%，大大低于近几年的财政支出的增长幅度。这是根据中央紧缩支出的精神安排的。同时，中央为了集中资金保证国家重点建设，决定从今年起，连续三年向各省、市借款，发行重点建设债券和电力债券，并改变了能交基金中央和地方的分成办法，这样就减少了地方的财力。分配本市的借款任务为27600万元，减少能交基金分成12000万元，这两项共计减少本市财政资金39600万元。此外，还分配本市用预算外资金购买债券42300万元。这样，中央从本市借走和购买债券的资金总额为81900万元。由于中央采取的措施，市财力和单位的财力都减少了，这就必须相应地紧缩支出。为了完成中央向我市的借款任务，按照本市实际情况，分别按不同比例对市财政安排的自筹基建，行政事业经费以及对各区、县的支出进行了压缩。支出压缩后，根据本市财力可能，重点保证了城市基础设施建设，必不可少的文教卫生科学事业费以及发展农业后劲和搞活大中型企业措施的支出，其他各项开支，只能有多少钱办多少事。

（三）继续严格控制固定资产投资规模，调整投资结构，突出重点建设，把城市基础设施的建设放到首位。1987年基本建设支出，比上年增加1597.9万元，增长1.4%。集中资金重点用于加快城市供水、供电、供气、供热和道路的建设，抓紧文教卫生设施和住宅的建设。同时，相应削减和缓建了一部分非生产性建设项目。

1987年城市维护费支出安排19200万元，比上年增加1691.5万元，增长9.7%。重点用于长安街及其沿线和二环路等一批道路以及15片住宅小区的绿化、美化，新建和扩建公园绿地，建设市区边缘的绿化带和成片林区。继续提高城市绿化、美化、净化水平，改善城市居民的生活环境。

（四）坚持把教育事业摆在重要地位，继续增加文教卫生事业费支出。1987年在压缩支出的情况下，从实际出发，文教卫生事业费的安排仍比上年增长8%，这是尽了最大努力的。这个安排，高于全市支出增长4.5%的幅度，也高于1986年的预算水平。其中：教育事业费安排48440万元，比上年增长8.9%。增加的支出，重点用于完成城区和县城普及九年制义务教育，加快职业教育和成人教育的发展，支持特种教育，扩大各类培训班和电视函授业余教育。由于今年紧缩支出，虽然文教卫生事业费的增长高于收入增长，但增长的速度有所放慢。因此，还需要加强对经费的管理，提高资金使用效果，用有限的资金办更多的事情。

（五）保持支援农业支出的增长，增强农业的后劲。1987年支援农业生产支出和农业事业费安排16200万元，比上年增长4.9%。继续贯彻农村经济“服务首都，富裕农民，建设社会主义新农村”的方针。重点支持粮食生产，加快商品粮基地的建设，巩固和扩大副食品基地，建成现代化商品菜基地2.5万亩，坑塘养鱼12万亩，10个5万只蛋鸡场等。进一步支持乡镇企业，积极扶持贫困山区的建设，解决好山区人畜饮水等问题。

三、为实现1987年财政预算而奋斗

完成1987年财政预算任务是很艰巨的，需要做大量工作。因此，一定要突出重点，统筹安排。要动员全市广大干部和职工，统一思想，认真贯彻中央今年的经济工作方针和部署，继续深化改革，广泛开展增产节约、增收节支运动，切实抓好以下几项工作：

（一）广泛深入开展增产节约、增收节支运动。今年，在全市范围内开展增产节约、增收节支运动，这对增加收入，节约支出，确保经济长期稳定发展，有着重大意义。要广泛深入地动员全市广大干部和群众积极参加，层层落实各项增产节约、增收节支措施，抓住重点讲求实效。在生产领域，要通过调整产业结构，进一步挖掘企业内部潜力，加快产品更新换代，提高产品质量，增加花色品种，大力增产适销对路的紧俏商品；要努力降低成本，节约能源、原材料消耗，压缩各项管理费用，加速资金周转，纠正铺张浪费现象，要求万元产值能耗降低2%，节约企业管理费和车间经费10%，扭亏30%，加速资金周转2—3%，全员劳动生产率提高3%。在流通领域，要在提高服务质量的前提下，搞活市场，搞活流通，积极组织适销商品货源，增加经营品种，扩大服务项目；要努力减少流通环节，减少积压浪费，加速资金周转5%，降低流通费用2%；要采取有效措施，抓好扭亏增盈。在建筑领域，要努力降低工程费用，克服浪费现象，千方百计缩短建设周期，提高竣工率，提高劳动生产率和施工质量，节约建设资金。为了推动增产节约、增收节支运动的深入开展，各部门要分工负责，相互协作，制订有效措施，努力抓出成果。

（二）以搞活大中型企业为中心，坚定不移地深化各项改革。搞好经济体制改革，是调动企业和职工积极性，促进生产发展，提高经济效益，增加财政收入的关键。一定要坚定不移地继续深化各项改革。根据国务院关于增强企业活力的八条政策，结合本市的实际情况，要紧紧围绕搞活大中型企业这个中心，从内外两个方面采取措施。财政上要继续实行“欲取先予”、“放水养鱼”的政策，在国家政策范围内，市财力可能的条件下，对一些重点企业和重点行业，继续给予优惠。今年计划还要对大中型企业减征一部分调节税，全面实行分类折旧办法，提高固定资产折旧率等，以增强企业活力和后劲。但是，从国家的经济全局和市财政承受能力来看，更多的减税让利措施，已不可能在较大范围内出台。因此，必须走深化企业内部改革，挖掘潜力的路子。要抓住所有权和经营权相分离这个关键，重点解决企业内部经营机制问题，逐步提高自主经营、自负盈亏、自我积累、自我发展和自我约束的条件能力。重点抓好100户大中型工业企业，进一步巩固和完善行之有效的各种经营承包责任制；对建筑企业，继续完善百元产值工资含量包干办法，逐步推行工程总承包制和工程招标承包制；小型企业广泛实行租赁制、承包制；巩固推进各种形式的横向联合，加快企业领导体制改革，全面推行厂长（经理）责任制，改进企业内部的分配制度；对国营农、牧、水产企业继续实行“财政包干、自负盈亏”办法。此外，在财政体制改革方面，要巩固和完善区、县财政包干体制以及乡财政的管理，普遍建立街道财政；对行政事业单位全面实行经费包干办法。

（三）严格控制和节约各项开支，发扬艰苦奋斗、勤俭建国的精神。财政支出要在保证重点建设和事业发展资金供应的前提下，严格控制和节约行政费支出。对各行政事业单位实行预算包干办法，节约作用，不准突破，执行中一般不再追加新的支出；对超编人员要积极采取措施减下来，在没有精简以前，只发工资，不再给办公经费；新增机构和新增编制，原则上应从现有人员中调剂解决，不增加支出；要反对铺张浪费，大手大脚的作风，对增加较多的开支，如办公费、会议费、差旅费和购置费，一律在1986年实支基础上压缩10%；一律不许摊派会议费；严格对专控商品的审批，不准超过下达的指标，特别是要控购小汽车；严格控制出国人员和团体，节约出国经费。凡有收入来源的事业单位，都要从收入中拿出一部分抵顶预算拨款。1987年各方面想办的事情很多，需要与可能之间的矛盾十分突出。因此，各部门、各单位要从大局出发，局部利益服从整体利益，过紧日子，切实改变要钱胃口很大，花钱大手大脚的现象。

（四）严肃财经纪律，加强财政、税收管理。要认真贯彻执行中央、国务院关于严格财经纪律的有关规定，及时揭露和纠正一些单位违反财经纪律的问题，坚决制止截留国家收入，偷税漏税，虚报冒领，转移资金等违纪行为；严禁滥发奖金、实物、补贴；严禁用公款旅游和请客送礼；不得任意提高行政事业单位的工资、福利、奖金、补贴等开支标准。财政、税务、审计部门要密切配合，坚持依法办事，维护法纪，除加强日常的征收管理和检查工作外，今年要继续进行税收、财务、物价大检查。

（五）进一步加强财税队伍的思想建设和组织建设，提高政策业务水平。目前经济体制改革正在深化，财税部门的任务十分艰巨，必须坚持四项基本原则，反对资产阶级自由化，坚持党的十一届三中全会以来的路线、方针、政策，坚定不移地推进改革，自觉地为改革开道、服务，同时要搞好自身的改革。要适应搞活企业的要求，向以宏观、间接管理为主转化；要研究新情况、新问题、新要求，加强对宏观经济的调节控制和监督能力。但是，从财税队伍的现状看，无论政策水平和业务水平，都远远不能适应工作任务的要求。为此，必须狠抓队伍的思想和组织建设，采取多种形式培养和锻炼干部，要发扬求实的工作作风，深入实际，调查研究，在实践中总结和提高；要讲求生财、聚财、用财之道，在促进经济发展上下功夫；要以身作则，廉洁奉公，坚持原则，兢兢业业地做好本职工作。

各位代表：1987年我们要在市委的领导下，动员全市人民，坚持四项基本原则，坚持改革、开放、搞活的方针，统一认识、统一行动，克服困难，奋发努力，满怀信心地为夺取增产节约、增收节支运动的胜利，为圆满地实现北京市1987年财政预算而努力奋斗。

北京市人民代表大会常务委员会工作报告

——1987年3月10日在北京市第八届人民代表大会第六次会议上

北京市人民代表大会常务委员会主任　赵鹏飞

各位代表：

我代表市人民代表大会常务委员会向大会报告工作，请审查。

去年5月市八届人大五次会议闭幕以来，常务委员会认真贯彻执行“一手抓建设，一手抓法制”的战略指导思想和代表大会决议，积极履行地方组织法赋予的职权，在加强社会主义民主与法制建设方面做了许多工作，对宪法、法律、行政法规的遵守和执行，维护首都安定团结的政治局面，贯彻改革、开放、搞活的方针，促进社会主义物质文明和精神文明建设，发挥了积极作用。10个月来，举行了7次常委会议。审议制订了6个地方性法规，修订了两个地方性法规。按照全国人大常委会的要求，参加了国家立法的活动，对全民所有制工业企业法、破产法、国境卫生检疫法、邮政法、海关法、选举法（修订）、地方组织法（修订）等11个法律草案组织座谈讨论，广泛征集意见。检查了刑事诉讼法、婚姻法、劳动改造条例、经济合同法、水污染防治法、商用计量器具管理办法、建设拆迁安置办法、农村建房用地管理暂行办法等13个法律、法规的施行情况。审议了代表大会交付的改善服务态度、认真贯彻民族政策、加强市人大及市人大常委会对法律实施的监督工作等7个议案。审议了市人民政府关于科技体制改革、加强审计监督、普及法律常识、财政预算的部分变更等10多个专题报告。依法任免了本市国家工作人员180人。改进并实施了代表视察办法和对代表建议、批评、意见的处理工作，在审议决定重大事项、制订地方性法规和检查法律、法规施行情况等方面进一步发挥了代表的作用。现在着重从以下6个方面报告10个月来常务委员会的主要工作。

一、加强以宪法为核心的法制教育，维护安定团结

在公民中普及法律常识，增强法制观念，是健全社会主义法制的一项基础工作，是社会主义精神文明建设的重要组成部分。常务委员会继去年4月听取审议市人民政府关于普及法律常识的工作报告之后，又于12月再次听取审议了这方面的工作汇报，检查有关普法的决议和规划落实情况，并组织委员、代表到13个基层单位，采取旁听讲课、查阅答卷、对干部和群众面试等方式进行实地检查。从检查的情况看，全市有400多万人包括70多万名青工、2万多名处级干部和500多名市、区、县领导干部参加了法律常识的学习，普法工作进展较快，成效显著。但是这项工作还需要继续普及和深入。常务委员会要求，今后在普法内容方面，要突出学习宪法这个重点；在对象方面，要继续抓好各级领导干部和青少年的学习；要提高质量，讲求实效，把法律的实际应用作为检验普法成效的重要标准，学习不符合要求的要进行补课。

今年1月，全国人大常委会作出了《关于加强法制教育维护安定团结的决定》，重申了宪法和刑法的一系列重要规定，强调了加强法制教育的极端重要性。这是当前形势下在全体人民中进行以宪法为核心的法制教育的重要教材，是我们坚持四项基本原则、反对资产阶级自由化、维护安定团结的强有力的法律武器和思想武器。常务委员会及时进行了学习讨论，并作出了在全市认真学习、坚决贯彻的决议，要求各行各业、各个部门和各个单位，都要明确认识学习和贯彻“决定”的根本问题是教育人，反对资产阶级自由化的斗争主要是在政治思想领域着重解决根本政治原则和政治方向问题。要下功夫、花气力，组织干部、群众认真学习和讨论这个决定。要把“决定”普遍印发到基层单位，运用多种形式广泛深入地进行宪法教育、法制教育，力争做到家喻户晓。各级领导干部和人大代表要带头学习“决定”、宣传“决定”、模范地遵守和执行“决定”。通过学习和讨论，要把干部、群众的思想进一步统一到党的十一届三中全会以来的路线、方针、政策上来，统一到宪法的根本准则上来，普遍增强宪法观念和公民意识，为促进安定团结，保障改革、开放和社会主义现代化建设的顺利进行作出积极贡献。

我国宪法规定公民有游行、示威的自由，为了保障

公民依法行使游行、示威的权利，维护首都的公共秩序，常务委员会根据宪法和有关法律，审议通过了《北京市关于游行示威的若干暂行规定》。这项法规明确规定：公民依法举行的游行、示威，本市各级人民政府予以保护；市、区、县公安机关对游行、示威的申请，除违反宪法、法律规定，损害国家的、社会的、集体的利益和其他公民的合法的自由和权利的以外，应当予以许可；对于许可的游行、示威，应当负责维护交通秩序和社会秩序。游行、示威应当遵守宪法和法律，保守国家秘密，爱护公共财产，尊重社会公德；不得扰乱社会秩序、生产秩序、工作秩序、教学科研秩序和人民群众的生活秩序。对于违反本规定的游行、示威，公安机关应当采取必要的措施予以劝阻、制止；对于在游行、示威过程中进行违法犯罪活动的，由公安、司法机关依法追究法律责任。这一法规的制订和施行，对于维护宪法的尊严，维护首都的安定团结，具有重要意义。

二、发扬人民民主，指导区县乡镇搞好人民代表大会代表的换届选举

本市1984年上半年选举产生的区、县、乡、镇人民代表大会代表，于1987年任期届满，应当依法进行换届选举。搞好这次民主选举，对于健全人民代表大会这一根本政治制度，加强基层政权建设，调动广大人民当家作主、管理国家事务的积极性，具有重要意义。常务委员会根据全国人大常委会再次修订并重新公布的选举法和有关决定，经过认真的调查研究，审议通过了关于区、县、乡、镇人民代表大会代表换届选举工作部署意见的报告，修订并公布了《北京市区、县、乡、镇人民代表大会代表选举实施细则》，作出了关于换届选举工作若干问题的决定。

充分发扬民主，严格依法办事，是搞好换届选举工作的关键。全国人大常委会新修正公布的选举法和通过的有关决定在这方面作了许多新的重要规定，要求切实保障选民根据自己的意愿，行使民主选举权利。北京市人大常委会在修正的选举实施细则和关于选举工作的部署意见中具体贯彻了这些规定。主要是：第一，各政党、各人民团体可以联合或者单独推荐代表候选人。选民10人以上联名可以推荐代表候选人。选民自己愿意当候选人的，也可以经由选民10人以上联合提名。对于上述合法提出的代表候选人，有关的选举组织必须如实上报，由选举委员会列入初步候选人名单，不得隐瞒、调换或增减。第二，为了使选民对代表候选人的情况有比较充分的了解，应当按照选举法的规定，向选民介绍代表候选人的情况；也可以根据选民的意见，介绍候选人同选民见面和对话，回答选民提出的问题和意见。对于合法提出的代表候选人初步名单，要组织选民反复讨论，民主协商，根据较多数选民的意见，确定正式代表候选人名单。必要时可以进行预选。各政党、团体联合或者单独推荐的代表候选人，只是建议的人选，是否列入正式候选人名单，也要根据较多数选民的意见确定。第三，为使人民代表大会具有广泛的代表性，需要照顾各方面有适当的代表，但仍然应当尊重选民意愿，不能硬性规定代表构成和各种代表比例，不能指定某一选区必须选出某一特定的民族、性别、职业、成份的代表。第四，为了使人民代表大会能够有效地行使宪法和地方组织法赋予的职权，便于人民经过自己的代表、代表大会和人大常委会，行使管理国家的权力，需要考虑代表的素质。建议提名的代表候选人应有一定的社会活动能力和议政能力，能够模范地遵守宪法和法律，履行代表职责，同人民群众保持密切联系，反映人民群众的意见和要求，代表人民意志，参与讨论和决定重大问题。不要把人大代表只是作为荣誉职务来照顾安排。第五，进一步明确必须坚持差额选举，不能搞等额预选或者等额选举。正式代表候选人名额应比应选代表名额多1/3至1倍，以利于选民比较选择，选出自己满意的人当代表。

在这次换届选举中，根据全国人大常委会的决定精神，按照精简、效能、便于开会讨论决定问题的原则，减少了各区、县代表的名额。经常务委员会决定，本市各区、县人民代表大会代表的名额总共为4875名，比原来的6525名减少了25.3%。

上述各项重要规定，在完善民主的选举制度方面有所发展，对换届选举工作提出了更高的要求。目前，区、县、乡、镇已经依法成立了选举委员会，确定了选举日，抽调和培训了选举工作干部，正在积极进行选民登记和酝酿提名代表候选人等项工作，预计在6月底以前可以选出新一届的代表，并召开代表大会，选举产生新的领导机关。各有关方面决心切实加强领导，用充分发扬社会主义民主、搞好这次换届选举的实际行动，来回击资产阶级自由化的谬论。

三、适应改革、开放、搞活的需要，抓紧制订地方性法规

经济上改革、开放、搞活，需要用法律、法规予以保证和支持。为此，常务委员会把制订地方性经济法规作为立法工作的重点。近几年本市乡镇集体、个体开办了大量小矿，煤炭和沙石等建筑材料的产量都达到了全市总产量的1/3。为了进一步合理开发利用和保护矿产资源，促进乡镇集体矿山企业和个体采矿事业的健康发展，常务委员会根据国家矿产资源法的有关规

定，审议制订了《北京市开办乡镇集体矿山企业和个体采矿审批管理办法》。在商品经济进一步发展的新形势下，本市生产和外地进京的工业产品，数量和品种都有很大增加，农作物种子出现了多渠道、多层次生产、经营的新局面。为了加强工业产品质量和农作物种子质量的监督管理，常务委员会根据民法通则和其它有关行政法规的规定，先后审议制订了《北京市工业产品质量监督条例》和《北京市农作物种子质量管理暂行条例》。随着首都经济和社会的发展，公路运输量大量增加，为加强公路及其附属设施的管理，保证运输安全畅通，常务委员会根据国家有关规定，审议制订了《北京市公路路政管理条例》。

在制订经济法规的工作中，常务委员会贯彻执行了放开、搞活、管好的原则。在确定生产、经营条件和有关管理要求时，注意从实际出发，力求宽严适度。在管理工作方面，注意正确划分市和区县、乡镇各级的职责，调动主管部门和各有关方面的积极性，实行市政府统一领导下的分级、分部门管理；同时，贯彻管理就是服务的思想，对管理层次、审批程序等规定力求简化，做到方便群众、有利生产；并对执法部门和执法人员提出了明确的要求，对滥用职权、敲诈勒索、玩忽职守的，要依法追究责任。

由于改革、开放、搞活的工作正在向前发展，具体政策有个不断调整完善的过程，经验有个逐步积累的过程，因此，常务委员会在制订经济法规的工作中，本着积极负责的精神，注意抓住那些迫切需要而又条件比较成熟的问题来立法，成熟一项制订一项，成熟几条规定几条，求实而不必求全。例如，在种类繁多的产品中，工业产品所占的比重很大，质量问题比较突出，并且涉及到诸多方面，其中国家的监督管理处于十分重要的地位。几年来本市相继组建了52个市级质量监督检验站，拥有1000多人的质检队伍，在工业产品质量的监督检验、仲裁检验、创优产品的检验及新产品鉴定检验等方面积累了不少经验，形成了一些制度和办法，有利于我们把成功的经验上升为具有法律效力的规定。因此我们在制订法规时，着重抓了工业产品质量的监督管理。我们体会到，这样做，是加快制订地方性法规，适应改革和建设需要的正确途径。

四、加强法律、法规实施情况的监督检查

为保证法律、法规的遵守和执行，常务委员会和各工作委员会加强了法律、法规实施情况的监督检查。在这项工作中，注意突出重点，力求使检查具有一定的规模和深度，增强干部、群众的法制观念，坚持依法办事，推动实际工作。主要的做法是：

第一，把典型调查和普遍检查结合起来。为了摸清乱占滥用耕地的情况和问题，为实施国家土地管理法做准备，常务委员会派出专门小组对通县张家湾乡几年来14个乡办企事业单位用地和733户农民建房用地的情况逐项进行检查，掌握了大量第一手材料。接着，会同市人民政府召开会议，部署在全市范围内开展检查。这次检查，共有1万多人参加，以区、县为单位，对每个用地单位和农户的用地进行了丈量、登记，初步查清1982年以来全市非农业用地为18万多亩，其中违章占地、越权审批、不报自占等非法用地2.8万亩。通过检查，使干部、群众受到了一次珍惜土地的深刻教育，使纠正违法占地、拟定管理措施有了充分的依据。在此基础上，常务委员会听取和审议了市人民政府关于制止乱占滥用耕地情况的报告，要求分别不同情况对违法用地逐项进行认真处理，并就建立全市统一的土地管理机构、制订实施国家土地管理法的措施和办法等提出了意见和建议。目前，这些建议正在落实中。

第二，把深入检查和制订改进措施结合起来。去年8月，常务委员会会同市人民政府部署了实施文物保护法的检查工作。全市近700个区、县级以上文物保护单位普遍进行了自查。市级以上文物保护单位的使用、管理部门填写了自查登记表，说明文物的现状、问题和制订的维护措施，初步建立了文物保护档案。市人民政府主管部门对25个文物保护单位进行了抽查。常务委员会组织了部分委员、代表和专家到19个文物保护单位进行了视察和座谈，并在常务委员会会议上听取和审议了市政府的汇报。经过这一系列工作，解决了一些实际问题，占用文物保护单位的部门有的已经迁出，有些损害文物的现象得到纠正，危害文物的隐患正在逐步排除，文物的保护管理朝着制度化的方向前进了一步。

第三，安排代表持证对法规的执行情况进行视察。去年6月，常务委员会建议代表于6月15日至28日对本市实施食品卫生法的情况，单独或自由结合，就地就近持证视察。在两周的时间里，共有190多位代表视察了670多个国营、集体和个体的餐馆、副食店、饮食店、农贸市场食品摊位。同时，常务委员会在城近郊8个区安排了65位代表，分成22个小组，由卫生防疫部门的执法人员陪同，到200多个单位进行视察，并委托远郊9个区、县的人大常委会组织部分市人大代表在当地城镇进行视察。这次视察，把代表自行选点和适当安排专题结合起来，把代表的分散视察和组织部分代表集中视察结合起来，内容集中并具有广泛性，普遍反映效果较好。视察中提出的问题，多数由基层单位予以解决;有的通过持证视察意见表,反馈到常务委员会办公厅,交由有关部门处理;有的由陪同视察的执法人员依法作出处理决定。据统计,在这次视察、检查中,被处罚款、停业整顿、警告、限期改进的共46个单位和个体户。

10个月来,常务委员会在法律、法规实施情况的监督检查方面虽然做了不少工作,但是要改变目前还比较普遍存在的有法不依、执法不严、违法不究,甚至某些以言代法、以权压法的现象,还需要引起各有关方面特别是执法主管部门的高度重视,把运用法律手段进行管理作为自己的重要职责,加强教育和监督检查,依法严肃处理各种违法行为。常务委员会在这方面要进一步认真履行自己法律监督的职权。

五、审议决定改革和建设中的重大事项

10个月来,常务委员会就本市科技体制改革、教育体制改革和劳动制度改革等问题,听取和审议了市人民政府的工作报告。常务委员会在关于科技体制改革的决议中指出,本市科技体制改革近两年迈出了重要的一步,取得了明显的成效。当前要进一步贯彻中共中央提出的"经济建设必须依靠科学技术、科学技术工作必须面向经济建设"的战略方针,根据首都的特点,还要强调面向城市建设和城市管理。要把各项事业的发展切实转移到依靠科技进步的轨道上来,把科技成果迅速地、广泛地应用到实践中去,并进一步解决远近结合的问题,为今后经济发展和社会进步做好科学技术储备。根据中共中央关于教育体制改革的决定,由地方负责、分级管理实行九年制义务教育,是发展我国教育事业、改革我国教育体制的基础一环。常务委员会会同有关部门进行调查研究,制订了实施《中华人民共和国义务教育法》办法。这个办法按照本市各地区经济、文化发展的不同水平,把普及义务教育的目标划分为三类地区,分别提出不同的时间要求;规定城市地区实行市、区人民政府两级管理,农村地区实行市、县(区)、乡(镇)人民政府三级管理;对国家、社会、家庭、学校在实施义务教育中的责任,教师培训和资格的确认,经费的来源等问题,作了具体规定。这一法规公布后,各级教育行政部门都制订了落实方案,明确了分级管理的职责,中、小学教育工作得到了加强。但是由于多年来欠帐较多,在教育质量、师资队伍建设、办学条件等方面还存在不少困难和问题,市人民政府正在逐步解决。

为了检查经济计划的执行情况和维护财经纪律,常务委员会听取和审议了市人民政府关于1986年国民经济社会发展计划执行情况和财政收支情况的报告,批准了1986年财政预算的部分变更;听取审议了本市开展审计工作情况的报告,通过了关于加强审计工作的决议。常务委员会认为,加强审计监督,是维护财经纪律,正确贯彻执行改革、开放、搞活方针的重要保证;当前加强审计工作的关键,是要遵循宪法确定的审计监督的原则和体制,确保审计机关依法独立行使审计监督权;对于审计中发现的重大问题,有关领导机关和领导干部要支持审计机关一查到底,严肃处理。

常务委员会还讨论了改善服务态度和建设污水处理场等关系生产发展和群众生活的重大问题。委员们认为,自从市八届人大五次会议上代表们提出关于改善首都服务态度的议案以来,本市以商业、服务业为重点,积极推行改革,开展服务工作大讨论,做了大量工作,收到了一定成效,但这只是迈出了第一步,要认真总结经验,采取有效措施坚持不懈地抓下去。随着各项建设事业的发展,本市污水排放量急剧增加,建设高碑店污水处理场,可以使大量污水得到处理,有利于改善生态环境,保护人民群众的健康,合理利用水资源,常务委员会审议了121位代表提出的尽快筹建高碑店污水处理场的议案,听取了市人民政府的专题报告,同意将这个项目列入本市"七五"计划,逐步组织实施。

六、积极组织代表活动,进一步发挥代表的作用

联系代表,依靠代表,听取代表的意见,督促办理代表的建议,是常务委员会做好工作的基础。10个月来,常务委员会围绕审议的议题,检查法律、法规的施行情况,征集对国家法律草案的意见等,先后组织了多次不同规模的代表座谈、视察和调查活动,参加这些活动的达3400多人次。

市八届人大五次会议上,代表提出的建议、批评和意见达1462件,比上次会议增加近50%。常务委员会坚持把督促办理这些建议、批评和意见,作为尊重代表民主权利、改进和推动工作的一项重要任务来抓。各工作部门同政府主管部门密切配合,从以下四方面加强督促检查工作:一是直接听取重点承办单位办理情况的汇报,就一些难度较大的问题共同会商解决办法;二是实地调查群众反映强烈的一些重要问题,由领导干部亲自过问,促使问题尽快解决;三是组织有关代表到部分承办单位视察、检查办理情况,推动办理工作;四是向提出建议的390位代表发函征询对办理结果的意见,督促有关部门对代表复函中的意见复查补办。市人民政府对办理代表建议比过去更加重视,有34件建议所提问题由市长办公会进行讨论,作出了处理决定。常务委员会主任、副主任,市长、副市长,还就群众关心的一些重要问题同代表对话座谈,商讨问题,交流情

况，听取意见。由于各方面共同努力，今年代表建议、批评和意见的办理进度比上年提前了3个月，解决问题的数量比过去增加，办理质量有所提高。对代表平时提出的建议和群众来信来访的处理，也比过去有所改进。但是这方面工作还有不少缺点和不足：少数单位重视不够，办理不认真，甚至敷衍塞责；对一些涉及部门较多的建议，缺乏协调和督促落实；在办理工作的制度化、规范化方面，也有待于进一步改进和完善。

代表视察、检查工作，是行使职权的一种重要方式。去年6月1日起，代表积极开展了持证视察活动，收到了较好效果。先后有292位代表进行了持证视察，共视察了900多个单位，发现并反映了经济体制改革、服务质量、文化教育、医疗卫生、市场物价、市政设施、普法教育等十几个方面的许多问题。其中有130位代表自愿结合组织了28个小组，就山区建设、药品管理、蔬菜供应、托幼工作等问题进行专题视察和调查，写出了15份调查报告和情况反映，提出了一些重要建议。持证视察可以事先不打招呼，便于了解真实情况；视察内容由代表自行选定，便于体现群众的意愿；经常地分散地进行视察，有利于推动各方面的工作，方式上也简便易行。这方面已经有了一个良好的开端，需要总结交流经验，使持证视察活动的广度和深度有进一步的发展。

各位代表：

10个月来的工作表明，常务委员会作为人民代表大会的常设机构所进行的各项工作，正日益展示出人民代表大会制度在首都社会主义现代化建设和民主政治建设中的重要地位和作用。但是市人大常委会成立的时间毕竟还不长，在组织、制度上确有一个逐步完善的过程。我们的工作还存在着缺点和不足，同形势的发展和群众的要求还不适应。常务委员会对改革中出现的一些新情况、新问题调查研究和讨论不够，对有些法律、法规施行情况的检查不够深入；如何经过联系代表和代表联系群众的渠道，集中群众的意见，代表群众的意志，讨论决定重大事项和监督“一府两院”的工作，在制度和办法方面还不够健全；市人大和人大常委会如何行使地方组织法规定的询问、质询、罢免、撤职、撤销不适当的决议和命令、组织特定问题的调查委员会等项职权，也有待于我们在实践中不断总结经验，进一步探索和改进。

各位代表：

1987年是实施“七五”计划的第二年。这一年本市的主要任务是：正确地、全面地贯彻执行党的十一届三中全会以来的路线、方针、政策，旗帜鲜明地坚持四项基本原则，反对资产阶级自由化，主要在政治思想领域着重解决根本政治原则和政治方向问题，进一步巩固和发展安定团结的政治局面；坚定不移地深入贯彻改革、开放、搞活的方针，大力开展增产节约、增收节支运动，保证经济持续、稳定、协调地发展。同时，大力抓好社会主义精神文明建设，继续加强社会主义民主与法制建设，进一步提高首都文明城市建设的水平。围绕上述任务，常务委员会要努力学习马克思列宁主义、毛泽东思想，以高度负责的精神和积极性，兢兢业业地严肃履行宪法和地方组织法赋予的庄严职责。要推动各有关方面在全市重点抓好宪法教育，认真贯彻全国人大常委会《关于加强法制教育维护安定团结的决定》。审议决定有关开展增产节约、增收节支运动等方面属于常务委员会职权范围的重大事项；继续有计划、有重点地制订地方性法规，加强法律、法规施行情况的监督检查；在有领导、有步骤、有秩序地进行政治体制改革的过程中，继续探索、逐步完善依法行使职权的具体程序、制度和办法。要认真做好市和区、县、乡、镇人大代表的换届选举工作，按地区、按行业有计划地组织人大代表同政府主管部门对话，进一步加强常务委员会同人大代表、人大代表同人民群众的联系，使人大和人大常委会的工作建立在广泛集中人民群众意见的基础之上，发挥地方国家权力机关的作用。我们要在党的领导下，依靠全体代表和全市人民，统一思想，团结一致，发挥建设社会主义的积极性和创造性，发扬艰苦奋斗、勤俭建国的精神，在首都的社会主义现代化建设中做出更大的贡献！

北京市高级人民法院工作报告（摘要）

——1987年3月10日在北京市第八届人民代表大会第六次会议上

北京市高级人民法院院长　刘云峰

各位代表：

1986年，全市各级人民法院遵照宪法和法律，遵照市第八届人民代表大会第五次会议关于法院、检察院工作报告的决议，共审结一审、二审和再审刑事案件、民事和经济纠纷案件以及减刑、假释案件等42865件，占全年新收案件总数的97.4%，较好地完成了任务。现在，我着重就1986年全市各级人民法院所做的几项主要工作和1987年工作的设想，作一汇报。

1986年，我们主要做了以下五项工作：

一、严厉打击严重刑事犯罪分子的破坏活动，保护公民生命财产的安全，维护首都的社会秩序，保障社会主义物质和精神文明建设的顺利进行。

在我国，剥削阶级作为阶级已经消灭了，但阶级斗争还将在一定范围内长期存在，严重刑事犯罪分子的破坏活动，就是阶级斗争的一种突出反映。全市各级人民法院的一项主要任务，就是同刑事犯罪分子作斗争。这方面，我们主要抓了三项工作：

第一、继续贯彻执行依法从重从快的方针，严惩严重危害社会的刑事犯罪分子。

经过两年多时间的"严打"斗争，首都的社会治安状况有了明显的好转，但杀人、放火、强奸、抢劫等严重的刑事犯罪案件仍时有发生。对这些严重危害社会治安的刑事犯罪分子，我们依法从重从快，给予了有力的打击，特别是惯犯、累犯、集团主犯、教唆犯、流窜犯等，我们坚决依法予以从重判处，有投案自首、坦白交代、检举立功等从轻、减轻或免除处罚情节的，我们都依法予以从宽处理。

为了保持"严打"的威慑声势，有力地打击严重危害社会治安的犯罪分子，我们召开大会宣告判决，对罪犯公开进行处理。全年共召开全市性的宣判大会3场，市中级人民法院宣告了对56名罪大恶极的罪犯的判决；各区、县人民法院还分别召开不同规模的宣判大会269场，参加大会旁听的群众达26.7万余人。我们还结合审判工作，印发宣传材料30多万份；布告23万余张；报纸、广播电台、电视台和远郊区、县的广播站进行了报道。

我们于去年6月20日还与市人民检察院、市人民政府公安局联合发布"通告"，明确规定：凡有杀人、强奸、抢劫、流氓、伤害、诈骗、盗窃、放火等犯罪行为的人，在"通告"规定的期限内投案自首、如实坦白交代罪行的，依法予以从轻、减轻处罚或者免除处罚，情节轻微的不予追究；主动坦白交代自己罪行，又检举他人犯罪行为有立功表现的，视立功的大小将功赎罪。"通告"的贯彻，取得了很好的社会效果。

第二、抓紧对大案要案的审判，严惩严重破坏经济的犯罪分子。

一些犯罪分子乘经济体制改革和对外开放、对内搞活之机，打着"改革"、"搞活"的旗号，进行贪污受贿、投机诈骗、走私贩私、盗窃公共财物等破坏活动。这种犯罪活动，不仅破坏了改革、开放、搞活和社会主义现代化建设的顺利进行，而且还败坏了党风和社会风气。很明显，不严惩严重破坏经济的犯罪分子，我们要顺利地执行改革、开放政策，进行社会主义现代化建设，是不可能的。一年来，全市各级人民法院坚决贯彻执行了全国人大常委会《关于严惩严重破坏经济的罪犯的决定》和中共中央、国务院《关于打击经济领域中严重犯罪活动的决定》，共审结经济犯罪案件1906件，在判决已发生法律效力的1320件中，共判处罪犯2290人，其中盗窃公共财物犯1515人，贪污犯335人，受贿犯151人，投机倒把犯86人，诈骗公共财物犯150人。这些罪犯非法所得金额达1629.27万元，给国家、集体造成直接经济损失达3000多万元。对上述罪犯，依法判处死刑、死缓、无期徒刑和5年以上有期徒刑的共735人，占经济罪犯总数的32.1%。

在打击严重经济罪犯的工作中，我们坚持了一要坚决，二要慎重的方针和在法律面前一律平等的原则，凡是犯了罪的，不论地位有多高，功劳有多大，都要依法给予制裁；凡是构不成犯罪的，坚持不予判处。一年来，我们除依法审判了市公用局原局长马学亮等15名干部贪污、受贿案，张常胜和叶之枫受贿、泄露国家机密案等大案要案外，还审判了冯树源诈骗、招摇撞骗案以及其他一些大案要案。罪犯冯树源，原籍河北省献县，小学文化程度，新疆维吾尔自治区石河子地区人民医院医师（卫生14级）。1984年8月至1985年4月，冯树源以本人在烧伤药研究方面已取得重大成果、生产烧伤药可以获得专利和开发生物资源办药厂需要资金等虚假的事实骗取他人人民币17.34万元。1984年5月至8月，冯先后伪造了介绍信5封，捏造事实，到石河子市公证处和石河子地区大专院校招生办公室骗取了其具有重大科研成果的“公证书”和赴北京进行“博士论文”答辩的介绍信。1984年9月，冯树源为骗取博士学位，抄袭、拼凑了所谓《光辐射烧伤——微循环——痕量元素》的论文等材料，编造了自己的“博士论文”已通过答辩等虚假情况，在北京、天津欺骗一些专家、学者和国家工作人员，于1984年12月成立了所谓“北京生物资源开发研究会”和“中国生物资源联合开发总公司”，冯自任理事长。1985年2月16日，冯在北京长城饭店擅自宣布成立“中国生物资源开发研究协会”，自封理事长，并大摆宴席，挥霍3万余元。市中级人民法院以诈骗罪、招摇撞骗罪，判处冯树源无期徒刑，剥夺政治权利终身。诈骗犯宗士振于1984年6月至1985年9月期间，冒充港商，流窜于河北、辽宁、广东及北京等省、市，以能提供进口彩色电视机，进口更新轿车，代购紧缺物资及介绍生意等手段，先后骗得河北省藁城县只都批发站、内蒙古自治区巴盟外贸劳动服务公司、辽宁省丹东市人民政府、北京市东城区安定门房管所、中国民用航空总局北京医院、广州市人民大厦商品部等12个单位的公款179.4万元，宗犯诈骗所得的赃款，除被受骗单位追回91.36万元，被查获49.19余万元外，其余30余万元被其长期吃住高级宾馆，包租高级轿车，请客送礼，挥霍一空。市中级人民法院依法判处宗士振无期徒刑，剥夺政治权利终身。

去年4月，我们同市人民检察院和市人民政府税务局等有关单位根据有关的法律，制定了一个《关于处理偷税、抗税案件若干问题的暂行规定》，并于4月15日召开了人民法院，人民检察院、税务局干部大会进行动员，作了广泛的宣传，取得了很好的效果，基本上解决了打击经济犯罪方面曾经存在的“以罚代刑”的问题。

一年来，我们对经济罪犯的审判，紧密结合了打击经济犯罪的斗争，从全局出发，发挥了审判的职能作用。

第三、惩治反革命分子的破坏活动。

在刑事案件中，现行反革命案件为数极少了，1986年全年新收案件10件，只占刑事新收案件总数的0.18%，但他们的犯罪活动对社会的危害是十分严重的。这些人有的是受特务机关的派遣，有的是出于仇视社会主义制度，进行刺探情报等破坏活动。还有的反革命分子，互相勾结，进行反革命宣传煽动，妄图推翻人民民主专政的政权和社会主义制度。对反革命罪犯，我们根据他们所犯的罪行，依法给予了应得的法律制裁。反革命罪犯破坏活动的事实说明，在执行改革、开放、搞活政策的时候，对反革命分子的破坏活动，一刻也不能放松警惕。要不断教育全体群众严密注视反革命分子的破坏活动，随时给予揭露和打击。

二、正确处理民事纠纷，保护公民的合法权益，促进社会的安定团结。

随着法制的健全，法制宣传的普及，要求依法保护自己合法权益的公民日益增多。去年全市新收一审民事案件20701件，比1985年增加了20.6%，除离婚案件增加外，大量的是财产争议纠纷案件，如债务案件上升了253.7%，抚育案件上升了33.1%。全年审结一审民事案件20593件，比1985年增加了20%。民事纠纷案件，还会继续增多，审判民事案件的任务，将更为繁重。

在民事审判工作中，我们严格执行民事诉讼法，贯彻依靠群众、就地审理、着重调解的原则，通过大量的、耐心细致的工作，依据事实和法律规定，使大量纠纷得到了正确、及时的解决。在民事案件中，离婚案件占案件总数的44.5%；审理离婚案件，我们继续贯彻保障离婚自由，反对轻率离婚的指导思想，坚持调解为主的方针。全年共审结9167件离婚案件，在查清事实的基础上，对感情确已破裂，经调解或判决离婚的5067件，占离婚案件结案总数的55.3%；感情尚未完全破裂，有和好可能，经工作，不离婚或撤诉的3928件，占离婚案件结案总数的42.8%；做其他处理的172件，占离婚案件结案总数的1.9%。

三、依法正确、及时处理经济纠纷案件，制裁违法行为，以维护公民、法人的合法权益，保障经济活动的正常进行。

随着经济体制改革和对外开放、对内搞活政策的进一步实施，经济审判工作有了很大的进展。1986年，经济纠纷案件出现了一些新的情况，首先是案件数量增长很快，全年新收一审经济纠纷案件3550件，比1985年增加了31.5%，其中经济合同纠纷案件3002件，占收案总数的84.6%；争议的标的额也越来越大，有些案件的标的额已达几百万元，甚至上千万元。其次，由于1984年下半年至1985年上半年大刮“公司”风，一些无履约能力的“公司”、“货栈”等采取欺骗等手段大批签订合同，致使大批合同不能履行，这也是造成案件大量增长的一个重要原因。

经济纠纷案件政策性强，涉及面广，新情况、新问题多，要做到正确处理，不但要了解有关的政策和法律、法规，而且还要掌握有关的专门科学技术知识，要做大量的调查研究工作。在经济审判工作中，我们对待当事人，不论其单位大小，不论是本地的还是外地的，谁的权益合法，就依法保护谁的权益，做到是非分明，责任清楚，处理适当。一年共审结经济纠纷案件3399件，比1985年增加59.6%。大批经济纠纷的适当解决，不仅保护了国家、集体和个人的合法权益，维护了经济秩序，调整了经济关系，使3亿多元的财物及时发挥效益，而且还使一些单位增强了法制观念，改善了经营管理，促进了经济的发展。

四、对涉及统战方面的案件和“文化大革命”前判处的部分政治性案件进行复查，错判的依法予以纠正，进一步落实了党的政策。

全市各级人民法院积极贯彻最高人民法院召开的复查统战方面案件座谈会的精神，到去年5月底，共为起义投诚人员1046人、台胞台属26人、侨胞侨属13人、高级知识分子23人、民主党派成员5人和民族宗教人士5人落实了政策，基本完成了统战方面案件的复查任务。从7月份起，我们又认真贯彻最高人民法院召开的落实政策工作会议精神，开始了对1958年至“文化大革命”前判处的反革命案件和其他政治性案件及1958年以前判处的统购统销方面案件的复查。截止到年底，在应重点复查的7700余件案件中，已复查完毕6915件，占应重点复查案件总数的89.8%。预计今年上半年可结束此项复查工作。

五、结合审判工作，宣传法制，提司法建议，积极开展社会治安的综合治理。

我们要求全市各级人民法院不仅要办好案件，而且要结合形势，结合实际，结合审判工作，开展法制宣传，向有关方面提出司法建议，充分发挥审判工作的积极作用。我们除了通过依法公开审理、公开宣判等形式进行法制宣传外，还用布告、“通告”、刑事罪犯罪行录、咨询活动、宣传材料、选择典型案例就案讲法等多种形式宣传社会主义法制。据不完全统计，一年内，全市各级人民法院就案讲法达1390多场(次)；审判工作中发现有关方面的问题，及时提出口头的或书面的司法建议等737件。此外，我们还配合有关部门对400多名罪犯进行了考察，教育他们认罪服法，加速改造。

一年来，全市各级人民法院做了大量工作，在打击敌人，惩罚犯罪，正确处理民事、经济纠纷，保护国家、集体和公民的合法权益，维护社会秩序和安定团结，保障首都的社会主义物质和精神文明建设顺利进行等方面，发挥了积极的作用。但是，在我们工作中，还存在一些缺点和不足，主要是干警队伍的政治素质和业务素质还不适应形势发展的要求；对审判工作中新的问题、新的情况调查研究不够等。对这些问题和缺点，我们要采取措施，逐步加以克服和解决。

1987年，我们的工作任务仍然是十分繁重的。严重危害社会治安和严重破坏经济的犯罪案件不可能有明显的减少；随着民法通则和其他一些法律的施行，经济纠纷案件和民事纠纷案件还会继续增多；过去很少办理的行政案件，也将陆续起诉到法院；1958年至“文化大革命”前判处的反革命案件和其他政治性案件，要全部复查完毕，等等。在新的一年里，全市各级人民法院的主要任务是：

一、继续同犯罪分子作斗争，依法惩办破坏社会秩序，破坏改革、开放，破坏社会主义物质和精神文明建设的犯罪行为。我们要继续贯彻执行依法从重从快的方针，对严重危害社会治安的犯罪分子，特别是其中的惯犯、累犯、集团主犯、教唆犯、流窜犯以及其他严重刑事犯罪分子，必须依法从重惩处。对于经济领域里的贪污、诈骗和盗窃公共财物、走私、贩私、行贿受贿、投机倒把等犯罪活动，我们要继续坚持一要坚决，二要慎重的方针，根据罪犯的犯罪事实，犯罪的性质、情节和对于社会的危害程度，依法给予应得的制裁。对现行的间谍、特务、反革命宣传煽动等反革命案件，我们一定要抓紧审理，坚决依法制裁各种反革命罪犯。

二、以贯彻执行民法通则为中心，做好民事和经济纠纷案件的审判工作。民法通则是一部重要的民事法律，同每一个公民、每一个单位都有极为密切的关系，是人民法院民事和经济审判工作必须遵循的准则。我们要继续组织学好民法通则，深刻领会立法精神，严格贯彻执行民法通则等法律、法规，不断提高办案质量和办案效率，进一步改进审判作风，努力把工作做好。

三、建立机构，逐步开展行政案件的审判工作。截止到今年1月底，我国已有81个法律、法规规定，当事人如不服行政机关的处理决定，可以向人民法院提起诉讼。随着民主和法制建设的健全，审判行政案件将成为人民法院的一项重要任务。市高、中级人民法院已成立行政审判庭，各区、县人民法院也已在民事审判庭中成立了行政案件审判组或配备专人，负责审理行政案件。

四、进一步搞好人民法庭的建设，加强基层基础工作。人民法庭是人民法院工作的前沿阵地，担负着处理轻微刑事案件、简易经济纠纷案件和大量的民事案件，以及处理人民来信来访，指导人民调解委员会的任务。要在进一步调查研究的基础上，对已建立的人民法院，总结经验，使之逐步完善，更好地发挥作用；要争取当地党委和人民政府的支持，尽早实现“三乡一庭”的计划，使人民法院的审判工作更为主动。

五、结合审判案件，做好社会治安的综合治理工作。在审判工作中，都要向当事人讲明政策和法律，使尽可能多的当事人知法服判。通过公开审理和公开宣判、就案讲法、案例报告会、法律咨询等多种形式，宣传法制，扩大办案的社会效果。在办案中，发现的问题要及时向有关方面提出口头的或书面的司法建议，促进有关方面改进工作。

1987 年是十分重要的一年，在这新的一年里，我们要以打击严重的刑事犯罪和经济犯罪为工作重点，严格依法办事，全面地、努力地做好各项审判工作和其他工作，在保护人民、打击敌人、惩罚犯罪、服务四化的工作中，作出新的更大的贡献。

北京市人民检察院工作报告（摘要）

——1987 年 3 月 10 日在北京市第八届人民代表大会第六次会议上

北京市人民检察院检察长　何访拔

各位代表：

一年来，本市各级检察院遵照市第八届人民代表大会第五次会议就检察工作做出的决议和最高人民检察院的部署，在绝不放松打击严重刑事犯罪活动的同时，把打击严重经济犯罪活动作为主要任务，全面开展刑事检察、经济检察、法纪检察、监所检察、控告申诉检察工作，较好地发挥了法律监督机关的职能作用。

一、在刑事检察工作方面，继续坚持依法从重从快的方针，严厉打击严重刑事犯罪活动，保持了首都社会治安的基本稳定。

自从开展打击严重刑事犯罪斗争以来，首都的社会治安有明显好转。但是，从 1985 年下半年起，刑事案件发案数又呈现上升的趋势，尤其是重大案件上升幅度较大。面对这种形势，各级检察院继续坚持依法从重从快的方针和稳、准、狠的原则，紧密与公安、法院互相配合，坚决打击了严重刑事犯罪活动，并在去年年底前 4 个月，开展了把大案压下去的斗争，扭转了刑事案件发案上升的趋势。1986 年下半年刑事案件发案数比上半年下降 17%，其中重大案件下降 18%，首都的社会治安基本是稳定的。

在这一年的斗争中，各级检察院批准逮捕人犯数比 1985 年增加 34%；决定起诉刑事案件比 1985 年增长 27.5%。对其中大案，在保证办案质量的前提下，做到了尽快批捕，尽快起诉，及时打击，保持声威。如市检察院分院办理的张维富等人盗窃黄金案。这是一起历史上罕见的特大盗窃案。张犯先后从北京花丝镶嵌工厂镀金组和北京贵金属材料加工厂技术办公室及金库，盗走纯金耳环一对，纯金戒指 1546 枚，共重 9438.1 克，价值人民币 45.8 万元。这起特大盗窃黄金案，涉及 8 名被告，案情复杂。但由于办案人员不分昼夜，加班加点，仅用 8 天就将此案起诉到市中级人民法院，使犯罪分子及时受到了应得的惩处。

各级检察院在审查批捕和审查起诉工作中，坚持查清案情，注意防漏防错，正确执行法律，严格区分罪与非罪界限，在“准”字上狠下功夫，保证了办案质量。一年来，在审查批捕中，追捕人犯 28 人。在审查起诉中，追诉案犯 66 人。对公安、国家安全机关提请批准逮捕和移送起诉的案件，检察机关自己作了补充侦查和调查的有 2550 件，共取各种证据材料 6278 份。对执行死刑罪犯，还进行了监场监督。去年起诉到法院的案件，法院作出有罪判决的，占起诉案件总数的 99.9%。

市检察院同市高级法院、市公安局，在去年 6 月份联合发布了《通告》，敦促刑事犯罪分子坦白自首。在 73 天内，共有 15272 名违法犯罪分子到公安、司法机关投案自首或坦白交代自己的违法犯罪行为，其中有严重刑事犯罪分子 1425 名。各级检察院对投案自首的刑事犯罪分子，坚决实行"坦白从宽"的政策，依法作了从宽处理。在贯彻执行《通告》期间，对143名罪犯依法作出免予起诉的决定并公开予以宣布，还选择典型案件先后两次召开全市性的从宽处理大会，对分化瓦解犯罪分子起到了明显作用。

各级检察院在坚持做好审查批捕和审查起诉工作的同时，还认真履行了对公安机关的侦查活动和人民法院的审判活动进行法律监督的职责。对个别公安人员、审判人员在侦查、审判活动中的违法行为，及时作了纠正。对法院判决、裁定认为有错误的28件案件提出了抗诉。

当前，重大刑事案件发案数量仍然较多，发案下降的趋势还不巩固。因此，我们决心再接再厉，作出更大的努力，为保卫和促进首都社会主义物质文明、精神文明建设，作出更大的贡献。

二、在经济检察工作方面，坚决打击严重经济犯罪分子的嚣张气焰，保障了首都的经济体制改革和经济建设的顺利进行。

这是各级检察院1986年的工作重点。一年来，共受理各类经济违法犯罪案件1649件，等于1985年的两倍。经审查，决定立案侦查1085件，比1985年增加60.3%。其中有大案要案351件，是1985年大案要案数的2.1倍。在大案要案中，有万元以上的贪污案139件，万元以上的贿赂案86件，万元以上的投机倒把案有39件，万元以上的诈骗案79件，个人偷税万元以上的8件。如夏志雄诈骗案。夏在1984年12月至1985年12月期间，以买彩电、录音机和录像带的名义，采取编造谎言、制作假调拨单等手段，先后骗得军事学院、北京市达远城乡经济服务公司等21个单位购货款336.8万元。原市交电公司朝阳交电五金批发部电讯组组长乔永洪在1984年5月至1985年7月期间，利用批销彩电、录音机等商品的职权，共收受贿赂达13万多元。去年，各级检察院，通过办案，共为国家和集体挽回经济损失5125万多元，比1985年挽回损失数多一倍。我们的主要做法是：

第一，统一思想，明确奋斗目标。在1986年4月召开的区、县检察长会议上，通过传达贯彻全国政法工作会议和全国检察长会议精神，着重就检察机关应该在绝不放松打击严重刑事犯罪的同时，把打击严重经济犯罪作为自己的主要任务，统一了认识，作出了部署。同时根据最高人民检察院提出的"用一年左右时间把经济犯罪分子嚣张气焰压下去"的要求，提出了具体的奋斗目标。广大检察干警明确了方向，振奋了精神，为进一步搞好经济检察工作奠定了良好的思想基础。

第二，集中精力，狠抓大案要案。为了抓紧办好大案要案，各级检察院除坚持"选准对象，集中兵力，突破要害，以快制胜"的作法外，根据案件多、任务重、力量不足的情况，还采取了以下几项措施：一是加强组织领导，实行检察长包查大案要案的责任制。检察长和主管经济检察工作的副检察长，深入到办案第一线，亲自抓工作部署、力量安排、侦破方案和办案进度，帮助办案人员解决工作和生活中遇到的一些难题。二是分类排队，分批突破，包案到人，限期结案。即对已立案的大案要案，按照难易程度、工作量大小，分类排队，然后分成几批，包案到人，订出规划，确定办案时间，到期结案。这样做不仅有利于领导掌握办案进度，提高办案效率，而且有利于加强指导，提高办案质量。到去年底，大案要案结案率为88.6%，比1985年大案要案的结案率提高38.3%。一般案件结案率是87%，比1985年提高7%。三是注意深挖，努力扩大战果。一年来，通过办案，进而又挖出重大经济犯罪案件70余件，查出犯罪分子200多名。市检察院分院经济检察处，在查处13件案件中，又挖出24件重大经济犯罪案件，查出经济犯罪分子50余名。西城区检察院在办案中，共挖出33件经济犯罪案件，其中属于重大经济犯罪案件有9件、9人。东城区检察院在办案中挖出严重经济犯罪分子14人，占该院查处重大经济犯罪分子总数的41.2%。四是坚决冲破干扰和阻力，秉公处理。查处大案要案常会遇到一些干扰和阻力。各级检察院坚持以事实为根据，以法律为准绳，做到了有法必依、执法必严、违法必究。如丰台区检察院查办的北京市有色金属总公司业务员魏丹宁受贿3万余元一案，他的亲属到处托人打听案情，并给承办人施加压力。办案人员顶住了压力，坚决秉公办案，用一个多月的时间，就将这起大案办结，使魏丹宁受到法律制裁。又如在查处北京市供电局副局长马树生等人以电谋私、贪污受贿一案时，有人讲："马副局长是电业行家，全市供电靠他指挥，如将他法办了，供电出了问题，谁负责。"面对这样的干扰和威胁，办案人员没有后退，对马树生等人的经济违法犯罪行为，进行了认真查处。去年以来，各级检察院共查处从事经济犯罪活动的党员、干部837人，其中县处级领导干部46人，司局级领导干部10人。

第三，坚决、慎重，正确执行法律。经济犯罪案件涉及面广，政策性强，情况复杂。为了正确的执行法律，各级检察院按照中央关于"一要坚决、二要慎重、务必搞准"的要求，采取了以下四项措施：一是建立领导干部碰头会制度。定期听取疑难案件汇报，共同研究遇到的政策、法律界限问题。二是召开案例分析讨论会。选择具体案例，从政策和法学理论上探讨和研究法律界限。去年共召开这样的讨论会三次，主要分析研究了经济活动中收取“好处费”的问题，玩忽职守罪与官僚主义的界限，以及在承包条件下经济违法活动的罪与非罪的界限问题。三是与公安、法院、工商、税务、审计等部门合作，在共同调查研究的基础上，根据党的政策、国家的法律和最高人民法院、最高人民检察院关于当前办理经济犯罪案件中具体应用法律的若干问题的解答（试行），结合本市具体情况，划出一些比较具体的道道。去年已搞成的有贪污、受贿、诈骗、投机倒把、偷税抗税、倒卖车船票、赃款赃物的处理等十几个处理界限的规定。四是多请示、勤报告。凡属重大、特大和有社会影响的案件，在立案、采取强制措施、定罪处理之前，都及时向最高人民检察院请示；凡属疑难案件，都广泛征求各方面的意见，并向高检院汇报请示。实在拿不准的绝不急于处理。这些办法，对提高办案质量，正确执行法律起了很好的作用。

第四，宽严相济，分化瓦解犯罪。对待经济犯罪分子，各级检察院十分注意贯彻执行“坦白从宽、抗拒从严”的刑事政策。去年3月，市检察院分院对受贿16000元而投案自首、全部退赃的特钢公司销售员贾顺福依法决定免予起诉，并见诸报端以后，使经济违法犯罪分子受到了震动，主动投案自首和坦白交代的有272件，其中万元以上的大案有22件。

第五，结合办案，搞好“三个服务”。去年以来，我们始终注意引导办案人员克服单纯办案的思想，努力结合办案为改革、开放、搞活服务，为端正党风和社会风气服务，为社会主义法制建设服务，做到“三个结合、三个促进”。

一是把经济检察 工作同开放、搞活经济结合起来，促进经济体制改革和经济建设的发展。顺义县检察院在办理该县前俸伯乡电器开关柜厂技术顾问钟达生重大经济犯罪案件时，为保护、促进这个乡镇企业的发展，主动协助该厂改进管理，建立健全各项规章制度；疏通供销渠道；认真做好被聘用的科技人员的思想政治工作，明确表态对这些科技人员的合法收入，坚决给予保护，打消了他们因查处钟达生重大经济犯罪案件而产生的种种疑虑，更加积极、更加大胆地为开关柜厂提供信息，进行技术指导。这个厂生产形势出现了前所未有的喜人景象。去年产值达450多万元，是1985年的1.5倍，税后利润80多万元，是前3年利润总和的2.8倍。截至去年11月中旬，该厂订货额已达500多万元。并且产品还打出了北京，行销辽宁、山西、山东等6个省。

二是把经济检察工作同端正党风、实现社会风气好转结合起来，促进党风和社会风气的好转。通县检察院办理的本县宋庄乡师姑庄“惠源贸易货栈”（后改为“远洋经济开发公司”）经理丁胜利等人重大经济犯罪案件，反映出这个乡的党风和社会风气存在不少问题。该院及时写出了《关于宋庄乡师姑庄村办起7个公司、负债50万元的调查报告》，得到县委领导的重视，将这份调查报告批转并要求全县各级党组织认真组织党员学习，以此为借鉴，端正党风，促进社会风气的好转。

三是把经济检察工作同社会主义法制建设结合起来，促进法制的健全和完善，增强群众的法制观念。去年结合办案，宣讲法制640多次，听众达30多万人。向500多个单位提出加强法制、堵塞漏洞的“检察建议”，其中口头建议547次，书面建议389份。被建议的单位加强了法制教育，预防和减少了犯罪。对办案中遇到的法律条文没有明文规定的问题，我们还进行了调查研究，写出专题材料或案例，为上级机关做出决策，制定相应的法规、条例，提供了依据和参考资料。

在过去一年里，各级检察院打击严重经济犯罪分子的工作，得到了群众的称赞，受到了各级党委和有关部门的好评，不少区、县党委或人大常委会发出通报予以表扬，使检察干警深受教育和鼓舞。

当前，严重经济犯罪活动已经有所收敛，大、要案数量有了下降。但是，打击经济犯罪的斗争是长期的，还必须坚定不移地把这方面的斗争进行下去。

三、在法纪检察工作方面，认真查处渎职和侵犯公民民主权利的案件，维护了社会主义法制的尊严。

一年来，全市各级检察院通过健全组织机构，充实办案力量，加强了法纪检察工作，使法纪检察有了新的进展。去年共受理各类法纪案件466件，比1985年受理数增加1倍，经审查，决定立案侦查142件，比1985年增长49.5%。到去年底，已结案135件，结案率是86%。

开展法纪检察工作，仅靠单位告发和等案上门是不行的，必须主动搜集线索，广泛掌握信息，积极发现犯罪。各级检察院去年在这方面已迈出了可喜的一步。一是与有关单位建立了案件报告联系制度。如我们同劳动部门建立了这种制度以后，对于发生的重大责任事故，已经能够做到及时发现，及时查处。二是加强检察机关内部各业务部门的横向联系和信息交流，把法纪检察同刑事检察、经济检察、监所检察、控告申诉检察紧密结合起来，互相提供犯罪线索，互相促进工作。三是有重点、有计划地深入到各个系统、部门中去，边宣传法制，边进行法律咨询，边调查和搜集线索，从中发现犯罪。四是密切注视广播电台、电视台、报纸刊物提供的有关信息，主动去调查研究，发现犯罪线索，抓住不放，追查到底。去年二月，丰台区检察院看到北京电视台报导的南苑冷库发生的烂菜事件后，立即派人调查。查明该库主任潘凤才、副主任史西文等人，不顾职工反对和冷库贮存加工能力，盲目购进大批蒜苗，在蒜苗发生霉烂、白菜受冻的情况下，潘、史等人不采取有效措施，而带领业务股长、大库库长等主要业务骨干，到广州、湛江、杭州、上海等地游山玩水，致使88万斤蒜苗、52万斤白菜腐烂，给国家造成损失30多万元。为此，依法追究了潘、史二人玩忽职守的刑事责任。该案侦破和处理后，新华社、电视台、人民日报等全国十几家报刊作了报导，成为在全国有影响的一起重大玩忽职守案件。

各级检察院在法纪检察工作中，重点查处了重大玩忽职守案件、重大责任事故案件和刑讯逼供、非法拘禁、非法搜查、诬告、报复陷害、徇私舞弊等严重侵犯公民民主权利和人身权利的案件。去年共查处这三类案件111件，其中，起诉60人，免予起诉61人，交有关单位作党纪、政纪处理13人。通过查处这些案件，提高了广大干部和群众的法制观念，保护了公民的民主权利和人身权利，维护了法律的尊严。

四、在监所检察工作方面，着重抓了提高“两劳”人员的改造质量。

为巩固和发展打击刑事犯罪和打击经济犯罪斗争的成果，促进“两劳”人员和在押人犯的思想改造，各级检察院除坚持分级检察、驻场检察、定期检察之外，根据高检院召开的全国两劳检察工作会议和12省、自治区、直辖市看守所检察座谈会的精神，突出抓了两点：

（一）实现看守所检察的经常化、制度化。通过健全机构，固定人员，完善各项规章制度，明确工作目标，实行考核评比，全市90%以上的区、县检察院看守所检察工作，做到了经常化、制度化。主要表现在：看守所检察有专职干部负责，每周去看守所工作不少于四天，有了一套较完整的检察制度和文字记载，发现问题也能得到及时解决，较好地完成看守所检察的各项任务。

（二）采取多种形式，促进“两劳”人员的思想改造。(1)通过宣传法制，增强“两劳”人员的法制观念。(2)组织报告会、讲演会，用英雄模范人物的事迹，冲洗“两劳”人员思想上的污垢，启迪他们的心灵。(3)邀请社会知名人士同“两劳”人员座谈，帮助“两劳”人员树立重新生活、重新做人的信心和决心。(4)配合“两劳”场所开展共建文明单位的活动。(5)帮助“两劳”场所举办技术培训班，做好接茬教育。(6)协助“两劳”场所的管教干部同“两劳”人员及其家属订立“帮教协议”。实践证明，这些形式，有利于“两劳”场所贯彻落实“改造第一，生产第二”和“教育、感化、挽救”的方针；有利于维护监管改造秩序，促进“两劳”人员的思想改造，提高改造质量，预防和减少了重新犯罪。

五、在控告、申诉检察工作方面认真处理来信来访，切实保护了人民的合法权益。

一年来，各级人民检察院共接待人民来信来访9912件次，查处控告申诉案件3442件，复查历史老案2986件，为经济、法纪等业务部门提供案件线索578件，并纠正了一批冤假错案，妥善处理了一批久拖不决和人民内部矛盾可能激化的案件，密切了与人民群众的关系，切实保护了人民的合法权益。

从去年控告、申诉检察工作情况看，一是领导重视了。市、区、县检察院的不少检察长亲自接待，亲自批阅人民来信。二是树立了全心全意为人民服务的思想，努力为民排忧解难，多办实事。如有的区、县检察院为解决群众告状难的问题，走出机关，变上访为下访，走村串巷，设点挂牌，搞巡回接待，就地解决问题。三是坚持了实事求是、有错必纠、对人民负责的原则。凡属群众合理的申诉，认真加以解决；凡属无理申诉，坚持正面教育，耐心进行疏导，有理有据加以说服；凡属冤假错案，不管有多大困难，也要坚决加以纠正。

为了提高检察队伍的战斗力，一年来，我们认真组织广大检察干警学习了中央关于精神文明建设的《决议》、中央领导同志关于坚持四项基本原则的指示，进行了以端正党风、纠正不正之风为中心的形势、政策教育和理想、纪律教育，不断改进和完善各级领导的工作方法和工作作风；制定了检察工作人员守则和干部考核等各项规章制度；开展了“争先创优”、“表彰先进”的活动；严肃认真处理了个别检察干警违法乱纪的行为；广大检察干警的政治素质有了提高，涌现出一批立场坚定、秉公执法、忠于职守、勤奋工作、舍己为人的先进人物和先进集体。

总之，1986年是本市检察机关重建以来任务最繁重的一年，也是工作取得进展最大的一年。这是各级党委和各级人大常委会、高检院的关怀，各有关单位大力协助，广大人民群众支持的结果，也是广大检察干警不怕困难、埋头苦干、奋力拚搏的结果。回顾一年来的检察工作，确实也还存在着一些缺点和不足，主要是对新时期发生的一些新情况、新问题研究不够，工作发展不平衡；出庭支持公诉水平不够高；在经济案件的侦查工作中存在某些粗糙现象，有些案件办案质量不高。这些问题如不切实解决，必将影响检察工作的开展。

过去的一年，是全市人民在市委领导下，坚持改革、开放、搞活，团结奋斗、胜利前进的一年。首都的经济建设取得了新的成就，社会主义精神文明建设有了新的发展，政治上安定团结，社会治安和社会风气进一步好转，社会主义民主和法制建设不断完善。但是，从去年查办的犯罪案件的情况看，各种犯罪活动还比较严重，我们全体检察干警一定保持清醒的头脑，继续严厉打击严重刑事犯罪和严重经济犯罪活动。

1987年摆在检察机关面前的任务还很繁重、很艰巨，而各方面的困难也较多，我们一定认真组织全体检干警深入学习党中央关于反对资产阶级自由化的重要指示，旗帜鲜明地站在反对资产阶级自由化斗争的前列，坚定不移地坚持四项基本原则，进一步加强自身建设，抓好思想政治工作，为建设一支团结的、过硬的、战斗力较强的检察队伍做出不懈的努力。我们一定继续发扬艰苦奋斗，积极进取，努力拚搏的精神，在各级党委和政府的大力支持下，充分发挥检察机关打击敌人，保护人民，惩治犯罪，维护国家统一，维护人民民主专政制度，维护社会主义民主和法制，维护安定团结，保卫改革和四化建设的职能作用，为首都“两个文明”建设做出新的贡献！

关于提请确定首都市花市树的议案的说明

——1987年3月7日在市第八届人民代表大会第六会议上

北京市副市长　黄　超

各位代表：

关于提请确定首都市花市树的议案，已经印发给各位代表。评选工作开展的情况和评选方案，已在议案中作了汇报。现在，我就评选市花市树的有关问题，向各位代表作一简要说明。

一、评选市花市树的重要意义。

近年来，在党的十一届三中全会的方针、路线指引下，北京市广泛开展全民义务植树、绿化美化首都的群众运动，大力植树、种花、种草，取得了明显成绩。目前，全市从城市到农村，在春夏秋三季已初步形成一个树木葱茏、花繁叶茂的良好环境。随着首都绿化、美化事业的发展和人民生活水平的不断提高，人民群众爱花、爱树、热爱大自然的美德蔚然成风。这是人民生活水平提高，精神面貌焕然一新，社会安定团结，两个文明建设取得巨大成果的生动反映。回顾在“左”的思潮盛行时期，城市人民养花种草被看成是修正主义和资产阶级的闲情逸致，在郊区毁林种粮，人们既无心思又无条件美化生活。只有在全国政治形势大好，社会安定团结，人民安居乐业的条件下；人们才可能议花谈树，评红点绿，开展评选市花市树活动。事实证明，这一活动是一次广泛、生动的精神文明教育，进一步增强了人们热爱社会主义、热爱首都、美化环境，建设文明城市的信念，也丰富了人们的自然科学知识，对于落实中央书记处关于首都建设方针的四项指示，把北京建设成为清洁、优美、生态健全的文明城市，对于促进全市精神文明和物质文明建设，都具有十分重要的现实意义和深远的历史意义。

二、这次评选活动比较充分地发扬了民主。

早在两年前，在全国许多城市评选市花市树的影响下，首都人民就自发地讨论市花市树。之后，有关新闻单位、学会、协会和政府有关部门先后采取征文、召开座谈会、举办游园活动等各种形式，广泛开展首都市花、市树的讨论，听取各方面的意见。许多工人、农民、解放军、学生、知识分子和各界人士、专家都积极参加，各抒己见。人民群众对评选市花市树热情之高、兴趣之浓，参加人员之广泛，都出乎我们的意料。两年来，既广泛听取了群众意见，又反复与专家进行了研究。现在提请市人民代表大会审议确定的方案，就是在充分发扬民主的基础上，集中广大人民群众和专家的意见提出来的。

三、为什么以姊妹花、兄弟树作为市花市树。

这是因为：第一，从推荐结果和各方面意见看，大多数人建议月季作市花，但同意菊花作市花的也有一个相当的数量；市树，国槐名列前茅、侧柏为次。这两种花、两种树都具有广泛的群众基础，为广大人民群众所喜爱，只是在喜爱的程度上，人们有所不同。如果确定一种花、一种树作为市花市树，必然挫伤部分群众的积极性。因此，确定两种花、两种树作为市花市树，必将激发全市人民爱国、爱市的热情，加速两花两树的普及推广，进一步促进社会主义精神文明和物质文明建设，加速首都的绿化美化工作。第二，这两种花、两种树都符合评选原则。市花、市树是一个城市的象征，为使这个象征得到准确的反映，有关部门根据专家的意见，确定评选首都市花市树的主要原则是：适应北京地区气候条件和自然环境，能在城乡广大地区生长，具有耐寒、抗旱等特点，花卉艳丽美观，花期长，树木枝繁叶茂，树型好，群众喜闻乐见，能够普遍栽培，并与文化古都地位相称，能体现首都人民精神面貌。月季、菊花、国槐、侧柏，都符合这些原则。请各位代表参看议案的附件，月季花、菊花、国槐、侧柏简介，在这里就不多说了。第三，选两种花作市花，我国其它城市也有先例。如我国南昌市以金边瑞香、月季为市花，衡阳市以茶花、月季为市花，沈阳市以洋紫荆、玫瑰为市花。我市选两花两树作首都的市花市树，是符合人民群众的共同愿望的。

以上说明，不妥之处，请批评指正。

关于提请确定首都市花市树的议案

北京市人民代表大会常务委员会：

近年来，在中共中央、国务院的亲切关怀和中共北京市委的领导下，北京市广泛开展了全民义务植树、绿化美化首都的群众运动，取得了明显成绩。随着首都绿化、美化事业的发展，人民群众种花、种草、植树，爱花爱树已蔚然成风。广大人民在安居乐业的条件下，议花谈树，评红点绿，生动地反映了近年来人民生活水平的不断提高，精神面貌的可喜变化。在全国许多城市评选市花市树的影响下，首都人民自发地讨论市花市树，热情之高，兴趣之浓，出乎意料。1985年9月，北京日报、花卉报等新闻单位开展了首都市花、市树的讨论，先后收到信稿近3000件。1986年初，中国林学会、中国野生动物保护协会、北京市科协和市青少年生物爱好者协会在全市中学生中还进行了“热爱首都青少年评选市花市树的征文竞赛”活动，有数万名学生参加，收到推荐文章5000多篇。人民群众经常向报刊反映，或直接给市政府写信，要求尽早选出适应北京地区气候条件和自然环境，与文化古都地位相称，能体现首都人民精神面貌的市花、市树。

为了满足人民群众的要求，市政府决定有领导有计划地广泛发动人民群众、各界人士开展市花、市树的评选活动，1986年7月，市人民政府成立了“北京市市花市树评选领导小组”。9月，在中山公园举办了“爱首都，议市树市花游园活动”，并组织了花卉、树木实物和图片、资料展览，全市有15万多人参加。10月，根据广大群众、各界人士比较集中的意见，我市把月季、菊花作为北京市的候选市花带到深圳，参加了全国城市市花展览，受到兄弟省市的好评。12月，市花市树评选领导小组会同北京日报、北京电视台联合召开了工、农、兵、学、商等各界代表、专家座谈会，广泛听取意见。许多工人、农民、解放军、学生、知识分子和各界人士、专家都已热烈地表示了他们的愿望。调查的结果表明，大多数人建议月季作市花，但同意菊花作市花的也有一个相当的数量。在中山公园举办游园活动时，据收集上来的42000多张推荐票统计，同意月季的有21500多张，占51%，其次为菊花，11000多张，占26%，再次是紫薇、丁香等；赞同国槐作市树的有19900多张，占46%，其次是侧柏、银杏、油松等。

从推荐结果和各方面意见看，市花，月季、菊花名列前茅，月季居首，菊花为次；市树，国槐名列前茅，侧柏为次。在此情况下，陈希同市长于今年1月5日又邀请菊花协会会长、月季花协会会长、市园林顾问团团长、市林业顾问团团长及有关专家、著名教授，再次就市花、市树评选征求意见。大家认为，经过较长时间广泛充分的讨论，对市花市树的意见已比较集中，确定首都市花市树的条件已基本成熟。在评选方案上，大家各抒己见，与会的会长、专家、教授一致赞同北京林业大学教授陈俊榆和北京林业大学教授、市林学会理事长范济洲提出以月季、菊花姊妹花作为北京市市花，国槐、侧柏兄弟树作为北京市市树，认为这个方案既符合大多数人的心愿，又照顾到相当一部分群众的意见。为此，市政府决定将此方案提请市八届人民代表大会第六次会议审议。

附：月季花、菊花、国槐、侧柏简介。

北京市人民政府

1987 年 2 月 14 日

月季花简介

月季属蔷薇科，木本落叶灌木。

月季花绚丽多姿，花期长，露地栽培从 4 月至 11 月长开不败。花型、容、色、味俱佳，鲜艳夺目，热情奔放，是美好、友谊、和平的象征，深为广大人民所喜爱。

月季品种类型多，绿化美化用途广；适合公园、街道、庭院、家庭栽植。

月季适应性强，抗寒抗旱，对土壤条件要求不严，栽培繁殖容易，管理技术易于掌握，适宜北京地区栽植，易于推广普及。

北京地区已成为月季科研、生产和利用的中心。已建有北方月季花公司、琅山苗圃、新技花木公司等月季花生产基地，巨山花木绿化公司正在筹建全国最大的月季园，郊区生产月季的专业户也不少。中央在京科研单位、大专院校对月季新品种的选育和新技术的研究，已取得不少成果。据不完全统计，北京地区在圃的月季苗木已达几百万株。

菊花简介

菊花属菊科，多年生草本花卉。

菊花是传统的名花之一，品种繁多，北京现有 1000 多个品种，居全国之首，在两次全国菊展评比中都名列前茅。近年来培育的案头菊，玲珑俊秀，多头菊、盆景菊、悬崖菊、大丽菊、岩菊等形态万千。从类型上看有春菊、夏菊、寒菊和早小菊，四季皆有不同品种开花。

菊花色泽，因品种不同深浅各异，花型千姿百态，富有诗情画意。

菊花耐寒，在北京地区可露地过冬，庭院、街道、家庭均可栽植。枝条柔软，易修剪整形，一棵菊花经多次摘心，可生出上千朵花蕾，生长旺盛，萌发力强，采用嫁接、分芽、扦插等方法均可繁殖。

菊花凌寒傲霜，象征中华民族无畏坚强的气质；高洁、坚贞，陶冶人们的情操。

国槐简介

国槐属豆科，落叶乔木。

国槐历史悠久，寿命长。在北京的名胜古迹和许多村庄，百年至千年古槐到处可见，且仍枝繁叶茂，生机勃勃，象征青春常在。

国槐树势优美，树干端直，枝叶繁茂，树冠大，古朴典雅。春季新叶滴翠、花蕾放香；盛夏季节遮荫爽人；秋季叶片晚凋。

国槐抗逆性强，耐寒、耐旱、耐瘠薄，在不良环境条件下仍能茁壮成长，并对二氧化硫、氯气、氟化氢等毒性气体抗性较强，具有防污染、防烟尘、净化空气的功能，是北京城乡广为种植的树种之一。

国槐经济价值高，木材耐水湿，富有弹性，材质优良，是建筑、船舶、枕木及雕刻的上等材料。种子可榨油、制皂，全株可入药。

国槐是吉祥、幸福、美好的象征。我国人民自古以来把它作为吉祥树、幸福树。

侧柏简介

侧柏属柏科，也称柏树，常绿乔木。

侧柏在我国栽培历史悠久。北京许多地方保存很多千年以上的古柏，北京中山公园、故宫、天坛内的古柏参天，苍翠葱茏，珍为国宝。

侧柏是北京地区常见的园林绿化树种，也是山区绿化造林的先锋树种。它耐瘠薄、耐干旱、耐盐碱，在山区、平原、城市、农村均可栽植，即使在峭壁岩缝中也能生长。

侧柏有很高的经济价值。木材质密细致，耐腐朽，可供建筑、造船、桥梁、家具、雕刻等用。种子、根、枝叶、树皮等可药用。种子含油量约 22%，可榨油。在香料工业上用途也较广。

侧柏树干高大、挺拔，苍劲有力，是我国传统的象征性树种。象征中华民族勇敢、顽强、不畏强暴和勤劳、朴素的品质，也象征着首都庄严雄伟的气质。“苍松翠柏，万古长青”的寓意，早为群众所熟知。

北京市第八届人民代表大会第六次会议议案审查委员会关于代表议案的审查报告

张大中

（1987年3月12日北京市第八届人民代表大会第六次会议通过）

本次会议收到代表团提出的议案6件，10名以上代表联合提出的议案101件，共107件，其中，属于政法方面的18件，属于财政经济方面的22件，属于城市建设方面的32件，属于教育、科学、文化、卫生方面的35件。本次会议收到的议案，有关精神文明建设问题的数量明显增加，对坚持四项基本原则，维护安定团结的政治局面，发展社会主义民主与健全社会主义法制，发扬艰苦奋斗、勤俭建国勤俭办一切事业的精神，提出了许多重要的意见和建议；同时对贯彻改革、开放、搞活的方针，广泛、深入地开展增产节约、增收节支运动，以及解决群众生活中的迫切问题等方面，也提出了很多重要的意见和建议。议案目录已印发给各位代表。

议案审查委员会对上述议案进行了审查，提出了审查意见，并向主席团作了报告。经主席团讨论决定：(一)将李青萍等15位代表提出的“加强对中、小学校学生的政治思想工作”的议案（第2号）、李瑛等12位代表提出的“检查义务教育法执行情况，重视和解决实施中存在的困难与问题”的议案（第4号）、密云县代表团提出的“为净化水源大力营造密云水库涵养林”的议案（第7号）、平谷县代表团提出的“市人大常委会应及早制定关于维护老年人合法权益的地方性法规”的议案（第16号）、薛宝顺等15位代表提出的“北京市应当严禁制造、销售、燃放危险性大的花炮”的议案（第22号）、钱椿涛等15位代表提出的“制订地方性法规，限制燃放烟花爆竹”的议案（第25号）、陈柳生等13位代表提出的“为防止燃放鞭炮发生事故应采取有力措施”的议案（第27号）、丁榕等21位代表提出的“加强中小学生思想教育工作”的议案（第32号）、江小珂等16位代表提出的“限制燃放鞭炮”的议案（第34号）、沙福敏等17位代表提出的“中小学生的政治思想工作亟待加强”的议案（第35号）、逢先知等18位代表提出的“尽早制定有关限制在城镇地区燃放鞭炮的规定”的议案（第49号）、梁学政等16位代表提出的“严格控制鞭炮生产的质量和规格，对鞭炮燃放的时间、地点应严加管理”的议案（第64号）、许世全等23位代表提出的“制定禁止在市区燃放烟花、鞭炮的地方性法规”的议案（第79号）、李桦等10位代表提出的“加强中小学生政治思想工作”的议案（第105号）共14件，其中第2号、第32号、第35号、第105号等4件议案内容相同，并为一案，第22号、第25号、第27号、第34号、第49号、第64号、第79号等7件议案内容相近，并为一案，并案后共五项，交市人大常委会审议。(二)对陈志平等14位代表提出的“建议市人民代表大会作出关于恢复发扬艰苦朴素、勤俭节约社会风气的决议”的议案（第60号），已建议将议案主要内容写入本次会议关于市人民政府工作报告的决议。(三)将其余92件作为对本市工作提出的建议、批评和意见，分别交市人大常委会、市人民政府和有关部门认真研究处理，处理情况和结果，由市人大常委会办公厅、市人民政府办公厅负责答复提议案代表，其中，万倫如等14位代表提出的“应设法解决本市今明两年将有几万初中毕业生无学可上的问题”的议案（第61号），由市人民政府将办理情况向市人大常委会作出报告。

以上审查意见，建议大会予以批准。

此外，截至3月12日本次会议收到代表提出的建议、批评和意见1036件，已进行整理，由市人大常委会办公厅分别交由市人民政府办公厅及有关部门研究处理，并负责答复代表。

北京市第八届人民代表大会第六次会议关于市人民政府工作报告的决议

（1987年3月12日北京市第八届人民代表大会第六次会议通过）

北京市第八届人民代表大会第六次会议，经过认真审议，批准陈希同市长所作的题为《坚持四项基本原则，坚持改革开放搞活，推进首都社会主义现代化建设》的政府工作报告。

会议认为，在中共中央、国务院以及中共北京市委的正确领导下，市政府依靠全市各族人民，认真贯彻执行党和国家的方针政策，胜利完成了1986年北京市国民经济和社会发展的主要任务。城乡面貌有了新的变化，经济稳步发展，速度和效益相应增长，教育、科技、文化、卫生、体育事业取得了新成绩，人民生活水平进一步提高，社会主义民主与法制建设进一步加强，体制改革和对外开放迈出了新的步伐，首都的社会主义物质文明建设和精神文明建设，前进了一步。在财力、物力比较困难的情况下，办了与人民生活紧密相关的许多实事。会议对市政府1986年的工作表示满意。

会议要求，根据中共中央和国务院的部署，今年要集中力量抓好两件大事：一是在政治思想领域，深入进行坚持四项基本原则的宣传教育，坚决反对资产阶级自由化，进一步巩固和发展安定团结的政治局面；一是在经济领域，坚持正确的建设方针，深入体制改革和扩大对外开放，努力保证国民经济的长期稳定发展。围绕这两件大事，北京市各级政府、各行各业都要从本单位的实际出发，扎扎实实地做好各项工作。

会议强调，一定要坚决压缩固定资产投资规模，缩短基本建设战线；广泛、深入、持久地开展增产节约、增收节支运动；坚定不移地深入搞好经济体制改革和其它各项改革，继续扩大对外开放，对内搞活经济；在生产发展的基础上，逐步改善人民生活。同时要加强市场管理，保持物价的基本稳定。

会议明确指出，坚持四项基本原则，开展反对资产阶级自由化的斗争，是我国政治生活中的一件大事，要严格按照中共中央的方针、政策，立场坚定、旗帜鲜明地把这场斗争持续健康地进行下去。要继续加强社会主义精神文明和民主法制的建设。在全市人民中深入开展“有理想、有道德、有文化、有纪律”的教育。采取切实可行的措施，推进全市政治生活、经济生活、社会生活的民主化。依法从重从快严厉打击严重刑事犯罪，严惩严重经济犯罪。加强社会治安的综合治理。同时要继续坚决纠正各种不正之风，树立良好的社会风气，为把首都建设成高度文明、高度民主的社会主义现代化城市而奋斗。

会议认为，北京的社会主义现代化建设尽管取得了很大成绩，但仍然面临着许多困难和问题，任务十分艰巨。各级领导机关和领导干部要继续振奋精神，深入调查研究，克服官僚主义，改进领导作风，在各项工作中起模范带头作用。要在全体人民中大力提倡发扬艰苦奋斗，勤俭建国，勤俭办一切事业的精神，厉行节约，反对浪费。

会议号召，全市各族人民在党和政府的领导下，同心同德，努力完成1987年的各项任务，把首都社会主义现代化建设不断推向前进。

北京市第八届人民代表大会第六次会议关于1987年国民经济、社会发展计划和1986年财政决算、1987年财政预算的决议

（1987年3月12日北京市第八届人民代表大会第六次会议通过）

北京市第八届人民代表大会第六次会议，经过审议并根据国民经济、社会发展计划和财政预算审查委员会的审查报告，决定批准市人民政府提出的1987年国民经济、社会发展计划和1986年财政决算、1987年财政预算，批准市计划委员会主任王军所作的《北京市1986年计划执行情况和1987年国民经济、社会发展计划草案的报告》，批准市财政局局长王宝森所作的《关于北京市1986年财政决算和1987年财政预算草案的报告》。

北京市第八届人民代表大会第六次会议关于市人大常委会工作报告的决议

（1987年3月12日北京市第八届人民代表大会第六次会议通过）

北京市第八届人民代表大会第六次会议，批准赵鹏飞主任所作的市人民代表大会常务委员会工作报告。

会议要求，常务委员会要坚持四项基本原则，正确地、全面地贯彻执行党的十一届三中全会以来的路线、方针和政策，严肃认真地履行宪法和地方组织法赋予的庄严职责。要在制订地方性法规，加强法律监督和工作监督，保证宪法、法律、行政法规的遵守和执行，加强同代表的联系和发挥代表作用，逐步完善常务委员会行使职权的工作制度和办法等方面继续做出新的努力，进一步发挥地方国家权力机关的作用，以巩固和发展安定团结的政治局面，促进改革、开放、搞活和经济持续、稳定的发展，把首都的社会主义现代化建设继续推向前进。

北京市第八届人民代表大会第六次会议关于市高级人民法院工作报告和市人民检察院工作报告的决议

（1987年3月12日北京市第八届人民代表大会第六次会议通过）

北京市第八届人民代表大会第六次会议，批准市高级人民法院院长刘云峰所作的《北京市高级人民法

院工作报告》,批准市人民检察院检察长何访拔所作的《北京市人民检察院工作报告》。

会议要求,本市各级人民法院和人民检察院,要继续坚持依法从重从快严厉打击严重刑事犯罪,严惩严重经济犯罪,加强各项审判、检察工作,更好地发挥国家审判机关和检察机关保护人民、打击敌人、惩治犯罪、服务四化的职能作用。要大力加强队伍建设,不断提高政治素质和业务素质,刚正不阿,秉公执法,为促进安定团结,保障改革、开放、搞活和首都社会主义现代化建设的顺利进行而努力奋斗。

北京市第八届人民代表大会第六次会议关于市花市树的决议

(1987年3月12日北京市第八届人民代表大会第六次会议通过)

北京市第八届人民代表大会第六次会议,审议了市人民政府提出的关于提请确定市花市树的议案,同意市人民政府的建议,确定:月季、菊花为北京市花,国槐、侧柏为北京市树。

北京市第八届人民代表大会第六次会议主席团、秘书长名单

(1987年3月5日北京市第八届人民代表大会第六次会议预备会议通过)

主席团(91人 按姓名笔划排列)

丁吉庆 丁贡南 于宗英(女) 马耀骥 王大明
王大琬(女) 王立行 王 君(女) 王 宪
王培宝 王斐然 王景铭 仉振亮 叶子龙 叶 林
叶恭绍(女) 白良玉 冯佩之 邢 军 邢恒均
戎 易 吕子敬 仲 凯 邬绮文(女) 刘导生
刘殿臣 齐家蕙(女) 安朝俊 严镜清
李玉梅(女) 李克佐 李其炎 李钢钟(女)
李培新 李瑜铭 李锡铭 杨春茂 吴 烈 佘涤清
邹 俠(女) 汪家镠(女) 沈 勃 张大中
张书明 张成基 张还吾 张国基 张金铎 张继斌
张 镈 陈木森 陈明绍 武 光 范 瑾(女)
林雷川 金 鉴 周 怡(女) 郑云山 郑凤仪
郑汉涛 郑汉浩 赵访熊 赵国平 赵鹏飞 南荣榜
段君毅 侯仁之 侯镜如 逄先知 闻家驷 贾春旺
贾星五 夏钦林 徐惟诚 高贺荣 郭春昌
浦洁修(女) 黄英夫 常 浦 崔旭东 崇 力
梁志华 隋世忠 韩 凯 焦若愚 雷洁琼(女)
解 衡 蔡玉清(女) 蔡其侃 黎 光 潘 焱

秘书长

邢 军

北京市第八届人民代表大会第六次会议主席团常务主席名单

（1987年3月5日主席团第一次会议推定）

（23人）

李锡铭 赵鹏飞 段君毅 焦若愚 金 鉴 徐惟诚 浦洁修（女） 佘涤清 陈明绍 张大中 邢 军
汪家镠（女） 李其炎 黎 光 王立行 王 宪 戎 易 夏钦林
潘 焱 范 瑾（女） 马耀骥 侯镜如 闻家驷

北京市第八届人民代表大会第六次会议副秘书长名单

（1987年3月5日主席团第一次会议决定）

沈 千（女） 郑怀义 刘虎山 赵有光 徐炳忠 王昭钺 杨登彦 段柄仁 周泽民

北京市第九届人民代表大会第一次会议

(1988年1月21日——30日)

北京市第九届人民代表大会第一次会议于1988年1月21日至30日在京丰宾馆举行。会议代表880人。北京市选出的部分六届全国人大代表,出席市政协七届一次会议的全体委员,市人民政府各部门和有关单位负责人列席了大会。

大会听取、审议和批准了市长陈希同所作的政府工作报告。报告共分四个部分:一、五年的发展和变化,二、改革和开放是推进首都社会主义现代化建设的强大动力,三、正确认识市情是首都社会主义现代化建设的立足点和出发点,四、今后几年的主要任务。

大会审查批准了北京市计划委员会主任王军所作的关于北京市1987年计划执行情况和1988年国民经济、社会发展计划草案的报告。审查批准了北京市财政局局长王宝森所作的关于北京市1987年财政预算执行情况和1988年财政预算草案的报告。审议批准了市人大常委会工作报告、市高级人民法院工作报告和市人民检察院工作报告。通过了北京市第九届人民代表大会第一次会议选举办法。

大会选出了北京市出席第七届全国人民代表大会代表，选出了市第九届人大常委会主任、副主任、秘书长、委员，选出了市长、副市长和市高级人民法院院长、市人民检察院检察长。

大会收到议案210件，其中财经类55件、城建类69件、文教卫生类61件、政法类15件、其他10件。

李锡铭致闭幕词。

大会期间举行了三次记者招待会。大会闭幕后，当选市长、副市长会见了中外记者并回答了记者提出的问题。

政府工作报告

——1988年1月21日在北京市第九届人民代表大会第一次会议上

北京市市长　陈希同

各位代表：

我代表北京市人民政府，向大会报告工作，请审议。

一、五年的发展和变化

1983年3月北京市第八届人民代表大会第一次会议选举产生的这一届政府，就要满五年了。五年来，在中共中央、国务院正确领导和亲切关怀下，在中共北京市委的直接领导下，经过全市各族人民的艰苦努力，各项事业都有了很大发展，首都的社会主义现代化建设进入了一个新的阶段。过去的五年，是以中国共产党第十一届三中全会以来的路线为指针，以经济建设为中心，坚持四项基本原则，坚持改革开放的五年；是全面贯彻中央关于首都建设方针的四项指示和十条批复精神的五年；也是首都社会主义物质文明与精神文明建设共同发展，取得丰硕成果的五年。

五年来，经济有了很大发展，教育、科技、文化事业不断进步，人民的物质文化生活水平继续提高。

(一) 城乡经济全面持续增长。

在改革和开放的推动下，五年来，全市经济得到全面持续增长。1987年同1982年相比，按可比价格计算，全市国内生产总值增长88.3%，达到312亿元；国民收入增长64%，达到223亿元；工农业总产值增长63.5%，达到408.2亿元。财政收入1987年比1982年增长50.2%，达到63.6亿元。提前完成了“六五”计划。“七五”计划正在顺利实施。

郊区农村朝着商品化、专业化、现代化的方向迈出了新的步伐，农、林、牧、副、渔、工、商、建、运、服全面发展。在耕地面积减少的情况下，实行科学种田，适度规模经营，不放松水利化、机械化，使主要农副产品产量不断增加。粮食生产连续五年丰收，1987年平均亩产487公斤，总产量达到22.7亿公斤。副食品基地建设朝着现代化方向发展，目前已建成2万亩现代化蔬菜生产基地，5万头奶牛、30万头瘦肉型猪生产基地，180个3000只以上规模的蛋鸡场，以及一批鸭、兔和其它禽畜养殖场地。1987年的产量同1982年相比，蔬菜增长15.7%，牛奶增长74.5%，鲜蛋增长

1.6倍，淡水鱼增长6.9倍，干鲜果品增长63.5%，西瓜增长近2倍。主要农副产品的商品率达到68%，为繁荣首都市场，改善城乡居民生活，做出了贡献。

乡镇企业已成为郊区农村经济的主要支柱。1987年，全市乡镇企业已达1.65万个，比1982年增长1.4倍；第二、三产业的总收入88.4亿元，增长3倍多，占农村经济总收入的77%；从业人员103万人，占农村劳动力的比重由27.4%上升到54.6%。五年用于补农、建农的资金3.7亿元，相当于国家同期对农业投资的92%。乡镇企业的崛起，不仅改变了农村经济结构，繁荣了农村经济，为从土地上分离出来的劳动力找到了广阔的出路，而且促进了城乡的合理布局，加速了城乡经济一体化的进程。

工业以提高经济效益为中心，实现了速度与效益的相应增长。五年来，全市工业系统总产值平均每年增长9.2%，实现利税平均每年增长8.2%，万元产值综合能耗由5.8吨标准煤降低到4.3吨标准煤，万元产值水耗由303吨降低到180吨。全民所有制企业全员劳动生产率提高37.4%，产品质量稳定提高率由94%上升到97.4%。为适应市场需求，加快了产品结构调整和更新换代的进程，试制完成的新产品每年都在3000种以上。消化吸收国外先进技术的能力也逐步增强。适合首都特点的电子、纺织、服装、建筑材料和日用消费品工业发展较快，长期比较薄弱的食品工业也加快了发展步伐。轻型汽车、发电设备、胶印机、电冰箱、洗衣机、照像机、彩色电视机、微型电子计算机、啤酒、饮料等适销对路和优质名牌产品在较短时间内实现了更新换代，产量大幅度提高。其中发电设备增长17.9倍，彩色电视机增长5.1倍，电冰箱增长3.3倍，汽车增长1.6倍，啤酒增长1倍，洗衣机增长79.4%，印刷机增长68%，逐步增强了在国内外市场上的竞争能力。铁路、公路货运量和客运量，邮电业务总量都有较大增长。地质勘探工作也取得了新的进展。

市场繁荣兴旺，商业服务业网点万人拥有数超过历史最高水平。社会商品零售总额五年翻了一番以上，1987年达到177亿元，平均每年增长19%。购销总值相应增长，1987年同1982年相比，分别增加了1.1倍和1.2倍。五年发展商业服务业网点8万多个（其中饮食业网点6500个，服务业网点5600个，修理业网点6700个），比1982年的2.9万个增长近3倍。全市累计已有商业服务业网点11万多个，平均万人拥有112个，超过历史最高水平。与此同时，还建立了563个具有一定规模的农贸市场。经过这几年的努力，长期存在的买东西难、吃饭难、做衣洗衣难、理发难、修理难等诸多不便，开始有所缓解。

（二）城乡面貌发生了较大变化。

指导城市和乡村建设的规划工作得到大力加强，规划已逐渐真正成为城乡建设的龙头。按照总体规划的要求，五年相继完成了城近郊区1026平方公里范围内分区土地使用规划和30多项专业规划，基本完成了卫星城和远郊区县城的总体规划及市重点地区的详细规划。100多个旅游风景区和文物保护区及农村集镇、农民新村的规划工作也有了较大进展。县域规划正全面展开。同时，大力治乱、治散，初步改变了分散建设、乱铺摊子的状况。

水、电、气、热、道路、邮政、电信等城市基础设施建设继续加强。基础设施是城市赖以生存、发展的前提，必须坚持摆在城市建设的首位。1983年至1987年用于基础设施建设的投资57.9亿元，比前五年翻了一番。改建、扩建了通县水厂和城子水厂，新建了田村山水厂，新增日供水能力25万吨。新建了紫竹院、建国门等20个11万伏以上的变电站，石景山发电厂装机容量60万千瓦的新机组正在抓紧建设。扩建了北京煤气厂、焦化厂，实现了华北天然气进京和首钢煤气进城，新增日供燃气120万立方米，为过去30多年的1.5倍。建成左家庄供热厂、第二热电厂一号尖锋供热锅炉和一批新建小区区域性供热工程，新增集中和联片供热面积1300多万平方米。新建、扩建道路和公路1785公里。打通、拓宽了城区60多个严重堵塞的路口和路段，新建了一批立交桥，完善了内二环路，扩建了三环路并开始建设四环路。新建、扩建了京石、京昌、京开、京良、八达岭、慕田峪复线等16条公路，缓解了市区北郊、西南郊出城难的问题。全市已初步形成了以7条对外放射干线为骨架，以一般干线、县乡公路为支脉的公路网络。复兴门地铁折返线的竣工，显著提高了地下铁道的运载能力。新建、改建邮电局、所70个。新增市内电话交换机容量15万多门，比前五年增长2.4倍。发展市内电话9.3万户。目前，北京的电话可通达世界各国，并可向30个国家和地区以及国内130多个城市直拨通话。

新建各类房屋4300多万平方米，相当于两个旧北京城房屋面积的总和。1983年至1987年，建成住宅2500万平方米，比前五年增长38.5%。中日友好医院、中央彩电中心、北京图书馆、北京国际电信局、东方化工厂等一批国家重点工程相继竣工。为第十一届亚洲体育运动会新建、改建的27个场馆已有20个开工。为适应国际国内交往和旅游业的迅速发展，一批具有不同规模和档次的饭店及设施已经建成并投入使用。目前，全市拥有各类社会旅馆、饭店4100多家，床位45万张，初步形成了高、中、低档配置的饭店、宾馆服务体系。曾经严重困扰我们的国内外宾客住宿难的问题基本缓解。远郊城镇和新农村的建设取得了新的成就，包括4个卫星城的10个区县城、37个集镇的建设初具规模，按照规划进行建设的新农村由1982年的7个发展到253个。

城乡环境绿化美化取得明显成效，环境保护和治理有了新的进展。五年来，市区植树800多万株，铺草坪近600万平方米，种植各种花灌木160多万株，新建、扩建各具特色的公园26个。郊区植树造林200多万亩，平原农田林网、浅山区经济林、深山区防护林三道绿色屏障正在形成，风沙危害大大减少。全市治理污染项目3100多个，投资7亿多元，撤销污染扰民点500多个，90%以上的锅炉得到了改造。治理了亮马河、小月河、土城沟、通县玉带河等10多处新的“龙须沟”，完成了永定河引水渠污水截流二期工程，改善了沿岸地区近百万居民的饮用水质量。城区垃圾收集、清运全部实现了容器化，20多座密闭式集装箱垃圾站已经建成，4处垃圾堆放场和7处垃圾填埋场的建设进展顺利。双榆树、龙潭北里等22个居住小区基本实现了清洁优美、无严重噪声和黑烟污染。留民营、窦店村等进行了生态农业试点，其中留民营获得了联合国国际环境保护奖。

（三）对外经济贸易和旅游业发展迅速。

外贸出口、利用外资和技术引进取得了好成绩。1983年至1987年，外贸出口累计完成34.4亿美元，比前五年增长35.4%。结束了年出口额一直在6亿美元徘徊的局面，1987年出口总额已达8.8亿美元。出口产品结构发生了较大变化，其中机电产品所占比重由1982年的6.85%上升到1987年的15.4%。有的技术成果也开始作为商品进入国际市场。五年利用外资协议金额累计30多亿美元。兴办中外合资、合作经营和外商独资企业261家，外商直接投资16亿美元。引进技术1000余项，金额10亿美元。目前，北京已在13个国家和地区建立了30个企业，有41个国家和地区的商社、银行、工业企业在京设立了近千家办事机构。

旅游业开创了年接待百万海外游客的新局面。1987年全市拥有定点涉外饭店97家，床位4.7万张，接待能力大大加强，供求趋于缓和。全年接待入境旅游者107.8万人次，比1982年增加1.4倍。旅游景点已增加到208处。由于旅游宾客的增多、旅游服务的改善和旅游商品的增加，1987年旅游收入达到5.54亿美元，比1982年增长近3倍。北京历史文化名城的旅游优势正在得到发挥。旅游业的发展不仅增加了外汇收入，拓宽了就业门路，推动了工农业生产和城市建设的发展，繁荣了首都经济，也为北京与海外发展友谊，进行经济技术合作和科学文化交流提供了更多的机会。

（四）科学技术、教育、卫生、文化、体育事业蓬勃发展。

科技为首都经济建设、经济体制改革、城市建设和城市管理做出了新贡献。五年全市共取得科技成果1万余项，其中获奖的重大科研成果2050项，获得国家自然科学技术进步奖700多项，8300多项科技成果正在首都现代化建设的各个领域推广和应用。还有200多项社会科学研究课题获得市社会科学优秀成果奖。“工业技术振兴计划”第一批171个项目已全部进入落实阶段。“星火计划”正在郊区农村顺利实施。1.7万名科技人员到乡镇企业服务，为当地培训技术和管理骨干13.5万人。

教育事业取得了新成绩。城市普及了九年制义务教育，学龄儿童入学率达到99.97%，小学双科及格率达到99.3%；初中入学率达到98.6%，巩固率达到98.5%。1987年城镇儿童入托率达到70.5%，五年新建、扩建托幼园所150多个，儿童游乐体育设施40多处。盲聋哑弱智教育也有新的进展。1987年同1982年相比，高等院校在校生增长44.7%，中等职业技术学校在校生增长2.1倍，各类成人高等学校在校生增长1.8倍。五年培养出中专以上各类人才28.7万人，还有22万多人参加了各种岗位职业培训。

医疗卫生事业进一步加强。五年新建、扩建医院46所，增加病床1.1万张，建立各种医疗联合体133个，家庭病床逐年增多，1987年约2万多张。计划免疫提前两年达到了国家计划指标。计划生育工作者为控制人口增长做出了积极贡献，1987年同1982年相比，人口出生率由20‰下降到17.29‰，自然增长率由14.36‰下降到11.89‰。

新闻、出版、广播、电视、文化和文物等事业有了新的发展。广大文化工作者创作了一批深受群众欢迎的好作品，上演了一批好剧目。多数区、县建成了文化馆、档案馆、图书馆、科技馆。文物保护工作也有新的进展，云居寺、卢沟桥、大钟寺等57项国家级文物古迹得到恢复或修缮，180多项市级文物古迹划定了保护范围和建设控制地带。

体育事业的振兴受到重视。群众性体育活动广泛开展，不少单位相继举办了各种类型的运动会。五年来，北京市在各种重大国际比赛中共获金牌137枚，与兄弟省、市、自治区合作获得金牌77枚，有5人4次打破世界纪录，1人超过一项世界纪录。在第六届全运会上，北京共获得金、银、铜牌65枚，做到了体育比赛和精神文明双丰收。

（五）人民生活在生产发展的基础上得到较大改善。

1987年同1982年相比，人民吃、穿、用水平有较大提高。郊区贫困乡与平原地区的差距正在逐渐缩小。城乡居民储蓄存款大幅度增长，到1987年末，存款余额达到93亿元，比1982年末净增71.2亿元。社会保障和社会福利事业发展较快。城镇就业问题已经基本得到解决，五年安置就业60多万人。有劳动能力的残疾人，在城近郊区基本得到了安置，在农村已安置了80%。人民群众的居住条件有了一定改善，五年先后有60万户城镇居民迁入新居或改善了居住条件，郊区农村有一半以上的农户新建或翻建了住房。使用煤气、石油液化气和天燃气的家庭五年新增72万户，到1987年末累计达到160.1万户。

五年来，随着经济的发展，首都的社会主义精神文明建设、民主与法制建设也取得了新的成绩，有效地保证了首都现代化建设和改革开放的顺利进行。

在社会主义精神文明建设中，通过广泛开展“有理想、有道德、有文化、有纪律”的教育，开展“做文明市民，创文明单位，建文明城市”和党政军民学共建社会主义精神文明等群众性活动，全市各族人民的精神风貌发生了新的变化。创建了一大批工作好、风气正、凝聚力强的文明单位，涌现出许许多多代表新时期思想主流的先进模范人物。这些单位和个人，为首都赢得了荣誉，增添了光彩。

社会主义民主和法制建设逐步加强。人民群众的政治生活日趋活跃，有力地推动了各级领导机关决策民主化、科学化的进程。各级政府普遍重视群众来信、来访工作，注重发挥各种协商对话渠道的作用。五年来，人大代表提出的6501件议案、建议和批评意见，政协委员提出的2700多件提案，已全部办复。各民主党派、群众团体积极参政议政，监督和支持了政府的工作。各级政府在专家学者中聘请的上千名顾问，为首都的经济建设、城市建设和管理出主意想办法，做出了重要的贡献。政府法制工作逐年加强，五年提请市人大常委会审议通过的地方性法规和市政府颁布的规章共320项，占现行有效法规、规章的83%。法制教育逐步普及，政府法制部门日趋健全，法制工作队伍不断扩大。律师机构已有39个，从业律师1300名。行政执法队伍已有3.4万人，协助执法的群众队伍近15万人。在城市行政管理方面，无法可依、有法不依的状况逐步得到扭转。经过严厉打击各种严重刑事犯罪和严重经济犯罪，社会治安稳定好转，1987年同1982年相比，刑事案件发案率下降万分之四点七。在人口、车辆大幅度增加的情况下，1987年全市交通事故、伤亡人数全面下降，死亡人数比上年减少128人，下降17.6%。

民族、宗教和侨务工作有了较大进步。各民族和睦相处，信教自由得到保护。五年来，恢复、命名了34所民族中、小学和35所民族托幼园、所，恢复和开放了72座寺庙、教堂，恢复和开办了4所宗教院校。知识分子、归侨、侨眷和起义投诚人员的政策进一步得到落实。五年腾退“文革”中被挤占的私人自住房4.5万间，到1987年末累计达到6.3万间，占应退私房总数的76.8%。通过这些工作，进一步调动了全市各族人民建设社会主义的积极性，巩固和加强了首都安定团结的政治局面。

各位代表！首都现代化建设的每一项成就，都是在中国共产党第十一届三中全会以来的路线指引下取得的，都是中共中央、国务院的关怀和领导的结果，都是全市各族人民同心同德、艰苦奋斗的结果。北京市的各项工作得到了中央在京单位、驻京部队及各兄弟省、市、自治区的大力支持和帮助，得到了台港澳同胞、海外侨胞、国际友人的热情支持与合作。我代表市政府向他们表示衷心感谢！

在肯定成绩的同时，还必须看到，在我们的工作中也存在着不少问题和某些失误。

1. 政府工作中的官僚主义不同程度地存在，有的还相当严重。几年来，政府机关的工作作风虽有一定程度的改进，但由于在职能转变、机构设置这些根本问题上尚未进行有效的改革，加上我们对改进机关作风抓得还不够狠，缺乏严格的责任制和有效的检查、监督，以致部门林立、层次重叠、政出多门、手续繁杂、办事拖拉、效率不高、人浮于事等问题，至今仍未得到很好解决。由于政企不分，许多领导干部不得不忙于日常事务，而对关系首都全局的重大问题却缺乏深入细致的调查研究。特别是有少数领导干部以权谋私，搞不正之风，在群众中造成了很坏的影响。对行业不正之风虽然狠抓过一阵子，但近期又有所放松。

2. 服务态度和服务质量与首都的地位和要求还有很大差距。几年来，经过各方面努力，服务态度和服务质量有所改善，但是服务网点仍然不足，队伍素质尚待提高，服务工作在许多方面未能尽如人意，不时受到市民和国内外宾客的批评。

3. 对市场和物价的管理比较薄弱。几年来，我们在这方面虽做了大量工作，但仍跟不上开放、搞活的新形势。管理队伍数量不足，缺乏训练，法规和规章还不完善，有法不依、执法不严的情况仍然存在。乱涨价、哄抬物价、短尺少秤、以次充好、掺杂使假、蒙骗顾客等现象时有发生，使消费者的利益受到了损害。

4. 人口迅速膨胀的趋势尚未扭转。对城市人口的机械增长缺乏有效的控制和疏导措施；对流动人口缺乏科学的管理办法；对农村的计划生育工作一度有所放松，计划外二胎有所增长。

5. 现代化城市的建设和古都风貌的保护协调得不够好。几年来，在大力加强城市现代化建设的同时，由于我们对维护古都风貌的重大意义宣传不够，对有损古都风貌的建设项目把关不严，控制措施不够有力，有些建筑严重影响了城市景观，造成了新的破坏。

这些问题，必须引起我们的高度重视，努力在改革的实践中加以解决。我们诚恳希望各位代表提出批评，帮助政府做好今后的工作。

二、改革和开放是推进首都社会主义现代化建设的强大动力

经济体制改革的重点从农村转入城市以后，按照中共中央、国务院的指示精神和部署，北京的城市经济体制改革首先从商业开始，进而推向建筑业、工业、外贸、旅游业和综合经济管理等部门；从打破“大锅饭”、放权让利、扩大企业自主权，逐步推向完善企业经营机制、建立市场体系、打破政企不分和逐步转变政府的职能。同时，在科研、教育、文化、卫生、体育等领域也进行了一些改革。经过全市广大干部和群众的不断探索，现在，严重束缚生产力发展的旧体制在许多方面开始被冲破，适应社会主义有计划商品经济发展的、新的经济体制的基础正在建立。

(一) 改变了单一的所有制结构，以公有制为主体的多种经济形式并存的新格局初步形成。

单一的公有制不符合社会主义初级阶段的客观实际，阻碍了生产力的发展。几年来，我们在不断巩固和发展全民所有制经济的前提下，大力扶持集体经济，鼓励发展个体经济、私营经济以及中外合资、合作经营、外商独资经营等多种经济形式。1987年同1982年相比，全市商业、饮食业、服务业、修理业的集体所有制企业职工人数和营业额，分别增长了97.4%和2倍；领取营业执照的个体户10.8万个，营业额5.8亿元，分别增长了7.2倍和57倍。多种经济形式的发展，给国民经济注入了新的活力。

(二) 通过承包、租赁等形式，企业逐步由政府机关的附属物向相对独立的经济实体转变，活力明显增强。

搞活企业是城市经济体制改革的中心环节。按照所有权和经营权分离的原则，在企业中逐步推行了以承包为主的多种经营形式。对小型企业主要实行租赁、承包，极少数微利、亏损的饮食服务业企业通过拍卖转为私营。有的企业进行了股份制试点。对决定国民经济命脉的全民所有制大中型工商企业，按照不同情况，分别实行了保利税上缴、保技术改造、工资总额与经济效益挂钩的“两保一挂”承包经营责任制，以及上缴利润递增包干、上缴利润基数包干、减亏包干、外贸出口创汇指标包干等多种形式的承包经营责任制。同时，开始把竞争机制引入企业承包，试行了招标选聘厂长、经理，并在多数全民所有制企业中实行了厂长、经理负责制。这些改革措施的实施，使政企在一定程度上分开，把企业的责、权、利有机地结合起来，使企业朝着自主经营、自负盈亏、自我改造、自我发展的方向迈进了一步。

(三) 建立和发展各种生产要素市场，市场机制在经济生活中的作用日益扩大。

随着多种所有制经济的发展和企业经营自主权的扩大，在逐步缩小指令性计划的基础上，扩大了指导性计划和市场调节的范围。一方面，采取“调放结合”的方针，有计划地调整了主要农副产品的收购价格、主要副食品的销售价格以及煤炭、水泥等主要生产资料的出厂价格，使价格体系不合理的状况有所改善。同时有步骤地放开、放活了鲜活副食品、小吃食品、日用小商品、部分耐用消费品的价格，以及修理收费等，放开了计划外生产资料价格，使单一的计划定价方式变为国家定价、国家指导价与市场调节价相结合的定价方式。另一方面，积极建设和发展各种市场。农副产品、日用工业品等消费品市场日益扩大，多种经济形式、多种经营方式、多条流通渠道以及尽可能减少流通环节的新格局初步形成。全市国营零售商业的商品自采率有了很大提高，有的大型商场已达80%。生产资料市场、技术市场、金融市场、劳务市场、房地产市场相继出现。开办了钢材、建材、机电产品、化工产品等9个生产资料市场。金融市场自1987年初开业以来，已融通资金100多亿元，并开始发行股票和债券。技术市场的年成交金额已达1亿元以上。随着劳动用工制度的改革，到1987年底，全市已有合同制工人12.4万人，有不少人通过劳务市场合理流动。各种市场的建立和发展，促进了产需衔接，调整了供求关系，使经济运行机制发生了很大变化，单一的计划调节正在逐步向计划调节与市

场调节相结合过渡。

（四）多层次、多形式的横向经济技术联合得到发展

地区、部门的割据和封闭，严重束缚企业的发展，阻碍中心城市功能的发挥。近几年，全市围绕搞活企业，发展经济，逐步开展了横向经济技术联合。企业之间、企业与科研单位和高等院校之间的横向联合日益扩大。以大中型企业为骨干，以名优产品为“龙头”，实行跨地区、跨部门、跨所有制的专业化分工和联合投资，涌现出一批新型的企业群体和企业集团。通过横向联合，北京与各地的经济关系得到进一步密切和发展。按照互利互惠的原则，已签订经济技术协作项目1万多个，物资协作总金额20亿元。横向联合的发展，减轻了北京原材料等缺乏的困难，增强了北京作为一个特大城市的经济技术辐射能力和服务功能。

（五）平均主义的分配方式开始向以按劳分配为主体的多种分配方式过渡。

旧体制中平均主义的分配方式，严重挫伤了广大劳动者的积极性。我们通过改革，开始打破国家对企业、企业对职工的“大锅饭”，把企业的工资总额同经济效益挂钩，把职工的个人收入同劳动成果、工作实绩挂钩，逐步拉开了工资奖金档次，使分配开始起到了奖勤罚懒、奖优罚劣、鼓励上进、促进生产、改进服务的作用。对不同行业的企业实行不同的分配办法。工交企业一般和利税挂钩，建筑企业试行了百元产值工资含量包干，煤矿企业试行了吨煤工资含量包干，饮食服务修理业试行了多种形式的提成工资，农牧渔企业试行了联产联利计酬。国营企业职工普遍实行了浮动工资，部分恢复了计件工资。同时，在国家机关和事业单位实行了以职务工资为主要形式的结构工资制。通过发展多种经济形式和多种经营方式，开始确立了个体劳动所得、债券利息、股份分红、经营者风险补偿以及其它正当的非劳动收入的合法地位。

（六）通过放权，开始改变市对区县管得过多、统得过死的状况。

权力过分集中于市级领导机关，是各方面积极性难以发挥的一个重要原因。克服这一弊端的有效途径就是下放权力。几年来，在不断扩大企业经营自主权的同时，逐步向区、县放权。一是下放财权。首先实行了市与区、县之间财政包干，分“灶”吃饭，在此基础上，又逐步建立了乡财政和市区的街道财政，变财政一级管理为多级管理。同包干前相比，1987年区财政收入增加了2.2倍，县财政收入增加了2.1倍，区、县向市财政上缴额增加了4.3倍。由于区、县财政收入的增加和理财自主权的扩大，过去在发展经济、兴办教育、改善服务、进行城乡建设和管理等方面想办而办不了的事，现在许多能办到了。1987年同包干前相比，远郊区县用于发展农业的资金增长了1倍，各区、县用于发展文教、卫生、体育事业的资金增长了1.2倍，用于发展第二、三产业的资金增长了8.5倍，用于城市建设和绿化美化的资金增长了3.9倍。在实行区、县财政包干的同时，对部分事业单位也试行了经费包干，效果都很好。二是下放部分计划、税收、工商行政管理、市容环境、园林、卫生以及商业服务业等经济、事业的管理权。现在，区、县已有了部分项目的审批权、全部零售商业和大部分服务业、修理业的管理权。税收从单一税制转变为多税种、多环节、多层次的复税制，由按行业跨地区征管转变为属地征管。与此同时，区、县也向街道、乡镇下放了部分管理权限。适度的放权和分权，调动了区、县、街道和乡镇当家理财，生财聚财，加强管理，进行物质文明和精神文明建设的积极性。

（七）科研、教育开始改变国家统包统办，与经济发展相互脱节的局面，科技发展和人才培养逐步面向现代化建设。

科技体制改革五年迈出了三大步：一是1983年全面推行了科研责任制，打破了科研单位内部的“大锅饭”，实行了责、权、利的统一；二是1985年市属80多个科研院所按不同类型，实行了技术合同制和经费包干制，进行了拨款制度的改革，改变了科研单位吃国家“大锅饭”的状况；三是从1987年起，在技术开发型科研单位普遍实行了以“三保一挂”为主要内容的科技承包经营责任制，把科研单位对首都建设的贡献、科技成果的数量和水平、科技后劲的投入和产出，直接与工资奖励挂钩，从而进一步提高了科研单位和科技人员的积极性。这三步改革，促进了科研与生产的结合，加快了科技成果的开发、推广和应用，也加快了科技成果商品化和完善技术市场的进程。目前，全市已有各种科研生产联合体1300多个，一批科研院所进入了企业或企业集团。以中关村“电子一条街”为代表的民办科技企业已有530多家，拥有科技人员2万多人，成为新崛起的一支科技力量。在郊区农村，共有各种科技服务机构1640多个，适应农村经济发展需要的新的科技服务体系初步形成。改革使科技工作逐步进入经济发展和城乡建设的主战场。

教育领域的改革也正在不断深化。根据中共中央关于教育体制改革决定的精神，下放了基础教育的管理权限，调动了区县、乡镇以及社会各界办学的积极性。调整了中等教育结构，重点发展了首都现代化建设

急需的各种中等专业教育。普通高中与各种中等职业技术学校的招生比例1982年为1∶0.57,1987年已调整到1∶1.26。按照现代化建设对人才的要求,高等院校进一步调整了专业设置,增加和扩大了应用学科,在招生和毕业生分配制度改革方面也进行了有益的探索。成人教育开始从以学历教育为主向岗位职务培训教育为主转变。

在深入进行科技、教育体制改革的同时,文化、卫生、体育事业的改革也取得了不同程度的进展。

(八)郊区农村经济由普遍实行各种形式的联产承包责任制开始向专业化生产和适度规模经营发展,从搞活生产向搞活流通发展。

在生产领域,针对农业小规模生产与实现农业现代化之间日益尖锐的矛盾,围绕扩大土地经营规模和提高专业化水平,进一步调整和完善了种植业的责任制。现在,郊区平原地区82%的村、60%的粮田、大部分果园和主要经济作物已逐步实行了专业化生产、适度规模经营。养殖业的规模经营从建立大中型鸡场、推行机械化养鸡开始,逐步扩展到养牛、养鱼、养猪业,出现了一批专业化的集体养殖场和专业户。在流通领域,变绝大部分农副产品的指令性计划购销和指令性价格,为国家合同定购、市场议购和自由上市相结合的新的购销体制。通过供销社承包、租赁,培育农民合作流通组织,发展个体运销户,以及引导农副产品的产销直挂等,进一步拓宽了农副产品的流通渠道,活跃了城乡经济。

改革和开放是统一的整体。没有对外开放,也就没有社会主义的现代化。几年来,我们从改革体制和制定政策入手,逐步扩大了对外开放的广度和深度。在引进外资和先进技术方面,制定了一系列优惠政策,简化了审批手续,加快了为对外开放服务的基础设施建设,使投资环境得到较大改善。在外贸出口方面,推行了工贸结合、技贸结合、进出结合,并对出口创汇实行鼓励政策,使出口产品市场发展到世界多数国家和地区。在发展旅游业方面,变分散的部门管理为统一的行业管理,旅游设施、旅游服务、旅游商品都得到了较大的发展。目前,北京的对外开放已由经济领域扩展到科技文化领域,从引进设备和技术扩展到引进管理和人才。我们同世界大多数国家和地区的城市建立了经济技术合作、科学文化交流和各种友好往来的关系,并与10个世界名城结为友好城市。对外开放的不断扩大,开阔了我们的视野,冲击了闭关自守的思想观念和传统习惯,给首都经济社会的发展创造了新的有利条件。引进外资和先进技术,为改造传统产业和建立新兴产业门类打下了一定的基础。引进国外的先进管理方法和人才,提高了一些企业和职工的素质,增强了在国际市场上的竞争能力。

五年来,改革的逐步深入和开放的不断扩大,使全市各族人民的积极性得到进一步发挥,生产力得到新的解放,为社会主义商品经济的发展开辟了道路,同时,开放式的经济社会环境也在改革的进程中逐步形成。

各位代表!建立符合客观实际、促进生产力发展的新的体制,没有现成的模式可以照搬。特别是在一个大城市,如何制定改革的整体设想,使改革尽可能配套,政策措施尽可能完善,都需要我们按照实践是检验真理的唯一标准这一马克思主义的基本观点,以科学的求实态度,勇于开拓探索,在实践中不断总结经验,加以解决。

第一,改革必须抓住调动劳动者的社会主义积极性这个核心问题。改革是社会主义生产关系和上层建筑的自我完善,根本目的是解放和发展生产力。而在生产力诸要素中,最重要、最活跃的,是以工人、农民、知识分子和经营者为主体的所有体力劳动者和脑力劳动者。当他们的主人翁地位和应享有的权利得到切实保障,付出的劳动又与自身的物质利益紧密联系和责、权、利能统一起来的时候,他们的积极性、智慧和创造力才能充分发挥出来。因此,改革的一切政策和措施,都必须有利于最大限度地调动劳动者的积极性,通过人的能动作用,来促进社会生产力的发展。没有劳动者的积极性和劳动者的支持,改革是难以进行的,这是改革成败的关键所在。郊区农村改革的成功证明了这一点,几年来城市改革的成果也充分证明了这一点。

第二,必须解放思想,更新观念,把破除旧观念、树立新观念作为保证改革和开放顺利进行的前提条件。旧的体制是与形形色色僵化、保守的旧观念相依存的。长期以来,许多束缚生产力发展的、并不具有社会主义本质属性的东西,或者只适合于某种特殊历史条件的东西,被当作"社会主义原则"加以固守;许多在社会主义条件下有利于生产力发展和生产的商品化、社会化、现代化的东西,被当作"资本主义复辟"加以反对。因此,改革旧体制,首先必须解放思想,破除旧观念,树立适应改革开放、适应社会主义有计划商品经济发展的新观念。不破除旧观念,改革就寸步难行。即使一时取得进展,也会出现反复。当然,在破除旧观念、树立新观念的过程中,也不能以自由化观点看待改革和开放,否则就会离开社会主义轨道。

第三,必须坚持从实际出发,正确处理改革的多样化和规范化的关系。改革是一项具有探索性和开创性的事业，不能一蹴而就。由于各地区、各部门、各单位的情况千差万别，在改革的内容、方法、步骤上，必须坚持实事求是，因时制宜，因地制宜。凡是有利于生产力发展的，都应当允许探索，不能要求一个模式，搞“一刀切”。特别是在新旧体制交替、市场机制不健全的情况下，许多改革办法都是带有过渡性的，应当允许试验，允许多样化，通过实践和相互比较使之逐步完善。改革进行到一定阶段，有了较为成熟的经验，就应及时加以总结，使之相对稳定下来。

第四，必须坚持领导深入基层，调查研究，层层抓点，以点带面，分期分批，逐步推广的基本方法。改革既要大胆实践，勇于探索，尊重群众的首创精神；又要慎重从事，稳步前进。从上到下，各级领导对各项改革都应当首先进行试点，取得经验，然后分期分批在面上实施。对试验性的改革，既要积极支持，又不应轻率推广；对实践证明是行之有效的改革，就要积极推行，勇敢坚持，并且在实践中促其发展完善，绝不能因为局部的不完善或一时的不同议论而产生动摇，甚至走回头路。

在中共中央、国务院的关怀和领导下，北京市的改革和开放取得了一定进展。但从总体上看，改革仍然处于从旧体制向新体制转换的过程中，两种体制之间的摩擦和矛盾还相当尖锐，改革中还可能出现这样那样的问题和失误。尤其是各阶层利益分配上存在的某些问题，尚需通过改革进一步解决。从建设有中国特色的社会主义来说，在过去的几年中，我们所做的一切也仅仅是开始。改革开放方兴未艾，更艰巨的任务还在后头。

三、正确认识市情是首都社会主义现代化建设的立足点和出发点

五年来的实践使我们深深体会到，对北京市情的全面了解和科学认识，既是制定政策、安排计划的立足点，也是动员和激励全市人民向社会主义现代化目标团结奋进的出发点。对市情了解得越全面，认识得越深刻，就越能减少我们工作中的主观性、片面性，增强决策的科学性和行动的自觉性。

首先应当看到，北京作为全国的政治中心，使我们能够更多地得到中共中央、国务院的及时指导和全国各方面的支援；北京作为全国的文化中心，是重要的教育和科研基地，拥有一支65万人的科技大军，具有国内领先的智力优势；北京作为国际国内交往中心，更便于吸收国内外的先进技术和管理经验；北京经过三十八年的建设，已成为我国重要的综合产业城市，有一定的物质基础和经济实力，有利于商品经济的发展；北京又是我国的交通枢纽，是集散人流、物流、信息流的中心；北京作为著名的文明古都，文物古迹遍布全市，旅游资源丰富，对世界具有较强的吸引力；北京有一个比较广阔的郊区，便于调整产业结构，促进城乡合作，优化城市布局。这些都是推进首都社会主义现代化建设极为有利的条件。

在充分认识有利条件，尽最大可能发挥我们长处的同时，还必须清醒地看到，首都的经济社会发展也面临着许多矛盾、问题和困难，存在着不少制约因素，突出的是：

（一）生产力水平很低。解放前，北京基本上是消费性城市。解放后，北京市的工农业生产得到迅速发展，但生产力水平仍然很低：全市人均国民生产总值仅相当于发达国家大城市的十几分之一，甚至几十分之一；郊区农村正处于从自给、半自给经济向商品化、专业化、现代化转变时期，还有一半左右的劳力主要从事种养业的生产，多数仍是用手工工具搞饭吃，有一部分山区更落后；工业的技术、管理水平和职工素质不高，一些产品质量不稳定，在内部结构中，资源消耗型的传统工业部门的产值约占工业总产值的60%，高技术产业的开发还处于起步阶段；第三产业尽管有了较大发展，仍然远远不能满足生产和人民生活的需要。

（二）人口增长过快。目前，全市常住人口已达988万人，每年仍在以平均14万人左右的速度增长，其中机械增长5万人，自然增长9万人。流动人口增长更快，日平均由1982年的30万人发展到目前的115万人。全市实际拥有的人口早已突破千万大关。尽管我们对人口增长实行了一些控制政策，但由于基数过大，以及城乡差别的存在，人口总量的膨胀短时期难以遏止。人口增长过快，导致了社会需求的超常增长，给城市建设带来一系列难题。五年来，北京经济和社会发展的总量指标增长速度处于世界大城市的前列，而人均占有水平的提高幅度却十分有限；与人民生活紧密相关的各项建设事业有了很大发展，但远远不能满足社会的需要，有些方面的紧张状况不仅没有从根本上改观，甚至仍在加剧。比如，道路和交通建设速度很快，但整个市区仍然存在着乘车难、行路难的问题。住宅建设的规模前所未有，大批住房困难户搬入了新居，但由于人口增长过快和家庭结构的变化，老的困难户没有完全解决，又出现了大批新的困难户。托幼园所、中小学校舍严重短缺的状况还将在今后若干年内反复出现，过去

早已解决的小学二部制问题，近期又会重新出现。目前，各项文化设施和为青年、少年儿童的服务设施甚少，特别是全市离退休干部、职工已有65万多人，60岁以上人口占总人口的10.4%，为老年人服务的设施也严重不足。

（三）水资源和建设用地紧张。北京是一个严重缺水的城市，每年可供使用的水量，平水年一般为40至42亿平方米，枯水年只有33至35亿立方米，人均占有量仅为全国的1/6，世界的1/25。近年来，年用水总量已经接近水资源的可供极限。由于对地下水超量开采，导致地下水位大面积急剧下降。我们虽然采取了一些控制用水和节约用水的措施，使年用水增长幅度大大低于工农业生产和人口的增长幅度，但随着城乡建设事业的不断发展，水源不足的问题将会越来越严重。随着人口、产业和行政事业单位在城区的集聚和膨胀，规划市区的建筑用地已基本划拨完毕，规划保留的农田和绿化隔离带也不断被挤占，城市中心区地域空间的有限性，将严重制约城市未来的发展。

（四）城市基础设施长期落后于城市的发展，处于超负荷运转状态。近年来，我们虽然作了很大努力，但由于历史欠帐过多，加上投资结构不合理，目前基础设施建设仍然赶不上城市发展的需要。日供水能力在用水高峰期缺15至20万吨；旧城区的下水管道狭窄老化，急待更新扩大；污水处理率只有9%，不仅严重浪费水资源，而且污染环境；在燃料结构中，电、气、油等清洁能源比重小，煤炭消费总量居全国城市之首，致使城市环境一方面在加紧治理，一方面却在有些地方继续恶化。城市垃圾逐年增多，环卫设施严重不足，综合利用率和无害化处理率很低；电力供应长期紧张，用电高峰缺电达30至40万千瓦；城市集中供热率仅为13%左右；邮政工作场地严重紧张，设施落后；市区电话普及率只有9.1%；对内对外交通紧张，航空港、火车站常年超负荷；城市防灾设施十分薄弱，综合抗灾能力很低。

（五）城乡建设资金严重短缺，财政补贴负担日益沉重。北京是对内对外的窗口，人们对首都的建设与发展要求很高，也很迫切，但财力远远满足不了建设的需要。因此，在城市建设的资金使用上往往出现顾此失彼、捉襟见肘的窘况。城市总体规划和详细规划中需要尽快上马的项目，许多由于资金短缺而无法实施。与此同时，各项财政补贴却在逐年增加，1982年为8亿元，1987年达25亿元。这种状况仍在继续发展，长此下去，必将难以为继。

从以上对北京市情的分析出发，我们在安排首都各项建设时，必须在认识上明确以下几个问题：

第一，要把首都建设成为社会主义现代化城市，必须经过长时期的努力。我们面临的问题和困难，除自然条件的制约之外，从根本上讲，是我国社会主义初级阶段生产力水平低在北京的具体反映。北京目前还是一个现代化程度很低的发展中城市，许多问题在发达国家的城市中早已解决了，而我们正在解决中，或者刚刚起步，或者还没有起步；加上我们又是在旧城改造的基础上进行现代化建设的，这就增加了更多的困难。要求过高，急于求成，向人民群众随便许愿，期望在短时间达到发达国家大城市的现代化水平，是不切实际的，也是有害的。把北京建设成为社会主义现代化首都，需要多届政府和几代人坚持不懈的努力。我们必须充分认识首都现代化建设的长期性、复杂性、艰巨性；在想问题、办事情、做宣传时，必须牢固树立长期艰苦奋斗的思想。

第二，要解决首都现代化建设面临的种种问题和困难，根本的出路在于坚持改革开放，大力发展生产力。中共北京市第六次代表大会的报告指出，在首都的社会主义现代化建设中，必须牢固树立发展生产力的观点，把是否有利于生产力的发展作为考虑问题的出发点和检验工作的根本标准。目前，我们面临的社会总需求和总供给之间的矛盾，想办更多的事情同有限财力之间的矛盾，大幅度提高生活水平的愿望同客观可能之间的矛盾，都只能靠发展生产力以积累更多的资金来解决。北京作为全国政治文化中心功能的完善和发挥，也要靠现代化水平的提高和经济实力的增强。我们必须按照中共中央、国务院关于首都建设的各项指示精神，继续深化改革，扩大对外开放，大力发展适合首都特点的经济，为首都的现代化，为各项事业的进步，为人民生活的进一步改善，创造更加坚实的物质基础。

第三，必须动员社会各方面力量，调动一切积极因素，群策群力建设首都。北京的现代化建设是一个巨大的系统工程，有赖于中央的指示和帮助，有赖于全国的支援，但首要的是需要北京城乡人民和社会各方面的共同努力。在实现首都现代化的宏伟目标下，依靠全市各族人民同心同德、艰苦奋斗，这是我们的事业必定胜利之本。近年来，党政军民学共建文明城市的活动遍布城乡，义务劳动广泛开展，社会各部门、各界人士积极为首都建设出谋划策，贡献力量，在修桥筑路、资助教育、修缮文物古迹、植树造林、美化环境、治理脏乱、维护社会秩序和社会治安等方面做了大量工作，使我们在财力、物力不足的情况下办成了许多有益社会、造福人民的好事。这些作法，应该成为首都现代化建设的一条长期的重要途径。

大业弥艰，任重道远。在中国共产党第十三次全国代表大会确定的社会主义初级阶段的基本路线的指引下，只要我们充分发挥有利条件，调动起一切积极因素，坚定不移地开拓前进，我们就能克服一个又一个困难，就一定会一年比一年好，建设社会主义现代化首都的目标就一定能够实现。

四、今后几年的主要任务

中国共产党第十三次全国代表大会制定了党在社会主义初级阶段的基本路线，这就是：领导和团结全国各族人民，以经济建设为中心，坚持四项基本原则，坚持改革开放，自力更生，艰苦创业，为把我国建设成为富强、民主、文明的社会主义现代化国家而奋斗。

不久前召开的中共北京市第六次代表大会，按照中国共产党第十三次全国代表大会的精神，结合北京的实际，明确了首都经济社会发展的战略目标：从现在起到本世纪末，国民生产总值增长一倍，国民经济各部门的经济效益显著提高，产业结构和产业布局趋于合理，科技进步成为经济发展的主导因素，城市建设规模和基础设施配置趋向协调，社会综合服务能力全面增强，人口膨胀和环境污染得到控制，普通高中和相当于高中的职业技术教育基本普及，人民生活水平和生活质量明显改善，民主法制建设和社会道德风尚居全国前列。

今后的五年，是实现首都经济社会发展战略目标关键的五年，我们必须以改革总揽全局，动员全市各族人民，完成和提前完成“七五”计划，并着手制定和实施“八五”计划。为此，建议着重抓好以下几方面的工作：

（一）加快和深化经济体制改革。

加快和深化经济体制改革，是实现首都经济社会发展战略目标和各项任务的根本途径。按照中共中央、国务院统一部署和中共北京市第六次代表大会的决定，北京市经济体制改革下一步的重点是：第一，进一步搞活全民所有制企业。按照所有权和经营权分离的原则，继续推行并不断完善各种行之有效的承包经营责任制，探索租赁制、股份制、资产经营责任制等企业改革的多种形式。在此基础上，把竞争机制引入企业。逐步完善企业内部的改革，把企业基础管理制度建立和健全起来，在条件具备的企业推行计件工资制和定额工资制。第二，加快综合经济管理部门的配套改革。投资体制实行基本建设基金制，建立综合性投资公司，有偿使用资金。物资体制改变条块分割、层层分配的制度，建立综合物资管理部门，按合理流向组织物资供应，有计划地建立和发展生产资料市场。外贸体制向自负盈亏、放开经营、工贸结合、推行代理制的方向加快改革，全面推行外贸承包经营责任制，扩大外贸企业和出口商品生产企业的自主权。金融方面积极推进专业银行的企业化，进一步发展金融市场，扩大资金融通。继续搞好劳动、工资、社会保障制度综合配套改革的试点，完善工资总额同经济效益挂钩的办法，大力开拓劳务市场，促使劳动力合理流动。第三，积极地、有步骤地进行城镇居民住房制度的改革。住宅由统建统配、低租金福利制，逐步向商品化过渡，以解决长期以来建房资金不足、消费结构不合理、住房分配中的不正之风等问题，缓解城镇居民住房紧张的矛盾。应在前一阶段调查研究的基础上，开展宣传工作，制定实施规划和方案，并在几个区、县和企事业单位首批实行，取得经验后全面推广。第四，郊区农村的改革，应沿着生产专业化和现代化的方向进一步深化，在有利于生产力发展、条件具备和群众自愿的前提下，发展适度规模经营。进一步搞好农村流通体制改革，强化产前、产中、产后的社会化服务体系，壮大农村新型的合作经济，完善合作经济关系。

（二）积极稳妥地开展政治体制改革。

根据中国共产党第十三次全国代表大会的精神和中共北京市第六次代表大会的决定，政府机构改革应抓住转变职能这个中心，按照党政分开、政企分开的要求，裁并臃肿重叠的机构，逐步建立精简、统一、高效率的行政管理系统。一是充实加强综合经济部门的力量。财政、税务、银行、劳动、审计、物价、统计、计量、工商行政管理等部门，要根据各自的特点，强化管理、调节、监督的职能，建立健全完备的业务制度。计划部门要逐步转向以间接调控为主，着重搞好各综合经济部门的协调和全市经济活动的综合平衡，使政府对宏观经济的调控更加准确、灵敏和具有权威性。二是政府的专业经济管理部门以及综合经济部门内部的专业机构，调整职能，分步骤地进行必要的合并裁减。工业、农业、商业、外经外贸、城市建设和市政管理等专业部门，根据行业发展的需要，切实做好全行业的规划、协调、服务、监督工作。属于企业的生产指挥权和经营管理权，放给企业；属于综合经济部门的调控权，移交综合经济部门；属于社会公共事务的管理职能，按属地管理原则移交企业所在地的政府。三是对行使政府职能的公司，区别不同情况，有的撤销，有的转变为经济实体，有的恢复为政府管理机构。四是建立健全政府决策咨询、法制和行政监察等部门，以完善政府的行政管理功能。五是对非常设机构进行认真的清理和整顿，以提高政府工作的效率和水平。六是进一步明确划分市和区县的职权范围，凡是应当下放到区、县的权力都应逐步放下去，区、县也应当向街道和乡镇放权并相应地调整职能和机构。七是积极稳妥地进行人事制度的改革，逐步建立科学分类的人事管理制度，实行国家公务员制度，健全和完善任用、培训、考评等制度，切实提高政府公职人员的政治和业务素质。实行党政分开、政企分开以后，政府的责任大大加重了。各级政府既要抓物质文明建设，也要抓精神文明建设，尤其要把思想政治工作作为重要职能之一，贯穿于建设和改革的各个领域。

建设社会主义民主，是社会主义现代化的目标之一。当前的民主建设应着眼于调动基层组织和广大群众的积极性，致力于基层民主制度的完善。各级政府都要认真执行人民代表大会及其常务委员会的决议，对它负责并报告工作，接受人民代表大会及其常务委员会和人民代表的监督；要加强同各级政协和政协委员、各民主党派、各人民团体的协商，接受他们的批评和监督，以利于决策的民主化和科学化。健全居民委员会、村民委员会等群众民主自治组织，进一步增强这些组织在经济生活、社会生活、政治生活中的作用。尽快建立和完善政府与人民群众之间的协商对话制度。通过广播、电视、报刊等多种形式，扩大政务的开放程度。进一步加强人民来信的处理和来访的接待工作，使群众的要求、意见和建议能够顺畅地反映。

社会主义民主离不开社会主义法制的保障，必须一手抓建设和改革，一手抓法制。在宪法和国家法律法令的指导下，在市人大常委会的监督支持下，加快制定行政规章。加强行政执法队伍的建设，提高执法人员的素质。继续广泛深入开展普及法律常识教育和法制宣传活动，不断增强广大干部群众的法制观念和遵纪守法的自觉性，使首都各项事业进一步纳入法制化的轨道，真正做到有法可依、有法必依、执法必严、违法必究。

(三）按照北京城市建设总体规划，进一步加强城乡建设和管理。

今后五年仍然要把城市基础设施摆在城市建设的首位，加快水、电、气、热、道路、邮电等设施的建设。道路建设的重点是解决南城交通堵塞的问题，按计划完成“打通两厢、缓解中央”的路桥工程，积极安排并抓紧建设京津塘高速公路和复兴门至八王坟地铁工程，力争完成北京火车站、南站和北站的改造工程。在加强水资源管理和大力节水的同时，尽快完成水源九厂一期工程，确保1988年夏季供水，二期工程也应尽快上马。按照现代化城市的要求，提高电、气、热的供应能力，加快石景山热电厂、高碑店热电厂和天然气、煤气管道工程以及输变电工程的建设，按期完成首钢煤制气工程。积极发展联片供热。加快电讯和邮政工程建设，使电话装机容量有较大幅度的增加，邮政通信设施得到进一步改善。确保重点工程特别是亚运会工程的按期按质交付使用。为缓解群众住房困难，在进行住房制度改革的同时，住宅建设每年要稳定在450万平方米左右。

为保证国家重点工程和城市基础设施建设，需要调整投资结构，严格控制非生产性建设，严格控制新开项目，严格控制计划外工程。对计划内工程，也应严格控制其规模和标准，力求提高效益。实行统一规划、统一开发、统一建设，把新区开发与旧城改造密切结合起来，尽量避免分散投资、分散建设造成的失控现象。

环境保护和生态平衡是关系经济和社会发展全局的重要问题。应大力加强空气、水、噪声污染和固体废弃物的综合治理，着手研究水污染的综合整治方案，分期逐步实施。尽快建成密云、怀柔污水处理场，抓紧建设高碑店污水处理工程，提高污水处理能力。加强密云、官厅两大水库饮用水源的保护。积极完成植树造林特别是大环境绿化的任务。应在抓紧山区绿化的同时，在规划市区外缘栽植9片隔离地带片林并建成1条环形绿化带，搞好5条放射公路两侧和4条河流沿岸的绿化；在风沙危害和工业污染地区营造防护林，绿化美化风景区；在远郊建造千亩以上以至万亩的大面积片林，以保护生态环境，把经济效益、社会效益和环境效益更好地结合起来。

大力加强规划管理，以总体规划、分区规划、县域规划、专业规划和详细规划指导各项建设。规划工作的重点应放在新建、改建地区的详细规划方面，以促进经济、社会的协调发展。同时，积极着手进行总体规划的补充修改工作。按照中共中央和国务院对北京城市建设总体规划的批复，逐步建立城市建设和管理的法规体系，把城市管理工作进一步纳入法制化轨道。继续加强古都风貌的维护，鼓励广大规划、设计、建设人员按照“文化古都、现代城市”的要求，在节约、实用的原则下，创造出无愧首都地位的规划设计和建筑艺术。

人口管理是城市的基础管理之一。按照控制与疏导并举的方针，下大力气控制人口的迁入增长。继续加强计划生育工作，稳定现行政策，搞好基层组织建设和管理，把思想教育和各种管理措施结合起来，严格控制人口的自然增长。进一步调整城乡布局和城市内部结构，改革户籍管理制度，强化行政约束手段，并采取必要的经济措施，控制人口流入，鼓励向外地疏散。

维护社会治安和社会秩序，有效地保障人民的人身和财产安全，是城市管理的重要任务。必须继续严厉打击严重刑事犯罪和严重经济犯罪，加强交通安全管理工作、消防工作和基层安全保卫工作，特别要整治危害改革的各种违法活动，进一步搞好社会治安和社会秩序的综合治理，为首都现代化建设和深化改革扩大开放创造良好的社会环境。

（四）继续调整产业结构，大力发展适合首都特点的经济。

初步安排，到1992年，全市国内生产总值达到460亿元左右，比1987年增长近50%。工农业总产值达到550亿元左右，增长36%。继续以提高经济效益为中心，广泛深入地开展双增双节运动，努力增加生产，改善供应，保持市场繁荣。同时要加强宏观管理，收紧财政、信贷和外汇支出，严格控制基建规模和消费基金的过快增长，保持经济的持续稳定发展。稳定经济，当前突出的是稳定物价。应坚决制止乱涨价和变相涨价，特别是坚决制止和严肃处理国营垄断企业哄抬物价、扰乱市场的违法违纪行为。还应有步骤地调整不合理的价格，该稳的坚持稳住，应活的继续放活，发挥价格促进生产、引导消费的作用。

坚持国营、集体、个体一起上的方针，加快发展为生活和生产服务的第三产业。按照合理的结构和布局，继续增加商业服务业网点数量，改善网点设施，特别是加强居民区的网点建设，方便人民生活。同时，有计划地建设和改造一批商业中心和相应的基础配套设施，使商业、饮食业、服务业、修理业有一个更大的发展。交通运输、邮电通信、金融、保险、信息、咨询等行业也应当得到较大发展。力争到1992年，第三产业在国内生产总值中的比重由现在的36%提高到40%左右。

郊区农村应继续贯彻执行“服务首都，富裕农民，建设社会主义现代化新农村”的方针，推进农村经济的专业化、商品化、现代化。农业的稳定增长和农村产业结构的改善，是整个国民经济长期稳定发展的基础。北京郊区的农业现代化，对于稳定城市多种副食品供应，调整城乡布局等方面起着极其重要的作用，绝不能有丝毫忽视。各级政府都应制定有效的政策和措施，增加对农业的投入，努力改善生产条件，提高科学技术水平，大力提高郊区粮食和菜、奶、蛋、肉、禽、鱼、果等副食品的生产能力。粮食生产继续坚持“稳定面积，主攻单产，增加总产”的方针，使粮田面积保持450万亩，总产争取达到23亿公斤。蔬菜生产要立足本市，稳定提高近郊，大力发展远郊，充分发挥外埠优势，郊区调市菜地稳定在25万亩左右，调市菜保持在每年10亿公斤以上。在继续发展牛、羊、兔、鸡、鱼的同时，下大气力加快生猪生产，在国家支持下，国营、集体、个人一起上，实行专业化生产和适度规模经营，争取用三年左右时间达到年产商品猪350万头，市场自给率60%以上。采取扶植政策，努力加快贫困山区脱贫致富的步伐。继续发展乡镇企业，积极引进新技术，提高企业素质。乡镇企业是扩大出口创汇的一支新生力量。应充分发挥农村劳动力资源丰富、乡镇企业经营灵活的优势，积极利用来料、来样、来件加工组装和补偿贸易等方式，参与国际经济大循环，增加外汇收入。

工业在首都经济中起着举足轻重的作用，必须紧紧围绕提高经济效益这个中心，走内涵发展为主的道路。继续用先进的技术和装备改造现有工业，引进国外的先进适用技术，抓好对引进技术的消化、吸收、创新和国产化工作，提高产品质量，降低物质消耗。大力提高企业的管理水平，努力学习国内外先进的管理经验，积极推行全面质量管理、价值工程、系统工程、行为科学、网络技术、满负荷工作法等科学的管理方法。继续调整产业结构和产品结构，重点发展适合首都特点的电子、食品、纺织、服装、印刷、耐用消费品、新型建筑材料和汽车工业，以及机、电、仪相结合的设备制造业。把发展高技术的新兴产业放在战略位置上。在严格控制和减少环境污染的前提下，进一步发挥原材料工业的潜力，提高深加工能力。当前，应做好行业发展规划并采取各种措施，大力加强新产品的研究和开发，增加短线产品的生产，坚决压缩滞销产品。通过以上措施使更多的工业产品进入国际市场，增强竞争能力。

深入开展“双增双节”运动，是经济建设和社会生活中的一项长期任务，也是保证经济稳定和持续发展的一个重要环节。大力提倡艰苦奋斗、勤俭办一切事业的精神，坚决反对铺张浪费作风。各方面都要有过紧日子的思想准备。财政和银行应从紧安排各项支出和贷款。各行各业特别是机关事业单位应严格控制社会集团购买力，坚决把行政开支压下来。

（五）扩大对内对外开放，积极开展国内外经济技术和科学文化的合作与交流。

扩大北京和兄弟省、市、地区的联系，是促进首都经济社会发展的重要条件。广泛开展多种形式、跨地区、跨部门、跨行业的经济技术协作和联合，充分发挥北京人才集中、信息灵通、工业门类比较齐全的优势，弥补原材料、副食品和名优特产品的不足，以达到扬长避短、互惠互利、共同发展的目的。

实行对外开放是我们的基本国策。面对世界新技术革命浪潮和国际经济发展的新形势，要进一步解放思想，抓住有利时机，扩大对外经济技术文化交流与合作的规模，积极参与国际交换。提高出口创汇能力是扩大开放的基础和关键。在积极进行外贸体制改革的同时，继续落实和完善鼓励出口的各项政策措施。切实抓好出口生产体系的建设，发展一批出口专业厂家和拳头产品，开发新的出口产品。进一步调整出口产品结构，提高出口产品的质量。大力开展利用外资、引进先进技术和管理经验的工作，把利用外资、引进技术和管理与增强出口创汇能力结合起来。继续改善投资环境，积极发展中外合资、合作经营和外商独资企业。进一步落实鼓励外商投资经营的各项政策和优惠条件，把更多的外资吸收到北京来。应特别重视引进科学的管理经验和方法。在外商投资企业，一定要尊重外商对企业的管理，充分发挥他们在经营管理上的作用。

旅游业是北京增加外汇收入，扩大对外交流的优势产业。为吸引更多的海外入境旅游者，应加速旅游基础设施和景点的建设，改善经营管理，提高综合接待能力，扩大旅游商品的生产和销售，加快旅游人才的培养，提高旅游服务人员的素质和旅游服务质量，加强对外宣传，吸引更多的海外游客，力争在近几年内，使北京的旅游业有一个更大的发展。

(六)坚定地把科学技术和教育事业放在突出的战略位置，积极发展文化、卫生和体育事业。

科技工作要继续坚持面向经济建设、城市建设和城市管理的方针。首都经济社会的发展，必须依靠科技，并使科技处于领先地位。今后五年，应加快科技体制改革的步伐，进一步发挥首都科技和人才的优势，形成科技同经济密切结合的机制，增强企业特别是大中型企业应用科技成果的动力和压力，推动技术市场和技术成果商品化的进程，进一步缩短科研成果应用于生产建设的周期。在工作安排上，一是实施工业技术振兴计划，以重点改造和发展行业为主，建立和发展100个对北京产业结构和产品结构有重大影响的科研生产联合体，消化、开发和推广1000项关键技术，研制和生产1万种新产品。积极发展替代进口产品的生产，加快国产化进程。二是继续推进“星火计划”，在实现原定“十、百、千、万”目标的同时，逐步建设一批“星火”密集乡。组织好北京农业现代化工程规划的研究，并逐步付诸实施。三是围绕城市发展的一些关键问题，着手实施城市科技专项计划和科技发展基金计划，进行高技术应用开发实验室建设，开展软科学研究，并组织力量抓紧研究制定北京市中长期科技发展纲要。应重视社会科学的研究工作，制定切实可行的社会科学发展规划。同时，进一步制定、完善科技人才培养和使用的政策，改善科技人员的待遇。

社会主义现代化建设，从根本上说，取决于劳动者素质的提高和大量合格人才的培养。百年大计，教育为本。要继续坚持教育为社会主义现代化建设服务的方针，不断提高教育质量，使学生的德、智、体、美、劳全面发展。一是深化教育体制改革，加强对中小学分级管理，充分发挥区县、乡镇办学的积极性，完成普及九年制义务教育的任务。改革学前教育管理体制，提高保教质量。继续调整中等教育结构，大力发展职业技术教育。调整普通高等教育的专业结构，加快师范、财经、政法、医科等薄弱学科和专业的发展。改革招生、分配制度。在搞好人才需求预测的基础上，逐步制定出教育事业发展规划。二是增加对教育的投入。教育拨款要继续高于财政经常性收入的增长幅度。鼓励社会各方面自愿捐助资金办教育。有关部门应继续大力支持学校开展勤工俭学活动。三是加强师资队伍建设，不断提高教育质量。努力办好各类师范院校，加强在职教师的培训，提高师资水平。切实解决教师工作和生活中的实际问题，在社会上树立尊师重教的良好风尚。四是进一步发展多层次、多形式的成人教育。以全面提高劳动者素质为目的，以岗位职务培训和在职继续教育为重点，努力办好各类成人学校。五是加快校舍建设。现在全市小学入学人数已进入新的高峰期，要按期完成部分小学校舍的改造任务，尽量减少二部制。

新闻出版、广播电视、电影发行以及文物、图书、档案等事业，要坚持为社会主义服务、为人民服务的方向，把社会效益放在首位，丰富活跃群众文化生活，激发和鼓舞人们积极进取的精神。文学艺术要坚持百花齐放、百家争鸣的方针，为人民创作出更多更好的作品。大力表彰在改革开放和两个文明建设中涌现出的先进单位和先进人物，揭露和鞭笞各种不文明的现象，为推进改革开放，促进首都精神文明和物质文明建设创造良好的舆论环境。

卫生事业应继续推行各种形式的技术经济承包责任制，着重改革预防保健体制，逐步实行有偿服务，优质优价。继续鼓励和动员多层次、多形式办医，大力发展各种类型的医疗联合体。进一步加强全行业管理。全面贯彻预防为主的方针。积极推行初级卫生保健，努力抓好农村医疗卫生机构建设。在加强传染病防治的同时，重点抓好非传染病的防治，提高人民群众的健康水平。

目前，北京体育事业后继乏人的问题已经引起人们的普遍关注。从根本上改变这种状况，必须从娃娃抓起，同时加强教练员队伍的建设，加快体育人才培养的步伐。今后五年应重点抓基层，抓普及，建立和完善四级训练网，再增加一批体育设施，为广大青少年参加体育活动创造条件。继续动员全社会办体育，鼓励和提倡社会各方面举办各种类型的运动会和单项比赛，开展丰富多采的体育活动，增强人民体质，提高首都的体育运动水平。

（七）进一步搞好社会主义精神文明建设。

今后几年，经济体制改革的深化，政治体制改革的展开，对外开放的进一步扩大，对精神文明建设提出了越来越高的要求。特别是一系列具有重大意义和深远影响的国内国际活动将在北京举行，更需要我们在加强城市建设、经济建设的同时，加快精神文明建设的步伐。1988年北京国际旅游年活动已经揭开序幕，全国农民运动会也将于10月份在北京举行；1989年10月1日是中华人民共和国建国40周年大庆；1990年将举办第11届亚洲体育运动会。这些重大的活动，既是对首都精神文明建设全面的、强有力的推动，又是对首都精神文明建设成果系统的、直接的检验。全市人民都要十分珍惜、高度重视这些机会，用可能达到的最高标准做好各项工作，努力把首都的精神文明建设提高到一个新水平，向全世界展示社会主义中国首都的精神风貌。

我们要继续深入开展“做文明市民，创文明单位，建文明城市”以及各种共建社会主义精神文明的活动。全市人民都要牢固树立高标准、严要求、创一流、作表率的首都意识，增强做首都市民的责任感和荣誉感，努力以高度的文明素养和高尚的言行举止，为首都增光，为国家增光。

我们要在全市人民中坚持不懈地进行“有理想、有道德、有文化、有纪律”的教育，不断提高广大市民的道德水平和遵纪守法的自觉性。每个首都市民，在对内对外交往中，在各种公共场所，都应自觉做到严守法纪、礼貌待人、自尊自爱、互敬互助，克服和抵制社会上目前仍然存在的种种愚昧落后、粗俗野蛮的不文明习气，同有损国格人格的行为进行坚决斗争。

各级领导机关、各行各业应坚持为人民服务的宗旨，讲求职业道德，努力做好服务工作。首都各方面的工作，特别是商业、服务、金融、旅游、交通、邮电、医疗卫生、市政公用、环境卫生等行业，工作质量高低，服务态度好坏，直接关系到首都的声誉和国家的形象。全市人民，尤其是直接从事服务工作的广大干部、职工，应进一步树立为人民服务，对人民负责的思想，兢兢业业，勤勤恳恳，做好本职工作，以热情周到的优质服务，为首都赢得良好的声誉。

各位代表！首都社会主义现代化建设已经取得很大成就，但还有许多矛盾和困难等待我们去解决。我们坚信，全市各族人民在中国共产党第十三次全国代表大会的精神指引下，必将更加团结一致，群策群力，奋发进取，满怀信心地去夺取首都社会主义现代化建设的新胜利！

关于北京市1987年计划执行情况和1988年国民经济、社会发展计划草案的报告

——1988年1月21日在北京市第九届人民代表大会第一次会议上

北京市计划委员会主任　王　军

各位代表：

我受市政府的委托，向大会报告北京市1987年计划执行情况和1988年国民经济、社会发展计划草案，请予审议。

一、改革开放推动国民经济的发展，1987年计划执行情况良好

去年，我市深化各项改革，推进对外开放，开展增产节约、增收节支运动，国民经济稳定协调发展。市八

届人大六次会议确定的1987年各项主要计划任务和指标，经过全市人民的共同努力，都已经完成或超额完成，增长速度达到或超过了“七五”计划的要求，经济建设达到新的水平，城市建设取得新的成就，各项社会事业得到新的发展。据初步统计，1987年国内生产总值完成312亿元（当年价格），为计划的102.3%，比上年增长9.6%；比1982年增长一倍（按可比价格计算增长88.3%）；工农业总产值完成408.2亿元，为计划的106.6%，比上年增长10.9%。比1982年增长63.5%。

（一）工业生产持续稳定增长。

1987年工业连续创造月产新纪录，保持了稳定增长的好势头。全年工业总产值完成356亿元，超过计划6.3%，比上年增长10.5%。在进一步调整产业结构、发展适合首都特点的工业的同时，继续调整了产品结构。食品、电子、汽车、建材等行业发展较快。市场适销的彩色电视机、电冰箱、钢琴、毛线、啤酒等紧俏产品增长较多。钢材、汽煤柴油、发电设备、汽车、化肥等重要原材料、机械设备和支农产品都有较大幅度的增长。工业企业进一步挖掘潜力，努力消化原材料涨价因素，经济效益相应提高。全年地方预算内工业企业产值增长9.3%，上交利税增长7%。全民独立核算工业企业全员劳动生产率提高7.4%。万元产值综合能耗降低5.3%，节约标准煤85万吨；万元产值水耗下降11.5%，节水8000万吨。与1982年比较，工业产值增长55.7%，耗水总量却有所减少，做到了以节水求增产。建成了电冰箱压缩机厂、北京卷烟厂、毛条厂和燕山、平谷、密云3座水泥厂。技术改造、技术引进项目竣工160项，可增加具有先进水平的新产品近百种。工业发展后劲进一步增强。

铁路、交通、邮电、地质勘探部门也都完成了计划，取得了新成绩。

（二）农村经济全面发展。

郊区农、林、牧、副、渔、工、商、建、运、服全面发展，农村社会总产值达到120.5亿元，比上年增长21.2%。其中农业总产值（不含村办工业）达到20.5亿元，为计划的107.9%，比上年增长了4%。粮食生产进一步受到重视，粮田面积减少的趋势得到控制，夏粮、秋粮双超历史。粮食总产达到22.7亿公斤，比历史最高的1985年增产7300万公斤；单产487公斤，比上年增长5.3%，再创新纪录。调市商品菜达到10亿公斤，基本保证了市场大路菜的供应，细菜比重明显提高；商品蛋1.27亿公斤，与上年持平；商品奶1.47亿公斤，增长6.3%；淡水鱼捕捞量3000万公斤，增长36.1%。国家和农民都增加了对农业的投入，化肥施用量增加50%，农用薄膜增加40%，农行系统的农业贷款增加37%，对农业的发展起了重要作用。乡镇工业继续以较高的速度发展，总收入比上年增长22.5%；竞争能力进一步增强，并在上规模、上技术、上水平和横向联合方面取得新进展，一批企业群体正在形成。郊区37个贫困乡在区县政府和市有关部门的大力支持下，经过自己的努力，经济发展较快，初步统计人均收入突破500元，其中达到550元的乡占三分之一。

（三）基本建设规模得到控制，城市建设取得新成绩。

去年，全市认真贯彻“三保三压”方针，清理建设项目，严格控制新开项目，集中财力、物力保重点、保竣工，建设规模得到控制。全市基本建设投资完成65.2亿元，增长11.1%；其中地方完成24亿元，增长5.2%。全民所有制单位基本建设投资额控制在国家下达的指标之内。重点工程得到保证，北京图书馆、中央彩电中心、北京国际电信局等一批国家重点项目相继竣工投入使用。水源九厂、石景山发电厂等重点工程正加紧施工。全市房屋竣工面积920万平方米，比上年增加13万平方米；房屋竣工率由上年的32.8%提高到34%；建成宿舍530万平方米，比上年又有增加。其中地方240万平方米，包括中小学教师宿舍12.1万平方米（累计已竣工30万平方米）；落实私房政策用房15万平方米（累计已完成55万平方米）。

继续抓紧城市基础设施建设，一批道路、桥梁、煤气、热力、电信等工程相继建成使用。新建和扩建的城市道路有马家堡东路、北京站东街、南滨河路、清华西路等共13条；改造路口34个；建成天安门人行地下通道等设施，扩大了车辆通过能力。复兴门地铁折返线全部竣工，二期地铁已环行运营，地铁客运能力由每日50万人次提高到80万人次。京石公路一、二期工程建成通车。东南外二环道路工程（包括道路11.4公里、立交桥8座）也已经开工建设。竣工的污水排放与河道工程，主要有贯通城区西部的西郊污水干线和贯通石景山、丰台、海淀区的新开渠疏浚工程等，进一步改善了居民生活环境。供热方面，左家庄供热厂、西罗园区域供热锅炉房已全部建成投产，第二热电厂第一台尖峰锅炉、太平桥区域供热工程两台锅炉已投入试运行。地质仪器厂一带的区域供热工程做到当年动工当年供热。重型电机厂、邮电学院等一批区域供热工程正加紧施工。全年发展集中、联片供热面积520多万平方米。供气项目，建成了焦化厂6号焦炉、焦化厂至中关村天然气输气干线、北郊灌瓶厂及外管线。增加日供焦炉煤气24万立方米，发展煤气、天然气用户6.6万户。发展电话用户3.1万户，累计已达19.4万户。去年是发展煤气用户和电话用户最多的一年。

城市绿化、美化、净化工作取得新进展。郊区县荒山造林2万公顷，飞播造林3.3万公顷，农田林网、四旁植树1370万株。城近郊区植树186.1万株，铺草坪114万平方米，栽植丰花月季、宿根花卉74万株，新造片林116.1公顷，开辟街头绿地37.8公顷，城市绿化覆盖率达到22.8%。年初确定的12项环境保护任务已基本完成，综合治理了先农坛、月坛地区和二环路两侧，治理了80多个重点污染源，搬迁了14个污染扰民严重的工厂（车间），建成了6个低噪声小区，增加了48条蜂窝煤生产线，城市居民用煤中的蜂窝煤比重已占75%以上，还建成了20个密闭式集装箱垃圾站、4处垃圾堆放场等。

（四）对外开放进一步扩大，外贸出口、旅游和利用外资取得新突破。

去年，我市继续实行各种鼓励出口的政策，调动各方面的积极性，全年出口创汇8.82亿美元，完成国家计划的129.4%，比上年增长21.7%，已接近完成“七五”计划规定的1990年指标。出口产品结构进一步改善，机电、轻工等深加工产品的增长速度大大高于初级产品的增长速度，电冰箱、洗衣机、彩电、摩托车、吉普车、叉车等开始成批进入国际市场。

旅游事业继续稳步发展。去年，旅游事业实行行业归口管理，注重旅游设施的建设和服务质量的提高，综合接待能力进一步增强。全年建成接待外宾的旅游饭店8座，加上改扩建的24个涉外饭店，新增床位9189张；修建了八达岭和慕田峪两条旅游公路复线。全市接待入境旅游者107.8万人，比上年增长8.9%；外汇收入达到5.5亿美元。

利用外资有新的发展。全年批准立项的中外合资、合作项目共78项；批准合同72项，协议金额12.2亿美元。已开业投产的外商投资企业共有108家。

（五）科技、教育、文化、卫生、体育事业取得新进展。

科研体制改革进一步深入，科研生产横向联合组织已发展到1300多个，科学技术成果转化为生产力的进程加快。“星火计划”的11项农业系统工程进展顺利，105项乡镇企业项目开始陆续验收。“工业技术振兴计划”第一批171个项目开始实施。面向首都城市建设和城市管理的科技工作继续得到加强。

教育事业进一步发展。大学、中学、中专、技校、职业高中、成人中专都完成和超额完成了招生计划。高等院校在校学生（含研究生）15万多人，超过了历史最高水平。为解决城镇初中毕业生高峰的分流问题，努力扩大了中专、技校、职业高中、普通高中的招生。经过各级教育、劳动部门的努力，各类中等学校招收城镇学生7万多人，比上年增加了2万多人，对未升学的1万多名毕业生也采取了办补习班、就业前培训等措施进行了安排。为解决小学二部制问题，扩建改造小学校舍的工作正在抓紧进行。全年改扩建中小学23所，增加学生座位1.3万个，城乡新增托幼园所221所。

文化、卫生和体育事业有了新的进步。为纪念抗日战争50周年，建成中国人民抗日战争纪念馆。全年建成10座区县文化馆、档案馆、图书馆、科技馆，建成了外文书店。报纸、杂志发行量都比上年增加。卫生事业在改革中前进。建立了130多个医疗联合体；开办了74个康复医院；个体诊所发展到1200多个；累计开设家庭病床2万多张。全年开工建设的医院共21处，面积60多万平方米，已竣工的有石景山、甘家口、小庄、隆福医院、市急救中心、小汤山疗养院和顺义医学专科学校等。全市城乡医院新增病床1300多张，年末全市医院病床实有数达到4.2万张，每千人拥有床位数上升到4.3张。体育事业取得好成绩。本市运动员在第六届全运会上打破了一项世界纪录和两项全国纪录，获得金、银、铜牌65枚，取得团体总分第4名，并被评为精神文明代表团。第十一届亚运会工程已经全面展开。

社会福利事业有较大发展。城近郊区已有76个街道基本实现福利服务网络化，城乡新建福利工厂231个，城乡有劳动能力的残疾人已有90%左右得到安置，民政系统竣工的宿舍约1万平方米。

（六）城乡市场兴旺，人民生活继续改善。

社会商品购买力继续增加，各类商品全面增销。全年商品购进总值为274亿元，比上年增长24.4%，社会商品零售总额达到177亿元，完成计划的109.9%，比上年增长20.9%。集市贸易活跃，成交金额增长幅度较大。各种经济形式、经营方式的商业继续发展，全年新增商业服务业网点1万多个，年末已达11万个。横向经济联合进一步扩大，在外地建立了一批农副产品基地，对扩大商品货源、稳定市场起了积极作用。

城乡人民生活继续得到改善。全年四项工资性支出比上年增长18.4%；郊区农民人均收入880元以上，比上年增加57元以上。城乡居民储蓄年末余额达到93亿元，比年初增加24.4亿元。

（七）财政金融情况良好。

财政收入增加，支出进一步得到控制。全年财政收入63.6亿元，超额完成了市人代会通过的预算指标，比上年实收增长5.4%。财政支出有保有压，文教卫生事业费支出增长6.6%，支农支出增长4.6%，行政管理费支出下降10.4%。全年支出49.5亿元，控制在调整后的年度预算内。

银行信贷完成了国家下达的控制目标。货币回笼19.5亿元，比上年多回笼0.78亿元，是近几年回笼货币较多的一年。各银行还圆满完成了发行各种债券12.8亿元的任务。保险事业有了很大发展，全年保险费收入达到2.3亿元，比上年增长30%，其中涉外保险费增长22.7%。

去年进行的经济体制改革，对本市国民经济和社会各项事业的蓬勃发展，起了重要的推动作用。主要是：以搞活企业和调动职工积极性为出发点，推行了多种形式的经营责任制。在计划与市场的有机结合上迈出新的步子，扩大了指导性计划和市场调节的范围，建立和发展了生产资料市场、金融市场、技术市场和劳务市场，逐步把企业引上市场竞争和自负盈亏的道路。计划、财政、税务、银行、劳动、物价、审计、工商行政管理等综合经济管理部门，在加强自身改革的同时，积极配合与支持各行各业的改革；还多方努力筹集资金、外汇、物资，基本保证了生产建设的需要。

去年，计划执行情况总的是好的，国民经济发展比较协调，成绩显著。但工作中也有不少缺点和问题。计划执行中的问题主要是：少数计划指标完成不够理想，人口增长过多，去年末常住人口达到988万人，突破计划3万人，比上年增加16.8万人；地方基本建设规模虽然采取了各种措施努力控制，但仍然比上年增加；养猪生产下降，商品猪收购仅完成计划的88.1%；零售物价指数上升8.7%，突破了年初要求的控制在6.7%的幅度。

二、稳定经济，深化改革，搞好开放，安排好1988年计划

根据中央确定的“经济要进一步稳定，改革要进一步深入”的经济工作总方针，1988年北京市国民经济和社会发展计划的主要任务是：以搞活企业为重点，进一步深化各项经济体制改革；以提高经济效益为中心，进一步开展“双增双节”运动，推动经济协调发展；努力增加生产，改善供给，保持市场繁荣和物价基本稳定；加强宏观管理，收紧财政、信贷和外汇支出；严格控制基本建设规模和消费基金的过快增长；进一步重视和发展各项社会事业；在生产稳定增长的基础上，继续改善城乡居民生活。

计划草案对国民经济主要指标安排如下：

国内生产总值335亿元，增长7%；

国民收入237亿元，增长6%；

工农业总产值429亿元，增长5%；

财政收入66亿元，增长3.8%；

社会商品零售总额205亿元，增长16%；

外贸出口，国家计划7.8亿美元，争取达到9亿美元；

基本建设规模控制在去年水平；

年末常住人口争取控制在999万人左右。

现将几个主要部门的计划草案安排情况报告如下：

（一）大力抓好农业生产，保证重要农副产品产量稳定增长。

要继续因地制宜地推广专业化生产与适度规模经营，努力提高农业劳动生产率和土地产出率。进一步重视粮食生产，稳定种植面积，提高单产，抓紧建设郊区商品粮基地。计划草案安排，粮食产量21亿公斤。

增加副食品生产是今年郊区农村的一项重要任务。

要保证蔬菜供应不出大问题。全市调市商品菜耕地面积要确保达到1.65万公顷（24.7万亩），其中近郊1.14万公顷（17万亩），远郊0.51万公顷（7.7万亩）。要按照现代化菜田标准，建设好第一批0.13万公顷（2万亩）保护地。全年蔬菜上市量要达到10.5亿公斤以上。

要认真落实市委、市政府关于进一步发展生猪生产的决定，贯彻国营、集体、个体一齐上的方针，大力采用现代化的饲养技术，加快养猪生产专业化、商品化、现代化的步伐，努力提高经济效益。国家调拨的饲料粮要实行猪粮挂钩，切实用于养猪生产。为了支持种猪场的建设，市计委、市财政局安排了资金，人民银行总行支持了专项贷款，共投资1亿元。郊区各县（区）要加强领导，积极自筹资金，统筹安排，分期分批地把县、乡种猪场尽快建起来。

要继续安排好蛋、奶、鱼的生产。大力提高鲜蛋产量。计划草案安排，鲜蛋产量1.55亿公斤，商品蛋1.38亿公斤。商业部门要采取蛋料挂钩的办法，保证合同兑现。牛奶生产要按照“七五”计划要求逐年落实，今年安排牛奶产量1.75亿公斤。要在保证鲜奶供应的前提下，积极发展奶制品生产。淡水鱼生产要推广高产技术，提高单产，有计划地发展网箱养鱼，努力增加商品量，并逐步解决上市过分集中问题。计划草案安排，淡

水鱼捕捞量2750万公斤。

要积极发展乡镇工业。计划草案安排，乡镇工业产值和企业总收入都增长15%以上。城市工业要继续支持乡镇工业的发展，帮助乡镇工业搞好产品结构的调整。乡镇工业要努力增加自身积累，减少对信贷资金的依赖程度，争取在信贷收紧的形势下，保持旺盛的活力，努力增加出口创汇，为发展农村经济作出新贡献。

市、县（区）、乡、村和农民都要进一步增加对农业的投入，各行各业要继续加强对农业的支援。今年市计划安排的农林水利建设投资4200万元，加上专项补助县级种猪场投资1500万元，共比上年增加42.5%；市财政支农资金安排2.2亿元，比上年增加38.5%。耕地占用税的收入全部作为农业建设资金的固定来源。化肥已落实77万吨，比去年初安排的56万吨增加37.5%，市农业生产资料供应部门和各郊区县也要采取各种措施，积极组织货源。同时要大力增施有机肥、农家肥。农用薄膜安排1.1万吨，比去年增加67%。要努力增加农药和柴油的供应。农业基本建设安排的主要项目有北郊乳品厂、一批种猪场和瘦肉型猪场、大发肉鸡厂、网箱养鱼以及农科院作物楼、蔬菜研究中心等，要抓紧建设。

（二）工业要以改革促生产，保持适度增长。

工业要在完善各种承包经营责任制的基础上，把主要精力转到深化企业内部改革，完善企业经营机制上来。要深入开展“双增双节”运动，在提高经济效益和产品质量的前提下，实现工业生产发展速度保5争6的目标。计划草案安排，钢材265万吨，水泥300万吨，汽车7.85万辆，发电量106.4亿度，化肥8.86万吨，电视机90万部，电冰箱21万台，呢绒1640万米。全市万元产值综合能耗降低3%，节水5%。

工业企业要进一步落实和完善以“两保一挂”为主要内容的各种形式的承包经营责任制。承包合同要按照“包死基数，确保上交，超收分成，欠收自补”的原则坚决兑现。继续把竞争机制引入承包合同和企业内部。在中小型企业和集体企业中进一步推行租赁和招标承包，广泛推行管理人员和工程技术人员的招标聘任制。普遍推行厂长（经理）负责制，逐步建立起新的企业领导体制。相对稳定企业特别是大中型企业的经营者，进一步明确和保证经营者的责、权、利。要以改革为动力推动生产的发展。

继续调整产品结构，在努力增加短线原材料生产的同时，大力增加优质名牌产品和市场紧缺的日用消费品的生产，研究、开发一批新产品和新品种，以适应城乡市场不同层次的需要。对市场滞销的长线产品，坚决实行压缩、限产和停产，促使企业向适应市场需求的方向发展。

要坚持把技术进步放在重要位置，瞄准出口，带动工业水平的提高。进一步提高机电产品出口的比重，争取在几年内将本市工业品的外贸收购额由现在占总产值的6%提高到10%左右。要进一步引进国外先进技术，并同本市的开发、研究、创新紧密结合。要围绕吉普车、冰箱、彩电、照像机、录像机等20条“龙”，采取项目公开招标等办法，制订和分段实现消化吸收、国产化规划，争取在“七五”后三年能有一批市场需要量大、覆盖面广、用汇多的项目实现“以产抵进”，把北京的工业水平提高一大步。

要进一步以重点、优势产品为龙头，发展横向联合，组织企业集团。要把自主联合的决策权真正交给企业。今后凡是符合首都工业发展方向、企业自愿、各方有利的横向联合，有关部门都要积极给予支持。

要努力抓好工业基本建设和技术改造项目的建设和竣工投产工作。对“七五”计划中的重点项目，要抓进度，抓竣工，抓投产，抓效益，增强工业发展的后劲。华都啤酒厂要按计划在年内建成投产，彩色显象管厂要加快建设进度，金属结构厂、高压气瓶厂、铝制品厂的搬迁要抓紧进行。对“两保一挂”承包经营协议书中规定的技术改造项目，要逐项抓紧落实，定期检查工程进度，保证按期完成。

工业、交通、建筑企业和主管部门要高度重视安全生产。市政府决定要坚决把重大伤亡事故和死亡人数进一步压下来。市劳动局将按区、县、局（总公司）下达控制指标，作为各级领导目标责任制的考核内容，保证今年的安全生产情况明显好于去年。

（三）安排好商品供应，保持市场繁荣、活跃。

增加商品供应，保持市场的稳定和人民生活的安定，是今年经济工作的一项十分重要的任务。计划草案安排，今年社会商品零售总额达到205亿元，比去年增长16%。据测算，今年可实现的购买力与商品可供量之间，还存在着不小的差额。不仅商品总量不足，而且结构性矛盾也较突出。因此，必须采取有力措施，安排好今年市场。

商业部门要重点安排好蔬菜、肉类、鸡蛋、食糖、粮食、食油等重要农副产品和市场短缺的轻纺产品的收购和供应，努力增加农业生产资料的供应。农业部门要按照定购合同，努力增加调市商品量。要正确处理好国内外市场的关系，统筹安排好出口和内销。对本市生产的市场紧俏工业品，要协调工商企业的购销关系，努力满足首都市场的必要供应。属于国家计划管理和关系国计民生的重要商品，生产和商业部门都必须按计划和合同执行。要把部分重要商品的收购同原材料供应、进口用汇和财政补贴等挂起钩来,促使工农业生产单位努力完成交售任务。进一步运用市场调节机制引导生产企业增加适销对路产品的生产。

要充分发挥国营商业和供销社的主渠道作用，进一步改革和完善流通体制。国营商业和供销社要搞好承包经营责任制,增强企业活力,不断开拓和扩大经营范围。努力通过各种渠道举办多种形式的展销会,搞好横向经济联合,吸引更多的外地名、优、特、新产品进入首都市场。逐步对一些重要商品建立必要的储备制度，加强对市场的调节作用。

要继续搞好商业设施的建设。安排的主要项目有：复外综合商业大楼、公主坟城乡贸易中心、永外文化用品批发市场、粮食仓库、阜成门菜市场以及一批粮食和食品加工厂等，争取再增加7000个商、饮、服、修网点。

（四）继续扩大外贸出口、大力发展旅游事业，积极利用外资。

国家下达的出口创汇计划为7.8亿美元，计划草案安排，争取达到9亿美元，提前两年完成“七五”计划。今年国家对外贸体制将进行重大改革，加快实现“自负盈亏、放开经营、工贸结合、推行代理制”的目标,全面推行对外贸易承包经营责任制,推动进一步对外开放。市有关部门要尽快制定实施方案和在新形势下鼓励出口的政策，层层落实到外贸企业和生产企业。要采取措施,加强对本市出口货源的收购,同时抓好出口收汇工作,确保完成国家下达的今年出口收汇计划。

要继续大力发展旅游事业。计划草案安排,接待入境旅游者人数达到120万人，比去年增加12万人。旅游外汇收入达到6亿美元以上。要进一步深化旅游行业管理的改革,整顿好旅游市场秩序。继续抓紧在建旅游旅馆和旅游景点的建设。计划草案安排竣工的中外合资饭店有北京饭店贵宾楼、和平宾馆、华府大厦等5个,要尽快建成,发挥效益。要搞好以龙年为主题的国际旅游年活动,不断扩大对外宣传,提高旅游景点知名度,采取多种办法招揽更多的国外游客。要进一步加强旅游职工队伍的建设,努力提高服务质量和经济效益。

今年要在利用外资方面取得更大的进展。继续改善外商投资环境,按照国家有关政策,鼓励和引导外商向生产性行业特别是本市规划发展的重点行业投资。要切实做好项目的前期准备工作,搞好市场调查,认真落实原材料、能源、配套资金和其它建设条件。要积极利用外国政府和世界银行的贷款,发展教育卫生事业，改善城市基础设施。

（五）继续发展教育、科学、文化、体育、卫生事业。

要把发展教育事业放在突出的战略位置上。巩固九年制义务教育,进一步发展中等技术教育,着重抓好高等教育的调整、整顿。同时,尽最大努力改善办学条件。计划草案安排：市属高等院校招收研究生365人，普通高校招生1.08万人，中专（含中央在京学校）招生1.5万人，技校招生1.1万人，职业中学招生1.8万人。

教育部门要继续安排好初中毕业生的分流。今年城镇初中毕业生将达到8.2万人,经过努力,各类中等学校共可招生6.8万人。对不能升学的初中毕业生,教育、劳动部门和城近郊区,要继续共同配合举办各种类型的职业培训班、补习班以及就业前的培训等,加以妥善安排。

要抓紧解决小学二部制问题。今年城近郊小学在校生将增加到45万人左右，比去年又多了5万人；而一部分小学正在改扩建，这就进一步加重了教室不足的压力。市和区要下决心安排好改扩建小学校舍的资金，实行区长负责制，计划、财政、规划、施工等部门通力合作，确保小学改扩建任务按期或提前完成。

进一步重视、巩固与发展成人教育,以岗位职务培训和在职教育为重点,办好各级成人学校。计划草案安排,成人高校招生1.6万人,成人中专招生1.55万人。

要继续改善各类学校的办学条件，努力增加教学和生活用房。在全市收紧财政和压缩建设规模的情况下,今年安排的教育经费仍比去年增加7.3%，基本建设投资增加7.6%。要进一步调动社会集资办学的积极性,努力办好中小学校办工厂,为学生提供劳动实践条件和补充学校经费。计划草案安排,继续建设师院实验楼、北工大基础楼、经济学院图书馆、职业技术师范学院、建材轻工学院、广播电视大学和一批中小学等。教师休养院今年可部分建成。安排改扩建的中小学有70多所，要求竣工20多所。西藏中学要加快建设，确保明年暑期竣工交付使用。

科技工作要继续深化改革，促进科研院所进入企业和企业集团，继续发展一批科研生产联合体和新产业集团，放宽科技管理，搞活技术市场。继续实施“星火计划”、“工业技术振兴计划”和“城市科技专项计划”。同时抓好国家下达的工业性试验项目和科研基地的建设，加强技术交流和技术出口工作。

卫生工作要继续实行多层次、多形式办医,巩固和发展医疗联合体,进一步加强预防保健工作,加强医疗教育和人才培养工作。要抓紧医疗设施的建设。计划草案安排，在建的市属医院共18个，争取建成积水潭、复兴、第四医院等及药品检验所，继续建设首都医学院、儿科研究所和友谊、同仁、儿童、中医、回民医院以及几所区县医院。计划增加病床1000张。同时，还要继续发展家庭病床，努力缓解住院难的矛盾。

要继续进行文化艺术团体的改革，为迎接国庆40周年做好各项准备工作。抓紧建设广播电台、电视台，再建成6个区县文化馆、图书馆、科技馆、档案馆。要进一步开展群众性体育活动，加强后备运动员的培养和专业运动队伍的训练，为迎接亚运会做好准备。亚运会设施的建设已进入全面施工高峰，要保质、保量、保进度地完成施工任务，争取完成改扩建先农坛体育场、工人体育场、大学生体育馆等10处体育场馆。

控制人口增长工作要引起高度重视。今年全市人口要争取控制在999万人左右，任务十分艰巨。除继续抓好城市计划生育外，特别要注意抓紧农村计划生育工作。同时，要继续严格控制人口的机械增长。

(六)继续把基础设施建设放在城市建设的首位，同时加强环境建设。

城市基础设施建设仍然是计划安排的重点。要抓紧水源九厂一期工程及其配水管线的建设，要求今年“七·一”通水。石景山电厂第一台20万千瓦发电机组上半年要投入运行，同时，抓紧做好高碑店热电厂和十三陵蓄能电站的前期准备工作。继续抓紧建设东南外二环道路工程，地铁工程由复兴门继续东延。供热项目，二热三台尖峰锅炉要全部建成交付使用，一热尖峰锅炉年底争取1台投入运行。发展集中和联片供热面积400万平方米。供气项目，主要建成焦化厂至中关村天然气干线的罐站，续建焦化厂5号焦炉和液化气第三储备厂，发展煤气、天然气用户8万户。首钢煤制气工程(日供焦炉煤气70万立方米)，已经正式对外签订贷款协议，即将开工建设。污水处理项目，开始建设密云、怀柔两个污水处理厂，高碑店污水处理厂要完成征地拆迁工作，抓紧设备定货。市政部门还安排了地铁一期改造工程、京津塘高速公路北京段及其联络线、六里桥立交桥、京榆路以及市区部分路口的改造等。在邮电部的大力支持下，市电信局从法国购买的程控交换机已签订合同；市里组织的1.5万门程控电话设备，要抓紧落实。今年要求增加电话装机3.1万门，发展电话用户2.8万户。

继续抓好城市绿化。今年，城近郊区计划植树120万株，铺栽草坪100万平方米，栽植丰花月季、宿根花卉50万株，新造片林246.7公顷(3700亩)，绿化市区外缘环形带26公里、140公顷(2100亩)。进一步提高公园绿地的园林艺术水平，继续绿化美化二环路，并开始整治三环路，配合亚运会工程绿化一批新建道路。对新建成的十几处居住小区实现普遍绿化。

环境保护和生态平衡对国民经济和社会发展至关重要。要大力保护和合理利用自然资源，努力开展对环境污染的综合治理，加强对生态环境的保护，把经济效益、社会效益和环境效益很好地结合起来。今年要继续办好十二件实事。主要是：搞好5个亚运会场馆周围环境的综合整治；限期治理密云、怀柔水库和京密引水渠一、二级保护区的地面水污染源，重点治理水源井核心区和水源三厂、八厂防护区地下水的污染源；完成玉带河三期和小龙河一期的整治工程；继续治理三环路以内的噪声源，建成东花市等4个街道低噪声小区；完成60个严重污染扰民的工厂(车间)污染源的治理和搬迁；继续推广型煤。建设简易垃圾堆放场，使无害化处理率达到10%。种植水源涵养林0.67万公顷(10万亩)，治理沙荒153.3公顷(2300亩)；治理乡镇企业的污染，保护农业生态环境。

(七)进一步控制基本建设规模。

国务院确定，今年基本建设要进一步执行从紧安排的方针，保证重点建设，压缩一般建设，停建一批无效益的项目和楼堂馆所。为了有效地控制自筹基本建设规模，国务院决定：地方和部门的自筹投资要认购15%的重点企业债券；用自筹资金、银行贷款建设的楼堂馆所要征收30%的建筑税。

今年，我市安排基本建设计划的指导思想是：继续执行“三保三压”方针，严控规模，统筹兼顾，突出重点，照顾一般。安排项目的原则是：优先安排竣工项目和重点项目，在可能条件下安排续建项目，除涉外和经市政府特殊批准的以外，一律不安排新项目。计划草案安排，今年地方基本建设投资规模为19.74亿元，大体保持去年初的计划水平。市财力用于基本建设的资金中，城市基础设施的投资约占一半。农业和教科文卫事业的投资比去年增加，其它部门的投资基本持平。安排的施工面积大体保持去年水平。其中新开项目的施工面积只占5%左右。

地方单位的住宅建设要保持一定的在建规模。今年要竣工220万平方米，其中：中小学教师宿舍10万平方米以上，落实私房政策用房15万平方米，军队离退休干部住房10万平方米，安排无力建房的基层商业职工住房10万平方米，对公安干警的住房也作了适当安排。

政法公安和社会福利事业的基本建设都积极做了

安排。政法方面，主要安排了新建北京站地区公安分局业务用房、市公安局治安大队营房，继续建设警察学校、消防队用房、第二监狱等。司检法业务用房要抓紧征地拆迁和设计工作，具备建设条件后将正式开工。社会福利事业方面，主要建设社会福利院、儿童福利院、精神病疗养院等，争取早日建成交付使用。

这样安排后，还有些过去已确定了的项目，现在要推迟建设；有些在建项目，也不得不放慢进度。这将给有些单位带来一些困难。我们相信，有关单位一定能够顾全大局，支持我们把建设规模压下来，把有限的资金用在重点项目和竣工项目上。

为了严格控制投资规模，调整投资结构，必须采取切实有力的措施。

第一，严格控制新上项目，除市政府特殊批准的极少数项目外，一律不再开新项目。新项目开工要严格履行审批手续。

第二，严格审查自筹资金。利用自有资金搞基本建设的都要预先打足建筑税和购买15%的重点企业债券用款，再安排基本建设计划。

第三，各设计单位必须严格按批准的设计任务书进行设计，凡自行扩大规模、提高标准、大量超出批准投资控制数的，不能列入计划。

第四，推行招标投标和承包责任制，把竞争机制引入基本建设工程，以节约投资，降低造价，缩短建设工期。

第五，积极推行综合开发建设。

（八）加强宏观管理和综合平衡。

今年的经济体制改革，要在深化企业经营机制的同时，进行投资、物资、劳动、金融、外贸体制的配套改革。有关部门必须使自己的观念和工作跟上新的形势，根据国务院的统一部署，结合北京市的实际，制定具体实施方案，保证各项改革措施顺利出台。要进一步增强综合经济部门的宏观调控能力，主动地、及时地解决经济运行中出现的问题，保证今年经济建设和社会事业更加健康地向前发展。

今年，市财政的收支盘子安排的很紧。必须从增加收入和压缩支出这两个方面想办法缓解矛盾。财政工作，要以深化改革为动力，调动各方面的积极性，促进生产发展，挖掘内部潜力，提高经济效益，努力增加财政收入。采取多种办法开辟财源，筹集资金。收紧财政，控制支出，厉行节约，有保有压。采取必要措施，逐步减少财政补贴。加强财政监督管理。

税收工作要进一步加强，发挥税收对国民经济的调节作用。要大力组织收入，认真抓好重点税源的征收管理，做好新开征税种的征收入库工作，从严审批减免税的申请。要完善征管制度，堵塞漏洞，严肃税收法纪，及时查处偷税抗税案件，保证税款及时足额入库。

保持信贷的平衡和合理的规模，是保证稳定经济和稳定物价的关键。要努力扩大存款，增加储蓄，通过信贷手段，促使企业提高资金使用效益，挖掘资金潜力。继续贯彻“调整结构、区别对待”、“紧中有活”和“择优扶植”的信贷政策，按控制指标发放贷款。流动资金贷款要优先保证外贸出口和农副产品的计划收购任务。要进一步办好金融市场，扩大资金融通。信贷工作要与产品结构的调整结合起来，促短线，压长线，对虚盈实亏和资不抵债的企业停止发放贷款。

要加强对重要物资的平衡衔接和组织供应。国家分配的物资要重点保指令性计划、市场紧俏商品以及重点基建、技术改造工程的用料，要多渠道、多层次、多形式地筹措和开发物资资源。除通过协作、调剂解决一些短线物资外，要继续与外地合作，建设一批本市急需的原材料和农副产品供应基地。要继续有计划地发展和完善生产资料市场，搞活物资流通。采取有效措施，大力压缩钢材等库存物资。狠抓物资的节约代用、综合利用以及废旧物资的回收、加工。

必须进一步严格控制进口。根据保重点兼顾一般的原则，安排好各种进口物资的用汇。重点解决维持生产所需的原材料和维修配件，适当增加对农业生产资料的用汇。对国内可以解决的原材料、设备，坚决不进口。继续发挥各部门、各企业的积极性，尽力解决外汇不足的问题。

各位代表：

今年深化改革和稳定经济的任务十分繁重。我们坚信，在党中央、国务院和市委、市政府的正确领导下，经过全市人民艰苦的奋斗，一定能克服前进道路上的种种困难，实现本市1988年国民经济和社会发展计划所规定的各项任务，为提前完成“七五”计划打下坚实的基础。

关于北京市1987年财政预算执行情况和1988年财政预算草案的报告

——1988年1月21日在北京市第九届人民代表大会第一次会议上

北京市财政局局长　王宝森

各位代表：

我受市人民政府的委托，现在向大会提出1987年财政预算执行情况和1988年财政预算草案的报告，请予审议。

一、1987年财政预算执行情况

去年，在党中央、国务院和中共北京市委的正确领导下，全市各条战线的广大干部和职工认真贯彻党的十一届三中全会以来的路线、方针、政策和全国省长会议精神，坚持四项基本原则，深化改革，扩大对外开放，广泛开展增产节约、增收节支运动，首都的物质文明和精神文明建设都取得了新的成绩。工业生产稳步增长，经济效益进一步提高，粮食喜获丰收，市场繁荣兴旺，外贸出口大幅度增长，城乡建设取得明显成效，各项事业有了进一步的发展。在此基础上，财政收支预算执行情况也是好的。

市第八届人民代表大会第六次会议批准的1987年市财政收入预算为633600万元。预计完成636150万元，为预算的100.4%，比上年实际收入增长5.4%。如剔除不可比因素，比上年增长10.6%。分项收入预计完成情况是：工业企业收入预计完成142316万元，为预算的101.7%；商业企业收入预计亏损2010万元，比预算短收16760万元；粮食企业预计亏损57427万元，比预算增亏15427万元；工商税收预计完成548213万元，为预算的102.5%；农业税预计完成3786万元，为预算的168.3%；其他各项收入预计完成1272万元。

市第八届人民代表大会第六次会议批准的1987年市财政支出预算为462600万元。在预算执行过程中，根据建设和各项事业发展的需要，国家和市政府陆续追加专项拨款46510万元，经报请市人大常委会批准，支出预算调整为509110万元。执行结果，1987年预计支出495000万元，为调整预算的97.2%。主要支出项目预计完成情况是：基本建设支出135000万元，为预算的99.8%；企业挖潜改造支出19000万元，为预算的98.3%；科技三项费用支出8000万元，为预算的98.8%；支援农村生产和农业事业费支出16150万元，为预算的91.2%；城市维护费支出19000万元，为预算的99%；文教卫生事业费支出84754万元，为预算的95.7%；科学事业费支出5040.4万元，为预算的96.5%；抚恤和社会救济事业费支出9200万元，为预算的87.2%；行政管理费支出17700万元，为预算的93.2%；城镇居民副食补贴和各项财政价格补贴支出122432万元，为预算的98.2%。

1987年预计执行结果，收支相抵后，略有结余。除按财政体制规定上解中央部分外，本市财政结余73280.6万元。其中，属于应结转下年继续使用的专项结余有36041.6万元；属于各区、县的财政结余有36819万元；属于市财政的结余只有420万元。

1987年财政收入超额完成了年度计划，比上年有较大幅度的增长；财政支出保证了重点，支持了改革和各项事业的发展，并做到了收支平衡，略有结余，总的预算执行结果是好的。现将主要情况说明如下：

（一）深化改革是促进生产发展的强大动力，保证了财政多收，企业多留，职工多得。根据《中共中央关于经济体制改革的决定》精神，结合我市的实际情况，从年初开始，紧紧围绕搞活企业这个中心，按照两权分离的原则，由点到面，逐步进行了一系列改革，取得了新的进展和突破。市经委系统16个工业局（总公司）和市商委系统300多户大中型企业按照“包死基数、确保上交、超收多留、欠收自补”的原则，全部实行了以“两保一挂”为主要内容的多种形式的承包经营责任制；对小型企业主要实行租赁、承包，极少数微利、亏损的饮食服务企业通过拍卖转为私营。有的企业进行了股份制试点。进一步把企业的责、权、利紧密地结合起来，调动了企业和职工增产挖潜的积极性。全年工业总产值完成356亿元（不包括村办工业），比上年增长10.5%，超过了年初确定增长5%的计划。社会商品零售总额完成177亿元，比上年增长20.9%。经济效益有了明显提高，通过调整产品结构、增产适销对路的产品、节约物耗和资金占用、压缩库存、加速资金周转、改善经营管理，企业自行消化各种减利因素达3.36亿元；开发新产品，增产适销对路产品增加利润8600万元；产品质量稳定提高率达到97.4%，比上年上升了0.3%；万元产值综合能耗下降5.3%；资金周转加快2天。

在生产增长，流通扩大和经济效益提高的基础上，不仅财政收入按可比口径比上年增长10.6%，而且企业留利也相应增加较多。1987年企业留利25.1亿元，比上年增加3亿元，增长13.3%。实行承包的16个工业局（总公司）和300多户大中型商业企业绝大多数超额完成了承包指标。初步统计，比承包上交利润基数超收1.45亿元，增强了企业活力和发展后劲。职工个人收入也有了明显增加。据统计，地方企事业单位职工年人均工资达到1616元，比上年增长9.3%

（二）调整投资结构，重点支持了城市基础设施的建设。1987年用于基本建设方面的支出，认真贯彻“三保三压”的方针，保重点，保竣工，严格控制新开项目。重点加强了城市基础设施的建设，同时建成了文教卫生设施、住宅等一批与人民生活密切相关的骨干项目。建成北京站东街、南滨河路等道路13条；拓宽改造路口34个；整治了二环路，加快东南外二环工程建设，部分地区交通拥挤状况得到一定缓解。左家庄供热厂和第二热电厂第一台尖峰锅炉，太平桥、西罗园两个区域供热工程相继投入运行，全市发展集中、联片供热面积520多万平方米；建成焦化厂至中关村天然气输气干线，完成了焦化厂六号焦炉大修，增加日供气能力24万立方米；发展煤气、天然气6.6万户；发展电话3.1万户。煤气用户和电话用户都是历年来发展最多的一年。水源九厂的建设正在抓紧施工。全市房屋竣工面积达920万平方米，比上年增加13万平方米，竣工率由32.8%提高到34%。地方住宅竣工240万平方米，其中建成中小学教师宿舍12.1万平方米，落实私房政策用房15万平方米。这些都进一步缓解了首都水、电、气、道路、通信、住宅的紧张状况。其他各项事业建设也有了新的发展。

1987年城市维护费支出19000万元，比上年增长8.5%。加强了城市环境保护，绿化、美化、净化工作取得新进展。1987年城近郊区植树186.1万株，铺草坪114万平方米，新造片林116.1公顷，开辟街头绿地37.8公顷，城市绿化覆盖率达到22.8%，并完成市区外缘共长10公里放射线的绿化工作。环境卫生管理工作有所提高，新翻建公厕170个，维修下水管道24.2公里，建密闭式集装箱垃圾站20个，垃圾收集、清运全部实行容器化，进一步改善了城市人民生活环境。

（三）突出重点，继续增加支出，支持科技、教育、文化、卫生、体育事业的发展。1987年文教卫生事业费预计支出84754万元，比上年增长6.6%。其中教育事业费支出48000万元，比上年增长7.9%，高于财政收入增长5.4%的幅度。1987年继续把支持教育发展放到突出位置上，努力为教育事业发展办实事。市政府拨出专款1100万元，用于普及九年制义务教育，为边远山区教师进修培训购置250套放像设备，更新了边远山区小学课桌椅5万套，解决中小学校舍危房修缮，改善了办学条件。进一步发展职业技术教育，市财政拨款800万元，为职业高中添置设备和实习场地，职业高中新增学生21158人。市财政还拨出一部分财政周转金，帮助教育部门兴办校办工厂，促进知识教育和劳动教育的结合，支持了教育事业的发展。卫生事业费支出15700万元，比上年增长9.8%，重点解决部分医院设施改造和维修，为专科医院和综合医院配备了一批先进医疗设备，改善了医疗条件。体育事业费支出4652万元，比上年增长3.2%，新建了怀柔芦城训练基地和第二体校训练场地，新成立了市体育运动学校和17所区、县体育运动学校，在校生达1100多人。此外，从资金上保证了全运会集训和比赛的需要，我市体育代表团在第六次全运会上努力拼搏，取得总分第四名的好成绩。1987年用于科学事业和科技三项费用支出达到13040.4万元，比上年增长28.9%，支持了重大科研项目的开展和“工业技术振兴计划”、“星火计划”的顺利实施。1987年共完成科研项目493个，开发新产品3000项左右，增加产值8亿多元，增加税利1亿多元，节汇创汇1000多万美元。全市获市级科技进步奖的优秀成果达400多项。

（四）增加农业投入，促进郊区副食品基地建设和农村经济的全面发展。1987年用于支援农村生产和农业事业费方面支出达16150万元，比上年增长4.6%，重点用于加强郊区副食品基地建设，支持农业生产适度规模经营。1987年新建粮食生产基地118万亩，产粮6.8亿公斤，比上年增长8.5%，建成蔬菜生产基地3400亩，新建和配套淡水鱼基地2万亩，果品生产基地5万亩。同时为了发展生猪生产，新建了一批猪场，对70个瘦肉型猪场进行配套改造。重点支持乡镇企业的发展，全年共发放支农周转金4500万元，扶持发展乡镇企业1070个，创产值35000万元，增加利润5473万元，上交财政税款2447万元。为重点扶持37个贫困乡改变面貌，市、区、县财政拨出专款560万元，帮助建立42个乡镇企业，发展了种植业和养殖业，在生产发展的基础上，1987年人均纯收入预计达到500元，有1/3的乡可以脱贫。

（五）在生产发展的基础上，人民的生活水平不断改善和提高。为了进一步克服平均主义，调动职工的生产积极性，1987年通过实行企业工资总额与经济效益挂钩和给行政事业单位部分职工增加工资，全市共拿出资金8100万元，增加了职工收入，改善和提高了人民生活水平。城市职工家庭人均收入预计达到1182元，比上年增加114元，增长10.7%。此外，在当前各方面改革还不配套，价格还没有完全理顺的情况下，为了不影响人民生活水平的提高，财政从收入和支出两个方面用于城镇居民的各项补贴有较多的增加，1987年预计达到251886万元，比上年增加56026万元。包括：城镇居民副食补贴60000万元；粮油政策补贴90223万元；肉、蛋、禽、菜亏损补贴46657万元；生活用煤和液化气补贴16167万元；公共电汽车月票和地铁补贴13965万元；房租和取暖补贴2300万元；猪皮制革补贴4117万元；其他补贴18457万元。按全市600万城镇人口计算，每人一年补贴420元，每人每天补贴1.15元。

（六）进一步下放财权，完善区县财政体制，建立乡财政和街道财政。为了调动各区县增收节支的积极性，进一步改进和完善了对各区、县的财政包干体制，促进区县财政收入的全面增长。1987年18个区县财政收入预计完成19.2亿元，比上年增长19.1%，高于全市财政收入增长幅度近3倍，是近几年来收入增加最多、增长幅度最大的一年，充分显示了区县财政包干的优越性。与此同时，为使财政体制改革向基层延伸，进一步下放了财权，1987年上半年在全市93个街道全部建立了街道财政，并实行了乡财政和街道财政包干。全市268个乡（镇）财政收入预计完成5.1亿元，比上年增长13.6%；93个街道财政收入预计完成1.86亿元，比上年增长23.3%。随着财政收入的增加和财权扩大，各区县办了许多过去想办而办不了的事情。如崇文区建成本市最大的区文化馆，通县完成了玉带河一、二期工程，大兴县魏善庄乡、榆垡乡为20名教师解决住房困难问题，翻建教室27间，改善了农村办学条件。崇文区天坛街道支持曙光制药厂周转金30万元，购置生产设备，增加生产能力，全年创产值和实现利润分别比上年增长1.6倍和2.8倍。东城区景山街道兴办了敬老院、残疾儿童收托所、婚姻介绍所、家务劳动介绍所和军烈属服务站，促进了街道公共福利事业的发展。这些都受到了群众的欢迎。

1987年还在市属园林、文化、环卫等部分事业单位实行“三定一奖，四年不变”的经费包干试点，改变了事业单位一切由国家包下来，靠“输血”过日子的状况，调动了积极性，提高了事业单位自我发展的能力。如市园林局预计全年园林业务收入达4763.5万元，比上年增收953万元，增长25%。

为支持对外开放，改善投资环境，进一步下放了“三资”企业管理权限，建立了支持外商投资企业发展周转金，促进了“三资”企业的发展。1987年涉外企业上缴财政收入预计达4.64亿元，比上年增长35%。财政发放周转金2045万元，增加利润225万元，创外汇400多万美元。

（七）大力压缩行政费开支，严格控制社会集团购买力。按照全国省长会议确定的行政经费要在1986年实际支出的基础上压缩10%的要求，市政府召开了动员大会，发出了严格控制行政费开支的紧急通知，对各区、县，各部门下达了行政费支出控制指标。为把这项工作落到实处，实行了行政经费“预算包干，结余留用，超支不补”的办法，清理和精简机构，控制人员编制，大力压缩会议，严格控制设备购置。经过各区、县，各部门的共同努力，全市行政经费预计支出17700万元，比上年减少开支2060.7万元，下降10.4%。全市没有一个区、县、局突破行政经费控制指标。特别是购置费、修缮费、差旅费大幅度下降。这不仅节约了财政开支，更重要的是对克服官僚主义，发扬勤俭节约，艰苦创业的优良传统起了积极的作用。在压缩行政经费的同时，社会集团购买力也得到了控制，全年预计完成7.4亿元，没有突破中央下达的7.53亿元的控制指标，18种专控商品预计执行数比上年下降31%。

（八）加强征管工作，严肃财经纪律，开展税收、财务、物价大检查。1987年税务部门认真贯彻执行国务院《关于严肃税收法纪，加强税收工作的决定》，加强了纳税检查，清理了越权减免税问题，严肃税收法纪，大力组织收入，超额完成了税收任务。1至11月共检查纳税单位和个人3.6万户，查出有偷漏税问题的1.2万户，查补税款2.16亿元。财政部门严格审批税前还贷，清理滞欠，整顿副食补贴，堵塞跑、冒、滴、漏。认真贯彻违反财政法规处罚条例，严肃财经纪律。去年四季度根据国务院的部署，全市普遍开展了税收、财务、物价大检查，并进行了重点检查。在财政、税务、审计部门密切配合，共同努力下，全年共查出各类违纪金额 1.7 亿元，已补交入库 1.4 亿元。

各位代表：1987 年财政预算执行情况是好的。但也存在一些值得注意的问题。一是财政资金供需矛盾突出，城市建设资金严重短缺；二是财政补贴增长过猛，负担过重，财力难以承受；三是部分企业经营管理不善，经济效益不够理想，内部潜力还没有充分挖掘出来；四是一些单位铺张浪费、摆阔气、花钱大手大脚的现象仍比较严重。这些问题和不足，需要我们在新的一年里认真研究，切实加以解决。

二、1988 年财政预算草案

1988 年财政收支预算草案，是根据党的“十三大”和北京市第六次党代会精神，贯彻中央关于稳定经济，深化改革的方针，按照本市国民经济和社会发展计划各项指标的要求安排的。

1988 年财政收入预算安排 660000 万元，比上年预计完成增长 3.8%；如按可比口径计算，增长 9.1%，高于生产增长 6%的幅度。其中：工业企业收入安排 144800 万元，增长 1.7%；商业企业收入安排亏损 22000 万元，增亏 19990 万元；粮食企业亏损安排 66000 万元，增亏 14.9%；工商税收安排 585000 万元，增长 6.7%；其他各项收入安排 18200 万元。

1988 年财政支出安排 500140 万元，比上年预计支出增长 1%。其中：基本建设支出安排 104000 万元，下降 23%；企业挖潜改造资金安排 25000 万元，增长 31.6%；支援农村生产和农业事业费支出安排 22300 万元，增长 38.1%；城市维护费安排 21900 万元，增长 15.3%；文教卫生事业费安排 89840 万元，增长 6%；科学事业费安排 5544 万元，增长 10%；行政管理费安排 8340 万元，下降 5%；城镇居民副食补贴和各项财政价格补贴支出安排 128500 万元，增长 5%；其他各项支出安排 94716 万元。

按照以上收支安排，除按财政体制上解中央部分外，本市财政收支平衡。现将 1988 年财政收支安排的主要情况说明如下：

（一）财政收入的安排是积极的，保持了稳定增长。1988 年财政收入预算是按照市计委安排的国民经济计划主要指标计算的。即：工业生产增长 6%；社会商品零售额增长 16%；可比产品成本和商品流通费下降 1%；工业亏损企业扭亏 20%。同时考虑了提高企业经济效益、新增税源、恢复征税等增收因素和粮食、商业亏损补贴增加等减收因素。从表面上看，财政收入比上年只增长 3.8%，幅度不高，这主要是由于粮食和商业亏损补贴增加，冲减了一部分收入，如按可比口径计算比上年增长 9.1%。因此，这个任务是积极的，也是比较艰巨的。但有利条件很多，随着党的“十三大”精神的贯彻，进一步深化改革，广泛、深入地开展“双增双节”运动，企业经济效益会有很大提高，经过努力，今年的财政收入任务是可以完成的。

（二）财政支出贯彻收紧的精神，坚持紧中有活，有保有压。1988 年财政支出的安排比上年只增长 1%，是近几年来支出安排增长幅度最低的一年。一方面是贯彻了中央稳定经济、深化改革的经济工作总方针，服从全局的需要；另一方面为收紧财政，中央对地方采取了一些措施，本市财政资金有所减少。因此，1988 年财政支出必须从紧安排，贯彻紧中有活，有保有压的原则。压缩的重点是基本建设投资和行政费开支，对教育、卫生、科学等事业费支出保持了适当的增长。

（三）在严格控制基建规模的前提下，调整了投资结构，重点加强市政基础设施建设。1988 年基本建设支出比上年下降 23%。根据中央从紧安排基建的要求，今年要继续贯彻“三保三压”的方针，集中资金用于加快城市水、电、气、热和道路的建设，同时还安排了一批文教卫生设施和住宅建设项目。

1988 年城市维护费支出安排 21900 万元，比上年增长 15.3%。重点是综合治理三环路，加快路口改造工程，建立交通指挥设施，翻建扩建公厕，解决污水管道维修和路面保养。

（四）增加支援农业支出，重点支持适度规模经营，推进农业经济的专业化和商品化。1988 年支援农村生产和农业事业费支出安排 22300 万元，比上年增长 38.1%，重点用于郊区新建一批专业化养猪场，进一步发展生猪生产，逐步缓解首都猪肉供应偏紧的状况。支持农业适度规模经营，加快粮食、淡水鱼、果品、蔬菜、肉牛等生产基地的建设、配套和改造。同时进一步促进乡镇企业的发展，扶持边远贫困山区建设，尽快改变贫困乡的落后面貌。

（五）把科技、教育作为战略重点，积极支持科技、教育事业的发展。1988 年用于文教卫生事业方面的支出比上年增长 6%。其中：教育事业费安排 51500 万元，比上年增长 7.3%，高于全市财政收入的增长幅度。在财力紧张的情况下，这样安排已尽了最大的努力。增加的支出主要用于巩固普及九年制义务教育，新增学生，购置教学设备，改善办学条件，发展职业技术教育。科学事业费安排 5544 万元，比上年增长 10%，重点用于支持重大科研项目的研究，大力发展多种形式的科研生产联合体，加快科技进步。

(六)继续改善和提高人民生活水平。1988年企业职工通过工资总额与经济效益挂钩的办法，随着生产的增长和效益的提高,工资将进一步有所增加。对行政事业单位的职工要适当增加一部分奖金，还要给部分职工增加一些工资,所需资金在预算中已做了安排。另外,为了稳定市场,保障人民生活,财政对各项价格补贴继续有所增加。

三、为完成1988年财政预算而奋斗

1988年财政收支任务十分艰巨，要动员全市人民，认真贯彻党的“十三大”和市第六次党代会精神，以改革为动力，同心协力，共同奋斗，努力完成1988年财政预算任务。为此，要切实抓好以下几项工作：

1. 继续深化改革,努力促进生产,提高经济效益,增加财政收入。1988年要继续把搞活企业，完善企业经营机制作为经济体制改革的中心环节。按照两权分离的原则,继续推行和不断完善“两保一挂”为主要内容的多种形式的承包经营责任制。要做好工作,创造条件,逐步实行财政部门直接同企业进行结算。为稳定承包经营责任制,巩固改革成果,市财政与各单位签定的承包合同,企业超收分成比例仍然不变,保证按合同规定兑现。重点完善企业内部经营机制,把承包指标层层落实到车间、班组和个人，做到纵向到底，横向到边。在企业内部分配上要打破平均主义，推行工资总额同经济效益挂钩办法。加强企业基础工作,把竞争机制引入承包经营，积极推行“厂内银行”的结算办法。要加强对国有资产的管理，保证国有资产的完整和增值。

要把深化改革同“双增双节”运动紧密结合起来，互相促进。今年“双增双节”运动无论在深度上和广度上都要有新的突破。要求企业在工业生产保持一定增长速度的前提下，销售利税率提高1%；企业两费（管理费和车间经费的可变部分）下降10%；工业亏损企业扭亏20%；可比产品成本和商品流通费下降1%,上述指标要层层落实到各基层单位。实行承包经营责任制的企业除了保上交税利以外，还要保上述指标的完成。要通过增产适销对路的产品，调整产品结构，提高产品质量,降低物质消耗,挖掘内部潜力,以增加生产,扩大流通,提高经济效益,增加财政收入,保证财政收入预算的完成。

2. 筹措资金，广开财源，缓解首都建设资金的不足。目前各方面对资金的需求量很大,但市财力又十分有限,资金严重短缺,远远满足不了建设的需要。为此,必须筹集资金，广开财源，通过大力发展财政信用事业,积极利用一部分预算外的沉淀资金,争取利用世界银行贷款,并采取一些切实可行的措施,筹措一部分资金，适当弥补首都建设资金的不足。

3. 收紧财政，严格控制开支。根据中央收紧财政的精神和北京市面临的实际困难，1988年财政支出在保证重点建设和各项事业发展最低需要的前提下，要继续严格控制基本建设规模，加强对自筹基建和计划外基建投资的审批和管理。要严格控制和节减行政费开支,控制人员的不合理增长。未经批准,各部门不得随意增加机构,新增人员。对现有的行政机构,特别是一些临时性机构和众多的学会、协会要进行精简、整顿和清理,对购置费、修缮费、差旅费等公用经费要压缩20%。对行政单位从今年起实行经费全额包干办法,并要下达控制指标,不准突破。要严格控制社会集团购买力,加强对专控商品的审批,对违反控购纪律的买卖双方都要进行严肃处理。各部门、各单位要厉行节约,严格控制不合理开支,反对一切铺张浪费行为。特别是各级党政机关必须起表率作用,发扬艰苦奋斗,勤俭办一切事业的优良传统。

此外,在不影响人民生活的前提下,改革一些不合理的补贴制度和办法,理顺各方面的关系,采取一定的措施，控制财政补贴的过猛增长。

4. 改善管理，继续放权，调动各方面增收节支的积极性。1988年要继续巩固、完善市对区、县财政包干体制，调动区、县增收节支的积极性。各区、县要通过深化改革，促进经济发展，提高经济效益，努力增加收入。同时也要适当下放一部分财权，加强乡、街道财政管理,调动乡和街道增收节支的积极性,巩固和完善已经建立的乡、街道财政。

在1987年事业单位经费包干试点的基础上,对有收入的事业单位,全面推行经费包干办法,扩大单位财权,增加活力,促进事业发展。对医疗卫生机构和公费医疗管理办法要进行改革试点，探索搞活医院和节约公费医疗开支的新路子。

5. 加强财政税收管理，严肃国家财经纪律。税务部门要进一步强化税收管理,坚持依法纳税,加强纳税检查，堵塞漏洞，严肃查处偷税、抗税行为,发挥税收调节经济的作用,保证税款及时足额入库。各部门都要积极支持和配合税务部门开展工作，共同维护国家税收。财政、税务、审计部门要密切配合，加强经常性的财经纪律检查工作，敢抓敢管，依法把关。要继续深入开展税收、财务、物价大检查，搞好自查补课和重点检查。加强财政立法，坚决制止偷税漏税、乱挤成本、乱

涨价、滥发奖金、虚报利润等违法乱纪行为。

6. 适应改革需要，进一步加强财政、财务、税务部门的队伍建设。随着经济体制改革的进一步深入，财政、财务和税收工作任务越来越繁重，在经济建设中发挥着越来越重要的作用。为了适应改革的需要，必须进一步充实财政、税务机构，加强干部力量，提高干部素质。各部门要积极支持财政、税收工作。广大财政、财务、税务干部要认真学习党的“十三大”文件，深刻领会社会主义初级阶段的理论和党的基本路线，进一步提高政策理论水平，尽快把现行财政转变为经营管理型的效益型的和开拓型的财政，为加快首都现代化建设和争取全面改革的新胜利贡献力量。

各位代表：1988 年我们要在市委的领导下，动员全市人民加快和深化改革，广泛深入地开展“双增双节”运动，努力增收节支，为实现北京市 1988 年财政预算而努力奋斗。

北京市人民代表大会常务委员会工作报告

——1988 年 1 月 25 日在北京市第九届人民代表大会第一次会议上

北京市人民代表大会常务委员会主任　赵鹏飞

各位代表：

我代表市人民代表大会常务委员会向大会报告工作，请审查。

去年 3 月市八届人大六次会议闭幕以来，常务委员会根据代表大会决议的要求，以保证宪法、法律、行政法规在本市的遵守和执行为重点，积极履行地方组织法赋予的职责。10 个月来，共举行了 7 次常务委员会会议，审议了代表大会交付的 5 项议案，制定、修订了 6 个地方性法规和法规性文件，听取和审议了市人民政府、市高级人民法院和市人民检察院的 15 个专题报告，采取多种形式监督检查了法律、法规的实施，依法任免和批准任免了国家工作人员 93 人。在常务委员会的主持和指导下，顺利完成了市和区、县、乡、镇人民代表大会代表的换届选举。现将主要工作报告如下：

一、根据建设和改革的需要制定地方性法规

遵照宪法和地方组织法的规定，从本市的具体情况和实际需要出发，制定地方性法规，是常务委员会的一项重要职权。为了使建设和改革有秩序地进行，常务委员会本着积极负责的精神，组织力量进行了大量的调查研究，并就其中迫切需要解决而又条件成熟的问题制定地方性法规和法规性文件。10 个月来，审议通过了《北京市劳动保护监察条例》、《北京市文物保护管理条例》，通过了《关于北京市第九届人民代表大会代表名额和选举时间的决定》、《关于人民陪审员产生办法的补充决定》、《关于维护老年人合法权益的决议》，修改了道路交通管理暂行规则的个别条款。

北京是世界闻名的历史文化名城，地上地下文物极为丰富。近几年来城市建设发展很快，如何处理好保护文物和城市现代化建设的关系，成为一个突出的问题。为此，常务委员会总结了《北京市文物保护管理办法》施行 6 年来的经验，根据国家 1982 年颁布的文物保护法，审议通过了《北京市文物保护管理条例》。条例规定，在不改变文物原状、不危害文物安全的原则下，允许使用单位分级分类合理利用；文物保护单位的保护范围和建设控制地带，由文物行政管理机关会同规划管理机关依法划定；在控制地带范围内兴建的建筑物，其高度、体量、色调、风格都要同文物保护单位的环境风貌相协调；对文物暂保单位应在两年内完成鉴定工作。条例并具体规定了各种违法行为所应承担的法律责任，从而加强了文物的保护，并有利于使首都建设沿着具有文化古都特色的现代化城市前进。

随着改革开放搞活的不断发展，新的工业、建筑企业大量增加，职工队伍中的新成份显著增长，一些企业劳动条件和安全管理比较差，伤亡事故不断发生。鉴于这种情况，常务委员会根据宪法和有关行政法规，审议制定了《北京市劳动保护监察条例》。在这个条例中，除对企业安全管理和群众监督工作提出要求，规定了各级主管部门指导、监督、考核企业的劳动保护工作以外，着重规定了各级劳动保护监察机关和劳动保护监察员的职权。劳动保护监察员可以进入企业生产作业现场进行安全检查，遇有危及职工生命安全的险情时，必须通知现场负责人或者作业人员停止作业。市和区、县的劳动保护监察机关，对企业新建、改建、扩建和重大技术改造项目中有关劳动保护工程技术设施，有责任进行设计审查和竣工验收；对事故隐患严重或者劳动条件恶劣又不采取措施加以改进的企业，有权发出劳动保护监察指令书限期改进；对违反劳动保护法律、法规的行为，劳动保护监察机关有权处以罚款，必要时责令企业停产整顿。企业或企业主管部门对重大伤亡事故的有关负责人和直接责任人员，应根据情节和后果，给予行政处分、经济处罚。构成犯罪的，由司法机关依法追究刑事责任。

常务委员会审议了代表大会交付的关于维护老年人合法权益的议案，通过了相应的决议。目前，本市60岁以上的人口已占全市总人口的10.4％。在社会主义条件下，绝大多数老年人受到社会的尊敬，生活有保障，晚年是幸福的。但是鉴于人口的老龄化必将对本市的政治、经济和社会发展产生重大影响，同时由于十年动乱的遗毒和资本主义腐朽思想的影响等原因，有的地方侵犯老年人合法权益的现象时有发生。常务委员会在决议中重申了我国宪法、法律有关维护老年人合法权益的规定，指出老年人的人身自由、人格尊严、合法财产和婚姻自由受法律保护，子女对父母有赡养扶助的义务，禁止谩骂、侮辱、殴打、虐待、遗弃和非法拘禁老年人，任何人不得侵占、哄抢、私分、破坏老年人的财产；老年人在合法权益受到侵犯时，有向乡镇人民政府、街道办事处提出申诉或者向司法机关提出控告的权利，有关部门应当认真查处，不得推诿；人民政府的有关部门、各人民团体和企事业单位，都应当积极为老年人的生活、学习和医疗创造便利条件。决议并规定每年重阳节为本市敬老日，届时举行各种敬老爱老活动。这个决议受到各有关方面的重视和欢迎。在决议通过后短短的几个月内，全市各部门各系统广为宣传，使大多数群众受到一次敬老爱老的教育，医疗卫生部门为69000多位老人进行了义务体检，各有关部门和单位对几万名孤寡老人的生活状况进行了调查，帮助解决了一批实际问题。各级法院、检察院清理了近年来侵犯老年人合法权益的案件，对尚未审结的案件抓紧进行审理，有的区、县法院对严重侵犯老年人合法权益的罪犯在大会上进行宣判，教育了群众。报刊、电视和广播中表彰了许多敬老爱老的好人好事，使尊重老年人的社会主义道德风尚得到发扬。

为了使地方立法工作适应建设和改革的要求，常务委员会各委员会还会同有关部门对水资源的保护、土地管理法的实施、偷税抗税案件的处理、技术合同的管理、科技人员的流动、青少年的保护和发展职业技术教育等问题进行了调查研究，搜集了有关材料，初步分析了其中的主要问题，酝酿了用法规进行调整的意见，有的还提出了法规草案，为制定地方性法规进行了准备。

征集对国家法律草案的意见，是参与国家立法和管理国家的大事。常务委员会根据全国人大常委会的要求，先后组织有关委员、代表、法律工作者和实际工作者对技术合同法、档案法、大气污染法、版权法、行政诉讼法、水法等9个法律草案进行座谈，征集意见并整理上报，为这些法律的制定提供了有益的意见。

二、监督检查法律、法规的实施，促使各方面的工作走上法制轨道

当前，以宪法为基础的社会主义法律体系已经初步形成，主要的基本的方面已经有法可依，重要的问题是要做到有法必依、执法必严、违法必究。为此，常务委员会加强了对法律、法规实施情况的监督和检查。10个月来，常务委员会和各委员会检查了北京市工业产品质量监督条例、国境卫生检疫法、婚姻法、公路路政管理条例等18个法律、法规的施行情况。在这项工作中，常务委员会同市人民政府共同部署，发动各有关部门和单位参加，在全市重点检查了商标法、义务教育法、实施水污染防治法条例、水利工程保护管理条例的施行情况，并同区、县人大常委会配合，组织代表视察，选择若干有代表性的单位和执法的重点问题进行深入检查。在此基础上，常务委员会听取了市人民政府关于检查情况和改进意见的专题报告，并进行了认真的审议。为了使法律、法规得到切实的遵守和执行，常务委员会在这项工作中着重抓了以下三个环节：

第一，对各有关部门履行法律、法规赋予的职责和在工作中依法办事的情况进行检查，帮助他们找出差距，督促他们拟订改进工作的措施。在全市各级各单位普遍检查义务教育法实施情况的基础上，常务委员会有关委员会组织代表视察，并同政府主管部门配合，到各区、县着重检查了财政部门是否依法拨足了教育经费，税务部门是否依法征收了教育费附加，以及教育部门使用这些经费的情况；分析了一些学校学生流失的情况以及教育、劳动、工商等部门依法采取措施防止学生流失的情况；还检查了教育部门制订的普及义务教育规划方案和师资培训计划是否落实，一些乡、镇人民政府对学校的管理以及修缮小学危房等情况。委员们在审议政府的报告时就这些方面提出了许多意见和建议。通过检查，使有关部门进一步明确了自己在实施义务教育法中所负的具体责任，找出了存在的问题，并采取了许多措施改进工作，纠正了有法不依、执法不严的现象。有的区调整了财政预算，增拨了教育经费，拟订了教育费附加的使用办法；有的县拟订了保证适龄儿童、少年入学和防止中途退学的具体规定；有的县对原订的实施义务教育法规划方案进行了修订，拟订了实施义务教育必备办学条件的标准和要求；学校的管理工作得到加强，有的危险校舍得到了修缮。市政府并拨专款为边远地区学校更新5万套课桌椅，拨款500万元为一些学校补充图书、实验和体育设备。

第二，发动企事业等基层单位边学、边查、边改，在增强法制观念的基础上，对照法律规定的要求，从组织、制度和管理上采取落实措施，使法律得到切实的遵守和执行。在检查商标法施行情况的过程中，按照常务委员会和市人民政府的部署，全市使用、印制注册商标和经销注册商标商品的25000多个生产企业和商业、服务业单位，采用报告会、座谈会等形式，组织100多万干部、职工学习了商标法，认识到商品质量是商标信誉的基础，通过商标管理来监督商品质量，是维护消费者利益的一个重要方面。在提高认识的基础上对照商标法的有关规定进行了检查。经过自查和各级主管部门层层检查，共查出违反商标法规定的商标1064个，占全市注册商标的25%，已经全部作了纠正。有一批企业发现自己的商标专用权受到侵犯，向主管部门提出了对侵权者进行处理的要求，有的向司法部门提起诉讼。还有一些企业认识到商标是企业的宝贵财富，提高了运用商标维护企业声誉的自觉性，向商标管理部门提出了商标注册的申请。许多单位还针对检查中发现的问题，进一步充实了商标管理的机构和人员，建立健全了商标资料保管、标识印制使用、废次标识处理和商品进货、销售等环节检查商标的制度。政府主管部门也拟订了查处假冒商标的措施和加强商标管理的办法。

第三，在检查法律、法规实施情况的过程中，常务委员会各委员会重点剖析了一些案件的查处情况，同时注意发现和推广严肃执法的经验，运用正反两个方面的典型推动法律、法规的实施。在税收征管方面，分析了严重的抗税案件未能追究刑事责任的原因，由有关方面共同拟订了处理抗税案件的标准，初步改变了以罚代刑的现象，税务部门对抗税案件移送检察机关提起诉讼的逐渐增多。在城市管理方面，会同政府主管部门对不服行政罚款的申诉进行了调查，维护了执法部门的正确决定，同时对罚款不当的部分由有关部门作了纠正。在水利工程保护方面，会同有关部门抓住实施《北京市水利工程保护管理条例》中的一些关键环节，总结交流了建立劳动积累用工制度、建立健全水利管理机构、依法清障、对破坏水利设施的行为依法查处等项经验。这样做，使执法部门和有关人员都受到了教育，对法律、法规的遵守和执行起了积极作用。

人民法院和人民检察院作为审判机关和法律监督机关，对法律、法规的正确实施负有重大责任。为了检查人民法院依法办案和人民检察院开展法律监督的情况，常务委员会重点听取了市高级人民法院关于审判监督情况的报告和市人民检察院关于法纪检察工作的报告。委员们认为，加强审判监督，维护正确的判决和裁定，纠正错误的判决和裁定，是关系到维护国家、集体、公民的合法权益和法律尊严的重要问题。人民法院对刑事、民事、经济等案件的一审判决绝大部分是正确的，经过二审和审判监督程序对一些处理不当的案件依法作了改判和纠正。这说明审判监督对保证法律的正确施行起着重要作用，应当继续加强。同时，为了提高办案质量，要教育审判人员善于从审判实践中学习，总结经验教训；大力加强对他们的培训工作，提高他们的政治、业务素质。法纪检察是检察机关实行法律监督的主要组成部分，近两年来人民检察院把法纪检察摆在重要位置，检察违反法纪的案件成倍增长。在这项工作中，重点检察了玩忽职守案件、重大责任事故案件和刑讯逼供、非法拘禁、侵犯公民通信自由等严重侵犯公民民主权利、人身权利的案件，取得了较大进展。委员们要求人民检察院要认真总结经验，继续发扬坚持原则、刚正不阿的精神，同时认真研究经济改革中出现的新情况、新问题，注意分清改革中因缺乏经验而出现失误与工作中极端不负责任造成失职的界限，由于技术经验不足而出现差错与一意孤行、冒险蛮干的界限，由于规章制度不健全、职责不明确而造成损失与违反规章制度、玩忽职守的界限，力求做到在同渎职犯罪行为作斗争中不枉不纵。

三、发扬社会主义民主，严格依法办事，改进选举工作

1987年，市和区、县、乡、镇人民代表大会代表都进行了换届选举。这是人民行使当家作主的民主权利，健全人民代表大会制度，加强地方政权建设的一件大事。常务委员会把这项工作作为贯穿全年的一项重要任务，下了很大力量指导区、县、乡、镇人大代表的换届选举，主持市人大代表的换届选举。

在区、县、乡、镇人大代表的直接选举中，常务委员会根据选举法的规定，修订了本市的选举实施细则，对选举的具体做法作了一些改进，主要的有：第一，反复强调充分发扬民主，不硬性规定代表构成比例，不指定某一选区必须选出某一特定民族、性别、职业、成份的人当代表。同时向选民宣传人大代表应有较为广泛的代表性,要注意代表的素质和议政能力,由选民根据自己的意愿进行选举。第二,区、县政党团体依法提名推荐的候选人一般只占应选代表名额的15%至20%,主要由选民依法提名候选人。政党团体提名推荐的候选人和选民依法提出的候选人,必须经较多数选民同意才能列入正式代表候选人名单。第三,采取各种形式认真做好介绍候选人的工作。所有提名推荐的代表候选人的情况,都在选民小组会上作了介绍。有些选区还组织选民采访候选人,在选民小组会上介绍。在正式代表候选人确定之后,很多区、县组织了候选人同选民见面,由候选人介绍自己的情况,表示当选后怎样履行代表职责,不少人还当场回答选民提出的问题。这样做,增进了选民对候选人的了解,加强了当选代表的责任感,有利于代表联系选民和选民监督代表。第四,坚持差额选举。各区、县都按照选举法关于正式代表候选人名额应多于应选代表名额1/3至一倍的规定,确定候选人,以便于选民进行比较选择,选出自己满意的人当代表。在选举工作的各个阶段,常务委员会会同有关部门,先后召开了4次区、县负责干部的工作会议和多次专题座谈会,就选区划分和选民登记、酝酿提名和确定正式代表候选人、投票选举和召开新一届区、县人代会的工作进行部署,统一认识,交流经验,明确要求,使整个换届选举工作顺利进行。

市人大代表的间接选举是在党的十三大以后进行的。常务委员会在主持这项工作中,根据十三大的精神和市人大代表由区、县人代会选举产生的特点,对选举工作中的具体做法作了以下改进:第一,在举行区、县人民代表大会之前,组织代表学习选举法和地方组织法,就选举市人民代表大会代表的办法进行讨论,有的还就候选人提名进行了酝酿。第二,减少市级政党团体协商推荐候选人的名额,增加区、县政党团体协商推荐候选人的比重。强调代表联名推荐的候选人同政党团体推荐的候选人有同等的法律地位,都由代表大会主席团提交全体代表反复酝酿、讨论、协商,根据较多数代表的意见确定正式候选人名单。第三,对提出的代表候选人,要写出书面材料,介绍他们的情况,并发给全体代表。正式候选人的确定和代表的选举按照差额选举的规定进行。为了做好这次间接选举工作,常务委员会作出了《关于北京市第九届人民代表大会代表名额和选举时间的决定》,召开了专门会议进行部署,交流了工作经验,对选举工作中出现的重要情况和问题及时研究并向区、县通报,加强了对这项工作的领导。

选举工作的改进,较好地体现了选举人的意志。从选举的结果来看,代表的构成具有比较广泛的代表性,各条战线都有一定数量的代表,代表的议政能力有所提高,知识结构有所改善。但是这项工作的发展是不平衡的,还有缺点和不足。有的地方宣传教育工作做得不够深入,有的单位工作比较简单粗糙,在某些环节上选举的办法和程序还不够完善。这些都需要在今后的工作中研究改进。

四、听取和审议市人民政府工作报告

10个月来,常务委员会就本市工作中的重大事项听取了市人民政府9个工作报告,在审议中既肯定工作的成绩,又指出存在的问题,并提出批评和建议,有的还作出决议、决定,这是监督政府工作的基本形式。

在经济建设方面,常务委员会听取和审议了市人民政府关于工业系统增产节约、增收节支情况的报告,关于在全市开展整顿市场秩序、稳定物价、打击投机违法活动的情况汇报,关于1987年1至9月财政收支预算执行情况的报告,批准了1987年财政预算的部分变更。委员们认为,本市工业系统去年头4个月开展“双增双节”运动,已经取得较好效果,应把这一运动进一步推向全市生产、流通、消费各个领域和各行各业,并作为一项长期的方针,同深化改革紧密结合起来,坚持不懈地抓下去。市政府采取有力措施,集中力量整顿市场秩序和物价管理,顺乎民心,合乎民意。整顿是为了更好地改革,在这项工作中要注意掌握好政策,打击非法,保护合法,同时加强经常性的管理,进一步搞好搞活首都市场。

在城市建设与管理方面,常务委员会听取了市人民政府关于本市城市建设综合开发工作情况和今后意见的汇报,关于亚运会工程建设进展与筹备工作的汇报,就代表大会交付的加强燃放鞭炮管理、营造密云水库涵养林两项议案听取了市政府办理情况的汇报,并进行了审议。委员们认为,城市建设实行综合开发是一项重大改革,是实施首都城市建设总体规划,落实中共中央、国务院批复精神的重大措施。要充分估计到综合开发的复杂性和难度,使综合开发的步伐符合国家控制建设规模的要求、本市建设的实际和承受能力,把这项改革稳步地推向前进。在审议关于加强烟花爆竹管理的议案时,委员们赞同市政府对燃放鞭炮管理所采取的“逐步限制、趋于禁止”的方针,要求进一步加强对烟花爆竹生产、销售、燃放的管理,努力把事故、危害减少到最低程度。在审议营造密云水库涵养林议案时,委员们同意市政府提出的加快营造涵养林的方针和原则,认为这对增加水库周围的植被,减少水库上游的水土流失和保持水质清洁,有重要意义,要求加强领导，具体规划，认真组织实施。

在法制教育和思想教育方面，常务委员会听取了贯彻全国人大常委会关于加强法制教育维护安定团结决定的情况汇报和下半年普法的意见，审议了市八届人大六次会议交付的关于加强中小学生思想政治教育工作的议案。本市开展以宪法为核心的普法教育已经两年多，有500多万人参加了“九法一条例”的学习。全市普遍学习贯彻全国人大常委会关于加强法制教育维护安定团结的决定，使法制教育提高了一步，群众的宪法观念、公民意识有了增强，进一步认识到创造和维护安定团结的社会政治环境，是顺利进行改革、开放和社会主义现代化建设的基本条件。委员们认为，这项工作是有成效的，要在此基础上，继续深入抓好对农民、个体户和青少年的普法教育，抓好领导干部学法用法，把学习法律常识同严格执行法律结合起来，把学习执行国家基本法同学习执行本部门的法规结合起来，真正做到依法办事，使各项工作逐步纳入法制轨道。委员们认为，加强中小学生的思想政治教育是关系到培养“四有”新人、提高民族素质的一件大事，中小学校要坚持社会主义办学方向，在贯彻德智体美劳全面发展的方针中，把提高学生思想觉悟和道德素质作为首要目标，改进教育的内容与方法，把学校、家庭、社会三个方面的教育结合起来，使中小学生的思想政治教育提高到一个新水平。

常务委员会各委员会还分别听取了政府有关部门关于财政税收大检查的情况、农村科技体制改革和星火计划实施情况、检查处理违章占地和违章建筑情况、旅游事业发展情况等10多个专题汇报，肯定了他们工作的成绩，指出了存在的一些问题，并提出了改进工作的意见和建议。

五、采取多种形式开展代表活动，进一步发挥代表作用

密切同代表的联系，经过代表反映群众的意愿，是关系到常务委员会的工作更好地代表人民的一个重要问题。10个月来，常务委员会进一步加强了联系代表的工作，组织各种不同规模的视察、调查、对话、座谈、报告会等活动共47次，参加的代表达4000多人次。

在联系代表的工作中，除了继续坚持以往行之有效的一些做法外，还采取了以下措施：第一，开展领导机关负责同志同市、区县人大代表对话活动。在这方面发出了专门文件，就对话的内容、形式、规模和组织工作提出了要求。10个月来，市人大常委会和市政府的负责同志同市、区县人大代表对话19次，参加对话的代表有几百人，对话中代表提出了278条意见，现已全部办理完毕。常务委员会还邀请市政府及有关部门负责人就本市经济体制改革、粮食生产和副食品基地建设、农业适度规模经营和卫生体制改革等问题向市人大代表通报情况。这些对话活动进一步密切了领导机关与人大代表的直接联系，有助于互相沟通情况、加深理解、改进工作。第二，围绕重点工作开展代表持证视察。在继续提倡代表自愿结合、自选内容、分散视察的同时，常务委员会先后几次向市人大代表发函，建议代表就地就近对开展“双增双节”运动、区县乡镇人大代表换届选举、组织群众学习《全国人大常委会关于加强法制教育维护安定团结的决定》、实施义务教育法和集贸市场的管理等问题，进行持证视察。并根据工作需要和代表要求，组织了24次小型专题视察。通过上述活动，代表们反映了许多重要情况和意见，对常务委员会审议决定重大问题和政府推行工作起了积极作用。第三，总结了部分代表联系群众、宣传法律和政策、协助政府推行工作和参政议政、行使职权的经验体会，通过市人大工作通讯在代表中进行交流。同时编印了《人大代表学习文件选编》，内容包括宪法和有关法律、健全人民代表大会制度方面的重要文件和讲话、本市保证人大代表行使职权的规定，供新一届的市、区县人大代表阅读，以便代表了解社会主义民主与法制建设的重大意义，人民代表大会制度的性质、地位和作用，代表的职责、任务和活动方式，更好地履行代表职责。

办理代表建议、批评和意见，是尊重代表民主权利，发挥代表参政议政作用的重要体现。10个月来，常务委员会本着对代表负责的精神，加强了对这项工作的督促检查，市八届人大六次会议上代表提出的1128件建议、批评和意见，除14件转给上级有关部门研究参考外，其余1114件均已由本市有关部门办理完毕并答复了代表。其中，问题已经解决和整〔基〕本解决的；列入规划逐步解决的；受财力、物力和政策规定限制等各种原因目前不能解决，向代表说明解释的，分别占38%、36%和26%。为办理好这些建议、批评和意见，常务委员会各工作部门同政府主管部门紧密配合，主要做了以下三方面的工作：(一)抓住重点，深入检查建议办理情况。对于代表提出建议较多、反映强烈的石油液化气供应、公共交通和集贸市场管理等问题，分别听取承办单位汇报，并组织提出建议的代表到一些单位视察和检查。(二)全面复查，提高办理质量。去年8月中旬代表建议基本办完后，及时向提出建议的620位代表发函征询意见，对代表回函中提出的41件意见，转有关单位重新补办，使有些问题得到进一步解决。(三)对代表多次提出、长期没有结果的某些问题，在弄清情况后，组织代表和承办单位共同协商办法，使一些问题得到解决。经过以上工作，代表建议中问题得到解决的比重比过去有所上升，办理的质量有所提高。

10个月来，常务委员会有关部门接待、处理代表和人民群众来信来访2500多件次，对关系群众切身利益的重要问题，领导亲自过问，并加强了调查催办工作，使一些问题得到合理解决。

这里还需要向大会报告：在人事任免方面，鉴于国务院对陈昊苏同志另有任用，根据陈希同市长的提议，常务委员会依法免去了陈昊苏的北京市副市长职务；王金鲁同志因工作调动，常务委员会接受了他辞去北京市第八届人民代表大会常务委员会委员职务的请求。

各位代表：本届人大常委会成立近5年了，过去每年的工作已分别向代表大会作过报告。总的来看，5年来在党的领导下，在代表的支持、监督和各方面的配合下，常务委员会的工作是不断前进的，在首都的建设和改革中发挥着越来越大的作用。5年中，我们围绕国家法律在本市实施的需要，制定了35个有关经济建设和改革、城市建设和管理、保障人民民主权利和合法权益的地方性法规和法规性文件，在立法工作中注意贯彻了法制统一的原则、实事求是的原则和民主原则，在对实际情况进行充分调查研究的基础上，组织立法工作者、实际工作者和专家对法规中需要解决的主要问题进行讨论和论证，依靠各部门、各方面的集体智慧和经验，力求使法规具有明确的针对性，条文简明扼要，通俗易懂，便于贯彻执行。鉴于国家立法和地方制定法规、规章的工作取得重大进展，而有法不依、执法不严的问题又相当突出，我们把监督法律的实施摆在重要地位，每年都着重检查十几个法律、法规的实施情况，其中一批重要法律、法规施行情况的检查具有较大的规模和一定的深度，效果比较显著。通过检查，增强了国家机关工作人员和人民群众的法制观念，促使有关部门加强了法制工作机构和执法队伍的建设，制定并落实了执法检查的措施和制度，执法的状况有所改善。5年中，常务委员会审议了代表大会交付的议案50件，听取和审议了“一府两院”及有关部门的工作报告70项，对本市工作中的重大事项和关系人民群众切身利益的重要问题，着重调查基本情况、主要的问题和不同意见，认真准备决议案和结论性意见，经过会议讨论审议，提出了不少中肯的批评和建议，作出了30个决议、决定。同时，常务委员会的各委员会还听取了有关部门的专题汇报167个，对工作的改进和加强起到了促进作用。常务委员会把联系代表和督促办理代表建议、批评、意见作为一项重要任务，每年都采取一些新的措施来改进和加强这方面的工作，初步形成了一套比较可行的制度，代表的活动越来越丰富多样，督促办理代表建议的工作逐步深入。据统计，5年中代表参加常务委员会组织的视察、调查和座谈等活动达2万多人次，各方面办复代表的建议达6606件，问题得到解决的比重和办理的效率不断提高。5年中，常务委员会依法任免了国家工作人员814人次，这方面近年来也做了一些改进，由提请任免的机关着重介绍被任命人员的政绩和现实表现，会上进行比较充分的讨论，对政府组成人员和法院、检察院领导人员的任免方式由举手表决改为无记名投票表决。这对民主的发扬和严肃负责地任免干部起了较好的作用。

五年来我们工作的主要体会：第一，常务委员会行使职权的活动，要紧紧围绕党的十一届三中全会以来的路线、方针、政策和保证宪法、法律、行政法规的遵守与执行，结合本市工作的实际和群众的迫切要求，抓住那些重要的问题来进行。这样，才能在首都的社会主义现代化建设中有力地发挥地方国家权力机关的职能作用。第二，常务委员会的每项工作必须力求更好地代表人民，这是人民代表大会制度的本质要求。为此，要把联系代表作为我们工作的基础，把调查研究作为工作的基本功。通过这种联系和调查，努力做到客观地、全面地、本质地观察问题，使我们作出的决议、决定体现人民的意愿，以更好地团结全市人民共同加以贯彻实施。第三，正确处理常务委员会与同级国家行政机关、审判机关、检察机关的关系。法律规定本市行政机关、审判机关、检察机关在代表大会闭会期间对常务委员会负责和报告工作，并接受常务委员会监督。这既是上述机关的法定义务，同时也赋予了常务委员会重要职责。在这方面，常务委员会要本着对人民负责的精神，不断摸索办法，把自己的责任更好地担负起来。要支持上述国家机关依法行使行政权、审判权和检察权，要着重进行法律监督，认真监督检查法律、法规和国家方针政策的执行情况，对执法和工作中的问题，该批评建议的提出批评建议，该纠正的监督纠正，以保证宪法、法律、行政法规在本行政区域的遵守和执行。第四，开好人大常委会会议，提高审议的质量。常务委员会的职权由组成人员集体行使，开好常委会会议是常务委员会行使职权的基本形式。为此，对常务委员会审议的议题，有关的国家机关要精心准备报告文件；常务委员会要采取多种形式组织委员和部分代表进行视察、调查和座谈，准备审议意见；有关的工作部门要为委员提供情况和资料，说明问题的焦点在哪里。会议审议中要充分发扬民主，听取各种意见，展开讨论，集中委员的智慧，使作出的决议、决定符合实际，切中要害，切实可行。

常务委员会的工作也存在不少缺点和不足。本市建设在不断发展，改革在不断深化，要制定的地方性法规很多，我们的工作还不能完全适应需要。我们的法律监督工作还不够深入和有力，对与群众生活直接相关的一些重要问题进行讨论审议和向代表通报情况做得不够。常务委员会的一些重要职权如何行使，包括决定权、监督权以及质询、撤职、撤销不适当的决议和命令、组织特定问题的调查委员会等等，在内容范围的具体界限和工作程序方面还没有形成规范。常委会的组织和制定还不够健全，工作效率有待进一步提高。人大常委会联系代表、代表联系群众以及接受群众监督的制度也还不够完善。总的说来，民主政治的建设是一个逐步积累的渐进过程，上述问题，需要在今后的政治体制改革中，努力探索和实践，不断总结经验，制定制度和办法，逐步加以解决。

各位代表：党的十三大系统地阐明了社会主义初级阶段的理论，明确提出了党在这个阶段的基本路线，规划了我国建设和改革的基本蓝图，为健全人民代表大会制度指明了方向。党的十三大报告指出：人民代表大会制度是我国的根本政治制度，要致力于基本制度的完善；应继续完善人大及其常委会的各项职能，加强立法工作和法律监督；要进一步密切各级人大与群众的联系，使人大能够更好地代表人民并受到人民的监督；国家政权组织内部活动要逐步做到制度化；政治体制改革的关键首先是党政分开，省、市、县地方党委与同级地方政权机关的关系，应在实践中探索，逐步形成规范和制度。这些重要精神，为人民代表大会制度的建设注入了新的活力，对人大和人大常委会的工作提出了更高的要求，也大大加重了我们的责任。我们相信，在十三大精神的指引下，新的一届人大和人大常委会将会更加兢兢业业地、严肃认真地履行宪法和法律赋予的庄严职责，振奋精神，开拓前进，把人大工作提高到一个新水平，在首都的社会主义现代化建设事业中做出更大的贡献！

北京市高级人民法院工作报告（摘要）

——一九八八年一月二十五日在北京市第九届人民代表大会第一次会议上

北京市高级人民法院院长　刘云峰

各位代表：

1987 年，全市各级人民法院遵照宪法、人民法院组织法的规定和市第八届人民代表大会第六次会议关于人民法院、人民检察院工作报告的决议，积极地开展了刑事、民事和经济等各项审判工作，较好地完成了任务。现在，我就全市各级人民法院 1987 年的审判工作概况和对 1988 年的工作意见作一汇报，请审议。

1987 年，全市各级人民法院共审结各类案件 38884 件，主要做了 4 项工作：

（一）继续执行依法从重从快的方针，严惩严重危害社会治安的犯罪分子；同时从严惩处严重破坏经济的犯罪分子。

同严重破坏社会秩序的刑事犯罪作斗争，是全市各级人民法院的第一项任务。在刑事审判工作中，除了对杀人、放火、爆炸、强奸、抢劫等 7 个方面的罪犯继续依法从重从快判处外，对破坏活动猖狂的犯罪分子，特别是累犯、惯犯、流窜犯、集团首犯以及其他对社会危害严重的罪犯，依法及时予以从重判处。例如，瓜果上市的时候，发生了多起哄抢、强买瓜果的案件。这种行为，严重破坏了市场的秩序，危及了货主的生命财产安全，伤害了农民为首都市场提供更多农副产品的积极性，败坏了首都的声誉，造成了严重的危害。为了维护市场秩序，保护公民生命财产的安全，我们及时对那些公然在公共场所结伙滋事，采取威胁围攻等手段哄抢、强买瓜果的犯罪分子进行了公开宣判处理。6 月 11 日，市中级人民法院召开大会，宣告了对去年 4 月 27 日在北京铁路分局永定门站运输营业所货场哄抢、强买西瓜的劳桂祥、张明华等 8 名流氓犯罪分子的判决，其中 2 犯被判处无期徒刑。随后，各有关区、县法院对此类案件也都进行了公开宣判，广泛宣传，对维护夏季的市场秩序产生了良好的社会效果。

去年，抢劫出租汽车的案件又有所抬头。针对这类犯罪活动危害大的实际情况，9月10日市中级人民法院召开宣判大会，宣告了对17名抢劫出租汽车的犯罪分子的判决；携带凶器、结伙抢劫出租汽车、残害司机的葛兰喜等6名罪大恶极的犯罪分子被依法判处死刑，剥夺政治权利终身。

近年内，公共汽车上多次发生寻衅滋事、侮辱女售票员、殴打司机、扰乱公共秩序的流氓犯罪案件。为了维护首都的公共交通秩序，市中级人民法院于8月22日召开宣判大会，对5名流氓犯罪分子判处了无期徒刑和10年以上有期徒刑。本市公交系统的350名职工旁听了宣判。他们说："法院对这些犯罪分子的严惩，使我们工作在第一线的职工有了安全感。我们要加倍努力工作，提高服务质量，以实际行动报答党和人民的关怀。"

在改革、开放的大好形势下，极少数犯罪分子乘改革、开放之机，大肆进行投机倒把等犯罪活动。他们有的非法制造、倒卖假冒商品，有的倒卖外汇和计划供应票证，从中牟取暴利，严重扰乱了首都市场，破坏了社会主义经济秩序，损害了消费者的利益。为了打击犯罪分子的嚣张气焰，市中级人民法院于10月20日召开"严厉打击严重破坏社会主义经济秩序的罪犯宣判会"，宣告了15名罪犯的犯罪事实和对他们的判处结果。这次大会的召开，对首都市场秩序的整顿起了支持的作用，受到了广大群众的拥护。

此外，对社会危害特别严重的罪犯，我们抓紧时间审理，予以从重惩处。如罪犯韩吉林于去年6月24日潜入故宫珍宝馆，砸碎玻璃，切断电源，在盗窃珍妃金印等11件珍宝时被抓获。我们依法判处韩犯死刑，剥夺政治权利终身。罪犯邓麒麟，于去年7月17日潜来北京，用3千克炸药在天安门广场的工农兵雕像上爆炸，造成了极坏的政治影响，我们依法给了罪犯以应得的法律制裁。

在经济领域里，贪污、受贿、诈骗、投机倒把等犯罪活动仍然比较严重，同经济领域里的犯罪分子作斗争，是一项长期的任务。我们坚持一要坚决，二要慎重的方针，通过审判，继续依法从重惩办了一批严重破坏经济的犯罪分子。全年共判处破坏经济的罪犯2132名，其中有贪污犯219名，投机倒把犯73名，受贿犯96名，盗窃公共财物犯1516名，诈骗公共财物犯177名，其他罪犯51名。在判决已经发生法律效力的罪犯中，判处5年以上有期徒刑、无期徒刑、死缓和死刑的共673名。

（二）以贯彻民法通则为中心，做好民事和经济审判工作，正确处理纠纷，制裁违法行为，保障公民、法人的合法权益。

民事和经济纠纷案件数量多，情况复杂，处理难度大。1987年，新收一审民事和经济纠纷案件28651件，比1986年上升了18.1%。一年来，我们以贯彻执行民法通则为中心，充分调动干部的积极性，全面开展了民事和经济审判工作。我们的审判人员在为人民服务，为改革、开放、社会主义物质和精神文明建设服务的思想指导下，不怕困难，不辞辛苦，深入实际，深入群众，做了大量调查工作；在查明事实，分清是非、责任的基础上，耐心地、细致地、反复地做工作，使大量纠纷依法得到了妥善、适当的解决。全市各级人民法院共审结一审民事案件22323件，经济纠纷案件3382件，通过大量民事、经济纠纷的解决，制裁了违法行为，保护了公民和法人的合法权益，宣传了政策和法制；在维护社会安定，防止矛盾激化，促进人民内部团结，保障和促进改革、开放、社会主义物质和精神文明建设顺利进行等方面，审判工作发挥了良好的作用。例如，市中级人民法院上半年审结经济纠纷案件47件，仅追回国家贷款就达2445万元，对9件中有违法行为的一方处以罚款21.5万元；对发现有重大犯罪嫌疑的12件及时移送公安机关立案侦查；发现在经营管理上存在问题而提出司法建议47件。据统计，仅一年内审结的经济纠纷案件，共解决争议标的金额约3亿元，使约15亿元的生产资金得以正常运转。

（三）认真开展了二审和审判监督工作。

不服一审裁判而提出上诉的案件和不服已生效裁判而提出申诉的案件，比上年增多。上诉和申诉，是一项法定权利，我们充分予以保障，并对每一件上诉和申诉案件，都认真审查，依照法律规定的程序进行审判。一年内，共审结上诉案件3625件，人民检察院抗诉案件24件，申诉案件4005件。通过二审和审判监督程序对案件的审判，支持了一审的正确判决，纠正了错误，进一步提高了办案质量。

（四）我们在做好上述工作的同时，还做了其他工作，主要有：

第一，逐步开展了行政审判工作。目前有100多个法律法规规定，公民不服行政机关处罚的，可以向人民法院起诉。据不完全统计，1987年全市治安、交通、工商、税务等部门处理的行政案件达600多万起。这些案件，如万分之一向法院起诉，一年就有600多件。为适应工作的需要，我们依照人民法院组织法的有关规定，在市高、中级人民法院建立了行政案件审判庭，各区、县人民法院建立了审理行政案件的合议庭或筹备组，开展了对治安行政案件的审判工作。

第二，最高人民法院决定，从1987年3月起，北京铁路局辖区内设的铁路运输法院的审判工作，由本市高级人民法院管辖。在北京铁路局辖区内设1个中级法院，其下面还设有北京、天津、石家庄、太原、临汾、大同等6个基层铁路运输法院。铁路运输法院于1982年建立后，即依照法律的规定，积极地开展了工作。几年来，他们共审结各种刑事案件1279件，经济纠纷案件224件。铁路运输法院结合铁路的特点，通过审判活动，在打击犯罪，保护公民合法权益，维护铁路运输秩序，保护国家利益，保障铁路运输的正常进行等方面起了重要的作用。

第三，广泛进行了法制宣传。重大的、有教育意义的刑事案件、民事案件和经济纠纷案件，通过公开审理或公开宣判，对群众进行了法制教育。1987年全年共召开刑事案件宣判大会168场，直接旁听群众达30余万人。市高、中级人民法院的负责干部，还结合公开宣判，多次就案作了法制宣传。

此外，我们还办结了减刑假释案件1758件，处理了来信来访129270件。

各位代表：一年来，全市各级人民法院积极地开展了各项审判工作，并通过审判活动，惩办了罪犯，制裁了违法行为，保护了国家、集体利益和公民的合法权益，宣传了法制，在为人民服务，为首都的改革、开放和社会主义经济建设服务等方面，发挥了积极的作用。总结一年来的工作，我们认为：

（一）在刑事审判工作中，对严重危害社会和严重破坏经济的犯罪分子，必须依法从重判处。为此，就必须对干部进行教育，牢固树立同犯罪分子长期作斗争的思想。

全国性“严打”战役结束后，对严重破坏社会秩序的犯罪分子是否还要继续依法给予从重打击，在社会上和在我们的审判人员中，都有一些模糊认识。在社会上，有的人认为“严打”已经过去，同犯罪作斗争的工作可以放松了。在审判人员中，有的同志也认为治安状况不好的“非常时期”已经过去，对严重刑事犯罪分子不需要再依法从重从快处罚了。我们认为，同刑事犯罪分子作斗争是长期的、艰巨的任务。全国性的“严打”战役结束，不等于“严打”的结束。历史的经验一再证明，对严重刑事罪犯打击不力，依法应重判的不重判，轻纵罪犯，就会对社会治安产生不利的影响。为了防止松劲、麻痹思想的产生，运用法律武器有力地打击严重危害社会治安的犯罪分子，我们采取了自下而上对“严打”中的审判工作进行全面总结，对新审结的案件有重点地进行检查，及时进行指导，以及召开会议贯彻中央政法工作座谈会和全国法院工作会议精神等方式，抓紧对审判人员进行形势、任务和方针政策的教育，进行坚持“两打”必要性的教育。通过会议，总结“严打”中的审判工作等，提高了审判人员对治安形势的认识，克服了盲目性、进一步坚定了同犯罪分子长期作斗争的观念，为继续在审判工作中执行依法从重从快的方针，坚持发扬团结紧张的工作作风，努力把刑事审判工作做好，打下了良好的思想基础。

（二）必须把民事和经济审判工作放到一个重要的地位，认真做好。

首先，民事和经济纠纷案件数量大，上升幅度大。1987年初，民事和经济纠纷未结案就有2163件。民事、经济纠纷案件增多，是正常现象，是经济体制改革深入发展，法制建设加强，法制宣传普及，公民的法制观念增强的一种反映，但对人民法院来说，审判任务就更重了。

其次，民事和经济纠纷案件不但数量多，而且情况复杂，处理难度大。随着经济体制改革的深入，新法律的颁布，新情况、新问题层出不穷。

民事和经济纠纷案件，直接涉及公民和法人的切身利益，如处理不适当，不及时，不仅不能有效地保护公民、法人的合法权益，而且还有可能影响社会的安定，影响改革、开放，影响社会主义物质和精神文明建设的顺利进行。民事和经济纠纷案件要做到处理适当，不仅要做大量的调查工作，还要在查清事实的基础上做大量的研究工作和说服教育工作。有一个案件，在事实查清之后，仅同当事人谈话，做教育工作，就达39次。所以，为了更好地保护公民、法人的合法权益，保障改革、开放和社会主义建设的顺利进行，我们必须把民事和经济审判工作放到一个重要的地位，努力把这部分工作做好。

第三，审判案件必须保证办案质量，做到“以事实为根据，以法律为准绳”。

对刑事罪犯的打击，只有打得准，才能打得狠，才能有好的社会效果。所谓“准”，就是要求审结的案件必须做到事实清楚、证据确实充分、定性正确、处理适当、程序合法。为做到“准”，我们对疑难复杂的重大案件的被告人如何定性、处罚，多次邀请一部分既有较高法学理论水平，又有丰富审判实践经验的专家从多方面进行论证，广泛听取意见。对屡教不改，劳改劳教后进行犯罪活动，坚持与人民为敌的犯罪分子，坚决依法从重惩处；对犯罪时尚未成年的，犯罪中止的，犯罪后投案自首的，有立功表现的，等等，坚持予以从轻、减轻处罚或者免除处罚。如葛兰喜等4人抢劫出租汽车、伤害司机案，3名罪犯被从重判处死刑或死缓，1名因犯罪时尚未成年，又有投案自首和检举立切的情节，我们决定免予刑事处罚。

在我们的工作中，也还存在不足和不少的缺点。例如，有的刑事案件的审理，由于种种原因而超过了法定的审理期限；有的民事和经济纠纷案件的审理，用的时间较多，使公民和法人的合法权益未能及时得到保护；有的审判人员，作风不够深入；新情况、新问题不少，我们的调查研究工作还跟不上形势发展的需要。我们应当总结经验，尽快解决存在的问题，克服工作中的缺点，努力把工作做好。

1988年，是贯彻中国共产党第十三次全国代表大会精神，进一步稳定经济、深化改革的十分重要的一年。严重破坏社会秩序和严重破坏经济的犯罪分子绝不会停止破坏活动；反映人民内部矛盾的民事纠纷和经济纠纷还会大量发生。全市各级人民法院的任务是要在党的十三大精神指导下，积极开展各项审判工作，通过惩罚犯罪，处理民事和经济纠纷，以维护安定团结，促进社会风气和社会秩序的进一步好转，为人民服务，为稳定经济和深化改革服务。

首先，要组织全体审判人员和干警认真学习赵紫阳同志在中国共产党第十三次全国代表大会上作的报告。通过学习，使审判人员和干警理解、掌握社会主义初级阶段的理论和基本路线，提高对一手抓建设和改革，一手抓法制的必要性和重要性的认识；提高对阶级斗争在一定范围内长期存在，必须坚持人民民主专政的认识；提高对坚持有法可依，有法必依，执法必严，违法必究的重要性的认识，用十三大文件的精神武装头脑，更好地、更自觉地贯彻执行党的方针政策，努力把各项审判工作做好。

第二，要继续依法严惩严重破坏社会秩序和严重破坏经济的犯罪分子。对严重破坏社会秩序的杀人犯、强奸犯、抢劫犯、流氓犯，严重破坏经济的贪污犯、诈骗犯、投机倒把犯、走私犯、受贿犯等犯罪分子，特别是其中的惯犯、累犯、流窜犯、教唆犯、集团首犯，必须坚持依法予以从重惩处。对有投案自首等从轻、减轻处罚或者免除处罚情节的，坚持依法予以从宽处理。

第三，进一步加强民事和经济审判工作。继续以贯彻执行民法通则为中心，严格执行民事诉讼法（试行）规定的各项制度、程序和要求，不断提高办案质量，提高办案效率，通过审判活动，制裁违法行为，保护公民和法人的合法权益。

第四，贯彻改革的精神，探索审判工作方面的改革。要总结审判实践经验，对刑事、民事、经济、行政案件一审、二审、申诉的各个环节，都制定出工作标准，制定出要求，使审判工作在执行诉讼法的每一道工序中，都有规章制度可循，逐步实现制度化、规范化。要加强咨询、讯息和调查研究工作，及时总结，推广好的经验。

第五，要艰苦奋斗。当前，我们面前的一个突出矛盾是：一方面案件多，任务重，要求高；而另一方面是人员数量不足，业务素质不够高，经费不足，条件较差。我们要继续发扬艰苦奋斗的精神，克服困难，努力做好工作，全面地完成任务。

北京市人民检察院工作报告（摘要）

——一九八八年一月二十五日在北京市第九届人民代表大会第一次会议上

北京市人民检察院检察长　何访拔

1987年，本市各级人民检察院在各项斗争中，坚持人民民主专政，认真实施法律监督，依法严厉打击了严重危害社会治安的刑事犯罪分子和严重危害改革、开放的经济犯罪分子，以及现行反革命分子，严肃查处了侵犯公民的人身权利、民主权利的犯罪分子和渎职犯罪分子，保护了人民、维护了法律的正确实施，保障和推动了改革、开放的顺利进行。

一

在打击严重刑事犯罪的斗争中，继续坚持依法从重从快惩处严重刑事犯罪分子的方针，并根据社会治安出现的新情况、新问题，与公安、法院互相配合，开展了专项斗争。同时，协同劳改、劳教部门认真抓了提高改造质量。

一年来，各级检察机关在刑事检察工作方面，对公安、安全机关提请批准逮捕的人犯，经过审查，批准逮捕了5958人，其中有重大刑事犯罪分子1331名，占批准逮捕人犯总数的22.3%；对公安机关移送起诉的案犯，经过审查，决定起诉6610人，免予起诉497人。决定起诉的案犯中有重大案犯1064名，占起诉案犯总数的16.1%。对于重大案件特别是暴力恶性案件，坚持了依法从快审查，及时作出决定。例如，对于1987年4月27日，发生在永定门火车站运输营业所的严重哄抢、强买西瓜的流氓案件；7月17日，发生在毛主席纪念堂北门东侧石雕群的爆炸案件；12月5日，发生在对外经济贸易大学内综合商店杀害一名经贸大学学生的案件，等等。

为了巩固和发展“严打”战役的成果，本市各级检察机关同公安、法院一道，按照1987年3月全国政法工作座谈会精神，大力开展了专项斗争。专项斗争是1987年打击严重刑事犯罪斗争的一个突出特点。

1987年第一季度里，在市委统一部署下，与公安、法院配合，开展了掏窝子的专项斗争。在这期间，公安机关共掏出犯罪窝子441个，查出违法犯罪分子1175名。检察机关对其中构成犯罪，应该追究刑事责任的826名刑事犯罪分子，及时审查作出了批准逮捕和提起公诉的决定，并会同公安、法院选择了一批典型案件，公开宣判处理，进一步大造打击声势，震慑犯罪。

4月以后，社会治安又相继出现若干突出问题。例如，一度连续发生多起故意寻衅滋事，殴打公共电、汽车司售人员，制造混乱的案件；当瓜果上市的时候，又连续发生哄抢、强买瓜果的流氓案件；在铁路客运量大幅度增长，旅客在京购票困难、客运紧张的情况下，有一些票贩子，大肆进行高价倒卖火车票的违法犯罪活动；制作贩卖假名牌酒、假化妆品、假化肥等活动也一度嚣张；倒卖高档香烟、家用电器等紧俏物资的活动出现了增多的现象；抢劫出租汽车、残害司机、抢夺钱财的犯罪活动和重大盗窃案件也呈现上升趋势，等等。这些犯罪活动严重危害首都的社会秩序和社会治安。针对这些突出问题，各级检察机关与公安、法院紧密配合，步调一致，相继进行了集中打击。如，在市检察院分院配合公安、法院及时处理了永定门火车站运输营业所哄抢、强买西瓜的八名流氓犯罪分子以后，崇文、东城、海淀区检察院紧接着又及时批准逮捕并决定起诉了持刀威胁强买农民草莓，殴打进京经商农民，哄抢个体营业者的香蕉等八名流氓犯罪分子，并会同公安、法院召开三场宣判大会，有效地制止了哄抢、强买的歪风。又如在打击倒卖火车票违法活动的斗争中，8到10月期间，检察机关批准逮捕以倒票为业或屡教不改、长期从事倒卖车票活动的票贩子29人。对于非法制造、倒卖假冒商品和紧俏商品等严重破坏经济秩序的罪犯，检察机关及时批准逮捕、及时起诉，又会同公安、法院从中选出倒卖紧俏香烟、假酒、外汇、粮食和计划票证等8个典型案例15名罪犯，召开大会进行宣判。

各级检察机关在刑事检察工作方面，既对公安机关侦查的案件和法院审判的案件，实行了严格的法律监督，也对公安机关的侦查活动和人民法院的审判活动积极开展了监督，维护了法律的统一实施。

加强对劳改、劳教人员的教育改造，是社会治安综合治理的重要环节，是同犯罪作斗争的重要组成部分。各级检察机关在监所检察工作方面，在劳改、劳教单位设置了8个派驻检察组，在看守所实行了驻所检察，使检察工作做到了经常化、制度化。在进一步开展执法情况检察、安全情况检察的同时，重点协同劳改、劳教部门，抓了提高改造质量，基本上做到了把教育改造工作做到从人犯在看守所关押至释放到社会的全过程中去。还与监管单位举办监管对象技术训练班，使犯人在服刑期间学到一技之长，以备将来服务于社会。如东城区检察院，经多方联系，在中国电子学会的支持和北京电视机厂的支援下，在清河农场十一分场举办了“家用电器维修培训班”。学习期满，经考试合格，由电子学会颁发合格证书。这个培训班已开办一年，深受各方面的欢迎和好评。对刑满释放、解除劳教回到社会上的人员，也会同有关部门通过召开监督考察经验交流会、安置工作情况交流会、聘请党政机关和有关部门的领导和他们直接对话等形式，加强了对他们的帮助教育。这些做法，在提高改造质量、减少重新犯罪方面，取得了实效。

二

在打击严重经济犯罪的斗争中，继续坚持了依法从严惩处严重经济犯罪分子的方针，和一要坚决、二要搞准的原则，并根据斗争中出现的新情况、新问题，改进和加强了经济检察工作。

一年来，各级检察机关在经济检察工作方面，共受理经济违法犯罪案件941件，经审查，决定立案侦查522件，其中有大案要案86件，占立案总数的16.5%。在这些立案侦查的案件中，有贪污案件272件、贿赂案件156件，两项之和占立案总数的82%，有偷税抗税、假冒商标、投机倒把、诈骗等案件94件。在侦查这些案件中，逮捕人犯252名，已侦查终结决定起诉的案犯有337名。通过办案，为国家和集体挽回经济损失

1935万元。

1987年，经济犯罪活动情况同1984、1985年比较有较大幅度的下降，但同1986年比较，又开始出现上升的趋势。特别是贪污、受贿案件相当突出，涉外的经济犯罪案件也在增多。这些犯罪分子的冒险性和贪婪性越来越大，犯罪手段更加隐蔽狡猾。例如，丰台区检察院查处的原北京市皮件三厂副厂长武克强，在1981年到1987年期间，利用职务上的便利，与本厂仓库管理员相互勾结，钻该厂管理制度、财务制度混乱的空子，贪污公款达19万元。他还用贪污的大量赃款和彩电、冰箱等高档消费品贿赂有关人员，为自己编织保护网。接受他贿赂的有包括本厂厂长在内的本厂和外单位的有关人员45人。中国图片社营业部有4名职工，利用电子计算机，以删改计算机储存的累计金额为手段，在1987年4至6月的短短3个月期间，就贪污营业款1.8万多元。所以在打击经济犯罪的斗争中，办案的难度越来越大。

针对上述情况和问题，市检察院在7月份召开全市经济检察工作会议，强调了提高认识，统一思想，克服松劲和畏难情绪，克服“等案上门”的思想，并采取措施，提高发现犯罪分子的能力，逐步建立正常的案件检举、控告网络，以保证更有效地同经济犯罪进行斗争。主要措施是有计划、有重点地深入各地区、各系统，开展调查研究，一面宣传法制，一面搜集犯罪线索；同有关部门和地区加强联系，逐步建立起一套多层次、多方面的联系制度和案件移送制度；通过办案，特别是办理大案要案，开展宣传，造成声势，发动群众，揭发检举；动员和配合发案单位自查自清，揭露犯罪；积极参加财务、税收大检查、建筑企业整顿、乡镇企业整顿等活动，从中搜集经济犯罪线索；注意从人民来信来访、各种刊物、内部资料上搜集经济犯罪活动的信息。

三

在同侵犯公民人身权利、民主权利以及国家工作人员渎职犯罪的斗争中，本着严肃、慎重的原则，重点查处了玩忽职守、重大责任事故和侵犯公民人身权利、民主权利等案件。1987年，各级检察机关在绝不放松打击严重刑事犯罪的同时，继续把打击严重经济犯罪作为主要任务的前提下，把法纪检察工作摆在了重要位置。

一年来，各级检察机关共受理法纪案件527件，比1986年增长12.6%。经调查，对其中应该追究刑事责任的144件，立案进行了侦查。立案数比1986年增长11.6%。在查处这些案件中共逮捕34人，已侦查终结起诉90人。

各级检察机关重点查处的第一种案件是玩忽职守的案件，共立案侦查37件。目前，在经济领域中，重大玩忽职守案件往往与经济犯罪交织在一起，一些经济犯罪分子常常利用国家工作人员的玩忽职守，大肆进行犯罪活动，而玩忽职守又为经济犯罪活动提供条件，造成的经济损失以十万、百万甚至千万计。原建设银行前门支行所属华通财务咨询公司经理王文绂，自1985年以来，违反银行有关规定，不认真审查贷款单位的自有资金、经营范围和贷款用途，经他手贷出的1000多万元，有的被骗走，有的贷款单位已经破产，均已无法追回。第二种是重大责任事故案件，主要结合贯彻国务院《关于大兴安岭特大森林火灾事故的处理决定》和《关于加强安全生产管理的紧急通知》来进行的。一年当中，共立案侦查重大责任事故案件72件。这些事故的后果是相当严重的。如平谷县华宫泡绵厂警卫人员范文宜，违反厂内不准吸烟的规定，在车间内吸烟乱扔烟头，酿成重大火灾，直接经济损失22.6万元。北京市第三城市建设工程公司第二工程处十队室外电梯司机何民中，违章操作，造成电梯从高空坠落，死三人，重伤一人，以及直接经济损失8万多元。第三种是严重侵犯公民人身权利、民主权利的案件，共立案侦查18件。通过查处这些案件，对保护公民的人身权利和民主权利，保卫改革，维护法律的尊严和安定团结的局面，起到了积极作用。

四

一年来，各级检察机关为了通过同各种犯罪分子作斗争，更好地为坚持四项基本原则，维护安定团结的政治局面服务，为坚持改革、开放、搞活，促进社会生产力发展服务，并确实保证斗争的健康进行，着重抓了以下三件事：

第一是，立足办案，胸怀全局，积极地提高服务质量。主要做法是结合办案，广泛开展了检察建议活动，推动发案单位加强综合治理，改章建制，堵塞漏洞，促进他们以法治厂，以法治企业，以法治本单位。一年来，全市各级检察机关的刑事检察部门、经济检察部门、法纪检察部门共向各单位发出检察建议1215份。还结合办案，协助主管部门整顿企业，调整领导班子，以促进企业的开拓发展。在办案中，积极运用法律手段，为受到经济损失的企业挽回或减少损失，等等。这些做法，总的说效果是好的。例如，丰台区检察院在查处武克强特大贪污案件的过程中，针对武克强长期贪污得逞的原因，积极协助市皮革工业公司，调整皮革三厂的领导班子，整顿企业，重新制定和健全各项管理制度，向职工进行法制教育，保证了生产活动照常进行。公司党委还印发了《关于以皮件三厂为鉴戒抓好行业党风建设》的通知，发动全企业揭露矛盾，制定措施，堵塞漏洞，完善管理，效果很好。这个区检察院在查处北京花乡粮油食品厂一件贪污、倒卖粮票的案件时，发现该厂亏损粮票达 80 万斤、人民币 1.5 万元。他们立即建议并协助市粮食局加强管理，同时在调查取证过程中，从 93 个单位为该厂追回粮票 55 万斤、货款 1.5 万元。市粮食局不仅帮助该厂健全了管理制度，而且完善了全行业的票证管理制度。各级检察机关都十分注意结合办案，促进和提高企业管理水平，积极进行法制宣传，提高广大干部、群众的法制观念。对于免予起诉的人员定期回访考察，教育他们彻底悔罪自新，做遵纪守法的公民。总之，多方面进行了预防和减少犯罪的工作，以更好地为维护安定团结的政治局面服务。

第二是，狠抓了提高办案质量。主要措施是制定了案件质量标准，对 1986 年办理的各类案件，通过自查、互查、抽查等形式，进行了质量检查和质量分析，总结经验教训；逐步制订了办案的各个程序的工作细则，使办案工作逐步做到制度化、规范化；加强了调查研究工作，解决了一些有关政策、法律的界限问题；认真组织交流了提高办案质量的经验，特别是调查取证和出庭支持公诉的经验。所以 1987 年的办案质量较之 1986 年有明显提高。已经起诉到法院的各类案件，经法院已开庭审理作出有罪判决的占 99.8%。

第三是，提高检察干部的政治素质和业务素质。各级检察机关认真开展了坚持四项基本原则，反对资产阶级自由化的教育。市检察院专门召开政治思想工作会议，以推动各级检察院加强政治思想工作。一年来，相继进行了理想教育、纪律教育、职业道德教育，并开展了“争先创优”、评选最佳公诉人、争当最佳书记员等活动。严肃处理了个别检察干警违法乱纪的行为，并发出通报，要求全体干警引以为戒。广大检察干警的政治素质有了新的提高。同时，采取以会代训、专题讨论、案例分析会等多种形式，加强了对检察干警的业务培训。广大检察干警的业务素质也有所提高。这些对于胜利完成 1987 年检察工作任务起到了重要的保证作用。

五

1987 年，本市各级检察机关，在市委和最高人民检察院的领导下，在人大常委会的监督和政府以及广大群众的支持下，较好地完成了各项检察任务，取得了新的进展。但是总的来说，检察工作的进展还落后于蓬勃发展的社会主义改革和建设的形势。在新的一年里，各级检察机关要根据党的十三大精神，积极调查探索检察工作的改革和建设，改善执法工作，通过改革和建设带动各项检察工作提高到一个新的水平上来，更好地为“一个中心、两个基本点”服务。进行检察工作的改革，改善执法工作，都要以是否有利于发展生产力作为出发点和检查标准。市检察院初步拟定的改革和建设的近期目标是：把本市检察机关建设成为功能完备、富有效力、充满生机、与我国社会主义法制建设发展相协调，与首都地位相适应的法律监督机关，更好地为首都的改革、开放服务。在工作部署上要继续坚持绝不放松打击严重刑事犯罪的同时，把打击严重经济犯罪作为自己的主要任务，把法纪检察工作摆在更重要的位置上来，积极全面地开展各项检察工作。在“两打”斗争中大力加强调查研究工作，准确判断当前的形势，审时度势，坚持人民民主专政，对社会危害大的严重刑事犯罪分子，继续坚持依法从重从快惩处，对改革、开放危害大的严重经济犯罪分子，继续坚持依法从严惩处，必要时还要根据形势的需要和存在的突出问题配合公安、法院开展专项斗争，集中打击，以震慑犯罪，努力消除各种不安定因素。要继续狠抓提高“两劳”人员的改造质量，把重新犯罪率降到可能的最低限度。要继续以查处玩忽职守、重大责任事故和侵犯公民人身权利、民主权利等三类案件为重点，切实担负起保护公民人身权利、民主权利，同国家工作人员渎职犯罪作斗争的任务。要进一步结合办案，大力推进综合治理，广泛进行法制宣传，深入开展预防犯罪的工作。同时，要更加重视和加强检察队伍的建设，进一步调动广大检察干警的积极性，激发创造热情，培养献身精神，更好地为人民群众服务，力争为建设繁荣、文明、民主的社会主义现代化首都，做出更大的贡献。

北京市第九届人民代表大会第一次会议议案审查委员会关于代表议案的审查报告

张大中

（1988年1月27日北京市第九届人民代表大会第一次会议主席团第四次会议通过）

本次会议收到议案共210件，其中代表团提出的议案25件，10名以上代表联合提出的议案185件。本次会议收到的议案，有关精神文明建设、教育、地方立法、城市建设等方面的问题数量较多，其中属于财政经济方面的55件；属于城市建设方面的69件；属于教育、科学、文化、卫生方面的61件；属于政法方面的15件；其它方面的10件。这些议案对加快和深化经济体制改革，积极稳妥地开展政治体制改革，加强精神文明建设，加强社会主义民主和法制建设，加强城乡建设和管理，特别是对把科学技术和教育事业放在突出的战略地位，促进适合首都特点的经济发展，提出了许多重要的意见和建议；同时对解决群众生活中的迫切问题方面，也提出了很多重要的意见和建议。

议案审查委员会对上述议案进行了认真的审查，建议将18件交市人大常委会审议；将10件交市人民政府研究办理答复提议案代表并向市人大常委会报告；另有179件属于对各方面工作提出的具体意见，作为建议、批评和意见，分别交市人大常委会办公厅、市人民政府办公厅及有关部门研究处理，并答复提议案代表；还有3件属于全国人大常委会和国务院的职权，因此转送全国人大常委会办公厅和国务院办公厅参考。现将分别处理的意见报告如下：

一、交市人大常委会审议的2件：

1. 刘尚青等11位代表提出的“制定市人民代表与原选举单位加强联系的办法”的议案（第4号）；

2. 马宝华等10位代表提出的“制定市人大代表与原选举单位的联系办法”的议案（第169号）；

以上两件议案内容相同并为一项处理。

二、交市人民政府办理，由市人大常委会审议的16件并案后共8项：

1. 董森等21位代表提出的“加强对本市个体户管理，需要制定管理办法”的议案（第1号）；

2. 刁明章等14位代表提出的“关于解决小学二部制问题的议案”（第2号）；

3. 李青萍等12位代表提出的“进一步加强首都的精神文明建设”的议案（第16号）；

4. 李青萍等16位代表提出的“应采取具体措施解决中小学师资队伍后继乏人的问题”的议案（第17号）；

5. 韩笃升等13位代表提出的“建议制定北京市职工教育条例”的议案（第19号）；

6. 陶西平等17位代表提出的“建议制定北京市职业技术教育条例”的议案（第20号）；

7. 孙焕然等19位代表提出的“加速中小学校舍建设减少二部制”的议案（第32号）；

8. 刘鸿志等37位代表提出的“采取有效措施抓好菜篮子”的议案（第34号）；

9. 平谷县、密云县、怀柔县、顺义县四个代表团提出的“东直门长途汽车站亟待扩建或迁建左家庄”的议案（第40号）；

10. 林冰等15位代表提出的“建议试办小学教师师专班或五年制师范班，提高小学教师水平”的议案（第42号）；

11. 彭庆遐等16位代表提出的“建议北京市为少年儿童开辟电视教育专台”的议案（第43号）；

12. 李欧等15位代表提出的“加强北京市精神文明建设”的议案（第146号）；

13. 贺慧声等13位代表提出的“非教育部门录用师范毕业生应偿还教育培养费”的议案（第156号）；

14. 王黎等15位代表提出的“加强80年代青年思想教育”的议案（第163号）；

15. 林冰等17位代表提出的“加强职业高中专业教师队伍建设”的议案（第164号）；

16. 王万发等25位代表提出的“再次呼吁迅速解

决通惠河、凉水河的严重污染问题”的议案（第48号）与北京市第八届人民代表大会常务委员会曾立案审议过的关于修建高碑店污水处理厂的议案内容相同，因此交市人民政府办理，办理情况向市人大常委会报告。

以上第2号、第32号两件议案内容相同并为一案；第16号、第43号、第146号、第163号四件议案内容相同并为一案；第17号、第42号、第156号、第164号四件议案内容相同并为一案。

三、交市人民政府办理，向市人大常委会报告的10件并案后共五项：

1. 徐光伟、刘林宝、王树莲等代表提出的关于改革医院收费制度方面的4件议案；

2. 李占芳、李福森等代表提出的关于香山地区居民饮水方面的2件议案；

3. 赵泽培等代表提出的关于红领巾公园湖水污染方面的议案；

4. 金国芬等代表提出的关于利用北京市科技优势的议案；

5. 谭壮、姚玲珠等代表提出的关于计划生育方面的2件议案。

四、作为建议、批评和意见交市人大常委会办公厅、市人民政府办公厅及有关部门研究处理并负责答复代表的179件。具体议案见附件。

五、转送全国人大常委会办公厅、国务院办公厅参考的3件。具体议案见附件。

以上审查意见，建议主席团予以批准。

此外，本次会议收到代表提出的建议、批评和意见，已进行整理，由市人大常委会办公厅分别交由市人民政府办公厅及有关部门研究处理，并负责答复代表。

北京市第九届人民代表大会第一次会议选举办法

（1988年1月21日北京市第九届人民代表大会第一次会议通过）

第一条 根据《中华人民共和国全国人民代表大会和地方各级人民代表大会选举法》、《中华人民共和国地方各级人民代表大会和地方各级人民政府组织法》和第六届全国人民代表大会第五次会议《关于第七届全国人民代表大会代表名额和选举问题的决定》，制定本办法。

第二条 北京市第九届人民代表大会第一次会议选举下列人员：

北京市出席第七届全国人民代表大会代表64人，其中北京市名额49人，中央名额15人；

北京市第九届人民代表大会常务委员会主任1人、副主任9人、秘书长1人、委员52人；

北京市市长1人、副市长7人；

北京市高级人民法院院长1人；

北京市人民检察院检察长1人。

第三条 出席全国人民代表大会代表的候选人名额应比应选名额多1/5至1/2，进行差额选举。市人民代表大会常务委员会主任、秘书长，市长，市高级人民法院院长，市人民检察院检察长的候选人名额，一般应多1人，进行差额选举；如果提名的候选人只有1人，也可以等额选举。市人民代表大会常务委员会副主任、副市长的候选人名额应比应选名额多1至3人，市人民代表大会常务委员会委员的候选人名额应比应选名额多1/10至1/5，进行差额选举。

第四条 出席全国人民代表大会的代表候选人，中央和北京市各政党、各人民团体可以联合或者单独推荐，代表10人以上联名，也可以推荐。

市人民代表大会常务委员会组成人员，市长、副市长，市高级人民法院院长，市人民检察院检察长的候选人，由大会主席团或者代表10人以上联名推荐。

推荐者应当向大会主席团书面介绍所推荐的候选人的情况。

第五条 推荐候选人的截止时间由大会主席团决定。

第六条 市人民代表大会常务委员会组成人员须从市第九届人民代表大会代表中选举产生。

第七条 大会主席团应当向代表介绍候选人的情况。推荐候选人的政党、人民团体和代表，可以在代表小组会议上介绍所推荐的候选人的情况。但是在选举日必须停止对候选人的介绍。

第八条 大会主席团把依法提出的全部候选人名单提交全体代表反复酝酿、讨论、、协商。如果所提候选人超过法定数额的上限，可以采用无记名投票的方式，征求代表的意见，主席团根据较多数代表的意见，确定正式候选人名单。

第九条 选举采用无记名投票方式。代表要亲自参加投票。

第十条 各项选举可以一次投票，分别计票；也可以分几次投票。由大会主席团根据具体情况决定。

第十一条 大会选举前，由主席团提名总监票人二人，每个代表团推荐监票人一人，经大会通过后，在主席团的领导下，对发票、投票和计票进行监督。

候选人不得担任监票人。

第十二条 代表对于选票上所列的候选人，可以投赞成票，可以投反对票，可以依法另选他人，也可以弃权。

第十三条 代表同意选票上所列的某个候选人，就在他的姓名左边的空格里画一个“○”，不同意某个候选人，就在他的姓名左边的空格里画一个“×”。既不画“○”又不画“×”的为弃权。

代表如果另选他人，在画“×”的候选人姓名右边的空格里写上要选的人的姓名。

第十四条 填写选票应当用钢笔或者圆珠笔，符号要准确，笔迹要清楚。

第十五条 投票结束后，由计票人清点选票张数，作出记录，经总监票人签字后，报告大会执行主席。

选票张数等于或者少于投票人数的，选举有效；多于投票人数的，选举无效。

第十六条 各项选举的每张选票选举的人数，多于第二条规定应选人数的作废，等于或者少于应选人数的有效。

第十七条 全部填写模糊无法辨认的选票，全部作废；部分填写模糊无法辨认的选票，无法辨认的部分作废。

第十八条 候选人获得全体代表过半数的选票，始得当选。

获得过半数选票的候选人名额超过应选名额时，以得票多的当选。如遇票数相等不能确定当选人时，应当就票数相等的候选人重新投票。

获得过半数选票的候选人的名额少于应选名额时，不足的名额应当在没有当选的候选人中另行选举；候选人由主席团根据差额选举的有关规定确定，并按照得票多少的顺序排列。

第十九条 选举结果由大会主席团依法确定是否有效，并予以宣布。

第二十条 本办法由北京市第九届人民代表大会第一次会议通过后施行。

北京市第九届人民代表大会第一次会议关于市人民政府工作报告的决议

（1988年1月30日北京市第九届人民代表大会第一次会议通过）

北京市第九届人民代表大会第一次会议，经过认真审议，批准陈希同市长所作的政府工作报告。

会议认为，五年来，市人民政府在中共中央、国务院正确领导和亲切关怀下，在中共北京市委的直接领导下，依靠全市各族人民认真贯彻执行中国共产党第十一届三中全会以来的路线，以经济建设为中心，坚持四项基本原则，坚持改革开放，按照中央关于首都建设方针的四项指示和十条批复的精神，进行了艰苦的扎扎实实的工作，取得显著成绩，把首都社会主义现代化建设推进了一步。

会议指出，今后的五年，要在中国共产党第十三次代表大会精神的指引下，从北京市情出发，进一步解放思想，以改革总揽全局，加快和深化经济体制改革，积极稳妥地进行政治体制改革；按照北京城市建设总体规划的要求，进一步加强城乡建设和管理；努力控制人口的急剧增长；继续调整产业结构，大力发展适合首都特点的经济；扩大对内对外开放，积极开展国内外经济技术和科学文化的合作与交流；坚持把科学技术和教育事业放在突出的战略位置，积极发展文化、卫生、体育事业；进一步加强社会主义精神文明建设和民主与法制建设，提高全体市民的文明素养和遵纪守法的自觉性，继续加强社会治安的综合治理，维护安定团结的政治局面，为实现首都社会主义现代化建设的宏伟目标，奠定更加坚实的基础。

会议强调，1988年北京市的工作，要坚决贯彻中央关于稳定经济、深化改革的方针，继续广泛深入地开展增产节约、增收节支运动，反对铺张浪费，严格控制基本建设规模和消费基金的过快增长。稳定经济，重点是稳定物价。要采取有力措施，加强物价管理，坚决制止乱涨价和变相涨价，特别要坚决制止和严厉处理国营垄断企业哄抬物价、扰乱市场的违法乱纪行为。经济体制改革的重点是，进一步搞活全民所有制企业；加快计划、物资、外贸、金融等综合经济管理部门的配套改革；着手进行城镇居民住房制度的改革。政治体制改革，要按照中共中央、国务院和中共北京市委的部署，在调查研究、制定方案的基础上，有计划有步骤地展开。

会议号召，全市各族人民要坚定不移地遵循中国共产党第十三次代表大会提出的党在社会主义初级阶段的基本路线，同心同德，艰苦奋斗，满怀信心地去夺取首都社会主义现代化建设的新胜利！

北京市第九届人民代表大会第一次会议关于1988年国民经济、社会发展计划和1987年财政预算执行情况、1988年财政预算的决议

（1988年1月30日北京市第九届人民代表大会第一次会议通过）

北京市第九届人民代表大会第一次会议，同意国民经济、社会发展计划和财政预算审查委员会的审查报告，决定批准市人民政府提出的1988年国民经济、社会发展计划和1988年财政预算，批准市计划委员会主任王军所作的《北京市1987年计划执行情况和1988年国民经济和社会发展计划草案的报告》，批准市财政局长王宝森所作的《北京市1987年财政预算执行情况和1988年财政预算草案的报告》。关于1987年的财政决算，会议授权市人大常委会在政府编出后进行审查和批准。

北京市第九届人民代表大会第一次会议关于市人大常委会工作报告的决议

（1988年1月30日北京市第九届人民代表大会第一次会议通过）

北京市第九届人民代表大会第一次会议，批准赵鹏飞主任所作的北京市第八届人民代表大会常务委员会工作报告。

会议要求，第九届人民代表大会常务委员会，在中国共产党第十三次代表大会精神的指引下，积极履行宪法和地方组织法赋予的职责，继续完善人大常委会的各项职能。加快制定地方性法规工作的步伐；加强对法律、法规实施情况的监督检查；进一步密切同代表和群众的联系，更好地代表人民，并接受人民的监督；健全自身的组织和工作制度；在社会主义民主政治建设中，积极探索，勇于实践，更好地发挥市人民代表大会常设机关的作用，为首都的社会主义现代化建设和全面改革作出新的贡献。

北京市第九届人民代表大会第一次会议关于市高级人民法院工作报告和市人民检察院工作报告的决议

（1988年1月30日北京市第九届人民代表大会第一次会议通过）

北京市第九届人民代表大会第一次会议，批准刘云峰院长所作的北京市高级人民法院工作报告和何访拔检察长所作的北京市人民检察院工作报告。

会议要求，本市各级人民法院和人民检察院，在中国共产党第十三次代表大会精神的指引下，认真履行审判机关和检察机关的职责，加强各项审判、检察工作，依法惩办破坏社会秩序和经济的犯罪分子，制裁违法行为，维护国家利益和人民的合法权益。继续加强队伍建设，严肃法纪，秉公执法，促进安定团结和社会治安的稳定好转，保障首都社会主义现代化建设和全面改革的顺利进行。

北京市出席第七届全国人民代表大会代表名单

（1988年1月30日）

（64人，按姓名笔划排列）

于卫国 于是之 万 里 马耀骥 王碧霖（女）
叶才民 叶 林 史定潮（女） 史静贤（女）
朱德熙 刘剑青 刘渡舟 刘德珍 严仁英（女）
杜德顺 李会元 李维康（女） 李博生
李 鹏 杨 沫（女） 余永宁 宋世雄
张文奇 张世英（女） 张占林 张国基
张继斌 陆维德（女） 陈丁茂 陈伦芬（女）
陈希同 陈效达 英若诚（满） 罗里波
罗益锋 周冠五 赵守俨 赵垂达 张紫阳
赵鹏飞（满） 胡大鹏 胡亚美（女） 柯昌棠
侯宝林（满） 贾廷让 钱秀珍（女，回）
郭本立 浦洁修（女） 陶大镛 陶西平
黄子云 梅祖彦 曹凤国 符 兰（女） 阎承宗
董建华 董新菊（女，满） 韩茂富 程春博
傅克诚（女） 熊 明 戴 逸 魏庭棣（女）
魏福源

北京市第九届人民代表大会常务委员会主任、副主任、秘书长、委员名单

（1988 年 1 月 30 日）

主　任：赵鹏飞（满）

副主任：马耀骥　黎　光　夏钦林　邢　军　覃异之　陶大镛　浦洁修（女）　陈明绍　戎　易

秘书长：赵有光

委　员：（52 人，按姓氏笔划排列）

于　军　马瑞卿　王立行　王向明　王行仁　王作升　王炜钰（女）　王昭钺　王　哲　王桂冀　王　黎（女）　仉振亮（回）　左　珊　叶珮琼（女）　白　平（女）　刘　才　刘永国　刘如明　刘　明　刘绍棠　安士伟（回）　许　文　严镜清　苏　坡（女）　李巧云（女）　李乾构　杨寿昆　杨毓秀　吴一平（回）　张立宏　张继斌　张　镈　陈向远　林明美（女）　罗豪才　金铁宽（满）　郑　宁（女）　赵荣琛　郝守本　查瑞传　姚　望　贾九朝　贾长威　夏之莲（女）　徐仁发　徐炳忠　翁肇祺　常自超　鲁　刚　温益友　谭元堃　潘家多

北京市市长、副市长名单

（1988 年 1 月 30 日）

（8 人）

市　长：陈希同

副市长：张健民　张百发　黄　超　吴　仪（女）　苏仲祥　陆宇澄　何鲁丽（女）

北京市高级人民法院院长名单

（1988 年 1 月 30 日）

刘云峰

北京市人民检察院检察长名单

（1988年1月30日）

何访拔

（根据《中华人民共和国地方各级人民代表大会和地方各级人民政府组织法》的规定，当选的北京市人民检察院检察长，还须报经最高人民检察院检察长提请全国人大常委会批准）

北京市第九届人民代表大会第一次会议主席团、秘书长名单

（1988年1月20日北京市第九届人民代表大会第一次会议预备会议通过）

主席团（71人 按姓名笔划排列）

丁 榕（女） 于卫国 马瑞卿 马耀骥 王万发 王立行 王 光 王兆熊 王炜钰（女） 王绍俊 王 宪 仉振亮（回族） 叶大澂（满族） 白介夫 邢 军 戎 易 朱京宝（女） 刘志英 刘尚青 刘建国 齐家蕙（女） 安士伟（回族） 许 文 纪辉玉（女） 严镜清 李巧云（女） 李进民 李其炎 李树忠 李锡铭 佘涤清 汪家镠（女） 张大中 张书明 张立文 张立宏 张俊山 张继斌 张福森 张 镈 陆 昊 陈木森 陈明绍 范 瑾（女） 林 挺 金铁宽（满族） 郑云山 郑凤仪 孟志元 赵维华 赵鹏飞（满族） 胡大鹏 俞昌珈（女） 姚 望 贾长威 夏钦林 徐光炜 徐惟诚 高贺荣 浦洁修（女） 陶大镛 盛绳武 阎同茂 梁国柱 彭兴远 董时中 韩 凯 覃异之 靳 晋 黎 光 潘志明

秘书长

邢 军

北京市第九届人民代表大会第一次会议主席团常务主席名单

（1988年1月20日主席团第一次会议推定）

（22人）

李锡铭 赵鹏飞（满族） 王 宪 徐惟诚 李其炎 王 光 李进民 汪家镠（女） 孟志元 白介夫 范 瑾（女） 马耀骥 浦洁修（女） 佘涤清 陈明绍 张大中 黎 光 邢 军 戎 易 夏钦林 覃异之 陶大镛

北京市第九届人民代表大会第一次会议副秘书长名单

（1988年1月20日主席团第一次会议决定）

郑怀义 沈 千（女） 刘虎山 赵有光 徐炳忠王 昭钺 杨登彦 段柄仁 周泽民

北京市第九届人民代表大会代表名单

（880名 按姓名笔划排列）

东城区代表团（80人）

于肇续 王大琬（女） 王立行 王永德 王 振
王振庭 王继芬（女） 方 仟 艾合买提·帕萨尔
叶祖兴 白忠玉 冯文芳（女） 朱 琳（女）
朱蓉先（女） 任建民 刘义立 刘文伯 刘振英
刘弼臣 安士伟 孙占德 孙连凯 孙孚凌
孙 勉（女） 苏仲祥 李永级 李亚儒 李沛钰
李青萍（女） 李晓利（女） 李铁林 李润五
李乾构 李 颖（女） 杨挹敏（女） 吴永亮
吴德华（女） 沈腴正（女） 张大中 张臣杰
张肖常（女） 张觉民 张清平 张维芬（女）
张锦辉（女） 张廉云（女） 陈绍潞
陈敏芝（女） 邵鸿义 武旭昶 林云光
林 红（女） 林治强 林 挺 林雄威 金 鉴
赵杏田 胡大鹏 钟 涵 俞昌珈（女）
姚玲珠（女） 耿 震 顾方舟 徐惟诚 高全寿
郭浩明（女） 浦洁修（女） 黄军灵 黄毓彦
常梦渠 梁 福 董宝山 董振邦 董 森 傅 琨
谢亚萍（女） 解 衡 臧国盛 霍鼎钟 戴士铭

西城区代表团（95人）

丁 榕（女） 王玉珍（女） 王治隆 王基志
王 琢 孔秀兰（女） 邓亚光 龙永枢 田志刚
白介夫 西亚庚 曲晓光 朱永森 朱培均 刘玉浦
刘如明 刘希琴（女） 刘学公 刘树诚 刘奎元
刘鸿志 刘福惠（女） 刘家蕙（女） 衣锡群
汤克赢 孙砚田 孙涣然 孙鸿烈 孙维东（女）
严婵娟（女） 苏俊栓 李忆兰（女） 李汉文
李守全 李宝顺 李 舜 李锡铭 杨万里 杨百川
杨向东 杨福盛 吴观张 何琪莹（女）
何鲁丽（女） 张世英（女） 张 芳
张丽丽（女） 张 兵 张忠恕 张柏青
张 霞（女） 陆鹤飞 陈木森 陈丽娜（女）
陈秀云（女） 陈佑才 陈俊岐 陈晓中 陈锡祐
邵震豪 林明美（女） 罗 玲（女） 金铁宽
周子泉 郑锦章 郑 燕（女） 冼世炯 赵 果
赵 康 赵维华 赵锡增 胡代聪 胡亚美（女）
秦永明 徐光炜 翁肇祺 唐迺昌 浩 然
黄志英（女） 黄锡卿（女） 曹贤钦（女）
崔子秋 崔季民 梁淑珍（女） 屠金城
琚贻桐（女） 谢 荣 雷 加 褚芝仪
翟玉洁（女） 黎 光 潘志明 潘家多
衡瑞华（女） 戴洪祥

宣武区代表团（71人）

刁明章 马玉田（女） 王子美 王天玺 王正刚
王东峨 王学田 王宝亮 王宝森 王俊生 尹盛喜
石鸿飞 石晶华（女） 叶子龙 叶珮琮（女）
白 平（女） 邢玉宽 朱京宝（女） 刘 艺
刘平源 刘尚青 刘 璐（女） 许金瑞 孙震岩
严镜清 李玉英（女） 李成义 李芳百 李学方
李秋君 李崇善 李 瀛 杨寿昆 肖燕军（女）
吴一平 汪碧潮（女） 沙之沅 张文坦 张立宏
张凌容（女） 张浩建 张 彭 张嘉怡
陆瑞君（女） 陈丁茂 陈志嘉 陈希同 陈桂林
武 义 金启慧（女） 金松龄 周子贞 郑一夫

郑昌琏 郑祖尧 孟兆荣 赵玉芳（女） 赵荣琛
高永毅 郭琴生（女） 黄纪诚 黄凯
崔智敏（女） 梁学政 覃异之 蔡世雄 谭元寿
谭蕙英（女） 翟诚 翟泰丰 穆美娜（女）
增补：
侯维城（1989.2） 孙毓敏（女）（1991.2）
崇文区代表团（54人）
于卫国 于军 王作舟 王纯 王忠诚 王季增
王树森 王晓文（女） 左珊 石瑜华（女）
石煌 包解军（女） 司徒柱 任尚信
刘小明（女） 刘云峰 刘文经 刘观亭
刘容庆（女） 刘德喜 许文 纪辉玉（女）
李兴华 李金海 李俊华 李瑛（女） 李德良
邱钟惠（女） 佟美荣（女） 沈信夫 张国祥
张洪范 张继斌 陈广文 陈培荣（女） 武庆森
林曼秋（女） 金志伟 金霭瑛（女） 孟志元
赵鹏飞 柳步青 段志荣 施宗林 姚进明 姚望
秦正安 袁承文 袁振国 铁英（女） 殷宗琦
盛绳武 梁志华 蔡其侃
增补：
于熙钟（1991.2）
朝阳区代表团（119人）
于振方 万玉序（女） 马长仙（女）
马瑾（女） 马耀骥 王军 王秀云（女）
王叔文 王宪铨 王哲 王铁生 王理坤 王普善
王瑞昆 方国政 尹泊生 石泽生 石玲
史凤兰（女） 白继良 冯永顺 冯建余 边秉银
戎秋林 朱小彤（女） 朱彤琼（女） 乔宝林
任承训 华钦宗 刘才 刘玉令 刘玉兰（女）
刘永国 刘民复 刘庆桃 刘拓 刘琪（女）
许连友 许槐生 孙淑英（女） 孙琪娜（女）
苏里曼 苏坡（女） 苏琦（女） 杜庚
李文章 李平 李丽琳（女） 李学文
李雪芬（女） 李淑兰（女） 李斯特 李朝祖
李赓韶 杨时旺 杨树庄 时纯利 何金珍（女）
汪长泽 宋维良 张世霖 张百发 张裘良
张黎明（女） 张燕丽（女） 陈世平
陈秀华（女） 陈冶（女） 陈明绍
陈绍珍（女） 陈栋 陈勋斌 欧阳成 果祝增
周光裕 周怡（女） 郑冬立 郑怀义 冼锦荣
孟振德 封灿玉 封明为 赵乃林 赵文树 赵泽培
赵诚 郝守本 柯鉴铭 施铁良 祝若兰（女）
姚冰（女） 贺长惠（女） 秦至刚 袁伦渠
徐汉涛 徐志宏 徐柏龄 郭席兰（女） 黄世华

曹桂荣（女） 崔宝印 阎承宗 梁顺沛 梁泰然
董时中 景恩顺 傅力力（女） 鲁凤仪 鲁刚
温庭枢 谢涓（女） 溥松窗 蔡少甫 臧龙光
臧红星 廖雅章 谭文生 潘廉志 魏治敏
增补：
张万鹏 （1991.3）
海淀区代表团（127人）
于彤 万哲先 马志祥 马宝华 王向明 王行仁
王纪平 王欣（女） 王炜钰（女） 王经瑾
王洪德 王昶 王淑玲（女） 王淼森 王福成
王黎（女） 邓诗魔 卢成锹 叶大澂 田中山
史定潮（女） 包玉良 邢玉久 戎易
吕晓霖（女） 朱滢 朱鹤孙 任树礼 任德升
刘有凤（女） 刘同生 刘连会 刘忠干 刘柏林
刘美生（女） 刘继凤（女） 许世全 阴法鲁
苏红（女） 杜力（女） 李占芳 李达
李伟民（女） 李延祜 李守达 李志刚 李连达
李茂永 李宝瑞（女） 李欧 李福森
杨丽坤（女） 杨明 杨思泽 杨植兰（女）
肖天铎 吴青（女） 何肇琛（女） 余群
汪家镠（女） 沙成志 沙福敏（女） 张华明
张丽华（女） 张保宁 张家诚 张福森 陆昊
陆懋云 陈与楫 陈有民 陈先霖 陈宝森 陈家宜
邵干坤 林冰 罗国杰 罗颖骥 罗豪才 季正益
季延寿 金国芬（女） 金瑶（女）
金慕箴（女） 郑元景 赵亚平 赵志熙 赵知敬
赵学普 查瑞传 钟启竞 姜维壮 姚兆辉 贺慧声
袁大器 耿长外 格桑居冕 贾翠莹（女）
夏之莲（女） 夏德钤 钱宇平 秘荣芹（女）
倪震 徐大雄 徐惟鼎 海广玉 陶大镛
曹俊喜（女） 曹炳勋 曹爱玲（女）
鄂延春（女） 符兰（女） 章民新（女）
章淹（女） 彭庆遐 蒋有名 蒋钟仁 程志强
温益友 谢丽馨（女） 谢莹莹（女） 靳晋
窦伦淮 熊尚义 潘文石 潘季淑（女） 薛明伦
增补：
沈仁道 （1991.1）
丰台区代表团（62人）
丁鼎武 马美琴（女） 王天一 王亚南（女）
王光 王兆熊 王来珍（女） 王英若（女）
王英杰 王树莲（女） 王家喜 王景铭 王裕泰
王福安 王德臣 邓君明 丛树国 吕凤亭 吕玉东
任泉 庄宝国 刘文森 许守正 孙在雍
李巧云（女） 李永安 李进民 李伯康 李英威

李宝祥 李宝德 李素静（女） 李惠琴（女）
李舜年 杨永公 杨铭玉 吴 平 何访拔 张 镈
陈向远 陈连英 陈福汉 林 明 欧阳晓康（女）
卓叔宣 尚子诚 金 铮 段柄仁 洪思尧 宣祥鎏
贾长威 徐 光（女） 奚家骥 高俊华（女）
高俊庭 郭福长 陶西平 常自超 梁兆阶 韩伯平
韩笃升（女） 蔡振峰

石景山区代表团（30人）

马欣春 马瑞卿 王光元 王奎达 王振山 卢 运
吕子敬 李春亮 杨索利 吴 英 佘涤清 张广亮
张凤池 张俊山 张健民 苑文澜 林三环 林志浩
欧阳文安 周雪玉（女） 周蕴仙（女）
郑 宁（女） 单 萍（女） 郝志英（女）
顾丽中 黄 晋 韩久庆 靳德龙 满开疆 樊国华

房山区代表团（41人）

于希华（女） 万连元 王凤梧 王秀芳（女）
王作升 王明利 王素英（女） 王 富 仉振亮
田志华 田 哲 令狐康君（女） 宁 玲 邢春华
朱长龄 朱希斌 任国瑞 刘殿臣 池贵如 李庆余
李 军（女） 李利民（女） 李淑媛（女）
李新芬（女） 李蔚兰（女） 杨毓秀 张立文
张洪勋 陆宇澄 陈华奎 尚友伦 郑树森
郎蕴琳（女） 姜寅生 晋德英（女） 夏钦林
郭先英（女） 黄文英（女） 梁国柱 董福新
谭元堃

增补：

蒲怀瑛 （1988.12）

门头沟区代表团（22人）

王大明 王有年 王国庆 王玺珍 方士平 史书训
吉绍辅 刘少昆 关延朴 阮章竞 杜德惠（女）
李进先 李国梁 沈 勃 张书明 金朝彦
段征云（女） 贾九朝 徐炳忠 凌玉成
高桂芬（女） 廖国华

通县代表团（28人）

王万发 王凤彩 王桂冀 王 燕（女） 石宝田
邢仲山 毕玉玺 朱世勤 刘文宝 刘林宝 刘绍棠
严碧涯（女） 杨印环 杨 露（女） 吴兴邹
何万江 佘绪新 宋 艳（女） 张玉华（女）
张明义 陈文惠（女） 郎德民 郝 敏（女）
高淑兰（女） 黄日旭 梁仕增 韩振福 蔡庆光

顺义县代表团（20人）

王 宪 乔洪森 李秀萍（女） 吴桂云 宋 新
张 本（女） 张志贤 张金铎 张翠花（女）
陈凤英（女） 范 瑾（女） 周福伦 孟宗山
胡丽华（女） 贾振发 黄 礼 阎空军 彭兴远
韩 凯 鲁裕汉

怀柔县代表团（15人）

马连科 王殿英 尤义兰（女） 邓宝元 李云陆
李世明 张广芳（女） 张富珍 陈瑞钧 郑凤仪
单昭祥 赵有光 胡启璋 徐小广 谭 壮

密云县代表团（17人）

王金鲁 可贵元 邢德海 刘捡玲（女） 那选仲
苏和声 郑云山 郑如林 赵肸妩 赵秋荣（女）
胡玉伶（女） 徐友森 徐仁发 高启明 黄 超
韩国琛 蔡明清

平谷县代表团（15人）

王少海 王昭钺 王素云（女） 边果元 刘文忠
刘福海 刘镇藻 李其炎 杨希顺 张体伦 周慎培
赵淑燕（女） 秦龙生 高贺荣 高献斌

大兴县代表团（21人）

马利生 王振山 刘志英 刘 英 刘 明 刘振山
刘黎明 李全福 李秉刚 肖金茹（女）
何舜琴（女） 张友明 张凤营 张文亮 陈 元
周淑坤（女） 胡文芬（女） 贾秀和 黄志明
常 浦 谭 泉

昌平县代表团（23人）

艾存义 史静贤（女） 边银莲（女） 邢 军
吕和平 朱 桓 刘家振 刘淑珍（女） 李凤云（女）
李树忠 杨友修 杨季伟 杨朝仕 张连凯 张 耕
陈志文 陈彦康 陈桂平（女） 林 萍 赵崇喜
荣文华 董明玑 魏庭棣（女）

延庆县代表团（15人）

王绍俊 尤秉德 毛昌鸿（女） 白有光 李美臣（女）
李棠仪（女） 杨振林 吴雅薇（女） 何民生
张志铭 张爱棠 陈恩甲 周启鹏 段天顺 梁舒臣

解放军驻京部队代表团（25人）

马国连 王明珠（女） 王衍成 方大愚 邓树琪
朱 彦 刘世伦 刘建国 刘 薇（女） 许广楼
李杰臣 杨振亚 杨朝宽 何文山 陆 鑫 祝庭勋
祝耀宗 高元科 郭培礼 黄云桥 阎同茂 梁贻斌
葛文楣 程凤仪（女） 解银珠

增补：

曹丁 （1988.6） 程建宁 （1990.12）

北京市第九届人民代表大会第二次会议

（1989年4月20日——26日）

北京市第九届人民代表大会第二次会议于1989年4月20日至26日在京丰宾馆举行。会议代表880人。北京市选举的部分七届全国人大代表、市人民政府、市高级人民法院、市人民检察院和有关部门的负责人列席了大会。

大会听取、审议和批准了市长陈希同所作的政府工作报告。报告共分七个部分：一、建设和改革继续前进的一年，二、坚定不移地抓好治理整顿，三、把治理整顿同深化改革密切结合起来，四、在治理整顿中，大力推进教育和科技事业的发展，五、利用治理整顿的有利时机，加强首都人口的控制和疏导，六、大力加强社会主义精神文明建设，七、努力创造安定、良好的社会政治环境。

大会审查批准了北京市计划委员会主任王军所作的关于北京市1988年计划执行情况和1989年国民经济、社会发展计划草案的报告，审查批准了北京市财政局局长王宝森所作的关于北京市1988年财政决算和1989年财政预算草案的报告。

审议批准了市人大常委会工作报告、市高级人民法院工作报告和市人民检察院工作报告。

大会收到议案242件，其中财经类68件，城建类47件，文教卫生类66件，政法类49件，其他12件。

政 府 工 作 报 告

——1989年4月20日在北京市第九届人民代表大会第二次会议上

北京市市长 陈希同

各位代表：

现在，我代表北京市人民政府向大会作工作报告，请予审议。

一、建设和改革继续前进的一年

1988年，是我国实行改革开放的第十年，是首都现代化建设继续向前推进的一年，也是治理经济环境、整顿经济秩序起步的一年。

一年来，在中共中央、国务院的亲切关怀和领导下，在中共北京市委的直接领导下，按照市人大九届一次会议的决议，全市各族人民振奋精神，团结奋斗，克服种种困难，深化改革，使经济建设和各项社会事业继续向前发展。国内生产总值达到393亿元，按可比价格计算比上年增长13%；国民收入达到282亿元，按可比价格计算比上年增长11.8%。

——农村经济全面发展。粮食总产23.45亿公斤，比上年增长3.3%，亩产达到520公斤，比上年增加33公斤；乡镇企业总收入达到118.8亿元，比上年增加39.9亿元；人均纯收入突破1000元，达到1063元，比上年增加147元。菜、奶、蛋、肉、禽、鱼、果等副食品都有较大幅度增长。农副产品基地建设朝着专业化、商品化、现代化方向迈出了新步伐。

——工业生产持续增长，经济效益相应提高。关系全市经济命脉的地方预算内国营工业企业克服能源紧缺、原材料涨价等不利因素，销售收入增长25.6%，实现利税增长18.9%，上交利税增长9.8%。全市工业企业全员劳动生产率提高17.6%，万元产值能耗降低8.1%。重点产品和人民生活必需的小商品都有较大幅度增长。23种产品获国家优质奖，400种产品被评为部优、市优。交通、邮电、通信业继续得到发展。

——城市建设取得新成就。建成城镇住宅598万平方米，是历史上最多的一年。重点工程建设进展顺利。亚运会30多个场馆工程及配套的市政工程全面展开，其中15个场馆已基本建成。城市赖以生存和发展的基础设施建设取得重大进展。全年建成干线道路11条，新增道路64.8公里，“东厢”道路开始通车；水源九厂一期工程大部分完工；新增发电装机容量20万千瓦；新建的10万门程控电话工程已投入运行，发展电话用户4.3万户；新增集中联片供热面积605万平方米；新增天然气、煤气用户11.3万户。这些基础设施的建成，对改善人民生活条件，进一步发挥城市功能，将产生重要作用。

——城乡绿化、美化和环境治理取得较大进展。全市绿化向纵深发展。城市共植树194万株，铺草坪106万平方米，二环路和三环路绿化初见成效；市区外缘绿化带已完成57%，共50公里；11个隔离片林的绿化工程初具规模，5条干线公路总长400公里的绿化任务基本完成；5个风沙危害区、2个水源保护区、7个风景区的重点绿化工程有了进一步发展。远郊区县植树造林任务全面超额完成。加强了饮用水源的保护，搬迁、治理了一批污染扰民的企业，城市联片供热、民用煤型煤化以及农业生态的保护也取得一定进展。年初提出的在环保方面干10件实事的任务全部完成。

——商业为促进生产、稳定市场做出了贡献。去年，在商品需求猛增，特别是市场出现两次较大抢购风的情况下，由于及时采取措施和广大商业、工业职工的努力，较快稳住了局势。各级商业部门深入产区，落实货源，组织调运，充实库存，安排市场，基本保证了人民生活必需品的供应。商业、服务业网点新增8000多个，进一步缓解了人民生活中的诸多不便。商业的横向联合和货源基地建设有了新发展。

——对外经济贸易有了新的突破。投资环境继续得到改善。工贸、农贸、技贸结合更加紧密，出口突破10亿美元。批准外商投资企业148家，比上年增长1倍。举办"北京国际旅游年"获得成功，海外入境旅游者120.4万人，旅游外汇收入达到6.7亿美元，比上年增长21.7%。

——财政收入稳定增长，税务、金融部门取得新成绩。财政收入在保持五年持续稳定增长的基础上，冲抵减收因素之后，去年完成68.1亿元，增长4.1%。税收工作进一步加强。金融部门在资金紧缺的情况下，千方百计组织储蓄，挖掘潜力，融通资金，经受了提款风的冲击和考验，有力地支持了生产发展和市场供应。

——教育、科技和文化等事业又有新进步。教育事业日益受到全社会的关注和支持。中等教育结构继续得到调整，成人教育和农村职业技术教育得到加强。在适龄入学儿童急剧增多的情况下，采取各种措施，避免了小学出现二部制。科技工作面向首都经济建设、城市建设和城市管理的战略格局开始形成。1988年取得科技成果3700多项，比上年增长40%；推广应用成果2904项，创利税2.78亿元，技术市场开始形成，技术交易合同金额突破10亿元，有力地促进了生产技术水平的提高。文化、卫生、体育等事业都有了新的发展。

——预防非正常死亡和火灾事故收效显著。为保护人民生命财产安全，1988年市政府对交通事故、工伤事故、煤气中毒、溺水、火灾、食物中毒等六种非正常死亡人数实行安全目标责任制管理，比上年死亡人数减少251人，是近几年非正常死亡人数最少的一年。火灾事故比上年减少220起，下降39.7%，减少损失338万元。

——法制建设进一步加强。为了使城市建设和管理逐步纳入法制轨道，去年提请市人大常委会审议通过的地方性法规和市政府颁布的规章共73项。执法队伍建设、执法规范化和普法教育工作也都取得了新的成绩。

一年来各方面的成绩是来之不易的。这是全市各族人民坚决拥护和支持改革，并同各级政府一道推进改革、深化改革的结果。农业的适度规模经营得到了广大农民的拥护，郊区平原地区已有68.2%的粮田和大部分副食品生产实行了适度规模经营，加快了农业集约化经营的步伐，避免了农业停滞，大大推动了农村经济的发展。工业、商业、建筑业、公用事业各部门，在继续发展和完善以"两保一挂"为主要形式的多种承包经营责任制的基础上，在地方预算内企业中50%的企业和62%的职工，试行了优化劳动组合，把竞争机制引入劳动人事工资制度，深化了企业内部改革。对外贸易全面推行双轨承包经营责任制，扩大了外贸企业和出口商品生产企业的自主权。科研院所在普遍实行"三保一挂"承包责任制和优化组合的基础上，开始把改革的重点转向建立为行业服务的新体制和新机制。财政、税收、金融部门和一部分事业单位以及少数机关也进行了一些改革的试验。部分中小学、幼儿园进行了内部管理体制改革的试点，初步达到了优化教师队伍、激发教职工积极性的目的。文化、卫生、体育等部门的改革也进行了新的探索。改革的发展和深化，进一步调动了广大群众的社会主义积极性，有力地推动着各项事业的发展。

一年来首都各项成就的取得，也是各条战线进行形势教育，振奋精神，坚定信心的结果。针对因经济生活中的暂时困难而产生的种种思想认识问题，各部门和各单位集中抓了学习贯彻中共十三届三中全会精神，进行了形势教育，较快地把认识统一到治理整顿、深化改革上来。许多企业面对能源紧张、资金短缺、原材料不足等困难，眼睛向内，挖掘潜力。广大职工以主人翁责任感，知难而进，奋力爬坡。为躲过用电高峰，职工们改白班为夜班，努力完成了各项任务。

一年来首都各项成就的取得，更是全市各族人民坚持四项基本原则，维护安定团结政治局面的结果。广大群众十分珍惜来之不易的社会安定、人民安居乐业的局面，在出现某些不安定因素时，总是顾全大局，自觉地同危害安定团结的现象进行斗争。大家深知这是我们各项事业兴旺发达的前提条件和根本保证。没有这一条，任何建设和改革都不可能顺利进行。

还必须指出，这些成就的取得，是人大代表及市人大常委会监督的结果，也是政协、各民主党派和人民团体参政议政、献计献策、批评帮助的结果。一年来，市政府向市人大常委会和人大代表报告工作10次、共31专题，使市政府工作置于市人大常委会的监督之下；向市政协介绍情况56次，听取了许多宝贵意见；政府各方面的负责人同群众的协商对话，群众的来信来访以及新闻舆论的批评监督，所有这一切都有力地促进了政府的工作，使我们避免或减少了许多失误。北京市的各项工作还得到了中央在京单位、驻京部队及各兄弟省、市、自治区的大力支持和帮助，得到了港澳台同胞、海外侨胞、国际友人的热情合作。借此机会，我代表市政府向支持我们工作的各方面人士表示衷心的感谢！

在肯定去年工作成绩的同时，我们也清醒地看到，全市经济生活中存在着过热和社会总需求超过总供给等问题，突出表现是：

工业特别是加工工业增长速度过快。1988年工业总产值计划增长5%至6%，实际增长17.1%，导致能源、原材料、交通运输、资金全面紧张。

固定资产投资规模过大。我们对计划内投资进行了控制，但对计划外投资却控制得不够，楼堂馆所上得过多，去年北京市地方全社会固定资产投资规模高达96.86亿元，超过了北京市的承受能力，造成了多方面的紧张。

消费基金增长过快。供需矛盾十分突出，有的商品时有脱销断档的现象。

物价上涨过猛。北京市零售物价指数，1985年至1987年分别上涨18.6%、6.7%和8.7%，而去年上涨达到21.9%，给社会生产和人民生活带来了一系列影响，部分城乡居民的实际生活水平有所下降。

财政补贴大幅度增长。为保证人民生活必需品的生产和人民生活水平不因物价上涨而受大的影响，市财政从收入和支出两个方面用于城镇居民的各项补贴，1978年为2.2亿元，1987年上升为25.2亿元，1988年又增加到32.5亿元，预计今年还将继续增加。

流通领域秩序混乱。一些政企不分、官商不分的公司凭借手中的财权、物权，哄抬物价，转手倒卖，中间盘剥，牟取暴利，坑害国家和群众，扰乱了市场秩序。

此外，政府部门和工作人员中存在着不同程度的官僚主义、管理松弛、办事拖拉、效率不高等问题。还有少数人以权谋私，贪污受贿，败坏了政府的声誉。某些政府执法监督部门执法不严、监督不力，甚至有人以法徇私，为经济秩序混乱、行业不正之风和腐败现象开了方便之门。

上述问题的产生，是同新旧体制转换中存在着各种矛盾和漏洞分不开的。但从主观上检讨，我们在工作的指导上也有不少缺点和失误。一是对经济生活中的一些重大问题缺乏深入调查研究，未能及时提出预防措施，将问题解决于刚刚显露之时；二是出于加快首都现代化建设的愿望，往往忽略客观可能，存在急于求成的倾向；三是在改革的某些方面虽然有所突破，但相关配套措施和宏观管理没有紧紧跟上，造成某些方面的脱节和矛盾；四是对社会主义精神文明建设，特别是思想领域和社会风气中的一些突出的带有倾向性的问题研究不够，措施不力，工作落后于形势的发展。这些问题需要在今后工作中切实加以解决。我们诚恳欢迎各位代表、社会各界人士给以批评和帮助。

二、坚定不移地抓好治理整顿

全国人大七届二次会议批准的李鹏总理的政府工作报告，明确提出了治理整顿的六项目标，即：消除经济过热，把发展速度降到比较合理的水平；遏制通货膨胀，使1989年物价上涨幅度明显低于1988年，1990年以后的上涨幅度进一步下降；压缩固定资产投资规模，使它同国力承担的可能相适应，控制消费基金的过快增长，使它同国民收入的增长相适应，逐步缓解社会总需求大于总供给的矛盾，实现财政、信贷、物资、外汇的基本平衡；认真调整经济结构，使粮、棉、油等主要农产品的产量有较多增加，使能源、交通、原材料供应的紧张状况有所缓和；建立健全必要的经济法规以及宏观调控体系和监督体系，积极推进社会主义商品经济新秩序的建设。实现上述目标，工作十分艰巨，必须下最大决心，采取有效措施，改进和加强政府工作，提高工作效率，动员全市各族人民同心协力为之奋斗。

去年10月以来，按照中共中央的指导方针和国务院的部署，北京市各级政府做了大量工作，治理整顿取得了初步成效：固定资产投资规模有所压缩，截止今年3月底，全市停缓建项目555个，压缩投资92.8亿元，建筑面积480万平方米。社会集团购买力得到进一步控制，按可比口径计算，去年比上年下降24.6%，实现了国务院要求压缩20%的目标。扭转了储蓄一度滑坡的局面，城乡居民储蓄存款逐步回升，1988年四季度末比三季度末增加3.6亿元，年末余额达到111.6亿元，比上年增长20%，今年一季度又增加了13.7亿元。物价上涨过猛的趋势开始减缓，上涨幅度今年一季度比去年四季度略有下降。财务、税收、物价大检查效果明显，共查出各种违纪金额3.69亿元，已入库2.24亿元；经过清理整顿各类公司，查处了一批违法案件，对情节严重的投机倒把案件，已分别移交司法机关追究直接责任人的刑事责任。党政机关、群众团体办的229户企业，除8户正在继续清理中，其它都已同机关脱钩；在公司兼职的党政机关工作人员，除少数因特殊情况按规定经过批准的以外，都辞去了公司职务或机关职务。

七个月的治理整顿工作虽然取得了一定成效，但仅仅是初步的，不能估计过高。目前经济过热、需求过旺的势头并未从根本上得到遏制，与要达到的目标还差得很远，并且在治理整顿中，还会出现一些新的问题和难以预料的困难。我们必须充分认识治理整顿的艰巨性和复杂性，坚定不移而又积极慎重地把治理整顿工作抓下去。

(一) 必须将过高的需求、过快的速度压下来。继续压缩和控制固定资产投资规模。这是压缩社会总需求、抑制通货膨胀、稳定经济的主要措施。国务院给北京市下达的指标是，地方全社会固定资产投资规模比去年实际完成额压缩 46.6%，其中全民所有制单位压缩 52.7%。完成这项任务要抓住三个重要环节：一是坚决停建、缓建一批在建项目，尤其是楼堂馆所项目。二是强化对固定资产投资的计划管理，把预算外投资同预算内投资一样纳入计划，进行综合平衡，并依照国务院关于产业政策的要求，以税收、信贷及必要的行政手段进行调控。三是严格控制新开工项目，除教育、农田水利、城市基础设施和已签约的涉外项目外，今年原则上不再开工新项目。对停建、缓建项目，要认真做好善后处理工作，把损失减少到最低限度。必保的工程也应注意节约资金和物资。

严格控制消费需求的过快增长，正确引导消费。社会集团购买力在 1988 年的基础上再压缩 20%。对工资、奖金、津贴、福利费用和行政费用等项开支要严格管理，堵塞漏洞，加强监督检查。少数至今尚未实行工资总额与经济效益挂钩的市属国有企业要强制挂钩，并进一步总结完善挂钩办法，真正做到企业工资总额随经济效益高低上下浮动，既负盈也必须负亏。在压缩、控制消费需求的同时，采取多种办法，逐步调整消费结构，正确引导购买力流向。鼓励人民储蓄，吸收、转移和推迟结余社会购买力，将一部分消费基金转化为积累基金。加强个人收入调节税、奖金税和特别消费税等的征收管理，严格对私营企业、个体工商户的管理和监督，在继续克服平均主义大锅饭的同时，逐步解决分配不合理的问题。

提高经济效益，控制经济发展速度。把领导的注意力转到挖掘企业潜力，降低物资消耗，提高产品质量，降低生产成本，提高劳动生产率上来。努力做到速度适当降下来，效益长上去。今年北京市国内生产总值计划增长 7%，比去年实际降低 6 个百分点。工业产值计划增长 8%，比去年实际降低 11 个百分点。这样安排，比较有利于经济的稳定协调发展，也有利于经济效益的提高。

对财政、金融实行紧缩政策，力争财政收支平衡。财政收入计划增长 4%，达到 70.8 亿元。严格控制财政支出，除适当增加对教育、科技、物价补贴、工资改革、农业投入、计划内城市基础设施建设支出外，其它各项开支必须在去年实际支出基础上大力压缩。严格控制信贷规模，认真整顿金融秩序。按照国家产业政策的要求调整信贷结构，在增加储蓄存款的同时，银行信贷规模必须控制在核定的指标之内。

(二)继续坚决整顿经济秩序特别是流通领域的秩序。当前在生产、建设领域存在着不同程度的混乱现象，流通领域更为严重，必须继续认真加以整顿。进一步清理、整顿各类公司。对现有的公司要重新审定其资格，重新分期分批颁发营业执照。在清理整顿之后，再有党政机关办公司和党政机关干部在公司中兼职，一经查出，坚决从严处理。组建新公司，必须严格执行审批程序，防止一边清理、一边又出现新的混乱。对各类公司的监督是一项长期任务，各级工商、税务、审计等部门都要把它作为经常性的工作来抓。对国营商业部门出租柜台，要严格审批手续，加强管理、检查和监督，一旦发现以劣充好，欺骗顾客的行为，不仅要依法制裁经营者，还要追究柜台出租单位的责任。

为了使今年物价上涨幅度明显低于去年，最根本的途径是发展生产，提高效益，增加有效供给，控制过大的需求。同时，必须切实加强物价和市场管理，严格财经纪律。今年除国务院规定的调价项目外，北京市原则上不再出台新的调价项目。确有特殊原因需要调整价格的，要按不同情况分别报请市和国务院物价管理部门批准。城镇居民定量供应内的粮、油、肉、蛋、糖等商品的价格一律不动；实行国家定价和国家指导价的商品价格和收费标准必须公布于众，严格执行；实行最高限价的一律不得突破；已放开的重要商品的价格和收费标准，实行提价申报制度和提价备案制度；规定合理的进销、批零价格差率，减少流通环节，取缔中间盘剥。各级工商、税务、物价、统计、计量、技术监督、卫生检疫等管理部门必须强化对市场的管理和监督，严厉打击欺行霸市、投机倒把、哄抬物价等非法行为。并且要依靠和发动群众对物价进行监督，建立有群众、人大代表、政协委员和各界知名人士参与监督检查的制度。坚决取缔无照经营。对重要的生产资料，有些要实行专营，其余的要进入统一市场，明码标价，公开交易。专营部门必须严格执行国家规定的专营办法和价格政策，决不允许利用垄断地位牟取暴利。经济监督部门要加强对专营部门的监督管理。要千方百计增加储蓄，对各种形式的社会集资要严格审批和控制。财政补贴尽管已经成为我们的沉重负担，今年还要增加一定数额的财政补贴，以利稳定市场、平抑物价。在各级政府部门努力工作和广大群众的帮助支持下，认真贯彻治理整顿、深化改革的方针和措施，今年物价上涨幅度明显低于去年的目标是可以达到的。

（三）调整经济结构，努力实现经济长期稳定地发展。治理经济环境、整顿经济秩序，实质上是一次新的经济调整。最近国务院作出了《关于当前产业政策要点的决定》，这是进一步贯彻落实中共十三届三中全会方针的一个重要文件，市政府将在已经进行的若干调整的基础上，结合首都的特点，拟定具体办法，有计划有步骤地付诸实施。当前应着重抓好以下几个方面的工作：

1. 调整农村经济结构，确保粮食特别是副食品生产有新的增长。这是保证人民生活安定的大事。必须进一步增加对农业的投入，市财政计划安排支农资金3.3亿元，比去年增长14.6%，主要用于大力加强农田水利建设、农业机械化建设、粮食和副食品基地建设。进一步推广农业科学技术。安排好饲料和生产资料的供应。蔬菜是副食品之首，是城市人民每天不可缺少的生活必需品。今年的蔬菜生产要在稳定提高近郊、继续充分发挥外埠优势的同时，把工作重点放在大力发展远郊上，力争在远郊新增菜田7万亩，使全市菜地稳定在35万亩左右，调市菜保持13亿公斤以上。继续发展肉、奶、蛋、禽、鱼、果等副食品生产，以丰富市民的菜篮子。同时要加强土地管理，严禁乱占耕地，稳定粮田面积，主攻单产，增加总产，力争粮食丰收。实行规模经营的种养业应进一步推行企业化管理，提取建农资金，实行以农建农。乡镇企业要认真执行“抓调整、上水平、求效益”的方针，正确处理发展粮食、副食品生产同发展乡镇企业的关系，坚持以工补农。要继续支持山区建设，在资金、科技上增加投入，使山区进一步缩小同平原富裕地区的差距。

2. 调整工业结构，增加有效供给，走适速高效的路子。按照国家的产业政策，发展适合首都特点的电子、食品、印刷、轻工、轻型汽车、精密机器工业和紧缺的能源、原材料工业，促进各行业之间协调发展。

加强能源建设，大力增产煤、电，积极发展交通运输业。调整钢铁和其它基本原材料的产品结构，力争在不增加能源的前提下，增产市场紧缺的品种。

调整产品结构，大力发展市政府规划的15种重点产品、支农产品和26种与人民生活密切相关的小商品。对生产上述产品的企业，在资金、能源、物资、运输等方面实行优先供给和超计划增产奖励的措施。

积极推进企业之间的优化组合。对非政策性亏损企业、未完成承包指标的企业、超规定期限继续生产淘汰产品企业和没有发展前途的企业，要分期公布名单，实行政策限制，促其关停并转。

3. 在经济调整中加强城市基础设施建设，确保重点工程建设，继续抓好环境建设。这些年来，尽管国家对城市基础设施建设投入的资金不断增加，但仍然满足不了城市经济社会发展的需要。1989年要在坚决压缩和控制固定资产投资规模的前提下，保证已列入计划的水、电、气、热、道路和邮电等工程的建设。今后要在投资结构的调整中，使城市基础设施建设的投资在全社会固定资产投资总额中的比重逐年有所提高，逐步实现城市建设运行机制的良性循环。

要确保国家重点工程特别是亚运会工程以及其它相关配套项目按计划完成。职工住宅建设要在适当压缩的同时，确保中小学教师、环卫职工、基层商业职工的住房和落实私房政策用房按计划完成。

环境保护、造林绿化是关系经济社会发展全局和子孙后代的大事，必须高度重视。继续坚持城乡建设和环境建设同步规划、同步实施和同步发展的原则，达到经济效益、社会效益和环境效益相统一的目标。今年要从广度和深度上把首都的全民义务植树活动和绿化美化工作提高到一个新水平。市政府继续办10件环保实事，区、县、局、总公司也制定各自的计划，动员各方面力量确保这些计划的完成。继续以保护饮用水源和治理水体、空气污染为重点，对亚运会场馆周围和主要街道两旁的环境进行治理。同时防治噪声和固体废弃物的污染。

坚决贯彻执行文物保护法，严格保护文物古迹。在城市建设中维护好古都风貌。

4. 继续大力发展为生产和人民生活服务的第三产业。长期以来，为生产和人民生活服务的第三产业一直是北京市经济发展中的薄弱环节。北京作为特大城市和国际交往中心之一，这方面的矛盾尤为突出。近几年，我们采取了一系列扶植政策和措施，使首都的第三产业得到很大发展，在国内生产总值中的比重由1978年的23.7%增长到1988年的37.4%，商业服务业网点由1.5万个发展为11.1万个，人民生活中的诸多不便有了一定程度的缓解。但是，商业、服务业网点及设施仍然满足不了需要。必须继续按照“国家、集体、个人一起上”的方针，大力发展商业、服务业网点，有计划地建设和改造一批商业中心和相应的基础配套设施。今年的重点是抓好新建住宅区的配套网点，特别是与群众生活密切相关的粮店、菜店、副食店的建设。要再发展8000个小型商业、服务业网点，对已列入计划的大中型商业、服务业项目要抓紧建设，保证按期交付使用。

稳定和繁荣首都市场，是当前经济调整中的一项重要任务。市场稳则民心安。国营商业部门和供销社是流通的主渠道，担负着稳定和繁荣首都市场的重任。必须千方百计组织好商品供应，尽最大努力满足生产和人民生活的需要。当前商品供应仍然偏紧，除本市生产部门努力增产外，要继续发展跨地区、跨行业、跨部门的工商之间、农商之间以及商业之间的横向经济联合，进一步扩大外埠货源基地的建设。积极为工农业生产部门提供商品供求信息，努力提供产前、产中和产后的系列化服务。

5. 扩大对外贸易和经济技术合作，发展国际旅游业，使对外开放和治理整顿互相促进。大力发展外向型经济，不仅是现代化建设的重要内容，也是实现治理整顿目标的重要条件。首先要保证对外贸易的持续发展，根据内外销统筹兼顾的原则，结合产业结构、产品结构的调整，合理调整出口商品结构，努力提高机电产品的出口比重，增加高附加值产品的比例，限制高亏商品出口。积极开拓国际市场，争取多出口，多创汇，使今年的出口创汇额争取达到10.5亿美元。

充分利用有利的国际环境，积极地、多渠道地吸收外资和引进先进技术。把兴办先进技术型、出口创汇型的外商投资企业以及加强城市基础设施建设作为北京市吸收外资的重点。吸引外商兴办独资企业和利用现有企业加以改造的合资、合作企业。继续改善投资环境，保障外商合法权益。调整进口商品结构，把有限的外汇用在刀刃上。努力消化、吸收引进的先进技术，加速国产化的步伐。积极开拓国际承包劳务市场，提高对外承包工程和劳务合作的经济效益。

旅游业是增加外汇收入的新兴产业，北京发展旅游业具有的特殊优势正在日益显现出来。要继续扩大对外宣传，吸引更多的海外旅游者。要把加强旅游行业管理，整顿旅游秩序，提高服务人员的思想业务素质、服务质量和开发旅游商品作为今年旅游业工作的重点，推进旅游事业的发展。

治理整顿是一项艰巨的、复杂的工作，按照中共中央、国务院的部署，争取用两年或者更多一些时间完成。我们要毫不迟疑地一心一意地抓，要精心组织，积极慎重，尽量减少失误。为取得治理整顿的成功，从市政府开始，各级政府，特别是领导干部，在思想上要着重解决好以下几个问题。

一是树立全局观念。治理整顿也是一次利益调整，必然会影响利益格局，需要一些地区、部门和单位做出必要的牺牲。这就必须以大局为重，牢固树立局部利益服从全局利益的观念。观察形势，处理问题，必须站在全局的高度，决不能以"情况特殊"为借口，维护有碍全局的自身利益。有些同志担心"老实人吃亏"、"我压他不压"，这是可以理解的。应当承认，过去确实有这种情况。这次治理整顿一定要防止这种偏差，但决不能以此为借口不去贯彻治理整顿的政策措施。就是吃点亏，也要顾全大局。

二是要有过紧日子的思想。各级政府、各企事业单位都必须千方百计控制支出，大力提倡勤俭节约，艰苦奋斗，坚决制止用公费大吃大喝、请客送礼、游山玩水的现象。市政府决定，今明两年行政机关和由财政开支的事业单位，除确实必需、经过市政府特殊批准的以外，一律不准购买小汽车，并对它们的现有车辆进行清理，超编的一律封存，违控购买的一律没收。

三是加强组织纪律性。治理整顿既然是利益格局的调整，就必须有相应的组织措施和纪律约束。必须坚决维护中共中央和国务院的领导权威，维护法纪政纪的权威，切实做到有令则行，有禁则止。对那些弄虚作假，阳奉阴违，搞"上有政策、下有对策"，想躲"风头"的单位领导人要严肃查处。

三、把治理整顿同深化改革密切结合起来

治理整顿既是深化改革的必要条件，也是深化改革的重要内容。只有毫不动摇地进行治理整顿，才能为深化改革廓清道路，创造良好经济环境；也只有坚定不移地深化改革，才能更好地完成治理整顿的各项任务，逐步建立社会主义商品经济的新秩序。为此，必须把治理整顿同深化改革紧密结合起来，在新的基础上，推动改革向纵深发展。

今年，北京市的改革任务主要是总结经验，巩固、发展和完善已出台的行之有效的各项改革措施，至于新的改革措施，只限于慎重地进行试点。

(一) 继续发展和完善农业适度规模经营。实践证明，农业，包括林业、养殖业的适度规模经营是符合北京市郊区农村生产力发展水平的，是增强农业自我发展能力，实现农村经济专业化、商品化和现代化的有效途径，必须坚定不移地抓下去，使之不断巩固、发展和完善。结合农村产业结构的调整，在健全内部经营责任制，完善生产服务体系，增强自我调节能力，发挥规模经营效益等方面取得新进展。同时要做好推广规模经营过程中的思想政治工作，贯彻群众自愿的原则，加强对农民的教育和引导。不具备实行规模经营条件的农

村地区，应继续完善家庭联产承包责任制，进一步促进农业劳动生产率的提高。同时，要加强对这些地区农业发展的产前、产中、产后服务。

（二）在落实和完善以“两保一挂”为主要内容的多种承包经营责任制的基础上，进一步把竞争机制引入企业，广泛推行优化劳动组合，并逐步使之合同化、规范化。进一步增强职工的竞争意识和风险意识，打破以“铁交椅”、“铁饭碗”、“铁工资”为支柱的平均主义“大锅饭”的旧机制，以达到激发职工积极性，提高经济效益的目的。还要结合企业的实际，注意解决优化劳动组合中出现的新问题。要认真贯彻“企业法”，进一步落实企业的自主权，增强企业的活力，以利于克服各种困难。与此同时，继续发展和完善横向经济联合和协作，并以产业政策为指导，坚持自愿原则和产权有偿转让原则，积极促进企业组织结构的合理化。稳步进行以公有制为主的股份制试点。通过兼并、租赁、承包、参股、控股、联营以至行政划拨等多种形式，坚决改造和淘汰那些不景气、没有前途、技术落后和效益不高的企业；积极扶植和发展一批在技术、管理、规模、实力、效益等方面确属国内先进，在国际市场上有竞争能力的企业和企业集团，以形成北京经济发展的中坚力量。

（三）搞好城镇居民住房制度改革试点，逐步推行住房商品化。这不仅是改善城镇居民住房条件、实现住房建设良性循环的根本出路，也是调整消费结构、引导和吸收购买力的有效措施。按照买房与租房并存，不搞补贴，不增加国家、企业负担，买房自愿，适当优惠，价格浮动，兼顾国家集体个人三者利益的原则，继续以多种形式进行出售商品房的试点。一是以优惠价出售单位自管旧住宅和新建住宅。二是以市场价出售统建新住宅，价格随行就市。三是组织住房合作社，集体集资建房。四是结合旧危房改造，对原住户实行优惠价格售房。长期形成的住房分配制度必须改革，但不可急于求成，今年要稳步扩大试点范围，在取得经验的基础上，制定有关宏观控制的规章，然后分期分批推行，一开始就建立起商品房购销的新秩序。

（四）积极探索综合经济部门的改革，逐步建立完善的宏观调控体系。计划部门要抓住投资体制改革这一关键，努力做到使计划覆盖全社会，当前特别要加紧研究和制定对预算外资金、计划外项目和非国有经济单位进行宏观调控的有效办法。财政部门要坚持和完善各级财政包干体制，进一步明确职责和分成办法，强化预算约束，努力增收节支。税务部门要适应治理整顿的新形势，加强税收征管，利用税收手段调节社会生产和分配。金融部门在加强金融市场管理和整顿金融秩序的同时，要积极调整信贷结构，融通资金，努力增加储蓄。物价部门在多种定价方式并存的情况下，要完善物价管理制度，加强对物价的监督和控制。劳动部门要抓好工资制度改革，控制消费基金过快增长，当前要尽快着手建立新的社会保障制度，发展劳务市场。工商行政管理、审计、统计等部门要强化监督职能，健全工作制度，依法进行管理。各个综合经济部门要相互协调，密切配合，努力做到控而不死，活而不乱。

（五）巩固和完善外经外贸体制改革。继续完善外贸企业、生产企业双轨承包制，积极推行出口代理制。对配额和许可证制度也要改革，引入竞争机制，实行扶优限劣。

（六）继续进行教育和科技体制改革。按照提高教育质量，培养四有新人的根本要求，有计划分层次地对普通教育、高等教育、职业技术教育和成人教育进行改革。通过多种形式推进科研院所同生产企业的结合，鼓励科研单位采用承包、联合、兼并等方式创办科技企业。进一步完善技术市场的管理，扶植和引导民办科技企业的发展。

（七）积极稳妥地搞好政治体制和文化、卫生、体育等领域的改革。国务院已决定地方政府机构改革暂缓进行，今年主要是集中精力做好方案的研究和论证，但应抓紧解决政企分开、转变职能、理顺关系、加强宏观管理等问题。进一步加强基层政权建设，发挥群众自治组织的作用。文化体制改革已在人民艺术剧院和中国杂技团试点，取得了较好效果。今年要总结经验，进一步完善，再搞几个试点，包括北京京剧院的试点。继续把深化卫生体制改革和整顿卫生工作秩序结合起来，完善改革的配套措施，认真贯彻预防为主的方针。体育工作的重点应继续放在以增强人民体质为目标的群众体育活动上。竞技体育要进一步完善四级训练体制并与教育体系紧密结合。在国家办体育的同时，继续动员社会办体育，并从实际出发合理布局，集中力量搞好优势项目。

我们从实践中体会到，为保证改革深入发展，必须注意以下几个问题：

第一，既要充分认识改革的必要性，又要认识其长期性、复杂性和艰巨性。改革是“实现四化、振兴中华”的根本道路，不坚持改革，我们的国家和民族就没有希望，社会主义的优越性就难以充分地显示出来。这条真理，已被十年改革的实践所证明，为亿万群众所接受。但是也要看到，我国正处在社会主义初级阶段，人口众多，资源不足，生产力发展水平很低，又经历了高度集中而又封闭的旧体制长期的束缚。在这种条件下进行改革，发展有计划的商品经济，不可能一蹴而就，必然会有种种困难和风险，经历一个较长的过程。改革又是开创性的事业，没有现成的模式，也没有前人成功的经验可资借鉴。在探索中，不可避免地会出现某些挫折和失误。改革既要坚定不移，也不能急于求成。期望改革一帆风顺，不出一点问题，没有风险，是不切实际的。

第二，必须坚持全面筹划、综合配套的方针。经济体制的各个方面相互依存、相互制约；有着紧密的、有机的内在联系。当我们触动旧体制的某些方面、某些领域时，往往会牵一发而动全身，有时还可能出现某些混乱。这就需要在制定改革方案时通观全局，慎重考虑；在实施某一方面的改革措施时，统筹考虑相关的配套改革。要把握好改革的时机和策略，既不能面面俱到，一味求全，而不敢在一些重要领域作先期改革的探索；也不能犯急性病，孤军深入，忽略改革的整体性和连动性。当前，我们的改革已经触及旧体制的深层矛盾，特别要重视各项改革的配套。

第三，必须坚持从实际出发，调查研究，层层抓点，以点带面，分期分批，逐步推广的基本工作方法，不可一哄而起。各项改革都要首先进行试点，领导要亲自抓点。试点单位的选择应当尽可能具有典型性，不仅先进的要选，落后的也要选。试点中成功的经验和失败的教训都要认真总结。取得了经验，就要及时地、分期分批地加以推广。对试验性的改革，既要积极支持，又不应轻率推广。对实践证明行之有效的改革，要勇敢坚持，积极推行，并且在实践中促其发展完善，绝不能因为局部的缺点或一时的不同议论而产生动摇，甚至走回头路。只有这样，才能减少失误，避免反复。

第四，必须加强宣传舆论工作，动员广大群众热情支持改革，积极投身于改革。群众是改革的主体。各项改革离不开群众的支持和参与。通过宣传，增强广大群众的主人翁责任感，不仅共受改革之益，也要共担改革之险，甚至为改革做出必要的牺牲。只有这样，才能进一步增强对改革的承受能力。应及时把改革的成就告诉群众，使人民看到光明的前景；也要把改革面临的困难和问题告诉群众，使政府和群众同舟共济，共克难关。只要我们把群众动员起来，把群众的积极性激发出来，再大的困难也能克服。

在改革中我们有许多有利条件。首先，中共中央、国务院关于治理整顿和全面深化改革的决策正确，决心大，这是推进改革的根本保证。其次，我们已经有了较为雄厚的经济实力，这是深化改革的物质基础。再次，我们有了十年改革积累下的经验，这是坚持改革的巨大精神财富。最后，也是最根本的，就是广大人民群众从改革中已经得到了实惠，人民群众支持改革，投身改革，这是夺取改革胜利的强大力量。只要我们充分利用这些有利条件，就能够完成治理整顿和全面深化改革的任务，把首都的社会主义现代化建设不断推向前进。

四、在治理整顿中，大力推进教育和科技事业的发展

中共第十三次代表大会强调把发展教育事业放在首要地位，使经济建设转到依靠科技进步和提高劳动者素质的轨道上来。大力推进教育和科技事业的发展，是首都发展面临的一项极端重要和十分紧迫的历史性任务。

百年大计，教育为本。从根本上说，科技的发展，经济的振兴，乃至整个社会的进步都取决于劳动者素质的提高和大量合格人才的培养。贫穷不是社会主义，愚昧更不是也不可能建成社会主义。要提高社会生产力，加强社会主义物质文明和精神文明建设，必须以教育为先导，以提高国民素质为基础。我们要想在日趋激烈的国际竞争中，在世界新技术革命的挑战面前处于主动地位，根本途径就在于加速发展教育。国际间的竞争，归根到底是技术和人才的竞争，是民族素质的竞争。谁重视教育，舍得在教育上花本钱，谁就有可能在未来的国际竞争中掌握主动权。因此，优先发展教育，是“实现四化、振兴中华”的战略要求，是我们长期的基本国策。

北京是我国的政治、文化中心，也是培养人才的重要基地。大力发展首都教育事业，是建设首都，提高首都人民思想文化素养和道德水平的迫切要求。各级政府，要以面向现代化、面向世界、面向未来的眼光看待教育；要以对国家、民族高度负责的精神抓好教育；要提供一切可能提供的条件为教育排忧解难，为教育事业的发展尽最大的努力。如果不这样做，那就是最大的短期行为，就是最严重的失职。

近几年来，随着对教育重要意义认识的不断提高，在广大教育工作者的共同努力下，中共北京市委、市政府为发展教育事业做了一些工作：连年增拨经费，保证了“两个增长”；动员社会力量从人物财等方面大力支持教育；1985年以来，每年为教育办10件实事；为倡导“尊师重教”，了解教育实际，制定了各级领导联系学校的制度；为缓解中小学教师住房难，专项为城近郊区建教工宿舍50万平方米，为远郊区安排了20万平

方米。这些努力使办学条件和教职工的生活条件得到了一定程度的改善。在教育改革方面,推行九年制义务教育;下放办学权力,多渠道、多形式办学;调整高中阶段教育结构,发展职业技术教育;大力开展成人教育和业余文化技术教育;在部分中小学、幼儿园进行内部管理体制改革的试点等,都取得了一定成效。但也必须清醒地看到,教育与首都社会主义现代化建设的需要之间,还存在着严重不相适应的状况,教育的发展面临着许多实际困难和问题。比较突出的:一是对教育重要性的认识仍然不足。在一些领导干部中,还没有深切认识到教育已经到了非抓上去不可的时候了,因而在措施上还不够得力。二是教育经费仍显短缺,虽然逐年增长,幅度远远超过财政收入的增长,但由于过去"欠帐"很多,物价上涨幅度较大,教育经费供需矛盾仍然十分尖锐。三是教师待遇偏低,队伍不稳定,特别是中小学教师的平均收入低于社会平均收入,使优秀中学生不愿报考师范院校,优秀人才不愿从教,给教育事业的发展造成极为不利的影响。四是新的"读书无用论"滋长蔓延,接受义务制教育的学生每年都有一定数量的流失,大学生、研究生中的厌学现象也有所发展。五是思想品德教育薄弱,一些学校管理松懈,教学秩序混乱,校风校纪很差。六是学校布局和教育结构不够合理,专业设置重复,教学内容和教学方法不同程度地存在着脱离实际的问题,办学效益差,教师的素质也需进一步提高。这些问题,必须引起高度重视。

为把教育真正置于突出重要的战略地位,开创首都教育事业新局面,市政府决定采取以下方针和措施:

(一)要把发展教育是基本国策的思想,贯彻到各项工作中去。各级政府,各行各业,都要把教育工作列入重要议事日程,抓紧抓好。当前要特别注意改变那些缺乏战略远见,对教育事业重视不够的思想,正确处理发展经济、建设精神文明与振兴教育的关系。要千方百计多挤一些资金和物资办教育。在治理整顿期间,必须确保教育事业的发展。并把这些要求作为考核各级政府领导班子和主要负责人政绩的重要内容。

(二)继续坚持各级主要领导人联系一两个学校的制度。领导干部要经常下去,特别要多深入条件差的学校,直接听取师生的意见和建议。这样做不仅可以及时帮助学校排忧解难,而且可以促使领导干部了解教育,研究教育,更加关心教育,在作出有关教育工作的决策时,有更多的共同语言,更符合教育发展的实际。从市到街道、乡村,各级领导人都要继续参加9月1日的开学典礼。在这一天,全市的学校、机关、企事业单位都要悬挂国旗。

(三)继续增加国拨教育资金的投入。其金额在去年占市财政预算内支出18.1%的基础上,今年要达到20%。各区县教育经费要保持或高于现在的比例。乡镇财政增加的收入要重点用于发展教育事业。

(四)改变单一靠国家拨款的办法,多渠道筹措教育资金。几年来的经验证明,这是解决教育经费不足的重要出路。目前,北京市教育经费的构成是,国家拨款占88.2%,社会投入占10.9%,个人负担占0.9%。今后要适当增加教育费附加和非义务制教育学生的学杂费。鼓励企事业单位和社会各界捐资助学或集资办学,建立北京市人民教育基金;进一步扶植和支持校办企业;欢迎各方面对首都教育事业的资助和捐赠。教育部门和学校要合理使用经费,注意提高效益。对挪用教育经费的要严加惩处,并公之于众。

(五)努力提高教师的工资待遇和社会地位。去年6月开始的中小学和幼儿园内部管理体制改革,为解决这个问题提供了一条有效的途径。市政府已决定今年筹集5000万元,用于中小学结构工资改革,使全市中小学教职工的平均收入达到全民所有制职工的平均收入水平。高等院校的内部管理体制改革,也要在试点的基础上,适当加快步伐。在优化教职工队伍的同时,使高等院校教师收入逐步得到提高,并在分配上拉开档次,不搞平均主义。

加强舆论宣传,在全社会倡导尊师重教。今年教师节,要评选和表彰奖励一批先进教育单位和个人,表扬一些抓教育卓有成效的市、区县、乡镇和企事业领导干部,要把这项工作作为今后教师节活动的一项重要内容,使之制度化。

(六)切实提高教师的思想业务素质。教育大计,教师为本。建设一支品德高尚、业务精良、矢志教书育人的教师队伍,是教育事业健康发展的根本保证。各级政府、教育行政部门和学校要采取有力措施,把提高教师的思想业务素质摆在突出位置,使教育人的人先受教育。特别要加强师德师表教育,抵制社会不良风气的影响。要办好各类师范院校,并通过举办各种专业学习班、进修学校等多种形式,加强对教师的业务培训,以提高教学水平,使教师真正担负起教书育人的崇高使命。

为了有利于培养师资,鼓励青年从事教育事业,今年要进一步提高师范院校学生的待遇。

(七)确保教育的基建项目和教职工住宅建设。对于教育的基建项目,用地优先安排,施工列为重点。继续抓紧小学校舍的改扩建和新建工作,保证今年小学不出现二部制。在大幅度压缩基本建设投资规模的情况下，教职工住宅建设任务不仅不压，而且要按计划完成。学校危房问题今年要全部加以解决。

（八）把德育放在学校工作的首要位置。学校教育要德、智、体、美全面发展，德育应摆在首位，并适当发展劳动教育。现在的中小学生，将是开创21世纪大业的生力军。他们的健康成长，关系民族的兴衰。中小学的校风校纪和学生品德状况，应作为考核学校教育质量的一个重要标准。高等院校培养的是专门人才，主要任务是把学生培养成为有社会主义觉悟、有高尚品德、有科学文化知识、能为振兴中华献身的建设者。高等院校的德育工作，从目标要求到内容、方法，都应进一步改革。要注重实践，克服理论脱离实际的倾向。有些学校由于德育工作薄弱，放松对校风校纪的管理，已经产生不良后果，应当大力改进。

（九）继续动员全社会支持教育。教育事业的发展，学生身心的健康成长，离不开全社会的关心和支持。新闻出版、广播影视、文学艺术和文化部门应为学生多提供有益的精神食粮。要努力发展校外教育网。厂矿、农村、街道、商店、部队要为学生提供教学实习、社会实践、军事训练的场所和条件。各博物馆、名胜古迹要免费或半价向学生开放，学校要认真进行安排和组织。各级政府要继续坚持每年为教育办几件实事。家长要主动配合学校教育好子女。逐步创造学校受各方面支持、教师受全社会尊重、学生受全社会关心的良好环境。

（十）大力抓好教育改革。振兴教育的根本出路在于改革。改善教育的外部条件是重要的，同时还必须改革教育的内部体制和机制。要继续贯彻执行《中华人民共和国义务教育法》，到1990年，使城镇和大部分农村普及初中教育。基础教育要贯彻全面发展，提高学生素质的方针。继续调整中等教育结构，发展职业教育，特别要注意发展农村职业技术教育。市属高等院校要努力适应首都经济建设和社会发展的需要，控制规模，调整布局和专业结构，继续深化招生和毕业生分配等项改革，大力培养侧重应用的多种专业人才。要在去年100多所中小学、幼儿园内部管理体制改革试点的基础上，总结经验，完善改革措施，积极稳妥分期分批地扩大改革实施范围。高等院校、成人院校、中等专业学校、中等技术学校，也要根据各自的特点，进行内部管理体制改革的试点。农村地区要在进一步落实分级管理、乡办教育的同时，积极稳妥地推进学校内部的人事、劳动和分配制度的改革。同时，积极探索教学内容和教学方法的改革。

办好各类专业学校的同时，必须对成人教育给予充分重视。各行各业、各部门、各单位都要抓好所属人员的培养教育工作。要以开展岗位培训为重点，采取多种办学方式，把思想作风和职业道德教育纳入教育计划和教学内容，全面提高劳动者素质。

我们确信，治理整顿和经济结构调整，会给教育事业的发展创造一个更为有利的环境。教育本身在全社会各行各业的支持下，在不断深入的改革中，必将开创出一个新局面。

实现四化，人才是基础，科技进步是关键。现代科学技术和现代化科学管理，是振兴经济的决定性因素。在经济调整中，要坚决贯彻经济建设必须依靠科学技术，科技工作必须面向首都经济建设、城市建设和城市管理的方针。各级领导尤其是经济部门的领导，要牢固树立依靠科技进步的观念，充分利用首都的科技优势，采取切实措施，为科技成果应用于生产创造条件。继续认真实施“工业振兴计划”、农村“星火计划”和“城市建设与城市管理科技发展计划”，研究并推广一批实用价值高、效益显著的新技术和新产品。

经国务院批准成立的北京市新技术产业开发试验区，已开始显示出依靠科技、逐步大幅度提高经济效益的优越性和其新型管理体制的活力，要继续搞好规划和建设。市政府制定的“火炬计划”，是建立和发展新技术、高技术产业的战略计划，试验区是实施这个计划的重要力量，应以此为依托，努力促使高技术成果的产品化和产业化，并逐步向外向型经济发展。

继续抓好科研机构的改革和建设。有计划地改善一批重点科研院所的中间试验条件，增强自主开发能力，积蓄科研发展的后劲，并以多种形式进入经济领域，更有效地为行业的技术进步服务。在企业，特别是大中型企业中普遍建立自己的技术开发机构，主动把科研单位、高等院校的技术力量吸引进来，以增强消化吸收先进技术、开发新产品的能力。努力增加对科技的投入，除市财政继续增加科研经费，银行在调整信贷结构时，对科技给以重点扶持外，各部门、各单位也要挖掘资金和物资潜力，改善科技开发条件。

科技进步的关键是人才。今年要在深化科技体制改革中，进一步引入竞争机制，加强专家队伍的建设，充分发挥基层科技人员的作用，发展各级科普网络，积极普及科学知识，推广适用技术，培训技术骨干。与此同时，设立北京市自然科学基金和社会科学基金，使优秀科技人员得到更好的施展才能的机会，使青年科技人员有一个良好的成长环境，从而建立起一支有奉献精神、有发明创造能力的科技队伍，以适应首都经济社会发展的要求。动员和组织全市科技力量，发扬“献身、创新、求实、协作”的精神，开展科技贡献活动，迎接建国四十周年。

五、利用治理整顿的有利时机，加强首都人口的控制和疏导

控制人口增长，实行计划生育，是我国的基本国策。人口问题是关系首都现代化建设全局的重大战略问题。近些年，各级政府和有关部门在人口的控制和疏导方面做了大量工作，取得了一定成效。1988 年同 1979 年相比，计划生育率由 83.96%提高到 95.3%，一孩率由 63.3%提高到 89.77%，人口的迁移增长率由 13.4‰降低到 4.02‰。这是人口管理部门，处于第一线的乡、村、街道、居委会和各个单位的领导同志，特别是全体计划生育工作者艰辛努力，为首都做出的重大贡献。

但是，由于在某些方面还抓得不够紧，控制还不够严，以及人口基数过大，还存在着城乡、地区差别等多方面原因，首都人口膨胀的趋势远未遏止，形势十分严峻。

（一）人口仍然是持续增长的趋势。按现行区划计算，1949 年全市人口 414 万人，1988 年已突破 1000 万人的大关，达到 1001.2 万人。三十九年中净增 587 万多人，其中自然增长 440 万人，迁移增长 147 万人。当前，我们正处于建国以来的第三个生育高峰。今后六年内，处于 20 至 29 岁生育旺盛期的育龄妇女，年平均约 110 万人，出生人口势必有较大幅度的增长。尤其值得注意的是，农村中早婚、早育、超生、抢生的现象有所抬头，给计划生育工作提出了紧迫的要求。从人口的迁移增长看，近五年来尽管成建制迁京得到控制，但在较长的时期内，迁入人口将会一直大于迁出人口。这种情况发展下去，到本世纪末，全市常住人口将接近 1200 万人，到 2020 年有可能超过 1400 万人。

流动人口增长势头更猛。1982 年日平均约 30 万人，1988 年达 131 万人，七年间增长了 3.4 倍。他们滞留北京的时间也不断延长，在户籍管理部门登记的暂住人口达 101 万，有些人长时期居留北京。

（二）市中心区人口过于集中。目前，在 750 平方公里的规划市区内常住人口已达 540 万人，比城市建设总体规划要求的 400 万人超出 140 万人。加上流动人口，实际负担人口约 630 万人。预计到 2000 年，常住人口有可能增加到 650 万人，实际负担人口将达 850 万人左右。

（三）人口年龄结构发生重大变化。一是少儿人口迅速增加。1988 年约 202 万人，1995 年将达到 248 万人。今后一段时期内，解决小学、初中学生就学等问题，将是我们面临的一项艰巨任务。二是老年人口急剧增长。1988 年 60 岁以上的老年人口已达 107 万人，占全市总人口的 10.6%，北京市已开始进入老龄化城市的行列。预计 2000 年老年人口将达 161 万人，超过 14%。老年人口的增长对经济社会的发展提出了一系列特殊要求，我们必须适应这个变化，及早做出安排。三是就业人口再次出现高峰。建国以来，在北京市第二次人口高峰期出生的孩子已陆续进入劳动年龄，1989 年将达 15 万人左右，就业问题将再一次突出出来。

人口增长过快、分布过于集中和年龄结构的变化，给首都经济社会发展带来一系列难题。近几年，北京经济发展总量指标的增长速度处于世界大城市前列，但人均占有水平的提高幅度并不明显。与人民生活紧密相关的各项建设有了很大发展；但仍然不能满足社会各方面的需要。1988 年全市常住人口新增 13.2 万人，如果按全年人均消费 1450 元计算，共需 1.9 亿元，相当于市财政增收 4.5 亿元的 42%；以每人消费 200 公斤粮食计算，一年要消费粮食 2.64 万吨，占郊区全年新增粮食产量的 34.7%；以每人占用 13 平方米（建筑面积）住宅计算，就需新建住房 170 万平方米，约占去年住宅竣工总面积的 28.6%，一年增长的人口就带来这么多问题，年复一年地如此增长下去，怎么得了？北京本来就面临着缺水、缺电、缺燃气、交通紧张、环境污染等问题，人口过快增长，更加剧了这些困难。近几年，我们千方百计扩建水厂，但城市供水能力仍然不足，用水高峰期日缺水量达 15 万吨至 20 万吨。道路、交通建设发展很快，但市区乘车难、行路难的现象仍然相当严重，特别是火车站、航空港等设施的负荷已大大超过设计能力。教育、文化、卫生、体育等各项社会事业压力越来越大。我们必须采取坚决措施，严格控制，积极疏导，保证首都人口增长不致超过城市可能的负荷程度。当前的治理整顿工作，为控制和疏导人口创造了有利的条件，我们应当不失时机，有所作为。

首先，必须继续严格控制城乡人口自然增长，坚定不移地推行现行的计划生育政策。继续提倡和鼓励一对夫妇只生一个孩子，提倡和鼓励晚婚、晚育和优生、优育，尽最大努力杜绝计划外生育。不断健全和完善各级计划生育工作机构，努力实现计划生育目标管理承包责任制中规定的各项要求，在城乡创无多胎生育区县，农村创无计划外生育乡、村。各级政府都要十分重视计划生育工作，并列入计划，作为考核各级政府及领导人的政绩之一。对从事计划生育工作的同志要给以大力支持和关心、帮助，并不断探索新形势下开展计划

生育工作行之有效的办法。

其次，按照控制与疏导并举的方针，严格控制人口的迁移增长。必须严格执行人口迁移年度计划，进京人口控制计划总量只许减少不得突破。强化行政约束手段，坚持不批准人口整建制、成批迁入北京。抓紧制定城市人口增容费和容纳费等经济办法，经有关上级批准后尽快实施。同时制定有关人口迁出的政策，鼓励人口向中小城市和边远地区流动。

第三，根据控制、疏导、管理和服务相结合的原则，制定对流动人口的管理办法。认真清理施工队伍，按照不同情况积极地、分期分批地动员农民包工队回乡生产。同时高度重视流动人口在京的计划生育管理问题，首都决不能成为流动人口超计划生育的避风港。

第四，引导市中心区人口向外转移，控制郊区人口向城区流动。按照首都城市规划的要求，结合城区改造、卫星城镇的建设和产业结构、工业布局的调整，有计划地疏散市中心区人口。制定和完善鼓励市民向郊区、边远地区、待开发地区转移的政策。郊区房屋售价和租金要低于市区，并且大力发展县乡教育，提高教育质量，使人们愿意到郊区工作落户。积极发展乡镇企业和郊区旅游业，加紧新农村的现代化建设，使从土地上分离出来的农民就地从事其它行业，做到“离土不离乡”，大量减少郊区人口向城区流动。

第五，进一步加强人口控制的宣传工作，不断完善有关法规。把人口问题作为今年形势教育的一项重要内容，使群众既看到人口工作的成绩，又认清人口增长的严峻形势，增强人口观念和人均意识，提高实行计划生育和优生优育的自觉性。同时加强计划生育科学知识的宣传和人员的培训，落实避孕节育措施。尽快拟定计划生育工作管理条例和具体实施细则。计划生育人员要学法、用法，向群众普及法律知识，逐步把计划生育工作纳入法制的轨道。

六、大力加强社会主义精神文明建设

在加强社会主义物质文明建设的同时，大力加强社会主义精神文明建设，这是建设有中国特色的社会主义的长期战略方针，是关系社会主义兴衰成败的大事。

“实现四化、振兴中华”是中国共产党在现阶段凝聚和团结全民族力量的奋斗目标，也是我们的精神支柱。要通过宣传教育，引导广大干部群众以“实现四化、振兴中华”为己任，奋发图强，开拓进取，把个人的前途命运和国家的前途命运紧密联系在一起。在全市人民中旗帜鲜明地深入开展坚持四项基本原则的教育，进行爱国主义、国际主义和集体主义的教育，进行坚持勤俭节约、艰苦奋斗优良传统的教育，在对外交往中，进行自爱、自尊、自强、不卑不亢、友好合作的教育。同时，进行经常性的国防教育，热爱人民子弟兵，增强公民的国防意识。当前，要从建立优良风尚、优良秩序、优质服务、优美环境等方面入手，一个时期一个重点扎扎实实地长期抓下去。

（一）树立良好社会风尚，创造团结和谐的社会气氛。

良好的社会风尚反映良好的民族素质。加强精神文明建设最根本的是下大力提高全民族的科学文化水平。当前，要着力抓好五个方面的工作：

一是进行长期艰苦奋斗的教育。我国还处在社会主义初级阶段，人口多，底子薄，经济文化都比较落后，要从根本上改变这种状况，赶上发达国家的水平，需要经过多代人的不懈奋斗。各级领导干部要以身作则，坚决反对和抵制任何大手大脚、铺张浪费的败家子作风，树立长期艰苦奋斗、勤俭建国、勤俭办一切事业的思想。

二是倡导奉献精神。社会的发展、人类的进步，是一代又一代人奉献的结果。“实现四化、振兴中华”更需要我们奋斗和奉献。在目前利益多元化的情况下，一方面要靠改革去调整分配关系和利益结构，使之逐步趋于公平、合理；另一方面也需要每个地区、每个单位、每个公民顾大局、识大体，正确处理国家、集体和个人三者利益之间的关系，自觉抵制金钱至上的利己主义和小团体主义倾向。发扬为国家、为人民利益而勇于牺牲局部利益和个人利益的奉献精神。

三是深入开展文明礼貌教育。在全市城乡继续深入开展“做文明市民、创文明单位、建文明城市”和军民共建等多种形式的活动，反对、抵制粗俗野蛮的不文明行为和愚昧落后的陈规陋习。树立首都市民的荣誉感和责任感，增强首都意识。搞好文明教育，必须从娃娃抓起，把学龄前儿童的道德启蒙教育与中小学的德育教育及大学的思想政治教育相互衔接起来，把学校教育、社会教育与家庭教育紧密结合起来，使青少年从小就讲文明语言，养成文明习惯，建立文明生活方式，成为懂礼貌、有素养的新一代。

四是建立和发展良好的人际关系。社会主义社会的人际关系，应该是互敬互助、互谅互让、团结友爱的关系。要提倡见义勇为，唾弃那种见利忘义、损人利己、见死不救的思想和行为，提倡“从我做起，从现在做起”。大家竭心尽力，就会蔚然成风。

五是充分发挥文学艺术、新闻出版、广播影视等部门在精神文明建设中的积极作用。这些部门担负着提高人们思想道德水准、科学文化素质，丰富人们精神生活，鼓舞人们为“实现四化、振兴中华”而奋斗的神圣使命。应鼓励创作格调健康、思想水平和艺术水平都比较高的精神产品，坚决取缔诲淫诲盗、腐蚀思想、诱发犯罪的影视书刊，加强文化市场的管理，为治理整顿和改革开放，创造良好的社会文化舆论环境。

（二）努力提高服务水平，树立敬业乐群精神。

北京的服务工作，近年来有一定改进，但远不尽如人意，与首都的地位很不相称。全市以商业服务业、公共交通、市政公用、医疗卫生和旅游五大行业为重点和突破口，一定要在今明两年抓出成效来。

改善服务态度，提高服务质量，实现优质服务，必须坚持改革、教育、培训、管理、“四管齐下”。一是通过改革，将企事业和职工的服务工作真正纳入经营承包责任制和优化劳动组合之中，使服务工作的好坏与企业的发展和职工的切身利益密切结合。对服务工作实行目标管理，认真研究落实将服务工作科学化的措施。二是狠抓教育，培养社会主义职业道德。各行各业都要本着“为人民服务、对人民负责”的宗旨，建立和推行各自的职业道德规范，树立敬业乐群的精神。厂有厂风，店有店风，各行各业特别是五大服务行业，都要努力创造自己的企业文化和团体文化，形成各自的服务特色。三是加强培训，提高职工素质。培训的主要内容是本行业的职业道德、服务规范和职业技能知识。招收职工要严格实行“先培训、后就业”的制度。这是提高服务水平的重要环节。四是从严要求，加强管理，推行规范化服务，并加强监督检查，实行奖优罚劣。

改进服务工作的关键在于落实。要坚决克服那种做表面文章，把公约、规范写在纸上，贴在墙上，喊在嘴上，就是不放在心上，不落实到行动上的形式主义。

（三）加强市容卫生整治，为把首都建成整洁、优美、秩序井然的文明城市而努力。

今明两年，全市重点治理100条主要大街、10个重点地区和9处城乡结合部。主要大街着重整修“三破”，即破门脸、破标牌、破棚阁；整治“五乱”，即私搭乱建、乱设摊点、乱停车辆、乱扔乱倒杂物、行人和自行车乱穿乱行。重点地区主要是整顿市场摊容，落实“两禁”（禁止随地吐痰、禁止乱扔乱倒废弃物）和“门前三包”（包卫生、包绿化、包秩序），做到全日保洁。城乡结合部重点是清运积存的垃圾渣土，搞好绿化美化，加强日常管理。要通过整顿治理，使这些大街和地区达到清洁、整齐、美观、减少污染和交通秩序井然、安全畅通的要求。在全市要大力加强卫生防病的宣传和有关各项卫生工作，开展爱国卫生运动，进一步降低发病率，提高治愈率，增强首都的卫生安全感。

北京作为首都，应该成为精神文明建设的“首善之区”，这是历史的要求，也是全国各族人民的瞩望。为加强对首都精神文明建设的领导，已成立了北京市精神文明建设综合治理领导小组。各区、县要相应成立领导机构。市政府已决定设立“北京市民荣誉奖章”，表彰在精神文明建设中做出突出成绩的北京市民和驻京部队指战员，以激励全市人民为建设首都的精神文明贡献力量。

今年是中华人民共和国成立四十周年，一些重要的国际会议也将在北京召开。北京人的道德水准、精神风貌，将在这一系列重大国际、国内活动中得到展示，接受检验。我们一定要按照中共中央和国务院的指示，把国庆四十周年办成隆重、热烈、节约、振奋精神的节日。特别是举世瞩目的第11届亚运会明年9月将在北京举行。办好亚运会是中共中央、国务院和全国人民交给我们的一项光荣而艰巨的任务。亚运会的举办不仅能够提高我国的体育水平，促进我国人民同亚洲各国人民的友谊，也是对我国十年改革开放成就的一次展示。同时对北京市的经济发展、科技水平、市容环境面貌、特别是精神文明建设和各方面的服务工作，更是一次极大的推动和检验。现在距离亚运会开幕只有500多天，有关各项工作正在加紧进行。特别是精神文明建设，要求较高，差距较大，更需要大力加强。我们深信，在全国人民的支持下，在全市人民的努力下，我们一定能不辜负中共中央、国务院和全国人民的重托，把亚运会办好。

七、努力创造安定、良好的社会政治环境

政治的稳定，社会的安宁，是进行社会主义现代化建设和改革开放的基本条件。治理经济环境，整顿经济秩序，全面深化改革，更需要一个安定团结、民主和谐的社会政治环境和一个有效率的政府机构。为此，必须大力推进廉政建设、民主与法制建设，进一步加强社会治安综合治理。

加强廉政建设，是政府推进建设和改革的政治保证。一个不廉洁的腐败的政府，必然脱离人民，最终被群众唾弃。从总体上讲，我们的政府是廉洁的，政府的绝大多数工作人员在相当清苦的条件下兢兢业业地工作，是奉公守法、严于自律的，是经得起改革开放考验

的。但是，也确有少数人在改革开放、搞活经济的形势下，经不起考验，以权谋私，甚至贪污受贿，敲诈勒索。这种腐败行为尽管发生在少数人身上，但却严重影响了政府与人民群众的关系，败坏了政府的形象和声誉，干扰、阻碍了建设和改革的顺利发展。对此必须高度重视，坚决有效地进行斗争。

廉政建设的重点，一是集中力量查处危害严重的经济犯罪案件，当前特别要着力打击贪污受贿，严惩一批民愤很大的犯罪分子。二是抓好对各级干部，特别是领导干部廉洁奉公、严肃执法、为民服务、管好首都的教育，并进一步加强对领导干部的监督和管束。三是加强制度建设。办事公开和群众举报，是保持政府廉洁的两项重要制度建设。积极推广东城区“公开办事制度，公开办事结果，依靠群众监督”的经验，增强政务活动的透明度，使各种权力的行使都能置于法律、制度的约束和广大群众的监督之下。对群众的举报要认真查处，件件落实，并切实保护举报人行使自己的民主权利。四是强化监督体系。目前，市和区县两级政府都已建立了监察机构，市政府各局也要建立监察机构，配备监察人员。街道、乡镇要设专人负责监察工作。各级监察、工商行政管理、税务、审计、公安等执法监督部门必须秉公执法，坚决有效地同违法违纪现象作斗争。同时，加强执法队伍的自身建设，提高工作人员的政治素质和业务水平。执法监督部门也要接受群众和有关部门的监督。各级政府，首先是市政府必须十分注意保持自身的廉洁，并以良好的政风促进社会风气的好转。全国人大七届二次会议已经制定并通过了《中华人民共和国行政诉讼法》，各级政府工作人员都要认真学习，严格遵守。

在开展廉政建设的同时，还要对政府官员的官僚主义、有令不行、有禁不止和失职渎职等违纪违法行为进行监督处理，以提高工作效率。我们热切地欢迎各位代表、各民主党派、人民团体和广大市民对政府工作人员的违纪违法行业进行批评、举报，我们将认真进行处理。

加强社会主义民主和法制建设，是创造安定良好的社会政治环境，顺利完成治理整顿任务的重要保证。在治理整顿中，进一步发扬社会主义民主，建立健全各项社会主义民主制度，保障广大人民群众的民主权利。坚持和完善共产党领导的多党合作制度和政治协商制度，充分发挥民主党派、无党派爱国人士和群众团体的参政议政、民主监督作用。努力实行决策的民主化和科学化，尽可能地减少工作中的失误。首都建设和改革的重大问题，在决策之前都要通过民主协商对话的渠道，征询有关方面的意见，使政策、措施更加切合实际。政府部门要通过对话、人民来信来访、设立日常政务电话等办法，随时听取群众的呼声。密切与人大代表、政协委员的联系，认真处理各项议案、提案和建议，逐步使协商办事和民主议政制度化。首都拥有56个民族，必须重视民族工作，大力巩固和发展平等、团结、互助的社会主义民族关系，尊重少数民族的风俗习惯，扶植少数民族地区的发展。继续认真贯彻宗教政策，保护公民的宗教信仰自由和正常的宗教活动。

政府的法制工作是社会主义法制建设的重要组成部分。加强法制建设，使政府部门的各项工作逐步纳入法制轨道，是治理整顿、深化改革的一项重要任务。北京是一个有千万人口的特大城市，只有依法治市，才能建成社会主义现代化的文明首都。要对治理整顿中富有成效的办法、措施及时进行总结，使之成为法律规章，以巩固治理整顿的成果。市政府今年计划制定行政规章和提请市人大常委会决定的地方性法规共60项左右，同时完成本市行政规章的清理工作。当前政府法制工作在继续制定和完善法规的同时，要把重点放在严格执法方面。必须坚决纠正一些领导机关、领导干部、执法部门有法不依、违法不究的失职现象。尽快建立执法人员的工作考核制度和岗位责任制，抓好30项重点法规和新颁布法规执行情况的检查。同时，采取多种形式加强法制教育，增强公民的法律意识。各级干部和青少年是法制教育的重点。今后，要把是否掌握必备的法律知识，是否模范守法、严肃执法和依法进行管理，作为对领导干部和执法人员进行考核的重要标准。

加强社会治安和社会秩序的综合治理，是与治理经济环境、整顿经济秩序互相衔接、互相促进的。广大公安干警和群众治保积极分子，在同刑事犯罪斗争中，做出了重大贡献，维护了首都社会治安的基本稳定。要进一步建立健全社会治安综合治理责任制。对那些治安秩序混乱，群众意见很大的地区、场所、行业和单位，由主要领导负责，组织专门力量，集中加以整顿。当前不仅经济违法活动增加，刑事案件特别是重大刑事案件也呈上升趋势，一些久已绝迹的社会丑恶现象又在滋长蔓延。各级政府务必认真落实综合治理的各项措施，严厉打击严重刑事犯罪、严重经济犯罪和流氓团伙，继续惩治危害改革的违法活动，依法禁止一切扰乱社会秩序的活动，坚决依法取缔卖淫、赌博等丑恶现象和封建迷信活动。健全群防群治体系，严格治安责任制，动员社会各方面力量，切实做好首都的社会治安工作。积极妥善处理可能影响社会安定的各种社会矛盾，防止矛盾的激化。对那些见义勇为、与违法犯罪分子作坚决斗争的公民，要大力宣传和表彰，以弘扬正气。今年要针对影响社会治安的一些突出问题，发动群众，开展一系列治安专项斗争，形成对违法犯罪分子的强大威慑力量，进一步增强群众的安全感，保证治理整顿和改革开放的顺利进行。

各位代表！

1989年的任务是十分艰巨和繁重的。只要我们坚定不移地贯彻执行中共中央、国务院治理整顿和深化改革的方针，充分发挥我们的政治优势，调动一切积极因素，振奋精神，同心协力，经过全市人民的共同奋斗，就一定能够克服前进中各种各样的困难，把首都的社会主义现代化建设事业继续推向前进！

关于北京市1988年计划执行情况和1989年国民经济、社会发展计划草案的报告

——1989年4月20日在北京市第九届人民代表大会第二次会议上

北京市计划委员会主任　王　军

各位代表：

我受市政府的委托，向大会报告北京市1988年计划执行情况和1989年国民经济、社会发展计划草案，请予审议。

一、稳定经济，深化改革，1988年国民经济和社会发展计划胜利完成

1988年是北京市在改革开放的道路上阔步前进的第10个年头。这一年，全市认真贯彻了“经济要进一步稳定，改革要进一步深化，以改革总揽全局”的经济工作方针，第4季度以来，根据中共十三届三中全会的精神，扎扎实实地进行了治理和整顿。国民经济和社会事业取得新的成就，市人大九届一次会议批准的各项主要计划任务和指标，经过全市各族人民的共同努力，大都完成或超额完成。1988年国内生产总值完成393亿元，按可比价格计算，完成全年计划的110%，比上年增长13%，比1978年增长1.6倍；国民收入完成282亿元，完成计划的111.5%，比上年增长11.8%，比1978年增长1.3倍；工农业总产值完成495亿元，完成计划的115%，比上年增长18.8%，比1978年增长1.6倍；在生产发展的基础上，城乡多数人的生活继续有所改善。“七五”计划正在顺利执行，工农业总产值、财政收入、社会商品零售总额、外贸出口额、各类学校的招生人数等几十种价值量指标、社会事业指标和一部分重要工农业产品产量指标，已经提前两年实现1990年计划目标，为完成“七五”计划打下了基础。

第一，农业又获丰收，粮食和主要副食品持续增产。

郊区农村在联产承包责任制的基础上，因地制宜地推广适度规模经营，促进了经济的全面持续发展。1988年郊区城乡社会总产值比上年增长48.3%。农村各业兴旺发达，经济总收入179亿元，比上年增长44.3%，纯收入66亿元，比上年增长28.7%。粮食在连年增产的基础上又获丰收，总产达到234.6万吨，比计划超过24.6万吨，亩产首次突破500公斤。农副产品基地建设迈出了新步伐，主要副食品生产全面超额完成计划。蔬菜播种面积扩大，调市商品菜完成130万吨，完成计划的124%，比上年增长5.2%；牛奶产量18万吨，完成计划的103%，比上年增长16.1%；鲜蛋产量21.8万吨，超过计划6.3万吨，比上年增长29.8%；淡水鱼增长30%；干鲜果品增长5.8%；生猪生产已走出低谷，商品猪达到175万头，成年母猪存栏比上年增长1倍多。乡镇企业总收入119亿元，比上年增长51%，实现利税19.9亿元，比上年增长40.2%，为增加区县财政收入和实行“以工补农”、“以工建农”，充实首都的“粮袋子”、“菜篮子”作出了重要贡献。区县外经外贸取得新成绩，全年批准的利用外资项目98个，超过过去几年的总和，外贸出口供货额比上年有很大增长。农民生活进一步改善，人均纯收入1063元。

山区扶贫工作取得很大成绩。除市财政专项安排的扶贫资金外，去年市农办、计委、科委、民政局和交通运输等有关部门直接安排的扶贫资金超过1000万元，区、县、乡也投入了相当数量的资金，为贫困乡修

建了一批水源、道路，安排了一批工农业生产项目，工业部门提供了生产技术和设备，使山区“造血机能”进一步增强，人均收入普遍增加，绝大多数乡按规定标准已提前两年实现了“七五”期间初步脱贫的目标。

第二，工业生产在调整产品结构、提高经济效益的基础上持续稳定增长。

工业企业进一步完善了“两保一挂”为主要形式的承包经营责任制，优化劳动组合取得成效，企业增强了活力，提高了竞争能力、应变能力和消化能力，经济效益进一步提高。

1988年全市工业总产值完成471亿元，比上年增长19.2%（不包括村办工业为418亿元，增长17.1%），大大超过了计划规定的指标。去年工业生产的特点是，中央和地方、全民和集体工业全面增长；各月生产比较稳定；原材料、能源和农用生产资料的生产情况较好；市场急需的紧俏商品和耐用消费品增长较多。工业部门按照市场需求的变化，适时地调整产品结构，对增加有效供给的产品，实行了优先供应原材料、优先安排信贷资金、优先供应能源和奖励超计划生产的“三优一奖”的政策，重点安排了原材料、能源、农用生产资料、100种短线产品以及100种市场小商品的生产。127种主要产品产量中，完成计划的有80种，比上年增长的有85种。其中：钢材增长11.1%，发电量增长5.1%，烧碱增长14.9%，汽车增长24.3%，内燃机增长31.1%，联合收割机增长43.4%，塑料增长9.4%，彩电增长19.4%，双门冰箱增长76.8%，市场家具增长22.6%等。没有完成计划的有47种（绝大多数属于指导性计划产品），主要原因是原材料不足和市场需求发生变化。

工业经济效益相应提高。地方预算内国营工业企业销售收入增长25.6%，实现利税增长18.9%，上交利税增长9.8%，企业留利和归还贷款都增加较多，亏损企业亏损额减少，由上年的1500多万元减少到1300多万元。全市全民所有制工业企业劳动生产率提高13.1%。节能取得很大成绩，全市工业企业万元产值综合能耗下降8.1%。新产品开发得到加强，仅市属工业系统就试制各类新产品2900多种，投产率达到70%，其中500多种达到国内外先进水平。

铁路、公路运输取得新成绩。城市公共交通部门克服困难，增辟营运线路5条，年客运量达33.7亿人次。其中地铁客运量3.1亿人次，节日最高客运量达124万人次，部分缓解了地面交通拥挤的状况。郊区长途客运条件也有了改善。邮电业务总量完成3.4亿元，比上年增长20.8%。

地矿工作开始走上以法治矿的管理轨道。

第三，市场基本稳定繁荣，基本保证了人民生活必需品供应。

1988年社会商品零售总额实现234.3亿元，完成计划的114.3%，比上年增长32.7%，扣除零售物价上涨因素后，实际增长8.9%。主要商品的销售量普遍比上年增加。全年虽先后出现两次较大的抢购风，但由于市政府主要负责同志亲自主持，多次研究，及时采取坚决措施，商业部门广大职工辛勤工作，很快稳住了市场形势。为了保证人民生活必需品的供应，在全国货源普遍较紧的情况下，本市商业部门努力争取商业部和兄弟省市的支持，积极组织货源，充实商品库存。粮油库存量一直保持在较高水平上；猪肉、蔬菜、食糖、食盐、石油等主要商品的调入量都比往年有较多增加。为了加强国营商业对市场的调蓄作用，对34种关系国计民生的主要商品和部分市场敏感商品建立了市级商品储备制度，其中14种已陆续建立了必要的储备。去年净增商业、饮食、服务、修理网点8000多个，现在全市各业网点总计达到11.1万个，城乡每万人拥有111个。“买东西难”、“吃饭难”的状况已明显缓解。城乡个体经济继续发展。到去年年底，全市个体工商户已有11.85万户，从业人员17.6万人；农贸市场已发展到730个，年成交额11.6亿元，对活跃城乡经济、方便人民生活起了积极作用。

第四，对外经济贸易往来登上了一个新台阶。

市政府加强了利用外资工作，制定和完善了鼓励外商投资的政策法规，进一步下放外商投资项目的审批权限，认真解决利用外资工作中存在的实际问题，投资环境得到进一步改善。全年批准外商投资企业148家（其中独资企业6家），比上年增加1倍；协议金额4.25亿美元，超过计划1.55亿美元，其中外资金额1.42亿美元。生产性项目占全部项目的83%；区县项目占总数的66%。到去年底为止，在我市工商行政管理局登记注册的外商投资企业363家，投资总额36.6亿美元，协议外资金额约17亿美元，累计实际使用外资超过12亿美元，居于全国各大城市前列。使用外国政府和国际金融组织贷款又有增加。1988年批准项目38项，新签贷款转贷协议金额2.5亿美元，主要是城市基础设施建设项目，如复兴门到八王坟地铁工程、高碑店污水处理厂等。截至去年底，全市批准使用外国政府贷款和国际金融组织贷款已有73项，协议总金额近5亿美元。

外贸部门积极推进国务院批准的以“自负盈亏、放开经营、工贸结合、推行代理制”为主要内容的外贸体制改革，对外贸企业和生产企业普遍实行“双轨承包责任制”，制定并完善了鼓励企业多出口、多创汇的若干政策规定，对外贸三个行业进行了自负盈亏的试点，批准一批具备条件的生产企业享有外贸进出口自营权，下放给区县外贸出口权，发展出口联营和进料加工，对外贸企业实行了工资总额同出口额挂钩浮动办法。这些改革措施大大调动了外贸和生产企业多出口、多创汇的积极性。全年出口首次突破10亿大关，达到10.2亿美元。超过计划13%。比上年增长15.4%。出口产品结构得到调整，机电产品出口额增长较快，已占出口总额的19.5%。

技术引进全年签约成交129项，金额1亿美元。前几年引进的项目，绝大部分已竣工投产，使一批工厂的生产技术和装备达到80年代国际水平。

对外承包工程和劳务工作继续发展。全年新签合同金额885万美元，超过计划一倍。

旅游事业有新发展。为吸引更多的入境旅游者，开展了规模盛大、丰富多彩的龙年“国际旅游年”活动，为增进国际交往，增加外汇收入作出了贡献。全年共接待入境旅游者120.4万人；旅游外汇收入达6.7亿美元，比上年增长21.7%，都超过了计划。旅游接待能力进一步提高，重点旅游宾馆客房出租率继续保持80%以上。旅游景点已增加到200处，其中主要涉外景点35处。

第五，固定资产投资规模膨胀趋势得到控制，一批重点工程建成投产。

1988年全市坚决贯彻了国务院“四保三压一停”的方针，认真清理在建项目，严格控制新开工项目。全社会固定资产投资完成163亿元，增长19.6%，增长幅度比1987年的28.2%压低近9个百分点。地方全社会固定资产投资完成96.9亿元，比上年增长23.4%。投资结构有所调整，地方固定资产投资中用于城市基础设施、农业、教育的投资有了增加。

重点建设工程进展较好。国家重点工程，建成北京邮电枢纽中楼、北京正负离子对撞机、北京10万门程控市话工程、石景山发电厂1号机组等7项。市属重点工程主要建成水源九厂一期工程（两个系列）、第二热电厂尖峰锅炉、北京焦化厂6号炉改造、中关村电话局土建工程、紫竹院电话工程以及一批送变电工程等。建成了一批中外合资旅游宾馆、饭店。

亚运会工程取得决定性进展，各项主体、配套工程加快了建设进度。到1988年底为止，大学生体育馆、北京体育学院馆、网球中心等15个比赛场馆已竣工，北郊体育馆、游泳馆、运动员村等工程正按计划紧张建设中。

居民住宅竣工598万平方米，是历史上最多的一年，大约有20万户居民可以增加住房面积。同时，还加强了公私房屋的修缮和危房改造工作，有17万居民不同程度地改善了居住条件，实现了汛期“少塌房、不死人”的要求。

郊区县的城市建设取得很大成绩，县城面貌进一步改观，已呈现出各具特色的卫星城镇雏型。

第六，城市基础设施建设继续取得较大进展。

全年建成或基本建成干线道路11条，新增道路64.8公里。“打通两厢、缓解中央”的交通规划初战告捷，经过17个月的艰苦奋战，已基本实现打通“东厢”的任务。这项工程北起东便门，向南经广渠门、劲松、左安门、蒲黄榆到刘家窑，向西到木樨园，全长13.4公里，沿线建有10座立交桥、13座人行过街桥、5座地下人行道，埋设各种管线100多公里。到去年年底，全线道路和10座立交桥的主桥主路已经通车，对于缓解东南城区交通阻塞已显示出重要作用。配合亚运会工程建设的北中轴路（北段）、成府路、安立路以及双北、安惠两座立交桥等都已建成通车。市区还拓宽了路口路段14处。郊区干线，全部建成了慕田峪至十三陵的旅游公路，京榆公路、京津塘高速公路正在抓紧施工。去年净增煤气、天然气用户11.3万户，新增集中和联片供热面积605万平方米，净增市内电话交换机3.3万门，发展市话用户4.3万户，用户电报2300多户，公用电话700多部，解决了500幢楼房的邮件投递问题，都超额完成了计划。

第七，城乡环境进一步绿化、美化，环境质量略有改善。

全年城市植树194万株，铺草坪105.8万平方米，绿化胡同112条，完成20条新建道路和110多个楼区的绿化任务，营造片林10处，连同市区外缘绿化带林共扩大绿地面积593公顷。城市绿化覆盖率已由1985年的22%上升到25%，人均绿地面积由4.94平方米增加到5.8平方米。郊区植树造林全面超额完成任务，封山育林33万亩，平原地区农田林网和四旁植树1674万株。

市政府决定的1988年在环境保护方面为群众办的10件实事已全部完成。重点进行了亚运会场馆周围地区的综合整治；对密云、怀柔水库和水源三厂、八厂以及地下水源井核心区加强了管理和治理；综合整治了4条河渠；建成了四个低噪声小区；治理了454个工业污染源；搬迁或停产了13个污染扰民严重的工厂、车间；山区水源涵养林、平原治沙以及农业保护计划也已完成。

环境卫生状况进一步有所改善，完成了各项计划任务。全年共清运垃圾320万吨，比上年增加22万吨；清运粪便190万吨，比上年增加9万吨；每日清扫保洁道路2830万平方米，比上年增加178万平方米。

第八，教育、科技、卫生、体育等事业又有新进步，计划生育工作提高到新水平。

教育事业。市属各类学校的招生计划都已完成或超额完成。中等教育结构改革成果得到巩固，全市各类中等职业学校招生人数已连续4年超过普通高中，1988年达到1.38：1。城镇地区的初中毕业生升学率达到85％，比上年提高了5％。近几年小学生入学人数激增，仅城镇在校人数去年一年就净增了5.6万人，市委、市政府对此极为重视。在各区人民政府以及有关部门和社会各界的支持下，通过挖掘小学自身潜力、借用教室扩大班容等办法，增加教室904座；改扩建小学24所，增加教室500座。全市没有出现小学“二部制”，为几万个家庭免除了后顾之忧。学前教育事业也有了新发展，城镇地区3岁以上幼儿园的入托率已达到96.2％。

教育设施继续得到改善，市属高等院校建成了北工大基础楼、经济学院和建工学院图书馆、体育师范学院田径馆等8项工程，建成中学校舍6万多平方米。

科学技术工作面向首都经济建设和城市管理的新格局已基本形成，一大批科研成果转化为新的生产力。全市共安排科研课题9495项，取得科技成果3700多项，比上年增长40％，其中达到国内外先进水平的有800项。科技成果商品化的步伐加快。推广应用科技成果2904项。去年是完成“星火计划”项目最多和实施效益最好的一年，“工业振兴计划”的实施也已见成效。以城市交通综合治理、节水与水资源开发、城市环境污染控制、城市计算机管理等8个方面为重点的城市建设与管理科技发展计划已开始执行。新技术产业开发试验区的建设已取得进展。

卫生事业，重点加强了基层卫生保健工作，防止了肝炎和其它传染病的暴发流行，控制了红眼病的蔓延。城乡医院总床位达到4.9万张，去年通过新建、挖潜和多种联办方式，共增加病床4000多张，是近几年增加较多的一年。初步建成西苑、大兴、结核病医院、儿童、四院、积水潭、密云二院等一批医院的病房楼、门诊楼，回民、中医、天坛、复兴等医院的建设进度也较快。

计划生育工作取得显著成绩，1988年全市出生人口比计划少1.2万人，比上年少生1.56万人。全市计划生育率达到95.3％。一孩率已上升到89.77％，比1979年提高26个百分点以上；二孩率下降18个百分点，多孩率降到0.4％。

文化、出版、新闻、广播、电视等部门，在深化改革，加强精神文明建设和提高社会效益方面，都作出了新的成绩。广播电台、电视台正在抓紧建设，区县“四馆”（文化、图书、科技、档案馆）又建成4个。体育事业，广泛开展群众性的体育活动，加强各类运动员的训练，体育健儿在国内各项比赛中取得了好的成绩和可喜的进步。

第九，财政增收节支，实现收支平衡，略有结余，金融业务继续发展，信贷规模得到控制。

1988年全市财政收入完成68.1亿元，比预算超收2.1亿元，按可比口径计算，比上年增长4.1％。税务部门坚持依法治税，加强征管工作，全年地方工商税收入库66.7亿元，比预算超收8.2亿元，比上年增长21.8％，对保证地方财政增收起了重要作用。财政支出52.9亿元，占调整预算的95.5％，比上年实际支出增长6.6％，支持了改革和各项事业的发展，保障了人民生活的不断改善。

市人民银行等金融部门积极筹措资金，适时调整信贷结构，保证重点资金需要，有力地支持了本市经济的稳定发展。各专业银行努力扩大资金来源，采取改进服务、增设营业网点、开展保值储蓄和有奖实物储蓄等措施，扭转了8、9月份储蓄存款一度“滑坡”的局面，全年城乡居民储蓄存款增加18.6亿元。1988年增加贷款64.6亿元，主要用于支持重点、保证急需，没有突破国家下达的贷款规模。去年末，各银行还紧急筹措资金10多亿元，支持粮食调入、节日商品储备和农副产品、出口商品收购的需要，并保证了现金供应。市外汇调剂市场自去年4月创办以来，按照调剂外汇导向计划的要求，全年从中央、外埠和本市各单位调剂外汇3亿多美元，基本解决了进口急需的用汇。地方信托投资公司、城市信用社等金融机构的业务都有较大发展。

保险事业持续高速发展。通过扩大保险种类，改进服务，全年保费收入3.42亿元，比上年增长37.6％。为灾害事故赔款7300万元。积聚了建设资金，并为安定人民生活提供了有效的经济保障。

第十，在经济发展的基础上，城乡多数人民生活继续有所改善。

1988年，全市工资性支出122亿元，比上年增长25.6％。据抽样调查，职工家庭人均生活费收入达到1437元，比上年增长21.6％；扣除职工生活费用价格上涨因素，比上年增长1％。农民人均纯收入比上年增长16％，扣除工业品价格上涨因素，比上年增长

0.8%。居住条件继续改善。城镇居民人均住房面积由上年的6.82平方米增加到7.17平方米，农村人均生活用房达到19.2平方米。同改革前的1978年比较，城乡人民的生活条件明显改善，生活质量明显提高。全市十年来，累计增加就业人口130万人；城镇职工人均收入增加2.9倍，农民人均收入增加3.7倍，扣除物价上涨因素，城乡人均收入都提高1倍以上。城镇居民人均肉类消费量增长63%，牛奶增长80%，水果和呢绒的消费量增长近2倍，蛋、禽增长近3倍。城乡居民家庭拥有的高档耐用消费品从无到有，已相当普及。十年间共建住宅4600多万平方米，人均居住面积净增2.62平方米，有100多万户居民不同程度地增加了住房面积，改善了居住条件。城乡储蓄存款余额由1978年的9.3亿元增加到111.6亿元。上述事实无可辩驳地说明，改革确实给全市人民带来了实实在在的利益。

社会福利事业取得新成就。全市新办福利工厂647个，有劳动能力的残疾人90%都已就业，生活得到基本保障。去年建成了300张床位的第一社会福利院和500张床位的儿童福利院。城区97个街道全部实现福利服务网络化。农村乡镇都建立了敬老院，入院的“五保”老人占一半以上。

北京市1988年国民经济和社会事业的发展所以能取得上述各项成就，根本原因在于认真贯彻了以改革总揽全局的方针。去年初，不少同志都感到经济形势比较严峻，保持国民经济持续稳定发展的困难很大。但是由于深化改革，企业进一步搞活了，企业经营者和劳动者的积极性调动起来了，在主管部门和各个综合经济部门的积极支持、帮助下，克服困难的办法找到了，工农业生产不仅没有停滞、“滑坡”，而且一直保持着稳定增长的势头，商业外贸、城市建设都继续向前发展。实践告诉我们，只要依靠广大干部和群众，正确分析、认识和对待面临的形势和困难，团结一致，艰苦奋斗，坚定不移地搞改革，困难是可以克服的，首都的社会主义现代化事业就能继续稳步前进。

陈希同市长在政府工作报告中指出，1988年北京市经济生活中也存在着一些不容忽视的问题和困难。在国民经济和社会发展计划执行中存在的主要问题是：工业特别是加工工业和乡镇工业的发展过快；固定资产投资规模过大，突破了计划控制指标；市场零售物价指数上涨过猛，没有实现保持基本稳定的目标；年末常住人口超过了计划控制的999万人。主要原因是，指导思想上存在着急于求成，宏观调控不够及时有力，计划的综合平衡不够。这都说明北京市的经济环境同全国一样都亟待治理和整顿。中共十三届三中全会后，市政府按照“治理经济环境、整顿经济秩序、全面深化改革”方针进行的治理整顿工作，虽已收到初步成效，但是进展还不理想，同国家的要求还相距很远。要基本实现治理、整顿的目标，为今后的改革和建设创造良好的环境和秩序，必须统一认识，步调一致，在今明两年或更长一点的时间内坚持不懈地一心一意进行治理、整顿。1989年国民经济和社会发展计划必须紧紧围绕这项基本任务来安排。

二、认真治理整顿，突出调整结构安排好1989年计划

陈希同市长在政府工作报告中明确提出了治理、整顿的3项主要任务，提出了调整经济结构、推进改革开放、大力发展教育和科技事业、控制和疏导人口的重要措施。根据国家计划的安排和市政府提出的工作报告，北京市1989年国民经济和社会发展计划的主要目标和基本任务是：在治理经济环境、整顿经济秩序中，突出抓好调整，逐步消除经济过热；坚决压缩固定资产投资规模，严格控制消费基金的过快增长；夺取农业全面丰收，保持工业的适度增长，增加和改善有效供给；确保物价上涨幅度明显低于去年。各项计划安排都要围绕和保证这个目标和任务的实现，注意瞻前顾后，把各方面衔接好。力争经过两三年坚持不懈的努力，逐步实现治理、整顿的目标，使本市的经济环境有较大改善，经济秩序走向正常，物价上涨势头逐步减弱，把我市国民经济和社会事业建立在长期稳定发展的基础上。

1989年计划草案提出的宏观调控目标是：

——在提高经济效益的前提下，保持适度的经济增长率。国内生产总值按可比价格计算，比去年增长7%，增长幅度降低6%。工农业总产值比去年增长9%，增长幅度降低一半。其中工业增长9%（不包括村办工业，增长8%），农业增长4%。

——地方全社会固定资产投资总规模51.76亿元，控制在国家下达的指标以内。

——零售物价指数上涨幅度明显低于去年。

——银行信贷规模严格控制在国家下达指标以内。

——财政收入70.8亿元，比去年增长4%；支出55亿元，比去年增加2.1亿元。

——常住人口控制在1015万人以内，其中迁移增长不超过4万人。

现将1989年计划草案安排情况报告如下：

(一)坚决压缩固定资产投资规模，合理调整投资结构。

压缩固定资产投资规模，既是治理、整顿成败的关键，也是抑制经济过热的重要措施。

为了有效地压缩和控制建设总规模，必须严格控制开复工面积。首都规划建设委员会已经决定，今年全市(包括中央在京单位)开复工面积控制在2150万平方米以内，比去年有了较大幅度的压缩。其中新开工面积550万平方米，比去年压缩31%。地方建设项目开复工面积要控制在943万平方米以内。全市竣工面积将在1000万平方米左右。

根据国家下达的控制指标，计划草案安排，北京市1989年地方全社会固定资产投资规模51.76亿元，比去年实际完成额压缩46.6%。其中全民所有制单位固定资产投资规模32亿元，比去年压缩52.7%。

固定资产投资计划的安排原则是，大力压缩和严格控制规模，合理调整投资结构，实行倾斜政策，在“切一刀”的前提下，区别对待，不搞“一刀切”，有压有保，压中有保。基本建设投资，要按照国家的产业政策，着重安排城市基础设施、农业和教育部门的重要项目，积极安排职工住宅。计划草案安排，市财力(包括预算拨款、“四源”费和综合开发市政建设费)用于基本建设的投资中，城市基础设施的投资占一半以上，农业和教育部门的投资都比去年增加，其它部门的投资则有不同程度的削减。更新改造投资，除了保国家安排的化工实验厂、重型电机厂、人民机器厂、吉普车有限公司等15个限额以上项目外，要按照国家产业政策和调整结构的要求，重点安排节约能源和原材料、农业、市场紧缺产品、出口创汇产品以及污染扰民工厂搬迁项目等。固定资产投资在建项目，经过认真清理，初步确定停缓建500多个。全民基本建设项目初步安排235个，比1988年初减少151个。停缓建的项目涉及许多部门和单位的利益，有的也确有实际困难。但是从消除经济过热、稳定国民经济的大局出发，必须这样办。市政府要求各部门、各区县要加强领导，努力做好停缓建项目的善后处理工作。施工单位和建设单位要密切配合，采取切实有力的措施，限期把工程建到合理部位，把损失减少到最低限度。

为实现今年压缩建设规模的目标，统筹安排好固定资产投资，市政府已经或正在采取以下的措施：

1. 切实把全社会固定资产投资规模管起来。这两年对项目的审批权要适当集中，暂时收回下放给区县局(总公司)自行审批全民所有制建设项目的权限；更新改造投资由指导性计划改为指令性计划；农村集体、城乡个体投资规模指标切块下达给各区县，严格按照规模控制。要建立严格的责任制，逐级落实，严格考核。

2. 把清理在建项目的工作一抓到底。对已初步清理的在建项目，要再进行复查核实；对其它还未清理的在建项目要继续认真清理，该停则停，该缓则缓，进一步扩大清理成果。停建项目要撤销立项，缓建项目两年内不得复工。

3. 严格控制新开工项目。除了若干重要的必须新开工的农林水利、化肥、教育、城市基础设施、出口创汇项目，以及已签合同、具备建设条件的涉外项目和特别急需的住宅项目可按规定报批开工外，今年原则上不再开新项目。特殊情况需按规定上报国务院或国家计委审批。新项目的立项也要从严控制，要经过市计委严格审查，报市政府批准。

4. 建设计划与城市规划要密切结合，保持分散集团式的布局。坚决遏制乱占地、乱建房、蚕食隔离带、“摊大饼”、形成“带状城市”的势头。建设项目必须符合城市总体规划的要求。今年重点整治市区边缘的绿化隔离带、城乡结合部和公路、铁路、河道两侧隔离带。加强对规划区建设用地的统一管理。城乡建设用地，要严格按国家下达的4.3万亩指标从紧审批，以控制基建规模和抑制城市不断膨胀。

(二)严格控制消费需求的过快增长，有计划地调整和引导消费。

压缩社会总需求，不仅要坚决压缩固定资产投资，还要坚决控制消费需求的过快增长。要从市政府做起，大力提倡艰苦奋斗、勤俭办一切事业的社会风气，反对和克服各种铺张浪费现象，特别是在治理整顿期间，要下决心过几年紧日子。

控制消费基金的过快增长，是全市所有机关事业单位和企业共同的重要任务。有关部门要尽快研究制订出切实有效的具体办法。当前要采取以下措施：

1. 实行指标控制，继续压缩社会集团消费。今年本市社会集团购买力，要求比上年压缩20%。市主管部门将具体下达分部门、分单位的控制指标。

2. 加强对工资基金的管理和监督，控制个人消费需求的过快增长。进一步完善工资总额与经济效益挂钩办法，完不成经济效益指标的，除特殊原因外，工资下浮不再保底；所有单位及其主管部门都要加强对自有基金的管理和监督，坚决制止滥发各种补贴和实物；整顿各类公司的工资和奖金发放办法；严格按国家和市政府规定，加强奖金税和工资调节税的征收。

3. 要尽快建立和完善个人收入申报制度，加强对个人收入调节税的征收工作，以逐步缓解社会分配不公的矛盾。

4．重点压缩计划外用工和近几年来进京的基建包工队、农民临时工，从紧控制从社会招工补充自然减员。

5．采取多种措施，逐步调整消费结构，合理引导购买力分流。鼓励居民储蓄，逐步推行城镇住房制度改革，有计划地出售新旧住房，吸收和推迟一部分购买力，以利于稳定市场和把消费基金转化为积累基金。

（三）坚决控制物价上涨，确保今年物价上涨幅度明显低于去年。

实现今年物价上涨幅度明显低于去年的目标，难度相当大，但市政府决心努力作到，决不动摇。除了宏观上压缩需求、增加有效供给外，还必须整顿市场秩序，严肃物价纪律，加强市场物价管理。

1．适当集中提价审批权限，实行物价控制目标责任制。物价审批权限今年不再下放。各级政府和业务主管部门必须切实按照物价管理权限办事，严格控制出台涨价项目，不得越权擅自定价、调价和变相涨价。

2．彩电、化肥、农药、农膜等国家规定专营的商品，除指定的经营部门外，任何单位不得插手经营。要减少流通环节，取缔中间盘剥，查处各种违法经营。

3．实行国家定价和国家指导价的商品价格和收费标准，必须公布于众，严格执行，实行全社会监督。

4．放开价格的品种范围不再扩大，对已经放开的商品价格和收费标准，要加强指导、管理和监督。对与人民生活关系密切的9类、36种重要商品实行提价申报制度；对21类、192种商品实行提价备案制度；对电冰箱、100升以下冰柜、洗衣机、录相机、照相机、黑白电视机、自行车等继续实行限制不合理的商品流向、限制过多的流通环节和规定差价率的办法。

5．零售商品价格和劳务收费，一律实行明码标价，重要商品必须公布进价和批零差率。加强对重要生产资料的管理，计划外部分的销售价格不得超过国家规定的最高限价。

6．继续广泛深入地开展物价大检查。对乱涨价、变相涨价和哄抬物价的行为，要通过多种方式，发动群众监督、举报。对违反物价法纪的单位和个人都要严肃处理，直至依法追究法律责任。

（四）大力加强农业，安排好粮食、蔬菜和其它主要副食品生产，夺取农业的全面丰收。

认真贯彻中共中央、国务院关于夺取1989年农业丰收的决定，大力加强农业，保证今年农业生产特别是粮食和副食品生产有新的增长，是增加有效供给的基础。要贯彻执行“完善规模经营，加快农业发展，增加有效供给，坚持服务首都”和“抓调整、上水平、求效益”的方针，努力提高专业化、商品化、现代化水平，推动农业生产持续稳定发展。

粮食生产要作为农村工作的首要任务抓好。计划草案安排产量225万吨，争取达到235万吨。要稳定面积，主攻单产，增加总产。粮食耕地面积要确保种足455万亩，严格控制减少耕地，平原产粮区不得再占用耕地发展果园和鱼池。

大力发展副食品生产，鲜活副食品要坚持主要依靠本市郊区生产，在商品量、品种和质量上有一个新的提高。计划草案安排，调市商品菜种植面积35.5万亩，调市量130万吨；牛奶产量19万吨；商品蛋18万吨；商品猪力争达到200万头；肉鸡1500万只；淡水鱼捕捞量4万吨。蔬菜生产要继续坚定不移地执行“立足本市，稳定提高近郊，大力发展远郊，充分利用外埠优势”的方针。近郊菜田面积要力求保持17万亩左右，远郊菜田面积扩大到17万亩，同时利用下茬适时播种3万亩大白菜（折1.5万亩菜田）。要认真落实扶持牛奶、家禽、生猪等副食品生产的各项政策，在多方面、多渠道扩大饲料来源的基础上，优先安排牛奶、鲜蛋和规模猪场的饲料供应，同时适当安排其它畜禽的生产。

乡镇企业要根据信贷紧缩的形势，充分利用治理经济环境的机遇，调整产业结构，加强企业管理，狠抓技术进步，努力提高经济效益，使企业在竞争中具有更强的生命力。计划草案安排，乡镇工业产值增长20%左右，要求增长速度比去年降低一半以上。乡镇工业在发展中，要力求布局合理，结合村镇规划和工业小区规划相对集中设厂；要发挥城乡结合的优势，通过紧密联营方式发展同本市重点产业相配套的项目；要积极组织资金和技术力量，重点扶持、发展经济效益好并能增加有效供给的拳头产品和骨干企业。对一部分原材料无保证、耗能高、效益差、污染环境严重的企业和产品，要下决心关闭和停止生产。

为了推动郊区农业持续发展，必须采取切实有力的措施：

1．种养业要按照区别情况、分类指导的原则，进一步搞好联产承包，巩固和完善适度规模经营，努力提高机械化水平，提高土地利用率、劳动生产率和商品率。

2．多渠道增加对农业的投入。今年本市投入农业的总资金将比去年有较大幅度的增加。在全市坚决压缩投资规模的情况下，安排用于农业（包括农产品加工）的基本建设总投资近7000万元，比去年年初计划增长22%。市财政用于农业的支出比上年增长

14.6%。农业银行和信用社用于农业和乡镇企业的贷款，计划新增7亿多元。各郊区县、乡也要增加农业投入，坚定执行“以工补农”、“以工建农”政策。还要引导农村集体经济和农民的资金更多地投入农业建设。计划草案安排，基本建成北郊乳品厂，继续建设郊区县种猪场，抓紧怀柔水库加固和通县、顺义化肥厂改造工程等项建设。

3. 努力保证化肥、农膜、农药等农业生产资料的供应。

4. 进一步发挥科学技术在农业发展中的作用。认真组织好“星火计划”和“丰收计划”的实施。积极推广投入少、效益好的农业科技成果，推进农业开发。

5. 继续坚持扶持山区贫困乡建设的各项政策，管好用好来自各条渠道的扶贫资金，加快建设和脱贫步伐。今年37个贫困乡农村经济总收入将达到3.8亿元，各乡人均劳动所得都将超过550元，全部达到和超过原定的脱贫标准。

6. 各行各业都要继续大力支援农业，争取又一个农业丰收年。

（五）大力调整工业生产结构，增加有效供给，提高经济效益。

调整产品结构，增加有效供给，深入开展增产节约、增收节支运动，提高经济效益，是今年本市工业部门的重要任务。

计划草案安排，127种主要工业产品产量计划中，比去年增长的有80种。如：发电量118亿度，汽车9.12万辆，小型拖拉机1.6万台，联合收割机420台，微型电子计算机1.15万部，电视机105万部，家用电冰箱29万台，啤酒24万吨，肥皂（含香皂）3.58万吨等，都比去年实际有不同程度的增长。同时根据市场需求和原材料能源供应情况，压低了一些产品的计划产量，如直流电机、液化气钢瓶、量具、电石、染料、水表等。

1. 要按照产业政策的要求，大力调整产品结构，尽力增加有效供给。今年要积极增加适销对路产品和短线原材料的生产。根据国务院《关于当前产业政策要点的决定》和发展适合首都特点的工业的要求，市计委正会同经委等部门对全市工业企业和产品进行分类排队，研究制定调整产业结构和产品结构的实施办法。要采取倾斜政策，对属于增加有效供给的产品，尽力在能源、外汇、物资、信贷资金等方面给以重点支持。对国家严格限制生产和限令停止生产的产品以及产品质量、性能差，大量消耗能源与短线原材料的企业，要采取控制贷款和财政补贴以及其它各种有效经济手段，促使其少产、停产或转产。

2. 采取有力措施保证国营大中型企业和国家指令性计划产品的正常生产。国营大中型企业是工业生产的骨干和支柱，关系国计民生的指令性计划产品基本上靠这些企业生产，对稳定和发展经济有着举足轻重的作用。保住大中型企业的正常生产，从根本上说，就是保有效供给，保市场，保财政收入。市有关部门要优先安排大中型企业的资金、能源、原材料和运输的需要。

3. 工业增长要切实建立在提高经济效益的基础上。要求：(1) 全市万元产值综合能耗至少降低3%，重点企业的主要物资消耗都要比去年有所降低；(2)独立核算工业企业每百元销售收入提供利税达到23元，比去年提高1%；(3)独立核算工业企业每百元资金提供利税达到30元，比去年提高3%以上；(4) 压缩企业原材料和产成品库存，流动资金周转天数比去年减少2天以上；(5)全民所有制工业企业的全员劳动生产率比去年提高10%。企业主管部门都要提出和制定考核企业的具体标准与要求，促使企业加强管理，把经济效益提高到一个新的水平。

4. 要突出抓好工业基本建设重点项目和一批经济效益好、见效快、符合国家产业政策的重点技术改造项目的竣工、投产工作，尽快发挥投资效益。计划草案安排，建成年产10万吨的华都啤酒厂、年产181万支的彩色显像管厂一期工程、年产5万吨的燕化聚苯乙烯工程、北京汽车摩托车厂1吨卡车改造工程、东方化工厂丙烯酸酯类车间等，进一步增强工业的发展后劲。

5. 加强电力建设，这是调整产业结构，缓解本市电力不足的重要措施。在能源部的大力支持下，实行近期措施和远期建设相结合的办法，力争本市电力供应逐步增加。大同第二电厂的电力将全部供北京使用；向国家申请购买一定数量的议价油，用于增加发电量；加速石景山电厂扩建工程进度，确保今年上半年投产1台20万千瓦机组，明年再投产1台；争取开工建设十三陵抽水蓄能电站和扩建第三热电厂；抓紧高碑店热电厂的前期准备工作；还将向国家在建的电厂参股投资，分电分产权。与此同时，还要继续大力开展节电工作，严格限制高耗电产品的产量，控制高级宾馆的不合理用电，改进分区拉闸限电办法，尽可能分散和减少拉闸限电对工作、学习和生活的影响。

要加强矿产资源的开采利用，逐步建立依法治矿新秩序。继续抓紧国有矿山企业的补发采矿登记证工作，全部完成乡镇企业和个人采矿的定点划界、颁发采矿许可证工作。搞好矿山的安全管理。还要进一步加强地质勘探工作。

(六)积极组织商品供应，努力保持首都市场繁荣稳定，进一步安排好人民生活。

今年是国庆40周年，安排好首都市场，并且尽可能搞得丰富一点，保持市场繁荣稳定，是今年经济工作的一项重要任务，必须高度重视。

计划草案安排，全市社会商品零售总额达到280亿元，比去年增长20%左右。今年市场安排中的突出问题仍然是部分商品供应偏紧，货源的总量和结构同消费需求都有较大矛盾。今年要突出抓好粮食、副食品和人民生活必需的日用工业品的生产、调入与供应，努力增加回笼货币比较多的紧俏商品。城乡居民最基本的日常生活必需品，包括食盐、火柴、卫生纸、肥皂、洗衣粉等，必须采取有效措施保证不断档、不脱销。

安排好首都市场，除本市生产部门努力增产外，商业部门要采取有力措施，大力组织货源，并做好调运、储存工作。继续执行并完善猪料、蛋料挂钩和蔬菜收购同供应平价粮、油、煤与农用生产资料相挂钩的办法，组织好本市粮食和肉、蛋、菜等副食品的收购工作。同时大力组织外埠调入，保持合理库存。对火柴、肥皂、烟筒、学生本册、搪铝制品、针棉织品等26种人民生活必需的日用工业品和彩电等市场敏感、骨干商品，要采取必要的经济手段和行政手段，继续实行和完善原材料供应、进口用汇、财政补贴同商业收购挂钩的办法，确保商业收购计划的完成。要妥善处理内外贸关系，适当减少短缺商品出口，增加首都市场供应。要加强市场重要商品的计划管理和指导，突出主渠道作用，逐步建立市级重要商品储备基金和市场调节基金等，加强市场宏观调控和监督管理。

继续抓好商业网点建设，进一步改善服务与供应条件。要继续抓好新建住宅区的配套商业网点，特别是与群众生活密切相关的粮油、蔬菜、副食店等的建设，并配合有关部门逐步解决居民迁入新居后在当地买不上粮食和副食品的问题。要继续有计划、有领导地发展集体、个体小型商业网点，今年计划净增各类商业服务业网点8000个。对已列入计划的大中型骨干项目的建设要继续抓紧，复外综合商业楼年内要竣工开业。对中央和市批准正在改造和新建的一些重要粮油、副食品加工和粮库、冷库等厂房、仓储设施，要抓紧建设，逐步缓解这些设施的严重不足。

进一步安排好人民生活。在发展生产、提高经济效益的基础上，职工工资总额将继续有所增加，人民生活继续有所改善。国务院已决定，今年将提高行政事业单位职工的工资，增发行政事业单位和国营企业离退休人员的生活费补贴。国务院还决定进一步改进和完善企业工资总额同经济效益挂钩的办法，主要是通过提高经济效益来增加职工工资。在继续克服平均主义、“大锅饭”的同时，逐步解决分配不合理的问题。要加快建立社会保障系统，认真改进和完善国营企业职工退休费统筹办法，积极研究制定医疗保险和失业救济的改革方案，维护职工的切身利益。

(七)在治理整顿中坚持发展外向型经济，进一步扩大对外开放。

外贸出口，既要有利于首都市场的稳定，又要防止发生出口“滑坡”和丢失某些长期经营的国际市场。计划草案安排，在合理调整出口产品结构的基础上，全市出口创汇，争取超过10.5亿美元(国家下达计划为9.11亿美元)；本市商品收购额要力争达到32亿元，比去年增长19%。要力争机电产品出口额比去年增长30%以上，在出口产品总额中所占比例提高到25%以上。同时，积极出口劳动密集型产品，努力提高高附加值产品的比例，如手工艺品、高档次轻纺产品和高级服装等。要进一步深化外贸体制改革，完善双轨承包制。由有关部门组织生产企业和外贸企业衔接好200种重点产品的交货与收购，按计划实行双向考核。要加强宏观管理，整顿外贸经营中的混乱现象，让那些符合国家规定和胜任经营业务的外贸、工贸公司放手经营。

积极发展旅游事业，增加旅游外汇收入。计划草案安排，入境旅游者128万人次，旅游创汇7.2亿美元，分别比去年增长6.3%和7.5%。要搞好“北京国际旅游宣传年”活动，扩大对外宣传，以吸引更多的旅游者。今年计划竣工的宾馆、饭店要按期建成，以进一步扩大接待能力。要努力抓好旅游产品的开发、生产和销售。

要抓住当前有利的国际机遇，把利用外资工作继续推向前进。计划草案安排，今年各种形式利用外资的总规模5.6亿美元，新签订100个以上合同项目。在具体项目的安排上，要选择符合国家产业政策和我市行业发展规划，以及技术水平高、经济效益好、有利于扩大出口和国民经济发展后劲的项目，避免盲目建设和重复建设。要特别注意外汇平衡，并从配套资金、建设条件和生产条件等方面予以保证。多办利用现有企业嫁接国外先进技术、管理经验和国际销售渠道的合资企业，欢迎外商兴办独资企业。要信守合同，保护我市不断完善的投资环境，维护我国对外开放的信誉。今年计划安排建设的主要项目有首钢煤制气工程、程控电话交换机工程、轻型汽车工程、水源九厂二期工程(采购设备)等。还要选择一大批项目，做好前期准备工作。

(八)大力加强基础设施建设，保证亚运会工程按期交付使用。

城市基础设施建设仍然是计划安排的重点，继续放在城市建设的首位。计划草案安排，市财力用于基本建设的投资7.4亿元。为缓解供水紧张状况，建成水源九厂一期工程第三系列；建成长辛店水厂，新增日供水能力4.3万吨，并进一步改善水质。抓紧道路交通设施建设，全部完成“东厢”道路及立交桥工程，东南三环路工程继续施工，同时抓紧打通“西厢”的前期配套工程；建成为亚运会配套的北四环、北中轴路南段、安外道路；继续建设京津塘高速公路北京段及其联络线，完成京榆公路主体工程，做好京石公路三期工程征地拆迁工作；建设复兴门至西单延长段地铁工程，地铁西单站开工。加强市政设施建设，建成各种市政管道干线236公里；建设高碑店污水处理厂一期工程（日处理25万吨）和密云污水处理厂以及怀柔污水处理厂外部污水干管。继续发展城市公用事业，完成第一热电厂尖峰锅炉工程；建成北郊天然气罐站和焦化厂5号焦炉及其配套工程，发展居民天然气用户5万户，发展煤气用户3.5万户。凡是新接用天然气和焦炉煤气的用户，必须交回液化气钢瓶，否则不予供气。进一步发展邮政电信事业，扩建301、401程控电话局，新增市内电话装机容量4万门，发展市内电话用户3万户，公用电话500部，进一步发展和完善市区与郊区双向直拨电话网。

确保亚运会工程基本建成。计划建成北郊体育馆、游泳馆、金海湖水上运动场等12个比赛场馆和3个练习馆，完成运动员村、北郊供热厂、首都国际机场扩建、北京食品配送中心等17项配套工程。今年是亚运会工程取得决定性胜利的一年，在任务重、工期短、资金紧的情况下，各方面要通力合作，艰苦奋战，加快工程进度，保质保量地按期完成。

市法院与检察院审判用房、市消防中心等项目也做为今年建设安排的重点，要抓紧前期工作，具备条件后即动工兴建。

地方职工住宅，计划竣工233万平方米。其中：中小学教师住房11.4万平方米，落实私房政策用房9.5万平方米，环卫职工住房3万平方米，军队离退休干部住房9.1万平方米，政法公安职工住房7.4万平方米，基层商业职工住房6万平方米。

（九）继续搞好城市绿化、美化和环境保护。

今年，城市计划植树120万株，铺栽草坪100万平方米，栽植宿根花卉40万株和攀缘植物5万株，市区外缘绿化27公里，建片林9处，共扩大绿地面积521公顷。搞好亚运会场馆周围、风沙危害区、水源保护区和风景区的重点绿化工程。

进一步加强环境保护工作，继续扎扎实实地为群众办好十件实事。主要是：综合整治北京体育馆等亚运会场馆周围和100条道路两旁环境；新建交道口、北新桥等4个低噪声小区；城近郊八个区建成烟尘控制区的街道由40%扩大到70%；新增集中、联片供热面积300万平方米以上；保护饮用水源，对密云、怀柔水库实行汛期封坝，停止发展库内网箱养鱼，综合整治水源三厂、八厂及水源井核心区；完成红领巾湖清淤工程；保护好周口店猿人遗址；限期治理、搬迁50个重点工厂、车间污染源等。市政府决定，今年各区、县和有关局、总公司也要在环境保护方面各为群众办十件实事。

进一步搞好市容与环境卫生。重点治理城近郊区主要街道和重点地区的街容街貌，综合治理9个城乡结合部，改变脏乱状况。改善环卫设施，年内建设110座密闭式集装箱垃圾站，新增一批清扫、清运车辆，新建、翻建一批公共厕所等。城区夜间清扫街道的范围达到40%，夜间清运垃圾量达到1/3。

（十）大力推进教育、科技事业发展，进一步发展文化、卫生、体育事业。

陈希同市长在政府工作报告中，对发展教育、科技事业作了详细阐述，提出了一系列重要措施。要按照这些要求和当前的实际情况，认真安排好今年的发展计划。

进一步办好基础教育。计划草案安排，小学招生18.8万人，初中招生13.9万人，都比去年增加。今年，城近郊区小学生将净增5万多人。各有关部门要通力合作，抓紧小学校舍改扩建工作，同时要挖掘学校内部潜力，继续确保不出现“二部制”。

普通高中的招生规模，要稳定在年招生3.5万人左右，重点放在提高教育质量上。中等职业技术教育，要以培养适用对路的合格人才为目标，调整专业结构，突破部门的局限，面向社会，提倡委托培养和联合办学，挖掘潜力，扩大招生容量。计划草案安排，市属中等专业学校招生1.4万人，职业高中招生1.5－1.8万人，市属技工学校招生1万人，力争多招一些，努力提高初中毕业生的升学率。

市属普通高校招生计划，要按照稳定招生人数，调整布局和专业设置，提高教学质量，适应首都经济和社会发展需要的原则来安排。招生规模严格控制在国家下达的1.1万人以内。同时，适当减少研究生招生人数。要加强计划管理，学校不得在国家计划之外擅自招生。

要进一步重视和抓好成人教育，力争1989年成人教育在总体质量和效益上有较大的提高。计划草案安排，成人高校招生1.9万人，成人中专招生1万人。

继续改善教学条件，今年在压缩投资规模的情况下，计划草案安排，用于教育部门的投资7700多万元，比去年年初计划增长23%。同时继续提倡和鼓励社会集资办学。主要建设项目有：小学校舍改扩建80所、30万平方米，力争当年竣工40所、14万平方米，净增教室550座，将是历史上竣工最多的一年；西藏中学、127中、166中教学楼、12中综合楼年内竣工并交付使用；北京建材轻工业学院和职业技术师范学院教学楼年内竣工，开工建设旅游学院和财贸学院，建成一批教工住宅等。

大力推进科技事业。要继续贯彻为首都经济建设、城市建设和城市管理服务的方针，通过多种形式推进科研单位和生产企业结合，发展科研生产联合体，鼓励科研单位进入大中型企业或企业集团和创办科技企业。进一步开拓技术市场。抓好新技术产业开发试验区的规划和建设，建立和发展一批新技术企业，逐步实施"火炬计划"。要继续抓好"城市建设与城市管理科技计划"和"工业技术振兴计划"的实施，争取提前一年完成"七五"北京市"星火计划纲要"规定的任务。要继续加强各项科研计划的综合协调工作，在进一步抓好我市承担的国家重点工业性试验项目的同时，逐步组织实施工业试验基金计划，广泛筹集资金，努力增加科技投入。

努力发展医疗卫生事业。要继续贯彻预防为主的方针，研究探索公费医疗体制的改革，采取多层次、多形式的办医方式，缓解群众看病难、住院难。要加强对各种传染病，特别是外部流入传染病和地方病的防治工作，主要传染病发病率控制在1%以下。逐步建立和完善初级卫生保健网。今年医疗卫生设施建设，重点安排竣工项目，建成一批医院，计划增加病床1500张左右。

努力发展文化、体育事业。要为国庆40周年和第二届中国艺术节创作一批高水平、高质量的优秀剧目。要大力开展丰富多彩的群众文化活动，加强文化市场管理，繁荣首都文化生活，今年计划建成区县科技馆、图书馆、档案馆9个。要加强出版业的行业管理，提高出版质量，搞好图书发行；加强广播电视的建设和播放工作，继续抓紧北京广播电台、电视台的建设，进一步做好文物保护工作。继续改进和完善体育训练体制，逐步实现体育体系与教育体系的结合，培养全面发展的体育人才。要重视中小学体育工作，广泛开展群众性体育活动，增强人民体制。

严格控制人口增长。关于控制与疏导首都人口，陈希同市长在政府工作报告中明确提出了5项措施，各级政府要认真贯彻执行。"实行计划生育、控制人口数量、提高人口素质"是我国的一项基本国策。要严格执行现行的计划生育政策，提倡一对夫妇只生一个孩子，特别是农村，要认真落实节育措施，加强三级计划生育工作网，完善目标管理责任制，把人口自然增长率控制在10‰以下。同时采取经济的、行政的、立法的措施，严格控制人口的迁移增长。计划生育、公安、劳动和其它有关部门要密切配合，共同做好控制城市人口的工作。

三、全面深化改革，加强宏观调控，搞好综合平衡，努力实现1989年计划

安排好今年的计划，对于贯彻治理经济环境、整顿经济秩序、全面深化改革的方针，保证实现第七个五年计划极为重要。为了全面实现今年国民经济和社会发展计划任务，要努力做到：既要消除经济过热现象，又要保持经济适度增长；既要大力压缩社会总需求，又要努力增加和改善有效供给；既要坚决压缩投资规模，又要调整投资结构；既要严格控制消费基金过快增长，又要努力使大多数人民生活有所改善；既要坚持开放搞活，又要加强宏观调控，任务十分艰巨。全市人民，首先是各级领导干部，要统一思想，统一步调，顾全大局，遵守纪律，同心协力，艰苦奋斗，争取全面完成各项计划任务。

把治理经济环境、整顿经济秩序同全面深化改革紧密结合起来，是实现1989年计划最重要的保证。关于今年深化改革的任务，陈希同市长已在政府工作报告中做了全面的说明。这里，着重就搞好综合平衡，加强宏观调控讲几点意见。

(一）实行紧缩的财政政策，努力增加收入，严格控制支出。对此，王宝森局长在财政报告中将做详细说明。

(二）严格控制信贷规模，合理调整信贷结构，把生产、流通和建设所必需的资金安排好。今年国家下达北京市金融机构的年度贷款增加最高限额为44亿元，比去年有较大压缩。由于国家收紧信贷，大幅度压缩固定资产投资贷款，流动资金贷款也要严格控制，将给一些企业特别是乡镇企业的生产活动带来较大困难。缓和资金供求的矛盾，根本出路在于压缩过大的社会需求。要认真贯彻"控制总量，调整结构，保证重点，压缩一般，适时调节"的货币、信贷方针，把生产、流通

和建设所必需的资金安排好。流动资金贷款，要贯彻区别对待、择优限劣的原则，重点扶持增加市场有效供给的工农业产品、出口创汇商品和短缺原材料的生产。乡镇企业所需信贷资金，主要通过收旧贷新、加速周转和提高资金使用效益来解决。对粮棉油和重要副食品的生产和收购，银行和农村信用社都要采取积极扶持的政策。固定资产投资贷款，要根据国家产业政策的要求和下达的贷款指标，按照计划内项目的经济效益择优发放。银行要努力组织存款，大力开展储蓄业务，继续发展保险事业，扩大信贷资金来源，挖掘自身和企业的资金潜力，搞活资金，加速资金周转。要继续整顿各种非银行金融机构，加强对各种“合作基金”和企业集资的控制和管理，任何单位未经批准不得擅自发行债券、股票等。坚决打击高利贷的违法活动。企业要严格遵守现金管理规定，将超过库存限额的现金及时送存银行，并抓紧清理拖欠的货款。

(三)努力搞好物资的平衡与分配。今年的物资供应形势，由于大幅度压缩固定资产投资规模和适当降低工业生产发展速度，从总体看，将要好于去年。但是，部分重要短缺原材料如冷轧薄板、有色金属、煤炭、木材等的供需矛盾仍将十分突出。为保农业丰收和市场稳定，对农业、农机、轻工市场等，要尽可能安排得好一些；对指令性生产和重点建设计划任务，实行从严审核，按需安排；对其它一般需要，根据资源情况择优安排。物资部门和企业要积极通过各种渠道，努力组织地方资源和自筹原材料。要千方百计筹措资金，通过经济协作，继续有选择有重点地建设原材料生产、供应基地。同时要加强物资的综合利用和节约代用。对确定停缓建的项目，经过批准，建到合理部位后，要停止供应建筑用物资，限期清理库存材料，并收回调剂使用。要加强物资管理，清理和整顿生产资料市场，非专营单位不得经营国家规定的专营物资。

(四)严格控制进口，积极组织调剂外汇，努力实现外汇平衡。今年进口用汇至少需要7.5亿美元，地方留成外汇收支有相当大的缺口。除了要求主管部门积极组织调剂外汇以外，市政府将采取措施集中一定数量的留成外汇，用于进口关系国计民生的重要商品和维持工农业生产的短缺原材料，如粮食、食糖、化肥、农药、钢材、木材、鱼粉、塑料等。市计委要根据调整产业结构和产品结构的要求，继续制订调剂外汇导向计划，并严格监督执行。一般工业原材料的进口要通盘考虑，重点安排，凡是可以使用或基本可用国产原材料代替的，原则上不准进口，坚决压缩一般设备的进口。对非创汇单位的用汇要适当减少，出国人员用汇也要进一步压缩，严格控制。要加强外债、外汇的统一管理。

(五)妥善安排好劳动就业。今年新成长的劳动力有10多万人，需要就业的人数是1983年以来较多的一年。同时，企业推行优化劳动组合富余出来的人员，除大部分可由企业自行“消化”外，也还有一小部分人员需要重新安排工作；在治理整顿期间，国家对现有职工人数和补充自然减员都要从紧控制；加上一些求职人员对职业的选择要求过高，这就加大了今年安排就业工作的难度。为了缓解这一矛盾和保持社会的安定，必须坚定不移地继续执行“三结合”的就业方针，采取多种措施加以妥善解决。对国家规定的统一分配人员要继续安排好；对新竣工项目所需增加的职工，应首先在本系统、本企业内调剂解决，不足部分由有关部门协助安排；要结合产业结构的调整，开展多种经营，大力发展集体经济和第三产业，市政府将研究制订一些优惠政策；鼓励待业青年和待业人员自谋职业；增加对不能升学的初、高中毕业生进行就业前的职业培训等。搞好劳动就业工作，是今年我市的一件大事。各部门、各区县和每个企业都必须密切配合，共同努力完成这项重要而艰巨的工作。

推进治理整顿，发展有计划的商品经济，全面完成1989年计划，都要求把加强和改进宏观调控放到突出的地位上来。必须综合运用经济的、行政的、法律的、纪律的和思想政治工作的手段，“五管齐下”进行宏观调控。今年加强宏观调控的具体措施，在报告中已经分别讲到。各部门、各企业、各单位都要增强遵守国家财政制度、金融制度、价格政策、资金投向，以及奖金发放等方面的自我约束能力，自觉服从国家宏观调控。

各位代表：

实现治理经济环境、整顿经济秩序、全面深化改革的目标，努力完成北京市1989年计划的有利条件很多。最重要的是中央指导方针正确，治理、整顿的措施具体有力；十年改革的实践，已积累了许多经验；经过治理整顿，全面调整结构，将为推动国民经济更好地向前发展打好基础；我们的经济实力已比过去大大增强，已经竣工和正在建设着一批具有后劲的生产性项目；国际环境也有利于我们改革和建设的发展。总之，战胜暂时困难的有利条件很多，办法是有的，前景是光明的。只要我们坚定信心，振奋精神，脚踏实地，艰苦努力，就一定能够克服前进中的各种困难，全面完成1989年计划任务，用建设和改革的优异成绩迎接中华人民共和国成立40周年！

关于北京市1988年财政决算和1989年财政预算草案的报告

——1989年4月20日在北京市第九届人民代表大会第二次会议上

北京市财政局局长　王宝森

各位代表：

我受市人民政府的委托，现在向大会提出1988年财政决算和1989年财政预算草案的报告，请予审议。

一、1988年财政决算

1988年，在中共北京市委的正确领导下，全市各族人民认真贯彻执行党的十三大确定的基本路线，坚持四项基本原则，坚持改革开放，坚定不移地落实治理整顿的方针和北京市第九届人民代表大会第一次会议的各项决议，以改革总揽全局，振奋精神，团结奋斗，克服了前进中的各种困难，改革和建设都取得了新的进展。工业生产持续增长，经济效益有所提高；粮食再获丰收，特别是菜、奶、蛋、肉等主要农副产品都有较大幅度的增长；商业市场购销两旺，基本上保证了人民生活必需品的供应；外贸出口又上新台阶；各项事业有了新的发展；治理整顿工作初见成效。在此基础上，财政收支预算完成情况也是好的。

市第九届人民代表大会第一次会议批准的1988年市财政收入预算为660000万元。执行结果，实际完成681093.3万元，为预算的103.2%，按可比口径计算，比上年增长4.1%。分项收入完成情况是：工业企业收入完成145388.2万元，为预算的100.4%；商业企业亏损25331.4万元，比预算增亏3331.4万元；粮食企业亏损77680.5万元，比预算增亏11680.5万元；工商税收完成667410.3万元，为预算的114.1%；农业税和耕地占用税完成5313.3万元，为预算的212.5%；能交基金分成收入完成28050.2万元，为预算的156.4%；其它各项收入盈亏相抵后，为亏损62056.8万元。

市第九届人民代表大会第一次会议批准的1988年市财政支出预算为500140万元。在预算执行过程中，根据建设和各项事业发展的需要，经报请市人民代表大会常务委员会批准，预算调整为554296万元。执行结果，实际支出529340.3万元，为预算的95.5%，比上年实际支出增长6.6%。分项支出完成情况是：基本建设和企业挖潜改造资金支出151750.4万元，为预算的96.8%；科技三项费用支出7875.2万元，为预算的89%；支援农村生产和农林水气等部门事业费支出28796.5万元，为预算的98.5%；城市维护费支出21851万元，为预算的96.6%；文教卫生事业费支出108805.2万元，为预算的99.6%；科学事业费支出5787.8万元，为预算的99.5%；抚恤和社会救济事业费支出11862.6万元，为预算的94.1%；行政管理费支出11614万元，为预算的97.1%；公检法支出18299.4万元，为预算的99%；各项财政价格补贴支出105899.2万元，为预算的88.6%；其它各项支出为56799万元。

1988年财政预算执行结果，收支相抵略有结余。除按财政体制规定上解中央部分外，本市财政结余70799.1万元。其中：属于区县级财政结余有49972.8万元；属于市级财政结余有20826.3万元。在市级财政结余中，按规定应结转下年继续使用的专项结余有20673.3万元，一般结余只有153万元。

从以上执行情况看，财政收入超额完成预算，连续六年保持稳定增长；财政支出控制在预算以内，保证了重点，支持了改革，促进了生产和各项事业的发展，改善了人民生活；并做到了收支平衡，略有结余。总的预算完成情况是好的。一年来，市政府和全市人民，为实现1988年的财政收支预算做了大量工作。

（一）进一步发展和完善以“两保一挂”为主要内容的多种形式承包经营责任制，有力地推动了生产的发展和效益的提高，保证了财政收入的稳定增长。去年，是我市在大中型工商等企业中大面积推行以“两保一挂”为主要内容的多种形式承包经营责任制的第二年。实践证明，这项改革给企业注入了生机和活力。把企业的所有权和经营权适当分离。扩大企业经营自主权，使企业有了适应市场需要，调整生产结构的新机制。通过合同形式，比较好地把国家利益、企业利益和职工利益有机地结合起来，使企业内有动力、外有压力，在保证多为国家做贡献的同时，企业和职工也可以得到更多的物质利益，激发广大干部职工增产节约、增收节支的积极性，有力地推动了生产发展和经济效益的提高。一年来效果十分明显，以地方预算内国营工业企业为例，去年尽管遇到了资金、能源不足和原材料涨价等困难，和上年相比，产值增长12%，上交财政税利增长9.8%，对全市财政收入超额完成预算，保持稳定增长起了重要作用。不仅保证了国家多收，企业留利也相应增加较多，1988年企业留利达到16.4亿元，比上年增长23.1%。随着经济效益的增长，企业职工收入也有明显提高，年人均收入达2091元，比上年增长23.9%。因此，以"两保一挂"为主要内容的多种形式的承包经营责任制，是适合目前生产力发展和管理水平的，得到了企业和广大职工的拥护，具有强大的生命力。

去年市政府在坚持、完善企业承包经营责任制，以优化劳动组合为突破口，深化企业内部配套改革方面取得了新的进展。首先，维护承包合同严肃性，对承包基数在总体上坚持不退不让的原则。1988年上半年，有些企业由于原材料涨价，能源紧张等原因，没有按进度完成承包的上交财政收入任务。面对这种情况，一些企业要求调整承包基数。市政府及时召开了全市工业会议，明确提出，承包基数不退不让，并要求企业振奋精神，眼睛向内，克服困难，挖掘潜力，渡过难关，为国家多做贡献。经过工业战线全体职工的共同努力，积极开展"双增双节"运动，调整产品结构，增产适销对路产品，开发新技术，提高产品质量，节约原材料，降低成本，自行消化了各种减利因素15.1亿元。到年底，不仅完成了承包上交指标，还超额完成2.8亿元。二是，认真兑现承包合同，坚持负盈也要负亏的原则。全市实行承包经营责任制的493户地方预算内国营工业企业，1988年有471户克服各种困难，千方百计消化不利因素，比承包指标超额3亿多元，企业应得超收分成1.6亿元，市政府已全部兑现。有22户企业没有完成承包上交指标，欠交3230万元。市政府决定：13户企业用自有资金或借款补交，4户企业暂时挂帐，在合同期内补交，5户企业重新进行招标或被其他企业兼并，真正体现了负盈也要负亏的原则，保证了承包经营责任制的贯彻执行。三是，深化企业内部改革，大力推行"厂内银行"办法，加强企业经济核算，改善企业管理。全市已有400户企业建立了"厂内银行"，促进了企业内部承包经营责任制在车间、班组的落实和完善，改善了资金管理，加强了对生产经营活动的监督和控制，对提高经济效益起了积极作用。四是，以优化劳动组合为突破口，引进了竞争机制，使企业职工增强了风险意识，变压力为动力，不仅促进了承包经营责任制在企业内部层层落实，也为深化企业内部的配套改革创出了一条新路。到去年底，全市地方预算内国营工业已在50%的企业和61.8%的职工中初步实行了优化劳动组合，在人员减少的情况下，企业全员劳动生产率比上年有了较大提高。通过以上工作，对坚持、完善和发展承包经营责任制，起了重要作用。也是财政收入超额完成的根本保证。

（二）继续完善区、县、乡、街财政包干体制，进一步扩大事业单位财务包干范围，调动了增收节支的积极性。1988年18个区县的财政收入完成254827万元，比上年增长32.4%，财政收入增长大大高于全市水平。由于财政收入的增加和财力的不断扩大，为区县政府支持教育，增加农业投入，发展城乡经济和改善人民生活等方面创造了条件。海淀区政府，投资500万元，集资1000万元，新建和改造了34座中学实验楼，25座教学楼；为保证小学不出现"二部制"，区政府投资160万元，新建小学5所，增班255个，全区增加招生19968人。顺义县政府，投资500万元，建成牛栏山农业用水地下管线3600米，潮白河拦截坝3道，排水桥涵17座，节制闸15座，灌水桥3座，完成19个乡的机井测试，改善灌溉面积200公顷，节水20400立方米，节电12690度，增加了农业投入，支持了农业适度规模经营的发展。丰台区政府，投资建成区文化活动中心。石景山区政府，投资建成设备较先进，有480张病床的区属医院，方便了人民生活，受到了群众的欢迎。

为了进一步调动乡政府和城市街道增收节支的积极性，市委、市政府决定，在各区、县财政包干基础上，继续下放财权，对乡和街道普遍实行了一定几年不变的财政包干办法。经过各区、县政府和有关部门的共同努力，1988年全市268个乡（镇）和93个街道财政包干已全部落实。一年来，效果也是显著的，乡财政收入，比上年增长25.9%，街道财政收入，比上年增长51%，乡和街道的机动财力达到1.04亿元，增加两倍多，平均每个乡、街的机动财力近30万元。乡、街财力增加后，为教育、卫生、城市维护、人民群众生活以及增加农业投入，发展城乡经济办了许多实事。

在1987年部分市属事业单位实行经费包干试点的基础上，1988年，对全部市属和绝大部分区县属有收入的事业单位实行了"三定一奖，三年不变"的经费包干办法，调动了各单位深化内部改革，大力组织收入，降低消耗，节约支出的积极性，促进了各项事业的发展。市园林局实行包干后，积极增加服务项目，延长营业时间，全年增收节支达3300万元。市计量局利用经费包干扩大的自主权，集中资金进行科研攻关，去年共开课题42个，其中“手握式雷达测速仪检测装置”通过国家级鉴定，达到世界先进水平，“回旋加速器”被评为国家发明二等奖。据统计，实行经费包干的市属事业单位全年共计增收节支12119万元，取得了较好的社会效益和经济效益。

（三）加强税收管理，堵塞漏洞，大力组织收入。各级税务部门认真贯彻国务院加强税收工作，保障国家财政收入的紧急通知精神，与各有关部门密切配合，在强化征收管理，堵塞漏洞，大力组织收入方面做了大量工作。组建了税务稽查大队，加强了重点税源的专业检查；在全市纳税单位设置了专职和兼职办税人员，加强了日常征收管理；对重点企业实行驻厂征收，保证了重点税源的及时足额入库；在主要路口和重点车站建立税务检查站，加强了对进出本市的商品货物和个体无照商贩的纳税检查；在东城区进行了加强个体和集贸市场税收管理的试点；在10个区县建立了群众性的协税护税网络；扩大代征、代扣、代缴税款的征收方式；对海淀新技术产业开发试验区进行个人收入申报试点；对全市发货票使用情况进行了检查清理，并制定了新的管理办法。在坚持做好经常性的税收宣传，完善法制和建立健全征管制度的基础上，认真开展纳税检查，清理整顿减免税，大力组织收入。全年各级税务部门共对6.1万户纳税单位进行了检查，查补各项税款和能交基金4.7亿元。经过全市广大税务干部的共同努力，全年超收8.2亿元，对整顿经济秩序，调节和促进经济发展，保证全市财政收入任务的超额完成做出了重要贡献。

此外，各级财政、审计、工商、物价等部门进一步加强了监督检查。审计部门全年对1868个单位进行了审计，查出各类违纪金额3.8亿元，已补交入库0.8亿元；物价部门开展了全市物价大检查，共查出违法案件1.1万件，罚款0.2亿元；工商部门全年共查处非法获利千元以上的案件641起，罚款0.1亿元。财政部门加强对农业税、农林特产税和耕地占用税的征收管理，完善制度，开展检查，全年共计入库0.5亿元，比上年增长39.8%。

（四）尽最大努力增加教育支出，支持教育事业发展。1988年全市教育事业费支出60423.5万元，比上年增长26.1%。这个增长比例，不仅大大高于财政收入增长4.1%的幅度，也是近几年来教育事业费增长比例最高的一年。此外，其他支出项目中用于教育方面的经费和基建投资等，还有35598.8万元。这样，1988年预算内用于教育方面的支出总计为96022.3万元，占全市财政总支出的比重达到18.1%，比上年提高1.1%，全部教育经费比上年增加11686.9万元，占1988年全市总支出增加额的35.8%。除预算内用于教育方面的支出外，预算外各项附加收入、校办工厂收入和各单位集资用于教育方面的资金共有21145.1万元。如果把预算内和预算外用于教育方面的支出加在一起，总额达到117167.4万元。在财政和各单位资金都很困难的情况下，千方百计增加教育投入，这体现了市委、市政府和全社会对发展教育事业的重视和支持。

1988年全市教育事业费支出，不仅总额增加较多，而且按在校学生计算，每个学生的平均开支数也有较大的提高。中学每生全年开支409.64元，比上年提高26.9%；小学每生全年开支217.71元，比上年提高27.5%；大专每生全年开支3475.08元，比上年提高25.4%。

1988年教育事业费增加的支出，主要用于：增加中小学教师工资，提高教学行政费标准，增加教学设备，改善贫困乡和边远山区的办学条件以及解决小学“二部制”增加的开支等方面。另外市、区、县财政还发放周转金3100万元，支持了校办工厂创收。

为促进教育事业发展，市政府除尽力增加教育投资外，还重点进行了教育体制改革的试点。为改变过去那种平均主义、“大锅饭”的管理体制，1988年全市部分学校进行了校长负责制、教职工聘任制、结构工资制和工资总额包干等一系列转变学校内部机制的改革试点。试点学校实行动态组合，压缩超编人员，增加授课课时，初步建立了多劳多得、优劳优得的新型工资结构，调动了教师的积极性。试点学校教师人均每周授课，从8课时提高到11课时，增加3课时，教师人均收入也有所提高，特别是骨干教师的收入有了明显提高。为全市进一步深化教育体制改革创造了经验。

（五）增加农业投入，支持农村经济全面发展。1988年用于支援农村生产和农林水气等部门事业费支出为28796.5万元，比上年增长50.6%，占当年全市财政支出的5.4%。增加的支出，重点用于加强首都农副产品基地建设，支持农村适度规模经营，推进农村经济的专业化、商品化和现代化生产，丰富了城市居民的“菜篮子”。全年新建商品粮基地12.1万公顷，增产粮食4550万公斤；新建果品基地0.9万公顷；新建现代化蔬菜基地0.2万公顷，全年提供上市商品菜1.8亿公斤；发展网箱养鱼6.1公顷，建活鱼库33.3公顷，改造鱼池 608.9 公顷，全年新增上市商品鱼 750 万公斤；大力支持养猪生产，增加拨款 9096 万元，建成百头种猪场 1137 个，全年提供商品猪 6.9 万头。为扶持乡镇企业和发展外向型经济，市财政安排周转金 9400 万元，制定了促进乡镇企业发展外向型经济的优惠政策，改善了外商投资环境。1988 年乡镇企业总收入达到 118.8 亿元，比上年增长 50.6%，实现利税 19.9 亿元，增长 40.2%。另外，市、区、县财政还筹集资金 2700 万元，继续扶持 37 个贫困乡发展生产，改变落后面貌。到 1988 年底，37 个贫困乡农村经济总收入达到 3.6 亿元，纯收入 1.8 亿元，分别比上年增长 44%和 32.9%，有 34 个乡按规定标准已经初步脱贫。

（六）支持城市基础设施建设，进一步改善人民生活环境。1988 年，市政府认真贯彻国务院关于严格控制固定资产投资规模的精神，压缩预算内基本建设支出预算，从严审批自筹基建资金，严格清理整顿楼堂馆所和其他在建项目，全年基本建设和企业挖潜改造资金支出完成 151750.4 万元，比上年减少 12861.2 万元，下降 7.8%。在压缩固定资产投资规模的同时，调整了投资结构，用于城市基础设施方面的支出比重有了提高。完成水源九厂一期第一、二系列工程和第二热电厂尖峰锅炉的建设，新增日供水能力 34 万吨，每小时增加供热能力 210 百万大卡；净增煤气、天然气用户 11.3 万户；拓宽路口路段 14 处，新增道路 64.8 公里，避车岛 12 处；东区和中区交通自控系统投入使用，全市 92 处路口实现自动化控制，一定程度上缓解了交通拥挤的状况，提高了道路通行能力。全市地方住宅竣工面积达 210.2 万平方米。其中建成中、小学教师住宅 7.6 万平方米；军队离退休干部住宅 0.6 万平方米；落实私房政策用房 9 万平方米。这些项目的建成和投入使用，对进一步缓解首都城市基础设施不足，发挥城市功能起到了一定的促进作用。

1988 年城市维护费支出 21851 万元，比上年增长 14%。加上各项城市公用附加 8000 万元，用于城市维护的支出总额为 29851 万元，比上年增长 18.7%，进一步加强了城市基础设施的维护，保证了绿化、美化、净化城市环境工作的顺利开展。全年城近郊区植树 231 万株，铺草坪 123 万平方米，种植宿根花卉 40 万株，整治和绿化胡同 112 条，完成 20 条新建道路和 110 多个楼群小区的绿化、美化；三环路绿化完成 51.5 公顷；大环境绿化植树 40 多万株，绿化面积 380 公顷。建成密闭式集装箱垃圾站 93 座，新建和翻建公厕 120 座等，进一步改善了城市人民的生活环境。

（七）增加补贴，抑制物价，稳定市场。1988 年，为抑制物价上涨，稳定市场，保证人民生活水平不受大的影响，在财力非常紧张的情况下，市政府拿出大量资金增加财政补贴。全年市财政从收入和支出两个方面用于城镇居民的各项补贴达到 325496 万元，比上年增加 73610 万元。按全市 614 万城镇人口计算，平均每人一年补贴 530 元，每人每天平均补贴 1.45 元。其中：城镇居民副食补贴支出 63100 万元，比上年增加 11808 万元；粮油补贴 110084 万元，比上年增加 17563 万元；肉、蛋、菜、奶、糖等补贴 85188 万元，比上年增加 37175 万元，其中：仅居民冬贮大白菜就补贴了 3700 万元；公共电汽车、地铁补贴 22566 万元，比上年增加 8601 万元；生活用煤、液化气补贴 24102 万元，比上年增加 4370 万元。另外，为了保证人民生活必需品的生产，全年对烟筒、炉子、肥皂、火柴、卫生纸、学生本册及用纸等共计补贴了 20456 万元。这些补贴对抑制物价、稳定市场、改善人民生活、维护首都安定团结的政治局面起到了重要作用。

（八）压缩社会集团购买力，开展税收、财务、物价大检查。大力压缩社会集团购买力和深入开展税收、财务、物价大检查是贯彻落实中央治理整顿方针的重要内容。市委、市政府积极采取措施，注意加强领导，使这方面的工作取得明显效果。

按照国务院关于从严控制社会集团购买力的决定精神，去年市政府两次召开全市从严控制社会集团购买力大会，明确压缩目标，实行首长负责制；对控购指标层层分解落实到基层，只能节省，不能突破；严格审批专控商品，采取定点供应的办法；采取经济手段，征收“专控商品附加费”；开展控购大检查和清理整编专控汽车等，使控制社会集团购买力工作收到明显效果。1988 年全市社会集团购买力执行数为 7.22 亿元，按可比口径计算，比上年下降 24.6%，比国务院规定压缩 20%的目标，多压缩了 4.6%，节约开支 2.3 亿元。这对抑制消费基金的过猛增长起到了重要的作用。

为了搞好税收、财务、物价大检查，市政府加强了对这项工作的领导，健全机构，充实人员，提早准备，周密部署，加强宣传报道，组织动员社会力量并邀请民主党派人士，直接参加大检查工作。认真辅导自查，加强重点检查，使这次大检查工作在声势、规模、深度、效果等方面都明显好于往年。全市自查和重点检查共计纠正违纪问题总金额达 3.69 亿元，应补交入库 2.82 亿元，已补交入库 2.24 亿元。对整顿经济领域中的混乱现象，严肃财经纪律，增加收入，平衡财政，起到了一定的作用。

各位代表：1988 年财政预算完成情况，总的看是好的。但也存在一些问题和困难，陈希同市长在政府工作报告中指出的，我市经济生活中出现的各种问题，都对财政有程度不同的影响。比较突出的：一是财政、财务管理偏松，有些单位偷税漏税，花钱大手大脚，收入流失和支出浪费的现象还比较严重；二是部分企业的经济效益不高，产品质量低，成本费用高的情况还比较普遍，企业内部的潜力还没有充分挖掘出来；三是财政补贴增长过猛，财政负担过重，新增加的收入大部分被各项补贴冲销掉了；四是各项财政、财务制度不健全；五是宏观调控缺少有力措施。这些问题在今后的治理整顿工作中，要积极采取措施，加以克服和改进。

二、1989年财政预算草案

1989年财政收支预算草案，是根据党的十三届三中全会确定的“治理经济环境、整顿经济秩序、全面深化改革”的指导方针和收紧财政的政策，按照陈希同市长在政府工作报告中提出的要求和本市国民经济、社会发展计划各项指标安排的。财政收入的安排，在生产适度增长，大力提高经济效益，适当集中资金的前提下，保持继续增长；财政支出的安排，在收紧的原则下，坚持有保有压，区别对待。重点增加的是：教育、科技支出，价格、工资改革支出，农业投入以及计划内教育、农业和城市基础设施建设的投资。重点压缩的是：其他一般基本建设、社会集团消费和行政经费支出。其它各项支出都基本维持上年水平。现在提请大会审议的1989年财政收支预算草案的主要情况是：

1989年财政收入安排708200万元，比上年增长4%。分项安排情况是：工业企业收入安排147000万元，增长1.1%；商业企业收入安排亏损43390万元，增亏18058.6万元；粮食企业收入安排亏损115900万元，增亏38219.5万元；工商税收安排740000万元，增长10.9%；能交基金分成收入安排25000万元；国家预算调节基金安排26000万元；其他各项收入盈亏相抵，安排亏损70510万元。

1989年财政支出安排550200万元，比上年增长3.9%。分项安排情况是：基本建设和企业挖潜改造资金支出安排106380万元，下降29.9%；支援农村生产和农林水气等部门事业费支出安排33000万元，增长14.6%；城市维护费安排25300万元，增长15.8%；文教卫生事业费安排123109万元，增长13.1%；科学事业费安排6367万元，增长10%；行政管理费安排12267万元，按可比口径计算下降3%；城镇居民副食补贴和各项财政价格补贴支出安排136000万元，增长28.4%；其它各项支出安排107777万元。

根据以上安排，除按现行财政体制上交中央财政部分外，本市财政收支平衡。现将主要情况说明如下：

(一)财政收入安排保持了稳定增长，是积极的，经过努力是可以实现的。1989年财政收入预算，是按照我市国民经济计划主要指标，即工业总产值增长8%，社会商品零售总额增长20%，工业亏损企业扭亏25%安排的。这个安排达到了国务院对我市财政收入每年递增4%的要求。收入中考虑了国家采取的一些政策性增收措施，如征集国家预算调节基金，征收印花税、城镇土地使用税，扩大农林特产税征收范围和提高税率，以及提高企业经济效益增加财政收入的因素。同时，也考虑了粮食、商业补贴增加，银行利率提高，企业职工调资等减收因素。1989年财政收入在能源、资金、运输、外汇、原材料紧张，各项亏损补贴增加较多的情况下，仍比上年有一定的增长。完成这个任务是艰巨的、困难的。但我们应当看到，有利条件也很多，随着治理整顿各项措施的贯彻落实，企业改革不断深化，企业结构和产品结构的调整，经济效益的提高，“双增双节”运动的广泛深入开展，增收潜力是很大的。经过积极努力，今年的财政收入任务是可以完成的。

(二)把支持教育和科技事业的发展放到突出地位，继续增加教育、科技支出。优先发展教育，是实现四化、振兴中华的战略要求和基本国策。1989年，根据陈希同市长在政府工作报告中提出的要求，在财政相当困难，紧缩支出的情况下，仍然把教育作为重点，在预算安排中优先考虑，下决心尽最大努力继续增加教育支出。1989年教育事业费安排70937万元，比上年增长17.4%，大大高于全市财政收入的增长幅度。此外，其他支出项目中用于教育方面的经费和基建投资等，安排39213万元。这样，全年预算内用于教育方面的支出总计安排为110150万元，占全市财政预算总支出的比重，由上年的18.1%提高到20%，增加将近两个百分点。除预算内用于教育方面的支出外，预算外各项附加收入、校办工厂收入和各单位集资用于教育方面的资金预计有24369万元。如果把预算内和预算外用于教育方面的支出加在一起，总额预计达到134519万元。增加的教育支出继续重点用于支持学校内部机制的改革，扩大招生，购置电化电教设备，修缮学校危房，全市消灭危险校舍，改善边远山区办学条件，发展职业技术教育等。市、区、县、乡通过多渠道筹措资金5000万元，用于改革中小学结构工资，提高中小学教师的工资待遇，使全市中小学教师的平均收入逐步提高。在财政十分紧张的情况下，这样安排体现了市委、市政府对教育的重视和支持。但由于我市教育基础薄弱，欠帐较多，尽管国家预算内增加的教育经费较多，仍然与教育事业的发展不相适应。还必须动员社会力量通过多种形式筹资办学，鼓励各行各业支持教育，为教育事业办实事，促进教育事业的发展。

科技是振兴经济的决定性因素，必须大力支持科技事业的发展。1989年科学事业费和科技三项费用安排11277万元，比上年增长10%。增加的支出主要用于，继续支持科研院所实行以“三保一挂”为主要内容的科研经费承包责任制，开发新产品和新技术，推广和运用科技成果，购置科研仪器和设备，培养科研人才，改善科技人员生活待遇等。

（三）继续增加财政补贴，确保今年物价上涨幅度明显低于去年，调整职工工资，改善人民生活。1989年从收入和支出两个方面安排的各项财政补贴共计417204万元，比上年增加91708万元，增长28.2%。增加的补贴主要用于：城镇居民副食补贴增加9150万元；提高部分农副产品收购价格和银行利率，增加肉蛋糖等政策性亏损补贴21385万元；国家调整粮油购销政策，粮油收购价格上调和经营量加大，增加粮油亏损补贴53826万元；为促进公交、地铁、城市公用等各项公益事业的发展，继续支持人民生活必需品，如：卫生纸、学生本册及用纸、肥皂、棉花、炉子等的生产，增加补贴7347万元。

为了进一步调动职工的积极性，适当解决由于物价上涨给职工生活带来的困难，国务院决定，在今年适当时候，提高行政事业单位职工的工资，增发行政事业单位和国营企业离退休人员的生活费补贴，并适当解决工资关系中某些突出不合理的问题。所需资金5000万元在预算中已作了安排。另外，继续对国营企业普遍实行工资总额同经济效益挂钩的办法，通过提高经济效益增加职工工资。

（四）增加农业投入，确保粮食和副食品生产有新的增长。1989年支援农村生产和农林水气等部门事业费支出安排33000万元，比上年增长14.6%。根据全国农村工作会议精神，要大力增加农业投入，市财政预算已做了安排：将国家预算调节基金的10%，乡镇企业税收，农林特产税，农村个体工商业户和私营企业税收的增长部分，耕地占用税，粮食经营环节提取农业技术改进资金全部或大部分集中起来，共计1.2亿元，建立市、区县两级农业发展基金。用于发展粮食和菜、奶、肉、蛋、禽、鱼、果等副食品基地的建设，兴修农田水利，加强农机配套和农业科技的推广运用。同时，还增加了支持乡镇企业发展生产，扶持边远贫困乡改变面貌的资金。

（五）继续重点加强城市基础设施建设和城市维护。根据中央精神、国家的产业政策和陈希同市长在政府工作报告中的要求，今年在压缩基建规模的同时，继续调整投资结构，集中资金用于水、电、气、热、道路等城市基础设施的建设。1989年城市维护费支出安排25300万元。比上年增长15.8%。加上各项城市公用附加安排的8000万元，用于城市维护的支出总额为33300万元。增加的支出重点用于道路养护，环境卫生，植树种草，育苗栽花，清扫道路，转运垃圾，增设交通护栏，整修长安街以及三环路整治工程扫尾等。

（六）压缩基建规模，节约行政费开支。1989年基本建设和企业挖潜改造资金支出安排106380万元，比上年下降29.9%。这是根据中央大力压缩固定资产投资规模的要求安排的。除计划内城市基础设施建设，农业、教育等部门的重要项目，已经签定协议的涉外项目和职工住宅等所需资金外，其它部门的投资都作了大幅度削减。

1989年行政管理费支出安排12267万元，按可比口径比上年下降3%。其它项目中的公用经费开支也压缩了10—20%。

各位代表：1989年财政预算，收入安排得很满，支出打的很紧，与各方面的需要有较大差距。由于今年制约财政收入增长的因素较多，控制财政支出的难度较大，这样安排，已是尽了最大的努力。今年财政非常困难，资金供需矛盾十分突出，要完成财政收支任务，需要付出艰苦的努力。

三、认真贯彻治理整顿方针，努力增收节支，为完成1989年财政预算而奋斗

1989年是治理整顿的关键一年，财政任务相当艰巨。陈希同市长在政府工作报告中提出，对财政实行紧缩政策，努力争取财政收支平衡，财政收入计划增长4%，达到70.8亿元，同时，要严格控制财政支出。为此，要动员全市人民认真贯彻党的十三届三中全会和市委六届五次会议精神，治理整顿、深化改革，振奋精神，艰苦奋斗，扎扎实实地做好各方面的工作。

（一）调整经济结构，提高经济效益，增加有效供给，确保财政收入任务的完成。1989年根据治理整顿的要求，为消除经济过热，工业增长速度要适当放慢，对财政收入会有一定的影响。因此，需要转变理财观念，把财政收入的增长由过去主要靠增加投入，提高速度，扩大规模，转到主要靠调整经济结构，增加有效供

给，加强管理，改进技术，降低消耗，提高效益的路子上来。要通过联合、承包、参股、兼并等多种形式，调整产业结构、企业结构、产品结构；实行重点倾斜和扶优限劣的政策，集中力量对适销对路的重点产品、市场小商品和回笼货币多的紧俏商品以及出口创汇产品的生产给予支持，对关系人民生活的日用工业品继续实行财政补贴；对长线、不适销、不符合当前经济发展要求和产业政策的产品，采取措施实行限产、停产，促使一批成本高、消耗大、效益差、产品滞销的企业转产；继续对增产市场紧俏产品，节约紧缺原材料，减少资金占用的企业实行奖励政策。要支持发展外向型经济，促进外贸出口，改善外商投资环境。

所有企业都要深入开展增产节约，增收节支运动，努力增产适销对路的产品，提高产品质量，降低物质消耗，挖掘内部潜力，多创税利，为国家多作贡献，保证财政收入继续“爬坡”。今年要求地方预算内国营工业企业销售利税率提高1%，产值两费率（车间经费和企业管理费）降低10%，主要原材料消耗降低1%，亏损企业扭亏25%，定额流动资金周转加快2天。这些指标要层层落实，严格考核。

（二）全面深化改革，促进生产和各项事业的发展，调动各方面增收节支的积极性。1989年要进一步深化工商企业改革，坚持完善和发展以“两保一挂”为主要内容的承包经营责任制，进一步调动企业和职工的积极性，克服各种困难，“多困兴企”。首先要坚决兑现承包合同，维护承包合同的严肃性，坚持负盈也要负亏的原则。企业完成承包指标的，市政府坚决兑现；完不成承包指标的，企业也必须用自有资金补齐或借用承包风险基金补交，同时职工个人收入也要相应下浮，确保财政收入的增长。二是，为了保证重点行业、重点企业的长期稳定发展，在提高上交比例的前提下，对具备条件的企业要续签承包合同。三是，维护企业自主权，强化企业自我约束机制。对未实行工资总额同经济效益挂钩的企业要强制挂钩。要选择一批企业进行放开经营、租赁转让试点。对市属集体企业进一步推行租赁经营、技术改造目标责任制等多种形式的改革试点。对少数未实行承包的城市公用和其他盈利企业试行“定额亏损补贴”和“上交利润包干”试点。加强企业基础工作，积极推行“厂内银行”结算办法。四是，继续从政策上支持完善企业优化劳动组合，进一步调动企业和职工的积极性，促进生产的发展。五是，积极有步骤地开展国有资产管理工作，促进国有资产的有效使用和优化配置，保证国有资产的完整和增值。

进一步深化外贸体制改革，完善外贸企业双轨承包制，调动外贸企业和生产企业扩大出口的积极性。促进外贸企业优化出口商品结构，降低换汇成本。

继续支持农村适度规模经营，发展粮食和副食品生产；促进乡镇企业“抓调整、上水平、求效益”；支持农商结合，逐步理顺肉、蛋、菜等副食品产销体制。

在去年教育改革试点的基础上，今年要继续支持转变学校内部机制的改革。改善教职工待遇，调动教职工的积极性，增强学校活力，提高教育质量。继续抓好农村中小学管理体制改革，推广乡管乡办的经验。同时，积极支持发展校办厂，促进教育事业的发展。

要继续深化事业单位财务管理体制改革。除进一步完善事业单位经费包干办法外，要重点支持人民艺术剧院改革试点，以及卫生事业改革的试点。还要积极配合搞好住房制度改革，推进住宅商品化进程。

（三）开辟财源，集中资金，大力组织各项收入。根据国务院的要求，今年采取的增收措施，主要是开征新税和集中预算外资金。这些增收措施已列入我市财政预算，必须逐项落实，保证完成。特别是国务院决定从今年起对所有国营企事业单位、机关团体、部队和地方政府的各项预算外资金，以及城市和乡镇集体企业、私营企业、个体工商户缴纳所得税后的利润，按10%计征国家预算调节基金，必然会影响到各方面的利益，工作难度很大，这就需要正确处理好局部利益和全局利益的关系，坚持局部服从全局的原则。各区县、各单位都要顾全大局，把该上交的收入交上来。要加强税收征管，大力组织收入，层层落实税收计划，及时掌握税收进度，分析税源变化，采取积极有效的措施，保证增收任务的完成。特别要做好开征各项新税的组织征收工作，发挥税收调节经济的作用，保证税款及时足额入库。要整顿税收秩序，坚持依法治税，严格执行各项减免税政策，各区县、各部门一律不准超越权限减免税收。要认真清理各项减税让利和税前还贷项目，该保留的保留，该取消的取消。对个体工商户和其他高收入行业要加强纳税管理，推动个体工商户建帐工作，逐步缓解社会分配不公问题。要在试点的基础上，加快推行个人收入调节税应税收入申报制度。要严肃执法，继续强化纳税监督检查，对偷税、漏税、抗税行为，要坚决查处，构成犯罪的，要送司法机关依法处理。任何单位和个人都要按照税法规定，支持和配合税务部门开展工作，共同维护国家税收。为治理整顿，平衡预算作出贡献。

（四）艰苦奋斗，严格控制财政支出。目前，财政面临的最大困难是社会需求过旺，财政支出增长过快，资金供需矛盾十分突出。在治理整顿中，为控制消费基金的过快增长，必须抑制资金需求，千方百计控制支出，调整支出结构，做到有保有压，区别对待。各区县、各部门都要发扬艰苦奋斗的作风，准备过几年紧日子，要大力节约各项支出，严格按预算确定的支出指标进行控制，执行中只能节减，不许超过。

今年对预算内安排的基本建设投资和挖潜改造资金在上年实际支出的基础上压缩了29.9%。要严格按照批准的基建投资计划和压缩指标进行控制，不得突破。要认真清理楼堂馆所，坚决停建缓建一批在建项目。特别是对各单位自筹基建投资要实行财政专户存储，加强管理，严格审批。对于资金来源不合理、资金不落实的项目，财政部门要坚决予以制止。对于未经财政部门审批资金的自筹基建项目，市计委不予立项，建设银行不予拨款。

严格控制社会集团购买力和节减行政费开支。今年的社会集团购买力要在上年压缩的基础上再压缩20%，严格指标管理，实行首长负责制，超过指标的，要追究领导责任。专控商品范围由29种扩大到32种，要严格审批制度。市政府决定，今明两年行政机关和由财政开支的事业单位，除确实必需、经过市政府特殊批准的以外，一律不准购买小汽车，并对它们的现有车辆进行清理，超编的一律封存，违控购买的一律没收。继续做好专控汽车整编工作和专控商品附加费征收工作。要加强控购检查，严肃控购纪律。财政、银行、工商、审计、车管、物资等部门要密切配合，各司其职，共同把关，保证压缩指标的实现。压缩行政经费是关系到端正党风、树立良好的社会风气的重大问题。各级党政机关要在为政清廉、勤俭办事，发扬艰苦奋斗、厉行节约优良传统方面做出表率。从严控制新增机构和人员编制，大力精简各种会议，坚决制止公费旅游、滥发奖金、补贴和实物等铺张浪费行为。

（五）加强宏观调控，强化预算管理。市级和区县预算经市、区、县人民代表大会批准以后，必须严格按预算办事，强化预算管理。任何单位和个人都不能在预算确定后任意批条子、开口子，想加钱就加钱，想开支就开支，随便增加新项目，出台新措施。要坚持一支笔审批制度。涉及全市统一的财政、财务政策、办法、规章、制度。由财政部门提出意见，报市政府审批后发布执行，不能随意行事，政出多门。

要加强对预算外资金的管理和监督。对行政事业单位、企业主管部门的预算外资金和行政事业性收费，一律实行财政专户存储，计划管理，从严审批。各单位的预算外资金，要严格按照国家规定的比例提取，按规定用途使用。并研究制定对预算外资金的具体管理办法。

（六）加强财政监督，严肃财经纪律。要加强经常性的财政监督管理工作，对应纳入预算管理而漂在预算外的企业要纳入预算管理；要认真执行国家规定的财务收支和成本开支范围，对于乱摊乱挤成本，擅自提高专项基金提取比例，滥发奖金、补贴、实物的，要及时检查纠正；加强对财政补贴的管理和监督，在保证生产和供应，抑制物价上涨的前提下，严格控制补贴范围，取消不合理补贴，减少人为的损失浪费。今年还要继续深入开展税收、财务、物价大检查，并把大检查作为治理整顿的一项重要内容抓紧抓好。财政、税务、审计、物价、外汇等部门要密切配合，把大检查和经常性的财经纪律检查工作结合起来，严格把关，堵塞漏洞。加强财政立法，健全管理制度，坚决制止偷税漏税、乱挤成本、乱涨价、滥发奖金、虚报利润等违法违纪行为，严肃财经纪律。各级财政、财务工作人员都要加强自身建设，忠于职守，做廉洁奉公、遵纪守法的模范。

各位代表：1989年我们要在中共北京市委的领导下，动员全市人民，认真贯彻治理整顿、深化改革的方针和市人民代表大会的各项决议，振奋精神、坚定信心、同心同德，努力增收节支，为实现北京市1989年财政预算而努力奋斗。

北京市人民代表大会常务委员会工作报告

——1989年4月23日在北京市第九届人民代表大会第二次会议上

北京市人大常委会副主任　马耀骥

各位代表：

我受市人民代表大会常务委员会和赵鹏飞主任的委托，向大会报告工作，请审查。

去年1月市九届人大一次会议闭幕以来，常务委员会以党的十三大确定的基本路线为指导，认真贯彻代表大会决议，积极履行地方组织法赋予的职权。一年多来，共举行了10次常务委员会会议，制定了6个地方性法规，通过了8项决议、决定和有关组织、制度建设的文件，检查了11项法律、法规的施行情况，审议了代表大会交付的有关经济建设、经济管理和精神文明建设的8项议案，听取审议了市人民政府、市高级人民法院和市人民检察院的27项工作报告，依法任免了国家工作人员315人次。现将主要工作报告如下：

一、审议本市建设和改革中的重大事项

地方的建设和改革必须遵循国家的方针、政策和总的部署，结合本地的实际情况来进行。为此，常务委员会在过去的一年中，先后多次传达、通报和学习了中共中央、全国人大常委会、国务院重要会议精神和重要决定，讨论了在本市贯彻执行的问题。

去年年初，常务委员会传达讨论了中央领导同志在省市长会议上的讲话精神，听取审议了市政府关于外贸体制改革情况的报告；8月，传达讨论了国务院做好物价工作和稳定市场的重要决定，听取审议了市政府关于价格改革情况和贯彻国务院决定的十条措施的报告、关于上半年本市国民经济社会发展计划和财政预算执行情况的报告。党的十三届三中全会提出了治理经济环境、整顿经济秩序、全面深化改革的指导方针以后，常务委员会及时传达学习了全会精神，传达学习了全国人大常委会《关于加强民主法制维护安定团结保障改革和建设顺利进行的决定》，听取了市政府关于本市贯彻三中全会工作部署情况的通报，并进行了讨论；去年年底和今年年初，听取了全国计划会议和经济体制改革工作会议精神的通报，听取讨论了市政府1989年工作安排的初步设想。常务委员会委员和市人大代表还就本市压缩固定资产投资规模，开展财务、税收、物价大检查，清理整顿公司，深化企业改革，建设粮食和副食品生产基地，加强廉政建设，加强精神文明建设和搞好社会治安的综合治理等进行了视察，听取了有关部门的汇报，提出了不少积极的意见和建议。委员们认为，本市治理经济环境、整顿经济秩序，取得初步成效。但是必须清醒地看到，解决多年积累下来的总需求超过总供给的矛盾，抑制经济过热，调整经济结构，治理通货膨胀，控制物价上涨，不是轻而易举的事。必须按照中央的要求，坚持一手抓经济建设和改革开放、一手抓政治和思想领域的工作，运用经济、行政、法律、纪律和思想政治工作的手段，“五管齐下”，坚定不移地落实国务院确定的各项政策措施，切实做到顾全大局、令行禁止，并且把稳定、改革和发展统一起来，在稳定中推进改革和求得发展。经过较长时间的艰苦工作和各方面的共同努力，我们一定能克服前进中的困难，创造较好的环境和条件，促进首都建设事业的健康发展。

发展教育事业，是关系到民族素质的提高和国家兴旺发达的根本大计。为此，常务委员会检查了《中华人民共和国义务教育法》和本市实施办法的执行情况，对中小学内部管理体制改革、加强中小学生思想教育工作、师资队伍建设、解决小学“二部制”问题、创办少儿电视节目专栏等进行了专题审议，同时听取审议市政府关于制定《北京市职工教育条例》和《北京市职业技术教育条例》两项议案办理情况的报告。委员们认为，百年大计，教育为本，必须把基础教育放在突出的战略地位。中小学内部管理体制改革的根本目的是提高教育质量，为现代化建设培养“四有”人才，这个指导思想应当贯穿于教育改革的各个方面。本市中小学实行校长负责制、教职工聘任制、工资总额包干和结构

工资制的改革试点，积累了一些经验，同时也反映出不少问题，需要从理论上、政策上进一步加以研究，继续进行探索，不断完善管理办法，在改革的具体步骤上坚持积极稳妥的方针，以保证改革健康地向前发展。提高教育质量的关键在教师，要把教师的培训工作放在重要地位，采取措施提高教师的思想和业务素质。学校的根本任务是育人，要结合当前形势切实加强中小学生的德育工作，使学生养成爱祖国、讲文明、具有良好公德和遵纪守法的优秀品质。委员们强调指出，今后几年，小学和中学将要先后出现入学高峰，解决“二部制”的问题难度更大，政府对此要通盘规划，及早做好准备。近几年政府在改善办学条件、增加教育投入方面作了很大努力，实现了义务教育法规定的“两个增长”，但是由于物价上涨，目前教育经费仍然紧缺，要千方百计克服困难，努力把这个问题解决好。

维护未成年人的合法权益，改善未成年人的成长环境，保护未成年人健康成长，是一项意义重大的社会系统工程。为此，常务委员会制定了《北京市未成年人保护条例》。条例从保证未成年人在德、智、体、美、劳全面发展的实际需要出发，针对影响未成年人身心健康和损害未成年人合法权益的问题，明确规定了一系列保护措施，确定了家庭、学校、国家机关和社会各方面，包括工会、共青团、妇联等社会团体、企事业单位及居（村）民委员会等组织的责任；规定市、区、县、乡、镇和街道分别设立未成年人保护委员会，协调各方面对未成年人的教育保护工作。条例颁布之后，市成立了未成年人保护委员会并开展了工作，区、县、乡、镇、街道未成年人保护委员会正在陆续建立，共青团组织力量在全市开展了宣传周活动，市关心青少年教育协会就条例的贯彻进行了座谈讨论，政法部门就青少年的司法保护作了专门研究并制定了执行条例的措施。

常务委员会还对一些关系本市建设和发展的重要问题进行了专题审议。去年1－8月本市借用国外贷款签约2.7亿美元，从1983年以来累计贷款协议总金额达4.75亿美元，主要用于城市基础设施和一些工农业生产项目的建设。鉴于贷款数额较大，所建工程不少是重大项目，常务委员会根据五位委员提出的议案，听取审议了市人民政府关于利用国外贷款情况的汇报。委员们认为，本着积极慎重的方针，有计划地利用国外贷款，加快首都建设，是完全必要的，要求市政府对贷款的规模、使用方向、偿还能力等有一个较长期的设想、测算和规划；要对每个工程项目进行严格的审核和科学论证，其中国内能够自行设计、自行制造和自己生产的部分，要立足于国内；要注意广开国外贷款的渠道，避免受制于人。

本市各级人民政府及有关单位自1985年以来，认真执行市人大常委会通过的关于帮助贫困山区改变面貌的决议，从各个方面帮助贫困山区改善生产条件，调整产业结构，发展商品生产，使绝大多数贫困乡初步改变了面貌。但是，由于自然条件和历史的原因，山区经济和文化的发展很不平衡，很多乡村仍然比较落后。常务委员会听取审议了市政府的工作报告，通过了进一步帮助贫困山区改变面貌的决议，要求各级政府把这项工作作为一项长期的任务坚持不懈地抓下去，依靠党的政策，推广先进科学技术，组织各部门、各行各业继续大力扶持和支援贫困山区开发建设，发扬山区人民艰苦奋斗的精神，增强自我发展的能力；同时积极普及山区九年制义务教育，发展职业技术教育和成人教育，培养各种人才，努力把占北京总面积62%的山区建设成繁荣富裕的新山区。

二、把同群众生活直接相关的重大问题列入重要议事日程

常务委员会是代表人民行使国家权力的机关，把与人民群众生活直接相关的重大问题列入重要议事日程，维护人民群众的合法权益，是常务委员会工作的基本宗旨。一年多来，常务委员会在这方面做了大量工作。

为了纠正和处理损害消费者合法权益的行为，为消费者提供法律保护，常务委员会经过3次审议，于1988年12月通过了《北京市保护消费者合法权益条例》。条例规定：经营者生产、销售商品和提供服务，必须遵守质量标准和安全、卫生的有关规定；依法使用商标和标准的计量器具；按质论价，明码标价，遵守国家价格管理的有关规定；按规定和约定实行包修、包换、包退等售后服务。消费者认为权益受到损害可以同经营者协商解决；也可以要求有关行政管理机关和业务主管部门处理，或者向消费者协会投诉，或者向人民法院起诉。条例要求消费者协会、职工和群众物价监督组织、新闻单位支持消费者维护其合法权益的要求，如实揭露、批评损害消费者合法权益的行为。

近年来，蔬菜供需矛盾比较尖锐，价格上涨幅度过大，群众反映强烈。为办好代表大会交付审议的《采取有效措施抓好菜篮子的议案》，常务委员会组织力量就蔬菜生产、经营问题进行了调查。结果表明，菜田面积减少，地力下降，管理体制不顺，流通设施薄弱，是造成蔬菜供应紧张的重要原因。随后，常务委员会听取审

议了市政府办理这项议案的情况报告，委员们提出了不少意见和建议。市政府本着“立足本市，巩固近郊，大力发展远郊，充分发挥外埠优势”的蔬菜生产方针，采取有效的政策措施扩大了菜田面积，积极建设稳定的蔬菜生产基地，进一步搞活流通，加强了市场基础设施的建设，同时拟定了改革蔬菜管理体制的方案。去年下半年以来，大路菜货源增加，价格趋于平稳，供应情况得到改善。

加强医疗卫生工作是保护人民身体健康的一件大事。为此，常务委员会听取并审议了市政府关于预防甲型肝炎及夏秋季肠道传染病和加强城乡基层卫生组织建设的情况汇报。委员们认为，去年春季，本市各部门各单位动员起来，采取果断措施，狠抓了以预防甲型肝炎为重点的卫生防疫工作，有效地防止了甲肝在本市的流行，应当把这个经验运用于夏秋季肠道传染病的防治工作中去。委员们并就贯彻预防为主的方针、严格实施食品卫生法、加强卫生防疫队伍的建设提出了建议。会后，卫生部门制定了夏秋季肠道传染病的防治方案，并召开专门会议进行部署，使肠道传染病的防治工作取得了新的进展，发病率有所下降。自1984年8月常务委员会作出《关于加强城市街道基层卫生组织建设的决议》以来，本市城乡三级医疗卫生网的建设有了较大发展，但也出现了不少单位忽视医疗质量、片面追求经济收入和部分小医院“吃不饱”等问题。委员们指出，在医疗卫生制度的改革中，一定要扩大预防保健工作，把社会效益放在第一位，加强医德教育，大力提倡救死扶伤、全心全意为人民服务的精神；要发挥街道医院小而灵活、便民利民的优势，突出专长和特色；对红十字卫生站要从资金、设施、人员等方面加以扶持，使它们在初级卫生保健中发挥更大的作用。

为保护生态环境，改善人民生活的环境条件，常务委员会制定了《北京市实施＜中华人民共和国大气污染防治法＞条例》、《北京市郊区植树造林条例》和《北京市实施＜中华人民共和国野生动物保护法＞办法》。大气污染防治法实施条例的颁布施行，使本市大气污染的防治有法可依，对向大气排放污染物的建设项目，严格实行了治理设施“同时设计、同时施工、同时投产”的审批制度，促进了一些污染源单位加强治理和开展综合利用，加快了集中联片供热的步伐，取得了较好的经济效益、社会效益和环境效益。据统计，在最近的一个采暖期内，由于扩大集中联片供热面积，节煤7.7万吨，大大减少烟尘、炉渣和二氧化硫排放量。为了加快植树造林速度，保证质量，《北京市郊区植树造林条例》明确了各部门、各单位的绿化责任和承包与合作造林当事人的权利、义务；规定各级政府及有关部门要因地制宜地制定造林规划，对市、区、县管理的造林工程，应当按山系、流域集中连片进行，并在此基础上加强对幼林的管护。从今年春季开始的植树造林，已按这一条例的要求组织实施。实施野生动物保护法办法，针对本市的实际情况，对野生动物的猎捕、驯养、繁殖以及市场管理等作了具体规定，从这方面为建设生态健全、环境优美的城市，提供了法律保证。

三、加强法律、法规实施情况的监督检查

保证宪法、法律、法规在本行政区域的遵守和执行，是地方人大常委会的重要职责。一年多来，常务委员会遵循有法必依、执法必严、违法必究的原则，通过各种会议、实地视察和介绍经验等办法加强法律监督检查，并组织力量先后重点检查了刑事诉讼法、计量法、义务教育法、专利法、档案法和本市制定的道路交通管理暂行规则、村民委员会暂行组织条例、劳动保护监察条例、农作物种子质量管理暂行条例、城市绿化管理暂行办法、开办乡镇集体矿山企业和个体采矿审批办法等11个法律、法规的施行情况。多数由常务委员会和市人民政府共同部署，列出检查提纲，明确检查的重点和要求，采用普遍自查、重点抽查、逐个听取各区县检查情况的汇报和组织代表视察等办法进行检查，然后分别在常委会会议、主任会议或各委员会会议上进行审议或讨论。为使法律、法规切实得到遵守和执行，常务委员会从以下几方面加强了工作：

1. 认真贯彻有法必依的原则，坚决纠正违法行为。在检查农作物种子质量管理暂行条例施行情况时，按照人大常委会的要求，由领导同志主持，农业、工商、检验等部门参加，重点检查了种子品种是否经过审定，种子生产者和经营者是否持有生产许可证和经营许可证，并对种子质量进行检验。经过检查，查出了无证生产、无证经营、种子生产和经营条件不符合规定要求及种子质量不合格等问题共406起，由行政部门分别责令停止生产或限期改进生产条件、吊销经营许可证或责令离开市场停止经营、没收不合格种子和罚没非法收入。全市有近40万公斤不合格粮种转为一般商品粮降价处理，11万公斤不合格蔬菜种子报废，从而扭转了种子生产、经营的混乱局面，有效地防止了假种、劣种流入市场，避免了农业生产的重大损失。在此基础上，各部门建立健全了有关的工作制度，加强了经常管理。

2. 推动执法部门把为基层服务同依法加强管理结合起来，创造必要的条件，使法律、法规得到施行。本市乡镇集体采矿和个体采矿存在着布局不合理、乱采滥挖、采富弃贫、破坏和浪费矿产资源等问题。地质矿产部门在执行常务委员会制定的采矿审批办法、重新审核和补发采矿许可证的工作中，首先在房山区史家营乡试点，为100多个小煤窑逐一进行了地质测量，在查清资源情况的基础上实行定点划界，既为审批、管理提供了依据，也为小煤窑有 计划地合理开采、提高经济效益创造了条件，使这个地区采矿业的面貌显著改观。常务委员会部分委员和市人大代表于去年5月到史家营矿区进行了视察和座谈，充分肯定了地矿部门在执法过程中把服务同管理结合起来的经验，并在有21个委、办、局参加的执法座谈会上予以介绍和推广。截止去年底，全市已完成矿业定点划界1700余处，占总数的近90%。

3. 督促司法机关严格依法办事，改善执法活动。为了正确应用法律惩罚犯罪分子，保障无罪的人不受刑事追究，保护公民权利，常务委员会去年检查了刑事诉讼法的施行情况，听取审议了法院和检察院的报告。委员们认为，“两院”执行刑诉法总的说是认真的，情况是好的，但也存在着不少公开审判案件没有群众旁听、一些二审案件没有在法定的时限内审结、若干办案制度不够完善和重实体法、轻程序法等方面的问题。根据委员们的意见，“两院”组织干警进行学习讨论，广泛深入地开展了严肃执法的教育，针对存在的问题，法院制定了审理案件提前3天发布公告、审理申诉案件和再审案件的暂行规定、检察院制定了办理自侦案件的程序等，并清理了久押未决的案件。根据委员们提出的意见，对“两院”的办案经费不足问题，政府已经作了必要的追加和补充，在固定资产投资大幅度压缩的情况下，“两院”的办公用房建设已纳入1989年的计划。

按照地方组织法的规定，常务委员会要对同级国家行政机关和下一级地方国家权力机关发布的决议、决定和命令是否合法进行监督，这是保证法律实施的重要环节。为此，常务委员会建立了市政府和区县人大常委会报送行政规章和有关文件备案的制度，并认真进行审查，对其中不符合地方组织法和选举法有关规定的条款作了纠正。

加强法制教育，增强干部、群众的法制观念，是保证法律实施的一项基础工作。常务委员会听取审议了本市普法工作情况和今后三年深化法制教育意见的报告，通过了相应的决议。本市自1986年在公民中开展普及法律常识的活动以来，做了大量工作，取得显著成绩，但是，法制教育仍然是一项重要的长期任务，当前要在普及“九法一条例”基本常识告一段落的基础上，把法制教育引向深入 。会议认为，今后三年深化法制教育，要围绕治理经济环境、整顿经济秩序和全面深化改革的任务，学习同人们工作、生产、生活密切相关的法律、法规；要继续把各级干部和青少年作为深化法制教育的重点，对领导干部和执法人员，要把掌握必备的法律知识、模范守法、严肃执法和依法进行管理的实绩作为检查工作、进行考核和任用的重要标准；要贯彻学用结合的原则，在学习法律知识的过程中，检查执法情况，纠正违法现象，建立规章制度，广泛开展依法治理的活动，使本市各方面的工作逐步走上法制轨道。

四、为代表履行职责发挥作用服务

开展代表活动，发挥代表作用，是健全人民代表大会制度的基础环节。1988年以来，根据工作发展的需要，常务委员会召开了代表联络工作座谈会，制定了《加强同市人大代表联系的办法》，改进了为代表服务的工作，代表参加常务委员会组织的活动共达5000多人次。

1. 为代表视察、检查工作服务。常务委员会组织了多次不同规模的视察，视察内容主要根据代表的意愿和实际工作的需要确定，并督促有关部门认真办理视察中提出的问题和建议。24位全国、市、区的三级人大代表就治理红领巾公园湖水污染问题联合视察、提出议案之后，常务会有关委、室敦促政府主管部门协调有关方面的意见，多方筹集资金，确定了治理方案，目前这一关系到改善20多万人民群众生活环境的工程正在积极建设中。常务委员会还向代表发函，请代表就一些专题持证进行视察，有180多位代表复函反映了情况，推动了被视察单位改进工作，也为常务委员会审议问题提供了依据。

2. 为代表参政议政服务。一是对本市重大工作部署、重要建设和改革方案，采取举办报告会、情况通报会和专题座谈会等形式向代表汇报情况，听取意见。一年多来，先后就本市进行治理整顿的部署和措施、贯彻全民所有制工业企业法、实施沿海地区经济发展战略等，为代表举办了报告会；就本市调整四种副食品价格给群众适当补贴的方案和外贸体制改革等问题，向代表介绍情况，并进行座谈。对一些重要的建设项目如复兴门至八王坟的地铁工程、机场路扩建等，在方案确定之前，组织部分代表进行讨论，为方案的完善提出建议。二是对列入常委会的议题，采取召开代表座谈会、吸收部分代表参加调查、视察等方式，听取代表意见，并邀请一些代表列席常委会会议。代表在常委会会议上先后参加了对改进个体工商户管理、提高商业服务质量、加强精神文明建设等17项议题的审议。三是对于人民群众普遍关心的重要问题如工资和物价、道路交通建设、企业优化劳动组合、侨务工作和利用侨资、民族工作和宗教工作、公费医疗改革、中小学教育和成人教育等问题，组织代表同政府负责人座谈、对话，共同商讨解决办法，沟通情况，加深理解。四是把组织代表参加讨论法律草案作为参与国家立法的大事来对待，先后就10个法律草案和8个地方性法规草案征集了部分代表的意见。这些做法，有利于代表在代表大会闭会期间参政议政，使常务委员会和市政府的工作能够更好地体现人民的意愿，并接受代表的监督。

3. 为办理代表建议、批评和意见服务。常务委员会把督促有关部门认真办理代表建议、批评和意见作为尊重代表民主权利的大事来抓。一是对难度较大、涉及面较广的问题，如扩建东直门长途汽车站、保证生活用煤的质量等，指派工作人员会同政府主管部门进行调查研究，协调各有关方面的意见，使这些问题形成比较妥善的方案或得到了解决。二是对办理代表建议的质量认真把关，坚持逐件审核，并向600多位提建议的代表发函征询对建议办理情况的意见，对办理不符合要求的，督促有关部门补办。三是对列入规划逐步解决的建议，建立了跟踪检查落实情况的制度，防止不了了之。经过上述工作，市九届人大一次会议以来由本市办理的1500多件建议、批评和意见，均已按期办复，办理的效率和质量有所提高。

此外，为了便于代表履行职责、开展活动，常务委员会向代表所在单位正式行文，要求落实代表阅读县团级文件的规定，并将代表执行代表职务的活动计入工作量，在时间上给以保证，工资、奖金、津贴和其它待遇不受影响。常务委员会还按照代表的意愿，将800多位代表分别编为51个小组，有些已经开展活动。同时，实行了市和区、县人大常委会共同联系代表的办法，各区、县人大常委会在组织代表活动和为代表服务方面做了大量工作，发挥了重要作用。

各位代表：市九届人大一次会议以来，为了使本届人大常委会的工作有新的进步和提高，常务委员会抓紧了自身的思想建设、组织建设和制度建设。常委会组成人员在去年初学习了宪法和地方组织法，联系思想实际和人大的工作任务进行座谈讨论，提高了对人民代表大会制度重要性的认识和做好人大工作的自觉性。开好常委会会议，集体讨论决定问题，是常务委员会行使职权的基本形式，为了改进议事方式，完善议事程序，提高议事的质量和效率，常务委员会总结了过去几年来的实践经验，经过两次审议，制定了《北京市人民代表大会常务委员会议事规则》，对会议的召开、议案的提出和审议、听取和审议工作报告以及发言和表决等具体程序做出了规定。一年多来的实践表明，这个规则对进一步贯彻实行民主集中制的原则，保证委员依法行使职权，提高决策的民主性和科学性，起到了积极作用。常务委员会在1988年3月通过了《关于工作机构设置的决定》，各委员会、工作室和办公厅等工作机构的主要负责人都由常务委员会委员担任，不驻会的委员大多数都分别参加各委员会的工作。各委、室、厅在常委会会议前组织委员和有关代表进行调查研究，到基层单位视察并同干部、群众座谈，为常委会审议议题提供必要的材料；在会议后检查法律、法规的施行情况，检查代表大会及其常委会决议、决定的贯彻执行情况，从而使常务委员会的职能作用得到加强。为了接受人民群众的监督，提高议事的透明度，常务委员会建立了有关组织、团体可以派人旁听常委会会议的制度，同时，还建立了同区、县人大常委会加强联系的制度以及其他一些工作制度，使常务委员会的工作向规范化、制度化前进了一步。

常务委员会原有组成人员63人，九届人大一次会议以来，张立宏委员因病逝世；王作升委员工作变动，请求辞去委员职务，常务委员会接受了他的辞职请求，报本次大会备案。目前常务委员会组成人员为61人。

各位代表：一年多来，常务委员会的工作取得了一定进展，但是离宪法、地方组织法的规定和人民群众的期望还有不少差距。建设和改革在向前发展，新情况新问题不断出现，我们系统地调查研究不够，对审议的议题作出决定比较少，制定地方性法规的步伐跟不上建设和改革发展的需要。我们通过审议工作报告、检查法律的施行情况和开展视察活动，提出了不少建议、批评和意见，对政府、法院、检察院工作的监督有所加强，但是监督工作还缺乏一套有效的制度和程序，监督不力的状况需要进一步改进。我们加强同代表的联系和为代表服务的工作，努力为代表履行职责创造条件，但是在绝大多数代表兼职的条件下如何充分发挥代表作用，还没有得到很好的解决。总的来看，民主政治的建设是一个逐步积累的渐进过程，人民代表大会制度的完善，还有待于在政治体制改革中不断探索和实践。

党的十三届三中全会确定把今明两年建设和改革的重点突出地放到治理经济环境、整顿经济秩序上来，本次代表大会将确定本市治理经济环境、整顿经济秩序、全面深化改革的各项任务。常务委员会要通过积极履行自己的职责来保证代表大会决议的贯彻落实。今明两年主要从以下方面加强工作：一、检查监督治理、整顿任务的落实情况。着重检查压缩固定资产投资规模、控制消费基金的过快增长、清理整顿公司、调整产业结构、深化企业改革、加强物价管理的情况，推动有关法律、法规的遵守和执行。二、加强对国民经济社会发展计划和财政预算执行情况的监督检查。每年第三季度常务委员会要听取执行情况的报告，并进行认真审议。如果实际情况的发展需要对计划和预算进行部分调整，应报经常务委员会审查批准。对关系国民经济社会发展计划和预算执行的重大事项和重要工作，如粮食生产、人口管理、新技术开发区的规划和建设、市属高校的建设和改革、税收征管和审计工作等，常务委员会要进行专题审议，必要时作出相应的决定。三、加快制定地方性法规的步伐。根据实际工作发展的需要，研究制定多渠道筹措教育经费办法，土地管理法及水法的实施办法，计划生育管理条例，禁止赌博条例，取缔卖淫嫖娼条例，图书报刊音像出版物市场管理条例以及其它迫切需要制定的地方性法规。四、监督法律、法规的实施。重点检查全民所有制工业企业法、义务教育法和本市的实施办法、保护未成年人条例、保护消费者合法权益条例、严惩严重破坏经济的罪犯的决定、惩治贪污罪贿赂罪的补充规定、廉政建设方面的制度规定、治安管理处罚条例、文物保护法和本市的管理办法等法律、法规和决定的施行情况，切实改变有法不依、执法不严、违法不究的状况。五、加强人大和人大常委会的制度建设。拟订市人民代表大会议事规则，提请代表大会审议；配合全国人大常委会拟订代表工作条例及有关监督工作的制度和程序，探求进一步发挥代表作用和权力机关有效行使监督权的办法；修订区、县、乡、镇人大代表选举实施细则，指导1990年区、县、乡、镇人民代表大会的换届选举；对基层政权的建设问题进行调查研究，制定乡人民代表大会暂行组织条例。做好以上工作，任务相当艰巨，需要依靠全体组成人员的共同努力，依靠人大代表的支持和监督，依靠各有关方面的积极配合。我们要振奋精神，坚定信心，艰苦奋斗，克服困难，兢兢业业地、严肃认真地履行宪法和法律赋予的庄严职责，为巩固和发展安定团结的政治局面，保障首都建设和改革事业的健康发展而努力奋斗！

北京市高级人民法院工作报告（摘要）

——1989年4月23日在北京市第九届人民代表大会第二次会议上

北京市高级人民法院院长　刘云峰

一、1988年的工作

（一）依法惩处刑事犯罪分子的破坏活动，维护首都的社会秩序

同全国一样，首都的社会治安基本上是稳定的，但杀人、抢劫、强奸等严重危害社会治安和贪污、受贿、走私、投机倒把等严重破坏经济的犯罪案件的发案数比上年增多，形势严峻。

依法惩办刑事罪犯，是我们的一项重要任务。全年共审结一审刑事案件5807件，其中判决已发生法律效力的共4881件，判处被告人7512名。

在刑事审判工作中，我们继续贯彻执行依法从重从快的方针，严惩严重危害社会治安的刑事犯罪分子。一年内，依法审判严重危害社会治安的刑事犯罪分子3766名，其中判处5年以上有期徒刑的1981名，判处无期徒刑、死缓和死刑的210名。

继续坚持一要坚决，二要慎重，务必搞准的原则，依法严惩严重破坏经济的犯罪分子。全年共判处经济罪犯2267名，其中判处5年以上有期徒刑的690名，判处无期徒刑、死缓和死刑的50名。

在刑事审判活动中，我们主要抓了以下几个方面的工作：

第一，对案件的处理，必须以确实、充分的事实为根据。审判人员都把查清犯罪的基本事实和其他同定罪、量刑有关的事实作为第一位的任务，用比较多的时

间进行阅卷，调查，分析研究，做到了对被告人的定罪、量刑都以事实为根据。

第二，充分保障被告人行使诉讼权利。一年内共有律师4057人次，近亲属、监护人和其他公民74人次，为2889件刑事案件的被告人作了无罪或者罪轻的辩护；一审判决后，有1043件的被告人提出上诉。

第三，严格依法办事，坚决执行政策。我们在查清事实的基础上，划清罪与非罪的界限；确定有罪的，坚决执行惩办与宽大相结合的政策，对流窜犯、累犯、惯犯、教唆犯、集团首犯，以及有其他从重、加重处罚情节的，依法从严惩处，而对投案自首的，送子归案的，有立功表现的，以及有未成年人犯罪等从轻、减轻处罚或者免除处罚情节的，依法从宽判处。

第四，结合形势，联系实际，使审判工作获得更好的社会效益。我们选择典型案件，召开大会公告罪犯的犯罪事实和审判结果，配合公安部门开展同刑事犯罪的专项斗争。在办案中发现的问题，我们及时向有关方面提出司法建议。结合办案，我们就案讲法，印发布告或有关材料，进行法制宣传。

（二）依法处理民事纠纷，保护公民、法人的合法权益

认真做好民事审判工作，对保护公民、法人和其他组织的合法权益，对维护安定团结，对改革、开放和四化建设，都有十分重要的意义。

同审判刑事案件一样，审判民事案件也必须以事实为根据，以法律为准绳。一年来，我们共审结一审民事案件24066件，其中离婚案件11495件，债务案件3104件，赔偿案件2770件，三项占总件数的72.17%。

在民事审判活动中，我们以贯彻执行民法通则为中心，着重做了以下工作：

第一，尽力保证办案质量。我们的审判人员深入实际，深入群众，进行多方面的调查，在查清事实的基础上，反复研究，分清是非，分清责任，依法对案件作出实事求是的处理。在已结的一审案件中，经工作，当事人撤诉的5239件，调解结案的11396件，两项占结案总数的69.12%；判决的6944件，只占总数的28.85%。不论用什么方式结案，绝大多数案件的处理都做到了事实清楚，证据确实充分，是非责任明确，符合民法通则、民事诉讼（试行）等有关法律的要求。

第二，实行当事人举证责任制度。“民事诉讼法(试行)”第五十六条规定，“当事人对自己提出的主张，有责任提供证据。”为执行民事诉讼法的这一规定，我们从1987年7月份开始，在西城区人民法院进行了试点。1988年，专门召开会议，介绍了西城区法院的经验，在民事审判工作中普遍实行了当事人举证责任制度。

第三，调查新情况，研究新问题，尽力办好新类型案件。1988年内，公民、法人依据民法通则向法院起诉的有关著作权、名誉权、肖像权等知识产权和人身权的新类型案件就有64件。这些案件如何处理，法律没有规定或者规定不够具体，我们也缺乏审判实践经验。一年内审结新类型案件56件，其中有名誉权纠纷34件，著作权纠纷9件，肖像权纠纷8件，科技成果权纠纷1件，取得了一些经验，社会效果较好。

第四，及时、准确掌握当事人的情况，化解矛盾，防止双方关系恶化。对矛盾尖锐的或双方关系可能恶化的案件，我们要求作为急案，妥善处理。由于领导重视，各有关方面密切配合，认真做了工作，不少矛盾尖锐或双方关系可能恶化的案件得到了妥善解决。

（三）依法处理经济纠纷，维护经济秩序

我们遵循为改革、开放和社会主义现代化经济建设服务的原则，以积极的态度受理案件，以认真负责的精神依法进行审判，使起诉到法院的大部分经济纠纷比较及时地得到了解决。全年共审结一审经济纠纷案件3289件，其中有购销、工程承包、保险、联营等经济合同纠纷案件2576件，铁路运输纠纷案件29件，公路运输纠纷案件65件，涉外购销合同纠纷案件1件，商标、专利等经济损害赔偿纠纷案件12件，劳动争议案件11件，其他经济纠纷案件595件。

在经济审判活动中，我们着重做了3个方面的工作：

第一，进一步发挥审判工作的职能作用。我们在查清事实、分清是非、分清责任的基础上，秉公执法，认真处理经济纠纷。在一审已审结的经济纠纷案件中，经工作，当事人双方达成协议，调解结案的共1543件，占一审结案总数的46.9%；依法判决的784件，占结案总数的23.83%；共解决争议标的金额达3.03亿元。

第二，进一步提高办案质量。一年来，审判人员努力工作，深入调查研究，耐心听取有关方面的意见，审结的绝大部分案件，做到了以事实为根据，以法律为准绳，办案质量有了新的提高。

第三，调查新情况，研究新类型案件的处理。为了依法正确、及时处理农村承包合同纠纷案件，我们组织力量到顺义、大兴、房山、通县、昌平等区、县进行调查，及时总结经验。对企业承包纠纷、联营合同纠纷、技术合同纠纷、劳动争议等，我们也进行了调查研究，并对每一案件作了具体的研究和慎重的处理。一年内，共审结农村承包合同纠纷案件171件，技术合同纠纷

案件32件，专利纠纷案件2件，劳动争议案件11件。

（四）积极而慎重地开展行政审判工作，保护当事人的合法权益，维护行政机关的正确处理决定

在我国已制定的法律法规中，明确规定公民、法人或其他组织不服行政机关处理决定可以向人民法院起诉的，已有一百三十多个。可以预料，随着立法的日益完备和公民法制观念的不断增强，起诉到人民法院的行政案件必然会增多。为适应形势发展和加强法制建设的需要，我们逐步建立了行政案件的审判机构，配备了审判人员。现在，市高级、中级和6个区、县人民法院已建立了行政案件审判庭，12个区、县人民法院建立了审判行政案件的合议庭。

在建立、健全审判机构的同时，我们一边培训干部，一边积极地开展了行政案件的审判工作。全年共审结行政案件59件，其中确认行政机关处理正确，维持原处理决定的31件，占结案总数的52.54%；认定原处理决定依据的事实不清或者适用法律有错误，撤销原处理决定的6件，占结案总数的10.16%；原告经考虑，起诉后又主动撤诉的22件，占结案总数的37.28%。

（五）做好铁路运输审判工作，维护北京铁路局辖区内的铁路运输秩序

近几年来，铁路运输十分紧张，一些犯罪分子乘机作案，进行盗窃、抢劫、杀人等犯罪活动，严重危害铁路运输的安全，危害了乘客和货物托运单位或个人的合法权益。保障铁路运输的安全，维护铁路运输秩序，保护乘客和货物托运单位或个人的合法权益，对改革、开放和社会主义四化建设都有重要的意义。一年来，北京铁路运输中级法院，北京铁路局辖区内的北京、天津、石家庄、太原、大同、临汾铁路运输法院积极开展了审判工作，共审结一审刑事案件345件，判处罪犯584名；审结一审经济纠纷案件57件，解决争议标的128万多元，为保障北京铁路局辖区内的铁路运输安全，维护铁路运输秩序，做出了积极的贡献。

（六）认真做好裁判的执行工作，以维护国法的威严

为维护法律的严肃性，我们的审判人员在作出审判之前，就考虑到裁判的执行，对可能隐匿、转移财产的，及时采取了诉讼保全措施，为裁判的执行创造了必要的条件。但是，这只是很少一部分，大部分案件的执行，还必须做很多工作。一年来，我们共办结执行案件7517件，比1987年办结的5875件上升了27.9%，占应执行案件总数的71.61%，其中因当事人拒绝执行而由人民法院依法强制执行的413件，占已执行案件总数的5.49%。

（七）做好告诉、申诉和审判监督工作，保障公民依法享有的诉讼权利

告诉、申诉，是公民享有的一种诉讼权利，我们配备专人做告诉和申诉的受理工作。一年来，共接待公民来信、来访12.3万多人次，其中属于告诉的9.19万人次，属于申诉的1.3万多人次。在申诉案件中，按审判监督程序再审的1675件，已结1702件，其中维持原判的1199件；撤诉的161件；改判的201件，其中刑事案件改判的133件，占刑事再审结案总数的12.19%。

（八）结合审判活动，宣传社会主义法制

我们结合审判刑事、民事、经济和行政案件，采取公开审判、公告罪犯的犯罪事实和审判结果、就案讲法、新闻报道、印发材料等各种方式，广泛地进行了法制宣传。一年内，依法进行公开审判的案件就有22915件，其中民事、经济、行政案件19035件，刑事案件3880件。召开大会166场，公告了956名罪犯的犯罪事实和审判结果，到会群众达16万多人。

我们在开展各项审判工作的同时，还大力加强审判业务建设和干部队伍的建设，取得了新的成绩。

我们以严格、正确执法为目标，狠抓了各项法律的贯彻执行，重点检查了刑事诉讼的贯彻执行，并向市人大常委会作了专题报告。在这次检查中，市人大常委会不仅作了指导，听取了汇报，各级人大代表还进行了视察，对我们的审判工作起了很好的监督和促进作用。我们还加强了基层基础工作，加紧了对干部的业务培训，全国法院干部业余法律大学北京分校经国家考试合格已毕业675人，具有大专以上文化的干部占总数的50%，业务素质有了明显提高。

人民法院能否秉公执法，忠诚地为人民、为社会主义事业服务，一个重要的条件，取决于干部队伍是否清正廉洁。我们的方针是“从严治院”，认真抓好对干部的思想政治教育，一旦发现问题，就抓住不放，严肃处理。我们的干部绝大多数是好的，他们忠于职守，不为名，不计利，不怕苦，不怕累，积极进取，勤勤恳恳地工作。据不完全统计，1988年内，拒绝当事人吃请的536起，拒收当事人贿赂、送礼的297起。经不起考验的人也是有的，全年共发生违纪案21起，涉及干部23人，个别案件涉及到基层法院的领导。对于违法乱纪案件，我们一经发现，就一查到底，严肃处理。目前已经结案的13起违纪案件中，决定逮捕法办的1人，开除公职的1人，其余的也分别给予了党纪、政纪处分。

以上是我们在1988年所做的几项主要工作。这些任务的完成，不仅有力地打击了犯罪分子的破坏活动，

制裁了违法行为，宣传了法制，在维护首都的社会和经济秩序，保护公民和法人的合法权益，保障和促进改革、开放政策的顺利执行和社会主义现代化建设的顺利进行等方面，发挥了积极作用，而且还为全市各级人民法院今后更好地执法打下了一个良好的基础。

一年来，我们之所以能较好地完成上述工作任务。主要是由于党的方针政策的指导，上级人民法院和市人民代表大会及其常务委员会的监督，公安、检察等兄弟部门的配合和制约，全市广大人民群众的支持，同时，也是由于全市各级人民法院审判人员和其他干警的不懈努力。

在我们的工作中，成绩是主要的，但问题、缺点也不少。首先，有些案件的审判还不够及时。在已审结的5527件公诉刑事案件中，超过法定期限结案的355件，占6.42％。一些民事、经济纠纷案件审理时间拖得过长，群众是有意见的。其次，公开审判制度执行得不够好，不少应公开审判的案件只是出了公告，没有群众旁听。第三，有少数审判人员素质较差，工作不够深入，有的案件的处理质量不够高，还有个别审判人员甚至违法乱纪。这些问题的发生，虽然有客观原因，但主要是市高级法院领导的责任，工作抓得不够紧，作风不够深入，调查研究不够。我们要认真总结经验，吸取教训，克服缺点，解决存在的问题，把今后的工作做得更好。

二、1989年的工作意见

1989年，是治理经济环境，整顿经济秩序，全面深化改革十分重要的一年。在新的一年里，反映各种社会矛盾的刑事、民事、经济、行政案件，可能会比1988年增多。全市各级人民法院的中心任务是：遵照市人民代表大会的决议，依照法律的规定，努力做好各项审判工作，充分发挥审判机关的职能作用，为首都的社会安定，为治理经济环境，整顿经济秩序，全面深化改革和社会主义经济建设服务。

审判刑事、民事、经济和行政案件，是人民法院的基本任务。1989年，我们的工作重点是：

第一，继续贯彻执行依法从重从快的方针，严惩严重危害社会治安的刑事犯罪分子，对其中的惯犯、累犯、流窜犯、教唆犯、集团首犯，更要依法从严惩办。要坚决执行各项政策，对有投案自首、坦白交待、立功表现等从轻、减轻和免除刑事处罚情节的，依法予以从宽处理。

第二，继续贯彻一要坚决，二要慎重，务必搞准的原则，严惩严重破坏经济的犯罪分子。对改革和经济秩序破坏严重的，屡教不改的，要从重惩办；对大案要案，领导要亲自抓，组织力量及时审判。

第三，以贯彻执行民法通则为中心，保护公民、法人的合法权益。要在认真审判各类民事案件的同时，要加强对新情况、新问题的调查研究，总结审理知识产权和人身权等新类型案件的经验。要依法处理好涉外和涉台民事纠纷案件。要切实抓好人民法庭的建设和加强对人民调解委员会的业务指导。

要组织力量对民法通则实施两年多以来执行的情况进行一次全面的检查，总结经验，指导审判实践，并向市人民代表大会常务委员会作一次汇报。

要认真审理好各类经济纠纷案件。对承包、联营、租赁纠纷案件，技术合同案件，企业破产或清产还债案件等，要认真审理，及时总结经验。要了解新情况、新问题，对有关政策、法律的适用，及时进行研究。要精心办好涉外经济纠纷案件。

第四，积极、慎重地开展行政审判工作。在办好案件的同时，要健全行政审判机构。行政诉讼法公布后，要组织干部认真学习，并举办短训班对行政审判人员进行培训。

第五，增加执行力量，保证裁判的执行。要对去年的执行工作进行一次检查，在总结经验的基础上，召开一次执行工作会议，交流经验。要有一名副院长负责抓执行工作，建立、健全制度，加强对执行工作的具体指导，使执行工作走上轨道。

第六，做好申诉、告诉工作。要认真负责地接待告诉、申诉的当事人，符合立案条件的，要及时立案；不符合条件的，要做好说服教育工作。

第七，认真贯彻执行《北京市未成年人保护条例》。要采取多种方式，把教育、感化、挽救的方针贯穿在审判未成年人刑事案件的全部活动中，并努力把工作做好；要总结经验，健全和完善程序制度，并对“少年庭”的审判人员进行一次培训。

为保证审判任务的完成，严格依法办事，必须抓好业务建设。对审判工作中出现的新情况、新问题，要有计划、有重点地开展调查研究工作，对执行政策、适用法律及时进行指导。要在总结实践经验的基础上，制定一些简明扼要的、可以检查的办案规格，以进一步提高办案质量。

要在抓业务建设的同时，努力抓好干警队伍的建设。要继续贯彻党的十三届三中全会精神，抓好形势教育。“从严治院”，把廉政建设作为头等大事来抓，坚决抵制行贿送礼、吃请、说情等歪风。要对干部作风进行一次检查，对于违法乱纪的，要发现一个查一个，处理一个。同时要表彰清正廉洁、奉公执法的先进典型。要继续办好全国法院干部业余法律大学北京分校，积极筹办北京市法官培训中心，对审判员进行系统的培训。

1989年全市各级人民法院的任务是繁重的，我们要在党的路线和方针政策的指导下，在市人民代表大会及其常务委员会的监督下，在兄弟部门的配合和广大人民群众的支持下，积极工作，充分发挥审判机关的职能作用，为首都的改革、开放和社会主义现代化建设做出新的贡献。

北京市人民检察院工作报告（摘要）

——一九八九年四月二十三日在北京市第九届人民代表大会第二次会议上

北京市人民检察院检察长　何访拔

1988年，本市各级人民检察院，遵照市第九届人民代表大会第一次会议对检察工作的要求和最高人民检察院的部署，围绕治理经济环境、整顿经济秩序、全面深化改革，以严厉打击严重刑事犯罪活动和贪污、受贿等严重经济犯罪活动为重点，积极开展了各项检察工作。

一、继续严厉打击严重刑事犯罪活动，维护首都社会治安的基本稳定。

打击刑事犯罪活动，始终是检察机关的工作重点。一年来，本市各级检察机关与公安机关、人民法院密切配合，继续坚决贯彻执行依法从重从快惩处严重刑事犯罪分子的方针，并针对刑事犯罪和社会治安中的突出问题，与有关部门一道适时地开展了不同规模、不同内容、不同形式的专项斗争。在斗争中，各级检察机关受理公安机关提请批准逮捕的人犯7704名，经审查，批准逮捕7306名，比1987年批准逮捕人数增加20.2%。批准逮捕的人犯中有重大刑事犯罪分子2050人，比1987年增加54%。受理公安机关移送起诉的人犯8329名，经审查，已提起公诉7348名，比1987年起诉人数增加8.1%。决定起诉的人犯中有重大案犯1673人，比1987年增加46%。

对于重大案件，特别是杀人、抢劫、重大伤害等暴力恶性案件，重大流氓团伙案件，重大盗窃案件，各级检察机关都主动了解案情，参加现场勘验，提前介入公安机关的侦查、预审活动，既加强了互相制约、互相配合，又做到了在保证“准”的前提下，依法以尽可能快的速度批准逮捕和决定起诉，使这些犯罪分子及时受到法律的严厉制裁。

在开展专项斗争方面，主要是针对社会治安的突出问题，各级检察机关与公安机关、人民法院和有关部门协调行动，相继开展了打击抢劫犯、重大盗窃团伙、流窜犯，引诱、容留妇女卖淫犯，倒卖伪劣商品、票证、外汇等投机倒把犯，以及赌博犯等专项斗争。在斗争中，配合人民法院召开公告956名严重刑事罪犯的犯罪事实和审判结果的大会166次，显示了专政的威力，震慑了犯罪分子，也教育了群众。

北京铁路运输系统的检察机关也针对铁路系统出现的突出问题，与铁路公安、法院一道，积极开展了反盗窃和打击票贩子等专项斗争，保障了铁路运输的正常秩序和安全。

为了维护和鼓励同犯罪行为作斗争的积极性，检察机关对在国家财产、本人和他人的生命财产受到不法侵害时，敢于同犯罪分子作斗争，依法实行正当防卫的行为，坚决给予了法律保护，并注意表彰见义勇为的先进人物、先进事迹。

各级检察机关在严厉打击严重刑事犯罪的斗争中，严格区分罪与非罪的界限，保证了办案质量。去年起诉到法院的刑事案件，法院作出有罪判决的占99.9%。各级检察机关还认真履行对公安机关的侦查活动和法院的审判活动进行法律监督的职责，维护了法律的准确有效地实施。

加强对劳改犯和劳教人员的教育改造，是同刑事犯罪作斗争的一个重要组成部分。各级检察机关的监所检察部门，认真实行驻所检察、定期检察的制度，加强了对刑事案件判决、裁定的执行和监管改造场所活动的监督，并积极与公安、法院、劳改等部门配合，在全市看守所开展了打击“牢头狱霸”的斗争，在监管改造场所开展了坦白检举活动。同时，查处了劳改犯、劳教人员在监管场所内又犯罪的案件143件，处理了劳改犯、劳教人员及其家属的申诉案件218件。

二、积极开展以反贪污、反受贿为重点的打击严重经济犯罪的斗争，遏制腐败现象。

为保障治理经济环境、整顿经济秩序的顺利进行，促进廉政建设，各级检察机关把打击贪污、受贿犯罪的斗争，列为打击经济犯罪的第一位工作，作为检察工作的一个重点来抓，取得了一定成效。

1988年，全市检察机关受理各类经济违法犯罪案件1219件。经过调查，决定立案侦查587件，比1987年上升12.7%。其中万元以上的大案128件，比1987年上升48.8%。截至1988年底，已办结530件，为国家挽回经济损失1440万元。与1987年相比，贪污案件增加7.4%，受贿案件增加13.5%；贪污、受贿的大案分别增加30.6%和31.6%。

这些统计表明贪污、受贿案件呈现上升趋势，而且大案上升幅度是大的。特别是在这些犯罪活动中，出现了一些值得注意的新情况。(1)有些贪污、受贿犯罪分子贪婪成性，肆无忌惮地侵吞巨款。有的一旦犯罪得逞，便携款潜逃。中国科学院微电子中心器材处采购员沈晓平串通三个公司、商店的经理和一个个体户，贪污科研经费达39万元。(2)在某些单位、某些行业，贪污、受贿犯罪活动相当猖獗，而且常常是内外勾结，上下串通，合伙作案。市城建一公司管理材料的人员中，有39人进行贪污、受贿等犯罪活动，检察机关已收缴赃款29万元，其中仅材料科地材组组长刘承银与他人合伙贪污就达13.5万元。(3)在对外经济活动中的贪污、受贿案件增多。某公司工作人员刘某，勾结外商，编造假协议，从本单位虚报冒领16.5万美元。(4)贪污、受贿犯罪手段越来越诡秘狡猾，而且开始出现高智能犯罪活动。行贿受贿几乎都是“一对一，两手清”，不留把柄。中国银行电脑部一名电脑程序员，制造假程序，贪污外币折合人民币8万元。这些情况的出现，给反贪污、反受贿斗争带来了发现难、侦破难、取证难等一系列问题。各级检察机关，针对这种情况，认真分析当前贪污、受贿犯罪特点，统一思想认识，克服畏难情绪，制定相应措施，大力加强了惩治贪污、受贿犯罪的工作。采取的主要措施是：

第一，积极开展举报工作，认真受理举报线索，发动群众、依靠群众检举控告贪污、受贿犯罪活动。1988年1月，西城区检察院首先设置了检举、控告电话，公诸于世。同年8月，市检察院建立了举报中心，各区、县检察院和铁路运输检察院相继建立了举报站。从8月份到年底，共收到群众的举报材料2419件，其中有贪污线索486件，受贿线索246件。经过调查，已决定立案侦查36件，其中万元以上大案17件，为国家挽回经济损失430多万元；举报工作已经开始形成了一定声势，显示了一定威力。全市有13名经济犯罪分子到检察机关投案自首，交出赃款9.3万元。

第二，积极在一些行业或单位开展以反贪污、反受贿为重点的打击经济犯罪的专项斗争。东城区检察院深入到东单菜市场水产组，依靠群众，开展反贪污、反受贿的专项斗争，动员职工检举揭发犯罪分子。在两个多月里，相继挖出有贪污行为的违法犯罪分子25人，追缴赃款5.2万元。丰台区检察院在北京木材厂和皮革工业系统开展专项斗争，分别挖出13名和16名贪污、受贿犯罪分子。

第三，坚持有计划、有重点地深入到一些单位或系统，调查摸底，发现犯罪，同时加强同有关部门的联系，互通情况，建立健全案件移送制度，注意在办案中深挖罪犯。怀柔县检察院在本县旅游系统、公路系统深入调查，抓住一、两个案件，一面查证，一面不放过与案件相关连的人和事，不忽视任何一个细微末节，继续深挖，共查出11件18人贪污、受贿案件。

第四，增强检察人员的侦查意识，正确运用各种侦查手段，努力提高侦破犯罪的能力。首先是要求检察人员树立主动进攻观念，勇于进取，敢于碰硬，不怕艰难，坚定信心。丰台区检察院在办理皮件三厂副厂长武克强贪污、受贿、行贿一案时，该厂厂长说：“检察院想把皮件三厂搞乱，破坏改革，”并扬言“检察院到厂查武克强的问题没门，到时候我把他们全轰出去！”办案人员敢于排除阻力，经过艰苦大量的查证，终于查清武克强贪污达34万余元（实获赃款24.9万余元）、受贿3万余元，行贿2万余元的犯罪事实。其次是树立快速行动观念，抓住时机，及时果断，快速出击，不给犯罪分子喘息的机会。怀柔县检察院办理郭振月受贿案时，根据举报，及时查证，获取了一定证据后，立即立案传讯被告人，同时分兵两路，对被告家进行搜查，对其家属进行询问，结果搜出4万多元现金和存折，掌握了确凿证据，迫使被告人交待了自己的罪行。再者是恰当使用各种侦查手段获取证据。还有依靠政策、法律的威力，分化瓦解犯罪分子。即：一方面严肃处理严重的经济犯罪分子，绝不手软，另一方面，网开一面，对投案自首的、有立功表现的，依法从宽处理。这是揭露、分化瓦解和查处贪污、受贿犯罪分子的一个有效办法。

各级检察机关在打击经济犯罪斗争中，还努力克服“就案办案”的现象，结合办案，针对发案单位在管理、规章制度及财经纪律等方面存在的漏洞和隐患，及时发出检察建议，促进他们加强管理，帮助他们解决一些与案件有关联的经济问题。据海淀、东城等15个区县检察院不完全统计，一年来共向50多个单位发出检察建议50余份，为73个企业追回被骗款和流散资金189万余元。同时，通过以案讲法，召开案例发布会，编写经济犯罪案例宣传材料，举办打击经济犯罪情况的小型展览等多种形式，大力开展了法制宣传工作。

三、加强法纪检察工作，坚决查处渎职、重大责任事故和侵犯公民民主权利的犯罪案件，保护公民的合法权益。

1988年，全市共受理各类法纪检察的案件531件，经过调查，决定立案侦查124件。在立案侦查的案件中，国家机关工作人员和企业管理人员因渎职或违章作业，致使人民生命或国家财产蒙受重大损失的玩忽职守和重大责任事故案94件；司法工作人员和基层干部侵犯公民人身权利、民主权利案件20件；其他案件10件。另外，对受理后经过检查认为不够追究刑事责任的407件，则会同或转请有关部门作了处理。

在法纪检察工作中，各级检察机关主要抓了两点：一是狠抓重大案件的查处工作。二是坚持“严肃、慎重”的原则，严格区分罪与非罪的界限。各级检察机关提起公诉的法纪案件，经法院审理，均作出了有罪判决。

一年来，全市检察机关还受理公民来信来访9615件（次），办理公民申诉案件348件。通过认真处理公民的控告、申诉案件，保护了人民的合法权益，密切了与人民群众的联系。

四、认真进行执法检查，加强自身的廉政建设。

为了改善执法状况，提高执法水平，各级检察机关按照最高人民检察院和市人大常委会的部署和要求，在1988年下半年，对执行刑事诉讼法和刑法的情况进行了一次全面检查。全市共检查了1987年1月至1988年6月办理的各类案件2万多件，其中审查批捕案件1万多件，审查起诉案件8000多件，检察机关侦查的经济和法纪案件900多件，申诉案件400多件，抗诉案件30多件。从检查的结果看，各级检察机关执行法律、履行法律监督职能是严肃认真的，所办案件的质量绝大多数是好的。但也存在一些应予高度重视的问题。

第一是少数案件适用法律不当，定性不准。在批准逮捕的人犯中，经公安机关预审后作劳动教养处理的，决定撤销案件的和经检察院审查决定不起诉的共有45人，这些都是不应该批准逮捕的。在决定起诉的刑事犯罪案件中，经法院审理作出无罪判决的有11人。在检察机关侦查的经济犯罪案件中，提起公诉后经法院审理作出无罪判决的有6人。同时，检察机关所作出的免予起诉的决定中，也存在免予起诉不当的情况。出现这些问题，与我们市检察院在宏观指导上不够及时、有力是有关系的。我们认为，这是比较严重的问题，虽然发现后经过复查、核实，依法作了纠正，但应认真总结经验教训，改进今后工作。

第二是检察机关侦查的经济犯罪案件延长侦查羁押期限的，有些按照刑事诉讼法的规定是不应该延长的，甚至有的超过法定办案期限达一年之久。在刑事案件的审查批捕、审查起诉中，也有极少数案件，未能在法定时限内作出决定。还有，在讯问被告人、搜查、扣押物证和书证等工作中，也存在某些没有严格按照刑事诉讼法办事的现象。这些情况的出现，除办案人员不足，办案条件差，侦查手段落后等客观原因外，主要是由于少数检察人员法制观念比较薄弱，有重实体法、轻程序法的思想，法律政策水平还不高，工作能力也不够强所造成的。

第三是有的检察人员在办案中存在着打骂被告人，甚至吃请、受贿等违法乱纪问题。这不仅败坏了检察机关的声誉，而且给社会带来危害。1988年为此而受到党、政纪处分的检察人员有5人，其中开除公职1人，行政警告、记过的2人，免职的2人。

针对检查出来的问题，各级检察机关及时清理了久押不决的案件；建立了执法情况的检查制度；修订和补充了各种办案工作细则；加强了队伍建设。

在队伍建设中，各级检察机关把为政清廉作为主要内容，认真开展了廉政教育和职业道德教育。把“四个做到”、“八个不准”作为检察人员自我约束的准则。即：做到廉洁奉公，秉公执法，忠诚积极，文明办案；不准打骂案犯和群众，不准白吃、白喝、白拿，不准调戏妇女，不准滥用械具刑具，不准借办案之机动用或购买赃物，不准收受当事人及其亲属的礼品，不准弄权渎职、徇私枉法。为了接受人民群众的监督和舆论监督，增大检察工作的透明度，市检察院公开了举报工作的办事制度，建立了新闻发言人制度，通过新闻媒介向广大人民群众介绍检察工作情况，反馈举报案件的查处结果，听取社会各界的意见，及时发现和纠正工作中的缺点和错误。各级检察机关还大力开展了“争先创优”、“表彰先进”的活动。一年来，广大检察人员的政治、业务素质有了新的提高，涌现出一批严格执法，秉公办案，勤奋工作，尽心尽职的先进人物和先进集体。

1988年，本市检察工作取得了一些新的进展。但是，各级检察机关，无论是在工作上、制度建设上，还是在装备上、队伍建设上，都存在着不少不适应客观形势需要的情况。在新的一年里，各级检察机关一定发扬成绩，克服缺点，改进工作，加强队伍建设，健全各项制度，提高执法水平，忠实履行职责，竭尽全力，为保卫和促进改革和建设做出新的贡献。为此，市检察院在去年12月份召开全市检察长会议，部署了1989年的检察工作。要求各级检察机关必须认真贯彻落实党的十三届三中全会精神，和全国检察长会议精神，围绕党和国家的中心任务，坚持以惩治贪污、受贿犯罪为工作重点，积极开展严厉打击严重经济犯罪的斗争；继续坚决执行依法从重从快惩处的方针和稳、准、狠的原则，严厉打击杀人、抢劫、强奸、贩毒、流氓、重大盗窃、重大诈骗和行凶报复改革者和执法人员的犯罪分子。同时，认真搞好法纪检察和监所检察工作。

自觉接受来自各方面的监督，大力加强检察队伍的廉政建设，努力把检察机关建设成廉洁、高效、务实、遵纪守法的机关，争取在人民群众中树立起公正廉洁的好形象。

北京市第九届人民代表大会第二次会议
议案审查委员会关于代表议案的审查报告

（1989年4月24日北京市第九届人民代表大会第二次会议主席团第三次会议通过）

议案审查委员会主任委员　邢　军

本次会议收到议案共242件，其中代表团提出的议案8件，10名以上代表联合提出的议案234件。本次会议收到的议案，其中属于财政经济方面的68件；属于城市建设方面的47件；属于教育、科技、文化、卫生方面的66件；属于政法方面的49件；其他方面的12件。这些议案贯彻治理经济环境、整顿经济秩序、全面深化改革的方针，对调整经济结构、推进改革开放、大力发展教育和科技事业、控制和疏导人口、加强精神文明和民主法制建设等提出许多重要的意见和建议，同时对解决群众生活中的迫切问题方面也提出了很多重要的意见和建议。

议案审查委员会对上述议案进行了认真的审查，建议将18件列入市人大常委会议程，224件属于对各方面工作提出的具体意见，作为建议、批评和意见，分别交市人大常委会有关部门、市人民政府办公厅、市高级人民法院和市人民检察院研究处理，并答复提议案代表。现将分别处理的意见报告如下：

一、交市人大常委会审议的2件

1. 刘尚青等14位代表提出的“建议制定《北京市人民代表大会议事规则》”的议案（第24号）；

2. 罗豪才等29位代表提出的“关于在本市认真贯彻行政诉讼法的问题”的议案（第91号）。

二、交市人民政府办理，由市人大常委会审议的16件

1. 李福森等10位代表提出的“全社会都要高度重视计划生育工作，尽快制定本市计划生育法规”的议案（第5号）；

2. 孙焕然等17位代表提出的“北京市计划生育工作应尽快立法”的议案（第13号）；

3. 吕和平等13位代表提出的“制定计划生育地方性法规”的议案（第57号）；

4. 贺慧声等16位代表提出的“关于市属高校内部结构改革的五点建议”的议案（第66号）；

5. 杨时旺等10位代表提出的“应充分重视市属高校的地位和作用，加快其建设和改革”的议案（第73号）；

6. 肖燕军等10位代表提出的“要进一步加强爱国卫生工作”的议案（第88号）；

7. 林明美等23位代表提出的"要加强我市药品的监督管理工作"的议案（第94号）；

8. 姜维壮等15位代表提出的"切实加强对首都精神文明建设的领导"的议案（121号）；

9. 屠金城等29位代表提出的"认真落实药品管理法，必须加强中药管理"的议案（第141号）；

10. 查瑞传等14位代表提出的"建立人口综合管理委员会，加强人口管理"的议案（164号）；

11. 胡代聪等23位代表提出的"关于落实社会主义精神文明建设的意见和建议"的议案（170号）；

12. 阮章竞等11位代表提出的"在全市广泛开展做文明的北京人的宣传活动"的议案（第177号）；

13. 吴英等10位代表提出的"加强精神文明建设的建议"的议案（第185号）；

14. 林红等16位代表提出的"建议工商部门协同计划生育委员会抓好外来人员的计划生育工作"的议案（第194号）；

15. 陈福汉等13位代表提出的"关于对贯彻企业法情况检查的议案"（第212号）；

16. 郎蕴琳等11位代表提出的"建议成立计划生育举报中心"的议案（第220号）。

以上第5号、第13号、第57号、第164号、第194号、第220号议案内容相同并为一案；第66号、第73号议案内容相同并为一案；第94号、第141号议案内容相同并为一案；第88号、第121号、第170号、第177号、第185号议案内容相同并为一案。以上15件并案后为4项，加上第212号议案，共5项。

三、作为建议、批评和意见交市人大常委会有关部门、市人民政府办公厅及市高级人民法院和市人民检察院研究处理并负责答复代表的223件。具体议案见附件。

四、转送国务院有关部门参考的1件。具体议案见附件。

以上审查意见，建议主席团予以批准。

此外，本次会议收到代表提出的建议、批评和意见已进行整理，由市人大常委会办事机构分别交由市人民政府办公厅、市高级人民法院、市人民检察院和有关部门研究处理，并负责答复代表。

北京市第九届人民代表大会第二次会议关于北京市人民政府工作报告的决议

（1989年4月26日北京市第九届人民代表大会第二次会议通过）

北京市第九届人民代表大会第二次会议认真审议了陈希同市长所作的政府工作报告。会议认为，报告实事求是地肯定了北京市1988年社会主义现代化建设和改革开放的成绩，分析了面临的问题和原因，提出了1989年政府工作的主要任务和完成这些任务的政策、措施。报告贯彻了中国共产党十三届三中全会关于治理经济环境、整顿经济秩序、全面深化改革的方针，体现了七届全国人大二次会议的精神，是符合北京市实际情况的，所提出的各项任务、政策和措施也是切实可行的。会议决定批准这个报告。

会议要求，市人民政府要坚定不移地把建设和改革的重点突出地放到治理整顿上，继续压缩固定资产投资规模，控制消费基金的过快增长，整顿流通领域秩序，调整产业结构，深化企业改革，增加有效供给，并在治理整顿中切实解决群众普遍关心的物价、教育、人口、廉政建设和社会治安等问题，把稳定、改革和发展统一起来，在稳定中推进改革，求得发展。

会议提出，在发展社会主义商品经济的同时，必须大力加强社会主义精神文明建设，这是关系社会主义现代化建设成败的重要问题，在首都更具有特殊重要的意义。要坚持一手抓建设和改革，一手抓政治和思想领域的工作，引导人们以"实现四化、振兴中华"为己任，奋发图强，开拓进取。结合庆祝建国40周年和举办第11届亚洲运动会，广泛开展爱国主义和国际主义、社会主义和集体主义的教育，提倡奉献精神，发扬艰苦奋斗和勤俭节约的优良传统。

会议强调，安定团结的政治局面是社会主义现代化建设的根本保证，必须十分珍惜这种得来不易的政治局面，决不容许少数别有用心的人挑起事端，制造动乱。要旗帜鲜明地坚持四项基本原则，在全市各族人民中深入进行四项基本原则的教育，努力加强社会主义民主与法制建设，严格遵守和执行宪法、法律和法规，维护正常的社会秩序、生产秩序、工作秩序、教学科研秩序和人民群众的生活秩序，严厉打击打、砸、抢、烧等严重违法犯罪行为，以维护人民的根本利益，保障首都建设和改革的顺利进行。

会议号召，全市各族人民振奋精神，同心同德，克服前进中的各种困难，努力完成摆在我们面前的光荣而艰巨的任务，满怀信心地夺取首都社会主义现代化建设的新胜利！

北京市第九届人民代表大会第二次会议关于北京市1989年国民经济社会发展计划的决议

（1989年4月26日北京市第九届人民代表大会第二次会议通过）

北京市第九届人民代表大会第二次会议经过审议，并根据本次会议国民经济、社会发展计划和财政预决算审查委员会的审查报告，决定批准北京市人民政府提出的北京市1989年国民经济、社会发展计划，批准北京市计划委员会主任王军代表北京市人民政府所作的《关于北京市1988年计划执行情况和1989年国民经济、社会发展计划草案的报告》。

北京市第九届人民代表大会第二次会议关于北京市1988年财政决算和1989年财政预算的决议

（1989年4月26日北京市第九届人民代表大会第二次会议通过）

北京市第九届人民代表大会第二次会议经过审议，并根据本次会议国民经济、社会发展计划和财政预决算审查委员会的审查报告，决定批准北京市人民政府提出的北京市1988年财政决算和1989年财政预算，批准北京市财政局局长王宝森代表北京市人民政府所作的《关于北京市1988年财政决算和1989年财政预算草案的报告》。

北京市第九届人民代表大会第二次会议关于北京市人民代表大会常务委员会工作报告的决议

（1989年4月26日北京市第九届人民代表大会第二次会议通过）

北京市第九届人民代表大会第二次会议批准马耀骥副主任所作的北京市人民代表大会常务委员会工作报告。

会议要求，常务委员会在中国共产党十三届三中全会精神的指导下，贯彻七届全国人大二次会议决议，围绕本次大会确定的各项任务，认真行使宪法和地方组织法赋予的职权，进一步发挥地方国家权力机关的作用。要加强对治理整顿工作、国民经济社会发展计划和财政预算执行情况的监督检查，加快制定地方性法规的步伐，监督法律、法规的遵守和执行，逐步使监督工作程度化、制度化，加强自身的制度建设，密切同代表的联系。要旗帜鲜明地坚持四项基本原则，维护安定团结的政治局面，为保证本次大会决议的实施，促进治理经济环境、整顿经济秩序、全面深化改革任务的完成而努力。

北京市第九届人民代表大会第二次会议关于北京市高级人民法院工作报告和北京市人民检察院工作报告的决议

（1989年4月26日北京市第九届人民代表大会第二次会议通过）

北京市第九届人民代表大会第二次会议，批准刘云峰院长所作的北京市高级人民法院工作报告和何访拔检察长所作的北京市人民检察院工作报告。

会议要求，本市各级人民法院和人民检察院认真履行审判机关和检察机关的职责，坚持依法从重从快的方针，严厉打击严重危害社会治安的刑事犯罪活动；加强反贪污、反受贿的斗争，继续严惩严重经济罪犯；加强法纪检察和经济、民事等审判工作；进一步加强干警队伍建设，保持廉洁，秉公执法，提高办案质量，为治理经济环境、整顿经济秩序、全面深化改革，维护国家利益、集体利益和人民群众的合法权益服务，保障首都社会主义现代化建设和改革的顺利进行。

北京市第九届人民代表大会第二次会议主席团、秘书长名单

（1989年4月19日北京市第九届人民代表大会第二次会议预备会议通过）

主席团（71人　按姓名笔划排列）

丁　榕（女）　于卫国　马瑞卿　马耀骥　王万发
王立行　王　光　王兆熊　王炜钰（女）　王绍俊
王　宪　仉振亮（回族）　叶大澂（满族）　白介夫
邢　军　戎　易　朱京宝（女）　刘志英　刘尚青
刘建国　齐家蕙（女）　安士伟（回族）　许　文
纪辉玉（女）　严镜清　李巧云（女）　李进民
李其炎　李树忠　李锡铭　佘涤清　汪家镠（女）
张大中　张书明　张立文　张俊山　张继斌　张福森
张　镈　陆　昊　陈木森　陈明绍　陈宝森　陈福汉
范　瑾（女）　林　挺　金铁宽（满族）　郑云山
郑凤仪　孟志元　赵维华　赵鹏飞（满族）　胡大鹏
俞昌珈（女）　姚　望　贾长威　夏钦林　徐光炜
徐惟诚　高贺荣　浦洁修（女）　陶大镛　盛绳武
阎同茂　彭兴远　董时中　覃异之　靳　晋　蒲怀瑛
黎　光　潘志明

秘书长

黎　光

北京市第九届人民代表大会第二次会议主席团常务主席名单

（1989年4月19日主席团第一次会议推定）

（15人）

李锡铭　赵鹏飞（满族）　徐惟诚　李其炎
汪家镠（女）　李进民　马耀骥　黎　光　夏钦林
邢　军　覃异之　陶大镛　浦洁修（女）　陈明绍
戎　易

北京市第九届人民代表大会第二次会议副秘书长名单

（1989年4月19日主席团第一次会议决定）

赵有光　郑怀义　贾九朝　李丙仁　徐炳忠　王昭钺　周福伦　杨登彦　段柄仁　周泽民

北京市第九届人民代表大会第三次会议

(1990年3月3日——9日)

北京市第九届人民代表大会第三次会议于1990年3月3日至9日在京丰宾馆举行。会议代表873人。北京市选出的部分七届全国人大代表,中共北京市委、市顾委、市纪委、市政协、市法院、市检察院的负责同志,市人大常委会和市政府有关部门的负责同志,以及区、县政府的负责同志列席了大会。

大会听取、审议和批准了市长陈希同所作的政府工作报告。报告分二个部分:一、1989年工作的回顾,二、1990年的工作。

大会审查批准了北京市计划委员会主任王军所作的关于北京市1989年计划执行情况和1990年国民经济、社会发展计划草案的报告,审查批准了北京市财政局局长王宝森关于北京市1989年财政预算执行情况和1990年财政预算草案的报告。

审议批准了市人大常委会工作报告、市高级人民法院工作报告和市人民检察院工作报告。审议通过了市人民代表大会议事规则，通过了关于开展向雷锋同志学习活动的号召。

大会收到议案158件，其中财经类48件、城建类24件、文教卫生类58件、政法类28件。

李锡铭致闭幕词。

政府工作报告

——1990年3月3日在北京市第九届人民代表大会第三次会议上

北京市市长　陈希同

各位代表：

我代表北京市人民政府，向大会作工作报告，请予审议。

1989年工作的回顾

1989年是首都历史上极不寻常的一年。这一年，全市各族人民在制止动乱和平息反革命暴乱的斗争中经受了严峻考验，做出了巨大奉献；这一年，治理整顿全面展开，取得了明显成效，改革开放排除资产阶级自由化和社会动乱的干扰，继续健康发展；这一年，首都的经济建设克服某些西方国家对我国实行经济制裁带来的不利影响，尽力夺回动乱和暴乱所造成的损失，仍然获得了丰硕成果；这一年，社会主义精神文明建设在制止动乱和平息反革命暴乱后大大加强；这一年，首都人民在取得政治稳定、经济发展和精神文明建设的重大成就中，热烈庆祝了中华人民共和国建国四十周年。难忘的1989年，是首都人民经受多方面考验的一年，也是在建设有中国特色的社会主义道路上继续胜利前进的一年。

一、赢得了制止动乱和平息反革命暴乱斗争的伟大胜利

去年春夏之交发生在北京的动乱和反革命暴乱，是一场关系国家和民族生死存亡的严重政治斗争。中共中央、国务院和中央军委在极其复杂严峻的形势面前，果断决策，在北京部分地区实行戒严，粉碎了国内外敌对势力妄图推翻中国共产党的领导、改变社会主义制度、颠覆人民共和国的阴谋，保卫了一百多年来无数革命先烈和仁人志士流血牺牲换来的民族独立、人民当家作主的成果，保卫了四十年来社会主义建设和十年来改革开放的成果，避免了国家陷入内乱、人民再受灾难的严重后果。实践证明，党和政府为制止动乱、平息反革命暴乱而确定的方针和采取的措施，体现了各族人民的共同意志和根本利益，是非常英明的，是完全正确的。

在这场惊心动魄的斗争中，中国人民解放军指战员、武警官兵和公安干警忠实地履行了国家和人民赋予的神圣使命，为捍卫社会主义共和国立下了丰功伟绩，以鲜血和生命写下了历史的光辉篇章。

在那些严峻的日子里，全市各级政府和绝大多数工作人员面对着剧烈的冲击，承受了巨大的压力，坚定地站在斗争的第一线，不怕困难，不畏艰险，夜以继日地工作，坚决贯彻了中共中央的决策和中共北京市委的决定，坚决执行了市九届人大二次会议决议中关于要旗帜鲜明地坚持四项基本原则，维护安定团结的政治局面，绝不允许少数别有用心的人挑起事端、制造动乱的要求，团结和依靠广大人民群众，全力支持和配合戒严部队，最大限度地孤立和打击极少数敌对分子，迅速稳定了首都的局势。

在动乱和暴乱造成的巨大困难面前，首都人民表现出高度的政治责任感和崇高的自我牺牲精神。各条

战线、各行各业涌现出许许多多支持和保护人民子弟兵，坚决与暴徒作斗争，军爱民、民拥军、军警民共同维护首都秩序的动人事迹。全市工人、农民、知识分子坚守岗位，忘我劳动，为保证社会生活的正常运转，夺回动乱和暴乱造成的损失，做出了可贵的贡献。

在此，我代表市政府，向为制止动乱、平息反革命暴乱而英勇献身的共和国卫士们致以深切的哀悼！向为保卫首都社会主义事业建立了历史功勋的解放军指战员、武警官兵和公安干警表示崇高的敬意！向在各条战线为夺取制止动乱、平息反革命暴乱的胜利而贡献力量的工人、农民、知识分子、干部、街道积极分子和广大市民表示由衷的感谢！向对我们制止动乱、平息反革命暴乱表示理解和支持的港澳台同胞、海外侨胞和外国友好人士表示诚挚的谢意！

二、治理整顿和深化改革取得了明显成效

治理整顿的全面展开，使长期形成的总需求大大超过总供给的矛盾开始缓解，经济环境得到改善，为进一步调整产业结构、产品结构和企业组织结构，实现经济持续稳定协调发展创造了条件。

——零售物价上涨幅度得到有效控制，由上年的21.9%回落到18.5%，下降了3.4个百分点；47种人民基本生活必需品价格上涨幅度回落到8.6%，比上年降低了9个百分点，实现了国务院和市九届人大二次会议提出的“明显低于1988年”的控制目标。物价趋稳，人心安定，增强了对进一步搞好治理整顿的信心。

——固定资产投资规模和消费基金双膨胀开始得到抑制。1989年地方全社会固定资产投资规模压缩31.8亿元，比上年实际压缩了32.8%，停缓建项目549个，投资规模过大的局面初步扭转。银行四项工资性现金支出增长13.5%，明显低于上年增长25.6%的幅度。社会集团消费品零售额增长3%，大大低于上年增长28.7%的幅度。

——过高的工业增长速度降了下来，增长幅度由上年的17.1%降为6.5%。

——流通领域中的混乱状况得到治理。全市撤、改、并公司1014家，其中撤销700家。党政机关办的各种公司已撤销或脱钩，机关干部在公司兼职或任职问题已基本解决。物价和税收管理得到加强，市场和金融秩序有所好转。

走过十年光辉历程的社会主义改革大业，继续向纵深发展，成为推动社会主义现代化事业不断前进的强大动力。以集体合作生产经营为特征的农业适度规模经营在京郊平原地区逐步推广，成为农业丰收的重要因素；以“两保一挂”为主要形式的企业承包经营责任制不断深化，进一步激发了广大职工的积极性，在克服多方面的困难、保持经济增长中，显示出巨大威力；优化劳动组合深化了企业内部劳动、人事、工资制度的改革，促进了劳动效率和企业素质的提高；住房制度的改革，在总结经验的基础上扩大了试点范围；中小学校内部管理体制的改革在全市普教系统全面展开，学校内部的活力得到增强；科技领域的改革促进了科研与经济、社会发展的结合，加快了科技成果开发和应用的进程；文化、卫生、体育等领域的改革试点取得了较好效果；政治体制改革也进行了有益的探索。

三、国民经济克服动乱、暴乱的严重影响和资金、能源等严重不足的困难，在治理整顿中继续发展

1989年首都城乡经济受到了动乱和反革命暴乱的严重影响，遇到了资金、能源、原材料和运力的严重不足以及多种自然灾害，有的计划指标没有达到，但在治理整顿中仍然保持了一定的增长幅度。同上年相比，按可比价格计算，国内生产总值450亿元，增长4.2%；国民收入333.6亿元，增长4.8%；财政收入71亿元，增长4.3%，连续七年稳步增长。

农村经济持续发展。农业总产值25.5亿元，增长5.5%。粮食生产战胜了历史上罕见的干旱，连续十二年获得丰收，总产23.92亿公斤，比上年增加4800万公斤；单产再创历史最高水平，达到538公斤。副食品生产全面完成计划，菜、肉、蛋、奶、鱼、果的产量都有较大幅度增长，首都居民的“菜篮子”更加丰富。农田水利基本建设受到重视，投入工日1260万个，完成土石方2366万立方米。山区建设进一步加强，贫困地区面貌有了变化。在壮大农村集体经济实力中发挥重大作用的乡镇企业，在城乡一体化方针的指导下，与城市企业紧密结合，继续向前发展，全年总收入达到141.6亿元，比上年增长19.2%，利润增长13.7%。农村人均劳动所得1207元，比上年增长11.8%。集体经济积累率达21%，是实行责任制以来最高的一年。

工业企业在各方面紧缩的情况下，靠内部挖潜、产品更新换代和双增双节，克服重重困难，实现总产值445.9亿元，增长6.5%。煤炭、发电量、钢、钢材等重要产品的产量均有不同程度的增长，100种重点短

线产品、100种小商品和26种人民生活必需品大部分完成或超额完成了计划,技术比较先进、适应市场需求的新产品、新品种大量增加,产品质量有所改善。预算内国营工业企业上缴利税30.7亿元,比上年增长1.3%。交通运输、邮政电信和地质勘探等工作都取得了新成就。

市场商品充裕,品种丰富。全年社会商品零售总额266.7亿元,比上年增长13.8%。关系国计民生的重要商品、特别是主要副食品货源充足,价格平稳。新增商业服务业网点1万个,改建、扩建集贸市场154个,进一步方便了群众生活。广大商业职工在严峻的形势下,迎难而上,确保了人民群众和戒严部队生活必需品的供应。

对外经济贸易在某些西方国家对我国实行经济制裁的情况下创出新水平。外贸出口总额11.6亿美元,比上年增长13.6%,超额完成10.5亿美元的奋斗目标。新批准成立"三资"企业185家,比上年增长25%。

经济发展为劳动就业创造了有利条件,全年城镇新成长劳动力12万人中已安置10万人就业。年末城镇累计待业率仅为0.5%。

四、城乡规划、建设和管理取得新的成绩

规划是城乡建设的"龙头"。城乡规划的编制和管理工作向深度和广度发展。分区规划范围已发展到三环路以外。道路、交通、供水、燃气、污水处理、环境绿化等专业规划方案得到充实和完善。有关部门对规划市区隔离地带的土地利用情况进行了全面调查,并对部分地区进行了初步整治。近郊区的乡域规划经过试点已逐步展开,远郊各县的县域规划也有很大进展。

全年建筑竣工面积1047万平方米。重点工程、特别是亚运会工程进展顺利,31个比赛场馆已大部分竣工。建成住宅577.5万平方米,又有11万户居民迁入新居。城市赖以生存和发展的基础设施建设进一步加强,33项市政工程先后竣工。新建城乡干线道路8条,共56公里。"东厢"道路工程全部完工,缓解了东南城区交通不畅的困难。全年发展燃气用户11.3万户,新增集中供热面积180万平方米。邮政电信设备进一步改善,新增市内电话用户3.8万户,是解放后增加最多的一年。新农村建设也有较大发展。

城乡绿化、美化和环境治理的步伐明显加快,完成的工作量是近几年来最多的一年。全年城市植树273万株,铺草坪148万平方米,栽花卉116万株。城市绿化覆盖率由25%提高到26%,人均绿地面积由5.8平方米上升到6平方米。全民义务植树提前实现"七五"计划规定的目标。郊区植树1621.5万株,超计划62%,荒山造林15.1万亩,飞机播种造林54.1万亩,新封山育林20万亩。环境保护实行了市区县责任制,在各方面共同努力下,年初计划的10项任务全面完成。

城市管理水平不断提高,逐步走上依法管理的轨道。对减少6种非正常死亡继续实行指标管理,死亡人数比上年减少208人,下降21.2%。其中交通事故的死亡人数在连续三年大幅度下降的情况下,又比上年减少105人。

五、教育、科技、文化、卫生、体育等各项社会事业取得新的进步

去年政府工作报告中提出的"关于开创首都教育事业新局面"的方针和10项措施得到了贯彻落实。预算内教育经费支出占全市财政支出的比重,由1988年的18.1%提高到20.06%。普教事业费的增长幅度大大高于财政收入的增长幅度。教师待遇有所提高,全市中小学校教职员工的平均收入水平已接近全民所有制企业职工的平均收入水平。办学条件进一步改善,新建、扩建小学150所,总面积31.9万平方米,在连续四年共净增20万小学生的情况下,没有出现二部制。九年制义务教育正在顺利实施,小学入学率上升到99.7%,初中入学率上升到99.1%,中小学生流失率继续下降。市属高校和中专学校的重点学科建设得到加强,职业技术教育和成人教育的办学方向进一步明确,办学水平也有新的提高。

科技工作在与首都经济建设结合上取得了较好成绩。全年取得科技成果3829项,推广应用2914项,新增产值20亿元,创利税4.4亿元,均比上年有较大幅度的增长。"星火计划""已提前一年超额完成,四年共推广先进适用的农业配套技术48项,开发工业新产品765种,培训农村技术和管理骨干20余万人。面向大中型企业的"工业技术振兴计划"成效显著,为产品结构的调整和引进技术的消化吸收提供了一条行之有效的途径。新技术产业开发试验区已有857家新技术企业,技、工、贸收入达18亿元,创汇3430万美元。技术市场稳定发展,成交总额达27.9亿元。

文化事业坚持为人民服务、为社会主义服务的方向,贯彻一手抓"扫黄"、一手抓繁荣文艺的方针,创作上演了不少弘扬民族传统、鼓舞人民斗志的好作品

和好剧目。企业文化、社区文化和群众文化也有新的发展,在丰富和活跃人民精神生活方面发挥了积极作用。文物保护工作得到加强,博物馆、图书馆、文化馆、档案馆的建设和管理都有新进展。

医疗卫生条件进一步改善,新增病床2545张,城乡医疗卫生网络基本形成。急救事业迅速发展,在救死扶伤中发挥了显著作用。各级卫生部门认真贯彻预防为主的方针,采取多种措施,有效地控制了传染病的蔓延,全市传染病总发病累计报告数比上年下降28.8%。

计划生育工作在出现第三次人口生育高峰的形势下取得了新的进展。全市人口出生率由上年的14.4‰下降为12.84‰,计划生育率由上年的95.31%上升为95.83%。计划生育的宣传活动和社会舆论进一步加强,广大计划生育工作者深入基层,深入农村,为控制首都人口过快增长作出了不懈的努力。

体育事业也有新的发展。群众性的体育活动遍及首都城乡,人民体质有所增强。体育工作者为提高竞技水平进行了艰苦的工作和训练,许多运动员在国际国内重大比赛中奋力拼搏,创出了好成绩。

民政工作受到各级政府和社会的普遍重视。基层政权建设和群众自治组织建设有了明显进展。城镇居民委员会和农村村民委员会进一步健全了组织机构和工作制度。以社区服务为重点的城市社会福利事业向多层次、多功能方向发展,新建社区服务中心31个,为残疾人服务的福利事业得到社会各界的广泛支持。救灾扶贫工作获得了好成绩。优抚工作、复转军人安置工作和离退休干部工作也做出了新的成绩。

六、社会主义精神文明和民主法制建设进一步加强

市政府成立了首都精神文明建设综合治理领导小组,制定了加强首都精神文明建设的两年实施方案,在全市广泛深入地开展了"做文明市民、创文明单位、建文明城市"的活动和以军民共建为主要形式的各种共建精神文明活动。资产阶级自由化思潮受到批判和抵制,社会舆论导向发生了很大变化,共产主义理想情操、社会主义道德风尚得到发扬,学雷锋、学赖宁的活动深入开展。各级政府大力表彰精神文明建设的先进典型,全市普通开展了"创造优美环境、建立优良秩序、搞好优质服务"的活动。"扫黄"和除"六害"的斗争取得了较大成效,有力地打击了犯罪分子,净化了社会环境,受到群众的热烈拥护和支持。

自觉接受人民代表大会和人大常委会的监督,及时向各级人大常委会和人大代表汇报工作,是各级政府工作的一项重要制度。一年来,市政府向市人大常委会汇报工作27次;办复议案16件,建议、批评和意见1244件;接待全国人大代表、全国政协委员、市人大代表、市政协委员视察工作1122人次。民主协商的工作有了改进。全年向市政协和各民主党派、群众团体通报工作5次,办复市政协委员提案670件,并就全市经济、社会发展中的若干重大问题同市人大代表、市政协委员座谈21次,广泛听取了各界的意见。群众来信、来访工作普遍加强。与群众直接沟通联系的市长电话、群众呼声电话和群众监督电话已初步形成网络,在解决人民群众的实际问题中发挥了作用。

政府法制工作进一步加强。全年提请市人大常委会审议的地方性法规草案和市政府制定发布的行政规章共有61项。一度被动乱和暴乱破坏的法制很快得到恢复。行政执法工作得到改善,普及法律知识和法制宣传工作也有新的进展。配合人民法院和人民检察院落实《关于贪污、受贿、投机倒把等犯罪分子必须在限期内自首坦白的通告》,开展了反贪污、反贿赂、反投机倒把的重大战役,震慑了各类经济犯罪分子,也教育、挽救了一批失足人员。

一年来,首都各项事业的成就是来之不易的。每一个为之进行了艰苦斗争和付出了辛勤劳动的人,都有理由为自己所创造的丰硕成果而感到由衷的自豪。

首都各项事业的成就再次证明了,中国共产党是领导我们事业的核心力量,没有这个核心,国家必然分裂,民心必然涣散。任何否定中国共产党领导的言论和行动都是极端错误的,都应理所当然地受到坚决的反对和制止。

首都各项事业的成就再次证明了,社会主义事业是不可战胜的,它代表了人类历史发展的方向,是我国亿万人民的历史选择。只有坚持社会主义道路,我们的国家、我们的首都才能繁荣昌盛,人民才能富裕幸福。如果像极少数人主张的那样走资本主义道路,必然导致中国历史的大倒退,我们的国家必将重新陷入贫困衰落的状态,我们的人民也将再度沦为外国资本和本国剥削阶级的双重奴隶,这是绝对不能允许的。

首都各项事业的成就再次证明了,必须不断加强民主和法制建设,全心全意依靠工人阶级,巩固以工人阶级为领导的、以工农联盟为基础的人民民主专政。只有充分发扬社会主义民主,切实保障人民的民主权利,逐步建立完备的法制,才能调动和保护各方面的积极性。同时,绝不允许极少数敌视社会主义的人兴风作

浪，任何时候都不能放弃对敌人实行专政。中国人民解放军是人民民主专政的坚强柱石，只要加强军民团结，任何敌对势力妄图推翻中国共产党的领导和颠覆社会主义中国的阴谋，都将被彻底粉碎。

首都各项事业的成就再次证明了，改革开放是社会主义制度的自我完善和自我发展，是强国之路，也是繁荣首都之路。只有坚持改革开放，并使它牢固建立在坚持四项基本原则这个立国之本的基础上，才能极大地激发和正确地引导广大人民群众建设社会主义的积极性，从而推动社会生产力的发展。在改革开放问题上，任何犹豫动摇甚至走回头路都是错误的；任何企图假借改革开放之名否定社会主义制度的言行都是不能允许的。

首都各项事业的成就还证明了，维护政治稳定和社会安定，是一切事业得以发展的前提条件，是各族人民的最高利益。人民对动乱早已深恶痛绝。动乱不得人心，暴乱必定失败。谁破坏稳定的局面，谁就是历史的罪人。

首都各项成就的取得，是全市各族人民和衷共济、团结奋斗的结果；是市人大常委会和人大代表监督、支持，市政协和各民主党派、人民团体支持、合作的结果；也是与一切关心首都建设的同志们和朋友们的支持、帮助分不开的。请允许我代表市政府，向在各条战线上为首都建设贡献力量的全市各族人民，向支持首都各项事业发展的中央在京单位、驻京部队和各兄弟省、市、自治区致以衷心的谢意！向致力于统一祖国和建设首都的港澳台同胞、海外侨胞致以亲切的问候！向一切同我们友好相处，支持首都建设的外国朋友表示由衷的感谢！

在肯定成绩的同时，我们也要清醒地看到首都建设中面临的困难。这里既有以往长期存在的矛盾，也有经济调整过程中新出现的问题，两者交织在一起，错综复杂，必须认真对待。

首先，长期困扰首都城市发展的矛盾还没有根本缓解。一是城市水资源、土地资源和能源严重短缺，制约着首都经济、社会的发展和人民生活水平的提高。水、电、气、热、交通、邮电等城市基础设施建设，尽管连续多年做了极大努力，但仍然不能适应人口的急剧增长和城市规模的日益扩大。原有设施严重老化，长期超负荷运转，存在着不少隐患。二是经济技术水平仍然相当落后，生产、建设、流通领域普遍存在着高消耗、低效益，高投入、低产出的现象，管理水平不高，浪费相当严重。三是建设资金严重不足，财政补贴急剧增长，社会生产和人民生活所急需的许多项目长期苦于缺少资金而无法进行建设，财政补贴大幅度增长尚未得到有效遏制。四是人口压力继续增大。全市常住人口去年末已达到1021万人，人口自然增长在九十年代将达到高峰，迁移增长尚未得到有效控制，老龄人口迅速增加，流动人口持续增多，加重了首都城市建设和城市管理的困难。这些矛盾绝不是一朝一夕所能解决的，还将长期影响首都的现代化建设。

其次，治理整顿虽然取得了明显的成效，但产业结构、产品结构、企业组织结构调整的任务远未完成。在努力控制物价上涨的过程中，某些价格的扭曲矛盾还不可能有较大的变化，理顺价格关系还需要做很大的努力。平均主义和收入悬殊过大的社会分配不公问题远没有消除。在坚持压缩基建规模、实行双紧方针取得很大成绩的同时，又出现了市场销售疲软，流通不畅，工业增长速度回落过猛，部分企业开工不足，少数企业停产、半停产等问题。

在政府工作的指导上也有不足和失误。主要表现为：存在着偏重经济建设而对思想政治工作有所放松的“一手硬、一手软”的问题；社会治安和社会风气没有明显好转；在经济建设和有的改革措施的推行中也不同程度地存在着急于求成的现象；在微观搞活的同时，加强综合平衡和宏观调控的措施不够有力；政府领导干部和工作人员中不同程度地存在着官僚主义、脱离群众的问题，一些人办事拖拉、推诿、不负责任，少数人以权谋私、贪污受贿。

以上这些困难和问题要在进一步治理整顿、深化改革、推进现代化建设和廉政勤政建设中切实加以解决。

1990年的工作

1990年是治理整顿的关键一年，也是前进道路上困难较多而又充满希望的一年。按照中共十三届五中全会的精神、国务院的部署和中共北京市委六届八次全会的要求，今年市政府工作的主要任务是：坚决维护政治稳定和社会安定；进一步推进治理整顿，深化改革，扩大开放；努力保持国民经济适度增长，增加有效供给。全市国内生产总值计划增长4%，农业总产值增长4%，工业总产值增长5%，财政收入增长4%，教育、科技、文化、卫生、体育等各项社会事业稳步前进，努力完成和超额完成“七五”计划，并着手制定“八五”计划。集中力量办好第十一届亚运会，以此为契机，大力推进首都社会主义精神文明建设、民主法制建设以及各项工作的开展。

一、坚决维护首都的稳定

政治稳定和社会安定是治理整顿、深化改革、实现社会主义现代化建设目标的前提，是贯穿全年工作的一条重要指导方针。作为全国的政治中心、文化中心和国际国内交往中心，北京的稳定不仅对全国有着极其重要的影响，也为世界所关注。因此在首都，稳定高于一切！稳定压倒一切！全市各族人民一定要像爱护自己的眼珠一样，努力维护首都的政治稳定和社会安定。

（一）大力加强思想政治工作，长期不懈地进行坚持四项基本原则、反对资产阶级自由化的教育。

资产阶级自由化是当今发生动乱的一个主要根源。如果听任资产阶级自由化泛滥，必然动乱不止，国无宁日，人民遭殃。要维护首都的稳定，防止新的动乱和暴乱，就必须坚定不移地、长期不懈地进行坚持四项基本原则的教育，旗帜鲜明地反对资产阶级自由化。必须看到，国外敌对势力绝不会改变对社会主义国家实行“和平演变”的战略，还会采用各种手段继续对我国进行渗透、颠覆和破坏；国内极少数顽固坚持资产阶级自由化的人还会千方百计散布反对共产党的领导、反对社会主义制度的观点；敌对分子还在从事非法的破坏活动；动乱和反革命暴乱期间一度泛滥的反动思想的恶劣影响，并没有随着暴乱的平息而完全消除；社会上也存在着其它一些影响稳定的因素。因此，搞资产阶级自由化与反资产阶级自由化，渗透与反渗透，颠覆与反颠覆，“和平演变”与反“和平演变”的斗争将是长期的、复杂的，有时甚至是十分激烈的。我们必须保持高度的警惕，树立长期斗争的思想，加强思想政治工作，积极主动地用马列主义毛泽东思想占领意识形态领域的阵地，对广大干部群众进行生动活泼的思想教育。这种教育进行得越深入、越有效，社会就越稳定。

要紧密围绕贯彻党的路线、方针、政策，有针对性地进行马克思主义基本理论的宣传教育；进行爱国主义、集体主义、社会主义的教育；进行向雷锋学习、弘扬雷锋精神的教育；进行基本国情、市情和国内国际形势的教育；进行自力更生、艰苦奋斗的教育，使广大干部群众牢固树立社会主义、共产主义必胜的坚定信念。当前，要深入宣传中共十三届五中全会精神，把我国的经济形势、面临的困难、造成困难的原因、解决问题的办法以及今后发展的前途，如实地告诉群众，使大家了解和理解国家以及本单位的困难，以主人翁的态度去分担并努力克服这些困难。目前，京郊农村开展的社会主义教育、工业系统进行的“闯难关大讨论”，取得了很好的效果，他们的经验正在推广。通过广泛深入地开展以社会主义思想教育为主题的思想政治工作，把广大干部群众的思想统一到中共十三届五中全会的决定上来，以增强信心，振奋精神，齐心协力完成治理整顿、深化改革和其它各项任务。

（二）坚决贯彻执行党和国家的各项基本政策，保持政策的连续和稳定。

保持党和国家各项基本政策的稳定，特别是保持改革的各项重要政策的连续，对维护政治稳定、经济稳定和社会稳定极为重要。政策稳则民心安，各项事业才能健康发展。必须毫不动摇地贯彻执行中共十一届三中全会以来的各项基本政策。特别是近年来已被实践证明是行之有效的各项改革政策，绝不能随意否定。如果有些政策需要在实践中调整、补充和完善，也要做好宣传解释工作。

政策和策略是党和政府的生命。保持政策的连续和稳定，关键在于各级领导机关和领导干部必须具有严格执行政策的自觉性。对于置党和国家政策于不顾、各行其是的不正之风，要坚决刹住，从严查处，以维护党和国家政策的严肃性。

（三）坚决惩治腐败，切实加强廉政建设。

惩治腐败、保持廉洁，是密切政府同人民群众的联系、维护政治稳定和社会安定的重要环节。应当充分肯定，各级政府的工作人员绝大多数是廉洁奉公的，他们在清苦的条件下，坚守岗位，为人民兢兢业业地工作。但是，在剥削阶级思想仍然存在的条件下，权力与金钱交易的腐败现象还会侵蚀干部队伍中的少数意志薄弱者，加上近些年来这方面的工作抓得不紧不狠，腐败现象一度滋长蔓延，某些方面还相当严重，已经引起了人民群众的强烈不满，极大地损害了政府的威信。我们必须以对国家高度负责、对人民高度负责、对历史高度负责的精神，坚定地、毫不含糊地继续进行反腐败斗争，下大力量解决这些问题，建设廉洁高效的政府。

当前，要从查处大案要案入手，着重查处贪污受贿、投机倒把、以权谋私、奢侈浪费、失职渎职、严重官僚主义等案件，并要大力整顿行业不正之风。对违法、违纪者坚决绳之以法，绳之以纪。监督、查处的重点，一是领导机关和领导干部；二是行政管理执法人员；三是公共事业、行业管理部门的工作人员。要进一步加强各级监察和审计机构的建设，完善监督体系，健全举报制度和已经试行的特邀监察员制度，使各种行政权力的行使都能置于法律、法规、规章的约束和广大群众的监督之下。对去年中共中央、国务院和中共北京市委制定的各项廉政措施的落实情况，要进行全面检查，没有做到的要限期做到；领导干部实际生活水平明显高于合法收入的，纪检、监察部门有权要求他们做出说明；行政机关和公用事业部门要继续推行“公开办事章程，公开办事结果”的制度，加强内部制约机制的建设，坚持不懈地深入进行为人民服务，对人民负责的教育和职业道德教育。各地区、各部门、各单位的行政领导都必须亲自抓廉政工作，把群众反映强烈的问题作为制定廉政建设措施的重点，把任务层层分解落实，并做好宣传教育工作。通过监督、惩治和广泛的宣传教育，使所有国家工作人员特别是领导干部牢固树立起廉政为民、勤政爱民、克己奉公、遵纪守法光荣，贪污腐败、奢侈浪费、玩忽职守、图谋私利、违法乱纪可耻的观念，自觉抵制剥削阶级思想的腐蚀。

（四）继续推进社会主义民主和法制建设。

充分发扬社会主义民主，进一步健全社会主义法制，是维护政治稳定和社会安定的重要保证。当前社会主义民主建设要致力于保障人民群众的民主权利，坚持和完善人民代表大会制度、共产党领导的多党合作和政治协商制度，建立和健全民主决策、民主监督的程序和制度。政府工作要首先接受人大常委会和人大代表的监督检查。认真贯彻落实《中共中央关于坚持和完善中国共产党领导的多党合作和政治协商制度的意见》，主动密切同人民政协、各民主党派、无党派爱国人士的联系，充分发挥他们参政议政、民主监督的作用。积极支持工会、共青团和妇联等群众团体依照法律和各自的章程独立自主地开展工作，充分发挥他们在政府与人民群众之间的桥梁和纽带作用。认真贯彻落实党和国家的民族政策、宗教政策和侨务政策，维护和发展各民族平等、团结、互助的关系，保障少数民族的合法权益，不断加强同少数民族人士、宗教界爱国人士和归侨界人士的协商与合作，及时向他们通报首都政治、经济和社会生活中的重要情况。首都改革和建设的重大决策过程中，都要充分倾听各方面的意见，特别要注意倾听不同意见，真正实现决策工作的民主化、科学化。继续加强基层政权和基层群众自治组织的建设，调整充实人员，加强干部培训，充分发挥他们在管理社会公共事务中的作用。

社会主义法制是社会主义民主的体现和保障。政府法制工作是社会主义法制建设的重要组成部分。今年，政府法制工作要认真贯彻依法治市、依法治区、依法治县、依法治乡的精神，围绕《中华人民共和国行政诉讼法》的实施大抓依法行政，建立各级行政案件复议制度、保障公民、法人和其他组织的合法权利，维护和监督行政机关依法行使权力。政府法制部门要根据国家立法要求以及本市治理整顿、改革开放和现代化建设的需要，及时提出地方性法规草案或制定行政规章，加快将各项工作纳入法制轨道的步伐。市政府今年计划完成50项法规起草和规章制度工作。进一步加强政府执法队伍的培训，提高他们的政治素质和业务水平。继续深入进行法制宣传教育，提高公民的法制观念。

我们的国家是人民民主专政的国家，在充分发挥人民民主的同时，必须强化国家的专政职能，以维护社会的稳定与进步。为此，要加强公安、司法、国家安全机关和武警部队以及国防后备力量的建设，强化社会治安管理，继续集中打击那些破坏社会安定、破坏经济建设和危害人民生活的违法犯罪活动。按照“谁主管，谁负责”的原则，实施维护稳定的责任制，切实做好各阶层群众的工作，正确处理人民内部矛盾，妥善处理社会矛盾，密切注视社会动态，及时掌握可能出现的问题，把工作做在前面。与此同时，要增强全民的国防观念，关心和支持军队的建设和改革，积极主动地帮助他们解决实际困难，进一步做好优抚安置工作，密切军民关系，加强军政团结。

（五）转变机关作风，密切联系群众。

我们的政府是为人民服务的政府。人民群众是我们的力量源泉和胜利之本。要保持政府各级干部与人民群众的血肉联系，必须发扬密切联系群众的优良传统，坚决克服官僚主义，切实转变机关作风，改进领导工作，提高工作效率。这是人民政府的本色，也是维护稳定的需要。要把干部深入基层作为转变机关作风的突破口。按照中共中央、国务院和中共北京市委的部署，从市政府开始，分期分批组成各种形式的工作小组和调研小组，到基层去，诚心诚意地倾听群众的意见、建议和批评，实事求是地回答群众关心的问题，耐心细致地进行思想政治工作；宣传党和政府的方针政策，进行国内国际形势宣传；同基层干部群众一起商量，出主意想办法，解决生产、工作和生活中的实际困难。各级政府都要制定干部下基层的工作制度和检查、汇报制度，逐步做到制度化、经常化、坚持不懈。领导干部必须身体力行，做好表率，主动到那些问题多、困难大的地方，踏踏实实工作，认认真真解决问题。要轻车简从，不给基层单位增加负担，并要参加力所能及的劳动。要把干部下基层同机关日常工作紧密结合起来，互相促进，防止一窝蜂，流于形式。机关要精兵简政，精减会议、文件和应酬活动。与此同时，还要继续通过协商座谈、处理来信、接待来访、健全日常政务电话、参加社会劳动等方式，密切联系群众，了解民情，多做实事。

各级政府工作人员、特别是领导干部，要加强理论学习，把学习马列主义毛泽东思想和邓小平同志的著作放在重要的位置，建立学习制度，理论联系实际，努力运用马克思主义的立场、观点、方法，分析和认识形势，解决实际工作中的问题。这是改进机关工作作风、提高工作效率的关键。

二、继续认真地搞好治理整顿

经济稳定是政治稳定的基础。要坚定不移地搞好治理整顿，使国民经济逐步走上持续稳定协调发展的轨道。按照国务院的部署和北京市的情况，今年治理整顿的主要目标是：

——继续压缩固定资产投资规模。今年地方全社会固定资产投资规模按国家下达的指标进行安排和控制。同时，要确保亚运会等重点工程按期按质完成，并适当增加技术改造项目。

——继续抑制消费基金的过快增长。重点是适度控制社会集团消费，并加强对工资奖金以外收入的管理、监督和调控，进一步缓解分配不公的矛盾。

——继续实行财政信贷双紧政策。除适当增加农业、教育、科技和城市维护费用的支出外，其它支出维持或低于去年的实际水平。下大力量清理整顿财政补贴，重点是压缩不必要的补贴和由于管理不善而造成浪费的部分。地方贷款总额要严格控制在国家下达的指标以内，同时按照有利于调整经济的原则，有重点有步骤地解决某些方面资金困难的问题。

——进一步调整经济结构，加强农业、城市基础设施建设；调整工业产品结构，提高经济效益，保持国民经济的适度增长。

——整顿经济秩序，重点是清理整顿流通领域中经营重要生产资料的批发公司，加强和完善生产资料市场、集贸市场的监督和管理，坚决查处经济违法案件，坚决禁止乱收费、乱摊派、乱罚款。

——确保零售物价上涨幅度低于去年。

为实现上述目标，要抓好以下几项工作：

(一)农业要在连续多年稳定增长的情况下，夺取新的丰收。

各级政府和领导干部要认真抓农业，各行各业要大力支援农业。今年力争粮食生产突破24亿公斤，副食品生产继续增长，调市商品菜保持在13亿公斤左右。要继续动员各方面力量，增加对农业的投入。市财政计划安排支农资金3.43亿元，比上年增长9.5%；区县财力要更多地用于农业；乡级财力的增长部分主要用于农业。农民是农业投入的主体，要制定合理政策，积极引导农民增加对生产的投入。各有关部门要优先安排化肥、农膜、农药、农机等生产所需要的资金，确保农业生产资料以及良种、饲料的供应。要把农田水利基本建设放在突出位置，并及早抓好汛期防洪。加强土地管理，强化保护耕地的措施，严格占地审批程序，坚决制止和纠正滥占耕地的现象。继续加强粮食、蔬菜、副食品生产基地建设，努力调整农副产品结构，增加适销对路品种的生产，及时搞好产销衔接，保证首都市场的供给。

(二)加强企业管理，大力提高经济效益，确保工业生产适度增长。

当前工业生产面临着市场销售疲软、资金周转不灵、速度下降过猛等问题。这是在治理整顿取得明显成效中出现的，它既给工业生产带来新的困难，也为企业改善经营管理、提高经济效益提供了机遇。要全面贯彻国务院关于继续治理整顿和深化改革的方针以及克服当前困难的各项措施，把工作重点放在以下几个方面：

第一，大力加强企业管理，向管理要效益。我们的工业企业在降低物质消耗、加速资金周转、改进产品质量、提高劳动生产率等方面潜力很大。必须紧紧抓住提高管理水平这个关键环节，以赶超国内外先进水平为目标，建立和完善各项管理体系，通过严格的责任制，把产量指标和效益指标落实到生产的每个环节和每个职工。要进一步深入开展“加强管理闯难关”活动，力争使企业的整体素质跃上新的台阶，逐步使全市工业生产从高速低效走上适速高效的轨道。

第二，积极调整产品结构，努力开发适销对路的新产品。在确保人民生活必需品和重点、短线、出口创汇产品生产的同时，对市场滞销的产品实行限产，对已明令淘汰的产品坚决停产。要按照国家产业政策和市场需求组织力量，大力开发新产品、新品种，加快产品更新换代的步伐。在调整产品结构的同时，逐步调整企业组织结构和产业结构。

第三，努力提高企业技术水平和工艺水平。开辟多条渠道增加企业技术改造资金，进一步组织科研力量，围绕企业技术进步中的难点和重点问题进行攻关，力争取得突破。要研究制定相应的政策，鼓励企业把更多的人力财力放在技术改造上，从而走出一条以技术进步为先导的企业发展的新路子。

第四，进一步转变企业经营思想，同商业部门一道，积极主动地开拓市场。要继续强化销售管理，加强产销衔接和售前售后服务，努力减少库存积压，尽快使沉淀的资金投入运转。各生产企业都要改进经营作风，运用多种形式开拓那些尚未涉足的地区，千方百计组织商品上山下乡。同时，要大力开拓国际市场，扩大出口，替代进口。

国营大中型企业是经济发展的骨干力量。对已确定的符合产业政策和能够增加有效供给的100多户大中型企业，各方面要给予积极支持，必要时可筹集一部分资金收购其眼前销路不畅、但从长远和全局看是短缺的重要商品，以扶持企业正常运转。乡镇企业要继续贯彻执行城乡一体化的方针，进一步加强与城市企业的结合，在调整、整顿、改造、提高中求得发展。

（三）进一步加强城市基础设施建设和管理。

在压缩投资总规模中，尽可能多安排一些基础设施建设项目，重点是电力、城市给排水、燃气、通讯和道路交通建设。在目前财力紧张、资金不可能完全满足需要的情况下，尤其要加强对现有市政公用设施的维护管理，大力加强技术改造，充分发挥现有设施的能力，提高运行效率。针对目前许多设施老化的情况，切实做好事故的预防工作，确保安全运行。同时，要加强水资源的保护和合理利用，搞好节水工程，大力开展节约用水活动。进一步控制、减少和积极治理各种污染，不断提高首都的环境质量。

（四）控制物价，稳定市场，保障供应。

我国人口众多，生产力水平还比较低，总需求超过总供给、社会购买力大于商品可供量的矛盾仍将长期存在。因此，稳定首都市场的任务相当艰巨。国营商业、供销社要进一步发挥主渠道和蓄水池作用，加强对商品的收购和供应，尤其要高度重视粮油、副食品和26种基本生活日用工业品、100种小商品的购销调存。对稳定市场的重要商品，加强平衡衔接，确保调入计划的完成；对凭证、凭票供应的商品和人民生活必需品以及130种必备商品，要保证供应。

继续搞好税收、财务、物价大检查工作。整顿市场秩序，加强物价管理，从严控制涨价项目出台。对居民定量内供应的粮油价格一律不动，其它副食品以及与群众生活关系密切的日用工业品价格保持稳定。对放开价格的商品要完善提价申报和备案制度。对实行最高限价的商品要加强监督和检查。进一步加强对部分商品的进销差率、批零差率的控制和管理，各类商品都要实行明码标价制度。同时要认真清理各种收费标准，加强对服务收费的监督和检查，坚决禁止乱收费。要认真贯彻《北京市价格监督检查条例》，充实价格管理力量，从严惩处哄抬物价和乱涨价等不法行为，并要动员社会团体和广大群众进行监督。在严格控制物价的同时，要逐步理顺一些确实不合理的价格关系。

（五）加强人口管理，严格控制人口过快增长。

要大张旗鼓地、经常地宣传国家的计划生育政策，继续提倡晚婚晚育和每对夫妇只生一个孩子，搞好优生优育，提高人口素质。各级政府要努力抓好计划生育工作，重点是农村的计划生育工作。对计划生育指标实行层层分解的目标责任制，分级管理。今年全市人口出生率控制在14‰以内；严格控制人口的迁移增长；加强对流动人口的管理、疏导和控制；坚决压缩“农转非”人数，使之控制在国家下达的指标以内。今年将进行第四次全国人口普查工作，全市各级政府和有关部门要按照国家统一的要求和规定，高标准高质量地做好这项工作。

（六）发扬艰苦奋斗传统，下决心过几年紧日子。

自力更生、艰苦奋斗、勤俭建国是我国社会主义现代化建设必须长期坚持的基本方针，在改革开放的新形势下，更要反复宣传，认真贯彻。当前过紧日子，就是要按照中共中央、国务院关于治理整顿的一系列方针、政策和措施，克服社会主义现代化建设中急于求成的思想，把过快的发展速度控制在国力可以承受的限度内，对应停缓建的楼堂馆所项目、应限制的产品、应压缩的高消费要坚决地停、限、压，不能从本位主义、局部利益出发而犹豫、拖延，甚至我行我素。行政事业单位要厉行节约，一切财政开支都要从紧安排。企业要压缩非生产性支出，克服在工资、奖金、福利上盲目攀比的现象，同时要调整内部分配比例，做到以丰补歉。在城乡居民中大力提倡勤俭持家、移风易俗，反对婚丧嫁娶中的大操大办、相互攀比。从而，在全社会重振节俭之风。

领导干部一定要以身作则，带头过紧日子。凡是要求基层单位做到的，各级领导机关首先要做到；凡是要求群众做到的，各级领导干部首先要做到。不能只要求别人过紧日子，而自己所属的机关却不紧缩开支；不能只要求别人艰苦奋斗，而自己却依然大手大脚，铺张浪费。

过紧日子，并不是让群众去过苦日子。对群众的正当合理消费，不应限制，而应给以鼓励。要保证人民群众的吃、穿、用、烧等基本生活品的生产、供应。对于少数开工不足、关停并转企业的职工，也要千方百计帮助他们克服困难，安排好生活。

三、进一步深化各项改革

治理整顿为改革的深入和健康发展创造条件，同时它本身也需要改革的密切配合，两者是相辅相成的。当前深化改革的重点是：根据计划经济与市场调节相结合的原则，稳定、充实、调整和完善现已实行的改革措施；根据治理整顿时期应当多一点计划性、适当加强集中的指导思想，在保证地方和企业必要自主权和发挥正当积极性、继续搞活微观经济的同时，逐步建立促进经济稳定发展的宏观调控体系。对于已被实践证明是行之有效的各项改革，要毫不动摇地坚持下去，并及时总结，不断完善。同时，根据经济发展的要求，有领导有计划地进行新的改革探索。

（一）继续巩固、完善和发展农业适度规模经营。

以集体合作生产经营为特征的农业适度规模经营，适合北京市郊区大部分农村的生产力发展水平，应当坚定不移地继续实行和发展。要进一步完善农村合作经济组织，健全各业承包制和各项管理制度，完善生产服务体系，发挥规模经济效益，适当提高提留比例，以壮大集体经济实力，增强农业发展后劲。要在条件具备的区县推行农副产品的生产、加工、销售一体化。在不具备实行规模经营条件的地方，应继续稳定和完善其它形式的联产承包责任制，真正做到承包有指标，上交有任务，不断提高农业劳动生产率。

（二）坚定不移地推进企业改革。

要坚持、完善以"两保一挂"为主要形式的企业承包经营责任制。下期承包一般可以一定五年，以利于企业实现长远目标，避免短期行为。要正确处理国家和企业的分配关系，合理确定承包基数和递增比例。适当提高企业留利中生产发展基金的比例，按照规定补充企业自有流动资金，增强企业生产发展后劲。完善工效挂钩办法，合理制定基数和工效比率，使之更有效地促使企业提高经济效益，控制消费基金的过快增长。要规范承包和发包工作的程序以及管理办法，明确合同双方的权利义务，维护承包合同的严肃性。在有条件的行业或企业，可以进行"税利分流，税后还贷，税后承包"的试点。要贯彻执行《中华人民共和国全民所有制企业法》，继续实行和完善厂长经理负责制，推动企业进一步深化各种形式的岗位承包和专业承包。结合产业结构、产品结构和企业组织结构的调整，积极发展企业集团，实行企业合并和横向经济联合，提倡乡镇企业与城市企业的联合，按照规划推行城乡一体化。继续稳步进行以公有制为主的股份制试点。小型企业租赁制要坚持以集体租赁为主的方针，适当改进租赁形式和具体办法，合理调整和确定租赁费，加强对租赁经营企业的管理、指导和服务。建筑企业要进一步完善建设工程的招标承包制，继续总结推广工程项目总承包。继续巩固和完善外贸企业、生产企业双轨承包制。

（三）进一步巩固和完善以优化劳动组合为重点的企事业单位内部人事、劳动、工资制度的改革。

优化劳动组合，已经取得了初步成效。在新形势下，各级主管部门要加强指导，及时解决实行过程中出现的新问题。实行优化劳动组合的企事业单位要逐步完善定编、定员、定额、岗位标准、全员培训和考核制度，贯彻按劳分配原则，建立动态优化组合制度。富余人员尽可能通过开拓新的就业门路予以妥善安置，一般不要推向社会。劳动、民政等部门要改进社会保障制度，完善劳务市场管理，为优化劳动组合的进一步发展提供必要的保障体系和社会条件。同时，继续扩大全员劳动合同制的试点范围。今年力争把城镇社会待业率控制在1%左右。

（四）继续推进综合经济管理部门的改革。

按照经济持续稳定协调发展的要求，进一步发挥计划部门进行综合平衡、执行产业政策和综合协调经济杠杆的龙头作用，加强对财政、税务、金融、物价、劳动、工商行政管理、物资和统计等综合部门的日常协调工作，搞好全市的资金、物资、外汇、劳动力的综合平衡，使各综合经济管理部门能够更好地按照治理整顿和宏观调控的要求，统一计划，统一步调，统一行动。继续实行区县财政包干体制，在包干基数和上交比例基本不变的前提下，各区县都要为克服国家财政困难多做贡献。金融、物资、价格等管理体制的改革，要按照国务院的要求，结合北京的实际认真贯彻落实。综合经济管理部门还要运用经济、行政、法律的手段，加强对个体经济、私营经济的管理和引导，保护合法经营，打击、取缔非法经营，发挥个体经济和私营经济在发展社会生产、繁荣市场、方便人民生活、扩大劳动就业等方面的积极作用，限制其不利于社会主义经济发展的消极方面。

（五）积极进行城镇居民住房制度改革试点。

住房制度的改革是实现住房建设良性循环的根本出路，也是调整消费结构、纠正住房分配中不正之风的有效措施。按照"买房与租房并存；谨慎稳步地提高房租；不搞补贴，不增加国家和企业负担；买房自愿，适当优惠，价格浮动；兼顾国家、集体、个人三者利益"的原则，继续以单位向职工优惠售房、按市场价向社会售房、建立危旧房改建合作社、建立其它类型合作社等四种形式，组织改革的试点。今年各区县计划有108个单位的100万平方米住房纳入房改范围。在试点过程中，还应根据实际情况探索新的形式。

（六）继续进行教育、科技、文化、卫生、体育等领域的改革。

教育结构调整、中小学校内部管理体制改革和科技面向经济建设、城市建设和管理以及"三保一挂"等改革都要继续深化。医疗卫生部门要与其它有关部门共同积极研究公费医疗体制的改革，并继续整顿医疗收费和社会力量办的医疗机构，在把提高医疗质量和改善服务态度放在首位的前提下，继续完善医疗卫生改革的各项措施。民政部门要继续抓好福利生产的体制改革，发展城市社区服务体系和农村社会保障事业。文化、体育事业和其它领域的改革，也要继续进行探索。

四、继续扩大对外开放

对外开放是我国长期坚持的方针。在治理整顿期间，北京市的对外开放不仅不能停顿，而且要努力加快步伐，以发挥首都国际交往中心、重要对外经济贸易口岸和旅游城市的优势，促进首都的经济建设和社会发展。

（一）努力扩大外贸出口，适当控制商品进口。

增加出口创汇是扩大对外开放的基础。今年外贸出口力争超过去年水平。要把国家计划和国际市场需求作为调整产品结构、扩大出口的重要依据，逐步做到出口引导生产，生产支持出口。对生产重点出口商品的行业和企业所需的资金、能源、原材料、运力等，给予重点支持。有计划地建立一批技术先进、效益显著、加工生产能力较强的出口基地、出口企业。在继续发展轻工、纺织、工艺品等传统商品出口的基础上，努力扩大深加工、精加工商品以及技术商品的出口，机电产品出口比重要进一步提高。外贸部门要加强产品推销，改善经营管理，降低换汇成本，提高经济效益。采取多种灵活的贸易方式，拓宽国际市场，建立和完善销售渠道。要加强外贸的宏观管理，把出口和供货任务分别落实到外贸企业和生产企业。采取多种形式加强工贸结合，积极发展工农贸之间的横向联合，完善生产企业自营出口的试点，推行出口代理制。在大力组织出口的同时，适当控制进口，把有限的外汇集中用在进口首都生产建设急需、人民生活必不可少的重要设备和物资上。凡是国内能生产的或能替代进口的，坚决不进口，特别要大量压缩一般机电产品进口。必须从紧编制和平衡进口计划，科学、合理安排用汇额度，并适当扩大审批商品进口的范围。

（二）积极有效地利用外资。

充分地、合理地吸引外资，兴办"三资"企业，是促进首都现代化建设的重要方面，既可以缓解建设资金不足，也可以引进先进技术和管理经验，培养人才，沟通信息，扩大出口，增加税收。今年要继续扩大利用外资的总规模，再兴办一批"三资"企业。合理使用国外贷款，严格按照国家产业政策和吸引外商投资的有关规定控制投资方向，鼓励发展技术先进的生产型企业，限制非生产性项目。外商投资企业要以出口创汇项目为主。今年要着重建设一批见效快、易于调整和配套的中小型项目。补充和完善本市涉外经济行政规章，提高办事效率，改善投资环境，使投资者能按国际惯例经营企业。对已批准的外商投资项目，要认真履约。同时认真办好已投产开业的外资企业。各有关企业和主管部门要及早着手筹集外汇资金，按期偿还对外借款本息，以维护国家信誉。

（三）积极发展技术引进、对外工程承包、劳务合作和海外投资。

技术引进有利于加快技术进步。按照国内需要和配套条件，有重点地引进外国先进技术和设备，加强引进技术的消化、吸收、创新，避免盲目引进和重复引进；充分发挥首都人才、技术高度密集的优势和大中型企业、科研单位的潜力，加强高科技领域的经济技术合作；积极开展对外工程承包和劳务合作，改善劳务出口结构，做好项目管理，逐步建立稳定的合作渠道；加强海外企业布点和整顿工作，推动海外投资业的发展。

（四）振兴和发展旅游业。

去年，尽管全市旅游业广大干部职工作了很大的努力，但由于动乱和反革命暴乱的严重影响，首都旅游业受到了较大的损失，全年接待入境旅游者人数比上年下降46.4%。今年要充分利用在北京召开第十一届亚运会的时机，开展"亚运旅游年"活动，全面振兴和发展旅游业。为此，要积极开辟渠道，争取客源；继续搞好旅游景点的维护和建设，充分利用首都旅游资源的优势，挖掘旅游设施的潜力，提高经济效益；进一步加强旅游行业管理，整顿旅游市场，加强对职工的政治和业务培训，努力提高经营服务水平，改进服务质量；开展丰富多彩的旅游促销宣传活动，积极组织旅游商品的生产和销售。

（五）积极开展对外友好交往。

认真贯彻执行中央的对外方针政策，正确认识当前国际形势的重大变化，积极发展同外国友好城市和外国首都及大城市的友好交往，特别要注重开拓同发展中国家首都及大城市的交流渠道，并加强与港澳台同胞、海外侨胞、外籍华人友好人士和社团的民间交往，进一步促进首都的经济、科技、教育、文化、卫生、体育以及城市建设、城市管理等各个领域的对外交流与合作。

五、继续把教育和科技放在优先发展的战略地位

培养和造就社会主义事业坚定的捍卫者、积极的建设者和可靠的接班人，是关系我们国家和民族前途命运的大事，是建设现代化首都、提高人民思想道德和科学文化水平的极其重要和十分紧迫的历史性任务。我们要在去年取得成绩的基础上，在继续努力改善办学条件的同时，把已调动起来的学校教职员工的积极性引导到坚持正确的办学方向，全面提高教育教学质量上来，并尽快制定全面提高教育教学质量的规划。

1. 继续把优先发展教育的思想贯彻到各项工作中。各级政府的主要领导人都要身体力行，切实加强对教育工作的领导，深入学校调查研究，现场办公，认真解决办法条件、办学方向、办学质量和学校内部管理体制改革等方面存在的问题。市政府今后将每两年开展一次评选和表彰教育先进的区县、乡镇、街道以及乡镇、街道教育管理优秀领导干部的活动。

2. 坚定不移地继续进行学校内部管理体制的改革。中小学校和幼儿园内部管理体制的改革，要以深化完善为重点，市属高等院校、中等专业学校、技工学校和成人学校要通过总结试点经验，积极稳妥地把学校内部管理体制的改革推向前进。

3. 大力加强教师队伍的建设。振兴民族的希望在教育，振兴教育的关键在教师。建设一支政治立场坚定、品德高尚、业务精良的师资队伍，是全面提高教育质量、培养合格人才的根本保证。要切实加强教职员工的思想政治工作和业务培训，努力提高广大教师，尤其是中青年教师的政治和业务素质。花大力气办好师范教育，鼓励优秀中学生报考师范院校，提高师范院校的教育质量，不断向中小学输送合格的人民教师。

4. 坚持不懈地把德育放在学校一切工作的首位。各级各类学校都必须坚持坚定正确的政治方向，切实加强和改进德育工作。高等院校要重点进行坚持社会主义道路和为人民服务的教育；中小学要加强行为规范的教育，广泛开展学雷锋、学赖宁的活动。要经过几年的努力，在全市逐步形成幼儿园、小学、中学、大学相互联系，学校、社会、家庭紧密结合的完整的德育体系。

5. 大力提高教育教学质量。培养德、智、体、美、劳全面发展的社会主义接班人和建设者是学校的根本任务。要创造条件，保证教育行政部门和学校的领导能以主要精力领导教育教学工作。要发动广大教职工积极进行教学方法、教学内容的研究和改革，在提高教学质量和教学效率上下功夫。教育督导部门的工作重点要逐步转到教育内部，深入到教育教学领域中来。教研部门要加强对学科教学的指导监督，认真总结推广一批优秀教师的教学经验，促进教学质量的提高。

6. 切实加强学生参加生产劳动和社会实践的工作。这是克服学校教育脱离工农、脱离实际、脱离国情的重要途径，是培养学生热爱劳动、勤俭节约和艰苦奋斗精神的主要手段。要从实际出发，建立并认真执行学生参加生产劳动和社会实践的制度，落实本校的劳动、社会实践和军训的基地。工厂、农村和各有关单位都要为学校创造条件，提供场所，把接待学生参加劳动和社会实践作为重要的任务来完成。

7. 优化学校的内部环境。各级各类学校都要建立健全学校的各项管理制度，旗帜鲜明地抵制和批判资产阶级自由化思想和剥削阶级腐朽生活方式，提高学生的组织纪律性。要结合迎接亚运会，广泛进行文明行为规范的教育，形成良好的校容、校貌、校纪和校风。中小学校今年起要逐步制定本校的校训、校规和校歌。

8. 继续调整教育结构。以实施九年制义务教育为重点，切实加强基础教育。今年要完成在农村平原地区普及九年制义务教育的任务。认真贯彻市人大常委会审议通过的《北京市中等职业技术教育条例》，办好中等专业学校、技工学校、职业高中，并大力发展农村职业技术教育。市属高等院校要按照稳定规模、合理布局、优化结构、提高质量的原则，调整院校和专业的设置，加强重点院校和专业的建设，为进一步发展高等教育打好坚实的基础。成人教育要结合治理整顿，大力加强岗位培训。今年是国际扫盲年，要按计划、按质、按量完成全市的扫盲任务。

9. 继续增加教育投入，改善办学条件。在保证国拨经费继续增长的同时，要适当提高非义务教育阶段的学杂费标准和义务教育阶段的杂费标准。远郊区县今年全部推行人民教育基金制度。千方百计，尽最大可能增加教育的基建投资。对于教育的基建项目，用地、施工要优先安排。今年暑假后小学在校学生又将净增7万人，要继续抓紧小学校舍的改扩建和新建工作，保证不出现二部制，并做好迎接初中学生入学高峰期到来的各项准备工作。今年要全部完成中小学教职员工的50万平方米住宅的建设任务。

10. 全面推进农村教育管理体制改革。各乡镇政府要继续落实市政府颁布的乡镇管教育的考核标准，依照经济、科技、教育统筹和成教、普教、职教统筹的原则，制定本乡镇学校布局的方案和调整规划，并按照

市政府批准的中小学校办学条件标准制定达标规划，逐步付诸实施。要采取有力措施，使学生流失率进一步降低。

现代科学技术和科学管理是振兴经济的决定性因素。世界范围内的经济竞争、综合国力竞争，在很大程度上表现为科学技术的竞争。各级领导特别是经济部门的领导，一定要牢固树立科技是第一生产力的观念，加强和改善对科技工作的领导，继续稳定和完善推动科技进步的各项政策，广泛动员和组织各方面的科技力量，为调整产品结构，提高企业经济效益，加快城市现代化建设，促进高新技术产业的发展做出贡献。为此，一要集中力量抓住对首都经济发展有重大影响的工程技术问题组织攻关，针对国内外市场的需要，大力加强新产品开发和科技成果的推广应用，建立专项基金，力争全年开发新产品和推广应用先进、适用的科技成果各2500项，努力新增产值15亿元。二要继续组织好各项科技发展工作。“星火计划”要在已经取得的成绩的基础上，着重抓好星火技术密集区的建设和区域性综合开发，发挥其示范作用；健全和完善农业科技推广体系；制定“科技兴农”的纲要和政策措施，以加强农业科学研究，推动农业发展。继续实施“工业技术振兴计划”，重点是加快大中型工业企业重大产品开发、重大新技术开发与应用的步伐；加快引进技术的消化吸收和国产化的进程，提高进口替代的水平和产品的档次；制定企业技术进步的指标体系，大中型工业企业要普遍建立科技开发机构。继续实施“城市建设和城市管理科技发展计划”，进一步组织好城市建设的科技示范工程和城市计算机管理工程，提高城市管理的效能和现代化水平。继续实施“火炬计划”，重点发展光通讯、电子信息等高新技术产业，使高新技术产业的发展速度和出口增长幅度明显高于传统产业。三要编制好“八五”科技发展规划和到2000年的科技发展设想，引导和保证科学技术与经济、社会的协调发展。四要增加科技投入，改善科研条件，增强科研院所为行业技术进步服务的能力。落实国务院有关政策，支持新技术产业开发试验区的建设和改革，推动新技术企业与国营大中型企业的联合。对技术市场和各类科技机构，要继续予以扶持，加强管理，保证其健康发展。五要进一步加强市政府聘请的新一届顾问团的工作，认真办好各类科技顾问团，充分发挥他们在决策咨询和科技指导等方面的作用。六要搞好科技人员的继续教育，使他们掌握新的科技知识和信息，不断提高业务水平。

六、大力加强精神文明建设和社会环境的综合治理，以崭新风貌迎接亚运会

大力加强精神文明建设，是建设有中国特色的社会主义的长期战略任务。搞好首都的社会主义精神文明建设，更具有特殊重要的意义。今年9月22日至10月7日，举世瞩目的第十一届亚运会将在北京隆重举行。这是我国第一次举办国际大型综合体育运动会。办好亚运会，不仅会提高我国、亚洲国家和地区的体育运动水平，而且可以增进中国人民同亚洲各国人民的友谊与合作，展示我国悠久的历史文化，展示我国社会主义现代化建设和改革开放的巨大成就，使全世界看到，中国正在坚定不移地沿着社会主义大道向四个现代化迈进，世界上没有任何人、任何力量能够阻止中华民族的振兴和前进的步伐。办好亚运会，也将有力地促进首都社会主义物质文明和精神文明建设。要动员全市各族人民关心和支持亚运会，为办好亚运会做出积极的贡献。在按计划高质量完成体育设施的建设，抓紧运动员训练工作的同时，尤其要大力加强社会主义精神文明建设和社会环境的综合治理，以文明、整洁、优美、安全、好客的崭新社会风貌，迎接这个盛会。

（一）广泛宣传办好亚运会的意义，增强全市各族人民的责任感。

这次亚运会是亚运史上参加国家和地区最多的一次盛会，将有39个亚洲国家和地区的体育代表团参加比赛，前来观光的国内外旅游者也将相聚北京。亚运会期间，还将同时举办亚洲艺术节、国际体育科学大会等大型国际活动。要充分利用各种舆论手段，采取多种形式对办好亚运会的重大意义进行宣传，创造浓厚的亚运气氛。

文艺、新闻、出版、广播、电视部门要坚持为社会主义、为人民服务的方向，贯彻百花齐放、百家争鸣的方针，大力弘扬中华民族的优秀文化，积极借鉴一切对我国有用的外来文化，努力创作、演出、播映、出版一批群众喜闻乐见的、富有民族风格和中国气派的文艺作品，特别是以亚运会为题材的作品。要进一步广泛开展群众性文化体育活动。报刊要设立专栏，广播、电视要开办专题节目，形成强大声势，以丰富人民的文化生活。

以社会集资的方式举办大型国际运动会，已经成为国际惯例。我们也要充分利用这一方式，动员全国各族人民关心和支持亚运会，增进国际友好往来和经济合作，汇集各方面的力量，确保亚运会的圆满成功。

(二)深入进行爱国主义教育，激发全市各族人民的爱国热情和奋发向上的精神。

这次大型国际体育盛会，是对首都人民的文化素养、道德水平和精神风貌的一次全面检验。我们要以发扬爱国主义精神为主题，广泛开展“亚运为国增荣誉，我为亚运添光彩”的活动，在国际交往中做到自尊自重、自爱自强、不卑不亢、友好合作，处处维护祖国的尊严。

树立“首都意识”，增强做首都市民的荣誉感和责任感，是爱国主义情操的重要体现。要围绕亚运会，在全市范围内形成一个学习和发扬雷锋精神、大讲社会公德、争做文明市民的群众性热潮，做到“在内宾面前，我代表首都；在外宾面前，我代表中国”，使首都成为社会主义精神文明建设的“首善之区”。市总工会作出了在全市职工中开展“迎亚运、创一流、增效益”的爱国立功竞赛决定，已经收到良好效果。为了促进精神文明建设，市政府决定设立“首都精神文明建设奖章”，以表彰为亚运会和首都精神文明建设做出突出贡献的先进人物。

(三)切实加强和改进服务工作，提高首都服务工作水平。

为亚运会提供第一流的服务，是加强首都精神文明建设的重要组成部分，也是关系我国声誉和首都形象的重大政治任务。各行各业都必须高度重视服务工作，广泛开展职业道德教育，增强为祖国争光、为首都争光的高度责任心和使命感，把首都的服务工作提高到一个新水平。对市政公用、公共交通、商业服务、旅游、医疗卫生等五大“窗口行业”的人员，要进行以职业道德和服务规范为主要内容的全员岗位培训，广泛开展业务培训、技术比赛和服务竞赛。要进一步健全岗位责任制，做到每岗有责，有责必循，不合格者不能上岗。加强和完善规范化管理，改进服务态度，实现优质服务，以最佳服务迎接亚运会的召开。

(四)加强市容环境整治，提高市容环境管理水平。

整治的重点是亚运会比赛场馆周围地区和比赛活动必经的主要大街、主要繁华地区以及风景旅游区、居民聚居区和市容管理薄弱的地区。对沿街的违章建筑要拆除；各种标牌、站亭、栏杆要加以修整；清理各种广告、标语，消灭错别字，实现文字规范化。环境整治工作要分段包干，责任到人，务必达到清洁、整齐、美观的整治要求，力争使北京的城市面貌有一个较大的改观。

卫生部门要继续贯彻预防为主的方针，进一步健全卫生防疫网络，密切注意疫情动向，加强对肝炎、性病、爱滋病等传染病的监测，采取有力措施防止各种传染病的蔓延。开展大规模的爱国卫生运动，动员广大市民积极灭鼠灭蝇，清运垃圾，改变脏乱地区的面貌。严格进行饮食、食品卫生的监督检查，防止食物中毒事件发生。全面治理环境污染，继续为群众办好10件环保实事。亚运会前，上路的汽车尾气排放要全部治理达标。同时要加强对水源的卫生监控，保证饮水安全。

今年的绿化美化工作要有一个新突破。亚运会比赛场馆、道路和立交桥的周围都要搞好绿化，还要重点绿化100条大街、10条新建道路、10个景点、15个公园。在郊区，继续深入开展全民义务植树活动，抓好农田林网建设和村镇绿化。在风景区、风沙危害区和荒山大力植树造林，以进一步改善首都的生态环境。

(五)加强安全防范和社会秩序的综合治理，创造良好的社会环境。

建立良好的社会秩序是首都社会主义现代化建设的重要目标之一，也是亚运会顺利进行的保证。要继续严厉打击各种刑事犯罪分子；坚决扫除卖淫、嫖娼、制作贩卖传播淫秽物品、拐卖妇女儿童、私种吸食贩运毒品、聚众赌博、利用封建迷信骗财害人等社会丑恶行为和违法犯罪活动；严格禁止倒汇截汇，尾随外宾强买强卖、索要钱物等丧失国格、人格的行为；加强对文化市场的管理，深入持久地抓好“扫黄”工作；加强亚运会场馆、运动员住地、旅游风景区和机场车站的治安防范措施，加强边防检查和海关检查工作，防止坏人破坏和捣乱。

大力整顿交通秩序，确保交通的安全和通畅。以整顿自行车行车秩序为重点，全面开展交通秩序的整顿，依法严格管理，科学疏导车辆，切实抓出成效。

目前，亚运会的各项筹备工作已经进入攻坚阶段，各有关部门切不可有丝毫的懈怠。设施保障和环境整治、商品供应和服务工作、卫生防疫和医疗救护、交通消防和安全保卫、人员培训和竞赛组织、邮电通信和新闻报道等各项工作都要科学周密地安排，认真仔细地检查，逐条逐项地加以落实。要贯彻节俭与效益的原则，努力为国家节省开支。全体亚运会工作人员要发扬“无私奉献、艰苦奋斗、团结协作、争创一流”的精神，全力以赴，积极妥善地做好各项准备工作。

亚运会正一天天临近，全市各族人民经过艰辛努力而翘首以待的时刻即将到来。我们决不辜负中共中央、国务院的委托，决不辜负全国各族人民和亚洲人民的嘱望，当好东道主，热情迎佳宾，一定要把第十一届亚运会办好。

各位代表：回顾过去的一年，我们在实现首都社会主义现代化宏伟目标的征途上，又向前迈出了坚实的一步。目前虽然还存在不少困难，但这些困难是在国民经济有了巨大发展、人民生活得到明显改善的情况下发生的，是前进中的暂时困难，我们克服困难的回旋余地比以往任何时候都大得多。历史已经跨入了九十年代第一春。本世纪最后一个十年，将是我们实现中共中央提出的经济发展战略第二步奋斗目标，并为夺取第三步胜利奠定基础的十年。瞻望未来，我们充满希望和信心。让我们在中国共产党十三届四中全会和五中全会精神的指引下，紧密团结在以江泽民同志为核心的中共中央周围，全心全意依靠工人阶级，团结全市各族人民，毫不动摇地坚持四项基本原则这一立国之本，坚定不移地走改革开放这一强国之路，振奋精神，同心同德，去夺取首都社会主义现代化建设事业的新胜利！

关于北京市1989年计划执行情况和1990年国民经济、社会发展计划草案的报告

——1990年3月3日在北京市第九届人民代表大会第三次会议上

北京市计划委员会主任　王　军

各位代表：

我受市政府的委托，向大会报告北京市1989年计划执行情况和1990年国民经济、社会发展计划草案，请予审议。

一、在治理整顿和深化改革中1989年计划执行情况良好

1989年是很不平凡的一年，又是团结奋斗取得胜利的一年。一年来，市政府团结带领全市各族人民，排除各种干扰，特别是春夏之交的动乱和反革命暴乱的严重干扰，坚决贯彻了中共十三届三中全会制定的治理经济环境、整顿经济秩序和全面深化改革的经济工作总方针，认真落实中共十三届四中、五中全会的决定，治理整顿取得比较明显的进展，政治局势日益稳定，经济形势是好的。经过全市人民的共同努力，市九届人大二次会议批准的1989年计划执行情况良好。全市国内生产总值完成450亿元，为计划的100.4%，按可比价格计算，比上年增长4.2%；工农业总产值完成537亿元，比上年增长9.2%。继1988年工农业总产值、社会商品零售总额、财政收入、外贸出口额等一批指标提前实现“七五”计划之后，1989年又有利用外资额、房屋竣工与住宅竣工总面积、商业网点、邮电业务总量、发展燃气用户等一批指标提前完成。

第一，社会需求得到有效控制。

地方固定资产投资规模明显压缩。1989年初，国家下达的地方全社会固定资产投资规模指标为51.76亿元，计划执行过程中，国家调整到60亿元。据初步统计，实际完成65.1亿元，比上年减少31.8亿元，压缩了32.8%，其中：全民所有制投资压缩21.7亿元，集体所有制投资压缩6.5亿元，扭转了连续多年投资规模不断膨胀的趋势。当年在建的地方项目2552个，比上年减少800个；新批准立项73个，只相当于上年的31%。对楼堂馆所等非生产性建设做了坚决压缩，除按合同新建的两个中外合资饭店外，没有建新的楼堂馆所。地方项目开复工面积1080万平方米，比上年压缩154万平方米。全市房屋开复工面积2451万平方米，比上年压缩191万平方米；新开工617万平方米，比上年少177万平方米。全市建成各类房屋1047万平方米，其中住宅577.5万平方米，包括中小学教师住房10.8万平方米，基层商业职工住房4.1万平方米，落实私房政策用房8万平方米，军队离退休干部用房6万平方米，政法公安干警住房5.6万平方米。1986—1989年4年合计，全市竣工总面积和住宅建成总面积均已完成“七五”计划规定的五年任务。

固定资产投资规模虽经反复清理和压缩，但比国家下达的控制指标仍多5亿元。全民和城镇集体基本建设规模没有突破国家控制指标，主要是技术改造的投资多完成了一些，农村集体和个体投资规模也超过了一些。

消费需求的过快增长受到抑制。1989年全市四项工资性支出138.6亿元，比上年增长13.5%，增长幅

度降低 12 个百分点，其中奖金支出只增长 8.6%，增长幅度降低 22 个百分点。地方全民职工人数控制在上年末水平；清退外地农民工 28.4 万人，超额完成了计划。社会集团消费也得到有效控制，自 1989 年 6 月份以来，销售给社会集团的消费品金额已连续 5 个月低于上年同期，全年仅增长 3%，增长幅度降低 25.7 个百分点。

财政、信贷双收紧的方针收到成效。1989 年财政收入完成 71 亿元（其中工商税收增长 17.9%），实现了比上年增长 4%的目标。财政支出有保有压，控制在调整后的预算指标以内，增长幅度低于往年。银行认真执行控制总量、调整结构的信贷政策，大力组织资金，适时发放贷款，支持工农业生产和商品流通的急需。全市存款余额比年初增加 101.5 亿元。城乡居民储蓄余额达到 162 亿元，比年初增加 50.4 亿元，是历史上增加最多的一年。贷款余额比年初增加 71 亿元，其中地方增加 66.2 亿元，没有突破国家的控制指标。

第二，工农业生产保持了适度增长，有效供给增加，市场供应好于往年。

农业持续增产。郊区认真贯彻中央关于夺取农业丰收的决定，进一步巩固和完善适度规模经营，推行科学种田，多渠道增加对农业的投入。农业生产资料如饲料、化肥、农膜、农药等，都基本满足了需要，供应情况好于往年。农民投入到农田水利建设的劳动积累增加，全年共投入 1206 万个工日，完成土石方 2366 万方，打井 494 眼，疏挖排水沟渠 7916 公里，平整土地 100 万亩。这些都对保证农业生产特别是粮食和副食品的稳定增长起了重要作用。粮食生产，克服了严重自然灾害，夺得连续 12 年丰收，总产 239.2 万吨，超过计划 14.2 万吨，再创历史新纪录。蔬菜生产扩大了远郊种植面积，调市商品菜 186 万吨，超过计划 43%。生猪、牛奶、鲜蛋、淡水鱼等副食品产量，都超额完成了计划，比上年稳定增长。去年，新建 16 个瘦肉型祖代猪场，具有国际水平的蔬菜研究中心主体工程建成，北郊乳品厂正加紧安装设备，3 个小化肥厂改产尿素和磷酸一铵工程也在抓紧进行。乡镇企业按照产业政策进行了初步调整，努力克服各种困难，继续得到发展。乡办工业产值增长 27%，比上年回落 25.8 个百分点。虽然全年增长幅度仍比计划高一些，但下半年已逐步趋向正常。郊区 37 个贫困乡人均劳动所得 699 元，除密云番字牌乡因遭受严重自然灾害外，其余 36 个乡都已达到脱贫标准。

工业产品结构进一步调整，增长速度趋向合理。工业部门围绕国家产业政策、国内外市场需求调整产品结构，努力克服资金、原材料、能源、运力不足和部分产品销售疲软等各种困难，奋力夺回动乱、暴乱造成的损失，完成工业总产值 445.9 亿元，比上年增长 6.5%，略低于增长 8%的计划。从全年来看，保持了比较适当的增长速度，达到了预期目的。市政府对 100 种小商品、100 种重点短线产品和 26 种基本生活日用工业品，在资金、原材料、外汇、能源、运输等方面实行了重点倾斜政策。发电量、原煤、钢、汽煤柴油等能源、原材料的产量稳定增加；支农产品继续增长；人民生活必需品和优质耐用消费品都有不同程度的增加；纺织、机电行业中的深加工、高附加值产品增产较多。127 种主要工业产品中，国家指令性产品全部完成计划；有 60 多种指导性计划产品没有达到计划要求或产量低于上年，主要受市场疲软、压缩投资规模、原材料与资金不足、运力紧张和动乱、暴乱等因素的影响。主要工业经济效益指标中，万元产值综合能耗达到了计划要求，其它指标虽仍居全国较好水平，但由于部分产品滞销，生产未达到原定目标和经营管理水平不高等原因，未能完成计划。去年，全市建成投产或试运行的有北京·松下彩色显像管厂一期工程、华都啤酒厂、燕化聚苯乙烯工程、东方化工厂丙烯酸酯类车间等工业项目，增强了工业发展后劲。

市场平稳，商品供应情况较好，紧缺商品面很小。粮食、食油、猪肉、食糖等骨干商品库存都处在较高水平上，日用工业品的货源充足，多数商品库存也比上年增加。年末商业库存总量达到 100 亿元，比上年增加 22.6%。1989 年社会商品零售总额实现 266.7 亿元，提前完成“七五”计划规定的 1990 年指标，比上年增长 13.8%，但由于三季度以来不少商品销售不畅，未能达到年度计划 280 亿元的预期目标。下半年出现市场疲软的原因很多，主要是：过旺的消费需求得到初步控制；群众的部分购买力向保值储蓄转移；消费心理由盲目抢购转为按需选购；入境旅游者和流动人口带入的购买力减少；一些耐用消费品在城镇居民中趋于饱和；1988 年的超前、超量购买，推迟了新的需求；一些高档耐用消费品价格偏高；部分居民的实际收入下降；商品结构不适应消费结构的变化等。

去年，新增商业服务业网点 1 万个，累计达到 12 万个。建成长安商场、永外文化用品批发市场、豆制品二厂以及油库、粮库等一批项目，进一步改善了服务与供应条件。

第三，严格控制市场零售物价上涨幅度，实现了“明显低于”上年的目标。

1989 年，市政府为严格控制物价上涨幅度采取了一系列措施：一是坚持物价的综合治理，实行物价控制目标管理责任制；二是稳住“菜篮子”和凭票供应的日用品价格，26种基本生活日用工业品价格保持基本稳定，蔬菜水果供应充足，价格下降；三是增加了财政补贴；四是对重点商品实行了专营，基本消除了中间盘剥；五是对放开的商品价格和公用事业收费进一步加强了管理，严格执行提价申报、备案制度；六是加强了法制，制订并经市人大常委会批准实施《北京市价格监督检查条例》，严厉查处违法违章案件。同时，也适当解决了少数商品价格极不合理的突出矛盾。由于社会需求得到遏制，并采取了以上措施，使本市零售物价上涨幅度逐月回落，由1月份的28.9%降到12月份的7.6%，全年控制在18.5%，比上年降低了3.4个百分点（扣除征收彩电特别消费税和企业国产化发展基金的因素，实际降低5个百分点）；47种人民基本生活必需品价格上涨8.6%，上涨幅度比上年降低了9个百分点，实现了“明显低于”的目标。这对安定人民生活、稳定大局起了重要作用。

第四，坚持对外开放，外经外贸继续发展。

外经外贸工作克服了西方某些国家实行“经济制裁”所造成的严重困难，继续取得很大进展。1989年新批准成立“三资”企业185家，比上年增长25%，其中90%是生产性项目；全年新批准利用国外贷款项目31个，批准借用国外资金4亿美元，是历年来最多的。1989年各种形式的实际利用外资金额为5亿美元，由于受动乱和暴乱影响，没有达到计划5.6亿美元的要求。外贸出口完成11.6亿美元，又上一个新台阶，比上年增长13.6%，超额完成10.5亿美元的奋斗目标。旅游业由于受动乱、暴乱的严重影响，全年只接待入境旅游者64.5万人次，比上年减少46.4%；旅游外汇收入4.7亿美元，减少30%，没有达到计划的要求。

第五，城市基础设施建设取得丰硕成果。

城市基础设施的建设，经过千方百计筹集资金，克服困难，完成了33个重点建设项目。石景山电厂改造工程2号发电机组投入运行。自来水九厂一期工程两个系列达到稳定日供水34万吨，长辛店水厂基本建成，全市供水紧张状况有所缓解。新建城乡干线道路8条，包括北四环路（学院路一京顺路段）、内滨河路、成寿寺路、云居寺路、京承路（密云松北段）等，总长56公里。“打通两厢，缓解中央”的道路建设决策正在顺利实施，东南外二环道路已建成通车，打通“西厢”的准备工作正在抓紧进行。京津塘高速公路正按计划加紧施工。公用事业方面，建成一热尖峰锅炉和一批区域锅炉房，全市新增集中供热面积180万平方米，发展区域、联片供热面积520万平方米；新发展管道燃气用户11.3万户，是最多的一年，管道燃气用户数已提前完成“七五”计划。全市电话交换机容量达到43.5万门，新增市内电话3.8万户，累计达到27.6万户。郊区城镇的基础设施也得到进一步改善。

亚运会的主体和配套工程，经过全市人民的艰苦努力，进展顺利，31个比赛和练习场馆已竣工27个，全部工程将在今年上半年竣工。

第六，城市绿化、美化和环境保护取得新成绩。

全年城市植树273万株，铺草坪148万平方米，栽植宿根花卉和丰花月季116万株，市区外缘绿化24.7公里，建设片林9处，共扩大绿地面积643公顷。城市绿化覆盖率已达到26%，人均绿地面积增加到6平方米。郊区植树造林也超额完成任务。封山育林20万亩，平原地区完成农田林网和四旁植树1621.5万株。

市政府确定的1989年在环境保护方面为群众办的10件实事已全部完成。对亚运会5个场馆周围实行了综合治理；完成了一批主要道路两侧的环境治理；保护密云、怀柔两饮用水源的工作取得新进展；拆除了几个水厂核心区、防护区内的41个污染源；提前完成了一些河湖的清淤和综合整治；市区新建4个低噪声小区；完成57个重点污染源的治理，搬迁了污染扰民严重的工厂和车间10个；城近郊8个区建成39个烟尘控制区；建成80个密闭式集装箱垃圾转运站等。

第七，教育、科技等社会事业取得新成就。

1989年，小学招生18.5万人，普通高中招生3.3万人，市属中专招生1.3万人，职业中学招生1.8万人，技校招生0.94万人，都基本达到了计划要求；初中招生9.6万人，录取应届小学毕业生的比例，城镇达到99.8%，农村达到98.4%。中等教育结构改革的成果得到巩固。市属普通高校原定招生计划1.08万人，国家要求减招10%，实际招生0.95万人，达到了国家规定。成人高等学校和成人中等专业学校招生都较好地完成了计划。

去年继续做到了小学不出现“二部制”。全年新建和改扩建小学校舍150所、32万平方米，其中竣工84所学校，共15.2万平方米，净增教室688座，超额完成了计划，是历史上增加教室最多的一年。高校和中等学校的教育设施继续得到改善。西藏中学、127中、12中、166中教学楼、建材轻工学院等已按计划竣工，旅游学院、财贸学院等已开工建设。

科技工作继续坚持为首都经济建设、城市建设和城市管理服务的方针，各项科技计划正在顺利实施。全年推广应用科技成果2914项，一批科技成果获得国家科技进步奖、国家星火奖。新技术开发试验区的企业已发展到857家，全年技工贸总收入18亿元，其中技术性和生产性收入的比重已上升到68%。

医疗卫生事业进一步贯彻预防为主的方针，主要传染病发病率比上年下降了28.8%。医疗设施建设，按计划竣工了10万平方米，建成了儿童医院业务楼、天坛医院教学楼、安贞医院门诊楼、回民医院门诊病房楼、复兴医院病房楼、老年病研究中心病房楼以及北蜂窝门诊部等。城乡医院计划内新增1661张病床，累计达到5.19万张。

计划生育工作取得很大成绩，出生人口比计划少1.6万人，人口自然增长率降到7.21‰，低于计划。人口迁移性增长5.5万人，比上年多1.5万人，主要是市外迁入的非农业人口多达9.8万人，比上年增加了2.2万人。全市年末常住人口达到1021万人。超过计划的主要原因是，根据公安部和国家计生委的要求，为多年积累的未报户口的6万多名婴幼儿补报了户口。

文化体育事业取得新成绩。按计划建成了东城和门头沟文化馆、朝阳和海淀图书馆、通县、丰台和顺义科技馆、平谷青少年科技活动中心、大兴档案馆等。至此，区县“四馆”累计已建成54个。体育事业在广泛开展群众性体育运动、培养体育人才和为迎接亚运会的召开等方面，作出了新的努力，取得新成绩。

各位代表：

经过一年的治理整顿，北京市的经济形势正在向好的方向发展。但是，也存在着不少严重困难和问题。主要是：固定资产投资规模虽有较大压缩，但仍然超过了国家下达的控制指标和城市基础设施的承受能力；消费基金的过快增长虽受到遏制，但短期内尚难以控制在低于国民收入和劳动生产率的增长幅度以内；市场零售物价上涨幅度虽实现了明显低于上年的要求，但仍然偏高，而且物价关系还远没有理顺；市场疲软，产品销售不畅，部分工业企业生产任务不足，出现了少数停产、半停产企业和一定数量的停工待工人员。当前，既要对治理整顿所取得的进展有足够估计，同时又必须对面临的影响经济稳定发展的严重困难和问题有清醒认识，并且从实际出发，安排好本市1990年国民经济和社会发展计划。

二、坚持贯彻进一步治理整顿和深化改革方针，安排好1990年国民经济和社会发展计划

1990年是治理整顿关键性的一年。计划安排总的指导思想是：坚决贯彻中共中央《关于进一步治理整顿和深化改革的决定》，认真落实中共北京市委六届八次全体（扩大）会议的《贯彻意见》。各项计划安排要充分体现在保持政治稳定和社会安定的前提下，逐步达到治理整顿目标的要求，并同深化改革紧密联系起来；注意统筹兼顾，瞻前顾后，既要着眼今年，又要考虑到今后几年；既对现存经济利益关系进行某些调整，又必须考虑各方面的承受能力；搞好综合平衡，适时进行调节；艰苦奋斗，下决心真正过紧日子。计划的主要任务是：继续控制社会总需求，特别是控制固定资产投资规模，抑制消费基金的过快增长；严格控制物价上涨幅度；大力调整经济结构，提高经济效益，努力增加有效供给；继续扩大对外开放，尽力保持国民经济的持续、稳定、协调发展，更好地完成“七五”计划。

宏观调控的主要计划指标初步安排如下：

——国民经济保持适度增长，国内生产总值增长4%，农业增长4%，工业增长5%（含村办工业，增长7%）；

——零售物价上涨幅度低于去年；

——地方全社会固定资产投资规模按国家下达的指标进行安排和控制；

——社会商品零售总额增长12.5%，外贸出口力争超过11.5亿美元；

——财政收入73.84亿元，增长4%，信贷规模按国家下达的指标控制；

——当年新增加的常住人口控制在15万人以内。

现将1990年计划草案安排情况报告如下：

（一）大力加强农业，夺取粮食丰收，确保副食品稳定增长。

粮食生产继续贯彻“稳定面积，主攻单产，增加总产”的方针。计划草案安排总产230万吨，力争突破240万吨。稳定播种面积，分区县下达播种面积指导性计划。

副食品生产继续作为一项重要任务抓好。计划草案安排，调市商品菜130万吨，商品猪按照饲料供应的可能安排220万头，蛋类、奶类生产基本保持去年水平，力争有所增长；淡水鱼生产要稳定面积，提高单产，增加优质鱼产量。

主要措施是：

（1）继续巩固、完善和发展农业适度规模经营。结合农村经济结构的调整，进一步健全内部经营责任制，建立必要的经济管理制度，完善生产服务体系，发挥规模经济效益。在山区等不具备实行规模经营条件的地方，继续完善家庭联产承包责任制。

(2) 市和区、县、乡都要增加对农业的投入。市计划和财政部门安排用于农业的建设和支农资金（不含农林水气部门事业费）3.2亿元，还要从国家有关部门争取一部分资金用于农业。郊区县乡要把更多的财力用于农业，乡镇企业税后留利中用于支农、补农资金的比例要进一步提高，其它渠道用于农业的资金也将比去年增加。同时积极引导农民增加对农业的投入，继续组织农民兴修水利和整治农田，增加劳动积累。

(3) 继续抓好300万亩粮食生产基地和副食品生产基地建设，抓好中低产田节水丰产示范工程和沙荒地开发利用，建设一批平均亩产吨粮的村、农场、专业队。

(4) 千方百计保证农业生产资料的供应。今年安排化肥、农药、农膜的供应量略高于去年水平，基本上可以满足需要。同时，要完善主要农业生产资料专营办法。

(5)积极推广先进适用的农业科技成果，充分发挥科技兴农的作用。

(6) 各行各业要继续在技术、设备、物资、能源、资金等方面加强对农业的支援。

乡镇企业要进一步贯彻“调整、整顿、改造、提高”的方针，按照治理整顿和国家产业政策的要求，继续坚持实行城乡一体化，真正做到“抓调整、上水平、求效益”。计划草案安排，乡镇工业产值增长16%左右。要重点支持符合国家产业政策，与大工业配套、有市场、增加出口和产品质量高、经济效益好的乡镇工业，关停并转那些重复建设、浪费能源与原材料、污染严重、质量低劣的企业。按照行业特点和规划要求，调整企业布局，向区域化发展。银行、信用社要在资金方面给以必要的支持。

(二) 调整产品结构，提高经济效益，保持工业生产适度增长。

今年工业生产面临的形势是，煤炭供应大体可维持去年水平，电力有适当增长，生产资料市场秩序将进一步好转，主要原材料可供量可不低于去年，工业进口原材料、零部件用汇大体能保持去年水平，信贷资金基本可适应生产增长的合理需要。同时，继续坚持和进一步完善企业承包经营责任制，续订新一轮承包合同，企业和广大职工的积极性将进一步得到发挥。这些都为工业生产的稳定发展提供了必要条件。但是，部分工业品销售疲软状况估计还将持续一段时间，企业间的“三角债”仍不能明显消除，运输仍将相当紧张，这些都是制约生产增长的重要因素。

在治理整顿中工业必须保持适当的发展速度。计划草案安排，工业总产值增长5%。128种主要工业产品产量中，计划比去年增长的约占60%。其中：发电量129.5亿度，焦炭342万吨，钢材315万吨，水泥280万吨，平板玻璃200万重量箱，小型拖拉机1.6万台，化学医药2454吨，化学纤维4.66万吨，呢绒1600万米，冰箱压缩机80万台，显像管175.6万只，都将比去年有不同程度的增长。钢、卫生陶瓷、毛毯、家用电冰箱等与去年持平。彩色电视机、轮胎、电石、缝纫机等产品在计划安排上作了压缩。

为了保证今年工业生产的适度增长，必须下大力气调整产品结构，加强企业管理，降低物质消耗，提高产品质量和经济效益。突出抓好以下工作：

第一，抓结构调整。按照产业政策和市场需求，认真调整产业、企业、产品的结构，重点安排好人民生活必需品、支农产品、短缺原材料、能源的生产和出口创汇产品的生产。压缩、控制长线产品和耗能高以及使用进口原材料较多的产品生产。

第二，强化企业管理，全面提高企业素质。在全市工业系统全面开展“强化企业管理闯难关活动年”活动，从提高企业素质入手，向管理要效益，把实现“适速高效”的10项主攻目标分解量化到企业、车间，形成企业的目标管理体系，层层保证目标的实现。

第三，重点支持和安排好大中型骨干企业的生产。对本市大中型企业实行分类排队，选择其中符合产业政策、能够增加有效供给、提供利税较多的100多户企业作为必保企业，在能源、资金、外汇、物资、运力上实行重点倾斜，支持它们把生产搞上去。

第四，财政、银行要筹集一部分资金，支持商业和物资部门收购一批重要的紧缺原材料和确有销路的重要商品，缓解工厂库存过大和资金周转的困难，支持生产。

第五，深入开展“双增双节”运动，切实提高经济效益。计划草案安排：(1)全市万元工业产值综合能耗比去年下降3%；(2)地方全民工业企业每百元资金提供利税比去年增加2元左右；(3)地方全民工业企业流动资金周转天数比去年加快5天左右；(4)地方全民工业企业全员劳动生产率比去年提高2%以上。要把各项经济效益指标完成情况作为考核各级经济组织和企业工作好坏的主要标准。

第六，增加更新改造投资规模；筹措和集中一部分资金，多安排一些重点技术改造项目；抓紧一批重点基本建设和更新改造项目的竣工、投产、达产工作；增加工业生产的后劲。

(三) 稳定市场，安排好人民生活。

保持首都市场稳定、繁荣,保证亚运会期间的商品供应品种多,数量足,市场丰满,是今年北京市经济工作中的一项重要任务。

目前市场销售疲软是治理整顿过程中难以避免的一种暂时现象。应当看到,1988年发生的超前购买耐用消费品和超量购买生活必需品的滞后影响将逐步减弱,来京的流动人口和入境旅游人数将增加,亚运会的召开也会带来相当一部分国内外购买力。因此,今年首都市场销售有可能呈现先平后旺、稳定增长的局面。计划草案安排,今年社会商品零售总额为300亿元,比去年增长12.5%。

为了稳定与繁荣市场,保障人民生活,必须充分发挥国营商业和供销社的主渠道和"蓄水池"作用,坚持一手抓商品货源,一手抓搞活市场,以销促购,以销促产。

第一,认真组织好商品货源,特别是组织好粮、油、肉、蛋、菜以及化肥、农药、农膜、成品油等骨干商品的生产、收购与供应,安排好人民生活必需的日用工业品的生产与供应。对本市生产的基本生活日用工业品和100种小商品,要根据市场变化适当调整品种,并继续执行去年市政府1号文件和有关扶持政策,加强平衡衔接,确保商业收购计划的完成。银行要从信贷资金和贷款利率等方面采取措施,支持商业扩大对适销对路商品的收购,充实库存。

第二,扩大商品销售,保证市场供应。对凭证、凭票供应的商品和人民生活日用必需品及130种必备商品保证不脱销、不断档。对当前市场上一部分销售疲软的商品,要采取各种有效措施加以疏导,特别要打开多条渠道,扩大商品流通,开拓农村市场,大力组织工业品下乡,努力增加货币的商品回笼。

第三,加强计划管理,搞好市场调控。今年继续下达市场主要商品的收购计划和日用工业必需品中必保商品计划,工商部门要严格按计划执行。继续整顿批发企业,严格执行国家规定的有关专营、专控、专卖政策。

(四)继续坚定不移地从严控制物价,确保物价上涨幅度低于去年。

今年实现控制物价上涨幅度的难度很大,除了大力控制社会总需求,增加有效供给外,要继续采取综合治理措施,切实加强物价管理。

第一,继续实行控制物价目标责任制,加强对国家定价和国家指导价的管理,适当集中价格管理权限,凡属本市管理范围内国家定价商品的价格调整,必须报经市政府批准。

第二,努力稳定人民基本生活必需品的价格和劳务收费。居民定量内供应的粮、油价格一律不动。定量供应的肉、蛋、食糖的零售价格保持基本稳定。

第三,对放开价格的商品要完善提价申报和备案制度。对实行最高限价商品要加强监督管理,对非申报商品要规定合理流向、流通环节和进销差率、批零差率。

第四,严格控制涨价品种。在当前市场疲软的情况下,从有利于理顺价格,有利于促进生产和流通,有利于减少财政补贴出发,有必要适当调整少数突出不合理的地方管理的商品价格。要瞻前顾后,合理安排,周密测算,科学调度,精心选择出台时机,使之对全年零售物价指数的影响控制在最小幅度以内。同时对少数突出不合理的服务收费做适当调整。

第五,认真贯彻《北京市价格监督检查条例》,加强物价的检查、监督,从严惩处违反物价纪律的行为。同时大力开展"物价、计量信得过"活动,加强群众监督和舆论监督。

(五)继续控制固定资产投资规模。

根据年初国家下达的指标,今年北京市地方全社会固定资产投资规模为57.98亿元,比去年实际完成压缩10.9%。全民所有制单位固定资产投资规模38.18亿元,比去年实际完成压缩13.4%(其中更新改造投资规模25亿元,增加7.8%);城乡集体和城乡个体投资规模维持去年水平。今年全市开复工面积计划2150万平方米,比去年压缩12.3%;新开工面积控制在800万平方米以内,比去年多一些,打算多安排一点住宅。适当增加商品房建设。计划竣工800——900万平方米,其中住宅400——450万平方米。

今年安排固定资产投资计划的原则是,首先保竣工项目,积极安排重点续建项目,适当安排住宅建设,原则上不开新项目。除个别已签合同的中外合资项目外,新的楼堂馆所一个不搞。城市基础设施仍然放在首位,农业、能源、教育、政法公安和医疗卫生项目作为安排的重点,其他方面只能适当安排。

为了有效地控制投资规模,采取以下措施:

1. 切实加强对地方全社会固定资产投资规模的管理和宏观控制。

——继续将国家下达本市的全社会固定资产投资考核指标分解下达到各区、县、局(总公司),实行行政领导责任制,严格按指标控制和考核,不得突破。

——今年起,商品房和商业网点建设无论是续建或新建项目,都要纳入年度固定资产投资计划,不得搞计划外建设,更不准以商品房、商业网点名义搞楼堂馆所。

——去年已经采取的一些上收项目审批权的措施，今年继续实行。

2. 继续认真清理项目，严格控制新开工项目。对已经立项尚未开工的项目，进行一次全面清理，能推迟的推迟建设，不符合国家产业政策和规定的项目要坚决撤销立项。除能源、交通、农业、林业、水利、城市基础设施、政法公安、教育、化肥、人民生活必需品、出口创汇和已签合同的涉外项目以及住宅外，原则上不安排新开工项目。新项目的审批，严格按国家和市政府的规定办理。

3. 整顿建设秩序，加强综合部门监督作用，规范投资行为，提高投资效益。自筹资金的建设项目，先由财政、银行审查资金是否落实，来源是否正当，是否存入银行，否则不予列入计划。市计委、审计局和清理固定资产投资项目办公室，要组织有关部门对地方重点在建项目进行一次全面审计、检查。

加强对城乡建设用地的统一管理，继续清查停缓建项目和长期征而未用及多征少用的土地，全年建设用地计划严格控制在国家下达指标以内，不得突破。

(六)继续加强城市基础设施建设，搞好城市绿化、美化和环境保护。

继续把城市基础设施放在城市建设的首位，并作为计划重点安排好。计划草案安排，市财力用于城市基础设施的各种资金13亿元。要保证亚运会各项配套基础设施按期竣工交付使用；城市道路与公路方面，要完成安外大街道路拓宽和南三环木樨园至玉泉营环岛段的道路拓宽，建成京津塘高速公路北京段及其联络线、京榆公路北京段、京开公路北段（双营路）、丰台铁路公路立交桥等；水源方面，全部完成自来水九厂一期工程三个系列，日供水能力达到50万吨，建成东水西调工程，缓解西郊工业区的用水困难；加快电力建设，全部完成石景山电厂改造工程，3号发电机组竣工投产；实现“七五”计划规定的市话交换机容量超过50万门的目标，完成301、401电话局扩建工程；发展管道燃气用户5万户。继续建设复兴门至西单段地铁及西单站、高碑店污水处理厂、石电供热管线、液化气第三储备厂。抓紧进行“西厢”道路工程的前期工作。第三热电厂的扩建、十三陵蓄能电站和751厂油制气工程继续进行三通一平，一经国家批准即动工建设。

计划草案安排，1990年市区植树150万株，铺栽草坪120万平方米，绿化10条新建道路，新建10个景点，建设15处公园绿地。郊区农田林网和四旁植树1200万株，封山育林20万亩。

进一步开展环境综合整治，以空气清新、水质清洁的优美环境迎接第11届亚运会。继续扎扎实实为群众办好10件实事，达到城市不冒黑烟，地面不扬尘；上路汽油车尾气全部治理达标；饮用水源水质保持清洁；消除污染事故隐患。6月底以前，全面完成亚运会各种场馆周围及必经之路两侧环境绿化和污染源治理任务；密云、怀柔水库严格实行汛期封坝；在自来水八厂防护区内再种植水源保护林1700亩；密云水库上游种植水源涵养林1.6万公顷；建设20条烟煤型煤生产线，推广烟煤型煤；城近郊烟尘控制区覆盖率提高到90%，新增集中和区域、联片供热面积300万平方米；限期治理、搬迁50个重点工厂（车间）污染源；完成水衙沟、昌平北沙河、朝阳青年路沟部分河段的综合整治；完成50个污水口的截流，建设50个密闭式垃圾收运站；搞好城市环境综合整治定量考核。

（七）积极扩大对外开放。

外贸出口，国家计划下达9.8亿美元，力争超过11.5亿美元，本市商品收购额，力争达到36亿元以上。要适应国际市场的需求变化，利用人民币汇率下调的有利时机，调整出口商品结构，尽可能多地扩大本市产品出口。在继续发展传统产品出口的基础上，努力扩大深加工、精加工产品以及高技术产品出口，提高机电产品出口比重。对扩大出口所必需的资金、外汇和能源、原材料、运力要尽力支持，鼓励企业多出口、多创汇。

要充分利用首都旅游资源，发掘旅游设施潜力，促进旅游事业的振兴和发展。计划草案安排，接待入境旅游者80－100万人次，旅游外汇收入5－6亿美元。要充分利用举办第11届亚运会的有利时机，大规模开展丰富多彩的旅游宣传活动，积极组织旅游商品的生产和销售。继续搞好旅游景点的维护、建设与开发。

要进一步积极有效地利用外资，特别是外国政府贷款和国际金融组织的长期低息贷款。初步安排，今年各种形式利用外资的总规模达到5.5亿美元，比去年增加0.5亿美元；兴办三资企业140家，鼓励和引导外商发展技术先进的和出口创汇的生产型企业，继续严格限制商业、餐饮业等非生产性项目。项目规模要大中小并举，以中小型为主。要继续改善投资环境，认真履行合同，维护首都对外开放的形象和信誉，提高外商来京投资的信心，把利用外资工作继续推向前进。

（八）继续发展教育、科技和文化、卫生、体育事业，严格控制人口增长。

市属高等院校要进一步合理调整专业结构，对达不到专业设置标准的院校要按照全市规划进行整顿和调整。要适当稳定和控制招生人数。适当减少研究生招生，要增加有实践经验的优秀在职人员的招生数量。市属普通高校计划招生1万人，稳定在去年水平上。继续加强对重点学科和重点专业的建设。

中等职业技术学校和普通高中要以培养为经济建设和社会发展适用的合格人才为主要目标，兼顾为上一级学校输送合格生源，通过调整协调发展。为保证初中毕业生升学率继续保持在80%以上，中专、技校、职业高中要克服连续3年超负荷招生的困难，认真按计划招生。初步安排，普通高中招生3.0——3.3万人（城镇2.5—2.7万人）；中专招生1.2万人（城镇0.6万人）；技工学校招生0.9万人（城镇0.8万人）；职业高中招生1.5—1.7万人（城镇1.3—1.5万人）。各类中等职业技术学校都要挖掘潜力，力争多招一点。市政府决定为中小学教职员工建造的50万平方米住宅，将于今年全部完成。

基础教育，要深化学校内部管理体制改革，努力提高教学质量。全社会都要关心并支持基础教育。今年是我市小学入学高峰的连续第三个年头，改扩建小学校舍工程也进入了关键一年，计划新增500个教室。还缺400多个教室，需要多方挖潜，采取综合措施，继续保证不出现小学“二部制”。同时，着手研究1991年以后即将出现的初中入学高峰问题，提出综合性的解决措施。

成人教育，要贯彻调整、整顿的方针，坚持以岗位培训为主的办学方向。今后3年内，不再批准新成立职工大学、管理干部学院等成人高校。

科学技术，要继续组织好“星火”、“工业技术振兴”、“城市建设与城市管理科技”、“火炬”、“工业试验”等计划的实施工作。要根据首都的特点组织好科技攻关，大力推动高技术产业的发展，加强中间试验，抓好重点技术与产品的推广应用，努力增强企业后劲。

卫生工作，要把深入开展爱国卫生运动，防病治病，预防各种传染病暴发和流行，搞好初级卫生保健作为重点工作抓好。医疗卫生设施建设，集中财力安排竣工项目，新的医院项目暂不安排。计划增加病床1500张。

在治理整顿中，继续发展社会主义文化、新闻、出版和体育事业。

严格控制人口增长。进一步采取有力措施抓好计划生育，特别是农村计划生育工作。对人口总量、计划生育率、出生率、二胎率等，实行层层分解、分级管理的目标责任制。全市出生率控制在14‰以内。同时，严格限制人口的迁移性增长。

（九）继续控制消费基金的过快增长，妥善安置待业人员，严格控制“农转非”人数。

加强工资基金的计划管理，进一步改进和完善工资总额与经济效益挂钩、工资成本列支、工资总额包干等办法，禁止滥发奖金、实物和扩大津贴、补贴的范围与金额。要加强对工资奖金以外的其它个人收入的管理，严格按国家规定征收奖金税、工资调节税和个人收入调节税，定期开展工资基金大检查。在发展生产的基础上，使职工货币收入继续有所增加，逐步做到职工工资的增长低于国民收入和劳动生产率的增长。同时，要继续控制社会集团购买力。

加强对城乡劳动力的统筹管理，妥善安置待业人员。今年本市需要安置的新成长的城镇劳动力约12万多人，要继续坚持“三结合”的就业方针，千方百计设法安置，全年力争把城镇的社会待业率继续控制在1%左右。同时，年末地方全民职工人数力争不突破国家下达的计划指标。当前，由于部分企业任务不足，将富余出一批劳动力；继续推行的优化劳动组合，也将有一部分劳动力需要重新安置。必须采取广开就业门路，发展多种经营，加强政治、业务、技术培训，组织公益劳动等办法妥善安排。在治理整顿中，对一些生产不景气的企业，尽量采取合理调整企业结构的办法加以解决。要继续清理、压缩计划外用工，清退外地农民工，超指标的计划外用工必须清退。农民进城做工要经过批准，实行“暂住证”和“做工证”制度。坚决压缩“农转非”人数，实行计划管理，采取指标控制与严格执行政策相结合的办法，努力使“农转非”人数控制在国家下达的指标以内。妥善安置待业人员，关心停工待工人员的生活，安排好回乡农民的生产与生活，是关系到社会安定和治理整顿能否顺利进行的大事，各有关部门要通力合作，认真细致地做好这项工作。

（十）搞好综合平衡，加强宏观调控。

为了坚决贯彻治理整顿和深化改革的方针，1990年在计划安排和组织执行中，必须努力搞好综合平衡和宏观调控。要按照市委、市政府的决定，加强计划部门对财政、审计、税务、劳动、物资、物价、统计、银行、工商行政管理等综合经济部门的日常协调工作，做好全市的资金、物资、外汇、劳动力的综合平衡，按照治理整顿和宏观调控的要求，统一计划、统一步调、统一行动，保证治理整顿的顺利进行和国民经济的持续、稳定、协调发展。

1．增加财政收入，压缩财政支出，大力组织存款，控制信贷规模。

计划草案安排，今年财政收入73.84亿元，比去年增长4%；财政支出61.28亿元，比去年增加3%。保持收支平衡的任务十分艰巨。必须努力保持经济的适度增长，注重提高经济效益，加强税收征管，大力组织收入；同时，下决心进一步压缩事业费、行政经费和其它一切不合理的开支。在继续控制社会集团消费的前提下，对某些商品的控购，要与生产计划相衔接。要认真清理、压缩各项补贴。实行严格的目标责任制，把增收减支的指标具体分解落实到各主管单位，保证实施。有关今年财政预算的具体安排，财政局长王宝森同志将向大会作报告。

金融方面，要按照治理整顿和保持经济适度发展的要求，把本市地方的信贷规模控制在国家下达计划指标内。要在调整产业政策的基础上，进一步调整信贷结构，保证工、农、商、外贸各方面的重点资金需要，防止“一刀切”。对符合国家产业政策、增加有效供给的更新改造项目，要利用收回的贷款给以更多的支持。大力组织对公存款和居民储蓄，增加信贷资金来源。银行各项存款全年力争增加90亿元，其中城乡储蓄增加35亿元。全年现金回笼力争超过去年12.6亿元的水平。继续清理各项贷款，将恢复“托收承付”结算方式，督促和帮助企业清理“三角债”和清仓利库，减少资金占用，加快资金周转。继续发展保险事业，全年保险费收入力争超过5亿元。

2. 严格控制和压缩进口，努力实现外汇平衡。

今年我市外汇短缺的矛盾仍很大。为了实现外汇的基本平衡，除了千方百计扩大外贸出口，增加外汇收入外，首先，要加强对进口商品的严格审查和控制，地方留成外汇要重点用于国内市场和生产建设急需的粮食、化肥和短缺原材料的进口，凡是可用国产原材料、设备替代的，原则上不进口，严格限制一般机电产品和烟、酒、化妆品、饮料等消费品的进口。第二，要积极组织调剂外汇以弥补外汇缺口。第三，要加强外债的统一管理，在外汇使用上，将采取留足还债用汇后再安排进口的办法，并研究建立偿债基金，作为后备。

3. 努力搞好物资的平衡与分配。

今年国家进口物资要大幅度压缩，但国内生产量有所增加，消费的增长也不会过多，预测大多数物资的社会供需总量基本可以平衡，但少数品种仍将紧缺。为此：(1)积极组织物资资源，特别是对本市生产、建设急需的物资和已看准的短线物资，要组织好国家计划订货和计划外资源的开发工作；(2)按照产业政策，继续支持农业，努力保证重点产品、重点建设项目和国营大中型企业的物资供应；(3)充分利用当前有利时机，搞好库存物资结构的调整，同时压缩不合理库存，加速资金周转；(4)抓好物资节约和综合利用，特别对铜、铝等短缺物资，更要坚持资源开发和节约利用并举，同时加强对物资的管理，降低消耗，提高效益；(5)继续清理整顿经营生产资料的各类企业，进一步加强物资管理，健全交易市场法规。

各位代表：

今年是实现中共中央确定的治理整顿目标的关键性一年。努力完成北京市1990年计划，把治理整顿和深化改革向前推进一步的有利条件很多。最重要的是中央的方针正确，治理整顿的目标明确，措施有力。我们坚信，在中共北京市委和市政府的正确领导下，全市各族人民将进一步贯彻落实中共十三届四中、五中全会的决定，增强信心，振奋精神，同心协力，艰苦奋斗，坚决维护首都的政治稳定和社会安定，克服前进中的各种困难，全面完成1990年计划和“七五”计划任务，以崭新的精神风貌和新的经济建设成就迎接第11届亚运会的召开！

关于北京市1989年财政预算执行情况和1990年财政预算草案的报告

——1990年3月3日在北京市第九届人民代表大会第三次会议上

北京市财政局局长　王宝森

各位代表：

我受市人民政府的委托，现在向大会提出1989年财政预算执行情况和1990年财政预算草案的报告，请予审议。

一、1989年财政预算执行情况

1989年是建国以来首都历史上极不寻常的一年。全市人民在中共北京市委的坚强领导下，坚决贯彻中共中央、国务院和中央军委的英明决策，取得了制止动乱和平息反革命暴乱的决定性胜利，坚定不移地执行中共中央十三届四中、五中全会精神、中共北京市委六届八次全会和市第九届人民代表大会第二次会议的各项决议，始终不渝地坚持四项基本原则，坚持改革开放，认真落实治理整顿、深化改革的指导方针，努力克服能源、资金、原材料紧张和自然灾害等一系列困难，奋力夺回动乱和反革命暴乱造成的损失。全市治理整顿取得令人瞩目的成效，国民经济发展取得了新的成果。在此基础上，财政预算执行情况也是好的。

财政收入超额完成年度预算，并保持连续七年稳定增长。市第九届人民代表大会第二次会议批准的1989年市财政收入预算为708200万元。预算执行结果，据初步统计完成710293万元，为预算的100.3%，比上年实际收入增长4.3%。1989年财政面临的形势始终十分严峻。一季度能源紧张，二季度发生了动乱和反革命暴乱，经济上造成很大损失，三、四季度出现了市场疲软，资金紧张，部分企业停产或半停产。面对这些预想不到的困难，全市广大干部职工，表现出高度的政治觉悟和责任感，振奋精神，万众一心，加班加点，日夜拼搏，付出了极大的努力。可以说，1989年财政收入预算的超额完成并保持连续七年稳定增长是来之不易的。

分项收入完成情况是：工业企业收入完成147659万元，为预算的100.4%；商业企业亏损61240万元，为预算的141.1%；粮食企业亏损133447万元，为预算的115.1%；工商税收完成786964万元，为预算的106.3%；农牧业税和耕地占用税完成5961万元，为预算的99.4%；能交基金分成收入完成31451万元，为预算的125.8%；国家预算调节基金收入完成15068万元，为预算的58%；其他各项收入盈亏相抵后，亏损为82123万元。

财政支出严格控制在预算指标以内，做到区别对待，有保有压。市第九届人民代表大会第二次会议批准的1989年财政支出预算为550200万元。在预算执行过程中，根据建设和各项事业发展的需要以及动乱、反革命暴乱期间增加的一些开支，经报请市人民代表大会常务委员会批准，预算调整为638096.7万元。预算执行结果，据初步统计全年支出为595088万元，为预算的93.3%，比上年实际支出增长12.4%。在预算执行中，认真贯彻了中央“收紧财政、抑制需求、区别对待、有保有压”的方针。严格控制总的支出水平，大力压缩一般性基本建设和行政管理费支出，增加了教育、科技、农业投入、价格补贴、城市基础设施建设和制止动乱、平息反革命暴乱所需支出。

分项支出完成情况是：基本建设和企业挖潜改造资金支出154085万元，为预算的97.3%；科技三项费用支出9308万元，为预算的98%；支援农村生产和农林水气等部门事业费支出31292万元，为预算的91.4%；城市维护费支出25368万元，为预算的97.2%；文教卫生事业费支出131329万元，为预算的93.7%；科学事业费支出5701万元，为预算的89.5%；抚恤和社会救济事业费支出14428万元，为预算的98.3%；行政管理费支出12584万元，为预算的99.9%；公检法支出23962万元，为预算的99.8%；各项财政价格补贴支出113989万元，为预算的80.8%；其他各项支出为73042万元。

财政收支平衡，略有结余。1989年财政预算执行结果，除按现行财政体制规定上解中央部分外，预计本市财政结余95775.7万元。其中：属于区县级财政结余有61289万元；属于市级财政结余有34486.7万元。市级财政结余中，应结转下年继续使用的专项结余有34381.7万元，一般结余为105万元。

1989年，在十分困难的情况下，圆满地完成市人代会通过的各项预算任务，这是全市人民在中共北京市委的正确领导下，各条战线广大干部、职工同心协力，为实现1989年财政收支预算做了大量工作的结果。

（一）振奋精神，夺回损失，保证国民经济的稳定发展。去年春夏之交发生的动乱和反革命暴乱，不仅造成了恶劣的政治影响，而且给我市国民经济造成巨大的损失。仅5、6两个月，全市社会总产值损失13.4亿元，社会商品零售总额损失5.2亿元，财政减收增支达5.5亿元，上半年全市财政收入比上年同期下降2%。在严峻的形势面前，各条战线的广大职工在各级党组织和各级政府的领导下，坚守岗位，加班加点，迅速恢复生产，想方设法坚持营业。各级领导干部深入基层，和广大群众一同出主意、想办法，奋力夺回动乱和反革命暴乱造成的损失，下半年逐步扭转了经济下降的局面。去年全市工业总产值累计完成445.9亿元，比上年增长6.5%，社会商品零售总额完成266.7亿元，比上年增长13.8%，为财政收入的稳定增长提供了可靠的保障。

（二）认真贯彻治理整顿方针，调整产业结构和产品结构，深入开展“双增双节”运动，努力提高经济效益。市政府按照治理整顿的方针，要求企业在保持生产适度增长的前提下，把工作重点转到以调整结构、挖掘潜力、提高经济效益为中心的轨道上来。根据国家产业政策的要求，调整产业和产品结构，从资金、原材料、能源供应上采取倾斜政策，扶优限劣，保证了26种人民生活必需品、100种重点短线产品和100种小商品以及15种拳头产品的生产，对短线、高利税产品和微利小商品实行超产奖励，继续实行原材料、流动资金占用节约奖和采购优选奖。工商企业在治理整顿、各方面紧缩的条件下，积极调整产品结构，深入开展“双增双节”运动，挖掘内部潜力，积极开发新技术，增产出口创汇和名特优产品，提高产品质量，增加有效供给。同时努力降低消耗，节约费用，采取措施挖潜增收，多数企业经济效益有所提高。据统计，地方预算内国营工业企业开发新产品2600种，投产1800多种，消化各种减利因素增加收入25.5亿元，实现利税比上年增长7.8%，对财政收入的稳定增长起了重要作用。

（三）继续坚持和完善各项改革措施，稳定政策，进一步调动企业增产增收的积极性。去年是我市国营大中型工商企业实行以“两保一挂”为主要内容的多种形式的承包经营责任制的第三年。在动乱和反革命暴乱等严重干扰的情况下，市政府继续坚持和完善企业“两保一挂”承包经营责任制。全市工商企业在困难面前，变压力为动力，精神抖擞，广泛开展“振奋精神闯难关”的大讨论，响亮地提出“与其消极挺，不如积极创”的口号，努力克服困难。到年底，全市12个工业总公司（局），全部完成了1989年承包合同，上交财政14.3亿元，超承包目标2.2亿元，对超额完成全年财政收入任务起了极其重要的作用。在保证国家多收的同时，企业留利也相应增加，1989年工业企业留利17.2亿元，比上年增长6.2%。随着经济效益的增长，企业职工收入也继续有所提高，年人均收入比上年增长15.4%。实践再次证明，承包经营责任制又一次经受了考验，在激励企业共渡难关中发挥了极大的威力，保证了财政收入的稳定增长。

坚持外贸体制改革，调动企业出口创汇的积极性。市财政除将计划内亏损补贴提前预拨外，还对90个出口创汇企业发放了1.63亿元人民币和25亿日元的财政借款，支持外贸企业克服了动乱、反革命暴乱造成的严重损失。全市外贸出口总额完成11.6亿美元，比上年增长13.6%，超额完成市人民代表大会通过的10.5亿美元的任务。

（四）增加农业投入，促进农村经济的全面发展。1989年用于支援农村生产和农林水气等部门事业费支出31292万元，比上年增长8.7%。增加的支出重点用于支持农业改革，促进农业适度规模经营，发展粮食、副食品基地和改善农田水利设施。根据国务院要求，建立了市区（县）两级农业发展基金，全年安排落实了农业发展基金12000万元。支持了300万亩粮食基地建设，郊区县农村在遭受严重自然灾害的情况下，粮食总产达到23.92亿公斤，比上年增产4800万公斤，连续十二年获得丰收。支持了副食品基地建设，发展三个县的调市蔬菜基地，增加蔬菜面积3万亩，续建123个百头种猪场。全年提供市场商品猪219.4万头，蛋2.2亿公斤，牛奶1.9亿公斤，菜18.6亿公斤，鱼4600万公斤，更加丰富了首都居民的“菜篮子”。大力支持开展农田水利基本建设，修建各种抗旱节水工程，完成土石方2366万立方米，疏挖排水沟渠7916公里，平整土地100万亩，新打和更新机井494眼。为扶持乡镇企业调整产品产业结构，提高出口创汇能力，开发新产品、新技术，全年发放周转金1256万元，重点支持了37个骨干乡镇企业。全年乡镇企业总收入达141.6亿元，比上年增长19.2%，实现利润17.9亿元，比上年增长13.7%。继续扶持37个贫困乡利用本地条件发展生产，改变落后面貌。全年37个贫困乡农村经济总收入达到4.2亿元，人均劳动所得达699元，除密云县番字牌乡因遭受泥石流灾害外，其余36个乡均已达到脱贫标准。

（五）教育经费大幅度增加，有力地支持了中小学内部管理体制改革和教育事业发展。1989年全市教育事业费支出69875万元，比上年增长15.6%，大大高于全市财政收入增长4.3%的幅度。此外，其他支出项目中用于教育的经费和基建投资等，还有49500万元。这样，1989年预算内用于教育方面的支出实际为119375万元，占全市财政总支出的比重由1988年的18.1%提高到20.06%，除预算内用于教育方面的支出外，预算外各项附加收入、校办工厂收入、社会和个人用于教育方面的资金还有24369万元。如果把预算内和预算外用于教育方面的支出加在一起，总额达到143744万元，比上年增长22.68%。增加的教育支出，主要用于支持中小学内部管理体制改革和为教育事业办实事。1989年市政府始终把发展教育事业作为一项重要战略任务，突出抓好教育改革。市、区（县）财政筹集教育改革资金4400万元，保证了全市中小学内部管理体制改革工作的顺利开展。到去年底，全市普教系统2095所中小学、幼儿园全部完成了第一步改革的任务，促进了教师队伍的优化组合，改善了教师生活待遇，调动了广大教职工的积极性。

1989年，市政府拨款8000多万元，继续为教育办实事。为全市部分中小学购置体育、卫生器材，为新建校增添设备；支持贫困乡和边远山区学校改善办学条件；支持50个中小学劳动技术教育基地建设；修缮中小学危房11.5万平方米，全市中小学危房改造任务已全面完成；为了避免全市小学出现二部制，市政府拨款2750万元，新建、改建、扩建了校舍；为了扶持和促进校办企业发展，市政府还发放周转金2760万元，全市普教系统校办企业全年创纯收入11742万元，补充中小学教育经费5053万元。通县、顺义、平谷、昌平等区县还发动群众捐资办学，建立人民教育基金，为发展教育事业作出了不懈地努力。

（六）增加城市基础设施建设支出，保证重点工程建设和环境建设的资金需要。1989年，在压缩固定资产投资规模的同时，调整了投资结构，集中资金保证了供水、供热、道路、燃气、电话等城市基础设施建设和亚运会工程。同时，支持了中小学教师、军队离退休干部、政法公安干部、基层商业职工的住房和落实私房政策用房等重点专项住宅建设，全市住宅竣工面积达577.5万平方米。

1989年城市维护费支出25368万元，比上年增长16.1%，加上各项城市公用事业附加6000万元，用于城市维护的支出总额为31368万元。重点用于亚运会场馆周围和主要街道两侧的环境保护、造林绿化，为环保事业办10件实事。城市绿化美化和环境治理有了新的进展。

（七）保证了制止动乱、平息反革命暴乱和恢复首都政治、经济秩序以及公用事业的经费开支。市政府先后增拨资金2亿多元，用于维修更新公共电汽车，恢复交通线路，整修交通和环卫等公用设施，种植树木、草坪，增加警力和装备，维护社会治安，以及军需供应等，迅速恢复了首都正常的工作秩序和生活秩序。

（八）坚持收紧财政的原则，严格控制基建投资、行政费支出和社会集团购买力。1989年，市政府坚持财政信贷双紧方针，采取措施，严格控制社会总需求，财政支出增长幅度低于往年，全年总的支出得到有效控制，抑制了消费基金的过快增长，取得明显效果。

大力压缩固定资产投资规模。1989年，基本建设和企业挖潜改造资金支出154085万元，按可比口径计算比上年减少10665万元，下降7%。对楼堂馆所和其他在建项目进行了认真的清理整顿，对新开工项目进行了严格控制。

严格控制行政经费和各种公用经费开支。在预算安排上，对行政经费和其他公用经费在上年实际支出的基础上压缩10—20%，并下达了行政费控制指标；积极采取措施，大力压缩会议费、差旅费、购置费等公用经费；继续对部分行政机关实行工资总额包干试点；并实行了工作餐制度，有效地控制了行政经费开支。全年行政管理费支出12584万元，按可比口径计算比上年下降5.8%。

继续大力压缩社会集团购买力。去年以来，加强了对控购指标的管理，严格了专控商品审批制度。各种专控商品，除生产、科研、教学需要外，一律从严审批，党政机关不许购买进口高级小轿车，全年压缩不必要的开支2.4亿元。社会集团购买力执行数为68072万元，按可比口径计算比上年下降20.8%。

（九）增加财政补贴，抑制物价上涨，安定人民生活。1989年市政府为了稳定物价，保证人民生活水平不受大的影响，在财力有限的情况下，仍拿出大量资金，增加财政补贴。全年市财政从收入和支出两个方面共拿出各项补贴45亿元，比上年增加12.5亿元，增长38.3%。增加的财政补贴，一是保证了人民生活必需品的供应。全年用于粮油肉蛋菜糖的亏损补贴达到306198万元，比上年增加110926万元。在收购价不断上涨的情况下，全年粮油肉蛋菜糖的销售价格比较稳定，保证了居民的供应。二是促进了城市公用事业的发展。全年用于燃料、热力、房租、自来水以及公共电汽车、地铁的补贴达到59519万元，比上年增加8181万元，保证了城市的正常运转和人民工作生活的日常需要。三是支持了各种微利小商品和生活日用品的生产。全年用于肥皂、烟筒、炉子、火柴、洗衣粉、学生本册、卫生纸等小商品的补贴16229万元，比上年增加443万元。财政补贴的各种小商品，没有出现脱销断档现象。四是稳定了城镇居民的生活水平。全年城镇居民副食补贴和主要副食品价格补贴68078万元，比上年增加4978万元，弥补了物价上涨给居民造成的损失。财政补贴的增加对稳定市场，抑制物价上涨，安定民心起到了重要作用。去年我市零售物价上涨幅度逐月回落，全年物价上涨幅度比上年下降了3.4个百分点，实现了国务院和上次市人代会提出的物价上涨幅度“明显低于”上年的控制目标。

（十）加强财政收入的征收、管理和监督检查，保证各项收入任务的完成。各级税务部门开展纳税宣传，广泛建立协税护税组织，严厉打击偷税漏税，通过日常检查、专业稽查和税务大检查共查出各项违纪金额5亿元，全年工商税收完成78.7亿元，比年计划超收

4.7亿元，比上年增长17.9%，为全市财政收入任务的完成作出较大的贡献。各级审计部门加强审计监督和检查，全年共审计了2681个单位，查出违纪金额3.38亿元。各级财政部门认真检查清理各项补贴，全年压缩不合理补贴1.5亿元。继续开展税收、财务、物价大检查，全市通过自查和重点检查，纠正违纪问题，增加收入2.8亿元。清理“小金库”取得初步成效，通过自查已查出2950万元。

各位代表：1989年财政预算完成情况，总的看是好的，但也面临许多问题和困难。陈希同市长在政府工作报告中所指出的社会经济发展中的问题和不足，在财政方面都有不同程度的反映。主要有以下几个方面：

一是对贯彻治理整顿、深化改革方针过程中出现的新情况和新问题研究得不透，发挥财政的宏观调控作用不够，某些方面出现失控。二是在生产、建设、流通领域中高消耗、低效益的状况尚未根本改善，部分企业经济效益指标没有达到年初预算的要求。三是由于市场疲软，资金紧张，部分企业产品积压较多，出现停产或半停产，待业人员增加，费用开支加大。四是财政补贴增加，虽然对抑制物价起了重要作用，但是增长过猛，财政负担沉重，补贴中存在不少漏洞。五是财政预算约束软化，管理松弛，执法不严，收入流失，支出浪费的情况仍然存在。

这些问题和不足，在今后的工作中，要积极采取措施，切实加以改进。

二、1990年财政预算草案

1990年财政收支预算草案，是根据中共十三届五中全会关于进一步治理整顿、深化改革的决定和中共北京市委六届八次全会精神，按照陈希同市长在政府工作报告中提出的要求和本市国民经济、社会发展计划各项指标制定的。财政收入的安排是在生产适度增长，提高经济效益，堵塞跑冒滴漏，压缩财政补贴的基础上，继续保持稳定增长。财政支出的安排继续实行收紧的政策，区别对待，有保有压，除适当增加农业、教育、科技、城市维护、职工调资以及必要的价格补贴支出外，其他支出基本维持上年水平或略有压缩。现在提请大会审议的1990年财政收支预算草案主要情况是：

1990年财政收入安排738400万元，比上年增长4%。分项安排情况是：工业企业收入安排148400万元，增长0.5%；商业企业亏损安排75000万元，增长22.5%；粮食企业亏损安排135000万元，增长1.2%；工商税收安排830000万元，增长5.5%；能源交通重点建设基金分成收入安排30000万元，下降4.6%；国家预算调节基金安排26000万元，增长72.6%；其他各项收入盈亏相抵，安排亏损86000万元。

1990年财政支出安排612765万元，比上年增长3%，低于收入增长幅度。分项安排情况是：基本建设和企业挖潜改造资金支出118507万元，下降23.1%；支援农村生产和农林水气等部门事业费支出34274万元，增长9.5%；城市维护费支出27855万元，增长9.8%；文教卫生事业费支出152472万元，增长16.1%；科学事业费支出7334万元，增长28.6%；行政管理费支出12567万元，下降0.1%；公检法支出25142万元，增长4.9%；各项价格补贴支出安排131942万元，增长15.7%；行政事业单位调资支出安排4885万元；其他各项支出安排97787万元。

根据以上安排，除按现行财政体制上交中央财政部分外，本市财政收支平衡。现将主要情况说明如下：

（一）财政收入任务是艰巨的，经过积极努力也是可以完成的。1990年财政收入预算是按照我市国民经济计划指标和效益指标，即工业总产值增长5%，社会商品零售总额增长12.5%，销售利税率提高1%，主要原材料消耗降低2%，车间经费和企业管理费降低5%，工业企业扭亏20%，商业企业扭亏10%，粮食企业扭亏11%安排的。这样安排，增长速度基本上与工业生产增长同步。收入中考虑了国家采取的一些政策性增收措施，如大力压缩财政补贴，加强税收征管，堵塞跑冒滴漏及提高企业经济效益等增加财政收入的因素；也考虑了粮油肉蛋等亏损产品收购价格继续提高，汇率调整，铁路运价提高，电加价，银行调整利率翘尾，煤气、液化气、天然气增加用户等各项减收因素。在市场疲软，能源、资金、外汇、运力不足，各项亏损补贴增加较多的情况下，仍比上年有一定的增长。完成这个任务是很艰巨的，但有利条件也很多。随着中央治理整顿措施的进一步落实，各项改革的不断完善，财政信贷在“双紧”原则下，采取灵活有效的措施，有计划地帮助一部分大中型企业解决资金困难，积极清理压缩滞欠，合理调整产业结构和产品结构，开拓市场，扩大销售，促进生产适度增长，不断提高经济效益，增收的潜力是很大的。经过各方面积极努力，今年的财政收入任务是可以完成的。

（二）继续增加农业投入，确保粮食和副食品生产的稳定增长。1990年，在各项支出紧缩的情况下，优先安排了支农支出。全年安排支援农村生产和农林水气等部门事业费支出34274万元，比上年增长9.5%，大大高于财政支出增长3%的幅度。增加的支出，重点用于发展粮食、蔬菜等副食品基地和农田水利基本建设以及农业科技推广应用。同时，建立郊区副食品生产发展基金，扶持副食品生产。为支持山区经济建设和贫困乡脱贫，建立市、区（县）两级扶贫专项基金和山区教育基金。另外，还安排一部分专项资金，为边远山区乡卫生院配备医疗设备，缓解群众看病难。修建一批电视插转台，使山区绝大部分农民今年都能看上北京电视台的节目。

（三）把教育放在优先发展的战略地位，积极支持科技和体育事业发展。1990年，根据陈希同市长在政府工作报告中提出的要求，在财政相当困难的情况下，仍然把发展教育事业作为重点，尽最大努力增加教育支出。全年教育事业费支出安排81270万元，比上年增长16.3%，仍保持较高的增长幅度。此外，其他支出项目中用于教育方面的经费和基建投资安排41895.8万元，这样，全年预算内用于教育的支出达到123165.8万元，占全市财政支出的比重，由上年的20.06%提高到20.1%，除预算内用于教育方面的支出继续有所增加外，预算外、社会和个人，用于教育方面的投入有较多增加，预计共有32503万元，比上年增加8134万元，增长33.4%。主要是教育附加由1%提高到2%，适当提高非义务教育阶段的学杂费标准和义务教育阶段的杂费标准，远郊区县普遍建立人民教育基金，以及社会集资和校办工厂收入增加等。增加的支出，重点用于支持教育改革，增加教学设备，改善办学条件，加强师资培训，提高师资素质，继续为教育办实事等。

科技进步对首都的经济发展具有决定性作用。1990年安排科学事业费和科技三项费用支出12666万元，比上年增长22.1%。增加的支出，主要用于继续实施“星火计划”、“火炬计划”和“工业技术振兴计划”，贯彻国务院“科技兴农”的决定，推广农业重大科技成果，促进科研体制改革，改善科研条件等。

体育事业费安排10869万元，比上年增长9.9%。增加的支出，重点用于亚运会筹办经费、运动员训练经费等。

（四）继续增加城市基础设施、城市维护费支出，为亚运会的召开提供良好的市容环境。根据陈希同市长在市政府工作报告中的要求，今年在严格控制基建规模的同时，继续调整投资结构，集中资金优先安排城市供水、供热、天然气、电力和道路等城市基础设施建设。1990年城市维护费支出安排27855万元，比上年增长9.8%。加上各项城市公用附加安排的7000万元，用于城市维护支出的总额为34855万元，比上年增长11.1%。增加的支出，重点用于完善北郊“五路三桥”和东厢道桥的绿化，增加城市维护设施，治理污染，整治街道和市容环境等。

（五）增加调整工资支出，改善职工生活。国务院决定，从1989年10月份起，适当提高行政事业单位职工工资。所需资金4885万元已在预算中作了安排。此外，企业职工调整工资，在收入中也同时做了安排。

（六）贯彻收紧财政的方针，继续严格控制基建规模和行政费开支。基本建设和企业挖潜改造资金支出，共安排118507万元，比上年下降23.1%。这是根据中央“调整结构，突出重点，压缩一般，提高效益”的原则安排的。除保证部分城市基础设施建设、农业、教育、出口创汇项目以及有利于经济结构调整的重要的更新改造项目所需资金外，其它部门的投资都严格进行了控制。行政管理费支出安排12567万元，比上年下降0.1%。

（七）顾全大局，为缓解中央财政困难做贡献。根据中共中央十三届五中全会关于提高“两个比重”的决定，国务院分配我市从今年起，每年向中央作贡献12000万元。市委、市政府决定，由市和区县共同负担，贡献指标已落实下去。各区县、市级各单位，要通过增收节支保证完成。

各位代表：1990年财政预算草案，是在充分考虑了影响财政收支的各项增减因素的基础上，经过反复研究拟定的。收入打得很满，任务十分艰巨。支出安排很紧，与各方面的需要还有很大差距。由于今年财政减收增支的因素较多，增加财政收入，控制财政支出的难度加大。这样安排，已经作了最大努力。今年各方面都面临不少困难，资金供需矛盾十分突出。各区县、各部门、各单位都要牢牢树立真正过几年紧日子的思想，瞻前顾后，统筹兼顾，认真做好各项增收节支工作，努力完成财政收支任务。

三、振奋精神，坚定信心，为完成1990年财政预算而奋斗

1990年是治理整顿的关键性一年，是面临各种困难较多的一年，也是充满希望的一年。搞好财政、财务工作不仅关系到财政预算的完成，更重要的是关系到治理整顿的顺利进行，对政治、经济的稳定，具有重大意义。在新的一年里，要认真贯彻中共中央十三届四中、五中全会精神，坚持四项基本原则，坚持改革开放。根据中央进一步治理整顿，深化改革的方针和收紧财政的政策，按照陈希同市长市政府工作报告的要求，财

政收入要继续“爬坡”，力争增长4%；财政支出要严格控制，做到有保有压，加强宏观调控，堵塞各种漏洞。我们要统一认识，坚定信心，鼓足干劲，切实做好各项工作。

(一)积极支持生产的适度增长，增加有效供给，确保财政收入任务的完成。目前，由于市场疲软，部分企业开工不足，工业生产存在较大困难。面对当前经济中的新情况、新问题，企业的广大干部和职工，要振奋精神，千方百计克服困难，保证生产适度增长。要在紧缩社会总需求的前提下，按照国家产业政策、首都特点和市场供求情况，有计划有重点地帮助一部分企业解决资金困难，充分发挥国营大中型企业的骨干作用；继续实行扩大销售奖励政策，鼓励企业降低库存，减少积压；充分发挥国营商业和供销社的主渠道和“蓄水池”作用，积极疏导商品流通渠道，使企业货畅其流；利用让利销售、赊销、分期付款等形式开拓市场，强化销售，增加货币回笼。同时积极帮助企业清理拖欠，继续使用好启动资金，缓解企业资金紧张的矛盾。力争全年生产增长5%以上。

(二)积极支持产业结构和产品结构的调整，努力提高企业经济效益。1990年，根据治理整顿、深化改革的要求，把财政收入的增长由过去主要靠增加投入、提高速度、扩大规模，转到主要靠调整产业结构和产品结构，提高经济效益上来。今年，要充分利用治理整顿的有利时机，依据国家产业政策，结合首都特点，实行重点倾斜和扶优限劣政策，继续对26种人民生活必需品、100种重点短线、出口创汇产品、100种市场小商品以及回笼货币多的紧俏商品，给予重点支持。对国营大中型骨干企业要优先供应能源、原材料和资金，继续落实“三优一奖”和紧俏产品增产奖励措施，增加有效供给。与此同时，各部门、各企业要把开展“双增双节”运动，提高企业经济效益作为治理整顿的一项重要工作来抓，建立领导责任制，利用目前调整的时机，眼睛向内，改进管理，降低消耗，节约费用，提高效益。推行“厂内银行”办法，加强企业内部基础工作，狠抓企业扭亏增盈，对亏损企业进行清理整顿，划清经营性亏损和政策性亏损的界限，挖潜减亏。所有工商企业都要在提高效益、降低消耗、上水平方面下功夫，全面完成各项经济效益指标。

(三)坚持改革开放方针，继续完善改革措施，促进生产和各项事业的发展。1990年是企业第一期承包的最后一年，中共北京市委、市政府提出，企业承包经营责任制，要坚持和完善，在今年上半年要全部完成“八五”期间企业续签合同的工作，再搞五年新一轮承包，以稳定政策。在续签承包合同时，要贯彻兴利除弊、分类指导、多做贡献的原则，正确处理国家、企业、个人三者利益的关系，合理确定承包基数和递增比例，承包基数总体上不应低于1990年承包上交指标。新一轮的承包企业要制定资产保值增值、补充自有流动资金、防止国有资产流失的措施，强化对承包技术改造指标的考核。继续实行和完善工资总额同经济效益挂钩办法。

要坚持外贸体制改革，促进外贸企业充分利用调整汇率的有利条件，结合国际市场的变化，调整出口产品结构，开发新产品，开辟新市场，坚决压缩高亏出口商品，继续开展“双清”活动，完善工效挂钩办法和奖励政策，力争完成和超额完成今年出口创汇的各项承包指标。要进一步贯彻执行改善外商投资环境的各项财政政策，充分发挥直接利用外资的优越性。

要发展财政信用，广泛筹集资金，继续做好特种国债、国库券等国家债券的发行和兑现工作，积极争取多利用一些世界银行贷款。

继续实行区县财政包干体制，调动区县增收节支的积极性。今年是区县财政包干的最后一年。在下一个包干期内，财政包干体制不变，包干基数和分成比例基本不变。各区县在安排预算时，要坚持收紧财政的原则，量力而行，不打赤字预算，抓紧组织收入，严格控制支出，努力做到自求平衡，为克服国家财政困难多做贡献。

要进一步完善事业单位经费包干办法，做好新一轮包干的准备工作。积极支持文艺体制改革、科技体制改革、住房制度改革等。

(四)大力压缩财政补贴，减轻财政负担。近年来，我市财政补贴逐年大幅度增长，1989年各种财政补贴已达45亿元，这对抑制物价上涨，保障社会安定团结是十分必要的。但是，目前我市这种过量的财政补贴，已远远超过财政承受能力，成为财政的沉重负担。同时，由于管理不严，各项补贴中漏洞也较大。长此下去，不但财政难以为继，整个国民经济也难以走上良性循环的轨道。陈希同市长提出今年要把压缩财政补贴当作大事来抓，要像抓其他改革一样，市长亲自动手，各部门领导负责，认真抓出成效来。今年要在稳定物价、保证市场供应的前提下，压缩补贴5亿元。重点压缩不必要的和由于管理不善而造成的损失浪费，改变一些商品的补贴办法，堵塞漏洞。在清理、整顿、压缩的基础上，把财政补贴控制指标分解下达给各主管部门，实行目标管理，严格考核。财政部门特别要加强对补贴的监督管理，纠正和制止滥补贴现象，要与有关部门配合，对各项补贴进行专题调查，逐项拟定压缩措施和指标。

（五）真正过几年紧日子，严格控制和压缩支出。严格控制和压缩支出，是治理整顿、深化改革的要求，也是今年财政工作的一项重要任务，各区县、各部门都要发扬艰苦奋斗的作风，真正过几年紧日子。不仅行政事业单位要过紧日子，企业也要过紧日子。要从严控制支出，严格按确定的预算指标执行，不能突破。

严格控制基建投资规模。按照市人民代表大会批准的基本建设投资计划进行控制，优先保证竣工和重点续建项目，原则上不上新项目，一律不搞新的楼堂馆所。特别是对自筹基建投资要严格审批，加强管理。适度控制社会集团购买力。各部门、各单位都要自觉执行控购政策，严肃控购纪律。继续从严控制行政经费开支。在治理整顿期间，不得增设新的机构和扩大编制，推迟办公设备的更新，大力压缩会议费、差旅费和购置费，严格执行工作餐制度。各区县、各部门都要精打细算，从节约一分钱、一度电、一滴水、一张纸入手，勤俭办一切事业，反对铺张浪费，党政机关和领导干部要做出表率。

（六）加强财政、税收的管理和监督，严肃财经纪律。按照"税法要统一，税权要集中"的原则，坚持依法治税，加强税收征管。严格控制减免税和各种税收优惠政策，严厉打击偷、漏、抗税等违法行为，保证国家收入及时、足额入库。加强对某些公司人员、第二职业人员及私营企业主和个体工商业户收入的监督和调控。加强预算外资金的管理和监督，将能够纳入预算内的企业和收入纳入预算内统筹安排和管理，将在中间环节流失的收入逐步收归国家。要大力整顿财税秩序，推进财政法制建设。根据中央提出的整顿经济秩序的要求，从预算内到预算外，从规章制度到收支管理，都要进行清理和整顿，通过加强立法和严格执法，强化财税管理，增强预算约束力。要把日常性的收支管理、财务管理同突击性的税收、财务、物价大检查结合起来，把群众监督同专业监督结合起来，严格把关，健全管理制度，堵塞漏洞，严肃财经纪律。

各级财政、财务部门都要加强自身建设，努力学习马列主义，忠于职守，廉洁奉公，提高政治、政策水平，改进工作作风，深入基层，密切联系群众，研究新情况，解决新问题，多办实事，开创财政工作的新局面。

各位代表：

1990年的财政任务十分艰巨，我们要在中共中央、国务院、中共北京市委领导下，动员全市人民，坚持四项基本原则，认真贯彻治理整顿、深化改革的方针和市人民代表大会的各项决议，把思想和行动统一到中共中央十三届四中、五中全会决定上来，振奋精神、坚定信心、顾全大局、同心协力、克服困难，为圆满完成1990年的财政预算而奋斗。

北京市人民代表大会常务委员会工作报告

——1990年3月6日在北京市第九届人民代表大会第三次会议上

北京市人大常委会副主任　马耀骥

各位代表：

我受市人民代表大会常务委员会和赵鹏飞主任的委托，向大会报告工作，请审查。

1989年是不寻常的一年，是我们克服重重困难取得新胜利的一年。去年四月下旬市九届人大二次会议召开之际，首都发生了政治动乱。经过代表的共同努力，大会郑重地通过决议，强调指出：要旗帜鲜明地坚持四项基本原则，十分珍惜得来不易的安定团结的政治局面，决不容许少数别有用心的人挑起事端，制造动乱。这个决议体现了人民的意志，代表了国家的根本利益，为全市工作指明了正确的方向。常务委员会在制止动乱、平息反革命暴乱的斗争中，坚持正确的立场和原则，坚决贯彻执行代表大会决议，顶住了种种压力，经受了严峻的考验。同时冷静地考虑过去和考虑未来，从坚持四项基本原则和改革开放、反对资产阶级自由化、建设有中国特色的社会主义的历史任务出发，积极开展工作。近一年来，常务委员会举行了8次会议，审议了10项地方性法规，其中6项已经通过和颁布，立法的步伐有所加快；检查了21项法律、法规的施行情况，审议了代表大会交付的18项议案，听取审议了市人民政府、市高级人民法院和市人民检察院的22项工作报告，监督工作有所加强；依法行使重大事项的决定权和人事任免权，作出了9项决议、决定，任免了94名国家机关工作人员。现将主要工作报告如下：

一、旗帜鲜明地反对动乱和支持平息反革命暴乱，维护首都安定团结的政治局面

去年5月，动乱不断升级，常务委员会接到的电话、来信大量增加，来访骤然增多。其中不少人表达了对国家前途命运的焦虑心情。同时也有一些人声称游行、绝食是“爱国民主运动”，要求常务委员会表态支持和进行慰问；有的要求取消市九届人大二次会议决议中关于“动乱”的提法；有的要求召开代表大会或常务委员会紧急会议，撤销戒严令。常务委员会对此给予了明确回答。答复中重申了市九届人大二次会议决议，严正表示：我们必须维护、遵守这个决议。同时引述了宪法和地方组织法的有关规定，申明国务院有权决定省、自治区、直辖市的范围内部分地区的戒严，市人民政府有权根据国务院的戒严令，结合北京市的实际情况发布命令，国务院的戒严令和市人民政府的命令是合法的、正确的和必要的。上述答复维护了宪法、法律和代表大会决议的尊严，对政府依法行使职权给予了有力的支持。

6月初，一举平息了反革命暴乱，在亟待稳定局势和恢复正常秩序的情况下，常务委员会接连举行主任会议、各工作委员会会议和代表座谈会，通过新闻报道明确表态，坚决拥护和支持平息反革命暴乱，表达了广大代表和人民群众的心声，引起了良好反响。

7月初，常务委员会听取审议了市人民政府《关于制止动乱和平息反革命暴乱的情况报告》，审议并同意政府提出的本市当前工作的安排意见，作出了《关于坚决把平息反革命暴乱的斗争进行到底的决议》。会议对市人民政府在中共北京市委的领导下，坚决贯彻执行中共中央、国务院制止动乱和平息反革命暴乱的正确决策和一系列措施表示满意。会议要求，继续加强人民民主专政，充分发动和依靠群众，彻底清查并依法严惩策划、组织、指挥动乱和暴乱的阴谋分子，参与暴乱的反革命分子和搞打砸抢烧杀的各种严重刑事犯罪分子。要坚定不移地继续贯彻执行改革开放的方针，继续完成治理整顿、深化改革的各项任务，夺回动乱和暴乱造成的损失。坚决惩治腐败，依法严肃查处以权谋私、贪污受贿的案件，大力加强廉政建设，务必抓出成效。同时要在全市人民中旗帜鲜明地、理直气壮地、有说服力地进行坚持四项基本原则的教育，坚持不懈地反对资产阶级自由化，大力加强社会主义民主与法制教育，把各项工作逐步纳入法制轨道。

稳定是国家的最高利益，为了保障公民依法行使集会、游行、示威的权利，维护首都的社会安定和公共秩序，常务委员会审议通过了《北京市实施＜中华人民共和国集会游行示威法＞办法》。实施办法对举行集会、游行、示威的申请和审批程序，公民依法行使集会、游行、示威权利的保障，集会、游行、示威必须遵守的行为准则，以及对违法犯罪行为的制裁措施等作出了具体规定；对申请集会、游行、示威要求解决具体问题的，贯彻了协商的原则。这个办法已于1989年12月28日公布施行。

平息反革命暴乱以来，常务委员会先后学习了邓小平同志在接见首都戒严部队军以上干部时的讲话、中共中央十三届四中全会和五中全会文件、江泽民同志在庆祝中华人民共和国成立40周年大会上的讲话。委员们认为，四中全会、五中全会和中央领导同志的讲话精神，既是指导全党和全国各项工作的纲领，也是常务委员会工作必须遵循的指导思想。我们要同全市人民一道，紧紧团结在以江泽民同志为核心的党中央周围，坚定不移地把会议和讲话精神落实到首都各项工作中去。

二、加强思想文化等方面议题的讨论，推动四项基本原则教育和社会主义精神文明建设，反对资产阶级自由化

常务委员会邀请中共北京市委宣传部负责同志通报了全国宣传部长会议精神和本市贯彻意见，并进行了学习讨论。委员们认为，国际大气候和国内小气候造成的动乱和反革命暴乱，充分说明坚持四项基本原则、反对资产阶级自由化、反对“和平演变”的极端重要性、必要性和迫切性。加强四项基本原则教育、反对资产阶级自由化，要着重解决振兴中华必须坚持中国共产党的领导和社会主义道路这个核心问题，深入揭露和批判美化资本主义、丑化和攻击社会主义的种种谬论。委员们还就加强马克思主义的理论教育、整顿宣传舆论文化阵地、加强和改进基层的思想政治工作、加强宣传队伍的建设等提出了许多具体建议。

常务委员会听取审议了市人民政府办理加强精神

文明建设议案的情况报告，指出社会主义精神文明是社会主义的重要特征，北京作为我国的政治、文化中心和对外交往的中心，在这方面肩负着光荣使命，必须作为一项长期的战略任务，坚持不懈地抓下去。要结合举办亚运会，加强爱国主义、社会主义、独立自主、艰苦奋斗和遵纪守法的教育，治理市容环境，整顿社会治安和社会秩序，改善服务质量，振奋民族精神，提高群众的道德和文明素养，切实展现出首都人民崭新的精神风貌。

繁荣文化市场，扫除“文化垃圾”，是反对资产阶级自由化，加强社会主义精神文明建设的重要内容。常务委员会审议制定了《北京市图书报刊音像市场管理条例》，鼓励用优秀的、健康的作品占领文化市场；同时规定，在本市销售、出租有害的出版物，必须予以严格查禁；对违反条例的行为，规定了处罚办法。常务委员会还初步审议了《北京市严厉禁止卖淫、嫖宿暗娼条例（草案）》。

腐败现象是资产阶级自由化长期泛滥的一个恶果。为了加强廉政建设，坚决惩治腐败，常务委员会听取审议了市高级人民法院《关于审判经济犯罪案件的报告》、市人民检察院《关于惩治贪污受贿犯罪情况的报告》和市人民政府《关于监察工作的报告》。要求“两院”和政府继续把惩治贪污受贿等腐败行为、加强廉政建设，作为关系国家生死存亡的大事来抓。要认真研究新形势下经济犯罪的特点，集中力量深挖和查处大案要案。在办案中要坚持公民在法律面前一律平等的原则，排除干扰，认真解决以罚代刑、以纪代刑的问题，切实做到严肃执法、违法必究。要建立健全廉政建设的各项规章制度，加强监督检查，教育国家机关工作人员全心全意为人民服务，倡导和发扬廉洁勤政的风尚。

三、审议财政经济方面的议题，贯彻治理整顿深化改革的方针，促进经济建设

治理经济环境、整顿经济秩序，关系到国民经济持续、稳定、协调的发展和社会的稳定。常务委员会检查了1至8月本市国民经济、社会发展计划的执行情况，听取审议了市人民政府的报告。会议指出，经过全市人民的努力，本市治理整顿初见成效。工业发展过热、基建规模过大、物价涨势过猛、消费需求过旺的势头得到一定程度的控制，市场稳定，人心安定。但也存在着问题和困难。委员们强调，要坚定治理整顿的信心和决心，全心全意依靠工人阶级和人民群众，搞活大中型企业，调整产业结构和产品结构，提高经济效益，把治理整顿的各项工作继续抓好。常务委员会还审议了财政预算的执行情况，批准1989年财政支出预算的部分变更。

完成治理整顿的任务，必须首先把农业搞上去。常务委员会于去年8月听取审议了市人民政府《关于北京郊区粮食生产情况的报告》，作出了进一步发展粮食生产的决议。会议对十年来本市粮食生产持续稳定增长表示满意，要求各级政府继续把它作为一项长期的战略任务来抓；要继续巩固、完善、提高农业联产承包责任制，在具备条件的地方积极推广适度规模经营；搞好农业技术推广工作，依靠科技进步发展粮食生产；多层次、多渠道增加农业投入；认真执行国家土地管理法，划定必要数量的基本粮田。常务委员会制定了《北京市农业联产承包合同条例》，总结了10年来积累的丰富经验，从坚持社会主义方向出发，对调动集体经济组织和农民的积极性、加强合同的规范化管理作出了一系列具体规定。这将有利于深化农村经济体制改革，壮大集体经济，促使传统农业向现代化农业前进。常务委员会还听取审议了市人民政府《关于“星火计划”执行情况的报告》，认为这个计划把科技开发、人才培养和示范推广结合起来，取得了成功的经验，是一个很有特色的系统工程。在此基础上，市政府主管部门要做好下一步“星火计划”的规划，把“星火计划”的实施提高到一个新阶段。

为了贯彻党中央、国务院《关于进一步清理整顿公司的决定》，常务委员会于去年9月听取审议了市人民政府清理整顿公司情况的报告。会议认为，这项工作有了一个好的开端，任务仍然相当艰巨。要把这项关系到民心向背和国家稳定的大事认真抓好。凡是按照规定应予撤销的公司必须坚决撤销，特别是政府有关部门办的公司要首先限期撤销；同时要严肃查处发生在公司中的投机倒把、以权谋私、贪污盗窃、行贿受贿等案件。近两年来，不少公司经常变换手法，躲避、对抗清理整顿，使非法变成“合法”，政府有关部门对此要认真研究，提出有效的整顿措施。这些意见受到了有关方面的重视，并在工作中加以贯彻。

加强审计监督和价格监督检查，是治理经济环境、整顿经济秩序的重要内容。常务委员会听取审议了市人民政府《关于本市审计工作开展情况的报告》，制定了《北京市价格监督检查条例》。委员们认为，本市审计工作在深度和广度方面取得了明显进步。为了进一步加强这项工作，充分发挥审计监督的作用，要抓住治理整顿和执行财政预算中的关键问题加强专项审计，

严肃财经法纪；政府主管部门要针对审计反映出来的经济活动中的重大问题，进一步完善有关的政策措施和规章制度，改善宏观决策和宏观管理，促进经济效益的提高。价格监督检查条例本着专业监督和群众监督相结合的原则，规定了政府和业务主管部门的职权和任务，消费者协会、行业协会、新闻单位和公民在价格监督方面的权利，对企业内部监督从领导责任、制度建设等方面作出了明确规定。上述价格监督网络的健全和发展，对制止乱涨价、乱收费的行为，保护人民群众的切身利益，维护市场秩序，将起到积极的作用。

四、审议关系首都发展和人民生活的重大问题

发展教育事业，对本市经济建设和社会发展具有战略意义。近一年来，常务委员会在继续关注九年制义务教育的同时，听取审议了市人民政府办理加快市属高等学校建设和改革议案的情况报告和加快农村教育事业发展的报告，制定了《北京市中等职业技术教育条例》。委员们强调，各级各类学校都要用马列主义、毛泽东思想教育学生，把坚定正确的政治方向放在教育工作的首位，把培养社会主义事业的建设者和接班人作为学校工作的根本任务，把提高教学质量列入重要日程。目前市属高等学校已具有相当的规模和初步的基础，要在稳定规模的前提下合理调整专业结构；加强对学生的政治理论教学和政治思想教育，组织学生参加生产实践和社会实践；政府各部门要同对口的市属高等学校结合起来，既向学校提出要求，又给学校提供条件，使市属高等学校在理论与实际的结合、知识分子同工农的结合上办出水平，办出地方学校的特色。《北京市中等职业技术教育条例》对办好中等专业学校、技工学校、职业高中和各种短期职业技术培训作出了规定，要求各级人民政府加强统一领导、全面规划、宏观协调和综合管理；今后企业事业单位用人，要从受过职业技术教育的学生中优先录用，实行先培训、后就业。近几年农村教育的面貌发生了显著变化，但发展不够平衡。乡管教育要进一步落实，学校内部机制改革要积极稳妥地进行，教育结构改革要加快步伐，有计划地发展各类职业技术学校和普遍举办初中毕业后的短期职业培训。委员们还强调要抓好山区教育和农村扫盲工作。

水资源匮乏是制约城市发展的重要因素，常务委员会听取了市人民政府关于水源紧缺形势及应急措施的情况汇报。会议认为，加强现有水资源的保护和利用工作，是本市现代化建设中一个带有根本性的问题，需要引起全市各方面的高度重视。目前节约用水和水的重复利用上潜力很大，政府应尽快拟定节约用水的地方性法规草案，提交市人大常委会审议。

常务委员会把保护人民健康作为一件大事来对待，听取审议了市人民政府贯彻实施传染病防治法意见的报告，通过了相应的决议，并检查了药品管理法的施行情况。鉴于改革开放的新形势对传染病防治管理工作提出了更高的要求，常务委员会要求各级人民政府在全市范围内开展宣传传染病防治法的活动，尽快制定防治工作规划和与实施传染病防治法相配套的规章、办法，并积极组织实施。近两年来，本市药品市场存在着多业经药、多头批发、药品流通秩序混乱的问题，假药、劣药屡禁不止，严重危害人民健康。委员们要求市人民政府切实加强药品市场的管理，着重整顿药品批发环节，建立药品批发责任市场，查禁伪、劣药品，确保用药安全有效。

有计划地植树造林，加强林木资源的保护，关系到改善首都的生态环境。去年4月，常务委员会和市人民政府共同部署，在全市进行了为期三个月的林业法规执行情况大检查，有力地推动了执法工作。1989年参加春季义务植树的人数、绿化规模和工程质量都超过往年，山林火灾比上年下降76%，林木实际采伐量少于规定的限额，近几年来遗留的毁林案件也得到了处理。

1982年市人民代表大会原则批准的《北京市市容卫生管理规定》和《北京市城市绿化管理暂行办法》，对加强市容卫生管理、促进首都的绿化建设发挥了重要作用。常务委员会经过大量的调查研究，认为七年多来情况发生了很大变化，这两个法规已经不能适应形势发展的需要，建议本次代表大会授权常务委员会重新制定并颁布施行，自施行之日起原法规即行废止。

五、加强人民代表大会制度建设

人民代表大会制度是我国的根本政治制度。坚持和不断完善这个制度，还是用西方的政治模式否定、改变这个制度，是我们同资产阶级自由化斗争的一个焦点。近一年来，常务委员会从指导区县乡镇人民代表大会换届选举、制定有关人民代表大会的法规、密切同代表的联系和发挥代表作用等方面加强了代表大会制度的建设。

本市区、县、乡、镇人民代表大会依法应于今年进行换届选举。常务委员会审议通过了《关于区、县、乡、镇人民代表大会换届选举工作的报告》，就换届选举的有关问题作出了决定。常务委员会认为，胜利完成换届选举工作，对于巩固和发展平息反革命暴乱的胜利成果，维护政治、经济形势的稳定，加强社会主义民主与法制建设和地方政权建设，具有重要作用。在换届选举

中，必须自始至终坚持和发扬社会主义民主，尊重选民意愿，保障选民的民主权利。同时，各项选举活动都要严格依照选举法、地方组织法和本市选举实施细则的规定进行。通过换届选举，进一步改善和提高代表素质，使区、县和乡、镇两级政权的领导权牢牢掌握在坚持四项基本原则和改革开放、全心全意为人民服务的人手中。

为使人民代表大会的工作逐步制度化、规范化，在广泛征求代表意见的基础上，常务委员会经过两次审议，拟定了《北京市人民代表大会议事规则（草案）》，提请本次代表大会审议。乡、民族乡、镇人民代表大会是基层地方国家权力机关，同人民群众关系密切。为了进一步发扬基层民主，及时审议决定重大事项，常务委员会制定了《北京市乡、民族乡、镇人民代表大会组织条例》。规定乡、镇人民代表大会会议每半年至少举行一次，每年的第一次会议应当不迟于三月底前举行；乡、镇人民代表大会主席团设常务主席一人，召集并主持主席团会议，负责闭会期间的日常工作。常务委员会还召开了法律监督工作座谈会，同区、县人大常委会一起交流了经验，探讨了法律监督制度化的问题。同时，制定了主任会议议事规则。

密切同代表的联系和发挥代表作用，是人民代表大会制度建设的基础。近一年来，常务委员会组织代表参加各种不同规模的视察、调查、座谈、报告会等活动共达3000多人次，主要从以下几方面加强了工作：一是向全体市人大代表连续寄送有关制止动乱、平息反革命暴乱的重要文件、讲话、材料，为代表举办学习辅导报告会，通过本市的工作安排，组织代表参观“平暴展览”，对于代表统一思想，团结全市人民投入制止动乱、平息暴乱的斗争，发挥了积极作用。二是邀请市政府领导同志就廉政建设、文化市场管理、冬季商品供应、乡镇企业和科技、教育工作等群众关注的问题同代表座谈，组织代表对搞活大中型企业、农田水利基本建设、城市建设、小学二部制和民族、宗教、侨务等项工作进行专题视察，检查了民法通则、计量法、森林法、义务教育法、文物保护法、公路路政管理条例、未成年人保护条例等法律、法规的施行情况。代表在视察、检查和座谈中提出了许多意见和建议，促进了政府和“两院”的工作。三是邀请代表对城市规划管理法、居民委员会组织法、著作权法等八项国家法律草案进行座谈，征集意见，参与国家立法工作；并就常务委员会审议的议题和地方性法规草案组织代表座谈讨论，邀请代表列席常务委员会会议，使常务委员会审议决定问题更好地集中群众意见和接受代表的监督。四是认真督促办理代表议案和建议、批评、意见。听取审议了市人民政府办理代表大会交付的加强人口管理、贯彻实施全民所有制工业企业法等项议案的情况报告，市人大常委会政法委员会关于政府、法院、检察院办理做好行政诉讼法实施准备工作议案的情况报告，对政府办理代表议案拟定的计划生育条例草案进行了初步审议；同时着重督促解决代表建议中带共性的重点问题和各方面认识不尽一致的疑难问题，对上一年度列入办理规划的384件重要建议实行了跟踪检查。目前市九届人大二次会议交付常务委员会审议的议案和代表提出的1317件建议、批评和意见均已办复，其中问题已经解决或基本解决的占41%，列入规划分期解决的占15%，进行解释说明的占39%，转国家有关部门研究的占5%。对2000多件代表和群众来信、来访，也按照规定分别作了处理。

近一年来，常务委员会加强了工作机构的建设和同区、县人大常委会的联系。常务委员会审议的重要议题，都是在各委、室、厅和区、县人大常委会共同调查研究，反复讨论座谈，征询各方面意见的基础上进行的。常务委员会的组成人员和许多代表都积极参加了上述活动，使常务委员会的工作得以顺利开展。

各位代表：

在过去的一年里，常务委员会面对着新的形势和新的情况，审议的议题之多，任务之重，都超过往年。由于动乱暴乱期间正常工作无法进行，各项议题基本上是在8个月的时间里完成的。总的来看，常务委员会坚持了正确的立场和原则，积极履行自己的职责，工作是努力的和有成效的。但是我们在工作中也存在着缺点和不足之处。常务委员会审议的议题中，有的涉及的范围比较广、问题比较复杂，如何抓住关键、突出重点进行深入审议，做得不够，调查研究也不够系统和周密。常务委员会听取审议政府、法院、检察院的工作报告，提出了不少重要的意见和建议，有的问题作出了决议、决定，有的制定了地方性法规，但是对贯彻落实的情况缺少反馈和跟踪检查的制度，使工作的成效受到一定影响。在联系代表方面尽管做了大量工作，但从代表的不同情况和特点出发，组织不同类型的活动做得不够，办理代表建议的质量也还存在一些问题，代表的作用未能更充分地发挥出来。总的来说，民主政治的建设是一个逐步积累的渐进过程，我们要积极探索和实践，努力使人民代表大会制度不断完善起来。

各位代表：

1990年是九十年代的第一年，是治理整顿和深化改革关键的一年。这一年全市工作总的要求是：在中共北京市委的领导下，继续贯彻中共中央十三届四中全会和五中全会精神，保持首都的政治稳定和社会稳定，这是我们的根本利益所在，是全市人民的共同愿望，也是全体代表的政治责任；贯彻执行进一步治理整顿、深化改革的方针，促进国民经济逐步走上持续、稳定、协调发展的道路，保持市场稳定和人民生活的稳定。社会主义民主建设始终是我们国家的一项根本任务，没有民主就没有社会主义。社会主义民主必须制度化、法律化，同社会主义法制建设相结合。这是实现政治稳定、社会稳定、经济稳定的重要保证。根据本次代表大会将要确定的全年工作的方针任务，常务委员会要认真行使宪法、法律赋予的职权，把加强社会主义民主与法制作为一项根本性的建设来抓，在继续抓紧地方立法工作的同时加强对法律、法规实施情况的监督检查，进一步发挥地方国家权力机关在本市重大事务中的作用。第一，围绕巩固、发展安定团结的政治局面，监督检查维护社会治安和社会秩序、严厉打击严重刑事犯罪和严重经济犯罪、惩治腐败和加强廉政建设、扫除“六害”等工作的进展情况，推动坚持四项基本原则反对资产阶级自由化的教育、法制教育和向雷锋同志学习活动的深入开展，加强社会主义精神文明建设。第二，围绕治理整顿、深化改革方针的贯彻落实，监督检查继续压缩社会需求和投资规模、调整产业结构和产品结构、加强企业管理和促进科技进步、大力发展农业、清理整顿公司、加强物价管理的情况，推动国民经济、社会发展计划和财政预算的顺利执行。第三，围绕举办亚运会，监督检查开展爱国主义、社会主义、艰苦奋斗、遵纪守法教育的情况，推动整顿市容面貌、加强城市管理、改进服务质量等项工作，动员全市人民以崭新的精神风貌和实际行动，办好亚运会，为首都争光，为祖国争光。第四，在健全法制方面，制定土地管理法实施办法和集贸市场管理、城市节约用水、保护残疾人合法权益等地方性法规，着重检查审计监督、水利工程保护、大气环境保护、义务教育、保护消费者合法权益等法律、法规的施行情况，推动依法治市、治区、治县、治厂、治乡的活动，使法律、法规切实得到遵守和执行。第五，继续加强人民代表大会制度建设。指导和监督区、县、乡、镇人民代表大会的换届选举，使这项工作按照充分发扬民主、严格依法办事的原则顺利进行。按照中共中央关于坚持和完善中国共产党领导的多党合作和政治协商制度的意见，进一步发挥民主党派成员、无党派人士在人民代表大会和人大常委会中的作用。继续探索和完善行使决定权、立法权和监督权的办法，积极参与国家制定监督法和代表法的工作，并为拟定本市的实施办法进行准备。密切联系代表，加强办理代表建议的督促检查工作，更好地发挥代表作用。筹建民主与法制建设培训基地，组织市、区、县人大常委会组成人员和工作人员，乡、镇人民代表大会主席团常务主席轮流脱产学习。为了完成上述任务，常务委员会及工作机构要进一步改进工作作风，密切同人民群众的血肉联系，深入基层调查研究，在立法和监督等项工作中要努力掌握第一手材料，充分反映人民群众的要求和意愿，更好地代表人民，并受到人民的监督。我们要在党的领导下，紧紧地依靠人民群众，振奋精神，团结一致，艰苦奋斗，为夺取首都社会主义现代化建设和社会主义改革的更大胜利作出应有的贡献！

北京市高级人民法院工作报告（摘要）

——1990年3月6日在北京市第九届人民代表大会第三次会议上

北京市高级人民法院院长　刘云峰

各位代表：

现在，我就本市各级人民法院1989年所做的主要工作和1990年的工作意见作一汇报，请审议。

一、1989年工作概况

1989年，全市各级人民法院遵照本届大会第二次会议关于人民法院、人民检察院工作报告的决议，在党的路线、方针和政策的指导下，在市人大常委会、上级法院的监督和各方面配合、支持下，严格执法，积极开展各项审判工作，共审结各种案件54646件，较好地完成了任务，对首都的社会稳定，治理整顿、改革开放和四化建设的顺利进行，起了保障和促进的作用。我们主要做了以下工作：

(一) 审判刑事案件，依法惩办刑事犯罪分子

1989年，全市各级人民法院新收一审刑事案件7327件，比上年上升27.7%；已审结7118件；在判决已经发生法律效力的9442名罪犯中，判处五年以上有期徒刑、无期徒刑和死刑的3695名，占罪犯总数的39.1%。在刑事审判工作中，我们的工作重点是：

第一，把打击的矛头对准严重危害社会的犯罪分子。

首先，我们继续贯彻执行从重从快的方针，依法严惩严重破坏社会治安的刑事犯罪分子。1989年新收严重危害社会治安的犯罪案件3590件，比上年上升54.2%，已审结3459件；在判决已经发生法律效力的5317名罪犯中，依法判处五年以上有期徒刑、无期徒刑和死刑的3169名，占同类罪犯总数的59.6%。

其次，坚持一要坚决，二要慎重，务必搞准的方针，严惩严重破坏经济的犯罪分子。1989年新收一审经济犯罪案件2168件，比上年上升39.2%，已审结经济犯罪案件2115件；在判决已经发生法律效力的3212名罪犯中，依法判处五年以上有期徒刑、无期徒刑和死刑的1198名，占同类罪犯总数的37.3%；共挽回经济损失1620多万元，其中判决没收财产7.28万元，处罚金5.57万元；

再次，依法从严惩处反革命暴乱中的犯罪分子。根据最高人民法院的要求，我们采取慎重的态度，坚持实事求是的原则，在查清事实的基础上，划清罪与非罪、此罪与彼罪的界限，对构成犯罪，有明显反革命目的的定反革命罪，没有明显反革命目的的，该定什么罪就定什么罪，并根据“坦白从宽、抗拒从严和惩办与宽大相结合”的原则，及时进行了处理。到年底，占收案总数84%的反革命暴乱中的案件已审理完毕。

此外，我们依法从严惩办铁路运输中的罪犯，以维护铁路运输的安全。1989年铁路运输法院新收一审刑事犯罪案件422件；已审结410件；判处罪犯666名，在判决已经发生法律效力的617名罪犯中，依法判处五年以上有期徒刑、无期徒刑和死刑的214名，占罪犯总数的34.7%。

第二，坚持执行“坦白从宽、抗拒从严和惩办与宽大相结合”的政策。对屡教不改的、教唆他人犯罪的，集团或结伙犯罪中的主犯以及具有其他从重或加重处罚情节的，坚决依法予以从严惩处；对犯罪后投案自首的、坦白交待的、有立功表现的、犯罪中止、未遂的，未成年犯罪的以及具有其他从轻、减轻处罚或者免除处罚情节的，坚决依法予以从宽处理。

第三，坚持以事实为根据、以法律为准绳，做到一个“准”字，切实保证办案 质量。在查清事实的基础上，我们依照法律的规定，认真分析研究，严格划清罪与非罪、此罪与彼罪的界限，然后，根据犯罪的事实、性质、情节和对于社会的危害程度，依法予以处罚。

第四，严格依法办事，充分保障被告人行使法定的诉讼权利。在刑事审判活动中，我们坚决执行了刑事诉讼法关于公开审判、回避、辩护、最后陈述、合议、上诉、申诉、死刑复核、审判监督等规定，以保证准确、及时地查明事实，正确适用法律，使犯罪分子受到应有的法律制裁，使无罪的人不受刑事责任的追究。

第五，结合形势，选择一些典型案件召开大会，宣告犯罪分子的犯罪事实和对罪犯的审判结果，以震慑罪犯，体现政策，积极参加社会治安的综合治理和专项斗争。

第六，坚决贯彻执行市人民代表大会常务委员会制定的市未成年人保护条例。市中级人民法院和各区、县人民法院都建立了专门审判未成年人刑事案件的合议庭，把感化、教育、挽救的方针贯穿在审判未成年人刑事案件的合议庭，把感化、教育、挽救的方针贯穿在审判工作之中，收到了很好的效果。据北京市少年犯管教所调查，在该所的少年犯中，1989年提出申诉的只占0.5%，而在1988年提出申诉的则占30%。

一年来，全市各级人民法院通过审判活动，通过对刑事犯罪分子的依法惩处，有力地打击了犯罪分子，对保护首都公民的人身、财产和生命安全，保护国家和集体利益，维护社会治安，起了重要的作用。

(二) 审判民事案件，正确、及时地处理民事纠纷

1989年全市各级人民法院新收一审民事案件27147件，比1988年上升16.3%；已审结27522件。在民事审判工作中，我们着重抓了以下几点：

第一，依法保障公民、法人的诉讼权利。公民、法人向人民法院提出的诉讼，具备法定起诉条件的，及时予以立案；不具备条件的，根据不同情况，或要求其补充材料，或向其说明找有关部门处理。

第二，依法保护公民、法人的合法权益，批评错误，制裁违法行为。对立案的每一件民事诉讼，我们都进行了认真的调查，以事实为依据，以民法通则、婚姻法和继承法等法律为准绳，分清是非，分清责任，依法作出处理。

第三，为群众着想，尽力方便群众。为此，全市已建立人民法庭89个；不少案件由审判人民携卷下街道、下乡，就地审理。全年巡回就地办结案件12214件，占结案总数的44.4%。

第四，坚持在查清事实、分清是非责任的基础上，做好思想工作，着重调解，使纠纷得到正确处理。一年内，一审经工作，以调解方式结案的达13043件，起诉人撤诉的5979件，两项占结案总数的69.1%；判决的只有7961件，占结案总数的28.9%；以其他方式结案的539件，占结案总数的2%。

一年来，全市各级人民法院通过审判活动，通过大量民事纠纷的解决，较好地保护了公民、法人的合法权益，制裁了违法行为，对于维护社会的稳定，预防犯罪，促进改革开放和四化建设的顺利进行，起了积极的作用。

（三）审判经济纠纷案件，正确、及时地处理经济纠纷

1989年全市各级人民法院新收一审经济纠纷案件4491件，比1988年上升30.4%，已审结4277件。经济纠纷的正确、及时解决，有效地保护了当事人的合法权益。制裁了违法行为，使争议标的达4.8亿多元的财产得到解决，对首都经济秩序的治理整顿以及改革开放和四化建设起了保障和促进的作用。

（四）积极慎重地开展行政审判工作，为行政诉讼法的实施做好准备

1989年全市各级人民法院新收一审行政案件60件，比1988年下降15%，已审结54件，维持行政机关具体行政行为的14件，占25.9%；由于行政机关改变原处理决定等原因而原告要求撤诉，经审查准予撤诉的38件，占70.4%；变更行政机关处理决定的1件，占1.9%；移送有关部门处理的1件。通过审判行政案件，既维护和支持了行政机关正确、合法的行政处理决定，又保护了公民、法人和其他组织的合法权益。

（五）办好二审、申诉案件，进行审判监督

一年内，在一审刑事判决中，被告人提出上诉的1273件，人民检察院抗诉的20件。对当事人的上诉和人民检察院的抗诉，二审法院依法进行了审理，除准许撤诉的22件以外，分别情况作出了裁判，其中维持原判的1039件，占上诉、抗诉案件结案总数的81.9%；因主要事实不清或主要证据不足而发回重新审判的41件，占3.23%；因一审适用法律不当而予以改判的167件，占13.2%。在改判案件的234人中，减轻处罚的183人，免除处罚的8人，宣告无罪的9人，作其他处理的27人；抗诉后加重处罚的7人。在一审民事、经济案件的判决中，当事人提出上诉的共3827件，占一审判决总数9132件的41.9%。二审依法审结的3694件中，当事人要求撤诉而准予撤诉的608件，占结案总数的16.5%；因事实不清而发回重新审判的85件，占2.3%；部分或全部改判的660件，占17.9%；维持原判的1350件，占36.6%；作其他处理的991件，占26.8%。通过二审，维护了一审的正确判决，纠正了一审裁判中的错误，进一步提高了办案质量。

对判决已经发生法律效力的刑事、民事、经济和行政案件，我们有计划、有重点地进行了检查，对确属错判的案件通过审判监督程序作了纠正。

对当事人或其他公民提出的申诉，我们都认真对待，负责地进行审查。一年内，对刑事判决不服提出申诉立案再审的共724件，已审结776件。对民事、经济纠纷判决不服提出申诉立案再审的共756件，已审结731件。对于再审案件，凡原判正确的，依法予以维持；凡原判确有错误的，都依法予以改判。

（六）对公民进行爱国守法教育

在审判工作中，我们十分注意审判活动对公民的法制教育作用。我们通过对案件的公开审判，对公民进行法制教育，并结合审判活动进行法制讲演，以扩大审判活动的社会效果。此外，我们还通过报刊、广播、电视，结合办案做了大量的宣传工作，在教育公民爱国守法方面发挥了一定的作用。

各位代表，以上是全市各级人民法院1989年所做的主要工作。在开展各项审判工作的同时，我们还加紧进行了人民法院的自身建设。各项工作制度，有了进一步的完善。审判活动所必须的物质条件，有了进一步改善。继续贯彻了从严治院的方针，做了大量的思想政治工作，对干警进行了清正廉明、秉公执法、全心全意为人民服务的教育。大力表彰了一批先进人物，严肃处理了少数违法乱纪人员。我们还坚持理论与实践相结合，培训与工作相结合，继续抓好法院业余法律大学北京分校的教学工作，并筹建了市法官培训中心，为有计划地培训、轮训干部创造了条件。

我们的工作中也存在不少问题和缺点，主要是：审理的案件，有的不够及时，有的质量不够高；极少数干警违法乱纪，一年内受纪律处分的共11人。我们要认真总结经验，吸取教训，努力把今后的工作做得更好。

二、1990年的主要工作

1990年我市各级人民法院要以党的十三届四中、五中全会精神为指导，认真贯彻第15次全国法院工作

会议精神，全力以赴把各项审判工作做好，充分发挥审判机关的职能作用，为维护、保障和促进首都政治、经济和社会的稳定服务，为治理整顿、改革开放和四化建设服务。

（一）运用法律武器严惩严重刑事犯罪分子。要继续坚决、慎重地审判好反革命暴乱中的犯罪案件，严格依照法律惩办反革命罪犯和打、砸、抢、烧、杀的刑事罪犯。要继续贯彻依法从重从快的方针，坚决严惩严重危害社会治安的刑事犯罪分子。积极参加反腐败的斗争，继续贯彻一要坚决，二要慎重，务必搞准的方针，严惩贪污、受贿、投机倒把等严重破坏经济的犯罪分子。《通告》期间投案自首的，要按照《通告》的精神，依法予以从宽处理。拐卖人口等“六害”中危害严重的犯罪分子，要依法予以严惩。进一步贯彻市未成年人保护条例和教育、感化、挽救的方针，审判好未成年人刑事案件。

（二）继续贯彻民法通则，依法正确处理民事纠纷。要提高对民事审判工作重要性的认识。要抓好对离婚、债务等案件的审判。要调查研究，总结经验，以促进民事审判工作水平的提高。

（三）进一步开展经济审判工作，保障和促进治理整顿与改革开放的顺利进行。要深入实际进行调查，对审判工作中遇到的政策性问题，进行研究；要依法制裁违法行为，对发现与腐败、犯罪有关的问题，要及时提交有关部门处理；要研究如何提高审理经济纠纷案件的效率，并采取切实措施，解决“执行难”的问题。

（四）积极、慎重地开展行政审判工作，并为行政诉讼法的实施，做好必要的准备。要培训好干部，进行调查研究，采取措施，切实贯彻执行行政诉讼法。

（五）做好对铁路运输中发生的刑事案件和经济纠纷案件的审判工作，重点打击路盗、路劫犯罪活动，以维护铁路运输秩序，保障铁路运输安全。

（六）市高、中级法院和北京铁路运输中级法院除了要做好一、二审审判工作和申诉、信访工作之外，要面向基层，深入实际，调查研究，总经经验，做好审判监督和业务指导工作。

（七）要通过审判活动，结合办案，采取多种形式进行法制宣传，以教育公民热爱祖国，遵纪守法，同违法犯罪行为作斗争。

在积极开展审判工作的同时，要加紧进行法院自身的建设，要严格纪律，坚持“从严治院”，加强廉政建设。上半年内，要对市高、中级法院庭、处、室负责人进行集中轮训，联系实际学习马克思主义哲学；要加强思想政治工作，对审判人员着重进行党的基本路线和反对资产阶级自由化的教育，增强阶级斗争观念和专政观念，同时，要加强党的优良传统的教育，从根本上提高干警队伍的政治素质，要教育干警牢固树立为人民服务、对人民负责、自力更生和艰苦奋斗的思想，自觉地执行党的路线、方针和政策，秉公执法，为社会主义事业的胜利而奋斗。

同时，要继续加强对审判人员的业务培训，改善办案条件和物质装备，以保障审判任务的完成。

北京市人民检察院工作报告（摘要）

——1990年3月6日在北京市第九届人民代表大会第三次会议上

北京市人民检察院检察长　何访拔

各位代表：

现在，我报告本市各级人民检察院1989年主要工作情况和1990年工作意见，请审议。

一、关于制止动乱和平息反革命暴乱的斗争

在制止动乱和平息反革命暴乱的斗争中，全市广大检察人员坚决执行党中央的决策，旗帜鲜明、立场坚定地投入到斗争中去，依法打击反革命分子和打砸抢烧杀等严重刑事犯罪分子。在发生反革命暴乱以后，各级检察院及时介入公安机关的侦查、预审活动，及时进行批捕、起诉工作。在办案中，本着严格区分两类不同性质的矛盾，严格区分罪与非罪的界限，坚决打击极少数反革命分子和打砸抢烧杀等严重刑事犯罪分子的原则，坚持以事实为根据，以法律为准绳，充分考虑动乱

和暴乱的背景，对具体案件进行具体分析，稳、准、狠地打击了极少数严重犯罪分子，保障了首都的社会安定。

目前，办理反革命暴乱案件的工作尚在进行中。各级检察院要继续办好这批案件，为夺取平息反革命暴乱的彻底胜利做出贡献。

二、关于反贪污、贿赂的斗争

这是1989年检察机关的工作重点。一年里，共受理贪污、贿赂等经济违法犯罪案件1915件，比上年增长57%。经过逐件调查，决定立案追究刑事责任的1090件，比上年增长86%，其中大案要案291件，是上年的2.3倍。立案侦查的贪污、贿赂案件占立案总数的88%，与上年相比增长83%。这些案件共有被告人1289名，其中有国家机关的司局级干部9人、县处级干部34人，企事业单位的经理、厂长203人，与上年查处的这几种人员总数比较，增长93%。还有担任其他领导职务的267人。通过查处这些经济犯罪案件，共为国家和集体挽回经济损失2241.86万元，是上年的1.6倍。这些统计表明，本市1989年惩治贪污、贿赂犯罪的工作取得了很大进展。

各级检察院在反贪污、贿赂斗争中的主要做法是：

第一，教育全体检察人员就反贪污、贿赂斗争不断提高认识，统一思想，明确任务。1988年12月，我们认真传达贯彻1988年11月全国检察长工作会议关于把反贪污、贿赂列为检察机关打击经济犯罪的第一位工作，作为检察机关工作重点的部署，进一步提高了广大检察人员开展反贪污、贿赂斗争的自觉性、责任感和紧迫感。在1989年一开始，各级检察院就发扬不怕疲劳和连续作战的传统作风，振奋精神，主动出击，在第一季度立案总数比上年同期增长了84.9%，其中大案要案增长27%。4月份，又认真传达贯彻市九届人大二次会议关于人民法院、人民检察院工作报告的决议中提出的“加强反贪污、反受贿的斗争，继续严惩严重经济罪犯”的要求。平息反革命暴乱以后，通过学习党的十三届四中全会关于坚决惩治腐败的要求，广大检察人员更加认清了这场斗争不仅关系到经济的发展，而且关系到政治的稳定，从而更增强了使命感，激发了积极性，保证了斗争一步一步地深入发展，出现了立案数逐季递增的局面，使更多的犯罪分子被揭露出来，受到了法律的制裁。

第二，为了发现和揭露贪污、贿赂犯罪案件，各级检察院采取了如下主要措施：

(1)继续发动群众，进一步开展举报工作。各级检察院认真总结了1988年建立举报制度以来的经验，采取公开举报制度；抓住“及时查处”和“迅速反馈”两个环节，取信于民；加强宣传，利用多种方法引导群众举报等办法，巩固和发展了举报工作。特别是最高人民法院、最高人民检察院在8月15日发布《关于贪污、受贿、投机倒把等犯罪分子必须在限期内自首坦白的通告》以后，举报数量猛增。去年全年群众举报各种线索中，有贪污、贿赂案件线索3491件，经审查，立案368件，占立案总数的33.8%。如丰台区检察院办理的北京小小汽车公司修理厂会计许友增贪污11.2万余元的案件；宣武区检察院办理的北京三月服务公司咨询服务部顾问兼北京市广播技术研究所联建办公室主任姚善贻贪污39.5万元等大案，都是根据群众举报的线索，经过检察机关侦查而揭露出来的。

(2)有重点、有目标地在一些行业或单位内开展反贪污、贿赂的专项斗争。怀柔县检察院在县供电系统专门开展这项斗争，侦破了县供电局包括当时的前后两任局长在内的一批经济犯罪案件，共立案14件14人，其中贪污、受贿万元以上的8件8人。另有12人慑于法律的威严，主动到检察院投案自首。同时，通过查处这些案件，顺藤摸瓜，还在一些机关、企业内查出了13件贪污、受贿案，涉及16人，为国家和集体挽回经济损失27万余元。

(3)同党的纪委和国家的监察、审计、工商、税务以及财务、税收大检查办公室等有关部门加强联系、配合、协作，认真受理机关、团体、企业单位提出的控告。4月中旬，通县检察院受理县监察局移送的县市政管理所工段长胡占鳌贪污一案后，连续破获了该县市政管理所副所长兼党支部书记张金兰、副处长张玉福等14人的经济违法犯罪案件。

(4)发挥党的政策和国家法律的威力，促使犯罪分子投案自首。“两高”《通告》公布后，我们要求各级检察院立即行动，广泛宣传《通告》，形成一个打击经济犯罪的强大声势。各级检察院充实办案力量，抓紧查处投案自首的案件。从8月15日到限期截止的10月31日，全市共有907人投案自首。其中，到检察机关投案自首的344人，内有贪污、受贿万元以上的41人，县处级干部21人、司局级干部1人。全市自首人员共交出赃款143.49万元。在这段时间里，检察机关与法院密切配合，在全市和各区、县共召开34次政策兑现大会，有力地促进了犯罪分子的分化瓦解，不少犯罪分子走上了坦白自首的道路。

第三，及时总结交流经验，提高侦查工作水平，不断推动斗争向前发展。市检察院在4月份召开全市反贪污、贿赂工作会议，及时总结交流了在当时情况下开展反贪污、贿赂斗争的经验。这次会后，尽管出现了学潮和动乱，绝大多数检察院都能认真学习和推广了先进经验，坚守岗位，克服困难，毫不动摇地狠抓了这项斗争。从4月15日到5月底，全市检察机关立案数比上年同期上升37%。在平息反革命暴乱以后，市检察院又在6月和7月，两次召开会议，贯彻党的十三届四中全会精神，研究部署在平息反革命暴乱取得决定性胜利的形势下，如何继续抓好反贪污、贿赂的工作。7月份，全市检察机关立案73件，是前7个月中立案最多的一个月。同时，各级检察院为了充分、准确地揭露和证实犯罪，还围绕提高侦查工作水平，加强教育和培训反贪污、贿赂侦查人员；加强侦查工作的组织指挥；加强学习有关政策、法律；开展犯罪规律、动态的调查研究工作；改善侦查工作的基础建设，使办案的质量和效率都有了提高。在案件大量增多的情况下，仍保持结案率在80%以上。

第四，开展执法检查工作，改善执法状况，提高办案质量。根据市人大常委会的要求，各级检察院对1988年1月至1989年6月侦查处理的949件贪污、贿赂等经济犯罪案件，执行刑法有关条款和全国人大常委会《关于严惩严重破坏经济的罪犯的决定》、《关于惩治贪污罪贿赂罪的补充规定》的情况进行了认真地检查。从检查的结果来看，全市检察院的执法情况总的说是好的，但也有严重问题。错捕了11人，占逮捕人犯总数的2.4%；免予起诉不当的5人。对这些错误，随发现随纠正，并且认真进行了总结、分析，汲取教训，有针对性地提出了改善执法的措施，这对于提高办案质量起到了促进作用。

第五，结合办案，促进廉政建设。查处案件，惩治贪污、贿赂等犯罪分子，是廉政建设的一项重要内容。各级检察院在惩治犯罪的同时，还普遍注意了选择贪污、贿赂等犯罪案例，通过报刊、电台、电视台等多种形式公诸于世，以儆效尤。同时，既注意了及时综合贪污、贿赂犯罪活动情况，报请党委批转给各部门参考，也注意了调查犯罪得逞的原因，向发案部门发出堵塞漏洞、健全规章制度的建议，促进有关部门制订廉政措施，加强廉政建设，收到了良好效果。

1989年，惩治贪污、贿赂犯罪的工作虽然取得了明显成效，但是，从“两高”《通告》发布后的情况来看，投案自首的多是原来就已经掌握了一定线索或者是已经触动的，隐蔽较深的不多，而且仍然有“顶风作案”、以身试法的。贪污、贿赂作为一种社会现象将会长期存在。因此，反贪污、贿赂的斗争，将是一场艰巨、复杂、长期的斗争。各级检察院决心树立长期作战的思想，紧紧依靠人民群众的支持和监督，克服各种困难，坚定不移地把这场斗争进行下去。

三、关于打击刑事犯罪的斗争

这始终是检察机关的又一个工作重点。在1989年，各级检察院，继续坚持依法从重从快的方针和稳、准、狠的原则，严厉打击了严重危害社会治安的刑事犯罪活动。一年中，共批准逮捕人犯9065人，比上年增长25.45%，占公安机关提请批准逮捕人犯总数的93%。在批准逮捕的人犯中，属于重点打击的有3556人，占批准逮捕人犯总数的39.23%。对公安机关移送起诉的案件，经审查，决定起诉的有6065件、9803人，分别比上年上升29.93%和36.1%，占公安机关移送起诉案件总数的92.68%。在起诉的案犯中，属于重点打击的案犯占决定起诉人犯总数的25.3%。对于重点打击的严重刑事犯罪分子，做到了依法从重从快批捕、起诉。使犯罪分子及时受到了严厉制裁。

在严厉打击严重刑事犯罪斗争中，各级检察院在坚持过去行之有效的工作方法的基础上，又有了新的进步、新的发展。主要是：

第一，积极配合公安、法院等有关部门开展专项斗争和专项治理，继续保持了“严打”声威。主要是围绕解决社会治安的突出问题，坚决、及时地打击了危害严重的刑事犯罪分子。一年来先后与公安、法院密切配合，开展了打击流窜犯罪、重大杀人犯、抢劫犯、强奸犯和“扫黄”、扫除“六害”等“压大案、打现行”的专项斗争和专项治理。北京铁路运输检察系统与铁路公安、法院密切配合，开展了以打击盗窃路材路料为重点的专项斗争，震慑了犯罪，教育了群众，维护了社会治安和铁路运输正常的治安秩序。

第二，认真贯彻执行了《北京市未成年人保护条例》的有关规定。各级检察院在认真学习《条例》的基础上，根据《条例》的规定建立起专门的“未成年人犯罪案件起诉组”，采取适合未成年人特点的方式进行讯问、审查。西城、东城、海淀、丰台、密云、顺义、房山等区县检察院还结合办案，开展了旨在预防、减少青少年犯罪的综合治理工作，对未成年人犯罪的趋势、特点、原因等问题，进行了比较广泛的社会调查，写出报告，提请有关部门加强青少年犯罪的预防工作。

第三，改进了对公安机关侦查的刑事案件提前介入的做法。实践证明，各级检察院在1989年对疑难案件和影响大的案件及时地提前介入公安机关的侦查，预审活动，提高了侦查监督水平，不但可以提高办案效率，及时作出批捕、起诉的决定，而且还协助公安机关收集证据，及时提出侦查建议，更有效地保证了稳、准、狠地打击犯罪。

第四，加强了二审案件的审判监督。去年，市检察院和分院针对二审案件审判监督工作比较薄弱的情况，从三个方面加强了这项工作。(1)调整、充实了二审案件的办案力量。(2)建立健全了二审案件审判监督制度。市检察院与高级法院协商，确定了检察院受理二审案件的范围、种类，落实了检察长列席高、中级法院审判委员会研究重大疑难二审案件的制度。(3)认真总结了近几年来二审监督工作的经验。市检察院和分院一年当中，共受理二审案件165件，其中抗拆案24件，上拆案件141件。检察院对原审判决提出纠正意见的有38件，除6件二审法院维持原判外，其余均已改判或发回原审法院更审。二审案件审判监督工作的改善，提高了检察机关审判监督的水平。

第五，坚持案件复查制度，查错查漏，总结教训，改进工作。如市检察院对1988年批准逮捕后又无罪释放的案件进行了检查分析。1988年，全市检察机关批准逮捕的人中，有0.2%捕后又无罪释放。通过认真分析发生错批捕的原因，对提高办案质量起了促进作用，也帮助干部提高了办案能力。

1989年，各级检察院为维护首都的社会治安做出了积极的努力。当前，首都社会治安形势是稳定的，但是，仍然处于一种严峻的状态之中，重大、特大案件数量仍居高不下，社会上的不安定因素还很多，今后的任务还是相当艰巨的。各级检察院决心继续坚决执行依法从重从快的方针，准确、有力地打击各种刑事犯罪分子，为治理整顿和深化改革提供一个稳定的社会环境而努力。

四、关于同侵犯公民民主权利、人身权利和渎职犯罪的斗争

这是检察机关的一项重要工作。1989年，全市检察机关共受理“侵权”、渎职案件532件，其中有重大责任事故案305件，玩忽职守案62件，非法拘禁案31件，诬告陷害案23件，非法管制，非法搜查，非法侵入他人住宅案18件，报复陷害、刑讯逼供、侵犯公民通信自由等其他案件93件。经过调查，对其中138件已构成犯罪的案件，检察机关立案进行了侦查处理；394件不构成犯罪的案件，转请主管机关作了处理，与上年相比，受理数与上年持平，立案数上升11.3%。在这项工作中，查办了一批重、特大案件和比较有影响的案件。如正在侦查中的中国出口商品基地建设总公司派驻香港的百孚有限公司董事长兼总经理姚学聪（副局级）、副总经理兼财务部经理王珠江（正处级）二人重大玩忽职守案，现已查明他们违反经贸部有关规定，擅自委托美籍华人倒卖黄金，给国家造成1000万美元损失。通过办案，保障了国家机关的正常活动，保护了公民的合法权利。

另外，各级检察院还围绕加强监管秩序、提高改造质量，开展了监所检察工作；在控告申诉检察工作中，处理了群众来信来访13140件（次）。市检察院、分院和顺义等三个区县检察院成立了行政、民事检察机构，为迎接行政诉讼法的正式实施作了调查研究、培训干部等准备工作。

五、关于检察队伍的建设

在检察工作实践和严峻的斗争中，全市广大检察人员经受了锻炼和考验，在制止动乱，平息反革命暴乱和反贪污、贿赂斗争中，涌现出一批立场坚定，旗帜鲜明，艰苦奋斗，无私奉献的先进集体和先进个人。昌平、大兴、石景山三个区县检察院和北京铁路运输检察分院被评为全国检察系统制止动乱、平息反革命暴乱的先进集体。实践证明，本市的检察队伍素质和主流是好的，是可以信赖的队伍。但是这支队伍的政治素质和业务素质距形势和任务的要求还是有差距的，特别是违法乱纪的现象时有发生。个别人还走上了犯罪道路。针对检察人员中出现的问题，各级检察院已经和正在采取措施，加以解决。一是组织全体检察人员认真学习党的十三届三中、四中、五中全会文件，开展了坚持四项基本原则，反对资产阶段自由化的教育；二是加强了马列主义、毛泽东思想基本理论的学习和教育；三是加强了检察纪律教育和以秉公执法、不以权谋私为中心内容的廉政教育。各级检察院认真贯彻了最高人民检察院制订的《检察人员纪律（试行）》。同时，对于违反党纪、政纪的严肃予以查处，对构成犯罪的，依法惩处，绝不迁就姑息。四是采取多种形式进行了法律和业务的培训，提高检察人员的执法水平和工作能力。市检察院还正在准备逐步向社会公布检察人员的办事规则和有关制度，依靠人民群众的监督，把这支队伍建设得更好。

各位代表：

根据1989年11月全国检察长工作会议的部署，结合本市的实际情况，本市各级检察院在1990年的主要任务是：在党的十三届四中全会、五中全会精神指引下，全力抓好四件大事，即：惩治贪污、贿赂的斗争；打击刑事犯罪的斗争；处理动乱、暴乱中的反革命分子和其它刑事犯罪分子；加强思想政治工作，从严治检。要充分发挥检察机关的职能作用，为维护社会治安，促进廉政建设，保障大局稳定而奋斗。同时，依法查处侵犯公民民主权利、人身权利和渎职犯罪案件，保护公民的合法权益，保障国家机关的正常活动。各项检察业务工作都要更好地为进一步治理整顿和深化改革以及国民经济持续、稳定、协调发展服务。

第一，继续深入开展反贪污、贿赂斗争。在新的一年里，要坚定不移地把这项斗争继续作为检察机关的工作重点，依法严惩贪污、贿赂等严重经济犯罪分子。要把大案要案和犯罪活动比较严重的行业或单位作为重点来抓。同时，抓紧处理"两高"《通告》期限内坦白自首的案件；进一步发动群众，搞好举报工作；继续加强与有关部门的联系、配合，协同作战，力争能够做到及时发现犯罪。在严惩贪污、贿赂犯罪分子的同时，要大力开展法制宣传、综合治理，加强预防犯罪，促进廉政建设。各级检察院要加强反贪污、贿赂侦查机构的建设；各级检察长要亲自办案，特别是要带头办大案要案和疑难案件；对侦查人员分期分批地进行培训；要及时总结破案和办案的经验，不断提高侦查工作水平，以更好地完成惩治贪污、贿赂犯罪和工作任务。

第二，继续依法从严从快严厉打击严重刑事犯罪活动。积极配合有关部门开展好"扫黄"、除"六害"等各项专项斗争和专项治理。当前打击的重点是杀人、抢劫、强奸、拐卖妇女儿童、贩毒、重大盗窃、行凶报复、聚众赌博以及强迫、引诱、容留妇女卖淫等严重犯罪分子，特别是坚决打击流窜犯罪分子和犯罪集团的首要分子。在这个斗争中，首先要做好批捕、起诉和出庭支持公诉工作，同时要完善对公安机关侦查的刑事案件的提前介入制度，进一步加强侦查监督和审判监督，做好监所检察工作，努力为经济建设和亚运会的召开创造一个良好的社会环境。

第三，坚决镇压制造动乱、反革命暴乱的犯罪分子。认真贯彻"除恶务尽，不留后患"的方针，抓紧处理制造动乱、暴乱的反革命分子和打砸抢烧杀等其他刑事犯罪分子。要严格依照法律规定办案，严格区分两类不同性质的矛盾，严格区分罪与非罪的界限，以团结教育多数，孤立打击极少数，巩固制止动乱和平息反革命暴乱的胜利成果。

第四，加强查处侵犯公民民主权利，人身权利和渎职犯罪案件的工作。重点查处玩忽职守、重大责任事故和"侵权"案件。要把查处这类案件同清除各种腐败现象，促进廉政建设紧密结合起来进行。还要继续做好控告申诉检察工作，积极进行民事、行政诉讼法律监督的调查研究和试点工作，以履行这方面法律监督的职责。

第五，坚决贯彻《最高人民检察院关于加强检察机关思想政治工作的决定》和《中共北京市委关于加强党的建设和思想政治工作的决定》，搞好检察队伍的建设。要利用多种形式开展思想政治工作，培训干部，不断提高检察人员的政治素质和业务素质，建成一支严格依法办案，秉公执法，掌握政策，实事求是，联系群众，精通业务，为人民服务的检察队伍。

北京市第九届人民代表大会第三次会议议案审查委员会关于代表议案的审查报告

（1990年3月8日北京市第九届人民代表大会第三次会议主席团第四次会议通过）

议案审查委员会主任委员 邢 军

本次会议共收到议案158件，其中代表团提出的议案17件，10名以上代表联合提出的议案141件。就其内容分，属于财政经济方面的48件；属于城市建设方面的24件；属于教育、科技、文化、卫生方面的58件；属于政法方面的28件。这些议案对于维护政治稳定和社会安定，对于贯彻治理整顿、深化改革的方针，促进国民经济持续、稳定、协调的发展，对于推进社会主义精神文明建设、民主法制建设以及各项工作的开展提出了许多重要的意见和建议，同时对解决群众生活中的迫切问题方面也提出了很多重要的意见和建议。

议案审查委员会对上述议案进行了认真的审议，建议1件由大会审议，将23件并案后共9项，列入市人大常委会议程，131件属于对各方面工作提出的具体意见，作为建议、批评和意见，分别交市人大常委会有关部门、市人民政府办公厅研究处理，并答复提议案代表，3件转送国务院有关部门和市委有关部门参考。现将分别处理的意见报告如下：

一、由大会审议的1件

钟启竞等24位代表提出的“关于向雷锋同志学习问题”的议案（第87号）。

二、交市人大常委会审议的5件

1. 董森等14位代表提出的“为了进一步巩固和发展城镇集体经济，保证其职工退休后的基本生活，建议立法（附法规草案）”的议案（第11号）。

2. 昌平县代表团提出的“关于提请北京市人大常委会审议通过《北京市征兵工作暂行规定》的议案（附法规草案）”（第24号）；

3. 褚芝仪等14位代表提出的“关于提请北京市人大常委会审议通过《北京市征兵工作暂行规定》的议案（附法规草案）”的议案（第26号）；

4. 陈福汉等10位代表提出的“关于制定《北京市外商投资企业工会条例》案（附法规草案）”（第62号）；

5. 林萍等18位代表提出的“修改《北京市养犬管理暂行办法（修订）》（附法规草案）”的议案（第99号）；

以上第24号、第26号议案内容相同并为一案。并案后共4项。

三、交市人民政府办理，由市人大常委会审议的18件

1. 通县、昌平、大兴、延庆代表团及郑云山等50位代表提出的“关于扶持乡镇企业在治理整顿中稳定发展的议案”（第2号）；

2. 李青萍等13位代表提出的“目前公费医疗制度急待改善”的议案（第6号）；

3. 李青萍等20位代表提出的“关于提高中小学教育、教学质量的几点建议”的议案（第9号）；

4. 高桂芬等16位代表提出的“大力宣传节水，狠抓节水措施势在必行”的议案（第15号）；

5. 林明美等18位代表提出的“必须积极稳妥地推进本市公费医疗改革”的议案（第20号）；

6. 丁榕等22位代表提出的“采取措施切实提高中小学教育质量”的议案（第27号）；

7. 查瑞传等15位代表提出的“建议市人大常委会会同市政府建立专门小组，彻底研究清理整顿财政补贴问题”的议案（第31号）；

8. 彭庆遐等16位代表提出的“应切实继续改进中小学教育工作”的议案（第33号）；

9. 杨百川等14位代表提出的“应从严控制药品涨价问题”的议案（第71号）；

10. 卢成铢等13位代表提出的“加强公费医疗的改革”的议案（第81号）；

11. 熊尚义等12位代表提出的“成立合理解决财政补贴对策委员会，组织各方面的力量，探求合理压缩财政补贴的方案，减轻政府的财政负担”的议案（第84号）；

12. 延庆县代表团提出的“关于乡镇企业发展中的几个政策问题”的议案（第96号）；

13. 李乾构等16位代表提出的“为解决公费医疗超支的老大难问题要在全市推行公费医疗改革”的议案（第113号）；

14. 王黎等20位代表提出的“进一步提高初中教育质量”的议案（第122号）；

15. 沙福敏等11位代表提出的“关于执行国家教委职称后教育决定的政策规定问题”的议案（第125号）；

16. 王黎等10位代表提出的“进一步完善中小学内部管理体制改革”的议案（第126号）；

17. 贺慧声等14位代表提出的“关于端正中小学办学方向的问题”的议案（第130号）；

18. 周雪玉等10位代表提出的“全面提高教育质量，尽快完善和深化学校内部管理体制改革”的议案（第156号）。

以上第2号、第96号议案内容相同并为一案；第6号、第20号、第71号、第81号、第113号议案内容相同并为一案；第9号、第27号、第33号、第122号、第125号、第126号、第130号、第156号议案内容相同并为一案；第31号、第84号议案内容相同并为一案。以上17件并案后为4项，加上第15号议案，共5项。

四、作为建议、批评和意见交市人大常委会有关部门、市人民政府办公厅研究处理并负责答复代表的131件（见议案目录）。其中，李延祜等12位代表提出

的"采取措施加强行业部门工作人员的廉政建设"的议案（第123号），陶大镛等12位代表提出的"关于爱惜粮食的议案"（第127号），办理结果由市人民政府向市人大常委会报告。

五、转送国务院有关部门和市委有关部门参考的3件（见议案目录）。

以上审查意见，建议主席团予以批准。

此外，截止3月8日中午12时本次会议收到代表提出的建议、批评和意见1047件，已进行整理，由市人大常委会办事机构分别交由市人民政府办公厅、市高级人民法院、市人民检察院和有关部门研究处理，并负责答复代表。

北京市人民代表大会议事规则

（1990年3月9日北京市第九届人民代表大会第三次会议通过）

第一章 总 则

第一条 根据宪法、地方各级人民代表大会和地方各级人民政府组织法、全国人民代表大会和地方各级人民代表大会选举法，结合北京市人民代表大会的具体实践，制定本规则。

第二条 北京市人民代表大会审议决定问题，应当充分发扬民主，严格依法办事，实行民主集中制的原则。

第二章 会议的举行

第三条 市人民代表大会会议由市人民代表大会常务委员会召集。每届市人民代表大会第一次会议，在本届市人民代表大会代表选举完成后的两个月内，由上届市人民代表大会常务委员会召集。

第四条 市人民代表大会会议每年至少举行一次。每年第一次会议一般于第一季度举行。市人民代表大会常务委员会认为必要，或者经过五分之一以上代表提议，可以临时召集市人民代表大会会议。

第五条 市人民代表大会会议有三分之二以上的代表出席，始得举行。

第六条 市人民代表大会常务委员会在市人民代表大会会议举行前，进行下列准备工作：

（一）决定开会日期；

（二）提出会议议程草案；

（三）提出主席团和秘书长名单草案，提出国民经济、社会发展计划和财政预决算审查委员会以及议案审查委员会、法规审查委员会等需要设立的委员会的组成人员名单草案；

（四）会议的其他准备事项。

第七条 市人民代表大会常务委员会在市人民代表大会会议举行的一个月前，将开会日期和建议会议讨论的主要事项通知代表。

临时召集的市人民代表大会会议，临时通知。

第八条 市人民代表大会预备会议举行前，代表按照选举单位组成代表团，由市人民代表大会常务委员会委托区、县人大常委会和北京卫戍区政治部召集全团代表，推选代表团团长、副团长。团长召集并主持代表团全体会议，副团长协助团长工作。代表团可以分设若干代表小组，代表小组会议推选小组召集人。

代表团全体会议或代表小组会议讨论召开代表大会的有关事项：

（一）讨论市人民代表大会常务委员会准备提请市人民代表大会预备会议通过的会议议程草案；

（二）讨论市人民代表大会常务委员会准备向市人民代表大会预备会议提出的主席团和秘书长，国民经济、社会发展计划和财政预决算审查委员会以及议案审查委员会、法规审查委员会等需要设立的委员会的组成人员名单草案；

（三）讨论准备提请代表大会会议审议的工作报告征求意见稿和地方性法规草案稿；

（四）在代表大会会议有选举议程时，讨论选举的准备工作；

（五）提出或准备向代表大会会议提出议案和建议、批评、意见；

（六）讨论代表大会会议的其他准备事项。

第九条 市人民代表大会常务委员会，或者主任会议在常务委员会授权的范围内，可以根据各代表团提出的意见，对会议议程草案、主席团和秘书长等各项名单草案以及关于会议的其他准备事项提出调整意见，提请市人民代表大会预备会议审议。

第十条 市人民代表大会会议举行前，召开预备会议，选举本次会议的主席团和秘书长，通过会议议程、大会设立的各委员会组成人员名单和其他准备事项的决定。

预备会议由市人民代表大会常务委员会主持。每届市人民代表大会第一次会议的预备会议，由上届市人民代表大会常务委员会主持。

第十一条 市人民代表大会会议由主席团主持。

主席团的决定，以主席团全体成员的过半数通过。

第十二条 主席团第一次会议推选主席团成员若干人担任常务主席，推选主席团成员若干人分别担任每次大会全体会议的执行主席，并决定下列事项：

（一）会议日程；

（二）副秘书长的人选；

（三）大会新闻发言人；

（四）代表提出议案的截止日期；

（五）其他需要决定的事项。

第十三条 主席团常务主席召集并主持主席团会议。主席团第一次会议由市人民代表大会常务委员会主任或者主任委托的副主任召集。

第十四条 市人民代表大会举行会议的时候，市人民代表大会代表应当出席；因病或者其他特殊原因不能出席会议的，必须向代表团团长请假，并由代表团报告大会秘书长。

第十五条 市人民代表大会会议公开举行。根据主席团常务主席的决定，大会新闻发言人可以举行新闻发布会、记者招待会。新闻记者经大会秘书处同意，可以采访报道。大会全体会议设旁听席，旁听办法另行规定。

市人民代表大会在必要的时候，可以举行秘密会议。举行秘密会议，经主席团征求各代表团的意见后，由主席团会议决定。

第十六条 市人民代表大会会议设立秘书处，由秘书长和副秘书长组成，办理主席团交付的事项和处理会议日常事务工作。

第三章 审议工作报告、地方性法规案和议案，审查国民经济、社会发展计划和财政预决算

第十七条 市人民代表大会全体会议听取市人民政府工作报告、关于国民经济和社会发展计划及计划执行情况的报告、关于财政预算及预算执行情况或决算的报告，听取市人民代表大会常务委员会、市高级人民法院、市人民检察院的工作报告。

报告工作的机关根据审议的需要向会议提供有关资料。

第十八条 市人民代表大会举行会议的时候，主席团、市人民代表大会常务委员会、市人民政府、市高级人民法院、市人民检察院、一个代表团以全体代表的过半数通过或者代表10人以上联名，可以向市人民代表大会提出属于市人民代表大会职权范围内的议案。

议案的提出，应当用书面形式，写明议题、理由和解决的方案。

议案经主席团决定列入会议议程后，提案人应当向会议提出关于议案的说明和提供有关资料。

第十九条 列入会议议程的地方性法规案，大会全体会议听取关于该法规案的说明。

第二十条 代表团审议工作报告、地方性法规案和议案，审查国民经济、社会发展计划和计划执行情况，审查财政预算及预算执行情况或决算，由代表团全体会议、代表小组会议审议。

市人民政府、市人民代表大会常务委员会、市高级人民法院、市人民检察院及上述机关所属工作部门的负责人，应当到会，听取意见，回答问题。

第二十一条 主席团会议听取各代表团审议工作报告、地方性法规案和议案，审查国民经济、社会发展计划和计划执行情况，审查财政预算及预算执行情况或决算提出的意见，并听取有关机关的说明，进行讨论，讨论的结果由代表团团长向代表通报。

第二十二条 主席团常务主席根据代表要求或者工作需要，可以就专门性问题召集有关代表进行讨论；有关机关和部门的负责人参加会议，汇报情况，听取意见，回答问题。

第二十三条 主席团可以召开大会全体会议进行大会发言，就大会审议的议题发表意见。

第二十四条 国民经济、社会发展计划和财政预决算审查委员会根据各代表团的审查意见，对关于国民经济和社会发展计划及计划执行情况的报告、关于财政预算及预算执行情况或决算的报告进行审查，向主席团提出审查结果的报告，主席团审议通过后，印发代表。

议案审查委员会对主席团交付的议案进行审查，提出议案处理意见的报告，经主席团会议审议通过后，印发代表。

法规审查委员会根据各代表团的审议意见，对地方性法规草案进行统一审议，向主席团提出审议结果的报告和地方性法规修改草案，主席团审议后，印发代表。

第二十五条 各审查委员会在审议有关工作报告、议案和地方性法规草案，涉及专门性问题的时候，可以邀请有关方面的代表、提案人和专家列席会议，发表意见。

第二十六条 主席团集中代表的意见，提出关于工作报告和有关议案的决议草案，交各代表团审议，并根据代表意见修改后，提请大会全体会议表决。

国民经济、社会发展计划和财政预决算审查委员会提出关于国民经济、社会发展计划的决议草案和财政预算及预算执行情况或决算的决议草案，经主席团审议后，印发代表，提请大会全体会议表决。

主席团将地方性法规修改草案提请大会全体会议表决。

第二十七条 列入会议议程的议案，在交付表决前，提案人要求撤回的，会议对该议案的审议即行终止。

第二十八条 列入会议议程的议案，在审议中有重大问题需要进一步研究的，经主席团提出，由大会全体会议决定，可以授权市人民代表大会常务委员会审议决定，并报市人民代表大会下次会议备案；或者责成市人民代表大会常务委员会进行研究，提出意见，提请市人民代表大会下次会议审议。

第二十九条 市人民代表大会代表向市人民代表大会提出的对各方面工作的建议、批评和意见，由市人民代表大会常务委员会办事机构交由有关机关、组织研究处理，并负责在大会闭会之日起三个月内，比较复杂的问题至迟不超过六个月，予以答复。代表对答复不满意的，可以提出意见，由市人民代表大会常务委员会办事机构交由有关机关、组织再作研究处理，并负责答复。

第四章 选举、辞职、罢免和补选

第三十条 市人民代表大会常务委员会组成人员，市长、副市长，市高级人民法院院长，市人民检察院检察长，本市出席全国人民代表大会的代表，由市人民代表大会依法选举。

第三十一条 市人民代表大会进行选举，应当制定选举办法。选举办法草案由主席团提出，经各代表团审议后，由大会全体会议通过。

第三十二条 市人民代表大会常务委员会组成人员，市长、副市长，市高级人民法院院长，市人民检察院检察长的候选人，由主席团或者代表十人以上联名推荐。

本市出席全国人民代表大会代表的候选人，可以由各政党、各人民团体联合或者单独推荐，也可以由代表十人以上联名推荐。

第三十三条 推荐候选人的主席团、政党、团体或者代表，应当向会议介绍候选人的情况，并对代表提出的问题作必要的说明。

第三十四条 主席团将依法提出的全部候选人名单提交全体代表酝酿、讨论、协商之后，根据较多数代表的意见确定正式候选人名单。

第三十五条 市人民代表大会会议选举，采用无记名投票方式。得票数超过全体代表的半数的，始得当选。

选举结果，由主席团依法确定是否有效，并向大会宣布。当选人的得票数，应当公布。

第三十六条 市人民代表大会会议期间，市人民代表大会常务委员会的组成人员，市长、副市长，市高级人民法院院长，市人民检察院检察长提出辞职的，由主席团将其辞职请求交各代表团审议后，提请大会全体会议决定是否接受辞职。大会闭会期间提出辞职的，由市人民代表大会常务委员会决定是否接受辞职。市人民代表大会常务委员会决定接受辞职后，应当报市人民代表大会下次会议备案。

第三十七条 主席团、市人民代表大会常务委员会或者十分之一以上的代表联名，可以提出对市人民代表大会常务委员会的组成人员、市长、副市长、市高级人民法院院长、市人民检察院检察长、本市选出的全国人民代表大会代表的罢免案，由主席团交各代表团审议后，提请大会全体会议表决；或者由主席团提议，经大会全体会议决定，组织调查委员会，由市人民代表大会下次会议根据调查委员会的报告审议决定。对于副市长或本市出席全国人民代表大会代表的罢免案，经代表大会全体会议决定，可以授权市人民代表大会常务委员会根据调查委员会的报告，依法决定是否撤销其副市长或罢免其代表职务，并向市人民代表大会下次会议报告。

罢免案应当写明罢免理由，并提供有关的材料。

罢免案提请大会全体会议表决前，被提议罢免的人员有权在主席团会议和大会全体会议上提出申辩意见，或者书面提出申辩意见，由主席团印发代表。

第三十八条 市人民代表大会选出市人民检察院

检察长，接受市人民检察院检察长辞职，或者罢免市人民检察院检察长职务，须报经最高人民检察院检察长提请全国人民代表大会常务委员会批准。

罢免本市选出的全国人民代表大会代表的决议，须报全国人民代表大会常务委员会备案。

第三十九条 市人民代表大会常务委员会组成人员、市长、市高级人民法院院长、市人民检察院检察长出缺，由市人民代表大会补选；副市长、本市出席全国人民代表大会的代表出缺，除市人民代表大会闭会期间，由市人民代表大会常务委员会依法个别任命、补选外，由市人民代表大会补选。

补选办法草案，由主席团提出，大会全体会议通过。

第五章 询问和质询

第四十条 代表团和代表小组审议工作报告和议案，审查国民经济、社会发展计划和财政预决算的时候，代表可以提出询问，由到会的有关机关负责人作出回答，或者由有关机关派人到会回答。

主席团和有关委员会审议工作报告和议案，审查国民经济、社会发展计划和财政预决算的时候，市人民政府或者有关机关负责人应当到会，听取意见，回答询问，并可以对有关报告或者议案作补充说明。

第四十一条 市人民代表大会会议期间，一个代表团以全体代表的过半数通过或者代表十人以上联名，可以书面提出对市人民政府和它所属各工作部门、市高级人民法院、市人民检察院的质询案。

质询案必须写明质询对象、质询的问题和内容。

第四十二条 质询案按照主席团的决定，在会议期间由受质询机关的负责人在主席团会议或者有关的代表团会议上口头答复，或者由受质询机关书面答复。

在主席团会议上答复的，提质询案的代表团团长或者代表有权列席会议，发表意见。

在代表团会议上答复的，有关的代表团应当将答复质询案的情况向主席团报告。

质询案以书面答复的，受质询机关的负责人应当签署，由主席团决定印发提质询案的代表团或者代表。

提质询案的代表团或者代表对答复质询不满意的，可以提出要求，经主席团决定，由受质询机关再作答复。

主席团认为必要的时候，可以将答复质询案的情况向各代表团通报。

第六章 调查委员会

第四十三条 市人民代表大会认为必要的时候，可以组织关于特定问题的调查委员会。

第四十四条 主席团、三个以上代表团或者十分之一以上的代表联名，可以提议组织关于特定问题的调查委员会，由主席团提请大会全体会议决定。

调查委员会由主任委员、副主任委员若干人和委员若干人组成，由主席团在代表中提名，提请大会全体会议通过。调查委员会可以聘请专家参加调查工作。

第四十五条 调查委员会进行调查的时候，本市国家机关、社会团体和公民都有义务如实向它提供材料。提供材料的公民要求调查委员会对材料来源保密的，调查委员会应当予以保密。

第四十六条 调查委员会应当向市人民代表大会提出调查报告。市人民代表大会根据调查委员会的报告，可以作出相应的决议。

市人民代表大会可以授权市人民代表大会常务委员会在市人民代表大会闭会期间，听取调查委员会的调查报告，并可以作出相应的决议，报市人民代表大会下次会议备案。

第七章 发言和表决

第四十七条 市人民代表大会代表在市人民代表大会各种会议上的发言和表决，不受法律追究。

第四十八条 市人民代表大会会议期间，代表在代表团会议和代表小组会议上的发言，由大会秘书处整理简报印发会议。根据代表要求，可以将代表本人整理的发言材料印发会议。

第四十九条 代表在大会全体会议上发言的，每人可以发言两次，第一次不超过15分钟，第二次不超过5分钟。

要求在大会全体会议上发言的代表，应当准备书面材料，在会前向大会秘书处报名，由大会执行主席安排发言顺序。在大会全体会议上临时要求发言的，经大会执行主席许可，始得发言。

代表报名后因时间关系未能在大会发言或者要求书面发言的，由大会秘书处将发言材料印发全体代表。

第五十条 主席团成员和代表团团长或者代表团推选的代表在主席团会议上发言的，每人可以就同一议题发言两次，第一次不超过15分钟，第二次不超过5分钟。经会议主持人许可，发言时间可以适当延长。

第五十一条 大会全体会议表决议案，以全体代表的过半数通过。表决结果由会议主持人当场宣布。

第五十二条 会议表决议案采用投票方式、举手方式或者其他方式，由主席团决定。

第八章 附 则

第五十三条 本规则自公布之日起施行。

北京市第九届人民代表大会第三次会议关于北京市人民政府工作报告的决议

（1990 年 3 月 9 日北京市第九届人民代表大会第三次会议通过）

北京市第九届人民代表大会第三次会议认真审议了陈希同市长所作的政府工作报告。会议认为，过去的一年里，在中共北京市委的领导下，市人民政府团结和依靠全市各族人民，坚决贯彻中共中央、国务院的决策，认真执行市九届人大二次会议的决议，在极其困难的情况下与中国人民解放军戒严部队紧密配合，为赢得制止动乱和平息反革命暴乱的伟大胜利做出了重大贡献；在治理整顿、改革开放和现代化建设中做了大量工作，成绩显著。对此，会议表示满意。政府工作报告实事求是地总结了北京市 1989 年工作的成绩和经验，认真分析了面临的困难和问题，提出了 1990 年的主要任务和完成任务的政策措施，是符合北京实际的，各项任务和措施是可行的。会议批准这个报告。

会议强调，政治稳定和社会安定是实现治理整顿、深化改革和现代化建设目标的前提，是各族人民的最高利益。全市各族人民要像爱护自己的眼珠一样，坚决维护得来不易的安定团结的政治局面。要毫不动摇地坚持四项基本原则，旗帜鲜明地反对资产阶级自由化，高度警惕并坚决揭露国内外敌对势力妄图推翻中国共产党的领导，改变社会主义制度的阴谋；要以马列主义毛泽东思想为指导，深入进行社会主义教育，广泛开展学习雷锋活动，继续推进社会主义精神文明建设和民主与法制建设，加强人民民主专政，坚决惩治腐败，切实加强廉政建设。

会议认为，1990 年是前进道路上困难较多而又充满希望的一年。市人民政府要团结和依靠全市各族人民，以高昂的士气，坚定的信心，发扬艰若奋斗、自力更生、勤俭建国的精神，进一步搞好治理整顿、深化改革和首都社会主义现代化建设。要继续控制固定资产投资规模，抑制消费基金的过快增长，实行财政信贷双紧政策，下决心过几年紧日子；调整产业结构、产品结构、企业组织结构，切实加强农业，加强城市基础设施建设，搞活大中型企业；整顿经济秩序，加强物价管理，稳定市场；认真贯彻执行国务院关于克服目前市场销售疲软、资金不足等暂时困难的政策措施；坚持和完善各项改革政策，进一步扩大对外开放；紧紧抓住提高企业管理水平和加快技术进步这两个重要环节，挖掘内部潜力，增产节约，增收节支，提高产品质量，提高经济效益，增加有效供给，促使国民经济持续、稳定、协调地发展。要全面执行首都社会经济发展的各项任务，继续推动教育、科技、文化、卫生、体育等事业的稳步前进，努力完成“七五”计划。

会议指出，举世瞩目的第十一届亚运会将于今年 9 月在北京隆重举行，这是我国第一次举办的国际大型综合运动会。办好这届盛会，对于推动我国和亚洲地区体育事业的发展，增进中国人民同亚洲各国人民的友谊和合作，展示我国悠久的历史文化和社会主义现代化建设，特别是改革开放的巨大成就，振奋民族精神，促进首都社会主义物质文明和精神文明建设，都有十分重大的意义。全市各族人民要以为国争光、为首都争光的满腔热忱，关心和支持亚运会，广泛开展“迎亚运、创一流、做贡献”的活动，深入进行爱国主义、国际主义教育，切实加强和改进服务工作，大力整治市容环境，进一步做好安全防范工作和社会秩序的综合治理，以文明、整洁、优美的崭新风貌和富有成效的工作，保证亚运会的顺利举行和圆满成功。

会议要求，各级人民政府和工作人员必须把全心全意为人民服务、一切为了人民的利益作为全部工作的出发点和落脚点，廉政为民，勤政爱民，克己奉公，遵纪守法，一刻也不脱离群众，始终保持同人民群众的血肉联系。要坚决克服官僚主义，改进工作作风，经常深入基层，深入群众，认真调查研究，扎扎实实、谦虚谨慎地工作，把党的路线、方针、政策落到实处。

会议号召，全市各族人民在中国共产党十三届四中全会和五中全会精神的指引下，振奋精神，同心同德，克服前进中的困难，夺取首都社会主义现代化建设的新胜利！

北京市第九届人民代表大会第三次会议关于北京市1989年国民经济、社会发展计划执行情况和1990年计划的决议

（1990年3月9日北京市第九届人民代表大会第三次会议通过）

北京市第九届人民代表大会第三次会议经过审议，并根据本次会议国民经济、社会发展计划和财政预决算审查委员会的审查报告，决定批准北京市人民政府提出的北京市1990年国民经济、社会发展计划，批准北京市计划委员会主任王军代表北京市人民政府所作的《关于北京市1989年计划执行情况和1990年国民经济、社会发展计划草案的报告》。

北京市第九届人民代表大会第三次会议关于北京市1989年财政预算执行情况和1990年财政预算的决议

（1990年3月9日北京市第九届人民代表大会第三次会议通过）

北京市第九届人民代表大会第三次会议经过审议，并根据本次会议国民经济、社会发展计划和财政预决算审查委员会的审查报告，决定批准北京市人民政府提出的北京市1990年财政预算，批准北京市财政局局长王宝森代表北京市人民政府所作的《关于北京市1989年财政预算执行情况和1990年财政预算草案的报告》。

授权北京市人大常委会审查、批准市人民政府提出的北京市1989年财政决算。

北京市第九届人民代表大会第三次会议关于北京市人民代表大会常务委员会工作报告的决议

（1990年3月9日北京市第九届人民代表大会第三次会议通过）

北京市第九届人民代表大会第三次会议批准马耀骥副主任所作的北京市人民代表大会常务委员会工作

报告，对常务委员会一年来的工作表示满意。

会议要求，常务委员会要按照代表大会确定的全年工作的方针任务，进一步发挥地方国家权力机关的作用。坚持四项基本原则，反对资产阶级自由化，维护首都的政治稳定和社会安定。继续把社会主义民主与法制作为一项根本建设来抓，加强地方立法工作和对法律、法规实施情况的监督检查。认真检查治理整顿、深化改革方针的贯彻执行情况，推动社会主义物质文明和精神文明建设。促进和支持办好亚运会。要密切联系代表，加强办理代表建议的督促检查工作，更好地发挥代表的作用。深入基层，调查研究，改进工作作风，增进同人民群众的血肉联系，使常务委员会的工作更好地代表人民的利益，动员和团结全市各族人民，为夺取首都社会主义现代化建设和改革的新胜利而奋斗。

北京市第九届人民代表大会第三次会议关于市高级人民法院工作报告和市人民检察院工作报告的决议

（1990 年 3 月 9 日北京市第九届人民代表大会第三次会议通过）

北京市第九届人民代表大会第三次会议批准刘云峰院长所作的北京市高级人民法院工作报告和何访拔检察长所作的北京市人民检察院工作报告，对两院一年来的工作表示满意。

会议要求，在新的一年里，本市各级人民法院和人民检察院要认真贯彻中国共产党十三届四中全会和五中全会精神，坚持四项基本原则，反对资产阶级自由化，从维护首都的政治稳定和社会安定的大局出发，认真履行审判机关和检察机关的职责，切实保障公民享有的宪法和法律规定的权利；继续依法从重从快严厉打击严重危害社会治安的刑事犯罪活动，依法惩治反革命分子，依法严惩贪污、贿赂、投机倒把等严重经济犯罪分子；加强民事、经济审判和法纪、监所检察工作；努力做好准备，认真实施行政诉讼法。进一步加强自身的队伍建设，提高干警的政治素质和业务水平，严守法纪，秉公执法，改进工作作风，提高办案质量和办案效率，为保障首都的治理整顿、改革开放和社会主义现代化建设事业的顺利进行做出新的贡献。

北京市第九届人民代表大会第三次会议关于开展向雷锋同志学习活动的号召

（1990 年 3 月 9 日北京市第九届人民代表大会第三次会议通过）

北京市第九届人民代表大会第三次会议号召，首都各族人民广泛、深入、持久地开展学习雷锋同志，弘扬雷锋精神的活动。

会议认为，雷锋作为一个伟大的共产主义战士和时代的英雄，深受亿万人民群众的崇敬和爱戴。雷锋精神是社会主义新时代的主人翁精神，是中华民族传统美德与共产主义光辉思想结合的典范。我们的时代呼唤雷锋精神，我们的事业需要雷锋精神。学习和发扬雷锋精神，对于树立共产主义理想和信念，坚持社会主义方向，抵制资产阶级及一切剥削阶级腐朽思想的侵蚀，树立良好的社会风尚，促进社会主义精神文明建设，保证改革开放和社会主义现代化事业的顺利进行，都具有重要意义。我们要通过坚持不懈地开展学习雷锋的活动，让雷锋精神在首都人民心中深深扎根。

会议强调，学习雷锋必须把握雷锋精神的本质，适应新时期的需要。我们要学习他刻苦学习马克思列宁主义、毛泽东思想，牢固树立共产主义世界观和人生观的精神，做有理想、有道德、有文化、有纪律的社会主义新人；我们要学习他热爱中国共产党、热爱社会主义的坚定立场和崇高的爱国主义精神，努力建设有中国特色的社会主义；我们要学习他公而忘私、先人后己的奉献精神，"把有限的生命投入到无限的为人民服务中去"；我们要学习他勤俭节约、艰苦奋斗的精神，脚踏实地为振兴中华做贡献；我们要学习他认真负责的工作态度，干一行，爱一行，专一行，在平凡的岗位上创造不平凡的业绩。

会议要求，全市各部门、各单位和各群众团体，都要把学习雷锋作为加强社会主义精神文明建设的重要内容，切实抓紧抓好；全市各级国家机关和各级领导干部，要从自身做起，做学习雷锋的表率；各级各类学校要采用生动活泼、丰富多采的形式，组织好学习雷锋活动，引导青少年健康成长。要及时总结学习雷锋的先进经验，树立学习雷锋的先进典型，宣传他们的先进思想和先进事迹，把学习雷锋同学习新时期英雄模范人物结合起来，实事求是，讲究实效，使雷锋精神在首都永放光芒。

北京市第九届人民代表大会第三次会议主席团、秘书长名单

（1990年3月2日北京市第九届人民代表大会第三次会议预备会议通过）

主席团（71人，按姓名笔划排列）

丁　榕（女）　于卫国　马瑞卿　马耀骥　王万发
王立行　王　光　王兆熊　王炜钰（女）　王绍俊
王　宪　仉振亮（回族）　叶大澂（满族）　白介夫
邢　军　戎　易　朱京宝（女）　刘志英　刘尚青
刘建国　齐家蕙（女）　安士伟（回族）　许　文
纪辉玉（女）　严镜清　李巧云（女）　李进民
李其炎　李树忠　李乾构　李锡铭　汪家镠（女）
张　本（女）　张书明　张立文　张俊山　张继斌
张福森　张　镈　陆　昊　陈广文　陈木森　陈明绍
陈宝森　陈福汉　林　挺　金铁宽（满族）　郑云山
郑凤仪　孟志元　赵维华　赵鹏飞（满族）　胡大鹏
俞昌珈（女）　姚　望　贾长威　夏钦林　徐光炜
高贺荣　浦洁修（女）　陶大镛　盛绳武　阎同茂
彭兴远　董时中　覃异之　靳　晋　蒲怀瑛　黎　光
潘志明　魏庭棣（女）

秘书长

黎　光

北京市第九届人民代表大会第三次会议主席团常务主席名单

（1990年3月2日主席团第一次会议推定）

（15人）

李锡铭　赵鹏飞（满族）　李其炎　汪家镠（女）
王　光　李进民　马耀骥　黎　光　夏钦林　邢　军
覃异之　陶大镛　浦洁修（女）　陈明绍　戎　易

北京市第九届人民代表大会第三次会议副秘书长名单

（1990年3月2日主席团第一次会议决定）

赵有光　郑怀义　贾九朝　李炳仁　徐炳忠　王昭钺　周福伦　杨登彦　段柄仁　周泽民

北京市第九届人民代表大会第四次会议

（1991年4月17日——24日）

北京市第九届人民代表大会第四次会议于1991年4月17日至24日在京丰宾馆举行。会议代表870人。北京市选出的张国基、董建华等11位七届全国人大代表和全国人大常委会办公厅联络局局长杨逢春，中共北京市委、市顾委、市纪委、市政府、市政协、市高级人民法院、市人民检察院的负责同志，市人大常委会和市政府有关部门的负责同志，以及区、县人大常委会和政府的负责同志列席了大会。

大会听取、审议和批准了市长陈希同所作的关于北京市国民经济和社会发展十年规划和第八个五年计划纲要的报告。

大会审查批准了北京市国民经济和社会发展十年规划和第八个五年计划纲要，审查批准了北京市计划委员会主任王军所作的关于北京市1990年计划执行情况和1991年国民经济、社会发展计划草案的报告，审查批准了北京市财政局局长王宝森所作的关于北京市1990年财政决算和1991年财政预算草案的报告。

审议批准了市人大常委会工作报告、市高级人民法院工作报告、市人民检察院工作报告。通过了补选市九届人大常委会委员办法。

大会补选了北京市人民代表大会常务委员会委员。

大会收到议案215件，其中财经类61件、城建类57件、文教卫生类70件、政法类27件。

主席团常务主席、市委书记李锡铭致闭幕词。

关于北京市国民经济和社会发展十年规划和第八个五年计划纲要的报告

——1991年4月17日在北京市第九届人民代表大会第四次会议上

北京市市长 陈希同

各位代表：

我代表北京市人民政府，向大会作关于北京市国民经济和社会发展十年规划和第八个五年计划纲要的报告。

按照国务院的部署，我们于去年初即着手研究制定北京市国民经济和社会发展十年规划和“八五”计划，其间多次征询了各区县、各部门、部分市人大代表、政协委员、民主党派、无党派人士、人民团体和有关专家学者的意见。根据中共十三届七中全会、全国人大七届四次会议和中共北京市委六届十一次会议的精神，遵照中央关于首都建设方针的指示和对《北京城市建设总体规划方案》批复的要求，制定了《北京市国民经济和社会发展十年规划和第八个五年计划纲要（草案)》。现在，连同这个报告一并提请大会审议。

一、八十年代的重大成就，为九十年代的发展奠定了良好基础

《纲要（草案)》首先对首都在八十年代取得的成就作了简要回顾，这些成就为九十年代的发展奠定了良好的基础。

八十年代，是全国各族人民按照中共十一届三中全会以来的路线、方针和政策，在建设有中国特色的社会主义道路上阔步前进的十年，也是首都社会主义现代化建设取得重大成就并积累了丰富经验的十年。在这不寻常的时期，全市各族人民坚定不移地执行党的基本路线，以中央关于首都建设方针的指示和对《北京城市建设总体规划方案》批复的基本精神为指针，全面开创了首都社会主义现代化建设的新局面，先后胜利完成了“六五”计划和“七五”计划，提前实现了国内生产总值比1980年翻一番的第一步战略目标。八十年代初，中央明确了北京是全国的政治、文化中心这一城市性质，并提出要把北京建成全国、全世界社会秩序、社会治安、社会风气和道德风尚最好的城市；建成全国环境最清洁、最卫生、最优美的第一流城市，也是世界上比较好的城市；建成全国科学、文化、技术最发达、教育程度最高的第一流城市，并且在世界上也是文化最发达的城市之一；建成经济上不断繁荣，人民生活方便、安定的城市。这个宏伟蓝图，正在一步一步地实现。

（一）首都建设按总体规划迅速发展，城乡面貌明显改观。

1983年《北京城市建设总体规划方案》经中共中央、国务院批准后，规划部门进行了市区分区规划、专业规划、详细规划、县城规划、县域规划、乡域规划等

一系列具体工作，城乡规划日臻完善并成为开发和建设的先导，扭转了规划落后于建设的混乱、被动局面，城市布局得到调整，各功能区之间及其内部的关系逐步协调，从此使首都建设纳入了总体规划的轨道。

城市赖以生存和发展的供水、排水、供电、燃气、热力、道路、交通、通信等基础设施建设被置于城市建设的首位，得到较快发展。十年累计投资158.4亿元，相当于前三十一年投资总和的2倍。1990年同1980年相比，供水能力增长32%，达到每日315.1万吨；发电装机容量增长17.9%，达到207.9万千瓦；市区居民炊事燃气化率由62.5%发展为84%；集中供热增长1.86倍，达到1610万平方米。十年间，新建京津塘高速公路北京段、京石、京开等公路3000多公里，建成各类立交桥73座；通信能力迅速提高，国内直拨电话可达767个城市，国际直拨电话可达185个国家和地区，北京已经成为全国最大的通讯枢纽和信息集散中心。

各类房屋建设规模空前，并形成综合开发、统一建设的新格局。十年竣工面积9084万平方米，相当于解放初四个半北京城房屋面积的总和。体现首都政治、文化中心的气势恢宏的大型公共建筑，适应开放和国际国内交往需要的不同档次的旅游宾馆，新的教育、科技、文化、卫生、医疗设施，先后投入使用。兴建住宅5071.8万平方米、居住小区70多个。卫星城和县城建设初具规模，有的已经开始分担市区的部分功能。

在现代化建设中，古都风貌得到了较好的保护。珍惜历史文物、保护古都风貌受到全市各级政府的重视。文物古迹的保护措施大大加强，周围环境得到治理。卢沟桥"退役"、大钟寺修复、周口店猿人遗址的环境治理、云居寺和苏州街复建、十三陵神路实行划区保护、圆明园遗址公园整修、天坛搬土山等，受到社会舆论的赞扬。

城乡绿化美化成效明显，环境建设取得新的进展。十年间，城区新建绿地188处，人均公共绿地由5.14平方米增加到6.14平方米，绿化覆盖率由20.1%上升到28%；郊区通过飞播造林、封山育林和人工造林，使林木覆盖率由16.6%提高到28.2%。经过十年不懈的努力，首都已形成了点线面、带网片相结合的绿化体系，"三北"工程生态林、远郊深山区防护林、浅山区经济林、平原农田林网以及环绕、遍布市区的绿化带，构成道道屏障，风沙危害明显减轻，获得了全国"平原绿化、城市造林绿化先进市"的称号。环境保护逐步受到各方面重视，成为各级政府每年为人民办实事的重要内容。水体、大气、固体废弃物污染的恶化趋势有所减缓，噪声污染得到初步治理。人民群众增强了保护环境的意识。

（二）适合首都特点的经济不断繁荣，综合经济实力显著增强。

按照政治、文化中心的要求，加快发展了适合首都特点的经济，逐步调整了经济结构，经济总量明显增长。按可比价格计算，1990年同1980年相比，全市国内生产总值增长1.32倍，达到496亿元；国民收入增长1.1倍，达到361.8亿元，都提前实现了翻一番的战略目标；财政收入增长67.6%，达到74亿元。

农村经济全面发展，朝着专业化、商品化、现代化方向大步迈进。1990年同1980年相比，农村经济总收入增长8.2倍，达到255.9亿元；农业总产值增长1.1倍，达到28.2亿元。农业生产基地、首先是副食品生产基地的建设初具规模，机械化水平显著提高，基础设施和技术保障体系基本配套。粮食连续十三年获得丰收，总产增长42.3%，达到26.46亿公斤。副食品生产基本实现了系列化和工厂化。菜、肉、蛋、奶、禽、鱼、果的产量成倍增长，品种增加，质量提高。乡镇企业异军突起，总收入增长13倍，达到171.6亿元，已成为全市国民经济的重要生力军。农村经济结构变化明显，一半左右的劳动力转向非农产业。城乡结合、工农联营的范围逐步扩大，城乡一体化取得突破性进展。

工业生产迅速增长，适合首都特点的行业发展加快。1990年同1980年相比，工业总产值增长1.6倍，达到562亿元，平均每年增长10%。关系国计民生的主要产品产量不断增长，新产品开发步伐加快，有的产品接近或达到国际先进水平。工业调整和技术改造得到加强，建成一批对今后经济发展具有战略意义的大型工业项目。适合首都特点的电子、食品、轻纺、印刷、汽车等行业的发展高于全市工业平均增长速度。

直接为生产和生活服务的商业、服务业等第三产业得到优先发展，人民生活诸多不便的状况有所改善。1990年同1980年相比，第三产业创造的国内生产总值增长2.9倍，达到185.8亿元，占全市国内生产总值的比重由26.8%提高到37.5%；商业、饮食业、服务业网点增长6倍，万人拥有量由20.4个增加到121个，过去那种商品单一、供应紧张、购买不便的窘迫状况有了改变；市场繁荣活跃，社会商品零售总额由61.3亿元增加到307.7亿元，增长了4倍。金融、保险、物资等行业向更广阔的领域开拓。信息、咨询等新兴行业迅速兴起。这一切，为更好地发挥首都城市功能创造了有利的条件。

旅游业蓬勃兴起，综合接待能力明显提高。全市现有各类旅行社76家，社会旅馆1701家、客房4.2万间，涉外旅游定点饭店122家、客房3.4万间，为进一步发挥首都国际国内交往中心的功能提供了条件。旅游资源开发、保护和景点建设成绩显著，旅游商品日益丰富，活动内容丰富多采。十年共接待海外旅游者787.5万人次，创汇37.5亿美元。旅游业的发展增加了就业机会，带动了相关行业的发展，增进了中外友好交往，已成为北京重要的新兴经济门类和创汇行业。

对外经济贸易发展迅速。十年外贸出口总值增长1.2倍，1990年创汇达到13.2亿美元。兴办外商投资企业834家，利用外资21.7亿美元。技术引进和国产化的步伐加快。对外承包工程、劳务合作和海外投资事业都有新拓展。对外经济贸易的发展表明，进一步扩大对外开放，是发展适合首都特点的经济的有效途径，具有十分广阔的前景。

（三）教育、科技等事业蓬勃发展，首都文化中心功能进一步加强。

八十年代，人才培养和科技进步成为推动经济振兴和社会发展的先导力量。教育的战略地位大大加强，科技作为第一生产力的作用日益明显，文化、卫生、体育事业欣欣向荣。

教育事业发生了令人鼓舞的深刻变化。各类教育稳定发展，教育管理体制进行了初步改革，教育投入不断增长，办学条件明显改善，教师生活待遇和社会地位逐步提高。九年制义务教育顺利实施，小学和初中学生入学率、在校生巩固率、毕业生合格率都有提高。城镇地区“托幼难”的问题基本得到解决。到1990年，中等职业技术学校在校生已达13.9万人，改变了过去长期存在的高中阶段教育结构单一的局面。市属普通高等院校在校生已达3.5万人，成为向城乡各企事业单位和机关团体输送高等专门人才的主要基地。十年各类成人学校共培训在职人员1000多万人次，为本市培养成人大中专毕业生近40万人。教育事业日益受到全社会的重视，教育经费占地方财政预算内支出的比重由1980年的15.7%提高到1990年的20.1%，平均每年递增幅度大大超过财政收入的增长幅度。在适龄入学儿童急剧增多的情况下，采取多种措施，避免了小学出现二部制。历史遗留的中小学危房全部得到修缮，并新建了大批校舍，设置了一批高等院校生产实习和社会实践基地。十年间，学校培养的各种人才，在首都的社会主义现代化建设中发挥了重要作用。

科技进入现代化建设的主战场，加快了科研成果转化为生产力的进程。科研成果的数量和水平明显提高，有相当一部分达到国际水准。科研生产联合组织大量涌现，科研院所以多种形式进入经济领域。“七五”时期开始实施的“星火计划”、“工业技术振兴计划”、“城市建设和城市管理科技发展计划”、“科技成果推广应用计划”和“火炬计划”，已经在首都城乡建设中发挥重要作用。经国务院批准建立的我国第一个新技术产业开发试验区，初步形成了多学科、多门类的高新技术企业群，推动了高新技术的研究和应用，显示出蓬勃的生命力。社会科学研究也取得了新的进展。

文化事业日益繁荣。一批展览馆、博物馆、图书馆、文化馆、档案馆建成使用。新闻、广播、电视、出版等部门取得新的进步。首都文艺舞台绚丽多彩，先后推出了《天下第一楼》、《画龙点睛》、《盛世行》等优秀剧目；电视连续剧《四世同堂》、《凯旋在子夜》、《渴望》等不仅享誉京华，也在许多省市获得好评；电视系列片《同心曲》用艺术的形式架起了政府与人民群众沟通的桥梁，《圆明沧桑》作为一部爱国主义的形象教材，受到各方面的重视；包括庙会、灯会在内的各种群众性文化活动十分活跃；亚运会开幕式、闭幕式和艺术节的表演，把中华民族优秀文化传统和现代艺术有机地结合起来，获得国内外普遍赞扬。

卫生事业取得了新成绩。1990年医院达到512个，全社会病床达到5.9万张，分别比1980年增长30.3%和81.9%，“看病难”、“住院难”有所缓解。医疗设备不断改善，医疗技术和科研水平相应提高。坚持“预防为主”的方针，有效地控制了各类疫情，婴儿死亡率、传染病发病率大幅度下降，四种疫苗接种率显著提高，全市各级医疗卫生保健网络初步建立，红十字会工作十分活跃，群众性爱国卫生运动又有新发展，市容卫生取得较大进步，1990年被评为全国十佳卫生城市。

计划生育工作成绩显著。人口出生率由1980年的15.56‰降到1990年的12.43‰，多项考核指标处于全国前列。

体育事业不断发展。新建、扩建的功能完备的33个体育场馆及亚运村使北京具备了举办大型综合性国际比赛的条件。竞技体育强化了后备队伍的培养和科研、训练、教学一体化建设，竞技水平不断提高。十年来，北京体育健儿在重大国际国内比赛中共获金、银、铜奖牌1971.5枚。群众性体育活动进一步丰富和普及。

（四）在经济发展和社会进步的基础上，城乡人民生活明显改善。

1990年城镇居民人均生活费收入达到1787元，农民人均纯收入达到1297元，扣除价格上涨因素，分别比1980年增长67.5%和2倍。边远山区农民的生活也有较大改善。

消费水平和消费结构发生了明显变化。食品消费出现了多品种、高质量、讲营养的趋向；穿着商品消费日益多样化；大件耐用消费品逐步普及，1990年每百户城镇居民家庭拥有彩色电视机91台、电冰箱96台、洗衣机93台，每百户农民家庭拥有电视机94台、电冰箱23台、洗衣机63台；城镇居民用于文化生活的支出比1980年增长了2.7倍。

居住条件有所改善。城镇居民人均居住面积由1980年的4.8平方米增加到7.7平方米，解决了约90万户的住房问题。以改善住房严重困难户居住条件为重点的城镇危旧房改建工程已经拉开序幕，正在逐步拓展。农民人均住房面积由1980年的10.1平方米增加到20.6平方米。房内设施水平也有了提高。

社会保障体系初步建立。社会福利、社会保险、优抚安置以及社区综合服务工作都有较大进展。残疾人事业受到全社会的关注和支持。城镇青年就业问题基本解决，待业率下降到0.5%。由于生活环境、营养条件的改善和医疗卫生工作者的努力，人民健康水平显著提高，人口平均预期寿命男性达到70.8岁，女性达到74.2岁，已经接近发达国家水平。

（五）社会主义精神文明和民主法制建设提高到新水平，安定团结的政治局面得到巩固和发展。

八十年代，首都社会主义精神文明建设取得较大进展，成为推进首都各项建设和改革开放事业的动力。社会主义民主进一步制度化、法律化。社会主义法制在各个领域中的权威作用逐步加强。

以培养“四有”新人为目标、以思想政治教育和道德伦理教育为重点的社会主义精神文明建设得到加强。十年来，在全市人民中进行了坚持四项基本原则和爱国主义、社会主义、集体主义以及共产主义的思想政治教育，持续开展了“五讲四美三热爱”、“做文明市民、创文明单位、建文明城市”和“学雷锋”、“军民共建”等多种形式的精神文明建设活动，涌现出一大批先进集体和先进个人。适应社会主义有计划商品经济发展的需要，加强了社会公德、职业道德和纪律教育，倡导奉献精神，全市人民增强了建设首都、维护首都的光荣感和责任感。有计划地进行了国情和市情教育，人民群众的民族自豪感和首都意识进一步增强。广泛开展了“扫黄”、除“六害”的斗争，得到广大人民的支持和拥护。积极、向上、进取的精神状态和文明、健康、科学的生活方式，受到社会的鼓励和赞赏。

社会主义民主进一步发扬。各级政府认真执行人民代表大会决议，坚持向人民代表大会及其常委会报告工作，接受监督；坚持同政协、各民主党派和群众团体民主协商的制度，广泛听取意见，接受批评和监督。十年来，共办理和答复全国和市人大代表、政协委员的议案、提案、批评和建议18882件，各类议案、提案的办理质量逐年提高。群众来信来访工作进一步受到重视，成为各级政府听取群众意见、为群众排忧解难的重要渠道。与群众直接沟通联系的群众呼声电话和监督电话初步形成网络。企事业单位的民主管理制度逐步建立，城镇居民委员会和农村村民委员会等基层群众民主自治组织建设得到加强。

社会主义法制建设取得了明显进展。十年间，提请市人大常委会审议批准的地方性法规和市政府发布的行政规章共548项。各级政府及其工作部门建立健全了法制机构，扩大了法制队伍，实行了行政执法和行政执法监督制度，依法行政水平有了提高。广泛开展了普法教育，公民的法制观念进一步增强。坚持人民民主专政，加强了社会治安的综合治理，依法严厉打击了严重刑事犯罪和严重经济犯罪等违法犯罪活动，保障了首都现代化建设的顺利进行。

经过1989年春夏之交制止动乱和平息反革命暴乱斗争的严峻考验，全市人民更加深刻地认识到坚持四项基本原则的重大意义，更加珍惜得来不易的安定团结的局面，并在胜利之中隆重庆祝了中华人民共和国建国四十周年。

1990年仲秋，举世瞩目的第十一届亚洲运动会在北京获得了巨大的成功。它不仅在体育运动方面以超过历届亚运会的优异成绩而载入史册，而且向全世界显示了全国改革开放的巨大成就、不断壮大的综合国力和政治稳定、社会安定的崭新面貌，集中展示了中华民族的优秀文化和社会主义制度的优越性，从而大大增强了广大群众的民族自豪感和凝聚力，提高了我国的国际声望。这届体育盛会所形成的“爱我中华，为国争光，无私奉献，团结协作，顽强拼搏，争创一流”的“北京亚运精神”，成为推动首都两个文明建设的强大力量。

首都社会主义现代化建设的成就雄辩地证明，中国共产党以经济建设为中心、坚持四项基本原则、坚持改革开放的基本路线是完全正确的，广大人民群众是拥护中国共产党的领导和社会主义制度的；同时也通过实践证明了，中央关于首都建设方针的指示和对《北京城市建设总体规划方案》批复的精神是符合首都实际的。

《中共中央关于制定国民经济和社会发展十年规

划和“八五”计划的建议》，精辟地概括了建设有中国特色的社会主义的十二条基本原则，即坚持人民民主专政；把发展生产力作为根本任务；通过改革不断完善社会主义制度；不断扩大对外开放；坚持以社会主义公有制为主体的多种经济成份并存的所有制结构；发展社会主义有计划商品经济；实行以按劳分配为主体其他分配方式为补充的分配制度；建设社会主义精神文明；建立和发展平等互助团结合作共同繁荣的社会主义民族关系；按照“一国两制”的构想促进祖国统一；坚持独立自主的和平外交政策；坚持共产党的领导。这十二条原则，是全党和全国人民智慧的结晶，对首都社会主义现代化建设具有普遍的指导意义。就首都特有的地位和多年实践的经验而言，尤其需要强调这样几点：

第一，必须坚持实事求是、解放思想、一切从实际出发、理论联系实际的思想路线，改革和建设都要考虑我国的国情和首都的特点。实事求是，是马克思主义活的灵魂，是我们确定奋斗目标，制定方针政策的基本指导思想。过去十年的实践表明，当我们坚持这条思想路线，从国情市情出发，制定计划、执行政策、处理问题的时候，改革开放就有新局面，现代化建设事业就会大发展；而一旦我们偏离了这条思想路线，就必然出现失误和挫折。

第二，必须坚持四项基本原则，坚决维护首都安定团结的政治局面。中共中央关于首都建设方针的重要指示中，明确指出：“首都是全国的政治中心，是神经中枢，是维系党心、民心的中心”。北京的稳定不仅关系到自身的发展，而且对全国具有极其重要的意义。过去十年间思想政治领域中几起几伏的斗争，尤其是1989年那场政治风波表明，否定中国共产党的领导、否定社会主义制度的资产阶级自由化，是诸种不安定因素中的最大的不安定因素，是引发动乱的政治根源和思想根源。因此，必须保持清醒的头脑，始终一贯地进行坚持四项基本原则的教育，旗帜鲜明地与资产阶级自由化作斗争，时刻警惕国内外敌对势力的渗透、颠覆与“和平演变”。在这个问题上，绝不能模棱两可，更不能妥协退让。没有稳定的局面，势必一事无成；北京不稳定，势必殃及全国。为此，我们必须从全国的大局出发，站在关系社会主义前途命运的高度上，充分认识首都稳定的极端重要性，像爱护自己的眼珠一样，维护首都安定团结的政治局面。

第三，必须坚定不移地推进改革开放。改革开放是社会主义制度的自我完善，也是发展首都各项事业的必由之路。十年来，我们按照中央的方针政策，根据北京生产力发展的特点，进行了一系列改革。在坚持公有制经济为主体的前提下，适当发展了作为补充的个体、私营等多种经济成份，改变了单一的所有制结构。经济管理突破了管得过多、统得过死的僵化体制，改革了组织形式和经营方式。农业以发展集体经济为主，普遍推行了适度规模经营和多种形式的联产承包责任制。工商企业和部分事业单位、科研院所实行了“两保一挂”、“三保一挂”等多种形式的经营承包责任制。综合经济管理部门由直接调控逐步向综合运用经济、行政、法律手段间接调控转变，缩小了指令性计划范围，扩大了指导性计划和市场调节的作用。对不合理的价格体系进行了初步改革。发展了多种商品市场和生产要素市场。下放了部分财政管理权，建立了分级财政包干管理体制，扩大了区、县、乡、镇的权力。围绕搞活企业，对金融、税收、外贸、物资、劳动、人事、工资等方面进行了不同程度的改革。与此同时，积极探索了政治体制和科技、教育、文化等领域管理体制的改革。在坚持自力更生的前提下，积极地推进了对外开放，使经济和社会发展增添了活力，首都的国际交往活动空前活跃。这一切，对于建立社会主义有计划商品经济新体制，从而推动社会生产力发展，都起了重大作用。

第四，必须坚持中央关于首都建设方针的指示和对《北京城市建设总体规划方案》批复的基本精神。北京的城乡建设和各项事业的发展必须服从并充分体现政治中心和文化中心这一城市性质的要求，更好地为中央领导全国工作、为开展国内国际交往、为全市人民的工作和生活创造日益良好的条件。围绕这个中心任务，城乡建设必须服从统一规划，“一万六千八（平方公里），城乡一起抓”，坚持经济效益、社会效益、环境效益的统一，把维护古都风貌同建设现代化城市有机结合起来；严格控制人口规模，搞好人口布局；坚持“先地下后地上”的方针，优先发展城市基础设施建设；打破分散建设、自成体系的封闭格局，走综合开发、配套建设的道路；合理调整经济布局和产业结构，把发展适合首都特点的经济同改组改造原有产业结合起来，实现城乡协调发展；坚持优先发展科技、教育，推动各项社会事业的全面进步，努力把首都建成具有中国特色的、社会主义现代化的、世界第一流的城市。

第五，必须坚持国民经济持续、稳定、协调发展的方针，按照首都特点，把优化经济结构、提高效益作为全部经济工作的中心。北京经济建设正反两方面的经验深刻说明，比例协调是持续稳定发展的基础。在北京这样拥有千余万常住户籍人口和百余万流动人口的特大城市中发展经济，尤其要注重经济总量的平衡、经济结构的合理和各种比例关系的协调。要从北京市情出发,正确处理社会供给与社会需求、物质生产与人口增长、就业岗位与劳动资源、经济建设与社会发展、基础设施与其他设施、第三产业与第一第二产业等关系,使经济发展更加适合首都城市性质,从根本上保持经济长期持续增长,避免大起大落,走出一条投入少、产出多、质量优、效益高的路子。

第六,必须坚持自力更生、艰苦奋斗、勤俭办一切事业的方针。北京是一座发展中的大城市,实现社会主义现代化的立足点只能放在自力更生的基础之上。必须把利用外资和引进技术同壮大全市经济实力、增强自力更生能力有机地结合起来。不仅现在,即使将来经济发展了,也要长期坚持艰苦创业、勤俭节约的精神,克服各个领域铺张浪费的现象。

第七,必须坚持充分发扬社会主义民主和依法治市的方针。过去十年的经验证明,凡是正确的决策,都是从群众中来到群众中去、充分发扬社会主义民主的结果。只有在决策过程中广泛听取群众的意见,才能调动各方面的积极性,把正确决策化为群众的行动,落到实处。对于各级政府工作人员特别是领导干部来说,这不仅仅是能否做到决策民主化、科学化的问题,也是能否真正把自己作为公仆、把人民群众作为历史主人的世界观问题。过去十年的发展还证明,健全社会主义法制和依法治市,是物质文明和精神文明建设的可靠保证。只有建立完备的法制体系并严格执法,才能保证城乡建设的健康发展。

第八,必须坚决贯彻物质文明和精神文明一起抓的方针。建设社会主义精神文明既是我们的主要目标,又是促进物质文明建设的重要保证。这一条对于首都来说,具有更为特殊的重要意义。中央关于首都建设方针的指示中,特别强调了北京的精神文明建设,要求北京应该成为全中国、全世界社会秩序、社会治安、社会风气和道德风尚最好的城市。我们只有坚定不移地执行中央的指示,才能把首都建设成为全国精神文明的“首善之区”,才能取得物质文明建设的更大成果。

十年来首都社会主义现代化建设所取得的成就是重大的。这为我们实现第二步战略目标提供了良好的基础。同时也应清醒地看到:在今后前进的道路上仍然面临着许多困难;我们的工作同中央关于首都建设的要求和全国人民、北京市民的期望还有不少差距;在首都建设和改革开放的探索中还存在一些不足和失误。主要是:

1. 人口增长过快。我们虽然下大力量控制人口自然增长,但对迁入增长控制不力,管理权限分散,政出多门,以致人口总量突破了中央关于首都建设总体规划方案批复中要求本世纪末控制在一千万左右的指标。同时,对常住户籍人口向外疏散和流动人口的急剧增长,也缺乏有力的疏导和管理措施。

2. 水资源短缺,人均占有量仅相当于全国的1/6,世界的1/25。近几年虽然在开辟新水源和节约用水方面做了不少工作,但水的复用率仍需提高,浪费现象仍很严重。开辟新水源的计划尚待抓紧落实。

3. 城市基础设施仍然不能满足需要,极大地制约着城市现代化的建设。相当一部分城市基础设施超负荷运转,许多地下管道老化,防火、防爆、防灾设施不足,隐患很大。城市交通问题日益突出。现在全市各种机动车40余万辆、非机动车800余万辆,地面交通已十分拥挤,而地下交通建设远远跟不上发展的需要。垃圾、水体和空气污染还需下大力气进行治理。

4. 经济建设急于求成造成的后果还没有完全消除。虽然经过两年多的治理整顿,使长期形成的需求超过供给的矛盾得到缓解,但经济结构还有待进一步调整,一些企业特别是国营大中型企业还没有搞活,效益较差,后劲不足,加上市场疲软和“三角债”的困扰,企业的亏损面增大。

5. 为生产和生活服务的第三产业与首都的地位和经济、社会发展还不适应。服务设施总量仍然不足,地区分布和内部档次结构不尽合理,人民生活中某些不方便的问题尚未完全解决,离中央关于把首都建成人民生活方便的城市的目标还有很大的差距。

6. 城镇居民中还有相当一批住房严重困难户。近些年,虽然盖了大批住宅,解决了部分居民住房问题,但是由于人口增长过快,家庭分户,以及低租金福利性的住房分配制度尚未改革和建房资金不足等原因,给解决这个问题增加了难度。今后,必须继续下大力量解决。

7. 建设资金严重不足,财政补贴负担很重。由于资金所限,总体规划中一些关系城市发展全局的重大工程迟迟不能上马,许多迫在眉睫的建设项目不得不延期。而财政补贴却连年增加,由1980年的4.9亿元增加到1989年的45亿元。尽管去年我们千方百计遏止了补贴的继续膨胀,但负担依然沉重。

8. 改革还不配套。新的经济体制和运行机制尚未完全形成,综合经济部门的宏观调控手段很不健全,价格关系远未理顺,对外开放的优势也未充分发挥,分配不公等问题尚待进一步探索解决的办法。

9. 在现代化建设中,相当长的时间里忽视了思想政治教育,存在着“一手硬、一手软”的问题。中共十三届四中全会以后，情况虽有好转，但有些问题还没有完全解决，消除资产阶级自由化的影响还需要做长期不懈的努力。

10. 社会治安尚未根本好转。一些过去已经杜绝的卖淫、赌博等违法犯罪现象死灰复燃，并在发展蔓延。盗窃等刑事案件增多，恶性案件发案率仍在上升，而我们的防范、侦破、惩治、打击等手段还不适应新的斗争形势。为了保障人民安居乐业和充分行使民主权利，人民民主专政必须进一步加强。

11. 各级政府机关不同程度地存在着机构臃肿，手续繁杂，办事效率不高的问题。一部分政府工作人员脱离群众、脱离实际。少数干部失职、渎职、以权谋私，甚至贪污受贿、违法乱纪。部门和行业不正之风在不少方面还没有得到纠正，受到群众的严厉批评。

首都现代化建设中面临的种种困难和问题，我们深感不是短时期能够全部解决的。按照中央的指示精神，把北京建设成为社会主义现代化的首都，更需要多届政府和几代人长期不懈的努力。如果我们各级政府和工作人员都能自觉地增强公仆意识，一刻也不脱离群众，认真听取群众的意见，接受群众的监督，真正做到决策民主化、科学化，我们就可以更充分地调动起群众的积极性，依靠群众克服困难，减少工作失误和少犯错误，从而把人民群众托付我们的事情办得更好。特别是为政不廉、不勤等主观上的问题，更应从严检查，坚决加以改正，只有这样，才不辜负人民的重托和期望。

过去十年首都各项建设事业的成就，都是在中共中央、国务院的亲切关怀和领导下，在中共北京市委的直接领导下取得的；是全市各族人民同心协力，艰苦奋斗，开拓前进的结果。在这里，我代表北京市人民政府，向在各条战线上为首都建设贡献力量的全市各族人民，向支持首都各项事业的中央在京单位、驻京部队、各兄弟省市自治区表示衷心的感谢！向关心和支持首都建设的台港澳同胞、海外侨胞表示衷心的感谢！向一切同我们友好相处、紧密合作的外国朋友表示衷心的感谢！

二、九十年代国民经济和社会发展的目标及主要任务

本世纪最后十年，是首都社会主义现代化建设历史进程中非常关键的十年。《北京市国民经济和社会发展十年规划和第八个五年计划纲要（草案）》明确提出了首都国民经济和社会发展的第二步战略目标，总的要求是：城乡现代化水平明显提高，政治中心和文化中心的功能进一步增强，产业结构调整取得明显成效，国民经济整体素质进一步改善，人民生活达到并在某些方面提前实现小康水平。到本世纪末的主要目标是：在提高经济效益的基础上，使国内生产总值按可比价格计算，比1980年翻两番；适合首都特点的经济结构基本形成；各项现代化服务设施较为齐全配套；科技进步和人才培养成为首都社会主义现代化建设的决定性因素；初步建立适应社会主义有计划商品经济发展的、计划经济与市场调节相结合的经济体制和运行体制；各项社会事业全面进步，社会主义民主和法制进一步健全，社会主义精神文明建设达到新的水平。

为了实现上述奋斗目标，《纲要（草案）》强调了以下几个问题：

（一）进一步调整经济结构，把经济工作转到以提高效益为中心的轨道上来。

按照国家产业政策和首都特点，进一步调整经济结构，是提高经济效益，使国民经济持续、稳定、协调发展的重大措施，也是治理经济环境，整顿经济秩序的重要任务。今后十年，特别是“八五”期间，必须紧紧抓住这个环节，取得较大进展。

大力发展农业，进一步提高农业的专业化、商品化、现代化水平，是首都经济结构调整的重要方面。北京是“大城市、小郊区”，但小郊区的农业生产，对大城市的经济发展和社会稳定起着举足轻重的作用。“米袋子”、“菜篮子”丰富，市场供应充裕，首都就繁荣安定。因此，也必须以农业为基础，一时一刻也不能忽视郊区农业的发展。今后十年，必须把巩固、发展农业生产基地和基础设施建设，抓好农副产品深加工作为重点，全面提高农业综合生产能力。粮食生产坚持“稳定面积、主攻单产、增加总产”的方针，加强中低产田的开发，保持稳定增长。副食品生产进一步建设现代化、集约化的生产加工基地，增加品种，保证“菜篮子”更加充足、多样，稳定供应。为了促进郊区农业的稳定发展，必须继续增加投入，保证农业生产资料供应，健全集体经济积累制度和产前、产中、产后服务体系。坚持“科教兴农”的方针，采用先进技术，培养专业人才，使农业的发展从基本依靠消耗生产要素数量，转到主要依靠科学技术和提高农业劳动生产率的轨道上来。

山区占全市面积的62%，这是北京的一大特点。必须进一步加快山区开发建设的步伐，特别是千方百计扶持生产水平比较后进的边远山区的经济发展，制定京郊山区“脱贫致富工程”计划，尽快提高这些地区的生产力，缩小同平原地区的差距，使山区逐步富裕起来。

建立合理的结构和布局，发展适合首都特点的工业，是首都经济结构调整的重点。今后十年，将继续改造并坚决不再发展那些耗能多、用水多、占地多、原材料消耗大、运输量大、污染扰民严重的工业，着力发展高精尖、技术密集、附加值高、经济效益高的工业。把电子工业作为全市的领头行业，放在突出位置，这是大规模更新工业生产装备、提高产业等级、赶超世界先进水平的关键所在。进一步发展轻型汽车工业，带动相关工业发展。以高质量、多品种为目标，发展食品、轻纺、印刷、医药等轻型工业。采用先进技术装备，改造冶金、化工、机械、建材等行业。按照总体规划，进一步调整工业布局。继续调整、搬迁和治理市区内污染、扰民工业；适当集中、紧凑发展远郊城镇工业；坚持“广开放、抓调整、增效益、促发展”的方针，进一步发展乡镇工业。经过十年的努力，力争基本形成适合首都城市性质、有利于发挥城市功能、城乡一体化的新型工业体系。

建筑业是首都经济发展的重要支柱行业之一。今后十年，继续加强建筑行业职工队伍建设，优化经营管理机制，增强行业自我发展和应变能力，切实保证建筑质量。同时，积极参与国内外建筑市场的竞争，在竞争中，提高技术和管理水平，提高经济效益。

为生产和生活服务的第三产业的发展程度，是衡量城市现代化发展水平的一个重要标志，也是今后十年必须继续扶持和大力发展的产业。不仅要发展商业、饮食业、服务业、修理业等传统行业，进一步开发网点，集中力量建设一批功能齐备、设施先进的大中型商场和大型农副产品批发市场，使市区两级都有若干个现代化的大中型购物中心和综合服务网点；而且要进一步开拓金融、保险、房地产、物资、旅游等行业发展的领域；还要积极发展信息、咨询等新兴行业，逐步建立起服务首都、面向全国、设施齐全的第三产业体系。到本世纪末，第三产业在国内生产总值中所占比重，计划由1990年的37.5%提高到45%左右。

按照国际国内两个市场的需求导向，积极调整产品结构，是发展商品生产的一条基本原则，也是当前搞活企业的有效措施之一。今后应大力开发和生产符合市场需要的新产品，特别是适合首都特点、市场前景广阔的产品，如计算机等电子类产品，汽车、数控机床等机电类产品，轻纺产品和中高档食品，冶金、化工、建材等深加工产品，旅游商品，以及农村的鲜活农副产品等，并给以资金、物资、能源等方面的支持。

调整企业组织结构，推动企业的改组和联合，是促进产业结构和产品结构调整，实现生产资料、资金、技术、人才、管理等生产要素合理配置，提高规模经济效益的重要措施。今后应进一步推进城市企业之间、城市企业与乡镇企业、本市企业与外地企业、企业与科研院所之间的联合经营、合股经营、承包经营和租赁经营，继续大力发展新技术企业和“三资”企业，积极建立企业集团，使企业组织结构逐步趋于优势互补，配置合理。

依靠科技进步是提高经济效益的根本途径。今后十年，应充分发挥首都科技优势，组织协作攻关，突破科研、生产和工艺上的难点。国营大中型企业和企业集团，都要以各种方式建立自己的科研机构或基地，以增强自主开发和技术改造的能力，逐步建立依靠科技进步提高经济效益的新机制，并在企业承包中进一步强化科技进步指标，促进企业向现代化方向发展。同时，积极引进国外先进技术装备，加快消化吸收和国产化步伐。

加强资源的优化配置和合理使用，千方百计节水、节能、节约原材料，提高资源的产出效益，是提高经济效益的一条长远方针。今后新建项目和改造老企业，都应努力采用技术先进、节能、节水型的设备和工艺，同时健全产品能耗、水耗的考核制度。各行各业都应深入持久地开展增产节约、增收节支运动，努力节约原材料，降低消耗，提高利用率，加强废旧物资回收和综合利用。力争在今后国内生产总值的增长中，有更大部分靠技术进步和节能、降耗来实现。

加强科学管理是提高经济效益的重要环节。管理水平低是经济建设中的一个大问题，必须下决心加以解决。计划、统计、财政、税收、银行、物价、物资、劳动、工商行政等综合经济管理部门要以计划为龙头，加强相互间的协调，根据产业结构、产品结构、企业组织结构和技术结构调整的要求，及时制定和完善相关的政策和措施，并加强审计、技术监督等部门的经济监督作用，促进宏观经济效益的提高。各个企业都要下大气力建立和健全内部的承包责任制，把技术经济指标和管理职责层层分解，逐级落实，并实行严格的指标考核。加强管理的核心，是提高企业人员的思想、文化、技术素质。同时，必须严格各项纪律，建立良好的生产秩序。经过努力，力争一批大中型骨干企业的经济指标，特别是主要经济效益指标达到全国先进水平，带动中小企业和乡镇企业管理水平的提高。

（二）进一步提高城乡现代化水平，增强为政治和文化中心服务的功能。

《纲要（草案）》提出，今后十年，要进一步提高城乡现代化水平，使城乡面貌发生明显变化，各项现代化的服务设施较为齐全，为把北京建设成为古都风貌与时代特征相结合的，清洁、优美、生态健全、经济繁荣、具有高度文明的现代化国际性城市奠定基础。

根据十年实践经验和城市发展的新情况，适当调整城市发展规划和布局，尽快修订《北京城市建设总体规划方案》。要进一步处理好政治文化中心与发展经济的关系，从城乡一体化的要求出发，制订好县（区）域规划和乡域规划，加强全市国土开发整治规划和土地利用规划的制订工作，从而形成更为完整、科学的规划体系。合理调整城市用地布局，逐步形成市区、卫星城（县城）、建制镇、集镇和新农村五个层次的城乡布局和相应的经济布局。要按照城乡建设的总体布局处理好各个局部的相互关系，一要控制和改造城市中心区，突出政治中心功能，保护古都风貌，加快南城的改造和建设；二要开发和建设好城市建成区边缘地带；三要高度重视郊区的建设和发展，在加强黄村、通镇、昌平、燕山四个卫星城建设的同时，继续发展几个卫星城镇和一批布局合理、设施配套、交通方便、环境优美、具有地方特色的社会主义新型集镇，以节制农村人口进城，疏导城市人口外迁，缓解城区压力；此外，再建成一批乡镇工业小区和新农村。

继续加强城市基础设施建设，使之与经济社会发展相适应。城市越发达，对基础设施的依赖程度就越高。基础设施建设不足或滞后，必然严重制约城市各项事业的发展，甚至导致城市生活的混乱和瘫痪。今后十年，要继续把城市基础设施建设放在城市建设的首位，努力扩大城市供水、排水、煤气供应和集中供热能力，加快邮政、电信建设步伐，进一步增强通讯能力。改造和新建一批城市干线道路，建成复兴门至八王坟等地铁线路，优化并新增公共交通运营线路，扩大铁路、航空运输能力。进一步改善交通运输状况，配合铁道部建成北京西站，配合中国民航局扩建首都机场和机场路，进一步完善客货运设施。各个卫星城镇和县城也要下大力量抓好基础设施建设。同时，应加强城乡基础设施的维护和管理。

按照新区开发与危旧房改造相结合的原则，加快居民住宅建设。在开发新建的同时，下大力气对城区连片危旧住房进行大规模改造，这是缓解人民群众长期住房紧张状况特别是解决住房困难户问题的关键所在，也是按照中共中央、国务院对《北京城市建设总体规划方案》批复提出的“要逐步地、成片地改造旧城”，“要有计划地改造那些居住条件差、破旧危房多、市政公用服务设施落后以及交通阻塞的街区和地段”的精神，进一步改变城市面貌的重大措施。今后全市每年竣工住宅面积不低于500万平方米。力争到本世纪末，城镇居民人均居住面积由现在的7.7平方米提高到9.5平方米左右，基本解决住房严重困难户的问题。

坚持不懈地进行城乡环境的绿化美化，搞好环境卫生，保护和改善生态环境。今后十年，以山区绿化为重点，全面绿化宜林荒山，在风沙危害区植树造林；在浅山丘陵区建设林果基地；在主要干道和河流两旁逐步建成绿色走廊。继续提高城市绿化水平，进一步扩展公共绿地，推广垂直绿化，做到三季有花，四季常青。保护古树名木，重点建设几个有特色的大公园，并形成一批小园林、小花园。到本世纪末，郊区林木覆盖率达到40%左右，城市绿化覆盖率提高到35%左右，人均公共绿地达到7平方米。环境保护以防治大气污染和保护饮用水源为重点，同时解决好各种固体废弃物污染和噪声扰民问题。在建成高碑店污水处理厂的同时，在城市河道上游重点建设几个中小型污水处理厂。对受污染严重的通惠河、凉水河河道实行污水截流。抓好城市垃圾密闭清运系统和无害化处理设施建设。有计划地进行河湖治理、水土保持、植被建设、防风固沙，使北京的环境质量进一步改善。

严格控制城市规模，合理利用土地资源，节约和开发水资源，这是使城乡建设与发展走上良性循环轨道的前提条件。控制城市规模的关键是控制人口规模。继续坚决贯彻计划生育的基本国策，以农村为重点做好计划生育工作，全面落实人口目标管理责任制。必须集中人口迁入的审批权限，建立具有权威的审批机构，用行政、法律、经济等多种手段，控制迁移人口的增长。到本世纪末，全市常住户籍人口计划控制在1180万人以内。今后十年，随着城乡人口的增加和城市建设的发展，有限的土地资源与经济社会发展之间的矛盾将更加突出。必须认真落实“十分珍惜和合理利用每寸土地、切实保护耕地”的政策，逐步推行土地有偿使用制度和土地管理目标责任制。制定全市国土开发整治总体规划，大力开发荒山荒地，做好土地复垦工作，扩大土地资源利用。水资源的短缺，严重制约着首都现代化建设，在国务院统一规划、开发新水源的同时，要把节水作为首都建设的长期战略措施，进一步制定和完善政策法规，广泛开展宣传教育，在全市形成节水为荣、浪费可耻的社会风尚。加强地质勘查和气象预报等工作，提高综合御灾能力。

（三）不断强化科学技术和教育在首都发展中的战略地位，加快科学技术和教育发展的步伐。

发展科学技术，依靠科技进步，是实现首都现代化建设宏伟目标的决定性因素。今后十年，继续贯彻“经济建设必须依靠科学技术，科学技术工作必须面向经济建设”的战略方针，全面推进改革，扩大对外科技合作，加强薄弱环节建设，完善科技立法，努力实现以下五个方面的突破：一是进一步把科技工作的重点转到首都经济建设、城市建设和城市管理的主战场，到本世纪末，科技进步应成为首都经济增长和推进城市管理现代化的主要因素；二是进一步发挥首都科技、人才优势，制定有效政策和措施，促进中央在京科研机构和大专院校的科研成果更多地为首都现代化建设服务；三是建立健全企业技术进步指标体系和技术开发机构，逐步使大中型企业成为开发新产品、采用新技术的主体，使产品结构调整的任务落到实处；四是加强企业和科研院所中青年科技骨干队伍建设，在今后十年内，建设一支千人规模的学科（工程）带头人队伍和万人规模的科技骨干队伍；五是多渠道增加科技投入，提高国拨经费在财政支出中的比重，十年内建成一批国内一流的行业性技术开发基地，提高科技开发水平和科技成果产业化的速度。为实现上述目标，科技发展应逐步形成经济建设和城市建设管理、高新技术研究开发及产业化、基础性研究三个层次的纵深格局。继续实施星火计划、工业技术振兴计划等行之有效的科技发展计划，瞄准国内外市场和国际先进水平，加快高新技术的研究开发和产业化步伐。在进一步加快新技术产业开发试验区建设的同时，制定扶植高新技术的产业政策，以鼓励更多的行业和企业参与高新技术的开发和应用。为增强科技发展的后劲，对自然科学基础性研究必须进一步加强。

社会科学的研究是社会主义物质文明和精神文明建设不可缺少的重要组成部分，应给以高度重视。今后要把重点放在以马列主义、毛泽东思想为指导，紧密围绕改革开放和现代化建设中出现的新情况、新问题，探索建设有中国特色的社会主义理论，并为科学决策提供依据的研究上来。积极建立社会科学数据库、优秀成果奖励制度、优秀著作出版基金等，促进社会科学的发展。

教育是培养社会主义现代化建设接班人的千秋大业。作为文化中心的首都，尤其应把教育放在突出的战略位置，优先发展。北京的教育事业虽然有了很大发展，但仍存在许多困难和问题，主要是教育结构不尽合理，教学质量有待提高，品德教育有待加强，农村特别是贫困山区和边远地区的教育仍然薄弱。九十年代本市还将出现大规模新老教师队伍交替，加强骨干教师、青年教师和干部队伍的建设已迫在眉睫。教育经费需求与供给之间的矛盾仍很突出，不少学校的办学条件还需进一步改善。

《纲要（草案）》指出，要全面贯彻落实“教育必须为社会主义现代化服务，必须同生产劳动相结合，培养德、智、体全面发展的建设者和接班人”的方针，坚持社会主义的办学方向，大力提高教育质量，深化教育改革，使首都教育事业提高到一个新的水平。基础教育在全面实施九年制义务教育的基础上，市区基本普及高中阶段教育；继续大力发展中等职业技术教育，认真贯彻《北京市中等职业技术教育条例》，重点加强技工教育和农村职业技术教育；重视学前教育，同时抓好残疾和弱智少年儿童的特殊教育；普通高等教育主要是稳定规模，调整学校布局和专业结构，进一步提高教育质量；成人教育的重点应放在职工岗位培训、专业技术干部的继续教育和青壮年农民的文化教育上，同时抓好学历教育。应重视巩固扫盲成果，杜绝新文盲产生。各级各类学校都应切实加强德育和思想政治工作，提高教育者和受教育者的社会主义觉悟和道德水平。要重点办好若干所大、中、小学和幼儿园，使之达到全国一流水平，以带动整个教育事业的发展。今后十年，培养各类高中级人才 100 万人左右。

教育大计，教师为本。采取有力措施，切实加强各级各类学校骨干教师、青年教师和干部队伍的建设，建立有一定数量的较高质量的学科教学带头人队伍。优先办好师范院校，鼓励优秀中学生报考师范院校，提高师范院校学生的思想政治素质。进一步进行教学内容、教学方法和考试制度的改革，坚持按教育规律办事，提高教育质量。有计划地进一步改善教师的工作和生活条件。

坚持多渠道筹措教育经费的方针。今后较长一段时间内，国拨教育经费在市财政预算支出中所占的比重稳定在 20%以上。同时，继续坚持各级政府每年为教育发展办实事，主要领导干部联系一两所学校的制度，鼓励社会各方面支持和帮助教育事业发展，走全民办学的道路。从 1992 年起，本市将出现中学生入学高峰，要继续采取有力措施，保证不出现二部制。同时，继续按照“用地优先安排，资金优先保证，施工列为重点”的原则，确保教育基建项目和教职工住宅建设。

（四）在发展经济的基础上，进一步改善人民生活。

不断提高人民的物质文化生活水平，是发展社会生产力的根本目的。《纲要（草案）》指出，今后十年城乡居民实际收入将进一步提高，生活质量将进一步改善，达到并在某些方面提前实现小康水平。为此，必须努力把经济搞上去，在此基础上重点抓好以下几项工作：一是大力组织好适应市场需求的消费品生产，发展为人民生活服务的第三产业。二是加快住宅及公用设施的建设，治理环境污染，改善生活和工作环境质量。三是进一步贯彻“在国家统筹安排和指导下，实行劳动部门介绍就业，自愿组织起来就业和自谋职业相结合”的方针，努力拓宽就业门路，妥善安排劳动就业，城镇除国营企业安排部分劳动就业外，继续鼓励待业人员到集体企业就业和从事个体经营。农村富余劳动力主要通过发展乡镇企业和开发性农业就地吸纳，严格控制向城市转移。在加强就业培训、就业形势和择业观念教育，积极引导待业人员到艰苦行业、艰苦岗位就业的同时，研究制定有关政策，切实解决某些行业和工种招工难等问题。四是适应城市人口老龄化的特点，结合企业分配制度的改革和计划生育工作的需要，按照国家、集体、个人三者合理负担的原则，建立健全多层次的职工养老保险、待业保险和适合京郊农村生产力发展水平的多形式农村养老保障、社会救济等社会保障制度。依靠社会各方面力量，发展社会福利事业，做好社区服务工作。五是进一步贯彻“预防为主、依靠科技进步、动员全社会参与、中西医协调发展、为人民健康服务”的方针，全面开展初级卫生保健工作，重点加强和完善农村医疗卫生服务体系，同时改革、完善城镇预防保健和医疗网络，继续在全市人民中广泛开展爱国卫生运动。到本世纪末，全市医疗床位达到7万张。六是物价调整要和提高职工实际收入水平结合起来，千方百计使零售物价上涨幅度低于职工平均收入的增长幅度，以保证人民生活逐步改善。

（五）大力加强社会主义精神文明建设。

社会主义精神文明建设在首都现代化建设总布局中，占有特殊重要位置。搞好首都的社会主义精神文明建设，关键是加强领导，建立健全责任制，进一步纠正“一手硬、一手软”状况。社会主义精神文明建设的首要任务是培养有理想、有道德、有文化、有纪律的公民，提高整个中华民族的思想道德素质和科学文化素质。应突出加强思想建设和道德建设，坚持不懈地在全市人民中进行党的基本路线教育，爱国主义、集体主义、社会主义、革命传统的教育和国情、市情的教育，提倡和弘扬共产主义奉献精神。用马列主义、毛泽东思想占领思想理论和文化阵地，抵制和反对资产阶级自由化思潮和腐朽思想的侵蚀，警惕国际敌对势力的渗透、颠覆与“和平演变”阴谋。在发挥政治优势，推广以往精神文明建设的成功经验的同时，努力探索新形势下精神文明建设的特点和规律，继续扎扎实实地开展学雷锋、学焦裕禄、学赖宁、学先进活动。开展各种移风易俗的教育活动，倡导文明、健康、科学的生活方式，破除庸俗、愚昧、落后的陈规陋习。加强各行各业，尤其是商业服务业、公共交通、市政公用、医疗卫生、旅游服务等主要“窗口”行业的职业宗旨、职业责任、职业道德、职业技能、职业纪律教育，提高服务水平。加强全民国防教育，深入开展以军民共建文明城市为主要形式的各种共建活动，认真做好拥军优属工作，增强军政、军民团结，支持部队建设。广大青少年是跨世纪的一代，把他们培养成为德智体全面发展的社会主义事业建设者和接班人，是全社会十分迫切的重大任务。要把家庭教育、社会教育与学校教育结合起来，采取多种方式保证他们健康成长。

社会主义文化建设是精神文明建设的重要组成部分。今后十年，要以马克思主义、毛泽东思想为指导，坚持文艺为社会主义服务、为人民服务的方向和“百花齐放、百家争鸣”的方针，弘扬民族优秀文化，大力繁荣社会主义文艺。支持和鼓励文艺工作者深入生活，了解国情，了解市情，创作反映时代风格、鼓舞人民斗志、振奋民族精神的文艺作品。进一步办好新闻出版事业，充分发挥广播电视这一现代化宣传工具的功能，高度重视电视的社会导向作用。加强图书馆、文化馆、博物馆、科技馆、档案馆、纪念馆、文化站等文化场所和文化设施的建设、利用和管理，开展丰富多采、健康有益的群众文化活动。更广泛地开展国际文化交流，吸收一切人类文明的积极成果，同时大力振兴民族文化艺术，特别是京、昆、曲艺等具有北京特色的文化艺术。坚持不懈地进行“扫黄”斗争，加强对出版物、娱乐场所和文化市场的管理。坚持“科学保护、合理利用”的方针，做好文物古迹维护管理，积极利用文物对人民群众进行爱国主义、革命传统及科学知识的教育。大力开展群众性体育活动，增强人民体质。采取有力措施，提高运动员的竞技水平，努力在国内外比赛中取得更好的成绩。

中国奥林匹克委员会已批准北京市作为2000年第二十七届奥运会候选城市的申请，并得到了国务院的支持。这是全市人民的光荣，也加重了我们的责任。我们一定要把争办奥运会作为促进首都现代化建设的动力。如果国际奥委会选定北京为举办城市，我们将全力办好这届国际体育盛会，为发展人类体育事业，促进世界和平和进步，做出应有的贡献。

（六）健全社会主义民主与法制。

社会主义现代化事业是全体人民的事业。只有加强社会主义民主，才能够最广泛地动员和依靠人民。各级政府必须自觉接受同级人民代表大会及其常务委员会的监督，重视人民政协、各民主党派、人民团体的作用。发扬社会主义民主，建立健全民主监督的程序和制度，建立有利于提高办事效率和调动各方面积极性的领导体制。要虚心听取各方面的意见，使广大人民群众的意志和利益在国家政治和社会生活中得到充分体现。全心全意依靠工人阶级，发挥广大人民群众建设首都的积极性和创造性。市政府将设立专门机构，征集全市人民和所有关心首都发展的海内外各方面人士对首都建设的意见和建议，重视并加强决策的研究和咨询工作，进一步促进决策的民主化和科学化。继续认真贯彻执行党和国家的民族、宗教、侨务、统战等政策，加强民族、宗教、侨务政策的教育，进一步增强与民族、宗教、归侨界人士的联系，巩固和发展平等互助、团结合作、共同繁荣的社会主义民族关系。进一步搞好基层民主建设，认真执行职代会工作条例和有关村委会、居委会建设的法律、法规，使人民群众充分行使当家作主的民主权利。

继续加强法制建设。根据国家法律、行政法规和首都经济社会发展的实际需要，有计划地向市人大及其常务委员会提出制定地方性法规议案，加快并完善政府行政规章，使首都建设与管理各项工作中的行政措施、经济手段法制化，更好地依法行政、依法治市，促进和保证经济、社会的发展。“八五”期间，要逐步建立完整的城市规划、建设和管理的法规体系，使经济、科教、文化、卫生、社会治安等各方面的工作基本做到有法可依，有法必依，执法必严，违法必究，把各行各业的行政管理逐步纳入法制轨道。各级政府工作人员必须树立依法行政的观念，充分发挥政府法制机构的行政执法监督作用，使各项法律、法规、规章切实付诸实施。充实和加强政府法制机构，加强和巩固基层政权建设，重视行政执法人员的培训，进一步改善政府法制机构和执法队伍的工作条件。“八五”期间要全面完成以宪法为核心，以专业法为重点的第二个五年普法教育计划，在公民中普遍开展法制宣传教育，提高公民依法保护自己的合法权利和依法履行各项义务的法制观念。一切政府工作人员都要学法懂法，严格守法执法。

切实加强廉政和勤政建设，坚决惩治腐败。政府部门和工作人员是否清正廉洁、秉公办事、全心全意为人民服务、对人民负责，关系到国家的生死存亡和建设事业以及改革开放的兴衰成败。廉政勤政建设一要坚决，二要持久，三要一步一步地分阶段抓出成果。从各个不同时期群众反映强烈的问题入手，抓住重点，解决突出问题，常抓不懈，不断取得新的成效。坚决纠正部门和行业不正之风，严肃查处各类案件，依法惩处腐败分子。政府工作人员要强化“公仆”意识，不断提高政治和业务素质。各级领导机关和领导干部要严于律己，克己奉公，忠于职守，改进作风，自觉接受群众监督。要勤政，克服惰性，认真调查研究，深入体察民情，克服官僚主义，提高办事效率。做好来信来访工作，倾听群众呼声，努力为群众排忧解难，密切政府与群众的联系。改革行政管理体制，精简机构，改进作风，提高办事效率。对官僚主义严重，玩忽职守，构成渎职罪的，坚决依法追究责任。对那些有令不行、有禁不止、违反法纪政纪者，必须严肃处理。要经过不懈的努力，在“八五”期间，使廉政建设和纠正行业不正之风取得明显成效。

坚决维护首都的政治稳定和社会安定。进一步贯彻执行中央“打防并举、标本兼治、重在治本”的方针。正确处理两类不同性质的矛盾，坚决打击敌对势力的各种破坏活动，妥善处理人民内部矛盾，采取说服教育和及时疏导的方法，使可能激化的矛盾化解在萌芽状态之中。继续加强群防群治，搞好社会治安的综合治理，根据打击、防范、教育、管理、建设、改造的综合治理工作范围和要求，明确职责，建立检查、督促、质量考核和评比奖惩制度，严格各单位内部的安全保卫责任制，严厉打击各种严重刑事犯罪和严重经济犯罪。加强公安、国家安全、司法等部门的建设，不断提高公安干警的政治、业务素质，充分发挥这些部门在巩固人民民主专政中的职能作用，为首都的改革开放和现代化建设创造良好的社会环境。

三、进一步解放思想，继续深化改革，扩大对外开放

过去十年中，改革开放调动了广大群众的社会主义积极性，实现了国内生产总值翻一番的第一步战略目标；今后十年，改革开放仍将是实现第二步战略目标的巨大推动力。因此，必须坚定不移地继续深化各项改革，进一步扩大对外开放。

中共中央的《建议》和全国人大七届四次会议上通过的《纲要》中，把初步建立适应以公有制为基础的社会主义有计划商品经济发展的、计划经济和市场调节相结合的经济体制和运行机制，作为我国今后十年深化经济体制改革的总目标，围绕这个目标，提出了一系列改革的方针、原则、措施和一些重大部署。李鹏总理在全国人大七届四次会议上的报告中，对如何实现这个目标，提出了五项基本要求：一是坚持公有制为主体，适当发展其他经济成份，按照生产力发展水平的要求，完善所有制结构；二是建立富有活力的国营企业管

理体制和运行机制，使绝大多数企业真正成为自主经营、自负盈亏、自我约束、自我发展的社会主义商品生产者和经营者；三是完善、扩大和发展各种市场，建立健全统一的市场体系；四是坚持以按劳分配为主体，其他分配方式为补充的分配制度，理顺国家、集体和个人之间的分配关系，形成合理的国民收入分配格局；五是综合运用经济、行政、法律手段，建立健全直接调控与间接调控相结合的中央与省、自治区、直辖市两级调控体系。

北京市的经济体制改革，必须按照中共中央、国务院的统一部署，从首都的实际出发，坚持并积极推广经过实践证明是正确的改革措施，并在推广中进一步补充、完善和发展，同时积极试点，大胆探索新的改革方式，为在本世纪末初步建立适应以公有制为基础的社会主义有计划商品经济发展的、计划经济与市场调节相结合的经济体制和运行机制而努力。《纲要（草案）》对此都作了具体安排。这里，我重点讲五个方面问题：

（一）进一步增强企业、特别是国营大中型企业的活力，是深化经济体制改革的中心环节。

企业，特别是作为国民经济发展骨干力量和国家财政收入主要来源的国营大中型企业，改革的成效如何，不仅关系到今后十年深化经济体制改革的目标能否顺利实现，而且关系到国民经济的发展和人民生活的改善，关系到社会主义制度的巩固和发展。国脉所系，兴衰攸关，我们必须集中主要精力来抓这个问题。企业的搞活就是要使其形成自主经营、自负盈亏、自我约束、自我发展的机制，有了这一机制，企业就有了生命力。这要从外部环境和内部管理两个方面深化改革。为此，需重点做好以下几项工作：

一是坚持政企职责分开，所有权与经营权适当分离。认真贯彻《企业法》，进一步扩大国营大中型企业的经营自主权和投资决策权，改变把企业作为行政机关附属物的状况。切实减轻企业负担，严格禁止在法定税费以外随意向企业收取费用。有计划、有步骤地对固定资产价值进行重估，适当提高折旧率，加快企业技术改造和新产品开发的步伐。逐步建立健全国有资产管理体制和经营体制，抓好清仓核资，确保国有资产的完整和增值。

二是稳定和完善以"两保一挂"为主要形式的承包经营责任制。现行承包制的基本原则和政策五年不变。继续进行股份制和"利税分流、税后还贷、税后承包"试点。

三是积极发展企业集团。打破条块分割，突破所有制之间的制约，改革企业的组织形式，推进生产要素的优化组合。按照经济规律，有计划地组建一批有竞争力的大型企业集团和产销一体化、农工商一体化、科工贸一体化的联合公司。

四是深化企业内部改革。各企业都要结合本身的实际情况，认真学习首钢的基本经验，按照责、权、利相结合的原则，建立完整的承包体系，形成科学严密的管理体制；全心全意依靠工人阶级，加强民主管理；改革劳动人事工资制度，打破"大锅饭"、"铁饭碗"；坚持自力更生，依靠技术进步，积极吸收国外先进科学技术和管理经验；紧密围绕企业生产经营，加强和改进思想政治工作；从严治党，加强党的建设，发挥党组织的政治核心作用。继续坚持和完善厂长（经理）负责制，积极推行全员劳动合同制，大力推进企业内部优化劳动组合，促使企业尽快成为相对独立的商品生产者和经营者。

（二）发展和完善市场体系，是发展社会主义有计划商品经济的必备条件。

市场是商品经济的基本运行形式，实行社会主义有计划的商品经济，离不开市场。在计划指导下，结合市场调节和市场竞争，促进社会需求和社会供给的平衡，生产要素和资源的合理配置，以迅速提高社会生产力，使国民经济的运行走上良性循环轨道。

《纲要（草案）》提出，今后十年间，逐步建立起高效、畅通、可调控的流通体制，培育各类市场。完善消费资料市场，继续改革商业批发市场，扩大生产资料市场，开拓和发展金融市场、技术市场、信息市场、房地产市场和劳务市场。建立健全多层次、多渠道、多种所有制和多种交易形式并存的统一市场体系。进一步完善市场组织、法规和调控手段，健全市场秩序，创造公平竞争的条件，使市场在计划指导下健康发展。

这里需要强调指出的是，首都做为对国内国外开放的城市，绝不能搞市场封锁，设关卡壁垒，搞地方保护主义。地方保护主义实质上就是保护落后，它与发展有计划的商品经济是背道而驰的。

（三）深化农村经济体制改革，是搞活并发展壮大农村集体经济的必由之路。

首都的经济体制改革，最先从京郊农村开始。广大农民既是经济改革的开拓者，也是最早的受惠者。过去十年里，京郊农村一改旧貌，变化之快，超过了以往的三十多年。为进一步贯彻"服务首都，富裕农民，建设社会主义新农村"的方针，必须继续深化农村经济体制改革。以建设合作组织，完善承包关系，提高管理水平，巩固壮大集体经济为重点，在村级合作社已普遍建立的基础上，健全完善乡（镇）合作经济组织。继续推进农村各业以发展集体经济为主的、实行联产承包责任制的适度规模经营，继续促进生产要素的优化组合。在少数实行家庭联产承包责任制的地方，要进一步壮大集体经济，搞好社会化服务。推动流通体制改革，逐步实现产销一体化，进一步提高农村经济的商品化、专业化、现代化的水平。

（四）积极稳妥地推进住房制度改革，是解决城镇住房问题的重要途径。

改革现行的低租金、福利性住房制度，逐步向住房商品化转变，最终建立起良性循环的新的住房体制，加快解决城镇居民的住房问题，尤其是尽快解决住房困难户的问题，是住房制度改革的根本目的。这项改革是要变国家、单位两个积极性为国家、单位、个人三个积极性，三者都要分担一部分资金，并通过多渠道筹集建房资金，以加快建房速度。要把住房作为商品，逐步纳入家庭消费领域。实行租房与买房并存，租、买自愿的原则。目前试行的各种房改办法，实践证明是行之有效的，应进一步总结、完善。房改是涉及千家万户的大问题，北京的情况更为复杂，必须稳步进行，不可急于求成。改革方案将在报经国务院批准后，有计划有步骤地在更大范围内逐步推广。

（五）大力推进社会保障制度改革，是保障人民生活、深化企业改革的重大措施。

建立健全社会保障制度，是经济发展、社会进步的一个重要标志。它不仅是保障人民生活的重大措施，而且对缓解社会分配不公，维护社会安定，推进其他方面的改革，具有重要的作用。因此，必须从首都经济社会发展的战略高度，重视这个问题。

推进社会保障制度，要实行多方面的改革。一是按照国家、集体、个人三者合理负担的原则，在城市逐步建立多层次的职工养老保险和待业社会保障制度；在农村根据当地生产发展水平，有计划地发展适合农村特点的农民养老保险，办好乡镇企业职工保险。二是把社会救济事业的重点转到以扶持发展生产为主、社会救济为辅的轨道上来。随着经济的发展，逐步建立社会救济金制度，并有重点地调整抚恤、福利、救济标准，以保证低收入户和困难户的基本生活。三是发动和依靠社会各界，发展社会福利事业。结合民政事业改革，进一步发展社区服务。公费医疗和劳保医疗制度也要改革和加强管理，减少浪费。新建、改扩建一批敬老院、休养院、疗养院和康复中心、社会服务中心等社会福利设施。妥善解决残疾人的康复、劳动、生活和教育等问题。

在深化经济体制改革的同时，继续深化教育、科技、文化等领域的改革，积极稳妥地进行政治体制的改革。

实行对外开放是我国长期坚持的一项基本国策。北京作为全国的政治文化中心、国内外交往中心，有必要、有条件进一步扩大对外开放，以更勇敢的姿态和更大的步伐进入世界舞台。一方面，要积极地从国外和港台引进资金、先进技术、先进设施、先进管理经验和人才以及一切进步的文化成果；另一方面，也要努力向外输出我们自己的产品、资金、技术、人才以及具有中华民族特色和北京地方特色的优秀文明成果。《纲要（草案）》就此作了具体安排，这里讲五个方面的工作：

一是大力发展出口，增加外汇收入。要把工作重点放在调整出口产品结构，提高出口产品质量和信誉上，由以初加工产品出口为主转到以深加工产品出口为主，提高机电产品、成套设备和高技术产品的出口比重。通过外贸体制改革，强化外贸企业经营管理，形成平等竞争、自主经营、自负盈亏、工农贸结合、技工贸结合、实行代理的新机制。对若干个在国际市场上具有竞争力的出口拳头产品继续实行鼓励政策，再发展一批以重点产品为龙头的出口基地，扩大一批大中型生产企业和企业集团的自营出口权。加强出口商品的宣传、推销和售后服务，在巩固现有市场的同时，大力开拓新的国际市场，有步骤有计划地建立海外销售商情与服务网络。在扩大商品出口的同时，积极发展技术出口、对外承包工程和劳务输出，继续发展和建立海外企业。

二是积极利用外资。按照国家产业政策、北京市调整产业结构的要求和中小企业众多的实际情况，引导外资投向，以发展生产型“三资”企业为主，实行大中小型项目并举，以中小型为主的方针。通过引进外资、引进先进技术和先进管理经验，改造现有企业特别是大中型老企业，提高技术和管理水平。进一步改善投资环境，制定和完善有关地方法规，简化审批手续，提高办事效率，为外商投资提供全面、优质、高效服务。继续争取国际组织、金融机构和政府间双边援助项目，积极利用中长期优惠贷款，进行城市基础设施和环境保护等项目的建设。利用外资和借用外债，要充分考虑自身资金配套能力和偿还能力，建立严格的责任制度和统计监测体系，设立外债偿还基金，提高国际信誉。

三是合理调整进口商品结构。按照有利于技术进步，有利于增强出口创汇和进口替代的原则，调整进口结构。用汇重点是引进先进技术、关键设备和紧缺的原材料。积极扶持进口替代产品的生产，加速引进技术的国产化进程。凡是国内能生产并能满足供应的原材料、设备等，一律不安排进口。坚决压缩一般设备和机械、电子、仪器的进口。严格限制奢侈品、高档消费品和烟、酒、水果的进口。

四是充分发挥旅游业的综合对外开放功能。旅游创汇即是就地出口。发展旅游业有利于中外人员交流，引进外资，增进中国与各国人民的友谊和了解，提高我国的声誉和对外开放的良好形象。

五是进一步扩大对外交流。科技、文化、卫生、体育等领域的交流与合作，应当更加活跃。与有关国家政府之间的友好城市交往也要更加积极地开展。

继续深化改革，扩大对外开放，在本世纪末初步建立适应以公有制为基础的社会主义有计划商品经济发展的、计划经济与市场调节相结合的经济体制和运行机制，各级政府工作人员必须进一步解放思想。当前在实际工作中，特别是各级政府的领导工作中，还存在着某些主观、片面、形而上学的认识，束缚着我们的思想，妨碍我们大胆开拓，奋勇前进。

一是把发挥市场机制的作用同发展资本主义等同起来。既然要发展社会主义商品经济，就必须培育和发展由国家领导的市场，否则社会主义商品经济就不可能充分发展。以公有制为主体，还是以私有制为主体，走共同富裕的道路，还是贫富两极分化，才是社会主义与资本主义的本质区别。不可一提市场就认为是资本主义。各个企业的领导者，更不应害怕市场竞争，而应转变依赖“统购包销”的观念，在国内国际市场中去拼搏、学习，以提高企业的素质和效益。

二是把改革与治理整顿对立起来。治理整顿是为深化改革创造更好的环境和条件，同时它本身也需要改革的密切配合，二者是相辅相成的。治理整顿过程中改革不仅不能“收缩”、“让路”、停顿，而且要进一步完善和深化，并逐步加大改革的份量。

三是把对外开放与自力更生对立起来。我国是人口众多的社会主义大国，必须把基点建立在独立自主、自力更生的基础上。这是任何时候都不能动摇的。但独立自主不是闭关锁国，自力更生更不是断绝同国际社会的平等交流与合作。只有开放，才能取天下之长，补自己之短。在学习别国的先进技术、科学管理经验和进步文化成果的同时，必须充分发挥我们的优势。如果对我们自己的优势视而不见，把我国优秀的民族文化传统和现状说得一无是处，认为外国的一切都好，盲目崇洋媚外，则是完全错误的，势必陷入民族虚无主义。

四是把局部利益和全局利益对立起来。遇事只考虑局部，不考虑全局，只想挖国家，不想做贡献，从本地区、本部门、本单位的利益出发，搞本位主义，搞“小而全”、“四合院”，这不仅与我们倡导的先公后私，局部服从整体，识大体顾大局，正确处理国家、集体、个人三者关系的一系列社会主义原则水火不相容，而且和社会化大生产，和建立发展商品经济需要的统一的开放的市场也是格格不入的。

五是把经济建设上急于求成与实现现代化目标的紧迫感混同起来。急于求成是超越客观可能，紧迫感是用可能达到的最高标准要求我们加紧工作。经济建设要防止急于求成，实现持续、稳定、协调发展。但是，在客观可能的条件下，应当努力把事情尽快办好。

六是把稳定和发展割裂开来。一讲稳定便束手束脚，踏步不前，不敢大胆进行改革开放，不敢在经济和社会的广阔领域中进行新的开拓，不敢进行理论、思想、文化的新探索。稳定是发展的前提，但是，只有经济持续发展，人民生活较快提高，才能为稳定打下坚实的基础，两者是互为依存的。

七是在困难面前无所作为，看外因多，看内因少，把外因与内因割裂开来。外因是条件，内因是根据，既要正视外部环境中的困难，更要充分发挥主观能动性，从而振奋精神，采取积极措施克服困难。

八是在成绩面前止步不前，只看到进步，看不到差距，不能一分为二地对待自己的工作。我们的工作确实取得了很大成绩，但也不可避免地存在着差距。看不到成绩会失去信心，但满足现状，固步自封，不去主动找差距，势必陷于落后境地。

九是把廉政建设和搞活经济对立起来，认为抓廉政建设妨碍了经济的搞活，甚至把“搞活”同走后门、拉关系、请客送礼、以至行贿混为一谈。搞活经济从而发展社会生产力、提高人民生活水平，是改革开放的目的。但“搞活”既不能超越宪法和法律的范围，也不能违背社会主义道德原则，否则必然把经济活动引向邪路，扰乱经济秩序。加强廉政建设，坚决纠正部门和行业的不正之风，就是要使政治稳定、社会安定，不仅不会妨碍经济的搞活，而是为搞活经济创造良好的社会环境。

十是论资排辈，求全责备，把干部队伍的相对稳定和大胆使用优秀中青年人才对立起来。干部队伍需要稳定，但稳定是相对的。实现本世纪末首都社会主义现代化建设的宏伟目标，需要一大批德才兼备、生气勃勃的中青年人才。二十一世纪的建设，更需要及早培养坚持社会主义方向、有真才实学的骨干力量，特别是要让中青年领导骨干挑重担。论资排辈只能压抑人才，贻误事业。在这个问题上应多一点魄力，少一点顾虑。

各级政府是人民代表大会决定的任务、方针、政策的具体执行机关。政府工作人员，特别是领导干部的思想水平、思想方法、工作作风如何，对于各项工作的推动和落实，关系极大。我们衷心希望得到各位代表、各方面人士和广大群众的监督、批评和帮助，使我们真正能够按照辩证唯物主义和历史唯物主义的思想路线做好工作。所谓解放思想，就是要实事求是。多年来的实践证明，凡是思想解放，坚持实事求是，大胆从实际出发提出问题、解决问题，按照辩证唯物主义的认识论办事的单位，工作就有生气，取得的成绩也大；凡是思想不解放，不实事求是，被唯心论和形而上学束缚的单位，用静止的、孤立的、片面的观点看问题、办事情，就精神不振，工作上不去，甚至停滞和落后。为了进一步深化改革、扩大对外开放，实现九十年代的宏伟目标，我们必须坚持实事求是，进一步解放思想，随时注意防止唯心论、形而上学的束缚，从而振奋精神，奋发图强，开拓前进。“人类总得不断地总结经验，有所发现，有所发明，有所创造，有所前进。停止的论点，悲观的论点，无所作为和骄傲自满的论点，都是错误的。其所以是错误，因为这些论点不符合人类社会发展的历史事实，也不符合自然界发展的历史事实。”毛泽东同志的这段话仍然应当作为我们的座右铭。

各位代表！

我们以坚实的步伐走过了八十年代的不平凡的历程，在首都的建设史上用浓彩重笔写下了新的篇章。十年规划和“八五”计划纲要，又向我们展示了新阶段的美好前景。十年大计在于前五年，五年之计在于头一年。能否全面完成“八五”计划，今年是十分关键的一年。王军、王宝森同志将分别作 1990 年计划情况和 1991 年国民经济和社会发展计划报告、1990 年财政决算和 1991 年财政预算的报告。我们一定要把今年的工作做得更好。让我们在以江泽民同志为核心的中共中央和国务院亲切关怀下，在中共北京市委的领导下，依靠全市各族人民，调动一切积极因素，团结一切可以团结的力量，在通往二十一世纪的航道上，奋勇前进。十年后的北京，必将以更加容光焕发的英姿，展现在人们的面前！

北京市国民经济和社会发展十年规划和第八个五年计划纲要

——1991 年 4 月 24 日北京市第九届人民代表大会第四次会议批准

目　录

序 言

二十世纪最后十年，是我国社会主义现代化建设历史进程中的关键时期。北京作为伟大祖国的首都，要按照自身的特点，为实现全国经济和社会发展第二步战略目标作出应有贡献，进一步发挥政治中心和文化中心的功能，更好地为中央服务，为国际、国内交往服务，为首都人民服务。

八十年代，在中共中央、国务院的关怀与领导下，在兄弟省、市、自治区的支援下，北京市各族人民坚决贯彻执行十一届三中全会以来中央制定的建设有中国特色的社会主义的路线、方针、政策，认真落实中央关于首都建设方针的指示和对《北京城市建设总体规划方案》批复的基本精神，坚持实事求是的思想路线，坚定不移地推进改革开放，调动了各方面的积极性，胜利完成了"六五"和"七五"计划，经济和社会发展取得了重大的历史性成就，为九十年代首都国民经济和社会发展奠定了坚实的基础。

根据中共十三届七中全会通过的《中共中央关于制定国民经济和社会发展十年规划和"八五"计划的建议》、七届全国人大四次会议批准的《中华人民共和国国民经济和社会发展十年规划和第八个五年计划纲要》、中央关于首都建设方针的指示和对《北京城市建设总体规划方案》批复的基本精神，结合北京市经济和社会发展的具体条件，编制了《北京市国民经济和社会发展十年规划和第八个五年计划纲要》（以下简称《纲要》）。

《纲要》考虑了现有的良好基础和各种有利条件，认真分析了面临的困难和问题，力求把规划和计划建立在既积极可靠又留有余地的基础上。

《纲要》把十年规划和"八五"计划结合起来制定。十年规划除提出少数重要指标外，主要是规定国民经济和社会发展的主要目标、基本任务和重大方针政策；"八五"计划比较具体一些，列出的指标多一些，但重点仍然放在规定国民经济和社会发展的方向、任务和政策措施上。更为详细和具体的安排，将在年度计划及行业发展专项规划中制定。

一、八十年代取得的重大成就为九十年代的发展奠定了基础

（一）国民经济综合实力显著增强

——国内生产总值十年翻了一番多。1990年国内生产总值达到496亿元，按可比价格计算，比1980年增长1.3倍。人均国内生产总值4835元，是1980年的两倍。

——工业发展迅速，许多重要产品产量大幅度增长。1990年全市工业总产值（含村及村以下工业）达到562亿元（1980年不变价），十年增长1.6倍。建成一批具有现代化水平的工厂，一批老企业进行了技术改造，技术和装备水平有了较大提高，为国民经济进一步发展增添了后续力量。

——农业基础增强，商品化、专业化、现代化水平明显提高。建成了一批副食品生产基地，菜、奶、蛋、禽、淡水鱼及北方水果等产量成倍增长，生猪生产有很大发展。农业生产条件得到进一步改善，农田基本建设成效显著，农业机械化水平不断提高。粮食连年稳产高产，1990年总产量264.6万吨，平均每年增产7.9万吨。乡镇工业异军突起，已成为全市工业的重要组成部分。

——第三产业有了较快发展，为生产、生活服务的功能不断增强。按可比价格计算，平均每年递增14.6%，第三产业产值在全市国内生产总值中的比重由1980年的26.8%上升到37.5%。商业网点增加6倍，社会商品零售总额达到307.7亿元，为1980年的5倍。本市居民和国内外旅客住宿难、吃饭难、做衣难、洗衣难等问题基本得到解决。旅游事业蓬勃发展，十年接待入境旅游者787.5万人次，收汇37.5亿美元。

——对外贸易和经济技术交流迅速扩大。1980年出口创汇13.2亿美元，比1980年增长1.2倍。十年中利用外资21.7亿美元，兴办“三资”企业834家，引进国外技术、设备1600项。海外企业、技术出口和劳务合作都有新发展。

——横向经济联合迅速发展。通过技术输出、人才交流、资金投入和开展区域经济合作等形式，在外省区建立了一批原材料、能源和副食品生产及供应基地，缓解了本市原材料和能源的紧张状况，丰富了首都市场，也支持了一些兄弟省区经济的发展。

——财政收入连年增长，金融业务发展迅速。地方财政收入十年共计571.4亿元，按可比口径计算，平均每年递增5.3%。全市银行存款十年增长4倍多，贷款增长5倍多，有力地支持了首都经济的发展。

（二）城乡现代化水平明显提高

——十年来，坚持把城市基础设施建设放在城市建设的首位，累计投资158.4亿元，占全市固定资产投资的比重有较大提高。一大批城市基础设施骨干工程相继建成，供水紧张得到缓解，道路交通拥挤堵塞、通信不畅的状况有一定改善，城市供气和集中供热规模有较大发展，城市基础设施总体功能有较大改善。城乡绿化取得重大进展，环境污染状况在某些方面得到了控制。

——十年建成各类房屋9084万平方米，住宅竣工面积5072万平方米，建设住宅小区70多个。建成了一大批大型公共建筑和教育、科技、文化、医疗和社会福利设施，建成的亚运村及新建、改建的33个亚运场馆，达到世界一流水平。黄村、昌平等四个卫星城已初具规模。建设了一批各具特色的新农村。

（三）教育、科技、文化等社会事业蓬勃发展

基础教育发展迅速，基本普及了九年制义务教育。中等职业技术教育、高等教育、成人教育、职业技术培训协调发展，各类教育设施有较大改善。十年共培养高中级专门人才65万人。科技成果大量涌现，科技与生产脱节的现象开始扭转，科技面向经济建设主战场的格局初步形成。创办了国内第一个新技术产业开发试验区，并取得了明显成效。社会主义文化事业进一步繁荣。医疗卫生事业有很大发展，全社会医疗床位已达5.9万张，看病难、住院难问题有所缓解。在全国人民大力支持下，成功地举办了第十一届亚运会，振奋了民族精神，提高了我国的国际声望。

（四）城乡人民生活明显改善

1990年城镇居民家庭实际人均生活费收入比1980年增长67.5%，农民家庭实际人均纯收入比1980年增长两倍。消费内容日益多样化，消费质量有很大提高。城镇居民人均居住面积达到7.7平方米（相当于使用面积11.2平方米），农民人均生活用房面积已达20.6平方米。人们的食物消费结构、医疗条件有了明显改善，人均预期寿命、文化素质显著提高。

过去十年，首都现代化建设取得鼓舞人心的重大成就，根本原因是坚定不移地贯彻执行中共中央、国务院制定的各项方针政策和中央关于首都建设的一系列指示。要把首都的现代化事业推向前进，必须坚持四项基本原则，坚决同国内外敌对势力和资产阶级自由化思潮作斗争，维护首都安定团结的政治局面；必须坚持改革开放，发展有计划的商品经济，努力建立计划经济与市场调节相结合的运行机制；必须贯彻中央关于首

都建设的方针和对《北京城市建设总体规划方案》批复的基本精神，按照政治中心和文化中心的要求，进行城乡规划、建设和管理，调整经济结构和布局；必须坚持实事求是，解放思想，一切从实际出发；不断增强改革开放意识；必须坚持大力发展科技、教育；必须加强精神文明建设，发扬社会主义民主，调动一切积极因素；必须加强法制建设，把各项建设和管理纳入依法治市轨道。

过去十年所取得的成就，为今后十年国民经济和社会发展奠定了坚实基础，积累了宝贵经验。

在本市国民经济和社会发展中，也存在一些困难和问题。主要是：一度忽视思想政治教育，物质文明建设与精神文明建设“一手硬，一手软”的问题尚未从根本上得到解决；经济效益不高，部分国营大中型企业未真正搞活，经济生活中的一些深层次的问题有待解决；财政补贴增加过猛，负担过重；水资源紧缺的矛盾日益加剧；在规划的城市建设区内建设用地已十分有限；城市规模和城市人口不断膨胀等等，对此必须认真对待，寻求解决途径。

二、1991年——2000年的主要目标和指导方针

（一）奋斗目标

总的要求是：城乡现代化水平明显提高，政治中心、文化中心和国际国内交往中心的功能进一步增强；产业结构调整取得明显成效，国民经济整体素质进一步提高；人民生活达到并在某些方面提前实现小康水平。

1. 到本世纪末，国内生产总值按可比价格计算比1980年翻两番。按照上述目标，到2000年，以1990年价格计算的国内生产总值达到890亿元，十年平均每年递增5.5%左右。工农业总产值平均每年递增6%左右。其中：农业总产值平均每年递增3.5%左右；工业总产值平均每年递增6.5%左右。

2. 人民生活达到并在某些方面提前实现小康水平。扣除物价上涨因素，城乡人民实际消费水平平均每年递增3%左右。生活资料更加丰裕，居住条件进一步改善，城镇人均居住面积达到9.5平方米（相当于使用面积14平方米）；文化生活丰富多采，健康水平进一步提高，社会服务设施比较齐全。

3. 建立适合首都特点的经济结构，经济的发展转到提高人员素质、依靠科技进步、产品质量优、经济效益好的轨道上。

4. 首都城乡现代化水平再提高一步。各项现代化的服务设施较为齐全配套，城乡面貌明显改观，为下个世纪中叶把首都建设成清洁、优美、生态健全、经济繁荣、具有高度文明的现代化的国际性城市奠定基础。

5. 进一步增强首都的文化中心功能，加强教育、科技在经济和社会发展中的战略地位，既要辐射全国，又要满足发展国际间科学技术与文化交流的需要。

6. 初步建立能够适应以公有制为基础的社会主义有计划商品经济发展的、计划经济与市场调节相结合的经济体制和运行机制。

7. 发展和完善社会主义民主制度，各项建设和管理逐步实现法制化。

8. 社会主义精神文明建设达到新的水平。把首都建成全国社会秩序、社会治安、社会风气和道德风尚最好的城市之一。

（二）基本指导方针

北京市国民经济和社会发展十年规划和“八五”计划总的指导思想是，坚持贯彻执行党在社会主义初级阶段的基本路线，建设有中国特色的社会主义现代化首都。为此必须实行以下指导方针：

1. 坚持实事求是的思想路线。一切从实际出发，理论联系实际，不断解放思想，推动各项事业前进。

2. 坚持四项基本原则，旗帜鲜明地与否定中国共产党的领导，否定社会主义制度的资产阶级自由化思潮作斗争，坚决维护首都安定团结的政治局面。

3. 坚持深化改革，积极推进对外开放。通过深化改革，逐步改变生产关系不适应生产力发展、上层建筑不适应经济基础的部分。进一步扩大对外开放，充分利用国外境外资金，引进先进技术、管理经验和人才，积极参与国际市场竞争。

4. 坚持中央关于首都建设方针的指示和对《北京城市建设总体规划方案》批复的基本精神。各项事业的发展必须服从和充分体现首都是全国的政治中心和文化中心这一城市性质的要求，更好地为中央服务，为国际、国内交往服务，为首都人民服务。

5. 坚持国民经济持续、稳定、协调发展的方针，把提高质量和效益作为全部经济工作的中心。按照客观经济规律办事，防止急于求成。既要从国情和市情出发，坚持量力而行，又要有紧迫感，尽力而为，搞好综合平衡，安排好各项建设和人民生活。正确处理积累与消费、效益与速度、眼前利益与长远利益、局部利益与全局利益等方面的关系。优化经济结构，依靠科技进步，狠抓经营管理，走投入少、产出多、效益高、质量优的路子。保持国民经济稳定适度发展，避免出现大的

波动。

6. 坚持自力更生、艰苦奋斗、勤俭建国的方针。把利用国外、境外资金和引进技术与智力更好地同增强我国自力更生能力结合起来。发扬艰苦创业、勤俭节约精神，坚决克服各个领域中严重存在的铺张浪费现象。

7. 坚持发扬社会主义民主，充分调动各方面的积极因素，坚持依法治市，健全法规规章，真正做到有法必依、执法必严、违法必究。

8. 坚持社会主义物质文明和精神文明建设一起抓的方针。大力加强社会主义精神文明建设，加强思想政治工作。繁荣社会主义文化，不断提高人民群众思想道德素质和科学文化水平，保证物质文明建设的健康发展。

(三) 主要任务和重要指标

今后十年本市国民经济和社会发展的主要任务是：

1. 着力调整产业结构，积极发展适合首都特点的经济。

到2000年，三次产业的比重调整为：第一产业产值在国内生产总值中的比重为6%左右，略低于1990年；第二产业产值由1990年的54.6%降到49%左右；第三产业产值由37.5%提高到45%左右。

——大力发展农业和农村经济。把副食品生产放在首位，建立稳固的、现代化的副食品生产基地，抓好副食品的深加工，为首都市场提供数量充足、品种多样、新鲜的副食品；抓好粮食生产，到2000年粮食总产突破300万吨；积极引导、扶持乡镇企业健康发展，全面振兴农村经济。到2000年，乡镇工业总产值达到415亿元，农村社会总产值达到750亿元。进一步改善农业生产条件，提高综合生产能力和商品化、专业化、现代化水平，使郊区农村经济整体素质有一个明显提高。坚持和完善承包制，推进各业规模经营和企业化管理。加强乡村合作经济组织建设，巩固和壮大农村集体经济。

——调整结构与布局，积极发展适合首都特点的工业。一是面向国际国内两个市场，按照“五少两高”(能耗少、水耗少、物耗少、占地少、污染少和附加值高、技术密集程度高)的原则，调整工业结构。重点发展电子、汽车工业，带动相关工业发展，形成本市支柱工业。电子工业要成为改造传统产业、推动本市国民经济现代化的带头产业，同时，依靠首都科技优势，促进高新技术产业化；二是调整企业组织结构，以具有竞争能力的优势产品和重要企业为龙头，组建一批企业集团，形成经济规模和成套能力；三是提高现代化水平，主要行业的技术装备到2000年要达到八十年代末、九十年代初的国际水平；四是经济效益和产品质量显著提高，主要经济效益指标达到全国先进水平；五是调整布局，在规划的城市建设区内原则上不再建设新工厂，城区污染扰民工厂(车间)有计划地迁出并进行治理，积极规划建设新的工业区和乡镇工业小区。2000年，全市工业总产值达到1425亿元。

——全面提高建筑业素质，更好地为首都建设服务。牢固树立“百年大计，质量第一”的思想，下大力气提高工程质量。通过整顿和改革，使设计水平、机械装备、管理水平、职工文化技术素质、主要经济技术指标等方面位于全国前列。不仅为首都建设服务而且要积极参与外地和国际建筑市场的竞争。全面推行建设项目设计、施工招投标制度，降低工程造价。大力发展装饰业和维修业，适应住宅商品化和首都现代化建设的需要。今后十年，各类建筑竣工面积达9000万平方米以上。

——大力发展第三产业，健全为生产和生活服务体系。在继续发展为生产、生活服务的传统行业的同时，大力发展新兴行业，特别是电子信息、咨询服务等智力型、知识型行业。要以商业、外贸、金融、旅游、信息咨询、保险和房地产开发为重点，以邮电通信、交通运输等为基础，逐步建立起服务首都、面向全国、设施和功能齐全的第三产业体系。不断深化改革，促进市场发育和成长，逐步建立高效能、沟通全国、繁荣活跃的市场体系，使首都既是全国交通、邮电通信和信息服务网络的枢纽，又是金融、商业、旅游最发达的城市之一。主要行业的设施和管理手段实现现代化，服务质量达到全国一流水平，以适应国家现代化建设、社会主义商品经济发展和首都人民生活水平日益提高的需要。

2. 坚定不移地实行开放政策，进一步扩大对外经济技术交流与合作。

——大力发展出口贸易，增加外汇收入。调整出口产品结构，增加机电产品出口比重。提高出口商品质量、信誉和国际市场占有率。出口贸易的增长速度要高于国内生产总值的增长速度。到2000年，本市商品出口额占全市国内生产总值的比重达到20%左右。

——积极有效地利用外资。按照国家产业政策和本市调整产业结构的要求，引导外资投向，采取多种形式吸收外资、港资和台资。改善投资环境，大力发展“三资”企业。把吸收外资与现有企业的技术改造结合起来。积极利用国外贷款，特别是长期优惠贷款。保持合理的外债规模和结构，建立外债偿还基金和严格的项目责任制度。

——合理调整进口结构。按照有利于技术进步，有利于增强出口创汇能力和替代进口产品的原则，调整进口结构。用汇重点是引进先进技术、关键设备、关键件和国内紧缺的原材料。重视智力引进，扩大对外技术合作与交流。

3. 加强城乡建设，进一步改变城乡面貌，提高城乡现代化水平。

——修订并严格实施北京城市建设总体规划，严格控制城市发展规模，控制城市中心集团的范围；珍惜和合理利用土地，依法管理土地，实行土地有偿使用；坚持“开发与节约并举，以节约为主”的方针，把节水工作作为一项战略任务，常抓不懈，努力把北京建成节水型的城市。

——严格控制人口规模。在坚持实行计划生育方针的同时，必须采取强有力的行政、经济和法律的措施，严格控制和压缩迁入人口的过快增长。到本世纪末，全市常住户籍人口控制在1180万人以内，其中城镇人口控制在735万人以内。

——继续把城市基础设施放在城市建设的首位。到2000年，使供水、排水、供气、供热、供电、邮电通信、防灾和城市交通等基本适应城市发展的需要。市区居民炊事燃气化率达到95%；市区新建民用建筑大多数实行集中供热；市话交换机容量达到180万门以上，市区电话普及率达到35%左右；供电紧张的状况基本缓解；城市交通有较大改善。

——加快城镇住宅建设，大力改造成片危旧房屋，进一步建设卫星城镇和新农村。今后十年，建设城镇住宅5000万平方米左右。市区内的成片危旧房屋基本改造完，基本解决住房严重困难户问题。在继续建设现有四个卫星城的基础上，建设新的卫星城。有重点地建设几个具有一定现代化水平的集镇，使之成为周围农村的经济、文化中心，城乡经济交流的纽带。按照统一规划，建设社会主义新农村。

——大力加强环境保护工作，继续绿化美化首都，保护和改善城乡生态环境。把保护环境放在突出位置，以防治大气污染和保护饮用水源为重点，同时治理城市及河道下游水体污染、各种固体废弃物污染和噪声扰民问题。到2000年，流经市区几条污染严重的河道，力争实现河水还清。城市固体垃圾争取有60%实行无害化处理，环境总体状况达到能举办奥运会的要求。继续广泛动员社会各方面力量，大力植树造林，绿化宜林的沙荒地和荒山，要基本完成海拔在1000米以下的宜林荒山的绿化任务，使郊区林木覆盖率达到40%左右。市区进一步发展公共绿地，提高园林艺术水平，城市绿化覆盖率提高到35%左右。

4. 把发展科学技术和教育事业放在重要战略地位，使国民经济发展转到依靠科技进步和提高人员素质的轨道上来。

——切实贯彻落实“经济建设必须依靠科学技术，科技工作必须面向经济建设”的基本方针，发挥科学技术在经济建设中的先导作用。深化科技体制改革，扩大国际科技合作，完善鼓励科技进步的政策，增加资金投入，加强行业技术开发基地建设。进一步发挥首都科技优势，充分发挥中央在京科技力量的作用。增强综合科技实力，力争在一些科技领域接近或达到国际先进水平。

——围绕首都现代化建设中的重大课题组织攻关，提供科技保证。进一步建立科技与经济密切结合的机制，继续把经济建设作为科技工作的主战场，加速科技成果向生产转化。

——把高新技术的研究、开发和产业化放到突出位置。以电子信息、机电一体化、新型材料和生物技术四个领域为重点，努力在十多个高技术领域中取得突破性的成就，为新兴产业的发展奠定基础。加速北京新技术产业开发试验区和昌平、丰台科技园区的建设，使之成为高技术的辐射源，并向传统产业扩散与渗透。

——加强哲学和社会科学的研究和应用，发挥哲学和社会科学在首都现代化建设中的重要作用。紧密围绕九十年代首都经济和社会发展以及改革开放中的重要课题进行研究，为社会主义物质文明和精神文明建设服务。

——继续大力发展教育，提高全市各族人民素质。贯彻教育必须为社会主义现代化服务，必须同生产劳动相结合，培养德、智、体全面发展的建设者和接班人的方针。各类学校都要把德育放在首位，加强马克思主义、社会主义、爱国主义和法制、纪律教育，加强思想政治工作，切实提高教育质量。继续深化教育改革，调整结构，多方集资，增加对教育投入，初步建立具有首都特点的、面向二十一世纪的社会主义教育体系。重点加强基础教育，全面实施九年制义务教育，在市区基本普及高中阶段教育。重视发展学前教育，搞好残疾、弱智少年儿童的特殊教育。大力发展职业技术教育，建立先培训后就业的制度。积极发展成人教育，以岗位培训为重点，提高在职人员的政治、业务素质。稳步发展高等教育，合理调整结构和布局，适当发展专科教育。继续发挥首都作为全国高等教育基地的作用，使全市教育事业居于全国一流水平。今后十年，培养各类高、中级专门人才100万人左右。

——发扬尊重知识、尊重人才的良好风尚，采取有力措施，改善知识分子的工作条件和生活条件。加强继续教育，进一步提高知识分子的政治素质和业务水平。充分发挥他们的积极性，努力做到人尽其才，才尽其用。

5. 改善人民生活，发展社会保障事业。

——在发展经济的基础上，相应提高城乡人民物质文化生活水平。一是城乡人民实际收入逐步提高，消费结构进一步改变，生活费用支出由膳食、衣着为主，逐步转向购买住房、耐用消费品和文化生活方面；二是居住环境、居住条件得到明显改善；三是文化素质和健康水平进一步提高，全市人均受教育年限由目前的8.6年提高到9.5年，文化生活丰富多采，人均预期寿命延长；四是为群众服务的公用事业和服务行业有较大发展，使群众生活更加方便。

——坚持计划生育的基本国策，继续控制人口自然增长，提高人口素质。健全市、县（区）、乡（街道）、村（居委会）计划生育工作网，把计划生育政策和措施落实到基层。重点抓好农村和流动人口计划生育的管理。今后十年平均每年人口出生率控制在13‰以内。

——继续发展医疗卫生保健事业，提高人民健康水平。完善预防保健和医疗网络，形成三级防疫网。建立健全医疗保险和农村合作医疗制度，不断提高全市医疗质量。到本世纪末，全社会医疗床位达到7万张。

——不断拓宽就业门路，妥善安排城乡劳动就业，城镇待业率控制在1%以内。

——发展社会救济事业与社会福利事业，建立健全待业保险等社会保障制度。加强老龄工作，健全、完善养老保险制度。

6. 坚持和深化经济体制改革。

今后十年，按照中央的统一部署，从北京市的实际出发，初步建立计划经济与市场调节相结合的经济体制和运行机制。

改革的具体要求：

——坚持以公有制为主体，适当发展其他经济成份，形成适合现阶段生产力水平的多种经济成份共同发展的所有制结构。

——坚持政企分开、所有权与经营权分离的原则，逐步建立富有活力和竞争力的国营企业经营机制，使绝大多数企业真正成为自主经营、自负盈亏、自我约束、自我发展的社会主义商品生产者和经营者。

——基本建立适应社会主义商品经济发展要求的价格形成机制和价格管理制度。少数关系国计民生的重要商品和劳务价格由国家定价，一般商品和劳务价格由市场调节。

——逐步理顺国家、集体和个人之间的分配关系，理顺部门、行业之间的分配关系。按照劳动条件、繁重程度、技能高低、责任大小和劳动实绩来确定劳动报酬。建立起劳动工资调控机制，坚持以按劳分配为主体、其它分配方式为补充的原则，形成更为合理的收入分配制度。

——建立健全计划经济与市场调节相结合，直接调控与间接调控相结合，经济、法律与行政手段相配套的地方宏观经济调控体系。

按照以上要求，积极稳妥和协调配套地推进各方面的改革。

7. 继续加强社会主义民主与法制建设。

——努力扩大社会主义民主，建立健全民主决策、民主监督程序和制度，使人民群众更好地行使当家作主的权力。

——加强法制建设，完善行政规章，加强行政执法和行政执法监督工作，普及法制教育，增强全市人民的法制观念，把各项工作逐步纳入法制轨道。

8. 加强社会主义精神文明建设。

长期不懈地进行坚持四项基本原则、反对资产阶级自由化的教育和斗争。大力加强思想政治工作，使广大群众坚定社会主义信念，树立爱国主义和集体主义思想，振奋民族精神，积极投身到社会主义现代化建设中去。广泛开展群众性社会主义精神文明建设活动，树立良好的社会风气和道德风尚，加强社会环境综合治理，创造整洁、文明、优美的环境，建立良好的社会秩序。

今后十年的奋斗目标和主要任务，在具体实施中分“八五”计划时期和“九五”计划时期两个阶段。第八个五年计划时期重点在于完成治理整顿，继续深化改革、调整结构、提高效益，进一步完善城市功能，为“九五”的发展打好基础。“九五”期间，要在完善改革、优化结构、提高经济素质、提高城市现代化水平方面取得明显进展，全面实现十年规划各项目标和任务。

三、“八五”计划主要指标

“八五”计划时期，要正确处理治理整顿、深化改革和经济发展的关系。“八五”初期，要继续治理整顿，结合治理整顿，深化改革，在治理整顿中求发展；治理整顿任务基本完成后，转入以发展为主，在发展中继续进行治理整顿，积极推进改革，促进经济、社会发展。

“八五”时期，国民经济和社会发展的主要指标安排如下：

经济增长的规模和速度。按1990年价格计算，1995年国内生产总值达到670亿元，平均每年递增5.5%左右。其中：第三产业产值达到275亿元，平均每年递增7.3%，占国内生产总值的比重由1990年的37.5%提高到41%左右。国民收入生产额达到480亿元，平均每年递增5%左右。

工农业总产值。按1990年不变价格计算，1995年达到1140亿元，平均每年递增6%左右，其中：农业总产值达到80亿元，平均每年递增3%左右；工业总产达到1060亿元(包括村及村以下工业)，平均每年递增6.3%。

社会商品零售总额。1995年达到495亿元，比1990年增长60%。

外贸出口。1995年达到20亿美元以上，平均每年递增8.7%。

综合经济效益。所有行业都要大力改进产品质量，增加产品品种，降低能源、原材料消耗，提高经济效益。工业：主要工业企业按国际标准或国外先进标准组织生产的产品由1990年的30%左右提高到50%左右；万元工业产值综合能耗由1990年的2.36吨标准煤下降到2吨标准煤；万元工业产值耗水量由1990年的135吨下降到119吨；大中型工业企业主导产品的原材料单耗要达到国内先进水平；全民所有制独立核算工业企业全员劳动生产率平均每年提高3.5%；地方预算内工业企业资金利税率由1990年的20.7%提高到23%；地方预算内工业企业流动资金周转天数由1990年的147天缩短到100天左右。农业：农业劳动生产率由每人每年8700元提高到12000元左右，五年提高40%。商业：大中型批发零售企业商品流通费用率平均每年降低1%；流动资金利税率平均每年提高3%；人均劳动效率平均每年递增9%；商品适销率不低于90%。建筑业：竣工项目优良率由1990年的38%提高到50%；实物劳动生产率五年提高10%；全民所有制单位基本建设固定资产交付使用率由“七五”期间的62.5%提高到75%以上。

固定资产投资规模及建设规模。不包括物价上涨因素，五年合计，北京地区全社会固定资产投资1060亿元，平均每年递增6%；其中地方全社会固定资产投资610亿元，平均每年递增7.6%。每年房屋竣工面积900万平方米以上，大体保持现有水平。

财政、金融。五年内，地方财政收入累计420亿元，平均每年递增4%或者略多一些，努力做到财政收支基本平衡。1995年全市金融机构存款余额达到1500亿元，平均每年递增11%；贷款余额1070亿元，平均每年递增13%。

教育。五年内培养高中级专门人才51万人，全市城乡人均受教育年限由8.6年提高到9年。

卫生。五年内全社会医疗床位增加6000张。

人口。1995年全市常住户籍人口控制在1105万人以内，其中城镇人口控制在686万人以内；人口出生率控制在13‰以下。

人民生活。城乡人民实际消费水平平均每年递增3%。

四、“八五”期间主要经济部门发展的任务和措施

(一) 农业和农村经济

1. 把加强农业，促进农村经济稳定协调发展作为保证首都市场繁荣、社会安定的长期战略任务。1995年，农村社会总产值达到460亿元，按可比价格计算，平均每年递增10%左右。

2. 继续把副食品生产放在突出位置，为首都市场提供丰富多样的副食品。大力加强副食品生产基地的配套和建设，完善服务体系，进一步提高现代化水平，使副食品生产基地建立在更加稳固的基础之上。蔬菜在稳定种植面积的基础上，重点建设好10万亩现代化菜田基地，确保城镇居民每人每天500克鲜菜。奶牛在择优汰劣、高产精养的前提下，牛群达到6.5万头，年产鲜奶2.5亿公斤。充分发挥现有集体规模猪场的作用，实行科学饲养，规范管理，满负荷均衡生产，全市年出栏瘦肉型猪350万头。其它副食品要根据稳定规模，提高单产，改善品质，发展名优品种的原则安排生产，并要下大力量搞好农副产品的深加工。

3. 抓紧粮食生产。继续坚持“稳定面积，主攻单产，增加总产”的方针，粮食耕地面积稳定在440万亩左右，总产达到275万吨。进一步加强300万亩粮食基地建设，搞好农业中低产田的开发，提高粮食综合生产能力。

4. 支持乡镇工业持续、健康发展。认真贯彻“广开放、抓调整、增效益、促发展”的方针，加强对乡镇工业的引导和管理，进一步调整企业结构、产品结构，组建企业集团。推进技术进步，抓好新产品开发，提高企业素质和经济效益，保持适当的发展速度。乡镇工业产值平均每年递增12%左右。

5. 加快山区的开发建设和贫困乡、村脱贫致富的

步伐。开发和建设山区是全市一项重要任务，要在财力、物力、教育资金和科学技术方面给予重点支持，努力改变山区面貌。重新制定和实施“脱贫致富工程”计划。坚持以经济开发为主的扶贫方针，增强贫困乡、村自立致富的能力。进一步落实少数民族乡、村的各项优惠政策，加快其经济发展。

6. 发展农业和农村经济的主要措施是：

——坚持发展壮大集体经济，深化农村经济体制改革。完善和提高以发展集体经济为主、实行联产承包责任制的适度规模经营。进一步发展乡村合作社，巩固和健全乡（镇）合作经济组织。少数实行家庭联产承包责任制的地方，要进一步壮大集体经济，搞好社会化服务。

——继续抓好“科技、教育兴农”。努力壮大农业科技队伍，积极培养农业科技和管理人才，健全市、县（区）、乡、村科技服务体系。加快先进科学技术的研究和成果的推广应用。继续推行“星火计划”，加强农村文化和技术知识教育，不断提高农民素质。

——市、县（区）、乡、村都要继续增加对农业的投入，健全集体经济的积累制度。鼓励和引导农民增加资金投入和劳动投入，提高机械化水平。加强工业和各行各业对农业的支援，增加农业生产资料的生产和供应。

——加强农业基础设施建设。抓紧农田水利基本建设，搞好潮白河综合开发利用。加强农副产品加工、仓储、运输等设施建设，逐步实现产、供、销一体化。

（二）工业

1. 保持工业生产适度、稳定增长。到1995年，工业总产值（包括村及村以下工业），按1990年不变价格计算，达到1060亿元，出口商品供货额达到100亿元，年出口创汇1000万美元以上的拳头产品达到30～50种。

2. 采取有力措施，促进工业发展。

——调整结构，重点发展适合首都特点的工业。面向国内外两个市场，按照“五少两高”的原则调整工业结构。把电子工业的发展放在突出位置，逐步成为本市的带头行业；积极发展汽车工业，带动相关行业的发展；大力开发和生产高精尖产品，促进高新技术产业化；继续发展食品和其他轻纺工业，增强出口创汇能力；改组、改造机械工业，提高技术装备水平，以一批具有竞争能力的拳头产品为龙头，以重点骨干企业为基础，实行专业化协作生产，形成经济规模和成套能力；用先进技术装备改造冶金、化工、建材等行业，治理污染，降低能耗和水耗，发展深加工产品。淘汰一批质量低劣、污染大、耗能耗水多的产品，对不符合产业政策要求的亏损企业，实行合并或转产。

——增加资金投入，积极有效地利用外资，增强工业发展后劲。继续实行“欲取先予”的政策，充分利用包括外资在内的各种资金，对现有企业进行技术改造。不失时机地引进国外先进技术装备和管理经验，重点改造大中型企业，大力发展“三资”企业，建成一批骨干项目。

——采取自主开发和引进国外先进技术相结合的办法，积极利用电子技术改造传统产业，加快企业技术进步，提高关键设备的自动化水平。大中型企业要充实科技开发力量，增强消化吸收先进技术和开发新产品的能力。大力采用新的科技成果，建立发展生产、增加品种、提高质量和效益必须依靠科技进步的新机制。

——牢固树立以经济效益为中心和质量第一的思想，在工艺、技术管理和经营管理上狠下功夫，主要经济效益指标和单位产品的原材料消耗、能耗、水耗指标力争达到全国先进水平。

——按照城乡统一规划、合理分工的原则，调整工业布局，促进城乡工业协调发展。国营大中型企业要向乡镇工业扩散产品、传授技术、输送人才，扶持乡镇工业发展，建立起合理分工、相互协作、优势互补、互利互惠的关系。城区内污染扰民的工厂（车间）要继续有计划地迁到郊区，并进行综合治理，严格防止污染扩散。加速规划，多方筹措资金（包括利用外资），开发亦庄工业区。

3. 主要行业的发展任务。

——电子工业。集中力量开发以大规模集成电路为代表的微电子技术和产品；重点发展计算机、通信设备、机床数控装置等投资类产品；加强软件开发，并有计划地开发机电仪一体化产品和电力电子产品，为改造传统产业服务；继续发展彩色电视机、录像机等消费类产品，形成经济规模、集约化生产和出口导向型产业，重点建成首钢NEC大规模集成电路、北京有线电厂市话程控交换机、北京松下彩色显像管有限公司扩建工程等合资项目。到“八五”末期，形成年产彩色电视机150万台、彩色显像管300万只、家用录像机20万台、大小程控交换机55万线、大规模集成电路5000万块、数控装置3000台套的生产能力。

——汽车工业。调整企业结构和产品结构，形成本市汽车工业整体优势。对引进的切诺基吉普车和五十铃轻型卡车两大系列产品的生产技术，组织消化吸收，尽快实现国产化，逐步提高自主开发新车型的能力和水平，并对基础工艺和汽车零部件企业进行改造。积极利用外资，对吉普汽车有限公司、轻型汽车有限公司、内燃机总厂、齿轮总厂、汽车摩托车联合制造公司等骨干企业进行重点改造，建成两个具有一定经济批量的整车厂和一批汽车零部件厂，带动一批相关企业的发展。到“八五”末期，形成年产汽车18万辆的生产能力，引进车型的国产化率达到80%以上，整车质量达到国际八十年代末的水平。

——食品和其他轻纺工业。食品工业主要是扩大品种、提高质量。重点发展专用面粉、专用油脂、变性淀粉等基础原料和日用调味品；积极开发各种功能食品、中国式方便食品、中高档旅游食品和名优食品，满足不同消费层次的需求，并形成一定的出口创汇能力。纺织工业要积极利用化纤资源，发展差别化纤维，积极建设6.6万吨聚酯切片项目，增加化纤原料供应；以服装等最终产品为龙头，带动高档面料的适当发展；调整出口产品结构，努力开发并增产高附加值产品，进一步提高出口创汇能力。其他轻工业行业要在品种、质量上下功夫，加快家电产品的升级换代，发展各种中高档名优化妆品。工艺美术产品在保持首都特色的基础上，努力创新，拓宽国际市场。印刷行业重点提高印刷质量和印刷品的档次。积极发展包装行业，提高商品包装水平。

——机械工业。重点是加强联合改组和技术改造，上质量、上品种、上基础、上水平、上成套。数控机床、加工中心和柔性单元要形成批量生产能力，保持国内领先地位；以30万千瓦机组为主体，逐步形成火力发电设备成套生产能力；提高基础件水平，集中力量进行液压元件生产线的改造；彩色胶印机、叉车要努力提高质量，增加品种，成为出口的拳头产品；大力发展自动化仪表，改造提高农机工业。

——化学工业。主要发展有机化工原料、精细化工产品、医药。以11.5万吨乙烯工程为龙头，对东方化工厂、有机化工厂、化工二厂、化工四厂等老企业进行技术改造。“八五”末期，形成乙烯40万吨，化肥15～16万吨、汽车轮胎200万套的生产能力。

——冶金工业。要在治理污染、节能、节水、调整产品结构上下大功夫。挖掘现有设备的潜力，采用新工艺、新技术进行配套改造，增加板材、管材的品种和数量。重点建设2060热轧薄板、冷轨配套改造、热轧无缝管等工程，结合北钢搬迁发展优质、特殊钢材。到1995年，板管材的产量占钢材产质的40%左右，按国际水平和国际先进水平生产的钢材达到85%。

——建材工业。要在节能、节水和治理污染上狠下功夫。重点改造老企业，发展优质高标号水泥。积极开发新型墙体材料和卫生洁具，努力开发新型、轻质、节能的基础材料。1995年，水泥生产能力达到400万吨。

——电力和煤炭工业。加快建设步伐，“八五”期间，新增发电装机容量115万千瓦，新增年发电量60亿千瓦小时。完成第三热电厂扩建工程，与能源部、华能国际电力开发公司进行合作，共同建设十三陵抽水蓄能电站、高碑店热电厂、三河电厂和沙岭子电厂二期工程。稳定煤炭产量，尽可能改善地方煤矿生产劳动条件。

（三）建筑业

大力提高技术水平和管理水平，以质量求生存，在竞争中求发展。1995年地方建筑施工产值计划达到100亿元以上。“八五”期间要在以下几方面取得显著进步：

1. 提高设计水平。把民族文化传统与时代特色结合起来，重大公共建筑设计达到国际水平，一般民用建筑设计要贯彻适用、经济、在可能条件下注意美观的原则。各种设计都要考虑方便残疾人通行，推广无障碍设计。住宅设计要力求多样化，注意留有改善居住条件、提高居住水平的余地。所有设计都要注意采用先进技术和合理定额，选用新型、轻质、节能的建筑材料，严格控制设计预算。

2. 提高施工企业和施工队伍的素质。继续整顿和清理、压缩素质差的建筑施工企业。“八五”期间施工队伍总数控制在70万人左右。逐步调整工种结构，年龄结构和增加一线人员比例，加强干部和职工培训，保持一支素质较高的精干的骨干队伍。

3. 树立质量第一的思想，确保工程质量，提高工程优良率。健全严格的质量管理、检查、监督体系，完善奖优罚劣制度。

4. 采取切实措施，提高固定资产交付使用率，降低工程成本和造价。加强施工管理，制定和严格执行施工概算制度，切实解决建设项目严重超概算和拖长工期的问题，千方百计节约投资。

5. 积极发展建筑装饰和维修行业，建立一支技术水平较高的专业队伍。

6. 继续深化改革。完善工程项目施工招标制度、项目总承包制度、项目经理负责制，进一步推行项目设计招标，优选设计方案。继续改革用工制度。

（四）第三产业的若干行业

“八五”期间第三产业要有两个明显进展：一是发展速度要明显高于第一、第二产业；二是不断拓宽服务领域，在建立服务首都、面向全国、功能齐全的第三产业体系方面迈出重大步伐。目前比较薄弱的信息、咨询、房地产经营等，要有突破性的发展，逐步成为重要产业。

1. 商业。

大力发展商业，社会商品零售总额平均每年递增10%。

——通过深化改革，进一步开拓市场，初步建立高效、畅通、向全国开放的首都市场体系。不断拓宽销售领域和服务领域，满足不同层次消费者的需要，促进市场繁荣、活跃。

——加快商业网点和设施建设，提高商业现代化水平。按照统一规划，合理布局的原则，五年内新增商业网点3万个，重点建设几个多功能、现代化的大中型商场。在北京站、北京西站、马甸、东大桥和双榆树新建商业大楼；完成西单商场、百货大楼、甘家口商场、东安市场（一期工程）、朝阳门内菜市场等改造或扩建任务；新建、扩建10个左右工业品、农副产品批发交易市场和50多个综合性零售集贸市场。加快仓储设施建设，新增粮食仓储能力10亿公斤。

——提高经营管理水平和经济效益。商品流通费用、流动资金利税率和人均劳动效率等指标，要在全国处于先进水平。

——增强首都意识，加强服务制度建设，改进服务方式，提高服务质量。做到规范化服务，文明礼貌待客，创造全国一流的服务水平。

——按照以国营商业和供销社为主体、大力发展集体企业、鼓励个体经营的原则，实行“谁投资、谁经营、谁受益”，打破部门、行业界限，调动社会各方面力量大办零售商业、农贸市场、饮食业和服务业。

2. 物资供销行业。

——按照保证首都重点生产建设需要的原则和产品的重要程度采取指令性计划分配、合同定购、产需衔接、定点定量不定价和自由购销等多种形式，组织和引导主要生产资料的流向。

——物资部门要改进对物资流向的宏观控制，搞好物资的供需预测和全市的综合平衡，制定和完善宏观调控的政策和法规，努力运用经济杠杆进行调控；有计划地扩大市场的调节作用，进一步整顿生产资料市场秩序。

——物资企业要转变经营思想，强化服务基层，加强企业管理，按照经济合理的原则加速物资流通和减少中转次数，提高物资供销社会化、专业化程度。有计划地改造和建设一批仓储设施和供销网点。

3. 旅游业。

大力开拓旅游市场，发展各种专项旅游，完善大型骨干旅游设施、景点的配套，开发一批新的旅游资源和景点，加速开发高层次、高情趣、具有北京特色的旅游系列产品，提高服务质量，广泛招徕客源。重点发展国外旅游，同时不放松国内旅游的开拓。1995年接待国外旅游者达到160万人次，外汇收入力争突破10亿美元，接待国内旅游者1.5亿人次。

4. 房地产业。

按照逐步实施土地有偿使用和住宅商品化的方向，积极发展房地产业。制定有关法规和政策，开发房地产市场，逐步扩大土地经营和房产经营范围，使房地产业初具规模。

5. 信息、咨询业。

重点抓好市内信息系统的建设，建成经济、科技、教育、文化四大信息生产基地；抓紧计算机的普及、联网和软件开发工作，逐步形成多层次、多功能、多样化的信息服务产业。充分利用北京科技发达、信息量大的优势，大力发展咨询业，为领导机关、企事业单位和外国商社提供多方面的咨询服务。

（五）地质勘查和气象

1. 地质勘查。

地质勘查是基础工业和基础设施建设不可缺少的前期工作，必须切实予以加强。要抓好基础地质、水文地质、工程地质、环境地质和农业地质的勘查与研究。继续进行地下水、地热和矿产资源的勘查。努力做好矿产资源、地下水资源和地质环境保护和监督管理。加强地质灾害的勘查、监测和预报，加强地震的科学预测和预报工作。

2. 气象。

建成现代化的天气监测、预报、服务系统，为国民经济发展提供服务。加快气候资源开发、利用的步伐，增强对灾害性天气的监测、预报能力，提高中短期天气预报准确率。大力开展人工增雨、防雹作业试验，提高抗御气象灾害的能力。

（六）横向经济联合

按照统筹规划、优势互补、利益兼顾、共同发展的原则，大力推进本市同兄弟省市区的横向经济联合。发挥首都科技优势，组织和吸引中央在京科技力量开展科技协作；在外省区继续建立一批副食品和原材料供应基地，为首都经济发展和人民生活服务，同时也支援兄弟省市区经济发展；探索突破“三不变”（所有制形式不变、隶属关系不变、财政上交渠道不变）的途径，组建跨地区企业集团；继续发展华北地区经济技术协作，促进环京经济协作区的发展。

（七）节约和资源综合利用

——把节约能源作为一项战略方针，长期不懈地抓下去，逐步把北京建成节能型城市，同时抓好原材料节约和资源综合利用。

——节能工作一靠科技，二靠管理，三靠投入。新的建设项目上马、老企业进行技术改造，都要采用技术先进、节能型的设备、工艺；进一步加强管理，建立健全能耗考核制度，降低产品能耗。增加对节能资金的投入。大力开发研制和使用节能产品，组织好重大节能措施的推广工作，重点是房屋建筑节能、供热管网采用新型保温材料等。改革工艺，采用新技术，努力节约原材料，降低原材料消耗，提高综合利用率。加强废旧物资回收和再生资源的综合利用工作，组织好垃圾和电厂粉煤灰等废弃物的利用。

（八）财政金融

1. 财政

财政部门要支持经济发展，广辟财源，在提高经济效益的基础上，实现财政收入稳定增长。根据全市各项事业发展的合理需要，调整支出结构，大力压缩补贴，在市财力不断增加的前提下，重点增加对城市基础设施、农业、教育、科技和工业的投入。加强资金管理，提高资金使用效益，在增收节支上狠下功夫。坚持依法治税，加强税收征管与监督，发挥税收的宏观经济调控作用。

2. 金融业。

发挥市人民银行的宏观调控职能。各专业银行和交通银行分行以及地方其它金融机构，都要根据各自特点和业务范围，努力开拓业务，多渠道筹措资金。利用北京的资金优势，按照国家产业政策和首都发展重点，把握信贷资金投向，提高资金使用效益。有计划地发展金融市场，扩大融通资金的能力，加快金融业务、管理手段现代化的步伐。努力开拓新的保险服务领域，增加险种，扩大社会保障的覆盖面。到1995年，全市保险业务收入比1990年增加1倍。

五、“八五”期间对外贸易和经济技术交流

（一）进出口贸易

实行出口导向和进口替代相结合的原则，积极参与国际竞争，大力发展外向型经济，扩大对外贸易和经济技术交流。在对外贸易、利用外资、引进技术、技术出口、对外承包工程及劳务合作方面取得明显进展。五年进出口贸易总额力争达到156亿美元，比“七五”时期增加56%。

1. 努力增加出口创汇。

——重点放在调整出口商品结构和提高出口产品质量上，由初加工产品出口为主转到以深加工产品出口为主。提高机电产品、高附加值的高技术产品的出口比重。继续实行各项鼓励出口的优惠政策，加强出口商品的生产基地建设，扶持若干个在国际市场上具有竞争力的拳头商品的生产，发展一批以骨干出口产品为龙头的企业集团和出口基地。扩大一批大中型生产企业和企业集团的自营进出口权。通过外贸体制改革，强化外贸企业经营管理，形成平等竞争、自主经营、自负盈亏的机制，逐步走向工贸结合、实行代理制的轨道。努力改善出口商品包装，降低出口成本，增强在国际市场上的竞争力。加强出口商品的宣传和推销服务工作，广泛建立销售信息和服务网络。全方位地开拓国际市场，形成出口市场的梯次配置。

——制订优惠政策，积极发展技术出口，大力开展对外承包工程和劳务合作。

2. 调整进口商品结构。

按照有利于技术进步，有利于增强企业出口创汇和进口替代的原则，调整进口结构。用汇的重点是引进先进技术、关键设备、紧缺的原材料和农用物资。积极扶持进口替代产品的生产，加速引进技术的吸收、消化及引进设备的国产化进程。控制国内能够生产，并能满足需要的原材料和一般机电设备的进口。严格限制奢侈品、高档消费品和烟、酒、水果等商品的进口。坚决防止盲目引进和不必要的重复引进。

（二）利用外资、引进技术和智力

1. 利用外资。

“八五”期间，利用外资总额25亿美元。按照国家产业政策和本市调整产业结构的要求，引导外资投向，以发展先进技术型和出口创汇型“三资”企业为主，实行大中小型项目并举，以中小型为主的方针，重点是改造现有企业特别是大中型老企业，提高技术装备水平和管理水平。认真办好现有“三资”企业，帮助“三资”企业解决建设和生产经营中的困难，落实各项优惠政策，依法进行监督和管理。继续争取国际金融机构和外国政府贷款、特别是条件比较优惠的贷款，重点用于城市基础设施和环境保护项目的建设。利用外资和借用外债，要充分考虑国内资金配套能力和偿还能力，建立严格的项目责任制度，设立外债偿还基金，确保外债按期偿还，提高国际信誉。

2. 进一步扩大技术引进和智力引进。

逐步增加技术引进的投入，并提高进口软件在技术引进中的比重，技术引进的重点要放在大中型企业

的技术改造上。重视和扩大智力引进，在产品开发、技术设计、生产管理和经营等方面开展与国外专家多种形式的合作，并有计划地选派有关人员到国外进行技术培训。

六、"八五"期间城乡规划、建设和管理

（一）城乡规划与管理

从首都是全国政治、文化中心这一城市性质出发，统一制定城乡发展规划。根据改革开放以来首都建设的实践和出现的新问题，修订《北京城市建设总体规划方案》。继续做好分区规划和详细规划工作，尽快完成县（区）域规划和乡域规划，抓好几个新的卫星城和几个重点集镇以及一批乡镇工业小区和新农村建设规划。城市建设必须根据规划布局进行，全市行政辖区内的工程项目建设由规划部门统一进行规划选址。严格禁止并依法查处违章占地和违章建筑，禁止蚕蚀总体规划确定的城市绿化隔离地带。城市规划与计划部门要密切配合，使规划落到实处。

（二）水资源节约与开发

充分认识北京市水资源匮乏这一严峻现实，增强节水意识。在继续抓好工业和其它行业节水的同时，重点抓好农业节水，并在污水资源化、节约城市生活用水等薄弱环节上狠下功夫。大力开发研制和推广使用节水型新产品，各项建设项目都要采用技术先进的节水型设备和工艺，降低用水量，提高水的复用率，原则上不再建设耗水多的工业项目。各行各业要增加对节水工程的资金投入，落实节水的有关政策和措施。调整水价，健全用水考核制度，进一步加强计划用水管理。1995年全市工业用水复用率达到76%以上，工业耗水总量控制在9亿吨以内。城市公共用水、空调冷却用水循环率达到80%以上。旅游饭店和大型公用建筑推广中水道。"八五"期间，发展节水型农田150万亩，吨粮耗水由600吨左右下降到480吨左右。在狠抓节水的同时，按照国家统一规划，积极开辟新水源，建设相应的工程。

（三）国土开发整治与土地管理

制定全市国土开发整治总体规划，调整和完善城乡生产力的布局。大力开发荒山、荒地，做好土地复垦工作，扩大土地资源利用。有计划地进行河湖治理、植被建设、水土保持、防风固沙工作。

认真贯彻落实"十分珍惜和合理利用每寸土地、切实保护耕地"的基本国策。编制土地利用规划，严格土地管理制度，加强建设用地计划管理，严格执行审批制度；制定基本菜田和基本粮田保护区的管理法规，有计划地推行土地有偿使用和土地出让转让制度，依法实行土地地籍管理。切实做好各项土地管理法规的实施、检查、监督工作。

（四）人口控制

严格控制人口增长。在坚持计划生育的同时，重点控制和压缩迁入人口的增长。坚决改变进京人口多头审批的状况，把审批权限分别集中到中央和市政府一、二个部门。建立进京人口的管理办法，采取行政的、法律的、经济的手段，严格加以控制。

（五）城市基础设施建设与管理

加强城市基础设施建设，重点解决供水、供气、供热、通信、城市交通、环境卫生等方面的突出矛盾，增强城市防灾、抗灾能力，使城市基础设施与首都国民经济和社会发展相协调。

1. 城市供水

增加城市供水能力。完成第九水厂二期工程，改造第八水厂，使全市城镇自来水日供水能力达到278万吨。

2. 城市燃气。

大力发展城市煤气，提高城市居民炊事燃气化水平。建成首钢煤制气厂、华北油田天然气进京复线和北京焦化厂两段炉增气工程等项目，全市煤气日供应能力达到445万立方米。抓紧陕甘宁地区天然气引入北京的可行性研究和"九五"计划时期气源建设的前期准备工作。完成西郊灌瓶厂、南郊灌瓶厂等改造工程，更新年久失修管线，建设第三条液化气输送管线，保证液化石油气安全供应。

3. 城市供热。

进一步发展集中供热，实行多层次、多渠道集资办热。建成石景山电厂供热管线工程，建设高碑店热电厂管网和东郊热源工程。结合住宅小区建设，建成大型区域供热锅炉房20～25座。新增集中供热能力每小时6270吉焦耳，市区新建的民用建筑大部分实现集中供热。继续发展联片供热。

4. 邮电通信。

大力发展邮电通信事业。密切配合邮电部建设北京站邮电枢纽二期工程、北京西站邮电枢纽工程与一批邮电局、所；多方筹措资金，加快邮电通信设施建设，1995年，市话交换机容量达到110万门以上，市区电话普及率达到25%左右，基本解决通信不畅问题。

5. 城市交通。

继续加强城市道路建设，发展城市交通。实行建设

干线与打通堵口、卡口相结合的方针，改造和新建几条城市干线道路，打通对城市交通影响较大的“堵头”。建成外二环路，改造三环路、机场路。结合危房改造，争取打通平安里等城市交通的“堵头”，力争拓宽、疏通广安门外大街、德胜门外大街。继续建设城市对外交通干线，建成京石路（北京段三期工程）、通黄路、顺通路、顺平路，扩建京承路。坚持地面交通与地铁交通相结合，加快建设地铁复八线。大力发展地面公共交通，开辟新的运营线路，增建站点，增加营运车辆，1995年营运车辆达到4500辆以上。加强交通的综合治理，改善交通状况。努力扩大铁路、航空运输能力，配合铁道部建成北京西站及其市政道路配套工程；配合国家民航局扩建首都机场。

6. 城市防灾。

加固永定河堤，提高城市河道的防洪排涝能力。增建消防队点，完善城市消防设施，建成消防中心，提高消防特别是高层建筑的消防能力。

7. 城市基础设施的维护和管理。

对已运行多年的供气、供热、供水、排水等各种市政管线，有计划地分期更新，配合能源部更新输油管线，确保运行安全可靠。提高管理人员的素质，改善管理手段，向现代化管理迈进一步。

（六）住宅建设与危旧房屋改造

1. 住宅建设。

下力量抓好城镇住宅建设，进一步改善居民住房条件。城镇每年竣工住宅面积不少于500万平方米。根据城市建设总体规划，搞好住宅小区综合开发、配套，同步建设各项生活服务设施，达到配套设施齐全，居住环境优美，生活方便、舒适。结合住房制度改革，采取国家、集体、个人合理分担的办法，多方面筹集住宅建设资金。农村住宅建设要统一规划，适当集中，节约土地。计划、规划和土地管理等部门，要加强对农村建房的管理和技术指导。

2. 危旧房屋改造。

改造城近郊区成片危旧房屋与新区开发、住房制度改革、房地产经营、城市基础设施和商业网点建设以及保持古都风貌紧密结合起来。五年内，市区力争拆除成片危旧房屋250万平方米。

（七）卫星城、集镇和新农村建设

——继续加强黄村、通镇、昌平、燕山四个卫星城建设。以改善道路、交通和通信设施为主，加强教育、医疗、商业、文化娱乐等设施建设，逐步完善卫星城的功能，改善居民工作、生活环境和条件，增强吸引力，充分发挥疏散市区人口，缓解市区压力的作用，同时建设新的卫星城。

——按照全市统一规划进行村镇建设，以集镇为重点，以镇带村。有重点建设几个布局合理、设施配套、交通方便、整洁卫生、具有地方特色的新集镇。要加快新农村建设，在已试点的基础上，全面铺开。

（八）环境保护

认真贯彻执行环境保护这一基本国策，实行行政领导负责制。市、县（区）两级政府每年在环境保护方面都要办若干件实事，形成制度，持之以恒，力争到1995年环境污染基本得到控制，农业生态环境实现良性循环。大力开展烟尘污染防治，保护好饮用水水源，治理汽车尾气和噪声。加强城市污水处理设施和垃圾处理设施的建设，建成高碑店污水处理厂一期工程和几个小型污水处理厂；抓好城市垃圾密闭清运设施建设，建成几个垃圾无害化处理场。逐步实施污染排放总量控制，加快治理现有污染源。新的建设项目必须做好环境评价，做到环境治理与主体工程同时设计、同时施工、同时投产。

（九）城乡绿化与园林建设

——继续绿化美化首都，保护和改善生态环境。1995年郊区林木覆盖率达到32%，城市绿化覆盖率达到30%，城市人均占有公共绿地6.5平方米。

——贯彻“巩固、完善、提高、发展”的方针，深入、扎实、持久地开展养花种草和全民义务植树活动。大力绿化宜林荒山，在风沙危害区开展植物造林，治理风沙危害；在浅山丘陵区建设果林基地和风景游览区；在主要干道和河流两旁逐步建成绿色走廊。继续提高城市绿化水平，发展公共绿地，做到三季有花，四季常青。园林建设方面要重点修建圆明园遗址公园和水碓公园，并建成一批小园林、小景观和小花园，进一步美化首都。加强森林防火和病虫害防治，保护古树名木，加强风景游览区和自然保护区的建设和管理。

七、“八五”期间科学技术发展的任务和措施

（一）自然科学技术

1. 科研与重大技术攻关。

以传统产业技术改造、国外引进技术消化吸收和城市建设为重点，搞好十个方面科技攻关。

——农业技术：重点是粮、菜、畜、禽、水产、果林等16项现代化配套技术。

——机电技术：重点是机电一体化产品、装备性产品的研制及系统配套，机电基础产品的开发与应用，包

括微电子与计算机、通信、电力电子、智能化仪器仪表、工业机器人等。

——汽车技术：重点是汽车CAD/CAM系统、成组技术、汽车电子化装置、高强度薄壁铸造技术、汽车塑料件国产化等。

——原材料技术：重点是工程塑料合金、精细化工材料、功能代用复合材料、特殊合金材料、新型建筑材料特别是防水密封材料等新产品、新工艺。

——轻纺技术：重点是包装、模具设计加工、节水和环保等共用技术，生物技术应用以及精加工、特种加工和综合利用等。

——交通技术：重点是城市交通的运营与控制技术、轨道交通技术、路网优化布局技术等。

——环保及再生资源开发利用技术：重点是水源保护和节水技术，大气、水、噪声污染的控制，固体废弃物处理及资源综合利用等。

——城市建筑和市政建设技术：重点是城市规划与设计新技术、建筑节能及快速施工技术等。

——城市现代化管理技术：重点是金融流通、商品流通、城市安全、基础数据库等10～15项重大计算机工程。

——医药卫生技术：重点是心脑血管疾病和肿瘤的早期诊断、综合防治技术，神经外科、眼科、烧伤及创伤骨科的基础性实验及临床应用研究，中医诊断的客观化、标准化和现代化研究，中医特效新药和新型医疗仪器设备的研制等。

2.科技成果的应用与推广。

五年内大面积推广500项左右先进、适用的科技成果。主要是：农副产品的增产、贮运及加工技术；节水新技术、环保与资源综合利用技术；提高生产效率、提高产品质量、节能降耗的新工艺、新技术等。

3.高新技术研究与应用。

优先发展电子信息技术、机电一体化技术、新材料和生物技术。加快北京新技术产业开发试验区的建设步伐，以新技术企业、科研院所、高等院校和有条件的大中型企业为骨干，五年内完成上述几个领域100项重大科技攻关。部分项目在科研基础上进入中试，逐步形成微电子与计算机、光纤通信、电力电子、数控机床、新材料等十几个高新技术产业。

4.自然科学的基础研究。

重点研究开拓新兴技术领域和其他技术领域有重大应用前景的课题，对加强科学技术自身发展有重大意义的课题。

5.发展科学技术采取的主要措施：

——深化科技体制改革，逐步建立科技和经济密切结合的新机制。

——制定和不断完善加快科技进步的政策，特别是推动企业科技进步和扶植高技术新兴产业发展的政策。

——多渠道增加对科技的资金投入，市财力投入占市财政支出的比重逐步达到30%以上。加强科研机构与科研设施建设，重点改造和新建一些科研院所的科研业务用房，新建一批高技术实验室、重点中试基地和行业技术开发基地。

——大力发展不同形式的科技与生产结合的联合体，制定鼓励政策，促进科技与生产结合，促进科技成果推广应用。加强工业大中型企业的科技力量，逐步使大中型企业成为开发新产品、采用新技术的主体。

（二）哲学、社会科学

要加强对建设有中国特色的社会主义重大理论问题和实践问题的研究，促进哲学和社会科学的繁荣和发展。重点开展马克思主义和毛泽东思想基本原理及普及、计划经济与市场调节相结合的运行机制、北京市经济体制和政治体制改革、北京经济发展政策等方面的研究。加强新兴和边缘学科建设，改善著作和刊物出版条件。社会科学工作者要走理论与实践相结合的道路，抵制和反对资产阶级自由化的影响，编撰一批高质量的社会科学著作和普及读物。建立哲学、社会科学优秀著作出版基金和优秀成果评奖制度。建成市社科院业务楼，筹建北京市国民经济和社会发展基础资料数据库。

八、“八五”期间教育事业发展的任务和措施

各级各类学校要全面贯彻党的教育方针，进一步端正办学指导思想，加强德育教育，以提高教育质量为中心，继续深化教育改革，加强师资队伍建设，优化教育结构，增加资金投入，提高全市教育事业的总体水平。

（一）基础教育

全市城乡全面实施九年制义务教育，在德、智、体几方面达到全国一流水平。确保在初中学生入学高峰期不出现“二部制”。努力改善农村特别是贫困山区和边远地区中小学校的办学条件，使全市中小学办学条件达到国家规定的基本标准，小学和初中教师的学历水平全部达到国家规定的标准。发展学前教育，全市三岁以上幼儿入园率达到80%，城镇三岁以下婴儿入托

率达到60%。重视发展对盲、聋、哑、弱智残疾儿童与少年的特殊教育，其中有学习能力者同样接受九年制义务教育。

（二）中等职业技术教育

根据首都建设的需要，大力发展职业技术教育，积极推行先培训后就业制度。对现有的中专、技校、职业高中及成人中专进行统筹规划，调整学校布局和专业设置，改善办学条件，办好一批骨干学校。到1995年，北京地区中等职业技术学校年招生规模达到5.5万人，在校生人数占高中阶段在校生的比重由55%提高到60%以上。加快技工教育的发展，加强行业办学和企业联合办学，年招生能力达到1.6万人。多渠道发展农村职业技术教育，年招生能力达到1万人以上。采取措施使不能升学的初中毕业生，受到不同程度的职业技术培训。广泛开展灵活多样的短期培训，提高在职人员政治和业务技术素质。

（三）普通高等教育

市属普通高等院校基本完成校系布局和专业设置调整任务，稳定现有规模，发展重点学科，提高教育质量。充分发挥中央在京院校为全国和首都培养高级人才的作用。北京地区高等院校的办学规模基本稳定在16～17万人，五年内培养大专以上毕业生20万人，其中毕业研究生3万人。高等院校要加强德育教育和社会实践活动。建立相对稳定的生产实习、军事训练和社会实践基地。高校的科研工作，要与生产、教育密切结合，逐步使首都高等院校成为适应国家和首都建设需要、服务全国的科研基地。

（四）成人教育

以岗位培训为重点，采取多种形式、多种渠道办学，大力开展岗位培训和实用技术教育。企业、事业单位的重要技术岗位职工要实现培训合格、持证上岗；农村新增劳动力要受过初级以上实用技术培训。加强对各级干部科学社会主义理论和马克思主义哲学的教育，加强对干部的培训，提高其政治和业务素质。抓好成人高等学历教育，加强专业人员的继续教育。巩固扫盲成果，杜绝新文盲产生。

（五）发展教育事业的主要措施

——深化教育改革。大力推进教育思想、教育内容、教学方法的改革；继续深化和推广学校内部管理体制改革；抓好农村教育管理体制改革；巩固和完善多渠道筹措教育资金的办法。

——优先发展师范教育，加强教师队伍建设。完善各类师范学校的办学条件，采取切实措施，提高师范生源质量，拓宽生源渠道。对边远地区继续实行扩大招生等优惠政策，鼓励非师范院校的毕业生从事教育工作，以解决师资不足问题。加强在职中小学教师的培训，提高他们的政治和业务素质。

——多渠道集资，增加投入，加强校舍和教学设施的建设，动员社会力量办学。“八五”期间，重点解决30万平方米城近郊区中学校舍的改建扩建；抓好贫困边远地区的中小学校建设，五年基本改变面貌；扩建一批中专技校和职业高中校舍，逐步完善实习场所和设施。围绕市属高等院校调整方案的实施，安排必需的建设项目。

九、“八五”期间文化事业发展的任务和措施

（一）文化艺术

以马克思主义、毛泽东思想为指导，坚持为社会主义服务、为人民服务的方向和“百花齐放、百家争鸣”的方针。大力繁荣社会主义文艺，弘扬民族优秀文化，创作出反映时代风貌、鼓舞人民斗志、振奋民族精神的文学、电影、音乐、舞蹈、美术、戏剧、曲艺等作品。

继续加强文化设施的建设，充分利用北京地区各类文化设施，增强首都文化中心的功能。积极安排中央在北京建设的大型文化设施。抓好本市文化设施的建设，建成市档案馆、基本建成首都图书馆、市少儿图书馆。力争全部建成区、县文化馆、图书馆、科技馆和档案馆。

增加群众业余文化娱乐场所，加强对基层群众文化娱乐活动的指导。重点要抓好青少年、儿童文化娱乐设施和农村文化站的建设，开展丰富多采、健康有益的群众文化娱乐活动。

加强文化市场管理，完善各项法规，规范各项文化经营活动。

（二）广播电视

坚持社会主义宣传方向，充分利用并发挥广播电视这一现代化大众传播媒介的作用，不断提高节目制作的能力和水平。进一步健全郊区县广播电视转播条件，增加广播、电视播出频道和节目内容，全市广播覆盖率、电视混合覆盖率稳定在98%以上。配合中央有关单位建设中国国际广播中心、对外发射台，完成北京电视台的建设任务，加强农村广播站建设。

（三）新闻出版

新闻单位要积极宣传党的路线和各项方针、政策，坚持正面教育为主，把握舆论导向。出版单位要始终把社会效益放在首位，加强行业管理，提高各类出版物的

质量，多出好书。加强图书发行网点的建设，逐步形成合理的网络布局。

（四）文物保护与博物馆建设

继续坚持“科学保护、合理利用”的方针，完善和实施文物保护法规，加强重点文物古迹的修缮与维护，做好考古发掘工作。修建金中都城垣水关遗址和商周遗址博物馆等，逐步建立起有北京特色的博物馆体系。充分利用博物馆、纪念馆进行民族文化、革命传统和爱国主义教育。

（五）对外文化交流

充分发挥首都文化中心功能的作用，开展多层次、多形式、多渠道的对外文化交流。在发展政府间文化交流的同时，努力扩大民间的文化交流，继续增进同友好城市及海外友好团体之间的文化交往。建立并完善一批具有民族风格和北京特色的对外宣传窗口，经常举办有影响的国际学术讨论会和国际间的各种文化活动。

（六）体育

大力开展群众性体育活动，增强人民体质。充分利用亚运会场馆，举办各种比赛活动，推动全市体育运动水平的提高。加强学校体育工作，使学生有健康的体质。完善体育运动技术学校、体育运动学校、业余体校、中小学四级训练网。提高优秀运动员的竞技水平，努力在国内外比赛中取得优异成绩。积极创造条件，争取2000年在北京举办第27届奥运会。

十、“八五”期间人民生活和社会保障

（一）城乡居民收入和消费结构

“八五”期间，扣除物价上涨因素，职工平均工资平均每年递增2%左右，农民人均纯收入平均每年递增4%左右；进一步提高城乡居民物质生活水平，改善消费结构。副食品供应数量充足，品种多样，城乡居民营养水平进一步提高。衣着向成衣化、多样化发展，中高档服装消费量比重上升；农民家庭电视机等耐用消费品的拥有量有较大增长，城镇居民家庭高档用品消费领域不断拓宽；健康有益的文化娱乐生活进一步丰富，居住条件进一步改善，1995年城镇居民人均居住面积达到9平方米（相当于使用面积13平方米），重点解决一批住房特别困难户的问题。农民住房质量提高，居住环境改善。

（二）计划生育

到1995年，全市常住户籍人口控制在1105万人以内。继续坚持计划生育这一基本国策，“八五”期间，平均每年出生人口控制在14万人以内。

继续加强对计划生育工作的领导，全面推行计划生育目标管理责任制；坚持不懈地开展多种形式的计划生育宣传教育，使计划生育成为群众的自觉行动；认真贯彻执行《北京市计划生育条例》，广泛动员社会力量，实行综合治理，依靠群众，依法管理，大力提倡晚婚、晚育、少生、优生、优育；保证计划生育工作的正常经费需要，抓好避孕节育措施的落实，加强节育技术指导和临床应用科学的研究及新技术的推广，提高避孕效果，实行孕前型管理；重点抓好农村和进京流动人口计划生育工作。

（三）劳动就业

“八五”期间，全市城镇需要安排就业的劳动力共约60万人，通过各种形式，绝大部分人可以安排就业，城镇待业率可以控制在1%以内。同期，农村新增劳动力约28万人，主要通过发展林、牧、副、渔业和乡镇企业安排，对进城务工的要严格控制和管理。

努力扩大城乡生产门路，特别要大力发展第三产业，增加劳动就业岗位，1995年第三产业的就业人数占全部劳动人数的45%左右。继续贯彻“三结合”的就业方针，除全民所有制企业根据生产建设需要增加职工外，主要是大力发展集体经济，鼓励和支持社会各方面依法兴办各种形式的劳动服务企业，鼓励城镇待业人员到集体企业就业或从事个体经营。采取适当政策，鼓励和引导新就业人员到艰苦行业、艰苦岗位工作。严格控制农村劳动力盲目向城市转移，农村富余劳动力主要通过发展农村经济就地吸纳，并有计划地安排少量农村劳动力解决城镇某些行业招工难的问题。禁止非劳动年龄人口进入劳动队伍。坚持推行优化劳动组合，鼓励各个单位精简人员兴办第三产业。

（四）医疗卫生保健事业

1. 坚持贯彻“预防为主、依靠科技进步、动员全社会参与、中西医协调发展、为人民健康服务”的方针，全面开展初级卫生保健工作。巩固和完善三级医疗预防保健网，计划免疫四种疫苗全程接种率以区县为单位达到95%以上。加强卫生监督和对传染病、地方病、职业病及严重危害人们健康疾病的防治工作。甲、乙类传染病的总发病率比“七五”时期下降10%，严防烈性传染病和国际上新发现传染病的传播和流行。

2. 完成几个市属医院改扩建任务，重点加强和完善农村的医疗设施，更新医疗设备。到1995年，全社会医疗床位达到6.5万张。大力加强农村卫生工作，完善农村卫生服务体系，提高乡卫生院、村卫生室的合格率和覆盖率。加强卫生队伍建设，提高医疗水平，五年

内增加专业技术卫生人员1.5万人。

3. 加强重点科研项目攻关。进一步发挥在神经外科、创伤骨科、烧伤、心血管、肿瘤医学等领域的优势，继续发展老年医学、康复事业和妇幼保健事业。重视中医发展，发挥中医药在医疗预防工作中的作用，加强中西医结合工作。

4. 健全药品监督体系，确保群众用药安全、有效。

（五）社会保障

1. 养老和待业保险。

社会保障事业的重点是健全和完善社会养老保险制度和待业保险制度。北京市已进入老龄化城市，应在社会政治生活、经济生活、精神生活以及改善社会风气等方面采取与老龄化社会相适应的政策，使老年人老有所养、老有所为、老有所乐、老有所医、老有所学。按照国家、集体、个人三者合理负担的原则，逐步扩大养老保险和养老金统筹的覆盖面。围绕企业改革，建立待业保险制度，实行多层次社会保险。在农村要适应当地生产发展水平，有计划地发展适合农村特点的农民养老保险和乡镇企业职工保险。

2. 社会救济。

从单纯救济转变为以扶持发展生产为主的社会救济。进一步搞好抚恤烈士家属，优待军人家属等抚优工作。开辟多种资金渠道，建立社会救济基金，有重点地调整抚恤、福利、救济标准，保障低收入户和困难户的基本生活。

3. 社会福利。

动员社会各方面力量，发展社会福利事业。进一步发展社区服务，提高社会服务设施的利用率，扩大社会服务的受益面。继续增加敬老院、休养院、社区服务中心等社会福利设施，妥善解决残疾人的劳动、生活和教育问题。

十一、“八五”期间固定资产投资

按照控制总量、调整结构、保证重点的原则，加强对固定投资规模的宏观调控和管理，提高投资效益。

（一）固定资产投资规模

根据财力的可能和国民经济、社会发展的需要，扣除物价上涨因素，全社会固定资产投资规模，五年共安排1060亿元，比“七五”实际完成投资额增加49.5%。其中：中央部门在京投资450亿元；北京市地方投资610亿元（比“七五”实际完成投资额增加50%）。地方投资中，全民所有制单位投资450亿元，集体所有制单位投资118亿元（其中城镇集体所有制单位投资40亿元），城乡个体投资42亿元。

地方全民所有制单位和城镇集体所有制单位投资五年共安排490亿元，比“七五”增加47.1%。按照少搞基本建设，多搞技术改造的原则，基本建设投资安排220亿元，比“七五”增加43%；技术改造投资为270亿元，比“七五”增加51%。资金来源一是地方各单位自筹资金；二是国内银行贷款；三是利用外资；四是地方财政资金；五是国家投资。

（二）投资结构

地方固定资产投资安排的原则是：根据国家产业政策和本市调整结构的要求，重点安排城市基础设施（包括地方电力建设）、教育、科研、农业、工业后劲和大中型技术改造项目及住宅建设。适当增加商业和政法公安设施建设的投资规模。不再建设新的旅游宾馆，控制一般楼堂馆所建设。

十二、“八五”期间经济体制改革的主要任务和措施

（一）完善以公有制为主体的所有制结构

以坚持以公有制经济为主体的前提下，适当发展个体经济、私营经济和其它经济成份，发挥非公有制经济对社会主义经济有益的补充作用，并依法加强引导、监督和管理，促进所有制结构和生产力发展水平相适应。

（二）企业体制改革

继续搞活企业特别是国营大中型企业，是深化经济体制改革的中心环节。制定搞活大中型企业的政策，改变其外部条件，从资金、物资和经济政策等方面支持国营大中型企业，逐步创造使大中型企业与其它企业平等竞争的条件。

稳定和完善以“两保一挂”为主要形式的承包经营责任制。完善租赁制。继续进行股份制试点。按照国家统一部署，进行“利税分流、税后还贷、税后承包”的试点。

完善折旧制度，有步骤地适当提高重点行业和重点企业的折旧率，认真执行企业补充自身流动资金制度；扩大国营大中型企业进行技术改造的自主决策权；切实减轻企业负担，加快企业技术改造和新产品开发步伐。

改革企业组织形式，推动企业改组、联合和兼并。有计划地组建一批跨行业、跨部门的大型企业集团或产销一体化、农工商一体化、科工贸一体化的联合公司，增强企业竞争力。

深化企业领导体制的改革，加强企业党组织的领导核心作用，坚持和完善厂长负责制，全心全意依靠工人阶级，充分发挥工人阶级民主参与和监督作用，完善职工代表大会制度，加强企业民主管理。

集体企业(包括乡镇企业)的改革，按照自主经营、自负盈亏、民主管理、按劳分配、职工集资、适当分红、集体积累的思路进行。通过改革进一步落实财产所有权、经营自主权、民主管理权相统一，促进集体经济的发展。

加强国有资产管理，抓紧开展清产核资工作，并探索加强国有资产管理的有效制度。

（三）发展社会主义市场体系

逐步建立起高效、畅通、可调控的流通体制，促进市场发育。建立健全多层次、多渠道、多种所有制形式并存的、统一开放的市场体系。进一步完善消费资料市场，扩大生产资料市场，开拓和发展金融市场、技术市场、信息市场、房地产市场和劳务市场，使它们与商品市场的发展相协调。进一步完善市场组织法规和调控手段，逐步形成平等竞争和规范化的市场秩序，使市场在计划指导下健康发展。充分发挥国营商业、物资企业、供销社在流通中的主渠道作用。建立健全物资、商品储备制度。

（四）价格体制改革

按照中央确定的目标和部署，在严格控制价格总水平的前提下，积极稳妥地推进价格改革，建立合理的价格形成机制及管理体制。在保持社会稳定的前提下，适时调整或放开一些消费品的价格，减轻财政补贴负担。逐步做到关系国计民生的少数重要商品价格和劳务收费由国家集中管理，其他一般商品价格和劳务收费由市场调节，充分发挥价格杠杆调节生产和供求关系的作用。建立和完善地方价格法规体系，依法加强价格管理和价格监督检查。

（五）财政体制及财政补贴制度改革

继续稳定和完善区县财政包干体制。随着人民生活水平的提高，逐步压缩补贴种类的范围，减少补贴数额。结合粮食购销体制、价格、工资和社会保障制度的改革，积极稳妥地改革财政补贴制度。把减少补贴额与改革补贴方式、提高补贴资金使用效益结合起来，把握时机，分步实施，并采取相应措施，保证低收入居民的实际生活水平不下降。

（六）金融体制改革

继续深化金融体制改革。市人民银行加强对专业银行和其他金融机构的领导和管理，专业银行和其他金融机构按照国家政策，实行企业化经营。积极稳妥地发展金融市场，扩大融资渠道，扩大有价证券的发行、转让，支持经济效益好的企业和建设项目通过发行债券等方法筹集资金。继续发展外汇调剂市场，为改革开放做好金融服务。

（七）劳动，工资制度改革

切实贯彻按劳分配原则，克服平均主义，充分调动职工劳动积极性。坚决打破“铁饭碗”，推行和完善全员劳动合同制。坚定不移地配套推进企业内部优化劳动组合的工作。办好多层次劳务市场，不断拓宽就业门路。

继续坚持和完善企业工资总额同经济效益挂钩的办法。改革企业内部工资制度，调整工资收入结构，限制和减少实物分配，压缩工资外收入的比重，将一部分国家规定的福利性补贴逐步纳入工资范围。加强和健全工资基金管理。在建立企业自我约束机制、控制消费基金增长的前提下，切实落实企业内部工资分配上的自主权，允许和鼓励企业探索适合本企业特点的内部分配制度和分配形式。

（八）住房制度改革

大力推进住房制度改革，逐步改革现行的低租金、福利性住房制度。“八五”期间，按照出售住房与合理提高房租并举的方针，适当提高公房租金，继续鼓励居民购买公有住房，提高住房商品化程度。目前试行的优惠售房、市价售房、小步提租、收取租赁保证金、合作建房等办法，应在总结经验的基础上进一步完善，逐步推行。改革住房投资和建设体制，发挥国家、单位、个人三者积极性，采取多种方式筹资建房，逐步建立自我发展、良性循环的住房建设机制。

（九）社会保障制度改革

逐步将职工退休、待业的保障职能从企业中分离出来，实行社会化的统一管理。按照国家、单位、个人三者合理负担的原则，改革公费医疗、劳保医疗制度，加强管理，减少浪费。建立健全职工退休基金、待业救济基金。建立农村养老保险和医疗保险制度，逐步建立以自我保险为主、集体补助为辅的农村保险制度。

（十）改革计划体制，健全宏观经济调控体系

根据中央建立国家和省市两级调控体系和划分两级调控权限的规定，逐步建立计划与市场调节相结合，经济、行政、法律手段综合配套的宏观调控体系和制度，特别要健全间接调控体制，更好地利用价格、信贷、税收、利率等手段调节经济运行。

加强对宏观经济的管理，进一步发挥计划部门的“龙头”作用，理顺计划、财政、银行及其他综合经济部门的关系，加强协调，紧密配合，协同动作。

计划部门进一步做好国民经济的综合平衡；科学制定国民经济和社会发展计划；根据国家产业政策，制定本市的实施办法和其它经济政策；综合配套地运用经济、法律和行政手段，调控经济的运行。

逐步地适当缩小指令性计划范围，扩大指导性计划和市场调节的范围。对于全市国民经济发展目标、总量控制、经济结构和布局调整以及关系全局的重大经济活动等，主要实行计划管理。企业大量的生产经营活动，一般性建设和技术改造，主要由市场调节。

进一步加强和发挥审计、统计、物价、银行、税务、工商行政管理、技术监督等部门的经济监督作用。改善国民经济的核算体系，完善审计体系，健全科学的统计、监测方法和制度，逐步实现全市信息和统计的现代化、网络化。

建立科学的经济决策体系和制度，对重大建设项目认真进行可行性研究，通过咨询评估和科学论证，按照国家规定的审批程序和审批权限加以确定，促进经济决策科学化、民主化。

十三、"八五"期间社会主义精神文明建设

（一）基本要求

社会主义精神文明建设既是社会主义现代化建设的重要组成部分，又是社会主义物质文明建设的根本保证，必须作为具有战略性意义的大事，切实抓好。通过社会主义精神文明建设，提高全市各族人民的思想道德素质和科学文化素质，培养有理想、有道德、有文化、有纪律的新人，努力把首都建设成为讲文明，讲礼貌，环境优美整洁，秩序安定井然，生活舒适方便的城市。制定首都精神文明建设的"八五"计划和十年规划，增加必要的投入，提供相应的物质条件。

（二）社会主义教育

长期不懈地进行坚持四项基本原则和反对资产阶级自由化的教育和斗争。有针对性地解决被资产阶级自由化搞乱了的思想理论问题，用马克思主义占领意识形态领域阵地。大力加强思想政治工作，对全市人民特别是青少年深入进行爱国主义、集体主义、社会主义和民族政策教育，进行革命传统和理想、纪律及国情教育，批判极端个人主义、拜金主义和崇洋媚外思想，使广大群众振奋民族精神，增强民族自尊心、自信心和自豪感。树立首都意识，坚定社会主义信念，同心同德，积极投身到首都社会主义现代化建设的伟大事业中去。

（三）群众性精神文明建设活动

采取多种形式，组织和引导广大群众参加精神文明建设活动，要以"爱祖国、爱人民、爱劳动、爱科学、爱社会主义"和培养"四有新人"为基本要求，加强思想道德建设。继续深入开展"做文明市民、创文明单位、建文明城市"活动，把精神文明建设的各项任务真正落实到基层。继续开展学雷锋、学先进模范人物活动，在全市形成学先进、当先进光荣的良好风尚。广泛开展多种形式的社会公益活动和义务劳动，建立团结、和谐的人际关系。继续狠抓"扫黄"和除"六害"工作，积极开展各种移风易俗的教育活动，提倡"文明、健康、科学"的生活方式，改善社会风气。把家庭教育、社会教育与学校教育结合起来，搞好学龄前儿童的道德启蒙教育和中小学生的思想品德教育的衔接，促进少年儿童全面成长。深入进行全民国防教育，广泛开展争创"双拥"模范区县活动，密切军民关系，增强军政团结。

（四）城乡社会环境综合治理

广泛开展爱国卫生运动，进一步改善城乡卫生状况，创造优美环境。坚持不懈地狠抓交通秩序的管理和整顿，使城市交通秩序明显改观。继续整顿市场秩序，做到依法经营、货真价实、买卖公平、服务热情、整洁卫生、秩序井然。在各行业特别是商业服务业、公共交通、市政公用、医疗卫生和旅游服务五大"窗口"行业，深入进行"为人民服务、对人民负责"的宗旨教育和职业道德教育，全力改善服务态度，实现优质服务。

（五）廉政建设

不断提高各级领导干部对加强廉政建设重要性和紧迫性的认识，坚持"一要坚决，二要持久，三要不断取得阶段性成效"的方针，加强廉政教育和制度建设，严明纪律，认真纠正行业不正之风。从各个时期群众反映最强烈的问题入手，抓住不放，一抓到底，抓出成效。坚决惩治腐败，严肃查处违法违纪案件。同时精简机构，转变作风，提高办事效率。

不断增强广大干部特别是各级领导干部的公仆意识，以身作则，廉洁奉公，勤政为民，深入基层，密切联系群众，倾听群众呼声，关心群众生活，为群众排忧解难。

十四、"八五"期间社会主义民主与法制建设

（一）社会主义民主建设

继续坚持工人阶级领导的，以工农联盟为基础的人民民主专政，坚持和完善人民代表大会制度，以及共

产党领导的多党合作和政治协商制度，巩固和发展爱国统一战线，建立健全民主决策、民主监督程序和制度，建立有利于提高办事效率和调动各方面积极性的领导体制。重大决策要充分听取并尊重政协和各民主党派、群众团体、有关专家、学者以及广大群众的意见，进一步拓宽民主党派参政议政的渠道。举荐民主党派成员、无党派爱国人士担任政府部门各级领导职务。进一步改革行政管理体制，理顺各级政府职能部门之间的关系。进一步发挥行政监察部门对各级领导干部的监督职能，加强人民群众对各级政府机关和政府工作人员的监督。

认真做好民族、宗教、侨务和对台工作。巩固和发展平等互助、团结合作、共同繁荣的社会主义民族关系，办好民族教育，促进少数民族聚居乡（村）经济的发展；认真贯彻宪法规定的宗教信仰自由政策；广泛团结归侨、侨眷、台港澳同胞和海外侨胞，发挥他们在首都现代化建设事业和统一祖国大业中的积极作用。

进一步搞好基层政权建设和民主建设，认真执行村委会、居委会、职代会工作条例和其他有关法律、法规，使人民群众充分行使当家做主的民主权利。

（二）社会主义法制建设

坚持依法治市。在首都的社会生活、经济生活、政治生活中，不断提高法制化、制度化水平。加速完善法规、规章，重点抓好与国家法律、行政法规相配套的地方法规、规章及专业化法规体系的建立。逐步完善城市规划、建设和管理的法规体系；完善经济管理（包括涉外经济管理）、文化卫生管理、社会治安管理等法规、规章，使各方面的经济关系和经济活动和社会活动有法可依。对国家陆续出台的基本经济法律、法规，抓紧制定相应的实施细则。

切实加强行政执法和行政执法监督检查工作。加强对行政执法工作的领导，严格依照法律、法规、规章行使职权。在接受司法监督、群众监督的同时，依法加强行政机关的自我监督机制。切实保证已制订的各项法律、法规、规章，特别是经济建设、经济管理方面的法律、法规、规章得到认真的遵守和执行。坚持有法必依、执法必严、违法必究。加强对各类执法员的培训，不断提高执法人员的政治素质及业务水平，使执法规范化。以宪法为核心，以专业法为重点，在公民中继续普遍开展法制宣传教育，提高公民依法保护自己的合法权利和依法履行各项义务的法制观念。

继续动员和依靠社会各方面的力量对社会治安实行综合治理。打击严重刑事犯罪和经济犯罪活动。坚决制止和取缔一切败坏社会风气的丑恶现象，维护首都政治和社会稳定。进一步加强公安、司法工作，充实机构，完善设施，改善技术装备，提高公安、司法队伍整体素质。

要增强国防观念，加强武装警察部队、公安干警、民兵和预备役队伍建设，维护首都的安全和社会的安定，保卫人民利益，保卫社会主义现代化建设。

本《纲要》规定的“八五”计划主要指标在执行过程中，如实现计划的条件发生重大变化，市政府在编制年度计划时，可以对《纲要》规定的指标进行必要的调整，提请市人民代表大会审议批准。“八五”计划后期，要制定“九五”计划。

关于北京市1990年计划执行情况和1991年国民经济、社会发展计划草案的报告

——1991年4月17日在北京市第九届人民代表大会第四次会议上

北京市计划委员会主任　王　军

各位代表：

我受市政府委托，向大会报告北京市1990年计划执行情况和1991年国民经济、社会发展计划草案，请予审议。

一、1990年计划胜利完成

1990年是“七五”计划的最后一年，也是首都现代化建设继续向前推进的一年。一年来，市政府认真贯

彻中共十三届五中全会关于进一步治理整顿和深化改革的决定，团结全市各族人民，克服前进道路上的重重困难，保持和发展了政治稳定、社会安定，治理整顿取得比较明显的阶段性成果，各项改革进一步深化，市九届人大三次会议批准的1990年国民经济和社会发展计划执行情况良好，主要计划指标都已完成，全市经济形势是好的，并继续朝着好的方向发展。物价上涨指数大幅度回落；粮食夺得连续13年丰收，副食品产量稳步增长；市场稳定繁荣，商品充裕；工业生产稳步回升，全年适度增长；银行信贷状况良好，财政收入继续增加；城乡居民收入进一步提高；流通领域秩序混乱状况得到初步整顿。举世瞩目的第十一届亚运会开得精彩、圆满、顺利、成功，推动了全市社会主义精神文明建设和物质文明建设。“七五”计划的主要奋斗目标也已胜利实现。1990年国内生产总值达到496亿元，比上年增长6.3%，五年平均递增8.4%；工农业总产值完成590亿元，比上年增长7.3%，五年平均递增11%，都超过了“七五”计划指标。

农业的基础地位进一步增强，农村经济形势越来越好。一年来，市政府继续坚定不移地把农业放在首都建设的重要位置，进一步巩固和完善以适度规模经营为主的联产承包责任制，发展合作经济组织，狠抓农业基础设施建设，发挥科技兴农作用，使本市农业保持了持续稳定发展的好势头。粮食生产登上新的台阶，总产量达到264.6万吨，超额23%完成了“七五”计划；耕地面积亩产达到596.5公斤，比1985年增加28.4%；总产和单产均创历史最高水平。副食品生产稳定增长，调市商品菜181万吨，商品猪272.9万头，鲜蛋产量25.8万吨，淡水鱼5.1万吨，都比上年有不同程度的增长，超额完成了年度计划和“七五”计划指标。牛奶产量21.7万吨，超过年计划8.5%，比上年增长9.2%，但由于需求不足，没有达到“七五”计划目标。乡镇工业继续得到较快发展，1990年总产值达到154.8亿元，比上年增长21.5%，五年翻了两番。37个贫困乡全部实现初步脱贫目标。

工业生产经过广大干部职工的艰苦努力，保持了适度增长。去年初，面对本市部分产品销售不畅、工业生产下滑的严峻形势，市政府坚决执行国务院的指示，及时调整紧缩力度，制定了本市解决工业生产困难的38条措施，从4月份起，扭转了前6个月连续下滑的局面，使本市工业早于全国一个月出现回升。全年工业总产值完成469.8亿元（不含村及村以下），比上年增长5.4%，超过了计划增长5%的目标，超额14%完成了“七五”计划。国家指令性产品中，焦炭、化学医药、纯苯、轮胎等19种完成或超额完成了全年计划，铜材、水泥、化纤等3种产品未能完成计划。由于压缩固定资产投资规模、市场销售不畅以及产品结构不够合理、竞争力差等因素影响，指导性计划产品产量完成情况不够理想。

市场稳定、繁荣，商品供应充裕，物价上涨幅度回落较大。市政府坚持“打开城门，不搞地方保护主义”的政策，千方百计保持首都市场的稳定繁荣。全年实现社会商品零售总额307.7亿元，超额完成了年度计划，比上年增长15.3%，超过“七五”计划107.7亿元。市场秩序有所改善。去年，全市以保亚运、促稳定为宗旨，大力开展了治乱、治脏、净化街面等活动。集中整治了全市388个集贸市场、3500个零售摊点、5179户个体座商。全年市场零售物价上涨4.1%，涨幅比上年下降了14.4个百分点，是1985年以来上涨幅度最低的一年。在从严控制物价上涨的同时，顺利出台了棉花、煤炭等国家调价项目，调整了本市牛奶、汽水等商品价格，解决了少数商品价格突出不合理的问题。

对外开放步伐进一步加快。出口贸易保持较高增长速度，全年出口创汇13.2亿美元，比上年增长13.9%，超过年计划和“七五”计划目标，比1985年增长1.1倍。利用外资规模继续扩大，全年新批准“三资”企业241家，比上年增加56家。其中，生产性项目约占90%。五年累计批准“三资”企业710家，比“六五”期间增加4.7倍；吸收外商直接投资13.9亿美元。当年实际利用外资4亿美元。“七五”期间，累计利用外资18.7亿美元，超过计划一倍以上。旅游业接近恢复到1988年水平，全年接待入境旅游人数达到100.1万人，完成了年度计划，比上年增长55.1%。旅游创汇31.5亿元外汇人民币（折合6.57亿美元），比上年增长79.1%。由于对“七五”期间的旅游业发展速度估计过高，未能达到计划要求。

财政收入稳定增长，压缩财政补贴取得很大进展。全年财政收入达到74亿元，比上年增长4.2%，保持了连续八年增长的势头。五年累计财政收入337亿元，年平均递增6%（按可比口径计算），超过“七五”计划37亿元。全年财政补贴44.8亿元，比上年实际减少0.2亿元，遏制了多年来财政补贴大幅度增加的势头。

金融保险事业健康发展。银行信贷在继续实行总量控制的同时，适时调整紧缩力度，较好地保证了生产、建设的合理需要。1990年全市各项存款余额达到894亿元，新增存款176.7亿元；贷款余额达到573亿元，新增贷款85.5亿元，没有突破国家下达的控制指标。保险业务收入达到5.3亿元，超额完成了计划。

固定资产投资在控制总量和保证重点建设的前提下有所增加。地方全社会固定资产投资，完成92.9亿元（不含商品房），比上年增加16.4%，其中国家考核规模的建设投资完成81.5亿元，超过计划11.7亿元。主要原因是，根据国务院关于克服市场疲软，保持工业适度增长的指示精神，适当松动了对投资规模的紧缩力度，增加了对重点基建项目和技术改造的投资。全市房屋竣工面积1081.2万平方米，竣工率为37.7%。其中住宅竣工550.9万平方米。中小学教职工宿舍累计竣工56.6万平方米，超额完成了原定五年建房50万平方米的任务。城区破旧危房改造工程已经大面积展开，市政府第一批确定的37片改造工程，到目前为止，已有20片陆续开工。财政、银行积极支持破旧危房改造，提供启动资金2亿元、贷款1.4亿元。"七五"期间，本市地方固定资产投资共完成328.6亿元，超过计划较多。除由于材料涨价、人工费用增加外，还根据实际需要和财力可能，扩大了城市基础设施、教育、卫生以及工业后劲项目的建设规模。

城市基础设施建设成效显著。"东水西调"工程、第九水厂一期工程第三系列、长辛店水厂改扩建工程、第四水厂水质改善工程等城市供水重点项目都已建成。全年新增天然气和管道煤气用户6.6万户，集中供热面积新增150.4万平方米，区域和联片供热面积新增456万平方米。道路交通建设取得新进展。京津塘高速公路北京段、三环——四环联络线等15条共65公里道路竣工，其中包括7座大型立交桥、6座铁路公路立交桥、12座公路跨线桥。全年公共电汽车运营线路新开6条、延长10条共增加94.6公里，公共交通客运量达到33.5亿人次，比上年增长9.2%，高峰期间满载率80%，乘车难比前几年有所缓解。公路客运量和民航旅客发运量分别比上年增长14.7%和28.2%。邮电业务总量完成5.8亿元，增长30.9%。市话装机容量已达52.3万门，比上年增加9.3万门。

城市环境质量继续得到改善。城市绿化美化取得重大进展，市区植树265万株，郊区农田林网和村镇四旁植树1639万株，城市绿化覆盖率达到28%，人均绿地面积6.14平方米，郊区林木覆盖率达到28.2%。环境保护工作继续加强，市政府为群众办的10件环保实事已经实现。全年共治理污染源7950项，在城近郊区建成烟尘控制达标区39个，烟尘控制达标区覆盖率由上年的78%提高到100%，治理、搬迁了57个污染较大的工厂、车间。全市道路清扫保洁面积达到3695万平方米，比上年增加479万平方米。全年清运垃圾384万吨，清运粪便210万吨。

教育、科技事业继续得到新发展。全年各类学校招生计划基本完成。在小学入学高峰期始终没有出现"二部制"。市属各类学校校舍共竣工35.1万平方米。"七五"期间，共培养高、中级专门人才近40万人，超过计划指标16.3万人。综合科技实力进一步增强，全年取得科技成果3763项，有3076项在国民经济发展中得到推广应用，取得了明显的经济效益和社会效益。

文化、卫生、体育等各项社会事业取得新成就。文化事业继续贯彻"一手抓扫黄、一手抓繁荣"的方针，呈现出蓬勃发展的局面，涌现了《渴望》、《同心曲》、《画龙点睛》、《盛世行》等一批优秀作品。群众文化活动丰富多彩，文化设施建设继续得到加强。西城区文化馆等正在加紧建设。北京市电视台一期工程已投入使用，新建电视差转台73座，卫星地面接收站6座。全市广播、电视覆盖率均达到98%。卫生事业进一步发展，传染病发病率降到十万分之五百零六。积水潭医院、回民医院、大兴县医院等一批医疗设施建成。全市新增病床3400张，累计达到5.9万张，大大超过了"七五"计划。体育事业蓬勃发展，群众性体育活动十分活跃。我市运动员在国内、国际重大比赛中共获奖牌225块，其中在亚运会上获金牌30块，为祖国、为首都争得了荣誉。

城乡居民生活水平继续提高。在生产发展的基础上，职工收入继续增加。1990年末，全市职工人数为454.9万人，城镇待业率在0.5%以下。根据国家统一部署，调整了职工工资。全市职工工资总额达到118.9亿元，职工年平均工资为2653元，比上年增长14.7%，扣除职工生活费价格上涨因素，增长8.8%。农民人均纯收入1297元，比上年增长5.4%。城乡居民收入水平都超过了"七五"计划。城乡居民储蓄余额达到226.6亿元，比上年新增64.6亿元。居民的居住条件继续改善。城镇居民人均居住面积为7.7平方米（使用面积11.2平方米），比1985年增加1.5平方米；农村居民生活用房面积达到20.6平方米。人民健康水平明显提高，人口平均预期寿命男性为70.9岁，女性达到74.2岁，已经接近发达国家水平。

人口增长有所控制，计划生育工作取得较好成绩，人口普查工作顺利完成。年末常住户籍人口1032.2万人，新增11.1万人。人口自然增长率为6.62‰，人口出生率为12.43‰。1990年末本市常住人口超出"七五"计划数12万人，主要由于人口的迁移性增长超过计划较多，五年净迁入24.5万人，比计划超过9.5万人。

坚持治理整顿，继续深化改革。市政府在坚持治理整顿、坚持总量控制的前提下，适时适度地调整了紧缩力度，促进了国民经济的持续发展。在固定资产投资安排上，从严审批新开工项目，严格控制一般项目，没有新批、新建旅游宾馆和楼堂馆所项目；适当扩大了重点技术改造规模，增加了急需项目的投资，进一步调整投资结构，地方全社会固定资产投资实际完成工作量略低于1988年水平。在消费基金方面，加强了对基本工资以外的奖金、津贴和补贴的管理，职工平均工资增长幅度比1988年低5个百分点。在物价方面，进一步加强了物价的监督、检查和管理，严格控制市场零售物价，上涨幅度明显低于前两年。财政金融方面，既坚持“双紧”方针，又基本解决了调整结构、发展经济的合理资金需要，帮助企业清理“三角债”66亿元。在整顿流通领域秩序方面，基本完成了清理整顿公司的任务，撤并了各类公司1797家，占被清理公司总数的30%。

在大力进行治理整顿的同时，市政府坚定不移地在各个领域继续深化和完善改革。农村巩固、完善了以适度规模经营为主的各种联产承包责任制，发展了合作经济组织；工业、商业签定了第二轮承包合同；坚持推行了以优化劳动组合为重点的企事业内部人事、劳动、工资制度改革；价格改革迈的步子是近年来最大的一年，出台项目较多，进展顺利；住房制度改革迈出了重大步伐，远郊10个区县的房改方案已全部出台，城近郊区有60个单位参加了房改，目前全市进入房改的面积已达1000万平方米；科研院所内部改革继续深入，“三保一挂”科技责任制二期承包合同全部签定；教育领导管理体制改革和学校内部管理体制改革已推广到全市中小学，并在师范学院和北工大进行了试点。新一轮为期五年的“划分税种、核定收支、分级包干”的区县财政包干办法已经确定；投资包干试点工作取得良好效果。所有这些治理整顿和深化改革的重大措施，促使本市各项生产建设事业向着持续、稳定、协调的方向发展。

过去的一年，我们在治理整顿、深化改革和发展国民经济等方面取得很大成绩。同时，也存在着不少问题和困难。主要是，经济上的结构性矛盾仍较突出。部分产品销售不畅；经济循环不快；经济效益差的状况还未根本扭转，资金利税率、流动资金周转天数、劳动生产率以及万元产值综合能耗等经济效益指标虽在趋势上正向好的方向发展，但未能达到计划要求。不少企业特别是大中型企业生产困难，还没有走出困境。这些问题和困难需在1991年计划安排中加以逐步解决。

二、1991年计划草案安排意见

1991年是“八五”计划的第一年，也是继续进行治理整顿和深化改革的关键一年。我们必须进一步解放思想，奋力开拓，把今年的经济工作做得更好，确保经济形势继续向好的方向发展，各项社会事业取得更大的进步。同时，全市各部门要为争取举办2000年第27届奥运会创造条件，抓紧进行各项准备工作。

今年计划安排的指导思想和主要任务是：认真贯彻中共十三届七中全会精神，继续坚持治理整顿和深化改革的方针。在保持政治稳定和社会安定的前提下，加大改革的分量。以提高经济效益为中心，以搞活大中型企业为重点，集中力量把国民经济搞上去。努力做到结构调整加快，生产适度增长，流通搞活增销，建设有控有放，效益全面提高，经济持续、稳定、协调发展。

今年国民经济和社会发展主要计划指标拟作如下安排（国内生产总值、工业和农业总产值均按1990年不变价计算）：

国内生产总值534亿元，比去年增长4%。

农业总产值72亿元，比去年增长4%。

工业总产值（含村办工业）830亿元，比去年增长6%，其中市属工业系统增长2%左右。

地方全社会固定资产投资规模69亿元（国家考核规模部分），比去年年初计划增长19%。

社会商品零售总额340亿元，比去年增长10%。

市场零售物价上涨幅度控制在10%以内。

出口贸易，国家计划9.98亿美元，本市争取达到11亿美元以上。

利用外资，国家计划3亿美元，争取达到3.5亿美元以上。

入境旅游者110万人次，争取达到120万人次，比去年增加10—20%。

地方财政收入77亿元，比去年增长4%。

银行存款新增132亿元，其中城乡储蓄存款新增60亿元。贷款新增85亿元，保险业务收入6亿元以上。

市属高校招生0.96万人，中专招生1.2万人，技校招生1万人，职业高中招生1.5—1.7万人，成人高校招生0.93万人。

城乡医院病床新增1500张。

市区植树100万株，郊区农田林网和村镇四旁植树1000万株。

市区烟尘控制达标区覆盖率保持去年的100%的

水平，工业废水处理达标率75%。

职工工资总额、职工人数和"农转非"严格控制在国家下达的指标以内。

年末常住户籍人口控制在1045万人，人口出生率13.4‰，全年净增人口力争不超过13万人。

（一）农村经济

今年农村经济总的指导方针是"稳粮、保副、调工"，保持粮食、副食品、乡镇工业的持续、稳定、协调发展。继续完善和提高以适度规模经营为主的联产承包责任制，努力发展集体经济和与之相适应的社会化服务体系。稳定党在农村中的各项基本政策和措施。

计划草案安排：粮食产量240万吨，力争超过去年实际产量。副食品生产根据市场需求安排。调市商品菜150万吨，商品猪300万头，鸡蛋23万吨，牛奶22万吨，淡水鱼捕捞量5万吨，各种农产品计划产量大体与去年持平或略有增加。乡镇工业的发展速度安排15%左右。

主要措施：

1. 严格控制占用农业用地。今年非农业建设占地要比去年减少10%，新开发农用地2万亩。进一步改进耕作制度，努力提高土地利用率和产出率，因地制宜地再发展一批吨粮村。

2. 市、县（区）、乡都要继续增加对农业的投入。计划安排的农业基建投资6000万元，比去年年初计划增加5.2%，市财政安排支农资金和事业费支出比去年增加8.6%。各区县都要继续拿出一定财力用于加强农业，并积极引导农民增加投入和劳动积累。

3. 进一步搞好科教兴农。充分依靠和发挥市政府专业顾问团的作用。积极组织应用技术的研究和推广，发挥群众科技组织和农民技术员的作用，鼓励和支持科技人员到农业生产第一线。继续改善农村，特别是贫困、边远地区中小学办学条件。大力开展职业技术教育和成人教育，提高农民素质。

4. 安排好农业生产资料的供应。化肥计划使用100万吨，农药和农膜的供应要予以保证。完成4个县办化肥厂的改造任务。努力增施农家肥。

5. 努力节约农业用水。今年扩大具有喷灌、管道输水或渠道衬砌等节水措施的农田面积40万亩。

6. 搞好农业基础设施和农产品加工的建设。计划安排的主要项目有：优质农产品转运站、农科院试验楼，大发肉鸡屠宰厂、右安门乳品厂迁建以及延庆南干渠和北干渠的延伸扩建等。

7. 乡镇企业要认真执行"广开放、抓调整、增效益、促发展"的方针，以提高经济效益为中心，以调整企业结构和产品结构为重点，认真抓好技术改造、新产品开发，上档次，上质量，增加企业积累，增强发展能力。

（二）工业生产

工业生产计划安排重点：一是经济效益奋力爬坡，二是生产适度增长，三是产品结构有所改善，四是工业后劲项目开始起步。

计划草案安排：发电量131.6亿度、钢材315万吨、黄金125公斤、乙烯27万吨、烧碱8.7万吨、轮胎103万套、水泥248万吨、化肥9.3万吨、化纤5.45万吨、纱41.5万件（7.43万吨）、汽车8.8万辆、程控交换机11.8万门、录相机2万部、彩色电视机58万部。产量计划的安排都留有一定余地。

要切实把提高产品质量放在突出位置上。计划草案要求，产品质量稳定提高率达到95%以上；国家、市级监督抽查合格率比去年提高2个百分点；创国优产品20种，部优产品100种，市优产品100种。

要加快产品结构的调整步伐。每个行业都要根据市场需求并结合"八五"计划制订调整产品结构的近期实施方案，抓紧落实。对市场滞销，长期积压的产品要下决心停止生产。努力开发"四新"产品和高附加值新产品。强化企业的科研开发机构。全年计划开发新产品3200种，抓好100个消化吸收国产化重点项目和"八五"消化吸收国产化一条龙项目。推广节能降耗新工艺、新技术20项。

增强工业后劲的建设项目要开始起步。除继续建设"七五"计划结转的工程项目和适应市场需求的"短、平、快"项目外，要集中资金安排好一批具有后劲的重点基建和技改项目。全年工业技改投资19.3亿元，重点竣工投产项目100项。计划今年竣工的限额以上项目有化工实验厂碳铵改尿素、轮胎厂纤维子午线轮胎等；续建项目有五十铃N系列轻型车、内燃机厂2.0升汽油发动机、30万千瓦发电机组国产化等。有线电厂程控交换机和首钢大规模集成电路工程争取年内开工。11.5万吨乙烯工程已经列为国家"八五"重点建设项目，它对减轻东郊地区环境污染，增产国家急需的化工原料，增加地方财政收入都有重要作用。市政府要求集中力量，加紧建设，力争"八五"计划期间建成。6.6万吨聚酯切片工程也要抓紧项目的前期准备工作。

（三）商业

保证首都市场稳定、繁荣，仍然是今年经济工作的一项重要任务。

商业工作要适应国家进一步启动市场的需要，积极安排好商品货源的收购与销售，并同外贸部门紧密配合，共同面向国际国内两个市场，帮助企业发展生产。

要加强农、商合作，安排好副食品的收购与销售。发展净菜销售网点，使净菜商店增加到100个以上。继续实行“打开城门，不搞地方保护主义”的政策，大力组织各地名特优新产品进入首都市场。对本市优质名牌产品和与外地同质同价的工业产品要优先收购。充分发挥国营商业和供销社的主渠道作用，坚持一手抓商品货源，一手抓搞活市场，以销促购，以销促产。继续大力发展商、饮、服、修营业网点，今年计划增加5000个以上。抓紧大中型商场、集贸市场和粮食、石油等仓储设施的建设。主要有：西单商场北货场扩建，交电批发零售营业楼，朝内菜市场改造，双榆树、东大桥和马甸三个中型商场，储运公司综合商业楼，龙门醋厂和酿造八厂酱油车间改造，一批粮库及大兴石油库等。东安市场扩建工程，北京站商业服务楼等项目要抓紧建设前期准备工作。市政府决定，集贸市场的建设以区为主，计划开工32个，争取竣工18个。

（四）对外经济贸易和旅游

今年国家对外贸体制进行了重大改革，所有外贸企业都要实行自负盈亏。本市外贸企业要适应新的外贸体制的要求，努力改善经营，增加出口。根据国际市场需求的变化，调整出口商品的结构，努力增加机电产品的出口。切实提高出口商品的质量、档次和履约率。同时要大力降低经营费用和换汇成本。本市出口商品收购额占全市总收购额的比重要提高到70%以上，地方自有外汇继续按照先还债后进口的原则加以安排。进口用汇大体维持去年水平，重点安排粮食、化肥、钢材、木材、重要化工原料等的进口，同时要尽可能安排一些地方（企业）自有外汇用于引进先进技术设备。

积极扩大利用外资。国外贷款主要安排地铁一期信号改造、第九水厂二期工程等一批城市基础设施项目。要继续执行大、中、小型项目并举，以中小为主的方针，更加积极地发展“三资”企业，重点兴办高新技术和增加出口创汇的企业，同时严格限制非生产型项目特别是重复引进和餐饮业项目。计划全年新批“三资”企业300个以上。世界银行贷款的北京环保项目，已经通过评估，原则同意使用1.25亿美元，要抓紧工作，争取早日签约。

旅游业要进一步恢复和发展。入境旅游者力争达到历史最高水平。旅游创汇7亿美元。

（五）固定资产投资

继续实行控制总量、调整结构、保证重点的方针。全年建设规模要控制在国家下达和批准的指标以内，建设项目必须符合国家产业政策要求，重点项目要予以保证。全市开复工面积控制在2200万平方米左右（不含商品房开发），其中新开工900万平方米，竣工1000万平方米。

固定资产投资规模，优先安排城市基础设施、农业、教育、工业、住宅（重点是危房改造）和政法公安建设，根据资金的可能，统筹兼顾其它方面的需要。基本建设计划优先安排竣工项目，适当安排续建项目，严格控制新开工项目和楼堂馆所以及不符合产业政策的项目。过去已停缓建的楼堂馆所，按国家的规定，未经批准，不能恢复建设。技术改造投资优先满足调整产业结构和产品结构的需要，重点安排节能降耗、改进产品质量、增加新品种，提高劳动生产率、扩大出口创汇与替代进口能力以及加强安全生产等项目。

当前，在建设领域，不按国家规定的管理程序办事，追求高标准，随意超概算和拖长工期的情况比较严重，造成许多不应有的损失和浪费。市政府有关部门要从设计、施工、材料设备采购等方面采取相应措施，严格控制追加投资，努力杜绝浪费，使有限的资金能办成更多的实事。

（六）城市基础设施建设

城市基础设施建设要继续放在城市建设的首位。重点解决供水、供电、供气、供热、城市交通等方面的问题。计划草案安排的主要项目有：第九水厂二期输水管线工程；十三陵抽水蓄能电站、第三热电厂；首钢煤制气、焦化厂焦炉改造、管线隐患应急工程；高碑店污水处理厂；“西厢”道路工程、地铁复兴门至西单段、京石公路北京段（三期）、通黄路；市话网扩建工程等。高碑店热电厂、北京西客站（国务院已批准设计任务书）等工程，要抓紧建设前期准备工作。今年计划新发展燃气用户7.5万户，建设东郊热源工程增加集中供热150万平方米，继续发展区域供热和联片供热，新增市话交换机容量10万门。

（七）财政和金融

财政。收入计划比去年实际增长4%，支出基本保持去年实际水平。财政补贴压缩到44.5亿元以内。今年财政上的困难较大，必须努力开源节流，从提高经济效益，加强税收征管，清理欠税，严格审计监督，继续开展税收、财务、物价大检查，坚决压缩财政补贴和行政事业费开支等方面采取有力措施，努力增加收入，严格控制支出，实现收支基本平衡。

金融。要继续贯彻“控制总量、调整结构，适时调节，提高效益”的方针，既要保证重点，又要盘活资金。

要认真组织清欠挖潜工作，压缩不合理资金占用15亿元，以加速资金周转，进一步把资金搞活。继续发展保险业务，积极增加险种，提高保险服务水平。

（八）科技、教育、卫生和人口

科技。要以加强农业、增强工业后劲、促进经济发展、搞好城市基础设施建设、改进城市管理等方面为重点组织研究攻关。加强中间试验和试验基地的建设，促使科研成果迅速转化为生产力。抓好一批效益好、见效快的科研成果的推广应用，特别要大力推动电力电子、光纤通讯等高新技术的开发研究，逐步实现产业化。新技术产业开发试验区的建设要继续抓紧，进一步落实各项优惠政策。社会科学要把马克思主义、毛泽东思想基本原理和普及的研究、计划经济与市场调节相结合的研究作为重点，同时要加强对经济动态的实用科学的研究。市社科院业务楼在年内开工。

继续发展各类教育，加强基础教育，大力发展职业技术教育。进一步普及九年制义务教育。采取综合措施，解决初中“二部制”问题。努力提高普通高校的教育质量，有计划有步骤地对市属高校和专业进行调整。市属中专的招生要适应本市调整产业和产品结构的需要，增加本市急需的重点学科和专业的招生数量。努力扩大技工学校的招生规模，充实师资力量，提高教育质量。城市职业高中要坚持以培养第三产业人才为主的办学方向，稳定招生规模。农村职业学校要积极扩大招生规模。在农村进一步推广“绿色证书”制度，积极试点面向第二、第三产业的证书制度。成人教育要以岗位培训为重点，完善岗位培训体系。继续巩固扫盲成果。努力改善教育设施。主要建设项目有：北工大环化楼、建工学院和师院试验楼、经济学院留学生楼、小学和初中校舍改扩建工程、电大二期联建工程等。

卫生保健的重点是搞好预防和农村医疗保健。对严重危害人民健康的地方病、传染病，要采取有效措施加以控制。继续搞好医疗设施的建设，重点安排了同仁、友谊、安定、肿瘤等医院项目，第二医院门诊楼争取开工。

加强计划生育工作，继续严格控制城市人口。认真宣传和贯彻市人大常委会通过的《北京市计划生育条例》，使计划生育工作走上法制轨道。巩固和加强全市特别是农村计划生育网络的建设，进一步推行计划生育目标责任制。整顿和减少进京人口的审批单位，市政府已决定成立专门小组集中审批地方单位进京人口。

（九）环境保护

今年要继续贯彻以环境目标责任制和综合整治定量考核为核心的各项管理制度。继续以防治大气污染和保护饮用水源为重点，开展城市综合整治。抓好重点污染项目的治理，加强农业生态保护，改善环境质量。市政府决定，继续为群众办10件环保实事，各区、县、局（总公司）也要确定为本地区、部门办的环保实事。

（十）物价

物价工作要继续贯彻“既要稳定物价，又要振兴经济”的指导思想，为稳定政治大局，促进经济发展，缓解财政困难，维护人民利益服务。由于去年调价项目出台较晚，翘尾部分对今年影响较大；为逐步理顺重要基础产品价格，今年国家还将出台一些新的调价项目；加上一部分价格放开商品自发涨价，今年物价上涨幅度将高于去年。为此，必须进一步加强对物价的管理，对新出台的调价项目，要努力做到精心测算，科学调度，严格控制，合理安排；属于国家统一部署的调价项目，坚决按国家要求认真执行，严格控制连锁反应，不准搭车涨价和乘机乱涨价；对市管的国家定价和国家指导价商品价格及收费标准的调整，要继续集中管理权限，严格控制，各部门不准擅自出台调价项目；对集贸市场价格，物价、工商管理部门要进一步加强管理；要继续认真清理整顿行政事业性收费项目和标准；进一步加强物价监督检查，重点是人民生活必需品价格、收费标准和重要的生产资料价格。

（十一）人民生活

要在发展生产、提高劳动生产率和经济效益的基础上使人民生活继续有所改善。进一步加强对职工人数和工资基金的管理，坚持工资大检查和工资联审制度。城镇待业人员，要继续实行“三结合”的就业方针。大中专、技校毕业生和复转军人的安排，要面向厂矿、面向基层、面向多种所有制经济，严格控制机关、事业单位增人。同时严格控制计划外使用农民工和“农转非”人员。全年新增地方全民所有制单位职工要控制在国家下达的2.7万人以内。全民所有制单位计划工资总额的增加，要按照国家统一规定的使用方向，首先用于职工的正常转正、定级、增人和企业效益工资等，企业职工工资的提高必须从企业的实际情况出发，严格与经济效益挂钩。农民的收入，随着农业和乡镇企业的发展，会比去年有所增长。城乡居民人均居住面积将继续有所增加。今年全市城镇居民住宅计划竣工500万平方米，将有10多万户居民改善居住条件，一部分特别困难户的住房将得到解决。

各位代表：

为了全面完成今年各项计划任务，要着重抓好以下几项主要工作：

第一，切实把主要精力放在结构调整上。首先，在资金增量上实行重点倾斜，按照国家产业政策，在固定资产投资计划规模内，尽可能安排更多资金用于加强重点建设。通过投资结构的调整，促进产业结构和产品结构的调整。按照优胜劣汰的竞争原则，采取行政的经济的和法律的手段，下决心对那些产品长期滞销积压和亏损的企业实行合并或转产；支持和鼓励企业实行联合，发展企业集团，促进生产要素的合理流动。

第二，搞活企业特别是国营大中型企业是今年经济工作的重点。要从改善企业外部环境和加强企业内部管理两方面入手。改善企业外部环境，要采取有针对性的措施，逐步使企业真正成为自主经营、自负盈亏、自我积累的商品生产者和经营者，增强企业自我发展、自我改造和自我约束的能力。除要认真贯彻落实国家和北京市已经颁布的搞活企业的法律、法规和政策外，市政府已在去年实行的《38条措施》基础上，制订了支持工业发展、进一步搞活企业的八个方面、40条政策和措施。主要包括：在财政税收政策上支持工业生产，提高经济效益；在流动资金贷款上继续实行区别对待、扶优限劣的倾斜政策；鼓励企业扩大销售、挖掘资金潜力、减少资金占用；鼓励商业、物资企业扩大地产工业品的购销；积极支持外商投资企业和出口创汇企业增加生产；增加资金投入，促进工业企业调整产品结构、开发新产品和技术进步；帮助工业企业完善工资总额与经济效益挂钩办法；继续清理企业间相互拖欠的货款等。同时，市委、市政府决定，要学习推广首钢经验，坚持改革方向，建立完备的内部管理体系，提高企业素质和经济效益。

第三，大力开展“质量、品种、效益年”活动，在提高经济素质和效益上下硬功夫。市政府和各行各业都要认真抓好这项工作，制订出本单位、本企业的目标措施，并把提高质量和效益，增加品种的活动重点放在：(1) 强化企业管理，抓好各项基础工作。重点抓质量、定额、成本、劳动等方面的管理，进一步建立健全和严格执行规章制度。(2) 立足现有基础，加强技术改造。今年增加的技术改造资金，要真正用于提高质量、扩大品种、节约消耗、增强后劲、促使产品更新换代方面，不能在低水平上搞扩大生产能力。(3) 挖掘潜力，扭亏增盈，工业企业的亏损额和亏损户数都要减少50%。改进企业的自有资金管理，认真研究解决潜亏的措施。加强对工资、奖金、津贴的管理，防止企业收入过分向个人渗流。(4) 扭转建设项目超概算、拖工期、不惜工本、敞口花钱的现象。所有重点工程都要从项目决策、建设施工、竣工验收直至后评估实行全过程的严格管理。计划草案要求：主要工业产品原材料消耗都要有所下降，万元产值能耗和水耗分别比上年降低3%和4%，地方全民所有制工业企业资金利税率力争有所提高，流动资金周转天数比去年加速10天，全民所有制工业企业劳动生产率提高2%以上；商业流通费用率降低1%，流动资金利税率提高3%，人均劳动效率提高7%，商品适销率达到90%左右；建筑业要狠抓施工质量，切实树立百年大计，质量第一的观念，严格执行验收标准，确保竣工项目优良率达到40%，实物劳产率提高2%，固定资产竣工交付使用率提高到70%。

第四，进一步启动和开拓市场，加快经济循环。启动市场，重点是启动生产资料市场，适当增加投资需求；开拓市场，重点是开拓农村市场，努力增加农业生产资料和农村消费品的生产与销售。要大力疏通流通渠道，既要积极发挥国营商业、供销社和物资企业的主渠道作用，又要努力减少流通环节和层次，做到货畅其流。

第五，进一步解放思想，坚持和完善行之有效的改革措施，探索新的改革措施，促进经济持续、稳定、协调发展。除按中央统一部署，搞好外贸、财政、金融、计划等管理体制的改革外，本市要着重进行以下几方面的改革：

企业改革。要以增强企业活力特别是国营大中型企业为重点，进一步完善和发展以“两保一挂”为主要形式的承包经营责任制，继续扩大企业经营自主权和投资决策权；切实减轻企业负担，除法定税费外，不得随意向企业收取费用；打破条块分割，突破所有制之间的制约，有计划有步骤地组建一批有竞争能力的企业集团或联合公司。强化企业内部管理，坚持和完善厂长（经理）负责制。

商业体制改革。坚持和完善承包制，进一步搞好内部各项配套改革；搞好批发体制的改革，摆脱经营困境，增强批发业的活力；对东安集团、百货大楼、西单商场、友谊公司实行计划单列，组建独立的企业集团；改革蔬菜购销体制和粮油体制。

投资体制改革。进一步改革设计、施工的招标投标办法，完善和扩大按局、按项目实行投资包干办法，建立基本建设项目全过程的审计监督制度。

劳动制度改革。进一步推行全员劳动合同制，继续推进优化劳动组合，改革企事业内部的劳动、人事制度和分配制度，进一步打破铁饭碗，克服平均主义。

教育体制改革。中小学和职业高中继续贯彻“巩固、完善、深化、提高”的改革方针，把改革重点逐步引导到制度建设、办学方向等直接关系到全面提高教育质量、教学质量的领域中来。坚定不移地实行校长负责制，加强对校长的选拔、考核和调整。市属高校要借鉴师院、北工大的试点经验，全部进入改革轨道。中专、技校和成人教育院校要有计划有步骤地进行学校内部的人事、劳动制度和工资制度的配套改革。

科技体制改革。逐步建立起企业、行业科技开发基地和中央在京科研单位(大学)三者紧密结合的新科技结构；继续推进市属科研院所"三保一挂"承包经营责任制，进一步完善院所内部的人事、劳动制度的配套改革措施；深化农村科技体制改革，加强县乡两级科技服务体系的建设；在企业中建立和完善厂长领导下的总工程师负责的技术指挥体系；进一步扶植和引导技术市场。

卫生体制改革。继续改革公费医疗制度，改革乡卫生院的管理体制，加强对医疗收费的管理。

住房制度改革。继续深化远郊区县的住房制度改革，以售房为重点，并大力推进合作集资建房。城近郊区的改革要紧紧抓住破旧危房改造这个突破口，加大售房比例，更多地筹集资金，按规划、按期完成任务。市政府各委、办、局、总公司要抓紧本系统的房改工作，力争房改面逐步扩大到30%。积极推进超标加租。

各位代表：

今年的经济和社会发展任务十分繁重，面临的问题和矛盾仍然很多。但从全局看，今年的经济形势和有利条件都要比治理整顿初期好得多。主要是：全国的十年规划和"八五"计划纲要已经为今年和以后几年的经济工作制订了正确的方针政策和措施；去年全国和本市农业丰收，为今年的经济发展创造了良好条件；经过两年多的治理整顿，已经取得明显成效和宝贵经验；许多企业在治理整顿中得到锻炼，增强了市场观念和竞争能力；中央和本市都决定进一步采取措施搞活国营大中型企业；国家为启动市场，已经适度扩大了建设规模；市政府同各公司和区县政府签订的新一轮承包合同，使发展经济、提高经济效益获得了新的动力；全国和本市的政治稳定、社会稳定为经济稳定创造了极为重要的前提条件。今年一季度的生产、建设、市场等方面的经济运行情况表明，全市的经济形势，正在继续向着好的方向发展。我们要遵循中共十三届七中全会提出的各项方针、政策、任务和全国七届四次人代会审议批准的全国国民经济和社会发展10年规划和"八五"计划纲要，解放思想，奋力开拓，兢兢业业，扎实工作，为全面完成今年的计划任务而努力奋斗，为实现本市10年宏伟规划创造良好的开端！

关于北京市1990年财政决算和1991年财政预算草案的报告

——1991年4月17日在北京市第九届人民代表大会第四次会议上

北京市财政局局长 王宝森

各位代表：

我受市人民政府的委托，现在向大会提出1990年财政决算和1991年财政预算草案的报告，请予审议。

一、1990年财政决算

1990年，在中共北京市委的领导下，全市各族人民认真贯彻落实中共中央、国务院进一步治理整顿、深化改革的方针和北京市第九届人民代表大会第三次会议通过的各项决议，团结协作，奋力拼搏，克服了各种困难，圆满地完成了市第九届人民代表大会第三次会议批准的各项任务和指标。同时，"七五"计划的主要奋斗目标也已经胜利实现。1990年，农业生产夺得第十三个丰收年；工业战线经过艰苦努力，生产稳步回升；城乡市场繁荣活跃；外贸出口保持了较高的增长速度；全市零售物价指数大幅度回落；治理整顿取得阶段性的成效。特别是圆满、成功地举办了第十一届亚洲运动会，极大地振奋了民族精神，鼓舞全市人民为首都社会主义现代化建设事业做出新的贡献。在此基础上，财政收支预算完成情况也是好的。

财政收入超额完成年度预算，并保持连续八年稳定增长。市第九届人民代表大会第三次会议批准的1990年市财政收入预算为738400万元。执行结果，实际完成740100.6万元，为预算的100.2%，比上年增长4.2%。分项收入完成情况是：工业企业收入完成126060.8万元，为预算的84.9%；商业企业亏损为39516.7万元，比预算减亏35483.3万元；粮食企业亏损为138898万元，比预算增亏3898万元；工商税收完成832411.3万元，为预算的100.3%；能交基金分成收入完成27976.9万元，为预算的93.3%；国家预算调节基金完成24788.9万元，为预算的95.3%；农牧水产、建工、外贸企业等其他各项收入盈亏相抵后，亏损为92722.6万元。

财政支出严格控制在预算指标以内，在收紧的原则下保证了重点。市第九届人民代表大会第三次会议批准的1990年财政支出预算为612765万元。在预算执行过程中，为了保证亚运会的顺利进行，保持首都的政治稳定和社会安定以及各项事业发展的资金需要，经报请市人民代表大会常务委员会批准，预算调整为678902.1万元。执行结果，实际支出665183.6万元，为预算的98%，比上年实际支出增长11.8%。分项支出完成情况是：基本建设和企业挖潜改造资金支出174881.6万元，为预算的98.3%；科技三项费用支出10336万元，为预算的99.3%；支援农村生产和农林水气等部门事业费支出32089.9万元，为预算的89.1%；城市维护费支出30237.8万元，为预算的99.9%；文教卫生事业费支出160572.8万元，为预算的98.2%；科学事业费支出7626.9万元，为预算的91.5%；抚恤和社会救济事业费支出15955.2万元，为预算的89.9%；行政管理费支出13338.5万元，为预算的99.9%；公检法支出27614万元，为预算的99.7%；列支出的各项财政补贴116503.5万元，为预算的99.9%；简易建筑费、工交商部门事业费等其他各项支出为76027.4万元。

财政收支平衡，略有结余。1990年财政预算执行结果，除按现行财政体制规定上解中央和向中央做贡献的数额外，本市财政结余92125.7万元。其中：属于区县财政结余有72569.3万元，属于市级财政结余有19556.4万元。市级财政结余中，应结转下年继续使用的专项结余有19454.9万元，一般结余为101.5万元。

1990年是我市又一个不平凡的一年。年初由于市场疲软、资金紧张，市属工业连续三个月下滑，产品积压严重，亏损企业增加，财政收入一度出现了从未有过的较大幅度下降的局面。在这种情况下，全市人民在中共北京市委的领导下，各条战线广大干部、职工同心协力，克服各种困难，仍然圆满地完成了市人民代表大会通过的1990年财政收支预算。取得这样好的成绩，是来之不易的。

（一）努力维护首都的政治稳定和社会安定，为发展生产、增加收入创造了良好的社会环境。一年来，全市各族人民认真贯彻“稳定压倒一切”的方针，广泛开展坚持四项基本原则，反对资产阶级自由化的思想教育，努力加强法制建设和廉政建设，切实改变工作作风，密切党、政府同人民群众的联系，深入基层办实事，解决实际问题。同时，在全市范围内广泛开展群众普遍参与和积极实践的首都社会主义精神文明建设，形成了首都各项事业健康发展的精神力量。特别是亚运会安全、精彩、圆满、成功的召开，激发了全市人民的爱国主义热情，增强了全市人民社会主义建设的积极性，各条战线的广大干部、职工将“爱我中华，为国争光；无私奉献，团结协作；顽强拼搏，争创一流”的亚运精神，融汇于本职工作之中，人人为首都社会主义物质文明和精神文明建设创金牌，人人为社会主义事业做贡献，充分发挥了社会主义制度的优越性，展现了首都政治稳定、社会安定的崭新面貌，推动首都经济建设进一步向前发展，使全市财政收入稳定增长有了可靠的保证。

（二）国民经济发展取得新的成绩，各项主要经济指标超额完成，这是财政收入稳定增长的物质基础。针对年初工业生产滑坡和财政收入下降的局面，市人民政府在对经济形势进行综合分析，深入调查研究的基础上，根据国务院适时调节紧缩力度的有关精神，结合北京市的具体情况，及时研究制定了以支持企业调整产品结构，开发新产品，扩大销售，提高效益为核心的“三十八条”措施，并由主管市长分工负责，包干落实。各综合经济管理部门制定了新产品开发的优惠政策，及时落实新产品开发资金，通过现场办公，深入基层等多种途径，解决企业遇到的各种实际问题。实行灵活的扶植措施，对不同性质的积压商品分别实行不同形式的推销奖励办法，积极支持商业、外贸、物资等部门收购工业产品，适度控制社会集团购买力。市政府各委、办、有关局和银行组成清欠领导小组，市领导亲自抓，实行分口清欠责任制，各部门密切配合，通力合作，各家银行为企业清欠投入资金17亿元，市财政也给企业注入3亿元启动资金，缓解了企业资金紧张的矛盾。广大企业职工发扬工人阶级的积极性、主动性和创造性，积极调整产品结构，大力开发新产品，强化销售机构，充实销售队伍，广泛开展促销活动。全年研制开发各类新产品3100种，当年投产2100种，开发新款式、新规格、新包装、新花色产品1.8万种，创产值41.6亿元，创利税近5亿元。一部分企业通过产品结构的调整，开始走出困境。地方预算内国营工业企业在全国市场疲软尚未根本好转，产值下降2.4%的情况下，销售收入增长8.3%。同时，企业产成品资金有所下降，年末成品资金占用31.36亿元，分别比3月末、6月末、9月末下降5.6、7.6和10.7个百分点。清理“三角债”初见成效。在企业的积极参与和支持下，全市共清理拖欠货款66亿元，有些企业解开了“债务链”，为启动生产，活跃市场创造了良好的条件。由于各项措施适时出台，准确到位，全市国民经济发展取得新的成绩。自4月份开始，全市工业生产逐月好转，全年乡以上工业总产值完成469.8亿元，比上年增长5.4%，社会商品零售总额完成307.7亿元，比上年增长15.3%。财政收入也从6月份开始扭转下降局面并逐月稳步回升，全年超额完成了市人民代表大会批准的财政收入预算，并实现了连续八年稳定增长。

（三）继续深化改革，扩大对外开放，进一步调动各方面增产增收的积极性。去年是我市工商企业和事业单位第一轮承包的最后一年。为建立计划经济和市场调节相结合的经济运行机制，保持承包政策的连续性和稳定性，激励企事业单位克服困难，按照“总体上不退不让，个别问题个别解决”的原则，先后与13个工业总公司（局、办）、6个商业主管局（社、总公司）、21个国营农口企事业单位、18个文教事业单位续签了第二轮承包合同。新的承包办法，都比较好地处理了国家、集体、个人三者关系，既保证了国家财政收入稳定增长，又使企事业单位具有一定的自我发展的能力。承包协议签订后，进一步调动了企业干部、职工的积极性，在市场疲软，资金周转困难的情况下，广大干部、职工振奋精神，奋力闯关，努力完成承包任务，市属国营工业433户企业中仍有261户完成或超额完成承包上交指标，超收1.9亿元。

继续巩固和完善区县财政包干体制，调动区县政府当家理财的积极性。去年各区县财政收入完成340329万元，比上年增长7.8%。五年来，先后有六个区县财政收入达到亿元以上，四个补贴县财政收入平均每年递增21.1%，财政自给能力大大增强。根据市人民代表大会的有关决议，市人民政府决定，从1991年起继续维持现行的财政包干体制，一定五年不变，使各区县发展生产，开辟财源，提高效益，增加收入增添了新的动力。

继续坚持外贸体制改革，减少外贸亏损。1990年，全市各有关部门积极配合，对外贸企业进行了以“立足挖潜，调整结构，综合运筹，弥补超亏”为主要内容的改革和工效挂钩办法。同时，从资金上支持外贸企业增加收购，减少高亏商品出口，增加出口创汇，缓解外贸企业资金困难。各外贸公司把增加外贸出口与提高企业经济效益并重，狠抓内部管理，全年外贸出口总额完成13.2亿美元，比上年增长13.9%，提前三个月完成了全年出口任务。减少高亏商品出口58种，减少亏损0.7亿元，平均换汇成本5.32元，比全国平均换汇成本低0.2元，地方承包企业经营亏损2.6亿元，比上年减亏1.2亿元。

积极引进和利用外资，大力发展“三资”企业。1990年，随着我市投资环境的不断改善，一批“三资”企业相继建成投产，在一定程度上促进了我市国民经济的繁荣和发展，成为我市财政收入新的重要财源。全年上缴财政收入达到9.3亿元，比上年增长36.7%，占全市财政总收入的比重，已由1985年的2.5%，上升到12.6%。

（四）压缩财政补贴取得很大进展。1990年，全市从收入和支出两个方面共计补贴44.8亿元，比上年下降0.4%，实际压缩5.2亿元，比市人民代表大会批准的压缩5亿元指标，多压了0.2亿元，出现了十几年来财政补贴首次下降的可喜局面。一年来，市人民政府始终把压缩财政补贴做为全市的一项中心工作，市长和各位副市长亲自抓，市人大常委会和市政协也十分关心，多次听取汇报，并提出许多宝贵建议，全市各有关部门、单位都把压缩财政补贴当作一件大事。财政部门专门成立压缩补贴领导小组和调查组，对补贴项目逐一进行全面调查，科学合理地制定压缩财政补贴方案和控制指标，并将各项压缩指标层层分解落实到各主管部门、单位和个人，实行目标管理责任制。同时，制定相应的奖惩办法，调动了各单位的积极性。各有关部门、单位加强内部管理，堵塞各种漏洞，在各项增亏因素较大的情况下，经过艰苦努力，都完成了压缩补贴的目标。压缩财政补贴是在稳定物价、保证市场供应的前提下进行的，重点压缩了由于管理不善造成的损失浪费，改变一些商品的补贴办法，堵塞了一部分漏洞，对直接影响居民生活“菜篮子”的项目，采取稳定价格、继续补贴的方针，因此，压缩财政补贴不但没有引起物价上涨，影响人民生活，而且更加显示了首都经济稳定和人心安定，体现了首都人民对市人民政府工作的理解和支持。

（五）加强监督管理，大力组织收入。各级财政、税务等部门一方面支持、帮助和促进企业发展生产，扩大销售，提高效益；另一方面，把组织收入工作放在重要的位置上来抓。财政专管员深入重点盈利企业和亏损大户，实行包户管理，积极帮助企业落实各项增收节支措施和增收减亏指标，清理企业欠缴利润，去年底做到了基本不欠，压缩欠缴0.5亿元。税务部门实行征管和检查分离，建立健全了纳税人主动申报制度和发货票管理制度，加强税收征管，动员各方面的力量协助代征、代扣、代缴，广泛开展税收大检查，全年共查出违纪金额5.7亿元，清理欠税6.5亿元。去年全市工商税收共完成832411.3万元，比上年增长5.8%，对保证全市财政收入任务的超额完成做出了重要的贡献。此外，去年9月份开展的税收、财务、物价大检查取得进一步明显的成效。全市自查和重点检查应上缴国家财政的收入4.16亿元，已上缴财政3.6亿元。各级审计、工商、物价等部门也普遍加强了监督检查。由于各部门加强管理和监督，不仅增加了财政收入，而且在促进政治、经济和社会稳定方面也发挥了积极的作用。

（六）继续增加农业投入，支持农村经济持续、稳定、健康地发展。1990年用于支援农村生产和农林水气等部门事业费支出32089.9万元，比上年增长2%。增加的支出，重点用于支持农业适度规模经营和机械化生产，大力推广运用农业科学技术，发展粮食、副食品基地，促进农田水利基本建设和乡镇企业的发展，支持山区经济建设，扶持贫困乡脱贫。根据中共中央十三届五中全会关于“全党全国动员起来，集中力量办好农业”的决定，全年用于农田水利、吨粮田建设和农业综合开发等方面的资金达14553万元，比上年增长5.8%，超额完成农田水利工程建设任务，改善了农业生产条件。用于各类科技开发、应用、推广资金达1520万元，比上年增长59.3%。推广科技成果430多项，培训县、乡科技人员6.8万人，建成副食品基地14个，取得良好的效果。全市粮食产量再创历史最好水平，1990年粮食总产量达264.6万吨，比上年增长10.6%。副食品生产稳定增长，菜、奶、肉、蛋、鱼等主要副食品产量都超额完成全年计划，比上年有不同程度的增长。乡镇企业在调整中健康发展，全年乡镇企业总收入171.6亿元，比上年增长17.3%，实现利润19.91亿元，比上年增长9.8%。扶贫工作取得新的成绩，1990年，37个贫困乡全部实现了初步脱贫目标。

（七）大力增加教育、科技支出，积极为发展教育、科技办实事。1990年，全市教育事业费支出81992.8万元，比上年增长17.1%，大大高于全市财政收入增长4.2%的幅度。此外，其他支出项目中用于教育的支出，还有42024万元。这样，1990年预算内用于教育方面的支出实际为124016.8万元，占全市财政支出的比重，按可比口径计算，由1989年的20.06%提高到20.1%，是历史上最高的一年。除预算内用于教育方面的支出外，预算外各项附加收入、校办工厂收入、社会和个人用于教育方面的资金约有32403万元。如果将预算内外用于教育的支出加在一起，总额达156419.8万元，比上年增长8.8%。在财政十分困难、各单位资金非常紧张的情况下，对教育的投入在较高的基础上继续增加，充分体现了市委、市人民政府和全社会对发展教育事业的重视和支持。

1990年增加的教育事业费支出重点用于支持学校内部管理体制改革，发展农村职业技术教育，为山区中小学购置教学设备，建立军训基地，翻建校舍和修缮危房，进一步改善办学条件等。全年拨款3305万元，对7所大学和16所中专的部分专业进行重点建设和调整，支持了市属高校内部机制改革试点，中专学校综合配套改革和中小学结构工资改革，通过改革，使教职工的待遇有了较大提高。全市中小学教职工年人均收入比改革前的1988年，增长28.9%。拨专款5027万元，初步调整了山区中小学布局，为山区中小学配备了1500套电教柜，翻建改建校舍12.84万平方米，综合维修校舍16.43万平方米，抢修中小学危房6.5万平方米，为远郊区县和贫困乡有困难的中小学添置课桌椅，改善了山区中小学的办学条件。重点扶持了一批职业高中和成人中专学校，全市职业高中班发展到1484个，设置专业232个，在全国名列前茅。开展了贫困山区、乡扫盲教育和农民实用技术培训。建立了76个中学劳动实习点和5个农村实习基地，2个军训基地也正在筹备建设中。另外，还发放周转金1376万元，重点扶持了一批中小学校办企业，1990年，全市普教系统校办企业纯收入1.37亿元，补充中小学教育经费6084万元。为了更多地增加教育投入，去年市人民政府决定将全市教育费附加征收比例由上年的1%提高到2%，共征收1.16亿元。十个远郊区、县全部建立了人民教育基金制度，全年共征集资金3600万元，开创了多渠道筹集资金办教育的新路子。

继续增加科技投入。1990年，全市科技三项费用和科学事业费支出17962.9万元，比上年增长19.3%，大大高于全市财政支出增长幅度。增加的支出，重点用于支持科研改革，开发新产品和新技术，推广运用科技成果，购置科研仪器设备，培养科研人才等。全年取得科技成果3763项，其中重大科技成果900项，有12项获国家科技进步奖，3项获国家发明奖，推广运用科学成果3076项，实现产值23亿元，创利税3亿元，有力地推动了我市国民经济的发展。

（八）严格控制一般性基本建设支出，保证重点工程建设和城市维护的资金需要。1990年，全市基本建设和企业挖潜改造资金支出174881.6万元，比上年增长13.4%。在控制总量的前提下，调整结构，保证了重点工程、续建工程和亚运会工程建设的资金需要。先后建成了第九水厂（一期）工程、北京电视台、北京乳品厂等建设项目。特别是为改善广大群众的住房条件，市政府千方百计筹集危房改造启动资金2亿元，及时拨付给各区县，促进了危房改造的进程。目前，全市已有37片危旧房列入改造计划。改造后可建住宅336万平方米，5万多户，17.8万居民的住房条件将得到改善。

1990年城市维护费支出30237.8万元，比上年增长16.3%，加上各项城市公用事业附加7000万元，用于城市维护的支出总额为37237.8万元，重点用于城市绿化美化和环境保护。一年来，城近郊区植树479.4万株，铺草坪252.9万平方米，垂直绿化6万延长米，扩大绿地面积200公顷，种植和摆放各种花卉1364万盆（株），布置花坛1000多个。搬掉天坛土山，复建颐和园苏州街，高质量地完成了33个亚运会比赛场馆和中轴路、安外大街等10条新建街道的绿化美化任务。清扫道路保洁面积3694.6万平方米，新建密闭式集装箱垃圾站102座，清运垃圾384.1万吨，新建改建公厕125座，建成烟尘控制区39个，治理污染源7950项，做到了以满目青翠、绿茵铺地、花团锦簇、整齐清洁的崭新面貌迎接亚运会。

（九）严格控制行政经费支出，适度控制社会集团购买力。一年来，市人民政府把控制行政经费支出作为加强廉政建设的一件大事，冻结行政事业单位的机构编制，大力精简会议，严格控制差旅费和购置高档办公设备，全面推行工作餐制度，严格支出预算管理，并继续做好工资总额包干的试点。1990年，全市行政管理费支出13338.5万元，除用于调整职工工资增加的支出外，基本控制在上年水平。

适度控制社会集团购买力。去年以来，根据“区别对待，紧中有活”的原则，严格控制行政、事业单位用财政拨款购买专控商品，全市社会集团购买力执行数9.18亿元，剔除物价上涨等不可比因素，维持上年水平。同时，保证了亚运会场馆工程、亚运村和组委会所需购买力指标。下放部分专控商品审批权限，对用自有资金和预算外资金购买或更新控购商品放宽审批，暂停征收专控商品附加费。对缓解市场疲软、启动市场、促进生产发展起到了积极的作用。

（十）增拨专项支出，保证了亚运会的顺利进行。除中央拨付亚运会场馆建设资金，群众集资和各区县、各单位自筹资金以外，1990年市财政预算内用于亚运会的专款支出达3.4亿元，保证了亚运会举办经费的需要，以及亚运场馆建设和绿化美化，市容环境的整顿和治理，开展亚运宣传教育，整顿社会治安秩序以及本市运动员的参赛训练经费等。为了使边远山区绝大部分人民都能看到北京电视台亚运会实况转播，在七个远郊县建成73个电视差转台和6座地面卫星接收站，并于亚运会前全部开播，覆盖率由93.5%提高到98%。此外，为解决亚运工程和道路建设的资金困难，市人民政府多方筹措资金，保证了亚运比赛场馆、亚运村工程和24条道路及时建成使用。还拨借一部分专款保证了亚运会期间的市场供应和亚运村以及为亚运村服务的宾馆、饭店的特需供应。亚运会的巨大成功，显示了我国综合国力的明显增强，再次证明了只有社会主义国家，才有可能最大限度地集中人力、物力和财力，在短时间内办成别人看起来办不成的事情。

（十一）保证调整工资支出，提高职工生活水平。根据国务院决定，1990年增加行政事业单位职工调资支出12825万元，保证了调资工作的顺利进行，使行政事业单位职工生活有所改善。同时，采取措施解决了131户停产及微利企业职工的工资和医药费问题，维护了首都的稳定。

各位代表：1990年我市财政预算完成情况是好的。但是也面临一些问题和困难。一是企业经济效益下降的局面未能根本扭转，企业亏损情况仍然十分严重；二是对财政资金使用和管理缺乏有效的制约和监督，企业单位基础管理工作仍很薄弱；三是财政补贴增长过猛的势头虽然有所抑制，但是财政负担仍很沉重，补贴中还有各种漏洞；四是行政事业单位人员和编制增加较多，财政负担加重；五是财经纪律松弛，花钱大手大脚，不讲效益的现象仍然存在。这些问题和不足，在今后的工作中，要积极研究，采取措施，切实加以解决。

二、1991年财政预算草案

我市1991年财政收支预算草案，是根据七届全国人大四次会议通过的《中华人民共和国国民经济和社会发展十年规划和第八个五年计划纲要》精神，按照陈希同市长在政府工作报告中提出的《关于北京市国民经济和社会发展十年规划和“八五”计划纲要（草案）》以及本市1991年国民经济、社会发展各项计划指标制定的。财政收支安排总的指导思想是：切实提高经济效益，确保财政收入稳定增长；紧缩财政支出，调整分配结构；推进价格改革，压缩财政补贴；努力开源节流，实现收支平衡。现在提请大会审议的1991年财政收支预算草案的主要情况是：

财政收入安排770000万元，比上年增长4%。分项安排情况是：工业企业收入安排129000万元，增长2.3%；商业企业亏损安排40000万元，增亏483.3万元；粮食企业亏损安排135000万元，减亏3898万元；工商税收安排873000万元，增长4.9%；能交基金分成收入安排25000万元，下降10.6%；国家预算调节基金安排21000万元，下降15.3%；农牧水产、交通、建工企业等其他各项收入盈亏相抵，安排亏损103000万元。

财政支出安排665300万元，与上年基本持平。分项安排情况是：基本建设和企业挖潜改造资金安排121075万元，下降30.8%；支援农村生产和农林水气等部门事业费安排34893万元，增长8.7%；城市维护费安排33350万元，增长10.3%；文教卫生事业费安排162720万元，按可比口径计算，增长11.6%；科技三项费用和科学事业费安排16998万元，按可比口径计算，增长28.5%；行政管理费安排13400万元，与上年基本持平；公检法支出安排29027万元，增长5.1%；列支出的各项财政补贴安排124600万元，增长7%；工交商部门事业费、抚恤社救等其他各项支出安排129237万元。

根据以上收支安排，除按现行财政体制上交中央部分和向中央做贡献的数额外，本市财政收支平衡。现将主要情况说明如下：

(一)财政收入安排继续保持稳定增长。1991年财政收入预算安排比上年增长4%，是按照我市国民经济计划指标和效益指标，即工业总产值(含村办工业)增长6%，社会商品零售总额增长10%，原材料、燃料消耗降低1%，企业经营性亏损压缩50%安排的。这样安排，增长速度基本上与工业生产增长同步。收入安排考虑了国家经济政策变化对财政收入的影响，以及生产增长，商品流通扩大，提高经济效益，新增税源等增收因素。同时，考虑了部分商品价格变化，亏损商品多销多亏，增加供水、供暖、供热以及扩充交通线路等减收因素。在目前市场疲软状况尚未根本好转，国营大中型企业困难较多，部分企业经济效益不高的情况下，完成这个任务是十分艰巨的，但各项有利条件也很多。党的十三届七中全会确定了正确的指导方针，国家和市人民政府采取的搞活企业的各项政策措施将进一步到位，各项改革、开放措施将不断完善和深化，企业外部经营环境将得到进一步的改善，近几年投入生产的技术改造、技术引进项目将发挥出明显效益，广大干部职工经过两年来的磨炼，对困难的承受能力和应变能力明显增强，通过开展“质量、品种、效益年”的活动，企业经济效益将会明显好转，增收潜力也是很大的。因此，经过全市各条战线的共同努力，今年的财政收入任务是可以完成的。

(二)财政支出的安排，体现了紧缩的方针，调整了支出结构，坚持了紧中有活，有保有压的原则。1991年全市财政支出安排与上年基本持平，是近几年来安排最紧的一年。本市财政收入安排有所增加，为什么财政支出安排持平?主要是中央为了提高“两个比重”，保证重点建设，增加国防开支等，采取了一些集中资金的措施，本市财力要减少6亿多元。另外，还要继续向中央财政每年做贡献1.2亿元。这样，使我市财力减少较多，财政状况更为紧张。为了实现本市财政收支平衡，除努力增加收入外，只能采取压缩支出的办法解决。根据我市今年财力情况，除适当增加农业、教育、科技、公检法、城市基础设施维护和重点建设支出外，其他各项支出大体维持上年水平，或有所压缩。按照这样安排，必须继续过紧日子。要适度控制投资规模，合理调整投资结构，优先安排竣工项目，适当安排续建项目，严格控制新开工项目。要继续控制行政管理费。对一些需要重点保证的项目，也要讲求效益，按照过紧日子的要求，精打细算，能少花的少花，能不花的不花。

(三)继续增加农业投入，确保农业持续稳步发展。全年安排支援农村生产和农林水气等部门事业费34893万元，比上年增长8.7%。增加的支出，重点用于农田水利基础设施建设及水土保持工程，发展粮食、副食品基地和畜牧基地，支持吨粮村建设，推广农业科技成果，培训农业科技人员，扶持相对贫困乡进一步脱贫，促进乡镇企业持续、健康发展，推动农业适度规模经营向高层次迈进。

(四)继续增加教育、科技支出，把我市教育、科技事业提高到一个新的水平。1991年，在财政相当困难的情况下，继续把教育放在优先发展的战略地位，尽最大努力给予支持。全年教育事业费安排93180万元，比上年增长13.6%，继续保持较高的增长幅度。此外，其他支出项目中用于教育方面的经费和基建投资安排40545.3万元，这样，全年预算内用于教育的支出有133725.3万元，占全市财政支出的比重为20.1%。除预算内用于教育方面的支出外，预算外各项附加收入、校办工厂收入、社会和个人用于教育方面的投入继续增加，预计共有38024万元。这样预算内外用于教育的支出共为171749.3万元，比上年增长9.8%。增加的支出，重点用于深化和完善学校内部机制改革，进行山区中小学布局调整和高校、中专重点学科建设，加强农村教育和职业教育，发展基础教育，改善办学条件，提高教学质量，加强劳动、军训基地建设，继续为教育办实事。

增加科技投入，推动首都经济和社会发展。1991年安排科技三项费用和科学事业费16998万元，按可比口径计算，比上年增长28.5%。用于科技方面的支出增长幅度比历年都高，充分说明了市委、市人民政府对科技事业的重视和支持。增加的支出，重点用于深化科技体制改革，发挥科技优势，推广应用科技成果，促进调整产品结构，开发新产品，搞活大中型企业。同时，积极支持科技兴农和发展高新技术，保证中试基地建设的资金需要。

（五）增加公检法支出，巩固首都的政治稳定和社会安定。1991年，安排公检法支出29027万元，比上年增长5.1%。增加的支出主要用于公检法部门增加警力，增添装备和办案经费等。

（六）继续增加城市基础设施重点建设和维护支出，进一步提高市政公用设施综合配套能力，改善城市环境面貌。1991年，全市基本建设和企业挖潜改造资金支出安排121075万元。在控制投资总量的同时，继续调整投资结构，加快重点工程和计划内竣工工程的建设速度，加快城区危旧房屋的改造步伐。1991年城市维护费支出安排33350万元，比上年增长10.3%。加上各项城市公用附加安排的8000万元，用于城市维护支出的总额为41350万元，比上年增长11%。增加的支出，重点用于“七路三桥”的绿化，大搞环境美化，提高市容面貌整齐清洁的总体水平，治理污染，保护环境等。

各位代表：1991年的财政预算草案，总的说，收入打得是积极的，支出安排是紧的。这样安排，同各方面的需要还有很大的差距，但已经尽了最大的努力。各区县、各部门、各单位都要牢牢树立起过紧日子的思想，在搞活大中型企业、提高效益、减少损失浪费方面多想办法，努力增收节支，完成全年财政收支任务。

三、解放思想，奋力开拓，为完成1991年财政预算而奋斗

1991年，是实现十年规划和“八五”计划的第一年，也是实现社会主义现代化建设第二步战略目标非常关键的一年。今年的预算能否完成，不仅对当年的生产、建设以及各项事业的发展具有重要作用，而且也影响着“八五”计划和第二步战略目标的实现。完成今年预算任务，关键是从北京市的实际情况出发，解放思想，深化改革，重点搞活国营大中型企业，提高企业经济效益。具体要做好以下几项工作：

（一）深化企业改革，搞活国营大中型企业，提高效益，增加收入。国营大中型企业是我市财政收入的主要来源。要确保财政收入稳定增长，关键是要增强企业活力。1991年，要以搞活国营大中型企业为核心，全面深化完善各项改革。一是对已颁布执行的各项搞活国营大中型企业的政策和措施，要继续抓紧贯彻落实。二是继续坚持和完善企业“两保一挂”承包经营责任制。目前，企业“八五”承包合同已经签定，各部门要密切配合，将承包指标层层分解落实到基层。要加强内部管理，防止以包代管。同时，加强对企业国有资产保值、增值等附加指标的考核，完善产权管理体制，逐步建立健全国有资产管理机构，推进国有资产的优化配置。三是学习推广首钢经验，重点加强质量、定额、成本、财务和物资管理等各项基础管理工作，狠抓产品质量，增加品种，提高效益，确保今年国营大中型企业资金利税率有所提高。四是对亏损企业继续实行不同形式承包管理办法。大力压缩经营性亏损，严格控制政策性亏损，对新发生亏损的企业和原亏损企业新增加的亏损，除特殊情况经财政部门批准外，一律不予弥补。五是深化外贸体制改革，实行自负盈亏制度。同时，支持外贸企业开展工贸结合，调整出口商品结构，开拓国际市场，增强外贸企业自负盈亏、自主经营，自我约束、自我发展的能力。六是各综合经济部门要继续从资金上、政策上大力支持企业调整产业结构和产品结构，促进组建企业集团，针对部分企业工艺水平低，设备老化的情况，支持企业引进外资和先进技术，加快行业性技术改造、技术进步和发展后劲项目。要积极帮助企业疏通流通渠道，减少库存积压。同时，要研究制定有效措施，逐步建立健全社会保障制度，为企业创造良好的生产、经营环境，增强企业发展后劲。

（二）推进价格改革，堵塞管理漏洞，压缩财政补贴。1991年，要继续发挥财政补贴稳定物价、保证安定团结的积极作用，同时，继续压缩不合理的补贴，堵塞补贴漏洞，并将理顺价格同减少财政补贴结合起来。除蔬菜补贴维持上年水平外，其他各项补贴都要进行不同程度的压缩。要继续实行由行政领导负责的压缩补贴目标管理责任制，补贴控制指标要层层分解落实，继续实行超亏不补、减亏分成或全部留用的奖罚办法，确保全年财政补贴控制在44.5亿元以内。

（三）严格控制财政支出，提高资金的使用效益。1991年，我市财力十分紧张，财政面临的困难比往年更大，各项支出安排只能保证必不可少的最低需要。各区县、各部门都要发扬艰苦奋斗、勤俭节约的优良传

统，从严控制支出，反对铺张浪费，严格按确定的预算指标执行，不能突破。要加强资金投入的可行性研究，建立资金使用的跟踪反馈制度，减少浪费，厉行节约，不断提高财政资金的经济效益和社会效益。

（四）积极利用外资，大力筹集资金，缓解财政困难。坚决贯彻对外开放政策，积极争取多利用一些世界银行贷款和各种国际金融组织以及政府贷款，弥补城市建设资金严重不足。要进一步解放思想，本着“大、中、小并举，以中、小为主”的原则，大力发展“三资”企业。继续巩固和发展财政信用，广泛筹集资金。继续做好国债发行和兑付业务，支持生产和各项事业的发展。

（五）继续坚持和完善区县财政包干体制和事业单位经费包干办法，调动各方面的积极性。实行区县财政包干体制，实践证明，对调动区县增收节支的积极性起了重要作用，得到各区县的普遍拥护，方向是正确的，“八五”期间要继续实行。收支基数、收入分成比例不变，各区县向中央贡献任务也不变。同时，市对补贴县的补贴要随着经济的发展逐年减少。从今年开始的五年间，市对补贴县的补贴以10%、20%、30%、40%的比例逐年减少，“八五”最后一年争取全部取消补贴，达到亿元县。压下来的补贴，主要用于支持补贴县发展生产。目前财政收入已达亿元的区县，要制定出新的目标，在“八五”期末财政收入翻一番，为平衡全市财政预算做出贡献。

事业单位要在确保社会效益的前提下，努力创造条件，积极组织收入，增强自给能力，促进各项事业发展。

（六）加强财政、税收的监督管理，严肃财经纪律。1991年，要继续贯彻依法治税的原则，强化税收征管，坚决制止偷漏税行为。对重点税源要严格管理，指定专人催缴。从严控制减税免税，严格按照税法规定和税收管理权限办事。大力加强税法宣传教育，增强纳税人依法自觉纳税的意识。要继续抓紧清理企业“三角债”和拖欠税利的工作，争取做到不再发生新的拖欠。要加强外事财务和非贸易外汇管理，严格控制临时出国人员用汇。认真贯彻国务院关于坚决治理“三乱”的决定，对现有的收费、罚款、集资和各种摊派进行全面的清理整顿，建立健全有关财务管理制度，争取在年内使乱收费、乱罚款、乱集资的状况取得阶段性成果，并有较大好转。要广泛、深入、持久地开展税收、财务、物价大检查工作，进一步加强审计监督，将经常性的监督检查和大检查结合起来，整顿财税秩序，严肃财经纪律。

各级财政、财务部门要加强勤政廉政建设，进一步提高干部队伍素质。努力学习马列主义，切实改变思想作风和工作作风，深入基层，调查研究，全心全意为基层单位排忧解难，为人民多办实事，兢兢业业，埋头苦干，使财政、财务工作更上一层楼。

各位代表：

1991年的财政任务光荣而又艰巨。我们要在中共中央、国务院，中共北京市委的领导下，动员全市人民认真贯彻七届全国人大四次会议精神以及这次市人民代表大会的各项决议，解放思想，奋力开拓，群策群力，艰苦奋斗，努力增收节支，为实现北京市1991年财政预算而努力奋斗。

北京市人民代表大会常务委员会工作报告

——1991年4月21日在北京市第九届人民代表大会第四次会议上

北京市人大常委会副主任　马耀骥

各位代表：

我受市人民代表大会常务委员会和赵鹏飞主任的委托，向大会报告工作，请审查。

去年3月市九届人大三次会议闭幕以来，常务委员会按照代表大会决议的要求，认真贯彻党的十三届四中全会以来的方针政策，围绕着实现首都政治、经济和社会的进一步稳定发展，治理整顿、深化改革的顺利进行和成功地举办亚运会，积极开展工作，努力履行宪法和法律赋予的职责。一年来，常务委员会共举行8次会议，审议通过了7项地方性法规和1项有关法规问题的决定；检查了10项法律法规的施行情况，审议了代表大会交付的23件议案，听取审议了市人民政府、市高级人民法院和市人民检察院的25项工作报告，加强了对同级行政和审判、检察机关工作的监督，任免和批准任免了152名本市国家机关工作人员；指导区、县、乡、镇人大顺利完成了换届选举的任务。现将一年来的主要工作报告如下：

一、积极负责地制定地方性法规，为改革和建设提供支持和保证

实行计划生育是我国的一项基本国策，先后有50多位代表在两次市人代会上提出4件议案，要求尽快制定颁布计划生育法规。常务委员会审议制定了《北京市计划生育条例》，对计划生育的组织管理、生育节制、优生和节育措施以及暂住人口的计划生育管理等作了规定。

本市各项建设占地数量较大，为贯彻执行十分珍惜和合理利用每寸土地、切实保护耕地的基本国策，加强土地管理，保护和开发土地资源，制止乱占耕地和滥用土地的行为，常务委员会审议制定了《北京市实施〈中华人民共和国土地管理法〉办法》。

赌博腐蚀人们的思想，影响生产、生活和社会秩序。常务委员会审议制定了《北京市禁止赌博条例》，旨在加强综合治理，维护社会治安，促进社会主义精神文明建设。

本市有41万多残疾人，为了从就业、生活、教育、康复等方面对他们给予扶助，维护残疾人的合法权益，保障残疾人平等地充分地参与社会生活，常务委员会审议制定了《北京市残疾人保护条例》。

本市中外合资企业逐年增多，工会组织在动员、团结职工贯彻落实对外开放的方针政策、促进合资企业的发展、维护职工的合法权益等方面，负有重大的责任。常务委员会审议了代表提出的议案，制定了《北京市中外合资经营企业工会条例》，对工会的组织、基本任务和权利、工会活动的保障等作出了规定。

常务委员会审议制定了《北京市实施〈中华人民共和国渔业法〉办法》、《北京市城市绿化条例》，通过了对随地吐痰、乱扔乱倒废弃物者加重处罚的决定，还初步审议了《北京市职工教育条例》草案。

制定地方性法规，需要深入进行调查研究，广泛听取各方面的意见，分析实际生活中存在的问题，探讨完善政策和加强管理的办法，把经过实践检验证明行之有效的政策和成功的经验，通过法规的形式加以规范化。例如计划生育涉及到千家万户，关系到首都现代化建设的大局，与经济发展水平、社会保障的发育程度、文化素养和传统心理有密切的联系，而城市、农村、山区的发展情况又很不平衡。为了使生育调节的政策做到宽严适度，管理工作做到便民和周密，限制与处罚的规定合法、可行和有效，常务委员会领导和有关方面的工作人员深入到郊区县和基层单位，先后召开了各种类型的座谈会上百次，直接征询了近千人次的意见，并且吸收计划生育工作者、法学和人口学方面的专家学者参加，对条例草案反复进行了认真的修改，经常务委员会3次审议，统一了各方面的认识，于今年1月通过了这个条例。又如，在制定本市城市绿化条例的过程中，为了制止挤占绿地的现象，确保绿化覆盖率到2000年达到城市建设总体规划方案规定的指标，常务委员会工作机构会同有关部门，调查了近500个居住小区、高等院校、大型公共建筑设施、商业和服务业单位，并结合本市实际情况进行了测算和论证，在城市绿化条例中对8类不同建设项目分别规定了绿化用地的具体指标。其他法规的制定大体上都是按上述办法进行的。

根据市九届人大三次会议主席团的决定，常务委员会认真办理了大会主席团交付审议、由代表团或代表联名提出的4项立法议案，并答复了提议案的代表。

一年来，常务委员会还组织委员、代表和有关方面积极参与国家立法活动，按照全国人大常委会的要求，承办了国徽法、代表法、铁路法、保护归侨侨眷权益法、残疾人保障法等13项国家法律草案和3项有关法律问题的决定草案征集意见的工作，及时反映了各方面提出的修改意见。

二、按照有法必依、执法必严、违法必究的要求，加强法律法规施行情况的监督检查

一年来，常务委员会先后听取审议了未成年人保护条例、保护消费者合法权益条例、实施大气污染防治法条例、水利工程保护条例施行情况的报告，组织委员、代表对上述法规的实施情况进行了检查监督。常务委员会工作机构同有关部门密切配合，检查了刑事诉讼法、义务教育法、食品卫生法、传染病防治法、国境卫生检疫法和城市建设规划管理暂行办法的施行情况。为使法律、法规得到切实的遵守和执行，在监督检查中着重抓了以下几个环节：

第一，对人民群众普遍关心的重要法律和实施办法，坚持年年督促检查，使法律、法规规定的要求和目标逐步得到实现。1986年国家颁布了义务教育法，本

市随后制定了实施办法。鉴于这项法律、法规对于保障适龄儿童、少年接受九年制义务教育、提高全民族的素质有着十分重要的意义，本市自1987年以来每年都按照统一部署，在全市组织一次检查并已形成制度。在检查的内容上，除对防止学生流失、保证教育经费的“两个增长”、改善办学条件、加强教师队伍建设等实施难度较大的问题坚持年年检查之外，还根据本市的实际情况，每年侧重一两个方面开展检查。1990年是本市农村平原地区达到普及九年制义务教育标准的法定年限，着重检查了达标情况。由于年年督促，狠抓落实，经过各级政府和社会各方面的共同努力，本市继城区、近郊城市地区和远郊县城普及九年制义务教育之后，广大农村的平原地区也已初步达到本市现阶段普及九年制义务教育的基本标准。

第二，对涉及部门、单位较多的法律、法规，着重检查各有关部门依法履行职责的情况，督促它们共同承担起保证法律、法规实施的任务。未成年人保护条例的实施是一项复杂的社会系统工程，为使20多个部门和单位切实担负起法规赋予的职责，常务委员会同未成年人保护委员会一道，集中组织了几次视察，并经常进行督促检查。截止1990年底，从市、区、县到乡镇、街道各级成立了未成年人保护委员会，并与家庭、学校、国家机关和社会构成的横向保护网络相互衔接，形成体系。各有关部门采取措施落实条例的规定。如电台、电视台开设了中学生时事、家庭教育和“七色光”节目；劳动、工商部门对雇佣童工问题进行了检查和清退工作；公安、检察和审判机关分别组成了未成年人案件预审组、起诉组、合议庭，对违法犯罪的未成年人采取适合他们特点的方式进行审查和审理；共青团、妇联组织和中小学也采取了一系列措施，保护未成年人健康成长。通过各有关部门齐抓共管，使未成年人保护条例的贯彻实施有了一个良好的开端。

第三，在执法检查中，认真督促查处案件和整章建制，推动法律、法规的实施。按照常务委员会和市政府的安排，各有关部门和单位用半年时间，对水利工程保护条例的施行情况进行了检查，部分委员和代表到基层单位进行了重点抽查，通过深入细致的工作，推动了一批遗留案件的查处，进一步健全了水利工程管理制度。在检查保护消费者合法权益条例实施情况中，根据常务委员会的要求，有关部门针对严重损害消费者权益的商品质量问题，在全市集中开展了几次打击制造、销售伪劣假冒商品的活动；200多名代表到30多个商业企业进行了检查。这次检查活动，使一批案件得到查处，取缔了十几个制造伪劣商品的“专业村”，解决了许多商品销售方面的纠纷，保护了消费者的合法权益。

三、检查国民经济社会发展计划和财政预算执行情况，促进经济发展

国民经济社会发展计划和财政预算执行情况，是常务委员会实行工作监督的重要内容。一年来，常务委员会先后3次听取审议了计划、预算执行和调整情况的报告，根据代表大会的授权依法批准了1989年财政决算，并且着重从工业生产、实施技术振兴计划和开展税收财务物价大检查、严肃财经法纪等方面，听取审议了8项专题报告。

针对治理整顿中本市工业生产面临的许多复杂问题和矛盾，常务委员会先后组织从事技术、经济工作的委员、代表和高等院校部分师生，组成几个专题小组，到工厂进行考察，就搞活大中型企业、加强技术改造、增强企业发展后劲等问题写出了调查报告，反映了基层的呼声和要求，提出了解决问题的建议。部分委员和代表还深入远郊县和部分工商企业进行视察和调查，总结了二轻行业与农村供销社组织联合销售体、开拓农村市场的经验，以及贯彻全心全意依靠工人阶级的方针、加强企业民主管理的情况和经验。通过这些调查，提高了常务委员会审议问题的质量，也推动了主管部门和有关单位改进工作。

在治理整顿中，社会上对乡镇企业要不要发展和如何发展，一度存在着不同认识，部分代表在代表大会上就此提出了两件议案。常务委员会审议了市政府关于办理议案的情况报告，作出了扶植和引导乡镇企业健康发展的决议。决议强调，本市乡镇企业已经成为农村经济的重要支柱和国民经济的重要组成部分，当前的任务是要认真贯彻执行中央“调整、整顿、改造、提高”的方针，根据国家产业政策积极主动地调整产业结构和产品结构，因地制宜地发展多种形式的乡镇企业；各有关部门应当对符合产业政策的企业给予支持，组织城市工业企业和科技人员帮助乡镇企业提高经营水平和进行技术改造；乡镇企业要坚持社会主义方向，坚决纠正经营管理中的不正之风。这个决议引起了广泛的反响，推动各方面帮助乡镇企业克服困难，使乡镇企业继续健康发展。

常务委员会就实施“工业技术振兴计划”和加强新技术产业开发试验区的建设，听取审议了市政府的报告，要求在已有经验的基础上，进一步提高各级领导对科技战略地位的认识，使科学技术切实面向经济建设和工业生产，经济建设和工业生产真正转到依靠科技

进步的轨道上来。实施工业技术振兴计划必须做好组织协调工作，采取多种形式促进科研单位、高等院校同生产单位的结合，组织重大科技项目的攻关；新技术产业开发试验区要发挥“辐射源”和“孵化器”的作用，及时把科技开发成果应用于本市大中型企业。委员们还对增加科技投入、加强科技队伍的建设、加强试验区的宏观指导和监督管理等提出了许多积极的建议。

常务委员会听取审议了市政府关于开展税收、财务、物价大检查，清理整顿和压缩财政补贴的报告，听取审议了市高级人民法院关于经济审判工作的报告，要求把税收、财务、物价大检查同执法大检查相结合，把法制教育贯穿于大检查的全过程，严肃查处违法违纪问题，建立健全日常检查和内部审计制度，完善企业自我约束机制；并就清理整顿财政补贴方面完善政策、加强管理、严肃纪律、堵塞漏洞提出了建议，促进了这些工作的改进和加强。

水资源匮乏是本市经济发展的重要制约因素，常务委员会听取审议了市政府关于节水议案办理情况的报告，对落实节水措施、提高水的重复利用率、运用价格杠杆促进节水等提出了意见和建议，并正在组织有关部门研究拟定节约用水的地方性法规。

四、审议人民群众普遍关心的重要问题

办好第11届亚运盛会，是首都人民和全国人民的共同心愿。为检查和推动举办亚运会的各项准备工作，在全国人大常委会的支持下，市人大常委会和各区、县人大常委会于6月和8月先后组织在京全国人大代表和市、区、县人大代表共1800多人，进行了两次大规模的视察活动。代表们组成近130个小组，分别视察了民航、铁路、公共交通、旅游饭店、商业饮食服务、医疗卫生、市政公用、集贸市场、市容环境、社会治安等方面的1000多个单位。视察中有听有看，有询问交谈，有明察暗访，有集中活动和分散视察；既发现和提出问题，又积极出主意想办法，共提出了近1100条建议、批评和意见。市委、市人大常委会、市政府及有关委办局的领导对代表视察活动高度重视，各单位认真汇报工作，回答询问，听取意见，切实解决问题。这两次视察活动，对亚运会取得圆满成功，起到了有力的支持和促进作用。常务委员会还结合举办亚运会，听取审议了本市体育工作的情况汇报，要求政府主管部门大力加强优秀运动队的建设，加强以学校为重点的群众体育，把本市体育工作向前推进一步。

中小学教育质量问题为人民群众所普遍关注，有110多位代表在大会上提出了8件议案。市和区、县人大常委会为此进行了历时半年的调查研究。通过组织市、区代表座谈，视察不同类型的学校，听取教师、干部和有关专家的意见以及深入课堂听课，整理了20多份调查材料，从多方面对教育质量问题进行了比较深入的探讨。在此基础上，常务委员会听取审议了市政府关于深化教育改革、全面提高中小学教育质量议案办理情况的报告。会议充分肯定了各级领导和教育战线广大教职员工在这方面所做的工作和取得的进展，分析了基础教育面临的问题，提出了进一步提高教育质量的意见。强调要进一步端正办学指导思想，全面贯彻党和国家的教育方针，面向全体学生，使学生在德、智、体诸方面得到全面发展；要进一步加强教师队伍的建设，特别强调骨干教师和学科带头人的培养，提高教师队伍的整体素质；要进一步加强宏观管理和分类指导，建立强有力的教育教学指挥系统，采取有效措施保证校长以主要精力抓教育教学工作。这些意见受到了政府的重视。

近几年来本市公费医疗费用大幅度增长，有78位代表就这方面的问题提出5件议案。为了办理好这些议案，常务委员会采取同政府主管部门联合调查和召开座谈会、研讨会等形式，对公费医疗制度的现状、问题及其原因，进行了调查和论证，并听取审议了市政府办理议案情况的报告。委员们认为，目前试行的公费医疗改革办法要继续进行探索和逐步加以完善；要加强医药市场的治理整顿，加强医疗经费的管理，坚决纠正行业不正之风；同时要加强对公费医疗改革的宣传，争取社会各方面的理解、参与和支持。

常务委员会听取了市政府关于调整牛奶及其制品价格、关于调整公共交通票价和公园门票价格、关于对自行车和其它非机动车恢复征收车船使用税、关于火柴“改标”定价和供应政策问题的情况通报，听取审议了市政府关于物价工作情况的报告，就加强物价管理、出台调价项目要仔细斟酌利弊、精心组织实施和加强宣传工作等提出了意见和建议。

廉政建设是关系民心向背和国家兴衰的一件大事，常务委员会从以下几个方面加强了监督检查：一是听取审议了市人民检察院关于惩治贪污贿赂犯罪情况的汇报。委员们对广大检察人员辛勤工作，惩治贪污贿赂犯罪的斗争步步深入给予肯定；同时要求他们确立长期作战的思想，贯彻专群结合的原则，使反贪污贿赂的斗争向纵深发展，以保障改革开放的顺利进行。二是对行政执法队伍廉政建设的情况进行了调查，就加强

执法队伍的建设、管理和监督提出了意见和建议。同时督促公检法机关对政法队伍廉政建设情况进行检查，查处了一批违法乱纪的案件，推动了廉政教育和纪律作风的整顿，加强了内部监察机构和廉政制度建设。三是听取了本市廉政会议精神的通报，并进行了讨论；组织 209 位代表到商业、教育、医疗卫生、公安交通、公用电信行业的 21 个机关和基层单位，听取落实廉政会议精神的汇报，通过检查和视察，同职工群众座谈，提出了加强或改进这方面工作的批评、意见和建议，对加强廉政建设、纠正行业不正之风、制止“三乱”起到了积极的推动作用。

五、指导区县乡镇人大搞好换届选举工作，推进民主政治建设

去年，本市区、县、乡、镇人大代表进行了换届选举。在市委的领导下，常务委员会本着充分发扬民主、严格依法办事的精神，加强了对换届选举工作的指导，先后就选举的时间、名额、机构和工作问题作出决定，建立了直接选举工作办公室。在选举的几个主要阶段，召开了 8 次工作会议和专题座谈会，交流情况和经验，提出指导意见。各区县和乡镇成立了选举委员会，抽调培训了 3 万多名选举工作干部，加强了选举的领导和具体组织工作。

在这次选举工作中，各区、县、乡、镇和各单位普遍加强了选举宣传工作。结合国际国内形势和群众的思想实际，编印了宣传材料，开展了宣传日和宣传周活动，采用报告会、广播、电视、新闻报道、知识竞赛和文艺演出等多种形式宣传了选举的重大意义和选举法律、法规。并组织代表向选民汇报工作，印发材料介绍人民代表大会和人民代表反映民意、为人民服务的事例，比较具体地宣传了人民代表大会制度的优越性、代表的作用以及社会主义民主同资本主义民主的区别。通过广泛深入地宣传，提高了选民的主人翁责任感和依法行使民主权利的自觉性。

在提名、酝酿确定代表候选人的过程中，充分尊重选民的民主权利，对政党团体推荐的候选人和选民 10 人以上联名推荐的候选人都列入候选人初步名单。经过选民反复讨论协商，由选举委员会根据较多数选民的意见和差额选举的规定，确定了正式候选人名单。各选举委员会普遍采用印发候选人的材料、组织候选人访问选民或同选民座谈等方式，向选民介绍候选人的情况和事迹。通过这些工作，增进了选民对候选人的了解，激发了选民参加选举的热情和当选代表的责任感。

这次选举，选出了区县人大代表 4891 名和乡镇人大代表 11922 名。代表的构成具有广泛的代表性，素质有所提高，知识结构和年龄结构进一步改善。

根据法律规定，各区、县、乡、镇分别于今年 2 月底前召开了新一届代表大会第一次会议，选举产生了区县人大常委会的组成人员、正副区县长、人民法院院长、人民检察院检察长以及正副乡、镇长。

总的看来，这次换届选举是成功的。通过选举，加强了民主政治的建设和县、乡两级政权的建设。

六、加强同代表和群众的联系，进一步发挥代表作用

为贯彻党的六中全会关于加强党同人民群众联系的决定精神，常务委员会在联系代表和联系群众方面积极开展工作。一年来结合本市的中心任务和常务委员会审议的议题，先后组织不同规模的视察、调查和座谈 176 次，参加的代表达 3966 人次；还邀请了 195 位代表列席常务委员会会议和各委员会会议。

在联系代表中，根据形势发展的需要，本着拓宽联系面、抓深抓实的原则，着重加强了以下几项工作：(一) 召开代表工作会议，学习党中央关于坚持和完善人民代表大会制度的论述，就如何当好代表和做好代表联络工作交流经验，展开讨论，形成了加强这方面工作的若干措施，并在会后认真贯彻落实。常务委员会代表联络机构创办了《代表呼声》，及时反映代表的建议；编辑了《人民代表工作经验选编》一书，印发本市各级人大代表。(二) 主任、副主任和委员采取多种方式直接联系代表。有的同所在代表团的代表一起，反复酝酿讨论代表所在地区某方面工作中的突出矛盾，并邀请市政府领导同志参加，共商解决矛盾的方案；有的到代表所在单位调查研究，推动有关部门帮助解决生产和工作中存在的问题；有的走访代表，邀集代表座谈，广泛听取代表和群众的意见。通过上述活动，促使代表提出的有关城市建设、农业生产、山区教育等方面的一些实际问题得到解决。(三) 组织或吸收代表进行专题调查。常务委员会领导同志和各个工作机构组织或吸收 260 多名代表，分别对 30 多个专题进行调查，写出关于农业适度规模经营、城市节约用水、财政补贴、药品价格、教育质量和村民委员会、居民委员会工作等几十项专题调查材料，为常务委员会正确决策和加强监督工作提供了依据，同时也促使一些问题得到解决。

办理代表建议、批评和意见，是尊重代表民主权利、发挥代表作用的重要体现。一年来，常务委员会大

力加强了对这项工作的督促检查。首先，会同市政府和市政协联合召开了办理人大代表建议和政协委员提案的工作会议，表彰了成绩突出的10个先进单位和99名先进个人，交流了工作经验，对办好代表建议工作提出了进一步的要求。其次，对代表的建议进行了综合分析，抓住12个方面的重点问题，采取听汇报、开座谈会、组织视察等方式，对建议办理情况进行检查。对代表建议中涉及几个单位或矛盾比较多的问题，督促主管部门加强协调工作。第三，坚持复查补办制度，去年7月在代表建议基本办复后，会同政府主管部门给提建议的700多位代表发函并邀请部分代表座谈，征询意见，对代表提出的28个具体问题，交由原承办单位进行补办。由于各方面的共同努力，市九届人大三次会议上代表提出的1181件建议，已由市政府、法院、检察院和市人大常委会分别办复；闭会期间代表提出的315件建议，已办复253件。办理的质量进一步提高，代表建议中问题已经解决或基本解决的，由前年的40%上升到50%。上一年度提出列入1990年计划办理的194件建议，有163件已按计划实施或正在实施。在同代表和群众的联系中，还办理了代表、群众的来信2452件次，接待来访1095人次，督促有关部门解决了一批问题。

为了密切同少数民族、归侨、侨眷、宗教界代表和群众的联系，加强这方面的工作，增进全市各族人民的团结，根据代表的建议，常务委员会决定设立了民族侨务委员会。

这里还需要向大会报告：赵荣琛同志因离开本行政区域，常务委员会接受了他辞去北京市第九届人民代表大会常务委员会委员职务的请求，特报请本次大会备案。

过去的一年里，常务委员会的工作虽然取得了新的进步，但是在制定地方性法规、实施法律监督和工作监督、联系代表和联系群众等方面，离地方组织法的规定和人民群众的要求，都还有不少差距。我们对有些重大问题的调查研究和审议还不够深入；监督工作的制度和办法还不够完善；在更好地代表人民，使人大成为联系群众、反映民意、解决矛盾的主要民主渠道方面，还需要改进和加强。我们要继续进行探索和实践，进一步完善人大及其常委会的职能，使我们的工作不断有所前进。

各位代表：

从1991年到2000年，是我国社会主义现代化建设历史进程中非常关键的时期。刚刚闭幕的七届全国人大四次会议根据中共中央十三届七中全会的建议，审议通过了国务院提出的国民经济和社会发展十年规划和“八五”计划纲要，为我国实现现代化建设第二步战略目标制定了行动纲领。实现这个宏伟蓝图，关系到我国社会主义制度的巩固和发展，关系到中华民族的前途和命运。我们这次代表大会将要批准市政府提出的本市国民经济和社会发展十年规划和“八五”计划纲要，确定今后首都人民共同的奋斗目标和任务。市人大及其常委会要认真履行宪法和法律赋予的庄严职责，积极促进十年规划和“八五”计划的实现。要坚持人民民主专政，坚持完善人民代表大会制度，努力加强社会主义民主与法制建设，坚定不移地走建设有中国特色的社会主义道路。着重围绕纲要实施的需要，从保障改革开放、加强城市建设和管理、发展科技教育、健全基层民主制度、维护公民基本权利、促进廉政建设等方面，抓紧制定地方性法规。继续深化法制教育，加强法律实施的监督检查，推动依法治市，促使本市各项工作逐步走上法制轨道。对首都现代化建设和人民群众普遍关心的重大问题，要认真进行审议，采取切实措施，加强对行政、审判、检察机关工作的监督和支持。要按照民主集中制的原则，加强本市地方各级国家权力机关的建设，使人大及其常设机构成为有权威的国家权力机关，为促进本市经济发展和社会进步更好地发挥作用。

1991年是实现社会主义现代化建设第二步战略目标和“八五”计划的第一年，也是继续治理整顿和深化改革的一年。根据当前的实际情况，计划从以下三个方面加强工作：第一，进一步把工作重点放到关系首都建设发展的重大问题上来。对于搞活大中型企业，开展“质量、品种、效益年”活动，保持农业稳定发展；加强社会治安综合治理，维护社会稳定；加强廉政建设，纠正行业不正之风；发展科技教育事业，繁荣群众文化生活，加强社会主义精神文明建设和增强民族团结等问题，要进行深入调查，努力集中委员、代表和广大群众的智慧，认真审议政府、法院、检察院提出的报告，必要时作出决议、决定，实行更有效的监督和支持，促进首都现代化建设的健康发展。第二，努力加强社会主义法制建设。适应首都经济建设和城市建设、维护社会稳定、加强精神文明建设的需要，积极开展制定地方性法规的工作。根据情况组织若干个由主管部门、专家学者、实际工作者和立法工作者相结合的法规起草小组，定项目、定人员、定进度，努力加快立法的步伐。要有计划地检查法律、法规的施行情况，加强法律监督，督促有关部门严肃执法，维护社会主义法制的尊严。要审议本市以宪法为核心、以专业法为重点的法制教育第二个五年规划，在实施中贯彻学用结合的原则，增强干部群众的法律意识和民主意识，促进各项事业的依法管理。第三，密切同人民群众的联系，充分发挥代表作用，更好地体现人民当家作主。要发挥代表在各条战线工作、熟悉本行业的实际情况和方针政策、同群众有密切联系的优势，组织代表就一些重大问题进行专题调查，提出有情况、有分析、有解决办法的报告；或者组织代表、专家学者和有关方面举行研讨会，就改革中需要进一步探索的重要问题交换意见，献计献策，共商解决办法；要推动和支持政府主管部门加强同代表的联系，由他们向代表通报重要情况，邀请代表列席重要会议，就关系广大群众切身利益的重要问题同代表进行专题座谈，经过代表的活动，使下情上达、上情下达，使政府工作更好地得到代表的监督和支持；要继续加强主任、副主任、委员同代表的联系，了解社情民意，使我们的工作更好地代表人民和接受人民的监督。同时，还要从思想上、组织上、制度上加强常务委员会自身的建设，加强和改进各委员会的工作，同区、县人大常委会密切联系和相互配合，搞好人大干部的学习和培训，使常务委员会更好地担负起日益繁重的工作任务。我们要在党的领导下，紧紧依靠人民群众，团结一致，努力奋斗，为推进首都社会主义民主和法制建设，实现十年规划和“八五”计划作出应有的贡献。

北京市高级人民法院工作报告（摘要）

——1991年4月21日在北京市第九届人民代表大会第四次会议上

北京市高级人民法院院长 刘云峰

各位代表：

现在，我就全市各级人民法院1990年所做的主要工作和1991年的工作意见作一汇报，请审议。

一、1990年的工作

1990年，全市各级人民法院遵照宪法、人民法院组织法和本届市人民代表大会第三次会议关于人民法院、人民检察院工作报告的决议，在市委的领导下，市人大及其常委会的监督下，积极开展了各项审判工作，共结案59909件，较好地完成了任务。一年来，我们主要做了以下工作：

(一)充分发挥人民法院的人民民主专政的职能作用，运用法律武器，坚决同各种犯罪行为作斗争

同各种刑事犯罪分子的破坏活动作斗争，我们重点抓了以下工作：

第一，坚决贯彻依法从重从快的方针，严惩严重危害社会治安的刑事犯罪分子。

1983年8月至1986年底开展的“严打”战役结束后，我们一直坚持对严重危害社会治安的刑事犯罪分子坚决依法从重惩处。一年内，全市各级人民法院共审结严重危害社会治安的刑事犯罪案件3639件，判处罪犯（已发生法律效力）5653名，其中判处5年以上有期徒刑、无期徒刑、死刑缓期执行和死刑立即执行的共3353名，占同类罪犯总数的59.3%，给了危害社会治安的严重刑事犯罪分子以有力的打击。

对严重危害社会治安的罪犯从严惩处，我们做到了以事实为根据，以法律为准绳，坚决执行惩办与宽大相结合的政策，保证案件质量。对刑事犯罪分子的判处，该从严的，坚决依法从严；对于有投案自首、检举立功、未遂、从犯等法定从轻、减轻处罚或者免除处罚情节的，该从宽的，也依法予以从宽判处。在判决已发生法律效力的罪犯中，被判处5年以下有期徒刑的1601人，判处拘役27人，徒刑缓刑606人，管制11人，免予刑事处分55人，5项共计2300人，占同类罪犯总数的40.7%。

我们还选择一些典型案件召开大会，公布犯罪分子的犯罪事实和判决结果。全年共召开市和区、县规模的大会126场，宣告案件319件，罪犯648名，直接旁听的群众达14万多人次，收到了良好的社会效果。

第二，继续贯彻执行一要坚决，二要慎重，务必搞准的方针，严惩严重破坏经济的犯罪分子。

同经济犯罪作斗争，是我们审判工作的任务之一。1990年，新收一审经济犯罪案件2148件，其中诈骗公共财物案由 1989 年的 148 件增加到 1990 年的 189 件，上升 27.7%；贪污案由 275 件增加到 306 件，上升 11.27%；受贿案由 141 件增加到 223 件，上升 58.16%。

对严重破坏经济的犯罪分子，我们根据罪犯犯罪的事实，犯罪的性质、情节和对于社会的危害程度，分别情况，依法予以从严惩处。全年一审共审结经济犯罪案件 2184 件，共有罪犯 3346 名，其中有盗窃公共财物犯 2577 名，诈骗公共财物犯 184 名，贪污犯 263 名，受贿犯 183 名，投机倒把犯 47 名，贩毒犯 22 名，走私、行贿等其他罪犯 70 名；依法判处 5 年以上有期徒刑、无期徒刑、死缓和死刑的共 1371 名，占经济罪犯总数的 40.97%，判处 5 年以下有期徒刑、拘役的共 1399 名，占经济罪犯总数的 41.82%；有法定从轻、减轻处罚或者免除处罚情节的，依法予以从宽判处，其中判处徒刑或者拘役宣告缓刑的 576 名，占经济罪犯总数的 17.21%。

第三，精心组织，严格执法，严肃处理暴乱中的犯罪分子。

1989 年春夏之交，北京发生政治动乱进而发展成为反革命暴乱。一些实施打、砸、抢、烧、杀的和大肆宣传煽动、阴谋颠覆人民政府、推翻社会主义制度的严重犯罪分子，他们的行为触犯了我国刑法，应依法惩办。人民法院对这类案犯的审判，以事实为根据，以法律为准绳，认真执行惩办与宽大相结合的政策，该严则严，当宽则宽，特别是对青年学生犯罪的，着眼于教育挽救，尽可能宽大处理；凡是具有从轻、减轻处罚或者免除处罚情节的，均依法予以从轻、减轻处罚或者免除处罚。人民法院的审判是严格依照法律程序进行的，依法应公开审理的案件一律公开审理；开庭审理时，包括被告人亲属在内的各界群众参加了旁听；依法保障了被告人申请回避权、辩护权、上诉权等各项诉讼权利。现在，对这类犯罪案件的审判，已基本结束。据统计，1989 年 6 月到今年 3 月底，判处打、砸、抢、烧、杀的刑事案件 490 件，罪犯 715 名；大肆宣传煽动，阴谋颠覆政府，妄图推翻社会主义制度的案件 62 件，罪犯 72 名。我们对暴乱中犯罪案件的审判，严申了国法，体现了政策，维护了国家的稳定，得到了广大群众和社会各界的拥护。

（二）依法审判民事案件，正确、及时处理民事纠纷，保护公民的合法权益，消除不安定因素，促进社会的稳定

1990 年，全市各级人民法院新收一审民事案件 29237 件，占一审新收各类案件总数件的 71.3%。民事案件数量大，情况复杂，涉及面广，直接关系到当事人的切身利益。同时，也关系到社会的稳定。

在民事审判工作中，全市各级人民法院坚决贯彻执行了民事诉讼法（试行）、民法通则等法律。一年内共审结一审民事案件 29358 件，其中离婚案件 15163 件，债务纠纷案件 4499 件，损害赔偿案件 3495 件，继承纠纷案件 523 件，侵犯公民肖像权、名誉权、著作权纠纷案件 50 件，其他民事纠纷案件 5628 件。在审结的案件中，调解的 13425 件，占结案总数的 45.73%；判决的 8421 件，占结案总数的 28.68%；原告撤诉、中止或终结诉讼等 7512 件，占结案总数的 25.59%。

在 1990 年，我们把维护首都社会稳定，作为民事审判工作的一项中心任务。我们组织专门力量对民事纠纷中的不安定因素进行了调查，并采取措施，及时消除不安定的因素，以维护社会的稳定。我们把原被告矛盾尖锐，有闹事苗头的案件，作为重点，要求各级法院领导亲自抓，及时予以解决。

在民事审判工作中，我们重点抓了对离婚案件的审判。为了正确处理离婚案件，我们组织力量对近 10 年来本市法院审理离婚案件的状况进行了调查，对有关的问题进行了研究，在总结经验的基础上，制定了《关于处理婚姻案件中子女抚育、财产分割及住房安置问题的几点意见》，以指导审判实践。去年，在审结的离婚案件中，因双方感情确已破裂，无和好可能，经调解，双方同意离婚的 6004 件；一方不同意离婚，另一方坚持离婚，判决离婚的 2404 件，二项共占审结离婚案件总数的 55.45%；因感情尚未破裂，有和好可能，经调解，原告撤诉的 4517 件，同意不离婚的 911 件，判决不离婚的 1074 件，三项占离婚案件总数的 42.88%；因管辖问题移送外地法院处理和终结的 253 件，占 1.67%。

（三）依法审判经济纠纷案件，正确、及时解决经济纠纷，维护社会稳定，促进经济发展

在经济活动中，纠纷是大量的，我们目前受理的主要是购销、工程承包、仓储保管、财产租赁、财产保险、科技协作、农村承包、联营等各种合同纠纷，以及来料加工、中外合资、劳务合同、购销合同、科技协作合同等涉外，涉港、澳、台经济纠纷案件和商标、专利以及其他侵权损害赔偿案件，劳动争议案件，交通运输纠纷案件。1990 年，新收各种一审经济纠纷案件 4543 件，比上年收案数上升 1.16%，其中联营纠纷上升 12.69%，借贷纠纷上升 14.71%，租赁纠纷上升 35.54%，涉外纠纷上升 1 倍多。一年来，全市各级法院的审判人员深入实际，深入群众，听取有关专家和有关方面的意见，在查清事实、分清是非责任的基础上，依法正确、及时地解决了大量的经济纠纷，全年共审结一审经济纠纷案件4519件，其中经济合同纠纷案件3549件，农村承包合同纠纷案件153件，经济侵权纠纷案件21件，其他经济纠纷案件796件。在已结的案件中，调解的1705件，占37.73%，判决的1409件，占31.18%，当事人撤诉、中止或终结诉讼等1405件，占31.09%，解决争议金额达6.5873亿元。

在经济审判工作中，我们要求通过审判活动，有效地依法保护当事人的合法权益，制裁违法行为，以维护社会的稳定，促进经济的发展。我们组织力量调查了经济纠纷中存在的不利于首都社会稳定的因素，并针对存在的问题，采取了相应的措施，对矛盾尖锐的案件，作为急案，及时、正确地处理。此外，为了配合治理整顿经济秩序，清理“三角债”，我们严格依照有关的法律和最高人民法院的司法解释，妥善地处理了一批企业间的“三角债”纠纷。中级人民法院经济审判庭在一年内，就审结市属各单位的“三角债”经济纠纷案件601件，解决争议金额达3亿多元。

（四）依法审判行政案件，正确、及时解决诉争，保护当事人合法权益，维护正确的行政处理决定

《中华人民共和国行政诉讼法》已于1990年10月1日生效实施。为迎接行政诉讼法的施行，我们做了必要的准备工作，截止到行政诉讼法生效实施，全市各级法院都建立了行政审判庭，配备行政审判干部100人，其中审判员43名，助审员25名，书记员32名。举办了3期学习行政诉讼法培训班，对主管行政审判工作的院长、行政审判庭庭长及行政案件审判人员、接待人员等220余人进行了培训。采取多种方式，比较广泛地向群众宣传了行政诉讼法。确定由中级人民法院和西城、房山区人民法院进行了全面实施行政诉讼法的试点，及时研究解决存在的问题，以总结经验。

在抓行政诉讼法实施准备工作的同时，全市各级法院积极慎重地开展了对行政案件的审判工作。1990年共受理一审行政案件87件，比上年收案数上升45%，包括土地、治安、城市规划、工商、商标、医疗事故、医疗管理、环保、食品卫生、林业、卫生防疫、水资源管理、拒绝颁发营业许可证、税务等14类。已审结85件，其中维持行政机关具体行政行为的23件，占27.06%；撤销行政机关处理决定的7件，占8.24%；移送有关部门处理的2件，占2.35%；原告撤诉的44件，占51.76%；裁定驳回当事人起诉的9件，占10.59%。

（五）依法审判二审、再审案件，维护正确的判决和裁定，纠正错误，保护当事人的合法权益，促进办案质量的提高

在审判工作中，我们十分重视二审和再审工作，依法保障当事人行使上诉权和申诉权。对于上诉案件，原判事实不清，证据不足的，依法发回重新审判；适用法律错误的，坚决予以纠正。1990年，二审法院共受理上诉案件5139件，已审结5270件（含旧存），其中，维持原判的956件，占77.98%；因事实不清或证据不足而发回重审的34件，占结案总数的2.77%；因适用法律不当而改判的202件，占16.48%；其他方式结案的34件，占2.77%。

去年，我市法院共处理来信17167件，接待来访109373人次。对申诉案件，我们认真进行审查，认为原判确有错误而由院长提交审判委员会讨论决定再审的共1710件，在已结1541件中，改判的147件，占再审结案总数的9.54%，其中有刑事案件73件，民事案件59件，经济纠纷案件15件。

1990年6月初至7月中旬，我们遵照市人大常委会的要求，对1989年1月至1990年5月审理的刑事、民事、经济纠纷申诉、再审案件共1962件进行了自查，市人大常委会检查小组对我院的自查工作进行了检查。针对检查中发现的问题，我们采取了相应的措施，向各级法院通报了情况，要求各级法院执行好现有的规定，把处理申诉案件和审判监督工作做得更好。

（六）审判破坏铁路运输的犯罪案件和运输纠纷案件，维护铁路运输的正常秩序和安全运行

近些年来，一些犯罪分子大肆盗窃铁路运输物资，抢劫财物，甚至行凶杀人，严重破坏铁路运输的正常秩序和运行安全。对破坏铁路运输的犯罪分子，我们坚决依照法律的规定，予以从严惩处。1990年共审结破坏铁路运输的犯罪案件500件，判处罪犯901名，其中判处5年以上的有期徒刑、无期徒刑和死刑的共335名，占同类罪犯总数的39.1%。此外，还审结铁路运输纠纷案件66件，解决争议金额72万元。

一年来，我们还通过审判活动，广泛进行了法制宣传，对公民进行爱国守法的教育，对审判工作中发现的问题，及时向有关部门提出口头或书面的司法建议，对改善管理、健全制度、堵塞漏洞，起了促进作用。为保障审判任务的完成，我们请上来，走下去，调查研究，总结经验，用交换意见、召开会议、下发文件等方式，对审判实践进行了有针对性的具体的指导，保证了各项审判任务的顺利完成。

（七）不断提高干部的政治素质和业务素质，加紧进行审判队伍的建设

审判任务，要靠干部去完成。我们在抓好审判工作的同时，认真抓了干部政治业务素质的提高，抓了廉政和勤政建设，重点抓了廉政建设。11月份，进行了以廉政建设为中心的执法执纪大检查。各单位领导亲自动手，在发动群众自查互查的基础上，组成了强有力的工作班子，对1990年1至10月份审结的各类案件进行了检查。通过检查，基本查清了用当事人的交通工具和经费办案及案款、诉讼费和赃证物管理中存在的问题，查处了一些违纪问题。这次执法执纪大检查，提高了法院干警对廉政建设、纠正不正之风重要性的认识，增强了廉政勤政的意识和自觉性，并针对制度方面存在的问题，制定了《关于加强纪律和廉政的几项规定》和《关于案款、诉讼费、赃证物的管理办法》。

对于违法违纪问题，我们坚决查处，并通过典型案件对干警进行了教育。

为了搞好对干部的思想教育和业务教育，去年市法院还举办了处级干部脱产1个月的哲学读书班；对晋升审判员的干部集中进行了政治培训；举办了4期业务培训班；组织全体干警联系实际，学习了社会主义理论。通过这些工作，法院干部队伍的政治与业务素质，有了进一步的提高。

各位代表：

以上是全市各级人民法院1990年所做的主要工作。这些工作任务的完成，对保护公民的合法权益，国家、集体的利益，维护和促进首都稳定，保障治理整顿、改革开放和四化建设的顺利进行，亚运会的顺利举办，起到了积极的作用。

一年来，我们的任务之所以能较好地完成，主要是由于党的方针政策的正确指导，市委的正确领导，最高人民法院和市人大及其常委会的监督和指导，市人民政府和其他方面的配合与支持，全体干警的共同努力。在我们的工作中，还存在不少困难、问题和缺点。我们要总结经验教训，克服缺点，发扬成绩，在新的一年里把工作做得更好。

二、1991工作意见

1991年，全市各级人民法院的基本任务是：认真贯彻党的十三届七中全会精神，依照法律的规定，积极开展审判工作，有力地打击犯罪分子的破坏活动，正确、及时地处理民事、经济纠纷和行政案件，以维护首都社会稳定，保障和促进国民经济和社会的发展。

（一）切实做好刑事审判工作，依法惩办刑事犯罪分子

坚持依法从重从快的方针，严惩严重破坏社会治安的刑事犯罪分子；坚持一要坚决、二要慎重、务必搞准的方针，严惩贪污、受贿、投机倒把等严重破坏经济的犯罪分子；要坚决执行全国人大常委会《关于禁毒的决定》和《关于惩治走私，制作、贩卖、传播淫秽物品的犯罪分子的决定》，继续深入开展除“六害”和“扫黄”斗争；继续从严惩处破坏铁路运输的犯罪分子，从严惩处车匪路霸。

（二）做好民事、经济纠纷案件和行政案件的审判工作，保护公民、法人和其他组织的合法权益

要以为人民服务，对人民负责的精神，深入实际，深入群众，在查清案件的基本事实、分清是非、明确责任的基础上，依法作出正确处理。对案情重大的，涉及众多群众利益的，矛盾尖锐的案件，要作为急案，抓紧处理。要认真执行民事诉讼法、行政诉讼法，不断提高办案质量。对民事、经济、行政案件的裁定与判决，要有利于对公民、法人和其他组织合法权益的保护，有利于社会的稳定，有利于社会主义精神文明建设，有利于国民经济和社会的发展。

（三）结合审判活动，积极参与社会治安的综合治理

把刑事、民事、经济、行政审判工作与社会治安的综合治理联系起来，切实做好各项审判工作；要结合审判活动，积极开展法制宣传，教育公民爱国守法；针对问题，及时提出司法建议，促使有关方面改进工作，堵塞漏洞；做好缓刑、减刑、假释工作，教育罪犯重做新人；加强基层，特别是人民法庭的工作，对调解委员会进行业务指导，使大量的民间纠纷解决在基层，消灭在萌芽状态。

（四）抓紧进行干部队伍建设，进一步提高干部队伍的素质

要进一步抓好队伍的廉政建设，坚决纠正办案中的不正之风；对来信来访中反映法院工作人员违法违纪的问题进行调查，确有问题的，坚决严肃处理。抓好审判人员的思想作风建设，保持和发扬理论联系实际，密切联系群众，艰苦奋斗，连续作战的优良传统和作风；要把政治思想工作放在首位，组织干警学习党的十三届七中全会文件，学习马列主义基本理论，学习科学社会主义理论；进一步加强干部业务培训，不断提高干部队伍的政治素质与业务素质，以保证各项审判任务的完成。

北京市人民检察院工作报告（摘要）

——1991年4月21日在北京市第九届人民代表大会第四次会议上

北京市人民检察院检察长　何访拔

各位代表：

现在，我就本市各级检察机关1990年的工作情况和1991年的工作意见，报告如下：

一

1990年，全市各级检察机关在市委、最高人民检察院的领导和市人大及其常委会的监督下，为维护首都的政治稳定、经济稳定、社会稳定；为加强社会主义民主和法制建设；为促进廉政建设，保障经济建设，以反贪污、反贿赂斗争和严厉打击严重刑事犯罪斗争为工作重点，全面开展了各项检察工作。

第一，惩治贪污、贿赂犯罪工作

去年，全市检察机关认真贯彻党中央关于廉政建设的指示，根据最高人民检察院的部署和市人民代表大会九届三次会议的决议，继续把反贪污、反贿赂斗争作为检察机关依法打击经济罪犯第一位的工作，坚持“一要坚决，二要慎重，务必搞准”的方针和为稳定大局，为经济建设服务的指导思想，发动广大检察干警投入到反贪污、反贿赂斗争中去。在斗争中，我们的主要做法是：紧紧依靠各级党委，运用典型案例，广泛发动群众，在发案较多的行业或单位造成声势，掀起反贪污、反贿赂斗争“小高潮”；积极贯彻惩办与宽大相结合的政策，宽严相济，依法正确行使免诉权。对犯罪数额较小、自首坦白、积极退赃或犯罪数额较大，但有重大立功表现、主动坦白、积极退赃的被告人，依法免予起诉，分化瓦解、教育挽救犯罪分子。继续巩固和发展举报制度，扩大犯罪线索来源；努力增强检察人员的侦查意识，提高侦查工作水平，在办案中深挖细查、扩大战果；坚持重点抓大案要案，优先办理发生在党政机关、执法部门和带有行业性特点的，群众最为关心、意见最大的“热点”案件；坚持检察长带头办案。从而使惩治贪污、贿赂犯罪工作，取得了比较明显的进展。主要表现：

一是贪污、贿赂等经济违法犯罪案件受理数、立案数都有新的进展。去年共受理贪污、贿赂以及偷税、抗税、挪用公款、假冒商标等经济违法犯罪案件1958件，其中立案侦查1162件，比上年增加72件，增长7%。立案侦查的案件中，有贪污案503件，受贿案435件，行贿案64件，三项合计1002件，占经济犯罪案件立案数的86.13%。海淀、东城、丰台、西城、房山、朝阳、崇文、昌平、通县等区县院和市检察院分院、铁路运输检察分院受理案件数、立案数都有较大幅度的增加。

二是立案侦查的贪污、受贿大案数量明显增多。有万元以上不满5万元的重大案件216件；5万元以上的特大案件59件，其中包括百万元以上特大案件7件。在本市，是头一年侦破百万元以上的特大贪污、受贿案件。大案数占立案侦查的贪污、受贿案件总数的30.06%，比上年增长41%。如原中国汽车投资开发公司出纳员唐春江，贪污人民币16万余元，挪用公款人民币92.9万余元。再如原中国人民建设银行北京东四支行和平里办事处副主任李志坤，贪污61.6万余元，挪用公款42万元，收受贿赂款1.5万元。上述两案已由市检察院分院向法院提起公诉。

三是揭露一批身居领导岗位，隐蔽较深的贪污、贿赂犯罪分子。立案侦查的这类要案，有县处级干部39人，司局级干部4人，两项共43人。如东城区检察院在办理一件经济案件时，抓住一条线索深入追查，侦破首都钢铁公司所属的北京钢铁公司党委书记管志诚索贿151万元的案件。又如北京市城区第五建筑公司经理李文华贪污案。李文华利用负责该公司承建工程之机，将有关单位存在香港的购置工程设备款港币300万元，擅自转到香港一个工程公司帐户上，从中提出港币26.67万元，委托港商购买某国移民护照，为日后逃往国外做准备。现已查明，李文华还贪污人民币33万元，港币39万元，美元1.5万元。

四是侦破一些执法部门工作人员贪污、受贿犯罪案件。全年共立案侦查执法部门工作人员贪污、受贿案件23件。这些人执法犯法，贪赃枉法，严重损害了党和政府的威信，危害极大。北京市公安边防局首都机场检查站证件科上尉检查员张泉、中尉检查员冯富强，与非法出境分子金国平相勾结，先后非法私放10人出境，分别收受贿赂2万元及金戒指、金项链、电视机、录相机等大量物品。西城区工商局干部魏如仙，利用为个体户办理执照之便，受贿3万余元和价值7000余元的物品。

五是破获的侦查难度较大的贿赂案件增多。共立案侦查行贿受贿案件499件，立案数比上年增加17.7%。北京中电变电设备联合公司专职法律顾问吴京生，在受委托担任该公司购买房屋代理人期间，向卖房代理人索要贿赂4.2万元。大兴县煤炭公司供应站站长刘凤仪，利用职务之便，收受运输个体户贿赂6.3万余元。

六是侦查贪污、贿赂案件的办案质量不断提高。目前检察机关内部已改变了过去对自行侦查的案件的侦查、批捕、起诉由一个业务部门、一对承办人一办到底的办案制度，实行侦查、批捕、起诉分别由三个业务部门负责的内部制约机制，有效地保证了办案质量。目前尚未发现错案。

七是通过办案，维护了国家利益和企业利益。全市检察机关通过办案，为国家和集体挽回经济损失2522.82万元；帮助200多个企业建立健全了1200多项规章制度，激发了发案单位职工的工作积极性。如北京市花乡粮油食品厂连年亏损，职工情绪低落。在丰台区检察院查处该厂厂长夏志强贪污案时，连续挖出3名经济犯罪分子，职工情绪高涨，积极生产。当职工们领到已经二年没发过的奖金时说："真得好好谢谢检察院的同志们"。

第二，打击刑事犯罪工作

去年，我们在市委的统一部署下，与公安机关、人民法院紧密配合，坚决贯彻"稳定压倒一切"和依法从重从快的方针，严惩了一批严重危害社会治安的刑事犯罪分子。全市检察机关共受理公安、安全机关提请批准逮捕的人犯9248人，经审查，批准逮捕人犯8437人；受理公安机关移送起诉案件6806件11545人，决定起诉5881件9642人，其中有各类重特大案犯3019人，占已决定起诉案犯的31.3%。

在"严打"斗争中，各级检察机关对重大、特大犯罪案件，特别是重大团伙犯罪案件，坚持提前介入公安机关的侦查、预审工作，参与公安机关对特大案件的现场勘验。共提前介入公安机关侦查、预审活动1198人次，向公安机关提出调查取证建议843条，从而共同保证了办案质量，加快了办案速度，及时有力地打击了严重刑事犯罪活动。

同时，各级检察机关密切配合公安机关、人民法院，开展了"扫黄"、"除六害"、打击团伙犯罪等专项斗争。对60名拐卖人口、强迫引诱容留妇女卖淫、贩毒等案犯提起公诉；对612名犯罪集团成员依法从重从快批捕、起诉。铁路检察机关密切配合铁路公安机关、铁路法院积极开展了专项斗争，大力整顿治安秩序，重点打击"车匪路霸"、犯罪团伙和重大盗窃等犯罪活动。

在市高级人民法院、市人民检察院、市公安局和市劳教管理委员会联合发布6·20《通告》后，各级检察机关在打击监管场所内的犯罪活动，进行经常的监所检察工作的同时，由各级检察长带头并派出137名干部，深入各监管场所，宣讲《通告》，同人犯谈话，召开政策兑现大会，开展坦白检举活动。在公安、劳改机关等有关方面共同努力下，收到了较好的效果。据统计，参加坦白检举的14566人中，坦白、检举各类犯罪线索6508件，目前已由公安机关查实的有2414件，其中重大、特大案件525件。

另一方面，我们还加强了侦查监督和审判监督工作。各级检察机关对公安机关提请批准逮捕的215人作了不批准逮捕决定；追捕案犯10人，追诉33人，参加特大重大案件现场勘查177次，办理各类延长羁押期限914人次，对执行死刑的案件进行了临场监督。在二审监督工作中，共办理二审案件199件，其中上诉案182件，抗诉案17件。

各级检察机关在办理1989年春夏之交的动乱和反革命暴乱的案件中，对于少数组织、指挥、参与和宣传煽动，妄图颠覆政府、推翻社会主义制度或进行其它破坏活动的犯罪分子，经过逐案认真调查复核和审查，对罪行较轻，坦白自首、有立功表现，认罪态度好的，依法作了免予起诉的决定；对极少数罪行严重的，依法向法院提起了公诉。我们对有违法犯罪行为的青年学生实行宽大政策，耐心地教育、挽救，受到了社会各界的赞同。目前，本市检察机关的审理工作已经结束。

去年，全市各级检察机关在"严打"斗争中，与公安机关、人民法院紧密配合，为促进首都社会治安秩序的稳定，维护铁路运输安全，保障经济发展，特别是为保证举世瞩目的第十一届亚洲运动会的成功，做出了积极的贡献。

第三，查处"侵权"、渎职案件工作

去年，各级检察机关的法纪检察部门共受理侵犯公民人身权利、民主权利案件145件，渎职案件340

件，两项合计485件，立案120件。比上年有较大进展的，一是查处以公安、司法等执法人员为犯罪主体的案件，明显增多，共受理45件，占受理“侵权”案件总数的31%，对其中构成犯罪的24件案件依法追究了犯罪分子的刑事责任。如宣武区检察院经过艰苦细致的工作，先后侦破了宣武公安分局刑警队副队长李德强利用职权，私放人犯，索贿、受贿1.8万余元案和该局侦查员史卫众非法拘禁公民，受贿4000余元、私放罪犯7人的重大徇私舞弊案。二是查处非法拘禁案件增长幅度较大，共受理非法拘禁案66件，比上年增加112.9%；立案17件，比上年增加88.9%，其中以绑架扣押人质逼索债务，要求赔偿经济损失而非法拘禁的案件有16件，比上年增加4倍。这一年，还立案查处玩忽职守案件34件、重大责任事故案件56件、妨害邮电通讯案件9件。各级检察机关在办案过程中，还积极开展了法制宣传工作，配合劳动、消防等部门有重点地进行了安全检查，这对保障人民群众的民主权利、人身权利和各种合法权益，促进企业的安全生产，起到很好的作用。

第四，控告申诉检察工作

去年，各级检察机关共受理控告检举违法犯罪案件6717件，其中举报经济违法犯罪线索的有3158件，内有贪污、行贿、受贿线索2136件，占经济案件线索总数的67.63%。据统计，去年已立案侦查的1162件贪污、贿赂等经济犯罪案件中，有52.4%是经对举报线索认真调查后立案侦查的。这为反贪污、反贿赂斗争的深入开展创造了有利条件。

去年，各级控告申诉检察部门，对于各类申诉案件进行了认真复查，办案数量和质量都有所提高。共受理申诉案件1089件，审查处理1061件，在办理申诉案件中，检察人员坚持实事求是，依法办案，保护公民的合法权益，取得了良好的社会效果。

二

为了保障各级检察机关严格按照国家的法律和党的方针政策开展各项检察工作，去年，全市各级检察机关遵照最高人民检察院《关于开展执法、执纪情况大检查的通知》的要求，于10月至12月，对1989年第四季度至1990年第三季度期间执行宪法、刑法、刑事诉讼法等法律和执行检察人员纪律的情况，进行了全面认真地检查，对发现的问题边查边解决纠正。

通过检查证明，全市各级检察机关执法执纪情况总的来说是好的，在审理各类犯罪案件时，严格执行宪法、刑法、刑事诉讼法等法律，依法开展侦查监督和审判监督工作，对案件能够认真审查证据，查明事实，正确定性，适用法律得当，在法定时限结案。检察机关自行侦查的经济、法纪案件，普遍实行了内部制约制度，保证了办案质量。各级检察机关还依法正确行使免诉权，建立了办理免诉案件的各项制度，保证了免诉案件的质量。

在执法检查中，我们也发现了执行法律中存在的一些问题。一是一年来，全市各级检察机关发生个别错捕、错起诉和免诉不当的案件。发生这些错误的原因，主要是工作不细，也有的是混淆了罪与非罪的界限。二是有极少数案件久押不决，人犯羁押超过法定时限。造成人犯久押未决的主要原因是，案情复杂，在法定时限内不能结案；三是个别区、县检察院对少数已起诉的案件未能出庭支持公诉。此外，还存在个别办案人员不文明执法，态度粗暴的问题。为尽快纠正和解决执法中存在的问题，各级检察机关加强了对检察干警的执法执纪教育，加强对政策法律的研究和对检察干警的业务培训工作，并完善了各项办案制度，要求一定文明执法、严肃执法。

各级检察机关在严格执法执纪的同时，还积极开展了思想政治工作和业务培训工作，使得检察队伍的政治素质和业务素质有了进一步的提高。

一是要求全体检察干警联系实际，认真学习党中央有关文件和邓小平同志关于坚持四项基本原则、反对资产阶级自由化的论著，注重了对马列主义、毛泽东思想的基本原理的学习。二是广泛深入地进行了以严格执行《检察人员纪律》，纠正行业不正之风为主要内容的廉政教育。根据《检察人员纪律》的基本精神，结合全市检察机关的具体情况，制定了《北京市检察机关办案守则》。在坚持正面教育的同时，对极少数违法违纪的检察人员进行了严肃处理。对于个别触犯刑律的，依法追究了刑事责任。海淀区检察院赃证物保管员王克林，擅自挪用9.1万元赃款借给无业人员赵文海，其中6万元被赵挥霍。王克林已被依法逮捕。三是开展了争先创优活动。去年，全市各级检察机关根据不同时期的工作重点，对59个先进集体和568名先进个人及时予以表彰和奖励，从而调动了广大检察干警的积极性，有力地推动了各项检察工作的开展。

1990年，我们所取得的成绩，是同市委、最高人民检察院的正确领导，市人大及其常委会的监督以及各级政府和广大人民群众的支持分不开的。同时也是全体检察干警辛勤劳动、艰苦奋斗的结果。我们的干警工作艰苦，生活清苦，在案件多、人员少的情况下，发扬无私奉献精神，兢兢业业，任劳任怨，超负荷工作，保证了检察工作正常开展。

三

各位代表，我国现在政治稳定，社会安定，经济形势正在向好的方向发展，特别是在首都成功地举办了第十一届亚运会，极大地激发了人民群众的爱国热忱，树立了中国在国际上良好的形象。一年来，全市人民积极开展治理整顿、深化改革的工作，党和政府抓紧惩治腐败，加强廉政建设，取得了明显效果。特别是去年党的十三届七中全会通过了《中共中央关于制定国民经济和社会发展十年规划和“八五”计划的建议》，为我们指明了光辉的前景。这是我们进一步做好检察工作十分有利的条件。

但是，我们也必须看到，当前贪污、贿赂犯罪仍然是严重的。去年贪污、贿赂犯罪立案数增长，一方面说明了党中央惩治腐败，倡廉肃贪的决心激发了人民群众同贪污、贿赂犯罪斗争的热情，积极举报犯罪；另一方面也说明了检察机关侦查能力有了提高，使犯罪分子难逃法网。同时也提醒我们，贪污、贿赂犯罪的气焰仍然很嚣张，行贿、受贿案件上升幅度较大，新的犯罪分子仍在产生。治安形势的严峻情况仍然不能低估。因此，当前急需的是力求把贪污、贿赂犯罪分子的气焰刹住，使重大恶性和多发性刑事案件得到控制并逐步有所下降，进一步加强人民民主专政，稳住治安形势，有效地保障人民的民主权利、人身权利，使群众有安全感，以确保政治和社会的稳定。

在这样的形势和要求下，1991年，全市检察机关的任务是：以党的十三届七中全会通过的《中共中央关于制定国民经济和社会发展十年规划和“八五”计划的建议》为指导方针，紧紧围绕把国民经济搞上去这个全党全民的中心任务，结合北京市的实际情况，认真贯彻全国检察长工作会议的部署，深入开展反贪污、反贿赂斗争；坚持依法从重从快严厉打击严重刑事犯罪活动，大力开展社会治安的综合治理；加强法纪检察工作；推动其他各项检察工作全面开展。继续加强思想政治工作，搞好自身的廉政勤政建设，认真履行检察机关的职责，充分发挥人民民主专政机关的职能作用，自觉地为进一步治理整顿、深化改革和国民经济持续、稳定、协调发展服务；为维护首都社会稳定，促进经济发展、保障公民民主权利、人身权利不受侵犯做出新的贡献。

各位代表，我相信，1991年，本市各级检察机关在党的正确路线指引下，在市委、最高人民检察院的领导和市人民代表大会及其常委会的监督下，通过广大检察干警的共同努力，一定能够把检察工作做得更好，保卫首都的政治稳定和各项建设事业及改革开放的顺利发展。

以上报告请予审议，谢谢。

北京市第九届人民代表大会第四次会议议案审查委员会关于代表议案的审查报告

（1991 年 4 月 23 日北京市第九届人民代表大会第四次会议主席团第四次会议通过）

议案审查委员会主任委员　邢　军

主席团：

本次会议共收到议案 215 件，其中代表团提出的议案 32 件，10 名以上代表联合提出的议案 183 件。就其内容分，属于财政经济方面的 61 件；属于城市建设方面的 57 件；属于教育、科技、文化、卫生、体育方面的 70 件；属于政法方面的 27 件。这些议案对首都今后十年的发展目标、任务、方针、政策和措施；对维护政治稳定和社会安定；对提高城市现代化水平，进一步增强首都政治中心、文化中心、国际国内交往中心的功能；对调整产业结构，进一步提高国民经济整体素质；对人民生活在十年内达到小康水平；对推进社会主义精神文明建设、社会主义民主与法制建设以及各项工作的开展，提出了许多重要的意见和建议。同时，对解决群众生活中的迫切问题方面也提出了很多重要的意见和建议。

议案审查委员会对上述议案进行了认真审议，建议将14件交市人民政府办理，由市人大常委会审议；196件属于对各方面工作提出的具体意见，作为建议、批评和意见，分别交大会秘书处、市人大常委会有关部门、市人民政府办公厅、市高级人民法院研究办理，并答复提议案代表；5件转送国务院有关部门和市委、市政协有关部门参考。现将处理意见分别报告如下：

一、交市人民政府办理，由市人大常委会审议的14件

1. 郝守本等15位代表提出的“要全面检查《北京市中等职业技术教育条例》的执行情况，切实解决实施中的困难和问题”的议案（第16号）；

2. 姚兆辉等16位代表提出的“建议制定北京市发展和保护电信方面的地方性法规”的议案（第45号）；

3. 杨露等10位代表提出的“关于搞好‘质量、品种、效益年’活动的建议”的议案（第54号）；

4. 杨露等10位代表提出的“搞活大中型企业的几点建议”的议案（第55号）；

5. 石鸿飞等14位代表提出的“市政府对中等职业技术教育应及早调整、巩固、统筹规划”的议案（第89号）；

6. 屠金城等20位代表提出的“严格控制中成药外地药厂生产的伪劣药品进京，加强药政管理，保障人民生命安全”的议案（第97号）；

7. 金铁宽等12位代表提出的“迎接义务教育法实施五周年，对本市义务教育工作进行全面深入的检查”的议案（第100号）；

8. 李福森等16位代表提出的“加强社会治安综合治理工作”的议案（第110号）；

9. 沈勃等55位代表提出的“加快首都山区绿化步伐，以增强涵养水源能力和提高环境质量”的议案（第124号）；

10. 马志祥等14位代表提出的“关于大力加强全市社会治安和综合治理的意见”的议案（第128号）；

11. 邓诗魔等27位代表提出的“发展农村职业教育，要农、科教统筹才能事半功倍”的议案（第130号）；

12. 陈志文等15位代表提出的“关于急待增加办案业务经费问题”的议案（第149号）；

13. 刘镇藻等32位代表提出的“关于保证法院、检察院办案经费，解决面临困难的问题”的议案（第150号）；

14. 刘镇藻等30位代表提出的“认真解决首都公安队伍建设中面临的困难”的议案（第151号）。

以上第16号、第89号、第130号议案内容相同并为一案；第54号、第55号议案内容相同并为一案；第110号、第128号、第149号、第150号、第151号议案内容相同并为一案。以上10件并案后为3项，加上第45号、第97号、第100号、第124号议案，共7项。

二、作为建议、批评和意见交大会秘书处、市人大常委会有关部门、市人民政府办公厅、市高级人民法院研究办理并答复代表的196件（见议案目录）。

三、转送国务院有关部门和市委、市政协有关部门参考的5件（见议案目录）。

以上审查意见，建议主席团予以批准。

此外，本次会议截止4月23日共收到代表提出的建议、批评和意见1180件，已进行整理，由市人大常委会办事机构分别交由市人民政府办公厅、市高级人民法院、市人民检察院和有关部门研究办理，并负责答复代表。

北京市第九届人民代表大会第四次会议
补选市九届人大常委会委员办法

（1991年4月17日北京市第九届人民代表大会第四次会议通过）

一、根据《中华人民共和国地方各级人民代表大会和地方各级人民政府组织法》制定本办法。

二、北京市第九届人民代表大会第四次会议，补选北京市第九届人民代表大会常务委员会委员4人。

三、北京市第九届人民代表大会常务委员会委员候选人由大会主席团提名，或者代表10人以上联合提名。如果所提候选人过多，可以采取无记名投票的方式，征求代表的意见，主席团根据较多数代表的意见，确定正式候选人名单。正式候选人人数可以比应选人数多一人，也可以同应选人数相等。

候选人必须是本届人民代表大会代表。

四、选举采用无记名投票方式。代表要亲自参加投票。

五、大会选举前，由主席团提名总监票人2人，每个代表团推荐监票人1人，经大会通过后，在主席团的领导下，对发票、投票和计票进行监督。

六、代表对于选票上所列的候选人，可以投赞成票，可以投反对票，可以依法另选他人，也可以弃权。

七、代表同意选票上所列的某个候选人，就在他的姓名左边的空格里画一个“○”；不同意某个候选人，就在他的姓名左边的空格里画一个“×”；在某个候选人左边的空格里既不画“○”又不画“×”的为对该候选人弃权。

代表如果另选他人，在画“×”的候选人姓名右边的空格里写上要选的人的姓名。

每张选票所选的人数等于或少于4人的有效。

八、填写选票应当用钢笔或者圆珠笔，符号要准确，笔迹要清楚。

九、投票结束后，由计票人清点选票张数，作出记录，经总监票人签字后，报告大会执行主席。

选票张数等于或少于投票人数的，选举有效；多于投票人数的，选举无效。

十、候选人获得全体代表过半数的选票，始得当选。获得过半数选票的候选人的人数超过应选人数时，以得票多的当选。

十一、选举结果由大会执行主席予以宣布。

十二、本办法由北京市第九届人民代表大会第四次会议通过后施行。

北京市第九届人民代表大会第四次会议关于北京市国民经济和社会发展十年规划和第八个五年计划纲要及关于《纲要》报告的决议

(1991年4月24日北京市第九届人民代表大会第四次会议通过)

北京市第九届人民代表大会第四次会议，讨论和审查了市人民政府提出的《北京市国民经济和社会发展十年规划和第八个五年计划纲要(草案)》，审议了陈希同市长代表市人民政府所作的《关于北京市国民经济和社会发展十年规划和第八个五年计划纲要的报告》。会议认为，《纲要》和《报告》提出的今后十年的主要奋斗目标、基本指导方针和各项任务以及实现这些目标、任务的政策措施，符合中共十三届七中全会和七届全国人大四次会议的要求，体现了中央关于首都建设方针的指示和对《北京城市建设总体规划方案》批复的精神，反映了北京市的实际情况和全市各族人民的共同愿望，是积极的，经过努力是可以实现的。会议决定批准《北京市国民经济和社会发展十年规划和第八个五年计划纲要》，批准陈希同市长的报告。

会议认为，过去十年间，全市各族人民在中共十一届三中全会以来的路线、方针、政策指引下，以经济建设为中心，坚持四项基本原则，坚持改革开放，遵照中央关于首都建设方针的指示和对《北京城市建设总体规划方案》批复的要求，同心协力，艰苦创业，开拓进取，发挥社会主义优越性，开创了首都建设的新局面。“六五”计划和“七五”计划顺利完成，首都社会主义现代化建设的第一步战略目标提前实现。城乡面貌明显改观，经济实力显著增强，教育、科技、文化等各项社会事业有了新的发展，城乡人民生活得到较大的改善，社会主义精神文明和民主法制建设进一步加强。在中共中央、国务院、中央军委领导下，在中国人民解放军的支持下，全市各族人民团结一致，坚决贯彻市九届人大二次会议决议中关于要旗帜鲜明地反对动乱、维护首都安定团结政治局面的精神，取得了1989年春夏之交制止动乱和平息反革命暴乱的伟大胜利。在全国人民的支持下，成功地举办了举世瞩目的第十一届亚洲运动会。在这十年间，北京市人民政府依靠和团结全市各族人民进行了富有成效的工作，会议对此表示满意。同时，必须清醒地看到，一些长期积累的矛盾和改革开放过程中出现的新矛盾交织在一起，首都经济和社会发展中还存在着不少困难和问题，应予以高度重视，采取切实措施，逐步加以解决。

会议强调，本世纪最后十年，在首都社会主义现代化建设的历史进程中是非常关键的时期。北京市国民经济和社会发展十年规划和"八五"计划纲要，是全市各族人民实现首都现代化建设第二步战略目标的行动纲领。全市各级国家机关、各政党团体、企事业组织，都要以高度的历史责任感和紧迫感，保证贯彻实施。市人民政府在编制年度计划时，可以根据实际情况，对《纲要》规定的指标进行必要的调整，提交市人民代表大会审查批准。

会议要求，必须坚持以经济建设为中心，积极发展适合首都特点的经济，大力调整产业结构，切实提高经济效益，努力保持城乡经济持续、稳定、协调发展。要进一步加强农业的基础地位，抓紧副食品和粮食生产。积极扶持乡镇企业，促进农村经济全面发展。按照首都城市性质调整工业结构和布局，在提高经济效益和产品质量的基础上，保证工业生产的持续、稳定增长。全面提高建筑业素质，更好地为首都建设服务。特别要继续发展为生产和生活服务的第三产业，以促进城乡现代化建设，进一步缓解人民生活中的诸多不便。继续把教育和科技事业放在战略地位，加快人才培养和科技进步。进一步发展文化、卫生、体育等各项社会事业。在经济发展和社会进步的基础上，到本世纪末，使人民生活达到和在某些方面提前实现小康水平。

会议要求，必须进一步搞好城市规划、建设和管理。按照城市发展的新情况修订和充实总体规划；坚持把基础设施建设放在城市建设首位；加快住宅建设特别是城镇危旧房屋改造步伐，优先解决城镇居民住房严重困难户的问题；严格控制城乡人口规模，继续执行计划生育政策，尤其要采取切实有效的措施加强对迁入人口的控制和流动人口的管理；加倍珍惜水资源和土地资源；持之以恒地进行城乡绿化美化，不断改善北京的环境质量；在城乡现代化建设过程中，切实保护古都风貌。

会议要求，必须坚定不移地深化改革和扩大开放。农业要坚持和完善以集体经济为主的实行承包责任制的适度规模经营。在实行家庭联产承包责任制的地方，要进一步壮大集体经济，搞好社会化服务。坚持和完善工业企业和其他行业以"两保一挂"为主的多种承包经营责任制，千方百计增强企业的活力。要下大力气搞活作为国民经济支柱的国营大中型企业，学习和推广首钢企业管理的基本经验，从外部环境和内部管理两方面深化改革。围绕企业改革这一中心环节，不断发展适合社会主义有计划商品经济需要的多种商品市场和生产要素市场，完善市场体系。按照计划经济与市场调节相结合的原则，进一步加强各综合经济部门的调控能力。积极稳妥地推进住房制度、社会保障制度以及公费医疗制度等项改革。继续深化教育、科技、文化等领域的改革。要充分发挥首都的优势，在自力更生的基础上，进一步扩大对外开放，使对外贸易、引进外资、引进技术和智力等方面的工作有明显进展。在深化经济体制改革的同时，积极稳妥地进行政治体制改革。进一步发展社会主义民主，健全社会主义法制，保障公民正确行使宪法赋予的各项权利和履行宪法规定的义务。

会议要求，必须采取有力措施，切实加强社会主义精神文明建设。以培养有理想、有道德、有文化、有纪律的社会主义新人为目标，以思想政治教育和道德伦理教育为重点，坚持不懈地在全市人民特别是青少年中进行基本路线教育，进行爱国主义、社会主义、集体主义、艰苦奋斗、勤俭建国和国情、国防教育，继续发扬"爱我中华，为国争光，无私奉献，团结协作，顽强拼搏，争创一流"的北京亚运精神。坚持不懈地加强廉政和勤政建设，对国家工作人员以权谋私、违法乱纪，一定要严肃查处。坚决纠正部门和行业不正之风，树立良好的社会风气和道德风尚。

会议强调，必须充分认识维护首都安定团结政治局面的极端重要性。过去十年间，思想政治领域的斗争，尤其是1989年的政治风波表明，否定中国共产党的领导、否定社会主义制度的资产阶级自由化是最大的不安定因素，必须始终一贯地进行坚持四项基本原则的教育，旗帜鲜明地与资产阶级自由化作斗争。正确处理两类不同性质的矛盾，坚决打击敌对势力的各种破坏活动，妥善处理人民内部矛盾。坚决依法严厉打击严重刑事犯罪和严重经济犯罪活动，搞好社会治安的综合治理，把各项工作进一步纳入依法治市轨道，保证首都各项建设事业和改革开放的顺利发展。

会议指出，北京市已提出申请举办2000年第二十七届奥林匹克运动会，并得到中国奥委会批准和国务院的支持。全市人民要积极支持申办委员会的工作，如果国际奥委会选定北京市为举办城市，一定要以最大的努力办好这届国际体育盛会。

会议要求，全市各级政府工作人员、特别是领导干部，都必须牢固树立全心全意为人民服务的思想，坚持实事求是，一切从实际出发，理论联系实际，进一步解放思想，改进工作作风，廉洁奉公，勤政为民，密切联系群众，提高办事效率，努力做好各项工作。

会议号召，全市各族人民以更加昂扬的精神，全力投身于建设社会主义现代化首都的伟大实践中，在中共中央、国务院和中共北京市委的领导下，同心同德，奋力拼搏，为实现首都社会主义现代化建设的第二步战略目标，全面完成《纲要》确定的各项任务而奋斗！

北京市第九届人民代表大会第四次会议关于北京市1990年计划执行情况和1991年国民经济、社会发展计划的决议

（1991年4月24日北京市第九届人民代表大会第四次会议通过）

北京市第九届人民代表大会第四次会议经过审议，并根据本次会议国民经济、社会发展计划和财政预决算审查委员会的审查报告，决定批准北京市人民政府提出的北京市1991年国民经济、社会发展计划，批准北京市计划委员会主任王军代表北京市人民政府所作的《关于北京市1990年计划执行情况和1991年国民经济、社会发展计划草案的报告》。

北京市第九届人民代表大会第四次会议关于北京市1990年财政决算和1991年财政预算的决议

（1991年4月24日北京市第九届人民代表大会第四次会议通过）

北京市第九届人民代表大会第四次会议经过审议，并根据本次会议国民经济、社会发展计划和财政预决算审查委员会的审查报告，决定批准北京市人民政府提出的北京市1990年财政决算和1991年财政预算，批准北京市财政局局长王宝森代表北京市人民政府所作的《关于北京市1990年财政决算和1991年财政预算草案的报告》。

北京市第九届人民代表大会第四次会议关于北京市人民代表大会常务委员会工作报告的决议

（1991年4月24日北京市第九届人民代表大会第四次会议通过）

北京市第九届人民代表大会第四次会议审议了马耀骥副主任所作的北京市人民代表大会常务委员会工

作报告。会议认为，一年来常务委员会的工作取得了新的进步，促进了首都政治、经济和社会的进一步稳定和发展。会议决定批准这个报告。

会议要求，常务委员会要继续坚持以经济建设为中心，坚持四项基本原则和坚持改革开放，坚定不移地贯彻执行发展社会主义民主、健全社会主义法制的方针，积极履行宪法和法律赋予的职责。要着重围绕国民经济和社会发展十年规划和“八五”计划纲要实施的需要，抓紧制定地方性法规；采取切实措施，改进和加强对同级行政机关、审判机关、检察机关的法律监督和工作监督；进一步密切同人大代表和人民群众的联系，更好地代表人民行使当家作主的民主权利。要按照民主集中制的原则，加强自身建设，进一步发挥地方国家权力机关常设机关的作用，为维护首都的政治稳定，促进国民经济和社会发展十年规划和“八五”计划的顺利实施作出新的贡献。

北京市第九届人民代表大会第四次会议关于市高级人民法院工作报告和市人民检察院工作报告的决议

（1991年4月24日北京市第九届人民代表大会第四次会议通过）

北京市第九届人民代表大会第四次会议批准刘云峰院长所作的北京市高级人民法院工作报告和何访拔检察长所作的北京市人民检察院工作报告。

会议要求，本市各级人民法院和人民检察院要认真贯彻中国共产党十三届七中全会精神，以党的基本路线为指导，进一步全面开展各项审判工作和检察工作，认真履行审判机关和检察机关的职责。要充分发挥人民民主专政机关的职能作用，坚持依法从重从快严厉打击严重刑事犯罪活动；继续深入开展惩治贪污、贿赂、走私、投机倒把等犯罪的斗争，积极参加社会治安的综合治理；加强民事、经济、行政审判工作，加强法纪检察和其他各项检察工作，保护公民的合法权益，维护法制的尊严。要加强思想政治工作，搞好自身的廉政建设，纠正不正之风，加强对干警的培训，提高政治素质和业务素质，严肃执法，秉公执法，提高办案质量和办案效率，为维护首都的政治稳定和社会稳定，为改革开放和社会主义现代化建设事业作出新的贡献。

北京市第九届人民代表大会第四次会议补选北京市人民代表大会常务委员会委员名单

（1991年4月24日）

侯维城　叶大澂　于熙钟　孙毓敏

北京市第九届人民代表大会第四次会议主席团、秘书长名单

(1991年4月16日北京市第九届人民代表大会第四次会议预备会议通过)

主席团（71人　按姓名笔划排列）

丁　榕（女）　于卫国　马国连　马瑞卿
马耀骥　王万发　王立行　王　光　王兆熊
王炜钰（女）　王绍俊　王　宪
仉振亮（回族）　史定潮（女）　白介夫
邢　军　戎　易　朱京宝（女）　刘志英
刘尚青　齐家蕙（女）　安士伟（回族）
许　文　纪辉玉（女）　严镜清
李巧云（女）　李进民　李其炎　李树忠
李乾构　李锡铭　汪家镠（女）　沈仁道
张万鹏　张　本（女）　张书明　张立文
张俊山　张继斌　张　镈　陆　昊　陈广文
陈木森　陈明绍　陈宝森　陈福汉　林　挺
金铁宽（满族）　郑云山　郑凤仪　孟志元
赵维华　赵鹏飞（满族）　胡大鹏
俞昌珈（女）　姚　望　贾长威　夏钦林
徐光炜　高贺荣　浦洁修（女）　陶大镛
盛绳武　阎同茂　彭兴远　覃异之　靳　晋
蒲怀瑛　黎　光　潘志明　魏庭棣（女）

秘书长

黎　光

北京市第九届人民代表大会第四次会议主席团常务主席名单

(1991年4月16日主席团第一次会议推定)

(15人)

李锡铭　赵鹏飞（满族）　李其炎
汪家镠（女）　王　光　李进民　马耀骥
黎　光　夏钦林　邢　军　覃异之　陶大镛
浦洁修（女）　陈明绍　戎　易

北京市第九届人民代表大会第四次会议副秘书长名单

(1991年4月16日主席团第一次会议决定)

赵有光　郑怀义　贾九朝　李丙仁　徐炳忠　王昭钺　周福伦　杨登彦　段柄仁　周泽民

北京市第九届人民代表大会第五次会议

（1992年4月17日——24日）

北京市第九届人民代表大会第五次会议于1992年4月17日至24日在京丰宾馆举行。会议代表865人。北京市选出的七届全国人大代表21人，部分市政协常委委员，市人大常委会和市政府有关部门的负责同志以及区、县人大常委会和政府的负责同志列席了会议。

大会听取、审议和批准了市长陈希同所作的政府工作报告。报告分二个部分：一、1991年工作的回顾，二、1992年的任务。

大会审查批准了北京市副市长兼计划委员会主任王宝森所作的关于北京市1991年国民经济、社会发展计划执行情况和1992年计划草案的报告，审查批准了北京市财政局局长孙同越所作的关于北京市1991年财政决算和1992年财政预算草案的报告。

审议批准了市人大常委会工作报告、市高级人民法院工作报告和市人民检察院工作报告。

大会收到议案225件。其中财经类60件、城建类66件、文教卫生类65件、政法类34件。

主席团常务主席、市委书记李锡铭致闭幕词。

政 府 工 作 报 告

——1992年4月17日在北京市第九届人民代表大会第五次会议上

北京市市长　陈希同

各位代表：

我代表北京市人民政府向大会作工作报告，请予审议。

一、1991年工作的回顾

1991年是实施北京市国民经济和社会发展十年规划和"八五"计划的第一年，也是首都社会主义现代化建设和改革开放事业克服各种困难，继续前进的一年。全市各族人民在以江泽民同志为核心的中共中央和国务院以及中共北京市委的领导下，全面贯彻执行党的"以经济建设为中心，坚持四项基本原则，坚持改革开放"的基本路线，解放思想，奋力开拓，完成或超额完成了市九届人大四次会议批准的国民经济和社会发展计划，为实现到本世纪末首都社会主义现代化建设的第二步战略目标，闯出了一个良好的开局。

(一)国民经济克服了各种困难，再创新水平。按可比口径与上年相比，全市国内生产总值增长7.5%，国民收入增长7.2%，财政收入增长4.1%。农业战胜了严重自然灾害，夺得第十四个丰收年，粮食总产、单产双创历史最高水平，菜、肉、蛋、奶、禽、鱼、果等副食品生产全面增长；工业总产值增长12.5%；地方预算内工业企业扭转了效益持续一年零九个月下滑的局面，实现利润增长7.3%；市场繁荣兴旺，物价基本平稳，社会商品零售总额增长16.3%；人民生活继续改善，扣除价格变动因素，城镇居民人均年生活费收入和农民人均纯收入，分别增长2.1%和5.4%；城乡居民储蓄达到298.5亿元，增加71.9亿元，是增加最多的一年。

(二)城市建设走上新区开发与旧城改造并举的轨道，城乡面貌又有新的改观。城市赖以生存和发展的基础设施建设取得了较大成绩。以"西厢工程"和京石三期高速公路为代表的一批路桥建设项目优质、高速地完成，全市公路总长度突破1万公里。全年新增燃气用户9.2万户、集中供热面积211万平方米。通讯能力明显提高，电话交换机容量增加10.4万门。公共交通和运输也有较大发展。房屋建设竣工面积连续第五年超过1000万平方米，相当于一年建成解放初的半个北京城。其中住宅竣工578.4万平方米，可安排10万户居民迁入新居。危旧房改造开工27片、150万平方米，竣工50万平方米。人均两平方米以下的城镇住房特困户在城区和近郊区已解决一半以上，远郊区县已全部解决。以整治京水河为中心的"一河带十河"等水利基本建设土方工程提前完工，增强了城乡防洪和农业灌溉的能力。城乡绿化美化计划超额完成，环境保护和环境卫生的整体水平有了提高。

(三)科技教育正逐步成为推动经济和社会发展的先导力量，各项社会事业全面发展。科技发展计划顺利实施，全年推广应用科技成果3800项。新技术产业开发试验区的产业化进程明显加快，技术市场更加活跃。社会科学研究又推出一批新成果。教育投入继续增加。九年制义务教育有了新的进展，占人口95%的地区达到实施标准。中等职业技术教育规模进一步扩大，高等教育结构开始调整。城镇地区"入托难"已基本解决。

文化体育事业欣欣向荣，专业和群众性文体活动丰富多彩，崇文区被评为全国文化先进区。医疗卫生工作贯彻预防为主的方针，传染病发病率继续下降，计划免疫率提前达到世界卫生组织的标准。随着一批医院的扩建新建，平均每千人拥有医院床位达到6张，缓解了住院难的问题。计划生育率达到98.8%，比计划指标少生了3.68万个孩子。社会福利和社区服务进一步改善，残疾人事业受到全社会的普遍支持。

（四）社会主义精神文明和民主法制建设得到加强，安定团结的局面进一步巩固。紧密结合国际形势变化和我国现代化建设发展的实际，广泛进行了爱国主义、社会主义和共产主义教育，全市各族人民对建设有中国特色社会主义的信念更加坚定。在抗御京郊北部山区百年不遇的洪灾和我国南方部分地区特大洪灾中，首都军民奋勇抢险，慷慨赈灾，显示了“一方有难，八方支援”的高尚精神，涌现出一批舍己救人的英雄模范。深入开展了创建“双拥”模范区县的活动，西城区、昌平县被评为全国“双拥”模范区县。全市涌现出市级文明单位953个、柳荫街式的军民共建标兵17对，创建文明居民区34个，评出见义勇为的好市民20名，授予1042人首都精神文明建设奖章。新闻出版、广播电视等部门为宣传党的路线方针政策，传播信息和知识，丰富人民群众的精神生活，进行了富有成效的工作。文物的科学保护和合理利用取得了新的成绩。人民解放军和武警驻京部队、中央在京机构为首都两个文明建设做出了很大贡献。在社会主义民主建设中，全市各级政府提高了接受人民代表大会及其常委会和人民代表监督的自觉性；通过汇报工作、征求意见、聘请政府顾问和特约监察员等方式，提高了各级政府争取人民政协、各民主党派、无党派人士参政议政和民主监督的主动性；村委会、居委会等基层群众自治组织得到加强。全年办复人大代表议案、建议和政协委员提案共2486件，受理群众来信来访和电话6.6万多件次，对反映的问题大部分做了处理。为方便群众献计献策开辟新的渠道，成立了人民建议征集办公室，许多建议已被采纳。党和国家的民族、宗教政策得到进一步贯彻，积极开展了侨务、台务工作，促进了首都的安定团结、改革开放和经济建设。全年拟订法规7项、制定规章46项，行政执行计划34项重点目标全部达标。6项非正常死亡控制指标稳中有降，特别是在车辆和人口持续增加的情况下，交通事故死亡人数连续六年下降。加强了社会治安的综合治理，继续开展了严厉打击严重经济犯罪、严重刑事犯罪的专项斗争和“扫黄”斗争，取得比较明显的成效。以反腐败和纠正行业不正之风、清房、治理“三乱”为重点，进一步加强了廉政建设，严厉惩处了一批腐败分子，取得了阶段性成果。

（五）改革迈出了新的步伐。经过三年多的努力，治理整顿的主要任务基本完成。结合治理整顿，从北京市的实际出发，继续大力推进了改革。在农村巩固发展了多种形式的联产承包责任制，因地制宜地扩大了以集体经营、联产到户、联产到劳为特征的适度规模经营，在完善统分结合的双层经营体制、发展社会化服务体系、壮大集体经济等方面，取得了较大进展。企业改革开展了学习首钢的活动，特别是中共中央工作会议后，市委、市政府结合北京的实际制定了搞好国营大中型企业的15条政策，在改善企业外部环境的同时，以转换企业经营机制为核心，进行了多种形式的改革探索。围绕企业改革，综合经济管理部门进一步下放了计划管理权限，减少了指令性计划，扩大了市场调节的范围。先后调整了部分生产资料和农副产品的价格，特别是调整了25年未动的城镇居民定量粮油和一些服务收费的价格，对理顺价格关系、促进生产发展起到了积极作用。住房制度改革，按照国务院的方针和精神，由各区县局分散决策，经过四年试验，创造了多种房改形式，基本形成了符合首都特点的思路。科研院所全面实行了第二期“三保一挂”承包经营责任制，坚持了系统优化组合，并采取多种形式积极开拓科研与生产紧密结合的新途径。在进一步完善中小学校内部管理体制改革的同时，对市属中专和高等院校进行了改善待遇、转换机制、打破“三铁”、提高效益的内部管理体制改革，调动了广大教职员工的积极性。农村教育综合改革试点取得了初步成效。文化、卫生、体育和社会保障等方面的改革也都有了不同程度的进展。

（六）对外开放创出了新局面。外贸企业取消了补贴，开始实行自主经营、自负盈亏的新机制。全年出口创汇13.68亿美元，比上年增长3.7%。引进外资的步伐大大加快，一年批准“三资”企业724家，超过“七五”计划期间的总和，协议外资金额2.85亿美元，比上年增长1.4倍。已开业的“三资”企业大多数取得较好效益。技术引进成交额3.8亿美元，结束了近五年的下降局面。对外承包工程和劳务合作的合同额、营业额、派出人数均比上年成倍增长。新建海外企业15家，是历年来最多的。旅游业迅速恢复和发展，全年接待入境旅游者132万人次，旅游收入8.5亿美元，分别比历史最好水平的1988年增长9.7%和26.9%。对外交往和友好合作进一步扩大。北京市向国际奥委会正式提出承办2000年奥运会的申请，得到了国务院和中国奥委会的有力支持，这是百年奥运史上中华民族第一次提出申请，在海内外引起了巨大反响。

首都各项事业的成就表明，在社会主义现代化建设的整个历史进程中，必须坚定不移地全面贯彻党的“一个中心，两个基本点”的基本路线。以经济建设为中心，就是紧紧抓住人民群众日益增长的物质文化需要同落后的社会生产之间这一主要矛盾，把解放和发展生产力放在首位；就是要求我们的一切工作必须服从和服务于经济建设这个中心，而不能偏离，更不能干扰这个中心。只有经济发展了，综合国力增强了，人民生活提高了，社会主义制度才能显示出优越性和说服力。四项基本原则是立国之本，是社会主义现代化建设的根本保证，任何时候都不能动摇。对和平演变和否定四项基本原则的资产阶级自由化必须保持高度警惕。改革开放是强国之路，也是繁荣首都北京之路。只有坚持改革开放，才能不断地解放和发展社会生产力。

首都各项事业的成就表明，我们每前进一步，都必须始终坚持解放思想、实事求是、一切从实际出发、实践是检验真理的唯一标准这条认识路线。去年初，市政府针对干部中在成功举办亚运会之后出现的某些松劲情绪和不敢继续向更高目标攀登的畏难情绪，以及思想还不够解放的种种表现，提出了“解放思想，奋力开拓，努力把今年的事情办得更好”的要求，各条战线普遍总结了经验，找出了思想和工作上的差距以及解决问题的办法、措施，推动了各项工作的进展。正反两方面的经验使我们深深体会到，解放思想必须贯穿于建设有中国特色社会主义的全过程，只有解放思想，才能破除唯心主义和形而上学的束缚，才能从实际出发大胆地试，大胆地闯，大胆迈开改革开放的步子。

首都各项事业的成就表明，保持政治稳定和社会安定是促进改革开放和经济发展的前提条件。北京作为全国的政治中心，维系着党心民心，安定与否不仅关系到自身的发展，而且对全国具有极其重要的影响。必须像爱护自己的眼珠一样，维护首都安定团结的政治局面。必须加强民主和法制建设，依靠人民民主专政保卫社会主义制度。要坚持两手抓的方针，一手抓改革开放，一手抓打击各种犯罪活动；一手抓物质文明建设，一手抓精神文明建设。两手都硬，我们的事业才能顺利向前发展。

首都各项事业的成就表明，人民群众是国家的主人，是创造历史的真正动力，我们的每项决策都必须体现人民群众的根本利益和愿望，得到人民群众的充分理解和最广泛的支持。我们必须牢固树立为人民服务的思想，坚持从群众中来到群众中去的工作方法，深入实际，调查研究，善于集中群众的智慧，一切经过试点，及时总结经验，坚持真理，修正错误，使决策进一步民主化、科学化。只有这样，工作才能更富有成效。

首都各项事业的成就还表明，无论搞建设还是搞改革，都必须扎扎实实，埋头苦干。各项政策、计划都必须有落实的具体要求和措施，并在执行中有检查，完成后有总结。只有真抓实干，才能把党的基本路线和各项方针政策真正落到实处，转化为实实在在的成果，也才能在改造客观世界的过程中实现认识的更大飞跃。

在肯定成绩的同时，我们不能不看到在政府工作中还存在着不少问题。主要是：

第一，在思想解放问题上，不少方面仍然存在着较大差距。去年市政府虽然提出了解放思想的要求，联系实际，指出了当时存在的十个方面的问题，但由于我们对邓小平同志倡导的建设有中国特色的社会主义的思想理解不深，特别是在姓“社”还是姓“资”问题上未能从理论高度划清界限，在实践中没有认清要警惕右，但主要是防止“左”，因而在有些方面未能更加大胆地开拓前进。

第二，经济体制还未理顺，建立计划经济与市场调节相结合的经济体制和运行机制还需要进一步探索。政府职能的转换还远未达到目的，政企不分的情况依然突出，企业“自主经营、自负盈亏、自我发展、自我约束”的机制还远未形成。企业内部机制的转换还需做大量工作，“铁饭碗”、“铁交椅”、“铁工资”支撑的平均主义“大锅饭”体制，仍然是阻碍生产力发展的重要因素。

第三，经济结构调整进展缓慢。产业结构、企业组织结构和产品结构还不能更好地适应国家产业政策、首都特点和市场需求。第三产业在国内生产总值中只占 39.2%，与世界发达城市相比还很落后。商品流通和社会服务的许多领域有事无人干、服务态度差和服务质量低的情况依然比较突出，新兴的、高层次的行业发展不快。部分国营大中型企业效益不高，后劲不足，缺乏活力，有的长期亏损。首都的科技和智力优势还没有充分发挥，加快科技成果向商品生产转化、应用先进技术改造传统工业和发展高新技术产业以及提高劳动者的技术业务素质等方面也存在着很大差距。农村经济的整体素质还比较低，商品经济还不够发达，尤其是边远山区的差距更大。

第四，城市基础设施建设虽然做了很大努力，但仍然不能适应经济和社会发展的需要。交通拥挤、通讯不畅、电力不足、环境污染等问题的解决还需长期努力。在工程建设方面，一些工程质量差，引起了用户强烈不满。

第五，依法治市、依法行政的工作还有很大差距。社会治安管理、市场管理、城市建设规划管理等方面存在不少问题。有法不依、执法不严、违法不究的现象仍然比较严重。

第六，各级政府不同程度地存在着机构臃肿、人浮于事和会议多、文件多、检查评比多、剪彩多、应酬多等脱离实际脱离群众的形式主义、官僚主义作风。有些干部思想懒惰、安于现状、不思进取。有的不为群众和基层排忧解难，而是推、拖、卡、压。少数人以权谋私、贪污受贿、违法乱纪。

人民群众对政府是"听其言而观其行"的。对上述问题，我们一定坚持不懈地抓紧解决，力求不断取得实效，同时也诚恳希望各位代表提出批评和建议，使首都各方面的工作搞得更好。

二、1992年的任务

1992年是首都社会主义现代化建设任务十分繁重的一年，同时又是充满希望、催人奋进的一年。当前国际国内形势对我们十分有利。邓小平同志关于建设有中国特色的社会主义理论和最近的重要谈话，引起了举国上下的强烈反响，受到广大干部和群众的衷心拥护。全国、全市各族人民对改革和发展的认识更加深化更加统一了。中共中央政治局全体会议关于牢牢把握党的基本路线一百年不动摇、抓住机遇加快改革开放、集中精力把经济搞上去等精神以及第七届全国人民代表大会第五次会议批准的李鹏总理的政府工作报告，更加坚定和鼓舞了我们前进的决心和信心。我们必须进一步解放思想，更加大胆开拓，紧紧抓住有利时机，加快改革开放步伐，促进国民经济更好更快地上一个新台阶。目前，市政府在国务院和中共北京市委的领导下，正在研究制定方案和措施，并将有计划有步骤地付诸实施。今年主要应做好以下工作：

（一）调整结构，提高效益，加快国民经济发展

今年经济工作的重点是调整结构和提高效益。计划要求国内生产总值比上年增长6.5%；工业增加值增长8.5%，全员劳动生产率提高4%；农业增加值增长5.7%；第三产业增加值增长7.8%；社会商品零售总额增长12%；零售价格上涨幅度控制在10%以内；财政收入增长4%；扣除价格变动因素，城乡居民人均收入增长2—3%。考虑到治理整顿刚刚结束，经济发展中还有一些不稳定因素，在今年经济增长速度的安排上是留有余地的。实际执行中，在有市场、讲效益的前提下，速度能够快的，应尽可能快一点，力争超过计划。

农村经济要努力转到高技术、高质量、高效益的方向上来，再上新台阶。经过十余年的改革和发展，京郊农村生产力水平有了很大提高，现在到了更好地适应商品经济发展的新形势，在激烈的市场竞争中继续发展并上一个新台阶的关键时刻。要深入贯彻中共中央十三届八中全会《关于进一步加强农业和农村工作的决定》。为适应新的形势，对八十年代初制定的"服务首都，富裕农民，建设社会主义新农村"的方针，充实修改为"服务首都，面向全国，走向世界，富裕农民，建设社会主义现代化新农村"的方针。采取有力措施，落实科教兴农的战略，促使农村经济从单纯追求产量向依靠科技全面提高质量和效益转变；从主要依靠行政手段确保首都需要的供给型向以市场为导向的商品经营型转变；从封闭半封闭型向多方位、开放型转变。以市场为导向，进一步调整农村内部产业结构。粮食生产要稳定总产，调整结构，提高质量，增加效益。副食品生产要增加品种，提高商品化生产水平，进一步发展产、供、销一体化。把大力发展农副产品的深加工，大幅度提高附加值，作为一项重大措施，尽快抓出成效。狠抓农村商品流通，鼓励和引导农村经济合作组织和农民进入流通领域。有计划地建立一批综合的或专业的农副产品批发交易市场。继续增加对农业的投入，大搞农田水利和农业基础设施建设，积极推广和采用先进技术，降低成本，以增强农业综合生产能力，提高经济效益。加快乡镇企业技术改造步伐，重点发展农副产品深加工型和外向型企业。山区经济差距大，潜力也很大，关键是进一步改变封闭状况，加快对内对外开放的步伐。认真贯彻落实市人大常委会通过的《边远山区乡村十年致富工程计划纲要》，进一步放宽政策，积极推广城区、平原地区帮助边远山区发展经济等有效措施，使其尽快改变面貌，缩小同平原地区的差距。

把搞好国营大中型企业作为全市经济工作的重中之重，抓紧抓好。国营大中型企业是社会主义经济的骨干力量，对整个国民经济的发展和社会主义制度的巩固，具有决定性意义。全市经济效益的提高和发展速度的加快，关键取决于搞好国营大中型企业。要扎扎实实地落实国务院关于搞好国营大中型企业的20条措施和市政府的15条政策，按照去年中共北京市委工作会议提出的"今年扭转滑坡，明年进一步好转，三年稳步提高，'八五'末期达到较好水平"的目标，力争今年实现进一步好转。为此，一是继续狠抓扭亏增盈，强化扭亏目标责任制，使亏损额和亏损户继续下降。二是以市场为导向下大力气调整产品结构。严格限制长线产品，鼓励扶持短线产品，大力开发新产品，再创一批名、优、高、新的拳头产品。三是按照优化资源配置的原则，调整企业组织结构。对产品无销路、管理混乱、扭亏无望的企业坚决关停并转。同时积极组建企业集团。四是大幅度提高企业技术改造的投入，积极采用新技术、新装备，提高企业技术改造的起点，抓好50个重点技术引进、技术改造项目和50个重点项目的效益跟踪。五是学习首钢，从严治厂，全面加强企业内部的科学管理。特别要加强质量管理，以促进产品质量大幅度提高。六是企业主管部门和综合经济管理部门要深入厂矿，尽心竭力搞好服务，为企业排忧解难。凡是法定的企业自主权和给予企业的优惠政策，都必须兑现。在搞好国营大中型企业的同时，区县、街道企业，集体企业及小企业都要继续发展。所有企业都要挖掘潜力，继续清理“三角债”，使经济效益在今年有一个明显好转。

大力发展为生产和生活服务的第三产业，进一步搞活流通。第三产业的发达程度是衡量经济发展和城市现代化水平的重要标志。要把发展第三产业摆在调整产业结构的突出位置和首都发展的战略高度。根据加快国民经济发展和对外开放的要求，大力发展为生产服务的第三产业。努力开拓各种资金渠道，发展金融、保险业；积极创造条件搞活城乡房地产业；加快咨询、信息、软件开发、租赁等新兴行业的发展；进一步拓展物资交流、交通运输、邮电通讯的服务领域，不断增强首都的综合服务功能和辐射能力。在统一规划的指导下，继续执行“国家、集体、个体一起上，上下左右内外联，一业为主多种经营，谁办谁管谁受益”的方针，打破地区、部门界限，动员社会各方面力量，尤其要发挥街道、乡镇和集体、个体的积极性，继续发展为人民生活服务的行业。鼓励机关、企事业单位的内部服务设施向社会开放，有偿服务。进一步敞开城门，扩大横向联合，在大力促进本市产品参与全国市场竞争，积极支持企业到全国各地设厂开店的同时，鼓励全国各地的厂商到北京投资兴建商业设施和组织各种名、特、优、新商品进京销售，使首都市场真正成为“买全国的、卖全国的，全国来建，全国来卖”的市场，同时也是面向世界的市场。加快商业设施建设，今年建成开业11项大中型综合性项目，再增加商业网点5000个。除了扩建目前繁华的几条大街以外，还要结合规划的调整，改建、新建一批商业街。各区县可以根据自身的特点，兴建不同特色的商业设施。大力提倡和推广敞开售货、预约购货、送货及服务维修上门等经营方式，积极开办室内装饰、清洁卫生、搬家等新的服务项目。充分发挥首都的政治中心和文化古都的优势，努力提高旅游业发展的层次和水平。

（二）加强城乡规划、建设和管理，进一步提高城乡现代化水平

今年城乡建设要围绕缓解城市突出矛盾和关系首都长远发展的问题，继续把城市基础设施建设放在首位，再办一些实事、大事，确保国家和本市的重点工程按计划完成。

按照首都城市性质和功能，完成《北京城市建设总体规划方案》的修订工作。总体规划是指导城乡各项建设协调发展的依据，到一定时期应根据城市的发展变化进行修订。现在执行的北京总体规划是1983年开始实施的。经过近十年的发展，北京人口规模突破了规划指标，规划市区的土地已基本划拨完毕，市区和卫星城镇建设以及产业结构都发生了很大变化，需要对总体规划进行修改和完善。这个修改方案经多方征求意见，将上报国务院，待批准后实施。

继续下大力气狠抓城市基础设施建设。水、电、气、热和交通、邮电等基础设施是社会生产力发展水平的重要体现。基础设施不优先发展、经济就难以登上新的台阶。对此，晚抓不如早抓，被动抓不如主动抓，既要量力而行，更要尽力而为。今年将按计划安排一批重大工程项目。地铁复兴门至西单段年内建成通车，并继续向八王坟开掘。完成“两厢合拢”的南厢道路工程，为南城经济开发创造更为有利的条件。二环路改造工程年内竣工，使之成为内城第一条不设红绿灯的快速路。继续扩建、完善三环路，进一步开拓四环路，并将京石高速公路延建至窦店。火车西客站、首都机场扩建和首都机场高速公路要破土动工。华北油田天然气进京管线复线、第三条液化气输油管线、三条中压煤气管网和石电供热主干线等工程年内完工，以进一步增强气热供应能力。加快第九水厂二期工程、高碑店污水处理厂和十三陵抽水蓄能电站建设。邮政设施建设要与住宅新区开发和危旧房改造相适应，力争做到“人进邮通”。全年新增电话交换机容量12.5万门，进一步缓解通讯紧张的状况。与此同时，要加快破旧的基础设施的改造，加强现有设施的管理和维护。陕北天然气进京和南水北调是两项关系首都生存发展的重大工程，应按国务院的统一部署，积极做好前期准备工作。

按照“统一规划，综合开发，配套建设”的原则，搞好城市房屋建设。重点抓好住宅建设，特别是危旧房的改造，并安排一批增强首都功能和为生产生活服务的公共建筑项目。今年计划安排房屋开复工面积2000万平方米以上，竣工面积800万平方米以上，其中住宅竣工面积保持不低于500万平方米。危旧房改造48

片，开复工面积260万平方米，竣工100万平方米。新区建设开复工面积650万平方米。年内全部解决人均居住面积2平方米以下特困户的住房问题，并积极创造解决人均居住面积3平方米以下严重困难户的条件。确保北京邮政枢纽、友谊医院等重点工程如期竣工。从今年起，公共房屋建设的重点转移到商业设施上来，尽快使首都的商业设施形成集团与分散、骨干与网点相结合的新格局。提高建筑业的整体水平和素质，所有建设项目都必须做好开工前的各项准备工作，加强工程管理，进一步提高工程质量，提高投资效益。注意合理开发、利用和保护土地资源。进一步做好文物的科学保护和合理利用工作，把城乡现代化建设与保护古都风貌更好地结合起来。

加强城乡生态环境建设，把首都环境保护和绿化美化净化工作提高到新水平。继续兴办10件环保实事，重点防治大气降尘、汽车尾气和噪声污染。以创建全国卫生先进城市为目标，大力开展“建设无蝇城，清洁为人民，力争办奥运”活动，加强爱国卫生工作和市容环境的整治，重点治理繁华地区和城乡结合部。绿化美化要有新突破，城镇做到市树市花上规模，小区绿化上速度，养护管理上水平。郊区要把林业作为环境保护和山区致富工程来抓，继续大力绿化宜林荒山，提高农田林网化水平，进一步改善城乡环境面貌和生态质量。

切实加强城乡建设的管理。现代化建设必须有严格的科学管理。对此，我们还处于探索和积累经验的过程中。今年要把加强规划、房地产、市容环境、交通、节水、减灾等项管理作为重点，使城乡各项管理工作有新的进步。

（三）继续把发展科技教育放在突出的战略地位，带动国民经济整体素质的提高

科学技术是第一生产力，是经济发展的决定性因素。北京在这方面有得天独厚的优势。要进一步增强全社会的科技意识，最大限度地调动起首都的科技力量，多渠道增加科技投入，使更多的科技成果尽快转化为生产力。

抓好科技攻关与成果推广应用，促进技术进步。今年的重点：一是围绕调整结构、提高效益，组织各方面的科技力量开展大规模的科技开发和咨询活动，在此基础上实现1500项科技协作项目。同时继续实施“八五”工业技术振兴计划，抓好30个科技先导型企业试点。二是进一步推动科技兴农向纵深发展，把高新技术与常规技术结合起来，全面实施“八五”星火计划的14项农业系统工程的开发和10个星火密集区的建设。三是在城市建设和管理的主要领域开展50项重大科技攻关，研究建设20个示范工程和10项计算机管理工程。四是继续组织好1000项重大科技成果的推广应用，重点是应用范围广的电子技术、先进适用的农业技术、节能节水技术和成熟的专利发明。

继续把发展高科技，实现商品化、产业化、国际化放在突出位置。进一步落实完善促进高新技术产业化的政策，大力推进“火炬”计划；集中力量搞好新技术产业开发试验区的建设，加快上地信息产业基地和中关村地区配套设施建设和亦庄工业开发区以及丰台、昌平科技园区的建设；继续办好高新技术实验室。采取有力措施推动科研机构、高等院校、新技术企业同国营大中型企业、乡镇企业的结合，并积极参与国际合作和竞争，在高新技术对传统产业的结合与改造上取得新进展。

进一步调整教育结构。现代化建设靠人才，人才培养靠教育。教育是一项基础工程，决定着首都的长远发展。为适应首都经济社会发展的需要，大力发展职业技术教育，特别是技工教育和农村职业技术教育，重点建设好10所局办技校、30所职业高中和20所中专学校，使升入各类职业技术学校学生对升入普通高中的学生的比例进一步提高。加快高等院校的调整，今年重点抓好师范和工科院校的布局、结构和专业设置的调整。各高等院校都要面向经济建设，在实现教学、科研、生产相结合方面取得新进展。普遍提高实施九年制义务教育的水平，进一步发展特殊教育，抓好学前教育。成人教育重点是加强国营大中型企业职工的岗位培训和非学历继续教育。

努力提高教育质量。各级各类学校都要坚持社会主义的办学方向，坚决贯彻德智体全面发展的方针，以提高教育质量为中心，优化校内外的育人环境。加强师资和教育管理干部队伍的建设是提高教育质量的关键。继续采取有力措施，动员优秀中学生报考师范院校并扩大高等师范预备班，进一步提高中小学教师的学历层次，特别要抓好骨干教师和青年教师的培养。加强教育教学的科学研究工作，积极推进教学改革，并有步骤地改革升学考试制度。

尊重知识，珍惜人才。这是发展科技和教育的核心问题。知识分子是工人阶级的一部分，在现代化建设中具有特殊重要作用。要继续努力改善他们的工作条件和生活条件，更好地发挥他们的聪明才智。对有突出贡献的知识分子应给予重奖。尊重知识分子的劳动成果，切实做好保护知识产权的工作。海外留学人员学成归国为祖国做出了许多贡献。北京的出国学习人员，不管他们过去的政治态度如何，我们都热情欢迎他们回来参加社会主义现代化建设，并将妥善安排他们的生活和工作。

（四）放开手脚，大胆探索，加快改革的步伐

革命是解放生产力，改革也是解放生产力。推进首都现代化建设，关键在于深化改革。我们一定要进一步解放思想，大胆地试，大胆地闯，同时注意总结经验，对的就坚持，不对的就赶快改，新问题出来抓紧解决。要围绕经济管理体制和运行机制中束缚生产力发展的突出矛盾，把改革的步子迈得更大一些。

转换企业特别是国营大中型企业的经营机制。这既是当前深化改革的中心环节，也是搞好国营大中型企业的重要措施。狠抓企业经营机制和政府职能两个转换，按照计划经济与市场调节相结合的要求，确立国家与企业的新型关系，把企业推向市场，使企业真正成为自主经营、自负盈亏、自我发展、自我约束的相对独立的商品生产者和经营者。目前市政府在15条政策中提出的深化企业改革的多种形式，已在国营大中型企业普遍实行，人们称之为“上船”。这项工作必须紧抓不放，切实抓出成效。转换企业内部经营机制应从优化劳动组合入手，打破“铁饭碗”、“铁交椅”、“铁工资”以及这“三铁”支撑的平均主义“大锅饭”，改革企业内部劳动、人事、分配制度，使责权利紧密结合，把竞争机制引入企业，做到干部有上有下、职工有进有出、工资有高有低，进而形成企业有生有死的运行机制。在坚持动态优化劳动组合的基础上，进一步扩大全员劳动合同制的试点，以契约形式确立企业同职工的劳动关系并逐步完善管理人员和技术人员聘任制，做到既有压力，又有动力，使企业充满生机和活力。认真贯彻落实企业法和国务院即将颁布的全民所有制工业企业转换经营机制的暂行条例。完善企业领导体制，进一步发挥党组织的政治核心作用，坚持和完善厂长负责制，全心全意依靠工人阶级，充分发挥广大职工办好企业的积极性。区县国营企业、各类集体企业也要比照国营大中型企业的改革形式，积极转换经营机制，推进优化劳动组合。小型企业要根据自身生产经营特点，采取更加灵活的改革形式。个体和私营经济，是社会主义公有制经济必要的有益补充，现在不是多了，而是仍然需要鼓励其发展，同时加强管理，使之依法经营，为繁荣首都经济、方便人民生活发挥应有的作用。有条件的企业可根据实际情况，积极推进股份制试点。

大力培育市场，加快流通体制改革。发展社会主义商品经济不能没有市场。加快培育市场，健全市场体系，有赖于深化流通体制改革。今年这项改革的重点，一是在试点基础上，对大中型零售商业企业实行经营、价格、分配、用工“四放开”；对小型零售企业实行宜包则包、宜租则租、宜联则联、宜并则并的政策，少量不适合国家经营的可以拍卖。二是改革批发体制和物资、商品储备制度，搞活国营批发企业。在日用工业品价格已经基本放开的情况下，批发企业的主要职能逐步由保市场，转为搞好自身经营和为生产、零售环节提供多种形式的有偿服务。三是在完善四大商业集团改革的同时，继续发展商商、商贸、工商、工贸企业集团。四是抓紧进行农副产品特别是蔬菜购销和粮食平议价分开的体制改革。五是建立大型工业品和农副产品批发交易市场、物资交流中心、拍卖市场，逐步创造条件建立期货市场，进一步发展完善消费资料市场和生产资料市场，同时继续发展技术、信息、劳务、金融和房地产等各类专业市场。为搞好市场的调控和管理，市政府将逐步建立市场调控基金，同时继续加强生产和流通两个环节的管理制度和法规建设，坚决制止一切不正当竞争和扰乱市场秩序的违法行为。

紧密围绕企业改革，进行计划、价格、财税、金融、统计、社会保障等综合配套改革。综合配套改革的关键是转变政府管理经济的职能和方式，逐步建立综合运用经济杠杆、法律手段和必要的行政措施进行调控的宏观管理体系。计划体制改革，要进一步缩小指令性计划，运用合同订购、组织产需衔接和跨区域经济协作等多种形式完善指导性计划，逐步扩大市场调节范围；根据国家产业政策和行业特点，放宽基本建设和技术改造投资审批权限，完善并扩大投资包干试点。价格改革要在控制价格总水平的前提下，根据国家统一部署，结合本市情况，有计划、有步骤地出台调价措施，稳妥进行农副产品购销价格的改革试点，对一般工业产品实行由企业自主定价，积极探索放开商品价格的宏观管理措施。做好财政实行复式预算改革的准备工作，并继续进行财政补贴制度改革。继续推进以法治税，扩大纳税人申报纳税制度，严厉打击偷税、抗税行为，堵住税源的“跑、冒、滴、漏”，依法组织收入。进一步拓宽金融市场，完善有价证券发行、转让办法，引导有条件的企业通过发行债券等办法直接融资。改革统计指标体系，强化以效益为中心的统计指标考核，提高掌握信息的及时性、准确性和预测能力。企业主管部门要转变职能，重点搞好本行业的规划、协调、服务、监督，停止一切不必要的行政干预，切实减轻企业负担。各综合经济管理部门和企业主管部门都要配合企业转换机制，劲往一处使，协调好调控方向，把握好调控力度。建立新型的社会保障关系，是转换企业经营机制、推行优化劳动组合的保证条件，直接关系到社会的安定。今年要建立由政府、企业、职工三者共同负担的职工待业保险基金，形成社会与企业双层待业保险体制，作为第一步，使之具备容纳全市职工总数1%或略多一些富余人员的能力。进一步扩大养老保险基金的覆盖面和统筹范围。继续推进城镇社区服务和农村社会保障，做好社会福利和老年人、残疾人工作。同时进一步深化公费医疗管理制度的改革。

积极稳妥地推进住房制度改革。这是关系国计民生的一件大事，是能否实现“小康”居住水平的关键。北京住房产权的多元性、隶属关系的复杂性、不同区域的差异性，决定了在国务院统一方针指导下分散决策的必要性、房改形式的多样性和推进改革的稳妥性。今年要在总结试点经验的基础上全面推进住房制度改革。改革方案已提交市人大常委会讨论，待报国务院批准后，在全市实行。在实施过程中，要广泛宣传，听取广大人民群众的意见，使之不断完善。

深化农村经济体制改革。按照中共中央十三届八中全会精神，农村改革继续坚持以家庭联产承包为主的责任制，不断完善统分结合的双层经营体制，积极发展农业社会化服务体系，逐步壮大集体经济的实力，引导农民走共同富裕的道路。京郊经济发达地区近几年实行的农业专业承包和以集体经营、联产到户、联产到劳为特征的适度规模经营要继续完善和提高，并积极引进市场调节机制，促进农业内部实行企业化管理，发展生产、加工、销售一体化的服务经营实体。

继续深化科技、教育等领域的改革。科技体制改革要以建立和完善符合科技发展规律的、与社会主义有计划商品经济相适应的、科技同经济有机结合互相促进的新型体制和机制为目标，进一步完善“三保一挂”承包经营责任制，深化科研院所人事和分配制度改革，积极稳妥地推进全员聘任制试点。技术开发型科研机构应根据各自的特点和条件，或进入行业、企业集团及企业，成为它们的技术开发中心；或承包、领办企业，结成科技先导型的经济实体；或承担多方面委托的研究开发任务，并向社会有偿转让成果；或发展为高新技术产业生长点，自办新技术企业。社会公益性科研机构要积极扩大服务范围，开拓智力型第三产业，增强自我发展能力。市政府将择优支持重点科研机构，保持精干的科研队伍，攀登科技高峰，为科技和经济发展积蓄后劲。要以产权制度、分配制度、计划管理与市场调节相结合等三个方面的改革为重点，搞好新技术产业开发试验区的综合改革试点工作。教育体制改革的重点是继续深化完善学校内部管理体制改革，进一步巩固市属高校、中专和中小学校的改革成果，扩大成人学校和技工学校的改革试点。农村教育综合改革要逐步推开，并进行城市教育综合改革试点。与此同时，继续深化文化、卫生、体育等领域的改革。

积极推进政府机构改革，做好全面推行公务员制度的准备工作。

转换企业经营机制，提高企业效益，在很大程度上取决于政府职能的转变和工作效率的提高。各级政府应本着政企职责分开和精简、统一、效能的原则，进一步转变职能，理顺关系，精兵简政，提高效率。按照国务院的部署，结合北京市的特点，加紧研究拟订本市推行公务员制度的实施方案和工作计划，并进行试点。同时进一步划清政府各部门的职责范围，并冻结编制，精简机构，清退超编人员，探索安置富余人员的路子。县乡两级机构改革，在学习外地的成功经验和自己试点的基础上可以先行逐步推开。

（五）充分发挥首都的优势，把对外开放提高到一个新的水平

我国现代化建设的实践充分证明，哪个地方对外开放的步子大，哪个地方的经济就发展得快。要赢得与资本主义相比较的优势，就必须大胆地吸收借鉴人类的一切文明成果，吸收借鉴世界各国包括西方发达国家的先进经营方式和管理方式。北京是我国对外交往的中心，这一独特地位，决定了北京在全国对外开放的总格局中，具有十分重要的作用。必须彻底摈弃闭关自守的旧观念，全方位、多元化扩大对外开放。城区和近郊区要充分发挥首都政治、经济、科技、文化、人才、信息等综合优势，用足用好现有的各项优惠政策，成为北京对外开放的“窗口”和开发高新技术的“前沿”；远郊平原地区要充分发挥空间广阔、劳动力资源丰富、农业生产条件和生态环境较好以及乡镇企业基础较好的优势，成为农村创汇型经济的基地；郊县、特别是广大边远山区要利用农林牧产品、矿产、旅游等资源丰富的有利条件，同“山区致富工程”相结合，集中兴办工业区，实行更加优惠的政策措施，以开放促开发。经过努力，尽快形成首都多层次、多渠道对外开放的新格局，全面增强北京对外的吸引力和辐射力。

以发展“三资”企业为重点，全面扩大对外开放。发展“三资”企业不仅可以引进资金，而且可以有效地带动技术、管理经验和人才的引进，开拓国际国内市场。抓住这个重点，就能够在对外开放中收到事半功倍的效果。为此，要坚持城乡并举、大中小并举的方针，采取多种形式吸引外商兴办合资企业、合作企业和独资企业。积极利用外资加快对传统产业特别是电子、汽车、轻纺、食品、印刷等适合首都特点的行业的技术改造。充分利用新技术产业开发试验区的优惠政策，吸引外商投资兴办高新技术型的“三资”企业，加速高新技术商品化、产业化、国际化的进程。在农村试办创汇型的农业开发区，多搞农林牧产品深加工的合资企业和“三来一补”的乡镇工业，以优势产品进入国内外市场。尽可能多地争取并用好外国政府和国际金融组织贷款，加快城市基础设施建设。在利用外资中，要正确引导投资方向，重点放在引进先进技术以及在国内外市场上适销对路、有竞争能力的项目上。同时加强协调、指导，避免重复引进。

千方百计走出去，努力增加出口。坚持和完善外贸企业承包经营、自负盈亏、转换机制、开展多元化经营、推行代理制等改革措施，进一步加强工贸、农贸、商贸、技贸结合，逐步向实业化、集团化、国际化方向发展。积极争取给予具备条件的国营大中型工业企业外贸自主权，使它们直接参与国际市场竞争，形成专业外贸公司、工贸公司、具有外贸经营权的生产企业和“三资”企业多渠道出口创汇的新格局。努力开拓国际市场，力争全年外贸出口创汇达到一个新的水平。同时，在对外承包工程和劳务合作、扩大技术出口等方面迈出较大步伐。

积极兴办海外企业。尤其要兴办那些有利于出口、扩大创汇、能够取得紧缺资源的企业以及具有特色的技术、服务型企业。鼓励发展北京海外连锁店，积极扶持有条件的企业向跨国经营方向发展。

大力发展旅游业。围绕旅游黄金年的活动，大力进行宣传和促销工作，举办丰富多彩的、具有中国特色的旅游活动，积极发展旅游商品生产，提高旅游购物和娱乐创汇的比重。开发新的旅游线路和项目，提高服务质量，使旅游接待服务向国际标准迈进，力争全年接待入境旅游者145万人次，创汇9.5亿美元。

继续发展与国际友好城市、世界大城市、周边国家和地区的友好交往。要把外事、经贸、旅游等部门的工作与其他各部门的积极性结合起来，把“条条”与“块块”的积极性结合起来。民族、宗教、侨务、台务等部门、各人民群众团体、各区县、街道、乡镇，都要充分发挥自身特点和优势，积极开展国际经济、科技、文化交流与合作，进一步发展同台港澳的交往，为首都经济建设和社会发展做出更大的贡献。

（六）加强社会主义精神文明和民主法制建设，巩固和发展首都安定团结的局面

坚持物质文明和精神文明建设两手抓的方针，这是建设有中国特色社会主义的必然要求。北京作为社会主义中国的首都，不仅要在经济建设上奋起直追，同时要在社会秩序和社会风尚方面处于前列。

深入学习党的基本路线，进一步推动社会主义精神文明建设。各部门、各单位要根据自身特点，深入进行党的基本路线教育，组织广大群众认真学习邓小平同志关于建设有中国特色的社会主义的理论，提高执行党的基本路线的自觉性。在全民特别是青少年中，继续深入进行爱国主义、集体主义和社会主义教育。加强道德特别是职业道德建设。发扬奉献敬业、遵纪守法、艰苦奋斗、勤俭节约的精神。进一步改进各行各业的服务态度，提高首都的服务质量。继续开展“做文明市民、创文明单位、建文明城市”的活动，继续进行文明居民区建设，提高城市“优美环境、优良秩序、优质服务”的水平。农村要在已经进行的社会主义教育的基础上，开展“学习基本路线，致富奔小康”的大讨论。加强全民国防教育和民兵预备役建设，深入开展拥军优属、拥政爱民以及军警民共建文明城市为主要形式的各种共建活动，进一步增强军政、军民、警民团结。

繁荣和发展社会主义文化、卫生、体育事业。继续坚持“为人民服务、为社会主义服务”的方向和“百花齐放、百家争鸣”的方针，弘扬中华民族的优秀传统文化，积极汲取世界先进文明成果，加强文化设施建设，促进各项文化事业的发展。鼓励广大文艺工作者深入生活，勤奋工作，以优秀的文艺作品满足人民群众广泛而多样的精神需要。新闻出版、广播电视部门要坚持正面宣传为主，发挥团结、鼓舞和教育人民的作用，努力创造适应社会主义现代化建设和改革开放的舆论环境。加强文物工作，用首都丰富的历史文物和革命文物在广大群众中深入进行爱国主义教育。在继续繁荣活跃群众文化的同时，加强文化市场的管理，深入持久地进行“扫黄”、打击非法出版物等专项斗争，绝不允许毒害人民、污染社会和反社会主义的东西泛滥。社会科学工作者要坚持以马克思主义为指导，深入研究社会主义现代化建设和改革开放中的理论和实际问题，努力做出新的贡献。加快卫生事业的发展，加强预防保健工作和农村三级医疗网的建设，强化医药管理和卫生监督，提高防病治病水平。认真贯彻执行计划生育条例，使计划生育工作更加深入、扎实，今年全市的人口自然增长率要控制在7‰。今年是北京申办奥运会的关键一年，第七届全运会也将于明年在本市举办。我们一定要努力做好这两项工作，以此带动全市体育和各项事业的发展。

进一步发扬社会主义民主，健全社会主义法制，向具有高度民主和法制的城市迈进一步。民主和法制是衡量文明发展程度的重要标志。要根据北京的实际，借鉴国外城市管理的经验，把北京建成具有高度的社会主义民主和法制的城市。首都现代化建设和改革的重大决策都要广泛听取人民群众的意见，逐步建立民主科学的决策制度和程序。自觉接受人民代表大会及其常务委员会的监督，充分尊重和争取人民政协、民主党派、无党派人士和群众团体参政议政及对政府工作的监督。进一步扩大特约监察员的队伍，充分发挥他们的作用。认真做好人民群众来信来访、建议征集、市长电话等项工作，使政府工作更加符合人民的愿望。进一步加强基层群众自治组织的建设，充分发挥他们在管理社会公共事务中的作用。继续认真贯彻执行党和国家的民族、宗教政策，做好侨务、台务工作，努力造就一个团结进步、和谐安定的政治局面。依法治市是加强社会主义法制的具体体现。今年政府法制工作要在完成50项行政立法任务的基础上，把重点转到执法检查上来。狠抓行政执法和行政执法监督工作，坚决纠正有法不依，执法不严，违法不究的失职现象。进一步充实执法队伍，提高执法人员素质。采取多种形式加强法制宣传教育，增强公民的法律意识。今年的重点是开展全民宪法教育和组织干部学好《中华人民共和国宪法讲话》、《社会主义法制建设基本问题讲话》两本书。

下大力量加强社会治安的综合治理，确保首都社会安定。坚持一手抓经济建设和改革开放，一手抓打击各种犯罪活动，为改革开放、加快经济建设创造良好的社会环境。打击的重点是抢劫、杀人、强奸等严重暴力犯罪，特别要打击带有黑社会性质的犯罪团伙。继续严厉打击卖淫、嫖娼、拐卖妇女儿童、吸毒贩毒等违法犯罪活动，坚决取缔赌博和封建迷信活动，坚决打击、查禁制造、销售假冒伪劣产品的违法活动。充实公安、司法力量，加强群防群治网络建设，发挥新闻传播媒介的作用，搞好预防工作。经过专门机构和各方面的共同努力，为广大人民群众的生活和工作创造良好的安定环境。

切实加强廉政勤政建设，继续坚持不懈地开展反腐败斗争。这是关系社会主义国家生死存亡的大问题。今年的重点是继续坚决打击贪污贿赂和纠正行业不正之风。做好这项工作既要靠教育，靠群众监督，更要靠法制。对腐败分子，不论职务高低，都必须坚决惩处，绝不姑息养奸。继续实行“两公开，一监督”和群众举报制度，充分发挥执法部门和监督机关的作用，把政府权力的行使置于法律、制度的约束和广大群众的监督之下。行政执法人员要秉公执法，对执法犯法者要从重处理。所有政府工作人员，特别是高级领导干部要自觉遵守国家的法律、法令和规章制度，以身作则，廉洁奉公，抵制剥削阶级思想的腐蚀。要深入实际，体察民情，努力为群众多办实事。各级政府都要改进作风，力戒形式主义，克服官僚主义，言必信，行必果，忠于职守，取信于民。今年是本届政府最后一年。我们一定本着对人民事业高度负责和尽可能多地为下届政府提供方便的精神，再接再厉，决不懈怠松劲，以可能达到的最高标准做好工作，不负人民的重托和期望。

各位代表！当前，首都社会主义现代化建设事业欣欣向荣，全市各族人民对建设有中国特色的社会主义充满信心。让我们在以江泽民同志为核心的中共中央和国务院以及中共北京市委的领导下，进一步解放思想，振奋精神，团结一切可以团结的力量，调动一切积极因素，抓住有利时机，加快改革开放的步伐，加速经济和各项事业的发展，全面地高质量地完成今年的各项任务，为实现社会主义现代化建设的第二步战略目标奠定更加坚实的基础，以优异的成绩迎接中国共产党第十四次代表大会和中共北京市第七次代表大会的召开！

关于北京市1991年国民经济、社会发展计划执行情况和1992年计划草案的报告

——1992年4月17日在北京市第九届人民代表大会第五次会议上

北京市副市长兼计划委员会主任　王宝森

各位代表：

我受市人民政府委托，向大会提出北京市1991年国民经济、社会发展计划执行情况和1992年计划草案的报告，请予审议。

一、1991年国民经济和社会发展计划执行情况

1991年，全市各族人民在中共北京市委的领导下，全面贯彻党的“一个中心、两个基本点”的基本路线，解放思想，奋力开拓，克服前进中的各种困难，完成和超额完成了市九届人大四次会议批准的国民经济和社会发展计划，为实现十年规划和“八五”计划闯出了一个良好的开端。

（一）社会生产全面增长，全市综合经济实力进一步增强

全年国内生产总值完成561.7亿元，超额完成计划，比上年增长7.5%。国民收入比上年增长7.2%。

（二）农业战胜局部地区严重自然灾害夺得丰收，农村经济全面发展

去年，郊区农业生产在北部山区遭受严重自然灾害的情况下，仍超额完成全年计划，夺得连续第14个丰收年。粮食产量279.7万吨，超过计划39.7万吨，耕地面积亩产640.8公斤，总产、单产双超历史最高水平。蔬菜和肉类产量超额完成计划，奶、蛋、鱼等副食品自给有余，全年人均蛋占有量26.9公斤，人均奶占有量23公斤，均居国内城市领先地位。乡镇工业有了更大发展，全年完成产值202.9亿元，已接近全市工业产值的1/4；实现利润23.5亿元，比上年增长18.2%。它不仅成为农村经济的主要支柱，也是我市经济建设的一支重要力量。

以“一河带十河”为重点的农田水利建设，规模之大、效益之好，都是近30年来所未有的，大大提高了农业抵御自然灾害的能力。全年完成农田节水工程9300公顷，平整改造土地4600公顷，治理小流域85平方公里，农业基础设施得到了进一步增强。

北部严重受灾地区的生产和群众生活迅速恢复正常，灾民及时得到妥善安置。

（三）工业生产有较大增长，经济效益制止了“滑坡”开始回升

全市工业总产值（含村及村以下工业）完成890.3亿元，比上年增长12.5%。列入国家指令性计划的22种产品产量都完成了计划。全年生产钢499.7万吨，原煤768.1万吨，发电量131.4亿千瓦时，彩电58.2万台。适合首都特点的电子和汽车工业分别比上年增长30.6%和28.7%，汽车年产量和销量都突破了10万辆。三资企业发展势头很好，生产、出口和实现利润分别比上年增长55.1%、39.3%和39.2%。

为了搞好国营大中型企业，提高经济效益，加速工业发展，市委、市政府年初开展了学习首钢改革经验，制定了改善企业外部环境的40条政策。市委、市政府领导还亲自到亏损企业大户蹲点、调查研究和帮助企业解决实际问题。与此同时，市政府还从有关委、办、局、各综合经济管理部门，抽调了上百名局、处级干部，组成十个服务小组，深入到企业，现场办公，排忧解难，开展了扭亏增盈、限产压库、清理“三角债”等工作。中共中央工作会议以后，市委、市政府结合北京市的实际，制定了搞好国营大中型企业的15条政策，进一步改善企业外部环境。同时，以转换企业内部经营机制为核心，进行了多种形式的改革试点，调动了企业和职工积极性。工业企业经济效益出现了回升势头。地方预算内工业企业，全年实现利税50.2亿元，比上年增长10.7%，实现利润增长7.3%，扭转了连续一年零九个月经济效益“滑坡”的局面。亏损企业亏损额初步得到遏制，全年亏损额比上年减少33.2%。

（四）市场繁荣兴旺，物价基本稳定

全年社会商品零售总额完成357.7亿元，超过计划17.7亿元，比上年增长16.3%。各种商品货源充足，名、特、优、新商品琳琅满目，较好地满足了不同层次的消费需要。全年新增各类商业网点8000多个，集贸市场发展到780多个，方便了群众。

在国家调整煤炭、原油出厂价格、铁路运价，特别是调整了25年一直未动的粮油价格的情况下，全年市场零售物价指数上升8.5%，低于计划10%的指标。市场平稳，居民储蓄继续较大幅度增加。这从总体上反映了社会商品比较丰富，广大人民群众对价格改革的承受能力进一步增强。

（五）对外开放步伐加快，外经、外贸和旅游业都有新发展

外商投资环境进一步改善，利用外资取得了突破性进展。全年新批三资企业达到724家，比上年增长两倍，超过“七五”时期的总和，其中生产型企业占94.7%。全年实际利用外资3.68亿美元。外贸企业取消了财政补贴、实行了自负盈亏新体制，自营出口企业、三资企业和双轨制企业的出口比重已占到全市的35%以上，全市出口总额完成13.7亿美元，比上年增长3.7%。旅游业继续转旺。全年接待入境旅游者132.1万人次，比上年增加32万多人次；外汇收入8.5亿美元，比上年增长29.2%，均创历史最高水平。

（六）重点建设和技术改造取得了重大进展，危旧房改造大面积展开

地方固定资产投资完成87.7亿元，比上年增长17.7%。重点保证了城市基础设施、工业技术改造和危旧房改造等方面的需要，同时，合理安排了农业、科技、教育、卫生和公安、政法等建设项目。

城市基础设施建设取得重大进展。“西厢道路”工程竣工通车，新建道路总面积50.4万平方米，建成5座立交桥和10座过桥人行通道，不仅缓解了西南城区交通不畅的矛盾，而且对这个地区的经济发展和城市建设起到了重大的促进作用。全年新增燃气用户9.2万户、集中供热面积211万平方米、市内电话装机容量10.4万门，都超额完成了计划。交通、邮电也取得很大成绩。

全市各类房屋竣工1036.5万平方米，其中住宅578.4万平方米。城镇危旧房改造大面积展开，全年完成投资4.3亿元，开复工150万平方米，竣工50万平方米，当年一次性安置和回迁的居民共有6200户，缓解了住房矛盾，改善了居住条件，受到了群众的称赞。

工业技术改造步伐加快，全年完成投资27亿元，比计划多4亿元。制药厂、第一机床厂、人民机器厂等重点技术改造项目建成投产，为工业发展注入了新的活力。具有国际先进技术水平的11.5万吨乙烯工程、北京松下彩管二期和首钢大规模集成电路等“八五”工业后劲项目，有的已经开工，有的已具备了开工条件。

教育和医疗设施进一步得到改善。全年小学校舍改扩建工程竣工16万平方米。五年共计竣工60万平方米，增加教室3000多个，300多所学校办学条件得到改善，实现了小学入学高峰期连续四年不出现“二部制”的奋斗目标，解决初中“二部制”的建设规划正在实施。北京、人民、积水潭等一批重点医院已竣工交付使用。

（七）财政收入继续增加，金融形势良好

全市财政收入完成77亿元，比上年增长4.1%，超额完成了计划，实现连续9年稳定增长。全市银行各项存款余额比年初增加242亿元，创历史最高水平。各项贷款增加87.6亿元，重点支持了国营大中型企业和外贸出口的资金需求。保险业务收入6.6亿元，比上年增长23%。

（八）城市绿化、美化和环境保护工作取得明显成效

城市绿化、美化取得新的成绩。全年市区植树、铺草、种花共扩大绿地面积329公顷，并且抢救和妥善保护名木古树2万多株，因地制宜地建成了一批小园林、小雕塑、小景观，美化了生活环境。郊区绿化也取得很大成绩。为配合申办2000年奥运会，开展了以防尘和治理汽车尾气为中心的环境综合整治。全年治理污染源74个、固定噪音源96个，治理搬迁了12个污染较大的工厂、车间；市区烟尘控制区覆盖率继续保持在100%。新建密闭式垃圾清洁站138座，道路清扫保洁面积已达到3800多万平方米。

地质勘探、国土规划、人民防空等工作也取得新的进展。

（九）科技、教育等各项社会事业取得了新成绩

科技成果推广应用成效显著。全年组织推广科技成果3800多项，实现产值27亿元，创利税5.7亿多元。实施“工业技术振兴”、“农业星火”、“城市建设与城市管理”等科技计划取得丰硕成果，组织高新技术攻关和推行工业试验计划也取得初步效果。新技术产业开发试验区不断壮大，并新开发了上地信息产业基地，正在开发丰台、昌平科技园区。社会科学研究也取得好成绩。

各类学校招生计划基本完成。市属普通高校研究生招生172人，本科生招生9770人，中专招生12551人。教育改革继续深化，教学质量提高。教育事业费比上年增长14.8%，高于财政收入的增长。教职员工的收入有一定提高。

医疗卫生事业取得很大成绩。甲、乙类传染病发病报告数比上年下降12%，计划免疫接种率以区县为单位已达98.7%，大大超过世界卫生组织提出的标准。全市新增各类病床2700多张，比计划增加1200张。

文化事业取得了新的成绩。广播电台、电视台覆盖率达到98%。竞技体育与群众性体育活动相互促进，获得丰硕成果。在国际、国内重大比赛中共获得83块金牌，打破世界纪录1项、亚洲纪录1项、国内纪录5项。

计划生育工作取得好成绩。全市计划生育率达到98.8%。全年出生人口比下达的指标少3.68万人，户籍人口自然增长率为2.86‰，年末常住户籍人口为1039.5万人，比计划少增加5.5万人。

（十）人民生活水平进一步提高

城镇居民人均生活费收入2040元，比上年增长14.2%，扣除职工生活费价格上涨因素，实际增长2.1%；农民人均纯收入1422元，比上年增长9.7%，扣除价格因素实际增长5.4%。城乡居民储蓄存款余额已达298.5亿元，比年初增长31.7%。城镇居民人均住房使用面积提高到11.6平方米；农村居民人均生活用面积增加到21.9平方米。

（十一）经济体制改革取得了重大进展

经济体制的改革，在过去已经取得很大成绩的基础上，去年又结合北京市的实际情况，迈出了新的步伐。重点推进了国营大中型工业企业改革，商业流通体制改革，外贸体制改革，劳动、人事、工资制度改革，调整了部分生产资料和农副产品价格，计划、财政、税收、金融、社会保障等方面，也进行了相应的配套改革。在农村，巩固发展了多种形式的联产承包责任制，因地制宜地扩大了以集体经营、联产到户、联产到劳为特征的适度规模经营。科技、教育、卫生、文化等方面改革也有了新的进展。各项改革有力地推动了国民经济和社会各项事业的发展。

以上事实充分说明，1991年北京市国民经济和社会发展计划完成情况是好的，是令人欢欣鼓舞的，更加坚定了我们走有中国特色社会主义道路的决心和信心。这一年，是国民经济全面发展，经济效益制止“滑坡”开始回升的一年；是改革开放迈出新的步伐的一年；是城市建设取得重大进展，危旧房改造大面积展开的一年；是各项社会事业取得新的成绩的一年；是城乡人民生活水平继续提高的一年。首都的政治稳定，社会安定，经济发展，人民安居乐业。在国际风云变幻和国内以及本市部分地区遭受严重自然灾害的情况下，取得这样好的成绩，是全市各族人民在党中央、国务院和市委的领导下，全面贯彻执行党的“一个中心、两个基本点”的基本路线的结果；是解放思想，奋力开拓，坚持改革开放的结果；是市人大和市政协、各民主党派，对市政府工作大力支持、帮助、监督的结果；是全市广大干部群众，克服各种困难，团结奋斗的结果。

当前经济工作中还存在着一些问题和矛盾，主要是：结构调整进展缓慢；第三产业的发展水平与经济较发达国家相比有较大差距；市场发育不够健全；部分国营大中型工业企业效益不高，缺乏活力，后劲不足，一批企业设备老化，管理落后，亏损严重；首都的科技优势和智力优势尚未充分发挥出来；城市基础设施仍然不适应首都发展需要；农业的整体素质还比较低，商品经济不够发达；经济体制远未理顺，转换企业经营机制、转变政府职能的任务仍很重；计划经济与市场调节相结合的经济运行机制还有待大胆探索等。这些问题都需要通过大胆改革，采取切实有效的措施，逐步加以解决。

二、1992年计划草案安排意见

1992年计划草案，是根据邓小平同志关于建设有中国特色的社会主义理论和一系列重要观点、中共中央政治局会议以及全国七届人大五次会议精神，按照陈希同市长政府工作报告的要求安排的。总的思路是：坚定不移地贯彻执行党的“一个中心、两个基本点”的基本路线，要警惕右，主要是防止“左”；解放思想，加快改革开放步伐；调整结构，提高效益，依靠科技进步，抓住有利时机，促进国民经济更好、更快地发展。计划草案安排，全市国内生产总值625亿元，按可比价格计算，比去年增长6.5%。这个指标是留有余地的，要力争超过。

现将计划草案安排的主要方面报告如下：

（一）继续加强农业，提高农村经济整体素质

计划草案安排，粮食总产250万吨，执行中力争超过去年水平，夺取第15个丰收年。商品菜、肉蛋奶等副食品生产，按照市场供求大体平衡、略有富余的原则进行了安排。在计划执行中，一方面要采取多种措施，扩大销售，尽量发挥现有生产能力；另一方面要着眼于努力降低成本、增加品种、发展深加工和提高市场竞争能力，实现向效益型、商品型农业的转化。乡镇企业要积极调整结构、加强管理，上规模、上水平、上效益，实现销售收入和利润都增长15%以上。

认真贯彻中共十三届八中全会和中共北京市委六届十二次全会的精神，坚持和完善农村各项政策，继续增加农业投入。集中力量建设一批为农业生产服务、提高农业综合产出能力的基础设施。继续完成“一河带十河”的配套工程，建成节水型农田2.3万公顷，平整和开发土地2700公顷。保证农业生产资料供应，认真落实《边远山区乡村十年致富工程纲要》。大力搞好农村商品流通，狠抓农副产品批发交易市场的建设，全面实施科教兴农战略，推广应用先进适用的农业科技成果和生产技术，大力发展高产优质高效农业。

（二）调整结构，提高效益，加快工业生产发展

计划草案安排，全市工业增加值比去年增长8.5%。有条件的区县和部门要尽可能搞得更快点。总的要求是，在提高效益、提高质量、增加品种、扩大销售、大力发展外向型经济的前提下加快工业的发展。畅销产品，要尽全力增加生产；平销产品，要按市场需求进行生产；滞销产品要限制生产，不允许增加新的库存积压。几项主要效益指标是：地方预算内工业企业资金利税率提高1个百分点，定额流动资金周转加快5天；年末地方预算内企业三项资金占用力争减少到80亿元左右，亏损企业亏损额在去年末的基础上压缩20%以上。计划草案安排主要产品产量：发电量136亿千瓦时，化肥8.7万吨，汽车10.5万辆，呢绒1400万米，彩电55万台，录相机10万台等。

需要采取的主要措施：一是要研究制定我市工业

结构调整实施方案，各行业要制定分行业结构调整规划。二是要全面抓好按市场需求组织生产，各工业主管部门要加强调查研究和市场预测，及时向社会公布本行业限制生产和鼓励生产的产品目录，为产品结构调整提供市场信息。同时要运用经济调控手段，实行扶优限劣，坚决支持适销对路产品的生产，严厉打击“伪劣假冒”产品。三是要实行压缩不合理库存与技术改造、流动资金双挂钩。四是要进一步放开一些供大于求和供求基本平衡的产品价格，充分发挥市场调节的积极作用。五是要打破地区所有、行业所有、部门所有、单位所有的界限，进行兼并和联合，实现生产要素的合理组合，发挥更大效益。六是要制定鼓励政策，支持企业建立和壮大科研开发机构，研制开发新产品。七是要坚决扭转单纯追求产值、速度，不注重经济效益的思想。市政府决定，从4月份起开始试行新的评价工业经济和考核工业经济效益的指标体系，促使今年的经济效益在去年开始回升的基础上有一个明显的进步。

（三）大力发展第三产业，进一步繁荣首都市场

第三产业近几年发展较快，但与首都的地位相比，差距还很大。发展第三产业，不仅是发展社会主义有计划的商品经济的需要，也是建设现代化首都的需要和适应人民生活水平不断提高的需要。首都发展第三产业的各种条件十分优越，要作为一个重点产业大力发展。今年第三产业产值占全市国民生产总值的比重要提高到40%以上。要在第三产业普查的基础上，研究制定第三产业的发展规划和支持第三产业发展的各项优惠政策，鼓励各行各业和全国各地来京投资兴办第三产业；大力加强第三产业设施以及各种销售和服务网点建设。结合市区危旧房改造，开始建设朝外大街、广内大街、广外大街等几条新的商业大街，着手规划建设北京站、西客站、马甸等新的商业中心。今年要竣工新的大中型商场11个，新增商业网点5000个。在发展传统第三产业的同时，采取措施加快信息、咨询、房地产、科技服务、金融、保险等新兴产业的发展步伐。

计划草案安排，全市社会商品零售总额比去年增长12%，达到400亿元以上。继续做好关系国计民生的市场骨干商品的调拨、收购和供应工作，提高服务质量，打击伪劣假冒商品。积极搞好成品油、化肥、高效低毒农药等少数重要商品的供需平衡。

（四）按照国家产业政策和首都的特点，合理安排建设规模，调整投资结构，保证重点建设

根据国家下达的计划，地方全社会固定资产投资规模先按78.4亿元安排，计划执行中将根据实际需要向国家计委申请追加安排。另外还安排了住宅商品房建设规模21亿元。全市房屋开复工面积2000万平方米以上，竣工800万平方米以上。

要调整投资结构，继续把城市基础设施建设放在首位，积极安排符合我市产业结构调整方向的大中型企业技术改造和电子、汽车、乙烯等工业项目，大力抓好住宅建设和危旧房改造，加强农田水利建设，合理安排教育、科技、政法公安等方面的建设。

在投资规模和建设资金安排上，要确保重点建设的需要。共安排了市属重点工程37项，其中新开工项目14项，是历年来最多的一年。首先，安排了两厢道路合龙的南厢道路工程、首都机场高速公路、二环路改造、西客站配套市政工程、华北油田天然气第二条进京管线、首钢煤制气、石电供热管线、第九水厂二期工程、高碑店污水处理厂等城市基础设施项目19项。这些项目建成后，城市交通的状况将有较大改善，可增加集中供热面积1500万平方米，砍掉分散锅炉房350座，新增日供燃气139万立方米、日供城市用水50万吨、日处理污水能力50万吨。其次，安排北京轻型汽车工程、北京松下彩管二期、首钢大规模集成电路、738厂程控交换机、11.5万吨乙烯等工业后劲项目8个。这批项目建成投产后，不仅可以新增利税13.5亿元，创汇1.8亿美元，而且能够提高我市的工业技术总体水平，带动一批相关工业发展。第三，城镇居民住宅建设，确保完成竣工面积500万平方米，其中市区危旧房改造开复工面积260万平方米，竣工100万平方米。另外还安排了永定河、潮白河治理等农田水利设施和一批教育、科技、卫生、政法公安等建设项目，以及市政协、民主党派办公用房等。

（五）扩大对外开放，积极利用外资，努力增加出口

计划草案安排，全年实际利用外资5亿美元，比去年增加1.3亿美元。在利用外资方面要有新的突破。发展三资企业是扩大对外开放的重点，要进一步解放思想，胆子要大一些，力争在去年的基础上，发展得更快、更多一点。积极引进国外先进技术、关键设备、管理经验和技术人才。对引进的技术设备要做好消化吸收工作，并有所创新。要加快亦庄工业开发区、上地信息产业基地和丰台、昌平科技园区、城区第三产业以及郊区县工业小区的开发建设，为扩大对外开放，积极引进外资创造有利条件。进一步开拓海外市场，发展海外投资企业，扩大对外承包工程、技术承包和劳务出口。

努力扩大外贸出口。计划草案安排，全市外贸出口总额力争达到14.5亿美元。积极开拓国外市场，向多元化方向发展，使出口贸易有较大的回旋余地。要以提高经济效益为中心，不断调整出口商品结构，大力提高产品质量和档次，降低换汇成本和经营费用。充分发挥各类外贸企业的优势，在工贸结合和扩大自营出口方面迈出较大的步伐。

通过开展“中国友好观光年”和“北京旅游黄金年”活动，进一步提高旅游服务质量和经济效益，力争入境旅游者达到145万人次，创汇9.5亿美元。

（六）努力增加财政收入，保证重点支出，提高信贷资金使用效益

计划草案安排，地方财政收入80.08亿元，比上年增长4%；财政支出69亿元，比上年增长1.5%；继续压缩财政补贴。加强税收征管，改进和加强对国有资产的管理。

银行信贷计划，初步安排新增存款150亿元，新增居民储蓄70亿元，新增贷款争取达到90亿元。要调整贷款结构，搞活资金融通，提高资金使用效益。通过信贷倾斜政策，继续支持国营大中型企业、科技进步、危旧房改造和各项改革事业。积极协助企业压缩三项资金占用、扭亏增盈。按国家要求继续抓好清理“三角债”和落实完善“压贷挂钩”工作。积极发展保险事业，拓宽保险业务范围，大胆开办新险种。

（七）大力推进科技进步，发展教育和各项社会事业，抓好计划生育工作

加快经济的发展必须依靠科技进步，要牢固树立科学技术是第一生产力的思想，大力发展高新技术。继续完成“火炬”、“工业技术振兴”、“农业星火”等科技计划。组织实施电力电子、光纤通讯等高新技术的科技攻关，搞好工业试验及中试基地的建设，促进高新技术的商品化、产业化、国际化。继续增加对科技的投入，进一步办好新技术产业开发试验区。

要牢固树立教育为本的思想，继续加强基础教育，不断提高教育质量。努力改善边远山区的办学条件和教学水平。加快实施对市属高等院校专业布局和办学规模的调整。继续加强中等职业技术教育，坚持以岗位培训为主办好成人教育，使教育进一步面向经济建设。适应提高教育质量的需要，巩固和发展师范教育，加强在职教师的培训。计划草案安排，全市普通高中招生2.7万人，市属职（农）业中学招生1.5—1.7万人，技校招生1万人，中专招生1.1万人，普通高校招生9720人，研究生招生175人，成人高校招生8585人。

卫生事业要重点加强预防保健和农村卫生工作，继续控制甲、乙类传染病的发病率。全年计划增加医院病床2000张，其中基建增加病床800张。

努力发展社会主义文化事业，完善群众文化网络设施。积极开展群众性体育活动，加强竞技体育，努力培养和输送体育人才。

坚持不懈地抓好计划生育和人口控制工作，重点加强农村计划生育服务站的建设。年末常住户籍人口净增13万人以内，全市人口自然增长率控制在7‰以内。严格控制人口的迁移性增长。

（八）继续抓好国土规划和环境保护

有计划地开展北京地区的国土开发和整治，加强生产力布局的规划研究。认真贯彻《矿产资源法》。开展对泥石流、矿山地面塌陷等地质自然灾害的勘查、研究和防治前期工作。继续加强城乡环境综合整治，控制降尘和治理汽车尾气污染，努力改善大气环境质量，保护饮用水源，搞好生态平衡，开展河湖综合整治，继续大力植树、种花、种草，实施好世界银行贷款环保项目，努力建设“无蝇城”，争创全国卫生城市，为争办2000年奥运会创造良好的环境条件。鉴于郊区耕地越来越少，应十分珍惜和节约土地，从今年起将对建设项目用地实行计划管理，严格履行审批手续，全年非农业建设占用耕地控制在1870公顷以内。扩大市区绿地面积300公顷。

（九）控制市场零售物价上涨幅度，进一步提高城乡居民生活水平

加强对市场物价的管理，严格控制物价上涨幅度，特别要稳住“菜篮子”价格，适当控制服务收费标准，继续整顿市场价格秩序，把市场零售物价上涨幅度控制在10%以内。

进一步提高城乡居民生活水平。要广开就业门路，安排好城镇劳动就业，把待业率控制在1%或略多一点。在发展生产和提高经济效益的基础上，争取使城乡居民人均实际收入提高2～3%。企业主要通过提高经济效益增加职工收入；行政事业单位职工要适当提高工龄工资标准和奖金水平；继续实行对有突出贡献的知识分子给以特殊津贴。结合房改继续改善城乡居民居住条件，要在年内全部解决城镇居民人均住房面积在两平方米以下的特困户住房问题，有条件的单位要努力解决人均住房在三平方米和四平方米以下的住房困难户。

三、抓住有利时机，加快改革开放步伐促进国民经济更好更快地发展

完成1992年国民经济和社会发展计划的各项任务，当前国际和国内形势都对我们比较有利。我们要坚

定不移地、全面地贯彻执行党的基本路线,抓住有利时机,加快改革开放步伐,促进经济更好、更快地发展,上一个新台阶。改革是解放和发展生产力。只有从根本上改变束缚生产力发展的经济体制,才能更好地发挥各方面的积极性。我们要进一步解放思想,改革开放胆子要大一些,放开手脚,大胆试验,大胆地闯,这是完成今年计划的关键。

(一)积极支持国营大中型企业改革,为企业创造比较宽松的环境和条件。国营大中型企业是今年改革的重点。搞好国营大中型企业的中心环节是转换企业经营机制,推进企业走向市场,成为自主经营、自负盈亏、自我发展、自我约束的社会主义商品生产者和经营者。为了促进企业转换经营机制,要贯彻落实《企业法》,市里各个综合经济管理部门,要主动为企业推进改革创造比较宽松的环境。首先,要支持企业增强技术改造的能力。市政府决定,连续4年由市财政每年给工业企业提供1.5亿元的技术改造贷款贴息资金,各有关专业银行在信贷资金的安排上,要保证国营大中型企业技术改造的需要,增强工业发展的后劲。第二,采取有效措施,解决企业负担过重问题。市里已采取各种优惠政策,使进入改革试点的国营大中型企业得到7亿元左右的 实惠,要保证兑现、落实。与此同时,还要加速研究建立社会待业保险、职工养老保险、医疗保险等社会保障体系,以减轻企业的负担。第三,帮助企业推行优化劳动组合,改革企业用工制度和内部分配制度,做到干部有上有下,职工有进有出,工资有高有低,打破“三块铁”和平均主义,进而形成企业有生有死的运行机制。并从政策和资金上支持兴办第三产业,发展多种形式的劳动服务公司,吸纳从生产岗位上精简下来的富余人员。

(二)认真落实国家产业政策,加速产业结构调整步伐。要下大力量调整产业结构。逐步建立起适合首都城市性质和特点的产业结构,今年要做好以下几项工作:一是要根据《北京市国民经济和社会发展十年规划和第八个五年计划纲要》的要求,制定调整产业结构的实施办法,拟定重点发展和限制发展的行业与产品目录及相应的配套政策;二是要根据市场需求变化情况,适时发布调整产品结构的导向信息,引导有关产业健康地发展;三是要制定鼓励大力发展第三产业的政策,加快第三产业的发展步伐;四是要以优势产品为龙头,以骨干企业为核心,组建若干个具有竞争力的企业集团;五是对供过于求的产品和长期亏损、扭亏无望的企业实行关停并转。

(三)加快投资体制改革,下放项目的审批权限。为了加快经济建设步伐,要进一步下放建设项目的审批权限。凡用自筹资金建设的总投资在1000万元以下的基本建设项目,均由区、县、局(总公司)和进行改革试点的国营大中型企业自行审批;1000万元以上的基本建设项目由市计委按国家规定办理。凡用自筹资金建设的总投资在3000万元以下的技术改造项目,由区、县、局(总公司)和进行改革试点的国营大中型企业自行审批;市经委系统的3000万元以上的技术改造项目,由市经委按国家规定报批。从市财政建设拨款中,切出一块投资,包给各区、县,自主安排农业、水利、市政、公安政法、文教卫生等设施建设。各区、县和市政府批准的各种开发小区的基础设施建设,凡用自筹资金或开发筹资建设的项目,不受投资规模限制,由所在区、县政府和授权的开发区管理部门自行审批。建设项目审批权限下放后,市计委要进一步加强对固定资产投资的管理,管好固定资产投资的总量平衡;抓好产业政策的调整;组织筹措建设资金;抓好大中型建设项目;对固定资产活动进行监督和管理。

(四)多渠道筹措资金,保证重点建设。为了保证1992年各项重点建设任务的顺利完成,要广开资金渠道,多方面筹措建设资金。除努力增加财政收入外,要研究扩大社会融资的办法和措施,经济效益好的建设项目,可以发行建设债券;积极大胆地利用外资、港资和台资,大力发展三资企业;研究用好、用活预算外资金的办法和措施;开辟建设资金的新来源。

(五)进一步发育市场,搞活流通。要打破地区、部门、行业的界限,培育多种可调控的市场。按照商品经济规律,继续扩大以日用工业品和农副产品为主的生活资料批发市场;加快发展各种生产资料交易市场、物资交流中心、拍卖市场、期货市场,搞活生产资料流通;积极发展金融和债券市场、劳务市场、技术市场、信息市场等。同时,要加强市场法规的建设和管理监督,进一步建立正常的市场秩序,保护合法经营、打击违法活动,进行公平竞争。

(六)搞好综合部门的配套改革,转变管理职能和方式。要按照计划经济与市场调节相结合的原则,大胆探索和改革现行的计划管理体制,使计划管理方法和制度更好地适应发展社会主义商品经济和经济体制改革的需要。逐步由过去的重指标管理转向重政策引导;由重计划编制转向重考核措施;由重直接管理转向重间接调控;由重实物管理转向重价值管理;由重生产领域转向统筹生产、建设、流通等各个领域的经济活动。适当缩小生产和流通领域的指令性计划范围,更好地发挥指导性计划和市场调节的作用。适应大中型企业

"上船"的新情况，在计划编制和下达方面也将作相应改变。加快计划部门和各个综合经济管理部门的职能转变，努力为企业服好务，帮助企业走向市场，帮助企业转换机制，用好和用足国家给予国营大中型企业的各项优惠政策。要在保留必要的直接调控的同时，更多地运用间接调控办法，综合运用财政、税收、物价、贷款、劳动工资等各种经济手段、经济政策、经济法规，对经济运行进行引导和调控，并使各种调控手段相互协调和配合，形成合力，要努力提高宏观经济管理的科学性和有效性，尽快建立新的宏观调控体系。

各位代表！

北京市 1992 年国民经济和社会发展的任务十分繁重，但有利条件很多，让我们在中共中央、国务院和中共北京市委的领导下，坚定不移地贯彻党的基本路线，团结一致，解放思想，开拓进取，抓住有利时机，加快改革开放步伐，努力完成和超额完成 1992 年计划。以实际行动，沿着邓小平同志倡导的有中国特色的社会主义道路前进，迎接党的"十四大"胜利召开。

关于北京市 1991 年财政决算和 1992 年财政预算草案的报告

——1992 年 4 月 17 日在北京市第九届人民代表大会第五次会议上

北京市财政局局长　孙同越

各位代表：

我受市人民政府的委托，向大会提出 1991 年财政决算和 1992 年财政预算草案的报告，请予审议。

一、1991 年财政决算

1991 年，在中共北京市委的领导下，全市各族人民坚定不移地执行党的"一个中心，两个基本点"的基本路线，解放思想，奋力开拓，圆满地完成了市第九届人民代表大会第四次会议批准的各项任务。农业生产在部分地区遭受严重自然灾害的情况下，仍获丰收；工业生产稳定增长，企业效益开始回升；市场繁荣活跃，商品琳琅满目；城乡面貌日新月异，人民生活继续改善；改革开放又有了新的突破，首都经济发展、政治稳定、社会安定，呈现出一派兴旺发达的景象。在此基础上，财政收支预算完成情况也是好的。

财政收入超额完成年度预算，连续九年稳定增长。市第九届人民代表大会第四次会议批准的 1991 年财政收入预算为 770000 万元。执行结果，实际完成 770219 万元，超额完成预算，比上年增长 4.1%。分项收入完成情况是：工业企业收入完成 132046 万元，为预算的 102.4%；商业企业亏损为 44952 万元，比预算增亏 4952 万元；粮食企业亏损 153044 万元，比预算增亏 18044 万元；工商税收完成 914031 万元，为预算的 104.7%；能交基金分成收入完成 28496 万元，为预算的 114%；国家预算调节基金完成 25120 万元，为预算的 119.6%；农牧水产、建工和城市公用企业等其他各项收入盈亏相抵后，亏损为 131478 万元。

财政支出严格控制在预算指标以内，在收紧的原则下保证了重点。市第九届人民代表大会第四次会议批准的 1991 年财政支出预算为 665300 万元。在预算执行过程中，预算调整为 710709 万元。执行结果，实际支出 679840 万元，为预算的 95.7%，比上年实际支出增长 2.2%。分项支出完成情况是：基本建设和企业挖潜改造资金支出 148721 万元，为预算的 94.1%；科技三项费用和科学事业费支出 21208 万元，为预算的 96.5%；支援农村生产和农林水气等部门事业费支出 36714 万元，为预算的 97.9%；城市维护费支出 33480 万元，为预算的 97%；文教卫生事业费支出 166653 万元，为预算的 95%；抚恤和社会救济事业费支出 19047 万元，为预算的 97.7%；行政管理费支出 14071 万元，为预算的 97%；公检法支出 28695 万元，为预算的 95.5%；各项财政价格补贴支出 120628 万元，为预算的 96.2%；简易建筑费、工交商部门事业费等其他各项支出为 90623 万元。

1991 年财政预算执行结果，除按现行财政体制规定上解中央和向中央做贡献的数额外，本市财政结余 88569 万元。其中：属于区县财政结余有 75564.5 万元，属于市级财政结余有13004.5万元。市级财政结余中，应结转下年继续使用的专项结余有12917.7万元，一般结余为86.8万元。

1991年财政预算的圆满完成，是在国际形势风云变幻，部分区县遭到百年不遇自然灾害的袭击，企业困难很大的情况下取得的，是来之不易的。

(一)坚定不移地全面贯彻执行党的“一个中心，两个基本点”的基本路线，是圆满完成财政收支预算的根本保证。一年来，全市各条战线的广大干部职工，在中共北京市委的领导下，全面贯彻执行党的基本路线，紧紧扭住经济建设这个中心，解放思想，深化改革，扩大开放，解放和发展了社会生产力。财政工作坚持以支持改革开放，发展经济，培植财源为主，大讲生财之道；加强征管，堵塞漏洞，多渠道筹集资金，大讲聚财之道；调整支出结构，保证重点，促进城市建设和各项事业发展，改善人民生活，大讲用财之道，圆满地完成了各项财政任务。

(二)深化改革，扩大开放，促进经济发展。

——促进企业转换经营机制，调整结构，提高效益。为落实市委确定的搞好国营大中型企业的若干政策措施，各综合经济部门和企业日夜兼程，紧张工作，分五批签定了八种形式的转换企业经营机制的承包协议。全年共有117户企业“扬帆远航”。为了给企业创造良好的外部环境，财政、税收、财务等部门作了不懈地努力。帮助企业落实了提取技术开发费、补充企业自有流动资金、增提折旧及减免“两金”和降低所得税税率等一系列措施；为了更好地贯彻市九届人大四次会议精神，积极支持工业企业技术改造，增加了工业企业技术改造的投入。去年，用于工业企业技术改造的支出13477万元，比上年增加9401万元，主要用于焦化厂1、2号炉改造，重型电机厂设备改造，工业企业技术改造贷款贴息等；把清理“三角债”作为搞好国营大中型企业的突破口，全年清理“三角债”89.4亿元，其中，为我市企业解开了54.9亿元的债务链；财政部门全年深入基层调查研究4000多人次，帮助企业解决了生产经营过程中的500多个难题；狠抓扭亏增盈，对133户企业的191项扭亏措施给予了财政贴息支持。截止年底，地方预算内国营工业企业亏损户数比上年减少27户，亏损额减少1.08亿元。地方预算内国营工业企业效益从去年7月份开始回升，全年实现利润26.7亿元，比上年增长7.3%。

——商业企业改革取得显著经济效益。为支持百货大楼、东安集团、西单商场和友谊公司四大零售企业实行计划单列并组建企业集团，采取了改进超承包收入返还办法，市场调节基金全部留给企业，“两金”中地方分成部分全部返还企业等一系列政策措施，给商业企业的发展注入了活力，企业经济效益显著提高。1991年，四大商业企业集团销售额达22.44亿元，比上年增长22.7%，实现利润1.76亿元，比上年增长22.8%。

——外贸企业改革迈出一大步。1991年，国家取消了外贸企业的出口补贴，对外贸企业实行自负盈亏。为了促进外贸企业向自负盈亏过渡，保证外贸体制改革的顺利进行，改进了工效挂钩办法，实行工资与出口创汇和实现利润双挂钩，进一步完善了承包经营责任制。同时，市财政还拿出2000万元资金，支持外贸企业调整出口产品结构，压缩高亏商品出口，调动了企业和职工的积极性。1991年，全市外贸出口额达到13.68亿美元，比上年增长3.7%；剔除按国家统一规定一次性削价处理积压商品损失挂帐，外贸企业基本上做到了自负盈亏。

——国有资产管理得到进一步加强。1991年，在全市18个区县相继建立了国有资产管理局。对全市国营企业和实行企业化管理的事业单位进行了国有资产产权登记，并制定了相应的管理办法。在转换企业经营机制过程中，将国有资产的保值、增值考核指标全部纳入承包协议，对126项资产进行了评估和审批，防止了损害国有资产权益的行为。

——继续坚持完善分级财政包干体制，调动了各区县、乡街发展经济、增加收入的积极性。1991年，各区县财政收入完成37.4亿元，比上年增长9.8%。14个郊区县中，有8个区县财政收入已达到亿元以上。为了促进边远山区县的发展，与怀柔、密云、平谷、延庆4个补贴县签订了“八五”期末取消补贴，达到“亿元县”的协议，并将核减下来的补贴资金提前投入，用于培植、发展后续财源，取得了明显的效果。1991年，4个补贴县财政收入增长幅度均在10%以上，财政自给能力大大增强。

——利用外资、发展“三资”企业取得重大突破。1991年我市各有关部门通力协作，克服重重困难，争取到世界银行环保项目贷款1.25亿美元，赠款2.26亿日元，取得了突破性的进展。同时，也为我市进一步利用世界银行贷款打开了局面。为支持发展“三资”企业，扩大对外开放，去年对“侨资”、“台资”企业落实了减收土地使用费的优惠政策，审定批准10家合资饭店延长了合资期限，为517户合资企业办理了验资手续，加强了“三资”企业的财务管理和财政监督，促进了“三资”企业的健康发展。全年“三资”企业上缴财政利税 11.6 亿元，比上年增长 24.8%，占全市财政收入的比重达到 15.1%，比上年又提高 2.5 个百分点。

(三) 加强监督管理，堵塞漏洞，大力组织财政收入。财政部门完善各项财政、财务管理制度，积极帮助企业落实各项政策措施，保证了企业应上缴财政的收入及时足额入库。税务部门坚持依法治税，加强税务稽查，建立纳税人主动申报和综合纳税鉴定制度，强化个人收入调节税的征收管理和行业发票管理。全年工商税收共完成 91.4 亿元，比上年增长 9.8%，对保证全市财政收入任务的超额完成做出了重要贡献。审计部门对 2363 户重点企业和单位进行了审计检查，全年共查缴入库 1.57 亿元。去年九月份开展的税收、财务、物价大检查又取得新的成效，全市自查和重点检查已上缴国家财政收入 2.98 亿元，不仅增加了财政收入，严肃了财经纪律，而且在促进政治、经济和社会稳定方面也发挥了积极作用。

(四) 财政补贴继续下降。1991 年，全市从收入和支出两个方面共计补贴 44.3 亿元，比上年下降 1.1%，比市人民代表大会批准的控制指标 44.5 亿元减少补贴 0.2 亿元。如果把消化的各项新增亏损因素包括进去，全年实际压缩财政补贴 4.2 亿元。去年，由于国家调整汇率，城市供水、供气、供热增加，亏损商品增销等原因，给压缩财政补贴工作增加了难度。为确保实现市人代会通过的压补目标，各有关部门密切配合，在对补贴情况反复调查、测算的基础上，制定了具体压补方案，继续实行单位行政领导负责的压补目标管理责任制，将控制指标层层分解落实，下达到 20 个主管局、总公司和有关区县。各有关部门和单位，配合推进价格改革，减少财政补贴 0.9 亿元；通过加强经营管理，减少损失浪费，减少财政补贴 2.6 亿元；通过调整国家与企业的分配关系，减少财政补贴 0.7 亿元。

(五) 增加农业投入，促进农村经济全面发展。1991 年，用于支援农村生产和农林水气等部门事业费支出 36714 万元，比上年增长 14.4%。为了保证以凉水河为主战场，"一河带十河"水利建设工程的资金需要，除动员社会力量参加义务劳动以外，积极筹措资金，确保工程顺利进行。为了加快建设农村社会化服务体系，全年支持推广农业新技术 400 多项，落实星火项目 80 个，帮助 7 个区县的农业技术推广中心解决了所需设备，为农业生产稳步增长创造了条件。积极从政策上、资金上支持乡镇企业发展生产，全年乡镇企业总收入 213.1 亿元，比上年增长 24.2%，实现利润 23.5 亿元，比上年增长 18.2%，成为农村经济的重要支柱。

去年上半年，我市部分区县遭受特大洪涝灾害和风灾、雹灾后，各级财政及时拨出专款 3400 多万元，用于灾民搬迁，生活安置，恢复生产，重建家园以及城市防汛等。经过社会各界的大力支持，遭受洪涝灾害的乡村迅速恢复生产，灾民的吃、穿、住、用、烧得到保证。

(六) 继续增加科技、教育投入，支持科技、教育体制改革。1991 年，全市科技三项费用和科学事业费支出 21208 万元，比上年增长 18.1%，大大高于全市财政支出的增长幅度。其中，1991 年征收的自行车牌照税 2000 多万元已全部用于科技投入。重点支持了科研改革，创办高新技术企业，开发列入国家和市级的火炬计划项目，推广运用科技成果，购置科研仪器设备等。全年共建成中试基地 7 个，支持高新技术和火炬计划项目 30 个，推广运用科技成果 3800 多项，实现产值 27 亿元，创利税 5.7 亿元，有力地推动了我市国民经济的发展。

1991 年，全市教育事业费支出 94146 万元，比上年增长 14.8%，大大高于全市财政收入增长 4.1%的增长幅度。此外，其他支出项目中用于教育的支出还有 42638 万元，这样，1991 年预算内用于教育方面的支出实际为 136784 万元，占财政支出的比重达到 20.12%。除预算内用于教育方面的支出外，各项附加收入、校办企业收入、社会和个人用于教育方面的资金约有 36324 万元。如果将预算内和预算外用于教育的支出加在一起，总额达 173108 万元。去年拨出专款，用于支持中小学、高等院校、中专技校和成人学校搞好内部管理体制改革，大大地调动了教师教书育人的积极性。据统计，市属高校总体教学工作量比改革前增长 20%，教学质量也得到相应提高。积极落实为教育办实事的各项措施，全年共抢修危房 7.9 平方米，购置电教设备 8.4 万件，添置课桌椅 17.9 万套，购置图书 510 万册，进一步改善了各类学校的办学条件。

(七) 保证重点工程建设和城市维护资金需要。在适当控制投资规模的前提下，对城市基础设施和重点建设项目投资继续增加，保证了西厢道路、液化气第三储备厂、西郊灌瓶厂等 13 个重点工程项目的资金需要。为了改善广大群众的居住条件，继续用好 2 亿元危房改造启动资金，加快了危房改造的进程。

1991 年城市维护费支出 33480 万元，比上年增长 10.7%，加上各项城市公用事业费附加 7300 万元，用于城市维护的支出总额为 40780 万元，重点用于城市绿化美化和环境保护。一年来，维护保养道路 3826.8 万平方米，清运垃圾 397.1 万吨，清除颐和园昆明湖淤泥 65 万方，为争办 2000 年奥运会，还拨出专款用于建设环境检测站和降尘示范控制区等。

（八）**严格控制行政经费支出，适度控制社会集团购买力**。一年来，市人民政府采取一系列措施，继续把控制行政经费支出作为加强廉政建设的一项大事来抓，压缩会议费、差旅费和购置费，强化财政预算硬约束，并在全市30个行政单位实行工资总额包干试点。1991年，全市行政管理费支出14071万元，除用于粮油调价增加职工补偿等支出外，基本控制在上年水平。

适度控制社会集团购买力。根据“区别对待，紧中有活，适度控制”的原则，继续执行对生产性专控商品从宽，非生产性专控商品从严，自有资金从宽，财政拨款从严的审批方针，去年全市控制社会集团购买力执行数为14.75亿元，控制在国家下达的15亿元指标以内。在执行过程中，严格执法，严肃处理违控案件。既控制了社会集团消费的过快增长，又促进了企业生产和事业的发展。

各位代表：1991年我市财政预算执行情况是好的。但是，也面临一些困难和问题。一是企业结构调整步伐较慢，部分企业经济效益低，后劲不足；二是财政补贴虽然有所下降，但补贴数额仍很大，是财政一大负担，而且，漏洞和损失浪费现象仍较严重；三是一部分单位财经纪律松弛，花钱大手大脚，铺张浪费的现象依然存在；四是在财政管理体制方面以及有些机制和政策，不适应发展社会主义有计划商品经济的需要，有待进一步改革。这些问题和不足，在今后的工作中，要积极研究，并采取有效措施抓紧解决。

二、1992年财政预算草案

我市1992年财政收支预算草案，是根据七届全国人大五次会议精神，按照陈希同市长政府工作报告要求，以及本市1992年国民经济、社会发展计划指标制定的。财政收支安排总的思路是：加快改革，扩大开放，提高效益，促进经济加速发展，确保财政收入稳定增长；紧缩支出，保证重点，努力提高资金使用效益。现在提请大会审议的1992年财政收支预算草案的主要情况是：

财政收入安排800800万元，比上年增长4%。分项安排情况是：工业企业收入安排120000万元，按可比口径计算增长1%；商业企业亏损安排43500万元，减亏1452万元；粮食企业亏损安排140000万元，减亏13044万元；工商税收安排955000万元，增长4.5%；能交基金分成收入和国家预算调节基金安排32000万元，减收21616万元；农牧水产、建工和城市公用企业等其他各项收入盈亏相抵，安排亏损122700万元。

财政支出安排690000万元，比上年增长1.5%。分项安排情况是：基本建设和企业挖潜改造资金安排134800万元，下降9.4%；支援农村生产和农林水气等部门事业费安排38470万元，增长4.8%；城市维护费安排36750万元，增长9.8%；文教卫生事业费安排184240万元，增长10.6%，科技三项费用和科学事业费安排18391万元，按可比口径计算增长21.1%；行政管理费安排16800万元，按可比口径计算增长5.4%；公检法支出安排30640万元，增长6.8%；各项财政价格补贴支出安排109800万元，下降9%；工交商部门事业费、抚恤社救等其他各项支出安排120109万元。

根据以上收支安排，除按现行财政体制上缴中央部分和向中央做贡献的数额外，本市财政收支平衡。现将主要情况说明如下

（一）**财政收入继续保持稳定增长**。1992年财政收入预算安排800800万元，比上年增长4%，是按照我市国民经济计划指标和效益指标，即国民生产总值增长6.5%，工业增加值增长8.5%，社会商品零售总额增长12%，可比产品成本和商品流通费费用率降低0.1个百分点安排的。这样安排，既考虑了发展生产、提高效益和加强征管等增收因素，也考虑了有些减少收入的因素，是基本符合北京市实际情况的。由于多年积累下来的问题解决起来需要有一个过程，国营大中型企业仍存在一定困难，完成这个任务应该说还是有一定难度的。但各项有利条件也很多，改革开放进一步加快，必将推动国民经济的更快发展。国家和市政府采取的各项政策措施将进一步到位，相对宽松的宏观经济环境为企业增产增收创造了良好的外部条件，随着国营大中型企业的陆续“上船”，通过转换企业经营机制，打破“三铁”，认真调整产业、产品结构，进行技术改造，企业经济效益将会逐步提高。因此，通过全市各条战线的共同努力，今年的财政收入任务是可以完成的。

（二）**财政支出保证了重点，支持了城市建设和各项事业的发展**。1992年全市财政支出安排比去年适度增长。继续增加了农业、教育、科技、公检法、计划生育以及城市基础设施建设和维护支出，重点保证了工业企业技术改造、职工工龄工资和价格补偿等方面的支出，其他支出大体维持上年水平或略有压缩。

——继续增加农业投入，全面发展农村经济。全年安排支援农村生产和农林水气等部门事业费38470万元，比上年增长4.8%。为了全面贯彻党的十三届八中全会精神，支农投入重点用于支持京郊农村改革，兴修

农田水利基础设施，发展粮食、副食品基地，加快中低产田开发，再建设一批“吨粮村”和“吨粮田”，支持科技兴农，完善农村社会化服务体系，推进农产品产、供、销一体化，落实《北京市边远山区乡村十年致富工程纲要》等。

——继续增加教育支出，把我市教育事业提高到一个新水平。1992年，教育事业费安排109500万元，比上年增长16.3%，保持了较高的增长幅度。此外，其他支出项目中用于教育方面的经费和基建投资安排29190万元，这样，全年预算内用于教育的支出有138690万元，占全市财政支出的比重为20.1%。除预算内用于教育方面的支出以外，预算外各项附加收入、校办工厂收入、社会和个人安排用于教育方面的投入也继续增加，预计共有38000万元。这样，预算内外安排用于教育的支出为176690万元。重点用于增加教改工资，支持重点院校的学科调整及九年制义务教育达标，发展职业技术教育，调整山区中小学布局等。

——增加科技投入，推动首都经济发展。1992年安排科技三项费用和科学事业费18391万元，比上年增长21.1%。重点用于深化科技体制改革，推广应用高新科技成果，促进产品结构的调整，建立“青年科技人才基金”，保证星火计划项目的实施等。另外，今年征收的自行车牌照税继续安排用于科技投入。

——增加体育事业费支出，保证全运会的顺利召开。1992年安排体育事业费9039万元，比上年增长6%。主要是筹备第七届全国运动会，为争办2000年奥运会做好预演而增加的支出。

——增加公检法支出，保证首都的政治稳定和社会安定。1992年，安排公检法支出30640万元，比上年增长6.8%。主要是增加了公检法部门的业务经费。

——继续增加城市基础设施重点建设、城市维护费和企业技术改造投入。1992年全市基本建设和企业挖潜改造资金支出安排134800万元，在控制投资总量的同时，继续优化投资结构，重点用于城市基础设施建设，治理污染，改善环境以及工业、商业和教育、卫生的重点项目，加快住房建设和城区危旧房屋的改造步伐。为了支持搞好国营大中型企业，安排15000万元技术改造贷款贴息资金，用于九十年代重点发展行业和重点产品的技术改造，促进产品更新换代，引进、吸收国外的先进设备和技术。1992年城市维护费支出安排36750万元，比上年增长9.8%。加上各项城市公用附加安排的8000万元，用于城市维护支出的总额为44750万元，比上年增长10%。为了给争办2000年奥运会创造良好的条件，增加的支出，重点用于市政工程维护，绿化美化，设立密闭式清洁站及建设无蝇城等。

（三）财政补贴继续压缩。1992年我市财政从收入和支出两个方面安排财政补贴44亿元，比上年实际补贴44.3亿元压缩0.3亿元。压缩财政补贴，是在保证社会安定和群众生活不受大的影响，逐步减轻财政负担的情况下安排的。今年，由于调节活猪增加，国家调整煤炭价格，扩大供热供气面积等各项增亏因素较多，全市各项财政补贴预计将达48.4亿元，比上年增长9.3%。如考虑消化各项增加亏损补贴因素，实际将压缩补贴4.4亿元。另外，根据国务院的部署，今年4月1日调整了粮食购销价格，为保证城镇居民生活不受大的影响，相应给城镇居民适当补贴，应由财政拨付的资金，预算中已经作了安排。

（四）关于试编复式预算问题。根据《国家预算管理条例》的有关规定，今年国家将试行财政复式预算。根据财政部的统一部署，结合本市实际情况，目前，本市编制复式预算的条件还不具备。因此，这次提交市人代会审议的1992年预算草案，仍按原预算编制办法。拟经过一段准备，在下半年试编本市复式预算。届时，再专题向市人大常委会汇报。

各位代表：1992年的财政预算草案，总的说，财政收支“盘子”安排得很紧。这样安排，同各方面的需要还有不小的差距，希望各区县、各部门、各单位在预算执行过程中，努力增收节支，挖掘潜力，齐心协力完成全年财政收支任务。

三、进一步解放思想，加快改革开放步伐，为全面完成1992年财政预算而奋斗

1992年是首都社会主义现代化建设和改革开放关键的一年。我们要认真学习贯彻邓小平同志关于建设有中国特色的社会主义的一系列重要论述，进一步提高全面贯彻执行党的基本路线的自觉性，以经济建设为中心，抓住机遇，加快改革开放步伐，解放思想，创造性地工作，促进国民经济加速发展，确保全年财政预算的圆满完成。

（一）以转换国营大中型企业经营机制为重点，调整结构，提高效益，增加收入。在企业外部条件不断得到改善的前提下，1992年要重点支持、促进企业转换内部经营机制，逐步把企业推向市场。

——大力支持促进企业转换经营机制。要集中力量，继续配合工业、商业、农业、建筑、市政公用等行

业中的大中型企业，实行转换经营机制的改革，对已“上船”的企业，要检查各项政策措施的到位情况，为“上船”企业护好航；合理安排使用好1.5亿元技术改造贷款贴息资金，搞好技改项目的可行性分析，把好效益论证关；狠抓扭亏增盈，建立企业扭亏增盈目标责任制，对那些产品质次价高无销路，管理混乱，长期亏损扭亏无望的企业，要坚决促其关、停、并、转，力争今年企业经营性亏损比上年有明显的下降；继续深入开展学习首钢内部管理经验活动，进一步完善企业内部承包体系，提高企业盈利水平；大力压缩“三项资金”占用，力争将全市工业企业“三项资金”压缩在1990年年末水平以内，流动资金周转天数加快5天；继续实行“压贷挂钩”办法，严格执行限产、停产计划；继续开展清理“三角债”工作，积极采取有效措施，防止前清后欠；进一步强化国有资产管理，积极稳妥地搞好清产核资试点工作，在彻底弄清“家底”的基础上，建立、健全各项规章、制度、办法，堵塞漏洞，以确保国有资产的保值和增值。

——进一步促进商业、外贸企业改革。认真落实各项政策，积极支持商业企业推行经营、用工、价格、分配“四放开”的改革；积极探索商业批发企业改革的路子，促使商业批发企业真正走向市场，参与竞争，搞好搞活批发经营；进一步支持发展各类集贸市场，扩大农副产品产、供、销一体化，建设和培育农副产品市场。继续支持外贸企业体制改革，促进外贸企业全方位地开拓市场，调整出口商品结构，增加高附加值产品的出口，大力压缩高亏商品出口，提高外贸企业的经济效益。

（二）进一步搞好配套改革，促进企业和各项事业的发展。要以转变企业经营机制，把企业推向市场为核心，积极搞好财税体制配套改革，完善财政包干办法，更有效地发挥财政、税收杠杆的调控作用。认真搞好教育、卫生和科技体制改革，在进一步巩固、完善和深化中小学、市属高校内部管理体制改革的同时，重点推进中专技校、成人学校和职业学校内部管理体制改革。从资金和政策上积极鼓励科研院所与企业通过多种形式的联合，加快工业的技术进步和产品开发。要进一步改革公费医疗管理办法，在保证医疗的前提下，减少损失浪费，逐步建立适合我国国情的医疗保险制度。管好用好房改资金，在继续扩大试点的基础上，积极稳妥地推进住房制度的改革。

（三）继续加强管理，堵塞漏洞，压缩财政补贴。1992年，财政补贴工作难度加大，压缩财政补贴任务十分艰巨，因此，要继续把压缩财政补贴当做一件大事来抓。各有关部门和单位要认真研究内部增收节支、压缩补贴的办法和措施，挖掘潜力，提高补贴资金的使用效益。继续实行行政领导负责的目标管理责任制和超亏不补、减亏分成或全部留用的奖惩办法，确保全年财政补贴控制在44亿元以内。

（四）严格控制财政支出，强化预算约束，提高资金使用效益。各区县、各部门要继续发扬艰苦奋斗、勤俭节约的优良传统，从严控制支出，反对铺张浪费，严肃财经纪律，严格执行《国家预算管理条例》，实行财政预算硬约束，按确定的预算指标执行，不能突破。各单位预算确定后，除特殊情况，经市政府批准外，不准追加新的支出。要加强资金投入的可行性研究，建立健全资金使用的跟踪反馈制度，切实提高财政资金的使用效益。

（五）积极吸引和利用外资，努力拓宽筹集资金渠道。要进一步解放思想，拓宽多方面筹集资金的渠道。积极利用外资，争取多用一些世界银行贷款和各种国际金融组织以及政府贷款，落实好国内的配套资金，并探讨对外发行债券的可行性。要积极创造条件，进一步改善投资环境，大力支持发展“三资”企业。继续巩固和发展财政信用，多方筹集资金并扩大预算外资金专户存储范围。继续做好国库券发行、兑付工作，发展国债流通市场，支持、促进生产和各项事业的发展。

（六）继续加强区县和乡街财政的建设。继续坚持和完善分级财政包干体制，充分调动区县、乡街增收节支的积极性。进一步强化乡街资金的综合管理，把乡街财政管理提高到一个新水平。要贯彻量入为出的原则，自求平衡，不打赤字预算。补贴县要用好提前投入的资金，为“八五”期末取消补贴，达到“亿元县”创造条件。收入已达亿元的县，要千方百计培植发展后续财源，力争“八五”期末实现收入翻番，为平衡全市财政收支预算做出贡献。

（七）加强财政、税收的监督管理，严肃财经纪律。1992年，财政、财务工作，要坚持一手抓改革开放，一手抓严格管理。依法治税，强化税收征管，严格控制减免税。对外商投资企业、私营企业以及个体户等方面的税收，要进一步加强管理。要继续清理拖欠税款，争取1992年不再有新的拖欠。继续搞好税收、财务、物价大检查工作，进一步加强审计监督，严格遵守财经纪律，减少收入流失。

各级财政、财务部门要认真学习、深刻领会邓小平同志最近在南方的重要谈话精神，坚定不移地全面贯彻党的“一个中心，两个基本点”的基本路线，进一步解放思想，加快改革开放步伐，加强廉政勤政建设，切实改变思想作风和工作作风，深入基层，调查研究，大胆探索，真抓实干，把各项工作落到实处，做到廉而勤，为人民，进一步提高干部队伍素质，把财政、财务工作提高到一个新水平。

各位代表：

1992年的财政任务光荣而艰巨。我们要在中共中央、国务院和中共北京市委的领导下，动员全市人民认真贯彻七届全国人大五次会议精神，解放思想，实事求是，创造性地工作，努力增收节支，为圆满实现北京市1992年财政预算而努力奋斗。

北京市人民代表大会常务委员会工作报告

——1992年4月21日在北京市第九届人民代表大会第五次会议上

北京市人大常委会副主任　马耀骥

各位代表：

我受市人民代表大会常务委员会和赵鹏飞主任的委托，向大会报告工作，请审查。

1991年是实施本市国民经济和社会发展十年规划和“八五”计划的第一年，是首都沿着建设有中国特色的社会主义道路继续前进的一年。这一年，常务委员会认真贯彻执行党的“一个中心、两个基本点”的基本路线，落实市九届人大四次会议的决议，履行宪法和法律赋予的职责，积极开展工作，共举行7次会议，审议通过了6项地方性法规和两项有关法规问题的决定，检查了12项法律、法规的施行情况，审议了代表大会交付的8件议案，听取审议了市人民政府、市高级人民法院和市人民检察院的22项工作报告，通过了6项决议、决定，任免和批准任免了105名国家工作人员。现将一年来的主要工作报告如下：

一、加强地方立法工作

为保障首都社会主义现代化建设和改革开放的顺利进行，常务委员会审议了市政府的立法议案，积极开展地方立法工作。

本市水资源严重匮乏，已成为制约首都国民经济和社会发展的一个重要因素。常务委员会经过深入调查研究，制定了《北京市水资源管理条例》。条例针对众多部门管水不能形成合力的问题，确定了本市水资源管理实行水行政主管部门统一管理和其他有关部门分级、分部门管理相结合的制度，并且明确了相应的职责。为把首都建设成为节水型城市，常务委员会制定了《北京市城市节约用水条例》。这两个条例的制定，使本市水资源的开发、利用、保护和用水管理等各个环节进一步有法可依。

提高职工队伍的政治、技术和业务素质，是实现国民经济和社会发展第二步战略目标的需要。常务委员会通过了《北京市职工教育条例》，对职工教育的主要任务，办学形式，师资、校舍、经费等办学条件，以及职工教育的领导和管理等作出了明确的规定。

近年来本市医疗用血量不断增长，供需矛盾尖锐，质量也难以保证。常务委员会依据国家有关规定，结合本市实际，制定了《北京市公民义务献血条例》，旨在全社会提倡发扬救死扶伤，实行革命人道主义精神，保证医疗用血的需要，促进首都的社会主义精神文明建设。

随着法制建设日益加强，律师应聘从事各种法律服务的活动大量增加。常务委员会制定了《北京市保障律师执行职务若干规定》，就律师的权利保障和应履行的义务作出了具体规定。这对于保证法律的正确实施，维护国家、集体和个人的合法权益，有着积极的作用。

为促进基层民主的发展，常务委员会制定了《北京市实施＜中华人民共和国城市居民委员会组织法＞办法》，从加强居民委员会的建设，改善居民委员会工作条件等方面，规定了若干措施。

《北京市未成年人保护条例》实施三年来，对于保护未成年人健康成长，起到了积极作用。由于本条例与去年全国人大常委会通过的《中华人民共和国未成年人保护法》在保护对象范围的规定上有所不同，常务委员会对条例作了修改。鉴于国务院《城市房屋拆迁管理条例》已于1991年6月1日施行，常务委员会决定废止1982年市七届人大常委会通过的《北京市建设拆迁安置办法》，由市政府依据国务院新颁布的条例制定实施细则。

常务委员会还按照全国人大常委会的要求，组织委员、代表和有关方面积极参与国家一些立法活动，先后就代表法、工会法、妇女权益保障法等12项法律草案、5项修改法律的文件和有关法律问题的决定草案进行座谈，征集意见，并综合整理，向上作了反映。

二、保证法律法规的遵守和执行促进依法治市

一年来，常务委员会从以下几个方面加强了工作：

1、推动法制宣传教育第二个五年规划的实施，逐步使法律、法规为广大干部和群众所掌握。常务委员会检查了法制宣传教育第一个五年规划和深化法制教育规划的执行情况，审议了市政府实施法制宣传教育第二个五年规划的报告，通过了相应的决议，要求本市各级国家机关、各政党、各社会团体和企业事业单位把开展第二个五年法制宣传教育作为一项重要任务，坚持理论联系实际，把深化法制教育与依法治市紧密结合起来，使各项管理工作逐步纳入法制的轨道。目前全市各区、县和大多数部、委、办、局、总公司制定了法制宣传教育和依法治理相结合的规划，培训了一批法制宣传骨干；一些单位把法制宣传教育同农村社会主义教育、青工轮训和岗位培训、专项治理活动相结合，“二五”法制宣传教育已经逐步展开。

2. 开展执法检查，促进行政机关更好地依法行政。常务委员会着重检查了义务教育法、档案法、归侨侨眷权益保护法、农业联产承包合同条例、中等职业技术教育条例、北京市城市绿化条例、人民调解委员会组织条例和保护妇女儿童合法权益的决议等法律、法规的施行情况。执法检查一般都经统一部署、普遍自查、组织委员和代表重点抽查，然后听取审议市政府的执法报告。去年是义务教育法颁行五周年，市教育行政等有关部门和各区、县、乡、镇、中小学校开展了3个月的自查。市级有关部门和人大代表等组成检查组，深入到18个区、县的70多个乡、镇、街道和400多所中小学进行了重点检查。通过检查，各区、县查处和纠正了一些违反义务教育法的行为，改善了学校教育的外部环境，并多方筹措资金，使一些乡、镇和学校按规划达到了实施九年制义务教育基本办学标准。市政府还针对有些行政部门执法责任不够明确的问题，制定了《实施义务教育法落实有关部门职责的通知》，具体划分了有关委、办、局的执法责任。全国人大检查组经过在京为期半个月的检查，对本市这项执法检查和义务教育法的贯彻实施情况，给予较高的评价。

3、督促人民法院和人民检察院更好地依法办案。近几年来，民事案件数量大幅度上升，法院审理的一审案件中民事案件约占70%。为推动民事审判工作，常务委员会听取审议了市高级人民法院关于审理民事案件适用民法通则的情况报告。委员们认为，人民法院依据民法通则审结了大量的民事案件，办案水平有所提高。当前人民法院要以提高民事案件的审判质量为重点，抓好审判人员的业务培训、作风建设和廉政教育，防止办案不公正的现象发生；要加强审判制度建设，严格民事诉讼程序；同时加强人民法庭的建设，以便及时审结民事案件。鉴于当前侵犯公民权利案件和玩忽职守的渎职案件呈上升趋势，常务委员会听取审议了市人民检察院关于查处法纪案工作情况的报告。委员们对法纪检察工作给予充分肯定。同时要求人民检察院继续把查处侵权、渎职案件摆在重要位置，凡是够立案标准的要依法立案，排除干扰，严肃查处；要坚持专门机关和群众路线相结合的方针，重视群众举报，提高侦破能力，更好地发挥检察机关的职能作用。

三、听取审议政府工作报告 加强工作监督

常务委员会于去年9月听取审议了本市前八个月计划、预算执行情况的报告，又于12月听取审议了全年预算预计执行情况的报告，还听取审议了关于改进预算部分变更审批程序建议的议案办理情况的报告。

为搞好国营大中型企业，常务委员会听取审议了市政府关于搞好“质量、品种、效益年”活动和搞好大中型企业议案办理情况的报告，指出搞好大中型企业既是经济问题，也是政治问题，政府应简政放权，落实深化改革的各项政策和措施，促进企业转换经营机制，增强自我发展能力，提高经济效益。常务委员会还听取审议了商业工作情况报告，要求市政府尽快制定促进国营商业特别是国营批发业改革和发展的政策，进一步发挥其搞活经济、繁荣市场的主渠道作用，并就加强市场管理、制止销售伪劣商品、引导群众消费等问题提出建议，受到政府部门的重视。

鉴于开发建设山区对于实现本市现代化建设第二步战略目标具有重大意义，常务委员会分别听取审议了市政府关于制定北京市边远山区乡村十年致富工程

纲要的报告和关于加快山区绿化、增强涵养水源和提高环境质量议案办理情况的报告，通过了关于北京市边远山区乡村十年致富工程纲要的决议。决议肯定纲要提出的主要奋斗目标、基本指导思想和各项政策措施符合实际；要求各级政府从实际出发指导山区开发建设，有计划有步骤地发展山区经济；全市各部门、各行业要认真贯彻落实纲要，为建设富裕文明的社会主义新山区共同奋斗。本市北部山区遭受特大洪水和泥石流灾害之后，常务委员会极为关注，派副主任、委员和代表前往慰问、视察，听取了市政府关于防汛抗灾情况的汇报，通过了相应的决议。

实施城市建设与管理科技发展计划，是建设现代化首都的一项基本措施。常务委员会听取审议了市政府关于这项计划执行情况的汇报。会议对计划实施情况表示满意，希望市政府进一步加强总体管理和统筹规划，加快科技成果的推广应用，争取在“八五”期间取得更大成绩。

在文化、卫生工作方面，常务委员会听取审议了关于群众文化工作情况的汇报，强调群众文化工作必须坚持社会主义方向，把重点放到基层，开展小型多样的活动，以满足群众的文化需要。市政府认真对待这些意见，决定新建住宅区同步配套建设文化设施，加快图书馆及博物馆建设，为发展群众文化创造条件。常务委员会还听取审议了关于加强药政管理、保障人民生命安全议案办理情况的报告，建议政府部门加强药品市场管理，确保首都人民用药安全有效。市政府据此采取了改进措施，大力整顿医药市场，加强药品管理，查处了一些制造、销售伪劣药品的案件。

治理“三乱”、纠正行业不正之风，对于促进廉政建设，保障国民经济健康发展具有重大意义。为此，常务委员会分别听取审议了这两个方面的报告。会议认为，本市治理“三乱”、纠正行业不正之风工作取得了一定进展，但对成绩不能估计过高，要继续坚持不懈、深入持久地抓下去，力争获得更大成果。政府部门认真考虑上述意见，进一步采取措施，加强了工作。

常务委员会还听取审议了市政府关于住房制度改革方案的报告和关于加强社会治安综合治理等议案办理情况的报告，提出了一些意见和建议。

四、密切同代表和群众的联系　充分发挥代表作用

为进一步发挥人大代表依法管理国家事务的作用，一年来，常务委员会结合审议的议题和本市重大工作，先后组织不同规模的视察、调查、座谈等活动，参加的代表达3000余人次；还邀请206位代表列席常委会和各工作委员会会议。

在联系代表、发挥代表作用中，着重加强了以下几项工作：(一)召开代表小组工作会议，学习江泽民同志关于坚持和完善人民代表大会制度的重要论述，总结交流经验，集中讨论了代表小组如何开展活动和发挥作用的问题。各区、县人大常委会制定了改进措施，促进代表小组活动的经常化、制度化。(二)常务委员会各工作委员会进一步加强同本系统代表的联系，分别组织代表听取9项专题情况通报，并对40项专题进行视察调查，写出27项调查报告。代表在这些活动中，充分运用熟悉本行业情况、拥有专业知识的优势，较好地发挥了推动工作的作用。

(三)扩展对本市某些重点工作的参与程度，组织代表参加廉政建设活动。先后请市廉政办公室向代表报告本市廉政建设、纠正行业不正之风工作情况；组织部分代表同市政府负责同志座谈廉政工作，听取旅游业开展专项斗争的情况汇报；还组织部分代表参加监察、审计、规划等部门的监督工作，并对10个局级单位廉政建设情况进行了调查，为本市廉政建设作出了积极的贡献。(四)为进一步提高代表建议工作的水平，召开了代表建议工作座谈会，总结了代表提好建议和主管部门办理好代表建议的经验，并加强了代表建议办理工作的督促检查。经各有关方面的共同努力，市九届人大四次会议上代表提出的1582件建议，已全部办理完毕并答复代表。闭会期间代表提出的220件建议，已办复150件。市九届人大三次会议代表建议中列入规划在下年度继续办理的119件，其中已按原计划实施或正在实施的有109件。

为办好代表和人民群众来信来访，经常务委员会主任会议批准，制定了《关于人民群众申诉、控告和检举的来信来访处理办法》；同时还召开了本市人大信访工作会议，市和区、县人大常委会机关根据会议的要求，充实人员，健全机构，完善工作制度，使信访工作得到进一步加强。一年来，常务委员会受理代表和人民群众的来信来访3382件次，对一些重要问题，领导亲自过问，加强调查催办工作，督促有关部门解决了一批问题。

常务委员会还举办了区、县人大常委会主任、副主任培训班，学习宪法、有关法律和中央领导同志关于人民代表大会制度的论述，结合自己的实践，对如何坚持和完善人民代表大会制度的问题进行了研讨。这对提

高对人民代表大会性质、地位和作用的认识，掌握人大工作的特点，增强做好工作的信心和决心，起到了积极作用。

这一年里，常务委员会的工作虽然取得新的进展，但离宪法、地方组织法和人民群众的要求，还有不小差距。面临进一步深化改革、扩大开放的形势，我们对这方面出现的新情况、新问题调查研究不够；制定地方性法规和法律监督工作，还跟不上建设和改革的需要；对审议工作报告中提出的一些重要问题的解决情况，缺乏跟踪检查。这些都有待在今后的工作中改进和加强。

各位代表：

最近中共中央政治局全体会议认真讨论了我国改革和发展的若干重大问题，强调必须坚定不移地贯彻执行邓小平同志倡导的党的“一个中心、两个基本点”的基本路线，进一步解放思想，坚持实事求是，勇于创新，敢于试验，抓住当前有利时机，加快改革开放的步伐，解放和发展生产力，集中精力把经济建设搞上去。要警惕右，但主要是防止“左”。坚持两手抓，一手抓改革开放，一手抓打击各种犯罪活动，加强社会主义精神文明建设和民主法制建设，沿着有中国特色的社会主义道路继续前进。我们要认真学习、深刻领会邓小平同志关于建设有中国特色的社会主义的一系列重要论述，坚决贯彻中共中央政治局全体会议精神和七届全国人大五次会议的决议，结合本市实际，扎扎实实地开展常务委员会的工作。

一、围绕经济建设和改革开放，加快地方立法工作。全国人大颁布这方面的法律后，我们要及时制定实施办法；并认真对本市改革开放中的情况进行调查研究，根据需要和可能，积极制定有关的地方性法规。要制定城市规划、水土保持、社会治安综合治理等方面的地方性法规。同时对促进高技术产业振兴、保障归侨侨眷权益等一批立法项目，抓紧进行调查研究和起草工作。要按照全国人大的要求，对过去制定的法规进行清理。

二、把法律、法规实施的监督检查和立法工作放在同等重要地位，认真开展法律监督工作。要重点组织检查企业法、矿产资源法、中外合资经营企业法、关于加强社会治安综合治理的决定，并检查技术合同法、商标法、著作权法、种子管理条例、职工教育条例、计划生育条例、未成年人保护条例等法律、法规的施行情况，坚决纠正有法不依、执法不严、违法不究的行为。

三、加强对政府、法院、检察院的工作监督。要组织力量对本市工业、农业、外贸、科技、教育等方面改革开放的情况进行视察和调查，大力支持市政府有关改革开放的正确措施。要听取审议本市执行计划和财政预算、搞好国营大中型企业、农业生产和农业科技成果的应用、火炬计划、“二五”法制宣传教育、纠正行业不正之风和加强廉政建设等方面的情况报告，并对审议中提出的重大问题的解决情况进行跟踪检查，更加有力地监督“一府两院”的工作。

四、充分发扬民主，严格依法办事，做好人大换届工作。市九届人大到1993年初任期届满。做好换届工作，是坚持和完善人民代表大会制度、加强政权建设的一件大事。各区、县要按时选出本区、县出席市十届人大代表。要做好召开十届人大一次会议的各项准备工作。

五、以尊重代表的民主权利、保障人民当家作主为出发点，密切同代表和人民群众的联系。要认真贯彻执行代表法，制定实施办法，保证代表依法行使职权。推广市代表按系统按行业听取政情汇报和组织视察、座谈活动的经验，进一步推动代表小组开展工作，充分发挥代表在依法治市中的作用。认真提高办理代表建议的质量，会同市政府清理列入规划的本届人大代表建议办理情况，督促检查代表多次提出又未能解决的一些问题，同时努力做好信访工作。

六、加强机关自身建设和同区县人大常委会的联系。要认真组织机关干部学习马列主义、毛泽东思想，学习邓小平同志关于建设有中国特色的社会主义的理论，学习宪法和有关法律，提高政治和业务素质。改进工作作风，力戒形式主义，深入群众，开展调查研究，掌握真实情况和第一手材料。要密切同区、县人大常委会的联系，共同推进依法治市和基层民主法制建设。

我们要紧紧依靠全体代表和全市人民，团结一致，振奋精神，开拓进取，埋头苦干，为首都政治、社会的稳定发展和经济上一个新台阶，作出应有的贡献。

北京市高级人民法院工作报告（摘要）

——一九九二年四月二十一日在北京市第九届人民代表大会第五次会议上

北京市高级人民法院院长　刘云峰

各位代表：

现在，我就本市法院1991年工作概况和1992年工作意见报告如下：

一、1991年工作概况

1991年，全市各级人民法院和北京铁路运输两级法院遵照本届大会第四次会议关于人民法院工作报告的决议，以党的基本路线为指导，积极开展了各项审判工作，共结案65119件，在保护国家利益，保护公民、法人和其他组织合法权益，维护首都社会稳定，保障改革开放和社会主义经济建设顺利进行等方面起了重要的作用，较好地完成了任务。1991年，全市各级法院所做的主要工作是：

（一）审判刑事案件，依法严惩严重危害社会治安和严重破坏经济的刑事犯罪分子

总的讲来，在过去的一年里，首都政治稳定，社会安定，经济发展，形势很好。但是，刑事犯罪分子的破坏活动仍然比较严重，重大案件时有发生。1991年全市各级法院共新收一审刑事案件7530件，比1990年一审收案数上升5.5%，其中杀人、强奸、抢劫、爆炸4类案件数上升了10.4%。刑事犯罪分子的破坏活动，不仅侵犯了公民人身、民主权利，损害了国家、集体利益，而且还危害社会稳定，影响改革开放和社会主义经济建设的顺利进行，必须依法予以惩处。

在刑事审判工作中，对杀人、放火、抢劫、强奸、“车匪路霸”等严重危害社会治安的犯罪分子，我们继续坚持贯彻依法从重从快的方针，坚决予以从严惩处；对团伙首犯，惯犯、流窜犯、教唆犯以及其他具有恶劣情节的罪犯，依法予以从重判处，其中罪大恶极、民愤极大的，予以判处死刑。一年内，审判严重危害社会治安的罪犯4929名，其中判处5年以上有期徒刑、无期徒刑、死缓和死刑的2778名，占同类罪犯总数的56.36%，给了严重危害首都社会治安的刑事罪犯沉重的打击。

对严重破坏经济的犯罪分子，特别是其中的贪污犯、受贿犯，我们继续贯彻执行一要坚决，二要慎重，务必搞准的方针，依法予以从严惩办。全年共判处贪污、贿赂、盗窃和诈骗公共财物等破坏经济的罪犯3204名，其中判处5年以上有期徒刑、无期徒刑、死缓和死刑的1241名，占同类罪犯总人数的38.73%。

（二）审判民事案件，正确、及时解决纠纷，保护当事人的合法权益

就审判案件的数量来说，民事案件约占法院审判案件总数的近70%。去年新收一审民事案件29652件，比1990年收案数上升1.41%。有些新类型案件，上升幅度比较大，其中名誉权、肖像权等人身权利纠纷案件数上升43.33%，著作权等知识产权纠纷案件数上升46.7%。在民事案件中，数量最大的是离婚案件，去年共收15816件，占一审新收民事案件总数的53.34%。

为了正确实施民事诉讼法，坚决贯彻全国民事审判工作会议精神，努力办好民事案件，我们于去年6月中旬召开了北京市第五次民事审判工作会议。在这次会议上，我们要求全体审判人员牢固树立为人民服务的意识，以对人民高度负责的精神办好每一个民事案件，处理好每一起纠纷，使群众从我们的审判活动中具体地体会到党和国家的温暖、社会主义制度的优越。一年来，全体民事审判人员经过积极努力工作，共审结一审民事案件30289件，二审民事案件3393件，使大量婚姻家庭、房屋、继承、债务、赔偿等纠纷得到了正确、及时解决，有效地保护了当事人的合法权益，防止了矛盾激化，对维护首都社会的稳定起了积极作用。

中华人民共和国民事诉讼法已于去年4月9日公布施行。为了严格、正确执行民事诉讼法，我们除了对审判人员进行培训之外，还在调查研究、总结经验的基础上，结合实际，提出了一些执法的意见，其中主要有《关于贯彻执行民事诉讼法若干问题的解答》、《适用简易程序的几点意见》、《民事一审案件的办案规格》、《关于几类民事案件应查明的事实要点》等。这些意见，对正确执法，不断提高办案质量，进一步做好民事审判工作，起了一定的作用。

（三）审判经济案件，正确、及时解决经济纠纷，保障和促进经济的发展

全年新收一审经济纠纷案件4357件，比1990年收案数下降了4.1%，但有的纠纷增加了，其中交通运输合同纠纷案件数上升了9.7%，加工承揽合同和借款合同纠纷案件数各上升了26%，专利纠纷损害赔偿案件数上升了2.5倍。

经济纠纷同改革开放，同社会主义经济建设有直接的、密切的联系。为了更好地履行人民法院的职责，充分发挥审判工作的职能作用，正确执法，有效地为社会主义经济建设服务，我们在总结前7年经验的基础上，于去年7月中旬召开了北京市第二次经济审判工作会议，着重研究解决正确执法同为搞好国营大中型企业服务，为保护全民所有制财产的关系等问题，通过学习、讨论和经验介绍，统一了思想。大家认识到，经济审判工作必须严格依法办事，正确适用法律，通过对纠纷的处理，保护公民、法人和其他组织的合法权益，为改革开放，为社会稳定和经济建设服务。一年来，全体经济审判人员认真贯彻经济审判工作会议精神，严格执行民事诉讼法，适用了督促程序和公示催告程序，经积极努力工作，一、二审共结案5315件，比1990年结案数上升4.1%，共解决争议标的的金额9.7亿余元，比1990年解决争议标的的金额上升48.24%。

（四）审判行政案件，正确、及时解决行政争议，保护当事人的合法权益，维护和监督行政机关依法行使行政职权

1991年，是实施行政诉讼法的第一年。为了严格依法办事，积极慎重地开展行政审判工作，我们在总结实践经验的基础上，召开了北京市第一次行政审判工作会议，要求行政审判人员坚决贯彻执行行政诉讼法，认真做好每一个环节的工作，正确地处理好每一件行政争议案件。全年新收一审行政案件170件，比1990年一审收案数上升了95.4%，其中有不服治安行政管理部门处理而起诉的19件，不服土地行政管理部门处理而起诉的91件，不服林业、食品、医药、规划、环保、计量和税务等行政管理部门处理而起诉的35件。我们的审判人员严格依法办事，深入细致地做工作，一、二审共结案218件，比1990年结案数上升105.7%。在已结的166件一审案件中，根据查明的事实和有关的法律法规，原告申请撤诉，准予撤诉的79件，占47.6%；维持原行政机关处理决定的38件，占22.9%；撤销行政机关处理决定的18件，占10.8%；依法变更行政机关原处理决定和移送有关单位处理的6件，占3.6%。

（五）尽力解决“执行难”的问题，使生效的裁判得到执行

法律规定，人民法院已生效的裁判，具有法律效力，义务人必须在限期内履行。但是，由于种种原因，有的生效裁判在限期内得不到执行，产生了“执行难”的问题。生效裁判不能执行，不仅使当事人的合法权益得不到有效的保护，而且还影响到执法的严肃性和国法的威严，影响法律秩序的维护。到1990年底，全市法院未结执行案件达4644件，比1989年底未结执行案件数上升了25.18%。我们下决心在做好审判工作的同时，狠抓执行工作，力求解决“执行难”的问题。一年来，全市各级法院在各级人大的支持和有关方面的协助下，组织力量，依靠组织，大力宣传，发动群众，做艰苦细致的工作，共办结执行案件15484件，比1990年执行案件结案数上升了31.05%，年终未结案数比上年下降了25.22%，取得了明显的成绩，“执行难”的问题得到了初步解决。

（六）结合审判活动，积极参与社会治安的综合治理

1991年，全市各级法院在开展审判工作的同时，还结合审判活动，积极、主动、广泛地参与了社会治安的综合治理。为贯彻中央社会治安综合治理会议精神，坚决执行全国人大常委会《关于加强社会治安综合治理的决定》，我们组织全市各级法院对10年来参与社会治安综合治理的工作进行了全面大检查。通过检查，总结了经验，找出了差距，提出了改进工作的措施，共写出材料50多件。在此基础上，我们于7月份召开了北京市法院参与社会治安综合治理的首次会议，交流经验。这次会议，提高了审判人员对法院参与社会治安综合治理的必要性的认识，开阔了眼界，推动了法院参与社会治安综合治理工作的进一步开展。一年来，全市各级法院结合审判活动，在宣传法制、提出司法建议、调处诉外纠纷、对罪犯进行考察教育和对未成年犯进行专门审理等方面做了大量工作，成绩显著。例如，有些纠纷不符合诉讼条件，不解决又影响社会安定，在这种情况下，不少法院主动协助有关部门多方面做工作，使纠纷得到了解决。一年内，全市法院办理的非诉讼纠纷就达25342件。在结合办案进行法制宣传教育方面，我们也做了大量工作。在民事、经济、行政审判工作中，依法公开审判的案件共达2.8万多件，向群众广泛宣传了法制。在刑事审判工作中，公开审判的案件5317件，还召开不同规模的大会127场，公布了329案565名罪犯的犯罪事实和审判结果，直接旁听群众达15万多人次。在办案中，我们注意分析案件发生的原因，及时向有关方面提出口头或书面的司法建议，促进了工作的改进、管理的加强、漏洞的堵塞。一年内，据不完全统计，共提出司法建议845件，对防止犯罪起了积极的作用。

（七）从严治院，抓紧进行干部队伍的建设

我们认为，要把审判工作做好，充分发挥人民法院的职能作用，一个重要的条件，就是从严治院，抓紧进行干部队伍建设，不断提高干部的政治、业务素质，发扬全心全意为人民服务，秉公执法，艰苦奋斗的精神。1991年，我们在从严治院，进行干部队伍建设方面做了大量工作，主要是：第一，对干警进行了马列主义基本理论教育和社会主义思想教育；举办两期学习班，对29名庭、处级领导干部进行了培训。第二，对执法执纪进行了大检查，并在检查的基础上，针对存在的问题制订了《关于加强纪律和廉政建设的几项制度》和《关于案款、诉讼费、赃证物的管理办法》等，逐步建立和健全了内部制约机制。第三，进行了以抵制“说情风”和改进审判作风为重点的廉政建设。第四，对违法违纪问题进行了查处，全年处理违法违纪人员15名。第五，用多种方式，对审判人员进行了业务培训，审判队伍的业务素质有了进一步提高。

各位代表：以上，是全市各级法院1991年的工作概况。一年来，我们在市人大及其常委会的监督、支持下，在上级法院的监督、指导和各有关部门的配合、协助下，积极开展工作，较好地履行了自己的职责，充分发挥了职能作用，在此，我代表法院全体干警，对各位代表和各有关方面协助与支持，表示衷心的感谢！

在我们工作中，也存在不少的缺点和差距。工作多、任务重同干警数量不足、物质条件较差的矛盾还没有根本解决。办结的案件，绝大多数质量较好，但也有极少数或者事实不清，或者适用法律失当，或者结案不够及时。绝大多数审判人员能以为人民服务、对人民负责的精神秉公执法，但也有个别人违反纪律，甚至违法犯罪。我们要认真总结经验教训，采取积极措施，克服缺点，改进工作，以便在新的一年里，把审判工作做得更好，发挥更大的作用。

二、1992年工作意见

当前，全市人民和全国人民一道，正在认真学习、坚决贯彻落实最近召开的中共中央政治局全体会议的精神，决心坚定不移地执行党的基本路线，加快改革开放的步伐，集中精力把经济建设搞上去。为保障改革开放和社会主义经济建设的顺利进行，一个重要的条件，就是要维护社会的稳定，保持一个良好的社会环境。北京是我国的首都，维护社会稳定尤为重要。在新的一年里，全市各级法院的主要任务是：在市委的领导下，坚决执行党的基本路线，坚决贯彻执行党的方针政策，努力把各项审判工作做好；正确运用法律武器，有力地打击各种犯罪分子的破坏活动；正确及时地解决民事、经济纠纷和行政争议；充分发挥人民民主专政的职能作用，以维护、保障和促进首都的社会稳定；为人民服务，为社会主义经济建设服务。工作要点是：

（一）同刑事犯罪作斗争，仍然是人民法院的一项重要任务。对杀人、放火、抢劫、强奸等严重危害社会治安的犯罪分子，我们要继续贯彻执行依法从重从快的方针，坚决予以从严惩处。坚决执行全国人大常委会《关于严禁卖淫嫖娼的决定》和《关于严惩拐卖、绑架妇女、儿童的犯罪分子的决定》，对触犯刑律的犯罪分子依法从严惩处。继续从严惩处贪污、贿赂等严重破坏经济的犯罪分子，特别要认真抓好对大案要案的审判。

（二）继续贯彻第五次全国和北京市民事审判工作会议精神，坚决执行中华人民共和国民事诉讼法和其他各种民事法律，努力把民事审判工作做好。要全心全意地为人民服务，过细地做工作，正确、及时处理民事纠纷，制裁民事违法行为，保护当事人的合法权益，以促进精神文明建设和社会的稳定。加强人民法庭工作，把大量民事纠纷解决在萌芽状态，解决在基层，充分发挥人民法庭在为农业和农村工作上新台阶服务中的积极作用。

（三）要继续贯彻落实第二次全国和北京市经济审判工作会议精神，严格执行民事诉讼法、民法通则等法律法规，不断提高办案质量，正确、及时解决纠纷，保护当事人的合法权益，维护经济秩序，努力为改革开放，为搞好国营大中型企业，为社会主义经济建设服务。

（四）在行政审判工作中，要继续贯彻全国和北京市行政审判工作会议精神，严格执行行政诉讼法，认真执行最高人民法院下发的《关于贯彻执行＜中华人民共和国行政诉讼法＞若干问题的意见（试行）》，注意总结经验，不断提高办案质量，使行政争议案件得到正确的处理，以保护原告的合法权益，维护和监督行政机关依法行使行政职权。

（五）对去年的执行工作进行总结，认真吸取经验教训，研究出一个解决“执行难”的办法。要进一步提高法院干警特别是领导干部对执行工作重要性的认识，切实重视执行工作，建立、完备规章制度，充实执行力量，努力把执行工作做好。要结合办案，广泛进行法制宣传，使干部、群众都明白执行法院的生效裁判是义务人应尽的义务，自觉地支持执行工作。我们决心积极努力，把工作做好，使“执行难”的问题在今年内得到基本的解决。

（六）继续坚决贯彻执行社会治安综合治理的方针，在做好各项审判工作的同时，结合审判活动，认真做好法制宣传、司法建议、“少年法庭”以及对罪犯的考察、教育等工作，充分发挥审判工作在社会治安综合治理中的积极作用。

（七）要继续加紧对干警特别是审判人员进行马克思主义理论教育，党的基本路线教育，革命传统和艰苦奋斗的教育，为人民服务和秉公执法的教育。组织干警进一步深入学习邓小平同志关于建设有中国特色的社会主义的论述，学习党的方针政策，不断提高干警的政治素质，提高干警执行党的路线和方针政策的自觉性，全心全意地为人民服务，为经济建设服务。针对存在的问题，继续进行廉政建设和勤政建设。进一步改进审判作风，严格依法办事，秉公执法。办好法律业余大学北京分校，办好培训班，调查研究新问题，总结新经验，不断提高干部的业务素质。与此同时，要大力做好思想政治工作，充分调动干部的积极性，发挥干部的开拓、创造和艰苦奋斗精神，以保证各项任务的完成。

北京市人民检察院工作报告（摘要）

——1992年4月21日在北京市第九届人民代表大会第五次会议上

北京市人民检察院检察长　何访拔

各位代表：

现在，我就本市检察院1991年工作的主要情况和1992年工作意见报告如下：

一、1991年检察工作情况

（一）贪污贿赂检察工作

反贪污贿赂犯罪的斗争，是检察机关的第一个工作重点。一年来，在深入上下功夫，狠抓办案，斗争有了新的进展。全市检察机关共受理贪污、贿赂等经济违法犯罪案件1473件。经过审查，立案侦查贪污、贿赂案件985件1096人，其中大案268件、要案65人；立案侦查偷税抗税、假冒商标、挪用公款等案件174件208人。立案侦查的各类经济罪案共逮捕人犯568名。决定向法院提起公诉608件706人，决定免予起诉281件314人。

这一年，反贪污贿赂斗争又深入了一步的主要表现是：挖出一批隐藏较深的犯罪分子，特别是查办大案要案有新的进展，大案数比上年增长4.7%，要案数比上年增长55%；群众进一步动员起来了，举报数量比上年增长4%，立案侦查的案件有528件来自举报，占立案总数的53.6%；各有关单位进一步重视了，使检察机关惩治贪污贿赂犯罪的工作越来越得到了有力的支持。

这一年，反贪污贿赂斗争取得了较好的政治效果和社会效果。各级检察院与人民法院配合，分别相继多次召开群众大会，宣布惩处一批贪污、贿赂犯罪分子。市检察分院与市中级法院配合，先后两次召开大会，惩处原首都钢铁公司所属北京钢铁公司党委书记管志诚（主要罪行是受贿141.8万元，贪污8.2万元，已执行死刑）、原北京市城区第五建筑工程股份有限公司经理李文华（主要罪行是单独和结伙贪污63万余元，个人得赃款43万余元，已判处死刑）等一批严重贪污、贿赂犯罪分子，充分显示了党和国家惩治腐败的决心，在境内外引起了普遍反响，广大人民群众是满意的。市检察院以《法网》为名摄制了管志诚特大受贿案侦查纪实的录相，经市廉政建设领导小组推荐，很多区、县、局、总公司及其下属单位，以及在京的中央党政军机关播放了这个录相，一致反映它是反腐倡廉的好教材。

各级检察机关，坚持把为经济建设服务作为惩治贪污贿赂犯罪工作的根本出发点和最终目标，收到了较好的经济效果。一年来，共办理各企业内部发生的犯罪案件757件，其中涉及大中型企业98家，并且积极稳妥地查办了乡镇企业中的贪污贿赂犯罪案件。在斗争中，坚持贯彻了“一要坚决、二要慎重、务必搞准”的方针，严格区分罪与非罪的界限。同时注意了办案工作要服从并服务于经济建设。特别是克服各种困难、阻力，为国家和集体挽回经济损失2667万元。还积极提出《检察建议》，推动企业完善规章制度，健全防范机制；运用典型案例，开展法制教育。这些做法，深受有关企业职工的称赞，保障和促进了经济建设和改革工作的顺利发展。

在惩治贪污贿赂犯罪工作上，检察机关虽然下了很大功夫，克服许多困难，做了大量工作，但是，工作上还存在许多不足、缺点和问题。主要是工作发展不平衡；侦查工作水平落后于斗争实际的需要，有一些案件调查、取证、定性难度很大，迟迟结不了案，办案周期过长，影响及时有力地打击犯罪；积压的犯罪线索也较多；人力上、技术设施上、经费上都有很大困难，制约了工作的开展。

一年来反贪污贿赂斗争取得了一定成果，但不能估计过高。当前贪污贿赂犯罪活动仍然是严重的。主要表现是：案件数量基本上还处于居高不下的状态，1990年案件数量是历史上最多的一年，而1991年比1990年仅下降1.7%，而且，在1989年“两高”《通告》后顶风继续作案和开始作案的人约占立案侦查人犯总数的60%，其中43%是《通告》后新滋生的犯罪分子。巨额犯罪案件增多，1991年立案查处的5万元以上的特大案件52件，其中50万元至100万元的6件，百万元以上的7件，两项合计比上年增长18%，而且出现了从未有过的四百万以上的特别巨大的案件3件。犯罪分子中处级以上干部显著增多，1991年查处处级干部59人，局级以上干部6人，比上年增加55%。具有行业特点的群体性犯罪情况严重，如市绝缘材料厂，从副厂长魏泽民到库工有30人，乘本厂产品走俏而在销售时收受贿赂，其中14人已构成犯罪。犯罪分子的贪婪性及其给国家财产造成的损失越来越大，如中国银行总行营业部二处业务经办员罗玉海挪用公款112万美元，其中60万美元已无法归还（此案已侦查终结移送起诉）。这些情况反映了反贪污贿赂斗争的长期性和艰巨性，各级检察机关决心把这个斗争深入持久地坚持下去。

（二）刑事检察工作

严厉打击严重刑事犯罪活动，是检察机关的又一个工作重点。全市检察机关同公安、法院、司法行政部门密切配合，继续开展了“严打”斗争。1991年，共批准公安机关逮捕人犯8854名，比上年增加5.4%，其中重大、特大案犯2589人，占批捕人犯总数的29.2%；向人民法院提起公诉9870人，其中重大、特大案犯2404名，占起诉案犯总数的24.35%；免予起诉700人。在审查批捕、审查起诉工作中，坚持贯彻执行了依法从重从快严厉打击严重刑事犯罪分子的方针，保证了“严打”斗争的顺利进行。

1991年“严打”斗争的一个特点是，在市委的统一领导下，针对社会治安存在的突出问题，有计划地开展了专项斗争。从年初开始，开展了以打击抢劫、打击盗窃机动车辆为重点的专项斗争。9月份，根据中央社会治安综合治理委员会的统一部署，开展了反盗窃斗争第一战役，检察机关同公安局、人民法院在全市联合发布通告，开展了政治攻势。在9至12月期间，批准逮捕盗窃犯1761名，占同期批捕人犯总数的53.9%，其中有重、特大案犯440人，盗窃团伙106人；决定起诉盗窃犯2080人，占同期起诉人犯总数的52%。同时，配合人民法院召开群众大会34次，宣布审判结果，判处犯罪分子159名。各级检察机关对《通告》发布后，有自首、坦白、立功情节的人犯，召开49次政策兑现大会，依法宣布免予起诉151人，促进了犯罪分子的分化瓦解。铁路运输检察院与铁路公安、法院密切配合，重点打击了“车匪路霸”以及严重危害铁路生产运输安全的犯罪团伙和重大盗窃活动。

各级检察机关还认真贯彻了全国人大常委会《关于禁毒的决定》、《关于惩治走私、制作、贩卖、传播淫秽物品的犯罪分子的决定》、《关于严禁卖淫嫖娼的决定》和《关于严惩拐卖、绑架妇女、儿童的犯罪分子的决定》。一年中，就上述《决定》所列的犯罪分子，共批准逮捕66名，决定起诉71名，打击了犯罪分子的嚣张气焰。

在打击刑事犯罪的斗争中，各级检察机关以防错、防漏为重点，认真履行了侦查监督和审判监督的职责。一年中，对公安机关提请批准逮捕和移送审查起诉的案件，经过认真审查，对279名不符合逮捕条件的人作出了不批准逮捕的决定，对339名不构成犯罪的人由公安机关撤了案，追捕人犯44名，追诉犯罪分子129名，对47人作了不起诉的决定。对人民法院确有错误的判决、裁定提出抗诉9件，人民法院已改判5件；出席二审法庭履行审判监督职责的案件有117件，其中改判4人，对公安机关侦查活动和法院审判活动中的违法情况提出纠正意见245件次。所有这些，对“严打”严格在法律规定的范围内进行，起到了保证作用。

在打击刑事犯罪的斗争中，各级检察机关对重大、特大案件提前介入了公安机关的侦查、预审活动，及时对公安机关侦查、预审、取证工作提出意见，既缩短办案周期，又提高办案质量，保证了依法从重从快惩处严重刑事犯罪分子。

各级检察机关结合办案积极参加了社会治安的综合治理工作。帮助发案单位分析原因，完善规章制度，堵塞漏洞；综合分析犯罪原因、特点、规律，提出对策，预防和减少犯罪；设立未成年人案件办案组，全年办理未成年人犯罪案件1990件，针对未成年人特点，加强教育、感化和挽救工作；坚持对被免诉人员的回访考察和教育工作；开展多种形式的法制宣传。检察机关参加社会治安综合治理已初步走上规范化、制度化的道路。

（三）法纪检察工作

法纪检察是检察机关实施法律监督的一个重要方面。1991年，各级检察机关加强了这方面的工作。主要是教育检察人员加深认识，认清法纪检察对于维护法制，惩治腐败，促进廉政建设，具有重要意义，要增强它在整个检察工作中的分量；开展法制宣传，加强同有关部门的联系，大力宣传《人民检察院直接受理的侵犯公民民主权利、人身权利和渎职案件立案标准的规定》，发动群众，揭发犯罪；认真总结经验，努力提高侦查工作水平，严格区分罪与非罪界限；结合办案积极为经济建设服务。全年共立案侦查法纪案件140件182人，其中重、特大案件17件，立案数高于上年。在工作中，着重查处了以下四类案件：

司法工作人员渎职犯罪案件，共立案侦查8件。

非法拘禁案件，共立案侦查32件，其中有以强行绑架扣押人质逼索债务和要求赔偿经济损失的“人质型”非法拘禁案件18件。检察机关在查处这类案件时，注意首先采取果断措施，积极解救被非法拘禁的“人质”。在查处非法拘禁犯罪分子的同时，对有经济、民事纠纷的，又尽力促使双方当事人协商解决，以缓解矛盾，安定人心。

玩忽职守案件，共立案侦查36件，其中有造成损失10万元以上的和县处级以上干部的案件18件。

重大责任事故案件，共立案侦查48件。

（四）监所检察、控告申诉检察和民事、行政诉讼检察工作

在监所检察中，做了两个方面的工作：一个方面是对被监管改造人员认罪服法、接受改造的情况进行检察。主要是依法从重从快打击了被监管改造人员重新犯罪活动，共批准逮捕重新犯罪分子12人，起诉重新犯罪案件82件178人；贯彻了市公、检、法和市劳动教养委员会联合发布的“11.5《通告》”，在监所开展坦白检举活动，配合公安、劳改机关在监所召开动员大会47次，政策兑现大会36次，通过贯彻《通告》，查获犯罪分子589名；定期会同监所管教人员分析被监管改造人员的思想状况，有针对性地进行认罪服法教育；会同有关部门加强了对管制、缓刑、假释罪犯的监督考察工作，协助有关部门完善监管制度，建立帮教组织，促进监外执行罪犯改造，减少社会隐患。另一个方面是对监管改造场所安全和执行政策法律的情况进行检察。监所检察人员坚持住所执勤，经常进行安全检查，针对出现的问题提出建议，健全管理制度，落实安全防范措施，对防止各类事故的发生起了积极作用。

全市检察机关，在1991年共受理各类申诉案件900件，处理各类信访6914件。各级检察院在处理申诉案件中，坚持实事求是，严格依法办理，既坚决维护原来的正确的处理决定，又坚决纠正错案，维护了法律的尊严和公民的合法权益。

全市有14个区、县检察院建立了民事行政检察机构，开始受理不服法院判决的民事、行政诉讼案件。这项工作，刚刚起步，需要经过试点，逐步开展。

（五）检察队伍建设工作

在1991年，各级检察机关坚持从严治检的方针，加强了队伍建设。

一是组织全体检察干警学习马克思主义基本理论，深入进行党的基本路线教育，使干警坚定了建设有中国特色社会主义的信念，增强了阶级斗争意识和反和平演变的意识。

二是坚持廉政勤政教育，严明纪律。几年来，各级检察机关每年都进行一次执法执纪大检查，进行遵纪守法教育。去年8月，市检察院专门召开检察系统政治工作会议，研究部署加强思想政治工作，加强纪律和监察工作，研究制定了一些旨在保证廉洁办案，遵纪守法、廉洁奉公的规定和守则。年底，在全市检察系统进行了一次思想和纪律整顿，共立案调查检察干警违法违纪案件15件。

三是加强业务培训，提高业务素质。市检察院制定了“八五”检察干部培训规划；组织干警参加了夜大、函大学习和自学高考，改善了队伍文化结构；开办了各类短期业务培训班，实行了新调入人员上岗前培训的制度；组织了评选“优秀侦查员”和“侦查能手”、“优秀公诉人”等活动，鼓励检察人员钻研业务。

二、1992年检察工作意见

1992年，国家将加快深化改革、扩大开放的步伐，加速经济建设。全市各级检察机关的主要任务，就是在党的领导下，在人大及其常委会的监督和政府的支持下，坚定不移地坚持党的“一个中心、两个基本点”的基本路线，认真贯彻去年党的中央工作会议、十三届八中全会和最近中央政治局全体会议精神，牢固树立为加快改革开放、为社会主义建设服务的思想，紧紧围绕社会主义经济建设这个中心，以国营大中型企业、农业和农村工作为服务的重点对象，坚决遵循两手抓、两手都要硬的方针，继续深入开展打击贪污贿赂犯罪和其他经济犯罪的斗争，继续坚持严厉打击严重刑事犯罪和危害国家安全的犯罪活动，继续加强法纪检察工作，全面开展各项检察业务，抓好检察队伍建设，为了首都的更加稳定，加快改革开放，加快经济建设而开拓前进。

要进一步深入开展反贪污贿赂斗争。继续坚决贯彻依法从重从严的方针，严厉打击贪污贿赂犯罪活动，要认真总结几年来斗争的经验，提高发现犯罪的能力，提高侦查工作水平，正确执行政策法律，保证办案质量。要深入分析研究贪污贿赂犯罪的新动向、新特点、新规律，不断提高斗争水平，正确处理打击和服务的关系，该打击的绝不手软，该保护的坚决保护。要进一步抓好举报犯罪工作，实行保护和奖励举报有功人员的制度。同时还要着重打击假冒名优产品商标的犯罪活动，依法查处偷税抗税犯罪案件。通过办案发现经济体制、运行机制、管理制度等方面的漏洞和问题，积极向有关部门和单位提出改进和完善的建议，以预防和减少贪污贿赂、犯罪，更好地为改革开放、经济建设服务。

继续坚持严厉打击严重刑事犯罪活动。充分发挥刑事检察职能，继续依法从重从快严厉打击危害国家安全和破坏社会治安的严重刑事犯罪活动，进一步提高“严打”质量，进一步落实社会治安综合治理措施，加强侦查监督和审判监督工作，进一步为首都的改革开放、经济建设创造一个良好的法制环境和社会环境。

继续加强法纪检察工作。目前，全市非法拘禁案特别是“人质型”非法拘禁案和使国家财产受到巨大损失的玩忽职守案呈上升趋势，应引起高度重视。检察机关将采取有效措施，以遏制住这种势头。同时要继续以查处刑讯逼供、徇私舞弊、重大责任事故等案件为重点，开展法纪检察工作，以保证公民的人身权利和民主权利，促进廉政建设，维护社会安定和保护国家利益。

抓好监所检察、控告申诉检察以及民事行政诉讼检察工作。监所检察工作要认真贯彻教育、挽救的方针，促进文明改造，全面开展对监所执法情况的检察和监督，加强对监外执行罪犯的检察，维护社会安定。认真开展控告申诉检察工作，维护公民合法权益。民事行政诉讼检察工作，要抓紧试点，取得经验，逐步开展。

进一步搞好检察队伍建设。针对检察队伍存在的问题，大力开展以坚定建设有中国特色的社会主义信念和以廉政勤政为主要内容的思想政治工作，同时加强业务培训，提高干警的业务水平，更好地履行各项检察职责。

市检察院要在市委和最高人民检察院的领导下，在市人大及其常委会的监督和市人民政府的支持下，加强对各级检察院的领导，团结全体检察人员为完成各项检察任务而努力奋斗。

北京市第九届人民代表大会第五次会议议案审查委员会关于代表议案的审查报告

（1992年4月23日北京市第九届人民代表大会第五次会议主席团第四次会议通过）

议案审查委员会主任委员　邢　军

主席团：

本次会议共收到议案225件，其中代表团提出的议案26件，10名以上代表联名提出的议案199件。就其内容分，属于财政经济方面的60件；属于城市建设方面的66件；属于教育、科技、文化、卫生、体育方面的65件；属于政法方面的34件。本次会议提出的议案有三个显著特点，一是要求加快改革开放的步伐，抓住当前有利时机，集中精力把首都经济建设搞上去；二是要求加快地方立法速度,加强法律、法规实施情况的检查,依法治市;三是反映了广大群众普遍关心的热点问题和部分办理起来难度较大的问题。

这些议案对充分发挥首都综合优势,加速发展农村经济,搞好企业特别是大中型企业;对加快城市和乡村建设,提高人民生活水平;对把科技和教育放在突出的地位,推进社会主义精神文明建设、社会主义民主和法制建设,维护政治稳定和社会安定,提出了许多重要的意见和建议。同时,对解决群众生活中的迫切问题方面也提出了很多重要的意见和建议。这些议案也反映了各位代表参政议政的高度热情和殷切希望。过去,市人民政府有关部门、市高级人民法院、市人民检察院为办理议案和建议、批评、意见做了大量工作,办理本次会议的议案,仍需要有关部门的艰苦努力。

议案审查委员会对上述议案进行了认真审议,建议将12件交市人民政府办理,由市人大常委会审议;213件属于对各方面工作提出的具体意见,作为建议、批评和意见,其中6件交市人大常委会有关部门、206件交市人民政府办公厅、1件交市高级人民法院研究办理,并答复提议案代表。

现将处理意见分别报告如下:

一、交市人民政府办理,由市人大常委会审议的12件。

1. 周淑坤等12位代表提出的“关于科技兴农”的议案(第23号);

2. 王继芬等11位代表提出的“认真检查我市全面贯彻幼教法规情况,急速解决我市幼儿教育存在的问题及困难”的议案(第24号);

3. 杨丽坤等14位代表提出的“建议认真贯彻企业法,加快实现政企职能转变”的议案(第34号);

4. 房山代表团提出的“坚决打击制造和经销假冒伪劣商品保护消费者合法权益”的议案(第57号);

5. 彭庆遐等14位代表提出的“国营商店应恢复信誉”的议案(第71号);

6. 李学方等12位代表提出的“建议市政府制定‘市场商品质量监督管理办法’或市人大常委会制定相应的地方法规”的议案(第82号);

7. 周雪玉等11位代表提出的“对伪劣商品要一追到底”的议案(第98号);

8. 孙鸿烈等15位代表提出的“建议市人大常委会听取并审议北京市‘火炬计划’执行情况的汇报”的议案(第150号);

9. 姚兆辉等15位代表提出的“制订北京市关于加强对伪劣假冒商品的管理与惩治办法的地方法规”的议案(第156号);

10. 翁肇祺等26位代表提出的“关于在全市范围内检查《北京市计划生育条例》实施情况”的议案(第167号);

11. 邓诗魔等10位代表提出的“加强市场管理,不允许假冒伪劣商品充斥市场”的议案(第181号);

12. 秘荣芹等14位代表提出的“把伪劣产品赶出北京市场”的议案(第183号);

以上第57号、第71号、第82号、第98号、第156号、第181号、第183号七件议案内容相同并为一项,加上第23号、第24号、第34号、第150号、第167号议案,共六项。

二、作为建议、批评和意见交市人大常委会有关部门、市人民政府办公厅、市高级人民法院研究办理并答复代表的213件(见议案目录)。

以上审查意见建议主席团予以批准。

此外,本次会议截止4月23日共收到代表提出的建议、批评和意见1073件,已进行整理,由市人大常委会办事机构分别交由市人民政府办公厅、市高级人民法院、市人民检察院和有关部门研究办理并负责答复代表。

北京市第九届人民代表大会第五次会议关于北京市人民政府工作报告的决议

(1992年4月24日北京市第九届人民代表大会第五次会议通过)

北京市第九届人民代表大会第五次会议审议了陈希同市长代表市政府所作的《政府工作报告》。会议认为，经过全市各级政府和各族人民的共同努力，首都社会主义现代化建设取得了显著成绩。报告对1991年工作的总结是符合实际的，提出的今后任务和完成这些任务的政策措施，是切实可行的。会议决定批准这个报告。

会议指出，最近召开的中共中央政治局全体会议的精神和邓小平同志关于坚持党的“一个中心、两个基本点”的基本路线一百年不动摇，抓住当前有利时机加快改革开放的步伐，集中精力把经济建设搞上去，要警惕右，但主要是防止“左”等一系列重要谈话，不仅对当前的改革和建设具有重要的指导作用，而且对整个社会主义现代化建设事业，具有重大而深远的意义。我们必须进一步深入学习，全面深刻地领会精神实质，联系对七届全国人大五次会议各项决议的贯彻，结合北京市的实际，认真落实。

会议要求，1992年的工作要继续坚定不移地全面地贯彻中国共产党的“以经济建设为中心，坚持四项基本原则，坚持改革开放”的基本路线，突出经济建设这个中心，进一步解放思想，抓住有利时机，加快改革开放的步伐。只要有利于发展社会主义社会的生产力，有利于增强社会主义国家的综合国力，有利于提高人民的生活水平，我们就要大胆地试，大胆地闯，并不断总结经验。要充分发挥首都政治、经济、科技、文化、人才、信息等综合优势，积极开展海内外经济、贸易、科技合作和文化交流，吸收和借鉴人类社会创造的一切文明成果，吸收和借鉴当今世界各国的先进经营方式和管理方法，逐步建立起充满生机和活力的社会主义经济体制。农村经济要努力转到高技术、高质量、高效益的方向上来；把搞好企业特别是国营大中型企业，作为全市经济工作的重点，使效益有一个明显好转；大力发展为生产和生活服务的第三产业，进一步搞活流通；加强城乡规划、建设和管理，进一步提高现代化水平；继续把科技和教育放在突出的战略地位，促进国民经济和各项社会事业的发展。坚持两手抓，一手抓改革开放，一手抓打击各种犯罪活动；一手抓社会主义物质文明建设，一手抓社会主义精神文明建设，两手都要硬。加强民主法制建设，坚持依法治市，搞好社会治安的综合治理，巩固和发展安定团结的政治局面。

会议强调，今年的任务十分繁重，能否落实，关键在于领导，在于真抓实干。市政府应本着政企职责分开的原则，切实转变职能，简政放权，改进作风，克服形式主义和官僚主义，提高工作效率。要进一步加强廉政勤政建设，更加密切政府同人民群众的联系。

会议号召，全市各族人民在以江泽民同志为核心的中共中央和国务院以及中共北京市委的领导下，振奋精神，团结一致，艰苦奋斗，开拓进取，沿着邓小平同志倡导的建设有中国特色的社会主义道路继续前进，以优异的成绩迎接中国共产党第十四次全国代表大会和中共北京市第七次代表大会的召开。

北京市第九届人民代表大会第五次会议关于北京市1991年国民经济、社会发展计划执行情况和1992年国民经济、社会发展计划的决议

（1992年4月24日北京市第九届人民代表大会第五次会议通过）

北京市第九届人民代表大会第五次会议经过审议，并根据本次会议国民经济、社会发展计划和财政预决算审查委员会的审查报告，决定批准北京市人民政府提出的北京市1992年国民经济、社会发展计划，批准北京市副市长兼市计划委员会主任王宝森《关于北京市1991年国民经济、社会发展计划执行情况和1992年计划草案的报告》。

北京市第九届人民代表大会第五次会议关于北京市1991年财政决算和1992年财政预算的决议

(1992年4月24日北京市第九届人民代表大会第五次会议通过)

北京市第九届人民代表大会第五次会议经过审议,并根据本次会议国民经济、社会发展计划和财政预决算审查委员会的审查报告,决定批准北京市人民政府提出的北京市1991年财政决算和1992年财政预算,批准北京市财政局局长孙同越《关于北京市1991年财政决算和1992年财政预算草案的报告》。

北京市第九届人民代表大会第五次会议关于北京市人民代表大会常务委员会工作报告的决议

(1992年4月24日北京市第九届人民代表大会第五次会议通过)

北京市第九届人民代表大会第五次会议审议了马耀骥副主任所作的北京市人民代表大会常务委员会工作报告,认为一年来常务委员会做了大量富有成效的工作,取得了新的进展,决定批准这个报告。

会议要求,常务委员会要继续坚持中国共产党的以经济建设为中心,坚持四项基本原则,坚持改革开放的基本路线,突出经济建设这个中心,大力促进改革开放,加强社会主义精神文明建设和民主法制建设,推进依法治市。要根据社会主义现代化建设和改革开放的需要,加快地方立法步伐;认真开展法律实施的监督和工作监督,坚决纠正有法不依、执法不严、违法不究的行为。要充分发扬民主,严格依法办事,做好人大换届工作。要认真贯彻执行《中华人民共和国全国人民代表大会和地方各级人民代表大会代表法》,制定实施办法,保证代表依法行使职权。要进一步解放思想,实事求是,开拓进取,更好地发挥地方国家权力机关的作用,为首都的改革开放和建设大业作出新的贡献。

北京市第九届人民代表大会第五次会议关于市高级人民法院工作报告和市人民检察院工作报告的决议

(1992年4月24日北京市第九届人民代表大会第五次会议通过)

北京市第九届人民代表大会第五次会议批准刘云峰院长所作的北京市高级人民法院工作报告和何访拔检察长所作的北京市人民检察院工作报告。

会议认为,一年来,本市各级人民法院和人民检察院全面开展各项审判工作和检察工作，取得了显著成绩。

会议要求，1992年本市各级人民法院和人民检察院要认真贯彻中国共产党的基本路线，牢固树立为社会主义经济建设服务的指导思想，切实履行审判机关和检察机关的职责，坚持依法从重从快惩处严重危害社会治安的刑事犯罪分子，依法从严惩处贪污贿赂和其他严重经济犯罪分子；进一步加强民事、经济、行政等各项审判工作和法纪、监所等各项检察工作；要结合审判工作和检察工作认真落实社会治安综合治理的各项措施。进一步加强审判和检察队伍的建设，提高干警的政治和业务素质，秉公执法，提高办案的质量。为促进首都社会主义经济建设和改革开放，维护首都的社会稳定，做出新的贡献。

北京市第九届人民代表大会第五次会议主席团、秘书长名单

（1992年4月16日北京市第九届人民代表大会第五次会议预备会议通过）

主席团（71人　按姓名笔划排列）

丁　榕（女）　于卫国　马国连　马瑞卿
马耀骥　王万发　王立行　王　光　王兆熊
王炜钰（女）　王绍俊　王　宪
仉振亮（回族）　史定潮（女）　白介夫
邢　军　戎　易　朱京宝（女）　刘志英
刘尚青　齐家蕙（女）　安士伟（回族）
许　文　纪辉玉（女）　严镜清
李巧云（女）　李进民　李其炎　李树忠
李乾构　李锡铭　汪家镠（女）　沈仁道
张万鹏　张　本（女）　张书明　张立文
张　芳　张俊山　张　镈　陆　昊　陈广文
陈木森　陈明绍　陈宝森　陈福汉　林　挺
金铁宽（满族）　郑云山　郑凤仪　孟志元
赵维华　赵鹏飞（满族）　胡大鹏
俞昌珈（女）　姚　望　贾长威　夏钦林
徐光炜　高贺荣　浦洁修（女）　陶大镛
盛绳武　阎同茂　彭兴远　覃异之　靳　晋
蒲怀瑛　黎　光　潘志明　魏庭棣（女）

秘书长

黎　光

北京市第九届人民代表大会第五次会议主席团常务主席名单

（1992年4月16日主席团第一次会议推定）

（15人）

李锡铭　赵鹏飞（满族）　李其炎
汪家镠（女）　王　光　李进民　马耀骥
黎　光　夏钦林　邢　军　覃异之　陶大镛
浦洁修（女）　陈明绍　戎　易

北京市第九届人民代表大会第五次会议副秘书长名单

（1992 年 4 月 16 日主席团第一次会议决定）

赵有光　郑怀义　贾九朝　龙新民　王昭钺　周福伦　杨登彦　段柄仁　王　文

第　三　编

北京市人民代表大会常务委员会文献资料

根据《中华人民共和国地方各级人民代表大会和地方各级人民政府组织法》的规定，北京市第七届人民代表大会第三次会议于1979年12月13日选举产生了北京市人民代表大会常设机关—北京市人民代表大会常务委员会。

北京市人民代表大会常务委员会对北京市人民代表大会负责并报告工作。

北京市人民代表大会常务委员会由市人民代表大会在代表中选举主任、副主任若干人、秘书长、委员若干人组成。每届任期五年。

北京市人民代表大会常务委员会自成立至1993年1月历时三届，即七、八、九届人大常委会。其中市七届人大常委会于1979年12月13日在市七届人大三次会议上选举产生；市八届人大常委会于1983年3月24日在市八届人大一次会议上选举产生；市九届人大常委会于1988年1月30日在市九届人大一次会议上选举产生。

北京市人大常委会为了履行好自己的职权，根据《中华人民共和国地方各级人民代表大会和地方各级人民政府组织法》的有关规定，设立若干工作机构。

1979年12月市七届人大常委会第一次会议决定市人大常委会设立办公厅和政法、财经、城建、农村、文教五个工作室。办公厅下设秘书处、综合处、人事联络处、信访处、行政处。1982年3月成立研究室，办公厅综合处同时撤销。

1983年3月根据市八届人大常委会第一次会议通过的“关于设立各委员会的暂行规定”，在原来五个工作室的基础上设立政法委员会、财经委员会、教科文委员会、城建委员会、农村委员会，各委下设办公室；办公厅、研究室维持原建制。1984年12月成立法制工作室。1985年1月办公厅人事联络处分为人事处、联络处。1986年5月办公厅秘书处分为办公室、秘书处。1987年6月成立老干部活动站（内称老干部处）。

1988年3月根据市九届人大常委会第一次会议通过的“关于工作机构设置的决定”，九届人大常委会工作机构设立“六委、四室、一厅”，即政法委员会、财经委员会、教育科技委员会、文化卫生体育委员会、城建委员会、农村委员会、研究室、法制室、代表联络室、人事室和办公厅。各委室下设办公室。办公厅设：办公室、秘书处、信访处、老干部处、行政处。1990年2月成立北京市民主法制干部培训基地。1991年3月增设民族侨务委员会。1992年12月政法委员会设选举办公室。

北京市人民代表大会常务委员会
会议纪要

北京市人大常委会会议纪要，根据《北京市人民代表大会常务委员会公报》整理而成，记录了每次会议的时间、出席人员、会议主要内容和决定事项。其中第七届人大常委会第1—9次会议，当时没有写出《纪要》，是此次汇编时补写的，故称“会议简况”，以示区别。

北京市第七届人大常委会第一次会议简况

市七届人大常委会第一次会议于一九七九年十二月二十四日下午举行。贾庭三主任主持了会议。市人大常委会副主任赵鹏飞、陈克寒、范瑾、马耀骥、王斐然、杨春茂、侯镜如、闻家驷、浦洁修、蔡旭、安朝俊、叶恭绍和市人大常委会委员出席了会议；副市长叶林、白介夫、陆禹列席了会议。列席会议的还有市高级人民法院、市人民检察院的负责人。

一、会议讨论并原则通过了《关于北京市人民代表大会常务委员会工作的意见》。

市人大常委会的工作意见中指出，根据全国五届人大二次会议《关于修正〈中华人民共和国宪法〉若干规定的决议》和《中华人民共和国地方各级人民代表大会和地方各级人民政府组织法》，市人民代表大会是本市的国家权力机关，市人大常委会是市人民代表大会的常设机关，对市人民代表大会负责并报告工作。市人民政府是本市的行政机关，对市人民代表大会和它的常务委员会负责并报告工作。

市人大常委会的工作意见中，根据《中华人民共和国地方各级人民代表大会和地方各级人民政府组织法》规定，明确了市人大常委会的任务和职权之后，强调指出：市人大常委会按照民主集中制的原则进行工作，每两个月至少举行一次全体会议，集体讨论决定本市的重大问题。我们要继承和发扬毛主席、周总理一贯倡导的民主协商的优良传统。常委会委员可以向人大常委会提出议案。委员会讨论问题一定要充分酝酿，反复协商，畅所欲言，集思广益。委员会决定问题要采取慎重态度，要进行会内会外的协商和调查研究，力求符合客观实际情况。委员中的共产党员、民主党派的党员和无党派人士要建立起同志式的合作共事关系，大家共同努力，把人大常委会的工作搞好。

二、会议通过马耀骥(兼)任市人大常委会秘书长，徐汉涛（兼）任市人大常委会副秘书长、办公厅主任，储传亨、齐一飞、殷汝棠、吴惟诚任市人大常委会副秘书长；通过北京市人民政府秘书长任命名单，将报请国务院批准；通过市人民检察院副检察长任命名单，将报最高人民检察院检察长提请全国人大常委会批准；通过薛光华、李放、吴文藻、李鸿秀任市高级人民法院副院长，白烈飞、章文扬、邢建任市中级人民法院副院长。

北京市第七届人大常委会第二次会议简况

市七届人大常委会第二次会议于一九八〇年二月二十七日至二十九日举行。会议由贾庭三主任主持。出席会议的有主任、副主任、委员四十人。

会议主要内容和决定事项：

1、听取市人民政府《关于北京市一九八〇年国民经济计划草案的报告》和《关于北京市一九七九年财政收支情况和一九八〇年财政预算草案的报告》。

2、通过了于今年三月底、四月初召开北京市第七届人民代表大会第四次会议的决定。

3、听取市人民政府副市长王笑一所作的关于北京市与美国纽约市建立友好城市经过的报告。

4、通过了市人大常委会一九八〇年工作要点。

5、通过了任命名单。

北京市第七届人大常委会第三次会议简况

市七届人大常委会第三次会议于一九八〇年四月一日上午举行。市人大常委会主任贾庭三同志主持了会议。市人大常委会副主任赵鹏飞、王宪、潘焱、马耀骥、王斐然、杨春茂、侯镜如、闻家驷、浦洁修、安朝俊、叶恭绍出席了会议，副市长刘坚夫、陆禹，市人民检察院检察长魏彬，市高级人民法院院长张旭，市人民检察院分院检察长王振中，市中级人民法院院长刘云峰列席了会议。

一、会议听取了马耀骥副主任关于北京市第七届人民代表大会第四次会议筹备情况的汇报。

二、会议讨论通过了北京市一九八〇年国民经济计划、一九七九年财政决算和一九八〇年财政预算。

三、会议讨论通过了关于延长办理刑事案件期限的决定。

四、会议听取了刘坚夫副市长关于当前社会治安情况的报告。

五、会议还通过了人事任命事项。

北京市第七届人大常委会第四次会议简况

市七届人大常委会第四次会议于一九八〇年五月九日至十一日举行。会议由贾庭三主任主持。出席会议的有主任、副主任、委员三十七人。

会上，贾庭三主任传达了中央书记处关于首都建设方针的四条建议。委员们进行了热烈的讨论。

委员们指出，首都代表着我们伟大社会主义祖国和整个中华民族的面貌，是全国的政治中心，神经中枢，是维系党心、民心的中心。建设一个美好的首都，不仅是首都人民和全国人民的心愿，也是我们的国际朋友所关心的。中央书记处对首都建设方针的指示，抓住了首都的根本特点，总结了北京城市建设的经验和教训，借鉴了国外的先进经验，高瞻远瞩，为首都四化建设指明了方向。认真贯彻执行中央书记处的指示，是首都建设的一个重大转折点，必将开创一个崭新的局面。这对我国的四化建设有重要的意义，在国际上也将产生影响。

委员们认为，要坚决地、认真地贯彻中央书记处的建议，现在必须切实地抓好以下几项工作：

一、要大力统一思想，统一认识。当前，要用一定的时间认真组织广大干部和群众学习、讨论中央书记处的指示，使之家喻户晓，老少皆知。从市级领导机关到基层，从干部到群众，都要切切实实地、毫不含糊地念这本“经”，不能“锣响鼓不响”，各行其是。要使每一个干部和群众都从思想上认识到，贯彻执行中央书记处的指示，就是在具体地执行党的政治路线。中央书记处关于首都建设的四条方针是一个完整的整体，是互相联系的，不可分割的。因此，在学习、讨论和制定规划的过程中，必须全面理解和贯彻执行。

二、要采取领导干部、专家和群众相结合的方法制订好规划。制订规划的过程，也是广泛发动群众的过程。因此，不能只依靠少数人关起门来搞，要注意倾听专家的意见，吸取群众的智慧，发动人民代表、民主党派、群众团体和各条战线的有识之士献计献策。市人大常委会要加强同代表和委员的联系，并监督有关部门执行规划。

三、首都重工业一定要按中央书记处的指示基本上不再发展，决不能摇摆不定，更不能有抵触情绪。对首都现有的工业，要进行改组和调整。工业的调整必须有计划、有步骤地进行，要在调整中发展适合北京特点的经济，避免不必要的损失。

四、工作方针的转变，要求领导方法和领导作风也要有一个相应的转变。要发扬雷厉风行、说干就干的优良作风。规划定了以后，就是狠抓落实，不能光停留在口头上、会议上和文件上。实现规划，不可避免地会遇到许多新的问题、新的矛盾。但是，只要我们解放思想，实事求是，深入进行调查研究，脚踏实地工作，就不难解决前进路上的问题。主观主义、一般化、一刀切的领导方法显然是行不通的；拖拖拉拉、不推不动、得过且过的领导作风，更是要不得的，必须坚决改正。

五、要发扬艰苦奋斗的创业精神，坚持勤俭办一切事业的原则。对于那些不花或少花钱就可以办到的事，要采取果断措施，立即动手快办，决不能等待。对于那些必须花钱才能办的事，也要精打细算，力争少花钱多办事。坚决反对那种大手大脚、挥金如土的大少爷作风。

在学习和讨论中，委员们还围绕四条方针，对首都的四化建设提出了许多好的意见和建议。

会上马耀骥副主任传达彭真同志在全国人大常委会召集的省、市、自治区人大常委会负责人座谈会上的讲话。

会议还听取了侯镜如副主任所作的七届人大四次会议提案的审查报告。

会议通过了人事任免事项。

北京市第七届人大常委会第五次会议简况

市七届人大常委会第五次会议于一九八〇年六月六日至七日举行。会议由贾庭三主任主持。出席会议的有主任、副主任、委员三十五人。市政府有关部门的负责人和各区、县主管卫生工作的负责人，列席了会议。

会议听取、讨论了副市长白介夫所作的《全民动员，进一步深入开展爱国卫生运动》的报告。

委员们指出：文化大革命前，北京市曾被誉为“无蝇城”。后来，由于林彪、“四人帮”的十年破坏，毁坏了首都的容颜。加上我们工作中的缺点，应该解决的问题没有很好解决，与中央对我们的要求差距还很大。现在，我们各方面的条件更好了，又有了明确的方向，在党中央的亲切关怀下，只要我们坚定不移地按着中央书记处的指示办，团结一致地奔一个方向，扎扎实实地把工作做好，首都的市容卫生就会出现一个崭新的面貌。

会议讨论通过了北京市选举委员会组成人员名单。

会议还通过了人事任命事项。

北京市第七届人大常委会第六次会议简况

市七届人大常委会第六次会议于一九八〇年八月八日至九日举行。会议由赵鹏飞副主任主持。出席会议的有副主任、委员三十八人。

会上，传达了中共中央批转民政部党组关于全国县级直接选举试点情况的报告和今年下半年开展选举工作需要解决的几个问题的报告；听取了市选举委员会《关于区、县直接选举工作部署的意见》及东城区、怀柔县选举工作试点情况的报告。会议分组进行了热烈讨论。

委员们指出：过去选举往往是“自上而下提名单，自下而上划圈圈”，不能使群众真正行使当家作主的权利，现在改为以单位为主划分选区，代表候选人由群众提名，几上几下，反复酝酿协商或预选确定，这样就可以选出与群众有密切联系，为群众所信赖的人当代表，便于反映群众的呼声和要求，也利于群众更好地对代表实行监督。这种选区划分和选举办法的改变，不是形式上的变化，而是社会主义民主在制度上的体现。我们应当认真学习、宣传和贯彻执行。

会议认为，实行区、县直接选举，建立区、县人大常委会和人民政府，是选举制度和地方政权建设的一项重大改革，对于加强社会主义民主与法制，健全民主集中制，调动广大人民群众的社会主义积极性，巩固和发展安定团结的政治局面，认真贯彻执行中央书记处对北京市工作方针的四条建议，加速首都的四化建设，具有重要的意义。

会议要求尚未进行选举的区、县，要充分做好选举的准备工作。要采取多种形式，大张旗鼓地向广大干部、群众进行选举的宣传动员，做到家喻户晓，深入人心。选好区、县人民代表，必须抓好提名推荐代表候选人和依法坚持差额选举两个环节。要注意到代表的先进性和广泛性，并按照多数选民的意见确定正式代表候选人。选举人民代表，要发扬社会主义民主，坚持群众路线，任何人不能把持、包办，不能图形式，走过场。

这次会议还听取了市人大常委会办公厅关于代表大会闭会期间代表向市人大常委会提交提案的处理意见，同意提案的日常审查处理工作交由市人大常委会办公厅负责，按照提案审查原则，分为办理、研究办理和调查研究三种情况，及时转交市政府和有关部门办理，并定期将审查处理情况向市人大常委会汇报，遇有重大提案，要及时提请主任办公会议和常委会审议。

会议还通过了北京市人民检察委员会组成人员和北京市高、中级人民法院提请任命的名单。

北京市第七届人大常委会第七次会议简况

市七届人大常委会第七次会议于一九八〇年八月二十五日举行。会议由赵鹏飞副主任主持。出席会议的有副主任、委员三十一人。

会议审议通过了《北京市区、县人民代表大会代表选举试行细则》、《北京市大部分区、县选举委员会组成人员名单》。

会议还根据全国人大常委会的通知，补选了北京市出席全国人民代表大会代表。

北京市第七届人大常委会第八次会议简况

市人大常委会第八次会议于一九八〇年十一月十九日至二十一日举行。会议由赵鹏飞副主任主持。出席会议的有：副主任、委员三十五人。市人民政府和市法院、市检察院的负责同志，东城区、怀柔县人大常委会的负责同志，市人民政府有关部门负责同志和部分市人民代表列席了会议。

会上，市规划局周永源局长介绍了北京城市建设总体规划纲要（草案），委员们看了模型、图表，分三个小组进行了热烈讨论，对纲要（草案）提出了许多修改补充的合理建议，对如何制订和实施规划提出了许多重要意见。安朝俊副主任、朱觉委员和张镈委员在全体会议上发言，汇报了小组讨论情况。陆禹副市长讲了话。赵鹏飞副主任作了总结讲话。

委员们认为：一、城市规划是北京工作的根本大计，市政府应加强对这一工作的领导，要根据全国城市规划工作会议的精神，把规划、建设和管理好城市作为市长的主要职责；二，制订和实施首都建设规划，关键在于用中央书记处对首都建设方针的四条指示统一各方面的思想，尤其是领导机关的思想，坚决排除错误思想的干扰；三，建议成立城市规划委员会，作为制订规划和监督规划实施的领导机构，并成立规划设计院；四，建议市政府责成有关各局尽快拟订有关城市建设方面的地方性法规，经市政府讨论后及早提交市人大常委会审议；五，改革体制，解决统一规划和分散建设的矛盾，提高建设效果，克服分散主义和无政府状态；六，抓紧制订各项专业规划和分区详细规划包括卫星城镇的建设规划，以充实总体规划，同时制订分期分年的国民经济发展计划，把总体规划同国民经济计划紧密结合起来，并狠抓三年一小变，以保证规划的实现；七，制订和实施规划一定要充分走群众路线，注意发挥各方面专业人才的作用，建议筹办规划汇报展览，组织各界人士、人大代表、政协委员和各方面干事参观，举行各种座谈，广泛听取意见，使规划趋于完善；八，规划修改后市政府要提交市人民代表大会讨论，然后上报国务院。

会议进行期间，《人民日报》发表了国务院决定东方化工厂工程下马的报道和评论员文章，引起了委员们的严重关切。不少委员提出，市政府向国务院的报告与上述报道和文章所作的分析和结论截然相反，这是一个关系到贯彻“八字方针”和中央书记处指示的大问题，请市政府就这个问题向人大常委会作一个说明。

会议过程中，委员们看了最高人民法院特别法庭公审林彪、江青反革命集团十名主犯的电视报道，一致表示，这是历史的审判，正义的审判，大快人心，坚决拥护，相信这一审判将对加强民主与法制，促进四化建设起巨大作用。

会议还通过了丰台区、房山县、燕山区选举委员会组成人员名单和崇文区、朝阳区、大兴县、通县选举委员会组成人员调整名单。

北京市第七届人大常委会第九次会议简况

市七届人大常委会第九次会议于一九八〇年十二月十日至十一日举行。会议由贾庭三主任主持。出席会议的有：主任、副主任、委员三十一人。东城区、怀柔县人大常委会负责同志、市政协领导同志以及政府有关部门负责同志三十一人列席了会议。

会议听取了苏展副市长所作的《市人民政府关于严格控制物价、整顿议价的报告》，就本市如何贯彻国务院通知进行了热烈的讨论，提出了许多积极的意见和建议。委员们一致认为，严格控制物价，认真整顿议价，是关系到国计民生的大事，是狠抓调整、稳定经济的重要一环，国务院的通知，完全符合人民的心愿。市政府及时发出贯彻国务院通知的通知，态度是积极的，行动是迅速的，所采取的措施也是可行的，相信经过努力，会使物价逐步稳定下来。前一段本市物价管理不严，随意提价、变相涨价的情况相当严重，引起了群众的强烈不满。这次市政府的"通知"能否兑现，一些群众表示信心不足，有的说还要看一看。委员们希望，市政府切实加强对这一工作的领导，象赵紫阳总理要求的那样："用主要力量抓物价。"要一抓到底，抓出实效，不能热闹一阵子了事，不能图形式、走过场，也不能别的工作一来又把物价放到一边。现在元旦、春节临近，委员们建议，在整顿物价的同时切实安排好市场的供应，使人民群众节日过得愉快，不要因为控制物价使市场供应脱节，弄得商店"有价无货"。同时还要经过一个阶段的工作，力争使一些商品的价格有所降低。这是检验我们贯彻国务院通知的一个标志。

委员们指出，物价工作牵涉到各行各业，为了使"通知"精神作到家喻户晓，大家都来自觉地为贯彻"通知"作出贡献，要拿出一定时间组织学习，切实抓好宣传教育。要大张旗鼓地推广二龙路组织群众监督检查物价的经验，发挥人民代表作用，使物价检查经常化、制度化、群众化。同时，着重整顿好贸易货栈、农贸市场，研究解决跨行业经营中带来的抬高价格等问题。所有企业、事业单位，都要努力增产节约、增收节支，这是我们稳定物价、稳定经济的基础。为了使"通知"中的各项规定切实得到遵守，建议政府制订具体的奖惩办法，对认真按"通知"办事、做出显著成绩的要表扬奖励，对违反"通知"的要批评处罚，对破坏"通知"的要绳之以法，做到赏罚分明，纪律严明。

会议听取了市法院张旭院长、市检察院魏彬检察长、市公安局刘坚夫局长、市司法局崔虎局长所作的工作报告，讨论了本市如何全面实施刑事诉讼法、加强社会主义法制的问题。

委员们对刑法和刑事诉讼法颁布实施以来，本市司法机关克服许多困难，做了大量工作，取得很大成绩，表示满意。根据全国人大常委会对全面实施刑事讼诉提出的要求，北京作为首都，应带头施行。

会议讨论通过了《市人大常委会关于实施刑事诉讼法的决议》。要求本市各级人民政府采取有效措施，尽快解决各级人民法院公开审判案件所缺的法庭，尽快配齐司法机关编制内的缺额人员。同时要加紧培训干部，努力建设一支政治坚强、公正严明、精通业务的司法干部队伍，以适应刑事诉讼法全面实施的需要。

会议还通过了七届三次、四次会议交由常委会办理和研究办理的八件提案的处理意见；通过了市人民政府和市高级中级人民法院分别提请任免的名单。鉴于市人大常委会卫生小组已在十一月召开会议，对市人大常委会关于深入开展爱国卫生运动决议的执行情况进行了检查，同时，当前要检查物价，委员们在会上商定，今年内不再举行常委会检查上述决议的执行情况。

北京市第七届人大常委会第十次会议纪要

市七届人大常委会第十次会议于一九八一年一月二十五日下午举行。出席会议的有主任、副主任、委员四十三人。副市长郭献瑞，市高级人民法院院长张旭、市人民检察院检察长魏彬、市中级人民法院院长刘云峰，市检察分院检察长王振中及东城区和怀柔县人大常委会的负责同志列席了会议。会议由贾庭三主任主持。

会议主要内容和决定事项：

一、鉴于国务院对北京市人民政府林乎加市长另有任用，并根据工作的需要，会议讨论了中共北京市委、北京市各民主党派、人民团体和无党派人士的联合建议，一致通过决议，决定焦若愚同志任北京市人民政府代理市长；赵鹏飞同志任北京市人民政府副市长，不再兼任北京市人民代表大会常务委员会副主任职务。

二、听取了郭献瑞副市长关于春节市场安排情况的汇报。

三、通过了市人民检察院、检察分院的人事任免事项。

北京市第七届人大常委会第十一次会议纪要

一九八一年二月二十六日至二十八日，市人大常委会召开了第十一次会议。会议由贾庭三主任主持。出席会议的有副主任、委员三十二人。副市长叶林、市高级人民法院院长张旭、市人民检察院检察长魏彬、市中级人民法院院长刘云峰、市检察分院检察长王振中及市政府有关部门负责同志和十三个区、县人大常委会的负责人列席了会议。

会议讨论和决定的事项如下：

一、在学习中央一、二、四号文件的基础上，贾庭三主任介绍了市委工作会议的情况，委员们进行了热烈的讨论，一致拥护市委工作会议精神，认为这个会议正确分析了北京市的形势，从思想上、政治上总结了几年来北京市工作的经验教训，明确提出坚决贯彻中央关于在经济上实行进一步的调整、在政治上实现进一步安定的重大方针，把首都建设转移到中央四项指示的轨道上来，这是在政治上和中央保持一致的实际表现。会议确定的在全市开展为人民服务、对人民负责的大讨论等一系列决策，反映了全市人民的心愿。委员们说，新书记、新市长，带来了新气象，这次市委工作会议将使首都工作出现新的转折。

二、审查和原则同意市政府提出的北京市一九八一年国民经济调整计划（草案）。市计委副主任韩伯平受市政府委托，在会上就一九八一年本市调整国民经济的原则作了扼要说明。委员们认为，这个草案体现了调整、安定的方针和四项指示的要求，是积极稳妥的。会议原则同意这个草案，建议市政府据此安排今年国民经济的调整工作。并编制一九八一年国民经济计划，提请市七届人大五次会议审议。

三、讨论并通过了市人大常委会一九八〇年工作情况和一九八一年工作意见（草稿）。在讨论中，委员们强调指出，市人大常委会的工作，包括讨论重大事项，行使决定权、立法权、监督权和人事任免权，都要紧紧围绕四项指示和经济调整来进行。一致认为应当加强本市地方立法工作。去年市人大常委会对市政府贯彻四项指示中的问题监督不力，在人事任免中存在某些形式主义的作法，一些委员对此提出了批评，要求积极加以改进。大家还指出，市和区、县人大常委会是新机构、新工作，没有现成的经验可以借鉴，各方面对它的性质、任务和职权也不熟悉、不了解，在这种情况下，我们要切实做好自己的工作，同时，也希望各级党委加强对地方人大常委会的领导，从思想上、组织上、工作上支持人大常委会行使职权，充分发挥它的作用。

四、鉴于曹铁欧积极参与了林彪、江青、康生等反革命篡权阴谋活动，问题严重，民愤很大，根据中纪委、中组部联合通知的建议和《地方组织法》、《选举法》的有关规定，会议通过决议，罢免她的五届全国人大代表资格，报全国人大常委会备案。鉴于陈永祥犯有奸污女青年的严重错误，造成很坏影响，决定罢免他的五届全国人大代表资格，并建议全国人大常委会罢免其五届全国人大常委委员。

五、通过任命张旭等十一人为北京市高级人民法院审判委员会委员；刘云峰等十三人为北京市中级人民法院审判委员会委员。

六、听取了关于组织北京市人民代表大会友好代表团拟回访日本东京都议会的情况汇报，同意代表团的人员组成。

七、会议认为，召开北京市第七届人民代表大会第五次会议的条件已经基本成熟，这次会议应在第二季度的适当时间召开。

北京市第七届人大常委会第十二次会议纪要

一九八一年三月三十日上午，市人大常委会召开了第十二次会议。出席会议的有主任、副主任、委员三十九人；副市长陆禹，市人民检察院检察长魏彬、市高级人民法院副院长薛光华及有关部门的负责同志列席了会议。会议由贾庭三主任主持。

会议的主要内容和决定的事项：

会议听取了马耀骥副主任关于召开市七届人大五次会议筹备情况的汇报，认为经过前一阶段的准备工作，召开市七届人大五次会议的条件已经基本成熟。为了集中全市代表和各届人士的智慧，广泛发动群众，贯彻中央关于在经济上实行进一步的调整，在政治上实现进一步安定的重大方针，搞好本市国民经济的大调整，巩固和发展首都安定团结的政治局面，把各项工作转移到中央书记处关于首都建设方针的四项指示的轨道上来，会议决定，在四月下旬召开市七届人大五次会议。初步拟定会议的主要议程是：审查和批准北京市一九八一年国民经济计划；审查和批准北京市一九八〇年财政决算和一九八一年财政预算；听取和审查市人大常委会的工作报告；听取和审查市高级人民法院、市人民检察院的工作报告；决定北京市市长的人选。

会议通过了市七届人大五次会议的主席团和秘书长名单草案、常务主席名单草案和代表团团长名单草案，提请代表大会决定。

会议通过了《北京市人大常委会提请市七届五次会议决定焦若愚同志为北京市市长的建议(草案)》，决定提交大会主席团审议。

会议原则同意市人大常委会的工作报告（草稿），确定根据委员们的意见修改后提请大会审查。

会议通过了市人大常委会关于代表提案处理情况的报告（草稿），决定作为书面报告提交代表大会。

会议还批准任命西城、通县等九个区、县人民检察院检察长。

北京市第七届人大常委会第十三次会议纪要

一九八一年六月十一日至十三日，市人大常委会召开了第十三次会议。出席会议的有主任、副主任、委员三十五人。张彭、陈希同副市长，市人民检察院魏彬检察长、市高级人民法院薛光华副院长及有关部门负责同志和区、县人大常委会的负责同志列席了会议。会议由贾庭三主任主持。

这次会议讨论的问题是有关首都建设的几个重大问题。会议首先学习讨论了全国人大常委会第十九次会议通过的《关于加强法律解释工作的决议》、《关于死刑案件核准问题的决定》和《关于处理逃跑或者重新犯罪的劳改犯和劳教人员的决定》三个法律文件。市委常委安林同志就学习、贯彻、执行上述三个法律文件，维护首都社会治安问题作了发言。市人大常委会副主任杨春茂同志传达了彭真同志在全国人大常委会第十九次会议上的讲话精神。委员们一致认为这三个法律文件十分重要，非常及时，反映了广大人民群众的迫切愿望和要求，是打击和惩处各种刑事犯罪分子，搞好首都社会治安的有力武器，大家表示完全拥护。会议指出，

《刑法》、《刑事诉讼法》实施以来，本市公、检、法等部门在各方面的支持、配合下，积极贯彻，做了大量工作，是有成绩的。但是，首都社会治安的严重情况还没有根本好转，这主要是由于对整顿社会治安的严重性、紧迫性和长期性、复杂性认识不足，对现行犯罪活动打击不力和“综合治理”的措施不够落实。当前首都社会治安中的一个突出问题，是劳改犯和劳教人员逃跑或者期满释放后，继续进行犯罪活动，严重地威胁了社会秩序和群众的正常生活。会议强调指出，为了使首都社会治安尽快根本好转，必须认真贯彻实施三个法律文件，当前要从以下几个方面加强工作：(一) 要立即在全市人民中开展一个以学习三个法律文件为主要内容的社会主义法制教育活动，做到家喻户晓，老幼皆知，造成人人宣传法律，人人遵守法律，人人维护法律，个个勇于同犯罪行为作斗争的良好社会风气。(二)市公、检、法部门要以这三个法律文件为武器，对劳改犯、劳教人员和有违法犯罪行为的人开展一次强大的政治攻势，对他们进行深入的法制教育，促使他们认罪服法，接受改造。同时，要准确、及时、有力地打击各种现行犯罪活动。对极少数重大的凶杀、抢劫、强奸、轮奸、放火、爆炸和其他严重危害社会治安的犯罪分子，要依法从重从快惩处，伸张正义，打击邪气，决不能让他们逍遥法外。(三) 要求全社会都要积极参加社会治安的“综合治理”，尽快建立健全群众性的治安组织，做好预防犯罪和预防重新犯罪的工作，做好失足青少年的教育、挽救和改造工作。持久地开展好“五讲四美”活动，树立良好的社会道德风尚。市政府和有关部门要把“综合治理”作为整顿社会治安的重大措施，抓紧抓好。

会议听取和讨论了张彭副市长关于本市工业调整问题的报告，认为近两年来，北京在工业调整方面做了大量工作，取得了一定的成绩，对今后的工业调整提出的方案，对从宏观上搞好整个工业经济的综合平衡，使工业结构、产品结构合理化，是有益处的。但是，北京市重工业比重大、轻工业比重小的不合理状况超过了上海、天津，我们调整的任务更为艰巨，我们调整的步子还不大，进度还不快，上半年计划完成情况不够理想。会议指出，为了加速工业调整的步伐，努力完成今年的工业生产计划和财政上缴任务，当前要：一是认真学习和贯彻赵紫阳总理在国务院全体会议上的讲话和全国工交工作会议精神，统一思想，提高认识，继续克服“左”的影响，排除阻力，克服畏难情绪；二是认真落实各项经济政策和责任制，进一步调动企业和广大职工的积极性。学习农业上一靠政策二靠科学的经验，充分发挥政策的威力，从各方面提高经济效益；三是要转变领导作风，把为人民服务、对人民负责的讨论见诸行动，克服本位主义、互相扯皮等现象，抓好调整规划的落实工作，及时研究调整中的新情况、新问题，不断总结经验，使调整规划不断补充、修改、完善。

会议听取和讨论了陈希同副市长关于本市抗旱防汛情况的汇报，委员们充分肯定了郊区农民顽强抗旱所取得的成绩，同时指出，北京缺水问题，威胁着工业、农业和人民生活，我们必须把水资源的合理开发、利用和管理，提高到首都建设的全局性的战略问题来认识和对待。政府要组织专门力量，调查研究，规划落实，要向城乡人民群众如实宣传缺水的情况，号召大力节约用水，并在工业、农业、建筑业和人民生活中采取节约用水的具体措施。在进一步搞好抗旱的同时，要做好防涝的工作，落实防汛措施，不要麻痹大意。

会议听取了市人大常委会副主任马耀骥同志关于市人大友好代表团访问东京都情况的报告，委员们对这次访问取得圆满成功表示满意。

会议还通过了任免决定，任命韩伯平为北京市计划委员会主任，免去苏展兼任的北京市计划委员会主任职务；任命宋汀为北京市科学技术委员会主任，免去白介夫兼任的北京市科学技术委员会主任职务；任命杨益民为北京市农业局局长、李莉为北京市林业局局长；任命吴一平为北京市人大常委会政法工作室副主任，石侃、徐炳忠为北京市人大常委会财经工作室副主任，梁凡初为北京市人大常委会城建工作室副主任，王昭钺为北京市人大常委会农村工作室副主任，王金鲁为北京市人大常委会文教工作室副主任；任命张冲霄为北京市高级人民法院副院长，免去其北京市高级人民法院民庭庭长职务。会议还批准任命了朝阳、门头沟、密云、顺义、大兴、房山等六个区县人民检察院检察长，通过了其他一些任免事项。

北京市第七届人大常委会第十四次会议纪要

一九八一年八月六日至七日，市人大常委会召开了第十四次会议。出席会议的有主任、副主任、委员三十六人。白介夫、郭献瑞副市长，市高级人民法院张旭院长、市人民检察院魏彬检察长及有关部门负责同志和区、县人大常委会的负责同志列席了会议。卫生部副部长黄树则到会并讲了话。会议由贾庭三主任主持。

会上，贾庭三主任传达了胡耀邦同志关于“首都第一位的是精神文明，从清洁卫生搞起，把环境卫生搞好”的指示，黄树则副部长传达了万里、陈慕华同志对本市卫生工作的几点意见，委员们一致拥护和赞同。

会议听取、讨论了副市长白介夫《关于上半年本市爱国卫生运动开展情况和下一步工作意见》的报告、市人大常委会副主任叶恭绍代表常委会卫生小组所讲的《在新情况下认真搞好当前爱国卫生运动的几点意见》。会议一致同意上述报告和意见。

委员们认为，今年上半年，本市许多单位内部卫生状况有提高、有改进，卫生工作取得一定的成绩。但是，就总体来说，今年以来的卫生尤其是有些地区的环境卫生不如往年好，食品卫生问题比较严重，肠道传染病发病率上升；一些居民在街巷里违章私搭乱建房屋，阻碍了交通和垃圾、粪便的清运，影响了群众的正常生活。这种状况与首都的地位很不相称。

为了搞好本市爱国卫生运动，会议提出了四条意见：

一、进一步统一各级领导对爱国卫生运动的认识。中央领导同志最近多次指出：要把搞好爱国卫生作为建设精神文明的突破口。建设精神文明，要从清洁卫生做起，搞好环境卫生，这关系到一个国家的形象问题。会议认为中央领导同志的这一意见，对北京建设有着极为重要的意义，它和中央关于首都建设方针的四项指示是完全一致的。爱国卫生运动是建设社会主义精神文明的一项重要内容。北京的卫生状况如何，不仅关系到全市人民的身体健康，关系到四化建设，而且关系到我们伟大社会主义祖国的国际声誉。各级领导要提高认识，把发展经济与搞好卫生统一起来。农贸市场的出现和商业网点的增加，这是好事，应当支持和鼓励。但是，也确实和搞好市容卫生、饮食卫生发生了一些矛盾。商业和市容卫生等有关部门，都要全面贯彻执行中央的四项指示，共同协商，互相支持，一起解决工作中出现的矛盾。

二、开展爱国卫生运动要坚持综合治理。城市卫生工作不单纯是卫生部门的事，各有关部门都要支持防疫站、环境卫生等部门的工作，在卫生工作上做出贡献。要把爱国卫生运动纳入市政建设的规划。在制定经济建设计划时要考虑到卫生事业的发展；在安排城建经费时考虑到卫生治本工程和设施的建设；在抓商品供应时考虑到如何提供安全卫生的食品；在研究发展工业生产时考虑到“三废”的治理和综合利用；在改善群众生活时考虑到改善环境卫生条件。中小学和托儿所要对少年儿童进行讲卫生的教育，使他们从小养成良好的卫生习惯。

三、要放手发动群众把爱国卫生运动持久地开展下去。机关、团体、部队、工厂、学校、街道的同志和广大群众，都要积极参加打扫卫生、清扫厕所、种草、种树、种花的活动。要建立卫生责任制和清洁卫生日。要开展经常性的卫生检查和评比活动，大力表扬积极搞好卫生的单位和个人，总结推广先进经验。对卫生状况不好的单位，要区分情况给予批评、教育。报纸、电台、公共场所要经常向群众进行卫生宣传教育，把卫生科学知识交给群众，使群众养成爱清洁、讲卫生、遵守公共卫生秩序的良好习惯。

四、健全城市卫生管理法制，严格执法。要认真执行国务院和市政府颁发的有关环境卫生和食品卫生的条例、法令。对那些卫生长期不好、严重影响人民身体健康的单位，不仅要批评教育，还要进行必要的处罚，直至追究法律责任。各级爱委会、市容卫生管理和公安、交通等部门以及卫生检查、监督的专业队伍，要认真履行自己的职权，监督、检查有关卫生法律、法令的贯彻实施。

市政府要组织力量，尽快修订北京市城市卫生管理试行划定，提交市人大常委会审议。

会议号召全市人民立即行动起来，开展爱国卫生运动，以整洁的面貌迎接国庆节。

这次会议，还审查通过了市选举委员会关于区、县直接选举工作的总结报告。

会议决定安林任北京市副市长兼公安局局长，免去其北京市人民政府财贸办公室主任职务；免去刘坚夫兼任的北京市公安局局长职务；任命李永正为北京市第一商业局局长、甄雨蘅为北京市档案局局长，张庆明为北京市计量管理局局长；免去仲凯的北京市计量管理局局长职务；批准任命了延庆、西城、崇文、东城、海淀、顺义等六个区县人民检察院检察长或副检察长。并通过了其他一些人事任免事项。

北京市人大常委会第十五次会议纪要

市人大常委会第十五次会议于一九八一年九月十七日至十八日举行。出席会议的有主任、副主任、委员三十一人。王纯副市长、市高级人民法院张旭院长、市人民检察院魏彬检察长及有关部门负责同志和区、县人大常委会的负责同志列席了会议。会议由贾庭三主任主持。

会议听取、讨论了王纯副市长《关于北京市发展商业、饮食业、服务业、修理业情况的报告》；听取了市水利资源委员会刘拓副主任《关于北京市节约用水情况》的汇报。

海淀区、东城区和崇文区的负责同志就机关、大专院校和工厂支持兴办商业服务事业，街道居委会组织待业青年提供各种社会服务，以及恢复发展个体手工业的情况作了汇报发言。

委员们同意王纯同志的报告，对北京市自党的十一届三中全会以来，特别是今年以来，在发展集体经济，安排就业，改善社会服务，缓和群众买菜、吃饭、做衣、修理等几难方面所做的工作表示满意。

为了进一步按照首都的特点发展商业服务业，委员们提出了不少意见和建议，主要有以下几个方面：

一、加强宣传教育，不断提高认识。有些委员说，发展商业服务业不是权宜之计，而是发展国民经济的一个重要方面，现在有些人不愿意干商业服务工作，认为是侍候人的，低人一等。特别是一些艰苦岗位，如为居民户送煤等，更没有人愿意干，这方面近几年的招工都不满员，每年从外省来北京搞建筑、掏粪、运煤和当保姆有数万人。为什么这些事外地人能干，北京人就不能干呢？从根本上来说，还是轻视服务性劳动（特别是干脏活累活）的思想在作怪，须要大力加强思想教育、破除这种根深蒂固的旧观念，是一项十分重要而艰巨的任务。我们的宣传、教育、文化部门、报纸、电台、电影、戏剧、刊物，都要大力宣传商业服务业劳动光荣的思想。在我们的社会主义社会，工作只有分工的不同，没有高低贵贱之分。商业服务工作同其它工作一样，都是为人民服务的，都是四化建设所不可缺少的，北京的青年应该热爱商业、服务业工作，干一行，钻一行，不怕艰苦，我们一定要造成这种新的社会舆论和社会风尚。

二、加强待业青年的技术培训，使他们掌握为人民服务的本领。有的委员说，北京每年都有十几万高中学生毕业，他们缺少技艺，就业就有困难，为此要抓紧对他们进行培训，让他们掌握一定的技术、业务本领，更重要的是逐步改革中学教育结构，多办些职业高中和中等技术学校。对现在已经办起来的职业高中班，要帮助解决师资、经费和试验场地等办学条件方面的问题。有的同志说，中国菜肴世界闻名，做饭就是一门有学问的技术，国内外都需要烹调人才，北京有条件办一所大的厨师学校。有的委员说，清真菜有几百种，在中国菜肴中独树一帜，北京的“一亩源”、“东来顺”、“西来顺”、“同和轩”、“二义轩”就以其特有的回民菜闻名中外，还有不少有名的风味小吃。我们应当把现有的回民厨师短训班继续办好，并扩大名额。叶恭绍副主任说，还可以举办街道卫生员、家庭护士、口腔护士、幼儿教师培训班，以及培训缝纫、刺绣、财会、统计、家庭电器修理等专业人员的学习班。

三、结合北京实际情况，研究解决有关政策问题。委员们认为当前要注意以下几个方面的政策：一是对于集体所有制的商业服务企业，要象对待农村生产队那样，尊重他们的所有权和自主权，不能一平二调，建议市人大常委在这方面抓紧立法；二是对在商业服务业中从事集体经济和个体经营的人，要考虑用提取公积金、公益金或其它社会保险的办法，帮助他们解除后顾之忧；三是在饮食服务业方面要注意遵守党的民族政策，清真食堂、回民托儿所等要吸收回民职工来办，作到名实相副。食品公司屠宰牛、羊、鸡、鸭用来作清真菜肴的，也应按照回民风俗习惯来屠宰。

四、动员社会各方面的力量，支持兴办商业服务事业。有的委员说，北京内燃机总厂办了“知青生产服务总社”，从事土木、炼铝、描图晒图、缝纫、包装等工作，安置了四百多名知青就业，由他们自负盈亏，不仅方便了广大职工的生活，而且有利于本厂生产的衔接和发展。如果本市有条件的单位都这样办，就可以大大减轻政府安排青年就业的压力。他还设想设计耗油少、成本低、价格便宜的出租小汽车。使每公里的单位成本接近公共汽车的水平，如果在本市安排两万辆出租小汽车，连司机和维修营运人员在内，可以容纳五万人就业，并大大缓和乘车难的状况。他希望政府有关部门能把这个设想作为一个课题加以研究。有的城区成立了建筑工程公司，以少数有土建施工技术的退休老工人为骨干，招收了一批知青，承包部分基建施工任务，施工质量和进度都使甲方比较满意。委员们建议，这样的土木建筑业应适当发展。

此外，委员们还就制订发展商业服务业的规划，改善国营商业服务业的经营管理，纠正“关系户”、“走后门”之类的不正之风等问题，提出了许多意见和建议。

根据会议讨论的情况，贾庭三主任做了总结讲话。他指出要充分认识商业服务业在社会主义四化建设中的重要地位和作用；要制订一个适合首都特点的发展商业服务业的规划，要结合北京的实际情况，认真研究解决有关的政策问题。他强调要加强政治思想工作，加强集中统一的领导，在商业服务业中继续端正经营思想、经营作风，坚决刹住“大吃大喝”、“关系户”、“走后门”之类的不正之风。

北京市第七届人大常委会第十六次会议纪要

一九八一年十一月五日至七日，市人大常委会举行了第十六次会议，出席会议的有主任、副主任、委员三十四人，副市长安林、白介夫，市高级人民法院院长张旭，市人民检察院检察长魏彬，市人民政府有关部门以及各区、县人大常委会的负责同志列席了会议。会议由贾庭三主任主持。

会议听取了副市长安林《关于〈北京市道路交通管理暂行规则（草案）〉的说明》，听取了副市长白介夫《关于〈北京市文物保护管理办法（草案）〉的说明》，对市人民政府提出的两个地方性法规草案进行了认真的审议。会议通过决议，批准上述两个地方性法规，决定由市人民政府根据委员们提出的意见作必要的修改，然后公布施行。

会议讨论了《中共北京市委、北京市各民主党派、无党派人士、人民团体关于补选 出席第五届全国人民代表大会代表人选的联合建议》，经过无记名投票，补选焦若愚、冯基平、马耀骥、王恺谋、李恕为第五届全国人民代表大会代表。

会议还通过了人事任免事项。

会议认为，这次审议批准的交通管理暂行规则和文物保护管理办法，是市人大常委会成立以来通过的两个重要的地方性法规，是我们按照《地方组织法》的要求，搞好地方立法工作，运用法律武器保证首都建设顺利进行的一个重要实践。两个法规的公布施行，对于贯彻执行中央关于首都建设方针的四项指示，把各项工作逐步纳入社会主义法制轨道，具有重要的意义。为了保证道路交通的畅通，保卫人民生命财产的安全和保护好首都的历史文化遗产，我们一定要认真实施这两个法规，一抓到底，做出成效。

会议强调，执行法规必须依靠群众，实行专业力量与群众相结合的方针。各部门、各单位要采取多种形式，向群众进行广泛深入的宣传教育，使全市人民懂得交通规则和文物保护的要求，懂得保护文物、维护交通人人有责。这是我们首都各界人民群众的光荣义务，是首都精神文明建设的重要内容。广大群众要提高遵纪守法的自觉性，积极支持和监督专业部门正确执法，克服各种无组织无纪律现象，肃清无政府主义的遗毒，以实际行动为首都争光。

会议指出，执行这两个法规必须做好各项准备工作，进行必要的整顿。要训练好我们的专业干部和交通民警，使他们不仅懂得管理规则的意义，还要熟记它的内容，善于正确地加以运用，提高业务水平。要按照需要尽快充实干警队伍，并调整交通中队、大队的组织，使之既符合交通管理的需要，又便于依靠各区、县党政的领导。对各种标志、灯光，要进行普查，该修的修，该增的增。对已经占用的道路，要继续按照市政府的指示，在各级政府统一领导下，由公安、市容、联社等有关部门积极参加，进行实地调查，区别情况，加以清理。在交通规则正式生效以前的准备阶段，要防止有人发生误解或加以曲解，乘机抢占道路。对这类违法行为，要严肃处理。

会议指出，文物主管部门要按照《办法》的要求，逐项抓好落实：该划定保护范围的要迅速划定；该签订使用保证书的要抓紧签订；暂时保护的文物，单位要及时列出名单，通知有关部门，加以保护。

会议强调，必须加强对执行两个法规的领导。贯彻执行两个法规是一项艰巨的任务，不仅要靠公安、文物部门的努力，而且也是各委办、各区县、各单位的共同责任。公安、文物部门要经常向区、县党政领导机关请示汇报，取得党政领导的支持。两个法规的施行牵涉到各个方面，矛盾很多，领导的责任就是要协调各方面的关系，及时解决各种矛盾，使法规得以贯彻执行。市和各区、县可分别选定一两条街道进行执行规则、整顿交通的试点，取得经验，推动全盘；文物保护工作也要抓住重点，带动一般。

会议指出，广大人民群众一定会赞成和支持两个法规的实施，但是，也会有人反对和不满。在这种情况下，我们要善于分析，一方面注意总结经验，改进工作，但更为重要的是要坚定，要支持执法部门的工作，支持他们行使职权。坚持下去，积以时日，就会见到成效。

会议强调，我们一定要振奋精神，脚踏实地，协同动作，尽职尽责，做到有法必依、执法必严、违法必究，维护法律的尊严，把首都的交通管理和文物保护工作大大推向前进。

北京市第七届人大常委会第十七次会议纪要

一九八一年十二月二十一日至二十三日，市人大常委会举行了第十七次会议。出席会议的有主任、副主任、委员三十五人，副市长白介夫、市高级人民法院院长张旭、市人民检察院检察长魏彬、市人民政府有关部门和各区、县人大常委会的负责同志以及部分市人民代表列席了会议。会议由贾庭三主任主持。

会上，首先由马耀骥副主任传达了五届全国人大四次会议的精神，进行了学习讨论；接着听取和审议了市人民政府副秘书长常浦、市教育局局长侯维城代表市人民政府分别作的《关于北京市绿化工作情况和开展全民义务植树运动意见的报告》、《关于全面贯彻党的教育方针，努力提高中小学教育质量的报告》，经过热烈讨论，会议原则同意这两个报告，通过了《关于响应全国人民代表大会号召，积极开展全民义务植树运动的决议》和《关于加强中小学教育工作的决议》。

委员们一致表示拥护五届全国人大四次会议的精神和所作的各项决议，认为赵紫阳总理所作的政府工作报告，贯穿了实事求是的原则，是指导我国经济建设的纲领性文件。特别是报告中提出的我国经济建设的十条方针，科学地总结了建国以来经济建设正反两方面的经验，把建国以来党的若干历史问题决议的经济工作部分更具体化了，它是我们实现财政经济情况根本好转、走向经济振兴、实现四化宏伟目标的保证。我们一定要把大会精神贯彻到北京市各方面工作中去。委员们就此提出了许多具体的意见和建议：贯彻十条方针要同落实首都建设方针的四项指示结合起来，在一九八二年做出新的成绩，实现“三年一小变”；正确处理建设精神文明和物质文明的关系，加强精神文明的建设，推动物质文明的建设；调整重工业的服务方向要着重抓好机械工业的调整，为国民经济各部门提供适用的技术装备；现有工业企业要有重点有步骤地进行技术改造，按照通盘的规划进行，避免一哄而起，盲目地普遍大搞设备更新；企业中遍地有“黄金”，这是很大的潜力，应当作为我们一条重要的生财之道；发挥北京的优势，组织广大科技队伍进行技术攻关和推广应用科技成果，对于实现中央书记处四项指示加速首都建设，有重要意义，各级领导应把这项工作提到重要议事日程上来，提出课题，认真组织实施。

委员们强调指出，北京的森林覆盖率和城市绿化覆盖率在全国属于中下游，这同首都的地位很不相称。各级政府要认真解决好绿化中的各种实际问题，把全民义务植树组织好，我们人大常委会的委员要带头义务植树，大家共同努力，尽快使首都的绿化工作出现新的面貌。

委员们认为，中小学教育是整个教育事业的基础，办好中小学教育，培养造就大批建设人才，对于加快首都的现代化建设，具有极为重要的作用。它不仅影响到当代，而且影响到下一个世纪。我们必须从这种长远的观点来认识中小学教育的重要地位。大家对三中全会以来本市中小学教育取得的成绩、当前存在的问题和产生的原因进行了分析，并对全面贯彻党的教育方针、纠正片面追求升学率的偏向，保护儿童和青少年的身体健康，加强对后进学校的领导，搞好职业技术教育，以及动员社会各方面力量支持办学等问题，提出了许多积极的建议。

会议听取了王斐然副主任就《关于案情复杂的刑事案件延长办案期限的审批办法》所作的说明，通过了该办法。会议还通过了人事任免事项。

北京市第七届人大常委会第十八次会议纪要

一九八二年二月九日，市人大常委会召开了第十八次会议，出席会议的有主任、副主任、委员四十三人。郭献瑞副市长、市高级人民法院张旭院长、市人民检察院魏彬检察长及区、县人大常委会的负责同志列席了会议。会议由贾庭三主任主持。

会议听取了关于召开本市七届人大六次会议筹备情况的汇报，决定于三月中旬召开七届人大六次会议。主要议程是：审查和批准北京市一九八一年国民经济计划执行情况和一九八二年国民经济计划；审查和批准北京市一九八一年财政决算和一九八二年财政预算；听取和审查市人大常委会的工作报告；听取和审查北京市高级人民法院的工作报告；听取和审查北京市人民检察院的工作报告。

委员们认为，为了开好市七届人大六次会议，在二月间组织市人民代表进行一次视察是适宜的。会议同意市人大常委会办公厅就视察的内容、方法和要求等所作出的安排，并就此提出了一些积极的建议。

会议讨论了市人大常委会准备提请市七届人大六次会议审查的工作报告（讨论稿），大家原则同意这个报告，并确定由办公厅根据委员们的意见进行修改。

会议还通过了人事任免事项。

北京市第七届人大常委会第十九次会议纪要

一九八二年三月六日和七日，市人大常委会举行第十九次会议，讨论了召开市七届人大六次会议的有关问题，审议批准了市人民政府关于调整财政预算收支指标的意见，听取和审议了陆禹副市长所作的《北京市人民政府关于解决城市居民住房严重困难问题的决定》和《落实私房政策问题》的报告，决定了副市长的个别任免，通过了设立有关工作机构的决定和其它人事任免事项。出席会议的有主任、副主任、委员三十三人，郭献瑞、陆禹副市长，市人民检察院魏彬检察长，市人民政府有关部门以及各区、县人大常委会的负责同志列席了会议。贾庭三主任主持了会议。

一、会议听取了徐汉涛副秘书长关于市七届人大六次会议筹备情况的汇报，通过了大会议程（草案）、大会主席团和秘书长名单（草案），决定提请大会预备会议审议。

二、会议审议了《中共北京市委、北京各民主党派、人民团体、无党派人士关于补选北京市人大常委会副主任联合建议书》，一致同意这个联合建议，决定提请市七届人大六次会议主席团审议。

三、会议听取和审议了甄树德财政局长代表市人民政府所作的关于调整一九八一年财政预算收支指标的汇报，批准将一九八一年的财政预算收入指标由五十二亿一千九百二十六万元调整为四十八亿七千万元，支出指标由十六亿零三百八十五万七千元调整为十八亿零五百七十六万九千元。

四、会议原则同意市人民政府关于解决城市居民住房严重困难和落实私房政策问题的意见，认为制定上述两个办法是完全必要的。会议要求市人民政府根据委员们提出的意见作必要的修改，先按此施行，并在实践中不断总结经验，加以补充修改，使之逐步完善。

五、会议讨论通过了市人大常委会关于代表提案处理情况的报告（草稿），决定作为书面报告提请代表大会审议。

会议决定市人大常委会设研究室，批准建立北京市清河人民检察院，通过了人事任免事项。

根据有些委员的提议，赵荣琛委员在会上汇报了他应邀到美国讲学，回国时在台湾机场停留受到接待的情况。

北京市第七届人大常委会第二十次会议纪要

一九八二年四月二十八至二十九日，市人大常委会召开第二十次会议。出席会议的有主任、副主任、委员三十六人，赵鹏飞、白介夫副市长，市政协郭步岳、罗青、林彤副主席，市高级人民法院张旭院长，市人民检察院魏彬检察长以及各区、县人大常委会负责同志列席了会议。会议由贾庭三主任主持。

会上，委员们初步学习讨论了《中华人民共和国宪法修改草案》、彭真副主任委员关于宪法修改草案的说明和《全国人大常委会关于公布〈中华人民共和国宪法修改草案〉的决议》，研究了发动和组织全市人民讨论宪法修改草案的问题。会议经过热烈讨论，通过了《北京市人民代表大会常务委员会关于在全市讨论〈中华人民共和国宪法修改草案〉的决议》。

委员们在会上发言踊跃，畅所欲言。他们说，宪法是国家的根本大法。这次交付全国各族人民讨论的宪法修改草案，是在总结建国三十二年历史经验的基础上，广泛征求各地方、各部门、各方面意见之后拟定的。它规定了国家的根本制度和根本任务，集中反映了我国各族人民的共同意志和最大利益。全国人大常委会决定把宪法修改草案交付全国各族人民讨论，这是我们政治生活中的一件大事，是人民行使当家作主权利的生动体现，它同每个公民的切身利益息息相关。经过全国各族人民讨论，必将使宪法草案修改更加完善，成为适应我国国情的、适应新时期需要的、中华民族史上一部优秀的宪法。有了这样一部根本大法，全国各族人民的活动就有了共同遵守的准则，有了打击敌人、保护人民的强大武器，从而使我们国家更能经得起风险，使“文化大革命”那样的动乱局面不致重演。同时，也必然大大激发全国人民建设社会主义的积极性和创造性，加速我国物质文明和精神文明的建设。

委员们认为，组织全市人民讨论宪法草案，广泛征求人民的意见，这对于动员群众参加国家管理，使宪法草案更加完善，以及提高群众遵守宪法的自觉性、维护宪法的尊严和保证宪法的实施，都是非常必要的。委员们指出，由于十年动乱，不少人法制观念淡薄了。我们要通过这次讨论，在全市人民中进行一次广泛深入的宪法教育，进行一次社会主义民主与法制的教育，使人民懂得制定宪法的重要性和必要性。通过讨论，提高人民坚持四项基本原则的认识，提高人民对社会主义政治制度和经济制度优越性的认识，提高人民对今后国家根本任务、加强物质文明和精神文明建设的认识，提高人民的主人翁责任感。

委员们指出，要组织好宪法修改草案的讨论，首先要向群众广泛进行宣讲和思想动员。讨论中要充分发扬民主，集中大家的智慧，认真提出修改意见。各部门、各单位都要加强对讨论的领导，作出妥善安排，使讨论有计划有步骤地进行，和各项工作互相结合，互相促进。要由负责同志主持这项工作，并指定一定的机构和工作人员负责具体工作，及时汇集讨论情况，整理群众提出的意见，分别按系统、按区县逐级报送市人大常委会，由市人大常委会综合报送宪法修改委员会。

委员们认为，在全国人大常委会的决议、宪法修改草案和说明公布的同时，市人大常委会就召开第二十次会议进行学习讨论，这是非常及时和十分必要的。大家表示，一定要和人民代表一起，积极学习、宣传、讨论宪法修改草案，在全市人民中起带头作用。

北京市第七届人大常委会第二十一次会议纪要

一九八二年五月二十日至二十一日，市人大常委会举行第二十一次会议，听取和讨论了安林副市长关于坚决打击经济领域中严重犯罪活动的情况报告、市卫生局王康久副局长关于贯彻预防为主方针，加强卫生防病的报告，听取了马耀骥副主任关于讨论宪法修改草案进展情况的汇报。出席会议的有主任、副主任、委员三十五人，副市长白介夫、安林，市高级人民法院院长张旭，市人民检察院副检察长王振中，以及区县人大常委会负责同志列席了会议。会议由贾庭三主任主持。

会议认为，前一段市政府和司法部门认真贯彻中共中央、全国人大常委会、国务院关于坚决打击经济领域中严重犯罪活动的决定，广泛深入地进行思想发动，充分发挥政策、法律的威力，查处了一批走私贩私、投机倒把、贪污受贿等严重犯罪案件，得到了广大人民群众的热烈拥护。这场斗争已经取得初步成效，需要继续深入地进行下去。为此，要加强思想教育，提高各级领导干部的自觉性，增强群众的信心。要继续把大案要案作为重点，抓紧进行查处。要坚决贯彻执行全国人大常委会“决议”的精神，对经济犯罪从重，对国家工作人员从严，绝不能让他们逍遥法外；“坦白从宽，抗拒从严”是我们的一贯政策，在从宽、从严的掌握上要依法办事，作到适度。经济犯罪活动暴露了我们经济管理工作中的许多问题和漏洞，要责成有关部门和单位切实吸取教训，整顿和改进经济管理工作，健全规章制度；对于涉及经济政策、管理体制和管理办法的重大问题，有关领导机关要认真研究改进。

会议认为，近几年来本市在卫生防病方面做了不少工作，取得了一定的成绩，但是也出现了一些新情况新问题，主要是肝炎、痢疾等肠道传染病的发病率有所上升，过去曾被控制了的某些传染病又重新发生。为了保护人民的身体健康，当前必须在以搞好清洁卫生的基础上，把卫生防病作为工作的重点。为了切实贯彻“预防为主”的方针，委员们建议采取多种生动的形式向广大群众宣传讲卫生的重要和要求，普及卫生防病的科学知识；医疗部门要克服“重治轻防”的片面观点，把工作重点转移到传染病的预防上来；不少医院、食堂、饮食店、旅店、招待所等处的卫生状况不好，很容易传播疾病，要下功夫切实加以整顿；要严格执行有关卫生防病的法规，加强卫生监督和检查，改变法纪松弛、监督软弱无力的状况。

会上，马耀骥副主任传达了彭真同志在省、市、自治区人大常委会负责人座谈会上关于全国讨论宪法修改草案问题的讲话精神，汇报了近二十天来本市学习讨论宪法修改草案的进展情况。他建议市人大常委会委员按照战线分工，参加讨论宪法修改草案的座谈会。大家赞同这个意见。

会议还通过了人事任免事项。

北京市第七届人大常委会第二十二次会议纪要

一九八二年七月十九日至二十一日，市人大常委会举行了第二十二次会议。出席会议的有主任、副主任、委员三十三人。焦若愚市长、张百发副市长、市人民政府有关部门和各区县人大常委会的负责同志以及部分人民代表列席了会议。列席会议的还有上海市、天津市人大常委会的同志。国家城乡建设环境保护部规划局的领导同志也参加了这个会议。会议由贾庭三主任主持。

会议听取了市城市规划委员会副主任、城市规划局局长周永源所作的《关于北京城市建设总体规划方案（草案）若干问题的说明》，审议了《北京城市建设总体规划方案（草案）》。经过热烈讨论，会议原则同意这一规划方案（草案），并通过了《关于〈北京城市建设总体规划方案〉的决议》。

委员们一致认为，《北京城市建设总体规划方案（草案）》，是遵照中央书记处关于首都建设方针的指示，经过认真调查研究和广泛征集各方面的意见而编制的，基本上是符合北京的地位、特点和建设情况的，可以作为指导北京城市建设发展的总的依据。

委员们在充分肯定规划方案的同时，也提出了一些好的意见和建议。主要是：规划方案对北京作为历史文化名城这一特点考虑得不够，应该把文物古迹的保护放在重要地位；要采取坚决措施控制城市人口规模，搞好计划生育，控制人口的机械增长，并积极向外输送技术力量；开发和建设卫星城镇，必须对其文化、教育、卫生、物资供应、生活待遇等多方面的问题进行综合研究，统筹安排，使卫星城镇真正具有吸引力，起到疏散市区人口的作用；改建旧城的指导思想，要贯彻批判、继承、推陈出新的原则，既考虑到保持和发扬旧城原有的独特风格和优点，又要有所创新，力求展现出社会主义新时代作为人民首都的新格局；在城市布局上，也要考虑工业小区的建设和发展，等等。

委员们认为，实施规划方案要抓好以下几方面的工作：(一) 要做好宣传工作，使大家有个统一的认识。

特别要广泛宣传中央的四项指示，突出北京是政治中心的地位，一切建设事业都要适合首都的这个特点。(二)要加强组织领导，建立一个有权威的机构，把进京人口的审批和北京地区基本建设计划、建筑任务的审定以及总体规划的实施统一管理起来。(三)要改革现行的规划管理体制，加强城市管理，抓好立法工作，保证总体规划的实施。

焦若愚市长在会上讲了话。他说，现在提请审议的《北京城市建设总体规划方案（草案）》，是在一九八〇年市人大常委会审议的规划纲要的基础上，广泛听取了各方面的意见后，进行修改的。总的来看，这是一个比较好的方案。但是，由于对一些情况还不甚了解，有些方面的规划还缺乏依据：经济规划没有怎么涉及；城市人口构成和城市管理问题也只是接触了一点。这些，都还需要通过学习研究，逐步补充上。关于规划的实施问题，在经费方面，我们要向中央反映，但要注意坚持勤俭的精神，少花钱多办事，或不花钱也办事。要进一步加强和健全规划工作机构，城市规划委员会将长期存在，并在它的领导下，成立规划院，吸收一批专家，继续对规划进行研究，使之不断完善。焦若愚市长最后强调说，我们有信心、有决心逐步实现这个规划，相信经过全市各界人民的努力，我们雄伟庄严的首都一定会一年比一年建设得更好。

贾庭三主任也在会上讲了话。

会议决定，由市政府根据委员们提出的意见，对规划方案再作必要的修改，报请国务院批准后组织实施。

会议还通过了任命事项。

北京市第七届人大常委会第二十三次会议纪要

一九八二年八月二十六日至二十七日，市人大常委会举行第二十三次会议。出席会议的有主任、副主任、委员三十四人，张彭副市长、市高级人民法院张旭院长、市人民检察院魏彬检察长、市政府有关部门以及各区、县人大常委会的负责同志列席了会议。

会议首先听取了范瑾副主任关于《北京市学习讨论宪法修改草案的情况报告》。五月至八月期间，在市委领导和市人大常委会主持下，全市人民学习讨论了宪法修改草案，现已圆满告一段落。这次学习讨论的效果是好的。广大干部群众和各族各界人士对宪法修改草案普遍表示满意，它具有鲜明的时代特点，是一部合乎国情、顺乎民心、适应四化需要的宪法草案。通过学习讨论，普遍受到了一次民主和法制的教育，提高了主人翁责任感和遵纪守法的自觉性。学习讨论中提出的修改意见和建议，已由市人大常委会综合整理，按期上报宪法修改委员会和全国人大常委会。

会议听取和审议了张彭副市长代表市政府所作的《今年上半年工业生产形势和经济效益的情况》的报告。委员们原则上同意这个报告，认为今年上半年，全市工业战线广大职工以提高经济效益为核心，努力走一条经济建设的新路，使生产稳步增长，产品质量有所改进，主要经济指标和上缴利润完成的情况都比较好。但是这还只是一个良好的开端。要把我们的工业生产全部转移到提高经济效益的新路上来，还要做艰苦的长期的努力。当前首先要进一步端正指导思想，切实改变过去那种重速度、轻效益、重产值、产量，轻质量、品种和成本的习惯作法，把速度和效益统一起来，把企业效益和社会经济效益统一起来。工商、工贸等各方面必须贯彻“一盘棋”思想，努力加强协作。委员们强调要坚决按照党中央提出的革命化、年轻化、知识化和专业化的要求，整顿、建设好企业的领导班子，经过细致的工作，把一批拥护党的路线、有知识、有闯劲、能够打开局面的中青年干部提拔到各级领导岗位上来。要加强对科技工作的统一领导和统筹安排，以充分发挥首都大专院校多、科研单位多、科技力量强的优势。同时，在工交系统要全面推广首钢提高经济效益的新经验。

会议号召全市工交战线的广大职工进一步振奋精神，鼓足干劲，以提高经济效益的新成绩迎接党的十二大的胜利召开，迎接国庆节。

会议还听取了市体委魏明主任受市政府委托所作的《进一步发展体育运动，提高我市运动水平》的报告。委员们认为，发展体育运动，对增强人民体质、振奋民族精神、促进四化建设起着积极作用，必须采取有力措施，使本市体育运动有一个较快的发展。一些委员还对中小学体育训练、业余体校的建设和改善运动员的生活物质条件等问题提出了具体的建议。

根据《地方组织法》的有关规定，委员们采取无记名投票方式，补选了吴向必同志为北京市出席五届全国人民代表大会的代表。会议还通过了其它人事任免事项。

市文物事业管理局向这次会议作了关于《北京市文物保护管理办法》实施情况和改进意见的书面报告。

北京市第七届人大常委会第二十四次会议纪要

一九八二年十月二十一日，市人大常委会举行了第二十四次会议。出席会议的有副主任、委员三十四人。陆禹副市长、市高级人民法院张旭院长、市人民检察院王振中副检察长、市政府有关部门以及各区县人大常委会的负责同志列席了会议。杨春茂副主任主持了会议，范瑾副主任讲了话。

会议听取和审议了马耀骥副主任作的《关于进行北京市第八届人大代表选举工作的报告》、市园林局局长丁洪作的关于《广泛发动群众努力开创城市绿化工作新局面》的报告、市计划生育委员会副主任朱允一作的《关于本市计划生育工作的情况和今后意见》的报告。委员们同意上述报告，并提出了许多很好的意见和建议。

北京市第七届人民代表大会到今年十一月二十四日任期届满，根据《地方组织法》的规定，应选举市第八届人民代表大会代表，召开代表大会，产生新的常务委员会和市长、副市长以及市高级人民法院、中级人民法院院长、市人民检察院、人民检察分院检察长。委员们认为，这是全市人民政治生活中的一件大事，必须全盘规划，统筹安排，集思广益，充分酝酿，努力做好这项工作。

会议认为，几年来园林部门和其他部门做了许多工作，本市的城市绿化美化开始呈现出新的面貌，取得了较大的成绩，基本上实现了“三年一小变”的目标。但是，本市的绿化水平还不高，城市绿化覆盖率和人均绿地面积在全国三十五个大中城市中分别处于第八位和第十三位；随意占用绿地，毁坏树木的现象仍然比较严重；如何根据首都的自然特点和城市特点进行绿化、提高绿化效益，也是一个需要继续解决的课题。这些都同首都的地位不相称。委员们指出，中央书记处关于首都建设方针的四项指示要求我们加强环境美化建设，把首都建设成为全国环境最清洁、最卫生、最优美的第一流城市，城市绿化是环境美化建设的重要组成部分，是社会主义精神文明建设的重要内容，我们必须加强这项工作，努力开创城市绿化的新局面。为此，要联系实际继续宣传贯彻十二大精神和四项指示，纠正那种妨碍绿化、妨碍精神文明建设的思想和行为，把全市人民的思想进一步统一起来。要制定近期和长远的城市绿化规划，加强绿化的科研工作，把专业队伍和群众性的绿化活动结合起来。《北京市城市绿化管理暂行办法》是我们在城市绿化方面开创新局面的重要武器，要继续深入宣传，同时要加强对市容民警的培训，帮助他们提高执法水平，切实把城市绿化管理纳入法制的轨道。

委员们指出，本市正处于生育的高峰时期，加强计划生育工作，控制首都人口的增长，任务十分艰巨。当前要把计划生育工作的重点放在农村，深入细致地做好思想教育工作，努力提高一胎率。同时决不放松城市的计划生育工作，不断巩固已有的成果。无论城市和农村，都要强调优生、优育，提高人口素质。报刊、电台、电视台等宣传部门和群众团体，要采取各种形式普及计划生育的科学知识，纠正“重男轻女”、“多子多福”的旧思想。同时要进一步抓好避孕药具的研制、生产和供应工作，发展托幼事业和其它社会福利事业，帮助群众解除后顾之忧。

北京市第七届人大常委会第二十五次会议纪要

一九八二年十二月十四日至十六日，市人大常委会举行第二十五次会议，出席会议的有副主任范瑾、杨春茂、武光、侯镜如、闻家驷、浦洁修、蔡旭、安朝俊、叶恭绍和委员共三十一人。陆禹副市长、市高级人民法院张旭院长、市人民检察院王振中副检察长以及市政府有关部门和各区县人大常委会负责同志列席了会议。会议由杨春茂、安朝俊、叶恭绍、蔡旭、范瑾副主任分别主持。

会上，首先由浦洁修副主任传达了五届全国人大五次会议的精神，接着听取并审议了市长助理张进霖受市政府委托所作的《关于郊区农业情况和今后发展设想的汇报》；听取了市财政局副局长常自超受市政府委托所作的《关于国务院调整北京市一九八二年财政预算指标的报告》。会议在听取了陆禹副市长关于《北京市建设拆迁安置办法》（草案）的说明以后，审议并批准了市政府提出的《北京市建设拆迁安置办法》，并通过了相应的决议。会议还通过决议，决定市人大常委会设立代表资格审查委员会，负责本市第八届人民代表大会代表资格的审查工作。

委员们一致认为，五届全国人大五次会议是继党的十二大之后召开的一次极其重要的大会。会议通过的新宪法，是一部具有中国特色的、适应新时期需要的、长期稳定的根本大法，是我们治国安邦的总章程。学习新宪法，宣传新宪法，保证新宪法在北京市的正确施行，是我们地方人大常委会的庄严职责和光荣任务。我们市、区（县）人民代表大会和人大常委会、人民代表和常委委员，都要认真学习新宪法，通晓新宪法，成为遵守新宪法的模范，并且学会熟练地掌握和运用新宪法，同违反宪法、破坏宪法的言行作坚决的斗争。要以宪法为依据，围绕着中央书记处关于首都建设方针四项指示所提出的任务，加强地方立法工作，逐步把各项工作纳入法制轨道，以保证中央书记处关于首都建设方针四项指示的顺利实现。同时加强人民代表大会和常委会的建设，进一步健全人民代表大会制度。委员们认为“六五计划”是根据党的十二大提出的本世纪内经济建设的战略目标和战略部署制订的，计划的目标明确，重点突出，政策稳妥，措施有力，是一个既鼓舞人心又扎扎实实的好计划。我们要脚踏实地，奋发努力，团结全市人民，搞好首都的物质文明和精神文明建设，完成六五计划规定的各项任务。

会议肯定了几年来郊区农业工作和农业经济出现的可喜变化，同意政府报告中提出的开创郊区农业新局面的设想。农业是经济建设的战略重点之一，我们必须把郊区农业的发展放到首都建设的重要位置上来。指导郊区农村工作，必须贯彻“思想更解放一点，改革更大胆一点”的方针。三中全会以来的实践经验证明，我们靠建立、推行生产责任制，促进了郊区农业生产的发展，今后还要继续克服“左”的思想影响，根据郊区社队的具体情况和群众的意愿，因地制宜，实行各种形式的联产承包责任制，特别是“专业承包、包干计酬”责任制，大力发展各种专业队、专业组、专业户，鼓励和扶植它们之间的经济联合，引导农业走专业化、社会化的道路。要特别重视农业科学技术成果的推广，有计划地抓住对农业发展具有决定意义的重大科研项目，组织力量协作攻关。要大力加强农村的文化和科技教育工作；采取积极措施，扫除文盲。对于在农村工作的知识分子，要给以更多的关心，采取有效措施，鼓励知识分子扎根农村，充分发挥他们的积极作用，为农业现代化服务。山区人民在革命战争年代做出过重大贡献，我们应该十分关心他们的生产和生活，帮助他们把山区建设搞得更好。城市的各行各业要分别根据自己特殊的有利条件，从实际可能出发，实事求是地提出支援农业的计划，并努力付诸实施，做出成效。

会议认为，市政府提出的《北京市建设拆迁安置办法》比较切合实际，是可行的。拆迁安置工作要贯彻既保证建设需要，又对被迁单位和被迁户进行合理安置的原则，这对于缩短建设周期，促进安定团结有重要意义。为了顺利地施行建设拆迁安置办法，要认真做好本法规的宣传，使广大人民群众知法守法。有关上级单位对被迁的下属单位，各单位对本单位被迁的职工，都应配合建设单位做好思想动员和说服教育工作，督促他们执行建设拆迁安置办法。房管部门和公安、司法部门，应很好地学习本法规，领会它的精神，熟悉它的各项条款，以便正确地贯彻执行这一重要法规。同拆迁安置工作有关的公安、财贸、教育、卫生、邮电等部门，要认真负责地及时解决被迁居民的户口、粮食、副食品等生活必需品的供应和医疗、转学、转托、信件投送等问题，为搬迁安置工作创造有利的条件。有拆迁任务的国家机关和企业事【业】单位，应带头执行本法规，成为守法的模范，以影响和教育群众。对极少数拒不执行本法规，阻碍拆迁工作，严重影响建设的“钉子户”，主管部门和司法部门必须严肃地依法处理，不得姑息迁就。

会议还批准了人事任命事项。

北京市第七届人大常委会第二十六次会议纪要

一九八三年二月二十六日，市人大常委会举行了第二十六次会议。出席会议的有副主任、委员四十人。白介夫副市长、市高级人民法院、市人民检察院、市政府有关部门和各区县人大常委会的负责同志列席了会议。会议由杨春茂副主任主持。

会议主要讨论、决定了召开北京市第八届人民代表大会第一次会议的日期、议程（草案）和其它有关事项。

一、听取了市人大常委会办公厅《关于本市第八届人民代表大会代表选举工作的情况汇报》；听取并通过了代表资格审查委员会主任马耀骥所作的《关于北京市第八届人民代表大会代表资格的审查报告》，确认当选的九百七十二名市人大代表的资格全部有效。会议决定发布公告，在《北京日报》公布代表名单。

二、听取了市人大 常委会办公厅《关于市八届人大一次会议筹备工作情况的汇报》，认为召开代表大会的条件已经成熟，会议通过了《关于召开北京市第八届人民代表大会第一次会议的决定》，决定自三月十三日至十五日举行预备会议，三月十六日大会正式开幕。

三、会议通过了市八届人大一次会议的议程（草案），主席团和秘书长名单（草案），国民经济、社会发展计划和财政预决算审查委员会主任委员、副主任委员、委员名单（草案），决定将上述议程和名单草案提交代表大会预备会议审议。

四、会议还听取了《关于议案和市人大常委会设立各委员会的两个暂行规定草案的说明》，原则通过了这《两个暂行规定（草案）》，还通过了《北京市第八届人民代表大会议案审查委员会主任委员、副主任委员、委员名单（草案）》，决定对上述暂行规定（草案）作必要的修改后，连同名单（草案）一并提交市八届人大一次会议审议。

五、讨论并原则通过了《北京市人民代表大会常务委员会工作报告（稿）》，决定修改后提请代表大会一次会议审议。

鉴于代表大会召开之前，筹备工作中可能还会出现一些目前预想不到的问题，会议决定委托主任办公会议酌情处理。

会议还听取和审议了市人大常委会办公厅和市人民政府分别作的《关于北京市七届人大六次会议代表提案处理情况的报告》。委员们认为，一年来有关部门在处理代表提案方面做了大量工作，取得了一定的成绩。同时也对严格控制首都人口的增长、保护城市绿地、治理环境污染等问题提出了一些意见和建议。考虑到七届市人民代表大会任期已经届满，七届人大六次会议代表提案的处理情况不必提交八届人大一次会议审议，可以对报告作必要的修改后在市人大常委会公报上刊载。

会议还通过和批准了人事任免事项。

北京市第八届人大常委会第一次会议纪要

一九八三年四月十六日，市八届人大常委会举行了首次会议。出席会议的有主任、副主任、委员五十三人。陈希同市长、孙孚凌副市长、市高级人民法院薛光华院长、市人民检察院王振中检察长以及各区县人大常委会的负责同志列席了会议。会议由赵鹏飞主任主持。

四月十五日下午举行了预备会。赵鹏飞主任就市人大常委会的职责、任务和如何开展工作向委员们作了介绍。委员们分为三个小组对市人大常委会工作机构的设置、五个委员会的组成人员名单和市人大常委会机关负责工作人员的名单进行了酝酿协商，并对市人大常委会一九八三年工作的初步设想进行了讨论。

根据市八届人大一次会议通过的《关于市人大常委会设立各委员会的暂行规定》，会议决定市人大常委会设政法、财经、教科文、城建、农村五个委员会，通过了这五个委员会的主任、副主任和委员名单。会议任命邢军为市人大常委会秘书长，同时任命了四位副秘书长；任命了政法和教科文委员会的两位顾问。根据陈希同市长的建议，会议决定任命白介夫副市长兼任北京市人民政府秘书长，同时任命了六位局长。会议通过了市人大访日友好代表团名单，代表团由十人组成，赵鹏飞主任为团长，佘涤清、陈明绍副主任为副团长。会议还通过了其它任命事项。

会议认为，一九八三年是本届市人大常委会建立后的第一年。我们要认真贯彻执行市八届人大一次会议的各项决议，积极履行“地方组织法”规定的职权、发展社会主义民主、健全社会主义法制、密切同人民代表和人民群众的联系，进一步推动首都的物质文明和精神文明建设。要认真贯彻执行代表大会《关于深入学习新宪法，保证新宪法实施的决议》，督促有关部门采取有效措施，加强对宪法的学习和宣传，检查遵守宪法和法律的情况，发现违反宪法和法律的行为，要及时予以纠正。对代表大会交付的十一件议案（并案后为四项），要督促有关部门进行调查研究，提出报告和法规草案，交人大常委会审议。根据本市工作的实际需要，听取和审议市政府、法院和检察院提出的有关问题的工作报告；抓紧地方立法工作，把立法工作的责任制逐步建立和健全起来。同时积极开展人大常委会各委员会的工作，完善联系代表的办法，改进领导制度和工作作风。

会议听取和讨论了市长助理刘如明《关于北京市零售商业和饮食、服务业实行经营责任制的情况报告》。本市零售商业和饮食、服务业今年一、二月在西单、前门两条大街进行了经营责任制的试点，然后在面上逐步推开，三个月来，取得了初步成绩。经济效益和企业经营管理水平明显提高，官商作风开始转变，服务态度有所改善。但由于缺乏经验，开始时进度又稍快了一些，也出现了一些问题，有待加以改进。委员们对刘如明的报告进行了认真的讨论，肯定了本市零售商业和饮食、服务业实行经营责任制的成绩，同时就存在的问题提出了批评、建议。王向明、李瑛、邹侠等委员指出，承包后有些单位考虑消费者、生产者的利益少了，为了赚钱多得奖，有的甚至不惜损害消费者和生产者的利益。例如把蔬菜、水果成批地卖给个体户，转手卖高价，群众买不到；有的不讲商业道德，以次充好，欺骗顾客；果品公司到远郊收购水果时故意压级压价等等。承包后应当加强政治思想工作，保证政治文化学习时间，教育职工坚持社会主义方向，更好地为人民服务。宁榥、张镈等委员说，商业改革是件很复杂的工作，应当设立专门机构对商店的税收制度、经营管理、统计数字、商品质量、卫生标准等进行抽查或定期检查，实行严格的管理和监督。张继斌、王哲委员指出，承包指标和奖金数额的规定是否科学，是一个重要问题，这方面已经出现了一些高低悬殊、苦乐不均的偏差，其重要原因之一是缺乏社会的历史的资料分析，为此，应当加强调查研究，区分各行各业的不同情况，力求做到指标合理。特别应研究一下分配关系，规定几条杠杠，例如企业留成的增长比例不能超过对国家贡献增长的比例，奖金的增长额度不能高于工资总额的增长额度，个人所得的增长应当低于劳动生产率的增长，我们应当研究和尊重商业经济的客观规律。委员们还要求在改革中严格掌握政策。对个体户要加强管理，取缔无照经营；承包后基层行政负责人的权力加大，应当相应地加强民主管理；承包后基层商店有若干规定同现行劳保条例和计划生育政策发生矛盾，例如变更了产妇的产假期和喂奶时间等等，需要研究予以改正。此外，还对网点管理机构的设置，设立早市夜市、方便群众等提出了建议。

陈希同市长对委员们认真审议政府报告，提出了许多宝贵的意见表示感谢。他说，这对市政府改进工作有很大帮助。委员们提出的问题，有的我们已经认识到了，正在解决之中；有的正在研究解决的办法；有的我们认识体会还不深，会后一定要按照同志们的意见进一步加以研究，坚决把改革搞到底。他说，改革是一场革命，必然会突破一些现行的规定和政策，不可避免地会出现一些新的矛盾。但是一定要按照中央的方针，全面而有系统地、坚决而有秩序地、有领导有步骤地把改革进行下去。除了商业以外，在工业企业要普遍推行利改税，其它方面也在进行改革的试点，政府将在适当的时候向人大常委会提出报告，希望委员们多监督、多批评、多帮助，督促我们更好地为全市人民服务。

北京市第八届人大常委会第二次会议纪要

一九八三年五月三十日至三十一日，市人大常委会举行第二次会议，听取并审议了白介夫副市长代表市政府所作的《关于贯彻执行〈中华人民共和国食品卫生法（试行）〉意见的报告》，通过了相应的决议；听取和讨论了市科委陈绳武副主任所作的《关于北京市科技工作情况的汇报》；决定了市人民政府十八名局长和两名高、中级法院副院长、四名检察院和检察分院副检察长的任命，通过了其它人事任免事项。

赵鹏飞主任主持了会议。出席会议的有副主任、委员四十四人。白介夫、张彭副市长，市高级人民法院薛光华院长，市人民检察院王振中检察长，市政府有关部门、八个城近郊区人民政府以及区、县人大常委会的负责同志列席了会议。

委员们一致同意白介夫副市长的报告，认为报告对本市食品卫生工作状况的分析是实事求是的，提出的措施是可行的，同时根据会前视察和对本市食品卫生工作情况的了解，提出了许多积极的意见和建议。严镜清等委员说：民以食为天，食品卫生直接关系到广大人民群众的身体健康，应当列为整个卫生工作的一项重要内容；有些单位虽然设备简陋，工艺落后，但卫生工作搞得井井有条，但另一些条件很好的单位卫生却搞得很差，这说明关键在于是否确立了对人民健康负责的思想，因此要加强食品卫生法的宣传，使之为各级领导和广大群众所掌握。阮章竞委员说：我们有些法规存在着开始时热闹一阵子，过一段时间就冷下来的问题，要保证食品卫生法的切实施行，必须强调法律的严肃性，严格依法办事。白介夫同志的报告提出了不少措施，但要落实下来，还需要尽快制订出具体的实施计划。

许多委员反映，在搞活经济的新形势下，食品卫生工作中出现了一些新问题亟待研究解决。刘殿臣委员说：有的饮食单位实行承包责任制后，把钱用来发奖金，不愿投资搞卫生设施的建设，一些必要的卫生用具也不愿购置。有些患有传染病的职工，怕影响个人经济收入而不愿休病假，仍在继续从事接触食品的工作，要研究用适当方式解决他们的收入问题。景良委员说：农村实行搞活经济的政策后，屠宰工作由过去的“一把刀”变为“多把刀”，有些农民自行屠宰病猪死猪就地出售，检疫工作很不落实，需要制订解决的办法。胡亚美等委员指出，食品卫生的监督力量跟不上形势的要求，迫切需要加强。对于食品卫生，要视不同单位提出不同的要求，如各医院附近的餐馆，食品卫生、餐具的消毒应比一般单位更加严格，可以考虑搞些一次性使用的简易餐具，以避免各种疾病的交叉感染，现在鼠害猖獗，鼠伤寒的发病率有所增加，建议考虑适当时候在全市开展一次灭鼠活动。

委员们在听取市科委陈绳武副主任的汇报以后，对本市的科技工作进行了讨论，提出了以下主要意见：一、要充分发挥北京科技力量雄厚的优势。陈明绍副主任说：北京不仅有十三万本市自己的科技人员队伍，还有十八万中央单位的科研队伍，是全国科技力量最集中的地方，这是北京得天独厚的优势。很多中央单位愿意为北京服务，但是找不到负责组织的部门，建议市政府认真研究这个问题。二、要进一步调动科技人员的积极性。蔡旭、安朝俊副主任和张镈、郑元景等委员指出，目前还是有一些领导干部对科学技术在“四化”建设中的重要作用认识不足，科技人员的积极性没有得到充分发挥。有些科研人员忙于搞科研后勤方面的事，没有把主要精力用于科研上。有的科研所为了搞副业增加收入，让科技人员去拉沙子，影响了科研工作的发展。有的科研所需要的人员调不进来，适合到别处工作的科研人员调不出去，要学习体育战线选拔人才的办法进行调整。科研工作是探索性的工作，更要有领导上的支持。领导科技工作的同志要有民主作风，善于倾听科技人员的意见，支持他们的工作，才能充分发挥他们的积极性。三、科研责任制不能一刀切，对不同的课题应有不同的要求。科研课题的选择要兼顾当前和长远，既有开拓性的研究，又有灾害性课题的研究。引进技术要注意消化，以增强自力更生的能力，各种元器件和备品备件要逐步做到自己制造生产，避免外国资本家卡我们的脖子。四、要重视科技推广工作，纠正重科研轻推广的倾向。常浦委员分析了郊区农村科技推广工作的情况，建议采取措施，健全农村科技推广体系，推动农村科技推广工作的开展。

会上，市人事局、市高级人民法院、市人民检察院的负责同志分别汇报了提请任免人员的情况，杨春茂副主任汇报了对这些人员进行考察的情况，委员们通过了各项人事任免名单，对人事任免工作中的初步改革表示满意。

北京市第八届人大常委会第三次会议纪要

一九八三年六月二十七日至二十八日，市八届人大常委会举行了第三次会议。出席会议的有主任、副主任、委员四十三人。安林副市长、市人大常委五个委员会的委员及区、县人大常委的负责同志列席了会议。会议由范瑾、杨春茂副主任主持。

会上，赵鹏飞主任首先传达了六届全国人大一次会议的精神和进行情况。他说，第六届全国人民代表大会是按照新宪法选举产生和召开的首次大会。这次会议是我国历史新时期中具有重要意义的一次盛会。会议根据新宪法的规定，选举、决定了国家领导人，进一步完善和健全了国家机构，发展了社会主义民主与法制。赵紫阳总理代表国务院所作的政府工作报告，是一个很重要的文件。报告以党的十二大精神为依据，密切联系实际，对过去五年的政府工作做了基本总结，重申和阐明了一系列正确的方针、原则和政策，为全面开创社会主义现代化建设的新局面做了进一步的规划和部署，对巩固和发展当前各条战线的大好形势和继续推进各项建设事业，有着重要的指导意义。会议期间，彭真委员长、赵紫阳总理参加了北京市代表团的讨论，和代表们共商国家大事，使代表们受到很大鼓舞。许多代表认为，整个会议议题明确，中心突出，气氛活跃，开得生动活泼，是一次团结胜利的大会。

赵鹏飞主任还传达了彭真委员长关于全国人大专门委员会工作的讲话、在六届全国人大常委会第一次会议上关于地方人大常委会工作的讲话。

委员们在会上进行了热烈的讨论。大家认为，六届全国人大一次会议为我们指明了团结奋斗、振兴中华的方向，表达了人民的心愿。会议一致拥护大会选出的国家领导人，拥护大会的各项决议和报告，要求各位委员和人民代表同全市人民一道，在各条战线贯彻好大会精神，同心协力，实事求是，埋头苦干，为使首都现代化建设不断走向新的胜利而努力奋斗。

会议听取了范瑾副主任关于市八届人大一次会议《认真学习新宪法、保证新宪法实施的决议》和议案的办理情况的汇报、市司法局崔虎局长关于本市开展“法制宣传周”活动的情况汇报。委员们认为，五月下旬，在全市范围内开展的以宣传新宪法为中心的“法制宣传周”活动，是贯彻、落实市八届人大一次会议关于学习新宪法、保证新宪法实施的决议和议案的一项重要活动。市人大常委和市人民政府对于办理代表大会的决议和议案是积极认真的，工作是有成绩的，今后要继续努力把这项工作抓好。

会议还听取了赵鹏飞主任关于北京市人民代表大会友好代表团访日情况的报告。委员们认为，这次访问是成功的，对于进一步加强中日两国首都之间的友好合作关系，增进中日两国人民之间的友谊，作出了重要贡献。大家对于代表团全体同志长途跋涉，辛勤努力表示感谢。

会议通过了对市政府十二名局长和委员会主任的任命。

北京市第八届人大常委会第四次会议纪要

一九八三年七月二十九日上午，市人大常委会举行第四次会议。出席会议的有副主任、委员四十人。韩伯平副市长，市高级人民法院、市人民检察院负责人，市政府有关部门以及各区县人大常委会的负责同志列席了会议。范瑾副主任主持会议并讲了话。

会议首先由韩伯平副市长传达了中共中央、国务院关于对《北京城市建设总体规划方案》的批复和关于成立首都规划建设委员会的决定，并就市政府如何贯彻中央的批复讲了意见。他说，中共中央、国务院的批复和决定，是中央书记处关于首都建设方针四项指示的发展，是指导北京城市建设的纲领性文献。《北京城市建设总体规划方案》经党中央、国务院批准就具有了法律的性质，使首都的建设有法可依，有了共同目标、共同语言，这是北京城市规划和建设工作上一个历史性的转折，从此，首都的建设将进入一个新阶段。他在发言中分别就控制城市规模，繁荣城乡经济等问题，谈了市政府的一些设想和准备采取的措施。他提出，实施北京城市建设规划，要认真抓好领导、体制、立法、资金这四个环节。我们要在首都规划建设委员会的领导下，把区域建设的具体规划同近期(五年)的建设计划、年度的建设计划统一起来，建立一套保证规划得以实施的法规，建立一个合理的领导体制，做到统一计划、统一开发、统一建设。关于集中资金问题，要从实际情况出发量力而行，把可能筹集到的财力，首先用于安排那些最迫切的项目，把城市建设的基础设施抓好，为根本解决城市污染、改善城市环境创造条件。要贯彻“人民的首都人民建”的方针，动员全市人民把首都建设好。

会上，委员们进行了热烈的讨论，一致认为批复和决定完全符合北京的实际情况，充分体现了党中央、国务院对首都城市建设的重视和关怀，表示坚决拥护。对韩伯平副市长提出的意见表示赞同，希望市政府按照批复的要求尽快落实。沈勃委员说，北京城市建设总体规划的编制工作始终是在党中央、国务院的关怀下，在市委、市政府的直接领导下进行的。从一九四九年起就已着手进行调查研究，并通过各种方式听取了各界人士、人民代表、有关部门以及专家们的意见，先后几次提出规划草案上报中央。一九八〇年四月中央书记处又对首都建设方针作了重要指示，明确了首都的发展方向。据此，在原有工作的基础上展望二〇〇〇年的发展前景编制出总体规划。总之，这个规划是按照中央的指示精神制定的，是有科学依据的，是符合北京实际情况的。侯仁之委员说，北京是全国的政治中心，对此大家的看法是一致的，但应该不应该同时是全国的文化中心？过去一直有争论，现在批复明确指出，北京是全国政治中心和文化中心，北京的建设要反映中华民族的历史文化，这一点非常重要，它把人们的认识统一起来了。北京早在新石器时代就是南北文化的汇合点，就是文化中心，这在世界上是少见的。我们一定要坚决地按照批复去做，建设一个能反映我国历史文化的，有中国特色的社会主义首都。王炜钰委员说，批复是在总结解放以来三十多年北京城市建设经验的基础上提出来的。它的第一条就明确了北京的城市性质是政治中心和文化中心，这是我们长期盼望的。过去我很担心北京的文物古迹能不能保存好，现在有了中央的批复，可以放心了。阮章竞委员说，中央决定成立首都规划建设委员会这样一个能协调各方面关系、具有高度权威的统一的领导机构，并由它组织制定城市建设和管理的法规，这就使规划的实现有了可靠保证。委员们还对实施规划方案中的一些问题提出了意见和建议。

会议提出，为了贯彻执行中央的批复和决定，首先要求各级领导要认真学习，统一认识，把思想和行动统一到批复和决定的要求上来，坚决地、认真地贯彻批复的精神；其次，要广泛深入地向全市人民宣传批复和决定，把这一宣传与爱国主义的教育结合起来，使人民群众了解规划方案的内容，看到首都建设的光明前景，动员人民为实现规划而奋斗；第三，市人大常委会要协同政府抓好城市规划、建设和管理的立法工作，提高立法工作效率，逐步建立起法规体系，做到各项工作有法可依。当前要特别抓紧城市建设规划管理办法的制订；第四，要进一步加强城市规划的研究和管理工作，编制详细规划和专题规划以保证总体规划的实施。会议最后指出，要把规划变成现实，还会遇到种种困难和矛盾，但是我们相信，在中央和国务院的领导下，在“人民的首都人民建”的思想指导下，在有关部门、兄弟省、市、自治区和全国人民支持下，经过全市人民的艰苦奋斗，规划方案一定能够实现。

北京市第八届人大常委会第五次会议纪要

一九八三年九月七日至八日，市人大常委会举行了第五次会议。出席会议的有副主任、委员四十一人，陈希同市长，白介夫、韩伯平、安林、张百发副市长，市高级人民法院薛光华院长，市人民检察院王振中检察长列席了这次会议。列席会议的还有：市政府有关部门和区、县人大常委会的负责同志，提出议案的部分市人大代表和几位全国人大代表。市政协常委委员也列席了这次会议。会议由范瑾副主任主持。

会上，首先由佘涤清副主任传达了六届全国人大常委会第二次会议和中共中央有关指示的精神，委员们进行了认真的学习讨论，一致表示坚决拥护中央的指示和全国人大常委会通过的《关于严惩严重危害社会治安的犯罪分子的决定》。闻家驷副主任、安士伟等委员说，严惩严重危害社会治安的犯罪分子，是关系到国家长治久安的大事。这些犯罪分子人数虽然不多，但危害极大，必须给以严厉打击。王景铭、王树森等委员说，全国人大常委会的决定深得人心，为我们依法从重从快惩处严重刑事犯罪分子提供了锐利武器，我们一定要做到“有法必依，执法必严，违法必究”，运用法律武器打击刑事犯罪活动，对那些极端凶残、民愤极大的罪犯要依法给以最严厉的制裁，决不心慈手软。委员们在发言中还强调在这一斗争中，要坚持“在法律面前人人平等”的原则，充分发挥政法公安机关的专政职能，紧紧依靠人民群众，夺取这场斗争的全胜。会议通过了《坚决贯彻执行全国人大常委会〈关于严惩严重危害社会治安的犯罪分子的决定〉的决议》。

接着，会议着重讨论了市八届人大一次会议交付常委会审议的有关教育的议案，为此，听取了白介夫副市长代表市人民政府所作的《加强和改革中小学教育，更好地为首都的四化建设服务》的报告，经过热烈讨论，会议批准这个报告，并通过了《关于提高中小学教育质量的决议》。委员们认为，白介夫副市长的报告，回答了大会议案提出的主要问题，内容比较全面，既总结了经验，又尖锐地提出了当前存在的问题和为此采取的措施，针对性很强。实现报告中提出的各项任务，将使本市中小学教育质量有一个显著提高。会上委员们还提出了一些教学工作方面的具体意见和建议，例如对重点校的作用和要求要有统一的认识，要加强教育科学研究，发展农村教育，市区县教育局的领导最好兼任一所学校的校长等等，政府主管部门将在会后加以研究。会上，还印发了市教育局关于议案中几个具体问题的说明，委员们对这一说明表示同意。

会议听取和审议了张百发副市长受市政府委托所作的《关于今明两年动员群众义务劳动整治河道的报告》，并通过了相应的决议。委员们指出，整治河道是政府为人民办的一件大好事，是贯彻中央关于首都建设方针指示的具体表现，是实行“人民首都人民建”方针的一项重要措施。宪法规定了公民有劳动的权利和义务，我们也有义务劳动的好传统。市政府和各有关单位在这项工作中要加强具体组织领导，讲求实效，使群众的积极性得到很好的发挥。陈希同市长在会上讲话，感谢市人大常委对政府的报告给以肯定，同时提出了一些好的建议并作出决议，这是对政府工作的有力支持、帮助和监督。他表示政府将努力贯彻执行人大常委会通过的有关中小学教育和整治河道的两个决议，并建议市人大常委在年底前到各区、县听取中小学教育工作的汇报，进行督促检查、区、县人大常委到公社进行一次检查。

会议在听取了市高级人民法院院长薛光华所作的关于《北京市民事诉讼收费暂行办法（草案）》的说明后，审议通过了这个法律案，决定公布施行。

会议还通过了各项人事任免事项。

北京市第八届人大常委会第六次会议纪要

一九八三年十月十五日和十六日，市人大常委会举行第六次会议。出席会议的有主任、副主任、委员四十七人，张百发、张彭、孙孚凌副市长，市高级人民法院薛光华院长，市人民检察院王振中检察长，市政府有关部门和各区、县人大常委会的负责同志列席了会议。会议由杨春茂副主任主持。

会上首先听取了张百发副市长所作的《北京市城市建设规划管理办法（草案）》的说明，对这个法规草案进行了认真的审议。委员们指出，党中央、国务院很重视首都的建设，对北京城市建设总体规划方案作了重要批复。对首都建设的各方面都提出了方针性的意见；还决定成立首都规划建设委员会，从组织上加强对首都规划建设的领导。目前需要从法制上采取措施，以保证总体规划的实施。现在北京城市建设中的突出问题是：一些单位乱上项目，违章占地，违章建设。这种盲目性和无政府状态给首都的建设造成了损失和混乱，对总体规划的实施是一个很大的冲击，因此迫切需要制定城市建设规划管理办法，按照规划加强城市建设工程的管理，使各项建设工程都符合城市规划的要求。对于市政府提请审议的这项法规草案，委员们提出了许多修改意见。为了使法规各项条款更加周严，更切合实际，会议决定对这个法规草案暂不作正式通过的决定。请市政府在会后根据这次会议讨论的意见，再作复议修改，并以市政府名义报请首都规划建设委员会审查，提出修改意见，而后再根据情况作出决定。

接着会议听取了张彭副市长所作的《北京市商用计量器具管理办法（草案）》的说明，审议通过了这个法规。委员们在发言中指出，商用计量器具的准确与否，直接影响国家、集体和消费者的利益。自从一九八二年五月市政府制定计量器具管理办法在全市试行以来，商业计量工作有了较大改进，但计量器具合格率低的问题仍未很好解决，特别是商业系统推行经营承包责任制以后，短斤缺两的现象又有增加。这次市政府提请审议的商用计量器具管理办法，总结了一年来的经验，结合新情况对原来的办法进行了修改，是可行的。会议通过了关于批准《北京市商用计量器具管理办法》的决议，由市政府公布，自一九八四年一月一日起施行。

北京市各区县和乡镇人民代表大会代表的任期到一九八三年底届满，应当依法在今年年底前进行换届选举，但是，由于各区、县机构改革正在进行，还有一部分公社政社尚未分开，加以目前正在开展严厉打击刑事犯罪活动的斗争，难以在年底以前普遍进行。根据第六届全国人大常委会第二次会议关于县级和乡级人民代表大会代表选举时间的决定，会议经过讨论，通过了北京市人民代表大会常务委员会关于区县和乡镇人民代表大会代表选举时间的决定，将这两级人大代表的选举推迟到一九八四年下半年进行。

会议听取了孙孚凌副市长所作的《发挥个体工商业的补充作用，活跃经济，方便人民生活》的汇报，并进行了讨论。委员们指出，经过几年努力，北京市的个体经济有了一定的发展，对活跃经济，方便群众生活，扩大就业，发挥了积极作用，但是由于管理工作没有及时跟上，确实也出现了一些值得注意的问题。委员们赞同市政府要在今冬明春对个体经济进行整顿的安排，并提出了一些积极的建议。

会议还通过了各项人事任免事项。

最后，赵鹏飞主任讲了话，指出制定地方性法规是首都建设的迫切需要，同时又是一项非常复杂细致的工作。这次会议审议两项地方性法规的实践说明，在立法过程中，要注意吸收古今中外的历史经验，充实这方面的知识，而且要充分掌握实际情况，制订的法规才有针对性。对于专业性很强的法规，从着手起草时起，就要吸收有经验的专家参加研究，才能使法规更具有科学性、合理性和合法性。提请人大常委会审议的地方性法规，特别是比较重要、复杂和条文较多的，必须在会前若干天发给委员，以便委员有充分的时间进行研究，这样在会上才能充分发表意见。

北京市第八届人大常委会第七次会议纪要

一九八三年十二月九日至十日，市人大常委会举行了第七次会议。出席会议的有主任、副主任、委员四十五人。安林副市长、市高级人民法院薛光华院长、市人民检察院王振中检察长、市政府有关部门以及各区县人大常委会的负责同志列席了会议。会议由赵鹏飞主任主持。

会议首先听取了安林副市长关于严厉打击严重刑事犯罪活动情况的汇报和市文化局鲁刚局长关于文化艺术工作中精神污染情况和今后采取的抵制措施的汇报。市人大代表、中共北京市委宣传部顾问吉伟青和市广播事业局局长赵正晶，市人大常委委员、市文联副主席阮章竞和团市委副书记张福森，分别就本市理论、广播电视、文艺创作和青少年教育等方面清除精神污染的情况作了补充发言。

余涤清副主任传达了彭真委员长在六届全国人大常委会三次会议上关于清除精神污染问题的重要讲话。

委员们对上述两个报告进行了认真的讨论，认为两个报告符合北京市的实际情况。本市打击刑事犯罪活动已经取得了初战胜利，社会秩序和社会治安开始有了明显好转，斗争正在向纵深发展。公安政法部门要总结经验，认真指导，坚持依法办事和实行公民在法律面前一律平等的原则，不断提高斗争水平，进一步把工作做细、做深、做好。委员们指出，建设社会主义精神文明，清除精神污染，确实是关系到党和国家事业的成败，关系到下一代由什么人接班的问题。做好这项工作的关键是要克服领导上的软弱涣散状态，同时掌握好清 除精神污染的范围、标准和政策界限。清除精神污染主要在思想战线特别是理论界文艺界进行，不要任意扩大范围。在农村有什么问题就解决什么问题，不要提反对精神污染的口号，在工厂、学校则要进行正面教育。清除精神污染所要解决的问题还是人民内部问题、思想认识问题，要实行“团结——批评——团结”的方针，和风细雨，以理服人。只要我们这样去做，就会把清除精神污染工作抓好，取得预期的效果。

会议接着审议代表大会交付的关于加快首都绿化步伐的议案，批准了市人民政府农林办公室副主任范毓扬、市园林局局长赵一恒受市人民政府委托分别作的关于加快郊区绿化造林工作和首都城市绿化建设的报告，并通过了相应的决议。在听取了市农林办副主任范毓扬作的说明之后，审议并批准了市人民政府提出的《北京市农村林木资源保护管理暂行办法（草案）》，决定由市人民政府公布，自一九八四年三月一日起施行。

会上，市政管理委员会副主任陈向远受市人民政府委托作了关于撤销市容卫生民警建制、增设市容环境卫生监察员的报告，会议经过审议，同意市政府提出的报告，通过了批准修改《北京市市容环境卫生管理规定》第十三条和《北京市城市绿化管理暂行办法》第十三条的决议。

市体委主任魏明就北京市体育代表团参加第五届全运会的情况，向会议作了汇报。

会议还通过了人事任免事项。

北京市第八届人大常委会第八次会议纪要

一九八四年一月十七日至十八日，市人大常委会举行了第八次会议，出席会议的有主任、副主任、委员四十八人。韩伯平、张百发副市长，高级人民法院薛光华院长，市人民检察院王振中检察长，市政府有关部门以及各区、县人大常委会的负责同志列席了会议。会议由赵鹏飞主任主持。

一、会议在听取了张百发副市长关于《北京市城市建设规划管理暂行办法（草案）》的说明后，对这一办法草案进行了审议。委员们认为，党中央、国务院关于北京城市建设总体规划方案的批复，是对北京市城市建设的一个拨乱反正的纲领性文件，是开创首都建设新局面的指导方针。总体规划方案的批准，使北京的城市建设有了总的依据。为了落实批复精神，保证总体规划的实施，制止乱上项目，乱占地，乱毁、乱占文物古迹和乱占绿地等混乱现象，加强集中统一的领导，改变管理分散和领导软弱的状况，亟需制定一个城市建设的规划管理办法，运用法制武器加强城市建设的规划和管理。这次市政府提请审议的办法草案，吸收了第六次常委会议进行初步审议提出的意见，征求了首都规划建设委员会委员的意见，并根据国务院颁布的《城市规划条例》进行了修改，基本上是可行的。会议经过认真审议，通过了《批准〈北京市城市建设规划管理暂行办法〉的决议》，决定由市政府公布，自公布之日起施行。

二、会议听取并讨论了市人大常委会城建委沈勃主任和市政府市政管理委员会陈向远副主任分别作的关于保护首都环境、加快治理污染议案办理的情况和报告。委员们对市人大代表在八届人大一次会议上提出的加强首都环境保护工作的五项议案得到认真办理，表示满意。几年来本市在治理污染方面取得了一定成绩。但是，污染的治理赶不上污染的发展，以至北京被列为世界上比较肮脏的首都之一，这个问题必须引起我们的高度重视，把环境保护、治理污染作为一项国策和十分迫切的任务，采取有远见的措施切实抓好。环境严重污染是多年积累下来的问题，因此，治理污染要有一个过程，需要付出艰巨的努力。为此要订出治理的规划，采取有力措施分期加以实现。当前，首先要解决那些眼前就能治理或花钱不多短期内就能见效的污染扰民问题，治理污染不仅是环保部门的事，党政军民学、各行各业都有责任。要千方百计把经济工作和环保工作有机地结合起来，加快治理污染的速度，努力把首都建成为一个清洁、优美、生态健全的文明城市。

三、会议听取了市财政局常自超局长受市政府委托所作的《关于财政收支预算调整和执行情况的报告》。委员们认为，国家对本市财政收支预算指标进行调整是必要的。八三年财政总的收入增长幅度虽然不大，但它标志着财政情况正向好的方向发展。这是全市人民共同努力的结果。委员们一致同意市政府关于一九八三年财政预算调整的报告。常自超局长还就此次指标调整在向市人大常委会报告之前，提供给北京日报加以报导一事，作了自我批评。他说，这是违反“地方组织法”有关规定的行为，说明我的法制观念不强。

今后要吸取教训，保证不再发生类似问题。委员们认为，常自超局长的检查，态度是严肃认真和负责的，表示予以谅解。

四、会议听取和审议了市公安局高克局长受市政府委托所作的《关于提请修改〈北京市道路交通管理暂行规则〉的若干规定的报告》，认为对交通法规的若干规定加以修改是必要的，为此通过了相应的决议。

会议还通过了任免事项。

北京市第八届人大常委会第九次会议纪要

一九八四年二月二十一日至二十二日，市人大常委会举行了第九次会议。出席会议的有主任、副主任、委员四十五人。韩伯平、安林副市长，市高级人民法院薛光华院长，市人民检察院王振中检察长，市政府有关部门、有关民主党派以及各区、县人大常委会的负责同志列席了会议。会议由赵鹏飞主任主持。

一、会议讨论并通过了市人大常委会佘涤清副主任《关于区、县、乡、镇人民代表大会代表选举工作的意见》，确定将这一工作意见向各区、县进行部署。鉴于今年下半年区、县要进行整党，国庆三十五周年要举行盛大庆祝活动，任务繁重，会议经过讨论，通过了《关于区、县、乡、镇人民代表大会代表选举工作的决议》，决定将原定于今年下半年进行的区、县、乡、镇人民代表大会代表的选举工作，改在今年上半年进行，六月底以前完成。同时决定在市人大常委会领导下，设立区县乡镇直接选举工作办公室，并任命了办公室的主任和副主任。会议指出，这次区、县、乡、镇人民代表大会代表的选举，是新宪法颁布后的第一次直接选举，它对于健全人民代表大会制度，加强地方政权建设，落实中共中央、国务院关于北京市城市建设总体规划方案的批复，具有重要作用。因此，思想上要高度重视，领导上要统筹兼顾，部署上要妥善周密，工作上要抓紧抓好。

二、会议听取了市人大常委会政法委员会王景铭主任关于《北京市区、县、乡、镇人民代表大会代表选举实施细则（草案）》的说明后，对选举实施细则草案逐章逐条进行了审议，并对其中的若干规定提出了修改的意见。会议原则上通过了《北京市区、县、乡、镇人民代表大会代表选举实施细则》，授权市人大常委会办公厅和政法委员会对没有附加剥夺政治权利的人进行补判的问题进一步研究，必要时临时召开常委会对有关规定加以修改，如无原则问题，即可公布施行。

三、会议经过讨论，通过了《关于召开北京市第八届人民代表大会第二次会议的决定》，决定于一九八四年四月上旬召开北京市第八届人民代表大会第二次会议；拟定的主要议程是：听取和审查市人民政府工作报告；审议和批准一九八四年国民经济和社会发展计划，一九八三年财政决算和一九八四年财政预算；听取和审查市人大常委会、市高级人民法院和市人民检察院的工作报告。

北京市第八届人大常委会第十次会议纪要

一九八四年三月二十七日，市人大常委会召开了第十次会议。出席会议的有主任、副主任、委员四十七人。白介夫副市长，市高级人民法院薛光华院长，市人民检察院王振中检察长，市政府有关部门以及区、县人大常委会的负责同志列席了会议。会议由赵鹏飞主任主持。

一、会议听取了邢军秘书长关于召开本市八届人大二次会议筹备工作情况的汇报，讨论通过了准备提交市八届人大二次会议的议程和日程的建议草案、大会主席团和秘书长等各项建议名单草案。会议认为大会的各项筹备工作进展顺利，决定于四月三日召开市八届人大二次会议。

二、会议讨论了市人大常委会工作报告(讨论稿)，原则同意这个报告，确定根据委员们的意见进行修改后，提请市八届人大二次会议审议。

三、会议参照全国人大常委会有关规定的精神，确立设市八届人大常委会代表资格审查委员会，并通过了这个委员会的组成人员。佘涤清任主任委员，陈明绍任副主任委员。

四、会议听取了区县乡镇直接选举工作办公室王景铭主任所作的说明后，审查决定了一九八四年各区、县人民代表大会换届选举的代表名额，确定批复各区、县，并报全国人大常委会备案。

五、会议听取了市政府、市人大常委会办公厅关于市八届人大一次会议代表建议、批评和意见办理情况的报告，确定印发市八届人大二次 会议全体代表。

六、会议决定任命王康久为北京市计划生育委员会主任，李学信为北京市人民政府文教办主任；批准任命刘维君为崇文区人民检察院检察长。

北京市第八届人大常委会第十一次会议纪要

一九八四年五月八日，市人大常委会举行第十一次会议。出席会议的有副主任、委员四十一人。安林副市长，市高级人民法院薛光华院长，市人民检察院王振中检察长，市政府有关部门以及区、县人大常委会的负责同志列席了会议。会议由杨春茂副主任主持。

会上，首先由邢军秘书长传达了中共中央〔1984〕8号文件和9号文件，传达了彭真委员长关于加强社会主义民主与法制建设，加强人大常委会工作和建设的重要讲话。佘涤清副主任向委员们通报了中共北京市委关于贯彻落实中央8号文件和彭真委员长讲话精神所作的工作部署。委员们联系实际，畅谈了学习的认识和体会，对改进人大常委会的工作提出了意见和建议。

发言的委员认为，党中央要求加强各级人大常委会的工作和建设，这对发扬社会主义民主，加强社会主义法制建设具有重要意义。在革命战争年代，我们依靠党的领导和党的政策推翻了三座大山；现在我们有了全国政权，治理十亿人口的大国，不但要靠党的领导，还要经过国家形式；不但要靠党的政策，而且要建立、健全法制，依法办事。这是一个重大的历史过渡。我们一定要完成好这个过渡。

徐汉涛委员说，中央8号文件和彭真委员长的讲话是指导人大常委会工作的重要思想武器，为我们人大常委会开创新局面指明了方向。学习这个文件和讲话，增强了我搞好民主法制建设、发挥地方国家权力机关作用的信心。过渡是一个过程，不能产生急躁情绪，同时也不能消极等待，要立足于改进我们人大常委会自身的工作。我们的思想方法和工作习惯都要适应过渡的要求，有一个相应的转变。

陈明绍副主任说，有些人对人大常委会的性质、地位和作用认识不清，认为人大是“橡皮图章”，是安置干部的场所。这种糊涂认识有三个根源：一是历史根源，革命战争年代是靠政策办事，长期以来就习惯于以政策代替法律；二是思想根源，即“左”的思想影响，把党的领导和发挥国家权力机关的作用对立起来；三是社会根源，长期的封建社会形成了一言堂和家长制作风，在人们的头脑中影响较深，缺乏民主精神和法制观念。应当加强学习和宣传教育，纠正这种糊涂观念。

王金鲁委员说，人大常委会有三个特点，一是集体负责制，要求我们按民主集中制原则开好人大常委会议，要采取措施提高会议质量。二是立法机关，而且要依法行使职权，因此必须组织委员学习宪法和法律，并且加强执法情况的检查。三是代表大会的常设机关，这就要求我们必须联系代表，认真督促有关部门及时办理代表的建议、批评和意见，对办理不认真的要行使监督权。

王向明委员说，党中央要求加强人民代表大会制度，保证人民当家作主，市委也下了很大的决心，这对我是个很大的鼓舞。现在有的领导干部把人大当作招牌，没有真正作为国家权力机关来看待，这种错误认识要纠正。人大是工作机关，不是老干部的“转运站”，更不是安置机构，在这次换届选举和机构改革中应当充实中青年干部，注意解决这个问题。人大常委会对于宪法、组织法赋予的职权，如授予哪些地方荣誉称号、要讨论哪些重大事项、监督权应该如何行使，以及能否试行建立代表小组等，要加以研究，切不要把过渡当作一个借口，老牛破车，依然如故。

郑宁委员说，人大常委会权力很大，任务很重，要搞好过渡，不能有畏难情绪，也要防止慢慢来的思想，要作许多艰苦工作。有很多问题需要研究，例如要明确委员的职责，要研究怎样发挥兼职委员的作用，党委、人大常委和政府如何配合协调搞好过渡，我们怎样运用各种群众团体的积极性，同心协力的工作，人大常委会机关怎样根据过渡的要求检查总结工作等等，可以列出问题来进行讨论。

陈丁茂委员说，打天下和治国不同，不能用打仗的方法治国，治国要用民主的方法，使民主制度化法律化。我是兼职委员，过去有依赖思想，对人大工作不够重视，今后要争取多参加人大常委会的工作。

王哲委员说，市人大常委会在反映和支持人民群众的正确要求方面做得不够，应当抓住那些基本的、重大的、有影响的问题加以解决，使人民群众真正体会到我们是人民的权力机关。同时对重大政策、法律要加强调查研究。

王继芬、张镈委员说，市政府在代表大会期间，组织局以上负责干部到代表小组听取意见，说明政府对代表的意见是重视的，它沟通了人民和政府的联系。但是，过去代表提出的有些问题没有认真解决，有的建议、批评和意见转来转去没有下文，希望在这方面有所改进。

杨春茂副主任讲话说，党中央对加强人大常委会的工作和建设是很重视的。1981 年发了中央 16 号文件，最近又发了 8 号、9 号文件。我们做人大工作的同志责任重大，决不要辜负党中央对我们的期望和要求。人大常委会的职权由委员会集体来行使，必须依靠大家的积极性，这就要求各位委员用更多的时间参加人大常委会的活动，用更多的精力考虑人大常委会的工作，使我们这个集体成为民主的集体、密切联系代表和群众的集体，共同努力完成过渡阶段赋予我们的历史任务。

会议根据彭真委员长讲话的精神，讨论和通过了市人大常委会 1984 年度工作计划要点；为了加强区、县人民代表大会代表资格审查工作，通过了区、县人大常委会设立代表资格审查委员会的决定。会议还审议批准了市高级人民法院关于选举市、区（县）两级人民陪审员的请示报告，通过了人事任免事项。

北京市第八届人大常委会第十二次会议纪要

一九八四年六月五日至七日，市人大常委会举行了第十二次常委会议。出席会议的有主任、副主任、委员四十四人。安林副市长，市高级法院薛光华院长，市人民检察院王振中检察长，市政府有关部门以及区、县人大常委会的负责同志列席了会议。会议由赵鹏飞主任主持。

赵鹏飞主任传达了六届全国人大二次会议精神，委员们分组进行了讨论。他们在发言中一致认为，六届全国人大二次会议作出的把社会主义经济建设继续推向前进、着重抓好体制改革和对外开放两件大事的决策，大会确定的我国外交工作的基本方针，完全符合我国国情，体现了人民的根本利益，反映了全国人民的心愿。

委员们联系实际，畅谈学习体会，发言热烈。潘焱副主任说，经济体制改革和对外开放是全国人民关心的大事，搞好改革和对外开放是我们实现四化、建设有中国特色的社会主义的重要保证。李克佐、王炜钰委员说，赵总理的政府工作报告中关于改革的论述内容丰富、深刻，对改革的健康发展有着重要的指导作用。仉振亮委员说，农村改革以前，豆〔窦〕店大队劳动日值不到二角钱，靠吃返销粮，“顶天立地男子汉，不如母鸡下个蛋”。改革以后，劳动日值达到五元三角，真是改革对了头，一步一层楼。只有改革才能振兴经济，振兴中华。浦洁修副主任说，农村改革步伐很快，在改革上形成了“农村包围城市”的局面，逼着城市经济体制非改不可，这是大势所趋，人心所向。我们一定要充分认识城市改革的重要性、必要性，要有紧迫感。杨春茂副主任说，市人大常委会作为地方的国家权力机关，要在支持改革、促进改革中充分发挥作用。对于市政府提请审议的有关改革中的重大问题，要列为常委会的重要议题及时进行审议，以促进改革的顺利进行。

在学习讨论中，委员们对本市各方面的改革提出了一些意见和建议，主要的有以下几个方面：

一、关于工业改革。安朝俊副主任说，为了调动企业的生产经营积极性，实行厂长负责制是非常必要的，同时，为了切实保障职工参加企业民主管理，还必须制定出相应的规章。例如，对开除职工就要有一些具体的规定，以便从制度上保证职工的民主权利。

二、关于商业改革。刘永国委员说，过去商业改革中出现过一哄而起的问题，往往好心办不成好事。这次商业改革一定要试点，不断总结推广，使商业改革稳步深入。王哲委员说，去年商业搞改革，出现了乱涨价问题，不是利民而是坑民。这次商业改革，一定要吸取这个教训。

三、科教文方面的改革要注意自己的特点。王金鲁委员说，文教改革不同于经济改革，光讲经济效益不行，还必须讲社会效益。改革中要注意清除“左”的影响，破除陈旧的模式和框框。在政策上要允许有差别，平原和山区不能一个样，市区和远郊区县也不能一个样。武光副主任说，科技改革要贯彻面向生产的方针，同时也应注意不要忽视基础科学研究。

四、关于机构改革。吕子敬委员说，现在市政府机构多，人员也多。不论区、县大小，市里要求机构一律按市政府的套。石景山区是个小区，原来已设置了农委，有一名副区长分管，但市里还要求设立农村工作部。区里原有人事处和职工教育处，但市里也要求设立人事局、成人教育局。现在是机构越来越多，人浮于事，工作效率低，在改革中应该解决这个问题。

五、改革中必须大力加强政治思想工作。李瑛委员说，当前，干部群众对改革还有些思想顾虑：怕政策多变；怕一哄而起造成混乱；怕别人求全责备。要通过做深入细致的思想工作加以解决。延庆县人大常委会高奉尊副主任说，去年搞商业承包，干部群众就曾经担心政策变。王纯同志当时在会上说，文件有字，电视有影，电台有声，不会变的。但改革不久就退了回来，这个影响至今还在起作用。房山县人大常委会孟希友副主任说，经济体制上的弊端和不正之风往往互相作用。因此在经济体制改革中，对人的思想作风问题要同步解决。

六、要进一步落实知识分子政策。闻家驷副主任、王炜钰委员说，在落实知识分子政策方面，一是要培养人才，二是要选拔人才，三是要抢救人才。目前，对抢救人才重视不够。有些老知识分子大器晚成，是国家的宝贵财富，但年事已高，要尽快采取措施，把他们的知识、专长挖掘和总结出来，留给后世。李克佐委员说，充分发挥中年知识分子的作用是对的，但不能忽视老知识分子的作用。有的高级工程师虽然年岁大了，不宜再担任领导职务，但可以在技术方面当顾问，可是本市有关主管部门规定技术顾问必须在本系统以外聘请，这就限制了这些同志作用的发挥。王向明委员说，北京市委采取具体措施关怀知识分子的健康，如为知识分子建疗养院，安排他们的疗养和治疗。

委员们还学习、讨论了陈丕显同志所作的全国人大常委会的工作报告和彭真同志关于进一步发挥人大常委会和人民代表作用的重要讲话，对加强和改进人大常委会工作提出了一些建议。

五月七日下午，赵鹏飞主任作了总结发言，他说，我们这次学习还是初步的。会后，大家还要在各自的工作岗位上结合实际继续深入学习。同时，希望市人民代表和区、县、乡、镇人民代表认真学习大会文件，委员和代表要积极地向广大群众宣传大会的精神，团结全市人民把大会的精神贯彻到本市各项工作中去。

赵鹏飞主任还说，陈丕显同志的报告和彭真同志的讲话，对于发展社会主义民主和加强社会主义法制，对于完善人民代表大会这一根本政治制度，进一步发挥国家权力机关的作用，有着重要的指导意义。我们一定要认真学习和领会报告和讲话的精神，提高认识，统一思想，并且以整党精神，联系实际，检查工作，总结经验，制订贯彻落实和改进工作的措施。现在形势的发展还要求我们加强各级国家权力机关的工作，我们一定要振奋精神，勇于改革，勇于创新，更好地履行宪法和地方组织法赋予的职责任务，在全国开创首都社会主义现代化建设的新局面中进一步发挥地方国家权力机关的作用。

在这次会议开始时，赵鹏飞主任提议改革会风：市人大常委会会议在机关举行，不租用饭店或招待所，这样可以根据需要灵活安排会期，有利于开好会议，又可节省开支。出席会议的委员们一致赞同这一提议。

北京市第八届人大常委会第十三次会议纪要

一九八四年六月二十七日，市人大常委会举行了第十三次会议。出席会议的有副主任、委员三十八人。白介夫副市长、市高级人民法院薛光华院长、市人民检察院王振中检察长、市政府有关部门以及各区、县人大常委会的负责同志列席了会议。会议由杨春茂副主任主持。

会议在听取了白介夫副市长关于《北京市城乡集市贸易食品卫生管理办法（试行草案）》的说明后，审议并原则批准了市政府提出的这个管理办法，决定由秘书长召集有关部门根据委员们提出的意见进行修改，交市政府公布，于八月一日试行。

委员们认为，制定并实施这个法规，对于贯彻国家食品卫生法，加强本市食品卫生管理，保障人民健康，促进集市贸易健康发展，有着十分重要的意义。

李乾构、张继斌委员说，八一年我市颁布的《城市农副产品市场食品卫生管理规定》比较简单，已不适应现在的形势。今年我市集市贸易和早市、夜市比过去更加活跃了，这对于搞活流通，繁荣经济，方便人民生活，起了积极作用，但是也给食品卫生管理带来了一些新的问题。因此在总结经验的基础上制定一个较为完善的新规定势在必行。闻家驷副主任、岱忠信委员说，现在已进入盛夏季节，容易发生疾病，因此制定这样一个法规也是十分及时的。侯镜如副主任说，北京是我国的首都，是举世瞩目的地方，中央书记处要求我们把北京建设成全国环境最清洁、最卫生、最优美的第一流的城市，要创造第一流的服务水平，因此制定并实施这个法规也是落实四项指示和中共中央、国务院关于北京市城市建设总体规划批复的一个重要方面。

会上，委员们对法规草案提出了一些修改补充意见。邹锬委员、陈明绍副主任说，目前，我市一些地区环境污染严重，在这些地方生产出来的产品受到污染不合食用标准，法规应在禁售食品的条款中增加这项内容。郑宁委员说，目前我们还难于对临时销售的动物类熟食品进行严格的食品卫生管理，在人口稠密的市区是否应允许临时销售这类食品的问题需要权衡利弊，慎重考虑。薛光华院长说，为了保证法院能够独立行使审判权，草案中关于不执行罚款决定的由工商行政管理部门或卫生防疫部门申请人民法院强制执行的规定，应指明依照中华人民共和国民事诉讼法规定的程序进行。张镈委员说，执法人员要嘴干净、手干净，如有执法犯法行为，应规定从严处理。吴一平委员说，由于集市贸易的食品卫生由工商行政部门和卫生防疫部门分工负责进行管理，因此办法草案不宜规定由市卫生局负责具体应用问题的解释。会议肯定了这些意见。

会上，委员们还对法规的实施提出了许多重要意见。安朝俊副主任、张福森委员说，为了保证法规的实施，要采取各种生动活泼的形式，利用各种宣传工具向干部、群众特别是参加集市贸易、从事食品制作和经营的人员进行宣传，使他们认识到搞好食品卫生是关系到首都声誉，关系到人民健康和搞活经济的大事，提高他们守法的自觉性。浦洁修副主任说，市政府要做好法规实施的准备工作，要抓紧培训市场管理人员，组织他们学习法规，学习食品卫生监督的业务知识，并建立岗位责任制，作到八月一日法规正式实施就上岗执行任务，同时要改善农贸市场的物质条件，使食品卫生的监督切实得到加强。李克佐委员说，有些国家经营食品的个体户都有专门的装备，可以保证食品的卫生和对用具进行消毒。我们国家的个体户现在大量的发展起来了，也应当为他们研制这类适用的装备，要安排几个小型工厂来办这件事。

根据会议的讨论情况，杨春茂副主任作了总结发言。

会议还通过了市高、中级人民法院提请任免的事项。

北京市第八届人大常委会第十四次会议纪要

一九八四年八月七日，市八届人大常委会举行了第十四次会议。出席会议的有主任、副主任、委员四十一人。陈希同市长、白介夫副市长、市高级人民法院院长、市人民检察院检察长、市政府有关部门和区、县人大常委会的负责同志列席了会议。会议由赵鹏飞主任主持。

会议讨论了赵鹏飞主任提出的增选一名市人大常委会副主任的建议，这一建议是经主任会议研究后提出的。会议认为，随着社会主义民主与法制建设的深入发展，市人大常委会的任务越来越重，有必要增选一名副主任。会议通过了建议增选一名市人大常委会副主任的议案，决定提交代表大会审议。

会议接着审议了陈希同市长提出的调整北京市人民政府部分组成人员的议案。根据党中央、国务院关于加快北京市人民政府领导班子革命化、年青化、知识化和专业化步伐的要求，为了有利于选拔中、青年干部进入市政府领导班子，进一步形成梯形配备，白介夫、安林、张彭同志请求辞去现任副市长的职务，陈希同市长建议接受他们的请求，补选三位副市长；同时，鉴于市政府的任务十分繁重，陈希同市长建议再增选一位副市长，以适应工作的需要。会议同意陈希同市长提出的议案，决定提交代表大会审议。

会议通过了《关于召开北京市第八届人民代表大会第三次会议的决议》，决定于八月十六日召开这次代表大会。建议会议的议程为：审议市人大常委会提出的增选一名副主任的议案；审议陈希同市长提出的调整北京市人民政府部分组成人员的议案。

会议还听取了有关大会筹备工作的情况汇报，通过了大会主席团、秘书长建议名单，并建议这次大会不设计划预决算审查委员会和议案审查委员会。由大会秘书处负责收集代表提出的议案和建议、批评、意见。

会议听取并通过了市人大常委会代表资格审查委员会《关于补选李锡铭同志为市八届人大代表的资格审查报告》，确认李锡铭同志的代表资格有效。李锡铭同志是由西城区人大常委会根据选举法的规定补选为人大代表的。

会议审议了市八届人大二次会议交付市人大常委会审议的关于《加强城市街道医院和红十字卫生站的建设的议案》，听取和审议了北京市卫生局副局长刘俊田受市政府委托所作的关于《加快城市街道基层卫生组织建设的步伐》的报告。委员们在分组讨论和大会审议中，一致同意这个报告，认为这几年街道基层医疗卫生组织作了大量工作，受到广大居民的欢迎。侯镜如副主任说，加强基层卫生组织的建设非常重要，它是关系到千家万户的大事。我最近到美国去了一年多，深深感到那里人民群众治病十分困难。我们国家发展街道医院和红十字卫生站，担负了大量的预防保健任务，并采取了许多便民措施，使群众能就近就医，这充分体现了社会主义制度的优越性。郑元景、王向明委员说，街道医院和红十字卫生站目前仍然是城市医疗网中的薄弱环节，加快基层卫生组织建设和改革的步伐势在必行。这对于维护人民健康、保障首都四化建设的顺利进行具有重要意义。希望各级领导和卫生行政部门进一步提高认识，克服重大轻小、重治轻防的思想，把基层卫生组织的建设提到日程上来，认真抓好。

讨论中，委员们对加强基层卫生组织的建设提出了许多积极的建议。胡亚美委员说，街道医院的改革，侧重点应放在加强管理提高医疗质量上，首先要对医务人员考核定编，建立健全各种形式的责任制和规章制度，做到分工明确，质量有要求，考核有标准。安士伟委员说，基层卫生组织要发挥自己的优势，有自己的特色，就要坚持各种便民利民措施，如出诊、设家庭病床、开展老年人健康咨询等。委员们还指出，现在有许多医务工作者不愿意到基层去工作，基层卫生组织面临着后继乏人的问题，这里有政策上的原因，如到基层工作，业务进修、奖金发放、评定职称等都不如大医院，红十字卫生站甚至连劳保等福利都解决不了。因此必须制定出鼓励医务工作者到基层去工作的政策。西城区人大常委会主任齐家蕙说，有些医院的领导班子弱，许多人不懂业务，有的领导政策水平低，对知识分子采取了简单粗暴的作法，影响了他们的积极性，希望市里能充实、调整基层医院的领导班子。徐光、李瑛委员说，目前基层卫生组织技术骨干奇缺，设备简陋，房屋紧张，市政府要采取必要的措施，解决这些问题，如实行人材由大医院向小医院流动，加强大医院对基层医院的业务指导，增加对基层医院的投资等，否则加强基层卫生组织的建设就会落空。委员们要求各级领导要振奋精神，大胆改革，开创城市基层卫生工作的新局面。

会议经过认真讨论，通过了《关于加强城市基层卫生组织建设的决议》。

会议还批准了人事任命事项。

北京市第八届人大常委会第十五次会议纪要

一九八四年十月十八日至二十日，市人大常委会举行了第十五次会议。出席会议的有主任、副主任、委员四十四人。孙孚凌、陈昊苏、封明为副市长，市高级人民法院张冲霄副院长，市人民检察院王振中检察长，市政府有关部门以及区、县人大常委会的负责同志列席了会议。会议分别由赵鹏飞主任、杨春茂、范瑾副主任主持。

会议审议了市八届人大二次会议交付的关于保护妇女儿童合法权益，改善商业、服务业服务态度、提高服务质量和加快网点建设，以及加强山区中小学教育的四项议案，分别听取、审议了封明为、孙孚凌、陈昊苏三位副市长就上述议案办理情况所作的《关于保护妇女儿童合法权益工作情况的报告》、《关于改进商业服务业工作的汇报》、《关于加强山区中小学教育议案办理情况的报告》,听取了市高级人民法院张冲霄副院长和市人民检察院王振中检察长就保护妇女儿童的合法权益所作的专题汇报。会议通过了《关于保护妇女儿童合法权益的决议》。

委员们认为,市政府、法院、检察院对这几项议案是重视的,做了大量的工作,取得了很大成绩,所提的今后工作意见是可行的。同时也提出了许多积极的意见和建议。

张冲霄副院长、王振中检察长在汇报中说,保护妇女儿童的合法权益,是我们党和国家的一项基本政策。一九八三年以来,我们在严厉打击刑事犯罪的活动中,依法从重从快惩处了一批残害妇女儿童的犯罪分子,同时依法惩办了一些犯有虐待、遗弃、重婚或暴力干涉婚姻自由罪的罪犯。注意保护了妇女、儿童的正当财产权益,批评违反社会主义道德的错误行为或建议有关组织给以严肃处理。还通过召开典型案件的公判大会和开展法律咨询等活动进行了维护妇女儿童合法权益的法制宣传。总的看来,残害妇女儿童的犯罪案件虽有显著下降,但下降的趋势还不稳定,而且下降的幅度大大低于总的刑事案件的下降幅度。因此,我们在继续坚持依法从重从快惩处严重刑事犯罪的方针中,要把严重残害妇女儿童的刑事犯罪分子,作为打击的重点之一。

市妇联宋舜英副主任在会上发言说,我市妇联组织在保护妇女儿童合法权益方面做了大量工作,被妇女群众称为"娘家人"。当前,由于复杂的历史的和现实的原因,法律上的男女平等,还没有完全变为实际生活上的平等,有些单位在招生、招工、分配工作和住房以及提拔干部等方面苛求和限制妇女,有的竟然拒绝接收需要而又条件适合的妇女。有的群众气愤地说,"十个穆桂英,也不如一个武大郎"。改革中在妇女的劳动保护方面也出现了一些新问题。包办、买卖婚姻在有的地方不同程度的存在,有的还比较严重。特别是溺婴、虐待生女孩的母亲,拐卖妇女和残害儿童等违法犯罪活动时有发生。有的追求所谓"真正的爱情",妨害他人的婚姻家庭。我们妇联组织必须坚决同这类现象作斗争,做妇女群众的知心人,代言人。同时,教育妇女自尊、自爱、自重、自强。

委员们对保护妇女儿童合法权益的问题进行了热烈的讨论。徐光委员说,我们当前正面临着改革的新形势,在改革中要更加重视保护妇女儿童合法权益的工作。改革需要妇女,妇女需要改革。各单位应根据妇女的特点,充分发挥她们在改革中的作用。浦洁修副主任说,保护妇女儿童合法权益这件事,往往抓得紧就好,稍一放松问题又上升,我们应该坚持经常抓,制度化。不仅政法部门和妇联要抓,而且要动员全市各个单位都来抓好这项工作,造成一种强大的社会舆论。胡亚美委员说,现在许多人缺乏营养学方面的知识,以为孩子胖就是好,结果有的孩子得了肥胖病。有的儿童又哭又闹,找不到原因,其实是缺乏某些微量元素。因此要广泛宣传营养学的知识,指导人们用科学的方法喂养孩子,促进孩子的健康发育。王继芬委员说,目前"入托难"的问题还没有根本解决,各级政府要制订出具体的规划,发展托幼事业,要进一步动员社会力量兴办哺乳室、托儿所,同时要加强对幼教人员的职业道德教育和业务培训。

在谈到如何进一步改进商业服务业的工作时,杨春茂副主任说,关键是要使各级领导切实认清商业、服务业在首都建设中的地位和作用,认清搞好商业服务业的建设是落实中央书记处关于首都建设四项指示的重要方面,认清随着改革的发展商业不仅担负着沟通城乡物资交流,为人民生活服务的任务,而且还要开辟新的服务领域,发展科技咨询信息交流等新的服务项目,为生产和科研服务。徐汉涛、岱忠信、王向明委员说,要从根本上解决商业服务中存在的问题必须把改革放在第一位。同时在改革中,要坚持为人民服务这一根本指导思想,既要讲企业的经济效益,又要讲搞好服务工作,维护消费者利益等社会效益。只有这样才能使改革不偏离社会主义方向。张继斌、王哲委员说,在鼓励商业职工多劳多得的同时,要加强政治思想工作,前一段开展了"为人民服务,对人民负责"的教育是有成效的,但还不够平衡,今后要坚持搞下去。景良委员说,要牢固树立对人民负责的思想,不能把奖金转嫁到消费者身上,也不能转嫁到国家身上。郑宁委员说,随着改革的发展,要加强法制工作,一方面,要加强食品卫生法、商用计量管理办法实施情况的检查、监督,另一方面要注意及时地把改革中比较成熟的新经验规范化、制度化,为将来制定法规作好准备。沈勃委员说,希望市政府按照首都建设总体规划的要求,抓紧东郊东大桥等五个大型商业服务业中心和三十多个地区性中型商业、服务业中心的建设,注意恢复和新建小的商业网点。只有这样才能从根本上改善商业、服务业的拥挤状况。吴一平委员建议说,现在要增设清真饮食网点。五十年代初期,北京有清真摊点三千多家,目前只有几百家。正阳门至珠市口一条大街仅有一家回民饭馆,永定门火车站本市和外地人口流量大,但都没有一个清真网点。希望政府重视这个问题并加以解决。此外,许多委员还建议市政府,尽快地帮助商业服务业解决职工住房拥挤等实际问题。

关于加强山区中学教育问题。张福森委员说，加强山区中小学教育的关键是提高教师的水平，稳定教师队伍。由于山区教师生活困难多，待遇低，不安心工作，教师大批外流。为了稳定教师队伍，市政府决定每年拨款一百六十万，对在山区工作的中小学教师给予补助，但教师和农民的收入相比，差距仍然很大，为了从根本上解决这一问题，必须改革山区中小学教育的管理体制，改革目前这种条块分割，统得过死过多的状况，调动农民、干部办学的积极性，以利于多出人材，快出人材。同时，农村生产结构正在发生重大变化，改革农村的教育结构十分迫切，要抓紧抓好农中和职业高中的建设，以推动农村商品经济的发展。李晨委员说，现在农村中学升学考试的及格率很低，发展下去很危险，为此，必须加强农村的基础教育，下大力气办好中、小学。市人大代表沙福敏说，山区交通不便，中小学教师编制偏紧，教师进修困难。应把山区中小学教师的编制放宽些，让教师有机会参加轮训。为了解决中小学教师的住房困难，本市曾经决定，为中小学教师建房十万平方米，这项工作进展不快，市政府应抓紧落实。

会议还批准了主任会议提出的市人大常委会设立法制工作室和聘请法制建设方面的顾问的意见。审议通过了主任会议提出的市八届人大三次会议交市人大常委办理的三项议案的审查意见，并通过了人事任免事项，通过了接受郑元景辞去市人大常委会委员职务的请求的决议。

北京市第八届人大常委会第十六次会议纪要

一九八四年十一月二十八日至二十九日，市人大常委会举行了第十六次会议。出席会议的有副主任、委员四十二人。孙孚凌、黄超副市长，市高级人民法院李鸿秀副院长，市人民检察院王振中检察长，市人大常委会法制建设方面的顾问，市政府有关部门以及各区、县人大常委会的负责同志列席了会议。会议由马耀骥、杨春茂副主任分别主持。

一、会议审议并通过了《北京市农村建房用地管理暂行办法》。会议听取了黄超副市长关于《北京市农村建房用地管理办法(草案)的说明和市人大常委会农村委员会邹偿副主任关于这一暂行办法草案的修改意见，对暂行办法草案逐章逐条进行了审议。委员们认为，由于农村改革的深入发展，农村建房用地出现了许多新情况、新问题。为了搞好农村建设，珍惜和合理利用每一寸土地，制定这一办法是非常必要的。这个暂行办法总结了本市农村建房用地管理的经验，贯彻了国务院《村镇建设用地管理条例》的有关规定，体现了从严管理的原则。委员们对草案的若干条文提出了具体的修改意见。会议根据委员们的意见，对草案作了进一步修改，使条文的表述更加准确，从而获得了委员们一致通过。

二、会议听取并讨论了孙孚凌副市长关于大力发展北京食品工业的报告和市人大常委会财经委员会主任刘殿臣关于加速发展首都食品工业的建议。委员们对市人大代表在八届二次会议上提出的迅速发展首都食品工业的议案得到认真办理，表示满意。大家指出，几年来，本市食品工业取得了一定的成绩。但是，首都食品工业面临新的形势、新的挑战，不仅需要加快发展速度，而且要在品种、质量、物美价廉上下功夫。委员们向市政府建议：(一）要认真学习党的十二届三中全会的决定，进一步解放思想，明确方向，加快改革步伐，增强企业活力，把简政放权落到实处。在食品工业的改革中要抓紧制定行业规划，为逐步实行行业管理创造条件。要多方面开辟资金来源，解决食品工业资金短缺问题。(二）要突出发展本市独特风味的食品行业。对广大人民“一日三餐”的主食和调味品等应高度重视，对当前市场上出现的“重高档轻低档”、“重量轻质”的现象，要采取有力措施加以纠正。(三）采取多种形式，加速培养食品专业技术人才。开办食品工业高中、技校和夜校，提高现有职工素质，发挥现有科技人员和老技师的作用，为他们创造工作条件。对有重大发明创造和特殊贡献的，应给以重奖。要进一步加强对食品科技工作的领导和管理，制定全行业的科研规划，确定中、长期主攻方向和近期科研目标，做好科技成果的推广应用工作。(四）要认真贯彻《食品卫生法》、《商标法》。努力创造条件，从食品工业原料基地、生产检验、运输到经营销售等各个环节，逐步制定相应的行政规章和规定。

三、会议听取了北京市区、县、乡、镇直接选举工作办公室王景铭主任关于区、县、乡、镇人民代表大会代表换届选举工作的总结报告。王景铭说，本市区、县、乡、镇人民代表大会代表换届选举工作，从今年三月初开始到六月十八日胜利完成。各区、县都召开了人代会，选出了新的一届区、县人大常委会组成人员和区、县政府、法院、检察院的领导人。大多数乡、镇也召开了人代会，选举了正、副乡（镇）长。全市六百八十四万四千七百名选民行使了当家作主的民主权利，参选率达到选民总数的百分之九十九点二。全市十九个区、县共选出区、县人大代表六千五百二十七名，具有广泛的代表性。各民主党派和无党派民主人士、非党群众、知识分子，妇女、青年、少数民族、归侨、台胞台属代表都比上届有不同程度的增加。各条战线上的一批勇于改革创新的优秀人物被选为代表，一批勤劳致富的农村专业户、个体工商户也被选为代表。代表组成的这种变化，体现了选民的意愿，有利于广泛团结群众，符合开创社会主义现代化建设新局面的需要。

四、会议通过了人事任免事项。

会后，市人大常委会委员用一天的时间学习讨论了党的十二届三中全会通过的《中共中央关于经济体制改革的决定》。

北京市第八届人大常委会第十七次会议纪要

一九八四年十二月二十七日至二十八日，市人大常委会举行了第十七次会议。

一、会上赵鹏飞主任受主任会议委托作了关于加强市人大常委会工作几点意见的报告。委员们进行了分组和大会讨论，一致同意这个报告。蔡旭副主任说，市人大常委会建立以来，按照宪法和地方组织法的规定，积极履行自己的职责，工作一年比一年好。报告中强调今后市人大常委会要紧紧围绕民主与法制建设开展工作，我很赞成。抓住这个中心环节，就抓住了人大常委会职权的核心和实质，一定会有力地促进首都的“两个文明”建设和经济体制的改革。景良委员说，我们的国家经历了几千年的封建社会，人们又程度不同地受到了“左”的思想影响，民主和法制的观念比较淡薄。报告中提出集中力量专心致志地加强民主与法制建设，并以此作为检验我们工作的标准，是十分必要的。我们要发展生产，实现四化，就必须有法律、法规作为保障。最近有的鸡场发生鸡瘟，就是因为没有严格的进口检疫法造成的。这说明没有健全的法制，实现四化是不可能的。王树森委员说，我是个工人，文化不高，对民主和法制懂得不多。但我深切体会到，没有法不成，有了法不执行也不成。现在有好多事情没有法可依，或者没有严格地依法进行管理，我们要认真改变这种情况。侯仁之委员说，社会主义民主不同于资本主义民主，我们不赞成用“大民主”的方法。从我所在的北京大学来说，应当向学生进行这方面的教育。但是，北京大学确实存在着官僚主义，机构重叠，人浮于事，渠道不通，中间梗塞。这个问题解决了，才能使基层民主从形式到内容更健全。胡亚美、吕子敬委员说，我们的思想方法和工作方法要尽快适应大转变的需要，要学会主要依靠政策过渡到运用法制管理国家。政策和法律有密切联系，政策是可以变动的，法律则具有较长时间的稳定性，因此，我们不仅要有好的政策，而且要有健全的法制，使民主制度化、法律化，才能避免“文革”的重演。

委员们对加强市人大常委会的工作提出了一些建议，主要的有：审议重大事项时最好有所辩论，视察工作要有针对性，人大常委会同代表之间、代表同原选举单位之间要加强联系，在人事任免方面要使委员对被任命的人员有更多的了解。会议商定对加强市人大常委会工作的几点意见于会后再作必要的修改，并在工作中努力实施。

二、会议听取和审议了市高级人民法院关于执行最高人民法院《民事诉讼收费办法（试行）》意见的报告，同意薛光华院长提出的意见，本市各级人民法院从一九八五年一月一日起执行最高人民法院的民事诉讼收费办法，本市原来施行的《北京市民事诉讼收费暂行办法》同时废止。会议经过讨论，通过了关于民事诉讼收费问题的决议。

三、会议讨论了增加北京市第八届人民代表大会名额的问题，并作出了相应的决议。根据选举法的有关规定，结合本市机构改革人事变动的情况和工作的需要，市八届人民代表大会的代表名额由原九百七十三名增加到九百九十三名。

会议还通过了人事任免事项。

这次会前举行了半天的预备会，通过了会议议程，传达了市委民主与法制工作会议精神。

出席这次会议的有主任、副主任、委员四十四人。会议由赵鹏飞主任、范瑾副主任分别主持。韩伯平副市长，市高级法院薛光华院长，市人民检察院王振中检察长，市政府有关部门以及区、县人大常委会的负责同志列席了会议。

北京市第八届人大常委会第十八次会议纪要

一九八五年一月三十一日至二月一日，市八届人大常委会举行了第十八次会议。出席会议的有主任、副主任、委员四十七人。赵鹏飞主任、范瑾副主任分别主持了会议。

会议通过了关于召开北京市第八届人民代表大会第四次会议的决定。会议定于三月中旬举行，建议议程为：听取市人民政府工作报告；审查、批准市一九八五年国民经济和社会发展计划、一九八五年财政预算；听取和审查市人大常委会、市高级人民法院和市人民检察院的工作报告。

会议听取和审议了市财政局常自超局长受市政府的委托所作的《关于一九八四年财政收支预算调整情况的报告》。会议认为，一九八四年北京市财政收支预算执行情况是好的，超收四亿二千多万元，是几年来所没有的。在执行中由于新情况、新问题不断出现，作部分调整也是必要的。会议批准了北京市一九八四年财政收支预算进行部分调整的报告。

会议听取和审议了市政府农林办公室尹恒丰副主任《关于开发利用农村能源，改善农村生态条件的报告》，并作出了相应的决议。委员们对报告是满意的。认为市政府对这一议案很重视，一年来作了大量工作，有些问题得到了初步解决。但是，应该看到，本市农村能源的利用还处于开发阶段，水平还比较低，希望市政府和郊区县要更加重视这项工作，使这项工作不断发展，不断提高。

委员们对开发利用农村能源、改善农村生态条件，还提出了一些意见和建议。陈明绍副主任说，改善农村生态平衡，是关系到子孙后代的一件大事，我们不能走外国石油农业的道路，必须坚持走生态农业的道路，为此要多发展吃草牲畜，尽可能做到“物尽其用，地尽其力”。在能源方面，北京除发展沼气外，还应注意发展利用太阳能等，但要看到这方面的建设，我们还处于低级阶段，沼气池的密封技术要求很高，应注意科学研究，不断提高这方面的技术水平。蔡旭副主任说，发展农业生产要走有机农业与无机农业相结合的道路。现在有些地方片面强调使用化肥，不注意使用有机肥料，这样长期下去，必然会使土壤板结，内部结构成份发生变化，造成严重后果。农、林、牧、副、渔全面发展，各种农副产品多层利用，发展沼气，才会有农业生产的良性循环。邹佽委员说，发展沼气要注意从实际出发，区别不同情况进行分类指导。

会议听取和审议了市规划局柯焕章副局长《关于加快分区规划、详细规划和远郊城镇规划步伐》议案办理情况的报告，并作出了相应的决议。委员们认为，一年来，市人民政府和各区、县人民政府依靠广大人民群众，做了大量的工作，初步扭转了城市建设的混乱局面。如何进一步搞好分区规划和详细规划，这是落实党中央、国务院关于首都建设总体规划的批复、落实中央书记处关于首都建设四项指示的一件非常重要的事情，是千秋大业。北京是历史名城，我们的祖先把北京城规划得很有水平，在世界上占有重要地位。到了我们这一代应该把北京城市规划搞得更好，建设得更好。

委员们还就如何规划好、建设好北京城提出了一些建议。张镈委员说，旧城的改造，交通是个大问题，一定要把道路先开通，不然城外建立了立交桥，车很快通过了，到了城内还是疏散不了。安朝俊副主任说，解决城市交通不能光靠加宽道路，应组织有关部门进行交通流向的研究，进一步安排好电、汽车线路，减少群众的换车次数。沈勃委员说，在分区规划工作中应注意综合平衡，建设拨地一定要和分区规划、详细规划紧密联系起来。过渡性的、临时性措施不宜太多，有些急迫的任务要作全面考虑，一定要符合《批复》的精神，有利于《批复》的贯彻。不然东盖一幢，西盖一幢，影响了统一规划的实现。王向明委员也提出临时性措施不宜过多，交通和市政建设都要和总体规划结合起来。

会议还听取和审议了市人大常委会王昭钺副秘书长、市人民政府铁英副秘书长分别作的《关于市八届人大二次、三次会议代表提出的批评意见和建议办理情况的报告》。委员们对这两个报告比较满意。认为市人大常委会和市人民政府对代表提出的批评建议的处理，一年比一年好，主要领导亲自过问，亲自督促检查，使这些批评意见较好地得到了解决和答复。王向明委员说，一年多来，市人大和市政府对代表提出的批评意见和建议基本上都作了处理，不是简单地打个电话告诉代表，而是派人把处理的结果非常诚恳地向代表说明，征求意见，使我很受感动。王继芬委员说，政府对代表的批评建议的态度是诚恳的，办理是认真的。在市八届人大二次、三次会议上我提了好几条意见，在去年都解决了，并向我作了说明。这样做，代表满意，群众高兴。委员们对如何进一步处理好代表批评、建议，也提出了一些希望和具体的意见。

会议鉴于全国人大代表赵炳南去世，北京市出席第六届全国人民代表大会的代表出缺一名的情况，根据全国人大常委会的要求和市委的推荐，经过酝酿讨论，采取无记名投票方式，补选北京市中医医院外科主任医师王玉章同志为第六届全国人大代表。

黄超副市长，市高级人民法院、市人民检察院，市政府有关部门，区、县人大常委会的负责同志和部分提出议案的代表列席了会议。

北京市第八届人大常委会第十九次会议纪要

一九八五年三月五日，市人大常委会举行了第十九次会议。出席会议的有主任、副主任、委员四十六人。会议由赵鹏飞主任主持。

一、会议审议通过了市八届人大常委会代表资格审查委员会主任委员余涤清同志关于补选和增选代表的代表资格的审查报告。委员们同意代表资格审查委员会的审查报告，确认张大中等十九名代表的代表资格有效，以市人大常委会公告予以公布。

二、会议讨论确定了市八届人大四次会议的筹备事项。会议认为，自十八次常委会决定三月中旬召开市八届人大四次会议之后，有关方面抓紧进行了各项筹备工作，现在已基本就绪，会议可以按照预定日期举行。会议一致同意市八届人大四次会议的议程(草案)，主席团、秘书长名单（草案），国民经济、社会发展计划和财政预决算审查委员会主任委员、副主任委员、委员名单（草案）、议案审查委员会主任委员、副主任委员、委员名单（草案），作为市人大常委会的建议提请代表大会预备会议审议决定。

三、会议讨论通过了市人大常委会向市八届人大四次会议提出的工作报告（稿）。委员们认为，这个工作报告，总结了市人大常委会一年来的工作情况，基本上是好的。同时也提出了一些很好的修改意见。会议授权主任会议根据委员们的意见，作进一步的修改后，作为正式文件提请代表大会审议。

市高级人民法院薛光华院长、市人民检察院王振中检察长、市政府有关负责同志以及各区、县人大常委的负责同志列席了会议。

北京市第八届人大常委会第二十次会议纪要

一九八五年四月二十三日，市八届人大常委会举行了第二十次会议。出席会议的主任、副主任、委员四十一人。赵鹏飞主任主持了会议。

会上，赵鹏飞主任传达了六届全国人大三次会议的精神。委员们认为，六届全国人大三次会议开得很好，很成功，是一次非常重要的会议。大会通过的各项文件和决议，对巩固发展当前的大好形势，推动经济体制的改革，以及对各级地方人大常委会的工作都有重要的指导意义，全市广大干部和群众要认真学习，坚决贯彻执行。

根据市八届人大四次会议授权的决定，会议还听取和审议了市财政局常自超局长受市人民政府的委托所作的《关于一九八四年财政收支决算情况的报告》。会议认为，一九八四年财政决算与市人民政府在市八届人大四次会议上所作的一九八四年财政预算执行情况基本一致。总的看，本市一九八四年财政收支状况是好的。超收比较多，是几年来最好水平；支出也没有发生大的问题。会议经过大会审议，批准了一九八四年的财政决算，并通过了相应的决议。委员们在讨论中就如何做好一九八五年的财政工作，提了一些很好的意见。浦洁修副主任说：听了常自超局长在这方面首都作出了榜样的报告感到很高兴。去年本市财政收支状况之好是几年来少有的，这说明了市委和市政府的领导是正确的，这也是各级财政部门、税务部门努力工作的结果。她希望八五年在财政工作上更要抓紧，加强财政管理，纠正不正之风，反对铺张浪费，堵塞偷税漏税的漏洞，取得更好的成绩。李瑛委员说，首都建设要以中央书记处的"四项指示"为指针，把发展文教事业放在重要日程上来。但是，现在许多中、小学校条件很差，市政府有关部门应组织力量进行调查，摸清学校破旧的情况，而后制定计划，拨出专款，逐步改变这种状况。郑宁委员也说，大家很关心教育经费问题，认为现在国家拨款与实际需要相差很远。但对这个问题的看法不尽一致，希望市教育局和财政局共同研究，订出一个比较合理的中、小学基本经费的标准。宁槐委员认为，本市财政预算用在科学研究方面的经费只占百分之二，比例太小，可在财政允许的情况下，适当增加一些科学事业费。会议指出，根据委员们的意见和建议，各单位各部门要加强对财政的监督检查工作，严肃财经纪律，大力组织收入，严格控制支出，厉行节约，反对浪费，以保证我市国民经济和体制改革健康发展。

委员们对市财政局及时向市人大常委会报告今年第一季度财政收支情况表示满意，认为这是市政府对人大常委会依法履行职权的尊重，这对于我们了解全市的财政收支情况，更好地发挥监督作用大有好处。

会议根据李晨同志的请求，通过了接受李晨同志辞去市人大常委会委员和人大常委会教科文委员会主任职务的决议。会议还接受了谭壮同志辞去市人大常委会教科文委员会副主任职务的请求，并决定了其他人事任免事项。

韩伯平副市长，市高级人民法院，市人民检察院，市政府有关部门，区县人大常委会的负责同志列席了会议。

北京市第八届人大常委会第二十一次会议纪要

市八届人大常委会于一九八五年六月十日至十一日举行了第二十一次会议。出席会议的有主任、副主任、委员四十七人。赵鹏飞主任主持了会议。会议审议了《北京市农村村民委员会暂行组织条例（草案）》；听取和审议了市人民政府关于贯彻执行《中华人民共和国药品管理法》的工作报告；听取了市人民政府关于物价改革情况的报告；决定了人事任免事项。

会议听取了封明为副市长关于《北京市农村村民委员会暂行组织条例（草案）》的说明后，对这一组织条例进行了认真地审议。委员们认为，为适应农村经济体制改革，更好地指导和加强村民委员会的建设，完善社会主义民主制度，很需要制订一个组织条例。在审议中，委员们对条例草案提出了一些修改意见和建议。王向明委员说，村民委员会的核心是群众自治性组织。村民委员会的群众性、自治性、社会性要在条例中充分体现出来，政府机关不能把它看成是自己的一条腿。刘永国委员说，村民委员会的任务不宜过重，要考虑它所能承受的能力。邹俟委员、海淀区人大常委会副主任齐心说，对于村民委员会组成人员的补贴，不要作统一规定。因为现在农村都实行了承包责任制，各地的经济状况很不一样，区、县很难规定统一的标准，还是由村民集体讨论自行决定为好。会议根据委员们的意见，对《北京市农村村民委员会暂行组织条例（草案）》做了必要的修改，并一致通过了这一组织条例。

会议听取了韩伯平副市长关于北京市价格改革情况的报告。委员们对本市价格改革工作进行了热烈地讨论。大家认为，北京市物价调整工作进行的比较顺利，市政府采取的一系列措施，群众反映比较好。王树森委员说，我们北京市物价调整的情况是好的，调价以后，市场活跃了，品种丰富了，蔬菜新鲜了，浪费减少了，服务态度也好多了。委员们在讨论中，对搞好价格改革提出了一些 很好的意见和建议。景良委员说，改革蔬菜供应的根本措施是解决货源问题。当前，市政府一方面要抓紧解决郊区的蔬菜种植面积；另一方面要积极派人到外省市联系，多渠道解决蔬菜货源。王向明委员说，现在有些个体商贩只顾赚钱，不顾消费者的利益；有些国营商店起不到平抑物价的作用，个别的还跟着哄抬物价。各级政府要加强对个体商贩、国营商店管理，教育他们文明经商。对那些乱涨物价、严重损害消费者利益的个人和单位，要严肃查处。邹俟委员说，我们城区有五百多万人口，解决吃菜、吃肉、吃蛋是一个大问题。如何把计划经济和开放搞活两个方面结合得更好，很值得我们认真研究。现在郊区有些农民不愿种菜，不愿养猪、养鸡，希望市政府组织一部分人下去调查研究，制定相应的政策，尽快解决这一问题。宁榥委员说，要充分发挥北京市的人材、技术、物资优势，要考虑建立现代化的蔬菜生产工厂，解决首都的吃菜问题。

会议还听取和审议了陈昊苏副市长关于贯彻执行《中华人民共和国药品管理法》的工作报告。委员们就如何更好地贯彻实施药品管理法以及本市药政药检机构的设置、药品生产管理、药学技术队伍的建设等方面提出了不少积极建议。胡亚美委员说，在药品生产和经营上存在着不少问题，医院里经常发现伪劣药品。今后必须按照国家药品法的规定，严格检查，凡是不合格的药品不准出厂，不准经营，更不准使用。她还建议市里建立一个药品中心试验室，严格测定血液的浓度和药的用量，对全市各级医院的医疗用药给予指导。李瑛委员提出，贯彻实施药品法要搞好宣传，造成一定的声势。要重视药政药检人员的培训工作，在办好市、区两级卫生学校的同时，要注意发挥老药工的作用，解决他们的职称和待遇问题，调动他们的积极性。区里缺人、缺钱、缺设备，一时难以建立药检所，请市里考虑建立第二药检所，担负全市的药检任务。王康久代表说，药品是一种特殊的商品，质量要求很高，光靠行政手段管理是不够的，必须依法进行监督管理。各级卫生部门要转变重医轻药的思想，切实把药品管好。在讨论中，委员们严肃提出，要坚决制止生产、销售假药、劣药和借医行骗等坑害群众的不法行为，对情节严重的必须从严惩处。鉴于药品管理是一件大事，涉及方面较多，会议根据委员们讨论的意见，通过了一项关于认真贯彻执行《中华人民共和国药品管理法》的决议。

会议根据陈希同市长的建议，审议决定陆宇澄为北京市科学技术委员会主任，白有光为北京市人民政府农林办公室主任，免去陈绳武的北京市科学技术委员会主任职务。会议还通过了市中级人民法院、市人民检察院提请任免的名单。

列席这次会议的有韩伯平、陈昊苏、封明为副市长，市人民检察院王振中检察长，市高级人民法院李鸿秀副院长，市政府有关部门、各区、县人大常委会的负责同志和医药卫生界的部分市人民代表。

北京市第八届人大常委会第二十二次会议纪要

一九八五年八月二日至三日，市人大常委会在人民大会堂广西厅举行了第二十二次会议。出席会议的有主任、副主任、委员四十五人。赵鹏飞主任和范瑾副主任分别主持了会议。

会议审议了《北京市农村林木资源保护管理条例(修改草案)》；审议了市八届人大四次会议交付的关于发展托幼事业的两项议案；决定了人事任免事项。

会议在听取了黄超副市长关于《北京市农村林木资源保护管理条例（修改草案)》的说明之后，委员们对条例修改草案进行了认真的审议，提出了一些修改意见。市人大常委会农村委员会和法制工作室，在马耀骥、邢军副主任的主持下，根据委员们的建议和意见，对修改草案又作了进一步修改。最后会议通过了《北京市农村林木资源保护管理条例》。委员们在审议过程中，一致强调在法规通过之后，要严格执法。邹俟委员说，《条例》通过之后，许多工作要跟上。今春房山县河北乡发生山火时，主管部门还不知道，这种现象是不能允许的。《修改草案》中要明确规定主管部门的责任，出了问题要追究，严格依法办事。罗豪才委员说，这次新的法规通过后，市政府一定要扎扎实实解决一些林木保护管理中的具体问题。主管部门要将法规实施情况和问题及时向市政府和市人大常委会报告。刘绍棠委员说，过去通县境内大运河两岸林木茂密，到现在被砍得几乎没有了。干部、群众都有去盗伐的。这种现象所以会时有发生，主要是无人过问，得不到认真查处。许多委员指出，一九八三年市人大常委会制定的林木资源保护管理暂行办法，有些地方和部门执行得不够认真，乡人民政府林业助理员大部分未配齐，配备的护林员有的也没有负起责任来。这次市人大常委会制定的法规公布后，市政府要采取有力措施，从宣传工作上和组织工作上都要加以落实，务必作到有法必依，执法必严，违法必究。

会议根据市八届人大四次会议交付的关于发展托幼事业的两项议案，审议了陈昊苏副市长所作的关于加强托幼工作的报告。委员们对陈昊苏副市长的报告比较满意，认为报告中提出的加速发展托幼事业的措施是积极可行的，希望市政府认真组织落实。委员们还根据本市的实际情况，对托幼工作提出了批评和建议。李瑛委员说，虽然最近几年市政府和有关部门做了大量的工作，解决了一些问题，但“入托难”的问题仍然存在，我们做基层工作的同志对此感受很深。本市入托难的问题之所以解决缓慢，没有兴建托幼园所的地皮是一个重要原因。一九八三年，市政府曾对新建居民区托幼园所的建设问题作出具体规定，但实际上并没有完全落实。希望市政府对托幼园所建设情况进行一次检查，对该建而没有建的应采取措施补上。浦洁修副主任说，幼儿教育关系到千家万户，关系到一个民族的道德水准和文化水平的大事，必须下大力抓好。市民建想为发展本市托幼事业出点力，人也有了，资金也有了，就是没有地方办。希望将新建小区的托儿所分给一个由市民建投资去办。安士伟委员说，回民婴幼儿入托难的问题同样严重存在。一些住在东城、西城的回民孩子要送到宣武牛街去入托。各级政府对少数民族群众子女入托问题应给予照顾。东华门幼儿园特级教师王继芬委员在发言中强调，要有计划地对幼儿教师进行培训。现在全市保教人员中有许多人没有经过专业学习和训练，有关部门要把这件事提到日程上，采取各种措施加快培训工作。儿童医院院长胡亚美委员说，动员全社会来办托幼事业是对的，但一定要注意质量，有的单位把仓库稍微改造一下就成了幼儿园，有些家庭托儿所条件很差。建议今后市里应考虑办几个实验幼儿园、托儿所起示范作用，并注意从中研究幼儿的教育问题。她还指出，现在的体制不合理，必须改变。托幼园所应划归市教育局领导。会议认为，托幼工作是关系到培养四化建设人材的大事，建议市政府在今年适当时候，召开一次托幼工作会议，专门研究托幼事业的发展问题。

会议还审议通过了市政府、中级人民法院提请的任免事项。

此外，会议根据主任会议的建议，同意北京市人民代表大会访问日本东京都的友好代表团组成人员名单。

陈昊苏、黄超副市长，市人民检察院王振中检察长、市高级人民法院负责人，市政府有关部门，区、县人大常委会的负责同志和部分从事林业、托幼工作的市人民代表列席了会议。

北京市第八届人大常委会第二十三次会议纪要

市八届人大常委会于一九八五年九月二十五日至二十八日举行了第二十三次会议。出席会议的有主任、副主任、委员共四十九人。赵鹏飞主任，范瑾、马耀骥副主任分别主持了会议。

本次会议欣逢党的全国代表会议、十二届四中、五中全会刚刚闭幕之际，会议首先用一天的时间学习座谈了会议精神。赵鹏飞主任传达了党的代表会议精神，谈了他出席党的代表会议的感受，而后，委员们进行了热烈讨论。许多委员说，这次党的全国代表会议和十二届四中、五中全会开得很好，是一次极其重要的具有历史意义的会议。会议通过的“七五”计划建议和调整增选部分中央领导成员，是事关全局，带有战略意义的大事，它不仅关系到八十年代后五年的建设，而且对实现二〇〇〇年的总任务、总目标将起决定性的作用。大家一致表示，我们一定要认真学习会议通过的文件和中央领导同志的讲话，用会议的精神统一全市人民的思想和行动，一手抓物质文明建设，一手抓精神文明建设，把首都的各项工作搞得更好。

接着，会议审议了《北京市实施〈中华人民共和国水污染防治法〉条例（修改草案）》；听取了市政府关于今年前八个月国民经济、社会发展计划执行情况的汇报、关于本年度财政预算部分变更的报告、关于贯彻执行《中华人民共和国经济合同法》的情况报告，决定了人事任免事项。

一、会议审议并通过了《北京市实施〈中华人民共和国水污染防治法〉条例》。会议在市环保局江小珂局长就《条例（修改草案）》作了说明之后，对条例草案进行了认真的审议，提出了一些补充和修改的意见。会议期间，根据委员的意见再次作了认真修改，而后，会议一致通过了这个条例。在审议这个条例草案中，委员们指出，多年来，尽管本市有关部门作了不少努力，但是由于种种原因，部分地表水、地下水的污染还没有全部得到控制，水质仍在不断恶化，水资源也还继续衰减。严重影响着全市的工农业生产和人民群众的身体健康。制订一个地方性法规，依法治理和保护好水资源，已是全市人民迫在眉睫的任务。委员们认为，《条例》通过之后，要认真贯彻执行，要坚决制止增加新的污染源，对过去造成的污染要积极地、有计划地、分期分批地进行治理。对于已经安排的治理污染重点工程和排放干线，市政府要组织力量尽早上马，尽快建成。委员们说，水污染的防治问题，牵涉的面广，治理的任务很重，本市各级人民政府要高度重视，列入议事日程，加强领导，严格依法办事，做到有法必依，违法必纠，奖罚分明。只有这样，才能从根本上解决水污染的问题。

二、会议听取了市工商局于春开局长受市政府委托所作的关于贯彻执行《经济合同法》的情况和今后意见的报告，市人大常委会财经委员会郑宁副主任作了关于深入贯彻实施经济合同法的几点建议的发言。会议根据委员们审议的意见，通过了《关于深入贯彻经济合同法的决议》。在讨论中，委员们指出，经济合同法是调整和处理企业之间经济关系的一个重要法律规范，是促进经济体制改革、搞活经济、维护社会经济秩序的有力武器。自经济合同法颁布实施以来，市人民政府及有关部门做了大量工作，对促进生产的发展，维护经济秩序起了积极的作用。但是，该签而不签合同、不依法签订合同、不认真履行合同、不依法追究违约责任的现象仍然普遍存在。利用合同进行违法犯罪活动的也屡有发现，还出现了以罚代法的作法。这是无视法律尊严的表现。会议强调，为了保障经济体制改革的顺利进行，适应社会主义商品生产迅速发展的需要，必须进一步认真贯彻实施经济合同法。前一阶段，市、区、县人大常委会组织政府有关部门以及社会力量，对经济合同法进行了一次比较全面地调查研究，总结了经验，发现了问题。这是加强法律监督的好形式，今后还要更多地注意这方面的工作。

三、会议听取了市计划委员会马超云副主任关于今年前八个月国民经济和社会发展计划执行情况的汇报，听取了市财政局常自超局长关于今年前八个月财政预算执行和支出预算变动情况的报告。委员们对市政府及时向市人大常委会报告国民经济发展和财政预算的执行情况，表示满意。会议认为，本市今年头八个月经济体制改革的步子迈得比较稳妥，国民经济和社会发展计划执行情况是好的，财政收支情况也是好的。在讨论中，一些委员对本市经济工作提出了批评、意见和建议，特别是对蔬菜生产和供应以及价格问题表示关注。孙孚凌副市长就这一问题作了进一步说明，并提出了今后的改进意见。委员们指出，现在正处在经济体制改革过程中，要时刻注意新情况、新问题，要加强理论学习，加强调查研究，努力使我们的工作做到既有原则性、系统性，又有预见性和创造性，不断地得到提高。会议批准了市政府关于本市今年头八个月财政预算的部分变更的建议。

四、会议通过了人事任免事项。

会议任命王金鲁为北京市人民代表大会常务委员会教科文委员会主任。会议决定任命魏克鹏为北京市人民防空办公室主任，段天顺为北京市民政局局长，张永经为北京广播电视局局长。免去盖双林的北京市民政局局长职务，赵正晶的北京市广播电视局局长职务。会议还批准任免了一批名单。

张百发、孙孚凌副市长，市高级人民法院薛光华院长，市人民检察院王振中检察长，市政府有关部门、各区县人大常委会的负责同志以及部分法制工作室的顾问列席了会议。

北京市第八届人大常委会第二十四次会议纪要

一九八五年十一月二十二日至二十三日，市人大常委会举行了第二十四次会议。出席会议的有主任、副主任、委员四十三人。赵鹏飞主任主持了会议。

一、审议了市八届人大四次会议交付的关于改变贫困山区落后面貌的议案，听取了黄超副市长代表市政府作的关于办理这一议案的报告，通过了关于帮助贫困山区改变落后面貌的决议。委员们认为，党的十一届三中全会以来，本市山区建设取得了很大的成绩，山区经济有了较快的发展，人民生活有了明显改善。但是由于自然条件、工作基础和政策落实情况的差异，有少数深山区、边远地区的乡村还比较贫困，这是首都建设中的薄弱环节。搞好山区建设，改变贫困山区落后面貌，对于首都整个经济建设有着十分重要的意义。大家希望各级政府及有关部门，要认真总结三十多年来的经验教训，切实加强领导，不失时机地把山区建设特别是贫困山区的建设抓上去。对于如何加强山区建设，改变贫困山区落后面貌问题，委员们强调要因地制宜，从实际出发。徐汉涛、邹偿委员说，改变整个贫困山区面貌的着眼点不能完全放在工、副业上。发展工、副业是改变贫困山区面貌的有效途径，但要吸取以往工业支援农业的经验教训，注意因地制宜，充分利用当地的资源。刘永国委员说，改变贫困山区的落后面貌不是一件容易的事，不能头痛医头，脚痛医脚。要从实际出发，制定一个切实可行的规划，要抓住“靠山吃山”这个特点，充分发挥山区的优势，要依靠贫困山区人民自己的力量和智慧，建设自己的家园。当前要改变过去那种偏重于抓生活救济，不注重扶植发展生产的倾向。郑宁委员说，为了避免盲目性，要把发展山区乡、镇企业作为专题，进行深入调查研究，从中吸取经验教训，以利于山区乡、镇企业的健康发展。蔡旭、陈明绍副主任说，工业支援贫困山区建设，一定要注意环境污染和水土流失，保持生态平衡，不要光顾眼前利益，而忽视长远利益。浦洁修副主任、刘绍棠委员说，搞好山区建设，要特别注意发展教育事业，要鼓励知识分子进山，要给他们以优厚的待遇和福利。要舍得在这方面花钱。

二、听取了市五讲四美三热爱活动委员会兰琼副主任关于市八届人大四次会议《深入学习、宣传邓小平同志重要讲话，坚持五讲、四美、三热爱，做有理想、有道德、有文化、有纪律的文明市民决议》执行情况的报告。委员们认为，本市在精神文明建设方面做了大量工作，取得了可喜的效果，对报告基本上是满意的。同时，委员们在发言中也指出，在社会主义精神文明建设上，我们首都应该走在前面。但是，现在问题还很多，差距还很大。主要是在开放、搞活的新形势下，对思想工作有所削弱放松，对各方面不良倾向做斗争不力，对违法犯罪活动处理不严。因此，还要下大力抓好精神文明建设，更加广泛开展五讲四美三热爱活动，加强“四有”教育，对这项工作还应抓得更紧更紧。委员们还提出了一些具体的批评和建议。其中比较突出的是交通问题，许多委员说，现在市内公共汽车问题很大，已经发展到不能定时保证运送乘客的地步。乘客一等就是半小时，车一来就是三、四辆。这样，不能保证按时上、下班，对远途上、下班的职工影响更大。交通问题已经成了重大的民生问题，应该把公共交通作为重点问题抓一抓。有的委员对某些人拿国家有限的外汇到国外去收购破烂衣服的问题，提出尖锐的批评，认为这是崇洋媚外的反映，不能一烧了之，应该抓住这个坏典型进行理想教育和爱国主义教育。有的委员还提出，在精神文明建设中要纠正形式主义的倾向。一些文明单位检查时文明，不检查就不文明，这种现象值得注意。

三、审议了市八届人大四次会议交付的关于《尽速颁布北京市产品质量监督检验办法的议案》，听取和审议了张健民副市长代表市政府作的关于工业产品质量情况的报告。委员们认为报告既讲了成绩，也讲了问题，是实事求是的。对本市工业产品质量下降趋势已基本得到扭转的情况感到满意。同时，委员们在发言中强调，要从长远、战略上抓好产品质量。要改变几十年来起伏不定的状况，找出经验教训，从基本功入手，通过发展科学技术，加强行政管理，健全检验制度，组织社会监督等方面的工作，使产品质量得到不断提高。李克佐委员说，质量第一的问题讲了十多年了，但仍然没有解决好，一抓就上去，不抓就下来。主要是我们的社会化的管理不健全。社会化的大生产必须有社会化的管理。从生产、流通到销售，要有质量保障体系。产品监督检验机构应该是独立的。政企分开首先要把质量管理分开。市里设置质量管理委员会，与社会上的产品质量协会、消费者协会结合起来，逐步形成社会化的质量检验系列。吕子敬委员说，解决产品质量问题，首先要解决供需平衡问题。现在一些产品需大于产，是卖方市场，“萝卜快了不洗泥”。在这种情况下，一些企业往往是追求数量，忽视质量，不能摆正数量和质量的关系。浦洁修副主任说，提高产品质量，一要提倡竞争，使产品物美价廉。二要加强宣传，使大家明确提高经济效益，必须以提高产品质量为基础。三要给企业检验人员应有的权力。现在还是厂长说了算，检验员把不住质量关。四是市商检局不仅要负责检验外贸产品，也要负责检验内销产品。

四、审议通过了人事任免事项。经过委员们的认真审议，会议一致通过了关于同意薛光华辞去北京市高级人民法院院长职务的请求的决议，关于同意王振中辞去北京市人民检察院检察长职务的请求的决议，关于刘云峰任北京市高级人民法院代理院长、纪树翰任北京市中级人民法院代理院长的决议，关于何访拨任北京市人民检察院代理检察长的决议。会议还任命了潘志明为市人大常委会政法委员会委员，通过了北京市高级、中级人民法院提请的任免名单。

薛光华、王振中这两位老同志，为加强本市的社会主义民主和法制建设，进行了富有成效的工作。他们辞去现任职务，表现了老同志宽阔的革命胸怀。与会委员以热烈掌声向这两位老同志表示了诚挚的敬意。

会议还听取了市人大友好代表团访问日本东京都情况的报告（书面）。

张健民、黄超副市长，市高级人民法院薛光华院长、市人民检察院王振中检察长，市政府有关部门，区、县人大常委会的负责同志和部分提议案代表列席了会议。

北京市第八届人大常委会第二十五次会议纪要

一九八五年十二月十三日上午，市八届人大常委会举行了第二十五次会议。出席会议的委员共三十八人。马耀骥副主任主持了会议。

会议审议了陈希同市长关于免去马学亮市公用局局长职务的报告，听取了张百发副市长就马学亮的问题作的说明，经过审议通过了《关于免去马学亮北京市公用局局长职务的决定》。陈希同市长报告：马学亮玩忽职守，接受贿赂，后果严重，市政府拟予撤职，并建议司法机关依法追究刑事责任。根据有关规定提请市人大常委会免去马学亮的市公用局局长职务。会议同意陈希同市长的报告，决定免去马学亮的北京市公用局局长职务，由司法机关依法查处。

会议在审议陈希同市长的报告中，委员们发表了一些很好的意见和建议。许多委员说，市委、市政府对马学亮的问题采取果断措施，严肃处理，是完全正确的，并希望对这一案件要依法从重从快处理，要公开审判，以教育干部，挽回影响。委员们还说，在经济改革中，要警惕那些钻改革空子的人，市政府要认真查处类似马学亮的案件，一经发现，就要严肃处理，绝不能手软。有些委员指出，要从马学亮的问题吸取教训，在选拔和使用干部上不能光看年轻、有学历，而忽视革命化。德才兼备的原则不能丢，要在德才兼备的基础上实现年轻化。有关部门要特别注意这个问题。委员们还说，我们市人大常委会在纠正不正之风中，要发挥应有的作用，一方面要加强地方性法规的制定，一方面要加强法律监督。市高级人民法院和市人民检察院要加强对经济案件的检察和审判。

张百发副市长，市高级人民法院刘云峰代理院长、市人民检察院何访拔代理检察长，市政府有关部门，区、县人大常委会的负责同志列席了会议。

北京市第八届人大常委会第二十六次会议纪要

市八届人大常委会于一九八六年一月二十三日至二十四日举行了第二十六次会议。出席会议的有主任、副主任、委员共四十二人。赵鹏飞主任主持了会议。

会议初步审议了《北京市普及义务教育条例（草案）》；审议了市人民政府《关于扩大本市禁止养犬区范围和改变养犬管理主管机关的报告》；听取了市人大常委会办公厅、市人民政府办公厅关于市八届人大四次会议代表提出的建议、批评和意见办理情况的报告；决定了人事任免事项。

会议听取了陈昊苏副市长所作的关于《北京市普及义务教育条例（草案）》的说明，并对这个条例草案进行了初步审议。委员们一致认为，《北京市普及义务教育条例（草案）》的基本条款是好的，可行的。这个条例关系到千家万户，关系到全市人民的科学文化素质的提高和首都的两个文明建设，请市政府根据会议审议的意见，尽快修改，提交即将召开的市八届人大五次会议审议，争取早日颁布实施。审议中，许多委员对师资培训问题表示关注，并提出了一些意见和建议。宁榥、王向明、刘绍棠委员说，普及义务教育的关键是师资问题。现在的教师队伍很不适应首都教育事业的发展。一是中小学教师短缺，不够用；二是年龄老化，后备力量接不上；三是素质差，不适应教学任务的完成；四是生活待遇低，思想不稳定。希望市政府针对这些问题认真研究解决。否则，普及义务教育就很难实现。沙福敏代表说，中学的师资问题尤为突出。海淀区有八十多所中学，每所学校都缺教师。去年从师范院校分配来十五个毕业生，报到的只有四个。现在的教师大多数是四十岁以上的中年人，身体又不好，这样下去用不了几年，有些中学就开不了课了。胡亚美委员说，城区教师缺，农村的教师更缺，市政府应大力加强对教师的进修和培训工作。她建议把一部分有经验的退休老教师组织起来，请他们到进修学校任教。许多委员在发言中还建议市政府要在财政允许的条件下尽可能多拨出一些经费，帮助修建破旧校舍，增加教学设备，改善教师的生活条件。

会议在听取了封明为副市长的说明之后，同意了市政府关于扩大本市禁止养犬区范围和改变养犬管理主管机关的报告，并通过了相应的决议。决议要求本市禁止养犬区范围和养犬管理主管机关，依照国务院同意的卫生部、农牧渔业部、公安部《关于加强狂犬病预防控制工作的意见》，结合本市实际情况贯彻执行。委员们在讨论中指出，狂犬病是一种人畜共患，危害极大的急性传染病，应严格加强管理，依法办事。对狂犬咬伤人造成的后果，要追究管理部门和有关人员的责任，并给以处罚。

会议听取了市人大常委会副秘书长王昭铖、市政府副秘书长铁英分别作的关于市八届人大四次会议代表建议、批评和意见办理情况的报告。委员们认为，去年对代表提出的建议、批评和意见办理的比较认真，工作比较细，质量比往年有所提高，对此表示满意。同时也提出了在办理过程中存在的一些问题，希望在今后工作中不断改进提高。会议要求将这两个报告作必要修改之后，印发给全体代表。

会议决定了人事任免事项。会议决定任命臧洪阁为北京市人民政府财贸办公室主任，王宝森为北京市财政局局长，张光汉为北京市环境卫生局局长，免去刘如明兼任的北京市人民政府财贸办公室主任职务，常自超的北京市财政局局长职务，施阳的北京市环境卫生局局长职务。会议任命孙常立、唐占蕴为北京市高级人民法院副院长；王静、杨庭椿、王永源为北京市中级人民法院副院长；曾岫萍为北京市人民检察院副检察长，王招生为北京市人民检察院分院副检察长。免去李鸿秀、张冲霄的北京市高级人民法院副院长职务，章文扬、孙常立的北京市中级人民法院副院长职务。会议还通过了一批任免名单。

陈昊苏、封明为副市长，市高级人民法院刘云峰代理院长、市人民检察院何访拔代理检察长，市政府有关部门、各区县人大常委会的负责同志以及提议案的部分代表列席了会议。

北京市第八届人大常委会第二十七次会议纪要

市八届人大常委会于一九八六年三月四日至五日举行了第二十七次会议。出席会议的有主任、副主任、委员共四十四人。赵鹏飞主任主持了会议。

会议审议了关于召开市八届人大第五次会议的决定（草案）；听取和审议了市人民检察院、市高级人民法院关于打击严重经济犯罪活动的报告；审议了市八届人大四次会议交付的关于认真贯彻《消防条例》、切实加强消防工作的议案，听取了市政府有关情况的报告；听取和审议了市政府关于缓解本市交通拥挤、加快交通设施建设的情况汇报；决定了人事任免事项。

会议决定：北京市第八届人民代表大会第五次会议于一九八六年五月中旬召开。

会议听取并审议了市人民检察院代理检察长何访拔、市高级人民法院代理院长刘云峰关于打击严重经济犯罪活动情况的报告。委员们对本市司法机关在经济体制改革中、特别是近一年来，打击严重经济犯罪工作取得的成绩表示满意。许多委员在发言中指出，当前经济犯罪活动还很猖獗，对这个问题的严重性要有足够的估计，这场斗争仅仅是开始，要进一步地坚持不懈地抓下去。委员们强调，对严重经济犯罪活动，必须给以严厉打击，绝不能手软，对大案、要案一定要抓住不放，依法查处，坚决克服各种阻力，做到在法律面前人人平等。大家说，小平同志最近讲的“越是高级干部子弟，越是高级干部，越是名人，越要抓紧查处”的精神，反映了全国人民的心愿，只有这样坚决地办，才能使这场斗争收到彻底全胜的结果。委员们还说，打击严重经济犯罪活动不仅是司法部门的事，而且是全社会的事，大家都要支持公检法工作。各有关部门，要协同动作，密切配合，互相支持，把本市打击严重经济犯罪活动的斗争进一步开展起来。两个报告都提出了一些在实际工作中遇到的困难，会议希望市政府及有关部门积极地给予帮助解决。

会议听取了副市长封明为关于贯彻《消防条例》的情况报告。委员们认为，消防工作在首都的地位有特殊的重要性。近几年来，市政府和这项工作的主管部门做了很多工作是有成绩的。当前的问题是，整个消防工作和城市的发展很不适应，消防设施的建设跟不上城市发展的需要。对此，委员们在发言中提出一些重要的建议和意见。有的委员说，要把消防工作提到城市建设的重要位置上来，在城市的规划和建设中要有消防观念。无论是新建还是扩建的工程，都要有相应的城市公共消防设施。消防事业的发展要有长远和全面的考虑，要纳入“七五”计划，纳入年度的国民经济和社会发展计划。有的委员说，消防工作要有科学的态度，加强科学研究，应用新的技术，制造出新的消防材料，增加一些新的设备。

会议听取并审议了市建委主任苏兆林受市政府委托所作的关于缓解北京城市交通拥挤、加快交通设施建设的情况汇报。委员们对这个报告进行了热烈讨论，提出了一些很好的建议。委员们认为，城市的交通问题是和整个城市的发展、人民群众的生活息息相关，应把它列为市政建设的重要项目，提到应有的地位。要从发展趋势和发展战略进行研究和规划，不仅要解决当前道路拥挤的问题，而且要考虑到一九九〇年实现中央、国务院关于首都城市建设总体规划批复的要求，解决北京交通问题。委员们认为，发展立体交通、建设快速交通体系很重要，应当以此作为解决北京交通问题的重要指导思想，地面、地下和空中通盘考虑。有的委员说，加快交通设施建设，资金困难是个大问题，希望市政府尽快研究集资的办法，经过必要的法律手续而后实施。委员们还说，要建立有权威的统一的领导机构和相应的顾问参谋机构，解决目前多头领导和力量分散的问题。同时，要做好司售人员的思想政治工作，进一步调动他们的积极性，使现有的车辆、场地等得到充分利用。

会议决定了人事任免事项。会议决定任命林炎志为市体育运动委员会主任、马凯为市物价局局长、郑一军为市公用局局长。免去魏明的市体育运动委员会主任职务，康树人的市物价局局长职务。会议还通过了一批任免名单。

封明为副市长、市高级人民法院代理院长刘云峰、市人民检察院代理检察长何访拔，市政府有关部门、各区县人大常委会的负责同志以及部分市人大代表列席了会议。

北京市第八届人大常委会第二十八次会议纪要

市人大常委会于一九八六年四月二十八日至三十日举行了第二十八次会议。出席会议的有主任、副主任、委员四十五人。赵鹏飞主任，范瑾、马耀骥副主任分别主持了会议。

会议讨论确定了市八届人大五次会议的筹备事项；审议了《北京市水利工程保护管理条例》；听取和审议了市政府关于普及法律常识工作的报告；审议了市人大常委会将向市八届人大五次会议作的工作报告；决定了人事任免。

一、会议讨论了市八届人大五次会议的筹备事项。确定市八届人大五次会议于五月十三日召开，会期预计十天。会议一致通过了准备提请大会预备会议审议的市八届人大五次会议的议程草案，主席团、秘书长名单草案，国民经济、社会发展计划和财政预决算审查委员会主任委员、副主任委员、委员名单草案，议案审查委员会主任委员、副主任委员、委员名单草案。

二、会议审议并通过了《北京市水利工程保护管理条例》。委员们在听取了市水利局局长颜昌远就《条例(草案)》所作的说明之后，进行了认真的审议，提出了一些补充和修改意见。根据委员的意见再次进行修改之后，会议一致通过了这个条例。在审议《条例（草案)》中，委员们指出，建国以后，本市修建了大量的水利设施，对全市人民的生产、生活与安全，发挥了巨大的作用。但是，长期以来，由于重建设、轻管理，在水利设施的保护和管理上存在不少问题，特别是农村经济体制改革之后，又出现了一些值得注意的新情况、新问题，因此，制定《北京市水利工程保护管理条例》，把现有水利设施纳入法制管理的轨道是完全必要的。委员们希望，条例通过后能够尽快颁布施行。委员们还指出，当前不少河道设障严重，清障的决心要大，以抵御几十年一遇的洪水，保证首都的安全。同时，为了充分发挥现有水利设施的作用，要改变“多龙”治水的状况，逐步建立统一的管理体制。

三、会议听取和审议了市司法局副局长孙在雍关于普及法律常识工作的报告，并通过了关于深入开展普及法律常识工作的决议。委员们认为，一年来，本市普法工作有了很大进展，取得了一定成就，积累了一些好的经验。当前主要是如何按照中共中央、国务院的通知和全国人大常委会决议的精神，把这项工作深入开展起来。马耀骥副主任就这个问题发了言，委员们也提了一些很好的意见。一些委员强调普法工作要保证质量，要注意防止形式主义、走过场。要抓好宣传骨干队伍的培训工作，讲解、学习要有针对性，要紧密联系实际。一些委员认为，领导干部带头学法、讲法是搞好普法工作的关键。建议市委、市人大常委会、市政府专门听取几次领导干部普法学习情况的汇报，不断提高他们对普法工作的认识。给各级领导干部办普法轮训班或讲座是个好办法，应该作为深入开展普法工作的重要措施。

四、会议讨论并原则通过了市人大常委会向市八届人大五次会议作的工作报告（讨论稿）。委员们认为这个工作报告，总结了市人大常委会一年来的工作情况，基本上是好的。同时也提出了一些修改意见。会议委托主任会议及驻会委员作进一步审查修改，而后提交代表大会审议。

五、会议通过了人事任免事项。（名单从略）

列席这次会议的有副市长封明为、黄超，市高级人民法院代理院长刘云峰、市人民检察院代理检察长何访拔，以及各区、县人大常委会和市政府有关部门的负责同志。

北京市第八届人大常委会第二十九次会议纪要

市人大常委会于一九八六年七月八日至十一日举行了第二十九次会议。出席会议的有主任、副主任、委员四十七人。赵鹏飞主任、马耀骥、陈明绍、张大中、夏钦林副主任分别主持了会议。

会议经过认真审议，通过了《北京市实施〈中华人民共和国义务教育法〉办法》、《北京市公路路政管理条例》；听取和审议了市政府关于北京市科技体制改革情况的报告、关于北京市开展审计工作情况的报告，并作出了相应的决议。会议还初步审议了《北京市产品质量监督试行条例（草案）》和市政府《关于对随地吐痰者加重处罚的议案》，通过了人事任免事项。

委员们在审议《北京市实施〈中华人民共和国义务教育法〉办法》时谈到，实施义务教育对于提高全市人民的文化水平，培养社会主义现代化建设的人才，把北京建设成为全国科学、文化、技术最发达、教育程度最高的第一流城市具有重要的战略意义。委员们指出，实行义务教育的关键是师资队伍的建设问题。目前师资严重短缺，素质较差。解决这个问题，一是要加强对在职教师的培训，提高现有师资的水平，在这方面应多挖掘潜力，聘请有经验的老教师兼职或当顾问；二是加强和发展师范教育，动员优秀毕业生报考师范院校；三是稳定现有的教师队伍。对不安心本职工作的教师，在加强思想教育和职业教育的同时，还要采取有效措施，切实解决教师的待遇问题。各级人民政府在财力可能的条件下，尽量增加一些教育经费，积极改善办学条件。

委员们在审议《北京市公路路政管理条例》时说，公路事业的发展，对沟通城乡经济交流，促进本市经济发展起着重要的作用，因此制定公路路政管理条例是非常必要的。委员们认为，条例制定得很好，但关键还在于认真贯彻执行。各级政府、各有关单位要拟定具体措施加以保证。条例的实施重点在农村，条例公布后要进行广泛的宣传、使广大农村干部和群众提高爱护公路的自觉性。在管理方法上，除了公路管理部门外，要依靠群众，像“门前三包”那样建立责任区，由公路沿线的单位分段管理。

委员们在审议科技体制改革情况的报告时指出，北京市科技体制改革取得的效果是明显的，发展是健康的。当前要进一步贯彻“经济建设必须依靠科学技术，科学技术工作必须面向经济建设”的方针，根据首都建设的特点和要求，面向城市管理和城市建设，把工作重点从为生产服务转移到为城市建设和城市管理服务上来。目前北京存在着缺水、环境污染、交通阻塞、垃圾处理等几大难题，委员们希望首都的科技工作者为解决这些问题贡献力量，也希望有关部门围绕首都城市建设和管理中的重大问题，分别轻重缓急，制订规划，提出措施。有些委员还指出，科学技术在农村经济中的应用，潜力相当大。为了实现“星火计划”纲要，还要大力进行宣传教育，投入更大的力量。在城乡科技体制改革中，还存在一些问题，希望有关部门尽快制订政策、拿出办法，以充分调动和发挥广大科技人员的积极性。

委员们在审议市政府关于北京市开展审计工作情况的报告时指出，本市审计工作开展时间不长，在维护财经法纪、加强宏观控制和管理，促进党风和社会风气的好转，保证经济改革的顺利进行等方面都发挥了重要作用。但是，审计工作是一项新的工作，还要进一步加强。要大力进行宣传，提高人们对审计工作的认识，积极支持审计机关独立行使审计监督权，把本市审计工作提高到一个新的水平。

列席这次会议的有副市长韩伯平、张百发、陈昊苏、张健民，市人民检察院检察长何访拔，市高级人民法院、市政府有关部门和各区县人大常委会的负责同志以及部分人大代表。

北京市第八届人大常委会第三十次会议纪要

一九八六年九月八日至十日，市人大常委会举行了第三十次会议。出席会议的有主任、副主任、委员四十四人。赵鹏飞主任，马耀骥、佘涤清副主任分别主持了会议。

会议经过认真审议，通过了《北京市工业产品质量监督条例》和《北京市开办乡镇集体矿山企业和个体采矿审批管理办法》；审议了市八届人大五次会议交付的关于改善首都服务态度的议案和关于《认真宣传贯彻民族政策、切实保障少数民族的平等权利》的议案，并听取了市人民政府有关情况的报告；审议通过了市人民政府“关于在全市人民中广泛征集市徽市旗图案的建议”；通过了人事任免事项。

委员们在审议《北京市工业产品质量监督条例》时强调指出，产品质量下降的趋势没有根本好转，主要是“质量第一”、“质量是企业的生命”这个指导思想没有牢固地树立起来。“重量轻质”，不顾自身的技术力量和生产条件，盲目追求产量、产值是个较普遍的现象，应下大力加以扭转。委员们指出，北京市一些企业的设备是先进的，但产品质量却不好，在市场上没有竞争力，问题的关键在于人的因素。要加强干部、工人的技术学习和培训，提高干部、职工的素质。有些委员还谈到，目前我们的监督机构还很不健全，希望《条例》颁布后，能够尽快建立健全质量监督体系，切实保障条例的贯彻实施。

委员们听取了孙孚凌副市长代表市政府所作的关于改善首都服务工作情况的报告之后，进行了热烈的讨论。委员们说，自从市八届人大五次会议上代表们提出关于改善首都服务态度的议案以来，市政府在市委领导下，以商业、服务业为重点，积极推行改革，开展服务工作大讨论，作了大量工作，收到了一定成效，但这只是迈出了第一步，还应按照市委的“十条决定”，一步一步地抓下去，花上几年时间，争取在十一届亚运会开幕之时，首都服务工作水平有一个崭新的面貌。委员们对于如何进一步搞好商业服务业改革发表了一些很好的意见。一些委员指出，商业改革比农业、工业的改革要复杂、艰巨，要认真总结过去那种大起大落的经验教训，防止大轰大嗡，防止对新情况估计不足，把这项工作搞得更扎实、更细致；要围绕改革进行思想教育，把改革和大讨论结合得更紧密，改革、教育、训练同步进行，实现综合治理；要运用法律手段指导改革，在大讨论中学习宣传《民法通则》，使广大干部、群众掌握运用法律武器，正确处理国家、集体、个人之间的关系和利益，以保证改革顺利进行。有的委员提出，商业、服务业改革是一项复杂的系统工程，需要在宏观上加以规划，工作上要有系统地配套地进行，制订一系列的相应的制度和办法，形成一套服务质量的保证体系。有的委员还提出，改革、大讨论要联系实际，要研究和制订具体的政策和措施，增强企业自我发展的能力，逐步为解决职工实际困难创造条件。

会议审议市八届人大五次会议交付的关于《认真宣传贯彻民族政策，切实保障少数民族的平等权利》的议案，听取了市民委主任姜立勋关于北京市民族工作情况的报告。委员们认为，党的十一届三中全会以来，党的民族政策在本市逐步得到了落实，少数民族在政治上的平等权利进一步得到保障，生活习惯受到尊重，宗教信仰自由也得到保护，民族工作取得了很大成绩，民族团结日益巩固。委员们指出，做好首都的民族工作具有重大意义，对国内外都会有重大的影响。各级领导都应该对这项工作有明确的认识，认真贯彻执行党的民族政策。要有计划地调查研究，积累经验，待条件成熟时，制定一项关于保护少数民族平等权利的地方性法规。

会议通过了人事任免事项：任命王昭钺为北京市人大常委会办公厅主任（兼），免去王同兴的北京市人大常委会副秘书长、办公厅主任职务，免去梁凡初的北京市人大常委会城建委员会副主任、周全的北京市人大常委会农村委员会副主任职务；任命金铮为北京市计划生育委员会主任，免去王康久的北京市计划生育委员会主任职务。会议还通过了北京市高级人民法院和北京市中级人民法院的任免名单。

列席这次会议的有副市长孙孚凌、张健民、封明为，市高级人民法院院长刘云峰、市人民检察院检察长何访拔，市政府有关部门和各区县人大常委会的负责同志以及部分提议案的市人大代表。

北京市八届人大常委会第三十一次会议纪要

市人大常委会于一九八六年十月二十一日至二十二日举行了第三十一次会议。出席会议的有主任、副主任、委员共四十五人。赵鹏飞主任、范瑾、马耀骥副主任分别主持了会议。

会议审议了市八届人大五次会议交付的关于检查文物保护法执行情况、加强文物保护工作的议案，关于解决郊区农民卖猪难问题的议案，关于尽快筹建高碑店污水处理场的议案，并听取了市政府关于以上三项议案办理情况的报告；会议还听取了市政府贯彻执行国务院关于改革劳动制度四项规定的报告；决定了人事任免事项。

会议听取了市文物管理局副局长朱长龄关于检查文物保护法执行情况的汇报。委员们对本市文物工作取得的成绩表示满意。认为本市贯彻执行文物保护法的情况是好的，近几年制订了一些保护文物的地方性法规和行政规章，使文物保护工作初步走上了法制管理的轨道。广大干部和群众执行文物保护法的自觉性有了提高，爱护文物、保护文物的好风尚正在逐步形成。经过各有关方面的努力工作，一些重点保护文物得到了维修，又新发掘出一批具有重要价值的文物，历史上形成的部分严重不合理使用文物的问题正在逐步解决。一些委员高兴地说，近几年来首都的文物保护工作取得了空前规模的进展，是建国以来最好的时期。讨论中，委员们就进一步搞好文物保护工作发表了一些很好的意见和建议。有的委员说，北京是一个历史古都，名胜古迹甚多，文物保护任务是艰巨的。随着首都四化建设的发展，特别是市政建设和旅游事业的迅速发展，对文物的保护与利用也提出了新的课题，需要认真研究，加强管理，切实解决。有些委员指出，文物是不能再生产的产品，必须把保护放在第一位，利用放在第二位，正确处理文物保护和发展旅游业的关系，不能只顾赚钱，不注意保护。市政府应及早组织有关部门制定文物保护与利用规划，以减少工作中的盲目性。有些国家在文物保护和利用上有一套科学管理的办法，在这方面，也应吸收国外一些有益的经验。有的委员还提出，对古建筑的保护要与城市建设统一规划，既要搞好古建筑本身的保护，又要注意古建筑周围环境和景观的保护。对于名人故居的选定，要慎重对待，严格掌握，不宜过多。委员们强调要认真贯彻执行文物保护法，坚决制止乱占乱用文物的现象，对过去占用尚未迁出的单位，要积极进行工作，分期分批地加以解决。

会议听取了市计划委员会副主任王广荃关于高碑店污水处理场建设情况的汇报。市政府已将高碑店污水处理场列入"七五"建设计划，并在一九八七年开始建设。委员们对市政府的安排表示满意，希望尽快落实计划，早日组织实施。同时委员们也提出，鉴于目前污水排放量还在继续增加，在治理上，要千方百计地创造条件，能快就快，能多就多。在措施上，既要加快高碑店和其它污水处理场的建设，又要把污水排放源严格管起来，采取行政手段和经济手段，促使所有排放单位达到国家要求的标准。在资金上，要认真贯彻谁污染谁治理的原则，将收取的排污费主要用于治理污水。

会议听取了市商业委员会副主任张锡林关于解决郊区农民"卖猪难"问题的情况汇报。经过市政府几个月的工作，"卖猪难"的问题已基本解决，但由于农村商品经济结构的变化，目前又出现了"买猪难"的问题。委员们认为，"卖猪难"与"买猪难"交替出现，反映当前农村经济制度改革中出现的新情况新问题，需要认真总结经验教训。有的委员说，养猪业的发展，不仅关系到农业生产良性循环问题，也关系到城市肉食供应问题，是关系国计民生的一个大问题，应引起高度重视。但是，要使养猪生产稳定的发展，必须改变过去那套束缚农民积极性的办法，按照商品经济规律办事。不要就事论事，要从整个农村流通领域改革上研究解决这个问题。有的委员还提出，解决"卖猪难"或"买猪难"的根本办法，就是要搞"饲料、喂养、收购、屠宰、储运、销售一条龙"。按照系统工程的概念统筹安排农业和畜牧业，根据农业发展状况、饲料多少去计划畜牧业的规模。希望市政府研究总结这方面的经验。

会议还听取了市劳动局局长龚树基关于劳动制度改革情况的报告。委员们说，劳动制度的改革是当前经济体制改革的一项重要内容，它关系着千家万户，我们要关心、了解这件事情，推动这项制度改革的顺利进行。

会议还决定了人事任免事项。会议决定任命臧洪阁为北京市商业委员会主任、杨世明为北京市城市规划管理局局长、苏仲祥为北京市公安局局长，免去刘小石的北京市城市规划管理局局长职务、高克的北京市公安局局长职务。会议还通过了一批任免名单。

副市长孙孚凌、陈昊苏、张健民，市高级人民法院院长刘云峰，市人民检察院检察长何访拔，市政府有关部门、各区县人大常委会的负责同志以及部分提议案的市人民代表列席了会议。

北京市第八届人大常委会第三十二次会议纪要

市八届人大常委会于一九八六年十一月十三日至十四日举行了第三十二次会议。出席会议的有主任、副主任、委员共四十二人。赵鹏飞主任主持了会议。

会议听取和审议了市计划委员会主任王军所作的《关于北京市一九八六年国民经济和社会发展计划执行情况的汇报》和市劳改局局长魏相如所作的《关于北京市劳改劳教工作情况的报告》；决定了人事任免事项。

委员们在审议一九八六年国民经济和社会发展计划执行情况的汇报时，对今年以来市政府为执行本市国民经济计划所作的努力给予了肯定，对本市今年各方面的建设取得较好成绩寄予很大期望。同时委员们还对本市今年的计划工作、经济工作提出了一些值得注意的问题和意见。有的委员说，市政府在报告工作时，应充分体现中央关于首都建设方针四项指示、总体规划批复的精神，把城市建设、特别是基础设施建设的进展情况作为重要内容突出出来。有的委员指出，有些企业不重视产品的质量和经济效益，仍是当前经济工作中一个突出的问题。有些主管部门不断地压产值、压指标，是造成这种情况的一个重要原因，需要认真解决。有些委员说，“卖猪难”和“买猪难”交替出现，手纸脱销，有些小商品买不到，对待这些问题不能光靠国家补贴、行政命令，而应按照发展商品经济的办法去研究解决。许多委员指出，到年底只有一个多月的时间了，而面前的任务还十分艰巨，希望各级政府要采取有力措施，调动各方面的积极性，努力完成今年市人代会提出的各项任务。

委员们在审议劳改劳教工作报告时认为，近十年来，本市劳改劳教工作在困难的情况下，取得了很大成绩，受到了国内外的好评。要认真总结前阶段工作的经验，把首都的劳改劳教工作搞得更好。同时，委员们也提出，要全面贯彻劳改劳教工作的方针，对犯罪分子首先要进行强制教育，严格管理，使其认罪服法。在总结工作和对外宣传中，既要讲教育感化，又要讲严格管教。有的委员说，犯罪分子有轻有重，有的是过失犯罪，对他们要尽可能创造条件区别管教。这样做既可减少相互影响，又有利于对犯罪分子的改造。委员们对安置刑满释放、解除劳教、少管人员的问题很为关注，认为这是搞好首都社会治安的一个重要方面。现在有些街道安置工作做得比较好，希望各级政府认真总结这方面的经验、加以推广。许多委员还提出，做好劳改劳教工作是首都现代化建设的需要，市政府要更多地关心支持这项工作，不断改善劳改劳教场所的条件，帮助劳改劳教干部解决生活中的实际困难，使他们安心做好本职工作。

会议决定了人事任免事项。会议决定任命汪统为北京市国家安全局局长、薄熙成为北京市旅游局局长；免去闵步瀛的北京市国家安全局局长职务、宋文成的北京市旅游局局长职务。

张百发、陈昊苏副市长，市高级人民法院院长刘云峰，市人民检察院检察长何访拔，市政府有关部门、各区、县人大常委会的负责同志列席了会议。

北京市第八届人大常委会第三十三次会议纪要

市八届人大常委会于一九八六年十二月二十三日至二十六日举行了第三十三次会议。出席会议的有主任、副主任、委员共五十一人。赵鹏飞主任、马耀骥副主任分别主持了会议。

一、会议审议通过了市人大常委会副主任余涤清作的《关于区、县、乡、镇人民代表大会代表换届选举工作的报告》;审议通过了修改后的《北京市区、县、乡、镇人民代表大会代表选举实施细则》和市人大常委会政法委员会副主任吴一平作的关于修改《北京市区、县、乡、镇人民代表大会代表选举实施细则》的报告,并根据委员们审议的意见,作出了《关于区、县、乡、镇人民代表大会代表换届选举工作若干问题的决定》。《决定》要求本市各区、县、乡、镇人民代表大会代表的换届选举工作在一九八七年上半年完成,将修正的《北京市区、县、乡、镇人民代表大会代表选举实施细则》重新公布施行。

二、会议听取了市公安局局长苏仲祥代表市人民政府作的《北京市关于游行示威的若干暂行规定(草案)》的说明,经过认真审议、反复修改,委员们一致通过了《北京市关于游行示威的若干暂行规定》。

三、会议审议了市八届人大五次会议常浦等二十六位代表提出的关于认真检查土地管理法规执行情况、制止乱占滥用耕地的议案,听取了黄超副市长作的《关于贯彻中央文件、办理市人大代表议案制止乱占滥用耕地情况的报告》;听取了市司法局局长孙在雍作的《关于普及法律常识工作的汇报》;审查批准了市财政局局长王宝森代表市政府作的《关于北京市一九八六年一至十一月份财政收支情况和一九八六年财政收支预算调整情况的报告》。委员们在审议上述几个报告中,提出了一些很好的意见和建议。

四、会议决定了人事任免事项。

委员们在审议孙在雍局长的报告时,对今年全市普法工作取得的成绩表示满意。委员们指出,本市普法工作进展较快,取得了可喜的成果,社会秩序、工作秩序有了明显的改善,涌现了一批法制建设的人材。同时,应该看到这只是个良好的开端,普法工作的发展还不平衡,即使在搞得好的单位也有薄弱环节,要把学习引向深入,使普法工作经常化、制度化,今后的任务还很艰巨。有的委员说,普法工作最重要的是提高公民的法律意识,增强法律观念,使全体公民知法、懂法、守法。普法要以宪法为重点,组织专门人材进行研究,编写学习宪法提纲,根据当前的实际情况,集中一段时间学习、宣传宪法,使根本大法家喻户晓,人人皆知。有的委员指出,普法教育要同实际结合起来,扎扎实实地进行,不能大嗡大轰,走过场。要结合行业特点去学习法律,干什么就学什么,并按照法律要求去做,这样才能提高群众执法的自觉性,把普法工作不断引向深入。区县人大常委会的同志提出,在农民、居民中开展普法工作难度较大,希望市里编写一些更为通俗易懂的教材,多介绍这方面的经验。委员们在讨论时还强调,要进一步提高对普法重大意义的认识,把普法工作纳入建设社会主义精神文明的具体规划,以保证普法的进度和质量。

委员们在审议黄超副市长报告时,对市政府认真办理代表的议案表示满意,同时对今后加强土地管理工作提出了一些意见和建议。有的委员说,土地问题是关系到国计民生的大问题,决不能掉以轻心。在搞绿化、发展渔业和乡镇企业,进行基本建设时,要实事求是,讲求实效,绝不能毁良田搞绿化、挖鱼池、建工厂,对农民承包的土地不能随便去占用。有的委员指出,我们北京市可占用的土地已经不多了,保护好现有耕地有许多工作要做,今后的任务是艰巨的。要认真宣传贯彻土地管理法,提高各级干部和农民对珍惜土地的认识,严格依法办事,健全管理制度。对乱占、滥用耕地的单位和个人,要认真查处。有的委员提出,鉴于《国家土地管理法》从明年一月一日实施,我们北京市要尽快制定出土地管理法的实施细则,把土地管理工作提高到一个新的水平。

会议期间,市委书记李锡铭向委员们介绍了关于上海市一些高等学校大学生上街游行示威的情况,韩伯平副市长汇报了加强液化石油气供应管理、热力供应、物价等情况,封明为副市长汇报了经国务院批准的关于撤销房山县、燕山区,设立房山区的情况。

副市长封明为、黄超,市高级人民法院院长刘云峰,市人民检察院检察长何访拔,市政府有关部门、各区县人大常委会的负责同志列席了会议。

北京市第八届人大常委会第三十四次会议纪要

市人大常委会于1987年1月23日至24日举行了第34次会议。出席会议的有主任、副主任、委员共46人。赵鹏飞主任、马耀骥副主任分别主持了会议。

会议首先认真学习了中共中央（1987）1、2、3号文件，学习了全国人大常委会《关于加强法制教育维护安定团结的决定》和彭真委员长的重要讲话，进行了热烈的讨论。委员们说，这个《决定》是在全体人民中进行以宪法为核心的法制教育的重要文献，是当前坚持四项基本原则、反对资产阶级自由化、维护安定团结的强有力的法律武器和思想武器。《决定》重申了宪法关于国家机构实行民主集中制原则的规定，指出民主选举是实行民主集中制的基础；重申了宪法关于保障公民自由和权利的规定，以及公民行使自由和权利必须遵循的准则；重申了宪法和刑法关于维护社会秩序，惩办犯罪分子规定，对触犯刑律的犯罪行为都要依法追究法律责任；重申了宪法关于维护社会主义法制的统一和尊严的规定，任何组织或者个人都不得有超越宪法和法律的特权。认真学习、坚决贯彻这个决定，对于保证宪法、法律在本市的遵守和执行，促进首都的社会主义物质文明建设、精神文明建设和民主与法制建设，具有重大的现实意义和深远的历史意义。委员们强调，学习和贯彻《决定》的根本问题是教育人。要结合实际认真组织干部、群众学习《决定》，利用报纸、刊物、广播、电视广泛宣传，把《决定》印发到工厂、农村、街道、学校、机关，力争做到家喻户晓，让广大干部、群众熟悉、掌握宪法和法律武器，增强宪法观念和公民意识，同一切违反宪法和法律的行为作斗争。许多委员提出市人大常委会今后要加强对市政府有关文化、新闻、出版等方面工作的法律监督，加强文化出版方面的立法工作。会议经过认真、充分的讨论，一致通过了《认真学习、贯彻全国人大常委会〈关于加强法制教育维护安定团结的决定〉的决议》。

会议通过了召开北京市第八届人民代表大会第六次会议的决定：北京市第八届人民代表大会第六次会议于1987年3月5日召开，建议会议主要议程为：听取和审查市人民政府工作报告；审查、批准1986年国民经济、社会发展计划执行情况和1987年国民经济、社会发展计划；审查、批准1986年财政预算执行情况和1987年财政预算；听取和审查市人大常委会、市高级人民法院和市人民检察院的工作报告。

会议经过认真审议通过了《北京市农作物种子质量管理暂行条例》。委员们在审议中指出，农作物种子是重要的农业生产资料。培育优良品种是充分发挥品种的内在遗传因素的作用，提高质量，改进品质的一种最有效、最经济的途径，是农业增产的基础，《暂行条例》的制定对本市郊区农业生产的发展将发挥重要作用。鉴于农村改革后的新情况，对《暂行条例》的实施，要进行广泛宣传，使广大农村干部、农民真正理解熟悉，自觉遵守。

会议审议了市八届人大五次会议交付的《关于加强市人大及市人大常委会在全市范围内的法制监督工作问题》的议案，听取了市人大常委会马耀骥副主任代表主任会议所作的《关于加强法制监督工作议案办理意见的报告》。委员们认为，议案关于加强法制监督的七条办法是基本可行的，主任会议根据议案提出的报告是好的。大家希望市人大常委会今后在法律实施监督方面，积极探索，总结经验，不断提高监督工作水平。

会议听取并批准了市人大常委会副秘书长王昭钺、市政府副秘书长铁英分别作的关于市八届人大五次会议代表建议、批评和意见办理情况的报告，并决定把两个报告印发给全体代表；审查批准了各区、县人民代表大会换届选举代表名额，并作出了相应的决定。会议还决定了人事任免事项。

市人民政府封明为、黄超副市长，市高级人民法院负责人、市人民检察院检察长何访拔，以及各区县人大常委会的负责同志列席了会议。

北京市第八届人大常委会第三十五次会议纪要

市人大常委会于1987年2月25日举行了第三十五次会议。出席会议的有主任、副主任、委员47人。赵鹏飞主任主持了会议。

一、会议讨论确定了市人大常委会向市八届人大六次会议提出的工作报告（稿）。委员们认为报告讨论稿是好的，反映了八届人大五次会议以来市人大常委会工作的实际情况。会议原则通过了这个报告(稿)，并授权主任会议根据大家的意见作必要的修改，提请代表大会审议。委员们在讨论中还就学习、宣传宪法，加强对"一府两院"的工作监督和法律监督，以及进一步办理好代表建议、批评和意见等问题，提出一些意见和建议，认为在这些方面都需要市人大常委会在今后工作中不断摸索、改进，不断总结经验。

二、会议审议了市政府关于提请确定首都市花、市树的议案，同意将此议案列入市八届人大六次会议议程，提交市八届人大六次会议审议决定。

三、会议通过了《修改〈关于议案的若干暂行规定〉的决定》。根据全国人大常委会第十八次会议修正公布的《地方组织法》第十七条第二款的规定，决定将1983年市八届人大一次会议通过的《关于议案的若干暂行规定》中的"三、一个代表团或者15名以上代表，可以向北京市人民代表大会提出属于市人民代表大会职权范围内的议案"，修改为"三、一个代表团或者市人民代表大会代表10人以上联名，可以向北京市人民代表大会提出属于市人民代表大会职权范围内的议案"。

四、会议通过了市八届人大六次会议建议议程和主席团成员、秘书长建议名单，国民经济、社会发展计划和财政预算审查委员会主任委员、副主任委员、委员建议名单，议案审查委员会主任委员、副主任委员、委员建议名单，提交市八届人大六次会议预备会议审议决定。

五、会议批准了燕山区人大常委会和房山县人大常委会联名报请的房山区选举委员会组成人员名单。

六、会议以无记名投票的方式决定了人事任免事项。会议决定：任命孟学农为北京市工商行政管理局局长，免去于春开的北京市工商行政管理局局长职务；任命孙志强为北京市税务局局长，免去左珊的北京市税务局局长职务；任命刘林为北京市审计局局长，免去王乃武的北京市审计局局长职务；任命华漱芳为北京市科技干部局局长，免去赵斌的北京市科技干部局局长职务。

张健民副市长、市高级人民法院院长刘云峰、市人民检察院检察长何访拔，以及市政府有关部门、各区县人大常委会的负责同志列席了会议。

北京市第八届人大常委会第三十六次会议纪要

市八届人大常委会于1987年4月24日至25日举行了第36次会议。出席会议的有主任、副主任、委员46人。赵鹏飞主任出席了会议，马耀骥、邢军副主任分别主持了会议。

会议首先由赵鹏飞主任传达了六届全国人大五次会议的精神。会议认为，六届全国人大五次会议是一次很重要的会议，赵紫阳总理的政府工作报告和会议通过的决议、决定，对于全面正确地贯彻执行党的十一届三中全会的路线，深入体制改革，扩大对外开放，坚持长期稳定发展经济的方针，在许多方面总结了新的经验。赵总理的报告，彭真委员长的重要讲话，陈丕显副委员长作的全国人大常委会的工作报告，在指导思想上、工作作法上，对于做好地方人大常委会的工作有着重要的意义。会议要求，全市人民要认真学习六届全国人大五次会议的各项文件，结合自己的实际工作，扎扎实实地贯彻落实，发展本市的大好形势。

会议听取了张健民副市长代表市政府作的关于北京市工业系统增产节约、增收节支情况的报告。夏钦林副主任、赵长白委员、李家骥代表分别就本市、首钢和包装装璜厂开展“双增双节”运动的情况发了言，市人大常委会财经委员会副主任郑宁根据对本市工业系统开展“双增双节”运动情况的调查，代表财经委员会提出了一些意见和建议。委员们在审议中对张健民副市长的报告表示满意，认为本市工业系统“双增双节”运动抓得早、行动快，工作比较扎实，有了一个良好的开端。委员们指出，中共中央、国务院提出开展增产节约、增收节支运动，完全符合我国国情，非常得人心，对于加强社会主义物质文明建设和精神文明建设，有着极大的现实意义和深刻的长远意义。这项运动在本市还只是初见成效，要继续提高各级领导和广大职工的认识，不断总结交流工作经验，扎扎实实地把这一运动引向深入。许多委员指出，首钢等单位的经验说明，开展“双增双节”运动一定要同深化改革结合起来，认真落实经济责任制，充分发挥职代会的作用，增强企业活力，挖掘内部潜力。要全面提高经济效益和社会效益，既要解决生产上的浪费，降低能耗和物耗，又要注意克服生活中的浪费，消费性的能耗也要控制，要十分注意修旧利废。有的委员提出，全市的生产、建设、流通和销售，各行各业、各个单位都要注意增产节约、增收节支，绝不允许一面增收，一面乱花滥用，一面增产，一面又有大量产品、商品积压，甚至变质霉烂。委员们还列举了一些由于决策不当造成浪费的事例，希望市政府在决定建设或引进项目时，多征询和听取专家们的意见，增强决策的科学性，减少盲目性。

会议以无记名投票的方式，任命铁英为北京市人民政府秘书长。会议还通过了市高级人民法院和中级人民法院一批任免名单。

张健民副市长、市高级人民法院院长刘云峰、市人民检察院检察长何访拔，以及市政府有关部门、各区县人大常委会的负责人和部分提议案的市人民代表列席了会议。

北京市第八届人大常委会第三十七次会议纪要

市八届人大常委会于 1987 年 6 月 22 日至 23 日举行了第 37 次会议。出席会议的主任、副主任、委员共 47 人。赵鹏飞主任出席了会议，马耀骥、张大中副主任分别主持了会议。

会议经过认真审议，通过了《北京市文物保护管理条例》，审议了市八届人大六次会议交付的第 16 号议案，通过了《关于维护老年人合法权益的决议》；会议还听取了市人民政府关于北京市城市建设综合开发工作情况和今后意见的汇报，决定了人事任命事项。

会议在审议《北京市文物保护管理条例（草案）》时，委员们对加强本市文物保护管理工作提出了一些意见。许多委员指出，几年来，本市文物保护工作成绩很大，但漏洞不少。北京是历史名城、文化古都，加强文物保护和管理，有特别重要的意义。要从严管理，严格执法，不论哪个组织和个人，违犯了文物保护法都要严肃处理。该诉诸法律的，要依法追究，不能搞协商，大事化小，小事化了。文物是重要的文化遗产，保护好文物可以增强民族自豪感，对这项工作应该重视和加强。但是，保护文物要同现代化建设结合起来，保护文物要考虑国家的财力，要注重经济效益，不要把古典小说、甚至虚构的传说，也作为文物花很多钱去仿造、修复。有些委员指出，对使用文物的单位要加强文物保护法规和文物价值的宣传教育，使他们自觉地爱护文物、保护文物。

会议在审议了市八届人大六次会议第 16 号议案时，委员们对如何维护老年人合法权益问题进行了热烈的讨论。许多委员指出，老年人问题是当前全社会普遍关注的问题。敬老养老是我们中华民族的传统美德，也是社会主义精神文明建设的重要内容，应广为宣传、大力提倡。同时，对那些遗弃老人、虐待老人的行为应严肃处理，特别是对致死、致残的犯罪行为要依法从严处理，现在有量刑过轻的情况，司法部门应引起注意。委员们还就如何发挥老年人的作用发表了很好的意见。委员们说，老年人不仅要老有所乐，而且要老有所为，要把老有所为作为开辟第二生命加以重视。老年人中许多人积累了丰富的经验，应作为一笔宝贵财富进行开发。有的委员建议，对那些有真才实学的老专家，应允许他们请助手，有关部门要从人力、物力上给以帮助，把他们珍贵的经验总结出来。许多委员还就开展老年人保险，设立老年人基金，建设老年公寓等提出了一些意见和建议。

会议听取了市建委副主任施宗林代表市政府所作

的《关于北京市城市建设综合开发工作情况和今后意见的汇报》。委员们认为，城市建设综合开发是城市建设的重大改革，是实现首都建设总体规划的重大措施。但是许多委员指出，要看到问题的复杂性，有相当的难度，步子要稳妥，要量力而行。要符合国家控制建设规模的要求，要符合北京建设的实际和承受能力。要用“四项指示”和“批复”的精神统一认识，以总体规划为指导，坚持新区建设和旧城改造相结合，长远规划和近期安排相结合，高中低、大中小相结合，综合开发与自我改造相结合等，在宏观上从上述几个方面进行综合平衡，避免走弯路，减少不必要的损失。有的委员指出，城市综合开发是一个复杂的系统工程，涉及到各个方面，要想得远一些，考虑得宽一些，对于人口控制、水源、能源和生态环境以及垃圾处理等问题，都要作为综合开发的重要组成部分，加以研究。一些委员还提出，在实际工作中要考虑到首都工作的特点。这项工作与中央、国务院有关部门关系很密切，为了保证方案的顺利实施，一些问题需要请示国务院的请市政府及时报告国务院，取得国务院的领导和中央各部门的支持。许多委员在讨论中还对住房分配不合理和开发公司管理混乱等提出了批评和意见，建议市政府认真研究改进。

会议任命余绪新为北京市人大常委会政法委员会副主任；批准了部分区县新的一届人民代表大会选举出的检察院检察长的任命。

张百发、陈昊苏、封明为副市长，市高级人民法院院长刘云峰，市人民检察院检察长何访拔，市老龄问题委员会主任郭献瑞以及市政府有关部门、各区县人大常委会的负责人和部分提议案的代表列席了会议。

北京市第八届人大常委会第三十八次会议纪要

市八届人大常委会第38次会议于1987年8月19日至21日举行。出席会议的有主任、副主任、委员44人。赵鹏飞主任、马耀骥、佘涤清、夏钦林副主任分别主持了会议。

会议首先听取并审议了市区县乡镇直接选举工作办公室主任王景铭关于1987年区、县、乡、镇人民代表大会代表的换届选举工作的总结报告。会议经过讨论，同意这个报告，认为这次换届选举在充分发扬民主，严格依法办事，提高代表素质等方面比以前有较大进步，整个选举工作搞得比较好。希望今后要加强对选举工作的领导，做过细的工作，使代表的组成比例适当。许多委员对有些单位的领导民主与法制观念淡薄、不重视选举，特别是对华盾塑料包装器材公司在选举登记中漏掉了一千多名职工，提出了严厉批评，要求市政府对有关责任者给予严肃处理。

会议听取和审议了副市长封明为关于在全市开展整顿市场秩序、稳定物价、打击投机违法活动的工作情况汇报。委员们就这个汇报进行了热烈认真的讨论，认为北京市的经济形势总的说是好的，市场日益繁荣活跃，多数国营、集体企业和个体工商户，能够认真执行国家的各项政策规定，积极扩大商品交流，文明经商，为满足人民生活需要发挥了积极的作用。但是，当前首都市场管理确实存在不少问题，非法经营、投机倒把、哄抬物价等干扰改革、破坏国民经济的违法行为和现象，引起了广大群众的强烈不满。市委、市政府决定采取有力措施整顿全市的市场秩序和物价管理，完全符合广大人民群众的迫切愿望和要求。许多委员说，市政府抓市场的整顿工作，确实是顺乎民心、合乎民意，广大市民拍手称快，我们表示坚决支持。现在市政府决心很大，希望把这项工作长期坚持抓下去。委员们在发言中还对整顿市场工作提出了一些很好的意见和建议。有的委员说，整顿市场工作一定要抓住重点，要着重打击那些引起群众痛恨的非法经营、投机倒把、哄抬物价等违法犯罪活动，把一些“倒爷”的嚣张气焰迅速打下去。一些委员指出，对于各种违法犯罪活动，必须从严打击，从严处理，绝不能心慈手软。过去的问题就是处理不严，打击不力，光小数目的罚款是解决不了问题的。今后要重罚，可以吊销营业执照，构成犯罪的要送司法机关处理，特别是对于内外勾结、倒卖紧俏物资的国营、集体企业，要顺藤摸瓜，一查到底，从严处理，撤销负责人的职务。还有些委员提出应根据情况的变化和实际需要，相应制定一些法规和制度，使管理市场、稳定物价工作更加走上法制轨道。同时要加强对工商行政管理人员的培训和教育，使他们知法、懂法，严格依法办事。会议认为，当前市场管理出现的问题，是前进中的问题，整顿是为了更好地改革，因此在整顿工作中要努力把好政策关，划清合法与非法的界限，既要打击非法，又要保护合法，要继续鼓励正当经营的个体工商户，保护他们的合法权益，进一步搞好搞活首都市场，不断把改革引向深入。

会议听取了市工商局局长孟学农关于贯彻执行商标法的情况和今后意见的汇报、市环保局局长江小珂关于《北京市实施〈中华人民共和国水污染防治法〉条例》执行情况的汇报、市水利局副局长刘汉桂关于《北京市水利工程保护管理条例》执行情况的汇报，并对上述报告进行了认真的审议。会上还印发了市司法局局长孙在雍关于组织学习、宣传和贯彻全国人大常委会《关于加强法制教育、维护安定团结的决定》的情况的书面汇报。会议认为，几年来我市在执法方面做了大量工作，已取得了明显效果。但是，目前有些单位和部门有法不依、执法不严的现象还比较严重，应引起我们高度重视。许多委员对商标印刷三厂违犯商标法的有关规定，擅自销售他人包括有完整标识的所谓废次商标，从中捞取好处，至今仍不改悔的行为进行了严厉批评，要求市政府认真进行调查，对直接责任者给予行政处分，并向市人大常委会报告调查处理结果。委员们对市环保局认真依法办事，积极防治水污染工作表示满意，希望今后要加快治理水污染源，加紧建设高碑店污水处理厂，切实保护好首都的生态环境。许多委员呼吁，要向全市人民进行环境意识的教育，增强保护首都环境的责任感。全市各行各业都应关心和支持密云县的建设，进一步保护好密云、怀柔水库的“两盆水”。

会议初步审议了市政府提交的《北京市劳动保护监察条例（草案）》和市劳动局局长龚树基就这项条例草案所作的说明。会议决定市政府根据委员们所提意见研究修改后提交下次人大常委会会议审议。

会议决定了关于人民陪审员产生的办法，决定“区、县人民法院人民陪审员的人选，可以由区、县人民法院与有关方面协商提出，报区、县人民代表大会常务委员会决定”，“市中级人民法院的人民陪审员，由市中级人民法院按照就近陪审的原则，将名额分配到有关区，同区人民陪审员一并产生”。

会议审议了市政府关于机动车行经交叉路口时速限制的报告，通过了《关于机动车行经交叉路口时速限制的决议》。

会议听取了亚运会组委会副秘书长吴重远关于北京举办第十一届亚运会的若干情况的介绍，听取了亚运会工程副总指挥俞长风关于第十一届亚运会工程建设进展情况的汇报。张百发副市长还进一步向委员们介绍了亚运会筹备工作的一些情况。

会议决定了人事任免事项。决定免去国务院另有任用的陈昊苏的北京市副市长职务；免去苏兆林的北京市城乡建设委员会主任职务。会议批准任命了五个区新的一届人民代表大会选出的区人民检察院检察长。

副市长张百发、孙孚凌、封明为，市高级人民法院院长刘云峰，市人民检察院检察长何访拔，市政府有关部门以及区县人大常委会的负责同志列席了会议。

北京市第八届人大常委会第三十九次会议纪要

市八届人大常委会第39次会议于1987年9月24日至26日在大兴县宾馆举行。出席会议的有主任、副主任、委员45人。赵鹏飞主任，马耀骥、张大中副主任分别主持了会议。

会议首先审议了《北京市第九届人民代表大会代表名额和选举时间的决定》，佘涤清副主任受主任会议委托就这项《决定》作了说明。委员们经过认真的审议，通过了这项《决定》。

会议通过了《北京市劳动保护监察条例》。第38次常委会议对这个条例的草案进行了初步审议，会后，市人大常委会财经委员会、法制工作室会同市政府有关部门根据委员们的意见进行了修改，并将修改草案提交这次常委会议审议。会上，市人大常委会财经委员会主任刘殿臣对条例修改草案作了说明。委员们认为，这个条例草案经过修改后更切合实际，是基本可行的。会议对条例草案再次进行修改后通过了这个条例。

会议审议了市八届人大六次会议交付的关于加强中小学生思想政治教育工作的议案和检查义务教育法执行情况的议案，听取了市政府文教办公室主任李学信和市教育局局长陶西平就市政府对这两项议案办理情况的汇报。会议认为，市政府对这两项议案的办理是重视的，所提的措施提可行的。委员们指出，加强中小学生的思想政治教育是关系到培养有理想、有道德、有文化、有纪律的一代新人，提高民族素质的一件大事，需要引起全社会的重视，动员学校、家庭、社会各个方面的力量来关心中小学生教育。委员们还指出，在改革、开放的新形势下，也需相应地改进思想政治教育的内容与方法，把中小学生的思想政治教育提高到一个新的水平。委员们认为，这次对义务教育法实施情况的检查是比较广泛、深入的，从检查的情况看，北京市贯彻实施义务教育法取得了较大的成绩，但也发现了一些问题，除了还需加强对义务教育法的宣传和执行之外，经费问题也需要逐步解决。许多委员强调，中小学教育是个战略问题，为了在下个世纪把我国发展为发达国家，现在必须把这项工作提高到战略地位加以重视，希望各级政府及有关部门，根据这次义务教育法实施情况检查中发现的问题，尽快采取相应的措施，把本市义务教育事业推向前进。

会议还审议了市八届人大六次会议交付的关于加强燃放鞭炮管理工作的议案，听取了封明为副市长关于加强烟花爆竹管理的情况汇报。委员们一致赞同市政府采取的“逐步限制趋于禁止”的方针和加强管理的一系列措施，同时指出，要进一步加强对烟花爆竹的生产、销售、燃放的管理，努力把事故、危害减少到最低程度，并要大力宣传移风易俗，改变旧的传统习俗。

会议决定了人事任免事项。决定任命施宗林为北京市城乡建设委员会主任；任命李舜为北京市机械工业管理局局长；任命李永芳为北京市林业局局长，免去白泰雪的北京市林业局局长职务；任命武荫桂为北京市第一商业局局长，免去殷波的北京市第一商业局局长职务。任命傅志人为北京市高级人民法院副院长。会议还通过市高级人民法院和市人民检察院、市人民检察院分院的一批任免名单。

副市长张健民、封明为，市高级人民法院院长刘云峰，市人民检察院检察长何访拔，市政府有关部门及各区县人大常委会的负责同志列席了会议。

北京市第八届人大常委会第四十次会议纪要

市八届人大常委会第40次会议于1987年11月24日至26日举行。出席会议的有主任、副主任、委员47人。赵鹏飞主任、佘涤清、夏钦林副主任分别主持了会议。副市长封明为、黄超，市高级人民法院院长刘云峰，市人民检察院检察长何访拔，市人大常委会各委、厅、室负责同志，市政府有关部门及各区县人大常委会的负责同志列席了会议。

会议首先学习讨论了党的十三大报告，委员们结合本市和各自的情况畅谈了学习体会。委员们普遍认为，党的十三大文件，特别是赵紫阳同志的报告，总结了党的十一届三中全会以来的基本经验，从实际出发，提出了社会主义初级阶段的论断。这一理论具有高度的科学性和极大的说服力，对建设中国特色的社会主义具有极为重要的指导意义，是对马列主义的新贡献。许多委员在发言中表示了坚定的信心，在十三大纲领性文件指引下，经过相当时期的努力，一个有中国特色的社会主义的宏伟目标定能胜利实现。委员们指出，十三大报告提出的初级阶段理论和政治体制改革的设想为我们作好人大和人大常委会的工作指明了方向。近几年来，各级人大及其常委会作了许多工作，人大在人民心目中的地位越来越高，作用也越来越大，但距离宪法赋予我们的任务和要求还有很大差距。我们要从更高的要求出发，从现在的条件做起，不断加强和改善人大及其常委会的工作。委员们表示，十三大报告在理论上有新的重大的发展，内容相当丰富，涉及的范围很广，今后仍需继续认真学习，在实践中不断加深理解。

会议审议了市八届人大六次会议交付的关于为净化水源大力营造密云水库涵养林的议案，听取和审议了市人民政府农林办公室范毓扬副主任受市政府委托所作的《关于加快密云水库周围水源涵养林建设》的报告。委员们对市政府有关部门协同密云县政府积极办理议案所作的努力表示满意。委员们强调指出，营造密云水库涵养林要作为一项大工程进行建设，要加强领导，具体规划，扎扎实实地组织实施。现在密云水库在首都的建设和人民生活中起着极其重要的作用，保护好密云水库的水是全市人民的一件大事，应作为本市建设中一项带有根本性的任务予以重视。密云人民为兴建水库作出了巨大的贡献，现在又为保护这盆水作出新的贡献。委员们希望市政府对如何帮助密云县发展经济脱贫致富的问题，认真加以研究，并在实际工作中给以关心，给以更多的支持。

会议听取和审议了市财政局王宝森局长受市政府委托所作的《关于北京市1987年1至9月份财政收支预算执行情况和1987年财政收支预算调整情况的报

告》。委员们在审议中认为，本市的财政收支情况是比较好的。今年1至9月份，由于深化改革，开展“双增双节”运动，建立健全各种形式的经济责任制，注重经济效益，实现了财政收入与工农业总产值同向增长，对此，委员们都表示满意。委员们还认为，根据国务院的安排和实际情况的变化，财政预算的收支在执行中进行适当调整是必要的。会议根据委员们审议的意见，批准了市人民政府提出的1987年财政收支预算调整的建议。委员们希望各级财政部门要强化监督工作，严格执法，堵塞漏洞，抓紧年终前的一段时间，大力组织收入，争取全年的财政收支取得更好的成绩。

会议听取和审议了市高级人民法院刘云峰院长关于《切实发挥审判监督作用以保证和促进办案质量的不断提高的报告》和市人民检察院何访拔检察长《关于法纪检察工作的汇报》。会议认为，近几年来，本市各级人民法院在加强审判监督工作中取得了较好的成绩，及时纠正了审判工作中的缺点和错误，提高了办案质量。各级人民检察机关从我市的实际情况出发，在检察玩忽职守、重大责任事故、刑讯逼供、非法拘禁、侵犯公民通信自由等案件中作了大量工作，也取得了较好的成绩。委员们在审议时指出，审判工作和法纪检察都要认真贯彻“以事实为依据，以法律为准绳”的原则，不断提高审判和检察工作的准确性和工作质量，严格依法办事，既要维护法律的尊严，也要维护公民的合法权益。有些委员提出，随着政治体制改革的深入发展，党委调整政法工作机构之后，各级人大及其常委会应不断加强和完善对“两院”工作人员素质的提高，工作条件的改善等表示关注，希望有关部门给予帮助和支持。

会议决定了人事任免事项。决定任命陈昌本为北京市广播电视局局长，免去张永经的北京市广播电视局局长职务；潘峰为北京市物资管理局局长，免去王荫生的北京市物资管理局局长职务；刘俊田为北京市卫生局局长，免去孙衔庆的北京市卫生局局长职务。会议根据何访拔检察长的提请，张凤阁因工作调动免去其市人民检察院分院副检察长、分院检察委员会委员的职务。会议还通过了市高级人民法院、中级人民法院一批任免名单。

北京市第八届人大常委会第四十一次会议纪要

市八届人大常委会第41次会议于1987年12月25日举行。出席会议的有主任、副主任、委员40人。赵鹏飞主任、马耀骥副主任分别主持了会议。

会议通过了关于召开市九届人大一次会议的决定：北京市第九届人民代表大会第一次会议于1988年1月21日召开。

会议讨论了市人大常委会向市九届人大一次会议的工作报告（草稿）。委员们认为这个报告稿子比较全面地总结了一年的工作，概括地回顾了5年的工作，基本上是可用的。委员们对报告讨论稿提出了一些修改意见，议定由起草小组在会后根据讨论意见再进行修改，提交下一次常委会议审议通过。在讨论中委员们强调指出，根据5年来的实践和党的十三大精神，建议新的一届人大和人大常委会进一步加强法律监督和工作监督，把人大工作提高到一个新的水平。

会议听取了市人大常委会副秘书长王昭钺和市人民政府秘书长铁英分别作的关于市八届人大六次会议代表建议、批评和意见办理情况的报告。委员们对两个报告比较满意，认为对代表提出的建议、批评和意见是一年比一年重视，一年比一年办理得快，较好地体现了对人民代表的尊重，对人民的负责，这种精神应该继续发扬。同时委员们也指出，代表提出建议、批评和意见，是人民代表行使职权的重要形式，也是反映人民群众要求和呼声的重要渠道，希望各级各部门应该把它作为领导工作中的一件大事去做，努力把这项工作做得更好。会议决定将两个报告印发给全体代表。

会议决定了人事任免事项。会议接受了王金鲁同志因工作调动提出辞去市人大常委会委员职务的请求，同时决定免去他的教科文委员会主任的职务。会议还决定免去陈建国同志市人大常委会法制工作室副主任职务。

市人民检察院检察长何访拔，市高级人民法院、市政府有关部门以及区县人大常委会的负责同志列席了会议。

北京市第八届人大常委会第四十二次会议纪要

市八届人大常委会第42次会议于1988年1月8日举行。出席会议的有主任、副主任、委员50人。赵鹏飞主任主持了会议。

会议听取并通过了市人大常委会代表资格审查委员会副主任委员陈明绍同志作的《关于北京市第九届人民代表大会代表资格的审查报告》，确认当选的880名北京市第九届人民代表大会代表的代表资格全部有效。

会议通过了市九届人大一次会议建议议程和主席团、秘书长建议名单，议案审查委员会、国民经济社会发展计划和财政预算审查委员会建议名单，提交市九届人大一次会议预备会议审议决定。

会议讨论并原则通过了市八届人大常委会向市九届人大一次会议的工作报告（修改稿），决定由秘书长主持根据委员们的意见再进行必要的修改。会议决定由赵鹏飞主任代表常务委员会向代表大会报告。

市高级人民法院院长刘云峰，市人民检察院检察长何访拔，市人大常委会各委、厅、室的负责同志列席了会议。

北京市第九届人大常委会第一次会议纪要

市九届人大常委会于1988年3月14日至16日在市人大常委会机关召开了第一次会议。出席会议的主任、副主任、秘书长、委员共60人。赵鹏飞主任和马耀骥、黎光副主任分别主持了会议。副市长张健民、市高级人民法院院长刘云峰，市人民检察院检察长何访拔，区县人大常委会、市人大常委会各委、室、厅和市政府有关部门的负责人列席了会议。

一、会议审议通过了《北京市人民代表大会常务委员会关于工作机构设置的决定》。北京市第九届人民代表大会常务委员会设立政法委员会、财经委员会、教育科技委员会、文化卫生体育委员会、城建委员会、农村委员会、研究室、法制室、代表联络室、人事室和办公厅。

二、会议决定了市人大常委会各委员会主任、副主任、委员人选和各室、办公厅主任以及副秘书长的人选。任命：杨毓秀为政法委员会主任，郑宁为财经委员会主任，谭元堃为教育科技委员会主任，许文为文化卫生体育委员会主任，温益友为城建委员会主任，王桂冀为农村委员会主任，徐炳忠为研究室主任，白平为法制室主任，刘才为代表联络室主任，贾九朝为人事室主任，王昭钺为办公厅主任。任命徐炳忠（兼）、王昭钺（兼）、周福伦为北京市人大常委会副秘书长。

三、依照地方组织法的规定，会议通过了北京市第九届人民代表大会常务委员会代表资格审查委员会由下列11人组成：黎光为主任委员，陈明绍为副主任委员，王黎、左珊、白平、刘才、刘永国、刘明、李乾构、吴一平、贾九朝为委员。

四、会议初步审议了《北京市人民代表大会常务委员会议事规则草案》。委员们认为，制定议事规则是非常必要的，规则草案的内容基本可行，体现了常务委员会议事的民主性、科学性和规范性，对提高常务委员会审议质量，更好地行使常委会的职权将起重要作用。同时，不少委员就规则草案中一些具体规定也提出了修改意见和建议。会议决定，根据委员们提出的意见，对规则草案进一步研究修改后，提请下一次常委会审议通过。

五、会议听取了张健民副市长关于省、市长会议上中央领导同志讲话精神的传达和市经贸委副主任黄承祥所作的《关于北京市外贸体制改革情况的报告》。委员们听了中央领导同志讲话精神的传达很受鼓舞，一致认为党中央提出的沿海地区经济发展战略，是我们国家经济生活非常重大的事情，认真贯彻这一战略方针，必将带动整个国民经济的发展。委员们指出，北京市与沿海地区相毗邻，有较强的工业基础和科技优势，劳动力素质也好，要充分估计有利条件，抓住有利时机，按照中央统一部署，结合北京市实际情况，积极进行外贸体制改革，推动首都经济建设等各项事业的发展。会上，委员们还提出了许多很好的意见和建议。张健民副市长、黄承祥副主任对委员们提出的意见和建议表示要认真研究和采纳。

会议期间，马耀骥副主任简要地传达了六届全国人大常委会第二十五次会议情况。

会议还决定了市高级人民法院、中级人民法院的免职事项，免去许汝藩的北京市高级人民法院副院长、审判委员会委员职务。

赵鹏飞主任根据主任会议决定，宣布了主任、副主任的分工如下：赵鹏飞主任主持全面工作并分管城建委员会工作；马耀骥副主任分管研究室和代表联络室的工作；黎光副主任担任常务副主任，协助赵鹏飞主任主持日常工作，同时分管政法委员会、法制室和人事室的工作；夏钦林副主任分管财经委员会和教育科技委员会的工作；邢军副主任分管文化卫生体育委员会和农村委员会的工作；覃异之副主任分管政法委员会工作；陶大镛副主任分管教育科技委员会工作；浦洁修副主任分管财经委员会的工作；陈明绍副主任分管城建委员会的工作；戎易副主任分管农村委员会的工作。

北京市第九届人大常委会第二次会议纪要

北京市第九届人大常委会于1988年5月12日至16日在市人大常委会机关召开了第二次会议。出席会议的主任、副主任、秘书长、委员55人，请假的8人。赵鹏飞主任和马耀骥、黎光副主任分别主持了会议。市长陈希同、副市长张健民、张百发，市高级人民法院院长刘云峰，市人民检察院检察长何访拔，区、县人大常委会，市人大常委会各委、室、厅和市政府有关部门负责人列席了会议。

一、会议审议通过了《北京市人民代表大会常务委员会议事规则》。此项议事规则是经过常委会第一次会议初步审议和本次会议再次审议修改后通过的。它根据宪法和地方组织法的有关规定，总结了常务委员会八年来的实践经验，对提高常务委员会会议审议质量和议事效率，更好地履行常务委员会的职权将发挥重要作用。

二、会议根据市九届人大一次会议的授权，审查了北京市1987年财政决算，听取、审议了市财政局长王宝森受市政府委托所作的《关于1987年北京市财政决算的报告》。会议根据委员们审议的意见，通过了《关于批准北京市1987年财政决算的决议》。

会上，财经委员会主任郑宁根据会前座谈讨论和调查研究的情况，提出了关于1987年财政决算中有关中小学教育经费开支问题的几点建议。许多委员在发言中赞同财经委员会的几点建议。要求市政府采取有效的措施，尽可能地增加教育经费。同时，委员们还就办好校办工厂、勤工俭学、适当提高学杂费、尽快安置超编人员等问题提出了许多好的意见和建议，会议希望市政府在实际工作中给以重视和认真研究。

三、会议听取了市环境保护局江小珂局长受市政府委托所作的关于《北京市实施〈中华人民共和国大气污染防治法〉条例（草案）》的说明，并对条例草案进行了初步审议。发言的委员认为，北京市制定大气污染防治法的实施条例，对保护和改善首都的大气环境有十分重要的意义，同时提出了一些很好的意见和建议。会议要求市人大常委会城建委员会、法制室会同市政府有关部门，根据这次会议初步审议的意见，抓紧进行研究修改，争取尽快拿出修改草案提交下次常委会审议。

四、会议按照地方组织法的规定，经过分组会议和联组会议充分讨论和认真地审议，采用电子表决系统，以无记名逐人表决的方式，决定任命了新的一届市人民政府秘书长、部分委办主任和局长等41名组成人员，任命了市中级人民法院院长。会议还通过了市高级人民法院、市人民检察院和市中级人民法院工作人员的任命事项。

会上，市人大常委会赵鹏飞主任向本次会议决定任命的市政府部分组成人员和市中级人民法院院长颁发了任命书。赵鹏飞主任、陈希同市长先后向接受任命书的同志发表了重要讲话，对他们提出了希望和要求。

北京市第九届人大常委会第三次会议纪要

市九届人大常委会于1988年7月4日至7日举行了第三次会议。出席会议的主任、副主任、秘书长、委员共60人。赵鹏飞主任和马耀骥、黎光副主任分别主持了会议。副市长张健民、张百发、黄超、何鲁丽，市高级人民法院院长刘云峰，市人民检察院检察长何访拔，区县人大常委会，市人大常委会各委、室、厅和市政府有关部门的负责同志以及部分提议案的代表列席了会议。

一、会议审议、通过了《北京市实施〈中华人民共和国大气污染防治法〉条例》。这个条例草案在上一次常委会议上作过初步审议，市人大常委会有关委、室会同政府有关部门，根据初步审议中提出的意见作了进一步研究，提出了条例修改草案。在本次会议上，市人大常委会城建委员会主任温益友就条例修改草案向会议作了说明，经过审议并再次进行修改后，会议通过了这个条例。这项法规在本市的公布实施，对于贯彻执行国家大气污染防治法，保护、改善首都的大气环境有着重要意义。会议要求本市各级人民政府和各有关部门对这项法规广泛进行宣传，认真贯彻执行。

二、会议初步审议了《北京市郊区植树造林管理条例（草案）》、《北京市保护消费者合法权益条例（草案）》。会上，市林业局局长李永芳、市工商行政管理局局长孟学农受市政府委托，分别就这两项法规草案作了说明。委员们认为，根据本市改革、建设发展的需要和广大人民群众的要求，制定这两项地方性法规是十分必要的，并对条例草案提出了一些意见和建议。会议要求市人大常委会有关委、室会同市政府有关部门根据委员们提出的意见，对条例草案抓紧进行研究修改，再提请常委会议审议通过。

三、会议听取、审议了市公安交通管理局局长程毅受市政府委托作的关于贯彻实施《中华人民共和国道路交通管理条例》的报告。会议认为，近几年市政府在贯彻实施《北京市道路交通管理暂行规则》方面做了大量工作，取得很大成绩；广大公安交通干警为维护首都交通秩序和交通安全付出了辛勤的劳动，受到全市人民的赞扬。会上，委员们根据首都建设发展的特点和当前道路交通工作中存在的问题，就交通疏导、停车场建设、自行车管理、建立与完善醒目的交通标志以及严格执法、文明执法等方面提出了许多重要建议、批评和意见。会议希望市政府及市有关部门对上述问题进行认真研究，采取措施，进一步改进工作。

会议认为，国务院颁布的《中华人民共和国道路交通管理条例》是我国道路交通管理的一项重要法规，它的颁布实施对于加强交通管理的法制建设，改善道路交通状况，维护交通秩序，保障交通安全意义十分重大。会议经过认真的讨论，通过了北京市人民代表大会常务委员会关于贯彻实施《中华人民共和国道路交通管理条例》的决议。

四、会议听取、审议了市长助理、市政委员会主任黄纪诚关于《东直门长途汽车站亟待扩建或迁建左家庄》议案办理情况的报告。会议认为，市政府对这项代表们十分关心的议案是很重视的，办理也是积极认真的，希望市政府对所提措施，抓紧组织落实。

五、会议听取、审议了副市长黄超关于《采取有效措施抓好菜篮子》议案办理情况的报告并就这项与几百万市民生活密切相关的重要议题进行了热烈的讨论。委员们认为，市政府的报告对当前本市蔬菜产销形势的估计是符合实际的，对蔬菜产销工作中成绩和疏漏的评价也是恰当的。但是，委员们也指出，蔬菜的产销是个非常复杂的工作，市政府提出的近期抓好蔬菜产销的方针，如何贯彻落实下去，还有大量工作要做。委员们希望市政府对于进一步抓好菜园子，发挥近郊菜田的优势和潜力，加强远郊蔬菜基地的建设，以及产销工作的改革等一系列问题进行调查研究，积极稳妥地把这项重要改革深入进行下去。

六、会议听取、审议了市卫生局局长刘俊田关于预防甲型肝炎和夏秋季肠道传染病的情况汇报。委员们对市政府领导和卫生系统广大职工在上海肝炎暴发期间采取积极措施，有效地预防了甲肝在北京的流行给予了充分的肯定和表扬。同时，一些委员还指出，本市的个体饮食服务摊点的食品卫生状况不好，牛奶、啤酒等食品和饮料的卫生监督管理不严，垃圾、粪便的无害化处理工作抓得比较差，卫生检查监督工作不够经常化，希望各级政府在夏秋之际，进一步加强这几个方面的工作，汲取本市预防甲肝的经验，树立全社会重视卫生的观念，预防各种传染病流行。

七、会议听取了常务副市长张健民受市长陈希同的委托，就第二批市政府组成人员的任命所作的报告，报告中对任命人员的情况和提名理由作了认真的说明。会议经过分组会议和全体会议审议，采用电子表决系统，逐一表决任命了11名市政府的组成人员。

会上，赵鹏飞主任向本次会议决定任命的市政府组成人员颁发了任命书。

北京市第九届人大常委会第四次会议纪要

市九届人大常委会于1988年8月30日至9月2日举行了第四次会议。出席会议的有主任、副主任、秘书长、委员共53人。赵鹏飞主任和马耀骥、夏钦林、邢军副主任分别主持了会议。市人民政府张健民、黄超副市长、铁英秘书长，市高级人民法院院长刘云峰，市人民检察院检察长何访拔，区县人大常委会、市人大常委会各委室厅和市政府有关部门的负责同志以及部分提议案的代表列席了会议。

一、会议审议、通过了《北京市郊区植树造林条例》。这个条例草案在上一次市人大常委会议上作过初步审议，市人大常委会农村委员会、法制室会同市政府有关部门根据初步审议的意见作了进一步研究，提出了条例修改草案。本次会议上，市人大常委会农村委员会主任王桂冀就条例修改草案作了说明，经过小组会议和全体会议的审议并再次进行修改之后，于9月2日通过了这个条例，自1989年1月1日起施行。

二、会议审议了《北京市保护消费者权益条例（修改草案）》。这个条例草案在上一次市人大常委会议上作过初步审议，会后，市人大常委会财经委员会会同有关方面做了大量调查研究工作，拟定了修改草案。本次会议听取了财经委员会主任郑宁就条例修改草案作的说明之后，再次进行了审议。委员们比较一致地认为，根据本市改革、开放的需要和广大人民群众的要求，制定本条例是必要的，有利于逐步建立社会主义商品经济的新秩序。同时，委员们也指出，鉴于这个条例牵涉到的问题范围比较广泛，在当前本市物价改革的新形势下，有些问题还需要进一步研究，使各项条款更为严谨可行。会议决定，根据委员们提出的意见再作进一步补充修改，在适当时候提请常委会议再次审议。

三、会议初步审议了《北京市未成年人保护条例（草案）》。这是由白平等九位常务委员会组成人员联名提出，经第五次主任会议研究决定，本次常委会议通过列入议程的。会上，市人大常委会委员、法制室主任白平就条例草案作了说明。委员们认为，保护未成年人的合法权益，培养一代社会主义新人是当前社会各方面十分关心的一件大事，加强这方面的工作，制定一项地方性法规是完全必要的。在审议中，大家对条例草案，提出了许多好的意见和建议。会议决定，由市人大常委会法制室与有关单位组成的起草小组，根据委员们审议的意见再做进一步研究修改，提交下次或以后的常委会议再次进行审议。

四、会议讨论了《北京市人民代表大会常务委员会加强同市人民代表大会代表联系办法（草案）》。市人大常委会代表联络室主任刘才受主任会议委托就办法草案作了说明。委员们对这个代表联系办法发表了许多很好的意见，发言的同志一致认为，联系办法贯彻了地方组织法有关规定的精神，总结了几年来代表联系工作的经验，基本上是可行的。会议原则同意这个联系办法，并决定根据委员们的意见作必要的修改，由主任会议审定后作为一项重要的工作制度实施。

五、会议听取并审议了受市人民政府委托，由市计划委员会主任王军所作的关于1988年上半年北京市国民经济和社会发展计划执行情况的报告，市财政局局长王宝森所作的关于1988年上半年北京市财政预算执行情况的报告，市物价局局长马凯所作的关于今年以来北京市价格改革情况的汇报。会议在审议上述三个报告之前，学习了国务院关于做好当前物价工作和稳定市场的重要决定。委员们一致拥护国务院的决定，认为这个决定非常及时，完全符合广大群众的心愿，对稳定物价、深化改革具有十分重要的意义。委员们审议市政府的三项报告和汇报时，对本市当前的物价改革问题，经济工作中宏观控制与微观搞活问题，两个文明建设问题，发扬党的优良传统，克服不正之风，加强政治思想工作等问题提出了许多有益的意见与建议。张健民副市长认真听取了委员们的意见，并表示市政府对大家提出的意见和建议一定认真进行研究，落实到实际工作中去，并要切实贯彻国务院的决定，把本市社会主义建设和改革工作搞得更实在、更富有成效。

六、会议批准了代表资格审查委员会副主任委员陈明绍所作的市九届人大常委会代表资格审查委员会关于补选市九届人大代表曹丁的代表资格的审查报告。

七、会议决定了人事任免事项。任命：侯维城为北京市人大常委会教育科技委员会副主任；王招生为北京市人民检察院副检察长；曾岫萍为北京市人民检察院分院检察长；马剑光为北京市人民检察院分院副检察长。会议还决定了市高、中级人民法院提请审议的庭长、副庭长和审判员的任免名单。

北京市第九届人大常委会第五次会议纪要

市九届人大常委会于1988年10月17日至20日举行了第五次会议。出席会议的有常委会组成人员55人。赵鹏飞主任和马耀骥、黎光副主任分别主持了会议。张健民常务副市长、铁英秘书长，何访拔检察长，市中级人民法院、市人民检察分院，区县人大常委会，市人大常委会各委厅室和市政府有关部门，市政协的负责同志，以及部分提议案的市人民代表列席了会议。

一、会议学习了中共中央十三届三中全会精神，听取了市委六届四次扩大会议关于贯彻中央三中全会工作部署的情况通报，并进行了热烈的讨论。委员们一致拥护中央十三届三中全会提出的治理经济环境、整顿经济秩序、全面深化改革的指导方针和政策、措施，赞同市委的工作部署。许多委员在发言中说，中央对当前我国经济形势的分析和做出的重大决策完全正确，抓住了改革和建设的主要矛盾，对于解决新旧体制转换中出现的困难和问题，促进我国经济、社会的健康发展，具有重大意义。大家说，中央的决策，使我们增强了信心，看到了希望，只要坚定不移地按照中央的指导方针和市委的工作部署，扎扎实实把治理经济环境、整顿经济秩序和全面深化改革的各项措施落到实处，就一定会克服困难，扫除前进中的障碍，取信于民，把改革和建设事业继续推向前进。会上，委员们畅所欲言，各抒已见，就如何贯彻三中全会精神，解决当前经济、社会生活中存在的突出问题，包括压缩固定资产投资规模，清理整顿流通领域的各种公司，严惩“大倒”、“官倒”，加强思想政治工作，恢复和发扬党的优良传统，克服腐败现象等问题，提出了许多意见和建议。会议认为，中央三中全会提出的治理环境、整顿秩序的工作任务，也是市人大常委会今后一个时期的工作重点。我们要进一步学习和领会中央三中全会精神，紧紧围绕党中央确定的指导方针和各项任务，积极履行宪法和法律赋予的职责，支持和监督市政府贯彻落实中央三中全会精神，支持和监督司法机关和行政执法部门严肃执法，把本市治理环境、整顿秩序和全面改革的各项任务完成好。

二、会议审议通过了《北京市未成年人保护条例》。上次常务委员会会议曾对条例草案作过初步审议。法制室会同有关部门根据初步审议的意见，又作了进一步研究修改，提出了条例修改草案。本次会议上，法制室主任白平就条例修改草案作了说明。经过大会审议和再次修改，这个条例在9月20日的全体会议上通过，自1989年1月1日起施行。会议认为，《北京市未成年人保护条例》是本市一项重要的地方性法规，它的颁布施行，对加强未成年人的培养教育，优化未成年人的成长环境，保护未成年人的合法权益具有十分重要的意义。会议希望市政府及各有关部门在法规颁布之后，通过多种形式进行广泛宣传，做好实施前的各项准备工作，使这项法规深入人心，切实实施。

三、会议听取、审议了市计委主任王军受市政府委托作的关于利用国外贷款建设大型市政设施的报告。今年9月初，市人大常委会第四次会议审议了北京市1988年上半年国民经济和社会发展计划执行情况的报告，罗豪才、王向明、查瑞传、姚望、左珊五位常委会委员联名提出一项议案，要求市政府就报告中关于利用国外贷款建设大型市政工程设施的情况再作一专项报告，经第六次主任会议研究，建议将此议案列入本次会议议程，听取市政府的汇报并进行审议。会议认为，有计划地利用国外贷款，加快首都城市建设是完全必要的，赞同市政府本着积极、慎重的方针开展这项工作。同时委员们在发言中也提出一些建议，要求政府对借用国外贷款的规模、使用方向、偿还能力，以及国内资金的配套等，有一个较长期的设想、测算和规划；在使用上，要加强管理，注意精打细算，有些项目我们自己可以设计的，不要委托国外设计，有些建筑材料我们自己有的，就不要向国外购买；还要注意广开借用国外贷款的渠道，避免对某一方面过分依赖，受制于人。

四、会议听取、审议了市工商行政管理局副局长鲁殿选受市政府委托作的关于对个体工商户加强管理议案办理情况的汇报。这项议案是董森等21位代表在市九届人大一次会议上提出的，并经大会主席团决定交市政府办理、由市人大常委会审议。根据议案的要求，市政府及各行政管理部门做了大量工作，对个体工商户进行整顿，采取的措施是有成效的，委员们对此表示满意。同时委员们也指出，当前个体经济的发展与管理的矛盾比较突出，希望市政府按照党的十三届三中全会精神，运用经济的、行政的、法律的、纪律的和思想政治工作等多种手段，加强管理，帮助、指导、扶持本市个体经济的健康发展。一些委员在发言中认为，正在试行的行业管理，把众多的个体户组织起来，发动他们在党和政府的领导下，自己管理自己，自己监督自己，是一个好办法，希望市政府在这方面进一步研究，不断总结经验。

五、会议听取了市专利管理局局长徐国友、农业局局长王培元、劳动局副局长王建伦作受市政府委托分别作的关于《中华人民共和国专利法》实施情况的报告，关于《北京市农作物种子质量管理暂行条例》实施情况的报告，关于《北京市劳动保护监察条例》实施情况和本市安全生产情况的报告。在审议中，委员们认为几年来市政府在实施法律、法规方面做了许多工作，取得了一定成效，同时也指出，当前有法不依、执法不严的情况仍然比较突出，今后必须在加快地方立法工作的同时，把法律、法规实施的监督检查工作放在重要位置上，特别是在治理经济环境、整顿经济秩序中更要切实地发挥法律手段的作用。

为了提高今后市人大常委会会议的公开性，本次会议根据市人大常委会第六次主任会议建立邀请旁听制度的决定，邀请了市总工会、市妇女联合会、团市委、市科学技术协会、市青年联合会、市律师协会派人旁听了会议。

北京市第九届人大常委会第六次会议纪要

市九届人大常委会于1988年11月17日至18日举行了第六次会议。出席会议的有常委会组成人员50人。赵鹏飞主任和黎光、夏钦林副主任分别主持了会议。副市长陆宇澄，市高级人民法院院长刘云峰，市人民检察院检察长何访拔，市中级人民法院，市人民检察院分院，区县人大常委会，市人大常委会各委厅室和市政府有关部门，市政协的负责同志列席了会议。全国人大北京代表团教育小组的代表和部分提议案的市人民代表列席了会议。市总工会、市妇女联合会、团市委、市科协技术学会、市青年联合会、市律师协会应邀派人旁听了会议。

一、会议首先由马耀骥副主任传达了第七届全国人大常委会第四次会议通过的《关于加强民主法制维护安定团结保障改革和建设顺利进行的决定》。会议认为，这个《决定》充分体现了党的十三届三中全会精神，对进一步动员全国各级国家机关和全国人民贯彻党中央提出的治理经济环境、整顿经济秩序、全面深化改革的指导方针，落实国务院的各项措施具有重要作用，本市各级国家机关和各个部门都要认真学习宣传和贯彻落实。会议还强调，市人大常委会要遵照全国人大常委会《决定》中提出的要求，把保证和促进治理经济环境、整顿经济秩序、全面深化改革作为当前的首要任务。根据治理、整顿和深化改革的实际需要，制定地方性法规；检查一些重要经济法律、法规的实施情况，督促有关部门严肃执法；听取和审议“一府两院”治理经济环境、整顿经济秩序和深化改革工作的报告，并依法实行有效监督；同时，充分发挥人民代表的作用，为实现中央三中全会确定的方针任务，为首都的各项改革和建设事业健康顺利发展，作出积极贡献。

二、会议听取并审议了陆宇澄副市长代表市政府作的关于北京市中小学校管理改革试点情况的汇报。市人大常委会教科委员会主任谭元堃就当前中小学校管理改革试点问题作了专题发言。会上，委员和代表们就改革必要性，指导思想和内容，方法和步骤以及改革中的政策问题展开了热烈的讨论，有建议，也有不同的看法。许多委员认为，中小学内部管理体制的改革方向是正确的。从全市一百多所中小学试点的情况看，改革已使学校内部显示出生机和活力，教职员工的积极性得到提高，改革已取得初步成效。同时，大家就改革中的一些重要问题提出了建议和意见；在改革中一定要注意选派德才兼备，懂得教育规律的内行担任校长；教师队伍优化组合，要形成老中青相结合的梯形配备，克服只优化中年骨干的短期行为；要尽快制定教育教学质量科学考核和评估办法，正确处理加强教学和办企业的关系；在实行结构工资制的同时，要进一步提倡奉献精神，加强教师的思想政治工作。会议认为，中小学内部管理体制的改革，是整个教育改革的组成部分，改革的根本目的是提高教育质量，培养“四有”人才，这个指导思想必须贯穿在改革的全过程。目前，中小学内部管理体制的改革，正处于起步阶段，要注意及时总结试点经验，加强政策和理论研究，不断完善管理办法，实行分类指导，稳步推进，使改革健康地向前发展。陆宇澄副市长认真听取了大家的意见，并表示对委员和代表们的建议、意见，市政府和教育行政部门将逐条分析研究，在工作中加以贯彻落实。

三、会议听取并审议了市政府文教办公室副主任王晋同志受市政府委托作的关于解决小学二部制议案办理情况的报告，市教育局局长陶西平同志受市政府委托作的关于中小学及职业高中师资问题议案办理情况的报告。委员们对这两个报告表示满意，认为市政府对代表议案是重视的，动员各区县政府和有关部门做了大量工作，采取了许多积极有效的措施，使小学基本上没有出现二部制，中小学及职业高中师资紧缺问题也有所缓和。一些委员建议，今后市政府要加强小学生入学数量预测，明后两年开始，小学在校生人数将出现高峰，几年后，中学入学也要出现同样情况，要有长期打算和通盘考虑，在师资、校舍等方面及早做好准备，以免临渴掘井。一些委员对当前教育界出现的弃教厌学现象表示十分担忧，认为这种现象发展下去，不仅难以培养出合格人才，也会给教师队伍造成新的断层。希望市政府对此问题予以高度重视，研究制定有关政策，制止这种现象的发展蔓延。

四、会议听取并审议了市高级人民法院院长刘云峰、市人民检察院检察长何访拔分别作的关于《中华人民共和国刑事诉讼法》执行情况的报告。今年上半年，本市公、检、法系统对刑事诉讼法实施8年以来的情况进行了比较系统、全面的检查，市人大常委会部分委员、代表也参加了对部分单位的视察、检查。委员们对刘云峰院长、何访拔检察长的报告表示满意。认为本市审判机关和检察机关执行刑诉法是认真的，基本情况是好的。对于当前某些方面存在的执法不严问题应引起高度重视，严肃对待。会议认为，刑事诉讼法是从程序上保证《中华人民共和国刑法》正确实施的重要法律，各级审判机关、检察机关必须继续提高对刑事诉讼法重要性的认识，克服重实体法、轻程序法的错误思想，进一步建立和完善必要的规章制度，严格依法办事。会上，许多委员对改善市法院、检察院办案用房和经费不足表示极大关注，希望市政府充分重视，积极帮助解决，已定的建设方案要尽快组织实施。

五、会议通过了市高级人民法院院长刘云峰、市人民检察院检察长何访拔、市中级人民法院院长纪树翰提出的一批审判员、检察员的任免名单。

北京市第九届人大常委会第七次会议纪要

市九届人大常委会第七次会议于1988年12月22日至23日举行。出席会议的常委会组成人员52人。受赵鹏飞主任委托，马耀骥、黎光、夏钦林副主任分别主持了会议。副市长张健民、何鲁丽，市高级人民法院院长刘云峰，市人民检察院检察长何访拔，市人民检察院分院、区县人大常委会、市人大常委会各委室厅、市政府有关部门和市政协的负责同志及部分全国人大代表和市人民代表列席了会议。部分群众团体应邀派人旁听了会议。

一、会议听取了市计划委员会主任王军受市人民政府委托所作的关于全国计划会议和全国经济体制改革工作会议有关精神的通报。

二、会议经过认真审议，通过了《北京市保护消费者合法权益条例》。这次审议是在市人大常委会第三次和第四次会议两次审议的基础上进行的，经过大会审议和再次修改，通过了这个条例。会议认为，这项地方性法规的制定、颁布，将有利于贯彻执行党的十三届三中全会确定的治理经济环境、整顿经济秩序、全面深化改革的指导方针和政策、措施，有利于逐步建立社会主义商品经济新秩序。会议要求本市各级人民政府及各有关单位广为宣传，切实组织实施。

三、会议听取、审议并批准了市财政局局长王宝森受市人民政府委托所作的《关于北京市1988年财政支出预算部分变更的报告》，并通过了相应的决议，同意1988年财政支出预算所作的部分变更。

四、会议听取并审议了市司法局局长孙在雍受市人民政府委托所作的关于普及法律常识工作情况的报告，通过了《关于深化法制教育的决议》。委员们一致肯定了三年来本市在公民中普及法律常识所做的大量工作和取得的显著成绩。会议强调，法制教育是发展社会主义民主、健全社会主义法制的一项基础建设，普及法律常识规划的基本完成，仅仅是法制教育迈出的第一步，法制教育必须长期深入地开展下去。当前深化法制教育工作，必须坚决贯彻中国共产党十三届三中全会精神，为治理经济环境、整顿经济秩序和全面深化改革服务，为建立社会主义商品新秩序服务。会议要求，本市各级国家机关、社会团体和企业事业单位，都应当把深化法制教育作为经常的重要任务，按照全市的统一规划部署，本着学用结合的原则，根据本部门、本单位的特点，组织干部和群众学习同自己工作、生产、生活密切相关的法律和法规，进一步增强干部、群众的法制观念。

五、会议听取并审议了市卫生局局长刘俊田受市人民政府委托所作的《关于加强城乡基层卫生组织建设的情况汇报》。委员们认为，自1984年8月市八届人大常委会第十四次会议通过了《关于加强城市街道基层卫生组织建设的决议》以来，市政府及主管部门积极贯彻执行这个决议，城乡基层卫生组织建设在解决群众“看病难”及加强卫生宣传、预防保健、计划生育等项工作方面发挥了重要作用。委员们指出，卫生工作改革应注意从本行业的特点出发，处理好社会效益和经济效益的关系，大力发扬救死扶伤、全心全意为人民服务的精神，端正医德医风；要进一步健全城乡三级医疗卫生网，切实解决基层卫生组织建设中的实际困难。

六、会议根据市高等教育局局长庞文弟因已达到离休年龄提出辞职的请求和陈希同市长的提名，决定任命陈忠为北京市高等教育局局长，免去庞文弟的北京市高等教育局局长职务；还通过了市高级人民法院和市人民检察院提请的免职事项。

北京市第九届人大常委会第八次会议纪要

市九届人大常委会第八次会议于1989年1月26至27日举行。出席会议的常委会组成人员55人。赵鹏飞主任和黎光、邢军副主任分别主持了会议。副市长张健民、何鲁丽，市高级人民法院院长刘云峰，市人民检察院检察长何访拔，市中级人民法院、市人民检察院分院、区县人大常委会、市人大常委会各委室厅、市政府有关部门负责同志，部分全国人大代表和领衔提出议案的市人大代表列席了会议。部分群众团体应邀派人到会旁听。

一、会上，赵鹏飞主任首先就第九次主任会议关于召开市九届人大二次会议的时间安排问题作了简要汇报。为了更好地贯彻三中全会和全国人代会的精神，主任会议分析了本市的实际情况和今年面临的形势、任务，建议市九届人大二次会议安排在七届全国人大二次会议之后，于4月下半月举行。委员们一致同意这样安排，并准备在下次常委会议正式讨论决定。

二、会议听取了北京市常务副市长张健民代表市人民政府所作的关于北京市1989年工作安排初步设想的通报，并进行了认真的讨论。许多委员认为，今年的工作任务重、难度大，在召开代表大会之前，市政府向委员们通报情况、听取意见，这种作法比较好，既可以让委员及早了解主要工作的进展情况和下一步的打算，又可以集思广益，使本市今年的全面工作安排更加扎实。讨论中，委员们对市政府今年工作设想的内容提出了不少中肯的意见，建议在全面贯彻执行党的十三届三中全会精神，落实治理环境、整顿秩序和深化改革的方针，加强首都社会主义精神文明建设，突出教育的战略地位以及市政府自身建设等工作方面进一步加以充实。

三、会议审议了市九届人大一次会议交付的关于进一步加强首都精神文明建设的三项议案，听取了市文明城市建设协调办公室主任索连生、市教育局副局长兰宏生、市广播电视局局长陈昌本受市人民政府委托，分别作的关于“全市服务工作和社会公德教育”、“中小学思想教育工作”和“设少年儿童电视教育专台问题”的汇报。在审议中，委员们充分肯定了一年来市政府及各主管部门，围绕代表所提出的议案，在加强首都精神文明建设方面所做的努力和取得的成绩。同时指出，当前本市在精神文明建设上存在一些值得严重注意的问题，建议市政府在新的一年里，把精神文明建设作为重要任务列入议事日程，加强领导，扎实工作，以良好的社会风气和崭新的精神面貌迎接建国40周年。许多委员还指出，抓好首都的精神文明建设，是全市各部门、各方面的重要职责，考察一个单位的工作，既要看物质文明建设的成果，也要看精神文明建设的实绩；本市在改革、开放和“四化”建设中，涌现出许多好人好事，报刊、广播、电视等舆论工具要大力宣传各个方面的先进典型，弘扬正气，振奋精神；同时还要从我们的国情出发，继承和发扬中华民族优良的传统美德，不断改善首都的社会风气和社会秩序，形成良好的社会环境和文化环境。

四、会议听取并审议了市人大常委会代表联络室主任刘才和市人民政府副秘书长朱祖朴关于市九届人大一次会议代表建议、批评和意见办理情况的报告。委员们同意这两个报告，建议今后要在提高办理质量上狠下功夫，凡是予以采纳和列入规划的代表建议、批评和意见都要真正落到实处。

五、会议审议了北京市标准计量局局长李学方受市人民政府委托所作的关于检查计量法贯彻实施情况的书面报告。会议原则同意这个报告，希望市政府及各主管部门，进一步总结这方面的经验，依照国家计量法的要求，加强经常性和规范化的监督管理，把本市计量行政执法水平提高一步。

六、会议还决定了市中级人民法院院长纪树翰提请的任命事项。

北京市第九届人大常委会第九次会议纪要

市九届人大常委会第九次会议于 1989 年 3 月 10 日至 11 日举行。出席会议的常委会组成人员 57 人。受赵鹏飞主任（因病住院）委托，黎光、夏钦林、邢军副主任分别主持了会议。副市长张健民、黄超，市高级人民法院院长刘云峰，市人民检察院检察长何访拔，市中级人民法院、市人民检察院分院、区县人大常委会、市人大常委会各委室厅、市政府有关部门和市政协的负责同志，部分全国人大代表和提议案的市人大代表列席了会议。部分群众团体应邀旁听了会议。

一、会议决定于 1989 年 4 月 20 日召开北京市第九届人民代表大会第二次会议。

二、会议初步审议了《北京市实施〈中华人民共和国野生动物保护法〉办法（草案）》。委员们认为，为了更好地贯彻实施《中华人民共和国野生动物保护法》，加强北京市野生动物的保护管理工作，结合本市实际情况，制定一个实施办法是非常必要的。委员们强调，北京市作为首都，保护好野生动物有着特殊的意义，应制定更严格的管理办法，采取强有力的措施。委员们还对实施办法（草案）中一些条款提出了修改意见。会议决定根据委员们的意见再作研究修改，提交以后的常委会议审议。

三、听取了市政府文教办公室主任李学信受市人民政府委托所作的关于市九届人大一次会议交付的制定职工教育条例和职业技术教育条例两项议案办理情况的报告。会议经过讨论，同意市政府的报告。同时，委员们也对目前本市职工教育和职业技术教育工作提出了一些建设性的意见，希望市政府在今后研究起草这两项地方性法规时予以考虑。

四、听取并审议了副市长黄超代表市人民政府所作的关于贯彻执行市人大常委会《关于帮助贫困山区改变面貌的决议》情况的报告。会议认为，三年多来，市人民政府认真执行市八届人大常委会第二十四次会议《关于帮助贫困山区改变面貌的决议》，做了大量工作，取得了显著成效。但是根本改变本市山区贫困落后面貌，还需要坚持长期不懈的努力。会议根据委员们审议的意见，再次通过了《关于进一步帮助贫困山区改变面貌的决议》。

五、会议听取并批准了市人大常委会代表资格审查委员会主任委员黎光所作的关于补选代表的代表资格的审查报告，确认新补选的蒲怀瑛、侯维城两位代表的代表资格有效。

六、会议根据陈希同市长的建议，决定任命陈书栋为北京市土地管理局局长。市人大常委会副主任马耀骥代表赵鹏飞主任向陈书栋局长颁发了任命书。

北京市第九届人大常委会第十次会议纪要

市九届人大常委会第十次会议于1989年4月2日举行。出席会议的常委会组成人员53人。受赵鹏飞主任（因病）委托，马耀骥、邢军副主任分别主持了会议。副市长张健民，市高级人民法院院长刘云峰，市人民检察院检察长何访拔，北京卫戍区、市人民检察院分院、区县人大常委会、市人大常委会各委室厅、市政府有关部门的负责同志列席了会议。

一、会议审议通过了北京市第九届人民代表大会第二次会议建议议程，并决定在大会预备会议前提交各代表团讨论后，提请市九届人大二次会议预备会议审议。

二、会议审议通过了北京市第九届人民代表大会第二次会议主席团、秘书长建议名单，审议通过了国民经济、社会发展计划和财政预决算审查委员会主任委员、副主任委员、委员建议名单，审议通过了议案审查委员会主任委员、副主任委员、委员建议名单，并决定将以上三个建议名单在大会预备会前提交各代表团讨论，而后提交市九届人大二次会议预备会议选举。

三、会议审议并原则通过了北京市人大常委会向市九届人大二次会议提出的工作报告（草稿），并决定在大会预备会前交各代表团讨论征求意见。然后，根据本次会议审议的意见和代表讨论的意见作进一步修改，并授权主任会议审定后，提请市九届人大二次会议审议。

四、会议审议通过了《北京市实施〈中华人民共和国野生动物保护法〉办法》。第九次市人大常委会议对这个办法草案进行初步审议后，市人大常委会农村委员会和法制室会同市政府有关部门，根据委员们的意见作了研究修改，提出了修改草案。本次会议对修改草案再次审议修改后，通过了《北京市实施〈中华人民共和国野生动物保护法〉办法》。

五、鉴于王作升委员将到市政府部门担任领导工作，按照地方组织法的规定，会议决定：接受王作升辞去市九届人大常委会委员职务的请求，并报市人民代表大会备案；同时免去他市人大常委会政法委员会委员的职务。

北京市第九届人大常委会第十一次会议纪要

市九届人大常委会第十一次会议于1989年7月4日至6日举行。出席会议的常委会组成人员52人。赵鹏飞主任、黎光副主任分别主持了会议。常务副市长张健民，市高级人民法院院长刘云峰，市人民检察院检察长何访拔，市中级人民法院、市人民检察院分院、区县人大常委会、市人大常委会各委室厅、市政府有关部门负责同志，部分全国人大代表和市人大代表列席了会议。

会议学习讨论了党的十三届四中全会的精神，传达讨论了七届全国人大常委会第八次会议精神和《关天制止动乱和平息反革命暴乱的决议》，学习讨论了中共北京市委书记李锡铭同志在本次会议上所作的重要讲话，审议了市人民政府《关于制止动乱和平息反革命暴乱的情况报告》（书面），听取并审议了张健民副市长代表市人民政府所作的关于本市当前工作安排意见的报告。会上，委员们精神振奋、发言热烈，一致拥护党的十三届四中全会的各项决定，拥护全国人大常委会的决议。会议集中委员们的意见，通过了《关于坚决把平息反革命暴乱的斗争进行到底的决议》。

会议认为，党的十三届四中全会是中国共产党历史发展上一次重要的会议。它不仅对于当前进一步稳定全国局势具有重大作用，而且对于保证十一届三中全会以来的路线、方针、政策的连续性，必将产生深远的影响。当前全市人民要把深入学习、宣传、贯彻四中全会精神作为首要任务，尤其要学好邓小平同志接见首都戒严部队军以上干部的重要讲话这个纲领性文件，提高认识，统一思想，真正做到政治上、思想上、行动上同党中央保持一致。各级人大代表和常委会委员在这方面要发挥积极作用。

会议同意市人民政府《关于制止动乱和平息反革命暴乱的情况报告》,对市人民政府在中共北京市委的领导下,坚决贯彻执行中共中央、国务院制止动乱和平息反革命暴乱的正确决策和一系列措施表示满意，对在平息反革命暴乱中建立了卓越功勋的中国人民解放军、武警部队和公安干警表示衷心的感谢,对在动乱和暴乱期间坚守岗位,坚持生产和工作,为稳定首都局势作出了重大贡献的广大职工和郊区农民表示亲切的慰问。本市制止动乱、平息反革命暴乱的斗争已经取得了决定性胜利,但动乱和暴乱尚未彻底平息,必须下定决心,乘胜前进,把这场斗争进行到底。要加强人民民主专政，充分发动和依靠群众，彻底清查反革命暴乱分子,坚决执行政策,严格区分两类不同性质的矛盾,以事实为根据,以法律为准绳,依法严惩策划、组织指挥动乱和暴乱的阴谋分子，参与暴乱的反革命分子和打砸抢烧杀的各种严重刑事犯罪分子。要最大限度地争取和团结一切可以团结的人,挽救一切可以挽救的人。要在广大干部群众中进行坚持四项基本原则的教育，努力开展爱国主义、社会主义、独立自主、艰苦奋斗的教育,加强社会主义精神文明建设和思想政治工作,坚持不懈地反对资产阶级自由化。对于一时不明真相而参加过游行、静坐、绝食和声援的人，要加强教育，帮助他们总结经验，吸取教训，提高认识。

会议同意市人民政府所作的关于本市当前工作安排意见的报告。委员们认为,这个报告贯彻了党的十三届四中全会的精神,符合本市的实际情况。会议要求市人民政府按照四中全会提出的各项任务，贯彻执行市九届人大二次会议的要求,继续完成治理、整顿和全面深化改革的任务，促进经济持续、稳定、协调地发展。全市各族人民要进一步振奋精神,鼓足干劲,把动乱和暴乱造成的损失夺回来。委员们就学习宣传四中全会,加强思想政治工作,加强社会主义民主与法制,加强廉政建设和惩治腐败等提出了建议和意见。张健民副市长表示要认真加以研究,补充到报告中去,并在市人大常委委员、市人大代表的监督支持下,积极工作，努力完成各项任务。

会议还通过了市高级人民法院院长刘云峰、市人民检察院检察长何访拔、市中级人民法院院长纪树翰提出的一批审判员、检察员等任免名单。

北京市第九届人大常委会第十二次会议纪要

市九届人大常委会第十二次会议于1989年8月10日至16日举行。出席会议的有常委会组成人员53人。赵鹏飞主任，马耀骥、邢军、覃异之、陶大镛、浦洁修、陈明绍、戎易副主任分别主持了会议。副市长黄超、陆宇澄、何鲁丽，市高级人民法院院长刘云峰，市人民检察院检察长何访拔，市政协、市中级人民法院、市人民检察院分院、区县人大常委会、市人大常委会有关委室厅、市政府有关部门的负责同志,部分全国人大代表和市人大代表列席了会议。

一、会议初步审议了《北京市城市绿化管理条例(草案)》、《北京市农村土地承包合同管理条例（草案)》、《北京市乡、民族乡、镇人民代表大会组织条例(草案)》和《北京市人民代表大会议事规则（草案)》,市园林局局长赵一恒、市政府农林办公室主任白有光、市人大常委会政法委员会副主任吴一平、市人大常委会副秘书长兼研究室主任徐炳忠先后对以上四项地方性法规草案作了说明。委员们进行了认真的审议,认为制定这几个地方性法规,对于保证、促进本市建设和改革的顺利进行，具有重要作用，并提出了许多修改意见。会议决定由有关部门根据委员们的意见再作研究修改，修改草案提交以后的常委会议审议。修改后的《北京市人民代表大会议事规则（草案)》，可以印发市人大代表和有关方面征求意见，然后再提交以后的常委会议审议，为提交代表大会审议做好准备工作。

二、会议审议并同意市卫生局副局长李长明受市人民政府委托所作的《关于贯彻实施〈中华人民共和国传染病防治法〉意见的报告》,并通过了相应的决议。会议认为，改革开放的新形势对传染病防治管理工作提出了更高的要求。在已有成绩和经验的基础上,按照传染病防治法搞好首都的卫生防疫工作，对于保护人民的身体健康，保障改革和建设事业的发展具有重要意义。决议要求：在全市范围内广泛、深入、持久地开展学习宣传传染病防治法的活动；各级人民政府要切实加强领导,按照传染病防治法的要求,尽快制定防治工作规划，积极组织实施；各级卫生行政部门、各级各类卫生防疫机构和医疗保健机构，要认真行使传染病防治法赋予的职权；一切国家机关、企事业单位和社会团体要树立大卫生观念，认真履行传染病防治法所规定的义务；市人民政府和卫生行政部门要根据本市实际情况制定与传染病防治法相配套的行政规章，制定防治淋病、梅毒、艾滋病等传染病的监测管理办法。

三、会议审议并同意黄超副市长代表市政府所作的《关于北京郊区粮食生产情况的报告》通过了《关于进一步发展粮食生产的决议》。决议要求：要进一步提高对农业是国民经济的基础、粮食是基础的基础的认识，继续把发展粮食生产作为一项长期的战略任务，采取得力措施，力争粮食总产、单产有新的提高；继续巩固、完善、提高农业联产承包责任制；依靠科学技术进步发展粮食生产；多层次、多渠道增加农业投入；认真执行国家土地管理法，节约用地，保护耕地。

四、会议听取了市文教办公室主任李学信、市科委主任邹祖烨、市林业局局长李永芳受市人民政府委托分别作的关于本市郊区农村教育事业发展情况、“星火计划”执行情况、林业法律法规执行情况的报告。委员们认为，包括粮食生产在内的四个工作报告，反映了农村的大好形势和党的十一届三中全会以来农业战线取得的显著成就，提出了今后工作的方向和措施，会议同意这几个报告。委员们在审议中提出了许多积极的建议。

五、会议还通过了市高级人民法院院长刘云峰、市中级人民法院院长纪树翰提请的任免事项。

六、会议邀请市委常委、市委宣传部长李志坚到会，通报了全国宣传部长会议精神和本市贯彻会议精神的意见，并进行了座谈。委员们认为，全国宣传部长会议是贯彻落实党的十三届四中全会精神的重要会议，听了传达深受鼓舞，令人振奋。座谈中，大家联系本市的实际情况，就坚持四项基本原则、反对资产阶级自由化的斗争中，加强理论研究和干部的马列主义理论学习，加强思想政治工作，批判资产阶级新闻观点，认真整顿文化图书市场、切实抓好“扫黄”等问题发表了意见，提出了建议。

赵鹏飞主任在会议结束时讲了话。他说，我们这次会议共进行六天半，审议了十项议程，还邀请市委常委、宣传部长李志坚同志通报了全国宣传部长会议精神。会议期间大家的发言很踊跃，提出了很多重要的中肯的意见。会议开得很好，可以说我们市人大常委会的审议水平一次比一次提高。

这次会议初步审议了四项地方性法规草案，要根据各位委员提出的意见进行修改，然后再提请复议。老城区建筑密度和人口密度很大，要扩大绿化覆盖面积涉及到城市的改造；近郊区要保持基本的菜田、粮田面积，还要搞市政基础设施的建设，再扩大绿化面积也有相当的困难；我们有62%的山区，大量的山坡、薄地可以绿化，这方面的工作还要进一步加强。制定城市绿化管理条例，解决这些矛盾和问题都有一定的难度。从本市的实际情况看，发展农业适度规模经营是我们的方向，现在还处在一个发展时期。家庭联产承包在实践中要绝对稳定也是不可能的。农村联产承包的方式也还会逐步有所发展、有所变化。大家希望制定承包合同管理条例，使农民、干部有章可循，可是目前本市还缺少一个农业集体经济合作章程。在这种情况下，要想通过制定一个合同管理的法规解决上述问题，使它制度化、规范化、法律化，的确需要作进一步地深入研究。至于北京市乡、民族乡、镇人民代表大会，有不少开得比较好，发挥了积极作用，但也有一些需要进一步研究解决的问题。从目前看，基层的民主需要健全，制定一个组织条例很有必要。提请会议审议的组织条例草案有些突破和发展，经过进一步研究和修改后再提请大家审议。关于市人民代表大会的议事规则，大家希望人大在新的形势下发挥更大的作用，人大工作要有所突破和前进，这个题目出得好，要进一步加以研究，希望各位委员多提建议，把人大议事规则修改好，以便充分发挥人民代表大会制度的优越性。

这次会议听取了有关农村工作的四个报告。各位委员在发言中对这几个报告表示满意。这次我们把农村的经济、教育、科技乃至林业建设等方面的报告一起审议，是一个很好的实践。

当前北京市的形势比较好，但是我们决不能满足于已经取得的成绩。要按照小平同志“很冷静地考虑一下过去，考虑一下未来”的讲话精神，从实际情况出发，在可能的条件下，用比较高的标准，认真地把本市工作包括人大常委会的工作搞好。为此，要深入实际调查研究，切实贯彻执行群众路线，真正听取群众的呼声，真正了解实际工作的具体情况，考虑群众的合理建议，把群众意见集中起来，反映到我们工作上来。本市九届人大二次会议给人大常委会工作提出了更高的要求，加强监督、加快立法、办理议案等等，任务比往年都重。在代表大会后期，本市发生了动乱，接着发展为反革命暴乱，耽误了两个多月的时间。党的十三届四中全会提出了当前四项工作任务，我们人大常委会必须把贯彻落实四项任务提到重要的议事日程上来，希望各位委员在这方面积极提出建议。

北京市第九届人大常委会第十三次会议纪要

市人大常委会第十三次会议于1989年9月19日至21日举行。出席会议的常委会组成人员有52人。赵鹏飞主任，黎光、夏钦林、邢军、浦洁修副主任分别主持了会议。常务副市长张健民、副市长何鲁丽，市高级人民法院院长刘云峰，市人民检察院检察长何访拔，市中级人民法院、市人民检察院分院，区县人大常委会，市人大常委会有关委室厅，市政府有关部门的负责同志和部分市人大代表列席了会议。

一、会议听取了市人大常委会政法委员会副主任吴一平关于《北京市乡、民族乡、镇人民代表大会组织条例（修改草案）》的说明，经过认真审议和修改，通过了《北京市乡、民族乡、镇人民代表大会组织条例》。本条例将于1990年1月1日起施行。

二、会议初步审议了《北京市计划生育条例（草案）》。这项条例草案是市政府根据市九届人大二次会议代表提出的关于制定本市计划生育地方性法规的议案起草的。会上，何鲁丽副市长就这项议案的办理情况作了汇报；市计划生育委员会主任金铮就计划生育条例草案作了书面说明。会议认为，经过多年的努力，本市的计划生育工作取得了很大进展。但是，现在本市已进入第三次人口生育高峰，计划生育工作面临的形势十分严峻，为了控制人口的过快增长，有必要制定一个地方性的计划生育法规，以法律手段进一步加强计划生育的管理。计划生育是我们国家的基本国策，法规必须体现从严的精神，特别要严格控制生育第二胎。鉴于条例草案中尚有若干重要问题需要进一步研究，会议建议市政府继续广泛听取意见，认真进行研究修改，待条件成熟后，再提交市人大常委会审议。许多委员在发言中指出，计划生育工作难度很大，对从事计划生育工作人员辛勤努力的工作表示敬意，并希望各级政府和各方面对他们的工作给予不断的关怀和支持。

三、会议听取并审议了市计划委员会主任王军受市政府委托所作的《关于北京市1989年1至8月份国民经济和社会发展计划执行情况的报告》；听取并审议了市财政局局长王宝森受市政府委托所作的《关于北京市1989年1至8月份财政收支预算执行情况和财政支出预算变更情况的报告》。委员们认为这两个报告符合本市的实际情况，经过讨论，同意这两个报告。会议认为，今年1至8月份，在市委的领导下，市政府坚决贯彻党中央、国务院关于治理整顿和深化改革的方针，认真落实市九届人大二次会议通过的政府工作报告中提出的各项目标和任务，动员组织全市人民奋力夺回动乱、暴乱造成的损失，使全市治理整顿工作初见成效，国民经济保持了适当的发展速度，物价上涨幅度逐月回落，财政收入继续增长，取得的成绩是显著的。委员们在审议中提出了以下一些重要的建议和意见：要充分估计到完成全年计划和财政任务所面临的困难和艰巨性，深入分析经济工作中的难点和矛盾，加强宏观研究和指导；当前，压缩固定资产投资规模仍是治理整顿工作的重点，要下决心再压缩一批基本建设项目，力争实现国家下达的压缩固定资产投资规模的指标；旅游宾馆、饭店建设过多的问题仍需注意，要对那些名为“中心”、“大厦”，实为楼堂馆所的工程认真清理，该下马的坚决下马；要采取切实有力的措施，解决国营大中型企业的困难，进一步发挥它们在国家经济建设中的骨干作用；要认真总结引进外资和建设“三资”企业的经验，明确投资重点，处理好引进与保护民族工业的关系，解决好外债偿还能力等问题。委员们还对进一步控制物价上涨指数，强化税收征管工作，抓好勤俭节约、反对铺张浪费等提出了建议。

四、会议审议并同意市工商行政管理局局长孟学农受市政府委托所作的《关于清理整顿公司情况的报告》，听取了常务副市长张健民关于市政府准备进一步做好清理整顿公司的工作安排意见。全议认为，一年来，按照党中央、国务院决定的精神，市委、市政府对这项工作是重视的，本市清理整顿公司的工作取得了一定成效。但是，这项工作还在进行的过程中，任务还相当艰巨。为此，根据党中央、国务院《关于进一步清理整顿公司的决定》，现在必须下更大的决心，采取更加坚决有力的措施，把清理整顿公司的工作抓紧、抓实、抓到底。清理整顿公司既是治理经济环境、整顿经济秩序和全面深化改革的重要内容，也是惩治官倒、反对腐败和廉政建设的大事，关系到民心的向背，不仅是经济问题，而且是人民群众关注的重大政治问题。当前要重点清查那些与惩治腐败密切相关、严重扰乱国家经济秩序的大案、要案，要排除阻力，严肃处理。要充分估计到清理整顿公司工作的艰巨性和复杂性，既要依靠各部门自查，还要组织必要的与任务相适应的力量进行检查，同时有力地发挥工商、监察、审计、税务等综合部门和司法机关的作用。对于抵制清理整顿的种种“对策”手段和招数，要认真加以研究，有针对性地采取相应的措施，以防某些单位钻空子和继续为非作歹。在清理整顿工作中，要进一步加强领导，抓紧进行，同时，注意防止草率从事，赶进度走过场。会议提出，市和区县人大常委会要加强对清理整顿公司工作的监督，组织委员、代表进行视察，支持和推动各级政府以及工商行政管理等部门依法行使职权，保证清理整顿公司工作的顺利进行。

五、会议审议并同意市卫生局副局长高寿征受市政府的委托所作的关于实施《中华人民共和国药品管理法》情况的报告。根据市九届人大二次会议代表提出的关于检查药品法执行情况的议案，市政府组织有关部门用两个月的时间，在全市范围内进行了一次实施药品管理法情况的检查。结果表明，药品法实施4年来，本市的药品管理工作得到加强。但是，工作中仍然存在不少问题，药品市场混乱和伪劣药品增多的状况至今还没有完全解决。许多委员严肃指出，假药、劣药屡禁不止，危害人民健康，主要原因是有法不依，执法不力，必须采取有力措施切实加以改进。有的委员对“还阳草”等假药案件处理过轻提出了批评，建议重新审查处理。

六、会议根据陈希同市长的提请，决定任命马贵田为北京市体育运动委员会主任，免去林炎志的北京市体育运动委员会主任的职务。决定任命范远谋为北京市物价局局长。赵鹏飞主任向被任命的马贵田主任和范远谋局长颁发了任命书。会议还通过了市高级人民法院院长刘云峰、市中级人民法院院长纪树翰提请的任免名单。

北京市第九届人大常委会第十四次会议纪要

市九届人大常委会第十四次会议于1989年10月17至19日举行。出席会议的常委会组成人员有51人。赵鹏飞主任，黎光、夏钦林、邢军副主任分别主持了会议。常务副市长张健民，市高级人民法院院长刘云峰，市人民检察院检察长何访拔，市政府秘书长铁英，市政协秘书长杜审微，市中级人民法院、市人民检察院分院、区县人大常委会、市人大常委会有关委室厅、市政府有关部门的负责同志，部分全国人大代表和市人大代表列席了会议。

一、会议认真学习座谈了江泽民总书记在庆祝中华人民共和国成立40周年大会上的讲话。为加深对江泽民同志讲话的理解，会议邀请原中宣部理论局局长、现全国政协副秘书长卢之超同志给与会人员做了学习讲话精神的辅导性报告。同志们在学习讨论中发言踊跃，气氛热烈。大家畅谈了讲话的重大意义，联系实际谈学习心得和体会，发表了许多很好的意见。大家都拥护江泽民同志的讲话，一致认为这篇讲话是中国第三代领导集体的政治宣言，是指导全党和全国人民建设有中国特色的社会主义的行动纲领。大家表示，讲话有深刻的理论性和很强的实践性，具有深远的指导意义，一定要结合自己的实际工作，反复学习，深刻领会，坚决贯彻执行。

会上，赵鹏飞主任就如何深入学习江泽民同志重要讲话发了言。他说，这篇纲领性文件是我们人大和人大常委会工作必须遵循的指导思想。我们要做好人大和人大常委会的工作，必须以江泽民同志讲话的精神为指针。首先要认真学习、反复学习，深刻领会讲话的全部内容和精神实质。学习中要着重学懂弄通讲话提出的四条基本结论和需要特别注意统一认识的十个重要问题，集中解决为什么只有社会主义才能救中国，只有社会主义才能发展中国，为什么必须坚持中国共产党的领导这两个根本问题。进一步深刻理解四项基本原则是我们的立国之本，改革开放是强国之路，把四项基本原则和改革开放有机地统一起来，坚持社会主义方向。要坚持贯彻理论联系实际的原则。邓小平同志关于建设有中国特色的社会主义的理论，是经过十年检验而为亿万人民所认识和接受的理论。要把学习江泽民同志的讲话和学习邓小平同志的论述结合起来，联系各部门、各单位的工作实际和自己的思想实际，认真总结经验教训，把思想真正统一到党中央的路线、方针、政策上来，有计划有步骤地采取各项具体措施，扎扎实实地落实到各项工作中去。

他说，我们贯彻落实讲话精神，一要旗帜鲜明，二要一以贯之，坚持到底，防止一阵风，走过场，半途而废。要认真学习马列主义、毛泽东思想的基本理论，学习马克思主义哲学，不断提高马克思主义的认识水平。坚持实事求是的思想路线，特别要注意吸取历史和现实的经验教训，反右必须防“左”，反“左”必须防右，切忌从一个极端走向另一个极端，一种倾向掩盖另一种倾向。要实践，认识，再实践，再认识，坚持真理，随时修正错误，努力同以江泽民同志为核心的党中央保持一致。这是我们正确贯彻执行讲话在思想上、政治上必须注意的重要问题。

他说，江泽民同志讲话中关于社会主义民主和法制建设的论述，我们人大常委会组成人员和人大代表尤其要认真学习，深刻领会。必须从本质上划清社会主义民主与资本主义民主的界限，划清社会主义民主同极端民主化和无政府主义的界限。高度警惕和坚决反对搞资产阶级自由化的人鼓吹“政治多元化”，否定和取消共产党的领导地位，宣扬资产阶级民主，搞极端民主化和无政府主义，严重破坏社会主义法制，妄图用资产阶级共和国取代社会主义共和国的罪恶行径。关于社会主义民主和法制建设，我国老一辈无产阶级革命家有许多精辟论述，我们也要认真学习，以加深对这个问题的正确理解。

他说，当前总的形势是好的。只要我们动员广大干部和全市人民认真学习贯彻江泽民同志的重要讲话，统一思想，统一行动，齐心协力，振奋精神，团结一致，我们就一定能够克服前进中的困难，巩固和发展首都安定团结的政治局面，夺取首都改革开放和社会主义现代化建设的新的更大胜利。

二、会议听取并审议了市监察局局长吕玉东受市政府委托所作的关于北京市监察工作的报告，听取了常务副市长张健民关于市政府进一步抓好监察工作的意见。会议充分肯定了市监察局机构组建两年以来所做的工作和取得的成绩。同时，对监察工作，特别是对加强廉政建设、惩治腐败提出了许多建议和意见。委员们指出，惩治腐败、加强廉政建设，是党的十三届四中全会决定抓好的四件大事之一，是当前人民群众普遍关心的事情。前一段虽然查处了一批违法、违纪案件，在社会上产生了好的影响，但是，惩治腐败的任务仍然十分艰巨，必须不失时机地把这项斗争引向深入，集中力量查处一批大案要案。各级监察部门要坚持在法律面前人人平等的原则，敢于碰硬，不论涉及什么人，只要违犯了法纪，就必须一查到底，绝不能养痈遗患。委员们还指出，惩治腐败、加强廉政建设，是一项长期的任务，不是搞一天两天，一月两月，整个改革开放过程中都要反对腐败。各级监察部门必须以廉政监察为重点深入开展工作，为惩治腐败、加强廉政建设做出更大贡献。许多委员表示，监察工作有相当的难度，希望市和区县人大常委会对各级监察部门依法开展监察工作给予更多的关注和支持。

三、会议听取了市人大常委会农村委员会主任王桂冀关于《北京市农业联产承包合同条例(修改草案)》的说明，并经过认真的审议和修改，通过了《北京市农业联产承包合同条例》。本条例自公布之日起施行。

四、会议初步审议了《北京市严厉禁止卖淫、嫖宿暗娼条例（草案)》和《北京市价格监督检查条例（草案)》，市公安局副局长刘长义、市物价局副局长许守正分别对以上两个条例草案作了说明。会议认为，制订这两个地方性法规很有必要，决定由有关部门根据初步审议的意见抓紧修改，尽快将修改草案提交以后的常委会议审议。委员们对《北京市严厉禁止卖淫、嫖宿暗娼条例（草案)》的修改和有关工作提出了一些重要的意见。许多委员指出，卖淫、嫖娼的活动当前仍是蔓延的趋势，确实令人忧虑。这种状况的出现，主要是前一个阶段，抓得不够及时，打击不够有力，为此建议市政府及有关部门对这种丑恶现象，要引起高度重视，采取严厉措施，坚持不断地予以打击。有些委员提出，卖淫、嫖宿暗娼活动屡禁不止，少数旅馆、饭店等单位见利忘义，纵容包庇，是一个重要原因。这是一个很大的漏洞，为此建议对那些以色相招徕顾客，为卖淫、嫖娼者提供条件的单位和有关人员，要从严处置，不仅给以行政处罚，有的要给予法律制裁。还有些委员提出，严厉禁止卖淫嫖娼活动是一项长期的任务，必须采取宣传教育、经济处罚、法律制裁等多种手段综合治理，要全社会重视，多方面进行工作，才能使这种丑恶现象逐步禁绝。

五、会议根据陈希同市长的提议，听取了市水利局副局长蔡季良受市政府委托所作的关于北京市水源紧缺形势及应急措施的情况汇报。会议认为，北京的水源紧缺是我市现代化建设中一个带有根本性的问题，需要引起全市各方面高度重视。目前节约用水和水的重复利用上潜力很大，希望市政府尽快拟定一个节约用水的地方性法规草案，提交市人大常委会审议，使北京市的节水工作逐步走上法制化的轨道。

北京市第九届人大常委会第十五次会议纪要

市九届人大常委会第十五次会议于1989年11月23日至25日举行。出席会议的常委会组成人员有50人。赵鹏飞主任，马耀骥、夏钦林、邢军、陶大镛副主任分别主持了会议。副市长陆宇澄、市高级人民法院院长刘云峰，市政协秘书长杜审微，市中级人民法院、市人民检察院分院、区县人大常委会、市人大常委会委室厅、市政府有关部门的负责同志，部分全国人大代表和市人大代表列席了会议。

一、会议传达学习了党的十三届五中全会文件。与会同志一致认为，党的十三届五中全会是继四中全会着重解决了当时最急迫的政治问题和组织问题之后，党中央召开的又一次非常重要的会议。这次会议全面分析了当前的经济形势，充分肯定了十年来建设和改革的成就，如实估计了经济工作中面临的困难，提出了进一步治理整顿和深化改革的指导方针、主要任务和基本措施，这对于巩固和发展全国的稳定局面，克服经济方面的暂时困难，保证改革开放和社会主义现代化建设事业的健康发展具有重要的意义。这次中央全会，经过认真讨论，决定同意邓小平同志辞去中共中央军委主席职务，并高度评价了邓小平同志对我们党和国家建立的卓著功勋。在充分酝酿的基础上，决定调整中共中央军委组成人员，江泽民同志任中央军委主席。大家一致热烈拥护中央五中全会的各项决定，并表示要以全会精神和邓小平同志关于建设有中国特色的社会主义的基本理论为指导思想，紧紧围绕《中共中央关于进一步治理整顿和深化改革的决定》开展工作，积极发挥人大和人大常委会应有的作用。当前，要结合实际进一步反复学习，深刻领会精神实质，统一思想，团结全市人民在以江泽民同志为核心的党中央领导下，坚定信心，振奋精神，艰苦奋斗，勤俭建国，完成好五中全会提出的各项任务，夺取社会主义现代化建设事业的新的胜利。

二、会议听取、审议了市人大常委会副主任黎光作的关于区、县、乡、镇人民代表大会换届选举工作的报告，通过了《关于区、县、乡、镇人民代表大会换届选举若干问题的决定》。要求本市各区、县、乡、镇人民代表大会换届选举工作在1990年上半年完成。4月底以前选出代表。新一届人民代表大会第一次会议应当依法在代表选举完成后的两个月内举行。会议认为，区、县、乡、镇人民代表大会换届选举是本市政治生活和基层政权建设中的一件大事，胜利完成这次换届选举的工作，对于巩固和发展平息反革命暴乱的成果，维护安定团结的政治局面，推进民主政治建设和加强政权建设，促进首都社会主义改革和建设事业的顺利发展，具有重大的意义。会议要求，各级领导机关要加强领导，把换届选举作为一个阶段的中心任务，统筹安排，认真准备，精心组织，充分发扬民主，严格依法办事，保证换届选举工作顺利进行。

会议还决定了北京市区县乡镇直接选举工作办公室主任、副主任名单。

三、会议经过认真的审议和修改，通过了《北京市价格监督检查条例》，自1990年1月1日起施行。

四、会议听取并审议了北京市高等教育局局长陈忠受市人民政府委托所作的关于市属高等学校建设与改革议案办理情况的报告。市人大常委会教科委员会主任谭元堃就深化改革、加快市属高校的建设作了专题发言。审议中，委员和代表们认为，本市市属高等教育事业，近年来取得了很大发展，规模不断扩大，增设了大批新的专业，办学条件有了明显的改善，十年来向社会输送毕业生6万人，成绩是显著的，并且在教育体制改革上积累了一定的经验。同时，委员和代表们对市属高校深化改革和加快建设步伐等问题提出了一些重要的意见。办好市属高校，培养能够适应本市经济、社会发展需要的人才，关系到首都社会主义事业的继承和现代化建设的后劲，是一个战略问题，应进一步加强和重视这方面的工作，认真抓好。要全面贯彻党的教育方针，坚定不移地把德育放在学校工作的首位，把坚持社会主义方向，为社会主义服务，培养和造就“四有”人才这一指导思想，贯穿整个高校改革和建设之中。要搞好专业设置和布局调整，下大力量提高培养人才的素质，加强高校与社会的直接联系，政府部门要同对口的高校结合起来，探索教学、科研、生产联合培养人才的新路子，把本市的高教工作推向新水平。会上，有些委员还对稳定市属高校教师队伍，注意解决教师的实际困难，以及加强科研工作，进一步改革招生办法等提出了具体的意见和建议。

五、会议通过了市高级人民法院院长刘云峰和市中级人民法院院长纪树翰提请的免职名单。

北京市第九届人大常委会第十六次会议纪要

市九届人大常委会第十六次会议于1989年12月25日至28日举行。出席会议的常委会组成人员有53人。受赵鹏飞主任委托，马耀骥、黎光、夏钦林、邢军副主任分别主持了会议。副市长张健民、陆宇澄，市高级人民法院院长刘云峰，市人民检察院检察长何访拔，市中级人民法院、市人民检察院分院、区县人大常委会、市人大常委会委室厅、市政府有关部门的负责同志，部分全国人大代表和市人大代表列席了会议。

一、会议邀请市委常委、常务副市长张健民通报了中共北京市委六届八次全体（扩大）会议精神。会议认为，市委六届八次全会通过的《贯彻中共中央关于进一步治理整顿和深化改革决定的意见》，充分体现了党的十三届四中全会、五中全会精神，提出了本市明年的工作任务、方针、政策和采取的措施，对于统一全市人民的思想，搞好各方面的工作，具有重要的指导意义。继党的十三届四中全会、五中全会之后，最近党中央明确提出了1990年全党全国人民的两项根本任务是：保持国内政治局势的持续稳定和保持国民经济稳定、协调发展，进一步指明了我们前进的方向。当前，贯彻落实党中央、国务院的各项决策和这次市委全会的精神，关键是要振奋精神，既正确地看到困难的严重性，也要充分认识克服困难的有利条件，树立战胜困难的坚强信心和坚定的决心。形势的发展对我们人大的工作提出了更高的要求，需要我们深入理解、认真贯彻党的十三届四中全会、五中全会和这次市委全委扩大会议的精神，加强调查研究，发挥集体智慧，积极开展工作，为稳定政治局面和促进经济持续、稳定、协调发展做出应有的贡献。

二、会议听取了市公安局副局长何瑛受市政府委托所作的关于《北京市实施〈中华人民共和国集会游行示威法〉办法（草案）》的说明，并对办法草案进行了认真的审议。委员们一致认为，为了更好地实施《中华人民共和国集会游行示威法》，切实保障公民依法行使集会、游行、示威的民主权利，维护首都的社会安定和公共秩序，制定本办法是非常必要的。会议经过审议和修改，通过了《北京市实施〈中华人民共和国集会游行示威法〉办法》。本办法自公布之日起施行。1986年12月26日市八届人大常委会第三十三次会议通过的《北京市关于游行示威的若干暂行规定》自本办法施行之日起即行废止。

三、会议初步审议了《北京市图书报刊和音像制品市场管理条例（草案）》和《北京市中等职业技术教育条例（草案）》。市政府文教办公室副主任王晋和主任李学信受市政府委托，分别对以上两个条例草案作了说明。委员们认为，适应首都社会主义精神文明和物质文明建设的需要，制定这两个地方性法规是十分必要的，两个条例草案基本成熟，希望有关部门根据会议审议的意见抓紧修改，尽快将修改草案提交以后的常委会议复议通过。

四、会议再次审议了《北京市人民代表大会议事规则（修改草案）》。今年8月中旬，第十二次常委会议曾对议事规则草案进行过初步审议。会后又印发全体市人大代表，并委托各区、县人大常委会召开市人大代表座谈会征集意见，在此基础上，经过再次修改，形成了现在的修改草案。会上，市人大常委会副秘书长徐炳忠对草案修改情况作了说明。会议认为，议事规则修改草案各项条款已比较成熟，决定由起草小组根据会议审议的意见再作仔细地修改，而后作为草案提交明年举行的市第九届人民代表大会第三次会议审议通过。

五、会议听取、审议了市财政局局长王宝森受市政府委托所作的《关于北京市1989年财政预算部分变更情况的报告》，并通过了相应的决议，同意1989年财政支出预算由550200万元变更为638096．7万元。

六、会议听取、审议了市高级人民法院院长刘云峰所作的《关于审判经济犯罪案件的工作报告》和市人民检察院检察长何访拔所作的《关于惩治贪污、贿赂犯罪情况的报告》。委员们认为，本市各级人民法院和人民检察院在案件多、人员少、条件差的情况下，克服了许多困难，为打击贪污、贿赂等经济犯罪活动、依法惩处经济犯罪分子，做了大量的工作，成绩是显著的。委员们还强调指出，打击经济犯罪的斗争对于贯彻落实党的十三届五中全会精神，为治理整顿和深化改革创造良好环境，对于清除腐败、加强廉政建设都有重大的意义，必须做为一项长期任务，坚持不懈地深入进行下去，为首都社会主义现代化建设健康发展提供保障。在实际工作中，要下大力量查处大案、要案和群众反映强烈的部门的经济犯罪活动；各审判、检察机关和执法部门要密切配合，彻底解决“以罚代刑”，坚持抵制“说情风”，严格依法办事；各级审判、检察机关都要努力加强自身建设，严格法纪检查，坚决清除审判、检察机关队伍内部的违法乱纪和腐败现象，不断提高办案效率和质量。

七、会议审议了市政府关于对贯彻《企业法》情况检查议案办理情况的报告（书面）。会议原则同意这个报告，并对进一步实施企业法提出了积极建议，决定将此报告印发提议案的代表。

八、会议通过了市人大常委会政法、教育科技、文化卫生体育、城建等四个委员会增补七名委员的名单和何访拔检察长提请的免职名单。

北京市第九届人大常委会第十七次会议纪要

市九届人大常委会第十七次会议于1990年1月17日至19日举行。出席会议的常委会组成人员有52人。受赵鹏飞主任委托，马耀骥、黎光、夏钦林、邢军、浦洁修副主任分别主持了会议。副市长张健民、何鲁丽，市高级人民法院院长刘云峰，市人民检察院检察长何访拔，市中级人民法院、市人民检察院分院、区县人大常委会、市人大常委会委室厅、市政府有关部门的负责同志，部分市人大代表列席了会议。

一、会议审议通过了关于召开北京市第九届人民代表大会第三次会议的决定。市九届人大三次会议于1990年3月3日召开。

二、会议经过认真地再次审议和修改，通过了《北京市图书报刊音像市场管理条例》和《北京市中等职业技术教育条例》。《北京市图书报刊音像市场管理条例》自1990年3月1日起施行，《北京市中等职业技术教育条例》自1990年6月1日起施行。

三、会议审议了市九届人大二次会议交付的第88、121、170、177、185号关于精神文明建设的议案，听取了副市长何鲁丽代表市政府所作的关于全市精神文明建设综合治理情况的报告。委员们发言一致认为，一年来市政府在加强首都精神文明建设方面作了大量工作，成绩是显著的。委员们同时强调，社会主义精神文明建设是一项长期的战略任务，是一个长期积累的过程，要把当前的工作与长远目标结合起来，加强规划与协调，虚工实做，注重实效。在新的一年里，要按照党的十三届四中全会和五中全会精神，普遍深入地进行坚持四项基本原则、反对资产阶级自由化的教育，加强以热爱社会主义祖国为主题的“五爱”教育，大力宣传进一步治理整顿、深化改革的方针，继续深入开展除“六害”活动。以迎接亚运会为国争光、为首都争光作为动力，更好地治理市容环境，整顿社会治安和秩序，改善服务质量，提高全市人民的首都意识，把社会主义精神文明建设再提高到一个新的水平。

四、会议听取、审议并同意市审计局局长刘林受市政府委托作的关于本市审计工作的报告。委员们认为，近年来本市审计工作取得了明显的进步，在治理整顿和深化改革方面发挥了重要作用。当前，应当认真贯彻执行《中华人民共和国审计条例》，坚持以事实为依据，以法律为准绳，严明法纪，严格执法，发挥审计监督的作用。

五、会议审议了市九届人大二次会议交付的第91号关于做好实施行政诉讼法准备工作的议案，听取了市人大常委会政法委员会主任杨毓秀作的关于这项议案办理情况的报告。委员们在审议中指出，行政诉讼法的颁布，是我国社会主义法制建设的一件大事，对于保护公民的合法权益，维护和监督行政机关依法行使行政职权，推进我国社会主义民主政治建设和廉政建设有着非常重要的意义。行政诉讼法公布后，本市法院、检察院和政府有关部门为实施行政诉讼法做了许多必要的准备工作。当前还必须针对干部、群众中存在的传统观念，广泛深入地开展宣传教育，全面正确地理解行政诉讼法的实质和内容，以保障这项法律今年10月1日施行后在我市认真地贯彻实施。

六、会议审议了市九届人大二次会议交付的第164、194号关于加强人口管理的议案，听取了市公安局副局长王鼎丰受市政府委托作的关于这项议案办理情况的报告。委员们认为，人口管理是一项比较复杂、难度较大的工作，虽然市政府和有关方面近年来作了大量工作，但是当前面临的问题仍很严峻。建议市政府认真总结这方面工作的经验，加强调查研究，继续努力搞好本市人口的综合管理工作。

七、会议听取、审议并同意市人大常委会代表联络室主任刘才、市政府副秘书长朱祖朴、市高级人民法院院长刘云峰和市人民检察院检察长何访拔分别作的关于市九届人大二次会议代表建议、批评和意见办理情况的报告。与会的委员和代表一致认为，市九届人大二次会议后，各方面对代表建议、批评和意见的办理是重视的，态度是认真的，工作一年比一年好，一届比一届好，解决了许多人民群众关心的实事，对密切党和国家同人民群众的联系起了很好的作用。委员们强调，要把办理代表建议、批评和意见同不断完善人民代表大会制度，尊重代表权利，发挥代表作用紧密联系起来，认真总结经验，不断提高工作水平。有些委员希望市人大常委会有关部门研究总结代表围绕人民代表大会职权提出议案和建议的工作经验，敦请代表注意提高议案和建议的质量。

八、会议听取、审议了北京市区县乡镇直接选举工作办公室主任杨毓秀关于区、县人民代表大会代表名额的报告，批准了各区、县人大常委会提出的新一届人民代表大会代表的名额。

九、会议通过了市高级人民法院院长刘云峰和市中级人民法院院长纪树翰提请的任免名单。

北京市第九届人大常委会第十八次会议纪要

市九届人大常委会第十八次会议于 1990 年 2 月 8 日举行。出席会议的常委会组成人员有 53 人。赵鹏飞主任，马耀骥、黎光副主任分别主持了会议。区县人大常委会和市人大常委会委室厅的负责同志列席了会议。

一、会议审议通过了北京市第九届人民代表大会第三次会议议程（草案），决定在大会预备会议前提交各代表团讨论，而后提请市九届人大三次会议预备会议审议。

二、会议审议通过了北京市第九届人民代表大会第三次会议主席团、秘书长名单（草案）；国民经济、社会发展计划和财政预决算审查委员会主任委员、副主任委员、委员名单（草案）；议案审查委员会主任委员、副主任委员、委员名单（草案）；法规审查委员会主任委员、副主任委员、委员名单（草案）。决定将以上四个名单草案在大会预备会议前提交各代表团讨论，而后提交市九届人大三次会议预备会议选举。

三、会议经过审议，赞同中共北京市委关于延迟区、县、乡、镇人民代表大会代表换届选举时间的建议，并为此通过了相应的决定，将本市区、县、乡、镇人民代表大会代表的换届选举延迟到今年第四季度进行。

四、会议经过认真地讨论，原则通过了北京市人大常委会向市九届人大三次会议的工作报告（稿），并决定在大会预备会议前交各代表团讨论征求意见，而后根据本次会议和各代表团讨论的意见作进一步修改，经主任会议审定后，向市九届人大三次会议报告，提请审议。

北京市第九届人大常委会第十九次会议纪要

市九届人大常委会第十九次会议于 1990 年 4 月 19 日至 21 日举行。出席会议的常委会组成人员有 52 人。赵鹏飞主任，马耀骥、夏钦林、邢军、浦洁修副主任，分别主持了会议。副市长张百发、黄超、何鲁丽，市高级人民法院院长刘云峰，市人民检察院检察长何访拔，市中级人民法院、市人民检察院分院、区县人大常委会、市人大常委会各委室厅、市政府有关部门负责同志，部分全国人大代表和市人大代表列席了会议。

一、赵鹏飞主任首先向会议传达了江泽民总书记在参加七届全国人大三次会议和七届全国政协三次会议的党员负责同志会议上讲话要点中关于坚持和完善人民代表大会制度的问题，传达了七届全国人大三次会议的主要情况和有关精神，特别是完善人民代表大会制度和加强人大常委会工作的内容。赵鹏飞主任说，江泽民同志关于坚持和完善人民代表大会制度问题的讲话，七届全国人大三次会议确定的工作方针和任务，对我们地方人大的工作具有十分重要的指导意义。我们要很好地学习和贯彻上述重要讲话和这次会议的精神，积极探索、不断开拓前进，使我们北京市人大常委会的工作有一个新的发展和进步。

二、会议对1989年8月市人大常委会第十二次会议曾经审议过的《北京市城市绿化条例》的修改草案进行了再次审议。根据委员们审议的意见，经过修改通过了《北京市城市绿化条例》。此条例将于1990年7月1日起施行。1982年4月28日公布的《北京市城市绿化管理暂行办法》同时废止。

三、会议初步审议了《北京市残疾人保护条例（草案）》。市民政局局长段天顺受市政府委托，对条例草案作了说明。委员们认为，保护残疾人的工作是一项重要而有意义的事业，它充分体现了社会主义制度的优越性，因此，根据多年来实践经验，制定这个条例是非常必要的。会议决定，由市人大常委会有关部门会同市政府主管部门，根据会议初步审议的意见再作研究修改，并将修改草案提交以后的市人大常委会议审议。

四、会议审议了市九届人大三次会议交办的第2号和第96号关于乡镇企业发展的议案，听取了市政府农林办公室主任白有光受市政府委托所作的关于议案办理情况的报告。会议认为，党的十一届三中全会以来，本市郊区乡镇企业特别是乡村集体企业有了很大发展，已经成为农村经济的重要支柱和国民经济的重要组成部分。当前乡镇企业面临许多困难，各级政府应当在治理整顿、深化改革中认真贯彻执行中央“调整、整顿、改造、提高”的方针，积极加以扶植和引导，促进乡镇企业持续、稳定、协调地发展。会议根据委员们审议的意见，研究起草并通过了《关于扶植和引导乡镇企业健康发展的决议》。

五、会议根据市九届人大三次会议的授权，听取并审议了市财政局局长王宝森受市政府委托所作的关于1989年北京市财政决算的报告，并通过了相应的决议，批准了北京市1989年财政决算。

六、会议听取并审议了市体育运动委员会主任马贵田受市政府委托所作的关于本市体育工作情况的汇报。委员和列席会议的代表充分肯定了近年来本市体育工作所取得的成绩，同时对存在的问题提出许多好的意见和建议。许多委员强调要正确处理竞技体育和群众体育，特别是中小学体育的关系，全面贯彻德智体的教育方针，大力加强以学校为重点的群众体育。当前，本市中小学校在体育场地、器材设施、经费和师资等方面存在着不少实际困难，建议市、区、县政府对此给予充分重视，组织力量进行专题研究，制订规划，采取有效措施，狠抓几年，逐步解决。一些委员提出，应该借迎接亚运会的东风，使广大人民群众尤其是各级领导干部进一步增强体育意识，掀起群众性体育运动的热潮，把本市体育工作大大向前推进一步。有些委员还强调要加强优秀运动队建设和运动员的思想教育，稳定队伍，提高水平，不断创造出良好成绩。有的委员还就开展多种多样的群众体育运动，加强体育科研，讲求训练方法等问题，提出了许多意见和建议。

七、会议听取了市物价局副局长许守正受市政府委托关于调整牛奶及其制品价格的情况通报。

八、会议还审议决定了市高级人民法院院长刘云峰、市中级人民法院院长纪树翰和市人民检察院检察长何访拔提请的任免事项。

北京市第九届人大常委会第二十次会议纪要

市九届人大常委会第二十次会议于1990年6月7日至9日举行。出席会议的常委会组成人员有51人。赵鹏飞主任，马耀骥、黎光、夏钦林、邢军、覃异之、浦洁修副主任分别主持了会议。副市长张健民、陆宇澄，市高级人民法院院长刘云峰，市人民检察院检察长何访拔，市中级人民法院、市人民检察院分院、区县人大常委会、市人大常委会各委室厅、市政府有关部门的负责同志列席了会议。会议还邀请全国人大代表和市人大代表共16人列席了会议。

一、会议经过再次审议、修改，通过了《北京市残疾人保护条例》。此条例将于1990年10月1日起施行。会议强调，市政府主管部门应加强宣传，做好实施前的各项准备工作，并注意经常检查和落实。

二、会议初步审议了《北京市实施〈中华人民共和国渔业法〉办法（草案）》。市政府农林办公室副主任梁继听受市政府委托就办法草案作了说明。会议认为，为了加强渔业资源的保护、开发和利用，维护正常生产秩序，发展渔业生产，根据国家渔业法的有关规定，结合本市实际情况，制定实施办法是必要的。会议决定，由市人大常委会有关委、室会同市政府主管部门，根据委员们提出的意见再作研究修改，并将修改草案提交以后的市人大常委会议审议。

三、会议听取并审议了市未成年人保护委员会副主任姚望关于贯彻《北京市未成年人保护条例》工作情况的报告。市未成年人保护委员会主任、副市长陆宇澄到会听取了委员和代表的意见。会议认为，一年多来，市和各区县未成年人保护委员会组织各有关方面，按照这项条例的规定，积极开展工作，取得了保护未成年人合法权益的明显成绩。为了进一步加强本市未成年人保护工作，必须采用多种形式更加广泛深入地进行宣传，使条例的精神深入人心，家喻户晓，提高全社会保护未成年人的法律意识。对此，一些委员、代表建议，要把宣传教育的重点放在未成年人集中的中小学校。教育部门要采取有效措施，改变由于片面追求升学率造成的忽视学生德、智、体、美、劳全面发展的倾向，切实解决学生课业负担过重、教师变相体罚学生等问题。广播电视宣传要有利于未成年人的身心健康，多进行爱国主义教育和法制教育，坚决纠正以少年儿童作电视广告推销商品的不良倾向。会议强调，以法律手段加强未成年人保护工作仅仅是有了一个良好开端，希望各级未成年人保护委员会协调社会各方面的力量继续努力，认真总结经验，把本市未成年人教育保护工作更好地推向前进。

四、会议听取并审议了市税收、财务、物价大检查领导小组副组长王宝森受市政府委托作的关于北京市税收、财务、物价大检查工作情况的报告。一些委员认为，在改革开放的新形势下，每年按照国务院的统一部署进行一次税收、财务、物价大检查是必要的，这对于纠正违法乱纪行为，增加财政收入起到了一定的作用。但是，委员们在发言中也指出，对这项工作在肯定成绩的同时，应该对存在的问题认真地加以分析；应当对年年大检查而违法乱纪情况年年不见减少，甚至屡查屡犯、屡禁不止的现象引起足够的重视。有些委员提出，要把检查工作提高到加强廉政建设和反腐败的高度来对待，这是治国兴邦的一件大事，不能等闲视之。要在总结经验的基础上，把税收、财务、物价大检查的工作发展成为经常性的执法大检查。要严肃法纪，对于严重违纪违法的问题，绝不能一罚了之，该处分的要处分，触犯刑律的要追究刑事责任，切实纠正过去一些案件处理偏宽偏松的现象。同时还要加强对财会、税务工作人员的法制、纪律教育，提高他们的素质，支持他们依法履行职责，逐步把税收、财务、物价的检查工作纳入法制管理的轨道。

五、会议听取并审议了市科委主任邹祖烨受市政府委托作的关于北京市“工业技术振兴计划”执行情况的汇报。委员和列席会议的代表充分肯定了三年来本市实施这项计划所取得的显著成绩，认为这是继本市农业生产执行星火计划之后，工业生产依靠科技进步取得的又一项可喜成果，希望市政府把这项计划继续坚持下去，并在实践中不断完善提高。一些委员建议市政府要继续加强对实施工业技术振兴计划重要意义的宣传，进一步提高各级领导对科技战略地位的认识，使工业发展真正转到依靠科技进步的轨道上来。市科委等主管部门要做好组织协调工作，充分利用和发挥首都科技力量雄厚的优势，组织重大科技项目的攻关。在科技政策上，应当鼓励自力更生，支持引进技术的消化和吸收，促进民族工业发展。各级领导应当进一步重视落实知识分子政策，采取切实有利的措施，解决他们在工作上和生活上存在的实际问题，为他们创造良好的科研工作环境，进一步调动他们的积极性。一些委员、代表还就科技经费的投入比例、加强科技信息工作等问题提出了意见和建议。

六、会议根据陈希同市长提出的建议，审议决定：任命王晋为市政府文教办公室主任；任命杨国庆为市政府侨务办公室主任；任命沙之沅为市民族事务委员会主任，免去姜立勋的市民族事务委员会主任职务；任命孙常立为市司法局局长，免去孙在雍的市司法局局长职务；同时根据刘云峰院长的建议，决定免去孙常立的北京市高级人民法院副院长、审判委员会委员职务；任命李廷芝为市广播电视局局长，免去陈昌本的市广播电视局局长职务。会上，赵鹏飞主任向被任命的市政府组成人员颁发了任命书。

根据《中华人民共和国地方各级人民代表大会和地方各级人民政府组织法》的有关规定，会议还决定接受赵荣琛辞去北京市第九届人民代表大会常务委员会委员职务的请求，并报市人民代表大会备案；同时，接受赵荣琛辞去北京市人大常委会文化卫生体育委员会委员职务。

会上，赵鹏飞主任受主任会议委托通报了应日本东京都议会的邀请，于今年7月中旬组织北京市人民代表大会友好代表团访日的安排。

马耀骥副主任还向与会同志传达了不久前中共中央政治局常委同志在听取亚运会筹备工作汇报时的讲话精神，并通报了主任会议关于组织在京全国人大代表、市人大代表和区、县人大代表视察学雷锋、迎亚运、加强精神文明建设的工作安排。

北京市第九届人大常委会第二十一次会议纪要

市九届人大常委会第二十一次会议于1990年7月30日至8月3日，在北京市民主与法制干部培训基地举行。出席会议的常委会组成人员有51人。赵鹏飞主任，马耀骥、黎光、夏钦林、覃异之、陶大镛、浦洁修、陈明绍、戎易副主任，分别主持了会议。常务副市长张健民、副市长苏仲祥，市长助理黄纪诚、王宝森，市高级人民法院院长刘云峰，市人民检察院检察长何访拔，市中级人民法院、市人民检察院分院、区县人大常委会、市人大常委会各委室厅、市政府有关部门负责同志，市总工会主席商保坤和部分提议案的市人大代表列席了会议。

一、会议初步审议了《北京市禁止赌博条例（草案)》。市公安局副局长陈鸿烈受市人民政府委托，对条例草案作了说明。会议赞同制定这样一个地方性法规，决定由市人大常委会有关委室会同市政府主管部门，根据会议审议的意见再作研究修改，将修改草案提交以后的市人大常委会议审议。

三、会议初步审议了《北京市中外合资经营企业工会条例（草案)》。在市九届人大三次会议上，陈福汉等十位代表提出了关于制定《北京市外商投资企业工会条例》的议案，经大会主席团决定，交市人大常委会审议。此后，市人大常委会有关委室会同提议案代表，经过广泛的调查研究，又提出了对议案的修正案，提请本次常委会议审议。会上，市人大代表陈福汉受其他提议案代表的委托，对条例草案作了说明。会议认为，为了明确中外合资经营企业工会组织的地位和权利、义务，维护合营企业职工的合法权益，当前亟需制定一个符合本市实际情况的关于中外合资经营企业工会组织的地方性法规。会议决定，由市人大常委会有关委室会同有关方面，根据会议审议的意见再作研究修改，将修改草案提交以后的市人大常委会议审议。

三、会议审议了市九届人大三次会议交办的关于大力宣传节水、狠抓节水措施势在必行的第15号议案，听取了市政管理委员会常务副主任郑一军受市政府委托所作的关于议案办理情况的报告。会议同意市政府在报告中关于节水的各项措施，希望充分发动群众，狠抓落实，进一步取得成效。与会的委员和代表对解决本市水的问题进行热烈地讨论，提出许多重要的意见和建议：要坚持不懈地宣传节水的重大意义，不断增强全市人民的节水意识；在本市国民经济和社会发展中，既要算经济帐，又要注意算用水帐，当前特别要注意限制耗水大的工程项目的发展；对各行各业用水要实行计划管理；切实抓好工农业生产方面节水措施的落实；要进一步加强节约用水的科技研究；抓紧制定节水法规等项工作，把我市的节水工作提高到一个新水平。

四、会议审议了市九届人大三次会议交办的第31号和第84号关于清理整顿财政补贴的议案，听取了市长助理、财政局局长王宝森受市政府委托所作的关于议案办理情况的报告。会议肯定了市政府关于“加强管理、堵塞漏洞”的压缩财政补贴方案，认为实现这个任务还是比较艰巨的，要进一步抓好组织和落实工作。委员们强调压缩财政补贴是一项难度比较大的工作，希望市政府要组织专门力量，以补贴大的项目为重点，进行对策性研究，使今后的财政补贴更加合理，管理办法更加完善。还要加强有关财政补贴的宣传工作，使广大人民群众了解实际情况，有个比较正确的认识。

五、会议听取并审议了受市政府委托，市工商局局长孟学农所作的关于实施《北京市保护消费者合法权益条例》情况的报告，市环保局局长江小珂所作的关于《北京市实施〈中华人民共和国大气污染防治法〉条例》执行情况的报告，市水利局局长颜昌远所作的关于实施《北京市水利工程保护管理条例》情况的报告。会议充发肯定了市政府及各主管部门为贯彻实施上述三项地方性法规做了大量工作，并取得明显的成效。在审议中，委员们强调依法做好保护消费者合法权益的工作，对于维护首都正常的经济秩序，密切党和政府与群众之间的关系，有重要的意义，还要下大力气抓好这项工作。当前要集中力量取缔和打击以假冒伪劣商品坑骗消费者的违法活动，加强对商业服务业出租柜台的整顿、管理。改善本市大气环境质量是一项长期的战略任务，要加强宏观控制，进行综合治理，严格控制市区工业布局，逐步调整燃料结构，发展联片供热，依靠科学进步，不断改善本市的大气环境质量。要把水利法律、法规作为农村法制教育的重要内容，逐步做到依法治水，严格执法，保护与发挥各种水利设施的效益，进一步搞好农田水利建设。

六、会议审议并同意市政府关于对随地吐痰、乱扔乱倒废弃物者加重处罚的议案，在经过认真讨论之后，通过了《关于市人民政府对随地吐痰、乱扔乱倒废弃物者加重处罚议案的决定》。

七、会议还印发了关于北京市人民代表大会友好代表团访日情况的报告(书面)和关于组织三级人大代表视察学雷锋迎亚运加强精神文明建设情况的汇报(书面)。

八、会议根据市高级人民法院刘云峰院长和市人民检察院何访拔检察长的建议，任命张志坚为市高级人民法院副院长、叶上诗为市人民检察院副检察长、刘漳南为市人民检察院分院副检察长。会议还通过了其他人事任免事项。

会议期间，还向常委会组成人员传达了7月11日李鹏总理在国务院全体会议上的讲话。

北京市第九届人大常委会第二十二次会议纪要

市九届人大常委会第二十二次会议于1990年9月6日至8日举行。出席会议的常委会组成人员共有52人。赵鹏飞主任，马耀骥、夏钦林、邢军、浦洁修副主任分别主持了会议。常务副市长张健民、副市长黄超、市长助理王宝森，市高级人民法院院长刘云峰，市人民检察院检察长何访拔，市中级人民法院、市人民检察院分院、区县人大常委会、市人大常委会各委室厅、市政府有关部门的负责同志和全国人大代表、市人大代表19人列席了会议。

一、会议经过再次审议和修改，通过了《北京市实施〈中华人民共和国渔业法〉办法》，于1991年1月1日起施行；通过了《北京市禁止赌博条例》，自公布之日起施行。

二、会议审议了《北京市中外合资经营企业工会条例(修改草案)》。委员们对条例修改草案又提出了一些重要的意见。会议认为，这是一项涉外的地方性法规，既要贯彻国家对外开放的方针政策，又要切实保障中外合资经营企业职工的合法权益。为此，需要根据这个特点和要求再作仔细地研究、修改。待经过一定工作之后，再提交常委会议进一步审议。

三、会议听取并审议了受市人民政府委托，市计划委员会主任王军所作的关于《北京市1990年国民经济社会发展计划和“七五”计划主要指标执行情况的汇报》；市财政局局长王宝森所作的关于《北京市1990年1至7月份财政收支预算执行情况的报告》；市经委主任阎承宗所作的关于《北京市1990年1至7月份工业生产情况的报告》。委员们在发言中充分肯定了去年以来市政府认真贯彻中央关于治理整顿、深化改革的一系列方针、政策，取得了明显成效，本市的经济正在渡过最困难的时期，向好的方向发展。同时委员们也指出，当前本市经济形势还是十分严峻的，在宣传上和实际工作上，都要高度重视经济工作中仍然存在着的困难和问题。要珍惜治理整顿和深化改革所取得的初步成果，吸取过去的经验教训，防止出现新的经济过热现象。当前要重点研究解决全民所有制企业，尤其是大中型企业的困难和发展后劲问题。这应做为调整产业结构、产品结构、企业组织结构工作的重点，采取坚定的措施帮助大中型企业逐步走上持续、稳定、协调发展的轨道。确保本市全年财政收支平衡的任务也还十分艰巨，应当继续大力宣传和提倡过紧日子的精神，深入开展“双增双节”运动，反对铺张浪费。此外，委员们还对稳定市场物价、发展农村好形势等问题提出一些具体的建议和意见。

四、会议听取并批准了北京市区县乡镇直接选举工作办公室主任杨毓秀作的《关于增加朝阳区人民代表大会代表名额的报告》，决定朝阳区第十届人民代表大会代表，由于区划体制的变动增加七名，并按法律规定报全国人大常委会备案。

会议期间，经请示全国人大常委会领导同意还向常委会组成人员口头传达了七届全国人大常委会第十五次会议上，李鹏总理作的《关于当前国际形势和访问印度尼西亚、新加坡、泰国三国情况的报告》和国务委员兼国家计委主任邹家华作的《关于1990年国民经济和社会发展计划执行情况的汇报》。

北京市第九届人大常委会第二十三次会议纪要

市九届人大常委会第二十三次会议于1990年11月1日至3日举行。出席会议的常委会组成人员共有50人。赵鹏飞主任，马耀骥、黎光、覃异之、陈明绍副主任分别主持了会议。常务副市长张健民，副市长吴仪、陆宇澄，市高级人民法院院长刘云峰，市人民检察院检察长何访拔列席了会议。列席会议的还有市政协办公厅、市中级人民法院、市人民检察院分院、区县人大常委会、市人大常委会各委室厅、市政府有关部门的负责同志和全国人大代表、市人大代表13人。

一、会议通过了《北京市中外合资经营企业工会条例》。这项条例草案，曾经在第二十一次和第二十二次常委会议上做过两次审议，本次会议又经过认真的审议和修改。本条例将自1991年1月1日起正式施行。会议要求，这项法规公布之后，有关部门要做好宣传解释工作，使合资企业的中方和外方对条例的指导思想和基本内容都有正确的理解，为条例的顺利实施做好准备。

二、会议听取并审议了市科委主任邹祖烨受市人民政府委托所作的《关于北京市新技术产业开发试验区建设和发展情况的汇报》。委员们在审议时认为，北京市新技术产业开发试验区建立两年多来，发展的方向是正确的，在吸引科技人才、科技成果及资金，促进科学技术迅速转化为生产力，推动高科技产业化，发展外向型经济以及深化科技体制改革等方面取得了一定的成绩和经验。但是，试验区毕竟是处在试验、探索阶段，不可避免地存在着一些矛盾和问题，对此应有清醒的认识和作出实事求是的分析，要通过认真总结经验，加强管理，把试验区的工作推进到一个新阶段。一些委员还提出，试验区地处北京的上风上水，它的建设和发展要严格遵循首都城市建设总体规划，防止产生新的污染源；要坚持以公有制为主体、计划经济与市场调节相结合的方针，加强对试验区的产业结构、资金投向等方面的宏观指导和管理监督；要贯彻技工贸相结合的原则，及时把试验区科技开发的成果推广应用于本市大、中型企业；要坚持“两个文明”一起抓，加强对职工的思想教育，抵制资产阶级自由化思潮，同各种违法犯罪行为作斗争，以保证本市新技术产业开发试验区沿着健康的方向建设和发展。

三、会议听取并审议了市高级人民法院院长刘云峰所作的关于经济审判工作的报告。委员们认为，市各级人民法院在经济审判中，做了大量细致的工作，为维护社会主义商品经济的秩序，保障治理整顿和各项改革的顺利进行做出了贡献。同时委员们也指出，经济审判工作虽然取得了成绩，但与经济改革深入发展的要求，还有很大差距。委员们建议，为适应经济审判工作的需要，人民法院应当加强对执法人员的思想教育和业务培训，不断提高执法水平；要进一步弘扬“双三不”的精神：不搞地方保护主义，不徇情违法办案，不搞不正之风；不吃当事人的饭，不坐当事人的车，不用当事人的钱，真正做到公正廉明、依法办案；要进一步重视和及时处理人民群众的申诉案件，并从中发现问题，改进工作。一些委员还建议市人大常委会要加强对人民法院经济审判工作的支持和监督。

四、会议听取并审议了市人民检察院检察长何访拔所作的《关于惩治贪污贿赂犯罪情况的汇报》。委员们在审议中充分肯定了一年来市人民法院、人民检察院在惩治贪污贿赂犯罪斗争中取得的成绩，同时也认为，对这场斗争的长期性、艰巨性和复杂性，对当前贪污贿赂的犯罪活动的严重性，要有足够的认识。当前，广大群众对清除腐败，加强廉政建设期望很高，各级检察机关、审判机关要紧密配合廉政建设，迅速惩治一批大案要案的严重经济犯罪分子，进一步深入开展反贪肃贿的斗争。

会议在审议刘云峰院长、何访拔检察长上述的报告当中，许多委员指出，目前由于“两院”经费紧张，不得不依靠当事人资助办案，这是一种不正常的现象，建议市政府充分考虑“两院”的困难，在财政上给以支持。

五、决定人事任免事项。会议根据陈希同市长提出的建议，审议决定：任命高佐之为市机械工业管理局局长，免去李舜的市机械工业管理局局长职务；任命周昌熙为市公用局局长。会上，赵鹏飞主任向两位新任命的市政府组成人员颁发了任命书。会议还审议决定了市高级人民法院院长刘云峰、市人民检察院检察长何访拔、市中级人民法院院长纪树翰提请的任免事项。

北京市第九届人大常委会第二十四次会议纪要

市九届人大常委会第二十四次会议于1990年11月27日至29日举行。出席会议的常委会组成人员有49人。赵鹏飞主任，夏钦林、邢军副主任分别主持了会议。常务副市长张健民、副市长何鲁丽，市高级人民法院院长刘云峰，市人民检察院检察长何访拔和市人民政府秘书长铁英列席了会议。列席会议的还有市中级人民法院、市人民检察院分院、区县人大常委会、市人大常委会各委室厅、市政府有关部门负责同志和两位全国人大代表、18位市人大代表。

一、会议初步审议了《北京市计划生育条例（草案)》。市计划生育委员会主任金铮受市政府委托，对条例草案作了说明。委员们认为，近年来北京市计划生育工作取得了很大成绩，广大计划生育工作者为此付出了很大努力。但目前人口增长的形势仍十分严峻，计划生育工作面临着种种困难和问题。为了使本市计划生育管理工作纳入法制化轨道，制定一个计划生育条例是十分必要的。鉴于条例草案中有关生育节制的规定和限制与处罚的措施等一些重要问题，需要进一步研究协调，会议决定由市人民政府主管部门和市人大常委会有关委室根据本次会议审议的意见，再作进一步研究修改，提请以后的市人大常委会会议审议。

二、黎光副主任向会议通报了最近中共北京市委和市人民政府召开的北京市廉政工作会议精神。委员们就本市廉政工作进行了热烈的讨论，并发表了许多好的意见。会议责成办公厅将这些意见认真加以整理，转送有关方面。

会议在这项议题讨论结束时，赵鹏飞主任就北京市人大常委会在廉政建设中加强监督检查工作发了言。他说，加强廉政建设，清除腐败现象，是我国政权建设的一个极其重要的内容。这是一项长期而又艰巨的任务，对于保证国家政治、经济和社会的稳定发展，具有十分重要的意义。我们要从党和国家的生死存亡、改革开放的兴衰成败的高度，充分认识这项工作的重要性和紧迫性。市人大常委会要在中共北京市委的统一领导下，认真贯彻中共中央和国务院有关廉政建设的一系列决定，把这项工作列入重要的议事日程，作为工作重点，切实履行宪法和地方组织法赋予的职责。各委员会都要选择重点，组织部分市人大常委会组成人员和市人大代表，进行调查研究和监督检查。根据工作进展情况，在适当的时候召开市人大常委会议，听取和审议市人民政府、市人民法院和市人民检察院关于廉政工作的汇报，加强对这项工作的监督，推动全市的廉政工作。在调查和检查中，要同建章建制和执法检查结合起来。要根据中央和国务院《关于坚决制止乱收费、乱罚款和各种摊派的决定》精神，检查市人大常委会制定、颁布的地方性法规中有关收费、罚款和集资的规定。对发现的问题，应当依照法定程序予以纠正。要通过调查研究，总结经验，研究制定有关廉政建设方面的地方性法规。总的来讲，就是要从加强民主法制建设和健全监督制约机制方面，促进廉政建设工作的发展。在加强廉政建设工作中，必须充分发挥人大代表的作用。要把党和政府关于加强廉政建设的部署和措施及时向人大代表通报。要发动人大代表，并通过人大代表动员人民群众，积极揭露和举报各种消极腐败现象。对于人大代表和人民群众揭发、检举的问题和申诉意见，有关部门都要认真对待，及时处理。要接受市政府监察部门的邀请，推荐人大代表就任特邀廉政监察员。市人大常委会有关工作部门要关心、支持人大代表的工作，帮助他们总结、交流工作经验。同时我们也希望本市各级人民政府和审判、检察机关积极主动地联系人大代表，听取意见。通过上述工作，使各级人大代表在廉政建设中成为联系群众、反映民意的一条重要民主渠道。

三、会议听取并审议了市物价局局长范远谋受市政府委托所作的关于本市物价工作情况的报告。委员们对市政府在稳定物价方面所作的工作给予了肯定，同时也指出，为发展生产和繁荣经济，适当调整理顺某些商品的价格是必要的。但是物价的变动牵涉到千家万户，应当充分作好宣传解释工作，统一认识，消除疑虑，以便得到广大人民群众的理解和支持。有些委员还指出，物价的调整是涉及国计民生的重大事项，应依法事先向市人大常委会会议汇报，及时向人民代表通报情况。张健民副市长表示将对此认真研究改进。

四、会议审议了市九届人大三次会议交付的关于制定北京市征兵工作暂行规定的第24号和26号议案。根据主任会议的安排，市人大常委会法制室对这项议案进行了调查研究，广泛征求了各有关方面的意见，法制室主任白平向本次会议提出了《关于对制定征兵工作的地方性法规的意见和建议》。会议同意法制室提出的意见和建议，即：目前制定这项地方性法规，条件尚不成熟，暂缓制定。将代表提出的议案及所附暂行规定草案移送市人民政府在工作中参考。请市政府兵役主管部门对这个问题继续调查研究，总结实践经验，待条件成熟时，再拟定法规草案，提请市人大常委会审议。

北京市第九届人大常委会第二十五次会议纪要

市九届人大常委会第二十五次会议于1991年1月12日至15日在市民主法制干部培训基地举行。出席会议的常委会组成人员有50人。赵鹏飞主任，马耀骥、黎光、夏钦林、邢军、戎易副主任分别主持了会议。副市长陆宇澄，市高级人民法院院长刘云峰，市人民检察院检察长何访拔列席了会议。列席会议的还有区县人大常委会，市人大常委会各委、室、厅，市政府、市政协有关部门的负责同志。

一、会议学习讨论了中共中央十三届七中全会公报。部分委员发言，谈了认识和体会。与会同志认为，七中全会通过的《关于制定国民经济和社会发展十年规划和“八五”计划的建议》，提出了今后五年至十年我国国民经济和社会发展的基本任务和方针政策，是指引全国各族人民继续前进的纲领性文件。建设社会主义民主政治，完善人民代表大会制度，是人大常委会在实践中需要研究的重大课题。我们必须按照中共中央七中全会精神，不断总结经验，努力探索进取，在实现第二步战略目标的过程中，进一步加强社会主义民主法制建设，完善人民代表大会制度。

二、会议经过再次审议，通过了《北京市计划生育条例》。此条例将于1991年6月1日起施行。

三、会议初步审议了《北京市实施〈中华人民共和国土地管理法〉办法（草案）》。市土地管理局局长陈书栋受市政府委托，对办法草案作了说明。委员们认为，近几年本市土地资源大量减少，乱占滥用和浪费土地的现象比较突出，土地权属纠纷也逐年增多。因此，为维护土地的社会主义公有制，合理利用好本市土地资源，加强对土地的全面管理，根据国家土地管理法的要求，制定本市的实施办法是十分必要的。会议决定，由市人大常委会有关委室会同市政府有关部门根据本次会议审议的意见，再作进一步研究修改，提请以后的市人大常委会会议审议。

四、会议听取并审议了市长助理李润五受市政府委托作的关于“积极稳妥地推行公费医疗改革”议案办理情况的报告。委员们认为，这个报告对公费医疗现状和问题的分析是符合实际情况的。经过几年工作，本市公费医疗改革虽然取得了初步成效，但仍是当前群众反映比较强烈的一个问题。委员们对于进一步搞好公费医疗改革，整顿医药市场，控制药品价格，加强医德医风建设，纠正行业不正之风，慎重处理国家、集体、个人三者之间的关系等，提出了一些建议和意见。希望市政府不断总结经验，进一步完善和深化公费医疗改革的措施，为逐步实行社会医疗保险进行积极的探索和研究。

五、会议听取并审议了市教育局局长陶西平受市政府委托作的关于提高中小学教育质量议案办理情况的报告。陆宇澄副市长就这项工作作了补充发言。委员们在发言中对市政府重视并认真办理这项议案和议案办理的结果表示满意；对市政府为提高中小学教育质量所作的大量工作和取得的成绩给予肯定。一些委员建议，要研究和确定中小学教育质量评估的标准，继续纠正片面追求升学率的倾向，使教育真正适应社会主义发展和现代化建设的需要；要探索德育教育的新方法，坚持育人寓于教学之中，把德育教育落到实处；要宣传和树立学校、家庭、社会教育相结合的大教育的观念，通过全社会的共同努力，优化中小学生教育成长的环境。委员们还就加快教师队伍的培养建设、提高农村教育水平、不断深化和完善教育内部管理体制等方面的改革，提出了一些意见和建议。

六、会议审议了市九届人大三次会议交付的关于要求制定城镇集体企业职工养老保险法规的第11号议案。受主任会议委托，市人大常委会财经委员会对这项议案进行了调查研究，并多次征求提议案代表及有关方面的意见。财经委员会副主任孙玉琴代表财经委员会向本次会议提出了关于对制定城镇集体企业职工养老保险法规的意见和建议。会议同意财经委员会的意见。鉴于这项工作比较复杂，难度较大，目前制定城镇集体企业职工养老保险的地方性法规条件尚不成熟，建议市政府把解决城镇集体企业职工养老保险问题列入重要的议事日程，切实加强领导，进一步理顺管理体制，在调查研究，总结经验的基础上，尽快制定相应的政策、措施或规章，使城镇集体企业职工养老保险工作顺利健康地发展。

七、会议听取、审议并同意市财政局局长王宝森受市政府委托所作的关于北京市1990年财政预算预计执行情况的报告。会议认为今年市政府在经济形势比较困难的情况下，坚决贯彻党中央治理整顿、深化改革的方针，经过各方面的努力，本市财政预算预计执行情况是好的，希望市政府尽快编制1990年度财政决算，提交市九届人大四次会议审议。

八、会议听取并审议了市九届人大三次会议代表建议、批评和意见办理情况的报告。市人大常委会代表联络室主任刘才、市政府副秘书长朱祖朴、市高级人民法院院长刘云峰、市人民检察院检察长何访拔分别就办理情况作了报告。委员们充分肯定了一年来各方面办理代表意见所作的大量工作，认为绝大多数部门和单位对代表建议、批评和意见的办理是重视的，是认真的，工作一年比一年有进步，有成效。同时也指出，仍然有些单位对办理代表建议、批评和意见重视不够，办理不及时，甚至敷衍搪塞。委员们建议，市人大常委会各委、室、厅、市人民政府，市高级人民法院，市人民检察院以及有关部门，要继续提高认识，总结经验，把听取和办理代表意见作为贯彻党中央十三届六中全会精神、坚持和完善人民代表大会制度的一个重要方面，列入本部门工作的重要议程，并采取切实有效的措施，拓宽代表反映意见的渠道，使今后办理代表建议、批评和意见的工作不断得到提高。

九、会议根据何访拔检察长的建议，任命赵扬为北京市人民检察院副检察长；同时批准免去他的大兴县人民检察院检察长职务。

北京市第九届人大常委会第二十六次会议纪要

市九届人大常委会第二十六次会议于1991年3月13日至15日在市民主法制干部培训基地举行。出席会议的常委会组成人员有53人。赵鹏飞主任，马耀骥、黎光、夏钦林、邢军副主任分别主持了会议。常务副市长张健民、张百发，市长助理黄纪诚，市高级人民法院院长刘云峰，市人民检察院检察长何访拔列席了会议。列席会议的还有市中级人民法院、市人民检察院分院，区、县人大常委会，市人大常委会各委、室、厅，市政府有关部门的负责人和10位市人大代表。

一、会议通过决定：于1991年4月17日召开北京市第九届人民代表大会第四次会议。

二、会议审议通过了北京市第九届人民代表大会第四次会议议程（草案），并决定在大会预备会议前提交各代表团讨论后，提请市九届人大四次会议预备会议审议。

三、会议听取并批准了市人大常委会代表资格审查委员会主任委员黎光所作的关于补选代表的代表资格的审查报告，确认新补选的孙毓敏、于熙钟、张万鹏、沈仁道、程建宁五位代表的代表资格有效。

四、会议审议通过了北京市第九届人民代表大会第四次会议主席团、秘书长名单（草案）；审议通过了国民经济、社会发展计划和财政预决算审查委员会主任委员、副主任委员、委员名单（草案）；审议通过了议案审查委员会主任委员、副主任委员、委员名单（草案），并决定将以上三个名单（草案）在大会预备会前提交各代表团讨论，而后提交市九届人大四次会议预备会议选举。

五、会议经过认真讨论原则通过了北京市人大常委会向市九届人大四次会议提出的工作报告。决定由起草小组对报告稿修改后，在大会预备会前交各代表团讨论征求意见；然后，根据代表讨论的意见再作进一步修改，并受权主任会议进行审定，提请市九届人大四次会议审议。

六、会议经过再次审议通过了《北京市实施〈中华人民共和国土地管理法〉办法》。本办法于1991年6月1日起施行。

七、会议初步审议了《北京市职工教育条例（草案）》。市政府文教办主任王晋受市政府的委托，对条例草案作了说明。委员们认为，为了进一步巩固和发展职工教育，提高职工队伍的政治、文化、业务素质，适应社会主义现代化建设的需要，制定这样一个条例是十分必要的。同时，委员们对条例草案提出了一些修改意见。会议决定，由市人大常委会有关委、室会同市政府有关部门根据本次会议审议的意见，再作进一步研究修改，提交以后的常委会议审议。

八、会议听取、审议了北京市区县乡镇直接选举工作办公室主任杨毓秀关于1990年北京市区、县、乡、镇人民代表大会换届选举工作总结报告。会议认为，本市1990年区、县、乡、镇人大换届选举经过多方面的努力，比较圆满顺利的结束。这次换届选举，充分发扬民主，严格依法办事，出现一些新的做法，积累了一些新的经验。会议批准这个总结报告。

九、会议审议通过了《北京市人民代表大会常务委员会关于增设民族侨务委员会的决定》，并任命了民族侨务委员会组成人员：叶大澂为主任，吴一平、纪辉玉为副主任，安士伟、林明美、王基志、石泽生、陈志嘉、高全寿、潘志明、何润为委员。会议同时免去了吴一平的市人大常委会政法委员会副主任，安士伟、潘志明的政法委员会委员的职务。

十、会议根据陈希同市长建议，决定任命张金城为北京市人民防空办公室主任，免去魏克鹏的北京市人民防空办公室主任的职务。会上，赵鹏飞主任向张金城同志颁发了任命书。会议根据市人民检察院检察长何访拔的建议批准了本市十八个区、县新一届人民代表大会选举的检察院检察长名单，决定了市人民检察院、检察院分院的其他任免名单。

此外，会议应市政府要求，听取了市税务局副局长史继舜关于对自行车和其它非机动车恢复征收车船使用税的情况通报和市计委副主任林豹关于火柴“改标”、定价和供应政策问题的通报。

北京市第九届人大常委会第二十七次会议纪要

市九届人大常委会第二十七次会议于1991年6月13日至15日在市民主法制干部培训基地举行。出席会议的常委会组成人员有54人。赵鹏飞主任，黎光、夏钦林、邢军、覃异之、陈明绍副主任分别主持了会议。市长陈希同，常务副市长张健民，副市长陆宇澄，市高级人民法院院长刘云峰，市人民检察院检察长何访拔列席了会议。列席会议的还有市中级人民法院、市人民检察院分院，区县人大常委会，市人大常委会各委、室、厅，市政府有关部门的负责人和11位全国人大代表、市人大代表。

一、会议经过再次审议和认真地修改，通过了《北京市职工教育条例》。本条例自1991年11月1日起施行。

二、会议听取和审议了市司法局局长孙常立受市人民政府委托所作的《关于法制宣传教育第一个五年规划的执行情况和实施法制宣传教育第二个五年规划的报告》，并通过了《关于贯彻实施法制宣传教育第二个五年规划的决议》。会议认为，本市在实施第一个普及法律常识五年规划中，经过各方面的努力，完成了预定任务，取得了明显效果。但这只是为今后深化法制教育打下了一定基础，对取得的成绩不能估计过高。普法教育是对我国社会主义民主与法制建设具有重要历史意义的大事，是一项长期的任务。本市各级国家机关、各政党、各社会团体和企业事业单位，都要按照本次会议决议的要求，认真地、扎扎实实地开展法制宣传教育。

三、会议审议了市人民政府关于贯彻实施国务院《城市房屋拆迁管理条例》的议案，听取了市房地产管理局局长周洪臻受市人民政府委托所作的报告。会议同意市人民政府提出的建议，通过了《关于废止〈北京市建设拆迁安置办法〉的决议》。

四、会议听取和审议了市财政局局长王宝森受市人民政府委托所作的《关于改进预算部分变更审批程序建议的议案办理情况的报告》。今年2月20日常自超等五位市人大常委会委员提出了《关于改进预算部分变更审批程序建议》的议案，经市人大常委会第三十五次主任会议决定，转请市人民政府研究，并向市人大常委会议提出议案办理情况的报告。对此议案，市人民政府进行了认真地研究办理，并提出办理情况的报告。会议原则同意市人民政府的报告，并决定先按此试行，待国家预算法制定出来以后，再结合本市情况研究制定地方性法规。

五、会议听取和审议了市科技委员会主任邹祖烨受市人民政府委托所作的《关于北京市城市建设与城市管理科技发展计划执行情况的汇报》。委员和列席会议的代表在审议时认为，本市城市建设与城市管理科技发展计划的实施，已经取得了显著成绩，在某些方面取得了突破性的进展，希望市人民政府认真总结经验，进一步调动广大科技人员的积极性，争取在“八五”期间取得更大的成绩。在审议中，委员和代表就如何进一步实施《北京市城市建设与城市管理科技计划》提出一些重要建议：城市建设与城市管理是一项复杂、庞大的系统工程，应加强总体管理，统筹规划，避免重复，防止浪费；城市防灾问题是当前城市建设和管理中的一个薄弱环节，应当把防火、防水、防震、防战争作为一个重要课题纳入“八五”科研计划；要进一步贯彻和落实党和国家关于知识分子的政策，采取切实的具体有效的措施，为科技人员创造良好的工作和生活条件，使他们在新的科技革命中发挥更大的作用。委员和代表们还对增加科技投入、在科技成果推广应用中注意提高劳动者素质等问题提出了建议和意见。

六、会议根据陈希同市长的提议，经过审议决定：免去吴仪的北京市副市长职务，任命王宝森为北京市副市长；免去汪统的北京市国家安全局局长职务，任命卢长绪为北京市国家安全局局长。常务副市长张健民就上述个别副市长的任免作了说明，陈希同市长也在会上讲了话。赵鹏飞主任向新任命的市国家安全局局长卢长绪颁发了任命书。

北京市第九届人大常委会第二十八次会议纪要

市九届人大常委会第二十八次会议于1991年7月25日至27日在市民主法制干部培训基地举行。出席会议的常委会组成人员有50人。赵鹏飞主任，黎光、夏钦林、邢军、陈明绍副主任分别主持了会议。马耀骥、覃异之、陶大镛、浦洁修、戎易副主任出席了会议。常务副市长张百发，副市长黄超、苏仲祥、王宝森，市高级人民法院院长刘云峰，市人民检察院检察长何访拔列席了会议。列席会议的还有市中级人民法院、市人民检察院分院，区、县人大常委会，市人大常委会各委、室、厅，市政府有关部门负责同志和20位市人大代表。

一、会议初步审议了《北京市城市节约用水条例(草案)》。市政管理委员会常务副主任郑一军受市人民政府委托对条例草案作了说明。会议认为，北京是一个严重缺水的城市，水资源匮乏已成为制约首都经济建设和社会发展的重要因素。为了把首都建成节水型城市，加强这方面的法制建设，坚持依法管理节水工作，根据国家水法的基本原则，结合本市的具体情况，制定这样一个条例是非常必要的。会议决定，由市人大常委会有关委、室会同市政府主管部门，根据初步审议的意见再作研究修改，提出条例修改草案，提请以后的市人大常委会议审议。

二、会议初步审议了《北京市保障律师依法执行职务若干规定(草案)》。市司法局局长孙常立受市人民政府的委托对规定草案作了说明。会议赞同制定这样一个地方性法规，决定由市人大常委会有关委、室会同市政府主管部门，根据初步审议的意见再作研究修改，提出修改草案，提请以后的市人大常委会议审议。

三、会议审议了市九届人大四次会议交付的关于搞好“质量、品种、效益年”活动的建议和搞活大中型企业几点建议的议案（第54号、55号），听取了市经委主任阎承宗受市人民政府的委托关于这项议案办理情况的报告。委员们认为，今年以来，市人民政府根据国务院的部署，对于开展“质量、品种、效益年”活动和搞活大中型企业，做了大量的工作，取得了一些成效。但是，面临的形势仍很严峻。国营大中型企业是社会主义公有制的主体，搞活大中型企业，既是重大经济问题，也是严重的政治问题。目前，大中型企业困难还很大，应该多从政策上给以帮助，加以扶持。要改善企业的外部环境，轻赋薄敛，减轻企业负担，放水养鱼，增强企业自我发展的能力。同时要挖掘企业内部潜力，依靠科学技术，改造设备，加强思想政治工作，提高广大职工社会主义积极性，不断提高产品质量和经济效益。市政府各企业主管部门要进一步改变工作作风，深入基层，扎扎实实地解决实际问题，切实把搞活大中型企业的各项政策落到实处。

四、会议听取并审议了市治理“三乱”办公室副主任吕兴受市人民政府委托所作的关于本市治理“三乱”工作进展情况的报告。委员们认为，本市治理“三乱”工作，经各方努力，初步摸清了情况，也解决了一些问题。但是，要看到治理“三乱”是一项十分艰巨复杂的工作，涉及面广，政策性强，难度比较大，对已取得的成效不能估计过高。要进一步研究解决深层次的问题，做到“情况明决心大”，在全面清理整顿的基础上，严格审核收费、罚款、集资项目，真正按照党中央、国务院的要求，切实抓出成效来。

五、会议听取了市水利局局长、市防汛抗旱指挥部副指挥颜昌远受市人民政府委托所作的关于本市防汛抗灾情况的汇报，并通过了《关于抗洪救灾工作的决议》，对本市北部山区遭受巨大损失的灾区人民表示亲切的慰问，向在抗洪救灾中作出突出贡献的广大干部、群众、人民解放军、武警官兵和公安干警表示崇高的敬意。同时，要求本市各级人民政府认真贯彻执行党中央、国务院的指示，按照市委、市政府的部署，立足防大汛、抗大灾，加强对防汛工作的领导，树立连续作战、长期作战的思想，做好战胜严重灾害的各种准备，听从统一调度和指挥，顾全大局，团结协作，团结治水，确保首都安全渡汛。委员们还建议，在防汛工作中要把城区的防汛工作放在重要位置，采取切实有力措施，提高城市的防灾能力。

六、会议审议决定了市高级人民法院院长刘云峰、市人民检察院检察长何访拔、市中级人民法院院长纪树翰提请的任免事项。

北京市第九届人大常委会第二十九次会议纪要

市九届人大常委会第二十九次会议于1991年9月10日至14日在市民主法制干部培训基地举行。出席会议的常委会组成人员共有53人。赵鹏飞主任，马耀骥、黎光、夏钦林、邢军、陈明绍、戎易副主任分别主持了会议。覃异之、陶大镛、浦洁修副主任出席了会议。副市长黄超、陆宇澄、苏仲祥、何鲁丽，市高级人民法院院长刘云峰列席了会议。列席会议的还有市中级人民法院、市人民检察院分院，区县人大常委会，市人大常委会各委、室、厅，市政府有关部门的负责同志和26位全国人大代表、市人大代表。

一、会议经过再次审议和认真地修改，通过了《北京市城市节约用水条例》，自1991年11月1日起施行；通过了《北京市保障律师执行职务若干规定》，自公布之日起施行。

二、会议初步审议了《北京市公民义务献血条例(草案)》和《北京市水资源管理条例（草案)》，京卫生局副局长李世绰、市水利局局长颜昌远受市人民政府委托分别对两项条例草案作了说明。会议赞同制定这样两个地方性法规，决定由市人大常委会有关委室会同市政府主管部门，根据初步审议的意见再作研究修改，提出修改草案，提请以后的市人大常委会议审议。

三、会议听取并审议了市廉政建设领导小组办公室主任、市监察局局长吕玉东受市人民政府委托所作的关于纠正行业不正之风工作情况的汇报。委员和代表们认为，市政府及有关部门，对纠正行业不正之风工作，思想重视，工作态度认真，经过各方的努力，取得了初步的阶段性成效。但是，应该清醒地看到，本市前一阶段纠正行业不正之风工作只是进行了面上的清扫，许多深层次的问题还没有充分地揭露出来。同时，还要看到行业不正之风存在着普遍性、严重性和反复性。因此，对已取得的成绩不能估计过高，对存在的问题不能估计过低，必须作为一项长期的工作，深入持久地抓下去。发言的同志一致强调，要进一步提高对纠正行业不正之风的认识，充分认清行业不正之风是和平演变的土壤和温床。要把纠正行业不正之风的工作、加强廉政建设同加强党和人民群众的血肉联系，反对和平演变，巩固人民民主专政紧密联系起来，以江泽民总书记“七一”讲话精神为指导思想，真正按照党中央、国务院的要求，以现实的紧迫感，下大力量，下大决心，取得纠正行业不正之风第二阶段的阶段性成果。委员们还就专项斗争、典型宣传、建立健全廉政勤政制度等，提出了建议和意见。

四、会议听取并审议了市计委主任王军和副市长兼财政局局长王宝森，受市人民政府的委托分别作的关于本市1991年国民经济、社会发展计划执行情况的报告和关于本市1991年1至8月份财政收支预算执行情况的报告。委员们在发言中充分肯定了今年以来市政府带领全市人民，认真贯彻执行市九届人大四次会议有关决议、决定的精神，使本市经济工作取得了稳步增长，进一步向好的方向发展。在审议中，委员们特别关注如何进一步搞好国营大中型企业的问题，认为，当前本市大中型企业的经营形势仍然十分严峻，应当采取坚决有效的措施为国营大中型企业输血、输氧，压缩其他开支，拿出一切可以拿出的资金，在资金和政策上帮助大中型企业走出低谷。对于亏损企业要实行承包制，限期扭亏增盈，到期不能实现的要承担经济责任。要严明财政纪律，对于那些动用折旧费发奖金等错误行为，要严肃处理。

五、会议审议了市九届人大四次会议交付的关于加强药政管理的议案(第97号)，听取了市政府文教办公室副主任张熙增受市人民政府委托作的关于这项议案办理情况的报告。委员和提议案的代表认为，市人民政府对这项议案是重视的，办理是认真的，做了很多的工作，对此表示满意。同时委员和代表们指出，药品是一种关系人民健康和生命的特殊商品。加强药政管理，应当作为一件大事长期抓下去，使这个问题得到比较好的解决。要进一步宣传贯彻实施药品管理法，加强药品市场管理，坚决制止和纠正行业不正之风，对那些制造和销售伪劣药品的不法分子要严格执法，予以严厉打击；要加强药检人才的培养，做好药品的检验和监督，把好进货关。委员们还对药品广告过滥提出了批评，要求卫生部门、各新闻单位严加审查，不给非法分子以可乘之机。

六、会议听取并审议了市高级人民法院院长刘云峰所作的关于审理民事案件适用《民法通则》情况的汇报。委员们在发言中充分肯定全市各级人民法院紧紧围绕贯彻民法通则开展民事审判工作取得的成绩，这对于保障改革开放，维护社会稳定发挥了重要作用。各级人民法院要进一步加强调查研究，及时总结推广先进经验，认真学习民法通则，端正民事审判工作的指导思想，不断提高办案质量。委员们还希望市政府有关方面帮助和支持法院切实改善人民法庭的工作条件。

七、会议听取并审议了市农林办公室副主任范毓扬受市人民政府的委托所作的关于北京市农业联产承包合同条例贯彻执行情况的报告。委员和代表们认为，两年来，本市各级政府认真贯彻执行落实条例，取得了明显成效。实践证明，这项条例的制定，反映了广大农民的愿望，适应农村改革的需要，为稳定完善农业联产承包责任制，发展壮大集体经济，促进农业生产，发挥了重要的作用。今冬明春，要结合农村社会主义思想教育，认真总结条例实施的经验，健全民主管理，加强合同规范化管理，进一步发挥条例在本市郊区农村社会主义改革和建设中的作用。

八、会议根据陈希同市长的提议，经过审议决定：免去张明的北京市对外经济贸易委员会主任职务，任命衣锡群为北京市对外经济贸易委员会主任；免去阎承宗的北京市经济委员会主任职务，任命高佐之为北京市经济委员会主任，同时免去高佐之的北京市机械工业管理局局长职务；免去王军的北京市计划委员会主任职务，任命王宝森副市长兼任北京市计划委员会主任，同时免去王宝森兼任的北京市财政局局长职务，任命孙同越为北京市财政局局长；免去武荫桂的北京市第一商业局局长职务。会上赵鹏飞主任向新任命的市政府组成人员颁发了任命书。

会议根据市九届人大常委会第三十八次主任会议接受中共北京市委的推荐所提出的建议，任命阎承宗为北京市人大常委会财经委员会主任。

北京市第九届人大常委会第三十次会议纪要

市九届人大常委会第三十次会议于1991年11月5日至9日在市民主法制干部培训基地举行。出席会议的常委会组成人员共有50人。赵鹏飞主任，黎光、夏钦林、邢军、戎易副主任分别主持了会议。马耀骥、覃异之、陶大镛、浦洁修副主任出席了会议。副市长黄超，市长助理陶西平，市高级人民法院院长刘云峰，市人民检察院副检察长曾岫萍列席了会议。列席会议的还有区、县人大常委会，市人大常委会各委、室、厅，市政府有关部门的负责同志和1位全国人大代表、22位市人大代表。

一、会议经过再次审议和认真修改，通过了《北京市水资源管理条例》，自1992年1月1日起施行。

二、会议初步审议了《北京市实施〈中华人民共和国城市居民委员会组织法〉办法（草案）》。市民政局局长段天顺受市人民政府委托对办法草案作了说明。会议认为制定这样一项地方性法规是必要的，对于本市进一步加强居民委员会的建设，更好地发挥居民委员会的作用，有着十分重要的意义。会议决定由市人大常委会有关委、室会同市政府主管部门，根据初步审议的意见再作研究修改，提出修改草案，提请以后的市人大常委会议审议。

三、会议听取并审议了黄超副市长受市人民政府委托所作的关于制定《北京市边远山区乡村十年（1990—2000年）致富工程纲要》的报告。在审议中，委员和代表完全赞同市人民政府提出的《北京市边远山区乡村十年（1991—2000年）致富工程纲要》和关于纲要的报告。大家一致认为纲要和报告，总结了本市四十多年来开发建设山区的经验，反映了本市边远山区的实际情况和广大人民群众的迫切愿望，是《北京市国民经济和社会发展十年规划和第八个五年计划纲要》的重要组成部分。会议根据委员和代表审议的意见，通过了《关于〈北京市边远山区乡村十年致富工程纲要〉的决议》，号召全市人民都要关心山区建设这件大事，在中共北京市委领导下，认真贯彻落实纲要，为建设富裕文明的社会主义新山区而共同奋斗。

四、会议听取、审议并同意市林业局局长李永芳受市人民政府委托所作的关于“加快首都山区绿化增强涵养水源和提高环境质量”议案办理情况的报告。在审议中，委员和代表除同意报告中提到的工作措施外，还指出，北京水资源中地下水占62%，应把营造城近郊区地下水源保护涵养林列为造林绿化重点工程之一。

五、会议审议了市九届人大四次会议交付的关于迎接义务教育法实施五周年，对本市义务教育工作进行全面深入检查的议案（第100号），听取了市长助理、市教育局局长陶西平受市人民政府委托关于这项议案办理情况的报告。审议中委员和代表们认为，市政府对这项议案的办理是重视和认真的。这次对义务教育法实施情况的检查，指导思想明确，工作细致，边查边改，效果显著，贯彻了全国人大常委会委员长会议关于检查义务教育法实施情况决定的精神，对此表示满意。同时指出，五年来，市人民政府认真贯彻实施义务教育法取得了很大成绩，中小学办学条件得到明显改善，各项改革不断深化，义务教育的普及水平显著提高。义务教育法是教育方面一项十分重要的法律，今后应当更加广泛地组织学习、宣传，切实研究和解决执行中的问题，把本市义务教育提高到一个新的水平。委员们强调，面对国内外敌对势力和平演变的严重挑战，基础教育必须继续坚持德育为首、全面育人的方针，要强化对学生坚持四项基本原则的政治教育，提高他们抵制资产阶级自由化的能力。本市各级人民政府及广播、电视、出版、文化等部门要关心青少年的健康成长，坚决抵制一些内容不健康的作品的传播，同时采取有力措施，净化中、小学校的外部环境。要注意提高全市基础教育的整体水平，下大力量改善基础薄弱和山区中小学校的办学条件，帮助这些学校提高办学水平和教育质量。审议中，委员们还就加强师资队伍建设，关心和解决中小学教师的实际困难，制止乱收费，重视和加强中小学生卫生保健等方面的工作提出了一些意见和建议。

六、会议听取并审议了市文化局局长周述曾受市人民政府的委托所作的关于本市群众文化工作的情况汇报。会议认为，报告分析和总结了改革开放以来本市群众文化工作取得的成绩和存在的问题，是比较全面和实事求是的。应当看到，这些年来，本市群众文化工作虽然有了很大发展，取得了丰硕成果，但是同把首都建设成为社会主义文明城市的要求和广大人民群众的需要还有较大差距。委员们指出，开展群众文化工作应当始终坚持社会主义方向，要严格文化场所和文化市场的管理，勤于检查，不断整顿。在继承传统民间艺术的同时，要注意不断改造提高，引导群众开展健康向上，情趣高雅的文化活动。要把工作的重点放到基层，多办一些小型的、分散的、多样化的文化活动，同时要重视和加强农村和边远山区的群众文化生活。许多委员呼吁，市少年儿童图书馆的建设是关系到全市少年儿童健康成长的一件大事，不能再拖了，建议列入本市“八五”期间必保的建设项目，抓紧筹划，尽快建成。

七、会议听取并审议了市司法局局长孙常立受市人民政府委托所作的关于贯彻实施《人民调解委员会组织条例》，开展人民调解工作的情况报告。委员们在审议中热情赞扬了长年累月工作在基层的广大人民调解工作者，几十年来特别是近十年来，他们围绕党的中心任务，及时调解民间纠纷，大力防止民间纠纷激化，为增进人民团结，维护首都社会稳定作出了重要贡献。委员们认为，人民调解工作是一项具有中国特色的社会主义司法制度，做好这项工作，对于保持首都的政治稳定和社会稳定有着十分重要的作用。各级人民政府和有关部门应当进一步重视和关心人民调解工作，帮助他们解决一些实际困难，创造必要的工作条件。同时要进一步加强人民调解委员会的组织建设，总结推广人民调解工作的成功经验，推动人民调解工作更好地开展。

八、会议听取并审议了市人民检察院副检察长金珂受何访拔检察长委托所作的关于1990年以来查处法纪案件工作情况的汇报。委员们在审议时认为，去年以来，市人民检察院加强了法纪检察工作，查处了大量的案件，取得一定成效。但是，法纪检查是一项新的工作，要加强运用法律和划分政策界限的研究，不断总结经验，提高工作水平。同时，要选择典型案例，公诸报端，以案释法，广泛开展法制宣传教育，增强广大人民群众特别是各级领导干部的法制观念，提高遵纪守法的自觉性。

九、会议还通过了北京市高级人民法院刘云峰院长提请的免职事项。

会上，邢军副主任通报了第三十九次主任会议关于同意市人民政府撤回《北京市严厉禁止卖淫、嫖宿暗娼条例（草案）》议案的意见，按照《北京市人民代表大会常务委员会议事规则》的规定，对该项议案的审议即行终止。

北京市第九届人大常委会第三十一次会议纪要

市九届人大常委会第三十一次会议于1991年12月19日至21日在市民主法制干部培训基地举行。出席会议的常委会组成人员共有46人。赵鹏飞主任，黎光、夏钦林、浦洁修副主任分别主持了会议。马耀骥、邢军、覃异之、陶大镛、陈明绍、戎易副主任出席了会议。常务副市长张健民，副市长黄超，市长助理陶西平，市高级人民法院院长刘云峰，市人民检察院检察长何访拔列席了会议。列席会议的还有市中级人民法院、市人民检察院分院，区、县人大常委会，市人大常委会各委、室、厅，市政府有关部门的负责同志和一位全国人大代表、二十一位市人大代表。

一、会议经过再次审议和修改，通过了《北京市实施〈中华人民共和国城市居民委员会组织法〉办法》，自公布之日起施行。

二、会议审议了市九届人大四次会议交付的关于检查北京市中等职业技术教育条例的执行情况的议案(第16、89、130号)。受市人民政府委托，市长助理陶西平就这项议案办理情况作了报告。委员们在审议中对市人民政府认真办理这项议案表示满意，并认为条例颁布一年多来，本市各级政府及有关部门认真贯彻实施中等职业技术教育条例，做了许多工作，取得了明显成绩。同时，委员们指出，本市中等职业技术教育在办学规模和质量上与经济、社会发展对各类人才需求还有很大差距，必须在培养高精尖的技术人才的同时，培养造就大批的初、中级专业技术人才。要进一步宣传贯彻国务院《关于大力发展职业技术教育的决定》和本市的中等职业技术教育条例，做好各类中等职业技术学校的合理布局和专业设置的调整，加强宏观管理和指导。当前农村职业技术教育还比较薄弱，必须按照党的十三届八中全会关于进一步加强农业和农村工作的决定精神，大力推广农科教三结合和三教统筹的经验，努力提高农业劳动者吸收运用科学技术的能力。加强学生的德育教育，在注重专业理论、知识教育的同时要抓好学生的专业思想教育，牢固树立职业自豪感。要下力量办好几所示范性学校，促进依法治教，把本市中等职业技术教育的发展提高到一个新的水平。

三、会议审议了市九届人大四次会议交付的关于建议制订北京市发展和保护电信方面的地方性法规的议案(第45号)。受市人民政府委托，市电信局局长张立贵就这项议案办理情况作了报告。市政府在报告中提出，由于立法依据尚不充分，管理体制等一些重要问题还有待进一步总结实践经验，目前起草这项地方性法规有一定困难。会议同意市人民政府的意见，并希望市政府及有关部门继续抓紧工作，待立法条件成熟后，再起草法规草案，提请市人大常委会会议审议。

四、会议听取了市财政局局长孙同越受市人民政府委托所作的关于北京市1991年财政预算预计执行情况的报告。经过各部门、各条战线的积极努力，今年本市财政预算执行情况总的来说是好的，实现了财政收入的稳定增长。

五、会议听取并审议了市商业委员会主任臧洪阁受市人民政府委托所作的关于1991年商业工作情况的汇报。委员们在审议中肯定了今年市商业系统的广大干部职工进一步解放思想，转变观念，调整经营，深化改革，为促进社会主义商品经济的发展和市场繁荣做出的积极贡献。同时，委员们认为，流通领域的改革，是发展社会主义商品经济的关键环节，是振兴经济需要解决的紧迫问题，建议市政府把流通领域改革作为重大课题，调查研究，总结经验教训，在流通领域改革方面迈出较大步伐。要加强国营商业，特别是批发企业的改革和发展，帮助他们解决前进中的困难，以进一步发挥繁荣市场、稳定物价的主渠道作用。要加强市场管理，对当前某些进口商品充斥市场的现象应引起重视，在不断扩大开放的同时，要注意保护国内名、特、优产品的生产销售，注意正确引导群众消费。委员们对当前假冒伪劣商品屡禁不绝和国营商店出租柜台的情况意见很多，反映强烈，要求市政府有关部门在深化改革中采取有力措施，健全完善各项管理监督机制，坚持正确的经营方向，真正做到商业为经济建设服务，为满足人民群众需要服务。

六、会议根据陈希同市长的提议，经过审议决定：任命张锡林为北京市第一商业局局长；任命郭力为北京市第二商业局局长。会上赵鹏飞主任向新任命的两位局长颁发了任命书。会议还决定了市高级人民法院院长刘云峰提请任免的事项。

会议在结束了预定议程后，还听取了市公用局局长周昌熙受市人民政府委托所作的关于调整本市自来水销售价格情况的通报。

北京市第九届人大常委会第三十二次会议纪要

市九届人大常委会第三十二次会议于1992年2月11日至14日在市民主法制干部培训基地举行。出席会议的常委会组成人员共有52人。赵鹏飞主任，马耀骥、黎光、邢军、陈明绍副主任分别主持了会议。夏钦林、覃异之、陶大镛、浦洁修、戎易副主任出席了会议。常务副市长张健民、副市长何鲁丽，市高级人民法院院长刘云峰，市人民检察院检察长何访拔列席了会议。列席会议的还有市中级人民法院，区、县人大常委会，市人大常委会各委、室、厅，市政府有关部门的负责同志和一位全国人大代表、十六位市人大代表。

一、会议决定:北京市第九届人民代表大会第五次会议于1992年4月17日召开。

二、会议经过再次审议和认真地修改，通过了《北京市公民义务献血条例》，此条例自1992年7月1日起施行。

三、会议审议了白平等十位常委会组成人员联名提出的关于提请修改《北京市未成年人保护条例》的议案。市人大常委会委员、法制室主任白平代表提议案的十位常委会组成人员，就《北京市未成年人保护条例》修正案草案作了说明。会议经过认真地审议和修改通过了关于修改《北京市未成年人保护条例》的决定，自公布之日起施行。《北京市未成年人保护条例》根据本决定作相应的修正，重新公布。

四、会议审议了市九届人大四次会议交付的关于加强首都社会治安综合治理和解决公、检、法经费困难的议案（第110号、第128号、第149号、第150号、第151号等五项议案合并案）。受市人民政府委托市长助理李润五就议案办理情况作了报告。委员和代表在审议中认为，首都社会治安的工作成绩是明显的。但是，当前本市社会治安的形势仍相当严峻，综合治理的任务还是十分艰巨繁重的。要认真贯彻落实中央社会治安综合治理工作会议精神和全国人大常委会通过的《关于加强社会治安综合治理工作的决定》。市人民政府及有关部门要制定阶段性的工作目标和有针对性的措施，组织各方面的力量，密切配合，互相支持，协调一致，齐抓共管，使综合治理工作取得新的成效。委员、代表指出，当前公、检、法机关由于经费不足，由当事人提供一些办案的物质手段的做法弊病很大，应下决心加以解决。委员们完全赞成市政府领导提出的财政职能首先要保证国家机器的运转，该花的钱要花的指导思想，逐步解决公、检、法经费困难的问题。一些委员、代表还就加强公安政法队伍的自身建设，加强外来人口的管理等问题，提出了一些意见和建议。

五、会议审议了市人民政府关于本市住房制度改革实施方案。受市人民政府委托市长助理黄纪诚、市住房制度改革办公室常务副主任刘岐就改革方案作了说明。会议经过认真地审议，原则同意将这个方案报请国务院审批。委员和代表们认为，房改是涉及千家万户的大事，是个新事物，干部群众对房改方案还缺乏了解，在思想上、认识上、心理上还存在一些疑虑。因此，在国务院批准方案之后，要扎扎实实地开展宣传，取得群众的理解和支持，以推动房改工作的顺利进行。委员们还就防止国有资产流失等问题提出了建议。

六、会议听取并审议了市九届人大四次会议代表建议、批评和意见办理情况的报告。市人大常委会代表联络室主任刘才、市政府副秘书长朱祖朴、市高级人民法院院长刘云峰、市人民检察院检察长何访拔分别就办理情况作了报告。委员们认为，各有关方面对代表建议办理是重视的，工作一年比一年好，年年都有新进展。今后应采取有力措施，着重在提高办理质量上下功夫，要总结并宣传这方面的好经验、好典型。同时，要进一步重视闭会期间代表建议的办理，积极拓宽渠道，充分发挥人民代表联系群众的作用，把办理代表建议工作提高到一个新水平。

七、会议审议了市人民检察院关于对市人大代表郑如林因贪污案需采取强制措施的请示。何访拔检察长就有关情况作了说明。会议按照地方组织法第三十条的规定，以举手表决的方式决定:许可市人民检察院对郑如林采取强制措施。

北京市第九届人大常委会第三十三次会议纪要

市九届人大常委会第三十三次会议于1992年3月13日在市人大常委会机关大会议室举行。出席会议的常委会组成人员共有53人。赵鹏飞主任，马耀骥、黎光副主任分别主持了会议。夏钦林、邢军、覃异之、陶大镛、浦洁修、陈明绍、戎易副主任出席了会议。常务副市长张健民，市高级人民法院院长刘云峰，市人民检察院检察长何访拔列席了会议。列席会议的还有市中级人民法院，区、县人大常委会，市人大常委会各委、室、厅，市政府有关部门负责同志

一、会议审议通过了北京市第九届人民代表大会第五次会议议程（草案），并决定在大会前提交各代表团讨论后，提请市九届人大五次会议预备会议审议。

二、会议审议通过了北京市第九届人民代表大会第五次会议主席团、秘书长名单（草案）；审议通过了国民经济、社会发展计划和财政预决算审查委员会主任委员、副主任委员、委员名单（草案）；审议通过了议案审查委员会主任委员、副主任委员、委员名单（草案），并决定将以上三个名单（草案）在大会前提交各代表团讨论，而后提交市九届人大五次会议预备会议选举。

三、会议经过讨论，原则通过了北京市人大常委会向市九届人大五次会议的工作报告。决定由起草小组根据本次会议上大家提出的意见对报告稿修改后，在大会前提交各代表团讨论，征求意见；然后，根据代表们提出的意见再作进一步修改，并授权主任会议进行审定，提请市九届人大五次会议审议。

四、会议根据陈希同市长建议，决定任命冒泽泉为北京市机械工业管理局局长；任命柴俊一为北京市房地产管理局局长，免去周洪臻的北京市房地产管理局局长职务；任命王英杰为北京市交通局局长。赵鹏飞主任向冒泽泉、柴俊一、王英杰三位局长颁发了任命书。会议还审议决定了市高级人民法院院长刘云峰提请的免职事项。

此外，会议应市政府要求，听取了市物价局局长范远谋关于本市贯彻《国务院关于提高粮食统销价格的决定》实施方案情况的通报。

北京市第九届人大常委会第三十四次会议纪要

市九届人大常委会第三十四次会议于1992年6月17日至19日在市民主法制干部培训基地召开。出席会议的常委会组成人员共有56人。赵鹏飞主任，马耀骥、夏钦林、邢军、陈明绍、戎易副主任分别主持了会议。覃异之、浦洁修副主任出席了会议。副市长黄超、陆宇澄、何鲁丽、王宝森，市高级人民法院院长刘云峰、市人民检察院检察长何访拔列席了会议。列席会议的还有市中级人民法院、市人民检察院分院、区县人大常委会、市人大常委会各委室厅、市政府有关部门的负责人和二位全国人大代表、十三位市人大代表。

一、会议经过认真地审议和修改通过了《北京市实施〈中华人民共和国水土保持法〉办法》。市水利局局长颜昌远受市人民政府委托就办法（草案）作了说明，市人大常委会农村委员会副主任徐仁发就办法（修改草案）作了说明。本办法自1992年10月1日起施行。

二、会议初步审议了《北京市城市规划条例（草案）》。北京市城市规划管理局副局长陈永川受市人民政府委托对条例（草案）作了说明。1984年1月，市八届人大常委会第八次会议通过了《北京市城市建设规划管理暂行办法》。这个办法对加强北京城市建设的规划管理工作，提高规划管理水平，起到了重要作用。会议认为，八年来随着我国改革开放和社会主义现代化建设的发展，首都的经济和社会发生了深刻变化，出现了许多新情况、新问题。为了更好地贯彻实施《中华人民共和国城市规划法》，进一步加强城市规划管理，在暂行办法的基础上，制定一个内容更充实、更完善的《北京市城市规划条例》是十分必要的。会议决定由市人大常委会有关委、室会同市政府主管部门，根据初步

审议的意见再作认真研究修改，提出修改草案，提请以后的市人大常委会议审议。

三、会议听取并审议了北京市地矿局局长王学德受市人民政府委托所作的关于《中华人民共和国矿产资源法》实施情况的报告。会议认为，六年来本市各级政府在贯彻实施矿产资源法方面做了大量的工作，取得了显著的成效。全市的矿产勘探开发秩序有了明显好转，管理工作逐步纳入法制轨道。今后要进一步加强有关法律、法规的宣传和教育，使广大干部和群众牢固树立矿产资源国有观念和依法采矿的法制观念。同时，要进一步完善矿产开发监督管理的法规体系，使本市矿产勘探开发等工作全面实现依法办矿、科学采矿、安全生产、综合利用的目标。

四、会议听取并审议了北京市农业局副局长李继扬受市人民政府委托所作的关于《中华人民共和国种子管理条例》和《北京市农作物种子质量管理暂行条例》实施情况的报告。委员和代表们认为，本市郊区各区县政府认真贯彻执行上述农作物种子管理条例，在种子生产、经营秩序等方面取得了明显成效。当前要进一步加强有关种子管理法律、法规的宣传，提高依法治种重要性的认识，促进农业向高产、优质、高效的方向发展。要认真总结经验，理顺种子管理机构和经营机构的关系，进一步加强种子生产管理的监督工作，为本市农业的发展作出新贡献。

五、会议听取并审议了市农林办公室副主任范毓扬受市人民政府委托所作的关于《北京市实施〈中华人民共和国渔业法〉办法》执行情况的报告。委员和代表们认为，两年来本市各级人民政府和渔业行政主管部门为贯彻实施渔业法律、法规做了大量深入细致的工作。依法整顿了渔业生产秩序，渔业生产环境一年比一年好。今后，各级政府和主管部门，要坚持不懈地抓好渔业法律、法规宣传教育工作；要加强科学养鱼的研究，提高水库渔业生产水平；要重视并不断提高渔业产品深加工企业的发展。一些委员还就增加渔政执法队伍的经费和必要的先进装备等提出了具体的意见和建议。

六、会议审议了市九届人大五次会议交付的关于听取北京市“火炬计划”执行情况汇报的议案（第150号）。市科委主任邹祖烨受市人民政府委托就议案办理情况作了报告。委员和代表们认为，本市火炬计划的执行情况是比较好的，成绩是显著的，希望市政府和有关部门认真总结经验，充分发挥首都科技优势，进一步推动火炬计划的实施。委员们指出，实施火炬计划是发展高新技术产业化的战略措施。目前各区、县纷纷发展高科技产业和建立开发区，对此市政府应当加强宏观指导和管理，按照统一规划，开展工作。要把高新技术产业化作为重要的课题来研究，并同现有企业技术改造结合起来，帮助一些传统企业进行技术改造。

七、会议听取并审议了市民族事务委员会主任沙之沅受市人民政府委托所作的关于北京市民族工作情况的汇报。委员们在审议中充分肯定了我市民族工作所取得的成绩。北京市的民族工作在改革开放的新形势下，有很大发展，取得了很大的进步。委员们强调，民族工作是一项非常重要的工作，搞好民族工作对于建设有中国特色的社会主义，维护社会的安定团结有着十分重要的意义。许多委员在发言中强调，北京是各民族交往的中心，有56个民族在京学习、工作。因此，做好北京市的民族工作有着特殊的重要性。本市各级政府及有关部门要进一步重视和加强民族工作，把民族工作再大大向前推进一步。要坚持不懈地开展马克思主义民族观、宗教观和党的民族、宗教政策的宣传教育，克服不健康的民族意识。本市民族工作部门要同宣传部门紧密配合，对新闻出版物、文学作品中涉及到少数民族的内容，要严格进行审查，严防伤害少数民族感情事件的发生。委员们还对大力培养使用少数民族干部，加强民族宗教法制建设，城市建设中注意少数民族特点等提出了建议和意见。

八、会议根据陈希同市长的提议，决定任命赵知敬为北京市城乡规划委员会主任。赵鹏飞主任向赵知敬同志颁发了任命书。会议还决定了市高级人民法院院长刘云峰、市人民检察院检察长何访拔、市中级人民法院院长纪树翰提请的任免事项。

会上，印发了以赵鹏飞主任为团长、夏钦林副主任为副团长的北京市人民代表大会友好代表团访日情况报告。

北京市第九届人大常委会第三十五次会议纪要

市九届人大常委会第三十五次会议于1992年7月21日至24日在市民主法制干部培训基地举行。出席会议的常委会组成人员共有50人。赵鹏飞主任，马耀骥、黎光、夏钦林、浦洁修、陈明绍副主任分别主持了会议。邢军副主任出席了会议。常务副市长张健民、副市长陆宇澄、苏仲祥、王宝森，市高级人民法院院长刘云峰，市人民检察院检察长何访拔列席了会议。列席会议的还有市人民检察院分院，区、县人大常委会，市人大常委会各委、室、厅，市政府有关部门的负责同志和两位全国人大代表、十五位市人大代表。

一、会议通过了《关于北京市第十届人民代表大会代表名额和选举时间的决定》。北京市第十届人民代表大会代表名额定为885名，并要求各区、县人民代表大会和中国人民解放军驻京部队在1992年11月底以前选出。

二、会议经过再次审议和认真地修改，通过了《北京市城市规划条例》。此条例自1992年10月1日起施行，1984年1月17日市八届人民代表大会常务委员会批准的《北京市城市建设规划管理暂行办法》同时废止。

三、会议初步审议了《北京市行政性事业性收费管理条例(草案)》。市物价局局长范远谋受市人民政府的委托就条例草案作了说明。委员们认为，为了进一步治理"三乱"，加强本市行政性、事业性收费的监督管理，使这项工作逐步纳入法制管理的轨道，制定这样一个管理条例是十分必要的。会议决定由市人大常委会有关委、室会同市政府主管部门，根据初步审议的意见再作认真研究修改，提出修改草案，提请以后的市人大常委会议审议。

四、会议初步审议了《北京市社会治安综合治理条例(草案)》。市社会治安综合治理委员会办公室副主任申大壮就条例草案作了说明。委员们在审议发言中都赞成制定这样一项地方性法规，同时也对条例草案提出了一些修改意见。会议决定由市人大常委会有关委、室会同市政府主管部门，根据大家审议的意见再作认真研究修改，提出修改草案，提请以后的市人大常委会议审议。

五、会议听取并审议了市科学技术委员会主任邹祖烨受市人民政府委托所作的关于本市实施《中华人民共和国技术合同法》情况的报告。委员和代表们认为，技术合同法颁行五年来，市人民政府为贯彻执行这项法律做了大量的工作，在繁荣首都技术市场，促进科技成果向商品化、产业化转化取得了可喜的成绩。但是，由于技术合同法颁布施行的时间比较短，许多人对这项法律还不十分了解，科技成果的价值观念和保护知识产权的意识比较薄弱。因此，本市各级政府及有关部门要把技术合同法作为"二五"普法的重要内容，进行广泛宣传；要认真总结经验结合典型案例进行深入地宣传教育，进一步推动这项法律在本市贯彻实施，为繁荣首都的技术市场，促进科学进步发挥更大的作用。

六、会议听取并审议了市对外经济贸易委员会主任衣锡群受市人民政府委托所作的关于本市兴办"三资"企业工作情况的报告，并通过了《关于大力发展外商投资企业的决议》。委员和代表们认为，在改革开放的新形势下，本市在利用外资兴办"三资"企业方面做了大量工作，取得了显著成绩。委员们强调，当前我国的改革开放事业已进入了一个新阶段，形势喜人，形势逼人。我们一定要抓住这个有利时机，加快对外开放的步伐，解放思想，开拓进取，大力发展外商投资企业，开创我市利用外商投资的新局面。许多委员在发言中还就今后发展"三资"企业工作提出了一些建议和意见。主要是：要注意效益、避免盲目发展，正确引导投资方向，加强管理和监督，加强对涉外经济理论和政策的研究，加快涉外经济立法的步伐，大力改善投资环境。

七、会议听取并审议了市经济委员会主任高佐之受市人民政府委托所作的关于适应改革新形势，认真贯彻企业法为国营大中型企业保驾护航的报告。委员和代表在审议中充分肯定了去年以来本市认真贯彻党中央、国务院关于搞好国营大中型企业一系列方针、政策，采取了各种措施，做了大量工作，取得了明显成效。同时委员和代表们指出，如果进一步搞好国营大中型企业，仍是当前经济生活中一个急迫需要解决的问题。当前要进一步抓好以转换企业经营机制为重点的企业改革试点工作，注意研究解决试点工作中出现的新情况、新问题。同时，要进一步狠抓企业法的贯彻实施，加快机构改革工作的步伐，落实企业法赋予企业的各项权利，切实搞活搞好国营大中型企业。

八、会议根据陈希同市长的提议，决定免去薄熙成的北京市旅游事业管理局局长职务。会议还决定了市高级人民法院院长刘云峰、市人民检察院检察长何访拔提请的任免事项。

北京市第九届人大常委会第三十六次会议纪要

市九届人大常委会第三十六次会议于1992年9月15至19日在市民主与法制干部培训基地召开。出席会议的常委会组成人员共有51人。赵鹏飞主任，马耀骥、黎光、夏钦林、邢军、陶大镛副主任分别主持了会议。覃异之、陈明绍副主任出席了会议。常务副市长张健民、张百发，副市长黄超、苏仲祥、何鲁丽、王宝森，市高级人民法院院长刘云峰、市人民检察院检察长何访拔列席了会议。列席会议的还有市中级人民法院、区县人大常委会、市人大常委会各委室厅、市政府有关部门的负责人和两位全国人大代表、29位市人大代表。

一、会议经过再次审议和修改通过了《北京市社会治安综合治理条例》。本条例自公布之日起施行。

二、会议审议了《北京市行政性事业性收费管理条例(修改草案)》。委员们对条例修改草案又提出了一些重要的修改意见。会议认为，这是一项重要的地方性法规，涉及到一些比较复杂的问题。为此，需要按照中共中央、国务院关于治理“三乱”的决定精神，并结合当前新的形势和首都的特点，进一步研究修改，待经过一定工作将修改草案修改完善后，再提交以后的常委会议进一步审议。

三、会议初步审议了《北京市实施〈中华人民共和国全国人民代表大会和地方各级人民代表大会代表法〉办法(草案)》。受主任会议委托，市人大常委会代表联络室副主任李源富就办法草案作了说明。为了进一步学习、贯彻、执行代表法，保障本市各级人大代表更好地行使职权、履行义务、发挥作用，制定这样一个实施代表法办法是必要的。会议决定，由起草小组根据初步审议的意见，再作认真修改，将修改草案提交以后的常委会议审议。

四、会议听取了市城市规划设计研究院院长柯焕章受市人民政府委托所作的《关于〈北京城市总体规划〉修订草案的报告》，审议了《北京城市总体规划(修订草案)》。委员、代表们认为，《北京城市总体规划方案(修订草案)》是在认真贯彻中共中央、国务院有关首都建设指示精神修订的。修订的基本内容是合理的，科学的，既总结了过去的经验又提出了长远发展的目标，符合首都的性质、特点和新形势的要求。会议原则同意修订后的北京城市总体规划，由市人民政府报请国务院审批，并通过了相应的决议。委员们在审议中还就如何更好地保护北京的古都风貌、环境污染治理、旧城改造以及首钢发展规模等问题，提出了一些重要的意见和建议。

五、会议审议了市九届人大五次会议交付的关于检查《北京市计划生育条例》实施情况的议案(第167号)。市计划生育委员会主任金铮受市人民政府委托就议案办理情况作了报告。委员们认为，条例实施一年来，市政府做了大量细致的工作，本市计划生育工作取得显著成效。全市人民的生育观念、法制观念发生较大的变化，人口增长得到进一步控制，计划生育率稳定回升，超计划生育大大减少。但是，应该看到我国人口增长形势仍然是严峻的，不容乐观，更不能松劲。各级领导要进一步抓好计划生育条例的贯彻落实，严格实行目标管理责任制，大力加强思想教育，总结推广成功的经验，使本市计划生育工作再上一个新台阶。在实际工作中要注意抓好薄弱环节，加强对流动人口和暂住人口计划生育的管理，加强优生优育的宣传教育，不断提高人口素质。要鼓励和表彰广大从事计划生育工作人员，解决他们实际困难，要适当增加对计划生育的投入，解决好计划生育工作经费不足的问题。

六、会议审议了市九届人大五次会议交付的关于“认真检查我市全面贯彻幼教法规情况、急速解决我市幼儿教育存在的问题及困难”的议案(第24号)。市长助理、市教育局局长陶西平受市人民政府委托就议案办理情况作了报告。委员、代表们对议案办理情况表示满意。发言的同志认为几年来本市的托幼事业有了很大的发展，“入托难”的问题已基本得到解决，托幼园所的管理和保教质量有明显的提高，我市学前教育正逐步走向依法治教的轨道。委员们指出，学前教育工作是社会主义建设的重要组成部分，是培养人才最基础的一环。各级领导对这项工作要进一步给予重视。当前本市幼教工作出现一些新情况、新问题，对此，市政府有关部门要加强调查研究，加强宏观管理，理顺体制，合理布局，提高质量，以适应改革开放新形势的需要。

七、会议审议了市九届人大五次会议交付的关于“科技兴农”的议案（第23号）。市农林办公室主任白有光受市人民政府委托就议案办理情况作了报告。委员代表们认为，几年来，市政府重视科教兴农工作，把它作为一项重大战略措施纳入“七五”、“八五”农业发展规划，在郊区农业现代化建设进程中发挥了作用，成效是显著的。今后要进一步贯彻落实“科学技术是第一生产力”的指导思想，认真总结实施科教兴农战略的经验，解决存在的问题，进一步改善科教兴农的外部环境，增强内部动力机制，促进本市农林经济向高科技、高质量、高效益方面发展。

八、会议听取并审议了副市长兼市计委主任王宝森和市财政局局长孙同越，受市人民政府委托分别作的关于本市1992年1至8月份国民经济、社会发展计划执行情况的报告和关于1992年1至8月份财政预算执行情况的报告。委员们认为，今年以来，市政府认真贯彻邓小平同志南巡谈话和中共中央政治局全体会议精神，贯彻执行市九届人大五次会议有关决议、决定的精神，加快改革开放步伐，本市经济形势喜人。委员们强调，在发展大好形势的同时，要重视解决一些深层次的问题。目前国营大中型企业的困难仍然很大，国务院、市人民政府提出的一些措施并没有全面落实，对此希望本市各级政府要有足够的认识，采取更为有力的措施，从根本上扭转局面。要加强“三资”企业发展的宏观指导，多引进一些高科技产业，同时还要大力宣传和提倡自力更生、艰苦奋斗的精神。

九、会议根据陈希同市长的提议，决定任命赵以忻为北京市环境保护局局长，免去江小珂的北京市环境保护局局长职务；任命魏广智为北京市园林局局长，免去赵一恒的北京市园林局局长职务。赵鹏飞主任向赵以忻、魏广智两位同志颁发任命书。会议还决定了市高级人民法院刘云峰院长、市中级人民法院纪树翰院长提请的任免事项。

北京市第九届人大常委会第三十七次会议纪要

市九届人大常委会第三十七次会议于1992年11月19日至21日在市民主与法制干部培训基地召开。出席会议的常委会组成人员共有47人。赵鹏飞主任，马耀骥、黎光、夏钦林副主任分别主持了会议。邢军、覃异之、浦洁修、陈明绍、戎易副主任出席了会议。常务副市长张健民、副市长黄超、陆宇澄，市高级人民法院院长刘云峰列席了会议。列席会议的还有市中级人民法院、市人民检察院分院、区县人大常委会、市人大常委会各委室厅、市政府有关部门的负责人和1位全国人大代表、13位市人大代表。

一、会议经过再次审议和修改通过了《北京市实施〈中华人民共和国全国人民代表大会和地方各级人民代表大会代表法〉办法》。本办法自公布之日起施行。

二、会议审议了市九届人大五次会议交付审议的关于“认真贯彻企业法，加快实现政企职能转变”的议案（第34号）。市经委主任高佐之受市人民政府委托就议案办理情况作了报告。委员和代表们在发言中认为，市政府为贯彻企业法、落实全民所有制工作企业转换经营机制条例，做了大量工作，取得了一定的成效。但是应该看到，由于传统观念的影响，转换企业经营机制的工作仍然相当艰巨。当前工作的重点仍应是进一步转变政府职能，对照条例要求一条一条地落实，使法律赋予国营大中型企业的权利和国家的政策真正落到实处。同时，要根据发展社会主义市场经济体制的特点和要求，研究新情况和新问题，组织各有关部门积极为国营大中型企业创造条件，增强活力，进入市场参与竞争，以促进本市工业企业经济发展登上新台阶。

三、会议审议了市九届人大五次会议交付审议的关于“坚决打击制造和经销假冒伪劣商品、保护消费者合法权益”的议案（第57号、71号、82号、98号、156号、181号、183号）。市工商行政管理局局长孟学农受市人民政府委托就议案办理情况作了报告。委员和代表们认为，市政府对打击制造和经销假冒伪劣商品的斗争是重视的，态度是坚决的，成效是显著的。同时指出：“打假”工作是一项长期的任务，要坚持不懈，狠抓不放，一抓到底。要发动广大人民群众，建立广泛的监督网络，并运用法律、舆论和新闻媒介等多种手段形成全社会“打假”的合力，祛邪扶正，逐步形成新的市场信誉和社会经济秩序。

四、会议听取并审议了市监察局副局长、市廉政建设领导小组办公室常务副主任贺云溪受市人民政府委托所作的关于加强廉政建设纠正行业不正之风工作情况的报告。委员和代表们认为,几年来市政府及有关部门坚持把加强廉政建设纠正行业不正之风工作当做一件大事来抓,这项工作年年都有新进展。但是应该清醒地认识到,廉政建设纠正行业不正之风工作的长期性和艰巨性,对取得的成绩决不可估计过高,对存在的问题不能估计过低。坚持党的基本路线一百年不动摇,加强廉政建设也要一百年不动摇。更进一步提高各级领导干部对于加强廉政工作的认识,带头廉政,带头抓廉政,按照党的十四大精神,真正做到"两手抓","两只手都要硬"。在实际工作中要从如何切断不正之风的源头和铲除产生不正之风的土壤这方面进行研究,以采取切实有力的措施加强廉政建设。

五、会议听取并审议了市九届人大五次会议代表建议、批评和意见办理情况的报告。市人大常委会代表联络室主任刘才、市政府副秘书长朱祖朴、市高级人民法院院长刘云峰、市人民检察院副检察长曾岫萍分别就办理情况作了报告。委员和代表们认为,各有关方面对代表建议的办理是认真的,为办理好这些建议做了大量工作,办理质量有了明显的提高。今后要以提高办理质量作为工作重点,特别要重视解决那些多次提出的"老大难"问题,同时还要加强闭会期间代表建议的办理,积极拓宽代表反映人民群众意见的渠道,把办理代表建议工作提高到一个新的水平。

六、会议根据陈希同市长的提议,决定任命连廉为北京市技术监督局局长,免去李学方的北京市技术监督局局长职务。赵鹏飞主任向连廉同志颁发了任命书。会议鉴于孙玉琴同志将调政府部门工作,根据主任会议意见决定免去其市人大常委会财经委员会副主任职务。会议还决定了市高级人民法院刘云峰院长、市中级人民法院纪树翰院长、市人民检察院何访拔检察长提请的任免事项。

会议还根据市人民政府建议,听取了市物价局局长范远谋受市人民政府委托作的关于本市蛋、菜、肉价格改革和调整产销政策的通报。

北京市第九届人大常委会第三十八次会议纪要

市九届人大常委会第三十八次会议于1992年12月8日在市人大常委会机关大会议室举行。出席会议的常委会组成人员有53人。赵鹏飞主任、马耀骥副主任分别主持了会议。黎光、夏钦林、邢军、覃异之、陶大镛、浦洁修、陈明绍副主任出席了会议。市高级人民法院院长刘云峰列席了会议。列席会议的还有市人民检察院分院、区县人大常委会、市人大常委会各委室厅的负责人。

一、会议通过了关于召开北京市第十届人民代表大会第一次会议的决定。市十届人大一次会议于1993年1月29日召开。

二、会议听取并批准了市人大常委会代表资格审查委员会主任委员黎光所作的关于北京市第十届人民代表大会代表资格的审查报告,确认各选举单位选出的885名北京市第十届人民代表大会代表的代表资格全部有效。

三、会议经过认真讨论原则通过市九届人大常委会向市十届人大一次会议提出的工作报告。决定由起草小组根据本次会议讨论的意见对报告稿修改后,在大会预备会议前交各代表团讨论征求意见;然后,根据代表讨论的意见再作进一步修改,并授权主任会议进行审定,提请市十届人大一次会议审议。

北京市第九届人大常委会第三十九次会议纪要

市九届人大常委会第三十九次会议于1993年1月5日在机关大会议室召开。出席会议的常委会组成人员有59人。赵鹏飞主任主持了会议。马耀骥、黎光、夏钦林、邢军、覃异之、陶大镛、浦洁修、陈明绍、戎易副主任出席了会议，卫戍区政治部、区县人大常委会，市人大常委会各委、室、厅的负责同志列席了会议。

一、会议审议通过了北京市第十届人民代表大会第一次会议议程（草案），并决定在大会预备会议前提交各代表团讨论后，提请市十届人大一次会议预备会议审议。

二、会议审议通过了北京市第十届人民代表大会第一次会议主席团和秘书长名单（草案）；审议通过了国民经济社会发展计划和财政预决算审查委员会主任委员、副主任委员、委员名单（草案）；审计通过了议案审查委员会主任委员、副主任委员、委员名单（草案）；并决定将以上三个名单（草案）在大会预备会议前提交各代表团讨论，而后提交市十届人大一次会议预备会议审议。

在会议结束时赵鹏飞主任讲了话。

北京市人民代表大会常务委员会
任 免 名 单

北京市人民代表大会常务委员会任免名单，根据《北京市人民代表大会常务委员会公报》整理而成。

北京市第七届人民代表大会常务委员会第一次会议任命名单

（1979 年 12 月 24 日）

任命马耀骥副主任兼任市人大常委会秘书长；

任命徐汉涛委员兼任市人大常委会副秘书长、办公厅主任，免去其北京市第二轻工业局局长职务；

任命储传亨、齐一飞、殷汝棠、吴惟诚为市人大常委会副秘书长；

任命王同兴为市人大常委会办公厅副主任。

任命陆禹副市长兼任北京市人民政府秘书长。

任命薛光华、李放、吴文藻、李鸿秀为北京市高级人民法院副院长。

任命白烈飞、章文扬、邢建为北京市中级人民法院副院长。

任命王振中、李岩、齐景惠、刘奇光为北京市人民检察院副检察长。

任命秦英杰为北京市人民检察院分院副检察长。

北京市第七届人民代表大会常务委员会第二次会议任命名单

（1980 年 2 月 29 日）

任命储传亨副秘书长兼任市人大常委会城建工作室主任；

任命齐一飞副秘书长兼任市人大常委会政法工作室主任；

任命殷汝棠副秘书长兼任市人大常委会文教工作室主任；

任命郑宁为市人大常委会财经工作室副主任；

任命景良为市人大常委会农村工作室副主任；

任命赵有光为市人大常委会城建工作室副主任。

任命张冲霄为北京市高级人民法院民庭庭长，李诚为北京市高级人民法院民庭副庭长；

任命许汝藩、李淑信、孟力为北京市高级人民法院刑庭副庭长；

任命赵元信为北京市高级人民法院经济庭副庭长；

任命田青云、富志敏、焦玉萍、王惠静、陈宝树、唐占蕴、梁明若、刘朝正、解兆田、朱家荣、吴继恒、吕家琳、陈帆、李庆周、吴金良、洪霞、金如桐、王东海、房泽洲、张锡伦、常青、文光为北京市高级人民法院审判员。

任命邢建兼任北京市中级人民法院刑庭庭长，刘仲明、周景贵为北京市中级人民法院刑庭副庭长；

任命李群为北京市中级人民法院民庭庭长，王淑维、杨伟为北京市中级人民法院民庭副庭长；

任命张兰江为北京市中级人民法院申诉庭副庭长；

任命顾年、张庆升为北京市中级人民法院经济庭副庭长；

任命田士君、罗以文、李银山、程莉、张笃志、梅林、刘庆林、刘春茂、贾致云、万云凯、孙淑贤、刘淑君、杨之澍、康永泉、张笑先、王春山、董成钰、刘国茂、祁广德、马玉贞、王澄华、刘继光、李伦世、王静、张继敏、肖文鼎、罗克钧、焦述勋为北京市中级人民法院审判员。

任命黄松龄、何茜、潘德怀、王明昭、李文玉、丛文达、邢凤桂、金珂、李士芳、王鼎玉、梁国杰、刘瑛、丁昌、潘子卿、王鲁虹、王立华、周树荫、刘志欣、高志林、王蔚、刘方、王惠芝、宋坤培、张浩为北京市人民检察院检察员。

任命郭力英、王永江、梁东园、张凤阁、李文孚、刘纪成、张铁、杨竞远、崔树声、关淑英、秦芝芳、王宝珍、褚景慧、张树池、吉霞云、曹哲明、崔阳春、张秀茹、满淑君、崔同渡、张仕泰、张发启、高文玉、俞新根、金兆铭为北京市人民检察院分院检察员。

北京市第七届人民代表大会常务委员会第三次会议任命和批准任命名单

（1980 年 4 月 1 日）

任命单志芳、陈建国为北京市高级人民法院审判员。

任命杨增录、李光海为北京市中级人民法院审判员。

批准任命：

鲁健为东城区人民检察院检察长；

尚长玉、陆卫为东城区人民检察院副检察长；

魏进福为怀柔县人民检察院检察长；

崔振东为怀柔县人民检察院副检察长；

魏进福、崔振东、汪贺庭、马忠卿、张少宗为怀柔县人民检察院检察委员会委员。

北京市第七届人民代表大会常务委员会第四次会议任免名单

（1980 年 5 月 11 日）

任命许汝藩为北京市高级人民法院刑庭庭长，免去刑庭副庭长职务；

任命唐占蕴为北京市高级人民法院刑庭副庭长；

任命杨伟为北京市高级人民法院民庭副庭长；

任命孙泊生为北京市高级人民法院经济庭副庭长；

任命赵玉荣为北京市高级人民法院审判员；

免去李庆周的北京市高级人民法院审判员职务。

任命顾年为北京市中级人民法院经济庭庭长，免去经济庭副庭长职务；

任命罗克钧、郭雪邨、王澄华为北京市中级人民法院刑庭副庭长；

任命贾致云为北京市中级人民法院民庭副庭长；

任命李庆周、李纶世为北京市中级人民法院申诉庭副庭长；

免去杨伟的北京市中级人民法院民庭副庭长职务。

任命王振中、秦英杰、何访拔、王永江、郭力英、李文孚、刘纪成为北京市人民检察院分院检察委员会委员。

北京市第七届人民代表大会常务委员会第五次会议任命名单

（1980年6月7日）

任命宋汝棼为北京市基本建设委员会主任；

任命王纯副市长兼任北京市人民政府国防工业办公室主任；

任命常浦副秘书长兼任北京市人民政府农林办公室主任；

任命崔虎为北京市司法局局长；

任命李文双为北京市第二轻工业局局长。

北京市第七届人民代表大会常务委员会第六次会议任命名单

（1980年8月9日）

任命：魏彬、王振中、李岩（女）、齐景惠、刘奇光、黄松龄、何茜（女）、潘德怀（女）、王明昭、李文玉、金珂、李士芳、王鼎玉为北京市人民检察院检察委员会委员。

任命：何访拔为北京市人民检察院分院副检察长。

任命：刘　真、侯东屏、张瑞珍（女）、王培华（女）、李宗明（女）为北京市高级人民法院审判员。

任命：谢红（女）、曲淑兰（女）、胡桂琴（女）、张振声、贺国斌、范志敏、刘志民、史英贤、石子顺、张万凤、凌昌玫（女）、姚玉如、王丽云（女）、白玉昆、刘彦威、杨汉华、丁世明、陈建宇、蒋代福、刘长林（女）、李河旺、李志琴（女）、谭宁（女）、刘顺才、张翌明、朱新田（女）、马木林、梁钦汉为北京市中级人民法院审判员。

北京市第七届人民代表大会常务委员会第九次会议任免名单

（1980年12月11日）

任命顾年为北京市高级人民法院经济庭庭长。

任命罗以文、董成钰、刘庆林为北京市高级人民法院审判员。

免去陈宝林的北京市高级人民法院审判员职务。

任命刘仲明为北京市中级人民法院刑一庭庭长。

任命张兰江为北京市中级人民法院申诉庭庭长。

任命张庆升为北京市中级人民法院经济庭庭长。

任命郭雪邨为北京市中级人民法院刑一庭副庭长。

任命王澄华、周景贵为北京市中级人民法院刑二庭副庭长。

任命李纶世为北京市中级人民法院经济庭副庭长。

免去顾年的北京市中级人民法院经济庭庭长职务。

免去张庆升的北京市中级人民法院经济庭副庭长职务。

免去刘仲明、郭雪邨、王澄华、周景贵、罗克钧的北京市中级人民法院刑庭副庭长职务。

免去张兰江、李纶世的北京市中级人民法院申诉庭副庭长职务。

免去罗以文、董成钰、刘庆林的北京市中级人民法院审判员职务。

任命史林峰为北京市民族事务委员会主任。

任命齐岩为北京市人事局局长。

任命张忠实为北京市旅行游览事业管理局局长。

任命孟志元为北京市环境保护局局长。

任命王凌西为北京市农业机械局局长。

北京市第七届人民代表大会常务委员会第十次会议任免名单

（1981年1月25日）

俞大栋、王文泉、张渤、曹哲明、崔阳春、俞新根、张树池、张秀茹（女）、王荣兆、宋连昆、刘连芳（女）任北京市人民检察院检察员。

傅大鼎、张国斌、刘成棣、季章礼、滕延平、杨树荣任北京市人民检察院分院检察员。

免去曹哲明、崔阳春、俞新根、张树池、张秀茹（女）的北京市人民检察院分院检察员职务。

北京市第七届人民代表大会常务委员会第十一次会议任命名单

（1981年2月28日）

张旭、薛光华、李放、吴文藻（女）、李鸿秀、张冲霄（女）、许汝藩、顾年（女）、周道骞、梁明若（女）、吴继恒任北京市高级人民法院审判委员会委员。

刘云峰、白烈飞（女）、章文扬、邢建、李群（女）、张兰江（女）、刘仲明、王澄华（女）、张庆升、王静（女）、田士君（女）、张笃志（女）、康永泉任北京市中级人民法院审判委员会委员。

北京市第七届人民代表大会常务委员会第十二次会议批准任命名单

（1981年3月30日）

批准任命：

曾岫萍（女）任西城区人民检察院检察长

刘惠民任崇文区人民检察院检察长

张秀文任宣武区人民检察院检察长

孙有科任海淀区人民检察院检察长

张殿元任丰台区人民检察院检察长

刘荣任石景山区人民检察院检察长

何庆岚任通县人民检察院检察长

屈士和任昌平县人民检察院检察长

赵印华任平谷县人民检察院检察长

北京市第七届人民代表大会常务委员会第十三次会议任命和批准任命名单

（1981年6月13日）

韩伯平任北京市计划委员会主任；免去苏展兼任的北京市计划委员会主任职务。

宋汀（女）任北京市科学技术委员会主任；免去白介夫兼任的北京市科学技术委员会主任职务。

杨益民任北京市农业局局长。

李莉（女）任北京市林业局局长。

吴一平任北京市人民代表大会常务委员会政法工作室副主任

石侃、徐炳忠任北京市人民代表大会常务委员会财经工作室副主任

梁凡初任北京市人民代表大会常务委员会城建工作室副主任

王昭钺任北京市人民代表大会常务委员会农村工作室副主任

王金鲁任北京市人民代表大会常务委员会文教工作室副主任

张冲霄（女）任北京市高级人民法院副院长，免去其北京市高级人民法院民庭庭长职务。

常学增、孔严（女）、江浩、杨寄吟任北京市高级人民法院审判员。

孙常立任北京市中级人民法院刑二庭副庭长、审判员。

肖文鼎、万云凯任北京市中级人民法院执行庭副庭长。

纪树翰任北京市中级人民法院审判员。

批准任命：

王德科任朝阳区人民检察院检察长。

范成禄、王招生、涂斯春、刘永祥任朝阳区人民检察院副检察长。

王德科、范成禄、王招生、涂斯春、刘永祥、迟景厚、王松涛、郢琦（女）、宋香贞（女）、张世旺、崔占元任朝阳区人民检察院检察委员会委员。

段春贤任门头沟区人民检察院检察长。

赵复明任密云县人民检察院检察长。

宋宝玉任顺义县人民检察院检察长。

马岱儒任房山县人民检察院检察长。

魏朝柱任大兴县人民检察院检察长。

北京市第七届人民代表大会常务委员会第十四次会议任免和批准任命名单

（1981年8月7日）

安林任北京市副市长兼公安局局长，免去其北京市人民政府财贸办公室主任职务；免去刘坚夫兼任的北京市公安局局长职务。

甄雨蘅任北京市档案局局长。

张庆明任北京市计量管理局局长；免去仲凯的北京市计量管理局局长职务。

李永正任北京市第一商业局局长。

批准任命：

张铭泉任延庆县人民检察院检察长。

李之兴、张佩林任西城区人民检察院副检察长。

曾岫萍（女）、李之兴、张佩林、沈静、赵明德任西城区人民检察院检察委员会委员。

刘维君、高玉柱任崇文区人民检察院副检察长。

鲁健、尚长玉、陆卫、王一明、林芳、张亚林（女）、朱庆富任东城区人民检察院检察委员会委员。

张银柱、齐茂盛、史彬、赵文彩（女）任海淀区人民检察院副检察长。

孙有科、张银柱、齐茂盛、史彬、赵文彩（女）、王斌堂、杜文亮、刘照辉、杜文任海淀区人民检察院检察委员会委员。

李宝珍、周洪友任顺义县人民检察院副检察长。

宋宝玉、李宝珍、周洪友、张敬录、洪文跃、张海泉、梁春华任顺义县人民检察院检察委员会委员。

北京市第七届人民代表大会常务委员会第十六次会议任免和批准任命名单

（1981年11月7日）

胡一哉（女）任北京市人民代表大会常务委员会副秘书长。

侯维城任北京市教育局局长。

免去韩作黎的北京市教育局局长职务。

李接治、王永源、李淑兰（女）、路进任北京市高级人民法院审判员。

免去常学增的北京市高级人民法院审判员职务。

丁凤春、孙君须（女）、刘奉迓、任景明、郝阔亭、姜吉顺、徐培源、唐化勇、胡宛如（女）任北京市中级人民法院审判员。

批准任命：

阎克俊、于淑文（女）、王秀峰任通县人民检察院副检察长。

何庆岚、阎克俊、于淑文（女）、王秀峰、李国新、吕振朝、单金祥、刘继华、邢凤忠任通县人民检察院检察委员会委员。

翟怀池任密云县人民检察院副检察长。

赵复明、翟怀池、王崇立、罗如元、朱克信、贾云生任密云县人民检察院检察委员会委员。

北京市第七届人民代表大会常务委员会第十七次会议任免和批准任命名单

（1981年12月23日）

赵平任北京市第一轻工业局局长。

免去王大任的北京市第一轻工业局局长职务。

李诚、吴金良任北京市高级人民法院审判委员会委员。

路宏任北京市中级人民法院审判员。

王宝增、赵元玺、成力田、张新璘、崔树声任北京市人民检察院检察员。

孙爱兰（女）、卢嵩、王荣兆、张福泉、史庆昌、白秀祖（女）、虎秀英（女）、张起生、张素华（女）、赵世如、孙成霞（女）、吴森钟、蒋德金、丁有标、孙培霜（女）、贾绪仁、庞桂英（女）、阎淑兰（女）、赵云阁（女）、赵立明（女）任北京市人民检察院分院检察员。

免去王荣兆的北京市人民检察院检察员职务。

免去崔树声的北京市人民检察院分院检察员职务。

批准任命：

郭庆荣、王仲山、张玉荣（女）任宣武区人民检察院副检察长。

张秀文、郭庆荣、王仲山、张玉荣（女）、洪书祥、左世绵、徐敏华、冯瑞喜任宣武区人民检察院检察委员会委员。

成兴茂、杜成林任石景山区人民检察院副检察长。

刘荣、成兴茂、杜成林、赵明、李振全任石景山区人民检察院检察委员会委员。

北京市第七届人民代表大会常务委员会第十八次会议任免和批准任命名单

（1982年1月29日）

温益友任北京市市政工程局局长；

免去贺翼张的北京市市政工程局局长职务。

姜善智任北京市交通运输局局长。

免去刘如明的北京市第二商业局、水产局局长职务。

免去王一明的东城区人民检察院检察委员会委员职务。

北京市第七届人民代表大会
常务委员会第十九次会议任免和批准任命名单

（1982年3月7日）

张百发任北京市副市长兼北京市基本建设委员会主任。

免去陈希同的北京市副市长职务。

冯迈伦任北京市对外贸易局局长，免去其北京市纺织工业局局长职务。

免去宋汝棼的北京市基本建设委员会主任职务。

免去沈澄的北京市对外贸易局局长职务。

徐炳忠任北京市人大常委会研究室副主任，免去其财经工作室副主任职务。

王鼎玉任北京市清河人民检察院检察长；

杨永山、张树池任北京市清河人民检察院副检察长。

批准任命：

孙长秋任平谷县人民检察院副检察长。

北京市第七届人民代表大会
常务委员会第二十一次会议任免和批准任命名单

（1982年5月21日）

罗维安任北京市老干部管理局局长。

刘茵任北京市机械工业局局长。

免去郅文林的北京市机械工业局局长职务。

免去吴良珂的北京市出版事业管理局局长职务。

批准任命：

赵明德任西城区人民检察院副检察长。

张士华、尹玉芳任昌平县人民检察院副检察长。

刘惠民、刘维君、高玉柱、王荣、张玉鹤（女）、杜存仁、杨振武（回族）、刘振起任崇文区人民检察院检察委员会委员。

北京市第七届人民代表大会
常务委员会第二十二次会议任命和批准任命名单

（1982年7月21日）

张文森、李梦石任北京市中级人民法院审判员。

范毅、许振钧、孟吉生、欧桂英任北京市人民检察院分院检察员。

批准任命：

赵熙、张庆贵任房山县人民检察院副检察长。

马岱儒、赵熙、张庆贵、王法先、张连元、高国立任房山县人民检察院检察委员会委员。

北京市第七届人民代表大会常务委员会第二十三次会议任命和批准任命名单

(1982 年 8 月 27 日)

李诚任北京市高级人民法院民事审判庭庭长。

王少川任北京市高级人民法院审判员。

王澄华(女)任北京市中级人民法院刑二庭庭长。

批准任命:

王文瑞任延庆县人民检察院副检察长。

张铭泉、王文瑞、阎明、张科、杨春声任延庆县人民检察院检察委员会委员。

丁锋、赵扬任大兴县人民检察院副检察长。

魏朝柱、丁锋、赵扬、王志民任大兴县人民检察院检察委员会委员。

北京市第七届人民代表大会常务委员会第二十五次会议批准任命名单

(1982 年 12 月 16 日)

批准任命:

屈士和、张士华、尹玉芳、袁宝琛、陶长栋、齐志府、曹连和任昌平县人民检察院检察委员会委员。

北京市第七届人民代表大会常务委员会第二十六次会议任免和批准任命名单

(1983 年 2 月 26 日)

吴秀云(女)、赵珍仙(女)、陈继昌任北京市高级人民法院审判员;

免去金如桐的北京市高级人民法院审判员职务。

金如桐、刘敬之任北京市中级人民法院审判员。

批准任命:

龙云、王德芳任丰台区人民检察院副检察长;

张殿元、龙云、王德芳、张永观、段志军、赛时晋、朝真、刘顺春任丰台区人民检察院检察委员会委员。

北京市第八届人民代表大会常务委员会第一次会议任命名单

（1983年4月16日）

北京市人民代表大会常务委员会秘书长

邢军

北京市人民代表大会常务委员会副秘书长

王同兴

赵有光

徐炳忠

王昭钺

北京市人民代表大会常务委员会办公厅主任

王同兴（兼）

北京市人民代表大会常务委员会办公厅副主任

张连顺

王景龄

北京市人民代表大会常务委员会研究室主任

徐炳忠（兼）

北京市人民代表大会常务委员会政法委员会顾问

齐一飞

北京市人民代表大会常务委员会教科文委员会顾问

殷汝棠

北京市高级人民法院刑事审判庭副庭长

吴金良

北京市第八届人民代表大会常务委员会第一次会议决定任命名单

（1983年4月16日）

任命白介夫兼任北京市人民政府秘书长；

任命周洪臻为北京市房地产管理局局长；

任命王培元为北京市农业局局长；

任命白泰雪为北京市林业局局长；

任命颜昌远为北京市水利局局长；

任命庞文弟为北京市高等教育局局长；

任命孙衍庆为北京市卫生局局长。

北京市第八届人民代表大会常务委员会第二次会议决定任命名单

（1983 年 5 月 31 日）

任命陈绳武为北京市科学技术委员会主任；
任命高克为北京市公安局局长；
任命崔虎为北京市司法局局长；
任命盖双林为北京市民政局局长；
任命仲伟炽为北京市人事局局长；
任命常自超为北京市财政局局长；
任命左珊为北京市税务局局长；
任命侯维城为北京市教育局局长；
任命殷波为北京市第一商业局局长；
任命杨寿昆为北京市第二商业局局长；
任命张正义为北京市粮食局局长；
任命杨嗣信为北京市建筑工程局局长；
任命李昶为北京市建筑材料工业局局长；
任命张连生为北京市市政工程局局长；
任命马学亮为北京市公用局局长；
任命赵一恒为北京市园林局局长；
任命施阳为北京市环境卫生局局长；
任命江小珂为北京市环境保护局局长。

北京市第八届人民代表大会常务委员会第二次会议任免名单

（1983 年 5 月 31 日）

任命许汝藩为北京市高级人民法院副院长，免去其北京市高级人民法院刑事审判庭庭长职务；

任命孙常立为北京市中级人民法院副院长、审判委员会委员，免去其北京市中级人民法院刑事审判第二庭副庭长职务；

任命何访拔、金珂为北京市人民检察院副检察长；

任命张凤阁、俞大栋为北京市人民检察院分院副检察长；

任命高一之、段怀玉为北京市人民检察院检察员；

任命欧阳坤、李昌龄、伦朝平、宁育超、侯香兰、吉苏皖为北京市人民检察院分院检察员。

北京市第八届人民代表大会常务委员会第二次会议批准任命名单

（1983年5月31日）

宣武区人民检察院检察长
李国全
燕山区人民检察院检察长
乔学莹
延庆县人民检察院副检察长
张科
西城区人民检察院检察委员会委员
毛守格　董福祥
怀柔县人民检察院检察委员会委员
王恕

北京市第八届人民代表大会常务委员会第三次会议任命名单

（1983年6月28日）

任命高戈为北京市民族事务委员会主任；
任命凌水生为北京市人民政府侨务办公室主任；
任命徐亦良为北京市统计局局长；
任命龚树基为北京市劳动局局长；
任命康树人为北京市物价局局长；
任命姜善智为北京市交通运输局局长；
任命于春开为北京市工商行政管理局局长；
任命鲁刚为北京市文化局局长；
任命朱熿为北京市文物事业管理局局长；
任命赵正晶为北京市广播事业局局长；
任命关世雄为北京市工农教育办公室主任；
任命李学方为北京市计量标准管理局局长。

北京市第八届人民代表大会常务委员会第五次会议决定任命名单

（1983年9月8日）

任命王军为北京市计划委员会主任；
任命王大明为北京市经济委员会主任；
任命苏兆林为北京市城乡建设委员会主任；
任命张进霖为北京市人民政府农林办公室主任（兼）；
任命刘如明为北京市人民政府财贸办公室主任

（兼）；

任命王荫生为北京市物资管理局局长；

任命宋文成为北京市旅游局局长。

北京市第八届人民代表大会常务委员会第五次会议任免名单

（1983 年 9 月 8 日）

任命唐占蕴为北京市高级人民法院刑事审判庭庭长；

任命张锡伦为北京市高级人民法院刑事审判庭副庭长；

任命王永源为北京市高级人民法院刑事审判庭副庭长；

任命张笃志（女）为北京市高级人民法院审判员；

免去陈建国、富志敏（女）的北京市高级人民法院审判员职务。

任命富志敏(女)为北京市中级人民法院民事审判庭副庭长；

任命陈建国为北京市中级人民法院刑事审判一庭副庭长；

任命康永泉为北京市中级人民法院刑事审判二庭副庭长；

任命唐根法为北京市中级人民法院申诉庭副庭长；

任命李光海为北京市中级人民法院清河法庭副庭长；

免去张笃志的北京市中级人民法院审判委员会委员、审判员职务。

任命李岩(女)、刘奇光为北京市人民检察院顾问；

任命李振华、于惠如（女）为北京市人民检察院检察员。

免去李岩（女）、齐景惠、刘奇光的北京市人民检察院副检察长、检察委员会委员职务；

免去王鼎玉、李士芳、何茜（女）的北京市人民检察院检察员、检察委员会委员职务；

免去张树池、丁昌（女）、潘子卿、梁国杰（女）、王立华、王惠芝（女）、张浩的北京市人民检察院检察员职务；

免去何访拔的北京市人民检察院分院副检察长、分院检察委员会委员职务；

免去杨竞远（女）、刘成棣的北京市人民检察院分院检察员职务。

北京市第八届人民代表大会常务委员会第五次会议批准任命名单

（1983 年 9 月 8 日）

东城区人民检察院检察长
尚长玉

石景山区人民检察院检察长
李承江

北京市第八届人民代表大会常务委员会第六次会议决定任命名单

（1983年10月16日）

任命韩伯平为北京市对外经济贸易委员会主任（兼）；

任命魏明为北京市体育运动委员会主任；

任命石煌为北京市人民政府外事办公室主任；

任命黄纪诚为北京市市政管理委员会主任；

任命刘小石为北京市城市规划管理局局长；

任命王乃武为北京市审计局局长；

任命史洪志为北京市人民公社企业局局长。

北京市第八届人民代表大会常务委员会第六次会议任免名单

（1983年10月16日）

任命吴文藻为北京市高级人民法院顾问；

任命吕家琳为北京市高级人民法院民事审判庭副庭长；

免去张旭的北京市高级人民法院审判委员会委员职务；

免去李放的北京市高级人民法院副院长、审判委员会委员职务；

免去吴文藻的北京市高级人民法院副院长职务；

免去顾年的北京市高级人民法院经济审判庭庭长、审判委员会委员职务；

免去李淑信、孟力的北京市高级人民法院刑事审判庭副庭长职务；

免去梁明若、吴继恒的北京市高级人民法院审判委员会委员、审判员职务；

免去朱家荣、杨寄吟的北京市高级人民法院审判员职务；

免去白烈飞的北京市中级人民法院副院长、审判委员会委员职务；

免去刘淑君、孙君须、刘春茂的北京市中级人民法院审判员职务。

北京市第八届人民代表大会常务委员会第七次会议任免名单

（1983 年 12 月 10 日）

任命周全为北京市人民代表大会常务委员会农村委员会副主任；

免去景良的北京市人民代表大会常务委员会农村委员会副主任职务。

北京市第八届人民代表大会常务委员会第七次会议决定任命名单

（1983 年 12 月 10 日）

任命闵步瀛为北京市国家安全局局长。

北京市第八届人民代表大会常务委员会第七次会议批准任命名单

（1983 年 12 月 10 日）

批准任命：

张宝禄为门头沟区人民检察院检察长；

任世清为密云县人民检察院检察长。

北京市第八届人民代表大会常务委员会第八次会议任命名单

（1984年1月18日）

任命薛荫棠、胡贤昌、张文学、张兰波、张维田、张启运、阮定华、崔桂泉、韩文中为北京市高级人民法院审判员。

任命姜春芳、王　明、陈焕深、杨德山、赵金城、李世敏、肖开廉、杨春光、郝润华、朱根生、李　玓、崔增德、果秀云、郭忆滨、林锦惠为北京市中级人民法院审判员。

北京市第八届人民代表大会常务委员会第十次会议决定任命名单

（1984年3月27日）

任命王康久为北京市计划生育委员会主任；

任命李学信为北京市人民政府文教办公室主任。

北京市第八届人民代表大会常务委员会第十次会议批准任命名单

（1984年3月27日）

刘维君为崇文区人民检察院检察长。

北京市第八届人民代表大会常务委员会第十一次会议决定任免名单

（1984年5月8日）

任命张健民为北京市经济委员会主任；

任命关世雄为北京市成人教育局局长；

免去王大明的北京市经济委员会主任职务。

北京市第八届人民代表大会常务委员会第十三次会议任免名单

（1984年6月27日）

任命唐占蕴为北京市高级人民法院刑事审判一庭庭长，免去其北京市高级人民法院刑事审判庭庭长职务；

任命吴金良、胡贤昌、慕平为北京市高级人民法院刑事审判一庭副庭长，免去吴金良的北京市高级人民法院刑事审判庭副庭长职务；

任命周道鸾为北京市高级人民法院刑事审判二庭庭长；

任命张锡伦、臧克诺、田青云为北京市高级人民法院刑事审判二庭副庭长，免去张锡伦的北京市高级人民法院刑事审判庭副庭长职务；

任命曲珣为北京市高级人民法院经济审判庭庭长、审判委员会委员；

任命姚克明为北京市高级人民法院审判委员会委员。

免去王永源的北京市高级人民法院刑事审判庭副庭长职务；

免去杨伟的北京市高级人民法院民事审判庭副庭长职务。

任命纪树翰为北京市中级人民法院刑事审判一庭庭长、审判委员会委员；

任命王明为北京市中级人民法院刑事审判一庭副庭长；

任命刘仲明为北京市中级人民法院刑事审判二庭庭长，免去其北京市中级人民法院刑事审判一庭庭长职务；

任命姜京生为北京市中级人民法院刑事审判二庭副庭长；

任命贾致云为北京市中级人民法院民事审判庭庭长、审判委员会委员，免去其北京市中级人民法院民事审判庭副庭长职务；

任命唐根法为北京市中级人民法院民事审判庭副庭长，免去其北京市中级人民法院申诉庭副庭长职务；

任命王静为北京市中级人民法院申诉庭庭长；

任命姜春芳为北京市中级人民法院申诉庭副庭长；

任命胡宛如为北京市中级人民法院经济审判庭副庭长；

任命王振清为北京市中级人民法院执行庭副庭长；

任命肖文鼎为北京市中级人民法院审判委员会委员。

免去王澄华的北京市中级人民法院刑事审判二庭庭长职务；

免去周景贵的北京市中级人民法院刑事审判二庭副庭长职务；

免去李群的北京市中级人民法院民事审判庭庭长、审判委员会委员职务；

免去张兰江的北京市中级人民法院申诉庭庭长、审判委员会委员职务；

免去李纶世的北京市中级人民法院经济审判庭副庭长职务；

免去田士君、康永泉的北京市中级人民法院审判委员会委员职务。

免去梅林、李梦石的北京市中级人民法院审判员职务。

北京市第八届人民代表大会常务委员会第十四次会议任命名单

（1984 年 8 月 8 日）

任命周福伦为北京市人民代表大会常务委员会研究室副主任。

北京市第八届人民代表大会常务委员会第十五次会议任免名单

（1984 年 10 月 18 日）

任命董成钰、单志芳、崔桂泉为北京市高级人民法院审判委员会委员。

任命刘长林、孙淑贤为北京市中级人民法院审判委员会委员。

任命何访拔、高一之、张渤、齐炯、邢凤桂为北京市人民检察院检察委员会委员；

任命张凤阁、俞大栋、梁东园、刘方、王荣兆、孙成霞为北京市人民检察院分院检察委员会委员。

免去魏彬、潘德怀、李文玉的北京市人民检察院检察委员会委员职务；

免去王振中、刘纪成、郭力英的北京市人民检察院分院检察委员会委员职务。

北京市第八届人民代表大会常务委员会第十五次会议批准任命名单

（1984 年 10 月 18 日）

批准任命：

尚长玉为东城区人民检察院检察长；

曾岫萍为西城区人民检察院检察长；
李国全为宣武区人民检察院检察长；
刘维君为崇文区人民检察院检察长；
王招生为朝阳区人民检察院检察长；
孙有科为海淀区人民检察院检察长；
张殿元为丰台区人民检察院检察长；
李承江为石景山区人民检察院检察长；
桂玉坤为燕山区人民检察院检察长；
张宝禄为门头沟区人民检察院检察长；
何庆岚为通县人民检察院检察长；
张森有为顺义县人民检察院检察长；
范淑玲为怀柔县人民检察院检察长；
任世清为密云县人民检察院检察长；
耿绍岩为平谷县人民检察院检察长；
赵扬为大兴县人民检察院检察长；
梁志方为房山县人民检察院检察长；
屈士和为昌平县人民检察院检察长；
张铭泉为延庆县人民检察院检察长。

北京市第八届人民代表大会常务委员会第十六次会议任免名单

（1984 年 11 月 29 日）

任命陈选权为北京市人民代表大会常务委员会研究室副主任。

任命蒋克、王通章、扬伟、李纶世为北京市高级人民法院审判员。

免去胡贤昌的北京市高级人民法院刑事审判一庭副庭长、审判员职务。

免去王培华的北京市高级人民法院审判员职务。

任命周景贵为北京市中级人民法院审判员。

免去李纶世的北京市中级人民法院审判员职务。

北京市第八届人民代表大会常务委员会第十七次会议任免名单

（1984 年 12 月 28 日）

任命赵有光为北京市人民代表大会常务委员会法制工作室主任（兼）；

任命谭泉为北京市人民代表大会常务委员会法制工作室副主任；

任命陈建国为北京市人民代表大会常务委员会法制工作室副主任，免去其市中级人民法院刑事审判一庭副庭长职务；

任命吴兴邹为北京市人民代表大会常务委员会财经委员会副主任；

任命朱永森为北京市人民代表大会常务委员会城建委员会副主任；

任命徐仁发为北京市人民代表大会常务委员会农村委员会副主任。

北京市第八届人民代表大会常务委员会第十七次会议决定任免名单

（1984 年 12 月 28 日）

任命阎承宗为北京市经济委员会主任；免去张健民北京市经济委员会主任的职务。

任命俞晓松为北京市对外经济贸易委员会主任；免去韩伯平兼任北京市对外经济贸易委员会主任的职务。

任命姜立勋为北京市民族事务委员会主任；免去高戈北京市民族事务委员会主任的职务。

北京市第八届人民代表大会常务委员会第二十次会议任免名单

（1985 年 4 月 23 日）

一、任命王和民、孙和春、王双进、黄殿英、陶书贵、袁和平、刘宝利、宋保真为北京市人民检察院检察员；

免去李文玉、潘德怀、张新璘、刘志欣的北京市人民检察院检察员职务。

二、任命刘素梅、马剑光、方工、张继兰、郑进峰、崔占元、王泽法、顾军为北京市人民检察院分院检察员；

免去郭力英、李文孚、张福泉的北京市人民检察院分院检察员职务。

北京市第八届人民代表大会常务委员会第二十一次会议决定任免名单

（1985 年 6 月 11 日）

一、任命陆宇澄为北京市科学技术委员会主任；免去陈绳武的北京市科学技术委员会主任职务。

二、任命白有光为北京市人民政府农林办公室主任。

北京市第八届人民代表大会常务委员会第二十一次会议免职名单

（1985年6月11日）

免去梁钦汉、陈建宇、程莉的北京市中级人民法院审判员职务。

北京市第八届人民代表大会常务委员会第二十一次会议任命名单

（1985年6月11日）

任命白锡喜、肖民、任雪康、董正武、毕为、李淑秀、刘有义、肖进全、王冰毅、李治宗、孙国平、段顺深、王丙武为北京市人民检察院检察员；

任命刘永柱、程七一、王朝东、李连嘉、高炳文、李舸、刘合、刘孟冬、张惠民为北京市人民检察院分院检察员；

任命肖金全为北京市清河人民检察院检察员。

北京市第八届人民代表大会常务委员会第二十二次会议决定任免名单

（1985年8月3日）

一、任命王国华为北京市档案局局长。

二、任命赵斌为北京市科技干部局局长。

三、任命尤文为北京市成人教育局局长；免去关世雄的北京市成人教育局局长职务。

北京市第八届人民代表大会常务委员会第二十二次会议任命名单

（1985年8月3日）

任命刘敬之为北京市中级人民法院清河法庭副庭长。

北京市第八届人民代表大会常务委员会第二十三次会议任命名单

（1985年9月26日）

一、任命王金鲁为北京市人民代表大会常务委员会教科文委员会主任。

二、任命徐树业为北京市人民代表大会常务委员会研究室副主任。

北京市第八届人民代表大会常务委员会第二十三次会议决定任免名单

（1985年9月26日）

一、任命魏克鹏为北京市人民防空办公室主任。

二、任命段天顺为北京市民政局局长；免去盖双林的北京市民政局局长职务。

三、任命张永经为北京市广播电视局局长；免去赵正晶的北京市广播电视局局长职务。

北京市第八届人民代表大会常务委员会第二十三次会议任免名单

（1985 年 9 月 26 日）

一、任命左兵为北京市高级人民法院民事审判庭庭长。

二、免去李诚的北京市高级人民法院民事审判庭庭长、审判委员会委员职务。

三、免去江浩的北京市高级人民法院审判员职务。

北京市第八届人民代表大会常务委员会第二十三次会议任命名单

（1985 年 9 月 26 日）

任命唐根法为北京市高级人民法院民事审判庭副庭长。

北京市第八届人民代表大会常务委员会第二十三次会议免职名单

（1985 年 9 月 26 日）

一、免去张笑先的北京市中级人民法院审判员职务。

二、免去唐根法的北京市中级人民法院民事审判庭副庭长职务。

北京市第八届人民代表大会常务委员会第二十三次会议任免名单

（1985年9月26日）

一、任命刘纪诚、赵世如、张铁、付大鼎、孟吉生、欧桂英、赵立明、张起生、卢嵩、褚景慧、李昌龄、欧阳坤为北京市人民检察院检察员，免去他们的北京市人民检察院分院检察员职务。

二、任命刘方为北京市人民检察院分院检察员，免去其北京市人民检察院检察员职务。

北京市第八届人民代表大会常务委员会第二十三次会议任免名单

（1985年9月26日）

一、任命于红卫为北京市清河人民检察院检察长。

二、免去王鼎玉的北京市清河人民检察院检察长职务。

北京市第八届人民代表大会常务委员会第二十四次会议任命名单

（1985年11月23日）

任命潘志明为北京市人民代表大会常务委员会政法委员会委员。

北京市第八届人民代表大会常务委员会第二十四次会议任免名单

(1985年11月23日)

任命张文学、耿景仪为北京市高级人民法院刑事审判一庭副庭长;

任命任振平为北京市高级人民法院刑事审判二庭副庭长;

任命崔桂泉为北京市高级人民法院经济审判庭副庭长;

任命王奎荫、张庆升、郭雪�、万云凯、金如桐、孙秀卿为北京市高级人民法院审判员。

免去张锡伦的北京市高级人民法院刑事审判二庭副庭长、审判员职务;

免去臧克诺的北京市高级人民法院刑事审判二庭副庭长职务;

免去单志芳的北京市高级人民法院审判委员会委员、审判员职务;

免去杨伟、张笃志、李宗明的北京市高级人民法院审判员职务。

北京市第八届人民代表大会常务委员会第二十四次会议任免名单

(1985年11月23日)

任命曲淑兰、马艾地为北京市中级人民法院刑事审判一庭副庭长;

任命刘国茂、常韦为北京市中级人民法院民事审判庭副庭长;

任命臧克诺为北京市中级人民法院经济审判庭庭长;

任命郝整军为北京市中级人民法院申诉庭副庭长;

任命周景贵为北京市清河人民法庭副庭长。

免去郭雪�的北京市中级人民法院刑事审判一庭副庭长职务;

免去王淑维的北京市中级人民法院民事审判庭副庭长职务;

免去张庆升的北京市中级人民法院经济审判庭庭长、审判委员会委员职务;

免去万云凯的北京市中级人民法院执行庭副庭长、审判员职务;

免去王澄华的北京市中级人民法院审判委员会委员、审判员职务;

免去范志敏、史英贤、田士君、谭宁、马玉贞、杨曾禄、金如桐的北京市中级人民法院审判员职务。

北京市第八届人民代表大会常务委员会第二十五次会议免职决定

(1985年12月13日)

据陈希同市长报告：市公用局局长马学亮玩忽职守，接受贿赂，后果严重，市政府拟予撤职，并建议司法机关依法追究刑事责任。依照《中华人民共和国地方各级人民代表大会和各级人民政府组织法》第二十八条规定，提请市人大常委会免去马学亮的市公用局局长职务。

市八届人大常委会第二十五次会议经过审议，同意陈希同市长的报告，决定免去马学亮的北京市公用局局长职务，由司法机关依法查处。

北京市第八届人民代表大会常务委员会第二十六次会议免职名单

(1986年1月24日)

免去齐一飞的北京市人民代表大会常务委员会政法委员会顾问职务；

免去殷汝棠的北京市人民代表大会常务委员会教科文委员会顾问职务；

免去石侃的北京市人民代表大会常务委员会财经委员会副主任职务；

免去李叔平的北京市人民代表大会常务委员会财经委员会委员职务。

北京市第八届人民代表大会常务委员会第二十六次会议决定任免名单

(1986年1月24日)

任命臧洪阁为北京市人民政府财贸办公室主任；免去刘如明兼任的北京市人民政府财贸办公室主任职务。

任命王宝森为北京市财政局局长；免去常自超的北京市财政局局长职务。

任命张光汉为北京市环境卫生局局长；免去施阳的北京市环境卫生局局长职务。

北京市第八届人民代表大会常务委员会第二十六次会议任免名单

（1986 年 1 月 24 日）

任命刘云峰为北京市高级人民法院审判委员会委员；

任命孙常立为北京市高级人民法院副院长、审判委员会委员；

任命唐占蕴为北京市高级人民法院副院长、审判委员会委员；

任命吴金良为北京市高级人民法院刑事审判一庭庭长；

任命左兵为北京市高级人民法院审判委员会委员；

任命孙奎元为北京市高级人民法院刑事审判二庭庭长、审判委员会委员；

任命唐化勇、李世敏、刘罗彬为北京市高级人民法院审判员。

免去薛光华的北京市高级人民法院审判委员会委员职务；

免去李鸿秀的北京市高级人民法院副院长、审判委员会委员职务；

免去张冲霄的北京市高级人民法院副院长、审判委员会委员职务；

免去吴文藻的北京市高级人民法院顾问、审判委员会委员职务；

免去唐占蕴的北京市高级人民法院刑事审判一庭庭长职务；

免去周道骞的北京市高级人民法院刑事审判二庭庭长、审判委员会委员职务。

北京市第八届人民代表大会常务委员会第二十六次会议任免名单

（1986 年 1 月 24 日）

任命曾岫萍为北京市人民检察院副检察长；

任命王招生为北京市人民检察院分院副检察长。

免去李岩、刘奇光的北京市人民检察院顾问职务。

北京市第八届人民代表大会常务委员会第二十六次会议任免名单

（1986年1月24日）

任命王静为北京市中级人民法院副院长；

任命杨庭椿为北京市中级人民法院副院长、审判委员会委员；

任命王永源为北京市中级人民法院副院长、审判委员会委员；

任命臧克诺为北京市中级人民法院审判委员会委员；

任命李庆周为北京市中级人民法院申诉庭庭长、审判委员会委员；

任命肖文鼎为北京市中级人民法院执行庭庭长。

免去刘云峰的北京市中级人民法院审判委员会委员职务；

免去章文扬的北京市中级人民法院副院长、审判委员会委员职务；

免去孙常立的北京市中级人民法院副院长、审判委员会委员、审判员职务；

免去纪树翰的北京市中级人民法院刑事审判一庭庭长职务；

免去王静的北京市中级人民法院申诉庭庭长职务；

免去唐化勇、李世敏的北京市中级人民法院审判员职务。

北京市第八届人民代表大会常务委员会第二十七次会议决定任免名单

（1986年3月4日）

任命林炎志为北京市体育运动委员会主任；免去魏明的北京市体育运动委员会主任职务。

任命马凯为北京市物价局局长；免去康树人的北京市物价局局长职务。

任命郑一军为北京市公用局局长。

北京市第八届人民代表大会常务委员会第二十七次会议任免名单

（1986年3月4日）

任命高洪涛、白山云、白永石、张予宪、淳于国平、陶思智、高文俊、宿迟、张鲁民、刘辉、刘太原为北京市高级人民法院审判员；

免去李接治、王通章的北京市高级人民法院审判员职务。

任命卢云华、任建平、林玉莲、高景顺、王飞、魏子建、吕京生、李大元、何建军、秦树华、张绍德、路金梁、罗建军、王克力、成张泉、牛百谦、康国英为北京市中级人民法院审判员；

免去胡桂琴的北京市中级人民法院审判员职务。

北京市第八届人民代表大会常务委员会第二十八次会议任免名单

（1986年4月30日）

一、任命苏林春为北京市人民代表大会常务委员会政法委员会委员；

二、任命陈世平、邵继武为北京市人民代表大会常务委员会财经委员会委员；

三、任命刘绍棠、李乾构、熊尚义、陈恩甲、钟春发为北京市人民代表大会常务委员会教科文委员会委员；

四、任命陈有民、潘南鹏为北京市人民代表大会常务委员会城建委员会委员。

北京市第八届人民代表大会常务委员会第二十八次会议批准任免名单

（1986年4月30日）

任命黄松龄为北京市西城区人民检察院检察长；免去曾岫萍的北京市西城区人民检察院检察长职务。

任命沙成志为北京市海淀区人民检察院检察长；免去孙有科的北京市海淀区人民检察院检察长职务。

北京市第八届人民代表大会常务委员会第二十九次会议决定任免名单

（1986年7月11日）

任命孙在雍为北京市司法局局长；免去崔虎的北京市司法局局长职务。

任命陶西平为北京市教育局局长；免去侯维城的北京市教育局局长职务。

任命欧阳斗为北京市第二商业局局长；免去杨寿昆的北京市第二商业局局长职务。

北京市第八届人民代表大会常务委员会第二十九次会议任命名单

（1986年7月11日）

任命郑昌琏、陈恩甲为北京市人民代表大会常务委员会教科文委员会副主任。

北京市第八届人民代表大会常务委员会第二十九次会议任命名单

（1986年7月11日）

任命郭翠英、陈杰、王群生为北京市高级人民法院审判员。

任命陈芝芳、范静慧、朱江明、刘一华、王洪斌、孙宝祥、张柳青、邵卫清、陈一征、王俊乔为北京市中级人民法院审判员。

北京市第八届人民代表大会
常务委员会第二十九次会议任免名单

（1986 年 7 月 11 日）

任命曾岫萍为北京市人民检察院检察委员会委员；

任命王招生为北京市人民检察院分院检察委员会委员；

任命吉发永、王有路、杨青海、郭民忠、钟一麟、陈琇、李柱才为北京市人民检察院检察员。

任命赵国纲、刘烽、秦铁鹰、杨庆江、徐焕、李晓光、王仲稼、魏青键、贾金良、金俊来为北京市人民检察院分院检察员。

免去王振中的北京市人民检察院检察委员会委员职务。

北京市第八届人民代表大会
常务委员会第二十九次会议批准任免名单

（1986 年 7 月 11 日）

任命范成禄为北京市朝阳区人民检察院检察长；

免去王招生的北京市朝阳区人民检察院检察长职务。

北京市第八届人民代表大会
常务委员会第三十次会议任命名单

（1986 年 9 月 10 日）

任命王昭钺为北京市人民代表大会常务委员会办公厅主任（兼）。

北京市第八届人民代表大会常务委员会第三十次会议免职名单

（1986年9月10日）

一、免去梁凡初的北京市人民代表大会常务委员会城建委员会副主任职务；

二、免去周全的北京市人民代表大会常务委员会农村委员会副主任职务；

三、免去王同兴的北京市人民代表大会常务委员会副秘书长、办公厅主任职务。

北京市第八届人民代表大会常务委员会第三十次会议决定任免名单

（1986年9月10日）

任命金铮为北京市计划生育委员会主任；免去王康久的北京市计划生育委员会主任职务。

北京市第八届人民代表大会常务委员会第三十次会议任免名单

（1986年9月10日）

任命宿迟为北京市高级人民法院民事审判庭副庭长；

任命刘继光为北京市高级人民法院审判员。

免去田青云的北京市高级人民法院刑事审判二庭副庭长职务；

免去郭雪邨的北京市高级人民法院审判员职务。

任命刘仲明为北京市中级人民法院刑事审判一庭庭长；

任命田青云为北京市中级人民法院刑事审判二庭庭长；

任命王飞为北京市中级人民法院刑事审判二庭副庭长；

任命路金梁为北京市中级人民法院申诉庭副庭长；

任命郭忆滨为北京市中级人民法院执行庭副庭长。

免去刘仲明的北京市中级人民法院刑事审判二庭庭长职务；

免去刘继光的北京市中级人民法院审判员职务。

北京市第八届人民代表大会常务委员会第三十一次会议决定任免名单

（1986年10月22日）

一、任命臧洪阁为北京市商业委员会主任。

二、任命杨世明为北京市城市规划管理局局长；免去刘小石的北京市城市规划管理局局长职务。

三、任命苏仲祥为北京市公安局局长；免去高克的北京市公安局局长职务。

北京市第八届人民代表大会常务委员会第三十一次会议免职名单

（1986年10月22日）

免去吴金良的北京市高级人民法院刑事审判一庭庭长、审判委员会委员、审判员职务。

免去左兵的北京市高级人民法院民事审判庭庭长、审判委员会委员职务。

免去崔桂泉的北京市高级人民法院经济审判庭副庭长、审判委员会委员、审判员职务。

免去田青云、薛荫棠、赵珍仙的北京市高级人民法院审判员职务。

北京市第八届人民代表大会常务委员会第三十一次会议任命名单

（1986年10月22日）

任命胡石友、孟铁汉、孙亚军、娄云生、赵连捷、徐立淳为北京市人民检察院检察员。

任命郭啸、李天裕、宋军、杨志才为北京市人民检察院分院检察员。

北京市第八届人民代表大会常务委员会第三十二次会议决定任免名单

（1986 年 11 月 13 日）

任命汪统为北京市国家安全局局长；免去闵步瀛的北京市国家安全局局长职务。

任命薄熙成为北京市旅游局局长；免去宋文成的北京市旅游局局长职务。

北京市第八届人民代表大会常务委员会第三十三次会议任命名单

（1986 年 12 月 26 日）

任命郭光宗、刘京华、卢小楠、张起、王惠大、赵慧侠、冯琦军为北京市高级人民法院审判员。

北京市第八届人民代表大会常务委员会第三十三次会议任免名单

（1986 年 12 月 26 日）

任命张成泉为北京市中级人民法院经济审判庭副庭长。

任命刘克为北京市中级人民法院经济审判庭副庭长、审判员。

任命田青云为北京市中级人民法院审判委员会委员、审判员。

任命张志贞、张存英、刘建中、白化玉、郑卫阳、张先逊、齐丽华、王范武、杨文英、李克勤、刘松鹏、赵辉、田希霖、秦青青、赵华如、唐宝森为北京市中级人民法院审判员。

免去臧克诺的北京市中级人民法院经济审判庭庭长、审判委员会委员职务。

免去刘奉迓的北京市中级人民法院审判员职务。

北京市第八届人民代表大会常务委员会第三十三次会议任免名单

（1986年12月26日）

一、任命张仕泰、侯香兰、庞桂英、范毅、张发启、蒋德金、贾绪仁、秦芝芳、孙爱兰、孙培霜、李舸、张素华为北京市人民检察院检察员。

免去刘宝利、张起生、欧阳坤、陶书贵、王和民的北京市人民检察院检察员职务。

二、任命刘宝利、张起生、欧阳坤、陶书贵为北京市人民检察院分院检察员。

免去张仕泰、侯香兰、庞桂英、范毅、张发启、蒋德金、贾绪仁、秦芝芳、孙爱兰、孙培霜、李舸、张素华的北京市人民检察院分院检察员职务。

北京市第八届人民代表大会常务委员会第三十三次会议批准免职名单

（1986年12月26日）

免去李承江的北京市石景山区人民检察院检察长职务。

北京市第八届人民代表大会常务委员会第三十四次会议任命名单

（1987年1月24日）

任命姚克明、张泗汉、嵇昆梅、闵治奎、林一兵、何昕、赵书楼、王新、孟振清、曹孟阁、孙奎元、曲珣、慕平、耿景仪、任振平、唐根法、孙泊生为北京市高级人民法院审判员。

北京市第八届人民代表大会常务委员会第三十四次会议任免名单

（1987年1月24日）

任命胡宛如为北京市中级人民法院经济审判庭庭长、审判委员会委员。

任命刘仲明、马艾地、姜京生、常韦、郝整军、王振清为北京市中级人民法院审判员。

免去罗建军的北京市中级人民法院审判员职务。

北京市第八届人民代表大会常务委员会第三十五次会议决定任免名单

（1987年2月25日）

一、任命孟学农为北京市工商行政管理局局长；免去于春开的北京市工商行政管理局局长职务。

二、任命孙志强为北京市税务局局长；免去左珊的北京市税务局局长职务。

三、任命刘林为北京市审计局局长；免去王乃武的北京市审计局局长职务。

四、任命华漱芳为北京市科技干部局局长；免去赵斌的北京市科技干部局局长职务。

北京市第八届人民代表大会常务委员会第三十六次会议决定任免名单

（1987年4月25日）

任命铁英为北京市人民政府秘书长。

北京市第八届人民代表大会常务委员会第三十六次会议任免名单

（1987 年 4 月 25 日）

任命张乃慈为北京市高级人民法院行政审判庭庭长、审判委员会委员、审判员；

任命覃正东为北京市高级人民法院行政审判庭副庭长、审判员；

任命房泽洲为北京市高级人民法院刑事审判第二庭副庭长；

任命张予宪为北京市高级人民法院刑事审判第二庭副庭长；

任命李淑兰为北京市高级人民法院民事审判庭副庭长；

任命肖龙为北京市高级人民法院经济审判庭副庭长、审判员；

任命张鲁民为北京市高级人民法院经济审判庭副庭长；

免去曲珣的北京市高级人民法院经济审判庭庭长职务；

免去吕家琳的北京市高级人民法院民事审判庭副庭长、审判员职务。

北京市第八届人民代表大会常务委员会第三十六次会议任免名单

（1987 年 4 月 25 日）

任命王振清为北京市中级人民法院行政审判庭副庭长，免去其北京市中级人民法院执行庭副庭长职务。

任命吕京生为北京市中级人民法院行政审判庭副庭长。

免去杨之树的北京市中级人民法院审判员职务。

北京市第八届人民代表大会常务委员会第三十七次会议任命名单

（1987 年 6 月 23 日）

任命佘绪新为北京市人民代表大会常务委员会政法委员会副主任。

北京市第八届人民代表大会常务委员会第三十七次会议批准任命名单

（1987年6月23日）

任命张森友为顺义县人民检察院检察长。
任命范淑玲为怀柔县人民检察院检察长。
任命何庆岚为通县人民检察院检察长。
任命陈志文为昌平县人民检察院检察长。
任命任世清为密云县人民检察院检察长。
任命赵扬为大兴县人民检察院检察长。
任命耿绍岩为平谷县人民检察院检察长。
任命张铭泉为延庆县人民检察院检察长。
任命张允祥为宣武区人民检察院检察长。
任命范成禄为朝阳区人民检察院检察长。
任命徐德福为房山区人民检察院检察长。
任命史纪先为东城区人民检察院检察长。
任命李春亮为石景山区人民检察院检察长。

北京市第八届人民代表大会常务委员会第三十八次会议免职决定

（1987年8月19日）

鉴于国务院对陈昊苏同志另有任用，根据陈希同市长的提议，北京市第八届人民代表大会常务委员会第三十八次会议决定：免去陈昊苏的北京市副市长职务。由市人大常委会向下次市人民代表大会报告。

北京市第八届人民代表大会常务委员会第三十八次会议决定免职名单

（1987年8月19日）

免去苏兆林的北京市城乡建设委员会主任职务。

北京市第八届人民代表大会常务委员会第三十八次会议批准任命名单

（1987年8月19日）

任命张宝禄为北京市门头沟区人民检察院检察长。

任命刘维君为北京市崇文区人民检察院检察长。

任命黄松龄为北京市西城区人民检察院检察长。

任命沙成志为北京市海淀区人民检察院检察长。

任命潘英藏为北京市丰台区人民检察院检察长。

北京市第八届人民代表大会常务委员会第三十九次会议决定任免名单

（1987年9月26日）

一、任命施宗林为北京市城乡建设委员会主任。

二、任命李舜为北京市机械工业管理局局长。

三、任命李永芳为北京市林业局局长；免去白泰雪的北京市林业局局长职务。

四、任命武荫桂为北京市第一商业局局长；免去殷波的北京市第一商业局局长职务。

北京市第八届人民代表大会常务委员会第三十九次会议任命名单

（1987年9月26日）

任命傅志人为北京市高级人民法院副院长、审判员、审判委员会委员。

任命徐泳菱、李东义、肖玉琳为北京市高级人民法院审判员。

北京市第八届人民代表大会
常务委员会第三十九次会议任免名单

（1987年9月26日）

一、任命王贵云、张金生、曹溯、关振军、王仁根、刘惠兰、侯兰英、王真为北京市人民检察院检察员。

免去李振华、段顺深的北京市人民检察院检察员职务。

二、任命周明川、白石平、翟小东、过兴祖、彭伟、郭克、齐连宝、齐佳云、朱立群为北京市人民检察院分院检察员。

免去李晓光的北京市人民检察院分院检察员职务。

三、免去肖金泉的北京市清河人民检察院检察员职务。

北京市第八届人民代表大会
常务委员会第四十次会议任免名单

（1987年11月26日）

任命陈昌本为北京市广播电视局局长；免去张永经的北京市广播电视局局长职务。

任命潘峰为北京市物资管理局局长；免去王荫生的北京市物资管理局局长职务。

任命刘俊田为北京市卫生局局长；免去孙衍庆的北京市卫生局局长职务。

北京市第八届人民代表大会
常务委员会第四十次会议任免名单

（1987年11月26日）

任命慕平为北京市高级人民法院刑事审判第一庭庭长、审判委员会委员。

任命刘仲明为北京市高级人民法院刑事审判第二庭庭长、审判委员会委员、审判员。

任命唐根法为北京市高级人民法院民事审判庭庭长、审判委员会委员。

任命孙泊生为北京市高级人民法院经济审判庭庭长、审判委员会委员。

任命富志敏为北京市高级人民法院审判员。

任命高玉珍为北京市高级人民法院审判员。

免去孙奎元的北京市高级人民法院刑事审判第二庭庭长、审判委员会委员、审判员职务。

免去董成钰的北京市高级人民法院审判委员会委员、审判员职务。

免去刘罗彬的北京市高级人民法院审判员职务。

任命王明为北京市中级人民法院刑事审判第一庭庭长、审判委员会委员。

任命王振清为北京市中级人民法院行政审判庭庭长、审判委员会委员。

任命周景贵为北京市中级人民法院清河法庭庭长。

任命李大元为北京市中级人民法院民事审判庭副庭长。

任命李庆祥为北京市中级人民法院审判员。

免去刘仲明的北京市中级人民法院刑事审判第一庭庭长、审判委员会委员、审判员职务。

免去富志敏的北京市中级人民法院民事审判庭副庭长职务。

免去唐宝森的北京市中级人民法院审判员职务。

北京市第八届人民代表大会常务委员会第四十次会议免职名单

（1987 年 11 月 26 日）

免去张凤阁的北京市人民检察院分院副检察长、分院检察委员会委员职务。

北京市第八届人民代表大会常务委员会第四十一次会议免职名单

（1987 年 12 月 25 日）

免去王金鲁的北京市人民代表大会常务委员会教科文委员会主任职务。

免去陈建国的北京市人民代表大会常务委员会法制工作室副主任职务。

北京市第九届人民代表大会常务委员会第一次会议任命名单

（1988 年 3 月 14 日）

一、北京市人民代表大会常务委员会政法委员会

主　任　杨毓秀

副主任　吴一平　　余绪新
委　员　王向明　　王作升　　安士伟
罗豪才　　朱京宝（女）　杨向东
姚兆辉　　徐　光（女）　谭　泉
潘志明　　苏林春

二、北京市人民代表大会常务委员会财经委员会
主　任　郑　宁（女）
副主任　于　军　　吴兴邹　　孙玉琴（女）
委　员　马瑞卿　　王　哲　　左　珊
刘如明　　杨寿昆　　张立宏
张继斌　　贾长威　　常自超
王万发　　邢德海　　陈世平
胡启璋　　姜维壮　　李　玉
邵继武

三、北京市人民代表大会常务委员会教育科技委员会
主　任　谭元堃
副主任　郑昌琏
委　员　王行仁　王　黎（女）　苏　坡（女）
金铁宽　郝守本　　夏之莲（女）
王英若（女）　王继芬（女）　刘尚青
孙鸿烈　孙维东（女）　李　瑛（女）
符　兰（女）　钟春发

四、北京市人民代表大会常务委员会文化卫生体育委员会
主　任　许　文
副主任　陈恩甲
委　员　王立行　　叶珮琼（女）　刘绍棠
严镜清　　李巧云（女）　李乾构
林明美（女）赵荣琛　　查瑞传
姚　望　　翁肇祺　　鲁　刚
齐家蕙（女）徐光炜　　于　杰

五、北京市人民代表大会常务委员会城建委员会
主　任　温益友
副主任　朱永森　　冯家权
委　员　王炜钰（女）刘永国　　张　镈
陈向远　　潘家多　　陈有民
周子贞　　黄世华　　刘禄声
董光器

六、北京市人民代表大会常务委员会农村委员会
主　任　王桂冀
副主任　徐仁发
委　员　仉振亮　　刘　明　　李树忠
李福森　　杨印环　　吴雅薇（女）
张书明　　周淑坤（女）郑云山
郑凤仪　　秦龙生　　彭兴远
贺东升

七、北京市人民代表大会常务委员会研究室
主　任　徐炳忠

八、北京市人民代表大会常务委员会法制室
主　任　白　平（女）

九、北京市人民代表大会常务委员会代表联络室
主　任　刘　才

十、北京市人民代表大会常务委员会人事室
主　任　贾九朝

十一、北京市人民代表大会常务委员会办公厅
主　任　王昭钺

十二、北京市人民代表大会常务委员会
副秘书长　徐炳忠（兼）　王昭钺（兼）　周福伦

北京市第九届人民代表大会常务委员会第一次会议免职名单

（1988年3月15日）

免去许汝藩的北京市高级人民法院副院长、审判委员会委员职务。

免去贾致云的北京市中级人民法院民事审判庭庭长、审判委员会委员、审判员职务。

北京市第九届人民代表大会常务委员会第二次会议决定任命名单

（1988 年 5 月 14 日）

任命铁　英为北京市人民政府秘书长。
任命阎承宗为北京市经济委员会主任。
任命王　军为北京市计划委员会主任。
任命施宗林为北京市城乡建设委员会主任。
任命黄纪诚为北京市市政管理委员会主任。
任命臧洪阁为北京市商业委员会主任。
任命姜立勋为北京市民族事务委员会主任。
任命金　铮为北京市计划生育委员会主任。
任命林炎志为北京市体育运动委员会主任。
任命白有光为北京市人民政府农林办公室主任。
任命魏克鹏为北京市人民防空办公室主任。
任命龚树基为北京市劳动局局长。
任命潘　峰为北京市物资管理局局长。
任命孟学农为北京市工商行政管理局局长。
任命王宝森为北京市财政局局长。
任命孙志强为北京市税务局局长。
任命刘　林为北京市审计局局长。
任命华漱芳为北京市科技干部局局长。
任命王国华为北京市档案局局长。
任命李　舜为北京市机械工业管理局局长。
任命李学方为北京市标准计量局局长。
任命周洪臻为北京市房地产管理局局长。
任命江小珂为北京市环境保护局局长。
任命赵一恒为北京市园林局局长。
任命武荫桂为北京市第一商业局局长。
任命欧阳斗为北京市第二商业局局长。
任命张正义为北京市粮食局局长。
任命薄熙成为北京市旅游事业管理局局长。
任命颜昌远为北京市水利局局长。
任命李永芳为北京市林业局局长。
任命陶西平为北京市教育局局长。
任命庞文弟为北京市高等教育局局长。
任命尤　文为北京市成人教育局局长。
任命陈昌本为北京市广播电视局局长。
任命刘俊田为北京市卫生局局长。
任命苏仲祥为北京市公安局局长（兼）。
任命汪　统为北京市国家安全局局长。
任命孙在雍为北京市司法局局长。
任命段天顺为北京市民政局局长。
任命吕玉东为北京市监察局局长。
任命范国柱为北京市统计局局长。

北京市第九届人民代表大会常务委员会第二次会议决定任命名单

（1988 年 5 月 14 日）

任命纪树翰为北京市中级人民法院院长。

北京市第九届人民代表大会常务委员会第二次会议任免名单

（1988年5月14日）

免去曲珣的北京市高级人民法院审判委员会委员、审判员职务。

免去刘辉、蒋克的北京市高级人民法院审判员职务。

任命刘国茂为北京市中级人民法院民事审判一庭庭长、审判委员会委员。

任命常韦、张绍德为北京市中级人民法院民事审判一庭副庭长。

任命李大元为北京市中级人民法院民事审判二庭庭长、审判委员会委员。

任命李河旺、何建军为北京市中级人民法院民事审判二庭副庭长。

免去刘国茂、李大元、常韦的北京市中级人民法院民事审判庭副庭长职务。

北京市第九届人民代表大会常务委员会第二次会议任命名单

（1988年5月14日）

任命王洪年、郑洪山、郭正平为北京市人民检察院检察员。

北京市第九届人民代表大会常务委员会第三次会议决定任命名单

（1988年7月7日）

任命邹祖烨为北京市科学技术委员会主任。

任命张　明为北京市对外经济贸易委员会主任。

任命甘　榆为北京市人民政府外事办公室主任。

任命张永诚为北京市人事局局长。

任命王金鲁为北京市文物事业管理局局长。

任命周述曾为北京市文化局局长。

任命薛　凡为北京市新闻出版局局长。

任命韩志嘉为北京市环境卫生管理局局长。

任命平永泉为北京市城市规划管理局局长。

任命尹恒丰为北京市乡镇企业局局长。

任命王培元为北京市农业局局长。

北京市第九届人民代表大会常务委员会第四次会议任命名单

（1988 年 9 月 2 日）

任命侯维城为北京市人民代表大会常务委员会教育科技委员会副主任。

北京市第九届人民代表大会常务委员会第四次会议决定任命名单

（1988 年 9 月 2 日）

任命曾岫萍为北京市人民检察院分院检察长。

北京市第九届人民代表大会常务委员会第四次会议任免名单

（1988 年 9 月 2 日）

任命王招生为北京市人民检察院副检察长、检察委员会委员，免去其北京市人民检察院分院副检察长、检察委员会委员职务。

任命马剑光为北京市人民检察院分院副检察长、检察委员会委员。

北京市第九届人民代表大会常务委员会第四次会议任免名单

（1988年9月2日）

任命邸生荣、李新生、于景林、张解放、王建华、杨秀芳、张永平、朱志波、牟子建、徐朱荣为北京市高级人民法院审判员。

免去罗以文、王惠静、高玉珍、常青、张启远、解兆田、孔严、张瑞珍、赵慧侠、金如桐、洪霞、王少川、吴秀云、王新、万云凯的北京市高级人民法院审判员职务。

任命姜春芳为北京市中级人民法院申诉庭庭长、审判委员会委员。

任命马艾地为北京市中级人民法院执行庭庭长、审判委员会委员。

任命任建平为北京市中级人民法院刑事审判第一庭副庭长。

任命马子荣为北京市中级人民法院刑事审判第一庭副庭长、审判员。

任命张柳青为北京市中级人民法院申诉庭副庭长。

任命王克力为北京市中级人民法院执行庭副庭长。

任命任连才、张燕生、谢日声、谢文、谭京生、黄力群、李聚洲、张凯军、张福森、赵锡宇、李国强、刘梅玲、针凯、战致祥、张永利、王廷文、周伟超、张庆明为北京市中级人民法院审判员。

免去马艾地的北京市中级人民法院刑事审判第一庭副庭长职务。

免去邢建的北京市中级人民法院副院长、审判委员会委员职务。

免去李庆周的北京市中级人民法院申诉庭庭长、审判委员会委员、审判员职务。

免去肖文鼎的北京市中级人民法院执行庭庭长、审判委员会委员、审判员职务。

免去李光海的北京市中级人民法院清河法庭副庭长、审判员职务。

免去刘长林、孙淑贤的北京市中级人民法院审判委员会委员、审判员职务。

免去谢红、刘志民、朱新田、刘顺才、杨文英、林锦惠的北京市中级人民法院审判员职务。

北京市第九届人民代表大会常务委员会第六次会议任免名单

（1988年11月18日）

任命胡贤昌、张万凤、路宏、姜吉顺为北京市高级人民法院审判员。

免去常韦的北京市中级人民法院民事审判一庭副庭长、审判员职务。

免去张万凤、路宏、姜吉顺的北京市中级人民法院审判员职务。

北京市第九届人民代表大会常务委员会第六次会议任免名单

（1988年11月18日）

（一）

任命陈双焕、任海、遇常永、田俊生、刘玉秋、阎枚、吴向辉、张学成、华克、陈腾、陈厚媛为北京市人民检察院检察员。

免去刘瑛、王鲁虹、宋连昆、周树荫、刘连芳、王蔚、钟一麟的北京市人民检察院检察员职务。

（二）

任命王珏、纪松江、刘芸、刘洪源、郭瑞华、邢庆、翁跃波为北京市人民检察院分院检察员。

免去王永江、刘方、梁东园的北京市人民检察院分院检察员、检察委员会委员职务。

免去阎淑兰、金兆铭、史庆昌的北京市人民检察院分院检察员职务。

（三）

任命刘随彦、焦法水为北京市清河人民检察院检察员。

免去杨永山的北京市清河人民检察院副检察长职务。

北京市第九届人民代表大会常务委员会第七次会议决定任免名单

（1988年12月23日）

任命陈忠为北京市高等教育局局长。

免去庞文弟的北京市高等教育局局长职务。

北京市第九届人民代表大会常务委员会第七次会议免职名单

（1988年12月23日）

免去张泗汉、李世敏的北京市高级人民法院审判员职务。

免去俞新根、王冰毅的北京市人民检察院检察员职务。

北京市第九届人民代表大会常务委员会第八次会议任命名单

（1989 年 1 月 27 日）

任命杨薥为北京市中级人民法院经济审判庭副庭长、审判员。

北京市第九届人民代表大会常务委员会第九次会议决定任命名单

（1989 年 3 月 11 日）

任命陈书栋为北京市土地管理局局长。

北京市第九届人民代表大会常务委员会第十次会议免职名单

（1989 年 4 月 2 日）

免去王作升的北京市人民代表大会常务委员会政法委员会委员职务。

北京市第九届人民代表大会常务委员会第十一次会议免职名单

（1989 年 7 月 6 日）

免去孙泊生的北京市高级人民法院审判委员会委员、经济审判庭庭长、审判员职务。

免去张文学的北京市高级人民法院刑事审判第一庭副庭长、审判员职务。

免去张予宪的北京市高级人民法院刑事审判第二庭副庭长、审判员职务。

免去吕京生的北京市中级人民法院行政审判庭副庭长、审判员职务。

北京市第九届人民代表大会常务委员会第十一次会议任免名单

（1989 年 7 月 6 日）

（一）

任命张树池、尚东、郝秀英、董守淳为北京市人民检察院检察员。

免去邢凤桂的北京市人民检察院检察委员会委员、检察员职务。

免去曹哲明、范毅、董正武、孙国平、成立田、于惠茹、傅大鼎、孙爱兰、段怀玉、宋坤培、李治宗、任雪康的北京市人民检察院检察员职务。

（二）

任命刘福生为北京市人民检察院分院检察员。

免去张惠民、关淑英、刘峰、郭克、过兴祖的北京市人民检察院分院检察员职务。

（三）

任命刘有义、焦法水为北京市清河人民检察院副检察长。

免去张树池的北京市清河人民检察院副检察长职务。

北京市第九届人民代表大会常务委员会第十一次会议批准免职名单

（1989 年 7 月 6 日）

批准免去李春亮的北京市石景山区人民检察院检察长职务。

北京市第九届人民代表大会常务委员会第十一次会议批准撤销职务决定

（1989 年 7 月 6 日）

根据北京市高级人民法院的提请，按照《中华人民共和国人民法院组织法》的有关规定，北京市第九届人民代表大会常务委员会第十一次会议批准撤销李梦石的北京市崇文区人民法院院长职务。

北京市第九届人民代表大会常务委员会第十二次会议任免名单

（1989年8月16日）

任命李大元为北京市高级人民法院审判委员会委员、民事审判庭庭长、审判员；

免去唐根法的北京市高级人民法院审判委员会委员、民事审判庭庭长、审判员职务。

免去李大元的北京市中级人民法院审判委员会委员、民事审判第二庭庭长、审判员职务。

北京市第九届人民代表大会常务委员会第十三次会议决定任免名单

（1989年9月21日）

任命马贵田为北京市体育运动委员会主任；免去林炎志的北京市体育运动委员会主任职务。

任命范远谋为北京市物价局局长。

北京市第九届人民代表大会常务委员会第十三次会议任免名单

（1989年9月21日）

任命路宏为北京市高级人民法院刑事审判第一庭副庭长。

免去陈杰的北京市高级人民法院审判员职务。

任命李河旺为北京市中级人民法院审判委员会委员、民事审判第二庭庭长。

任命唐柏树为北京市中级人民法院民事审判第二庭副庭长、审判员。

任命张柳青为北京市中级人民法院民事审判第一庭副庭长，免去其北京市中级人民法院申诉庭副庭长职务。

免去谢文的北京市中级人民法院审判员职务。

北京市第九届人民代表大会常务委员会第十五次会议免职名单

（1989 年 11 月 24 日）

免去牟子建、刘真、唐化勇、赵玉荣、张庆升的北京市高级人民法院审判员职务。

免去杨春光、朱根生的北京市中级人民法院审判员职务。

北京市第九届人民代表大会常务委员会第十六次会议任命名单

（1989 年 12 月 25 日）

任命蒲怀瑛为北京市人民代表大会常务委员会政法委员会委员。

任命王普善、许槐生、杨时旺为北京市人民代表大会常务员会教育科技委员会委员。

任命王宪铨、汤克瀛为北京市人民代表大会常务委员会文化卫生体育委员会委员。

任命董新菊为北京市人民代表大会常务委员会城建委员会委员。

北京市第九届人民代表大会常务委员会第十六次会议免职名单

（1989 年 12 月 25 日）

免去丛文达、高志林、张铁、欧阳坤的北京市人民检察院检察员职务。

北京市第九届人民代表大会常务委员会第十七次会议任免名单

（1990年1月19日）

任命王奕、葛志勤、刘晓玲、袁远、卫苏华、范步东、金凤菊、张幼林、王久英为北京市高级人民法院审判员。

免去刘继光的北京市高级人民法院审判员职务。

任命刘艳霞、安端华、蔡玥、林军、李和、吕波、赵建萍、田建军、张宏伟、于蓉、赵宪忠、于宪经、李江宁、朱造所、王春光、王志林、薛小丽、王保民、许捷、刘自祥为北京市中级人民法院审判员。

免去杨汉华的北京市中级人民法院审判员职务。

北京市第九届人民代表大会常务委员会第十九次会议免职名单

（1990年4月21日）

免去姚克明的北京市高级人民法院审判委员会委员、审判员职务。

免去徐泳菱、富志敏的北京市高级人民法院审判员职务。

免去宿迟的北京市高级人民法院民事审判庭副庭长职务。

免去王丽云、张永利的北京市中级人民法院审判员职务。

北京市第九届人民代表大会常务委员会第十九次会议任免名单

（1990年4月21日）

任命于红卫、张锡伦、杨艳娜、段玉池、石友恭、马立芳为北京市人民检察院检察员。

任命李克平为北京市人民检察院分院检察员。

免去于红卫的北京市清河人民检察院检察长职务。

免去高一之的北京市人民检察院检察委员会委员、检察员职务。

免去吉发永、孟铁汉的北京市人民检察院检察员职务。

免去张发启、杨树荣、朱立群的北京市人民检察院分院检察员职务。

北京市第九届人民代表大会常务委员会第十九次会议批准任命名单

(1990年4月21日)

任命邢凤桂为宣武区人民检察院检察长。

北京市第九届人民代表大会常务委员会第二十次会议免职名单

(1990年6月9日)

免去孙常立的北京市高级人民法院副院长、审判委员会委员职务。

北京市第九届人民代表大会常务委员会第二十次会议决定任免名单

(1990年6月9日)

任命王晋为北京市人民政府文教办公室主任。

任命杨国庆为北京市人民政府侨务办公室主任。

任命沙之沅为北京市民族事务委员会主任；免去姜立勋的北京市民族事务委员会主任职务。

任命孙常立为北京市司法局局长；免去孙在雍的北京市司法局局长职务。

任命李廷芝为北京市广播电视局局长；免去陈昌本的北京市广播电视局局长职务。

北京市第九届人民代表大会常务委员会第二十一次会议任免名单

（1990 年 8 月 3 日）

任命张志坚为北京市高级人民法院副院长、审判委员会委员。

任命何昕为北京市高级人民法院审判委员会委员。

任命赵建新、李岩、王近悦、王小英、杨克、方晓梅、王增勤、魏湘玲、程永顺、李延增、高玉文、李凤鸣、李保山为北京市高级人民法院审判员。

任命刘安娜、刘印华、乌兰高娃、王怀勤、李朋、关鑫、江梦榕、赵延风、张鸣、徐扬、李威、王振梅、李七一、王建军为北京市中级人民法院审判员。

免去焦述勋的北京市中级人民法院审判员职务。

北京市第九届人民代表大会常务委员会第二十一次会议任命名单

（1990 年 8 月 3 日）

任命叶上诗为北京市人民检察院副检察长、检察委员会委员。

任命刘漳南为北京市人民检察院分院副检察长、检察委员会委员。

北京市第九届人民代表大会常务委员会第二十三次会议决定任免名单

（1990 年 11 月 3 日）

任命高佐之为北京市机械工业管理局局长；免去李舜的北京市机械工业管理局局长职务。

任命周昌熙为北京市公用局局长。

北京市第九届人民代表大会常务委员会第二十三次会议任免名单

（1990 年 11 月 3 日）

（一）

任命刘有义为北京市清河人民检察院检察长。

（二）

任命李朝铭、许文秀、路飞、鲁为、孟昭明、海明珍、顾海星、涂秋利、马和俊、张桂琴为北京市人民检察院检察员。

免去任海、郭正平、华克、杨青海的北京市人民检察院检察员职务。

（三）

任命石庆生、王化军、张国文、杜放、方斌、杨秀琴、王忠华、刘跃生、宋庆丰、李兆、马海滨、李宗源为北京市人民检察院分院检察员。

免去张启生的北京市人民检察院分院检察员职务。

北京市第九届人民代表大会常务委员会第二十三次会议免职名单

（1990 年 11 月 3 日）

免去闵治奎、刘庆林的北京市高级人民法院审判员职务。

免去朱江明、王春山、张振声的北京市中级人民法院审判员职务。

北京市第九届人民代表大会常务委员会第二十三次会议批准免职名单

（1990 年 11 月 3 日）

免去何庆岚的通县人民检察院检察长职务。

北京市第九届人民代表大会常务委员会第二十五次会议批准免职名单

（1991年1月15日）

免去赵扬的大兴县人民检察院检察长职务。

北京市第九届人民代表大会常务委员会第二十五次会议任命名单

（1991年1月15日）

任命赵扬为北京市人民检察院副检察长、检察委员会委员。

北京市第九届人民代表大会常务委员会第二十六次会议任免名单

（1991年3月15日）

任命叶大濈为北京市人民代表大会常务委员会民族侨务委员会主任。

任命吴一平、纪辉玉为北京市人民代表大会常务委员会民族侨务委员会副主任。

任命安士伟、林明美、王基志、石泽生、陈志嘉、高全寿、潘志明、何润为北京市人民代表大会常务委员会民族侨务委员会委员。

免去吴一平的北京市人民代表大会常务委员会政法委员会副主任职务。

免去安士伟、潘志明的北京市人民代表大会常务委员会政法委员会委员职务。

北京市第九届人民代表大会常务委员会第二十六次会议决定任免名单

（1991年3月15日）

任命张金城为北京市人民防空办公室主任。

免去魏克鹏的北京市人民防空办公室主任职务。

北京市第九届人民代表大会常务委员会第二十六次会议任免名单

（1991年3月15日）

任命于淑玲、郑丽华、王占富、杜元秀、张晋川为北京市人民检察院检察员。

任命杨帆、周晓明、毛守格为北京市人民检察院分院检察员。

免去路飞、徐立淳、陈腾、欧桂英、胡石友的北京市人民检察院检察员职务。

免去彭伟、翁跃波、崔占元的北京市人民检察院分院检察员职务。

北京市第九届人民代表大会常务委员会第二十六次会议批准任命名单

（1991年3月15日）

任命史纪先为东城区人民检察院检察长。

任命俞新根为西城区人民检察院检察长。

任命邢凤桂为宣武区人民检察院检察长。

任命孙有政为崇文区人民检察院检察长。

任命冯文生为朝阳区人民检察院检察长。

任命沙成志为海淀区人民检察院检察长。

任命潘英藏为丰台区人民检察院检察长。

任命任雪康为石景山区人民检察院检察长。

任命赵世如为房山区人民检察院检察长。

任命张启生为门头沟区人民检察院检察长。

任命岳振勇为通县人民检察院检察长。

任命张森有为顺义县人民检察院检察长。

任命范淑玲为怀柔县人民检察院检察长。

任命任世清为密云县人民检察院检察长。

任命耿绍岩为平谷县人民检察院检察长。

任命刘连长为大兴县人民检察院检察长。

任命陈志文为昌平县人民检察院检察长。

任命周成维为延庆县人民检察院检察长。

北京市第九届人民代表大会常务委员会第二十七次会议任免决定

（1991年6月15日）

鉴于国务院对吴仪同志另有任用，根据陈希同市长的提议，会议决定：

免去吴仪的北京市副市长职务。

任命王宝森为北京市副市长。

北京市第九届人民代表大会常务委员会第二十七次会议决定任免名单

（1991年6月15日）

免去汪统的北京市国家安全局局长职务。

任命卢长绪为北京市国家安全局局长。

北京市第九届人民代表大会常务委员会第二十八次会议任免名单

（1991年7月27日）

任命房泽洲为北京市高级人民法院刑事审判第二庭庭长、审判委员会委员。

任命肖龙为北京市高级人民法院经济审判庭庭长、审判委员会委员。

任命王奕为北京市高级人民法院刑事审判第一庭副庭长。

任命杨克、袁远为北京市高级人民法院刑事审判第二庭副庭长。

任命何谢忠、刘安娜、蒋东升、刘民强、唐根法、赵荣平、陈爱明为北京市高级人民法院审判员。

免去刘仲明的北京市高级人民法院刑事审判第二庭庭长、审判委员会委员、审判员职务。

免去任振平的北京市高级人民法院刑事审判第二庭副庭长、审判员职务。

免去韩文中、淳于国平、徐朱荣、范步东、陈继昌、焦玉萍、赵书楼的北京市高级人民法院审判员职务。

任命康永泉为北京市中级人民法院刑事审判第二庭庭长、审判委员会委员。

任命姜京生为北京市中级人民法院刑事审判第三庭庭长、审判委员会委员。

任命马子荣为北京市中级人民法院清河法庭庭长。

任命李国强为北京市中级人民法院刑事审判第一庭副庭长。

任命魏子建、谭京生为北京市中级人民法院刑事审判第二庭副庭长。

任命范静慧、针凯为北京市中级人民法院刑事审判第三庭副庭长。

任命齐丽华为北京市中级人民法院民事审判第一庭副庭长。

任命江梦榕为北京市中级人民法院民事审判第二庭副庭长。

任命王俊乔、王廷文为北京市中级人民法院经济审判庭副庭长。

任命杨蔼为北京市中级人民法院行政审判庭副庭长。

任命别小壮、佟忠、吴再存、孙建为北京市中级人民法院审判员。

免去田青云的北京市中级人民法院刑事审判第二庭庭长、审判委员会委员、审判员职务。

免去周景贵的北京市中级人民法院清河法庭庭长职务。

免去马子荣的北京市中级人民法院刑事审判第一庭副庭长职务。

免去姜京生的北京市中级人民法院刑事审判第二庭副庭长职务。

免去杨蔼的北京市中级人民法院经济审判庭副庭长职务。

免去刘敬之的北京市中级人民法院清河法庭副庭长、审判员职务。

免去祁广德、王春光、黄力群、李和、刘安娜的北京市中级人民法院审判员职务。

北京市第九届人民代表大会
常务委员会第二十八次会议任免名单

(1991 年 7 月 27 日)

任命张锡伦、王双进、刘纪成、张秀茹、郭民忠为北京市人民检察院检察委员会委员。

任命伦朝平、王珏、赵云阁为北京市人民检察院检察员、检察委员会委员。

任命宁育超、吉霞云、满淑君为北京市人民检察院分院检察委员会委员。

任命王仁根、张仕泰为北京市人民检察院分院检察员、检察委员会委员。

免去王仁根、张仕泰、肖民、遇常永、褚景慧的北京市人民检察院检察员职务。

免去伦朝平、王珏、王朝东、郭瑞华的北京市人民检察院分院检察员职务。

北京市第九届人民代表大会
常务委员会第二十九次会议决定任免名单

(1991 年 9 月 14 日)

任命衣锡群为北京市对外经济贸易委员会主任。

免去张明的北京市对外经济贸易委员会主任职务。

任命高佐之为北京市经济委员会主任，免去其北京市机械工业管理局局长职务。

免去阎承宗的北京市经济委员会主任职务。

任命王宝森为北京市计划委员会主任（兼），免去其兼任的北京市财政局局长职务。

免去王军的北京市计划委员会主任职务。

任命孙同越为北京市财政局局长。

免去武荫桂的北京市第一商业局局长职务。

北京市第九届人民代表大会常务委员会第二十九次会议任命名单

（1991年9月14日）

任命阎承宗为北京市人民代表大会常务委员会财经委员会主任。

北京市第九届人民代表大会常务委员会第三十次会议免职名单

（1991年11月9日）

免去陈爱明、王奎荫的北京市高级人民法院审判员职务。

北京市第九届人民代表大会常务委员会第三十一次会议决定任命名单

（1991年12月21日）

任命张锡林为北京市第一商业局局长。

任命郭力为北京市第二商业局局长。

北京市第九届人民代表大会常务委员会第三十一次会议任免名单

（1991 年 12 月 21 日）

免去张乃慈的北京市高级人民法院行政审判庭庭长，北京市高级人民法院审判委员会委员、审判员职务。

任命李新生为北京市高级人民法院行政审判庭庭长，北京市高级人民法院审判委员会委员。

免去郭光宗的北京市高级人民法院审判员职务。

免去邸生荣的北京市高级人民法院审判员职务。

免去孙秀卿的北京市高级人民法院审判员职务。

免去王久英的北京市高级人民法院审判员职务。

北京市第九届人民代表大会常务委员会第三十三次会议决定任免名单

（1992 年 3 月 13 日）

任命冒泽泉为北京市机械工业管理局局长。

免去周洪臻的北京市房地产管理局局长职务，

任命柴俊一为北京市房地产管理局局长。

任命王英杰为北京市交通局局长。

北京市第九届人民代表大会常务委员会第三十三次会议免职名单

（1992 年 3 月 13 日）

免去王东海的北京市高级人民法院审判员职务。

免去李凤鸣的北京市高级人民法院审判员职务。

北京市第九届人民代表大会常务委员会第三十四次会议决定任命名单

（1992年6月19日）

任命赵知敬为北京市城乡规划委员会主任。

北京市第九届人民代表大会常务委员会第三十四次会议任免名单

（1992年6月19日）

任命何谢忠、赵建新为北京市高级人民法院行政审判庭副庭长。

任命薛埙、呼万禄、孙希振、何广立、赵彬、陈建华、许晓云、史湘宝为北京市高级人民法院审判员。

免去覃振东的北京市高级人民法院行政审判庭副庭长职务。

免去路进、张幼林、冯琦军的北京市高级人民法院审判员职务。

任命陆伟敏、杨跃进、金世超、张继文、王瑞生、谷世庚、黄秀华、陈春燕、张贤昌、邵建军、刘立军、王连春、李春燕、杨培俊、冯克允、蒋立杰、李力、张红燕、董文学、黄萍、吕小林、林民华、刘英、焦志刚、许靖为北京市中级人民法院审判员。

免去李克勤、刘建中、贺国斌、张翌明、丁世明、任景明的北京市中级人民法院审判员职务。

北京市第九届人民代表大会常务委员会第三十四次会议免职名单

（1992年6月19日）

免去张渤、刘纪成的北京市人民检察院检察委员会委员、检察员职务；

免去秦芝芳、孙培霜、于淑玲、崔树声的北京市人民检察院检察员职务；

免去王仁根的北京市人民检察院分院检察委员会委员、检察员职务；

免去滕延平、杜放、秦铁鹰的北京市人民检察院分院检察员职务。

北京市第九届人民代表大会常务委员会第三十五次会议决定免职名单

（1992 年 7 月 24 日）

免去薄熙成的北京市旅游事业管理局局长职务。

北京市第九届人民代表大会常务委员会第三十五次会议任免名单

（1992 年 7 月 24 日）

任命何友谦、卫京生、谢洪明、王素兰、刘玉民、李梅为北京市高级人民法院审判员。

任命赵云阁为北京市人民检察院副检察长。

任命伦朝平为北京市人民检察院分院副检察长、检察委员会委员，免去其北京市人民检察院检察委员会委员、检察员职务。

免去吉霞云的北京市人民检察院分院检察委员会委员、检察员职务。

北京市第九届人民代表大会常务委员会第三十六次会议决定任免名单

（1992 年 9 月 19 日）

任命赵以忻为北京市环境保护局局长。

免去江小珂的北京市环境保护局局长职务。

任命魏广智为北京市园林局局长。

免去赵一恒的北京市园林局局长职务。

北京市第九届人民代表大会常务委员会第三十六次会议任免名单

（1992年9月19日）

任命宿迟为北京市高级人民法院民事审判庭副庭长。

任命张宏伟、康国英、丁凤春、周为群为北京市高级人民法院审判员。

免去李延增、刘太原的北京市高级人民法院审判员职务。

任命何宝华为北京市中级人民法院审判员。

免去张宏伟、康国英、丁凤春、刘彦威、李志琴、刘一华、王建军的北京市中级人民法院审判员职务。

北京市第九届人民代表大会常务委员会第三十七次会议免职名单

（1992年11月21日）

免去孙玉琴的北京市人民代表大会常务委员会财经委员会副主任职务。

北京市第九届人民代表大会常务委员会第三十七次会议决定任免名单

（1992年11月21日）

任命连廉为北京市技术监督局局长。

免去李学方的北京市技术监督局局长职务。

北京市第九届人民代表大会常务委员会第三十七次会议任免名单

（1992年11月21日）

任命田怀章为北京市高级人民法院审判员。

免去傅志人的北京市高级人民法院副院长、审判委员会委员、审判员职务。

免去张维田的北京市高级人民法院审判员职务。

任命刘梅玲为北京市中级人民法院申诉庭副庭长。

任命刘书京为北京市中级人民法院清河法庭副庭长、审判员。

免去卢云华、佟忠的北京市中级人民法院审判员职务。

北京市第九届人民代表大会常务委员会第三十七次会议任免名单

（1992年11月21日）

任命娄云生为北京市人民检察院检察委员会委员。

任命毛守格为北京市人民检察院分院检察委员会委员。

任命刘卫疆、马世义、范玲、刘砚普、其林、郑向东、刘昆峰、李维雅、刘艳喜、严平、肖红、徐丕义、崔平、缪震、翟元顺、杨顺林为北京市人民检察院检察员。

任命吕志刚、孙建军、王京华、魏子会、宋毅、白金刚、秦建民、田二贵、刘惠来、郭浠珍、白泉旺为北京市人民检察院分院检察员。

免去张锡伦的北京市人民检察院检察员、检察委员会委员职务。

免去张国斌、程七一、郑进峰、郭啸、赵国刚的北京市人民检察院分院检察员职务。

北京市地方性法规目录

（1980—1992）

本目录根据北京市人民代表大会常务委员会法制室编辑出版的《北京市地方性法规汇编》（1980－1985）卷、（1986－1989）卷、（1990－1992）卷，整理而成。于每件标题后标明原书的卷次和页次。

一九八〇年

一九八一年

一九八二年

一九八三年

一九八四年

一九八七年

一九八八年

一九八九年

一九九〇年

一九九一年

一九九二年

附　　录

《北京市人民代表大会文献资料汇编》第一、二编目录分类索引

一、中央领导讲话

二、政府工作报告

三、市协商委员会报告

四、市人大常委会工作报告

五、市人民法院工作报告

六、市人民检察院工作报告

七、选举工作报告

八、代表议案（提案）审查报告

九、会议总结报告

十、开幕词·闭幕词

十一、市长当选后的讲话

十二、会议通过的法规、章则

十三、会议决议

十四、会议宣言、通电、号召

十五、出席全国人民代表大会代表名单

十六、市协商委员会组成人员名单

十七、市人大常委会组成人员名单

十八、市长副市长及政府组成人员名单

十九、市高级、中级人民法院院长名单

二十、市人民检察院检察长、分院检察长名单

二十一、大会主席团、秘书长、主席团常务主席、副秘书长名单

二十二、市人民代表大会代表名单